DICTIONNAIRE ÉTYMOLOGIQUE DE L'ANCIEN FRANÇAIS

COMPLÉMENT
BIBLIOGRAPHIQUE
2016

DICTIONNAIRE ÉTYMOLOGIQUE DE L'ANCIEN FRANÇAIS

FRANKWALT MÖHREN

COMPLÉMENT BIBLIOGRAPHIQUE 2016

DE GRUYTER
AKADEMIE FORSCHUNG

2016

Travaux financés par la BUND-LÄNDER-KOMMISSION FÜR BILDUNGSPLANUNG UND FORSCHUNGSFÖRDERUNG, Bonn

HEIDELBERGER AKADEMIE DER WISSENSCHAFTEN
KOMMISSION FÜR DAS ALTFRANZÖSISCHE ETYMOLOGISCHE WÖRTERBUCH

Le Complément bibliographique du DEAF, version chantier, est accessible sur le site www.deaf-page.de.

Die Deutsche Bibliothek – CIP-Einheitsaufnahme
Dictionnaire étymologique de l'ancien français.
Berlin: De Gruyter
Complément bibliographique 2016 / par Frankwalt Möhren. – 2016
ISBN: 978-3-11-044088-1

© Walter de Gruyter GmbH, Berlin/Boston 2016
Das Werk einschließlich aller seiner Teile ist urheberrechtlich geschützt. Jede Verwertung außerhalb der engen Grenzen des Urheberrechtsgesetzes ist ohne Zustimmung des Verlages unzulässig und strafbar. Das gilt insbesondere für Vervielfältigungen, Übersetzungen, Mikroverfilmungen und die Einspeicherung und Verarbeitung in elektronischen Systemen.
Printed in Germany
Texterfassung und Satz: DEAF, Heidelberg.
Druck und Einband: Hubert & Co. GmbH & Co. KG, Göttingen

TABLE DES MATIÈRES

Préface vii
    Avant-propos au *Complément bibliographique 2016* vii
    Avant-propos au *Complément bibliographique 2007* xvi
    Introduction au *Complément bibliographique 1993* xix

Sigles 1

Index 897
    Chronologie 897
    Scriptae 941
        frc. 941
        Terre Sainte 941
        Nord-Est 942
        wall. 942
        liég. 943
        hain. 943
        Nord 944
        flandr. 944
        pic. 945
        art. 952
        Nord-Ouest 952
        norm. 953
        agn. 954
        Ouest 962
        hbret. 963
        ang. 963
        Sud-Ouest 963
        poit. 963
        saint. 964
        tour. 964
        orl. 964
        Centre 964
        bourb. 964
        bourg. 964
        champ. 965
        Est 966
        lorr. 966
        Sud-Est 967
        frcomt. 968
        francoit. 968
        frpr. 969
        lyonn. 969
        occ. 969
    Manuscrits 971
    Noms d'auteurs 1131
    Noms d'éditeurs et de chercheurs 1145
    Concordances bibliographiques 1205
        TL 1205
        AND 1235

FEW	1241
Boss	1253
Boss[2]	1264
Hol	1271
Wo	1274
Wos	1276
WoC	1276
Dean	1277
Vising	1284
Stein	1286
LevyTrés	1286
Textes en prose	1*
Concordances entre édition et édition et entre édition et manuscrit	5*

AlexParHM/A (PriseDefM/P); AliscJ/W; AncThéât; AuberiTarbé/K/T/B; BarbMéon/MontRayn; BibbW/O; BibbFW/O; BonBerg impr./éd. L; BrunLatChab/C; Gautier de Coincy, Miracles/Coincy…P/K; FergMich/M; FloreAW/D; GGuiB/W; GarLorrP/V; GarLorrD/V; GirRossDécLM/DécH; GuiChaulN/ms. Montp.; GuischartJ/G; HerbCandT/S; JakD/C; JoinvM/W[1]; JoinvD/W[1]/W[2]; JoinvW[1]/C; LMestD/L; Loherains; MacaireG/M; MenReimsW/S/P; Menag ms. Brux./éd. B.; MenagP/ms. BN et éd. B; ModusB/T; MontRoth Anciennes Poésies Françaises; OgDanB/E; OlSerresN/impr. 1603; OvMor ms. Ars./éd. B; OvMorT/B; Pères; Perl[2]P/[1]N; PrisePampB/M; MenM/R; RenMéon/M; RenMontLT/C; RenMontLCM/ArdLT; RenNouvM/R; RoisinB/M; RolCMichel/M; RolPMichel/M; RoseL/MMich/Langl; RutebK/F; RutebJ[1]/J[2]/F; SeneschL/O; SermMaurPB/R; ThebesR/C.

PRÉFACE

AVANT-PROPOS au *Complément bibliographique 2016*

Une décennie après la troisième édition de 2007 il est indubitablement nécessaire de remettre à jour la *Bibliographie* du DEAF. Dès la première édition de 1974, la barre concernant la structure des notices avait été placée bien haut. Cependant, on peut constater que la nouvelle édition maintient ce niveau tout en développant encore certains aspects. Des milliers d'ajouts et de corrections sont attribuables au progrès des recherches et à l'enrichissement de nos connaissances. De nouvelles éditions et de nouvelles identifications de textes ont nécessité l'établissement d'un grand nombre de sigles nouveaux. Mais il y a plus: un haut pourcentage des notices était marqué du signe ÷ pour signaler leur état encore imparfait. Maintenant la nouvelle édition atteint une forme qu'elle devait avoir il y a quarante ans: pratiquement toutes les notices sont complétées par ce qui est nécessaire pour pouvoir juger de la qualité des vocables de chaque texte et pour placer son édition dans son réseau bibliographique:

- le genre littéraire, souvent révélé par le titre du texte à lui seul,
- l'identification du texte par son incipit, par son auteur, etc.,
- l'indication de la forme du texte – prose, vers, strophes, laisses, partie d'un tout (branche et sim.), etc.,
- la localisation et la datation de l'auteur, du texte, de la langue,
- le ou les manuscrits 'de base' de l'édition citée, les autres manuscrits, tant ceux cités en variante que ceux qui n'ont pas été mis à contribution, toujours avec leurs sigles respectifs et avec leur datation et leur localisation,
- les données bibliographiques de l'édition,
- des comptes rendus particulièrement utiles pour les questions linguistiques et de qualité,
- les concordances avec d'autres systèmes d'abréviations des dictionnaires et de bibliographies,
- finalement des renseignements utiles ou nécessaires pour nouer des liens, souvent lexicaux, avec d'autres versions ou textes ou littératures[1].

---

[1] L'œil critique décélera vite que cet idéal n'est pas toujours atteint, il le sera certainement par les recherches supplémentaires futures. Actuellement la *Bibliographie* compte 794 auteurs médiévaux (avec 1070 mentions), 2827 mentions de titres de textes, 6193 manuscrits (avec 10213 mentions), 2797 mentions de datations de textes et 1777 de localisations de textes. Parmi les manuscrits localisés on compte 1471 occurrences de manuscrits anglo-normands, 1185 de picards (plus 568 art., 65 hain./hennuyers, etc.), 104 wallons (plus 12 liég., etc.), etc.: un vaste champ à travailler par les amateurs de régionalismes. La précarité des localisations se voit immédiatement en comparant dans l'index 'Scriptae' le nombre de textes classés sous 'frc.' avec, par exemple, le nombre de ceux classés sous 'pic.', à augmenter encore par ceux sous 'art.' etc. Pour trouver d'autres textes à localiser, il faut retourner à l'index 'Chronologie'. Cf. Sabine Tittel ActesRégLex 73; 77-80.

Comme toute lexicographie nécessite la perspective diachronique, s'associant à la perspective synchronique, les œuvres citées dans le DEAF peuvent dépasser l'époque visée (842 – 1350)[2]. De toute façon, le champ de vision ne peut pas être réduit à une limite purement chronologique, car les textes et leurs témoins manuscrits ne respectent pas une telle limite. Les manuscrits sont désignés par leur lieu de conservation et leur cote actuels. Les cotes anciennes sont jointes si elles ont encore cours dans les éditions ou les écrits. Exemples: GlAruchP[1] ms. München hebr. 390 (anc. Regensburg Praedicantenkloster) [hébr. 14e s.], NabaretT ms. Cologny Bodmer 82 (anc. Cheltenham Phillipps 3713) [agn. fin 13e s.], AntiocheD ms. BN fr. 12558 (anc. Suppl. fr. 540.8.1) [art. mil. 13e s.], RestorD New York Pierpont Morgan Libr. (anc. Meersburg, anc. Donaueschingen[3]). Ces indications sont d'autant plus nécessaires que les catalogues en ligne ne fournissent pas systématiquement l'accès par les anciens numéros (une des exceptions: Chantilly sur le site Calames, aussi CCFr, permettant, quand ils fonctionnent, de mettre de l'ordre)[4].

Les manuscrits énumérés portent autant que possible une indication de localisation ou de scripta[5] et toujours une datation. Les catalogues des bibliothèques ne fournissent souvent que des datations par siècle: c'est insuffisant et considéré comme inadmissible dans une édition. Même sans être paléographe, une approximation dans une fourchette de cinquante ans devrait être possible. Nos datations ne viennent que rarement d'une analyse propre (alors souvent suivie d'un point d'interrogation), mais plutôt de la consultation multiple et critique de travaux sur les textes et les manuscrits. Un seul exemple peut montrer la nécessité d'une vigilance constante: le manuscrit Bruxelles Bibl. roy. 10394-414 est daté de la fin du XIIIe siècle par une ressource bibliographique modernissime: «Bruxelles, Bibl. royale, 10394-10414 : fin du XIIIe s. (proche du ms Paris, bibl. Sainte-Geneviève 2899, f. 172v [1297 (?)], Mss datés, t. I, pl. 26)». Mais un manuscrit est un livre, son contenu et sa langue comptent absolument. Or, ce livre-là contient entre autres un texte daté de 1347. En effet, les travaux sur les textes transcrits dans ce manuscrit le placent dans la 1ère moitié du XVe siècle, et en Picardie (voir par ex. Script 33, 1979, 260-262; faibles traits régionaux). Peut-on, à ce moment, demander une justification? Dans le

---

[2] Toutefois les notices de ces textes supplémentaires sont parfois moins complètes, comme pour RPreslesCitéB de 1375 (citation des manuscrits d'usage seulement, avec renvoi aux listes complètes) ou pour IsidL de 636, livre de chevet du moyen âge, transmis par près de mille manuscrits, ayant droit de cité dans la bibliographie de l'ancien français. Dans d'autres cas rares, comme Rose ou SGraal, les listes complètes sont données par des études valables, mais nous essayons de fournir l'essentiel et les cas problématiques (Rose: 58 sur plus de 300 mss.). Rappel: dans le corps du DEAF les matériaux datés d'après 1350 se trouvent placés entre crochets.

[3] Les restants manuscrits de la Fürstlich Fürstenbergischen Hofbibliothek Donaueschingen (130.000 vol. imprimés et manuscrits) ont été acquéris en 1993 par le Land Baden-Württemberg, mais comme Karlsruhe (anc. Grand-Duché de Bade!) s'est disputée de la bibliothèque badoise avec Stuttgart (anc. Duché et Royaume [de droit napoléonien] de Wurtemberg!), elle se trouve maintenant divisée (200 et 700 mss.), ceci au détriment de la recherche: acte barbare de pingres mesquins. – Les confusions entre numéros anciens et nouveaux ou entre une façon de citer un manuscrit et une autre n'ont pas encore été éliminées toutes. Les améliorations sont promises.

[4] Les lecteurs ne nous en voudront pas d'avoir maintenu 'Bibl. mun.', bien que les 'Médiathèque Charles Dupont', 'Bibliothèque municipale à vocation régionale XY-Métropole' ou 'Ludothèque et médiathèque', devenus omniprésents, soient à la mode comme la barbe de trois jours.

[5] Normalement il s'agit d'une localisation linguistique: le manuscrit porte des traits grapho-phonologiques qui peuvent provenir de l'auteur ou du scribe (par ex. 'nam.'); il peut aussi comporter des mots ou morphèmes localisés ('nam.'). Une indication de ville ou de pays (alors avec majuscule, par ex. 'Namur', 'Namurois' ou 'Terre Sainte') notifie la provenance du manuscrit, sans nécessairement comporter la teinte locale ou régionale correspondante, mais cette indication ne sera pas gratuite non plus. Les localisations indiquées par les éditeurs ne vont pas sans aléas: BN fr. 1420 est dit picard fin 13e s. dans ErecFr, Orl.-Sud-Ouest fin 13e s. dans CligesG et Île de France mil. 13e s. chez Van Mulken (Stemmatologie II).

cas exceptionnel où notre démarche ne se laisserait pas retracer par les outils usuels, nous indiquons notre source, par ex. sous GlBNK: «Datation du ms. par B. Richler» (spécialiste connu des spécialistes)[6].

L'accessibilité des sources par le réseau est perçue comme un grand progrès. Mais bien des travaux conçus comme banque de données pour une mise en ligne peuvent marquer un pas en arrière ou peuvent même détruire la recherche séculaire (qui n'était ni nulle ni insignifiante, doit-on le rappeler?). Il ne faut pas en chercher la faute du côté de la technique ou de la publication elle-même, mais du côté de l'attitude de ses auteurs. Concrètement: une notice paléographique d'un catalogue posant une fondation pour le siècle à venir, datée du 1er avril 2016 et signée par une personne identifiée, plaçant un manuscrit au XVe siècle par exemple, fait autorité comme résultat d'une recherche actuelle. En réalité, cette notice reprend une datation du XIXe siècle, bien souvent établie rapidement par Omont ou Delisle. La pseudo-mise à jour datée de 2016 balaie un siècle et demi de recherches. [Nous concevons bien qu'une indication correcte comme «Delisle 1868: XVe s.» aurait moins d'éclat.] Ces mêmes outils remplacent souvent mécaniquement des datations de siècle par 1201-1300 par exemple (Gallica/BN, leromandelarose.org, etc.); c'est peu logique si le manuscrit ainsi daté contient un texte de ca. 1285, de plus une telle indication peut causer des dégats[7].

Les notices de la *Bibliographie* contiennent régulièrement des commentaires correctifs nécessaires, par ex. sous GlParR: «= FEW GlPar (sigle utilisé par erreur aussi pour d'autres glossaires)», commentaire qu'on aurait voulu trouver dans le nouveau *Beiheft* du FEW. De telles indications sont faciles à faire dans le cas d'une source à la structure simple, comme le FEW ou aussi Dean. Mais il n'est pas possible de critiquer systématiquement des sources bibliographiques essentielles comme Arlima ou GRLMA ou Jonas, ou encore des sites valables comme arthurianfiction.org, car une seule vie n'y suffirait pas, puisque même une critique ponctuelle demande son temps. Nous sommes donc régulièrement reconnaissants de leur existence, mais plus souvent frustrés de ne pas pouvoir inclure toutes les recherches de façon critique (comme le fera pourtant tout chercheur travaillant sur un seul texte ou un seul manuscrit). Nous admettons toutefois que ce travail réduirait le nombre d'erreurs subsistantes.

La *Bibliographie* du DEAF préfère être (provisoirement) incomplète sur tel point que de compiler des indications non contrôlées. Pourtant elle donne quand même l'impression de traiter chaque sigle, texte ou édition de façon uniforme. Ce n'est pas le cas. Elle est un travail fondé sur l'expérience du lexicographe se battant d'attestation en attestation avec les sources limpides ou bourbes, suffisantes ou insuffisantes pour juger d'un phénomène donné; les remarques résultent de ce débat entre sourds et muets. De plus, et sur un tout autre plan, la *Bibliographie* veut souvent inciter à la réflexion (voilà une manie de son

---

[6] Les datations sont majoritairement peu soignées, tantôt trop grossières (par siècle ou siècles), tantôt contradictoires, comme celle de BL Add. 32125: pour Micha, MerlinM, la première partie date du XV^{e}s., la deuxième de la fin du XIIIe., pour Ponceau, SGraalEstIVP, c'est fin XII^{e}s. pour les deux parties (lire fin XIIIe), bien qu'il faille sans doute 4e quart 13^{e}s. (f°1-58) et 1er quart 14^{e}s. (f°59-245). – Nos index peuvent paraître complexes, notamment celui des manuscrits, puisque les indications touchant les lieux et cotes anciennes et modernes, puis les localisations et datations peuvent varier; le classement en crée alors plusieurs entrées, voir par exemple BN fr. 423, BN fr. 616, BN fr. 768 ou Oxford Bodl. Fairfax 24.

[7] BN fr. 1555 est daté de '1301-1400' (cat.: XIV^{e}s.); cela surprend puisque la notice de la BN mentionne un texte sur l'apparition d'une comète en 1402 (f°217°; c'était la grande comète C/1402D1). Exemple particulièrement illustratif: certains manuscrits de Christine de Pisan, datés de même '1401-1500' (p.ex. BN fr. 605), perdent par là leur qualité d'exemplaire d'auteur. N'est-ce pas la première tâche de l'historien de dater les faits?

auteur), par exemple par des commentaires pouvant paraître superflus comme «Prob. première éd. 'moderne', bédiériste avant Bédier, avec double apparat critique: peu de corr. au ms. de base (mais en partie non documentées!), puis variantes…», commentant l'édition AthisH de 1912. Naturellement, elle sert les *gender studies* (BestAmRespS: femme poète; BlasmeAP: misogyne). Certaines notices se prêtent aussi à faire sentir des aspects propres au Moyen Âge (toujours sous-estimé bien que toujours inspirant), comme dans la notice à DéfAmPrS citant un incipit plus long: «*La diffinission de amurs*, incipit: *Amur est seingnur de lui mesmes e ne est al comandement de nuly… ne ad doute de Deeu*». Ce dernier aspect ne correspond pas non plus à l'objectif étroit d'une bibliographie, bien que, dans un sens large, une attestation puisse en être valorisée, autant pour le littéraire que pour le linguistique.

LA CRITIQUE DANS CETTE BIBLIOGRAPHIE

Une lexicographie critique et scientifique doit se construire sur l'acquis reçu pour éviter que notre science ne tourne en rond. C'est la raison pour laquelle la *Bibliographie* enregistre bien des travaux paraissant dépassés, mais qui représentent les fondations de la lexicographie actuelle et qui sont cités dans les dictionnaires et les travaux en usage. Nous devons connaître ce que nous écartons, donc pour cela, il est également plus que nécessaire d'indiquer la valeur des sources pour en assurer un emploi adéquat aujourd'hui et demain. Il est pénible de voir que certains travaux récents (souvent distribués par les grands éditeurs) avaient déjà été mieux accomplis ou de façon plus scientifique. Le format d'une notice bibliographique interdisant des exposés amples, une remarque ultra-courte doit suffire souvent pour mettre en garde ou pour donner confiance. Ceci a poussé Lino Leonardi à écrire, en toute amitié, «tali giudici restano per lo più privi di motivazione, e risultano spesso apodittici» (beau compte rendu du *Complément bibliographique 2007*, MedRom 32, 2008, 418-420, spéc. 418). Comme c'est tout à fait juste et comme d'aucuns pourraient ne pas retrouver, par le biais de Klapp par exemple, les comptes rendus instructifs, donc critiques, nous avons maintenant fourni systématiquement, et pas seulement dans une majorité des cas, une amorce de documentation étayant la remarque (par une donnée directe ou un renvoi). A posteriori nous craignons pourtant que cette clarté accrue soit moins douce que l'assertion non documentée laissant un espoir d'inexactitude. Les quelques citations échantillons suivantes, classées sous quatre en-têtes, illustrent cet aspect de la Bibliographie – du moins nous espérons que cet amas indigeste de bribes sera éclairant, il le sera en consultant la notice évoquée et en ouvrant le livre critique. Ce découpage implique aussi un but didactique: il aidera les intéressés, novices ou non, à extraire de ces remarques types une ligne de conduite pour être en mesure de voler plus haut (cf. ActesPhilLex et TrotterMan 397-437). Il apparaîtra que trop de travaux n'apportent pas de progrès ou sont carrément à refaire. D'autres peuvent servir de modèle: le lecteur est prié de ne pas passer sur les indications du type 'Bonne édition, bon glossaire'. La somme des commentaires touchant les éditions pourrait suggérer une préférence pour une méthode d'édition donnée; il n'en est pas ainsi, mais ce n'est pas seulement le lexicographe qui doit pouvoir distinguer conjecture et fait, c'est de toute évidence la moindre des choses[8]. L'ensemble est un service au lecteur et à la science: une bibliographie non critique est moins utile (modèles positifs: Boss et Boss²).

EXEMPLES DE REMARQUES CONCERNANT L'ACCESSIBILITÉ GÉNÉRALE DES ÉDITIONS ETC.[9]

Leçons rejetées malheureusement pas au bas de page. Par endroit moins précis que Suchier etc. (p.ex. v. 1257), ChGuillSd. – Les termes techniques lat. ne sont pas tous repris dans le gloss. de l'éd. des textes afr., DancusLatT. – Index… où *denieree* est à chercher pas sous D, mais sous U: *une d.* [!], DonatOxfC. – Numérotation malheureusement et inutilement modifiée par rapport aux éditions antérieures, FantosmeJ. – Donne en marge la pagination de l'éd. Hoüard [donnée par LathamDict, même en citant FletaR], FletaR. – Concordance sommaire, ms. paginé – n°ˢ de l'éd.: p. 3 = n°1, 7=27, 11=70…, InvClemD. – P1… cité par mots isolés sans renvois (!!) dans la préface et en guise de 'var.', LégDorVignD. – Usage sans respect des traditions, MPolGregB. – Malheureusement nouvelle numérotation des vers par rapport à l'éd. P pour un décalage de 4 vers sur 3741 vers, OrsonM. – Malheureusement décalage de ca. 30 (en moins) dans la numérotation des vers par rapport à l'éd. Langlois, RoseLLec [même ms.]. – Numérotation coïncide avec l'éd. Langlois: merci, RoseLP. – Émendations (dont bon nombre superflues) moins identifiables que dans l'éd. P, l'apparat ne se trouvant pas au bas de page: un pas en arrière (p.ex. v. 188), SGillesL. – Modifie inutilement le système des sigles des mss., SiègeBarbBG. – Le titre courant aurait pu contenir les nos des contes, TombChartrS.

EXEMPLES D'AVERTISSEMENTS GÉNÉRAUX

Que des variantes (ou leçons de l'éd. Ch!) justifiant les émendations, BrunLatC. – Qqs. pièces ont été remplacées par des originaux, CartHain. – Plein d'erreurs; ne pas utiliser le texte 'hypothétique', ChGuillW. – Ces matériaux ne sont ni témoins des textes anciens (en partie latins et 'tiois'!), ni de l'usage de 1409; il est préférable de ne pas les utiliser, ChOthéeF. – Glossaire établi à l'aide du REW et de Körting (!), ChevCygneBruxP. – L'éd. ignore ComparFaucH, ComparFaucC. – Avec gloss. complet, CourtArrH. – C'est le texte cité par DG (d'après DelbRec), CoutAnjEB. – Nombre de vers sont repris à Narcisus, CristalB. – Datations malheureusement le plus souvent par siècle seulement, Cunha. – Sans datations ni attestations!, DauzatNoms. – Les 'textes' pic. reproduits sont composés de citations tronquées (même placées entre guillemets) et de prose frm., DehDoc. – Le gloss., le plus souvent sans renvois (!), couvre tous les textes!, DexW. – Les monnaies d'or citées f°7v°, 2-3, fournissent une datation après 1367, DialFrFlamG. – Une étude ling. reste à faire, DocAube²R. – Le gloss. couvre aussi les faux, DocVosL. – Attention, haut de page: texte reconstruit (inutilisable, cité malheureusement par TL), EdmK. – BN

---

[8] L'opposition philologie littéraire/de-l'édition versus philologie linguistique/lexicologique est artificielle et superflue. C'est une science à plusieurs volets: les éditeurs et les lexicographes échouent pareillement sans l'acquis des autres. Une observation pratique est pourtant inévitable: l'éditeur consulte la lexicographie ponctuellement; le lexicologue et même généralement les philologues (au sens étroit français moderne et au sens large du XIXᵉ siècle qui est toujours le sens prévalant ou premier en español, italien, anglais, allemand, polonais etc. [cf. TrotterMan 1-18; 405]) ne lisent jamais un texte, ils le consultent de même ponctuellement. C'est pourquoi une émendation du texte doit immédiatement se présenter à l'œil et elle doit être documentée au bas de la page sans exception (hormis le plus souvent u/v, i/j et sim.). L'éditeur ne peut s'attendre à ce que l'utilisateur travaille la préface (trop souvent touffue, inaccessible) pour reconnaître un œuf de coucou dans le texte imprimé.

[9] Les bouts de texte placés dans les quatre alinéas suivants sont des citations littérales, suivies, après virgule, du sigle adresse de la notice citée. Normalement on les aurait encadrées de guillemets; de toute façon, elles sont à replacer dans leur contexte.

fr. 210-211 [15ᵉs.] (le dépouillement par Gdf est très fautif), EvrartContyAr. – FEW GaceB (souvent daté '1359'), GaceBuigneB. – La nomenclature est celle de DG, Gam[1]. – Texte réimpr. à deux reprises par J. Dufournet... [déclare citer l'éd. de 1911 (p. 25n5), mais fait imprimer l'éd. de 1921], GarçAvR[2]. – Dédié à Bédier avec une photo de Roques, GastPhébOrT[1]. – Ancienne cote pour le ms. B (b)!? ... avec trad.; sans glossaire, GaydonS. – Travail énorme; gloss. complet problématique (*cre* [= *crer*] / *croire* etc.), dict. de référence impossibles (surtout 'Greimas', 'Hindley', BattAl), GesteFrancorM. – C.r. B. Ferrari RLiR 76,562-568 et, puisqu'il est bon, de nouveau dans RLiR 77,282-287, GilChinPrL. – Vers 1185 = GirVianeE 4031, GirVianeB. – Mat. aux renvois err. parfois retrouvables dans Aalma, GlBNlat4120°. – [= DC Vetus Gloss. Lat. Gall. Ms. ex Biblioth. Thuan. 525], GlBNlat8246M. – Remplacé par GossenGramm, mais contient un autre choix de textes, GossenPGramm. – Donne à côté d'une transcription fidèle un texte 'critique' inutilisable auquel se réfère malheureusement le glossaire, GuillJoiesRi. – Attention, les expressions 'titres' sont en frm. forgé, Hassell. – Attention: le site Gallica donne la réf. à Hav, mais reproduit Hav[2], Hav[2]. – Ignore l'éd. Harvey et l'indication dans HosebHenO, HosebProlB. – La rééd. de J. O. Reta et al., Madrid 1982, réimprime cette éd., bien qu'il y ait mille manuscrits, IsidL. – De seconde main, JEscW. – A pu consulter l'éd. d'E. Schultz, JMeunAbH. – Localisations diverses!, JonesCharlBret. – Également inutilisable: 'éd.' à l'orthographe modernisée, sub JournParM. – Seul le premier tirage peut être daté de la date originale; cf. la datation dans la signature des feuillets (dernière réimpression avec changements: 1927), LarI. – Les pages impaires contiennent une reconstruction de la plume de l'éd. qui est citée parfois – et à tort – dans la lexicographie, MacaireG. – Gloss. 'traductologique', p.ex. *gros* adj. "enceinte" (au fém.), MerlinF. – Malheureusement utilisé par Li et Gdf, MeunierOresme. – Se sert de Runk sans le rectifier, Morlet. – Éd. inutilisable, périmée dès sa parution, faite d'après les anciennes éd. de Michel 1836 et de Madden/Geffroy 1856, sans consultation du ms. (VielliardBodmer 107), NabaretS. – L'étude des anglicismes par Ross... semble être oubliée par les médio-anglicistes et les anglo-normandistes, NicBozMorS. – Liste peu fiable de néologismes attribués à Nicole, OresmeSphèreM. – Réimpr. Genève, Slatkine, 1974, avec le faux prénom Paul, Pans. – L'éd. F. Wolf, citée par Dean, n'est qu'une réimpr. de l'éd. Michel, PassHugM. – Le relevé d'att. est assez incomplet: les doc. cités fournissent bien des matériaux supplém. et souvent antérieurs, Pck. – Attention: le gloss. se réfère au texte fabriqué. Les 'var.' reproduisent des leçons des éd. antérieures, PelCharlK. – Considérer l'origine pic. (Amiénois), puis la culture orientale de l'auteur (Chypre 1347-72), puis son séjour à Paris, PhMézGrisG. – La consultation du FEW, est-elle vraiment superflue?, Picoche. – Reprend RecCosmCamG[1] sans y renvoyer, RecCosmCamG[2]. – Reproduit l'éd. Faral/Bastin, RutebD. – Doc. agn. à partir de 1420; les citations de cas plus anciens reflètent la langue du 15ᵉs., ThorneRead.

EXEMPLES DE COMMENTAIRES CONCERNANT L'ÉMENDATION DU TEXTE

Prob. première éd. 'moderne', bédiériste avant Bédier, AthisH. – Très corrigé, parfois tacitement, BrunLatB. – Éd 'critique', purgée des anglonormandismes, citée malheureusement par TL, ChGuillS. – Corrections tacites; dépicardise le texte, ChevCygneBruxR. – Corrections non documentées dans les notes, ChevIIEspF. – Publié sur la base de l'éd. R!, avec normalisations sans consultation du ms., ChiproisM. – Supprime des passages, modifie le texte, suit parfois l'éd. B (!); éd. très fautive, ChronSDenisP. – Omet des passages qui déplaisaient à l'homme d'église Poquet, p.ex. CoincyI22L 58-59, CoincyI1P. – Les corr. ne sont pas toujours judicieuses, ConBethW[2]. – Formes introduites affublées de la graphie de 'P'!, ErecD, cp. ErecB et ErecFr². – Attention, des formes inventées passent sans plus au gloss. (…); le gloss. de Foerster avait avantageusement marqué les renvois, EustMoineH. – Essai de reconstruction métrique de la pire espèce: «ein nach Möglichkeit restituierter Text, den der Historiker und der Freund mittelalterlicher Dichtung, so hoffen wir, mit Genuß und mit ruhigem Gewissen lesen kann. Im Variantenapparat ist nur eine Auswahl der überlieferten Lesungen geboten». Ne pas utiliser, FantosmeB. – Éd. 'critique' nettoyée de traits agn., FauvainL. – Certaines émendations non documentées (cp. p. 52) sont à contrôler dans l'éd S (p. ex. *k'il*, v. 22, lire *ke il*), FolTristOxfL. – Éd. 'critique' sans justifications, inutilisable, GautArrIllL. – Éd. éclectique basée sur 18 chansonniers, GautEpL. – Texte 'critique' très corrigé et picardisé: lire les var., mieux, les mss., HuonABCL. – Les vers tirés du ms. D sont partiellement dédialectalisés, HuonRegrL. – Wailly adapte le texte à son idée d'une scripta lorraine, sans documentation, MenReimsW. – Attention: il faut contrôler en fin de vol., non sans peine, parmi les notes, les leçons véritables du ms., JoufrF. – Texte normannisé par son éditeur, NarcissusH. Considérer de préférence les textes pseudo-diplomatiques (les textes 'critiques' peuvent contenir des formes non documentées ou commentées, p.ex. ConstHamelN 625 *enz*), NoomenFabl. – Ne documente pas toujours les formes introduites dans le texte (p.ex. 322), Pères2W. – Cf. *gieser* m. DEAF G 1655,54: mot escamoté, RolS². – Le texte imprimé comporte des mots inventés, inexistants dans toutes les versions et même inexistants en fr. (ex.: [*]*javelois* 5620)!, Rolv7D. – Normalise tacitement!, RomPast. – Lecoy (1982)… «faut-il mettre en machine le texte brut ou le texte corrigé?», SSagAD. – Corrections proposées sans consultation du ms., SchelerGil. – Émendations en partie superflues ou même nuisibles, SiègeBarbAM. – Éd. 'critique' téméraire ('réécrite presque entièrement' ThebessM p. 35) avec des corrections en partie sans appui dans les mss.!, ThebesC. – Les passages en ital. sont des créations de l'éditeur en se servant de Pr¹ (ms. S, mais pas tout s'y retrouve), TrotulaTrinH. – Attention: Tilander fabrique un texte idéal, TwitiT. – Éd. 'critique' très travaillée, aux modifications tacites; à peine utilisable; ms. de base prob. A¹, VMortHélW.

EXEMPLES CONCERNANT QUALITÉ OU PLAGIATS

Éd. impeccable, AngDialGregO². – Fabriquée sur la base d'autres éd.: inutilisable, AucS¹⁰. – Informations techniques excellentes; jugements sur les mots parfois téméraires; malheureusement sans gloss. ou registre, BechmannVill. – Éd. exemplaire, BodelNicH. – Éd. semidiplom., à travailler (p.ex. *conuira* l. *conjura*), BibleGuiartT. – Source d'erreurs [p.ex. 391 *caucatris* "crocodile" au lieu de "sorte d'oiseau"], BichonAni. – Inutilisable: aucun renvoi, Bos. – Semble réimprimer cette éd. (qui manque dans la bibl.), AdamSt. – Ne cite pas AmphYpL² (éd. quasi identique), AmphYpP. – Mauvaise édition; à rafistoler au moyen…, CantLandP. – La transcription très fautive, en fait incompréhensible… vient de Meyer; corriger aussi…, CapsulaEbH. – Éd. correcte, CarCharL. – Ignore les éd. B et T, CerfAmC. – Très mauvaise transcription, sans notes, variantes, glossaire, CesTuimAlB. – Bon travail, ChaceOisIM, aussi DialGregEvrS. – Éd. peu fiable, ChaceOisI²H. – Mauvaise éd., CharroiDL. – Plein d'erreurs, ChevCygneH. – Mauvaise éd.; gloss. sans renvois!, ChevFustFA. – Mss. de base?, ChrestienChansZ². – Sans dat. des mss., CorbR. – Bon point de départ, CorrienteAr. – Glossaire sans renvois!, CoudertMos, id. DevR, ExhortationRelH, GuillSAndréJehC, PolyptSalzG. – Cité par Gdf comme 'Cart. de Cysoing' sans donner la source directe, mais avec la pagination de Coussemaker (la plupart des datations sont erronées), CoussemakerCysoing. – Très mauvais. Utilisable moyennant MantouHerz, CptHerzM. – Les citations sont pleines d'erreurs,

DelbObsc. – Éd. exempte d'erreurs, DepLivresE. – Qualité inégale, DictTop. – Certaines leçons nécessitent un ajustement (*justes* 47r°b,20 l. vistes; *justes* 46r°a,36 l. *rustes* [l'éd. C imprime *iustes*]), EschieleMahW. – S'appuie fortement sur FlamencaM, FlamencaG. – Cité par Gdf sans réf. à l'éd., sous le titre 'Othevien', FlorOctOctV. – Réimprimé en 1983 avec une liste de 19 errata sur la p. 2 (dans qqs. ex.!), FloreAL. – Sans reprod. d'une page du ms. et sans consultation (régulière) du ms.; copie l'éd. F avec ses erreurs et corrections (tacites), GaleranD. – Très bonne transcription. Sans glossaire, GaydonG. – Ne juge pas nécessaire d'identifier les mss. les plus importants, ceux de Venise et celui de la Vaticane. Plein d'erreurs, GrandclaudeAss. – Copie bien des bévues de l'éd. Meyer (v. T. Matsumura MélThomasset 533-545), GuillMarH. – Cf. et cp.! les c.r. sévères de G. Roques, RLiR 55,269-272, et de T. Städtler, ZrP 110,533-537, GuillPalMa. – Gloss. aux renvois onomas. utiles, HervisH. – 'Lexique' indigne et sans renvois (!), JMandLD. – Avec une bonne étude ling. et lexicologique, JPreisMyrG. – Transcriptions parfois meilleures dans Gdf, JurésSOuenD. – Utilise Lorenzo sans l'accueillir dans sa bibl., Mach². – Contrôler les citations [sub *jocularis* 'subst.', *Canto ocularis* vient de Niermeyer qui donne *Canto jocularis*, ce qui se lit dans la source *Cantator quidam iocularis*: adj.], NiermeyerBu. – Recensions en contraste flagrant avec «pierre angulaire… pierre de touche», PassIsabD, sim. YsayeTrG etc. – Nombre de bévues, Pères1L. – Ne date pas les mss., PlacCor¹K. – Gloss. à revoir (sous *home* on ne se doute pas du mot titre *hons*, déf. "vassal" insuffisante, cf. 1734 *Deus ne fist home*), PriseCordV. – Leçons à contrôler (ligne 1 *acun* l. *ascun*, l. 3 *le noumbre* l. *la n.*, l. 4 *tant* l. *taunt*, etc.), PrognZodD. – Inutilisable, RenD. – Plus de 200 erreurs selon Corley, RenBeaujBelW². – C.r. U. Mölk…, avec étude du ms. (la première dep. 1844 [!]), RobClariD. – Sans datation et loalisation des mss. utilisés. C.r. Ménard… [noter que *duplation* est confirmé par la var. *dupplation*], RoseGuiV. – Très mauvaise éd., … f°87r°b *naber a gris* lire *vabet, agris*; *vis* lire *jus*, SidracH. – Sans datation ou description même rudimentaire des mss.; les sigles ne coïncident pas avec TristPrC, TristPrMé. – Transcription et toilette du texte épouvantables, TrouvBelg². – Éd. critique aux corrections pas toujours documentées… Inutilisable: comparer les commentaires à VillehF, VillehWh et VillehD. – Glossaire de deux pages sans gloses, YsMachoH.

La *Bibliographie* du DEAF étant devenu un point d'ancrage non seulement pour d'autres entreprises lexicographiques (depuis des années pour l'*Anglo-Norman Dictionary* et tout récemment pour le Matsumura: Mts ¹2015), mais aussi pour des revues (p.ex. la *Revue de Linguistique Romane*) et nombre de travaux individuels (p.ex. ActesRégLex), nous nous efforçons de lui donner une qualité à la hauteur de cette responsabilité. L'édition ⁴2016 est relativement complète en ce qui concerne la structure des notices. Nous poursuivrons nos efforts pour qu'elle s'améliore et de s'amplifie à tous égards. Elle est destinée à servir de fondation à des recherches plus poussées dans cette matière. Sa version travail reste accessible sur le site du DEAF dont le moteur de recherche est en mesure de retrouver aussi les localisations et datations des manuscrits, bien que, pour le moment, il ne puisse pas imiter le tri des index imprimés (par exemple la liste alphabétique des manuscrits[10]).

Nous regrettons de ne pas pouvoir satisfaire à un souhait rarement formulé (deux, trois fois au cours du dernier demi-siècle), mais certainement plus souvent imaginé, nommément de pouvoir se servir des indications de la notice pour dater et localiser immédiate-

---

[10] La liste des manuscrits pourrait être utile, en la parcourant à l'œil, pour identifier des manuscrits 'bibliothèques' réunissant des chansons ou des textes scientifiques par exemple (ex.: Grenoble 290 ou BN fr. 837).

ment une forme trouvée. Les indications s'inscrivent dans un réseau multidimensionnel: le texte étant éventuellement l'œuvre de plus d'un auteur et créé à plus d'une époque et dans plus d'une région, les manuscrits écrits par plusieurs mains de scribes de différents âges et régions, comportant des corrections par les mêmes mains ou par d'autres, éventuellement plus récentes, puis les éditions multiformes, animant colloque après colloque sans seulement aboutir à une garantie de qualité reconnue et définie. S'ajoute la possibilité de lieux de séjours multiples des auteurs et des scribes tout comme l'écrivain à un lieu et le rubricateur, le miniaturiste et le réviseur à d'autres lieux. Ce que nous offrons, ce sont les éléments nécessaires à la recherche d'une identité d'une forme suspendue dans ce réseau complexe. Il y a trop de variables pour rendre la démarche facile. Au contraire, une explicitation trop poussée pourrait même obscurcir le tout et en rendre la consultation trop ardue.

Dernière remarque, touchant plutôt la rédaction du DEAF: nous indiquons sans exception les sources ayant livré des matériaux[11]. Les études et dictionnaires ne sont pas énumérés pour avoir été consulté ou pour faire étalage d'érudition, mais seulement pour avoir fourni des matériaux constitutifs. La seule exception à cette règle est le FEW, car il sert d'ancre et de canevas à la lexicographie française (l'indication 'ad FEW…' signalant un ajout tout nouveau – nouveau sens ou dérivé ou article).

Il est temps de faire une révérence à nos bibliothèques universitaires sur place, car elles tiennent à notre disposition la quasi-totalité des livres cités, elles nous garantissent le prêt de l'essentiel jusqu'à l'an 9999, avec possibilité de prolongation, et elles nous procurent également l'accès aux diverses banques de données (en partie financées par la Deutsche Forschungsgemeinschaft).

De nouveau nous tenons à remercier tous ceux qui nous encouragent par la consultation constante de ce travail, puis aussi l'un ou l'autre collègue (surtout au féminin) de nous avoir signalé des erreurs. La rédaction du DEAF y contribue régulièrement. Au cours des dernières années Hanna Khouri, puis Elena Miller et Kerstin Kerber, ont accompli avec une patience angélique la saisie continuelle des augmentations et des corrections. Sabine Tittel et Marcus Husar sont à même de maintenir en état la machine informatique et de mettre le tout en forme, tant sur le réseau que sur le papier durable.

Heidelberg, primo die ante Vinalia Rustica MMXVI
hora satis tarda   Frankwalt Möhren

---

[11] Les sources électroniques sont citées de façon suffisante, souvent par leur simple sigle, sans respecter les règles multiples de citation.

AVANT-PROPOS au *Complément bibliographique 2007*

La *Bibliographie 2007* du DEAF remplace intégralement le *Complément bibliographique 1993*. Seule son Introduction reste valable: elle est réimprimée ci-après. Le volume de la *Bibliographie* est deux fois plus important. Cette augmentation ne résulte pas pour autant d'un nombre accru de sigles, mais bien plus d'une affluence d'informations variées complétant les notices. On constatera malgré cela qu'il y a nombre de notices à parfaire (elles sont marquées par le signe ÷). Nous avions prévu d'attendre un apport complémentaire plus grand avant de publier ce troisième état de la *Bibliographie*. Mais l'éditeur a fait valoir à juste titre l'intérêt d'une nouvelle édition pour la commodité de l'utilisateur du DEAF et pour l'exposition des progrès réalisés. Trop de recherches de détail restent souvent cachées dans des remarques éparpillées ou dans les classeurs des chercheurs, inaccessibles à la communauté scientifique. Aussi avons-nous osé proposer cette nouvelle somme, aussi imparfaite soit-elle, surtout dans le but de servir aux chercheurs et de les inciter à émettre des commentaires critiques et des contributions constructives[12]. C'est sous cette forme augmentée que la *Bibliographie 2007* pourra mieux servir de noyau de cristallisation pour les améliorations multiples dont elle aura autant besoin que les objets traités par elle.

La *Bibliographie* du DEAF joue de plus en plus le rôle d'une clef servant à la lexicographie historique du français. Des projets lexicographiques parallèles s'accordent avec son système de siglaison, projets qui utilisent ses datations ou localisations. L'ANDEl a choisi de faire voir la notice bibliographique pour chacune de ses propres abréviations équivalentes. La concordance donnée ici pour le TL est quasi complète pour sa littérature primaire, de sorte que la présente *Bibliographie* sert également à lire ce dictionnaire. L'augmentation des références aux manuscrits contenant la littérature de l'ancien français aide mieux qu'auparavant à la consultation du Gdf.

Les chiffres ne valent pas grand-chose en matière de philologie; ils peuvent au contraire amener à occulter la qualité des informations données. Mais soit: le nombre des notices décrivant la littérature primaire, c'est-à-dire les textes et leurs éditions, s'élève à près de 5000. Les 2500 textes concernés sont tous datés. L'index de 900 auteurs médiévaux précède celui de 4600 éditeurs et chercheurs modernes. Les manuscrits conservant les textes sont cités 5600 fois. Les localisations des textes montent à près de 1600, dont 455 anglo-normands, 388 picards (plus 33 artésiens, 59 des Flandres et 47 hennuyers), 104 normands, 67 lorrains, 52 champenois, 41 bourguignons, 39 wallons, 32 franciens, etc. On voit tout de suite que ces chiffres ne sauraient refléter directement la production locale, ils dépendent plutôt des recherches non encore faites ou non encore intégrées. Il n'en va pas mieux des localisations des 3600 manuscrits: on trouve dans leur index 1789 localisations, dont 517 manuscrits picards (plus 41 hennuyers), 409 anglo-normands, 221 franciens, 153 lorrains, 80 bourguignons, 57 wallons (plus 44 de l'Est), 42 normands, 24 champenois, etc. La mention de ces chiffres est encore très téméraire, nous prêtons le flanc à la critique, mais sans hypothèse il ne peut pas y avoir de recherche[13].

---

[12] Cf., comme exemple rare, *RLiR* 60, 606. Des propositions ponctuelles nous étaient venues de quelques lecteurs, dont il faut nommer May Plouzeau et Takeshi Matsumura, ainsi que Jean-Loup Ringenbach. Compte rendu: David Trotter, *ZrP* 111 (1995) 704-707.

[13] Nous n'essayons pas de sauver notre peau en donnant la responsabilité pour ce genre de renseignement au stade de la recherche, même s'il est vrai que peu de textes ou de manuscrits ont été datés ou localisés par nous-même. — La qualification linguistique 'judéo-français' a été abandonnée. Dans le *Complément bibliographique 1993* les références aux textes ainsi qualifiés avaient été classées, tout comme dans le

Il sera nécessaire d'avertir le lecteur du fait que les index fournis ne sont pas autosuffisants. Par exemple la datation du *Roman de Renart* (Ren 4ᵉq. 12ᵉs.) est à relativiser par la lecture de la notice: les différentes branches du roman sont à dater différemment[14]. De même, la localisation non différenciée d'un texte, p.ex. par 'pic.' dans les index, est souvent à prendre comme un simple repère. Par exemple SoneG se trouve classé dans l'index de la scripta picarde, mais la notice ajoute dubitativement 'wall. ?'.

À la fin du volume se trouvent divers concordanciers qui assurent les liens avec d'autres bibliographies. Celui se référant à l'AND, avec ses 355 items, est plus complet qu'il ne l'était, mais une complétude est difficile à atteindre puisque le DEAF différencie les sigles attribués aux textes (p.ex. ChirRogH [dans AND A-N Med]) des sigles attribués aux études (p.ex. GrossGild [= AND Gild Merch]), pendant que l'AND sigle en principe des 'livres'. Heureusement, le respect de la tradition scientifique fait quand même converger la plupart des sigles, ce qui vaut également pour ceux du TL et du FEW. Un enrichissement important de nos connaissances a été fourni par Dean[15]. La concordance donnée ici montre que la *Bibliographie* du DEAF couvre l'essentiel du corpus de Dean (en ajoutant les domaines juridique et administratif). Un travail similaire pour l'ancien français continental ferait merveille.

Souvent les notices indiquent aussi ce que l'on peut attendre d'un travail donné, ou encore d'où viennent ses matériaux. Par exemple sous le sigle 'Foerster' la notice nous dit que le vocabulaire extrait de Perc ne vient pas de l'édition Hilka (parue ultérieurement), mais de travaux de Baist. Sous CoutAnjEB on peut apprendre qu'il s'agit du texte cité par DG par le biais de DelbRec. Sous BatesonBor le lecteur est averti des sources très diverses de ce travail.

La clef 'onomasiologique' annoncée dans l'Introduction de 1993 n'a pas encore pu être réalisée. Mais les dispositions sont prises pour fournir à la prochaine étape des registres réunissant domaines et genres littéraires, champs du savoir représentés par les textes ou par des chapitres de ces textes, sans oublier les formes des textes. Ces registres exploiteront les notices actuelles qui seront complétées à cette fin.

Nous remercions l'équipe vaillante de la rédaction du DEAF pour son apport précieux et surtout Sabine Tittel qui seule maîtrise la technique. Nous exprimons notre gratitude à Katharina Knerr et à Verena Busch (ordre chronologique), étudiantes romanistes, qui ont saisi les myriades de corrections et d'ajouts avec une patience exemplaire. Nos remerciements vont aussi aux chercheurs, conservateurs et bibliothécaires qui ont répondu aimablement à nos questions, ainsi qu'à l'éditeur pour son soutien.

FEW, après la catégorie 'francien', signalisant par là qu'il ne s'agit pas d'une scripta à part. À la place nous avons marqué les manuscrits correspondants comme écrits en caractères hébreux. Pour les retrouver on se servira de l'Index 'manuscrits' ou de la concordance 'LevyTrés'.

[14] À fortiori, le chiffre qui sert au classement numérique dans l'index chronologique n'a aucune valeur (p.ex. *1250* qui sert à classer entre autre la datation '13ᵉs.'). [Nous n'avons pas compris comment il a pu arriver que quelqu'un se soit attaqué à un tel chiffre pour en blâmer la trop grande précision pour la datation d'une œuvre.]

[15] Compte rendu dans *RLiR* 65 (2001) 583-586. — Nous avons observé que bien des éditeurs de textes se contentent de répéter ce qui est dit dans les catalogues souvent séculaires ou dans les éditions antérieures (souvent séculaires, elles aussi [p.ex. FierL p. 46, ms. 'Metz' d'après Friedel, 1895]).

Nous espérons que cette *Bibliographie* sera en mesure d'être assez utile pour récompenser les efforts de tous et de servir de base au progrès du savoir historique dont le monde actuel a si grand besoin.

Heidelberg, automne 2007   F. M.

INTRODUCTION au *Complément bibliographique 1993*

But

La présente *Bibliographie* est d'abord le *Complément bibliographique* du *Dictionnaire étymologique de l'ancien français* (DEAF). Elle explique les sigles dont ce dictionnaire se sert pour symboliser les ouvrages cités: textes, études, dictionnaires. Les explications des sigles de textes-sources comprennent la désignation du texte, l'auteur, la version, la datation, la localisation, les manuscrits existants et utilisés, leurs datations (et localisations), l'édition et une série de renvois aux abréviations correspondantes d'autres dictionnaires, aux bibliographies, ainsi que des commentaires de nature diverse.

Des index rendent accessibles toutes ces informations qui peuvent être utilisées aussi à d'autres fins. C'est ainsi que cette *Bibliographie* est en même temps un instrument de travail apte à répondre à nombre de questions et besoins. L'utilisateur trouvera ici, par exemple, une liste chronologique de 1580 textes anciens, un groupement par traits régionaux de 750 textes, la datation de 2262 manuscrits cités, les équivalents de 1368 abréviations de TL[16].

Publication

Deux tranches semblables à celle-ci seront nécessaires pour arriver à une certaine exhaustivité et pour traiter de tous les sigles employés dans le DEAF. Seules les lettres A et B ressemblent au résultat envisagé. Dans les autres lettres manquent bien des matériaux et notamment des séries de sigles complexes comparables à AssJér (v. aussi Asprem, et déjà Pères, RenMont). Comme dans le *Complément bibliographique 1974* (entièrement remplacé) il y a un assez grand nombre de sigles non explicités: ils ne contiennent, à côté de la datation et de la localisation, que le renvoi à TL ou une autre référence bibliographique qui assure provisoirement l'identification univoque. Ce fait peut surprendre puisqu'il ne semble pas long de noter les quelques données nécessaires pour compléter la notice. Mais en réalité la vérification soigneuse de chaque élément déclenche régulièrement une avalanche de recherches qui prennent du temps.

Le plan initial de publier par intervalles des versions de la *Bibliographie* mises à jour et complétées semblait irréalisable aux éditeurs. Il est toutefois prévu de faire paraître les tranches successives dans un laps de temps raisonnable. Elles contiendront les notices détaillées des sigles non encore explicités, des matériaux nouveaux et des suppléments et corrections.

Systématique des sigles

Les sigles du DEAF assurent l'identification des sources, tout comme les abréviations du TL par exemple. Mais, à la différence des abréviations, le système du DEAF permet, en principe, de percevoir certains groupements de textes, de versions, de variations manuscrites d'un texte. Une telle systématique a un intérêt propre, et le cas échéant, elle facilite la vue sur divers états de l'expression d'un contenu. Un sens particulier d'un mot qui se trouverait attesté par le TL dans *Tombel Chartr.*, *Maistre Silon*, *Simon de Crépy* et dans *Vision SFoursi* sera localisé par le DEAF dans TombChartr4W, TombChartr7W,

---

[16] Sur 1650 abréviations environ. La *Bibliographie* sert ainsi, dès maintenant, de clef chronologique pour ce dictionnaire, et servira un jour, quand tous les sigles seront explicités, de bibliographie véritable à TL.

TombChartr11W et dans TombChartr29W, car tous ces contes appartiennent à la même collection. La simple connaissance du fait peut influencer l'interprétation linguistique.

Les sigles sont en principe univoques, AssJér en est un exemple illustratif: le FEW date ce groupe de textes indifféremment de 1250, sous un même sigle, *AssJér*. La présente *Bibliographie* en donne 25 entrées distinguant les textes différents, les versions et en partie les manuscrits, assignant des datations entre ca. 1201 et 1369 et précisant les dates des manuscrits (fin 13[e]s. – fin 18[e]s.) souvent importantes pour une juste évaluation du vocabulaire. Ainsi, le sigle AssJérBourgBatvB se lit comme suit: texte du groupe des *Assises de Jérusalem*, relevant de la juridiction de la Cour des Bourgeois (rédaction de ca. 1240), chapitre traitant de l'ordalie (*bataille de deus homes*), ms. Venezia (mil. 14[e]s.), édition Beugnot 1843; à comparer à AssJérBourgBatMK: ms. München (3[e]q. 14[e]s.), éd. Kausler 1839.

Bien des sigles contiennent des éléments outils comme *Pr*, version en prose, *Al*, version en alexandrins, ou des petites majuscules pour distinguer versions (ex. ChastPèreA/B) ou manuscrits (ex. AlexisA). Les textes de certains recueils de contes, de miracles etc. ont été simplement numérotés, p.ex. Coincy, MirNDPers, Pères. Des chiffres placés en indice servent à distinguer rédactions (MonGuill^1 2[e]t. 12[e]s. et MonGuill^2 ca. 1180), parties de textes (Aiol^1: vers décasyllabiques, Aiol^2: alexandrins), différents traitements d'un thème ou traductions différentes d'un texte latin (p.ex. AlexisPr$^{1/2/3/4}$ [curieux: AlexisPr^4 désigne un texte inexistant]) ou encore de différentes éditions ou des éditions partielles (p.ex. HuonAuvBS$^{1-7}$).

Chaque sigle d'un texte édité se termine par l'initiale du nom de l'éditeur. Les éditions différentes se basent très souvent sur des manuscrits différents, de sorte que l'initiale symbolise en même temps ce fait dans le cas (fréquent) où une petite capitale n'est pas introduite pour signaler expressément le manuscrit (ex.: BenDucF/M, GautArrIllC/F/L).

Malgré tous ces éléments classificateurs il n'est pas possible de maintenir une systématisation stricte – qui se veut définitive et 'scientifique' – de toutes les variations possibles allant du traitement d'un thème au manuscrit en passant par remaniement, version, contamination, scribe-auteur, etc. (un exemple négatif en sont les éditions de l'Aspremont). Le système établi tâche de maintenir autant d'abréviations ou de sigles habituels que possible, tout en les modifiant ou en les élargissant pour les rendre univoques, transparents. Des renvois multiples garantissent la perception des réseaux là où il y en a (ex.: les versions de PassJongl comprennent une copie intégrée dans la compilation BibleSeptEtats, soit PassJonglGL; elle est traitée parmi les Passions; sous BibleSeptEtatsL on trouve un renvoi avec indication des folios concernés).

Les sigles de la littérature secondaire ou des études débutent normalement par le nom du chercheur (ex. HöflerTuch) ou sont constitués par le seul nom (ex. Drüppel). Ceci concorde avec TL. Quelques exceptions sont dues à la reprise de sigles bien établis dans la lexicographie, spécialement dans le FEW (ex.: Chastell pour l'étude de Heilemann). Les sigles des revues ne sont que rarement enregistrés ici, ils coïncident d'ordinaire avec ceux du FEW ou de la *Romanische Bibliographie*. Pour les sources patoises il faut également se reporter au système du FEW.

L'ordre alphabétique

Les sigles sont rangés, non pas dans l'ordre alphabétique strict des lettres qui les composent, mais dans l'ordre alphabétique de leurs éléments (identifiables par la majuscule). Ceci est nécessaire pour ne pas séparer les sigles et les explications d'un même texte ou d'une même version ou encore d'un groupe de textes par des sigles qui se trouveraient intercalés suite à l'ordre alphabétique. Ainsi la série des différents sigles de textes s'intitulant *Evangile* (EvDomB, EvEnfB, EvEnfQuatrG, EvFemesK, etc.) ne sera pas interrompue par EvansJewels, comme l'ordre de tous les saints (de SAgathe à SValer) ne sera pas interrompu par des dizaines d'autres sigles (de SabinStreu à SumbergAnt). Il faut donc s'habituer à trouver AmYdvR avant AmbroiseP, BestAmFournS avant BestAmFournOctL et GPCymr avant Gace. Nous avouons qu'il ne va pas de soi que les sigles Alexis élargis de petites capitales (versions du célèbre *Saint Alexis*: AlexisM^1/M^2/P^2/Q/S/V) précèdent ceux élargis par Al, Hex et Mir (autres récits de la légende). Tout particulièrement les initiales des noms d'éditeurs peuvent rompre l'ordre alphabétique, soit parce que des petites capitales dictent l'ordre, soit parce que la lettre marquant l'édition mise en vedette est hors de l'ordre (bon exemple: Alexis). Mais comme il y a une certaine logique interne dans la disposition des matériaux, nous espérons que l'utilisateur n'en sera pas trop dérouté et qu'il se sentira au contraire invité à parcourir les notices.

Structure des notices

Les notices concernant la littérature secondaire, soit études, lexiques, dictionnaires, ne donnent guère plus que la référence bibliographique. La disposition de ces renvois suit les règles de la PMLA, légèrement modifiées. (Des renvois supplémentaires à l'intérieur des notices, et spécialement dans les commentaires, sont confectionnés plutôt comme dans le DEAF, en pratique: indications raccourcies, titres d'articles omis, sigles de revue composés en caractères romains. Ex. v. GuillPalMa.) Un commentaire peut qualifier l'ouvrage ou nommer des sources (ex. Runk).

Les notices concernant la littérature primaire, c'est-à-dire les éditions de textes, forment la pièce maîtresse de la *Bibliographie*. Leurs éléments demandent plus d'explications: on les trouvera ci-dessous. En tête de la notice se trouve une très courte qualification du texte qui peut donner le titre, l'auteur, le genre, le mètre et ainsi de suite, laissant apparaître aussi les éléments constituants du sigle (ex. BrunLatC). Suivent, toujours séparées par des points-virgules, toutes les informations essentielles: localisation et datation du texte, liste de manuscrits renfermant le texte ou utilisés par l'édition en question, la référence bibliographique, et, finalement, les correspondances bibliographiques avec dictionnaires, bibliographies et autres. Des commentaires et renseignements supplémentaires peuvent terminer la notice (après un point).

Localisations

Certains textes se localisent aisément. La plupart des attributions à la scripta anglo-normande ou franco-italienne ne seront pas mises en question. Mais plus d'une attribution au lorrain p.ex. est discutable: DeesAtlas^2 place WaceMargMF dans la Haute-Marne ('Langres et env.'), les autres chercheurs en Touraine (de même SCathJonglF en Franche-Comté ou en Poitou, etc.). D'autre part, même une localisation acceptée unanimement, fruit d'une véritable recherche et non pas d'un recopiage, reste problématique pour la lexicographie: normalement le vocabulaire et souvent la graphie sont neutres et quelques éléments seulement montrent une coloration régionale (ce n'est que pour ces éléments que l'on usera de l'épithète dans le corps du DEAF). De plus, bien des textes sont colorés seulement quant à la graphie, due au scribe et non à l'auteur. Le DEAF marquera dans ce cas la graphie, mais jamais un mot ou un sens. Nous tâcherons de souligner dans la *Bibliographie* la problématique de la marque par la formule 'traits lorr.' p.ex., dans des cas de régionalité faible.

Il ne paraît pas superflu de rappeler que la caractérisation d'un texte comme 'judéo-français' et son classement parmi les scriptae ne veut pas dire que nous considérions ce texte comme appartenant à une langue ou scripta à part. Le plus souvent il s'agit tout simplement de textes écrits en milieu juif, pouvant contenir des graphies spéciales (dues d'habitude à une translittération maladroite des caractères hébreux) ou, plus rarement, des mots ou sens non attestés autrement.

Datations

Les datations de textes retenues dans la *Bibliographie* et employées dans la rédaction du DEAF ne sont que rarement le fruit de recherches nouvelles. Trop souvent nous devons nous baser sur des opinions vieilles d'un siècle au moins et reproduites par tout le monde (ce qui ne les rend pas plus sûres). Même les dates bien établies, étayées par l'histoire littéraire et l'histoire externe, n'assurent pas que chaque fait de langue émane de la volonté de l'auteur: la tradition manuscrite est à prendre en considération.

Le DEAF date généralement le vocabulaire d'après la date supposée ou probable de la rédaction des textes cités. Les rédacteurs sont conscients des problèmes que posent ces datations qui négligent en principe la date des manuscrits. (Cp. le MED qui date les citations d'après les manuscrits, tout en indiquant parfois la date probable de la rédaction; ce procédé, valable pour le moyen anglais – dates des manuscrits proches des dates de rédaction – nous obligerait à dater par exemple Abladane du 18^{e}s., ou Rou en partie du 16^{e}s., ce qui ne ferait pas non plus justice à la réalité historique).

L'indication des dates des manuscrits dans les notices bibliographiques veut compenser partiellement ces inconvénients.

Nous invitons donc l'utilisateur du DEAF à consulter parallèlement la *Bibliographie* pour relativiser et corriger les datations données. La précarité des dates saute aux yeux, spécialement dans le cas de la datation à l'intérieur de la parenthèse renfermant les graphies: c'est la date de rédaction du texte le plus ancien. Ceci peut paraître insensé puisque précisément dans l'appareil graphique devraient entrer en ligne de compte surtout ou uniquement les dates des manuscrits. Ce fait, en théorie absurde, ne l'est pas pour autant en pratique, car la graphie du texte le plus ancien est souvent aussi la plus courante et correspond très souvent à la forme titre (forme 'normale' hypothétique du 12^{e}s.). La place de la date signale sa valeur: elle précède le sigle du texte, pas la graphie. (Sa fonction est d'ailleurs aussi de faire voir l'âge du mot – indication utile surtout dans les très longs articles.) Les utilisateurs réguliers du DEAF auront réalisé que l'on trouve de plus en plus souvent une date de manuscrit apposée à une date de texte, et même l'inverse, la date du manuscrit étant mise en vedette.

Table chronologique

Après avoir fait allusion aux aléas de la datation, il paraîtra téméraire de s'exposer à la critique en publiant une table chronologique qui se lise aisément. Les amateurs de filiations littéraires surtout y trouveront matière à contestation. Mais il est pensable aussi qu'une telle table contribue à une discussion féconde[17].

Cette table n'a rien de commun avec LevyChron qui donne aux textes des dates approximatives (à cinq ans près, et plutôt la fin de la période envisagée) et qui met en liste

---

[17] On voit p.ex. confirmé dans cette table ce que l'on avait toujours senti: avant la fin de chaque siècle les auteurs (et scribes) anciens ont été poussés à des exploits extraordinaires par les Muses. On pourra un jour établir la courbe des activités créatives du temps.

ces 'dates' avec les quelques dates précises que nous avons (de sorte que ces dernières perdent leur valeur).

Notre table assigne à chaque date un numéro d'ordre (imprimé en italique) qui est une moyenne arithmétique de la date: ca. 1224 = *1224*, 1^{er}t. 13^{e}s. = *1217*, 13^{e}s. = *1250*, etc. Ces numéros servent à classer les sigles. Sous *1250* on peut trouver, dans l'ordre, av. 1250, 1250, ca. 1250, mil. 13^{e}s., 2^{e}t. 13^{e}s. et 13^{e}s. À l'intérieur de ces groupes l'ordre est alphabétique. Le sigle est toujours suivi de la datation véritable. Mais à cet endroit c'est la date sous sa forme comprimée qu'on lira. Il faut se reporter à la notice pour trouver la datation complète: sous *1276* on trouve «AdHaleFeuillD 1276», à la notice «1276 (très prob. 1276/1277)»; de même *«1190* DialGregF fin 12^{e}s.», à la notice «fin 12^{e}s. (2^{e}m. 12^{e}s. ou déb. 13^{e}s.)», ou *«1256* BractonW ca. 1256», notice «ca. 1256 (ca. 1239 – ca. 1256, ajouts jusqu'en 1268)», etc. Noter que les collections de documents sont classées d'après le premier document français, p. ex. *«1266* RedBookH 1266-1355».

En lisant la notice on tiendra compte aussi des dates des manuscrits.

Manuscrits

La liste des manuscrits renfermant le texte traité dans une notice débute régulièrement par le manuscrit utilisé comme base pour l'édition en question. Les autres manuscrits sont nommés dans l'ordre (ou le désordre) traditionnel, c'est-à-dire celui trouvé dans les éditions, afin de faciliter la confrontation des matériaux. Y sont distingués de plus les manuscrits cités en variante, ceux qui n'ont pas été utilisés ou ceux qui n'étaient pas connus.

Nous n'indiquons d'anciennes cotes que dans les cas où elles ont encore une certaine importance pour l'identification de la base d'une édition. Nous ne répétons pas toutes les indications concernant les manuscrits sous chacun des sigles d'une même œuvre. Sous PAbernLumL p.ex. se trouvent cités tous les manuscrits existants; sous PAbernLumH (éd. difficilement accessible et placée en second lieu) on ne trouve que son manuscrit de base. Nous espérons que le lecteur suivra le 'id.' et lira la notice précédente pour avoir les renseignements utiles. Quand tous les éléments sont identiques, le seul 'id.' ne se lit pas 'même œuvre, même date', mais de plus 'même(s) ms(s).' (ex. BastC/S). – Remarque: les imprimés des textes transmis par des manuscrits ne sont pas tous enregistrés, un renvoi à l'édition qui les nomme paraît souvent suffisant (ex. LégDorVignBartH; GuiChaul).

Chaque manuscrit est daté. Comme les éditions sont trop souvent très négligentes sur ce point (omettant toute datation ou copiant celle de l'édition antérieure), il fallait vérifier des centaines, voire des milliers d'indications. À cette fin nous avons consulté les instruments de travail habituels, comparé des opinions divergentes, mené une correspondance étendue avec les bibliothèques du monde entier et effectué plusieurs voyages.

Il nous est agréable de rendre hommage ici à la patience et au savoir des conservatrices et conservateurs des bibliothèques qui ont répondu à nos questions, soit sur place soit par correspondance. Nous avons souvent rencontré une véritable sympathie pour nos recherches. À cet égard, les conservateurs anglais méritent la palme; pourtant pour être sincère, il faut dire également qu'il y a des bibliothèques qui ne répondent jamais.

Bien des conditions extérieures compliquent encore ce travail déjà long: une bibliothèque est fermée pendant des années 'per radicali lavori' (SecSpagnaC); une faute d'impression crée un numéro de manuscrit erroné, répété et entériné par la *Romania* 69 et 71 (AmYdR: 1871 1. 1971); un manuscrit est cité sans aucune cote (Tilander GastPhébChasseT/OrT$^{1/2}$) ou se trouve dans deux bibliothèques à la fois (v. Boss^2 7721/2: GastPhébOrT$^{1/2}$); un manuscrit est localisé dans une ville, sans indication de bibliothèque (AnticlC); un éditeur donne (sur la page titre et partout ailleurs) le numéro de son microfilm (R3719) au lieu de la cote du manuscrit (SJeanBaptOct[1]G); quelqu'un localise nombre de manuscrits dans une 'Bibliothèque municipale' de Londres (BM = British Museum > British Library; DeesAtlas[2]); etc. etc. À ces problèmes s'ajoute un facteur plutôt ascientifique: le manuscrit est une marchandise. Les ventes sont désastreuses pour la science surtout quand le nouveau propriétaire (on dit possesseur) veut rester incognito, soustrayant ainsi un héritage culturel à l'humanité (est-il trop demandé de déposer dans ces cas un microfilm à l'IRHT p.ex. ?). La plus célèbre parmi les bibliothèques dissoutes est sans doute celle de feu Sir Thomas Phillipps à Cheltenham (v. l'index des mss.). Un grand nombre de ses manuscrits ne sont toujours pas localisés correctement. Cp. Linker p. 44 qui déclare 'lost' le ms. 3656 (il se trouve à Fribourg) ou Mandach (AspremLM p. 2; 46; 47; 153) qui localise le ms. 26119 dans une 'collection privée du continent' ou chez 'un ami' (il se trouve à Cologny).

Même l'histoire récente brouille nos fiches. Prenons Zagreb: l'indication 'Zagreb, Univ. Bibl. Agram' (Linker p. 39) n'est pas très valable, Agram étant le nom autrichien de cette ville. Prenons Berlin: nous avions (avec quelque peine) retrouvé la trace des manuscrits de l'ancienne Staatsbibliothek dans la Staatsbibliothek (Est) ou dans la Staatsbibliothek Preußischer Kulturbesitz (Ouest); entre temps les deux bibliothèques se sont formellement réunies.

L'index des manuscrits suit l'ordre alphabétique des villes dont les bibliothèques les conservent. Font exception Arsenal, BN, Mazarine, Sainte-Geneviève à Paris et BL à Londres. Quelques manuscrits ont donné lieu à un commentaire global (ex. BN fr. 17000) ou à une analyse rapide (Ste-Gen. 792) ou sont pourvus d'une référence à un fac-similé publié (BN fr. 19152). Cet index sera utile pour identifier maint renvoi de Gdf et, dans quelques cas, pour dépister des erreurs (p.ex. GdfC 9,689a: «CHREST, *Yvain*, B.N. 1433, f°39r°» = Atre, qui couvre les folios 1 à 61, Yvain 61-117 de ce manuscrit).

Editions

Nombre des éditions citées ici sont tout à fait périmées. L'intérêt de leur enregistrement réside uniquement dans leur valeur historique ou plutôt dans leur position dans l'histoire de la critique littéraire et de la lexicographie. Leurs notices servent à identifier les sources des dictionnaires historiques comme Lac, Li, Gdf, TL. Certaines notices ont été établies dans le seul but d'accueillir une mise en garde (ex. VillehD). Nous avons renoncé pourtant à établir des sigles pour des travaux réellement superflus à condition qu'ils ne soient cités nulle part (ex. F. J. Allred, *An Old French science dictionary*, thèse Chapel Hill 1966: compilation basée sur des éditions de textes à contenu médical surtout; sans renvois !).

Il manque encore une quantité considérable de notices d'éditions modernes qui remplacent parfois au moins partiellement une édition ancienne. C'est surtout le cas quand un sigle n'est pas encore explicité (ex. MarieFabO, éd. Otaka 1987, MarieFabB éd. Brucker 1991, etc. manquent, donnée: éd. Warnke 1898, l'ancienne édition de référence).

L'édition mise en vedette n'est pas toujours la plus récente ni la meilleure. C'est souvent celle qui reste encore aujourd'hui le point de départ pour tout travail sur un texte donné, même s'il y a des éditions plus récentes (ex. Rose, éd. Langlois et éd. Lecoy).

Les rééditions d'un ouvrage sont enregistrées normalement sous un sigle à chiffre en indice. Parfois un sigle sans indice désigne une réédition quand celle-ci est l'édition définitive (ex. Foerster). Les réimpressions qui prétendent être des rééditions (même 'corrigées') et que la maison d'édition a renumérotées et pourvues d'une nouvelle date ne sont pas retenues. (Ce procédé est à proscrire puisqu'il enrichit ces maisons ou les préserve de la faillite tout en nuisant à la science. Ex.: REW, Winter, Heidelberg; BW, P.U.F., Paris; Coll. C.F.M.A., Champion, Paris; etc.)

Bien des textes, surtout de petites œuvres littéraires, ont été édités plusieurs fois sans que l'on en voie l'utilité (ex. Mercier, éd. Ménard et al., ChastVergi, Auc, Adam). Nous n'enregistrerons pas toujours ces redites. Pires encore sont les éditions qui reproduisent des travaux antérieurs, souvent sans en faire mention. Exemple: certains travaux de Jean Dufournet, professeur à la Sorbonne. Il fait publier *Villehardouin* («Chronologie et préface par J. D.») chez Garnier-Flammarion sans indication de manuscrit ou autre. Dans la bibliographie, il nomme l'édition Faral 1961 et des travaux critiques divers. Il y omet l'édition Wailly 1872. C'est précisément celle-ci qui est recomposée sans y changer une virgule. Glossaire 'allégé' et sans renvois (!) sur cinq pages perdues. Dans *Rutebeuf, Poèmes de l'infortune,* Gallimard (reliure: «Édition de J. D.», page titre: «Traduction, préface, notes et commentaires de J. D.»), il signale qu'il 'suit' l'éd. Faral/Bastin. De même dans *Philippe de Commynes, Mémoires,* «Édition présentée, établie et annotée par J. D.», édition qu'il «reprend» (p. 29) de l'éd. Pauphilet/Pognon 1938. De même *Le roman de Renart,* etc. De telles publications sont des obstacles au progrès de la science[18].

Commodes à publier mais peu utiles sont également les nouvelles éditions de textes suffisamment bien édités sur la base d'un même manuscrit quand il y en a d'autres valables. Exemple: Rose, éd. Lecoy, après l'éd. Langlois plus complète, bien qu'avec des modifications constantes mais mineures. Parmi les 300 manuscrits on aurait pu en trouver un qui soit digne d'être édité. (L'éd. Poirion 1974 réédite le ms. de l'éd. Méon 1814.)

Voici, pour orienter quelque peu la recherche et abandonner les textes archi-connus et remâchés ad nauseam au profit d'un enrichissement de notre connaissance de la littérature, de la langue et de la culture médiévales, une liste (très très incomplète) de textes inédits ou seulement partiellement ou très mal édités et dont les sigles sont enregistrés ici. Nous souhaitons des éditions scientifiques, pourvues d'introductions valables et de glossaires exhaustifs, conformes aux règles admises et aux vœux et exigences répétés si souvent par Gilles Roques (RLiR, ZrP, etc.), bref, sérieuses:

AbbDev; AmDieu mss. Cambridge et Dublin; AmphYp; Apol^1; Apol^4; AspremLan; BibleAgn; BibleSeptEtats; Brut ms. Cambridge Jesus Coll. Q.G.10 (v. sub BrutThomS); CantTres; ChaceOisI^2/II^2; ChevDieu; ChirRog^4; CommPsIB/C; CptChâtArt; DixCommNero; GirAmCharl; GlAlph; ImMondeOct^1 (cp. FahsImMondeOct^1); JBelethOff; JCourtPlaitB (v. sub JCourtPlaitAK); JVignayMir; JurésSOuen; LHorn; LapidMand^2; LégJMailly; MPolPip; OresmeQuadr; Pierre de Hangest (v. PCrapCurB); Pères; ProprChos; PsLong; RegDijon^2; RobGrethEv; SCathLond; SGenDér; SJérEp53R; SMadPr$^{3-6}$; SMarieJésus; TristPr [2007: accompli].

L'index des noms d'EDITEURS et de critiques et chercheurs modernes permet de faire le pont avec les grands catalogues, NUC, BN, BL. Comme dans tous les index le renvoi se fait au sigle et non pas à la page pour éviter de devoir suivre plusieurs renvois numériques (donc muets) avant de trouver l'information voulue (dans Bossuat p.ex. il y a 204 renvois sous le nom P. Meyer). – Ce registre n'accueille pas les noms des chercheurs ou autres honorés de mélanges (les sigles en sont réunis sous Mél).

L'index AUTEURS ne concerne que les auteurs anciens. Plus utiles qu'un renvoi Brunetto Latini → BrunLat sont les renvois à des sigles dont le premier élément vaut pour l'œuvre plutôt que pour l'auteur: c'est ici que l'on voit réunie l'œuvre de Chrétien de

---

[18] Nous nous permettons ici de formuler le vœu que l'on publie moins (la moitié est déjà trop), mais à qualité doublée.

Troyes (→ Lanc, Yvain, Perc, etc.), que l'on trouve les auteurs dont le (premier) nom n'apparaît pas dans le sigle (Gautier de Coincy → Coincy, Nicolas Oresme → Oresme) et aussi ceux dont l'œuvre est répartie, sous divers groupements: Henri d'Arci → AntArci (parmi les traitements de l'Antéchrist), SPaulEnfArci, SThaisArci (parmi les légendes), aussi HArciPères.

Concordances bibliographiques

L'ordre alphabétique des sigles n'est pas apte à répondre aux questions d'ordre onomasiologique: par exemple, quels textes contiennent du vocabulaire nautique? Seuls certains éléments classificateurs des sigles peuvent réunir des textes à contenu semblable, tels S (toutes les saintes et tous les saints, sauf exceptions: Alexis p.ex. n'y est pas), RecCul, RecMéd, etc. (toujours avec des exceptions). Il faut, pour profiter au maximum de la *Bibliographie* sous cet angle, passer par une bibliographie systématique, par Boss/Boss^2, Hol, Vising, Wo, Wos, WoC, LevyTrés ou Stein, pour trouver ensuite, par la concordance numérique, les sigles du DEAF. N'échapperont que les textes qui n'ont pas été enregistrés par ces bibliographies. (Un supplément futur contiendra une clef 'onomasiologique' complète.)

Inversement, le lecteur est invité à suivre les renvois aux bibliographies pour s'orienter sur ce qui existe en études, éditions et comptes rendus. De plus, on consultera les bibliographies habituelles, telles LångforsInc, SonetIncip, SinclairDev, SinclairPrières/S, ZinkPréd, RaynaudSpanke, Linker, aussi GRLMA et bien d'autres.

Par ses index des sigles de TL, Stone et aussi du FEW (surtout ceux des éditions de textes anciens), cette *Bibliographie* constitue en même temps un complément bibliographique accessoire des dictionnaires cités. Ceci est particulièrement vrai pour TL, déjà bien représenté. (D'autre part, l'identification provisoire de tant de sigles par le simple rapprochement avec une abréviation de TL font de ce dictionnaire le partenaire spécial jusqu'à la publication complète de nos matériaux bibliographiques[19].) – Noter qu'une équivalence TL – DEAF donnée n'implique pas pour autant une identité: *Vie SThibaut* est renvoyé de l'index TL à SThibAlM; sous ce sigle on peut lire que l'édition contient aussi SThibOctM.

Paradoxe: cette *Bibliographie* a été conçue à l'origine comme un cahier de datations pour lire Gdf – et pourtant un index des abréviations de ce dictionnaire manque toujours. La première raison en est que Gdf n'a pas vraiment introduit des abréviations ou sigles stables pour désigner ses sources[20]. Il abrège plutôt au hasard les titres d'ouvrages et de séries et les noms d'auteurs ou indique une cote de manuscrit avec, en abrégé, un titre d'œuvre ou de partie de texte citée. Généralement, ces indications sont suffisantes de sorte que l'on trouve normalement dans cette *Bibliographie* l'équivalence soit directe-

---

[19] Pour une liste des abréviations de TL v. la préface du fascicule 88, *u-venteler*, 1989. En comparant les abréviations TL avec nos dates, on perçoit entre autres que ce dictionnaire déborde largement vers le moyen français et le seizième siècle. Ex. (excluant le 14^{e}s. bien représenté par Oresme, Froiss., Ménag., etc.): ca.1405: Froissart Chron. I, déb. 15^{e}s.: Christ. Pis.; Quinze Joyes; Vrai Amour, 1^{er}q. 15^{e}s.: Geste des ducs de Bourg.; Jean de Courcy, 1^{e}m. 15^{e}s.: Débat des Hérauts; Guy de Warwik; Haimonsk., 2^{e}q. 15^{e}s.: Mir. Ste-Genevieve; ca.1450: Gilion de Tras., mil. 15^{e}s.: Myst. Pass. Greb.; Mir. a. dames, 15^{e}s.: Algorism^2; Cte d'Artois; Comte d'Artois^2 (même texte); Méd. Namur.; Mon. Guill. Pros.; Mors de la Pome; Og. Dan.^{2} (impr. 1498); Ov. mor. Comment.; SGreg.; Vie SDenis, ca.1460: GNevers RViol. Pros., 1467: Ovide moral. prose, 1468: Saladin, 1451-86: GAlexis, ms. 2^{e}m. 15^{e}s.: Lai de la Rose [ca. 1320]; Ord. Adm. [1373], 1527: Celestina, 1536: Nic. de Troyes Par., 1542-1640 Anc. Th. frç., 1561: Fouilloux, 1724: Cout. gén. (doc. douteux).

[20] Une ébauche d'une bibliographie de Godefroy n'existe pas et n'a probablement jamais existé. Cp. Möhren TraLiPhi 26 (1988) 173-189.

ment par la forme même du sigle, soit par le biais des index auteurs, éditeurs, manuscrits. Une fois terminée, la *Bibliographie* permettra d'identifier la quasi-totalité des sources de Gdf dans le domaine de l'ancien français. Un index spécial ne donnera que quelques désignations particulières que nos index ne contiennent pas (ex.: «*De monacho in flumine periclitato* (Michel)» → CoincyI42M dans BenDucM 3, 511-530; *Est. Rog.* → HistAnc).

Appendice aux index: CONCORDANCES *entre éditions et manuscrits*

La lexicographie moderne repose largement sur des travaux du siècle dernier. Dans la plupart des cas il est facile de localiser une citation dans un travail plus récent, dans d'autres c'est assez long et surtout fastidieux. L'équipe de rédaction du DEAF a depuis longtemps établi quelques concordances entre éditions anciennes et plus récentes et aussi entre manuscrits et éditions. Nous publions ici les principales en appendice. Quelques notices contiennent également des concordances (ex. HosebCompL).

Commentaires

Le travail journalier intensif et effectué à long terme par les rédacteurs du DEAF contribue à notre connaissance des sources. La routine nous fait manier la bibliothèque de l'ancien français avec une certaine aisance. Comme la rédaction contraint en même temps à opérer avec diligence et efficacité, nous sommes agacés d'être retardés par tant de travaux obscurs, touffus, recopiés, bâclés et pire[21]. Des erreurs de tout genre sont de règle. Elles se combinent avec les informations de seconde main, déjà fautives (ex.: BalJosPr¹M, 1973, indique des manuscrits dont les deux premiers cités ne contiennent pas le texte; l'indication provient de BalJosAnS, 1949, qui a lu trop rapidement Meyer HLF 33, 1906, 423). Ce sont surtout les sommes résumant un secteur de notre science qui reposent, peut-être nécessairement, sur des travaux antérieurs: il en résulte une compilation des erreurs commises d'étape en étape (ex.: HoltusEntr p. 81 Attila: n° du ms. Modena non pas $a…$, mais α, erreur reprise; renvoi à Putanec 1955 n'a pas été suivi, de sorte qu'il manque la version AttilaPr et un ms. de la Marciana; p. 89 Enanchet: ms. Zagreb daté 1232, erreur reprise de Ruggieri, l. 1252, date également erronée; listes de mss. incomplètes pour Aldobrandino, Anseis, Aquilon, etc.).

On conçoit facilement qu'il est impossible de noter de telles corrections dans le cadre d'une bibliographie. D'autre part, il faut mettre les données essentielles à la disposition du lecteur critique. Le résultat en sont des commentaires contenant des informations matérielles qui ne susciteront pas de discussion (ex. AliscW; AmAmD; Andernacht; BatesonBor; EpMontDeuH) ou des remarques critiques laconiques, trop directes, sans fioritures adoucissantes (ex.: 'Mauvaise édition' GautArrIllLe; 'Périmé' EnfOgFrancoitS; 'L'éd. S$^{1/2}$ reste préférable' AlexisO; 'Ed. non définitive' GuillAnglH; 'Ed. inutilisable, périmée dès sa parution' NabaretS; mais aussi 'Bonne éd.' AliscG, HosebCompL, SSagOctS)[22]. Ces commentaires sont d'autant plus nécessaires que souvent les comptes rendus ne remplissent pas leur rôle de correctif. Trop d'entre eux sont des 'Louanges Notre Auteur' (allant récemment jusqu'à tenir son filleul sur les fonts de la carrière) ou sont des résumés de préfaces.

Un problème particulier est constitué par les éditions critiques, critiques au sens des philologues du genre de Gaston Paris, soucieux de présenter un texte qui se rapproche au

---

[21] Formule plus directe d'un collègue éminent: 'J'en ai ras le bol des travaux salopés'.
[22] Une qualification comme 'bonne édition' se trouve surtout auprès d'éditions anciennes qui n'ont pas besoin d'être reprises. Exceptionnel: 'Ed. exemplaire' pour BodelNicH.

mieux de l'intention supposée de l'auteur ancien français. La lettre de ces éditions correspond sans doute parfaitement à l'image que l'on se faisait de la grammaire de l'ancien français, mais pas aux réalités des manuscrits. Ex.: PelCharl dans MichRayn p. xj «M. Gaston Paris ... a fait revivre partout les formes françaises de l'original»; OvArtElieK p. 35 «haben wir einige orthographische Entstellungen des Copisten, so z.B. *ie* st[att] *iée, ert* st. *iert, uels, uelt* st. *uuels, uuelt, sil* st. *cil, cus* st. *sus*, beseitigt, ebenso die verwarloste [!] Flexion der Nomina in Ordnung gebracht»; AdHaleFeuillL p. XVIII «je n'ai éprouvé aucun scrupule à la modifier [la graphie] lorsqu'elle était contraire soit à la prononciation artésienne, soit aux habitudes des scribes d'Arras au milieu du XIIIe siècle, ou pouvait être mal interprétée, ou représentait une évolution des sons trop avancée»; AlexisH v. la notice; etc., v. aussi BesantM; CourLouisL[2]; EdmK; EnfVivZ; FantosmeB; GuiChaulN; ProvVilT; etc.etc.

Les commentaires, aussi brefs soient-ils, sont néanmoins une des parties importantes de la *Bibliographie*. Ils sont destinés à semer l'esprit critique contre maint vent.

Postface

La *Bibliographie* du DEAF est à la fois un résultat plus ou moins définitif et une ébauche. Elle est une étape entre les débuts des travaux et une fin qui sera toujours provisoire.

C'est en 1964 ou 1965 qu'à Heidelberg un groupe de cinq ou six étudiants – dont nous-même – a commencé à dépouiller le FEW, TL et Gdf pour établir un fichier qui devait servir à rédiger un petit dictionnaire de l'ancien français. Pour sélectionner les mots à extraire du FEW, le *Beiheft* du FEW fournissait les informations nécessaires. TL était à mettre au complet sur fiches. Mais Gdf qui couvre neuf siècles de l'histoire du français faisait problème. L'unique aide était une liste de datations (9e – 20e s.) en usage au FEW et dont K. Baldinger avait pris une copie. Cette liste contient entre autres nombre de datations tirées de LevyChron et des dates précises des œuvres des grands auteurs classiques et modernes. Nous complétions cette liste au hasard des trouvailles par un nombre toujours croissant d'abréviations de textes cités dans Gdf tout en y joignant des datations tirées de la chronologie relative de Gdf. Le FEW avait fait de même: la date *ca. 1300* pour le 'Glossaire de Salins' p.ex. provient de l'observation des attestations de Gdf; elle se trouve dans la liste citée du FEW (v. ici Aalmas, [2[e]m. 14[e]s.], ms. 1[er]t. 15[e]s.). En 1968 seulement (Gdf était dépouillé en grande partie), nous dépouillâmes systématiquement LevyChron, Zumthor *Hist. litt.*, DLF, Wo, WoC et quelques autres ouvrages.

Dans cette même année, mais à Québec (v. DEAF G p. X), nous avons réuni les matériaux bibliographiques en les complétant et en les corrigeant dans un cahier de datations (253 p.) polycopié en trente exemplaires[23]. Des assistants y ajoutèrent les abréviations, sigles et numéros de TL, FEW, Boss, Hol et de quelques autres travaux. Entre temps le cahier (recopié) s'est gonflé de milliers d'ajouts, de renvois, de corrections, de fiches insérées, et il reste le point de départ pour mainte investigation. Il est complété par un autre cahier (120 p.) qui contient tous les sigles établis pour la rédaction du DEAF. La plupart des quelques douze mille entrées y sont complétées de datations, localisations, informations de tout genre et de renvois au premier cahier. Les deux servent de base à

---

[23] Ce cahier a trouvé son chemin tout seul vers quelques bureaux de travail. Son utilisation se voit aux reprises de dates aberrantes. Ex. TLF 2, 633a ALTERNE *ca 1350* lire *ca 1500;* TLF 3, 920b AUGMENTATION *av. 1304* lire *déb. 15[e]s.* (Ciperis); Pfister Beitr. zur Namenforschung 20, 96, l. 2 «vor 1320, Vie Charlem., Ms. Berne 41... vor 1280?, Hist. de la terre sainte...», il s'agit de parties de la Chronique d'Ernoul/Guill-Tyr; etc. Dans chacun de ces cas on n'a pas pris en considération le symbole (-?-) signalant la source d'une telle 'date' – la chronologie relative de Gdf (souvent défectueuse).

la rédaction de la *Bibliographie*. Mais aucune donnée n'est reprise telle quelle, chacune provient des sources primaires et sa qualité est reconsidérée.

Dans cette tâche de longue haleine, ressemblant à une mosaïque byzantine, nous avons été aidé (depuis 1975, de nouveau à Heidelberg) dans trois secteurs surtout: la documentation (prêt sur place et interbibliothèque, achat de livres, films, copies), la vérification de dates de manuscrits (dans les catalogues, par demandes aux bibliothèques) et la mise sur ordinateur (incluant la composition et l'établissement des registres).

Il nous est un devoir de remercier les assistantes et assistants estudiantins qui y ont collaboré efficacement et inlassablement pendant tant d'années (dans l'ordre chronologique): Christoph J. Drüppel, Angelika Dommasch, Martina Mehser, Dorothea Winkler, Thomas Städtler, Cornelia Frühauf, Regina Dietrich, Stephen Dörr, Anita Euler, Anne Cammenga, Barbara Schubert, Martina Fietz-Beck, Monique Drüppel (relecture).

Ce devoir accompli, nous ajoutons de bon cœur que le travail en équipe est profitable à la grande entreprise qu'est le DEAF dont la *Bibliographie* constitue seulement un petit secteur. Les travaux y sont fractionnés, bien sûr, mais les collaborateurs savent qu'ils forment néanmoins un ensemble cohérent dont ils connaissent les liens intérieurs. Ainsi, par leur esprit philologique aiguisé, les rédacteurs contribuent à la précision de la *Bibliographie* (sans parler des vérifications qu'ils effectuent lors de leurs séjours dans les bibliothèques). Le climat intellectuel au sein du groupe favorise la productivité de l'ensemble.

Les travaux du DEAF ont été subventionnés de 1977 à 1983 par le Gouvernement fédéral d'Allemagne (Centre allemand de la Recherche / DFG). Depuis 1984, le projet est intégré dans l'Académie des Sciences de Heidelberg et est financé par des fonds du Gouvernement fédéral et du Gouvernement de l'État fédéré de Bade-Wurtemberg.

Nous remercions vivement les grandes et les petites bibliothèques, l'IRHT à Paris, les institutions diverses, les antiquaires et maisons des ventes qui ont répondu à toutes nos questions concernant des éditions, des datations et leçons de manuscrits et qui nous ont fourni des copies et des microfilms de livres et de manuscrits. Les remerciements s'adressent en premier lieu à la Bibliothèque nationale à Paris et la British Library à Londres, mais nous n'apprécions pas moins le dévouement extraordinaire de mainte petite bibliothèque conservant les richesses de notre culture.

Heidelberg, mercredi des Cendres 1992 F. M.

SIGLES

ABB *Archives et Bibliothèques de Belgique / Archief- en Bibliotheekwezen in België*, Brussels (Arch.) 1923–.

ACoutPicM *Ancien coutumier de Picardie*; pic. ca. 1325 (textes de 1300 à 1323); ms. BN fr. 5248 [pic. 14ᵉs.] f°126-186; p. p. A. J. Marnier, *Ancien coutumier inédit de Picardie*, Paris (Techener) 1840.

AGl *Archivio Glottologico Italiano*, Roma (Loescher) – Torino (Chiantore) – Firenze (Le Monnier) 1873-1942; 1950 –; [= ZrP AGI].

AHPoit *Archives historiques du Poitou*, Poitiers (Oudin), t. 1: 1872, ss. (Soc. des Arch. hist. du Poit.); [= FEW ArchHistPoitou et AHPoit]. Contient P. Guérin, "Rec. des doc. …", t. 11 (-41): doc. Paris / Poitou (registres), fr. à partir de 1304; etc.

AN Archives Nationales, Paris.

AND William Rothwell – L. W. Stone – T. B. W. Reid, with the assistance of D. Evans, S. Gregory, David A. Trotter, P. Staniforth, *Anglo-Norman dictionary*, London (The Mod. Humanities Research Assoc.) 1977-1992. Cf. Möhren ZrP 107,418-442; 112,148-150; David Trotter RLiR 64,391-407. Travaux depuis 1947. Sans intégration des dict. antérieurs. [Dans les vol. G et H du DEAF, ce dict. a été cité sous le sigle de 'Stone', en accord avec les premières pages titre.]

AND² id., nouvelle éd. entièrement revue p. p. William Rothwell, S. Gregory, David A. Trotter et al., fasc. A-C et D-E, London (Maney/MHRA) 2005. V. Trotter RLiR 64,391-407; Lengert VRo 71,352-355. AND² est intégré à ANDEl.

ANDEl id., matériaux accessibles par le réseau électronique: Anglo-Norman Hub. Comme ces matériaux sont des plus mouvants, nous renonçons généralement à une critique expresse. ÷

ARom *Archivum Romanicum*, Genève 1917ss.; [= FEW ARom].

AalmaR Glossaire latin-français, commençant par *aalma : virge secrete ou sainte*, appelé dans certains mss. *Catholicon* (ce glossaire se base sur le *Catholicon* [*Summa, Prosodia*] latin de Jean Balbi de Gênes, achevé en 1286); rédigé prob. 2ᵉm. 14ᵉs.; ms. BN lat. 13032 [pic.sept. fin 14ᵉs.]; autres mss. (dont l'éd. Roques donne quelques var., sauf Metz 1182, AN et BN nfr.): BN lat. 17881 [ca. 1400], BN lat. 14748 [prob. 1433], BN lat. 7679 [15ᵉs.], AN M.897 [av. 1456], Salins 44 (P.37) [Est 1ᵉʳt. 15ᵉs., av. 1436], Lille Bibl. mun. 147 (cat. CCFr/Rig. 388; Le Gl. 369) [1ᵉm. 15ᵉs.], Metz 510 [Paris 15ᵉs.], Metz 1182 [15ᵉs.], Saint-Omer 644 [15ᵉs.], Troyes 1459 [15ᵉs.], Angers Bibl. mun. 417 (404) [15ᵉs., fragments des lettres D, E, F], Epinal 224 (cat. 94) [16ᵉs.], BN nfr. 24398 [ca. 1400] fragm., nomenclature beaucoup plus étendue dans Exeter Cathedral 3517 [1431] et Saint-Omer 644 [15ᵉs.] v. Merrilees MélKunstmann 131-140; p. dans → Roques-Lex 2; [= FEW Aalma et LexAa, ca. 1380]. L'éd. allège fortement le métalangage lat. des gloses (p. 4) et omet des corrections nécessaires (cp. glose 1225 avec p. XV); sans localisation du texte dans les manuscrits. Cf. → LindemannWb et J.F. Shaw, *Contributions to a study of the printed dict. in France before 1539*, Toronto (Edicta) 1997 (accessible sur le réseau: Univ. de Toronto). Chez DC, l'abrév. 'Gloss. Lat.-Gall.' semble correspondre normalement à Aalma.

AalmaLS id.; ms. Lille Bibl. mun. 388 (Le Gl. 369; 147) [1ᵉm. 15ᵉs.] f°127-312r°, contient aussi → GlLille, Olla, JGarl; extraits p. p. A. Scheler, *Le Catholicon de Lille, glossaire latin-français publié en extrait et annoté*, Bruxelles 1886 (Mém. p. p. l'Acad. roy. de Belgique 37); [= TL Catholicon; FEW CathLille].

AalmaS id.; ms. Salins 44 (P.37) [Est 1ᵉʳt. 15ᵉs., av. 1436]; cité souvent par Gdf, daté par le FEW et souvent par le TLF erronément de ca. 1300; quelques var. dans → AalmaR.

AbbDev *De l'abbaye de devotion et de chariteit* (incipit: *Fille, cuers qui en cognoissance de son createur vuelt proufiter*, explicit: *Et fut l'abbaye refondee et ordenee meuz que devant*); déb. 14ᵉs. (?); ms. Ars. 3167 [déb. 14ᵉs.] f°42-51; inédit. Cité par Gdf.

AbeeleFauc B. van den Abeele, *La fauconnerie dans les lettres françaises du XIIᵉ au XIVᵉ siècle*, Leuven (Univ. Press) 1990. Avec un index des comparaisons relevées.

AbeeleFaucMA B. van den Abeele, *La fauconnerie au moyen âge. Connaissance, affaitage et médecine des oiseaux de chasse d'après les traités latins*, Paris (Klincksieck) 1994.

AbladaneP *Le roman d'Abladane*, sorte d'histoire fabuleuse d'Amiens du temps de César, en prose, attribuée à tort à Richard de Fournival; pic. ca. 1260 (ou ca. 1288; après 1258); ms. de base BN nfr. 18326 [p. 3-24 pic. 15ᵉs.], copies tardives de la même filiation: München gall. 654 [18ᵉs.] (auj. perdu; base de l'éd. Link); BN Coll. de Picardie 159 [18ᵉs.] f°111-121; Amiens [18ᵉs.] (ms. auj. perdu, v. R 92, 473); p. p. G. Palumbo, *Le roman d'Abladane*, Paris (Champion) 2011 (CFMA 164). Fond ancien; ms. tardif. C.r. Roques RLiR 77,291-299.

AbladaneF

AbladaneF id.; ms. BN fr. Coll. de Picardie 159, var. des deux autres mss. d'après l'éd. Link (!); p. p. L.-F. Flutre, "Le *Roman d'Abladane*", *R* 92 (1971) 458-506; [= TL Abladane F; Boss² 2342].

AbladaneL id.; ms. de base München, sans connaissance du ms. BN; p. p. T. Link, "Der Roman d'Abladane", *ZrP* 17 (1893) 215-232; [= Boss 1231; Wo 1; Wos 1].

AbladaneAD id.; extraits du ms. Amiens; p. p. H. Dusevel, *Quelques extraits du Roman d'Abladane*, Amiens (Lenoël-Hérouart) 1858.

AbuzéD *L'abusé en court*, roman moralisateur en prose et en vers, attribué à tort à Charles de Rochefort; Nord-Est 3ᵉ q. 15ᵉ s. (entre 1450 et 1472); ms. de base Chantilly Musée Condé 299 (918) [av. 1480] (Ch), var. tirées de BN fr. 1989 [ca. 1480] (P1) et de BN fr. 25293 [fin 15ᵉ s.] (P2), autres mss. Torino Bibl. naz. L.V.31 [15ᵉ s.] (T) très mutilé, Wien 3391 [ca. 1520] (V), BN fr. 12775 [ca. 1500] (P3), Bruxelles Bibl. roy. 21551-69 [16ᵉ s.] (B); p. p. R. Dubuis, *L'Abuzé en court*, Genève (Droz) 1973 (T.L.F. 199).

Ac 1694 *Le Dictionnaire de l'Académie Françoise*, 2 vol., Paris (Coignard, … Avec privilège de Sa Majesté) 1694; [= FEW Ac 1694]. Cp. → Corn 1694. Lire M. Höfler, "Das Wörterbuch der Académie française von 1694-1935. Hauptlinien und Seitenpfade eines lexikographischen Monuments", dans B. Fabian – P. Raabe, *Gelehrte Bücher vom Humanismus bis zur Gegenwart*, Wiesbaden (Harrassowitz) 1983, 51-61.

Ac 1695 id., version 'piratée', avec privilège des Pays-bas de 1693, classée par familles et augmentée, [Paris] 1695.

Ac 1718 id., version authentique, p. sous le titre *Nouveau Dictionnaire de l'Académie françoise* [2ᵉ éd.], Paris (Coignard) 1718.

Ac 1740 id., titre: *Dictionnaire de l'Académie françoise*, 3ᵉ éd., Paris (Coignard) 1740.

Ac 1762 id., 4ᵉ éd., Paris (Brunet) 1762.

Ac 1798 id., 5ᵉ éd., in-f°, Paris (Smits) VI-VII [1798-99]. (Imprimé en même temps en format in-4°, également chez Smits, Paris.)

Ac 1835 id., titre: *Dictionnaire de l'Académie française*, 6ᵉ éd., Paris (Didot) 1835.

Ac 1878 id., 7ᵉ éd., Paris (Didot) 1878.

Ac 1932-1935 id., 8ᵉ éd., Paris (Hachette) [1931] 1932-1935.

Ac 1986- id., 9ᵉ éd., Paris (Impr. nat.) 1986-[2011: -*quo*].

AcEsp Real Academia española, *Diccionario de la Lengua castellana*, Madrid 1726-1739. Rééditions multiples (aussi: *Dicc. de la L. española*). Sigle toujours suivi de la date.

AcartH Jehan Acart de Hesdin, *L'amoureuse prise*, poème allégorique en octosyll. contenant neuf rondeaux et neuf ballades; pic. 1332 (a.st.); ms. de base BN fr. 24391 [faibles traits pic., mil. 14ᵉ s.], mss. non utilisés: Bern A.95.1 [2ᵉ m. 14ᵉ s.], fragm.: f° 105, vers 144-288, Arras 587 (897) [pic. (Arras) 1370 n.st.], Fribourg Bibl. cant. L.1199 (anc. Cheltenham Phillipps 3656) [mil. 14ᵉ s.], BN fr. 24432 [frc. av. 1349]; p. p. E. Hoepffner, *La prise amoureuse von Jehan Acart de Hesdin*, Dresden 1910 (Ges. für rom. Lit. 22); [= TL Prise am.; FEW Acart; Boss 4375]. Hoepffner *ZrP* 38, 513-527 donne des variantes. Cp. *R* 40, 129-132.

AcartW id.; deux ballades et trois rondeaux (extraits) p. p. N. Wilkins, dans → WilkinsBall p. 17-20. Ne connaît que le ms. BN fr. 24391; réimprime prob. l'éd. Hoepffner.

AckersGui G. Ackers, *Die Zahnheilkunde in dem Werke des Guy de Chauliac*, thèse Düsseldorf 1976. Travail basé sur l'éd. périlleuse → GuiChaulN.

ActaSS *Acta sanctorum ordinis S. Benedicti*, p. p. J. Mabillon et al., Paris (Billaine) 1668-1701.

ActesAgnAIBL *Journée d'études anglo-normandes organisée par l'Académie des Inscriptions et Belles-Lettres*, Palais de l'Institut, 20 juin 2008, p. p. A. Crépin et J. Leclant, Paris (AIBL) 2009.

ActesAgnAIBL⁴ *IVᵉ Journée d'études anglo-normandes. L'anglo-normand: spécificités culturelles d'une langue*, p. p. R. Martin et M. Zink, Paris (AIBL) 2016.

ActesAgnContexts *The Anglo-Norman language and its contexts*, p. p. R. Ingham, York (York Medieval Press) – Woodbridge (Boydell & Brewer) 2010.

ActesAlteNeuePhil *Alte und neue Philologie*, [Actes d'un colloque Jena 1995], p. p. M.-D. Gleßgen – F. Lebsanft, Tübingen (Niemeyer) 1997.

ActesAtFrAll *Sciences et langues au Moyen Âge. Wissenschaften und Sprachen im Mittelalter. Actes de l'Atelier franco-allemand, Paris, 27-30 janvier 2009*, p. p. J. Ducos, Heidelberg (Winter) 2012.

ActesBooks1400 *Patrons, authors and workshops. Books and book production in Paris around 1400* [Liverpool 2000], p. p. G. Croenen – P. F. Ainsworth, Louvain (Peeters) 2006.

ActesÉcriture *Écriture, langues communes et normes. Formation spontanée de koinès et standardisation dans la Galloromania et son voisinage*, Actes du Colloque…, Neuchâtel, 21-23 sept. 1988, p. p. P. Knecht – Z. Marzys, Neuchâtel – Genève (Droz) 1993.

ActesGéol *Aux origines de la géologie de l'Antiquité au Moyen Age*. Actes du colloque international, 10-12 mars 2005, Paris Sorbonne (Paris IV), textes réunis sous la direction de Claude Thomasset, J. Ducos et Jean-Pierre Chambon, Paris (Champion) 2010.

ActesGuillDig *Guillaume de Digulleville. Les pèlerinages allégoriques*, Actes du Colloque de Cerisy, octobre 2006, p. p. F. Duval et F. Pomel, Rennes (PUR) 2008. Concerne → PelVie, PelAme, PelJChr.

ActesHiroshimaVoc *Vocabulaire de l'ancien français. Actes du Colloque de Hiroshima du 26 au 27 mars 2004*, éd. N. Harano, Hiroshima (Keisuisha) 2005.

ActesLangCult *Language and culture in medieval Britain. The French of England c. 1100-c. 1500*, p. p. Y. Wogan-Browne, York (York Medieval Press) – Woodbridge (Boydell & Brewer) 2009.

ActesLexSc *Lexiques scientifiques et techniques. Constitution et approche historique*, [Actes d'un coll. Nancy 2005], p. p. O. Bertrand – Hiltrud Gerner – B. Stumpf, Palaiseau (Éc. Polyt.) 2007.

ActesMarins *Mondes marins du moyen âge*, Actes du 30e colloque du CUER MA, mars 2005, p. p. Ch. Connochie-Bourgne, Aix en Provence (Univ. de Prov.) 2006.

ActesMedTransl[Iss.] *The Medieval Translator* [*Traduire au Moyen Age*], série d'actes de congrès concernant des colloques divers, p. p. R. Ellis et al., Cambridge, puis London, etc., Turnhout, 1: 1989; 2: 1991; [3 = vol. 12 de New Comparison]; 4: 1994; 5: 1996; 6: 1998; 7: 2000; 10: 2007; etc..

ActesMetalex[3] *Dictionnaires et traduction. Actes des 'Quatrièmes Journées allemandes des dictionnaires' dédiés à la mémoire de Henri Meschonnic*, p. p. Michaela Heinz, Berlin (Frank & Timme) 2012 (Metalexikographie 3).

ActesMfr[3] *Actes du IIIe Colloque international sur le Moyen Français, Düsseldorf 17-19 septembre 1980 (Du mot au texte)*, p. p. P. Wunderli, Tübingen (Narr) 1982 (T. B. L. 175).

ActesMfr[4] *Actes du IVe Colloque international sur le Moyen Français*, [Amsterdam 22-24 sept. 1982], p. p. A. Dees, Amsterdam (Rodopi) 1985.

ActesMfr[6] *Le moyen français: recherches de lexicologie et de lexicographie*. Actes du VIe Colloque international sur le moyen français, Milan, 4-6 mai 1988, vol. 1, p. p. S. Cigada – A. Slerca, Milano (Vita e Pensiero) 1991.

ActesMfr[8] *Le Moyen Français. Philologie et linguistique. Approches du texte et du discours. Actes du VIIIe Coll. int. sur le Moyen Français, Nancy 1994*, p. p. B. Combettes – S. Monsonégo, s.l. [Nancy] 1996 et Paris (Didier) 1997.

ActesMfr[9] *Le moyen français. Le traitement du texte*, Actes du IXe colloque int. sur le Moyen Français (1997), p. p. C. Buridant, Strasbourg (Presses univ.) 2000.

ActesMfr[10] *Actes du Xe Colloque international sur le moyen français [Frédéric Godefroy]*, p. p. F. Duval, Paris (Ec. des Ch.) 2003 (Mém. et doc. 71).

ActesMlt *Actes du Colloque international sur La lexicographie du latin médiéval et ses rapports avec les recherches actuelles sur la civilisation du moyen-âge, Paris 1978*, p. p. Y. Lefèvre, Paris (CNRS) 1981 (Actes du Coll. int. n°589).

ActesMulti *Multilingualism in later medieval Britain*, p. p. David A. Trotter, Cambridge (Brewer) 2000. Actes d'un colloque tenu à Aberystwyth en 1997.

ActesNonLitt *Les anciens textes romans non littéraires. Actes du Colloque international … Strasbourg 1961*, p. p. Georges Straka, Paris (Klincksieck) 1963.

ActesParfums *Parfums et odeurs au Moyen Âge. Science, usage, symboles*, p. p. A. Paravicini Bagliani, Firenze (SISMEL, Ed. del Galluzzo) 2015. Actes Coll. Louvain 2012, org. par B. Van den Abeele et al.

ActesPhil *Pratiques philologiques en Europe*. Actes de la journée d'étude organisée à l'École des chartes le 23 septembre 2005, p. p. Frédéric Duval, Paris (Ec. des ch.) 2006 (Ét. et renc. 21).

ActesPhilLex *Quelle philologie pour quelle lexicographie? Actes de la section 17 du XXVIIème Congrès International de Linguistique et de Philologie romanes* [2014], p. p. S. Dörr – Y. Greub, Heidelberg (Winter) 2016.

ActesProph *Moult obscures paroles. Études sur la prophétie médiévale*, p. p. Richard Trachsler, Paris (PUPS) 2007.

ActesRechAgn Present and future research in Anglo-Norman: Proceedings of the Aberystwyth Colloquium, 21-22 July 2011 / La recherche actuelle et future sur l'anglo-normand, éd. par David Trotter, Aberystwyth (The Anglo-Norman Online Hub) 2012.

ActesRégLex La régionalité lexicale du français au Moyen Âge. Volume thématique issu du colloque de Zurich (7-8 sept. 2015), p.p. par M.-D. Glessgen – David A. Trotter, Strasbourg (ELiPhi) 2016.

ActesRen[15] Société internationale Renardienne, XVe Colloque: Bestiaires médiévaux, éd. par B. Van den Abeele, Louvain la Neuve (Univ. cath.) 2005 (Inst. Et. médiév., Textes, 21).

ActesSémMfr Sémantique lexicale et sémantique grammaticale en moyen français, Colloque... Brussel 28-29 sept. 1978, Actes p.p. M. Wilmet, s.l.n.d. [Bruxelles 1979].

ActesTesti Testi, cotesti e contesti del franco-italiano, Atti del 1° simposio franco-italiano (Bad Homburg, 13-16 aprile 1987). In memoriam Alberto Limentani, p.p. G. Holtus, H. Krauss et P. Wunderli, Tübingen (Niemeyer) 1989.

ActesTradvMF C. Galderisi – C. Pignatelli, La traduction vers le moyen français. Actes du IIe colloque de l'AIEMF, Poitiers 2006, Turnhout (Brepols) – Poitiers (CESCM) 2007.

ActesÜber K. Gärtner – G. Holtus, Überlieferungs- und Aneignungsprozesse im 13. und 14. Jahrhundert auf dem Gebiet der westmitteldeutschen und ostfranzösischen Urkunden- und Literatursprache. Beiträge ... 2001 in Trier, Trier (Kliomedia) 2005 (Tr. hist. Fg. 59). Contient → DocMMSalT.

ActesVarLing Variations linguistiques. Koinè, dialectes, français régionaux, Actes [Besançon 2003], p.p. P. Nobel, Besançon (PU Franche-Comté) 2003.

AdAiglesB Traité de fauconnerie d'Adam des Aigles, prose; fin 14[e]s.; ms. imprimé sur les pages de gauche Montpellier Ec. de Méd. 459 (= Bibl. Univ. H.459) [15[e]s.] (M), en var. Le Mans 79 [15[e]s.] (L), ms. pages de droite Ars. 3332 [15[e]s.] (A), en var. BN fr. 2004 [2[e]m. 15[e]s.] (P); p.p. Å. Blomqvist, Adam des Aigles, Traité de fauconnerie, Stockholm (Almqvist & Wiksell) – Paris (D'Argences et Crépin-Leblond) 1966 (Studia rom. holmensia, Karlshamn); [= TL Adam des Aigles].

AdGivenchiU Adam de Givenchi, chansons (RaynaudSpanke[2] 205, 912, 1085, 1164, 1660, 1947, 2018); art. 2[e]q. 13[e]s.; ms. de base **T**; p.p. E. Ulrix, "Les chansons du trouvère artésien Adam de Givenchi", Mélanges Camille de Borman, Liège (Vaillant-Carmanne) 1919, 499-508; [= TL Ad. de Givenchi].

AdHaleB Adam de le Hale dit le Bossu ou d'Arras, trouvère artésien (né ca. 1250, mort prob. ca. 1288), œuvres; art. ca. 1280; ms. utilisé: BN fr. 25566 [pic. (Arras) prob. 1295] (W) (en omettant JeuPel et deux interpol. de AdHaleRob); p. p. P.-Y. Badel, Adam de la Halle. Œuvres complètes, Paris (Libr. Gén. Fr.) 1995 (Poche, Lettr. Goth. 4543). Cf. RLiR 59,633: éd. non définitive (pour des var. v. les éd. infra).

AdHaleC id.; ms. de base surtout BN fr. 25566 [pic. (Arras) prob. 1295]; éd. (incluant JeuPel) p. p. E. de Coussemaker, Adam de la Halle, Œuvres complètes (poésies et musique), Paris 1872 (réimpr. Genève, Slatkine, 1970); [= TL Ad. d. l. Halle; Boss 3958]. Donne qqs. var.

AdHaleChansM Adam de le Hale, Chansons; art. ca. 1280; ms. de base BN fr. 847 [4[e]q. 13[e]s.] (P), base des chansons 15, 25 et 33 BN fr. 12615 [art., 2e partie 1[e]m. 14[e]s.] (T), autres mss.: Arras 139 (657) [pic. 3[e]t. 13[e]s.] (A), Bern 389 [lorr. fin 13[e]s.] (C), Oxford Bodl. Douce 308 [Metz ca. 1320] (I), BN fr. 846 [2[e]m. 13[e]s.] (O), BN fr. 1109 [pic. 1310] (Q), BN fr. 1591 [mil. 14[e]s.] (T), BN fr. 20050 [lorr. 3[e]t. 13[e]s.] (U), BN fr. 24406 [3[e]t. 13[e]s.] (V), BN fr. 25566 [pic. (Arras) prob. 1295] (W), Vat. Reg. lat. 1490 [déb. 14[e]s.] (a), Montpellier Ec. de Méd. 236 [1[e]m. 14[e]s.] (f); p.p. J. H. Marshall, The chansons of Adam de la Halle, Manchester (Univ. Press) 1971; [= TL AdlHalle; Boss[2] 4443]. Sans musique.

AdHaleChansN id.; mêmes mss. de base, avec musique et traduction; p. p. D. H. Nelson, The lyrics and melodies of Adam de la Halle, melodies ed. by H. van der Werf, New York – London (Garland) 1985. C. r. peu favorable FSt 40, 312s.

AdHaleChansB id.; p. p. R. Berger, Canchons und Partures des altfranzösischen Trouvere Adan de le Hale le Bochu d'Aras; t. 1 Canchons, Halle (Niemeyer) 1900 (Rom. Bibl. 17); [= Boss 2317]. Texte 'critique' normalisé avec beaucoup de variantes (pourtant souvent erronées); remplacé par l'éd. M. Le t. 2 n'a jamais paru.

AdHaleCongéR Adam de le Hale, Li Congies (poème d'adieu); art. 1277 (ou 1276); ms. de base BN fr. 25566 [pic. (Arras) prob. 1295] (G), en var. BN fr. 146 [Paris prob. 1318] (H) fragm.; p. dans → BodelCongéRu p. 129-133.

AdHaleFeuillG Adam de le Hale, Jeu de la Feuillée, octosyll.; art. 1276 (très prob.

1276/1277); ms. de base (seul complet) BN fr. 25566 [pic. (Arras) prob. 1295] (P), var., v. 1-175, d'après BN fr. 837 [frc. 4ᵉq. 13ᵉs.] (Pb) et Vat. Reg. lat. 1490 [déb. 14ᵉs.] (V) (le ms. Ars. 3101 [18ᵉs.] est une copie du ms. Vat.); p. p. O. Gsell, *Das Jeu de la feuillée von Adam de la Halle. Kritischer Text mit Einführung, Übersetzung, Anmerkungen und einem vollständigen Glossar*, thèse Würzburg 1970. Excellents glossaire et notes; [= TL AdlHalle «Jeu de la Feuillée»; Boss² 6388]. Meilleure éd.

AdHaleFeuillC   id.; ms. BN fr. 25566 [pic. (Arras) prob. 1295]; p. dans → AdHaleC p. 297-344.

AdHaleFeuillD   id.; ms. BN fr. 25566 [pic. (Arras) prob. 1295]; p. avec trad. par J. Dufournet, *Adam de la Halle, Le Jeu de la feuillée*, Gand (Story-Scientia) 1977; [= TL AdlHalle Jeu de la Feuillée D; Boss² 6389]. Imprime Pb et V aux p. 158-167.

AdHaleFeuillD²   id.; éd. Paris (Garnier-Flammarion) 1989. Sans gloss., avec trad.

AdHaleFeuillL   id.; p. p. E. Langlois, *Adam le Bossu, trouvère artésien du XIIIᵉ siècle, Le Jeu de la feuillée*, Paris (Champion) ²1923, et réimpr. (CFMA 6); [= TL Ju Ad. L et AdlHalle Jeu de la Feuillée L; Boss 3961 («Excellente édition, la seule vraiment critique»); Hol 2012; FEW Adam-Feuillée]. Éd. 'critique', picardisant la graphie à volonté (p. XVIII: «je n'ai éprouvé aucun scrupule à la modifier lorsqu'elle était contraire soit à la prononciation artésienne, soit aux habitudes des scribes d'Arras»); inutilisable. Texte reproduit dans J. Rony, *Le Jeu*, 1969 [= TL AdlHalle Jeu de la Feuillée R].

AdHaleFeuillM   id.; ms. BN fr. 25566 [pic. (Arras) prob. 1295]; p. p. F. Michel dans → ThéâtFr 55-96; [= Boss 3955].

AdHaleFeuillMo   id.; utilise les mss. BN fr. 837 et BN fr. 25566; p. p. L. J. N. Monmerqué, *Li Jus Adan ou de la Feuillié, par Adam de le Hale*, t. 6 des *Mélanges* p. p. la Soc. des Bibliophiles fr., Paris 1828 (réimpr. Genève, Slatkine, 1970); [= Boss 3954].

AdHaleFeuillR   id.; impression diplomatique des trois mss. par A. Rambeau, *Die dem Trouvère Adam de la Hale zugeschriebenen Dramen: Li jus du pelerin, Li gieus de Robin et de Marion, Li jus Adan*, Marburg (Elwert) 1886 (Ausg. u. Abh. 58); [= TL Ju Ad.; Boss 3959].

AdHaleFeuillS   id.; ms. BN fr. 25566 [pic. (Arras) prob. 1295]; p. p. K.-H. Schroeder et al., *Adam de la Halle, Das Laubenspiel*, München (Fink) 1972 (Klass. Texte des rom. Mittelalters 11); [= TL AdlHalle Laubenspiel]. Avec trad. all.

AdHaleLexM   G. Mayer, *Lexique des œuvres d'Adam de la Halle*, Paris (Droz) 1940; [= FEW AdHale; TL Mayer Lex. AdlHalle; Boss 3953bis]. Travail médiocre.

AdHaleLyrW   Adam de le Hale, pièces lyriques; art. ca. 1280; p. p. N. Wilkins, *The lyric works of Adam de la Halle*, New York (Am. Inst. Mus.) 1967 (Corp. Mens. Mus. 44); [= TL AdlHalle Lyric Works W; Boss² 4442].

AdHaleLyrW²   id., éd. revue, 1984.

AdHalePartN   Adam de le Hale, Jeux-partis; art. ca. 1280; p. p. L. Nicod, *Les jeux partis d'Adam de la Halle*, Paris (Champion) 1917 (Bibl. Ec. Hautes Et. 124); [= TL AdlHalle Partures; FEW Adam-Part; Boss 2319]. Édition remplacée par → Jeux-PartL.

AdHaleRobV   Adam de le Hale, *Le jeu de Robin et de Marion*, vers octosyll.; art. ca. 1285; ms. de base BN fr. 25566 [pic. (Arras) prob. 1295] (P), en var. BN fr. 1569 [ca. 1300] (Pa), Aix-en-Provence 166 (572) [2ᵉm. 14ᵉs.] (A) (à tradition ms. différente des mss. BN, incomplet); p. p. K. Varty, *Le Jeu de Robin et de Marion par Adam de la Halle précédé du Jeu du Pèlerin*, London (Harrap) 1960; [= TL Rob. et Mar. V; Boss² 6421]. Cp. → JeuPel.

AdHaleRobC   id.; ms. de base BN fr. 25566 [pic. (Arras) prob. 1295], en var. Aix-en-Provence Bibl. mun. 572 [2ᵉm. 14ᵉs.]; p. dans → AdHaleC p. 347-412.

AdHaleRobD   id.; p. p. J. Dufournet, *Adam de la Halle. Le jeu de Robin et Marion*, Paris (GF-Flammarion) 1989. Sans var., sans gloss., avec trad.

AdHaleRobL   id.; p. p. E. Langlois, *Adam le Bossu, Trouvère artésien du XIIIᵉ siècle, Le Jeu de Robin et Marion suivi du Jeu du Pèlerin*, Paris (Champion) 1924 (CFMA 36, souvent réimprimé); [= TL Rob. et Mar. L; FEW AdamRobin; Boss 3978; Hol 2016]. Édition 'critique' inutilisable.

AdHaleRobR   id.; bonne transcription diplomatique des trois mss. p. dans → AdHaleFeuillR p. 16-70; [= TL Rob. u. Mar.; Boss 3975].

AdHaleSicG¹   Adam de le Hale, *Chanson du Roi de Sicile*, chronique rimée d'actualité, rapprochée par son auteur de la chanson de geste, traitant de Charles d'Anjou, laisses d'alex. rimés; art. prob. 1284; ms. unique BN fr. 25566 [pic. (Arras) prob. 1295]; p. p. F. Gégou, *Recherches biographiques*

AdHaleSicG[1]

et littéraires sur Adam de la Halle, accompagnées de l'édition critique de ses chansons courtoises, thèse Paris, Sorbonne, 1973, p. 83-93. [Texte également imprimé dans → GGuiB 1,19-36, dans → RutebJ[1] 1,428-437, etc.].

AdHaleSicC id.; p. dans → AdHaleC p. 283-293.

AdParvH Adam de Balsham, dit Parvipontanus / Adam du Petit Pont (de Paris), Anglo-Normand, *De utensilibus ad domum regendam*, traité de lexicographie latine (av. 1150), gloses fr. assez variables selon les mss.; [13ᵉs.]; mss. utilisés BL Add. 8092 [agn. 13ᵉs.] (A), Cambridge Gonville and Caius Coll. 136 [agn. fin 13ᵉs.] (C), Dublin Trinity Coll. D.4.9 (270) [agn. déb. 14ᵉs.] (D), Lincoln Cathedral 132 (C.5.8) [agn. ca. 1300] (L), Oxford Bodl. Rawl. G.99 [agn. 1ᵉʳm. 13ᵉs.] (O), Cambridge Trinity Coll. O.7.9 (1337) [agn. mil. 13ᵉs.] (T), Berlin Staatsbibl. lat. fol. 607 (anc. Cheltenham Phillipps 10624 et 13835) [agn. 14ᵉs.] assez fautif, Worcester Cathedral 4° 50 [agn. mil. 13ᵉs.] fragm.; p. dans → HuntTeach 1,165-176 (texte lat. 171-176); 2,37-62 (gloses). Les nᵒˢ fournis viennent de → AdParvS.

AdParvS id.; ms. Brugge Op. Bibl. 546 [2ᵉm. 13ᵉs.]; p. p. A. Scheler, dans → JGarlS (*JREL* 8, 1867) 75-93; [= TL Adam Parvip. Jahrb.].

AdamS Mystère d'Adam (*Ordo representacionis Ade*), drame religieux en prose latine et en 944 vers fr. octosyll. et décasyll.; prob. agn., traits occ. dus au scribe, 2ᵉm. 12ᵉs.; ms. unique Tours 927 [tour. 2ᵉq. 13ᵉs.]; éd. diplomatique avec reproduction du ms. et leçons des éditeurs antérieurs p. p. L. Sletsjöe, *Le Mystère d'Adam*, Paris (Klincksieck) 1968 (Bibl. fr. et rom. D. 2.); [= TL Adam S; Dean 716; Boss² 6287]. Sans les parties latines, nécessaires à la bonne compréhension du drame.

AdamA id.; p. p. P. Aebischer, *Le Mystère d'Adam*, Genève – Paris (Droz) 1963 (T. L. F. 99); [= TL Mystère d'Adam; Boss² 6286]. Les v. 945-1305, présentés comme partie intégrante, constituent en fait → QSignes! Contient un glossaire qui couvre les deux textes.

AdamB id.; p. dans → RésSauvPB p. 80-119. Avec le lt.; basé sur le ms. et les éd. S, A et N.

AdamBa id.; p. p. S.M. Barillari, *Adamo ed Eva, Le jeu d'Adam*, Roma (Carocci) 2010.

AdamC id.; p. p. H. Chamard, *Le Mystère d'Adam*, Paris (Colin) 1925; [= Boss 3897]. Avec traduction.

AdamE id.; p. p. W. van Emden, *Le jeu d'Adam*, Edinburgh (Soc. Renc.) ²1999. Avec traduction.

AdamG[1] id.; p. p. K. Grass, *Das Adamsspiel, anglonormannisches Gedicht des XII. Jahrhunderts, mit einem Anhang, Die Fünfzehn Zeichen des Jüngsten Gerichts*, Halle 1891 (Rom. Bibl. 6); [= Dean 716; Boss 3895]. Texte 'critique' inutilisable. L'appendice contient → QSignesG.

AdamG[2] id., 2ᵉ éd., K. Grass, *Das Adamsspiel*, Halle (Niemeyer) 1907; [= TL Adam]. Sans QSignes.

AdamG[3] id., 3ᵉ éd. 1928 (sans QSignes); [= TL Adam³]. Sur la base de cette éd., H. Breuer, ZrP 52,25-44, a établi un gloss. [= FEW AdamJ].

AdamL id.; p. p. V. Luzarche, *Adam, Drame anglo-normand du XIIᵉ siècle*, Tours 1854; [= Boss 3893; cp. 6734-38; 7846]. Inclut → QSignes.

AdamN id.; p. p. W. Noomen, *Le Jeu d'Adam*, Paris (Champion) 1971 (CFMA 99); [= TL Adam N; Boss² 6288]. Inclut la partie latine du mystère. Contient un glossaire.

AdamO id.; p. avec trad. angl. par C. J. Odenkirchen, *The Play of Adam*, Brookline, Mass. – Leyden (Class. Folia) 1976; [= Boss² 6289]. Avec reproduction photogr. du ms.

AdamSt id.; éd. très corrigée (v. l'app. crit.) p. p. P. Studer, *Le Mystère d'Adam*, Manchester 1918 (réimpr. 1928 et 1949; Modern Language Texts); [= TL Adam St.; AND Adam; Boss 3896; Hol 1961; Vising 27]. S'est inspiré de AdamG². L'impression de A. R. Harden, *Trois pièces médiévales*, N.Y. 1967, [= TL Adam H], semble réimprimer cette éd. (qui manque dans la bibl.).

AdamsSocial J. N. Adams, *Social variation and the Latin language*, Cambridge (CUP) 2013. C.r. Buridant RLiR 79,279-295. Nouvelle base pour les questions du lt., lt.vulg. et roman.

AdenBuevH Adenet le Roi, *Buevon de Conmarchis*, chanson de geste de la lignée du cycle de Guillaume d'Orange, vers alex.; flandr. 1275; ms. unique Ars. 3142 [Paris? fin 13ᵉs.] ms. frère de BN fr. 12467; p. p. Albert Henry, *Les œuvres d'Adenet le Roi*, 5 t. en 6 vol., Brugge (De Tempel) - Bruxelles (Ed. de l'Univ.) 1951-1971, t. 2 (1953); [= FEW AdenBuev; TL BComm.²; Boss 6067].

AdenBuevS id.; p. p. A. Scheler, *Bueves de Commarchis par Adenés li Rois*, Bruxelles 1874; [= TL BComm.; Boss 269; Hol 676].

[Aden v. aussi → Berte (= t. 4 de l'éd. Henry), EnfOg (= t. 3), Cleom (= t. 5).]

AdgarK Collection de 49 miracles de la Sainte Vierge (s'ajoutent Prologue et Epilogue) par Adgar, dit Guillaume (Edgar Willame), adaptant les

Miracula Virginis de Herman de Laon (ca. 1150), en octosyll.; agn. 3[e]t. 12[e]s.; ms. de base BL Egerton 612 [agn. déb. 13[e]s.] (les pièces no. 1, 5 et 6 sont incomplètes; neuf pièces qui précédaient le no. 1 manquent dans ce ms.), complété par BL Add. 38664 [agn. 3[e]q. 13[e]s.] (B), fragm. Dulwich (Surrey) Alleyne Coll. 13 (XXII) [ca. 1300, d'autres parties 13e et 14[e]s.] (C) en var.; p. p. P. Kunstmann, *Adgar, Le Gracial*, Ottawa (Univ. d'Ottawa) 1982; [= TL Adgar Gracial K]. Etablit la concordance avec d'autres versions des miracles de la Vierge. Cp. la 'deuxième collection agn.', → MirAgn[2].

AdgarN id., édition de BL Egerton 612 [agn. déb. 13[e]s.]; p. p. C. Neuhaus, *Adgar's Marienlegenden nach der Londoner Handschrift Egerton 612*, Heilbronn 1886 (Afr. Bibl. 9, réimpr. Wiesbaden 1968); [= TL Adgar; Dean 558; Boss 3134; Hol 304; Vising 13, aussi 97; AND Adgar[1]]. Un miracle d'attribution douteuse du ms. Egerton est publié dans → AdgarH. Les pièces éditées par Neuhaus correspondent aux nos. 10 à 48 de Kunstmann (plus l'épilogue). Les p. 20-27 contiennent → MirAgn[2]N.

AdgarH id., 22 pièces (= ms. Egerton nos. 1,2,3,4,5,6,40,37,34,30,15,16,22, et 9 pièces qui manquent au début du ms. Egerton et le prologue) contenues dans le ms. BL Add. 38664 [3[e]q. 13[e]s.]; les neuf pièces du début, les premiers vers de 1 (qui manquent à Egerton), 5 en entier, début de 6 (qui manque à Egerton), prologue p. p. J. A. Herbert, "A new manuscript of Adgar's Mary-Legends", *R* 32 (1903) 394-421 (texte d'Adgar 413-415); [= TL Adgar Rom.; Boss 3138; Vising 13; AND Adgar[2]]. La publication contient en appendice (p. 418-421) un miracle de la Vierge, *De l'abesse enceintée*, du ms. BL Egerton 612 [agn. déb. 13[e]s.] dont l'attribution à Adgar est douteuse. – Cette éd. complète l'éd. Neuhaus pour donner le texte entier. Dans l'éd. Kunstmann les pièces correspondent au Prol. et aux nos. 1-9, 10 (vers 1-65), 14 (30-103), XV (1-7), 49.

AdgarDN id., fragment Dulwich p. p. C. Neuhaus, *Das Dulwicher Adgar-Fragment*, Aschersleben (Bestehorn) s.d. [1887]; [= Boss 3137]. Fragments de la légende de Théophile (AdgarN p. 100ss., v. 590-1070) et de celle du moine allemand malade (AdgarN p. 141ss., v. 1-187), en plus une interpolation. Fascicule de 24 pages [seul ex. accessible: BL 11498. dd. 58]. Correspond à l'éd. Kunstmann Prol., 26 (559-1102), 32 (1-186).

AdgarSMarieEgD Adgar, pièce 31 (= éd. K 40): vie de sainte Marie l'Egyptienne (éd. N p. 194-197), p. d'après l'unique ms. dans → SMarieEgtD p. 153-158.

AdvNDM *Advocacie Nostre-Dame*, poème qui développe un plaidoyer de la Vierge contre le Diable, en vers octosyll. (la première partie concerne l'*Advocacie* proprement dite, en 2498 vers octosyll., suivie de la *Chapele du chastel le roy de Baiex*, en 894 vers octosyll., sans doute par le même auteur), incip. *Se touz ceulz qui onques nez furent*; norm. 1324 (prob. entre 1321 et 1324); ms. Evreux fr. 8 [norm. 2[e]q. 14[e]s.] f[o]147v[o]-160, autres mss. BN fr. 1103 [15[e]s.], Dijon 525 (298) [Paris 1355-1362] incomplet, Tours 947 [Paris 2[e]m. 14[e]s.], BN nfr. 20001 [f[o]5r[o] 2[e]m. 14[e]s.] derniers 95 vers seulement; éd. avec notes et gloss. préparée par A. de Montaiglon, *L'Advocacie Nostre-Dame et la Chapelerie Nostre-Dame de Baiex*, Paris (Ac. des Bibliophiles) imprimé en 1869, mais publiée par G. Raynaud avec une préface datée de 1896. Ét. de la phon. et morph.: O. Sandqvist, "Étude sur la langue…", Linköping Univ. [DIVA] 2013 (en ligne).

AdvNDC id.; extraits (1066 vers) p. p. A. Chassant, *L'Advocacie Notre-Dame ou La Vierge Marie plaidant contre le Diable…, attribué à Jean de Justice, chantre et chanoine de Bayeux, fondateur du Collège de Justice à Paris en 1353*, Paris (Aubry) 1855. Sans *Chapelerie*.

AdvNDD id.; éd. se servant de la thèse non publiée de G. Gros (Sorbonne 1980), p. p. J.M. Davis – F.R.P. Akehurst, *Our Lady's lawsuits in L'Advocacie Nostre Dame (Our Lady's Advocacy) and La Chapelerie Nostre Dame de Baiex (The Benefice of Our Lady's Chapel in Bayeux)*, Tempe Ariz. (Med. and Ren. St.) 2011. Moins de var. que Gros; sans gloss.

AdvNDMystR Fragment (492 vers sur ca. 3000?) d'un mystère basé sur → AdvND, dont une partie des vers a été reprise textuellement; prob. 3[e]q. 14[e]s.; ms. Angers Bibl. mun. 572 (536) [prob. fin 14[e]s.]; p. p. G. A. Runnalls, "Le *Mystère de l'Advocacie Nostre Dame*: a recently-discovered fragment", *ZrP* 100 (1984) 41-77.

AelfricFH Aelfric, Grammaire latine, basée sur Priscian et Donat, glosée ultérieurement en fr.; agn. fin 12[e]s.; ms. BL Cotton Faustina A.X [lat. agn. fin 12[e]s.]; p. dans → HuntTeach 1,99-111.

Aguiló *Diccionari Aguiló. Materials lexicogràfics*, p. p. M. Aguiló i Fuster – P. Fabra – M. de Montoliu, 8 vol., Barcelona (Inst. d'est. cat.) 1915-1934; [= FEW DiccAguiló]. Ne contient pas de bibliographie.

AhdWb *Althochdeutsches Wörterbuch auf Grund der von Elias von Steinmeyer hinterlassenen Sammlungen*, p. p. E. Kara-Gasterstädt – Th. Frings – R. Große – G. Lerchner et al., Berlin (Akad. Verl.) 1952–. Travaux dep. 1870.

AigarB *Aigar et Maurin*, fragments d'une chanson de geste, vers décasyll.; occ.

AigarB (Quercy/Rouergue?, avec forte influence fr.) 3^{e}t. 12^{e}s.; ms. unique Gent Univ. 1597 [Sud-Est/frpr./francoit. 1^{er}q. 14^{e}s.]; p. p. A. Brossmer, "Aigar et Maurin, Bruchstücke einer Chanson de geste nach der einzigen Handschrift in Gent neu herausgegeben", *RF* 14 (1903) 1-102; [= TL Aigar]. Pour les rapports entre Aigar et GirRoss-Déc v. PfisterGir p. 181-186. – Cf. O. Naudeau R 115, 337-367: caractère composite, localisation et datation discutés.

AigarS id.; p. p. A. Scheler, *Aigar et Maurin, Fragments d'une chanson de geste provençale inconnue*, Bruxelles (Olivier) 1877; [= TL Aigar].

AiméHistNormB Aimé, moine du Mont Cassin (Amato di Montecassino), *Ystoire de li Normant* (1078-1080, faits 1016-1078), traduction par un anonyme it., prose; francoit. après 1343 (?); ms. BN fr. 688 [It.mérid. mil. 14^{e}s.] f°125-199; p. p. V. de Bartholomaeis, *Storia de' Normanni di Amato di Montecassino volgarizzata in antico francese*, Roma (Tip. del Senato) 1935 (Ist. stor. it. per il medio evo, Fonti 76); [= Boss 6701]. Quasi identique à l'éd. D.

AiméHistNormC id.; p. p. J. J. Champollion-Figeac, *L'Ystoire de li Normant, et la Chronique de Robert Viscart par Aimé*, Paris (Renouard) 1835 [réimpr. New York, Johnson, 1965]. Texte p. 1-259; 263-313: → ChronRobViscC.

AiméHistNormD id.; p. p. O. Delarc, *Ystoire de li Normant par Aimé*, Rouen (Lestringant) 1892.

AiméHistNormG id.; p. p. M. Guéret-Laferté, *Aimé du Mont-Cassin. Ystoire de li Normant*, Paris (Champion) 2011 (CFMA 166). C. r. - discussion modèle: Françoise Vielliard BEC 169 (2011/2013) 269-283 ['inutile' et 'inutilisable'].

AimeriG *Aimeri de Narbonne*, chanson de geste attribuée prob. à tort à Bertrand de Bar (sur Aube), vers décasyll.; déb. 13^{e}s.; mss. BL Roy. 20 B.XIX [traits bourg. ca. 1270] (R/A^1), BL Harl. 1321 [traits norm.or. ca. 1255] (H/A^2), BL Roy. 20 D.XI [traits pic., prob. Paris ca. 1335] (B^1), BN fr. 24369-24370 [prob. Paris, traits pic., ca. 1335] (B^2), BN fr. 1448 [lorr.mérid. 3^{e}q. 13^{e}s.] (D/C), Oxford Bodl. Broxb. 34.5(1) (anc. Ehrman) [fin 13^{e}s.] (E) fragm. (v. 1349-1509); impression en parallèle des mss. B1 (= B1, p. paires avec var. de B2 et D/C, p. 546-600) et R (= A^1, 4696 vers, dit 'version longue' avec 111 vers de plus, avec var. de H/A^2 et E, p. 547-601, p. impaires); p. p. H. Gallé, *Aymeri de Narbonne*, Paris (Champion) 2007 (CFMA 155). C.r. Rinoldi MedRom 32,425-428. Gallé ne se prononce par sur l'identité d'un 'original', v. p. 51.

AimeriD id.; ms. de base A^1 [R], les autres, sauf E, en var.; p. p. L. Demaison, *Aymeri de Narbonne*, Paris (Didot) 1887 (SATF). [= Boss 154; Hol 686; TL Aym. Narb.; FEW Aymeri (date '1215' et '1180')]. Édition 'critique' très modifiée, sans justification dans les variantes. [Gdf 'Aimeri' = BN fr. 24369: contient plusieurs textes.] Le fragment a été p. p. F. Bogdanow, R 84 (1963) 380-389; [= TL Aym. Narb. nouv. fragm. B].

AimeriK id.; extraits du ms. BN fr. 24369 [prob. Paris, traits pic., ca. 1335] p. p. A. Kressner, "Nachrichten über das altfranzösische Epos Aymeri de Noirbone", AnS 56 (1876) 11-50.

AimonFlH *Le roman de Florimont*, par Aimon de Varennes (prob. Varenne près de Châtillon-sur-Azergues, rég. lyon.), roman d'aventures, octosyll.; traits du Sud-Est et qqs éléments frpr., 1188; ms. de base BN fr. 15101 [lorr. 13^{e}s.; 9 f^{os} en tête et à la fin remplacés fin (?) 14^{e}s.] (F) (f°4 et 8 du ms. du 13^{e}s. y sont reliés comme feuilles de garde; f°1-8 et 120 (le dernier) actuels sont rajoutés), var. complètes de BL Harl. 4487 [lorr. 1295] (H), autres var. de BN fr. 353 [1^{e}m. 14^{e}s.] (A), BN fr. 792 [frc. 2^{e}m. 13^{e}s.] (B), BN fr. 1374 [scribe A: frpr. ca. 1260] (C), BN fr. 1376 [bourg. 1^{e}m. 13^{e}s.] (D), BN fr. 1491 [14^{e}s.] (E), BN fr. 24376 [14^{e}s.] (G), BL Harl. 3983 [f°1-81 lorr. 1323] (H^2), Venezia Marc. fr. XXII (258) [It. 14^{e}s.] (I), Torino Bibl. naz. L.II.16 [It. 14^{e}s.] (K), Monza Bibl. cap. b-21/137 (CXCV) [It. 2^{e}q. 14^{e}s.] (L), Montpellier Ec. de Méd. 252 [frc. fin 13^{e}s.] (M), Tours 941 [13^{e}s.] (T); p. p. A. Hilka, *Aimon von Varennes: Florimont*, Göttingen 1932 (Ges. für rom. Lit. 48); [= TL Florimont; FEW AimonFl; Boss 1099; Hol 895]. Bonne éd. utilisant des mat. d'A. Risop. Pour la loc. cf. RLiR 32, 56-66; Roques MélMöhren 217-233.

Aiol$^{1/2}$F *Aiol*, chanson de geste appartenant, avec son complément Elie, à la Geste Monglane; 1e partie, v. 1-5368, en vers décasyll., 2e partie, v. 5369-10985, en alexandrins; pic. 2^{e}m. 12^{e}s. (ou, selon aucuns, 1e partie: ca. 1160, 2e: déb. 13^{e}s.); ms. unique BN fr. 25516 [pic. 2^{e}m. 13^{e}s.]; p. p. W. Foerster, *Aiol et Mirabel und Elie de Saint Gille*, Heilbronn 1876 [textes]-1882 [introd.] (Afr. Bibl. 15; réimpr. Wiesbaden, Sändig, 1967); [= TL Aiol; Boss 163; Hol 846]. Éd. très corrigée: v. la 'Varia lectio' p. 399-418. Cp. → ElieF.

Aiol$^{1/2}$N id.; v. 1-5367 et 5368-10983 p. p. J. Normand – G. Raynaud, *Aiol*, Paris (Didot) 1877 (SATF); [= TL Aiol SAT; FEW Aiol; Boss 164; Hol 845].

AiquinJa *Chanson d'Aiquin*, appelée aussi *Bretagne conquise*, épopée rattachée au cycle de Charlemagne, laisses en décasyllabes rimés; norm. [déb. 13^{e}s.]; ms. unique BN fr. 2233 [mil. 15^{e}s.] incomplet de un ou deux feuillets au début et peu fidèle, tardif; texte pseudo-diplomatique correcte (à compléter par les notes, p.ex. 1480) et texte critique publiés parallèlement p. F. Jacques avec la collaboration de M. Tyssens, *Aiquin ou la Conquête de la Bretagne par le roi Charlemagne*, Aix-en-Provence – Paris (Champion) 1979; [= TL Aiquin J *et* FJacques Aiquin T; Boss² 1035]. Sans glossaire; éd. non définitive (vers 1468 *le duc s'estant davant son tref, Grande* [= ms.] est rendu par *s'estut devant, Garde* dans le texte critique, cf. p. xxxvi s.).

AiquinJ id.; p. p. M. F. Joüon des Longrais, *Le roman d'Aquin ou La conqueste de la Bretaigne par le roy Charlemaigne*, Nantes (Soc. des Biblioph.) 1880; [= FEW Aiquin].

AlNeckCorrM Alexandre Neckam, *Corrogationes Promethei*: texte latin parsemé de gloses fr., en deux parties, 1° un traité de grammaire latine et 2° un commentaire sur la Bible; agn. ca. 1200; ms. de base Evreux lat. 72 [13ᵉ s.], autres mss.: Cambridge Univ. Kk.V.10 [14ᵉ s.] 2° seulement, Cambridge Corpus Christi Coll. 460 [15ᵉ s.], Dublin Trinity Coll. C.2.5 (256) [13ᵉ s.], BL Roy. 2 D.VIII [13ᵉ s.], BL Harl. 6 [ce texte déb. 13ᵉ s.], Oxford Bodl. Bodley 550 [mil. 13ᵉ s.], Oxford Bodl. Bodley 760 [fin 13ᵉ s.], Oxford Bodl. Auct. F.5.23 [agn. fin 13ᵉ s.], Oxford Bodl. Laud Misc. 112 [13ᵉ s.], Oxford Bodl. Hatton 44 [fin 13ᵉ s.], Oxford Bodl. Rawl. C.67 [13ᵉ s.], Oxford Merton Coll. 254 [14ᵉ s.], Oxford Saint John's Coll. 178 [agn. 1ᵉʳm. 13ᵉ s.], Ste-Gen. 1211 [ca. 1300], Troyes 1048 [13ᵉ s.], Torino Bibl. naz. D.V.29 (anc. D.III.21) [agn. fin 13ᵉ s.]; extraits p. p. P. Meyer, "Notice sur les *Corrogationes Promethei* d'Alexandre Neckam", *NotExtr* 35² (1897) 641-682; [= TL Al. Neckam Not.; Boss 6578].

AlNeckCorrH id., gloses tirées de mss. conservés à Oxford et Londres (p. 235-240, siglés A, B, Ba, C, D, E, H, Ha, L, R, Ra), puis de ceux de Cambridge (siglés C [!], G, K, P, Pa, p. 241-243) et d'autres; p. dans → HuntTeach 1,235-250.

AlNeckUtensH Alexandre Neckam, *De nominibus utensilium*, texte latin aux gloses fr. assez variables selon les 30 mss.; [fin 12ᵉ s.]; ms. Oxford Bodl. Rawl. G.99 [agn. 1ᵉʳm. 13ᵉ s.] (R), etc.; p. p. T. Hunt, "Les gloses en langue vulgaire dans les manuscrits du *De nominibus utensilium* d'Alexandre Nequam", *RLiR* 43 (1979) 235-262; [= AND Gloss Nequam; Dean 301]. P. 256-258: gloses supplém. du ms. Oxford Bodl. Digby 37 [agn. 1ᵉʳm. 13ᵉ s.] (D); p. 258-259: gloses du ms. Oxford Saint John's Coll. 178 [agn. 1ᵉʳm. 13ᵉ s.] (J); p. 259-260: gloses du fragm. Oxford Bodl. Laud Misc. 497 [agn., f°300r°-303v° déb. 13ᵉ s.]; p. 260-262: ms. Oxford Bodl. Rawl. G.96 [agn. 13ᵉ s.]. La numérotation se réfère aux n°ˢ de p. de l'éd. S.

AlNeckUtensH² id.; mss. dépouillés: Cambridge Gonville and Caius Coll. 136 [agn. fin 13ᵉ s.] (C), Dublin Trinity Coll. D.4.9 (270) [agn. déb. 14ᵉ s.] (D), Lincoln Cathedral 132 (C.5.8) [agn. ca. 1300] (L), Cambridge Gonville and Caius Coll. 385 [agn. 2ᵉm. 13ᵉ s.], Edinburgh Nat. Libr. Adv. 18.4.13 [agn. 1ᵉʳm. 13ᵉ s.] fragm., Cambridge Trinity Coll. O.7.9 (1337) [agn. mil. 13ᵉ s.], BL Harl. 683 [agn. 13ᵉ s.] contient deux copies: f°12-19 13ᵉ s. et 38-54 1ᵉʳm. 13ᵉ s. (autres parties aussi 14ᵉ s.), Berlin Staatsbibl. lat. fol. 607 [agn. 14ᵉ s.] sans gloses, mais aux t. fr. dans le comm., London Wellcome Hist. Med. Libr. 801A (anc. Bury St Edmunds Abbey) [agn. mil. 13ᵉ s.], Worcester Cathedral 4° 50 [agn. mil. 13ᵉ s.], Canterbury Dean and Chapter Libr. Add. 129/1 [agn. 2ᵉm. 14ᵉ s.] fragm., BN lat. 15171 [cette partie agn. 13ᵉ s.], Ste-Gen. 1210 [rec. fact., f°70-73, 2ᵉq. 13ᵉ s.]; p. dans → Hunt-Teach 1,177-189; 2,65-122. Attention: le ms. 'D' n'est pas le ms. 'D' de l'éd. H.

AlNeckUtensS id.; ms. Brugge Op. Bibl. 536 [agn. ca. 1300]; p. p. A. Scheler, "Alexander Neckam. De nominibus utensilium", *JREL* 7 (1866) 58-74; 155-173; [= TL Al. Neckam Jahrb.; Vising 68]. Cp. → JGarlS.

AlNeckUtensW id.; BL Cotton Titus D.XX [cette partie agn. fin 13ᵉ s.]; p. dans → WrightVoc 96-119.

AlcM M. Alcover – E. Moll, *Diccionari català-valencià-balear*, 10 vol., Palma de Mallorca (Moll) 1930-1962; 2ᵉ éd. uniquement des vol. 1 (1968) et 2 (1964), par la suite il n'y a eu que des réimpr., sans changements au dire de l'éditeur, la 6ᵉ en 1985. [FEW Alcover *et* AlcM = 1ᵉ éd.].

AldL Aldebrandin de Sienne (médecin de Béatrice de Savoie, comtesse de Provence), *Le Régime du corps* (titre tardif), traité d'hygiène, de médecine et de diététique en prose, s'appuyant sur Avicenne, *Canon*, Johannitius, *Isagoge*, Ali Abbas, *Liber regius*, Razès, *Almansor*, Constantin l'Africain, *Liber de stomacho*, Isaac Judaeus, *De diaetis (univ. et) particularibus*; pic. prob. 1256; ms. de base BN fr. 2021 [pic.or. 2ᵉm. 13ᵉ s.] (A), complété au moyen de BN fr. 14822 [pic. 2ᵉm. 13ᵉ s.] (B), var. de BN fr. 12323 [peu après 1349] (D) et Ars. 2510 [ca. 1300] (C), autres mss.: BN fr. 1444 [pic.mérid. fin 13ᵉ s.], BN nfr. 1104 [frc. ca. 1300], BN fr. 25247 [pic. fin 13ᵉ s.] Physionomie seulement, BN fr. 2001 [ca. 1355], BN fr. 1109 [pic. 1310], BN nfr. 6539 [1ᵉʳm. 14ᵉ s.] à modifications, BN fr. 2039 [pic./wall. 2ᵉm. 14ᵉ s.] dern. partie seulement, BN fr. 1288 [15ᵉ s.], BN fr. 2022 [15ᵉ s.], Ars. 2511 [mérid. ou It. 14ᵉ s.], Ars. 2814 [14ᵉ s.], Ars. 2059 [pic. (Valenciennes) 1341] extr., Ars. 2872 [fin 14ᵉ s., traits occ.], Ars. 2895 [2ᵉm. 15ᵉ s.] extr., Ars. 3190 [4ᵉq. 15ᵉ s.], Niort Bibl. mun. 70 [14ᵉ s.], BL Sloane 1611 [f°69-142: fin 13ᵉ s.], BL Sloane 2435 [pic. (Lille?) fin 13ᵉ s.], BL Sloane 3525 [frc. déb. 14ᵉ s.], BL Sloane 2806

AldL

[Angl. fin 14ᵉs.], BL Sloane 2986 [It. ca. 1300], BL Sloane 3152 [15ᵉs.], BL Sloane 2401 [1492], Oxford Bodl. Bodley 179 [15ᵉs.], London Wellcome Hist. Med. Libr. 32 (anc. Ashburnham Barrois 265) [14ᵉs.], London Wellcome Hist. Med. Libr. 31 [1390], London Wellcome Hist. Med. Libr. 546 [Fr. mérid. mil. 14ᵉs.], Berlin Staatsbibl. Hamilton 407 [II: 1ᵉʳq. 15ᵉs.], Bern 385 [Est fin 13ᵉs.], Cambridge Univ. Ii.V.11 [14ᵉs.], Bruxelles Bibl. roy. 11130-32 [fin 14ᵉs.], Vat. Reg. lat. 1451 [extraits sur marges 14ᵉs.], Vat. Reg. lat. 1256 [15ᵉs.], Vat. Reg. lat. 1334 [déb. 15ᵉs.], Vat. Pal. lat. 1967 [1ᵉm. 14ᵉs.], Venezia Marc. fr. App. X [déb. 14ᵉs.], Firenze Bibl. Med. Laurenz. Ashburnham Libri 1076 (1006) [14ᵉs.], Torino Bibl. naz. M.IV.11 (300, C.II.6) [Namur ca. 1465] détruit, Lisboa Bibl. da Ajuda 52.XIII [14ᵉs.], Lyon Bibl. mun. 976 (cat.; 'autre cote' 907) [pic. 14ᵉs.], BL Roy. 16 F.VIII [fin 15ᵉs.] BL Roy. 19 B.X [fin 15ᵉs.], BL Roy. 20 B.IX [fin 15ᵉs.], BL Add. 8863 [ca. 1480], Besançon 463 [fin 15ᵉs.], Lille Univ. 204 (1180) [fin 14ᵉs.] fragm., Reims Bibl. mun. 265 (C. 206) [fºα fin 13ᵉs.] fragm., Leiden Univ. VLQ 93ᴵᴵ [Nord fin 13ᵉs.], Valenciennes 329 (cat., cote 318) [15ᵉs.], BL Sloane 1977 [pic. (Origny) ca. 1300] ms. à modif., Zagreb MR 92 [It. ca. 1300]; Kassel Landesbibl. 4º Ms. med. 1 [2ᵉq. 15ᵉs.] manque le dernier tiers, Leipzig Univ. Hänel 3478 [2ᵉt. 14ᵉs.], München gall. 60 [pic. ca. 1400] acéphale, New York Pierpont Morgan Libr. M.165 (108) [ca. 1450], New York Pierpont Morgan Libr. M.459 [It.sept. ca. 1300] extr., Firenze Bibl. Med. Laurenz. Edili 187 [fº1-28 2ᵉm. 13ᵉs.], den Haag Museum Meermanno-Westreenianum 10.E.40 [frc.14ᵉs.], Chantilly Musée Condé 476 (644) [I, fº1-58, Acre 1271] fº56-58 (4ᵉ partie du texte), Bruxelles Bibl. roy. 11004-17 [II, fº44-95, liég. 4ᵉq. 15ᵉs.] extraits (v. R 117, 1999, 51-77); p. p. L. Landouzy – R. Pépin, *Le Régime du Corps de maître Aldebrandin de Sienne*, Paris (Champion) 1911 (réimpr. Genève, Slatkine, 1978); [= TL Rég. du Corps; FEW AldS; Boss 2986; Hol 351]. Pour une analyse groupant les mss. et aj. des remaniements partiels v. F. Fery-Hue dans 110ᵉ Congrès nat. des Soc. savantes, Montpellier 1985, Hist médiév. et phil., t. 1, *Santé*, 113-134.

AldLF id.; ms. Lyon Bibl. mun. 976 (907) [pic. 14ᵉs.] à graphie peu éloignée du ms. BN fr. 2021 (même famille); p. p. J.-G. Faure, *Version* [!] *lyonnaise* [!] *du traité de médecine d'Aldebrandin*, thèse Lyon 1972. Très peu utile.

AldMT id., 4ᵉ partie: Physionomie; ms. Venezia Marc. fr. App. X [déb. 14ᵉs.]; p. p. E. Teza, *Trattatello di fisiognomia*, Bologna (Regia Tip.) 1864 (Scelta di Curiosità Lett., disp. 24); [= TL Phisan.]. Imprime en face la version it. anon. du ms. Firenze Bibl. Med. Laurenz. Red. 88 (186) [14ᵉs.].

AldPJ id., 4ᵉ partie: Physionomie; ms. BN fr. 25247 [pic. fin 13ᵉs.] qui contient cette partie seulement; p. dans → SecrSecrPr²J, RF 29 (1911) 705-710. Correspond à → AldL p. 193-202.

AlessioLex G. Alessio, *Lexicon etymologicum. Supplementum ai dizionari etimologici latini e romanzi*, Napoli (Arte tipografica) 1976 (Accademia di Archeologia, Lettere e Belle Arti di Napoli).

AlexAlbZ Alberic / Auberi de Besançon, fragment de 105 vers octosyll. d'un *Roman d'Alexandre*; frpr./ occ./ traits fr., 1ᵉʳq. 12ᵉs.; ms. unique Firenze Bibl. Med. Laurenz. Plut. LXIV.35 [France 9ᵉs., fº115s. dom. frpr. 1ᵉʳq. 12ᵉs.]; p. p. F. Zufferey, "Perspectives nouvelles sur l'*Alexandre* d'Auberi de Besançon", ZrP 123 (2007) 385-418, texte 411-413 (éd. sur la base d'une éd. semi-dipl. de Mölk/Holtus ZrP 115, 1999, 582-621). Cp. G. Tuaillon → MélStraka¹ 1,459-476; → AlexAlbL.

AlexAlbA id.; p. dans → AlexParA 3,37-60; [cp. Boss 940].

AlexAlbF id.; p. dans → FoersterKoschw⁵ 237-243; [= Hol 918; cp. FEW AlAlb].

AlexAlbL id.; p. p. R. Lafont, "Nouveau regard sur le «Fragment d'Alexandre»", RLiR 66 (2002) 159-207. Avec éd., reprod. du ms., reconstruction du texte et traduction de la reconstruction. Éd. moins sûre que celle de Mölk/Holtus de 1999 (v. AlexAlbZ p. 409).

AlexAlbM id.; p. dans → AlexArsM 1,1-15; [= TL Alex. fragm.].

AlexArsL Roman d'Alexandre, version du ms. Ars., prob. antérieure à → AlexPar, mais contaminée par cette version, en laisses de décasyll. (v. 1-785) et d'alex. (v. 786-6890, attrib. à Lambert le Tort) rimés; poit. (selon les éd.), pic. et occ.orient. (selon Naudeau, spéc. la partie décasyll.), ca. 1185; ms. Ars. 3472 [poit. ou Sud-Est? 1ᵉm. 13ᵉs.] (A) [fº9 et 16 francoit. 14ᵉs.]; p. p. M. S. La Du, *The Medieval French Roman d'Alexandre*, 7 vol., 1937-1976, vol. 1, *Text of the Arsenal and Venice Versions*, Princeton N.J. (Univ. Press) 1937 (Elliott Monogr. 36; réimpr. New York, Kraus, 1965); pages paires. Traits du Sud-Est, v. Naudeau RLiR 56,155-163; copistes divers, v. RLiR 58,459. – Concordances AlexArsL / -VenL / -ParA dans -ArsL; [= TL Rom. d'Alex. I; FEW AlexA; Boss² 2117].

AlexArsM id.; extraits p. p. P. Meyer, *Alexandre le Grand dans la littérature française du moyen age*, 2 vol., Paris (Vieweg) 1886, texte 1, 25-105; [= TL Alex. Gr. B; Boss 954; Hol 914]. Les nᵒˢ des laisses coïncident. Contient aussi

→ AlexAlbM, AlexParLM, ThomKentM, AlexVenM; t. 2: Etudes.

AlexDoctDH Alexandre de Villedieu, *Doctrinale*, traité de grammaire rimé, lat. prob. 1199; gloses fr.; 13^{e}s.; ms. Oxford Corpus Christi Coll. 121 [fin 13^{e}s.], aussi dans BN lat. 14745 (anc. Saint-Victor 716) [Angleterre 13^{e}s.] gloses fr. et angl.; p. dans → JGarlRCH p. 28-31.

AlexParA Alexandre de Paris, Roman d'Alexandre, en vers alexandrins, reprise de textes représentés par → AlexArs et AlexVen en incorporant le 'Fuerre de Gadres' (lui-même perdu) dans la branche II; ca. 1185; ms. de base surtout (cf. notes et var.!) BN fr. 25517 [pic. 2^{e}m. 13^{e}s.] (G), autres mss., la plupart en var.: [Ars. (A) → AlexArs], [Venezia (B) → AlexVen], BN fr. 15095 [pic. 2^{e}m. 13^{e}s.] (C), BN fr. 15094 [cette partie 3^{e}q. 13^{e}s.] (D), BN fr. 787 [3^{e}t. 13^{e}s.] (E) laisses 46-157, Parma Pal. 1206 [It. 14^{e}s.] (F) l. 110-157, BN fr. 786 [tourn. ca. 1285] (H), BN fr. 375 [pic. 1289 n.st.] (I), BN fr. 24366 [pic. 2^{e}m. 13^{e}s.] (J), BN fr. 792 [frc. 2^{e}m. 13^{e}s.] (K), BN fr. 789 [pic. 1280] (L) correspond en partie aux textes de AlexArs et AlexVen, BN fr. 24365 [1^{e}m. 14^{e}s.] (M), BN fr. 791 [fin 14^{e}s.] (N), BN fr. 1375 [15^{e}s.] (O) copie de N, Oxford Bodl. Bodley 264 [f°1-209 pic. 1338] (P) minatures 1344, BN fr. 790 [mil. 14^{e}s.] (Q), BN fr. 368 [lorr. 1^{e}m. 14^{e}s.] (R), BN fr. 1590 [1^{e}m. 14^{e}s.] (S) l. 56-157, BN fr. 1635 [Est fin 13^{e}s.] (T), BN fr. 12567 [It. ca. 1340] (U), Oxford Bodl. Hatton 67 [cette partie 14^{e}s.] (V), BN fr. 12565 [pic. 3^{e}t. 14^{e}s.] (W), Vat. Reg. lat. 1364 [2^{e}m. 13^{e}s.] (Y) extraits dans KellerRomv 199-201, Princeton NJers. Univ. MS 3217.117.1300q [14^{e}s.] (f) fragm. imprimé dans RRev 29, 305-310, autres fragments: Lugo (a), Saint-Lô [2^{e}m. 13^{e}s.] (b), Cheltenham Phillipps 6661 (c), Bruxelles (d), Deschamps de Pas [fin 14^{e}s.] (e), v. Meyer R 11,319-322, aj. Bruxelles Arch. → AlexParB, Fribourg Arch. Litt. 22 voir ARom 9,366-382, AN F.17 s.c. (v. Jonas); p. p. E. C. Armstrong – D. L. Buffum – B. Edwards – L. F. H. Lowe, dans → AlexArsL, vol. 2, *Version of Alexandre de Paris, Text*, 1937 (Elliott Monogr. 37), vol. 3, p. p. A. Foulet, dans → AlexArsL, *Variants and Notes to branch I*, 1949 (Elliott Monogr. 38), vol. 4, p. p. E. C. Armstrong – A. Foulet, dans → AlexArsL, *Le roman du Fuerre de Gadres*, 1942 (Elliott Monogr. 39), vol. 5, p. p. F. B. Agard, dans → AlexArsL, *Variants and Notes to branch II*, 1942 (Elliott Monogr. 40), vol. 6, p. p. A. Foulet, dans → AlexArsL, *Introduction and Notes to branch III*, 1976 (Elliott Monogr. 42), vol. 7, p. p. B. Edwards – A. Foulet, dans → AlexArsL, *Variants and Notes to branch IV*, 1955 (Elliott Monogr. 41); [= TL Rom. d'Alex. II *et Alexandre de Paris*]. Les mss. se groupent en gros en une famille α (109 laisses) et une famille β (162 laisses); α comprend un groupe G (mss. GD, TF) et un groupe M (MRSPQY); β comprend J (JIK, en partie L) et C (CR; NH); le ms. H pêche aussi dans α; le groupement β peut être daté de ca. 1200. Pour une collaboration de Pierre de Saint-Cloud (norm.) v. Zufferey R 130,1-39. L'éd. A (plutôt arrêtée que terminée) fournit en partie les laisses supplémentaires de β et aussi le texte de L. Concordance avec l'éd. AlexParHM ici, en appendice. [Pour la rééd. raccourcie et trad. d'AlexParA par L. Harf-Lancner, v. Plouzeau RLaR 102, 193-205 (en même temps éclairant l'éd. A); RLiR 59,317.] Le ms. Oxford Bodl. Bodley 264 [f°1-209 pic. 1338] (P) se lit dans le facsim. p. p. M. R. James, Oxford (OUP) 1933. – Gdf cite ce texte comme 'Geste d'Alix.' (ms. BN fr. 24364). Le 'cycle d'Alexandre' comprend aussi → VengAl, VenjAl, PriseDef, VoyAlex, VoeuxPaon, Restor, JMotePaon; cp. ThomKent.

AlexParBH id., fragm. de la Branche II, vers β 119,9-125,11 et vers 2582-2743; ms. Bruxelles Arch. gén. Mss. div. 1411 Q [hain. fin 13^{e}s.] (b'); p. p. W. Van Hoecke, "Fragments d'un nouveau manuscrit du Roman d'Alexandre d'Alexandre de Paris", *Archives et Bibl. de Belg.* 37 (1966) 3-36; [= TL Rom. d'Alex. P v. H].

AlexParHM id., leçon d'un ms. assez divergent (suivant les mss. α et β) et nettement picard; [ca. 1185]; ms. de base BN fr. 786 [tourn. ca. 1285] (H) mauvais ms.; aussi BN fr. 375 [pic. 1289 n.st.] (I); BN fr. 24366 [pic. 2^{e}m. 13^{e}s.] (J); BN fr. 789 [pic. 1280] (L); p. p. H. Michelant, *Li Romans d'Alixandre par Lambert li Tors et Alexandre de Bernay*, Stuttgart (Lit. Verein) 1846 (Bibl. des lit. Vereins Stuttgart 13); [= TL RAlix.; FEW Alix]. Concordance avec l'éd. AlexParA ici, en appendice.

AlexParLF id., version mêlant une version antérieure à AlexPar (v. → AlexArs et AlexVen) et AlexPar; ms. BN fr. 789 [pic. 1280] (L) scribe négligeant; v. 1-2036 p. dans → AlexParA 3,101-154 [reprend les p. gauches du t. 1, p. 390-412; ne pas citer les p. 61-100: reconstruction].

AlexParLM id.; v. 1-1550 p. dans → AlexArsM 1, 115-175; [= TL Alex. Gr. C].

AlexPrH Roman d'Alexandre en prose, indépendant de → AlexPar, traduisant la *Historia de preliis* (2e réd.) en ajoutant prologue (emprunté à → HistAnc) et épilogue, prose; 2^{e}m. 13^{e}s. (prob. entre 1252 et 1290); ms. imprimé [2e état]: Berlin Staatsbibl. Hamilton 19 (KK 78 C 1) [ca. 1300] (B), autres mss.: Bruxelles Bibl. roy. 11040 [ca. 1300] (Br), Chantilly Musée Condé 651 (1486) [fin 15^{e}s.] (C), Le Mans 103 [fin 14^{e}s.] (L), BL Roy. 15 E.VI [Rouen prob. 1444/1445] (R1), BL Roy. 19 D.I [Paris? ca. 1335, aux traits pic.] (R2), BL Roy. 20 A.V [fin 13^{e}s.] (R3), BL Roy. 20

AlexPrH

B.XX [déb. 15ᵉs.] (R4), BL Harl. 4979 [ca. 1300] (H), BN fr. 788 [1461], BN fr. 1373 [15ᵉs.] (P2), BN fr. 1385 [14ᵉs.] (P3), BN fr. 1418 [15ᵉs.], BN fr. 10468 [mil. 15ᵉs.], Stockholm Kungl. Bibl. Vu 20 (fr. 51) [Chypre, scribe cat.?, fin 14ᵉs.] (St/S) parties propres à ce ms. p. aux p. XLV-L, Tours 954 [1358] détruit en 1940, Oxford Bodl. Rawl. D.913 (1370) [f°103-105 fragm. 14ᵉs.], imprimés v. éd. p. II et Wo 4; p. (avec texte lat. en regard) p. A. Hilka, *Der altfranzösische Prosa-Alexanderroman nach der Berliner Bilderhandschrift nebst dem lateinischen Original der Historia de preliis (Rezension J²)*, Halle (Niemeyer) 1920; [= TL Alixandre Pr.; Boss 992; Wo 4; Wos 4 cite Ross qui distingue trois rédactions: 1ᵉʳ état: mss. C, L, P3, R1, R2, R3, R4, S; 2ᵉ état: les autres]. Gdf cite le ms. R2 sous le titre de 'Histoire du bon roy Alexandre' et P3 sous 'Livre du roi Alexandre'.

AlexPrR¹O id., premier état (sans le prologue basé sur Vincent de Beauvais); ms. R1; p.p. Y. Otaka – H. Fukui – C. Ferlampin-Acher, *Roman d'Alexandre en prose*, Osaka (C. Rech. Intercult. Univ. Otemae) 2003.

AlexPr²H Alexandre en prose, version de Jean Wauquelin; ca. 1440; ms. de base Paris Petit Palais Coll. Dutuit 456 [pic. ca.1458] (A), corr. et qqs var. d'après BN fr. 707 [ca. 1470] (B), BN fr. 9342 [1447 ou peu après] (C), BN fr. 1419 [1447] (D); p.p. S. Hériché, *Les Faicts et les conquestes d'Alexandre le Grand*, Genève (Droz) 2000 (T.L.F. 527); [cf. Wo 6].

AlexPr³L *Les fais et concquestes du noble roy Alexandre*, mise en prose anon. de la majeure partie de → AlexPar, incluant la mise en prose des interpolations *Fuerre de Gadres*, → PriseDef, → VoeuxPaon et → VenjAl; traits pic., 3ᵉq. 15ᵉs.; ms. unique Besançon 836 [3ᵉq. 15ᵉs.]; p.p. R.N. Liscinsky, *Les fais et concquestes du noble roy Alexandre*, Besançon 1980 (par University Microfilms, Ann Arbor); [= Wo 7; Boss² 6596].

AlexVenL Roman d'Alexandre, prob. de tradition antérieure à → AlexPar, mais contaminé par cette version, comparable à → AlexArs, mais plus long, en laisses de décasyll. (v. 1-804) et d'alex. (v. 805-10747) rimés, survivant dans un ms. francoit.; [ca. 1185]; ms. Venezia Mus. Civ. 665 [francoit. déb. 14ᵉs.] (B); p. dans → AlexArsL, p. impaires; [= TL Rom. d'Alex. I; FEW AlexV].

AlexVenM id.; extraits p. dans → AlexArsM 1, 237-296; [= TL Alex. Gr. BB].

Alex cp. aussi VengAl; VenjAl; PriseDef; VoeuxPaon; Restor; JMotePaon; ThomKent.

AlexisRo Légende de saint Alexis en 125 strophes de cinq vers décasyllabiques assonancés; norm. fin 11ᵉs.; ms. de base Hildesheim St. Godehardi [agn. ca.1120] (L), en var. BN nfr. 4503 (anc. Ashburnham Libri 112) [agn. ca. 1200] (A), BN fr. 19525 [agn. fin 13ᵉs.] (P), Manchester Univ. John Rylands Libr. Fr. 6 [Angleterre f°9-: 2ᵉm. 13ᵉs.] (P²) f°10 fragment: strophes 1-35,2, Vat. Vatic. lat. 5334 [wall. /frpr. fin 12ᵉs.] (V) fragment: strophes 86, 88-107, 111-125 (Burdy AnS 243, 115-120); p.p. G. Rohlfs, *Sankt Alexius. Altfranzösische Legendendichtung des 11. Jahrhunderts*, Tübingen (Niemeyer) ⁵1968 (Sammlung rom. Übungstexte 15); [= TL Sankt Alexius et Alex. R; Boss 6025 et 7118; Boss² 650]. Le texte est amendé modérément; donne aussi la vie latine. Le ms. de Hildesheim contient un petit prologue en prose, v. WoC 37 et U. Mölk ZfSL 87 (1977) 289-303 (édition et étude); il combine la version courte (mss. A et P) avec la longue (V). Pour la date cp. O. Pächt – C. R. Dodwell – F. Wormald, *The St. Albans Psalter*, London 1960, p. 126-144. Bibliographie: C. Storey, *An annot. bibl.*, Genève 1987. Fac-similé en couleurs du beau ms. de Hildesheim p.p. U. Mölk, Göttingen (Vandenhoeck & Ruprecht) 1997.

AlexisB id., fac-similé du ms. Hildesheim; p.p. F.H. Bödeker, *La cançun de saint Alexis. Reproduction photographique du ms. de Hildesheim*, Paris (Welter) 1890 et 1899.

AlexisD id.; réimpr. du texte de AlexisP, CFMA 1911, p.p. V.L. Dedeck-Héry, *The Life of Saint Alexis*, New York (Institute of French Studies) 1931; [= TL Alex. Ded. et SAlex. Ded.; Boss 41; Hol 74].

AlexisE id.; ms. de base L; p.p. M. Eusebi, *La Chanson de saint Alexis*, Modena (Mucchi) 2001. Éd. aux émendations en plus grand nombre, que l'éd. justifie par un nouveau stemma codicum.

AlexisF id.; impr. diplomatique des mss. L, P et A dans → FoersterKoschw col. 99-162 [avec var.; donne aussi le prologue en prose du ms. L; l'éd. 1915 et ss. ajoutent la vie latine col. 299-307; ib. col. 308-315 additions].

AlexisH id., texte du ms. L corrigé à l'aide de P et même d'autres versions; p.p. K. Hofmann, "Das altfranzösische Gedicht auf den heil. Alexius, kritisch bearbeitet", *Sitzungsberichte der königl. bayer. Akademie der Wissenschaften zu München*, 1868, Band 1, München 1868, 84-121; [= TL Alexius]. Édition 'critique' inutilisable (p. 85 «Dass ich Verstösse gegen Grammatik und Metrik nicht als Licenzen oder Alterthümlichkeiten, sondern als Fehler betrachte und daher konsequent tilge, wird man bei meiner kritischen Methode, die auf reine Texte ausgeht, nicht anders erwarten.»!).

AlexisO id.; ms. L; p. p. C. J. Odenkirchen, *The Life of St. Alexius, in the Old French version of the Hildesheim manuscript. The original text reviewed, with comparative Greek and Latin versions, all accompanied by English translations*, Brookline, Mass. - Leyden (Classical Folia Editions) 1978 (Medieval Classics: Texts and Studies 9); [= TL Alex. O; Boss² 654]. L'éd. S^{1/2} reste préférable.

AlexisP id.; texte 'critique' basé sur les mss. L, A, P, mss.-versions M¹ et S en var.; p. p. G. Paris – L. Pannier, *La Vie de saint Alexis, poème du XIe siècle, et renouvellements des XIIe, XIIIe et XIVe siècles*, Paris 1872 (et réimpr.), texte p. 139-170; [= TL Alex. *et* Alex. S; Dean 505; Boss 39; Hol 77]. Le texte (qui peut servir de modèle d'une édition 'critique' établie sans scrupules – cp. le vers 38e avec AlexisF) a été réimprimé en 1885, en 1887, et dep. 1903 dans les Classiques fr. du moyen âge.

AlexisPe id.; p. p. M. Perugi, *La Vie de saint Alexis*, Genève (Droz) 2000 (T.L.F). Éd. dangereuse. Pour quelques corr. et pour l'astuce de la tmesis v. Zaun ZfSL 114,313-317 avec n.7. Éd. reprise en 2014, v. Gérard-Zai VRo 74,300-301.

AlexisR¹ id.; éd. d'un texte 'critique' basée essentiellement sur AlexisP et, ici et là, sur des matériaux de W. Foerster, p. p. M. Rösler, *Sankt Alexius*, Halle (Niemeyer) 1928 (Sammlung rom. Übungstexte 15); [= TL Alex. Rösler *et* SAlex. Rösler; Boss 44; Hol 78].

AlexisR² id.; texte basé sur le ms. L; éd. 1941 dans la même collection.

AlexisS¹ id.; texte du ms. L avec les var. les plus importantes, étude, gloss. complet, p. p. C. Storey, *Saint Alexis*, Paris (Droz) 1934, réimpr. London 1946, préface modifiée; [= Boss 43 et 6024; Hol 79].

AlexisS² id.; éd. revue p. p. C. Storey, *La Vie de saint Alexis. Texte du manuscrit de Hildesheim (L)*, Genève (Droz) 1968 (Textes litt. fr. 148); [= TL Alex. Sto; Boss² 651].

AlexisSt id.; éd. du ms. L avec leçons des autres mss.; p. p. E. Stengel, *La Cançun de saint Alexis und einige kleinere altfranzösische Gedichte des 11. und 12. Jahrhunderts. Nebst vollständigem Wortverzeichnis zu E. Koschwitz's: Les plus anciens monuments de la langue française und zu beifolgenden Texten*, Marburg (Elwert) 1882 (Ausg. u. Abh. 1). En qq. sorte exemplaire. Avec glossaire à → KoschwitzMon et inventaire des formes fléchies.

AlexisA**H** id.; ms. A (agn. fin 12e s.), p. p. T. D. Hemming, *La vie de saint Alexis*, Exeter (Univ. Press) 1994 (Textes litt. 90). Une éd. dipl. de ce ms. se trouve dans → AlexisF.

AlexisM¹P id.; version rimée du ms. M (= M¹); flandr. 13e s.; ms. BN fr. 1553 [pic. 1285 n.st. (dat. de Viol, les autres 1285 ou peu av. ou après)]; p. dans → AlexisP 261-325; [= TL Alex. M].

AlexisM²E id.; ms. Carlisle Cathedral Lives of the Saints [cette partie fin 13e s.]; p. dans → AlexissE p. 151-197.

AlexisM²P id.; début, fin et var. (par rapport à → AlexisM¹P) impr. par G. Paris, "Un second manuscrit de la rédaction rimée (M) de la *Vie de saint Alexis*", *R* 17 (1888) 106-120.

AlexisP²F id., version orig. (→ AlexisRo); ms. fragm. P²; p. p. R. Fawtier – E. C. Fawtier-Jones, "Notice du manuscrit *French 6*...", *R* 49 (1923) 321-342, spéc. 325-331.

AlexisQP id., version en quatrains alexandrins monorimes; mil. 14e s.; ms. de base BN fr. 1555 [déb. 15e s.] (A), en var. BN fr. 1661 [fin 15e s.] (B), BN fr. 1881 [3e t. 15e s.] (C), BN fr. 15217 [2e m. 15e s.] (D), Besançon 588 [ca. 1500] (E), Arras 742 (766) [1472] (F), BN nfr. 4085 [bourg. 1470] (P), non utilisé: Bruxelles Bibl. roy. 10295-304 [hain. 1428/29], BN nfr. 934,31-32 [15e s.?] strophes 111-130; p. dans → AlexisP 327-388; [= TL Alex. Q].

AlexissH id., version interpolée, en laisses de vers décasyll. assonancés, du ms. S; 2e m. 12e s. (?); ms. BN fr. 12471 [art. fin 13e s.]; p. p. H. Heinermann, *Das altfranzösische Alexiuslied der Handschrift 12471 der Bibl. Nat. in Paris (Cod. S)*, thèse Münster 1957; [= TL Alex. Hei]. Donne parmi les 'var.' les émendations de → AlexissP. Marque les abréviations résolues.

AlexissE id.; p. p. A. G. Elliott, *The Vie de Saint Alexis in the twelfth and thirteenth centuries*, Chapel Hill 1983 (N. Carol. St. in the Rom. Lang. and Lit. 221), p. 93-150. Transcription misérable.

AlexissP id., p. dans → AlexisP 197-260; [= TL Alex. S].

AlexisvR id., version orig. (→ AlexisRo), ms. fragm. V; p. p. P. Rajna, "Un nuovo testo parziale del *Saint Alexis* primitivo", *ARom* 13 (1929) 1-86; [= TL SAlex. Rajna].

AlexisAloS Légende de saint Alexis, version en vers alexandrins indépendante de → Alexis, ms. O; déb. 13e s.; ms. Oxford Bodl. Canonici Misc. 74 [wall. déb. 13e s.]; p. p. C. E. Stebbins, "The Oxford version of the *Vie de saint Alexis*: An

AlexisAloS

Old French poem of the thirteenth century", *R* 92 (1971) 1-36; [= TL Alex. Oxf. Ste; Boss² 688].

AlexisAlpS id., ms. P: BN fr. 2162 [pic. mil. 13ᵉ s.] (P); p. p. C. E. Stebbins, *A critical edition of the 13ᵗʰ and 14ᵗʰ centuries Old French poem versions of the* Vie de Saint Alexis, Tübingen (Niemeyer) 1974 (ZrP-Beih. 145); [= TL Alex. Ste; Boss² 689]. Donne aussi des var. du ms. O, cp. → AlexisAloS, et donne, fautivement, le même texte latin que → AlexisRo.

AlexisAlpH id.; ms. de base BN fr. 2162 [pic. mil. 13ᵉ s.], ms. Oxford Bodl. Canonici Misc. 74 [wall. déb. 13ᵉ s.] utilisé pour faire un texte 'critique' ('éclectique' selon Körting ZrP 4,176); p. p. J. Herz, "Eine altfranzösische Alexiuslegende aus dem 13. Jahrhundert", *Einladungsschrift zu der am 31. März, 1., 2. und 3. April 1879 stattfindenden öffentlichen Prüfung der Real- und Volksschule der israelitischen Gemeinde zu Frankfurt*, Frankfurt 1879, p. III-22; [= TL Alex. H].

AlexisHexA Version indépendante de → Alexis, fragmentaire, en vers hexasyllabiques; 15ᵉ s. (?); ms. Tournai 129 [15ᵉ s.] détruit en 1940; p. p. un anonyme dans *Mémoires de la Société hist. et litt. de Tournai* 4 (1856) 65-73. Correspond en gros aux vers 264-570 de → Alexis.

[AlexisMir → MirNDPersP nº40.]

AlexisOctP Légende de saint Alexis, version en vers octosyllabiques, indépendante de → Alexis; ca. 1200; ms. BN fr. 25408 [agn. 1267]; p. p. G. Paris, "La Vie de saint Alexi en vers octosyllabiques", *R* 8 (1879) 163-180; [= TL SAlex. R].

AlexisPr¹L id., version en prose (basée sur une légende latine), incip. *En cel tens que la loi nostre seigneur estoit creüe et essaucee*; prob. 1ᵉm. 13ᵉ s.; ms. de base BL Roy. 20 D.VI [2ᵉm. 13ᵉ s.] (B), corrigé surtout à l'aide de BN fr. 412 [pic. 1285] (C), autres mss. en var. BN nfr. 23686 (anc. Peterburg Fr.35/F.v.I.4) [Soissons?, 3ᵉq. 13ᵉ s.] (A), BN fr. 411 [déb. 14ᵉ s.], BN fr. 23117 [2ᵉ partie, fº238-482, déb. 14ᵉ s.] (E), abrégé par endroits, Genève Com. lat. 102 (anc. Cheltenham Phillipps 3660) [2ᵉq. 14ᵉ s.], BN fr. 183 [prob. 1327] (F), BL Add. 17275 [2ᵉt. 14ᵉ s.] (G), Oxford Queen's Coll. 305 [Fr. 2ᵉm. 15ᵉ s.] (H); p. p. E. Lutsch, *Die altfranzösische Prosaversion der Alexiuslegende*, Berlin (Trenkel) 1913; [= TL Alex. Pr.; Boss 65 (avec note erronée)].

[AlexisPr² → LégDorAn⁴Alexius.]

AlexisPr³ Légende de saint Alexis faisant partie du légendier 'groupe E' (v. HLF 33,421-423), incipit (ms. Dublin): *Ci comence la vie monseignor Saint Alexi qui fu nez de la cité de Rome. En cel temps que la loie nostre seignor estoit...*; ca. 1300; mss. Chantilly Musée Condé 734 (456) [1313 n.st.], Maz. 1716 (568) [déb. 14ᵉ s.], Dublin Trinity Coll. B.2.8 (173) [Angleterre fin 14ᵉ s.] (légendier isolé, mais Alexis provient du 'groupe E', v. HLF 33,440); inédit.

AlexisPr⁴ Une légende de saint Alexis mentionnée dans HLF 33, 442 comme figurant dans le ms. Arras 139 (657) [pic. 3ᵉt. 13ᵉ s.] n'existe pas: le ms. ne contient plus que le titre «Si commence la vie saint Alexis» [(au bas du fº87vº), le texte lui-même est perdu].

[AlexisTomb → TombChartr18.]

AlgorAlexH Traité d'algorithme en prose, dérivé de l'algorithme lat. attribué à Alexandre de Villedieu; pic. 3ᵉq. 13ᵉ s.; ms. de base Ste-Gen. 2200 [art. 1277] fº150rº-151rº, autre ms. BN fr. 2021 [pic.or. 2ᵉm. 13ᵉ s.] fº154rº-155rº; p. p. C. Henry, "Sur les deux plus anciens traités français d'algorisme et de géométrie", *Bull. di bibl. e di storia delle scienze matem. e fisiche* 15 (1882) 49-70, texte 53-55. Corrections v. AlgorAlexM p. 56. Contient aussi → GéomSGenH.

AlgorAlexM id.; ms. de base BN fr. 2021 [pic. 2ᵉm. 13ᵉ s.], en var. Ste-Gen. 2200 [art. prob. 1277]; p. p. V. Mortet, "Le plus ancien traité français d'algorisme", *Bibl. mathematica* 3ᵉ sér., t. 9 (1908) 55-64; [= Boss 2852].

AlgorBodlW Traité d'algorithme en vers octosyll., en rapport avec Alexandre de Villedieu, Johannes de Sacrobosco et avec le traité de Salem; 2ᵉm. 13ᵉ s.; ms. Oxford Bodl. Selden Supra 26 (3414) [partie concernée ca. 1300] fº13-16; p. p. E. G. R. Waters, "A thirteenth century algorism in French verse", *Isis* 11 (1928) 45-84; [= TL Algorism¹; FEW AlgT; Boss 2854].

AlgorCambrS Traité d'algorithme, 328 vers octosyll. (275 vers pour l'*Algorismus*, 52 vers d'autres calculs); agn. 3ᵉq. 14ᵉ s.; ms. Cambridge Corpus Christi Coll. 133 [agn. fin 14ᵉ s.] fº1vº-3rº; p. p. C. N. Staubach, dans L. C. Karpinski – C. N. Staubach, "An Anglo-Norman algorism of the fourteenth century", *Isis* 23 (1935) 121-152; [= AND Algorism; Dean 329; Boss 6560]. Bonne édition.

AlgorLiègeW Traité d'algorithme en vers octosyll., en partie basé sur Johannes de Sacrobosco; liég. 1ᵉm. 15ᵉ s.; ms. Bruxelles Bibl. roy. 10457-62 [wall. av. 1449] écrit par Jean de Stavelot; p. p. E. G. R. Waters, "A fifteenth century French algorism from Liège", *Isis* 12 (1929) 194-236; [= TL Algorism²; FEW AlgF; Boss 2855]. Transcription impeccable.

Alibert L. Alibert, *Dictionnaire occitan – français d'après les parlers languedociens*, Toulouse (Institut d'Etudes occitanes) 1965. Peu sûr.

AliscW *Bataille d'Aliscans*, chanson de geste du cycle de Guillaume d'Orange, vers décasyll.; pic. fin 12^{e}s.; mss. relativement proches de l'orig. supposé: ms. de base Ars. 6562 [pic. 1^{er}q. 13^{e}s.] (a), BL Roy. 20 D.XI [traits pic., prob. Paris ca. 1335] (L), BN fr. 24369-24370 [prob. Paris, traits pic., ca. 1335] (V), BN fr. 1448 [lorr.mérid. 3^{e}q. 13^{e}s.] (e), BN fr. 2494 [pic. 1^{e}m. 13^{e}s.] (d), mss. d'avantage interpolés et 'contaminés': BN fr. 774 [frc., faibles traits du N.-E., 3^{e}q. 13^{e}s.] (A), BN fr. 1449 [frc. 3^{e}q. 13^{e}s.] (b), BN fr. 368 [lorr. 1^{e}m. 14^{e}s.] (B), Milano Bibl. Trivulziana 1025 [frc. 3^{e}t. 13^{e}s.] (T), Oxford Bodl. MS. Fr. e.32 (anc. Cheltenham Phillipps 25074) [N.-E. ca. 1200] (P), Boulogne-sur-Mer 192 [art. 1295] (m), Bern 296 [pic.or. 3^{e}t. 13^{e}s.] (C), ms. francoit. v. → AliscM, fragm.: BN nfr. 934,4-7 [fragm. déb. 14^{e}s.] (extrait p. dans → MélLeGentil 851-867), Cambridge Univ. Add. 2751(4) [1^{e}m. 13^{e}s.], Peterburg RNB Fr.Q.v.XIV.6 [1^{e}m. 13^{e}s.] (feuilles du même ms. que Cambridge, les deux reproduits et p. p. M. Murjanoff dans *R* 85, 1964 533-540); p. p. E. Wienbeck – W. Hartnacke – P. Rasch, *Aliscans*, Halle (Niemeyer) 1903; [= Boss 169; Hol 635]. Numérotation identique à celle de AliscG. Concordance avec l'éd. AliscJ ici, en appendice.

AliscG id.; ms. de base Ars. 6562, en var. BN fr. 1449 (comble des lacunes de Ars.), BN fr. 774, BN fr. 2494, BN fr. 1448, Boulogne; p. p. F. Guessard – A. de Montaiglon, *Aliscans*, Paris 1870 (Anc. Poètes; réimpr. Nendeln, Kraus, 1966); [= Boss 167; TL Alisc.; FEW Alisc]. Bonne éd.

AliscJ id.; ms. de base BN fr. 774, complété par BN fr. 368, aussi BN fr. 24369-24370 et Ars.; p. p. W. J. A. Jonckbloet, *Guillaume d'Orange*, 2 vol., La Haye 1854, 1, 215-427; [= TL Bat. d'Alesch. *et* Guil. d'Or.]. Inutilisable. Concordance avec l'éd. AliscW ici, en appendice.

AliscR id.; p. p. G. Rolin, *Aliscans*, Leipzig (Reisland) 1894 et 1897 (réimpr. Wiesbaden, Sändig, 1967); [= Boss 168]. Éd. touffue, quasi inutilisable; reconstruction d'un texte hypothétique sur la base de Ars.

AliscRé id., réd. 'A'; ms. de base A^2 (b); p. p. Claude Régnier, *Aliscans*, 2 vol., Paris (Champion) 1990 (CFMA 110-111); [= TL Alisc. R]. Erreurs de composition. C.r. RLiR 58,577-584.

AliscRé^2 id.; même ms. BN fr. 1449 (A^2), corr. et qqs var. surtout de la famille A: BN fr. 774 (A^1), BN fr. 368 (A^3), Milano (A^4), ausssi Oxford (S); édition par Claude Régnier, p. p. J. Subrenat, *Aliscans*, Paris (Champion) 2007 (CCMA 21). Incorpore les corr. des c.r. Avec trad. Double numérotation des vers. C.r. Luongo MedRom 32,420-421.

AliscMH id., version relativement fidèle, mais à la langue italianisée; francoit. mil. 14^{e}s.; ms. Venezia Marc. fr. VIII (252) [mil. 14^{e}s.]; p. p. G. Holtus, *La versione franco-italiana della 'Bataille d'Aliscans': Codex Marcianus fr. VIII [= 252]*, Tübingen (Niemeyer) 1985. Travail rapide; cf. Contini StM 27,189-192. Cf. Holden MedAev 56,332-334.

AlonsoEnc M. Alonso, *Enciclopedia del idioma*, 3 vol., Madrid (Aguilar) 1958.

AlonsoMed M. Alonso, *Diccionario medieval español*, 2 vol., Salamanca (Univ.) 1986.

AloulN *Le Flabel* [Fablel] *d'Aloul*, en vers octosyll.; pic. 2^{e}t. 13^{e}s. (?); ms. BN fr. 837 [frc. 4^{e}q. 13^{e}s.] f°143v^o-148v^o; p. dans → NoomenFabl 3,2-44.

AloulM id.; p. dans → MontRayn 1, 255-288.

AmAVousH Dit d'amour, incipit *A vous, singnour, qui des boins iestes*, octosyll.; pic. 1^{e}m. 14^{e}s.; ms. København Kgl. Bibl. Gl. Kgl. 2061 4° [pic. 2^{e}t. 14^{e}s.]; p. p. S. Hendrup, "Un *Dit d'amour* inédit du XIVe siècle", RRom 8 (1973) 81-86; [= TL Dit d'am. H].

AmAmD *Ami et Amile*, chanson de geste, laisses décasyll.; ca. 1200; ms. BN fr. 860 [lorr.sept. ca. 1275], fragm. → AmAmC; p. p. P. F. Dembowski, *Ami et Amile*, Paris (Champion) 1969 (CFMA 97); [= TL Am. u. Am.^{2}; Boss^2 1014]. [Concordancier: G. Gonfroy, *Ami...*, Limoges (Univ., TELMOO) 1987.] La chanson → JourdBl en forme une suite.

AmAmH id.; p. p. K. Hofmann, *Amis et Amiles und Jourdains de Blaivies*, Erlangen (Deichert) ^{2}1882; [= TL Am. u. Am.; Boss 179; Hol 801].

AmAmcM id.; Chantilly Musée Condé 471 (618) [15^{e}s.] fragm. de 179 vers (éd. D 3036-3230); p. p. Takeshi Matsumura, "*Un fragment inédit d'Ami et Amile en décasyllabes*", *R* 108 (1987) 527-539; [= TL Am. u. Am. fragm. M].

AmAmAlM^0 *Ami et Amile*, version en alexandrins; pic. fin 14^{e}s.; ms. de base Arras 696 (704?) [pic. 1465], en var. Chantilly Musée Condé 471 (618) [15^{e}s.], etc.; éd. en prép. par Takeshi Matsumura, cp. RLiR 56,475. ÷

AmAmOctK id., version en vers octosyll.; agn. fin 12^{e}s.; ms. de base Cambridge Corpus Christi Coll. 50 [agn. 4^{e}q. 13^{e}s.] (K), en var. Karlsruhe Landesbibl. 345 (anc. Durlach 38) [agn. 2^{e}m. 14^{e}s.] (C) fragm., BL Roy. 12 C.XII [agn. ca. 1335] (L); p. p. E. Kölbing, *Amis and Amiloun*, Heilbronn (Henninger) 1884 (Altengl. Bibl.); [=

Boss 180; AND Amis; Hol 805; Dean 157; Vising 35]. Texte afr.: p. 110-187, introd. LXXIII-XCI.

AmAmOctF id.; ms. BL Roy. 12 C.XII p. p. H. Fukui, *Amys e Amillyoun*, London (ANTS) 1990 (Plain Texts 7); [= AND Amis ANTS].

AmAmPr[1]M *Ami et Amile* (*Li amitiés de Ami et Amiles*), première version en prose; 1[e]m. 13[e]s.; ms. unique BN fr. 25438 [fin 13[e]s.]; p. dans → MolandHéricault; [= Wo 10 et Wos 10].

AmAmPr[2] id., autre version en prose ('prose IV' ou 'de Lille'), aux éléments propres; 1[e]m. 14[e]s.; ms. Lille Bibl. mun. 190 (130; Le Gl. 11) [1[e]m. 14[e]s.]; inédit.

AmDieuK Poème en vers octosyll. sur l'amour de Dieu et sur la haine du péché (titre donné par Meyer R 29,5), attribué par l'éd. à Nicole Bozon, mais déjà la date de qqs. mss. s'oppose à cette opinion; agn. mil. 13[e]s.; ms. de base BL Cotton Domitian A.XI [agn. 1[e]m. 14[e]s.], var. tirées de l'éd. M, autres mss.: BL Roy. 20 B.XIV [agn. ca. 1300], BL Arundel 288 [agn. 2[e]m. 13[e]s.], Oxford Bodl. Rawl. F.241 (14732) [agn. déb. 14[e]s.], BN fr. 902 [agn., cette partie 2[e]m. 13[e]s.], Cambridge Corpus Christi Coll. 405 [agn. 1[er]q. 14[e]s.], Dublin Trinity Coll. D.4.18 (432) [I: agn. mil. 13[e]s.] (ces deux derniers forment une famille à part, inédite), autres mss.: Cambridge St John's Coll. E.8 (111) [agn. mil. 13[e]s.], New Haven Yale Beinecke Libr. 492 [déb. 14[e]s.]; New York Pierpont Morgan Libr. M.761 [agn. 4[e]q. 13[e]s.] appart. prob. à la fam. à part; p. dans → NicBozSAgatheK 1-47; [= AND Evang[1]; cp. Boss 7004; Dean 636; Vising 154].

AmDieuM id.; ms. de base Oxford Bodl. Rawl. F. 241; p. p. P. Meyer, "Notice du ms. Rawlinson Poetry 241 (Oxford)", *R* 29 (1900) 1-84, texte ms. Rawl. p. 9-21, début et fin, d'après BN fr. 902, p. 83-84; [= AND Am Dieu].

AmJalF *D'amour et de jalousie*, en vers octosyllabiques; pic. 2[e]m. 13[e]s.; ms. unique BN fr. 19152 (anc. S. Germ. fr. 1830) [frc. fin 13[e]s.]; p. p. E. Faral, "D'Amour et de Jalousie, complainte d'amour du XIIIe siècle", *R* 59 (1933) 333-350; [= TL D'Am. et de Jal.; Boss 2781].

AmYdR *Amadas et Ydoine*, roman d'aventures et d'amour, vers octosyll., à l'origine agn., le seul ms. complet représente une version picardisée; déb. 13[e]s.; ms. complet BN fr. 375 [pic. 1289 n.st.], imprimés au bas des pages les fragments d'un même ms. agn., Vat. Pal. lat. 1971 [f°61-68 agn. déb. 13[e]s.] (vers 1-1928) v. → AmYdvR et, d'après Andresen, du fragm. Göttingen Univ. Phil. 184, IV [agn. déb. 13[e]s.], v. → AmYdGA; p. p. J. R. Reinhard, *Amadas et Ydoine*, Paris (Champion) 1926 (CFMA 41); [= TL Amad. R; FEW AmYd; AND Amadas; Dean 161; Boss 1234; Hol 980]. Plein d'erreurs.

AmYdH id.; ms. BN p. p. C. Hippeau, *Amadas et Ydoine*, Caen - Paris 1852/1863/1877 (réimpr. Genève, Slatkine, 1969); [= Boss 1232; TL Amad.]. La numérotation varie de 25 au max. Éd. périmée.

AmYdGA id.; fragments (8+2 f[os]) Göttingen Univ. Phil. 184, IV [agn. déb. 13[e]s.]; agn. déb. 13[e]s.; p. p. H. Andresen, "Bruchstück aus dem altfranzösischen Roman Amadas et Ydoine", *ZrP* 13 (1889) 85-97; [= TL Amad. Bruchst.; Boss 1233; Vising 29]. Correspond aux vers 1110-1246 et 1791-1927.

AmYdvR id.; fragm. d'une version plus longue; agn. déb. 13[e]s.; ms. Vat. Pal. lat. 1971 [f°61-68 agn. déb. 13[e]s.]; p. dans → AmYdR bas de page 1-63; [= AND Amadas; Dean 161].

AmantCordM *L'amant rendu cordelier*, poème courtois attribué à Martial d'Auvergne, en huitains d'octosyll.; av. 1490; imprimé reproduit: Paris, Germain Bineaut, 1490, pour d'autres impr. et mss. v. l'éd.; p. p. A. de Montaiglon, *L'amant rendu cordelier a l'observance d'amours*, Paris (Firmin Didot) 1881 (SATF 15); [= FEW AmantCord].

AmbroiseP *L'estoire de la guerre sainte*, attribuée à Ambroise, vers octosyll.; norm.mérid. (ms. agn. aux traces d'une copie poit.), déb. 13[e]s.; ms. Vat. Reg. lat. 1659 [f°1-90: agn. fin 13[e]s.]; copie de E. Stengel p. p. G. Paris, *L'estoire de la guerre sainte. Histoire en vers de la troisième croisade (1190-1192) par Ambroise*, Paris (Impr. nationale) 1897; [= TL Ambr. Guerre s.; FEW Ambroise; Dean 56.1; Boss 3609; Hol 2338]. Éd. interventionniste (RLiR 69,287). Fragm., v. 11758-11805, Tokyo Keio Univ. Rare Books Libr. 170X.9.11 [Angleterre 2[e]m. 13[e]s.], Rev. Hist. Textes 22 (1992) 159-168; fragm. Dublin Trinity Coll. 11325 [2[e]q. 13[e]s.], S. Pezziment dans Critica del testo 16 (2013) 105-154, spéc. 118-138. Livres II-VI, traduits en lat. et complétés du l. I d'après une source commune, par Ricardus 'Londoniensis', déb. 13[e]s., p. p. W. Stubbs, *Itinerarium peregrinorum...*, London 1864 (Rer. brit. med. aevi scr. 38,1). Datation et localisation discutées, v. Françoise Vielliard BEC 160,5-52 (l'éd. A, 2, 3, maintient une datation d'avant 1199 et une localisation près de Caen).

AmbroiseA id.; p. p. M. Ailes – M. Barber, *The History of the Holy War. Ambroise's Estoire de la Guerre Sainte*, Woodbridge (Boydell & Brewer) 2003. Avec trad., sans glossaire. On aurait aimé apprendre d'où viennent les leçons qui diffèrent de l'éd. P (p.ex. v. 1575-6). V. Matsumura RLiR 69, 286-287: éd. non définitive.

AmbroiseC id.; p. p. C. Croizy-Naquet, *L'Estoire de la guerre sainte*, Paris (Champion) 2014 (CFMA 174). C.r. Giannini VRo 74,302-305: éd. moins corrigée que P.

AmeBerlA/B/CB Trois dits de l'âme, vers octosyll.; ms. Berlin, dit A, incipit *Douls Jhesucris, je vieng a vous*, B, *Pour moustrer que dieus s'esbanie*, C *Savés que j'apiel beghinage*; pic. 2ᵉm. 13ᵉs.; ms. Berlin Staatsbibl. gall. oct. 28 [déb. 14ᵉs., auj. perdu]; p. p. E. Bechmann, "Drei Dits de l'âme aus der Handschrift Ms. Gall. Oct. 28 der Königlichen Bibliothek zu Berlin", *ZrP* 13 (1889) 35-84; [= TL Dits de l'âme]. Autres mss. v. Naetebus et LångforsInc.

AmistiéDT *L'Amistiés de vraie amour*, sorte d'*Art d'aimer* en prose écrit sur le modèle de *De amicitia christiana* de Pierre de Blois, dérivé lui-même de *De amicitia* de Cicéron, attribué (à tort?) à Richard de Fournival; pic. 13ᵉs.; ms. de base Dijon 526 (299) [pic. fin 13ᵉs.] (D), en var. Manchester Univ. John Rylands Libr. Fr. 66 [déb. 14ᵉs.] (R); p. p. J. Thomas, "Un Art d'aimer du XIIIᵉs.: [L'Amistiés de vraie amour]", *Rbph* 36 (1958) 786-811; [= Boss 7717; GRLMA 6², 3136; texte réimpr. p. A. M. Finoli, *Artes Amandi*, Milano-Varese (Cisalpino) 1969, p. 447-453].

AmistiéRP id.; ms. de base R (= Manchester), en var. Dijon 526; p. p. C. E. Pickford, "The *Roman de la Rose* and a treatise attributed to Richard de Fournival", *Bull. of the John Rylands Library Manchester* 34,2 (1952) 333-365, texte 354-365.

AmourAlianceF *Livre de l'amoureuse aliance*, poème allégorique en vers octosyll.; 1ᵉm. 15ᵉs.; ms. unique BN fr. 2197 [1ᵉm. 15ᵉs.]; p. p. J.-Cl. Faucon, *Le Livre de l'amoureuse aliance, poème du XVᵉ siècle*, Aix-en-Provence (CUER MA) – Paris (Champion) 1977.

AmoursBiautéL Petit traité d'amour en prose, titre *Chi commence d'amours et devise primirement le biauté d'une dame*, incip. *La biauté d'une dame de no païs*; pic. 3ᵉq. 13ᵉs.; ms. Ste-Gen. 2200 [art. 1277]; p. p. A. Långfors, "Deux traités sur l'amour", *R* 56 (1930) 361-388, texte 364-373; [= TL Traités sur l'Amour]. Contient aussi → ArbreAmL

AmphYpL *Livre des amphorismes Ypocras*, trad. fr. des aphorismes d'Hippocrate par Martin de Saint Gille / Saint-Gilles lez Nîmes, prose; 1365 (1362-prob. 1365, date d'achèvement); ms. BN fr. 24246 [1430 n.st.]; p. p. G. Lafeuille, *Les amphorismes Ypocras de Martin de Saint-Gille, 1362-1365*, Cambridge Mass. (Harvard) 1954, et Genève (Droz) 1954 (Trav. d'hum. et ren. 9); [= FEW AmphYp]. Basé sur Hippocrate et Galien. L'éd. ne comprend que les aphorismes proprement dits, les commentaires étendus manquent (cf. → AmphYpL²), le texte reste donc largement inédit. Version latine comparable p. p. I. Müller-Rohlfsen, *Die lat. ravenn. Übers. der hippokr. Aph. aus dem 5./6.Jh.*, Hamburg 1980.

AmphYpL² id., éd. partielle des commentaires: l. V,2 (= chap. 28-71) et VI; p. p. G. Lafeuille, *Les commentaires de Martin de Saint-Gille sur les Amphorismes Ypocras*, Genève (Droz) 1964 (Trav. d'hum. et ren. 66); [= Boss² 7694].

AmphYpP id., étude lexicologique et éd. partielle du l. V,2 (chap. 28-62); p. p. C. E. Paschold, *Die Frau und ihr Körper im medizinischen und didaktischen Schrifttum des französischen Mittelalters*, Pattensen (Wellm) 1989. Ne mentionne pas AmphYpL² (éd. quasi identique); glossaire sujet à caution: nombre de 'définitions' englobent le contexte et sont sans valeur pour la lexicographie.

AnS *Archiv für das Studium der neueren Sprachen*, Braunschweig 1846ss.; [= FEW Arch].

AncThéât E. L. N. Viollet-le-Duc [– A. de Montaiglon], *Ancien théâtre françois*, 10 vol., Paris (Jannet) 1854-1857 (Bibl. elz.); [= FEW AncThéât; TL Anc. Th. frç.; Boss 5682]. Recueil de pièces de théâtre (farces, moralités, etc.) tirées de sources imprimées, datables de 1542 à 1640 (t. 1-4 1542-1577, t. 5 1579, t. 6-9 1579-1640, t. 10 gloss.). Relevé de datations ici, en appendice.

AncrRiwlecH *Ancrene Riwle* ('règle des reclus'), ou plûtot *Ancrene Wisse*, traité de vie monastique destiné à trois jeunes religieuses, prob. reflétant les suites du concile de 1215, rédaction originelle en anglais ou en agn. discutée, version agn. du ms. Cotton (endommagé par le feu), prose; agn. fin 13ᵉs.; ms. BL Cotton Vitellius F.VII [agn. déb. 14ᵉs.]; p. p. J. A. Herbert, *The French text of the Ancrene Riwle*, London (Oxf. Univ. Press) 1944 (EETS 219); [= AND Ancren¹; Dean 643]. La version mangl. est datée du 2ᵉq. 13ᵉs.

AncrRiwleTT id., environ la première moitié du texte, mais aux ajouts et omissions, reproduit parmi des pièces sur les sept péchés, la pénitence, les peines du purgatoire, les dix commandements, etc., forme représentée par le ms. Trinity Coll.; agn. fin 13ᵉs.; ms. Cambridge Trinity Coll. R.14.7 [agn. peu après 1307] (Tr), en var. BN fr. 6276 [agn. ca. 1300] (BN), Oxford Bodl. Bodley 90 [agn. ca. 1300] (Bd) début seulement (p. 1-96); p. p. W. H. Trethewey, *The French text of the Ancrene Riwle*, London (Oxf. Univ. Press) 1958 (EETS 240); [= AND Ancren²; Dean 644; cf. Vising 174; Boss² 5901]. (Une var. citée sans sigle de ms. vient des deux mss., BN et Bd [p. 1-96], v. p. xxxii-iii.)

Andernacht K. Andernacht, *Der Wortschatz in Olivier de Serres' Le Theatre d'Agriculture Et*

Andernacht

Mesnage Des Champs, thèse Erlangen 1917; [= FEW Andernacht]. Les citations, pleines d'erreurs et de modifications, sont tirées de → OlSerres 1603.

AndrBaumVerbe N. Andrieux – E. Baumgartner, *Le verbe*, Bordeaux (Biere) 1983 (Manuel du fr. du moyen âge, sous la direction d'Y. Lefèvre, 3. Systèmes morph. de l'a.fr).

AndrContrN Chansons attribuées à Andrieu Contredit; art. (Arras) 2^{e}q. 13^{e}s.; ms. principal BN fr. 12615 [art., 1e partie 4^{e}q. 13^{e}s.] (T) → ChansArt, onze autres: C, K, M, N, O, P, R, U, X, b, BN nfr. 15797 [fin 13^{e}s.] fragm.; p. p. D. H. Nelson – H. van der Werf, *The songs attributed to Andrieu Contredit d'Arras*, Amsterdam – Atlanta, GA (Rodopi) 1992 (Faux titre 59). Pièce 1 aussi dans → Rosenberg 131. Cp. RLiR 56,623.

AndrVigneNapS Andrieu de la Vigne, *Le voyage de Naples*, chronique de la prise d'Italie par Charles VIII (1494-95), écrite en prose et en vers décasyll. par le chroniste désigné par le roi; poit. et bourg. (Seurre) ca. 1498; imprimé de base BN Rés. Lb 15A [ca. 1500] (A), corrigé à l'aide des autres imprimés, en partie tacitement (cp. *S'ensuit* p. 129 avec p. 19); p. p. A. Slerca, *Le voyage de Naples*, Milano (Vita e Pensiero) 1981.

AndrVigneSMartD Andrieu de la Vigne, *Mystère de saint Martin*, vers octosyll. et décasyll.; poit. et bourg. (Seurre) 1496; ms. unique BN fr. 24332 [1496?]; p. p. A. Duplat, *Andrieu de la Vigne, Le Mystère de Saint Martin, 1496*, Genève (Droz) 1979 (T. L. F. 277); [= Boss^2 8225; cp. Hol 1804/5]. Une copie manuscrite faite par D. M. Méon est déposée à la Bibl. mun. Tours 928 [19^{e}s.]. Consulter G. Roques dans → ActesMfr^3 103-114.

AndréAlim J. André, *L'alimentation et la cuisine à Rome*, 2e éd., Paris (Belles Lettres) 1981. Sources: 2^{e}s. av. - 7^{e}s. (Isidore).

AndréBot J. André, *Lexique des termes de botanique en latin*, Paris (Klincksieck) 1956. Se base sur des sources des origines au 9^{e}s. (y incluses celles d'Angleterre). Cp. → AndréPlantes.

AndréCoutP Traduction de l'Évangile de Nicodème (fin 5^{e}s.) par André de Coutances, en vers octosyll.; norm. déb. 13^{e}s.; ms. unique BL Add. 10289 [norm. prob. 1280]; p. dans → EvNicAgnP p. xvi-xlv; 71-136 ('B'); [= TL Ev. Nicod.; FEW AndréCout; cp. FEW EvNic].

AndréCoutFrH *Roman des Franceis* ou *Arflet*, par André, très prob. André de Coutances, poème satirique dirigé contre les Français après la prise de la Normandie par les Plantagenets; norm. 3^{e}t. 12^{e}s.; ms. BL Add. 10289 [norm. prob. 1280]; p. p. A. J. Holden, "Le *Roman des Franceis*", dans → MélLecoy 213-233; [= TL Rom. des Franceis H; Dean 220.1; Boss^2 4893].

AndréCoutFrJ id.; p. dans → JubNRec 2, 1-17.

AndréOis J. André, *Les noms d'oiseaux en latin*, Paris (Klincksieck) 1967 (Et. et Comm. 66). À contrôler.

AndréPlantes J. André, *Les noms de plantes dans la Rome antique*, Paris (Belles Lettres) 1985. Version allégée et augmentée de → AndréBot.

AndréRed J. André, *Les mots à redoublement en latin*, Paris (Klincksieck) 1978 (Et. et comm. 90). Source dangereuse: vérifier chaque att.

AnelEdwC *L'anneau de Saint Edouard* (cet épisode se trouve également dans → EdConfCambrW 3453-3481), alexandrins; agn. 13^{e}s.; ms. Cambridge Univ. Add. 3392 [agn. 1^{e}m. 14^{e}s.] f°137v^o; p. p. H. J. Chaytor, "King Edward's ring", → MélKastner p. 124-127; [= AND Edw Ring; Dean 524; Boss 3250].

AngDialGregO^2 Frère Angier, Dialogue de Saint Grégoire, adaption en vers octosyll.; agn. (et ang.) 1212; ms. BN fr. 24766 [1e partie prob. 1213], autographe f°2-151; p. p. R. Orengo, *Les dialogues de Grégoire le Grand traduits par Angier*, 2 vol., Paris (SATF) – Abbeville (Paillart) 2013. C. r. Wunderli VRo 73, 336-338. Éd. impeccable. Cp. → DialGreg.

AngDialGregO id.; p. p. R. Orengo, *Le Dialogue de Saint Grégoire le Grand traduit par Angier, Introduction et édition*, thèse Zürich 1969 [dact.]; [= TL Dial. Greg. O; Dean 512; Boss^2 5789; cp. AND Dial Greg].

AngDialGregC id.; quelques extraits p. dans T. Cloran, *The Dialogues of Gregory the Great, translated into Anglo-Norman French by Angier*, thèse Strasbourg 1901; [= Vising 108; Boss 3288].

AngDialGregM id.; extrait de 240 vers p. p. P. Meyer dans → MeyerRec II 340-343.

AngDialGregP id.; des vers isolés cités d'après le ms. dans le glossaire de M. K. Pope, *Etude sur la langue de Frère Angier, suivie d'un glossaire de ses poèmes*, Paris (Bouillant) 1903; [= FEW Angier; Boss 3289]. A distinguer de → AngVieGregP par la numérotation des folios (2-151).

AngVieGregM Frère Angier, Vie de Saint Grégoire, traduction de la Vie de S. Grégoire (Grégoire Ier le Grand) de Jean le Diacre (9^{e}s.), en vers octosyll.; agn. (et ang.) 1214; ms. BN fr. 24766 [2^e

partie prob. 1216], autographe f°153-174; p. p. P. Meyer, "La Vie de saint Grégoire le Grand traduite du latin par Frère Angier, religieux de Sainte-Frideswide", *R* 12 (1883) 145-208 (texte: 152-192); [= TL VGreg. A; AND S Greg; Dean 513; Vising 108; Boss 3287]. Autre trad. v. → SGregJean.

AngVieGregP id.; des vers isolés cités d'après le ms. dans le glossaire de M. K. Pope, v. → AngDialGregP. A distinguer de AngDialGregP par la numérotation des folios (153-174).

AnglureB Récit du voyage en Terre Sainte du Seigneur Ogier d'Anglure effectué en 1395-96, mais basé sur des sources écrites, prose; champ. ca.1398; ms. de base BN fr. 15217 [2^{e}m. 15^{e}s.] (P), variantes tirées du ms. Epinal 217 (59; 189) [lorr. (Metz) 1^{e}m. et 3^{e}q. 15^{e}s.] (M) qui constitue une refonte messine du texte orig.; p. p. F. Bonnardot – A. Longnon, *Le saint voyage de Jherusalem du seigneur d'Anglure*, Paris (Didot) 1878 (SATF); [= TL S. d'Angl.; FEW Anglure; Boss 5582].

AnielT *Dit du vrai anel*, conte dévot, en vers octosyll.; pic. 4^{e}q. 13^{e}s.; ms. BN fr. 25566 [pic. (Arras) prob. 1295]; texte picardisé davantage [cf. GossenGramm p. 45] p. p. A. Tobler, *Li dis dou vrai aniel. Die Parabel von dem ächten Ringe*, Leipzig (Hirzel) ³1912; [= TL Vr. An.; Boss 3469; FEW ToblerAniel : ¹1884].

AnnoncNDPC *Annonciation Notre Dame*, poème pieux en vers octosyll. (titre: *De l'annunciation Nostre Dame*, var. *Concepcions Nostre Dame*); traits pic. 13^{e}s.; ms. de base Pavia Univ. Aldini 219 (130.E.5) [déb. 14^{e}s.], en var. Reims Bibl. mun. 1275 (J.743) [lorr. fin 13^{e}s.]; p. p. B. B. Caravaggi, "Une *Annonciation* inédite du XIIIe siècle", *MedRom* 8 (1983) 175-191.

AnsCartA *Anseïs de Cartage*, épopée se rattachant au cycle de Charlemagne, décasyll.; pic. 2^{e}q. 13^{e}s.; ms. de base BN fr. 793 [pic.-wall. 4^{e}q. 13^{e}s.] (A) cité par Gdf, en var. BN fr. 12548 [pic. 2^{e}m. 13^{e}s.] (B), BN fr. 1598 [francoit. 1^{e}m. 14^{e}s.] (C), Lyon Bibl. mun. Palais des Arts 59 [fin 13^{e}s.] (D), BN fr. 368 [lorr. 1^{e}m. 14^{e}s.] fragm. (E), Durham Univ. Cosin V.II.17 [pic. 2^{e}m. 13^{e}s., 2 mains] acéphale (extrait R 25, 562-584), fragm. non localisé [13^{e}s.] (n'est pas à Karlsruhe) et republié d'après l'éd. princeps (p. 434-437), non utilisé → AnsCartBo; p. p. J. Alton, *Anseïs von Karthago*, Tübingen 1892 (Litt. Verein Stuttgart 194); [= TL Anseïs; FEW AnseïsC; Boss 194; Hol 680]. Cp. → SecSpagnaC.

AnsCartM id.; extraits parallèles de BN fr. 793 et de BN fr. 1598, ce dernier texte modifié surtout quant à la graphie; [ms. francoit. 1^{e}m. 14^{e}s.]; p. p. W. Meyer [-Lübke], "Franko-italienische Studien I", *ZrP* 9 (1885) 597-640; [= TL Anseïs Ztschr.; Boss 195].

AnsCartBoB id., fragment de Bologna (v. 411-840 (+2) et 1315-1728 (+14)); francoit. (et traits pic.) fin 13^{e}s.; ms. Bologna Arch. notarile [It. ca. 1300] deux folios; p. p. V. de Bartholomaeis, "Nuovi frammenti dell' *Anseïs de Carthage*", *Atti dell'Accademia degli Arcadi* a. 15, N. S. 7-8, 1931 (1932) 85-117.

AnsCartPr id., version en prose; 15^{e}s.; ms. Ars. 3324 [15^{e}s.]; inédit.

AnsMetzS¹ Anseïs de Metz (parfois appelé Anseïs de Gascogne), chanson de geste du Cycle des Loherains, version longue (25000 vers décasyll. en laisses asson., mss. S, L, U); flandr. 1^{er}t. 13^{e}s.; fragm. Arlon Arch. Saint Hubert L.12 [pic. 13^{e}s.], en var. BN fr. 4988 [ca. 1300] (S) f°164-291, Ars. 3143 [Paris?, traits pic. 1^{e}m. 14^{e}s.] (N), BN fr. 24377 [pic. ca. 1300] (L), non utilisé: Vat. Urbinati lat. 375 [13^{e}s.] (U) [v. R 14,421-432]; p. p. E. Stengel, *Die Bruchstücke der noch ungedruckten Chanson d'Anseïs de Mes*, Greifswald (Festschrift der Universität Greifswald 15. Mai 1904) 1904; [souvent = FEW Anseïs et Gdf 'Les Loh.']. Version courte du ms. M: → Yon.

AnsMetzS² id., laisses finales 422-478 de la version longue; ms. de base L, var. S, N, U; p. p. E. Stengel, *Der Schlussteil der Chanson d'Anseïs de Mes*, Greifswald (Festschrift der Universität Greifswald 15. Mai 1909) 1909.

AnsMetzNG id., version longue réduite (v. 1-2854 très différents), assonancée et rimée, ms. N, 14597 vers; lorr. 1^{er}t. 13^{e}s.; ms. Ars. 3143 [Paris?, traits pic. 1^{e}m. 14^{e}s.] (N); p. p. H. J. Green, *Anseÿs de Mes*, thèse Paris 1939; [= FEW AnseïsM; Boss 211].

AntAnW Légende de l'Antéchrist, compilation anon., vers octosyll., incip. *Por ce qe je say le françois*; traits pic. et francoit., ca. 1245; ms. Ars. 3645 [It. fin 13^{e}s.]; p. p. E. Walberg, *Deux versions inédites de la légende de l'Antéchrist*, Lund (Gleerup) 1928 (Skr. Hum. Vet. 14); [= TL Antéchrist (I); FEW AntA; Boss 3212; Hol 115]. La date mentionnée, 1251, se réfère sans doute à un ms. antérieur. Texte p. 3-54; contient aussi → AntBerW; deux gloss. distincts. Gdf 'Poème s. la fin d. m.' peut concerner ce texte et → SCathVér.

AntArciP id., version en couplets d'alexandrins, prob. par Henri d'Arci; agn. mil. 13^{e}s.; ms. de base BN fr. 24862 [agn. mil. 13^{e}s.], en var. Manchester Univ. John Rylands Libr. Fr. 6 [Angleterre f°9-: 2^{e}m. 13^{e}s.], BL Roy. 8 E.XVII [agn. déb. 14^{e}s.]; p. p. R. C. D. Perman, "Henri d'Arci: the shorter works", → MélEwert 279-321, texte 289-301

AntArciP

(suivi du texte latin); [= AND Antecrist[2]; Dean 585; Boss[2] 5734]. Contient aussi → SPaulEnfArciP et SThaisArciP.

AntArciF id., ms. Manchester p. p. R. Fawtier – E. C. Fawtier-Jones, *R* 49 (1923) 331-340.

AntArciK id., ms. BL avec var. de BN; p. p. L. E. Kastner, *MLR* 1 (1906) 269-281; [= AND Antecrist; Vising 113; Hol 113].

AntArciM id., début et fin d'après le ms. BN p. p. P. Meyer, *NotExtr* 35[1] (1895) 152-153.

AntBerW id., compilation en alex., appuyée surtout sur Adson (ca. 950), par un certain Berengier; pic. 1[e]m. 13[e]s.; ms. BN fr. 1444 [pic.mérid. fin 13[e]s.]; p. dans → AntAnW 63-101; [= TL Antéchrist (II); FEW AntB]. Cf. → SermPuile.

[Ant cf. → BibleSeptEtatsKa[2].]

[AntSaleSaint → JSaintré.]

AnticlC *Anticlaudien*, adaptation libre de l'*Anticlaudianus* d'Alain de Lille (prob. 1183) par un certain Ellebaut, vers octosyll.; pic. 3[e]q. 13[e]s.; ms. BN fr. 17177 [frc. 3[e]t. 13[e]s.], non utilisé: Porto Bibl. mun. 619 (99) [15[e]s.] fin manque; p. p. A. J. Creighton, *Anticlaudien*, Washington (The Cath. Univ. of Am. Press) 1944; [= Boss 3496; FEW Elleb; TL Anticlaudien].

AnticlLudR Adaptation par un dominicain de Cysoing du *Ludus super Anticlaudianum* d'Adam de la Bassée (av. 1286), octosyll.; pic. 1[er]t. 14[e]s.; ms. de base BN nfr. 10047 [pic. ca. 1340] (A), autres mss. BN fr. 1149 [ca. 1400] (C), BN fr. 1634 [pic.-wall. 3[e]q. 14[e]s.] (B), non utilisé: Kraków Univ. gall. qu. 154 (anc. Berlin) [I: pic. 2[e]q. 15[e]s.] fragm.; p. p. P. H. Rastatter, *Ludus anticlaudien. A thirteenth century French translation of the Ludus super anticlaudianum of Adam de la Bassee by a monk from Cysoin*, thèse Eugene (Univ. of Oregon) 1966; [= Boss[2] 7764]. Cf. Meyer BullSATF 1895, 104n1, Boss 3498 et 3502 (éd. du texte lat.).

AntidNicD Traduction de 85 formules (sur 140) du réceptaire médical *Antidotarium Nicolai* (prob. Nicolaus Praepositus, Salerno 1[e]m. 12[e]s.), prose; norm. 2[e]m. 13[e]s.; ms. complet BN fr. 25327 [norm. fin 13[e]s.]; p. p. P. Dorveaux, *L'Antidotaire Nicolas*, Paris (Welter) 1896; [= FEW AntidNic; Boss 2990; Hol 349]. P. 37-41: recettes de 'garison du vin' et de médecine tirées du même ms.; en app. → AntidNicPourD. Utile: → GoltzAntid. Bien des recettaires sont tributaires à l'Antidotarium Nicolai (p. ex. ms. Cambridge Trinity Coll. O.1.20 [agn. 3[e]q. 13[e]s.], extraits dans → HuntMed 325-336).

AntidNicPourD Traduction de l'*Antidotarium Nicolai*, plus ample que → AntidNic, mais fragmentaire (10 formules, *aurea – benedicta*), incip. *Pour ce que je Nicolas*; 15[e]s.; ms. BN fr. 14827 [15[e]s.]; p. dans → AntidNicD p. 101-109.

AntiocheN Chanson d'Antioche (appelée aussi *Pelerin Richart*), chanson de geste faisant suite à → ChevCygne, en laisses d'alexandrins rimés; flandr. fin 12[e]s.; ms. de base BN fr. 786 [tourn. ca. 1285] (B), en var. BN fr. 795 [pic. fin 13[e]s.](C), BN fr. 12558 [art. mil. 13[e]s.] (A), BN fr. 1621 [pic.-wall. mil. 13[e]s.] (D), BN fr. 12569 [pic. 2[e]m. 13[e]s.] (E), Bern 320 [N.-E. 2[e]m. 13[e]s.] (F) fragm., Ars. 3139 [hain. 1268] (G), BL Add. 36615 [pic. ca. 1300] (I), non utilisé Torino Bibl. naz. L.III.25 [pic. ca. 1300] (T); p. p. J. A. Nelson, *The Old French crusade cycle*, vol. IV, *La chanson d'Antioche*, Tuscaloosa – London (Univ. of Alab. Press) 2003. Le ms. de base choisi (C) donne un texte 'plus complet'; considérer les leçons du ms. A pour la datation du vocabulaire.

AntiocheD id.; ms de base BN fr. 12558 (anc. Suppl. fr. 540.8.1 [1 biffé]) [art. mil. 13[e]s.] (A), en var. BN fr. 795 [pic. fin 13[e]s.] (B) qualifié de mauvais ms. et BN fr. 1621 [pic.-wall. mil. 13[e]s.] (C); p. p. S. Duparc-Quioc, *La chanson d'Antioche*, Paris (Geuthner) 1977-1978 (Doc. rel. à l'hist. des crois. 11); [= TL Chans. d'Ant. D-Q; Boss[2] 1983]. Gloss. insuffisant; éd. à utiliser avec précaution; cp. → SumbergAnt. (L'éd. propose une datation entre 1177 et 1181. FEW parfois: 'pic. ca. 1220'.)

AntiocheP id.; p. p. P. Paris, *La chanson d'Antioche*, 2 vol., Paris (Techener) 1848 (réimpr. Genève, Slatkine, 1969); [= TL Chans. d'Ant.; FEW ChansAnt]. Éd. composite se servant de plusieurs mss. de trad. diverses. Ch. I, l. xxxi-xxxix = interpol. III dans l'éd. D 1,512-521.

ApocAgnM Apocalypse traduite intégralement, en vers (octosyll. irréguliers), dont les mss. se distribuent en trois familles, α (incip. *La revelacion de Jesu Crist*), β (= ms. K, incip. *Oiez la visiun ke Jesu Crist*) et γ (incip. *La vision ke Jesu Crist*), dans qqs mss. à glose en prose (du type du ms. BN fr. 9574, non agn.); agn. ca. 1270; mss. København Kgl. Bibl. Thott 89 4° [agn. 1[e]m. 14[e]s.] (K selon l'éd. P) et Toulouse Bibl. mun. 815 (I, 46bis) [agn. 2[e]q. 14[e]s.] (T) (à glose) imprimés en regard, passages supplém. de BL Add. 18633 [agn. 1[e]m. 14[e]s.] (A) à glose, autres mss. Cambridge Corpus Christi Coll. 20 [agn. ca. 1335] (C) à glose, Cambridge Magdalene Coll. Pepysian 1803 [agn. mil. 14[e]s.] (P), Cambridge Fitzwilliam Mus. McClean 123 [agn. ca. 1300] (f), BL Roy. 2 D.XIII [agn. déb. 14[e]s.] (R), Oxford Bodl. Ashmole 753 [agn. ca. 1285] (b), Wormsley (Bucks) Libr. [agn. ca. 1320] (Y; 'Yorkshire Apocalypse'), Oxford Bodl. Auct. D.4.14 [agn. 1[er]t. 14[e]s.] (D);

p. p. P. Meyer, "Version anglo-normande en vers de l'Apocalypse", *R* 25 (1896) 174-257; [= Dean 478; Vising 78]. Cp. Pitts Spec 58,1 (1983) 31-59.

[ApocAgnP id.; ms. publié R, var. surtout de P; p. p. B. A. Pitts, *Revelacion*, London (Agn. Text Soc.) 2010 (Agn. Texts 68). Edition trop corrigée; avec une reprod. C.r. Löfstedt ZrP 129,207-212.]

ApocGiffR Apocalypse rimée, à glose en vers (octosyll. irréguliers), par Willame Giffard, chapelain de Shaftesbury; agn. fin 13^{e}s.; ms. Oxford Bodl. MS. Fr. e.22 [agn. 2^{e}m. 14^{e}s.]; p. p. O. Rhys, *An Anglo-Norman rhymed Apocalypse*, Oxford (Blackwell) 1946 (Agn. Texts 6; réimpr. New York – London, Johnson, 1967); [= AND Apoc; TL Anglonorm. Apocalypse; Dean 477; Vising 77; Hol 203.1; Boss 3076bis]. Glose et prol. basés sur la version de l'Apocalypse représentée par → ApocPr.

ApocKerrT Traduction non commentée de l'Apocalypse, en vers octosyll.; Est fin 13^{e}s.; ms. New York Pierpont Morgan Libr. M.40 (anc. Kerr, anc. Ashburnham Barrois 170) [3^{e}q. 14^{e}s.]; p. p. H. A. Todd, "The Old French versified Apocalypse of the Kerr manuscript", *PMLA* 18 (1903) 535-577; [= TL Versif. Apoc.; Hol 202; Boss 3072].

[ApocMacé en vers, → BibleMacéL (t. 7).]

ApocPrD Apocalypse en prose, version glosée, traduite et commentée par un même auteur; norm. 2^{e}q. 13^{e}s.; ms. de base BN fr. 403 [agn. av. 1255] (A, sans prol.), en var. BN fr. 9574 [agn. 4^{e}q. 13^{e}s.] (B) et Ars. 5214 [agn. déb. 14^{e}s.] (C), qqs 80 mss. continent. et agn. v. éd. p. ccxxvi-ccxxviij et l'app. p. cclvi-cccx: extraits (le prologue, incip. *Seint Pol l'apostre dit*, est imprimé dans l'éd. p. cclviii-cclx d'après le ms. B); p. p. L. Delisle – P. Meyer, *L'Apocalypse en français au XIII^{e}s.*, Paris (Firmin Didot) 1900 [fac-sim. in-f°] - 1901 [texte] (SATF 44); [= TL Apoc.; FEW Apoc; Dean 475 (mss. agn. seulement; GRLMA VI.2,1404,I)]. Réimpression de cette édition en parallèle à l'éd. d'une trad. mangl. dans E. Fridner, *An English fourteenth century Apocalypse*, Lund-Copenhagen 1961. Le ms. BL Harl. 4972 [Metz ca. 1320] contient ApocPr et le début de → ProphSeb (la fin se trouve dans Oxford Bodl. Douce 308, ms. dont Harl. faisait partie).

ApocPrO id.; même ms., BN fr. 403; reprod. réduite en couleurs p. p. Y. Otaka – H. Fukui, *Apocalypse*, Osaka (Centre de Rech. Agn.) 1981; [= TL Apoc. OF]. Éd. du texte aux p. 113-158 (à contrôler; ex.: du f°21r°a, 6 lignes n'ont pas été transcrites).

ApocPrBT id.; citations écrites sur des poutres; agn. 14^{e}s.; David A. Trotter, "The Anglo-Norman inscriptions at Berkeley Castle", *MedAev* 59 (1990) 114-118. Cp. G. Breder, *Die lat. Vorlage...*, Münster 1960.

ApocPrArsP id., à glose; ms. Ars. 5091 [France 2^{e}m. 15^{e}s.]; p. p. M. E. Pichot, *Les dimensions de l'Apocalypse médiévale. Edition et signification du manuscrit n°5091 de la Bibliothèque de l'Arsenal*, thèse University of Michigan 1975 (Univ. Microfilms 76-9488).

ApocTrinO Apocalypse agn. du ms. Trinity Coll., prose, sans glose; agn. 2^{e}q. 13^{e}s.; ms. Cambridge Trinity Coll. R.16.2 (950) [agn. 2^{e}q. 13^{e}s.]; éd. et reproduction en couleurs 1:2 par Y. Otaka – H. Fukui, *Apocalypse anglo-normande*, Osaka (Centre de Rech. Anglo-Norm.) 1977; [= TL Apoc. anglo-norm. OF; Dean 473; Boss^2 5625].

ApocTrinB id.; fac-similé 1:1 en couleurs, étude et transcription partielle (par M. Dulong) p. p. P. H. Brieger, *The Trinity College Apocalypse, an introduction and description*, London (Eugrammia) 1967. Le fac-similé forme un vol. à part.

ApocTrinJ id.; fac-similé en noir p. p. M. R. James, *The Trinity College Apocalypse*, London (Roxburghe Club) 1909; [= Vising 76; Boss 3074; Hol 204].

Apol^1 *Roman du roi Apollonius de Tyr*, récit d'amours et d'aventures, trad. fidèle en prose de la version lat. «RSt»; 13^{e}s.; ms. Firenze Bibl. Med. Laurenz. Ashburnham Libri 123 (50; 55) [It.occid. fin 13^{e}s.] f°14r°-22v°; inédit; [= Wos 17 A; cp. Delbouille → MélLejeune 1187n1].

Apol^{2}L id., trad. littérale en prose de la version lat. «RT»; Ouest (Perche?) 14^{e}s.; ms. de base Ars. 2991 [fin 14^{e}s.?] (A), en var. Bruxelles Bibl. roy. 9633 [15^{e}s.] (B), Chartres 419 (cat. de 1840: 411) [2^{e}m. 14^{e}s.] (Ch), BN fr. 20042 [1436] (P), non utilisé: Chantilly Musée Condé 497 (1576) [15^{e}s.]; p. p. C. B. Lewis, "Die altfranzösischen Prosaversionen des Appollonius-Romans", *RF* 34 (1913[-1915]) 1-277, texte 2-46; [= FEW Apoll; TL Appolonius; Wos 17 B; Boss 1242]. Cp. → Apol^5, partiellement cité en var.

Apol^{3}L id., trad. assez libre en prose de la version lat. «Ra»; pic. 1^{e}m. 14^{e}s.; ms. de base Bruxelles Bibl. roy. 11192 [2^{e}t. 14^{e}s.], en var. Bruxelles Bibl. roy. 11097 [2^{e}t. 15^{e}s.]; p. dans → Apol^{2}L p. 46-147; [= FEW Apoll; TL Appolonius; Wos 17 C].

Apol^{4}A id., trad. libre en prose prob. de la version lat. «RSt»; 2^{e}t. 15^{e}s. (?); ms. BL Roy. 20 C.II [Flandres 3^{e}q. 15^{e}s.]; p. p. V. Agrigoroaei, *La cronique et histoire des merveilleuses aventures de Appolin roy de Thir (d'après le manuscrit de*

Apol[4]A

Londres, British Library, Royal 120 [l. 20] *C II)*, Turnhout (Brepols) 2013 (Bibl. de Transmédie 1); [= Wos 17 D]. [P. 100, titre *tiers jours* l. *tiers jour*; etc.] Extraits dans → Apol[5]Z 295-314.

Apol[5]Z id., version en prose basée surtout sur → Apol[2], amplifiée (surtout vers la fin) et interpolée de plusieurs épisodes; Ouest 14e s. (?); ms. Wien 3428 [1459] (une lacune); p. avec une traduction par M. Zink, *Le roman d'Apollonius de Tyr*, Paris (Union gén.) 1982 (10/18 1483); [= Wos 17 E]. Cf. Apol[2]L p. 242-247.

Apol[5]Z[2] id.,; éd. revue, Paris (Libr. Gén.) 2006 (Poche, Lettres Goth. 4570).

Apol[6]V id., version en prose de l'imprimé Genève, Garbin de la Cruse (Louis) (proche de la version lat. 'RSt'); ca. 1490; imprimé Nantes Musée Dobrée imp. 538; p. p. J.-J. Vincensini, "La Cronique et Hystoire de Appollin…", dans → Mél-Bianciotto 509-534; [= Wos 17 F].

[Apol Une autre version fait partie de → GesteRom.]

ApolOctS Fragment d'une histoire d'Apollonius de Tyr, octosyllabes; mil. 12e s.; ms. Gdańsk 2425 [13e s.]; p. p. A. Schulze, "Ein Bruchstück des altfranzösischen Apolloniusromans", *ZrP* 33 (1909) 226-229; [réimpr. dans → Apol[2]L 272-273; = Boss 1241; cp. Delbouille → MélLejeune 1171-1204].

ApostoileC 'Dit' (en fait une collection d'expressions complexes ayant un caractère d'adage) à intérêt onomasiologique et synonymique, appelé *Concile d'apostoile* d'après l'incipit, titre id. dans BN fr 837, mais *De l'apostoile* dans BN fr. 10152; 3e t. 13e s.; ms. de base BN fr. 19152 [frc. fin 13e s.], complété par BN fr. 837 [frc. 4e q. 13e s.] f°225v°b-226v°b, BL Arundel 220 [agn. 1er q. 14e s.] f°305c; p. dans → ProvCrap 1-124 (l'éd. garnit chaque ligne d'un commentaire étendu). Le ms. BL ne contient que 37 lignes (dont 20 coïncident); p. p. J. Koch, "Vanitez du mounde", *ZrP* 54 (1934) 42-45; [= Dean 273].

ApostropheCorpsB *Apostrophe du corps* ou *Dit du Corps* (n'est pas un Débat du corps et de l'âme), vers octosyll., incip. *Corps, en toi n'a point de savoir*; 13e s.; ms. utilisé : Maihingen I.4. fol. 2 (732) [pic. 14e s.] (propriétaire actuel inconnu), autres mss. Bruxelles Bibl. roy. 9411-26 [pic. ca. 1300], BN fr. 763 [Est mil. 14e s.], BN fr. 837 [frc. 4e q. 13e s.], BN fr. 957 [15e s.], BN fr. 1634 [pic.-wall. 3e q. 14e s.], BN fr. 12471 [art. fin 13e s.], BN fr. 12615 [art., 1e partie 4e q. 13e s.] f°222s., BN fr. 19152 [frc. fin 13e s.], BN fr. 25405 [2e partie, f°89-145, champ.sept. ca. 1300], BN fr. 25566 [pic. (Arras) prob. 1295], Pavia Univ. Aldini 219 (130.E.5) [déb. 14e s.], Torino Bibl. naz. L.V.32 [wall. ca. 1300] perdu, Cambridge Magdalene Coll. Pepysian 1938 (2) [2e m. 14e s.], Bruxelles Bibl. roy. 10574-85 [composite, 14e s.]; p. dans → BartschHorning 547-554. Six strophes ont été reprises presque littéralement dans → BibleSeptEtats, v. ApostropheCorpsA. Cp. Naetebus XXXVI, 41, p. 122-3; LångforsInc 74.

ApostropheCorpsA id., extrait (six strophes correspondant à → BibleSeptEtats); ms. BN fr. 12471 [art. fin 13e s.]; p. dans → TroisAmA p. 50a et 51a.

AppProbiA *Appendix Probi*, annexe à des grammaires du Pseudo-Probus, sorte de glossaire correctif confrontant du lt. class. et du lt. tardif (vulgaire); lt. tard. 4e/6e s. (mil. 5e s.?); ms. Napoli Bibl. naz. lat. 1 (anc. Wien 17) [Bobbio 7e/8e s.]; p. p. S. Aperti – M. Passalacqua, *Appendix Probi*, Firenze (Sismel) 2014 (Tradit. et Renov. 8). C.r. Greco RLiR 80 (2016) 237-242.

AppProbiF id.; éd. dipl. dans → FoersterKoschw 225-232.

AppProbiP id.; éd. semi imitative p. p. J. G. F. Powell, "A new text of the Appendix Probi", *Classical Quarterly* 57 (2007) 687-700, texte 695-700. Étude: F.J. Barnett, ib. 701-736.

Appel C. Appel, *Provenzalische Lautlehre*, Leipzig (Reisland) 1918; [= FEW Appel].

AppelChrest C. Appel, *Provenzalische Chrestomathie mit Abriss der Formenlehre und Glossar*, 6e éd., Leipzig (Reisland) 1930 [réimpr. Hildesheim – New York (Olms) 1971]; [FEW AppelChr: 5e éd. 1920; TL Appel Chrest.: 4e éd. 1912].

AquilonW *Aquilon de Bavière*, roman en prose relatant la Matière de France mais truffé d'éléments des romans antiques et de la Matière de Bretagne, par Raffaele da Verona (patrie probable; aussi Raffaele Marmora); francoit. 1407 (prob. écrit de 1379 à 1407); ms. Vat. Urbinati lat. 381 [1e m. 15e s.], BN nfr. 22389 [15e s.] fragments plus italianisés; p. p. P. Wunderli, *Raffaele da Verona, Aquilon de Bavière*, 3 vol., Tübingen (Niemeyer) 1982-2007 (ZrP-Beih. 188); [cf. Wo 135; Boss[2] 6622]. C.r. Roques RLiR 74,532-547; Beretta MedRom 32,446-449.

ArbreAmL Petit traité d'amour en vers octosyll., titre *Si commenche de l'Arbre d'amours*, incip. *Ki auques s'entent de clergie*; traits pic. 3e q. 13e s.; ms. Ste-Gen. 2200 [art. 1277]; p. dans → AmoursBiautéL 377-388.

ArchHistPoit v. → AHPoit.

ArchMiss *Archives des missions scientifiques et littéraires*, Paris, 1ᵉ série, 1-8, 1850 - 1859; 2ᵉ série, 1-7, 1864 - 1872; 3ᵉ série, 1-15, 1873 - 1890. Suite: *Nouvelles archives*: 1-22⁵, 1891 -1927.

ArmArgM Armorial dit d'Argentaye; ca. 1485; ms. BN fr. 11464 [Bretagne ca. 1485] f°1-39; p. p. A. Manning, *The Argentaye tract*, Toronto (Univ. Press) 1983. Avec reprod. partielle.

ArmChiffletA Rôle d'armes de l'ost de Flandre établi avant la bataille contre le roi de France à Furnes, le 2 juin 1297, contenant 147 blasons; flandr. 1297; ms. imprimé Wien (Höfflinger; où auj.?, pas dans la Nationalbibliothek) [pic. fin 15ᵉs.], autres mss.: Lille Bibl. mun. 605 (488; Le Gl. 302) [ca. 1475], BN nfr. 6889 [17ᵉs.], Besançon Coll. Chifflet 186 [17ᵉs.] copie d'un rôle de ca. 1400; p. p. P. Adam-Even, "Rôle d'armes de l'ost de Flandre", *Archivum Heraldicum* 73 (1959) 2-7; [= BraultBlazon CPA].

ArmChiffletB id.; ms. Besançon; p. dans RôleBigotB p. 77-85.

ArmChiffletP id.; ms. Besançon; p. p. M. Prinet, "Armorial de France", *MA* 31 (1920) 1-49; [= BraultBlazon CP].

ArmFalkB Amorial des chevaliers angl. présents à la bataille contre les Écossais à Falkirk (1298), seulement blasonné; agn. 1298; ms. de base London Thomas Woodcock (anc. Wagner, anc. Wrest Park, Beds 16) [agn. ca. 1585] (Ha), qqs. var. tirées de BL Harl. 6589 [f°9 agn. 1606] (Hb), London Coll. of Arms 13084,7 (anc. Wagner, anc. Phillipps) [agn. 1597] (Hc), London Soc. of Antiquaries 664,1 [agn. ca. 1640] (Hd), London A.R. Wagner (anc. Wrest Park, Beds 16, f°5) [agn. ca. 1585] (He), London Coll. of Arms 13084,3 (anc. Wagner, anc. Phillipps) [agn. 1603] (Hf), Stratford upon Avon ShBTRO Archer 44 [agn., cette partie 1606] (Hg); p. dans → BraultRolls 1,404-418.

ArmFalkBB id.; p. dans → RôleBigotB p. 86-93.

ArmFalkBG id.; ms. BL Harl. 6589; p. dans → GoughScot p. 129-159, éd. synoptique de Hb et Ha/W; [correspond à → BraultBlazon H (cite l'éd. J. Greenstreet)].

ArmFalkwG id.; éd. synoptique du ms. Ha/W dans → ArmFalkBG; éd. synoptique avec le ms. BL dans → ArmFalkBG; [= BraultBlazon Hg].

ArmGallowayB Armorial des participants d'une bataille d'Édouard Iᵉʳ contre les Écossais en Galloway (après le → SiègeCaerl), en août 1300, 261 blasons (texte seulement); agn. (peu prononcé) 1300 (ou peu après); ms. unique tardif London Coll. of Arms M.14 bis [agn. 1ᵉʳt. 16ᵉs.]; p. dans → BraultRolls 1,445-470 (reprod. d'une page après p. 312, VIII).

ArmGloverL Armorial dit de Glover, contenant la description de 214 blasons fr., angl. et autres (version longue, 'I'); agn. prob. 1253; ms. de base London Thomas Woodcock (anc. Wagner, anc. Wrest Park, Beds 16) [agn. ca. 1585] copié par le héraut R. Glover, en var. London Coll. of Arms 2.G.3 [1586] copié par R. Cooke, London Coll. of Arms L.14 (Misc. cur.) [1586] par R. Glover (copie 'fac-similée'; les 7 dernières rubriques, 212-218, datent de ca. 1310), les mss. BL Add. 29796 [16ᵉs.] copie d'un ms. perdu du 13ᵉs., BL Harl. 6589 [agn., cette partie 1607] et London Soc. of Antiquaries 664 roll 8 [1ᵉʳt. 17ᵉs.] (copie 'fac-similée') donnent un abrégé datable de peu après 1258; p. p. H. S. London, *Glover's Roll, c. 1253-8 and Walford's Roll, c. 1273*, dans A. Wagner, *Aspilogia. Being materials of heraldry*, II, *Rolls of arms Henry III*, Oxford (Univ. Press) 1967 (The Harleian Soc. Publ. 113-114) p. 115-159; [= BraultBlazon Bl, cf. B, B III, B IV, Bb, Bc]. Dans la littérature les 2 premiers mss. sont aussi appelés version I, le 3ᵉ, version II et les 3 derniers, version III.

ArmGloverAB id., version abrégée ('III'), 55 blasons du début; agn. 1258 ou peu après; ms. BL Add.; p. dans → RôleBigotB p. 31-34.

ArmGloverBB id., ms. même version abrégée, autre copie; ms. BL Harl.; p. dans → RôleBigotB p. 35-37.

ArmGrimaldiM Armorial général et insulaire, 167 armes en partie incorporant → ArmGlover de 1253, ed. princeps par St. Grimaldi; agn. ca. 1350; ms. Manchester Univ. John Rylands Libr. Fr. 88 [déb. 15ᵉs.]; p. p. R.W. Mitchell, *Grimaldi's roll*, Peebles (Her. Soc. Scotland) 1982; [= CEMRA P; AND Grimaldi: éd. Grimaldi 1832; Dean 391.1]. Fascicule n°39 d'un ensemble rare: *Mimeographed Handlist of medieval English rolls of arms* (1982).

ArmHarlW Armorial général anglais du temps du roi Henri III, contenant 180 blasons, incip. *L'empereur de Almaine, d'or, ung egle espany ové deux testes sable*, armorial appelé 'de Charles' (C); agn. [ca. 1275], langue rajeunie 14ᵉs. (?); ms. tardif et pas toujours fidèle BL Harl. 6589 [agn., cette partie 1607] f°12-12b; p. p. W. S. Walford, "A Roll of Arms in the thirteenth century", *Archaeologia or Miscellaneous tracts relating to Antiquity* 39² (1863) 373-388; [= BraultBlazon C]. Cp. → ArmNatG.

ArmHarlB id.; p. dans → RôleBigotB p. 38-45.

ArmHarlLL id., état plus original, 185 blasons; agn. ca. 1275; ms. de base Oxford Bodl. Top. Gen.

ArmHarlLL

c.1 (3117) [agn. 2ᵉq. 16ᵉs.] copié par J. Leland, en var. Dublin Trinity Coll. E.1.17 (479) [2ᵉq. 16ᵉs.], une copie dans anc. London A. R. Wagner (anc. Wrest Park, Beds 16) [1586] est perdue; p. dans → ArmGloverL p. 167-204; [BraultBlazon Cl, Cd concerne le ms. Dublin].

ArmHarlLB id.; ms. Oxford p. dans → RôleBigotB p. 46-56, avec ms Dublin (D) en var. aux p. 57-67 (177 blasons).

ArmHarlLHP id., imprimé par Thomas Hearne, 1715, de la copie Leland; [agn. ca. 1275]; p. p. M. Prinet, "Armoiries françaises et allemandes", *MA* 34 (1923) 223-260; [= BraultBlazon Prinet WR].

ArmNatB² Armorial anglais, appelé 'Nativity Roll' d'après son incipit, *Ceux sount les nomes de chevallier... devaunt la Nativité de nostre dame*, texte de 79 blasons; agn. 1308 (ou peu avant); ms. de base London Thomas Woodcock (anc. Wrest Park, Beds 16) [agn. ca. 1585] (Ma), autres mss.: BL Harl. 6589 [agn., cette partie 1606] (Mb), London Coll. of Arms 13084,7 (anc. Wagner, anc. Phillipps) [agn. 1597] (Mc), London Soc. of Antiquaries 664,1 [agn. ca. 1640] (Md), Stratford upon Avon ShBTRO Archer 44 [agn., cette partie après 1606] (Me); p. dans → BraultRolls 1,497-505. Reprod. d'une page: pl. XI, avant p. 313.

ArmNatB id.; p. dans → RôleBigotB p. 94-100.

ArmNatG id.; ms. de base tardif et pas toujours fidèle BL Harl. 6589 [agn., cette partie 1606]; p. p. J. Greenstreet, "The 'Nativity' Roll of Arms, temp. Edward I.", *The Reliquary* ed. by L. Jewitt 15 (1874-75) 228-230; [= BraultBlazon M].

ArmStirlingB Armorial des participants anglais au siège de Stirling en Écosse, 1304 (102 blasons, texte seulement); agn. 1304; ms. tardif London Coll. of Arms M.14 bis [agn. 1ᵉʳt. 16ᵉs.]; p. dans → BraultRolls 1,483-494. Reprod. d'une page av. p. 313: pl. X.

ArmWijnb¹A Armorial Wijnbergen I: 256 blasons de vassaux de l'Île de France; ca. 1267; ms. Den Haag Koninklijk Nederlandsch Genootschap voor Geslacht- en Wapenkunde s. c. [cette partie ca. 1267] f°1-318; p. p. P. Adam-Even – L. Jéquier, "L'armorial Wijnberghen", *Archives héraldiques suisses* 65 (1951) 49-62; 101-110; 66 (1952) 28-36; 64-68; 103-111; 68 (1954) 55-80; [= BraultBlazon WB]. Texte 65,59-62 et 101-110; contient aussi → ArmWijnb²A. Avec blasons.

ArmWijnb²A Armorial Wijnbergen II: 1056 blasons de seigneurs du nord de la France, des Pays-Bas et de l'Allemagne; ca. 1280; ms. Den Haag Koninklijk Nederlandsch Genootschap voor Geslacht- en Wapenkunde s. c. [cette partie ca. 1280] f° 319-1312; p. dans → ArmWijnb¹A 66,28-36; 64-68; 103-111; 68,55-80 (avec reprod.).

[Arm cp. → Rôle.]

Arnaldi F. Arnaldi, *Latinitatis italicæ medii aevi inde ab a. CDLXXVI usque ad a. MXXII lexicon imperfectum*, Bruxelles 1939 – 1953 (ALMA 10, 11ᵉ année; 12, 13ᵉ a.; 23, 1953).

ArnodCh M. Arnod, *Publication des plus anciennes chartes en langue vulgaire antérieures à 1265 conservées dans le département de Meurthe-et-Moselle*, thèse Nancy 1974. Doc. lorr. à partir de 1232. Il en existe des états variables; cf. → DocMMSalT.

ArrierebanAmL L'arriereban d'Amours, sorte de salut d'amour inspiré de → BestAmFourn, en quatrains monorimes d'alexandrins; 3ᵉq. 13ᵉs.; ms. BN fr. 837 [frc. 4ᵉq. 13ᵉs.]; p. p. A. Långfors, "L'arriereban d'Amours", → MélMel 285-290; [= Boss 6562].

ArtAimAgnS Poème sur l'art d'aimer, aux exemples allégoriques, incip. *Bien est raisoun et droiture*, octosyll. irréguliers; agn. ca. 1300; ms. unique London Coll. of Arms Arundel XIV [rec. fact., cette partie agn. 2ᵉq. 14ᵉs.]; p. p. Ö. Södergård, "Un art d'aimer anglo-normand", *R* 77 (1956) 289-330; [= TL Art d'aimer *et* Art d'aimer anglon.; AND Art²; Dean 245; Boss 7715]. (Texte réimpr. dans A. M. Finoli, *Artes amandi*, Milano – Varese (Cisalpino) 1969, 415-443.)

ArtAimFaberH *Les sept ars d'amours*, imitation d'Ovide, par un certain Faber, vers octosyll.; ca. 1300; ms. Berlin Staatsbibl. Hamilton 577 [I: lorr. 1ᵉʳt. 14ᵉs.]; p. p. A. Hilka, "*Les sept ars d'amours des dant Faber*", *AnS* 143 (1922) 258-264; [= TL Sept ars d'am.]. Une version raccourcie, *Les septs arts libéraux d'amours*, a été imprimée à Genève au 16ᵉs. (réimprimée parallèlement à ArtAimFaberH et par Doutrepont dans → ClefD p. 141-145) et, avec quelques divergences, à Rouen en 1581.

ArtAimGuiartK Un art d'aimer par un certain Guiart, résumant Ovide, *Ars amandi* et *Remedia amoris*, [concordance partielle avec → CinqVegilesL, v. ib.]; fin 13ᵉs.; ms. unique BN fr. 1593 [frc., faibles traits lorr. fin 13ᵉs.]; p. p. L. Karl, "L'Art d'Amour de Guiart", *ZrP* 44 (1924) 66-80; 181-187; [= TL Guiart Art d'Am.; Boss 2754; GRLMA 6²,3200]; texte réimpr. p. A. M. Finoli, *Artes Amandi*, Milano – Varese (Cisalpino) 1969, p. 231-236; [= TL Artes amandi F]. Cp. → OvArt.

ArtAimGuiartL id.; p. p. A. Långfors, *NotExtr* 39 (1916) 545-553.

[ArtAim v. aussi OvArt et Amistié.]

ArtusS Le Livre d'Artus, suite ('2ᵉ version'; incomplète) de → Merlin, partie de → SGraal-IV, prose; 2ᵉq. 13ᵉs.; ms. unique BN fr. 337 [4ᵉq. 13ᵉs.] fº114vº-270; p. p. H. O. Sommer dans → SGraalIVS, t. 7 (*The Vulgate version...*, Washington 1913); [= TL Arthur. rom.; FEW Artus (daté ca. 1285 et 1230)]. Langue neutre. Bonne édition, mais renvois du gloss. souvent erronés. Gdf cite sous le titre de Artus, ou Artur, aussi les fº 1-114 du ms. BN fr. 337 qui contiennent un Merlin (v. SGraalIVEstS p. xxx).

ArveillerOr Raymond Arveiller, "Addenda au FEW XIX/1 (abar-qubba)", ZrP 85 (1969) 108-131; id., "... 2ᵉ article", ZrP 86, 340-371; id., "... 3ᵉarticle", ZrP 87,520-545; id., "... 4ᵉ article", ZrP 88,403-434; id., "... 5ᵉ article", ZrP 90 (1974) 449-482; id., "... 6ᵉ article", ZrP 92 (1976) 90-123; id., "... 7ᵉ article", ZrP 93,294-327; id., "... 8ᵉ article", ZrP 94,267-304; id., "... 9ᵉ article", ZrP 95,307-342; id., "... 10ᵉ article", ZrP 96,288-332; id., "...11ᵉ article", ZrP 97,279-315; id., "... 12ᵉ article", ZrP 98,331-364; id., "Addenda au FEW XIX (Orientalia): 13ᵉ article", ZrP 99,317-354; id., "... 14ᵉ article", ZrP 100 (1984) 321-354; id., "... 15ᵉ article", ZrP 101,225-268; id., "... 16ᵉ article", ZrP 102,297-330; id., "... 17ᵉ article", ZrP 103,319-355; id., "...18ᵉ article", ZrP 104,290-325; id., "... 19ᵉ article", ZrP 106 (1990) 43-79; id., "... 20ᵉ article", ZrP 107,363-397; id., "... 21ᵉ article", ZrP 108,515-549; id., "... 22ᵉ article", ZrP 109,47-83; id.; "... 23ᵉ article", ZrP 110,372-409; id., "... 24ᵉ article", ZrP 112 (1996) 1-38; id., "... 25ᵉ article", ZrP 112, 232-265. – Le tout a été réimprimé en 1999 comme Beiheft de la ZrP, n°298 (publ. postume).

ArveillerVoy Raymond Arveiller, *Contribution à l'étude des termes de voyage en français (1505-1722)*, Paris (D'Artrey) 1963.

AsínBot M. Asín Palacios, *Glosario de voces romances, registradas por un botánico anónimo hispano-musulmán (siglos XI - XII)*, Madrid – Granada (Cons. Sup. Inv. C) 1943; [= FEW AsínBot].

AspinChansPol I. S. T. Aspin, *Anglo-Norman political songs*, Oxford (Blackwell) 1953 (A.-N. Texts 11; réimpr. New York, Johnson, 1971); [= AND Pol Songs; TL Anglonorm. Polit. songs; Dean 83-85; 87; 90-93; 95; 96; 100; 101; 103; 104; 124; 278; Boss 6715; cf. Boss² 6190]. Textes agn. de 1ᵉm. 13ᵉs. à ca. 1339; contient entre autres une Lamentation de 36 vers pour Simon de Montfort (BL Harl. 2253 [agn. ca. 1335]), p. 24-35, qui se retrouve dans Dublin Trinity Coll. C.5.8 (347) [cette partie agn. déb. 14ᵉs.], p. p. H. Shields dans MedAev 41,202-207 [= TL Lament SMontfort S; Dean 84].

Aspland C. W. Aspland, *A Medieval French reader*, Oxford (Clarendon) 1979. Choix de textes basé sur des manuscrits, avec notes et glossaire.

Asprem La *Chanson d'Aspremont* a été composée en vers décasyll. entre 1187 et 1191 (ca. 1188) en Normandie (ou encore Angleterre). Elle survit dans un grand nombre de mss. qui se répartissent en plusieurs versions ou remaniements datant de différentes époques et provenant de différentes régions. Il faut tenir compte de l'état de ces versions, de leurs datations et, souvent, des dates des mss. Selon Mandach, seules les versions Lan, Par, Puy et L paraissent assez proches de l'orig. pour être datées de ca. 1188. V. les études dans → AspremLM (non sans imperfections); cp. Dean 77 (Dean pense que la chanson a été composée en Normandie; Gilles Roques: Ouest [commun. personnelle]). Une concordance des mss. se trouve dans → AspremRR.

AspremBB¹ id., (troisième) version fr. remaniée, appellée en partie *Agolant* (aussi *Agulchand*); fin 13ᵉs.; ms. Kraków Univ. gall. qu. 48 (anc. Berlin) [III: Est fin 13ᵉs.] (B); fº159vº-166vº p. p. I. Bekker dans → FerabrasB p. LIII-LXVI, un grand nombre de vers sont publiés ici et là dans les notes du livre, cp. l'éd. B²; [= TL Agolant]. Cp. AspremRK.

AspremBB² id., fº158rº-159rº et 167rº-190vº p. p. I. Bekker, "Der Roman von Aspremont aus der Handschrift der K. Bibliothek (Ms. Gall. 4°. 48)", *Abhandlungen der Königlichen Akademie der Wissenschaften zu Berlin, Phil. und hist. Klasse*, 1847, Berlin 1849, p. 1-48; [= Boss 222; TL Asprem.]. Cette éd. et l'éd. B¹ se complètent pour donner le texte entier de cette version.

AspremBruxB id., fragm. (version indépendante); fr. 13ᵉs. (Mandach: déb. 13ᵉs.); ms. Bruxelles Bibl. roy. IV 62 [15ᵉs.]; p. p. A. Bayot, "Fragments de Manuscrits trouvés aux Archives générales du Royaume", *Rev. des Bibl. et Arch. de Belgique* 4 (1906) 281-298, texte 284-290.

AspremCH id., (première) version fr.; 1ᵉm. 13ᵉs.; ms. BN fr. 25529 [pic. 2ᵉm. 13ᵉs.] (C) et BN nfr. 10039 [fin 13ᵉs.] (F) incomplet du déb. et de la fin, les fº1-4 ont été rajoutés au siècle dernier sur 3 fºˢ d'après BN fr. 25529; fº64vº-76vº du premier ms. p. p. C. Haase, *Weitere Studien zur Chanson d'Aspremont (Die Reimbindungen und eine neue Textprobe)*, thèse Greifswald 1917.

AspremCM id., fº13rº-14vº et 87rº-vº du ms. BN fr. 25529 (537 + 23 vers) p. p. W. Meyer [-Lübke], "Franko-italienische Studien. II. 2. Aspremont", ZrP 10 (1886) 22-55. Publie en regard le texte correspondant de → AspremMaz. Du deuxième ms. sont publiés 71 vers par P. Meyer dans *R* 19 (1890) 220-221.

AspremcS

AspremcS id.; éd. intégrale du ms. C, complété par F et W, p. p. F. Suard, *Aspremont*, Paris (Champion) 2008 (CCMA 23). C.r. Rinoldi Med-Rom 33,427-430.

AspremChaB id., ms. d'une version proche de → AspremV4; francoit. 1ᵉm. 14ᵉs.; ms. Chantilly Musée Condé 470 (703) [1ᵉm. 14ᵉs.]; p. p. M. Boni, "Il *Prologo* inedito dell' *Aspremont* del manoscritto di Chantilly", *Convivium* 30, N.S. 5, 1962 (1963) 588-602. Cf. la description du ms. avec extraits dans les mél. *Romania: Scritti off. a F. Piccolo*, Napoli 1962, 123-147.

AspremErfS id., fragm. (version indéterminée); ms. Erfurt Bibl. Amploniana 4° 63 [fragm. 13ᵉs.] auj. perdu; p. p. S. Szogs, "Die Erfurter Handschriftenbruchstücke von Aspremont", *ZrP* 52 (1932) 758-765.

AspremFirM id., fragm. (version indéterminée); francoit. mil. 14ᵉs.; ms. Firenze Bibl. naz. Magl. VII.932 [ca. 1420; fragm. mil. 14ᵉs.]; p. p. J. Monfrin dans → AspremVenM 376-388.

AspremLM id., version archaïque (parallèle à → AspremLan); agn. ca. 1188 (entre 1187 et 1191); ms. de base BL Add. 35289 [agn. 1ᵉʳt. 13ᵉs.] (L), 2ᵉ ms. de cette version: Cologny Bodmer 11 (anc. Cheltenham Phillipps 26119) [agn. 2ᵉt. 13ᵉs.] v. → VielliardBodmer 15-18, mss. modifiés du 15ᵉs.: BL Roy. 15 E.VI [Rouen prob. 1444/1445], Bruxelles Bibl. roy. 9066-68 [v. 1467], Dresden Oc 81 [1485-8], l'éd. cite en var. le ms. Bodmer et d'autres, appartenant à d'autres versions; vers 1-704 de l'éd. v. → AspremV6M, vers 705-2161 constituent le véritable début de cette version et traitent de la cour de Charlemagne (correspond à → AspremWB laisse 1 à 77); p. p. A. de Mandach, *Naissance et développement de la chanson de geste en Europe: III Chanson d'Aspremont, manuscrit Venise VI et textes anglo-normands inédits British Museum Additional 35289 et Cheltenham 26119; A, Les cours d'Agoland et de Charlemagne*, Genève (Droz) 1975 (Publ. rom. et fr. 134); *B-C, La guerre contre Agoland*, 1980 (Publ. rom. et fr. 156); [= TL Aspremont M; Boss² 1037].

AspremLan id., version parallèle à → AspremL; agn. ca. 1188; ms. BL Lansdowne 782 [agn. ca. 1245]; inédit. La *Karlamagnus Saga* anord. et la *Chronique dite Saintongeaise* se classent près de cette version.

AspremMazM id., version proche de → AspremC; francoit. 1ᵉm. 14ᵉs.; ms. BN fr. 1598 (anc. Mazarin) [francoit. 1ᵉm. 14ᵉs.]; début p. en regard de → AspremCM; inédit dans l'ensemble.

AspremPG id., (deuxième) version fr. remaniée (appelée *Aumont et Agravain*); [ca. 1270]; ms. BN fr. 2495 [ca. 1300] (P/P¹) f°66-135 (incomplet: la moitié du texte seulement), pour le 2ᵉ ms. de cette version v. → AspremW; éd. partielle (f°66-90r°, 1843 vers: v. 65-1901 de l'éd. AspremWB) p. p. F. Guessard – L. Gautier, *Aspremont*, Paris (Didot) 1855; [= Boss 224]. Le seul ex. connu de cette éd. (BN 4° Ye Pièce 94) est dépourvu de titre ou préface (il compte 23 pages). Les 64 premiers vers sont tirés d'un autre ms. (non nommé); le texte du ms. BN fr. 2495 commence p. 2, v. 5 (*Il se laroient por vos tot detranchier*). La transcription est très mauvaise.

AspremPalM id., fragm. (version indéterminée); agn. déb. 13ᵉs.; ms. Vat. Pal. lat. 1971 [f°91-98 pic.? déb. 13ᵉs.]; p. p. J. Monfrin dans → AspremVenM 396-409.

AspremParL id., fragm. jumeau (395 v.) de → AspremPuy; agn. ca. 1188; fragm. dans BN nfr. 5094 [rec. fact., cette partie agn. 13ᵉs.]; p. p. E. Langlois, *R* 12 (1883) 446-458 [corr. v. R 19, 226].

AspremPuyM id., version proche de → AspremLan et AspremL, fragm. de 381 vers; agn. ca. 1188; fragm. Clermont-Ferrand Arch. dép. 2 (F2) [pièce 1: 13ᵉs.], deuxième fragm. du même ms. que → AspremPar; p. p. P. Meyer, *R* 19 (1890) 205-216; [= TL Asprem. Rom.].

AspremRK id.; ms. proche de → AspremB; ca. 1300; ms. Vat. Reg. lat. 1360 [lorr. déb. 14ᵉs.] (R) 102 f°ˢ, début et fin manque; f°1-13 (ca. 655 v.) p. dans → KellerRomv p. 158-178; [cp. Boss 223]. Le ms. ne contient que Aspremont; Gdf l'appelle De Charlemagne et des Pairs, aussi De Charles et des Pairs, par erreur aussi G. de Mongl. L'extrait publié correspond vaguement à → AspremWB 728 (= 158,10) – 1491 (= 177,4).

AspremRR id.; extraits p. p. F. Roepke, *Studien zur Chanson d'Aspremont (Beschreibung der Handschriften, Bibliographie, Concordanztabelle, Textproben)*, thèse Greifswald 1909, p. 22-44.

AspremV4B id., version; francoit. la plus récente, 2ᵉm. 14ᵉs.; ms. Venezia Marc. fr. IV (225) [francoit. 1ᵉm. 14ᵉs.] (V4); extraits p. parallèlement à → AspremV6B. Cp. → AspremCha.

AspremV4K id.; extrait p. dans → KellerRomv p. 2-11; [= Boss 223].

AspremV6B id., première version francoit.; 1ᵉm. 14ᵉs.; ms. Venezia Marc. fr. VI (226) [1371] (V6) f°6-69; extraits p. p. I. Bekker, "Die altfranzösischen Romane der St. Markus Bibliothek", *Akademie der Wissenschaften, Berlin, Phil.-hist. Klasse, Abhandlungen*, 1839,

p. 252-293 [aussi paru en 1840 comme brochure]; [= Boss 221]. Imprimé parallèlement à → AspremV4B.

AspremV6K id.; 18 lignes p. dans → KellerRomv p. 26-27.

AspremV6M id., épisode traitant de la cour d'Agoland, fondé sur la version représentée par → AspremLan, p. comme vers 1-704 dans → AspremLM p. 61-82.

AspremV6aM id., fragm. de 12 vers du prologue se basant sur la même version que V6, copié au f° 1 de Venezia Marc. fr. VI (226) [cette partie: fragm. après 1371?]; p. p. A. de Mandach, "A la découverte d'un nouvel *Aspremont* de la Bibliothèque des Gonzague de Mantoue", *Cultura Neolatina* 21 (1961) 116-122 et publié dans → AspremLM 'III', 1975, p. 61 var. Cp. → AspremV6.

AspremV6aS id.; transcription fiable p. p. R. Specht, *VRo* 37 (1978) 295 (c.r. de → AspremLM, p. 292-296).

AspremVenM id., fragm. (version indéterminée); francoit. déb. 14ᵉ s.; ms. Venezia Marc. lat. X, 200 [15ᵉ s.; fragm. (feuilles de garde): déb. 14ᵉ s.]; p. p. J. Monfrin, "Fragments de la chanson d'*Aspremont* conservés en Italie", *R* 79 (1958) 237-252; 376-409, texte 249-252; [= Boss 7155].

AspremWB id., (deuxième) version fr. remaniée (aux vers supplém.); Ouest [ca. 1270]; ms. Nottingham Univ. WLC.LM.6 (anc. Wollaton Hall, Lord Middleton) [laisse 1-177, scribe pic.or., suite scribe pic.occid., 4ᵉ q. 13ᵉ s.] (W) f° 244-303, pour l'autre ms. complet de cette version (A) v. → AspremP, fragments: Alençon 637 (anc. Sées) [norm. déb. 14ᵉ s.] (S) [v. Hüe CN 65,187-208]; p. p. L. Brandin, *La Chanson d'Aspremont, chanson de geste du XIIᵉ siècle. Texte du manuscrit de Wollaton Hall*, 2 vol., Paris 1919-1920 (réimpr. 1923-1924 et 1970; CFMA 19 et 25); [= TL Aspremont et Chans. d'Asprem.; FEW Aspremont; Boss 225]. Texte complet. Pour la datation et la localisation du vocabulaire il faut recourir aux autres mss.-versions (v. Asprem, supra). Palumbo ActesRég-Lex 311.

AssJér Divers traités de jurisprudence en prose du 13ᵉ s. (datables à partir de ca. 1243, aussi du 14ᵉ s.) reconstituant et développant les anciennes assises de Jérusalem perdues en 1187 lors de la chute de Jérusalem. Les textes traitant de la Haute Cour ont été rédigés au royaume de Chypre (v. AssJérClef – AssJérRoi), ceux traitant de la Cour des Bourgeois à Acre en Terre Sainte (v. AssJérBourg); [Boss 2970; 6576; FEW AssJer et TL Assises de Jérus. concernant tous les textes, la datation 1250 du FEW est toujours à modifier], v. ci-dessous. Etudes: HLF 21 (1847) 433-467; → GrandclaudeAss (inclut la trad. vénitienne de 1531 et les mss. mgr.); → AssJérLignN et Nielen BEC 153,103-130 (avec descr. des mss.). Pour le contenu cf. J. Prawer, *Crusader institutions*, Oxford 1980. - La série de sigles suivante constitue un essai de classement; une véritable étude reste à faire (cf. Grandclaude Rev. hist. de droit fr. et étr. 4ᵉ s., t. 5, 1926, 418-475). – Contenu du ms. Venezia Marc. fr. App. XX (265) [Acre ca. 1285 (f° 1-174) et prob. Chypre 1346 ou peu après] (souvent appelé ms. I, aussi A; copie dite figurée: BN fr. 12206 [1789], Morelli): f° 1-177 → AssJérJIb (fin, f° 174-177, dans éd. B 2, 397-401); f° 178-182 → AssJérGeoffr; f° 183-191 → AssJérJacIb; f° 191-197 → AssJérLign; f° 198-200 → AssJérBourgBat; f° 200-204, éd. B 2, 427-434; f° 205-260 → AssJérPh; f° 261-278 → AssJérClef; f° 279-fin → AssJérBourgAbr (la fin, éd. B 2, 383-389). Complété par Venezia Marc. fr. App. VI [1436] (99 f°ˢ, souvent appelé ms. II, aussi M et V; copie dite figurée: BN fr. 12207 [fin 18ᵉ s.], Morelli) → AssJérBourg [la description dans → AssJérBourgvZ complète celle donnée par le catalogue Ciàmpoli; cf. Rev. hist. de droit fr. et étr. 4ᵉ s., t. 5, 1926, 460-463]. – Des mss. de Venezia existe à côté de la copie 'figurée' de Morelli une copie du 19ᵉ s. faite par le chercheur Guérard; Beugnot a prob. utilisé cette copie (cp. HLF 21, 434).

AssJérBourgB Assises de la Cour des Bourgeois de Jérusalem (rédaction originale de prob. 1173-1180 perdue), réd. d'Acre, ajoutant chapitres et gloses en latin; ca. 1243 (prob. entre 1240 et 1244; la langue et la graphie conservatrices des mss. [les deux principaux tardifs] et les faits historiques transportés indiquent que la ou les rédactions transmises ne sont pas beaucoup plus jeunes que ca. 1243 [réinstitution de la Haute Cour en 1243] et certainement antérieures à 1291 [chute d'Acre]); le ms. dit le plus proche de la réd. d'Acre, München gall. 51 [prob. Chypre fin 14ᵉ s.] ('M'; cité d'après l'éd. Kausler?) est à la base de la plus grande partie de l'éd.; le ms. Venezia Marc. fr. App. VI [1436] ('A'; copie figurée: BN fr. 12207 [fin 18ᵉ s.] ou plutôt la copie Guérard) fournit des chap. supplémentaires (LVII, XCVII, CCXIV, CCXV, CCXXV, CCL, CCLXXIII) (ce ms. omet certains ajouts du ms. München, v. éd. p. LXIX), var. de BN fr. 19026 [déb. 14ᵉ s.] ('B'; ch. 1-78 [ch. 43-49 = CoutMerOl fin 13ᵉ s.; ch. 78 = Ven. ch. 83]; omet également certains ajouts; proche de München); p. dans → AssJérJIbB 2, 5-226. Certains passages à l'intérieur d'un grand nombre de chapitres sont rédigés en latin. Ils faisaient prob. partie de l'original. Certaines fins de chap., également en latin, ont au contraire prob. été rajoutées (v. → GrandclaudeAss 65). L'éd. K est à préférer. Pour la date, v. J. Prawer, *Crusader institutions* 1980, 345n11, aussi Rev. hist. de droit fr. et étr. 29, 329-351 (Beugnot proposait ca. 1200). Source principale: *Lo codi* (occ. prob. ca. 1150, cp. → Co-

AssJérBourgB

diFr), v. Prawer, *Crus.* 358-468 (avec concordance et qqs. textes parallèles et avec bibliographie).

AssJérBourgF id.; [ms. Venezia Marc. fr. App. VI [1436]]; p. p. V. A. Foucher, *Assises du royaume de Jérusalem, conférées entre elles ainsi qu'avec les lois des Francs, les Capitulaires, les Etablissements de Saint-Louis et le droit romain, suivies d'un précis historique et d'un glossaire*, 2 vol., Rennes (Blin) – Paris 1839-1841 (réimpr. Genève 1973); texte t. 1,1; (t. 1,2: → AssJérBourgAbrF) [le t. 2 n'a jamais paru]. Édition de faible qualité, établie sur la base de la copie BN fr. 12207 [fin 18ᵉ s.] du ms. Venezia. Version italienne imprimée en face (texte basé sur l'éd. Canciani).

AssJérBourgM/VK id.; textes des mss. München gall. 51 (M) et Venezia (V, chez Beugnot: A) impr. parallèlement (haut de page: München); p. p. E. H. Kausler, *Les livres des Assises et des Usages dou reaume de Jerusalem, sive Leges et Instituta regni Hierosolymitani, primum integra ex genuinis deprompta codicibus mss. adjecta lectionum varietate cum glossario et indicibus*, vol. 1 (seul paru), Stuttgart (Krabbe) 1839, texte p. 1-352. Le glossaire n'a jamais paru. Dans l'éd. suit, d'après le ms. München, → AssJérRoiK, aux p. 397-401 → AssJérBourgBatMK et aux p. 403-424 → AssJérOrdK. Cf. le compte rendu par L. A. Warnkönig, *Gelehrte Anzeigen*, Kgl.-bay. Ak. der Wiss. München, 10 (1840) col. 929-991 (sans notes lexicol.; l'éd. reproduirait fidèlement les mss.).

AssJérBourgMT id., chapitres concernant des lois maritimes; ms. de base München gall. 51 [fin 14ᵉ s.], en var. Venezia fr. App.VI [1436]; p. dans → BlackBookT 4, 498-519. Texte correspond à → AssJérBourgB p. 42 (ch. 43) - 47 l. 7. Le ms. Venezia est plus complet.

AssJérBourgMZ id., mêmes chap.; impr. diplomatique du ms. München gall. 51 [3ᵉ q. 14ᵉ s.] par H. L. Zeller, *Die Assisen von Jerusalem*, Berlin 1910 (Sammlung älterer Seerechtsquellen 4); [= Boss 6576; FEW AssJerusalem ('15ᵉ s.' erroné); TL Assis. Jerus.]. Cp. → Zeller. La partie de la table concernant l'extrait est imprimée dans → AssJérBourgvZ. Contient un glossaire.

AssJérBourgVZ id., mêmes chapitres (le ms. Venezia contient la fin du dernier chap. qui manque au ms. München); ms. Venezia Marc. fr. App. VI [1436] f°2v°b-3r°16 (= Table) et f°21v°a-23v°b (texte); p. p. H. L. Zeller, *Das Seerecht in den Assisen von Jerusalem nach der Handschrift Venedig...*, Heidelberg (Winter) 1916 (Sitzungsber. der Heidelberger Akad. der Wiss., 1916, 16; = Sammlung älterer Seerechtsquellen 13). Imprime parallèlement l'extrait correspondant de la table du ms. München. Contient un glossaire complétant celui renfermé dans → AssJérBourgMZ.

AssJérBourgAbrB id., appelé aussi *Livres du plédeant et du plaidoyer*, version abrégée et contaminée de AssJérPhB, AssJérJIbB, etc.; mil. 14ᵉ s.; ms. unique Venezia Marc. fr. App. XX (265) [2ᵉ partie prob. Chypre 1346 ou peu après] (A) f°279-357; la copie figurée de ce ms., BN fr. 12206 [1789] ou plutôt la copie Guérard est la base de l'éd., p. dans → AssJérJIbB 2, 233-352. Beugnot édite sans interruption les fᵒˢ339-357 (éd. p. 323-353) à la suite du début (séparé du reste par une colonne laissée en blanc), tandis que Foucher s'arrête là (p. 321). – Le chapitre XXV (imprimé sur les p. paires 326-334) correspond à → AssJérBourgBat.

AssJérBourgAbrF id.; p. dans → AssJérBourgF t. 1,2, p. 2-321, (version italienne impr. en regard pour les p. 2-240). Utilise également la copie BN fr. 12206.

AssJérBourgBatvB Chapitre, subdivisé en XVI paragraphes, traitant de l'ordalie (titre: *Ci orrés coment bataille de deus homes se ramist en court por murtre par le dit de l'un et de l'autre, selonc l'assise dou reiaume de Jerusalem*), annexe de → AssJérBourg;

ca. 1240; ms. Venezia Marc. fr. App. XX (265) [2ᵉ partie prob. Chypre 1346 ou peu après] (A) f°198-200 (l'éd. utilise prob. la copie Guérard ou encore la copie Morelli), aussi dans ms. München gall. 51 [prob. Chypre fin 14ᵉ s.] (→ AssJérBourgBatMK); non utilisé München gall. 771 [déb. 17ᵉ s., copie d'un ms. de 1458-60]; p. dans → AssJérJIbB 2, 327-335 (pages impaires!). Beugnot imprime ce texte en face du texte correspondant de → AssJérBourgAbr (ch. XXV, même ms., mais f°341-344) qui coïncide largement.

AssJérBourgBatMK id.; ms. München gall. 51 p. dans → AssJérBourgMK p. 397-401.

AssJérClefB id., assises de la Haute Cour; recueil des titres des chapitres de AssJérJIb précédé d'un prologue résumant les ch. 1-5 de AssJérJIb; ca. 1275; ms. de base BN fr. 12206 [1789] copie figurée de Venezia Marc. fr. App. XX (265) [2ᵉ partie prob. Chypre 1346 ou peu après] (A) f°261-278; non utilisé München gall. 771 [déb. 17ᵉ s., copie d'un ms. de 1458-60]; p. dans → AssJérJIbB 1, 575-600. GrandclaudeAss 90 avance sans conviction une datation de 1286-1291.

AssJérGeoffrB id., Geoffroy le Tort, deux fragments d'un texte résumant en bonne partie AssJérJIb; ca. 1275; ms. de base copie Guérard ou BN fr. 12206 [1789] copie figurée de Venezia Marc. fr. App. XX (265) [2ᵉ partie prob. Chypre 1346 ou peu après] (A) f°178-182, en var. BN fr. 19026 [déb. 14ᵉ s.]; non utilisé München gall. 771 [déb. 17ᵉ s., copie d'un ms. de 1458-60]; p. dans → AssJérJIbB 1, 435-450.

AssJérJIbB Assises de Jérusalem, recueil le plus développé, par Jean d'Ibelin (mort en 1266), basé entre autres sur AssJérPh; av. 1266 (fait mentionné de 1264); ms. de base copie Guérard ou BN fr. 12206 [1789] qui est la copie figurée de Venezia Marc. fr. App. XX (265) [f°1-174 Acre ca. 1285] fin, f°174-177, déb. 14ᵉs. ('A'), en var. BN fr. 19026 (anc. S. Germ. fr. 430) [déb. 14ᵉs.] ('B'; proche du précédent), BN fr. 19025 (anc. S. Germ. 426ᴴ) [Acre ca. 1281] ('C'; apparemment plus proche de l'orig.); le ms. Vat. ('V', v. → AssJérJIbVatT, où mss. 'D' et 'E' est mis à contribution par l'intermédiaire de l'éd. La Thaumassière ('T' pour l'éd.); bon ms., non utilisé: Oxford Bodl. Selden Supra 69 (3457) [f°I-XIV 15ᵉs. (table), f°1-310 Chypre déb. 14ᵉs. (texte), f°311-313 16ᵉs. (chap. suppléés)] ('O' dans l'éd. E); chap. 1-9 aussi dans München gall. 771 [déb. 17ᵉs., copie d'un ms. de 1458-60] ('M'); v. Rev. hist. de droit fr. et étr. 4ᵉs., t. 5, 1926, 467-471]; p. p. A. A. Beugnot, *Assises de Jérusalem ou Recueil des ouvrages de jurisprudence composés pendant le XIIIᵉ siècle dans les royaumes de Jérusalem et de Chypre*, 2 vol., Paris (Impr. roy.) 1841-1843 [réimpr. Farnborough (Gregg) 1967], texte 1, 21-430. Cette éd. contient outre les textes réunis ici sous les sigles AssJérBourgB – AssJérRoiB des doc. divers, v. 2, 353-537. [TL Assises de Jérus., concerne la publication entière.].

AssJérJIbE id.; ms. de base C, les autres en var.; p. p. P. W. Edbury, *John of Ibelin, Le livre des assises*, Leiden – Boston (Brill) 2003. Avec concordance des mss. et éditions; index rerum; sans glossaire: cf. T. Matsumura RLiR 68,582-594. Les corrections au texte de base (C) ne sont pas documentées (p. ex. 256 n. 84). Les p. 590-616 (ch. 225-239) ont également été p. dans P. W. Edbury, *John of Ibelin and the kingdom of Jerusalem*, Woodbridge (Boydell) 1997, p. 110-126.

AssJérJIbVatT id., selon → GrandclaudeAss 82-84 la rédaction officielle de 1369; 1369; ms. Vat. Vatic. lat. 4789 [Chypre 1369 ou peu après] utilisé par l'éd. moyennant une copie auj. perdue; autres copies de Vat.: Carpentras 1786 (P. XIX) [17ᵉs.] utilisé par DC, et BN Dupuy 652 [1648] (ms. 'E' de l'éd. B), copies de Dupuy: BN fr. 1078 (anc. 7348.3) [1650] (ms. 'D' de l'éd. B), BN fr. 1077 (anc. 7347.3) [17ᵉs.] (copie de BN fr. 1078), Ste-Gen. 778 [fin 17ᵉs.] (id.); Troyes 24 [18ᵉs.] (copie de Carpentras ou de BN fr. 1078), BN it. 1496 [17ᵉs.] [toutes ces copies fourmillent d'erreurs, v. HLF 21, 435]; p. p. G. T. de La Thaumassière, *Assises et bons usages du royaume de Jérusalem*, 2 vol., Paris 1690, t. 1, p. 1-220. Les chap. ne coïncident pas entièrement avec ceux de → AssJérJIbB (concordance partielle: T 11 = B 14, 22 = 25, 32 = 35, 57 = 60, 68 = 70, 79 = 80, 89 = 90, 99 = 100, 200 = 190, 250 = 235, 262 = 245, 271 = 250, 279 = 255, 290 = 258, la fin diffère). P. 221-238 contiennent → AssJérLignT; [le t. 2 contient BeaumCout, cout. postérieures et un glossaire avec renvois]. Se trouvent intercalés dans le texte de JIb des doc. datés: p. 208 de l'éd. doc. 1310, p. 211 doc. 1350, p. 214 doc. 1362, p. 195ss. doc. div., p. 209 doc. 1328, extraits de → AssJérPh et de → AssJérBourg, v. éd. B 1, LXXXIII.

AssJérJacIbB Petit traité résumant en bonne partie AssJérJIb, par Jacques d'Ibelin (ob. fin 13ᵉs.); ca. 1275; ms. de base copie Guérard ou BN fr. 12206 [1789] copie figurée de Venezia Marc. fr. App. XX (265) [2ᵉ partie prob. Chypre 1346 ou peu après] (A) f°183-191, en var. BN fr. 19026 [déb. 14ᵉs.] (seul à inclure les rubriques); p. dans → AssJérJIbB 1,453-468.

AssJérLignB Description des grandes familles européennes installées en Outre-mer; les descr. contenues dans les mss. Venise et BN semblent datables de 1268 (av. 1270) [mss. A et B: '1ᵉ réd.' de l'éd. N], le ms. Vat. contient d'abord une suite jusqu'à 1305-06 introduisant qqs. retouches ['2ᵉ réd.' de l'éd. N], puis une continuation jusqu'en 1369 ['3ᵉ réd.' de l'éd. N]; mss. Venezia Marc. fr. App. XX (265) [Acre ca. 1285 (f°1-174) et prob. Chypre 1346 ou peu après] (A) f°191-197 (l'éd. utilise la copie Guérard ou BN fr. 12206 [1789]), BN fr. 19026 [déb. 14ᵉs.] (B), Vat. Vatic. lat. 4789 [Chypre 1369 ou peu après] (l'éd. imprime essentiellement une copie faite par Baluze de la copie Dupuy pleine d'erreurs [BN fr. 1078 [1650]]); non utilisé München gall. 771 [déb. 17ᵉs., copie d'un ms. de 1458-60] reproduisant un état de 1344 et contenant des additions jusqu'en 1458 ['3ᵉ réd.', avec suites]; p. dans → AssJérJIbB 2, 441-474. Beugnot met à contribution les trois premiers mss.: «on ne trouve, dans ces deux derniers manuscrits (Ven. et BN), que dix-sept chapitres, et E. [copie de Vat.] en donne trente. Nous avons donc intercalé presque tous les chapitres de A. et B. dans E; c'est ainsi que nous sommes parvenus à former un Livre des Lignages qui présente quarante-deux chapitres». Cp. Boss² 6034; 6035 (éd. partielle du ms. Vat.).

AssJérLignN id.; étude et éd. p. p. M.-A. Nielen, *Lignages d'outremer*, Paris (AIBL) 2003 (Doc. rel. hist. crois. 18). P. 59-84 ms. Ven. (avec éd. B en 'var.'), p. 85-129 ms. Vat., p. 131-147 version armén. (ms. Erevan Matenadaran Machtots 1898 [armén. ca. 1305?]), p. 149-152 ajouts du ms. München, p. 153-174 trad. it. (ms. Vat. Vatic. lat. 7806A [Venise ca. 1570?] recueil). Sans glossaire.

AssJérLignT id.; copie du 17ᵉs. du ms. Vat. p. dans → AssJérJIbVatT 221-238.

AssJérOrdB Ordonnances des rois de Chypre s'étendant de 1286 à 1362 (ms. München: 1286-1316, mais cf. éd. B 2, 373 n.b); p. dans →

AssJérOrdB

AssJérJIbB 2, 357-379, réunissant sous un seul titre toutes les ordonnances des mss. Vat. Vatic. lat. 4789 [Chypre 1369 ou peu après] et München gall. 51 [prob. Chypre fin 14ᵉ s.] qu'il tire des éditions Thaumassière et Kausler et aussi de la copie Dupuy de Vat.; des notes donnent la concordance avec ces éditions qu'il faut préférer.

AssJérOrdK id.; ms. München gall. 51 p. dans → AssJérBourgM/VK p. 403-424.

AssJérPhB Philippe de Novare (fin 12ᵉ s. – ca. 1270), *Le livre de forme de plait que sire Felippe de Novaire fist pour un sien ami aprendre et enseigner coument on doit plaidoier en la haute court*; ca. 1245 (écrit à Chypre; peu d'éléments it. ou francoit.); ms. Venezia Marc. fr. App. XX (265) [2ᵉ partie prob. Chypre 1346 ou peu après] f°205-260 (copie figurée: BN fr. 12206 [1789], base de l'éd., ou la copie Guérard), en var. BN fr. 19026 [déb. 14ᵉ s.] incomplet (ch. 1-58), non utilisé München gall. 771 [déb. 17ᵉ s., copie d'un ms. de 1458-60]; p. dans → AssJérJIbB 1, 475-571. Le *Livre de forme de plait* se terminait à l'origine au ch. 79 (éd. B). Les ch. 80 à 89 reproduisent des consultations juridiques de Philippe de Novare. GrandclaudeAss 80-81 pense que le texte transmis constitue la réd. orig. amplifiée par Philippe en vue d'une nouvelle réd.; il plaide pour une datation de 1252-1257.

AssJérPhE id.; ms. de base Venezia Marc. fr. App. XX (265) [2ᵉ partie prob. Chypre 1346 ou peu après] (A), App. 2 et var. BN fr. 19026 [déb. 14ᵉ s.] (B), var. de München (M); p. p. P. W. Edbury, *Philip of Novara, Le Livre de forme et de plait*, Nicosia (Cyprus Res. Centre) 2009. [Chap. 1-47 = éd. B 1-47, 48=49, 58=73, 68=86, 74=94, App. 1.1 =63, 2 =48, 3 =77, 4 =89, 5 =65, 6 =90, 7 =76, 8 =64, 9 =78, 10 = 66, 2.1-5 = 54-58, 3.1= ø.]

AssJérPréfB Assises de Jérusalem, préface donnée par le ms. Vatican; prob. 1369; ms. unique Vat. Vatic. lat. 4789 [Chypre 1369 ou peu après]; p. dans → AssJérJIbB 1, 3-6 d'après l'éd. dans → AssJérJIbVatT.

AssJérPrisM Etat des chevaliers chypriotes emmenés comme prisonniers ou otages par les Génois, en quittant l'île de Chypre après la prise de Famagouste, texte ne faisant pas partie des AssJér proprement dit; daté de 1374; ms. München gall. 771 [déb. 17ᵉ s., copie d'un ms. de 1458-60] f°243; p. p. L. de Mas Latrie, *BEC* 34 (1873) 80-84.

AssJérRoiB Le Livre au roi, assises et coutumes ayant trait aux obligations juridiques du roi de Jérusalem, en 52 chap.; ca. 1201 (entre 1197 et 1205); ms. de base München gall. 51 [prob. Chypre fin 14ᵉ s.] (cité d'après l'éd. K?), corrections tacites d'après BN fr. 19026 [déb. 14ᵉ s.] qui est incomplet: 31 chap.; non utilisé: München gall. 771 [déb. 17ᵉ s., copie d'un ms. de 1458-60]; p. dans → AssJérJIbB 1, 607-644. L'éd. K est à préférer. Pour la date v. M. Greilsammer in *Outremer, Studies ... presented to Joshua Prawer*, Jerusalem 1982, 218-226.

AssJérRoiG id.; ms. de base München gall 51; p. p. M. Greilsammer, *Le Livre au roi*, Paris (Ac. Inscr. et B. L.) 1995. Excellentes notes. Glossaire complété par T. Matsumura dans RLiR 63,290-293.

AssJérRoiK id.; ms. München p. dans → AssJérBourgMK p. 353-395. Concordance entre l'éd. B et K dans → GrandclaudeAss p. 42-43 (B ch. 1-52 = K ch. 298-349).

AssSenlis¹C Assises (fragm.) de la cour de justice (*cour le maieur*) de Senlis des mois d'août à novembre 1306, registre de 6 fᵒˢ dont le 5ᵉ manque, dépourvu d'un début et d'une fin; peu de picardismes; ms. orig. Senlis Arch. mun. II [1306]; p. p. L. Carolus-Barré, "Les assises de la commune de Senlis", *BPH* 1960 (1961) 723-772.

AssSenlis²R Doc. similaires du bailliage de Senlis; qqs. traits pic., 1340-1341; ms. orig. Senlis Arch. dép. Annexe (Soc. d'Hist. et d'Arch., anc. Com. arch.) MP. 9 [1340-1341]; p. p. E. de Rozière, "L'assise du bailliage de Senlis en 1340 et 1341", *NRevHistDr* 15 (1891) 714-802. Sans glossaire, avec table des noms propres; transcription dite fidèle.

AssompNDJoyeD Récit en vers octosyll. et en prose sur l'Assomption N.D. suivi de commentaires pieux (incip. *La joye du siecle ressemble sereyne*); agn. fin 13ᵉ s.; ms. Madrid Bibl. nac. 18253 [agn. ca. 1300]; p. p. M. Debroucker, *Ci comence del Assumpcion Nostre Dame*, mém. de maîtrise, Strasbourg 1954 (résumé, comprenant le texte, p. dans *Bull. de la Fac. des Lettres de Strasbourg* 33,1, oct. 1954, 329-353); [= Dean 494].

AthisH *Athis et Prophilias* ou *Roman d'Athènes*, histoire de deux amis, 20732 vers octosyll.; Ouest ca. 1200; ms. de base BN fr. 794 [champ. ca. 1235] (C), imprimé en regard (p. 4b-210b) la version brève du seul ms. Tours 940 [pic.mérid. fin 14ᵉ s.] (T), en var. BN fr. 375 [pic. 1289 n.st.] (A), BN fr. 793 [pic.-wall. 4ᵉ q. 13ᵉ s.] (B), Vat. Reg. lat. 1684 [13ᵉ s.] (V), BL Add. 16441 [1330] (L) (copie de ce ms.: Ars. 3312 [18ᵉ s.]), Stockholm Kungl. Bibl. Vu 16 (46) [bourg.sept. 1299] (St), Peterburg RNB Fr.Q.v.XIV.4 [1ᵉʳ m. 15ᵉ s.] (P), BN lat. 16433 [f°111v° 13ᵉ s.] (p) fragm. imprimé en app. 2, 435, Den Haag Rijksarch. [pic. 13ᵉ s.?] fragm. impr. 2, 436-440, Chieri Arch. com. Art. 144, n. 29,33,52,55 [mil. 13ᵉ s.] fragm. (ca. 2000 vers, v. A. Vitale Brovarone, Atti Ac. Sc. di Torino

II, 111, 1977, 331-336, copie de la transcription à l'IRHT, Paris), Vat. Reg. lat. 1684 [13^{e}s.] (V) fragm., Firenze Institut Français [pic. ca. 1220] (f) fragm. (v. 2607-2668+58, version brève, p. p. C. Ruby R 119,518-533, avec reprod.); p. p. A. Hilka, *Li Romanz d'Athis et Prophilias*, 2 vol. sur 3 parus, Dresden (Niemeyer, Halle) 1912 (Ges. für rom. Lit. 29); [= TL Athis H; Hol 897; Boss 1105; Boss^2 2255]. Prob. première éd. 'moderne', bédiériste avant Bédier, avec double apparat critique: peu de corr. au ms. de base (mais en partie non documentées!), puis var.; impression de → AthisTH en regard. Qqs. extraits du texte se retrouvent dans → Cristal (v. la concord. 2, 440 et CristalB L-LIX).

AthisTC id., version brève (5643 vers), incomplète; [fin 13^{e}s.?]; ms. T (fin 14^{e}s.), qqs. var. tirées du fragm. f (ca. 1220); p. p. M.-M. Castellani, *Li romans d'Athis et Procelias*, Paris (Champion) 2006 (CFMA 150); c.r. Asperti MedRom 33,185-186. Sans reprod. d'une page des mss. Mentionne par erreur un fragm. 'Berlin, DDR' (en 2006!), qui concerne une série de fragm. d'une version mha. du 13^{e}s. (Berlin Staatsbibl. germ. qu. 846 [13^{e}s.], anc. Geheimes Staatsarchiv et al., p. p. W. Grimm, "Athis und Prophilias", *Kgl. Akademie der Wiss. Berlin, Abh. Phil.-hist. Kl.*, 1844, 347-467).

AthisTH id.; impression diplomatique de la partie correspondant à la version longue (v. 106-2608, avec lacunes) et impression interprétative de la rédaction particulière (v. 2609-6076) p. dans → AthisH 1,4b-210b.

AthisB id.; éd. partielle (v. 1-2505, correspondante à → AthisW) du ms. Stockholm, p. p. H. Borg, *Sagan om Athis och Prophilias*, Upsala (Berling) 1882; [cf. Boss 1106].

AthisW id.; éd. partielle d'après quatre mss., surtout BN fr. 794 et Peterburg, en partie imprimés en regard, p. p. A. Weber, *Athis und Prophilias*, Staefa (Gull) 1881; [= TL Athis; Boss 1106].

AtreW *Atre périlleux*, roman arthurien en vers octosyll.; traits de l'Ouest, mil. 13^{e}s.; ms. de base BN fr. 2168 [pic. fin 13^{e}s.] (N^1), en var. BN fr. 1433 [scribe pic. 1^{er}t. 14^{e}s.] (N^2) f°1-61 (contient un épisode supplémentaire publié en app.; ms. cité par Gdf comme 'Chrest.', Yvain'), Chantilly Musée Condé 472 (626) [hain. 3^{e}t. 13^{e}s.] (A); p. p. B. Woledge, *L'atre périlleux*, Paris (Champion) 1936 (CFMA 76); [= TL Atre per.^{2}; FEW Atre; Boss 2030; Hol 1145].

AtreB id.; même ms. de base; p. p. N. B. Black, *The Perilous Cemetary*, New York – London (Garland) 1994. Éd. inutilisable, v. CCM 41,183-184.

AtreS id.; ms. BN fr. 2168 [pic. fin 13^{e}s.]; p. p. F. J. Schirmer, "Der gefahrvolle Kirchhof", *AnS* 42 (1868) 135-212; [= TL Atre per.; Boss 2029].

AttilaS Niccolò da Casola, *La Guerra d'Attila*, poème épique racontant la lutte héroïque de Rome et de la chrétienté italienne (maison d'Este) contre les huns, 37535 vers alex.; francoit. ca. 1370 (prob. entre 1358 [1er livre] et ca. 1368 et avant 1373 [2e livre]); ms. Modena Bibl. Estense α.W.8.16-17 [ca. 1370] autographe?; p. p. G. Stendardo, *Niccolò da Casola, La Guerra d'Attila*, 2 vol., Modena (Soc. tip.) 1941; [= Boss 4098bis].

AttilaPrB *Livre d'Attila*, 'chronique' des faits des italiens contre les huns, prose, incip.: *Apres ce que nostre seignor Jesu Crist nasqui*, explic.: *mes il ne le porent amendier*; francoit. fin 13^{e}s.; ms. Venezia Marc. lat. X, 96 (3530) [f°19-44: 14^{e}s.], ms. non utilisé Zagreb MR 92 [It. ca. 1300] f°111r^o-123v^o; p. p. V. Bertolini, *Estoire d'Atile en Ytaire*, Povegliano VR (Ed. Gutenberg) 1976; [= Boss^2 6519; cf. Wo 18; Wos 18]. Cf. V. Putanec dans *RAD Jugosl. Ak. Znanosti i umjetnosti* 1955, 63-79, spéc. 72. Var. du ms. Zagreb p. p. V. Bertolini, *Una nuova testimonianza dell'«Estoire d'Atile en Ytaire»*, ib. 1980; [= Boss^2 6520].

AubS Roman d'Auberon, formant un prologue à → Huon, laisses rimées, 2468 vers décasyll.; pic. 2^{e}m. 13^{e}s.; ms. unique Torino Bibl. naz. L.II.14 [pic. (Origny) 1311]; p. p. J. Subrenat, *Le Roman d'Auberon. Prologue de Huon de Bordeaux*, Paris – Genève (Droz) 1973 (T.L.F. 202); [= TL Auberon S; Boss^2 1331]. C.r. RoPh 32,477 et ZrP 92, 429-431. Cp. → SAub.

AubG id.; p. p. A. Graf, *I complementi della Chanson d'Huon de Bordeaux, I: Auberon*, Halle (Niemeyer) 1878; [= TL Aub.; Boss 2036].

AubereeN *Auberee*, fabliau relatant les faits d'une vieille maquerelle, octosyll.; ca. 1200; ms. de base BN fr. 837 [frc. 4^{e}q. 13^{e}s.] (A), qqs var. de BN fr. 1553 [pic. 1285 n.st.] (J), BN fr. 1593 [frc., faibles traits lorr. fin 13^{e}s.] (E), BN fr. 12603 [pic. ca. 1300] (F), BN fr. 19152 [frc. fin 13^{e}s.] (D), Berlin Staatsbibl. Hamilton 257 [norm. ca. 1300] (C), Bern 354 [bourg.sept. déb. 14^{e}s.] (B) incomplet, Chartres 620 (261) [fin 13^{e}s.] (f) fragm. perdu; impr. diplomatique de 7 mss., et éd. crit. sur la base du ms. Berlin, p. dans → NoomenFabl 1,161-312; 359-382.

AubereeC id.; p. p. H. H. Christmann, *Zwei altfranzösische Fablels (Auberee, Du Vilain mire)*, Tübingen (Niemeyer) 1963; [= TL Auberee Christmann; Boss^2 4710]. Contient aussi → MireC.

AubereeC^2 id., éd. ^{2}1974; [= TL Auberee Christmann^2].

AubereeE id.; édition 'critique' basée sur BN fr. 837 p. p. G. Ebeling, *Auberee. Altfranzösisches*

AubereeE

Fablel, Halle (Niemeyer) 1895; [= TL Auberee; FEW Auberée *et* Ebeling; Boss 2487; cf. 1189 (attrib. à Jean Renart), aussi Hol 2181.1].

AubereeJ id.; ms. de base BN fr. 19152; p. dans → JubNRec 1,199-222.

AubereeL id.; impression synoptique des huit mss. p. p. Ch. Lee, *Les remaniements d'Auberee*, Napoli (Liguori) 1983 (Rom. Nap. 11).

AubereeM id.; ms. de base BN fr. 19152, p. dans → MontRayn 5,1-23 (var. 263-303).

AubereeR id.; ms. BN fr. 19152 p. dans → ReidFabl 54-69, var. 111-115.

AuberiB *Auberi le Bourguignon*, chanson de geste longue (ca. 28000 vers décasyll.) et fastidieuse; pic. 2^et. 13es.; ms. de base Vat. Reg. lat. 1441 [lorr.mérid. 2^em. 13es.], en var. BN fr. 860 [lorr.sept. ca. 1275] fin manque, BN fr. 859 [mil. 13es., amendé, en partie réécrit 1^em. 14es.], BN fr. 24368 [1298], Kraków Univ. gall. qu. 48 (anc. Berlin) [I: Besançon? fin 13es.?] incomplet (fin = AuberiT 158,11); p. p. W. Benary, "Der zweite Teil des *Auberi*", ZrP 50 (1930) 385-436; 641-695; [= Boss 242; cp. $Boss^2$ 1061]. Édition partielle de la partie dite deuxième (Vat. f°200-384): v. 1-209; 840-1162; 1756-1825; 3531-3813; 4305-4550; 6063-6460; 6575-6780; 7181-8063; 9431-9549; 9633-10074. Le dernier f° se lit dans ZrP 46 (1926) 693-696, avec var. Inédit dans l'ensemble.

AuberiBek id.; extraits du ms. Berlin p. dans → FerabrasB LXVI-LXVIII et dans les notes p. 151-186; [= TL Aubri]. Cité par Lac comme 'Aubri'.

AuberiK id.; ms. Vat. f°1-21 p. dans → KellerRomv 203-243. Concordance avec l'éd. AuberiTarbé ici, en appendice.

AuberiM id.; extraits du ms. BN fr. 860 dans → RolMichel p. XXXV-XLVI.

AuberiT id.; éd. partielle de la partie dite première, ms. Vat. f°22-92; 156-176; 183-192; 195-199 et d'autres petits extraits, p. p. A. Tobler, *Mittheilungen aus altfranzösischen Handschriften, I: Aus der Chanson de geste von Auberi*, Leipzig (Hirzel) 1870; [= TL Mitt.; Boss 243].

AuberiTarbé id.; extraits du ms. BN fr. 24368, la première partie trouve qqs. correspondances dans → AuberiT, la deuxième correspond à → AuberiB 1-2024, 5745-6062, 7405-8024, 10075-fin, p. p. P. Tarbé, *Le roman d'Aubery le Bourgoing*, Reims (Regnier) 1849; [= TL Auberi; Boss 241]. Concordance avec AuberiK/T/B ici, en appendice.

AuberiW[0] id.; BN fr. 24368 f°52^b-74^d et Vat. Reg. lat. 1441 f°200-262vo; p. p. I. Weill-Bréchot, *Prolégomènes à une édition critique d'*Auberi le Bourgoin, thèse Sorbonne Paris III 1985. Le texte se localiserait dans l'Est ou le Sud-Est.

AubryMot P. Aubry, *Cent motets du XIIIe siècle*, 3 vol., New York (Broude) 1964.

AucR[3] *Aucassin et Nicolette*, récit de deux amoureux, à parties en vers et en prose, nommé 'chantefable' dans le texte; traits pic. 1^em. 13es.; ms. unique BN fr. 2168 [pic. fin 13es.]; p. p. M. Roques, *Aucassin et Nicolette*, Paris (Champion) [3]1955 (CFMA 41); [TL Auc. R = [1]1925; Boss 1252; 7308; Hol 2127 = [2]1929]. Cf. B. N. Sargent-Baur, *Auc. A crit. bibl.*, London 1981.

AucD id.; p. p. J. Dufournet, *Aucassin et Nicolette*, Paris (Garnier-Flammarion) 1973; [= TL Auc. D; $Boss^2$ 2348].

AucM id.; p. dans → MolandHéricault 231-309.

AucS[10] id.; p. p. H. Suchier, (réédité par) W. Suchier, *Aucassin und Nicolette*, Paderborn (Schöningh) [10]1932; [= TL Auc.^{10}; Hol 2128; Boss 1251]. [Auc, éd. A. E. Cobby dans → PelCharlBu: fabriquée sur la base d'autres éd.: inutilisable.]

AudefroiC Audefroi le Bastard, chansons; pic. déb. 13es.; ms. de base BN fr. 844 [pic. 2^em. 13es.] (chansonnier M), en var. T, C, U, O et R; p. p. A. Cullmann, *Die Lieder und Romanzen des Audefroi le Bastard*, Halle (Niemeyer) 1914; [= TL Audefroi; FEW Aud].

AudigierJ Audigier, parodie scatologique des épopées, laisses de 517 vers décasyll. rimés; pic. déb. 13es.; ms. unique BN fr. 19152 [frc. fin 13es.]; p. p. O. Jodogne, "*Audigier* et la chanson de geste avec une édition nouvelle du poème", MA 66 (1960) 495-526; [= TL Audigier J; $Boss^2$ 4909].

AudigierB id.; p. dans → BarbMéon, t. 4, p. 217; [= TL Audigier].

AudigierC id.; p. p. D. J. Conlon, "La chanson d'Audigier", NMS 33 (1989) 21-55.

AudigierL id.; p. dans L. Lazzerini, *Il testo trasgressivo*, Milano (Angeli) 1988; [= TL Audigier L].

Audouin E. Audouin, *Recueil de documents concernant la commune et la ville de Poitiers*, 2 vol. parus, Poitiers (Nicolas) 1923-1928 (Arch. hist. Poit. 44, 46); [= FEW Audouin (apoit.) et Aud (par err.)]. Doc. divers datés 1063 – 1380, fr. (poit.) à partir de 1265 a.st., mais pratiquement tous tirés de cartulaires et registres copiés très tardivement.

AulerOrl F. M. Auler, *Der Dialekt der Provinzen Orléanais und Perche im 13. Jahrhundert*, thèse Strasbourg, Bonn 1886. Étudie les rimes de → Rose.

Aut Real Academia española, *Diccionario de Autoridades (Diccionario de la lengua castellana, en que se explica...)*, 3 vol., Madrid (Francisco del Hierro) 1726-1737 (réimpr. Madrid, Gredos, 1963-1964 et plus souvent).

AvariceB *Dit d'avarice*, poème moral, octosyll.; 3^{e}t. 13^{e}s.; ms. de base Ars. 3142 [Paris? fin 13^{e}s.] (A), en var. BN fr. 12467 [Paris? fin 13^{e}s.] (B) ms. frère de Ars. 3142; p. p. K. Brett, "The thirteenth-century French *Dit d'avarice* and the Disputatio corporis et animæ tradition", → MélMorgan 131-153.

AveCouplL *Ave Maria an couplés*, paraphrase de l'Ave formée de couplets de douze vers octosyll. à rimes enchaînées, incipit: *En l'onneur de la droituriere*; ca. 1300 (?); ms. BN fr. 24432 [frc. av. 1349]; p. dans → HuonAveL^1 352-360; [= TL Ave coupl. L].

AveDameL Paraphrase de l'Ave Maria, incipit: *Ave dame des angles, de paradis roine*, en alexandrins; pic. 13^{e}s.; ms. de base BN fr. 1553 [pic. 1285 n.st.], var. ms. BN fr. 837 [frc. 4^{e}q. 13^{e}s.]; BN fr. 12467 [Paris? fin 13^{e}s.], Ars. 3142 [Paris? fin 13^{e}s.]; p. p. A. Långfors, "Une paraphrase anonyme de l'*Ave Maria* en ancien français", *NM* 6 (1905) 117-125. LångforsInc p. 32 ajoute le ms. Oxford Bodl. MS. Fr. f.1 [ca. 1300].

AveRoseN Ave Maria, incipit: *Ave rose florie*; wall. 2^{e}m. 13^{e}s.; ms. unique Den Haag KB 76.G.17 [13^{e}s.]; p. p. J.G. Neujean, " *Li Ave de Nostre Dame* d'après un psautier de La Haye", *Revue liturgique et monastique* 21 (1936) 316-332.

AventBrunL Roman arthurien du cycle de Guiron le Courtois, alias → Palam, attrib. à Rusticien de Pise, formant selon l'éd. une branche assez autonome appelée Aventures des Bruns (abrégée dans l'éd. curieusement Cg, Compilazione guironiana), correspondant dans l'analyse Lathuillière à une collection d'épisodes entre §194 et 242 (v. p. 225s.), prose; 4^{e}q. 13^{e}s. (?); ms. de base (appelé 'de surface') New York Pierpont Morgan Libr. M.916 [mil. 15^{e}s.] (N), en var. BN fr. 340 [Paris? déb. 15^{e}s.] (340), BN fr. 355 [déb. 15^{e}s.] (355), BN fr. 358 [Flandres 4^{e}q. 15^{e}s.] (358), Berlin Staatsbibl. Hamilton 581 [Flandres 3^{e}q. 15^{e}s.] (Be), Cologny Bodmer 96 [ca. 1420] (C) base de la cont. courte (p. 482-515), Firenze Bibl. Med. Laurenz. Ashburnham Libri 123 [It. occid. fin 13^{e}s.] (Fi), BL Add. 36673 [ca. 1500] (L3), Vat. Reg. lat. 1501 [f°1-99: It. (pis.-gen.) fin 13^{e}s.] (Vat), Bologna Arch. St. busta 1 bis framm. fr. 11-12-13 [It. (pis.-gen.) fin 13^{e}s.] (Bo1) fragm., Oxford Bodl. Douce 383 [cette partie Bruges ca. 1490] (O) fragm., Torino Bibl. naz. L.I.7-9 (R.1622) [3^{e}q. 15^{e}s.] (T) fragm., Ars. 3325 [It. sept. 3^{e}q. 13^{e}s.] (A1) fragm., Ars. 5229 [bourg. déb. 15^{e}s.] (5229) fragm., BN fr. 12599 [Toscane fin 13^{e}s.] (12599) fragm. (éd. p. 516-525) et imprimés; p. p. C. Lagomarsini, *Les aventures des Bruns*, Firenze (Ed. del Galluzzo) 2014. Pour la théorie édit. v. Lino Leonardi MedRom 35,5-34.

AventuresM *Dit d'aventures*, quatrains dodécasyll. monorimes, incip. *Or escoutez, seignor, et si ne vous anoie*; pic. 2^{e}m. 13^{e}s.; ms. unique BN fr. 837 [frc. 4^{e}q. 13^{e}s.]; p. p. Ph. Ménard dans → MélLecoy 401-415; [= TL Dit d'aventures M; Boss^2 4904].

AvocasR *Dit des Avocas*, en vers octosyll.; pic. 13^{e}s.; ms. Berlin Staatsbibl. Hamilton 257 [norm. ca. 1300]; p. p. G. Raynaud, "Des avocas, De la jument au deable, De Luque la maudite, trois dits…", *R* 12 (1883) 209-229; [= TL Tr. Dits I]. Cp. → JumentDeableR; LuqueR.

AyeB *Aye d'Avignon*, chanson de geste du 'cycle' de Nanteuil, rattachée au cycle de Charlemagne, en laisses de vers alex.; ca. 1200; ms. complet BN fr. 170 [cette partie ca. 1300] (A); fragm. (1 f^o) Bruxelles Bibl. roy. 14635-37 [It. fin 13^{e}s.] (B), fragm. (1 f^o) Venezia Marc. lat. XI, 129 [It. fin 13^{e}s.] (C), fragm. Vuillafans (Franche Comté) [mil. 13^{e}s.] (D) p. dans R 30 (1901) 489-503, perdu depuis, fragm. d'un autre ms. perdu v. éd. 24-25; p. p. S. J. Borg, *Aye d'Avignon*, Genève (Droz) 1967 (T. L. F. 134); [= TL Aye^2; Boss^2 991].

AyeG id.; éd. assez fiable p. p. F. Guessard – P. Meyer, *Aye d'Avignon*, Paris (Vieweg) 1861 (Anc. poëtes de la France 6; réimpr. Nendeln, Kraus, 1966); [= TL Aye; Boss 147; Hol 824].

AyzacSDen F. d'Ayzac, *Histoire de l'abbaye de Saint-Denis en France*, 2 vol., Paris (Impr. Imp.) 1860-1861. Cite des doc. d'après des cartulaires: datations problématiques.

BCRHist *Bulletin de la Commission royale d'histoire*, p. p. Académie Royale des Sciences, des Lettres et des Beaux-Arts de Belgique, Bruxelles 1903 ss. (t. 72 ss.). (Continue *Compte rendu des séances de la Commission …*, 1834-1902.)

BEC *Bibliothèque de l'École des Chartes. Revue d'érudition publiée par la Société de l'École des chartes et consacrée spécialement à l'étude du moyen âge*, Paris 1839ss.

BHumR

BHumR *Bibliothèque d'Humanisme et Renaissance*, Genève (Droz) 1934–; [1934-1940 sous le titre *Humanisme et Renaissance*].

BJR *Bulletin des Jeunes Romanistes*, Strasbourg 1960-1978.

BJRyL *Bulletin of the John Rylands University Library of Manchester* (dep. 2014: *Bulletin of the John Rylands Library*), Manchester 1903 –.

BPH *Bulletin philologique et historique du Comité des travaux historiques et scientifiques*, Paris 1882(1883)-1982/84(1986). [Jusqu'en 1912 sous le titre de *Bull. hist. et phil.* ...].

BSLW *Bulletin de la Société de langue et littérature wallonnes*, Liège (Carmanne) 1857-. A paru sous le titre *Bulletin de la Société liégeoise de Littérature wallonne* jusqu'en 1909, puis sous le titre *Bulletin de la Société de Littérature wallonne* de 1910-1946; [= ZrP BSLLW].

BTDial *Bulletin de la Commission Royale de Toponymie et de Dialectologie. Handelingen van de Koninklijke Commissie voor Toponymie & Dialectologie*, Bruxelles 1927–.

BW^1 O. Bloch, *Dictionnaire étymologique de la langue française*, avec la collaboration de W. von Wartburg, 2 vol., Paris (P.U.F.) 1932; [= FEW BlochW; TL Bloch-Wartburg Dict. étym.]. Destiné au publique lettré.

BW^2 O. Bloch – W. von Wartburg, *Dictionnaire étymologique de la langue française*, 2e éd., Paris (P.U.F.) 1949 (page titre: 1950); [= FEW BlWb; TL Bloch-Wartburg Dict. étym.^{2}].

BW^3 id., 3e éd., 1960; [= FEW BlWbg].

BW^4 id., 4e éd., 1964; [= FEW BlWtbg].

BW^5 id., 5e éd., 1968; [= FEW BlWtbrg]. Les soi-disant 6e et 7e éd. 1975 et 1986 ne sont que des réimpr. de la 5e éd.

BachWaffen W. Bach, *Die Angriffswaffen in den altfranzösischen Artus- und Abenteuer-Romanen*, Marburg 1887 (Ausgaben und Abhandlungen aus dem Gebiete der romanischen Philologie LXX); [= TL Bach Angriffswaffen].

BächtoldSt H. Bächtold-Stäubli, *Handwörterbuch des deutschen Aberglaubens*, 10 vol., Berlin – Leipzig (de Gruyter) 1927-1942; [= FEW Abergl].

BagolaBer H. Bagola, *Zur Bildung romanischer Berufsbezeichnungen im Mittelalter*, Hamburg (Buske) 1988. Sans renvois; définitions ahistoriques.

BailletJ *Savetier Baillet* ou *Du Prestre qui fu mis au lardier*, fabliau en vers décasyll. et hexasyll.; 13^{e}s.; ms. BN fr. 12483 [mil. 14^{e}s.]; p. dans → JohnstonOwen p. 28-33.

BailletM id.; p. dans → MontRayn 2,24-30; [= Boss 2531; Hol 2187].

Baker J.H. Baker, *Manual of law French*, s.l. (Avebury Publ. Comp.) 1979. Essentiellement un glossaire; sans contextes, souvent sans renvois, sélectif.

BakosPolitesse F. Bakos, "Contributions à l'étude des formules de politesse en ancien français, I", *Acta ling. Acad. Scient. Hungaricae* 5 (Budapest 1955) 295-367; [= TL Bakos Form. polit.; FEW Bakos].

BalJosAnS Légende orientale de Balaam/Barlaam et Josaphat, version en vers octosyll., anonyme; 1^{er}q. 13^{e}s.; ms. de base Tours 949 [traits lorr. av. 1319], en var. surtout Carpentras 473 (L.465) [mil. 13^{e}s.] incomplet, aussi Cividale del Friuli Mus. (anc. Arch. com.) Busta 24 [1^{e}m. 14^{e}s.] fragm., Monte Cassino 329Q [pic. ca. 1300] (cf. → BalJosCam), Besançon 552 [2^{e}m. 13^{e}s.] fragm.; p.p. J. Sonet, *Le roman de Barlaam et Josaphat*, 2 t. en 3 vol., Namur (Fac. Ph. L.) – Paris (Vrin) 1949-1952 (= Rec. de Trav. d'Hist. et de Phil., Louvain, 3, 33), texte t. 2,1. Cp. → TroisSavoirs.

BalJosAnA id.; extraits de plusieurs versions (notamment An) et mss. p.p. E.C. Armstrong, *The French metrical versions of Barlaam and Josaphat with especial reference to the termination in Gui de Cambrai*, Princeton 1922 (Elliott Monogr. 10; réimpr. New York, Kraus, 1965); [= Boss 3220; Hol 118].

BalJosAncS id., fragment de Cividale (145 vers) p.p. L. Suttina, "Un frammento di un nuovo manoscritto dell'anonimo poema in antico francese di *Barlaam e Josafat*", → MélKastner 489-498; [= Boss 3221].

BalJosAnPrS id., mise en prose de la version métrique anonyme; 2^{e}t. 13^{e}s.; ms. de base Lyon Bibl. mun. 867 (772) [pic. 2^{e}m. 13^{e}s.], var. des mss. incomplets BN fr. 423 [lyonn. déb. 14^{e}s.], BN nfr. 23686 (anc. Peterburg Fr.35/F.v.I.4) [Soissons?, 3^{e}q. 13^{e}s.]; p. dans → BalJosAnS 2,2, 489-586.

BalJosCamA id., version en vers octosyll. par Gui de Cambrai; pic. ca. 1215; ms. de base BN fr. 1553 [pic. 1285 n.st.] (P), complété et corrigé par Monte Cassino 329Q [pic. ca. 1300] (C), fragm. non utilisés: Bruxelles Bibl. roy. 10468 [13^{e}s.], [le sigle M dans l'apparat désigne les leçons de l'éd. M];

p. p. C. Appel, *Gui von Cambrai, Balaham und Josaphas*, Halle (Niemeyer) 1907; [= TL Barl. u. Jos.; FEW BalJos; Boss 3219; Hol 117]. Le texte suit apparemment un original incomplet qu'il complète et augmente par la version anonyme; le ms. Monte Cassino y ajoute la fin de → BalJosAn, cf. → BalJosAnA.

BalJosCamM id., éd. 'critique' basée sur le ms. BN fr. 1553, p. p. P. Meyer – H. Zotenberg, *Barlaam und Josaphat*, Stuttgart (Lit. Verein) 1864 (Bibl. Lit. Verein Stuttgart 75); [= Boss 3216]. Avec extraits d'autres versions.

BalJosCamBruxA id., fragments de Bruxelles p. dans → BalJosAnA 87-103 (numérotation des vers de -CamA).

BalJosChardK id., version en vers octosyll. par Chardri (= Richard); agn. déb. 13^{e}s.; ms. de base BL Cotton Caligula A.IX [agn. 3^{e}q. 13^{e}s.] (L), en var. Oxford Jesus Coll. 29/2 [agn. 3^{e}q. 13^{e}s., après 1256] (O); p. p. J. Koch, *Chardry's Josaphaz, Set dormanz und Petit plet*, Heilbronn (Henninger) 1879 (Altfr. Bibl. 1; réimpr. Wiesbaden, Sändig, 1968); [= TL Chardry Jos.; AND Jos; Dean 532; Vising 20; Boss 3217]. Édition 'critique' qui n'indique pas toutes les modifications et qui contient nombre de formes inventées: à contrôler dans les var.

BalJosChardR id.; ms. de base L; p. p. T. J. S. Rutledge, *A critical edition of La vie de seint Josaphaz, a thirteenth-century poem by the Anglo-Norman poet Chardri*, thèse Toronto 1973; [= Boss^2 5751].

BalJosPr^{1}M id., version en prose dite 'champenoise'; 1^{er}t. 13^{e}s.; ms. de base Vat. Reg. lat. 660 [Est fin 13^{e}s.], en var. BN fr. 1038 [13^{e}s.] et BN nfr. 10128 [2^{e}m. 13^{e}s.], non utilisé: Maz. 1716 (568) [déb. 14^{e}s.], BL Egerton 745 [pic. mil. 14^{e}s.], BN fr. 187 [it. mil. 14^{e}s.], BN fr. 988 [lorr. 1^{e}m. 14^{e}s.] incomplet, BN fr. 17229 [2^{e}m. 13^{e}s.], BN fr. 22938 [15^{e}s.], Poitiers 83 (187) [pic. 13^{e}s.], Vat. Reg. lat. 1728 [4^{e}q. 15^{e}s.], Torino Bibl. naz. L.II.11 (1636) [15^{e}s.], ms. ignoré Oxford Bodl. Rawl. F.234 [f°10-56c agn. fin 13^{e}s.], [le texte n'est pas dans Chantilly Musée Condé 734, ni dans Cheltenham Phillipps 3660 (= Genève Com. latent. 102)]; p. p. L. R. Mills, *L'histoire de Barlaam et Josaphat*, Genève (Droz) 1973 (T. L. F. 201); [= TL Barl. u. Jos. M; Dean 533; Boss^2 5752; cf. WoC 1 ('auteur champ.' err.)]. Éd. médiocre; c.r. Speer RoPh 32, 198-206; cf. Hunt ZrP Sonderband 1977 (Beitr. zum rom. MA), 217-229: ms. Rawl; correspondances des lacunes du ms. Rawl. v. Hunt dans → CantKiVotH p. 2, n.4.

BalJosPr^{2}M id., traduction marginale dans un ms. grec de la légende; prob. déb. 13^{e}s.; ms. Hagion Oros (Athos) Monê Ibêrôn 463 (Lambros 4583) [grec 2^{e}m. 11^{e}s., marge fr. prob. 1^{er}t. 13^{e}s., après 1204]; extraits p. avec le texte grec par P. Meyer, "Fragments d'une ancienne traduction française du Barlaam et Joasaph faite sur le texte grec au commencement du treizième siècle", *BEC* 6e sér., t. 2 (1866) 313-334; [= WoC 2; Boss 3224]. Avec une reproduction. Voir Agrigoroaei MedRom 38 (2014) 108; Toumpouri dans Cordoni, *Barlaam*, Berlin 2015, 389-415.

BalJosPr^3 id., abrégé de la version Pr^1; 13^{e}s.; mss. (états mal définis): BL Roy. 20 B.V [agn., cette partie ca. 1300] fin manque, BN fr. 413 [ca. 1400], BN fr. 23117 [2e partie, f°238-482, déb. 14^{e}s.]; inédit, cf. BalJosAnS 1,148-150; [= Dean 533].

[BalJos D'autres versions se trouvent dans → LégDorVign; MirNDPersP n°21 (prob. 1363, p. aussi dans → BalJosCamM 368-417); Mystère v. BalJosAnS 1,173-175.]

BalainL Episode de Balain et Balan, partie de la suite de Merlin (correspond à MerlinsR § 91-240) s'intégrant dans → SGraalV (Pseudo Robert de Boron, cycle 'Post-Vulgate'), prose; pic. ca. 1240; ms. BL Add. 38117 (anc. Huth) [pic. déb. 14^{e}s.]; p. p. M. D. Legge, *Le Roman de Balain*, Manchester (Univ. Press) 1942; [= Wo 125; Hol 1446.1; Boss 6415]. Éd. supplantée par → MerlinsR.

Bald K. Baldinger, *Kollektivsuffixe und Kollektivbegriff*, thèse de doct., Berlin (Akademie-Verlag) 1950 (Akademie der Wissenschaften Berlin, Institut für Romanische Sprachwissenschaft, 1); [= FEW Bald].

BaldEt K. Baldinger, *Etymologien. Untersuchungen zu FEW 21-23*, I, Tübingen (Niemeyer) 1988 (ZrP-Beih. 218). T.2, touchant FEW t. 22^1, 22^2 et 23, Tübingen 1998 (ZrP-Beih. 288). Traite d'un bon nombre de mots du FEW, matér. d'orig. inconnue; réimprime en même temps les données du FEW.

BaldFasz K. Baldinger, *Die Faszination der Sprachwissenschaft. Ausgewählte Aufsätze zum 70. Geburtstag, mit einer Bibliographie*, p. p. G. Straka – M. Pfister, Tübingen (Niemeyer) 1990.

BalonDroit J. Balon, *Grand dictionnaire de droit du moyen âge*, t. 5 de *Ius medii aevi*, Namur (Godenne) 1972-1974 [abandonné après le fasc. 9, – *chario*]. À utiliser avec très grande précaution.

BambeckBoden M. Bambeck, *Boden und Werkwelt. Untersuchungen zum Vokabular der Galloromania*, Tübingen (Niemeyer) 1968 (ZrP-Beih. 115); [= TL Bambeck Boden; FEW BambBod]. Sources à vérifier soigneusement; cf. Bambeck-Lex.

BambeckLex M. Bambeck, "Galloromanische Lexikalia aus volkssprachlichen Urkunden", dans → MélGam⁴ 57-71. Datations très douteuses d'après des 'chartes' non originales; cf. la critique fondamentale dans Drüppel 25-26. Tout est à vérifier.

BambeckWortst M. Bambeck, *Lateinisch – romanische Wortstudien*, Wiesbaden (Steiner) 1959; [= TL Bambeck Wortstudien]. Sources à vérifier.

BanMetzW Rôles de ban de la ville de Metz: doc. orig.; lorr., Arch. mun. de Metz, vol. 1: 1220-1279, vol. 2: 1277-1298; p. p. K. Wichmann, *Die Metzer Bannrollen des dreizehnten Jahrhunderts*, 4 vol., Metz (Scriba) 1908-1916 (Quellen zur lothr. Geschichte, Gesellschaft für lothr. Gesch. und Altertumskunde 5-8). Gloss. aux renvois souvent err. (v. p.ex. DEAF F 66,44).

BangertTiere F. Bangert, *Die Tiere im altfranzösischen Epos*, Marburg 1885 (Ausg. und Abh. 34); [= TL Bangert Tiere].

[**BarMorsR** *Du baro mors et vis*, pastiche fabriqué en 1832, cité erronément par Gdf; p. p. C. J. Richelet, *Du baro mors et vis*, Paris 1832. Cp. *TraLiLi* 11¹ (1973) 141-150: publication des trouvailles de la rédaction du DEAF. Cf. → MolnierR, même cas. Un troisième pastiche, *Li neps del pastur*, n'a pas été cité dans le fasc. 'de rodage' du DEAF (1971). Un quatrième de la même plume, *Li Barisel dou Capiscol*, n'a p.-ê. pas été distribué.]

Barb Matériaux inédits d'un dictionnaire du fr. préparé par P. Barbier entre 1920 et 1947, déposés au Dép. de Français de l'Université de Leeds (Brotherton Spec. Coll. MS 270), utilisés par le FEW et le TLF (170000 fiches sur film); [= FEW Barb]. Cf. → BarbierProc.

BarbMéon E. Barbazan, *Fabliaux et contes des poètes françois des XI, XII, XIII, XIV et XVe siècles*, nouvelle éd. par D. M. Méon, 4 vol., Paris (Warée) 1808 (réimpr. Genève, Slatkine, 1976); [= TL Barb. u. M.; Boss 1289 etc.]. La plupart des textes se lisent dans des éd. plus modernes, v. → OrdeneChev, MontRayn, NoomenFabl, Coincy, Court-Arr, Auc, ChastPereB, BibleGuiot, BibleBerzé, RobBloisAmB, RobBloisChastB, etc. Concordance avec l'édition MontRayn ici, en appendice.

BarbarinoBV J. L. Barbarino, *The evolution of the Latin /b/-/u̯/ merger. A quantative and comparative analysis of the b-v alternation in Latin inscriptions*, Chapel Hill (Univ. of North Carolina Press) 1978 (N. Car. St. Rom. Lang. and Lit. 203).

BarbierProc P. Barbier, "Miscellanea Lexicographica, Etymological and lexicographical notes on the French language and on the Romance dialects of France", *Proceedings of the Leeds Philosophical Society*, Leeds, 1 (1925-1928) 15-50; 91-129; 179-233; 2 (1928) 12-60; 61-76; 165-206; 259-302; 303-338; 377-438; 3 (1932-1935) 42-71; 73-136; 137-186; 257-316; 4 (1936-1938) 1-53; 77-144; 157-219; 249-279; 281-347; 372-419; 5 (1938-1943) 10-43; 61-112; 178-201; 209-230; 294-332; 367-402; 6 (1944-1952) 41-60; 93-110; 217-252; 327-360; 409-444; 482-505; [= FEW BarbierProc]. Cf. → Barb; T.V. Benn, *Bibl. des travaux de Paul Barbier (1873-1947)*, Leeds (Brotherton Libr. et Dép. de fr., Univ.) 1983.

BarstowHerald A. M. Barstow, *A lexicographical study of heraldic terms in Anglo-Norman rolls of arms, 1300-1350*, thèse Univ. of Pennsylvania 1970 (Univ. Microfilms 70-25623). Exploité par → BraultBlazon.

BartRegionsP Bartholomaeus Anglicus, De proprietatibus rerum (ca. 1240), traduction du livre XV, appelé *Le livre des regions*; agn. 3^{e}q. 13^{e}s.; ms. Atlanta Anon. (anc. London Quaritch, anc. Denton) [agn. 3^{e}q. 13^{e}s.]; p. p. B. A. Pitts, *Barthélemy l'Anglais, Le livre des regions (ital.)*, London (ANTS) 2006 (ANTS Pl. Texts 15); [= Dean 333]. Cp. → Corb; autre chose: → ProprChos.

BartschChrest K. Bartsch, *Chrestomathie de l'ancien français (8e – 15^{e}s.)*, 12e éd. p. p. L. Wiese, Leipzig 1920 (réimpr. New York – London, Hafner, 1969); [= FEW Bartsch; TL Bartsch Chrest.¹²]. Avec un gloss. valable et un 'Tableau sommaire des flexions de l'afr.'. La pièce n°40 (= R.995) est citée par TL avec une abrév. propre [TL Lai dou Chievref.].

BartschHorning K. Bartsch – A. Horning, *La langue et la littérature française depuis le IXème siècle jusqu'au XIVème siècle*, Paris (Maisonneuve & Leclerc) 1887; [= TL Bartsch Langue et litt.; Boss 2141].

Bartzsch W. Bartzsch, *Der Wortschatz des öffentlichen Lebens im Frankreich Ludwigs XI.*, Leipzig – Paris 1937 (Leipziger Romanistische Studien 17); [= FEW Bartzsch *et Ba*].

Bassols M. Bassols de Climent et al., *Glossarium mediae latinitatis Cataloniae, voces latinas y romances documentadas en fuentes catalanas del año 800 al 1100*, Barcelona (Univ.) 1960ss.

BastC *Le Bâtard de Bouillon*, chanson de geste, alexandrins rimés; pic. mil. 14^{e}s.; ms. unique BN fr. 12552 [lorr. 3^{e}q. 14^{e}s.]; p. p. R. F. Cook, *Le Bâtard de Bouillon*, Genève (Droz) – Paris (Minard) 1972 (T. L. F. 187); [= TL Bast. de Bouillon; Boss² 6533].

BastS id.; p. p. A. Scheler, *Li Bastars de Buillon, faisant suite au roman de Baudouin de Sebourg, poème du XIVe siècle*, Bruxelles 1877; [= TL Bast.; Boss 4026].

BatAnglBB *La Bataille de trente anglois et de trente bretons*, poème relatant une bataille entre 30 combattants attachés à la France et 30 attachés à l'Angleterre, en Bretagne en 1351, laisses d'alex. monorimes; traits hbret. ca. 1355, les mss. BN nfr. 4165 [15[e]s.] (D) et BN fr. 1555 [déb. 15[e]s.] (B) sont assez divergents; imprimé en regard p. H. R. Brush, "La Bataille de trente anglois et de trente bretons", *MPh* 9 (1911/12) 511-544; 10 (1912/13) 82-136 (aussi comme monographie: Chicago 1912); [= TL Bat. d. Trente; Boss 5113]. Version B, pages paires. Début, v. 1-186, p. dans → BartschChrest n°83.

BatAnglBC id.; ms. BN fr. 1555 p. p. G. A. Crapelet, *Le combat de trente bretons contre trente anglais*, Paris (Crapelet) 1827 (réimpr. Paris, Rénouard, 1837); [= Boss 5112]. Autres éd. v. BatAnglBB 532-534 (22-24).

BatAnglDB id.; ms. BN nfr. 4165, p. dans → BatAnglBB, pages impaires.

BatAnnezinW Court récit d'une Bataille d'Annezin, p.-ê. parodique, une seule laisse de 50 alexandrins rimés, incip.: *A l'entree de may qu'ivers va a declin*; flandr. 13[e]s.; ms. unique BL Roy. 20 A.XVII [1[e]m. 14[e]s.]; p. p. H. L. D. Ward, *Catalogue of romances in the Department of manuscripts in the British Museum* 1 (1883) 882-883; [= GRLMA VI, 2, 6296]. Texte réimpr. dans MélSuard 1,35-44, avec qqs. commentaires.

[BatLoqR → BatLoqArsR.]

BatLoqArsR *La Bataille Loquifer*, chanson de geste du cycle de Guillaume d'Orange, riche en épisodes d'aventures, version (ou plutôt tradition manuscrite) moins développée que → BatLoqVulg, vers décasyll.; pic. ca. 1200; ms. de base Ars. 6562 [pic. 1[er]q. 13[e]s.], en var. Boulogne-sur-Mer 192 [art. 1295] contenant la 2e moitié du poème; p. p. J. Runeberg, *La Bataille Loquifer I. Edition critique d'après les mss. de l'Arsenal et de Boulogne*, Helsinki 1913 (Acta Soc. Scient. Fenn. 38,2); [= TL Bat. Loquifer; Boss 592; Hol 681]. Pour un fragm. assez indépendant de fin 13[e]s. v. R 57 (1931) 504ss.

BatLoqPrC id., version en prose (partie de → GuillOrPr); mil. 15[e]s. (av. 1458); ms. de base BN fr. 1497 [av. 1477] copie du ms. suiv., en var. BN fr. 796 [av. 1477]; p. p. W. Castedello, *Die Prosafassung der Bataille Loquifer und des Moniage Renouart*, thèse Halle 1912; [= Hol 685]. Éd. complète du texte: →GuillOrPrT.

BatLoqVulgB² id., version en vers décasyll. de la tradition manuscrite dite Vulgate; ca. 1200; ms. de base BN fr. 1448 [lorr.mérid. 3[e]q. 13[e]s.] (D), en var. BN fr. 1449 [frc. 3[e]q. 13[e]s.] (A²), BN fr. 368 [lorr. 1[e]m. 14[e]s.] (A³), Milano Bibl. Trivulziana 1025 [frc. 3[e]t. 13[e]s.] (A⁴), BL Roy. 20 D.XI [traits pic., prob. Paris ca. 1335] (B¹), BN fr. 24369-24370 [prob. Paris, traits pic., ca. 1335] (B²), Bern 296 [pic.or. 3[e]t. 13[e]s.] (E), BN fr. 2494 [pic. 1[e]m. 13[e]s.] (F); p. p. M. J. Barnett, *La Bataille Loquifer*, Oxford (Blackwell) 1975 (Soc. for the Study of Med. Lang. and Lit., Med. Aevum Monographs N. S. VI); [= TL Bat. Loquifer B; Boss² 1063].

BatLoqVulgB¹ id., sans var., mais avec quelques appendices, p. p. M. J. Barnett, *La Bataille Loquifer*, thèse London 1959.

BatesonBor Mary Bateson, *Borough customs*, 2 vol., London (Quaritch) 1904-1906 (Selden Soc. 18,21); [= AND Bor Cust]. Utilise un grand nombre de documents lat. et fr. (agn., à partir du 13[e]s.); chaque extrait est daté, mais les dates sont sujettes à caution, étant donné que les citations sont pour la plupart extraites de cartulaires; ces cit. peuvent provenir de → CoutExS, DomGipT, etc.

BatesonLeicester Mary Bateson, *Records of the Borough of Leicester, being a series of extracts from the Archives of the Corporation of Leicester*, t.1 (1103-1327), t.2 (1327-1509), t.3 (1509-1603), t.4 (1603-1688), London (Clay) 1899-1923. Doc. agn. à partir de 1277.

BattAl C. Battisti – G. Alessio, *Dizionario etimologico italiano*, 5 vol., Firenze (Barbèra) 1950-1957; [= FEW BattAl].

Battaglia S. Battaglia et al., *Grande dizionario della lingua italiana*, Torino (Unione tipografico) 1961-2002, *Suppl.* 2004, *Indice degli autori citati* 2004. Travaux dep. ca. 1950, v. Bruni MedRom 17,99-133.

BaudButorT Baudouin Butor, quatre ébauches d'une suite arthurienne en prose, le *Roman de Pandragus et Libanor* ou *Histoires de Dafinor et Domant et de Perchefier* ou *Roman des fils de Constant*; hain. 1[er]t. 14[e]s.; ms. unique BN fr. 1446 [cette partie prob. 1295] (ce texte autographe); p. p. L. Thorpe, "The four rough drafts of Bauduins Butors", *NMS* 12 (1968) 3-20; 13 (1969) 49-64; 14 (1970) 41-63; [= TL BButor Four Rough Drafts T].

BaudButorF id.; éd. partielle (réd. 'A': f°70v°b-97r° et f°106r°-108r°, réd. 'B': f°112v°a-113r°b) p. p. L.-F. Flutre, "Le Roman de Pandragus et Libanor", *R* 94 (1973) 57-90; [= TL BButor Rom. de Pandragus F].

BaudCondS

BaudCondS Baudouin de Condé, contes et dits moralisants; hain. ca. 1280 (entre 1250 et 1280?); ms. de base (pièces I-XVI) Bruxelles Bibl. roy. 9411-26 [pic. ca. 1300], en var. et complété par Ars. 3142 [Paris? fin 13ᵉ s.] (A), Ars. 3524 [mil. 14ᵉ s.] (B), BN fr. 1446 [cette partie 1ᵉʳ t. 14ᵉ s.] (C), BN fr. 1634 [pic.-wall. 3ᵉ q. 14ᵉ s.] (D), BN fr. 24432 [frc. av. 1349], Torino Bibl. naz. L.V.32 [wall. ca. 1300] perdu, autres mss. BN fr. 837 [frc. 4ᵉ q. 13ᵉ s.], BN fr. 1593 [frc., faibles traits lorr. fin 13ᵉ s.], BN fr. 1588 [Arras ca. 1300], BN fr. 12467 [Paris? fin 13ᵉ s.], BN fr. 378 [fin 13ᵉ s.], le ms. Wien 2621 [2ᵉ m. 14ᵉ s.] a servi de base à *Prison d'Amours* (pièce n°XXI); p. p. A. Scheler, *Dits et contes de Baudouin de Condé et de son fils Jean de Condé*, 3 vol., Bruxelles (Devaux) 1866-1867, t. 1; [= TL BCond.; FEW Baud-Condé; Boss 2803]. Les 9 dernières strophes des *Vers de Droit* sont empruntées à → ClercVaud. Gdf 'Conte de la Rose' = BaudCondS 133. Cp. → CerfAm. T. 2 et 3 → JCondS.

BaudCondMortsG Baudouin de Condé, poème des Trois morts et des trois vifs, 162 vers octosyll.; hain. ca. 1280; ms. de base BN fr. 25566 [pic. (Arras) prob. 1295] (A), en var. BN fr. 378 [fin 13ᵉ s.] (B), Ars. 3142 [Paris? fin 13ᵉ s.] (C), BN fr. 1446 [cette partie 1ᵉʳ t. 14ᵉ s.] (D), Ars. 3524 [mil. 14ᵉ s.] (E); BN fr. 25545 [ca. 1325] (F); p. dans → TroisMortsNicG 53-63.

BaudCondMortsS id.; p. d'après une éd. de A. de Montaiglon (L'Alph. de la mort, 1856, ms. A); p. dans → BaudCondS p. 197-205.

BaudSebC *Roman de Bauduin de Sebourc* faisant partie des chansons des croisades, vers alex.; pic. (Rouchi) ca. 1365; ms. de base BN fr. 12552 [lorr. 3ᵉ q. 14ᵉ s.] (A), corrections d'après BN fr. 12553 [15ᵉ s.]; p. p. L. S. Crist, *Baudouin de Sebourc*, Paris – Abbeville (Paillart) 2002 (SATF). Éd. à corriger d'après T. Matsumura RLiR 67,603-610; ZrP 121,157-162. Concordance avec l'éd. B aux p. 1226-7.

BaudSebB id.; p. p. L. N. Boca, *Li Romans de Bauduin de Sebourc, IIIᵉ roy de Jhérusalem*, 2 vol., Valenciennes (Henry) 1841 (réimpr. en un vol., Genève, Slatkine, 1972); [= TL BSeb.; cp. FEW BaudSeb; Boss 4016; Hol 728.1]. Cf. errata et corr. 1, vij-xiv; 2, j-vij. Étude avec gloss.: E.-R. Labande, *Étude sur Baudouin de Sebourc*, Paris (Droz) 1940.

BaudeFastCongéR Baude Fastoul, *Congés*, vers octosyll.; pic. 1272 (Ruelle p. 69: entre 15 avril 1272 et oct. 1272 ou 15 avril 1273); ms. BN fr. 25566 [pic. (Arras) prob. 1295]; p. dans → BodelCongéRu p. 107-126.

BauerGebäck K. Bauer, *Gebäckbezeichnungen im Gallo-Romanischen*, thèse Giessen, Darmstadt 1913; [= FEW Bauer; TL Bauer Gebäckbez.].

BaumgFerr E. Baumgartner – F. Ferrand, *Poèmes d'amour des XIIᵉ et XIIIᵉ siècles*, [Paris] (Union gén. d'éd.) 1983 (10/18 1581); [= TL Poemes amour BF]. Edition de chansons, avec traductions, basée sur des éditions diverses, mais collationnée avec les manuscrits. Ms. principal Ars. 5198, complété par BN fr. 20050 et Oxford Bodl. Douce 308.

BaumgMén E. Baumgartner – Ph. Ménard, *Dictionnaire étymologique et historique de la langue française*, Paris (Libr. Gén.) 1996 (Poche). Ne date que par siècle. Réanime bien des données périmées [ABANDON: cp. BW⁵ ABANDON, article abandonné au profit d'ABANDONNER, ib. (!); v. encore JASER au DEAF; c.r. Bork ZfSL 109,64-66].

BaustMuss *Bausteine zur romanischen Philologie. Festgabe für A. Mussafia zum 15. Februar 1905*, Halle 1905; [= FEW BaustMuss; TL Mussafia Bausteine]. Contient → GlDouceP, etc.

BayardChampC Geste du Seigneur de Bayart, le chevalier sans peur et sans reproche (mort en 1524), premier recit par Symphorien Champier; impr. Lyon 1525 (et plus souvent); p. p. D. Crouzet, *Symphorien Champier, Les gestes ensemble la vie du preulx chevalier Bayard*, s.l. [Paris] (Impr. nat. Ed.) 1992. Gdf le cite comme 'Gest. du chev. Bayard'.

BealeLaw J. H. Beale, *A bibliography of early English law books*, Cambridge, Mass. (Harvard) 1926.

[Beatrix (G. Paris) → ChevCygne.]

BeaufrèreChasse H. Beaufrère, *Lexique de la chasse au vol. Terminologie française du XVIᵉ au XXᵉ s.*, Nogent le Roi (Laget) 2004 (Bibl. Cynegetica 4). Le titre induit en erreur, cf. Lenoble-Pinson ZrP 123,366: «C'est un répertoire alphabétique de réalités de la chasse au vol».

BeaumS Philippe de Remy, sire de Beaumanoir, œuvre poétique (attribution à l'auteur des coutumes à contester, c'est plus prob. Philippe, son père); traits pic., mil. 13ᵉ s.; ms. BN fr. 1588 [Arras ca. 1300], non utilisé BN fr. 24406 [3ᵉ t. 13ᵉ s.] (chansons); p. p. H. Suchier, *Œuvres poétiques de Philippe de Remi, sire de Beaumanoir*, 2 vol., Paris (Didot) 1884-1885 (SATF); [= TL Beaum.; FEW Beaum; Hol 973; Boss 1220]. L'œuvre se compose de → BeaumMan, BeaumJBl et de pièces mineures (s'échelonnant de ca. 1235 à prob. 1255); cf. → BeaumJ. Fatrasies, tirées de BN fr. 1588, t. 2, p. 305-310 (p. aussi dans → PorterFatr 137-144); contient aussi → BeaumManWauqS.

BeaumJ id.; 11 pièces du ms. BN fr. 24406 [2ᵉ m. 13ᵉ s.] d'attribution sûre ou prob.; p. p. A.

Jeanroy, "Les chansons de Philippe de Beaumanoir", *R* 26 (1897) 517-536. Note 2 err.

BeaumCoutS Philippe de Remy, sire de Beaumanoir (le fils), bailli, *Coutumes de Beauvaisis*, traité de droit s'appuyant sur la coutume locale et les ordonnances royales; peu de traits pic. (mérid.), 1283; ms. de base prob. BN fr. 11652 [frc. ca. 1300] (A), mss. ayant servi pour fabriquer un texte 'critique': Berlin Staatsbibl. Hamilton 193 [Île de Fr. ca. 1290] (B) avec add. 14e-15es., BN fr. 4516 [pic. 14es.] (C), BN fr. 8357 [16es.] (D), Vat. Reg. lat. 1055 [pic. 1301] (E), Vat. Ottoboni lat. 1155 [pic. déb. 14es.] (F), BN fr. 24059 [1443] (G), BN fr. 18761 [pic. 3eq. 14es.] (H, ms. utilisé par DC), Carpentras 1838 (P. LXIII, II) [copie 17es. de BN fr. 18761] (I), Beauvais Bibl. du Trib. Arm. C.4 [15es.] (J), BN fr. 24060 [1493] (K), Orléans Bibl. mun. 401 (343) [17es.] (L), Troyes 615 [cette partie 14es.] (M); p.p. A. Salmon, *Philippe de Beaumanoir, Coutumes de Beauvaisis*, Paris (Picard) 1899-1900 (réimpr. 1970); [= TL Beauman.; FEW BeaumCout; Boss 2960; cf. Boss 6575; DC: Bellom. (les chap. coïncident)]. Texte 'ramené au frc.' p. XLIII; comment?, le ms. est déjà frc.; l'éd. ne documente pas les leçons remplaçant la leçon du ms. de base (p.ex. *veveté*, ms. *vevee*, §442)! Un t. 3, paru en 1974, p.p. G. Hubrecht [Boss[2] 5435], contient un *Commentaire historique et juridique*. Cp. l'extrait p. dans Henry-Chrest n°190.

BeaumCoutB id., ms. de base BN fr. 18761 [pic. 3eq. 14es.]; p.p. A. A. Beugnot, *Les Coutumes du Beauvoisis, par Philippe du Beaumanoir*, Paris (Renouard) 1842; [= TL Beauman.[1]]. Une concordance avec l'éd. S se trouve dans cette dernière, 1,506-510; 2,543-548.

BeaumJBlL Philippe de Remy (le père), v. sub → BeaumS, *Jehan et Blonde*, roman qui relate les aventures de deux amoureux; prob. ca. 1235; ms. BN fr. 1588 [déb. 14es.]; p.p. S. Lécuyer, *Jehan et Blonde de Philippe de Rémi*, Paris (Champion) 1984 (CFMA 107); [= TL Jeh. et Bl. L]. À comparer avec l'éd. S.

BeaumJBlS id.; dans → BeaumS 2,3-193; [= TL Jeh. et Bl.].

BeaumManB id.; *La Manekine*, roman du sujet populaire de la reine déjouée par sa belle-mère, en vers octosyll.; prob. ca. 1235; ms. BN fr. 1588 [Arras ca. 1300]; p.p. B. N. Sargent-Baur, *Philippe de Remi, Le roman de la Manekine*, Amsterdam (Rodopi) 1999. Reprend l'éd. S; reste plus près du ms. (cf. ZfSL 112,102n23; ZrP 118,258-261).

BeaumManC id.; p.p. M.-M. Castellani, *Philippe de Remi. La Manekine*, Paris (Champion) 2012 (Class. M. Â. 35).

BeaumManS id.; dans → BeaumS 1,3-263; [= TL Manek.].

BeaumManG id.; éd I. Gnarra, *Philippe de Remi's La Manekine. Text, translation, commentary*, New York – London (Garland) 1988.

BeaumManWauqC id., mise en prose par Jean Wauquelin; traits sept. (hain.) ca.1448 (?); ms. unique Torino Bibl. naz. L.IV.5 (G.I.2) [Mons? fin 15es.]; p.p. M. Colombo Timelli, *Jean Wauquelin, La Manequine*, Paris (Garnier) 2010. Basé sur l'éd. S pour les parties devenues illisibles.

BeaumManWauqS id.; p. dans → BeaumS 1,xc-xcvj; 265-366.

BeautBeaup C.-J. Beautemps-Beaupré, *Coutumes et institutions de l'Anjou et du Maine, antérieures au XVIe siècle; Textes et documents, avec notes et dissertations*, 8 vol., Paris 1877-1897. Contient entre autres → CoutAnjB, CoutAnjAB, CoutAnjcB, CoutAnjEB.

Beauvillé V. de Beauvillé, *Recueil de documents inédits concernant la Picardie, publiés (d'après les titres originaux conservés dans son cabinet) par V. de B.*, 5 vol., Paris (Imprimerie impériale/nationale) 1860-1882. Contient des orig. fr. (pic.) à partir de 1247 (1,24); 4e partie (= t.4): Publication du 'Registre de l'évêché d'Amiens' ou 'Livre noir de l'evesché' ou 'Livre de la juridiction de la loy et de l'usage de la commune de la cité d'Amiens…', registre d'une 'écriture du 13es.', entièrement fr., dernier doc. publié daté de 1290-1292, ms. détruit dans la guerre] (p.3-63) et de doc. divers (orig. fr. à partir de 1265 (4,58)).

BecLyr P. Bec, *La lyrique française au moyen âge (XIIe – XIIIe siècles)*, 2 vol., Paris (Picard) 1977-1978. Glossaire sans renvois!

BechmannVill R. Bechmann, *Villard de Honnecourt. La pensée technique au XIIIe siècle et sa communication*, Paris (Picard) 1991. Concerne → VillHonH[2]. Informations techniques excellentes; jugements sur les mots parfois téméraires; malheureusement sans gloss. ou registre.

BechmannVill[2] id., 2e éd. à modifications mineures, 1993.

BechtoldtVerst H. Bechtoldt, "Der französische Wortschatz im Sinnbezirk des Verstandes", *RF* 49 (1935) 21-180; [= TL Bechtoldt Sinnbez. Verst.].

BédierCrois J. Bédier, *Les chansons de croisade*, Paris (Champion) 1909; [= TL Chans. crois.; Boss 2230]. La plupart des chansons se retrouvent dans d'autres éditions; contient → ChansCroisB.

BehnkeFurTrév D. Behnke, *Furetière und Trévoux*, Tübingen (Niemeyer) 1996.

BehrensBeitr D. Behrens, *Beiträge zur französischen Wortgeschichte und Grammatik*, Halle (Niemeyer) 1910; [= FEW Behrens; TL Behrens Beitr.].

BehrensMet D. Behrens, *Über reciproke Metathese im Romanischen*, Greifswald (Abel) 1888; [= FEW BehrensMet; TL Behrens Metath.].

BellIdéal D. M. Bell, *L'idéal éthique de la royauté en France au moyen âge d'après quelques moralistes de ce temps*, Genève (Droz) – Paris (Minard) 1962; [= TL Bell Idéal éthique].

BelleHelR *La Belle Helene de Constantinople*, chanson de geste jouant entre Constantinople et Angleterre, en laisses de dodécasyll. rimés; hain. mil. 14^{e}s.; ms. de base Arras 742 (766) [1472] (A), en var. Lyon Bibl. mun. 767 (685) [15^{e}s.] (L), autres mss.: BN fr. 12482 [15^{e}s.] (P), Oxford Bodl. Douce 381 (21956) [cette partie 15^{e}s.] (f) fragm.; p. p. C. Roussel, *La belle Hélène de Constantinople*, Genève (Droz) 1995 (T.L.F. 454). P. 731-755 interpolations de L.

BelleHelPr^{1}C id., mise en prose par Jean Wauquelin; traits sept. 1448 (ou peu après, 1452 au plus tard); ms. Bruxelles Bibl. roy. 9967 [sept. ca. 1467]; p. p. M.-C. de Crécy, *Jehan Wauquelin, La Belle Hélène de Constantinople*, Genève (Droz) 2002 (T.L.F. 547). C.r. Roques RLiR 70,282-285.

BelleHelPr^2 id., autre version en prose, *Roman de la belle Helene*, abrégeant le récit; 15^{e}s.; mss.: BN fr. 1489 [15^{e}s.], BN fr. 19167 [3^{e}t. 15^{e}s.], BN nfr. 20592 [15^{e}s.] et imprimés; inédit.

BellettiFabl G. C. Belletti, *Fabliaux. Racconti comici medievali*, Ivrea (Herodote) 1982. Réimpr. de 17 fabliaux sur la base d'éditions antérieures, avec qqs. commentaires.

Belz G. Belz, *Die Münzbezeichnungen in der altfranzösischen Literatur*, thèse Strasbourg 1914; [= FEW Belz; TL Belz Münz.]. Cp. → Schrötter.

BémontCh C. Bémont, *Chartes des libertés anglaises (1100-1305)*, Paris (Picard) 1892 (Coll. de textes pour servir à l'ét. et à l'ens. de l'hist. 12). Doc. agn. en partie orig. à partir de 1297-1300.

BenDucF Benoit [de Sainte Maure], *Chronique des Ducs de Normandie*, en vers octosyll.; poit. ca. 1174 (prob. terminé 1175 ou peu après); ms. de base Tours 903 [poit. fin 12^{e}s.] (T), lacunes complétées et var. d'après BL Harl. 1717 [1^{er}t. 13^{e}s., traits agn.] (B); p. p. C. Fahlin, *Chronique des Ducs de Normandie par Benoit*, 4 vol., Uppsala (Almqvist & Wiksell) 1951-1979 (Bibl. Ekmania 56; 60; 64); 3e vol., Glossaire, revu et complété par Ö. Södergård; 4e vol., Notes, p. p. S. Sandqvist [Acta Univ. Lund. I 29]; [= TL Chr. Ben. Fahlin *et* Chr. Ben. Fahlin III; Dean 2.2; Boss 6704; Boss^2 6170s.]. Cf. → SandqvistBen. Gloss. Södergård peu satisfaisant. Consulter aussi BenDucM: des var. graphiques n'ont pas été notées par Fahlin et elle ne donne pas toutes les var. lexicales; les mss. ne divergent pas beaucoup.

BenDucM id.; ms. BL Harl. 1717 [1^{er}t. 13^{e}s., traits agn.]; p. p. F. Michel, *Chronique des Ducs de Normandie par Benoit*, 3 vol., Paris 1836-1844 (Coll. des Doc. inédits sur l'Histoire de France); [= TL Chr. Ben.; FEW BenSMaureH *et* BenSMH *et* BenSMh; Boss 3737]. Contient aussi → SThomBenM (3,461-509), CoincyI42M (3,511-530) et FantosmeM (3,531-615).

BenMüZa G. F. Benecke – W. Müller – F. Zarncke, *Mittelhochdeutsches Wörterbuch*, 3 t. en 4 vol., Leipzig (Hirzel) 1854 – 1866 (réimpr. Hildesheim, Olms, 1963). Couvre la période mil. 11^{e}s. – 16^{e}s. Suppl.: → Lexer.

BenTroieC Benoit [de Sainte Maure], *Roman de Troie* (aussi Siège de Troie), octosyll.; poit. ca. 1170; texte composite ('critique') basé surtout sur le ms. Milano Bibl. Ambrosiana D.55 Sup. [agn. déb. 13^{e}s.] (M^2), en var. surtout BN fr. 794 [champ. ca. 1235] (E), BN fr. 821 [It.sept. 1^{er}t. 14^{e}s.] (F), BN fr. 2181 [Ouest 2^{e}q. 13^{e}s.] (K), BN fr. 19159 [14^{e}s.] (M), Montpellier Ec. de Méd. 251 [2^{e}m. 13^{e}s.] (M^1) début manque, Napoli Bibl. naz. XIII.C.38 [Est 1^{e}m. 13^{e}s.] (N), et aussi BN fr. 60 [pic. fin 14^{e}s.] (A), Ars. 3340 [1237] (A^1) [Gdf le cite par erreur comme Ars. 3314], Ars. 3342 [1^{e}m. 13^{e}s.] (A^2), BN fr. 375 [pic. 1289 n.st.] (B), Basel N I 2 Nr. 83 [Angleterre fin 12^{e}s.] (B^1) fragm., Bruxelles Bibl. roy. II 139/6 [13^{e}s.] fragm. (le seul à Brux., fragm. frère de B^1, v. R 102,8), Besançon Arch. dép. fragm. [fin 13^{e}s.] (B^3) fragm. inexistants au dire de ces arch., BN fr. 782 [It. 14^{e}s.] (C), Cologny Bodmer 18 (anc. Cheltenham Phillipps 8384) [hain. fin 13^{e}s.] (C^1), BN fr. 783 [fin 13^{e}s.] (D), BN fr. 903 [lorr. 3^{e}t. 13^{e}s.] (G), BN fr. 1450 [pic. 2^{e}q. 13^{e}s.] (H), BN fr. 1553 [pic. 1285 n.st.] (I), BN fr. 1610 [1264] (J), BN fr. 12600 [14^{e}s.] (L), BL Harl. 4482 [ca. 1300] (L^1), BL Add. 30863 [déb. 13^{e}s.] (L^2), Bordeaux 674 [wall. fin 13^{e}s.] (B^2) fragm., Nevers Arch. dép. [2^{e}m. 13^{e}s.] (N^1) fragm. actuellement introuvable, Namur Arch. de l'Etat [1^{e}m. 13^{e}s.] (N^2) fragm., BN nfr. 6774 [It. 2^{e}m. 14^{e}s.] (P) début manque, BN nfr. 5094 [rec. fact., cette partie mil. 13^{e}s.] (P^1) fragm.: v. 319-343, 365-382, 399-422, 439-463 (anc. Tross), BN nfr. 6534 [13^{e}s.] (P^2) fragm., Vat. Reg. lat. 1505 [It. (Napoli?) 3^{e}t. 13^{e}s., v. 2205ss. 1^{e}m. 14^{e}s.] (R), Peterburg RNB Fr.F.v.XIV.3 [It. ca. 1340] (S),

Peterburg RNB Fr.F.v.XIV.6 [1^{e}m. 15^{e}s.] (S^1), Barcelona Bibl. de Cat. MS 146 (Cançoner Gil, anc. Zaragoza) [Catal. mil. 14^{e}s.] (S^2) fragm., Strasbourg Univ. 350 [13^{e}s.] (S^3) fragm., Venezia Marc. fr. XVII [It. fin 13^{e}s.] (V^1), Venezia Marc. fr. XVIII (231) [It. 2^{e}m. 14^{e}s.] (V^2), Wien 2571 [14^{e}s.] (W), Münster Univ. [déb. 14^{e}s.] fragm. détruit (guerre 1939-45), Den Haag KB 131.D.1 [fin 13^{e}s.] fragm., Firenze Bibl. Riccard. 2433 [It. 1344], Nottingham Univ. WLC.LM.6 [pic. 4^{e}q. 13^{e}s.] f°1-156 (f°1-5, 8-11 et qqs. répar. déb. 14^{e}s.), Châlons Bibl. mun. 35 (37) [fragm. 1^{e}m. 13^{e}s.] v. Vielliard MélJung 279-294, Tübingen (fragm.) v. Lebsanft ZfSL 104,12-28, Cambridge Univ. Add. 2709(1) [ca. 1300] fragm., Cambridge Univ. Add. 2751(2) [13^{e}s.] fragm.; p. p. L. Constans, *Le Roman de Troie par Benoit de Sainte-Maure*, Paris (Didot) 1904-1912; [= TL Troie; FEW BenSMaure; Boss 1040; Hol 867]. Les sources du texte 'critique' ne sont que rarement identifiable; les var. des «autres mss.» ou de «tous les mss.» sont celles des sept principaux cités en premier ci-dessus; contraire à l'annonce 1, X, les modifications ne sont pas toutes documentées; il faut s'attendre à des formes inventées. Le gloss. procède souvent à des analyses poussées, mais les identifications sont souvent défectueuses ou erronées (v. p.ex. *joindre*). Concordance avec l'éd. J en marge (ital.). Plusieurs fragm. et extr. p. p. P. Meyer, *R* 18 (1889) 70-106; [= TL Troie Rom.]. Cf. JungTroie (ajoute des fragm., mais ne profite pas du DEAF; fragm. Brux. à tirer au clair).

BenTroieJ id.; ms. de base BN fr. 2181 [mil. 13^{e}s.], complété par BN fr. 1610 [1264], var. de BN fr. 375, BN fr. 782, BN fr. 783, BN fr. 903 et BN fr. 1610; p. p. A. Joly, *Benoît de Sainte-More et le Roman de Troie*, 2 vol., Paris (Franck) 1871. Erreurs de toutes sortes.

BenTroieGC id.; fragment ms. Den Haag KB 131.D.1 [fin 13^{e}s.] correspondant aux vers 6300-6334, 6340- 6372 et 6378-6412 de BenTroieC, proche du ms. BN fr. 794; p. p. R. Crespo, "Un frammento del *Roman de Troie* di Benoît de Sainte-Maure", *StM* 3e sér., 21,2 (1980) 889-897.

BenTroieMR id.; ms. Milano Bibl. Ambrosiana D.55 Sup. [agn. déb. 13^{e}s.]; éd. partielle (v. 1-144; 4167-4584; 5093-5234; 5289-5446; 8329-8660; 13261-13512; 15263-15373; 15399-15604; 17489-17805) p. p. K. Reichenberger, *Der Trojaroman des Benoît de Sainte-Maure*, Tübingen (Niemeyer) 1963 (Samml. rom. Übungstexte 48); [= TL Troie R; Boss^2 2190]. À utiliser avec grande précaution. Introd. rudimentaire et non sans erreurs; gloss. en partie sans renvois!

BenTroieMB id., lacunes du ms. complétées par BN fr. 60, Vat. Reg. lat. 1505 et par le texte critique de l'éd. Constans (!); éd. partielle (la moitié du texte) p. p. E. Baumgartner – Françoise Vielliard, *Benoît de Sainte-Maure. Le roman de Troie. Extraits...*, Paris (Libr. Gén. Fr.) 1998 (Poche 4552; 'Texte intégral' err.).

BenTroies^{2}E id.; extrait de 248 lignes du ms. S^2 (14^{e}s.); p. p. P. Eley, "The Saragossa fragment of the Roman de Troie", *StFr* 107 (1992) 277-283.

[BenTroie Pour cinq mises en prose fr. v. JungTroie 440-562 (pour les trad. de la mise en prose latine de Guido delle Colonne v. ib. 570-613). Cp. → Troie.]

BenderKönig K.-H. Bender, *König und Vasall. Untersuchungen zur Chanson de Geste des XII. Jahrhunderts*, Heidelberg (Winter) 1967 (Studia Romanica 13); [= TL Bender König u. Vasall].

BerVerv F. Beroalde de Verville (alias François Brouard), *Le moyen de parvenir*, prose; 1606?; imprimé s.l.n.d. [ca. 1610], cité par Gdf. Hu cite l'éd. p. p. Ch. Royer, *Le moyen de parvenir*, 2 vol., Paris (Lemerre) 1896.

BerechiahG Berechiah ben Natronai (Rouen), *Dodi we-Nechdi* (adaption en hébr. des *Quaestiones Naturales* d'Adélard de Bath), contenant une bonne douzaine de termes techniques fr.; fin 12^{e}s.?; mss. impr. en parallèle: Oxford Bodl. Opp. 181 [15^{e}s.], München hebr. 42 [hébr. 16^{e}s.]; éd. avec trad. angl. p. p. H. Gollancz, *Dodi ve-Nechdi (Uncle & Nephew)*, London et al. (OUP et al.) 1920. Cp. → GlBerechiah, LapidBerechiahZ.

Berger H. Berger, *Die Lehnwörter in der französischen Sprache ältester Zeit*, Leipzig 1899; [= TL Berger Lehnwörter; FEW Berger].

BergerBible S. Berger, *La Bible française au moyen âge. Étude sur les plus anciennes versions de la Bible écrites en prose de la langue d'oïl*, Paris (Impr. nat.) 1884 (réimpr. Genève, Slatkine, 1967); [= FEW BergerBible; Boss 3008]. Complément: → BonnardBible. Cf. R 17 (1888) 121-144.

BerinB *Roman de Berinus*, se rattachant à la matière de → SSag, mise en prose de → BerinOct; ca. 1370; ms. de base BN fr. 777 [mil. 15^{e}s.] (A), en var. BN fr. 15097 [2^{e}m. 15^{e}s.] (B), Ars. 3343 [15^{e}s.] (C), Wien 3436 [1482] (D), BN nlat. 23011 (anc. La Trémoïlle) [15^{e}s.] (E) fragm. (v. R 51, 163-166), imprimés v. l'éd.; p. p. R. Bossuat, *Bérinus*, 2 vol., Paris 1931-1933 (SATF); [= TL Bérinus; FEW Bérin; Boss 4100; Hol 993; Wo 23; Wos 23].

BerinOctB id., fragments du poème en vers octosyll. qui est à la base de → Berin; mil. 13^{e}s.; ms. Mons Univ. 642. R3/A [fin 13^{e}s.] fragm., p. dans → BerinB 2, 190-195, ms. Aberystwyth Nat. Libr.

Peniarth 7C (ii) [3ᵉt. 13ᵉs.] fragm., p. ib. 2, 202-217.

BernardNav J. Bernard, *Navires et gens de mer à Bordeaux (vers 1400 - vers 1550)*, 3 vol., Paris (SEVPEN) 1968. Contient aussi des matériaux afr. et mlt.

[Béroul → TristBér.]

BerschinBiogr W. Berschin, *Biographie und Epochenstil im lateinischen Mittelalter*, I *Von der Passio Perpetuae zu den Dialogi Gregors des Großen*, Stuttgart (Hiersemann) 1986, II *Merowingische Biographie. Italien, Spanien und die Inseln im frühen Mittelalter*, 1988, III *Karolingische Biographie 750-920*, 1991, IV 1 *...920-1070 n.Chr.*, 1999, IV 2 *...1070-1220 n.Chr.*, V *Kleine Topik und Hermeneutik der mittelalterlichen Biographie*, 2004 (V intègre le registre p. dans → BullDC 52 (1994) 253-280).

BerschinGrLt W. Berschin, *Griechisch-lateinisches Mittelalter. Von Hieronymus zu Nikolaus von Kues*, Bern-München (Francke) 1980.

Bersuire Pierre Bersuire, trad. des Décades I, III et IV de Tite-Live, prose; poit. 1358 (de prob. 1354 à 1358); mss. de la rédaction 'originale': Oxford Bodl. Rawl. C.447 [Paris ca. 1365] (O) 1ᵉ déc. seulement (sans illustrations; = BersuireO) et BN nfr. 27401 [1360 ou ca.] incomplet, mss.-version (en partie à illustrations, éliminant certains poitevinismes, modifiant les subdivisions) Ste-Gen. 777 [Paris ca. 1370] (G), BN fr. 260-262 [Paris ca. 1405-08] (A), BN fr. 263 [Paris 4ᵉq. 14ᵉs.] (B), BN fr. 269-271 [Paris fin 14ᵉ] (C), etc.: ca. 60 mss., v. → BersuireOT, HLF 39,447-450, liste complète v. 'Miroir des classiques' sur le site de l'Éc. des Chartes [ne pas accueillir les dat. aveuglément, p.ex. pour le Rawl.: cf. les trav. de Tesnière], y compris BN nfr. 15987 (anc. Cheltenham Phillipps 2924) [av. 1418], aj. Tournai B.C.T. B 18 [déb. 15ᵉs.] fragm. (v. Script 62,327-333): 3ᵉdéc. l.7, Tite-L. xxxviii 38-40, et l.8, xxxix 1-5; Li semble toujours citer BN fr. 20312ter [2ᵉm. 14ᵉs.]; Gdf cite Ste-Gen. 777 et éd. 1530; inédit. Bersuire déc. I = Tite-Live l.1-10, II = 21-30, III = 31-32 + 34-40. Cp. → MessnerBers et SinclairBers. ÷

BersuireOT id.; rédaction dite originale (v. → Bersuire), ms. O; prologue et lexique explicatif de désignations de faits romains par Pierre lui-même p. p. M.-H. Tesnière, "A propos de la traduction de Tite-Live par Pierre Bersuire. Le manuscrit Oxford, Bibliothèque Bodléienne, Rawlinson C 447", *R* 118 (2000) 449-498, texte 485-498. Éd. annoncée. Cf. id., dans ActesTradvMF 149-164. Cp. → DuvalRome.

BersuireP id., version des Décades basée sur Bersuire, état du ms. Oxford (ms. qui a p.-ê. même servi de source directe), revue par Laurent de Premierfait qui a amélioré qqs. passages en collationnant le texte latin; déb. 15ᵉs.; ms. BN fr. 264-265-266 [ca.1410] (P); inédit; v. M.-H. Tesnière R 107,231-281.

BertaC *Berta da li pé grandi*, epopée en laisses de décasyll. irrég. assonancées chantant les aventures de Berthe de Hongrie, épouse du roi Pépin (indépendant de → Berte); francoit. 1ᵉʳq. 14ᵉs.; ms. Venezia Marc. fr. XIII (256) [francoit. 1ᵉm. 14ᵉs.]; p. p. C. Cremonesi, *Berta da li pè grandi*, Milano (Cisalpino) 1966; [= TL Berte C; Boss² 1075].

BertaM id.; p. p. A. Mussafia, "Berta de li gran pié", *R* 3 (1874) 339-364; 4 (1875) 91-107; [= Hol 672; Boss 264].

BertaMo id.; dans → GesteFrancorM.

BertaR id.; p. dans → GesteFrancorR 237-290.

BertaMilC *Berta et Milon* et *Rolandin* (= *Orlandino*), chanson de geste an., laisses monorimes de 10 à 12 syll.; francoit. 1ᵉʳq. 14ᵉs.; ms. unique Venezia Marc. fr. XIII (256) [francoit. 1ᵉm. 14ᵉs.] f°52r°-54r° *Berta et Milon*, f°62r°-64v° *Rolandin* qui n'est que la suite de *Berta*; p. p. C. Cremonesi, *Berta e Milon – Rolandin, Codice marciano XIII*, Milano – Varese (Cisalpino) 1973; [= TL Berta e Mil. C; Boss² 1077].

BertaMilM id.; p. p. A. Mussafia, "Berta e Milone – Orlandino", *R* 14 (1884) 177-206; [= TL Berta e Mil.].

BertaMilMo id.; dans → GesteFrancorM.

BertaMilR id.; p. dans → GesteFrancorR 487-503; 551-567.

BerteH *Berte au grand pied*, légende de Berthe de Hongrie, femme de Pépin après mainte péripétie, version du conte répandu de la fiancée substituée, par Adenet le Roi (→ Aden), laisses monorimes d'alex.; flandr. ca. 1275; ms. de base Ars. 3142 [Paris? fin 13ᵉs.] (A), en var. BN fr. 778 [1ᵉm. 14ᵉs.] (B), BN fr. 1447 [traits de l'Est, Paris 1ᵉm. 14ᵉs.] (C), BN fr. 12467 [Paris? fin 13ᵉs.] (D), Bruxelles Bibl. roy. II 7451 [ca. 1325] (F), BN fr. 24404 [pic. fin 13ᵉs.] (G), Bruxelles Bibl. roy. II 7452 [14ᵉs.] (M), Rouen Bibl. mun. 1142 (O.53) [14ᵉs.] (R), BN nfr. 6234 [2ᵉt. 14ᵉs.] (w) fragm.; p. dans → AdenBuevH t. 4 (1963); [= TL Berte³; Boss² 1070].

BerteH² id.; p. p. Albert Henry, *Adenet le Roi, Berte as grans piés*, Genève (Droz) 1982 (T. L. F. 305); [= TL Berte H]. Gloss. plus ample.

BerteHol id.; ms. de base BN fr. 12467; p. p. U. T. Holmes, *Adenet le Roi's Berte aus grans pies*, Chapel Hill (Univ. of North Carol.) 1946 (N. C. St. Rom. Lang. Litt. 6); [= Hol 673; Boss 255; TL Berte[2]; FEW Berte].

BerteP id.; amalgame de plusieurs mss. p. p. P. Paris, *Li Romans de Berte aus grans piés*, Paris (Techener) 1832; [= TL Berte[1]].

BerteS id.; p. p. A. Scheler, *Li Roumans de Berte aus grans piés par Adenés li Rois*, Bruxelles (Closson) 1874; [= TL Berte; FEW Berte; Boss 254].

[Berte cp. → ColliotBerte.]

BertePrT Libre mise en prose de → Berte, avec des élargissements tirés d'autres sources; norm. mil. 15^{e}s.?; ms. Kraków Univ. gall. fol. 130 (anc. Berlin) [3^{e}t. 15^{e}s.]; p. p. P. Tylus, *Histoire de la Reine Berthe et du Roy Pepin*, Genève (Droz) 2001 (T.L.F. 536). À utiliser avec précaution, cf. RLiR 66,305-8; 67,298-305. Compléments lex. ZfSL 113,325-330.

BertoldiColchic V. Bertoldi, *Un ribelle nel regno de'fiori, I nomi romanzi del Colchicum autumnale L. attraverso il tempo e lo spazio*, Genève (Olschki) 1923 (Bibl. dell'Archivum Romanicum II 4); [= FEW Bertoldi; TL Bertoldi Un ribelle].

BesantR *Le besant de Dieu*, poème moralisant par Guillaume le Clerc de Normandie, vers octosyll.; norm. 1227 (prob. entre nov. 1226 et oct. 1227); ms. BN fr. 19525 [agn. fin 13^{e}s.]; p. p. P. Ruelle, *Le Besant de Dieu de Guillaume le clerc de Normandie*, Bruxelles (Éd. de l'Univ.) 1973; [= TL Besant R; Dean 703; Boss[2] 5853].

BesantM id.; texte corrigé, souvent sans preuve, p. p. E. Martin, *Le Besant de Dieu von Guillaume le clerc de Normandie*, Halle (Waisenhaus) 1869; [= TL Besant; Boss 3458].

BestAmFournS *Li bestiaires d'amours*, par Richard de Fournival, texte dans la tradition d'Ovide, où le bestiaire, non systématique, sert de référence (spéc. → BestPierre[2]), prose; pic. ca. 1250; ms. de base Ste-Gen. 2200 [art. 1277] (I), en var. ms. BN fr. 25566 [pic. (Arras) prob. 1295] (A), BN fr. 412 [pic. 1285] (B), BN fr. 12786 [frc. déb. 14^{e}s.] (C), BN fr. 12469 [1^{e}m. 14^{e}s.] (D), BN fr. 1444 [pic.mérid. fin 13^{e}s.] (E), BN fr. 24406 [cette partie, f°120-fin, 14^{e}s.] (F), BN fr. 15213 [2^{e}m. 14^{e}s.] (G), Arras 139 (657) [pic. 3^{e}t. 13^{e}s.] (J), Dijon 526 (299) [pic. fin 13^{e}s.] (H), Bruxelles Bibl. roy. 10394-414 [pic. 1^{e}m. 15^{e}s.] (K), BL Harl. 273 [agn. 1^{e}m. 14^{e}s.] (L), New York Pierpont Morgan Libr. M.459 [It.sept. ca. 1300] (M), Oxford Bodl. Douce 308 [Metz ca. 1320] (O), Firenze Bibl. Med. Laurenz. Plut. LXXVI.79 [Lomb. 14^{e}s.] (P), Firenze Bibl. Med. Laurenz. Ashburnham Libri 123 (50; 55) [It.occid. fin 13^{e}s.] (Q), Wien 2609 [pic. 2^{e}q. 14^{e}s.] (V), non utilisé Ramsen, Suisse, H. Tenschert [Paris 3^{e}q. 13^{e}s.] (T) [v. *Bestiaires médiévaux*, p. p. B. van den Abeele, Louvain la Neuve 2005, 265-281 et Roy MélBianciotto 205-213, fac-sim. p. p. Tenschert s.d. [2012]], Torino Bibl. naz. L.III.22 [flandr. fin 13^{e}s.], Genève Com. lat. 179 [frc. fin 13^{e}s.] incomplet, fragm. Peterburg v. R 51,561-568, Milano Bibl. Ambrosiana I.78 [norm. 14^{e}s.] (W) acéphale, et Milano Bibl. Braidense AC.X.10 [It. 14^{e}s.] (Y) v. Speroni MedRom 7,342-369; p. p. C. Segre, *Li bestiaires d'amours di maistre Richart de Fornival e li response du bestiaire*, Milano – Napoli (Ricciardi) 1957 (Documenti di Filologia 2); [= TL Best. d'Amours RFornival]. Contient aussi → BestAmRespS. Réimprimé dans → PhThBestM p. 363-424. Cp. → OvArt.

BestAmFournB id.; ms. de base A, en var. C, H et E; p. p. G. Bianciotto, *Richard de Fournival. Le Bestiaire d'Amour et la Response du Bestiaire*, Paris (Champion) 2009 (Champ. Class. M.Â. 27). Contient aussi → BestAmRespB. Gloss. commun. C.r. Roques RLiR 73,592-600.

BestAmFournH id.; ms. B; p. p. C. Hippeau, *Richard de Fornival, Le bestiaire d'Amour*, Paris 1860 (réimpr. Genève, Slatkine, 1969). Contient aussi → BestAmRespH. Mauvaise édition.

BestAmFournOctL *Le Bestiaire d'amour* attribué à Richard de Fournival, version en vers octosyll.; ca. 1250; ms. BN fr. 25545 [ca. 1325] fragm. de 360 vers [= prose 3,1-16,5]; p. p. A. Långfors, "Le Bestiaire d'amour en vers par Richard de Fournival", *Mémoires de la Soc. néo-philologique à Helsingfors* 7 (1924) 291-317; [= TL Best. d'am. en vers; FEW Fourn].

BestAmFournPisC Traduction pisane de → BestAmFourn; it. fin 13^{e}s.; ms. Firenze Bibl. naz. Magl. IV.63 [1^{er}t. 14^{e}s.]; p. p. R. Crespo, *Una versione pisana inedita del* Bestiaire d'amours, Leiden (Univ. Pers) 1972.

BestAmOctT Bestiaire d'amour, anonyme, ayant des rapports avec → BestAmFourn, vers octosyll.; s.l. ca. 1250; ms. BN fr. 1951 [ca. 1300] (M), en var. imprimé déb. 16^{e}s. (I); p. p. A. Thordstein, *Le bestiaire d'amour rimé*, Lund (Gleerup) – Copenhague (Munksgaard) s.d. [1941] (Études Romanes de Lund 2); [= TL Bestiaire d'Amour rimé; FEW BestAm].

BestAmRespS *Response du Bestiaire*, dans la tradition des partures, à → BestAmFourn, p.-ê. par une femme poète, prose; pic. ca. 1275; ms. de base A de BestAmFourn, en var. H, B et V; p. dans → BestAmFournS xxiv-xxviii; 105-136.

BestAmRespB

BestAmRespB id.; ms. de base A, en var. B et H; p. dans → BestAmFournB p. 278-334; 356-373.

BestAmRespH id.; ms. B; p. dans → BestAmFournH p. 51-97.

BestGervMo Bestiaire rimé, basé sur les Dicta Chrisostomi, 1278 octosyllabes, par un certain Gervaise (de Fontenay); traits bourg. déb. 13[e]s.; ms. unique BL Add. 28260 [bourg. 2[e]m. 13[e]s.]; p. dans → PhThBestM p. 287-361. Caractère normand (tel FEW 14,405b) 'complètement disparu' (Meyer R 1,423); restes dans le voc.?

BestGervM id.; p. p. P. Meyer, "Le Bestiaire de Gervaise", R 1, 420-443; [= TL Best. Gerv.; Hol 366; Boss 2877; GRLMA 6², 4196; cp. Boss² 5350].

BestGuillR Bestiaire divin ou *Bestiaire de le divine escripture* par Guillaume le Clerc (de Normandie), vers octosyll.; 1211 (ou 1210); ms. de base BL Egerton 613 [f°31-59 agn. mil. 13[e]s.] (A), en var. 'surtout les mss. les plus anc.', mss. connus de l'éd.: A, BN fr. 14969 [agn. fin 13[e]s.] (B), BN fr. 2168 [pic. fin 13[e]s.] (C), BN fr. 25406 [fin 13[e]s.] (D) mauvais ms., BN fr. 14964 [frc. 1265] (E), BN fr. 1444 [pic.mérid. fin 13[e]s.] (F), BN fr. 14970 [pic. ca. 1300] (G), BN fr. 24428 [champ. 4[e]q. 13[e]s.] (H), BN fr. 25408 [agn. 1267] (I), BN fr. 902 [agn., cette partie 1[e]m. 14[e]s.] (K), BN fr. 20046 [1338] (L), BL Roy. 16 E.VIII [agn. fin 13[e]s.] (M), BL Cotton Vespasian A.VII [agn. mil. 13[e]s.] (N), BN Rothschild 2800 [art. 1329] (O), Oxford Bodl. Douce 132 [agn. mil. 13[e]s.] (P), Vat. Reg. lat. 1682 [2[e]q. 14[e]s.] (Q), Cambridge Fitzwilliam Mus. 20 (anc. Hamilton 273) [Nord-Est 1323] (S), Lyon Bibl. mun. Palais des Arts 78 (anc. 650) [ca. 1300?] (T), New Haven Yale Beinecke Libr. 395 (anc. Cheltenham Phillipps 4156) [agn. ca. 1275] (U), autres mss.: Ars. 2691 [15[e]s.], Cambridge Fitzwilliam Mus. McClean 123 [agn. ca. 1300], Cambridge Trinity Coll. O.2.14 (1118) [agn. mil. 13[e]s.], Oxford Bodl. Bodley 912 [agn. déb. 14[e]s.]; p. p. R. Reinsch, *Le bestiaire. Das Thierbuch des normannischen Dichters Guillaume le Clerc*, Leipzig (Fues / Reisland) 1890; [= TL Best. Guill.; FEW BestG; Dean 702; GRLMA 6²,4200]. Éd. 'critique' nettoyée des anglo-normandismes du ms. de base (cf. l'app. critique: 'var.' sans sigle = leçon du ms. de base). Texte à rééditer. [BestGuillR[1/2] l. BestGuillR: paru en 1890 chez Fues à Leipzig, nouvelles pages titre en 1892: chez Reisland à Leipzig et chez Henninger à Heilbronn (comme t. 14 de la 'Altfr. Bibliothek').]

BestGuillC id.; dans → BestPierre²C, appelé 'Bestiaire rimé', imprimé, animal après animal, à la suite des chap. de BestPierre²C: p. 111-115; 118-120; etc.; base ms. BN fr. 902 [agn., cette partie 1[e]m. 14[e]s.] (K).

BestGuillH id.; ms. BN fr. 25408 [agn. 1267] (I); p. p. C. Hippeau, *Le Bestiaire divin de Guillaume, clerc de Normandie*, Caen (Hardel) 1852 (réimpr. Genève, Slatkine, 1970). Texte 'critique', corrigé sans preuves, parfois créé par l'éditeur.

[BestPhTh → PhThBest.]

BestPierre¹R¹ Bestiaire en prose (basé sur le Physiologus versio B et contenant des citations bibliques) par Pierre de Beauvais (le Picard), version brève de 38 chap. (dont 36 sont tirés du Phys., un chap., le dernier, a été omis, deux rajoutés); pic. ca. 1200; ms. de base Louvain Univ. cath. Théol. fonds Malines Grand Séminaire 32 [mil. 15[e]s.] (M/Ma), en var. BN nfr. 13521 (anc. La Clayette) [fin 13[e]s.] (N¹/L), BN fr. 834 [pic. déb. 14[e]s.] (N²/R), BN fr. 944 [déb. 15[e]s.] (N³/S); p. p. C. Rebuffi, *Il «Bestiaire» di Pierre de Beauvais*, tesi di laurea Pavia 1971/72 (texte et var., p. 1-410: haut de page).

BestPierre¹M id.; ms. de base BN nfr. 13521 [fin 13[e]s.] (L), les autres en var.; p. p. G. R. Mermier, *Le Bestiaire de Pierre de Beauvais (Version courte)*, Paris (Nizet) 1977; [= TL Best. Beauvais M; Boss² 5357]. Corrections dans MedRom 5, 34-65.

BestPierre¹M² id.; ms. M p. p. G. R. Mermier, *A Medieval book of beasts. Pierre de Beauvais'* Bestiary, Lampeter (Edwin Mellen) 1992, texte p. 229-307.

BestPierre²B id., version longue basée sur la brève (reprend les mêmes 38 chap. et en ajoute 34), sans doute anonyme et non pas par Pierre; pic. 3[e]q. 13[e]s. (av. 1268); ms. de base Ars. 3516 [art. 1267] (A/P), en var. Montpellier Ec. de Méd. 437 [1340 a.st.] (MON) f°195 r°-250° anoure, Vat. Reg. lat. 1323 [Paris ca. 1476] (V), Anon. Virginia USA (anc. Cheltenham Phillipps 6739) [hain. (?) ca. 1300] (Ph), Bruxelles Bibl. roy. II 6978 [1482] (B), Freiburg im Breisgau Univ. 979 [pic. fin 13[e]s.] (f) fragm.; p. p. C. Baker, *Le Bestiaire*, Paris (Champion) 2010 (CFMA 163). Le texte exploite ImMonde et BestAmFourn. Le fragm. Freiburg et le chap. correspondant du ms. B (n°71 *muscalit* = XXXVIIIg de l'éd. R¹, non utilisée) et son prol. sont p. p. B. Van den Abeele, dans → ActesRen[15] 197-199 [ib., p. 1-29, de courts extraits selon le même ms. de base que Rebuffi, par C. Baker].

BestPierre²C id.; ms. de base Ars. 3516 [art. 1267]; p. p. C. Cahier, "Le Physiologus ou Bestiaire", in C. Cahier – A. Martin, *Mélanges d'archéologie, d'histoire et de littérature, rédigés et recueillis par les auteurs de la Monographie de la Cathédrale de Bourges*, Paris 1847-1856, II 85-100; 106-232; III 203-288; IV 55-87; [= FEW

BestP; GRLMA VI 4228; Boss av. 2880; WoC 35]. Texte II 106-232; III 238-288; IV 55-87.

BestPierre²R¹ id.; mss. A., MON et V; p. dans → BestPierre¹R¹ (texte et var., p. 1-410: bas de page, et 411-456).

[Best cp. le bestiaire contenu dans → BrunLat; bestiaire moralisé dans → ProprChosSq. Bibl.: ActesRen[15] 283-300.]

BethChronD Anonyme de Béthune, Chronique française des rois de France en prose; art. prob. av. 1223; ms. BN nfr. 6295 [ca. 1275] anoure; extraits p. p. L. Delisle, "Chronique française des rois de France par un Anonyme de Béthune", *RecHist* 24 (1904) 750-775; 929-940 (Table). Cf. id. dans *HLF* 32 (1898), 219-35; [= Boss 3759].

BethDucsM Histoire des Ducs de Normandie et des Rois d'Angleterre, chronique en prose, pour sa première partie basée sur Guillaume de Jumiège, Histoire des Normands, et pour la suite, de Richard Cœur-de-Lion à 1220, indépendante, par l'Anonyme de Bethune (cité p. 175, 16); art. ca. 1225; ms. de base BN fr. 12203 [pic. fin 13ᵉs.], en var. BN fr. 17203 [art. 3ᵉq. 13ᵉs.]; p. p. F. Michel, *Histoire des Ducs de Normandie et des Rois d'Angleterre*, Paris (Renouard) 1840; contient aussi → HemM; cp. HenryChrest n°164. Cité par Gdf comme 'Hist. des D. de Norm.' et sim.

Bev C. A. Bevans, *The Old French vocabulary of Champagne. A descriptive study based on localized and dated documents*, thèse Chicago (University of Chicago Libraries) 1941; [= FEW Bev]. Utilise LongnonDoc (champ., doc. 1285, etc.) tome 3: à vérifier!

BeyerSchwank J. Beyer, *Schwank und Moral. Untersuchungen zum altfranzösischen Fabliau und verwandten Formen*, Heidelberg (Winter) 1969 (Studia Romanica 16); [= TL Beyer Schwank].

Bezzola R. R. Bezzola, *Abozzo di una storia dei gallicismi italiani nei primi secoli (750 – 1300). Saggio storico-linguistico*, Heidelberg (Winter) 1925 (Sammlung Romanischer Elementar- und Handbücher V,6); [= FEW Bezzola]. Plein d'erreurs.

BiautésDamesM Monologue sur les Divisions des soixante et douze biautés qui sont en dames, en couplets octosyll. rimés, incip. *L'an de grace mile trois cens Et trente deus*; 1332; ms. BN fr. 24432 [frc. av. 1349]; p. dans → Méon 1, 407-415.

BibbO Walter de Bibbesworth, *Tretiz pur aprise de langage*, petit traité en vers octosyll. irrég. pour apprendre le français, et spéc. son vocabulaire avec un intérêt particulier pour les homophones, à des enfants anglais, classé par matières, à gloses anglaises interlinéaires; agn. ca. 1290; ms. de base Cambridge Univ. Gg.I.1 [agn. après 1307] (G), en var. BL Add. 46919 (anc. Cheltenham Phillipps 8336) [agn. ca. 1330] (C), BL Arundel 220 [agn. 1ᵉʳq. 14ᵉs.] (A) cité par Gdf comme 'Prov. del vilain', BL Cotton Vespasian A.VI [agn. mil. 14ᵉs.] (V) fragm., Cambridge Corpus Christi Coll. 450 [agn. 1ᵉm. 14ᵉs.] (P), Cambridge Trinity Coll. O.2.21 [agn. déb. 14ᵉs.] (T), BL Harl. 490 [agn. fin 15ᵉs.] (4) fragm., BL Harl. 740 [agn. mil. 14ᵉs.] (7), BL Roy. 13 A.IV [agn. déb. 14ᵉs.] (R) début seulement, BL Sloane 513 [agn. 1ᵉʳq. 14ᵉs.] (5), BL Sloane 809 [agn. ca. 1300] (8), Oxford All Souls Coll. 182 [agn. après 1412] (O), Oxford Bodl. Selden Supra 74 [agn., cette partie 1ᵉm. 14ᵉs.] (S) fragm., BN nlat. 699 (anc. Cheltenham Phillipps 8188) [agn. après 1415] f°92-107, Cambridge Trinity Coll. B.14.40 [agn. après 1415] (B) → BibbF, Oxford Bodl. Bodley 39 (1892) [agn. 1ᵉm. 14ᵉs.] fragm., Oxford Christ Church fragm. [agn. 1ᵉm. 14ᵉs.]; p. p. A. Owen, *Le traité de Walter de Bibbesworth sur la langue française*, Paris (PUF) 1929 (réimpr. Genève, Slatkine, 1977); [= TL Walt. Bibl.²; FEW Bibb; AND Bibb; Dean 285; Vising 386]. Éd. touffue, à utiliser avec précaution. Baugh Mél. Fischer Heidelberg 1959, 21-33, et Rothwell MLR 77 (1982) 282-293 (corrections au texte) proposèrent une datation de 1240-1250, mais certaines sources sont datées jusqu'à ca. 1285 (notamment → Senesch et HosebHen); cf. encore ChronPLangIT p. 71. Cp. aussi → Nominale qui exploite Bibb. Étude phon. et lexicolog. succincte → Schellenberg. Concordance avec l'éd. BibbFW et l'éd. BibbW ici, en appendice.

BibbF id.; ms. BN nlat. 699 [agn. après 1415]; p. p. H. Fukui, "Walter de Bibbesworth: Le Tretiz", dans → MelShimmura 249-308. Avec facsimilé et note finale succincte. Leçons à contrôler. [Le ms. BL Add. 46919 a été transcrit dans sa thèse de 1995, inédite].

BibbR id.; même ms. que le ms. de base (G) de l'éd. O, p. p. William Rothwell, *Walter de Bibbesworth, Le tretiz*, London (ANTS) 1990 (Plain Texts 6); [= TL Walt. Bibl. R; AND Bibb ANTS]. Ne conserve pas toutes les corr. de l'auteur données dans MLR 77,282-293, mais en ajoute d'autres.

BibbR² id.; impression des mss. G (p.1-52) et T (p.53-94) avec des annotations lexicogr. pour le texte agn. et les gloses mangl.; p. p. William Rothwell, *Walter de Bibbesworth. Le Tretiz*, Aberystwyth (Anglo-Norman Online Hub) 2009.

BibbW id.; texte basé surtout sur BL Arundel 220 (A), var. de BL Sloane 809, p. dans → WrightVoc 142-174; [= TL Walt. Bibl.; Hol 449]. Concordance avec l'éd. BibbO ici, en appendice.

BibbFR Traité d'enseignement de langue et de mœurs, reproduisant les deux tiers de → Bibb (ordre bouleversé) [p. 1-83] et s'appuyant sur → UrbCort et → NicBozProv [83-102], suivi d'un guide de prononciation et d'un vocabulaire alphab. avec prononc. et traduction mangl., basé sur Bibb [102-118], intitulé *Femina* et *Femina nova* dans l'explicit; agn. déb. 15^{e}s.; ms. unique Cambridge Trinity Coll. B.14.40 [agn. après 1415]; p.p. William Rothwell, *Femina*, Aberystwyth – Swansea 2005 (Anglo-Norman On-Line Hub). C.r. Roques RLiR 70,278-282.

BibbFW id.; p. p. W. A. Wright, *Femina*, Cambridge (Univ. Press) 1909; [= TL Femina; AND Fem; Dean 286; Vising 401; cf. Boss 2979]. Concordance avec l'éd. BibbO ici, en appendice.

BibbAmoursR Poème en l'honneur de la Vierge Marie par Walter de Bibbesworth, en vers irréguliers (6 à 8 syll.), incip. *Amours m'ount si enchanté*; agn. fin 13^{e}s.; ms. BL Add. 46919 [agn. ca. 1330]; p. dans → BibbR^2 p.99-102.

Bible Citations lat. d'après R. Weber, *Biblia sacra iuxta vulgatam versionem*, 2 vol., Stuttgart (Württ. Bibelanstalt) 1969. Fournit aussi les sigles des livres bibliques. – Cp. aussi → Bible..., Evrart-Gen, Apoc, Ps, CommPs, Gl, Juges, Raschi, Rois, etc.

BibleAcreN Bible abrégée dont les livres Genèse-Rois rejoignent → BibleAgn par une source commune (2^{e}m. 12^{e}s.?); son livre des Rois correspond à → Rois, Juges à → Juges; Terre Sainte (Acre) traits de l'Ouest et occ. 1^{e}m. 13^{e}s.; ms. de base BN nfr. 1404 [Acre 1281] (N), en var. Ars. 5211 [Acre 1250-54] (A), Chantilly Musée Condé 3 (724) [14^{e}s.] copie de N; deux livres p. p. P. Nobel, *La Bible d'Acre. Genèse et Exode*, Besançon (PU F.-C.) 2006. Ms. N: traits rég. wall., pic., occ. etc. Les corrections au ms. de base N sont identifiées dans l'apparat par 'C', les var. de A par 'V' (v. p. XCVI). [Le texte fr. a été traduit en occ., v. → Juges. Le ms. BN fr. 6447 ne contient que → Juges et Rois.] C.r. Plouzeau RLaR 102,197-229; Roques RLiR 71,564-568.

BibleAdd Sorte de Bible en prose additionnant les livres historiques de la Bible, des textes hagiographiques et apocryphes pour former une adaptation assez complète, pour la 1e partie une mise en prose de → BibleDéc, pour les Actes une trad. fidèle, etc.; agn. déb. 14^{e}s. (?); mss. BL Add. 54235 [agn. 2^{e}q. 14^{e}s.], BN fr. 9562 [agn. 2^{e}q. 14^{e}s.], BN fr. 6260 [contin. ca. 1400?], Boston Mass. Publ. Libr. q.Med.76 (De Ricci 76) [agn. 1^{e}m. 15^{e}s.]; inédit (sauf Gn, maîtrise D. Gerner, Strasbourg 1987); [= Dean 470]. V. M. Boulton MélDiStefano 17-26.

BibleAgn Version de la Bible en prose agn.; agn. 1^{e}m. 14^{e}s.; ms. BN fr. 1 [agn. av. 1361] (P) complet (foliotation écrite sur les versos des feuillets!), BL Roy. 1 C.III [agn. 2^{e}m. 14^{e}s.] (L) Gn-Tb (contient aussi → SJérEp53R et SJérPréf); inédit. Dénomination et description dans → BergerBible 230-237; 324-325; 352; 386; cf. aussi le catalogue des mss. BL Roy. et Meyer *R* 17, 137 [plutôt continental et 13^{e}s.]; [= Dean 469; Vising 352; AND Bible^2 (essentiellement ms. L)]. Cp. → BibleAcre.

BibleAgnR id.; éd. partielle (Act) p. p. N. E. Ratcliff, *Edition and study of a section of an Anglo-Norman translation of the Bible ... The Acts of the Apostles*, thèse St.Andrews 1955; [= AND Actes; Dean 469].

[BibleBNfr1 v. BibleAgn.]

BibleBNfr1753L Paraphrase de l'Ancien Testament (jusqu'au 1er livre des Maccabées); date prob. de la même époque que le ms.: 1350; ms. BN fr. 1753 [pic. (Vermandois) 1350]; p.p. H. Loh, *Histoires tirées de l'Ancien Testament*, thèse Münster 1912; [= TL Hist. Anc. Test.; FEW Loh-Hist (cite d'après les notes en fin de vol.)]. Cité, par BibleMalkS p.ex., comme 'Histoires tirées de l'Ancien Testament'.

BibleBerzéL *Bible Berzé*, poème moralisant prenant la 4e croisade de 1204 - 1210 comme exemple de la perversion du monde, par Hugues de Berzé; traits bourg. ca. 1221; ms. de base BN fr. 378 [fin 13^{e}s.] (C), en var. BN fr. 837 [frc. 4^{e}q. 13^{e}s.] (A), Bruxelles Bibl. roy. 9411-26 [pic. ca. 1300] (B), BL Add. 15606 [bourg. déb. 14^{e}s.] (D), ms. non utilisé Torino Bibl. naz. L.V.32 [wall. ca. 1300] perdu, copie: BN Moreau 1727; p.p. F. Lecoy, *La «Bible» au seigneur de Berzé*, Paris (Droz) 1938; [= TL Bible S. de Berzé; FEW BBerzé; Hol 261; Boss 2735]. Relevé des var. et des modifications du ms. de base lacunaire. Éd. non 'définitive' (ainsi Boss), cf. aussi *R* 65,413-415.

BibleBerzéM id.; ms. BN fr. 837, ici et là corrigé par Bruxelles Bibl. roy. 9411-9426; p. dans → BarbMéon 2, 394-419.

BibleDécB/EN Bible agn. en vers déc. (trad. de l'A. T., augmentée de nombreux épisodes); agn. déb. 13^{e}s.; éd. synoptique de BL Egerton 2710 [agn. mil. 13^{e}s.] (E) et de BN fr. 902 [agn., cette partie 3^{e}q. 13^{e}s.] (B), en var. BN fr. 898 [agn. 1^{er}q. 14^{e}s.] (A), Oxford Corpus Christi Coll. 36 [agn. fin 13^{e}s.] (C), fragm.: New Haven Yale Beinecke Libr. 395 (anc. Cheltenham Phillipps 4156) [agn. ca. 1275] (P), Trier [→ BibleTr] (T), BN nfr. 5237 [rec. fact., 3: 2^{e}m. 13^{e}s.] (D), Lincoln Lincolnshire Arch. Off. Louth Grammar School E.8 [agn. fin 13^{e}s.] (L), Malmesbury Parish Church ms. 2 (i) [agn. ca. 1400] (M); p. p. P.

Nobel, *Poème anglo-normand sur l'Ancien Testament*, 2 vol., Paris (Champion) 1996; [= Dean 462]. Même version que → BibleTr; cp. → BibleAdd.

BibleEntS Traduction anonyme de la Bible entière (titre donné dans → BonnardBible 85-91 qui impr. qqs. extr.; qqs. récits manquent), basée surtout sur la Vulgate et contenant une Légende de la Croix, octosyll. (v. 1-900), décasyll. (901-1740) et alex. (1741-2414); 2e t. 13e s.; ms. de base BN fr. 763 [Est mil. 14e s.] f° 211-277 (B), var. et interpolations des mss. Ars. et Montpellier: Montpellier Ec. de Méd. 437 [1340 a.st.] (M) f° 1-30 fragm., Ars. 3516 [art. 1267] (A) (texte mêlé à → HermVal); p. p. J.C. Szirmai, *La Bible anonyme du Ms. Paris B.N. f. fr. 763*, Amsterdam (Rodopi) 1985; [= TL Bible anonyme S]. Gloss. incomplet. C.r. Roques RLiR 50,641-642.

BibleEntH id.; extraits (tirés des f°s 214b-230b) p. p. S. M. Horrall, "An Old French source for the *Genesis* section of *Cursor Mundi*", *MSt* 40 (1978) 361-373; [= GRLMA 6,2 1812].

BibleGuiart Bible historiale par Guiart des Moulins, juxtaposant à l'origine des résumés des livres historiques de la Bible et la Historia scholastica de Petrus Comestor (parties souvent précédés de '*Glose*' ou '*Historia*' ou sim.), élargi 1er q. 14e s. et 2e m. 14e s. par de plus en plus d'éléments de → BiblePar (textes précédés dans bien des mss. de '*Texte*' ou '*selon la Bible*' ou sim.), prose; art. 1295 (1291-févr. 1294 a.st.); mss. v. → BibleParS 1,203-237 ('BH', 50 mss.; 'BHC', BiblePar et BibleGuiart compilées de manières diverses, aussi fragm., p. 238-469; p. 469-475: imprimés). Listes de mss. v. BergerBible 157-220; E. Fournié en 2009 (en ligne: acrh.revues.org/1408 avec bien des bévues matér., p. ex. Brux. BR 987 l. II 987). Bible hist. 'primitive': Jena El. f. 95-96 [hain. (Mons) ca. 1465], BN fr. 152 [1347], Maz. 312 (532) [1340], Bruxelles Bibl. roy. II 987 [Tournai ca. 1350], New Haven Yale Beinecke Libr. 129 [Tournai ca. 1470] Torino Bibl. naz. L.I.1 [Gand ca. 1475], BL Roy. 19 D.III [frc. 1412 n.st.], BL Roy. 15 D.I [Bruges 1470], BL Roy. 18 D.IX-X [Bruges 1479], BN fr. 155 [Paris ca. 1315]; Petite Bible hist. complétée: Oxford Bodl. Douce 211-212 [Paris 1er q. 14e s.], BN fr. 160 [déb. 14e s.], Montpellier Ec. de Méd. 49 [Paris ca. 1315], Edinburgh Univ. MS 19 [1314], Ars. 5059 [Paris 1317], BN fr. 8 [Paris ca. 1325], Ste-Gen. 20-21 [Paris 1320-1337], Troyes 59 [Paris ca. 1330], Ste-Gen. 22 [Paris ca. 1325], BN fr. 15392 [Paris 2e q. 14e s.], Maz. 311 (40) [Paris 2e q. 14e s.], BL Yates Thompson 20 [Paris 1er q. 14e s.], BL Cotton App. V [Paris ca. 1330], BL Roy. 19 D.IV [2e q. 14e s.], BL Roy. 19 D.V [Paris 2e q. 14e s.], Genève fr. 2 [Paris ca. 1335], New York Pierpont Morgan Libr. M.322-323 [Nord ca. 1335], BN fr. 20089 [Paris ca. 1355], Genève fr. 1 [ce texte 1e m. 15e s.], Torino Bibl. naz. L.I.12 [Amiens? ca. 1440]; Bible hist. complétée Moyenne: BL Add. 15247 [Paris, main angl., 1e m. 14e s.], BN fr. 156 [Paris ca. 1325], Cambridge Fitzwilliam Mus. 9 [Paris ca. 1340], Den Haag KB 71.A.23 [Paris ca. 1340], BN fr. 161-162 [3e q. 14e s.], BN fr. 2 [Paris, main angl., 3e q. 14e s.], BL Roy. 19 D.II [Paris av. 1356], BL Roy. 17 E.VII [Paris 1357 n.st.], Bruxelles Bibl. roy. 9541 [Bible sec. partie Paris ca. 1365, Ios et Idc ca. 1435], Malibu J. Paul Getty Museum Ms. 1 [Paris ca. 1370], Berlin Staatsbibl. Phillipps 1906 (anc. Cheltenham Phillipps 1906) [Paris 1368], Cambridge Mass. Harvard Houghton Libr. Typ 555 [Paris 1373], BN fr. 164 [Paris 4e q. 14e s.], Den Haag KB 78.D.43 [ca. 1375], BN fr. 157 [Paris 2e q. 14e s.], BN fr. 154 [Paris mil. 14e s.], BN fr. 5707 [Paris 1363], Vat. Barberini lat. 613 [Ferrara ca. 1434]; Grande Bible hist. complétée: New York Publ. Libr. Spencer 4 [Gn-Iob Paris ca. 1330, puis 1465-1480], BN fr. 15391 [2e q. 14e s.], Peterburg Ermitage (Fr. 1) [Paris ca. 1355], Stuttgart Württ. Landesbibl. Cod. bibl. 2° 6 [ca. 1365], Ars. 5212 [Paris ca. 1375] + Hamburg Kunsthalle Fr. 1 [Paris ca. 1375], BN fr. 5 [Paris ca. 1375], München gall. 1-2 [Paris ca. 1375], København Kgl. Bibl. Thott 6 f^o [ca. 1375], Den Haag Museum Meermanno-Westreenianum 10.B.23 [Paris ca. 1371], Oxford Bodl. Bodley 971 [Paris? 4e q. 14e s.] acéphale, Soissons 210-212 (198) [ca. 1380], Baltimore Walters Art Museum W.125-126 [fin 14e s.], BN fr. 20090 [Paris ca. 1375], BN fr. 15395-15396 [Paris fin 14e s.], Torino Bibl. naz. Varia 200 [Paris fin 14e s.], Cambrai 398-400 (376) [Nord? 15e s.], Chantilly Musée Condé 23-24 (453 et 488) [15e s.], Wolfenbüttel Herzog August Bibl. Guelf. 76.15-18 Aug. 2° [15e s.], BL Harl. 4381-4382 [Paris ca. 1404], Paris Ass. nat. 3 (Ch. Députés 3) [Paris ca. 1400], BN fr. 6259 [Paris ca. 1400], Ars. 5057-5058 [Paris ca. 1405], BN fr. 159 [Paris av. 1402], Nagoya Furukawa Mus. of Art s.c. [Paris ca. 1410], BN fr. 15393-15394 [Paris ca. 1415], BN fr. 20087-20088 [Paris ca. 1415], BL Add. 18856-18857 [Paris ca. 1415], BL Roy. 15 D.III [Paris ca. 1415], BL Roy. 19 D.VI-VII [Paris ca. 1420], BN fr. 9-10 [Paris ca. 1315], Bruxelles Bibl. roy. 9001-9002 [Paris ca. 1414], Bruxelles Bibl. roy. 9024 [Paris av. 1415], New York Pierpont Morgan Libr. M.394 [Paris ca. 1415], BN fr. 22887 [Paris ca. 1415], Bruxelles Bibl. roy. 9004 [Paris ca. 1420], BN fr. 3-4 [Paris ca. 1420], Maz. 313 (534) [Est ca. 1420], Genève fr. 3 [Genève ou Fr. Comté 1474], BN fr. 15370-15371 [Franche-Comté déb. 16e s.], Oxford Corpus Christi Coll. 385-386 [Tours ca. 1510] (3e vol. perdu), BL Roy. 18 D.VIII [Paris ca. 1335], Bruxelles Bibl. roy. 9634-9635 [Paris 1355] (sec. de 2 vol. le 1er perdu), Oxford Bodl. Bodley 960 [Paris? ca. 1400], Reims Bibl. mun. 60 (A.28) [Paris ca. 1400], Lausanne BCU U.985 [av. 1462], Lausanne BCU U.986 [av. 1462]. Pour

BibleGuiart

les miniatures v. Th. Flum, *Die Miniaturen der Bible historiale*, [Freiburg 2012] à paraître. Ars. 5212 [Paris ca. 1375] et Hamburg Kunsthalle Fr. 1 [Paris ca. 1375] se complètent. Extraits dans → BibleParP 1,82-88.

BibleGuiartM[0] id., version 'primitive' sans la préf. de 1297, Genèse; ms. de base Bruxelles Bibl. roy. II 987 (Gheyn 91; anc. Cheltenham Phillipps 379) [Tournai ca. 1350]; transcrit par B. Michel, thèse Dijon 2004, non publiée.

BibleGuiartT id., version prim., Genèse; ms. transcrit BL Roy. 19 D.III [frc. 1412 n.st.] f°1-41, qqs. var. de Oxford Bodl. Douce 211 [Paris 1[er]q. 14[e]s.] (ms. de la version complétée vers 1310); p. p. M. Taguchi, *The Historye of the Patriarks*, Heidelberg (Winter) 2010; p. 2-276: col. de droite des pages paires. Éd. semidiplom., à travailler (p.ex. *conuira* l. *conjura*, 276b,5, lat. *adjurasset*).

BibleGuiotO *Bible Guiot de Provins*, poème moralisant, déplorant le mauvais monde, en vers octosyll., par Guiot de Provins; déb. 13[e]s. (après 1204); ms. de base BN fr. 25437 [lorr. 13[e]s.], en var. BN fr. 25405 [2e partie, f°89-145, champ.sept. ca. 1300) (A); p. dans → GuiotProvinsO p. 10-93.

BibleGuiotB id.; ms. de base BN fr. 25405 [ca. 1300]; p. dans → BarbMéon 2, 307-393; [= Boss 2741].

BibleGuiotW id., 'édition' sur la base de BibleGuiotB; p. dans → GuiotProvinsW p. 31-111; [= TL Bible Guiot]. Inutilisable. Numérotation peu divergente de l'éd. O.

BibleHolkP Sorte de Bible des Pauvres où la matière biblique est illustrée par 77 miniatures accompagnées d'explications en vers (miniatures 1-14: A. T.), en vers et prose (15-24: N. T.) et en prose (24-77: N. T.); agn. ca. 1325; ms. BL Add. 47682 (anc. Holkham 666) [agn. ca. 1325]; p. p. F. P. Pickering, *The Anglo-Norman text of the Holkham Bible picture book*, Oxford (Blackwell) 1971 (A.-N. Texts 23); [= TL Holkham Bible P; AND Bible[1]; Dean 472; Boss[2] 5572]. Fac-similé: W. O. Hassall, *The Holkham Bible picture book*, London (Dropmore) 1954.

BibleJSt *The Jewish study Bible*, p. p. A. Berlin – M. Z. Brettler, Oxford (OUP) 2004. Éd. commentée de la trad. par la Jewish Publication Society, Philadelphia (1985).

BibleMacéS La Bible de Macé de la Charité, traduction de l'Ancien Testament (42652 vers octosyll.); écrit dans le Centre ca. 1300 (prob. peu après 1300); ms. BN fr. 401 [1343], ms. Tours 906 [déb. 14[e]s.] détruit (l'éd. en donne des 'variantes' d'après les citations dans des études de Bonnard, Herzog et Beichner, v. p. XCV); Genèse et Exode p. p. J. R. Smeets, *La Bible de Macé de la Charité*, I: *Genèse, Exode*, Leiden (Univ. Pers) 1967; [= TL Macé de la Charité Bible; Boss[2] 5555].

BibleMacéS[2] id., Cantique, Maccabées; p. p. J. R. Smeets, *La Bible de Macé de la Charité*, V: *Cantique, Maccabées*, Leiden (Brill – Univ. Pers) 1982; [= Boss[2] 5559].

BibleMacéS[3] id., Evangiles et Actes des Apôtres; p. p. J. R. Smeets, *La Bible de Macé de la Charité*, VI: *Evangiles, Actes des Apôtres, avec une étude sur la morphologie de la Bible*, Leiden (Brill - Univ. Pers) 1986; [= Boss[2] 5560].

BibleMacéH id.; extraits dans E. Herzog, *Untersuchungen zu Macé de la Charité's altfranzösischer Übersetzung des alten Testamentes*, Wien 1900 (Sitzungsberichte der Wiener Akademie der Wissenschaften, Phil.-hist. Kl., Bd. CXLII,6); [= TL Macé]. Extraits: Lv II 11 (6011-6072); XI 3ss. (6381-6622); I Sm XXXI (12043-12116); II Sm XVI - XVIII (13313-13454); III Rg et Lég. de la croix (14547-14754); Est I (17569-17720); déb. du Ct (20691-20728); déb. des Mcc (23907-23946).

BibleMacéK id., Ruth, Judith, Tobie, Esther, Daniel, Job; p. p. H.-C.-M. van der Krabben, *La Bible de Macé de la Charité*, IV: *Ruth, Judith, Tobie, Esther, Daniel, Job*, Leiden (Univ. Pers) 1964; [= TL Macé de la Charité Bible; Boss[2] 5554].

BibleMacéL id., Apocalypse; p. p. R. L. H. Lops, *La Bible de Macé de la Charité*, VII: *Apocalypse*, Leiden (Brill) 1982; [= Boss[2] 5558].

BibleMacéP id., Rois; p. p. A. M. L. Prangsma-Hajenius, *La Bible de Macé de la Charité*, III: *Rois*, Leiden (Univ. Pers) 1970; [= TL Macé de la Charité Bible; Boss[2] 5556].

BibleMacéV id., Lévitiques, Nombres, Deutéronome, Josué, Juges, p. p. P. E. R. Verhuyck, *La Bible de Macé de la Charité*, II: *Lévitiques, Nombres, Deutéronome, Josué, Juges*, Leiden (Univ. Pers) 1977; [= TL Macé de la Charité Bible; Boss[2] 5557].

BibleMalkS Traduction tantôt libre, tantôt littérale de l'Ancien Testament (Gn – I Sm 17), amplifiée d'extraits du Nouv. Test., d'Ovide (dont une trad. de Pyrame et Thisbé), d'une grande partie de → BenTroie, etc., formant une sorte d'histoire générale, par Jehan Malkaraume; lorr. (Metz?; DeesAtlas[2]: Dép. Marne est) 3[e]t. 13[e]s. (en tout cas avant 1314); ms. unique BN fr. 903 [lorr. 3[e]t. 13[e]s.] prob. autographe; vers 1-10592 (Gn, Ex; Comestor, Ovide, etc.) p. p. J. R. Smeets, *La Bible* *de Jehan Malkaraume*, 2 vol., Assen (Van Gorcum) 1978; [= TL JMalk. Bible S; Boss² 5548]. L'éd. omet BenTroie. Introduction touffue. À utiliser avec précaution. C.r. Verhuyck Rbph 62,638-640.

BibleMalkBo id., épisode traduisant Pyrame et Thisbé (fº 188ᶜ-189ᵈ);p. p. J. Bonnard, "Une traduction de Pyrame et Thisbé en vers français du XIIIᵉ siècle", *Recueil inaugural de l'Université de Lausanne*, 1892, p. 211-218; [= TL Pyr. Malk.]. Cf. → Pir.

BibleMalkBu id., partie traduisant I Sm; p. p. W. Buchholz, *Buch eins Samuelis der poetischen Bibelübersetzung von Jehan Malkaraume*, thèse Greifswald 1914; [= TL JMalk. Sam.].

[BibleMaz Gdf = BibleMaz35 = BiblePar.]

BibleMorwH Bible moralisée (typologie biblique) en images accompagnées de légendes en prose; 1ᵉʳq. 13ᵉs.; ms. de base Wien 2554 [Paris ca. 1225] (Gn – IV Rg), complété par BN fr. 9561 [Napoli ca. 1370] (v. → BibleMorP¹A), autre ms. BN lat. 9471 [14ᵉs.]; éd. annoncée par R. Haussherr, cp. ZrP 90, 548-552. Le ms. Wien a été publié en fac-similé: *Bible moralisée* (Comment. de R. Haussherr), Graz (Akad. Druck- und Verlagsanstalt) – Paris (Club du Livre) 1973; [= TL Bible moralisée H; Boss² 5575]. Une deuxième réd. fr. partielle se trouve dans le 3ᵉ tome du ms. Toledo Catedr. sans cote (Biblia de San Luis) [ca. 1230], une troisième dans les mss. BN fr. 167 [ca. 1350], BN fr. 166 [ca. 1403/av. 27 avr. 1404], Vat. Reg. lat. 25 [ca. 1410], BN fr. 897 [Bruges ca. 1460], Den Haag KB 76.E.7 [Bruges ca. 1460], BL Add. 15248 [Bruges ca. 1460], v. le commentaire de Haussherr et cp. WoC 27. Cf. → Flam. A. de Laborde, *Ét. sur la Bible mor. ill.*, contient au t. 5 (Paris 1925) des descriptions de mss., des titres d'images, mais pas de textes. Descriptions de mss. et extrait (BN fr. 167: Ruth) dans la belle publ. de J. Lowden, *The making of the Bibles moralisées*, 2 vol., University Park (Pennsylv. St. Univ. Press) 2000.

BibleMorP¹A id., version du ms. BN fr. 9561 [Napoli ca. 1370] (P¹) concernant le Pentateuque, Josué, Juges et le Nouveau Testament;p. p. H. Andresen, *Eine altfranzösische Bearbeitung biblischer Stoffe*, Halle (Niemeyer) 1916; [= TL Afz. Bibl. Stoffe; FEW AndresenBibl; cp. WoC 27]. Texte peu conforme à → BibleMorw.

BiblePar Bible dite 'de Paris', 'de saint Louis' et 'du XIIIᵉ siècle', fidèlement traduite et glosée (sur la base de la Glossa ordinaria) dans les écoles de Paris (travail en groupe?); frc. (Paris) mil. 13ᵉs.; 1ᵉ partie (Gn – Ps) transmise par peu de mss. partiels ou complets: BN fr. 6-7 [fin 14ᵉs.] (6 = I, Gn – Ps; 7 = II, Prv – Apc); BN fr. 899 [frc. ca. 1260] (F) incomplet, Bern 27 [Paris 2ᵉm. 13ᵉs.] 1ᵉ partie dont Nm manque, Ars. 5056 [Est 2ᵉm. 13ᵉs.] 1ᵉ partie, BL Harl. 616 [3ᵉt. 13ᵉs.] avec BL Add. 41751 (Yates Thompson 9) [3ᵉt. 13ᵉs.] complet, Cambridge Univ. Ee.III.52 [peu de traits agn. 2ᵉq. 14ᵉs.] copie de BL Harl., dit ms. de Canterbury, 1ᵉ partie dont Ps incomplets, Strasbourg Univ. C.iv.10 (perdu), Chantilly Musée Condé 4-5 (1045 et 1045bis) [ca. 1300] complet, New York Pierpont Morgan Libr. M.494 [Paris 3ᵉt. 13ᵉs.] les deux parties presque compl., Philadelphia Free Libr. Widener Collect. 2 [2ᵉm. 15ᵉs.] 1ᵉ partie et la 2ᵉ partiellement (BibleGuiart), Evora Bibl. publ. CXXIV/1-1 [15ᵉs.] 1ᵉ partie; la 2ᵉ partie (Prv – Apc) qui a été intégrée ultérieurement dans la → BibleGuiart pour former ce qu'on appelle la Bible Historiale Complétée survit dans beaucoup de mss.: Maz. 35 (684) [2ᵉm. 13ᵉs.] (E), BN fr. 24728 [Est fin 13ᵉs.], BN fr. 398 [ca. 1300], BN fr. 901 [2ᵉm. 13ᵉs.] A. T. incomplet, BN fr. 6258 [1420], Rouen Bibl. mun. 185 (A.211) [3ᵉt. 13ᵉs.] (A), BL Roy. 1 A.XX [Paris 1312] (1ᵉʳ ms. en date de la Bible Hist. Compl.), Oxford All Souls Coll. 10 [Angl. fin 15ᵉs.], Oxford Christ Church 178 [ca. 1300] (C) N. T., Bruxelles Bibl. roy. 10516 [fin 13ᵉs.], Vat. Reg. lat. 26 [ca. 1300], BN fr. 12581 [frc. (av.) 1284] (D; cité par Gdf: 'Les quat. Evangel.') Evangiles, Bern 28 [ca. 1270] (B; cf. → OrelliBibel), Cologny Bodmer 4 [fin 13ᵉs.] extraits de la Genèse, Cologny Bodmer 147 [4ᵉq. 13ᵉs.] Judith et Maccab. I et II, København Kgl. Bibl. Thott 7 fº [fin 13ᵉs.], Ars. 5059 [Paris 1317], BN fr. 152 [1347] extraits, BN fr. 160 [déb. 14ᵉs.], Saint-Omer 68 [art. 14ᵉs.], BL Add. 40619-20 [fin 13ᵉs.] incomplet, Bern 214 [1ᵉm. 14ᵉs.] Gn, Arras 587 (897) [pic. (Arras) 1370 n.st.] Tb, Rennes 593 (147) [1304 n.st.] Iob, BN nfr. 5386 [traits sept. et pic. fin 13ᵉs.] Rm, BN fr. 20090 [Paris ca. 1375] Act–Apc, BN nfr. 6883 [fin 13ᵉs.] Apc. Les Psaumes sont reproduits d'après la version gallicane (→ PsOxf). Inédit dans l'ensemble, v. les éd. partielles ci-dessous. Cp. GRLMA 6¹, 29; 6², 1412; BergerBible 109-156. Pour la Bibl. Hist. Compl. v. BergerBible 187-220 (aj. Stuttgart Württ. Landesbibl. Cod. bibl. 2º 6 [ca. 1365]) et → BibleParS p. 141-151 ('BXIII', 4 mss. complets); 151-202 ('BXIII', 32 mss. partiels).

BibleParP id., Actes XX-XXIV; ms. BN fr. 899 [ca. 1260], en var. Bruxelles Bibl. roy. 10516, Maz. 35, BN fr. 398, Oxford Christ Church 178, Rouen Bibl. mun. 185 (A.211), Vat. Reg. lat. 26, BN fr. 7, BN fr. 6258; p. p. G. de Poerck, *Notions de grammaire historique du français et exercices philologiques*, I. *Textes*, II. *Morphologie*, Gent (Story) 1962; [= Boss² 5563]. Les deux parties ne concernent que l'extrait édité. T. 1, p. 82-88: extraits de → BibleGuiart.

BibleParQ

BibleParQ id., Genèse; ms. de base Ars. 5056 [Est 2e m. 13e s.] (A), en var. BL Harl. 616 (L), BN fr. 899 (B), Cambridge Univ. Ee. III. 52 (C); p. p. M. Quereuil, *La Bible française du XIIIe siècle. Edition critique de la Genèse*, Genève (Droz) 1988; [= TL Bible XIIIe siècle Q]. Assez fautif. C.r. Vielliard R 109,131-137; Leonardi StM 29,246-255; Pfister ZrP 107,208-211.

BibleParS id.; ms. de base Rouen Bibl. mun. 185 (A. 211) [2e m. 13e s.] (A), en var. Bern 28 (B), Oxford Christ Church 178 (C), BN fr. 12581 (D), Maz. 35 (E), BN fr. 899 (F); Évangiles p. p. C. R. Sneddon, *A critical edition of the four Gospels in the thirteenth-century Old French translations of the Bible*, thèse Oxford 1978; [cp. Boss[2] 5570 Rem.]. Cp. Sneddon StFr 43,1-13.

BibleRab *La Bible traduite du texte original par les membres du Rabbinat français*, trad. fr. sous la dir. de Z. Kahn, Paris (Colbo) 1899, 2e éd. 1966, réimpr. corr. 1973 (5733). Plus utile: → BibleJSt.

BibleSeptEtatsM Geufroi de Paris, Bible des sept états du monde, compilation de récits bibliques et apocryphes (ca. 20.000 vers octosyll.) classés en sept *estaz* (Anc. Test., Nouv. Test., Enfer, Purgatoire, Condition humaine, Antéchrist, Fin du monde) sans doute tous, sauf Prologue, Epilogue et des vers de transition, copiés de poèmes préexistants (avec ou sans modifications), de sorte que pour plusieurs textes la BibleSeptEtats ne constitue qu'un ms. parmi d'autres: cf. → SMarieJésus, SFanuel, PassJongl, TroisAm, WaceConc (incluant, f°138-142, Assomption), HuonRegr, EvNic, SPaulEnfPeines, PurgSPatrPr (prose mise en vers par Geufroi), ApostropheCorps, QSignes; prob. 1243; ms. unique BN fr. 1526 [frc. 2e m. 13e s.]; analyse et extraits p. p. P. Meyer, "Notice sur la *Bible des sept états du monde* de Geufroi de Paris", NotExtr 39 (1909) 255-322; [= Boss 3023]. Le morceau le plus long est le début: v. 1-856, f°1-8b. En tout, un cinquième semble rester inédit (jusqu'en 2016).

BibleSeptEtatsA id.; extraits correspondants à → ApostropheCorps (p. 50b-51b; réparti sur ca. f°176-179) et à HuonRegr (p. 52b-56b, 64b-77b, 80b-83b; ca. f°171-182), p. p. H. Andresen, "Eine altfranzösische Bearbeitung der Parabel von den drei Freunden", ZrP 22 (1898) 49-90; (= → TroisAmA. À compléter par → BibleSeptEtatsL.

BibleSeptEtatsF id., partie du texte (v. 3864-7079, f°64a-91d) relatant la vie du Christ suivant l'épisode de la Samaritaine jusqu'à la Passion, tirée de → SMarieJésus, p. p. M. Fleischer, *Christi Leben von der Geschichte von der Samariterin bis zur Passion...*, thèse Greifswald 1913; [= Hol 196; Boss 3320]. En app. se trouvent les passages qui n'ont pas d'équivalence dans → SMarieJésus (ce dernier texte est imprimé sur la base du ms. Ars. 5204).

BibleSeptEtatsI id., partie du texte qui dérive directement de → WaceConc (f°31-40d, à interpolations), avec des var. du texte correspondant à → SFanuel (plusieurs mss.) et qqs var. de BN fr. 409 et Rennes 147, p. p. F. Intemann, *Das Verhältnis des 'Nouveau Testament' von Geffroi de Paris zu der 'Conception Notre-Dame' von Wace, zu der Handschrift Add. 15606 des Britischen Museums und zu der Hamilton Handschrift No. 273 des Fitzwilliam Museums zu Cambridge*, thèse Greifswald 1907; [= Boss 3024].

BibleSeptEtatsK id., partie du texte (v. 1248-3863, f°39b-64a) relatant la vie du Christ depuis sa naissance jusqu'à l'épisode de la Samaritaine, tirée de → SMarieJésus, p. p. E. Krappe, *Christi Leben von seiner Geburt bis zur Geschichte von der Samariterin...*, thèse Greifswald 1911; [= Boss 3319]. Les vers 1876-2029 qui manquent dans → SMarieJésus sont imprimés en appendice.

BibleSeptEtatsKa[1] id., extrait (14 + 1236 vers, f°143d-153d) correspondant à → SPaulEnfPeines; p. p. L. E. Kastner, "Les versions françaises inédites de la Descente de saint Paul en enfer", RLaR 49 (1906) 321-351; [cf. Boss 3361].

BibleSeptEtatsKa[2] id., extrait (f°179-181) concernant la légende de l'Antéchrist (cf. → Ant); p. p. L. E. Kastner, "Some Old French poems on the Antichrist", MLR 2 (1906) 26-33, spéc. 26-31; [= Hol 113; Boss 3211]. [Singulière confusion: la 1e page de l'art. concerne → SPaulEnfPeinesK.]

BibleSeptEtatsL id., extraits correspondants à → HuonRegr (f°87; 107c-110c; 171bc; 176-179; 181c; 182; 187) p. dans → HuonRegrL p. 175-193. Omet les passages p. dans → BibleSeptEtatsA.

[**BibleSeptEtatsP** f°92b-126b → PassJonglGP (inclut la Descente du Christ en enfer).]

BibleSeptEtatsS id., remarques suppl. à → BibleSeptEtatsM et extrait (f°89-90 et 90-91), p. p. E. Stengel, "Einige Bemerkungen über die altfranzösischen poetischen Bearbeitungen des Lebens Christi und der Jungfrau Maria", *Mélanges offerts à M. Émile Picot...*, 2 vol., Paris 1913, 1, 215-224, spéc. 218-219; [= Boss 3321].

BibleTrB Fragments de → BibleDéc; agn. [déb. 13e s.]; ms. Trier Stadtbibl. Fragm. VIII,5 [agn. fin 13e s.] fragment de 8 feuillets, en var. (et pour suppléer aux lacunes) mss. BN fr. 898 [agn. 1er q. 14e s.] et BN fr. 902 [agn., cette partie mil. 13e s.]; p. p. F. Bonnardot, "Fragments d'une traduction de la Bible en vers français", R 16

(1887) 177-213; [= TL Bibelübers. Rom.; cf. Dean 462].

BichonAni J. Bichon, *L'animal dans la littérature française au XIIème et au XIIIème siècles*, 2 vol., Lille (Univ. de Lille III, Serv. de repr.) 1976. Contient des références utiles. Source d'erreurs [p.ex. 391 *caucatris* "crocodile" au lieu de "sorte d'oiseau"].

BidlerErot R. M. Bidler, *Dictionnaire érotique. Ancien français, moyen français, Renaissance*, Montréal (CERES) 2002. Renvois en partie insuffisants; interprétations pas toujours sûres.

BienDire *Bien dire et bien aprandre. Revue ou collection de Médiévistique*, Lille 1978 – . Revue ou collection aux volumes thématiques et aux actes de colloques.

BienFamesF Dit du *Bien des fames* (poème en faveur des femmes), en vers octosyll., incip. *Qui que des fames vous mesdie*; 3e t. 13e s.; ms. de base BN fr. 1593 [frc., faibles traits lorr. fin 13e s.] (P), en var. Rouen Bibl. mun. 671 (A.454) [13e et 14e s.] (R), BL Harl. 2253 [agn. ca. 1335] (L); p.p. W. Pfeffer, dans → ContenFamesF 106-118.

BienFamesJ id.; ms. P p. dans → JubJongl 83-86.

Bierbach M. Bierbach, *Die Verbindung von Verbal- und Nominalelement im Französischen. Beitrag zur Geschichte eines Wortbildungsmusters*, Tübingen (Narr) 1982 (Tüb. Beitr. zur Ling. 162).

BigalkeArbeit R. Bigalke, *Zur Diachronie des Arbeitsbegriffes im Galloromanischen, Italienischen und Rumänischen, unter Berücksichtigung des Spät- und Mittellateinischen*, thèse Osnabrück [1995] (Rasch) 1996. Utilisation compilative des matériaux trouvés.

BillotVinc C. Billot, *Chartes et documents de la Sainte-Chapelle de Vincennes (XIVe et XVe siècles)*, 2 vol., Paris (CNRS) 1984; [= TL Chartes doc. Vincennes B]. Contient des comptes, chartes et d'autres documents lat. et fr. de 1209 à 1540; fr. (orig.) de 1314, 1364, etc. Sans gloss., avec 'Index analytique' frm.

BillotteJMeun D. Billotte, *Le vocabulaire de la traduction par Jean de Meun de la Consolatio Philosophiae de Boece*, Paris (Champion) 2000. Gloss. mlt.-afr. et afr.-mlt. sur la base de → JMeunConsD, avec corr.

BillyALG P.-H. Billy, *Atlas linguae gallicae*, Hildesheim (Olms-Weidmann) 1995. C.r. RLiR 61,554-555.

BillyThes P.-H. Billy, *Thesaurus linguae gallicae*, Hildesheim (Olms-Weidmann) 1993. C.r. H. J. Wolf RLiR 60,190-194.

BischoffAnec B. Bischoff, *Anecdota novissima. Texte des vierten bis sechzehnten Jahrhunderts*, Stuttgart (Hirsemann) 1984 (Quellen und Untersuchungen zur lat. Philol. des Mittelalters 7).

BlackBookT *Black Book of the Admiralty*, recueil de textes juridiques et de doc. divers ayant trait à l'amirauté anglaise aux 14e et 15e siècles; divisé en 10 parties: I (A) vingt articles contenant les plus anciennes règles concernant l'élection etc. du Lord Admiral, agn. ca. 1340, t. 1, p. 2-22; II (B) vingt articles concernant les devoirs du Lord Admiral en temps de guerre, agn. ca. 1340, t. 1, p. 24-38; III (C) divers règlements concernant l'office du Lord Admiral, agn. ca. 1365, t. 1, p. 40-86, suivi (p. 88-130) de CoutMerOlBT; IVa (D) dix-huit articles concernant l'amirauté établis en 1375 (ou peu après) en agn., t. 1, p. 132-146, suivis, IVb, d'une sorte de code criminel, agn. 4e q. 14e s., t. 1, p. 148-177; V Ordo judiciorum, lat. ca. 1410, t. 1, p. 178-220; VI De Officio Admiralitatis, lat. 2e q. 15e s., t. 1, p. 221-245; VII Doc. divers de la 1re m. 15e s. jusqu'en 1463, lat., fr., et angl., t. 1, p. 246-281; VIII The Statutes and Ordinaunces to be Keped in Time of Werre, angl. ca. 1419, t. 1, p. 282-299; IX Doc. concernant «battailles dedens lices», mfr. fin 14e s., t. 1, p. 300-328 (trad. mangl. en regard); X De Materia Duelli, lat. et mfr. ca. 1440, t. 1, p. 330-344; ms. orig. London PRO HCA.12 [ca. 1425] non utilisé ayant été perdu jusqu'en 1919, ms. de base London Whitehall [18e s.] copie de l'orig., autres mss.: BL Cotton Vespasian B.XXII [déb. 15e s.], BL Lansdowne 171 [17e s.] extraits, BL Lansdowne 318 [17e s.], Oxford Bodl. Arch. Selden B.27 [agn. ca. 1435], London Lincoln's Inn 46 [17e s.]; p. p. T. Twiss, *The Black Book of the Admiralty*, 4 vol., London 1871-1876 (Rerum brit. medii aevi scriptores, Monumenta juridica); [= AND Blk Bk; Vising 347]. T. 1, p. 345ss. et t. 2-4 contiennent des appendices divers dont → CoutMerOlLT (3,4-33), CoutOleronT (2,254ss.), CoutRouen (2,399ss.) et DomGipT (2,16-206).

Blaise A. Blaise, *Dictionnaire latin – français des auteurs chrétiens*, Chez l'auteur 1954 (réimpr. Turnhout (Brepols) 1967).

BlaiseLit A. Blaise, *Le vocabulaire latin des principaux thèmes liturgiques*, Turnhout (Brepols) 1966.

BlaiseMAge A. Blaise, *Dictionnaire latin – français des auteurs du moyen-âge*, Turnhout (Brepols) 1975 (Corpus Christianorum Cont. Med.).

BlancandS *Blancandin et l'Orgueilleuse d'amour*, roman d'aventure en vers octosyll.;

BlancandS

1^{er}t. 13^{e}s.; ms. de base BN fr. 19152 [frc. fin 13^{e}s.] (A) qui donne les vers 1-4816 et une fin très courte (p. 401-404), en var. BN fr. 375 [pic. 1289 n.st.] (C) → BlancandS, Philadelphia Univ. of Penn. Van Pelt Libr. Ms. Codex 862 (French 22) [ca. 1300] (P, ca. 400 vers du début manquent, ms. peu fidèle) → BlancandPS, Torino Bibl. naz. L.V.44 [lorr. fin 13^{e}s.] (B) perdu, AN AB.XIX.1734 [rec. fact., cette pièce fin 13^{e}s.] (F) fragm., Utrecht Catharijneconvent BMH h fragm. 36 [14^{e}s.?] (Ua, Ub); p. p. F. P. Sweetser, *Blancandin et l'Orgueilleuse d'amour*, Genève (Droz) – Paris (Minard) 1964 (T.L.F. 112); [= TL Blancandin^2; Boss^2 2401].

BlancandM id.; ms. de base C; p. p. H. Michelant, *Blancandin et l'Orgueilleuse d'amour*, Paris (Tross) 1867; [= TL Blancandin; Boss 1284; Hol 984].

BlancandCS id.; fin (v. 4817-6520) remaniée du ms. pic. C, imprimée dans → BlancandS p. 294-390 (haut de page). Les vers non coïncidants sont à dater du 13^{e}s. (av. 1289).

BlancandPS id.; fin (v. 4817-5548) du ms. P, prob. près de l'orig., imprimée dans → BlancandS p. 294-390 (bas de page).

BlancandPrBrG id., mise en prose, réd. du ms. Br (réd. du ms. V et de sa copie Pa: BlancandPrvG); 1^{e}m. 15^{e}s.; mss. BN fr. 24371 [15^{e}s.] (Pa), Bruxelles Bibl. roy. 3576-77 [av. 1469] (Br), Wien 3438 [ca. 1455] (V); p. p. R. A. Greco, *Blancandin et l'Orgueilleuse d'amours. Versioni in prosa del XV secolo*, Alessandria (Orso) 2002 (Bibl. Rom. 3), texte de Br p. 79-144, de V p. 145-275; [Wo 25; Wos 25].

BlancandPrvG → BlancandPrBrG.

BlangezProv G. Blangez, "Proverbes dans le Ci-nous-dit", *Bull. du Centre d'Etudes médiévales et dialectales de l'Université Lille III*, n°1, mars 1978. Concerne → CiNDitB.

BlankBed A. Blank, *Prinzipien des lexikalischen Bedeutungswandels am Beispiel der romanischen Sprachen*, Tübingen (Niemeyer) 1997.

BlasmeAP *Le blasme des fames*, poème misogyne, vers octosyll., incip. *Qui a fame prent compaignie*; 3^{e}t. 13^{e}s.; mss. de la famille 'A' (v. → BlasmeBF); ms. Q (= A) p. p. M. Pagano, *Poemetti misogini antico-francesi*, I, *Le blasme des fames*, Catania (Fac. di Lettere e Filosofia) 1990, p. 111-141, suivi, p. 144-193, d'une éd. synoptique semi-dipl. de tous les mss. des versions 'A' et 'B'. Lire Lebsanft ZfSL 104,86-88.

BlasmeAJ id.; ms. Q p. dans → JubJongl 79-82.

BlasmeBF *Le blasme des fames* (titre mss. PQ; titre de C: *Les propretés des femmes*), poème misogyne, octosyll., incip. *Oez seignurs e escutez*, famille de mss. 'B': CFL, 'A': OPQRW; agn. fin 13^{e}s.; ms. de base Cambridge Univ. Gg.I.1 [agn. après 1307] (C/Pagano: U), en var. Firenze Bibl. Med. Laurenz. Plut. XLII.41 [It. 1310] (F/P), BL Harl. 2253 [agn. ca. 1335] (L/M), aussi du groupe 'A': Oxford Bodl. Digby 86 [agn. 1272-82] (O/Z), BN fr. 1593 [frc., faibles traits lorr. fin 13^{e}s.] (P/E), BN fr. 837 [frc. 4^{e}q. 13^{e}s.] (Q/A), Rouen Bibl. mun. 671 (A.454) [13e et 14^{e}s.] (R/R), London Westminster Abbey 21 [15^{e}s.] (W/W); p. p. W. Pfeffer, dans → ContenFamesF 120-142; [= Dean 202].

Blau J. Blau, *A dictionary of Medieval Judaeo-Arabic texts*, Jerusalem (Ac. Hebr. Lang.) 2006. Aux lemmes en graphie arabe.

BliocadranW Poème en vers octosyll. mettant en vedette le père de Perceval, Bliocadran, et servant de prologue à → Perc dans deux mss.; ca. 1200; ms. de base BL Add. 36614 (anc. Ashburnham Barrois 1) [cette partie wall. 2^{e}m. 13^{e}s.], en var. Mons Univ. 331/206 (4568) [tourn. 2^{e}m. 13^{e}s.]; p. p. L. D. Wolfgang, *Bliocadran*, Tübingen (Niemeyer) 1976 (ZrP-Beih. 150); [= TL Bliocadran W; Boss^2 3864]. Remplace l'éd. dans → PercH p. 430-454. La version en prose de l'impr. de 1530 est dans → PercH p. 498-501.

BlondNesleL Blondel de Nesle (Neele), trouvère à l'œuvre lyrique (27 chansons attrib.); pic. 4^{e}q. 12^{e}s.; pour les 17 mss. v. p. 33-34 et → RaynaudSpanke^2, mss. principaux BN fr. 844 [pic. 2^{e}m. 13^{e}s.] ('M'), Ars. 5198 [déb. 14^{e}s.] ('K'), Bern 389 [lorr. fin 13^{e}s.] ('C'); p. p. Y. G. Lepage, *L'Œuvre lyrique de Blondel de Nesle*, Paris (Champion) 1994 (Nouv. Bibl. du M.A. 22). C.r. T. Städtler ZrP 113,125-128.

BlondNesleW id.; p. p. L. Wiese, *Die Lieder des Blondel de Nesle*, Dresden [Niemeyer, Halle] 1904 (Ges. für rom. Lit. 5); [= TL Blondel]. Éd. 'critique' aux riches var.

BlondNesleC id., fragment Leiden Univ. BPL 2785 bis [13^{e}s.]; p. p. R. Crespo, "Briciole di un antico canzoniere francese…", *MedRom* 2 (1975) 409-416; [= Boss^2 4454].

BlondNesleLexM Blondel de Nesle, lexique, p. p. F. W. Marshall, *Les poésies de Blondel de Nesle. Une étude du lexique d'après l'examen des manuscrits*, thèse Paris 1958. Consulter G. Lavis – C. Dubois, *Les chansons de Blondel de Nesle. Concordances et index*, Liège s.d. [1971]; [= Boss^2 4453].

Blondh D. S. Blondheim, *Les parlers judéo-romans et la Vetus Latina*, Paris (Champion) 1925;

[= FEW Blondh; TL Blondheim Parlers judéo-romans; LevyTrés O].

BlondhPo   D. S. Blondheim, *Poèmes judéo-français du moyen âge*, Paris (Champion) 1927; [= TL Poemes jud.-frç.; LevyTrés W]. Contient → ChantMariageB, tiré du ms. New York Jewish Theol. Sem. of Am. 8092 [hébr., Est 2^{e}m. 13^{e}s.] qui contient → Machsor, ajout 2^{e}m. 13^{e}s. (I), et trois poèmes tirés de BL Add. 19664 [hébr., ajout Est 14^{e}s.], incipit, II: *Les anfanz des abot sages i apris, bien ansenez*, III: *Roi de poer e fort e de tote ovre grant*, IV: *La nuit de pesah Gé* [= Dieu] *la vot partir*. Publiés aussi dans R 52,18-34.

BlumeMusik   F. Blume et al., *Die Musik in Geschichte und Gegenwart. Allgemeine Enzyklopädie der Musik*, 17 vol., Kassel – Basel – London – New York (Bärenreiter) 1949-1986 [= MGG], 2e éd. → MGG^2.

BlumenthalLab   P. Blumenthal, *Die Entwicklung der romanischen Labialkonsonanten*, thèse Bonn 1972 (Roman. Sem. der Univ. Bonn: Romanist. Versuche und Vorarbeiten 38).

BoWestvl[1]   L.-L. de Bo, *Westvlaamsch Idioticon*, 2 vol., Brugge (Gailliard) 1873.

BoWestvl[2]   id.; éd. revue par J. Samyn, Gent (Siffer) 1892; [= FEW DeBo].

Boca   J. Boca, *La justice criminelle de l'échevinage d'Abbeville au moyen âge, 1184 - 1516*, thèse Lille (Raoust) 1930 (Bibliothèque de la Société d'histoire du droit des pays flamands, picards et wallons, IV); [= FEW Boca].

BockVergleiche   M. Bock, "Vergleiche und Gleichnisse bei einigen altfranzösischen Dichtern", *Jahresbericht der Staats-Oberrealschule Linz*, 1900/1901, Linz 1901, 5-66 = 1^e partie); "Vergleiche und Gleichnisse im Altfranzösischen", *XLVIII. Jahresbericht der k.k. Staats-Realschule im IV. Bezirke Wiens*, 1902/1903, Wien 1903, 3-34; 1903/1904, Wien 1904, 3-38 (= 2^e partie); [= TL Bock Vergleiche^1 et Bock Vergleiche^2].

BodelCongéRu   Jehan Bodel, *Congés* (poème d'adieu du poète entrant dans une léproserie), vers octosyll.; art. 1202; ms. de base Ars. 3142 [Paris? fin 13^{e}s.] (C), en var. BN fr. 375 [pic. 1289 n.st.] (A), Ars. 3114 [pic. fin 13^{e}s.] (B), BN fr. 837 [frç. 4^{e}q. 13^{e}s.] (D), Bruxelles Bibl. roy. 9411-26 [pic. ca. 1300] (E), Torino Bibl. naz. L.V.32 [wall. ca. 1300] (F) perdu (copie: BN Moreau 1727 [copie 18^{e}s. de Torino Bibl. naz. L.V.32]), BN fr. 25566 [pic. (Arras) prob. 1295] (G); p. p. P. Ruelle, *Les congés d'Arras (Jean Bodel, Baude Fastoul, Adam de la Halle)*, Bruxelles (PUB) – Paris (PUF) 1965; [= TL Congés R; Boss^2 4529]. Texte p. 85-104; contient aussi → BaudeFastCongéR et AdHaleCongéR.

BodelCongéR   id.; édition 'critique' amalgamée de plusieurs mss., p. p. G. Raynaud, "Les congés de Jean Bodel", *R* 9 (1880) 216-247; [= TL Congés JBodel; Boss 2412].

BodelFablN   Jean Bodel, Fabliaux; art. ca. 1195; p. p. P. Nardin, *Les fabliaux de Jean Bodel*, Dakar 1959 (Publ. Langues et Litt. Fac. des Lettres et Sc. hum. 3); [= TL Jehan Bodel Fabliaux; Boss^2 4701]. Contient HaimBarN, Vilain de Farbu, Vilain de Bailluel, De Gombert, Brunain la vache au prestre, Sohaiz des vez, Deus chevaus, etc. V. aussi l'éd. partielle dans → NoomenFabl: n°6; 35; 40; 50; 62; 70.

BodelFablLexN   id., lexique (établi sur la base de MontRayn); p. p. P. Nardin, *Lexique comparé des fabliaux de Jean Bedel*, Paris (Droz) 1942; [= FEW Bedel].

BodelFablLexF   id., compte rendu de → BodelFablN, avec un lexique; p. p. L.-F. Flutre, *R* 81 (1960) 250 [261]-266.

BodelNicH   Jehan Bodel, *Jeu de saint Nicolas*, miracle dramatisé en vers octosyll.; art. ca. 1195 (prob. entre 1191 et 1202); ms. unique BN fr. 25566 [pic. (Arras) prob. 1295]; p. p. Albert Henry, *Le jeu de saint Nicolas de Jehan Bodel*, Bruxelles (PUB) – Paris (PUF) 1962; [= TL Jehan Bodel Jeu SNic. H; Boss^2 6330]. Le prologue, v. 1-114, est probablement apogryphe; il peut dater de mil. 13^{e}s. Éd. exemplaire.

BodelNicH[2]   id., 2e éd., Bruxelles 1965.

BodelNicH[3]   id., 3e éd. remaniée, Bruxelles 1981 (Ac. roy. de Belg., Lettres, 8°, 2e sér., 65,2); [= Boss^2 6331]. C.r. Lebsanft ZfSL 92,342-347.

BodelNicH[4]   id.; Albert Henry, *Jehan Bodel, Le Jeu de saint Nicolas*, Genève (Droz) 1981 (T. L. F. 290); [= TL Jehan Bodel Jeu SNic. H^2; Boss^2 6332].

BodelNicJ   id.; p. p. A. Jeanroy, *Jean Bodel, trouvère artésien du XIIIe siècle, Le Jeu de saint Nicolas*, Paris (Champion) 1925 (CFMA 48); [= TL Jeu SNic. J; Hol 1984; FEW BodelNic et JBodel et JehanBodel; Boss 3912].

BodelNicW   id.; p. p. F. Warne, *Jean Bodel, Le Jeu de saint Nicolas*, Oxford (Blackwell) 1951.

[Bodel v. aussi HaimBar; Saisn.]

BodelPastB   Jehan Bodel, quatre pastourelles lui attribuées; art. av. 1202; mss. Bern 389 [lorr. fin

13ᵉs.] (C), BN fr. 844 [pic. 2ᵉm. 13ᵉs.] (M), BN fr. 12615 [art., 1ᵉ partie (fº1-222) 4ᵉq. 13ᵉs.] (T), BN fr. 20050 [lorr. 3ᵉt. 13ᵉs.] (U); p.p. A. Brasseur, dans *Arras au Moyen Age* p.p. M.-M. Castellani et J.-P. Martin, Arras (Artois Presses Univ.) 1994, 257-303. Correspond à → RomPast 287-291.

BodmerSpinnen A. Bodmer, *Spinnen und Weben im französischen und deutschen Wallis*, Genf (Droz) – Zürich (Rentsch) 1940 (Rom. Helv. 16); [= TL Bodmer Spinnen; FEW Bodm].

[Boeve (FEW) → BueveAgnS.]

Boggs R. S. Boggs – L. Kasten – H. Keniston – H. B. Richardson, *Tentative dictionary of Medieval Spanish*, Chapel Hill, North Carolina 1946. 537 p. dact.

BoisvertVilleh Lionel Boisvert, *Le vocabulaire de Villehardouin. Lexique et classement onomasiologique*, thèse Strasbourg 1974, non publiée. Concerne → Villeh.

BoivProvAMé *De Boivin de Provins*, fabliau, version plus longue du ms. A, incip. *Mout bons lechierres fu Boivins*, vers octosyll.; champ. 2ᵉm. 13ᵉs.; ms. BN fr. 837 [frc. 4ᵉq. 13ᵉs.] (A); dans → MénardFabl 47-57; 140-143.

BoivProvAN id.; p. dans → NoomenFabl 2,79-105.

BoivProvAN² id.; en var. ms. P; p. dans → NoomenJongl 244-275.

BoivProvPN id., version plus courte du ms. P, incip. *Un bon lechierre fu de vins*, vers octosyll.; 2ᵉm. 13ᵉs.; ms. BN fr. 24432 [frc. av. 1349] (P); p. dans → NoomenFabl 2,79-105.

BoivProvA/PR id.; p. dans → RychnerFabl 110-119 (VIII).

BollandEyre W. C. Bolland, *Select bills in Eyre, A. D. 1292 – 1333*, London (Quaritch) 1914 (Selden Soc. 30); [= AND Sel Bills Eyre]. Minutes orig. agn. des causes traitées par les assises générales du roi d'Angleterre (angl. *eyre* [< fr. < lt. *iter*] ou *circuit court*), fr. (dates extrêmes 1292 et 1333) et lat.

BonAngeK *Du bon ange et du mauvés*, en vers octosyll.; Est ou Nord-Est mil. 13ᵉs.; ms. de base BN fr. 24429 (anc. La Vallière 2738, 41) [déb. 14ᵉs.], en var. Vat. Reg. lat. 1682 [2ᵉq. 14ᵉs.]; p.p. H. Kleineidam, *Li ver de Couloigne, Du bon ange et du mauves, Un ensaingnement*, München (Hueber) 1968 (Beiträge zur romanischen Philologie des Mittelalters 3), p. 67-107; [TL Ver de Couloigne concerne les trois textes: → VerCoulK, BonAngeK, EnsaingnK].

BonBergL *Le bon berger*, traité d'élevage des moutons en prose, rédigé à l'origine par le berger Jehan de Brie (prob. assisté par un lettré), à la demande de Charles le Sage, en 1379: état non conservé; éd. d'un texte modernisé ou plutôt remanié Paris, Vostre, déb. 16ᵉs., réédition avec des modifications Paris, Jonot (= Jehannot), 1542; imprimé Jonot p.p. P. Lacroix (alias Le Bibliophile Jacob), *Le Bon Berger*, Paris (Liseux) 1879; [= TL BBerger; Hol 407; Boss 5525]. Le DEAF cite l'impr. Vostre (ex. BN Rés. S. 1001; frontispice = p. 1; concordance ici, en appendice) et il date déb. 16ᵉs. Cp. Möhren dans → ActesMfr⁴ 128-133; KaiserBerg.

BonPériers F. Frank – A. Chenevière, *Lexique de la langue de Bonaventure des Periers*, Paris (Cerf) 1888; [= FEW BPériers].

BonetJMeunA Honoré Bonet (alias Bonnet, Bouvet, Bovet), *Apparicion maistre Jehan de Meun*, poème moral et satirique en forme de songe critiquant son temps et notamment le schisme, vers octosyll.; qqs. traits occ. et frpr., 1398; ms. de base BN fr. 811 [déb. 15ᵉs.], en var. BN fr. 810 [déb. 15ᵉs.], (les mss. Vat. Reg. lat. 1683 [1ᵉm. 15ᵉs.] et BL Lansdowne 214 [1ᵉm. 15ᵉs.] contiennent un texte remanié, v. éd. p. XXXIVss.); p.p. I. [D. O.] Arnold, *L'Apparicion Maistre Jehan de Meun et le Somnium super materia scismatis d'Honoré Bonet*, Paris (Belles Lettres) 1926 (Publ. Fac. Lettres Univ. Strasbourg 28); [= TL Apparic. JMeun; FEW Bonet; Boss 5356].

BonnardBible J. Bonnard, *Les traductions de la Bible en vers français au moyen âge*, Paris (Impr. nat.) 1884 (réimpr. Genève, Slatkine, 1967); [= Boss 3009]. C.r. Gröber ZrP 8,314-315; Meyer R 17,141-144. Complément: → BergerBible.

BonnardotMetz F. Bonnardot, *Documents pour servir à l'histoire du droit coutumier à Metz aux XIIIᵉ et XIVᵉ siècles*, Paris (Larose et Forcel) 1885 (extrait de NRevHistDr 9 (1885) 206 [= 5] - 232 [31]; 335 [32] - 367 [64]). Doc. lorr. de ca. 1260 (?) à 1ᵉm. 14ᵉs.; orig. (?) et extraits de cartulaires. Plusieurs textes également dans → CoudertMos.

BontéFemM Poème en faveur des femmes, réfutant un des 'Blâmes des femmes', vers octosyll. irréguliers, titre *Ci comence du bounté des femmes*; agn. 13ᵉs.; ms. de base Cambridge Univ. Gg.I.1 [agn. après 1307], en var. Cambridge St John's Coll. G.5 (173) [agn., cette partie 15ᵉs.] abrégé; p.p. P. Meyer, *R* 15 (1886) 315-320, cf. *R* 8 (1879) 334-335; [= AND Bonté; Dean 198; Vising 278].

BontéFemBR Poème en faveur des femmes, attribué à Nicole Bozon (éd. M. p. XXXII), incip. *De bone femme la bounté Vorray* [l.-*oy*] *bien* [l. *byen*] *qe fust counté Si ce* [ms. *ee* à corr.] *puysse*; agn. déb. 14ᵉ s.; ms. unique BL Add. 46919 [agn. ca. 1330]; p. dans → BibbR² p. 103-109. Leçons à contrôler.

BontéFemBM id.; p. p. P. Meyer dans → NicBozMorS p. XXXIII-XLI.

Boogaard N. H. J. van den Boogaard, *Rondeaux et refrains du XIIᵉ siècle au début du XIVᵉ*, Paris (Klincksieck) 1969 (Bibl. Fr. et Rom., D,3); [= TL Rondeaux et refrains].

Bor 1655 P. Borel, *Tresor des recherches et antiquitez gauloises et françoises*, Paris (Courbé) 1655; [= FEW Bor 1655].

BordierHosp H. Bordier – L. Brièle, *Les archives hospitalières de Paris*, Paris (Champion) 1877. La 1ᵉ partie contient surtout un récolement de ce qui restait des arch. dep. l'incendie de 1871 (Brièle), la 2ᵉ partie (nouvelle pagination) des extraits de comptes sans doute originaux de la Confrérie de Saint Jacques (Bordier). Extraits datés, 1323-1616, mais sans localisations.

BorgOrlJ *De la Borgoise d'Orliens*, fabliau, incip. *Or vous dirai d'une borgoise*, en vers octosyll.; traits norm., 1ᵉ m. 13ᵉ s.; ms. BN fr. 837 [frc. 4ᵉ q. 13ᵉ s.]; p. dans → JohnstonOwen p. 21-27. Les mss. Bern 354 et Berlin Staatsbibl. Hamilton 257 donnent des versions plus longues, v. → BorgOrlBerl et BorgOrlBern; l'éd. en donne quelques variantes.

BorgOrlB id.; p. dans → BarbMéon 3,161-168.

BorgOrlM id.; p. dans → MontRayn 1,117-125.

BorgOrlMé id.; p. dans → MénardFabl 1,21-28; 130-135.

BorgOrlN id.; ms. BN fr. 837 (A) imprimé p. 344-364 dans → NoomenFabl 3,339-364, n°19.

BorgOrlR id.; p. dans → RychnerFabl 80b-98b.

BorgOrlBerlR id., version longue, incip. *Plest vos oïr d'une bourjoise*; ms. Berlin Staatsbibl. Hamilton 257 [norm. ca. 1300]; p. dans → RohlfsFablels p. 18-27.

BorgOrlBerlN id.; p. dans → NoomenFabl 3,339-364 (C), texte critique de cette version p. 366-374.

BorgOrlBerlRy id.; p. dans → RychnerFabl p. 80a-90a (VI,C).

BorgOrlBernR id., version du ms. Berne, incip. *La dame qui fist batre son mari*; ms. Bern 354 [bourg.sept. déb. 14ᵉ s.]; p. dans → RychnerFabl p. 81-99 (VI,B).

BorgOrlBernM id.; p. dans → MontRayn 4,133-143.

BorgOrlBernN id.; p. dans → NoomenFabl 3,345-365 (B).

BorkKomp H. D. Bork, *Die lateinisch-romanischen Zusammensetzungen Nomen + Verb und der Ursprung der romanischen Verb-Ergänzung-Komposita*, Bonn (Romanistischer Verlag) 1990 (Rhein. Beitr. lat.-rom. Wortbild. 3).

BorkQuatere H. D. Bork, *Die Familie von lateinisch* quatere *im Romanischen*, Heidelberg (Winter) 1969 (Romanische Etymologien, éd. par H. Meier et W. Roth, 2); [= TL Bork quatere].

BormannJagd E. Bormann, *Die Jagd in den altfranzösischen Artus- und Abenteuer-Romanen*, Marburg 1887 (Ausg. u. Abh. 68).

BormansSLambLiège Collection de doc. de l'église Saint-Lambert de Liège (originaux et extraits de cartulaires, essentiellement du «Liber Chartarum» des 13ᵉ et 14ᵉ s. [n° 1-44; 62-68: doc. 9ᵉ s. - 1218; 69-398: 2ᵉ m. 13ᵉ s. (sauf 45-61; 119-138; 264-270: 1ᵉ m. 14ᵉ s.); 399-763: 1ᵉ m. 14ᵉ s., l'ordre n'y est pas chronol.], et annexes allant jusqu'à 1501; doc. fr. à partir de 1233); p. p. S. Bormans – E. Schoolmeesters – É. Poncelet, *Cartulaire de l'église Saint-Lambert de Liège*, 6 vol., Bruxelles 1893-1933 (Acad. roy. des sciences, des lettres et des beaux-arts de Belgique, Comm. roy. d'Hist.); [Stein 2112]. Cité par certains auteurs selon date et n° de charte ou doc.

Bos A. Bos, *Glossaire de la langue d'oïl (XIᵉ - XVᵉ siècles)*, Paris 1891 [réimpr. Genève – Paris 1974]. Non utilisé; inutilisable: aucun renvoi.

BosTol J. Bosworth – T. N. Toller, *An Anglo-Saxon dictionary*, 4 vol., Oxford (Oxford University Press) 1882-1898 (réimpr. en un vol. 1964).

BosTolAdd id., *Enlarged addenda and corrigenda… to the Supplement*, par A. Campbell, Oxford (Clarendon) 1972.

BosTolSuppl id., *Supplement* par T. N. Toller, Oxford (Clarendon) 1921 (réimpr. 1955 et 1966).

Boss R. Bossuat, *Manuel bibliographique de la littérature française du moyen âge*, Melun (D'Argences) 1951 (Bibliothèque elzévirienne, Nouvelle série, Etudes et documents); *Supplément*

Boss

(1949-1953) avec le concours de J. Monfrin, Paris (D'Argences) 1955; *Second supplément (1954-1960)*, Paris (D'Argences) 1961 (réimpr. 1986 en 1 vol.).

Boss[2] id., *Troisième Supplément (1960 - 1980)*, t. 1, *Les origines, les légendes épiques, le roman courtois*, t. 2, *L'ancien français (ch. IV à IX), le moyen français*, p. p. Françoise Vielliard – J. Monfrin, Paris (CNRS) 1986-1991. Numérotation recommence à zéro.

BoüardArchAng A. de Boüard, *Documents en français des archives angevines de Naples (Règne Charles I)*, 2 vol., Paris (Boccard) 1933-1935. Les documents datent de 1277 à 1283. Contient des régionalismes (ang.) et des italianismes. Cf. → NobelAng; F. Zinelli dans G. Alfano et al., Boccaccio angioino, Bruxelles 2012, 149-173.

BouchAbevR Eustache d'Amiens, *Du bouchier d'Abevile*, fabliau, incip. *Seignor oiez une merveille* (A), en vers octosyll.; pic. (Amiens) mil. 13ᵉ s.; mss. BN fr. 837 [frc. 4ᵉq. 13ᵉs.] (A), Berlin Staatsbibl. Hamilton 257 [norm. ca. 1300] (C), BN fr. 2168 [pic. fin 13ᵉs.] (H), Pavia Univ. Aldini 219 (130.E.5) [déb. 14ᵉs.] (C), Chantilly Musée Condé 475 (1578) [f°1-26 et 173-223: pic. 3ᵉt. 13ᵉs., f°27-172 et 218-223: 14ᵉs.] f°208a (T); tous les mss. et version «habillée et critiquée» (basée sur BN fr. 2168) imprimés parallèlement p. J. Rychner, *Eustache d'Amiens, Du bouchier d'Abevile. Fabliau du XIIIᵉ siècle. Texte critique et édition diplomatique des cinq manuscrits*, Genève (Droz) 1975 (T. L. F. 219); [= TL Ed'Amiens Bouchier d'Abevile R; Boss² 4686; cp. Boss 2468; Hol 2199]. S'en tenir aux mss. transcrits. Le ms. Chantilly a été analysé p. ex. par Raynaud R 24,447-449 [→ ChevalVendiR¹] et dern. par Richard Trachsler, "Uncourtly texts", dans Busby – Kleinhenz, *Courtly arts*, 2006, 679-692, toujours sans dat. et loc. précises.

BouchAbevN id.; p. dans → NoomenFabl 3,237-335, n° 18.

BouchAbevM id.; ms. de base BN fr. 837 [4ᵉq. 13ᵉs.], en var. BN fr. 2168 [fin 13ᵉs.] et Pavia Univ. Aldini 219 [déb. 14ᵉs.]; p. dans → MontRayn 3,227-246.

BouchAbevO id.; ms. de base BN fr. 2168 [pic. fin 13ᵉs.]; p. p. J. Orr, *Eustache d'Amiens, Le Boucher d'Abbeville*, London – Edinburgh (Oliver & Boyd) 1947; [= Boss 6498; Hol 2186.6].

BoucicL *Livre des fais du bon messire Jehan le Maingre, dit Bouciquaut* (incip.), sorte de chronique polémique en prose, attribuée (à tort) à Christine de Pisan; 1409; ms. BN fr. 11432 [déb. 15ᵉs.]; p. p. D. Lalande, *Le Livre des fais du bon messire Jehan le Maingre, dit Bouciquaut, mareschal de France et gouverneur de Jennes*, Paris – Genève (Droz) 1985 (T. L. F. 331).

BoucicB id.; éd. basée sur l'imprimé Paris (Pacard) 1620 (par T. Godefroy), p. p. J. A. C. Buchon, *Livre des faits du bon messire Jean le Maingre, dit Bouciquaut*, dans *Choix de chron. et mém. sur l'hist. de France, Le Panthéon litt.*, dans *Chroniques de sire Jean Froissart*, t. 3, Paris (Desprez) 1838, 562-695. [Boss 5167 et Hol 2417: éd. Michaud-Poujoulat 1836, basée également sur l'impr. 1620].

BougWyffCal P. Bougard – C. Wyffels, *Les finances de Calais au XIIIᵉ siècle. Textes de 1255 à 1302 publiés et étudiés*, Bruxelles (Pro Civitate) 1966 (Coll. Hist. in-8°, 8). Doc. fr. (pic.) de 1285 à 1302.

BoulSed R. Boulengier-Sedyn, *Le vocabulaire de la coiffure en ancien français étudié dans les romans de 1150 à 1300*, Bruxelles (Palais des Académies) 1970.

BoulangiersM *Le dit des boulangiers* (titre), explic.: *Explicit des boulenguiers*, en vers octosyll.; 2ᵉm. 13ᵉs.; ms. BN fr. 837 [frc. 4ᵉq. 13ᵉs.] f°175b-d; p. p. Ph. Ménard, dans MélBusby 261-280. [Vers 77?]

BoulangiersJ id.; p. dans → JubJongl 138-142.

BourciezPhon E. et J. Bourciez, *Phonétique française*, Paris (Klincksieck) 1967 (et réimpr.).

BourquelotChamp F. Bourquelot, *Etudes sur les foires de Champagne, sur la nature, l'étendue et les règles du commerce qui s'y faisait au XIIᵉ, XIIIᵉ et XIVᵉ siècles*, 2 t., Paris (Impr. imp.) 1865-1866.

BourquelotProv F. Bourquelot, *Histoire de Provins*, 2 vol., Provins (Lebeau) 1839-1840; pièces justif. afr. t. 2, 405-449 (tirées de cart.; premier doc.: 1252, du cart. Stein 3111).

BoursePleineN *La Bourse pleine de sens*, fabliau, incip. *Jehans li galois nous raconte*, vers octosyll.; champ. 2ᵉm. 13ᵉs.; mss. BN fr. 837 [frc. 4ᵉq. 13ᵉs.] (A), Berlin Staatsbibl. Hamilton 257 [norm. ca. 1300] (C), BN fr. 1593 [frc., faibles traits lorr. fin 13ᵉs.] (E), Pavia Univ. Aldini 219 (130.E.5) [déb. 14ᵉs.] (O); p. dans → NoomenFabl 2,109-137, suivi d'un texte critique (A).

BoursePleineM id.; ms. A p. dans → MontRayn 3,88-102; [= Boss 2525].

BoursePleineB id.; p. dans → BarbMéon 3,38-55.

BoutaricFurgeot *Actes du Parlement de Paris*, 1ᵉ sér., 1254-1328, 2 vol., p. p. E. Boutaric, Paris 1863-1867 (réimpr. New York – Hildesheim, Olms, 1975); 2ᵉ sér., 1ᵉʳ vol., *Jugés 1328-1342*, p. p. H. Furgeot, Paris 1920, 2ᵉ vol., *Jugés 1343-1350*, p. p. H. Furgeot et al., Paris 1960, 3ᵉ vol. *Index*, p. p. J.-P. Laurent et al., Paris 1975. Contient des orig. fr. (frc.: Paris) à partir de 1246.

BractonW Henri de Bracton (Bratton) et al., *Summa de legibus et consuetudinibus Angliae*, fortement influencé par le droit romain (Digeste, Code, Azo de Bologne); anglo-lt. ca. 1256 (ca. 1239-ca. 1256, ajouts jusqu'en 1268); p. p. G. E. Woodbine, *Bracton. De legibus et consuetudinibus Angliae*, 4 vol., New Haven (Yale Univ. Press) 1915-1942 [réimpr. avec introd. et trad. par S. E. Thorne, Cambridge Mass., 1968-1977]. Base de → Fleta, Britt et MirJust.

BraiCordO *Les braies au cordelier*, fabliau anonyme en vers octosyll.; 2ᵉ t. 13ᵉ s.; ms. de base BN fr. 19152 [frc. fin 13ᵉ s.] (D), en var. BN fr. 837 [frc. 4ᵉ q. 13ᵉ s.] (A); p. p. R. O'Gorman, *Les braies au cordelier*, Birmingham, Alabama (Summa) 1983; [= TL Braies cordelier O'G]. Appendices: → JCondBraiO et d'autres versions du même sujet (dans → LatourLandry, etc.).

BraiCordN id.; impression parallèle des deux mss., avec une éd. crit. basée sur D, dans → NoomenFabl 3,211-236 (n° 17).

BrakelmannCh¹ J. Brakelmann, *Les plus anciens chansonniers français (XIIᵉ siècle)*, Paris (Bouillon) 1891 [imprimé en 1870; publ. postume 1891]; [= TL Anc. Chans. I; Boss 2171; 2175].

BrakelmannCh² J. Brakelmann, *Les plus anciens chansonniers français*, Marburg (Elwert) 1896 (Ausg. & Abh. 94); [= TL Anc. Chans. II; Boss 2176]. Suite de BrakelmannCh¹, publ. postume.

BrancheArmB *Une branche d'armes*, dit en vers octosyll.; 4ᵉ q. 13ᵉ s. (?); ms. BN fr. 837 [frc. 4ᵉ q. 13ᵉ s.]; L. Borghi Cedrini, *Preliminari a un'edizione dell'837 (ms. f. fr. B. N. di Parigi). Une branche d'armes*, Torino (Giappichelli) 1982.

BrancheArmJ id.; p. dans → JubJongl 73-74.

BrancheArmM id.; p. dans → MontRayn 2,130-132.

BrancheArmW id.; p. p. B. Woledge, "Une branche d'armes", MélLeGentil 899-908; [= Boss² 4906].

BrasseurSaisn A. Brasseur, *Étude linguistique et littéraire de la Chanson des Saisnes de Jehan Bodel*, Genève (Droz) 1990 (Publ. rom. et fr. 190). Concerne → SaisnA/LB.

BraultBlazon G. J. Brault, *Early blazon. Heraldic terminology in the twelfth and thirteenth century with special reference to Arthurian literature*, Oxford (Clarendon Press) 1972. Bon nombre des sources (agn., à partir de 1253) utilisées le sont aussi au DEAF: B = ArmGloverL, BA = RôleBigotA, Brault K concerne SiègeCaerl, C = ArmHarlW, Cd = ArmHarlLL, CP = ArmChiffletP, CPA = ArmChiffletA, D = RôleCamG, Dean Tract = HeraudieD, M = ArmNatG, WB = ArmWijnbA, etc.

BraultRolls G. J. Brault, *Rolls of arms, Edward I (1272-1307)*, 2 vol., Woodbridge (Boydell - Soc. of Antiquaries London) 1997. Contient au t. 1 entre autres les armoriaux blasonnés → RôleCamB, ArmFalkB, SiègeCaerlB², ArmGallowayB, ArmStirlingB et ArmNatB.

BrauneGot W. Braune, *Gotische Grammatik*, [1ᵉ éd. 1880; 10ᵉ-15ᵉ revue par K. Helm; 16ᵉ et ss. par E. A. Ebbinghaus], Tübingen (Niemeyer) ¹⁹1981.

BrebisDérL *Dit de la brebis dérobée*, poème didactique en vers octosyll.; 2ᵉ m. 13ᵉ s.; ms. BN fr. 25566 [pic. (Arras) prob. 1295], en var. BN fr. 378 [fin 13ᵉ s.] à interpolations; p. p. M. Léonard, "Le dit de la Brebis dérobée", *R* 104 (1983) 236-257; [= TL Dit brebis dérobée L]. Cp. W. van Hoecke in → MélPlomteux 287-294.

BrendanW *Voyage de saint Brendan (Brandan, Brandain)*, par Benedeit, en couplets octosyll. rimés; agn. 1ᵉʳ q. 12ᵉ s.; ms. de base BL Cotton Vespasian B.X (I) [agn. 2ᵉ m. 13ᵉ s.] (A), en var.: BN nfr. 4503 [agn. ca. 1200] (B), Oxford Bodl. Rawl. D.913 [f° 85 agn. déb. 13ᵉ s.] (C) fragm., York Chapter Libr. 16.K.12 (I) [agn. 1ᵉ m. 13ᵉ s.] (D), Ars. 3516 [art. 1267] (E), ms. inconnu de Waters: Cologny Bodmer 17 [fin 12ᵉ s.] fragm. publiés dans → VielliardBodmer; p. p. E. G. R. Waters, *The Anglo-Norman voyage of St. Brendan by Benedeit*, Oxford (Clarendon) 1928 (réimpr. Genève 1974; réimpr. avec trad. allemande par E.-P. Ruhe, München 1977); [= TL Benedeit SBrendan; AND S Brend; Boss 3226; Hol 81]. Cp. E. G. R. Waters, "Rare or unexplained words in the Anglo-Norman *Voyage of St Brendan*", *MLR* 21 (1926) 390-403; 22 (1927) 28-43; [= FEW Brendan; Dean 504; Boss 3231]. [Gdf 'St Brandaine' concerne un épisode de → ImMondeOct².]

BrendanA id., version fr., modernisée; ms. Ars. 3516 [art. 1267]; p. p. T. Auracher, "Der Brandan der Arsenalhandschrift BLF 283", *ZrP* 2 (1878) 438-457; [= TL Brandan Ars.].

BrendanM id.; ms. BL Cotton Vespasian B. X (I) [agn. 2ᵉ m. 13ᵉ s.]; p. p. F. Michel, *Les voyages merveilleux de saint Brandan à la recherche du*

BrendanM

paradis terrestre, Paris (Claudin) 1878; [= TL SBrand.].

BrendanS id.; ms. de base BL Cotton Vespasian B. X (I) [agn. 2ᵉm. 13ᵉs.], le texte a été corrigé à l'aide des autres mss. (leçons du ms. de base au bas des pages; les sources des corr. ne sont pas précisées); p. p. I. Short – B. S. Merrilees, *Benedeit, The Anglo-Norman voyage of St Brendan*, Manchester (Univ. Press) 1979; [= TL Benedeit SBrendan SM; AND S Brend MUP; Boss² 5756]. Ms. de base moins corrigé que dans l'éd. W, mais var. moins complètes. Glossaire complet.

BrendanSu id.; ms. BL Cotton Vespasian B. X (I) [agn. 2ᵉm. 13ᵉs.]; p. p. H. Suchier, *Romanische Studien* [Boehmer] 1 (1875) 553-588; [= TL Brand. Seef.; Vising 10; Boss 3233].

BrendanPr¹W Traduction littérale de la *Vita sancti Brendani*, incip. *Brandainnes fu uns sains hom fils Synloca*, prose; pic. 3ᵉq. 13ᵉs.; ms. BN fr. 1553 [pic. 1285 n.st.]; p. p. C. Wahlund, *Die altfranzösische Prosaübersetzung von Brendans Meerfahrt*, Upsala (Almqvist & Wiksell) 1900, texte p. 3-101, texte lat. en regard; [= TL Brendan; Boss 3235; Hol 162]. P. 103-223: BrendanPr²W. Le glossaire complet ne couvre que Pr¹.

BrendanPr¹J id.; p. p. A. Jubinal, *La légende latine de s. Brandaines, avec une traduction…*, Paris (Techener – Merklein) 1836; [= TL Brandaine]. Contient aussi → ImMondeOct²J (lég. de s. Brendan).

BrendanPr²W id., autre traduction en prose d'un texte lat. plus court, intégrée dans qqs. mss. dans → LégDorBel; 2ᵉm. 13ᵉs.; ms. de base Maz. 1716 (568) [déb. 14ᵉs.], peu de var. de BN fr. 183 [prob. 1327], BN fr. 185 [2ᵉm. 14ᵉs.], BN fr. 413 [ca. 1400], BN fr. 423 [lyonn. déb. 14ᵉs.], BN fr. 6447 [flandr. 4ᵉq. 13ᵉs.], BN fr. 13496 [bourg. fin 13ᵉs.], BN fr. 17229 [2ᵉm. 13ᵉs.], BN fr. 20330 [déb. 14ᵉs.], BN fr. 23117 [1ᵉ partie, f°1-237, fin 13ᵉs.], Besançon Arch. dép. 6 [14ᵉs.], Le Puy en Velay Grand Séminaire *Vie des saints* [déb. 14ᵉs.], Genève Com. lat. 102 [2ᵉq. 14ᵉs.], BL Add. 6524 [agn. 3ᵉt. 13ᵉs.], Bruxelles Bibl. roy. 10326 [2ᵉm. 13ᵉs.], BN nfr. 23686 (anc. Peterburg Fr.35/F.v.I.4) [Soissons?, 3ᵉq. 13ᵉs.]; p. dans → BrendanPr¹W p. 103-201, texte lat. en regard. Sans glossaire; concordance avec Pr¹ en marge.

BretTournD Jacques Bretel, récit d'un tournoi tenu à Chauvency en 1285, en vers octosyll.; lorr.occid. (Meuse) 1285; ms. de base des vers 1-4334: Mons Univ. 330/215 [lorr., cette partie déb. 14ᵉs.] (M), vers 4334-fin: Oxford Bodl. Douce 308 [Metz ca. 1320] (O), en var. Reims Bibl. mun. 1007 (I.679) [ca. 1400] (R) fragm.: gardes; p. p. M. Delbouille, *Jacques Bretel. Le tournoi de Chauvency*, Liège (Vaillant-Carmanne) – Paris (Droz) 1932 (Univ. Liège, Fac. Phil. et Lettres 49); [= TL Tourn. Chauv. Delb.; Boss 2627]. Contient des passages pic. etc.

BretTournDelm id.; ms. de Mons; p. p. H. Delmotte, *Les Tournois de Chauvenci*, Valenciennes 1835; [= TL Tourn. Chauv.; FEW BretTourn; Boss 2623].

BrevPlacT *Brevia placitata*, collection de causes plaidées devant les cours royales anglaises, titre (ms. Douce): *Ces sunt les brefs le rei pleydez o les encuppemens e o les pleiners defenses, jugemens e delays e excepciuns pur abatre les brefs en la maniere cum il sunt playdez al banc de Lundres ou en eyre devant les justices le rei*; agn. 1260 (date du premier état traduit du latin; datation du vocabulaire d'après les dates des mss. plutôt); mss. imprimés au complet parallèlement: A: BL Add. 5762 [agn. ca. 1300] (p. 1-40) et B: Oxford Bodl. Douce 137 [agn. 3ᵉt. 13ᵉs.] (41-72), extraits tirés de C: BL Harl. 409 [agn. 3ᵉt. 13ᵉs.] (73-96), D: Cambridge Univ. Ee.I.1 [agn. déb. 14ᵉs.] (96-114), E: BL Lansdowne 559 [agn. ca. 1300] (114-125), F: BL Harl. 748 [agn. 1ᵉʳt. 14ᵉs.] (126-152), M: Oxford Saint John's Coll. 176 [agn. 3ᵉt. 13ᵉs.] (153-182), Cambridge Mass. Harvard Law School Dunn 24 [agn. 1ᵉʳt. 14ᵉs.] et Cambridge Mass. Harvard Law School Dunn 33 [agn. av. 1307] (184-216), autres mss.: BL Harl. 1120 [agn. 1ᵉʳt. 14ᵉs.], London Lincoln's Inn 45 [agn. 1ᵉʳt. 14ᵉs.], London Lincoln's Inn Hale 140 [agn. 1ᵉʳt. 14ᵉs.], Cambridge Univ. Ll.IV.17 [agn. 1ᵉʳt. 14ᵉs.], Cambridge Univ. Add. 3022 [agn. 1ᵉʳt. 14ᵉs.], BL Egerton 656 [agn. ca. 1300], Oxford Bodl. Rawl. C.331 [agn. ca. 1300], London Lambeth Palace 179 [agn. ca. 1300], causes addit. de C et D p. 219-223; p. p. G. J. Turner, *Brevia placitata*, London (Quaritch) 1951 (Selden Soc. 66); [= AND Brev Plac]. Cp. → CasusPlacD.

BrézéT Jacques de Brézé, La Chasse, Les Dits du bon chien Souillard, Les Louanges de Madame Anne de France, en vers octosyll.; écrit ca. 1485 (Brézé est mort en 1490); ms. de base Stockholm Kungl. Bibl. Tilander Fr. 6 (anc. Karlshamn) [ca. 1500] (M), en var. mss. Torino Arch. di Stato Ja.VII.31 [17ᵉs.] (T), Den Haag KB 78.E.37 (anc. 703) [15ᵉs.] (H), incunable de 1494; p. p. G. Tilander, *Jacques de Brézé. La Chasse. Les Dits du bon chien Souillard et Les Louanges de Madame Anne de France*, Lund (Blom) 1959 (Cynegetica VI); [= TL Tilander Cynegetica VI; Boss 8010].

BrifautN *De Brifaut*, fabliau, octosyll.; 2ᵉt. 13ᵉs.; ms. Bern 354 [bourg.sept. déb. 14ᵉs.] f°9ᶜ-10ᵇ; p. dans → NoomenFabl 6,103-109 (n°61).

BrifautC id.; p. dans → ConstansChrest³ 92-93 [réimpr. de BrifautM].

BrifautJ id.; p. dans → JohnstonOwen p. 10-12.

BrifautM id.; p. dans → MontRayn 4,150-153.

BrittN Compilation juridique, attribuée à un Britton (= Bratton/Bracton?), écrite prob. à la demande de la couronne (Edward I) sur la base du traité lat. de Bracton (ca. 1256) et d'autres textes dont → Fleta, prose; agn. ca. 1292 (après 1290 et avant 23 Edw. I); ms. de base London Lambeth Palace 403 [agn. ca. 1300] (L), var. tirées surtout des mss. Cambridge Univ. Dd.VII.6 [agn. ca. 1310] (N), Oxford Bodl. Douce 98 [agn. ca. 1300] (D), BL Lansdowne 575 [agn. 1^{er}t. 14^{e}s.] (S), Oxford Merton Coll. 1258 (321, K. 1. 8., Q. 2. 16) [agn. déb. 14^{e}s.] (M), BL Harl. 869 [agn. 1^{er}t. 14^{e}s.] (G), Cambridge Univ. Gg.V.12 [agn. 1^{er}t. 14^{e}s.] (C), BL Harl. 324 [agn. 1^{er}t. 14^{e}s.] (H), Cambridge Corpus Christi Coll. 258 [agn., cette partie déb. 14^{e}s.], BL Harl. 3644 [agn. 14^{e}s.] (A), Oxford Bodl. Rawl. C.898 [agn. 14^{e}s.] (R), autres mss.: Oxford Bodl. Bodley 562 [agn. 14^{e}s.] (W), BL Lansdowne 574 [agn. 14^{e}s.] (T), BL Lansdowne 1176 [agn. mil. 14^{e}s.] (E), BL Harl. 5134 [agn. 14^{e}s.] (Z), BL Add. 25458 [agn. 14^{e}s.] (Y), BL Harl. 529 [agn. 14^{e}s.], Cambridge Univ. Hh.IV.6 [agn. 14^{e}s.], BL Harl. 3937 [agn. 3^{e}t. 14^{e}s.] (K), Cambridge Univ. Ff.II.39 [3^{e}t. 14^{e}s.] (F), BL Harl. 870 [agn. déb. 14^{e}s.] (P), Victoria State Libr. *091. G79 [f°31-109 agn. 1^{er}t. 14^{e}s.], copies incomplètes: London Lincoln's Inn (anc. Heywood) [agn. 1^{er}t. 14^{e}s.] (I), Oxford Bodl. Rawl. D.913 [f°101 agn. déb. 14^{e}s.] ch. I 24, BL Harl. 489 [agn. 1^{er}t. 14^{e}s.], Cambridge Univ. Dd.IX.38 [agn. mil. 14^{e}s.], Oxford Balliol Coll. 350 [agn. 3^{e}t. 14^{e}s.] (B), BL Harl. 4656 [agn. 14^{e}s.]; p. p. F. M. Nichols, *Britton*, 2 vol., Oxford (Clarendon) 1865; [= TL Britton; Vising 333; AND Britt]. Éd. avec bon glossaire; concordances avec les sources en marge: que les éditeurs d'auj. s'en inspirent. Les n^{os} de f° en marge coïncident avec ceux donnés par Lac (et Gdf).

BrittH id.; réimpression (à modifications) d'un imprimé de 1640 (Wingate), lui-même réimprimant l'imprimé fautif de 1530 (Redman), p. p. D. Houard, *Traités sur les coutumes anglo-normandes*, Paris (Saillant) – Rouen (Le Boucher) 1776, t. 4, 1-464.

Bronckart M Bronckart, *Étude philologique sur la langue, le vocabulaire et le style du chroniqueur Jean de Haynin*, Liège (La Ren. du livre) 1933; [= FEW Haynin (2^{e}m. 15^{e}s.)].

BrosmanRh P. W. Brosman, *The Rhine Franconian element in Old French*, New York etc. (Lang) 1999. C.r. Möhren RLiR 63,587-593.

BroussillonLaval B. de Broussillon, *La maison de Laval, 1020-1605*, 5 vol., Paris (Picard) 1895-1903; [= Stein 1925]. Cartulaire factice puisant partout; le 1er texte fr. en date (1,243,431) est une trad. d'un doc. lt. de 1248, trad. tirée d'un 'Cartulaire de Vitré' (17^{e}s., Stein 4128; traits hbret. à identifier); la lettre de 1282 a.st. (2,70,511), AN AA.60, pourrait être le 1er doc. orig. de la collection. [Corrections au t. 5.]

BrouwersCensNam D. Brouwers, *L'administration et les finances du comté de Namur du XIIIe au XVe siècle. Sources*, I, *Cens et rentes du comté de Namur au XIIIe siècle*, Namur 1910. Contient p. 187-291 "Cens et rentes du comté de Namur en 1294", doc. originaux; p. 1-186 id., établi en 1265, p. sur la base de copies du 18^{e}s., mais collationné sur le ms. original. *Sources*, II, 2 vol., Namur 1911-1926, contient p. 1-434 le 'registre des cens et rentes' orig. de 1289, avec add. 1290-1310 et 1330-1390 (toutes mises entre crochets). Transcriptions des textes wall. (Namur) assez correctes.

BrouwersChNam D. Brouwers, *L'administration et les finances du comté de Namur du XIIIe au XVe siècle. Sources*, IV, *Chartes et règlements*, vol. 1 (1196-1298), Namur 1913, vol. 2 (1299-1337), Namur 1914. Contient des doc. fr. (wall.: Namur) à partir de 1243, orig. à partir de 1263.

Brüch J. Brüch, *Der Einfluss der germanischen Sprachen auf das Vulgärlatein*, Heidelberg (Winter) 1913 (Sammlung romanischer Elementar- und Handbücher V,1); [= FEW Brüch; TL Brüch Vulglat.].

Brücker F. Brücker, *Die Blasinstrumente in der altfranzösischen Literatur*, Giessen 1926 (Giessener Beiträge zur romanischen Philologie 19); [= FEW Brücker; TL Brücker Blasinstrumente].

BruckerSage C. Brucker, *Sage et son réseau lexical en ancien français*, thèse Nancy 1976, 2 vol. dact., Lille (Atelier Repr. des Thèses, Univ. Lille III) – Paris (Champion) 1979.

BruckerSage² C. Brucker, *Sage et sagesse au moyen âge (XIIe et XIIIe siècles)*, Genève (Droz) 1987. Version raccourcie et modifiée de → BruckerSage.

BrucknerLangob W. Bruckner, *Die Sprache der Langobarden*, Straßburg (Trübner) 1895.

Brüll H. Brüll, *Untergegangene und veraltete Worte des Französischen im heutigen Englisch*, Halle (Niemeyer) 1913; [= FEW Brüll; TL Brüll Unterdeg. Worte].

BrunEt C. Bruneau, *Etude phonétique des patois d'Ardenne*, Paris (Champion) 1913; [= FEW BrunEt]. Concerne des patois champ., lorr. et wall.

BrunLatC Brunetto Latini (florentin écrivant en latin, italien et français), *Li livres dou tresor*, sorte

BrunLatC

d'encyclopédie en prose, écrite en France, terminée en 1267, chap. I 96-98 sur Frédéric II et sur Mainfroi ajoutés en 1268 (cet état appelé 2e réd., bien qu'il n'y ait que de minimes autres changements); 1267; ms. de base BN fr. 1110 [pic. (Valenciennois) déb. 14[e]s.] (T) (état complété), corrections d'après BN fr. 1111 [déb. 15[e]s.] (U), BN fr. 1113 [Gênes 3[e]t. 13[e]s.] (V), BN fr. 571 [cette partie pic. ca. 1326] (P) et d'après l'éd. Chabaille (Ch) [!]; autres mss.: Ars. 2677 [frc. 14[e]s.] (A), Genève fr. 160 [mil. 15[e]s.] (A[2]), Genève Com. lat. 179 [frc. fin 13[e]s.] (A[1]), Lyon Bibl. mun. 781 (697) [It. ca. 1300] (A[3]), BN fr. 9142 [15[e]s.] (A[4]), Lyon Bibl. mun. 948 (851) [14[e]s.] (A[5]), Arras 182 (1060) [pic. fin 13[e]s.] (A[6]), Ars. 2678 [It. 15[e]s.] (B), Rouen Bibl. mun. 951 (O.23) [Ouest av. 1459] (B[2]), Bruxelles Bibl. roy. 10228 [pic. ca. 1300] (B[3]), Bruxelles Bibl. roy. 10386 [ca. 1425] (B[4]), Bruxelles Bibl. roy. 10547-48 [wall. 1438] (B[5]), Bruxelles Bibl. roy. 11099-100 [pic.-wall. fin 13[e]s.] (B[6]), Ars. 2679 [15[e]s.] (C), BL Add. 30024 [Chypre? ca. 1300] (C[2]), Carpentras 269 (L.270) [Chypre? ca. 1300] (C[3]), Chantilly Musée Condé 288 (714) [1[e]m. 14[e]s.] (C[5]), Chantilly Musée Condé 289 (689) [14[e]s.] (C[6]), Cambrai 208 (203) [pic. 14e ou 15[e]s.] (C[7]), Ars. 2680 [av. 1453?] (D), Oxford Bodl. Douce 319 [Bologna ou Chypre? déb. 14[e]s.] (D[2]), Oxford Bodl. Ashmole 1509 [agn. 13[e]s.] (D[3]), Dunkerque 76 [14[e]s.] (D[4]), Amiens Bibl. mun. 398 [14[e]s.] (E[2]), BN fr. 12581 [frc. (av.) 1284] (F), Rennes 593 [1304 n.st.] (F[2]), Bern 646 [lorr. fin 14[e]s.] (F[3]), Bern 98 [lorr. déb. 14[e]s.] (F[4] et F[5]) deux extraits, Cambridge Fitzwilliam Mus. 20 [Nord-Est 1323] (F[6]) fragm. (v. R 25, 556; 558; 559s.), BN fr. 24254 [fin 14[e]s.] (G) incomplet, BN fr. 19088 [déb. 16[e]s.] (H), BN fr. 19089 [14[e]s.] (I), BN fr. 19090 [fin 14[e]s.] (J), BN fr. 566 [wall. fin 13[e]s.] (K), Karlsruhe Landesbibl. 391 [14[e]s.] (K[2]), BN fr. 567 [Nord ca. 1290] (L), Peterburg RNB Fr.F.v.III.4 (anc. Phil. F.v.4) [déb. 14[e]s.] (L[2]) (facsim. Moleiro 2000), BN fr. 568 [15[e]s.] (M), New York Columbia Univ. Butler Libr. Plimpton 281 [ca. 1400] (M[2]), New York Columbia Univ. Butler Libr. Plimpton 280 [ca. 1300] (N[3]) fragm., Escorial García L.II.3 [It. (Pise?), pic. et traits tosc. 3[e]t. 13[e]s.] (M[3]), BN fr. 570 [It. centr. fin 13[e]s.] (N), BN fr. 569 [It. 15[e]s.] (O), BN nfr. 10261 [pic. mil. 14[e]s.] (P[2]), BN nfr. 21012 [15[e]s.] (P[3]), BN fr. 573 [Paris 1[e]m. 15[e]s.] (Q) copie de Q[2], Firenze Bibl. Med. Laurenz. Ashburnham Libri 125 (52; 57) [pic. déb. 14[e]s.] (Q[2]), BN fr. 726 [Gênes 3[e]t. 13[e]s.] (R), BN nfr. 6591 [Paris fin 14[e]s.] (R[2]), Vat. Reg. lat. 1320 [pic. 1[e]m. 14[e]s.] (R[3]), Vat. Reg. lat. 1514 [1[e]m. 15[e]s.] (R[4]) fragm., Vat. Vatic. lat. 3203 [pic. 14[e]s.] (R[5]), Vat. Vatic. lat. 5908 (Barb. 3572) [copie fragm. de Vat. lat. 3203, 17[e]s.] (R[6]), BN fr. 1109 [pic. 1310] (S) datation de ce texte du ms., Saint-Omer 68 [art. 14[e]s.] (S[2]) fragm., Torino Bibl. naz. L.II.18 (1643) [Chypre? ca. 1300] (T[2]/To), Torino Bibl. naz. L.III.13 (1655) [14[e]s.] (T[3]), Torino Bibl. naz. (perdu?) Pasini gall. (= fr.) 140 (T[4]) fragm. v. éd., BN fr. 1112 [15[e]s.] (U[2]), Maz. 3871 (1260) [It. fin 14[e]s.] (W), BN fr. 1114 [It. fin 15[e]s.] (X), BN fr. 2024 [Chypre / Naples? ca. 1295] (Y), BN fr. 2025 [15[e]s.] (Z) incomplet, BN fr. 191 [pic. 15[e]s.] (Z[2]), Saint-Quentin 109 [pic. 2[e]m. 15[e]s.] (Z[3]), Strasbourg Univ. 519 [pic. 1[e]m. 15[e]s.] (Z[4]) fragm., Ste-Gen. 2203 [15[e]s.] (AE) fragm., BL Add. 30025 [Chypre? ca. 1300] (OE), Verona Bibl. capit. D. VIII [prob. Venise déb. 14[e]s.] [V[2]/ EE] tradit. d'Outremer, New York Pierpont Morgan Libr. M.814 [pic. 1[er]q. 14[e]s.] (N[2]), Sevilla Bibl. Colombina 5.1.6 [14[e]s.] (S[3]), Bergamo Cassaforte 2-5 (anc. Gab. Δ, fila VIII,22) [ca. 1300] (B[7]), BL Roy. 17 E.I [mil. 15[e]s.] (L[3]), BL Roy. 19 B.X [fin 15[e]s.] (L[4]) fragm., BL Roy. 19 C.X [14[e]s.] (L[5]), BL Yates Thompson 19 [13[e]s.] (L[6]), Milano Bibl. Ambrosiana S.79 Sup. [15[e]s.?] (M[4]) fragm., Monza Bibl. cap. b-21/137 (CXCV) [2[e]q. 14[e]s.] (M[6]) fragm. (p. p. G. Giannini R 126,121-144), Ars. 5258 [1754] (P[4]) copie mod., Udine Arch. di St. Ms 150 [14[e]s.] (U[3]), Modena Bibl. Estense α.P.9.1 [pic. fin 13[e]s.] (M[5]) fragm., Napoli Bibl naz. I.G.17 [14[e]s.] (N[4]), BN fr. 17115 [ca. 1300] (P[5]) extraits, Chieri Arch. com. [2[e]m. 13[e]s.?], Paris Coll. Jeanson 117 (?) [Bret.? 15[e]s.] (J[2]), Barcelona Arxiu dioc. Fragm. 22 [fin 13[e]s.] (B[8]) fragm. (II,44; p. p. Françoise Vielliard R 111,149-152), Ferrara Bibl. com. Ariostea II.280 [1[e]m. 14[e]s.] (F[7]), Kraków Univ. gall. fol. 182 (anc. Berlin) [lorr. 3[e]q. 14[e]s.] chap. 131 [ms. de 4 f[os]: extraits et fragm. divers, v. StutzmannTylus 80-83], Jena El. f. 90 [Paris ca. 1400]; p. p. F. J. Carmody, *Li livres dou tresor de Brunetto Latini*, Berkeley – Los Angeles (Univ. of Cal. Press) 1948 (réimpr. Genève (Slatkine) 1998); [= TL Brun. Lat. Carm.]. Que des variantes (ou leçons de l'éd. Ch!) justifiant les émendations. Cp. → Messelaar. Mss.: F. Vielliard R 111,141-152, et éd. S XLVII-L; F. Zinelli MedRom 31,7-69 et Arch. Rom. 14 (Fir. 2008) 35-89. Bibliographie J. B. Holloway, *Brunetto Latini*, London 1986. Concordance avec l'éd. BrunLatChab ici, en appendice.

BrunLatS id., état de la '1e famille' de mss., sans ajouts; ms. de base V[2] (déb. 14[e]s.), émendé par Y et C[2], par F, A[3], B[2], K, et aussi par la '2e fam.', surtout R, et la '3e fam.', T, U; p. p. Pietro G. Beltrami – P. Squillacioti – P. Torri – S. Vatteroni, *Brunetto Latini, Tresor*, Torino (Einaudi) 2007. C.r. Zinelli MedRom 32,216-219.

BrunLatB id.; ms. de base Escorial García L.II.3 [pic. et it. 3[e]t. 13[e]s.] (M[3]), à la graphie picardisante et italianisante à la fois, contenant les ajouts de 1268; p. p. S. Baldwin – P. Barrette, *Li livres dou tresor by Brunetto Latini*, Tempe Ariz. (Center for Med. & Ren. St.) 2003. Sans variantes; parfois appui sur les éd. Chab et C. Sans glossaire. Utile comme leçon d'un manuscrit, bien que très corrigé, parfois tacitement (c.r. Wilhelm RF 120, 122-124).

BrunLatChab id.; mss. de base BN fr. 12581 [frc. (av.) 1284] (F) [ms. du premier état du texte] et aussi BN fr. 1113 [It. 14ᵉ s.] (V) [pour les suppléments du 2ᵉ état], var. d'autres mss.; p. p. P. Chabaille, *Li livres dou tresor par Brunetto Latini*, Paris (Impr. imp.) 1863; [= TL Brun. Lat.; FEW BrunLat]. Large choix de variantes. Concordance des éd. BrunLatChab et BrunLatC ici, en appendice.

BrunMontM *Brun de la Montaigne*, roman d'aventures insignifiant avec qqs allusions à la matière de Bretagne, en laisses de vers alex. rimés, incomplet; pic. 2ᵉ m. 14ᵉ s.; ms. unique BN fr. 2170 [cette partie 2ᵉ m. 14ᵉ s.]; p. p. P. Meyer, *Brun de la Montaigne*, Paris (Didot) 1875 (SATF 3); [= TL Brun de la Mont.; FEW BrunM *et* BrunMont; Hol 1157; Boss 1288].

BrunMontJ id.; transcription littérale p. p. C. L. Janssens, *An annotated edition of Brun de la Montaigne*, thèse Tucson (Univ. of Arizona) 1967 (Univ. Microfilms 67-3957); [= Boss² 2403]. Meilleure transcription que celle de l'éd. Meyer, mais à confronter avec cette dernière. P. 353-364: erreurs et corr. non signalées par Meyer.

BrunainJ *De Brunain, la vache au prestre*, fabliau attribué à tort à Jean de Boves, vers octosyll.; 13ᵉ s.; ms. BN fr. 837 [frc. 4ᵉ q. 13ᵉ s.]; p. dans → JohnstonOwen p. 34-35.

BrunainM id.; dans → MontRayn 1, 132-134.

BrunetMan J.-C. Brunet, *Manuel du libraire et de l'amateur de livres*, 6 + 2 vol., Paris (Firmin-Didot) ⁵1860-1880.

BruslezAmisR Jeux-parti (incomplet) prob. entre Thibaut IV de Champagne et Gace Brulé; 1214 (ou peu avant); ms. unique Leipzig Univ. 873 [f°210v° 1ᵉʳ t. 13ᵉ s.]; p. p. E. Roach, "Bruslez amis and the Battle of Bouvines", ZrP 95 (1979) 21-35; [= Boss² 4386]. Cp. → GaceBrulé.

BrutA Wace, *Roman de Brut*, chronique en vers octosyll. des rois d'Angleterre basée surtout sur l'*Historia* de Geoffroy de Monmouth (lt. ca. 1138); norm. agn. (traits dus aux copistes) 1155; v. 1-11999 ms. de base BL Add. 45103 (anc. Penrose, anc. Canterbury Christ Church) [agn. 4ᵉ q. 13ᵉ s.], v. 12000-fin ms. de base Durham Chapt. Libr. C.IV.27 [agn. déb. 13ᵉ s.] (D), en var. London Coll. of Arms Arundel XIV [cette partie agn. 1ᵉʳ q. 14ᵉ s.] (A), BL Roy. 13 A.XXI [cette partie agn. déb. 14ᵉ s.] (B), BL Cotton Vitellius A.X [cette partie agn. ca. 1300] (C), BL Harl. 6508 [14ᵉ s.] (E), BL Add. 32125 [agn. f°1-58 4ᵉ q. 13ᵉ s.] (F) f°1-57, Ste-Gen. 2447 [agn. 14ᵉ s.] (G), BN fr. 1450 [pic. 2ᵉ q. 13ᵉ s.] (H), BN fr. 1416 [Nord prob. 1252] (J) avec une interpolation de 3879 vers (= EdConfVat) sur Edward I, BN fr. 794 [champ. ca. 1235] (K), Lincoln Cathedral 104 (A.4.12) [agn. fin 13ᵉ s.] (L), Montpellier Ec. de Méd. 251 [2ᵉ m. 13ᵉ s.] (M), Ars. 2981 [f°1-90 14ᵉ s.] (R), BN nfr. 1415 [agn. 14ᵉ s.] (S), Vat. Ottoboni lat. 1869 [agn. 3ᵉ q. 13ᵉ s.], Cambridge Corpus Christi Coll. 50 [agn. 4ᵉ q. 13ᵉ s.] (T), non utilisés: Wien 2603 [15ᵉ s.] (V), BN fr. 1454 [15ᵉ s.] (N), BN fr. 12556 [15ᵉ s.] (O), Den Haag KB 73.J.53 [13ᵉ s.] fragm., BN fr. 12603 [pic. ca. 1300] (Y) fragm., New Haven Yale Beinecke Libr. 395 (anc. Cheltenham Phillipps 4156) [agn. ca. 1275] (Z) fragm., Vat. Pal. lat. 1971 [f°69-84 norm.? mil. 13ᵉ s.] fragm., Cologny Bodmer 67 (anc. Marske Hall D'Arcy Hutton) [agn. 2ᵉ m. 13ᵉ s.] (contient aussi une partie de l'interpol. Proph. Merlin), Zadar Katedrala [2ᵉ q. 13ᵉ s.] (R 98, 379-389: descr. et publ.), Oxford Bodl. Rawl. D.913 (1370) [f°83-84 agn. ca. 1200] (X) fragm., Oxford Bodl. Rawl. D.913 (1370) [f°92 pic. fin 14ᵉ s.] fragm., London Westminster Abbey Munim. Box 4, C.522 [1ᵉʳ q. 13ᵉ s.] fragm., London Univ. 574 [agn. 1ᵉʳ q. 13ᵉ s.] fragm., London Coll. of Arms Roll 12/45A [agn. fin 13ᵉ s., av. 1307] v. 9059-13680, Berkeley Cal. Univ. Bancroft Libr. Ms 165 [ca. 1300] fragm.; p. p. I. [D. O.] Arnold, *Le Roman de Brut de Wace*, 2 vol., Paris (SATF) 1938-1940; [= TL Brut Arn.; Hol 1072; Dean 2; 16; Boss 3709; cf. Boss² 6121ss.]. Gloss. onom.: KellerWace. Cf. → BrutDurA. Publication des fragments Oxford Bodl. Rawl. D. 1370: H.-E. Keller dans → MélGossen 453-467; fragm. London Univ. 574: Yeo Manuscripta 8, 101-4.

BrutB id.; éd. partielle (partie Arthurienne: v. 8551-13298) sur la base du ms. Durham (D), complétant des vers manquants partiellement d'après l'éd. A [qui, elle, utilise le même ms. D comme base pour ses vers 12000 ss.], p. p. E. Baumgartner – I. Short, *La geste du roi Arthur selon le Roman de Brut de Wace et l'Historia Regum Britanniae de Geoffroy de Monmouth*, Paris (U. G. E.) 1993 (Coll. 10/18). Des différences entre le texte de l'éd. A et les parties réimprimées dans l'éd. partielle B semblent être de simples coquilles (p. ex. éd. B 1111 *occis* = éd. A 9931 *ocis*). Cp. → BrutDur.

BrutL id.; ms. de base BN fr. 1450 (L) [ms. H de l'éd. A], corrections d'après plusieurs mss.; p. p. A. J. V. Le Roux de Lincy, *Le Roman de Brut par Wace*, 2 vol., Rouen – Paris (Frère) 1836-1838; [= TL Brut; Hol 1070; Boss 3708]. Les extraits, 1, LXXXV-CXV concernent → BrutMun.

BrutKP id., partie du récit qui traite du roi Artur, texte du ms. BN fr. 794 [champ. ca. 1235] (K;

BrutKP

scribe: Guiot), aux traits champ.; p. p. I. D. O. Arnold – M. M. Pelan, *La partie arthurienne du Roman de Brut*, Paris (Klincksieck) 1962; [= TL Brut Partie Arthur.]. Extrait: vers 8541-13298.

BrutAbrZ Chronique angl. en prose, type *Brut*, version basée prob. sur un *Brut* rimé, allant de Brutus à 1307; agn. 1307 ou peu après; ms. Cambridge Univ. Gg.I.1 [agn. après 1307]; p. p. E. Zettl, *An anonymous short English metrical chronicle*, London (OUP) 1935 (EETS 196), p. 92-107; [= Dean 43]. Les vers 536-617 (fin) comprennent une complainte d'Edouard Ier en vers octosyll. irréguliers.

BrutBroth²C Chronique anglaise en prose, type *Brut*, version du ms. Brotherton [f°36-248: BrutBroth¹], continuation couvrant les années 1307-1334 [f°248-271: BrutBroth²]; agn. ca. 1335; ms. Leeds Univ. Brotherton ms. 29 [agn. mil. 14^{e}s. – ca. 1400, cette partie mil. 14^{e}s.]; continuation seule p. p. W. R. Childs – J. Taylor, *The Anonimalle chronicle, 1307 to 1334, from Brotherton Collection MS 29*, Leeds (The Yorkshire Arch. Soc.) 1991 (Rec. Ser. 147). Le titre de la publ. concerne → ChronAn [f°271-353] qui forme la suite de Brut et de la continuation. Mauvaise éd., v. Rothwell MedAev 63,171-173. Utile: liste de mss. contenant la cont., p. 74-75. Cf. Dean 46.

BrutCistD Fragment (254 vers octosyll.) d'une version indépendante du *Brut*, basée sur l'*Historia* de Geoffroy, incip. *... alte ... Cist ot nun Colgrim le sage*; agn. fin 12^{e}s.; double feuille BL Harl. 4733 f°128^{a-b} [agn. fin 12^{e}s.]; p. p. P. Damian-Grint, "A 12th-century Anglo-Norman *Brut* fragment", dans → ShortAnniv 87-104; [= Dean 17].

BrutDurA Interpolation du ms. Durham Chapt. Libr. C.IV.27 [agn. déb. 13^{e}s.] dans Brut, en vers décasyllabiques, traitant de la Bretagne: 'Prophécies Merlin'; prob. agn. déb. 13^{e}s.; p. dans → BrutA 2,781-785; [= AND Brut²; Dean 19; cp. Dean 21]. Aussi dans Cologny Bodmer 67 (anc. Marske Hall D'Arcy Hutton) [agn. 2^{e}m. 13^{e}s.] (sans prol. et une des 'prophécies'; extraits dans → VielliardBodmer 27-29), Cambridge Fitzwilliam Mus. 302 [agn., f°90^b-99^a 2^{e}m. 13^{e}s.], Oxford Bodl. Hatton 67 [cette partie agn. 2^{e}m. 13^{e}s.].

BrutDurB id.; ms. de base Durham Chapt. Libr. C.IV.27 [agn. déb. 13^{e}s.] (D), en var. Cambridge Fitzwilliam Mus. 302 [agn., f°90^b-99^a 2^{e}m. 13^{e}s.] (F), Cologny Bodmer 67 (anc. Marske Hall D'Arcy Hutton) [fragm. agn. f°49^c-52^a 2^{e}m. 13^{e}s.] (B), Oxford Bodl. Hatton 67 [cette partie 2^{e}m. 13^{e}s.] (O); p. p. J. Blacker, *Anglo-Norman verse Prophecies of Merlin*, Dallas (Script. Press) 2005. Texte p. 27-57, var. p. 73-78, notes 79-86. Contient aussi → BrutLincB.

BrutHarlB Version de *Brut* dont 5 fragments (en tout 3361 alexandrins monorimes) survivent dans le ms. BL Harl. 1605 [agn. mil. 13^{e}s.], les mss. Lincoln Cathedral 104 [agn. fin 13^{e}s.] (L) et BL Add. 45103 [agn. 4^{e}q. 13^{e}s.] (A) contiennent des extraits de cette même version relatant les prophécies de Merlin (→ BrutLinc); traits agn., prob. 1^{er}m. 13^{e}s.; cinquième fragment (v. 2721-3361) p. p. B. Blakey, "The Harley *Brut*: An Early French translation of Geoffrey of Monmouth's *Historia Regum Britanniae*", R 82 (1961) 44-70; [= Dean 15; Boss² 6159]. Cp. l'étude de l'éd. de quelques mots: "A check-list of words of unattested form or meaning in the Harley *Brut*", R 87 (1966) 401-408, ou sont cités aussi les mss. A et L.

BrutIntB Chronique anglaise du type des *Brut*, anon., appelée 'Royal Brut', interpolée dans un ms. de → Brut (de Wace), 6237 vers octosyll.; agn. 1^{er}t. 13^{e}s.; ms. BL Roy. 13 A.XXI [cette partie agn. déb. 14^{e}s.] f°41r°-77; p. p. A. Bell, *An Anglo-Norman Brut (Royal 13. A. XXI)*, Oxford (Blackwell) 1969 (Agn. Texts 21-22); [= TL Brut B; AND Brut³; Dean 3; Boss² 6163].

BrutLincB Prophécies Merlin prises de l'*Historia regum Britanniae* ayant été omises par Wace de son Brut, version en alexandrins (cp. → BrutDur); agn. 1^{e}m. 13^{e}s.?; ms. de base Lincoln Cathedral 104 (A.4.12) [agn. fin 13^{e}s.] (L), en var. BL Harl. 1605 [agn. mil. 13^{e}s.] (H) et BL Add. 45103 [agn. 4^{e}q. 13^{e}s.] (A); p. dans → BrutDurB p. 58-72, var. p. 87-90, notes 91-98; [= Dean 20].

BrutMunH *Brut*, version assez proche de la source, l'*Historia* de Geoffroy de Monmouth, en vers octosyll.; traits de l'Ouest et pic. ca. 1200; ms. München gall. 29 (cat. n°7) [agn. ca. 1200-déb. 13^{e}s.] incomplet; p. p. K. Hofmann – K. Vollmöller, *Der Münchener Brut*, Halle (Niemeyer) 1877; [= TL GMonm.; Hol 1067; Vising 61]. Cp. → MélWoledge 49-58.

BrutNobleAM Chronique anglaise du type Brut, en prose, allant de Brut (chute de Troie) à 1272, incip. *En la noble cité de grant Troye*; agn. ca. 1300 (prob. entre 1290 et 1307); ms. de base BL Add. 35092 (anc. Cheltenham Phillipps 1050) [agn. 3^{e}q. 14^{e}s.] (A), envar. BN fr. 14640 [agn. mil. 14^{e}s.] (F), BN nfr. 4267 [agn. 1338 ou peu avant] (N), Oxford Bodl. Wood empt.8 [agn. 2^{e}q. 14^{e}s.] (W) anoure, Oxford Bodl. Douce 120 [agn. mil. 14^{e}s.] (D); p. p. J. Marvin, *The oldest Anglo-Norman prose Brut Chronicle*, Woodbridge (Boydell) 2006. Sans glossaire! Cf. Marvin ActesLangCult 303-319.

BrutNobleC id., version allant de Brut à 1333, appelée version courte, incip. *En la noble cité de graunt Troie*; agn. 1333 ou peu après; inédit; [= Dean 36]. La plupart des mss. mettent en tête → GrantzGeanzL comme prologue (v. Dean 36

p. 26, sans ce 'prol.': p. 25), dans le ms. BL Cotton Cleopatra D.VII [agn., partie déb. 15ᵉs.] c'est → GrantzGeanzA, le récit du règne de Richard I y est tiré de → LReisEngl (v. éd. F p. 189-208: 'S'). [Le ms. hybride Oxford Corpus Christi Coll. 78 [agn. 2ᵉm. 14ᵉs.] en contient aussi des continuations; extraits, touchant les années 1320 et 1327, p. p. V. H. Galbraith, EHR 43 (1928) 203-217, spéc. 215-217 (f°167,168,169-170); = AND Brut⁴.]

BrutNobleDP id., version au récit abrégé quant aux règnes Henry III, Edw. I et II, allant jusqu'à la victoire de Dupplin Moor de 1332; agn. 2ᵉt. 14ᵉs.; ms. de base BL Harl. 200 [agn. fin 14ᵉs.] (H), en var. Oxford Bodl. Douce 128 [agn. ca. 1400] (D) copié sur H, Cambridge Trinity Coll. R.5.32 [agn. 1ᵉʳq. 15ᵉs.] (T) copié sur H; p. p. H. Pagan, *Prose Brut to 1332*, Manchester (Univ., Agn. Text Soc.) 2011; [= Dean 45].

BrutNobleL id., version longue; agn. 1333 ou peu après; inédit; [= Dean 46].

BrutPetM *Le petit Bruit*, par Rauf de Bo(h)un, chronique agn. en prose qui se dit être un abrégé d'un *Brut*, mais qui ne semble dépendre directement d'aucun des *Brut* connus (cf. Brutus, ReiEngl, LReisEngl, etc.) et où se mêle histoire et légende littéraire; agn. 1309; ms. BL Harl. 902 [agn., cette partie 2ᵉm. 16ᵉs.]; extraits p. dans → MeneghettiBret p. 46-48 (f°4v°-5r°); 57-58 (f°5); [Dean 52; cp. Vising 375]. L'éd. contient aussi → BrutThomM et d'autres extraits de chroniques publiées (en partie avec collation des mss.).

BrutPetT id.; p. p. D. B. Tyson, *Rauf de Boun. Le petit Bruit*, London (ANTS) 1987 (ANTS Plain Texts 4).

BrutThomS Chronique en prose, commençant par la création, basée sur la tradition des *Brut* et des autres chron. agn., titre: *Scalacronica*, par Thomas Gray de Heton (mort en 1369); agn. 1362 (écrit à partir de 1355, dernier événement 1362); ms. Cambridge Corpus Christi Coll. 133 [agn. fin 14ᵉs.], fragments dans BL Harl. 902 [agn., cette partie 1ᵉm. 17ᵉs.]; prologue et événements 1066-1362 (f°1-2 et 145-237) p. p. J. Stevenson, *Scalacronica by Sir Thomas Gray of Heton, Knight. A chronicle of England and Scotland from A. D. MLXVI to A. D. MCCCLXII*, Edinburgh (Maitland Club) 1836; [Vising 382 et Dean 74 mentionnent le ms. Cambridge Jesus Coll. Q.G.10 [2ᵉm. 14ᵉs.] qui ne contient apparemment pas ce texte, mais un autre Brut en prose inédit, soit Dean 46, ayant servi de source à Thomas (v. Thiolier dans Wilkins, *Actes*, Cambr., Parker Libr., 1993,123)].

BrutThomM id.; extraits du ms. Cambridge Corpus Christi Coll. 133 [2ᵉm. 14ᵉs.] p. dans → MeneghettiBret p. 49-51 (f°72v°-73v°); 67-68 (f°84v°-85r°); 69-71 (f°85r°-86r°).

BrutusF Chronique agn. (faits de Brutus à Gormont) très abrégée, servant dans la plupart des mss. de prologue à → ReiEngl, prose, incipit: *Devaunt la nativité Nostre Seignur mil e deus cent aunz vint Brutus*, explic.: *Idunc perdirent le Bretouns la seignurie de Engleterre*; agn. 2ᵉt. 13ᵉs. (après → ReiEngl et av. 1283); ms. de base Oxford Bodl. Selden Supra 74 [agn., cette partie déb. 14ᵉs.], en var. Cambridge Trinity Coll. R.14.7 [agn. peu après 1307] (A) (contient aussi → LReisEngl), Oxford Bodl. Tanner 195 [agn. déb. 14ᵉs.] (B), Cambridge Corpus Christi Coll. 53 [agn. ca. 1310] (C), Oxford Bodl. Douce 115 [agn., cette partie ca. 1320] (D), BL Roy. 20 C.VI [Angleterre ca. 1283], Kew NA E 164/24 (anc. London P.R.O.) [agn. ca. 1300] (G), Cambridge Mass. Harvard Law School MS 1 [agn. 1296/1297] (K), autres mss. v. Dean; p. p. C. Foltys, *Kritische Ausgabe der anglonormannischen Chroniken* Brutus, Li Rei de Engleterre, Le Livere de Reis de Engleterre, thèse Berlin 1962, p. 45-56; [= TL Brutus; Dean 13; cp. Vising 298]. Texte «critique», les véritables leçons du ms. se trouvent dans les var.

BrutusB id.; ms. London P.R.O. E.164/24 [ca. 1300] f°37; p. p. J. S. Brewer, *Registrum Malmesburiense. The Register of Malmesbury Abbey; Preserved in the Public Record Office*, London 1879 (Rerum Britannicarum Medii Aevi Scriptores 72,1; réimpr. Kraus 1965), p. 50-51; [cp. → ReiEnglB].

BrutusG id.; édition mixte basée surtout sur ms. Cambridge Trinity Coll. R.14.7 [peu après 1307], le texte forme la première partie de ce que l'éd. appelle «Le Livere de Reis de Brittanie» (deuxième partie: → ReiEnglG); p. p. J. Glover, *Le Livere de Reis de Brittanie e Le Livere de Reis de Engletere*, London 1865 (Rerum Britannicarum Medii Aevi Scriptores 42) p. 2-8; [= AND Reis Britt].

BüchiFEW Eva Büchi, *Les structures du Französisches Etymologisches Wörterbuch: recherches métalexicographiques et métalexicologiques*, Tübingen (Niemeyer) 1996 (ZrP-Beih. 268).

Buck C. Darling Buck et al., *A dictionary of selected synonyms in the principal Indo-European languages. A contribution to the history of ideas*, Chicago (Univ. Press) 1949.

BudahnJohannisbeere C. Budahn, "Die Bezeichnungen der Johannisbeere und der Stachelbeere im Galloromanischen", *ZfSL* 63 (1940) 129-165; 257-298; [= TL Budahn Johannisbeere]. Cf. Möhren RLiR 50 (1986) 527-541.

Bueve1S *Bueve (Boeve, Beuve) de Hanstone* (Angleterre), chanson de geste isolée, truffée d'aventures invraisemblables, version continentale I, basée sur un original proche de → BueveAgn, décasyll.; champ.sept.? 1ᵉʳt. 13ᵉs.; ms. complet unique

Bueve1S

BN fr. 25516 [pic. 2ᵉm. 13ᵉs.] (P¹), les vers 6200-9540 proviennent de → Bueve3 (mss. Torino, Venezia, Carpentras, Modena): les deux textes et par conséquent les deux éd. se recoupent; p. p. A. Stimming, *Der festländische Bueve de Hantone, Fassung I*, Dresden [Halle, Niemeyer] 1911 (Ges. für rom. Lit. 25); [= TL BHant. festl. I; FEW Bueve 1; Boss 271]. Cp. → Daurel.

Bueve2S id., version continentale II, longue, à épisodes nouveaux; 1ᵉʳt. 13ᵉs.; ms. de base BN fr. 12548 [pic. 2ᵉm. 13ᵉs.] (P), en var. Wien 3429 [champ.sept. 2ᵉm. 15ᵉs.] (W) et Vat. Reg. lat. 1632 [champ. 1ᵉʳq. 14ᵉs.] (R) acéphale; p. p. A. Stimming, *Der festländische Bueve de Hantone, Fassung II*, 2 vol., Dresden [Halle, Niemeyer] 1912-1918 (Ges. für rom. Lit. 30; 41); [= TL BHant. festl. II; FEW Bueve 2; Boss 272].

Bueve3S id., version III, à matériaux et informations supplémentaires, vers décasyll., début, v. 1-1297, repris à → Bueve2; traits pic. 1ᵉʳt. 13ᵉs.; ms. de base v. 1-14154 Torino Bibl. naz. L.II.14 (fr. 36) [pic. (Origny) 1311] (T; la fin reproduit la version II), en var. et base de la fin Venezia Marc. fr. XIV [pic. 13ᵉs.] (V) (la 1ᵉ moitié et les derniers vers manquent), en var. Carpentras 405 (L.401) [cette partie champ.sept. 13ᵉs.] (C) lacunaire, Modena Arch. St. framm. b.11. fasc. n. 2. [It. 2ᵉm. 14ᵉs.] fragm. (v. 8539-8855, = Bueve1 6854-7166), pour les mss. des parties se recoupant avec les versions I et II, v. ib.; p. p. A. Stimming, *Der festländische Bueve de Hantone, Fassung III*, Dresden [Halle, Niemeyer] 1914-1920 (Ges. für rom. Lit. 34; 42); [= TL BHant. festl. III; FEW Bueve 3].

BueveAgnS id.; version agn.; prob. la plus ancienne des versions conservées, vers irréguliers, de 10 à 12 syll.; agn. déb. 13ᵉs.; deux mss. incomplets BN nfr. 4532 [Angleterre ca. 1300] (B) fin manque, Paris Didot (puis Louvain Univ. cath. G.170) [2ᵉt. 13ᵉs.?] (D) première partie manque (ms. détruit par la guerre), Glasgow Univ. Hunter 466 [agn. 2ᵉm. 13ᵉs.] fragm. de 60 vers, London Lambeth Palace 1237,1 & 2 [agn. 2ᵉm. 13ᵉs.] fragm. de 46 vers rognés; les deux mss. (la partie se recoupant en parallèle) p. p. A. Stimming, *Der anglo-normannische Boeve de Haumtone*, Halle (Niemeyer) 1899; [= TL BHaumt. *et* Boeve; FEW Boeve; AND Boeve; Dean 153 [aj. un petit fragm.]; Vising 213; Boss 270].

BueveAgnM id.; éd. basée sur le ms. B et sur l'éd. S p. p. J.-P. Martin, *Beuve de Hamptone*, Paris (Champion) 2014 (Champ. Class. M.Â. 38).

BueveFrancoitR id., version intégrée dans le 'cycle' de la Geste Francor, incomplète; francoit. 1ᵉʳq. 14ᵉs.; ms. Venezia Marc. fr. XIII (256) [francoit. 1ᵉm. 14ᵉs.]; p. p. J. Reinhold, "Die frankoitalienische Version des Bovo d'Antone", *ZrP* 35 (1911) 555-607; 683-714; 36 (1912) 1-32; 512; [= TL Bovo d'Ant.; Boss 289]. (Version vénit. dans P. Rajna, *Ricerche intorno ai Reali di Francia*, vol. 1, Bologna 1872, 493-566; [= TL Reali].)

BueveFrancoitM id.; p. dans → GesteFrancorM.

BueveFrancoitRo id.; p. dans → GesteFrancorR 1-1164 et 2914-5491. À utiliser avec précaution (p.ex. *Vasen* 3603 l. *Va s'en, agraer* 3910 l. *a graer*).

BullDC *Archivum Latinitatis Medii Aevi, Bulletin Du Cange*, Paris 1924ss.; [= FEW ALMA *et* ALatMA; TL Bull. Du Cange].

BullEtMLille *Bulletin du Centre d'Etudes médiévales et dialectales de l'Université Lille III*, 1978ss. → BienDire.

BullHaustiere M. Bull, *Die französischen Namen der Haustiere in alter und neuer Zeit mit Berücksichtigung der Mundarten*, thèse Berlin 1902; [= TL Bull Haustiere].

BullIRHT *Bulletin d'information de l'Institut de Recherche et d'Histoire des Textes*, Paris (Publications du CNRS) 1953-1969. Successeur: → RHT.

BullMHRA *Bulletin of the Modern Humanities Research Association*, Liverpool 1927ss. (dep. 1932 sous le titre *Annual Bulletin*…).

BullRomNice *Bulletin du Centre de Romanistique et de Latinité tardive*, Université de Nice, U.E.R. Civilisations, 1-13, Nice 1983-2000.

BullSATF *Bulletin de la Société des Anciens Textes Français*, Paris 1875-1936; [= TL Bull. SAT].

BullSocNiv *Bulletin de la Société nivernaise des Lettres, Sciences et Arts*, Nevers, 1854 etc., 3ᵉ sér. 1883ss.; [FEW BullSocNiv: 3ᵉ sér., 6, 1896].

BurdyAISON Ph. Burdy, *Die mittels -AISON und Varianten gebildeter Nomina des Französischen*, Frankfurt (Klostermann) 2012 (Analecta Rom. 81). C.r. Buridant RLiR 78, 231-239.

BurgerVillon A. Burger, *Lexique complet de la langue de Villon*, Genève (Droz)² 1974 (Publ. rom. et fr. 127). Traite le lexique de → VillonL⁴ tout en marquant de crochets les formes introduites par les éd., parfois sans aucune nécessité.

Burgess G. S. Burgess, *Contribution à l'étude du vocabulaire pré-courtois*, Genève (Droz) 1970 (Publ. romanes et françaises CX).

BurguyGr G. F. Burguy, *Grammaire de la langue d'oïl ou grammaire des dialectes français aux XIIe et XIIIe siècles suivie d'un glossaire*, 3 vol., Berlin (Weber) – Paris (Maisonneuve) [3]1882 [[1]1853-1856].

Buridant C. Buridant, *Grammaire nouvelle de l'ancien français*, s. l. (Sedes) 2000. Essentiellement une morpho-syntaxe aux exemples tirés de textes littéraires. Difficile d'accès; riche en observations. Lire les c.r. RLiR 65,560-578.

BurnellRen N. H. Burnell, *Glossaire aux Branches II et Va du Roman de Renart*, mém. de maîtrise, Leeds 1926.

Bursch H. Bursch, *Die lateinisch – romanische Wortfamilie von *interpedare und seinen Parallelbildungen*, thèse Bonn (Roman. Sem.) 1978 (Romanistische Versuche und Vorarbeiten 52).

BusbyCod K. Busby, *Codex and context. Reading Old French verse narrative in manuscript*, 1 vol. en 2 t., Amsterdam – New York (Rodopi) 2002. Une mine de renseignements à fouiller.

Buscalus *Roman de Buscalus*, reprenant → ChronTournCes[1] avec comme héros principal Buscalus, en prose; mil. 15[e]s.; mss. BN fr. 9343 [mil. 15[e]s.], BN fr. 9344 [mil. 15[e]s.], Torino Bibl. naz. L.II.15 (1640) [mil. 15[e]s.], København Kgl. Bibl. Thott 413 f° [mil. 15[e]s.], Tournai 195 [2[e]m. 15[e]s.] perdu; v. G. Small (cité sous → ChronTournCes[1]) 104-113; [Wo 29].

Buschmann S. Buschmann, *Beiträge zum etymologischen Wörterbuch des Galizischen*, thèse Bonn (Roman. Sem.) 1965. Contient des matériaux (lettres A-F) pour un dict. projeté du galic., dans l'ordre du REW.

CAIEF *Cahiers de l'Association internationale des études françaises*, Paris (Diff. Les Belles Lettres) 1951–.

CCFr *Catalogue Collectif de France*, Bibliothèque nationale de France, Paris, en ligne. Exploite le *Catalogue général des manuscrits des bibliothèques publiques de France*, etc.

CCM *Cahiers de civilisation médiévale*, Poitiers (Centre d'études supérieures de civilisation médiévale) 1958–.

CFMA *Classiques français du moyen âge*, Paris 1910ss.

CGlL G. Goetz, *Corpus Glossariorum Latinorum*, Leipzig 1888-1901; G. Goetz, *De glossariorum latinorum origine et fatis*, Leipzig – Berlin 1923 (le tout réimpr. Amsterdam, Hakkert, 1965); [= FEW CGlL; aussi ThGloss et ThesGl].

CIL *Corpus Inscriptionum Latinarum*, Berlin 1862ss. Travaux depuis 1853.

CN *Cultura Neolatina*, Modena (Mucchi) 1941–.

CPont *Recueil des actes des comtes de Pontieu (1026-1279)*, p. p. C. Brunel, Paris (Impr. nat.) 1930; [= FEW CPont]. Contient des doc. fr. à partir de 1245 (n°359, copie dans un registre du 13[e]s.), orig. pic. à partir de 1248 (n°367). V. → Prarond-Pont.

CRAI *Comptes Rendus des séances*, Académie des Inscriptions et Belles-Lettres, Paris (AIBL, Masson, etc., Diff. De Boccard) 1857 (1858) –. Anciens num. en ligne (accès libre).

CahLex *Cahiers de lexicologie*, Paris (Garnier) 1959–.

CalendreM Chroniques des Empereurs de Rome, essentiellement basées sur Orose par l'intermédiaire d'Alfred, en vers octosyll., par un certain Calendre, incip. *N'est fins amanz qui n'est honiz*; champ. 1213 ou peu après; ms. BN fr. 794 [champ. ca. 1235]; p. p. G. Millard, *Les Empereors de Rome par Calendre*, Ann Arbor (Univ. Mich. Pr.) 1957; [= TL Empereors de Rome Cal.; Boss 7832].

CalendreS id.; éd. partielle p. p. F. Settegast, "Calendre und seine Kaiserchronik", *RoSt* 3 (1878) 93-130; [= TL Calendre; Boss 3795].

CantKiVotH Commentaire sur le Cantique des Cantiques (*Chant des Chanz*), basé sur le commentaire de Guillaume de Newburgh (ca. 1190) qui interprète le Cantique des Cantiques comme une vie anticipée de Sainte Marie, laisses d'alexandrins monorimes, incipit *Ki vot leaument amer, primes se humilie*; agn. 2[e]m. 13[e]s.; ms. unique Oxford Bodl. Rawl. F.234 [agn., cette partie fin 13[e]s.]; p. p. T. Hunt, *Le Chant des Chanz*, London (ANTS) 2004 (Agn. Texts 61-62); [= Dean 461]. C.r. Roques RLiR 71,237-239.

CantLandP Commentaire ou exposition du Cantique des Cantiques en vers octosyll., utilisant les *Sermones in Cantica Canticorum* de Bernard de Clairvaux et l'*Expositio in Cantica Canticorum* de Geoffroy d'Auxerre, attribution à Landri de Waben à écarter; pic. ca. 1200; ms. Le Mans 173 [traits wall. 2[e]m. 13[e]s.] f°33v°-110r°; p. p. C. E. Pickford, *The Song of Songs. A twelfth-century French version*, London – New York – Toronto (Oxford Univ. Press) 1974; [= TL HLied P; Boss[2] 5611]. Mauvaise édition; à rafistoler au moyen de l'article de Hunt ZrP 96,267-297 et des c.r.

CantLandP

Vielliard BEC 133,386-387, Monfrin/Vielliard R 97,555-563, Hasenohr CahCivMéd 19,289-293, Roques ZrP 94,160-163, Iker-Gittleman RoPh 33,551-554, Baldinger VRo 37,283-292 incorporant en partie les c.r. antérieurs. – Gdf cite ce texte comme 'Expl. du Cant. des Cant.' ou comme 'Cant. des Cant.', avec ou sans le nom de Landri; il cite parfois comme 'Cant. des Cant.' une version de → VilAsnier.

CantLandR id.; éd. partielle 'périmée' p. p. C. J. Richelet, *Le Cantique des Cantiques attribué à Salomon*, Paris (Techener) 1843; [cf. Boss 3025; GRLMA 6^2,4116 à revoir].

CantQuSolK Trope liturgique en vers (93 v. en couplets décasyll. asson.) paraphrasant le Cantique des Cantiques (incipit: *Quant li solleiz*); Nord-Ouest (hbret.) 1^em. 12es.; ms. BN lat. 2297 [1^em. 12es.] f°99v°; impression diplomatique p. p. E. Koschwitz dans → FoersterKoschw col. 163-168; [= TL HLied].

CantQuSolP id.; p. p. G. Paris, "Fragment d'un petit poème dévot du commencement du XIIe siècle", *JREL* 6 (1865) 362-369; [= Boss 3025 (note err.)].

CantTresH Commentaire exégétique chrétien (créé dans l'entourage des Béghines?) sur le Cantique des Cantiques en huitains d'octosyll. (3 premiers chap. seulement), appelé *Les cantiques Salemon*, incip. *Tres glorieus diex, or encline Tes oreilles a ma priiere*; pic. ca. 1300; ms. BN fr. 14966 [pic. ca. 1300]; p. p. T. Hunt, *Les Cantiques Salemon*, Turnhout (Brepols) 2006. Cf. BonnardBible 162-166 (extraits). C.r. Roques RLiR 71,239-240. Les passages imprimés en italiques s'inspirent d'autres textes [p. 55, IV. 1. 4 lire *fenis*].

CapMartR *Le Ju de le capete Martinet*, poème allégorique en vers octosyll., p.-ê. de Mathieu le Poirier; pic. fin 13es.; ms. BN nfr. 1731 [ca. 1300]; p. p. G. Raynaud, "Le *Ju de la capete Martinet*", *R* 10 (1881) 519-532; [= TL Cap. Mart.]. Est intercalé dans le ms. entre → CourtAm et CourtAms.

CapitVillisB *Capitulare de Villis et curtis imperialibus*, capitulaire réformant et réglant l'administration des domaines royaux dans l'empire de Charlemagne sauf l'Italie; mlt. fin 8es.; ms. unique Wolfenbüttel Herzog August Bibl. 287 (Helmst. 254) [2^eq. 9es.]; fac-similé et transcription p. p. C. Brühl, *Capitulare de Villis*, Stuttgart (Müller & Schindler) 1971. Contient nombre de détails de la vie quotidienne. Cf. Verhein DA 11 (1954/55) 333-392: les listes d'outils, de plantes, etc. sont en fait des inventaires réels de domaines (situés notamment en Picardie).

CapsulaEbH Capsula eburnea, aussi Secret d'Ypocras, texte pseudo-hippocratique débutant par la section 'Prognostica et signa mortis seu sanitatis' suivi de recettes contre des maux 'de capite ad calcem', traduit du latin, prose; agn. ca. 1300 (?); ms. Cambridge Trinity Coll. O.2.5 (1109) [agn. mil. 14es.]; p. p. T. Hunt, *An Anglo-Norman medical compendium*, Oxford (Agn. Text Soc.) 2014 (Agn. Texts Pl.Ser.18). Cite en note, par le sigle P, des citations proches tirées du ms. Cambridge Trinity Coll. O.5.32 (1313) [agn. 2^em. 14es.]. Sans gloss. ni reprod. du ms. Cf. I. Vedrenne-Fajolles dans MélThomasset 793-805: rapports avec d'autres textes et mss. comme Cambridge Trinity Coll. O.2.21 [agn. déb. 14es.] et Oxford Bodl. Ashmole 1471 [agn. 14es.] (la transcription très fautive, en fait incompréhensible, en p. 801, vient de Meyer; corriger aussi p. 802,1: *giseit* l. *juseit*, *Cesar* l. *Sesar* (*sesar*), *devant le* l. *devant la*, etc.); Transmédie n°30. C.r. VRo 74,321-322.

CapussoMPol M. G. Capusso, *La lingua del* Divisament dou monde *di Marco Polo. I: Morfologia verbale*, Pisa (Pacini) 1980. Concerne → MPolRustB.

CarCharL *La Bataille de Carême et de Charnage*, poème allégorique et satirique en vers octosyll., parodiant les chansons de geste, explicit (2 mss.): *Ci faut la guerre et la tançon De Charnage le bon baron Et de Karesme le felon*; norm. 2^em. 13es.; ms. de base BN fr. 837 [frc. 4^eq. 13es.] (A), en var. BN fr. 1593 [frc., faibles traits lorr. fin 13es.] (B), BN fr. 2168 [pic. fin 13es.] (C), BN fr. 19152 [frc. fin 13es.] (D), BN fr. 25545 [ca. 1325] (E); p. p. G. Lozinski, *La Bataille de Caresme et de Charnage*, Paris (Champion) 1933; [= TL Bat. Caresme Charn.; FEW CarChar; Boss 2640]. Éd. correcte. Contient aussi → EnsViandL. Cp. → CarnavalBat.

CardenoisC *Roman de Cardenois*, anon., en prose, incomplet, traitant des matières arthurienne et courtoise; Est (bourg.?) 3^et. 14es.; ms. unique Madrid Bibl. nac. 10264 [traits pic. bourg. cat., ca. 1400] anoure; p. p. M. Cocco, *Roman de Cardenois*, Bologna (Pàtron) 1975 (Testi e saggi di letterature moderne, Testi VI); [= TL Rom. de Cardenois C; Boss^2 6651]. Le texte exploite qqs. poèmes de GuillMach. Éd. à utiliser avec précaution. C.r. Speroni MedRom 4 (1977) 110-134. Cf. Zinelli R 130,294-354.

CarnavalBatA Jeu de Carnaval, *La Bataille de Sainct Pensard à l'encontre de Caresme* (par la «bazoche d'Issouldun»), 1220 vers; av. 1485 (date d'une représentation de la pièce à Tours); conservé dans un imprimé: BN Rothschild II.5.40 (3021) [1490?]; p. p. J.-C. Aubailly, *Deux jeux de Carnaval de la fin du moyen âge*, Paris – Genève (Droz)

1978 (T. L. F. 245); [= Boss² 8244]. Contient aussi → CarnavalTestA. Cp. → CarChar.

CarnavalTestA Jeu de Carnaval, *Le Testament de Carmentrant*, par Jehan d'Abundance, 307 vers; ca. 1540; ms. BN fr. 9299 [18ᵉ s.]; p. dans → CarnavalBatA p. 71-87.

CarolusCh L. Carolus-Barré, *Les plus anciennes chartes en langue française*, t. 1 [seul paru], *Problèmes généraux et recueil des pièces originales conservées aux Archives de l'Oise, 1241-1286*, Paris (Klincksieck) 1964; [= TL Anciennes Chartes].

Carstensen R. Carstensen, *Die Interjektionen im Romanischen*, thèse Tübingen 1936. [= TL Carstensen Rom. Interj.]. Essentiellement rom. moderne.

CartEngMarF *Cartulaire et actes d'Enguerran de Marigny*, p. p. J. Favier, Paris (Bibl. Nat.) 1965 (Collection de doc. inédits sur l'hist. de France, Série in-8°, vol. 2). Le cartulaire orig., ms. BN lat. 9785 [écrit d'oct. 1313 à janv. 1314] (C), contient des doc. fr. datés de 1306 à 1314; quelques doc. sont traduits du latin, ce qui est indiqué; dans l'appendice sont donnés 17 doc. orig. datés de 1299 à 1314. L'éd. imprime surtout le texte de C, en cas de lacune aussi une autre copie ou un orig. À utiliser avec précaution. Dépouillement effectué par C.J.Drüppel.

CartFontenayMarmS Cartulaire de Fontenay le Marmion (Calvados), ms. Monaco Arch. du Palais Matignon [norm. 2ᵉ q. 14ᵉ s.]; p. p. G. Saige, *Cartulaire de la Seigneurie de Fontenay le Marmion*, Monaco (Impr. de Mon.) 1895; [= Stein 1388]. Doc. fr. (norm.) 1278-1328, f°1-45, écrits ca. 1328, et doc. fr. 1294-1333, f°46-57, écrits entre 1333 et mil. 14ᵉ s.

CartHain 'Cartulaire de Hainaut', cartulaire factice, à doc. extraits surtout du cartulaire de Hainaut en 6 vol., ms. Lille Arch. dép. B.1582-1587 [13ᵉ-14ᵉ s.]; p. dans → ReiffenbergMon 1,309-499; 3,3-895; [= FEW CartHain; Stein 1650]. Contient des doc. lt. et fr. (hain.) datés de 1071 à 1347; le premier doc. copié dans le '1ᵉʳ cart.' (1ᵉ m. 14ᵉ s., f°1) est fr. et porte la date de 1274 n.st. Qqs. pièces ont été remplacées par des originaux; le suppl. contient des doc. supplémentaires en bonne partie orig.; à utiliser avec précaution. Suite: → CartHain²D.

CartHain²D Suite de → CartHain: cartulaire factice reproduisant souvent des doc. orig., voire des chartes; pour la plupart hain., 1337-1436 (et qqs. actes ultér.); p. p. L. Devillers, *Cartulaire des comtes de Hainaut, de l'avènement de Guillaume II à la mort de Jacqueline de Bavière*, 6 t. en 7 vol., Bruxelles (Hayez) 1881-1896; [= Stein 1661].

CartHospD Cartulaire factice, contenant des doc. des Hospitaliers datés de 1100-1310, orig. fr. à partir de 1231 (n°2001), [le texte n°1193 de 1204-1206 était prob. réd. en fr. à l'origine; mss. 13ᵉ s.]; p. p. J. Delaville Le Roulx, *Cartulaire général de l'ordre des Hospitaliers de S. Jean de Jérusalem (1100-1310)*, 4 vol., Paris (Leroux) 1894-1906. N° 70 → RègleHospPrD.

CartHuguesChalonP Cartulaire d'Hugues de Chalon (1220-1319), doc. fr. à partir de 1237 (n°25); [frcomt.] ms. 1317-1319; ms. BL Add. 17305 [1317-1319]; p. p. B. Prost — S. Bougenot, *Cartulaire de Hugues de Chalon*, Lons-le-Saunier (Declume) 1904; [= Stein 826].

CartMarquetteV Cartulaire (factice) de l'abbaye de Marquette (dioc. de Tournai); contient des doc. des années 1201 à 1400, fr. (hain.) à partir de 1237, orig. à partir de 1244; ms. de base BN lat. 10967 [13ᵉ, 14ᵉ et 15ᵉ s.]; p. p. M. Vanhaeck, *Cartulaire de l'abbaye de Marquette*, I, II (en 1 vol.), Lille 1938 (Soc. d'Etudes de la Province de Cambrai, 46, 1937; 47, 1938); [= Stein 2360]. Cf. R 68,173-206.

CartOrvalD A. Delescluse, *Chartes inédites de l'abbaye d'Orval*, Bruxelles 1896 [Coll. de chron. belg. inéd.]. Contient 21 doc. lorr.sept. 1162-1361, d'après un cartulaire du 17ᵉ s. (!); fr. à partir de 1241; p. 37-51: corr. à → GoffinetOrval; cp. → DelescluseOrval et GoffinetOrval.

CartPameleAud Cartulaire seigneurial de Pamele et Audenarde, appelé parfois Livre rouge d'Audenarde, enluminé, aux doc. couvrant les années 1187-1261; flandr. or. 1261; ms. Lille Arch. dép. B.1570 [Flandres Or. prob. 1261] (maistre Quentin en a écrit 100 ch., f°1-36; ajouts aux doc. -1287); [= Stein 266]. Cp. Nieus JSav 2012,82-90.

CartPercyM Cartulaire de la maison de Percy, essentiellement latin, doc. datés de 1182 à 1377; agn. 1377 (ou peu après); ms. orig. Brentford The Duke of Northumberland Syon House D.XI [agn. ca. 1380]; p. p. M. T. Martin, *The Percy Chartulary*, Durham 1911 (Surtees Soc. 117, 1909); [= AND Percy Ch].

CartPicquigny Cartulaire seigneurial de Picquigny (arr. Amiens), appelé Livre rouge de Picquigny, 124 actes datés 1206-1249, surtout 1246-1248; pic. ca. 1250; ms. AN R¹.672 [pic. ca. 1250 etc.], maistre Quentin en écrit les cah. 7-9, f°48-63, et la table f°40v°-41v°, ajouts 1260-déb. 14ᵉ s., aussi 16ᵉ s. Cf. Nieus JSav 2012,71-81.

CartSelincourtB Cartulaire de l'abbaye de Selincourt contenant des doc. lat. et fr. (fr. datés de 1259 à 1270); pic. 1259 [ca. 1280] – 1270 [ca. 1280]; ms. Amiens Bibl. mun. 528 [ca. 1280], complété

CartSelincourtB

par Amiens Bibl. mun. 778 [déb. 16ᵉ s.]; G. Beaurain, *Le cartulaire de l'abbaye de Selincourt 1131-1513*, Paris (Picard) – Amiens (Yvert & Tellier) 1925 (Mém. Soc. Antiqu. de Pic. 40). Cart. 528 p. 1-351; doc. orig. 1502 et 1527 p. 352-354; extraits du Cart. 778 (fr. dès 1285) p. 354-431.

Casares J. Casares, *Diccionario ideológico de la lengua española*, 2ᵉ éd., Barcelona (Gili) 1959 (5ᵉ tirage 1971).

CassidP *Roman de Cassidorus*, prose, branche (3ᵉ suite) du cycle de → SSag; pic. ca. 1275; ms. de base BN fr. 22548-22550 [frc., traces de pic., fin 13ᵉ s.] (V), en var. Bruxelles Bibl. roy. 9245 [pic. 1ᵉʳ m. 14ᵉ s.] (B), autres mss.: BN fr. 93 [pic. 1466] (G), Bruxelles Bibl. roy. 9401 [pic. déb. 14ᵉ s.] (H), Torino Bibl. naz. L.III.8 (1650) [pic. 14ᵉ s.] (R) endommagé, BN fr. 7000 [Paris mil. 14ᵉ s.] (X) (forme un ms. avec Harl. 4903); p. p. J. Palermo, *Le Roman de Cassidorus*, 2 vol., Paris (Picard) 1963-1964 (SATF); [= TL Cassidorus; Wo 160; Wos 160; Boss² 2486].

CasusPlacD Casus placitorum ou *Cas de demaundes*, collection de résumés de causes plaidées réunie à des fins didactiques; collection originelle: agn. ca. 1260 (av. 1272); ms. BL Harl. 1208 [agn. ca. 1300] (T), mss. avec ajouts: BL Add. 38821 [agn. ca. 1285] (A), BL Add. 5762 [agn. ca. 1300] (B), BL Harl. 748 [agn. 1ᵉʳ t. 14ᵉ s.] (C), Cambridge Mass. Harvard Law School Dunn 33 [agn. av. 1307] (D), 14 autres mss. ont été utilisés sporadiquement; p. p. W. H. Dunham, *Casus placitorum, and Reports of cases in the King's Courts 1272-1278*, London (Quaritch) 1952 (Selden Soc. 69); [= AND Casus Plac]. Le texte de T est imprimé p. 1-22 (= ca. 1260), les addenda de A p. 23-29, celles de B p. 30-34, C p. 35-40, D p. 41; suivent des ajouts des autres mss. (p. 42-44), puis les cas de la cour royale tirés de mss. divers (= ca. 1272 - ca. 1278) p. 45-141 (faute de mieux, ces textes seront datés de ca. 1275). Cp. → BrevPlacT.

CatAdSuelU Disticha Catonis, collection de sentences du 3ᵉ s. destinée à l'enseignement élémentaire, attribuée à un Cato, commentée par Remi d'Auxerre, fin 9ᵉ s., traduction en vers octosyll. par Adam de Suel; 2ᵉ t. 13ᵉ s.; ms. de base Dijon 525 (298) [Paris 1355-1362] (D), corr. surtout d'après Bern 354 [bourg.sept. déb. 14ᵉ s.] (B), en var. aussi Ars. 5201 [bourg.sept. ou lorr. 3ᵉ t. 13ᵉ s.] (A; A1), Bruxelles Bibl. roy. 9411-26 [pic. ca. 1300] (Br), BL Harl. 4333 [lorr. 2ᵉ m. 13ᵉ s.] (H) fragm., BL Add. 15606 [bourg. déb. 14ᵉ s.] (M) fragm., Oxford Bodl. Canonici Misc. 278 [15ᵉ s.] fragm. [p. p. Ulrich RF 15,143-149], autres mss. v. RuheCat 148-174; p. p. J. Ulrich, "Der Cato des Adam de Suel", *RF* 15 (1904) 107-140.

CatAnH Disticha Catonis, version anonyme en vers octosyll. (prol.) et hexasyll., basée sur le texte lt. et sur → CatElie (selon Stengel); agn. mil. 13ᵉ s.; ms. BL Harl. 4657 [agn. 1ᵉʳ q. 14ᵉ s.]; p. p. T. Hunt, *Le livre de Catun*, London (ANTS) 1994 (Plain Texts Series 11); [= AND² Cato ANTS; Dean 256].

CatAnS id.; p. dans → OvArtElieK p. 114-145 infra.

CatDarmstH id., version lt. et fr. où la trad. suit sentence par sentence, prose; wall. (Namur?) fin 13ᵉ s.; ms. Darmstadt 2640 [cette partie fin 13ᵉ s.]; p. p. T. Hunt, "The Old French Cato in MS Darmstadt 2640", *VRo* 39 (1980) 44-63; [= Boss² 4958].

CatElieS Disticha Catonis, trad. par Elie de Winchester, mètres divers; agn. 2ᵉ t. 12ᵉ s.; ms. imprimé Oxford Saint John's Coll. 178 [agn. 1ᵉʳ m. 13ᵉ s.] (O), autres mss. Cambridge Corpus Christi Coll. 405 [agn. 1ᵉʳ q. 14ᵉ s.] (C), BL Harl. 4388 [cette partie agn. 1ᵉʳ m. 13ᵉ s.] (L), Cambridge Pembroke Coll. 46 [agn. mil. 13ᵉ s.], Torino Bibl. naz. D.V.29 [agn. fin 13ᵉ s.]; p. dans → OvArtElieK p. 110-144 pages paires supra; [= AND Cato¹; Dean 254; Vising 44; Boss 2646]. Corrections entre crochets. Elie a connu CatAn et CatEver, v. RuheCat 102.

CatEverS Disticha Catonis, trad. en sixains hexasyll. par Everart; agn. fin 12ᵉ s.; ms. de base BL Arundel 292 [agn. mil. 13ᵉ s.] (A), en var. BN fr. 25407 [agn. 4ᵉ q. 13ᵉ s.] (P), autres mss. Oxford Bodl. Engl. poetry a.1 (Vernon) [agn. fin 14ᵉ s.], BL Add. 22283 [agn. fin 14ᵉ s.], Cambridge Pembroke Coll. 46 [agn. mil. 13ᵉ s.], London Lambeth Palace 371 [agn. fin 13ᵉ s.], London Sion Coll. Arc. L.40.2/L.14 [agn. 2ᵉ m. 13ᵉ s.], Oxford Bodl. Engl. misc. C.291 [15ᵉ s.], York Chapter Libr. 16.N.3 [agn. 3ᵉ t. 13ᵉ s.]; p. dans → OvArtElieK p. 111-145 pages impaires supra; [= Dean 255; cf. Vising 45; AND Cato² (ms. London Lambeth Palace); Boss 2646].

CatEverL id.; p. p. A. J. V. Le Roux de Lincy, "Distiques de Dyonisius Cato, en latin et en vers français du XIIᵉ siècle", dans → ProvL 2,439-458 (App. I); [= TL Cat. Ever.].

CatPr¹U id., version en prose établie pour s'intégrer dans → ChronBaud¹, appelée *Enseignement Caton / Chaton*, parfois Trésor de Sapience, prob. par le même compilateur; pic. [prob. 1278-] 1281; ms. Bern 98 [lorr. déb. 14ᵉ s.], Metz 855 (105) [cette partie lorr. fin 15ᵉ s.] fragm., BL Roy. 19 A.VI [pic. fin 15ᵉ s.] f°158-170; ms. Bern p. p. J. Ulrich, *"Eine altlothringische Uebersetzung* des Dionysius Cato", *ZrP* 19 (1895) 85-92. Le fragm. Metz est p. p. Ulrich dans RF 15 (1904) 141-143.

[Cat cf. → RuheCat.]

[Catholicon [Gdf] → Aalma.]

Cayrou G. Cayrou, *Le Français classique. Lexique de la langue du dix-septième siècle*, Paris (Didier) 1923 [réimpr.]; [= FEW Cayrou].

Cejador J. Cejador y Frauca, *Vocabulario medieval castellano*, Madrid 1929.

CellaGall R. Cella, *I gallicismi nei testi dell'italiano (dalle origini alla fine del sec. XIV)*, Firenze (Accademia) 2003.

CellierValenc L. Cellier, *Chartes communales de Valenciennes (XIe et XIIe siècles)*, Valenciennes (Prignet) 1868. Contient, p. 19-42, la copie d'une traduction (flandr. (Valenciennes) 2e m. 13e s.) d'une 'charte' (12e s.?, lat.) concernant la confrérie de la Halle des dras, ms. Valenciennes 680-683 (536) [rec. fact. 14e s. etc.], et, p. 45-70, une lettre de paix (lat. 1114) traduite (flandr. (Valenciennes) 1275), ms. Valenciennes 259 (249) [1626]: copie très proche d'une autre copie dans le ms. Valenciennes 536.

CensHerchiesM Censier original d'Herchies, petite seigneurie du Hainaut (au nord-ouest de Mons); hain. 1267; ms. Amiens Arch. dép. Lucheux 171 [1267]; p. p. R. Mantou, *Le censier d'Herchies de 1267*, Bruxelles (Palais des Acad.) 1974 (Bull. Comm. roy. d'Hist. 140, 1-2); [= TL Censier Herchies M]. Contient de plus: Censier des terres essartées (prob. 1267), Notes à usage de censier (2e m. 13e s. - déb. 14e s.), Reprise de biens (prob. 1267), Textes relatifs à la réserve seigneuriale (1278 - 1314) et un texte où le seigneur réglemente les corvées (déc. 1295). Trois doc. suppl. du même ms. (ca. 1267, 1314, 1e m. 14e s.) sont p. p. R. Mantou dans le Bull. 141 (Bruxelles 1975) 1-45. Cp. ZrP 92, 547-551.

CensHôtProvinsM Censier de l'Hôtel-Dieu de Provins; 3e q. 13e s. (1250?-1280?); ms. Provins 268 (76) [3e q. 13e s.] original; p. p. M.-Th. Morlet – M. Mulon, "Le Censier de l'Hôtel-Dieu de Provins", *BEC* 134 (1976) 5-84 [et extrait, Paris 1976, 84p.]; [= TL Censier Hotel-Dieu MM]. Ce doc. ne correspond pas aux censiers du même nom cités par Gdf.

CensMontjM Censier de la châtellenie de Montjean (Anjou); ang. 1412; registre BN fr. 8739 [1412]; p. p. M.-Th. Morlet, "Le censier de la chatellenie de Montjean. Étude philologique et onomastique", *Actes du 107e Congrès nat. des Soc. sav.*, Brest 1982, Section de phil. et d'hist. jusqu'à 1610, t. 2, *Questions d'histoire de Bretagne*, Paris (Min. de l'éduc. nat.-Comité des trav. hist. et sc.) 1983, 19-56.

CensToulO Censier (polyptyque) de l'évêché de Toul; lorr. 1286 (ou peu après; avant 1291); ms. BN nfr. 11819 [1286 ou peu après]; p. p. H. Olland, "Le polyptique de l'évêché de Toul (fin du XIIIe siècle)", *BPH* 1979 (1981) 153-233. Cp. → CoutToul. Cité par Gdf comme 'Constit. de Toul' (< DC).

CensToulM id.; p. p. M.-Th. Morlet, "Le censier de l'évêché de Toul: Etude philologique et onomastique", *117e Congrès national des Sociétés savantes, Clermont-Ferrand 1992, Hist. méd.*, Paris (Ed. du Comité des Trav. hist. et scient.) 1993, 229-273.

CentBallR Jean le Seneschal, *Livre des cent ballades*, art d'aimer chevaleresque, vers divers; ca. 1389; ms. de base BN fr. 2360 [fin 14e s.] (C), BN nfr. 1664 [déb. 15e s.] (A), Chantilly Musée Condé 491 (1680) [déb. 15e s.] (B), BN fr. 826 [15e s.] (E), Bruxelles Bibl. roy. 11218-19 [déb. 15e s.] (F), BN fr. 2201 [déb. 15e s.] (G), Den Haag KB 71.G.73 [18e s.] (F^1) copie de F; p. p. G. Raynaud, *Les cent ballades*, Paris (Firmin Didot) 1905; [= FEW CentBall et Jean].

CentNouvS *Les Cent nouvelles nouvelles*, collection de nouvelles en prose dans la tradition de Boccaccio, anon.; pic. ca. 1460; ms. unique Glasgow Univ. Hunter 252 (U.4.20) [pic. ca. 1485], qqs. var. tirées de l'impr. Vérard 1486 (V); p. p. F. P. Sweetser, *Les Cent nouvelles nouvelles*, Genève (Droz) 1966 (T.L.F. 127); [= TL Cent Nouv. Nouv. S]. Éd. non définitive (gloss.: *point* 34,129 l.29; *solier* aj. (estre) so(u)lier a son pied 15,62; 33,51; *sorte* renvoi?; etc.).

CentNouvC id.; p. p. P. Champion, *Les cent nouvelles nouvelles*, Paris (Droz) 1928; [= FEW CentNouv].

CerfAmB Le Cerf amoureux, dit allégorique en vers octosyll., anonyme, mais → BaudCond entre en ligne de compte; ca. 1280; ms de base BN fr. 1446 [cette partie 1er t. 14e s.] (C), en var. BN fr. 25566 [pic. (Arras) prob. 1295] (A), BN fr. 378 [fin 13e s.] (B); p. p. N. Van den Boogaard, "Le Dit allégorique du Cerf Amoureux", dans → MélSmeets 21-41.

CerfAmC id.; ms. de base B ('A'); p. p. B. Charrier, "Le Dit du cerf amoureux", *Perspectives Médiévales* 11 (1985) 5-12. Ignore les éd. B et T.

CerfAmT id.; ms. de base A, en var. B; p. p. M. Thiébaux, "An unpublished allegory of the Hunt of Love: Li Dis dou cerf amoureux", *Studies in Philology* 62 (1965), p. 531-545; [= TL Dis cerf amoreus T; Boss^2 7571].

CesNicD *Histoire de Jules César* (trad. de la Pharsale de Lucain) par Nicolas de Vérone (Niccolò da Verona), vers alex. et décasyll. irréguliers; francoit. 1343; ms. Genève fr. 81 [francoit. mil. 14e s.];

p.p. F. Di Ninni, *Niccolò da Verona. Opere*, Venezia (Marsilio) 1992; texte p.101-202. Contient aussi → PassNicD et PrisePampD.

CesNicW id.; p.p. H. Wahle, *Die Pharsale des Nicolas von Verona*, Marburg 1888 (Ausgaben und Abhandlungen LXXX); [= Boss 4153]. Cf. les corr. de Bertoni, ZrP 32 (1908) 564-570.

CesTuimAlC *Roumans de Julius Cesar* (trad. de la Pharsale de Lucain), version en alexandrins (non pas par Jacot de Forest, mais par Jean de Tuim lui-même et antérieur à la version en prose, d'après Bossuat DLF 158b); traits pic.-wall., 2^et. 13es.; ms. de base BN fr. 1457 [Paris fin 13es.] (P), Rouen Bibl. mun. 1050 (U.12) [pic. (Vermandois) fin 13es.] (R) proche de P (signalé par Meyer R 15 (1886) 129-130, = Boss 1091), Cologny Bodmer 95 [ca. 1300] (B) incomplet du début et de la fin, BN nfr. 23011 [ca. 1300] fragm. (extraits p.p. Meyer R 35, 1906, 58-63, = Boss 1092); p.p. O. Collet, *Le Roman de Jules César*, Genève (Droz) 1993 (T.L.F. 426); [= TL Rom. Jules César C]. C.r. RLiR 57,301; VRo 54,288-292; BEC 152,544-546; confus, v. RF 104,313s. Cp. → ChronTournCes².

CesTuimAlB id.; même ms. P p.p. M. Bendena, *The translations of Lucan and their influence on French medieval literature, together with an edition of the* Roumans de Jules Cesar *by Jacos de Forest*, thèse Detroit 1976 (Univ. Microfilms 76-26, 111); [= Boss² 2234]. Très mauvaise transcription, sans notes, variantes, glossaire.

CesTuimAlS id.; ms. P cité en var. ('F') dans → CesTuimPrS. Quelques extraits ont également été publiés par F. Settegast, "Jacot de Forest", *Giorn. di filol. rom.* 5 (1879) 172-178; [Boss 1090].

CesTuimAlH id.; ms. Cologny transcrit par P. Hess, *Li roumanz de Julius Cesar. Handschrift der Bibliotheca Bodmeriana*, dactyl., 1952. Cp. VielliardBodmer p. 132.

[CesTuimDědeček → DědečekCesTuim.]

CesTuimPrS *Hystore de Julius Cesar* par Jean de Tuim, version en prose; traits pic., 2^eq. 13es. (ou ca. 1265?); ms. de base Vat. Reg. lat. 824 [ca. 1300] (V), en var. mss. Ars. 3344 [ca. 1300] (A), Saint-Omer 722 [pic. déb. 14es.] (S), Bruxelles Bibl. roy. 15700 [2^et. 14es.] (B); p.p. F. Settegast, *Li Hystore de Julius Cesar. Eine altfranzösische Erzählung in Prosa von Jehan de Tuim*, Halle (Niemeyer) 1881; [= TL JTuim; Boss 1088]. Cite en var. ('F') → CesTuimAlS.

ChAbbBoisP Chartrier de l'Abbaye-aux-Bois, édition et inventaire des doc. 1202-1341; pic.mérid.; p.p. B. Pipon, *Le chartier de l'Abbaye-aux-Bois*, Paris (Ec. des Chartes) 1996. Chartes fr. à partir de 1251.

ChAbbMarchG Relevé de redevances dues a l'abbaye de Marchiennes; pic. ca. 1200; ms. Douai Bibl. mun. 840 [feuillets de garde: ca.1200]; p. dans → GysselingDocAnc 192-195 (n°4).

ChCharrouxN Charte de franchise (perdue) de la ville de Charroux; bourb. [1245]; p. sur la base de l'impression (J.-M. de la Mure, *Hist. des ducs de Bourbon*, Paris 1860-97, t. 3, [2], 1868, 97-100) d'une copie établie prob. en 1679 (auj. perdue [?]) par M. Nerlich, *Charte de franchises de Charroux en Bourbonnais, 1245*, Charroux (Éd. de la Ville et du Mus.) 1995 (20 p.). Deux confirmations, l'une de 1382, l'autre de 1435, permettent un certain contrôle des leçons. Cp. TrotterMan 405: corr. de la traduction.

ChGuillM Chanson de Guillaume (*Li Archanz*), épopée du cycle de Guillaume d'Orange, laisses asson., décasyll. [autrefois certains ont considéré les premiers 1980 vers comme la chançon originale, la suite ayant été apelée alors 'Chanson de Rainouart']; agn. (texte d'orig. norm.) [2^et. 12es.], état transmis plutôt 1^{er}q. 13es.; ms. unique BL Add. 38663 [agn. mil. 13es.]; p.p. D. McMillan, *La chanson de Guillaume*, 2 vol., Paris (Picard) 1949-1950 (SATF); [= TL Chanson de Guillaume; FEW ChGuill (2); AND Ch Guill; Dean 82; Ph. E. Bennett, *The cycle of Guillaume d'Orange or Garin de Monglane. A critical bibliography*, Woodbridge (Tamesis – Boydell & Brewer) 2004].

ChGuillB$^{1/2}$ id.; réimpression de → ChGuillD par G. Baist, *L'Archanz. La Chançun de Wilelme*, Freiburg im Breisgau (Wagner) 1904 et 1908.

ChGuillD id.; p.p. [G. Dunn], *La chancun de Willame*, London (Chiswick Press) 1903; [= TL Willame]. Impression semi-diplomatique.

ChGuillI id.; p.p. N.V. Iseley, *La Chançun de Willame*, Chapel Hill (Univ. of North Carolina Pr.) 1961 (North Carolina Studies in the Romance Languages and Literatures 35); [= TL Chançun de Willame Iseley-Piffard; Boss² 1272].

ChGuillS id., vers 1-1980, p.p. H. Suchier, *La Chançun de Guillelme*, Halle (Niemeyer) 1911 (Bibl. norm. 8); [= TL Chanç. Guillelme; FEW ChGuill (1)]. Éd 'critique', purgée des anglonormandismes, citée malheureusement par TL. Éd. semi-diplomatique basée sur → ChGuillD en app., p. 94-140.

ChGuillSd id.; p.p. F. Suard, *La chanson de Guillaume*, Paris (Garnier) 1999 (Les Class. médiév.); [= TL Chanson de Guillaume S]. Leçons rejetées malheureusement pas au bas de page. Par endroit moins précis que Suchier etc. (p. ex. v. 1257).

ChGuillW id.; p.p. J. Wathelet-Willem, *Recherches sur la Chanson de Guillaume. Etudes accompagnées d'une édition*, 2 vol., Paris (Les Belles Lettres) 1975 (Bibl. de la Fac. de Phil. et Lettr. de l'Univ. de Liège 210); [= TL Chanson de Guillaume W-W; Boss² 1273]. Cp. VRo 41,283: plein d'erreurs; ne pas utiliser le texte 'hypothétique'.

ChOthéeF É. Fairon, *Chartes confisquées aux Bonnes Villes du pays de Liège et du comté de Looz après la bataille d'Othée (1408)*, Bruxelles (Palais des Ac.) 1937. Il ne s'agit pas de chartes, mais de regestes de chartes établis en 1409. La plupart des chartes sont perdues; de beaucoup d'entre elles existent des copies (v. éd. p. 331-446), d'autres ont subsistées, v. → Fairon. Malheureusement, le glossaire établi par Haust (→ HaustChOthée) a introduit nombre de mots avec de fausses dates au FEW (et au DEAF G 1-696). Ces matériaux ne sont ni témoins des textes anciens (en partie latins et 'tiois'!), ni de l'usage de 1409; il est préférable de ne pas les utiliser.

ChRethelS G. Saige – H. Lacaille – L.-H. Labande, *Trésor des Chartes du Comté de Rethel*, 5 vol., Monaco – Paris (Picard) 1902-1916. Contient des chartes et doc. datés de 1081 à 1490; la plus ancienne charte originale en langue fr. (champ.sept.) date de 1239; a été utilisé par → Morlet et → Runk; les dates sont à vérifier, certains doc. proviennent de sources tardives (p.ex. t. 2: 70 pièces sur 423, v. p. VI; t. 3: 53 pièces sur 332, v. p. IX; t. 4, p. 1-204, App. I: cart. BN nfr. 6366 [ca. 1333 + 10 doc. aj. 1334-1454]; p. 205-307 App. II: regestes déb. 17^{e}s. - 1792; p. 309-378, App. III: doc. lat. et. fr. [1233-1480; 1er orig. de 1316]).

ChSPierreAireW N. de Wailly, "Recueil de chartes en langue vulgaire provenant des Archives de la Collégiale de Saint-Pierre d'Aire", *BEC* 31 (1870) 261-302. Doc. art. 1241 à 1298.

ChWauthierB Charte de 1233 concernant l'abbaye de Wauthier-Braine en Brabant; wall. 1233; p.p. E. Brouette, "Une charte romane, originale et inédite de 1233", *Bulletin de la Commission Royale d'Histoire* (Acad. Roy. de Belgique) 112 (1947) p. 103-109.

ChWdW8 *Chronologisches Wörterbuch des deutschen Wortschatzes. Der Wortschatz des 8. Jahrhunderts (und früherer Quellen)*, par E. Seebold et al., Berlin (de Gruyter) 2001. Comprend l'aha., l'aba. et l'abfrq.! Datations paléogr. (Sigle préconçu.)

ChaceT *La chace dou serf*, traité de chasse en vers octosyll.; pic. fin 13^{e}s.; ms. BN fr. 1593 [frc., faibles traits lorr. fin 13^{e}s.] (un 2e ms. existait [à la BN] encore vers 1845); p.p. G. Tilander, *La chace dou cerf*, Stockholm (Offset-Lito) 1960 (réimprime l'éd. dans StMS 14, 1940, 49-104, texte p. 62-79, en ajoutant une trad. impr. sur les pages impaires); [= TL Chace dou cerf *et* Chace dou cerf T; Boss² 5424]. [Mss. de traités de chasse v. R 116,316-367.]

ChaceMesdisM *Chace aus mesdisans*, poème allégorique moralisant, attribué à un certain Raimon Vidal (c'est le nom du célèbre troubadour cat., 1^{e}m. 13^{e}s.), vers octosyll.; 1338; ms. BN fr. 24432 [frc. av. 1349] le texte y est copié deux fois par le même scribe; p.p. A. Mercier, "La chasse aux médisants, poème français allégorique de Raimon Vidal", *Annales du Midi* 6 (1894) 465-494; [= TL Chace as mesdis.].

ChaceOisıM *Chace que font li home as oisiaus*, première trad. fr. du *De arte venandi cum avibus* de Frédéric II (six livres; av. 1248; le ms. qui a servi de base à la trad., Vat. Pal. lat. 1071, est une réfection de ca. 1260 et ne contient que les deux premiers livres: le texte des livres I et II, avec des insertions régulières par le roi Manfred, marquées par *Rex*; le l. II débute par une sorte de résumé du l. I); Est av. 1310; ms. de base BN fr. 12400 [1310] (p), Cambridge Mass. Harvard Houghton Libr. Typ 129H [1486] (c) est une copie de BN; les deux livres conservés p.p. [L. Minervini], *Federico II, De arte venandi cum avibus. L'art de la chace des oisiaus. Facsimile ed edizione critica del manoscritto fr. 12400 della Biblothèque Nationale de France*, Napoli (Electa Napoli; Consorcio Editoriale Fridericiana) 1995 (Fridericiana Ars). Éd. hors commerce en fac-similé; étude des enluminures par H. Toubert; transcription avec introduction et glossaire par Laura Minervini. Bon travail (v. Dörr AnS 236,445-446). – Le texte latin du ms. Bologna Univ. lat. 717 [3^{e}t. 13^{e}s.] (B), avec var. de Vat. Pal. lat. 1071 [av. 1266] (R), se lit dans A. L. Trombetti Budriesi, *Federico II di Svevia, De arte venandi cum avibus*, Roma – Bari (Laterza) 2000 (peut être cité comme ChaceOisLatT). DC 'Fridericus' = ChaceOisLat ms. R.

ChaceOisı²H id.; en var. Genève fr. 170 [Flandres 2^{e}m. 15^{e}s.] (g) prob. copie de p, Stuttgart Württ. Landesbibl. HB XI 34a [fin 15^{e}s.] (st) lui-même p.-ê. copié sur le ms. Genève; 2e livre seulement p.p. G. Holmér, *Traduction en vieux français du De arte venandi cum avibus de l'empereur Frédéric II de Hohenstaufen*, Lund (Blom) 1960 (St. rom. Holm. 4); [= TL De Arte venandi Emp. Fréd.; Boss² 5423]. Ne date même pas les mss.; gloss. substanciel. Éd. peu fiable, v. Dörr AnS 236,445-446.

ChaceOisııT⁰ id., deuxième trad. faite également sur la base du ms. lat. Vat. Pal., livre 2 seulement; pic. 2^{e}t. 14^{e}s.; ms. BN fr. 1296 [pic.

ChaceOisIIT[0]

ca. 1470] (p[1]); p. p. Magali Toulan [Grandval], accessible au CCFM, Lyon; cf. → TilChaceOis.

[ChaceOisLatT cf. → ChaceOisIM.]

ChadmandMode L. Chadmand, *Beiträge zum französischen Wortschatz der Mode*, Bonn (Romanisches Seminar) 1961 (Romanistische Versuche und Vorarbeiten 9); [= TL Chadmand Mode]. Traite le vocabulaire de la mode des années 1955/1956.

ChambonAuv Jean-Pierre Chambon, *Etudes sur les régionalismes du français, en Auvergne et ailleurs*, Paris (Klincksieck) 1999 (CNRS, INaLF, Mat. Et. Rég. 13).

ChambonVar[1] Jean-Pierre Chambon – C. Michel – Pierre Rézeau, *Mélanges sur les variétés du français de France, d'hier et d'aujourd'hui (I)*, Paris (CNRS - Klincksieck) 1994 (INaLF, Mat. Et. Rég. 8); [= FEW MélVarFr].

ChambonVar[2] Jean-Pierre Chambon – Pierre Rézeau – E. Schneider, *Mélanges sur les variétés du français de France, d'hier et d'aujourd'hui (II)*, Paris (CNRS – Klincksieck) 1997 (INaLF, Trés. gén., Mat. Et. Rég. 10).

ChambonVar[3] Jean-Pierre Chambon et al., *Mélanges... (III)*, Paris (CNRS – Champion) 2000.

ChampFigLettr J. J. Champollion-Figeac, *Lettres de rois, reines et autres personnages des cours de France et d'Angleterre depuis Louis VII jusqu'à Henri IV*, 2 vol., Paris (Impr. roy.) 1839-47. Edition basée sur des transcriptions diplomatiques faites par L.-G. Oudart Feudrix de Bréquigny au 18e s. sur la base de lettres originales (toutes?) conservées à London. Première lettre fr. (orig.): Bruges ca. 1254. Scriptae diverses. Cité par Gdf comme 'Lett. de Rois' et sim.

ChampFigRoy J. J. Champollion-Figeac, *Documents historiques inédits tirés des collections manuscrites de la Bibliothèque royale et des Archives ou des Bibliothèques des Départements*, 4 vol., Paris (Didot) 1841-1848. Cité par Gdf comme 'Doc. hist.'.

ChandeleArrB *Miracle de la Chandele d'Arraz* ou *Miracle des Ardants*, en prose; 2[e]t. 13[e]s.; ms. BN fr. 17229 [2[e]m. 13[e]s.]; p. dans → NecrArrB t. 2, p. 140-156 (texte lat. en regard).

ChandeleArrG id.; p. p. A. Guesnon, "De la Chandele d'Arraz", *Mém. de l'Acad. d'Arras*, 2e sér., t. 30 (1899) 79-94.

ChansArrJ Chansonnier d'Arras ('**A**'), ms. Arras 139 (657) [pic. 3[e]t. 13[e]s.]; fac-similé, p. p. A. Jeanroy, *Le Chansonnier d'Arras*, Paris (Champion) 1925 (SATF); [= Boss 2190].

ChansArtB Recueil de chansons et de dits artésiens du 13e siècle (chansonnier '**T**'); art. av. 1227-1265 (v. ci-dessous); ms. BN fr. 12615 (anc. suppl. fr. 184, Noailles) [art., 1e partie 4[e]q. 13[e]s.]; p. p. R. Berger, *Littérature et société arrageoises au XIIIe siècle. Les chansons et dits artésiens*, Arras 1981 (Mém. Comm. dép. des Mon. hist. du Pas-de-Calais 21); [= TL Chansons et dits artésiens B; FEW BergerArt (par err. aussi BergArt); Boss[2] 4519]. Les pièces peuvent être datées avec une certaine précision: I av. 1258, II av. 1262, III ca. 1255, IV 1258, V ca. 1245, VI - VII prob. 2[e]t. 13[e]s., VIII ca. 1260, IX prob. 2[e]t. 13[e]s., X prob. 1254 ou peu après, XI - XII prob. 2[e]t. 13[e]s., XIII ca. 1262, XIV prob. 1263, XV av. 1252, XVI ca. 1250, XVII av. 1254, XVIII prob. 1242, XIX prob. 1242, XX prob. 2[e]t. 13[e]s., XXI mil. 13[e]s. (prob. entre 1246 et 1265), XXII av. 1240 (après 1234), XXIII av. 1227 (entre 1218 et févr. 1227), XXIV prob. 1263 (certainement entre 1262 et 1264). – [Le ms. BN fr. 12615 a été copié dans le ms. Ars. 3306 [18[e]s.] qui est cité par Gdf comme 'Poét. fr. av. 1300, IV' (contient aussi des extraits de BN fr. 19152, BN nfr. 1050 et de BN fr. 12615). Ce ms. continue Ars. 3303 [18[e]s.] (I, copie de BN fr. 846), Ars. 3304 [18[e]s.] (II, copie de BN nfr. 1050 et du début de BN fr. 12615) et Ars. 3305 [18[e]s.] (III, suite du BN fr. 12615). Les mss. Ars. ont été écrits pour → Lac. J.-L. Ringenbach, DMF, bibl. Godefroy, nous a fourni de ses observations; Gilles Roques a pu retracer qqs. att. pour nous en se servant de ses notices; une concordance serait à faire ou à publier (les indications du cat. de la Bibl. de l'Ars. ne peuvent être suffisantes.)]

ChansArtJ (= ChansArtJeanroy) id.; p. p. A. Jeanroy – H. Guy, *Chansons et dits artésiens du XIIIe siècle*, Bordeaux (Feret) 1898 (Bibl. des Univ. du Midi 2); [= TL Chansons et dits artésiens; Boss 2401].

ChansBern389B Chansonnier de Berne contenant des pièces lyriques du 13[e]s. ('**C**'); ms. Bern 389 [lorr. fin 13[e]s.]; une copie faite pour Lacurne au 18[e]s. (BN Mouchet 8) p. p. J. Brakelmann, "Die altfranzösische Liederhandschrift Nro. 389 der Stadtbibliothek zu Bern", *AnS* 41 (1867) 339-376; 42 (1868) 241-392; 43 (1868) 241-394 (réimpr. Genève, Slatkine, 1974); [= TL Bern. LHs.; Boss 2172]. Proche de ChansSGerm. Corr. d'après le ms. Bern p. p. Gröber et Lebinski dans *ZrP* 3 (1879) 39-60.

ChansBern389H id.; 24 pièces, chansons, pastourelles, etc., p. p. K. Hofmann, "Eine Anzahl altfranzösischer lyrischer Gedichte aus dem Berner

Codex 389", *Sitzungsberichte der königlich bayerischen Akademie der Wissenschaften*, München, 2 (1867) 486-527; [= Hol 1571].

ChansBern389S id.; éd. de 85 pièces en partie inédites p. p. R. A. Schutz, *The unedited poems of Codex 389 of the Municipal Library of Berne, Switzerland*, thèse Bloomington 1976 [Univ. Microfilms 77-1968]. Éd. basée sur un microfilm du ms.

ChansBNnfr1050G Chansonnier du ms. BN nfr. 1050 (anc. Clairambault) [2^{e}m. 13^{e}s.] ('**X**'); chansons pieuses choisies p. p. F. Gennrich, *Cantilenae Piae. 31 altfranzösische geistliche Lieder der HS Paris Bibl. Nat. nouv. acq. fr. 1050*, Langen/Frankfurt 1966 (Musikwiss. Stud.-Bibl. 24); [= TL Cantilenae]. Pièce 8 = Rosenberg 68, 29 = 63.

ChansBNfr12744P Chansonnier contenant des chansons datables du 2^{e}t. 15^{e}s. à la fin du 15^{e}s.; ms. BN fr. 12744 [fin 15^{e}s.]; p. p. G. Paris, *Chansons du XVe siècle*, Paris (Firmin-Didot) 1875; [= TL Chans. du XVe s.; Boss 4578]. En partie avec notation musicale.

ChansCroisB Chanson de croisade touchant la sec. croisade, huitains d'octosyll., incip. *Chevalier, mult estes guariz*, avec musique; agn. prob. 1147; ms. Erfurt Bibl. Amploniana 8° 32 [agn. 2^{e}m. 12^{e}s.]; p. dans → BédierCrois 1-16. Fac-sim. P. Aubry, Les plus anc. monum. de la mus. fr., Paris 1905, pl. III.

ChansDyggve Chansons contenues essentiellement dans le chansonnier 'a'; 13^{e}s.; ms. Vat. Reg. lat. 1490 [déb. 14^{e}s.] (a), var. de plusieurs autres chansonniers (CFMN OPRTUVXZ); p. p. H. Petersen Dyggve, "Chansons françaises du XIIIe siècle (Colart le Boutellier, Gaidifer, Wasteblé, etc.)", *NM* 30 (1929) 177-214; 31 (1930) 1-62; [= TL Chans. franç. D]. Auteurs: Colart le Boutellier (cf. → ColBoutD), Gaidifer d'Avion, Willaume Veaus, Martin le Beguin de Cambrai, Guillaume d'Amiens, Jakemes li Viniers, Jehan le Cuvelier d'Arras, Thomas Herier, Wasteblé.

ChansEinsiedelnC Fragments d'un chansonnier (sigle: **E^n**) contenant entre autres des fragm. des chansons RaynaudSpanke 21, 1501 et 1876a; lorr. fin 13^{e}s.; ms. Einsiedeln 364 (385) XIV p. 83-92 [fin 13^{e}s.]; p. p. G. Contini, "Fragments inconnus d'un ancien chansonnier français à Einsiedeln", → MélBezzola p. 29-59.

ChansHeid^{1}P Hymne liturgique hébr., hexasyll., incip. *Esaterai mon roi*; ca. 1300; ms. fragm. Heidelberg Cod. Orient. 490 [hébr. 14^{e}s.]; p. p. H. Pflaum [Peri], "Deux hymnes judéo-français du moyen âge", *R* 59 (1933) 389-422, texte 402-411; texte en caractères hébr. p. dans *Tarbiz* 25 (1955) 154-182; [= LevyTrés u; SinclairDev 2855]. Cf. → ChansHeid^{2}P (qqs. lignes en prose séparent les deux textes).

ChansHeid^{2}P id., deuxième hymne, incip. *Por lap... prumier*; même ms.; p. dans → ChansHeid^{1}P p. 412-422; [= SinclairDev 3462].

[ChansHonnNDH → ViergeGérH.]

ChansLasB Deux strophes à notation neumatique, françaises bien qu'à aspect occ. et lat., incipits *Las, qui n[on] sun sparvir astur* et *Sacramente non valent*; 3^{e}t. 11^{e}s.; ms. BL Harl. 2750 [3^{e}t. 11^{e}s.]; p. dans → BischoffAnec p. 266-268.

ChansMätzner E. Mätzner, *Altfranzösische Lieder*, Berlin (Dümmler) 1853 (réimpr. Wiesbaden, Sändig, 1969); [= TL Mätzner Afz. L]. Chansons, essentiellement du 13^{e}s., en majeure partie reprises à KellerRomv, corrigées, identifiables dans d'autres éd.

ChansModenaB Chansonnier occ. et fr., ms. Modena Bibl. Estense α.R.4.4 [1e partie (D) f°1-230 1254, f°211-212 fin 14^{e}s., f°231 blanc, f°232-260 2^{e}q. 14^{e}s., 2e partie (d) copie du 16^{e}s. de BN fr. 12473] ('**H**'); fac-similé et éd. dipl. des pièces fr. (f°218-230) p. p. G. Bertoni, "La sezione francese del manoscritto provenzale estense", *Archivum Romanicum* 1 (1917) 307-410; [= Boss 2185].

ChansMünchenD Fragments d'un chansonnier français; ms. München gall. 42 (anc. Mus. Ms. 4775) [13^{e}s.] (deux folios doubles), Berlin Johannes Wolf ('**z**') (cinq folios du même ms., détruits pendant la deuxième guerre mondiale); reconstruction des folios perdus (sur la base de notices manuscrites) et reproduction des folios de München p. p. L. Dittmer, *Eine zentrale Quelle der Notre-Dame Musik. A central source of Notre-Dame polyphony. Faksimile, Wiederherstellung, Catalogue raisonné, Besprechung und Transcriptionen*, Brooklyn (Inst. of Med. Music) 1959. Une impression diplomatique des folios de München se trouve aussi dans → StimmingMot. – Linker donne au fragm. perdu de Berlin le sigle *z* (avec un seul renvoi vieilli à Gennrich ZrP 41, 1921, 311-312); il n'assigne pas de sigle au fragm. de München (p. 49; renvoi vieilli à K. Hofmann, "Bruchstücke eines altfranzösischen Liederbuches (Chansonnier) mit Noten aus dem 13. Jahrhundert", *Sitzungsberichte der philosophisch-philologischen und historischen Klasse der königlich bayerischen Akademie der Wissenschaften zu München*, 3 (1873) 349-357).

ChansOxfA Chansonnier d'Oxford ('**I**'; sans musique), ms. Oxford Bodl. Douce 308 [Metz ca. 1320]; impression imitative avec résolution des abréviations (entre parenthèses, mais pas toujours) p. p. M. Atchison, *The Chansonnier of Oxford Bodleian MS Douce 308*, Aldershot (Ashgate) 2005. Peu convaincant; sans glossaire. C.r. T. Matsumura RLiR 70,267-269.

ChansOxfS id.; impression pseudo-diplomatique p. p. G. Steffens, "Die altfranzösische Liederhandschrift der Bodleiana in Oxford, Douce 308", *AnS* 97 (1896) 283-308 [f°147-165]; 98 (1897) 59-80 [f°165-178]; 343-382 [f°179-203]; 99 (1897) 77-100 [f°206-219]; 339-388; 104 (1900) 331-354 [f°251-256]; [= TL Oxf. LHs.; Boss 2179]. A servi à → SottChansOxfL. Omet les motets. Cf. Rayn-Motets 2,1-38: éd. des motets supplémentaires par rapport au ms. Montpellier seulement, les autres se lisent, d'après le ms. Montpellier, dans → Rayn-Motets (avec Oxf. en var.) et dans l'éd. A. C.r. T. Matsumura RLiR 70,267-269.

ChansOxfBalD id.; les 188 *Balletes* du ms. avec la musique; éd. critique p. p. E. Doss-Quinby – S. N. Rosenberg – E. Aubrey, *The Old French Ballette*, Genève (Droz) 2006 (Publ. rom. et fr. 239).

ChansPavie v. → LerouxChants.

ChansPieusJ *Recueil de chansons pieuses du XIIIe siècle*; 13e s.; t. 1 p. p. E. Järnström, Helsinki (Soc. Litt.) 1910 (Ann. Ac. scient. fenn. B.III.1); t. 2 p. p. E. Järnström et A. Långfors, Helsinki (Suom. Tiedeak.) 1927; [= TL Järnström Rec. chans. (t. 1) *et* Rec. chans. pieus. II (t. 2)]. Recueil de chansons tirées des chansonniers VCHIa et j (= Z^1, BN nfr. 21677 [4e q. 13e s.]).

ChansPieusBNfr12483J Chansons pieuses (RaynaudSpanke 836; 1183; 1507; 2114); 13e s.; ms. BN fr. 12483 [mil. 14e s.] ('i'); p. p. A. Jeanroy, "Les chansons pieuses du ms. fr. 12483 de la Bibliothèque nationale", → MélWilmotte 245-266; [= TL Chansons pieuses]. Ces chansons se retrouvent dans → ChansPieusJ.

ChansRoiU Chansonnier dit du Roi ('**M**'); ms. BN fr. 844 [pic. 2e m. 13e s.]; chansons RS 29, 188, 374, 444, 771, 955, 1244, 1246, 1295, 1451, 1468, 1533, 1712, 1828, 1896, 1974, 1976 et 2055 p. p. E. Ulrix, "Les chansons inédites du ms. f. f. 844", *Leuvensche Bijdragen* 13 (1921) 69-79; [= TL Ulrix Chans. inéd.]. Avec qqs var. d'autres mss. Cp. → GaceBruléD.

ChansSGermT Chansonnier dit de Saint-Germain-des-Prés ('**U**'), ms. BN fr. 20050 [lorr. 3e t. 13e s.]; p. p. M. Tyssens, *Le chansonnier français U*, t. 1, Paris (SATF) 2015. Musique en neumes messins. C.r. Giannini RLiR 80 (2016) 292-297. Les datations proposées se heurtent aux dates assignées à certains des textes (f°4-91 av. 1250, f°94-109 av. 1250, f°110-160 et 163-169 après 1258).

ChansSGermM id.; p. p. P. Meyer – G. Raynaud, *Le chansonnier français de Saint-Germain-des-Prés (Bibl. nat. fr. 20050). Reproduction phototypique avec transcription*, vol. 1, Paris 1892 (SATF); [= Boss 2177]. Chansonnier proche de C (source commune). Le vol. 2 qui devait contenir la transcription et des commentaires n'a jamais paru.

ChansSatBachJ Petit recueil de 47 chansons tirées de 17 chansonniers et de 7 autres mss.; p. p. A. Jeanroy – A. Långfors, *Chansons satiriques et bachiques du XIIIe siècle*, Paris (Champion) 1921 (CFMA 23); [= TL Chans. sat. et bach.; FEW ChansSat].

ChansSienaS Chansonnier de Sienne ('**Z**'), ms. Siena Bibl. com. H.X.36 [ca. 1300]; p. p. M. Spaziani, *Il canzoniere francese di Siena (Biblioteca comunale, H-X-36). Introduzione, testo critico e traduzione*, Firenze (Olschki) 1957.

ChansSienaSt id.; impression diplomatique p. p. G. Steffens, "Die altfranzösische Liederhandschrift von Siena", *AnS* 88 (1892) 301-360.

ChansWackern 52 chansons du ms. Bern 389 [lorr. fin 13e s.] (cf. → ChansBern389) et de courts extraits du ms. Neuchâtel Bibl. publ. A3 (4816) [ca. 1400] (p. 185-188), p. p. W. Wackernagel, *Altfranzæsische Lieder und Leiche aus Handschriften zu Bern und Neuenburg*, Basel (Schweighauserische Buchhandlung) 1846; [= TL Wackern. Afz. L]. La pièce 11, *Tristans: c'est li lais dou chievrefuel*, correspond à RaynaudSpanke[2] 995 (mss. 2e m. 13e s.) [= TL Lai dou Chievref.].

ChansWolfD Chansonnier du ms. Wolfenbüttel Herzog August Bibl. 1206 (Helmst. 1099) [2e q. 13e s.]; fac-similé p. p. L. Dittmer, *Faksimile-Ausgabe der Handschrift Wolfenbüttel 1099 (1206)*, Brooklyn (Inst. of Med. Music) 1960 (Veröffentlichungen mittelalterlicher Handschriften 2).

ChansZagrebR Chansonnier de 25 pièces ('**za**'), sur huit feuillets; ms. Zagreb MR 92 [It. ca. 1300] f°137-144; reprod. photomécanique et éd. de la pièce X (= RaynaudSpanke 227b), dernière inédite jusqu'alors, p. p. M. Roques, "Le chansonnier français de Zagreb", → MélJeanroy 509-520.

ChansZagrebH id., transcription dite diplomatique, mais en réalité critique du ms. (chansonnier complet, f°137-144) par I. Hardy, Ottawa 2002 (Laboratoire de Français ancien, Univ. d'Ottawa,

Fac. des Arts, avec reprod. du ms.), accessible en ligne.

[Chans cp. → BecLyr, BlondNesle, BédierCrois, ColMus, Ferrari, Rosenberg, etc. Les sigles attribués aux chansonniers par Schwan et ses successeurs sont réunis dans RaynaudSpanke[2] p. 1-9 (sans datations et localisations qu'on trouvera ici), p. ex. 'A'= Arras 139 (657) [pic. 3[e]t. 13[e]s.], ou 'E', «verschollenes Fragment», = Leiden Univ. Ltk 577 (anc. Pseudo-van den Bergh) [déb. 14[e]s.], etc. RaynaudSpanke[2] fournit aussi une liste des incipit et d'autres informations pour retrouver une chanson donnée. Les chansons se numérotent R.1, etc. Cf. → RaynaudSpanke[2] qui reprend les sigles de E. Schwan, *Die altfranzösischen Liederhandschriften*, Berlin (Weidmann) 1886, et qui restent heureusement usuelles dans les travaux actuels.]

ChantMariageF Chant de mariage interlinéaire bilingue, fr. et hébreu, à l'aspect sérieux dans sa partie fr. et qq. peu grivois dans sa partie hébr., monorime pour chaque langue de chaque strophe (début: *[A la colline d'encens] Notre hatan est arivez*); Est 2[e]m. 13[e]s.; ms. New York Jewish Theol. Sem. of Am. 8092 [hébr., Est 2[e]m. 13[e]s.]; p. p. K. A. Fudeman, "They have ears, but do not hear: Gendered access to Hebrew and the medieval Hebrew-French wedding song", *JQR* 96 (2006) 542-567. La leçon en caract. hébr. est à lire dans → ChantMariageB.

ChantMariageB id.; p. dans → BlondhPo 2-6; 36-47.

ChantRoussW *Le Chant du Roussigneul*, poème allégorique s'inspirant du texte lt. *Philomena* attribué à tort à saint Bonaventure, quatrains d'alex. monorimes; même auteur (anon.) que → TombChartr; norm. 1330; ms. Avranches 244 [Dol 1424 n.st.]; p. p. E. Walberg, *Le Chant du Roussigneul*, Lund (Gleerup) – Leipzig (Harrassowitz) 1942 (Lunds Universitets Årsskrift N. F. Avd. 1, 37, 7); [= TL Chant Rouss.; FEW ChantRouss; Boss 4903].

Chantraine P. Chantraine, *Dictionnaire étymologique de la langue grecque. Histoire des mots*, Paris (Klincksieck) 1968-1980.

[Chapelerie N.-D. de Bayeux → AdvNDM.]

ChaplaisDipl P. Chaplais, *English medieval diplomatic practice*, part I, *Documents and interpretation*, 2 vol., London (P. R. O./ HMSO) 1982. Contient des doc. agn. (dès 13[e]s.), lat. et anglais.

ChaplaisPRO P. Chaplais, *Diplomatic Documents preserved in the Public Record Office (1101-1272)*, un vol. paru, London (H. M. Stat. Office) 1964.

ChaplaisStSardos P. Chaplais, *The war of Saint-Sardos (1323-1325). Gascon correspondence and diplomatic documents*, London (Roy. hist. Soc.) 1954 (Camden Soc., 3rd ser., 87); [= AND St Sard]. Contient des lettres et doc. divers, orig. et copies, agn. et lat., datés de 1323 à 1325.

ChappleLond G. F. Chapple, *The correspondence of the City of London, 1298-1370*, thèse London 1938. Contient des lettres agn. datées à partir de 1298, conservées dans des registres de la ville de Londres; [= AND Corr Lond]. Cp. → Lettr-.

CharbocloisP Roger de Stanegrave (Yorkshire), *Li Charboclois d'armes du conquest precious de la Terre sainte de promission*, récit en prose relatif aux croisades: recommendations très pratiques pour une reprise de Terre Sainte; agn. 1332; ms. BL Cotton Otho D.V [agn. déb. 15[e]s.] très endommagé; p. dans → PaviotProj p. 293-387.

[ChardryBalJos → BalJosChard.]

ChardryDormM Chardri (= Richard), *La vie des set dormans*, vers octosyll.; agn. déb. 13[e]s.; ms. de base BL Cotton Caligula A.IX [agn. 3[e]q. 13[e]s.], en var. Oxford Jesus Coll. 29/2 [agn. 3[e]q. 13[e]s., après 1256]; p. p. B. S. Merrilees, *La vie des set dormanz by Chardri*, London 1977 (Anglo-Norman Texts 35); [= AND Set Dorm ANTS; Dean 534; Boss[2] 5810; TL Chardry Set Dormanz M]. Fiable. Cp. → SeptDormPrM.

ChardryDormK id.; même ms. de base, p. dans → BalJosChardK p. 76-123; [= TL Chardry S.D.; Vising 21; AND Set Dorm].

ChardryPletM Chardri, *Le petit plet*, vers octosyll.; agn. déb. 13[e]s.; ms. de base BL Cotton Caligula A.IX [agn. 3[e]q. 13[e]s.] (L), en var. Oxford Jesus Coll. 29/2 [agn. 3[e]q. 13[e]s., après 1256] (O), Vat. Reg. lat. 1659 [f°91ss.: agn. 14[e]s.] (V) ms. moins fiable; p. p. B. S. Merrilees, *Le petit plet*, Oxford (Blackwell) 1970 (Anglo-Norman Texts 20); [= AND Pet Plet ANTS; Boss[2] 5876; Dean 265; TL Chardry Petit Plet M].

ChardryPletK id., même ms. de base; p. dans → BalJosChardK p. 124-168; [= TL Chardry P.P.; AND Pet Plet; Vising 56].

CharlChauveR Roman de Charles le Chauve ou de Dieudonné de Hongrie, chanson de geste, laisses d'alex. monorimes; mil. 14[e]s.; ms. unique et remanié BN fr. 24372 [déb. 15[e]s.].; extrait, f°28d-36a, p. p. O. Rubke, *Studien über die Chanson de Charles le Chauve*, thèse Greifswald 1909; [= Boss 4030-32; 6766-68; R 73,320: rapports avec → Huon]. De courts extraits

CharlChauveR

(f^{os}4,10,23,25,26,27,28) dans M. Deutschkorn, *Die Technik ...*, thèse 1918, p. 98-118.

CharlChauveC⁰ id.; éd. f^{os}49-87, p. p. D. Collomp, *Dieudonné de Hongrie (dit Le roman de Charles le Chauve)*, thèse Aix – Marseille 1986. [Microfiches Lille 1989 / ANRT.]

CharlD'OrlC Charles d'Orléans (1394-1465), ballades rondeaux et autres poésies; ca. 1415-1440; ms. BN fr. 25458 [ca. 1440], peu de var. des autres mss.; p. p. P. Champion, *Charles d'Orléans, Poésies*, 2 vol., Paris (Champion) 1923-1927; [= FEW Ch d'Orléans].

CharlD'OrlM id., sans var.; p. p. J.-C. Mühlethaler, *Charles d'Orléans, Ballades et rondaux*, Paris (Libr. Générale Française) 1992 (Poche, Lettr. goth. 4531). Liste des mss. et impr. p. 24-25.

CharlD'OrlLexG C. Galderisi, *Le lexique de Charles d'Orléans dans les Rondeaux*, Genève (Droz) 1993 (Publ. rom. et fr. 206). C.r. Frank RF 107,174-176.

CharlD'OrlLexP D. Poirion, *Le lexique de Charles d'Orléans dans les ballades*, Genève (Droz) 1967 (Publ. rom. et fr. 91).

CharnyChevK Geoffroy de Charny (mort en 1356), *Le livre de chevalerie*, en prose; qqs. traits bourg. ca. 1350 (av. 1356); ms. de base Bruxelles Bibl. roy. 11124-25 [2^em. 14es.], autres mss.: Bern 420 [déb. 15es.], Tours 904 [15es.], BN nfr. 4736 [15es.]; p. dans → FroissK 1³, 463-533; cp. ib. 20, 543-545 (notices biogr. sur Geoffroy de Charny dans → FroissChron); [Hol 483]. – (Il arrive à Gdf de citer sous la même abrév. → CharnyMes et sous 'Geoffroy de Charny, ms. Brux.', des extraits de → JVignayEns.)

[CharnyChevL → CharnyChevK.]

CharnyDemT Geoffroy de Charny, *Demandes pour la joute, les tournois et la guerre*, espèce de code chevaleresque en forme de 93 questions, prose; qqs. traits bourg. 1352 (ou peu après, av. 1356); ms. de base Bruxelles Bibl. roy. 11124-25 [2^em. 14es.] (B¹), en var. BN nfr. 4736 [15es.] (P²), autre ms. (?) Madrid Bibl. nac. 9270 [2^em. 14es.] (M); p. dans → CharnyMesT p. 77-138. Pour le ms. de Madrid cp. aussi Rev. de Archivos, Bibl. y Museos 1 (1897) 452-455.

CharnyMesT Geoffroy de Charny, *Livre de messire Charny* (ou *Livre Charny*), poème de 1934 vers (tercets coués) traitant de la vie chevaleresque; qqs. traits bourg., 1346 (ou peu après); ms. de base Bruxelles Bibl. roy. 11124-25 [2^em. 14es.] (B¹), en var. Tours 904 [15es.] (T), autres mss.: Bruxelles Bibl. roy. 10549 [15es.] (B²), BN fr. 25447 [15es.], Bern 420 [déb. 15es.] (B³), Den Haag KB 71.G.74 (anc. T. 323) [1794, copie d'un ms. du 15es.] (G), Madrid Bibl. nac. 9270 [2^em. 14es.] (M); p. p. M. A. Taylor, *A critical edition of Geoffroy de Charny's* Livre Charny *and the* Demandes pour la joute, les tournois et la guerre, thèse Chapel Hill 1977 (Univ. Microfilms 78-10, 515); texte p. 1-76 [p. 77-138 = → CharnyDemT].

CharnyMesP id.; extraits basés sur Bruxelles Bibl. roy. 11124-25 p. p. A. Piaget, "Le Livre messire Geoffroy de Charny", *R* 26 (1897) 394-411; [= TL Charny; Hol 484].

CharroiPo Le Charroi de Nîmes, épopée du cycle de Guillaume d'Orange, en laisses décasyll. asson.; 2^et. 12es.; ms. de base BN fr. 774 [frc., faibles traits du N.-E., 3^eq. 13es.] (A¹), var. de BN fr. 1449 [frc. 3^eq. 13es.] (A²), BN fr. 368 [lorr. 1^em. 14es.] (A³) texte acéphale, Milano Bibl. Trivulziana 1025 [frc. 3^et. 13es.] (A⁴), BN nfr. 934,2 [fragm. 13es.?] (a/Af) v. 1082-1216, BL Roy. 20 D.XI [traits pic., prob. Paris ca. 1335] (B¹), BN fr. 24369 [prob. Paris, traits pic., ca. 1335] (B²) acéphale, non utilisés: Boulogne-sur-Mer 192 [art. 1295] (C), BN fr. 1448 [lorr.mérid. 3^eq. 13es.] (D); p. p. G. de Poerck – R. van Deyck – R. Zwaenepoel, *Le Charroi de Nîmes*, 2 vol., Saint-Aquilin-de-Pacy (Mallier) 1970; [= TL Charoi de Nîmes² *et* Charroi de Nîmes²; Boss² 1082]. Texte critique: à lire avec les variantes.

CharroiJ id.; ms. de base A¹; p. p. W. J. A. Jonckbloet, dans → CourLouisJ 1,73-111; [= TL Nymes et Guil. d'Or.].

CharroiM id.; ms. de base BN fr. 1449 [frc. 3^eq. 13es.] (A²); p. p. D. McMillan, *Le Charroi de Nîmes, chanson de geste du XIIe siècle*, Paris (Klincksieck) 1972; [= TL Charoi de Nîmes³ *et* Charroi de Nîmes³; Boss² 1083s]. Donne peu de variantes.

CharroiP id.; ms. de base BN fr. 774; p. p. J. L. Perrier, *Le Charroi de Nîmes, chanson de geste du XIIe siècle*, Paris (Champion) 1931 (CFMA 66); [= TL Charroi Nimes P; FEW Charroi]. Édition aujourd'hui périmée.

CharroiS id.; réimpression de → CharroiP p. p. G. E. Sansone, *Il carriaggio di Nîmes. Canzone de gesta del XII secolo*, Bari (Dedalo) 1969; [= TL Nîmes carriaggio].

CharroicL id., rédaction du ms. C; pic. 2^em. 13es.; p. p. S. Luongo, *Le redazioni C e D del Charroi de Nîmes*, Napoli (Liguori) 1992; [= TL Charroi Nimes Lu]. Texte et notes p.153-247.

CharroiDLu id., réd. du ms. D; lorr.mérid. 2^em. 13es.; p. dans → CharroicL p.251-337.

CharroiDL id.; p. p. E.-E. Lange-Kowal, *Das altfranzösische Epos vom «Charroi de Nimes»*, Berlin (Collignon) 1934; [= TL Charroi Nimes L]. Mauvaise éd. (vers 2 *vue* l. *une*, 5 *contrés* l. *contees*, etc.).

ChassantPal A. Chassant, *Paléographie des chartes et des manuscrits du 11ᵉ au 17ᵉ siècle*, Paris (Martin) 1885 (réimpr. Genève, Slatkine, 1972).

ChastCoucyP Roman du Chastellain de Coucy, mise en prose de → Jak; pic. 2ᵉt. 15ᵉs.; ms. Lille Bibl. mun. Godefroy 50 (134) [pic. av. 1467]; p. p. A. Petit – F. Suard, *Le livre des amours du chastellain de Coucy et de la dame de Fayel*, Lille (Presses univ.) 1994. Cf. RLiR 58,592-593.

ChastCoucyB id.; p. p. A. M. Babbi, *Le roman du Chastelain de Coucy et de la dame de Fayel*, Fasano (Schena) 1994 (Bibl. della Ric., Med. Evo di Francia 5). N'est pas supérieur à l'éd. P.

ChastPereAH *Chastoiement d'un pere a son fils*, collection de contes moraux, trad. en vers octosyll. de la *Disciplina clericalis* de Petrus Alfonsus, version A; norm. déb. 13ᵉs.; ms. de base BL Add. 10289 [norm. prob. 1280] (A), complété et texte 'critique' établi à l'aide des mss. BN fr. 12581 [frc. (av.) 1284] (F), Augsburg Univ. I.4.2° 1 (anc. Maihingen Oettingen-Wallerstein 730) [pic. 3ᵉt. 13ᵉs.] (M), BN nfr. 7517 [agn. mil. 13ᵉs.] (N), Pavia Univ. Aldini 219 (130.E.5) [déb. 14ᵉs.] (P) (ajoute les 4 dernières pièces de la version B), BL Roy. 16 E.VIII [agn. fin 13ᵉs.] (X) (incomplet, perdu); p. p. A. Hilka – W. Söderhjelm, *Petri Alfonsi Disciplina clericalis*, I Lat. Text, II Fr. Prosatext, III Fr. Versbearbeitungen, 3 vol., Helsinki 1911-1922 (Acta Soc. sc. fennicae 38, 4; 5; 49, 4), texte 3, 3-78; [= TL Chast. HS; Boss 2493]. Imprime, p. 162-163, le conte XX d'après ms. BN fr. 12581 (ce conte appartenant à la version B). Cp. → TroisSavoirs.

ChastPereAL id.; ms. BL Add. 10289 [norm. prob. 1280], corrigé à l'aide de BN fr. 12581 [frc. (av.) 1284]; p. p. J. Laboudarie, *Disciplina clericalis, auctore Petro Alphonsi*, première partie: texte latin avec trad. fr.; deuxième partie: *Le chastoiement d'un père a son fils, traduction en vers français de l'ouvrage de Pierre Alphonse*, Paris (Rignoux) 1824 (Soc. des Bibliophiles fr.); [= TL Chast.].

ChastPereAM id.; ms. BL Add. 10289 [norm. prob. 1280]; p. p. E. D. Montgomery, *Le chastoiement d'un pere a son fils*, Chapel Hill (Univ. of North Carolina Press) 1971; [= TL Chastoiement²; Boss² 5109]. Publie en app., p. 187-193, quatre contes supplémentaires de → ChastPereBH.

ChastPereAR id.; ms. Augsburg Univ. I. 4. 2°1 (anc. Maihingen Oettingen-Wallerstein 730) [pic. 13ᵉs.]; p. p. M. Roesle, *Le castoiement d'un père à son fils*, in Programm der Luitpoldkreisrealschule München 1897/98, München 1899; [= TL Chastoiem. Maih.].

ChastPereAaH id.; conte supplémentaire du ms. BL Add. 10289 [norm. prob. 1280], *D'un prodom qui dona tot son avoir a ses deus filles*; p. dans → ChastPereAH 3, 159-162.

ChastPereApH id.; conte supplémentaire du ms. Pavia Univ. Aldini 219 (130.E.5) [déb. 14ᵉs.], *D'un roy qui estoit chascun an en essil*; p. dans → ChastPereAH 3, 158-159.

ChastPereBH id., version B; agn. déb. 13ᵉs.; éd. 'critique' établie sur la base des mss. New Haven Yale Beinecke Libr. 395 (anc. Cheltenham Phillipps 4156) [agn. ca. 1275] (C; base?), BN fr. 19152 [frc. fin 13ᵉs.] (B), Oxford Bodl. Digby 86 [agn. 1272-82] (D) lacunaire, BL Harl. 4388 [cette partie agn. 2ᵉq. 13ᵉs.] (H) incomplet, Rouen Bibl. mun. 1423 (O.35) [agn. 1ᵉm. 14ᵉs.] (R), BN fr. 12581 [frc. (av.) 1284] (version A, pièce XX version B); p. dans → ChastPereAH 3, 79-138; [= TL Chast. HS; Dean 263; Vising 54]. Cp. → ChastPereBhH.

ChastPereBB¹ id.; ms. BN fr. 19152 [fin 13ᵉs.]; p. p. E. Barbazan, *Le Castoiement ou Instruction du père à son fils*, Paris – Lausanne 1760; [= Boss 2492].

ChastPereBB² id.; p. dans → BarbMéon 2,39-183.

ChastPereBP id., sept pièces tirées du ms. Oxf. p. dans → ShortPearcyFabl p. 9-15.

ChastPereBS id., version orig. lat. avec qqs rares citations de la version fr., p. p. F. W. V. Schmidt, *Petri Alphonsi Disciplina clericalis*, Berlin (Enslin) 1827; [= TL Discipl. cleric.].

ChastPereBhH id., remaniement de la version B; agn. 1ᵉm. 13ᵉs.; ms. BL Harl. 527 [agn. mil. 13ᵉs.] incomplet; p. dans → ChastPereAH 3, 139-158; [= Dean 263].

ChastPerePrH id., version en prose; pic. fin 13ᵉs.; ms. de base København Kgl. Bibl. Gl. Kgl. 487 f° [pic. (Corbie) ca. 1300] (le n° '387' de l'éd. est err.), var. et corr. d'après Bruxelles Bibl. roy. 11043-44 [mil. 15ᵉs.]; p. dans → ChastPereAH 2, 1-38; [= TL Chast. HS; FEW Disc].

ChastPerePrL id.; ms. Bruxelles p. dans → ChastPereAL.

ChastSGilS *La Chastelaine de Saint Gille*, conte en vers octosyll., strophes à 7 vers et refrain;

ChastSGilS

3^{e}t. 13^{e}s.; ms. BN fr. 837 [frc. 4^{e}q. 13^{e}s.]; p. p. O. Schultz-Gora, *Zwei altfranzösische Dichtungen: La Chastelaine de Saint Gille. Du chevalier au barisel*, Halle (Niemeyer) 1899, p.3-68; [= TL Schultz-G. Zwei afz. Dicht.]. Contient aussi → ChevBarAnS et Pères18S.

ChastSGilS^4 id.; 4e éd. 1919; [= TL Schultz-G. Zwei afz. Dicht.^{4}].

ChastVergiA *La chastelaine de Vergi*, conte courtois en 948 vers octosyll.; norm. ca. 1240; ms. de base BN fr. 837 [frc. 4^{e}q. 13^{e}s.] (C) traits bourg., avec leçons tirées de BN fr. 375 [pic. 1289 n.st.] (A), BN fr. 2136 [champ.mérid. déb. 14^{e}s.] (E), BN nfr. 13521 (anc. La Clayette) [fin 13^{e}s.] (G^o), autres mss.: Berlin Staatsbibl. Hamilton 257 [norm. ca. 1300] (B), BN fr. 1555 [déb. 15^{e}s.] (D), BN nfr. 4531 [pic. 1316 ou peu après] (F), BN fr. 25545 [ca. 1325] (H), Bruxelles Bibl. roy. 9574-75 [norm. ca. 1300] (I), Rennes 243 [pic. mil. 14^{e}s.] (K), Covington Virginia H. A. Walton (De Ricci suppl. Census A 2200) [frc. ca. 1325] (L), BN fr. 780 [1^{e}m. 15^{e}s.] (M), BN fr. 15219 [mil. 15^{e}s.] (N), BN fr. 2236 [1^{e}m. 15^{e}s.] (O), Angers Bibl. mun. 548 (513) [14e/15^{e}s.] (P), Valenciennes 417 (398) [2^{e}m. 15^{e}s.] (Q), Genève fr. 179bis [déb. 15^{e}s.] (R), Hamburg Stadtbibl. Gall. 1 [2^{e}m. 15^{e}s.] (S) détruit pendant la seconde guerre mondiale, Oxford Bodl. Bodley 445 (anc. F. 3. 19.) [1^{e}m. 15^{e}s.] (T), Cambridge Trinity Hall 12 [1407 n.st.] (U); p. p. L. A. Arrathoon, *The Lady of Vergi*, Merrick, New York (Cross-Cult. Comm.) 1984; [= TL Chast. de Vergi A]. Avec trad. angl. en regard.

ChastVergiR^1 id.; ms. de base BN fr. 837; p. p. G. Raynaud, "La Chastelaine de Vergi", *R* 21 (1892) 145-193.

ChastVergiR^4 id.; p. p. G. Raynaud, *La Chastelaine de Vergi*, 3e éd., revue par L. Foulet, Paris (Champion) 1921 (CFMA 1; 4e éd. 1963 et réimpr.); [= TL Chast. Vergi; Boss 1291; Hol 983].

ChastVergiS id.; éd. d'après BN fr. 375 [pic. 1289 n.st.], avec l'impr. diplomatique de tous les mss., y inclus BN fr. 375; p. p. R. E. V. Stuip, *La Chastelaine de Vergi*, thèse Amsterdam, Den Haag – Paris (Mouton) 1970; [= TL Chast. de Vergi; Boss^2 2405].

ChastVergiS^2 id.; rééd. du texte de BN fr. 375, avec des corr., en partie tacites, d'après 3 autres mss.; p. p. R. E. V. Stuip, *La Châtelaine de Vergy, textes établis et traduits* [!, un seul est traduit], Paris (Union gén.) 1985 (Bibl. méd., coll. 10/18); [= TL Chast. de Vergi S]. Les autres versions publiées sont: Version en prose, 2^{e}m. 15^{e}s., BN nfr. 6639 [ca. 1480], éditée pour la 3e fois; version mise en dialogues, impr. Paris ca. 1540, Wo 35 à corr., 1e éd.; version de l'*Heptameron* de Marguerite de Navarre, ca. 1542, réimpr. de l'éd. Lacroix. Publication vite faite. — Cf. E. Lorenz, *Die afr. Versnovelle von der Kastellanin von Vergi in spätern Bearbeitungen*, thèse Halle 1909 et la lit. citée dans → ChastVergiA xii-xiii.

ChastVergiW^2 id.; ms. de base BN fr. 837; p. p. F. Whitehead, *La Chastelaine de Vergi*, 2e éd., Manchester (Univ. Press) 1951 (réimpr. 1961 et 1976); [Hol 983.1: ^{1}1944]. D'autres éd.: BarbMéon 4, 296-326; J. Bédier, Paris 1927; C. Pellegrini, Firenze 1929; L. Dulac, Paris 1994, et nous en passons; extraits dans → HenryChrest^3 153-157.

ChastWilM Fragments d'une parabole du type *Chastoiement*, inspirée par un épisode 'du demiami' de la *Disciplina clericalis* (→ ChastPere), où l'exhortation morale s'adresse à un Willam, vers octosyll. irréguliers; agn. ca. 1300 (?); ms. Oxford Bodl. Bodley 82 [agn. 1^{e}m. 14^{e}s.]; p. p. P. Meyer, "Fragment d'une rédaction de la parabole du demiami faite en Angleterre", *R* 35 (1936) 47-53; [= AND Rom. Wil.; Dean 694].

ChastelPerB *Le Chastel perilleux*, texte allégorique moralisant en prose qui compare l'âme à un château, par un certain Robert, chartreux; 3^{e}t. 14^{e}s.; ms. de base BL Add. 32623 [déb. 15^{e}s.], autres mss. (peu de var.): Ars. 5121 [ca. 1470], BN fr. 445 [mil. 15^{e}s.], BN fr. 1009 [15^{e}s.], BN fr. 1033 [fin 15^{e}s.], BN fr. 1162 [fin 14^{e}s.], BN fr. 1879 [mil. 15^{e}s.], BN fr. 1880 [ca. 1420], BN fr. 1881 [3^{e}t. 15^{e}s.], BN fr. 1882 [15^{e}s.], Maz. 946 (903) [ca. 1400], Metz 534 [15^{e}s.], Troyes 1877 [15^{e}s.], Den Haag Museum Meermanno-Westreenianum 10.F.10 [fin 14^{e}s.], BN nfr. 28879 (anc. Cheltenham Phillipps 3640) [2^{e}m. 15^{e}s.] (cat. BN 'Phillips' lire 'Phillipps', aj. le n^o anc.!), Philadelphia Univ. of Penn. Van Pelt Libr. Ms. Codex 660 (French 10) [ca. 1455]; p. p. M. Brisson, *A critical edition and study of Frère Robert (Chartreux), Le Chastel perilleux*, 2 vol., Salzburg (Univ., Inst. Engl. Spr.) 1974 (Analecta Cartusiana 19-20); [= TL Robert Chastel perilleux B; Boss^2 7809]. Le texte s'appuie entre autres sur → SommeLaur.

Chastell K. Heilemann, *Der Wortschatz von Georges Chastellain*, thèse Leipzig 1937 (Leipz. Rom. St. 19); [= FEW Chastell]. Concerne → ChastellK.

ChastellK Georges Chastellain chronique (prob. écrite entre 1454 et 1470) et 56 autres textes en prose et en vers; flandr. 3^{e}q. 15^{e}s.; ms. imprimé Bruxelles Bibl. roy. 15843 [corr. par l'auteur: 3^{e}q. 15^{e}s.] (B); p. p. J. M. B. C. Kervyn de Lettenhove, *Œuvres de Georges Chastellain*, 8 vol., Bruxelles (Heussner) 1863-1866.

ChastellLD id.; deux fragm. de BL Add. 54156 [4ᵉq. 15ᵉs.] (L) qui relatent les faits de 1456 à 1457 et de 1458 à 1461; p. p. J.-Cl. Delclos, *Georges Chastellain. Chronique: les fragments du livre IV ...*, Genève (Droz) 1991 (T.L.F. 394). Le 1ᵉʳ fragm. prend place dans ChastellK 3,229, le 2ᵉ suit au vol. 3.

ChastieMusAG *Le Chastie-musart*, poème misogyne, quatrains d'alexandrins; traits de l'Ouest, mil. 13ᵉs.; ms. A: BN fr. 19152 [frc. fin 13ᵉs.], l'éd. imprime tous les mss. parallèlement, v. ci-dessous, mss. B,C,D,H,O,V; p. p. S. Gunnarskog, *Le Chastie-musart, poème misogyne du XIIIᵉ siècle publié d'après tous les manuscrits*, thèse Stockholm 1954. Les strophes non marquées d'un sigle de ms. présentent un texte reconstruit!

ChastieMusAE id.; p. p. M. Eusebi dans → MélShimmura 35-67.

ChastieMusAJ¹ id.; p. dans → RutebJ¹ 2,478-489; [= Boss 2605].

ChastieMusAJ² id.; p. dans → RutebJ² 3,382-393.

ChastieMusBG id.; ms. BN fr. 1593 [frc., faibles traits lorr. fin 13ᵉs.]; p. dans → ChastieMusAG.

ChastieMusCG id.; ms. BN fr. 12483 [mil. 14ᵉs.]; p. dans → ChastieMusAG.

ChastieMusDG id.; BN fr. 20040 [fin 13ᵉs.]; p. dans → ChastieMusAG.

ChastieMusHG id., titre dans le ms.: *C'est l'evangile des fames*; ms. BL Harl. 4333 [lorr. 2ᵉm. 13ᵉs.]; p. dans → ChastieMusAG.

ChastieMusHM id.; p. p. P. Meyer, "Le *Chastiemusart* d'après le ms. Harléien 4333", R 15 (1886) 603-610; [= Boss 2605].

ChastieMusOG id., (texte incomplet); ms. Oxford Bodl. Digby 86 [agn. 1272-82]; p. dans → ChastieMusAG, d'après l'éd. E. Stengel, *Codicem manu scriptum Digby 86 in bibliotheca Bodleiana asservatum descripsit, excerpsit, illustravit*, Halle (Libraria Orphanotrophei/Waisenhaus) 1871.

ChastieMusVG id.; ms. Vat. Reg. lat. 1323 [Paris ca. 1476]; p. dans → ChastieMusAG (le début avait été p. dans → KellerRomv p. 145-146).

ChastieMusVP id.; p. p. A. Pensa Michelini Tocci, *Chastie-Musart, Cod. Vat. Reg. Lat. 1323*, Roma (Ateneo) 1970 (Off. rom. 15, Sez. a. fr. 1); [= Boss² 5108].

ChattonSprechen R. Chatton, *Zur Geschichte der romanischen Verben für 'sprechen', 'sagen' und 'reden'*, Bern (Francke) 1953 (Rom. Helv. 44); [= TL Chatton Sprechen].

ChauveauGallo Jean-Paul Chauveau, *Évolutions phonétiques en gallo*, Paris (CNRS) 1989.

ChavyTrad P. Chavy, *Traducteurs d'autrefois. Moyen âge et renaissance. Dictionnaire des traducteurs et de la littérature traduite en ancien et moyen français (842-1600)*, 2 vol., Paris (Champion) – Genève (Slatkine) 1988. Matériaux bruts qui, pour être utiles, nécessitent des recherches poussées. Tel quel: source dangereuse, par surcroît truffée de bévues (p. ex. p. 300: 038 = 039).

ChazelasClos A. Chazelas, *Documents relatifs au clos des galées de Rouen et aux armées de mer du roi de France de 1293 à 1418*, t. 1, Paris (Bibl. nat.) 1977, t. 2 (par A. Merlin-Chazelas), 1978 (Coll. Doc. inéd. Hist. 8°, 11-12). Regestes de doc. de tout genre (t. I) et éd. de comptes et qqs autres doc. (t. II, orig. fr. à partir de 1294). Cf. → CptClosGalB.

Chénon E. Chénon, *Histoire générale du droit public et privé, des origines à 1815*, 2 vol. parus (I et II,1), Paris (Rec. Sirey) 1926-1929; [cp. FEW Chénon].

ChéruelDict P. A. Chéruel, *Dictionnaire historique des institutions, mœurs et coutumes de la France*, 2 vol., Paris (Hachette) 1855 [5ᵉ éd. 1880].

ChéruelRouen P. A. Chéruel, *Histoire de Rouen pendant l'époque communale 1150-1382*, 2 vol., Rouen (Periaux) 1843-1844. Gdf cite parfois des doc. des Arch. de Rouen d'après cette publication.

ChétifsM *Les Chétifs*, chanson de geste faisant suite à → ChevCygne, laisses d'alex. monorimes; flandr. ca. 1190; ms. de base BN fr. 12558 [art. mil. 13ᵉs.] (A), émendations et var. tirés de BCDEFGIOT; p. p. G. M. Myers, *The Old French crusade cycle*, vol. 5, *Les Chétifs*, University (Univ. of Alabama Pr.) 1981; [= TL Chétifs M; Boss² 1977]. Gdf cite aussi d'autres parties du cycle des croisades (suites de ChevCygne) sous l'abrév. 'Chétifs'.

ChétifsH id.; ms. BN fr. 1621 [pic.-wall. mil. 13ᵉs.] [D]; extraits publ. dans → GodBouillH p. 195-276.

ChevBarAnS Le *Chevalier au barisel* ou Conte du baril, conte pieux en vers octosyll., où, par l'action divine, une seule larme du chevalier pénitent remplit un baril; pic. déb. 13ᵉs.; ms. de base BN fr. 837 [frc. 4ᵉq. 13ᵉs.] (A), en var. BN fr. 1109

ChevBarAnS

[pic. 1310] (B), BN fr. 1553 [pic. 1285 n.st.] (C), BN fr. 25462 [art. fin 13ᵉ s.] (D), Oxford Bodl. MS. Fr. f.1 [ca. 1300] (O) fragm.; p. dans → ChastS-GilS p.69-119. Les corr. du ms. de base ne sont pas toutes documentées dans l'apparat.

ChevBarAnS⁴ id.; dans → ChastSGilS⁴.

ChevBarAnL id.; ms. de base BN fr. 1109 [pic. 1310] (B); p.p. F. Lecoy, *Le Chevalier au barisel*, Paris (Champion) 1955 (CFMA 82); [= TL Ch. barisel L].

ChevBarAnoS id.; ms. O (v. 733-1064); p.p. Ö. Södergård, "*Du chevalier au Barisel* - Un cinquième manuscrit", StN 26 (1953/54) 109-114.

ChevBarBloisB Conte du chevalier au Barisel en vers octosyll., par Jean de Blois ou de la Chapelle, cistercien; orl. (Blois) prob. 1218; ms. de base BN fr. 1807 [orl. (Blois) 1ᵉʳ t. 14ᵉ s.] (P), en var. Berkeley Cal. Univ. Bancroft Libr. Ms 106 (PQ 1475 G 68; anc. Cheltenham Phillipps 3643) [norm. 3ᵉ t. 13ᵉ s.] (C); p.p. R. Chapman Bates, *Le conte dou Barril, poème du XIIIᵉ siècle par Jouham de la Chapele de Blois*, New Haven (Yale University Press) 1932 (Yale Rom. Stud. 4); [= TL Barril *et* Conte dou Barril]. Quelques vers en commun avec ChevBar; interdépendance discutée.

ChevCygne Cycle de chansons de geste concernant les faits et légendes des héros de la première croisade, comprenant un cycle autour du Chevalier au cygne, → GodBouill, EnfGod, Antioche, Chétifs, Jerus et des continuations, laisses d'alexandrins rimés; essentiellement flandr., fin 12ᵉ s. - déb. 13ᵉ s.; mss: BN fr. 12558 [art. mil. 13ᵉ s.] (A), BN fr. 786 [tourn. ca. 1285] (B), BN fr. 795 [pic. fin 13ᵉ s.] (C), BN fr. 1621 [pic.-wall. mil. 13ᵉ s.] (D), BN fr. 12569 [pic. 2ᵉ m. 13ᵉ s.] (E), Ars. 3139 [hain. 1268] (G), BL Roy. 15 E.VI [Rouen prob. 1444/1445] (H), BL Add. 36615 [pic. ca. 1300] (I), Bern 320 [N.-E. 2ᵉ m. 13ᵉ s.] (F), Bern 627 [mil. 13ᵉ s.] (S), Torino Bibl. naz. L.III.25 (G.II.16) [pic. ca. 1300] (T), Oxford Bodl. Hatton 77 [agn. mil. 13ᵉ s.] (O), BN fr. 781 [pic. ca. 1300] (P), Cambridge Univ. Add. 2682 [13ᵉ s.] fragment. Le ms. BN fr. 12558 est cité par Gdf avec le titre de 'Helias'.

ChevCygneH *Le Chevalier au cygne* (v. 1-2935: *Naissance du chevalier au cygne*, version que G. Paris appelle *Beatrix*: ca. 1200, → ChevCygne-NaissBea), v. 2937-7110 (Chevalier au cygne proprement dit): fin 12ᵉ s.; ms. BN fr. 1621 [pic.-wall. mil. 13ᵉ s.]; p.p. C. Hippeau, *La chanson du Chevalier au cygne et de Godefroid de Bouillon*, 2 vol., Paris (Aubry) 1874 (Collection des poètes fr. du m.â. 8); [= TL Ch. cygne; Boss 891; Hol 777]. Correspondances: t. 1 v. 1-2935 = ChevCygneNaiss-BeaN 1-3179; v. 2937-7110 = ChevCygnePropN 145-4571; t. 2 = → GodBouillH et ChétifsH. Plein d'erreurs.

ChevCygneBerthE *La geste du Chevalier au Cygne*, version en prose par Berthault de Villebresme; orl. ca. 1470; ms. unique København Kgl. Bibl. Thott 416 f° [16ᵉ s.]; p.p. E. A. Emplaincourt, *The Old French crusade cycle*, IX, *La Geste du Chevalier au Cygne*, Tuscaloosa – London (Univ. of Alab. Press) 1989; [= TL Ch. cygne E]. Reprend les branches -NaissBea, -Prop et -Fin.

ChevCygneBruxR *Le Chevalier au cygne*, 'premier cycle', version unifiée et remaniée, 35180 vers alex. en laisses rimées; hain. ca. 1356; ms. Bruxelles Bibl. roy. 10391 [pic. mil. 15ᵉ s.], non utilisé: Lyon Bibl. mun. 744 (651) [1470 n.st.]; p.p. le Baron F. A. F. T. de Reiffenberg, *Le Chevalier au cygne et Godefroy de Bouillon*, tome 1, Bruxelles (Académie Royale) 1846 (les tomes 2 et 3,1 contiennent → GodBouillBruxR (v. 3477ss.), tome 3,2 (par A. Borgnet, 1859 [pagination continue]); le glossaire des deux textes a été préparé par E. Gachet; [= TL Ch. cygne R; Boss 906; Hol 779]. Corrections tacites; dépicardise le texte.

ChevCygneBruxM id.; vers 2324-5501, ms. Bruxelles et var. de Lyon, p.p. I. A. Morales-Hidalgo, *Godefroy de Bouillon. A critical edition with introduction, notes and glossary of lines 2324-5501...*, thèse University Alab. 1974; [= Boss² 6526].

ChevCygneBruxP id.; les 2323 premiers vers, mss. Bruxelles et Lyon, p.p. G. C. Pukatzki, *Le Chevalier au Cygne. A critical edition with introduction, notes and glossary of the 14ᵗʰ century revision as preserved in Brussels Ms. 10391 and Lyon Ms. 744*, thèse University Alab. 1971; [= TL Chev. Cygne; Boss² 6525]. Glossaire établi à l'aide du REW et de Körting (!).

ChevCygneFinN *La Fin d'Elias*, épisode du cycle de la première croisade formant pont entre → ChevCygneProp et EnfGod; déb. 13ᵉ s.; ms. de base BN fr. 786 [tourn. ca. 1285] (B), en var. BN fr. 795 (C), BN fr. 12569 (E), Ars. 3139 (G), BL Add. 36615 (I), Bern 320 (F), Torino Bibl. naz. L.III.25 (T) (fragm.); p. dans → ChevCygne-PropN p. 359-497.

ChevCygneNaissM Cycle du Chevalier au cygne, Naissance du Chevalier au cygne, épisode rajouté à → ChevCygneProp comme introduction, version appelée *Elioxe*; ca. 1200; ms. de base BN fr. 12558 [art. mil. 13ᵉ s.] (A), var. (v. 1-1345) d'après deux mss. (appelés aussi *Elioxe-Beatrix* ou 'version composite') qui poursuivent le récit d'après la version *Beatrix*, Ars. 3139 [hain. 1268] (G) et BL Add. 36615 [pic. ca. 1300] (I); p.p. Mickel dans E. J. Mickel – J. A. Nelson, *The Old*

French crusade cycle, vol. I: *La Naissance du Chevalier au Cygne. Elioxe* ed. by E. J. Mickel, Jr., *Beatrix* ed. by J. A. Nelson, *with an essay on the manuscripts of the Old French crusade cycle* by G. M. Myers, Tuscaloosa (Alabama Univ. Press) 1977; [= TL Naiss. Ch. cygne MN]; texte avec gloss. p. 1-129. Cf. → ChevCygneNaissBeaN.

ChevCygneNaissT id.; ms. de base BN fr. 12558 [Nord-Est 2ᵉm. 13ᵉs.], en var. (v. 1-1345) Ars. 3139 [1268]; p. p. H. A. Todd, *La Naissance du Chevalier au Cygne ou les Enfants changés en cygnes*, Baltimore 1889 (PMLA 4, 1888-1889); [= TL Naiss. Ch. cygne; Boss 892; FEW NaissChev-Cygne].

ChevCygneNaissBeaN id., version appelée *Beatrix*; ca. 1200; ms. de base BN fr. 786 [tourn. ca. 1285] (B), en var. BN fr. 795 [pic. fin 13ᵉs.] (C), BN fr. 12569 [pic. 2ᵉm. 13ᵉs.] (E), BL Roy. 15 E.VI [Rouen prob. 1444/1445] (H), incomplets: BN fr. 1621 [pic.-wall. mil. 13ᵉs.] (D), Ars. 3139 [hain. 1268] (G) (en partie version *Elioxe*), BL Add. 36615 [pic. ca. 1300] (I) (fragm. et en partie version *Elioxe*), Torino Bibl. naz. L.III.25 [pic. ca. 1300] (T) (fragm. imprimés au complet p. 363-370); p. dans → ChevCygneNaissM p. 130-362. Anc. éd.: v. ChevCygneH.

ChevCygneNaissBeaFragmH id., ms. fragm. Montréal Univ. McGill 145 [1ᵉʳq. 13ᵉs.] correspondant aux vers 2452-2547 et 2971-3074 de l'éd. Nelson; p. p. G. Hasenohr, "Notes sur un fragment de la *Naissance du chevalier au cygne* (*Beatrix*)", *R* 115 (1997) 250-258. Contient l'édition.

ChevCygnePrR id., version abrégée en prose, comprenant la *Naissance* (version *Beatrix*), le Chevalier au cygne propre, les Enfances Godefroi, le Retour de Cornumarant, Antioche, Chétifs et Jerus, titre: *Godefroi de Buillon*; pic. fin 13ᵉs.; ms. unique BN fr. 781 [pic. ca. 1300]; p. p. J.B. Roberts, *The Old French crusade cycle*, vol. 10, *Godefroi de Buillon*, Tuscaloosa (Univ. of Alabama Pr.) 1996; [= Boss² 2003]; v. RLiR 61,287.

ChevCygnePrNaissT id., *Naissance* seule; p. dans → ChevCygneNaissT p.95-102; [Wo 36].

ChevCygnePropN Le Chevalier au cygne proprement dit, rajouté au premier noyau du cycle de la première croisade (→ Antioche, Jerus, Chétifs); fin 12ᵉs.; ms. de base BN fr. 12558 [art. mil. 13ᵉs.] (A), en var. les autres mss. du cycle (en partie incomplets); p. p. J. A. Nelson, *The Old French crusade cycle*, vol. II: *Le Chevalier au Cygne and La Fin d'Elias*, Tuscaloosa (Alabama Univ. Press) 1985; [= TL Ch. cygne and Fin d'Elias N]. Appendice I: développement particulier au ms. BL Add. 36615 [pic. ca. 1300] p. 119-135; app. II: trois laisses de BN fr. 12569 [pic. 2ᵉm. 13ᵉs.] p. 135-136; app. III: fragm. du ms. Torino Bibl. naz. L.III.25 [pic. ca. 1300] au complet p. 349-357. Anc. éd. dans → ChevCygneH.

ChevDameClercN *Romanz de un chivaler e de sa dame e de un clerk*, fabliau en vers octosyll., incip. *Un chivaler jadis estoit*; agn. 2ᵉt. 13ᵉs.; ms. Cambridge Corpus Christi Coll. 50 [agn. 4ᵉq. 13ᵉs.]; p. dans → NoomenFabl n°123, 10,115-142; 358-359; [= Dean 189].

ChevDameClercM id.; p. p. P. Meyer, "Le chevalier, la dame et le clerc", *R* 1 (1872) 69-87; [= AND Rom 1; Vising 220; Boss 2495].

ChevDameClercMo id.; p. dans → MontRayn 2, 215-234; 352-355. Reprise de l'éd. Meyer.

ChevDamesM *Le Chevalier des dames*, allégorie moralisante faisant partie de la 'querelle du Roman de la Rose', vers octosyll.; ca. 1465; ms. de base BN fr. 20028 [3ᵉt. 15ᵉs.] (A), en var. BN fr. 2229 [3ᵉt. 15ᵉs.] (B), BN fr. 1692 [3ᵉt. 15ᵉs.] (C), Carpentras 408 [3ᵉt. 15ᵉs.] (D), Vat. Reg. lat. 1362 [3ᵉt. 15ᵉs.] (E), New York Pierpont Morgan Libr. M.344 [1477] (F), deux impr., Lyon 16ᵉs. et Metz 1516; p. p. J. Miquet, *Le chevalier des dames du dolant fortuné*, Ottawa (PUO) 1990 (Publ. médiév. 15). C.r. Roques RLiR 56,325-328.

ChevDamesF id.; ms. New York Pierpont Morgan Libr. M.344 [1477]; p. p. R. J. Fields, *Le chevalier aux dames*, Paris (Nizet) 1980.

ChevDieuU *Le chevalier de Dieu*, poème pieux sur le motif de S. Paul, Eph. VI 10-17, vers octosyll.; agn. fin 13ᵉs.; ms. unique Oxford Bodl. Douce 210 [agn. déb. 14ᵉs.]; p. p. K. Urwin, "Le chevaler Dé", *RLR* 68 (1937) 136-161; [= AND Chev Dé; Boss 4895; Dean 684; cf. Vising 253]. Transcription peu fidèle. Långfors R 65 (1939) 312-326 donne des extraits (graphie normalisée) [= Boss 6930].

ChevErrW Le *Livre du chevalier errant*, par Thomas III de Saluces (Saluzzo), composition complexe de contes, traités, rapports etc., en vers et en prose; (1394-)1396; mss. BN fr. 12559 [Paris ca. 1404] (P) et Torino Bibl. naz. L.V.6 [ca. 1415] (T); qqs. lignes p. p. M. J. Ward, "Le début du Grand Schisme d'Occident dans *Le Livre du Chevalier Errant* de Thomas III, marquis de Saluces", *MedRom* 11 (1986) 401-10, du reste inédit; [cf. Boss 5363-5].

ChevEspA Le conte du *Chevalier à l'épée*, en vers octosyll.; Ouest ca. 1200; ms. unique Bern 354 [bourg.sept. déb. 14ᵉs.]; p. p. E. C. Armstrong, *Le Chevalier à l'épée. An Old French Poem*, Baltimore (Murphy) 1900; [= Boss 2047; Hol 1163].

ChevEspJ id.; p. p. R.C. Johnston – D.D.R. Owen, *Two Old French Gauvain Romances*, Edinburgh – London (Scottish Academic Press) 1972; [= TL Mule sanz frain JO; Boss² 4163].

ChevEspJonck id.; réimpr. de → ChevEspM p. p. W. J. A. Jonckbloet, *Roman van Walewein door Penninc en Pieter Vostaert*, Leyden (du Mortier) 1846-1848, vol. 2, p. 35-74; [= Hol 1162].

ChevEspM id.; p. dans → Méon 1,127-164; [= Hol 1161]. Méon se base sur une copie de Lacurne (BN Moreau 1720), non sans erreurs (650 *jont* = *jent*); erreurs de Lacurne v. éd. A p. 38 n.2.

ChevIIEspR *Li chevaliers as deus espees* ou *Meriadeuc*, roman d'aventures en vers octosyll.; pic. 2ᵉq. 13ᵉs.; ms. unique BN fr. 12603 [pic. ca. 1300]; éd. assez fidèle au ms. p. p. P. V. Rockwell, *Le Chevalier as deus espees*, Cambridge (Brewer) 2006 (Fr. Arth. Rom. 3). Notes et liste de mots de l'éd. F restent utiles. C.r. Richard Trachsler VRo 66,295-300.

ChevIIEspF id.; p. p. W. Foerster, *Li chevaliers as deus espees*, Halle (Niemeyer) 1877 (réimpr. Amsterdam, Rodopi, 1966); [= TL Ch. II esp.; Boss 2099; Hol 1165]. Contient des corrections non documentées dans les notes.

ChevIIEspI id.; p. p. R. T. Ivey, *Li chevaliers as deus espees. A critical edition*, thèse Chapel Hill (Univ. of N. Car.) 1973 (Univ. Microf. 74-5927); [= Boss² 4201].

ChevFustSa *Le Cheval de fust* ou *Meliacin*, par Girard d'Amiens, vers octosyll.; pic. av. 1285; ms. de base BN fr. 1589 [4ᵉq. 13ᵉs.] (B), en var. BN fr. 1633 [fin 13ᵉs.] (A), Firenze Bibl. Riccard. 2757 [déb. 14ᵉs.] (C), BN fr. 1455 [déb. 14ᵉs.] (D), Bruxelles Bibl. roy. IV 319 [déb. 14ᵉs.] (E); p. p. A. Saly, *Meliacin ou Le Cheval de fust*, Aix (CUER MA) 1990 (Senefiance 27); [= TL Chev. JMacabé S].

ChevFustFS id.; ms. Firenze; extraits p. p. E. Stengel, "Die altfranzösischen Liedercitate aus Girardin's d'Amiens Conte du cheval de fust", ZrP 10 (1836) 460-476; [= TL Chev. d. fust].

ChevFustFA id.; extraits p. p. P. Aebischer, *Girard d'Amiens, Le roman du cheval de fust ou de Meliacin*, Genève (Droz) 1974 (T.L.F. 212); [= TL Chev. d. fust Ae; Boss² 2270]. Mauvaise éd. (RLiR 49,526); gloss. sans renvois!

ChevFustFK id.; extraits p. dans → KellerRomv p. 99-117.

ChevPapH *Le chevalier du papegau*, roman d'aventures en prose; 14ᵉs.; ms. unique BN fr. 2154 [15ᵉs.]; p. p. F. Heuckenkamp, *Le chevalier du papegau*, Halle (Niemeyer) 1897; [= Wo 40; Wos 40; TL Ch. pap.; FEW Pap; Boss 4094; Hol 1294].

ChevRecAmJ *Du chevalier qui recovra l'amor de sa dame*, fabliau en vers octosyll.; 1ᵉm. 13ᵉs.; ms. Bern 354 [bourg.sept. déb. 14ᵉs.]; p. dans → JohnstonOwen p. 78-84.

ChevRecAmM id.; dans → MontRayn 6,138-146.

ChevRobeN *Le chevalier a la robe vermeille*, fabliau, vers octosyll.; 3ᵉq. 13ᵉs.; mss. BN fr. 837 [frc. 4ᵉq. 13ᵉs.] (A), Berlin Staatsbibl. Hamilton 257 [norm. ca. 1300] (C), BN fr. 1593 [frc., faibles traits lorr. fin 13ᵉs.] (E), Pavia Univ. Aldini 219 (130.E.5) [déb. 14ᵉs.] (O), Oxford Bodl. Douce 111 [15ᵉs.] (o); impr. en parallèle dans → NoomenFabl 2,243-308. Attribution à Cortebarbe err., v. MélNurmela 91-102.

ChevRobeB id.; p. dans → BarbMéon 3,272-282.

ChevRobeM id.; ms. A p. dans → MontRayn 3,35-45.

ChevRobeR id.; ms. C p. dans → RohlfsFableIs 34-43.

ChevVivM *La Chevalerie Vivien* (ou *Le Covenant Vivien*), chanson de geste du cycle de Guillaume d'Orange, en laisses de décasyll. rimés; faibles traits pic. ca. 1200; ms. de base du 'texte de référence' (*x* du stemma; p. paires) Oxford Bodl. MS. Fr. e.32 (anc. Cheltenham Phillipps 25074) [N.-E. ca. 1200] (S), en var. BN fr. 774 [frc., faibles traits du N.-E., 3ᵉq. 13ᵉs.] (A¹), BN fr. 1449 [frc. 3ᵉq. 13ᵉs.] (A²), BN fr. 368 [lorr. 1ᵉm. 14ᵉs.] (A³), Milano Bibl. Trivulziana 1025 [frc. 3ᵉt. 13ᵉs.] (A⁴), BL Roy. 20 D.XI [traits pic., prob. Paris ca. 1335] (B¹), BN fr. 24369-24370 [prob. Paris, traits pic., ca. 1335] (B²), BN fr. 1448 [lorr.mérid. 3ᵉq. 13ᵉs.] (D), Bern 296 [pic.or. 3ᵉt. 13ᵉs.] (E) version rimée au prol. particulier, Cambridge Univ. Add. 2751(7) [2ᵉm. 13ᵉs.] (G) fragm., Boulogne-sur-Mer 192 [art. 1295] (C; passages particuliers: ChevVivcM); p. p. D. McMillan – J.-Ch. Herbin – J.-P. Martin – F. Suard, *La Chevalerie Vivien*, 2 vol., Aix (CUERMA) 1997 (Senefiance 39-40).

ChevVivJ id.; ms. A (= A¹) p. p. W. J. A. Jonckbloet dans → CourLouisJ p. 163-213; [= TL Cov. Viv. *et* Guil. d'Or.]. Numérotation des vers peu divergente de l'éd. T: J 660 = T 677; 870 = 925; 990 = 1044; 1260 = 1304; 1650 = 1680; 1890 = 1923.

ChevVivT id.; ms. de base du texte 'critique' (pages paires) D, mss. A¹-B² et E en var., pages impaires: → ChevVivcT; p. p. A.-L. Terracher, *La chevalerie Vivien*, I, *Textes*, Paris (Champion) 1909 (réimpr. 1923) [le t. 2 n'a pas paru]; [= TL Chev. Viv.[1]; Chev. Viv.[2] (éd. 1909 et 1923, identiques)].

ChevVivcT id.; ms. C p. dans → ChevVivT, pages impaires.

ChevVivcM id.; passages particuliers du ms. C (art. 1295), p. dans → ChevVivM app.I, t. 2, 415-469.

ChevVivDM id.; groupe de mss. indépendants, ms. de base BN fr. 1448 [lorr.mérid. 3e q. 13e s.] (D), en var. Boulogne-sur-Mer 192 [art. 1295] (C), Bern 296 [pic.or. 3e t. 13e s.] (E); p. dans → ChevVivM, pages impaires.

ChevalVendiM Dit du Cheval vendi ou du Hardi cheval, aussi Dou cheval que li marcheans vendi, dit en vers octosyll. contenant de la termin. vétérin.; 13e s.; ms. de base BN fr. 24432 [frc. av. 1349] (P), en var. Chantilly Musée Condé 475 (1578) [cette partie pic. 3e t. 13e s.] (M); p. p. P. Meyer, "Le dit du hardi cheval", R 41 (1912) 90-94; [= TL Hardi cheval M].

ChevalVendiR[1] id.; ms. Chantilly Musée Condé 475 (1578) [cette partie pic. 3e t. 13e s.] f°217; p. p. G. Raynaud, "Le dit du cheval à vendre", R 24 (1895) 446-451.

ChevalVendiR[2] id.; ms. BN fr. 24432 [frc. av. 1349]; p. p. G. Raynaud, "Le dit du hardi cheval", R 32 (1903) 586-587; [= TL Hardi cheval].

ChiproisR Les Chiprois (titre factice), collection de chroniques du Proche Orient, I: chronique en prose (rapidissime, acéphale, débute par 1131) depuis la création du monde, à identifier (extrait ou résumé?, Terre Sainte ca. 1320?), II: → PhNovMémR, III: → ChronTemplTyrR; ms. Torino Bibl. naz. Varia 433 [Chypre 1343 a.st.], mais éd. basée sur une copie figurée, BN nfr. 6680 [1883]; p. p. G. Raynaud, *Les gestes des Chiprois*, Genève (Fick) 1887 (Société de l'Orient latin; Série historique 5).

ChiproisM id.; p. p. L. de Mas Latrie – G. Paris, *Les Gestes des Chiprois*, dans *Rec. des Hist. des Croisades, Doc. Arm.* 2, Paris (Impr. Nat.) 1906, 653-872. Publié sur la base de l'éd. R!, avec normalisations sans consultation du ms. (cf. PhNovMémK XIV; RLiR 59,630).

ChirAlbT *Traitier de cyrurgie*, trad. fr. de la trad. lt. par Gérard de Crémone (Tolède ca. 1180) d'Albucasis, médecin à Cordoue (mort après 400 de l'Hég., c.-à-d. 1009), prose; lorr. mil. 13e s.; ms. BN fr. 1318 [lorr. 3e q. 13e s.]; p. p. David A. Trotter, *Albucasis. Traitier de Cyrurgie*, Tübingen (Niemeyer) 2005 [le sigle ChirAlbT[0] se réfère à des matériaux fournis par David Trotter avant publication]; cf. RLiR 63,23-53. C.r. T. Matsumura RLiR 70,309-318. Ms. Metz 1228 (anc. Marquis de Salis 78) [15e s.] perdu par la guerre, f°97-185, autre version citée par Gdf, cf. Trotter MF 39-41 (1996/97 [1998]) 577-635 [Actes Montréal 1996], n. 17 et son éd. p. 4-7; in finis du ms.: Traité sur les cautérisations.

ChirAlbucE Trad. occ. de la *Chirurgie* d'Albucasis, même tradition lt. que le texte fr.; occ. de l'Ouest 2e q. 14e s.; ms. Montpellier Ec. de Méd. 95 [2e q. 14e s.]; p. p. M. S. Elsheikh, *Abū'l-Qāsim Ḥalaf ibn 'Abbās az-Zahrāwī, detto Albucasis. La chirurgia. Versione occitanica*, Firenze (Malesci) 1992.

ChirAlbucG id.; p. p. J. Grimaud – R. Lafont, *La Chirurgie d'Albucasis*, Montpellier (Centre d'Ét. occ.) 1985. Mauvaise éd. (v. ZrP 104,387-392).

ChirBrun Brun de Longborg (Calabre), traité de chirurgie lt. (1253 n.st.), trad. fr., prose, incipit: *C'est la cyrurgie maistre Bruno de Loncborc*; 2e m. 14e s.; ms. Metz 1228 (anc. Marquis de Salis 78) [15e s.] perdu par la guerre, f°1-94 [95-96 blancs; suite: → ChirAlb]; cité par Gdf (parfois, et par erreur, sous l'abrév. Cyrurgie Albugas).

ChirChevP *Cirurgie des chevaux*, traité de médecine hippiatrique hétérogène (pour la moitié du texte, ch. 1-7 et 60-84, une traduction de la partie hippiatrique du *De animalibus* d'Albert le Grand), prose; faibles traits sept. et orientaux, 2e q. 14e s.; ms. unique BN fr. 2001 [ca. 1355]; p. p. B. Prévot dans B. Prévot – B. Ribémont, *Le cheval en France au moyen âge*, Orléans (Paradigme) 1994. C.r. Roques RLiR 58,588-589.

ChirPoutrS La *Chirurgie de l'abbé Poutrel*, traité de médecine et recueil de recettes médicales, traduit du latin (sources diverses dont la chirurgie de Roger, compilateur: abbé Poutrel) par Jehan de Prouvile, prose; pic. ca. 1300 (prob. entre 1265 et 1317 ou même entre 1296 et 1306); ms. Vat. Reg. lat. 1211 [pic. ca. 1300]; p. p. Ö. Södergård, *La Chirurgie de l'abbé Poutrel, texte picard de 1300 environ*, Stockholm (Almqvist & Wiksell) 1980 (Acta univ. Lundensis, Sect. 1, 34); [= Boss[2] 5503; TL Abbé Poutrel S]. Cf. C. de Tovar R 103,345-362: comparaison avec la Chirurgie Thedric, basée sur le même texte lt., 15e s., ms. BN fr. 2029 [15e s.].

ChirRogH *Chirurgia* (incip. lat. *Post mundi fabricam*), traité de médecine par Roger de Salerne (de Parme, Frugardi; ca. 1180), traduction en prose (incip. *De tote manere de plaies ke avenent al chef. A feiz avent que li chef*; le prologue manque); agn. ca. 1240; ms. Cambridge Trinity Coll. O.1.20

ChirRogH

[agn. 3ᵉq. 13ᵉs.] f°240-299; p. dans → HuntAgnMed 1,5-136; [= Dean 413 (2)]. Reprod. et explic. des miniatures du ms. par T. Hunt, *The medieval surgery*, Woodbridge 1992.

ChirRogM id.; extraits p.p. P. Meyer dans *R* 32 (1903) 91-95. Extrait de l'orig. lat. ib. 79-80 (d'après un impr. 1546); [l'abrév. de l'AND, Rom 32, concerne toute la description avec extraits des deux mss. TCC O.1.20 et O.2.5].

ChirRogR id.; p.p. D. J. A. Ross, *Some thirteenth century French versions of the Chirurgia of Roger of Salerno*, thèse London 1940, non publiée, utilisée par la rédaction de l'AND; [= AND Chir]. Les chiffres désignant les f°ˢ sont plus bas de 2 que ceux indiqués dans l'éd. H.

ChirRog²H id., autre trad. (incip. *De tote manieres de froisseüres. Il avient ke li chief*); fond pic., traits agn., 2ᵉq. 13ᵉs.; ms. Cambridge Trinity Coll. O.1.20 [agn. 3ᵉq. 13ᵉs.] f°24c-30b; p. → dans HuntAgnMed 1,137-145.

ChirRog²M id.; extraits p.p. P. Meyer, *R* 32 (1903) 80-83; [= Dean 413 (1); Vising 315].

ChirRog³M id., autre trad. (incip. du prologue *Ci conmence 'Post mundi fabricam' en françois. Apres ce que Diex ot le monde crié*; incip. [*De la briseüre du test.*] *Cyrurgie demostre que li chiés est plaiés en plusors lius et en diverses manieres*); 13ᵉs.; ms. BL Sloane 1977 [pic. (Origny) ca. 1300] et BL Sloane 3525 [frc. déb. 14ᵉs.] f°180-208 (partie princip. du ms.: f°24-258; f°178v°-179r°: main angl. peu post.); extraits p.p. P. Meyer, *R* 44 (1915-17) 167-172 et 191-194. Inédit dans l'ensemble.

ChirRog⁴ id., autre trad., incip. *Compaygnons qui prient a Jhesu Crist qui leur donne grace de acomplir cestuy livre de cyrurgie... Cyrurgie est dicte a cyros*; 14ᵉs. (?); ms. BN fr. 1288 [15ᵉs.] f°207r°-231v°; inédit.

ChirRog⁵ id., autre trad., *Livre de sirurgie en romans*, incip. *Cy commence le livre maistre Rogier de Baron, cirurgien et maistre licencié a Paris* [lat. mil. 13ᵉs.]. *Des signes des playes de la teste*, prose; 14ᵉs. (?); ms. BN fr. 14827 [15ᵉs.] f°1-54; inédit; [= Transmédie 492].

Chirom Traité de Chiromancie (présage par l'interprétation des lignes de la paume), prose, incip. *Treis natureles lignes*; agn. 2ᵉm. 13ᵉs.; ms. cité par l'AND: Dublin Trinity Coll. D.4.27 (441) [agn. 3ᵉt. 14ᵉs.], autres mss. Cambridge Trinity Coll. O.3.45 (1217) [agn. déb. 14ᵉs.], BL Add. 18210 [agn. 2ᵉm. 13ᵉs.]; éd. en prép.? (cp. ActesProph 47); [= AND Chirom; Dean 380]. ÷

ChrPisR Christine de Pisan, œuvre poétique variée; déb. 15ᵉs.; ms de base en 4 t. BN fr. 835 [av. 1413] (A¹), BN fr. 606 [1407-1408] (A¹), BN fr. 836 [prob. 1408] (A¹), BN fr. 605 [av. 1408] (A¹), en var. BL Harl. 4431 [av. 1413] (A²), BN fr. 604 [mil. 15ᵉs.] (B¹), BN fr. 12779 [déb. 15ᵉs.] (B²), Comte de Toustain (Morgan - Fatout n°1482) [mil. 15ᵉs.] (B³); p.p. M. Roy, *Œuvres poétiques de Christine de Pisan*, 3 vol., Paris (Didot) 1886-1896 (réimpr. Johnson 1965); [= TL Christ. Pis.; FEW ChrPis]. Cf. → ChrPisProvO.

ChrPisCheminT id., *Le chemin de lonc estude*; 1402; ms. de base BL Harl. 4431 [av. 1413] (R), peu de var. tirées de BN fr. 1643 [prob. 1403] (B), BN fr. 836 [prob. 1408] (C), BN fr. 1188 [1403] (D), BN fr. 604 [mil. 15ᵉs.] (E), Bruxelles Bibl. roy. 10983 [prob. 1403] (F), Kraków Univ. gall. fol. 133 (anc. Berlin) [mil. 15ᵉs.] (G), Chantilly Musée Condé 492-493 (1667-1668) [prob. 1403] (L); p.p. A. Tarnowski, *Christine de Pizan. Le chemin de longue étude*, Paris (Libr. Gén.) 2000 (Poche, Lettr. Goth. 4558).

ChrPisCheminP id.; ms. de base Bruxelles Bibl. roy. 10982 [prob. 1403] (A), les autres en var., sauf L et R; p.p. R. Püschel, *Le livre du chemin de long estude par Cristine de Pizan*, Berlin (Damköhler) – Paris (Le Soudier) s.d. [1881].

ChrPisCitéC id., *Le livre de la Cité des dames*; (1405-)1407; ms. de base BN fr. 607 [1407/1408] (B), en var. surtout BL Harl. 4431 [av. 1413] (H); p.p. M. C. Curnow, *The Livre de la cité des Dames of Christine de Pisan*, thèse Nashville, Tenn., 1975.

ChrPisEpAmF id., *Epistre au dieu d'amours*, poème en vers décasyll.; 1399; ms. de base BL Harl. 4431 [av. 1413] (R), corr. surtout d'après BN fr. 12779 [déb. 15ᵉs.] (L2); p.p. T. S. Fenster – M. C. Erler, *Poems of Cupid, God of Love*, Leiden (Brill) 1990, texte p.34-89.

ChrPisFaisS id., *Le livre des fais et bonnes meurs du sage roy Charles V*, chronique en prose; 1404; ms. de base BN fr. 10153 [prob. 1404] (B), en var. Modena Bibl. Estense α.N.8.7. [1404 ou peu après] (E), BN fr. 5025 [1404 ou peu après] (M), Vat. Reg. lat. 920 [1404 ou peu après] (C) copié dans BN fr. 2862 [17ᵉs.] (D) et Th. de Castelnau (copie de Vat. Reg. lat. 920) [17ᵉs.] (T); p.p. S. Solente, *Le livre des fais et bonnes meurs du sage roy Charles V*, 2 vol., Paris (Champion) 1936-1940; [= Boss 4444]. Cp. R 103,299-331.

ChrPisJehK id., *Ditié de Jehanne d'Arc*; 1429; ms. de base Bern 205 [mil. 15ᵉs.] (B), en var. Carpentras 390 (L.386) [15ᵉs.] (C), Grenoble U.909 Rés. [16ᵉs.] (G) fragm.; p.p. A. J. Kennedy – K. Varty, *Ditié de Jehanne d'Arc. Christine de Pisan*,

Oxford (Soc. St. Med. Lang. & Litt.) 1977 (Medium Aev. Monogr. NS 9); [= TL Christ. Pis. Ditié de Jehanne d'Arc KV]. Avec la reprod. du ms. B et une page de C et de G.

ChrPisJehR id.; même ms. de base; p. p. C. de Roche – G. Wissler, "Documents relatifs à Jeanne d'Arc et à son époque", → MélGauchat 329-376, texte 332-352.

ChrPisMutS id., *Le livre de la Mutacion de Fortune*, poème didactique historique, en vers octosyll.; 1403; ms de base Bruxelles Bibl. roy. 9508 [1413] (B), d'autres en var.; p. p. S. Solente, *Le Livre de la Mutacion de Fortune par Christine de Pisan*, 4 vol., Paris (Picard) 1959 (SATF); [= TL Christ. Pis. Mut. Fort.]

ChrPisOthP id., *Epistre Othea*, sorte de miroir éthique du chevalier, composé de 'textes' (à deux couplets octosyll.), chaque fois précédés d'une introd. et suivis d'une 'glose' et d'une 'allégorie' en prose; 1401 (1400-1402?, retouché prob. 1405); ms. de base BL Harl. 4431 [av. 1413] (B1), en var. BN fr. 606 [1407-1408] (B), BN fr. 848 [ca. 1402] (A), Chantilly Musée Condé 492-493 (1667-1668) [prob. 1403] (AI) qqs. ajouts, mss. pour les prol.: BL Harl. 219 [2^{e}t. 15^{e}s.] (D), Oxford Bodl. Laud Misc. 570 [prob. 1450] (BI), Aylesbury Waddesdon Manor 8 [3^{e}t. 15^{e}s.?] (DIV), pour les autres ms. v. Mombello, La tradiz., Torino 1967 (Acc. Mem. 4a, 15); p. p. G. Parussa, *Christine de Pizan. Epistre Othea*, Genève (Droz) 1999 (T.L.F. 517).

ChrPisPastR id., *Le dit de la Pastoure*, octosyll.; 1403; p. dans → ChrPisR 2,223-294.

ChrPisPrisK id., *Epistre de la prison de vie humaine*, pièce morale; 1418; ms. BN fr. 24786 [ca. 1418, p.ê. autogr.]; p. p. A. J. Kennedy, *Christine de Pizan's Epistre de la prison de vie humaine*, Glasgow (Univ. Print.) 1984; [cp. TL Christ. Pis. Epistre prison W].

ChrPisProvO id., Proverbes moraux, rimé; 1405; ms. de base BN fr. 24864 [f°176r°-178bisv° 1405] (B) autographe, BN fr. 605 [av. 1408] (D), BL Harl. 4431 [av. 1413] (R), Ste-Gen. 2879 [15^{e}s.] (G), BN fr. 812 [pic. déb. 15^{e}s.] (P), Grenoble 319 (cat. 871) [cette partie ca. 1435] (O), BN fr. 1990 [ca. 1435]; p. p. G. Ouy – C.M. Reno, dans → MélDiStefano 557-572.

ChrPisRoseF id., *Dit de la Rose*, poème en vers octosyll.; 1402; ms. de base Chantilly Musée Condé 492-493 (1667-1668) [prob. 1403] (L1), corr. surtout d'après BN fr. 12779 [déb. 15^{e}s.] (L2); p. dans → ChrPisEpAmF 92-131.

ChrPisVertW id., *Livre des trois vertus* ou *Trésor de la cité des dames*, poème écrit comme plaidoyer pour la dignité de la femme; ca. 1405; ms. de base Boston Mass. Publ. Libr. 1528 [déb. 15^{e}s.] seul complet, en var. Bruxelles Bibl. roy. 10973 [ca. 1450], New Haven Yale Beinecke Libr. 427 [ca. 1460], Oxford Bodl. MS. Fr. d.5 [mil. 15^{e}s.], BN fr. 452 [2^{e}m. 15^{e}s.], autres mss. Bruxelles Bibl. roy. 9235-37 [ca. 1475], Bruxelles Bibl. roy. 9551-52 [ca. 1450], Bruxelles Bibl. roy. 10974 [ca. 1460], Dresden Oc 55 [15^{e}s.] perdu, Lille Bibl. mun. Godefroy 57 (152) [ca. 1450], BN fr. 1177 [ca. 1470], BN fr. 25294 [2^{e}m. 15^{e}s.], Saint-Omer 127 [1474], Wien 2604 [ca. 1460], BL Add. 15641 [15^{e}s.], Ars. 3356 [15^{e}s.]. BN fr. 1091 [2^{e}m. 15^{e}s.], BN fr. 1180 [4^{e}q. 15^{e}s.], BN fr. 22937 [15^{e}s.], Den Haag KB 131.C.26 [2^{e}q. 15^{e}s.], BL Add. 31841 [15^{e}s.]; p. p. C. C. Willard – E. Hicks, *Christine de Pizan, Le livre des trois vertus*, Paris (Champion) 1989 (Bibl. du XVe 50); [= TL Christ. Pis. Livre Trois Vertus W]. Bonne édition. Ne mentionnent pas l'éd. L. L. Debower, thèse Univ. of Mass. 1979 (même ms.; = Boss^2 7460). Sans glossaire.

ChrestienChansZ Chrestien de Troyes, six chansons d'attrib. certaine ou probable; champ. ca. 1177 etc.; mss. divers (stemma pour chaque chanson); p. p. M.-C. Zai, *Les Chansons courtoises de Chrétien de Troyes*, Berne (H. Lang) – Francfort/M. (P. Lang) 1974; [= TL Chansons courtoises Z]. C.r. VRo 35,246-254. Pour l'explication des noms de l'auteur, *Chrestien* et le surnom *li Gois*, par son origine juive, v. RLiR 72,196.

ChrestienChansZ^2 id., deux chansons d'attribution certaine (R.121 et 1664); p. dans → ErecFr^2 1213-1224. Mss. de base?

ChrestienChansB id.; texte de l'éd. Z p. p. A. Berthelot dans → ErecD 1040-1043; 1451-1457.

[Chrestien de Troyes v. → Cliges, Erec, Lanc, Perc, Yvain, cp. aussi GuillAngl; gloss.: Foerster, DÉCT; concord.: Ollier; cf. GrosseChrestien.]

ChronAnG Chronique d'Angleterre, dite *Anonimalle Chronicle*, continuation de → BrutBroth, allant de 1334 à 1381, basée sur la chronique de Lanercost (1334-1346) et d'autres sources, prose; agn. av. 1382 (faits 1334-1356, f°271-292v°) et av. 1399 (1356-1381, f°292v°-353); ms. unique Leeds Univ. Brotherton ms. 29 (Ripley Castle Yorkshire Sir Ingilby, Bart.) [plusieurs mains agn. mil. 14^{e}s.-ca. 1400]; p. p. V. H. Galbraith, *The Anonimalle Chronicle, 1333 to 1381, from a ms. written at St. Mary's Abbey, York ...*, Manchester (Univ. Press) 1927; [= AND Anon Chr; Dean 47]. Cf. → BrutBroth^{2}C.

ChronArtF Chronique en prose relatant l'histoire de l'Artois des années 1295-1304; art. déb. 14^{e}s.; ms. Bruxelles Bibl. roy. 14561-64 [pic.

ChronArtF

1^{e}m. 14^{e}s.]; p.p. F. Funck-Brentano, *Chronique artésienne (1295-1304); nouvelle édition et Chronique tournaisienne (1296-1314) publiée pour la première fois d'après le manuscrit de Bruxelles*, Paris (Picard) 1899 (Coll. de textes pour servir à l'ét. et à l'ens. de l'hist.). Contient aussi → ChronTournF.

ChronBaud¹K Chronique universelle en prose, anonyme (l'attribution à Baudouin d'Avesnes est légendaire), allant jusqu'en 1278 [l'hist. anc. daterait d'avant le mil. du 13^{e}s., → JungTroie 431-435]; pic. [prob. 1278-] 1281; ms. de base BN fr. 15460 [14^{e}s.] (comprend un remaniement de → Villeh avec contin., ms. 'G'), autres mss. Bruxelles Bibl. roy. 9003 [pic. 1^{er}t. 14^{e}s.] fragm., Tournai s. cote [15^{e}s., détruit]; Bern 98 [lorr. déb. 14^{e}s.] fragm.; extraits p. dans → ChronFlandrK 2,555-696; inédit dans l'ensemble. L'histoire de cette Chron. et de ses mss. est très complexe. La 1ère réd. se trouve (selon ProvSenAR qui se restraint aux mss. de ChronBaud contenant ProvSen) dans Bruxelles 9003, Bruxelles Bibl. roy. II 988 [14^{e}s.] et Bruxelles Bibl. roy. 9271 [15^{e}s.]. Les 9 autres mss. cités dans → ProvSenAR p. 54-55 pour ChronBaud devraient alors représenter ChronBaud². L'attribution des mss. supplém. est à élucider (cf. JungTroie qui ne distingue pas les réd.). Cf. → CatPr¹.

ChronBaud¹G id., extraits d'après BN fr. 15460, BN fr. 17264, BN fr. 2801, p.p. J.D. Guigniaut – N. de Wailly, dans → RecHist 21,159-181.

ChronBaud¹SenR id., partie appelée *Proverbes Seneke*; p.p. E. Ruhe, v. → ProvSenAR. Les 'Proverbes Seneke' sont inchangés dans le remaniement ChronBaud².

ChronBaud²H ChronBaud¹, version à retouches; av. 1284; ms. de base BN fr. 17264 [fin 13e-14^{e}s.], fragm. BN fr. 2801 [15^{e}s.], München gall. 52 [hain. ca. 1470], [Bruxelles Bibl. roy. 9271 [15^{e}s.]: 1ère réd., Kraków Univ. gall. fol. 216 (anc. Berlin) [3^{e}q. 15^{e}s.]: version?]; éd. partielle p.p. J. Heller, dans *MGH, Script.* 25 (1880) 414-467; [= Boss 3762].

ChronBaudAbrK Chronique abrégeant → ChronBaud, incip. *Ce sont les cronicques estraittes et abrégies des livres monseigneur Bauduin de Avesnes*, avec des continuations diverses (variant selon les mss.) jusqu'en 1408; pic. 14^{e}s.; ms. de base Bruxelles Bibl. roy. 10233-36 [ca. 1425], autres mss. (dont plusieurs débutent avec Gui de Dampierre) Bruxelles Bibl. roy. 10478-79 [15^{e}s.], Bruxelles Bibl. roy. 11139 [15^{e}s.], Bruxelles Bibl. roy. 7033 [18^{e}s.] est une copie de Ars. 6328 [15^{e}s.], Bruxelles Bibl. roy. 16789 [18^{e}s.], BN fr. 5614 [fin 15^{e}s.], BN fr. 17266 [15^{e}s.], Ars. 5269 [15^{e}s.] f°47-156, Leiden Univ. BPL 57 (anc. Morsius) [mil. 15^{e}s.], Bern 77 [15^{e}s.], Bruxelles Bibl. roy. 10434 [15^{e}s.], BN fr. 5610 [fin 14^{e}s.], Bruxelles Bibl. roy. IV 601 (anc. Cheltenham Phillipps 2217) [fin 14^{e}s.], Berlin Staatsbibl. Phillipps 1932 (anc. Cheltenham Phillipps 1932) [Flandres? 3^{e}q. 15^{e}s.], Den Haag KB 128.E.17 (936) [fin 15^{e}s.], Lille Bibl. mun. 371 (538; Le Gl. 207) [fin 15^{e}s.?]; extraits intercalés dans l'éd. de → ChronFlandrK (précédés de la mention 'Autre relation', v. 1,XXXV n. 2); [Boss 3762: II 555ss. erroné, il s'agit là de → ChronBaud¹K]. JungTroie 431-435 ne distingue pas cette version, mais en cite qqs. mss. À élucider.

ChronBourgValencK Chronique compilée par un bourgeois de Valenciennes, composée de trois parties, I, appelée 'Notes' par l'éd. (p. 1-80), II, = → ChronBaudAbr (non publiée ici), III, 'Récits' (p. 81-345); hain. fin 14^{e}s.; ms. Ars. 5269 [15^{e}s.] f°1-47 et 156-251, interpolant, selon l'éd., un fait de 1407; p.p. J.M.B.C. Kervyn de Lettenhove, *Récits d'un bourgeois de Valenciennes*, Louvain (Lefever) 1877 (Acad. roy. des sc. ... de Belg.; réimpr. Genève 1979).

ChronBurchB Chronique de Peterborough (Burch) Abbey, en vers alexandrins, anoure, traduction condensée d'une chron. lt. par Hugo Albus (ou Candidus); agn. ca. 1300 (?); ms. perdu (feu chez Cotton en 1731, copie p. dans J. Sparke, Historiae angl., 2, London 1723), non utilisé: ms. Oxford Bodl. Rawl. B.333 [agn. ca. 1300] fragm.; p. sur la base de l'éd. 1723 par A. Bell dans W.T. Mellows, *The Chronicle of Hugh Candidus*, London (OUP) 1949, p. 174-203; [= Dean 63; AND Burch].

ChronBurchOH id.; fragment d'Oxford (= v. 240-615) p.p. T. Hunt, "The *Geste de Burch*: a manuscript", *MedAev* 67 (1998) 291-303; [= AND² Burch²].

ChronDelapréR Chronique en prose écrite par une religieuse de Delapré (filiale de Cluny, près de Northampton), postulant le roi d'Écosse comme seigneur du comte de Huntingdon; agn. peu après 1237; ms. Oxford Bodl. Dugdale 18 [agn. 1662]; p. dans → ChronWigmoreR p. 20-27; [= Dean 62].

ChronFlandrK Chronique de Flandre, anon., chronique universelle mettant en vedette la Flandre, allant jusqu'en 1342 (éd. t. I p. 1-410, v. p. XXXIVn2); suite jusqu'en 1347 dans BN fr. 20363, p. dans l'éd. t. II p. 27-45 et 56-71; autre suite jusqu'en 1383 empruntée par certains mss. (dont BN fr. 5611) à la suite de → ChronBaudAbr (t. II: le texte est donné d'après divers mss. et diverses versions, dont celle de Denis Sauvage, v. ci-dessous, et entremêlé d'extraits de ChronBaudAbr), prose; pic. (St-Omer) 1342 (ou peu après) [partie orig.]; ms. de base BN fr. 5611 [fin 14⁰s.], autres mss.: BN fr. 20363 [15⁰s.] (donne aussi la suite mentionnée; = ChronFlandrDét?), Bruxelles Bibl. roy. 14910 [2⁰m. 14⁰s.], Bruxelles Bibl. roy. 10291 [1479 a.st.] incomplet du début, Bruxelles Bibl. roy. 10232 [15⁰s.] abrège le récit vers la fin, Lille Bibl. mun. 95 (537; Le Gl. 229) [15⁰s.], BL Roy. 16 F.III [ca. 1400]; un résumé de ChronFlandr se trouve dans les mss. Angers Bibl. mun. 1174 (971) [15⁰s.] et Lyon Bibl. mun. 899 (795) [15⁰s.] (extrait dans t. II p. 346-349, - quel ms.?); les mss. BN fr. 2799 [15⁰s.] et BL Cotton Nero E.III [15⁰s.] (?) renferment → ChronFlandrDétW; p. p. J. M. B. C. Kervyn de Lettenhove, *Istore et croniques de Flandres*, 2 vol., Bruxelles 1879-1880 (Coll. des chron. belges inéd.); [= Boss 5038]. Le texte de la chron. orig. (-1342), publié au t. I, y est complété d'extraits de ChronBaudAbr qui sont précédés de la mention «Autre relation»; la liste de ces extraits est donnée au t. I, p. XXVn2. Sous le titre 'Autre relation. Du commencement des maillés de Paris', 2, 254-280, l'éd. réimprime un extrait tiré des GrChron, d'après l'éd. J. Pichon, Partie inédite des chron. de Saint-Denis, 1864, 1-37. — Denis Sauvage publia en 1561 une version altérée de ChronFlandr incluant les suites jusqu'en 1383. — Cp. → ChronFlandrDétW. [*Chronique de Flandre et des croisades* v. → MenReims, texte que l'auteur de ChronFlandr a utilisé.]

ChronFlandrDétW Version légèrement plus détaillée que → ChronFlandr, et proche de l'impr. de Denis Sauvage, allant jusqu'en 1385 dans le ms. de base (le texte publié va jusqu'en 1328); les éditeurs pensent que le compilateur pic. anonyme n'a travaillé qu'au 15⁰s.; ms. de base BN fr. 2799 [15⁰s.], var. tirées de BN fr. 20363 [15⁰s.]; p. p. N. de Wailly et L. Delisle, dans → RecHist 22 (1865) 329-429.

ChronFloreffeP Chronique rimée de l'abbaye de Floreffe, vers octosyll. et deux morceaux en prose; wall. 1463; ms. Bruxelles Bibl. roy. 18064-69 [dern. partie pic. 2⁰m. 15⁰s.]; premier tiers du texte (ms. p. 376-414) p. p. H. Peters, "Über Sprache und Versbau der Chronik von Floreffe", *ZrP* 21 (1897) 1-31; 353-401; [= TL Chr. Flor. P]. Contient des corrections à → ChronFloreffeR (392-395), des extraits divers du ms. et une grammaire.

ChronFloreffeR id.; p. 415-478 du ms. p. p. dans → ReiffenbergMon 8,63-188. Corrections dans → ChronFloreffeP.

ChronGuesclF Chanson (Chronique) de Bertrand du Guesclin, connétable de France, mort dans la bataille, par Cuvelier, vers alex.; ca. 1382 (après la mort de Bertrand en 1380 et avant la mise en prose de 1387); ms. de base Montpellier Ec. de Méd. 250 [déb. 15⁰s.] (B¹) et BN nfr. 993 [déb. 15⁰s.] (B²); B¹+B²=B), en var. Ars. 3141 [déb. 15⁰s.] (A), Le Mans 14 [1⁰m. 15⁰s.] (C), BL Yates Thompson 35 [ca. 1400] (D), Aix-en-Provence 428 (306) [1441] (E), BN fr. 850 [1⁰m. 15⁰s.] (F), Notre-Dame Ind. Univ. 51 (anc. Cheltenham Phillipps 8194) [1464] (G), aussi Berlin Staatsbibl. Hamilton 226 [f⁰1-12 17⁰s., f⁰13-341 ca. 1400]; p. p. J.-Cl. Faucon, *La chanson de Bertrand du Guesclin de Cuvelier*, 3 t., Toulouse (Ed. Univ. du Sud) 1990-91; [= TL BGuescl. F; cp. Boss² 7925]. C.r. T. Matsumura RLiR 57,308-319: longue liste d'erreurs.

ChronGuesclC id.; ms. BN fr. 850, qqs. var. de Ars. 3141; p. p. E. Charrière, *Chronique de Bertrand du Guesclin par Cuvelier*, 2 vol., Paris (Didot) 1839; [= TL B. du Guescl. *et* BGuescl.; Boss 5117]. Contient aussi → GuillSAndréJehC. Corrections dans éd. F 2,497-501.

ChronGuesclPrM id., version en prose; [1387]; mss. BN fr. 853 [15⁰s.], BN fr. 1984 (anc. Roy. 7910.3.3, anc. Lancelot 20) [15⁰s.], BN fr. 18623 [3⁰t. 15⁰s.], BN fr. 18624 [15⁰s.], BN fr. 23982 [15⁰s.], BN nfr. 20961 [15⁰s.], Ste-Gen. 814 [ca. 1435], et imprimés, autre état (?): BN fr. 4993 [15⁰s.], BN fr. 4994 [15⁰s., av. 1480], BN fr. 4995 [15⁰s.], abrégé: BN nfr. 10402 [1449]; version d'un incunable (Lyon?, fin 15⁰s.) publiée par F. Michel, *Chronique de Du Guesclin collationnée sur l'édition originale du XV⁰ siècle et sur tous les manuscrits*, Paris (Bureau de la bibliothèque choisie) 1830. Les titres des chap. sont tirés de 'Lancelot 48' (= BN fr. 1984, anc. Lanc. 20?).

ChronGuillBretB Fragments d'une traduction d'une chronique lat. de Guillaume le Breton qui a servi de base à → ChronSDenis (lat.) et d'autres, vers octosyll.; frc. ca. 1230; ms. Edinburgh Univ. Laing fragm. [traits occid.? 4⁰q. 14⁰s.]; p. p. C. R. Borland – R. L. G. Ritchie, "Fragments d'une traduction française en vers de la Chronique en prose de Guillaume le Breton", *R* 42 (1913) 1-22; [= TL Guill. Bret. trad.]. Correspond au texte latin éd. par H. F. Delaborde, Soc. Hist. Fr. 1882-85, 1,291-5, § 199-201, 311-15, § 222-3.

ChronGuillNangisD Guillaume de Nangis, chronique fr. abrégée (845 av. J. Chr. - 1328), prose; ca. 1328; ms. de base BN lat. 5696 [14⁰s.], en var. BN lat. 6763 [15⁰s.]; années 1226-1328 p. par P. C. F. Daunou et J. Naudet, dans → RecHist 20 (1840) 647-653; début inédit. Compléments et suite: → GrChronRouen.

ChronHérBerryC Chronique de Charles VII, en prose, écrite par Gilles le Bouvier dit le Héraut Berry, prob. mort en 1455, années 1402-1455; (av.) 1455; ms. de base BN fr. 2860 [ca. 1455] (A), les autres 23 mss. présentent une version légèrement corrigée (en var.); p. p. H. Courteault – L. Celier – M.-H. Jullien de Pommerol, *Les Chroniques du roi Charles VII par Gilles le Bouvier dit le Héraut Berry*, Paris (Klincksieck) 1979 (SHF 490). Les années 1402-1422 ont été accueillies dans → GrChron.

ChronJBekaN Trad. fr. d'une chronique lat. concernant le comté de Hollande (et Zélande et Hainaut) compilée par Jean de Beka (1349/50), prose; traits pic. ca. 1455; ms. de base BN fr. 9002 [2^{e}m. 15^{e}s.] (A), en var. BN fr. 5613 [2^{e}m. 15^{e}s.] (B), BN fr. 2803 [2^{e}m. 15^{e}s.] (C), Escorial Estante T. U. O. Pluteo II^2 20 [2^{e}m. 15^{e}s.] (D), Ars. 4777 [2^{e}m. 15^{e}s.] (E), Utrecht Univ. 1396 [2^{e}m. 15^{e}s.] (F), Arras 297 (177) [fin 16^{e}s.] (G); p. p. W. Noomen, *La traduction française de la* Chronographia Johannis de Beka, thèse Amsterdam 1954; [= Boss 7984].

ChronLondA *Croniques de London*, prose, traite les années 1259 à 1343; agn. 1343 (ou peu après); ms. BL Cotton Cleopatra A.VI [agn. 1343 ou peu après, autographe]; p. p. G. J. Aungier, *Croniques de London*, London (Nichols) 1844 (Camden Soc. 28); [= Vising 380; AND Cron Lond]. Cf. Cox MedAev 45 (1976) 201-208: ms. et sources (surtout Brut BL Cotton Cleop. D. vii); [= Dean 71; Boss^2 6185].

ChronMoréeL *Livre de la conqueste de la princee de l'Amoree* (partie fr. de la Chronique de Morée composite), résumé en prose d'une chron. prob. vénit., couvrant les faits de 1095 à 1304; pic. (1341-) 1346; ms. unique Bruxelles Bibl. roy. 15702 [déb. 15^{e}s.]; p. p. J. Longnon, *Livre de la conqueste de la princée de l'Amorée. Chronique de Morée (1204-1305)*, Paris (Renouard) 1911 (Soc. hist. Fr. 353); [= Boss 3658].

ChronMoréeB id.; p. p. J. A. C. Buchon, *Recherches historiques sur la principautée française de Morée et ses hautes baronnies*, Epoque I,1, *Le livre de la conqueste de la princée de la Morée*, Paris (Renouard) 1845; [= Boss 3658]. Conc. partielle avec l'éd. L: éd. B p. 1 = éd. L § 1, p.21= § 69, 55 = 129, 88 = 195, 115 = 250, 152 = 328, 201 = 420, 255 = 535, 309 = 627, 351 = 728, 390 = 836, 470 = 1021.

ChronMoréeH id.; extrait dans → HenryChrest p.303-305, n°163.

ChronNormM Chronique normande en prose, assez correcte et contemporaine pour les événements de 1328 à 1372, mais sommaire pour les années de 1294 à 1326 (p. 1-36 de l'éd.); (1369-) 1372; ms. de base BN fr. 4987 [ca. 1400] (A), en var. Toulouse Bibl. mun. 510 (I, 199) [mil. 15^{e}s.] (B), corrigé aussi par un ms. de la 'seconde réd.' (abrégée, avec contin., v. éd. p. xlvij-lv, utilisée aussi dans → ChronFlandrK): BN fr. 5610 [fin 14^{e}s.] (5610); p. p. A. Molinier – E. Molinier, *Chronique normande du XIVe siècle*, Paris (Renouard) 1882 (Soc. Hist. Fr.); [= TL Chron. norm.; Boss 5043]. Cp. → TrahFrance.

ChronPBasS Chronique de Flandre, appelée 'Chronique des Pays-Bas, de France, d'Angleterre et de Tournai', relatant des faits des années 1294-1458; flandr. prob. 1458 ou peu après; ms. Bruxelles Bibl. roy. 19684 [1483]; p. p. J.-J. de Smet, *Recueil des chroniques de Flandre*, t. III, Bruxelles 1856 (Collection de Chroniques belges inédites 3,3), p. 111-570. Contient → MesqTournS.

ChronPCochonR Chronique, dite normande, par Pierre Cochon (né dans le pays de Caux, notaire apost. à Rouen), allant de 1108 à 1430, intégrant d'autres chroniques (pour les années 1108 à 1260, p. 1-49, la chronique s'inspire de → MenReims, en partie textuellement; qqs. renvois à l'éd. P en note), prose; norm. 1430 (ou peu après); ms. BN fr. 5391 [après 1434, autographe] f°24-95v^o; p. p. C. de Robillard de Beaurepaire, *Chronique normande de Pierre Cochon*, Rouen (Le Brument) 1870 (Soc. de l'Hist. de Norm.), p. 1-315; [cp. DLF^2 1168]. Contient aussi → ChronRouenR et d'autres petits textes.

ChronPLangI/IIT Chronique anglo-normande en laisses rimées, composée d'un Brut, d'une histoire des rois anglo-saxons et normands et d'une histoire du règne d'Edouard Ier, par Pierre de Langtoft (la composition s'est prob. échelonnée de ca. 1280 à 1307; la part de remanieurs est discutée, deux rédactions de la 3e partie, consacrée au règne d'Edouard Ier: I et II; agn. 1307 (valable en gros pour I et II); mss., tous agn.: BL Cotton Julius A.V [agn. 1^{er}q. 14^{e}s.] (A), BL Roy. 20 A.XI [agn. 2^{e}q. 14^{e}s.] (B), BL Roy. 20 A.II [agn. ca. 1320] (C), London Coll. of Arms Arundel LXI [agn. 2^{e}m. 14^{e}s.] (D), London Coll. of Arms Arundel XIV [agn. 1^{er}q. 14^{e}s.] (E) 3e partie seulement: réd. I, Oxford Bodl. Fairfax 24 [agn., cette partie 1305/1306] (F) fragm. de la 3e partie: réd. I, Cambridge Univ. Gg.I.1 [agn. après 1307] (G) prol. et 3e partie, BL Harl. 114 [agn. 1^{e}m. 14^{e}s.] (H), Cambridge Trinity Coll. R.14.7 (883) [agn. peu après 1307] (I) fragm. de la 3e partie: réd. I, BL Harl. 202 [agn. 2^{e}m. 14^{e}s.] (J) incomplet, BL Lansdowne 227 [18^{e}s.] extraits, Oxford Bodl. Laud Misc. 637 [2e partie agn. 1^{e}m. 15^{e}s.] (L) incomplet [extrait p. p. M. D. Legge MedAev 4, 23s.], Aylsham Blickling Hall 6892 [agn. mil. 14^{e}s.] (N), Oxford Bodl. Douce 120 [agn. mil. 14^{e}s.] (O) incomplet, BN fr. 12154 [agn. f°1-40 (P$_1$) 1307: incomplet, f°40v^{o}ss. (P$_2$) 3^{e}q. 14^{e}s.: complet], Oxford All Souls Coll. 39 [agn. 1^{er}t. 14^{e}s.] (S) prol. et 3^e partie, BL Stowe 1047 [agn. ca. 1586] extraits, Cambridge Sidney Sussex Coll. 43 [agn.

1ᵉʳ t. 14ᵉ s.] (U), BL Cotton Vitellius A.X [cette partie agn. ca. 1300] (V) fragment de la 2ᵉ partie, New York Pierpont Morgan Libr. M.930 [agn. prob. 1327] (Y), Dublin Christ Church Liber Niger [agn., cette partie ca. 1300] (Z) fragm. 3ᵉ partie; 3ᵉ partie, réd. I, ms. de base London Coll. of Arms Arundel XIV, en var. mss. Oxford Bodl. Fairfax 24 et Cambridge Trinity Coll. 883, réd. II, ms. de base BL Harl. 114, les autres en var., p. parallèlement par J. C. Thiolier, *Edition critique et commentée de Pierre de Langtoft. Le règne d'Edouard 1ᵉʳ*, vol. 1, Créteil (Univ. de Paris XII, CELIMA) 1989; [= AND Langtoft, cp. AND Langt²; Dean 66; 68; 94]. Déparé par mainte erreur. – Le ms. Princeton NJers. Univ. Taylor Coll. Phill. 25970 (anc. Cheltenham Phillipps 25970) [agn. mil. 14ᵉ s.] (R) ne contient que trois lettres polit. versifiées, publiées comme App. III, p. 445-483, d'après le ms. R; [= Dean 67]. – Gdf attribue à Pierre erronément aussi → GuillLongB.

ChronPLangW¹ id.; ms. de base Cambridge Univ. Gg.I.1 [agn. après 1307], notes sur la base des mss. BL Cotton Julius A.V [agn. 1ᵉʳ q. 14ᵉ s.] (A), BL Roy. 20 A.II [agn. ca. 1320] (C) et BL Roy. 20 A.XI [agn. 2ᵉ q. 14ᵉ s.] (B); extraits de la troisième partie p. p. T. Wright, *The Political Songs of England from the Reign of John to that of Edward II*, London (Camden Society) 1839, p. 273-323.

ChronPLangW² id.; ms. de base BL Cotton Julius A.V [agn. 1ᵉʳ q. 14ᵉ s.]; p. p. T. Wright, *The Chronicle of Pierre de Langtoft*, 2 vol., London 1866-1868 (Rerum brit. medii aevi, Script., Rolls Series); [= AND Langt; Vising 377; Boss 5033; 6954]. Publie comme Appendice I, t. 2, p. 386-425, des lettres de Boniface VIII, d'Edward I et des Barons anglais sur la suzeraineté de l'Écosse, traduites par Pierre au déb. 14ᵉ s., d'après le ms. BL Roy. 20 A.XI [agn. 2ᵉ q. 14ᵉ s.] (ces lettres se trouvent aussi dans le ms. Princeton (Cheltenham), v. R 37, 210-212) [= Vising 393], et comme App. II, t. 2, p. 426-447, des poèmes attribués à Pierre et copiés à la suite de la Chronique dans BL Cotton Julius A.V. Cp. → GuillLongB.

ChronRobSMarD Chronique universelle de la Création à pape Grégoire IX par Robert de Saint-Marien d'Auxerre, trad. abrégée en prose, incip. *Au commencement cria Diex le chiel*; mil. 13ᵉ s.; ms. Chantilly Musée Condé 871 (1543) [2ᵉ m. 13ᵉ s.] f° 1-106, Bern 590 [fin 13ᵉ s.]; extraits p. p. L. Delisle, "Notice sur un abrégé de la Chronique universelle de Robert de Saint-Marien d'Auxerre", *BEC* 58 (1897) 525-553, textes 529-553, avec texte lat. en regard. Gdf cite le ms. Berne. La chron. des rois de Fr. par un ménestrel d'Alfonse de Poitiers d'est servi de ce texte.

ChronRobViscC Trad., par un anonyme it. (le même que pour → AiméHistNorm), de la *Cronica Roberti Biscardi* [= Guiscard] *et fratrum ac Rogerii comitis Mileti*, ou *Historia Sicula*, d'un Anonymus Vaticanus (1ᵉ m. 12ᵉ s.), élargie par la suite historique jusqu'en 1282 (incipit: *Lo premier livre de un noble baron de Normendie liquel estoit pere Robert. En la terre de Normendie, non loing…*), prose; francoit. ca. 1310; ms. BN fr. 688 [It. mérid. mil. 14ᵉ s.] f° 199-212; p. dans → AiméHistNormC p. 263-313.

ChronRoisAnG Chronique des rois de France, en prose, anonyme, proche de → ChronSDenis dans sa 1ᵉ partie jusqu'au règne de Louis VIII, finissant en 1286; fin 13ᵉ s. (av. 1297?); ms. BN fr. 2815 [1ᵉ m. 14ᵉ s.] f° 1-190; règnes de Louis IX et de Philippe III p. p. J. D. Guigniaut – N. de Wailly, dans → RecHist 21 (1855) 80-102; début inédit.

ChronRouenR Chronique de Rouen, années 1371-1424, par Pierre Cochon, précédant dans le ms. → ChronPCochon; norm. ca. 1430 (?); BN fr. 5391 [après 1434, autographe] f° 16-22; p. dans → ChronPCochonR p. 316-349. Pour p. 349-356 (f° 95v°-97), *cas advenu en la court de l'eglise a Rouen*, cf. éd. p. XXXVII.

ChronSDenisB Trad. de la *Chronique de Saint Denis* latine (faits depuis les débuts jusqu'à 1223; ms. prob. de base de la traduction: BN lat. 5925 [mil. 13ᵉ s.]) exécutée par Primat, moine de Saint-Denis, prose; frc. (Saint Denis) 1274; [mss. v. infra]; p. p. M. Bouquet et al., "Chroniques de Saint Denis", *RecHist* 3 (1741) 145-314 (l. I-V, faits jusqu'à 752; ms. de base BN fr. 2615 (anc. 8305.5.5, Colbert 350) [f° 1-280 ca. 1317] faits -1317 [année 752; 1223-1316 = → GrChron], BN fr. 2615 [f° 281-425 fin 14ᵉ s.] faits 1317-1380); 5 (1744) 216-313 (752-814, Pépin - Charlemagne, ms. BN fr. 2615); 6 (1749) 126-169 (Louis le Débonnaire ou le Pieux, ms. Ste-Gen. 782 [1274 ou peu après]); 7 (1749) 125-151 (Charles le Chauve, ms. Ste-Gen.); 8 (1752) 325-354 (Louis le Bègue / Baube, encore Charlemagne, etc., -987, ms. Ste-Gen.); 10 (1760) 303-312 (Hugues Capet, ms. Ste-Gen.); 11 (1767) 398-409 (Henri I, ms. Ste-Gen.); 12 (1781) 134-207 (Philippe I, etc., -1180, ms. Ste-Gen.); 17 (1818) 347-422 (Philippe II Aug., 1180-1223; Louis VIII [p. 417-422], 1223-1226, ms. Ste-Gen.); [20 (1840) 309-465 (Louis IX, 1226-1270) = → SLouisNanD; 467-539 = → GrChronN]; [= TL Chron. SDenis B]. L'éd. se sert aussi des mss. anc. S. Germ. 1462 [mil. 14ᵉ s.] (-1350) et anc. Rothelin 1223 [fin 14ᵉ s.] (-moitié Charles V). Cité par Lac comme 'Dom Bouquet'. Suites, couvrant les années après 1223, v. → GrChron.

ChronSDenisP id.; ms. de base BN fr. 2813 (anc. 8395) [Paris 1381 ou peu après]; p. p. P. Paris, *Les Grandes Chroniques de France, selon que elles sont conservées en l'église de Saint-Denis en*

ChronSDenisP

France, 6 vol., Paris (Techener) 1836-1838, t. 1-4, p. 206, déb. - Phil. II, 1223, = ChronSDenisP; t. 4, p. 211, Louis VIII - t. 6, 1381, = GrChronP; [= TL Chron. SDenis]. Supprime des passages, modifie le texte, suit parfois l'éd. B (!); éd. très fautive. [La section 'Phel.-Aug.', t. 4, comporte deux sér. de chapitres, ce que Gdf ne distingue pas.]

ChronSDenisV id.; ms. de base fidèle: Ste-Gen. 782 [1274 ou peu après] (S.G.); p. p. J. Viard, *Les grandes chroniques de France*, vol. 1-6, Paris (Champion) 1920-1930. Concordance partielle avec le ms. Ste-Gen.: (un f° = ca. 6 p.) f°22c = t. 1, p. 128, 26c = 149, 33b = 190, 34a = 195, 44a = 249, 58d = 326, 88c = 2,145, 95a = 183, 102b = 230, 109d = 3,19, 118c = 72, 141 = 203, 148d = 245, 155d = 269, 186a = 177, 168d = 4,57, 202d = 260, 213d = 334, 227 = 5,55, 239b = 131, 245d = 167, 259 = 249, 283c = 6,110, 288c = 140, 291b = 157, 296a = 185. Vol. 7ss. → GrChronV. L'éd. nomme comme mss. de la même famille BN fr. 2608 (anc. 8302) [15^{e}s.], BN fr. 10135 (anc. Suppl. fr. 106) [2^{e}m. 14^{e}s.], BN fr. 15484-85 (anc. S. Germ. fr. 87) [15^{e}s.], BN fr. 17270 (anc. S. Germ. fr. 963) [2^{e}m. 14^{e}s.], BN fr. 20350 (anc. La Vallière 33) [fin 14^{e}s.], BN fr. 23140 (anc. N.D. 134) [2^{e}m. 14^{e}s.], BL Roy. 16 G.VI [ca. 1340] source principale de variantes. Des ajouts dans ces mss. étaient destinés à 'donner de la publicité à certains sanctuaires' (1, xxxi). Liste de 138 mss. dans IRHT Jonas Grandes Chroniques de France.

ChronSDenisGenM id.; ms. Ste-Gen. 782 [1274 ou peu après]; extrait (f°140v°-159) p. p. R. Mortier, dans → RolM t. 3, *La Chronique de Turpin et les grandes chroniques de France, Carmen de prodicione Guenonis, Ronsasvals*, Paris 1941, p. 3-103 (pages impaires); [= Hol 553.1; Boss 707].

[ChronSDenis cp. → HistCharlPh.]

ChronSMaglW Chronique française, en 288 vers octosyll., dite 'de Saint Magloire' parce qu'il y a une copie dans un cartul. de cette abbaye, couvrant les années 1214-1296; 1296 ou peu après; ms. AN LL.168 [fin 13^{e}s.]; p. p. N. de Wailly et L. Delisle, "Chronique rimée dite de Saint-Magloire", dans → RecHist 22,81-87, incluant une petite Continuation de 86 vers jusqu'en 1304 (ms. perdu?; l'éd. en cite des var.). Texte également imprimé dans → GGuiB 1,5-18.

ChronSMaglB id.; p. p. E. Barbazan, dans → BarbMéon 2,220-235; [= TL SMagloire (1)].

ChronSMichelBo Chronique rimée du Mont Saint Michel par Guillaume de Saint Pair, vers octosyll.; norm. 3^{e}q. 12^{e}s.; ms. de base BL Add. 10289 [norm. prob. 1280] (A), lacunes (327 l.) suppléées par BL Add. 26876 [1340] (B; ms. à prologue récrit, texte raccourci de 143 l.); p. p. C. Bougy, *Les manuscrits du Mont Saint-Michel. Textes fondateurs*, II: *Guillaume de Saint-Pair. Le roman du Mont Saint-Michel (XIIe siècle)*, Caen (Presses univ.) 2009. Avec qqs. planches, trad., gloss. et CD-Rom.

ChronSMichelB id.; p. p. R. G. Birrell, *Le roman du Mont Saint-Michel by Guillaume de Saint-Pair*, thèse Aberdeen 1978 (BRITS D-26835/79F).

ChronSMichelM id.; ms. BL Add. 10289 p. p. F. Michel, *Le Roman du Mont-Saint-Michel*, Caen 1856 (Mém. Soc. Antiquaires de Fr. 20); [= TL MSMich.; Boss 6705].

ChronSMichelR id.; réimpression du texte de Michel (avec qqs. corr.) sur les col. de gauche et impr. d'une éd. diplomatique du ms. BL Add. 26876 en regard p. p. P. Redlich, *Der Roman du Mont Saint-Michel von Guillaume de S. Paier*, Marburg (Elwert) 1894 (Ausg. und Abh. 92); [= FEW ChronSMichel; Boss 3741; Hol 2335].

ChronSMichelPrL Chronique en prose de la lutte du Mont Saint Michel contre l'invasion anglaise, années 1343-1468 (1343-1447 très succinct, 1448-1468 plus développé); 1468; ms. BN lat. 5696 [cette partie 3^{e}t. 15^{e}s., les autres 14^{e}s.]; p. p. S. Luce, *Chronique du Mont-Saint-Michel*, Paris (Didot) 1879-1883; [= Boss 5105]. Texte 1, 1-84, le reste rempli de pièces justificatives. Ce texte n'a rien à voir avec → ChronSMichel: sigle malheureux.

ChronSOuenM Chronique des abbés de Saint-Ouen de Rouen, relatant des faits de 1335 à 1355 surtout, prose; norm. ca. 1355; ms. prob. orig. BN fr. 4946 [3^{e}q. 14^{e}s.]; p. p. F. Michel, *Chronique des Abbés de Saint-Ouen de Rouen*, Rouen (Edouard) 1840.

ChronSaintProf *Chroniques et histoires saintes et profanes depuis la création du monde*, basées sur Vincent de Beauvais, Raoul de Presles, etc., en prose; composées en 1430; (?) 1er vol. (livre 1-6) ms. Ars. 3515 [ca. 1460], BN fr. 6362 [ca. 1465], 2e vol. (livre 7-11) ms. Ars. 5078 [ca. 1465], New York Publ. Libr. Spencer 41 [ca. 1462], 3e vol. (livre 12-19) ms. Ars. 5079 [ca. 1465]; inédit. Cité diversement par Gdf (v. Bibl. Gdf Ringenbach sous 'Chron. et hist. sainte et prof.'). Cf. Jung Mél-DiStefano 457-466 (avec extraits).

ChronTemplTyrM Chronique de la Terre sainte par le dit Templier de Tyr, dates extrêmes 1243-1314 (partie III de → ChiproisR), en prose; Terre Sainte (Chypre) av. 1320; ms. Torino Bibl. naz. Varia 433 [Chypre 1343 a.st.]; p. p. L. Minervini, *Cronaca del Templare di Tiro (1243-1314)*, Napoli (Liguori) 2000 (N. Medioevo 59). Le texte se base sur (Cont)GuillTyr, ChronTerreSainte, etc.

ChronTemplTyrR id.; p. sur la base d'une copie dans → ChiproisR 141-334.

ChronTerreSainteAR Annales de la Terre Sainte couvrant les années 1095-1291, prose, rédaction A; Terre Sainte ca. 1295; ms. BN fr. 24941 [fin 13^{e}s.]; p. p. R. Röhricht, "Annales de Terre Sainte", *Arch. de l'Orient latin* 2 (1884) 427-461, col. de gauche. Donne en marge les concordances avec l'Estoire d'Eracle (GuillTyr), la Geste des Chiprois, Sanudo, etc.

ChronTerreSainteBR id., réd. B, prob. basée sur A et sur d'autres sources; Terre Sainte ca. 1295; ms. BN fr. 6447 [cette partie, f°369-375: mil. 14^{e}s.]; p. dans → ChronTerreSainteAR, col. de droite.

ChronTerreSainteFE id., allant jusqu'à l'an 1277, réd. proche de B, mais aux ajouts propres; Terre Sainte ca. 1290 (?); ms. Firenze Bibl. Med. Laurenz. Plut. LXI.10 [Acre ca. 1290] f°1-8r°; p. p. P. W. Edbury, "A new text of the Annales de Terre Sainte", *In Laudem Hierosolymitani. Studies in crusades and medieval culture in honour of Benjamin Z. Kedar*, Aldershot (Ashgate) 2007, 145-161.

ChronToteL/PB Chronique dite saintongeaise, *Tote l'istoire de France*, chron. des rois de France (traduite de la chronique lat. d'Adémar de Chabannes d'Angoulême, allant des Mérovingiens à 1028), prose; saint. 2^{e}q. 13^{e}s.; ms. BN fr. 5714 [saint. 2^{e}q. 13^{e}s.] (P, acéphale) et Aberystwyth Nat. Libr. 5005B (anc. Lee; Bourdillon) [poit. 2^{e}m. 13^{e}s.] (L); éd. synoptique p. p. F. W. Bourdillon, *Tote listoire de France (Chronique Saintongeaise)*, London (Nutt) 1897. Transcription relativement fiable (bévues d'un historien éditeur, v. Buridant RLiR 40,57-115: ét. de l'art de trad.). Cp. → Turpin^{1}M.

ChronTournF *Croniques de Franche, d'Engleterre, de Flandres, de Lille et especialment de Tournay*: chronique sommaire relatant des faits des années 1001-1431, prose; hain. (Tournai) mil. 15^{e}s.; ms. Bruxelles Bibl. roy. 7383 [15^{e}s.], Bruxelles Bibl. roy. 17332 [18^{e}s.] est une copie de 7383. Portion correspondante au règne de Philippe le Bel publié (en morceaux, mais entièrement) dans les notes de → ChronArtF.

ChronTournCes^1 *Chronique de Tournai, ou Vraies cronikes de la fundation de la noble ville et cité de Tornay*, ou par err. *Busculus*, incomplète, à l'origine légendaire, inspirée de → FetRom, en prose; fin 13^{e}s.; ms. BN fr. 24430 [pic. (Tournai) ca. 1295] (f°113-6 et 151-169, autre main contemp., f°151: chute d'Acre 1291), Bruxelles Bibl. roy. 10393-414 [pic. 1^{e}m. 15^{e}s.] copie de BN; v. G. Small, "Les origines de la ville de Tournai dans les chroniques légendaires du Bas Moyen Âge", dans *Les grands siècles de Tournai (12e-15e siècles)*, Tournai (Chap. Cathédr.) – Louvain-la-Neuve (Univ. Cath.) 1993, 81-113, spéc. 92-104; [Wo 28]; [Wos 28]. Inédit.

ChronTournCes^2 id., version omettant des passages moralisants et religieux, ajoutant des extraits de → CesTuimAl, appellée *Histoire de Julles Cesar*; 15^{e}s. (?); ms. Lyon Bibl. mun. 879 (785) [ca. 1498], BN fr. 24052 [1507]; v. P.-J. De Grieck, "L'historiographie à Tournai à la fin du Moyen Âge: le manuscrit-recueil de Mathieu Grenet (1452-1503) et ses sources", *Rbph* 84 (2006) 271-306; Annexe, p. 305 Prol. en vers octosyll., p. 306 début du texte en prose, incipit: *Rommains jadis fort conquerrans*. Inédit.

ChronTrivR Nicolas Trivet, chronique allant de la création du monde jusqu'au 14^{e}s. (dernier événement cité: 1334), prose; agn. 1334 ou peu après; ms. de base Oxford Bodl. Rawl. B.178 [agn. mil. 14^{e}s.] (R), en var. Oxford Magdalen Coll. lat. 45 [agn. mil. 14^{e}s.] (M), Cambridge Trinity Coll. O.4.32 [agn. 3^{e}q. 14^{e}s.] (T), BL Arundel 56 [agn. ca. 1375] (A), Oxford Bodl. Douce 119 [agn. 1^{er}q. 15^{e}s.] (D), autres mss.: Cambridge Mass. Harvard Houghton Libr. Eng 750 (anc. Wrest Park 18) [agn. ca. 1500] extraits, Leiden Univ. VGGF 6 [agn. fin 14^{e}s.], Oxford Bodl. Fairfax 10 (3890) [agn. mil. 14^{e}s.], Oxford Bodl. James 19 (3856) [agn. 1620-38] extraits, BN fr. 9687 [agn. 15^{e}s.], Stockholm Kungl. Bibl. D.1311a (III) [agn. ca. 1400]; p. p. A. Rutherford, *The Anglo-Norman chronicle of Nicolas Trivet*, thèse London 1932 [non publiée]; [= AND Triv; Dean 70; Vising 379]. Contient un petit glossaire et, sur qqs. 400 pages, une grammaire traitant de la langue du texte.

ChronValL Chronique en prose relatant les faits du règne des premiers Valois, 1327-1393, écrite prob. par un clerc de Rouen; 1393 (ou peu après et prob. peu avant); ms. BN fr. 10468 [mil. 15^{e}s.]; p. p. S. Luce, *Chronique des quatre premiers Valois*, Paris (Renouard) 1862.

ChronWigmoreD Chronique de l'abbaye de Wigmore (Herefordshire) composée en grande partie en latin vers la fin du 12^{e}s. (le dernier quart du texte: 2^{e}m. 13^{e}s.), traduite en fr., prose; agn. 1^{e}m. 14^{e}s. (?); ms. Chicago Univ. 224 (CS.439.fM.82.W.6) [agn. fin 14^{e}s.] f°1v°-5r°; p. p. J. C. Dickinson – P. T. Ricketts, "The Anglo-Norman chronicle of Wigmore Abbey", *Transactions of the Woolhope Naturalists' Field Club, Herefordshire* 39 (1969) 413-446; [= AND Wigmore; Dean 64; Boss^2 6186].

ChronWigmoreR id.; réed. du texte recollationné sur ms.; p. p. P. T. Ricketts, *Three Anglo-Norman chronicles*, Manchester (ANTS) 2011

ChronWigmoreR

(Plain Texts 16), p. 5-19. Contient aussi → Chron-DelapréR et LReisScotR. C.r. J. Marvin ZrP 130,850-852 (err. de transcription, surtout dans LReisScotR).

CiNDitB² *Ci nous dit*, livre d'instruction chrétienne à base d'exemples moraux traditionnels, en prose, organisé en chapitres qui débutent regulièrement par *Ci nous dit*, titre de qqs. mss.: *Composicion de la sainte escripture*; traits pic.mérid. et champ. ca. 1320; ms. de base Chantilly Musée Condé 26-27 (1078-1079, 1188, 354) [pic.mérid. av. 1330] (E; appelé 'de Monmerqué' par Gdf; chaque vol. a son propre foliotage), en var. d' abord BN fr. 9576 [frc. ca. 1370] (M) et Reims Bibl. mun. 614 (F.435) [Reims 1403] (W), puis BN fr. 425 [mil. 14ᵉs.] (K; cité par Gdf), Bruxelles Bibl. roy. 9017 [1475] (A), Bruxelles Bibl. roy. 10388 [15ᵉs.] (B), Bruxelles Bibl. roy. II 7831 (anc. Colbert de Beaulieu) [fin 14ᵉs.] (C), Caen 262 (4° 79, Lav. 486) [mil. 14ᵉs.] (D¹), BN nfr. 10038 [mil. 14ᵉs.] (D²), BN nfr. 11201 [mil. 14ᵉs.] (D³), BL Harl. 4403 [mil. 15ᵉs.] (G), Ars. 2059 [pic. (Valenciennes) 1341] (H) très incomplet, Ste-Gen. 1465 [ca. 1400] (J), BN fr. 436 [déb. 15ᵉs.] (L), BN fr. 17059 [15ᵉs.] (N), BN fr. 17060 [15ᵉs.] (O), BN fr. 20110 [fin 14ᵉs.] (R), BN fr. 24285 [1402] (S) incomplet, BN nfr. 11273 [mil. 14ᵉs.] (V) fragm., Oxford Bodl. Rawl. D.659 [pic. ca. 1351] (Y); p. p. G. Blangez, *Ci nous dit. Recueil d'exemples moraux*, 2 vol., Paris (Picard) 1979-1986 (SATF); [= TL Ci nous dit B; Boss² 7755]. Texte cité par Gdf sous l'abrév. Compos. de la s. escript. Étude des proverbes → Blangez-Prov.

CinqVegilesL *Des .v. vegiles*, poème dévot en vers alex., incipit: *Je qui povres hons sui et qui n'ai que donner*; fin 13ᵉs. (?); ms. BN fr. 12483 [mil. 14ᵉs.]; p. p. A. Långfors, dans *Not-Extr* 39 (1916) 537-544. Quelques quatrains de la fin du poème concordent avec → ArtAimGuiartK: XXXVII-XLII = XLVIII-LIII, XLIV = LIV, XLVI-L = LV-LIX, LI-LIII = LXII-LXIV.

Cioranescu A. Cioranescu, *Diccionario etimológico rumano*, Tenerife (Bibl. Filol.) – Madrid (Gredos) 1966. Se base sur les recherches d'avant 1940.

CiperisW *Ciperis de Vignevaux*, chanson de geste en vers alex., en rapport avec BaudSeb et d'autres; déb. 15ᵉs.; ms. BN fr. 1637 [pic. fin 15ᵉs.] f°52ss.; p. p. W. S. Woods, *A critical edition of Ciperis de Vignevaux*, Chapel Hill (Univ. of North Carolina) 1949 (Univ. of N. C. St. in Mod. Lang. 9); [= FEW Ciperis; Boss 4033; Hol 740.1]. BN fr. 24726 [fin 16ᵉs.] est une copie partielle d'une autre réd.; version en prose, ms. Bruxelles Bibl. roy. 3576-77 [av. 1469], v. Wo 41 et Wos 41.

ClarisP *Claris et Laris*, roman d'inspiration arthurienne, long de 30372 vers octosyll., chantant les exploits des deux chevaliers amis; lorr. ca. 1275 (après 1268); ms. BN fr. 1447 [traits de l'Est, Paris 1ᵉʳm. 14ᵉs.]; p. p. C. Pierreville, *Claris et Laris*, Paris (Champion) 2008 (CFMA 157). C.r. Arens VRo 68,313-315.

ClarisA id.; p. p. J. Alton, *Li romans de Claris et Laris*, Tübingen (Litterarischer Verein Stuttgart) 1884 [réimpr. Amsterdam, Rodopi, 1966]; [= TL Claris].

CleasbyVig² R. Cleasby – G. Vigfusson, *An Icelandic – English dictionary*, 2ᵉ éd., Oxford (Clarendon Press) 1957 [réimpr. 1969].

ClefD La clef d'amour (*La cleif d'amors*) par Vivien de Nogent (le Rotrou), adaptation réussie (image de la civilisation du 13ᵉs.) de l'Ars amatoria d'Ovide, couplets de vers octosyll. rimés; norm. prob. 1280; ms. de base BN nfr. 4531 [pic. 1316 ou peu après] (A), en var. Firenze Bibl. Med. Laurenz. Ashburnham Libri 44 (117; 49) [déb. 15ᵉs.] (B) (dern. 79 vers manquent), BL Add. 27308 (anc. Tross) [pic.? déb. 14ᵉs.] (C) dern. vers manquent; p. p. A. Doutrepont, *La clef d'amors*, Halle (Niemeyer) 1890; [= TL Clef d'Am.; FEW Clef; Boss 2753; GRLMA 6, 2, n°3156]. [Éd. réimpr. dans A. M. Finoli, *Artes Amandi*, Milano – Varese (Cisalpino) 1969, p. 125-228.] Cp. → OvArt.

ClefT id.; ms. C; éd. dipl. p. p. E. Tross, *La clef d'amour*, Paris (Tross) 1866.

Cleirac 1671 Estienne Cleirac, *Les us et coutumes de la mer*, Rouen (Lucas) 1671. Contient le *Roole des jugemens d'Oleron*, p. 7-135 (cité par Gdf). Il y a aussi une éd. de 1647, 1661 et de 1686; exploite Pierre Garcie, *Le Grand Routier de la mer*, [1520?], 1541, etc., dérivant des portulans du 13ᵉs. et suiv. Cp. CoutMerOl et CoutOleron.

CleomH Cleomadés par Adenet le Roi, roman courtois merveilleux relatant les faits de Cleomadés transporté par les airs sur son cheval de fust (thème oriental, prob. venu par l'esp.), 18698 vers octosyll.; flandr. 1285; ms. de base Ars. 3142 [Paris? fin 13ᵉs.] (A) aux faibles traits pic., en var. BN fr. 24404 [pic. fin 13ᵉs.] (G), Bruxelles Bibl. roy. II 7444 [fin 15ᵉs.] (Y), Cologny Bodmer 1 (anc. Cheltenham Phillipps 3629) [traits pic. fin 13ᵉs.] (N), Ars. 3473 [18ᵉs.] (H) copie de A, BN fr. 24405 [hain. ca. 1400] (I), BN fr. 24430 [pic. (Tournai) ca. 1295] (J), BN fr. 1456 [frc. 2ᵉq. 14ᵉs.] (O), BN fr. 19165 [cette partie pic. 15ᵉs.] (P), Paris Institut de France 636 (in-4° 157) [15ᵉs.] (Q), Bern 238 [déb. 15ᵉs.] (S), BN nfr. 5094 [rec. fact., cette partie 1ᵉʳm. 14ᵉs.] (p) fragm., Bruxelles Bibl. roy. 20407 [frc. fin 13ᵉs.]

(b) fragm., Kraków Univ. gall. qu. 142 (anc. Berlin gall. qu. 142, anc. 8° 34) [frc. fin 13ᵉ s.] (d) fragm.; p. p. Albert Henry, *Les œuvres d'Adenet le Roi*, t. 5: *Cleomadés*, 2 vol., Bruxelles (Univ. de Brux.) 1971; [= TL Cleom. H; Boss² 2235].

CleomHas id.; ms. A avec peu de var.; p. p. A. van Hasselt, *Li roumans de Cléomadès par Adenès li Rois*, 2 vol., Bruxelles (Devaux) 1865-66; [= TL Cleom.].

ClercVaudR Clerc de Vaudoy (en Brie?), dits au mètre divers; 2ᵉ t. 13ᵉ s.; ms. de base BN fr. 837 [frc. 4ᵉ q. 13ᵉ s.] (D), en var. ms. Ars. 3516 [art. 1267] (A), Beauvais Arch. mun. AA.2 [pic. déb. 14ᵉ s.] (B), Chartres 620 (261) [fin 13ᵉ s.] (C) détruit en 1944, BN fr. 1593 [frc., faibles traits lorr. fin 13ᵉ s.] (E), BN fr. 795 [pic. fin 13ᵉ s.] (F), BN fr. 24432 [frc. av. 1349] (G), BN fr. 12483 [mil. 14ᵉ s.] (H), BN fr. 1634 [pic.-wall. 3ᵉ q. 14ᵉ s.] (I), BL Harl. 4333 [lorr. 2ᵉ m. 13ᵉ s.] (L), Torino Bibl. naz. L.IV.33 (fr. 23) [pic. ca. 1400] (T); p. p. P. Ruelle, *Les Dits du Clerc de Vaudoy*, Bruxelles (Presses Univ.) 1969 (Univ. libre de Bruxelles, Trav. de la Fac. de Phil. et Lettres 42); [= TL Dits du Clerc; Boss² 4584]. C.r. Jodogne Rbph 50,104-106.

CleriadusZ *Cleriadus et Meliadice*, roman chevaleresque en prose; ca. 1445; ms. de base Tours 952 [3ᵉ t. 15ᵉ s.] (A), qqs. var. tirées de Bruxelles Bibl. roy. IV 1002 [mil. 15ᵉ s. (?)] (B), Chantilly Musée Condé 650 (1437) [2ᵉ m. 15ᵉ s. (?)] (C), BL Roy. 20 C.II [Flandres 3ᵉ q. 15ᵉ s.] (L), BN fr. 1439 [3ᵉ q. 15ᵉ s. (?)] (P1), BN fr. 1440 [3ᵉ q. 15ᵉ s. (?)] (P2), BN fr. 1494-1495 [3ᵉ q. 15ᵉ s. (?)] (P3), Torino Bibl. naz. L.II.2 (1628) [2ᵉ m. 15ᵉ s.] (T), Wien 3427 [2ᵉ m. 15ᵉ s.] (V), Leipzig Univ. Rep.II 109 [fin 15ᵉ s.?] et impr.; p. p. G. Zink, *Cleriadus et Meliadice*, Paris – Genève (Droz) 1984 (T.L.F. 328).

CligesG Chrestien de Troyes, Cligés, roman arthurien en vers octosyll.; champ.mérid. ca. 1176; ms. de base BN fr. 794 [champ. ca. 1235] (A), BN fr. 1450 [pic. 2ᵉ q. 13ᵉ s.] (B), BN fr. 12560 [champ. mil. 13ᵉ s.] (C), Tours 942 [ang. déb. 13ᵉ s.] (M) incomplet, BN fr. 375 [pic. 1289 n.st.] (P), BN fr. 1420 [traits du Sud-Ouest fin 13ᵉ s.] (R), BN fr. 1374 [scribe B: champ.mérid. ca. 1260] (S), Torino Bibl. naz. L.I.13 (1626) [hain. 2ᵉ q. 14ᵉ s.] (T), fragm.: Annonay [champ. déb. 13ᵉ s.] (N) v. R 75,1-21, Paris Institut de France 6138 (4676) [Ouest mil. 13ᵉ s.] (I), Oxford Bodl. Or. Michael 569* [14ᵉ s.]; p. p. S. Gregory – C. Luttrell, *Cligés. Chrétien de Troyes*, Cambridge (Brewer) 1993. Pour les var. et pour avoir une idée de la provenance des modifications du texte il faut consulter l'éd. F: procédé douteux.

CligesF id.; éd. 'critique' partant du ms. S mais avec ms. A comme modèle [p. L-LI]; p. p. W. Foerster, *Cliges von Christian von Troyes*, Halle (Niemeyer) 1884 [réimpr. Amsterdam, Rodopi, 1965]; [= TL Clig.]. Texte à contrôler dans les var.

CligesF⁵ id.; éd. avec intr. et var. réduites, aux notes mises à jour, par W. Foerster, *Kristian von Troyes. Cligés. Textausgabe mit Variantenauswahl, Einleitung und Anmerkungen*, 4ᵉ éd. p. p. A. Hilka, Halle (Niemeyer) 1921 (Roman. Bibl. 1). Texte plus fidèle au ms.

CligesC id.; ms. de base C; p. p. C. Méla – O. Collet, *Cligès*, dans → ErecFr² 286-494.

CligesH id.; ms. de base A, ms. de contrôle principal B; p. p. L. Harf-Lancner, *Chrétien de Troyes. Cligès*, Paris (Champion) 2006. Éd. conservatrice.

CligesM id.; ms. A, qqs corr. d'après R [B] surtout (p. 206-7); p. p. A. Micha, *Les Romans de Chrétien de Troyes*, II: *Cligés*, Paris (Champion) 1957 (CFMA 84); [= TL Clig. M].

CligesW id.; ms. de base A (P), corrigé par B (P8); p. p. Ph. Walter, dans → ErecD 172-336; 1114-1170.

CligesPrC Mise en prose libre de → Cliges (qq. peu proche de la famille γ), titre: *Istoire du noble et vaillant empereur Cliges*; pic. 1455 ou peu avant; ms. unique Leipzig Univ. (Stadtbibl.) Rep. II fol. 108 [1455]; p. p. M. Colombo Timelli, *Le Livre de Alixandre, empereur de Constantinoble, et de Cligés son filz*, Genève (Droz) 2004 (T.L.F. 567). Autre titre: Livre de Alixandre empereur de Constantinople et de Cliges son fils.

CligesPrF id.; p. dans → CligesF p. 281-338; [= TL Clig. Prosa].

ClouzotCens H. Clouzot, *Cens et rentes dus au comte de Poitiers à Niort au XIIIᵉ siècle*, Paris (Champion) – Niort (Clouzot) 1908. Contient un extrait d'un censier poit. de ca. 1265: AN J.192a n°64 [cette partie ca. 1265]. Republié dans → LaDuCh 2, 326-339 (n°217-700).

CocagneV Dit du Pays de Cocagne, en vers octosyll.; hain. 2ᵉ m. 13ᵉ s.; ms. de base BN fr. 837 [frc. 4ᵉ q. 13ᵉ s.] (A), en var. BN fr. 1593 [frc., faibles traits lorr. fin 13ᵉ s.] (B), Bern 354 [bourg.sept. déb. 14ᵉ s.] (C); p. p. V. Väänänen, "Le «fabliaus» de Cocagne", *NM* 48 (1947) 3-36.

CodeJust Le Code de Justinien, traduction du Codex de 534, partie législative de ce que nous appelons Corpus iuris civilis, en prose, incip. *Justinians dit: Nos avons proposé par l'aide de dieu le tout puissant, a metre en coumune remembrance les choses*; 2ᵉ q. 13ᵉ s.; mss. BN fr. 496 [13ᵉ s.] l. 1-9, BN fr. 497 [14ᵉ s.] l. 1-9, BN fr. 498

CodeJust

[1342] f°171-232 l.10-12, BN fr. 20119 [13^{e}s.], BN fr. 20120 [Orl./Paris ca. 1245] cité par Gdf, BN fr. 200 [13^{e}s.], BN fr. 198 [15^{e}s.], BL Roy. 20 D.IX [2^{e}m. 13^{e}s.], BN fr. 1934 [14^{e}s.], BN fr. 20121 [15^{e}s.]; inédit. Cp. → CodiFr, Digeste, InstJust, NovJust.

CodiFr Le Code de Justinien, l. I-VIII traduits en fr. prob. sur la base d'une trad. lat. (ca. 1176) de *Lo Codi* (occ., prob. ca. 1150, ms. de base de l'éd. Derrer daté de fin 12^{e}s.), incip. *De summa trinitate... De totes les choses qui sont ou monde* (F); 13^{e}s.; mss. BN fr. 1069 [1304] (F), BN fr. 1070 [14^{e}s.] (G), BN fr. 1933 [fin 13^{e}s.] (H); inédit. Distinguer deux versions: F et GH? [L'éd. du texte occ. par F. Derrer est accessible sur romling.uni-tuebingen.de/codi/.]

CohenFarces G. Cohen, *Recueil de farces françaises inédites du XVe siècle*, Cambridge, Mass. (Med. Ac. of Am.) 1949; [= FEW CohF]. Éd. d'un recueil imprimé factice (prob. ca. 1540), pièces en partie datables, 4^{e}q. 15^{e}s.

CohenRég Mystère de la Passion (abrégés des journées), comptes de la représentation (Mons 1501-1502), etc.; hain. 1501 (et 1502); étude et éd. par G. Cohen, *Le livre de conduite du régisseur et le compte des dépenses pour le Mystère de la Passion joué à Mons en 1501*, Strasbourg – Paris (ISTRA) 1925 [1924] (Publ. Fac. Lettr. Strasbourg 23); [= FEW CohenRég]. Cf. → PassMonsC: textes subsistants.

CohnBem G. Cohn, "Bemerkungen zu 'Adolf Toblers Altfranzös. Wörterbuch', Lieferung 1 und 2", *AnS* 139,51-71; 140,84-105; 141,199-207; 142,217-229; [= TL Cohn Bem.]. Ad → TL.

CohnSuff G. Cohn, *Die Suffixwandlungen im Vulgärlatein und im vorlitterarischen Französisch nach ihren Spuren im Neufranzösischen*, Halle (Niemeyer) 1891; [= FEW Cohn; TL Cohn Suffixw.].

CoilleB Fabliau de la *Coille noire* (Vilain à la couille noire); 13^{e}s.; éd. critique (reconstitution!) basée sur les mss. BN fr. 837 [frc. 4^{e}q. 13^{e}s.] (A), BN fr. 1593 [frc., faibles traits lorr. fin 13^{e}s.] (E) et Berlin Staatsbibl. Hamilton 257 [norm. ca. 1300] (C), dans l'apparat; leçons de ces mss. et var. de BN fr. 2173 [Vénétie fin 13^{e}s.] (K), BN fr. 12603 [pic. ca. 1300] (F), BN fr. 25545 [ca. 1325] (I), Bern 354 [bourg.sept. déb. 14^{e}s.] (B); p. p. G. C. Belletti, dans *Studi fil. e lett...* (v. → DanDenieraM), p. 163-196.

CoilleBarb id.; éd. composite dans → BarbMéon 3, 440-444.

CoilleM id.; ms. de base BN fr. 25545 [déb. 14^{e}s.], avec var.; p. dans → MontRayn 6, 90-94.

CoincyI1...K Gautier de Coincy, collection de 40 (= collection I) et de 44 (= II) *Miracles Notre Dame* et de qqs. chansons, pour la plupart en vers octosyll., aux mss. riches en variantes; Soissonnais (traits pic.mérid. et champ.), livre I: complété ca. 1224, livre II: complété ca. 1227; ms. de base principal BN fr. 22928 [pic.mérid. déb. 14^{e}s.] (L), en var. surtout Blois Bibl. Abbé Grégoire 34 [frc. fin 13^{e}s.] (A), Bruxelles Bibl. roy. 10747 [cette partie s.l. fin 13^{e}s.] (B), Ars. 3517-3518 [pic. fin 13^{e}s.] (D), BN fr. 817 [berrich. 1465] (E), BN fr. 986 [frc. fin 13^{e}s.] (F), BN fr. 2163 [frc. 1266] (M), BN fr. 25532 [pic. 2^{e}m. 13^{e}s.] (N), Vat. Pal. lat. 1969 [frc. déb. 14^{e}s.] (O), Peterburg RNB Fr.F.v.XIV.9 (Poés. F.v.9) [frc. déb. 14^{e}s.] (R), BN nfr. 24541 (anc. Soissons) [Paris 2^{e}q. 14^{e}s.] (S) beau ms. moins correct, autres ms. complets: BN fr. 1536 [pic. fin 13^{e}s.] (I), Besançon 551 [fin 13^{e}s.] (T), BN fr. 1533 [fin 13^{e}s.] (H), BN fr. 1613 [2^{e}m. 13^{e}s.] (K), BN fr. 1530 [fin 13^{e}s.] (G), BL Harl. 4401 [2^{e}m. 13^{e}s.] (C), mss. qui ne contiennent que le livre I: Bruxelles Bibl. roy. 9229-30 [Nord 1^{er}t. 14^{e}s.] (a), Den Haag KB 71.A.24 (anc. Y.389) [prob. 1327] (d), Ars. 5204 [2^{e}t. 14^{e}s.?] (g), Ste-Gen. 586 [frc.? ca. 1300] (r), mss. incomplets: Chantilly Musée Condé 475 (1578) [pic. 3^{e}t. 13^{e}s. et 14^{e}s.] (b), Charleville 90 [champ.sept. fin 13^{e}s.] (c), Neuchâtel Bibl. publ. A3 (4816) [ca. 1400] (e), Ars. 3527 [pic. déb. 14^{e}s.] (f), BN nfr. 6295 [ca. 1275] (h), BN nfr. 4276 [Est 2^{e}q. 14^{e}s.] (i), BN fr. 423 [lyonn. déb. 14^{e}s.] (k), BN fr. 818 [lyonn. 2^{e}m. 13^{e}s.] (l), BN fr. 1546 [2^{e}m. 13^{e}s.] (m), BN fr. 1807 [orl. (Blois) 1^{er}t. 14^{e}s.] (n), BN fr. 2193 [pic. 2^{e}m. 13^{e}s.] (o), BN fr. 19166 [pic. ca. 1300] (p), BN nfr. 13521 (anc. La Clayette) [fin 13^{e}s.], BN Moreau 1715-19 [18^{e}s.] (q) copie de BN nfr. 13521, Tours 948 [traits frpr. 1^{e}m. 14^{e}s.] (s), BN fr. 23111 [frc. fin 13^{e}s.] (t), Firenze Bibl. Med. Laurenz. Ashburnham Libri 53 [2^{e}m. 13^{e}s.] (v), BN fr. 15110 [2^{e}m. 13^{e}s.] (x), mss. fragm.: Cambrai 87 (cat., rayon 88) [2^{e}m. 13^{e}s., av. 1297] (1), Carpentras 106 (L.123) [pic. fin 13^{e}s.], Charleville 271 [déb. 14^{e}s.], Chartres 620 (261) [fin 13^{e}s.], Chartres 1595 [19^{e}s.], Châteauroux 17 [18^{e}s.], Berkeley Cal. Univ. Bancroft Libr. Ms 106 (PQ 1475 G 68; anc. Cheltenham Phillipps 3643) [norm. 3^{e}t. 13^{e}s.], Lille Bibl. mun. 190 (130; Le Gl. 11) [1^{e}m. 14^{e}s.], Ashburnham Barrois 20 [14^{e}s.?] à localiser, BL Add. 16636 [19^{e}s.], BL Egerton 274 [fin 13^{e}s.], BL Egerton 945 [2^{e}m. 14^{e}s.], Lyon Bibl. mun. 739 (645; ['584' err.]) [It. 1^{e}m. 14^{e}s.] (ne contient que la *Priere Theophile*, 24 quatrains, attribuée à Gautier, incip. *Dame resplendissant, raine gloriouse*: CoincyII37K; = SonetIncip 330), Bern Coll. Steiger-Mai [1^{e}m. 15^{e}s.], Oxford Bodl. MS. Fr. f.1 [ca. 1300], Ars. 570 [lorr. (Metz) 1^{er}t. 14^{e}s.] (?, Livre d'heures), Ars. 650 [15^{e}s.], Ars. 3142 [Paris? fin 13^{e}s.], Ars. 3516 [art. 1267], BN fr. 375 [pic. 1289 n.st.], BN fr. 837 [frc. 4^{e}q. 13^{e}s.], BN fr. 2162 [pic. mil. 13ᵉs.], BN fr. 2495 [ca. 1300], BN fr. 12467 [Paris? fin 13ᵉs.], BN fr. 12483 [mil. 14ᵉs.], BN fr. 15212 [pic. déb. 14ᵉs.], BN fr. 17068 [15ᵉs.], BN fr. 19152 [frc. fin 13ᵉs.] (25), BN fr. 24300 [2ᵉm. 13ᵉs.], BN fr. 24436 [f°1-63 Liège 1396; 64-114 1ᵉm. 15ᵉs., f°115-fin 15ᵉs., insertions f°70, 71, 74, 75 déb. 16ᵉs.; Coincy: f°157 15ᵉs.], BN fr. 24748 [14ᵉs.], BN fr. 25462 [art. fin 13ᵉs.], BN nfr. 10044 [15ᵉs.], BN nfr. 11198 [f°14-15, 13ᵉs.], BN nfr. 20001 [fragm. 3ᵉt. 13ᵉs.?], BN lat. 3556 [14ᵉs.], Pavia Univ. Aldini 219 (130.E.5) [déb. 14ᵉs.], Rennes 593 (147) [1304 n.st.], Vat. Pal. lat. 1959 [1ᵉm. 15ᵉs.], Paris Arch. La Trémoïlle [2ᵉm. 13ᵉs.], Troyes 1905 [Franche-Comté 1ᵉʳt. 14ᵉs.]; p. p. V. F. Koenig, *Les miracles de Nostre Dame par Gautier de Coinci*, 4 vol., Genève (Droz) – Lille (Giard) 1955-1970 (T.L.F. 64, 95, 131, 176); [= TL GCoins. Mir. NDame K]. La numérotation employée au DEAF est celle de l'éd. K. Glossaire utilisé: → ColletCoincy (p. XXIII s.: datations [noter que le DEAF n'a jamais proposé des dates comme 1224, 1227, 1217 ou 1213]). – Pour l'identification des att. de Gdf ('Mir. N. D.') la rédaction possède depuis 2002 une concordance mise à sa disposition par T. Matsumura. DC: 'Mirac. Mss. B.M.V.' correspond normalement au ms. D. Concordance avec l'édition Poquet ici, en appendice.

CoincyI1…L id., conte I 1, etc.; ms. imprimé R, qqs. var., surtout de O ['P' désigne l'éd. Poquet!]; p. p. A. Långfors, *Miracles de Gautier de Coinci. Extraits du manuscrit de l'Ermitage*, Helsinki 1937 (Ann. Acad. Scient. Fenn. B 34); [= TL GCoins. Mir. extr. Erm.; FEW GCoincyM]. Contient (en partie sous forme d'extrait) CoincyI1L p. 3, -21L p. 20, -27L p. 32, -44L 37, II13L p. 71, -14L p. 96, -15L p. 98, -16L p. 103, -17L p. 112, -18L p. 121, -19L p. 140, -22L p. 156, -23L p. 164, -24L p. 172, -32L p. 191, -33L p. 201, -34L p. 207, -35L p. 292, CoincyDentL (294-310). La leçon de ce ms. se complète partiellement par CoincyI18…Kr.

CoincyI1…P id., conte I 1, etc.; ms. de base BN nfr. 24541 [Paris 2ᵉq. 14ᵉs.] (S; anc. Soissons) beau ms. au texte moins bon; p. p. A. E. Poquet, *Les miracles de la sainte Vierge traduits et mis en vers par Gautier de Coinci*, Paris (Parmantier - Didron) 1857 (réimpr. Genève, Slatkine, 1972); [= TL GCoins.]. Mauvaise éd.; elle omet des passages qui déplaisaient à l'homme d'église Poquet, p.ex. CoincyI22L 58-59. Les citations que Gdf déclare provenir du ms. S semblent toujours tirées de l'éd. Poquet. Cf. T. Matsumura ActesMfr¹⁰ 129-141. Concordance avec l'édition Koenig ici, en appendice.

CoincyI3Ch id., chanson en l'honneur de la Vierge; ms. S (présentant en partie une deuxième copie) p. p. J. Chailley, *Les chansons à la Vierge de Gautier de Coinci*, Paris (Heugel) 1959; [= TL GCoins. Chansons]. Avec musique. Contient aussi CoincyI4/5/6/7/8/9Ch (= n°2-7), CoincyII2/3/4/5/6/7/8/36Ch (= n°8-15) et la chanson *La fontenele y sourt clere* (n°19; = Raynaud-Spanke 902a; CoincyII10[K] 1117-1139).

CoincyI10J id., conte I 10 *Theophilus*, miracle de Théophile; ms. L p. dans → RutebJ¹ 2, 271-327.

CoincyI10M id.; ms. Rennes 593 (147) [1304 n.st.]; p. p. D. Maillet, *Le miracle de Théophile*, Rennes (Molliex) 1838.

CoincyI11V id., conte I 11 *Vie de sainte Leocade*; ms. de base N (pic. 2ᵉm. 13ᵉs.; corr. notées en 'var'.), complété par M et S (graphies adaptées!), en var. aussi T, H, K, 25, x, A, t, F, L; p. p. E. Vilamo-Pentti, *De sainte Leocade au tans que sainz Hyldefons estoit arcevesques de Tholete cui nostre dame donna l'aube de prelaz. Miracle versifié par Gautier de Coinci*, Helsinki 1950 (Ann. Acad. Scient. Fenn. B 67,2); [= TL GCoins. Ste Leocade; FEW SLeoc].

CoincyI11B id., conte I 11; ms. BN fr. 19152 (25), aussi L; p. dans → BarbMéon 1,270-346.

CoincyI11J id.; ms. C p. dans → JubNRec 2,316-325.

CoincyI12W id., conte I 12 *C'est dou Juïf verrier de Beourges*, version de → Juitel (ms. f: Juisot); ms. de base BL Harl. 4401 [2ᵉm. 13ᵉs.], var. de Soissons et de BN fr. 1536; p. dans → Juitel-AlW 80-85.

CoincyI17R id., conte I 17 *D'un clerc grief malade que Nostre Dame sana*; ms. BN fr. 986 [frc. fin 13ᵉs.] (F); p. p. O. de Rudder, in *Medievales* 2 (Paris 1982) 114-119.

CoincyI18/19/20/37/38/39/40/43Kr id., conte I 18, etc.; ms. imprimé R (frc. déb. 14ᵉs.), qqs. corr. et var. tirées de M et S; p. p. E. von Kraemer, *Huit miracles de Gautier de Coinci édités d'après le manuscrit de Léningrad*, Helsinki 1960 (Ann. Acad. Scient. Fenn. B 119); [= TL GCoins. Huit miracles]. La leçon de ce ms. se complète partiellement par CoincyI1…L.

CoincyI18/20/43U id., conte I 18, etc.; ms. de base BL Harl. 4401 [2ᵉm. 13ᵉs.] (C), en var. BN fr. 2163 [frc. 1266] (M); p. p. J. Ulrich, "Drei Wunder Gautiers de Coincy", ZrP 6 (1882) 325-346; [= TL GCoins. Ztschr. et GCoins. Ztschr. VI (I/II/III)].

CoincyI21B id., conte I 21 *De l'enfant qui mist l'anel ou doit l'ymage* (éd. K) / *Du varlet qui se maria a Nostre Dame*; p. dans → BarbMéon 2, 420-427 (ms.?).

CoincyI28/II12D

CoincyI28/II12D id., contes I 28 *Dou chevalier a cui la volenté fu contee por fait* (éd. K) et II 12 *Comment Nostre Dame desfendi la cité de Constantinnoble* (éd. K); ms. de base BN fr. 2163 [frc. 1266] (M), nombre de mss. en var.; p. p. A. P. Ducrot-Granderye, *Études sur les Miracles Nostre Dame de Gautier de Coincy*, Helsinki 1932 (Ann. Acad. Scient. Fenn. B 25,2); [= TL GCoins. Ducrot-Grand. *et* Ducrot-Granderye GCoins.]. Clef bibliographique de l'œuvre de Gautier de Coincy (jusqu'en 1932).

CoincyI36L id., conte I 36 *De un evesque de Clermont* (éd. K); ms. de base BN fr. 2163 [frc. 1266] (M), nombre de mss. en var.; p. p. G. Lozinski, *De saint Bon, évêque de Clermont. Miracle versifié par Gautier de Coinci*, Helsinki 1938 (Ann. Acad. Scient. Fenn. B 40,1); [= TL GCoins. SBon].

CoincyI40B id., conte I 40 *Du moinne que Nostre Dame gueri de son let*; p. dans → BarbMéon 2, 427-439 (ms.?).

CoincyI41/42R id., contes I 41 *D'un chevalier* et 42 *D'un moine que li deables noierent*; ms. de base BN fr. 25532 [pic. 2ᵉm. 13ᵉs.] (N), nombre de mss. en var.; p. p. E. Rankka, *Deux miracles de la Sainte Vierge par Gautier de Coinci*, Uppsala (Almqvist & Wiksell) 1955; [= TL GCoins. Deux miracles R].

CoincyI42M id., conte 42; ms. BN fr. 2163 [frc. 1266] (M); p. dans → BenDucM 3, 511-530 [Gdf: De monacho in flumine periclitato].

CoincyII1…K ca. 1227; v. → CoincyI1…K.

CoincyII9Kr id., conte II 9 *De la bonne enpereris qui garda loiaument sen mariage*; ms. de base BN fr. 25532 [pic. 2ᵉm. 13ᵉs.] (N), en var. surtout B et M; p. p. E. von Kraemer, *De la bonne enpereris qui garda loiaument sen mariage. Miracle mis en vers par Gautier de Coinci*, Helsinki 1953 (Ann. Acad. Scient. Fenn. B 82,2); [= TL GCoins. Enpereris; FEW GCoincyEnp].

CoincyII9M id.; dans → Méon 2,1-128.

CoincyII10N id., conte II 10 *Des nonains de Nostre Dame de Soissons* (éd. K); ms. de base Peterburg RNB Fr.F.v.XIV.9 [frc. déb. 14ᵉs.] (R), d'autres en var.; p. p. T. Nurmela, *Le sermon en vers de la chasteé as nonains de Gautier de Coinci*, Helsinki 1937 (Ann. Acad. Scient. Fenn. B 38,10); [= TL GCoins. Chast. as non.].

CoincyII11/18B id., contes II 11 *De saint Basile* (éd. K) (= 'II') et 18 *Dou güis qui reçut l'ymage Dieu en wages* (éd. K) (= 'I'); ms. de base BN fr. 2163 [frc. 1266] (M), d'autres en var.; p. p. E. Boman, *Deux miracles de Gautier de Coinci*, Paris (Droz) 1935, p. 34-66; 3-33; [= TL GCoins. Deux miracles].

CoincyII13N id., conte II 13 *De l'enfant resuscité qui chantoit Gaude Maria*; ms. BL Harl. 4401 [2ᵉm. 13ᵉs.] (C); p. p. H. Nicol, "The Boy killd by a Jew for singing *Gaude Maria!*", *Chaucer Society* sec. ser. 15, Originals and Analogues of some Chaucer's Canterbury Tales, III 14, London (Trübner) 1876, 251-276.

CoincyII20/21H id., contes II 20 *D'un vilain qui fu sauvé pour ce qu'il ne faisoit uevre le samedi* et 21 *Du cierge*; ms de base BN fr. 25532 [pic. 2ᵉm. 13ᵉs.] (N), en var. F, M, S et d'autres; p. p. R. Hakamies, *Deux miracles de Gautier de Coinci*, Helsinki 1958 (Ann. Acad. Scient. Fenn. B 113,1), p. 41-59; 60-73; [= TL GCoins. Deux miracles H].

CoincyII22/23/24/25Li id., contes II 22 *Dou seint souler* (ms. B), 23 *D'un bovier*, 24 *De Gondree d'Audingnecourt comment elle reüt sen nes*, 25 *De Robert de Joï a cui Nostre Dame gari le pié*; ms. de base Peterburg RNB Fr.F.v.XIV.9 [frc. déb. 14ᵉs.] (R), en var. surtout B, L, M, N et S; p. p. L. Lindgren, *Les miracles de Notre Dame de Soissons versifiés par Gautier de Coinci*, Helsinki 1963 (Ann. Acad. Scient. Fenn. B 129); [= TL GCoins. Mir. Lindgren].

CoincyII26V id., conte II 26 *D'une fame de Laon qui estoit jugie a ardoir*; ms. de base BN fr. 25532 [pic. 2ᵉm. 13ᵉs.] (N), d'autres en var.; p. p. V. Väänänen, *D'une fame de Laon qui estoit jugie a ardoir, que Nostre Dame delivra. Miracle versifié par Gautier de Coinci*, Helsinki 1951 (Ann. Acad. Scient. Fenn. B 68,2); [= TL GCoins. Fame de Laon].

CoincyII29Kr id., conte II 29 *Du clerc qui fame espousa et puis la lessa*; ms de base BN fr. 25532 [pic. 2ᵉm. 13ᵉs.] (N), pour les vers 1-224: BN fr. 2193 [pic. 2ᵉm. 13ᵉs.] (o), d'autres en var.; p. p. E. von Kraemer, *Du clerc qui fame epousa et puis la lessa. Miracle de Gautier de Coinci*, Helsinki 1950 (Ann. Acad. Scient. Fenn. B 66,2); [= TL GCoins. Du Clerc; FEW GCoincyClerc].

CoincyII30/31J id., contes II 30 *Nostre dame de Sardenay* et 31 *D'un moine de Chartreuse* [vers 887-1022]; p. p. P. Jonas, *C'est d'un moine qui vout retolir a une nonne une ymage de nostre dame que il li avoit aportee de Jherusalem. Miracle versifié par Gautier de Coinci*, Helsinki 1959 (Ann. Acad. Scient. Fenn. B 113,2); [= TL GCoins. D'un Moine; FEW CoinciMoine]. V. → MirNDSard.

CoincyChristC Gautier de Coincy, Vie de sainte Christine, en alexandrins; pic. (et traits champ.: Soissonnais) ca. 1220; ms. de base BN fr. 817 [berrich. 1465] (p² [!]), en var. Carpentras 106 (L.123) [pic. fin 13ᵉs.] (C² [!]); fragm. Budapest [fin 13ᵉs.] (ß) v. p. XVI; p. p. O. Collet, *Gautier de Coincy. La Vie de sainte Cristine*, Genève (Droz) 1999. Glossaire utilisé: → ColletCoincy.

CoincyChristO id.; éd. critique sur la base du ms. Carpentras (C), BN (P) en var.; p. p. A. C. Ott, *Gautier de Coincy's Christinenleben*, Erlangen (Junge) 1922 (Beiträge zur Kenntnis der afr. hagiographischen Lit. 1); [= TL GCoins. Christ.; FEW GCoincyChrist].

CoincyDentR *C'est dou saint dent que nostre Sires mua en s'enfance et qui est a Saint Maart*, poème racontant la découverte d'une dent de lait du Christ à Soissons, d'attribution erronée à Gautier de Coincy, vers octosyll; 1ᵉʳt. 13ᵉs.; ms. BN fr. 25532 [pic. 2ᵉm. 13ᵉs.] f°265-269, non utilisé Peterburg RNB Fr.F.v.XIV.9 [frc. déb. 14ᵉs.]; p. dans → CoincyNatNDR 258-263.

CoincyDentL id.; ms. de Peterburg, var. d'après l'éd. R collationnée sur ms.; p. dans → CoincyI1L 294-310.

CoincyNatJesuR *La nativité Nostre Seigneur*, poème attribué (à tort?) à Gautier de Coincy, vers octosyll.; 1ᵉʳt. 13ᵉs.; ms. de base BN fr. 25532 [pic. 2ᵉm. 13ᵉs.] f°244-256, mss. non utilisés v. CoincyNatNDR; p. dans → CoincyNatNDR 238-258; [= TL Nat. Jesu].

CoincyNatNDR *La nativité Nostre Dame*, poème attribué (à tort?) à Gautier de Coincy, vers octosyll.; 1ᵉʳt. 13ᵉs.; ms. de base BN fr. 25532 [pic. 2ᵉm. 13ᵉs.] f°227-233, mss. non utilisés: BN fr. 22928 [pic.mérid. déb. 14ᵉs.], Ars. 3517-3518 [pic. fin 13ᵉs.], Peterburg RNB Fr.F.v.XIV.9 [frc. déb. 14ᵉs.]; p. p. R. Reinsch, "Dichtungen Gautier's von Coinsy", *AnS* 67 (1882) 73-98; 233-268, texte p. 85-98; [= TL Nat. ND; Boss 3178]. Contient aussi → CoincyNatJesuR et CoincyDentR [indication d'un ms. Blois de HermVal erronée].

CointiseH *C'est de cointise*, dit en vers octosyll. sur le désir effréné de parure; pic. 2ᵉm. 13ᵉs.; ms. BN fr. 25566 [pic. (Arras) prob. 1295]; p. p. Albert Henry, "Le dit de Cointise", *RLaR* 68 (1937) 184-193.

ColBoutD Colart le Bouteiller, 12 chansons (et un jeu-parti); art. (Arras) 2ᵉt. 13ᵉs.; ms. de base Vat. Reg. lat. 1490 [déb. 14ᵉs.] (chansonnier a), en var. d'autres chansonniers; p. dans → ChansDyggve 30,188-214.

ColBoutM id.; chans. **a**; p. dans → ChansMätzner 38-40: réimprime, en corrigeant, la chanson *Loiaus amours* d'après KellerRomv 283.

ColMusC Colin Muset, chansonnier et poète courtois; lorr. 2ᵉq. 13ᵉs.; chansons des mss. O, U, C, K, N, P, X (tous, en gros, 2ᵉm. 13ᵉs.); p. p. C. Callahan – S. N. Rosenberg, *Les chansons de Colin Muset*, Paris (Champion) 2005 (CFMA 149). C.r. T. Matsumura ZrP 123,524-526: éd. non définitive; Palumbo MedRom 31,206-210 (comprend l'éd. M. Chiamenti de 2005).

ColMusB¹ id.; 12 chansons p. p. J. Bédier, *De Nicolao Museto*, thèse Paris (Bouillon) 1893 (réimpr. Genève, Slatkine, 1973); [= TL Col. Mus.].

ColMusB² id.; 15 chansons p. p. J. Bédier, *Les chansons de Colin Muset*, Paris (Champion) 1912 (CFMA 7); [= TL Col. Mus. class.].

ColMusB³ id.; 21 chansons p. p. J. Bédier, *Les chansons de Colin Muset*, Paris (Champion) ²1938 (CFMA 7); [= FEW Muset].

ColletCoincy O. Collet, *Glossaire et index critiques des œuvres d'attribution certaine de Gautier de Coincy*, Genève (Droz) 2000 (Publ. fr. et rom. 227). Concerne → Coincy; omet les variantes; cf. Matsumura RLiR 65, 604-612.

ColliotBerte R. Colliot, *Adenet le Roi, Berte aus grans pies, étude littéraire générale*, 2 vol., Paris (Picard) 1970.

Colom M. Colom Mateu, *Glossari general lul·lià*, Mallorca (Moll) 1982ss.

ColomboGram M. Colombo Timelli, *Traductions françaises de l'Ars minor de Donat au moyen âge (XIIIᵉ-XVᵉ siècles)*, Firenze (La Nuova It.) 1996 (Pubbl. Fac. Lett. Milano, Lett. fr. 1). Textes édités à confronter avec → StädtlerGram. Ne contient pas les textes de Metz, mais en revanche des versions tardives de Donat. Glossaire et spéc. définitions discutables, v. c. r. Städtler RLiR 62, 558-560.

Colussi G. Colussi, *Glossario degli antichi volgari italiani / GAVI*, Helsinki (Yliop. Monist.) – Foligno (Umbra) 1983-2006.

CommB Philippe de Commynes, *Mémoires*, en prose; pic. et Ouest mérid. 1489-1498; ms. transcrit BN nfr. 20960 [déb. 16ᵉs.] (P), quelques corrections d'après BN fr. 10156 [déb. 16ᵉs.] (A), BN fr. 3879 [déb. 16ᵉs.] (B), BN fr. 5063 [fin 15ᵉs.] (C), Nantes Musée Dobrée Dobrée 18 [déb. 16ᵉs.] (D), N.N. [1520] (X¹), BN nfr. 23086 [16ᵉs.] (X²); p. p. J. Blanchard, *Philippe de Commynes, Mémoires*, Paris (Libr. gén.) 2001. Glossaire sans renvois (!) par M. Quereuil. Index hist. avec renvois. Loc.: Roques RLiR 72,623.

CommB²

CommB² id.; éd. amplifiée p. p. J. Blanchard, *Philippe de Commynes, Mémoires*, 2 vol., Genève (Droz) 2007 (T.L.F. 585).

CommC id.; ms. de base D et P; p.p. J. Calmette avec la collaboration de G. Durville, *Philippe de Commynes, Mémoires*, Paris (Champion) 1924-1925 (Class. hist. 3,5,6). Cf. R. Bertrand, *Index automatique du vocabulaire: l. I des Mémoires de Commynes*, Aix (Univ. CUER MA) 1982.

CommLettresB Philippe de Commynes (1447-1511), lettres conservées; p. p. J. Blanchard, *Philippe de Commynes, Lettres*, Genève (Droz) 2001 (T.L.F. 534). Lettres à partir de [1476?] et 1478.

CommPsIA¹G Commentaire en prose sur les psaumes I-XXXV (= indice 1), inspiré du commentaire de Pierre le Lombard, écrit prob. pour Laurette d'Alsace, dit 'Premier comm. sur les psaumes' (= 'I'), groupe de mss. conservant les traits wall. (mss. tant continentaux qu'insulaires) (= 'A'); wall. 1164 (prob. 1163-64); ms. de base New York Pierpont Morgan Libr. M.338 [hain. ca. 1200] (M) Ps I-L avec texte lat. de la Vulgate à version fr. interlin., en var. Durham Chapt. Libr. A.II.11-13 [agn. ca. 1200 (A.II. 11+12) et 1ᵉʳq. 13ᵉs. (A.II. 13 f°1-98) et mil. 13ᵉs. (A.II. 13 f°99-276)] (D) complet (texte lat. dans la 1ᵉ moitié de A.II. 11 seulement, avec la trad. fr. mêlée au comm.), Hereford Chapt. Libr. O.III.15 [agn. fin 12ᵉs.] (H) f°43ss. Ps I-XVI,1 avec la trad. fr. des ps., autres mss.: Oxford Bodl. Laud Misc. 91 [Angleterre ca. 1170] (L) Ps LXVIII-C, Oxford Merton Coll. 249 [agn. 1ᵉm. 13ᵉs.] (O) ps. 54,24-58,13, BN fr. 13315-13316 [Ouest déb. 13ᵉs.] (P) fragm. f°233v°-251v°et 2-132, BL Roy. 19 C.V [Angleterre déb. 13ᵉs.] (R) Ps LI-C; p. p. S. Gregory, *A study and part edition of the twelfth century psalter commentary in French for Laurette d'Alsace*, thèse Oxford 1976. Publie Ps I-XXXV (= A¹) et XXXVI-L (= → CommPsIA²G). Cf. WoC 14; Dean 452; Vising 7; Boss² 5598; Robson in Cambr. Hist. of the Bible 2 (1969) 441; TraLiLi 19¹,7-51; RLiR 45,271-322; R 100,289-340; Proc. Leeds Phil. Lit. Soc. Lit. Hist. Sect. 18,1 (1982) 69-78.

CommPsIA²G id., Ps XXXVI-L et LXVIII-C (= indice 2); wall. 1166 (prob. 1164-66); XXXVI-L dans les mêmes mss. que A¹; Ps XXXVI-L p. dans → CommPsIA¹G.

CommPsIA¹ᐟ²G² id.; p.p. S. Gregory, *The twelfth-century Psalter commentary in French for Laurette d'Alsace (an edition of Psalms I-L)*, vol. 1: Ps I-XXXV, vol. 2: Ps XXXVI-L, London (Modern Humanities) 1990 (MHRA Texts 29/1 et 2); [= TL Psautier Comment. Laurette d'Alsace]. À corrections par rapport à G¹. Leçons rejetées et var. malheureusement imprimées à la suite du texte.

CommPsIB id., Ps LI-C, dans un groupe de mss. agn. seulement, déwallonisés (Gregory, CommPsIA¹G² 13-17, en distingue deux parties: Ps LI-LXVII et LXVIII-C, plus libre par rapport à ses sources, mais toutes les deux d'un même auteur); wall. agn. ca. 1180; inédit.

CommPsIC id., Ps CI-CL, dans un groupe de mss. agn. seulement, déwallonisés (v. CommPsIA¹G² 17-18); wall. agn. ca. 1195; inédit.

CommPsII Commentaire sur les Psaumes, dit 'Deuxième commentaire' (= 'II'), basé sur Pierre le Lombard et → CommPsI; frc. ca. 1200; ms. BN fr. 22892 [Paris déb. 13ᵉs.], BN fr. 963 [1ᵉm. 13ᵉs.] Ps LI-C, New York Pierpont Morgan Libr. M.337 [déb. 13ᵉs.]; [= WoC 15]. Inédit.

CompAn¹M Comput, calendrier ecclésiastique et manuel de calcul du calendrier, anonyme, version de 253 vers octosyll.; 13ᵉs.; ms. BN fr. 25408 [agn. 1267]; p. p. P. Meyer, *BullSATF* 9 (1883) 102-111; [= TL Comput Bull. SAT].

CompAn²M Comput anonyme, version de 142 vers octosyll.; 13ᵉs.; ms. BN fr. 412 [pic. 1285]; p. dans → CompAn¹M 80-84 (col. de gauche); [= TL Comput Bull. SAT].

CompAn³M Comput anonyme, version de 126 vers octosyll.; 13ᵉs.; ms. Rouen Bibl. mun. 671 (A.454) [13ᵉ et 14ᵉs.]; p. dans → CompAn¹M 80-84 (col. de droite); [= TL Comput Bull. SAT].

CompAn⁴M Comput anonyme, version de 112 vers octosyll.; 13ᵉs.; ms. BL Sloane 2412 [pic.-wall. mil. 14ᵉs.]; p. p. P. Meyer, *BullSATF* 39 (1913) 54-56 (col. de gauche); [= Boss 2859].

CompAn⁵M Comput anonyme, version fragmentaire de 87 vers octosyll.; 13ᵉs.; ms. Maz. 3636 (1253) [av. 1451]; p. dans → CompAn⁴M 54-56 (col. de droite).

[CompPhTh → PhThComp.]

CompRalfH *Art de Kalender* ou *de Calendrier*, comput en vers octosyll. par Ralf de Linham (Lenham, Kent); agn. 1256; ms. de base Oxford Bodl. Bodley 399 [agn. ca. 1300], en var. Cambridge Univ. Gg.I.1 [agn. après 1307] et Glasgow Univ. Hunter 467 (V.6.17) [agn. 1ᵉm. 14ᵉs.]; p. p. T. Hunt, *Rauf de Linham. Kalender*, London (ANTS) 1983 [ANTS Plain Texts Ser.1]; [= AND Rauf ANTS; TL RLenham Kalender H; Dean 342; Boss² 5336 Rem.].

CompRalfM¹ id.; ms. Glasgow Hunter 467 (anc. V. 6. 17) [déb. 14ᵉs.]; extraits p. p. P. Meyer, "Notices et extraits de manuscrits conservés au musée Huntérien, Glasgow", *Archives des Missions scientifiques et littéraires*, 2ᵉ série, t. 4 (1867), texte p. 160-164. Également imprimé dans P. Meyer, *Doc. ms. de l'anc. lit. de la Fr…, Rapports…*, 1ᵉ partie, Paris 1871, p. 127-131; [= Vising 303]. Cp. Meyer *BullSATF* 9 (1883) p. 78 et cp. → CompRalfM².

CompRalfM² id.; ms. de base Cambridge Univ. Gg. I. 1 [après 1307], en var. Oxford Bodl. MS. Bodl. 399 [prob. 1300]; extraits p. p. P. Meyer, "Les manuscrits français de Cambridge", *R* 15 (1886) 236-357, spécialement p. 285-287; [= AND Rauf]. Cp. → CompRalfM¹.

CompRalfS id.; ms. de base Oxford; p. p. Ö. Södergård, *Art de Kalender par Rauf de Lenham*, Lund (Almqvist & Wiksell) 1989; [= TL RLenham Art de Kalender S]. C.r. Roques RLiR 54, 334-336.

CompSGen Comput en prose; pic. 3ᵉq. 13ᵉs.; mss. Ste-Gen. 2200 [art. 1277] f°134r°a-149v°b et BN fr. 2021 [pic.or. 2ᵉm. 13ᵉs.] f°140-154r°; inédit. Cp. → GéomSGenV.

CompSim Comput par un certain Simon de Compiègne, *moine de Saint Richier en Ponthieu*, inséré, avec → PlacTim et l'*Espere du Ciel*, dans *Le cuer de philosofie* imprimé dès ca. 1504; déb. 14ᵉs.?; v. PlacTimT p. XXIII et HLF 30,590-595.

ComparFaucH *La comparoison dou faucon*, poème moral allégorique où le riche est représenté par un faucon et le pauvre par un poulet, contenant qq. vocabulaire cynégétique, vers octosyll.; pic. 13ᵉs.; ms. de base BN fr. 25566 [pic. (Arras) prob. 1295] (A) f°242r°-244r°, en var. BN fr. 378 [fin 13ᵉs.] (B); p. p. G. Holmér, "Le dit du Faucon", *StMS* n. s. 5 (1976) 97-116. Meilleure éd.; 'glossaire' en note. Cp. TilGlan p. 8 et son lexique: citations d'après les deux mss.

ComparFaucC id., éd. basée sur le ms. BN fr. 378; p. p. B. Charrier, "Un poème moral inédit du XIIIᵉ siècle", *Perspectives Médiévales* 9 (Paris juin 1983; Soc. de langue et de litt. méd.) 1-7; [= TL Dit du Faucon H]. L'éd. ignore → ComparFaucH.

CompilDidEpH Compilation de poèmes didactiques et épiques enseignant comment distinguer le vrai amour du faux, pièce construite analogue à → ChastPere, vers octosyll., incipit *Enpris ai cest ovre a fere*; agn. mil. 13ᵉs.; ms. BN nfr. 7517 [agn. mil. 13ᵉs.]; p. p. A. Hilka, "Die anglonormannische Kompilation didaktisch-epischen Inhalts…" *ZfSL* 47 (1925) 60-69 [v. 177-452; 1119-1302]; 423-454 [v. 1-176; 453-1118; 1303-3420: fin du texte conservé]; [= TL Anglon. Kompil.; Dean 264; Vising 54 ('The man with two sweethearts')].

CompilEstC *Li compilacions de le science des estoilles*, traité d'astronomie en prose qui traduit la Compilatio de astrorum scientia de Léopold d'Autriche (ca. 1270); pic. ca. 1320 (?); ms. BN fr. 613 [pic. mil. 14ᵉs.] (A) f°1-64r°, ['B': texte latin de l'imprimé Venezia 1489/90]; les trois premiers des huit livres sont p. p. F. J. Carmody, *Leopold of Austria*, Li compilacions de le science des estoilles, *Books I-III edited from MS French 613 of the Bibliothèque Nationale, with notes and glossary*, Berkeley – Los Angeles (Univ. of California Press) 1947. Les livres IV-VIII restent inédits; analyse du livre VI v. J. Ducos MélThomasset 239-256; pour la date de 1324, erronée, v. ib. 240 n.6; le livre appelé *Traité neuf* contient une trad. (inédite) de *De Iudiciis astrorum* de Haly Abenragel (ca. 1040). Cp. A. Le Boeuffle, *Les noms latins d'astres et de constellations*, Paris (Belles Lettres) 1977.

ComplAmMonM *Complainte d'amour* anon. (incip. *Mon cuer, qui me veult esprouver*), en vers octosyll.; 4ᵉq. 13ᵉs.; ms. unique BN nfr. 13521 (anc. La Clayette) [fin 13ᵉs.]; p. p. J. Monfrin, "La *Complainte d'amours*, poème du XIIIᵉ siècle", → MélLejeune 1365-1389. Réimpr. dans → MonfrinEt 401-426.

ComplLiègeZ Complainte de la cité de Liège (596 vers); 1468 ou peu après; ms. Genève Arch. de l'Etat Hist. 24 [3ᵉt. 15ᵉs.]; p. p. P. Zumthor – W. Noomen, "Un prêtre montheysan et le sac de Liège en 1468", *Annales Valaisannes*, 2ᵉsér., 38 (1963) 67-155.

[ComtPont → FillePonth.]

ComteArtS Roman du Comte d'Artois, incip. *Cy commenche le livre du tres chevalereux conte d'Artois et de sa femme, fille du conte de Boulongne. Pour ce que huiseuse*, en prose; pic. mil. 15ᵉs.; ms. de base BN fr. 11610 [pic. av. 1467] (C), en var. BN fr. 25293 [fin 15ᵉs.] (A) et le ms. Ashburnham Barrois IV [ca. 1480], perdu, par le biais de l'éd. B (B); p. p. J.-Ch. Seigneuret, *Le roman du comte d'Artois*, Genève (Droz) 1966 (T.L.F. 124); [= TL Comte d'Artois²; Boss² 6643].

ComteArtB id.; ms. de base B, perdu; p. p. J. Barrois, *Le livre du très chevalereux comte d'Artois*, Paris (Techener) 1837; [= TL Cte d'Artois].

ComtePoitM Roman du Comte de Poitiers, poème courtois en vers octosyll.; pic. 1ᵉm. 13ᵉs.; ms. unique Ars. 3527 [pic. déb. 14ᵉs.]; p. p. B. Malmberg, *Le roman du comte de Poitiers*, Lund (Gleerup) – Copenhague (Munksgaard) 1940 (Études romanes de Lund 1); [= TL CPoit. M; FEW CtePoit].

ComtePoitK id.; p. p. V. F. Koenig, *Le conte de Poitiers*, Paris (Droz) 1937; [= TL CPoit. K].

ComtePoitMich

ComtePoitMich id.; p. p. F. Michel, *Roman du comte de Poitiers*, Paris (Silvestre) 1831; [= TL CPoit.].

ConBethW² Conon de Béthune, chansons; art. fin 12ᵉs.; ms. essentiel BN fr. 12615 [art., 1ᵉ partie 4ᵉq. 13ᵉs.] (chansonnier 'T'); trés corrigé à l'aide des autres chansonniers concernés; p. p. A. Wallensköld, *Les chansons de Conon de Béthune*, Paris (Champion) 1921 (CFMA 24); [= TL Con. Béth. class.]. Les corr. ne sont pas toujours judicieuses, p. ex. I 10 *je*, préférer *ja* du ms. de base.

ConBethJ id.; chansons R.1325 et 1420 (= W² VII et VIII) p. p. A. Jeanroy, "Sur deux chansons de Conon de Béthune", *R* 21 (1892) 418-424; [= TL Con. de Béth. Rom].

ConBethW¹ id.; texte reconstruit en partant du chansonnier '**a**'; p. p. A. Wallensköld, *Chansons de Conon de Béthune*, Helsingfors 1891; [= TL Chans. de Conon de Béth.].

ConVetSorizB *Do con et do vet et de la soriz qui alerent vandangier*, dit érotique en vers octosyll.; 13ᵉs.; ms. Bern 354 [bourg.sept. déb. 14ᵉs.]; p. p. D. Burrows, "Do Con… Édition d'un texte tiré de Berne 354", *ZrP* 117 (2001) 23-49.

ConcLyonC *Dit du concile de Lyon* (ou *Concile en roman*), en vers octosyll.; 1274; ms. Zagreb MR 92 [It. ca. 1300]; p. p. L. Carolus-Barré – J. C. Payen, "Le Dit du Concile de Lyon", *1274, Année charnière; Mutations et continuités, Colloque Lyon-Paris, 30 sept. - 5 oct. 1974*, Paris (CNRS) 1977 (Coll. intern. du CNRS no 558); [= TL Dit Concile Lyon C-BP; Boss² 6219].

ConcLyonP id.; p. p. V. Putanec, "Starofrancuska satira o Lyonskom Konciliu 1274 (Un sirventes en ancien français sur le Concile de Lyon de 1274)", *Rad jugoslavenske Akademije znanosti i umjetnosti* 324 (1962) 275-378; [= TL Sirventes sur le concile de Lyon; Boss² 6218].

ConfBNfr25439M *Roman de Confession*, ca. 2150 vers; 13ᵉs.; ms. de base BN fr. 25439 [Est fin 13ᵉs.], quelques var. du ms. BN fr. 944 [déb. 15ᵉs.] f°56ss.; extraits p. p. P. Meyer, "Notice du ms. Bibl. Nat. fr. 25439", *BullSATF* 25 (1899) 37-63, spécialement 55-63. Inédit dans l'ensemble.

ConfParlL *Confessions de pluseurs prisonniers pris et amenez à Paris tant par le commandement du roy comme par le commandement du parlement*, registre orig. de confessions de criminels interrogés devant le Parlement de Paris, les conf. datées de 1319 à 1338 sont d'Étienne de Gien, celles de 1340 à 1350 de Geoffroi de Malicorne; ms. (registre) AN X^{2a}4 [prob. 1319-1350], les entrées semblent contemporaines aux procès; p. p. M. Langlois – Y. Lanhers, *Confessions et jugements de criminels au Parlement de Paris (1319-1350)*, Paris (Impr. nat.) 1971. Quelques pièces avaient déjà fait l'objet d'éditions.

ConfPechésB Manuel de confession, *La confession general des pechés mortieus* (incipit), en prose, adapté de → SommeLaur (?); Terre Sainte (Chypre)? 14ᵉs.; ms. Catania Ventimigliana 42 (43) [Chypre? 14ᵉs.] f°27-39; p. p. É. Brayer, "Un manuel de confession en ancien français conservé dans un manuscrit de Catane", *École française de Rome. Mélanges d'archéologie et d'histoire* 59 (1947) 155-198, texte 173-198.

ConfTestB *Confession et Testament de l'amant trespassé de deuil*, attribué à Pierre de Hauteville, vers octosyll.; ca. 1444 (prob. entre 1441 et 1447); ms. de base Ars. 3523 [fin 15ᵉs.] (A) incomplet, var. et strophes complémentaires d'après Vat. Reg. lat. 1363 [ca. 1500] (B), Vat. Reg. lat. 1720 [2ᵉm. 15ᵉs.] (C), Vat. Reg. lat. 1728 [4ᵉq. 15ᵉs.] (D), s'ajoute le texte incorporé dans → JardPlaisD; p. p. R. M. Bidler, *La Confession et Testament de l'amant trespassé de deuil de Pierre de Hauteville*, Montréal (Ceres) 1982. V. Roques RLiR 47, 501-503.

ConfrJonglArrG Statuts et documents divers de la confrérie des jongleurs et bourgeois d'Arras, faisant suite à → NecrArr; art.; ms. BN fr. 8541 f°46 - déb. 47v° (= éd. p. 3-9) écrit entre 1221 et 1224 et en 1224, f°47v° (= bas de p. 9-10) 2ᵉm. 13ᵉs., f°48r° (p. 11) 14ᵉs., f°48v° (p. 12-13) 14ᵉs. (dont des textes datés 1338 et 1383), f°49r° 1ᵉm. 14ᵉs. (bas de p. 13) et 2ᵉm. 14ᵉs. (haut de p. 14), f°49v° (bas de p. 14) 2ᵉm. 14ᵉs.; p. p. A. Guesnon, *Statuts et règlements de la Confrérie des Jongleurs et Bourgeois d'Arras aux XIIᵉ, XIIIᵉ et XIVᵉ siècles*, Arras 1860; [cf. WoC 50].

ConfrereAmL *Li confrere d'Amours*, poème composé de quatrains aux alexandrins et refrain monorimés, incip. *Le confrere d'Amours, tuit a moi entendez*; 13ᵉs.; ms. BN fr. 873 [4ᵉq. 13ᵉs.]; p. p. A. Långfors, "Li confrere d'Amours", *R* (1907) 29-35; [= TL Confrere d'am.; Boss 2783].

ConjugFrM Petit traité de conjugaison française (texte latin avec exemples français); agn. déb. 13ᵉs.; ms. Cambridge Trinity Coll. R.3.56 (628) [agn., cette partie déb. 13ᵉs.] f°49v° et 50r°; début p. p. P. Meyer, "Les manuscrits français de Cambridge", *R* 32 (1903) 18-120, spécialement 65-67; [= Dean 294; Vising 388; cp. AND Rom 32].

ConjugFrS id.; texte intégral p. p. Ö. Södergård, "Le plus ancien traité grammatical français", *StN* 27 (1955) 192-194.

ConqIrlMu *La conquête d'Irlande* ou *Chanson de Dermot et le comte*, chronique irlandaise (1152-1176), octosyll. irréguliers (beaucoup de vers heptasyll.); agn. (Irlande) ca. 1230 (sur la base d'une version av. 1200?); ms. unique London Lambeth Palace 596 [agn., cette partie fin 13[e]s.] incomplet du début et de la fin; p. p. E. Mullally, *The deeds of the Normans in Ireland. La geste des Engleis en Yrlande*, Dublin (Four Courts) 2002.

ConqIrlO id.; p. p. G. H. Orpen, *The Song of Dermot and the Earl, ... edited with literal translation...*, Oxford (Clarendon) 1892; [= Vising 292; AND Dermot; Dean 54; Boss 3747].

ConqIrlM id.; p. p. F. Michel, *Anglo-Norman poem on the conquest of Ireland by Henry the Second*, London (Pickering) 1837; [= TL Conq. of Irel.]. (Une réimpression annoncée par Slatkine n'a jamais paru.)

ConqIrlC id.; p. p. D. J. Conlon, *The song of Dermot and Earl Richard Fitzgilbert*, Frankfurt (Lang) 1992. Mauvaise éd. (p.ex. 1014 *Un fosse fist jeter ai tant* l. *Un fossé fist jeter a itant*).

[ConqMor → ChronMorée.]

ConsBoèceAberC La Consolacion de la philosophie de Boèce (*Consolatio Philosophiae*, texte philosophique et moralisateur en forme de dialogue où alternent vers et prose, écrit en 523 et 524), traduction pourvue des gloses tirées du commentaire de Guillaume de Conches (ca. 1120; version longue du 13[e]s.), version en vers et en prose, inspirée de → ConsBoèceBen et JMeunCons; 1422; ms. Aberystwyth Nat. Libr. 5038D (anc. Cheltenham Phillipps 4405) [15[e]s.]; p. p. G. M. Cropp, *Böece de Confort remanié*, London (MHRA) 2011; [= DwyerCons 12°]. C.r. Trotter ZrP 129,957-960: gloss. maigre et sujet à caution; Valentini MedRom 36,194-196.

ConsBoèceAnMeun id., trad. élargie attribuée à un Jehan de Thys, au titre factice *Boece en rime*, en 12344 vers octosyll., anonyme (avec mention, prob. plaisante, de Meun dans un ms.); wall. 3[e]q. 14[e]s.; ms. BN fr. 576 [Arras 1383 n.st., ce morceau daté, suite contemp.] (P), BN fr. 1543 [pic. 1402] (Q) incomplet; éd. en prép. par J. K. Atkinson; (long extrait dans Atkinson – Babbi, *L'Orphée*, 2000, v. infra ConsBoèce); [= DwyerCons 8° (p. 130); HLF 37,454: VII]; extraits dans → LangloisVie 318-326. Loc.: Roques ActesTradvMF 196-198; Atkinson RLiR 75,469-515 avec étude de la langue.

ConsBoèceBenN id., version attribuée à un Bénédictin qui est plutôt un Dominicain, en vers octosyll., basée en bonne partie sur → ConsBoèceRen, titrée *Boece de Confort*; pic. ca. 1380; ms. publié BN nfr. 1982 [fin 14[e]s.] (A3a), autres mss., non utilisés: Toulouse Bibl. mun. 822 (C, 16) [ca. 1400] (A1a), Bruxelles Bibl. roy. 11244-51 [15[e]s.] (A1b), Oxford Bodl. Rawl. F.161 [15[e]s.] (A1c), BL Add. 26767 [fin 14[e]s.] (A1d), BL Roy. 20 A.XIX [1[er]m. 15[e]s.] (A1e), BN fr. 1094 [1[er]t. 15[e]s.] (A2a), BN fr. 12238 [1[er]t. 15[e]s.] (A2b), Amiens Bibl. mun. 411 [3[e]t. 15[e]s.] (A3B), Chantilly Musée Condé 485 (570) [fin 14[e]s.] (A4a), BN fr. 812 [pic. déb. 15[e]s.] (A4b), York Chapter Libr. 16.D.14 [1[er]m. 15[e]s.] (B1a) endommagé, BN fr. 577 [1[er]t. 15[e]s.] (B1b), Ste-Gen. 1132 [1[er]q. 15[e]s.] (B1c), BN fr. 12239 [15[e]s.] (B1d), Paris Institut de France 264 (in-fol. 262) [fin 14[e]s.] (B2a), Cambridge Trinity Hall 12 [1407 n.st.] (B2b), BN fr. 24309 [Sud-Ouest 1[er]m. 15[e]s.] (B2c), Oxford Bodl. Douce 298 [fin 14[e]s.] (C1a), Douai Bibl. mun. 766 [15[e]s.] (C1b), BN fr. 12237 [1[er]t. 15[e]s.] (C1c) acéphale, Chantilly Musée Condé 285 (663) [15[e]s.] (C1d), Ars. 2670 [15[e]s.] (C1e) cité par Gdf, BN fr. 12240 [15[e]s.] (C1f), Orléans Bibl. mun. 416 (357) [déb. 15[e]s.] (C2a), Bruxelles Bibl. roy. 10474 [16[e]s.] (C2b), Vat. Reg. lat. 1689 [fin 14[e]s.] (D1), BN fr. 813 [1[er]m. 15[e]s.] (D2) acéphale, mss. d'un texte revu: BN fr. 25416 [15[e]s.] (D3), BN fr. 1946 [fin 14[e]s.] (D4), BN fr. 12459 [15[e]s.] (D5), mss. combinant -Ren et -Ben: Toulouse Bibl. mun. 817 (II, 61) [1467], Leiden Univ. Ltk 575 [f°4-35: 1[er]m. 15[e]s.], fragm.: Arras 532 (845) [Artois ca. 1400] (a) abrégé, Augsburg Univ. I.4.2° 5 [15[e]s.] (b), AN M.877[A] [15[e]s.] (c), BN nfr. 5094 [rec. fact., ce fragm. 15[e]s.] (d); p. p. M. M. Noest, *A critical edition of a late fourteenth century French verse translation of Boethius' De consolatione philosophiæ: The Böece de confort*, s.l. 2001 (Carmina Philosophiae, Journal of the Int. Boethius Soc. 8-9, 1999/2000); [= DwyerCons 10°; HLF 37,545: X]. Remaniement partiel: → ConsBoèceAber.

ConsBoèceBon id., version en prose très libre, abrégeant et augmentant le texte, par un certain Bonaventure de Demena, rubrique: *La complainte de la tribulation del mirable phylosophe qi fu appelez Boeces et de la consolation de la Phylosophy qel confortoit en scemblance d'une dame*; francoit. (?) fin 13[e]s. (?); BN fr. 821 [It.sept. 1[er]t. 14[e]s.]; inédit; [= DwyerCons 3°; HLF 37,466-470: VIII].

ConsBoèceBourgB id., trad. très précise en prose; bourg. (région de Chalon?) 1[er]m. 13[e]s.; ms. Wien 2642 [bourg. 1[er]m. 13[e]s.]; p. p. M. Bolton-Hall, *Del confortement de philosofie. A critical edition of the Medieval French prose translation and commentary of De consolatione philosophiae of Boethius*, n° spécial de *Carmina Philosophiae. Journal of The International Boethius Society*, vol. 5-6 (1996-97), Cedar Falls, Iowa 1998; [= DwyerCons 1° (p. 129); HLF 37,423: I].

ConsBoèceBourgB[2] id.; extrait concernant Orphée p. p. Bolton-Hall dans J. K. Atkinson, A. M.

ConsBoèceBourgB[2]

Babbi et al., *L'Orphée de Boèce au Moyen Age*, Verona (Fiorini) 2000, p. 3-11. Contient aussi → ConsBoèceRenA[2] etc.

ConsBoèceCompC[2] id., version glosée ou non selon les mss., en vers et en prose, débutant par le prologue de → JMeunCons, du reste composite et indépendante; ca. 1350; ms. de base Auckland N.Z. Publ. Libr. Grey MS 119 [frc. ca. 1425] (A) glosé, en var. BN fr. 1092 [15^{e}s.] (B) gl., BN fr. 1652 [ca. 1435] (C) gl., Aberystwyth Nat. Libr. 5031D [1447] (D) gl., Palmerston North Univ. Libr. 1 [1^{e}m. 15^{e}s.] (E) gl., Dijon 525 (298) [Paris 1355-1362] (P) [2 f^{os} sont dans BN nfr. 20001 f° 13 et 14], BN fr. 1728 [ca. 1375] (Q), Ars. 737 [1^{e}m. 15^{e}s.] (R), mss. non utilisés: Berlin Staatsbibl. Hamilton 96 [Paris? ca. 1400], Bruxelles Bibl. roy. 10180-93 [1463], Modena Bibl. Estense E.1 (α.Q.5.12) [It. 2^{e}m. 14^{e}s.], BN fr. 1541 [15^{e}s.], BN fr. 1948 [15^{e}s.], BN fr. 24231 [15^{e}s.], Reims Bibl. mun. 879 (I.668bis) [15^{e}s.], Sydney Univ. Libr. Nicholson 7 [15^{e}s.], Vat. Reg. lat. 1492 [15^{e}s.], Vat. Reg. lat. 1508 [15^{e}s.], Montpellier Ec. de Méd. 368 [15^{e}s.], BN Rothschild IV.2.67 [15^{e}s.], New York Pierpont Morgan Libr. M.396 [ca. 1430], Aberystwyth Nat. Libr. 5039D [2^{e}m. 14^{e}s.], Amsterdam Bibl. Philos. Herm. 133 (anc. Bruges Maréchal) [3^{e}q. 15^{e}s.], Baltimore Walters Art Museum W.310 [2^{e}m. 15^{e}s.], Bergues Bibl. mun. 27 (O.67) [1492], Bruxelles Bibl. roy. 10222-23 [1435], Darmstadt 714 (D 30) [2^{e}t. 15^{e}s.], Glasgow Univ. Gen. 1227 [fin 15^{e}s.], Jena El. f. 85 [Gand 1476], Kassel Landesbibl. 4° Ms. philos. 1 [15^{e}s.], Lisboa Fund. Gulbenkian LA 136 [15^{e}s.], BL Add. 10341 [2^{e}t. 15^{e}s.], BL Add. 21602 [15^{e}s.], BL Harl. 4330 [15^{e}s.], BL Harl. 4335-39 [1476], New York Pierpont Morgan Libr. M.222 [Centre ca. 1465], New York Publ. Libr. Spencer 17 [2^{e}t. 15^{e}s.], Orléans Bibl. mun. 415 (356) [15^{e}s.], Oxford Bodl. Douce 352 [15^{e}s.], Maz. 3861 (1251) [déb. 15^{e}s.], BN fr. 575 [15^{e}s.], BN fr. 1093 [1459], BN fr. 1099 [15^{e}s.], BN fr. 1100-1101 [2^{e}m. 15^{e}s.], BN fr. 1949 [15^{e}s.], BN fr. 17080 [fin 15^{e}s.], BN fr. 17272 [15^{e}s.], BN fr. 25417 [2^{e}m. 15^{e}s.], BN lat. 6643 [1497], BN nfr. 6535 [15^{e}s.], Roanne 64 [15^{e}s.], Rouen Bibl. mun. 3045 (Leber 817) [lorr. 3^{e}q. 15^{e}s.], Peterburg RAN (Acad. des Sc.) Q.244 [mil. 15^{e}s.], Peterburg Ermitage Stieglitz 14035 [15^{e}s.], Torino Bibl. naz. L.IV.9 [15^{e}s.], Wien 2595 [2^{e}m. 15^{e}s.], Wien 2653 [15^{e}s.], London Yates Thompson 87 (où?) [ca. 1480] (où?), Ars. 2669 [15^{e}s.], BN fr. 809 [2^{e}m. 15^{e}s.], Modena Bibl. Estense γ.G.3.14 (Campori 25) [15^{e}s.], BN fr. 1947 [1^{e}m. 15^{e}s.], BN fr. 12238 [1^{er}t. 15^{e}s.], London Wallace Collection Illuminated Manuscript Cuttings M 320 et M 321 [2^{e}m. 15^{e}s.] fragm., BN nlat. 2381 [15^{e}s.] fragm.; p. p. G. M. Cropp, *Le Livre de Boece de consolacion*, Genève (Droz) 2006 [T. L. F. 580]. Imprime en italiques les gloses et les rubriques tirées des manuscrits-versions glosées, ABCDE; les var. sont toutes recte. Sans aucune reproduction de ms. C.r. Roques RLiR 71,578-581 [580 'flottement graphique entre *n* et *u*' touche un problème intéressant]. [La distinction de deux versions, Comp[1] sans gloses et Comp[2] avec gloses, est difficile à maintenir face aux éd. mod. qui se servent des deux; de plus, les filiations des mss. se croisent parfois.] Pour la datation des gloses (1350 ou peu après, avec des add. dans qqs. mss.) v. p. 13-14.

ConsBoèceCompB id.; ms. transcrit Rouen Bibl. mun. 3045 (Leber 817) [lorr. 3^{e}q. 15^{e}s.], autres mss. v. sous → ConsBoèceCompC[2]; p. p. I. Bétemps et al., *La Consolation de la philosophie de Boèce*, Rouen (PUR) 2004.

ConsBoèceCompC id.; courts extraits p. p. G. M. Cropp, "La traduction française de la Consolatio philosophiae de Boèce: encore un manuscrit", *R* 90 (1969) 258-270; [= TL Consolatio Philosophiae C; Boss[2] 4977; DwyerCons 7°; HLF 37,452: VI].

[ConsBoèceJMeun voir JMeunCons.]

ConsBoèceLorrA id., trad. conservant prose et vers, concise et élégante; faibles traits lorr. mérid. / frcomt. 1^{er}t. 14^{e}s.; ms. de base BN fr. 1096 [faibles traits lorr., 1397] (P), corr. tirées (en modifiant la graphie dans le sens de P!, à proscrire) de Bern 365 [lorr. 1^{e}m. 14^{e}s.] (B) et Montpellier Ec. de Méd. 43 [lorr. 1^{e}m. 14^{e}s.] (M), Amiens Bibl. mun. 412 [pic. 2^{e}m. 14^{e}s.] (A) f° 1-39, pas de var. tirées de Strasbourg 508 [14^{e}s.] (S) fragm. assez illisible; p. p. J. K. Atkinson, *Boeces: De Consolacion*, Tübingen (Niemeyer) 1996 (ZrP-Beih. 277); [= DwyerCons 6°; HLF 37,450: V]. Pas toutes les corr. semblent nécessaire, p.ex. *vueil* remplaçant *weil* (II,8,2). Les remplacements réécrits ne sont pas directement identifiables.

ConsBoèceMansion id., version en vers et en prose établie par l'imprimeur Colard Mansion (Bruges) sur la base d'une trad. fr. du texte de Boèce commenté par Renier de Saint-Trond (lat. av. 1381); impr. (Bruges) 1477; [= DwyerCons 13°]. Éd. en prép. par F. Lebsanft.

ConsBoècePierreT id., trad. fr. en prose avec commentaire, par Pierre de Paris (prob. né en Vénétie dalm.; a vécu sur l'île de Chypre); francoit. (Terre Sainte) ca. 1305; ms. Vat. Vatic. lat. 4788 [Chypre 1309]; inédit dans l'ensemble, extraits p. p. A. Thomas, dans NotExtr 41 (1923) 29-81; [= DwyerCons 4°; HLF 37,441-450 [avec deux courts extr.; 446: question du mgr.]: IV].

ConsBoèceRenA[2] id., version en vers octosyll. par Renaut de Louhans, dominicain à Poligny, version longue au titre de *Roman de Fortune et de Felicité*; Sud-Est 1337; ms. de base BN fr. 578 [ca. 1400], autres mss. Leiden Univ. Ltk 575 [f° 4-35: 1^{e}m. 15^{e}s.] combine

-Ren et -Ben, Toulouse Bibl. mun. 817 (II, 61) [1467] id., Bern A.95.10 [déb. 15ᵉs.] fragm. (V 7153-7914, incip. *La matiere du livre quinte Est plus pesant que femme ençainte*, I,4 817-856), Abbotsford Sir Walter Maxwell-Scott I.1.11 [1ᵉm. 15ᵉs.], Arras 729 [2ᵉm. 14ᵉs.], Besançon 422 [2ᵉm. 15ᵉs.], Bonn S.1681 [mil. 15ᵉs.], Bruxelles Bibl. roy. 10220 [ca. 1400], Bruxelles Bibl. roy. 10221 [2ᵉq. 15ᵉs.], Bruxelles Bibl. roy. 10295-304 [hain. 1428/29], Bruxelles Bibl. roy. 18064-69 [2ᵉt. 15ᵉs.], Carpentras 411 (L.407) [15ᵉs.], Fribourg Bibl. cant. L.7 [15ᵉs.], Fribourg Bibl. cant. L.161 [1448], Genève suppl. 104 [cette partie fin 15ᵉs.], Genève fr. 179bis [déb. 15ᵉs.], Genève fr. 251 [1471], Glasgow Univ. Hunter 439 [déb. 15ᵉs.], BL Egerton 2633 [15ᵉs.], BL Roy. 19 A.IV [1ᵉm. 15ᵉs.], Mâcon Bibl. mun. 95 [15ᵉs.], München gall. 31 [15ᵉs.], New Haven Yale Beinecke Libr. 38 [ca. 1400], BN fr. 822 [déb. 15ᵉs.], BN fr. 1095 [1ᵉʳq. 15ᵉs.], BN fr. 1102 [15ᵉs.], BN fr. 1540 [fin 14ᵉs.], BN fr. 1542 [2ᵉq. 15ᵉs.], BN fr. 1651 [15ᵉs.], BN fr. 12459 [15ᵉs.], BN fr. 19137 [2ᵉm. 15ᵉs.], BN fr. 24230 [4ᵉq. 15ᵉs.], BN fr. 24307 [15ᵉs.], BN fr. 24308 [15ᵉs.], Vat. Reg. lat. 1518 [fin 15ᵉs.]; extrait concernant Orphée p. p. B. M. Atherton dans → ConsBoèceBourgB² p. 99-108 [IX]; [= Dwyer-Cons 9°; HLF 37,470: IX; RHT 22,169-251]. (Une éd. du texte complet par B. M. Atherton, *Édition critique de la version longue du* Roman de Fortune et de Félicité *de Boèce*, thèse Univ. de Queensland 1994, n'est pas publiée.)

ConsBoèceRenAbr id., copie avec abrégée (7914 réduits à 4389 vers) de → ConsBoèceRen, avec qqs. 200 vers supplémentaires et une douzaine de vers tirés de la version ConsBoèceBen; fin 14ᵉs.; ms unique BN fr. 25418 [Paris ca. 1400]; inédit, v. J. K. Atkinson, "A *Dit contre Fortune*, the Medieval French Boethian *Consolatio* contained in MS Paris, Bibliothèque nationale, fr. 25418", *Carmina Philosophiae* 10 (14) (Cedar Falls 2001) 1-22; [= DwyerCons 11°; HLF 37,545: XI].

ConsBoèceTroyS id., trad. en prose moins fidèle, à omissions plus importantes d'un livre à l'autre; flandr. fin 13ᵉs.; ms. Troyes 898 [cette partie Île de Fr. ca. 1320]; p. p. R. Schroth, *Eine altfranzösische Übersetzung der* Consolatio philosophiae *des Boethius*, Bern (H. Lang) – Frankfurt (P. Lang) 1976 (Europ. Hochschulschriften 13, Franz. Spr. und Lit. 36); [= TL Boethius Sch; DwyerCons 2°; HLF 37,433: II]. Loc.: Roques ActesTradvMF 192-194.

[ConsBoèce v. aussi → JMeunCons [= DwyerCons 5°]; SimFreinePhil. [Extraits de toutes les versions, touchant l'Orphée, p. p. J. K. Atkinson – A. M. Babbi, *L'Orphée de Boèce au moyen âge*, Verona (Fiorini) 2000. L'identification des versions et mss. est en cours; v. déjà RHT 12/13, 262-352.]]

ConseilB *Lai du Conseil* ou *Lai des trois chevaliers*, poème courtois en couplets d'octosyll. rimés, chantant l'amour courtois de trois amis d'une dame; pic. 1ᵉʳt. 13ᵉs.; mss. BN fr. 837 [frc. 4ᵉq. 13ᵉs.] (A) ms. préféré du texte 'critique', BN fr. 1593 [frc., faibles traits lorr. fin 13ᵉs.] (B), BN nfr. 1104 [frc. ca. 1300] (C), BN Rothschild 2800 (anc. Barrois XI et Ashburnham) [art. 1329] (D) non lu directement; p. p. A. Barth, "Le Lai du Conseil", *RF* 31 (1911) 799-872; [= TL Conseil B]. Également paru à part: thèse Zürich 1911.

ConseilM id.; ms. de base BN fr. 837; ms. B en var., pour les vers 1-269 aussi D; p. p. F. Michel, *Lais inédits des XIIᵉ et XIIIᵉ siècles*, Paris (Techener) 1836, p. 85-121; [= TL Conseil].

ConstHamelN *Constant du Hamel*, aussi *Coutant du Hamel*, fabliau, vers octosyll.; traits du Nord, ca. 1220; ms. de base du texte critique BN fr. 19152 [frc. fin 13ᵉs.] (D), autres mss., tous imprimés parallèlement: BN fr. 837 [frc. 4ᵉq. 13ᵉs.] (A), Bern 354 [bourg.sept. déb. 14ᵉs.] (B), BN fr. 1553 [pic. 1285 n.st.] (J), Oudenaarde Sint-Walburgakerk 3 [pic. fin 13ᵉs.] (n) v. → ConstHamelFragmJ; p. dans → NoomenFabl 1,29-126 (n°2).

ConstHamelR id.; ms. de base BN fr. 837 [frc. 4ᵉq. 13ᵉs.] (A), en var. BN fr. 1553 [pic. 1285 n.st.] (B), BN fr. 19152 [frc. fin 13ᵉs.] (C), Bern 354 [bourg.sept. déb. 14ᵉs.] (D); p. p. C. Rostaing, *Constant du Hamel, Fabliau*, Aix-en-Provence (Orphrys) 1953 (Publ. des Annales de la Fac. des Lettres et Sciences humaines d'Aix-en-Provence, nouv. sér., I, impr. à Gap); [= TL Const. du Hamel].

ConstHamelB id.; d'après les trois mss. de la BN, dans → BarbMéon 3, 296-326.

ConstHamelM id.; dans → MontRayn 4, 166-198.

ConstHamelRy id., extraits de A avec J en regard p. dans → RychnerFabl 161-172 (n° XIII).

ConstHamelFragmJ id., fragment correspondant aux vers 352-378, 401-421, 439-463, 481-503 de l'éd. Rostaing; ms. Oudenaarde Sint-Walburgakerk 3 [pic. fin 13ᵉs.]; p. p. O. Jodogne, "Des fragments d'un nouveau manuscrit de Constant du Hamel, fabliau du XIIIᵉ siècle", *MA* 69 (4ᵉ sér., t. 18, 1963) 401-415; [= Boss² 4722].

ConstansChrest³ L. Constans, *Chrestomathie de l'ancien français*, 3ᵉ éd., Paris – Leipzig (Welter) 1906; [FEW Const: 1ᵉ éd. 1884].

ConstansThebes L. Constans, *La légende d'Œdipe étudiée dans l'antiquité, au moyen âge et dans*

ConstansThebes

les temps modernes, en particulier dans le Roman de Thèbes, texte français du XIIe siècle, Paris (Maisonneuve) 1880; [= TL Thebes[1]; Hol 853; Boss 1008]. Chercher les vers cités aussi dans les Appendices de → ThebesC.

ContGuillTyrA Continuation de la Chronique de Guillaume de Tyr (→ GuillTyr), prose; 13e s. (à préciser selon les parties); ms. de base BN fr. 2628 [Acre ca. 1265 et ca. 1280] (B), livres XXIII-XXXIII (p. 1-436): années 1183-1248; BN fr. 9082 [Rome 1295] (G), base du livre XXXIV, ch. 1-26 (p. 436-473,3): années 1248-1275; ms. Firenze Bibl. Med. Laurenz. Plut. LXI.10 [Acre ca. 1290], base du livre XXXIV, fin du ch. 26 (p. 473,3-481): années 1275-1277; ms BN fr. 2634 [Île de Fr. 1er q. 14e s.] (A) variantes; BN fr. 9086 [Acre 3e q. 13e s.] (C) variantes; ms. Lyon Bibl. mun. 828 (732) [Acre ca. 1280] (D) variantes. Livre XXIII, préf. (fin de la version lt., allant jusqu'en 1184), = chap. 1 de la version fr., l. XXIII. Mss. v. Folda Script 27,93-95, n°s 16-78. Les mss. AB forment une réd. commune pour les années 1184-1229 (Gen est proche); ABG vont ensemble pour 1229-1248 (A est ensuite un ms. de la version -Roth); BG vont ensemble pour 1248-1264 (où B s'arrête). Pour une liste des mss. v. Folda Script 27,90-95; outre les mss. cités ici sous les sigles ContGuillTyr+ s'ajoutent: Bern 115 [art. 2e m. 13e s.] (Folda n° 17), BN fr. 781 [pic. ca. 1300] (n° 19), Saint-Omer 722 [pic. déb. 14e s.] (20), Bern 113 [bourg., qqs. traits pic., fin 13e s.] (24), BN Moreau 1565 [18e s.] copie de Bern 113, BN nfr. 3537 [18e s.] (27), Paris Coll. P. de l'Isle du Dreneuc [2e m. 13e s.] fragm. perdu (29), Arras 574 [déb. 14e s.] (30), Baltimore Walters Art Museum W.137 (anc. Ashburnham App. 154) [4e q. 13e s.] (31), Bern 112 [3e q. 13e s.] (32), Bern 163 [3e q. 13e s.] (33), Besançon 856 [ca. 1300] (34), Epinal 125 (45) [Île de Fr. 4e q. 13e s.] (35), Genève fr. 85 [flandr. 3e q. 15e s.] (36), BL Roy. 15 E.I. [4e q. 15e s.] (37), Ars. 5220 (anc. Institut 326) [3e q. 13e s.] (39), Paris Ministère des Aff. Etr. Mém. 230bis [3e q. 13e s.] (40), BN fr. 67 [2e m. 13e s.] (41), BN fr. 68 [ca. 1450] (42), BN fr. 779 [ca. 1275] (43), BN fr. 2629 [ca. 1460] (44), BN fr. 2754 [ca. 1300] (46), BN fr. 2824 [ca. 1300] (47), BN fr. 2827 [ca. 1275] (48), BN fr. 9085 [Acre ca. 1280] (49), BN fr. 24208 [ca. 1275] (51), Bruxelles Bibl. roy. 9045 [ca. 1460] (53), Bruxelles Bibl. roy. 9492-93 [4[e] q. 13[e] s.] (54), Lyon Bibl. mun. Palais des Arts 29 [ca. 1300] (55), BN fr. 352 [Île de Fr. ca. 1350] (56), BN fr. 2825 [ca. 1300] (58), BN fr. 9061 [f° 1-58 18[e] s.] copie de BN fr. 9083 (59), BN fr. 22495 [Paris 1337] (61), BN fr. 22496-97 [Paris ca. 1350] (62), BN fr. 24209 [Île de Fr. 3[e] q. 14[e] s.] (63), Vat. Reg. lat. 737 [Île de Fr. 1er q. 14[e] s.] (64), Torino Bibl. naz. L.I.5 [15[e] s.] (65), Torino Bibl. naz. L.II.17 [Île de Fr. 1er q. 14[e] s.] (66), Amiens Bibl. mun. 483 [mil. 15e s.] (67), Bern 25 [1e m. 15e s.] (68), Boulogne-sur Mer 142 [Acre ca. 1285] (69), Peterburg RNB Fr.F.v.IV.5. [Acre ca. 1280] (71), BN fr. 2631 [It. ca. 1295] (74), BN fr. 9060 [18e s.] copie de BN fr. 9082 (75), BN fr. 9061 [f° 59-137 18e s.] copie de l'éd. Martène (76), BN fr. 9084 [Acre ca. 1285] (78); p. dans *Recueil des Historiens des croisades, Historiens occidentaux*, vol. 2 (1859) 1-481: l. XXIII-XXXIV, suite de → GuillTyrB.

ContGuillTyrM id.; ms. de base Bruxelles Bibl. roy. 11142 [pic. 2e q. 14e s.] (C), en var. surtout Ars. 4797 [2e m. 13e s.] (A; base des dernières 6 pages de l'éd.: début de Bern. le Tres.), Bern 340 [2e m. 13e s.] (B), Bern 41 [pic. 2e m. 13e s.] (D) f° 17-67; p. p. L. de Mas Latrie, *Chronique d'Ernoul et de Bernard le Trésorier*, Paris (Renouard) 1871; [cp. WoC 10,B,7]. Les p. 190-210 ont été reproduites dans → MichRayn p. 29-52 (avec peu de retouches).

ContGuillTyrCG id.; ms. BN fr. 9086 [Acre 3e q. 13e s.] (C, Folda n° 50), abrège ms. G; p. p. F. Guizot, *Collection des mémoires relatifs à l'histoire de France, depuis la fondation de la monarchie française jusqu'au 13e s.*, t. 19, *Histoire des croisades, Continuation de Guillaume de Tyr*, Paris (Brière) 1824. Avec trad. en regard. Texte très corrigé, le plus souvent sans justification. Le début se lit aussi dans → ContGuillTyrDM.

ContGuillTyrDM Continuation de → GuillTyr, première branche, traitant des années 1184-1197, rédaction particulière D aux sources diverses (en partie identique aux réd. A et B, mais beaucoup plus complète; prob. réd. originale); ca. 1200 (?); ms. unique pour l'ensemble de la réd. Lyon Bibl. mun. 828 (732) [Acre ca. 1280] (D), en var. (pour qqs. parties) Firenze Bibl. Med. Laurenz. Plut. LXI.10 [Acre ca. 1290] (Flor), BN fr. 2628 [Acre ca. 1265 et ca. 1280] (B); p. p. M. R. Morgan, *La Continuation de Guillaume de Tyr (1184-1197)*, Paris (Geuthner) 1982 (Doc. rel. à l'hist. des croisades 14); [= TL Cont. Guil. de Tyr M (TL Ernoul M concerne une étude du même auteur, *The Chronicle of Ernoul and the Continuations of William of Tyre*, Oxford 1973); Boss[2] 6029 n.]. Texte p. 17-107 et 109-199; texte correspondant du ms. Firenze aux p. 108-198 en regard du texte de Lyon.

ContGuillTyrRothA Continuation dite Rothelin de ContGuillTyr couvrant les années 1229-1261, suivant dans les mss. à → GuillTyr et ContGuillTyr (version 'G': 1184-1229, en var. dans l'éd. A, jusqu'au l. XXXIII ch. 12); contenant des passages tirés de → FetRom et → Sarrasin; après 1261; ms. de base BN fr. 9083 (anc. 'Rothelin') [Île de Fr., traits pic. isolés, 2e q. 14e s.], autres mss. v. Folda Script 27,94-95: n° 52-66 [60 = BN fr. 9083], cf. → SarrasinF p. VIIIs.; p. dans → ContGuillTyrA p. 485-639. Les mss. BN fr. 2825 et Vat. Reg. lat. 737 ajoutent une trad. fr. de De Excidio Urbis Acconis (un ajout, pas une continuation).

ContGuillTyrRothM id.; dans → JoinvM p. 261,-5 – p. 313. [Éd. M 305 = A 631.]

ContGuillTyrSalJ Continuation de → GuillTyr proche de l'Ernoul-Bernard abrégé, dite *Estoires d'Outremer et de la naissance Salehadin*; pic. ca. 1240; ms. de base BN fr. 770 [pic. (Douai) ca. 1285] (A), en var. BN fr. 12203 [pic. fin 13ᵉ s.] (B) et BN fr. 24210 [pic. mil. 15ᵉ s.] (C) (mss. nº 21-23 de Folda Script 27,93); p. p. M. A. Jubb, *A critical edition of the Estoires d'Outremer et de la naissance Salehadin*, London (Univ.: Queen Mary and Westf. Coll.) 1990. Contient, comme interpolations, → FillePonth²J (p. 59-89) et OrdeneChev-PrJ (p. 109-114).

ContGuillTyrSalM id., extrait touchant «L'estat de la cité de Iherusalem»; ms. de base B ('L'), corr. et var. d'après A ('K') et C ('M'); p. dans → Mich-Rayn 21-28.

[ContGuillTyr cp. GuillTyr.]

ContPerc¹A/T...R *Continuation Perceval*, appellée parfois *Continuation Gauvain* (prob. à distinguer une version courte, av. 1194?, prob. par Roger de Lisieux, mss. L et ASPUn, t. III 1, et une longue, après 1220?, mss. TV[D], t. I), vers octosyll.; pic. av. 1200; mss.: BN fr. 794 [champ. ca. 1235] (A), Edinburgh Nat. Libr. Adv. 19.1.5 [champ. mérid. 1ᵉ m. 13ᵉ s.] (E), Bern 113 [bourg., qqs. traits pic., fin 13ᵉ s.] (K), BL Add. 36614 [cette partie pic. 2ᵉ m. 13ᵉ s.] (L), Montpellier Ec. de Méd. 249 [bourg. 2ᵉ m. 13ᵉ s.] (M), Mons Univ. 331/206 (4568) [tourn. 2ᵉ m. 13ᵉ s.] (P) [prol. de ce ms., → Elucidation], BN fr. 1429 [champ. mérid. 2ᵉ m. 13ᵉ s.] (Q), BN fr. 1450 [pic. 2ᵉ q. 13ᵉ s.] (R) fragm., BN fr. 1453 [traits norm. déb. 14ᵉ s.] (S), BN fr. 12576 [pic.sept. 2ᵉ m. 13ᵉ s.] (T), BN fr. 12577 [frc. (Paris) ca. 1330] (U), BN nfr. 6614 [pic.sept. 2ᵉ m. 13ᵉ s.] (V), Nancy Arch. dép. 1F342 [pic. 3ᵉ q. 13ᵉ s.] (n) fragm. (365 vers de la 1ᵉ Cont. et 1700 vers de la 3ᵉ, éd. MedRom 39,293-320); p. p. W. Roach, *The continuations of the Old French Perceval of Chretien de Troyes*, I, *The First Continuation, Redaction of Mss TVD*, Philadelphia (Univ. of Penns. Press) 1949 [texte du ms. T, var. surtout de V et D qui est mha.]; II, *Redaction of Mss EMQU*, p. p. W. Roach – R. H. Ivy, 1950 [texte de E, vers 16579-19006 ms. M, var. de M, Q, U]; III, 1, *Redaction of Mss ALPRS*, p. p. W.R., Philadelphia (The Am. Philos. Soc.) 1952 [texte de L sur les pages paires 2-600, A sur 3-601 avec var. de S et P, fragm. R p. 603-638]; III 2, *Glossary of the First Continuation*, par L. Foulet, 1955; [= TL Cont. Perc. R *et* Cont. Perc. R III 2 (= gloss. Foulet); FEW ContPerc; Boss 1851]. La concordance avec l'éd. P donnée en marge peut servir à joindre les mss.-versions. Pour la question des versions v. Zufferey R 127,323.

ContPerc¹P id.; ms. P; p. p. Ch. Potvin, *Chrestien de Troyes, Perceval le Gallois*, 6 vol., Mons (Dequesme-Masquillier) 1865-1871, t. II 10602-20148 [t.3, 48-368] → ContPerc¹T/...R; III 20149-21916 [t.4, 1-59] → R (qui donne la concord. en marge); [= Boss 1849]. Contient aussi → Perl²P.

ContPerc²R Deuxième *Continuation Perceval* attribuée à tort à Wauchier de Denain; ca. 1200; mss. A, E, K, L, M, P, Q, S, T, U et V (v. ContPerc¹), version A aux pages paires 2-62 avec les autres mss. sauf ET en var., version E avec T en var. aux p. impaires 3-63 et p. 64-512 avec les autres mss. en var.; p. p. W. Roach, *The continuations of the Old French Perceval of Chretien de Troyes*, IV, *The Second Continuation*, Philadelphia (The Am. Philos. Soc.) 1971; [= TL Cont. Perc. R IV; Boss² 3866]. Cp. → CorleyCont² contenant une liste d'errata corrigeant la transcription du ms. E (p. 166-170).

ContPerc²P id.; ms. P p. dans → ContPerc¹P III 21917-30498 [t.4, 59-341] (→ ContPerc²A/...R); IV 30499-34934 [t.5, 1-150] (→ ContPerc²A/...R).

ContPerc²KR id.; ms. Bern 113 [bourg., qqs. traits pic., fin 13ᵉ s.] (K); extraits p. dans A. Rochat, *Über einen bisher unbekannten Percheval li Galois*, Zürich (Kiessling) 1855; [= Boss 1853].

ContPerc²LC¹ id.; transcription des vers 9509-10404 (= ContPerc²AR 9457-10268) du ms. BL Add. 36614 [cette partie pic. 2ᵉ m. 13ᵉ s.] (L) dans → CorleyCont¹ p. 230-254.

ContPerc²LC² id.; dans → CorleyCont² p. 171-189. Contient un glossaire (p. 88-165) qui concerne la transcription du ms. L, mais les renvois se font à la numérotation de ContPerc¹AR!

ContPerc³R Troisième *Continuation Perceval* par Manessier; ca. 1220 (prob. entre 1214 et 1227); mss. E, M, P, Q, S, T, U et n, ms. de base jusqu'au v. 40692: E (39813-39972: Q), de 40693 à 42490: Q, jusqu'au v. 42668: M; p. p. W. Roach, *The continuations of the Old French Perceval of Chretien de Troyes*, V, *The Third Continuation by Manessier*, Philadelphia (The Am. Philos. Soc.) 1983.

ContPerc³P id.; ms. P p. dans → ContPerc¹P IV 34935-40472 [t.5, 150-326]; V 40473-45379 [t.6, 1-155].

ContPerc⁴B Quatrième *Continuation Perceval* par Gerbert de Montreuil, s'intercalant entre la 2ᵉ et la 3ᵉ continuation; pic. 2ᵉ q. 13ᵉ s.; mss. T et V (v. ContPerc¹); extrait, Tristan menestrel, p. p. J. Bédier, "Tristan Ménestrel, extrait de la continuation de Perceval p. Gerbert", *R* 35 (1906) 497-530; [= TL Trist. Men.].

ContPerc⁴P

ContPerc⁴P id.; résumé avec de courts extraits et un long (*Le mariage de Perceval*, p. 189-213) du texte de Gerbert, tiré du ms. T (en théorie vers 34935-52025); p. dans → ContPerc¹P [V] t. 6, p. 161-259.

ContPerc⁴TW id., texte du ms. T; pic. 2ᵉq. 13ᵉs.; ms. de base BN fr. 12576 [pic.sept. 2ᵉm. 13ᵉs.] (A, = T), en var. ms. lacunaire BN nfr. 6614 [pic.sept. 2ᵉm. 13ᵉs.] (B, = V); p. p. M. Williams, *Gerbert de Montreuil, La continuation de Perceval*, 2 vol., Paris (Champion) 1922-1925 (CFMA 28 et 50); [= TL Gerb. Montr. Cont. Perc.; Boss 1852]. Vers 1 = v. 34934 dans ContPerc⁴P. Suite de la publ.: → ContPerc⁴TO.

ContPerc⁴TL id.; même ms. de base (A = T) et de contrôle (B = V); p. p. F. Le Nan, *Gerbert de Montreuil. La continuation de Perceval. Quatrième continuation*, Genève (Droz) 2014 (TLF 627).

ContPerc⁴TO id.; ms. T (V faisant défaut) p. p. M. Oswald, *Gerbert de Montreuil. La continuation de Perceval, III: vers 14079-fin*, Paris (CFMA) 1975 (CFMA 101); [= Boss² 3867]. Suite de → ContPerc⁴TW; notes, var. et gloss. couvrent les trois vol.

ContenFamesF Dit misogyne, appelé *La contenance des fames*, incip. *Se homs congnoissoit l'avantage*, en vers octosyll.; déb. 14ᵉs.; ms. de base Dijon 525 (298) [Paris 1355-1362] (D), complété (et var.) par BN fr. 1593 [frc., faibles traits lorr. fin 13ᵉs.] (P), autres var. de Besançon 592 [2ᵉt. 15ᵉs.] (B) et BN fr. 12483 [mil. 14ᵉs.] (R); p. p. W. Pfeffer dans G. K. Fiero et al., *Three Medieval views of women*, New Haven – London (Yale Univ. Pr.) 1989. Contient aussi → BienFamesF et BlasmeBF.

ContenFamesJ id.; dans → JubNRec 2,170-177.

ContiniDue G. Contini, *Poeti del duecento*, 2 vol., Milano – Napoli (Ricciardi) 1960.

CoquillartF Guillaume Coquillart, œuvres [certaines attributions sont douteuses]; 3ᵉt. 15ᵉs. [en partie dates précises (p.ex. 1478) ou probables (fin 15ᵉs.)]; texte critique basé sur plusieurs impr. (corr. documentées) p. p. M. J. Freeman, *Guillaume Coquillart, œuvres, suivies d'œuvres attribuées à l'auteur*, Paris – Genève (Droz) 1975 (T.L.F. 218).

CoquillartH id.; p. p. C. d'Héricault, *Œuvres de Coquillart*, 2 vol., Paris (Jannet) 1857 (Bibl. Elzév.); [= Boss 4777].

CorBe *Lai du Cor*, par un certain Robert Biket, en vers hexasyll.; agn. fin 12ᵉs.; ms. unique Oxford Bodl. Digby 86 [agn. 1272-82]; p. p. Ph. E. Bennett, *Mantel et Cor. Deux lais du XIIᵉ siècle*, Exeter (Univ. Print. Unit) 1975; texte p. 43-63; [= TL Cor B; Dean 177; Boss² 2841; cf. Boss² 2839: autre éd.]; [= CorB]. Contient aussi → MantelB.

CorE id.; p. p. C. T. Erickson, *The Anglo-Norman Text of* Le lai du cor, Oxford (Blackwell) 1973 (Anglo-Norman Texts 24); [= AND Cor; TL Lai du Cor E *et* Cor E; Boss² 2837].

CorW id.; p. p. F.-A. Wulff, *Le lai du Cor. Restitution critique*, Lund (Gleerup) 1888; [= TL Cor; Vising 40; Boss 1538; Hol 1019].

Corb Jean Corbechon (ou Corbichon), *Livre des proprietez des choses*, abrège et traduit Bartholomaeus Anglicus, De proprietatibus rerum (188 mss. complets, ca. 1240); 1372; ms. BN fr. 22531 [ca. 1418] (F36), BN fr. 22532 [ca. 1480] (F37), BN fr. 22533 [15ᵉs.] (F38), BN fr. 22534 [15ᵉs.], BL Add. 11612 [Paris ca. 1400] (F14), Reims Bibl. mun. 993 [fin 14ᵉs.] (F42), Jena El. f. 80 [Paris ca. 1400], pour les autres 39 mss. et impr. v. ci-dessous et H. Meyer, *Die Enzyklopädie des Bartholomäus Anglicus*, München (Fink) 2000, p. 327-361; inédit dans l'ensemble; [= FEW Corb 1372, ca. 1372, ca. 1370; le FEW exploite le dépouillement de DelbRec d'un impr. de 1522 (texte souvent assez éloigné)]; cp. Boss² 7654 (éd. du l. 15 par W. J. Humphries); DLF² 127. Éd. du l. 7 par S. Louis, thèse Rouen 1982 (?), inédite. Autre trad. (l. 15) → BartRegions. Indépendant: → ProprChos.

CorbH id., chap. œnolog. du livre XVII; ms. de base Reims Bibl. mun. 993 [fin 14ᵉs.] (R), en var. Bruxelles Bibl. roy. 9093 [ca. 1420] (A), Bruxelles Bibl. roy. 9094 [ca. 1400] (B) et un impr.; p. dans → HenryŒn 1,54-65; 2,50-56 [n°5].

CorbR id.; livre 3, chap. 3 (ms. BN fr. 22531 f° 34), l. 15 ch. 56 (f°237-8), l. 16 ch. 86 (BN fr. 16993 f°237-8), l. 17 ch. 90 (f°262); p. p. B. Ribémont, "Les encyclopédies médiévales. Une première [!] approche du genre", dans P. Guichard et al., *Comprendre le XIIIᵉ siècle*, Lyon (PUL) 1995, 237-259, textes 253-257. Sans dat. des mss.; 1932 lire 1372.

CorbS id., livre 19 *qui traite des differances des couleurs*; BN fr. 22531 f°372b-378d; p. p. M. Salvat, "Le traité des couleurs de Barthelemi l'Anglais (XIIIᵉ s.)", *Senefiance* 24 [Les couleurs au moyen âge] (Aix, CUERMA) 1988, 359-385.

CorbS² id.; livre 8, chap. 28, *qui parle du soleil*, et 29, *qui parle de la lune*; ms. BN, f°159a-162a; p. p. id., dans *Senefiance* 13 [Le soleil...], 1983, 339-357.

CordouanierS *Dit du cordouanier*, poème moral; 13ᵉs.; ms. BN fr. 24432 [frc. av. 1349]; p. p. A. H.

Schutz – N. H. Fisher, "Le Dit du Cordouanier", *RoR* 22 (1931) 130-136; [= TL Dit du cordouanier; Boss 5480].

CorleyCont[1] C. F. V. Corley, *The Second Continuation of the Old French Perceval. A critical and lexicographical study*, thèse Edinburgh 1983 [Brit. theses service D. 49710/84F]. Concerne → ContPerc²R; contient → ContPerc²LC¹.

CorleyCont[2] id., London (The Mod. Hum. Res. Ass.) 1987. Contient → ContPerc²LC².

Corn 1694 T. Corneille, *Le dictionnaire des arts et des sciences*, 2 vol., Paris (Coignard) 1694; [= FEW Corn 1694]. Destiné à compléter Ac 1694; contient «un fort grand nombre de vieux mots, à quoy on a ajousté des exemples, ou du Roman de la Rose, ou des plus anciens Poëtes.» [1, [3]].

CornetesP Le Dit des Cornetes, poème misogyne en tercets coués en octo- et quadrisyllabes; 2ᵉm. 13ᵉs.; ms. unique BN fr. 837 [frc. 4ᵉq. 13ᵉs.]; p. p. M. Pagano, *Dit des Cornetes*, Napoli 1982; [= TL Dit des Cornetes P].

CornetesJ id.; dans → JubJongl 87-93.

Corom J. Corominas, *Diccionario crítico etimológico de la lengua castellana*, 4 vol., Bern (Francke) 1954-1957 [réimpr. 1970]; [= FEW Corom].

Corom[2] J. Corominas – J. A. Pascual, *Diccionario crítico etimológico castellano e hispánico*, 6 vol., Madrid (Gredos) 1980-1991. À compléter par → CoromCat; cf. MeierCor.

CoromB[2] J. Corominas, *Breve diccionario etimológico de la lengua castellana*, 2ᵉ éd., Madrid (Gredos) 1967 (Biblioteca Románica Hispánica).

CoromB[3] id., tercera ed. muy revisada y mejorada, Madrid (Gredos) 1973 et réimpr.

CoromCat J. Coromines – J. Gulsoy – M. Cahner, *Diccionari etimològic i complementari de la llengua catalana*, 9 vol., Barcelona (Curial ed. cat. – La Caixa) 1980-1991.

CorrienteAr F. Corriente, *Diccionario de arabismos y voces afines en Iberorromance*, Madrid (Gredos) 1999. Bon point de départ.

CorrienteAnd F. Corriente, *A dictionary of Andalusi Arabic*, Leiden (Brill) 1997.

CorrienteLoan F. Corriente, *Dictionary of Arabic and allied loanwords: Spanish, Portuguese, Catalan, Galician and kindred dialects*, Leiden – Boston (Brill) 2008 (HdO 1,97). La préface se plaint des pressions nationalistes contre la recherche arabisante en Espagne. Inclut des emprunts indépendants de l'al-Andalus ('allied').

CortZol M. Cortelazzo – P. Zolli, *Dizionario etimologico della lingua italiana*, Bologna (Zanichelli) 1979-1988.

CortZol[2] id., 2ᵉ éd. p. p. M. Cortelazzo – M.A. Cortelazzo, *Il Nuovo Etimologico. DELI*, 1999.

CortelazzoInfl M. Cortelazzo, *L'influsso linguistico greco a Venezia*, Bologna (Pàtron) 1970 (Linguistica 2).

Cotgr 1611 R. Cotgrave, *A Dictionarie of the French and English Tongues*, London 1611 (réimpr. Hildesheim – New York (Olms) 1970); [= FEW Cotgr 1611]. Sources, v. RLiR 51,37 n.3; ZrP 106,225-288; RF 98,178-179: essentiellement 16ᵉs.

CoucyChansL Chansons attribuées à un Chastelain de Coucy, identifié avec Renart de Magny ou, plus prob., avec Gui de Ponceaux; fin 12ᵉs.; ms. principal utilisé BN fr. 844 [pic. 2ᵉm. 13ᵉs.] (**M**), nombre d'autres en var.; p. p. A. Lerond, *Chansons attribuées au chastelain de Couci*, Paris (PUF) 1964; [= TL Chastelain de Couci Chansons; Boss² 4457].

CoucyChansF id.; textes lachmanniens picardisés, aux erreurs multiples p. p. F. von Fath, *Die Lieder des Castellans von Coucy*, Heidelberg (Horning) 1883; [= TL Cast. Ccy].

CoucyChansM id.; textes établis d'après plusieurs chansonniers; p. p. F. Michel, *Les chansons du châtelain de Coucy*, Paris (Crapelet) 1830; [= TL Cast. Ccy].

CoudertMos J. Coudert, *Les rapports de droits de la Moselle romane (XIIIᵉ - début du XVIIᵉ siècle)*, Paris (Com. Trav. hist. et sc.) 2008 (Coll. doc. inédits sur l'hist. de Fr. 8°,42). Doc. lorr. à partir du 13ᵉs.; datations difficiles et à reconsidérer (p. ex. p. 221). Glossaire sans renvois! Plusieurs textes aussi dans → BonnardotMetz (transcription assez identique).

CouleursVatG Traité sur les couleurs; agn. 1ᵉm. 13ᵉs.; ms. Vat. Barberini lat. 12 [agn. ca. 1300] f°126r°-128r°; 136r°-137r°; 141r°-141v°; p. dans → MarscaucieChevG, texte p. 61-67; [= Dean 387, où d'autres bribes de textes simil.]. À utiliser avec prudence.

CouplMarL Petit poème en couplets de huit vers octosyll. sur le mariage; 1ᵉm. 13ᵉs.; ms. Bern 354 [bourg.sept. déb. 14ᵉs.] (B), en var. Clermont-Ferrand Arch. dép. 2 (F2) [cette partie agn. fin

CouplMarL

13ᵉs.] (P) fragm.; p. p. A. Långfors, "Couplets sur le mariage", *R* 50 (1924) 267-277; [= TL Coupl. Mariage].

CouplMarM id.; fragm. de Clermont-Ferrand p. p. P. Meyer, "Couplets sur le mariage", *R* 26 (1897) 91-95; [= TL Gedicht über d. Heiraten].

CourEstienne Charte émise lors du couronnement d'Estienne de Blois (*Estemble*), roi d'Angleterre, promettant le maintien des lois de Henri I et d'Édouard le Confesseur, texte lat. 1135, trad. fr.; agn. 1135 ou peu après; ms. BL Harl. 458 [agn. déb. 13ᵉs.] f°4v°; inédit (v. earlyenglishlaws.ac.uk). Texte lat. dans le même ms.

CourLouisLe *Couronnement de Louis*, chanson de geste du cycle de Guillaume d'Orange, rédaction en laisses de vers décasyll. dite AB; 2ᵉt. 12ᵉs.; ms. de base BN fr. 1449 [frc. 3ᵉq. 13ᵉs.] (A²), en var. BN fr. 774 [frc., faibles traits du N.-E., 3ᵉq. 13ᵉs.] (A¹), BN fr. 368 [lorr. 1ᵉm. 14ᵉs.] (A³) fragm., Milano Bibl. Trivulziana 1025 [frc. 3ᵉt. 13ᵉs.] (A⁴), BL Roy. 20 D.XI [traits pic., prob. Paris ca. 1335] (B¹), BN fr. 24369-24370 [prob. Paris, traits pic., ca. 1335] (B²); p. p. Y. G. Lepage, *Les rédactions en vers du Couronnement de Louis*, Genève – Paris (Droz) 1978 (T. L. F. 261). [= TL Cour. Louis L; Boss² 1105]. Le texte occupe les pages impaires 3-421; cp. → CourLouisC et -D. Pour le problème ms. / version / éd. voir Baker ActesPhilLex 25-27. Bibliographie: Ph. E. Bennett, *The cycle of Guillaume d'Orange or Garin de Monglane. A critical bibliography*, Woodbridge (Tamesis / Boydell & Brewer) 2004 [à compléter par DEAFBibl].

CourLouisJ id.; ms. de base BN fr. 774 (A), en var. BN fr. 368 (B) et BN fr. 24369 (V); p. p. W. J. A. Jonckbloet, *Guillaume d'Orange. Chansons de geste des XIᵉ et XIIᵉ siècles*, 2 vol., La Haye (Nyhoff) 1854, Li coronemens Looys, t. 1, 1-71; [= TL Cor. Lo.¹ et Guil. d'Or.]. Contient aussi → CharroiJ, PriseOrAJ, ChevVivJ et AliscJ.

CourLouisL¹ id.; éd. lachmannienne basée surtout sur les mss. A¹, A² et A³, en var. les autres mss. et, en app., le texte du ms. D (p. 121-129), vers 1206-2733 de C (p. 130-170) et les fragm. E; p. p. E. Langlois, *Le couronnement de Louis*, Paris (Didot) 1888 (SATF 26); [= TL Cor. Lo.; FEW CourLouis (1); Boss 297].

CourLouisL² id.; éd. Paris ²1925 et ³1938 (CFMA 22); [= TL Cour. Louis (¹1920); Boss 298]. Édition inutilisable. Glossaire complet de l'éd. ²1925: R. Levy, *Li coronemenz Looïs, Glossaire*, Baltimore 1932 [pas mentionné dans l'éd. Lepage].

CourLouisCLe id., rédaction C; pic. mil. 13ᵉs.; ms. Boulogne-sur-Mer 192 [art. 1295], fragments d'un même ms.: BN nfr. 5094 [rec. fact., cette partie pic. mil. 13ᵉs.] et Mulhouse H. Longuet; p. dans → CourLouisLe, pages paires 2-414 et 423-429.

CourLouisDLe id., version courte (315 vers), archaïque (ancêtre pic.?), fixée vers le milieu du 13ᵉs.; lorr.mérid. mil. 13ᵉs.; ms. BN fr. 1448 [lorr.mérid. 3ᵉq. 13ᵉs.]; p. dans → CourLouisLe p. 430-442.

CourRenF Le Couronnement de Renard, en vers octosyll.; pic.orient. 3ᵉq. 13ᵉs.; ms. unique BN fr. 1446 [cette partie 1295 ou peu av.] (R); p. p. A. Foulet, *Le couronnement de Renard*, Princeton N. J. (Princeton Univ.) 1929 (Elliott Monographs in the Romance languages and literatures 24; réimpr. New York, Kraus, 1965); [= TL Cour. Ren. F; FEW CourRen]. Un tiers du texte (v. 1675-2794) est p. p. S. Lefèvre dans → RenHS p. 869-896; 1421-1438.

CourRenM id.; p. dans → RenMéon t. 4, 1-123; [= TL Cour. Ren.].

CourcyVaillP Jean de Courcy, *Le Chemin de Vaillance*, poème allégorique moralisant de 40000 vers octosyll.; 1424; ms. BL Roy. 14 E.II [ca. 1480]; extraits p. p. A. Piaget, "Le Chemin de Vaillance de Jean de Courcy", *R* 27 (1898) 582-607; [= TL Jean de Courcy].

CourcyVaillD id.; rééd. partielle par B. D. Dubuc, *Étude critique et édition partielle du* Chemin de Vaillance *de Jean de Courcy*, thèse Storrs, Univ. of Connecticut 1981 (Univ. Microf. RWC 81-19003).

CoursLuneD Description des phases de la Lune puisant dans un savoir large; déb. 14ᵉs.; ms. BN fr. 2485 [cette partie lorr. 1ᵉm. 14ᵉs.]; p. p. Stephen Dörr, "Qui vet savoir le cours de la Lune. Edition und sprachliche Analyse", → MélMöhren 85-93. C.r. RF 127,217-218.

CourtAmS *Court d'amours*, poème allégorique inspiré par le Roman de la Rose, par Mathieu le Poirier (Mahiu li Poriier), vers octosyll.; pic. fin 13ᵉs.; ms. unique BN nfr. 1731 [ca. 1300] incomplet du début; p. p. T. Scully, *Le Court d'Amours de Mahieu le Poirier et la Suite anonyme de la Court d'Amours*, Waterloo, Ont. (Wil. Laur. Univ. Press.) 1976; [= Boss² 5053; cp. Boss 2802]. Suite → CourtAmsS. Cf. CourtAmH 741-754. Cp. → CapMartR.

CourtAmH id.; spécimen de 200 vers (317-515) p. p. J.-M. d'Heur et M. Zink dans → MélWathWill 1978, 125-142, avec une sorte de critique de CourtAmS, 741-754.

CourtAmsS Suite de → CourtAm, dans le ms. séparé de ce texte par → CapMart; pic. fin 13ᵉs.; ms.

unique BN nfr. 1731 [ca. 1300]; p. dans → CourtAmS 113-241.

CourtArrH Le Courtois d'Arras, jeu bourgeois en vers octosyll. rimés; art. déb. 13[e]s.; texte crit. basé sur le ms. A et impression parallèle des mss.: BN fr. 1553 [pic. 1285 n.st.] (A), BN fr. 837 [frc. 4[e]q. 13[e]s.] (B), BN fr. 19152 [frc. fin 13[e]s.] (C), Pavia Univ. Aldini 219 (130.E.5) [déb. 14[e]s.] (D); p. p. M. Hanser, *Courtois d'Arras*, thèse Würzburg 1993. Éd. à préférer; cp. RLiR 60,610-612. Avec gloss. complet.

CourtArrF id.; éd. 'critique' avec le ms. A comme point de départ p. p. E. Faral, *Courtois d'Arras. Jeu du XIIIe siècle*, Paris (Champion) 1911 (CFMA 3); [= TL Court. d'Arras; FEW Courtois]. Les réimpr. 1961 et 1967 réimpriment l'éd. 1911, pas celle de 1922 (v. éd. H p. 117). A. Pauphilet exploite l'éd. F, éd. 1922, pour son impression dans *Jeux et sapience*, s.l. [Paris] 1951, 107-131.

CourtArrD id.; ms. B; p. p. J. Dufournet, *Courtois d'Arras (L'Enfant prodigue)*, Paris (Flammarion) 1995.

CourtArrM id.; ms. de base A, les autres en var.; p. p. G. Macrì, *Li lais de Courtois*, Lecce (Adriatica Ed. Salent.) 1977; [= Boss[2] 6381; cp. TL Court. d'Arras M]. Avec reprod. d'une page de chaque ms.

CourtBarM *Curia Baronum*, sorte de manuel pratique pour des plaideurs en cour baroniale, appelé dans le prol. *le cours de court de baroun*; agn. fin 13[e]s.; les exemples 1-5, 10-44 sont publiées d'après ms. Cambridge Univ. Ll.IV.17 [agn. 1[er]t. 14[e]s.], 6-9 d'après ms. Cambridge Univ. Mm.I.27 [agn. prob. 1282], 45-58 ms. unique BL Harl. 409 [agn. 3[e]t. 13[e]s.], les autres mss. ne donnent pas tous les exemples 1-44 en entier: BL Harl. 748 [agn. 1[er]t. 14[e]s.], BL Egerton 656 [agn. ca. 1300], BL Add. 5762 [agn. ca. 1300], BL Lansdowne 467 [agn. 1[e]m. 14[e]s.]; p. p. F. W. Maitland – W. P. Baildon, *The Court Baron*, London 1891 (Selden Soc. 4); [= Vising 351; AND Court Bar].

CourtDonneurS Dit du *Courtois donneur*; pic. 2[e]m. 13[e]s.; ms. BN fr. 25566 [pic. (Arras) prob. 1295]; p. p. W. Söderhjelm, "Le dit du courtois donneur", → MélWahlund 51-61; [= TL Court. Donn.]. Graphies normalisées, mais indiquées en notes.

CourtParV *La court de Paradis*, poème pieux au sujet d'un bal que Jésus donne au ciel (titre du ms. C: *La feste de Touz Sainz et la querole de paradis*), contenant des refrains de chansons de danse, en vers octosyll. rimés; 2[e]m. 13[e]s.; ms. de base BN fr. 25532 [pic. 2[e]m. 13[e]s.] (B), en var. BN fr. 837 [frc. 4[e]q. 13[e]s.] (A) et BN fr. 1802 [traits pic. 14[e]s.] (C); p. p. E. Vilamo-Pentti, *La court de paradis*, Helsinki 1953 (Ann. Acad. Scient. Fenn. B 79,1); [= TL Court Par.; FEW CourtPar].

CoussemakerCysoing I. de Coussemaker, *Cartulaire de l'abbaye de Cysoing et ses dépendances*, Lille (Impr. S. Aug.) 188[6]; [= Stein 1115]. Cart. factice, reproduisant un cart. de 1517, en insérant des doc. isolés; orig. flandr. à partir de 1234. Cité par Gdf comme 'Cart. de Cysoing' sans donner la source directe, mais avec la pagination de Coussemaker (la plupart des datations sont erronées).

CoutAnjB Coutumes de la Touraine, de l'Anjou et du Maine, titre: *Ce sunt les coustumes d'Anyou et dou Maigne*, contenant 177 paragraphes numérotés d'origine; Ouest 3[e]q. 13[e]s. (?; après 1246, prob. avant 1273); ms. de base Ars. 2465 (anc. Jurispr. fr. 127) [1[e]m. 14[e]s.] (A), en var. BN fr. 5359 [av. 1388] (B); p. dans → BeautBeaup 1,63-176 (texte 'B'). Texte à la base d'une bonne partie de → EtSLouis. [Les passages cités dans le DEAF sont contrôlés sur une copie de Ars. 2465 (les n[os] de § se retrouvent dans le ms., § 101 se trouvant sur le f°7v°b).]

CoutAnjAB id., rédaction 'A', parallèle à 'B' (?); Ouest 3[e]q. 13[e]s. (?); ms. BN fr. 13985 [ces feuillets fin 13[e]s.?]; p. dans → BeautBeaup 1,41-62.

CoutAnjcB id., version glosée (texte 'C' de l'éd.); 1385; ms. BN fr. 18922 (anc. S. Germ. Harl. 424) [ca. 1400]; p. dans → BeautBeaup 1,177-355.

CoutAnjEB id., rédaction dite 'officielle' (= texte 'E' de l'éd.); 1411 (ajouts de 1426 et 1432); ms. de base Paris Cour de Cassation 3.h.139 [ca. 1445] (Cas), en var. Vat. Ottoboni lat. 2962 [ca. 1400] (O), Tours 674 [ca. 1450] (T); p. dans → BeautBeaup 1,375-606. C'est le texte cité par DG (d'après DelbRec).

CoutAnjV id.; texte basé sur Ars. 2465 (ε) et BN fr. 5359 (ζ), 'amélioré' et arrangé suivant EtSLouis, p. dans → EtSLouisV 3, 1-104. (§ 58 = éd. B § 74; 85 = 101; etc.)

CoutArtT Coutumier d'Artois; art. ca. 1300; ms. de base BN fr. 5249 (anc. 9822.3.a) [14[e]s.], en var. BN fr. 5248 [pic. 14[e]s.] f°57-125; p. p. A. Tardif, *Coutumier d'Artois*, Paris (Picard) 1883; [= FEW TardifCoutArt].

[CoutBeaum → BeaumCout.]

CoutBelg *Recueil des anciennes coutumes de la Belgique*, p. p. M.N.J. Leclercq et al., Bruxelles 1867-; [= FEW CoutBelg]. Contient CoutFland, CoutHain, etc.; source dangereuse, v. ZrP 77,85-137, spéc. 134. Vérifier l'identité des doc.! Certaines coutumes se retrouvent dans → CoutGén.

CoutBourgM *Li usage de Borgoigne*, réd. privée de coutumes bourguignonnes; fin 13ᵉs.; ms. non identifié par l'éd., perdu? [fin 14ᵉs.]; p. p. A. J. Marnier, "Ancien coutumier de Bourgogne", *Rev. hist. droit fr. et étr.* 3 (1857) 525-560, aussi à part, en 1858; [= TL Cout. Bourg.].

CoutBourgGP Coutumier de Bourgogne, compilation glosée, contenant des parties lat. et surtout fr.; bourg. fin 14ᵉs.; ms. de base Beaune Bibl. mun. 24 (25) [terminé 1400] (A); qqs. corr. d'après la copie de ce ms., BN nfr. 1230 [déb. 15ᵉs.] (B), autre ms. Dijon 293 (216) [déb. 15ᵉs.]; p. p. M. Petitjean – M.-L. Marchand – J. Metman, *Le coutumier bourguignon glosé*, Paris (CNRS) 1982. Contient aussi la description des mss. de la compilation 'dijonnaise' [→ CoutBourgM] et de la compilation 'beaunoise' (fin 13ᵉs.).

CoutBourgGDG id., ms. Dijon, très peu glosé; p. p. C. Giraud, *Essai sur l'histoire du droit français au moyen âge*, t. 2, Paris – Leipzig (Videcoq) 1846, 268-328. Ordre du texte à corr.: art. 1-231, 292-310, 232-291. Gloses non éditées; à lire dans → CoutBourgMC 17 n.2.

CoutBourgMC Coutumier bourguignon dit de Montpellier, composé de deux parties distinctes, l'une (§ 1-114) prob. de 1315, l'autre (§ 115-160) peu postérieure; ca. 1315; ms. Montpellier Ec. de Méd. 386 [prob. entre 1315 et 1334]; p. p. E. Champeaux, *La Compilation de Bouhier et les coutumiers bourguignons du XIVᵉ siècle; Le Coutumier bourguignon de Montpellier (manuscrit H. 386)*, Paris (Picard) – Dijon (Nourry) 1907 (texte p. 60-103, = NRevHistDr 30, 1906, 783-807; 31, 1907, 72-92).

CoutBretP Coutume de Bretagne, traité de droit et recueil de coutumes aux explic. étendues, prose; hbret. ca. 1320; ms. de base Rennes 72 (70) [mil. 14ᵉs.] (A), en var. surtout BN fr. 11541 [mil. 14ᵉs.] (H), autres mss.: Rennes 73 (71) [2ᵉm. 15ᵉs.] (B), Rennes 599 [mil. 15ᵉs.] (C), Rennes 74 (72) [fin 15ᵉs.] (D), Rennes 71 [2ᵉq. 14ᵉs.] [E] cité par Gdf comme 'ms. de Saint-Brieuc', Nantes Bibl. mun. 92 [mil. 15ᵉs.] (F), Vitré Ille et Vilaine A. de la Borderie (?) [ca. 1460] (G), Saint-Brieuc 11 [fin 15ᵉs.] (G²), Saint-Brieuc 12 [ca. 1500] (G³), Châteaulin Y. Raison du Cleuziou (?) [2ᵉm. 15ᵉs.] (G⁴), BN fr. 1938 [15ᵉs.] (I), BN fr. 14396 [2ᵉm. 15ᵉs.] (J), BN fr. 14397 [mil. 15ᵉs.] (K), BN fr. 14398 [1454] (L), BN nfr. 4173 [15ᵉs.] (M), BN nfr. 4174 [15ᵉs.] (N), Ars. 2570 [1437] (O), Paris Sénat 8966 [15ᵉs.] (P), Paris ou Amsterdam? [16ᵉs.?] (P²), BL Harl. 4398 [15ᵉs.] (Q), BL Add. 8876 [2ᵉm. 15ᵉs.] (R), BL Add. 15550 [15ᵉs.] (S), BL Add. 23968 [fin 14ᵉs.] (T), BL Add. 27461 [2ᵉm. 15ᵉs.] (U), Cheltenham Phillipps 21859 (où?) [15ᵉs.] (V) dernier chap. manque, Leiden Univ. Meijers 1 [Bret. 1480], plus fragm. et impr. (v. p. 39-40), l'impr. Paris 1521 (l) contient une glose anonyme (citée en var. comme 'L'A'); p. dans → Planiol p. 51-312, y suivent des textes de dates diverses. Des corr. sont placées entre crochets.

CoutCaen1326S Registre des revenus du douaire de Jeanne d'Evreux, sis dans les vicomtés de Caen, de Bayeux et de Falaise; norm. 1326; ms. (copie) AN P.1933 [1461] (158 fᵒˢ); extraits p. p. R. F. N. Sauvage, *Les coutumes des métiers de Caen en 1326*, Caen (Jouan) 1914 (Mém. de l'Ac. de Caen, Doc.), 1-31. Éd. p. 7ss. = fᵒ1ss.; p. 11ss., fᵒ45ss.

CoutChampP Coutumier (privé) de Champagne, s'appuyant sur des cas (les derniers arrêts cités, souvent en détail, datent de 1295: Troyes); champ.mérid. (Troyes/Chaumont) 1295 (ou peu après); ms. de base BN fr. 25546 [cette partie ca. 1300] (A), en var., et texte complété par les mss. Provins 29 (91) [1315 ou peu après] (B), BN fr. 5256 [fᵒ1-6, fragm., ca. 1370] (C), BN fr. 5256 [fᵒ168-182: av. 1380] (D), BN fr. 19832 [fin 15ᵉs.] (E), BN fr. 5317 [déb. 16ᵉs.] (F), Stockholm Kungl. Bibl. (Stephens 29) [déb. 16ᵉs.] (G), BN fr. 5257 [16ᵉs.] (H), BN Dupuy 426 [déb. 17ᵉs.] (I), impr. Pierre Pithou (Troyes – Paris, S. Cramoisy, 1609); p. p. P. Portejoie, *L'ancien coutumier de Champagne*, Poitiers (Oudin) 1956; [= Boss² 5441]. Avec var. et notes hist. copieuses; sans glossaire.

CoutChartreux Coutumes des frères lais de la Chartreuse de Dijon; bourg. 13ᵉs.; ms. Dijon 618 (366) [bourg. 13ᵉs.]; inédit (cité par Gdf comme 'Cout. des Chartreux').

CoutDieppeC Coutumier de la Vicomté de Dieppe, compilé par Guillaume Tieullier, receveur; 1396; ms. orig. Mont-Saint-Aignan (anc. Rouen) Arch. dép. G.851 [1396]; p. p. E. Coppinger, *Le Coustumier de la Vicomté de Dieppe*, Dieppe (Leprêtre) 1884; [= Boss² 5442].

CoutDijon Cartulaire contenant → PéageDijonBM, un coutumier (cité par Gdf), etc; ms. BN lat. 9873 [bourg. 1ᵉm. 14ᵉs.]; [= Stein 1194 note]. Inédit.

CoutDublinG Coutume de la ville de Dublin (incip. *Ces sunt les leys et les usages de la cyté de Diveline*); agn. déb. 14ᵉs.; ms. Dublin Munic. Corp. Chain Book [fᵒ6-26: agn. déb. 14ᵉs.]; p. p. J. T. Gilbert, *Historic and municipal documents of Ireland, A.D. 1172-1320*, London (Longmans) 1870 (Rer. Brit. med. aevi Script. 53), texte p. 240-269; [= AND Irish Docs p. 240-269].

CoutEauB Tarif des droits de coutume relatifs au passage de la Seine à Rouen (la *Vicomté de l'eau*, aussi Vicairie de l'eau); norm. fin 13ᵉs.

(après 1264 et av. 1300); ms. de base BN fr. 5966 [norm. ca. 1300, ce texte d'une main] (sans sigle dans l'éd., ch. 1-74), en var. BN fr. 5967 [15ᵉs.] (A, ch. suppl. tardifs: 75-94), autres mss. Rouen Bibl. mun. 895 (Y.194; anc. Y.59) [1484 ou après], Rouen Bibl. mun. 896 (Y.112; anc. Y.59*; Houel) [Rouen 1523] (C), autre version dans ce même ms. exécutée après 1509 (B), Rouen à la suite d'un Cout. de Honfleur [15ᵉs.] v. éd., non utilisés: Ste-Gen. 2998 (anc. F. f. 8°.2) [15ᵉs.] et Cheltenham Phillipps 4320 [14ᵉs.], imprimé: Rouen, Germain de la Tour, chez Nicolas le Prévost 1617 (D); p. p. C. de Beaurepaire, *De la Vicomté de l'eau de Rouen et de ses Coutumes au XIIIᵉ et au XIVᵉ siècles*, Evreux (Hérissey) 1856. Texte du coutumier p. 267-393 [p. 302 = f°27r°]. Attention: les ch. 74-94 sont à dater de la fin 14ᵉs., les 'explications' tirées de D de 1617; les autres données se trouvent en notes. Gdf cite ce texte selon les chapitres (p.ex. XXVIII = p. 322) ou aussi en renvoyant aux Arch. Seine-Mar. (d'où prob. son classement chronol.: 15ᵉ ou 16ᵉs.).

CoutEauF id.; ms. BN fr. 5966 [ca. 1300] p. dans → FrévilleMar 2, 25-79.

CoutExS Coutumier et tonlieu partiel de la ville d'Exeter; agn. 2ᵉq. 13ᵉs.; ms. orig. Exeter City Rec. Misc. Roll 2 [agn. 2ᵉq. 13ᵉs. (prob. entre 1230 et 1257)]; p. p. J. W. Schopp, *The Anglo-Norman custumal of Exeter*, Oxford (Univ. Press) 1925; [= AND Custumal]. Avec fac-similé du ms.

CoutFland *Coutumes du pays et comté de Flandre*, [section de → CoutBelg], p. p. A. E. Gheldolf et al., 1868-. Vérifier l'identité des doc.!

CoutGén C. A. Bourdot de Richebourg, *Nouveau coutumier general, ou corps des coutumes generales et particulieres de France, et des provinces...; Exactement verifiées sur les Originaux conservez au Greffe du Parlement de Paris, & des autres Cours du Royaume...*, 4 t. en 8 vol., Paris (Robustel) 1724; [= TL Cout. gén.; FEW CoutGén]. Les datations des doc. publiés ne peuvent pas servir de premières dates (cf. ZrP 77, 125 n.1). Certaines cout. sont des réimpressions (p.ex. CoutNormGr du t. 4,1-58 réimprime l'éd. Guill. le Rouillé, av. 1423, impr. Rouen 1534, 1539, etc., v. Möhren, Nouvelle dessaisine, CRAI 2015, II, 759-812), d'autres se retrouvent dans → CoutBelg.

CoutGuinesE *Livre des usaiges et anciennes coutumes de la Conté de Guysnes* (Guines en Artois); art. 2ᵉm. 15ᵉs.; ms. BN fr. 5975 [2ᵉm. 15ᵉs.]; p. p. G. Espinas, *Les origines du capitalisme, IV: Le droit économique et social d'une petite ville artésienne à la fin du moyen-âge. Guines*, Lille (Raoust) – Paris (Picard) 1949.

CoutHain *Coutumes du pays et comté de Hainaut*, 4 vol., [section de → CoutBelg], p. p. Ch. Faider, 1871-1883. Vérifier l'identité des doc.!

CoutHectorR Relevé des coutumes touchant les forêts et les eaux des domaines royaux en Normandie, établi par Hector de Chartres; trait norm., (rédigé entre 1398 et) 1409 (ou peu après); ms. orig. Mont-Saint-Aignan Arch. dép. F.126 [1398 - ca. 1409]; p. p. A. Roquelet, *La vie de la forêt normande à la fin du moyen âge. Le coutumier d'Hector de Chartres*, t. 1: *La Haute Normandie*, Rouen (Soc. de l'Hist. de Norm.) 1984; t. 2: *La Basse Normandie*, 1995. Hector est originaire de Chartres. Delisle cite le ms. comme 'Cout. des forêts'.

CoutMerOl Coutume de la mer d'Oleron; fin 13ᵉs. [(av.) 1286?]; mss. → LHorn, etc., v. → KriegerMerOl 7-17; M. Kowaleski ActesLangCult 103-117; infra et → Zeller; cp. CoutOleron et DomGip.

CoutMerOlAZ id., version A; 1437; ms. Ars. 2570 [1437]; impr. diplom. p. p. H. L. Zeller, *Das Seerecht von Oléron nach der Handschrift Paris, Bibliothèque de l'Arsenal n° 2570*, Berlin (Prager) 1911 (Samml. 6); [= FEW Zeller 6; TL Seerecht Oléron].

CoutMerOlBT id., version B; ms. de base London Whitehall [18ᵉs.] copie de Kew NA HCA.12 (anc. London PRO) [ca. 1425] 35 articles, en var. Oxford Bodl. Bodley 462 [déb. 14ᵉs.] (B) 22 articles sur 35, Oxford Bodl. Rawl. B.356 [14ᵉs.] (R) 24 articles, BL Cotton Vespasian B.XXII [déb. 15ᵉs.] (V) 35 articles, Oxford Bodl. Arch. Selden B.27 [agn. ca. 1435] (S) 35 articles; p. dans → BlackBookT 1,88-131 (version plus longue: 35 articles).

CoutMerOlFZ id., version F; ca. 1448; ms. BN fr. 5330 [mil. 15ᵉs.]; p. p. H. L. Zeller, *Das Seerecht von Oléron nach der Handschrift Paris, Bibliothèque nationale n° 5330*, Mainz (Diemer) 1907; [= FEW Zeller 2].

CoutMerOlHZ id., version H; 1ᵉm. 16ᵉs.; ms. Den Haag KB 75.H.32 (O.154) [1ᵉm. 16ᵉs.]; p. p. H. L. Zeller, *Das Seerecht von Oléron nach der Handschrift Haag O.154*, Berlin (Prager) 1910; [= FEW Zeller 5].

CoutMerOlLK id., version L du ms. → LHorn [agn. déb. 14ᵉs. (1311 et avant)]; p. dans → KriegerMerOl 122-145. 24 articles.

CoutMerOlT id.; p. dans → BlackBookT 3,4-33. Transcription peu fidèle.

CoutMerOlNZ id., version N; 2ᵉm. 15ᵉs.; ms. BN nfr. 10251 [Nord-Ouest 2ᵉm. 15ᵉs.]; p. p. H. L.

CoutMerOlNZ

Zeller, *Das Seerecht von Oléron nach der Handschrift Paris, Bibliothèque nationale, nouvelles acquisitions françaises n° 10251*, Berlin (Prager) 1912; [= FEW Zeller 8].

CoutMerOloS id., version du Oak Book, cette partie mil. 14^{e}s.; p. dans → OakBookS 2,54-103.

CoutMerOlrZ id., version R; fin 15^{e}s.; ms. Rennes 74 (72) [fin 15^{e}s.]; p. p. H. L. Zeller, *Das Seerecht von Oléron nach der Handschrift Rennes n° 74*, Mainz (Diemer) 1908; [= FEW Zeller 3].

CoutMerOltZ id., version du ms. Troyes; norm. fin 13^{e}s. (?); ms. Troyes 1396 [cette partie 4^{e}q. 14^{e}s.]; transcription diplom. p. p. H. L. Zeller, *Das Seerecht von Oléron nach der Handschrift Troyes (1386)*, Mainz (Diemer) 1906 (Samml. ält. Seerechtsquellen 1); [= FEW Zeller 1].

CoutNormT Coutumier de Normandie (le 'Très ancien coutumier de Normandie'), version complète (dite 'française'), traduisant un coutumier lat. fondu de deux cout. lat. à l'orig. distincts (chap. I-LXV av. 1204 et LXVI-XCI ca. 1220); norm. 3^{e}q. 13^{e}s. (prob. entre 1248 et 1270 [Tardif: ca. 1230]); ms. complet Ste-Gen. 1743 (anc. F. f. 4°.2) [fin 13^{e}s.] ('G' et 'SG') p. 193-254, mss. incomplets correspondants à → CoutNormAbr: BN lat. 1426B [norm. ca. 1403], BN fr. 5959 [norm. 1392, f°109-113 post.], BN nfr. 10230 (anc. Cheltenham Phillipps 22403) [norm. fin 15^{e}s.], autres mss. (CoutNorm) selon Viollet HLF 33,67n4: BN fr. 5958 [2^{e}m. 13^{e}s.], BN fr. 5245 [3^{e}t. 13^{e}s.], Oxford Bodl. Selden Supra 70 [14^{e}s.], BN fr. 5963 [1303], BN lat. 11032 [1311 et ca.], BN fr. 5961 [déb. 14^{e}s.], BN fr. 5960 [14^{e}s.], BL Add. 21971 [14^{e}s.], BL Harl. 4488 [16^{e}s.], BN fr. 5964 [15^{e}s.], BN fr. 24112 [1478], BN fr. 2765 [15^{e}s.], BN fr. 5965 [15^{e}s.], BN fr. 11920 [15^{e}s.], Dublin Trinity Coll. D.3.34 [14e / 15^{e}s.], Berlin Staatsbibl. Hamilton 192 [norm. 1403] var. tirées de → CoutNormAbr; p. p. E.-J. Tardif, *Coutumiers de Normandie*, I,2 *Le très ancien coutumier de Normandie*, Rouen (Lestringant) – Paris (Picard) 1903; [= Boss 2961; FEW TACNorm]. T. I,1 (1881) contient la base latine (*Statuta et consuetudines Normannie*; ms. BN lat. 11032 [1311 et ca.] (BB), éd. disposée dans l'ordre du texte fr., avec même numérotation des chap.), le t. II la *Summa de legibus Normannie* (datée après 1235 et av. 1258). Concordance avec CoutNormM: p. 140-142. [Anciennes dénominations des cout. de Norm.: 'Anc. Cout.' = CoutNorm; 'Summa lt.' (3^{e}q. 13^{e}s.) dans → CoutNormT t. 2, v. → CoutNormGr; 'Cout., stille et us.' = 'Anc. Style' (14^{e}s.); 'Glose de la Summa' = Glose de → CoutNormGr par Guillaume le Rouillé (av. 1423), impr. Rouen 1534 (et 1539, etc.); 'Stille et ordre de procéder…' = 'Nouv. Style' (mil. 15^{e}s.); 'Cout. Norm.' (1583) dans → CoutGén.]

CoutNormM id.; p. p. A. J. Marnier, *Établissements et coutumes, assises et arrêts de l'échiquier de Normandie, au treizième siècle (1207 à 1245)*, Paris (Techener) 1839. Les p. 6-83 correspondent à → CoutNormT 1,2, 1-93 (conc. dans T p. 140-142); p. 89[90]-109 assises et p. 111-201 arrêts tirés du même ms.

CoutNormAbrT Version abrégée (dite 'normande') de → CoutNorm, basée également sur le texte latin, conservée uniquement par des extraits insérés dans des copies de → CoutNormGr; qqs. traits norm., 1^{er}t. 14^{e}s. (prob. entre 1316 et 1330); ms. de base BN lat. 1426B [norm. ca. 1403] ('B'), en var. BN fr. 5959 [norm. 1392, f°109-113 post.] ('F'), BN nfr. 10230 (anc. Cheltenham Phillipps 22403) [norm. fin 15^{e}s.] incomplet, rajeuni, non mis à contribution; imprimé en petit caractère au bas de page de → CoutNormT. Le glossaire marque d'un astérisque les renvois à l'Abrégé.

CoutNormGr Grand Coutumier de Normandie, traduction (divisée souvent en 122 ou 124 chap.) de la *Summa de legibus Normannie in curia laicali* (2^{e}q. 13^{e}s. [après 1235 et av. 1258]), titre: *Ci commence le livre des drois et des usages de Normendie*, incip.: *Por ce que nostre entencion est a esclairier au miex*, pars I, dist. I, cap. i [*De jure. Jus itaque quoddam est naturale, quoddam positivum*]: *De droit. Droit est parti en .ij. parties, quer l'un est naturel, et l'autre establi* (ms. Havard p. 9); fin 13^{e}s. (entre 1270 et 1302); mss. Ste-Gen. 1743 [fin 13^{e}s.] p. 1-176 acéphale, Cambridge Mass. Harvard Law School MS 91 [ca. 1300] 290 p., BL Add. 21971 [14^{e}s.], BL Add. 22138 [14^{e}s.], BL Add. 25003 [14^{e}s.], BL Add. 25572 [15^{e}s.], BL Lansdowne 259/50 [14^{e}s.?] fragm., BL Harl. 785 [rec. d'extr. ca. 1600] extr., BL Harl. 2188 [1442-43] extr.?, BN fr. 5336 [15^{e}s.], BN fr. 5337 [14^{e}s.], BN fr. 5338 [1471], BN fr. 5339 [ca. 1476] f°18-91 et extr. 150-155, etc., imprimé contenant un texte très proche des mss. voire identique (texte central avec *Glose* (av. 1423) juxtaposée et augmenté de notes): Guillaume Le Rouillé, *Le Grand coustumier du pays et duche de Normendie très utile...*, Rouen (Nicolas Roux) 1539 [^{1}1534]. Le ms. Harvard et l'imprimé Roux sont accessibles (Harvard LS et Gallica), de sorte que le texte n'est pas vraiment inédit. La *Summa* est imprimée dans l'imprimé Roux à la suite du texte fr. (nouvelle foliotation, cahiers A, B etc.) et dans → CoutNormT t. 2,1-395 (sur la base de BN lat. 18557 [cette partie Coutances fin 13^{e}s.]); DC en cite le ms. BN lat. 4651 [2^{e}m. 14^{e}s.]; ajouter aux mss. connus Cambridge Mass. Harvard Law School MS 220 [ca. 1300].

CoutNormGuillH Guillaume Chapu, *Coustumier normant*, versifié sur la base de la *Summa* latine, correspondant à → CoutNormGr (p. ex. ms. Harvard p. 9-274 environ sur 290), env. 8000 vers octosyll.; ca. 1300 (?); ms. de base Ars.

2467 [15ᵉs.] (incomplet du début et de la fin, v. HLF 33,114-115), autres mss.: BN fr. 5330 (anc. 9846.4.4) [mil. 15ᵉs.] f°3v°a-55v°, BN fr. 5335 [15ᵉs.], BN fr. 14548 [mil. 14ᵉs.], BN fr. 5962 [15ᵉs.], BL Harl. 4477 [15ᵉs.], BL Harl. 4148 [15ᵉs.]; p. p. D. Hoüard, *Dictionnaire analytique… de la coutume de Normandie*, t. 4, Rouen (Le Boucher) 1782, Suppl. p. 49-158; [v. Boss 2961].

CoutOleronW Coutumier de l'île d'Oleron; saint. 1345; ms. Oxford Bodl. Douce 227 [saint. 1345]; p. p. J. H. Williston, *Le Coutumier d'Oleron*, s.l. 1992 (Soc. des Antiquaires de l'Ouest). Cf. → WillistonOl.

CoutOleronB id.; p. p. C. Bémont, "Le Coutumier de l'Île d'Oleron", *BPH* 1917 (1918), 246-340; cp. Boss² 5451]. Cp. CoutMerOl et Cout-Rouen.

CoutOleronT id.; p. dans → BlackBookT 2,254-396 (cp. ib. p. lxxxvi).

CoutPoitF *Vieux coustumier de Poictou*, prob. rédigé en 1451, disposition définitive en 1455; ms. de base Niort Bibl. mun. 18 [2ᵉm. 15ᵉs.] (A), en var. Poitiers 369 (198) [2ᵉm. 15ᵉs.] (B), BN fr. 12042 [2ᵉm. 15ᵉs.] (C), BN fr. 5923 [fin 15ᵉs.] (D), Toulouse Arch. comm. II 154 [fin 15ᵉs.] (F), extrait dans BN fr. 5256 [cette partie 15ᵉs.] f°160-167 (prob. § 671-714 de l'éd.); p. p. R. Filhol, *Le Vieux coustumier de Poictou*, Bourges (Tardy) 1956 (Trav. de la Soc. d'hist. du droit et des institutions des pays de l'Ouest de la France 1); [= Boss² 5443, incunables cités dans l'article Boss² 5444].

CoutRouenG Coutumier de la ville de Rouen, appelé Etablissements de Rouen, texte latin (ms. déb. 13ᵉs.) traduit en occ. (béarn., ms. 1336) et en fr.; saint. 1345 (date du ms.); ms. Oxford Bodl. Douce 227 [saint. 1345]; textes lat., occ., fr. et trad. frm. p. p. A. Giry, *Les établissements de Rouen*, 2 vol., Paris (Vieweg) 1883-1885 (Bibl. Ec. Hautes Et. 55; 59), 2,2-55. Prob. modèle de → CoutOleron.

CoutSensL *Les costumes et li paages de Sanz*, en prose; champ. 1ᵉʳq. 13ᵉs.; ms. AN P.1189/1 [13ᵉs.]; p. p. A. Lecoy de la Marche, "Les coutumes et péages de Sens", *BEC* 27ᵉ année (1866) 6ᵉ sér., t. 2, 265-297; [= WoC 16]. N'est pas un coutumier au sens propre.

CoutStAmandM 'Coutumier' factice concernant la ville de Saint Amand, p. p. E. M. Meijers – J. J. Salverda de Grave, *Des lois et coutumes de Saint-Amand*, Haarlem (H. D. Tjeenk Willink) 1934 (Rechtshist. Inst. Leiden II 6); [= FEW StAmand et St-Amand]. Collection de textes juridiques [flandr.: Saint Amand] de diverses époques: la partie I date de 1271 (dates citées: 1265-1271 [ch. 1-25: 1265, 26: 1268, 27: [1164], 28: s. d., 29: 1268, 30: s. d., 31: 1271]), II ca. 1367 (dates citées: 1345-1367), III 1400-1523, IV ca. 1473 (dates citées: 1432-1473); le ms. Leiden Bibl. Thysiana 2236 [cette partie flandr. 1540] (A, graphie rajeunie) contient les parties I-III; la partie I se trouve aussi dans le ms. Valenciennes 753 (565) [15ᵉs.] (B) les deux premiers fᵒˢ manquent; la partie IV est tirée du ms. Valenciennes 929 (680) [18ᵉs.] (C). En App. se trouvent qqs. doc. en partie tirés d'un Cartulaire de Saint Amand (14ᵉs.-18ᵉs., cp. Stein 3292).

CoutToulB Droits accordés par l'évêque de Toul à la ville de Toul; lorr. (Toul) 1297; ms. AN J.583 n°5 [1297, copié le jour même]; p. p. G. Bönnen, *Die Bischofsstadt Toul und ihr Umland während des hohen und späten Mittelalters*, Trier (Trierer Hist. Forsch.) 1995, 652-660. Sorte de transcription pseudo-diplomatique sans travail philologique. Cp. → CensToul.

CoutVerdun¹M *Livre des drois de Verdun*, coutumier en vers octosyllabiques par Nicole de Villiers; lorr. ca. 1230 (prob. 1227-1236); ms. BN nfr. 11336 [15ᵉs.]; p. p. E. M. Meijers – J. J. Salverda de Grave, *Le Livre des droits de Verdun*, Haarlem (H. D. Tjeenk Willink) 1940 (Rechtshistorisch Instituut Leiden, II. 10), p. 1-30.

CoutVerdun²M *Livre des drois de Verdun*, coutumier en prose composé de deux collections constituées dans la première moitié du 14ᵉ siècle de documents des 13ᵉ et 14ᵉ siècles dont la datation linguistique est douteuse; lorr. mil. 14ᵉs. (après 1338); ms. BN nfr. 11336 [15ᵉs.], les deux tiers des articles ont été copiés deux fois dans le même ms., mais dans un autre ordre (les différences sont notées comme var. en bas de page); p. dans → CoutVerdun¹M p. 31-106. Donne en appendice d'autres documents.

CoutWinchF Coutumes, usages et péages de la ville de Winchester; agn. ca. 1275 (ou qq. temps après); ms. Winchester Coll. 1004 [agn. ca. 1275 ou après]; p. p. J. S. Furley, *The ancient usages of the city of Winchester, from the Anglo-French version preserved in Winchester College*, Oxford (Clarendon) 1927; [= AND Winchester²]. Avec reprod. photogr. et gloss.

CoutWinchE id.; éd. synoptique p. p. K. W. Engeroff, *Untersuchung des Verwandtschaftsverhältnisses der anglofranzösischen und mittelenglischen Überlieferungen der* Usages of Winchester *mit Paralleldruck der drei Texte*, Bonn (Hanstein) 1914 (Bonner St. zur engl. Phil. 12). Le texte agn. est l'original.

CoutWinchS

CoutWinchS id.; p.p. E. Smirke, "Ancient consuetudinary of the city of Winchester", *Archaeolog. Journal* 9 (1852) 69-89, texte 70-76; [= AND Winchester].

CoutantMoulin Y. Coutant, *Terminologie du moulin médiéval dans le comté de Flandre*, Tongeren – Liège (Michiels) 1994 (Mém. Comm. roy. de Topon. et Dial. 18). Exploite des comptes de 1255 (flandr.) à 1500 dont la plupart datent de la 2^{e}m. du 14^{e}s., et du 15^{e}s. L'ouvrage couvre le mnéerl. et le français.

CoutantMoulin² Y. Coutant, *Dictionnaire historique et technique du moulin dans le Nord de la France*, Turnhout (Brepols) 2009. Complète CoutantMoulin, qui n'en est pas entièrement remplacé.

CptBeuvryReD Compte de la commune de Beuvry (ar. Béthune, Pas de Calais), incip. *Compte de Beuvry fais l'an de grasce mil ccc et ii au tierme de l'Ascension: Rechoite de rentes...*; flandr. 1302; rouleau orig. Béthune (M. Legrand; auj.?); p. p. E. Dramard, "Un compte de Beuvry", *Soc. des Antiquaires de la Morinie, Saint Omer, Bull. hist. trimestriel* 117 (1881) 601-609. Contient entre autres du vocabulaire du moulin à vent (cf. → CoutantMoulin).

CptBrunD Compte de l'argenterie du roi pour le terme de la Saint-Jean, établi par Guillaume Brunel; 1387; ms. (registre) AN KK.18 f°1-91; p. dans → DouëtNArg p. 113-319.

CptCharlVI1380D Compte de l'Hotel de Charles VI; 1380-1381; ms. AN KK.50 p. dans → DouëtHotel p. 1-127.

CptChâtArt Comptes orig. divers concernant des travaux aux châteaux des comtes d'Artois (surtout Hesdin), réunis au 19^{e}s. dans un volume; art. 1294-1345 (doc. le plus souvent datables de Toussaint à Toussaint); ms. AN KK.393 [orig.]; inédit.

CptClosGalB Comptes du chantier naval de Rouen, le Clos des galées du roi, pour les années 1382-1384; 1384; ms. non original Rennes Bibl. dép. 3 F 2 [fin 14^{e}s.]; p. p. C. Bréard, "Le compte du Clos des galées de Rouen pour 1382-1384", *Mélanges de la Société de l'Histoire de Normandie, Documents*, 2e sér., Rouen 1893, 53-154; [= FEW Bréard]. Existe aussi sous forme de tiré à part (p. ex. BN Lk^7. 34732). Les n^{os} de page en sont inférieurs de 48. Rapports directs avec l'it. (génois), l'agn. et l'anglais; il y avait entre autres des artisans génois. Cf. → ChazelasClos; Zinelli ActesRégLex 215.

CptEcurKK34L Comptes de l'écurie royale, années 1381 - 1387; ms. orig. (une des trois copies contemp.) AN KK.34 [1381 - 1387]; p. p. G.-M. Leproux, *Comptes de l'écurie du roi Charles VI*, vol. 1, Paris (Diff. de Boccard) 1995 (Rec. des Historiens de la France, Doc. fin. et admin. 9,1).

CptEcurKK35B Comptes de l'écurie de Charles VI; années 1399 – 1404 et 1411 – 1413; ms. AN KK.35 [1399 - 1413]; p. p. C. Billaud, *Comptes de l'écurie du roi Charles VI*, vol. 2, Paris (Diff. de Boccard) 1996 (Rec. Hist. Fr., Doc. fin. adm. 9,2).

CptFleuri¹D Compte de l'argenterie du roi, établi par Geoffroi de Fleuri; 1316; ms. orig. BN Clairambault 469 (anc. Mél. de Clair. 9) [Paris 1316]; p. dans → DouëtArg p. 3-79.

CptFleuri²D id., compte touchant des draps; [juillet 1317] – octobre 1322; ms. BN Clairambault 228 f°1011-1025; p. dans → DouëtNArg p. 1-19.

CptFleuri³M id., draps et argenterie; janv.-juillet 1317; ms. Rouen Bibl. mun. 3418 (5874) [17^{e}s.]; p. dans → CptRoyM n°14077-14148.

CptFleuri⁴M id.; janv.-juillet 1320 (audit 1321); ms. Rouen Bibl. mun. 3398-3413 (5870) [17^{e}s.]; p. dans → CptRoyM n°14149-14215.

CptFontD Compte de l'argentier du roi, Estienne de la Fontaine, février à juillet 1352; 1352; p. dans → DouëtArg p. 80-191.

CptHerzM Comptes domaniaux, Herzele (Flandres); flandr. 1386-1396; mss. Bruxelles Arch. gén. Ch. des comptes 18245 [1386-1389]; 18246 [1390-1393]; 18247 [1393-1394]; p. p. V. Meyhuys – F. Daelemans, *De oudste domeinrekeningen van Herzele, 1386-1394*, Bruxelles (Vrije Univ.) 1979 (Centrum voor soc. struct. en ec. conj. V. U. B; Herzele, Dossier 7). Très mauvais; utilisable moyennant → MantouHerz; c.r. ZrP 99,420-421. Cf. → ImpHerzD.

CptIsBav1401D Compte de l'Hotel de la reine Isabeau de Bavière; 1401; ms. AN KK.45; p. dans → DouëtHotel p. 128-171.

CptMarBlancheD Compte des dépenses faites à l'occasion du mariage de Blanche de Bourbon avec le roi de Castille, par Estienne de la Fontaine; 1352; ms. AN K.8 f°131v°-139; p. dans → DouëtArg p. 287-302.

CptMercersJ Comptes divers des merciers de Londres; agn. [1344] orig. 1390 – 1459 [angl. 1447 – 1464, peu de lat.]; p. p. L. Jefferson, *The medieval account books of the mercers of London*, 2 vol., Farnham Surr. (Ashgate) 2009. Avec index des noms et des matières.

CptRenéL Comptes de la maison Anjou et surtout du roi René concernant édifices (à Angers, en

Anjou, en Provence) et objets d'art; originaux et mémoriaux ou registres, datés pour la plupart de 1408 à 1480 [n°255: 1346; etc.]; p. p. A. Lecoy de la Marche, *Extraits des comptes et mémoriaux du roi René pour servir à l'histoire des arts au XVe siècle*, Paris (Picard) 1873.

CptRoiJAnglD Journal des recettes et dépenses du roi Jean en Angleterre; (1359–) 1360; ms. BN fr. 11205 (anc. Suppl. fr. 98,25) [orig.]; p. dans → DouëtArg p. 195-278.

CptRoiNavI Compte des revenus et dépenses du roi de Navarre, établi par Jehan Climence; 1371 n.st.; ms. BN fr. 10367 (anc. Suppl. fr. 1181) [1371]; p. p. E. Izarn, *Le compte des recettes et dépenses du Roi de Navarre en France et en Normandie de 1367 à 1370*, Paris (Picard) 1885.

CptRoyF Comptes royaux, latins et fr., 1285–1314; p. p. R. Fawtier – F. Maillard, *Comptes royaux (1285-1314)*, 3 vol., Paris (Impr. nat.) 1953-1956 (Rec. des historiens de la Fr., Doc. fin. 3). Orig.

CptRoyM id., 1314-1328, p. p. F. Maillard, *Comptes royaux (1314-1328)*, 2 vol., Paris (Impr. nat.) 1961.

CptTadD Compte de draps d'or et de soie rendu par Edouart Tadelin de Luques; 1342; ms. BN fr. 20683 [orig.]; p. dans → DouëtNArg p. 20-36.

CptSMartD Comptes et doc. divers de l'abbaye de Saint Martin de Tournai; pic. (tourn.) 1[e]m. 14[e]s.; p. p. A. D'Haenens, *Comptes et documents de l'abbaye de Saint-Martin de Tournai sous l'administration des gardiens royaux (1312-1355)*, Bruxelles (Palais des Académies) 1962 (Acad. Roy. de Belgique, Commission Roy. d'Hist.).

CptTrésF R. Fawtier, *Comptes du Trésor (1296, 1316, 1384, 1477)*, Paris (Impr. Nat.) 1930 (Rec. des hist. de la France, Doc. fin. 2). Doc. fr. de 1477.

CptVesoul¹L Livre de comptes établi par une société de banque à Vesoul au cours des années 1300 à 1306; frcomt. (Vesoul) déb. 14[e]s. (1300-1306); ms. Dijon Arch. dép. 43 (B.10411) [hébr. déb. 14[e]s.]; p. p. I. Loeb, "Deux livres de commerce du commencement du XIVe siècle", *REJ* 8 (1884) 161-196; 9 (1884) 21-50; 187-213; [= LevyTrés p]. Les indications de folios des matériaux tirés de ce texte sont précédés dans l'éd. du chiffre I, celles de → CptVesoul²L ne sont pas marquées.

CptVesoul²L id., concernant les années 1300 à 1318 (la plus grande partie 1310-1318); frcomt. (Vesoul) déb. 14[e]s. (1300-1318); ms. Dijon Arch. dép. 42 (B.10410) [hébr. déb. 14[e]s.]; p. dans →

CptVesoul¹L; [= LevyTrés p]. Cp. la remarque ci-dessus.

CptYpresD G. Des Marez – E. de Sagher, *Comptes de la ville d'Ypres de 1267 à 1329*, 2 vol., Bruxelles (Kissling) 1909-1913 (Acad. Roy. de Belgique). Le premier doc. fr. (flandr.) date de 1276.

CredoUsI *Credo a l'userier*, Credo parodique en vers octosyll., incip. *Maistre Fouques raconte et dit*, v. 100: *Credo, fet il, de mes deniers In Deum, qu'en porrai je fere?*; Est déb. 13[e]s.; ms. de base BN fr. 837 (anc. 7218) [frc. 4[e]q. 13[e]s.] (A), en var. BL Harl. 4333 [lorr. 2[e]m. 13[e]s.] (L), Cambridge Trinity Coll. O.2.45 [agn. 3[e]q. 13[e]s.] (T), Bern 354 [bourg.sept. déb. 14[e]s.] (M); p. dans → Ilvonen p. 83-103; [= Dean 219].

CressotQJoyes M. Cressot, *Vocabulaire des Quinze Joyes de Mariage*, Paris (Droz) 1939; [= FEW QJoyes]. Concerne → QJoyes.

CrieriesF *Crieries de Paris* par Guillaume de la Vilenueve, poème en vers octosyll. qui réunit les cris des marchands ambulants à Paris; frc. (Paris) ca. 1265; ms. BN fr. 837 [frc. 4[e]q. 13[e]s.]; p. p. A. Franklin, *Les rues et les cris de Paris au XIIIe siècle*, Paris (Willem & Daffis) 1874 (Coll. doc. rares Paris) [réimpr. Paris, Éd. de P., 1984], p. 153-164. Pour les cris, cp. Ph. Ménard dans → MélRieger 463-470.

CrieriesC id.; dans → ProvCrap p. 137-146.

CrieriesB id.; p. dans → BarbMéon 2,276-286.

CristalB Cristal et Clarie, roman courtois en vers octosyll.; pic. 2[e]t. 13[e]s.; ms. unique Ars. 3516 [art. 1267]; p. p. H. Breuer, *Cristal und Clarie. Altfranzösischer Abenteuerroman des XIII. Jahrhunderts*, Dresden / Halle (Niemeyer) 1915 (Gesellschaft für roman. Literatur 36); [= TL Cristal; FEW Cristal]. Nombre de vers sont repris à → Narcisus, v. l'éd. NarcisusT p. 35-36.

CroisBaudriM Récit en alexandrins (15680 vers dans le ms. H, ca. 19000 dans S) de la première croisade suivant la chronique lt. de Baudri de Bourgueil (ca. 1107), proche par sa conception du cycle des croisades et spéc. d'Antioche (v. CroisBaudriG p. 48-62), titre: *Siege d'Antioche ovesque le conquest de Jerusalem de Godefred de Boilion*; déb. 13[e]s.; ms. de base Oxford Bodl. Hatton 77 [agn. mil. 13[e]s.] (H), en var. BL Add. 34114 (anc. Spalding Ayscough Fee Hall) [agn. ca. 1400] (S), fragm. Oxford Bodl. Hatton 77 annexe [contin. mil. 13[e]s.] (o1) v. CroisBaudriM², fragm. Oxford Brasenose Coll. D.56 [agn. 13[e]s.] (o2); extraits (1258 vers) p. p. P. Meyer, "Un récit en vers français de la première croisade fondé sur Baudri de

CroisBaudriM

Bourgueil", *R* 5 (1876) 1-63; [= TL Crois.; AND Croisade]. Inédit dans l'ensemble. Contient aussi → CroisSpaldM.

CroisBaudriG id.; éd. partielle p. p. J. Gabel de Aguirre, *La* Chanson de la Première Croisade *en ancien français d'après Baudri de Bourgueil. Édition et analyse lexicale*, Heidelberg (Winter) 2015. Publie les vers 1-5127; l'analyse lex. couvre les vers 1-1000 [y a-t-il une localisation de la langue de l'auteur?; dans les déf. du gloss., les point-virg. ne séparent pas des sens, p.ex. sub ROCHE]. Les vers 8375-8538 se lisent dans → MélMöhren 95-116 (c. r. RF 127,213-226, spéc. 218).

CroisBaudriM² id.; fragm. Hatton p. p. P. Meyer, "Mélanges…, II, Le poème de la croisade imité de Baudri de Bourgueil", *R* 6 (1877) 489-494.

CroisBaudriP id.; extrait (491 vers) p. d'après le ms. Hatton (H) par A. Petit, "Le camp chrétien devant Antioche dans le RPCBB [!]", *R* 108 (1987) 503-519.

CroisRichJ Chronique en prose de la croisade de Richard Ier et de la fin de sa vie (faits 1187-1199); agn. 3e t. 13[e]s.; ms. de base Oxford Bodl. Fairfax 10 [agn. mil. 14[e]s.] (F), en var. Cambridge Trinity Coll. O.4.32 [agn. 3[e]q. 14[e]s.] (T); p. p. R. C. Johnston, *The crusade and death of Richard I*, Oxford (Blackwell) 1961 (ANTS 17); [= TL Richard I; AND Rich I; Dean 56; Vising 293; Boss² 6036].

CroisSpaldM Sorte de continuation de → CroisBaudri dans le ms. Spalding, basée surtout sur les Gesta Francorum Iherusalem expugnantium de Bartolfus, lui-même tributaire de Fouchier de Chartres; agn. (?) déb. 13[e]s.; ms. BL Add. 34114 (anc. Spalding Ayscough Fee Hall) [agn. ca. 1400] f°80-105; inédit dans l'ensemble; extraits publiés dans → CroisBaudriM p.41-56; [= TL Crois. Cont.].

CroissantAlMS Chanson de Croissant, branche du cycle de Huon de Bordeaux, version en alexandrins (cp. → HuonAl); 2[e]m. 14[e]s.; fragm. (187 vers, pour la plupart mutilés) Michelstadt ex impr. C.294 [1[e]m. 15[e]s.]; p. p. Thomas Städtler, "Zwei Fragmente des verschollenen altfranzösischen Heldenepos Chanson de Croissant", *Bewahren und Erforschen* [Mél. Kurt Hans Staub], Michelstadt 2003, p. 282-305.

CroissantAlMS² id.; p. p. Thomas Städtler, "Deux fragments d'une chanson de geste perdue, la *Chanson de Croissant*", *R* 125 (2007) 213-228. Aux correspondances stylistiques avec HuonAl, dont quelques-unes dépassent la cheville courante, et le passage correspondant d'une mise en prose du 15[e]s. (1453?), imprimée au 16[e]s.

CronenbergSchlehdorn A. Cronenberg, *Die Bezeichnung des Schlehdorns im Galloromanischen*, thèse Berlin 1937 (Berliner Beitr. 7,2, Jena – Leipzig 1937); [= TL Cronenberg Schlehdorn].

CueillAmB Inventaire des biens immeubles de l'Hôtel-Dieu d'Amiens, dit *Cueilloir*, reflétant l'état de l'année 1277; rédaction et ms. pic. (Amiens) av. 1296 (prob. entre 1293 et 1296); ms. Amiens Hôpital A.5.bis [orig.]; p. p. G. Boudon, *Cueilloir de l'Hôtel-Dieu d'Amiens (1277)*, Amiens (Yvert & Tellier) 1913.

Cunha A. G. da Cunha, *Dicionário etimológico Nova Fronteira da língua portuguesa*, Rio de Janeiro (Nova Fronteira) ²1986 (et réimpr.). Réimprime la 1e éd. de 1982 avec qqs. corr. et un *Suplemento* de 103 pages qu'il faut consulter. Classement par familles; datations malheureusement le plus souvent par siècle seulement.

CuvierHP *Du Cuvier*, fabliau en vers octosyll., version du ms. Harley; agn. 1[e]m. 13[e]s.; ms. BL Harl. 527 [agn. mil. 13[e]s.]; p. p. R. J. Pearcy, "A neglected Anglo-Norman version of Le Cuvier (London, British Library Harley 527)", *MSt* 58 (1996) 243-72; [= Dean 184]. À consulter avec précaution. La version de BN fr. 837 est publiée dans → NoomenFabl 5,137-144, qui ignore le ms. Harl.

DA *Deutsches Archiv für Erforschung des Mittelalters*, Köln (Böhlau) 1951 ss.

DAG *Dictionnaire onomasiologique de l'ancien gascon*, K. Baldinger (ob. 2007), rédigé par I. Popelar, puis B. Henschel, puis N. Hörsch-Winkler et T. Shabafrouz, aussi P. Burckhardt, Tübingen (Niemeyer) 1975–2009, dep. fasc.13: Berlin (De Gruyter) 2010, dep. 2011 sous la dir. de M.-D. Gleßgen; [= FEW DAG, cp. FEW WGask]. Avec contextes. Cf. → DAO. Pour les premiers collaborateurs et la publication prévue cf. Baldinger RLiR 26,348s. (avec n.1).

DAO *Dictionnaire onomasiologique de l'ancien occitan*, K. Baldinger (ob. 2007), rédigé par I. Popelar, puis B. Henschel, puis N. Hörsch-Winkler et T. Shabafrouz, Tübingen (Niemeyer) 1975-2007 (avorté). Pour les travailleurs v. DAO 1, VI, notes 2 et 3. Forme un tout avec → DAOSuppl et DAG. Sans contextes; les contextes qui ne sont pas dans → DAG sont dans → DAOSuppl.

DAOSuppl id., *Supplément* contenant les contextes qui ne sont pas dans → DAG; rédigé par I. Popelar et al., Tübingen (Niemeyer) 1980-2007.

DAOA Ph. Olivier, *Dictionnaire d'ancien occitan auvergnat, Mauriacois et Sanflorain (1340-1540)*,

Tübingen (Niemeyer) 2009 (ZrP Beih. 349). Se base sur le dépouillement de doc. orig.

DC *Glossarium mediae et infimae latinitatis conditum a Carolo du Fresne Domino du Cange*, editio nova a L. Favre, 10 vol., Niort 1883-1887 [réimpr. Graz, Akademische Druck- und Verlagsanstalt, 1954]; [= FEW DC]. Le *Glossarium* original de Du Cange (Charles du Fresne, Seigneur du Cange) date de 1678. Une nouvelle éd. avec un suppl. nouveau (matériaux marqués d'une hachette) a été p. p. les Bénédictins en 1733. Le suppl. de Dom P. Carpentier date de 1766 (mat. marqués d'un astérisque à huit rayons). Fusion du tout dans l'édition de G. A. L. Henschel, Paris (Didot) 1840-1850 (deux astérisques pour les mat. add.). Refondu avec qqs. ajouts supplém. par Favre (grosse étoile à six rayons); t.9 = DCCarp; t.10 contient des registres et des textes concernant saint Louis. – DC néglige le vocabulaire et les significations déjà latins classiques; son intention est encyclopédique. Ses abréviations parfois sibyllines se retrouvent (sinon dans son t.10) en partie dans la présente bibliographie en se servant des différentes possibilités de recherche (titre etc.) et de son imagination.

DCCarp *Glossaire français* établi par P. Carpentier et G. A. L. Henschel [les entrées munies d'astérisques et les ajouts entre crochets sont de ce dernier]; dans → DC, t. 9; [= TL Gloss. Carp.].

DCMgr Charles du Fresne, Seigneur du Cange, *Glossarium ad scriptores mediae et infimae graecitatis*, Lyon 1688 [réimpr. Paris 1943 et Graz 1958].

DCom 1752 P. J. Leroux, *Dictionnaire comique, satyrique, critique, burlesque, libre et proverbial*, nouv. éd., 2 vol., Lyon 1752; [= FEW DCom 1752].

DDM A. Dauzat – J. Dubois – H. Mitterand, *Nouveau Dictionnaire étymologique et historique*, Paris (Larousse) 1964. Sigle suivi de la date des éd. augmentées de 1978, 1993, 2006 etc. (titre souvent sans 'Nouveau').

DEAF *Dictionnaire étymologique de l'ancien français*, t. G: fasc. G 1, *gaaignepain – garder*, p. p. K. Baldinger avec la collaboration de J.-D. Gendron et Georges Straka [et al.], Québec (Presses de l'Univ. Laval) - Tübingen (Niemeyer) - Paris (Klincksieck) 1971; fasc. G 1, 2ᵉ éd., *g – game*, fasc. G 2, en partie 2ᵉ éd. de G 1 de 1971, *game – garnir*, fasc. G 3, *garnir – genoil*, Québec - Tübingen - Paris 1974; fasc. G 4, *genoil – gibier*, p. p. K. Baldinger [et al.], Tübingen - Québec - Paris 1982; fasc. G 5, *gibier – glot*, 1988; fasc. G 6 *glot – gove*, 1989; fasc. G 7, *gove – graver*, Tübingen - Québec 1993; fasc. G 8, *gravilleïs – gromet*, 1994; fasc. G 9-10, *gromet – gyri*, suivi d'Add. et Corr., 1995; *Index G 1 – G 3*, Québec - Tübingen - Paris 1974; *Index G* par Martina Fietz-Beck, Tübingen - Québec 1997; t. H: fasc. H 1, *h – hardi¹*, 1997; fasc. H 2, *hardi¹ – herbergier*, p. p. K. Baldinger sous la direction philologique de Frankwalt Möhren [et avec la collaboration de Thomas Städtler, Stephen Dörr et Sabine Tittel], 1998; fasc. H 3, *herbergier – honte*, 1999; fasc. H 4-5, *honte – hyne²*, suivi d'Add. et Corr., 2000; *Index H* par Sabine Tittel, 2000; t. I: fasc. I 1, *i – increpation*, 2001; I 2, *increpation – invasion*, p. p. K. Baldinger sous la direction de Frankwalt Möhren [et avec la collaboration de Thomas Städtler, Stephen Dörr et Sabine Tittel], 2002; fasc. I 3-4, *invasion – *iwit*, suivi d'Add. et Corr., 2003; t. J (/K): fasc. J 1, *j – *jascoine*, 2004; J 2, **jascoine – joër*, p. p. Frankwalt Möhren – Thomas Städtler – Stephen Dörr – Sabine Tittel, 2005; J 3, *joër - jor*, 2006; J 4-5/K, 2008; *Index I-J-K* par Sabine Tittel, 2010; t. F: fasc. F1, *f – faudestuel*, p. p. S. Dörr, M. Kiwitt, F. Möhren, T. Städtler, S. Tittel, sous la dir. de Thomas Städtler, Berlin (De Gruyter) 2012; etc. Citation par lettre, col. et ligne (p. ex. 'DEAF H 802,37'). Consultable sur le site du DEAF depuis 2010. ÷

DEAFBibl *Dictionnaire étymologique de l'ancien français*, *Complément bibliographique 1974*, rédigé par Frankwalt Möhren, Québec (Presses de l'Univ. Laval) – Tübingen (Niemeyer) – Paris (Klincksieck) 1974 [10 p. + 145 col.]; entièrement remplacé par DEAFBibl 1993, p. p. Frankwalt Möhren, Tübingen – Québec 1993 [66 p. + 638 col.; c.r. David Trotter ZrP 111,704-707]; entièrement remplacé par DEAFBibl 2007, Tübingen 2007 [66 p. + 1031 col.; c.r. Lino Leonardi MedRom 32, 2008, 418-420]; entièrement remplacé par DEAFBibl 2016, Berlin (De Gruyter) 2016 [90 p. + 1287 col.]. Sera complété (version 'rédaction', tenue à jour, consultable sur le site du DEAF dep. 2002; sigle: DEAFBiblEl). Pour les aspects de régionalité dans le cadre du DEAF voir F. Möhren, "La régionalité dans le DEAF – historique et programme", dans ActesRégLex 37-49, aussi S. Tittel, ib. 61-84. ÷

[DEAFBiblEl → DEAFBibl.]

DÉCT *Dictionnaire électronique de Chrétien de Troyes*, élaboré par P. Kunstmann avec la collab. de H. Gerner et al., accessible sur www.atilf.fr/dect/. Prend pour base le ms. Guiot (BN fr. 794). Cp. → Foerster.

DEM *Diccionario del español medieval*, p. p. B. Müller avec la collab. de M. Crombach, E.-M. Güida, P. M. Pitzer, J. Langenbacher-Liebgott, C. Keller, A. Lattermann et al., Heidelberg (Winter) 1987-2005: *a – almohatac*. Victime d'Hérostrate.

DÉRom *Dictionnaire Étymologique Roman (DÉRom)*, p. p. É. Buchi, W. Schweickard et al.,

DÉRom [Nancy (ATILF) 2008], Berlin (De Gruyter) 2014– (ZrP-Beiheft 381, 402, etc.). Voir le chap. 'Comment citer le DÉRom', DÉRom 2 (2016) VII-VIII, avec n. 1 et 2, et p. 555.

DG A. Hatzfeld – A. Darmesteter – A. Thomas, *Dictionnaire général de la langue française du commencement du XVIIe siècle jusqu'à nos jours*, 2 vol., Paris (Delagrave) 1890-1900 [réimpr. 1964]; [= FEW DG; TL Dict. gén.]. Datations précises (d'après Rettig CahLex 41,26-30): A – bercer 1890; berceuse – cependant 1891; céphalalgie – de 1892; dé – émergence 1893; émergent – faîte 1894; faîteau – H 1895; I – mercantile 1896; mercenaire – panicule 1897; paniculé – regarder 1898; regarnir – soulever 1899; soulier – Z 1900. Repères nommés pour la nomenclature: Li et Sachs, Dict. fr.-all., v. Introd. p. ix. Son importance: v. Höfler RLiR 52,329-338.

DHFQ *Dictionnaire historique du français québécois. Monographies lexicographiques de québécismes*, p. sous la dir. de C. Poirier, Sainte-Foy (PUL) 1998. S'inscrit dans les efforts pour un *Trésor de la langue française au Québec*, cp. → DictQué[0]. Articles d'importance très variable, non signés.

DLF *Dictionnaire des lettres françaises, Le Moyen Age*, préparé par R. Bossuat – L. Pichard – G. Raynaud de Lage, Paris (Fayard) 1964.

DLF² id.; éd. entièrement revue sous la dir. de G. Hasenohr et M. Zink, s.l.n.d. [Paris 1992].

DLR *Dicţionarul limbii române* p. p. l'Academia română, Bucureşti 1907 [1906]-1944 (*A – lojniţa*), continué à partir de la lettre M par l'Academia republicii populare (socialiste) române, ser. nouă, Bucureşti 1965-2010. Plan de 1866. Réimpr. en fondant DLR et D.A., v. le c. r. RLiR 78, 295-301.

DMF⁰ *Dictionnaire du moyen français*, préparé sous la dir. de Robert Martin, vol. A-AH, prépublication non commercialisée, s.l [Nancy] (CNRS, INaLF) 1998.

DMF id., *Base des lexiques du moyen français*, restructurée, modifiée et constamment augmentée de divers éléments en vue de l'élaboration du DMF, accessible par le réseau électronique. [Intègre ce qui était cité ici sous le sigle de DMFMat⁰.] – Travaux évolutifs, d'abord sous le sigle DMF¹, en 2008 sous le sigle DMF², première version partiellement synthétisée fin 2008 sous le sigle DMF2009 (cité comme DMF 2009); versions synthétisées successives (citées par le simple DMF; travailleur principal: Robert Martin) accessibles actuellement par le site électronique de l'ATILF. V. Th. Städtler ZfSL 120 (2010) 1-13; R. Martin R 131,173-178; 133,219-227. [Version actuelle en 2016: DMF 2015].

DMFMat Matériaux divers servant à la préparation du DMF. DMFMat 2 = P. Kunstmann, *Lexique des Miracles de Nostre Dame par personnages*, s. l. [Paris] (Klincksieck) 1995. DMFMat 4 = D. Jacquart – C. A. Thomasset, *Lexique de la langue scientifique*, s. l. [Paris] (Klincksieck) 1997 [seul texte antérieur à 1350: CompilEstC ca. 1320 (?)]. **DMFMat⁰** = Matériaux accessibles par le réseau électronique.

DOE *The dictionary of Old English*, dictionnaire évolutif p. p. A. Cameron, A. Crandell Amos, A. diPaolo Healey, en accès payant à l'université de Toronto. Le rapport 2013 débute par la mention de deux donations montant à 1 Mio can$: l'argent prime sur la science (qui est bonne).

DOM *Dictionnaire de l'occitan médiéval*, fondé par H. Stimm, p. p. W.-D. Stempel avec la collaboration de C. Kraus, R. Peter, M. Tausend, Tübingen (Niemeyer) 1996–. Cf. J.-P. Chambon RLaR 104 (2000) 439-458. Les contextes sont lisibles sur le site électronique du DOM. ÷

DRF Pierre Rézeau et collab., *Dictionnaire des régionalismes de France. Géographie et histoire d'un patrimoine linguistique*, Bruxelles (De Boeck) 2001. Intègre: id., *Variétés géographiques*, 1999.

DRW *Deutsches Rechtswörterbuch*, Weimar (Böhlau) 1914– [2015: t. 13 –*Sittenrecht*]. Fondé en 1896/97; rédaction à Heidelberg. Accessible aussi en ligne. ÷

DWall *Les Dialectes de Wallonie*, [Soumagne] 1972ss.

Daire L. F. Daire, *Dictionnaire picard, gaulois et françois, contenant aussi les mots gaulois approchants le plus du dialecte de la Picardie avec leur signification en françois, Ouvrage indispensablement nécessaire à tous ceux qui, par nécessité, par étude, par plaisir ou par état, se trouvent dans le cas de déchiffrer les archives, mis en ordre, complété et publié d'après le manuscrit autographe par* A. Ledieu, Paris (Champion) 1911. Le Père Daire est mort en 1835.

[DameBat v. BorgOrlBern.]

DameJouenneL Dit de la Dame Jouenne au sujet d'un mariage en guerre, en vers octosyll.; 1[e]m. 14[e]s.?; ms. BN fr. 24432 [frc. av. 1349]; p. p. A. Långfors, "Le dit de Dame Jouenne, version inédite du fabliau du *Pré tondu*", *R* 45 (1918-19) 99-107; [= TL Dame Jouenne].

DamesJehM *C'est le dit des dames*, pièce de 92 vers alex.; déb. 14[e]s. (?); ms. Pavia Univ. Aldini 219 (130.E.5) [déb. 14[e]s.]; p. p. A. Mussafia, "Über eine altfranzösische Handschrift der k.

Universitätsbibliothek zu Pavia", *Sitzungsberichte der kaiserlichen [Wiener] Akademie der Wissenschaften, philos. histor. Klasse*, 64 (1870) 545-618, spéc. 552-555; [= TL Dit des Dames].

DanDenierAJ *Dan Denier*, poéme satyrique en vers octosyll.; 13[e]s.; ms. BN fr. 837 [frc. 4[e]q. 13[e]s.]; p. dans → JubJongl p. 94-100.

DanDenierAM id.; p. p. J. V. Molle, "De dan Denier. Contributo a un'edizione critica", *Studi filologici e letterari dell'Istituto di fil. rom. e ispan. dell'Univ. di Genova*, Genova (Bozzi) 1978, p. 221-255, texte 231-236 col. de gauche; [= Boss[2] 4896].

DanDenierBM id.; ms. Bern 354 [bourg.sept. déb. 14[e]s.]; p. dans → DanDenierAM col. de droite.

DancusT Traduction de → DancusLat (proche: ms. E); qqs. traits pic., av. 1284; ms. unique BN fr. 12581 [frc. (av.) 1284]; p. p. G. Tilander, *Traductions en vieux français de Dancus rex et Guillelmus falconarius*, Karlshamn (Johanssons) 1965 (Cynegetica 12); [= TL Dancus; Boss[2] 5427]. Le gloss. est à compléter moyennant celui de DancusLatT; la numérotation coïncide avec cette dernière édition. Contient aussi → Dancus[2]T, FaucGuillT et FaucGuill[2]T.

DancusM id.; p. p. H. M. R. Martin-Dairvault, *Le Livre du roi Dancus*, Paris (Libr. des Bibliophiles/Jouaust) 1883 (Cabinet de vénérie 6); [= Boss 2949; Hol 373]. Texte p. 1-19; contient aussi → FaucGuillM, p. 19,14-p. 29; FaucAlbM, p. 32-94; notes aux trois textes p. 95-135.

Dancus[2]T Traduction incomplète de → DancusLat, indépendante de → Dancus; 15[e]s.; ms. unique BN fr. 25342 [15[e]s.]; p. dans → DancusT p. 32-43.

DancusLatT *Dancus rex* (roi légendaire), traité de fauconnerie lat. (déb. 12[e]s.), suivi de *Guillelmus falconarius* (1[e]m. 12[e]s.) et de *Gerardus falconarius*; p. p. G. Tilander, *Dancus rex, Guillelmus falconarius, Gerardus falconarius. Les plus anciens traités de fauconnerie de l'Occident*, Lund (Blom) 1963 (Cynegetica 9). Contient un glossaire dont les termes techniques lat. ne sont pas tous repris dans le gloss. de l'éd. des textes afr. (DancusT).

DarmesteterRel A. Darmesteter, *Reliques scientifiques*, 2 vol., Paris (Cerf) 1890. Collection d'écrits divers publiés auparavant.

DaurelK *Daurel et Beton*, chanson de geste (thème proche de → Bueve); occ. fin 12[e]s. (?); ms. unique BN nfr. 4232 [mil. 14[e]s.]; p. p. A. S. Kimmel, *A critical edition of the Old Provençal epic Daurel et Beton*, Chapel Hill (The Univ. of North Carolina Press) 1971 (Univ. of N.C. Studies in the Romance Languages and Lit. 108). Langue peu marquée, traits gasc., tolos. (et poit.?).

DaurelL id.; p. p. Ch. Lee, *Daurel e Beton*, Parma (Patriche Ed.) 1991. Sans reprod. d'une page du ms.

DaurelM id.; p. p. P. Meyer, *Daurel et Beton. Chanson de geste provençale*, Paris 1880 (SATF); [= TL Daurel et Beton].

DauzatNoms A. Dauzat, *Dictionnaire étymologique des noms de famille et prénoms de France*, 3e éd., Paris (Larousse) 1967 [[1]1951]. Aussi réimpr.-versions comme celle appelée 'Édition 1982' en fin de vol., 'revue et augmentée par M.-Th. Morlet' (p. titre). Sans datations ni attestations! Utiliser → Gröhler et DictTop.

DauzatRostaing A. Dauzat – C. Rostaing, *Dictionnaire etymologique des noms de lieux en France*, Paris (Larousse) 1963; 2e éd. avec suppl., Paris (Guénégaud) 1979.

DeVinoLM Dit du bon vin en prose, développant un verset allitérant (titre: *De vino*, incip. *Savez vous*); agn. mil. 14[e]s.; ms. BL Lansdowne 397 [agn. mil. 14[e]s.]; p. p. P. Meyer, "De l'allitération en roman de France, à propos d'une formule allitérée relative aux qualités du vin", R 11 (1882) 572-579, texte 574a-575a; [= Boss 2622; Dean 210; Vising 385].

DeVinoRM texte similaire (incip. *Ceo vin crut*); agn. 1[e]m. 14[e]s.; ms. BL Roy. 12 D.XI [agn. 1[e]m. 14[e]s.]; p. dans → DeVinoLM en regard.

DeVriesAnord[2] J. de Vries, *Altnordisches etymologisches Wörterbuch*, 2e éd., Leiden (Brill) 1962.

DeVriesNéerl J. de Vries, *Nederlands etymologisch woordenboek*, Leiden (Brill) 1971.

DeVriesTol[13] J. de Vries – F. de Tollenaere, *Etymologisch woordenboek*, Utrecht – Antwerpen (Aula) [13]1983.

Dean R. J. Dean, *Anglo-Norman literature. A guide to texts and manuscripts*, with the collabor. of M.B.M. Boulton, London 1999 (A.-N. Text Soc., Occ. Publ. 3). C.r. Möhren RLiR 65 (2001) 583-586. Supplante → Vising, sauf pour les textes jurid. et administratifs.

DébCorpsArrL Débat du corps et de l'âme (= Vision de saint Philibert, ou Fulbert), version du ms. Arras; pic. 1[e]m. 14[e]s. (?); ms. Arras 587 (897) [pic. (Arras) 1370 n.st.]; p. p. M. Liborio, "Una versione piccarda inedita della *Visio Philiberti*", CN 33

DébCorpsArrL

(1973) 105-145; [= TL Visio Philiberti L]. Long extrait d'après ms. Vat. Reg. lat. 367 [14ᵉs.] dans → KellerRomv 127-132. Autres mss.-versions v. LångforsInc 419s.

DébCorpsSamPV *Desputeisun del cors e de l'arme*, anon. (attrib. à Philippe de Thaon discutée par H. Shields dans → ShortAnniv 337-359), en couplets de 1078 vers hexasyll. rimés; traits agn. mil. 12ᵉs.; version relativement authentique du ms. Ars. 3516 [art. 1267] (P); p. p. H. Varnhagen, *Das altfranzösische Gedicht* Un samedi par nuit, Erlangen – Leipzig (Deichert) 1889 (Erlanger Beitr. zur engl. Phil. 1), p. 113-196 (Anhang I) [aussi à part 1890, sous le titre principal Þe desputisoun bitwen Þe bodi and Þe soule, p. p. W. Linow, même pagin.], versions P, B, C, H imprimées en parallèle, T en var., P: pages paires, col. a, 120a-186a; [= TL Sam. P]. La source latine semble dater de 1109 au plus tard.

DébCorpsSamBV id.; ms. Bruxelles Bibl. roy. 9411-26 [pic. ca. 1300] (B), en var. Torino Bibl. naz. L.V.32 [wall. ca. 1300] (T) perdu, BL Arundel 288 [agn. 2ᵉm. 13ᵉs.] (parties concernées) (A); p. dans → DébCorpsSamPV p. 120b-186b, en parallèle; [= TL Sam. B].

DébCorpsSamCV id.; ms. BL Cotton Julius A.VII [agn. déb. 13ᵉs.] (C); p. dans → DébCorpsSamPV p. 121a-187a, en parallèle; [= TL Sam. C; Dean 692].

DébCorpsSamHV id.; ms. BL Harl. 5234 [agn. 2ᵉm. 13ᵉs.] (H); p. dans → DébCorpsSamPV p. 121b-189b, en parallèle; [= TL Sam. H; Dean 692].

DebHerP *Debat des heraulx d'armes de France et d'Angleterre*, récit en prose discutant la supériorité de la France; ca. 1456; ms. de base BN fr. 5839 [fin 15ᵉs.] (C), en var. BN fr. 5837 [fin 15ᵉs.] (A), BN fr. 5838 [fin 15ᵉs.] (B); p. p. L. Pannier – P. Meyer, *Le débat des Hérauts d'armes de France et d'Angleterre suivi de* The Debate between the heralds of England and France by John Coke, Paris (Firmin Didot) 1877 (SATF); [= TL Débat des Hérauts].

DébVinM *Débat du vin et de l'eau*, par Pierre Jamec, en vers octosyll.; 15ᵉs. (?); sur la base d'imprimés p. dans → MontRoth 4,103-121; [= Hol 474]. Cp. → VinIaueJ.

DebrieMPic R. Debrie, *Glossaire du moyen picard*, Amiens 1984 (Publ. Centre d'Et. Pic. 25). Exploite des doc. d'archives, etc., aussi → FlutreMPic, couvrant le pic. du 15ᵉs. au 18ᵉ siècle.

Deck S. Deck, *Une commune normande au moyen-age: la ville d'Eu, son histoire, ses institutions (1151-1475)*, Paris (Champion) 1924 (Bibl. Ec. Htes Et. 243); [= FEW Deck]. Contient des pièces justificatives, fr. (norm.) à partir de 1294, tirées du 'Livre Rouge' [= Stein 1280], contemporain, et d'autres sources.

DědečekCesTuim V.L. Dědeček, *Etude littéraire et linguistique de* Li Histore de Julius Cesar de Jehan de Tuim, Paris (Champion) 1925. Etude sur la base de → CesTuimPrS; [= Boss 1092bis].

DeesAtlas A. Dees, *Atlas des formes et des constructions des chartes françaises du 13ᵉ siècle*, avec le concours de P.T. van Reenen et de J.A. de Vries, Tübingen (Niemeyer) 1980 (ZrP-Beih. 178). Atlas des formes graphiques et pas de phonèmes. Qqs. cartes sont différenciées diachroniquement (p.ex. 101a/b). Lire Videsott RLiR 77,3-49.

DeesAtlas² A. Dees et al., *Atlas des formes linguistiques des textes littéraires de l'ancien français*, Tübingen (Niemeyer) 1987 (ZrP-Beih. 212).

DéfAmPrS Définition d'amour, titre: *La diffinission de amurs*, incip.: *Amur est seingnur de lui mesmes e ne est al comandement de nuly... ne ad doute de Deeu*, prose; agn. déb. 14ᵉs.; ms. Warminster Longleat (Somerset; Marquess of Bath) «Tract. varii Theolog. saec. XIII et XIV» [agn. 1ᵉm. 14ᵉs.]; p. p. P. Studer, "Une définition d'Amour en prose anglo-normande", dans → MélThomas 433-36; [= Boss 2788]. [Cp. une déf. d'amour en trois vers, Meyer R 4 (1875) 383; [= Boss 2787].]

DehDoc C.C.A. Dehaisnes, *Documents et extraits divers concernant l'histoire de l'art dans la Flandre, l'Artois et le Hainaut avant le XVᵉ siècle*, 2 vol., Lille (Quarré) 1886. Qualité des sources à vérifier. Les 'textes' pic. reproduits sont composés de citations tronquées (même placées entre guillemets) et de prose frm. (lexique datable à partir du 13ᵉs.).

DelIsrE *La delivrance du peuple d'Israel*, paraphrase de la Bible (Ex, Lv et Nm) en vers octosyll.; pic. déb. 13ᵉs.; ms. Le Mans 173 [traits wall. 2ᵉm. 13ᵉs.]; p. p. W. Eickhoff, *La delivrance du peuple d'Israel*, München (Max Hueber) 1970 (Beiträge zur roman. Phil. des Mittelalters 4); [= TL Délivrance; Boss² 5582]. Gdf cite sous ce titre parfois aussi → CantLand.

Delamarre X. Delamarre, *Dictionnaire de la langue gauloise. Une approche linguistique du vieux-celtique continental*, Paris (Errance) ²2003.

DelbMat A. Delboulle, *Matériaux pour servir à l'histoire du français*, Paris (Champion) 1880; [= FEW DelbMat].

DelbObsc A. Delboulle, "Mots obscures et rares de l'ancienne langue française", *R* 31 (1902) 350-375 [A-C]; 33 (1904) 344-367 [D-H]; 556-600 [I-P]; 34 (1905) 603-617 [Q-R]; 35 (1906) 394-427 [S-Z]. Cp. *R* 32 (1903) 471-472. Table alphabétique avec suppléments: A. Thomas, *R* 36,252-301; 442-4. Fait suite à Delboulle RHL 1 (1894) 178-185; 486-495; 2 (1895) 108-117; 256-266; 4 (1897) 127-140; 5 (1898) 287-306; 6 (1899) 285-305; 452-471; 8(1901) 488-489; 9 (1902) 469-489; 10 (1903) 320-339; 11 (1904) 492-511; 12 (1905) 137-149; 693-713. Les citations sont pleines d'erreurs.

DelbRec A. Delboulle, *Notes lexicologiques* (série ancienne et série moderne): fichier de Delboulle, réuni en volumes (trois séries alphab.), déposé à la Sorbonne (Fonds supplém. de manuscrits, Ms. 1911-1935); [= FEW Db]. [DG se réfère souvent à ces matériaux, mais certaines fiches ne s'y trouvent plus (p.ex. *framboisier*).] Non sans erreurs (cf. DEAF GRATIFIER).

DelescluseOrval A. Delescluse – K. Hanquet, *Nouvelles chartes inédites de l'abbaye d'Orval*, Bruxelles 1900 (Coll. de doc. rel. à l'hist. de la Belg. 22, Suppl. 2). Contient des doc. de 1199 à 1384, orig. fr. (lorr.sept.) à partir de 1236 a.st.; cp. → CartOrvalD et GoffinetOrval.

Delisle L. Delisle, *Etudes sur la condition de la classe agricole et l'état de l'agriculture en Normandie au moyen-âge*, Evreux (Hérissey) 1851 (réimpr. anast. Paris, Champion, 1903, et New York, Franklin, 1965); [= FEW Delisle]. Contient entre autres sources norm. (datables à partir du 13^{e}s.) → JurésSOuenD; VilVersonD. 'Censier de S. Vigor', souvent cité, correspond à → TerrSVigor, 'Cout. des forêts' à → CoutHector. Delisle a servi à Gdf qui cite les textes sans référence (et révérence) à Delisle, p.ex. Grael de Vatteville BN lat. 4653 [15^{e}s.] (v. p. XLIX et 341), etc.

DelisleCartNorm L. Delisle, *Cartulaire normand de Philippe-Auguste, Louis VIII, Saint Louis et Philippe-le-Hardi*, Caen (Hardel) 1852 (Mém. Soc. des Antiqu. de Norm. 16).

DelisleChV L. Delisle, *Mandements et actes divers de Charles V (1364-1380)*, Paris (Impr. Nat.) 1874 (Coll. de Doc. inéd., 1, Hist. pol.). Doc. fr. orig. à partir de 1364.

DelisleCpt L. Delisle, *Actes normands de la Chambre des Comptes sous Philippe de Valois (1328-1350)*, Rouen (Le Brument) 1871. Doc. norm. (orig. à l'époque de l'éd. pas encore cotés) à partir de 1328.

DelisleRev [L. Delisle], *Des revenus publics en Normandie au XIIe siècle*, s.l.n.d. [Paris, Didot, 1849-1852], [158 p.]. Cité souvent dans → Delisle. Il s'agit de la thèse de diplôme d'archiviste paléographe qui n'a jamais été publiée en entier. Les *Préliminaires* et les parties I à IV (V devait contenir *Des dépenses*) ont été publiés dans *BEC* 10 (1848-1849) 173-210 [= p. 1-38]; 257-289 [39-71]; 11 [sér. 3,1] (1849-1850) 400-451 [71-122]; 13 (1852) 97-135 [122-158]. Le DEAF cite souvent les simples pages de BEC puisqu'il n'y a pas de recoupe (Delisle cite les pages du tiré-à-part inédit, données ici entre crochets).

DelortFourr R. Delort, *Le commerce des fourrures en occident à la fin du moyen âge*, 2 vol., Roma 1978 (Ec. fr. de Rome 236). Plein de fautes.

DelpitDoc J. Delpit, *Collection générale des documents français qui se trouvent en Angleterre*, Paris (Dumoulin) 1847 (réimpr. Genève, Slatkine, 1971). Doc. fr. à partir de 1286.

DenFoulB^1 Jean de Salisbury, Policratique, trad. par Denis Foulechat; traits norm. (?), 1372; ms. de base BN fr. 24287 [av. 1380] (N) [contient en outre un fragm. de ca. 1430], en var. Ars. 2692 [ca. 1400] (A), Ste-Gen. 1144 [fin 15^{e}s.] (G); l. I-III p. p. C. Brucker, *Le Policraticus de Jean de Salisbury, traduit par Denis Foulechat en 1372 (livre I-III)*, thèse Nancy 1969, cf. Boss^2 8526. Ed. refondue: DenFoulB^4. Ed. du fragm. dans N: TL Policratique B; Boss 8527.

DenFoulB^2 id., l. IV; p. p. C. Brucker, *Le Policraticus de Jean de Salisbury, livre IV*, Nancy 1985 (Travaux du Centre de Recherches et d'Applications Linguistiques 3).

DenFoulB^3 id., l. IV et VIII; ms. N; p. p. C. Brucker, *Denis Foulechat. Tyrans, princes et prêtres, Jean de Salisbury, Policratique IV et VIII*, Montréal (CERES) [1987] *Le Moyen Fr.*, Montréal, 21, s. d. [1987].

DenFoulB^4 id.; l. I-III p. p. C. Brucker, *Le Policratique de Jean de Salisbury*, Genève (Droz) 1994 (P. Rom. et Fr.). C.r. Städtler ZrP 113,136-139.

DenFoulB^5 id.; l. V p. p. C. Brucker, *Le Policratique de Jean de Salisbury (1372), Livre V*, Genève (Droz) 2006.

DenaixSBen J. Denaix, *Chartes des Cisterciens de Saint-Benoît-en-Woëvre des origines à 1300*, Verdun (Typo-Lorraine) 1959. Contient des doc. fr. (lorr.) orig. de 1242 à 1299.

DentN Dit de la Dent, par Hue Archevesque, vers octosyll., incipit: *Li siecles est si bestornez*; norm. 3^{e}q. 13^{e}s.; ms. BN fr. 837 [frc. 4^{e}q. 13^{e}s.]; p. dans → NoomenJongl 114-127.

DentM

DentM id.; p. dans → MontRayn 1,147-152.

DepLivresE *Le Departement des livres*, plainte d'un jongleur d'avoir perdu ses livres: Credo, Sept Siaumes [ps. de pénit.], Quinze Siaumes [ps. des cantiques des degrés], Antefinier, Chatonés, Ovide, Grecime etc., en vers octosyll.; 2ᵉ m. 13ᵉ s.; ms. BN fr. 837 [frc. 4ᵉ q. 13ᵉ s.] f°213r°-v°; p. p. J. Engels, "L'*autobiographie* du jongleur dans un Dit du ms. Paris, B.N. f. fr. 837", *Vivarium* 8¹ (1970) 68-79; [= TL Jongleur; Boss² 4902]. Ms. collationné: éd. exempte d'erreurs.

DepLivresM id.; dans → Méon 1, 404-406.

DepartFilsAimS Le Departement des fils Aimeri, pièce courte garantissant dans le ms. cyclique le passage entre → EnfGuill et CourLouis, et contenant des éléments du récit de Narb, vers décasyll. assonancés; lorr. ca. 1200; ms. BN fr. 1448 [lorr.mérid. 3ᵉ q. 13ᵉ s.] f°87ᵃ-88ᵈ; p. dans → NarbS 2, 105-114 (= App. III). À ne pas confondre avec la 1ᵉ moitié de → Narb, qui porte parfois le même titre.

DepoinHôtPont J. Depoin, *Cartulaire de l'Hôtel-Dieu de Pontoise*, Pontoise 1886 (Doc. édités par la Soc. hist. du Vexin); [Stein 3072]. Cartulaire factice, sur la base de BN lat. 5657 [1ᵉ partie: fin 13ᵉ s., avec add.], avec des doc. fr. (frc.) orig. supplémentaires à partir de 1262.

DepoinSMartPont J. Depoin, *Le Livre de raison de l'abbaye de Saint-Martin-de-Pontoise (XIVᵉ et XVᵉ siècles)*, Pontoise 1900 (Publ. de la Soc. hist. du Vexin). Extraits (frc.) d'un registre des 14ᵉ s. et 15ᵉ s., contenant des additions jusqu'en 1603. A été dépouillé par → DelbRec.

DesMarezDrYpres G. Des Marez, "Le droit privé à Ypres au XIIIᵐᵉ siècle", *Bull. de la Commiss. roy. des Anciennes Lois et Ordonnances de Belgique* 12 (1927) 210-460. Doc. orig. fr. (flandr.) à partir de 1265.

DesMarezYpres G. Des Marez, *La Lettre de foire à Ypres au 13ᵉ siècle. Contribution à l'étude des papiers de crédit*, Bruxelles 1901 (Mém. couronnés de l'Acad. de Belgique 60, 1900-1901). Contient des doc. orig. fr. (flandr.) de 1226 à 1293 (cp. → MantouFlandr p. 78).

DeschQ Eustache Deschamps, œuvre lyrique (ballades, lais, etc.); champ.sept. 3ᵉ t. 14ᵉ s.; ms. BN fr. 840 [Paris après 1406] seul complet, quelques var. tirées de BN nfr. 6221 [15ᵉ s.], BN fr. 1619 [15ᵉ s.], BN fr. 1131 [15ᵉ s.], autres mss. Clermont-Ferrand 249 [Pays d'oc déb. 15ᵉ s.], BN nfr. 6235 [15ᵉ s.], Toulouse Bibl. mun. 822 (C, 16) [ca. 1400], Torino Duco di Genova [15ᵉ s.], BN fr. 850 [1ᵉʳ m. 15ᵉ s.], BN nfr. 20029 [1383] (*Lai de fragilité humaine* seulement); p. p. P. A. de Queux de Saint-Hilaire – G. Raynaud, *Œuvres complètes de Eustache Deschamps*, 11 vol., Paris (Firmin Didot) 1878-1903; [= TL EDesch.; FEW EustDesch et Desch]. Certaines pièces sont datées avec précision. Lac cite BN fr. 840 par le biais de la copie Ars. 3291-3293, faite pour lui. S. Bliggenstorfer, *Eustache Deschamps. Aspects poétiques et satiriques*, Tübingen – Basel 2005, contient une nouv. éd. des pièces 56, 92, 96, 97, 100, 125, 215, 256, 307, 308, 315, 404, 889, 1010, 1017, 1070, 1080-1082, 1153, 1258.

Deschant¹C *Libellus in gallico de arte discantandi*, traité de déchant; mil. 13ᵉ s.; ms. BN lat. 15139 (anc. S. Victor 813) [mil. 13ᵉ s.] écrit sur les marges des f°269r°-270r°; p. p. E. de Coussemaker, *Histoire de l'harmonie au moyen âge*, Paris 1852, p. 244-246. Utilisé dans → GysinMusik.

Deschant²C Traité de déchant; 15ᵉ s.; ms. BN lat. 14741 [15ᵉ s.]; p. p. E. de Coussemaker, *Scriptorum de musica medii aevi, Novam seriem a Gerbertina alteram*, t. 3, Paris 1869, p. 496-498. Utilisé dans → GysinMusik.

DescrEnglB Description d'Engleterre, basée sur l'*Historia Anglorum* de Henry de Huntingdon, 260 vers octosyll.; agn. peu après 1139; ms. de base Durham Chapt. Libr. C.IV.27 [agn. déb. 13ᵉ s.] (D), en var. Lincoln Cathedral 104 (A.4.12) [agn. fin 13ᵉ s.] (L), BL Add. 32125 [agn. f°1-58 4ᵉ q. 13ᵉ s.] (A) f°58, Kew NA E 164/1 (anc. London P.R.O.) [agn. fin 13ᵉ s.] (B); p. p. A. Bell dans → ShortAnniv 31-47; [= Dean 4].

DescrEnglPrL id., version en prose basée sur l'*Historia*; agn. av. 1216; ms. BL Add. 14252 [agn. 1ᵉʳ q. 13ᵉ s.] f°101a-104b; p. p. C. Lagomarsini, "The prose Description of England: a hitherto unedited Anglo-Norman text from BL, Additional ms 14252", *MedAev* 80 (2011) 325-335. Première description dans → RecLondB 503-505, avec extraits moins fidèles; [= Dean 5].

DesiréT *Le Lai de Desiré*, anonyme, vers octosyll. irréguliers; ca. 1200; ms. de base Cologny Bodmer 82 (anc. Cheltenham Phillipps 3713) [agn. fin 13ᵉ s.] (P), en var. BN nfr. 1104 [frc. ca. 1300] (S); p. dans → TobinLais p. 157-205; [= Dean 178].

DesiréG id.; ms. BN nfr. 1104; p. p. E. M. Grimes, *The lays of Desiré, Graelent and Melion*, New York (Inst. of Fr. St.) 1928 (réimpr. Geneve, Slatkine, 1976); [= TL Désiré Gr; FEW Désiré; AND Désiré]. Texte p.48-75. Contient aussi → GraelentG et MelionG.

DesiréK id.; ms. de base BN nfr. 1104 [frc. ca. 1300] (S), en var. Cologny (appelé par erreur 'P' d'après l'éd. T, le ms. P étant un autre ms. dans l'éd.); p. dans → MarieLaisK 638-695. Omet le titre.

DesiréM id.; ms. Cologny; p. p. F. Michel, *Lais inédits des XIIe et XIIIe siècles*, Paris (Techener) 1836, p. 5-37; [= TL Desiré; AND Desiré; Vising 41].

DestrAcreD La Destruction d'Acre (fait de 1291) ou Relation de la prise de Saint Jean d'Acre, traduisant *De excidio Aconis*, rubrique: *Chi ensenge coument Acre fu destruite et en quel tempore*, prose; pic. 1291 ou peu après; ms. unique BN fr. 24430 [pic. (Tournai) ca. 1295]; p. p. N. Vine Durling, "The *Destruction d'Acre* and its epistolary prologue", *Viator* 42,1 (2011) 139-178. Cf. Cinzia Pignatelli, Relation, dans Ponctuer, p. p. V. Fasseur et C. Rochelois, Genève 2016, 371-386.

DestrRomeS La *Destructioun de Rome*, légende épique du cycle de Charlemagne (voisine de → Fier dont elle a été considérée comme 1e branche), vers dodécasyll.; agn. mil. 13[e]s.; ms. Hannover IV.578 [agn., cette partie fin 13[e]s.]; p. p. J. H. Speich, *La Destructioun de Rome*, Bern etc. (Lang) 1988; [= TL Destr. Rome S]. C.r. Roques ZrP 107,485-486.

DestrRomeF[1] id.; p. p. L. Formisano, *La destructioun de Rome, version de Hanovre*, Firenze (Sansoni) 1981.

DestrRomeF[2] id.; p. p. L. Formisano, *La destructioun de Rome*, London (ANTS) 1990 (ANTS Plain Texts 8); [= TL Destr. Rome F; Dean 82.1; AND Dest Rome]. Corr. en p. 38 (non marquées dans le texte!).

DestrRomeG id.; p. p. G. Gröber, "La destruction de Rome", *R* 2 (1873) 1-48; [= TL Destr. Rome]. Ed. 'critique'; leçons originales en note.

DestrRomeEgB id., version réécrite; ms. BL Egerton 3028 [agn. mil. 14[e]s.]; p. p. L. Brandin, "La destruction de Rome et Fierabras", *R* 64 (1938) 18-100, spéc. 29-54; [= Dean 82.1]. Contient aussi → FierEgB.

DestreesP Destrees, chartreux, rhétoriqueur, élève de Jean Molinet, vies en vers variables de sainte Marguerite, s. Wenefrede et s. Catherine; pic. 1501 (en ou av. 1504); ms. BN fr. 14977 [déb. 16[e]s.]; p. p. H. Petersen, *Destrées, frère chartreux et poète du temps de Marguerite d'Autriche*, Helsingfors (Helsingfors Centraltr.) 1927; [= FEW Destrees].

DeuOmniS[1] Sermon en vers pentasyll., incipit *Deu le omnipotent*; agn. fin 12[e]s.; ms. imprimé BL Arundel 292 [agn. mil. 13[e]s.] (A), non utilisé Cambridge Corpus Christi Coll. 405 [agn. 1[er]q. 14[e]s.] (B) et BL Harl. 4971 [agn., f°123v 2[e]m. 13[e]s.] (C); p. p. H. Suchier, dans → GrantMalS[1], p. 81-109.

DeuOmniS[2] id.; ms. de base A, B et C en var.; p. p. W. Suchier, dans → GrantMalS[2] p. 121-144; [= TL Reimpr.[2] (II); AND Reimpredigten; Dean 599].

DeutschmannAdv O. Deutschmann, *Zum Adverb im Romanischen*, Tübingen (Niemeyer) 1959; [= TL Deutschmann Adverb].

DeutschmannMengen O. Deutschmann, *Untersuchungen zum volkstümlichen Ausdruck der Mengenvorstellung im Romanischen*, thèse Hamburg 1937, 1e partie Hamburg 1938; de la 2e partie n'ont paru que des extraits: "L'emploi de noms d'action désignant d'abord une «volée de coups» pour signifier «beaucoup» en territoire galloroman", *RLiR* 13 (1937) 83-125; "Caterva und feramen", *Volkstum und Kultur der Romanen* 13 (1940) 121-145; "Der Gebrauch von Bezeichnungen für 'Haufen' zum Ausdruck der unbestimmten grossen Menge ('viel') und zur Steigerung ('viel, sehr') im Romanischen", *Homenaje a Fritz Krüger*, t. II, Mendoza 1954, p. 19-57; 3e partie: "Die indirekte Bezeichnung der unbestimmten grossen Menge", *RoJb* 4 (1951) 221-291; "Die mittelbar indirekte Bezeichnung der unbestimmten grossen Menge", *RoJb* 5 (1952) 182-231; [cp. TL Deutschmann Mengen].

DeuxBordeors[1]**F** Fabliau traitant d'une invective contre un bourdeur, appelé *Gengle* et *Ebaubissement au lecheor* dans deux mss. (cp. ci-dessous), vers octosyll.; Ouest 2[e]m. 13[e]s.; ms. de base BN fr. 19152 [frc. fin 13[e]s.], en var. BN fr. 837 [frc. 4[e]q. 13[e]s.], Bern 354 [bourg.sept. déb. 14[e]s.]; p. dans → PrivilBret[1]F p. 93-99; [= Boss 2505].

DeuxBordeors[1]**B** id.; ms. de base BN fr. 19152, en var. BN fr. 837; p. dans → BartschHorning 609-614.

DeuxBordeors[1]**J** id.; p. d'après BN fr. 19152 dans → RutebJ[2] t. 3, p. 2-8.

DeuxBordeors[1]**M** id.; p. d'après BN fr. 19152 dans → MontRayn 1, 1-7.

DeuxBordeors[1]**N** id.; ms. de base BN fr. 19152 [frc. fin 13[e]s.] (A), en var. BN fr. 837 [frc. 4[e]q. 13[e]s.] (B), Bern 354 [bourg.sept. déb. 14[e]s.] (C), BN fr. 12483 [mil. 14[e]s.] (D) début seulement; p. dans → NoomenJongl 25-40.

DeuxBordeors[2]**F** Suite de → DeuxBordeors[1], appelée *La response de l'un des .II. ribauz*, prob. par le même auteur; Ouest 2[e]m. 13[e]s.; ms. BN

DeuxBordeors²F

fr. 19152 [frc. fin 13ᵉs.]; p. dans → PrivilBret¹F p. 100-105.

DeuxBordeors²B id.; p. dans → BartschHorning 614-618.

DeuxBordeors²J id.; p. dans → RutebJ² t. 3, p. 8-14.

DeuxBordeors²M id.; p. dans → MontRayn 1, 7-12.

DeuxBordeors²N id.; p. dans → NoomenJongl 42-52.

DeuxBordeors³F Pièce semblable à → DeuxBordeors², mais indépendante, appelée *La contregengle*, vers octosyll.; 2ᵉm. 13ᵉs.; ms. BN fr. 837 [frc. 4ᵉq. 13ᵉs.]; p. dans → PrivilBret¹F p. 106-111.

DeuxBordeors³M id.; p. dans → MontRayn 2, 257-263.

DeuxBordeors³N id.; p. dans → NoomenJongl 54-64.

DeuxChevJ Dit des deux chevaliers, quatrains en alex. monorimes; pic. 1ᵉʳq. 14ᵉs.; BN fr. 24432 [frc. av. 1349]; p. dans → JubNRec 1, 145-153. Réédité dans JSQuentO 47-54.

DevR Devinettes, jeu de conversation, réunies en recueils, prose; mil. 15ᵉs.; mss. Chantilly Musée Condé 654 (1572) [ca. 1470] (C), Wolfenbüttel Herzog August Bibl. Guelf. 8417 Aug. 2° [3ᵉt. 15ᵉs.] (W), impr. Bruges, C. Mansion, ca. 1479 (titre: *Les adevineaux amoureux*), impr. Paris, J. Trepperel, ca. 1498 (*Demandes joyeuses en forme de quolibets*); p. p. B. Roy, *Devinettes françaises du Moyen Age*, Montréal (Bellarmin) 1977. L'éd. imprime d'abord tout C (devinettes n° 1-523), puis les dev. supplém. de W (524-547), de A (548-551) et de D (552-587). Gloss. sans renvois! Cf. KleinMinne.

Devic L. M. Devic, *Dictionnaire étymologique de mots d'origine orientale (arabe, hébreu, persan, turc, malais)*, dans → Li, *Supplément*, Paris 1877 [et réimpr.] (Lis); [= FEW Devic; TL Devic Suppl.]. Edition légèrement modifiée, corrigée et augmentée d'une impression in-8°, Paris, 1876 (c'est cette 1ᵉ éd. qui, par négligence, a été réimprimée à Amsterdam, Oriental Press, 1965).

DevillersBans L. Devillers, *Bans de police de la ville de Mons du XIIIᵉ au XVᵉ siècle*, Mons (Dequesne-Masquillier) 1897. Contient dans la 1ᵉ partie, p. 1-73, les bans réunis dans le ms. Mons [Arch. Etat] Arch. mun. 1243 [déb. 14ᵉs.], dans la 2ᵉ partie, p. 77-154, des pièces rajoutées dans le même ms., à dater déb. 14ᵉs.-1412, dans des annexes, p. 155-198, des pièces hain. datées 1403-1429.

DevillersCens L. Devillers, *Cartulaire des rentes et cens dus au comte de Hainaut (1265-1286)*, 2 vol., Mons 1873-1875. Ms. Lille Arch. dép. B.1586 [ca. 1300], copie d'un registre orig. perdu («5ᵉ cart.», correspond à Stein 1650 «6ᵉ vol.»). En annexe: doc. fr. (hain.) orig. à partir de 1252.

DevillersSWaudru L. Devillers – E. Matthieu, *Chartes du chapitre de Sainte-Waudru de Mons*, 4 vol., Bruxelles 1899-1913 (Acad. roy. de Belgique, Comm. roy. d'Histoire). Doc. orig., fr. (hain.) à partir de 1239.

[Devoto → DevotoAv.]

DevotoAv G. Devoto, *Avviamento alla etimologia italiana*, 2ᵉ éd., Firenze (Le Monnier) 1967. Etimologia remota.

DevotoSt G. Devoto, *Storia della lingua di Roma*, Bologna (Cappelli) ²1944; [= FEW Devoto].

DexW Jaique Dex (Jacques d'Esch), chronique de Metz composée entre 1434 et 1438, intégrant des textes antérieurs; lorr. (Metz) 1438; ms. de base Metz 831 (81) [Metz ca. 1438] (M) en partie autographe perdu par la guerre, autres mss. BN nfr. 6706 [ca. 1500] (Pr) copie de M, BN fr. 5782 [2ᵉm. 15ᵉs.] (P) GuerreMetz seulement, Metz 832 (82) [1770] (D) textes en vers seulement et langue rajeunie; p. p. G. Wolfram, *Die Metzer Chronik des Jaique Dex (Jacques D'Esch) über die Kaiser und Könige aus dem Luxemburger Hause*, Metz (Scriba) 1906; [= FEW Dex]. Contient aussi → VoeuxEpW² (p. 18-58) et GuerreMetzW (p. 84-125); le gloss., le plus souvent sans renvois (!), couvre tous les textes!

DiStefLoc G. Di Stefano, *Dictionnaire des locutions en moyen français*, Montréal (CERES) 1991. Cf. ActesMfr⁸ p. 196.

DialAmeB Dialogue de l'âme, par saint Isidore, version lt. et trad. en prose fr. copiées dans le même ms.; lorr. ca. 1200; ms. Epinal 209 (58; 181) [lorr. ca. 1200] f°48-70b; textes parallèles p. p. F. Bonnardot, "Dialogus anime conquerentis et rationis consolantis", *R* 5 (1876) 269-332; [= TL An. et Rat.].

DialBelg *Les Dialectes belgo-romans. Revue trimestrielle*, 1-25, Bruxelles 1937-1969; [= FEW DialBelg].

DialColG Dialogues français – flamands (livret d'apprentissage), ms. Cologne dérivé de → DialFrFlam; flandr. 2ᵉm. 14ᵉs.; ms. unique Köln

Stadtarchiv W* 121 [ca. 1420]; p. dans → DialFr-FlamG partie II, *Gesprächbüchlein romanisch & flämisch.*

DialColGr id.; p. p. E. von Groote dans A. H. Hoffmann von Fallersleben, *Altniederländische Sprichwörter nach der ältesten Sammlung; Gesprächbüchlein, romanisch und flämisch (Horae belgicae. Studio atque opera Hoffmanni Fallerslebensis, Pars nona)*, Hannover 1854; [= TL Rom. fläm. Gespr.].

DialFrFlamG *Dialogues français-flamands, livret d'apprentissage,* composé de courtes phrases couvrant la vie quotidienne de bourgeois; flandr. ca. 1370; ms. BN néerl. 16 (anc. 7593.5, Colbert 2497) [flandr. 3e t. 14e s.]; p. p. J. Gessler, *Le Livre des mestiers de Bruges et ses dérivés. Quatre anciens manuels de conversation*, 6 vol., Bruges (Cons. Maîtres Impr.) 1931, partie I, *Le Livre des mestiers / De Bouc vanden Ambachten* (impr. parall.); [= TL LMestiers de Bruges]. Les monnaies d'or citées f°7v°, 2-3, fournissent une datation après 1367 (datation anc.: [ca.] 1340). Partie II: → DialColG.

DialFrFlamM id.; p. p. H. Michelant, *Le Livre des mestiers. Dialogues français-flamands*, Paris (Enschedé) 1875; [= TL Dial. fr. fl.]. Comporte 46 p. non paginées; TL cite selon l'initiale des chap. classés par ordre alphab., et selon la ligne; parfois aussi d'après la numérotation des feuillets (C3 étant p. [21]).

DialFr1415K Dialogues fictifs servant à l'enseignement du fr. à de jeunes Anglais, mentionnant la bataille d'Azincourt, par le prof. oxonien William de Kingsmill, situant les dialogues soit à Oxford (mss. CT et LA) soit à Londres (CD et OB); agn. 1415 ou peu après; ms. de base Cambridge Trinity Coll. B.14.40 [agn. après 1415] (CT), en var. Cambridge Univ. Dd.XII.23 [agn. 1e m. 15e s., après 1415] (CD), BL Add. 17716 [agn. ca. 1425] (LA), Oxford Bodl. Lat. misc. e.93 (anc. Cheltenham Phillipps 13443/13446) [agn. mil. 15e s.] (OB); p. p. A. M. Kristol dans → ManLangK xl-l; 67-79; 92-97; [= Dean 281].

DialFr1415M id.; ms. CT; p. p. P. Meyer, "Les manuscrits français de Cambridge", *R* 32 (1903) 47-58.

DialFr1415S id.; ms. de base CD ('D'); p. dans → DonatLibM p.19-26; 29-31.

DialGregF *Dialogues de Saint Grégoire*, récit pieux (sorte de florilège de miracles, de prophéties et de visions) présenté sous forme de dialogues entre le pape Grégoire et son diacre Pierre, attribué à saint Grégoire, trad. en prose; wall. (liég.) fin 12e s. (2e m. 12e s. ou déb. 13e s.); ms. BN fr. 24764 [Liège? 1er t. 13e s.] f°58-173; p. p. W. Foerster, *Li Dialoge Gregoire lo Pape. Altfranzösische Uebersetzung des XII. Jahrhunderts der Dialogen des Papstes Gregor, mit dem lateinischen Original, einem Anhang: Sermo de Sapientia und Moralium in Iob Fragmenta, einer grammatischen Einleitung, erklärenden Anmerkungen und einem Glossar*, première partie: Textes, Halle (Lippert) – Paris (Champion) 1876 [réimpr. Amsterdam, Rodopi, 1965]; [= TL Dial. Gr.; Boss 3285; WoC 19]. Contient aussi → JobGregF (p. 299-370). [La 2e partie de la publication est constituée par L. Wiese, *Die Sprache der Dialoge des Papstes Gregor*, Halle 1900.]

DialGregEvrS id., trad. anon. en vers octosyll.; norm. 1326; ms. de base Evreux fr. 8 [norm. 2e q. 14e s.] (E) f°1-134, en var. BN fr. 914 [s.l. 1472] (P) copié sur E?; p. p. S. Sandqvist, *Le Dyalogue saint Gregore*, 2 vol., Lund (Univ. Press) 1989 (Et. rom. de Lund 42); [= TL Dial. Greg. S]. Bon travail.

DialGregEvrM id.; extraits p. dans → SGregJeanM p. 512-519.

DialGregTrav id., trad. en prose, incip. *En .i. jour que je estoie travelliez et lassiez*, explic. *nous sacrifions a Deu nous meïsmes*; prob. 14e s.; ms. BN fr. 9558 [f°21-86: lorr. 14e s.] f°25-53v°; inédit.

[DialGreg cp. → AngDialGreg.]

DialSJulB *Dialogue de Saint Julien* (de Tolède) *et son disciple*, en vers octosyll.; agn. mil. 13e s.; ms. de base BL Roy. 8 E.XVII [agn. déb. 14e s.] (L), en var. Oxford Bodl. Rawl. F.241 [agn. déb. 14e s.] (O), Cambridge Gonville and Caius Coll. 307 (375) [fragm. agn. 1e m. 14e s.] (C); p. p. A. Bonjour, *Dialogue de Saint-Julien et son disciple, Poème anglo-normand du XIIIe siècle*, Oxford (Blackwell) 1949 (Anglo-Norman Texts 8); [= TL Dial. SJul.; AND Dial Jul; Boss 6639; Hol 284.2; FEW SJulD; Dean 628; Vising 155]. Avec une liste impressionnante de corrections par rapport aux extraits p. p. P. Meyer.

[DiccAcEsp → AcEsp.]

DiccHist[1] Academia española, *Diccionario histórico de la lengua española*, 2 vol. parus (*A – Cevilla*), Madrid 1933-1936.

DiccHist Real Academia española, *Diccionario histórico de la lengua española*, J. Casares et al., Madrid 1960ss. [t.4, 1996, *b-bajoca*].

Dick F. Dick, *Bezeichnungen für Saiten- und Schlaginstrumente in der altfranzösischen Literatur*, Giessen 1932 (Giessener Beiträge zur Romanischen Philologie 25); [= FEW Dick; TL Dick Saiteninstrumente].

DictNatComm *Dictionnaire national des communes de France / Dictionnaire Meyrat*, 19ᵉ éd. p. p. J.-L. Martin, Paris (Michel) ¹⁹1970 (réédité depuis).

DictOrf *Dictionnaire d'orfèvrerie, de gravure et de ciselure chrétiennes*, p. p. l'abbé Texier, 27ᵉ tome de la *Troisième et dernière encyclopédie théologique* p. p. J.-P. Migne, Paris (Petit-Montrouge) 1857.

DictQué⁰ *Dictionnaire du français québécois, Volume de présentation*, p. p. C. Poirier et al., Sainte-Foy (Presses de l'Univ. Laval) 1985. Produit du *Trésor de la langue française au Québec*, par M. Juneau et al. V. → DHFQ (1998).

DictTop *Dictionnaire topographique de la France comprenant les noms de lieu anciens et modernes*, p. sous la dir. du Comité des travaux historiques et scientifiques [/ et des sociétés savantes], Paris 1861ss. [Les vol. sont précisés par l'indication du département etc.] Qualité inégale.

DiczRGr *Dicziunari rumantsch grischun*, Società retorumantscha, rédacteurs C. Pult, A. Schorta, M. Grisch, A. Maissen, A. Decurtins, et al., Cuoira – Winterthur 1939–; [= FEW Dicz].

DiefenbachGl L. Diefenbach, *Glossarium latino-germanicum mediae et infimae aetatis*, Frankfurt (Baer) 1857; [= FEW Dief].

DiefenbachNGl L. Diefenbach, *Novum glossarium latino-germanicum mediae et infimae aetatis*, Frankfurt 1867 (réimpr. Aalen, Scientia, 1964).

DiekampSyn C. Diekamp, *Formelhafte Synonymenhäufungen in der altpoitevinischen Urkundensprache, 13. Jahrhundert, Beiträge zu Problemen der Synonymenhäufung im Altfranzösischen*, München (Fink) 1972 (Romanica Monacensia 8).

DiekmannSuff E. Diekmann, *Die Substantivbildung mit Suffixen in den Fabliaux*, Tübingen (Niemeyer) 1969 (ZrP-Beih. 119). À contrôler.

DieuAmL *Fablel dou dieu d'amors*, poème allégorique en vers décasyll.; 2ᵉq. 13ᵉs.; ms. unique BN fr. 1553 [pic. 1285 n.st.]; p. p. I. C. Lecompte, "Le fablel dou dieu d'amors", *MPh* 8 (1910-11) 63-86; [= TL Dieu d'Am.; Hol 1513; cp. Hol 1491; Boss 2785]. A été utilisé par l'auteur de → Venus (v. VenusF p. 45).

DieuAmJ id.; p. p. A. Jubinal, *Li fablel dou dieu d'amours*, Paris (Techener) 1834; [= Boss 2785 (Suppl. I, p. 127)].

DieuAmO id.; p. dans → JugAmO p. 197-216.

Diez F. Diez, *Etymologisches Wörterbuch der romanischen Sprachen*, 5ᵉ éd. (avec un appendice par A. Scheler), Bonn (Marcus) 1887; [= FEW Diez; TL Diez Wb.]. Cp. W. Sykorra, *Friedrich Diez' Etymologisches Wörterbuch der romanischen Sprachen und seine Quellen*, Bonn 1973. Première éd. 1853; point de départ général: Rn. Ne traite que les mots courants, mais pas ceux dont l'étymologie est claire (p. ex. *re/rex/roi* manque), plus des étymologies intéressantes (p. VIII).

DiezGl F. Diez, *Altromanische Glossare*, Bonn 1865; trad. par A. Bauer: *Anciens glossaires romans*, Paris (Franck) 1870; [= TL Altrom. Gloss.; Boss 7].

DiezGramm F. Diez, *Grammatik der romanischen Sprachen*, 3ᵉ éd., Bonn (Weber) 1870-1872; [= TL Diez Gr.]. 5ᵉ éd. 1882.

Digeste Le *Digeste* (Digesta ou Pandectae), collection (de l'an 533) en 50 livres du droit ancien des juristes, partie du Corpus iuris civilis de Justinien, version fr., prose, incip. *Ulpians dit: il convient que tuit*; frc. 3ᵉq. 13ᵉs.; mss. Montpellier Ec. de Méd. 47 [13ᵉs.], BN fr. 197 [14ᵉs.], BN fr. 495 [ca. 1275]; BN fr. 20118 [frc. 3ᵉq. 13ᵉs.] cité par Gdf, Bruxelles Bibl. roy. 9234 [14ᵉs.]; inédit. Cp. → CodeJust, InstJust, JostPlet, NovJust.

DinauxArt A. Dinaux, *Les trouvères artésiens*, Paris (Techener) – Valenciennes 1843. Textes divers, à identifier dans des éd. plus récentes.

DinauxBrab A. Dinaux, *Les trouvères brabançons, hainuyers, liégeois et namurois*, Paris – Bruxelles (Heussner) 1863 (réimpr. Genève, Slatkine, 1969). (Gdf cite ce texte parfois sous 'Scheler, Trouv. brab.'.)

DinauxCambr A. Dinaux, *Les trouvères cambrésiens*, Paris (Techener) – Bruxelles 1836 [contient MeunArlD, JacCambrD I+II, etc.].

DinauxFlandr A. Dinaux, *Les trouvères de la Flandre et du Tournaisis*, Paris (Techener) – Valenciennes 1839 (réimpr. Genève, Slatkine, 1969).

DionVigne R. Dion, *Histoire de la vigne et du vin en France des origines au XIXᵉ siècle*, Paris (Sévin) 1959 [et réimpr.]; [= TL Dion Vigne].

DistigiumCH Le *Distigium*, espèce de dictionnaire de mots savants, difficiles ou étrangers rimé, destiné aux scolaires, traitant de philosophie morale, d'étymologie et de grammaire, attribué à Jean de Garlande; lat. 1ᵉʳt. 13ᵉs. (?); gloses fr. du ms. Oxford Bodl. Rawl. C.496 [contin.? 1ᵉʳt. 13ᵉs.] p. dans → JGarlRCH p. 32-37.

DistinctCharlH *Distinctiones*, répertoire exégétique exposant les sens littéral, allégorique, moral et anagogique de la Bible, version du ms. Charleville bilingue; wall.mérid. 1ᵉʳq. 14ᵉs.; ms. Charleville 99 [wall.mérid. 2ᵉt. 14ᵉs.]; étude et extraits p. p. G. Hasenohr, "Un recueil de *Distinctiones* bilingue du début du XIVᵉ siècle", *R* 99 (1978) 47-96; 183-195. Inédit dans l'ensemble.

DitNDSainteB Prière à la Vierge, médiatrice, en vers octosyll., incipit *Sainte Marie, douce mere*; 2ᵉm. 13ᵉs.; ms. Bruxelles Bibl. roy. 9411-26 [pic. ca. 1300]; p. p. J. Bastin, "Trois *Dits* du XIIIᵉ siècle", *Rbph* 20 (1941) 467-507, spéc. 471-474 (I); [= Boss 6603bis]. Contient aussi → MesdisansB (p. 474-488: II) et SeptVicesB (p. 489-507: III).

DitiétDameH Poème didactique traitant de la vocation de religieuses, nommé *ditiét* par l'auteur (527), vers octosyll., incip. *Dame, amie, fille, sorur*; agn. 1ᵉm. 13ᵉs.; ms. BL Egerton 613 [f⁰59-64 agn. 1ᵉm. 13ᵉs.]; p. p. T. Hunt, "An Anglo-Norman treatise on female religious", *MedAev* 64 (1995) 205-231.

DivMondePerP Poème didactique sur la division du monde, c'est-à-dire la géographie, (remanié?) par un certain Perot de Garbelei, imitant → PBeauvMap qui s'appuie sur *De imagine mundi*, sur Isidore et d'autres, en vers de six syll. (ou plutôt trois accents); agn. ca. 1300; ms. unique Cambridge Corpus Christi Coll. 405 [agn. 1ᵉʳq. 14ᵉs.]; p. p. O. H. Prior dans J. P. Strachey, *Poem on the Assumption*, H. J. Chaytor, *Poem on the Day of Judgment*, O. H. Prior, *Divisiones mundi*, Cambridge (Univ. Press) 1924 (Cambr. Agn. Texts 1), p. 37-62; [= AND Div Mun; TL Cambr. anglon. texts III; Dean 330; Boss 2867; Hol 381]. H. Shields dans → ShortAnniv 337-359 discute une attrib. à Philippe de Thaon. [L'éd. contient aussi → JourJugAmurC et VisElisS.]

DixCommNeroW Petit texte catéchétique en prose réunissant des éléments rudimentaires sous trois titres: *De diz comandemenz en la lei, De dusze articles de la fei* et *De set sacremenz*; agn. fin (?) 13ᵉs.; ms. BL Cotton Nero A.III f⁰85v⁰-89v⁰ (anc. 84v⁰-88v⁰) [agn. 1ᵉʳt. 14ᵉs.]; publication élaborée par l'École d'été 2014 de Klagenfurt, sous la dir. de R. Wilhelm, *De diz comandemenz en la lei*, Heidelberg (Winter) 2015. Y a-t-il une datation du texte (56-57: syntaxe 13ᵉs.)? [= AND Comm: ms.].

DocAubeC *Documents linguistiques de la France (série française)*, p. p. J. Monfrin – L. Fossier, III, *Chartes en langue française antérieures à 1271 conservées dans les départements de l'Aube, de la Seine-et-Marne et de l'Yonne*, par D. Coq, Paris (CNRS) 1988; [= TL Chartes Aube C]. Doc. orig. (champ. lorr. / bourg. / frc.) de 1230 à 1271. La rédaction utilise un concordancier de Y. Kawaguchi qui excède le gloss. de l'édition.

DocAube²R Documents juridiques originaux (chartes et un vidimus) conservés aux Archives de l'Aube, datés de 1270 à 1300; champ. / lorr. etc. 1270-1300; p. p. P. van Reenen et al., *Chartes de Champagne en français, 1270-1300*, Orléans (Paradigme) 2007 (Medievalia 61). Une étude ling. reste à faire.

DocDoubsD annoncé par J. Ducourtieux (thèse Éc. des Ch. 1994). ÷

DocFlandrM *Documents linguistiques de la Belgique romane*, p. p. J. Monfrin – L. Fossier, II, *Chartes en langue française antérieures à 1271 conservées dans les provinces de Flandre orientale et de Flandre occidentale*, par R. Mantou, Paris (CNRS) 1987; [= TL Chartes Flandre M]. Doc. orig. (flandr.) 1224-1270.

[DocFrHMarneG/DocFrVosL → DocHMarneG / DocVosL.]

DocHMarneG *Documents linguistiques de la France (série française)*, p. p. J. Monfrin – L. Fossier, I, *Chartes en langue française antérieures à 1271 conservées dans le département de la Haute-Marne*, par J.-G. Gigot, Paris (CNRS) 1974; [= TL Chartes Haute-Marne G]. Doc. orig. (lorr.mérid.) de 1232 à 1271. Glossaire par J. Monfrin. Cp. → GigotDocHMarne.

DocHainR *Documents linguistiques de la Belgique romane*, p. p. J. Monfrin – L. Fossier, *Chartes en langue française antérieures à 1271 conservées dans la province de Hainaut*, par P. Ruelle, Paris (CNRS) 1984; [= TL Chartes Hainaut R]. Doc. orig. (hain.) de 1237 à 1270/71.

DocJuraS *Documents linguistiques de la Suisse romande, I, Documents en langue française antérieurs à la fin du XIVᵉ siècle conservés dans les cantons du Jura et de Berne*, p. p. E. Schüle – R. Scheurer – Z. Marzys et al., Paris (CNRS) 2002 (IRHT, D.E.R. 69). Doc. orig. (frcomt.) 1244-1350.

DocLing *Les plus anciens documents linguistiques de la France*, édition électronique, dir. par M.-D. Glessgen, www.rose.uzh.ch/docling. Chartes et doc., 1204-1331.

DocMMSalT Documents d'archives du dép. Meurthe-et-Moselle, spéc. 34 chartes concernant l'abbaye de Salival (dioc. de Metz, canton Château-Salins), datées de 1252 [une ch. de 1234 d'après Arnod] à 1330, complétant surtout → ArnodCh; lorr. (orient.) 1234-1330; p. p. David A. Trotter, "Diastratische und diaphasische Variation. Normierungstendenz und Unabhängigkeit in lothringischen Dokumenten des Mittelalters", →

DocMMSalT

ActesÜber 245-322, textes 293-322. Sans glossaire (version électr. mise à la disp. de la rédaction du DEAF).

DocMarcheT A. Thomas, *Le comté de la Marche et le parlement de Poitiers (1418-1436)*, Paris (Champion) 1910 (Bibl. Ec. des Hautes Et. 174). Orig. fr. à partir de 1418.

DocVosL *Documents linguistiques de la France (série française)*, p. p. J. Monfrin – L. Fossier, II, *Chartes en langue française antérieures à 1271 conservées dans le département des Vosges*, par J. Lanher, Paris (CNRS) 1975; [= TL Chartes Vosges L]. Doc. orig. (lorr.mérid.) de 1235 à 1271. [Le gloss. couvre aussi les faux.]

DoctPierresG Traité de la glyptique et de la taille et du façonnage des pierres précieuses, incip. *Por ovrer en pierres. Ce est la doctrine de polir et planer et seier et burnir et percer precioses pierres*, traduction de la *Doctrina poliendi...* (13^{e}s., ms. ca. 1300); Nord ca. 1300; ms. BN lat. 7400A [mil. 14^{e}s.]; p. p. G. Grassin, "Le travail des gemmes au XIIIe siècle dans la Doctrina poliendi pretiosos lapides", *CCM* 42 (1999) 111-137. Publie les textes lat. et fr. et qqs. paragraphes non communs des deux (en app.).

DoctSauvS Le *Doctrinal Sauvage*, poème didactique par Sauvage d'Arras, à la versification irrégulière, quatrains d'alexandrins et d'autres formes rimées; art. ca. 1260; ms. de base BN fr. 25462 [art. fin 13^{e}s.] (A), interpolation (p. 96-104) éditée d'après BN fr. 25547 [15^{e}s.] (N), en var. Bern 113 [bourg., qqs. traits pic., fin 13^{e}s.] (B), Bruxelles Bibl. roy. 9411-26 [pic. ca. 1300] (C), BN fr. 19152 [frc. fin 13^{e}s.] (D), Ars. 3516 [art. 1267] (E), Augsburg Univ. I.4.2° 1 (anc. Maihingen Oettingen-Wallerstein 730) [pic. 3^{e}t. 13^{e}s.] (F), BN fr. 25408 [agn. 1267] (G), BN nfr. 20001 [cette partie 2^{e}m. 14^{e}s.] (H) f°5v°-6v°, Bruxelles Bibl. roy. 10574-85 [composite, 14^{e}s.] (I), BL Add. 15606 [bourg. déb. 14^{e}s.] (J), Cambridge Clare Coll. 27 [déb. 14^{e}s.] (K), Bruxelles Bibl. roy. 10459-62 [1445] (L), Oxford Jesus Coll. 29/2 [agn. 3^{e}q. 13^{e}s., après 1256] (O), BL Harl. 978 [agn., cette partie, f°103-104, 2^{e}m. 13^{e}s.] (P), Oxford Bodl. Digby 86 [agn. 1272-82] (Q), BN fr. 837 [frc. 4^{e}q. 13^{e}s.] (R), Lyon Acad. des Sc. 28 [fin 15^{e}s.] (S), BL Egerton 745 [pic. mil. 14^{e}s.] (T), BN fr. 12483 [mil. 13^{e}s.] (V), BN fr. 834 [pic. déb. 14^{e}s.] (X), BN nfr. 13521 (anc. La Clayette) [fin 13^{e}s.] (Y), Saint-Quentin 111 [14^{e}s.] (a), Ars. 5201 [bourg.sept. ou lorr. 3^{e}t. 13^{e}s.] (b), BL Harl. 4333 [lorr. 2^{e}m. 13^{e}s.] (c), Metz 419 (?) [15^{e}s.] (d), Epinal 217 (59) [lorr. (Metz) 1^{e}m. et 3^{e}q. 15^{e}s.] (e), Metz 855 (105) [cette partie lorr. fin 15^{e}s.] (f), Cambridge Univ. Hh.III.5 [agn. déb. 14^{e}s.], Princeton NJers. Univ. Taylor Coll. Phill. 25970 (anc. Cheltenham Phillipps 25970) [agn. mil. 14^{e}s.],

Rennes 593 [1304 n.st.] (U); p. p. A. Sakari, *Doctrinal sauvage*, Jyväskylä (Iyv. Yliopisto)1967; [= Dean 244].

DöffingerGauv E. Döffinger-Lange, *Der Gauvain-Teil in Chrétiens Conte du Graal. Forschungsbericht und Episodenkommentar*, Heidelberg (Winter) 1998.

DolopL Dolopathos, branche du cycle des Sept Sages (→ SSag), couplets d'octosyll. rimés; lorr. ca. 1223; ms. de base Montpellier Ec. de Méd. 436 [lorr. 3^{e}q. 13^{e}s.] (M), en var. BN fr. 24301 [lorr. 2^{e}m. 13^{e}s.] (B), BN fr. 1450 [pic. 2^{e}q. 13^{e}s.] (A) incomplet, BN nfr. 934,15 [lorr. 3^{e}t. 13^{e}s.] (F) fragm. (v. 6393-6561, p. p. Leclanche dans MélMénard 2, 849-863), Metz Arch. mun. cote? (anc. Salis, BEC 75,349, 139) [lorr. 3^{e}t. 13^{e}s.] (F^2) fragm. du même ms. que F (v. 3901-4072, p. p. J.-Ch. Herbin R 116, 258-272); p. p. J.-L. Leclanche, *Le Roman de Dolopathos*, 3 vol., Paris (Champion) 1997 (CFMA 124-126). Numérotation des vers malheureusement modifiée (pour 26 vers au total, par rapport à l'éd. B).

DolopB id.; ms. de base B; p. p. Ch. Brunet – A. de Montaiglon, *Li romans de Dolopathos*, Paris (Jannet) 1856. L'éd. 'fort honnête' (Leclanche) reste utile pour la leçon du ms. B; [= TL Dolop.].

DomesdayBkF *Domesday Book*, à l'usage de l'administration de la couronne, rédigé en partant du relevé des propriétés féodales en Grande Bretagne de l'an 1086; mlt. après 1086; mss.: Kew NA E 31/2 [fin 11^{e}s.] scribe angl., correcteur norm. (= Great Domesday Book), Kew NA E 31/1 [fin 11^{e}s.] (= Little Domesday Book, couvrant Essex, Norfolk et Suffolk, prob. proche du relevé premier), Exeter Cathedral 3500 [fin 11^{e}s.] (couvrant le Sud-Ouest) et d'autres; publié s.n. [Abraham Farley], *Domesday-Book seu Liber censualis Willelmi primi regis Angliae, inter archivos regni in Domo Capitulari Westmonasterii asservatus*, 2 vol., s.l. [London] 1783. Éditions imitative et interprétative.

DomGipT Le *Domesday de Gippewyz*, coutumier de la ville d'Ipswich, ayant trait aux coutumes de la mer (cp. → CoutMerOl); agn. déb. 14^{e}s. (prob. avant 1314); ms. BL Add. 25012 [agn. 1^{er}t. 14^{e}s.]; p. dans → BlackBookT 2,16-206; [= AND Dom Gip]. Trad. angl., ms. 2^{e}q. 15^{e}s., imprimée en regard.

DonatBS Traduction fr. assez fidèle de l'*Ars minor* de Donatus (version en cours au moyen âge, contaminée de Priscianus, etc.); les mss. existants (cp. ci-dessous) présentent p.-ê. une tradition commune du 13^{e}s.; ms. au texte abrégé Bern 439 [Metz 2^{e}m. 13^{e}s.]; p. dans → StädtlerGram 86-91. V. aussi → ColomboGram.

DonatBB id.; p. p. J. J. Baebler, *Beiträge zu einer Geschichte der lateinischen Grammatik im Mittelalter*, Halle (Waisenhaus) 1885, p. 200-201. Quelques erreurs de transcription; aux p. 202-203, suite en lat., abrégée.

DonatGS id.; version du ms. BN lat. 14095 [N.-E. 2e q. 14e s.]; p. dans → StädtlerGram 92-97. Remplace les extraits dans → ThurotEx 51-52; 168-170; 175-176; 182; 184-185; 187; 191; 193-194; 197-198; 203-204; etc. [ms. dit HHa].

DonatM¹S id.; version du ms. Maz. 3794 (578) [ca. 1325] f°22r°-26r°; p. dans → StädtlerGram 98-108.

DonatM¹H id.; p. p. S. Heinimann, "L' *Ars minor* de Donat traduit en ancien français", *CahSauss* 23 (1966) 49-59; [= TL Donat Ars minor H; Boss² 5462]. [Ms. cité dans → ThurotEx 53; 175; 184-185 [ms. dit IIa].]

DonatM²S id.; version très interpolée du ms. Maz. 3794 (578) [ca. 1325] f°41r°-52r°; p. dans → StädtlerGram 109-125. Remplace les extraits dans → ThurotEx 54; 168-170; 203; 250; 272-273; etc.

DonatP¹C id.; version du ms. BN nfr. 1120 [Abbeville 1440]; p. dans → ColomboGram 195-204 ('P2').

DonatP²C id.; version du ms. BN nfr. 4690 [(av.) 1488]; p. dans → ColomboGram 205-216 ('P3').

DonatsS id.; version fragm. du ms. Salins 44 (P.37) [Est 1er t. 15^e s., av. 1436]; p. dans → StädtlerGram 126-127.

DonatuC id.; version de l'incunable Utrecht Univ. B. qu. 66 [ca. 1465]; p. dans → ColomboGram 217-224 ('U').

DonatvC id.; version du ms. Vat. Vatic. lat. 1479 [2e q. 14e s.]; p. dans → ColomboGram 180-190 ('V'). Cf. B. S. Merrilees dans *R* 109 (1988) 400; 403n12 et dans *15th Cent. St.* 12 (1987) 87-98 (traite B, G, M¹, M², P¹, P² et V).

DonatLibM *Liber Donati* (titre du ms. D), grammaire morph. (appellée par l'éd. partie 'A') et suivi dans trois mss. de 'dialogues' ou phrases exemples (partie 'B'; = → DialFr1415S); prob. ca. 1375; ms. de base pour les sections III-VII Cambridge Univ. Dd.XII.23 [agn. 1e m. 15e s., après 1415] (D), en var. BL Add. 17716 [agn. ca. 1425] (A), Cambridge Trinity Coll. B.14.40 [agn. après 1415] (T), Cambridge Univ. Gg.VI.44 [agn. 4e q. 14e s.] (G) base des sections I-II, Cambridge Univ. Ee.IV.20 [agn. 1382 ss.] (E); p. p. B. S. Merrilees – B. Sitarz-Fitzpatrick, *Liber Donati*, London (ANTS) 1993 (ANTS Pl.T. 9); [= Dean 291].

DonatOxfS «Donait françois pur briefment entroduyr les Anglois en la droit language du Paris et de païs la d'entour, fait aus despenses de Johan Barton par pluseurs bons clercs du language avandite»: grammaire fr. faite sur le modèle de Donat; agn. ca. 1400; ms. Oxford All Souls Coll. 182 [agn. après 1412]; p. dans → StädtlerGram 128-137; [= Dean 290].

DonatOxfC id., éd. d'un texte aux modifications réduites à côté d'une reprod. du ms. (p. 65-107) et d'un texte lissé typographiquement, avec trad. et notes (p. 108-195); p. p. B. Colombat, *Johan Barton. Donait françois*, Paris (Garnier) 2014. Avec un index des termes 'métalinguistiques' et un index des termes cités et des exemples (où *denieree* est à chercher pas sous D, mais sous U: *une d.* [!]).

DonatOxfSt id.; p. dans → ManLangS (*ZfSL* 1, 25-40); [= Vising 400].

DoncasterH Pétition adressée à Edward II par une assemblée d'un groupe autour du comte de Lancaster à Doncaster en nov. 1321; agn. 1321; ms. BL Cotton Cleopatra D.IX [agn. ca. 1335]; p. p. G. L. Haskins, "The Doncaster Petition, 1321", *EHR* 53 (1938) 478-485; [= AND Doncaster].

DonneiH Le Donnei des amants, poème lyrique d'amour composite, contenant des exemples, de la matière tirée de lais, etc.; agn. fin 12e s. (?); ms. Cologny Bodmer 82 (anc. Cheltenham Phillipps 3713) [agn. fin 13e s.]; p. p. A. Holden, [D. Burrows, I. Short], *Le Donei des Amanz*, Oxford (ANTS) 2013 (Plain Texts 17). Se veut plus fidèle que l'éd. P, mais en reprend p. ex. *Ne quid* 1175 où il faut *N[e] quid*, etc.

DonneiP id.; p. p. G. Paris, "Le Donnei des amants", *R* 25 (1896) 497-541; [= AND Donn Am; Dean 180; Vising 53; Boss² 5073]. Transcription peu sûre – ou, plutôt, texte très corrigé, en partie sans preuves.

DonneiM id.; extrait p. dans → MichelTrist 2,149-157.

DoonLaiT *Le Lai de Doon*, anonyme, en vers octosyll.; déb. 13e s.; ms. unique BN nfr. 1104 [frc. ca. 1300]; p. dans → TobinLais p. 319-333.

DoonLaiH id.; p. p. P. Holmes, *Les Lais anonymes de Graelent, Doon et Melion*, thèse Strasbourg 1952.

DoonLaiP id.; p. p. G. Paris, "Lais inédits de Tyolet, de Guingamor, de Doon, du Lecheor et de Tydorel", *R* 8 (1879) 29-72, spéc. p. 59; [= TL Lais in.].

DoonMayP Enfances de Doon (v. 1-6038) et Doon de Mayence propre (ou 'chevalerie',

DoonMayP

v. 6039-11505); traits pic., mil. 13ᵉs. (selon Niederstadt, v. Boss 323; selon Peÿ: 2ᵉ m. 13ᵉs.); ms. de base essentiellement Montpellier Ec. de Méd. 247 [pic. 2ᵉm. 14ᵉs.] (A), var. de BN fr. 1637 [pic. fin 15ᵉs.] (C) et BN fr. 12563 [N.-E. 1463] (B); p. p. A. Peÿ, *Doon de Maience*, Paris (Vieweg) 1859; [= TL Doon; FEW DoonM; Hol 690; Boss 321].

DoonMayAPi⁰ id., Enfances (v. 1-6038 de l'éd. P); pic. mil. 13ᵉs.; ms. Montpellier Ec. de Méd. 247 [pic. 2ᵉm. 14ᵉs.] (A); p. p. M.-J. Pinvidic, *Les Enfances de Doon de Mayence. Édition et étude*, thèse Aix en Provence 1995. Éd. synoptique des mss. ABC, polycopiée.

DoonMayBPi⁰ id., ms. B à la langue rajeunie, Enf. et Doon pr.; Nord-Est 1ᵉʳm. 15ᵉs.; ms. BN fr. 12563 [N.-E. 1463] (B); p. dans → DoonMayAPi⁰.

DoonMayCPi⁰ id., ms. C à la langue rajeunie, Enf. seulement; pic. fin 15ᵉs.; ms. BN fr. 1637 [pic. fin 15ᵉs.] (C); p. dans → DoonMayAPi⁰.

DoonMayDB id., fragm. des Enfances, 287 vers; ex ms. BL Add. 46410, deux feuilles, wall. 14ᵉs.; p. p. K. Busby, "Some unpublished epic fragments", *Olifant* 10 (Winnipeg 1982-83) 7-13.

DoonMayFragmB id., deux fragments d'un ms. Namur fin 13ᵉs.; p. p. S. Bormans, "Deux fragments ms. de la fin du 13ᵉs.", *Bull. Acad. roy. de Belgique*, 2ᵉsér., t. 37 (1874) 307-323. Le 1ᵉʳ fragm. de 160 vers (v. 1782-1958 de l'éd. P) est assez illisible (inédit); le 2ᵉ fragm., correspondant aux v. 3262-3391, 3735-3779, 3868-3909 de l'éd. P, est publié.

DoonNantM Doon de Nanteuil, chanson de geste fragmentaire, alex. rimés; 1ᵉʳm. 13ᵉs.; extraits d'un ms. auj. perdu p. dans *Les œuvres de feu M. Claude Fauchet* (…, Paris, Le Clerc, 1610, II, xiii); p. p. P. Meyer "La chanson de Doon de Nanteuil, fragments inédits", *R* 13 (1884) 1-26; [= TL Doon N].

DoonRocheM Doon de la Roche, chanson de geste en laisses d'alexandrins assonancés; lorr. déb. 13ᵉs.; ms. BL Harl. 4404 [lorr. fin 15ᵉs.] copié d'un ms. dont subsistent deux feuillets: BN nfr. 23087 (anc. Lelong) [lorr. 1ᵉʳq. 14ᵉs.] (L) vers 1146-1325 et 3110-3289; p. p. P. Meyer – G. Huet, *Doon de la Roche*, Paris (Champion) 1921 (SATF 65); [= TL Doon d. l. Roche; FEW Doon]. Texte délorrainisé par les éd., v. les var. des deux premières laisses.

DottinGaul G. Dottin, *La langue gauloise; grammaire, textes et glossaire*, Paris (Klincksieck) 1920 (Collection pour l'étude des antiquités nationales 2); [= FEW DottinGaul].

DouëtArg L. C. Douët-d'Arcq, *Comptes de l'Argenterie des rois de France au 14ᵉ siècle*, Paris (Renouard) 1851. Contient 1316 CptFleuri¹D (p. 3-79); 1352 CptFontD (p. 80-192); 1360 CptRoiJAnglD (p. 195-278); 1352 CptMarBlancheD (p. 287-302); 1353 InvArgFontD (p. 304-332).

DouëtChVI L. C. Douët-d'Arcq, *Choix de pièces inédites relatives au règne de Charles VI*, 2 vol., Paris (Renouard) 1863-1864 (Soc. de l'Hist. de Fr.); [= FEW Douët]. Orig. fr. à partir de 1380.

DouëtHotel L. C. Douët-d'Arcq, *Comptes de l'Hotel des Rois de France*, Paris 1865. Contient → CptCharlVI1380D (p. 1-127), CptIsBav1401D (p. 128-171), etc. (dernière date: 1496).

DouëtNArg L. C. Douët-d'Arcq, *Nouveau recueil de comptes de l'argenterie des rois de France*, Paris (Renouard) 1874; [= FEW DouetArgent]. Contient → InvClemD, CptFleuri²D, CptTadD, CptBrunD.

Doursther H. Doursther, *Dictionnaire universel des poids et mesures anciens et modernes, contenant des tables des monnaies de tous les pays*, Bruxelles (Hayez) 1840 (réimpr. Amsterdam, Meridian, 1965 etc.).

DouzeVendredisCS *Les douze vendredis du jeun*, calendrier (= partie dite A) et justification des vendredis de jeun par la Bible (= B); 13ᵉs.; ms. Cambridge Emmanuel Coll. 106 (I.4.31) [agn. 3ᵉq. 14ᵉs.] (C); p. p. W. Suchier, *L'enfant sage*, Dresden (Niemeyer) 1910 (Ges. rom. Lit. 24), p. 170; 580-581; [Dean 699; TL Enfant sage]. Contient l'analyse de toutes les versions: Bruxelles Bibl. roy. 9391 [13ᵉs.] (A), Salins 12 (P.11) [bourg. frcomt. 1ᵉʳq. 15ᵉs.] (D) f°152, BN fr. 412 [pic. 1285] (B), partie A seule: ms. anc. Strasbourg E. Schneegans voir MélWilmotte 641 [13ᵉs.] (E) [où aujourd'hui?], Venezia Marc. fr. II [Mantova ca. 1390] (F) cité par Gdf, BN fr. 2485 [14ᵉs.] (G) cité par Gdf, Salins 12 (P.11) [bourg. frcomt. 1ᵉʳq. 15ᵉs.] (H) f°282v° [éd. p. 424], Epinal 217 (59) [lorr. (Metz) 1ᵉm. et 3ᵉq. 15ᵉs.] (I), Vat. Ottoboni lat. 2523 [ca. 1455] (K), partie B seule: BN nfr. 1098 [1250] = DouzeVendredisLS, Rouen Bibl. mun. 671 (A.454) [ca. 1300] (M) [impr. Meyer BullSATF 9,96-97]; ajouter BN lat. 7486 [pic. 1ᵉm. 14ᵉs.] v. MélSmeets p. 69.

DouzeVendredisLS id., partie B seulement; av. 1250; ms. BN nfr. 1098 [1250] (L); p. dans → DouzeVendredisCS p. 584.

Dozy R. Dozy – W. Engelmann, *Glossaire des mots espagnols et portugais dérivés de l'arabe*, Leyde (Brill) [– Paris (Maisonneuve)] ²1869; [= FEW Dozy].

DozySuppl R. Dozy, *Supplément aux dictionnaires arabes*, 2 vol., Leyde (Brill) 1881.

Dreesbach E. Dreesbach, *Der Orient in der altfranzösischen Kreuzzugsliteratur*, thèse Breslau 1901. Cf. TrotterCrus.

Drevin H. Drevin, *Die französischen Sprachelemente in den lateinischen Urkunden des 11. und 12. Jahrhunderts*, thèse Halle 1912; [= FEW Drevin; TL Drevin Fz. Sprachelem.].

Dreyling G. Dreyling, *Die Ausdrucksweise der übertriebenen Verkleinerung im altfranzösischen Karlsepos*, Marburg (Elwert) 1888 (Ausg. und Abh. 82); [= FEW Dreyling (pourtant jamais cité, v. MöhrenVal 5)].

DrouartB Andreas Capellanus, *De Amore* (fin 12e s.), traduction en vers par Drouart la Vache [trad. partielle en prose: → EnanchetF]; champ. 1290; ms. unique Ars. 3122 [ca. 1300]; p. p. R. Bossuat, *Li Livres d'Amours de Drouart la Vache*, Paris (Champion) 1926; [= TL Drouart la Vache Livre d'Am.; Boss 2765; Hol 1139.3; cp. FEW Drouart]. Texte réimpr. p. A. M. Finoli, *Artes Amandi*, Milano – Varese (Cisalpino) 1969, p. 239-411.

Drüppel Christoph J. Drüppel, *Altfranzösische Urkunden und Lexikologie. Ein quellenkritischer Beitrag zum Wortschatz des frühen 13. Jahrhunderts*, Tübingen (Niemeyer) 1984 (ZrP-Beih. 203). Avec une bibl. critique de chartes et documents publiés allant jusqu'à 1235. Le DEAF utilise de plus son dépouillement supplémentaire de sources datées de 1236 à 1250 (intégrée au DEAF-pré).

DtRechtswb *Deutsches Rechtswörterbuch, Wörterbuch der älteren deutschen Rechtssprache*, p. p. R. Schröder – E. Frh. von Künßberg – H. Speer [et al.], Weimar (Böhlau) 1914ss.; [= FEW DtRWb].

DuFouillVénT Jacques du Fouilloux, *La Vénerie*, traité en prose; 1561; éd. de l'imprimé Poitiers (de Marnefz & Bouchetz Freres) 1561, p. p. G. Tilander, *Jacques du Fouilloux, La Vénerie et l'Adolescence, Editées avec introduction, glossaire et 100 gravures sur bois d'après l'édition princeps de 1561*, Karlshamn (Johansson) 1967; [= TL Fouilloux; cp. FEW DuFouill]. Contient aussi l'éd. de l'*Adolescence*. La *Fauconnerie* (écrite par Franchières, impr. 1567 etc.) est a tort citée sous son nom, v. éd. p. 10. Cf. → RemigereauVén.

DuFouillVénW id.; saisie par J. Shaw, relecture par R. Wooldridge, publiée sur le site de l'univ. de Toronto, avec liste de mots etc.

DuPineauC G.-J. Du Pineau, *Mots bas normans*, glossaire; ca. 1750; ms. BN nfr. 22097 [f° 129v°-149], autographe; p. p. Jean-Paul Chauveau, *Les Mots bas-normans de Gabriel-Joseph Du Pineau (vers 1750)*, Paris (Klincksieck) 1993 (CNRS, INaLF, Mat. rég. 7); [= FEW DuPineauC; les initiales des éditeurs différencient en fait des œuvres différentes de Du Pineau qui auraient méritées des sigles appropriés; les matériaux relèvent de la dialectologie du frm. plutôt].

DuPineauR id., *Dictionnaire angevin et françois*; (1746 -) 1748; ms. BN nfr. 22097 [f° 41-107], autographe; p. p. Pierre Rézeau (avec la collab. de Jean-Paul Chauveau), *Dictionnaire angevin et françois …*, Paris (Klincksieck) 1989 (CNRS, INaLF, Mat. rég. 4); [= FEW DuPineauR].

DuPineauV id., *Mots lyonnois*; ca. 1750; ms. BN nfr. 22097 [f° 108-129], autographe; p. p. A.-M. Vurpas, *Le français parlé à Lyon vers 1750...*, Paris (Klincksieck) 1991 (CNRS, INaLF, Mat. rég. 6); [= FEW DuPineauV].

DuVair Guillaume du Vair, *Actions oratoires*, t. 1 de *Les œuvres du S[r] Du Vair*, Genève (L'Abbé) 1606; p. p. R. Radouant, *Actions et traictez oratoires*, Paris (Cornély) 1911 (SATF); [= FEW DuVair].

DuboisDrap M. Dubois, "Textes et fragments relatifs à la draperie de Tournai au Moyen age", *Revue du Nord* 32 (1950) 145-164; 219-235. Doc. (hain./tourn.) divers (extraits) tirés de registres des 14e s. et 15e s., auj. détruits.

DuboisLagane J. Dubois – R. Lagane, *Dictionnaire de la langue française classique*, 2e éd., Paris (Belin) 1960.

DucosMétéo J. Ducos, *La météorologie en français au moyen âge (XIIIe – XIVe siècles)*, Paris (Champion) 1998. La bonne utilisation des informations cachées dans ce livre demande un gros effort. Citations à vérifier (p. ex. cit. p. 395 *gens* l. *genz*, *ils* l. *il*).

DumbOaks *Dumbarton Oaks Papers*, Dumbarton Oaks Research Library and Collection, Washington 1941ss.

Dup 1573 J. Du Puys, *Dictionnaire françois-latin*, Paris 1573; [= FEW Dup 1573].

DupinLaboulaye A. Dupin – E. Laboulaye, *Glossaire de l'ancien droit français contenant l'explication des mots vieillis ou hors d'usage*, Paris (Durand – Videcoq) 1846. Malheureusement sans documentation, donc très peu utile.

DupireAss N. Dupire, "Sur un livre récent: *Les origines du droit d'association*", Extrait des *Mémoires de l'Académie*, fasc. 3 et 4, Arras 1943-1944; [= FEW DupireAss et DupireOr].

DupireMol N. Dupire, *Jean Molinet, la vie – les œuvres*, Paris (Droz) 1932.

DupontFerrier G. Dupont-Ferrier, *Études sur les institutions financières de la France à la fin du moyen âge*, 2 vol., s.l. (Libr. de Paris Firmin-Didot) 1930-1932. Cite des bribes de texte tirées de sources de qualité très diverse.

Duraff A. Duraffour, *Phénomènes généraux d'évolution phonétique dans les dialectes franco-provençaux d'après le parler de Vaux-en-Bugey (Ain)*, Grenoble (Inst. phon.) 1932; [= FEW Duraff]. Faits frpr.

DuraffGloss A. Duraffour – P. Gardette – L. Malapert – M. Gonon, *Glossaire des patois franco-provençaux*, Paris (CNRS) 1969. Faits frpr.

DurmG Durmart le Galois, roman arthurien, couplets de vers octosyll. rimés; pic. 1^{er}t. 13^{e}s.; ms. Bern 113 [bourg., qqs. traits pic., fin 13^{e}s.], Carlisle Cathedral fragm. (62 vers v. R 50,103: v. 1-50 et 100-106 de l'éd.); p. p. J. Gildea, *Durmart le Galois, roman arthurien du treizième siècle*, 2 vol., Villanova Pa. (The Villanova Press) 1965-1966; [= TL Durm.²; Boss² 4167].

DurmS id.; p. p. E. Stengel, *Li romans de Durmart le Galois*, Tübingen (Laupp) 1873 (Bibl. Lit. Verein Stuttgart 116); [= TL Durm.].

DuvalRome Frédéric Duval, *Dire Rome en français. Dictionnaire onomasiologique des institutions*, Genève (Droz) 2012. Glossaire encyclopédique et traductologique (v. p.39s.); sources déb. 13^{e}s. – ca. 1500; contrôler les cit. (ex. dans TrotterMan 414,3). Cp. → BersuireOT.

DwyerCons M. R. A. Dwyer, *Boethian Fictions. Narratives in the Medieval French versions of the Consolatio philosophiae*, Cambridge, Mass. (The Med. Ac. of Am.) 1976. Concerne → ConsBoèceBourg 1^{er}m. 13^{e}s. (= n°1, v. p.129), ConsBoèceTroy fin 13^{e}s. (n°2), ConsBoècePierre ca. 1305 (n°4), JMeunCons ca. 1298 (n°5), ConsBoèceLorr 1^{er}t. 14^{e}s. (n°6), ConsBoèceComp ca. 1350 (n°7), ConsBoèceAnMeun 3^{e}q. 14^{e}s. (n°8), ConsBoèceRen 1337 (n°9), ConsBoèceBen ca. 1380 (n°10), ConsBoèceRenAbr fin 14^{e}s. (n°11), ConsBoèceAber 1422 (n°12), ConsBoèceMansion 1477 (n°13).

EHR *The English Historical Review*, Oxford (Oxford University Press) – London (Longmans) etc. 1886-.

EI M. T. Houtsma et al., *Enzyklopaedie des Islām*, Leiden (Brill) – Leipzig (Harrassowitz) 1913-1938; [= FEW EI].

EI² *The Encyclopaedia of Islam*, p. p. B. Lewis et al., Leiden (Brill) 1965 – 2009. Rééd. de EI sans la remplacer.

EJ C. Roth et al., *Encyclopaedia Judaica*, 16 vol., Jerusalem (Keter) – New York (Macmillan) 1971-1972; *Suppl.* 1982.

EJ² id., 2^{e}éd. p. p. F. Skolnik, Detroit (Macmillan Ref.) 2007.

EM⁴ A. Ernout – A. Meillet, *Dictionnaire étymologique de la langue latine*, 4e éd., Paris (Klincksieck) 1959; [FEW MeillErn: éd. 1932].

EchecsAmH *Echecs amoureux*, allégorie inspirée du Roman de la Rose et des *Remedia amoris* d'Ovide (en particulier le passage publié), 13270 vers octosyll.; pic. ca. 1375 (prob. av. 1378); ms. Dresden Oc 66 [bourg. déb. 15^{e}s.] (D) anoure, très endommagé en 1945, var. du ms. Venezia Marc. fr. App. XXIII (267) [fin 14^{e}s.] (V) aux gloses marg. en latin, v. 3029-16298; p. p. G. Heyworth – D. E. O'Sullivan, *Les Eschéz d'Amours. A critical edition of the poem and its Latin glosses*, Leiden – Boston (Brill) 2013. Cf. → EvrartContyEchG.

EchecsAmA id.; ms. Dresden f°130d-137a, c'est-à-dire 1271 vers, p. p. H. Abert, "Die Musikästhetik der Échecs Amoureux", *RF* 15 (1904) 884-925; [= Boss 5379].

EchecsAmK id.; éd. des f^{os}54-65 du ms. Dresden (var. du ms. Venezia aux p. 94-101) par G. Körting, *Altfranzösische Übersetzung der Remedia amoris des Ovid*, Leipzig 1871 (réimpr. Genève, Slatkine, 1971); [= TL Rem. Am.; Boss 5374; 7007; Hol 1512]. Extraits du ms. Dresden dans E. Sieper, *Les échecs amoureux*, Weimar (Felber) 1898 (Lit.-hist. Forsch. 9).

EchecsAmKr id., éd. des f^{os}44r°-120r° (= v. 635-6298, numérotés dans l'éd. de 1 à 5664) du ms. Venezia Marc. fr. App. XXIII (267) [fin 14^{e}s.], qqs. var. des f^{os}18c-45d du ms. Dresden; p. p. C. Kraft, *Die Liebesgarten-Allegorie der* Echecs Amoureux. *Kritische Ausgabe und Kommentar*, Frankfurt – Bern – Las Vegas (P. Lang) 1977 (Europäische Hochschulschriften XIII 48); [= Boss² 7573]. P. 65-87 = EchecsAmPrK.

EchecsAmM¹ id.; f°127r°-130v° et 136v°-138v° du ms. Dresden p. p. J. Mettlich, *Ein Kapitel über Erziehung aus einer altfranzösischen Dichtung des 14. Jahrhunderts*, Münster 1902 (Wiss. Beilage zum Progr. des Kgl. Paulin. Gymnasiums zu Münster); [= Boss 5378].

EchecsAmM² id.; extraits des f°24v°-27v° du ms. Dresden (partie d'échecs) publiés parallèlement au texte correspondant dans → EchecsAmPrM.

EchecsAmR id.; extraits du ms. Venezia; p. p. A. Rivoire, *Li eschés amoureux. Frammenti trascritti dal codice marciano*, Torre Pelice (Coïsson) 1915.

EchecsAmPrK Commentaire en prose à → EchecsAm; ca. 1400; ms. BN fr. 143 [déb. 16ᵉs.], BN fr. 1508 [2ᵉq. 15ᵉs.], BN fr. 9197 [hain. 2ᵉm. 15ᵉs.], BN fr. 19114 [2ᵉm. 15ᵉs.], BN fr. 24295 [1ᵉm. 15ᵉs.]; les rubriques du ms. 9197 sont p. dans → EchecsAmKr p. 65-87. Inédit dans l'ensemble.

EchecsAmPrM id.; f° 352-356 du ms. BN fr. 143 [16ᵉs.] p. p. J. Mettlich, *Die Schachpartie in der Prosabearbeitung der allegorisch - didaktischen Dichtung «Les Eschez amoureux»*, Münster 1907 (Wiss. Beilage zum Jahresberichte des Kgl. Paulin. Gymnasiums zu Münster). Imprime parallèlement → EchecsAmM².

EchecsBakC *Li livres Bakot*, collection de 282 parties d'échecs, de tables et de marelles, chaque page portant en haut le tablier dessiné, suivi de gloses en prose; pic. déb. 14ᵉs. (?); ms. Montpellier Ec. de Méd. 279 [déb. 14ᵉs.]; qqs. extraits dans F. Castets, "«Li livres Bakot», manuscrit contenant des parties d'échecs, de tables et de mérelles", *RF* 23 (1907) 691-705 (= Mél. Chabaneau); inédit; [cp. Boss 2982].

EchecsBernS Traité d'échecs en prose qui traduit Jacopo da Cessole (ca. 1300); lorr. 1ᵉm. 14ᵉs.; ms. Bern 275 [lorr. 2ᵉm. 14ᵉs.]; extraits p. p. J. R. Sinner, *Extraits de quelques poësies du XII. XIII. & XIV. siecle*, Lausanne (Grasset) 1759, p. 78-86. inédit dans l'ensemble; qqs. citations parallèles à → EchecsFerron et JVignayEchecs p. p. J. Rychner dans MélBrunel 2,480-493.

EchecsCottH Traité d'échecs du ms. Cotton, en vers et en prose, apparenté à → EchecsRoy, mais plus court; agn. 13ᵉs.; ms. BL Cotton Cleopatra B.IX [agn. fin 13ᵉs.], San Marino Huntington Libr. EL.1121 [agn. mil. 15ᵉs.], London Coll. of Arms Roll 20/26 [agn. 1ᵉm. 14ᵉs.] (présente la même version, y inclus un passage [= EchecsCottHH] manquant au ms. Cotton); p. p. T. Hunt, *Les gius partiz des eschez. Two Anglo-Norman chess treatises*, London (ANTS) 1985 (ANTS Plain Texts Ser. 3); [= AND Eschez ANTS; cp. AND Eschez B; Dean 221]. Un extrait a été p. p. Benary dans *ZrP* 48 (1928) 353-356; autres v. éd. p. 5.

EchecsCottHH id.; ms. Coll. of Arms; v. sous EchecsCottH.

EchecsDeuS Poème (fragm.?) allégorique qui fait Dieu (*Deu* qui joue avec la *blanche gent*) jouer avec le diable (qui joue *li neyrs*) une partie d'échecs, en vers dodécasyll. irréguliers, incipit *Quant jo de cest secle regard la sotie*; agn. mil. 13ᵉs.; ms. Oxford Corpus Christi Coll. 293B [agn., cette partie mil. 13ᵉs.]; p. p. Ö. Södergård, "Petit poème allégorique sur les échecs", *StN* 23 (1950/51) 127-136; [= Dean 701; AND Eschez].

EchecsEngrL Description moralisée du jeu d'échecs, par Engreban d'Arras, en vers octosyll.; pic. fin 13ᵉs.; ms. BN fr. 25566 [pic. (Arras) prob. 1295]; p. p. F. Lecoy, "Le Jeu des échecs d'Engreban d'Arras", → MélHoepffner (1949) 307-312; [= Boss 2982].

EchecsFerronC *Liber de moribus hominum et officiis nobilium ac popularium sive super ludo scaccorum*, par Jacopo da Cessolo (ca.1300), traduction en prose par Jean Ferron (= Freron), titre: *Le jeu des eschaz*; 1347; ms. de base Dijon 525 (298) [Paris 1355-1362] (d1), Chartres 419 (411) [2ᵉm. 14ᵉs.] (c1) très endommagé depuis le bombardement de 1944, cité par Gdf, BL Add. 20697 [fin 14ᵉs.] (l), Berkeley Cal. Univ. Bancroft Libr. Ms 173 (anc. Château de Barbentane) [f° 126-203: 15ᵉs.] (b), Berlin Staatsbibl. Hamilton 349 [Paris ca. 1415] (bl), Bruxelles Bibl. roy. 10394-414 [pic. 1ᵉm. 15ᵉs.] (b2), Bruxelles Bibl. roy. 11074-78 [pic. fin 15ᵉs.] (b4), BL Add. 21461 [15ᵉs.] (l1), BL Roy. 19 A.VIII [2ᵉq. 15ᵉs.] (l2), BN fr. 578 [ca. 1400] (p), BN fr. 19115 [2ᵉm. 14ᵉs.] (p7), BN nfr. 720 [2ᵉm. 14ᵉs.] (p9), Rouen Bibl. mun. 3066 (1483) [15ᵉs.] (r), Vat. Pal. lat. 1965 [15ᵉs.] (v), BN fr. 1170 [15ᵉs.] (p1), Dijon 268 (205) [fin 14ᵉs.] (d), BN fr. 12440 [15ᵉs.] (p6), Bruxelles Bibl. roy. 11045 [fin 14ᵉs.] (b3), BN fr. 2000 [15ᵉs.] (p2), BN fr. 2147 [15ᵉs.] (p4), Cambrai 959 (857) [pic. 15ᵉs.] (c), BN fr. 24274 [15ᵉs.] (p8), Cologny Bodmer 93 [fin 14ᵉs.] (c3), BN fr. 2146 [15ᵉs.] (p3), BN fr. 2471 [15ᵉs.] (p5), Stockholm Kungl. Bibl. Vu 18 (fr. 48) [15ᵉs.] (s), Vat. Reg. lat. 1323 [Paris ca. 1476] (v1), Chicago Univ. 392 [2ᵉm. 14ᵉs.] (c2), Torino Bibl. naz. L.III.14 (1656, fr. 49) [2ᵉm. 14ᵉs.]; p. p. A. Collet, *Le jeu des eschaz, moralisé*, thèse Univ. de Grenoble III 1984. L'éd. relève des interpolations avec → JVignayEchecs, variable selon les mss. Cp. H.-J. Kliewer, *Die mittelalterliche Schachallegorie und die deutschen Schachzabelbücher in der Nachfolge des Jacobus de Cessolis*, thèse Heidelberg 1966. – Cp. → GuillSAndréJehP (v. 4257-5394).

EchecsFerronC² id.; ms. de base Dijon 525 (A; d1), mss. de contrôle BN fr. 19115 (B; p7) et Dijon 268 (A'; d); p. p. A. Collet, *Jacques de Cessoles. Le jeu des eschaz moralisé. Traduction de Jean Ferron (1347)*, Paris (Champion) 1999 (CFMA 134). À revoir; v. Varvaro MedRom 23,461.

[EchecsJVignay traduit Jacopo, voir JVignayEchecs.]

EchecsNicA Traité d'échecs en prose, par un certain Nicholes de S. Nicholai, *demourans en Lom-*

bardie, ... estrait par men estude dou gieu des eschies (f° 1-180) *et des taules* (180-204) *et des mereles* (204-fin); pic. 2ᵉm. 13ᵉs.; ms. BN fr. 1173 [pic. 2ᵉm. 13ᵉs.]; prol. et deux parties p. p. H. Andresen, *Aus einem altfranzösischen Tractat über das Schachspiel*, Halle (Niemeyer) 1913, 12 p.; [= TL Schachspiel]. Inédit dans l'ensemble (textes très redondants).

EchecsRoyH Traité d'échecs du ms. BL Roy., en vers octosyll. irréguliers, apparenté à → Echecs-Cott, mais plus développé; agn. 13ᵉs.; ms. BL Roy. 13 A.XVIII [agn., f° 161ra-173rb, déb. 14ᵉs.]; p. dans → EchecsCott p. 26-49; [cp. AND Eschez A]. Extraits publiés antérieurement: v. éd. p. 7.

EckertTyp G. Eckert, *Sprachtypus und Geschichte. Untersuchungen zum typologischen Wandel des Französischen*, Tübingen (Narr) 1986 (TBL 265).

EdConfCambrW Vie d'Edouard le Confesseur, version attribuée à Matthieu Paris, en vers octosyll.; agn. ca. 1245; ms. Cambridge Univ. Ee.III.59 [agn. ca. 1255]; p. p. K. Young Wallace, *La estoire de seint Aedward le Rei attributed to Matthew Paris*, London (ANTS) 1983 (Agn. Texts 41); [= TL Ed. l. Conf. W; AND S Edw² ANTS; Dean 522; cf. Boss² 5775]. Pour l'épisode de l'anneau v. → AnelEdw.

EdConfCambrL id.; p. p. H. R. Luard, *Lives of Edward the Confessor*, London (Longman) 1858; [= TL Ed. l. Conf.; AND S Edw²; Boss 3248; Vising 125].

EdConfPr¹M Version en prose de → EdConf-Vat; pic. déb. 14ᵉs.; ms. BL Egerton 745 [pic. mil. 14ᵉs.]; début et fin (= 2/3 du texte) p. p. P. Meyer, "Notice du ms. Egerton ...", R 40 (1911) 41-64 [suivi d'extraits du texte en vers]; inédit dans l'ensemble; [cp. Dean 523, rem.].

EdConfPr² *De saint Edouart, roy d'Angleterre, et de sa prophecie*, résumé de sa vie; déb. 15ᵉs.?; BN fr. 964 [ca. 1417] f° 159r°-161; inédit.

EdConfVatS Vie de saint Edouard le Confesseur, roi d'Angleterre, par une religieuse de Barking, en couplets d'octosyll. rimés; agn. ca. 1170; ms. de base des vers 1462-6685 Vat. Reg. lat. 489 [agn. 2ᵉm. 13ᵉs.] (V) acéphale, base du début et en var. BL Add. 70513 (anc. Welbeck Abbey I.C.1) [agn. f° 9-267: 4ᵉq. 13ᵉs.] (W) 'Campsey Coll.', incomplet, BN fr. 1416 [Nord prob. 1252] (P) incomplet: 3879 v. [= 69-4482], fragm. Baker v. Dean; p. p. Ö. Södergård, *La Vie d'Edouard le Confesseur*, Uppsala (Almqvist & Wiksell) 1948; [= TL Vie Ed. Conf.; FEW EdConf; AND S Edw¹; Dean 523; cf. Vising 126 *et* 127 (une même version)]. BN fr. 1416 contient une réd. particulière interpolée dans un Brut.

EdmRu Vie, martyre et miracles de saint Edmund le Roi d'Est-Anglie par Denis Piramus, moine de Bury St Edmunds, en vers octosyll. rimés; agn. ca. 1193 (entre 1190 et 1193?); ms. de base Manchester Univ. John Rylands Libr. Fr. 142 [agn. déb. 14ᵉs.] (R) acéphale et anoure, vers 1-684 et var. d'après BL Cotton Domitian A.XI [agn. 1ᵉm. 14ᵉs.] (B) anoure; p. p. D. W. Russell, *La vie seint Edmund le Rei by Denis Piramus*, Oxford (Agn. Text Soc.) 2014 (Agn. Texts 71).

EdmK id.; ms. BL Cotton Domitian A.XI [agn. 1ᵉm. 14ᵉs.] anoure; p. p. H. Kjellman, *La Vie seint Edmund le rei*, Göteborg (Elander) 1935; [= TL Vie SEdmund Kj *et* Denis Piramus Kj; FEW Edm; AND S Edm; cf. AND S Edm (R); Dean 520]. Attention, haut de page: texte reconstruit (inutilisable, cité malheureusement par TL), bas: leçon du ms. Datation: Short CN 67,337.

EdmR id.; p. p. F. L. Ravenel, *La vie seint Edmund le rei, an Anglo-Norman poem of the twelfth century by Denis Piramus*, Philadelphia (Winston) 1906 (Bryn Mawr Coll. Monogr. 5) [= TL Vie SEdmund *et* Denis Piram.; Vising 14]. Texte trop corrigé; sans glossaire.

[Edm cp. → SEdm.]

Eichenhofer W. Eichenhofer, *Historische Lautlehre des Bündnerromanischen*, Tübingen – Basel (Francke) 1999.

EichmDuVal R. Eichmann – J. DuVal, *The French fabliau. B. N. MS 837*, vol. I, New York – London (Garland) 1984. Edition avec trad. angl. de 40 fabliaux du ms. BN fr. 837 [frc. 4ᵉq. 13ᵉs.] d'après le fac-similé d'Omont; avec qqs. variantes.

ElD'AmervalW Eloi d'Amerval, *Livre de la deablerie*, vers octosyll.; pic. 1508; premier imprimé, Paris Michel Le Noir, s.d. [1508 n.st.: date du privilège]; p. p. C. F. Ward, *Le Livre de la Deablerie of Eloy d'Amerval*, Iowa City 1923 (Univ. of Iowa Studies, Human., 2,2); [= Boss 4934]. Autres impr.: Paris Le Noir s.d. [prob. entre 1510 et 1520], Paris Trepperel-Jehannot s.d. [prob. entre 1510 et 1525], Paris Lotrian s.d. [prob. entre ca. 1525 et 1546], v. → ElD'AmervalO 360-367, où aussi éd. partielles.

ElD'AmervalD id., impr. 1508; p. p. R. Deschaux – B. Charrier, *Eloy d'Amerval, Le livre de deablerie*, Genève (Droz) 1991 (T. L. F. 406).

ElD'AmervalH id.; éd. en fr. modernisé, inutilisable, p. p. G. Hurtrel, *La Grande Diablerie, Poème du XVᵉ siècle par Éloy d'Amerval*, Paris 1884.

ElD'AmervalO id.; étude et extraits p. p. A. C. Ott, "Eloi d'Amerval und sein *Livre de la Diablerie*", *RF* 26 (1909) 261-367; [= FEW Eld'Amerval; Boss 4932].

ElégTroyesK Elégie de Troyes en forme de *piout*, dont le sujet est le pogrom du 26 mars 1288 à Troyes, par Jacob fils de Juda de Lotre (Lorraine); champ.mérid. (Troyes) fin 13^{e}s.; ms. Vat. Vatic. ebr. 322 [hébr., cette partie ca. 1300]; p. p. Marc Kiwitt, "L'Elégie de Troyes: Une nouvelle lecture", *Medievales / Études médiévales* 5 (Amiens 2003) 259-272. [Cp. compte 1288 LongnonDoc 3, p. 72; 74; 88: revenus tirés des *juis joutisiez*.] Comparer avec l'éd. F.

ElégTroyesD^1 id.; transcrit par A. Darmesteter et p. p. E. Renan, *HLF* 27 (1877) 475-482; [= LevyTrés U (ce sigle concerne aussi → GlJehElR)].

ElégTroyesD^2 id.; p. dans → DarmesteterRel 1, 223-236.

ElégTroyesE id.; p. p. S. Einbinder, "The Troyes laments: Jewish martyrology in Hebrew and Old French", *Viator* 30 (1999) 201-230. À comparer avec l'éd. D (qui est en fait la base de l'éd.) et avec BlondhPo 18-19; 79-81. Préférer l'éd. K et v. F.

ElégTroyesF id.; p. p. K. A. Fudeman, "Restoring a vernacular Jewish voice: The Old French elegy of Troyes", *JSQ* 15 (2008) 190-221. Comparer avec l'éd. K.

ElesB Raoul de Houdenc, *Le roman des eles* (Ailes de prouesse), vers octosyll.; déb. 13^{e}s. (prob. av. 1214); ms. de base BN fr. 837 [frc. 4^{e}q. 13^{e}s.] (A) copie aux traits pic., en var. BN fr. 19152 [frc. fin 13^{e}s.] (D), Kraków Univ. gall. qu. 48 (anc. Berlin) [II: agn. fin 13^{e}s.] (B), BN Moreau 1727 [copie 18^{e}s. de Torino Bibl. naz. L.V.32], Torino Bibl. naz. L.V.32 (G.I.19) [wall. ca. 1300] (T) perdu, Cologny Bodmer 82 (anc. Cheltenham Phillipps 3713) [agn. fin 13^{e}s.] (G), ms. non utilisé Cambridge Mass. Harvard Houghton Libr. Fr 395 (anc. Bateman, Suchier, Olschki) [flandr. déb. 14^{e}s.] (252 vers); p. p. K. Busby, *Raoul de Hodenc, Le Roman des Eles*, Amsterdam – Philadelphia (Benjamins) 1983 (UPAL 17); [= TL Eles B *et* Ordene de cheval. B; cf. Boss^2 5135].

ElesM id.; même ms. de base; p. p. M. Majorano, *Il Roman des Eles di Raoul de Houdenc*, Bari (Adriatica) 1983; [= TL Eles M].

ElesS^1 id.; ms. de base Torino; p. p. A. Scheler, "Li romans des Eles par Raoul de Houdenc", *Annales de l'Académie d'archéologie de Belgique* 24 (2e sér., t. 4), Anvers (Buschmann) 1868, p. 275-336; [= TL Eles^1].

ElesS^2 id.; ms. de base Torino; p. p. A. Scheler, dans → TrouvBelg^2 248-284; 374-392; [= TL Eles].

ElesT id.; ms. BN fr. 19152; p. p. P. Tarbé, dans → TournAntT p. 149-164. Éd. incomplète.

ElesoS id.; fragment Olschki p. p. H. Suchier, "Bruchstück des Romanz des eles von Raol von Houdan", → MélWahlund 29-39. Vers 1-262 (260).

ElieR Elie de Saint Gilles, chanson de geste appartenant, avec → Aiol comme complément, à la geste de Monglane, laisses asson. en vers dodécasyll.; pic. fin 12^{e}s.; ms. unique BN fr. 25516 [pic. 2^{e}m. 13^{e}s.]; p. p. G. Raynaud, *Elie de Saint Gille*, Paris (Didot) 1879 [préface datée de 1880] (SATF); [= FEW Elie; Boss 325]. Qqs. normalisations sans documentation.

ElieF id.; p. p. W. Foerster dans → Aiol$^{1/2}$F p. 319-398; 418-422; 499-521; [= TL Elie; Boss 326]. Edition très corrigée: contrôler les leçons rejetées (appelées Varia lectio, incomplète) p. 418-422.

ElieG id.; p. p. B. Guidot, *Élie de Saint-Gilles*, Paris (Champion) 2013 (CFMA 171).

EliezEzA Gloses fr. dans le commentaire sur Ezéchiel par Éliézer de Beaugency; 3^{e}t. 12^{e}s.; ms. Oxford Bodl. Opp. 625 [hébr. fin 13^{e}s.]; qqs. exemples p. dans → GlKaraEzA p. 433-436.

EliezEzP id.; qss. douzaines de gloses p. dans S. Poznański, *Kommentar zu Ezechiel und den XII kleinen Propheten von Eliezer aus Beaugency*, t. 1, Warschau (Mekize Nirdamim / Eppelberg) 1909; [= LevyTrés X]. Le t.2 (1910) contient les Petits Prophètes, le t.3 (1913) l'introduction.

EliezIsN Commentaires sur Isaïe par Éliézer de Beaugency contenant des gloses fr.; 3^{e}t. 12^{e}s.; ms. unique Oxford Bodl. Opp. 625 [hébr. fin 13^{e}s.]; p. p. J. W. Nutt, *Commentaries on the later prophets by R. Eleazar of Beaugenci*, I. *Isaiah*; London – Paris – Frankfurt (Baer) 1879; [= LevyTrés X].

EliezOsP Commentaires sur Osée par Éliézer de Beaugency contenant des gloses fr.; 3^{e}t. 12^{e}s.; ms. Oxford Bodl. Opp. 625 [hébr. fin 13^{e}s.]; p. p. S. Poznański, "Perusch al Sefer Hoschea", *Hagoren [La récolte]* (Horodezky), Berdyczów 1902; [= LevyTrés X].

ElucidaireGilR Traduction de l'Elucidarium d'Honoré d'Autun, somme didactique de théologie, présentée sous forme de dialogue, par Gillebert de Cambres, vers octosyll.; norm. 1^{e}m. 13^{e}s.;

ElucidaireGilR

ms. de base Cambridge Univ. Ii.VI.24 [norm. après 1256] (A), complété par BN nfr. 10036 [frc. 3^{e}t. 13^{e}s.] (B), en var. Firenze Bibl. Med. Laurenz. Conv. soppr. 99 [cette partie pic. 13^{e}s.] (C), Cambridge Corpus Christi Coll. 405 [agn. 1^{er}q. 14^{e}s.] (D), BN fr. 1807 [orl. (Blois) 1^{er}t. 14^{e}s.] (E), BN fr. 25427 [13^{e}s.] (F), Ars. 3516 [art. 1267] (G), BN fr. 763 [Est mil. 14^{e}s.] (H), BN fr. 12555 [1477] (I); p. p. E. Ruhe, *Himmel und Hölle – Heilswissen für Zisterzienser. Der Lucidaire en vers des Gillebert de Cambres*, Wiesbaden (Reichert) 1991 (Wissenslit. im Mittelalter 6). C.r. Stephen Dörr ZrP 113,309-311.

ElucidaireSecA/B/H/IR *Second Lucidaire* (basé sur → ElucidaireI); ca. 1312; mss. BN fr. 2458 [14^{e}s.] (A), mss.-versions BN fr. 25548 [3^{e}q. 15^{e}s.] (B), BN fr. 1468 [av. 1477] (H) et impr. Lyon Jean de la Fontaine [ca. 1500] (I), autres mss. Salins 12 (P.11) [bourg. frcomt. 1^{er}q. 15^{e}s.] (C), Den Haag KB 133.A.2 [déb. 15^{e}s.] (De), BL Add. 32623 [déb. 15^{e}s.], Vat. Reg. lat. 1514 [1^{e}m. 15^{e}s.] (F), BN fr. 19867 [norm. 2^{e}m. 14^{e}s.] (G) fragm.; impressions synoptiques de A, B, H et I p. p. D. Ruhe, *Gelehrtes Wissen, "Aberglaube" und pastorale Praxis im französischen Spätmittelalter: der Second Lucidaire und seine Rezeption (14.-17. Jahrhundert)*, Wiesbaden (Reichert) 1993. Gdf cite le ms. BN fr. 2458 avec le titre 'Expos. de la doct. chrest.'. [ElucidaireSecAR 162M (p. 288-296) avait été p. p. E. Martin dans ZrP 6,347-348 (RenHermiteM).].

ElucidaireIT Traduction 'I' de l'Elucidarium d'Honoré d'Autun; 1^{er}q. 13^{e}s.; ms. de base BN fr. 19920 [Nord-Est déb. 14^{e}s.] (A), en var. Cambridge Fitzwilliam Mus. 20 [Nord-Est 1323] (C), BN fr. 1157 [pic. fin 13^{e}s.] (D), Rennes 593 [1304 n.st.] (E), Bruxelles Bibl. roy. 10574-85 [composite, 14^{e}s.] (F) texte raccourci, BN fr. 1036 [fin 13^{e}s.] (G), BN fr. 4432 [1345 et après] (H), Oxford Bodl. Douce 99 [après 1414] (I), BN fr. 12581 [frc. (av.) 1284] (J), Firenze Bibl. Riccard. 2756 [14^{e}s.] (K), Oxford Bodl. Bodley 652 [agn. fin 13^{e}s.] (L), Oxford Bodl. Douce 270 [agn. 1225 ou après] (M), Darmstadt 2663 [14^{e}s.] (N), BL Add. 28260 [bourg. 2^{e}m. 13^{e}s.] (O), BN nfr. 10034 [Nord-Est mil. 13^{e}s.] (P), BN fr. 423 [lyonn. déb. 14^{e}s.] (Q), BN fr. 187 [It. mil. 14^{e}s.] (R) texte raccourci, BN fr. 20039 [lorr. fin 13^{e}s.] (S), Lille Bibl. mun. 190 (130; Le Gl. 11) [1^{e}m. 14^{e}s.] (T), BN fr. 991 [15^{e}s.] (U); p. p. M. Türk, *Lucidaire de grant sapientie*, Tübingen (Niemeyer) 2000 (ZrP-Beih. 307). Les reprises de chapitres par → Sidrac sont listées en p. 203-4; cf., pour les traditions lt. et fr., Y. Lefèvre, *L'Elucidarium et les Lucidaires: Contribution, par l'histoire d'un texte, à l'histoire des croyances religieuses en France au Moyen âge*, Paris (De Boccard) 1954, 272-280. Pour des sermons de l'Elucidarium traduits en fr., v. → SermSap.

ElucidaireIL^0 id.; ms. de base BN fr. 1036 [fin 13^{e}s.] (A); p. p. Y. Lefèvre, *Une traduction du XIIIe siècle: le Lucidaire*, thèse complémentaire, Paris 1954, inédite.

ElucidaireIIK Traduction de l'*Elucidarium* d'Honoré d'Autun, version 'II' en prose, assez fidèle; fin 13^{e}s.; ms. unique BN fr. 1822 [wall. ca. 1300]; p. p. M. Kleinhans, *Lucidere vault tant a dire comme donnant lumiere. Untersuchung und Edition der Prosaversionen 2, 4 und 5 des Elucidarium*, Tübingen (Niemeyer) 1993 (ZrP-Beih. 248). Impression synoptique des trois versions II, IV et V (p. 260-633, var. 634-680).

ElucidaireIIID Traduction 'III' de l'*Elucidarium*, en prose; agn. ca. 1200; ms. London Lambeth Palace 431 [f°210v^o-238v^o agn. déb. 13^{e}s.]; p. p. H. Düwell, *Eine altfranzösische Übersetzung des Elucidarium*, München (Fink) 1974; [= TL Elucidaire D; AND Eluc; Boss^2 5888].

ElucidaireIVK Traduction en prose 'IV' de l'*Elucidarium* (proche du texte lat. Verdun 54); 14^{e}s.; ms. BL Roy. 19 C.XI [1^{er}t. 15^{e}s.] (L), qqs. passages dans Oxford Bodl. Douce 99 [après 1414] (Ox; = ElucidaireI); p. dans → ElucidaireIIK (en praraIlèle). L'éd. croit y décéler de l'afr. du 13^{e}s.

ElucidaireVK id., traduction 'V', en prose; déb. 15^{e}s.; ms. BN fr. 979 [mil. 15^{e}s.]; p. dans → ElucidaireIIK (en parallèle).

ElucidationT Pseudo-prologue (appelé *Elucidation de l'hystoire du Graal* dans un imprimé en prose de 1530) du Conte du Graal (ms. P); déb. 13^{e}s.; ms. unique Mons Univ. 331/206 (4568) [tourn. 2^{e}m. 13^{e}s.]; p. p. A. Wilder Thompson, *The Elucidation. A prologue to the Conte del Graal*, New York (Publ. of the Inst. of French Studies) 1931; [= TL Elucidation; Boss 1850; Hol 1401].

ElucidationH id.; dans → PercH p. 417-429.

ElucidationP id.; dans → PercP v. 1-484.

EmPilotiD Traité d'Emmanuel Piloti sur l'Égypte et les moyens de conquérir la Terre Sainte (le dernier événement historique nommé date de 1438), version fr. (à particularités it.) basée sur un texte lat. commencé en 1420; 1441; ms. Bruxelles Bibl. roy. 15701 [1441 ou peu après]; p. p. P.-H. Dopp, *Traité d'Emmanuel Piloti sur le passage en Terre Sainte (1420)*, Louvain (Nauwelaerts) – Paris 1958.

EmpConstOctC Légende de l'empereur Constantin (*li dis de l'empereour Coustant*), vers octosyll.; pic. 2^{e}m. 13^{e}s.; ms. København Kgl. Bibl. Gl. Kgl. 2061 4° [pic. 2^{e}t. 14^{e}s.]; p. p. J. Coveney, *Édition critique des versions en vers et* *en prose de la légende de l'empereur Constant*, Paris (Belles Lettres) 1955 (Publ. de la Fac. des Lettres de l'Univ. de Strasbourg 126); [= TL Empereur Constant Cov.; FEW EmpConst].

EmpConstOctW id.; p. p. A. Wesselofsky, "Le dit de l'empereur Coustant", *R* 6 (1877) 161-198; [= TL Emp. Coust.].

EmpConstPrC Conte en prose relatant des événements légendaires de la vie de Constantin, titre *Li contes dou roi Coustant l'empereur*; pic. 2ᵉm. 13ᵉs.; ms. BN fr. 24430 [pic. (Tournai) ca. 1295]; p. dans → EmpConstOctC p. 159-173; [= TL Empereur Constant Cov.; FEW EmpConst].

EmpConstPrM id.; p. dans → MolandHéricault p. 3-32; [v. Wo 45; Wos 45].

EnanchetF *Doctrinal* en prose, en trois parties: doctrines concernant 1. les classes, 2. la provenance de certaines professions (se basant sur Petrus Comestor), 3. l'amour (traduisant de bonnes parties du traité d'amour d'Andreas Capellanus; pour une trad. en vers cp. → DrouartB), par un certain Enanchet; francoit. prob. 1252; ms. transcrit Wien 2585 [It. 1287], non utilisé: Zagreb MR 92 [It. ca. 1300] (plus près de l'original, cp. R 70, 74-83: description, extraits); p. p. W. Fiebig, *Das «Livre d'Enanchet» nach der einzigen Handschrift 2585 der Wiener Nationalbibliothek herausgegeben*, Jena – Leipzig (Gronau) 1938 (Berliner Beiträge zur Rom. Phil. VIII 3/4); [= Boss 2767; TL Livre d'Enanchet]. Détails: L. Bertolucci Chiecchi ActesTesti 196-201.

Enc D. Diderot – [J. le Rond d'Alembert (t. 1-7)], *Encyclopédie, ou Dictionnaire raisonné des sciences, des arts et des métiers, par une société de gens de lettres*, vol. 1, Paris (Briasson - David - Le Breton - Durand) 1751; 2, 1752 [daté 1751]; 3, 1753; 4, 1754; 5, 1755; 6, 1756; 7, 1757; 8-17, [localisé Neufchastel] 1765 [impr. 1758-1765]; *Planches* (= EncPl) vol. 1-11, 1762-1772; [cp. FEW Enc]. Le *Supplément à l'Encyclopédie*, 4 vol. + 1 vol. de *Planches*, Paris – Amsterdam 1776-1777 (= EncS), et la *Table*, 2 vol., Paris – Amsterdam 1780, ne sont pas de Diderot et ne font pas partie de l'*Encyclopédie* proprement dite. Ne pas confondre Enc avec les réimpressions et les faux; cf. MöhrenLand 366-388.

[EncPl et EncS v. Enc.]

EnckRézOnom P. Enckell – Pierre Rézeau, *Dictionnaire des onomatopées*, Paris (PUF) 2003. La partie historique invite à être développée.

EneasS² Eneas, roman antique en vers octosyll.; norm. ca. 1160; ms. de base Firenze Bibl. Med. Laurenz. Plut. XLI.44 [lorr. ca. 1200] (A), en var. ms. BN fr. 1450 [pic. 2ᵉq. 13ᵉs.] (G), BL Add. 14100 [It. mil. 14ᵉs.] (B) dernier fᵒ manque, BL Add. 34114 [agn. ca. 1400] (C), BN fr. 60 [pic. fin 14ᵉs.] (D), BN fr. 12603 [pic. ca. 1300] (E) lacunaire, BN fr. 1416 [Nord prob. 1252] (F), Montpellier Ec. de Méd. 251 [2ᵉm. 13ᵉs.] (H), BN fr. 784 [cette partie frc. ca. 1300] (I); p. p. J. J. Salverda de Grave, *Eneas*, 2 vol., Paris (Champion) 1925-1929 (CFMA 44 et 62); [= TL En.² *et* En.³]. Reproduction du ms. A avec une toilette minime (mais ajoute curieusement un *u* après *g* occlus. devant *e*).

EneasS¹ id.; p. p. J. J. Salverda de Grave, *Eneas*, Halle (Niemeyer) 1891; [= TL En.; FEW Eneas]. Texte très normalisé, sans documentation: quasi inutilisable (v. p. LXX-LXXVIII!).

EneasH id.; v. 1-350 et fin d'après le ms. Firenze; p. p. P. Heyse, *Romanische Inedita auf italiänischen Bibliotheken*, Berlin (Hertz) 1856, p. 31-43.

EneasDP id., version du ms.-rédaction D qui est à la fois fidèle à la source et innovateur dans ses recours à l'histoire; [ca. 1160 / fin 14ᵉs.]; ms. BN fr. 60 [pic. fin 14ᵉs.].; p. p. A. Petit, *Le roman d'Enéas*, Paris (Libr. Gén. Fr.) 1997 (Poche, Lettr. goth. 4550). Le ms. a été collationné par A. M. Babbi pour la rééd. accompagnée de sa trad. (Paris - Rome, Diff. PUF, 1999). Les nᵒˢ de vers sont légèrement (0-150) plus hauts que ceux de l'éd. S¹.

EnfGarB *Les Enfances de Garin de Monglane*, branche de la Geste de Monglane, 5079 vers alexandrins; pic. 14ᵉs. (Brown: ca. 1300, mais vocabulaire assez rajeuni); ms. unique BN fr. 1460 [mil. 15ᵉs.] fᵒ 1-95; p. p. J. D. Brown, *Les Enfances Garin*, thèse Chapel Hill 1971 (University Microfilms 71-30,542); [= TL Enfances Garin].

EnfGarBi id.; laisses 1-101 (vers 1-3088) p. p. O. Bisinger, *Die Enfances Garin de Monglane. Sprache und Heimat, Eingang und Hauptteil des Textes*, thèse Greifswald 1915; [= Boss 6774].

EnfGarJ id.; laisses 102-163 (vers 3089-5079) p. p. V. Jeran, *Die Enfances Garin de Monglane. Einleitung, Schlußteil des Textes, Namenverzeichnis*, thèse Greifswald 1913; [= Boss 398].

EnfGarP id.; J.-M. Paquette, *Les Enfances Garin*, thèse Poitiers 1968, non publiée.

EnfGauvainM Fragments d'une chanson des Enfances Gauvain en couplets octosyll. rimés; traits pic. déb. 13ᵉs.; ms. Ste-Gen. 3536,21 [frc. mil. 13ᵉs.]; p. p. P. Meyer, "Les enfances Gauvain", *R* 39 (1910) 1-32; [= TL Enf. Gauvain; Boss 2051].

EnfGodM *Enfances Godefroi*, première partie de → GodBouill (v. 1-3727), suite de → ChevCygne; hain. fin 12ᵉs.; ms. de base BN fr. 1621

EnfGodM

[pic.-wall. mil. 13ᵉs.] (D), en var. BN fr. 12558 [art. mil. 13ᵉs.] (A), BN fr. 786 [tourn. ca. 1285] (B), BN fr. 795 [pic. fin 13ᵉs.] (C), BN fr. 12569 [pic. 2ᵉm. 13ᵉs.] (E), Bern 320 [N.-E. 2ᵉm. 13ᵉs.] (F), Ars. 3139 [hain. 1268] (G), BL Roy. 15 E.VI [Rouen prob. 1444/1445] (H), BL Add. 36615 [pic. ca. 1300] (I), Bern 627 [mil. 13ᵉs.] (S), Torino Bibl. naz. L.III.25 [pic. ca. 1300] (T); p. p. E. J. Mickel, *The Old French crusade cycle, III*, Les Enfances Godefroi *and* Le Retour de Cornumarant, Tuscaloosa (Univ. of Alab. Press) 1999. Le ms. de base, D, connaît qqs. développements propres par rapport aux autres manuscrits (v. p. 28-44). Contient aussi → GodBouillCornM. Cf. ChevCygneNaissM; R 115,434-450; Boss 894; 903; 892.

EnfGuillH *Les Enfances Guillaume*, chanson de geste du cycle de Guillaume, vers décasyll.; 1ᵉm. 13ᵉs.; ms. de base BN fr. 1448 [lorr.mérid. 3ᵉq. 13ᵉs.] f°68c-88d (D), en var. Boulogne-sur-Mer 192 [art. 1295] (C), autres mss.: BN fr. 774 [frc., faibles traits du N.-E., 3ᵉq. 13ᵉs.] (A¹), BN fr. 1449 [frc. 3ᵉq. 13ᵉs.] (A²), Milano Bibl. Trivulziana 1025 [frc. 3ᵉt. 13ᵉs.] (A⁴), BL Roy. 20 D.XI [traits pic., prob. Paris ca. 1335] (B¹), BN fr. 24369-24370 [prob. Paris, traits pic., ca. 1335] (B²); p. p. P. Henry, *Les Enfances Guillaume*, Paris (SATF) 1935; [= TL Enf. Guill. H; FEW EnfGuill; Boss 332].

EnfGuillP id.; même ms. de base; p. p. J. L. Perrier, *Les Enfances Guillaume*, New York (Univ. of Columbia, Inst. of Fr. St.) s.d. [1933]; [= TL Enf. Guill. P; Boss 331].

EnfGuillB id.; vers 1614-3423 (fin) du texte, même ms. de base, avec var. de BN fr. 774, BN fr. 1449, Boulogne 192, Milano Bibl. Trivulz. 1025, p. p. A. Becker, *Die Chanson 'Enfances Guillaume', Teil II*, thèse Greifswald 1913; [= Boss 329].

EnfGuillHi id.; vers 1-1613, p. p. H. Hingst, *Enfances Guillaume, I. Teil*, thèse Greifswald 1918; [= Boss 330].

EnfOgH *Les Enfances Ogier*, chanson de geste du cycle d'Ogier le Danois, par Adenet le Roi, laisses de décasyll. rimés; flandr. 1276; ms. de base BN fr. 1471 [frc. ca. 1290] (T), en var. Ars. 3142 [Paris? fin 13ᵉs.] (A), BN fr. 12467 [Paris? fin 13ᵉs.] (D), Bruxelles Bibl. roy. II 7451 [ca. 1325] (F), BN fr. 12603 [pic. ca. 1300] (K), BL Harl. 4404 [lorr. fin 15ᵉs.] (L), BN fr. 1632 [14ᵉs.] (V), fragm. Liège Arch. de l'Etat (proche de D, v. éd. p. 57n2); p. p. Albert Henry, *Les œuvres d'Adenet le Roi*, t. 3, *Les enfances Ogier*, Brugge (De Tempel) 1956; [= TL Enf. Og.²; FEW AdenetEnfOg].

EnfOgS id.; ms. de base Ars.; p. p. A. Scheler, *Les enfances Ogier par Adenés li Rois*, Bruxelles (Closson - Muquardt) 1874; [= TL Enf. Og.; FEW EnfOgier].

EnfOgFrancoitR *Enfances Ogier*, version franco-italienne en alex., assez indépendante; francoit. 1ᵉʳq. 14ᵉs.; ms. Venezia Marc. fr. XIII (256) [francoit. 1ᵉm. 14ᵉs.]; p. dans → GesteFrancorR 9470-10880.

EnfOgFrancoitM id.; dans → GesteFrancorM.

EnfOgFrancoitC id.; dans → OgDanAlC, v. 1-1411.

EnfOgFrancoitS id.; p. p. J. Subak, "Die frankoitalienische Version der 'Enfances Ogier' nach dem Codex Marcianus XIII", ZrP 33 (1909) 536-570; [= TL Enf. Og. frk.-it.; Boss 612]. Périmé.

EnfRenD *Enfances Renier*, chanson de geste du cycle de Guillaume d'Orange, 20065 vers décasyll., anoure; 2ᵉm. 13ᵉs.; ms. unique BN fr. 24369-24370 [prob. Paris, traits pic., ca. 1335]; p. p. D. Dalens-Marekovic, *Enfances Renier*, Paris (Champion) 2009 (CFMA 160). Sans reprod. d'une page de ms. C.r. Beretta MedRom 33,432-435.

EnfRenC id.; p. p. C. Cremonesi, *Enfances Renier. Canzone di gesta inedita del sec. XIII*, Milano (Istituto Editoriale Cisalpino) 1957 (Università di Milano, Fac. di Lett. e Fil.); [= TL Enf. Renier; Boss 7196; Boss² 1134]. Tenir compte de Takeshi Matsumura, "Sur le texte des *Enfances Renier*", *Proc. Dep. For. Lang. Litt.* 38 (Tokyo, Univ., Coll. of Arts and Sc., 1990) 37-58.

EnfSolR *De l'enfant qui fu remis au soleil*, pièce de 148 vers octosyll.; 4ᵉq. 13ᵉs.; ms. BN fr. 837 [frc. 4ᵉq. 13ᵉs.]; p. de façon plus que succincte par O. de Rudder, in *Medievales* 1 (Paris 1982) 104-110.

EnfVivW *Les Enfances Vivien*, chanson de geste du cycle de Guillaume d'Orange, laisses assonn. de vers décasyll. (petit vers hexasyll. ajouté dans la réd. 'b'); déb. 13ᵉs.; mss. imprimés de façon synoptique: BN fr. 1448 [lorr.mérid. 3ᵉq. 13ᵉs.] (A), Boulogne-sur-Mer 192 [art. 1295] (B), BN fr. 1449 [frc. 3ᵉq. 13ᵉs.] (C¹), BL Roy. 20 D.XI [traits pic., prob. Paris ca. 1335] (D¹), en var. BN fr. 368 [lorr. 1ᵉm. 14ᵉs.] (C²), BN fr. 774 [frc., faibles traits du N.-E., 3ᵉq. 13ᵉs.] (C³), Milano Bibl. Trivulziana 1025 [frc. 3ᵉt. 13ᵉs.] (C⁴), BN fr. 24369 [prob. Paris, traits pic., ca. 1335] (D²); p. p. C. Wahlund – H. von Feilitzen, *Les Enfances Vivien*, Upsala (Librairie de l'Univ.) – Paris (Bouillon) 1895; [= TL Enf. Viv.]. Éd. diplom.; au bas des pages paires → EnfVivPrW.

EnfVivR id.; ms. de base C¹ (appelé A²), les autres en var.; p. p. M. Rouquier, *Les Enfances Vivien*, Genève (Droz) 1997 (T. L. F. 478). C.r. RLiR 61,581.

EnfVivZ id.; p. p. H. Zorn, *Die Enfances Vivien*, thèse Jena, Borna-Leipzig (Noske) 1907; [= TL Enf. Viv. Z]. Edition 'critique' dangereuse.

EnfVivwD id., fragm. *w* (entre v. 2394 et 3562); ms. Aberystwyth Nat. Libr. 5043E [2ᵉm. 13ᵉs.], de bonne tradition; p. p. J. J. Duggan, *A fragment of* Les Enfances Vivien, Berkeley (Univ. of Cal. Press) 1985; [= TL Enf. Viv. Fragm. D].

EnfVivPrW id., version en prose; mil. 15ᵉs.; ms. de base BN fr. 796 [av. 1477] (P¹), en var. BN fr. 1497 [av. 1477] (P²); imprimé au bas des pages paires de → EnfVivW. Version proche des mss. D de EnfViv.

EnfantSageS L'enfant sage ou *Questions que fit l'empereur Adrian au jeune enfant nommé Apidus* (explicit), version fr. d'un texte occ. (mss. dès fin 13ᵉs.); 1ᵉʳq. 15ᵉs.; imprimé Lyon ca. 1480 (F) (dit contenir la 'première version'), ms. Salins 12 (P.11) [bourg. frcomt. 1ᵉʳq. 15ᵉs.] (G), etc. [v. éd. p. 16-20]; p. p. W. Suchier, *L'enfant sage*, Dresden (Niemeyer, Halle) 1910 (Ges. für Rom. Lit. 24); [= TL Enfant sage]. Édite l'imprimé, p. 337-350; le texte du ms. G, p. 422-426; le texte du ms. H avec var. de I, p. 427-448; le texte du ms. K, p. 449-462. Contient aussi → DouzeVendredisCS etc.

Enlart C. Enlart, *Manuel d'archéologie française*, 3 vol.: I, 1, Paris ³1927; I, 2, ³1929; II, 1, ²1929; II, 2, ²1932; III, 1929.

EnsEnfK *Petit livre pour enseigner les enfantz de leur entreparler comun françois*, traité pour enseigner le français dans un ordre logique à des enfants anglais, attribué à tort à Coyfurelly; agn. (relativement continental) 1399; ms. Oxford All Souls Coll. 182 [agn. après 1412]; p. dans → ManLangK p. 49-66.

EnsEnfS id.; p. dans → ManLangS p. 10-15; [= TL Gesprächb.; Vising 400].

EnsSLouis Des «Enseignements de saint Louis» existent essentiellement trois rédactions, dont l'origine est très controversée, v. Boss 3688-3697. Ces rédactions subsistent sous des formes diverses dans un grand nombre de mss. et souvent incorporées dans des compilations historiques. Nous n'osons pas donner de dates précises à ces textes, que l'on se tienne aux dates des mss.

EnsSLouisFD id., rédaction brève destinée aux fils de saint Louis; 3ᵉt. 13ᵉs.; mss. Ste-Gen. 1273 [fin 13ᵉs.] (A), BN fr. 22921 [14ᵉs.] (B¹), BN fr. 916 [1474] (B²) copie du précédent, mss. contenant un texte incomplet: BN fr. 25462 [art. fin 13ᵉs.] (D), BN fr. 5547 [15ᵉs.] (E), Amiens Arch. mun. Reg. AA⁴ [14ᵉs.] (F), BN lat. 13778 [1ᵉ partie du ms. 14ᵉs.] (G); p. p. H.-F. Delaborde, "Le texte primitif des Enseignements de saint Louis à son fils", *BEC* 73 (1912) 73-100 et 237-262, texte 239-247; [Boss 3692 *et* 3696]. [La version lat. a été écrite entre 1272 et 1275 par Geoffroy de Beaulieu, est p. dans → RecHist (1840) 20, 8-9.]

EnsSLouisID id., rédaction destinée à Isabelle, fille de saint Louis; 3ᵉt. 13ᵉs.; mss. BN fr. 25462 [art. fin 13ᵉs.], Amiens Arch. mun. Reg. AA⁴ [14ᵉs.], BN fr. 22921 [14ᵉs.], BN fr. 916 [1474] copie du précédent, et contenu dans → SLouisPath; p. dans → EnsSLouisFD p. 248-253.

EnsSLouisIO id.; ms. de base BN fr. 25462 [art. fin 13ᵉs.], en var. mss. Amiens, BN fr. 22921 et BN fr. 916; p. p. D. O'Connell, *The Instructions of Saint Louis*, Chapel Hill (Univ. of North Carol.) 1979 (North Carol. St. in Rom. Lang. and Lit. 216); [= TL Instr. SLouis O'C; Boss² 6109]. Texte p. 78-85. Imprime en app. la paraphrase du 14ᵉs. contenue dans BN fr. 4977 [14ᵉs.], p. 91-94, et un texte réécrit du 15ᵉs., ms. Bruxelles Bibl. roy. 4373-76 [art. fin 15ᵉs.], p. 94-99.

EnsSLouisPD id., rédaction longue destinée à Philippe le Hardi, fils aîné de saint Louis; 3ᵉt. 13ᵉs.; mss. BN lat. 12814 [ca. 1338], BN fr. 5869 [ca. 1500], BN fr. 4641B [15ᵉs.]; p. dans → EnsSLouisFD p. 255-262. Une trad. lat. (RecHist 20, 47) se trouve retraduite en fr. dans → SLouisPath; textes à interpolations incorporés à → GrChron: BN fr. 1136 [14ᵉs.], BN nfr. 4338 [14ᵉs.], Bruxelles Bibl. roy. 10394-414 [pic. 1ᵉm. 15ᵉs.] (aussi BN fr. 2615 et BN fr. 2610).

EnsSLouisPO id.; ms. de base BN lat. 12814 [ca. 1338], en var. BN fr. 5869 et BN lat. 4641 B et les copies dans → SLouisPath et GrChron; p. p. D. O'Connell, *The Teachings of Saint Louis*, Chapel Hill (Univ. of North Carol.) 1972 (North Carol. St. in Rom. Lang. and Lit. 116); [= TL Enseignem. SLouis O'C; Boss² 6108].

EnsViandL Traité d'art culinaire, incipit: *Vez ci les enseignemenz qui enseingnent a apareillier toutes manieres de viandes*; ca. 1300; ms. BN lat. 7131 [Naples? déb. 14ᵉs.] f°99v°a - 100r°; p. dans → CarCharL p. 181-187. Éd. assez fiable, très peu d'erreurs (181,9 *posins* l. *pouns*, etc.). Cp. → RecCulLibM, RecCulTrM]. Trad. lat. de ce texte: ms. Vat. Pal. lat. 1179 [2ᵉm. 14ᵉs.] f°155v°-156v°, comprenant qqs. mots fr., v. LCucBoM.

EnsViandD id.; p. p. L. C. Douët-d'Arcq, "Un petit traité de cuisine écrit en français au commencement du XIVᵉ siècle", *BEC* 21 (1860) 209-227; [= Boss 5610].

EnsViandP

EnsViandP id.; p. d'après l'éd. D dans → Viand-TaillNP p. 213-226 (anc. 115-128).

[EnsViand cp. → Viand; RecCul.]

EnsaingnK *Un ensaingnement*, poème didactique moralisant en vers octosyll.; écrit au plus tard mil. 13[e]s.; ms. de base BN fr. 24429 [déb. 14[e]s.], en var. ms. Vat. Reg. lat. 1682 [2[e]q. 14[e]s.]; p. p. H. Kleineidam, *Li ver de Couloigne, Du bon ange et du mauves, Un ensaingnement*, München (Hueber) 1968 (Beiträge zur romanischen Philologie des Mittelalters 3), p. 109-123; [TL Ver de Couloigne concerne les trois textes: → BonAngeK, EnsaingnK, VerCoulK].

EntreeT *Entree d'Espagne*, chanson de geste du cycle de Charlemagne, laisses de décasyll. rimés; francoit. 1[e]m. 14[e]s.; ms. Venezia Marc. fr. XXI (257) [francoit. 2[e]q. 14[e]s.], incomplet, fragm. Châtillon (Aosta) Arch. des comtes de Challant [2[e]m. 14[e]s.] (s'insère dans la lacune entre 13991 et 13992), Reggio Emilia Bibl. mun. Vari E. 181 [14[e]s.] (f°1 = v. 12309-12545, f°2 s'insère dans la lacune entre 13991 et 13992); p. p. A. Thomas, *L'Entrée d'Espagne. Chanson de geste franco-italienne*, 2 vol., Paris (Didot) 1913 (SATF); [= TL Entree d'Esp.; FEW Entree]. Cp. → Holtus-Entree; Boss[2] 6496; Specht Atti Ist. Ven. Sc. 136 (1977-78) 407-424 (fragm. Reggio); Specht Actes 9e Congr. int. Soc. Renc. 1984, 749-758; 791-794. [Réimpr. à Firenze, Olschki, 2007, Bibl. Mantovana 7.]

[EpJérN → SJérEp22N.]

EpMontDeuH *Epistle saint Bernart a Mont Deu*, trad. en prose de l'Epistola ad fratres de Monte Dei de Guillaume de Saint-Thierry (ca. 1120; l'attribution à Bernard de Clairvaux est erronée); lorr. fin 12[e]s.; ms. unique Verdun Bibl. mun. 72 [Verdun ca. 1200]; p. p. V. Honemann, *Die* Epistola ad fratres de Monte Dei *des Wilhelm von Saint-Thierry*, München (Artemis) 1978; [= TL Epistle SBernart H; Boss[2] 5883]. Texte p. 223-281; contient aussi une version lat. et une trad. mha., une paraphrase lat. et sa trad. mnéerl., etc.

EpSBernDil *De diligendo Deo*, épître de Bernard de Clairvaux; wall. 4[e]q. 12[e]s.; ms. Nantes Musée Dobrée 5 [pic.-wall. ca. 1200]; inédit; [= WoC 20].

EpSEtK *Épître de saint Étienne*, 59 vers décasyll.; tour. ca. 1130; ms. unique Tours Petit Séminaire (Missel sans cote) [tour., f°208v° prob. Avon-les-Roches ca. 1130]; p. p. E. Koschwitz dans → FoersterKoschw[5] 167-172; [= TL Steph.]. [Ed. princeps L. A. Bossebœuf 1889; cf. G. de Poerck dans → ActesNonLitt 133-136. Fac-similé dans RLaR 16,6. Le missel lui-même date du 11[e]s.].

EpSEtP id.; p. p. G. Paris, "Épître farcie pour le jour de Saint-Étienne", *JREL* 4 (1862) 311-317; [= TL Steph.].

EpSEtT id.; les cinq premiers vers p. d'après Du Cange (qui cite ce texte comme 'Planctus s. Stephani') dans P. Tarbé, *L'Épistre de Monsieur Saint Estienne chantée en son eglise de Reims*, Reims (Brissart – Binet) 1845, p. 27. Imprime aussi une version en frm. (p. 11-18) et une autre en mfr. (?; p. 19-26), toutes deux d'après une copie du 18[e]s.

EpreuveJudicG Cérémonial d'une épreuve judiciaire ('Formule de Fécamp'), prose lat. et fr.; norm. déb. 12[e]s.; ms. unique BN lat. 2403 [déb. 12[e]s.]; p. p. M. Gersbach, "Eine altfranzösische Formel zu einem Gottesurteil", *VRo* 24 (1965) 64-75; [WoC 5].

EpreuveJudicF id.; p. dans → FoersterKoschw 171-174 (incomplet).

ErecF Chrestien de Troyes, Erec et Enide, roman courtois en vers octosyll.; champ.mérid. ca. 1170; ms. de base BN fr. 1450 [pic. 2[e]q. 13[e]s.] (H [P8]), en var. BN fr. 1376 [bourg. 1[e]m. 13[e]s.] (B [P4]), BN fr. 794 [champ. ca. 1235] (C [P], ms. Guiot), BN fr. 375 [pic. 1289 n.st.] (P [P1]), BN fr. 24403 [pic. fin 13[e]s.] (V [P15]), BN fr. 1420 [frc. (selon Van Mulken, pic. selon Fritz, orl.-SOuest selon Gregory) fin 13[e]s.] (E [P5]), Chantilly Musée Condé 472 (626) [hain. 3[e]t. 13[e]s.] (A [Ch]), fragm. suppl.: Mons Arch. mun. [pic. fin 13[e]s.] ([Ms]), Ste-Gen. 1269 [13[e]s.] ([S.G.]), Laigle [13[e]s.] v. R 43,253-255, Annonay [champ. déb. 13[e]s.] (N [A]) v. R 63,310-316 avec éd., Amsterdam Univ. 446 (anc. I.A.24h) [2[e]q. 13[e]s.] fragm. (un feuillet autour du vers 4150), Bruxelles Bibl. roy. IV 837 [2[e]q. 13[e]s.] fragm. (un fol., même ms. que Amsterdam); p. p. W. Foerster, *Erec und Enide von Christian von Troyes*, Halle (Niemeyer) 1890 (Christian von Troyes sämtliche Werke 3); [= TL Erec]. Glossaire: → Foerster. Contient aussi → ErecPr[2]F.

ErecB id.; ms. B, copié par Fr. Michel, collationné par C. Sachs, publié, avec des 'corrections légères et sans risque' et tacites (!), par I. Bekker, "Des Chrestien von Troyes Erec und Enide", *Zeitschrift für deutsches Alterthum* 10 (1856) 373-550.

ErecD id.; ms. de base BN fr. 794, appelé 'P', corigé à l'aide de BN fr. 1450 ('P8') surtout [formes introduites affublées de la graphie de 'P'!]; p. p. P. F. Dembowski, *Érec et Énide*, dans *Chrétien de Troyes. Œuvres complètes*, p. sous la direction de D. Poirion, s.l. (Gallimard) 1994 (Pléiade); texte p. 1-169, notes 1053-1114. Contient aussi → CligesW, YvainU, LancP, PercPn, PhilomBe, GuillAnglB, ChrestienChansB.

ErecFr id.; ms. de base B, corrigé surtout par P; p. p. J.-M. Fritz, *Chrétien de Troyes, Erec et Enide*, Paris (Libr. Gén.) 1992 (Poche, Lettr. goth. 17); [= TL Erec F].

ErecFr[2] id.; ms. de base B, corrigé surtout par P [avec 'élimination des traits pic.'!]; p. p. J.-M. Fritz, *Erec et Enide*, dans *Chrétien de Troyes*, p. sous la resp. de M. Zink, s.l. [Paris] (Libr. Gén.) 1994 (Poche, Class. mod.); texte p. 55-283. Contient aussi ChrestienChansZ[2], CligesC, LancM, PercM, PhilomB[2], YvainHu.

ErecR id.; ms. C; p. p. M. Roques, *Les Romans de Chrétien de Troyes*, I, *Erec et Enide*, Paris (Champion) 1952 (CFMA 80); [= TL Erec R]. Concord. avec l'éd. F dans le titre courant.

ErecPrP Erec en prose; fin 13[e]s.; ms. de base BN fr. 112 [pic. 1470], en var. BN fr. 12599 [Toscane fin 13[e]s.] 1e partie seulement; p. p. C. E. Pickford, *Erec. Roman arthurien en prose*, Genève (Droz) [2]1968 (T.L.F. 87); [= TL Erec P]. Cet 'Erec' n'est pas une mise en prose de → Erec, mais une sorte d'amplification de LancPr.

ErecPr[2]**C** Mise en prose de → Erec; pic. mil. 15[e]s.; ms. Bruxelles Bibl. roy. 7235 [pic. ca. 1454] (B); p. p. M. Colombo Timelli, *L'Histoire d'Erec en prose*, Genève (Droz) 2000 (T. L. F. 524). Imprimé en regard: → ErecPr[2]PC.

ErecPr[2]**F** id.; p. dans → ErecF p. 253-294; 334-336.

ErecPr[2]**PC** id., rédaction du ms. Paris, BN, intégrant le début du texte dans Guiron (→ Palam); mil. 15[e]s.; ms. BN fr. 363 [Flandres 4[e]q. 15[e]s.] (P), fragm. Oxford Bodl. Douce 383 [cette partie Bruges ca. 1490] (O); p. dans → ErecPr[2]C, en regard du texte de Bruxelles (B).

ErnstPlut G. Ernst, *Der Wortschatz der französischen Übersetzungen von Plutarchs 'Vies parallèles' (1559 - 1694), Lexikologische Untersuchungen zur Herausbildung des français littéraire vom 16. zum 17. Jahrhundert*, Tübingen (Niemeyer) 1977 (ZrP-Beih. 162).

EructavitJ Paraphrase du Ps 44, Eructavit, en couplets octosyll., attrib. à Adam de Perseigne (mort en 1221); champ.mérid.? ca. 1180; ms. de base BN fr. 2094 [bourg.mérid. fin 13[e]s.] (A), en var. Madrid Bibl. nac. 9446 [norm. mil. 13[e]s.] (B), Ste-Gen. 792 [f°96-110, n°28, pic. 2[e]m. 13[e]s.] (C), Wien 3430 [15[e]s.] (D) langue rajeunie, BL Add. 15606 [bourg. déb. 14[e]s.] (E), Vat. Reg. lat. 1682 [2[e]q. 14[e]s., prob. 1329 ou peu après] (F), BN fr. 24429 [déb. 14[e]s.] (G), Ars. 3517-3518 [pic. fin 13[e]s.] (H), BN fr. 25532 [pic. 2[e]m. 13[e]s.] (I), Ars. 3516 [art. 1267] (J), BN fr. 1536 [pic. fin 13[e]s.] (K), BN fr. 902 [agn., cette partie 2[e]m. 13[e]s.] (L), BN fr. 20046 [1338] (M), BN fr. 1747 [Velay? 1[e]m. 14[e]s.], Le Mans 173 [traits wall. 2[e]m. 13[e]s.] (O) fragm.; éd. 'critique' p. p. T. Atkinson Jenkins, *Eructavit. An Old French metrical paraphrase of Psalm XLIV*, Dresden – Halle (Niemeyer) 1909 (Gesellschaft für roman. Literatur 20); [= TL Eructavit; Dean 705; DLF[2]14].

EructavitN**M** id., version du ms. N, occitanisée superficiellement; [1[e]m. 14[e]s.]; ms. BN fr. 1747 [Velay? 1[e]m. 14[e]s.]; p. p. W. Meliga, *L'«Eructavit» antico-francese*, Alessandria (Edizioni dell'Orso) 1992. Malheureusement nouv. numérotation des vers, bien que la différence max. ne soit que de deux. C.r. RLiR 58,265; Dörr VRo 53,329-330.

EscanT Escanor, roman arthurien en vers octosyll., par Girard d'Amiens; qqs. traits pic., ca. 1280; ms. complet BN fr. 24374 [frc. fin 13[e]s.] (E), fragm. Aoste [13[e]s.] perdu, fragm. Bruxelles Reiffenberg perdu; p. p. Richard Trachsler, *Girart d'Amiens. Escanor*, 2 vol., Genève (Droz) 1994 (T.L.F. 449). Numérotation anc. modifiée pour 2 vers sur 25938.

EscanM id.; ms. BN p. p. H. Michelant, *Der Roman von Escanor von Gerard von Amiens*, Tübingen 1886 (Bibl. Litter. Verein Stuttgart 178); [= TL Escan.].

EschieleMahW *Le livre de l'eschiele Mahomet*, trad. fr. d'une trad. lat. du *Mi'rāǧ*, texte musulman traitant de la fin de l'homme, de sa vie supposée après la mort et de la fin du monde; 3[e]t. 13[e]s.; ms. Oxford Bodl. Laud Misc. 537 [agn. 1[er]t. 14[e]s.]; p. p. P. Wunderli, *Le livre de l'eschiele Mahomet*, Bern (Francke) 1968 (Rom. Helv. 77); [= TL Eschiele Mahom. W; Boss[2] 5993; cf. Hol 303.1; 303.2]. Certaines leçons nécessitent un ajustement (*justes* 47r°b, 20 l. *vistes*; *justes* 46r°a, 36 l. *rustes* [l'éd. C imprime *iustes*]).

EschieleMahC id.; p. p. E. Cerulli, *Il Libro della Scala e la questione delle fonti arabo-spagnole della Divina Commedia*, Vaticano (Bibl. apost.) 1949. Pages paires: texte fr., impaires: texte lt.; ce dernier aussi p. p. G. Besson – M. Brossard-Dandré, *Le livre de l'échelle de Mahomet*, Paris (Le livre de poche) 1991.

EschieleMahM id.; p. p. J. Muñoz Sendino, *La Escala de Mahoma*, Madrid (Min. Asuntos Ext.) 1949. En regard: texte latin; en app.: texte aesp.

EsclAlS Esclarmonde, version en alexandrins de → EsclDéc; 2[e]m. 14[e]s.?; ms. BN fr. 1451 [3[e]q. 15[e]s.]; p. p. H. Schäfer, *Chanson d'Esclarmonde, erste Fortsetzung der Chanson de Huon de Bordeaux*, Worms (Boeninger) 1895

EsclAlS

(Großherzogl. Gymn., Schulschrift); [cp. Boss² 1333+1334; Hol 1182].

EsclDécB Esclarmonde, chanson du cycle de Huon de Bordeaux, en laisses asson. de vers décasyll.; pic. 3ᵉ t. 13ᵉ s.; ms. Torino Bibl. naz. L.II.14 (fr. 36; G.II.13) [pic. (Origny) 1311]; p. p. B.A. Brewka, *Esclarmonde, Clarisse et Florent, Yde et Olive I, Croissant, Yde et Olive II, Huon et les géants ...*, s.l. [Nashville] (thèse Vanderbilt Univ.) 1977. Liste des err. notables de l'éd. S p. 131-137. Malheureusement nouvelle numérotation des vers sans trop d'écarts (s'en tenir aux nᵒˢ des laisses).

EsclDécS id.; p. p. M. Schweigel, *Esclarmonde, Clarisse et Florent, Yde et Olive, drei Fortsetzungen der Chanson von Huon de Bordeaux*, Marburg (Elwert) 1889 (Ausg. und Abh. 83); [= TL Esclarm.]. L'éd. distingue *Esclarmonde*, v. 1-3481, la suite *Clarisse et Florent* v. 3482-6183, et *Yde et Olive*, v. 6184-8420; les v. 7645-8420 seraient dus à un autre auteur; suite: → Godin.

EscommLechB *L'Escommeniement au lecheor*, petit poème moral satirique au contenu obscène, strophes d'octosyll. monorimes; 13ᵉ s.; ms. de base Bern 354 [bourg.sept. déb. 14ᵉ s.] (B), en var. BN fr. 837 [frc. 4ᵉ q. 13ᵉ s.] (A); p. p. D. Burrows, *Two Old French satires on the power of the keys*, London (MHRA-Maney) 2005. Corrige le texte sans nécessité et même sans preuve (ex. 79). Contient aussi → PardonFoutreB (p. 81-113) et → EscommLechAB.

EscommLechAB id.; impression supplémentaire du ms. A, dans → EscommLechB p. 115-120.

EscommLechAW id.; p. dans → WrightAnecd 60-63.

EscoufleS L'Escoufle, roman d'aventure en vers octosyll. attribué à Jean Renart; pic. ca. 1201; ms. Ars. 6565 [pic. fin 13ᵉ s.]; p. p. F. P. Sweetser, *Jean Renart, L'Escoufle*, Genève (Droz) 1974 (T.L.F. 211); [= TL Escoufle S]. À utiliser avec précaution; c.r. Legendre R 99,269-273; Roques ZrP 92,197-199: éd. à refaire. Fragm. r, v. Meyer BullSATF 24 (1898) 84-93; 30 (1904) 90. – Louison MA 106 (2000) 545-560 tente une datation d'après 1209.

EscoufleM id.; p. p. H. Michelant – P. Meyer, *L'Escoufle*, Paris (Didot) 1894 (SATF); [= TL Escoufle; FEW Escoufle].

Esnault G. Esnault, *Le poilu tel qu'il se parle*, Paris 1919; [= FEW Esnault].

EspArt G. Espinas, *L'histoire du droit municipal en France des origines à la Révolution, Artois*, 3 vol., Paris (Libr. Rec. Sirey) 1934-1943 (Soc. d'Hist. du Droit); [FEW EspArtois: t. 2].

EspBoinebr G. Espinas, *Les origines du capitalisme, 1, Sire Jehan Boinebroke*, Lille (Raoust) 1933. Contient, p. 3-51, des doc. orig. (flandr.) ayant rapport avec Jean Boinebroke, drapier douaisien, mort vers 1286.

EspDouai G. Espinas, *La Vie urbaine de Douai au moyen âge*, 4 vol., Paris (Picard) 1913; [= FEW EspDouai; contient dans les vol. 3 et 4 des doc. datés de 1093 à ca. 1400, dont beaucoup d'orig., fr. (flandr.) à partir de 1204].

EspDrap G. Espinas, *La draperie dans la Flandre française au moyen-âge*, 2 vol., Paris (Picard) 1923; [= FEW Esp]. Textes flandr., à partir du 13ᵉ s.

EspFam G. Espinas, *Les guerres familiales dans la commune de Douai aux XIIIᵉ et XIVᵉ siècles. Les trèves et les paix*, Paris (Larose) 1899 (Extr. de NRevHistDr Juillet-Août 1899). Étude et pièces justificatives tirées de registres de la ville de Douai (dates extrêmes: 1241 et 1385 n.st., flandr.).

EspFin G. Espinas, *Les Finances de la commune de Douai des origines au XVᵉ siècle*, Paris (Picard) 1902. Textes flandr., à partir du 13ᵉ s.

EspPirDoc G. Espinas – H. Pirenne, *Recueil de documents relatifs à l'histoire de l'industrie drapière en Flandre, 1ᵉ partie (des origines à l'époque bourguignonne)*, 4 vol., Bruxelles (Kiessling) 1906-1924 (Ac. roy. de Belg.). Doc. flandr., orig. dès 13ᵉ s. Cf. SmetKeures.

EspVal G. Espinas, *Documents relatifs à la draperie de Valenciennes au moyen âge*, Paris (Loviton) – Lille (Raoust) 1931; [= FEW EspinVal]. Contient des doc. orig. datés (flandr.) à partir de 1302 (1-29), des copies (isolées) et deux registres dont le premier, Valenciennes Arch. comm. HH 228, est à dater de 1ᵉ m. 14ᵉ s. (nᵒ 30-358: après 1302 et avant 1342) et de mil. 14ᵉ s. (nᵒ 359-433: après 1342; dans les deux parties additions 2ᵉ m. 14ᵉ s. et 15ᵉ s.), le deuxième, Valenciennes Bibl. mun. 931 (anc. 682), est un registre suivi de doc. datés 1344-1368 (nᵒ 434-438, 440, 444, 446-459), écrit de mains contemporaines (sauf nᵒ 439, 441-443 et 445 dont l'écriture date de déb. 15ᵉ s.).

EspVerlinden G. Espinas – C. Verlinden – J. Buntinx, *Privilèges et chartes de franchises de la Flandre*, 2 vol., Bruxelles 1959-1961 (Rec. des anc. cout. de la Belgique, Cout. du pays et comté de Flandre). Textes flandr., à partir du 13ᵉ s.

Espe H. Espe, *Die Interjektionen im Altfranzösischen*, thèse Königsberg, Berlin 1908; [= FEW

Espe; TL Espe Interj.]. Groupements sémantiques aberrants.

EspervierP *C'est le lay de l'espervier*, conte moral; frc. 1ᵉm. 13ᵉs.; ms. BN nfr. 1104 [frc. ca. 1300]; p. p. G. Paris, "Le lai de l'Épervier", *R* 7 (1878) 1-21; [= TL Espervier].

EspervierM id.; texte de l'éd. P p. dans → Mont-Rayn 5,43-51; 305-306.

EspineT *Le Lai de l'Espine*, lai breton anonyme; Nord-Ouest fin 12ᵉs.; ms. de base BN fr. 1553 [pic. 1285 n.st.] (B), en var. BN nfr. 1104 [frc. ca. 1300] (S) leçon assez altérée; p. dans → TobinLais p. 255-288.

EspineG id.; p. p. G. Gullberg, *Deux lais du XIIᵉ siècle*, Kalmar (Westin) 1876. Contient aussi Graelent.

EspineZ id.; p. p. R. Zenker, "Der Lai de l'Epine", *ZrP* 17 (1893) 233-255.

Est 1538 R. Estienne [Robertus Stephanus], *Dictionarium Latinogallicum, thesauro nostro ...*, Paris 1538; [= FEW Est 1538].

Est 1539 R. Estienne, *Dictionaire Francoislatin, contenant les motz & manieres de parler Francois, tournez en Latin*, Paris 1539 [1540]; [= FEW Est 1539].

Est 1549 R. Estienne, *Dictionaire Francoislatin, autrement dict Les mots Francois, auec les manieres dvser diceulx, tournez en Latin. Corrigé & augmenté*, Paris 1549 (réimpr. Genève, Slatkine, 1972); [= FEW Est 1549].

Est 1552 R. Estienne, *Dictionarium Latinogallicum, postrema hac aeditione valde locupletatum*, Lutetiae 1552; [= FEW Est 1552].

EstFougL Etienne de Fougères, *Livre des manières*, décrivant l'état du monde, quatrains monorimes octosyll.; Ouest ca. 1176; ms. unique Angers Bibl. mun. 304 (295) [1ᵉʳt. 13ᵉs.]; p. p. R. A. Lodge, *Le Livre des Manières*, Genève (Droz) 1979 (T. L. F. 275); [= TL LMan. L; Boss² 5087].

EstFougK id.; p. p. J. Kremer, *Estienne von Fougières' Livre des Manières*, Marburg (Elwert) 1887 (Ausg. u. Abh. 39); [= FEW EstFoug; Boss 2728].

EstFougT id.; p. p. F. Talbert, *Etienne de Fougères, Le Livre des Manières*, Paris (Thorin) – Angers (Barassé) 1877; [= TL LMan.; Boss 2727]. Mauvaise éd.

EstFougTh id.; p. p. T.H.E. Thomas, *Étienne de Fougères, Le Livre des manières*, Paris – Louvain (Peeters) 2013. Sans gloss.

EstL 1564 C. Estienne [– J. Liebault], *L'agriculture et maison rustique*, Paris 1564; [= FEW EstL 1564 *et* Mrust 1564].

EstampiesS Série de 19 *estampies* (genre de chanson), aux vers de longueur variable; lorr. déb. 14ᵉs.; ms. Oxford Bodl. Douce 308 [Metz ca. 1320]; p. p. W. O. Streng-Renkonen, *Les Estampies françaises*, Paris (Champion) 1930 (CFMA 65); [= TL Estampies; FEW EstFr].

EstoilleSignesH Traité sur les constellations selon leur apparition dans les signes du zodiaque, traduit le Liber Hermetis (13ᵉs.?) ch. 25 *De stellis fixis in quibus gradibus oriuntur signorum*, titre *Chi commencent les ymages cooriens en 12 signes et leur* degret *et ausi leur significations*, incip. *Dou premier* degret *d'Aries jusques au 2ᵉ* degret *naist li Peskeres*; 1ᵉm. 14ᵉs. (?); ms. BN fr. 613 [pic. mil. 14ᵉs.] f°138v°-144r°; p. p. W. Hübner, *Grade und Gradbezirke der Tierkreiszeichen. Der anonyme Traktat De stellis fixis in quibus gradibus oriuntur signorum*, Stuttgart – Leipzig (Teubner) 1995; texte fr. 1,37-91 pages impaires face au texte latin. Très peu fiable: vérifier sur ms.

EstormiN Fabliau d'Estormi, par Huon Piaucele, en couplets d'octosyll.; pic. 2ᵉt. 13ᵉs.; ms. unique BN fr. 837 [frc. 4ᵉq. 13ᵉs.]; p. dans → Noomen-Fabl 1,1-28, n°1.

EstormiC id.; p. p. D. Choquette, *Deux fabliaux: le Prestre comporte et Estormi*, thèse Paris 1975. Contient aussi → PrestreCompC.

EstormiM id.; p. dans → MontRayn 1,198-219.

EstormiMé id.; p. dans → MénardFabl 1,29-46.

EstulaJ *Estula*, fabliau, vers octosyll.; 1ᵉm. 13ᵉs.; ms. de base Bern 354 [bourg.sept. déb. 14ᵉs.], en var. BN fr. 837 [frc. 4ᵉq. 13ᵉs.], BN fr. 19152 [frc. fin 13ᵉs.]; p. dans → JohnstonOwen p. 6-9.

EstulaB id., ms. BN fr. 837 [4ᵉq. 13ᵉs.]; p. dans → BarbMéon 3, 393-397.

EstulaM id.; ms. de base BN fr. 837 [4ᵉq. 13ᵉs.], en var. BN fr. 19152 [frc. fin 13ᵉs.], Bern 354 [bourg.sept. déb. 14ᵉs.]; p. dans → MontRayn 4, 87-92.

EstulaW id.; ms. de base BN fr. 19152 [frc. fin 13ᵉs.], en var. BN fr. 837 [4ᵉq. 13ᵉs.], Bern 354 [bourg.sept. déb. 14ᵉs.]; p. p. M. Walters-Gehrig, *Trois fabliaux, Saint Pierre et le jongleur, De Haimet et de Barat et Travers, Estula*, Tübingen

EstulaW

(Niemeyer) 1961 (ZrP-Beih. 102), p. 177-223; [= Boss² 4726; TL Trois Fabliaux, concerne aussi → HaimBarW et SPierJonglW). Contient aussi → HaimBarW (p. 61-175) et SPierJonglW (p. 1-59).

EtJap *Furansugo Furansu bungaku kenkyū* (titre parallèle: *Etudes de langue et littérature françaises*), Tokyo (Nihon Furansugo Furansu Bungakkai [Société de langue et littératures françaises]) 1962–.

EtSLouisV Les Etablissements de saint Louis, collection privée de coutumes basée pour l. I ch. 1-9 sur une ord. paris. de 1260, ch. 10-175 sur une coutume d'Anjou, pour le l. II sur une cout. d'Orléanais; (1270-) 1273; ms. de base du l. I, ch. 1-9, et du l. II Beauvais Arch. mun. AA.2 [pic. déb. 14ᵉs.] (N), pour le l. I ch. 10-175 Stockholm Kungl. Bibl. B.699 (Stephens 25?) [pic. 3ᵉt. 13ᵉs.] (G), mais graphie redressée sur le modèle de BN fr. 5278 [frc. fin 13ᵉs.] (B), autres mss.: Vat. Reg. lat. 608 [ca. 1300] (A), Nantes Bibl. mun. 6882 [fin 13ᵉs.] (C), Montpellier Ec. de Méd. 395 [1273] (D), BN fr. 1075 (anc. Baluze 463) [1345] (E), Troyes 1709 [1281] (F), Vat. Reg. lat. 780 [14ᵉs.] (H), BN fr. 13985 [1ᵉm. 14ᵉs.] (I), BN fr. 13987 [fin 13ᵉs.] (J), BN fr. 5899 [ca. 1300] (K), BN fr. 5977 [14ᵉs.] (L), Les Nouettes Orne comte de Ségur [ca. 1300] (Lⁱ) cité par Laurière, München gall. 43 [ca. 1300] (M) fragm., Vat. Reg. lat. 1927 [4ᵉq. 13ᵉs.] (O), Les Nouettes Orne comte de Ségur [fin 13ᵉs.] (Oⁱ) cité par Laurière, BN fr. 15352 [déb. 14ᵉs.] (P), BN fr. 5248 [pic. 14ᵉs.] (Q), BN fr. 18096 [fin 13ᵉs.] (R), BN fr. 16198 [17ᵉs.] (R') copie de R, BN fr. 2839 [déb. 17ᵉs.] (R"), BN fr. 13986 [fin 13ᵉs.] (S), Vat. Ottoboni lat. 3026 [fin 13ᵉs.] (T), Cheltenham Phillipps 810 [ca. 1400] (U), Cheltenham Phillipps 811 [fin 13ᵉs.] (V), Ars. 391 [cette partie fin 13ᵉs.] (Z) table, mss. de l'ord. Paris 1260 seule (= I 1-9): Vat. Reg. lat. 773 [3ᵉt. 13ᵉs.] (α), BN fr. 2844 [orl. fin 13ᵉs.] (β), etc., mss. de la cout. d'Anjou et Maine seule (= I 10-175): Ars. 2465 [1ᵉm. 14ᵉs.] (ε), BN fr. 5359 [av. 1388] (ζ), cout. glosée d'Anjou et Maine: BN fr. 18922 [ca. 1400] (η), etc.; p. p. P. Viollet, *Les établissements de saint Louis*, 4 vol., Paris (Renouard) 1881-1886, texte t. 2, p. 1-470; [= TL Establ. SLouis]. (F. R. P. Akehurst en a publié une trad. angl. à Philadelphia en 1996.) Cf. → EtSLouisAbrV, CoutAnjV, JostPletR.

EtSLouisAbrV id., version fortement abrégée, prob. rédigée en Champagne, conservée dans deux mss. tardifs; ca. 1300 (entre 1278 et déb. 14ᵉs.); ms. de base Vat. Reg. lat. 779 [17ᵉs.] (ξ), en var. BN fr. 19760 [16ᵉs.] (υ); p. dans → EtSLouisV 3,140-187; 1,323-328.

[**EtWbg** → MélWartb¹.]

EudeRigaudB Journal Eude Rigaud, archevêque de Rouen; lt. 1248-1269; ms. orig. BN lat. 1245 [1248-1269]; p. p. Th. Bonnin, *Regestrum visitationum archiepiscopi rothomagensis. Journal des visites pastorales d'Eude Rigaud*, Rouen (Le Brument) 1852. Contient des mots fr. isolés.

EudesBaingsD Eudes Richart de Normandie, trad. de *De balneis puteolanis* de Pietro da Eboli (déb. 13ᵉs.), 690 vers octosyll.; norm. (écrit à Naples) 1392; ms. unique BN fr. 1313 [Napoli ca. 1400] (r°: miniatures, v°: textes lat. et fr.); p. p. G. Delcorno, "Il volgarizzamento antico-francese del De balneis puteolanis di Eudes Richart de Normandie", *Quaderni di filologia romanza della facoltà di Lettere e Filologia dell'università di Bologna* 12-13 (*Lingua, rima, codici...*), Bologna [1995-1998] 1999, 183-287.

EulalieB Séquence de sainte Eulalie, récit du martyr de la sainte, couplets assonancés; pic.-wall. ca. 900; ms. Valenciennes 150 (143) [prob. Saint-Amand ca. 900]; p. p. R. Berger – A. Brasseur, *Les séquences de Sainte Eulalie*, Genève (Droz) 2004. C.r. Beretta MedRom 31,203-206. Contient aussi la *Cantica* latine et les autres textes du ms. [Localisation 'wall. / Île de France', v. ActesEcriture 15. Pour la discussion de la langue 'en création' v. Hilty VRo 73,17-26.]

EulalieD id.; p. p. F. Diez, "Lied auf die heil. Eulalia", in: *Altromanische Sprachdenkmale, berichtigt und erklärt*, Bonn (Weber) 1846, 15-32; [= TL Eulalia *et* Altrom. Sprachd.; cp. FEW Eulalie]. Contient aussi → SermentsD.

EulalieH id.; p. dans → HenryChrest n°2.

EulalieHo id.; éd. princeps p. p. A. H. Hoffmann von Fallersleben, *Elnonensia. Monuments des langues romane et tudesque dans le IXᵉ siècle*, Gand (Gyselynck) 1837. Contient aussi les autres textes du ms. et des commentaires par J. F. Willems.

EustMoineH *Roman de Wistasce le Moine* (héros mort en 1217), an., couplets de vers octosyllabiques; pic. 2ᵉt. 13ᵉs. (après 1227); ms. unique BN fr. 1553 [pic. 1285 n.st.]; p. p. A. J. Holden – J. Monfrin, *Le roman d'Eustache le Moine*, Louvain (Peeters) 2005. Attention, des formes inventées passent sans plus au gloss. (p.ex. **flaonnier*, ms. *flannier*, v. DEAF); le gloss. de Foerster avait avantageusement marqué les renvois.

EustMoineC id.; p. p. D. J. Conlon, *Li Romans de Witasse le Moine*, Chapel Hill (The Univ. of North Carolina Press) 1972 (Univ. of North Carolina, Studies in the Romance Lang. and Lit. 126); [= TL Eust. Moine C; Boss² 2507]. Mauvaise édition (v. c.r., éd. H p. 15).

EustMoineF id.; p. p. W. Foerster – J. Trost, *Wistasse le Moine*, Halle (Niemeyer) 1891 (Roman. Bibl. 4); [= TL Eust. Moine; Boss 1420; Hol 992].

EustMoineL id.; étude et éd. p. p. M. Lecco, *Saggi sul romanzo del XIII secolo*, t.2, *Wistasse le Moine*, Alessandria (Orso) 2007. C.r. Beretta MedRom 33,193-194.

EustMoineM id.; p. p. F. Michel, *Le Roman d'Eustache le Moine, pirate fameux du XIIIe s.*, Paris 1834 (Romans, lais, fabliaux, contes, moralités et miracles, 2); [= Boss 1419].

EustPeintreG Eustache le Peintre, ou, de Reims, chansons; 1er t. 13e s.; ms. de base BN fr. 845 [3e t. 13e s.], autres chansonniers en var.; p. p. M. L. Gambini, *Le canzoni di Eustache le Peintre*, Fasano BR (Schena) 1997 (Medio Evo di Fr. 6). C. r. Thomas Städtler VRo 58,277-279.

EvDomB *Les euvangiles des domees et des sains de toute l'annee et aussi de tous les jours de quaresme*, traduction d'extraits évangéliques, en prose; pic. (Cambrai) 2e q. 13e s. (1235 ou 1246?); ms. de base BN fr. 1765 [ca. 1300] (A), en var. BN fr. 908 [15e s.] (B); p. p. R. Bossuat – G. Raynaud de Lage, *Les évangiles des domées*, Paris (d'Argences) 1955 (Bibl. Elzévirienne, N. S.); [= TL Év. d. Domées; FEW EvDom]. Cp. → RobGrethEv.

EvEnfB *Pseudo-Evangile de l'enfance Jésu* en couplets d'octosyllabes; qqs. traits norm. 2e m. 13e s.; ms. de base Grenoble 1137 (cat. 51) [pic. 1er t. 14e s.] (G), en var. Philadelphia Univ. of Penn. Van Pelt Libr. Ms. Codex 662 (French 41) [2e m. 15e s.] (P); p. p. M. B. McCann Boulton, *The Old French* Évangile de l'Enfance: *A critical edition*, thèse Univ. of Pennsylvania 1976 [Univ. Microfilms 77-813]; [= Boss[2] 5636]. Ce texte est intégré dans → SFanuel.

EvEnfB[2] id.; p. p. M. B. McCann Boulton, *The Old French* Évangile de l'Enfance, Toronto (Pontif. Inst.) 1984; [= TL Evangile enf. B]. Très peu différent de l'éd. de 1976.

EvEnfG id.; ms. Grenoble p. p. E. Gast, *Die beiden Redaktionen des* Évangile de l'Enfance, thèse Greifswald 1909; [= Boss 3069; Hol 208]. Imprime parallèlement → EvEnfQuatrG.

EvEnfQuatrG id.; version en quatrains non directement dépendante de EvEnf; agn. fin 13e s.; mss. Oxford Bodl. Selden Supra 38 (3426) [agn. ca. 1325] (O); Cambridge Univ. Gg.I.1 [agn. après 1307] (C) contient une version abrégée, non utilisé: fragm. Cambridge Univ. Add. 6855 [2e m. 14e s.] v. 1107-1156; ms. Oxford imprimé parallèlement à → EvEnfG p. 1-55; var. du ms. Cambridge ib., p. 57-68; [= Vising 80].

EvEnfQuatrB id.; ms. de base Oxford, les autres en var.; p. p. M.B.M. Boulton, *Les enfaunces de Jesu Crist*, London (ANTS) 1985 [1986] (Anglo-Norman Texts 43); [= TL Enf. Jesu Crist B; AND Enfances; Dean 495].

EvFemesK *L'Evangile des Femes*, poème satirique, parfois attribué à Jean Durpains, quatrains d'alex.; [orig. prob. fin 12e s., mss. à multiples interpolations, v. leurs dates]; mss.: BN fr. 1553 [pic. 1285 n.st.] (A), BN fr. 837 [frc. 4e q. 13e s.] (B), BN fr. 1593 [frc., faibles traits lorr. fin 13e s.] (C), Dijon 525 (298) [Paris 1355-1362] (D), Epinal 217 (59; 189) [lorr. (Metz) 1e m. et 3e q. 15e s.] (E), BN fr. 25545 [ca. 1325] (F), Basel F VIII 22 [ca. 1470] (G), Chantilly Musée Condé 475 (1578) [cette partie pic. 3e t. 13e s.] (H), Bern 205 [mil. 15e s.] (J), BN lat. 8654B [norm. déb. 14e s.], BN fr. 24436 [f° 154 15e s.], [Clermont-Ferrand 249 [Pays d'oc déb. 15e s.] est à écarter, v. éd. J p. 354 n2], Ars. 2765 [18e s., copie de BN fr. 837] (K), Ars. 2768 [18e s., copie de BN fr. 1593] (L), Ars. 3123 [18e s., copie de BN fr. 25545] (M); tous les mss. (sauf BN lat. 8654 B, BN fr. 24436 et les copies de l'Ars.) imprimés (non sans erreurs) parallèlement p. G. C. Keidel, *Romance and other studies*, I *The* Evangile aux femmes, Baltimore 1895; [= TL Ev. a. f.; Boss 6523].

EvFemesB id.; ms. Basel F VIII 22 [ca. 1470]; p. p. G. Binz, "Zum Evangile des femmes", ZrP 14 (1890) 172-174.

EvFemesC[1] id.; ms. de base BN fr. 1553 [pic. 1285 n.st.] avec de copieuses var. et extraits des mss. BN fr. 837 [4e q. 13e s.], BN fr. 1593 [fin 13e s.] et Dijon 525 [1355-1362]; p. p. L. Constans, *Marie de Compiègne d'après l'Evangile aux femmes*, Paris (Vieweg) 1876 (Extrait du *Bulletin de la Société historique de Compiègne*, 3).

EvFemesC[2] id.; essai de reconstruction d'après plusieurs mss. p. p. L. Constans, "L'évangile aux femmes", ZrP 8 (1884) 24-36.

EvFemesJ id.; texte basé surtout sur le ms. BN fr. 837 [4e q. 13e s.] avec var. et extraits d'autres mss. p. p. O. Jodogne, "L'*Édition de l'Évangile aux femmes*", dans *Studi in onore di Angelo Monteverdi* I, Modena (Soc. tip. edit. modenese) 1959, p. 353-375; [= Boss 7706].

EvFemesJub id.; p. dans → JubJongl p. 26-33.

EvFemesM id.; mss. BN lat. 8654 B [orl. ca. 1300] et BN fr. 24436 [15e s.] p. p. P. Meyer, "Deux nouveaux manuscrits de l'Evangile des femmes", R 36 (1907) 1-11.

EvNicAgnP *Évangile de Nicodème*, légendes relatant la passion du Christ (3e s.?) et sa descente aux enfers (4e s.), traduites du grec en lat. (fin 5e s.) ajoutant une *lettre de Pilate à Tibère*, traduit par

EvNicAgnP

un anon. agn.; agn. 2^{e}m. 13^{e}s.; ms. London Lambeth Palace 522 [agn. déb. 14^{e}s.]; p. p. G. Paris – A. Bos, *Trois versions rimées de l'Évangile de Nicodème*, Paris (Didot) 1885 (SATF), p. 137-212 ('C'); [= TL Ev. Nicod.; AND Evang²; Dean 501; Vising 79]. Extraits, titrés Légende de Pilate (= v. 1-152; 288-336; 2091-2115), p. p. Reinsch, AnS 63,62-64, v. sous le sigle abandonné PilateR.

[**EvNicAndréCoutP** voir AndréCout.]

EvNicChrP id., traduction par un certain Chrestien (*Cristïen*), au titre *De la Trinité*; traits de l'Ouest, déb. 13^{e}s.; ms. Firenze Bibl. Med. Laurenz. Conv. soppr. 99 [cette partie agn. 1^{e}m. 13^{e}s.] f°92-111; dans → EvNicAgnP p. 1-69 ('A'); [= Dean 500].

EvNicPrAF *Évangile de Nicodème* (appelé aussi *Passion de Notre Seigneur*), version courte en prose, tradition A; 1^{e}m. 13^{e}s.; ms. de base BN fr. 19525 [agn. fin 13^{e}s.] (A), en var. BL Egerton 2710 [agn. mil. 13^{e}s.] (B) [f°13-20, débute par la ligne 327 de l'éd.], BL Harl. 2253 [agn. ca. 1335] (C), Cambridge Emmanuel Coll. 106 [agn. 3^{e}q. 14^{e}s.] (D), BN fr. 1850 [partie fr. Est 2^{e}q. 13^{e}s.] (E), Aberystwyth Nat. Libr. 5028C [agn. fin 14^{e}s.], Oxford Queen's Coll. 305 [Fr. 2^{e}m. 15^{e}s.] (F), Dublin Trinity Coll. I.5.19 (951) [f°1-154 pic. 3^{e}t. 13^{e}s.] f°1-3 (G); p. p. A. E. Ford, *L'Evangile de Nicodème. Les versions courtes en ancien français et en prose*, Genève (Droz) 1973 (Publ. rom. et fr. 125), texte p. 41-81; [= TL Ev. Nicod. F; Dean 497; Boss² 5629]. Gdf cite le ms. BL Egerton par le titre *Othevien*.

EvNicPrBF id., version courte en prose, tradition B; 1^{e}m. 13^{e}s.; ms. de base BN fr. 6447 [flandr. 4^{e}q. 13^{e}s.] (I), en var. Lyon Bibl. mun. 867 (772) [pic. 2^{e}m. 13^{e}s.] (H), BN fr. 23117 [1e partie, f°1-237, fin 13^{e}s.] (J), BN fr. 22495 [Paris 1337], BN fr. 24209 [Île de Fr. 3^{e}q. 14^{e}s.] (K), Chantilly Musée Condé 734 (456) [1313 n.st.] (M), BN fr. 411 [déb. 14^{e}s.] (N), BN fr. 409 [fin 14^{e}s.] (O), BL Add. 17275 [2^{e}t. 14^{e}s.] (P), Ste-Gen. 587 [ca. 1300] (Q), BN fr. 187 [It. mil. 14^{e}s.] (R), Bruxelles Bibl. roy. 9225 [2^{e}m. 14^{e}s.] (S), BN fr. 185 [2^{e}m. 14^{e}s.] (T), BN fr. 183 [prob. 1327] (U), BN fr. 24433 [14^{e}s.] (V), BN fr. 907 [15^{e}s.] (W); p. p. A. E. Ford dans → EvNicPrAF p. 83-106.

EvNicPrLA id., version longue en prose du premier groupe de mss.; 14^{e}s.; mss.: Ars. 5366 [1447/1448?], Besançon 588 [ca. 1500], BN fr. 979 [mil. 15^{e}s.], BN fr. 12445 [15^{e}s.], Grenoble 468 (cat. 50) [14^{e}s.], Kraków Univ. gall. qu. 159 (anc. Berlin) [traits pic. 3^{e}q. 15^{e}s.], Vat. Reg. lat. 1728 [4^{e}q. 15^{e}s.]; quasi inédit, v. EvNicPrAF p. 27 et P. Tylus MélBraet 787-789.

EvQuenJe *Évangiles des Quenouilles*, collection de croyances populaires originaires de Flandre et de Picardie; pic. 3^{e}q. 15^{e}s.; ms. de base BN fr. 2151 [ca. 1480], var. de l'incunable Bruges (Colard Mansion) ca. 1479-84, pour les autres imprimés v. éd. p. 38-42; p. p. M. Jeay, *Les Évangiles des Quenouilles*, Paris (Vrin) – Montréal (Presses de l'Univ. de Montréal) 1985; [cf. Boss² 7613]. Contient aussi → EvQuenCJ.

EvQuenJ id.; se base sur les incunables Bruges (Colard Mansion) ca. 1479-84 et Lyon (Matthias Huss et Johan Schabeler) ca. 1482-83, 'en s'aidant' du ms. BN fr. 2151; p. p. P. Jannet, *Les Evangiles des Quenouilles*, Paris (Jannet) 1855 (Bibl. Elzév.); [= FEW EvQuen]. Ajoute des chap. tirés d'autres imprimés.

EvQuenCJ id., rédaction moins développée du ms. Chantilly Musée Condé 654 (1572) [ca. 1470]; p. dans → EvQuenJe p. 117-144 (l. 1503-2427).

EvansJewels J. Evans, *Magical jewels of the Middle Ages and the Renaissance, particularly in England*, Oxford (Clarendon) 1922; [= TL Evans Mag. Jewels].

EvastL *Livre de Evast et de Blaquerne*, traduction, faite prob. à Paris, de *Blanquerna*, roman doctrinal écrit par Ramon Llull en cat., vers 1283; fin 13^{e}s. (entre ca. 1283 et 1306); ms. de base BN fr. 24402 [fin 13^{e}s.], autres mss. Berlin Staatsbibl. Phillipps 1911 (anc. Cheltenham Phillipps 1911) [Paris 1^{er}q. 14^{e}s.] proche du 24402, BN fr. 763 [Est mil. 14^{e}s.] et BN fr. 12555 [1477] copie de BN fr. 763; p. p. A. Llinarès, *Raymond Lulle, Livre d'Evast et de Blaquerne*, Paris (PUF) 1970; [v. Wo 27; Wos 27].

EvrartContyAr Evrart de Conty (mort en 1405), traducteur de l'*Expositio problematum Aristotelis d'Abano* (*Problemata*, env. 870 'fortes questions', faussement attribuées à Aristote, traduites en latin par Barthélémy de Messine et commentées par Pierre d'Abano), prose; pic. ca. 1380; ms. BN lat. 24281-24282 [ca. 1380] autographe, ms. BN fr. 210-211 [15^{e}s.] (le dépouillement par Gdf est très fautif), etc.; inédit; v. F. Guichard-Tesson *MF* 24-25 (1990) 131-167; DLF² 434. [Gdf attribue par erreur à Evrart le 'Secr. d'Arist.' qui correspond à → SecrSecrPr¹.]

EvrartContyEchG Glose en prose de → Echecs-Am par Evrart de Conty ou un de ses disciples, appelé Eschez amoureux moralisés; pic. ca. 1390; ms. de base BN fr. 24295 [1^{e}m. 15^{e}s.] (E), en var. BN fr. 143 [déb. 16^{e}s.] (A), BN fr. 1508 [2^{e}q. 15^{e}s.] (B), BN fr. 9197 [hain. 2^{e}m. 15^{e}s.] (C), BN fr. 19114 [2^{e}m. 15^{e}s.] (D), Den Haag KB 129.A.15 [15^{e}s.] (F) modèle de C, København Kgl. Bibl. Thott 1090 4° [cette partie 1468] (M) fragm., aussi Jena El. f. 81 [Paris ca. 1400], etc.; p. p. F. Guichard-Tesson – B. Roy, *Evrart de Conty, Le livre des eschez amoureux moralisés*, Montréal (Ceres) 1993; annonce: RLiR 58,590.

EvrartContyEchH id., extraits sur la base de B (A,C,D,E en var.) p. p. R. Hyatte – M. Ponchard-Hyatte, *L'Harmonie des sphères. Encyclopédie d'astronomie et de musique extraite du commentaire sur Les Echecs amoureux (XV^{e}s.)*, New York (Lang) 1985 (St. Hum. 1). Cp. ZrP 102,652s.

EvratGenABo Poème biblique, en vers octosyll., concernant la Genèse, par Evrat, poète religieux auprès de la cour de Champagne; champ. ca. 1198 (1192-1201 a.st.); le ms. BN fr. 12456 [lorr. déb. 13^{e}s.] (A) est complet (ca. 20792 vers) et renferme prob. la version originale, en var. BN fr. 12457 [champ. déb. 13^{e}s.] (B) et BN fr. 900 [champ. déb. 13^{e}s.] (C), mss. qui sont incomplets et semblent présenter une version remaniée par l'auteur; p. p. W. Boers, *La Genèse d'Évrat*, thèse Leiden 2002.

EvratGenA/B/CG id.; éd. partielle (1313 vers de la version A, f°2a-12d, et les passages correspondants de B et C) p. p. R. Grimm, *Schöpfung und Sündenfall in der altfranzösischen Genesisdichtung des Evrat*, Bern - Frankfurt - München (Lang) 1976 (Europäische Hochschulschriften XIII, 39); [= Boss^2 5580].

EvratGenAH id.; 2568 vers de la version A, f°2-23r°b, avec les var. de B et C; p. p. J. F. A. Henderson, *A critical edition of Evrat's* Genesis, *Creation to the Flood*, thèse Toronto 1977. Glossaire peu intéressant.

EvratGenAB id.; extrait, f°21-24r°a, p. dans → BartschHorning 303-310.

Ewald K. Ewald, *Terminologie einer französischen Geschäfts- und Kanzleisprache vom 13. bis 16. Jahrhundert (auf Grund des* Cartulaire de l'abbaye de Flines), thèse Bâle, Liestal (Grauwiller) 1968; [= TL Ewald Kanzleisprache]. Utilise → HautcœurFlines; doc. essentiellement pic., à partir de 1240.

ExhortCuersT Poème pieux, appelé par l'éd. Exhortation à l'amour divin, en laisses d'alex. monorimes, incipit *Cuers qui tot veut avoir si que riens no li faille*; bourg. déb. 13^{e}s.; ms. de base BN fr. 423 [lyonn. déb. 14^{e}s.] (P), en var. BL Roy. 20 B.XIV [agn. ca. 1300] (L), qqs. var. de Dublin Trinity Coll. D.1.29 (374) [agn. 2^{e}m. 13^{e}s.] (D); p. p. F. J. Tanquerey, "Exhortation à l'amour divin", *R* 66 (1940/41) 322-354; [= Dean 618; Vising 210].

ExhortationRelH Exhortation adressée aux religieux et religieuses, traitant *Confessiun, Oreisun, Cuntenement de chapitre et de refectiun*, en prose; agn. 2^{e}m. 13^{e}s.; ms. Cambridge Trinity Coll. B.1.45 [agn. 2^{e}m. 13^{e}s.]; p. p. T. Hunt, "An Anglo-Norman treatise on the Religious Life", → MélSinclair 267-275; [= AND Religious Life; Dean 607]. Gloss. sans renvois!

ExposYmagesC *L'exposicion des ymages des figures qui sunt u kalendrier et u sautier, et est proprement l'acordance du Veil testament y du Nouvel*, texte programmatique précédant les miniatures du Bréviaire de Belleville, en prose; entre 1323 et 1323; ms. BN lat. 10483-84 [entre 1323 et 1326]; p. p. P. Cockshaw, "Le Bréviaire de Belleville", → MélSinclair 94-109, texte 108-109.

FEW W. von Wartburg, *Französisches Etymologisches Wörterbuch. Eine darstellung des galloromanischen sprachschatzes*, Bonn (Schroeder; chez l'auteur; Klopp), Heidelberg (Winter), Leipzig-Berlin (Teubner), Basel (Zbinden), 1922-2002 (p. p. O. Jänicke, 1972-1978, C. T. Gossen, 1979-1983, Jean-Pierre Chambon 1984-1993, Jean-Paul Chauveau 1994-2002 et suites sur le site www.atilf.fr/few); *Index* (élaboré sous la dir. d'Éva Buchi), 2 vol., Paris (Champion) 2003. Pour les détails (début des travaux vers 1912, etc.) v. les préfaces et cf. → BüchiFEW 49-58; noter que la disposition des feuillets dans les vol. réimpr. a subie des altérations, de sorte que p.ex. les chiffres au t. 3 p. 945 de la réimpr. 1971 sont erronés et 'Ac 1878', 2^1,323,21, se lit '1873' dans la réimpr. de 1949 (Höfler FM 50,294); le *Beiheft* ^{2}1950 a paru à Tübingen; les deux Beihefte sont fondus avec corr. et ajouts dans *Französisches Etymologisches Wörterbuch. Complément*, p. p. J.-P. Chauveau, Y. Greub et C. Seidl, Strasbourg (Ed. de Ling. et de Phil.) 2010 (Soc. Ling. Rom., Bibl Ling. Rom., H.S. 1). La discussion étym. prend son départ au REW. Les datations se réfèrent toujours aux sources prim. ou sec. ou tert. (dict.), indiqués ou non (dans ce cas se reporter au Beiheft!); leur concrétisation s'appuie souvent sur → LevyChron (p.ex. '1165' = Eneas etc.). Pas tous les articles sont de la plume de Wartburg; les art. des élèves, de qualité variable, sont signés (ceux de Reinhard ou Kuhn p.ex. méritent une vigilance accrue). Le t. 19 est à compléter par → ArveillerOr. Pour l'utilisation de Gdf v. → GdfLex.

FLSt *French Language Studies*, Cambridge 1990–.

FM *Le Français moderne. Revue de linguistique française*, Paris (CILF) 1933–.

FQ *The French Quarterly*, Manchester 1919-1932.

FSt *French Studies*, Oxford (Society for French Studies) 1947–.

Fagniez

Fagniez G. Fagniez, *Documents relatifs à l'histoire de l'industrie et du commerce en France*, 2 vol., Paris (Picard) 1898-1900 (réimpr. Glashütten, Auvermann, 1974); [= FEW Fagniez]. Pour la plupart doc. tirés de sources secondaires: à contrôler! (P. 213-251: extraits de → LMestD/L.)

[FagniezDoc → Fagniez.]

FagniezEt G. Fagniez, *Etudes sur l'industrie et la classe industrielle à Paris au XIIIe et au XIVe siècle*, Paris 1877 (Bibl. de l'Ec. des hautes études 33). Contient des documents.

Fahlin C. Fahlin, *Etude sur l'emploi des prépositions* en, à, dans *au sens local*, Uppsala (Almqvist & Wiksell) 1942; [= FEW Fahlin].

FahsImMondeOct[1] N. C. Fahs, *The* Image du monde *by Gossouin (A. D. 1246): Latin sources on geography, meteorology, and natural history (Part II, verses 2035-4072)*, thèse University of California 1939; [= Boss 6565]. Étude de → ImMondeOct[1], 1er livre, avec extraits; liste des mss. des différentes versions; les extraits sont basés sur BN fr. 1548 [fin 13[e]s.].

Fairon É. Fairon, *Régestes de la cité de Liège*, 4 vol. en 5 t., Liège (Éd. Comm. commun. Liège) 1933-1940; glossaire: → HaustRég. Contient des regestes établis en 1409 (v. → ChOthée) et des chartes liég. et des doc. conservés sous forme de copie.

FalkTorp *Vergleichendes Wörterbuch der Indogermanischen Sprachen von August Fick*, Dritter Teil, *Wortschatz der Germanischen Spracheinheit*, p. p. H. S. Falk – A. Torp, Göttingen (Vandenhoeck & Ruprecht) 1909; [= FEW Falk-Torp]. Réimprimé à plusieurs reprises, p.ex. en 1979, sous le titre *Wortschatz der Germanischen Spracheinheit*.

FalkTorpNorw H. S. Falk – A. Torp, *Norwegisch-dänisches etymologisches Wörterbuch*, 2 vol., Heidelberg (Winter) 1910-1911 (réimpr. 1960); [= FEW Falk-TorpNorw].

FantosmeJ Jordan Fantosme, Chronique concernant la guerre d'Ecosse, années 1173 – 1174, en laisses d'alexandrins irréguliers; agn. 1174 (ou 1175); ms. de base Durham Chapt. Libr. C.IV.27 [agn. déb. 13[e]s.], var. et corr. d'après Lincoln Cathedral 104 (A.4.12) [agn. fin 13[e]s.]; p. avec notes et traduction (mais sans glossaire) par R. C. Johnston, *Jordan Fantosme's Chronicle*, Oxford (Clarendon) 1981; [= TL Fantosme Chron.; AND Fant OUP; Dean 55; Boss[2] 6178]. Numérotation malheureusement et inutilement modifiée par rapport aux éditions antérieures.

FantosmeB id.; p. p. Ph.-A. Becker, "Jordan Fantosme, La Guerre d'Écosse: 1173 – 1174", *ZrP* 64 (1944) 449-556. Essai de reconstruction métrique de la pire espèce: «ein nach Möglichkeit restituierter Text, den der Historiker und der Freund mittelalterlicher Dichtung, so hoffen wir, mit Genuß und mit ruhigem Gewissen lesen kann. Im Variantenapparat ist nur eine Auswahl der überlieferten Lesungen geboten». Ne pas utiliser.

FantosmeH id.; ms. Durham p. p. R. Howlett, *Chronicles of the reigns of Stephen, Henry II., and Richard I.*, t. 3, London (Longman) 1886 (Rolls Ser. 82 III), p. 201-377; [= Boss 3746; AND Fant; Vising 62].

FantosmeM id.; ms. Durham p. p. F. Michel, dans → BenDucM 3, 531-615; [= TL Fantosme]. [Ed. antérieure: F. Michel, *Jordan Fantosme, Chronicle of the war between the English and the Scots in 1173 and 1174*, London 1840 (Surtees Soc. 11); [= FEW Fantosme; Boss 3745; Hol 2334].]

FaramonB Correspondance poétique en vers entre Faramon (Pharamond) et Meliadus; francoit. 1[e]m. 14[e]s.; ms. unique Modena Bibl. Estense α.R.4.4 [f°211-212: fin 14[e]s.]; p. p. G. Bertoni, *Studi su vecchie e nuove poesie e prose d'amore e di romanzi*, Modena 1921, p. 183-206 (impr. diplom. 198-206).

FaréREW P. A. Faré, *Postille italiane al «Romanisches Etymologisches Wörterbuch» di W. Meyer-Lübke comprendenti le «Postille italiane e ladine» di Carlo Salvioni*, Milano (Istituto Lombardo) 1972. Complète → REW.

FatrArrP Fatrasies d'Arras, poésies absurdes à la grammaire correcte, 55 pièces (5x11) de 11 vers chacune, 6 à 5 syll., 5 à 7 syll.; art. 2[e]m. 13[e]s.; ms. Ars. 3114 [pic. fin 13[e]s.]; p. dans → PorterFatr 109-136. Trad.: R. Dutli, *Fatrasien. Absurde Poesie des Mittelalters*, Göttingen (Wallstein) 2010. Cp. → Traverses.

FatrArrJ id.; p. dans → JubNRec 2,208-228.

FaucAlbM Petit traité de fauconnerie traduisant Albert le Grand; fin 15[e]s.; ms. BN fr. 2003 [fin 15[e]s.]; p. dans → DancusM p. 31-94. Cp. TilGlan 7.

FaucGuillT Traduction du traité de fauconnerie *Guillelmus falconarius* (1[e]m. 12[e]s., v. DancusLatT); qqs. traits pic., av. 1284; ms. unique BN fr. 12581 [frc. (av.) 1284]; p. dans → DancusT p. 24-31.

FaucGuillM id.; p. dans → DancusM p. 19,14-29,17.

FaucGuill[2]T id., autre trad.; 15[e]s.; ms. BN fr. 25342 [15[e]s.]; p. dans → DancusT 43-47.

FaucMedC Traité d'élevage et de traitement des oiseaux de chasse (basé surtout sur la *Phisica avium* publiée dans → FaucMedDH p.145-176), version du ms. Cambridge, titre: *Medicines verraies de garir falcons e osturs e esperviers e la maniere coment les conustrez et coment les afeiterez* (Dean '1.'), prose; agn. fin 13[e]s.; ms. Cambridge Univ. Ff.VI.13 [agn. fin 13[e]s.]; citations des deux textes dans → TilGlan; [= Dean 400,1. et 2.; cf. BullIRHT 13,60; R 116,356]. Le texte '1.', selon Dean f°73a-78b, a été utilisé comme ms. C (f°74rb-78rb) en var. de → FaucMedDH; le texte '2.' = → FaucTretiz.

FaucMedD id., version des mss. Digby et Cheltenham, autre ordre, titre: *Le medicinal des oiseus*; agn. ca. 1275; mss. Oxford Bodl. Digby 86 [agn. 1272-82], BL Add. 46919 (anc. Cheltenham Phillipps 8336) [agn. ca. 1330]; citations dans → TilGlan; [= Dean 401].

FaucMedDH id.; ms. de base Oxford Bodl. Digby, en var. BL Add./Cheltenham (A) et Cambridge f°74rb-78rb (C, v. → FaucMedC), non utilisé → FaucMedL; p. dans → FaucTretizH p.83-144 (p.128-129: concordance avec Daude de Pradas, *Dels auzels cassadors*).

FaucMedHT id., version du ms. Harley; agn. fin 13[e]s.; ms. BL Harl. 978 [agn., cette partie fin 13[e]s.] f°116v°-118; p. p. G. Tilander, "Fragment d'un traité de fauconnerie anglo-normand en vers", *StMS* 15 (1943) 26-44; [= TL Fragm. Fauconnerie; Dean 402]. Citations aussi dans → TilGlan.

FaucMedL id., version du ms. Lyon, titre: *Li aviculaires des oisiaus de proie*; pic. 2[e]m. 13[e]s.; ms. Lyon Bibl. mun. 867 (772) [pic. 2[e]m. 13[e]s.] f°216va-225va; inédit. Citations dans Gdf et TilGlan.

FaucPetrusFrBL Traduction anonyme et incomplète (recettes méd.) du traité de fauconnerie de Petrus de l'Astore (it. et occ. fin 13[e]s./1[e]m. 14[e]s.); 15[e]s.; ms. BN fr. 2004 [2[e]m. 15[e]s.]; p. p. A. Lupis, *Petrus de l'Astore, edizione critica del trattato di falconeria mistilingue con una traduzione in antico francese dal ms. B.N. 2004*, Bari (Adriatica) 1979 (Quad. degli Ann. della Fac. di lingue e lett. str. 2). Une datation du 14[e]s. est hypothétique; la langue est rajeunie. Le ms. BN fr. 2004 contient aussi → AdAigles et le *Livre de fauconnerie* de Jean de Francières [après 1458].

FaucPetrusFrDF id., avec 6 recettes supplémentaires; langue plus conservatrice, traits du Sud-Est, 14[e]s. (?); ms. Digne Bibl. dép. F.I. [1[e]m. 15[e]s.]; p. p. F. Fazio, "Una fonte sconosciuta per *Les livres du roy Modus et de la royne Ratio*", *Ann. della Fac. di Lingue e Lett. stran. dell'univ. di Bari*, III, 6, 1 (1985) 273-303. Corr. de l'auteur v. ZrP 103 (1987) 624-625.

FaucTretizH Traité de fauconnerie (appelé simplement *Tretiz*, épil. *treitiz*, par le ms.), traitant de l'élevage et des soins médicaux, en prose (incip. *Primes covendra debonerement le falcon manier e ciller*), avec 20 vers introductoires (incip. *Dreit e reison e volenté*), 7 vers pour faire débuter les soins et un épilogue en vers; agn. 4[e]q. 13[e]s.; ms. Cambridge Univ. Ff.VI.13 [agn. fin 13[e]s.] f°78va-81rb; p. p. T. Hunt, *Three Anglo-Norman treatises on falconry*, Oxford (Soc. St. Medieval Lang. and Lit.) 2009 (Med. Aevum Monogr. n.s. XXVI), p. 17-37. Contient aussi → FaucMedDH et FaucWinchH.

FaucWinchH Traité médicinal de fauconnerie en 783 vers octosyll. irréguliers, incip. *Del title vei de cest traitét*, basé sur plusieurs traités, dont → FaucMedD, incomplet; agn. fin 13[e]s.; ms. Winchester Coll. 26 [agn. ca. 1295]; p. dans → FaucTretizH p. 39-81.

FauvainL Histoire de Fauvain, sorte de bande dessinée avec légendes rappellant l'histoire du cheval Fauvain (= Fauvel), personnage allégorique représentant la méchanceté du monde, par un Raoul le Petit, basée sur → Fauvel; pic. ca. 1320; ms. BN fr. 571 [cette partie agn. mil. 14[e]s.]; p. p. A. Långfors, *L'Histoire de Fauvain. Reproduction phototypique de 40 dessins du manuscrit français 571 de la Bibliothèque nationale (XIVe siècle)*, Paris (Geuthner) 1914; [= TL Hist. Fauvain; FEW Fauvain]. Éd. 'critique' nettoyée de traits agn. (v. les notes et la reprod. du ms.).

Fauvel[1]L Le roman (satirique et allégorique) de Fauvel par Gervais du Bus, dont le héros est un cheval, octosyll.; première partie, vers 1-1226: norm. 1310; ms. de base BN fr. 2139 [norm. 14[e]s.] (A), en var. BN fr. 146 [Paris prob. 1318] (E), autres mss. Cologny Bodmer 71 [15[e]s.], Leiden Univ. Ltk 575 [f°4-35: 1[e]m. 15[e]s.] f°35: fragm., Dijon 525 (298) [Paris 1355-1362] (K), Epinal 217 (59; 189) [lorr. (Metz) 1[e]m. et 3[e]q. 15[e]s.] courts extraits, BN fr. 580 [15[e]s.] (B), BN fr. 2140 [15[e]s.] (G), BN fr. 2195 [1361] (J), BN fr. 12460 [mil. 15[e]s.] (F), BN fr. 24375 [fin 15[e]s.] (D), BN fr. 24436 [f°130-154 15[e]s.] (M), BN nfr. 4579 [14[e]s.] (N) fragm., Tours 947 [Paris 2[e]m. 14[e]s.] (L), Peterburg RNB Fr.Q.? (anc. S. Germ. 2341) (5.2.101?) [ca. 1440] (C); p. p. A. Långfors, *Le roman de Fauvel par Gervais du Bus*, Paris (Didot) [1914-]1919 (SATF); [= TL Fauvel L; FEW Fauvel].

Fauvel[2]L id.; deuxième partie, vers 1227-3280: traits norm. 1314; p. dans → Fauvel[1]L p. 49-118; [= TL Fauvel L; FEW Fauvel].

Fauvel[1/2]P

Fauvel[1/2]P id., texte écourté du ms. BN fr. 2140 [15ᵉs.], vers 1-1464: 1310, 1465-1871: 1314; p. p. A. Peÿ, "Le roman de Fauvel", *JREL* 7 (1866) 316-343; 437-446; [= TL Fauvel]. Considérer la date du ms. Mauvaise éd.

FauvelAubry id.; fac-similé de BN fr. 146 [Paris prob. 1318], soit Fauvel[1/2] et FauvelChaill; p. p. P. Aubry, *Le Roman de Fauvel*, Paris (Geuthner) 1907; [= Boss 5458].

FauvelChaillD Interpolations dans un ms. de Fauvel[1/2] par Chaillou de Pestain; 1316; ms. BN fr. 146 [Paris prob. 1318]; p. p. E. Dahnk, *L'hérésie de Fauvel*, Leipzig (Rom. Sem.) 1935 (Leipziger Romanistische Studien 2, Lit. Reihe 4); [= TL Heresie Fauvel; FEW Fauvel]. Le texte incorpore qqs. extraits de → Maillart. [Chaillou de Pesscain/ Persquen, v. E. Lalou BEC 152,503.]

FauvelChaillL id.; p. dans → Fauvel[1]L p. 146-195; [= TL Fauvel L].

FauvelChansR id., soixante et onze refrains et chansons contenues dans le ms. interpolé de Fauvel (BN fr. 146, v. → FauvelChaill), p. p. S. N. Rosenberg – H. Tischler, *The monophonic songs in the Roman de Fauvel*, Lincoln – London (Univ. of Nebr. Press.) 1991.

Feist[3] S. Feist, *Vergleichendes Wörterbuch der gotischen Sprache*, 3ᵉ éd., Leiden (Brill) 1939; [FEW Feist: 2ᵉ éd., Halle 1923].

Feller J. Feller, *Notes de philologie wallonne*, Liège – Paris 1912; [= FEW Feller].

FemChasteW *Conte de la femme chaste convoitée par son beau-frère*, titre: *De la sainte empereris qui garissoit les lieprous*, vers octosyll.; 2ᵉt. 13ᵉs.; ms. unique Ars. 3516 [art. 1267]; p. p. A. Wallensköld, *Le conte de la femme chaste convoitée par son beau-frère, étude de littérature comparée*, Helsinki 1907 (Acta Societatis Scient. Fennicae 34,1), texte p. 134-149 (version I); [= TL Femme chaste I]. Cp. → Pères11W et CoincyII9K.

Femme A. Grisay – B. Lavis – M. Dubois-Stasse, *Les dénominations de la femme dans les anciens textes littéraires français*, Gembloux (Duculot) 1969 (Publ. de l'Institut de Lexicologie française de l'Univ. de Liège).

FennisGal J. Fennis, *Trésor du langage des galères*, 3 vol., Tübingen (Niemeyer) 1995. Couvre toute l'histoire du français; cf. c. r. Städtler VRo 57,305-308.

FennisStolo J. Fennis, *La Stolonomie et son vocabulaire maritime marseillais. Edition critique d'un manuscrit du XVIᵉ siècle et étude historique, philologique et étymologique des termes de marine levantins*, Amsterdam (Holland University Press) 1978. La *Stolonomie* date de ca. 1548 (entre 1547 et 1550).

FerabrasB Ferabras, chanson de geste du cycle de Charlemagne, vers alex.; occ. 13ᵉs.; ms. Berlin Staatsbibl. gall. oct. 41 [13ᵉs.]; p. p. I. Bekker, *Der Roman von Fierabras, provenzalisch*, Berlin (Reimer) 1829; [= TL Ferabr.]. L'éd. contient des extraits de diverses chansons: → RenMontRB, GirVianeB, AspremBB[1], AuberiBek, des Prophécies Merlin en alex. fragm., en fait une version de 'Brut' ou Historia Regum Brit., p. 182-183 [cp. R 82,44; R 109, 225-246: éd.; StutzmannTylus 78: ms. Kraków Univ. gall. fol. 176 (anc. Berlin) [wall. ou lorr. sept. fin 13ᵉs.]. Version fr.: → Fier.

FergF *Fergus*, par Guillaume le Clerc, roman arthurien en vers; pic. 1ᵉʳt. 13ᵉs. (ou av. 1241 ?); ms. de base Chantilly Musée Condé 472 (626) [hain. 3ᵉt. 13ᵉs.] (A), en var. BN fr. 1553 [pic. 1285 n.st.] (P); p. p. W. Frescoln, *Guillaume le Clerc. The romance of Fergus*, Philadelphia (Allen) 1983; [= TL Ferg. F; Boss[2] 4170; Dean 167]. Texte très corrigé; nombre de conjectures à contrôler dans les var. et à comparer avec l'éd. M.

FergM id.; même ms. de base; p. p. E. Martin, *Fergus, Roman von Guillaume le Clerc*, Halle (Waisenhaus) 1872; [= TL Ferg.; FEW Fergus; Hol 1185; Boss 2057]. Corrections du texte documentées (malheureusement pas au bas de page). Concordance avec l'éd. FergMich ici, en appendice.

FergMich id.; ms. BN fr. 1553; p. p. F. Michel, *Le roman des aventures de Fregus par Guillaume le Clerc*, Edinburgh (Abbotsford Club) 1841; [= Hol 1184; Boss 2056]. Concordance avec l'éd. FergM ici, en appendice.

Ferrari Intavulare. *Tables de Chansonniers romans*, coord. A. Ferrari, Vaticano (Bibl. Apost. Vat.) 1998 ss., I. Canzonieri provenzali... (st. e Testi 387); II. Chansonniers français, 1. Chans. a, b, A, p. p. M. Tyssens, 1998 (St. e Testi 388); etc. Complément à → RaynaudSpanke; donne l'index des pièces de chaque ms., l'index des auteurs et des incipit, mais pas de rimarium.

FetRomF[1] *Li fet des Romains* ou Roman de Jules César, basé sur Lucain, en prose; frc. 1213 (au plus tard 1215); ms. de base Vat. Reg. lat. 893 [bourg. fin 13ᵉs.] (V[3]), corrigé par BN fr. 1391 [fin 13ᵉs.] (P/P[13], anoure, proche de V[3]), autres mss. Ars. 5186 [15ᵉs.] (A) cité par Gdf (f°104b = éd. F[1] p. 423), Bruxelles Bibl. roy. 9040 [15ᵉs.] (B[1]), Bruxelles Bibl. roy. 9104-05 [Paris 2ᵉq. 14ᵉs.] (B[2]), Bruxelles Bibl. roy. 10168-72

[1293] (B³), Bruxelles Bibl. roy. 10212 [fin 13ᵉ s.] (B⁴), Chantilly Musée Condé 726 (493) [Bologna? 4ᵉ q. 13ᵉ s.] (C¹), Chantilly Musée Condé 768 (701) [déb. 14ᵉ s.] (C²), Chantilly Musée Condé 769 (466) [15ᵉ s.] (C³), Chantilly Musée Condé 770 (1055) [Bologna? 4ᵉ q. 13ᵉ s.] (C⁴), Genève fr. 80 (233) [fin 15ᵉ s.] (G), Ste-Gen. 672 [15ᵉ s.] (Gf), København Kgl. Bibl. Thott 431 f° [Paris ca. 1345] (H), BL Egerton 912 [15ᵉ s.], BL Roy. 16 G.VII [Paris ca. 1375] (L¹), BL Roy. 17 F.II [1479] (L²), BL Roy. 20 C.I [déb. 15ᵉ s.] (L³), Venezia Marc. fr. III [14ᵉ s.] (M), Oxford Bodl. Canonici Misc. 450 [Verona 1384] (O), BN fr. 40 [15ᵉ s.] (P¹), BN fr. 64 [15ᵉ s.] (P²), BN fr. 246 [Paris 1364] (P³), BN fr. 250 [Paris fin 14ᵉ s.] (P⁴), BN fr. 251 [Paris 2ᵉ q. 14ᵉ s.] (P⁵), BN fr. 256 [déb. 15ᵉ s.], BN fr. 281 [fin 15ᵉ s.] (P⁶), BN fr. 293 [déb. 15ᵉ s.] (P⁷), BN fr. 294 [15ᵉ s.] (P⁸), BN fr. 295 [Napoli av. 1331] (P⁹), BN fr. 677-678 [15ᵉ s.], BN fr. 686 [Bologna ca. 1330] (P¹⁰), BN fr. 687 [15ᵉ s.], BN fr. 726 [Gênes 3ᵉ t. 13ᵉ s.] (P¹¹), BN fr. 1390 [16ᵉ s.] (P¹²), BN fr. 1394 [13ᵉ s.] (P¹⁴), BN fr. 20312 bis [Flandres 2ᵉ m. 15ᵉ s.] (P¹⁵), BN fr. 23082 [déb. 14ᵉ s.] (P¹⁶), BN fr. 23083 [fin 13ᵉ s.] (P¹⁷), BN fr. 23084 [13ᵉ s.] (P¹⁸), BN nfr. 3576 [Paris ca. 1365] (P¹⁹), BN nfr. 3650 [15ᵉ s.] (P²⁰), BN nfr. 11673 [Bruges 1479] (P²¹), Peterburg RNB hist. 6.D [fin 13ᵉ s.] (Pᴾ), Vat. Vatic. lat. 4792 [1ᵉʳ m. 14ᵉ s.] (V¹), Vat. Reg. lat. 724 [15ᵉ s.] (V²), Vat. Reg. lat. 917 [15ᵉ s.] (V⁴), Ashburnham Barrois 3 [15ᵉ s.] (X¹) non localisé actuellement, Mâcon Arch. dép. H. 362 [14ᵉ s.], New York Pierpont Morgan Libr. M.212-213 (anc. Ashburnham Barrois 31) [ca. 1460] (X²), New York Paul Radin fragm. [ca. 1300] (Y), Neustadt an der Aisch fragm. [fin 13ᵉ s.] (Z), Princeton NJers. Univ. Garrett 128 [Paris? 2ᵉ q. 14ᵉ s.], Paris Musée du Louvre [Tours ca. 1470] fragm., Oslo/London Schøyen Collection MS 27 (anc. Beatty, Hearst) [Paris ca. 1375], Cambridge Univ. Add. 6000(27) [13ᵉ s.] fragm. (l.III ch.5, p.408,9-413,17); p. p. L.-F. Flutre – K. Sneyders de Vogel, *Li fet des Romains, compilé ensemble de Saluste et de Suetoine et de Lucan*, 2 vol., Paris (Droz) – Groningue (Wolters) s.d. [1935]-1938; [= TL Fet d. Rom.; FEW FetR; Boss 3814]. Éd. nonchalante. Cp. → ChronTournCes¹.

FetRomF² id.; L.-F. Flutre, "Notes sur le vocabulaire des Faits des Romains", *R* 65 (1939) 478-536; [cp. FEW FetR]. Glossaire (attestations charnières) de → FetRomF¹. Cf. → FetRomLev.

FetRomF³ id., prol. et chap. 1-7 publiés d'après le ms. V³, avec var. quasi complètes dans L.-F. Flutre, *Les manuscrits des Faits des Romains*, Paris (Hachette) 1932, p. 161-197. Indique qqs. continuations de certains mss. (p. 143-158).

FetRomM id.; courts extraits, surtout d'après BN fr. 23083 [fin 13ᵉ s.]; p. p. P. Meyer, "Les premières compilations françaises d'histoire ancienne, I. Les faits des Romains", *R* 14 (1885) 1-81; [= TL Faits des Romains].

FetRomLev R. Levy, "Le vocabulaire des Faits des Romains", *MLQ* 3 (1942) 205-219. Notes critiques concernant → FetRomF².

FetRomL³M id., version modernisée et légèrement raccourcie du ms. L³; 15ᵉ s.; ms. BL Roy. 20 C.I [déb. 15ᵉ s.]; éd. partielle (matériaux tirés de Lucain omis) p. p. T. J. McCormick, *A partial edition of* Les fais des rommains, thèse Fordham Univ. New York 1981 (Univ. Microfilms 81-23559). Sans glossaire.

FevrDitN *Le dit des fevres*, dit 'de metier' en vers octosyll., incip. *De dire contes et fabliaus*; 2ᵉ m. 13ᵉ s.; ms. BN fr. 837 [frc. 4ᵉ q. 13ᵉ s.]; p. dans → NoomenJongl 67-84.

FevrDitJ id.; p. dans → JubJongl 128-137.

FevresK Traité sur les fièvres basé sur des textes lat. et hébr.; champ.mérid. ca. 1300 (prob. entre 1290 et av. l'expulsion des juifs de France en 1306); ms. Berlin Staatsbibl. orient. oct. 512 (233) [prob. av. 1306, caractères hébr.]; extraits p. p. L. Katzenellenbogen, *Eine altfranzösische Abhandlung über Fieber*, thèse Berlin 1933; [= LevyTrés LIII; TL Fieber].

FevresKi id.; éd. partielle (f°19v-20v; 39v-40r; 79r-86r; 180r-182r; 215r-220v; 222r; 223v; 224r; 225v; 245v-248v; 333r-v) et étude philol. et lexicogr. par Marc Kiwitt, *Der altfranzösische Fiebertraktat* Fevres. *Teiledition und sprachwissenschaftliche Untersuchung*, Würzburg (Königshausen & Neumann) 2001 (Würzb. med-hist. Fgg. 75). [Le sigle FevresKi⁰ désigne le mém. de maîtrise remplacé par le vol. publié.] D'autres portions du texte seront éd. par S. Zaun et J. Zwink [annoncé encore en 2007]; en attendant, le DEAF s'est servi (jusqu'en 2014) de transcriptions de M. Kiwitt.

FevresOe id.; courts extraits p. p. J. Oesterreicher, *Beiträge zur Geschichte der jüdisch-französischen Sprache und Literatur im Mittelalter*, Czernowitz (Eckhardt) 1896, p. 4-9 et 31-32; [= LevyTrés LII]. Contient aussi → RaschiO (p. 9-15) et des extraits de → GlBâle.

FevresR id.; glossaire concernant f°1-80 par L. M. Richardson, *A linguistic study of an Old French medical treatise*, mém. de maîtrise, Baltimore (Johns Hopkins Univ.) 1924.

FevresS id.; glossaire très complet par H. Saye, *A linguistic study of an Old-French medical treatise (Codex Berlin hebraicus no. 233)*, mém. de maîtrise Baltimore (Johns Hopkins Univ.) 1931; [= LevyTrés LI]. Intègre → FevresR. Pour faciliter une vérification ultérieure, on reproduit souvent les références au ms. sans avoir consulté le ms., procédé en principe à proscrire (le glossaire ne donne aucun contexte; ses déf. sont souvent contextuelles et erronées.).

FiancéViergeOctW Légende du *Fiancé de la Vierge* (ou du *Clerc de Pise*), très répandue dans l'anc. littérature (il en existe des versions transmises isolément et incorporées dans des recueils comme → MirAgn², Adgar, Coincy, etc.), troisième version parmi les sept publiées dans l'éd.: *Ch'est de l'aventure au chevalier*, version en vers octosyll.; pic. 13ᵉs.; ms. BN fr. 23112 [pic. 2ᵉm. 13ᵉs.]; p. p. A. Wyrembek – J. Morawski, *Les légendes du Fiancé de la Vierge dans la littérature médiévale. Essai de synthèse suivi de plusieurs textes inédits en vers et en prose*, Poznań (Jachowski) 1934 (texte p. 39-48, pièce III); [= TL Lég. Fiancé dlVierge III; Boss 3186; Hol 317]. Les pièces I et II publiées dans ce vol. sont → PèresDW et PèresA⁴W; IV et V v. ci-dessous.

FiancéViergeDiableW id., version en prose avec un début autrement développé (titre: *D'ung clerc qui s'obliga au diable pour parvenir a l'amour d'une pucelle*); 14ᵉs. (?); ms. BN fr. 1834 [15ᵉs.]; p. dans → FiancéViergeOctW p. 48-50 (pièce IV).

FiancéViergeJConteW id., version en prose par Jean le Conte, basée sur la pièce 45 de → Pères (*De l'anfant qui fiança l'ymage Nostre Dame*); fin 14ᵉs.; ms. BN fr. 1805 [15ᵉs.]; p. dans → FiancéViergeOctW p. 50-51 (pièce V). Les pièces en prose VI A et B de l'éd. (p. 51-52) résument en quelques lignes la légende; A est également de Jean le Conte, B fait partie du Trésor de l'âme de Robert (3ᵉq. 15ᵉs.).

FierL Fierabras, épopée du cycle de Charlemagne (voisine de → DestrRome), laisses en alexandrins monorimes; ca. 1190; ms. de base pour les vers 1-5628 Escorial M.III.21 [norm.-pic. 2ᵉm. 13ᵉs.] (E), pour la fin: BN fr. 12603 [pic. ca. 1300] (A), qqs. var. tirées des autres mss.: BN fr. 1499 [2ᵉm. 15ᵉs.] (B), Louvain Univ. cath. G.171 [2ᵉm. 13ᵉs.] (D; perte de guerre; leçons dans → FierW), Hannover IV.578 [agn., cette partie déb. 14ᵉs.] (H), BL Roy. 15 E.VI [Rouen prob. 1444/1445] (L), anc. Metz (non localisé!) [lorr. 13ᵉs.] (M) fragm. p. dans R 24,1-55, Mons Univ. cote? [wall. 14ᵉs.] (Mo) fragm., Bruxelles Bibl. roy. IV 852,9 (anc. Namur ch. F.52) [14ᵉs.] (N) fragm., Strasbourg Univ. 349 [Est 14ᵉs.] (S) fragm., Berlin Staatsbibl. orient. ms. sim. or. 6 (repr. phot., orig. à l'époque à Dimashq/Damas) [13ᵉs.] (T; cf. → ToblerDam), Vat. Reg. lat. 1616 [1317] (V) incomplet; p. p. M. Le Person, *Fierabras*, Paris (Champion) 2003 (CFMA 142). C.r. T. Matsumura ZrP 121,145-147. Version occ.: → FerabrasB.

FierK id.; ms. A; p. p. A. Krœber – G. Servois, *Fierabras*, Paris (Vieweg) 1860 (Anc. Poëtes 4); [= TL Fier.]. Cf. → ToblerDam.

FierW id.; ms. H transcrit par I. Wirtz, Göttingen, ca. 1935; complété par A. Hilka et al. en inscrivant à la main les leçons d'autres mss. (xérocopie vendue à prix d'or par A. de Mandach, Habstetten, Copyright 1981, cp. FierL p. 64; [= Dean 82.2]). [L'éd. FierL utilise cette transcription et des mém. de maîtrise.]

[FierB erroné: l. FerabrasB.]

FierEgB id.; version courte réécrite du ms. BL Egerton 3028 [agn. mil. 14ᵉs.]; p. p. L. Brandin dans → DestrRomeEgB p. 55-100; [= Dean 82.2]. Corrections dans FierL p. 66-70.

FierPrM id., version en prose (dérimée), anonyme; Est fin 14ᵉs.; ms. de base BN fr. 4969 [ca. 1410] (B), en var. BN fr. 2172 [ca. 1460] (A); p. p. M. C. Marinoni, *Fierabras anonimo in prosa*, Milano (Cisalpino – Goliardica) 1979; [= Wo 52; Boss² 6477]. Glossaire très complet; texte à utiliser avec précaution.

FierPrMi id.; même ms. de base ('A'); p. p. J. Miquet, *Fierabras. Roman en prose de la fin du XIVᵉ siècle*, Ottawa (Éd. de l'Univ.) 1983; [= TL Fier. M; cp. Wos 52]. Sans mention de l'éd. M; divergences bizarres: l. 623 *haulte jonchere* = éd. M l. 559 *alte yonchiere*.

FiggeSon U. L. Figge, *Die romanische Anlautsonorisation*, Bonn (Rom. Sem.) 1966. Restreint au vocabulaire d'origine latine; incomplet. Index très lacunaire.

FillePonth¹B¹ *La fille du Comte de Ponthieu* ou *Voiage d'outremer du comte de Ponthieu*, conte en prose, 1ᵉ rédaction; 1ᵉʳq. 13ᵉs.; ms. BN fr. 25462 [art. fin 13ᵉs.] f°205-214; p. p. C. Brunel, *La Fille du Comte de Pontieu*, Paris (Champion) 1923 (SATF 66), p. 1-50 (impr. au haut de la page); [= TL Fille CPontieu (concerne les trois versions); FEW FillePonth (concerne les deux versions du 13ᵉs., mais aussi, par erreur, → JAvesnesFille); Boss 1310; Hol 994; Wo 54; Wos 54].

FillePonth¹B² id.; p. p. C. Brunel, *La Fille du Comte de Pontieu*, Paris (Champion) 1926 (CFMA 52) (impr. au haut de la page); [= TL Fille CPontieu Class. (concerne les deux versions du 13ᵉs.); Boss 1311].

FillePonth²B¹ id., 2ᵉ rédaction; 2ᵉq. 13ᵉs.; ms. de base BN fr. 770 [pic. (Douai) ca. 1285] (A) f°315-322, en var. BN fr. 12203 [pic. fin 13ᵉs.] (B); p. dans → FillePonth¹B¹, p. 1-50 (impr. au bas de la page, avec les var.).

FillePonth²B² id.; p. dans → FillePonth¹B² (impr. au bas de la page, les var. se trouvent p. 46-53).

FillePonth²J id.; interpolé dans → ContGuillTyrSal; ms. A, avec B en var. p. dans → ContGuillTyrSalJ 59-89.

FillePonth²M id.; dans → MolandHéricault p. 162-228; [= Wo 54].

[FillePonth³ → JAvesnesFille.]

Find K. Gärtner et al., *Findebuch zum mittelhochdeutschen Wortschatz*, Stuttgart (Hirzel) 1992. Compile → Lexer et nombre de gloss. mha.; contient un index inverse.

FinotFl J. Finot, *Étude historique sur les relations commerciales entre la France et la Flandre au moyen âge*, Paris (Picard) 1894. Contient des pièces justificatives originales (flandr.), notamment un péage de Péronne fin 13ᵉs. (p. 161-178; Douai Arch. mun. CC. 156 [fin 13ᵉs.]).

[Firmin → LeVer.]

Flagge L. Flagge, *Provenzalisches Alpenleben in den Hochtälern des Verdon und der Bléone*, Firenze (Olschki) 1935 (Bibl. Arch. Rom. 2, 19); [= FEW Flagge].

Flam C. Flam, *Lautlehre des französischen Textes in Codex vindobonensis 2554*, thèse Halle – Wittenberg 1909. Concerne → BibleMorw. Les renvois ont été faits à la section, dont il y a 4 par f°, p. ex. 383b = f°48v°,b,2 (pour *juïse*).

FlamencaZ Le roman de Flamenca, en vers octosyll.; occ. (rouerg.-auv.) 2ᵉm. 13ᵉs.; ms. Carcassonne 34 [fin 13ᵉs.]; p. p. F. Zufferey, *Flamenca*, s.l. [Paris] (Libr. Gén.) 2014 (Poche, Lettr. Goth.); introd. litt. et trad. par V. Fasseur. C.r. Billy RLiR 80 (2016) 262-275 (s'étonne de la haute qualité bien qu'étant publié dans «une collection à large diffusion tournée vers l'enseignement universitaire»); Chambon RCritPhR 16 (2015) 74-157, qq. peu pichrocolin. L'action est datée de 1217-1224, v. Chambon RLaR 114 (2010) 155-177, spéc. 168.

FlamencaMa id.; p. p. R. Manetti, *Flamenca*, Modena (Mucchi) 2008. Ample annotation.

FlamencaM id.; p. p. P. Meyer, *Le roman de Flamenca*, t. 1 (seul paru), Paris (Bouillon) 1901 (réimpr. Genève, Slatkine, 1974); [= TL Flamenca; FEW Flamenca]. [Meyer avait publié une 1ᵉ éd. du texte à Paris-Béziers en 1865.]

FlamencaG id.; p. p. U. Gschwind, *Le Roman de Flamenca*, Bern (Francke) 1976. S'appuie fortement sur FlamencaM.

[Fland v. CoutBelg II.]

FletaR Traité juridique et économique, attribué à Matthew Checker (qui l'aurait écrit dans la prison de la «Flete» de Londres); réunissant des textes et extraits divers, dont → Bracton et des traductions libres de → HosebHen et de → Seneschaucie; mlt. 1290 (ou peu après); ms. de base BL Cotton Julius B.VIII [déb. 14ᵉs.]; p. p. H. G. Richardson – G. O. Sayles, *Fleta*, vol. II: *Prologue, Book I, Book II*, London (Quaritch) 1955 (Selden Society 72), vol. III: *Book III and Book IV*, London (Selden) 1972 (Selden Society 89). Donne en marge la pagination de l'éd. Hoüard [donnée par LathamDict, même en citant FletaR].

FletaH id.; p. p. M. Hoüard, *Traités sur les coutumes anglo-normandes*, t. 3: *Traité de la Flete*, Rouen – Paris 1776. LathamDict continue à citer essentiellement cette édition (conversion facile, v. FletaR).

FloovA *Floovant* (Hlodowech/Louis), chanson de geste prob. d'origine mérovingienne, vers alex.; Sud-Est fin 12ᵉs.; ms. Montpellier Ec. de Méd. 441 [bourg. 1ᵉm. 14ᵉs.], fragm. Freiburg im Breisgau Univ. 507 (anc. Tennenbach) [lorr. 14ᵉs.] publiés en app. (complètent partiellement une lacune du ms. de Montp.); p. p. S. Andolf, *Floovant*, Uppsala (Almqvist & Wiksell) 1941; [= TL Floovant A; FEW Floov; Boss 362bis].

FloovB id.; p. p. F. H. Bateson, *La chanson de Floovant*, Paris – Loughborough (Echo) 1938 (réimpr. Genève, Slatkine, 1973); [= TL Floovant B; FEW Floov (2); Boss 362]. Éd. A à préférer.

FloovG id.; p. p. H. Michelant – F. Guessard, *Floovant*, Paris (Vieweg) 1859 (Anc. Poëtes 1); [= TL Floovant; Boss 361]. Assez fiable.

FlorOctAlL Version en alexandrins qui remanie et élargit → FlorOctOct; pic. 2ᵉm. 14ᵉs. [v. 1-11989, parties I et II, seraient datables de ca. 1356, v. 11990-18509, III, de ca. 1400]; ms. de base BN fr. 1452 [Sud-Ouest 1ᵉm. 15ᵉs.] (A), en var. BN fr. 12564 [pic. 1461] (B), BN fr. 24384 [pic. 1455-56] (C); p. p. N. Laborderie, *Florent et Octavien*, 2 vol., Paris (Champion) 1991 et Genève (Slatkine) 1991; [= TL Florent et Octavien L]. Cf. Takeshi Matsumura, Et. de Langue et Litt. fr. 58 (Tokyo 1991) 1-14; RLiR 56,633-646.; ZrP 110,548-553.

FlorOctOctV *Florent et Octavien*, roman en vers octosyll., contant les aventures de l'empereur légendaire Octavien et de ses fils; pic. 2ᵉm. 13ᵉs.; ms. Oxford Bodl. Hatton 100 (4046) [agn. fin 13ᵉs., scribe extravagant]; p. p. K. Vollmöller, *Octavian*, Heilbronn (Henninger) 1883 (Altfranz. Bibl. 3); [= TL Octavian; Dean 174; Boss² 1138:

FlorOctOctV

éd. Head]. Cité par Gdf sans réf. à l'éd., sous le titre 'Othevien'.

FlorOctPr Mise en prose de → FlorOctOct; 1ᵉm. 15ᵉs. (ou 1454?); mss. Bruxelles Bibl. roy. 10387 [1454?], Chantilly Musée Condé 652 (1082) [15ᵉs.], Orléans Bibl. mun. 466 (381) [15ᵉs.], BN nfr. 21069 [15ᵉs.], Torino Bibl. naz. K.VI.13 [15ᵉs.]; inédit; [= Wo 56; Wos 56]. Extrait dans RickardChrest p. 141-145 (n°24, ms. Brux. f°323r°-330r°).

FloreAW Flore et Blancheflor, conte courtois inspiré d'Ovide, de → AlexPar et Apol, en vers octosyll.; hbret. / agn. ca. 1160; ms. de base BN fr. 375 [pic. 1289 n.st.] (A), en var. BN fr. 1447 [traits de l'Est, Paris 1ᵉm. 14ᵉs.] (B), BN fr. 12562 [contin. 15ᵉs.] (C), imprimé en app. Vat. Pal. lat. 1971 [f°85-90 agn. déb. 13ᵉs.] (V) fragm.; p. p. W. Wirtz, *Flore et Blancheflor*, Frankfurt a. M. (Diesterweg) 1937 (Frankfurter Quellen und Forsch. 15); [= TL Fl. u. Bl. W; FEW Flore]. Concordance avec l'éd. FloreAD ici, en appendice.

FloreAB id.; ms. A p. p. I. Bekker, *Flore und Blanceflor*, Berlin (Reimer) 1844; [= TL Fl. u. Bl.].

FloreAD id.; p. p. É. DuMéril, *Floire et Blanceflor*, Paris (Jannet) 1856, p. 1-124; [= TL Fl. u. Bl. D]. P. 125-227 → FloreBD. Concordance des éd. FloreAW et FloreAD ici, en appendice.

FloreAL id.; ms. de base A, en var. BN fr. 1447 [traits de l'Est, Paris 1ᵉm. 14ᵉs.] (B), Vat. Pal. lat. 1971 [f°85-90 agn. déb. 13ᵉs.] (P/V) fragm., BN fr. 12562 [contin. 15ᵉs.] copie de A; p. p. J.-L. Leclanche, *Le conte de Floire et Blancheflor*, Paris (Champion) 1980 (CFMA 105); [= TL Fl. u. Bl. L; Boss² 2432]. Réimprimé en 1983 avec une liste de 19 errata sur la p. 2 (dans qqs. ex.!).

FloreAL² id.; p. avec des modifications multiples, une traduction, moins de variantes, mais pas moins d'erreurs par J.-L. Leclanche, *Robert d'Orbigny, Le conte de Floire et Blanchefleur*, Paris (Champion) 2003 (Champion Cl. M.Â. 2). C.r. T. Matsumura ZrP 121, 294-295.

FloreAK id.; ms. de base A, var. très complètes, y inclus V; p. p. F. Krüger, *Li romanz de Floire et Blancheflor*, Berlin (Ebering) 1938 (Rom. St. 45). L'édition la plus utile. Contient aussi → FloreBK.

FloreAP id.; ms. B p. p. M. M. Pelan, *Floire et Blancheflor*, Paris (Les Belles Lettres) 1956 (Publ. de la Fac. des Lettres de l'Univ. de Strasbourg, Textes 7); [= TL Fl. u. Bl. P]. Éd. périmée, v. Koenig RoR 48,294-295.

FloreBD id., deuxième version, appelée *Bone estoire... De Floire et de Blancheflor* par son auteur, et 'version populaire' par les critiques modernes, écrit en vers octosyll., anoure; Ouest 3ᵉt. 12ᵉs.; ms. unique BN fr. 19152 [frc. fin 13ᵉs.]; p. dans → FloreAD p. 125-227; [= TL Fl. u. Bl. D].

FloreBK id.; p. dans → FloreAK p. 145-239.

FloreBP id.; p. p. M. M. Pelan, *Floire et Blancheflor. Seconde Version*, Paris (Ophrys) s.d. [1975]; [= TL Fl. u. Bl. P²].

FloreV id., version d'un ms. agn. ancien, plus proche de A, mais parfois aussi de B, appuyant p.-ê. l'hypothèse d'une origine insulaire de toutes les versions, fragm.: v. 133-1606 de FloreAK var. P; agn. déb. 13ᵉs.; ms. Vat. Pal. lat. 1971 [f°85-90 agn. déb. 13ᵉs.] (V); [= Dean 164].

FlorenceW Florence de Rome, conte de la femme chaste convoitée par son beau-frère (origine discutée), en vers alex.; pic. 1ᵉʳq. 13ᵉs.; ms. de base BN nfr. 4192 [Est ca. 1300] (P), en var. Cologny Bodmer 67 (anc. Marske Hall D'Arcy Hutton) [agn. 2ᵉm. 13ᵉs.] (M), BL Lansdowne 362 [agn. fin 13ᵉs.] (L); p. p. A. Wallensköld, *Florence de Rome*, 2 vol., Paris (Firmin Didot) 1907-1909 (SATF); [= TL Flor. de Rome; FEW Florence]. Il y a deux glossaires.

FlorenceQW id., remaniement, en alexandrins; 1ᵉm. 15ᵉs.?; ms. BN fr. 24384 [pic. 1455-56] (Q); éd. complète dans → FlorenceW t. 1,131-296.

FloriantC Floriant et Florete, roman arthurien en vers octosyll.; Est ca. 1275 (après → Claris); ms. unique New York Public Libr. MA 122 [frc. fin 13ᵉs.]; p. p. A. Combes – Richard Trachsler, *Floriant et Florete. Edition bilingue*, Paris (Champion) 2003 (Champ. Class. M.Â. 9). Interventions éd. discutées en note.

FloriantM id.; p. p. F. Michel, *Floriant et Florete*, Edinburgh (Clark) 1873 (Roxburghe Club); [= TL Flor. et Flor.].

FloriantW id.; p. p. H. F. Williams, *Floriant et Florete*, Ann Arbor 1947 (Univ. of Michigan Publ., Lang. and Lit. 23); [= TL Flor. et Flor.; FEW Flor]. Avec gloss. et rimarium complet.

FloriantPrL id., version en prose; ca. 1480; ms. de base BN fr. 1493 [ca. 1480] (A), en var. BN fr. 1492 [ca. 1490] (B); p. p. C. M. L. Levy, *Le Roman de Floriant et Florete ou le Chevalier qui la nef maine*, Ottawa (Univ.) 1983; [= TL Flor. et Flor. L; cp. Boss² 2453].

FlorsAstrD⁰ *Li flors Albumaxar a faire jugemenz*, traité d'astronomie et d'astrologie basé sur plusieurs sources; Nord-Ouest ca. 1270; ms. BN fr. 1353 [3ᵉ t. 13ᵉ s.]; éd. en prép. p. Stephen Dörr et Hiltrud Gerner. ÷

Flutre L.-F. Flutre, *Table des noms propres avec toutes leurs variantes figurant dans les romans du moyen âge écrits en français ou en provençal et actuellement publiés ou analysés*, Poitiers (C. E. S. C. M.) 1962; [= TL Flutre Noms propres].

FlutreMPic L.-F. Flutre, *Le moyen picard d'après les textes littéraires du temps (1560-1660). Textes – Lexique – Grammaire*, Amiens (Musée de Picardie) – Paris (Librairie des Cahiers) 1970. Cp. → DebrieMPic.

FoederaC *Foedera, conventiones, litterae, et cujuscunque generis acta publica, inter reges Angliae..., ab ingressu Gulielmi I. in Angliam, A. D. 1066...*, 4 t. en 7 vol., p. p. J. A. Clarke – F. Holbrooke – J. Carey, London (Record Commission) 1816-1869. Doc. fr. (agn.) à partir de 1256 (t. 1, 1, 1, 340); [cp. AND Foedera].

FoederaR¹ *Foedera, conventiones, literae, et cujuscunque generis acta publica, inter reges Angliae..., ab ineunte saeculo duodecimo, viz. ab anno 1101, ad nostra usque tempora...*, p. p. T. Rymer, 20 vol., London (Churchill) 1704-1735; [= Vising 335]. Doc. lat., agn. et angl. 1101-1654; fr. à partir de 1259. Cp. → TreatyRollsC.

FoederaR³ id., 3ᵉ éd., p. p. T. Rymer – R. Sanderson – G. Holmes, 10 vol., 's Gravenhage (Joh. Neaulme) 1739-1745. Doc. lat., fr. (agn.) et angl. 1101-1698; fr. à partir de 1256 (t. 1,2, 13b).

Foerster W. Foerster, *Wörterbuch zu Kristian von Troyes' sämtlichen Werken*, 2ᵉ éd. p. H. Breuer, Halle (Niemeyer) 1933 (réimpr. Tübingen, Niemeyer, 1964 etc.); [FEW Foerster: 1ᵉ éd. 1914, TL Foerster Chrest. Wb.: 1ᵉ éd., TL Foerster-Breuer Chrest. Wb.² *et* Breuer Chrest. Wb.²: 2ᵉ éd.]. Les matériaux tirés de Perc semblent provenir des impressions privées de Baist, p.-ê. aussi de PercP; ils ne sont pas toujours identifiables dans les éd. H ou B (p. ex. *juïse/joïse*). Cp. → DÉCT; Ollier.

FoersterKoschw⁷ W. Foerster – E. Koschwitz, *Altfranzösisches Übungsbuch*, 7ᵉ éd., Leipzig (Reisland) 1932; [= TL Foerster Koschw.⁷]. Anthologie de textes anciens et exemplaires en transcription semi-diplomatique.

FolLancB *Folie Lancelot*, partie de la Suite du Merlin, prose; ca. 1238 (entre 1235 et 1240); ms. de base BN fr. 112 [pic. 1470], en var. BN fr. 12599 [Toscane fin 13ᵉ s.]; p. p. F. Bogdanow, *La Folie Lancelot, a hitherto unidentified portion of the Suite du Merlin contained in MSS B. N. fr. 112 and 12599*, Tübingen (Niemeyer) 1965 (ZrP-Beih. 109); [= TL Folie Lancelot; Boss²

4136]. Fragm. Kraków Univ. gall. fol. 188 (anc. Berlin gall. fol. 188) [prob. s.l. 13ᵉ s.], correspondant à I 454-556 et 780-891, p. p. K. Busby, *CN* 44 (1984) 155-163.

FolTristBernH¹ La *folie Tristan* de Berne, poème sur l'épisode de Tristan déguisé en fou pour s'approcher de sa bien-aimée, version du ms. de Berne, 574 vers octosyll. irréguliers; déb. 13ᵉ s.; ms. Bern 354 [bourg.sept. déb. 14ᵉ s.]; p. p. E. Hoepffner, *La folie Tristan de Berne*, Paris (Belles Lettres) 1934 (Publ. de la Fac. des Lettres de l'Univ. de Strasbourg, Textes d'ét. 3); [= TL Fol. Trist. B²].

FolTristBernH² id.; p. p. E. Hoepffner, *La folie Tristan de Berne*, 2ᵉ éd. revue et corr., Paris (Les Belles Lettres) 1949.

FolTristBernB id.; p. p. J. Bédier, *Les deux poèmes de la folie Tristan*, Paris (Firmin Didot) 1907 (SATF); [= TL Fol. Trist. B; FEW FolTristan 1205]. Texte p. 81-126; p. 1-79: FolTristOxfB.

FolTristBernDs id.; p. p. M. Demaules dans → MarchelloNTrist p. 245-260; 1343-1358.

FolTristBernL id.; p. p. F. Lecoy, *Les deux poèmes de la folie Tristan*, Paris (Champion) 1994 (CFMA 116), p. 15-49. Éd. à revoir. Cette révision a été faite en partie dans la réimpression p. p. E. Baumgartner et I. Short, Paris (Champion) 2003, v. T. Matsumura ZrP 121,287-289.

FolTristBernM id.; p. p. H. Morf, "La folie Tristan", *R* 15 (1886) 558-574.

FolTristBernMi id.; p. dans → MichelTrist 1,213-241.

FolTristBernP id.; p. dans → TristBérP 247-264.

FolTristBernCD id., fragm. correspondant aux v. 150-199 de l'éd. Hoepffner; ms. Cambridge Fitzwilliam Mus. 302 (anc. Cheltenham Phillipps 203) [fº 100vº: agn. fin 13ᵉ s.]; p. p. R. J. Dean – E. Kennedy, "Un fragment anglo-normand de la Folie Tristan de Berne", *Le Moyen Age* 79 (1973) 57-72; [= TL Fol. Trist. Fragm. DK; Dean 160; Boss² 3108]. L'essai d'une éd. critique est p. p. D. Robertson, *R* 98 (1977) 95-104. Cf. aussi TraLiLi 16¹ (= MélRychner), 117-129.

FolTristOxfS id., version du ms. d'Oxford, 998 vers octosyll.; agn. fin 12ᵉ s.; ms. Oxford Bodl. Douce d.6 [agn. 3ᵉ t. 13ᵉ s.]; p. p. I. Short, *The Anglo-Norman Folie Tristan*, London (ANTS) 1993 (ANTS Pl. T. 10).

FolTristOxfB id.; p. p. J. Bédier dans → FolTristBernB p. 1-79; [= TL Fol. Trist. Oxf.; FEW FolTristan 1180; AND Fol Trist; Dean 159; Vising 34]. Éd. 'critique' très émendée.

FolTristOxfD

FolTristOxfD id.; p. p. M. Demaules dans → MarchelloNTrist p. 217-243; 1310-1342.

FolTristOxfH id.; p. p. E. Hoepffner, *La folie Tristan d'Oxford*, s.l. [Strasbourg] ²1943. Très émendé et à corrections tacites. D. Lacroix – Ph. Walter, *Tristan et Iseut*, Paris (Poche) 1989, 233-281, réimprime en fait cette édition.

FolTristOxfL id.; p. p. F. Lecoy, dans → FolTristBernL p. 51-101. Éd. à revoir. Certaines émendations non documentées (cp. p. 52) sont à contrôler dans l'éd. S (p.ex. *k'il*, v. 22, lire *ke il*).

FolTristOxfM id.; p. dans → MichelTrist 2,89-137.

FolTristOxfP id.; p. dans → TristBérP 265-297.

Follmann M. F. Follmann, *Wörterbuch der deutsch-lothringischen Mundarten*, Leipzig (Quelle & Meyer) 1909 (réimpr. Hildesheim – New York, Olms, 1971).

Forcellini E. Forcellini, *Lexicon totius latinitatis*, 6 vol., Patavii 1864-1926 (réimpr., Gregoriana, Bologna, Forni, 1965); [= FEW Forcellini].

ForcelliniOnom vol. 5 et 6 de → Forcellini (t. 1 et 2 = 5 et 6).

FormHonI *Formula honestae vitae* de Martin de Braga, dit Seneque des quatre vertus, trad. en vers anon.; 1^{er}q. 13^{e}s.; ms. unique BN fr. 12471 [art. fin 13^{e}s.]; p. p. E. Irmer, *Die altfranzösische Bearbeitung der Formula Honestae Vitae des Martin von Braga*, thèse Halle 1890; [= Boss 2651; TL Form. HV]. C.r. Tobler AnS 88 (1892) 451-456.

FormHonCourtH id., version en prose, prob. par Jean Courtecuisse (l'attribution à Laurent de Premierfait n'est pas exclue; les attr. à Jean Trousseau et à Claude de Seyssel sont à rejeter); 1403; ms. de base BN fr. 581 [1^{er}q. 15^{e}s.] (P²), en var. Bruxelles Bibl. roy. 9359-60 [ca. 1465] (B¹), Bruxelles Bibl. roy. 9559-64 [ca. 1440] (B²), Bruxelles Bibl. roy. II 2209 [ca. 1470] (B³), Cambrai 213 (208) [3^{e}q. 15^{e}s.] (C), Chantilly Musée Condé 282 (491) [4^{e}q. 15^{e}s.] (Ch), Dresden Oc 79 [4^{e}q. 15^{e}s.] (D), Genève fr. 79 (Petau 29) [ca. 1475] (G), Peterburg RNB Fr.F.v.III.1 [mil. 15^{e}s.] (Le), Lille Bibl. mun. Godefroy 57 (152) [ca. 1450] (Li), BL Add. 19900 [2^{e}m. 15^{e}s.] (L¹), BL Harl. 4329 [1460] (L²), BL Roy. 20 A.XII [fin 15^{e}s.] (L³), Oxford Bodl. Douce 365 (21940) [1476 n.st.] (O), Ars. 5767 [4^{e}q. 15^{e}s.] (P), BN fr. 190 [4^{e}q. 15^{e}s.] (P¹), BN fr. 1020 [fin 15^{e}s.] (P³), BN fr. 1091 [2^{e}m. 15^{e}s.] (P⁴), BN fr. 3887 [4^{e}q. 15^{e}s.] (P⁵), BN fr. 9186 [ca. 1470] (P⁶), BN fr. 25270 [1^{er}q. 15^{e}s.] (P⁷), BN fr. 25548 [3^{e}q. 15^{e}s.] (P⁸), Vat. Reg. lat. 1514 [1^{e}m. 15^{e}s.] (V), Wien 2550 [pic. après 1473] (W¹), Wien 2640 [fin 15^{e}s.] (W²), Wien 3391 [ca. 1520] (W³), et éditions 1489-1556, aj. Kraków Univ. gall. qu. 154 (anc. Berlin) [II: 3^{e}t. 15^{e}s.] anoure (v. StutzmannTylus 118-120); p. p. H. Haselbach, *Seneque des IIII vertus. La Formula honestae vitae de Martin de Braga (pseudo-Sénèque) traduite et glosée par Jean Courtecuisse (1403)*, Bern – Frankfurt (Lang) 1975 (Publ. univ. eur. XIII 30); [= TL Form. HV JCourtecuisse H; Boss² 7597; cp. Boss 5304 et → MorPhilPrH].

FörstemannON E. W. Förstemann, *Altdeutsches namenbuch*, t. 1: *Personennamen*, Bonn (Hanstein) ²1900 (réimpr. 1966), t. 2 (2 vol.) *Orts- und sonstige geographische namen*, ³1913-1916 (réimpr. 1967); [cp. FEW Förstemann]. FörstemannON = t. 2, FörstemannPN = t. 1. Compléments au t. 1 par H. Kaufmann, *Altdeutsche Personennamen*, München (Fink) 1968.

FörstemannPN v. FörstemannON.

FossierCh R. Fossier, *Chartes de coutume en Picardie (XIe-XIIIe siècle)*, Paris (Bibliothèque Nationale) 1974 (Coll. de doc. inédits sur l'hist. de France, Section de phil. et d'hist. jusqu'à 1610, 8°, 10). Doc. pic., orig. à partir de 1247.

FouchéPhon P. Fouché, *Phonétique historique du français*, 3 vol., Paris (Klincksieck), vol. I: 1952 (nouv. tir. 1973), vol. II: 1958 (2e éd. 1969), vol. III: 1961 (2e éd. 1966).

FouchéVerbe P. Fouché, *Le verbe français. Etude morphologique*, 2e éd., Paris (Klincksieck) 1967 (Tradition de l'humanisme 4); [= FEW FouchéVerbe].

FoukeH *Fouke le Fitz Waryn*, roman héroïque en prose ayant pour objet l'histoire d'une famille normande près de la frontière du pays de Galles et dont le héros principal est le hors-la-loi Fouke; agn. déb. 14^{e}s.; ms. unique BL Roy. 12 C.XII [agn. ca. 1335]; p. p. E. J. Hathaway et al., *Fouke le fitz Waryn*, Oxford (Blackwell) 1975 (ANTS); [= TL Fouke Fitz Warin HRRW; AND Fouke ANTS; Dean 156; Boss² 6616].

FoukeB id.; p. p. L. Brandin, *Fouke Fitz Warin*, Paris (Champion) 1930 (CFMA 63); [= TL Fouke Fitz Warin; FEW Fouke; AND Fouke].

FoukeM id.; p. dans → MolandHéricault² 15-114.

FouletRen L. Foulet, *Le Roman de Renart*, Paris (Champion) 1914 (réimpr. 1968; Bibl. de l'École des Hautes Etudes, 4e section, 211e fasc.).

FouletSynt L. Foulet, *Petite syntaxe de l'ancien français*, 3e éd., Paris (Champion) 1930 (CFMA 21; réimpr. 1970); [= FEW Foulet].

FournChansL Richard de Fournival, chansons; pic. 2ᵉq. 13ᵉs.; ms. Vat. Reg. lat. 1490 [déb. 14ᵉs.] chans. '**a**', etc.; p. p. Y. G. Lepage, *L'œuvre lyrique de Richard de Fournival*, Ottawa (Univ.) 1981; [= TL Rich. de Fournival Oeuvre lyrique L]. Avec analyse de l'œuvre du poète (p. 12-15). Pour la chanson II (R.685) v. Crespo R 127,328-369.

FournConsS *Consaus d'amours*, sorte d'art d'aimer courtois en prose, attribué à Richard de Fournival; traits pic. 2ᵉq. 13ᵉs.; ms. unique BN fr. 25566 [pic. (Arras) prob. 1295]; p. p. G. B. Speroni, "Il «Consaus d'amours» di Richard de Fournival", *MedRom* 1 (1974) 217-278; [= TL Rich. de Fournival Consaus d'Amours S].

FournConsM id.; p. p. W. M. McLeod, "The *Consaus d'amours* of Richard de Fournival", *StPh* 32 (1935) 1-21; voir FournConsS 231-233: éd. peu fiable.

[Fourn cp. → BestAmFourn; PoissAm.]

FournierPlant P. Fournier, *Le livre des plantes médicinales et vénéneuses de France*, 3 vol., Paris 1947-1948 (Encycl. Biolog. 25, 31, 32).

FournierThAv E. Fournier, *Le théâtre français avant la Renaissance, 1450-1550, Mystères, moralités et farces*, Paris (Laplace-Sanchez) ²1872. Contient aussi des textes de la 1ᵉm. du 15ᵉs. Mauvaise éd., cf. LewickaBibl 841.

FrahmMeer W. Frahm, *Das Meer und die Seefahrt in der altfranzösischen Literatur*, thèse Göttingen 1914; [= TL Frahm Meer].

Francia *Francia. Forschungen zur westeuropäischen Geschichte*, p. p. Institut Historique Allemand, Paris, Sigmaringen (Thorbecke) 1975-. Les c.r. paraissent depuis 2008 en ligne: Francia-Recensio.

Franck *Franck's etymologisch woordenboek der nederlandsche taal*, 2ᵉ éd. du dict. de J. Franck p. p. N. van Wijk, 's Gravenhage (Nijhoff) 1912-1929 (réimpr. 1949); [= FEW Franck].

FranckSuppl id., *Supplement*, p. p. C. B. van Haeringen, 's Gravenhage (Nijhoff) 1936.

FrançoisTab J. François – N. Tabouillot et al. (bénédictins), *Histoire de Metz*, t. 1-6, Nancy – Metz 1769-1790, t. 7 (Annales de Baltus) Metz 1904 (réimpr., Paris, Éd. du Palais roy., 1974). Preuves: t. 3, 2, 2ᵉ partie Pr. – t. 6; doc. fr. (lorr.) orig. à partir de 1214-1220 (3,2 Pr. 177-179, cf. Drüppel 132). S'appuie aussi sur les cartulaires Stein 2440 et 2442.

FrankHart B. Frank – J. Hartmann et al., *Inventaire systématique des premiers documents des langues romanes*, 5 vol., Tübingen (Narr) 1997 (ScriptOralia 100). Compilation qui met sur un même plan des informations périmées et des recherches valables. Utilisation arbitraire des sources. Consulter avec la plus grande précaution; v. G. Roques RLiR 62,470-475; F. Vielliard CCM 43,294-298.

Franklin A. Franklin, *Dictionnaire historique des arts, métiers et professions exercés dans Paris depuis le treizième siècle*, Paris 1906 (réimpr. New York, Franklin, 1968); [= FEW Franklin].

Frantext FRANTEXT, banque de données élaborée par l'Institut national de la langue française, resp. par l'ATILF, Nancy; accessible par le réseau électronique. Comme les banques de données ne sont pas stables, le DEAF se réfère toujours aux sources primaires seulement, mais honore l'accès par la mention 'Frantext' parmi les sources sec. et terciaires.

FraserPet C. M. Fraser, *Ancient petitions relating to Northumberland*, Durham (Andrews) – London (Quaritch) 1966; [= AND Northumb]. Doc. agn. orig. 1275-1401.

FrévilleMar E. de Fréville, *Mémoire sur le commerce maritime de Rouen, depuis les temps les plus reculés jusqu'à la fin du XVIᵉ siècle*, 2 vol., Rouen – Paris 1857 (Ac. de Rouen). Contient entre autres → CoutEauF.

Friemel A. Friemel, *Laut- und Formenlehre zu Longnon's Documents relatifs au comté de Champagne et de Brie t. I*, thèse Halle 1906; [= FEW Friemel]. Base: → LongnonDoc 1; champ., 2ᵉm. 13ᵉs.

Frisch 1746 J. L. Frisch, *Nouveau dictionnaire des passagers françois-allemand et allemand-françois... worinnen alle frantzösische Wörter, auch der Künste und Wissenschaften, aus den vollkommensten und neuesten Dictionariis...*, Leipzig (Gleditsch) 1746. Nombre d'impressions plus ou moins remaniées de ¹1712 à 1793, dont Frisch 1771 (FEW). Dictionnaire non normatif.

Frisk H. Frisk, *Griechisches etymologisches Wörterbuch*, 3 vol., Heidelberg (Winter) 1960-1972 (vol. 1 réimpr. en 1973).

FritzFou J.-M. Fritz, *Le discours du fou au moyen âge, XIIᵉ- XIIIᵉ siècles*, Paris (PUF) 1992.

Fritzner J. Fritzner, *Ordbog over det gamle norske sprog*, Oslo (Universitetsforlaget) 1972.

FroissK Jean Froissart, œuvres; pic. 3ᵉt. 14ᵉs. (ca. 1361-ca. 1402); p. p. J. M. B. C. Kervyn de Lettenhove, *Froissart, Œuvres complètes*, 29 t.

FroissK

en 28 vol., Bruxelles 1867-77, [vol. 1-25, Chroniques, = → FroissChronK [= TL Froiss. Chr. L]; vol. 26-28, Poésies, = → FroissS]. Contient au t. 19 un glossaire de A. Scheler. Éd. peu fiable (v. FroissChronL 1,xciv-xcv).

FroissS id., œuvre poétique; ms. de base Ars. 3296 [18es.], copie de BN fr. 830 [1393] (B), complétés par BN fr. 831 [pic. 1394] (A); p. p. A. Scheler, *Œuvres de Froissart. Poésies*, Bruxelles (Devaux) 1870-1872; [= TL Froiss. P]. Correspond aux t. 26-28 de → FroissK.

FroissBallB Jean Froissart, ballades et rondeaux; pic. 3^et. 14es. (qqs pièces peuvent être datées avec précision, à partir de 1362-1365, v. éd. p. XIV-XVII); ms. de base BN fr. 831 [pic. 1394] (A), en var. BN fr. 830 [1393] (B), (Ars. 3296 [18es.] est une copie de BN fr. 831); p. p. R. S. Baudouin, *Jean Froissart, Ballades et rondeaux*, Genève – Paris (Droz) 1978 (T. L. F. 252); [= TL Froissart Ball. Rond. B; Boss² 6907]. FroissS 2, 366-390 et 396-427 donne ce même texte d'après BN fr. 830 surtout, v. éd. Baudouin p. XII. Ignore l'éd. des ballades et rondeaux dans → FroissPoésM.

FroissBuisF Jean Froissart, *Le joli buisson de jonece*, vers octosyll.; pic. 1373; ms. de base BN fr. 831 [pic. 1394] (A), en var. BN fr. 830 [1393] (B); p. p. A. Fourrier, *Jean Froissart, Le Joli buisson de jonece*, Genève (Droz) 1975 (T. L. F. 222); [= TL Froissart Jonece F; Boss² 6904].

FroissChronL Jean Froissart, Chroniques de France, d'Angleterre et des pays voisins, prose, 1327-1400 (années 1327-1360 suivent → JBel [surtout le texte de la 1e réd.]), divisées en quatre livres, pour le livre I on distingue plusieurs réd. (mss. A, mss. B, ms. B6; ms. Amiens: réd. Amiens, ms. Vatican: 3e réd.); pic. 1370-ca. 1402; réd. des mss. B, ms. de base BN fr. 6477-6479 [15es.], autre ms. BN fr. 2660 [15es.] proche de Berlin Staatsbibl. Hamilton 266 [I: flandr. 3^eq. 15es.], etc.; p. p. S. Luce – G. Raynaud – L. Mirot – A. Mirot, *Chroniques de J. Froissart*, 15 vol., Paris (Renouard etc.) 1869-1975 (Société de l'Histoire de France); [= TL Froiss. Chr.; FEW Froiss *et* Froissart]. Pour le livre III, Mirot s'est servi de la '2e' réd. du ms. BN fr. 2650 [déb. 15es.], avec des var. tirées de Besançon et 'Breslau' (Berlin Staatsbibl. Rehdiger 1). Éd. en cours. Cp. → Monstrelet.

FroissChronK id.; base du l. I: Amiens Bibl. mun. 486 [pic. 1^em. 15es.], l. II: ??, l. III et IV: Berlin Staatsbibl. Rehdiger 1 (anc. Wrocław / Breslau 1,1) [1468], p. dans → FroissK. ÷

FroissChronK¹ id.; ms. Vat. (réd. 'de Rome'); p. p. J. M. B. C. Kervyn de Lettenhove, *Le premier livre des Chroniques de Jehan Froissart*, 1 t. en 2 vol., Paris (Levy) - Bruxelles (Heussner) 1863. Remplacé par → FroissChron³D.

FroissChronB id.; J. A. C. Buchon, *Les chroniques de sire Jean Froissart*, 3 vol., Paris (Desrez) 1835 [1837]; [= Li Froiss.; Lac Froiss = éd. Lyon 1559]. Basé sur BN fr. 830 et sur des éd. du 16es.; pour le livre III surtout sur Besançon 865 (en copie). Il y avait aussi des éd. 1824-26 (Panthéon Litt.), etc.

FroissChron³D Jean Froissart, *Chroniques*, 3e réd. du 1er livre (traitant des débuts et du développement de la guerre de Cent ans jusqu'à la mort de Philippe VI, réd. dite 'de Rome'); pic. ca. 1402; ms. unique Vat. Reg. lat. 869 [ca. 1405]; p. p. G. T. Diller, *Froissart, Chroniques*, Genève (Droz) – Paris (Minard) 1972 (T. L. F. 194); [= TL Froissart Chron. I; Boss² 7928]. Cp. → PicocheFroiss.

FroissChronIII¹A Jean Froissart, *Chroniques*, l. III, réd. dite '1e'; pic. 1391 (1390-1391); ms. Besançon 865 [ca. 1415] f°201r°-451v° (déb. du ms. = l. II; Besançon 864 [ca. 1415] = l. I); p. p. P. F. Ainsworth – A. Varvaro, *Jean Froissart, Chroniques, Livre III (du Voyage en Béarn à la campagne de Gascogne) et Livre IV (années 1389-1400)*, Paris (Libr. Gén. Fr.) 2004 (Poche, L. Goth. 4563); contient aussi → FroissChronIVV (p. 325-861).

FroissChronIII¹A² id.; ms. de base Besançon ('Ms 865'), en var. BN fr. 6475 [déb. 15es.] (B), BL Arundel 67 [15es.] (A); p. p. P. F. Ainsworth, *Jean Froissart, Chroniques*, Livre III, *Le manuscrit Saint-Vincent de Besançon*, t. 1 (§ 1-32), Genève (Droz) 2007. Y a-t-il une datation du ms. de contrôle A dans l'introduction? Cf. Varvaro MedRom 33,195-198; 34,145-152; 422-426.

FroissChronIII¹D id.; même ms. de base, qqs. var. tirées de BN fr. 6475 [déb. 15es.]; extrait (le voyage de l'auteur en Béarn, vers le début du livre III) p. p. A. H. Diverrès, *Froissart, Voyage en Béarn*, Manchester (Univ. Press) 1953.

FroissChronIII¹H id., même extrait que l'éd. D; p. p. V. Duché-Gavet – F. Hontabat – E. Peyseré, *Jean Froissart, Voyage en Béarn*, Anglet (Atlantica) 2003.

FroissChronIVV id.; livre IV (faits des années 1389-1400, rédaction unique); pic. 1404 ou peu après; ms. de base Bruxelles Bibl. roy. IV 467 [1470] (B67), autres mss.: Bern A.15 [15es.] (Ber), Berlin Staatsbibl. Rehdiger 4 (anc. Wrocław/Breslau 1,4) [1468] (Bre), Carpentras 503 (L.493) [15es.] (Car), Hannover XXVII.1584 [1^em. 15es.] (H84), BL Harl. 4379-80 [ca. 1470-1472] (L79), BL Roy. 18 E.II [ca. 1480] (LR2), BL Roy. 14 D.VI [1471-1483] (LR6),

Mons Univ. 642 [15ᵉs.] (Mon), BN fr. 2646 [1470-1475] (P46), BN fr. 2648 [ca. 1460] (P48), BN fr. 2654 [15ᵉs.] (P54), BN nfr. 10055 [15ᵉs.], BN fr. 2661 [av. 1476] (P61), BN fr. 2672-2673 [15ᵉs.] (P72-73), Ars. 5190 [1467-1487] (P90), BN fr. 20359 [15ᵉs.] (P359?, err. selon Cat. BN), BN fr. 6473 [15ᵉs.] (P473), BN fr. 15489 [15ᵉs.] (P489), Rouen Bibl. mun. 1148-50 (U.16) [15ᵉs.] (Rou), texte abrégé: Bruxelles Bibl. roy. II 2536 (943) [après 1471] (B36), Bruxelles Bibl. roy. 20786 (6939) [15ᵉs.] (B86), BN fr. 5005 [15ᵉs.] (P05), Ars. 3839 [15ᵉs.] (P39), ex Branitz/ Landau (W); p. dans → FroissChronIII¹A, p. 325-861. Sans description du ms. de base [cf. Varvaro MedRom 19,3-36 et ActesBooks1400 255-277: mss.].

FroissChronAmD id., livre I, faits de 1325 à 1378, version du ms. Amiens; pic. ca. 1395 (?); ms. Amiens Bibl. mun. 486 [pic. 1ᵉm. 15ᵉs.]; p. p. G. T. Diller, *Froissart. Chroniques. Livre I. Le manuscrit d'Amiens*, 5 vol., Genève (Droz) 1991-1998 (T.L.F. 407/415/424/429/499); [= TL Froissart Chron. I Ms. Amiens].

FroissDitsTH/...F Jean Froissart, Dits et débats; pic. 1363-1393: Le Temple d'Honneur (TH) prob. 1363, ms. de base A; Le joli Mois de Mais (MM) prob. 1363, ms. A; Le dit de la Margheritte (MA) prob. 1364, ms. A; Le dit dou Bleu Chevalier (BC) prob. 1364, ms. B; Le debat dou Cheval et dou Levrier (CL) 1365, ms. B; Le dit dou Florin (FL) 1389, ms. B; La plaidoirie de la Rose et de la Violette (RV) 1392/93, ms. A; mss.: BN fr. 831 [pic. 1394] (A), BN fr. 830 [1393] (B); p. p. A. Fourrier, *Jean Froissart, Dits et Débats, Introduction, Edition, Notes, Glossaire*, Genève (Droz) 1979 (T.L.F. 274); [= TL Froissart Dits et Débats F; Boss² 6905]. Contient aussi → GuillMachDits¹⁻⁶F.

FroissEspF¹ Jean Froissart, L'espinette amoureuse, roman en vers, récit d'un premier amour surchargé de digressions mythologiques; pic. ca. 1369; ms. de base BN fr. 831 [pic. 1394] (A), en var. BN fr. 830 [1393] (B); p. p. A. Fourrier, *Jean Froissart, L'Espinette amoureuse*, Paris (Klincksieck) – Frankfurt (Diesterweg) 1963 (Bibl. fr. et rom. B. 2); [= TL Froissart Espin. amour.; Boss² 6902].

FroissEspF² id.; 2ᵉ éd. avec qqs. retouches surtout dans les notes, Paris (Klincksieck) 1972.

FroissMelL Jean Froissart, Meliador, roman chevaleresque, vers octosyll., réd. du ms. B; pic. ca. 1383 (prob. 1381-1383); ms. de base BN fr. 12557 [pic.-wall. déb. 15ᵉs.] (B) anoure, BN nlat. 2374 [pic. ca. 1400] (A) fragm. (= FroissMel¹); p. p. A. Longnon, *Méliador par Jean Froissart, roman comprenant les poésies lyriques de Wenceslas de Bohême, duc de Luxembourg et de Brabant*, 3 vol., Paris (Firmin Didot) 1895-1899 (SATF); [= TL Meliador; FEW FroissartMél].

FroissMelB id., réd. du ms. B; p. p. N. Bragantini-Maillard, *Jean Froissart, Melyador*, 2 vol., Genève (Droz) 2012. C. r. B. Stumpf RLiR 77,587-592.

FroissMel¹L id., 1ᵉ réd. du ms. A, fragm. (4 morceaux); pic. ca. 1367 (prob. entre 1362 et 1369); p. p. A. Longnon, "Un fragment retrouvé du *Méliador* de Froissart", *R* 20 (1891) 403-416; aussi dans → FroissMelL 2,369-372; 3,265-272. Correspond aux vers 16407-16451; 16462-16471; 16769-16774; 16779-16825; 29258 ... 339, plus 128 vers dans la fin manquante du ms. B.

FroissOrlD id., *Orloge amoureus*, dit en décasyllabes; prob. 1368; ms. unique BN fr. 830 [1393] (B); p. dans → FroissParD p. 83-111.

FroissParD id., *Paradis d'amour*, dit en vers octosyll.; ca. 1362; ms. de base BN fr. 831 [pic. 1394] (A), en var. BN fr. 830 [1393] (B), p. p. P. F. Dembowski, *Jean Froissart. Le Paradis d'amour. L'Orloge amoureus*, Genève 1986, p. 40-82; 112-114; [= TL Froissart Paradis orloge D].

FroissPoésM Jean Froissart, poésies lyriques; pic. 3ᵉt. 14ᵉs.; ms. de base BN fr. 831 [pic. 1394] (A), en var. BN fr. 830 [1393] (B); p. p. R. R. McGregor, *The lyric poems of Jehan Froissart*, Chapel Hill (Univ. N. Car.) 1975 (N. Car. St. Rom. Lang. & Lit. 143); [= TL Froissart Lyric Poems McG]. Comprend aussi → FroissBall.

FroissPrisF Jean Froissart, *La Prison amoureuse*, essentiellement en vers octosyll.; pic. 1373 (ou 1372); ms. de base BN fr. 831 [pic. 1394] (A), en var. BN fr. 830 [1393] (B); p. p. A. Fourrier, *Jean Froissart, La Prison amoureuse*, Paris (Klincksieck) 1974 (Bibl. fr. et rom. B. 13); [= TL Froissart Prison amour. F; Boss² 6903]. Aussi dans → FroissS t. 1, 211-347 [= FroissPrisS].

FroissPrisL id.; ms. de base BN fr. 831; p. p. L. de Looze, *Jean Froissart. La Prison amoureuse (The Prison of Love)*, New York – London (Garland) 1994. Très similaire à l'éd. F, mais divergences à contrôler dans les mss. (p.ex. *Moysy* 10).

[Froiss cp. → PicocheFroiss.]

FrühMASt *Frühmittelalterliche Studien. Jahrbuch des Instituts für Frühmittelalterforschung der Universität Münster*, éd. par K. Hauck, Berlin – New York (W. de Gruyter) 1967ss.

[FsWbg → MélWartb².]

FudemanVern K. A. Fudeman, *Vernacular voices. Language and identity in medieval French Jewish communities*, Philadelphia (Univ. Press)

2010. Avec plusieurs textes afr. jusqu'alors inédits. C.r. RLiR 76,262-266.

Fur 1690 A. Furetière, *Dictionaire universel, Contenant generalement tous les mots françois tant vieux que modernes, & les Termes de toutes les sciences et des arts*, 3 vol., La Haye – Rotterdam (Leers) 1690 (réimpr. Paris, Le Robert, 1978); [= FEW Fur 1690]. Cf. D. Behnke, *Furetière und Trévoux*, Tübingen 1996.

GDiego V. García de Diego, *Contribución al diccionario hispánico etimológico*, Madrid (Centro Est. Hist.) 1923 (réimpr. 1943); [= FEW GDiego]. En fait un complément au → REW.

GDiegoDicc V. García de Diego, *Diccionario etimológico español e hispánico*, Madrid (SAETA) 1954; [= FEW GDiegoDicc]. Basé sur GDiego.

GDiegoDicc² id., nouv. éd. prép. par Carmen García de Diego, Madrid (Espasa-Calpe) 1985.

GGuiB Guillaume Guiart (né à Orléans, vécut à Paris et à Arras), *La branche des royaus lignages*, chronique en vers octosyll., relatant les faits de Philippe Auguste à 1307, s'appuyant sur → GrChron et sur des récits des Flandres, reflets de → Villeh, BenTroie, Rose; ca. 1307; ms. unique BN fr. 5698 [14ᵉ s.]; p. p. J. A. C. Buchon, *Branche des royaus lignages, chronique métrique de Guillaume Guiart*, 2 vol., Paris (Verdière) 1828; [= TL GGui.; FEW GGuiart ('orl. ca. 1320' et 'ca. 1310' et 'berr.')]. Au t. 1, p. 275 à 307 on trouve deux fois les nᵒˢ de vers 6700-6999. Concordance t. 2 avec GGuiW ici, en app. Traits occidentaux selon G. Roques BienDire 21,359. T. 1, p. 5-18: ChronSMagl d'après l'éd. B, p. 19-36: AdHaleSic. Grammaire: G. Meerholz, *Ueber die Sprache des Guillaume Guiart*, thèse Jena 1882.

GGuiW id.; prol. (v. 1-496) et règnes de Saint-Louis à Philippe le Bel, an 1306 (v. 8965-21510) p. p. N. de Wailly – L. Delisle, "La Branche des Royaus Lignages par Guillaume Guiart", *RecHist* 22 (1865) p. 171-300; [= Hol 2374]. Concordance avec GGuiB t. 2 (quasi identique) ici, en app.

GPCymr *Geiriadur prifysgol Cymru / A dictionary of the Welsh language*, gen. ed. R. J. Thomas, Caerdydd (Gwasg prif. Cymru) 1950ss.

GRLMA *Grundriß der romanischen Literaturen des Mittelalters*, fondé par E. Köhler et H. R. Jauss, Heidelberg (Winter) 1968ss.; [= Boss² 1ss.].

GRM *Germanisch-Romanische Monatsschrift*, Heidelberg (Winter) 1909-1943; 1950 –.

GaceBruléD Gace Brulé (Burelé), chansons (à attribution certaine et probable); champ.sept. fin 12ᵉ s. (prob. entre 1180 et 1214); ms. principal BN fr. 844 [pic. 2ᵉ m. 13ᵉ s.] (**M**), nombre d'autres en var. et comme mss. de base; p. p. H. P. Dyggve, *Gace Brulé*, Helsinki (Soc. Litt. Finn.) 1951 (Mém. Soc. néoph. 16); [= TL Gace Brulé D]. Cfr. → BruslezAmis. Cp. → ChansRoiU.

GaceBruléR id.; 82 chansons tirées surtout des chansonniers **M**, **O**, **K**, aussi **C** et **U**, etc. p. p. S. N. Rosenberg – S. Danon, *The Lyrics and Melodies of Gace Brulé*, New York – London (Garland) 1985; [= TL Gace Brulé Lyrics Melodies RD]. Avec notes.

GaceBruléH id.; p. p. G. Huet, *Chansons de Gace Brulé*, Paris (Firmin Didot) 1902 (SATF); [= TL Gace Brulé; FEW Gace]. Texte 'critique' aux formes inventées.

GaceBuigneB Gace de la Buigne, *Le roman des deduis*, poème octosyllabique bi-parti: 1ᵉ partie, bataille des vices et des vertus, avec la chasse comme source d'exemples, et 2ᵉ partie, débat de prééminence entre la vénerie et la fauconnerie, le tout conçu comme livre d'instruction des princes (commencé en 1359 en Angleterre, achevé à partir de 1373, en 1377); traits norm. 1377; ms. de base Chantilly Musée Condé 487 (757) [faibles traits Nord et Nord-Ouest 4ᵉ q. 14ᵉ s.] (A), var. complètes de BN nfr. 11666 [fin 14ᵉ s.] (M) et de Bruxelles Bibl. roy. 11183 [fin 14ᵉ s.] (O), choix de var. de BN fr. 1614 [15ᵉ s.] (B), BN fr. 1615 [15ᵉ s.] (C), BN fr. 1616 [fin 14ᵉ s.] (D), BN fr. 1617 [15ᵉ s.] (E), BN fr. 1618 [15ᵉ s.] (F), BN fr. 1619 [15ᵉ s.] (G), BN fr. 1620 [15ᵉ s.] (H), BN fr. 616 [cette partie ca. 1500] (I) *Déduits*, Pau Château (anc. Jeanson) [fin 15ᵉ s.] (J), BN fr. 1305 [15ᵉ s.] (K), Lyon Bibl. mun. 765 (682) [ca. 1400] (L), Tours 842 [15ᵉ s.] (N), Bruxelles Bibl. roy. 19386 [15ᵉ s.] (P), Ars. 3332 [15ᵉ s.] (Q), Montpellier Ec. de Méd. 346 [ca. 1400] (R), Ajaccio 81 [fin 14ᵉ s.] (S), Chantilly Musée Condé 488 (683) [15ᵉ s.] (T), [fragm. v. éd. p. 18: U], Ars. 4834 [18ᵉ s.] (V) copie, [imprimé Vérard ca. 1507: X]; p. p. Å. Blomqvist, *Gace de la Buigne, le roman des Deduis*, Karlshamn (Johanssons) 1951 (Studia Romanica Holmiensia 3); [= TL Gace de la Buigne; FEW GaceB (souvent daté '1359')].

GadeHandw H. Gade, *Ursprung und Bedeutung der üblicheren Handwerkzeugnamen im Französischen*, thèse Kiel 1898; [= TL Gade Handw.].

Gaffiot² F. Gaffiot, *Dictionnaire latin-français. Le grand Gaffiot*, nouv. éd. par P. Flobert, Paris (Hachette) 2000. S'appuie sur → Georges.

GageureN *Dit de la Gageure*, fabliau, vers octosyll.; agn. 13ᵉ s.; ms. BL Harl. 2253 [agn. ca. 1335]; p. dans → NoomenFabl 10,1-10, nº 114; [= Dean 187].

GageureM id.; p. dans → MontRayn 2,193-196.

GageureMich id.; p. p. F. Michel, *Le Dit de la Gageure*, Paris (Plassan) 1835.

GaimarB Geoffroi (Geffrei) Gaimar, Estoire des Engleis, chronique d'Angleterre, couplets d'octosyll.; agn. ca. 1139; ms. de base Durham Chapt. Libr. C.IV.27 [agn. déb. 13^{e}s.] (D), var. et émendations d'après BL Roy. 13 A.XXI [cette partie agn. déb. 14^{e}s.] (R), en var. aussi Lincoln Cathedral 104 (A.4.12) [agn. fin 13^{e}s.] (L), London Coll. of Arms Arundel XIV [cette partie agn. 1^{er}q. 14^{e}s.] (H, Herald's Coll.) graphie moins 'agn.'; p. p. A. Bell, *L'estoire des Engleis by Geffrei Gaimar*, Oxford (Blackwell) 1960 (Anglo-Norman Texts 14-16); [= TL Gaimar Estoire; AND Gaimar; Dean 1]. Éd. 'critique', aux corr. documentées. Documentation des var. toujours valable.

GaimarB² id.; extrait, épisode du Haveloc, p. dans → HavelocB p. 143-175, 816 vers, = v. 1-816 de GaimarB. Éd. 'critique' très corrigée.

GaimarH id., texte complet; ms. de base R, var. plus complètes que dans l'ed. B; p. p. T. D. Hardy – C. T. Martin, *Lestorie des Engles solum la translacion maistre Geffrei Gaimar*, 2 vol., London (Eyre & Spottiswoode) 1888-1889 (Rer. Brit. med. ævi script. Rolls Ser. 91,1); [= TL Gaimar²; FEW Gaimar].

GaimarS id.; ms. R, représentant une branche du stemma bifide, de tradition très ancienne, mais à la graphie rajeunie, p. p. I. Short, *Geffrei Gaimar, Estoire des Englels*, Oxford (OUP) 2009. Aux émendations généreuses, mais dûment documentées [3890 *dowet*, trad. 'fine woolen yarn', = *d'owet* 'de (peau d')agneau', FEW 22², 197a]. Lire les var. dans → GaimarB et -H. C. r. Laurent R 131,495-498; Palumbo MedRom 35,438-440.

GaimarW id.; ms. de base R; p. p. T. Wright, *The Anglo-Norman metrical chronicle of Geoffrey Gaimar*, London (Caxton Soc.) 1850; [= TL Gaimar]. Contient aussi → Haveloc (App., p. 3-34). Utilise le ms. D d'après l'éd. Michel.

GaleranF Galeran de Bretagne, roman courtois en couplets d'octosyll., par Jean Renart; pic. 1^{er}q. 13^{e}s.; ms. unique BN fr. 24042 [pic. 15^{e}s.] (prol. et premiers vers manquent); p. p. L. Foulet, *Jean Renart, Galeran de Bretagne*, Paris (Champion) 1925 (CFMA 37); [= TL Galeran F; FEW Galeran].

GaleranB id.; p. p. A. Boucherie, *Le roman de Galerent, comte de Bretagne, par le trouvère Renaut*, Montpellier (Société pour l'Etude des langues romanes) – Paris (Maisonneuve & Leclerc) 1888; [= TL Galerent].

GamGerm¹

GaleranD id.; p. p. J. Dufournet, *Renaut, Galeran de Bretagne*, Paris (Champion) 2009 (CCMA 29). Pour la police d'éd. v. p. 42-44. Sans reprod. d'une page du ms. et sans consultation (régulière) du ms.; copie l'éd. F avec ses erreurs et corrections (tacites).

GalienD *Roman de Galien* (*Galien li Restorés*), épopée basée sur la Chanson de Roland (une version rimée) et sur → PelCharl, sorte de suite de → GarMongl, en laisses monorimes; état remanié du 14^{e}s. (orig. primitif p.-ê. de ca. 1200); ms. Eugene OR Univ. Spec. Coll. CB.B.54 (anc. Cheltenham Phillipps 26092) [fin 15^{e}s.] rajeunissant; p. p. D. M. Dougherty – E. B. Barnes, *Le Galien de Cheltenham*, Amsterdam (Benjamins) 1981 (Purdue Univ. Monographs in Rom. Lang. 7); [= TL Galïen DB; cp. Boss² 1146]. Très mauvaise édition; v. Roques ZrP 100 (1984) 191-193. Cp. → GesteMonglGirD.

GalienS id.; essai de restitution à l'aide des versions en prose (rest. impr. en ital.: parties inutilisables) par E. Stengel, *Galïens li Restorés, Schlußtheil des Cheltenhamer Guerin de Monglane*, Marburg 1890 (Ausg. und Abh. 84); [= TL Galïen; Boss 384; Hol 700]. Imprime en regard des versions en prose, 2^{e}m. 15^{e}s., mss. BN fr. 1470 [2^{e}m. 15^{e}s.], Ars. 3351 [3^{e}q. 15^{e}s.] et imprimés de 1500 («Galien») et s.d. [1^{er}t. 16^{e}s.] («Guerin»). Pour les imprimés connus v. Wo 63 [le ms. dit perdu est celui d'Eugene] et Wos 63.

GalienPr¹K id., 'Galien Restoré', version en prose; 1^{e}m. 15^{e}s.; BN fr. 1470 [2^{e}m. 15^{e}s.]; p. p. H.-E. Keller – N. L. Kaltenbach, Paris (Champion) 1998, p. 19-167. Sujet à caution.

GalienPr²K id., 'Galien Rethoré', conservé dans des imprimés; 15^{e}s.; imprimé de base Antoine Verard, 1500; p. dans → GalienPr¹K p. 171-379.

[Gallica est nommé ici et là comme bibliothèque numérique de la Bibl. nat., gérant aussi les mss. digitalisés disponibles. Créé en 1997.]

Gam¹ E. Gamillscheg, *Etymologisches Wörterbuch der französischen Sprache*, Heidelberg (Winter) 1928 (Sammlung romanischer Elementar- und Handbücher III, 5); [= FEW Gam; TL Gam. *et* Gamillscheg]. La nomenclature est celle de → DG.

Gam² id., ²1969; [= TL Gam.²].

GamBed E. Gamillscheg, *Französische Bedeutungslehre*, Tübingen (Niemeyer) 1951; [= TL Gamillscheg Bedeutungsl.].

GamGerm¹ E. Gamillscheg, *Romania Germanica. Sprach- und Siedlungsgeschichte der Germanen auf dem Boden des alten Römerreiches*,

GamGerm[1]

3 vol., Berlin – Leipzig (De Gruyter) 1934-1936 (H. Paul, *Grundriss der germanischen Philologie* 11, 1-3); [= FEW GamGerm; TL Gamillscheg Rom. Germ.].

GamGerm[2] E. Gamillscheg, *Romania Germanica*, vol. I, 2e éd., Berlin (De Gruyter) 1970.

GamSpitzKlette E. Gamillscheg – L. Spitzer, *Die Bezeichnungen der Klette im Galloromanischen*, Halle (Niemeyer) 1915; [= FEW Gamillscheg-SpKlette; TL Gamillscheg-Spitzer Klette].

GamSynt E. Gamillscheg, *Historische französische Syntax*, Tübingen (Niemeyer) 1957; [= TL Gamillscheg Hist. fz. Syntax].

GamWortb E. Gamillscheg – L. Spitzer, *Beiträge zur romanischen Wortbildungslehre*, Genève (Olschki) 1921 (Biblioteca dell' *Archivum Romanicum* ser. II: Linguistica 2, p. 1-80; pour les p. 81-230, v. → SpitzerWortb); [= FEW GamillschegWortb; TL Gamillscheg-Spitzer Beitr.].

GarLorrI Garin le Loherain, chanson de geste du Cycle des Loherains, en laisses décasyll. rimées; traits champ. et pic., 4[e]q. 12[e]s.; ms. de base BN fr. 1582 [traits du Nord-Est 2[e]q. 13[e]s.] (F), en var. Ars. 2983 [pic. 2[e]m. 13[e]s.] (A), Bern 113 [bourg., qqs. traits pic., fin 13[e]s.] (B), BN fr. 1443 [fin 13[e]s.] (C), BN fr. 1461 [déb. 13[e]s.] (D), BN fr. 19160 [lorr. 2[e]t. 13[e]s.] (E), BN fr. 19161 [fin 13[e]s.] (G), Dijon 528 (300[1]) [lorr.mérid. fin 13[e]s.] (I), Montpellier Ec. de Méd. 243 [13[e]s.] (J), Lille Bibl. mun. Godefroy 64 (151) [fin 13[e]s.] (L1), BN fr. 1622 [lorr. 3[e]q. 13[e]s.] (M), Ars. 3143 [Paris?, traits pic. 1[e]m. 14[e]s.] (N), Oxford Bodl. Rawl. F.150 [13[e]s.] (O), BN fr. 1442 [lorr. 4[e]q. 13[e]s.] (P), Bruxelles Bibl. roy. 9630 [13[e]s.] (Q), Berkeley Cal. Univ. Bancroft Libr. Ms 72 (Ms PQ 1463 G 25, Cheltenham Phillipps 2937) [Paris ca. 1245] (R) rimé, Berkeley Cal. Univ. Bancroft Libr. Ms 140 (Ms PQ 1463 G 24, Cheltenham Phillipps) [2[e]m. 13[e]s.] (W), BN fr. 4988 [ca. 1300] (S), Torino Bibl. naz. L.II.14 [pic. (Origny) 1311] (T), BN nfr. 10051 [pic. 13[e]s.] (V), BN fr. 2179 [1[e]m. 13[e]s.?] (X), BN nfr. 23011 [ca. 1300] fragm. (R 127,538), autres fragm. v. éd. p. 24-25, Cambridge Corpus Christi Coll. ex impr. E-6-14 [13[e]s.?] v. Catal. Wilkins 1993, 165 et fragm. Leiden Univ. BPL 2833 [13[e]s.] (v. 10638-10803 / éd. V 11278-11441); p. p. A. Iker-Gittleman, *Garin le Loherenc*, 3 vol., Paris (Champion) 1996-1997 (CFMA 117/118/119). Les n[os] de laisse coïncident avec l'éd. V de I à CLVII, ensuite décalage de 1 jusqu'à la fin de V (CLXVI = éd. I CLXVII). La fin, vers 16143-18650, correspond au début, vers 1-2676, de → GerbMetzT.

GarLorrP id.; mss. de base BN fr. 1582 [traits du Nord-Est 2[e]q. 13[e]s.] et BN fr. 1461 (mais texte très corrigé d'après plusieurs mss.); p. p. P. Paris, *Li romans de Garin le Loherain*, 2 vol., Paris (Techener) 1833-1835 (Rom. des Douze Pairs de Fr. 2 et 3; réimpr. Genève, Slatkine, 1969); [= TL Gar. Loh.]. Fin du poème: → GarLorrD. Concordance des éd. GarLorrP/D et GarLorrV ici, en appendice. Gdf 'Loh.' correspond à tout le cycle: → Hervis, GarLorr, GerbMetz, AnsMetz, Yon.

GarLorrD id., fin du poème appelée Mort Garin; ms. de base BN fr. 1461 [déb. 13[e]s.], corr. et var. d'après BN fr. 1442 [lorr. 4[e]q. 13[e]s.] (A), BN fr. 1443 [fin 13[e]s.] (B), BN fr. 1582 [traits du Nord-Est 2[e]q. 13[e]s.] (C), BN fr. 1622 [lorr. 3[e]q. 13[e]s.] (D), BN fr. 2179 [1[e]m. 13[e]s.?] (E), BN fr. 4988 [ca. 1300] (F), BN fr. 19160 [lorr. 2[e]t. 13[e]s.] (G), BN fr. 19161 [fin 13[e]s.] (H), Ars. 2983 [pic. 2[e]m. 13[e]s.] (I), Bruxelles Bibl. roy. 9630 [13[e]s.] (K), fragm. Mone (L); p. p. É. DuMéril, *La mort de Garin le Loherain*, Paris (Franck) 1846; [= TL MGar.]. Suite de → GarLorrP.

GarLorrM id.; ms. Bruxelles Bibl. roy. 9630 [13[e]s.] (Q); extraits p. p. F. J. Mone, *Untersuchungen zur Geschichte der teutschen Heldensage*, Quedlinburg (Basse) 1836, p. 192-281. Garin y est appelé Werin.

GarLorrV id., ms. Ars. 2983 [pic. 2[e]m. 13[e]s.] (A) souvent divergent; p. p. J. E. Vallerie, *Garin le Loheren, according to manuscript A (Bibliothèque de l'Arsenal 2983) with text, introduction and linguistic study*, Ann Arbor (Edwards) 1947; [= TL Gar. Loh. V]. Extrait du même ms.: Henry-Chrest n°33 (v. 2373-2445). Concordance des éd. GarLorrP et GarLorrV ici, en appendice.

GarMonglMü/Me/S Garin de Monglane, chanson de geste d'env. 14200 vers dodécasyll. appartenant au cycle de Guillaume d'Orange; pic. 2[e]m. 13[e]s.; ms. de base BN fr. 24403 [pic. fin 13[e]s.] (P), en var. BL Roy. 20 D.XI [traits pic., prob. Paris ca. 1335] (L), Vat. Reg. lat. 1517 [lorr. 1324] (R); vers 1-4693 p. p. M. Müller – H. Menn – E. Schuppe, *Die Chanson Garin de Monglene*, 3 vol., thèses Greifswald (1913/1914); [= FEW Garin]. Vers 1-1559: Schuppe, 1560-3146: Müller, 3147-4693: Menn.

GarMonglAP id., fragments (815 vers) Arch. Nièvre; ms. Nevers Arch. dép. cote? [frcomt. fin 13[e]s.]; p. p. X. Pamfilova, "Fragments de chansons de geste, II", *R* 57 (1931) 518-538.

GarMonglGH id.; fragm. Princeton NJers. Univ. Garrett 125 [pic. ca. 1300]; p. p. W. L. Hendrickson, "Un nouveau fragment de *Garin de Monglane*", *R* 96 (1975) 163-193; [= TL Geste de Monglane Fragment H]. Correspond aux v. 2669-2836 (éd. Mü), 3833-3999, 4328-4693 (éd. Me), 4694-5010.

GarMonglN Garin de Monglane, version tardive du ms. N; 1[e]m. 15[e]s.; ms. BN fr. 1460 [mil. 15[e]s.], v. GarMonglMü p. 6.

GarMonglRK id., version primitive; ms. Vat. Reg. lat. 1517 [lorr. 1324] (R); f°1-8 p. dans → KellerRomv 337-365.

GarMonglTS id., fragment de 303 vers; Trier Stadtbibl. Fragm. VIII,3 [Est déb. 14[e]s.] (T); p. p. E. Stengel, "Bruchstück der Chanson de Garin de Monglane", ZrP 6 (1882) 403-413.

Garb 1487 Louis Garbin, *Catholicon abbreviatum* ou *Vocabulaire*, [Genève] 1487. Vocabulaire latin-français, v. LindemannWb 224; 226; 557.

GarçAvR[2] *Garçon et aveugle* ou *Aveugle et son valet*, farce (la plus ancienne), en vers octosyll.; pic. ca. 1275; ms. unique BN fr. 24366 [pic. 2[e]m. 13[e]s.]; p. p. M. Roques, *Le garçon et l'aveugle*, Paris (Champion) 1921 (CFMA 5); [= TL Garçon et av.; FEW GarçAv]. Seconde éd., peu modifiée. (Texte réimpr. à deux reprises par J. Dufournet, Paris, Champion 1982 et 1989 [déclare citer l'éd. de 1911 (p. 25n5), mais fait imprimer l'éd. de 1921].)

GarçAvM id.; p. p. P. Meyer, "Du garçon et de l'aveugle", JREL 6 (1865) 163-172; [= TL Garc. et Av.].

GarnierCh J. Garnier, *Chartes de communes et d'affranchissements en Bourgogne*, 4 vol., Dijon (Rabutot) 1867-1918. Doc. fr. orig. à partir de 1298.

Gartner T. Gartner, *Rätoromanische Grammatik*, Heilbronn (Henninger) 1883 (Sammlung romanischer Grammatiken); [= FEW Gartner].

GartnerGred T. Gartner, *Die Gredner Mundart*, Linz (chez l'auteur) 1879.

GartnerHandb T. Gartner, *Handbuch der rätoromanischen sprache und literatur*, Halle (Niemeyer) 1910 (Sammlung kurzer lehrbücher der romanischen sprachen und literaturen 5); [= FEW GartnerHandb].

GastPhébChasseT Gaston Febus (Phoebus), Livre de chasse, prose; traits pic. (et éléments occ.) 1389; ms. de base Malibu J. Paul Getty Mus. Ms. 27 (anc. Peterburg RNB Fr.F.v.X.1) [Avignon? ca. 1400] (L), en var. BN fr. 616 [cette partie ca. 1405] (A) (sert à compléter des lacunes de L), BN fr. 619 [Avignon? ca. 1400] (D), New York Pierpont Morgan Libr. M.1044 (anc. C. S. Peck, anc. Cheltenham Phillipps 10298) [ca. 1407] (P), 42 autres mss. n'ont pas été utilisés (v. p. 24-27): BN fr. 617 [16[e]s.] (B), BN fr. 618 [15[e]s.] (C), BN fr. 620 [15[e]s.] (E), BN fr. 1289 [15[e]s.] (F), BN fr. 1290 [16[e]s.] (G), BN fr. 1291 [15[e]s.] (H), BN fr. 1292 [16[e]s.] (I), BN fr. 1293 [15[e]s.] (J), BN fr. 1294 [15[e]s.] (K), BN fr. 1295 [15[e]s.] (M), BN fr. 12397 [15[e]s.] (N), BN fr. 12398 [15[e]s.] (O), BN fr. 24271 [15[e]s.] (Q), BN fr. 24272 [15[e]s.] (R), Ste-Gen. 2309 [15[e]s.] (S), Maz. 3717 (514) [15[e]s.] (T), Pau Château 6529 (anc. Paris Coll. Jeanson 461) [2[e]m. 15[e]s.] (X), Paris Coll. Jeanson (?) [15[e]s.] (Y), Paris Coll. Jeanson (?) [1[er]m. 16[e]s.] (Z), Chantilly Musée Condé 367 (480) [15[e]s.] (a), Tours 841 [15[e]s.] (b), Lyon Bibl. mun. 765 (682) [ca. 1400] (c), Carpentras 343 (L.339) [15[e]s.] (d), Genève fr. 169 [15[e]s.] (e), BL Add. 27699 [déb. 15[e]s.] (f), Glasgow Univ. Hunter 385 (Q.1.30) [15[e]s.] (g), Vat. Reg. lat. 1323 [Paris ca. 1476] (h) fragm., Vat. Reg. lat. 1326 [fin 15[e]s.] (i), Vat. Reg. lat. 1331 [fin 15[e]s.] (j), Torino Arch. di Stato Ja.VIII.6 [15[e]s.] (k) incomplet, Stuttgart Württ. Landesbibl. HB XI 34a [fin 15[e]s.] (l), Dresden Oc 61 [déb. 15[e]s.] (m) quasi détruit (copie: t), Malibu J. Paul Getty Museum Ms. 27 (anc. Bruxelles Tulkens?) [ca. 1435] (n), Cambridge Mass. Harvard Houghton Libr. Typ 130H [1486] (o), Bruxelles Bibl. roy. IV 1050 (anc. Cheltenham Phillipps 11592) [ca. 1490] (p), Paris Petit Palais Coll. Dutuit 217 [1[er]q. 16[e]s.] (q) fragm. (appelé 'Louis de Gouvys, Le Nouvelin de venerie'): 19 chap., Ars. 3252 [fin 15[e]s.] (r), Paris Coll. Jeanson (?, Cat. de la coll. Marcel Jeanson: Stockholm Kungl. Bibl. Tilander Fr. 113a-115a) [15[e]s.] (s), Karlsruhe Landesbibl. Cod. Rastatt 124 [18[e]s.] (t) copie de m, BN Moreau 1685 [18[e]s.] (u) ['Ars.' err.], Nantes Musée Dobrée 22 [déb. 16[e]s.], New York Kraus [15[e]s.] etc., v. Smets et Van den Abeele R 116,316-367; p. p. G. Tilander, *Gaston Phébus, Livre de chasse*, Karlshamn (Johansson) 1971 (Cynegetica 18); [= TL Phébus; Boss[2] 7715]. Facsimilé ms. D 1976: Boss[2] 7714; de nouveau Graz (Akad. Druck) 1994; etc.

GastPhébChasseL id.; ms. BN fr. 616 [cette partie ca. 1405] (A); p. p. J. Lavallée [J. de La Vallée de Bois-Robert], *La chasse de Gaston Phoebus, comte de Foix*, Paris (Bur. Journ. des Chasseurs) 1854 (réimpr. Nîmes, Lacour, 1992); [= FEW GastPhéb].

GastPhébOrT[1] Gaston Phébus, auteur supposé du *Livre des oraisons*, prose; ca. 1382; ms. de base Peterburg RNB Fr.F.v.X.1 [Avignon? ca. 1400] (L); en var. BN fr. 616 [cette partie ca. 1405] (A), BN fr. 1292 [16[e]s.] (I), New York Pierpont Morgan Libr. M.1044 (anc. C. S. Peck, anc. Cheltenham Phillipps 10298) [ca. 1407] (P), Chantilly Musée Condé 367 (480) [15[e]s.] (a), BL Add. 27699 [déb. 15[e]s.] (f); p. p. G. Tilander [postume], *Gaston Phébus, Livre des oraisons, les prières d'un chasseur*, Karlshamn (Johansson) 1975 (Cynegetica 19); [= TL Phébus Oraisons T; Boss[2] 7722 (err.)]. Sans référence à l'éd. T[2]. [Dédié à

GastPhébOrT[1]

Bédier avec une photo de Roques, cf. R 96, 431.] Fac-similé du ms. BN fr. 616 v. GastPhébChasseT.

GastPhébOrT[2] id.; p. p. G. Tilander – P. Tucoo-Chala, *Gaston Fébus, Livre des oraisons*, Pau (Marrimpouey Jeune) 1974; [= TL Phébus Oraisons T T-Ch; Boss[2] 7721]. Texte, notes, descr. des mss. identiques à l'éd. T[1].

GastPhébOrM id.; ms. BN fr. 616 [cette partie ca. 1405]; p. p. l'Abbé de Madaune, *Le livre des oraisons de Gaston Phébus*, Paris (Picard) 1893.

GaufrG Gaufrey, chanson de geste chantant un des douze fils de Doon de Mayence, en laisses de dodécasyll. rimés; pic. 2^{e}m. 13^{e}s.; ms. prob. innovateur Montpellier Ec. de Méd. 247 [pic. 2^{e}m. 14^{e}s.]; p. p. F. Guessard – P. Chabaille, *Gaufrey*, Paris (Vieweg) 1859 (Anc. Poëtes de la Fr. 3); [= TL Gaufr.]. Éd. assez fiable.

GaullieurPint E. Gaullieur, *Les corporations à Bordeaux. Pintiers et estainguiers*, Bordeaux (Impr. centr.) 1868 [extrait de la Revue d'Aquitaine]. Qqs. citations isolées à partir de 1414 (gasc.) et 1486 (fr.).

GautArrErR Gautier d'Arras, Eracle, roman historique et hagiographique autour de l'empereur Héraclius, en couplets octosyll. rimés; pic. ca. 1175 (entre ca. 1165 et ca. 1181); ms. de base BN fr. 1444 [pic.mérid. fin 13^{e}s.] (A), en var. BN fr. 24430 [pic. (Tournai) ca. 1295] (B), Torino Bibl. naz. L.I.13 [hain. 2^{e}q. 14^{e}s.] (T) endommagé; p. p. G. Raynaud de Lage, *Gautier d'Arras, Eracle*, Paris (Champion) 1976 (CFMA 102); [= TL Eracl. R; Boss[2] 2257]. Éd. assez corrigée; cp. éd. L. Gloss. insuffisant, v. Roques ZrP 95,172-174 et TraLiLi 19,1,63-67.

GautArrErH id., extraits vers 1425-1506 et 4834-4987, dans → HenryChrest p. 131-134.

GautArrErL id.; p. p. E. Löseth [= Løseth], *Œuvres de Gautier d'Arras*, t. 1: *Eracle*, Paris (Bouillon) 1890; [= TL Eracl.; FEW GautEracle]. Le t. 2 contient → GautArrIllL. Éd. 'critique' assez bigarrée mais aux var. riches (utile pour les leçons de T, ms. auj. illisible); présente en partie dans le texte critique des graphies non appuyées par les mss.

GautArrIllC Gautier d'Arras, Ille et Galeron (*Ysle et Galeron*), roman historique en couplets d'octosyllabes rimés; pic. ca. 1175; ms. de base Nottingham Univ. WLC.LM.6 [pic. 4^{e}q. 13^{e}s.] (W), en var. ms. assez divergent BN fr. 375 [pic. 1289 n.st]; p. p. F. A. G. Cowper, *Ille et Galeron par Gautier d'Arras*, Paris (Picard) 1956 (SATF); [= TL Ille[2]; Boss 7298]. Il faut tenir compte des dates des mss. Concordance numér. avec ms. BN en marge.

GautArrIllF id.; ms. BN fr. 375 [pic. 1289 n.st]; p. p. W. Foerster, *Ille und Galeron von Walter von Arras*, Halle (Niemeyer) 1891; [= TL Ille; Hol 884; Boss 1116].

GautArrIllL id.; ms. BN p. p. E. Löseth dans → GautArrErL t. 2; [= TL Ille L; Hol 883; Boss 1115]. Éd. 'critique' sans justifications, inutilisable.

GautArrIllLe id.; ms. BN avec qqs interpolations et des var. du ms. Nottingham p. p. Y. Lefèvre, *Gautier d'Arras, Ille et Galeron*, Paris (Champion) 1988 (CFMA 109); [= TL Ille Le]. Mauvaise édition; gloss. utilisable (cf. Städtler ZrP 107,481-484).

GautAupF *Gautier d'Aupais*, poème courtois en forme de chanson de geste, laisses de vers dodécasyll. rimés; pic.mérid. 1^{e}m. 13^{e}s.; ms. BN fr. 837 [frc. 4^{e}q. 13^{e}s.]; p. p. E. Faral, *Gautier d'Aupais*, Paris (Champion) 1919 (CFMA 20); [= TL Gaut. d'Aupais; FEW GautierAu].

GautAupM id.; p. p. F. Michel, *Gautier d'Aupais. Le chevalier à la corbeille*, Paris (Silvestre) – Londres (Pickering) 1835; [= TL Gd'Aupais].

GautChâtC Gautier de Châtillon, *Alexandreis*, épopée anti-romaine en latin (prob. 1176), quelques-uns des ca. 200 mss. contiennent des gloses fr. (v. éd. p. 29); gloses interlinéaires et marginales, ms. Novara Capit. N.44 [Sud-Est fin 13^{e}s.]; p. p. R. de Cesare, *Glosse latine e anticofrancesi all' Alexandreis di Gautier de Châtillon*, Milano (Vita & Pens.) 1951 (Pubbl. univ. catt. n.s. 39); [= TL Gaut. Chât. Gl.; FEW GautChât]. [Version lat. p. p. M. L. Colker, *Galteri de Castellione Alexandreis*, Patavii 1978.] Cp. → GautChâtFragm.

GautChâtAristlC id., trad. du l. I, v. 72-183, chap. intitulé Praecepta Aristotelis ad Alexandrum, première version fr. (lorr.; abrégeant légèrement); lorr. 2^{e}m. 13^{e}s.; ms. de base Montpellier Ec. de Méd. 164 [Metz 4^{e}q. 14^{e}s.] (A), en var. Epinal 217 (59; 189) [lorr. (Metz) 1^{e}m. et 3^{e}q. 15^{e}s.] (B); p. p. R. de Cesare, "Volgarizzamenti anticofrancesi dei 'Praecepta Aristotelis ad Alexandrum' (Alexandreidos I,72-183)", *Miscellanea del Centro di Studi medievali*, ser. sec., Milano (Vita e Pensiero) s.d. [1958] (Pubbl. Univ. catt. Sacro Cuore n. s. 62), 35-123; [= TL Aristotelis Praecepta Volgar.]. Texte p. 78-80; contient aussi les autres versions. Cp. → QuatreTemps.

GautChâtAristIpC id., groupe de mss. pic.; pic. 2^{e}m. 13^{e}s.; ms. de base Modena Bibl. Estense E.5

[pic. 1ᵉm. 14ᵉs.] (C), en var. Bruxelles Bibl. roy. 9545-46 [Nord-Est 15ᵉs.] (D), Lille Bibl. mun. 635 (316) [Nord-Est 15ᵉs.] (E); p. dans → GautChât-AristIIC p. 87-90.

GautChâtAristIIC id., version littérale; pic. fin 13ᵉs.; ms de base BN fr. 1973 [15ᵉs.] (F), en var. Bruxelles Bibl. roy. 10493-97 [15ᵉs.] (G) modernisant; p. dans → GautChâtAristIIC p. 99-101.

GautChâtAristIIIC id., version amplifiée; mil. 14ᵉs.; ms de base Ars. 2872 [fin 14ᵉs., traits occ.] (H), en var. BN fr. 1088 [pic. mil. 15ᵉs.] (I), Lyon Bibl. mun. 864 (768) [frcomt. 1450] (L); p. dans → GautChâtAristIIC p. 119-123.

GautChâtFragmL Fragments d'une traduction en prose de l'Alexandreis de Gautier de Châtillon; traits pic., 4ᵉq. 14ᵉs.; ms. Kew NA E 101/107/22 et E 101/107/25 (anc. London P.R.O.) [4ᵉq. 14ᵉs.]; p. p. L. Jefferson, "Fragments of a French prose version of Gautier de Chatillons *Alexandreis*", *R* 115 (1997) 90-117.

GautDargR Chansons par Gautier de Dargies (d'Argies) et chansons lui attribuées; pic. 1ᵉʳt. 13ᵉs.; ms. de base principal BN fr. 844 [pic. 2ᵉm. 13ᵉs.] (chansonnier **M**), chans. **P** pour la pièce I, R.176, **K** pour VII, R.708, etc.; p. p. A. M. Raugei, *Gautier de Dargies. Poesie*, Firenze (La Nuova Italia) 1981; [= TL Gaut. de Dargies R; Boss² 4483].

GautDargH id.; ms. de base M; p. p. G. Huet, *Chansons et descorts de Gautier de Dargies*, Paris (Firmin Didot) 1912 (SATF); [= TL Gaut. de Dargies; FEW Dargies].

GautEpL Gautier d'Epinal, 23 chansons d'attrib. plus ou moins certaine; 2ᵉq. 13ᵉs.; p. p. U. Lindelöf – A. Wallensköld, "Les chansons de Gautier d'Epinal", *Mémoires de la Société Néophilologique à Helsingfors* 3 (1901/1902, réimpr. 1963) 205-320; [= TL Gaut. d'Épin.; FEW GautEp]. Éd. éclectique basée sur 18 chansonniers.

GautLeuL² Gautier le Leu, fabliaux, vers octosyll.; hain. mil. 13ᵉs.; ms. de base des pièces I-VI: Nottingham Univ. WLC.LM.6 [pic., f°336-345 (et f°a-f): 4ᵉq. 13ᵉs.] (M), autres mss. BN fr. 837 [frc. 4ᵉq. 13ᵉs.] (A) pièce IX, Bern 354 [bourg.sept. déb. 14ᵉs.] (B) pièce VII, BN fr. 19152 [frc. fin 13ᵉs.] (C) pièce VIII, BN fr. 2168 [pic. fin 13ᵉs.] (D), Berlin Staatsbibl. Hamilton 257 [norm. ca. 1300] (H) pièce X, Torino Bibl. naz. L.V.32 [wall. ca. 1300] (T); p. p. C. H. Livingston, *Le jongleur Gautier le Leu. Étude sur les fabliaux*, Cambridge Mass. (Harvard University Press) 1951 (Harvard St. in Romance Lang. 24); [= TL Gautier Le Leu *et* Gautier Le Leu²; FEW GLeu]. C.r. Fay *RoPh* 7 (1953/54) 374-385. *Le Prestre taint* et *La Veuve* ont été p. dans → RossiStrFabl 263-343; *Le P. t.* aussi dans → NoomenFabl n°81.

GautLeuL¹ id.; p. p. C. H. Livingston, "The jongleur Gautier le Leu: A study in the fabliaux", *RoR* 15 (1924) 1-67; [= TL Gautier Le Leu].

GauthierFrComt J. Gauthier, "Recueil de quarante-huit chartes françaises de 1227 à 1280 pour servir à l'étude du dialecte franc-comtois", *Mémoires et doc. inédits pour servir à l'histoire de la Franche-Comté* 9 (1900) 521-574. Contient 46 doc. orig. et 2 copies (frcomt.).

Gay V. Gay, *Glossaire archéologique du moyen âge et de la renaissance*, 2 vol., Paris (Soc. Bibliogr.; Picard) 1887-1928 (réimpr. Vaduz, Kraus, 1967); [= FEW Gay; TL Gay Gloss.]. Bien documenté.

GaydonG Gaydon, chanson du cycle de Charlemagne, en vers décasyll. asson. (1-1839) et rimés (-10887); pic. ca. 1232; ms. de base BN fr. 860 [lorr.sept. ca.1275] (A), en var. BN fr. 15102 [2ᵉm. 13ᵉs.] (B) incomplet, et BN fr. 1475 [15ᵉs.] (C) à la graphie rajeunie; p. p. F. Guessard – S. Luce, *Gaydon*, Paris (Franck) 1862 (Anc. Poètes fr. 7); [= TL Gayd.]. Très bonne transcription. Sans glossaire.

GaydonS id.; même ms. de base; p. p. J. Subrenat, *Gaydon*, Louvain (Peeters) 2007 (Ktēmata 19). Ancienne cote pour le ms. B (b)!? Avec extraits et var. de B; avec trad.; sans glossaire.

GaydonK id., partie assonancée, v. 1(131)-1839; ms. de base B, A et C en var.; p. p. B. Karsch, *Untersuchungen über das Handschriftenverhältnis und textkritische Bearbeitung des assonierenden Teils der 'Chanson de Gaydon'*, thèse Greifswald 1907; [= Boss 382].

Gdf F. Godefroy, *Dictionnaire de l'ancienne langue française et de tous ses dialectes du IXᵉ au XVᵉ siècle*, 10 vol., Paris 1880 [1ᵉʳfasc. 1879]-1902 (réimpr. Vaduz, Kraus, 1965 etc. [omet t. 4 p. V]); [= FEW Gdf; TL Godefroy; AND Gdf]. Le sigle couvre à la fois la première partie du dict., allant du t. 1 au milieu du t. 8, traitant les éléments qui ne vivent plus en frm., et → GdfC. Les Errata du t. 8 de Gdf ont été imprimés en 1893. Travaux à partir de ca.1850. Gdf exploite DC, RoquefortGl, Lac, etc., le plus souvent sans l'indiquer. Pour la bonne compréhension consulter → ActesMfr¹⁰; bibl. évolutive par J.-L. Ringenbach sur le site Atilf.

GdfC id., *Complément* (allant du milieu du vol. 8 au vol. 10), 1893-1902. Contient des suppléments au corps de Gdf (t. 1 - milieu de 8) et les mots et sens survivant en frm. Fin du t. 9 et t. 10 p. p. J.

GdfC Bonnard et Amédée Salmon (qui exploitent entre autres DG).

GdfEl id., *Edition électronique* p. p. C. Blum, présentée par J. Dufournet, Paris (Champion) 2002 (CD-Rom). Transcription très fautive, v. les c.r. T. Matsumura ActesMfr[10] 405-408; RLiR 67,265-270; T. Städtler VRo 64 (2005) 322-324. Utiliser plutôt l'éd. sur papier ou son image électr. accessible gracieusement sur le site Gallica.

GdfLex F. Godefroy, *Lexique de l'ancien français*, p. p. J. Bonnard – A. Salmon, Paris (Champion) 1901 [réimpr. 1967]; [= FEW GdfLex]. GdfLex est un extrait de Gdf (sans GdfC et GdfMat), avec des ajouts en principe incontrôlables et sujets à caution. Les p. 1-80 avaient été rédigées par Godefroy, le reste par les éditeurs. Cf. → StädtlerGdfLex; GorogInv. Omet nombre de petits articles (souvent aux mots obscurs) de Gdf. Son dépouillement fournissait le point de départ de l'utilisation pas toujours constante de Gdf par la rédaction du FEW (savoir des collaborateurs du FEW; v. Chauveau ActesMfr[10] 324).

GdfMat Matériaux inédits ayant été destinés essentiellement à former un supplément à Gdf et GdfC, contenant des attestations précieuses; déposés sans être catalogués à la Réserve de l'Institut catholique à Paris. V. F. Möhren, "Principes de rédaction et étymologie: Systématique des attestations du Complément de Godefroy et ses matériaux inédits", *TraLiPhi* 26 (1988) 173-189, et surtout → ActesMfr[10] [cite GdfMat comme 'GdfS'].

GebhardtOkz K. Gebhardt, *Das okzitanische Lehngut im Französischen*, Bern – Frankfurt (Lang) 1974 (Heidelberger Beiträge zur Romanistik 3).

GehrkeScr P. Gehrke, *Saints and scribes. Medieval hagiography in its manuscript context*, Berkeley (UC Press) 1993. Analyse quatre mss., BN fr. 1374 [champ. mérid. et frpr. ca. 1260] (selon l'auteure 6 mains, non local., pour d'autres 4, de deux origines: scribe A, AimonFl et Viol, frpr., le reste B, champ. mérid.); BN fr. 2094 [bourg.mérid. fin 13e s.] (l'identification de Nicolas de Tournai avec Nicolas de Gorran est peu plausible); BN fr. 2162 [pic. mil. 13e s.] (plusieurs mains); Berkeley Cal. Univ. Bancroft Libr. Ms 106 (PQ 1475 G 68; anc. Cheltenham Phillipps 3643) [norm. 3e t. 13e s.].

GemmArb B. von Gemmingen-Obstfelder, *Semantische Studien zum Wortfeld 'Arbeit' im Französischen. Versuch einer Darstellung unter Berücksichtigung handwerklich-fachsprachlicher Texte des 13.-17. Jahrhunderts*, Tübingen (Narr) 1973 (TBL 35); [= GemmingenObstArbeit].

GenHarlS Genèse, adaptation libre et élargie par des éléments allégoriques etc. (une bonne partie empruntée à → HermVal), en 2148 vers décasyll. irréguliers, fragmentaire: Gn 22-29 et 41-42; agn. ca. 1300; ms. BL Harl. 3775 [agn., cette partie mil. 14e s.]; p. p. J. C. Szirmai, *Un fragment de la Genèse en vers*, Genève (Droz) 2005 (T.L.F. 574); [= AND Genèse; Dean 442].

GenHarlM id.; extraits (446 vers sur 2148) p. p. P. Meyer, "Notice et extraits fragment d'un poème biblique", *R* 36 (1907) 184-202.

GenaustBot H. Genaust, *Etymologisches Wörterbuch der botanischen Pflanzennamen*, Basel – Stuttgart (Birkhäuser) 1976.

GenaustBot[2] id.; éd. 1996.

GennrichCh[1] F. Gennrich, *Altfranzösische Lieder*, 1. Teil, Tübingen (Niemeyer) 1955 (Samml. roman. Übungstexte 36); [= TL Altfranz. Lieder G].

GennrichCh[2] F. Gennrich, *Altfranzösische Lieder*, 2. Teil, Tübingen (Niemeyer) 1956 (Samml. roman. Übungstexte 41); [= TL Altfranz. Lieder G II]. Contient → LaetabundusG etc.

GennrichChans[2] F. Gennrich, *Exempla altfranzösischer Lyrik. 40 altfranzösische Lieder*, Darmstadt 1958 (Musikwissenschaftliche Studienbibliothek 17); [= TL Exempla altfz. Lyrik].

GennrichRond F. Gennrich, *Rondeaux, Virelais und Balladen aus dem Ende des XII., dem XIII. und dem ersten Drittel des XIV. Jahrhunderts, mit den überlieferten Melodien*, 2 vol., Dresden – Halle (Niemeyer) 1921-1927 (Gesellschaft für roman. Literatur 43 et 47); [= TL Rond. Vir.]. T. 3: id., *Das altfranzösische Rondeau und Virelai im 12. und 13. Jahrhundert*, Langen (chez l'auteur) 1963 (Summa musicae med. ævi 10).

GeoffrParAlliésS Geoffroi de Paris (répartition des pièces entre Geoffroy de Paris et Geoffroi des Nes, qui sont prob. deux poètes distincts, est très discutée), *Des Alliés*, poème en vers octosyll. dirigé contre une ligue de la petite noblesse contre la royauté; 1317; ms. BN fr. 146 [Paris prob. 1318]; p. p. W. H. Storer – C. A. Rochedieu, *Six historical poems of Geffroi de Paris*, Chapel Hill, N. Car. 1950 (Univ. of North Carolina Studies in the Rom. Lang. and Lit. 16), p. 73-80; [= TL Geffroi Hist. Poems].

GeoffrParAvisS id., *Les avisemens pour le roy Loys*, vers octosyll.; 1315; ms. BN fr. 146 [Paris prob. 1318]; p. dans → GeoffrParAlliésS p. 1-41; [= TL Geffroi Hist. Poems].

GeoffrParBacH Martyre de saint Baccus, attribué à tort à Geoffroy de Paris (selon l'éd.), dit à thème œnologique, vers octosyll.; pic. 1313 (date donnée dans l'explicit); ms. BN fr. 24432 [frc. av. 1349]; p. dans → HenryŒn 1,152-165; 2,171-184 [n°13].

GeoffrParBacJ id.; p. dans → JubNRec 1,250-265.

GeoffrParChronD Geoffroy de Paris, Chronique française rimée, en vers octosyll., couvrant les années 1300 à 1316 (récit de témoin pour 1313-1316); traits pic. / norm. 1316; ms. unique BN fr. 146 [Paris prob. 1318] f°63r°-88r°; p. p. A. H. Diverrès, *La chronique métrique attribuée à Geffroy de Paris*, Paris (Les Belles Lettres) 1956 (Publ. de la Fac. des Lettres de l'Univ. de Strasbourg 129); [= TL Geffroy Chron. métr.; FEW Geffr]. C.r. Lecoy R 78,105-115 (ni Lecoy ni M. Höhler, thèse 1913, ne localisent le texte); A. Henry complète le c.r. Lecoy dans Rbph 35,811-813.

GeoffrParChronB id.; p. p. J. A. C. Buchon, *Chronique métrique de Godefroy de Paris*, Paris (Verdière) 1827 (Coll. Chron. nat. fr., 2e sér., t. 9), p. 1-304; [= TL God. Par.]. Contient aussi → Taille1313B. Très corrigé.

GeoffrParChronW id.; p. p. N. de Wailly – L. Delisle, "Chronique rimée attribuée à Geffroi de Paris", dans → RecHist 22 (Paris 1865) 87-166.

GeoffrParComS id., *De la comete et de l'eclipse et de la lune et du soulail* (événement daté de 1314 et mis en rapport avec les faits hist.), octosyll.; 1316; ms. BN fr. 146 [Paris prob. 1318]; p. dans → GeoffrParAlliésS p. 42-52; [= TL Geffroi Hist. Poems].

GeoffrParDespSh id., *La desputoison de l'eglise de Romme et de l'eglise de France pour le siege du pape*, poème politique, strophes de huit décasyll.; prob. 1316; ms. BN fr. 146 [Paris prob. 1318]; p. p. W. P. Shepard, *"Un débat inédit du quatorzième siècle"*, dans → MélJeanroy 571-581; [= TL Shepard Débat inédit].

GeoffrParDespS id.; p. dans → GeoffrParAlliésS p. 81-90; [= TL Geffroi Hist. Poems].

GeoffrParMaisJ Le dit des Mais (*mais* conj.), incip. *Royne du mont ch'ier ainsi est apelee*, attribué à Geoffroy de Paris, quatrains de vers dodécasyll.; ca. 1316; ms. BN fr. 24432 [frc. av. 1349]; p. dans → JubNRec 1,181-194.

GeoffrParMoisM id., *Dit des douze mois (figurez)*, poème sur les douze phases de la vie humaine comparées aux douze mois, couplets octosyll. rimés; ca. 1315; ms. de base Genève fr. 179bis [déb. 15e s.] (A), en var. BN lat. 4641B [15e s.] (B), BN fr. 1728 [ca. 1375] (C), London Westminster Abbey 21 [15e s.] (D), Toulouse Bibl. mun. 831 (II, 69) [déb. 16e s.] (E) fragm.; p. p. J. Morawski, "Les douze mois figurez", *ARom* 10 (1926) 351-63; [= Boss 2863]. Contient aussi → GeoffrParMois²M.

GeoffrParMois²M id., version très remaniée; 2e m. 14e s.; ms. BN fr. 1140 [15e s.]; imprimé à la suite de → GeoffrParMoisM p. 359-363.

GeoffrParPatJ id. (attrib. douteuse), *Le dit des patenostres*; 1320; BN fr. 24432 [frc. av. 1349]; p. dans → JubNRec 1,238-249.

GeoffrParRoyPhS id., *Du roy Phelippe qui ores regne*, vers octosyll.; 1317; ms. BN fr. 146 [Paris prob. 1318]; p. dans → GeoffrParAlliésS p. 53-57; [= TL Geffroi Hist. Poems].

GeoffrParSGuillW⁰ 'Gieffroy des Nés, clerc né de Paris', *Vie de saint Guillaume de Maleval*, traduisant une vie lt. de 2e m. 13e s., en prose; frc. (Paris) 1327; ms. BN fr. 2103 [1327?]; p. p. M. Willems [-Delbouille], *Édition critique de la Vie de saint Guillaume de Maleval*, mém. de licence dact., Liège 1983. Le DEAF se sert d'une liste de mots dits intéressants p. dans → MélTyssens 613-630.

GeoffrParSongeS Geoffroi de Paris, *Un Songe*, poème en vers octosyll. à contenu politique; 1317; p. dans → GeoffrParAlliésS p. 61-72; [= TL Geffroi Hist. Poems].

[GeoffrPar cp. → SMaglGeoffr; n'a rien à voir avec → BibleSeptEtats par Geufroi de Paris.]

GéomSGenV Traité de géométrie, comprenant qq. arithmétique et des comptes monétaires; incip. *Chi commenche dyometrie. Nous commencerons une oevre sor le pratike de geometrie*, prose; trad. des parties I et III de *Artis cuiuslibet consummatio* (de l'an 1193, contenant quatre parties), augmentée de deux chapitres (V et VI); pic. 3e q. 13e s.; ms. de base Ste-Gen. 2200 [art. 1277] (S), en var. BN fr. 2021 [pic.or. 2e m. 13e s.] (R) f°155r°-165r°; p. p. S. K. Victor, *Practical geometry in the high Middle Ages*, Artis cuiuslibet consummatio *and the* Pratike de geometrie, Philadelphia 1979 (Mem. Am. Phil. Soc. 134); [= TL Practical Geometry V; Boss² 5335]. La numérotation des chap. et articles des versions lat. et fr. coïncident. Les deux mss. semblent copiés indépendamment d'une copie peu fiable du texte original. Éd. assez fiable. (Ce texte et d'autres [p. ex. → AlgorAlex et CompSGen] dans le même ms. de la BN sont cités dans Gdf avec l'abréviation «Li compos.», dans Li avec «Comput» [f°1-26 de Li = f°140r°-165 du ms. BN].) Cp. F. Möhren, "Les débuts de l'écriture française de la géométrie au XIIIe siècle", dans

GéomSGenV *L'écriture du texte scientifique. Des origines de la langue française au XVIIIe siècle* [Actes coll. Paris 2002], p. p. C. Thomasset, Paris (PUPS) 2006, 93-116; W. Pötters et G. Schreiber MélBerchem 267-292.

GéomSGenH id.; ms. Ste-Gen.; p. p. C. Henry dans → AlgorAlexH p. 55-70. Une page du ms. (f°153v°) a été p. p. V. Mortet dans Mél. Chatelain 1910, p. 370.

GéomTrinH Traité d'arpentage, incip. *Un sage autour de geometrie dist...*, prose; agn. 2[e]q. 14[e]s.; ms. Cambridge Trinity Coll. O.5.32 [agn., partie I, textes non médic., 3[e]q. 14[e]s.]; p. p. T. Hunt "An Anglo-Norman Practica Geometriae", *The Mediaeval Journal* 1,1 (2011) 37-52 [source électr. payable]; [= Dean 328].

GeomancieAS⁰ Traité de jomancie en prose, traduisant *De arte et scientia geomantiae* de Guillaume de Moerbeke (prob. 1269), incip. *Ci comence la grand et la parfit overaigne de geomancie*; agn. ca. 1350; ms. Oxford Bodl. Ashmole 398 [agn. ca. 1400] (A); éd. et analyse en prép. par Theresa Schmitt, DEAF (2014-). ÷

GeomancieGravelH Petit traité de jomancie, incip. *Ceste art est appellé geomencie... la science de gravel*, prose; agn. 1[e]m. 14[e]s.?; ms. Oxford Bodl. Digby 104 [agn. mil. 14[e]s.] et Cambridge Trinity Coll. O.2.5 [agn. mil. 14[e]s.]; extraits des deux mss. p. dans → HuntProgn 296-314; [= Dean 382].

GeomancieSignesH Traité de jomancie, en prose, incip. *Ceo sunt les signes XII qui sunt mult necessaries en geomancie*; agn. 2[e]m. 13[e]s.; ms. BL Add. 18210 [agn. 2[e]m. 13[e]s.]; extraits p. dans → HuntProgn 315-332; [= Dean 382].

GeorgeTiss K. E. M. George, *Les désignations du tisserand dans le domaine gallo-roman*, Tübingen (Niemeyer) 1978 (ZrP-Beih. 163). Compile glossaires, atlas et le FEW.

Georges K. E. Georges, *Ausführliches lateinisch-deutsches Handwörterbuch*, 2 vol., 8e éd., Hannover – Leipzig (Hahn) 1913-1918 (plusieurs réimpr.); [= FEW Georges].

GerbMetzT Gerbert de Metz, chanson de geste, branche du Cycle des Loherains, en laisses de vers décasyll. assonancés; champ.sept. fin 12[e]s.; ms. de base Ars. 2983 (anc. 180) [pic. 2[e]m. 13[e]s.] (A), autres mss.: Bern 113 [bourg., qqs. traits pic., fin 13[e]s.] (B), BN fr. 1443 [fin 13[e]s.] (C), BN fr. 1461 [déb. 13[e]s.] (D), BN fr. 19160 [lorr. 2[e]t. 13[e]s.] (E), BN fr. 1582 [traits du Nord-Est 2[e]q. 13[e]s.] (F), BN fr. 19161 [fin 13[e]s.] (G), Dijon 528 (300¹) [lorr.mérid. fin 13[e]s.] (I), Montpellier Ec. de Méd. 243 [13[e]s.] (J), Lille Bibl. mun. Godefroy 64 (151) [fin 13[e]s.] (L1), BN fr. 1622 [lorr. 3[e]q. 13[e]s.] (M), Ars. 3143 (anc. 181) [Paris?, traits pic. 1[e]m. 14[e]s.] (N), Oxford Bodl. Rawl. F.150 [13[e]s.] (O), BN fr. 1442 [lorr. 4[e]q. 13[e]s.] (P), Bruxelles Bibl. roy. 9630 [13[e]s.] (Q), BN fr. 4988 [ca. 1300] (S), Torino Bibl. naz. L.II.14 [pic. (Origny) 1311] (T), BN nfr. 10051 [pic. 13[e]s.] (V), BN fr. 2179 [1[e]m. 13[e]s.?] (X), fragm. v. éd. p. XXIII, BN nfr. 23011 [ca. 1300] fragm. (v. CN 65,27-52), Cambridge Corpus Christi Coll. ex impr. E-6-14 [13[e]s.?] v. Catal. Wilkins 1993, 167, Besançon Arch. dép. B.5 [14[e]s.] fragm. (Gdf: Doubs, v. bibl. Ringenbach), Cambridge Univ. Add. 5964(39) [13[e]s.] fragm.: v. 14165-143304; p. p. P. Taylor, *Gerbert de Mez*, Louvain (Nauwelaerts) – Lille (Giard) 1952 (Bibl. Fac. de Philosophie et Lettres de Namur 11); [= TL Gerb. de Mez; FEW GerbM]. Le début, vers 1-2676, correspond à la fin, vers 16143-18650, de → GarLorrI.

GerbMetzS id.; ms. BN fr. 19160 [lorr. 2[e]t. 13[e]s.] (E), en var.: D, F, G, P et X; vers 1-2460 p. p. E. Stengel, "Girbert de Mes", *RoSt* 1 (1873) 441-552; [= Boss 443; Hol 743].

GerbMetzCHB id., Cycle des Loherains, fragm. concernant un combat entre Girbert et Fromondin; ms. Châlons Arch. dép. 3.J.138 [lorr. 2[e]m. 13[e]s.]; p. p. F. Bonnardot, "Rapport sur une mission littéraire en Lorraine", *ArchMiss* 3[e]sér., 1, 1873, 247-291, spéc. 264-265; 286-291 (app. XI). Correspond au ms. BN fr. 1622 (M) f°176[b]-177[d] dont sont données qqs. var.

GersterGasthaus W. Gerster, "Beitrag zur Geschichte einiger Bezeichungen für Gasthaus, besonders fr. taverne - hôtel - auberge", *VRo* 9 (1946/47) 57-151; [= TL Gerster Gasthaus].

Gesch L. Geschiere, *Eléments néerlandais du wallon liégeois*, Amsterdam (Noord-holl. Uitgevers) 1950 (Verh. der Koninkl. Nederl. Ak. van Wetenschappen. Afd. Lett. Nieuwe reeks, 53,2); [= FEW Gesch].

Gesenius W. Gesenius, *Hebräisches und chaldäisches Handwörterbuch über das Alte Testament*, Leipzig (Vogel) ⁶1863.

GesteDucsBourgK Chronique 'de propagande' pour la Bourgogne, en vers alex., intitulée par l'éditeur 'La geste des ducs Phelippe et Jehan de Bourgongne, 1393-1411'; hain. 1411 (dernier fait; av. 1419); ms. Paris Institut de France 323 (anc. Commune 338, in-fol. 338) [Namur 1445]; p. p. J. M. B. C. Kervyn de Lettenhove, *Chroniques relatives à l'histoire de la Belgique sous la domination des ducs de Bourgogne* [t. 2], Bruxelles (Hayez) 1873, 259-572; [= TL Geste des ducs de Bourg.]. Il suit dans le vol. → PastoraletK; précède → TrahFranceK.

GesteFrancorM La *Geste francor*, cycle d'épopées en vers décasyll. de la geste de Charlemagne réuni prob. fin 12ᵉ s. ou déb. 13ᵉ s. mais perdu sous sa forme originale; réd. transmise: francoit. 1ᵉʳ q. 14ᵉ s.; ms. Venezia Marc. fr. XIII (256) [francoit. 1ᵉ m. 14ᵉ s.]; ms. complet p. p. L. Zarker Morgan, *La Geste Francor. Edition of the chansons de geste of MS. Marc. Fr. XIII (=256)*, 2 vol., Tempe Ariz. (Med. & Ren. St.) 2009. Travail énorme; gloss. complet problématique (*cre* [=*crer*] / *croire*, etc.: un gloss. ne doit pas traduire mais classifier), dict. de référence impossibles (surtout 'Greimas', 'Hindley', BattAl). C.r. Beretta MedRom 35,196-199. Peut se citer par sigles individuels des branches: → BueveFrancoitM, BertaMo, KarletoM, BertaMilMo, EnfOgFrancoitM, OgDanAlM, MacaireMo.

GesteFrancorR id.; A. Rosellini, *La 'Geste Francor' di Venezia*, Brescia (La Scuola) 1986; [= Boss² 6522]. Contient → BueveFrancoitRo, BertaR, KarletoRo, BertaMilR, EnfOgFrancoitR, OgDanAlR, MacaireR. C.r. étendu: Capusso StMVolg 34,183-207: à utiliser avec précaution.

GesteMonglGirD Chanson de trois gestes du cycle de Guillaume d'Orange, traitant des descendants de Garin de Monglane, Hernaut de Beaulande (= GesteMonglHernD), Renier de Gennes (= GesteMonglRenD) et Girart de Vienne (= GesteMonglGirD) formant un ensemble, en laisses de décasyll. rimés; pic. 2ᵉ m. 14ᵉ s.; ms. Eugene OR Univ. Spec. Coll. CB.B.54 (anc. Cheltenham Phillipps 26092) [fin 15ᵉ s.]; p. p. D. M. Dougherty – E. B. Barnes – C. B. Cohen, *La geste de Monglane*, 1. *Hernaut de Beaulande*; 2. *Renier de Gennes*; 3. *Girart de Vienne*, Eugene Oreg. (Univ. of Oregon Books) 1966; [= TL Geste de Monglane I/II/III; Boss² 1204]. À consulter avec précaution: c.r. Hackett RoPh 22,121-122; Lecoy R 88,561-562. Cf. → GalienD.

GesteMonglHernD → GesteMonglGirD.

GesteMonglPrK Geste des descendants de Garin de Monglane, Hernault, Millon, Renier, Girart, Galien et Aymeri, version en prose qui intègre un Voyage à Jérusalem et qui ajoute l'Histoire de la reine Sibille; pic. 3ᵉ q. 15ᵉ s.; ms. Ars. 3351 [3ᵉ q. 15ᵉ s.]; à l'exclusion de Sibille p. p. H.-E. Keller, *La Geste de Garin de Monglane en prose*, s. l. [Aix-en-Provence] (CUER MA) 1994 (Senefiance 35).

GesteMonglRenD → GesteMonglGirD.

GesteRomB Trad. fr. (incomplète, v. éd. p. XXIV) des *Gesta romanorum* (lat. 1ᵉʳ q. 14ᵉ s., 1ᵉʳ ms. de 1342, v. P. Hommer, *G. r. deutsch*, thèse München 1968, texte lat. p. p. W. Dick, Erlangen 1890; 1ᵉʳ imprimé ca. 1472 [p. p. A. Keller, Stuttgart 1842]), collection de récits moraux, anonyme; texte fr. imprimé [éd. XXIII: «après avoir circulé quelque temps en manuscrit»; le texte ne semble pas antérieur au déb. du 16ᵉ s.] sous le titre de *Violier des histoires rommaines* en 1521 (et plus souvent); p. p. P.-G. Brunet, *Le Violier des histoires romaines*, Paris 1858 (Bibl. elzévir.). Cette édition utilise les imprimés de Paris (Jehan de la Garde) 1521 (Ars. 4ᵉ H. 1149) et Paris (Denys Janot) 1529 (BN Rés. Z 941). Le prol. n'est que dans l'impr. de 1521. Les deux textes sont presque identiques (même du point de vue de la graphie, ce qui rend incompréhensible le fait que l'éd. ait puisé dans les deux); préférer, après vérification, l'éd. H. Contient une version de → Apol. [Cf. B. Weiske, *Gesta rom.*, Tübingen (Niemeyer) 1992: tradit. lt. et all.]

GesteRomH id.; impr. 1521 p. p. G. Hope, *Le Violier des histoires rommaines*, Genève (Droz) 2002 (T.L.F. 548).

GeusAvL *Geus d'aventure*, poème en quatrains d'octosyll. rimés destiné à un jeu de société où chacun tire au sort un des quatrains; 1ᵉ m. 13ᵉ s.; ms. BN fr. 837 [frc. 4ᵉ q. 13ᵉ s.]; p. p. A. Långfors, dans → RagemonL p. 11-16; [= TL Jeu de soc.]. Source de → Ragemon.

GeusAvJ id.; p. dans → JubJongl p. 151-157.

GhatrifT Traité de fauconnerie traduit, à la suite de → Moam, du latin; francoit. (Lomb.) 1272; p. dans → MoamT p. 255-299; [= TL Ghatrif].

GigotDocHMarne J.-G. Gigot, "Les plus anciens documents en langue vulgaire conservés aux archives de la Haute-Marne", *Bull. philolog. et hist. du Comité des travaux hist. et sc. (Sect. d'hist. et de phil.), année 1959*, Paris 1960, 171-220. Doc. (essentiellement lorr.mérid.) de 1210 à 1254. Cp. → DocHMarneG.

GigotPér J.-G. Gigot, *Recueil des actes médiévaux fondamentaux des archives communales de Péronne (1191-1448)*, Saint-Estève (Fricker) 1983; [= TL Actes Péronne G]. Doc., dont des chartes, en lat. et fr. (pic.): copie en fr. d'un acte de 1278, trad. fr. fin 13ᵉ s. d'une charte de 1209, etc.

GilChinP *Histoire de Gilles de Chin* par Gautier de Tournay, en vers octosyll.; hain. (traits du Valenciennois) 2ᵉ q. 13ᵉ s.; ms. unique Ars. 3140 [1571?]; p. p. E. B. Place, *L'Histoire de Gille de Chyn by Gautier de Tournay*, Evanston – Chicago (Northwestern Univ.) 1941 (Northwestern Univ. Studies in the Humanities 7); [= Boss 3608]. Cp. Rbph 27 (1949) 303-312 (corrections et remarques par A. Henry).

GilChinR id.; p. p. F. A. F. T. de Reiffenberg dans → ReiffenbergMon t. 7 (1847) 1-190; [= TL

GilChinR

Gill. de Chin]. Aussi paru à part: *Gilles de Chin*, Bruxelles (Hayez) 1847.

GilChinPrL id., version en prose, titre: *Messire Gilles de Chin natif du Tournesis*; hain. déb 15^{e}s.; ms. de base Lille Bibl. mun. Godefroy 50 (134) [pic. av. 1467] (L) acéphale, Bruxelles Bibl. roy. 10237 [pic. av. 1467] (B) pour compléter et en var.; p. p. A.-M. Liétard-Rouzé, *Messire Gilles de Chin natif de Tournesis*, Villeneuve d'Ascq (Presses univ. du Septentrion) 2010; c.r. B. Ferrari RLiR 76,562-568 et, puisqu'il est bon, de nouveau dans RLiR 77,282-287.

GilChinPrC id., ms. de base Bruxelles; p. p. R. Chalon, *La Chronique du bon chevalier Messire Gilles de Chin*, Mons (Hoyois - Derely) 1837 (Soc. des Bibliophiles de Mons 4); [= Boss 5227; Wo 67; Wos 67]. Avec un glossaire sans renvois! [Ex. accessible: Bruxelles Bibl. roy. R 2382/4.]

GilMuisK Gilles li Muisis, poésies; hain. (Tournai) 1350 (écrit à partir de pâques 1350, terminé av. déc. 1352); ms. Bruxelles Bibl. roy. IV 119 (anc. Ashburnham 20) [ca. 1353], BL Add. 16636 [19^{e}s.] copie de Brux.; p. p. J. M. B. C. Kervyn de Lettenhove, *Poésies de Gilles li Muisis*, 2 vol., Louvain (Lefever) 1882; [= TL GMuis.]. Transcription très peu sûre, v. T. Matsumura DWall 29/30,87-95. À rééditer. Étude lexicale: → SchelerGil. Le ms. Bruxelles Bibl. roy. 13076-77 [Tournai? ca. 1351] contient les *Annales* écrites par Gilles, lat. sauf le récit en vers octosyll. *Oedes plains de devotion* (320 vers, éd. p. 437-448) et un autre sur Andrieu de Florence et Jehan des Prets, incip. *Tous temps aime qui est amis* (extraits, p. 299-303), p. p. J. J. De Smet *Corpus Chronicorum Flandriae*, II, Bruxelles (Hayez) 1841.

GilMuisG⁰ id., éd. des ch. 1-9: Prol., Registre sur les religieux (Moines noirs / Bénédictins, Nonnains, Beghines, Ordres mendiants); p. p. É. Goudeau, *Gilles le Muisit. Registre*, thèse Clermont-Ferrand 2009. Remplace éd. K 1,1-283.

GilTrasW *Histoire de Gilion de Trasignyes et de sa dame Marie, sa femme*, roman d'aventures d'un chevalier marié en toute honnêteté à deux épouses, l'une chrét., l'autre sarrazine convertie, en prose; ca.1450; ms. de base Jena El. f. 92 f°94 [2^{e}m. 15^{e}s.], autres mss. Bruxelles Bibl. roy. 9629 [2^{e}m. 15^{e}s.] anoure, Chatsworth House Derbyshire [1464], Dülmen Westf. Herzöge von Croy [1458] perdu en 1945?; p. p. O. L. B. Wolff, *Histoire de Gilion de Trasignyes et de Dame Marie, sa femme*, Leipzig (Brockhaus) – Paris (Desforges) 1839; [= TL Gilion de Tras.; Wo 68].

GilVinM Cinq chansons de Gilles le Vinier d'attribution sûre (mort en 1252, frère de Guillaume le Vinier); art. 2^{e}q. 13^{e}s.; ms. de base des pièces 1, 2, 4, 5 chansonnier **T** (BN fr. 12615), de 3 **A**, en var. **C**, **K**, **M**, **N**, **P**, **X**, **b**; p. p. A. Metcke, *Die Lieder des altfranzösischen Lyrikers Gille le Vinier*, thèse Halle (Kaemmerer) – Wittenberg 1906; [= Boss 2347].

GildeaRel M. Gildea, *Expressions of religious thought and feeling in the Chansons de geste*, thèse Washington 1943 (réimpr. New York, AMS Press, 1969); [= Boss 109].

GilebBernW Pièces lyriques du trouvère Gilebert de Berneville; pic. 3^{e}q. 13^{e}s.; mss.: BN fr. 846 [2^{e}m. 13^{e}s.] (O), BN fr. 1591 [mil. 14^{e}s.] (R), BN fr. 24406 [3^{e}t. 13^{e}s.] (V), BN fr. 845 [3^{e}t. 13^{e}s.] (N), BN nfr. 1050 [2^{e}m. 13^{e}s.] (X), BN fr. 847 [4^{e}q. 13^{e}s.] (P), BN fr. 20050 [lorr. 3^{e}t. 13^{e}s.] (U), BN fr. 844 [pic. 2^{e}m. 13^{e}s.] (M), BN fr. 12615 [art., 1e partie 4^{e}q. 13^{e}s.] (T), BN fr. 1109 [pic. 1310] (Q), Ars. 5198 [déb. 14^{e}s.] (K), Bern 389 [lorr. fin 13^{e}s.] (C), Vat. Reg. lat. 1490 [déb. 14^{e}s.] (a), Vat. Reg. lat. 1522 [déb. 14^{e}s.] (b), BL Egerton 274 [fin 13^{e}s.] (F), Oxford Bodl. Douce 308 [Metz ca. 1320] (I); p. p. H. Waitz, "Der kritische Text der Gedichte von Gillebert de Berneville mit Angabe sämtlicher Lesarten nach den Pariser Handschriften", *Beiträge zur romanischen Philologie, Festgabe für Gustav Gröber*, Halle (Niemeyer) 1899, p. 39-118; [= TL Gilleb. de Bernev.; Boss 2345; Hol 1542]. Des commentaires supplémentaires (langue du texte et des mss.) se trouvent dans ZrP 24 (1900) 310-318. Gdf attribue à tort → ChansArtB XXIV à cet auteur.

GilebBernF id.; mss. de base différents; p. p. K. Fresco, *Gillebert de Berneville. Les poésies*, Paris – Genève (Droz) 1988 (T. L. F. 357); [= TL Gilleb. de Bernev. F]. Bonne édition.

GilebBernH id.; seul ms. utilisé Ars. 5198 [déb. 14^{e}s.]; p. p. M. d'Hartoy, *Gillebert de Bernville*, Paris (Vrin) 1974; [= TL Gilleb. de Bernev. H; Boss^2 4484]. Edition peu fiable, gloss. sans renvois (!).

GilebBernS id.; en utilisant plusieurs mss. p. dans → TrouvBelg^1 p. 52-127.

GilliéronCollis J. Gilliéron, "Les conséquences d'une collision lexicale et la latinisation des mots français", *Bibl. de l'Ec. des Hautes Etudes* 230,2 (1921) 55-74; [= FEW GilliéronCinq].

GilliéronFaillite J. Gilliéron, *La faillite de l'étymologie phonétique*, Neuveville 1919; [= FEW GilliéronFaillite].

Ginsberg F. Ginsberg, *Die Privatkanzlei der Metzer Patrizierfamilie de Heu (1350-1500). Teil I. - Kapitel A. Das Chartular von 1352*, Berlin (Neumann) 1913. Le travail complet dans *Jahrbuch der*

Ges. für lothr. Gesch. u. Altertumsk. 26, 1914, 1-215 (à l'origine thèse Berlin 1912); [= FEW Ginsberg]. Textes lorr. (Metz) à partir de 1290. Juxtapose qqs. doc., p.ex. de 1308, et des copies dans le cartulaire de 1352: intéressant.

GirAmCharlM Girard d'Amiens, *Charlemagne*, poème épique en ca. 23000 alex., composé de trois parties, I et II exploitant → GrChron, III → Turpin[2]; pic. ca.1305; ms. BN fr. 778 [1^{e}m. 14^{e}s.], BN nfr. 6234 [2^{e}t. 14^{e}s.], Leiden Univ. Ltk 576 [déb. 14^{e}s.] (IIIe livre seulement); p. p. D. Métraux, *A critical edition of Girart d'Amiens' L'Istoire le Roy Charlemaine*, 3 vol., Lewiston N.Y. – Queenston – Lampeter (Mellen) 2003 (St. Fr. Lit. 72). Cf. R 80 (1959) 433-446.

GirRossAlH Girart de Rossillon, chanson de geste version en alexandrins; bourg. ca. 1334; ms. de base Montpellier Ec. de Méd. 349 [mil. 14^{e}s.] (S), lacunes de ce ms. complétées de BN fr. 15103 [1417] (P) (vers impr. en ital.), en var. aussi Bruxelles Bibl. roy. 11181 [1^{e}m. 15^{e}s.] (B) et Montpellier Ec. de Méd. 244 [fin 15^{e}s.] (M) (ce ms. a été copié: Troyes 742 [18^{e}s.] et Ars. 3322 [18^{e}s.]); p. p. E. B. Ham, *Girart de Rossillon, poème bourguignon du XIVe siècle*, New Haven (Yale Univ. Press) 1939 (Yale Romanic St. 16); [= TL Gir. Ross. Ham; Boss 426; Hol 725].

GirRossAlM id.; ms. de base BN fr. 15103; p. p. T. J. A. P. Mignard, *Le Roman en vers de très-excellent, puissant et noble homme Girart de Rossillon, jadis duc de Bourgoigne*, Paris (Techener) – Dijon 1858 (réimpr. Amsterdam, Rodopi, 1972); [= TL Gir. Ross.; FEW GirRossb; Boss 425].

GirRossDécH *Girart de Rossillon*, version originale décasyllabique; frpr. (Vienne) 3^{e}q. 12^{e}s. [éd. p. 480: entre 1136 et 1180; PfisterGir: entre 1155 et 1180; influences occ. et fr.]; ms. de base Oxford Bodl. Canonici Misc. 63 [1^{e}m. 13^{e}s.] (O), en var. BL Harl. 4334 [lorr. 2^{e}m. 13^{e}s.] ms. francisé (L), BN fr. 2180 [Quercy? mil. 13^{e}s.] (P), Nancy Univ. 10 [fragment de cinq feuillets du déb. du 13^{e}s., très francisé; Meyer l'appelle «de Passy»] (N), Fragment perdu (très francisé, 2^{e}m. 13^{e}s.) ayant appartenu à M. Revillout, p. p. C. Chabaneau, *RLaR* 33 (1889) 133-137 (R); p. p. W. M. Hackett, *Girart de Roussillon, Chanson de geste*, 3 vol., Paris (Picard) 1953-1955 (SATF); [= TL Gir. Ross. Hackett; FEW GirRouss (par erreur aussi GirRossb)]. Concordance avec l'éd. GirRossDécLM ici, en appendice.

GirRossDécM id.; ms. O, v. 1-2677 avec les mss. L et P en regard; p. p. C. A. F. Mahn, *Die epische Poesie der Provenzalen. Erster Band* [seul paru]: *Girartz de Rossilho*, Berlin (Dümmler) 1883-1886. Concordance avec l'éd. GirRossDécH ici, en appendice.

GirRossDécLS id.; ms. francisé L (2^{e}m. 13^{e}s.); éd. diplomatique; p. p. J. J. Stürzinger, "Der Londoner Girart", *RoSt* 5 (1880) 203-282; [= Boss 406; Hol 647]. La numérotation des laisses concorde avec celle donnée en chiffres arabes dans → GirRossDécH [169ss.].

GirRossDécLM id.; ms. francisé L (2^{e}m. 13^{e}s.); p. p. F. Michel, *Gérard de Roussillon, chanson de geste ancienne, publiée en provençal et en français d'après les manuscrits de Paris et de Londres*, Paris (Jannet) 1856 (Bibl. Elzévirienne) p. 285-396; [= Boss 407; Hol 645]. Éd. périmée. Correspond aux vers 2882-4453; 4517-4897; 5141-5580; 7496-7740; 7802-8866 de l'éd. Hackett; concordance v. en app.

GirRossDécNM id.; fragment très francisé N (déb. 13^{e}s.) (= éd. Hackett 4744-4811 et 4989-5071); p. en partie (éd. Hackett 4744-4811) par P. Meyer, *JREL* 11 (1871) 126-129.

GirRossDécNP id.; p. p. M. Pfister dans → MélWartb^2 1, 391-420.

GirRossDécOF id.; ms. O (1^{e}m. 13^{e}s.); éd. diplomatique p. p. W. Foerster, "Der Oxforder Girart", *RoSt* 5 (1880) 1-201; [= TL GRoss. Oxf.; Boss 406; Hol 646].

GirRossDécOM id.; vers 1-8874 p. p. C. A. F. Mahn, *Gedichte der Troubadours in provenzalischer Sprache*, Berlin (Dümmler) 1856-1873 (t. I [1856] 217-332: v. 1-657, t. II [1862] 73-96: v. 658-3190, t. III [1873] 203-276: v. 3191-8874); [= TL Mahn Gedichte]. Suite: → GirRossDécOS.

GirRossDécOS id.; vers 8875-10002 p. p. K. Schweppe, *Etudes sur Girart de Rossilho, chanson de geste provençale, suivis* (sic) *de la partie inédite du ms. d'Oxford*, Stettin (Bornemann) 1878; [= Boss 413]. Suite de → GirRossDécOM. Mauvais, cf. R 8, 128s.

GirRossDécPH id.; ms. P (13^{e}s.); p. p. K. Hofmann dans C. A. F. Mahn, *Die Werke der Troubadours in provenzalischer Sprache*, Epische Abtheilung, erster Band: *Girartz de Rossilho nach der Pariser Handschrift herausgegeben*, Berlin (Dümmler) 1855. Corrections après collation du ms. p. F. Apfelstedt *RoSt* 5 (1880) 282-295; [= TL GRoss. *et* Mahn Werke (t. 1); Boss 406; 408; Hol 644].

GirRossDécPM id.; p. dans → GirRossDécLM p. 1-283 [f°82 = p. 201].

[GirRossDéc v. aussi → HackettGir et PfisterGir.]

GirRossPrM *Girart de Rossillon*, première version en prose; bourg. 2^{e}m. 13^{e}s.; ms. BN fr. 13496

GirRossPrM

[bourg. fin 13ᵉs.] f°217ss.; p. p. P. Meyer, "La légende de Girart de Roussillon", *R* 7 (1878) 161-235 (texte 179-225, pages impaires, texte latin en regard); [= TL Leg. Gir. Rouss.; Wo 69].

GirRossWauqM *Girart de Rossillon*, version en prose par Jean Wauquelin; 1447; ms. Beaune Arch. Hospit. 7 [1469], autres mss. non utilisés: Bruxelles Bibl. roy. II 5928 [2ᵉm. 15ᵉs.], BN fr. 852 [2ᵉm. 15ᵉs.], BN fr. 12568 [16ᵉs.], Wien 2549 [2ᵉm. 15ᵉs.]; p. p. L. de Montille, *Chronicques des faiz de feurent Monseigneur Girart de Rossillon, a son vivant duc de Bourgoingne, et de dame Berthe sa femme, fille du comte de Sans, que Martin Besançon fist escripre en l'an MCCCCLXIX*, Paris (Champion) 1880 (Publ. de la Soc. d'Arch. de Beaune); [Wo 70; Wos 70; Boss 428]. Un résumé de cette version a été incorporé en 1447-1448 dans le roman de Charles Martel, v. Wo 71, Wos 71 et Boss 429.

GirVianeE Girart de Viane (Vienne), chanson de geste du cycle de Guillaume d'Orange, par Bertrand de Bar (sur Aube), en laisses assonancées; champ.mérid. déb. 13ᵉs.; ms. de base BL Roy. 20 B.XIX [traits bourg. ca. 1270] (G), en var. BL Harl. 1321 [traits norm.or. ca. 1255] (H), BL Roy. 20 D.XI [traits pic., prob. Paris ca. 1335] (B), BN fr. 1448 [lorr.mérid. 3ᵉq. 13ᵉs.] (D), BN fr. 1374 [scribe A: frpr. ca. 1260] (S), Saint Andrews Univ. MS PQ 1463.G78 [13ᵉs.] (U) fragm., Vesoul s.c.? [2ᵉm. 13ᵉs.] (V) fragm.; p. p. W. van Emden, *Girart de Vienne par Bertrand de Bar-sur-Aube*, Paris (Picard) 1977 (SATF); [= TL GVienne v. E; Boss² 1192].

GirVianeB id.; extraits du ms. BN fr. 1448 (D) p. dans → FerabrasB p. XII-LIII; [= TL GViane]. [Vers 1185 = GirVianeE 4031.].

GirVianeT id.; p. p. P. Tarbé, *Le roman de Girard de Viane par Bertrand de Bar-sur-Aube*, Reims (Regnier) 1850; [= TL GViane T; Boss 433].

GirVianeY id.; ms. G p. p. F. G. Yeandle, *Girart de Vienne, chanson de geste, ed. according to Ms. B XIX (Royal) of the British Museum*, New York (Columbia University Press) 1930; [= TL GVienne Y].

GiraudDr C. Giraud, *Essai sur l'histoire du droit français au moyen âge*, 2 vol., Paris (Videcoq) 1846. Publie nombre de chartes, statuts et coutumes lat., occ. et fr. Contient, 2,268-328, → ContBourgDG, puis, dans ce vol., Cout. Beaune 1370 (?) et Cout. Châtillon s. S. 1371.

GirySOmer Documents divers (Registre aux bans de Saint Omer (*Che sont li ban et les cueres de le vile de Saint Omer*), etc.) publiés comme pièces justificatives dans A. Giry, *Histoire de la ville de Saint-Omer et de ses institutions jusqu'au XIVᵉ siècle*, Paris (Vieweg) 1877 (Bibl. de l'École des Hautes Études 31). Orig. fr. (pic.) à partir de 1222 (cp. Drüppel 134). Cité par Gdf sans réf. suffisante (St-Omer Arch. AB XVIII.16 [fin 13ᵉs. et ajouts] et sim.), mais avec les nᵒˢ de Giry.

GlAbsinthH Glossaire lat.-angl.-fr. au contenu botanique, en ordre alphabétique (par lettre), non sans rapports avec → GlAlph, suivi d'une liste d'herbes lat.-angl.-fr. selon leur qualité dans l'humorisme; agn. ca.1300; ms. BL Add. 15236 [agn. (Irl.) f°1-50 ca. 1300, puis déb. 14ᵉs.] f°2-13; p. p. T. Hunt, "The botanical glossaries in MS London B.L. Add. 15236", *Pluteus* 4-5 (1986-1987) 101-150, spéc. 108-122; 139-144; [= AND Bot Gloss].

GlAcaciaH Glossaire lat.-lat.-fr.-angl. botanique, en ordre alphabet. (par lettre), suivi d'une liste d'herbes lat. selon leur qualité dans l'humorisme; agn. ca. 1300; ms. BL Add. 15236 [agn. (Irl.) f°1-50 ca. 1300, puis déb. 14ᵉs.] f°14-24; p. dans → GlAbsinthH 122-135; 145-150; [= AND Bot Gloss].

GlAlphM Glossaire botanique et médical, basé sur l'Antidotarium Nicolai (cp. → AntidNic), sur Simon Januensis et d'autres, à ordre alphabétique défectueux, débutant dans plusieurs mss. par *Alphita (et) farina ordei* et appelé par qqs. mss. *Breve nominale physicorum*; le premier état date de 1ᵉm. 13ᵉs., le contenu pouvant sensiblement varier, il faut dater les gloses d'après les dates des mss.; ms. de base Oxford Bodl. Arch. Selden B.35 [agn. ca. 1400] (éd. G: ca. 1465) lettres A-Si, complété par (et var. de) BL Sloane 284 [agn. 1ᵉm. 15ᵉs.]; autres mss.: Bamberg Staatsbibl. Med. 8 [L.III.15] [mil. 13ᵉs.], Sevilla Bibl. Colombina 5.6.31 [ca. 1300], Kassel Landesbibl. 4° Ms. med. 17 [14ᵉs.], BN lat. 6957 [15ᵉs.], BN lat. 6964 [1301-05] (éd. G. ca. 1400), BN lat. 6988 A [14ᵉs.], BN lat. 7056 [2ᵉm. 13ᵉs.], Oxford Bodl. Ashmole 1470 [agn. 2ᵉm. 13ᵉs.], Roma Bibl. Angelica 1506 (V.3.13) [mil. 13ᵉs.], München lat. 615 [cette partie 14ᵉs.], Oxford Bodl. Digby 69 [agn. ca. 1300], Oxford New Coll. 168 [14ᵉs.], Cambridge Gonville and Caius Coll. 95 (47) [15ᵉs.], Vat. Pal. lat. 1260 [2ᵉm. 13ᵉs.], Bern 295 [13ᵉ/14ᵉ], Oxford Bodl. Bodley 761 [agn. ca. 1365] f°57v°-71v°, BL Roy. 12 B.III [cette partie déb. 14ᵉs.], BL Roy. 12 D.XII [fin 14ᵉs.], BL Sloane 5 [cette partie agn. ca. 1340]; BL Sloane 521 [14ᵉs.], BL Sloane 3018 [14ᵉs.], etc., v. éd. G, identité des mss. à vérifier; p. p. J. L. G. Mowat, *Alphita. A medico-botanical glossary*, Oxford (Clarendon) 1887 (Anecdota Oxon., Med. & Mod. Ser. I,2); [= FEW Alphita; AND Alph; Dean 311]. Un ms. Toulouse, cité par l'éd., n'existe pas. V. aussi → MenschingSin.

GlAlphG id.; ms. de base Oxford Bodl. Ashmole 1470 [agn. 2ᵉm. 13ᵉs.] (O; éd.: fin 14ᵉs. et ca. 1400), corr. par Roma Bibl. Angelica 1506 (R) et München lat. 615 (M), d'autres en var.; p. p. A. García González, *Alphita. Edición crítica y comentario*, Firenze (SISMEL – Ed. del Galluzzo) 2007 (Ed. naz. La Scuola Med. Salern.).

GlAlphR id., mais basé sur des mss. sensiblement différents de ceux de l'éd. M, il y a notamment moins de gloses fr.; ms. de base BN lat. 6964 [1305], complété ('confrontato') avec BN lat. 6957 [15ᵉ s.]; p. p. S. de Renzi, *Collectio salernitana*, t. 3, Napoli 1854, 271-322. Le glossaire commence par *alphita*, mais l'éd. a redressé l'ordre alphabétique défectueux, de sorte que l'ordre des gloses se trouve bouleversé. Édition peu fidèle.

GlAngelusP Glossaire lat.-fr. classé dans trois ordres: noms, adv. etc. (en gros alph.), chiffres (logique), verbes (alph.), incipit *Angelus : angele, Aer : l'ier*; traits pic. et Nord-Est, prob. 1409 (ou 1410); ms. Wien 2598 [Nord-Est prob. 1409 ou 1410]; p. p. O. Pausch, *Vocabula francusia (CVP 2598) von 1409/10. Ein Glossar aus dem Umkreis König Wenzels IV. Mit einem sprachhistorischen Beitrag und Textkommentaren von Hans Goebl*, Wien (Österr. Ac.) 2010. Publ. lamentable; c.r. Dörr Lexicographica 27 (2011) 325-327; Kramer ZrP 128,581-583, cp. Revol RLiR 76,539-540.

GlAngers Glossaire fr.-lat. à 'structure notablement originale'; traits de l'Ouest, mil. 15ᵉ s.; ms. Angers Bibl. mun. 497-498 (481) [mil. 15ᵉ s.] contenant les lettres G-P et Q-Z (A-F perdues) et incorporant qqs. textes lat. et fr.; cf. B. S. Merrilees et Françoise Vielliard, "La Vaillance des Marseillaises. Un poème français du XVᵉ siècle en l'honneur des femmes (Angers, Bibl. mun. 498, f. 428-433)", *R* 120 (2002) 28-62. Edition du poème p. 56-62.

GlArbR Glossaire lat. – fr. transcrit par un écolier d'Arbois; frcomt. déb. 14ᵉ s.; ms. BN lat. 8653A [Arbois déb. 14ᵉ s.]; p. p. U. Robert, "Un vocabulaire latin-français du XIVᵉ siècle, suivi d'un recueil d'anciens proverbes", *BEC* 34 (1873) 33-46, spéc. 34-38; [= TL Voc. Arbois]. Suivi, p. 38-46, de → ProvArbR.

GlAruchP¹ Le Petit Aruch, Sefer ha-'Aruk ha-Qacer, abrégé du dictionnaire talmudique de Nathan ben Yehiel de Rome (an 1101); av. 1290; ms. München hebr. 390 (anc. Regensburg Praedicantenkloster) [hébr. 14ᵉ s.]; p. p. J. Perles, *Beiträge zur Geschichte der hebräischen und aramäischen Studien*, München (Ackermann) 1884, 20-112, texte p. 77-112; [= LevyTrés QI].

GlAruchP² id.; ms. Bern 200 [1290]; extraits p. p. J. Perles, "Die Berner Handschrift des kleinen Aruch", *Jubelschrift zum siebzigsten Geburtstage des Prof. Dr. H. Graetz*, Breslau (Schottlaender) 1887, 1-38; [= LevyTrés QII].

GlBNᴅ Gloses, accompagnant une partie des Prophètes (Josué, Juges, Samuel) et des extraits du comm. de Raschi sur 1 Sm; 13ᵉ s.; ms. BN hébr. 86 [hébr. 13ᵉ s.]; [= LevyTrés d]. Datation du ms. par B. Richler.

GlBNhébr301K Glossaire biblique comprenant plus de 10000 gloses fr.; lorr.sept. 3ᵉ q. 13ᵉ s.; ms. BN hébr. 301 [hébr. 3ᵉ q. 13ᵉ s.]; éd. partielle p. p. Marc Kiwitt, *Les gloses françaises du glossaire biblique B.N. hébr. 301. Édition critique partielle et étude linguistique*, Heidelberg (Winter) 2013 (R.T.M. 2); [ms. = LevyTrés B]. Traite env. 14 fᵒˢ sur 128; GlBNhébr301K⁰ désigne des matériaux accueillis avant publication. C.r.-étude Roques RLiR 78,583-596 [considérer les traditions glossographiques suprarégionales].

GlBNhébr302L Glossaire biblique hébreu – français; traits de l'Est et du Sud-Est, 1240; ms. BN hébr. 302 [hébr. 1240]; p. p. M. Lambert – L. Brandin, *Glossaire hébreu – français du XIIIᵉ siècle. Recueil de mots hébreux bibliques avec traduction française*, Paris (Leroux) 1905; [= LevyTrés A].

GlBNhébr1243 Glossaire hébr. – fr. alphabétique (par racine) compilant plusieurs traditions glossographiques; Sud-Est prob. 3ᵉ t. 14ᵉ s.; [= LevyTrés G].

GlBNlat4120ᴀ Glossaire alphabétique lat.-fr. (n'étant pas un Abavus), incipit *Absconsa, e, esconse – Zizania, gergerie*; daté de 1352; ms. BN lat. 4120 [cette partie lorr. 1352] fᵒ122rᵒ-125rᵒ; cité par DC et Gdf; [fᵒ114rᵒ-121vᵒ → GlBNlat4120ᴏ]; porte dans → RoquesLex le sigle *Abs*.

GlBNlat4120ᴏ Glossaire onomasiologique en rapport avec → JGarl; daté de 1348; ms. BN lat. 4120 [cette partie lorr. 1348] fᵒ114rᵒ-121vᵒ; cité par DC et Gdf [mat. aux renvois err. parfois retrouvables dans → Aalma].

GlBNlat7684M Glossaire fr. – lat.; Centre-Ouest 2ᵉ q. 15ᵉ s.; ms. BN lat. 7684 [2ᵉ q. 15ᵉ s.]; p. p. B. S. Merrilees – J. Monfrin, *Glossarium gallico-latinum – Le glossaire français-latin du ms. Paris lat. 7684*, dans → GlMontpAG p. 141-269. [Cité dans le FEW sous l'abrév. 'GlPar7684'.]

GlBNlat8246M Petit glossaire d'une page de ms.; ca. 1286; ms. BN lat. 8246 [ca. 1286] fᵒ106 rᵒ; p. p. P. Meyer, "Anciennes gloses françaises, 2: Gloses du Ms. B. N. lat. 8246", *R* 24 (1895) 170-173; [= TL Par. Gloss. 8246; AND Rom 24]. [= DC Vetus Gloss. Lat. Gall. Ms. ex Biblioth. Thuan. 525.]

GlBâleB Glossaire biblique partiel, hébreu – français, appelé Glossaire de Bâle; champ.mérid. 1ᵉʳ q. 13ᵉ s. (les gloses de ce glossaire, tout

GlBâleB

comme celles de la plupart des autres gloss. hébr., remontent en partie au 12ᵉs. et même au 11ᵉs. [Raschi]); ms. Basel A III 39 [hébr. 1ᵉʳq. 13ᵉs.]; p. p. M. Banitt, *Le Glossaire de Bâle*, 2 vol., Jérusalem 1972 (Publ. de l'Acad. Nationale des Sciences et des Lettres d'Israël, Section des Lettres; Corpus Glossariorum Biblicorum Hebraico-Gallicorum Medii Aevi, Tomus primus); [= TL Gloss. de Bâle B; Boss² 5472; cp. LevyTrés C]. Glossaire incomplet.

[GlBâleAIII39B → GlBâleB.]

GlBerechiahW Deux douzaines de gloses fr. dans le commentaire sur Job par Berechiah (= Berechiah ben Natronai Crispia Nakdan?); fin 12ᵉs.?; ms. Cambridge Univ. Dd.VIII.53 [hébr. 13ᵉ/14ᵉs.]; p. p. W. A. Wright, *A commentary on the book of Job*, London (Williams & Norgate) 1905; [= LevyTrés f]. Cf. → BerechiahG, LapidBerechiah.

GlBereschitWT Gloses accompagnant les commentaires au traité Bereschit Rabba, commentant la Genèse; 2ᵉm. 11ᵉs.; une couche de 106+11 (dont 9 doubles) gloses anciennes (originales) se trouve dans deux mss., Padova (perdu?, l'éd. utilise une copie, v. éd. p. 361n1 et cf. Epstein dans *Magaz. für die Wiss. des Judenthums* 14, 1887, 1-17) et Oxford Bodl. Opp. Add. fol. 3 [hébr. séf. déb. 16ᵉs.] et dans une éd. Venezia 1567 (40 gloses et 17 supplémentaires); p. p. J. Theodor, "Die Laazim in den alten Kommentaren zu Bereschit Rabba", *Festschrift Adolf Schwarz*, Berlin – Wien (Löwit) 1917, p. 361-388; [= LevyTrés w (mentionne l'éd. Venezia)]. L'éd. ajoute des attestations supplémentaires tirées de Raschi, GlGersch, MachsorS, GlBNhébr302L, GlAruch et d'autres.

[GlBerlin233 → Fevres.]

GlBodl730H Gloses agn. contenues dans des fragm. de glossaires lat.-aangl.-agn.; agn. déb. 13ᵉs.; ms. Oxford Bodl. Bodley 730 [ces parties agn. déb. 13ᵉs.] spéc. f°144r°a-144v°b, f°145r°b, aussi 146r°b; p. p. T. Hunt, "The Old English vocabularies in MS Oxford, Bodley 730", *ESt* 62 (1981) 201-209; [= AND Gloss Bod 730].

GlBodl1466N Gloses françaises (elles-mêmes traduites en latin) traduisant les homonymes hébreux du *Tarschisch* de Moïse Ibn Ezra (déb. 12ᵉs.), poème dont les couplets riment par des homonymes; 1ᵉʳm. 13ᵉs.; ms. Oxford Bodl. Bodley Or. 135 (cat. Neubauer 1466.4) [hébr. 1ᵉʳm. 13ᵉs.]; p. p. A. Neubauer (– E. Boehmer), "Un vocabulaire hébraïco-français", *RoSt* 1 (1872) 163-196 (197-213 contiennent des commentaires de Boehmer; 213-220 = → GlLeipzigB); [= LevyTrés H; TL Rashi]. Classement alphab. par mot hébr., en partie selon l'ordre des livres du texte. Corr. et commentaires dans Blondheim *REJ* 57 (1909) 1-18. Cf. → GlTarschComm.

GlBolognaB Glossaire biblique hébreu – français, fragm. de Isaïe et Job; Est (?) fin 13ᵉs. ou 14ᵉs.; ms. Bologna Arch. St. ebr. 46-47 [hébr. fin 13ᵉs. ou 14ᵉs.]; p. p. C. Bernheimer, "Deux fragments d'un glossaire hébreu-français du XIIIᵉ siècle", *REJ* 75 (1922) 23-43; [= LevyTrés M].

GlBrux9543R Glossaire fr. – fr., alphabét., incip. *abis, c'est c'aucuns ait maniere aperillie...*, précédant dans les mss. → JArkAm (mil. 14ᵉs.; v. éd. P: meilleure éd.) et en expliquant des mots; 2ᵉm. 14ᵉs. (?, date d'un ms.); p. p. F. A. F. T. de Reiffenberg, "Court glossaire roman du XIIIᵉ ou du commencement du XIVᵉ siècle, tiré du MS de la Bibl. royale [de Bruxelles] n° 9543", dans → GilChinR XCII-XCV; [= TL Gl. 9543].

[GlCambr → GlTrin.]

GlCantM Gloses contenues dans un commentaire hébreu sur le Cantique des cantiques, anon.; 13ᵉs.; ms. Oxford Bodl. Opp. 625 [hébr. fin 13ᵉs.]; p. p. H. J. Mathews, "Anonymous commentary on the Song of Songs", *Festschrift zum achtzigsten Geburtstage Moritz Steinschneider's*, Leipzig (Harrassowitz) 1896; [= LevyTrés g].

[GlCedekiahL → SchibbL.]

GlConchR Glossaire alphabétique lat. – fr., très proche de → GlPar; norm. ca. 1350; ms. Conches 1 [1388]; cité en var. à GlParR dans → RoquesLex 1, 241-522; [= FEW GlC].

GlCopteA Glossaire fr. – ar. en écriture copte pour le fr.; prob. fin 13ᵉs. (av. 1291?); ms. BN copte 43 [ca. 1500] deux fragm.; p. p. C. Aslanov, *Evidence of francophony in mediaeval Levant. Decipherment and interpretation*, Jérusalem (Hebr. Univ./Magnes) 2006.

GlCopteM id.; p. p. G. Maspero, "*Le vocabulaire français d'un Copte de XIIIᵉ siècle*", *R* 17 (1888) 481-512.

GlDarmstadtK Glossaire hébreu – français fragmentaire couvrant les prophètes Sophonie 3,8-19, Aggée 1,1-2,19, Zacharie 1,8-4,2 et Malachie 1,13-3,21; Sud-Est mil. 13ᵉs.; ms. Darmstadt Or.56 [hébr. mil. 13ᵉs.]; p. p. Marc Kiwitt, "Un fragment inédit d'un glossaire biblique hébreu-français", → MélMöhren 127-145. C.r. Möhren *RF* 127,213-226, spéc. 219-220.

GlDouaiR Glossaire lat. – fr. du type *Abavus*, basé entre autres sur Papias, attribué à tort à Guillaume Briton; flandr. 4ᵉq. 13ᵉs.; ms. Douai

Bibl. mun. 62 (82; 109) [4ᵉq. 13ᵉs.] f°250v°-259v°b; p. p. M. Roques dans → RoquesLex 1, 3-68; [= FEW GlDouai]. Cp. → GlEvr¹; GlTrier.

GlDouaiE¹ id.; p. p. E.-A. E[scallier], *Remarques sur le patois suivies du vocabulaire latin – français de Guillaume Briton (XIVᵉ siècle)*, Douai (d'Aubers) 1851; [= TL Guil. Brit. *et* Voc. duac.].

GlDouaiE² id.; p. p. E.-A. Escallier, *Remarques sur le patois suivies d'un vocabulaire latin – français inédit du XIVᵉ siècle avec gloses et notes explicatives pour servir à l'histoire des mots de la langue française*, Douai (Wartelle) 1856. Cp. → GlTrier.

GlDouceH Glossaire latin – français (et qqs mots angl.), classé par matières; agn. fin 13ᵉs.; ms. Oxford Bodl. Douce 88 (21662) [agn. 13ᵉs. et 14ᵉs.] f°147-152 [fin 13ᵉs.]; p. p. T. Hunt, "The Anglo-Norman vocabularies in MS Oxford, Bodleian Library, Douce 88", *MedAev* 49 (1980) 5-25; [= AND Gloss Douce MAE; Boss² 5479]. Donne en note des var. d'après → GlStJohn. Contient aussi → GlSynDouceH.

GlDouceH² id.; dans → HuntTeach 1,420-432; [= Dean 305].

GlDouceB id.; éd. non publiée par G. Breuer, mise à contribution au DEAF. [Cf. AND Gloss Douce.]

GlDouceP id.; extraits (268 entrées sur 651) p. p. J. Priebsch, "Ein anglonormannisches Glossar", dans → BaustMuss p. 534-556; [= Vising 326].

GlEvr¹R Glossaire lat. – fr. du type *Abavus*, basé entre autres sur Papias, alphabétique, acéphale (débute par *cloaca : chanbre coie*); traits norm. déb. 14ᵉs.; ms. Evreux lat. 23 [norm. déb. 14ᵉs.] f°149-152; p. dans → RoquesLex 1,69-91; [= FEW GlEvr].

GlEvr¹C id.; p. p. L.-A. Chassant, *Petit vocabulaire latin-français du XIIIᵉ siècle extrait d'un manuscrit de la bibliothèque d'Evreux*, Paris (Aubry) 1857, p. 1-38 [p. 38-47 → GlEvr²C]; [= TL Voc. Evr.]. Cité par Gdf comme 'Petit vocab. lat.-fr. du XIIIᵉs.'. Préf. signée 'A. Ch.'; une 2ᵉ éd. avec qqs. corr. date de 1877.

GlEvr²C Glossaire aux entrées (221 subst.) classées par ordre onomasiologique; traits norm. déb. 14ᵉs.; ms. Evreux lat. 23 [norm. déb. 14ᵉs.] f°153 et 156r°; p. dans → GlEvr¹C p. 38-47.

GlEvr³ Glossaire composé de substantifs, en ordre alphabétique (défectueux); déb. 14ᵉs.; ms. Evreux lat. 23 [norm. déb. 14ᵉs.] f°167r°; inédit (cp. → RoquesLex 1,69 n.).

GlGalbaF Glossaire de termes de droit anglais glosés en agn.; av. 1315; ms. BL Cotton Galba E.IV [agn. 1ᵉʳt. 14ᵉs.]; p. p. M. Förster, "Ein englisch-französisches Rechtsglossar", dans → MélFoerster p. 205-212. Förster suppose que ce gloss. ait été créé vers 1130-1150 pour expliquer la terminologie ags. aux Agn., argument peu utile pour la datation des différentes listes: des glossaires très semblables se trouvent dans plusieurs mss. et sont en partie publiés; les gloses sont souvent diverses ou même contraires; cf. l'introduction de l'éd. (Cf. aussi BL Add. 6159 [agn. (Canterbury) déb. 14ᵉs.] f°16 gloss. de termes de droit; assez accessible: glossaire dans → LAlbR app. II, 3, 453-456, 1ᵉʳq. 14ᵉs.).

GlGerschB Gloses talmudiques attribuées traditionnellement à Gerschom de Metz (ca. 960-1028, Mainz), mais prob. notées plutôt par des disciples d'Isaak ben Juda de Mayence, lui-même disciple de Gerschom; fin 11ᵉs. (et avant); mss. anciens et récents de traités divers: Oxford Bodl. Huntington 200 (Neubauer 416) [hébr.or. 1279] (A), Parma Pal. 2244 [hébr. (It.) 1321], Roma Bibl. Angelica Or.1 [hébr. 12ᵉ/13ᵉs.] (C), Vat. Vatic. ebr. 164 [hébr. (It.) 14ᵉs.], BL Add. 27196 [hébr. (It.) 14ᵉs.] (B³), München hebr. 216 [hébr. (It.) mil. 13ᵉs.] f°210-216; 237-244 (D), etc.; p. p. L. Brandin, "Les gloses françaises (loazim) de Gerschom de Metz", *REJ* 42 [83] (1901) 48-75; 237-252; [84] 72-100; [= LevyTrés PI].

GlGerschK id.; p. p. B. Koenigsberger, *Fremdsprachliche Glossen bei jüdischen Commentatoren des Mittelalters, I. R. Gerschom ben Jehudah*, Pasewalk (chez l'auteur) 1896; [= LevyTrés PII]. Bonnes remarques.

GlGlasgM¹ Glossaire latin – français; agn. mil. 13ᵉs.; ms. Glasgow Univ. Hunter 292 (U.6.10, anc. R.7.14) [Item 2: agn. 3ᵉq. 13ᵉs.]; extrait p. p. P. Meyer, "Bribes de littérature anglo-normande", *JREL* 7 (1866) 37-38; [= TL Gl. Glasg. Jahrb.; AND Gloss Glas (1); Vising 323].

GlGlasgM² id.; extraits p. p. P. Meyer, "Notices et extraits de manuscrits conservés au Musée Huntérien, à Glasgow", *Archives des Missions scientifiques et littéraires*, 2ᵉ sér., t. 4 (1867) 156-159; [= TL Gl. Glasg.]. A été publié aussi dans P. Meyer, *Documents manuscrits de l'ancienne littérature de la France conservés dans les bibliothèques de la Grande-Bretagne*, 1ᵉ partie, Paris 1871, p. 123-126; [= AND Gloss Glas (2); Vising 323].

GlGlasgE id.; corr. à M¹ et M² et éd. des parties inédites p. p. A. Ewert, "The Glasgow Latin-French glossary", *MedAev* 25 (1956) 154-163; [= AND Gloss Glas (3); Boss² 5477].

GlGlasgH

GlGlasgH id.; dans → HuntTeach 1,401-419; [= Dean 306].

GlGuillI Glossaire arabe – français, en bonne partie médical, d'un certain Willame (qui travaille en Orient avec un musulman converti), titre: *Ces sunt cynonimes de mesire Willame li pulains, chevalier, et mestre Jaques Sarasin le ypoticaires, noveau crestien, translatés de langue d'arabike en langue et en lectre de fraunceis*; Terre Sainte agn. ca. 1300; ms. unique Venezia Marc. lat. VII, 1 (2612) [2ᵉ m. 14ᵉ s.]; p. p. G. Ineichen, "Il glossario arabo-francese di messer Guglielmo e maestro Giacomo", *Atti dell'Istituto Veneto di Scienze, Lettere ed Arti* 130 (1971-72), Venezia 1972, 353-407; [= TL Gloss. arabo-francese J; Boss² 5485]. Quelques particularités sont dues à la langue franque. Éd. à utiliser avec précaution: équivalences ar. à contrôler.

GlHadL Gloses fr. du *Hadar Zekènim*, commentaire au Pentateuque (France septentrionale); 2ᵉ m. 13ᵉ s.; ms. Oxford Bodl. Or. 604 (Neubauer 270) [hébr. 2ᵉ m. 13ᵉ s.], le ms. BN hébr. 232 [hébr. 2ᵉ m. 13ᵉ s.] ne contient pas les gloses; p. p. I. Lévi, "Manuscrits du Hadar Zekènim", *REJ* 49 (1904) 33-50; [= LevyTrés k].

GlHamb Glossaire hébr. – fr. des psaumes 32-68 (proche de → GlParmePalE); 14ᵉ s.; ms Hamburg Staats- und Universitätsbibl. hebr. 182b (126) [hébr. 14ᵉ s.] f° 39r°-41r°; [= LevyTrés c].

GlHarlH Petit glossaire lat. – fr. sans ordre alphabétique ou onomasiologique glosant un texte au contenu grammatical; agn. mil. 13ᵉ s.; ms. BL Harl. 2742 [agn. mil. 13ᵉ s.]; p. p. T. Hunt, "The lexical notes in MS Harley 2742", *Notes and Queries* 240 (n.s. 42), 1995, 18b-21a. Le même ms. contient qqs. gloses ad Ovide, publiées ib. 18b et dans → HuntTeach I 65n41.

GlHarlM id.; p. p. P. Meyer, "Anciennes gloses françaises, 1: Gloses du Ms. Harley 2742", *R* 24 (1895) 161-170; [= TL Gl. Harl.].

GlIsMoïseM Gloses fr. chez Isaac ben Moïse, *Or Sarua* (Rios), plutôt isolées parmi des gloses slaves, continuant et élargissant la tradition de Raschi; mil. 13ᵉ s.; p. p. J. Markon, "Die slavischen Glossen bei Isaak ben Mose Or Sarua", *Monatsschrift für Geschichte und Wissenschaft des Judentums* 49 [N.F. 13] (1905) 707-721; [= LevyTrés lII].

GlIsMoïseW id.; dépouillement indépendant p. p. J. Wellesz, "Über R. Isaak b Mose's *Or Sarua*", *Jb. der Jüdisch-Literarischen Gesellschaft* 4 (1906-5667), Frankfurt (Kauffmann) 1906, 75-124; [= LevyTrés lIII].

GlJehElR Gloses fr. au Pentateuque; 1313; ms. BN hébr. 168 [hébr. 1ᵉʳ m. 14ᵉ s.?]; travail de A. Neubauer p. p. E. Renan, *HLF* 27 (1877) 438-440; [= LevyTrés U (ce sigle concerne aussi → ElégTroyesD)].

GlJosBehJ Gloses françaises (et all.) dans le commentaire hébr. sur le Pentateuque de Joseph Behor-Schor (= Joseph ben Isaac d'Orléans); mil. 12ᵉ s.; ms. München hebr. 52 [1549]; partie traitant de Genèse et Exode p. p. A. Jellinek, *Commentar zum Pentateuch von R. Josef Bechor-Schor*, I: *Genesis und Exodus*, Leipzig (Gerhard) 1856; [= LevyTrés i (concerne aussi les éd. des autres parties)]. En caractères hébr.; éd. peu fiable.

GlKaraE Gloses françaises (en partie phrases entières) contenues aux commentaires bibliques de Joseph ben Siméon Kara, collègue de Raschi; champ. 1ᵉʳ q. 12ᵉ s.; comm. sur l'Ecclésiaste (Kohélet) p. p. B. Einstein, "R. Joseph Kara und sein Commentar zu Kohelet", *Magazin für die Wissenschaft des Judenthums* 13 (1886) 205-262, citations fr. 258-260, texte dans l'annexe Ozar Tob 1-45 (allant jusqu'à Ecl 4,11). Pour d'autres publications sur ces commentaires v. LevyTrés e; aj. sept gloses sur Ps, p. p. K. Fudeman dans Festschrift Stomberger 2005, 422-423.

GlKaraEzA Gloses syntagmatiques dans le commentaire de Joseph ben Siméon Kara sur Ézéchiel; champ. 1ᵉʳ q. 12ᵉ s.; p. p. C. Aslanov, "Le français de Rabbi Joseph Kara et de Rabbi Éliézer de Beaugency d'après leurs commentaires sur Ézéchiel", *REJ* 159 (2000) 425-446.

GlKaraIsF id., une centaine de gloses dans le commentaire sur Isaïe; champ. 1ᵉʳ q. 12ᵉ s.; ms. New York Jewish Theol. Sem. of Am. Lutzki 778 [cette partie Est 2ᵉ m. 12ᵉ s.] f° 38-83, le ms. New York Jewish Theol. Sem. of Am. Lutzki 777 [1268] ne contient que qqs. gloses; p. p. K. A. Fudeman, "The Old French glosses in Joseph Kara's Isaiah commentary", *REJ* 165 (2006) 147-177.

GlKassF Collection de gloses lat. – aha. (bavar.?) suivie d'un petit texte touchant la vie quotidienne, le fond étant un latin prob. du domaine d'oïl; ca. 810; ms. Kassel Landesbibl. (Murhardsche Bibl.) 4° Ms. theol. 24 [ca. 810]; p. p. W. Foerster dans → FoersterKoschw 37-44.

GlLag1499 Glossaire breton – latin – français de la tradition du *Catholicon* de Jean Balbi de Gênes, par Jehan Lagadeuc, daté de 1464 dans l'incipit du ms. BN lat. 7656 [ca. 1500]; l'imprimé de Jehan Calvez, Tréguier 1499, est publié en fac-similé par C.-J. Guyonvarc'h, *Le Catholicon de Jehan Lagadeuc, dictionnaire breton - latin - français du XVᵉᵐᵉ siècle*, vol. 2, Rennes (Ogam) 1975. C'est cet imprimé que cite Gdf (avec la date 1464, v. → LindemannWb).

GlLaudS Glossaire botanique lat. – lat. – aangl. – fr.; agn. mil. 12ᵉ s.; ms. Oxford Bodl. Laud Misc. 567 [agn. mil. 12ᵉ s.]; p. p. J. R. Stracke, *The Laud herbal glossary*, Amsterdam (Rodopi) 1974. Contient qqs. gloses agn.

GlLeipzigBa Glossaire biblique hébr. – fr. – mha.; traits norm. (Rouen) tour. orl. fin 13ᵉ s.; ms. Leipzig Univ. Vollers 1099 (anc. 102) [Angleterre hébr. fin 13ᵉ s.] (G2); p. p. M. Banitt, *Le Glossaire de Leipzig, Texte*, 3 vol., Jérusalem (Acad.) 1995-2001; *Introduction* 2005; [cp. LevyTrés F]. Cp. R 102 (1981) 433-455.

GlLeipzigA id., étude de 425 articles tirés de Ps I-XX; p. p. A. Aron, "Das hebräisch-altfranzösische Glossar der Leipziger Universitäts-Bibliothek [Ms. 102]", *RF* 22 (1908) 828-882; [= LevyTrés FI]. Imprimé aussi à part: Erlangen 1907.

GlLeipzigB id., extraits de Ps I-VII; p. p. E. Boehmer, "Francogallica iudaice transcripta", *Romanische Studien* 1 (1871-1875) 213-220; [= LevyTrés FII].

GlLeipzigW id.; gloses tirées de Job p. p. W. A. Wright, "French glosses in the Leipsic Ms. No. 102 (13th cent.) from the commentary on Job", *The Journal of Philology* (London – Cambridge) 31 (1910) 299-317; [= Levy Trés FIII]. Assez fautif, v. GlLeipzigB Introd. 48-49.

GlLilleS Glossaire lt. – fr. à classement onomasiologique, incipit *Anima : ame*; pic. prob. 1ᵉʳ m. 15ᵉ s.; ms. Lille Bibl. mun. 388 (Le Gl. 369; 147; anc. E. 36) [1ᵉʳ m. 15ᵉ s.]; f° 1-12 et 310-312 p. p. A. Scheler, "Glossaire roman-latin du XVᵉ siècle", dans *Annales de l'Académie d'archéologie de Belgique* 21, 2ᵉ sér., 1, Anvers (Buschmann) 1865, 81-133; TL cite un tiré-à-part où les p. 9-57 correspondent aux p. 85-133 du vol. [= TL Gl. Lille].

GlMontpN Glossaire lat. – fr. dérivé du *Catholicon* de Jean Balbi (de Gênes) et de Papias, voisin, sous certains aspects, de → Aalma; fin 14ᵉ s.; ms. Montpellier Ec. de Méd. 110 [fin 14ᵉ s., qqs. traits pic.], autre ms. Stockholm Kungl. Bibl. N.78 [15ᵉ s.] copié sur le ms. Montpellier; *ablacto* (le début manque) – *acutus* publié à titre de spécimen par P. Nobel, "La traduction du *Catholicon* contenue dans le manuscrit H 110 de la Bibliothèque Universitaire de Montpellier (section médecine)", *Lexique* 4 (1986) 157-183.

GlMontpP id., lettre L; éd. synoptique des deux mss. par M.-P. Péguillet, *Édition partielle d'un glossaire latin-français du XIVᵉᵐᵉ siècle*, mém. de maîtrise, s.l. [Besançon] 2000. Gloss. trop maigre.

GlMontpAG Glossaire lat. – fr. et lat. – lat., avec un registre-glossaire fr. – lat., basé sur la Summa Britonis de Guillaume Brito (ca. 1250) et sur → Graec; ms. Montpellier Ec. de Méd. 236 [1ᵉʳ m. 14ᵉ s.]; art. 1ᵉʳ m. 14ᵉ s.; p. p. A. Grondeux, dans *Corpus christianorum, Contin. Mediaev.*, Ser. in-4°, II, *Lexica lat. med. aevi – Nouv. Rec. des Lex. lat.-fr. du M. A.*, 2, *Duo Glossaria, Anonymi montepessulanensis dictionarius – Le glossaire latin-français du ms. Montpellier H236*, Turnhout (Brepols) 1998, p. 7-140 (cp. A. G. dans *Dictionnairique & Lex.* 3, 1995, 41-48); p. 141-269 → GlBNlat7684M. Les var. 'GA' sous le gloss. fr.-lat. renvoient au gloss. alphab. lat. (ordre souvent bouleversé). Ce glossaire est indépendant de → GlMontp: sigle malheureux.

GlNYAL Gloses fr. (150) dans un commentaire hébr. à Ier XXVII-XXXIV et Ez IV-XI; 14ᵉ s. (?); ms. New York Jewish Theol. Sem. of Am. 0075 [14ᵉ s.?], p. p. R. Levy, "Un fragment inédit en judéo-français", *RoPh* 16 (1962) 173-178; [= LevyTrés a].

GlNYRL Glossaire biblique glosant Ier 49-51 et Ps 60-92; 13ᵉ s.; ms. New York Jewish Theol. Sem. of Am. [hébr. 13ᵉ s.] 1ᵉʳ feuillet manque; p. p. I. Lévi, "Fragments d'un glossaire hébreu-français", *REJ* 50 (1905) 197-210; [= LevyTrés R].

GlNYsP Glossaire biblique glosant la fin du Dt et le début du Ct (proche de → GlBNhébr302); 13ᵉ s.; ms. New York Jewish Theol. Sem. of Am. [hébr. 13ᵉ s.] fragm.; p. p. N. Porges, "Fragment d'un glossaire hébreu-français du XIIIᵉ siècle", *REJ* 67 (1914) 183-194; [= LevyTrés S]. Cf. → GlStrasB.

GlOsbernR Osbern de Gloucester, *Panormia*, ouvrage lexicographique latin, contenant des gloses fr.; mil. 12ᵉ s.; ms. de base Vat. Reg. lat. 1392 [13ᵉ s.] (V), en var. Vat. Reg. lat. 1590 [13ᵉ s.] (V¹) et BN lat. 7492 [13ᵉ s.] (P), peu divergents (autres mss. cités dans l'étude d'après Manitius); étude des gloses fr. par F. Robustelli Della Cuna, "Osbern da Gloucester: Vocaboli volgari", *Quadrivium* (Bologna) 13² (1972) 43-65. Utilise aussi l'éd. A. Mai, *Classicorum auct. e Vat. codicibus ed.*, vol. 8, Roma 1837.

GlOxfH Gloses fr. dans des lettres de Sidoine Apollinaire (mort v. 486); agn. fin 12ᵉ s.; ms. Oxford Bodl. Digby 172 [cette partie agn. ca. 1200] f° 143-150; p. p. T. Hunt, "The vernacular entries in the *Glossae in Sidonium* (MS Oxford, Digby 172)", *ZfSL* 89 (1979) 130-150; [= AND Gloss Sidon].

GlOxfG id.; étude des gloses agn. d'après l'éd. R. Ellis, *Anecdota Oxoniensia*, Class. ser. I,5, Oxford 1885, 27-62, par G. Gröber, "Altfranzösische

GlOxfG

Glossen", *Strassburger Festschrift zur XLVI. Versammlung deutscher Philologen und Schulmänner*, Strassburg (Trübner) 1901, 39-48; [= TL Oxf. Gl.; Vising 322].

GlParR Glossaire lat. – fr. du type *Abavus*, proche de → GlConch, basé entre autres sur le *Catholicon* de Jean Balbi de Gênes; ca. 1350; ms. BN lat. 7692 [pic. mil. 14ᵉ s.]; p. dans → RoquesLex 1,239-522; [= FEW GlPar (sigle utilisé par erreur aussi pour d'autres gloss.)].

GlParH id.; p. p. K. Hofmann, "Das zweitälteste unedirte altfranzösische Glossar", dans *Sitzungsberichte der königlich bayerischen Akademie der Wissenschaften*, München 1868, Philos.-philol. Classe, I 1,4, 121-134; [= TL Gloss. 7692]. Très mauvaise édition.

GlParmePalDD Glossaire biblique couvrant l'AT sauf Gn 1-30 et Par; (Delémont) 1279; ms. Parma Pal. 2924 [hébr. 1279]; extraits dans → DarmesteterRel 1,130-164 [= ArchMisSc 3ᵉ sér., 4 (1878) 395-432]; 189-195; [= LevyTrés DI].

GlParmePalES Glossaire biblique couvrant de grandes parties de l'AT; déb. 14ᵉ s.; ms. Parma Pal. 2780 [hébr. déb. 14ᵉ s.]; éd. partielle, Gn (dont ch. 1-30 manquent) et Ex, p. p. H. J. Sishin, *A partial edition of a fourteenth century biblical glossary: Ms Parma 2780*, thèse Ithaca NY, Cornell Univ. 1981; [= LevyTrés E; EI= var. citées dans → GlParmePalDD]. Édite ca. 1000 gloses sur env. 10000; cp. → GlHamb.

GlPerezS Glossaire hébreux – arabe – italien, contenant qqs. gloses françaises (basées le plus souvent sur Raschi), attribué à Perez Trévôt; fin 14ᵉ s.; éd. basée sur un imprimé de Napoli 1488, complétée par BN hébr. 1243 [hébr. fin 14ᵉ s.]; p. p. M. Schwab, "Le Maqré dardeqé", *REJ* 16 (1888) 253-268; 17 (1888) 111-124; 285-298; 18 (1889) 108-117; [= LevyTrés r]. En appendice se trouvent des gloses supplémentaires tirées d'un imprimé tardif, Venezia 5556 [1796].

GlPlantHarlW Glossaire surtout de noms de plantes, non alphabétique, distinguant *chaudes herbes*, *freides herbes*, *inter frigidum et calidum* et *inter frigidum et calidum temperatum*, mots lat. glosés d'agn. et d'angl.; agn. 13ᵉ s.; ms. BL Harl. 978 [agn., cette partie fin 13ᵉ s.]; p. dans → WrightVoc p. 139-141; [= TL Harl. Gloss. *et* Harl. Gl.; Vising 325].

GlPoitH Glossaire mfr. qui groupe des mots par concepts moraux; Ouest fin 15ᵉ s.; ms. Poitiers 94 (320) [fin 15ᵉ s.]; p. p. G. Hasenohr, "Note sur un lexique technique monolingue de la fin du XVᵉ siècle", *R* 105 (1984) 114-129.

GlPsRsChronP Gloses fr. (ca. 45) dans un commentaire sur les Chroniques de l'AT, attribué à tort à Raschi; 12ᵉ s.; mss. Oxford Bodl. Opp. 34 (Neubauer 186) [hébr. déb. 13ᵉ s.] (B), Cambridge St John's Coll. A.3 [hébr. 1239] (SJ), Leiden Univ. Or. 4718 (SCA1) [hébr. 13ᵉ s.] (L), etc. (v. éd. p. 301); p. p. J. S. Penkower, "The French and German Glosses (Leʿazim) in the Pseudo-Rashi commentary on Chronicles...", *JSQ* 16 (2009) 255-305.

[GlPseudoGuerschom → GlGersch.]

GlRamseyO Glossaire hébreu – latin – français de l'Ancien Testament, élaboré par les Bénédictins de Ramsey, en partie sur la base de travaux juifs, contenant qqs. mille gloses fr.; agn. 3ᵉ q. 13ᵉ s.; ms. Warminster Warminster Longleat 21 [agn. (prob. Ramsey) 3ᵉ q. 13ᵉ s.]; p. p. J. Olszowy-Schlanger et al., *Dictionnaire hébreu-latin-français de la Bible hébraïque de l'abbaye de Ramsey (XIIIᵉ s.)*, Turnhout (Brepols) 2008 (Corp. chr. Cont. med. 4° IV).

GlReichK Gloses de Reichenau, collection de 4877 gloses lat. – lat., à traits romans (10 pour cent de gloses fr. / 'rom.') et frq., deux parties: gloses bibliques et gloses alphabétiques dérivées surtout d'Isidore de Séville; [A1-A1725 = gloss. alph.; B1-B3152 = gloss. bibl.]; prob. déb. 9ᵉ s.; ms. Karlsruhe Landesbibl. Aug. perg. CCXLVIII [1ᵉʳ m. 10ᵉ s.]; p. p. H.-W. Klein – A. Labhardt, *Die Reichenauer Glossen*, Teil 1: *Einleitung, Text, vollständiger Index und Konkordanzen*, München (Hueber) 1968 (Beitr. rom. Phil. MA 1), 2ᵉ partie p. p. M. Raupach, *Die Reichenauer Glossen*, Teil 2: *Entstehung und Aufbau*, München (Fink) 1972 (Beitr. 1,2). Cf. Klein ZrP 81,217-249.

GlReichD id.; choix de 300 gloses p. dans → DiezGl 1-70; [= TL Reich. Gloss.].

GlSimsonG Gloses fr. dans le commentaire de Simson ben Abraham de Sens [Raschba] (prob. Falaise ca. 1150 – Acre ca. 1230) sur la Mischna et le Sifra, utilisant Raschi et d'autres; [Acre] 1ᵉʳ q. 13ᵉ s.; éd. des gloses qui ne se retrouvent pas chez Raschi, prob. basée sur une impression Venezia 1521 (hébr.), p. p. H. Gross, "Étude sur Simson ben Abraham de Sens", *REJ* 6 (1882) 167-186; 7 (1883) 40-77, spéc. 66-68; [= LevyTrés jI]. Plein d'interprétations erronées (dit Levy).

GlSimsonL id., réunion des gloses publiées dans → GlSimsonG, GlSimsonW et contenues dans les notes de → RaschiD², sans consultation de sources, par R. Levy, "Les gloses françaises chez Simson de Sens", *REJ* 101 (1937) 102-107; [= LevyTrés jIII].

GlSimsonW id., choix de gloses; p. p. W. Windfuhr, *Französische Wörter im Mischnakommentar des R. Simson von Sens*, Glückstadt (Augustin) 1935; [= LevyTrés jII].

GlStJohnE Glossaire latin – français (et qqs. mots angl.), assez identique à → GlDouce; agn. fin 13ᵉs.; ms. Oxford Saint John's Coll. 178 [f°414v°-415v°: agn. 1ᵉm. 14ᵉs.]; extrait (*De animalibus domesticis*) dans A. Ewert, "A fourteenth-century Latin-French nominale (St John's College, Oxford, MS. No. 178.)", *MedAev* 3 (1934) 13-18. Avec correspondances dans → GlDouce et Gl-Glasg.

GlStJohnH id.; gloses isolées p. comme var. dans → GlDouceH et ib. p. 24 'Addendum'.

GlStowe57H Petit glossaire lat. – aangl. – fr. réunissant des noms d'animaux, incipit *Equus sive Caballus : hors .s. aut stede .i. destrer aut palefrei aut runci*, partie d'un 'Libellus de nominibus naturalium rerum; agn. 3ᵉt. 12ᵉs.; ms. BL Stowe 57 [agn. (Peterborough?) 3ᵉt. 12ᵉs. (après 1159)]; p. dans → HuntTeach 1,22-23. Premier folio du texte (156r°, très beau ms.) reproduit dans le cat. en ligne de la BL. [Ancienne éd.: R. M. Garrett AnS 121 [n.s. 21] (1908) 411-412.]

GlStrasB Fragments d'un glossaire hébr., en partie indépendants des glossaires semblables; (qqs. traits de l'Ouest) 1ᵉm. 14ᵉs.; ms. Strasbourg Univ. 3950 (hébr. 24) [1ᵉm. 14ᵉs.]; p. p. M. Banitt, "Fragments d'un glossaire judéo-français du moyen âge", *REJ* 120 (1961) 259-296; [cp. Levy-Trés z]. P.-ê. fragm. du même ms. que → GlNYs, pourtant daté autrement.

GlSuisse *Glossaire des patois de la Suisse romande*, fondé par L. Gauchat – J. Jeanjaquet – E. Tappolet, Neuchâtel – Paris (Attinger) puis Genève (Droz) 1924-; [= ZrP GPSR; FEW Gl]. Liste des c.r. dans VRo 73 (2014) 43-57: dict. hist. de qualité.

GlSynDouceH Glossaire fr. – lat. alphabétique énumérant pour chaque mot fr. entre 2 et 36 équivalents latins; agn. fin 13ᵉs.; ms. Oxford Bodl. Douce 88 (21662) [agn. 13ᵉs. et 14ᵉs.] f°153-154 fin 13ᵉs.; p. dans → GlDouceH 16-19.

GlTarschCommHK Gloses françaises, en partie traduisant les homonymes du *Tarschisch* (→ GlBodl1466N), en partie glosant les commentaires (hébr.) à ce poème; 1ᵉm. 13ᵉs.; ms. Hamburg Stadtbibl. Hebr. 48 (32) [hébr. 1ᵉm. 13ᵉs.]; p. p. L. Kopf, "Les gloses françaises dans deux commentaires du Taršiš de Moïse Ibn Ezra", *REJ* n.s. 11 (111) (1951-1952) 87-142, spéc. 134-138; [= LevyTrés q]. Une copie moderne ('F') du ms. se trouve à Jérusalem (n°549). Gloses en partie dans le texte, en partie en marge (date?). Cf. → GlTarschCommM dont six gloses seulement se recoupent avec H.

GlTarschCommMK id.; 1ᵉm. 14ᵉs. (?); ms. München hebr. 211 [hébr. 14ᵉs.]; p. dans → GlTarschCommHK p. 102-134; [= LevyTrés q].

GlToursD Soi-disant Glossaire de Tours, en fait une compilation aux entrées encycl. indépendantes, contenant qqs. 150 gloses fr. dans les sections I, titre: *Grecarum dictionum interpretationes et latinorum nominum expositiones*, et X, essentiellement botanique (gloses précédées de *ro.*, une fois de *romane*); pic. (?) 12ᵉs.; ms. Tours 789 [norm. / ang.? 12ᵉs.] f°1-5 et 34-35; p. p. L. Delisle, "Note sur un manuscrit de Tours renfermant des gloses françaises du XIIᵉ siècle", *BEC* 30 (6ᵉsér., 5), Paris (Franck) 1869, 320-333; [= TL Gl. Tours; Boss 6578].

GlToursF id.; dans → FoersterKoschw 206-214 (imprime l'éd. Delisle, avec 'var.' tirées d'une autre collation du ms.).

GlTrierH Glossaire alphabétique proche de → GlDouai, fragm.; Nord-Est 14ᵉs.; ms. Trier Stadtbibl. 1125 (2059) [14ᵉs.]; p. p. G. Holmér, "Fragment d'un glossaire latin-ancien français", *VRo* 23 (1964) 85-103; [= TL Glossaire lat. - anc. français *et* Fragm. gloss. lat.–anc. frç. H].

GlTrinB Gloses françaises (et latines) sur un texte latin non identifié; agn. déb. 13ᵉs.; ms. Cambridge Trinity Coll. R.3.56 (628) [agn., cette partie déb. 13ᵉs.] f° 50r°-56r°; p. p. A. Boutemy – Albert Henry, "Gloses françaises du ms. 628 de Trinity College (Cambridge)", *Mélanges Emile Boisacq* (= Ann. de l'Inst. de Phil. et d'Hist. or. et sl. 5), Bruxelles 1937, 149-154; [cp. Dean 294]. (P. Meyer R 32,67, en a publié le début.)

GlTurin¹ Glossaire biblique (ca. 11000 gloses fr.); 13ᵉs.; ms. Torino Bibl. naz. A.IV.35 [hébr. 13ᵉs.] (C) brûlé; extraits dans → DarmesteterRel 1,133-136; 143-148; [= LevyTrés I].

GlTurin² Glossaire biblique hébr. classé en ordre alphab. par mot glosé (f°1-211), suivi d'une grammaire hébr. aux paradigmes correspondants fr. (f°212-243); déb. 14ᵉs.; ms. Torino Bibl. naz. A.IV.13 [hébr. déb. 14ᵉs.]; extraits dans → DarmesteterRel 1,148-164; [= LevyTrés J].

GlVatR Glossaire du Vatican, 5856 gloses, lat. – fr., en ordre alphab., incip. *abavus : tiers ael*; ms. Vat. Vatic. lat. 2748 [1ᵉm. 14ᵉs.]; s.l. 1ᵉm. 14ᵉs.; p. dans → RoquesLex 1,93-237; [= FEW GlVat].

GlaserMass K. Glaser, "Die Mass- und Gewichtsbezeichnungen des Französischen", *ZfSL* 26¹ (1904) 95-220; [= TL Glaser Maß. Gew.].

GlessgenMoam M.-D. Glessgen, *Die Falkenheilkunde des 'Moamin' im Spiegel ihrer volgarizzamenti. Studien zur Romania Arabica*, 2 vol., Tübingen (Niemeyer) 1996 (ZrP-Beih. 269-270). Complexe; détails à contrôler; concerne → Moam et Ghatrif [pour la localisation des mots tirés de

MoamT ou de GhatrifT (= 'a'), la connaissance de la note 11, p. 450, a une certaine utilité]; édite et étudie les versions lt. et italiennes; pour les informations venant de Al Gitrif ('G', v. note 1, p. 449), v. la trad., avec notes, par D. Möller et F. Viré, Hildesheim 1988, citée ib.

GligloisL *Gliglois*, roman courtois biographique rattaché aux romans bretons, vers octosyll.; pic. 1ᵉʳ m. 13ᵉ s.; ms. unique Torino Bibl. naz. L.IV.33 [pic. ca. 1400] détruit; p. sur la base de copies de W. Foerster et de J. Müller (déposées à la Widener Libr., Harvard, 27271.57 F*), auj. Cambridge Mass. Harvard Houghton Libr. Fr 506 [fin 19ᵉ s.] par C. H. Livingston, *Gliglois. A French Arthurian romance of the thirteenth century*, Cambridge, Mass. (Harvard Univ. Press) 1932 (Harv. St. Rom. Lang. 8, réimpr. New York, Kraus, 1966); [= TL Gliglois; Boss 2065; Hol 1193]. Les vers 612-721 ont été accueillis dans → HenryChrest p. 126-128.

GligloisC id.; p. sur la base des copies de Foerster / Müller par M.-L. Chênerie, *Le Roman de Gliglois*, Paris (Champion) 2003 (CFMA 143). Cf. VRo 67,318: éd. non définitive.

GligloisLe id.; éd. sans recours aux copies (!) p. p. J. C. Lemaire, *Le roman de Gliglois*, Liège (Univ.) 2005. C.r. Arens VRo 67,316-319; G. Roques RLiR 69,563-5. Éd. non définitive.

GlutzMir p. p. R. Glutz, *Miracles de Nostre Dame par personnages. Kritische Bibliographie und neue Studien zu Text, Entstehungszeit und Herkunft*, Berlin (Akademie-Verlag) 1954; [= Boss 8030]. Concerne → MirNDPers.

GodBouillH *Godefroy de Bouillon*, suite de → ChevCygne, laisses d'alex. rimés; hain. fin 12ᵉ s.; ms. BN fr. 1621 [pic.-wall. mil. 13ᵉ s.] seul utilisé par Hippeau, autres mss.: Bern 627 [mil. 13ᵉ s.], BN fr. 786 [tourn. ca. 1285], BN fr. 795 [pic. fin 13ᵉ s.], BN fr. 12558 [art. mil. 13ᵉ s.], BN fr. 12569 [pic. 2ᵉ m. 13ᵉ s.], Ars. 3139 [hain. 1268]; p. p. C. Hippeau, *La chanson du Chevalier au cygne et de Godefroid de Bouillon*, t. 2, Paris (Aubry) 1877 (Collection des poètes fr. du m. â. 8); [= TL God. Bouill.; Boss 891; Hol 777]. Plein d'erreurs. T. 1 = → ChevCygneH. V. 1-3727 = EnfGodM (3745 vers), v. 3728-5213 = GodBouillCornM (1503 vers).

GodBouillBruxR *Godefroy de Bouillon*, version remaniée, vers alex. en laisses rimées; hain. ca. 1356; p. dans → ChevCygneBruxR, tomes 2 et 3 (première partie, par A. Borgnet), vers 3477-35180, Bruxelles (Académie Royale) 1848-1854; [= TL Ch. cygne R *et* God. Bouill. R; Boss 906; Hol 779]. Tome 1 contient → ChevCygneBruxR, tome 3 (deuxième partie, par A. Borgnet, 1859) le glossaire des deux textes préparé par E. Gachet (A-renf.) et F. Liebrecht (-Z).

GodBouillCornM Le Retour de Cornumarant, seconde partie de → GodBouill; hain. fin 12ᵉ s.; ms. de base BN fr. 1621 [pic.-wall. mil. 13ᵉ s.] (D), en var. BN fr. 12558 [art. mil. 13ᵉ s.] (A), BN fr. 786 [tourn. ca. 1285] (B), BN fr. 795 [pic. fin 13ᵉ s.] (C), BN fr. 12569 [pic. 2ᵉ m. 13ᵉ s.] (E), Ars. 3139 [hain. 1268] (G), BL Roy. 15 E.VI [Rouen prob. 1444/1445] (H), BL Add. 36615 [pic. ca. 1300] (I), Torino Bibl. naz. L.III.25 [pic. ca. 1300] (T); p. dans → EnfGodM p. 193-232.

Goddard E. R. Goddard, *Women's costume in French texts of the eleventh and twelfth centuries*, Paris (PUF) – Baltimore (Univ. Press) 1927 (The Johns Hopkins Studies in Romance Literatures and Languages VII); [= FEW Rathb].

GodinM *Chanson de Godin*, cinquième suite de → Huon, laisses de décasyll.; première partie, v. 8424-18025, rimée, pic. ca. 1300, deuxième partie, v. 18026-18940, assonancée, pic. 1ᵉʳ m. 13ᵉ s.; ms. unique Torino Bibl. naz. L.II.14 (fr. 36; G.II.13) [pic. (Origny) 1311] f°401-460, très endommagé; édition basée en partie sur une copie de Stengel (S: impr. en ital.), p. p. F. Meunier, *La Chanson de Godin*, Louvain 1958 (Univ. de Louvain, Trav. d'Hist. et de Phil., 4ᵉ sér., fasc. 14); [= TL Chans. Godin]. La numérotation des vers suit celle de → EsclDécS.

GoeblNorm H. Goebl, *Die normandische Urkundensprache. Ein Beitrag zur Kenntnis der nordfranzösischen Urkundensprachen des Mittelalters*, Wien (Böhlau) 1970 (Österreichische Akademie der Wissenschaften, Phil.-hist. Klasse, Sitzungsberichte 269).

GoerlichBurg E. Goerlich, *Der burgundische Dialekt im XIII. und XIV. Jahrhundert*, Heilbronn (Henninger) 1889 (Fr. Studien 7,1).

GoerlichNW E. Goerlich, *Die nordwestlichen Dialekte der Langue d'oïl. Bretagne, Anjou, Maine, Touraine*, Heilbronn (Henninger) 1886 (Fr. Studien 5,3).

GoerlichSW E. Goerlich, *Die südwestlichen Dialekte der Langue d'oïl. Poitou, Aunis, Saintonge und Angoumois*, Heilbronn (Henninger) 1882 (Fr. Studien 3,2).

GoffinetOrval H. Goffinet, *Cartulaire de l'abbaye d'Orval*, Bruxelles 1879 (Coll. de chron. belg. inéd.). Contient un cart. du 18ᵉ s., mais aussi quelques orig. lorr.sept. à partir de 1238; cp. → DelescluseOrval et CartOrvalD (où corr.).

GoldeDimin M. Golde, "Die altfranzösischen Diminutiva", *RF* 41 (1927) 1-98; [= TL Golde Dimin.].

GoldbergRecMéd A. Goldberg – H. Saye, "An index to Mediaeval French medical receipts", *Bull. of the Institute of the History of Medecine, Johns Hopkins University* 1 (Baltimore 1933) 435-466.

GoltzAntid D. Goltz, *Mittelalterliche Pharmazie und Medizin. Dargestellt an Geschichte und Inhalt des Antidotarium Nicolai*, Stuttgart (Wiss. Verlag) 1974 (Veröff. Int. Ges. für Gesch. der Pharm. N.F. 44). Cp. → AntidNic.

GoltzMin D. Goltz, *Studien zur Geschichte der Mineralnamen in Pharmazie, Chemie und Medizin von den Anfängen bis Paracelsus*, Wiesbaden (Steiner) 1972 (Sudhoffs Arch. Beih. 14).

GononQuot M. Gonon, *La vie quotidienne en Lyonnais d'après les testaments, XIVe-XVIe siècles*, Paris (Les Belles Lettres) 1968 (Publ. de l'Inst. de Ling. rom. de Lyon 25).

GononTest M. Gonon, *La langue vulgaire écrite des testaments foréziens*, Paris (Belles Lettres) 1973 (Publ. de l'Inst. de Ling. rom. de Lyon 26); [= FEW GononLangVulg]. Extraits de testaments lat. contenant des mots ou passages frpr. (latinisés ou non); avec glossaire étendu et classement onomasiologique. Dates extrêmes: déb. 13[e]s. et 1544.

GontierF (Le bon) Gontier ou Gautier de Soignies, poésies d'attribution certaine et probable; pic. déb. 13[e]s.; ms. de base BN fr. 12615 [art., 1e partie 4[e]q. 13[e]s.] (**T**), en var. chansonniers C, K[1], K[2], M, N[1], N[2], O, P[1], X[1], X[2]; p. p. L. Formisano, *Gontier de Soignies, Il canzoniere*, Milano – Napoli (R. Riccardi) 1980.

GormB Gormont et Isembart, chanson de geste en laisses octosyll. assonancées, chantant la lutte entre Chrétiens et Sarrazins; frc.? 1[e]m. 12[e]s.; ms. Bruxelles Bibl. roy. Portefeuille II 181 [agn. 1[er]q. 13[e]s.]; p. p. A. Bayot, *Gormont et Isembart, fragment de chanson de geste du XIIe siècle*, Paris (Champion) 1921 (CFMA 14) [3e éd. revue 1931]; [= TL Gorm. B (= 2[e] éd.); FEW Gormont; Dean 81]. Le gloss. renvoie malheureusement au texte reconstruit (p. 39-60: ne pas citer), pas à la transcription fidèle (p. 1-22)! Un fac-similé du ms. a été p. p. Bayot: Publ. de la Rev. des bibl. et arch. de Belgique 2, Bruxelles 1906.

GormH id.; p. p. R. Heiligbrodt, "Fragment de Gormund et Isembard", *RoSt* 3/1878 (1879) 501-596; [= TL Gorm.]. Texte régularisé (leçon du ms. dans l'appareil); glossaire complet. BartschHorning reproduit cette éd. en vieillissant et régularisant le texte encore plus.

GormR id.; p. dans → MousketR 2,X-XXXII; [= TL Gorm.[1]]. Transcription fidèle, mais non sans erreurs.

GormS id.; p. p. A. Scheler, *La mort du roi Gormond*, Bruxelles (Olivier) 1876 (Extrait du Bibliophile belge 10); [= TL Gorm.[2]].

Gorog R. de Gorog, *The Scandinavian element in French and Norman*, New York (Bookman Associates) 1958.

GorogInv R. de Gorog, *Dictionnaire inverse de l'ancien français*, Binghamton N. Y. (Center for Med. & E. Ren. St.) [1981] 1982. Se base sur GdfLex (qui ne comprend pas GdfC), complété par les mots supplémentaires trouvés dans TL 1-10 (suppléant ainsi en bonne partie à GdfC omis). Utilisable pour rechercher des mots par leur finale.

GorogGdfLex R. de Gorog, *Lexique français moderne – ancien français*, Athens (Univ. of Georgia Press) 1973. Index frm.-afr. de → GdfLex, établi à l'aide de l'ordinateur; utilisable avec prudence comme clé onomasiologique de l'ancien français (très imparfaite, et à compléter par GdfC au moins).

GossenGramm C. T. Gossen, *Grammaire de l'ancien picard*, Paris (Klincksieck) 1970 (Bibliothèque française et romane A 19).

GossenGramm[2] id.; 2e éd., 1976. Modifications minimes.

GossenPGramm C. T. Gossen, *Petite grammaire de l'ancien picard*, Paris (Klincksieck) 1951; [= FEW GossenGram; TL Gossen Gramm. Pic.]. Remplacé par GossenGramm, mais contient un autre choix de textes.

GossenPik C. T. Gossen, *Die Pikardie als Sprachlandschaft des Mittelalters (auf Grund von Urkunden)*, thèse Zürich 1942, 170 p. (il en existe aussi une impression partielle de 54 p.).

GossenScripta C. T. Gossen, *Französische Skriptastudien. Untersuchungen zu den nordfranzösischen Urkundensprachen des Mittelalters*, Wien (Böhlau) 1967 (Österreichische Akademie der Wissenschaften, Phil.-hist. Klasse, Sitzungsberichte 253); [= TL Gossen Skriptastudien].

Goub E. Poppe, *Der Wortschatz des Journal des Sieur de Gouberville in seinen Beziehungen zu den heutigen normannischen Mundarten*, Leipzig 1936 (Leipziger Romanistische Studien, Sprachwiss. Reihe 12); [= FEW Goub]. Concerne → GoubJournR.

GoubJournR Journal de Gilles Picot, sire de Gouberville, années 1549-1562 a.st.; années 1549-1553, ms. orig. Château de Saint-Pierre-Église (Cotentin; péri), années 1553-1563, ms. dans 'une gentilhommière du Cotentin'; norm. (Cotentin

GoubJournR

sept.); années 1553-1563 p. p. E. de Robillard de Beaurepaire, *Le journal du Sire de Gouberville publié sur la copie du ms. original faite par M. l'Abbé Tollemer*, Caen (Delesques) – Rouen (Lestringant) – Paris (Champion) 1883-1892 (Mém. Soc. Antiqu. de Norm. 4^{e}sér., 1, 1 et 2). Glossaire → Goub.

GoughScot H. Gough, *Scotland in 1298. Documents relating to the campaign of King Edward the First in that year, and especially to the battle of Falkirk*, London (Gardner) 1888. Documents divers, orig. lt. et agn. de 1297 et 1298. Agn.: p. 12s.; 81s.; 89; 97, 103s.; 119s.; 129-159 [→ ArmFalkB/WG]; 246; 251; 253; 255-264.

GouteF *Dit de la goute en l'aine*, sorte d'herberie satirique, vers octosyll.; 4^{e}q. 13^{e}s.; ms. BN fr. 837 [frc. 4^{e}q. 13^{e}s.]; p. dans → PrivilBret^{1}F p. 77-79. Cp. → HerberiePr.

GouvRoisArs Gouvernement des rois, trad. indépendante de → GouvRoisGauchy, par un frère prêcheur, prose; 1444 (selon le ms.); ms. Ars. 5062 (anc. 44 S.A.F) [ca. 1475] 230 f^{os}; inédit; cité par Gdf [Henri de Granchi: attrib. prob. err.].

GouvRoisGauchyM Gilles de Rome ou Egidius Colonna, étudiant et enseignant à Paris, précepteur du futur Philippe le Bel, Gouvernement des Princes, traduit par Henri de Gauchi, prose; pic.orient. prob. 1282 (date de la commande?, av. 1287); ms. imprimé: New York Pierpont Morgan Libr. M.122 (anc. 213; Kerr) [pic. 1^{er}q. 14^{e}s.], autres mss. Troyes 898 [cette partie Île de Fr. ca. 1320], BL Add. 22274 [Flandre ca. 1500], BL Harl. 4385 [Paris déb. 14^{e}s.], Rennes 153 (116) [Flandre 15^{e}s.], BN fr. 213 (anc. 6867) [Paris 3^{e}t. 15^{e}s.], Torino Bibl. naz. L.III.10 (fr. 116) [Lille 1467/68], Ste-Gen. 1015 (anc. R.f.f.°.2) [Rouen? ca. 1435], BN fr. 1201 [Nord fin 14^{e}s.], BN fr. 1202 [Paris 15^{e}s.], BN fr. 573 (anc. 7069) [Paris 1^{e}m. 15^{e}s.], BN fr. 581 (anc. 7074) [1^{er}q. 15^{e}s.], BN fr. 1203 [ca. 1400], BN fr. 19920 [Nord-Est déb. 14^{e}s.], BN fr. 24233 [It. fin 13^{e}s.], Dole 157 [Paris fin 13^{e}s.], Bruxelles Bibl. roy. 10368 [Paris fin 13^{e}s.], Bruxelles Bibl. roy. 11099-100 [pic.-wall. fin 13^{e}s.], BN fr. 566 [wall. fin 13^{e}s.], Chicago Univ. 533 [ca. 1310], Baltimore Walters Art Museum W.144 [Londres ca. 1320], Vat. Ross. 457 [2^{e}q. 14^{e}s.], BL Add. 41322 [déb. 14^{e}s.], Vat. Vatic. lat. 4795 [déb. 14^{e}s.], London Lambeth Palace 266 [déb. 14^{e}s.], Madrid Bibl. nac. Res/31 [déb. 14^{e}s.], Bruxelles Bibl. roy. 11199 [ca. 1370], Firenze Bibl. Med. Laurenz. Ashburnham Libri 125 [pic. déb. 14^{e}s.], Durham Univ. Cosin V.I.9 [Angleterre ca. 1400], Bruxelles Bibl. roy. 9554 [Paris déb. 15^{e}s.], Bruxelles Bibl. roy. 9474 [Bruges ca. 1435], BL Roy. 15 E.VI [Rouen prob. 1444/1445], Cambridge Univ. Ee.II.17 [1^{e}m. 15^{e}s.] fragm., Cape Town Nat. Libr. Grey 6.b.9 [Bruges ca. 1485], Modena Bibl. Estense α.P.4.17 (43) [15^{e}s.], Mons Univ. 103/123 [15^{e}s.], Leiden Univ. BPL 2514 A:27 [ca. 1300] fragm., [BN fr. 19045 [17^{e}s.] ne contient pas ce texte]; p. p. S. P. Molenaer, *Li livres du gouvernement des rois, a XIIIth century French version of Egidio Colonna's treatise* De regimine principum, New York (Macmillan) 1899; [= TL Gouv. Rois]. V. DLF^2 713a, NM 94,185-194 et N.-L. Perret, Les trad. fr. du De regimine principum, Leiden 2011 pour d'autres trad., par Guillaume → GouvRoisGuill, par un anon., 1372 ou peu avant (ms. Besançon 434 [1372]), par Gilles Deschamps, norm.? 1420 (ms. BL Egerton 811 [fin 15^{e}s.]), par un anon., v. → GouvRoisArs, par un autre anon., 15^{e}s., (ms. Berlin Staatsbibl. Hamilton 672 [It.sept. 15^{e}s.]), par Jean Wauquelin, 1452 (ms. Bruxelles Bibl. roy. 9043 [1452]). [Charles de Saint Gelais, traduit en 1487, un autre texte, De regno ad regem Cypri.]

GouvRoisGuill id., trad. par un certain Guillaume commandée par Guillaume de Belesvoies d'Orléans; 1330; ms. Ars. 2690 (anc. 45) [ca. 1400]; inédit.

[**GrChJSansTerreR** → GrCharteH.]

GrCharteH Grande Charte de Jean sans Terre (Magna Charta), contrat entre couronne, barons et Londres, traduction française prob. Hampshire, contemporaine aux originaux lat.; agn. 1215; ms. Rouen Bibl. mun. 1232 (Y.200) [agn. av. 1226] (Cartulaire de la léproserie de Saint-Gilles de Pont-Audemer); p. p. J. C. Holt, "A vernacular-French text of Magna Carta, 1215", *The Engl. Hist. Rev.* 89 (1974) 346-364; [= AND Magna Carta; Dean 35; Boss^2 5450]. – Pour d'autres versions v. Dean: ms. Aberystwyth Nat. Libr. Peniarth 329A [agn. mil. 14^{e}s.], Cambridge Trinity Coll. O.1.76 [agn. déb. 14^{e}s.], BL Cotton Tiberius A.VI [agn. 1^{e}m. 15^{e}s.], aj. BL Add. 32085 [agn. 1293-1310] f°102-106; cf. L. Löfstedt Mélanges Mańczak, 2014, 329-337.

GrCharteO id.; ms. Rouen p. p. Y. Otaka, "Lexique des premiers documents romans, 3, Grande Charte de Jean-Sans-Terre", *Studies in Language and Culture* 19 (Osaka 1993) 193-217. Avec inventaire des mots.

GrChronV Grandes Chroniques de France, continuations de → ChronSDenis (débuts-1223), traduites du latin, faits des années 1223-1270: traduction frc. (Saint Denis) datable de 1274, 1270-1285: ca. 1300 (représente ChronGuillNangis), 1285-1340: ca. 1340, 1340-1350: ca. 1350, après 1350: rédaction en fr.; ms. de base BN fr. 2813 [Paris 1381 ou peu après] [pour Louis VIII et préamb. de Louis IX], Ste-Gen. 782 [1274 ou peu après], puis BL Roy. 16 G.VI [ca. 1340], en var BL, suites: BN fr. 2610 (anc. 8303.5, Colbert 79) [15^{e}s.], BN fr. 2615 (anc. 8305.5.5, Colbert 350) [f° 1-280 ca. 1317, f° 281-425 fin 14^{e}s.]

(la sec. partie rendant les faits 1317-1380 fin Charles V), BN fr. 17270 (anc. S. Germ. fr. 963) [2ᵉ m. 14ᵉ s.], BN fr. 17271 (anc. S. Germ. 965) [15ᵉ s.], aussi dans Berlin Staatsbibl. Hamilton 150 I-II [Londres? 2ᵉ q. 15ᵉ s.] (> 1381), Berlin Staatsbibl. Phillipps 1917 (anc. Cheltenham Phillipps 1917) [Paris av. 1415] (> 1381); p. p. J. Viard dans → ChronSDenisV t. 7 ss. Considérer les dates des mss. et l'étendue de leur contenu. [Règne Louis VIII selon ms. BN fr. 2813: t. 7,1-24.] DC 'Rigordus' se réfère au texte latin. [Les années 1402-1422 des GrChron sont reprises à → ChronHérBerry.] Texte exploité dans → GirAmCharl.

GrChronN id., suite de → ChronSDenisB [fin dans RecHist 17,347-417; 417-422: GrChron: Louis VIII]; p. p. P. C. F. Daunou – J. Naudet dans RecHist 20 (1840) 467-539 (Philippe III, 1270-1285, ms. de base BN fr. 17270 (anc. S. Germ. fr. 963, anc. Desportes) [14ᵉ s.], qqs. var. de BN fr. 2615 (anc. Roy. 8305.5.5, anc. Colbert) [f° 1-280 ca. 1317, f° 281ss. fin 14ᵉ s.]); 654-724 (Philippe le Bel – Charles IV, 1286-1328, prob. ms. BN fr. 17270).

GrChronG id., suite de → GrChronN; p. p. J. D. Guigniaut – N. de Wailly, RecHist 21 (1855) 103-123: extraits de mss. de GrChron, BN fr. 17270 etc., complétant les données de → SLouisNanD. Contient aussi (21,676-689) une Continuation anon. de la chron. de Jean de Saint Victor, ms. BN fr. 10132 (anc. Suppl. fr. 218) [14ᵉ s.] contemp. des faits, 1318-1329 a.st. (?).

GrChronD id., règnes Jean II le Bon et Charles V, années 1350-1381, attribué à Pierre d'Orgemont; ms. BN fr. 2813 (anc. 8395) [Paris 1381 ou peu après] f° 339-438 et 439-492; p. p. R. Delachenal, *Chronique des règnes de Jean II et de Charles V*, 4 vol., Paris (Renouard) 1910-1920 (Soc. de l'Hist. de Fr., Les Grandes Chroniques de France).

GrChronP id., suite de → ChronSDenisP, t. 4, p. 211 - t. 6 (Louis VIII – 1381). Mauvaise éd. Gdf cite cette éd. selon livre et chap. dont la numér. coïncide avec celle de l'éd. V.

GrChronRouenH Compléments et suite anonymes à → ChronGuillNangis (845 av. – 1328), copiés à la suite de celle-ci, allant de 1316 – 1339; 1339 ou peu après; ms. unique Rouen Bibl. mun. 1146 (Y.56) [1467] f° 124r°-156r°, extraits (abrégés) dans BN lat. 5027 [15ᵉ s.]; p. p. A. Hellot, "Chronique parisienne anonyme de 1316 à 1339, précédée d'additions à la Chronique française dite de Guillaume de Nangis (1206 - 1316)", *Mémoires de la Soc. de l'Hist. de Paris et de l'Île-de-France* 11 (1884), Paris 1885, p. 1-207. Les additions à ChronGuillNangis intercalées dans → GrChronRouen et ayant le même auteur (selon l'éd.) sont extraites des f°ˢ 88v°-124r° du même ms. et sont impr. p. 12-24.

GrGr G. Gröber et al., *Grundriss der romanischen Philologie*, 1, *Geschichte und Aufgabe...*, Strassburg (Trübner) 1888, 1, 2ᵉ éd., 1904-1906, 2,1, *Romanische Sprachkunst*, 1902, 2,2, *Die Litteraturen der romanischen Völker* (Prov., Kat., Port., Span.), 1897, 2,3 id. (Ital., Rätorom., Rum.); *Grenzwissenschaften*, 1901, Neue Folge 1,4 (Renaiss.), 2ᵉ éd. par H. Morf, 1914, N. F. 3 (Mittelfranz. 14. Jh.), 2ᵉ éd. Berlin (De Gruyter) 1933, N. F. 4 (Mittelfranz. 15. Jh.), 2ᵉ éd. 1937, N. F. 5 (16. Jh.), par W. Mönch, 1938; [= FEW Gr].

GrSchismeM Poème sur le Grand Schisme, quatrains de vers alex.; 1381; ms. unique Ste-Gen. 792 [rec. fact. f° 2v°-4r°, n° 3, prob. peu après 1381, copiste italien?]; p. p. P. Meyer (commentaire hist. par N. Valois), "Poème en quatrains sur le grand schisme (1381)", *R* 24 (1895) 197-218; [= TL Gr. Schisme].

GraecDH *Graecismus* par Eberhardus Bethuniensis (Evrard de Béthune), traité rhétorique, étymologique et grammatical (cette dernière partie se basant sur Donat) lat. de ca. 1212; gloses fr. du ms. Oxford Corpus Christi Coll. 121 [fin 13ᵉ s.] p. dans → JGarlRCH p. 27-28.

GraecEH id., gloses du ms. Oxford Corpus Christi Coll. 62 [fin 13ᵉ s.] p. dans → JGarlRCH p. 22-27.

GraelentT Le *Lai de Graelent*, anonyme; pic. fin 12ᵉ s.; ms. de base BN fr. 2168 [pic. fin 13ᵉ s.] (A), en var. BN nfr. 1104 [frc. ca. 1300] (S), Ars. 2770 [copie du 18ᵉ s. d'une partie de BN fr. 2168] (L); p. dans → TobinLais p. 83-125.

GraelentB id.; dans → BarbMéon 4,57-80.

GraelentG id., ms. BN nfr. 1104; p. dans → DesiréG p. 76-101; [= TL Graelent; FEW Graelent].

GraelentK id., ms. de base S; p. dans → MarieLaisK 774-823.

GraelentW id.; ms. de base BN nfr. 1104; p. p. R. Weingartner, *Graelent and Guingamor: Two Breton lays*, New York – London (Garland) 1985 (Garl. Libr. A 37); [= TL Graelent Guingamor W]. Sans gloss.

Graesse J. G. Th. Graesse, *Orbis latinus*, nouv. éd. p. p. H. Plechl et al., 3 vol., Braunschweig (Klinkhardt & Biermann) 1972. [Première éd. Dresden 1861.] Sans att., mais de sources assez saines.

Graff E. G. Graff, *Althochdeutscher Sprachschatz*, 6 vol., Berlin (Nicolai) 1834-42; suivi de: H. F. Massmann, *Vollständiger alphabetischer Index zu dem althochdeutschen Sprachschatze von*

Graff

E. G. Graff, Berlin (Nicolai) 1846. Graff y travaillait à partir de 1821.

GramDH Note à contenu grammatical, concernant la grammaire lat.; agn. déb. 14ᵉ s.; ms. Dublin Trinity Coll. D.4.9 (270) [cette partie agn. déb. 14ᵉ s.]; p. dans → HuntAnec p. 14-15; [= AND Gram].

GramM¹S Petit traité de grammaire en principe du latin, à exemples lat., mais aussi fr., sous forme de questionnaire; 1ᵉʳ m. 15ᵉ s.; ms. Metz 640 [2ᵉ m. 15ᵉ s.] f° 43r°-45v°; p. dans → StädtlerGram 138-139.

GramM²S Court passage similaire à M¹, intercalé dans un traité de grammaire latin; 1ᵉʳ m. 15ᵉ s.; même ms. que M¹, f° 101r°-v°; p. dans → StädtlerGram 139.

GramM³S Petit traité semblable; 1ᵉʳ m. 15ᵉ s.; même ms. que M¹, f° 102v°-106r°; p. dans → StädtlerGram 140-141.

GramM⁴S Traité de grammaire du latin, à questions, avec qqs. versets mnémotechniques; 1ᵉʳ m. 15ᵉ s.; ms. Metz 643 [partie concernée mil. 15ᵉ s.]; p. dans → StädtlerGram 142-147.

GramM⁵S Traité de grammaire du latin, sans questions, à versets mnémotechniques; 1ᵉʳ m. 15ᵉ s.; ms. Metz 647 [partie concernée 1ᵉʳ m. 15ᵉ s.]; p. dans → StädtlerGram 148-152.

GramM⁵M id.; p. p. Q. I. M. Mok, "Un traité médiéval de syntaxe latine en français", *Mélanges... Lein Geschiere*, Amsterdam 1975, 37-53; [= Boss² 5464].

GrandclaudeAss M. Grandclaude, *Étude critique sur les livres des assises de Jérusalem*, thèse Paris (Jouve) 1923. Concerne → AssJér. Ne juge pas nécessaire d'identifier les mss. les plus importants, ceux de Venise et celui de la Vaticane. Plein d'erreurs.

Grandgagnage C. Grandgagnage, *Dictionnaire étymologique de la langue wallonne, avec un glossaire d'anciens mots wallons et une introduction*, 2 t. en 3 vol., Liège – Bruxelles (Oudart) 1845-1880 (réimpr. Genève, Slatkine, 1969); [= FEW Gdg *et* Gggg].

GrantHerbC *Le grant herbier*, version fr. du *Circa instans* latin (traité de botanique et de médecine, appelé aussi Secreta Salernitana et attr. à Matthaeus Platearius, mort en 1161; arrangé en ordre alphabétique); mil. 15ᵉ s.; ms. utilisé pour l'éd. (et cité par Gdf sous le titre de 'Secrets de Salerne') Modena Bibl. Estense α.M.5.9 (anc. XII.K.16; 28) [ca. 1470], autres mss.

v. F. A. Baumann, *Das Erbario Carrarese*, Bern 1974, p. 108-115; extraits du texte lat. avec les équivalences fr. (sans indication de f°) p. p. G. Camus, "L'opera salernitana *Circa instans* ed il testo primitivo del *Grant Herbier en françoys* secondo due codici del secolo XV, conservati nella Regia Biblioteca Estense", *Memorie della Regia Accad. di Sc., Lett. ed Arti in Modena*, Ser. II, vol. 4, Modena 1886, Sez. di Lett., p. 49-199; [= Boss 5633]. L'éd. place entre parenthèses les formes attestées dans la suite non publiée des citations données. Gdf cite aussi l'imprimé Paris, Guillaume Nyverd, ?, peu conforme avec les mss. Cp. → LSimplMed et PlatPract.

GrantMalS¹ Sermon en vers pentasyll. (normalement rimant aabccb), incipit *Grant mal fist Adam*; norm. 2ᵉ q. 12ᵉ s.; ms. de base du texte 'critique' (pages paires, avec leçons rejetées et remplacées en partie par des formes inventées [cf. strophe 93: texte de B adapté]) BN fr. 19525 [agn. fin 13ᵉ s.] (A), imprimé sur les pages paires: Cambridge Gonville and Caius Coll. 435 [agn., p. 105-144 1ᵉʳ m. 13ᵉ s., p. 145-192 mil. 13ᵉ s.] (B) p. 129-135 et Oxford Bodl. Digby 34 [agn. mil. 13ᵉ s.] (C) incomplet, non utilisé BL Egerton 2710 [agn. mil. 13ᵉ s.] (D); p. p. H. Suchier, *Reimpredigt*, Halle (Niemeyer) 1879 (Bibl. norm. 1); [= TL Reimpr. (I)]. Contient en app., p. 81-109, → DeuOmniS¹.

GrantMalS² id.; p. p. W. Suchier, *Zwei altfranzösische Reimpredigten. Mit Benutzung der Ausgabe Hermann Suchiers*, Halle (Niemeyer) 1949, texte p. 19-120; [= TL Reimpr.² (I); AND Reimpredigten; Dean 598]. Les pages paires contiennent une éd. crit. du ms. A avec les leçons rejetées et les var. de BCD; les pages impaires contiennent une restitution: à ignorer. Pour connaître les textes intégraux de B et C, il faut utiliser → GrantMalS¹. En app.: → DeuOmniS².

GrantMalJ id.; ms. BN fr. 19525 p. p. A. Jubinal, *Un sermon en vers*, Paris (Techener – Silvestre) 1834. Cité par Gdf comme 'Un Serm. en vers, Jub.'.

GrantzGeanzAB *Des Grantz Geanz*, légende d'Albina et des géants d'Albion, en vers octosyll., version longue; agn. 2ᵉ m. 13ᵉ s.; ms. unique BL Cotton Cleopatra D.IX [agn., cette partie 1333/34]; p. p. G. E. Brereton, *Des grantz geanz, an Anglo-Norman poem*, Oxford (Blackwell) 1937 (Medium Ævum Monogr. 2), pages paires; [= TL Grantz Geanz; AND Geanz¹; Dean 37]. Imprime en regard la version courte → GrantzGeanzLB. Cp. → BrutBroth²C p. 13.

GrantzGeanzAJ id.; p. dans → JubNRec 2,354-371.

GrantzGeanzLB id., version abrégée pour mieux s'intégrer comme prologue à → BrutNobleC; agn. ca. 1333; ms. de base Oxford Bodl. Rawl. D.329 [agn. 2^{e}t. 14^{e}s.], en var. BL Cotton Cleopatra D.VIII [14^{e}s.], BL Harl. 200 [agn. fin 14^{e}s.], BL Harl. 6359 [agn. 2^{e}t. 14^{e}s.], BL Add. 18462 [agn. 15^{e}s.], BL Cotton Domitian A.X [14^{e}s.], London Coll. of Arms Arundel XXXI [agn. 2^{e}m. 14^{e}s.], London Lambeth Palace 504 [agn. 2^{e}m. 14^{e}s.], London Inner Temple Div. 819,1,511-19 [agn. 2^{e}t. 14^{e}s.], Dublin Trinity Coll. E.2.33 (500) [agn. 2^{e}m. 14^{e}s.], Oxford Bodl. Douce 128 [agn. ca. 1400], Ripley Castle, Yorksh. [agn. fin 14^{e}s.], Oxford Bodl. Lyell 17 (anc. Wrest Park 33; London Quaritch) [agn. 2^{e}t. 14^{e}s.], Cambridge Univ. Gg.I.15 [agn. 2^{e}t. 14^{e}s.], Cambridge Trinity Coll. R.7.14 [14^{e}s.], Cambridge Trinity Coll. R.5.32 [agn. 1^{er}q. 15^{e}s.]; p. dans → GrantzGeanzAB, pages impaires; [= Dean 37]. Dans la plupart des mss. ce texte forme une sorte de prologue à → BrutNobleC et BrutNobleD.

GratienBL Traduction (non intégrale dans chaque détail) du Gratiani Decretum, ou Concordantia Discordantium Canonum, collection de décrets et règlements de l'église, par le canoniste Gratianus (Gratien), mise en forme de dialogue (Bologna ca. 1140), prose; Ouest 13^{e}s.; ms. Bruxelles Bibl. roy. 9084 [Centre 4^{e}q. 13^{e}s.]; p. p. L. Löfstedt, *Gratiani Decretum*, 5 vol., Helsinki (Soc. Scient. Fenn.) 1992-2001, vol. 1, *Distinctiones*, 1992 (Comm. Hum. Litt. 95), vol. 2, *Causae 1-14*, 1993 (Comm. Hum. Litt. 99), vol. 3, *Causae 15-29*, 1996 (Comm. Hum. Litt. 105), vol. 4, *Causae 30-36 et De Consecratione*, 1997 (Comm. Hum. Litt. 110), vol. 5, *Observations et explications*, 2001 (Comm. Hum. Litt. 117); [= TL Décret de Gratien L]. L'éd. attribue la traduction à Thomas Becket (années de son exil, 1164-1170; v. t. 5,46): en discussion (v. RPh 68, 2014, 285-338, spéc. 289). Roques MélLöfstedt 217-230: Ouest et plutôt ancien. Glossaires sélectifs: t. 5, p. 28-30 et 426-476. Concordancier du texte lt.: T. Reuter et G. Silagi, Wortkonkordanz, München 1990 (MGH Hilfsm. 10).

GrebanJ Arnoul Greban, Mystère de la Passion, vers octosyll.; pic. (Cambrai, avec traits du Mans) ca. 1450 (av. 1452); ms. de base BN fr. 815 [1458] (B), autres mss. et impr. v. l'éd.; p. p. O. Jodogne, *Le Mystère de la Passion d'Arnoul Gréban*, 2 vol., Bruxelles (Acad.) 1965-1983; [= TL Myst. Pass. Greb. J; Boss² 8178]. Texte mis à profit dans → PassMons.

GrebanP id.; ms. BN fr. 816 [1473 n.st.] (A); p. p. G. Paris – G. Raynaud, *Le Mystère de la Passion d'Arnoul Greban*, Paris (Vieweg) 1878; [= TL Myst. Pass. Greb.; FEW Greban]. Transcription non fidèle. [Compte plus de vers que l'éd. J: chiffres légèrement supérieurs.]

GregEzH Traduction des homélies I, 1-11, 12 incomplet (livre II manque), de Grégoire le Grand sur Ézéchiel (MignePL 76,785ss.; cp. ZinkPréd 81 etc.); lorr. fin 12^{e}s.; ms. unique Bern 79 [lorr. (Gorze?) 2^{e}q. 13^{e}s.] incomplet; p. p. K. Hofmann, *Altburgundische Uebersetzung der Predigten Gregors über Ezechiel*, München 1881 (Abh. der k. bayer. Akad. der Wiss., philos.-philolog. Cl., 16,1 [1882]); [= TL Greg. Ez.; WoC 68; Boss 3527]. Éd. plus ou moins imitative; mauvaise éd. parfois sans compréhension du contenu. Cf. G. Bertoni, *La versione francese delle prediche di s. Gregorio su Ezechiele (revisione del ms. di Berna 79)*, Modena (Vicenzi) 1908 (redresse une partie des bévues).

GregEzR⁰ id.; p. p. W. Rings, thèse Heidelberg 2016 (matériaux avant publication).

GregEzLC id., fragments d'une traduction en wall. (fragments de la 8e et de la 9e homélie, cf. ZinkPréd 16 et 229), indépendante de → GregEz; déb. 13^{e}s. (?); ms. Laon Bibl. mun. 224 (anc. 455) [wall. déb. 13^{e}s.] feuilles de garde anc. d'un 'Pontificale'; p. p. J. Chaurand, "Deux fragments d'homélies sur Ézéchiel", R 88 (1967) 91-112; [= TL Greg. Ez. Ch].

GreiveH A. Greive, *Etymologische Untersuchungen zum Französischen h aspiré*, Heidelberg (Winter) 1970.

GreubRég Y. Greub, *Les mots régionaux dans les farces françaises. Étude lexicologique sur le Recueil Tissier (1450-1550)*, Strasbourg (Soc. Ling. Rom.) 2003 (BiLiRo 2). Concerne → TissierFarces. C.r. Matsumura RLiR 68,598-618; cp. ib. 310-316; Poirier RF 119,124-126.

GreveSattel p. p. K. H. Greve, *Sattel- und Zaumzeug in der altfranzösischen Literatur*, thèse Jena [1924] 1925; [= FEW Greve].

GribaudoSeglie G. Gribaudo – P. et S. Seglie, *Dissionari piemontèis*, Turin (Ij Brandé) 1972-1975.

GrieraGr A. Griera, *Gramàtica historica del català antic*, Barcelona (Casa de Caritat) 1931; [= FEW Griera].

GrieraTres A. Griera, *Tresor de la llengua, de les tradicions i de la cultura popular de Catalunya*, Barcelona (Ed. Catalunya) 1935-1947.

Grimm J. et W. Grimm, *Deutsches Wörterbuch*, 32 vol., Leipzig (Hirzel) 1854-1960; t. 33 = bibl. 1971; [= FEW Grimm]. Jacob est mort en 1863, Wilhelm en 1859.

Grimm² id., nouv. éd. entièrement revue, par P. Schmitt, C. Unger, V. Harm et al., en cours de

Grimm[2]

publ. (en ligne: Woerterbuchnetz.de/DWB). Travaux dep. 1957, publ. dep. 1965 (2013: A-B et D-F). Menacé. ÷

GrimmRecht J. Grimm, *Deutsche Rechtsaltertümer*, 4ᵉ éd., 2 vol., Leipzig (Mayer & Müller) 1922; [= FEW GrimmRecht].

GriseldisEstC *Estoire de Griseldis*, version dramatique rimée de → PhMézGris, vers octosyll.; pic. 1395; ms. unique BN fr. 2203 [pic. 1395 ou peu après]; p. p. B. M. Craig, *L'estoire de Griseldis*, Lawrence (Univ. of Kansas) 1954. Il existe un imprimé de cette version: Paris, Jehan Bonfons, ca. 1550.

GriseldisEstR id.; p. p. M. Roques, *L'estoire de Griseldis*, Genève (Droz) – Paris (Minard) 1957 (T.L.F. 74).

Gröhler H. Gröhler, *Über Ursprung und Bedeutung der französischen Ortsnamen*, 2 parties, Heidelberg (Winter) 1913 et 1933 (Sammlung Romanischer Elementar- und Handbücher V, 8); [= FEW Gröhler; TL Gröhler Ortsnamen].

GroingnetB *De Groingnet et de Petit*, pièce en vers octosyll. où le jongleur, Gerbert (de Montreuil?), se plaint des riches; pic. 1ᵉʳt. 13ᵉs.; ms. de base Ars. 3114 [pic. fin 13ᵉs.], en var. BN fr. 25545 [ca. 1325], non utilisé Troyes 1511 [garde déb. 14ᵉs.] fragm.; p. p. D. L. Buffum, "De Groingnet et de Petit, serventois par Gerbert", *R* 53 (1927) 558-567; [= TL Groingnet; Boss 2344].

GroingnetM id.; p. dans → MontRayn 3, 30-34.

GroingnetMich id.; p. en app. à → ViolM 321-327.

GroingnetTV id.; fragm. de Troyes, v. 1-8 et 101-126, p. p. A. Vernet dans → MélLecoy 595-596.

GrossGild C. Gross, *The gild merchant. A contribution to British municipal history*, 2 vol., Oxford (Clarendon) 1890; [= AND Gild Merch].

GrosseChrestien R. Grosse, "Der Stil Crestien's von Troies", *Französische Studien* 1, Heilbronn 1881, p. 127-260. N'inclue pas GuillAngl, ni les chansons.

GrossetChastM Robert Grosseteste, évêque (rebelle) de Lincoln, *Le chasteau d'amour* poème allégorique sur la rédemption, couplets octosyll.; agn. 1ᵉʳt. 13ᵉs.; éd. 'critique' se servant prob. d'abord du ms. Oxford Bodl. Douce 132 (21706) [agn. mil. 13ᵉs.] (D), puis des mss. du 13ᵉs. et du 14ᵉs.: BN fr. 902 [agn., cette partie 2ᵉm. 13ᵉs.] (P) moins fidèle, BL Egerton 846B [agn. 1ᵉm. 14ᵉs.] (E), Oxford Bodl. Bodley 399 [agn. ca. 1300] (B), Oxford Bodl. Bodley 652 [agn. fin 13ᵉs.] (O), BL Harl. 3860 [agn. déb. 14ᵉs.] (A), Oxford Bodl. Laud Misc. 471 [agn. ca. 1300] (L), BL Roy. 20 B.XIV [agn. ca. 1300] (R), BL Harl. 1121 [agn. déb. 14ᵉs.] (H), London Lambeth Palace 522 [agn. déb. 14ᵉs.] (M), autres mss. Bruxelles Bibl. roy. 9030-37 [Gand ca. 1475-1479], Bruxelles Bibl. roy. 10747 [f°228-240 agn. ca. 1300?], Cambridge Fitzwilliam Mus. McClean 123 [agn. ca. 1300] fragm., Oxford Bodl. Digby 86 [agn. 1272-82] Quatre Filles seulement, Metz 1238 (anc. Marquis de Salis 88) [fin 13ᵉs.] perdu par la guerre, Oxford Bodl. Hatton 99 [agn. déb. 14ᵉs.] anoure, Oxford Corpus Christi Coll. 232 [agn. 2ᵉm. 13ᵉs.], Princeton NJers. Univ. Taylor Med. MS 1 (anc. Cheltenham Phillipps 2223) [agn. 2ᵉm. 13ᵉs.], York Chapter Libr. 16.K.7 [agn. ca. 1300]; p. p. J. Murray, *Le château d'amour de Robert Grosseteste, évêque de Lincoln*, Paris (Champion) 1918; [= TL Chast. d'Am. RGrosseteste; AND Chast; Dean 622]. Les var. ne permettent pas de reconstruire la leçon d'un ms. Contient une version de → QuatreFilles.

GrossetChastC id.; p. p. M. Cooke, *Carmina Anglo-Normannica: Robert Grossetete's Chasteau d'amour, to which are added "La vie de Sainte Marie Egyptienne" and an English version of the Chasteau d'amour*, London (Caxton Soc.) 1852.

GrossetChastMich id.; ms. P; épisode des Quatre sœurs (v. 217-420) p. dans → PsOxfM XXII-XXXI.

GrossetConfU Confession (incip. *Sire dieu omnipotent tut pussaunt*) attribuée par le ms. de Hamburg à Robert Grosseteste, prose; agn. 2ᵉq. 13ᵉs. (?); ms. de base Hamburg Stadtbibl. Phil. 296 [agn. 14ᵉs.] perdu depuis 1945 (il n'en existe pas de copie), autre ms. BL Egerton 3277 [agn. 3ᵉq. 14ᵉs.]; p. p. H. Urtel, "Eine altfranzösische Beichte", *ZrP* 33 (1909) 571-575; [= AND Confess; Dean 660; Vising 169; Hol 230].

GrossetMarM *Le mariage des neuf filles du diable*, poème en vers octosyll. attribué à Robert Grosseteste; agn. 1ᵉʳt. 13ᵉs.; ms. de base Oxford Bodl. Rawl. F.241 [agn. déb. 14ᵉs.], en var. Oxford Bodl. Fairfax 24 [agn., f°15-18, déb. 14ᵉs.], [pour Oxford Bodl. Rawl. C.504 [agn. 13ᵉs.] v. Dean]; p. p. P. Meyer, "Notice du ms. Rawlinson Poetry 241", *R* 29 (1900) 1-84, spécialement 61-72; [= AND Mar; Hol 266; Dean 686; Vising 290; Boss 3479].

GrossetReulesO Traité d'économie domestique et rurale, écrit sous forme de 28 règles en prose, version augmentée du secteur agricole et très développée des *Statuta* (lat.) de l'évêque de Lincoln, Robert Grosseteste (les *Règles* en fr. ne sont p.-ê. pas l'œuvre de Robert lui-même, mais faites sur sa commande); agn. ca. 1241 (très prob. entre 1240 et 1242); ms. de base BL Harl. 1005 [mil. 13ᵉ s.], corrections d'après Oxford Bodl. Douce 98 (21672) [agn. ca. 1300], autres mss.: BL Harl. 273 [agn. 1ᵉʳ m. 14ᵉ s.], BL Harl. 548 [agn. 1ᵉʳ m. 15ᵉ s.], BL Add. 5762 [agn. ca. 1300], BL Add. 33969 [agn. ca. 1300], BL Add. 38821 [agn. ca. 1285], BL Cotton Otho C.XII [agn. ca. 1320], Oxford Bodl. Fairfax 24 (3904) [agn., feuille de garde, ca. 1300], Canterbury Dean and Chapter Libr. Roll C.1293 [agn. ca. 1260] incomplet; p. dans → HosebHenO p. 387-415 [*Statuta* 408-409]; [= Dean 392]. Cp. → HosebHen, HosebAn, Seneschaucie.

GrossetReulesL id.; ms. Oxford Bodl. Douce 98 (21672) [ca. 1300]; p. dans → HosebHenL p. 121-145; [= AND Reules; Vising 328].

[**GrossetSMarC** → SMarieEgTC; *GrossetPurg → Peines.]

Grotefend H. Grotefend, *Taschenbuch der Zeitrechnung des deutschen Mittelalters und der Neuzeit*, Hannover (Hahn) [¹1898] ¹⁴2007. Basé sur l'ouvrage en 3 vol., 1891-1898. Commode: Grotefend Rechner, sur le réseau.

GrueN *De la grue* (A) ou *De celle qui fu foutue et desfoutue par une grue* (E), fabliau en vers octosyll.; 13ᵉ s.; ms. Bern 354 [bourg.sept. déb. 14ᵉ s.] (B), BN fr. 837 [frc. 4ᵉ q. 13ᵉ s.] (A), BN fr. 19152 [frc. fin 13ᵉ s.] (D), BN fr. 1593 [frc., faibles traits lorr. fin 13ᵉ s.] (E), BN fr. 12603 [pic. ca. 1300] (F), [ms. i = → HeronN]; p. dans → NoomenFabl 151-187.

GrueR id.; ms. Bern p. dans → RychnerFabl 9-14 (col. de gauche); version B.

GrueM id.; ms. Bern p. dans → MontRayn 5,151-156.

GrzegaCis J. Grzega, *Romania gallica cisalpina. Etymologisch-geolinguistische Studien zu den oberitalienisch – rätoromanischen Keltizismen*, Tübingen (Niemeyer) 2001 (ZrP-Beih. 311). Ne profite pas du DEAF.

GuenéeLehouxEntrées B. Guenée – F. Lehoux, *Les entrées royales françaises de 1328 à 1515*, Paris (CNRS) 1968. '1328' = GrChronV de ca. 1340 (5 lignes).

GuerreBarB État des dédommagements à payer par le comte de Bar suite à la guerre entre lui et le duc de Lorraine, 1337-1338, titre *Li grief que cil de la contei de Bair ont fait en la duch[iei]*; lorr. 1338; ms. BN Coll. de Lorr. III n°41-45 [lorr. prob. 1338]; p. p. F. Bonnardot, "Document en patois lorrain relatif à la guerre…", *R* 1 (1872) 328-351. Cité par Gdf comme 'Coll. de Lorr. III fol. 41-45'.

GuerreMetzB Récit en vers octosyll. traitant des hostilités entre la ville de Metz et ses voisins en 1324 (dit La guerre de Metz); lorr. 1325; ms. de base BN fr. 5782 [2ᵉ m. 15ᵉ s.], texte «amélioré» à l'aide du ms. Metz 831 (81) [Metz ca. 1438] (détruit par la guerre) et de Metz 832 (82) [1770] copie d'un ms. de la fin du 15ᵉ s. décrit par P. Lallemand, dans *Journ. de la Soc. d'archéol. lorr. et du Musée hist. lorr.* 34 (1885) 117-123; cp. HLF 35 (1921) 592 n.1, peu de var.; p. p. E. de Bouteiller, *La Guerre de Metz en 1324*, Paris (Firmin Didot) 1875 (réimpr. Amsterdam, Rodopi, 1984); [= TL Guerre Metz B; Boss 5039]. L'éd. contient plusieurs autres textes se rattachant à la guerre de 1324, plus ou moins contemporains, dont *Li ABC contre ceux de Metz* par Asselin du Pont et le *Patenostre de la guerre de Metz* par Robin de la Valee (ca. 1325).

GuerreMetzW id.; ms. Metz 831; p. dans → DexW p. 84-125.

GuggenbühlArs C. Guggenbühl, *Recherches sur la composition et la structure du ms. Ars. 3516*, Basel-Tübingen (Francke) 1998. Le ms. Ars. 3516 [art. 1267] contient un calendrier (de santé) et un comput (en tête du ms.; éd. p. 101-117). Travail intéressant, mais à contrôler (cp. RLiR 62,557s.).

GuiBourgG Gui de Bourgogne, chanson de geste du cycle de Charlemagne, en laisses de vers dodécasyll. assonancés; ca. 1230; ms. de base Tours 937 [13ᵉ s.] (a), qqs. var. de BL Harl. 527 [agn. mil. 13ᵉ s.] (b); p. p. F. Guessard – H. Michelant, *Gui de Bourgogne*, Paris (Vieweg) 1859 (Anc. Poëtes 1); [= TL Gui de Bourg.; Boss 475]. Une éd. par H. Latour, thèse Éc. des Chartes 1976, n'est pas publiée.

GuiBourgB id.; p. p. E. G. Brown, *The Tours manuscript of Gui de Bourgogne: An annotated edition*, thèse Tucson 1968, *Dissertation Abstracts* 29 (1968-1969) 561 A; [= Boss² 1222+1223].

GuiChaul Gui de Chauliac, médecin à Montpellier, *Inventarium seu collectorium in parte cyrgicali medicine* (daté 1363), traduction appelée ultérieurement *Grande chirurgie*, prose; 2ᵉ t. 15ᵉ s.? [la datation de ca. 1370 reposait sur l'anc. dat. err. du ms. M; tant qu'il n'y a pas une étude serrée de la langue, on ne peut que s'en tenir à la date du ms.]; ms. Montpellier Ec. de Méd. 184 [2ᵉ t. 15ᵉ s.] (M) incomplet de la fin, cité par le DEAF, – mss. représentant d'autres traductions: BN fr. 396 [2ᵉ m. 15ᵉ s.] (G); BN fr. 24249 [2ᵉ m. 15ᵉ s.] (N); [Washington Army Med. Libr.: copie ms. de l'éd. Joubert]; extrait: BN fr. 2027 [ca. 1475] f°1-39; abrégés, questionnaires et sim.: BN fr. 2028 [1480], BN fr. 19994 [1454], Dijon 390 (265 A/1) [1ᵉʳ m. 15ᵉ s.], BN fr. 19985 [15ᵉ s.], Poitiers 185 (325) [1440-44?], Ars. 2512 [15ᵉ s.],

GuiChaul

BN fr. 14816 [15ᵉs.], BN fr. 630 [1445]; 'Petite chirurgie': BN fr. 2028 [1480] f°1-36, BN fr. 2027 [ca. 1475] f°41-68, BN fr. 19989 [15ᵉs.], BN fr. 19994 [1454] f°58-95, Ste-Gen. 1036 (anc. T. f.f°.4) [15ᵉs.: 1456?], BN fr. 19985 [15ᵉs.] f°68-84, – imprimés fr.: à partir de 1478 (portant souvent le titre de *Le Guidon en français*); inédit dans l'ensemble. La lexicographie se sert fréquemment des imprimés Lyon (B. Buyer) 1478 (correspond à la version G), Lyon (J. Fabri) 1490 et Paris (S. Champier) 1503. Cf. l'introduction de G. Keil dans → GuiChaulJL; informations concernant les abrégés aimablement fournies par S. Bazin-Tacchella. Concordance des éd. GuiChaulN et GuiChaulM, ici, en appendice. Cp. → AckersGui.

GuiChaulMT id.; ms. Montpellier; éd. partielle (f°14v°-36v°: *Anathomie*) par Sabine Tittel, *Die* Anathomie *in der Grande Chirurgie des Gui de Chauliac: Wort- und sachgeschichtliche Untersuchungen und Edition*, Tübingen (Niemeyer) 2004 (ZrP-Beih. 328); c.r. David Trotter ZrP 123,146-148; Matsumura Language, Inform., Text 12 (2005) 33-41. Le sigle GuiChaulMT⁰ désigne des matériaux mis à la disposition du DEAF avant publication.

GuiChaulN id.; édition inutilisable qui suit pour le contenu un texte latin et pour le français des mss. et des imprimés divers (16ᵉ et 17ᵉs.), p. p. E. Nicaise, *La Grande chirurgie de Guy de Chauliac...*, Paris (Alcan) 1890; [= FEW GuyChaulJ]. À écarter (A. Thomas dans AntidNicD p. VIII: «une laborieuse traduction qui n'est ni en français de son temps ni en français du nôtre, mais offre un de ces pastiches naïfs dont nos artistes - sans prétentions philologiques - aiment à affubler les légendes de leurs peintures moyenâgeuses? Cela peut paraître gracieux, dans notre siècle ami du bibelot et du bric-à-brac, mais cela ne sert de rien pour la sience»). Concordance des éd. GuiChaulN et GuiChaulM, ici, en appendice.

GuiChaulJ id., version fr. basée sur un texte fr., modifiant la terminologie, établie par Laurent Joubert; *La Grande Chirurgie de M. Guy de Chauliac, médecin très fameux de l'Université de Montpellier, composée l'an de grâce 1363. Restituée par M. Laurent Joubert...*, Lyon (Estienne Michel) 1579. En 1584 paraissaient les *Annotations de m. Laurens Joubert, sur toutte la Chirurgie de m. Gui de Chauliac...*, Lyon (Estienne Michel) 1584. Les deux livres ont été réédités plusieurs fois.

GuiChaulJL id.; version latine basée sur le texte de 1363, mais fortement modernisée: *Chirurgia magna Guidonis de Gauliaco... à Laurentio Louberto medico regio...*, Lugduni (In off. Q. Philip. Tinghi, Flor. Apud Simphorianum Beraud et Stephanum Michaëlen) 1585, réimpr. p. avec introduction par G. Keil, *Guy de Chauliac, Chirurgia magna Guidonis de Gauliaco*, Darmstadt (Wiss. Buchges.) 1976.

GuiNantM/V/FM *Gui de Nanteuil*, chanson de geste du cycle de Doon de Nanteuil, alexandrins; 4ᵉq. 12ᵉs.; impression synoptique de trois mss.: Montpellier Ec. de Méd. 247 [pic. 2ᵉm. 14ᵉs.] (M), Venezia Marc. fr. X [francoit. mil. 14ᵉs.] (V), Firenze Bibl. naz. Fondo naz. II.IV.588 [2ᵉt. 13ᵉs.] fragm. (F), des extraits d'un ms. perdu se trouvent dans BN fr. 24726 [fin 16ᵉs.] p. dans l'éd. p. 355-358; p. p. J. R. McCormack, *Gui de Nanteuil*, Genève (Droz) – Paris (Minard) 1970 (T. L. F. 161); [= TL Gui Nant.² et Gui de Nanteuil; Boss² 1225]. L'éd. n'a jamais vu le ms. Ven. en nature. Cp. F. Di Ninni CN 33 (1973) 69-103 [= TL Gui Nant. N].

GuiNantFMo id., description et édition des fragments Firenze Bibl. naz. Fondo naz. II.IV.588 [2ᵉt. 13ᵉs.]; p. p. J. Monfrin, "Fragments d'un manuscrit de Guy de Nanteuil", *R* 75 (1954) 211-230.

GuiNantMMey id., éd. basée principalement sur Montpellier Ec. de Méd. 247 [pic. 2ᵉm. 14ᵉs.] p. p. P. Meyer, *Gui de Nanteuil, Chanson de geste. Publiée pour la première fois d'après les deux manuscrits de Montpellier et de Venise*, Paris (Vieweg) 1861 (Anciens Poètes de la France 6; réimpr. Nendeln, Kraus, 1966); [= TL Gui Nant.; Boss 480; Hol 830]. Éd. assez fiable.

GuiNantvProlCf id., prologue propre au ms. Venezia Marc. fr. X [francoit. mil. 14ᵉs.]; francoit. 2ᵉq. 14ᵉs.; p. p. F. Callu-Turiaf, "Les versions franco-italiennes de la chanson d'Aye d'Avignon", *École fr. de Rome, Mél. d'arch. et d'hist.* 73 (1961) 391-435, texte 407-435; [cf. Boss² 993: err.]. Extraits de ce prol. se trouvent dans → GuiNantvM p. 28-29, → GuiNantMMey p. XXV-XXXII, → KellerRomv 38-41.

GuiNantvProlC id.; p. p. A. Cavaliere, *Il prologo marciano del Gui de Nanteuil*, Napoli (Giannini) 1958; [= Boss 7166].

GuiWarE Gui de Warewic, chanson de geste chantant les exploits de l'Anglais Gui contre les Danois, couplets d'octosyll. rimés; agn. 1ᵉʳt. 13ᵉs.; ms. de base BL Add. 38662 [agn. mil. 13ᵉs.] (E), émendations et var. tirées de London Coll. of Arms Arundel XXVII (154) [agn. ca. 1300] (A), Cambridge Corpus Christi Coll. 50 [agn. 4ᵉq. 13ᵉs.] (C), Cologny Bodmer 168 (anc. Cheltenham Phillipps 8345) [agn. ca. 1300] (F), Wolfenbüttel Herzog August Bibl. 87.4 [agn. ca. 1300] (G), BL Harl. 3775 [agn., cette partie ca. 1300] (H) v. 1-3012, Cambridge Univ. Add. 2751(16) [agn. fin 13ᵉs.] (J) fragm., Cologny Bodmer 67 (anc. Marske Hall D'Arcy Hutton) [agn. 2ᵉm. 13ᵉs.] (M), Oxford Bodl. Rawl. D.913 (1370) [f°86-89 agn. ca. 1300] (O) fragm., BN fr. 1669 (anc.

7553) [agn. fin 13ᵉs.] (P), BL Roy. 8 F.IX, 3 [agn. déb. 14ᵉs.] (R) v. 1463-11632, York Chapter Libr. 16.I.7 [agn. fin 13ᵉs.] (Y) fragm., New Haven Yale Beinecke Libr. 591 (anc. Cholmondeley) [agn. déb. 14ᵉs.], Nottingham Univ. Oakham Bx 1756 S 4 [agn. 3ᵉt. 13ᵉs.] fragm., Ripon Cathedral XVIII.F.33 [agn. ca. 1300] fragm.; p. p. A. Ewert, *Gui de Warewic*, Paris (Champion) 1933 (CFMA 74-75); [= TL Gui de Warewic; FEW Warw; AND Gui War; Dean 154; cp. FEW GuiWar].

GuiWarPrC Mise en prose de → GuiWar; 1ᵉm. 15ᵉs.; ms. de base BL Roy. 15 E.VI [Rouen prob. 1444/1445], en var. BN fr. 1476 [15ᵉs.]; p. p. D. J. Conlon, *Le Rommant de Guy de Warwik et de Herolt d'Ardenne*, Chapel Hill (Univ. of North Carolina Press) 1971; [= TL Guy de Warwick *et* Gui de Warewic C; Wos 75; Boss² 6620].

GuibAndrO Guibert d'Andrenas, chanson de geste du cycle de Guillaume d'Orange, en laisses de décasyll. rimés; frc. à qqs. traits pic.mérid., déb. 13ᵉs.; ms. de base BL Roy. 20 D.XI [traits pic., prob. Paris ca. 1335] (B1), en var. BN fr. 24369-24370 [prob. Paris, traits pic., ca. 1335] (B2), BL Roy. 20 B.XIX [traits bourg. ca. 1270] (R), BL Harl. 1321 [traits norm.or. ca. 1255] (H), BN nfr. 6298 [2ᵉm. 13ᵉs.] (N); p. p. M. Ott, *Guibert d'Andrenas*, Paris (Champion) 2004 (CFMA 147). [Le sigle GuibAndrO⁰ concernait des matériaux tirés de la thèse correspondante de 1999.].

GuibAndrC id.; ms. de base BL Roy. 20 B.XIX [traits bourg. ca. 1270] (C); p. p. J. Crosland, *Guibert d'Andrenas*, Manchester (Univ. Press) 1923 (ML Texts); [= TL Guib. d'Andr. C]. À utiliser avec précaution.

GuibAndrM id.; ms. de base BL Roy. 20 B.XIX [traits bourg. ca. 1270] (C); p. p. J. Melander, *Guibert d'Andrenas*, Paris (Champion) 1922; [= TL Guib. d'Andr. M; FEW Guibert]. Éd. 'critique' à peine utilisable.

GuigueLyon M.-C. Guigue, *Cartulaire municipal de la Ville de Lyon ...*, Lyon (Brun) 1876; [= Stein 2279]. Contient le cart. établi en 1336/37 (et −1340) par Etienne de Villeneuve, Lyon Arch. mun. AA1, (f°1-79, pièces n°1-86, première main, p. 1-167, lt. et fr.), suivi de quatre pièces lt. (1231-1338, n°87-90, p. 167-182), puis fr. et lt. ultérieures, écrites par plusieurs mains, fin 14ᵉs.-ca. 1405 (f°80-180, n°91-122, p. 182-300; n°123 p. 300-303, transcrite mil. 15ᵉs.); suivi d'un supplément établi par Etienne en 1342, Lyon Arch. mun. AA2 (f°1-8, n°124-126, p. 305-319), suivi de pièces ultérieures, plusieurs mains fin 14ᵉs.-ca. 1405 (f°9-36, n°127-150 [nᵒˢ anc. IVˣˣX-CV = n°127-142, le reste non numéroté], p. 320-370 n°151: miscell. lt. et mfr. tirés de plusieurs fᵒˢ de AA1, p. 370-372); suivi d'un Appendice, formé par Guigue, qui reproduit des doc. divers, orig. et copies, lt. et fr., datés de 1193 à 1396, identifiés individuellement, p. 375-480.

GuillAlexisP Guillaume Alexis, poésies variées, datables de 1451 à 1486; 3ᵉq. 15ᵉs.; éd. basée sur des mss. et surtout sur des impr.: BN fr. 1642 [ca. 1500], BN fr. 5036 [15ᵉs.], BL Lansdowne 380 [ca. 1500], BN fr. 14979 [16ᵉs.], etc.; p. p. A. Piaget – É. Picot, *Œuvres poétiques de Guillaume Alexis, prieur de Bucy*, 3 vol., Paris (Firmin Didot) 1896-1908 (SATF 38); [= TL GAlexis; FEW GuillAlexis]. Contient le *Blason des faulces amours* (cité par Lac), etc.

GuillAmAmC Guillaume d'Amiens le Paigneur, *Vers d'amours*, 14 strophes de vers octosyll. rimés; pic. fin 13ᵉs.; ms. Vat. Reg. lat. 1490 [déb. 14ᵉs.]; p. p. R. Crespo, "*Vers d'Amours* di Guillaume d'Amiens", *CN* 57 (1997) 55-101. (Gdf 'Will. d'Am., Romv.' se réfère en fait à → GuillVin.)

GuillAmAmJ id.; p. p. A. Jeanroy, "Trois dits d'amour du XIIIᵉ siècle", *R* 22 (1893) 45-70, texte 58-61; [= TL Tr. Dits d'Am. III]. Le premier texte, p. 50-53 [= TL Tr. Dits d'Am. I], correspond à → AdHaleB p. 394-402; le deuxième est → NevAmJ (p. 54-58).

GuillAnglH *Guillaume d'Angleterre* (autre titre: *Roi Guillaume*), sorte de sécularisation de la légende de saint Eustache (qui devient Guillaume le Conquérant), attribuée, certainement à tort, à Chrestien de Troyes, le Crestiien en question étant assez probablement originaire de Picardie (Amiens?), vers octosyll.; pic.occid. fin 12ᵉs.; ms. de base Cambridge St John's Coll. B.9 (31) [Est déb. 14ᵉs.] (C), en var. BN fr. 375 [pic. 1289 n.st.] (P); p. p. A. J. Holden, *Chrétien, Guillaume d'Angleterre*, Genève (Droz) 1988 (T. L. F. 360); [= TL Guil. d'A. H]. Éd. non définitive, v. Städtler ZrP 107, 201-203. Pour l'auteur et la date v. Zufferey RLiR 72,157-208.

GuillAnglFe id.; ms. de base P, C en var.; p. p. C. Ferlampin-Acher, *Chrétien de Troyes (?)* [!], *Guillaume d'Angleterre*, Paris (Champion) 2007 (CCMA 22). Qqs. corr. nécessaires d'après le ms. C. C.r. Roques RLiR 72,263-265; Burgio Med-Rom 33,191-193.

GuillAnglF¹ id.; ms. de base C; p. p. W. Foerster, *Christian von Troyes*, t. 4, *Der Karrenritter und das Wilhelmsleben von Christian von Troyes*, Halle (Niemeyer) 1899; [= TL Guil. d'A.; Boss 1736; Hol 1125]. Graphie champagnisée par l'éditeur.

GuillAnglF² id.; p. p. W. Foerster, *Wilhelm von England, ein Abenteuerroman von Kristian von*

GuillAnglF²

Troyes, Halle (Niemeyer) 1911 (Roman. Bibl. 20); [= TL Guil. d'A.²; Boss 1737; Hol 1126]. Graphie champagnisée par l'éditeur.

GuillAnglM id.; p.p. V. Merlier, "Edition préliminaire du Roman de Guillaume d'Angleterre attribué à Chrétien de Troyes", thèse Pennsylvania 1972, *Dissertation Abstracts* 33 (1972-1973) 6922 A; [= Boss² 3337].

GuillAnglMi id.; bonne transcription du ms. P dans → MichelChron 3, 39-172.

GuillAnglW id.; ms. P; p.p. M. Wilmotte, *Chrétien de Troyes, Guillaume d'Angleterre*, Paris (Champion) 1927 (CFMA 55); [= TL Guill. d'Angl. W; Boss 1738; Hol 1127]. Bonne transcription, bien qu'aux corr. inutiles. Concordancier établi par M. Dubois-Stasse – A. Fontaine-Lauve, Liège (Fac. de Phil.) s.d. [1974]. [L'impression G.C. Belletti, Parma 1991 reproduit l'éd. W!]

GuillAnglB id.; ms. de base P (en fait l'éd. W); p.p. A. Berthelot dans → ErecD p. 953-1036; 1410-1451.

GuillAnglAlB Dit de Guillaume d'Angleterre, version libre et réduite de → GuillAngl, quatrains d'alexandrins monorimes; fin 13ᵉ s.; ms. de base BN fr. 24432 [frc. av. 1349], en var. BL Add. 15606 [bourg. déb. 14ᵉ s.]; p.p. S. Buzzetti Gallarati, *Dit de Guillaume d'Engleterre*, Torino (Giappichelli) 1978; [= TL Dit d. Guill. G; Boss² 7763].

GuillAnglAlB² id.; 2ᵉ éd., Alessandria (Orso) 1990.

GuillAnglAlM id.; ms. BN p. dans → MichelChron 3, 173-211; [= TL Dit d. Guill.; Boss 3300].

GuillDigLisD *Le roman* (ou *Dit*) *de la fleur de lis*, songe allégorique moralisant, en vers octosyll. (comptant la dern. syll. atone); norm.sept. pic. (Sellentois) 1338; ms. de base Ars. 3646 [norm. ca. 1380] (A; π), en var. BN lat. 4120 [cette partie norm. ca. 1400] (B) f°148ss.; p.p. F. Duval, *Guillaume de Digulleville. Le Dit de la fleur de lis*, Paris (Éc. des Ch.) 2014 (Mém. et doc. 95).

GuillDigLisP id.; p.p. A. Piaget, "Un poème inédit de Guillaume de Digulleville, le Roman de la fleur de lis", *R* 62 (1936) 317(323)-358; [= Boss 4908].

GuillDoleL Jean Renart, Roman de Guillaume de Dole ou Roman de la Rose, vers octosyll.; traits pic. ca. 1209 (ca. 1228 moins prob.); ms. unique Vat. Reg. lat. 1725 [frc. fin 13ᵉ s.]; p.p. F. Lecoy, *Jean Renart. Le Roman de la Rose ou de Guillaume de Dole*, Paris (Champion) 1962 (CFMA 91); [= TL GDole L; Boss² 2300]. Texte très corrigé. Les crochets semblent indiquer des mots ajoutés; les parenthèses ne font que structurer le texte — usage curieux et ne pas à imiter. Concordancier par G. Andrieu – J. Piolle – May Plouzeau, Aix en Prov. 1978.

GuillDoleLej id.; p.p. R. Lejeune, *Jean Renart, le Roman de la rose ou de Guillaume de Dole*, Paris (Droz) 1936; [= TL GDole²].

GuillDoleP id.; p.p. R. Psaki, *Le roman de la rose ou de Guillaume de Dole / The Romance of the rose or of Guillaume de Dole*, New York (Garland) 1995. Éd. plus ou moins diplomatique; c.r. M. Lynde-Recchia The Med. Review 96.12.05.

GuillDoleS id.; p.p. G.M.J. Servois, *Le roman de la rose ou de Guillaume de Dole*, Paris (Firmin Didot) 1893 (SATF); [= TL GDole; FEW GuillDole].

GuillFillConsH Guillaume Fillastre, Traité (*Traittié*) de Conseil, section de l'Histoire de la Toison d'Or (GuillFillTois, 1468 – après 1473), sorte de manuel d'instruction morale rappelant les exemples historiques, prose; 1473; ms. de base Wien Archiv des Ordens vom Goldenen Vlies 2 [pic.-wall. av. 1477] (T), en var. BN fr. 140 [pic. fin 15ᵉ s.] (A), BN fr. 141 [fin 15ᵉ s.] (C), BN fr. 16997 [ca. 1515] (D), Bruxelles Bibl. roy. 9028 [flandr. après 1473] (F), Gent Univ. 170 [pic. 4ᵉ q. 15ᵉ s.] (G), København Kgl. Bibl. Thott 464 f° [pic. 4ᵉ q. 15ᵉ s.] (K), Mâcon Bibl. mun. 5 [pic. fin 15ᵉ s.] (M), København Kgl. Bibl. Thott 463 f° [pic. ca. 1476] (Th), [BN fr. 19024 [déb. 16ᵉ s.] Traité manque], mss. du Traité seulement: Bruxelles Bibl. roy. II 1172 (anc. Cheltenham Phillipps 10176) [pic. ca. 1475] (B), BL Harl. 4397 [pic. fin 15ᵉ s.] (H), BL Roy. 19 A.VI [pic. fin 15ᵉ s.] (L), Wien 2550 [pic. après 1473] (W), imprimés v. éd. 93-96; p.p. H. Häyrynen, *Guillaume Fillastre. Le Traittié de Conseil*, Jyväskylä (Univ. of Jyväskylä) 1994. Ample gloss. à datations et renvois lexicogr.

GuillJoiesRi Guillaume le Clerc de Normandie, *Les joies Nostre Dame*; traits norm. 1ᵉʳ t. 13ᵉ s.; ms. BN fr. 19525 [agn. fin 13ᵉ s.] f°86v°-95v°; p.p. P. Rist, *Les Joies Nostre Dame des Guillaume le Clerc de Normandie*, thèse Zürich 1938 (impr. 1940); [= Dean 704; Hol 213; Boss 3098]. Donne à côté d'une transcription fidèle un texte 'critique' inutilisable auquel se réfère malheureusement le glossaire.

GuillJoiesR id.; p.p. R. Reinsch, "*Les Joies Nostre Dame* des Guillaume le Clerc de Normandie", *ZrP* 3 (1879) 200-231, texte p. 211-225 [suite: → GuillTroisMotsR]; [= TL Guil. JND]. Mauvaise édition.

GuillLongH Complainte de la mort dans la bataille de Mansourah (1250) du croisé William de Salisbury, dit Longespee et des autres héros chrétiens, laisses d'alex. monorimes; agn. 3^{e}t. 13^{e}s.; ms. unique BL Cotton Julius A.V [agn. 1^{er}q. 14^{e}s.] f°176^b-182 (181^b-187^a); p. p. T. Hunt, "The Anglo-Norman poem on William Longespee", *NMS* 36 (1992) 103-125; [= AND^2 Longespee].

GuillLongB id.; p. p. S. Bentley, *Excerpta historica, or, Illustrations of English history* (chap. "The assault of Massoura"), London 1831 [1833], p. 64-84; [= Dean 69 (1)]. Gdf attribue les *Excerpta Historica* par erreur à Pierre de Langtoft, v. → ChronPLang.

GuillLongJ id.; p. dans → JubNRec 2, 339-353.

GuillLongM id.; p. dans → JoinvM, ^{4}1871, 327-353.

GuillMachC Guillaume de Machaut (vers 1300-1377), ballades, rondeaux, lais et autres poésies, mises en ordre par l'auteur vers 1363-65, individuellement datables d'avant 1342 à ca. 1363 (1, lxxviii); champ.sept. 2^{e}t. 14^{e}s.; ms. de base principal BN fr. 22545-22546 [4^{e}q. 14^{e}s.] (K), complété surtout par BN fr. 1584 [Paris av. 1377] (C), en var. BN fr. 9221 [3^{e}t. 14^{e}s.] (J), BN fr. 843 [15^{e}s.] (A), BN fr. 881 [Paris ca. 1400] (B), BN fr. 1585 [3^{e}t. 14^{e}s.] (D), BN fr. 1586 [Paris ca. 1355] (E), BN fr. 1587 [4^{e}q. 14^{e}s.] (F), Ars. 5203 [3^{e}t. 14^{e}s.] (M), Kansas City J. E. et E. J. Ferrell (Cambridge Corpus Christi Coll. Ferrell 1, anc. Marquis de Vogüé) [4^{e}q. 14^{e}s.] (N), Bern 218 [Île de Fr. (Sens?) 1371 ou peu après] (R), autres mss. BN fr. 2165-2166 [3^{e}t. 14^{e}s.] (G), BN fr. 2230 [mil. 15^{e}s.] (H), BN nfr. 6221 [15^{e}s.] (I), Ars. 683 [15^{e}s.] (L), Arras 587 (897) [pic. (Arras) 1370 n.st.] (U), Chantilly Musée Condé 564 (1047) [15^{e}s.] (O), Clermont-Ferrand 249 [Pays d'oc déb. 15^{e}s.] (P), Bern A.95.10 [déb. 15^{e}s.] fragm. (Q/L), Modena Bibl. Estense f. lat. 568 (anc. IV.D.5) [15^{e}s.] (S), Stockholm Kungl. Bibl. Vu 22 (fr. 53) [4^{e}q. 15^{e}s.] (T); p. p. V. Chichmaref / V. Šišmarev, *Guillaume de Machaut. Poésies lyriques*, 2 vol., Paris (Champion) s.d. [1909] et Peterburg (Zapiski Ist.-filol. Fak. imp. S.-Peterburg Univ. 92,2); [= FEW GuillMach; Boss 4354]. Le lexique de GuillMachC, -H, -PriseM et -VoirI est consultable sur internet depuis 2002.

GuillMachH id., œuvres; mss. de base BN fr. 1584 [Paris av. 1377] (A) et BN fr. 22545-22546 [4^{e}q. 14^{e}s.] (F/G) [ce dernier copié en premier], autres mss. utilisés: BN fr. 1585 [3^{e}t. 14^{e}s.] (B), BN fr. 1586 [Paris ca. 1355] (C), BN fr. 1587 [4^{e}q. 14^{e}s.] (D), BN fr. 9221 [3^{e}t. 14^{e}s.] (E), BN fr. 843 [15^{e}s.] (M), Bern 218 [Île de Fr. (Sens?) 1371 ou peu après] (K), Ars. 5203 [3^{e}t. 14^{e}s.] (J); p. p. E. Hoepffner, *Œuvres de Guillaume de Machaut*, 3 vol., Paris (Didot) 1908-1921; [= TL Machaut Oeuvres H; FEW GuillMach; Boss 4353]. Contient le Prol. (1,1-12), *Le dit du Vergier* datable av. 1342 (13-56), → GuillMachBehH (57-135), *Le Jugement dou roy de Navarre* prob. 1349 (137-282), *Le lay de Plour* (283-291), GuillMachRemH (2,1-157), *Le dit dou Lyon* 1342 (159-237), *Le dit de l'Alerion* av. 1349 (239-403), GuillMachConfH (3,1-142), GuillMachFontH (3, 143-244).

GuillMachT id., œuvres; p. p. P. Tarbé, *Les œuvres de Guillaume de Machault*, Reims (Techener) 1849 (Coll. des poètes de Champagne antérieurs au XVI^{e}s.); [=Boss 4351].

GuillMachBallW id., ballades; 2^{e}t. 14^{e}s.; p. p. N. Wilkins, dans → WilkinsBall 21-38 (de seconde main).

GuillMachBehH Guillaume de Machaut, *Le jugement dou roy de Behaingne*, en vers décasyll.; av. 1342; ms. de base BN fr. 22545-22546 [4^{e}q. 14^{e}s.] (F, G) et BN fr. 1584 [Paris av. 1377] (A), en var. BN fr. 1585 [3^{e}t. 14^{e}s.] (B), BN fr. 1586 [Paris ca. 1355] (C), BN fr. 1587 [4^{e}q. 14^{e}s.] (D), BN fr. 9221 [3^{e}t. 14^{e}s.] (E), BN fr. 843 [15^{e}s.] (M), BN fr. 2166 [3^{e}t. 14^{e}s.] (P), BN fr. 2230 [mil. 15^{e}s.] (R), Bern 218 [Île de Fr. (Sens?) 1371 ou peu après] (K), Ars. 5203 [3^{e}t. 14^{e}s.] (J), Kansas City J. E. et E. J. Ferrell (Cambridge Corpus Christi Coll. Ferrell 1, anc. New York Wildenstein Collection; Cheltenham Phillipps 6740; Marquis de Vogüé; H. P. Kraus) [4^{e}q. 14^{e}s.] (Vg, éd. W: Kr; film au IRHT); autres mss.: Arras 587 (897) [pic. (Arras) 1370 n.st.] (éd. W: Ar); BN fr. 1149 [ca. 1400]; BN fr. 20026 [mil. 15^{e}s.] (éd. W: Ra); Stockholm Kungl. Bibl. Vu 22 [4^{e}q. 15^{e}s.] (éd. W: St), BN fr. 1595 [4^{e}q. 14^{e}s.] (éd. W: Ys); p. dans → GuillMachH 1, 57-135.

GuillMachBehP id.; ms. de base BN fr. 1584 [3^{e}t. 14^{e}s.]; p. p. R. B. Palmer, *Guillaume de Machaut, The Judgment of the King of Bohemia*, New York – London (Garland) 1984 (Garl. Libr. of Med. Lit. A9); [= TL Machaut Jugem. Roy de Behaingne P]. Peu de variantes, sans glossaire, sans localisation et datation du ms. 'Vogüé', avec trad. angl.

GuillMachBehW id.; ms. de base BN fr. 2166 [3^{e}t. 14^{e}s.] (P); p. p. J. I. Wimsatt – W. W. Kibler, *Guillaume de Machaut. Le Jugement du roy de Behaigne and Remede de Fortune*, Athens – London (Univ. of Georgia Press) 1988; [= TL Machaut Jugem. Roy de Behaingne WK]; v. RLiR 55,278; ZrP 108,354.

GuillMachConfH id., Confort d'Ami; 1357; ms. de base BN fr. 1584 [Paris av. 1377] (A), en var.

GuillMachConfH

B, C, D, E, F, J, K, M, Vg, New York Pierpont Morgan Libr. M.396 [ca. 1430], Bern A.95.10 [déb. 15ᵉs.] fragm. (L) v. 1-426 et 1625-1712, Chantilly Musée Condé 564 (1047) [15ᵉs.] non cité, BN fr. 994 [4ᵉq. 14ᵉs.] f°33r°a-44r°b 1912 vers seulement (v. 1... 3978); p. dans → GuillMachH 3,1-142.

GuillMachConfP id.; p. p. R. B. Palmer, *Guillaume de Machaut. Le Confort d'ami*, New York (Garland) 1992 (Garland Library of Medieval Lit. A.67); [= TL Machaut Confort d'ami P]. Sorte de rééd. de GuillMachH!, v. MedAev 63,143-4; pratiquement sans var., sans gloss.

GuillMachDits[1-6]**F** Guillaume de Machaut, Dits: 1° Le Dit de la Marguerite, prob. 1364, ms. A; 2° Le Dit de la Rose, après 1364 (av. 1377), ms. de base A, en var. F, J; 3° Le Dit de la Fleur de Lis et de la Marguerite, ms. G, ca. 1370; 4° Le Dit du Cerf blanc, ca. 1364, ms. J; 5° Complainte, 1365, ms. de base A, en var. M; 6° Le Dit du Cheval, ca. 1370, ms. de base A, en var. G; mss. BN fr. 1584 [Paris av. 1377] (A); BN fr. 22545 [4ᵉq. 14ᵉs.] (F); BN fr. 22546 [4ᵉq. 14ᵉs.] (G); Ars. 5203 [3ᵉt. 14ᵉs.] (J); BN fr. 843 [15ᵉs.] (M); p. dans → FroissDitsTHF 277-337.

GuillMachFontH id., Dit de la Fonteinne amoureuse; ca. 1361; ms. de base BN fr. 1584 [Paris av. 1377] (A), en var. B, E, F, J, K, M, Vg, autre ms. New York Pierpont Morgan Libr. M.396 [ca. 1430]; p. dans → GuillMachH 3,143-244; 253-263.

GuillMachFontC id.; même ms. (A); p. p. J. Cerquiglini-Toulet, *Guillaume de Machaut. Le livre de la Fontaine amoureuse*, s.l. [Paris] (Stock) 1993. Sans var.; qqs. rares corr.; sans gloss.

GuillMachNavH id., Le jugement du roy de Navarre contre le jugement dou roy de Behaingne, écrit en l'honneur de Charles II le Mauvais, conte d'Évreux, devenu roy de Navarre en 1349, en vers octosyll.; prob. 1349; mss. de base BN fr. 22545-22546 [4ᵉq. 14ᵉs.] (F/G) et BN fr. 1584 [Paris av. 1377] (A), B, D, E, M et V en var; p. dans → GuillMachH 1,137-282.

GuillMachPriseP id., La Prise d'Alexandrie; ca. 1372; ms. de base BN fr. 1584 [Paris av. 1377] (A), peu de var. de BN fr. 22545 [4ᵉq. 14ᵉs.] (G), autres mss. BN fr. 1585 [3ᵉt. 14ᵉs.] (B), BN fr. 9221 [3ᵉt. 14ᵉs.] (E), New York Wildenstein Collection [fin 14ᵉs.] (Vg); transcription pseudo-diplomatique p. p. R. B. Palmer, *Guillaume de Machaut. La Prise d'Alixandre*, New York – London (Routledge) 2002. Avec trad. angl., sans glossaire.

GuillMachPriseM id.; ms. A; p. p. L. de Mas Latrie, *La Prise d'Alexandrie*, Genève (Fick) 1877 (réimpr. Osnabrück, Zeller, 1968). Sans glossaire.

GuillMachRemW id., Remede de Fortune; av. 1342; ms. de base BN fr. 1586 [Paris ca. 1355] (C), en var. les mss. B, C, E, F, J, K, M, Pm et Vg, v. → GuillMachBeh; p. dans → GuillMachBehW p.167-409. La trad. fournie peut induire en erreur (p.ex. 3983-3986: verbes).

GuillMachRemH id.; ms. de base BN fr. 1584 [Paris av. 1377] (A); p. dans → GuillMachH 2,1-157.

GuillMachVoirI id., Le livre du Voir Dit; 1364; ms. de base BN fr. 22545 [4ᵉq. 14ᵉs.] (F), en var. BN fr. 1584 [Paris av. 1377] (A), BN fr. 9221 [3ᵉt. 14ᵉs.] (E), New York Pierpont Morgan Libr. M.396 [ca. 1430], extraits non utilisés dans Ars. 5203 [3ᵉt. 14ᵉs.] (J), Bern 218 [Île de Fr. (Sens?) 1371 ou peu après] (K); p. p. P. Imbs, *Guillaume de Machaut. Le livre du Voir Dit*, Paris (Klincksieck) 1999 (Poche, Lettr. goth. 4557).

GuillMachVoirL id.; éd. dipl. du ms. A p. p. D. Leech-Wilkinson – R. B. Palmer, *Le livre dou Voir Dit*, New York (Garland) 1998 (Garl. Libr. of Med. Lit. 106A). Avec trad.

GuillMachVoirP id.; p. p. P. Paris, *Le livre du Voir-Dit de Guillaume de Machaut*, Paris (Société des Bibliophiles françois) 1875; [= TL Machaut Voir Dit; Boss 4357].

[GuillMach cf. → Machabey.]

GuillMarM Histoire de Guillaume le Maréchal, poème historiographique de la tradition anglo-angevine, bien que assez indépendant, 19214 vers octosyll.; Ouest 1226 (prob. écrit après 1219 et achevé en 1226 ou très peu après); ms. New York Pierpont Morgan Libr. M.888 (anc. Cheltenham Phillipps 25155) [agn. 2ᵉq. 13ᵉs.]; p. p. P. Meyer, *L'Histoire de Guillaume le Maréchal*, 3 vol., Paris (Renouard) 1891-1901; [= TL Guil. Mar.; FEW GuillMar; Dean 57]. Éd. critique très corrigée, cf. les leçons rejetées.

GuillMarH id.; p. p. A. J. Holden, *History of William Marshal*, 3 vol., London (ANTS) 2002-2006 (ANTS Occ. Publ. 4-6). Copie bien des bévues de l'éd. Meyer (v. T. Matsumura MélThomasset 533-545).

GuillOrPrT Mise en prose de treize chansons du cycle de Guillaume d'Orange; pic. mil. 15ᵉs. (avant 1458); ms. de base BN fr. 1497 [av. 1477] (A), en var. BN fr. 796 [av. 1477] (B) copie de A; p. p. M. Tyssens et al., *Le Roman de Guillaume d'Orange*, 3 vol., Paris (Champion) 2000-2006 (Bibl. XVᵉs. 62;70;71); [= Wo 76]. Pour le cycle ancien v. → ChGuill, Charroi, ChevViv, CourLouis, EnfGuill, EnfRen, EnvViv, GirViane,

GuibAndr, HerbCand, MonGuill, MonRain, MortAym, Narb, PriseCord, PriseOr, SiègeBarb, pour le cycle mfr. v. → BatLoqPr, MonGuillPr, etc. (v. GuillOrPrT 1,i-ii).

GuillPalMa *Guillaume de Palerne*, roman d'aventure construit autour du thème de → MarieBiscl, vers octosyll.; traits pic. déb. 13^{e}s.; ms. unique Ars. 6565 [pic. fin 13^{e}s.]; p. p. A. Micha, *Guillaume de Palerne*, Genève (Droz) 1990 (T. L. F. 384); [= TL Guil. Pal. M]. Cf. et cp. les c.r. sévères de G. Roques, RLiR 55,269-272, et de T. Städtler, ZrP 110,533-537.

GuillPalM id.; p. p. H. Michelant, *Guillaume de Palerne*, Paris (Firmin Didot) 1876; [= TL Guil. Pal.; Hol 889; Boss 1368; cf. 1371; FEW GuillPalerne: étude de W. E. Delp].

GuillPalMo id.; p. p. R. J. G. Moorman, *A diplomatic edition of Guillaume de Palerne*, thèse Bâton Rouge (Louisiana State Univ.) 1974 (Univ. Microfilms 1975); [= Boss^2 2458].

GuillPenneMa Guillaume de la Penne (Perene), histoire des expéditions des Bretons en Italie (sous pape Grégoire XI), en vers octosyll.; av. 1390 (dernière date mentionnée: 1378); ms. Angers Bibl. mun. 549 (514) [Avignon 1390]; p. p. E. Martène – U. Durand, *Thesaurus novus anecdotorum*, Paris (Florent. Delaulne et al.) 1717, t. 3, col. 1457-1502; [= Boss 5120].

GuillPenneMo id.; p. dans → MoriceBret 2, 1744, 133-172.

GuillSAndréJehP Guillaume de Saint André, Livre du bon duc Jehan de Bretagne, chronique en vers octosyll. comprenant un Jeu des échecs moralisés (les faits concernent les années 1345-1381); ca. 1385; texte 'critique' composite établi sur la base des quatre mss. anciens, BN fr. 5037 [3^{e}q. 15^{e}s.] (A), BN fr. 14978 [1^{er}q. 15^{e}s.] (B), BN fr. 1659 [1441] (C), BN fr. 10174 [1491] (D); p. p. J.-M. Cauneau – D. Philippe, *Guillaume de Saint-André. Le bon Jehan & le Jeu des échecs. XIV^{e}siècle. Chronique de l'État breton*, Rennes (Presses Univ. Rennes) 2005. Le Jeu des échecs occupe les vers 4257-5394.

GuillSAndréJehC id.; p. p. E. Charrière, *C'est le libvre du bon Jehan, duc de Bretagne*, dans → ChronGuesclC 2,421-560; [= TL Livre du bon Jehan]. 'Gloss.' sans renvois.

GuillSMadS Guillaume le Clerc de Normandie, miracle de sainte Marie-Madeleine en faveur du seigneur de Marseille, vers octosyll.; 1^{er}t. 13^{e}s.; ms. BN fr. 19525 [agn. fin 13^{e}s.], non utilisé: BL Add. 70513 (anc. Welbeck Abbey I.C.1) [agn. f°9-267: 4^{e}q. 13^{e}s.]; p. p. A. Schmidt, "Guillaume, le clerc de Normandie, insbesondere seine Magdalenenlegende", *RoSt* 4 (1880) 493-542; [= TL SMagd.; Boss 3439]. Cp. → SMadMars.

GuillSMadR id.; p. p. R. Reinsch, "La vie de Madeleine. Gedicht des Guillaume le Clerc, nach der Pariser Hs. herausgegeben", *AnS* 64 (1880) 85-94; [= Dean 579; Boss 3439].

GuillSat Guillaume de Saint Etienne, *Saterian*, compilation juridique; Terre Sainte (Chypre) déb. 14^{e}s.; ms. BN fr. 6049 [ca. 1330] f°217r^o-298r^o; inédit.

GuillTobR Guillaume le Clerc de Normandie, La vie de Tobie, histoire de Tobie suivant la Vulgate, mais assez indépendante (prob. inspirée de Matheus Vindocinensis, ob. 1182, à plus de cent mss. [W. Berschin]), introduisant → QuatreFilles^6 (v. 51-338), en vers octosyll.; agn. 1^{er}t. 13^{e}s.; ms. de base BN fr. 19525 [agn. fin 13^{e}s.] (P) f°129a-132a et 133-141, texte 'critique' établi à l'aide du ms. Oxford Jesus Coll. 29/2 [agn. 3^{e}q. 13^{e}s., après 1256) (O) vers 1-344, non utilisé Oxford Bodl. Rawl. F.234 [agn., f°1a-9b 3^{e}q. 13^{e}s.]; p. p. R. Reinsch, "La vie de Tobie de Guillaume le clerc de Normandie", *AnS* 62 (1879) 375-396; [= TL Tob.; Dean 468]. Le ms. Oxford Rawl. (R) contient le chap. 1 de Tobie manquant dans P après vers 344 (et dans O qui s'y arrête); imprimé par R. J. Dean MPh 33 (1935) 13-19, texte 17-19. Cf. → QuatreFilles^{6}H: var.

GuillTroisMotsR Guillaume le Clerc de Normandie, *Les Treis moz*, poème s'inspirant d'Innocence III *De miseria humanae conditionis*, 512 vers octosyll.; ca. 1230; ms. BN fr. 19525 [agn. fin 13^{e}s.] f°125^a-129^a; p. p. R. Reinsch, dans → GuillJoiesR p. 225-231: II, *Les Treis Moz*; [= TL Guil. TM].

GuillTyrB Chronique de Guillaume de Tyr, traitant des croisades et conduite jusqu'en 1184, traduction fr. anonyme (attribuée sans raison à Bernard le Trésorier *ou* Bernard de Corbie), souvent appelée *Estoire d'Eracles*, prose; 1^{er}t. 13^{e}s.; ms. de base BN fr. 2630 [ca. 1275] (Folda n° 45), nombreux mss., v. WoC 10 et surtout Folda Script 27 (1973) 90-95, n°s 1-15 et 30-78, mss. assez complets, mais ne contenant pas → ContGuillTyr: Cambridge Sidney Sussex Coll. 93 [14^{e}s.], BN fr. 2627 [15^{e}s.], BN fr. 2632 [1^{e}m. 13^{e}s., f°184-189 2^{e}m. 13^{e}s.], BN fr. 2826 [1^{e}m. 13^{e}s.], BN fr. 9081 [frc. ca. 1230], Vat. Pal. lat. 1963 [Terre Sainte 3^{e}q. 13^{e}s.]; p. p. A. A. Beugnot, [Acad. des Inscr. et Belles-Lettres], dans *Recueil des Historiens des croisades, Historiens occidentaux*, t. 1 (2 vol.), Paris 1844, 9-702; 704-1134 (livres I-XXII; préf. du l.XXIII, haut de page: texte lt., bas: fr.); [= WoC 10]. Vol. 2 → ContGuillTyrA et ContGuillTyrRothA. Cp. M. Issa, *La version lat. et l'adaptation fr. de l'Historia...*, Turnhout 2011.

GuillTyrP

GuillTyrP id.; éd. composite basée surtout sur BL Yates Thompson 12 (anc. 42; Firmin Didot) [agn. mil. 13ᵉs.] et Baltimore Walters Art Museum W.142 (Ricci 528; anc. Yates Thompson 43; Firmin Didot) [Paris 1ᵉʳt. 14ᵉs.]; p. p. P. Paris, *Guillaume de Tyr et ses continuateurs, texte français du XIII*ᵉ *siècle revu et annoté*, 2 vol., Paris 1879-1880; [= Boss 3613; WoC 10]. Ne contient pas de continuations (cp. → ContGuillTyr).

GuillTyrLatH Guillaume de Tyr (mort en 1186), chronique (titre du ms. P: Historia rerum in partibus transmarinis gestarum a tempore successorum Mahumeth usque ad annum domini M.C.LXXXIIII); lat.; ms. de base Vat. Vatic. lat. 2002 [ca. 1200]; p. p. R. B. C. Huygens, *Guillaume de Tyr, Chronique*, 2 vol. Turnhout (Brepols) 1986.

GuillVinM Guillaume le Vinier (mort en 1245), 36 pièces lyriques d'attribution (très) certaine; art. 1ᵉm. 13ᵉs.; ms. de base principal BN fr. 844 [pic. 2ᵉm. 13ᵉs.] (chansonnier **M**), ensuite BN fr. 12615 [art., 1ᵉ partie 4ᵉq. 13ᵉs.] (**T**), aussi Siena Bibl. com. H.X.36 [ca. 1300] (**Z**) et d'autres en var.: A, C, G, H, I, K, N, O, R, U, V, X, Y, a, b, j, wi; p. p. Ph. Ménard, *Les poésies de Guillaume le Vinier*, Genève (Droz) – Paris (Minard) 1970 (T.L.F. 166); [= TL Guillaume le Vinier; Boss² 4487].

GuillVinM² id., 2ᵉéd. revue, 1983.

GuillVinU id.; ms. de base Vat. Reg. lat. 1490, pour n°128 BN fr. 12615, cinq autres en var.; p. p. E. Ulrix, "Les Chansons inédits de Guillaume le Vinier d'Arras", → MélWilmotte p. 785-814; [= TL GVinier]. Éd. des pièces R.112, 128, 378, 388, 611, 1086, 1353, 1869 et 1911.

Guinet L. Guinet, *Les emprunts gallo-romans au germanique (du I*ᵉʳ *à la fin du V*ᵉ *siècle)*, Paris (Klincksieck) 1982. À utiliser avec précaution; vérifier chaque donnée (p.ex. 41: *jauge* est bien dans Gam²).

GuingT Le *Lai de Guingamor*, anonyme, vers octosyll.; Nord-Ouest 4ᵉq. 12ᵉs.; ms. unique BN nfr. 1104 [frc. ca. 1300]; p. dans → TobinLais p. 127-155.

GuingK id.; p. p. P. Kusel dans → MarieBisclW³ p. 227-256.

GuingL id.; p. p. E. Lommatzsch, *Le lai de Guingamor. Le lai de Tydorel*, Berlin (Weidmann) 1922 (Rom. Texte 6); [= TL Guingamor], texte p. 1-20. Contient aussi → TydorelL, p. 23-36.

GuingR id.; dans → MarieChievreRi 22-42.

GuingS id.; p. dans → MarieLaisK 696-741.

GuingW id.; p. dans → GraelentW p. 41-75; 85-95. Sans gloss.

GuiotDijonL Guiot de Dijon, quinze chansons d'attribution assez certaine; 1ᵉʳt. 13ᵉs.; ms. de base des ch. I-VII, IX, X, XIV, XV: BN fr. 844 [pic. 2ᵉm. 13ᵉs.] (chansonnier **M**), ch. VIII, XI-XIII: Bern 389 [lorr. fin 13ᵉs.] (**C**), autres en var.; p. p. M. S. Lannutti, *Guiot de Dijon. Canzoni*, Firenze (Ed. del Galluzzo) 1999. Avec musique et trad. it.

GuiotDijonN id., vingt chansons d'attribution discutée; ms. principal **M**, 14 autres consultés; p. p. E. Nissen, *Les chansons attribuées à Guiot de Dijon et Jocelin*, Paris (Champion) 1928 (CFMA 59); [= TL Guiot de Dijon; FEW Guiot].

GuiotProvinsO Guiot de Provins, pièces lyriques; ca. 1200; ms. de base BN fr. 20050 [lorr. 3ᵉt. 13ᵉs.] (U), en var. et base pour la chanson IV: Bern 389 [lorr. fin 13ᵉs.] (C); la pièce *L'armeüre du chevalier* est éditée sur la base de BN fr. 25437 [lorr. 13ᵉs.] (B¹), en var. Ars. 5201 [bourg.sept. ou lorr. 3ᵉt. 13ᵉs.] (Aʳ) et BN Moreau 1715-19 [copie 18ᵉs.] de BN nfr. 13521] (C), non utilisé BN nfr. 13521 (anc. La Clayette) [fin 13ᵉs.], Torino Bibl. naz. L.V.32 [wall. ca. 1300], BN Moreau 1727 [copie 18ᵉs. de Torino Bibl. naz. L.V.32]; p. p. J. Orr, *Les œuvres de Guiot de Provins*, Manchester (Univ. Press) 1915 (Publ. de l'Univ. de Manchester 104; réimpr. Genève, Slatkine, 1974); [= TL GProvins; Hol 1546; Boss 2743].

GuiotProvinsW id., 'edition' des pièces lyriques d'après → ChansWackern, p. p. J. F. Wolfart, *Des Guiot von Provins bis jetzt bekannte Dichtungen*, Halle (Waisenhaus) 1861, p. 115-126; [= TL Guiot L (ce sigle concerne aussi A. Baudler, *Guiot von Provins*, Halle 1902); Boss 2742; FEW BibleGuiot et Guiot]. Contient aussi → BibleGuiotW. Inutilisable.

GuiraudErot P. Guiraud, *Dictionnaire historique, stylistique, rhétorique, étymologique, de la littérature érotique*, Paris (Payot) 1978.

GuiraudObsc P. Guiraud, *Dictionnaire des étymologies obscures*, Paris (Payot) 1982. Additions dans → MélGuiraud 11-20.

GuischartG Guischart de Beaulieu (Beaujeu réfuté), Sermon traitant en vers alexandrins groupés en laisses monorimes la brièveté de la vie icibas, les tortures de l'enfer et, en moindre mesure, la félicité que nous réserve l'au-delà après une vie obéissante; agn. fin 12ᵉs.; ms. de base (imprimé p. 1-69 supra) BL Harl. 4388 [cette partie agn. 1ᵉm. 13ᵉs.] (H) f°87-99ᶜ, ms. Oxford Bodl. Digby 86 [agn. 1272-82] (O) incomplet, imprimé en parallèle p. 1-8 infra au milieu (v. 1-263), BN fr. 19525 [agn. fin 13ᵉs.] (N) version courte (658 vers), imprimé infra à gauche, BL Egerton 2710 [agn. mil. 13ᵉs.] (E) version courte, infra à droite; p. p. A. Gabrielson, *Le sermon de Guischart de Beauliu*, Uppsala (Akademiska Bokhandeln) – Leipzig (Harrassowitz) 1909 (Skrifter utgivna av. K. Humanistika Vetenskaps-Samfundet i Uppsala 12.5); [= TL Guischart serm.; AND Guisch; Dean 597; Vising 22]. Concordance avec GuischartJ ici, en app.

GuischartJ id.; ms. BN fr. 19525 [agn. fin 13ᵉs.]; p. p. A. Jubinal, *Le Sermon de Guichard de Beaulieu*, Paris (Techener) 1834. Concordance avec GuischartG ici, en app.

Gundel F. Boll – C. Bezold – W. Gundel, *Sternglaube und Sterndeutung*, 5ᵉ éd. p. p. H. G. Gundel, Darmstadt (Wiss. Buchges.) 1966.

GysinMusik H.P. Gysin, *Studien zum Vokabular der Musiktheorie im Mittelalter*, thèse Basel 1959; [TL Gysin Voc. Mus. concerne un autre état du même travail, daté de 1957]. Exploite des textes mlt. et → Deschant¹C (v. p. 80) et Deschant²C ('Anon. XIII'; v. p. 106): qqs. termes afr. seulement.

GysselingDocAnc M. Gysseling, "Les plus anciens textes français non littéraires en Belgique et dans le Nord de la France", *Script* 3 (1949) 190-210. Contient des essais de plume (Marchiennes 11ᵉs., etc.), des phrases isolées, des relevés de biens, des chartes orig. (2ᵉm. 12ᵉs. – 1225), dont → ChAbbMarchG [cf. WoC 21; Drüppel].

GysselingTop M. Gysseling, *Toponymisch woordenboek van België, Nederland, Luxemburg, Noord-Frankrijk en West-Duitsland (vóór 1226)*, 2 vol., Tongeren (Michiels) 1960 (Belg. interuniv. Centrum voor Nederlandistiek). Construit sur des principes sains.

HAndC Henri d'Andeli, né en Normandie, œuvre [→ HAndAr n'est pas de Henri d'Andeli]; frc. (Paris) 2ᵉq. 13ᵉs. (1224-1237?); mss. v. HAndArD, s'ajoutent Bern 113 [bourg., qqs. traits pic., fin 13ᵉs.] (G) pour HAndVin et BL Harl. 4333 [lorr. 2ᵉm. 13ᵉs.] (H) pour Chanc. Phil.; p. p. A. Corbellari, *Les dits d'Henri d'Andeli*, Paris (Champion) 2003 (CFMA 146). Contient → HAndArC, HAndBatC, HAndVinC et Le dit du Chancelier Philippe (p. 91-98; 129-132, ms. unique H, datant de 1237). C.r. RLiR 67,294-297 et surtout ZrP 121,291-293.

HAndH id.; p.p A. Héron, *Œuvres de Henri d'Andeli*, Rouen (Cagniard) 1880; [= TL HAndeli].

HAndArD Lai d'Aristote, satire contre l'Aristotélisme, par Henri, prob. Henri de Valenciennes, attribué à tort à Henri d'Andeli, en vers octosyll.; hain. ca. 1215; ms. de base BN fr. 19152 [frc. fin 13ᵉs.] (D), en var. BN fr. 837 [frc. 4ᵉq. 13ᵉs.] (A), BN fr. 1593 [frc., faibles traits lorr. fin 13ᵉs.] (B), BN nfr. 1104 [frc. ca. 1300] (C), Ars. 3516 [art. 1267] (E), Saint-Omer 68 [cette partie art. fin 14ᵉs.] (F) incomplet; p. p. M. Delbouille, *Le lai d'Aristote de Henri d'Andeli*, Paris (Belles Lettres) 1951 (Bibliothèque de Faculté de Philosophie et Lettres de l'Université de Liège, fasc. 123); [= TL HAndeli Lai d'Aristote; FEW AndAr]. Interpolations du ms. Saint-Omer publiées par Smith *R* 98 (1977) 550-559; [= Boss² 4759]. Pour la loc. v. RLiR 68,57-78; 335-357.

HAndArC id.; mss. de base du texte crit.: D (v. 1-492), E (493-575), B (576-581), impression dipl. des 6 mss. aux p. 133-201; p. dans → HAndC p. 73-90. Inutilement nouv. numérotation: différ. max.: 6.

HAndArE id.; texte de l'éd. D réimprimé dans → EichmDuVal, avec trad. angl.

HAndArH id.; ms. de base A; p. dans → HAndH 1-22.

HAndBatP Henri d'Andeli, La bataille des sept arts, poème encyclopédique en vers octosyll.; 2ᵉq. 13ᵉs. (après 1236?); ms. édité BN fr. 837 [frc. 4ᵉq. 13ᵉs.], autre ms. BN fr. 19152 [frc. fin 13ᵉs.]; p. p. L. J. Paetow, *The battle of the seven arts. A French poem by Henri d'Andeli*, Berkeley (University of California Press) 1914 (Memoirs of the University of California 4,1, Hist. 1,1); [= TL HAndeli Bat. *et* Bat. s. arts; Boss 2644]. Avec reprod. des mss.

HAndBatC id.; ms. de base BN fr. 837 (A), en var. ms. D; p. dans → HAndC 59-72.

HAndVinC id.; *La bataille des vins*, vers octosyll.; prob. 1224; ms. de base BN fr. 837 (A), en var. Bern 113 (G); p. dans → HAndC 51-57.

HAndVinBH id.; ms. Berne; p. p. Albert Henry, "La Bataille des Vins", *Acad. Roy. de Belgique, Bull. Lettres* 6-9 (1991) 203-248. Titre de Gdf: Fabl. des bons vins.

HAndVinBH² id.; p. dans → HenryŒn 1,127-133; 2,139-153 [nº 10].

HAndVinBA id.; éd. dipl. du ms. Berne, dans F. Augustin, *La bataille des vins. Sprachliche Untersuchung über die Werke Henri d'Andeli's*, thèse Marburg 1886 (Ausg. und Abh. 44), p. 49-52.

[HArci → SPaulEnfArci, SThaisArci, AntArci; v. aussi Perman MélEwert 279-321.]

HArciPèresO Henri d'Arci (attribution discutée), trad. des *Verba Seniorum* (différent de → Pères); agn. mil. 13ᵉs.; ms. de base BN fr. 24862 [agn. mil. 13ᵉs.] (P), qqs. var. de BL Harl. 2253 [agn. ca. 1335] (H); p. p. B.A. O'Connor, *Henri d'Arci's* Vitas Patrum. *A thirteenth-century Anglo-Norman rimed translation of the Verba Seniorum*, Washington (Cath. Univ. of Am. Press) 1949 (réimpr. New York, AMS, 1972); [= AND Vitas; Dean 583; Boss 3454; Hol 318; Vising 111].

HLF *Histoire Littéraire de la France*, p. p. l'Académie des Inscriptions et Belles-Lettres, Paris (Osmont et al.) 1733–. Toujours essentiel, bien que certains articles soient à revoir (cf. comme ex. RuheCat p. 149-150).

HLancA¹ Henri de Lancastre, *Le livre de seyntz medicines* (traité des plus dévots, en prose); agn. 1354; ms. de base Blackburn Lancs. Stonyhurst Coll. 24 (HMC 27) [agn. ca. 1360] (S), en var. Cambridge Corpus Christi Coll. 218 [agn. fin 14ᵉs.] (C), non utilisé Aberystwyth Nat. Libr. Peniarth 388 [agn. 4ᵉq. 14ᵉs.] fragm.; p. p. E. J. Arnould, *Le Livre de seyntz medicines. The unpublished devotional treatise of Henry of Lancaster*, Oxford (Blackwell) 1940 (réimpr. London – New York (Johnson) 1967; Anglo-Norman Texts II); [= AND Sz Med; Dean 696; Boss 4983].

HLancA² E. J. Arnould, *Étude sur le Livre des saintes médecines du duc Henri de Lancastre, accompagnée d'extraits du texte*, Paris (Didier) 1948; [= Hol 263.1]. Contient un glossaire.

HLaonL Henri de Laon, *Dit des hérauts*, pièce satirique en vers octosyll. imitant → BaudCond, *Conte des hiraus*; 1ᵉm. 14ᵉs.; ms. BN fr. 1634 [pic.-wall. 3ᵉq. 14ᵉs.]; p. p. A. Långfors, "Le dit des Hérauts par Henri de Laon", R 43 (1914) 216-225; [= TL Hérauts; Boss 5111].

HMondB Henri de Mondeville, prob. Émondeville ca. 1260 – Paris ca. 1320, chirurgien du roi de France, enseignant à Montpellier et, dep. 1306, à Paris, traité de médecine comprenant les livres Anatomie et Plaies, ainsi que le 1ᵉʳ ch., Incisions, du 3ᵉ livre, prose; norm. (Cotentin) 1314; ms. BN fr. 2030 [1314]; p. p. A. Bos, *La chirurgie de maître Henri de Mondeville*, 2 vol., Paris (Didot) 1897-1898 (réimpr. Johnson, New York); [= TL HMondev. Chir. *et* Mondev. Chirurgie; FEW HMond]. Glossaire aux réf. incomplètes. Le texte fr. est une trad. du texte lt. dans sa dite '1ᵉ réd.' de 1312.

HMondAbrB Traduction (qui abrège fortement) de → HMondLat, augmentée de trois livres pris ailleurs; fin 14ᵉs.; ms. décrit par Bos: Uppsala C 804 [1478], ms. Torino Bibl. naz. L.IV.17 (fr. 78) [pic. mil. 15ᵉs.] v. ci-dessous; description et extraits p. p. A. Bos, "Une nouvelle traduction de la Chirurgie de Mondeville", *BullSATF* 26 (1900) 63-87.

HMondAbrC id.; ms. Torino Bibl. naz. L.IV.17 [pic. mil. 15ᵉs.]; description, comparaison à une trad. en occ. (fin 14ᵉs.) et de très courts extraits p. p. J. Camus, "La seconde traduction de la Chirurgie de Mondeville", *BullSATF* 28 (1902) 100-119. Le ms. Torino était un gros recueil de textes touchant surtout la médecine (titre: *Livre de fisique*); endommagé par le feu n'en subsiste que le tiers, HMondAbr en fait partie, la moitié du texte sur chaque page restant lisible.

HMondLatP id., version lat., dite '2ᵉ réd.', peu différente de la '1ᵉ réd.' dans les parties communes, rédigée après → HMond, élargie (5 livres: anatomie, plaies, autres maladies, [orthopédie, non écrite], antidotaire), contenant qqs. mots fr.; 1314-1320; mss. de base BN lat. 16642 [15ᵉs.] et BN nlat. 1487 [14ᵉs.], autres mss. BN lat. 13002 [15ᵉs.], BN lat. 16193 [14ᵉs.], Berlin Staatsbibl. lat. fol. 56 [14ᵉs.]; [Erfurt Bibl. Amploniana 4° 197 [14ᵉs.]: '1ᵉ réd.'], BN lat. 6910A [ca. 1400], BN lat. 7130 [15ᵉs.], [BN lat. 7131 [Naples? déb. 14ᵉs.]: '1ᵉréd.', proche de la trad. afr.], BN lat. 7139 [déb. 14ᵉs.], Wien 2466 [14ᵉs.]; p. p. J. L. Pagel, *Die Chirurgie des Heinrich von Mondeville*, Berlin (Hirschwald) 1892. Édition composite.

HValL Henri de Valenciennes, *Histoire de l'empereur Henri de Constantinople*, prose; hain. 1209 (ou peu après, en tout cas avant 1216); ms. de base BN fr. 12203 [pic. fin 13ᵉs.] (D), corrections et var. d'après BN fr. 12204 [pic. ca. 1300] (C) et BN fr. 24210 [pic. mil. 15ᵉs.] (E), autres var. tirées de BN fr. 15100 [14ᵉs.] (F) version remaniée; p. p. J. Longnon, *Henri de Valenciennes, Histoire de l'empereur Henri de Constantinople*, Paris (Geuthner) 1948; [= Boss 3655; Hol 2347.1]. Considéré comme une sorte de continuation de → Villeh que Henri a connu; dernier événement: juillet 1209. Prob. également par Henri: → HAndAr et SJeanEv.

HValW id.; p. p. N. de Wailly dans → VillehW 304-420 (avec trad.); [= TL HVal.; Hol 2347]. Graphie modifiée: inutilisable. [Gdf cite l'éd. P. Paris; 'XIX' = HValL 595.]

HW R. Hallig – W. von Wartburg, *Begriffssystem als Grundlage für die Lexikographie / Système raisonné des concepts pour servir de base à la lexicographie*, 2ᵉ éd., Berlin (Akademie-Verlag) 1963. Base du classement des 'inconnus', FEW 21-23. Cf. H.H. Christmann, "Zur Geschichte des strukturell-begrifflichen Wörterbuchs", *Texte, Sätze, Wörter und Moneme. Festschrift für Klaus Heger*, Heidelberg (Heid. Orientverlag) 1992, 143-152.

HIIIBrabH Henri III, duc de Brabant (ca. 1230-1261), chansons (I, II, V), pastourelle (III) et jeu-parti (IV); ca. 1255; mss.: chansonniers A, C, F, I, K, M, N, O, P, U, V, X, a, b, et Metz 535 [Metz déb. 14ᵉs.] perdu par la guerre; p. p. A. Henry, *L'Œuvre lyrique d'Henri III, duc de Brabant*, Brugge (De Tempel) 1948; [= TL Henri Lyr.]. Très faibles traits pic. En app., p. 107-109, doc. de 1254, copie fidèle du 15ᵉs. (Cart. de Nivelles).

HaasSynt J. Haas, *Neufranzösische Syntax*, Halle (Niemeyer) 1909.

HackettGir W. M. Hackett, *La langue de Girart de Roussillon*, Genève (Droz) 1970 (Publ. rom. et fr. 111). Se base sur → GirRossDécH; cp. aussi → PfisterGir.

Hafner H. Hafner, *Grundzüge einer Lautlehre des Altfrankoprovenzalischen*, Bern (Francke) 1955 (RH 52); [= FEW Hafner].

HaginL Abraham ibn Ezra, Commencement de la sapience des signes (1148), traité didactique centré sur l'astronomie (-logie), traduction par Hagin le Juif; pic. 1273; ms. BN fr. 24276 [pic. f°1-66r° 1273, reste 1274] (HJ) f°1-66r°, rajeunissement: BN fr. 1351 [Paris 1477] (VP); p. p. R. Levy – F. Cantera, *The beginning of wisdom. An astrological treatise by Abraham ibn Ezra*, Baltimore (Johns Hopkins Press) – London (Humphrey Milford) – Oxford (University Press) – Paris (Belles Lettres) 1939 (The J. H. St. in Rom. Lit. Extra 14); [= TL Abraham Ibn Ezra Beg. Wisd.; FEW IbnEzra (8) *et* Ezra; LevyTrés ZII]; cp. → LevyHagin. L'apparat contient aussi des équivalents de la trad. lt. du texte afr. fait par Henri Bate à Malines en 1281 ('HB').

HaigneréSBertin D. Haigneré, *Les chartes de Saint-Bertin d'après le grand cartulaire de dom Charles-Joseph Dewitte (648-1776)*, 4 vol., Saint-Omer (Homont) 1886-1899. T.4 par O. Bled.

HaimBarW *De Haimet et de Barat et Travers*, fabliau de Jehan Bodel, vers octosyll.; pic. ca. 1195; ms. de base BN fr. 19152 [frc. fin 13ᵉs.] (B), en var. BN fr. 837 [frc. 4ᵉq. 13ᵉs.] (A), Bern 354 [bourg.sept. déb. 14ᵉs.] (C), Berlin Staatsbibl. Hamilton 257 [norm. ca. 1300] (D); p. p. M. Walters-Gehrig dans → EstulaW, p. 61-175; [= TL Trois Fabliaux, concerne aussi → EstulaW et SPierJonglW].

HaimBarN id.; ms. BN fr. 19152 (E) 'corrigé', p. dans → BodelFablN 59-72.

HaimBarNo id.; impressions synoptiques des mss. et éd. crit. p. dans → NoomenFabl 2,27-72, n°6.

HaimonS Dix-sept homélies, prob. par Haimon de Halberstadt (mort en 853), trad. fr.; lorr. (p.-ê. Metz) déb. 13ᵉs.; ms. Ars. 2083 [lorr. (Metz?) déb. 13ᵉs.]; p. p. K. Storchenegger, *Les 17 homélies de Haimon*, thèse Zürich (Juris Druck) 1973; [= TL Haimo v. Halberstadt Homélies; cp. TL Haimo v. Halberstadt Homilien].

HainAnN De Sire Hain et Dame Anieuse, par Huon Piaucele, fabliau en vers octosyll.; Nord 4ᵉq. 13ᵉs.; ms. BN fr. 837 [frc. 4ᵉq. 13ᵉs.] (A) et Berlin Staatsbibl. Hamilton 257 [norm. ca. 1300] (C); impressions synoptiques et éd. crit. p. dans → NoomenFabl 2,1-26.

HainAnB id.; ms. BN fr. 837; dans → BarbMéon 3,380-393.

HainAnM id.; ms. BN fr. 837; dans → MontRayn 1,97-111.

HainAnR id.; ms. Berlin Staatsbibl. Hamilton 257 [norm. ca. 1300]; dans → RohlfsFablels 1-12.

HakamiesDimin R. Hakamies, *Étude sur l'origine et l'évolution du diminutif latin et sa survie dans les langues romanes*, Helsinki 1951 (Annales Ac. Sc. Fenn. B 71,1); [= TL Hakamies Diminutif; FEW Hakamies].

Hallauer J. Hallauer, *Der Dialekt des Berner Jura im XIV. Jahrhundert. Versuch einer Darstellung des Lautstandes auf Grund von Urkundenmaterial*, thèse Zürich 1920; [= FEW Hallauer]. Concerne → TrouillatBâle. Cf. Gossen TraLiLi 4,1 (1966) 197-206.

Hammar E. Thorné Hammar, *Le développement de sens du suffixe latin -bilis en français*, Lund (Gleerup) 1942 (Ét. rom. de Lund 6); [= FEW Hammar].

Handfeste E. Lehr, *La Handfeste de Fribourg dans l'Uechtland de l'an MCCXLIX. Textes latin, français et allemand, traduction, commentaire, glossaire, étude comparative sur le droit des trois villes kybourgeoises de Fribourg, Thoune et Berthoud au XIIIᵉ siècle*, Lausanne (Benda) 1880. Charte de franchises de Fribourg: orig. lat. de 1249, impr. avec la trad. fr. d'un ms. de 1406 et avec la trad. all. de 1410.

HandwbRät R. Bernardi – A. Decurtins – W. Eichenhofer – U. Saluz – M. Vögeli, *Handwörterbuch des Rätoromanischen*, 3 vol., Zürich (Offizin) 1994.

HansUrk K. Höhlbaum, *Hansisches Urkundenbuch*, 11 vol., Halle (Waisenhaus) 1876-1916.

HarpurRoucH *Del harpur a Roucestre*, poème sur un miracle Notre-Dame, couplets octosyll.;

agn. ca. 1300?; ms. BL Cotton Vitellius A.X [f°63-69: agn. 14^{e}s.]; p. dans → HuntAnec 15-17.

HarrisLvP M. R. Harris, *Index inverse du Petit dictionnaire provençal-français*, Heidelberg (Winter) 1981; [= FEW HarrisLvPInv]. Concerne → LvP.

HartmannZG K. Hartmann, *Z für G. Ein Beitrag zur Palatalentwicklung und zur Dialektologie des Altfranzösischen*, thèse Jena 1936; [= FEW Hartmann *et* HartmannPal].

Hartw D. Hartwig, *Der Wortschatz der Plastik im französischen Mittelalter*, thèse München 1936; [= FEW Hartw; TL Hartwig Plastik].

Hassell J. Woodrow Hassell, *Middle French proverbs, sentences, and proverbial phrases*, Toronto (Pontif. Inst. of Med. St.) 1982 (Subsidia mediev. 12). Attention, les expressions 'titres' sont en frm. forgé.

HasselrotDim B. Hasselrot, *Etudes sur la formation diminutive dans les langues romanes*, Uppsala (Lundequist) – Wiesbaden (Harassowitz) 1957.

HauprichChrist W. Hauprich, *Der Einfluss des Christentums auf den französischen Wortschatz, nachgewiesen an den Wörtern der Kirche*, thèse Bonn, Neuwied 1930; [= TL Hauprich Christentum].

HauréauNot B. Hauréau, *Notices et extraits de quelques manuscrits latins de la Bibliothèque Nationale*, 6 vol., Paris 1890-1893 (réimpr. en trois tomes, Farnborough, Gregg, 1967); [= TL Hauréau Not. et Extr.].

HaustChOthée Glossaire de → ChOthéeF p. 473-500; [= FEW HaustChOthee]. Considérer le commentaire sous → ChOthéeF.

HaustGl J. Haust, "Gloses liégeoises", *Ann. de la Comm. commun. de l'Hist. de l'Ancien Pays de Liège* 3 (Liège 1943-1945) 57-88; 333-364; 397-428; 507-534; [= FEW HaustGl]. Concerne surtout → JPreis.

HaustRég Glossaire à → Fairon; [= FEW HaustRég; (FEW HaustRég2 = → ChOtheeF)]. Source d'erreurs: traite indifféremment le voc. des chartes ou des autres doc. et celui des regestes tardifs (cf. le comment. sous → ChOthéeF).

HautcœurFlines E. Hautcœur, *Cartulaire de l'abbaye de Flines*, 2 vol., Lille – Paris – Bruxelles (Quarré) 1873; [= Stein 1359]. Collection de doc. basée sur des cartulaires et des originaux; doc. fr. (pic. [Flines-lez-Râches, près Douai], aussi flandr.

hain., et même wall.) à partir de 1240. Utilisé par → Ewald.

HautcœurSPierLille E. Hautcœur, *Cartulaire de l'église collégiale de Saint-Pierre de Lille*, 2 vol., Lille (Quarré) – Paris (Picard) 1894; [= Stein 2165]. Collection de doc. lat. et fr. (fr. à partir de 1240: pic.); originaux ainsi que des extraits d'un cart. «Decanus» (ms. fin 13^{e}s.) et d'un «Liber catenatus» (ms. 13e-15^{e}s.).

Hav H. Havard, *Dictionnaire de l'ameublement et de la décoration depuis le XIIIe siècle jusqu'à nos jours*, 4 vol., Paris (Maison Quantin) s.d. [1887-1890]; [= FEW Hav]. Valeur limitée faute de renvois syst.; exploite DC, Viollet-le-Duc Dict. du mobilier, etc. sans y renvoyer.

Hav^2 id., *Nouv. éd. entièrement refondue et considérablement augmentée*, Paris (Anc. Maison Quantin, Libr.-Impr. Réunies) s.d. [1894-1898?]. Le t. 1 augmente de 1086 col. à 1150, t. 2 de 1250 à 1380, t. 3 de 1222 à 1354, t. 4 de 1683 à 1750. [Attention: le site Gallica donne la réf. à Hav, mais reproduit Hav^2; les pages titres peuvent varier: recherche à faire.]

HavelocB Le lai de Haveloc, l'épisode de Haveloc, prob. tiré de la chronique de → Gaimar, transformé librement en lai (sur le modèle des lais de Marie), couplets d'octosyll. rimés; agn. déb. 13^{e}s.; ms. de base Cologny Bodmer 82 (anc. Cheltenham Phillipps 3713) [agn. fin 13^{e}s.] (P), en var. London Coll. of Arms Arundel XIV [agn. 1^{er}q. 14^{e}s.] (H); p. p. A. Bell, *Le lai d'Havelok and Gaimar's Havelok episode*, Manchester (University Press) – London – New York (Longmans & Green) 1925; [= TL Haveloc B *et* Gaimar Haveloc; Dean 152]. Éd. ultra-corrigée. Contient aussi → GaimarB^2.

HavelocM id.; p. p. F. Michel, *Lai d'Havelok le danois*, Paris (Silvestre) 1833; [= TL Havelok].

HaytonK Hayton/Hethoum de Gorighos (Corycos, Le Courc, sur la côte de la Cilicie, auj. Kızkalesi), prince arménien, en mission en France, *La flor des estoires de la terre d'Orient* traitant des royaumes d'Asie, sommairement des dynasties arabes et turques (Mahomet – mil. 13^{e}s.) et de l'hist. des Mongols, de leurs guerres récentes et des croisades, dictée en partie à Nicolas Faucon, prose; 1307; ms. de base Torino Bibl. naz. L.IV.30 [It. 1^{e}m. 14^{e}s.] (A), en var. BN nfr. 886 [14^{e}s.] (B), BN lat. 14737 [cette partie ca. 1400] (C) l.I, Wien 2620 [15^{e}s.] (D), BN fr. 12201 [ca. 1400] (E), BN nfr. 1255 [déb. 15^{e}s.] (F), Tours 1468 [fin 15^{e}s.] (G) perdu?, Torino Bibl. naz. L.V.8 [15^{e}s.] (H), Ars. 4654 [15^{e}s.] (I), BN fr. 2810 [contin. av. 1413] (J), BL Add. 17971 [15^{e}s.] (K), [BN fr. 1380 [déb. 15^{e}s.] (M) trad. → JLongFlor (comme 'var.' au déb. de l'éd.)], non utilisé: BL Cotton Otho D.V [agn. déb. 15ᵉs.] (L) en partie copie et en partie traduit du lat., Bern 125 [Paris déb. 15ᵉs.], BN fr. 2001 [ca. 1355], Vat. Reg. lat. 606 [2ᵉm. 14ᵉs.], Wien 2623 [14ᵉs.], BN nfr. 10050 [mil. 14ᵉs.] (Ba) version basée sur le fr. et le lat. indép. de L, New York Pierpont Morgan Libr. M.723 [art. ca. 1400], New York Public Libr. MA 62 (De Ricci 1324) [déb. 15ᵉs.], Madrid Bibl. nac. 2452 [14ᵉs.]; p. par C. Kohler, É. Dulaurier et al., dans *Recueil des historiens des croisades*, Académie des Inscriptions et Belles-Lettres, *Documents arméniens*, 2, Documents latins et français relatifs à l'Arménie, Paris (Impr. nat.) 1906, II. Hayton, *La flor des estoires de la terre d'Orient* [*Le livre des estoires des parties d'Orient*], p. xxiii-cxlii; 113-253; [= Boss 5558]. Texte lat. p. 255-363 (traduit du texte fr., ca. 1310). Cf. l'éd. p. lxxxii-lxxxiv. Cp. → JLongFlor.

Hebeisen W. Hebeisen, *Die Bezeichnungen für Geschirr, Eimer, Krug im Französischen, Oberitalienischen und Rätoromanischen mit besonderer Berücksichtigung des Alpengebietes*, thèse Bern 1921; [= FEW Hebeisen; TL Hebeisen Geschirr].

HectP *Roman d'Hector et Hercule* (ou *Hercule et Philemini*s), vers octosyll.; francoit. ca. 1300; ms. de base BN fr. 821 [It.sept. 1ᵉʳt. 14ᵉs.] (P), en var. Firenze Bibl. Riccard. 2433 [It. 1344] (F), Oxford Bodl. Canonici Misc. 450 [It. 14ᵉs.] (O), Vat. Vatic. lat. 14740 [It. 14ᵉs.] (R), Venezia Marc. fr. XVIII (231) [It. 2ᵉm. 14ᵉs.] (V); p. p. J. Palermo, *Le roman d'Hector et Hercule. Chant épique en octosyllabes italofrançais*, Genève (Droz) – Paris (Minard) 1972 (T.L.F. 190); [= TL Hector et Hercule; Boss² 6632]. Cf. → JungTroie 614-17.

HectB id.; ms. Venezia Marc. fr. XVIII [It. 2ᵉm. 14ᵉs.]; p. p. A. Bartoli, "I codici francesi della Biblioteca marciana di Venezia", *Archivio Veneto* 3 (1872) 331-366 (a paru aussi à part, v. Hol); [= Boss 4132; Hol 726].

HectK id.; ms. Venezia Marc. fr. XVIII [It. 2ᵉm. 14ᵉs.]; extraits dans → KellerRomv 94-96.

Hegi G. Hegi, *Illustrierte Flora von Mitteleuropa*, 7 t. en 13 vol., München (Lehmann) 1906-1931 (réimpr. 1954); [= FEW Hegi].

Hegi² id.; 2ᵉ, en partie 3ᵉ éd., par H.J. Conert et al., München (Hanser), aussi Berlin (Parey) 1936ss. [2008: t.6,2,4 Spermatophyta; etc.].

HeidelFinanz H. Heidel, *Die Terminologie der Finanzverwaltung Frankreichs im 15. Jahrhundert*, Leipzig – Paris (Noske) 1936 [Leipziger Romanistische Studien, Sprachwiss. Reihe 15]; [= FEW HeidelFin; TL Heidel Terminol.].

HeimEthn W.-D. Heim, *Romanen und Germanen in Charlemagnes Reich. Untersuchungen zur Benennung romanischer und germanischer Völker, Sprachen und Länder in französischen Dichtungen des Mittelalters*, München (Fink) 1984.

HeinimannAbstraktum S. Heinimann, *Das Abstraktum in der französischen Literatursprache des Mittelalters*, Bern (Francke) 1963 (Romanica Helvetica 73); [= TL Heinimann Abstraktum].

HeinzMielot A. Heinz, *Der Wortschatz des Jean Mielot*, Wien – Stuttgart (Braunmüller) 1964 [Wiener romanistische Arbeiten 3]; [= Boss² 8594]. Jean Mielot écrit mil. 15ᵉs.

HelcanusN *Helcanus*, épisode du cycle des → SSag, prose, 1ᵉ suite de → Cassid, suivie de → Peliarm; pic. ca. 1285; ms. de base BN fr. 22548-22550 [frc., traces de pic., fin 13ᵉs.] (V), en var. Bruxelles Bibl. roy. 9245 [pic. 1ᵉm. 14ᵉs.] (B), BN fr. 93 [pic. 1466] (G), Bruxelles Bibl. roy. 9401 [pic. déb. 14ᵉs.] (H), BN fr. 17000 [Paris mil. 14ᵉs.] (X1), BL Harl. 4903 [Paris mil. 14ᵉs.] (X2, 2ᵉ vol. de X1); ms. omis: Torino Bibl. naz. L.III.8 (1650) [pic. 14ᵉs.] (R); p. p. H. Niedzielski, *Le roman de Helcanus*, Genève (Droz) – Paris (Minard) 1966 (T.L.F. 121); [= TL Helcanus; Wo 161; Wos 161; Boss² 2493].

[Helias (Gdf), BN fr. 12558, → ChevCygne.]

Hellquist G.E. Hellquist, *Svensk etymologisk ordbok*, 2 vol., Lund (Gleerup) ³1948 (réimpr. 1957).

HemH Le roman du Hem, par Sarrasin, récit qui tient du roman d'aventures chevaleresques et du roman de mœurs et, surtout, d'histoire, 4600 vers octosyll.; pic. (Péronne) 1278; ms. unique BN fr. 1588 [Arras ca. 1300]; p. p. A. Henry, *Sarrasin. Le roman du Hem*, Paris (Belles Lettres) s.d. [1939] (Travaux de la Faculté de Philosophie et Lettres de l'Univ. de Bruxelles 9); [= TL RHem H; FEW Hem].

HemM id.; p. p. F. Michel, *Histoire des ducs de Normandie et des rois d'Angleterre... suivie de la relation du tournoi de Ham par Sarrazin*, Paris (Renouard) 1840, texte p. 213-384; [= TL RHam]. Concordance heureusement donnée dans → HemH, en marge (F 298 = éd. M p. 298).

HemmantSelExch M. Hemmant, *Select cases in the Exchequer Chamber before all the jsutices of England*, 2 vol., London (Quaritch) 1933-1948 (Selden Soc. 51 et 64); [= AND Exchequer Chamber]. Plaids agn. des années 1377-1461 (t. 1) et 1461-1509 (t. 2), publiés sur la base de 25 mss.

Hemon R. Hemon, *Dafar geriadur istorel ar brezhoneg (Contribution à un dictionnaire historique du breton)*, lettre A, Brest (Al Liamm) 1958; suite: *Geriadur istorel ar brezhoneg (Dictionnaire*

Hemon

historique du breton), lettres B-Z, Quimper (Preder) 1959-1979.

Hemon² id., 2ᵉ éd. sous le titre *Geriadur istorel ar brezhoneg (Dictionnaire historique du breton)*, Quimper (Preder) 1979-1998 [*A-Poazh*]. Les fasc. 27-36 de la 1ᵉ éd., soit *Poazh - Z*, p. 2601-3232 [1979], ne font pas l'objet d'une 2ᵉ éd.

HenryBret V. Henry, *Lexique étymologique des termes les plus usuels du breton moderne*, Rennes (Plihon – Hervé) 1900; [= FEW Henry].

HenryChrest Albert Henry, *Chrestomathie de la littérature en ancien français*, 4ᵉ éd., Bern (Francke) 1967 (Bibliotheca Romana III; 1ᵉ éd.: 1953, la 4ᵉ éd. est une réimpr. de la 3ᵉ de 1965); [= TL Henry Chrest.; FEW He: ¹1953]. Largement répandu dans les pays germanophones et en Belgique.

HenryEtLex Albert Henry, *Etudes de lexicologie française et galloromane*, Paris (P. U. F.) 1960.

HenryMet Albert Henry, *Métonymie et métaphore*, Paris (Klincksieck) 1971 [Bibl. fr. et rom. A, 21].

HenryŒn Albert Henry, *Contribution à l'étude du langage œnologique en langue d'oïl (XIIᵉ-XVᵉs.)*, 2 vol., s.l. [Bruxelles] (Ac. Roy. Belg.) 1996. Contient des textes et des extraits de textes dont → SecrSecrPr²H², CorbH, PCrescH, MenagH, HAndVinBH², VinsOuanH, VinIaueH, GeoffrParBacH; WatrTroisDamesH. Cp. T. Matsumura LIT Tokyo 5 (1998) 45-50.

HenselVögel W. Hensel, *Die Vögel in der provenzalischen und nordfranzösischen Lyrik des Mittelalters*, thèse Erlangen 1908; [= TL Hensel Vögel]. Extrait d'une thèse publiée en entier dans *RF* 26 (1909) 584-670.

HeraudChandosT Vie du prince Édouard, dit Prince Noir (bien après sa mort, survenue en 1376), par le héraut (né à Valenciennes) de Jean de Chandos (Hainaut), dit le Heraud Chandos, vers octosyll.; hain. 1385 ou peu après; ms. de base London Univ. 1 [agn. fin 14ᵉs.], en var. Oxford Worcester Coll. 1 [agn. ca. 1397]; p. p. D. B. Tyson, *La Vie du Prince Noir by Chandos Herald*, Tübingen (Niemeyer) 1975; [= TL Héraut Chandos Prince Noir T; Dean 72].

HeraudChandosP id.; ms. utilisé: Oxford; p. p. M. K. Pope – E. C. Lodge, *Life of the Black Prince by the herald of Sir John Chandos*, Oxford (Clarendon) 1910.

HeraudieD *De heraudie*, traité d'héraldique en vers; agn. mil. 14ᵉs.; ms. (registre) Cambridge Univ. Ee.IV.20 [agn. 1382 ss.]; p. p. R. J. Dean, "An early treatise on heraldry in Anglo-Norman", → MélHam 21-29; [= AND Her; Dean 390; Boss² 7624; cp. → BraultBlazon p. xx].

HerbCandS Foucon/Folque de Candie, chanson de geste du cycle de Guillaume d'Orange, par Herbert le Duc de Dammartin, laisses de vers décasyll. (1-9882), et alexandrins (suite, sauf 10255-337, 10788-884, 12320-389: décasyll.) rimés; pic. (Valois?) déb. 13ᵉs.; ms. de base BN fr. 25518 [Est ca. 1235] (P¹), en var. Vat. Pal. lat. 1972 [Sud-Est mil. 14ᵉs.] (Pal), Stockholm Kungl. Bibl. Vu 14 [It. 1ᵉm. 13ᵉs.] (S), BN fr. 774 [frc., faibles traits du N.-E., 3ᵉq. 13ᵉs.] (P²), Boulogne-sur-Mer 192 [art. 1295] (B), BN fr. 778 [1ᵉm. 14ᵉs.] (P³), BL Roy. 20 D.XI [traits pic., prob. Paris ca. 1335] (L), Bruxelles Bibl. roy. II 7451 (anc. Cheltenham Phillipps 8075) [ca. 1325] (Ch), Venezia Marc. fr. XIX [francoit. mil. 14ᵉs.] (V¹), Venezia Marc. fr. XX [2ᵉm. 14ᵉs.] (V²) copie de V¹, fragm.: BN nfr. 18217 [13ᵉs.] 288 vers, Namur (Bormans) [13ᵉs.] (N) 248 vers (perdu?), Maastricht Rijksarch. Hs. 167 III,6 [2ᵉm. 13ᵉs.] (M) 200 vers, Göttingen (Schaaffs) [2ᵉm. 13ᵉs.] (G) 136 vers (perdu?), [v. MedRom 15,371-405]; p. p. O. Schultz-Gora, *Folque de Candie von Herbert le duc de Danmartin*, 3 vol., Dresden – Halle (Niemeyer) 1909-1936 (Gesellschaft für romanische Literatur 21, 38, 49); [= TL FCand. Sch.-G.; FEW HerbF]. Concordance des éd. HerbCandS et HerbCandT ici, en appendice.

HerbCandT id.; extraits tirés quelque peu pêle-mêle de BN fr. 25518 et de BN fr. 778; p. p. P. Tarbé, *Le roman de Foulque de Candie par Herbert le duc de Danmartin*, Reims (Dubois) 1860; [= TL FCand.]. Concordance des éd. HerbCandS et HerbCandT ici, en appendice.

HerberiePrF¹ *Dit de l'herberie*, monologue dramatique satirique en prose, s'inspirant de → RutebHerb; 4ᵉq. 13ᵉs.; ms. unique BN fr. 19152 [frc. fin 13ᵉs.] f°89a-90c; p. dans → PrivilBret¹F p. 69-76. Cp. → Goute.

HerberiePrF² id.; p. dans → RutebF t. 2, p. 268-271.

HerberiePrJ² id.; p. dans → RutebJ² 3,182-192.

HerberiePrB id.; p. p. M. Bendinelli Predelli, "L'Erberie del ms. BN fr. 19152", *VRo* 43 (1984) 85-122.

HerbillonHesb J. Herbillon, "Toponymes hesbignons", *BTDial* 19 (1945) 93-105 [cas isolés]; 20 (1946) 235-242; 21 (1947) 49-84 [avec A. Stevens]; 22 (1948) 295-306; 23 (1949) 29-41; 24 (1950) 291-300; 27 (1953) 35-44; 28 (1954) 209-229 [alph.: A]; 29 (1955) 35-57 [B-Bod.]; 30

(1956) 219-250 [B]; 31 (1957) 38-62 [C-Chap-]; 32 (1958) 101-139 [C]; 33 (1959) 25-40 [D]; 34 (1960) 137-164 [E]; 35 (1961) 63-103 [F]; 36 (1962) 103-132 [G]; 37 (1963) 25-55 [Ha]; 38 (1964) 81-103 [He]; 39 (1965) 47-76 [Hi-Hy]; 40 (1966) 25-49 [I-K]; 41 (1967) 27-56 [L]; 43 (1969) 59-87 [Ma-Mi]; 45 (1971) 95-133 [Mo-O]; 46 (1972) 229-249 [P-Q]; 47 (1973) 31-56 [R]; 48 (1974) 295-318 [S]; 49 (1975) 61-90 [T-Va]; 50 (1976) 113-137 [Ve-Vr]; 51 (1977) 27-54 [W]; 52 (1978) 207-226 [X-Z; Bibl.].

HerbomezChâtTourn A. d'Herbomez, *Histoire des châtelains de Tournai de la maison de Mortagne*, 2 vol., Tournai 1894-1895. Le t. 2 contient des doc. fr. (orig. et copies; hain.) de 1222/23-1311.

HerbomezSMart A. d'Herbomez, *Chartes de l'Abbaye de Saint-Martin de Tournai*, 2 vol., Bruxelles 1898-1901; [= Stein 3905]. Collection de doc. orig. (fr. à partir de 1225: hain.) et de doc. tirés de cartulaires (13e-18es; le dernier doc. date de 1690).

HerbomezTourn A. d'Herbomez, "Chartes françaises du Tournaisis (1207 – 1292)", *Mémoires de la Société historique et littéraire de Tournai* 17 (1882) 1-60. Doc. fr. (hain.) orig. du Tournaisis datés de 1208 n.st. à 1293 n.st. Suivi d'une étude ling. p. 61-160.

HérellePélicier G. Hérelle – P. Pélicier, "Chartes en langue vulgaire conservées aux Archives départementales de la Marne (série G), années 1237 – 1337", *Bulletin historique et philologique du Comité des Travaux historiques*, Paris 1898, p. 624-717. Doc. orig. fr. (76, plus 3, tirés d'un cart.; champ.sept.) provenant des Archives du Dép. de la Marne (série G, années 1237 – 1337). Cp. → KrausNChamp.

HermValS Herman de Valenciennes, *Bible* ou *Li romanz de Dieu et de sa mere*, collection d'épisodes historiques tirés des deux Testaments et d'apocryphes, vers alex.; pic. 4^eq. 12es.; ms. publié: BN fr. 20039 [lorr. fin 13es.] (N6), mss. non utilisés (en partie fragmentaires; qqs. corr. proposées d'après W, C, N2, N9, O, etc.): BN fr. 818 [lyonn. 2^em. 13es.] (N1), BN fr. 1444 [pic.mérid. fin 13es.] (N2), BN fr. 1822 [wall. ca. 1300] (N3), BN fr. 2162 [pic. mil. 13es.] (N4), BN fr. 19525 [agn. fin 13es.] (N5), BN fr. 22928 [pic.mérid. déb. 14es.] (N7), BN fr. 24387 [traits pic. fin 13es.] (N8) cité par Gdf, BN fr. 25439 [Est fin 13es.] (N9), BN nfr. 4503 (anc. Ashburnham Libri 112) [agn. ca. 1200] (N10), BN nfr. 10036 (anc. Ashburnham Barrois 171) [frc. 3^et. 13es.] (N11), Ars. 3516 [art. 1267] (A), Lille Bibl. mun. 190 (130; Le Gl. 11) [1^em. 14es.] (O), Orléans Bibl. mun. 445 (374bis) [13es.] (O), Gray HSaône [13es.], New York Pierpont Morgan Libr. M.526 [fin 14es.], Augsburg Univ. I.4.$2^°$ 1 (anc. Maihingen Oettingen-Wallerstein 730) [pic. 3^et. 13es.] (W), BL Harl. 222 [agn. 1280] (L1), BL Harl. 2253 [agn. ca. 1335] (L2), BL Harl. 5234 [agn. 2^em. 13es.], BL Egerton 2710 [agn. mil. 13es.] (L3), BL Cotton Domitian A.XI [agn. 1^em. 14es.] (L4), BL Roy. 13 A.XXI [cette partie agn. 13es.], Cambridge Univ. Gg.I.1 [agn. après 1307], Cambridge Pembroke Coll. 46 [agn. mil. 13es.], New Haven Yale Beinecke Libr. 395 (anc. Cheltenham Phillipps 4156) [agn. ca. 1275], Dublin Trinity Coll. D.4.13 (253) [agn. 14es.], Dublin Trinity Coll. D.1.29 (374) [agn. 2^em. 13es.], Oxford Bodl. Digby 86 [agn. 1272-82] (D), Oxford Bodl. e Musaeo 62 [agn. 2^em. 13es.] (M), Torino Bibl. naz. L.II.14 (fr. 36) [pic. (Origny) 1311], Chicago Univ. 535 [agn. 13es.], Chambéry 234 [non ident.], Genève Com. lat. 183 (anc. Cheltenham Phillipps 16378) [agn. 4^eq. 12es.], Besançon 550 [fin 14es.], (le ms. Chartres 620 (261) [fin 13es.] est perdu, copie: BL Add. 22791 [19es.]); p.p. I. Spiele, *Li romanz de Dieu et de sa Mere d'Herman de Valenciennes*, Leyde (Presse Univ.) 1975; [= TL HValenciennes Rom. Dieu S; Dean 485; Boss^2 5543]. C. r. ZrP 93,142-144 [bien des corr. données en note faussent plutôt le texte; l'éd. 'rêve d'un texte idéal']. Les émendations proposées en app. se basent sur les thèses de Greifswald. Édite aussi l'*Assumption Nostre Dame* qui suit la *Bible*. Gdf cite le ms. BN fr. 1444 parfois en l'identifiant avec HermVal au lieu de → AntBer. Éd. en prép. par M. T. Rachetta, London. Emprunts dans → GenHarl.

HermValB id.; ms. de base W, var. des autres mss. siglés; p. p. H. Burkowitz, *La Bible von Herman de Valenciennes*, III *(Von Marias Geburt bis zu Christi Berufung der Jünger)*, thèse Greifswald 1914.

HermValK id.; ms. de base W, var. des autres mss. siglés; p. p. E. Kremers, *La Bible von Hermann de Valenciennes*, IV *(Von der Speisung der Fünftausend bis zum Einzug in Jerusalem)*, thèse Greifswald 1914.

HermValMa id.; ms. de base W, var. des autres mss. siglés; p. p. E. Martin, *La Bible von Herman de Valenciennes*, V *(Von Christi Einzug in Jerusalem bis zur Himmelfahrt)*, thèse Greifswald 1914.

HermValMo id.; ms. de base W, var. des autres mss. siglés; p. p. O. Moldenhauer, *La Bible von Herman de Valenciennes*, II *(von Josephs Ankunft in Ägypten bis zum Schluß des Alten Testaments)*, thèse Greifswald 1914.

HermValSt id.; ms. de base N^2 et var.; p. p. C. A. Strate, *De l'Assumption Nostre Dame von Herman de Valenciennes*, thèse Greifswald 1913.

HeronN

HeronN Fabliau appelé *Le Heron* (version II de *Cele qui fu foutue et desfoutue*), vers octosyll.; agn. fin 13ᵉs.; ms. Clermont-Ferrand Arch. dép. 2 (F2) [cette partie agn. fin 13ᵉs.]; p. dans → Noomen-Fabl 4,158-182, n°30, ms. i; [= Dean 191].

HeronM id.; p. p. P. Meyer, "Le fableau du héron ou La fille mal gardée", *R* 26 (1897) 85-91; [= TL Fabl. Rom. *et* Fabl. in Rom.].

HeronS id., dans → ShortPearcyFabl 31-33. Texte trop corrigé, inutilisable.

HervisH Hervis de Metz, chanson de geste du Cycle des Loherains, laisses de décasyll. assonnancés; lorr. 1ᵉʳq. 13ᵉs. (prob. av. 1223); ms. de base BN fr. 19160 [lorr. 2ᵉt. 13ᵉs.] (E), en var. et extr. Ars. 3143 [Paris?, traits pic. 1ᵉm. 14ᵉs.] (N), Torino Bibl. naz. L.II.14 [pic. (Origny) 1311] (T), fragm. Darmstadt 3133 [lorr. ca. 1300] (Da), AN AB.XIX.1734 [rec. fact., cette pièce lorr. fin 13ᵉs.] fragm. (Em); p. p. J.-Ch. Herbin, *Hervis de Mes*, Genève (Droz) 1992 (T.L.F. 414); [= TL Hervis de Mes H]. Var. à compléter par l'éd. S. Malheureusement nouvelle numérotation des vers pour un décalage de 49 vers sur 10570 vers. Gloss. aux renvois onomas. utiles.

HervisS id.; ms. de base Torino; p. p. E. Stengel, *Hervis von Metz, Vorgedicht der Lothringer Geste*, Dresden – Halle (Niemeyer) 1903 (Gesellschaft für roman. Literatur 1); [= TL Hervis; Boss 513].

HeydLev W. Heyd, *Geschichte des Levantehandels im Mittelalter*, 2 vol., Stuttgart (Cotta) 1879.

HilderMeun G. Hilder, *Der scholastische Wortschatz bei Jean de Meun. Die Artes Liberales*, Tübingen (Niemeyer) 1972 (ZrP-Beih. 129).

HinkerArchit D. Hinker, *Studien zum Wortschatz der gotischen Architektur in Nordfrankreich*, thèse Wien 1967.

HistAnc *Histoire ancienne jusqu'à César*, histoire interrompue au milieu du Bellum Gallicum, an 57 av. J.-Chr., prose, scindée, dep. P. Meyer, en sept sections: I Genèse, II Assyrie – Grèce, III Thèbes, IV Minotaure, Amazones, Hercule, V Troie, VI Enée, VII Rome [subdivisée par Jung: 7 Rome, fondation — guerres gauloises, 8 Orient perse, 9 Macédoine et Alexandre, 10 Rome consulaire et Macédoine et Orient, 11 Conquête de la Gaule par César]; texte attribué à Wauchier de Denain; ca. 1213 (prob. entre 1208 et 1213, en tout cas av. 1230); mss. assez variables dont le meilleur semble être BN fr. 20125 [pic. et Est?, Acre ca. 1287] (P), autres mss.: BN fr. 246 [Paris 1364] (P5), BN nfr. 3576 [Paris ca. 1365] (P23), Bruxelles Bibl. roy. 9104-05 [Paris 2ᵉq. 14ᵉs.] (B1), Bruxelles Bibl. roy. 10175 [Acre 4ᵉq. 13ᵉs.] (B), Dijon 562 (323) [Acre 4ᵉq. 13ᵉs. (1286?)] (D), BL Roy. 16 G.VII [Paris ca. 1375] (L1), Ars. 5081 [fin 15ᵉs.] (Pars), BN fr. 39-40 [15ᵉs.] (P1) [40 = FetRom], BN fr. 64 [15ᵉs.] (P2), BN fr. 182 [14ᵉs.] (P4), BN fr. 250 [Paris fin 14ᵉs.] (P6), BN fr. 251 [Paris 2ᵉq. 14ᵉs.] (P7), BN fr. 256 [déb. 15ᵉs.] (P8) parties 6 et 7, BN fr. 677-678 [15ᵉs.] (P9), BN fr. 686 [Bologna ca. 1330] (P10), BN fr. 687 [15ᵉs.] (P11), BN fr. 1386 [Napoli déb. 14ᵉs.] (P13), BN fr. 1407 [15ᵉs.] (P14) lacunaire, BN fr. 12586 [2 et 3: fin 13ᵉs., 5: 2ᵉm. 14ᵉs.] (P17), BN fr. 20126 [fin 13ᵉs.] (P20), BN fr. 22986 [15ᵉs.] (P21), BN nfr. 3650 [15ᵉs.] (P24), Venezia Marc. fr. II [Mantova ca. 1390] (Ve), Wien 2576 [traits fr.sept., It. mil. 14ᵉs.] (V) lacunaire mais avec le Prol., BL Add. 15268 [Acre 4ᵉq. 13ᵉs. (ca. 1287?)] (L), Lisboa Bibl. nac. Il. 132 [3ᵉq. 13ᵉs.], Aberystwyth Nat. Libr. 5027E [14ᵉs.] (Ab), Aylsham Blickling Hall 6931 [13ᵉs.] (Ay), Bruxelles Bibl. roy. 9650-52 [1459-60] (B2), Bruxelles Bibl. roy. 18295 [Paris 4ᵉq. 13ᵉs.] (B4), Carpentras 1260 (anc. Barj.) [It. ca. 1300] (C), Chantilly Musée Condé 726 (493) [Bologna? 4ᵉq. 13ᵉs.] (Ch), Cologny Bodmer 160 (anc. Ashburnham App. 168) [1469] (Cl), København Kgl. Bibl. Thott 431 f° [Paris ca. 1345] (Co), Firenze Bibl. Riccard. 3982 [14ᵉs.] (F), Genève fr. 72 [Paris ca. 1400?] (G), Den Haag KB 78.D.47 [pic. (Saint Omer?) ca. 1265] (H), BL Harl. 3316 [14ᵉs.] (L2), BL Add. 12029 [Paris ca. 1345] (L3), BL Add. 19669 [pic. ca. 1265] (L5), BL Add. 25884 [Paris fin 14ᵉs.] (L6), BL Egerton 912 [15ᵉs.] (L7), Mâcon Arch. dép. H. 362 [14ᵉs.] (Ma), New York Pierpont Morgan Libr. G.23 [pic. 1474] (Ng), New York Pierpont Morgan Libr. M.212-213 (anc. Ashburnham Barrois 31) [ca. 1460] (Np) HistAnc=212 et FetRom=213, New York Pierpont Morgan Libr. M.516 [Paris ca. 1400] (Np2), BN fr. 168 [Bologna ca. 1380] (P3), BN fr. 821 [It.sept. 1ᵉʳt. 14ᵉs.] (P12), BN fr. 9685 [It. ca. 1300] (P16), BN fr. 17177 [frc. 3ᵉt. 13ᵉs.] (P18), BN fr. 24149 [15ᵉs.] (P22), BN nfr. 6774 [It. 2ᵉm. 14ᵉs.] (P25), Paris Ass. Nat. 1263 [16ᵉs.] (Pass), BN nfr. 10053 (anc. Ashburnham Barrois 365) [15ᵉs.] (Pm), Pommersfelden 295 [pic. ca. 1265] (Po), Princeton NJers. Univ. Garrett 128 [Paris? 2ᵉq. 14ᵉs.] (Pr), Roma Bibl. Casanatense 233 (A.I.8) [15ᵉs.] (R), Tours 953 [It. ca. 1300] (T1), Tours 974 [15ᵉs.] (T2), Vat. Vatic. lat. 5895 [It. ca. 1300] (Vat), Berkeley Cal. Univ. Bancroft Libr. Ms 148 (anc. Cheltenham Phillipps 13496) [ca. 1480] (Ber), Bologna Arch. St. framm. [ca. 1300] (Bol1), Bologna Arch. St. framm. [It. 14ᵉs.] (Bol2), Bologna Arch. St. framm. [14ᵉs.] (Bol3), Malibu J. Paul Getty Museum 83 MP. 146 Ludwig XIII. 3 [Paris fin 14ᵉs.] (Mal), Mons Univ. 226/124 [16ᵉs.] (Mon) abrégé, Münster Westf. Landesmus. [Paris 2ᵉq. 14ᵉs.] (Mün) fragm., Paris Musée du Louvre [Tours ca. 1470] (Pl) fragm., Paris Musée Marmottan Wildenstein [ca. 1485] (Pmar) fragm., Oslo/London Schøyen Collection MS 27 (anc. Beatty, Hearst) [Paris ca. 1375] (Schø), Berlin Staatsbibl. Hamilton 341 [Amiens 1^{er}q. 15^{e}s.], München Rosenthal R. 82-83 [Paris fin 14^{e}s.] (Ros) non localisé actuellement, London Sotheby's Nov. 1985 n°107 [Centre ca. 1470] non localisé actuellement, Lille Barrois (anc. Dijon inv. de 1476, 908/1704) non localisé actuellement. V. P. Meyer R 14,36-63 (= HistAncM); M. Lynde-Recchia R 116,431-460; HistAncV 11-23 (localisations d'après les miniatures). Cité par Gdf sous le titre de 'Estories Rogier' (selon la dédicace au châtelain Roger IV de Lille), de 'Hist. univ.' (ms. BN fr. 20125) et sous 'Chronique d'Orose' (Mâcon H.362), appelé aussi 'Livre des histoires'. La moitié des mss. y joignent → FetRom. La section Thèbes se base sur → Thebes (version longue, mss. A et P). Le ms. BN fr. 9682 [champ. lorr. 2^{e}q. 14^{e}s.] (Pa) seul contient une suite, inédite comme les sections VI et VII; ce ms. contient l'Exode dans une version inspirée de → BibleAcre (v. Nobel MélEckard 200).

HistAncG id., section 9: Macédoine et Alexandre; ms. de base BN fr. 20125 [pic. et Est?, Acre ca. 1287] (P); mss. 'de contrôle': Bruxelles Bibl. roy. 10175 [Acre 4^{e}q. 13^{e}s.] (B), BL Add. 15268 [Acre 4^{e}q. 13^{e}s. (ca. 1287?)] (L), Dijon 562 (323) [Acre 4^{e}q. 13^{e}s. (1286?)] (D), BN fr. 9682 [champ. lorr. 2^{e}q. 14^{e}s.] (Pa); p. p. C. Gaullier-Bougassas, *L'Histoire ancienne jusqu'à César ou Histoire pour Roger, châtelain de Lille, de Wauchier de Denain. L'histoire de la Macédoine et d'Alexandre le Grand*, Turnhout (Brepols) 2012, texte, f°220v°-258v°, 113-246; 317-358, ms.-vérsion Wien 2576 [traits fr.sept., It. mil. 14^{e}s.] imprimé aux p. 247-316, impr. Paris, Vérard, 1491, p. 359-461.

HistAncJ id., section I: Genèse; ms. de base BN fr. 20125 [pic. et Est?, Acre ca. 1287] f°3r°-82v°, en var. D, B, L, Pa (P), P (MS) et V; p. p. M. Coker Joslin, *The heard Word: A moralised History. The Genesis section of the* Histoire ancienne *in a text from Saint-Jean d'Acre*, University, Mississ. (Romance Monogr.) 1986.

HistAncJu id., V: Troie (partie basée sur *De excidio Troiae* de Darès le Phrygien); ms. BN fr. 20125 f°123v°-148r°; p. dans → JungTroie 334-430, texte 359-405; [cf. Wo 173: Troie n°3]. V. RLiR 60,605.

HistAncL id., III: Thebes; ms. BN fr. 20125 f°89r°a-117v°a; p. p. M. Lynde-Recchia, *Prose, verse and truth-telling in the thirteenth century*, Lexington Kentucky (French For.) 2000, app. p. 127-193.

HistAncM id., Prologue; ms. BN fr. 20125; p. p. P. Meyer, "Les premières compilations françaises d'histoire ancienne, II, 1, Histoire ancienne jusqu'à César", *R* 14 (1885) 36-63. L'analyse du texte est basée sur BN fr. 246 [Paris 1364].

HistAncR id., section VII/8, Orient perse, de Cyrus à Assuérus; ms. de base BN fr. 20125 [pic. et Est?, Acre ca. 1287] (P), mss. de contrôle D,B,L et Pa; p. p. A. Rochebouet, *L'Histoire ancienne jusqu'à César... L'histoire de la Perse de Cyrus à Assuérus*, Turnhout (Brepols) 2015. Imprime aussi la version du ms. Wien (V) et de l'imprimé Vérard 1491.

HistAncV id., II-IV: Assyrie – Hercule; ms. BN fr. 20125 f°83r°-123v°: pages droites, mss. de contrôle: Dijon 562 (323) [Acre 4^{e}q. 13^{e}s. (1286?)] (D), Bruxelles Bibl. roy. 10175 [Acre 4^{e}q. 13^{e}s.] (B), BL Add. 15268 [Acre 4^{e}q. 13^{e}s. (ca. 1287?)] (L), BN fr. 9682 [champ. lorr. 2^{e}q. 14^{e}s.] (Pa); impression synoptique (p. gauches) du ms. Wien 2576 [traits fr.sept., It. mil. 14^{e}s.] (V) f°44v°-60r° (ces deux mss., BN et Wien, semblent particulièrement proches de l'original); p. p. M. de Visser - van Terwisga, *Histoire ancienne jusqu'à César (Estoires Rogier)*, 2 vol., Orléans (Paradigme) 1995-1999 (Medievalia 19; 30). [Le ms. Wien peut être cité comme HistAncvV.]

HistAncvV id., v. HistAncV: pages gauches.

HistAnc²RB id., version développée, modifiée particulièrement dans la section 'Troie', dite 'seconde rédaction' (v. HistAncM p. 63-76 [81]), créée à la cour angevine de Naples (?); traits pic. ca. 1330; ms. 'pilote' BL Roy. 20 D.I [traits pic., aussi sept. et agn., Napoli ca. 1335] (R), autres mss. de la 'sec. réd.': BN fr. 301 [Paris av. 1402] (Pr) copie de R, BL Stowe 54 [Paris ca. 1440] (S), Grenoble 284 (cat. 860) [2^{e}m. 15^{e}s.] (G), Wolfenbüttel Herzog August Bibl. Guelf. 81.29 [15^{e}s.] (W), BN fr. 24396 [fin 15^{e}s.] (P^1), BN fr. 254 [1467] (P^2), BN fr. 22554 [16^{e}s.] (P^3), Bruxelles Bibl. roy. IV 555 [ca. 1500] (Bp), Chantilly Musée Condé 727 (601) [ca. 1390] (C), Oxford Bodl. Douce 353 [ca. 1470] (D), Osaka Univ. 1 [mil. 15^{e}s.] (O), Ars. 3685 [2^{e}m. 15^{e}s.] (Au), BN fr. 15455 [ca. 1435] (Pu), Ars. 3326 [15^{e}s.] (Ag), Bruxelles Bibl. roy. 9571-72 [2^{e}m. 15^{e}s.] (Bg), Bruxelles Bibl. roy. IV 995 [déb. 15^{e}s.] (Bh), BL Add. 25884 [Paris fin 14^{e}s.] (L), Cambridge Trinity Coll. O.4.26 (1257) [déb. 15^{e}s.] (T) en partie HistAnc 1e réd.; inédit dans l'ensemble; extrait (Troie: lettres des épouses grecques) p. p. L. Barbieri, *Le Epistole delle dame di Grecia nel Roman de Troie in prosa*, Tübingen – Basel (Francke) 2005; [= Wo 78; Wos 78; Williams MedAev 53,59-72; JungTroie 505-562 ('prose 5')]. Introduction d'accès difficile. Le gloss. ne tient pas compte de toutes les notes (ex. *fortune* VI 1,3). HistAncV p. 14 classe Ars. 3685, BN fr. 15455 avec Tours 1850 [15ᵉs.] (fragm.) comme '3ᵉ rédaction'.

HistAnc²RB² id.; version réduite p. p. id., *Les epistres des dames de Grece*, Paris (Champion) 2007 (CFMA 152).

HistCharlPh Histoire ou Chronique de France de Charlemagne à Philippe-Auguste, compilation en prose basée en partie sur les mêmes sources que celles de → ChronSDenis et contenant → TurpinVat; ca. 1230; ms. Vat. Reg. lat. 624 [bourg. fin 13ᵉs.]; inédit dans l'ensemble; éd. du Turpin incorporé, v. → TurpinVatB; cf. P. Botineau *R* 90 (1969) 79-99. Version parallèle utilisant les mêmes sources, ms. Vat. Reg. lat. 524 [ca. 1300] (A) et le ms. rajeunissant Chantilly Musée Condé 869 (522) [4ᵉq. 15ᵉs.] (B) débuts-Bouvines: anoure, cf. C. Buridant dans → MélNaïs 35-57 et ActesPhilLex 53-69: éd. annoncée HistCharlPhA et HistCharlphB.

HistFécL Histoire de l'abbaye de Fécamp, couplets d'octosyll., comprenant dans sa deuxième partie le traitement de la légende du Précieux Sang (→ PrécSangK); norm. mil. 13ᵉs.; ms. unique Madrid Bibl. nac. 9446 (anc. Ee.150; F.149 err.) [norm. mil. 13ᵉs.]; p. p. A. Långfors, *Histoire de l'abbaye de Fécamp*, Helsinki (Soc. de Lit.) 1928 (Ann. Acad. Scient. Fenn. B, 22,1); [= TL Hist. Abb. Fécamp; FEW HistFéc].

HistMetz *Histoire générale de Metz par des religieux bénédictins de la Congrégation de Saint Vannes...* [J. François, N. Tabouillot, J. B. Maugérard], 6 vol., Metz (Marchal – Collignon/Lamort) 1769-1790 (réimpr. Paris 1974). Donne des pièces justificatives datées. T. 1: des origines à 918; t. 2: 919 – 1523; t. 3-4: 1523 – 1733, Tables, Preuves; t. 5-6: Preuves. Orig. lorr. (Metz) à partir de ca.1214.

Höfler Manfred Höfler, *Dictionnaire des anglicismes*, Paris (Larousse) 1982. Höfler a pu contrôler avant impression toutes les divergences par rapport au *Dict. des Anglicismes* de Josette Rey-Debove et G. Gagnon et al., Paris (Le Robert) [imprimé 1981] (copyright 1980); les principes ne sont pas les mêmes: lire les préfaces.

HöflerCul Manfred Höfler, *Dictionnaire de l'art culinaire français. Etymologie et histoire*, Aix en Provence (Edisud) 1996. C.r. Pierre Rézeau ZrP 114,552-555. Compléter par Manfred Höfler – Pierre Rézeau, *Variétés géographiques du français. Matériaux pour le vocabulaire de l'art culinaire*, Paris (Klincksieck) 1997 (c.r. ZfSL 119,186-190).

HöflerTuch Manfred Höfler, *Untersuchungen zur Tuch- und Stoffbenennung in der französischen Urkundensprache*, Tübingen (Niemeyer) 1967 (ZrP-Beih. 114); [= TL Höfler Tuch u. Stoff].

HofmannUm J. B. Hofmann, *Lateinische Umgangssprache*, Heidelberg (Winter) ³1951; [= FEW Hofmann].

HohnerleinViti T. Hohnerlein-Buchinger, *Per un sublessico vitivinicolo*, Tübingen (Niemeyer) 1996 (ZrP-Beih. 274). Étude de quelques désignations it. de vins et de ceps. Avec quelques matériaux fr. À utiliser avec précaution.

Hol D. C. Cabeen, *A critical bibliography of French literature*, vol. I: *The mediaeval period* edited by U. T. Holmes, 2ᵉ éd., Syracuse (University Press) 1952 (réimpr. 1964).

Holder A. Holder, *Alt-celtischer Sprachschatz*, 3 vol., Leipzig (Teubner) 1896-1913 (t. 1, 1896, t. 2, I-T, 1904, t. 3, 1913); [= FEW Holder]. Paru par livraisons; réimpressions.

Holly K.-J. Hollyman, *Le développement du vocabulaire féodal en France pendant le haut moyen âge (Étude sémantique)*, Paris (Minard) – Genève (Droz) 1957 (Publ. rom. et fr. 58); [= FEW Holly; TL Hollyman Vocab. féodal].

HolthausenAengl F. Holthausen, *Altenglisches etymologisches Wörterbuch*, Heidelberg (Winter) 1934.

HolthausenAfries F. Holthausen, *Altfriesisches Wörterbuch*, Heidelberg (Winter) 1925.

HolthausenAnor F. Holthausen, *Wörterbuch des Altwestnordischen (Altnorwegisch-isländischen)*, Göttingen (Vandenhoeck) 1948.

HolthausenAsächs F. Holthausen, *Altsächsisches Wörterbuch*, Köln – Graz (Böhlau) 1954 (réimpr. 1967; Niederdeutsche Studien 1).

HolthausenGot F. Holthausen, *Gotisches etymologisches Wörterbuch*, Heidelberg (Winter) 1934.

HoltusEntree G. Holtus, *Lexikalische Untersuchungen zur Interferenz: die franko-italienische Entrée d'Espagne*, Tübingen (Niemeyer) 1979 (ZrP-Beih. 170); [Boss² 6511]. Traite → EntreeT.

HoltusLux G. Holtus – A. Overbeck – H. Völker, *Luxemburgische Skriptastudien. Edition und Untersuchung der altfranzösischen Urkunden Gräfin Ermesindes (1226-1247) und Graf Heinrichs V. (1247-1281) von Luxemburg*, Tübingen (Niemeyer) 2003 (ZrP-Beih. 316). Chartes fr. (surtout lorr. (Metz, Bar), mais aussi wall., flandr., frc.) à partir de 1237. Reprend en partie → Wampach-Lux t. 2-4. 'Glossaire' aux graphies transcrites diplomatiquement sans lemmatisation ni, souvent, interprétation: à travailler. C. r. G. Roques RLiR 68,287-293.

HonnineL *Dit de la honnine*, dit en vers octosyll., utilisant l'image de la chenille vorace pour caractériser la femme; pic. 2[e]m. 13[e]s.; ms. unique BN fr. 25566 [pic. (Arras) prob. 1295]; p. p. M. Léonard, "Le dit de la Honnine", → MélMénard 879-895.

HontMenN Le honteus menestrel, dit en vers octosyll., incip. *Selonc le siecle ki bestourne*; pic. 2[e]m. 13[e]s.; ms. BN fr. 25566 [pic. (Arras) prob. 1295]; p. dans → NoomenJongl 129-139.

HonteJ *La male honte*, par un certain Guillaume, vers octosyll.; 1[er]m. 13[e]s.; ms. de base BN fr. 2173 [Vénétie fin 13[e]s.] (G), en var. BN fr. 19152 [frc. fin 13[e]s.] (B), ms. non utilisé: Cologny Bodmer 113 [15[e]s.] qui est une copie de BN fr. 2173; p. dans → JohnstonOwen p. 51-55. [Version par Huon de Cambrai: → HuonHonte].

HonteL id.; ms. BN fr. 2173 [Vénétie fin 13[e]s.]; p. p. A. Långfors dans → HuonPalL p. 51-56; [= TL Male Honte]. Réimpr. dans → RychnerFabl 17b-27b.

HonteM id.; ms. de base BN fr. 19152 (B), corr. et var. ms. BN fr. 2173 (A); p. dans → MontRayn 4,41-46.

HonteN id.; mss. BN fr. 2173 (K) et Bodmer (I) p. dans → NoomenFabl 5,85-128.

HoopsReal *Reallexikon der germanischen Altertumskunde*, p. p. J. Hoops et al., 4 vol., Strassburg (Trübner) 1911-1919; [= FEW HoopsReal].

HoopsReal[2] id., 2e éd., 35 vol. et suppl., Berlin (de Gruyter) 1968 (1[er]fasc.) – 2008. Travaux à partir de ca. 1960.

HopeLex T. E. Hope, *Lexical borrowing in the Romance languages. A critical study of italianisms in French and gallicisms in Italian from 1100 to 1900*, 2 vol., Oxford (Blackwell) – New York (New York Univ. Press) 1971. C.r. important: Y. Malkiel, *Language* 51 (1975) 962-976.

HoppeDrog[8] H. A. Hoppe, *Drogenkunde*, 2 vol., Berlin (de Gruyter) [8]1975-1977, *Supplement* [8]1987.

HornP Horn et Rimenhild, roman courtois par un certain Thomas, en laisses d'alexandrins rimés; agn. ca. 1170; ms. de base des vers 1-96 et 4596-5250 Oxford Bodl. Douce 132 [agn. mil. 13[e]s.] (O), vers 97-4595 Cambridge Univ. Ff.VI.17 [agn. 1[er]m. 13[e]s.?] (C), en var. BL Harl. 527 [agn. mil. 13[e]s.] (H), Cambridge Univ. Add. 4407(1) [agn. fin 13[e]s.] (F[1]) fragm., Cambridge Univ. Add. 4470 [agn. 1[er]m. 13[e]s.] (F[2]) fragm.: fin du texte; p. p. M.K. Pope, *The romance of Horn by Thomas*, 2 vol., Oxford (Blackwell) 1955-1964 (Anglo-Norman Texts 9-10, 12-13); [= TL Horn[2]; FEW Horn (2); AND Horn; Dean 151; Boss[2] 1307]. C. r. Monfrin RoPh 26 (1973) 602-612: traits Loire/Ouest. Brayer BullIRHT 10 (1962) 38 date Add. 4470 de déb. 14[e]s. Cp. → Ponthus.

HornB id.; p. p. R. Brede – E. Stengel, *Das anglonormannische Lied vom wackern Ritter Horn*, Marburg 1883 (Ausg. und Abh. 8). Donne intégralement une transcription diplomatique des mss. O, C et H.

HornM id.; p. p. F. Michel, *Horn et Rimenhild*, Paris (imprimé pour le Bannatyne Club par Maulde et Renou) 1845; [= TL Horn; FEW Horn (1); Vising 31].

HoroleigesM Traité d'horlogerie, incip. *Cy maince ung petit traictié pour faire horoleiges en plusieurs manieres*, prose; fin 14[e]s.; ms. Vat. Vatic. lat. 3127 [cette partie fin 14[e]s. (?)]; p. p. E. Morpurgo, "Ung petit traicte pour faire horoleiges", *La Clessidra* 10 (Roma 1954) 5-19; [= TL Traicté horol.; Boss 8011].

HoroleigesZ id.; transcription par E. Poulle p. p. P. Zumthor, "Un traité français d'horlogerie du XIV[e]s.", *ZrP* 73 (1957) 274-287; [= Boss 8012]. Avec notes concernant des mots relevés. Une étude lexicologique reste à faire.

HoroscBaudP Horoscope établi pour Baudouin II de Courtenay, en vers octosyll. (f°3-4r°), avec le carré astrologique (f°4v°) et sa description (incomplète, f°101-102); 1270; ms. BN fr. 1353 [3[e]t. 13[e]s.]; p. p. M. Préaud, "L'horoscope de Baudoin de Courtenay, empereur latin d'Orient", *Anagrom* 3-4 (Clamart, Association Anagrom, 1973) 9-45. Dactyl.; sans glossaire. Cp. → IntrAstrD 20.

HoroscBaudS id.; p. p. S. Scheffler, mém. de maîtrise, Heidelberg 1994.

HorrentPèl J. Horrent, *Le Pèlerinage de Charlemagne. Essai d'explication littéraire avec des notes de critique textuelle*, Paris (Les Belles Lettres) 1961. Concerne → PelCharl.

HosebL → HosebCompL.

HosebAnO Traité d'économie rurale et domestique, avec l'accent sur les calculs des récoltes et des revenus, appelé *hosebonderie*, anonyme; agn. fin 13[e]s.; ms. de base Oxford Bodl. Ashmole 1524 (8232) [agn. ca. 1300], ce ms. est le seul à représenter la rédaction originale, les autres mss. donnant tous une version raccourcie et modifiée pour des fins didactiques: Cambridge St John's Coll. N.13 (248; Roll) [agn. ca. 1300] (de ce ms. sont tirés les chap. 59, 62, et 63 qui manquent au

HosebAnO

ms. de base), BL Add. 6159 [agn. (Canterbury) déb. 14ᵉs.], BL Roy. 9 A.II [agn. ca. 1300], Cambridge Univ. Ee.IV.20 [agn. 1382 ss.], Cambridge Univ. Hh.III.11 [agn. ca. 1300], Cambridge Corpus Christi Coll. 301 [agn. ca. 1300], Oxford Merton Coll. 1258 [agn. déb. 14ᵉs.] premiers chap. en latin, Canterbury Dean and Chapter Libr. Reg. B [agn. ca. 1400], Canterbury Dean and Chapter Libr. Reg. J [agn. ca. 1300], BN fr. 400 v. → HosebCompL; p. dans → HosebHenO p. 417-457. Cp. → Seneschaucie, GrossetReules; [= Dean 395].

HosebAnL id., version modifiée, ms. Cambridge St John's Coll. N. 13 (Roll) [agn. ca. 1300], p. dans → HosebHenL p. 60-81; [= AND Hosebond].

HosebCompL *Hosebonderie* qui n'est, pour la plupart des chapitres, qu'une copie de parties de → HosebHen et de → HosebAn, mais qui ajoute quelques chapitres nouveaux (l'ordre est en gros celui de HosebHen); agn. 1ᵉm. 14ᵉs.; ms. unique BN fr. 400 [agn. mil. 14ᵉs.]; p. p. L. Lacour, "Traité d'économie rurale composé en Angleterre au XIIIᵉ siècle", *BEC* 17ᵉ année, 4ᵉ sér., t. II, Paris 1856, p. 123-141; 367-381; [= Boss 2946; Vising 329]. La deuxième moitié du chap. 29 qui manque dans le texte de base de HosebHen se trouve aussi dans d'autres mss. et est impr. dans → HosebHenL p. 36-37 (Oxford Merton Coll. 1258 [déb. 14ᵉs.]) et dans → HosebHenO p. 380 (London Coll. of Arms Arundel XIV [agn. 1ᵉʳq. 14ᵉs.]); texte angl. corresp. dans HosebHenL p. 55-56. Concordance avec HosebHenO (chiffres recte) et HosebAnO (chiffres en ital.): 1 = 1-3; 2 = 4-7; 3 = 8-11; 4 = 33; 5 = *63*; 6 [cp. *1*]; 7 = *51, 44, 10, 11, 53-56*; 8 = p. 350, 16-24; 9 = 27-31; 10 = 42-51; 11 = 34-35; 12 = 36-41; 13 = *42-43*; 14 = *3-5*; 15 = *7*; 16 = *58-60*; 17 = 53-61; 18 = 62-63, *61-62*; 19 = 64-74; 20 = 76-78; 21 = *20*; 22 = 79-86; 23 = *21*; 24 = 87-92; 25/26 = *24-30*; 27 = *13-15*; 28 = *16-18*; 29 = 96-104, p. 380; 30 = 105-106; 31 = 93-95; 32 = 12-15; 33 = 109-113; 34-42 [indépendant]. – Bonne édition; erreurs de transcription très rares. Cp. → MöhrenLand p. 49s.

HosebDunsterO Quelques chapitres sur les comptes et le contrôle de la grange, proche de → HosebAn (mais à la langue difficile), contenus dans un registre des barons Mohun of Dunster (Somerset); agn. 2ᵉt. 14ᵉs.; ms. BL Egerton 3724 [agn. 2ᵉt. 14ᵉs.]; p. dans → HosebHenO p. 475-478; [= AND Reg Fees]. Nous citons d'après les alinéas numérotés: p. 475 = 1-2; 476 = 3-10; 477 = 11-18; 478 = 19-22.

HosebHenO Traité d'économie rurale et domestique, appelé *hosebonderie*, par Walter de Henley (basé en partie sur → Seneschaucie et complétant volontairement ce texte; premiers chap. à teneur moralisante); agn. ca. 1285; ms. de base Cambridge Univ. Dd.VII.14 [agn., cette partie ca. 1312], corrigé à l'aide de Cambridge Univ. Dd.VII.6 [agn. ca. 1310], BL Lansdowne 1176 [agn. mil. 14ᵉs.], et, parfois, Cambridge Univ. Ee.I.1 [agn. déb. 14ᵉs.]; autres mss.: BL Harl. 493 [ces feuilles agn. fin 14ᵉs.] extrait, BL Harl. 1208 [agn. ca. 1300] extrait, BL Harl. 3860 [agn. déb. 14ᵉs.], BL Add. 6159 [agn. (Canterbury) déb. 14ᵉs.], BL Hargrave 336 [agn. 1ᵉm. 14ᵉs.] ch. 29ss., London Corporation of London Records Office Cust. 2 [agn. ca. 1300-1311, mains diverses] v. → LHorn, London Coll. of Arms Arundel XIV [cette partie agn. 1ᵉʳq. 14ᵉs.], Cambridge Univ. Dd.IX.38 [agn. mil. 14ᵉs.], Cambridge Univ. Hh.III.11 [agn. ca. 1300], Cambridge Univ. Add. 6860 [feuilles de garde, agn. ca. 1300] ch. 48-78 seulement, Cambridge Trinity Coll. O.9.26 [agn. ca. 1330], Cambridge Corpus Christi Coll. 301 [agn. ca. 1300], Cambridge Gonville and Caius Coll. 365 (728) [feuilles de garde, agn. ca. 1300] texte complet, Oxford Bodl. Douce 98 (21672) [agn. ca. 1300], Oxford Bodl. Rawl. B.471 [agn. 1577] copie avec une traduction interl. en angl. par William Lambarde, 1577, Oxford Bodl. Selden Supra 74 (3462) [agn., cette partie déb. 14ᵉs.], Oxford Bodl. Ashmole 1524 (8232) [agn. ca. 1300] fragm., Oxford Merton Coll. 1258 [agn. déb. 14ᵉs.] (un chap. sur des maladies des moutons se trouvant dans ce ms., f°158v°-159r°, est p. dans → HosebHenL p. 36-37, avec texte angl. corresp. p. 55-56, et se trouve aussi dans → HosebCompL chap. 29), Canterbury Dean and Chapter Libr. Reg. J [agn. ca. 1300], Canterbury Dean and Chapter Libr. Reg. P [agn. fin 13ᵉs.], Brentford The Duke of Northumberland Syon House D.XI [agn. ca. 1380], Romsey Mottisfont Abbey Mrs. Gilbert Russell [agn. ca. 1345], BL Add. 20709 [agn. 1571] extraits, BN fr. 400 v. → HosebCompL, Rothamsted (Hertfordshire) Experimental Station [agn. déb. 14ᵉs.], Taunton S. R. O. DO/AH [agn. mil. 14ᵉs.?], Trowbridge W. R. O. 1230 [agn. fin 13ᵉs.]; p. p. D. Oschinsky, *Walter of Henley and other treatises on estate management and accounting*, Oxford (Clarendon/Oxford Univ. Press) 1971, p. 307-385; [= AND Henley²; Dean 394; Boss² 5452]. La trad. angl. du ms. Oxf. Bodl. Rawl. B. 471 [agn. 1577] est impr. en regard, celle du ms. BL Sloane 686 [agn. fin 15ᵉs.] dans → HosebHenL p. 41-58. Cp. → Seneschaucie, HosebAn, Fleta, GrossetReules, HosebDunster.

HosebHenL id.; ms. Cambridge Univ. Ee.I.1. [agn. déb. 14ᵉs.] p. p. E. Lamond, *Walter of Henley's husbandry together with an anonymous husbandry, Seneschaucie and Robert Grosseteste's Rules*, London (Longmans - Green) 1890, p. 1-35; [= Boss 2947; Vising 329; AND Henley]. Concordance avec l'éd. O. dans → MöhrenLand p. 53n36.

HosebProlH Poème moralisant s'inspirant de l'introduction de → HosebHen (et affinités avec NicBozProv?), en couplets rimés de longueur variable; agn. (Somerset) 2ᵉt. 14ᵉs. (?); ms. BL Egerton 3724 [agn. 2ᵉt. 14ᵉs.] f°39-40; p. p. R. E. Harvey, "En sa veillesce set li prodhom", dans → ShortAnniv 159-178; [= Dean 396]. Le ms. contient aussi → HosebDunsterO.

HosebProlB id.; p. p. J. Beauroy, "Sur la culture seigneuriale en Angleterre: un poème anglo-normand inédit dans le Cartulaire des Barons de Mohun", dans C. Duhamel – A. et G. Lobrichon, *Georges Duby. L'écriture de l'histoire*, Bruxelles (De Boeck) 1996, p. 341-364. Ignore l'éd. Harvey et l'indication dans → HosebHenO 22,1.

Houaiss A. Houaiss – M. de Salles Villar – F. M. de Mello Franco, *Houaiss da lingua portuguesa*, Rio de Janeiro (Objetiva) ¹2001, etc.

HouceN La Housse partie, fabliau sur le motif des vieux dessaisis par leurs enfants, en vers octosyll., version du ms. A; 2ᵉm. 13ᵉs.; ms. BN fr. 837 [frc. 4ᵉq. 13ᵉs.] (A); p. dans → NoomenFabl 3,184-193.

HouceB id.; ms. A p. dans → BartschChrest p. 202-206.

HouceBarb id.; ms. A p. dans → BarbMéon 4,472-485.

HouceM id.; ms. A p. dans → MontRayn 1,82-96; [= Boss 2460/61].

HoucePN id., version du ms. Princeton; agn. ca. 1300; ms. Princeton NJers. Univ. Taylor Coll. Phill. 25970 (anc. Cheltenham Phillipps 25970) [agn. mil. 14ᵉs.] (s); p. dans → NoomenFabl 3,184-193; [= Dean 182]. Publié parallèlement dans → MélGascaQueirazza 2,793-814 (avec gloss.).

HouceTM id., version modifiée; 2ᵉm. 13ᵉs.; ms. Torino Bibl. naz. L.II.14 (1639) [pic. (Origny) 1311]; p. dans → MontRayn 2,1-7 (réimpr. dans → NoomenFabl 3,205-209).

HoudencDitL Raoul de Houdenc, dit; similaire au *Borjois Borjon* (WrightAnecd 57-60 ms. Bern 354, appelé B), 126 vers octosyll., incip. *Encontre le dolç tans qui vient*; déb. 13ᵉs.; ms. Nottingham Univ. WLC.LM.6 (anc. Wollaton Hall) [pic. 4ᵉq. 13ᵉs.]; p. p. C. H. Livingston, "Li dis Raoul Hosdaing", *RoR* 13 (1922) 292-304; [= TL Dit RHosdaing]. Imprime aussi le début d'après le ms. Bern en p. 302.

HouthSNicMeulan E. Houth, *Recueil des chartes de Saint-Nicaise de Meulan*, Paris (Champion) – Pontoise 1924 (Publ. Soc. hist. de Pont. et du Vexin). Se base sur le cartulaire BN lat. 13888 [frc., f°1-68 fin 13ᵉs., f°69-74 ca. 1320] (= Stein 2443); f°69-74, pièces n°170-173 (p. 178-188), les seules fr.: frc. [1314-1320]. Une confirmation de [Paris] 1375, présentant en gros le même texte se trouve dans → Ord 6,136-140.

Hoven R. Hoven, *Lexique de la prose latine de la Renaissance*, Leiden (Brill) 1993 (1994). Se base sur 150 sources de Petrarca à Justus Lipsius (1606).

Hu E. Huguet, *Dictionnaire de la langue française du seizième siècle*, 7 vol., Paris (Champion; Didier) [1925] 1928-1967; [= FEW Hu (v. Beiheft); TL Huguet Dict. (XVIᵉs.)]. Travaux à partir de 1895; publié: t. 1, 1925-28, A-bro; 2, -1932, bro-den; 3, -1946, den-fab; 4, 1946-1950, fab-leu; 5, -1961, leu-pis; 6, 1962-1965, pis-sil; 7, -1967, sil-zyg. Bibl.: t. 1 et 5. Conçu comme dict. différentiel omettant dans la nomenclature mots et sens encore vivants au début du 20ᵉ siècle (repère: Li); certains matériaux supplémentaires servent à antidater les datations de → DG. Les derniers vol. ont été publiés sous l'égide de H. Naïs. La recherche plein texte, facile dans la version électr., fait apparaître de tels matériaux [ne pas citer cette version, elle est fautive, p. ex. sub ANGON: *Geste façon d'arme* l. *Ceste…*, sub FLETELET: *fiez* l. *flez*, etc.].

HubertIndre E. Hubert, *Recueil des chartes en langue française du XIIIᵉ siècle conservées aux Archives départementales de l'Indre pour servir à l'étude du langage usité en Berry au Moyen Age*, Paris (Picard) 1885. Contient 19 doc., dont 18 orig.; Centre, datable de 1248 à 1300; le doc. n°XVI est tiré d'un cart. 13ᵉ/14ᵉs. (Stein 2093).

HubschmAlp J. Hubschmid, *Alpenwörter romanischen und vorromanischen Ursprungs*, Bern (Francke) 1951; [= FEW HubschmAlp].

HubschmAsko J. Hubschmid, *Die asko-/usko-Suffixe und das Problem des Ligurischen*, Paris (D'Artrey) 1969.

HubschmPraerom J. Hubschmid, *Praeromanica. Studien zum vorromanischen Wortschatz der Romania mit besonderer Berücksichtigung der frankoprovenzalischen und provenzalischen Mundarten der Westalpen*, Bern (Francke) 1949 (Rom. Helv. 30); [= FEW Hubschm].

HubschmPyr J. Hubschmid, *Pyrenäenwörter vorromanischen Ursprungs und das vorromanische Substrat der Alpen*, Salamanca (Univ.) 1954 (Acta salam. Fil. y Letr. VII,2); [= FEW HubschmPyr].

HubschmThes J. Hubschmid, *Thesaurus praeromanicus*, fasc. 1, *Grundlagen für ein weitverbreitetes mediterranes Substrat, dargestellt an* *romanischen, baskischen und vorindogermanischen* p-*Suffixen*, Bern (Francke) 1963; fasc. 2, *Probleme der baskischen Lautlehre und baskischvorromanische Etymologien*, Bern (Francke) 1965.

HugCapL Hugues Capet, chanson de geste rattachée au cycle de Charlemagne, en laisses de dodécasyll. rimées; pic.sept. ca. 1358; ms. unique Ars. 3145 [pic.or. 2^{e}m. 15^{e}s.]; p.p. A. É. de La Grange, *Hugues Capet*, Paris (Franck) 1864 (Anc. Poètes); [= TL HCap.]. Aux pages 33 à 64 on trouve deux fois les nos. de vers 836-1258.

HugCapLb id.; p.p. N. Laborderie, *Hugues Capet*, Paris (Champion) 1997 (CFMA 122). C.r. RLiR 61,596-600.

HugRipM Hugues Ripelin, Compendium theologicae veritatis (vers 1265), traduction fr.: *Le somme abregiet de theologie*; 3^{e}q. 15^{e}s.; ms. de base Chantilly Musée Condé 130 (526) [pic.-wall. 1481], Kynžvart 11 [pic.-wall. 3^{e}q. 15^{e}s.]; extraits p.p. C. Michler, *Le somme abregiet de theologie*, München 1982 (Fink). Éd. partielle et étude.

HugRipM^2 id.; éd. complète; ms. de base Chantilly Musée Condé (C), en var. Kynžvart (K); p.p. C. Michler, *Le somme abregiet de theologie. Die altfranzösische Übersetzung des 'Compendium theologicae veritatis' Hugo Ripelins von Straßburg*, Wiesbaden (Reichert) 1996.

Huls 1614 L. Hulsius, *Dictionaire françois – alemand et alemand – françois*, 4e éd., Francfort (Hulsius) 1614; [= FEW Huls 1614].

HunbautW *Hunbaut (Gauvain et Hunbaut)*, roman arthurien en vers octosyll.; traits pic., 3^{e}q. 13^{e}s.; ms. unique Chantilly Musée Condé 472 (626) [hain. 3^{e}t. 13^{e}s.]; p.p. M. E. Winters, *The romance of Hunbaut: an Arthurian poem of the thirteenth century*, Leiden (Brill) 1984 (Davis Med. Texts and St. 4); [= TL Hunbaut W; Boss^2 4191].

HunbautB id.; p.p. H. Breuer, *Hunbaut. Altfranzösischer Artusroman des XIII. Jahrhunderts, nach Wendelin Foerster's Abschrift der einzigen Chantilly-Handschrift zum ersten Male kritisch bearbeitet von Jakob Stürzinger, aus dessen Nachlass ergänzt herausgegeben*, Dresden 1914 (Ges. für rom. Lit. 35); [= TL Hunbaut; FEW Hunbaut; Hol 1198; Boss 2082].

HuntAgnMed T. Hunt, *Anglo-Norman medicine*, 2 vol., Cambridge (Brewer) 1994-1997. Contient ChirRogH, ChirRog^{2}H, PlatPractH, RecMédEupH, RecMédTrinH, VisiterMaladesCH et VisiterMaladesLH; cp. AND Med Pres^6: 14^{e}s.; [= AND^2 A-N Med].

HuntAnec T. Hunt, "Anecdota Anglo-Normannica", *The Yearbook of English Studies* 15 (1985) 1-17; [= AND Anecdota]. Extraits tirés de → SThomBenG, RègleAugBH, Peines ms. Bodley 654, d'un *Ritmus de curia*, macaronique (Cambridge Univ. Gg.VI.42 [agn. déb. 13^{e}s.]) p. 13-14, de GranD p. 14-15, et HarpurRouc.

HuntMed T. Hunt, *Popular medicine in thirteenth-century England*, Cambridge (Brewer) 1990; [= TL Popular Medicine H; AND Pop Med; Med Pres^2 = p. 71]. Contient LettrHippocH p. 100-141, RecMédQuiH 142-216, rec. div. tirées de BL Add. 15236 [agn. (Irl.) f°1-50 ca. 1300, puis déb. 14^{e}s.] 217-263, BL Sloane 146 [agn. fin 13^{e}s.] 264-296, BL Sloane 3550 [agn. ca. 1300] 297-310, Oxford Bodl. Digby 69 [agn. ca. 1300] 311-324, rec. proches de → AntidNic dans Cambridge Trinity Coll. O.1.20 [agn. 3^{e}q. 13^{e}s.] 325-356, etc. Difficile d'accès.

HuntPl T. Hunt, *Plant names of medieval England*, Cambridge (Brewer) 1989. Liste de noms de plantes lat. glosés en agn. et angl., tirés de 64 mss.; sans références précises, mais sans doute trouvables dans les mss. Cf. RLiR 55,273-276. D'accès et d'exploitation difficile.

HuntProgn T. Hunt, *Writing the future. Prognostic texts of medieval England*, Paris (Garnier) 2013 (Textes Litt. M.Â. 24). C.r. Theresa Schmitt ZrP 131,804-808. Contient → LunaireDigbyH 36-48, LunaireCh^{2}H 49-55, LunaireCh^{1}H 56-63, LunaireAshmH 68-73, LunaireSal^{1}oH 83-109, PrognZodLuneH 132-151, PrognZodH 151-165, PrognZodConstellH 177-186, PrognZodBiblH 186-188, GeomancieGravelH 296-314, GeomancieSignesH 315-332, et nombre de petits textes très divers; avec plusieurs petits glossaires.

HuntTeach T. Hunt, *Teaching and learning Latin in thirteenth-century England*, 3 vol., Cambridge (Brewer) 1991; [= AND TLL]. Le t. 1 contient introductions et textes à gloses vernaculaires (grammaires, dictionnaires et autres textes 'scolaires'), parmi eux → GlStowe57H p. 22-23, RègleSBenCottonH 28, AlexDoct 84, Graec 95, AelfricFH 99-111, ProvSerlo lat. 126, JGarl. Acc. 143-151, AdParvH 165-176, AlNeckUtensH^2 177-189, JGarlCommH 204-231 (gl. agn. et contin.), AlNeckCorrH 235-243, GlGlasgH 401-419, GlDouceH^2 420-432; le t. 2 contient les gloses, tantôt pour chaque ms., tantôt groupées, le t. 3 les index lat., fr. et anglais. D'usage ardu; index incomplets.

HuonR Huon de Bordeaux, chanson de geste aux sources multiples, en laisses de décasyll. assonancés; pic. mil. 13^{e}s. (certainement après 1216); ms. de base Tours 936 [pic. mil. 13^{e}s.] (M), en var. BN fr. 22555 [lorr. 15^{e}s.] (P) et Torino Bibl.

naz. L.II.14 (fr. 36; G.II.13) [pic. (Origny) 1311] (T), non utilisé fragm. Boston Mass. Hist. Soc. Appleton [pic. 3ᵉq. 13ᵉs.] (b) [→ HuonBS]; p. p. P. Ruelle, *Huon de Bordeaux*, Paris (PUF) – Bruxelles (Presses Univ.) 1960 (Univ. libre de Brux. Trav. Fac. Philos. et Lettres 20); [= TL Huon de Bordeaux R; Boss² 1316]. Le prologue porte le titre d'*Auberon*, → Aub.

HuonG id.; ms. de base M; p. p. F. Guessard – C. Grandmaison, *Huon de Bordeaux*, Paris (Vieweg) 1860 (Anc. Poètes); [= TL HBord.; FEW Huon; Boss 532].

HuonBS id., fragm. Boston, v. 3709-4079, proche des mss. M et T; p. p. K. V. Sinclair, "Un nouveau manuscrit de la version décasyllabique de Huon de Bordeaux", *MÂ* 85 (1979) 445-464; [= TL Huon de Bordeaux S].

HuonABCL [Huon] le Roi de Cambrai, *Li abecés par ekivoche et li significations des lettres*, abécédaire moralisant en couplets d'octosyll.; pic. 3ᵉq. 13ᵉs.; ms. de base BN fr. 12471 [art. fin 13ᵉs.] (C), en var. BN fr. 837 [frc. 4ᵉq. 13ᵉs.] (A); p. p. A. Långfors, *Huon le Roi de Cambrai. Oeuvres*, I: *ABC, Ave Marie, La descrissions des relegions*, Paris (Champion) 1913; ²1925 (CFMA 13); texte p. 1-15; [= TL Huon le Roi ABC; FEW HuonABC (couvre aussi HuonAveL² et HuonDescrL); Boss 2978]. Texte 'critique' très corrigé et picardisé: lire les var., mieux, les mss.

HuonABCL¹ id., texte moins corrigé p. p. A. Långfors, *Li abecés par ekivoche et Li significations des lettres par Huon le Roi de Cambrai*, Helsinki 1911 (Ann. Ac. Sc. Fenn. B IV,3).

HuonABCJ id.; ms. BN fr. 837; p. dans → JubNRec 2, 275-290.

HuonCPK Cycle de Huon de Bordeaux, continuation 'Huon, roi de feerie', en vers décasyllabiques, contenant trois épisodes, *Huon, roi de féerie* (444 v.), *Combat de Huon contre les géants* (404 v.) et *Huon le desvey* (plus de 160 v.); 14ᵉs. (?); ms. BN fr. 22555 [lorr. 15ᵉs.] (P); p. p. W. W. Kibler, "The *P* continuation of *Huon de Bordeaux*", dans → MélKeller 117-149. Ne parle pas de la datation de son texte. Sans glossaire. Cf. DLF² 704b et surtout HuonR p. 11.

HuonAlS Huon de Bordeaux, version en alexandrins; pic. 2ᵉm. 14ᵉs.; ms. BN fr. 1451 [3ᵉq. 15ᵉs.] (R, selon Suard); contenant aussi des interpolations et continuations (→ HuonCPK); étude touffue et extraits (notamment l'interpolation 'Huon et Callisse') dans H. Schäfer, *Über die Pariser Hss. 1451 und 22555 der Huon de Bordeaux-Sage*, thèse Greifswald 1891. Cf. → CroissantAlMS.

HuonAlB id.; v. 1-3020 p. p. R. Bertrand, *Huon de Bordeaux. Version en alexandrins (B. N. f. fr. 1451). Édition partielle*, thèse Aix en Provence 1978, inédite. Un vol. à part, s.l.n.d., contient les v. 3021-14796.

HuonPrR id., version en prose basée sur la version originale en décasyllabes (ms. P); [1454] (aucun ms. conservé), base: imprimé Paris, Michel le Noir, 1513, d'autres impr. en var.; p. p. M. J. Raby, *Le Huon de Bordeaux en prose du XVème siècle*, New York (Lang) 1998.

HuonAuv *Huon d'Auvergne*, chanson de geste du cycle de Charlemagne en décasyllabes; francoit. ca. 1330: cette datation n'est valable que pour le ms. B (1341, Berlin, v. ci-dessous) qui est très proche de l'orig., la langue en est un francoit. relativement peu italianisé; le ms. T (1441, Torino) est une rédaction hit. à traits tosc. basée sur un ms. précédant et proche de B, son vocabulaire relevant plutôt du lexique italien; le ms. P (déb. 15ᵉs., Padova) représente une version modifiée, raccourcie, en partie indépendante de l'orig. et fortement italianisée (traits ven.) du 14ᵉs., surtout les rimes restant francoit; le fragment Br (14ᵉs., Bologna) est proche de P, mais moins italianisé. V. le tableau de concordances dans Möhren MedRom 4 (1977) 312-325, spéc. 324-325 (corr.: 6ᵉ col.: remonter la 1ᵉ ligne d'une ligne; 7ᵉ col.: id.; note e: '9099' l. '9099; 9118'; note k: 9525 l. 9529). – Cp. R 45 (1918/19) 108-116; huondauvergne.org (L.Z. Morgan et al.).

HuonAuvBM id., ms. Berlin Staatsbibl. Hamilton 337 (KK 78 D 8) [1341] f°1-85; vers 4418-4664 et 6224-6552 p. p. L. A. Meregazzi, "L'Episodio del Prete Gianni nell' *Ugo d'Alvernia*", *Studj romanzi* 26 (1935) 5-69, textes p. 12-30 et 30-54.

HuonAuvBS¹ id.; vers 4669-5008 p. p. E. Stengel, "Eine weitere Textstelle aus der franco-venezianischen Chanson de geste von Huon d'Auvergne (Nach der Berliner und der Turiner Handschrift)", *Festschrift zum 13. Allgemeinen Deutschen Neuphilologentage in Hannover*, Pfingsten 1908, p. p. R. Philippsthal, Hannover – Berlin 1908, p. 35-49; [= Boss 527].

HuonAuvBS² id.; vers 6553-7147 p. p. E. Stengel, "Huons von Auvergne Keuschheitsprobe, Episode aus der franco-venezianischen Chanson de geste von Huon d'Auvergne nach den drei erhaltenen Fassungen, der Berliner, Turiner und Paduaner", dans → MélWilmotte p. 685-713; [= Boss 527n.].

HuonAuvBS³ id.; vers 9196-10827 p. p. E. Stengel, "Huon's aus Auvergne Höllenfahrt nach der Berliner und Paduaner Hs.", *Festschrift der Universität Greifswald ausgegeben zum Rektoratswechsel am 15. Mai 1908*, Greifswald 1908, 85 p.

HuonAuvBS[4]

HuonAuvBS[4] id.; vers 10828-11534 p. p. E. Stengel, "Karl Martels Entführung in die Hölle und Wilhem [*l.* Wilhelm] Capets Wahl zu seinem Nachfolger. Stelle aus der Chanson von Huon d'Auvergne nach der Berliner Hs.", *Studj lett. e linguistici dedicati a Pio Rajna*, Firenze 1911, p. 873-891.

HuonAuvBS[5] id.; vers 2745-2796 p. p. E. Stengel, dans le c.r. concernant G. Brockstedt, Floovent-Studien..., *ZfSL* 33 (1908) 159-163, note 1.

HuonAuvBS[6] id.; vers 7148-8918 p. p. E. Stengel, "Huons aus Auvergne Suche nach dem Hölleneingang nach der Berliner Hs.", *Festschrift der Universität Greifswald ausgegeben zum Rektoratswechsel am 15. Mai 1912*, Greifswald 1912, XI + 74 p.; [= Boss 528].

HuonAuvBS[7] id.; vers 11535-12381 p. p. E. Stengel, "Roms Befreiung durch Huon d'Auvergne und dessen Tod", *Miscellanea di studi critici in onore di Vincenzo Crescini*, Cividale (Stagni) 1927, p. 267-290.

HuonAuvBT id.; vers 1-111, 1062-1087, 1180-1220, 1295-1332, 4665-4672, 6028-6067, 6224-6295, 8919-9195, 12366-12381 p. p. A. Tobler, "Die Berliner Handschrift des Huon d'Auvergne", *Sitzungsberichte der Königlich preussischen Akademie der Wissenschaften zu Berlin* 27 (1884) 605-620; [= Boss 525n.].

HuonAuvBrB id., ms. fragmentaire Bologna Bibl. univ. (Archiginnasio) B.3489 [14ᵉ s.] (frammento Barbieri); p. p. V. de Bartholomaeis, "La Discesa di Ugo d'Alvernia all'inferno secondo il frammento di Giovanni Maria Barbieri", *Memorie della R. Accad. delle Scienze dell'Istituto di Bologna, Cl. di Sc. Morali*, Ser. II, t. 10 - Ser. III, t. 1-3 (1925-26 - 1926-29), Bologna 1929, p. 3-54; [= Boss 529n.]. Nouv. transcr. sur huondauvergne.org.

HuonAuvPC id., ms. Padova Seminario 32 [déb. 15ᵉ s.]; de courts extraits p. p. V. Crescini, "Orlando nella Chanson de Roland e nei poemi del Bojardo e dell'Ariosto", *Il Propugnatore* 13,2 (1880), *Appendice* p. 44-69; [= Boss 525n.]. Transcription complète sur huondauvergne.org.

HuonAuvPL id.; f°1-32r° (une des parties propres à la rédaction P) p. p. I. Ludovisi, *L'Ugo d'Alvernia secondo il codice franco-veneto della Biblioteca vescovile di Padova*, Aquila (Mele) 1895.

HuonAuvPM id.; f°51v°-59r° p. dans → HuonAuvBM p. 56-69.

HuonAuvPR id.; f°76v°-79v° p. dans → HuonAuvTR p. XXXIII-XXXVII.

HuonAuvPS[2] id.; f°59r°-68v° p. dans → HuonAuvBS[2].

HuonAuvPS[3] id.; f°79v°-100r° et 103v°-107r° p. dans → HuonAuvBS[3] p. 5-56, 68-70, 59-65.

HuonAuvTG id., ms. Torino Bibl. naz. N.III.19 [1441] devenu inutilisable en 1904, la copie de Rajna est conservée à la Bibl. Marucelliana à Firenze; les 72 premiers vers et extraits p. p. A. Graf, "Di un poema inedito di Carlo Martello e di Ugo conte d'Alvernia", *Giornale di Filologia romanza* 1 (1878) 92-110; [= Boss 525].

HuonAuvTM id.; v. 4350-4494 et 5742-6067 p. dans → HuonAuvBM p. 13-55.

HuonAuvTR id.; f°123r°-155v° p. p. R. Renier, *La Discesa di Ugo d'Alvernia allo inferno secondo il codice franco-italiano della Nazionale di Torino*, Bologna (Romagnoli) 1883 (Scelta di Curiosità letterarie inedite o rare..., Disp. CXCIV; réimpr. Bologna, Comm. testi di lingua, 1968); [= Boss 526].

HuonAuvTS[1] id.; f°71r°-74r° p. dans → HuonAuvBS[1].

HuonAuvTS[2] id.; f°91r°-99v° p. dans → HuonAuvBS[2].

HuonAuvTS[5] id.; f°45r°-v° p. dans → HuonAuvBS[5] p. 161-162.

HuonAveL[1] [Huon] le Roi de Cambrai, *Ave Maria en roumans*; pic. 3ᵉ q. 13ᵉ s.; ms. de base BN fr. 12471 [art. fin 13ᵉ s.] (C), en var. BL Harl. 4333 [lorr. 2ᵉ m. 13ᵉ s.] (H); p. p. A. Långfors, "Li Ave Maria en roumans par Huon le Roi de Cambrai", *Mémoires de la Société néo-philologique à Helsingfors* 4 (1906) 319-362, texte p. 333-353; [= TL Roi Cambr. Ave; FEW HuonAve; Boss 3117; Hol 248].

HuonAveL[2] id.; p. dans → HuonABCL 16-25; [= TL Huon le Roi Ave].

HuonDescrL [Huon] le Roi de Cambrai, *La descrissions des relegions*, vers octosyll.; pic. 3ᵉ q. 13ᵉ s.; ms. BN fr. 25545 [ca.1325], Charleville 100 [lorr. déb. 14ᵉ s.] strophe IX v. 97-108 (impr. Mél. Wahlund 1896, 217); p. dans → HuonABCL 26-33; [= TL Huon le Roi Descr. des Releg. *et* Huon le Roi La descrissions des relegions].

HuonHonteL Huon le Roi de Cambrai, *La male honte*, vers octosyll.; pic. 3ᵉ q. 13ᵉ s.; ms. de base BN fr. 837 [frc. 4ᵉ q. 13ᵉ s.] (A), en var. BN fr. 12603 [pic. ca. 1300] (B), Bern 354 [bourg.sept. déb. 14ᵉ s.] (C); p. dans → HuonPalL p. 43-50; [= Boss 2483]. Autre version: → Honte.

HuonHonteM id.; ms. de base A; p. dans → MontRayn 5,95-100; 325-330.

[HuonIp voir IpK.]

HuonPalL Huon le Roi, Le vair Palefroi, conte, octosyll. rimés; mil. 13ᵉs.; ms. BN fr. 837 [frc. 4ᵉq. 13ᵉs.]; p. p. A. Långfors, *Huon le Roi, Le vair palefroi, avec deux versions de La male honte par Huon de Cambrai et par Guillaume*, Paris (Champion) 1912 (CFMA 8); [= TL Vair Palefroi; FEW HuonPalefroi]. Contient aussi → HonteL et HuonHonteL.

[HuonProt voir ProtK.]

HuonQuEntrR Chanson *A l'entrant del tans salvage* (RS 41), par Hue de Saint Quentin, membre d'une famille biscontine [non identique à l'auteur de HuonQuJér, HuonQuJérDéc et HuonQuOmbre!]; frcomt. ca. 1235; ms. de base BN fr. 12615 [art., 1ᵉ partie 4ᵉq. 13ᵉs.], en var. BN fr. 844 [pic. 2ᵉm. 13ᵉs.]; p. p. H.-H. S. Räkel, "Hue de Saint-Quentin: ein Trouvère in Besançon", *ZrP* 114 (1998) 73-104.

HuonQuEntrS id.; p. dans → HuonQuJérS 115-120.

HuonQuJérS Huon de Saint Quentin, La complainte de Jérusalem contre Rome, poème en vers octosyll. plaignant l'échec de la 5ᵉ croisade, incip. *Rome, Jherusalem se plaint*; pic. 1221; ms. de base Bern 113 [bourg., qqs. traits pic., fin 13ᵉs.] (B) mis en ordre selon l'éd. St, en var. Den Haag KB 76.F.5 (69) [ce texte fin 13ᵉs.] (H), Oxford Bodl. Digby 86 [agn. 1272-82] (D), BN fr. 12471 [art. fin 13ᵉs.] (P); p. p. A. Serper, *Huon de Saint-Quentin, poète satirique et lyrique*, Madrid (Turanzas) 1983; [= TL Huon de SQuent. S]. Contient aussi HuonQuJérDécS (I); HuonQuEntrS (III); HuonQuOmbreS (IV; pic. 1ᵉʳq. 13ᵉs.). C.r. Baldinger ZrP 102,412-414: gloss. à revoir.

HuonQuJérB id.; ms. de base Bern, en var. Den Haag, p. dans → BartschHorning 373-380.

HuonQuJérSt id.; ms. de base Bern; p. p E. Stengel, dans → StengelDigby 106-118; [= TL Compl. Jerus.].

HuonQuJérDécS id., sirventois ou chanson de croisade de 44 vers décasyllabiques, incip. *Jerusalem se plaint et li païs*; pic. ca. 1221; ms. de base BN fr. 12615 [art., 1ᵉ partie 4ᵉq. 13ᵉs.] (T), en var. BN fr. 844 [pic. 2ᵉm. 13ᵉs.] (M) et Bern 389 [lorr. fin 13ᵉs.] (C); p. dans → HuonQuJérS 80-86.

HuonQuOmbreS id. (attrib. discutée), pastourelle, incip. *Par desous l'ombre d'un bois*; pic. 1ᵉʳq. 13ᵉs.; ms. de base BN fr. 12615 [art., 1ᵉ partie 4ᵉq. 13ᵉs.] (T), en var. BN fr. 844 [pic. 2ᵉm. 13ᵉs.] (M); p. dans → HuonQuJérS 121-124.

HuonRegrL Huon le Roi de Cambrai, Les regrets Notre Dame, poème pieux en vers octosyll.; pic. av. 1243; le ms. de base principal, BN fr. 12471 [art. fin 13ᵉs.] (C), contient la plupart des 276 strophes imprimées, il est ms. unique des strophes 92-122 et d'autres, complété par BN nfr. 10034 [Nord-Est mil. 13ᵉs.] (D) lacunaire, les autres mss. ne contiennent que les 39 premieres strophes (A¹ et A²), voire les 37 premières ou plus (G: = BibleSeptEtats) ou moins (v. éd. p. cxi-cxiv): BN fr. 837 [frc. 4ᵉq. 13ᵉs.] (A¹), Torino Bibl. naz. L.V.32 [wall. ca. 1300] (A²), Rennes 593 [1304 n.st.] (B¹), BN fr. 12483 [mil. 14ᵉs.] (B²), BN fr. 25462 [art. fin 13ᵉs.] (B³), Bruxelles Bibl. roy. IV 1005 (anc. Cheltenham Phillipps 6664) [Sud-Est? déb. 14ᵉs.] (B⁴), Ars. 3516 [art. 1267] (E), BN fr. 1553 [pic. 1285 n.st.] (F¹), BN fr. 22928 [pic.mérid. déb. 14ᵉs.] (F²), Bruxelles Bibl. roy. 9229-30 [Nord 1ᵉʳt. 14ᵉs.] (K¹), Den Haag KB 71.A.24 (anc. Y.389) [prob. 1327] (K²), Ars. 5204 [2ᵉt. 14ᵉs.?] (K³), BN fr. 24436 [f° 106-113 1ᵉm. 15ᵉs.] (H); p. p. A. Långfors, *Li regrés Nostre Dame par Huon le Roi de Cambrai*, Helsingfors (Imprimerie Centrale) 1907; [= TL Regr. ND; FEW HuonRegr]. Texte mis à contribution dans → BibleSeptEtats; app. p. 175-193: → BibleSeptEtatsL; une partie du texte (str. 189-227 et 229-237) correspond à → TroisAm. Éd. 'critique' à la graphie souvent normalisée (les vers tirés du ms. D sont partiellement dédialectalisés, v. p. CIV).

HuonSQuentL Huon le Roi de Cambrai, *Vie de saint Quentin* en vers octosyll.; pic. 3ᵉq. 13ᵉs.; ms. unique BN fr. 6447 [flandr. 4ᵉq. 13ᵉs.]; p. p. A. Långfors – W. Söderhjelm, *La vie de Saint Quentin par Huon le Roi de Cambrai*, Helsingfors (Soc. Litt. Finn.) 1909 (Acta Soc. Scient. Fenn. 38,1); [= TL SQuent.²; FEW HuonSQuentin]. Cf. → SQuentAlS.

HygThomC Traité d'hygiène en vers par Thomas le Bourguignon (de Thonon), incip. *Cil qui fist tout le monde*; traits pic., daté de 1286; ms. unique BN nfr. 6539 [1ᵉm. 14ᵉs.]; p. p. A. Collet, "Traité d'Hygiène de Thomas le Bourguignon (1286)", *R* 112 (1991 [1994]) 450-487.

HygThomM id.; extrait de 224 vers p. p. P. Meyer dans *BullSATF* 30 (1904) 43-53.

IF *Indogermanische Forschungen. Zeitschrift für Indogermanistik und allgemeine Sprachwissenschaft*, Strasburg (Trübner) 1892-1944; 1948/49 Berlin (De Gruyter) –.

IliescuSlusanski M. Iliescu – D. Slusanski, *Du latin aux langues romanes. Choix de textes traduits et commentés (du IIᵉ siècle avant J. C. jusqu'au Xᵉ* *siècle après J. C.)*, Wilhelmsfeld (Egert) 1991. Extraits à intérêt linguistique.

Ilvonen E. Ilvonen, *Parodies de thèmes pieux dans la poésie française du moyen âge*, Helsingfors (Soc. litt.) – Paris (Champion) 1914; [= FEW Ilvonen; TL Parodies]. Contient: PatenUsAI 59-77 (= I); PatenUsBI 78-82 (Ib), CredoUsI 83-103 (II), LaetabundusI 104-114 (III), La Patrenostre du vin 115-121 (IV), La Patenostre aus gouliardois 121-122 (IVb), Le Credo au ribaut 123-133 (V), La Patrenostre d'amours 134-142 (VI), La Patrenostre farcie 143-149 (VII), Le Pater noster en quatrains 150-158 (VIII), La Patrenostre de Lombardie 159-165 (IX) et 166-168 (IXb), Ave Maria 169-173 (X).

ImMondeOct¹D *Image du Monde*, compilation encyclopédique populaire, inspirée du 1er livre de l' *Imago mundi* d'Honorius Augustodunensis, existant dans quatre versions, l'une à trois livres (Dieu et homme, la terre, les cieux), en 6618 vers octosyll. (= -Oct¹), l'autre à deux livres, plus étendue, aux épisodes ajoutés, en vers octosyll. (= -Oct²), une troisième en vers octosyll. (-Oct³) étant une version raccourcie de -Oct² et contaminée de -Oct¹, et une quatrième, en prose (-Pr), dérimant grossièrement -Oct¹; Gossouin de Metz est l'auteur de -Oct¹, prob. aussi de -Oct², moins prob. de -Pr; lorr. 1246; mss. Berlin Staatsbibl. Hamilton 577 [I: lorr. 1^{er}t. 14^{e}s.] f°174r°a – 230v°a partiel, BL Sloane 2435 [pic. (Lille?) fin 13^{e}s.], Aberystwyth Nat. Libr. 5028C [agn. fin 14^{e}s.] v. Dean 326, Berlin Staatsbibl. Hdschr. 305 (anc. Cheltenham Phillipps 833) [15^{e}s.], BN fr. 14963 [1287] (daté f°45v°b), Bern 393 [2^{e}m. 13^{e}s.], Bruxelles Bibl. roy. 10574-85 [composite, cette partie 1336], Bruxelles Bibl. roy. 10971 [1320?], Bruxelles Bibl. roy. 11184 [1333?], Bruxelles Bibl. roy. 11185 [1325?], Bruxelles Bibl. roy. 11186 [1290?], Bruxelles Bibl. roy. 12118-19 [agn. fin 13^{e}s.], Cambridge Univ. Gg.I.1 [agn. après 1307], Chantilly Musée Condé 476 (644) [I, f°1-58, Acre 1271], Chantilly Musée Condé 477 (1469) [fin 13^{e}s.], Firenze Bibl. Med. Laurenz. Ashburnham Libri 114 [déb. 14^{e}s.], Firenze Bibl. naz. Conv. soppr. G.VII.612 [norm. 1^{e}m. 14^{e}s.], BL Add. 10015 [pic. ca. 1300], BL Add. 33350 [2^{e}m. 13^{e}s.], BL Arundel 52 [fin 13^{e}s.], BL Cotton Vespasian E.IV [agn. fin 13^{e}s.], BL Harl. 334 [15^{e}s.], Lyon Bibl. mun. Palais des Arts 78 (anc. 650) [ca. 1300?], Modena Bibl. Estense E.32 (α.Q.8.3) [14^{e}s.], Montpellier Ec. de Méd. 348 [13^{e}s.], Montpellier Ec. de Méd. 437 [1340 a.st.], Oxford Bodl. Selden Supra 74 [agn., cette partie 14^{e}s.], Ars. 2361 [2^{e}m. 13^{e}s.], Ars. 3142 [Paris? fin 13^{e}s.], Ars. 3167 [déb. 14^{e}s.], Ars. 3516 [art. 1267], Maz. 3870 [14^{e}s.], BN fr. 1548 [fin 13^{e}s.], BN fr. 1608 [14^{e}s.], BN fr. 1609 [14^{e}s.], BN fr. 1669 [agn. fin 13^{e}s.], BN fr. 1669 [agn. fin 13^{e}s.], BN fr. 1768 [1^{e}m. 14^{e}s.], BN fr. 1822 [wall. ca. 1300], BN fr. 2021 [pic.or. 2^{e}m. 13^{e}s.], BN fr. 2173 [Vénétie fin 13^{e}s.], BN fr. 2177 [14^{e}s.], BN fr. 2479 [2^{e}m. 13^{e}s.], BN fr. 2480 [2^{e}m. 13^{e}s.], BN fr. 12323 [peu après 1349], BN fr. 12467 [Paris? fin 13^{e}s.], BN fr. 12469 [1^{e}m. 14^{e}s.], BN fr. 12481 [15^{e}s.], BN fr. 14962 [1282], BN fr. 14964 [frc. 1265], BN fr. 14965 [15^{e}s.], BN fr. 14970 [pic. ca. 1300], BN fr. 19164 [15^{e}s.], BN fr. 20047 [pic. fin 13^{e}s.], BN fr. 24428 [champ. 4^{e}q. 13^{e}s.], BN nfr. 4961 [2^{e}m. 13^{e}s.], BN nfr. 10036 [frc. 3^{e}t. 13^{e}s.], BN Rothschild IV.2.67 [15^{e}s.], Ste-Gen. 2200 [art. 1277], Porto Bibl. mun. 619 (99) [15^{e}s.], Saint-Brieuc 112 [2^{e}m. 13^{e}s.], Stockholm Kungl. Bibl. Vu 15 [2^{e}m. 13^{e}s.], Tours 946 [2^{e}m. 13^{e}s.], Fribourg Comtes Diesbach (ou?) [14^{e}s.], New York (anc. Kraus, Cheltenham Phillipps [cf. CRAI 30, 1886, 365], où?) [15^{e}s.] New York (anc. Kraus Science-Manuscripts 1980, n°6) [1295?], Torino Bibl. naz. L.IV.5 [Mons? fin 15^{e}s.], Verdun Bibl. mun. 28 [fin 13^{e}s.] [mss. identifiés par Connochie-Bourgne]; vers 1-118 publiés d'après BN fr. 2176 [ca. 1300], var. BN fr. 1553 [pic. 1285 n.st.], BN fr. 2175 [fin 13^{e}s.], BN fr. 2174 [ca. 1300] (= -Oct²), par É. DuMéril, *Mélanges archéologiques et littéraires*, Paris (Franck) 1850, 427-435. Cf. → FahsImMondeOct¹. C. Fant, *L'Image du Monde*, thèse Upsala 1886, étudie surtout -Oct¹ et -Oct², énumère 37 mss. sans éd., travail touffu, incomplet. Gdf cite le ms. Montpellier Ec. de Méd. 437 [1340 a.st.] f°31-194 comme 'Creation du monde'; il y a aussi 'Mappemonde' et 'Ymage du monde'.

ImMondeOct¹B id.; extrait du ms. BL Add. 10015 [pic. ca. 1300] p. dans BartschHorning 421-428 (v. 1925-2200).

ImMondeOct¹C⁰ id.; transcription du ms. Firenze Bibl. Med. Laurenz. Ashburnham Libri 114 [déb. 14^{e}s.]; éd. en prép. par Ch. Connochie-Bourgne, Aix en Provence. ÷

ImMondeOct¹L id.; vers 1-188 d'après ms. Stockholm Kungl. Bibl. fr. 45 (Stephens 25) [ca. 1275]; p. p. E. Lidforss, *Choix d'anciens textes français*, Lund (Berling) 1877, p. 78-80.

ImMondeOct¹W id.; extrait du ms. BN fr. 1548 [fin 13^{e}s.] f°39a-40a, en var. BN fr. 2176 [ca. 1300] et Ars. 3167 [déb. 14^{e}s.]; p. p. M. J. Ward, "Another occurrence of the Virgil legends: Thomas III, Marquis de Saluces' Le Livre du Chevalier errant, and Gossouin de Metz' L'Image du monde", *MedRom* 10 (1985) 371-389, texte 384-389.

ImMondeOct²S⁰ id., version remaniée et interpolée, prob. par l'auteur même; lorr. 1248 n.st.; mss. nombreux dont Stalden CH Günther (anc. New York Kraus 153, 40, Amsterdam Bibl. Philos. Herm. 108, Cheltenham Phillipps 3655, DC: 'Bibl. reg.') [ca. 1352], Berlin Staatsbibl.

Hamilton 575 [lorr. 1ᵉm. 14ᵉs.], Berlin Staatsbibl. Hamilton 577 [I: lorr. 1ᵉʳt. 14ᵉs.] f°230v°a – 248v°a partiel, Cambridge Gonville and Caius Coll. 384 (604) [4ᵉq. 13ᵉs.], Cambridge Univ. Add. 3303(5) [14ᵉs.] fragm. (mappemonde: Asie mineure), Chantilly Musée Condé 478 (1444) [fin 13ᵉs.], BL Harl. 4333 [lorr. 2ᵉm. 13ᵉs.], BL Roy. 20 A.III [f°1-120: 1342], Madrid Bibl. nac. 10272 (Os. 157) [fin 14ᵉs.], Ars. 3168 [1429], Ars. 3522 [1ᵉm. 14ᵉs.], BN fr. 1444 [pic.mérid. fin 13ᵉs.], BN fr. 1607 [fin 13ᵉs.], BN fr. 1807 [orl. (Blois) 1ᵉʳt. 14ᵉs.], BN fr. 2168 [pic. fin 13ᵉs.], BN fr. 2174 [ca. 1300], BN fr. 14961 [Limousin? fin 13ᵉs.?], BN fr. 25343 [2ᵉm. 13ᵉs.], BN fr. 25407 [agn. 4ᵉq. 13ᵉs.], BN lat. 10769 [1310], Rennes 593 [1304 n.st.], San Marino Huntington Libr. EL.26.A.3 [1410], Stuttgart Württ. Landesbibl. Cod. Poet. et Phil. 4⁰ 16 [ca. 1300], Tours 947 [Paris 2ᵉm. 14ᵉs.], Vat. Ottoboni lat. 2523 [ca. 1455], Wien 3430 [15ᵉs.]; éd. annoncée par Sara Centili et Thomas Städtler. [Gdf cite l'épisode du voyage de saint Brendan comme 'St Brandaine'.] ÷

ImMondeOct²C⁰ id.; copies de mss. mises à la disposition de la rédaction du DEAF par S. Centili, Firenze. ÷

ImMondeOct²H id.; extraits de la sec. réd., les épisodes Brandanus, Natura et Secundus, que le ms. Berlin Staatsbibl. Hamilton 577 [I: lorr. 1ᵉʳt. 14ᵉs.] ajoute sur les f°ˢ230v°-248r° à la suite d'une copie de la 1ᵉ réd., en var. Berlin Staatsbibl. Hamilton 575 [lorr. 1ᵉm. 14ᵉs.]; p. p. A. Hilka, *Drei Erzählungen aus dem didaktischen Epos L'image du monde (Brandanus – Natura – Secundus)*, Halle (Niemeyer) 1928 (Samml. Roman. Übungstexte 13); [= TL Image du monde H].

ImMondeOct²J id., extrait: légende de saint Brendan; ms. BN fr. 1444 [pic.mérid. fin 13ᵉs.]; p. dans → BrendanPr¹J p. 105ss.

ImMondeOct²L id.; ms. BN fr. 25343 [2ᵉm. 13ᵉs.]; extraits divers dans → LangloisVie 3,135-197. Les citations tirées de la 1ᵉ réd. viennent du ms. BN fr. 1548 [fin 13ᵉs.], celle de la version en prose de → ImMondePrP.

ImMondeOct³M id., version raccourcie qui suit surtout -Oct², aussi -Oct¹ (spéc. pour les interpolations) et qui ajoute un prologue unique; lorr. ca. 1248; ms. BL Harl. 4333 [lorr. 2ᵉm. 13ᵉs.] et BN fr. 25343 [2ᵉm. 13ᵉs.]; prologue et extraits du ms. Harl. et de BN p. p. P. Meyer, "L'Image du Monde", *R* 21 (1892) 481ss.; [= TL GMetz; Boss 2907].

ImMondePrP id., version en prose basée sur la 1ᵉ réd. en vers, sans doute par l'auteur même; ca. 1247; ms. de base BN fr. 574 [Paris ca. 1315] (A), en var. BN fr. 25344 [ca. 1345] (B), BN fr. 6883 [fin 13ᵉs.] (N), Ste-Gen. 587 [ca. 1300] (G), Bruxelles Bibl. roy. 9822 [14ᵉ-15ᵉs.?] (C), Halle H. Suchier (où auj.?) [déb. 14ᵉs.?] (S) abrégé, Ashburnham Barrois 66 (où auj.?) [14ᵉs.] (T) abrégé, BL Roy. 19 A.IX [Bruges 1464] (R) préface et fin exceptionnelles et langue rajeunie (copie de A; base de l'impr. angl. Caxton 1480); p. p. O. H. Prior, *L'image du monde de maître Gossouin. Rédaction en prose*, thèse Lausanne (Impr. Réun.) 1913; [= TL Image d. m.; FEW ImMonde]. Cité par Gdf sous le titre de Livre de Clergie. C.r. Faral R 43,280-283 (positif, mais 'laideur typographique').

ImpArtB Rôles du 100ᵉ et du 50ᵉ relevés par le roi en Artois entre 1295 et 1302; art. 1295-1302; ms. Arras Arch. dép. A 150⁶ [originaux, s.d.]; p. p. P. Bougard – M. Gysseling, *L'impôt royal en Artois (1295 - 1302). Rôles du 100ᵉ et du 50ᵉ présentés et publiés avec une table anthroponymique*, Leuven – Brussel 1970 (Inst. voor naamkunde te Leuven, Anthroponymica 18) [aussi: Mém. de la Comm. roy. de Top. et de Dial. 13]; [= TL Impot royal Artois BG].

ImpHerzD Listes d'impôt (100ᵉ et 50ᵉ) de Herzele; flandr.; I: ca. 1394; II: ca. 1388; p. p. R. Doehaerd et al., *Cijnsgronden te Herzele*, Bruxelles (V. U. B.) 1978 (Herzele, Dossier 5). Cp. → CptHerzM et MantouHerz.

Ind 1564 *Indice et recueil universel de tous les mots principaux des livres de la Bible*, [Paris] 1564; [= FEW Ind 1564].

InstJustO Institutes de Justinien, partie (de l'an 533) du Corpus iuris civilis, version fr., prose; norm. ca. 1225; ms. de base BN fr. 1064 [2ᵉm. 13ᵉs.] (C), rubriques tirées du ms. BN fr. 1063 [2ᵉm. 13ᵉs.] (B), autres mss. BN fr. 498 [1342] (A) f°1-47, BN fr. 1065 [2ᵉm. 13ᵉs.] (D), BN fr. 1928 [fin 14ᵉs.] (E) l. 1-déb. 4, BN fr. 22970 [Paris déb. 14ᵉs.] (F) f°2-70, Saint-Omer 439 [ca. 1300] (G), Montpellier Ec. de Méd. 316 [3ᵉq. 13ᵉs.] (H), Montpellier Ec. de Méd. 373 [1296] (I), Glasgow Univ. Hunter 63 (T.3.1) [15ᵉs.] (K), Bruxelles Bibl. roy. 10467 [ca. 1475] (L), Vat. Reg. lat. 1927 [4ᵉq. 13ᵉs.] (M), Orléans Bibl. mun. 393 (337) [pic. 4ᵉq. 13ᵉs.] (N) av. 1294, BL Roy. 20 D.IX [2ᵉm. 13ᵉs.] (O) table seulement, Poitiers? [mil. 13ᵉs.] (P) fragm. IV,14,2 -IV,15,1 (introuvable dans les bibl. dans cette ville), Strasbourg Univ. anc. L.822 [14ᵉs.] (Q) perdu (extraits dans BartschHorning 637-640), Leiden Univ. Meijers 3 [mil. 13ᵉs.] (fragm.: D.9.2.40-51; D.9.3.5-4.8), Leiden Univ. BPL 3201 [2ᵉm. 13ᵉs.] fragm., Princeton NJers. MS Grenville Kane 49 (anc. Rosny, Ashburnham) [2ᵉm. 13ᵉs.]; p. p. F. Olivier-Martin, *Les Institutes de Justinien en français*, Paris (Libr. du Recueil Sirey) 1935 (Soc. Hist. du Droit); [= Boss 2960bis]. Cp. → CodeJust,

InstJustO

Digeste, NovJust. Le *Proemium* se lit dans GiraudDr 1,118-120 (réimpr. dans BartschHorning 637-640).

InstJustRich Institutes, version abrégée en vers octosyll., attribuée à Richard d'Annebaut, titre: *Le livre des institutions des drois appellé Institute*; norm. 1280; ms. unique BL Harl. 4477 [15ᵉs.], impr. Paris, Antoine Cayllaut, ca. 1485 (GW 07654); inédit, extraits p. p. Cl.-H. Lavigne, *Meta* 49 (2004) 511-525. Cf. InstJustO p. VII. Cité par Gdf.

IntrAstrD *Introductoire d'astronomie*, traité en prose, incip. *Por ce que la science de astronomie la quele entre les .vii. arz liberals*; Nord-Ouest ca. 1270; ms. BN fr. 1353 [3ᵉt. 13ᵉs.] f°7-66r°, BN fr. 613 [pic. mil. 14ᵉs.] f°87-133r° (autre fin); éd. partielle de BN fr. 1353 (l.I, f°7r°a-24v°b) p. p. Stephen Dörr, *Der älteste Astronomietraktat in französischer Sprache:* L'Introductoire d'astronomie. *Edition und lexikalische Analyse*, Tübingen (Niemeyer) 1998 (ZrP-Beih. 289). Gdf cite ce texte par le même titre.

InvAnjL Inventaire des joyaux de Louis de France, duc d'Anjou; av. 1368; ms. BN fr. 11861 [av. 1368] incomplet; p. dans → LabordeGl p. 1-114, où l'inv. est cité avec la datation 1360 [p. 388 '1300' err.]. Se complète par l'inv. de la Tapisserie, BN fr. 20686 [f°1-7 1364], v. G. Ledos BEC 50 (1889) 171-179.

InvArgFontD Inventaire du Garde-Meuble de l'Argenterie du roi de France, établi lors du changement de l'argentier en chef au 1ᵉʳ mai 1353; 1353; ms. AN K.8 f°174-182; p. dans → Douët-Arg p. 304-330.

InvClemD Inventaire après décès des biens de la reine de France Clémence de Hongrie, doc. notant aussi les ventes; frc. (Paris) 1328; ms. BN Clairambault 471 (anc. Mél. de Clair. 11, Clerambaut 11) [1328]; p. dans → DouëtNArg 37-112. Concordance sommaire, ms. paginé – nᵒˢ de l'éd.: p. 3 = n°1, 7=27, 11=70, 17=105, 21=137, 27=181, 33=226, 37=259, 41=295, 45=328, 51=385, 57=454, 63=506, 69=566, 75=614, 83=653, 91=748, 95=fin. Transcription relativement fidèle.

InvEtudL Inventaire des effets de Guillaume de Vernet, étudiant mort dans un accident de voyage; 1347; ms. orig. AN M.74 (anc. 801) [1347]; p. p. A. Lecoy de la Marche, "Le bagage d'un étudiant en 1347", *Mémoires de la Société nationale des Antiquaires de France*, 5ᵉ sér., t. 10 (1889) 162-182. (Les *Mémoires* se trouvent souvent sous une même couverture avec le *Bulletin de la Société*.)

InvEudesC Inventaire et comptes de la succession d'Eudes, comte de Nevers; Terre Sainte 1266; rouleaux orig. AN J.821 n°1 [Acre 1266]; p. p. M.-A. Chazaud, "Inventaire et comptes de la succession d'Eudes, comte de Nevers (Acre 1266)", *Bull. de la Soc. impériale des Antiquaires de France* 4ᵉ sér., t. 2 (1871) 164-206.

InvJPreslD Inventaire original du testament de Jeanne de Presles, veuve de Raoul de Presles (Praelles), fondateur (1314) du collège de Presles à Paris; 1347; ms. AN M.185, pièce 21 [1347]; p. p. L. C. Douët-d'Arcq, "Inventaire de Jeanne de Presles…", *BEC* 39 (1878) 81-109.

InvMobChL Inventaire des biens meubles de Charles V, rédigé de 1379 à 1380; copie BN fr. 2705 [fin 14ᵉs.] (après 1391); p. p. J. Labarte, *Inventaire du mobilier de Charles V*, Paris (Impr. Nat.) 1879; [= FEW InvCh].

InvRichPicT Inventaire après décès des biens de Richard Picque, archevêque de Reims; 1389; ms. orig. Reims [pas dans la Bibl. mun.] [1389]; p. p. [P. Tarbé], *Inventaire après décès de Richard Picque*, Reims (Soc. des Bibliophiles) 1842.

IpH Hue de Rotelande [Rhuddlan], Ipomedon, roman d'aventures rattaché au roman arturien, couplets octosyll.; agn. et traits de l'Ouest, ca. 1185; ms. de base BL Cotton Vespasian A.VII [agn. mil. 13ᵉs.] (A), en var. BL Egerton 2515 [agn. déb. 14ᵉs.] (B), Oxford Bodl. Rawl. D.913 [fragm. n°91 agn. 14ᵉs.] (C), Dublin Trinity Coll. E.1.39 (523) [agn. mil. 14ᵉs.] (D), Livingston [prob. contin. mil. 14ᵉs.] (E) fragm. (le ms. n'est pas à Brunswick Me.; cp. Busby Codex and Context 2,498); p. p. A. J. Holden, *Ipomedon*, Paris (Klincksieck) 1979; [= TL Ipom. H; AND Ipom BFR; Dean 162; Boss² 2275]. Texte très corrigé; corr. pas toujours documentées, cf. l'éd. K.

IpK id.; ms. de base A; p. p. E. Kölbing – E. Koschwitz, *Hue de Rotelande's Ipomedon*, Breslau (Koebner) 1889; [= TL Ipom.; AND Ipom; Vising 32].

IpKH id., matériaux cités selon le glossaire établi par W. Hahn, v. → ProtKH; [= FEW Hue].

Isamb F. A. Isambert, A. J. L. Jourdan et al., *Recueil des anciennes lois françaises depuis l'an 420 jusqu'à la Révolution de 1789*, 28 vol. plus Table, Paris (Belin-Leprieur et al.) 1822-1833; [= FEW Isamb]. T. 1: an 420-1270, 2: 1270-1308, 3: 1308-1327, 4: 1327-1357, 5: 1357-1380, 6: 1380-1400, etc. ['C. L.' dans Isamb correspond aux → Ord qui sont à préférer et qui indiquent normalement les sources.]

IsidL Isidore de Séville (Isidorus Hispalensis), mort en 636, *Etymologiae* ou *Origines*, somme des savoirs et œuvre lexicographique et encyclopédique, l.I-XX, thématiques, livre de chevet du moyen âge; p. p. W. M. Lindsay, *Isidori hispalensis episcopi etymologiarum sive originum libri XX*, 2 vol., Oxford (Clarendon) 1911. Mss. de base?; Milano Bibl. Ambrosiana L.99 Sup [8ᵉ s.] (A) contient l.I-X, Bern 101 [9ᵉ-10ᵉ s.] (B) l.I-XX, etc. [La rééd. de J. O. Reta et al., Madrid 1982, réimprime cette éd., bien qu'il y ait près de mille manuscrits. Dep. 1981 paraissent des éd. individuelles de chaque livre, v. Huglo Rev. Bénéd. 120 (2010) 347-355.]

IsidSynE Isidore de Séville, *Synonyma* ou *Soliloquia*, collection de conseils moraux, trad. fr. intercalée dans le texte lat., paragraphe par paragraphe (I.1- II.31); lorr. 2ᵉ m. 12ᵉ s.; ms. Epinal 209 (58) [2ᵉ partie lorr. fin 12ᵉ s.]; thèse inédite: J. Efassi, *Les Synonyma d'Isidore de Séville, édition critique et histoire du texte*, Paris 2001; cf. F. Duval dans *Cahiers de Recherches Médiévales et Humanistes* 16 (2008) 93-105; G. Hasenohr → IsidSyncH.

IsidSyncH id., extraits sélectionnés pour former un ensemble de règles; ms. Cambrai 812 (719) [prob. Cambrai 3ᵉ q. 15ᵉ s.] (C) imprimé en parallèle avec München gall. 61 [pic. 1ᵉʳ q. 15ᵉ s.] (T), var. Salins 12 [bourg. frcomt. 1ᵉʳ q. 15ᵉ s.] (S), autres mss.: BN fr. 2424 [2ᵉ m. 15ᵉ s.], Cambridge Fitzwilliam Mus. 167 [3ᵉ t. 15ᵉ s.], autres trad. partielles (v. R 128,301): BN fr. 402 [2ᵉ m. 15ᵉ s.], Arras 596 [3ᵉ q. 15ᵉ s.] (A), Ars. 5201 [bourg. sept. ou lorr. 3ᵉ t. 13ᵉ s.] (P), Saint-Omer 68 [cette partie pic. mil. 14ᵉ s.] (O), Cambrai 209 (204) [1ᵉʳ q. 15ᵉ s.] (D), Manchester Univ. John Rylands Libr. Fr. 87 [fin 14ᵉ s. et mil. 15ᵉ s.] (K et L), Oxford Bodl. Douce 365 (21940) [1476 n.st.], Saint-Quentin 86 [pic. (Origny) prob. 1316], Vesoul 91 [ca. 1475] f° 29-36; p. p. G. Hasenohr, "Isidore de Séville, auteur ascétique 'français'?", *R* 128 (2010) 299-351; 129 (2011) 23-56. Imprime, R 129, 45-50, une 'Règle de vie destinée à une béguine du Cambrésis' contenant des citations de IsidSyn; ms. München gall. 914 [prob. Cambrai ca. 1305] (M, N). Le gloss. couvre ces textes de façon curieuse (*habit* p. 34b, ms. T, cp. gloss. *abit*).

ItinJérM Itinéraire d'Acre à Jérusalem et retour, prose, incip. *Ki dritement veut aler en Jerusalem*; agn. 2ᵉ t. 13ᵉ s. (?); ms. Cambridge Univ. Gg.VI.28 [agn. ca. 1310]; p. dans → MichRayn 189-199; [= Dean 335].

ItinJérPM id., version dite 'provençale', assez différente; 2ᵉ t. 13ᵉ s. (?); ms. Vat. Vatic. lat. 3136 [Pays d'oc, cette partie ca. 1342]; p. dans → MichRayn 179-188. Cf. éd. G. Giannini, ItinJér…G, 2016, p. 272ss.

ItinRomeR *Les merveilles de Rome*, itinéraire et description des attractions architecturales de la ville de Rome avec rappel des événements historiques y rattachés, basé sur une version des *Mirabilia Urbis Romae* écrite entre 1249 et 1275, incip. *Les murs de la cité de Rome ont .iiiᶜ. et .lx. et une tour*; 2ᵉ m. 13ᵉ s.; ms. BN fr. 22932 [2ᵉ partie, f°152v°b-157r°a, fin 13ᵉ s.]; p. p. D. J. A. Ross, "Les merveilles de Rome. Two Medieval French versions of the *Mirabilia urbis Romae*", *CM* 30 (Copenhague 1969) 617-665, texte p. 622-643 ('I'). Contient aussi → ItinRomeLR.

ItinRomeLR id., version indépendante, en partie de sources diverses, du ms. Londres, incip. *Les murs de la cité de Romme avoient quatre cens dix-huit tours*; ca. 1400; ms. BL Cotton Augustus V [ca. 1460] (L), qqs. var. de BN nfr. 14285 [Paris 1416] (P); p. dans → ItinRomeR p. 643-665 ('II').

JAntOtiaP Jean d'Antioche, trad. des *Otia imperialia* de Gervais de Tilbury (terminée prob. en 1213), prose; traits pr. et mfr. (graphie), ca. 1290; ms. unique BN fr. 9113 [fin 15ᵉ s.]; p. p. C. Pignatelli, *Les traductions françaises des Otia Imperialia de Gervais de Tilbury par Jean d'Antioche et Jean de Vignay*, Genève (Droz) 2006. Contient la troisième partie du texte (qui contient les *merveilles de chascune province*) (les deux autres parties dans la thèse Strasbourg 1997); texte accompagné (pages de droite) de la partie correspondante de → JVignayOisivG. C.r. Möhren Francia-Recensio 2008/3 MÂ: transcription sans erreurs. Ajouts au texte de Gervais, tirés de la 2ᵉ partie, p. p. Cinzia Pignatelli, MélDiStefano 47-58 (textes 55-58).

JAntRectG Jean d'Antioche (alias Harent d'Antioche), *Rectorique*, traduction de la *Rhetorica ad Herennium* et de l'*Inventione* de Cicéron, traité de rhétorique en droit, prose; Terre Sainte (Acre) 1282; ms. unique Chantilly Musée Condé 433 (590) [Acre av. 1291]; p. p. E. Guadagnini, *La Rectorique de Cyceron tradotta da Jean d'Antioche*, Pisa (Ed. della Normale) 2009. Avec glossaire complet, réf. incomplètes. Sans reprod. d'une page du ms.

JAntRectD id.; larges extraits p. p. L. Delisle, dans → NotExtr 36 (1899) 207-265; [= Boss 3005]. Pour une éd. envisagée v. W. van Hoecke et D. van den Auweele, "La terminologie…", dans *Langage et droit à travers l'histoire*, p. p. G. van Dievoet – P. Godding – D. van den Auweele, Leuven – Paris (Peeters) 1989, spéc. 217 [transcription terminée en 1984 par des mém. soumis]; v. DLF² 743b.

JArkAmP *Li Ars d'Amour de Vertu et de Boneurté* par Jehan le Bel (alias Jean d'Arkel, évêque d'Utrecht); mil. 14ᵉ s.; ms. de base Bruxelles Bibl. roy. 9543 [ca. 1460?], en var. Bruxelles Bibl. roy. 9548 [2ᵉ m. 14ᵉ s.] (ayant appartenu à Charles III de Croÿ), non utilisé BN

JArkAmP

fr. 611 [15ᵉ/16ᵉ s.]; p. p. J. Petit, *Li Ars d'amour, de vertu et de boneurté*, 2 vol., Bruxelles (Devaux) 1867-69. Contient le gloss. que les mss. donnent en tête du texte et qui en relève et explique des mots: t. 2, XLV-LVI [éd. Reiffenberg: → Gl-Brux9543R].

JAubrionL Jean Aubrion, 'procureur' de la ville de Metz, Journal de Metz en prose, suite par Pierre Aubrion; lorr. 1465-1501 [-1512] ms. dit orig. Wien 3378 [3ᵉ t. 15ᵉ s.] ('Album scabinorum urbis Metensis 1170-1512'), copie Ste-Gen. 2001 [déb. 16ᵉ s.] (acéphale: débute par 1476); p. p. L. Larchey, *Journal de Jehan Aubrion, bourgeois de Metz, avec sa continuation par Pierre Aubrion, 1465-1512*, Metz (Blanc) 1857. Cp. DLF² 745a.

JAvesnesFilleB *Roman de Jean d'Avesnes*, 'deuxième cycle de la Croisade', 2ᵉ partie constituée par un remaniement de → FillePonth, prose; 1468 (éd.: entre 1465 et 1468); ms. de base BN fr. 12572 [flandr. av. 1468], en var. Ars. 5208 [ca. 1485]; p. p. C. Brunel, *La Fille du Comte de Pontieu, conte en prose*, Paris (Champion) 1923 (SATF 66), p. 51-130; [= TL Fille CPontieu (concerne les trois versions); FEW JAvesnes (aussi, par erreur, FillePonth); Boss 1310; Hol 994; Wo 55]. Cp. → JAvesnesPropr et JAvesnesSal.

JAvesnesProprF id., première partie: *Jean d'Avesnes* propre; prob. 1465; ms. de base Ars. 5208 [ca. 1485] (A), en var. BN fr. 12572 [flandr. av. 1468] (B); p. p. A. M. Finoli, *Jehan d'Avennes*, Milano (Ist. Edit. Cisalpino) 1979; [= Boss² 6644].

JAvesnesProprBQ id.; ms. BN fr. 12572 [flandr. av. 1468] (B), contenant quelques développements particuliers; p. p. D. Quéruel, *L'istoire de tres vaillans princez monseigneur Jehan d'Avennes*, Villeneuve-d'Ascq (Septentrion) 1997. Le texte reprend partiellement le récit du *Dit du Prunier* (→ Prun).

JAvesnesSalC id., troisième partie: *Saladin*; ms. de base BN fr. 12572 [flandr. av. 1468] (B), en var. Ars. 5208 [ca. 1485] (A); p. p. L. S. Crist, *Saladin. Suite et fin du deuxième Cycle de la Croisade*, Genève (Droz) – Paris (Minard) 1972 (T. L. F. 185); [= TL Saladin; Wos 85; Boss² 6534].

JBelV Jean le Bel, Chronique concernant surtout la France et l'Angleterre, années 1326 – 1361; wall. 1361 (ch. 1-39 prob. 1352 – 1356, ch. 40-102 1358, 103-109 1359 – 1361); ms. unique Châlons Bibl. mun. 81 (90) [déb. 15ᵉ s.]; p. p. J. Viard – E. Déprez, *Chronique de Jean le Bel*, 2 vol., Paris (Renouard) 1904-1905; [= TL Jean le Bel Chronique; Boss 5059; Hol 2393]. (Jean n'est pas l'auteur de l'*Ars d'amour*, cf. → JArkAmP.) Ce texte a été utilisé par FroissChron.

JBelP id.; p. p. M. L. Polain, *Les vrayes chroniques de Messire Jehan le Bel*, 2 vol., Bruxelles (Heussner) 1863. Mauvaise éd. citée par Gdf.

[**JBelethLégDor** Jean Beleth, traducteur-compilateur de légendiers à fond commun, notamment du type → LégDor; déb. 14ᵉ s.; inédit; v. Meyer NotExtr 36, 409-486 (BL Add. 17275 [2ᵉ t. 14ᵉ s.], BN fr. 183 [prob. 1327], BN fr. 185 [2ᵉ m. 14ᵉ s.]) et → LégDorBel.]

JBelethOff¹ M⁰ Jean Beleth/Belet, théologien (2ᵉ m. 12ᵉ s.), *De officiis ecclesiasticis*, traité sur la liturgie (1160-1164), première trad. fr., anon.; orl. 1ᵉʳ q. 13ᵉ s.; ms. BN lat. 995 [cette partie 1ᵉʳ t. 13ᵉ s.] f° 7-84v°; éd. en prép. par Takeshi Matsumura: matériaux aimablement fournis avant publication; extraits v. H. Douteil, *Iohannis Beleth, Summa de ecclesiasticis officiis*, Turnhout (Brepols) 1976. Cité par Gdf comme 'Trad. de Beleth'.

JBlasiH Livre de comptes du marchand Johan Blasi; occ. 1329-1337; p. p. D. Hauck, *Das Kaufmannsbuch des Johan Blasi (1329 – 1337). Ausgabe mit sprachlichem und wirtschaftsgeschichtlichem Kommentar*, 2 vol., thèse Saarbrücken 1965; [= TL Kaufmannsbuch Blasi].

JBoutSomme Jean Boutillier (ca. 1340-1395), *Somme rural*, traité de jurisprudence et coutumier, prose; pic. (ca. 1370-) 1395; mss.: BN fr. 201-202 [1471], BN fr. 21010 (anc. Bouhier) [1460], BN nfr. 6861 [15ᵉ s.], BN nfr. 20023 [15ᵉ s.], Torino?, Gent Univ. 79 (273) [déb. 15ᵉ s.], etc., nombre d'imprimés; v. F. Aubert, BEC 80 (1919) 121-144. S'appuie sur CoutArt, CoutNormGr, JostPlet, EtSLouis (spéc. pour Tour. et Anj.), des cas du Parlement de Paris, mais pas sur CoutBeaum. Gdf cite l'éd. Abbeville, Pierre Gerard, 1486.

JBraineG Jean de Braine, comte de Mâcon, trouvère, auteur des chansons R. 733, 1345 et 1830; lyonn. ca. 1230; ms. de base Ars. 5198 [déb. 14ᵉ s.] (K), d'autres chansonniers en var.; p. p. A. Guerreau, "Jean de Braine", *Ann. de Bourgogne* 43 (1971) 81-96, éd. 89-96; [= TL Jean de Braine G; cp. DLF² 753b]. 'Jean de Brienne' (Gdf, d'après P. Paris) err.

JBueilJouvL Jean de Bueil, homme de guerre, *Le Jouvencel*, texte allégorique didactique et chronique de mainte 'campagne' contre les Anglais, intégrant ici et là des texte antérieurs (ChrPis etc.); [1461]-1468; ms. de base Ars. 3059 [fin 15ᵉ s.] (A), la plupart des autres mss. dérivent de ce ms.; p. p. C. Favre – L. Lecestre, *Le Jouvencel par Jean de Bueil*, 2 vol., Paris (Renouard) 1887-1889; [= FEW BueilJouv]. Le ms. A contient des commentaires de son servant Guillaume Tringant (1477 ou peu après). [Lac f° 57b = éd. L 1,193].

JCondS Jean de Condé, contes et dits moralisants, vers octosyll.; hain. 1^{er}t. 14^{e}s. (pièces datables: entre 1313 et 1337); mss. BN fr. 1446 [cette partie 1^{er}t. 14^{e}s.] (A), Ars. 3524 [mil. 14^{e}s.] (B), Roma Bibl. Casanatense 1598 (B.III.18) [14^{e}s.], Torino Bibl. naz. L.I.13 (1626) [hain. 2^{e}q. 14^{e}s.], BN fr. 24432 [frc. av. 1349]; p. dans → BaudCondS t. 2-3; [= TL JCond.]. Utilise tous les mss. et même les éditions JCondT et BarbMéon 1,100-105.

JCondM id.; textes tirés de Roma Casanatense et Torino p. p. S. Mazzoni Peruzzi, *Jean de Condé. Opera*, 2 vol., Firenze (Olschki) 1990 (Accad. Tosc., St. 94). P.476-533: *Li lays dou blanc chevalier*. C.r. RLaR 97,434-445; RLiR 56,322.

JCondT id.; 12 pièces d'après le ms. Roma Casanatense 1598 [14^{e}s.] p. p. A. Tobler, *Gedichte von Jehan de Condet*, Stuttgart (Hiersemann) 1860 (Lit. Verein 54; réimpr. Amsterdam, Rodopi, 1969); [n'est pas cité dans TL].

JCondBraiO id., *Les braies le priestre*; ms. unique Roma Casanatense; p. dans → BraiCordO; [autre éd.: Boss² 4708].

JCondBraiN id.; p. dans → NoomenFabl 10,11-21, n° 115.

JCondJacR id., *Li dis des Jacobins et des Fremeneurs*; ms. de base BN fr. 1446 [cette partie 1^{er}t. 14^{e}s.], en var. Ars. 3524 [mil. 14^{e}s.]; p. dans → JCondOisR p. 1-12; [= TL JCondé Messe].

JCondOisR id., *Messe des oisiaus*; ms. de base BN fr. 1446 [cette partie 1^{er}t. 14^{e}s.], en var. Ars. 3524 [mil. 14^{e}s.]; p. p. J. Ribard, *Jean de Condé. La Messe des oiseaux et le Dit des Jacobins et des Fremeneurs*, Genève (Droz) - Paris (Minard) 1970 (T. L. F. 170); [= TL JCondé Messe; Boss² 5143].

JCourtPlaitaK Jean le Court dit Brisebarre, *Dit du Plait de l'evesque et de droit*, traitant le sujet des vices et des vertus (1016 vers); pic. ca. 1325; ms. København Kgl. Bibl. Gl. Kgl. 2061 4° [pic. 2^{e}t. 14^{e}s.] (= A); p. p. J. Kjær, *Brisebare: Le Plait de l'Evesque et de Droit*, Copenhague (Akad. Forlag) 1977 (Rev. Romane n° spéc. 10); [= TL Plais de l'Evesque K; Boss² 7628; cf. Boss 4893]. Le ms. BN nfr. 10056 [ca. 1400] (= B) est incomplet du début et contient un texte plus développé (3730 vers; = JCourtPlaitB); l'éd. en contient qqs. var. Une reproduction du ms. A se trouve à la fin du volume. Glossaire très incomplet.

JCourtPlaitaT id.; p. p. S. M. Taylor, *A critical study and edition of the unpublished 'Le dit de l'Evesque et de Droit' by Jean Brisebarre*, thèse Detroit 1976 (Univ. Microfilms 76-26, 185). Glossaire indigne de cette désignation.

JCourtecuisseD Jean Courtecuisse, 11 sermons, prêchés entre 1397 et 1418, à Paris et au Mans (traits du Sud-Ouest: Maine); mss. de base BN fr. 3546 [autographe 1^{er}q. 15^{e}s.] (10 sermons) et Ars. 2674 [ca. 1445] (1 sermon); p. p. G. Di Stefano, *L'œuvre oratoire française de Jean Courtecuisse*, Torino (Giappichelli) 1969; [= TL Oeuvre oratoire JCourtecuisse S; Boss² 7834].

JDaudErudH⁰ Vincent de Beauvais, *De eruditione filiorum nobilium*, traduction par Jean Daudin, *De la erudition ou enseignement des enfans nobles*, prose; frc. (Paris) ca. 1370 (av. 1373); ms. unique BN fr. 9683 [pic. 1^{e}m. 15^{e}s.]; p. p. Frédérique Hamm, *La traduction du De eruditione filiorum nobilium de Vincent de Beauvais par Jean Daudin*, Paris 1993 (thèse non publiée de l'École des Chartes; copie aimablement mise à la disposition de la rédaction). – Cp. Hamm R 116, 215-238.

JDaudRem Petrarca, *De remediis utriusque fortunae*, traduction par Jean Daudin, prose; frc. (Paris) 1378 (1374-1378); ms. Ars. 2671 [15^{e}s.], Ars. 2860 [fin 15^{e}s.], BN fr. 1117 [3^{e}q. 15^{e}s.], Wien 2559 [Paris 3^{e}q. 15^{e}s.], BN fr. 225 [colophon: Rouen 1503], etc.; inédit; [Boss 5958]. Gdf cite ce texte comme 'Oresme, Trad. des rem. de fort. de Petrarque'.

JDupinMelL Jean Dupin (1302-1374), *Les Melancolies* (8e livre de son œuvre dont la 1e partie est appelée *Mandevie*, la 2e *Somme de l'acteur*), vers octosyll.; bourg.mérid. (?) 1340 (1336-1340); ms. de base Besançon 586 [bourg.mérid. 1^{e}m. 15^{e}s.] (E), en var. BN fr. 451 [Est 1411] (A), BN fr. 1002 [Nord-Est ca. 1450] (B), BN fr. 1149 [ca. 1400] (C), BN fr. 1602-1603 [Est 15^{e}s.] (D), Orléans Bibl. mun. 465 (380) [Est fin 14^{e}s.] (F), BN nfr. 6368 [Est 15^{e}s.] (S), Venezia Marc. fr. App. XLV (10494) [1414] (V), aj. ms. Kraków Univ. gall. fol. 128 (anc. Berlin) [Île de Fr.? ca. 1400] (R) l. 1-7, v. StutzmannTylus 66-68, [BN fr. 1146 [15^{e}s.] ne semble pas contenir ce texte]; p. p. L. Lindgren, *Les Mélancolies de Jean Dupin*, Turku 1965 (Ann. Univ. Turkuensis B 95); [= TL Mélancolies Jean Dupin L; Boss² 7599]. Fragm. v. R 100, 540-549; 101, 398-401.

JE *The Jewish Encyclopedia*, p. p. C. Adler et I. Singer, 12 vol., New York – London (Funk & Wagnalls) 1901-1906. Orientation historique; articles signés.

JErartN Jean Erart, poésies lyriques, pastourelles et chansons; pic. 2^{e}q. 13^{e}s.; ms. de base de 6 pièces BN fr. 844 [pic. 2^{e}m. 13^{e}s.] (**M**), de 2 pièces BN fr. 12615 [art., 1e partie 4^{e}q. 13^{e}s.] (**T**), ceux-ci et **H**, **I**, **K**, **N**, **O**, **P**, **X**, **a** en var., resp. base de pièces isolées; p. p. T. Newcombe, *Les poésies du trouvère Jehan Erart*, Genève (Droz) – Paris (Minard) 1972 (TLF); [= TL Erart Poésies; Boss²

JErartN

4498]. Version angl.: *The songs of Jehan Erart*, s.l. [Middleton Wi.] 1975 (Amer. Inst. of Music., Corp. Mens. Mus. 67).

JEscG Ballades, rondeaux et dits par Jehannot de l'Escurel (mort en 1303); fin 13ᵉ s.; ms. unique BN fr. 146 [Paris prob. 1318]; p. p. F. Gennrich, *Jehannot de L'Escurel, Balades, rondeaux et diz entez sus refroiz de rondeaux*, Langen/Frankfurt (chez l'Auteur) 1964. [= TL Jehannot de L'Escurel]. Extrait de → GennrichRond, pièces 368-400, pourvu d'une nouvelle introduction.

JEscM id.; p. p. A. de Montaiglon, *Chansons, ballades et rondeaux de Jehannot de Lescurel, poète du XIVᵉ siècle*, Paris (Jannet) 1855 (Bibl. elzév.); [= Boss 4552].

JEscW id.; cinq pièces p. p. N. Wilkins, dans → WilkinsBall p. 13-16. De seconde main.

JFevLamentH Jean le Fevre, *Les lamentations de Matheolus* (Matheolus de Bologne), trad., traité moral en vers octosyll.; traits pic.mérid., ca. 1380; ms. de base Firenze Bibl. Med. Laurenz. Ashburnham 119 (51) [15ᵉ s.] (F), en var. BN fr. 12479 [ca. 1500] (A), BN fr. 24312 [ca. 1500] (B), BN fr. 1657 [ca. 1500] (C), BN fr. 12480 [15ᵉ s.] (D), BL Add. 30985 [fin 15ᵉ s.] (L), Montpellier Ec. de Méd. 254 [ca. 1400] (M), Tours 897 [ca. 1400] (T) et imprimés (I), non utilisés Carpentras 372 [15ᵉ s.] (K) et BL Roy. 20 B.XXI [15ᵉ s.] (N); p. p. A.-G. van Hamel, *Les Lamentations de Matheolus et le Livre de Leesce de Jehan le Fèvre, de Resson*, Paris (Bouillon) 1892-1905; [= TL Lefèvre Lament.]. Texte lat. imprimé au bas de page. Gdf cite l'éd. E. Tricotel Bruxelles 1846 [l. 1864].

JFevLeesceH id., *Livre de leesce*, poème moral en vers octosyll.; traits pic.mérid. ca. 1384; ms. de base prob. F (v. JFevLamentH); texte crit. établi à l'aide de B, K, Vat. Reg. lat. 1519 [15ᵉ s.] (V), BN fr. 2243 [15ᵉ s.] (P), non utilisé N; p. dans → JFevLamentH t. 2,1-127, notes 141-258; [= TL Lefèvre Lament. t. 2].

JFevRespH id., *Le Respit de la Mort* (ou *Orologe de la Mort*), poème pieux en vers octosyll. traitant de la mort du pécheur, cette fois-ci déterminée par un tribunal humain; traits pic.mérid. 1376; ms. de base BN fr. 1543 [pic. 1402] (A), mss.-versions en var.: BN fr. 994 [4ᵉq. 14ᵉ s.] (B, cité par Gdf), BN fr. 1445 [mil. 15ᵉ s.] (C), BN fr. 24309 [Sud-Ouest 1ᵉm. 15ᵉ s.] (D), BN fr. 19137 [2ᵉm. 15ᵉ s.] (E), Bruxelles Bibl. roy. 4373-76 [art. fin 15ᵉ s.] (F), BN fr. 25418 [Paris ca. 1400] (G); p. p. G. Hasenohr-Esnos, *Le* Respit de la mort *par Jean le Fèvre*, Paris (Picard) 1969 (SATF 143); [= TL Lefevre Respit H-E; Boss² 7591].

JFevVieilleC id., La Vieille ou Les derniers amours d'Ovide, traduction et imitation anon. du texte pseudo-ovidien *De Vetula* (mil. 13ᵉ s.), en vers octosyll.; traits pic.mérid., ca. 1370; ms. de base BN fr. 881 (anc. 7235) [Paris ca. 1400], corrigé à l'aide de BN fr. 19138 (anc. S. Germ. fr. 1650) [1ᵉm. 15ᵉ s.], autre ms. BN fr. 2327 [1ᵉm. 15ᵉ s.]; p. p. H. Cocheris, *La vieille ou Les dernières amours d'Ovide… traduit du latin de Richard de Fournival par Jean Lefevre*, Paris (Aubry) 1861; [= TL Vieille].

JGarlG Jean de Garlande (ca. 1180 – ca. 1270, études à Oxford et Paris, a vécu essentiellement à Paris), *Dictionarius*, lat. 1ᵉm. 13ᵉ s, gloses fr. à traits agn.; 13ᵉ s.; éd. fautive d'après BN lat. 11282 [13ᵉ s.] (base) et BN lat. 7679 [15ᵉ s.] (contient les copies 'A' et 'B'), p. en appendice dans P. H. J. F. Géraud, *Paris sous Philippe-le-Bel, d'après des documents originaux*, Paris (Crapelet) 1837, p. 580-612. Contient aussi → Taille1292G. [Cp. → GlBNlat4120o et AND Dictionarius]. Pour le ms. Evreux lat. 23 [norm. déb. 14ᵉ s.] v. R 18,571n1; aussi dans Leiden Univ. BPL 191 [wall. ca. 1375].

JGarlS id.; ms. de base Brugge Op. Bibl. 546 [2ᵉm. 13ᵉ s.] (B), en var. Brugge Op. Bibl. 536 [agn. ca. 1300] (Ba), BL Cotton Titus D.XX [cette partie agn. fin 13ᵉ s.] (C), BL Harl. 1002 [15ᵉ s.] (H), Lille Bibl. mun. 388 (Le Gl. 369; 147) [1ᵉm. 15ᵉ s.] (L) f°26-36 (ce ms. contient aussi → AalmaL, GlLille, Olla), (cite en var. aussi JGarlG); p. p. A. Scheler, "Trois traités de lexicographie latine du XIIᵉ et du XIIIᵉ siècle", *JREL* 6 (1865) 43-59; 142-162; 287-321; 370-379; 7,58-74 et 155-173 [= → AlNeckUtensS]; 8,75-93 [= → AdParvS], texte 6,142-162; [= TL Joh. de Garl. Dict.]. (Gdf cite aussi un tiré à part, où p.ex. la p. 58 corr. à 6, 306, v. Ringenbach bibl. Gdf 'Gloss. de Garl.'.) Le ms. Evreux lat. 23 [norm. déb. 14ᵉ s.], f°154 et 155 et 156-162, contient les § 9-49.

JGarlW id.; ms. BL Cotton Titus D.XX [cette partie agn. fin 13ᵉ s.], complété par BL Harl. 1002 [15ᵉ s.] et par → JGarlG; p. dans → WrightVoc p. 120-138.

JGarlRCH id.; gloses du ms. Oxford Bodl. Rawl. C.496 [contin.? 1ᵉʳt. 13ᵉ s.]; p. p. T. Hunt, "Vernacular glosses in medieval manuscripts", *CN* 39 (1979) 9-37, spéc. 11-16; [= Boss² 5483]. La numérotation suit l'éd. Scheler.

JGarlRGH id.; gloses du ms. Oxford Bodl. Rawl. G.99 [agn. 1ᵉm. 13ᵉ s.]; p. dans → JGarlRCH p. 16-20.

JGarlCommH id., *Commentarius*, sorte de vocabulaire paraphrasé en latin, glosé en fr. dans le texte même et aussi dans les mss. par des gloses interlinéaires; agn. (et fr. contin.) 1246; ms. de base Cambridge Gonville and Caius Coll. 385

[agn. 2ᵉm. 13ᵉs.] (C), en var. Brugge Op. Bibl. 546 [2ᵉm. 13ᵉs.] (B), Roma Bibl. Casanatense 2052 [2ᵉ partie champ.sept. 2ᵉm. 13ᵉs.] (R); dans → Hunt-Teach 1,204-231.

JGarlPoetriaL id., Parisiana Poetria, texte mlt. avec citations fr.; 2ᵉq. 13ᵉs.; ms. de base Brugge Op. Bibl. 546 [2ᵉm. 13ᵉs.] (B), en var. Cambridge Univ. Ll.I.14 [ca. 1300] (C), München lat. 6911 [ca. 1300], Oxford Bodl. Lat. misc. d.66 [Allemagne ca. 1400] (O), BN lat. 11867 [contin. fin 13ᵉs.] (P), Wien 3121 [15ᵉs.] (V); T. Lawler, *The Parisiana Poetria of John of Garland*, New Haven (Yale) 1974. Comporte, aux p. 317-326, des gloses de → JGarl tirées du ms. Brugge, essentiellement lat., mais aussi fr. (contin.).

JGarlUnH Jean de Garlande, *Unum omnium*, sorte de travail lexicographique en vers, comportant des gloses lat., fr. et angl.; agn. 2ᵉt. 13ᵉs.; ms. Oxford Bodl. Rawl. G.96 [agn. 13ᵉs.] (éd. p. 164-174), Oxford Corpus Christi Coll. 121 [fin 13ᵉs.] (D; éd. p. 174-177); p.p. T. Hunt, "Les gloses en langue vulgaire dans les mss de l'Unum Omnium de Jean de Garlande", *RLiR* 43 (1979) 162-178; [= AND Gloss Garland].

JGarlUnH² id.; gloses des mss. Cambridge Univ. Oo.VI.110 [fin 13ᵉs.] (C) et Durham Chapt. Libr. C.IV.26 [fin 13ᵉs.] (D); p. dans → HuntTeach 2,157-173; cf. 1,395-399.

JGersonG Jean Gerson (Jean le Charlier), théologien et prédicateur, écrivain prolifique, lat. et fr.; déb. 15ᵉs.; mss. en bonne partie contemporains; p.p. P. Glorieux, *Jean Gerson, Œuvres complètes*, 10 t. en 11 vol., Paris – Tournai (Desclée) 1960-1973; t.7, *L'œuvre francaise*, vol. 1, 1966, vol. 2, *L'œuvre francaise. Sermons et discours*, 1968; [= TL JGerson Oeuvre française G; Boss² 7870].

JGoul Jean Goulein, ca. 1320-1403, clerc versé en théologie, admirateur de son commandittaire de ses traductions, Charles V; 2ᵉm. 14ᵉs.; v. DLF² 787a. Cité par Gdf. Différencier JGoulRat (*Racional des divins offises* trad. des l. 1-7 des 8 livres du *Rationale divinorum officiorum* de Guillaume Durand), 1371 (de 1370 à 1371), cp. → MélVenckeleer 13-33 (12 lignes du texte mfr.); JGoulInf (*Liber de informatione principum*, anon.), 1379; *Fleurs des chroniques*, 1369; etc.

JGoulRatB id., IVᵉ des sept livres du *Racional des divins offices*, traitant de la liturgie de la messe, incluant le *Traité du sacre*, prose; [1370-]1371; ms. de base BN fr. 437 [1374] (X), ms. de dédicace à Charles V (qui y a inscrit qqs. corr.), en var. et 'contrôle': BN fr. 931-932 [1371] (A), BN fr. 176 [1379] (B), Beaune Bibl. mun. 21 (21) [mil. 15ᵉs.] (C), Ars. 2001 [faibles traits pic. 15ᵉs.] (D), autres mss.: Cambridge St John's Coll. T.8 [1379] (Cᵃ),

Maz. 338 (244) [fin 15ᵉs.] (M), Den Haag KB 78.D.41 [fin 15ᵉs.] (K), Ars. 2002 [14ᵉ/15ᵉs.] (D²); fᵒ 94a-180a et 1a-54d p.p. C. Brucker – P. Demarolles, *Jean Golein, Le Racional des divins offices de Guillaume Durand, Livre IX – La messe, Les Prologues et Le Traité du sacre*, Genève (Droz) 2010. Glossaire étendu. Gdf cite le ms. X.

JGoulRatW id., livres I-III; ms. transcrit BN fr. 437 [1374] (B / X); p.p. J.P. Williman, *Le racional des divins offices*, thèse Chapel Hill NC. 1967 (UMI 6806780 [sans le début du texte, p. 147]). Transcription peu fiable (p.ex. 424,4 *archifamines* l.-*fl*-, *silamines* l. *fl*-, avec GdfC 9,624c).

JGoulSacreB Traité du sacre (des rois de France), par Jean Goulein (Rouen / Paris), intercalé dans → JGoulRat; 1374 ou peu avant; ms. BN fr. 437 [1374] fᵒ43vᵒ-54vᵒ, non utilisé BN fr. 176 [1379], Ars. 2001 [faibles traits pic. 15ᵉs.], Ars. 2002 [14ᵉ/15ᵉs.], Maz. 338 (244) [fin 15ᵉs.]; extraits p.p. M. Bloch, *Les rois thaumaturges*, Paris (Colin) ²1961, p. 479-489.

JGoulSacreJ id.; ms. de base BN fr. 437, utilisés aussi: BN fr. 176, Ars. 2001, BN fr. 931; texte complet du Sacre p.p. R. A. Jackson, "The *Traité du sacre* of Jean Golein", *Proc. of the Americ. Philos. Soc.* 113 (1969) 305-324.

JGowerBalY John Gower, auteur écrivant en angl. et en fr., collection de *Cinkante Balades* en vers décasyll.; agn. av. 1393; ms. BL Add. 59495 [agn. 1ᵉʳq. 15ᵉs.]; p.p. R. Yeager, *John Gower. The French balades*, Kalamazoo Mich. (Univ.) 2011 (aussi en ligne).

JGowerBalM id.; p. dans → JGowerMirM p. 335-378.

JGowerMirM id., poème moralisant *Mirour de l'omme*; agn. ca. 1378; ms. unique Cambridge Univ. Add. 3035 [agn. 4ᵉq. 14ᵉs.]; p.p. G.C. Macaulay, *The complete works of John Gower*, vol. 1, *The French works*, Oxford (Clarendon) 1899; [= Dean 709]. Contient aussi JGowerBalM, p. 335-378 [= Dean 707] et JGowerTrM, p. 379-392 [= Dean 708].

JGowerTrY id., *Traitié selonc les auctours pour essampler les amantz marietz*, en vers décasyll.; agn. prob. 1397; ms. de base Glasgow Univ. Hunter 57 (T.2.17) [agn. ca. 1400], autres mss. v. Dean; p. dans → JGowerBalY. Il y a aussi une éd. en ligne par T. O'Callaghan et B.S. Merrilees (Univ. Toronto 2003).

JGowerTrM id.; p. dans → JGowerMirM p. 379-392.

JHoudRossH

JHoudRossH Jean de Houdene, *Li rossignos*, poème dévot remaniant la matière de Philomena, en quatrains de vers octosyll.; agn. ca. 1275; ms. Cambridge Corpus Christi Coll. 471 [agn. fin 14ᵉs.]; p. p. G. Hesketh, *Rossignos by John of Howden*, London (ANTS) 2006 (A-N. Texts 63); [l'éd., non publiée, par A. King, Cambridge 1984 = AND Ross ANTS; Dean 626; cp. Cat. Wilkins Cambr. CCC 471; R 69,496-519].

JJourH Jean de Journi, *La dime de penitance*, texte d'intérêt historique et théologique, en vers octosyll.; pic., traits Ouest et Sud-Ouest, Chypre 1288; ms. BL Add. 10015 [pic. ca. 1300]; p. p. G. Hesketh, La disme de penitanche *by Jehan de Journi*, London (MHRA) 2006. C.r. Roques RLiR 72,265-267; ZrP124,740-742.

JJourB id.; p. p. H. Breymann, *La dime de penitance... von Jehan von Journi*, Tübingen (Litterarischer Verein Stuttgart) 1874; [= TL JJour.]. Collation importante du ms. par Suchier dans Röhrs RF 8, 283-351, spéc. 347-351.

JLansonM *Jehan de Lanson* (ou *Lançon*), chanson de geste en alexandrins; (traits sept.) 1ᵉm. 13ᵉs.; ms. de base tardif et amplifié pour les vers 1-1907: Ars. 3145 [pic.or. 2ᵉm. 15ᵉs.] (C), pour v. 1908ss.: BN fr. 2495 [ca. 1300] (A), émendations (clairement indiquées) et qqs. var. d'après Bern 573 [lorr. ca. 1300] (B) (fragments) et Ars. 3145 et BN fr. 2495; p. p. J. V. Myers, *Jehan de Lanson*, Chapel Hill (Univ. of North Carolina Press) 1965; [= FEW JLansonM; TL Jehan de Lanson; cp. Boss 556]. Le thème apparaît dans → JPreisLiège (vers 13843-19985) et JPreisMyr (prose), mss. cités par l'éd.: Bruxelles Bibl. roy. 10989 [ca. 1400], ms. Gerlache, ms. Warfusée Bibl. du Comte d'Oultremont 44 (= 116?) [1439] résumé du livre I de JPreisLiège jusqu'en 1200 [rens. aim. M.-G. Boutier], Bruxelles Bibl. roy. II 3030 [fin 15ᵉs.].

JLansonD id.; ms. de base A (vers numérotés 1-4146 = éd. M 1908-6294), var. de C et B, le début étant imprimé comme app. I, p. 163-214, selon C (ms. unique pour cette partie), app. II-VI: interpol. de B; p. p. J. Duplessy, *Jehan de Lançon*, Paris (Léopard d'Or) 2004. C.r. T. Matsumura RLiR 70,303-308.

JLemaire Jean Lemaire de Belges, chroniqueur et poète; pic.sept. 1ᵉʳq. 16ᵉs.; connu de la lexicographie surtout par le travail de A. Humpers, *Étude sur la langue de Jean Lemaire de Belges*, Liège (Vaillant-Carmanne) 1921; [= FEW JLemaire].

JLongFlorD Jean le Long d'Ypres, traduction fr. (pas toujours mot à mot, le livre IV étant raccourci) de la traduction lat. (par Nicolas Faucon) de → Hayton, prose; 1351; ms. de base Besançon 667 [prob. 1368] (W), en var. BN fr. 1380 [déb. 15ᵉs.] (M), BN fr. 12202 [ca. 1485] (V), BL Cotton Otho D.II [frc. av. 1436] (T) très endommagé, [impr. Paris 1529] (U); p. p. S. Dörper, *Die Geschichte der Mongolen des Hethum von Korykos (1307) in der Rückübersetzung durch Jean le Long*, Traitiez des estas et des conditions de quatorze royaumes de Asie *(1351)*, Frankfurt (Lang) 1998; [DLF² 805a]. Ce texte modifie la division des livres: I=I, II+III=II, IV=III (ch. 1-10 seulement).

JLongFlorB id.; ms. BN fr. 2810 [contin. av. 1413]; p. dans → JLongOdoB p. 125-255.

JLongKhanB id., *Lettres du Grand Khan* et *De l'estat du Grand Khan* par l'archévêque de Sultanyeh; prob. 1351; ms. BN fr. 2810 [contin. av. 1413], autres mss. Besançon 667 [prob. 1368], BN fr. 12202 [ca. 1485], BN fr. 1380 [déb. 15ᵉs.], Bern 125 [Paris déb. 15ᵉs.]; p. dans → JLongOdoB p. 335-356.

JLongOdoA Odorico de Pordenone, *Itinerarium* (Inde, Indonésie, Chine), écrit en 1330, traduit par Jean le Long, né à Ypres, moine à Saint Omer; 1351; ms. de base Besançon 667 [prob. 1368] (A), en var. BN fr. 12202 [ca. 1485] (B), BN fr. 1380 [déb. 15ᵉs.] (C), BL Cotton Otho D.II [frc. av. 1436] (D), BN fr. 2810 [contin. av. 1413] (E), Bern 125 [Paris déb. 15ᵉs.] (F) acéphale; p. p. A. Andreose – Ph. Ménard, *Le voyage en Asie d'Odoric de Pordenone, traduit par Jean le Long, OSB*, Itenerarie de la peregrinacion et du voyaige *(1351)*, Genève (Droz) 2010 (T.L.F. 602). Trop corrigé. C.r. Roques RLiR 75,237-257. Gloss. aux concord. avec le texte latin.

JLongOdoC id.; BN fr. 2810 [contin. av. 1413]; p. p. H. Cordier, *Les voyages en Asie au XIVᵉ siècle du bienheureux frère Odoric de Pordenone*, Paris (Leroux) 1891.

JLongOdoB id.; BN fr. 2810; p. p. L. de Backer, *L'Extrême Orient au Moyen-Âge d'après les manuscrits d'un Flamand de Belgique, moine de Saint-Bertin à Saint-Omer et d'un prince d'Arménie, moine de Prémontré à Poitiers*, Paris (Leroux) 1877, p. 89-124. L'éd. contient aussi → JLongFlorB p. 125-255, JLongRicB p. 256-334, JLongKhanB p. 335-356.

JLongRicB id., *Relation du voyage de frère Bieul*, alias Ricold / Riccordo de Monte Croce; 1351; ms. BN fr. 2810 [contin. av. 1413], autres mss. Besançon 667 [prob. 1368], BN fr. 12202 [ca. 1485], BN fr. 1380 [déb. 15ᵉs.], Bern 125 [Paris déb. 15ᵉs.]; p. dans → JLongOdoB p. 256-334.

JLongTSteD id., trad. du *Liber de quibusdam ultramarinis partibus et praecipue de Terra Sancta* de Guillaume de Boldensele; pic. 1351; ms. Besançon 667 [prob. 1368], autres mss. BN fr. 2810 [contin. av. 1413], BN fr. 1380 [déb. 15ᵉs.], BN fr. 12202 [ca. 1485], Bern 125 [Paris déb. 15ᵉs.], BL Cotton Otho D.II [frc. av. 1436] assez illisible; éd. pseudo-diplomatique par C. Deluz, *Liber de Quibusdam ultramarinis partibus et praecibus de terra sancta*, thèse Sorbonne 1972. Sans glossaire. À refaire.

JMLt *The Journal of Medieval Latin. A publication of the Medieval Latin association of North America*, Turnhout (Brepols) 1991-.

JMandAF Jean de Mandeville (mort en 1372), *Voyages d'Outremer* (compilation de récits divers, écrite prob. en Angleterre), il en existe une version insulaire (datée par les mss. de 1356 ou encore de 1357; 25 mss., 15 insul. [1ᵉʳ ms. ca. 1375], 10 contin.), une version continentale (datée par les mss. de 1357; 30 mss. contin., à partir de 1371) et une version continentale dite liégeoise ou version Ogier, interpolée par des récits des faits légendaires d'Ogier le Danois (après. 1375; 7 mss. contin.); version insulaire: 1356 (ou peu après) (1ᵉʳ ms. 1371); ms. de base BN fr. 14830 [2ᵉm. 15ᵉs.] (A), en var. BN fr. 2043 [2ᵉm. 15ᵉs.] (C); chapitre traitant du baume p. p. F. Fery-Hue, "Un extrait des *Voyages* de Jean de Mandeville: Le chapitre du baume", *R* 105 (1984) 511-525. Correspond en gros à → JMandPL p. 254-256.

JMandH¹W id., version insulaire; ms. de base BL Harl. 4383 [agn. fin 14ᵉs.] (ms. '1' de Bennett, 'Lo5' de Deluz), complété par BL Roy. 20 B.X ('Lo7'), var. de BL Sloane 1464 ('Lo9') et de BL Add. 33757 ('Lon'); p. p. G.F. Warner, *The Buke of John Maundeuill*, Westminster 1889 (Roxbourghe Club 119), imprimé parallèlement au texte anglais; [= Dean 341].

JMandLD id., version insulaire; ms. de base BL Harl. 212 [agn. fin 14ᵉs.] (Lo2), var. tirées de la plupart des autres 24 mss.: New York Pierpont Morgan Libr. M.957 [agn. ca. 1375] (Ny), Durham Chapt. Libr. B.III.3 [agn. ca. 1400] (Du1), BL Harl. 4383 [agn. fin 14ᵉs.] (Lo5), BL Roy. 20 B.X [agn. déb. 15ᵉs.] (Lo7), Berlin Staatsbibl. Phillipps 1930 (anc. Cheltenham Phillipps 1930) [agn. mil. 15ᵉs.] (Ph), Oxford Bodl. Ashmole 1804 [agn. 1ᵉm. 15ᵉs.] (Ox), BL Harl. 1739 [agn. 15ᵉs.] (Lo3), BL Roy. 20 A.I [agn. déb. 15ᵉs.] (Lo6), BL Harl. 204 [agn. 15ᵉs.] (Lo1), Oxford Bodl. Bodley 841 [agn. ca. 1430] (O1), Leiden Univ. VLF 75 [agn. déb. 15ᵉs.] (Lei), BL Sloane 560 [agn. 15ᵉs.] (Lo8), BL Sloane 1464 [agn. 15ᵉs.] (Lo9), Oxford Bodl. Add. C.280 [agn. 1ᵉm. 15ᵉs.] (O2), BL Add. 33757 [contin. ca. 1400] (Lon), BN fr. 5635 [contin. 1402] (P7), BN fr. 2810 [contin. av. 1413] (P3), Bern A.280 [contin. ca. 1400] (Be3), BN fr. 5633 [contin. 15ᵉs.] (P5), BN fr. 25284 [contin. 2ᵉm. 15ᵉs.] (P12), Durham Univ. Cosin V.I.10 [agn. ca. 1425] (Du2), Cambridge Fitzwilliam Mus. 23 [contin. 2ᵉm. 15ᵉs.] (C2), Bern 58 [contin. 1468] (Be1), Lyon Bibl. mun. Palais des Arts 28 [contin. 15ᵉs.] (Lyo); p. p. C. Deluz, *Jean de Mandeville, Le Livre des merveilles du monde*, Paris (CNRS) 2000 (IRHT Sources hist. méd. 31). 'Lexique' indigne et sans renvois (!).

JMandOgT id., version dite 'Ogier' ou 'liégeoise', prob. rédigée à Liège; après 1375; ms. de base BN fr. 24436 [cette partie Liège 1396] (P11), var. de Chantilly Musée Condé 699 (1414) [liég. 4ᵉq. 14ᵉs.] (Ch), Cambridge Fitzwilliam Mus. McClean 177 [15ᵉs.], Grenoble 857 (cat. 962) [15ᵉs.], Madrid Bibl. nac. 9602 [fin 14ᵉs.], Amiens Bibl. mun. Lescalopier 94 [Hotton 1461], Bruxelles Bibl. roy. 10420-25 [15ᵉs.]; p. p. M. Tyssens – R. Raelet, *La version liégeoise du* Livre de Jean de Mandeville, Bruxelles (Acad.) 2011; cp. *Bull. Cl. Lettres Ac. roy. Belg.* 6ᵉsér., 16 (2005) 59-78.

JMandPL id., version continentale; 1357 ou peu après; ms. BN nfr. 4515 [Paris 1371] (le colophon donne au texte la date de 1365; P13 chez Röhl), pas de var. tirées des autres mss.: Amiens Bibl. mun. Lescalopier 94 (5200) [Hotton 1461], Amiens Bibl. mun. Lescalopier 95 (5201) [Flandres ca. 1460] (A2), Aix-en-Provence 437 (148) [Paris? 2ᵉm. 17ᵉs.] (Aix), Bern 125 [Paris déb. 15ᵉs.] (Be2), Bruxelles Bibl. roy. 10437-40 [cette partie sept. ca. 1385] (Br2), Bruxelles Bibl. roy. 11141 [Duurstede 1463] (Br3), Bruxelles Bibl. roy. 14787 [Champ.? ca. 1425] (Br4), Dijon 549 (313) [Dijon? mil. 15ᵉs.?] (Di), Cambridge Mass. Harvard Houghton Libr. Riant 50 [Fr.mérid. 1ᵉm. 15ᵉs.] (H), Lille Bibl. mun. Godefroy 55 (121) [1472] (Li), BL Harl. 3940 [1ᵉʳt. 15ᵉs.] (Lo4), Milano Bibl. Trivulziana 816 [Lomb. 1396] (Mi), Modena Bibl. Estense α.N.5.7 (fr. 33) [Lomb. 1388] (Mo), Ars. 3219 [fin 14ᵉs.] (P), BN fr. 1403 [Est 2ᵉm. 15ᵉs.?] (P1), BN fr. 2129 [Paris? ca. 1400] (P2), BN fr. 5586 [Moirans 1477] (P4), BN fr. 5634 [Paris 3ᵉt. 14ᵉs.] (P6), BN fr. 5637 [Paris 3ᵉt. 14ᵉs.] (P8), BN fr. 6109 [Paris 3ᵉt. 14ᵉs.] (P9), BN fr. 20145 [3ᵉq. 15ᵉs.] (P10), BN nfr. 4515 [Paris 1371] (P13), BN nfr. 10723 [Paris 2ᵉm. 14ᵉs.] (P14), BN Smith-Lesouëf 65 [2ᵉm. 14ᵉs.] (P15), BN nfr. 14313 [S. Symphorien sur Coise ca. 1465] (P16), Vat. Reg. lat. 750 [Paris 2ᵉm. 14ᵉs.] (R1), Vat. Reg. lat. 837 [Fr.mérid. 3ᵉq. 15ᵉs.?] (R2), Sion Bibl. cant. S.99 [Martigny? ca. 1470] (S), Tours 947 [Paris 2ᵉm. 14ᵉs.] (T); p. p. D. Letts, *Mandeville's travels. Texts and translations*, 2 vol., London (Hakluyt Soc.) 1953, texte (appelé 'Paris Text') t. 2, p. 226-413; cf. RLiR 55,600. Étude de la tradition: S. Röhl, *Der* Livre de Mandeville *im 14. und 15. Jahrhundert*, München (Fink) 2004. Pour Ars. 3219 [fin 14ᵉs.] v. ZrP 124,391-401.

[JMandLapid → LapidMand.]

JMeunAbH

JMeunAbH Jean de Meun dit Clopinel, traduction de la *Historia calamitatum* (Epîtres d'Abélard et d'Héloïse); frc. ca. 1280; ms. unique BN fr. 920 [Paris ca. 1395]; p. p. E. Hicks, *La vie et les epistres Pierres Abaelart et Heloys sa fame*, Paris – Genève (Champion - Slatkine) 1991. A pu consulter l'éd. d'E. Schultz, Washington 1969. Texte lat. en regard. Annonce: RLiR 56,308.

JMeunAbB id.; p. p. F. Beggiato, *Le lettere di Abelardo ed Eloisa nella traduzione di Jean de Meun*, 2 vol., Modena (STEM - Mucchi) 1977; [= TL JMeung Abaelart et Heloys B; Boss^2 4993]. Mauvaise édition (DLF^2 818b).

JMeunConsD Jean de Meun, trad. en prose de *De consolatione philosophiae* de Boèce (cp. → ConsBoèce); ca. 1298 (entre 1285 et 1303); ms. de base BN fr. 1097 [14e s.] (P^1), en var. BN lat. 18424 [14e s.] (P^2), BN fr. 1098 [1e m. 15e s.] (P^3), BN fr. 809 [2e m. 15e s.] (P^4) cp. ConsBoèceComp, BN lat. 8654B [norm. déb. 14e s.] (F^1), Ars. 732 [ca. 1400] (A^1), Bruxelles Bibl. roy. 10394-414 [pic. 1e m. 15e s.], Bruxelles Bibl. roy. 11199 [gardes: 15e s.] fragm., Ars. 733 [15e s.] (A^2) cp. ConsBoèceComp, Ars. 738 [15e s.], Ars. 2669 [15e s.] (A^3), Amiens Bibl. mun. 412 [pic. 2e m. 14e s.] f°40-53 fragm., Besançon 434 [1372] (B), Chantilly Musée Condé 283 (658) [2e m. 14e s.] (C^1), Chantilly Musée Condé 284 (627) [fin 14e s.] (C^2), Dijon 525 (298) [Paris 1355-1362] (F^2), Douai Bibl. mun. 765 [cette partie ca. 1400] (D), Madrid Bibl. nac. Vitr. 23-13 [14e s.], Rennes 593 [1304 n.st.] (R), Saint-Omer 661 [15e s.] (S), New York Pierpont Morgan Libr. M.332 [1e m. 15e s.] (M), Oxford Bodl. Rawl. G.41 [interpol. 15e s.] (F^3), s'ajoutent nombre de mss. du 15e s., dont Montpellier Ec. de Méd. 368 [15e s.] (acéph. et acaud.) cité par Gdf; p. p. V. L. Dedeck-Héry, "Boethius' *De Consolatione* by Jean de Meun", *MSt* 14 (1952) 165-275. Cp. HLF 37,436-441, III. Glossaires: A. J. Denomy, *MSt* 16 (1954) 19-34, et surtout → BillotteJMeun; [= DwyerCons 5°].

JMeunEpithK Le *Epitaphe des trespassez* ou *Codicille* ou *Abregié testament* ou *Dernier testament*, attribué (à tort) à Jean de Meun, poème dévot en 11 huitains d'octosyll.; 1er t. 14e s.; ms. Vat. Reg. lat. 1492 [15e s.], autres mss.: Dijon 525 (298) [Paris 1355-1362], etc. (plus de 50), v. Sinclair-Dev 5620; p. dans → KellerRomv 328-331. Accompagne souvent → JMeunTres dans les mss. ÷

JMeunEpithM id.; autre ms. non identifié p. dans → RoseLM 4,117-121.

JMeunTestB Jean de Meun, *Testament*, quatrains d'alex. monorimes; ca. 1295; ms. Genève fr. 178 [Paris 1353], pour 115 autres mss. v. l'éditrice dans RevRom 13,2-35 (entre autres New Haven Yale Beinecke Libr. 703 (anc. Ashburnham Barrois 301, Le Mans Claude Vaudecrane) [frc. norm.? 1e m. 14e s.], BN nfr. 934,19-20 [14e s.] v. 759-); p. p. S. Buzzetti Gallarati, *Le testament maistre Jehan de Meun*, Torino (Edizioni dell'Orso) 1989; [= TL JMeung Test. B-G]. C.r. Dörr ZrP 109,430-433. ÷

JMeunTestK id.; extraits du ms. Vat. Reg. lat. 367 [14e s.], var. de Vat. Reg. lat. 1492 [15e s.]; p. dans → KellerRomv 120-127.

JMeunTestM id.; ms. non identifié; p. dans → RoseLM t. 4, p. 1-116; [= TL JMeung Test.]. [P. 42 = éd. B 819; p. 91 = 1762.]

JMeunTestP id.; ms. San Marino Huntington Libr. EL.26.A.3 [1410]; p. p. G. Piffard, *Le Testament de Jehan de Meun*, mém. de maîtrise, Strasbourg 1965.

JMeunTestMJ id.; ms. Mons Univ. cote? [pic. 14e s.] fragm.; p. p. O. Jodogne, "Fragment d'un pamphlet contre les frères mendiants", dans → MélRoques^2 1,129-138.

JMeunTresM Jean Chapuis (attrib. à Jean de Meun err.), le *Tresor* ou *Codicile maistre Jehan de Meung* ou *Les sept articles de la foi*, poème dévot en 135 strophes d'Helinand (aabaabbbabba), incip. *O glorieuse Trinité*; 1er t. 14e s.; mss. BN nfr. 10047 [pic. ca. 1340], Vat. Reg. lat. 1492 [15e s.] cité par Gdf prob. d'après les extraits de KellerRomv 332-335, Arras 532 (845) [Artois ca. 1400], Chantilly Musée Condé 485 (570) [fin 14e s.], BN fr. 380 [ca. 1400] f°154r°-159v°, Heidelberg Cod. Pal. germ. 354 [cette partie ca. 1450] v. 1377-1403; 1464-1475; 1500-1523; 1584-1595; 1608-1619, etc. (plus de 52), v. SinclairDev 6246, aussi BN nfr. 6261 [Paris ca. 1400] incomplet; p. dans → RoseLM t. 3, p. 331-395 (ms.?); [= TL JMeung Tres.]. Pour l'attrib. v. MedRom 15,259-276. Gdf 'Jehan Meun Codic.' concerne ce texte. ÷

JMeunVégL Jean de Meun, trad. de Végèce, *De re militari*, prose; 1284; ms. de base Carpentras 332 (L.328) [ca. 1300] (C), en var. BN fr. 2063 [pic. 1340] (A), BN fr. 1230 [mil. 14e s.] (B), Bern A.280 [cette partie 2e m. 15e s.] (Be), Bern A.607 [cette partie déb. 14e s.] (Bfr) fragm., Chantilly Musée Condé 344 (545) [2e t. 15e s.] (Ch), Dresden Oc 57 [1e m. 14e s.] (D), BN fr. 1231 [2e t. 15e s.] (E), BN fr. 1232 [mil. 14e s.] (F), BN fr. 12360 [15e s.] (G), Den Haag KB 73.J.22 [déb. 14e s.] (Gr), BN fr. 19104 [1er q. 15e s.] (H), Ars. 2551 [déb. 14e s.] (L), Ars. 2915 [1e m. 15e s.] (M), Ars. 2916 [15e s.] (N), Oxford Bodl. Douce 149 [déb. 14e s.] (O), BL Roy. 20 B.XV [15e s.] (R), BL Sloane 2430 [1e m. 14e s.] (S), Torino Arch. di Stato Mus. stor. 9 'L'art de Chev. de Flave Vegece' [15e s.] (T),

Vat. Reg. lat. 1628 [déb. 14^{e}s.] (V), BL Roy. 20 B.XI [1^{e}m. 14^{e}s.] (Y), Bruxelles Bibl. roy. II 4847 [déb. 14^{e}s.] (X); p.p. L. Löfstedt, *Li abregemenz noble honme Vegesce Flave René des establissemenz apartenanz a chevalerie, traduction par Jean de Meun de Flavii Vegeti Renati Viri Illustris Epitoma Institutorum Rei Militaris*, Helsinki (Suomalainen Tiedeakatemia) 1977 (Ann. B.200); [= TL JMeung Abregemenz Vegesce Establissement chev. L; Boss^2 5409]. Cp. → JPriorat (mise en vers); JVignayVég; VégèceAn; VégèceRich.

JMeunVégR id.; ms. BN fr. 2063 [pic. 1340] (en partie transcrit par W. Foerster), aussi BN fr. 1230 [mil. 14^{e}s.]; p.p. U. Robert, *L'art de chevalerie, traduction du* De re militari *de Végèce par Jean de Meun*, Paris (Firmin Didot) 1897; [= TL JMeung Vegece; FEW Meun].

[JMeun cp. → RoseLM.]

JMontreuilO Jean de Montreuil, humaniste; fin 14^{e}s. – déb. 15^{e}s.; œuvre p.p. E. Ornato et al., *Jean de Montreuil. Opera*, 3 vol., Torino (Fac. Lett.) 1963-1981; [= TL JMontreuil Opera GOO; Boss^2 8483].

JMotePaonC Jean de la Mote, orfèvre du roi, *Le parfait du paon*, poème en laisses d'alex. rimés, destiné à 'parfaire' → VoeuxPaon et Restor; hain. 1340; ms. de base Oxford Bodl. Douce 165 [Paris, traits pic. ca. 1345] (S1), en var. BN fr. 12565 [pic. 3^{e}t. 14^{e}s.] (W); p.p. R. J. Carey, *Jean de le Mote. Le Parfait du Paon*, Chapel Hill (Univ. NCar. Press) 1972 (Rom. Lang. & Lit. 118); [= TL Jehan dlMote Parfait du paon C; Boss^2 6604].

JMoteRegrS id., *Li regret Guillaume*, poème dans le style du Roman de la Rose, en vers octosyll.; pic. 1339; ms unique BN nfr. 7514 [hain. mil. 14^{e}s.]; p.p. A. Scheler, *Li regret Guillaume, comte de Hainaut, poème inédit du 14e siècle par Jehan de le Mote*, Louvain (Lefever) 1882; [= TL Jehan de le Mote].

JMoteVoieP id., La voie d'enfer et de paradis, strophes d'Helinand; pic. 1340; ms. BN fr. 12594 [f°1-177 2^{e}m. 14^{e}s., 178-197 15^{e}s.] f° 172-197; p.p. M. A. Pety, *La voie d'enfer et de paradis. An unpublished poem of the fourteenth century by Jehan de le Mote*, Washington (Catholic University of America Press) 1940; [= TL Jehan dlMote Voie d'Enfer].

JNeuvR Jean de Neuville, pastourelle (n°4) et chansons d'attribution plus ou moins certaine et même exclue (n° 9, 13, 18); art. 2^{e}q. 13^{e}s.; ms. BN fr. 844 [pic. 2^{e}m. 13^{e}s.] (**M**), complété par **N, O, P, R, T, X, K, C, F, Z**; p.p. M. Richter, *Die Lieder des altfranzösischen Lyrikers Jean de Nueville*, thèse Halle 1904.

JParisW *Roman de Jean de Paris*, sorte de glorification de Charles VIII par le biais de la légende du roi Jean de Paris et de sa fiancée promise, fille du roi d'Espagne, anon., en prose; prob. 1495; ms. de base BN fr. 1465 [16^{e}s.] (N), en var. le ms. assez identique Louvain Univ. cath. G.54 [16^{e}s.] détruit depuis; p.p. E. Wickersheimer, *Le Roman de Jehan de Paris*, Paris (Champion) 1923 (SATF 67); [= FEW JParis].

JParoy Jean de Paroy, juge à Lyon, Enquête sur la valeur des biens de l'ordre de Saint Jean de Jérusalem, baillage de Mâcon; bourg. (?, Mâcon) 1333; ms. BN fr. 24040 [1333 ou après, orig.?]; inédit. Cité par Gdf comme 'Information de Jean de Paroy'.

JPechJerL Jean de Pecham, *Jerarchie* (petit traité moralisant; le seul ouvrage de l'auteur à côté de lettres, v. → LettrTanq); agn. ca. 1285; ms. de base Ste-Gen. 2899 [(av.) 1297], non utilisé Madrid Bibl. nac. 18253 [agn. ca. 1300]; p.p. M. D. Legge, "John Pecham's *Jerarchie*", MedAev 11 (1942) 77-84; [= AND Jerarchie; Dean 631].

JPetArrZ Jean Petit d'Arras, *Li houneurs et li vertus des dames*, petite pièce courtoise en prose; art. 3^{e}q. 13^{e}s. (?); ms. BN fr. 25566 [pic. (Arras) prob. 1295]; p.p. R. Zimmermann, "Li houneurs et li vertus des dames par Jehan Petit d'Arras", AnS 108 (1902) 380-388; [= TL Jeh. Petit].

JPreisLiègeB Jean d'Outremeuse dit des Preis, histoire de Liège en 53000 vers alex.; liég. ca. 1380; ms. de base du livre I Gerlache [déb. 16^{e}s.], base du livre II Warfusée Bibl. du Comte d'Oultremont 44 (= 116?) [1439] (anc. Chartreux de Liège), autres mss. Bruxelles Bibl. roy. 10989 [ca. 1400], Bruxelles Bibl. roy. 17290 [1423]; p. dans → JPreisMyrB, livre I, vers 1-3657 dans t. 2, I 3658-20999 (t. 2 p.537-766), vers 21000-29589 dans t. 3,411-520, v. 29590-39069 dans t. 4,601-738, livre II, v. 1-8586 dans t. 5,583-694, 8587-13381 dans t. 6,639-709; [= TL Geste de Liége]. Gloss. → ScheelerJPreis; → HaustGl.

JPreisMyrB Jean d'Outremeuse dit des Preis, greffier liégeois, 1338-1400, *Miroir des histoires*, histoire universelle avec Liège comme centre d'intérêt, prose; liég. fin 14^{e}s.; ms. de base du livre I, du Déluge à 794, Bruxelles Bibl. roy. 10455 [liég. 1^{e}m. 15^{e}s.] (A^1), l. II, années 794-826, Bruxelles Bibl. roy. 10463 [liég. 1596] (a^2) version raccourcie et modifiée (utiliser l'éd. G: version longue, orig.), l. II, a. 826-1097, Bruxelles Bibl. roy. 19304 [1^{e}m. 15^{e}s.] (B^3), l. II, a. 1098-1207, Bruxelles Bibl. roy. 19304bis [1^{e}m. 15^{e}s.] (B^4), l. III, a. 1207-1340, Bruxelles Bibl. roy. 10456 [liég. 1^{e}m. 15^{e}s.] (A^3), [le l. IV, a. 1341-1399, est perdu], autres mss. Bruxelles

JPreisMyrB Bibl. roy. II 3029¹ [15ᵉ-16ᵉs.] l.I, Bruxelles Bibl. roy. 19303 [1ᵉm. 15ᵉs.], Bruxelles Bibl. roy. 19305 [1ᵉm. 15ᵉs.], Bruxelles Bibl. roy. II 3030 [liég.francisé fin 15ᵉs.] inaccessible à l'époque de l'éd., Bruxelles Bibl. roy. II 3029² [16ᵉs.] fragm. l.II et III, Waleffe Potesta [16ᵉs.]; p. p. A. Borgnet – S. Bormans, *Ly myreur des histors, chronique de Jean des Preis dit d'Outremeuse*, 7 vol., Bruxelles (Hayez) 1864-1887 (Coll. des chron. belg. inéd.); [= FEW Jd'OutreMyr; Boss 5045; Wo 88]. Les mss. édités pour les livres I et III, A¹ et A³, ont été copiés par Jean de Stavelot [= liég.]. Contient aussi → JPreisLiègeB qui en est une source. Le vol. 3 (= l. II) de l'éd. est spécialement fautif. Suite de la chron., → JStav. Cf. → HaustGl.

JPreisMyrG id., livre II, années 794-826, version originale; ms. Bruxelles Bibl. roy. II 3030 [liég.francisé fin 15ᵉs.] (b²), var. et ajouts (par Jean de Stavelot, av. 1447) d'après Bruxelles Bibl. roy. 10463 [1596] (a², 'a' dans éd. et gloss.); p. p. A. Goosse, *Jean d'Outremeuse, Ly myreur des histors*, Bruxelles (Palais des Ac.) 1965; [= TL Jean d'Outremeuse Myreur; Wos 88]. Avec une bonne étude ling. et lexicologique.

JPrierM Jehan du Prier dit le Prieur, Mystère du roi Avenir et de son fils Josaphat; pic. prob. 1455; ms. unique BN fr. 1042 [2ᵉm. 15ᵉs.], copié dans Ars. 3495 [18ᵉs.] et BN fr. 24334 [18ᵉs.]; p. p. A. Meiller, *Le Mystère du roy Advenir*, Genève (Droz) – Paris (Minard) 1970 (T. L. F. 157).

JPrioratR Jean Priorat, Li abrejance de l'ordre de chevalerie, mise en vers de → JMeunVég; frcomt. / frpr. ca. 1290; ms. unique BN fr. 1604 [ca. 1300]; p. p. U. Robert, *Li abrejance de l'ordre de chevalerie ... par Jean Priorat de Besançon*, Paris (Didot) 1897 (SATF); [= TL JPriorat; FEW JPriorat]. Le ms. a 76 fᵒˢ; f°26ᶜ = v. 3870, 50ᵈ = 7581, 71v° = 10700.

JQR *The Jewish Quarterly Review*, London (Nutt) – New York (Macmillan), Philadelphia (Dropsie Coll., Center for Adv. Judaic St.) 1888/1889-.

JREL *Jahrbuch für romanische und englische Literatur*, Berlin (Dümmler) – Leipzig (Brockhaus) 1859-1871, Leipzig (Teubner) 1874-76 (sous le titre *Jahrbuch für romanische und englische Sprache und Literatur*).

JRenPlaitL Jean Renart, Du Plait Renart de Dammartin contre Vairon, son roncin, débat en vers dodécasyll., incip. *Oiez une tençon qui fu fete pieça*; 2ᵉq. 13ᵉs.; ms. BN fr. 837 [frc. 4ᵉq. 13ᵉs.]; p. dans → LejeuneJRen p. 407-410; 424-426; [= FEW PlaitRen].

JRenPlaitJ id.; p. dans → JubNRec 2,23-27.

[JRen v. aussi Escoufle; Ombre; GuillDole; Galeran; Floriant; RenPiaud; cp. → LegendreJRen.]

JRentiS Jean de Renti, douze chansons; art. 3ᵉt. 13ᵉs.; ms. BN fr. 12615 [art., 1ᵉ partie 4ᵉq. 13ᵉs.] (**T**); p. p. J. Spanke, "Die Gedichte Jehan's de Renti und Oede's de la Couroierie", *ZfSL* 32 (1908) 157-218, textes 194-207; 213-216; [= TL JRenti; Boss 2364].

JSQ *Jewish Studies Quarterly*, Tübingen (Mohr – Siebeck) 1993-.

JSQuentO Jean de Saint Quentin, dits, en alexandrins; pic. 1ᵉʳq. 14ᵉs.; ms. de base (et unique pour la plupart des textes) BN fr. 24432 [frc. av. 1349] (P), Grenoble 319 [cat. 871] [15ᵉs.] (G), Ars. 2115 [4ᵉq. 15ᵉs.], BN fr. 12483 [mil. 14ᵉs.]; p. p. B. M. Olsen, *Dits en quatrains d'alexandrins monorimes de Jehan de Saint-Quentin*, Paris (SATF – Picard) 1978; [= TL SQuent. Dits quatrains MO].

JSaintréC Antoine de la Sale, Le Petit Jehan de Saintré, roman biographique en prose; av. 1456; ms. de base (à interpolations selon l'éditeur Eusebi) BN nfr. 10057 [2ᵉm. 15ᵉs.] (F), en var. BN fr. 19169 [2ᵉm. 15ᵉs.] (A), BN fr. 24379 [fin 15ᵉs.] (B), BL Add. 11614 [2ᵉm. 15ᵉs.] (C), Bruxelles Bibl. roy. 9547 [2ᵉm. 15ᵉs.] (D), Firenze Bibl. Med. Laurenz. Med. Palat. 102 [2ᵉm. 15ᵉs.] (E), Vat. Reg. lat. 896 [2ᵉm. 15ᵉs.] (G), BL Cotton Nero D.IX [2ᵉm. 15ᵉs.] (H), BN fr. 1506 [2ᵉm. 15ᵉs.] (I), BN nfr. 20234 [2ᵉm. 15ᵉs.] (J); p. p. P. Champion – F. Desonay, *Antoine de la Sale. Le petit Jehan de Saintré*, Paris (Trianon) 1926; [= FEW Saintré].

JSaintréE id.; ms. F purgé des passages reconnus comme ajoutés, var. surtout de J; p. p. M. Eusebi, *Antoine de la Sale. Saintré*, t. 1, Paris (Champion) 1993 (CFMA 114).

JSaintréG id.; p. p. J. M. Guichard, *L'hystoyre et plaisante cronicque du Petit Jehan de Saintré et de la jeune dame des Belles Cousines... d'après les manuscrits de la Bibliothèque Royale*, Paris (Gosselin) 1843; [= TL Jehan de Saintré].

JSaintréM id.; ms. Vat. Reg. lat. 896 [2ᵉm. 15ᵉs.] (G), peu corrigé à l'aide des autres mss.; p. p. J. Misrahi – Ch. A. Knudson, *Antoine de La Sale. Jehan de Saintré*, Genève (Droz) ²1967 (T.L.F. 117). Cité par DMF.

JSav *Journal des Savants* (titre 1665-1792: *Journal des sçavans*), Paris 1665-1792; Paris (Institut de France) 1816-1908; Paris (Académie des Inscriptions et Belles Lettres) 1909-; [= ZrP JdS; FEW JournSav *et* JS].

JStavB Jean de Stavelot (1388-1449), Chronique, suite de → JPreisMyr, années 1399-1447;

liég. 1447; ms. unique Bruxelles Bibl. roy. 10457-62 [wall. av. 1449] autographe; p. p. A. Borgnet, *Chronique de Jean de Stavelot*, Bruxelles (Hayez) 1861; [= FEW JStav; Boss 5202]. La *Table analytique des matières* a été jointe sous une autre couverture et avec une pagination propre (1-90). Cp. Massart BTDial 18, 353-376: vocabulaire wall.

JVignayEchecsF Jean de Vignay, *Le jeu des eschés moralisé*, traduction en prose du *Liber de moribus hominum et officiis nobilium super ludo scaccorum* de Jacopo da Cessolo; ca. 1340; ms. de base Besançon 434 [1372] (A) scribe Henri du Trevou, qqs. var. de BN fr. 1728 [ca. 1375] (B) et BN fr. 25379 [2^{e}m. 14^{e}s.] (C), autres mss. Grenoble 519 (cat. 867) [ca. 1372] (D), Bruxelles Bibl. roy. 11050 [2^{e}m. 14^{e}s.] (E), BN fr. 25380 [3^{e}q. 14^{e}s.] (F), Ars. 5107 [15^{e}s.] (G), Rouen Bibl. mun. 942 (I.48) [1396] (H), Lunel 8 [fin 14^{e}s.] (I), Torino Bibl. naz. L.V.10 (1682) [4^{e}q. 14^{e}s.] (J), Troyes 2138 [4^{e}q. 14^{e}s.], BL Harl. 5440 [15^{e}s.?], München gall. 27 [15^{e}s.], Cambridge Univ. Ff.I.33 [Bourges 1420], BN fr. 1172 [15^{e}s.], Ars. 2725 [15^{e}s.], Rouen Bibl. mun. 941 (I.25) [15^{e}s.], San Marino Huntington Libr. EL.26.A.3 [1410], Wolfenbüttel Herzog August Bibl. Guelf. 9.9. Aug. 4° [15^{e}s.], BN fr. 572 [1402], BN fr. 1164 [15^{e}s.], BN fr. 1165 [15^{e}s.], BN fr. 1729 [15^{e}s.], München gall. 26 [15^{e}s.], BN fr. 10286 [15^{e}s.], BN fr. 1168 [15^{e}s.], BN fr. 1169 [15^{e}s.], BN fr. 1171 [15^{e}s.], BN fr. 2148 [fin 14^{e}s.], BN fr. 2149 [15^{e}s.], BN fr. 580 [15^{e}s.], BN fr. 24435 [15^{e}s.], Bruxelles Bibl. roy. 11136 [15^{e}s.], Carpentras 406 (L.402 et 402bis) [déb. 15^{e}s.], BN fr. 1166 [15^{e}s.], BN fr. 1167 [15^{e}s.], BN nfr. 4783 [15^{e}s.], Troyes 1496 [1472], Cleveland Publ. Libr. 789.0921M C8D [ca. 1480] acéphale, Dresden Oc 59 [15^{e}s.] détruit, Dresden Oc 61 [déb. 15^{e}s.] illisible, Torino Bibl. naz. L.III.6 (1648) [15^{e}s.?], Vat. Reg. lat. 1678 [15^{e}s.], Albi Rocheg. 104 [15^{e}s.], BL Roy. 19 C.XI [1^{er}t. 15^{e}s.], New York Columbia Univ. Butler Libr. Plimpton 282 [15^{e}s.], Ars. 3254 [15^{e}s.], BN fr. 812 [pic. déb. 15^{e}s.], BN lat. 10286 [15^{e}s.]; p. p. C. S. Fuller, *A critical edition of* Le Jeu des Eschés, moralisé, thèse Washington 1974; [DLF^2 730]. Cp. → EchecsFerron.

JVignayEnsK *Enseingnemens ou Ordenances pour un seigneur qui a guerres et grans gouvernemens a faire*, trad. de Jean de Vignay d'un texte latin (1330) écrit d'abord (1326) en grec par Théodore Paléologue, fils de l'empereur byzantin et de la marquise de Montferrat, prose; av. 1336; ms. de base Bruxelles Bibl. roy. 11042 [Paris? 2^{e}q. 14^{e}s.] (A), qqs. var. tirées de Bruxelles Bibl. roy. 9467 [15^{e}s.] (B) proche de A; p. p. C. Knowles, *Les enseignements de Théodore Paléologue*, London (MHRA) 1983.

[JVignayLégDor → LégDorVign.]

JVignayMir Jean de Vignay (originaire de la région de Bayeux, travaillant à Paris), *Miroir historial*, trad. du *Speculum historiale* de Vincent de Beauvais, compilation de textes d'intérêt historique, aussi de légendes de saints (ca. 1250), prose; faibles traits norm., ca. 1328; mss.: Leiden Univ. VGGF 3 A [après 1332] (la date est celle de la 'requeste' de la reine Jeanne de Bourgogne) l. 1-8, Ars. 5080 [après 1332] 9-16 (suite de Leiden), Tours Arch. dép. 2.I.2 [après 1332] fragm. (suite indirecte de Leiden/Ars.), BN fr. 316 [prob. 1333] 1-8, Baltimore Walters Art Museum W.140 [après 1333, date 1351 sur grattage] 17-24 (suite indirecte de BN fr. 316), BN nfr. 15939-15944 (anc. Ashburnham/Beatty/Thompson) [ca. 1375] 15939: 1-7; 15940: 7-11; 15941: 11-13; 15942: 14-16; 15943: 17-20; 15944: 21-24, København Kgl. Bibl. Thott 429 f° [fin 14^{e}s.] 18-32, BN fr. 312-314 [1396] 312: 1-8; 313: 9-16; 314: 25-32, BN fr. 6354-6359 [1494] 12-16 mq., BN fr. 308-311 [1455] complet, Den Haag KB 72.A.24 [1455] (proche de BN fr. 311), BN fr. 50-51 [ca. 1460] 1-22, Chantilly Musée Condé 722 (1196) [ca. 1460] 23-32 (suite de BN fr. 51), Maz. 1554 (557) [fin 15^{e}s.] 7, 46-11, 20, BN fr. 315 [fin 14^{e}s.] 9-16, BN fr. 317-327 [après 1495] 1-16 et 26-28, Vat. Reg. lat. 538 [ca. 1455] 1-8, BL Lansdowne 1179 [ca. 1455] 9-16 (suite de Vat. Reg. lat. 538), BN fr. 52 [ca. 1455] 25-32 (suite indirecte de Lansdowne), BL Roy. 14 E.I [ca. 1500] 1-9, Den Haag KB 128.C.1, 1-3 [ca. 1480] (suite de Royal 14 E.1), Malibu J. Paul Getty Museum Ludwig XIII.5, 1-2 [2^{e}m. 15^{e}s.] 1-8, Besançon 434 [1372] 4, 2-8, BL Roy. 19 D.I [Paris? ca. 1335, aux traits pic.] 32, 2-66, Oxford Bodl. Bodley 761 [agn. ca. 1365] extrait de 32, BN nfr. 10721 [déb. 16^{e}s.] extraits, Vat. Reg. lat. 1514 [1^{e}m. 15^{e}s.] extr. 28 et 30 et 26; cf. Knowles R 75, 353-383, spéc. 358-362 et 381-383; le DEAF utilise les mémoires de maîtrise de S. Dörr, Heidelberg 1988 (éd. du l. 31, 1-6 d'après BN fr. 314 avec ét. lex.) et de M. Fietz-Beck, ib. 1990 (l. 30, 71-77 d'après BN fr. 314 avec ét. lex.). La lexicographie fr. cite d'habitude l'impr. 1531, tout en donnant par erreur et sans vérification la date de l'impr. Anthoine Vérard 1495-1496 (vol. I 1495, vol. II-IV s. d., vol. V 1496) voire, erronément, celle de 1327; cp. FEW Vign; cf. Möhren RLiR 46,3-28. Le vol. I de cet impr. contient l. I-VIII, vol. II l. IX-XV, vol. III l. XVI-XXII, vol. IV l. XXIII-XXVII, vol. V l. XXVIII-XXXII. Le DEAF transpose les citations trouvées, provenant des imprimés, selon les mss. BN fr. 316, 313, 15943, 15944 et 314. G. Roques relève quelques mots de l'Ouest dans l'œuvre de Jean. Inédit dans l'ensemble; L. Brun et M. Cavagna y travaillent [2004, v. id., R 124,378-428, en 2013 aussi N. Bragantini-Maillard; pour l'extrait relatant la *Visio Tnugdali*, donné par Cavagna, v. VisTond]. Extrait du l. 2 dans → MolandHéricault: *Asseneth*.

JVignayMirMargO

JVignayMirMargO id., extrait: légende de sainte Marguerite; ms. de base BN fr. 312-314 [1396], en var. BN fr. 308-311 [1455], BN fr. 50-51 [ca. 1460], BN fr. 315 [fin 14ᵉs.], BN fr. 317-327 [après 1495], et impr.; p. dans → SMargAO 143-145.

JVignayMirYsS id., neuf mss. contiennent un Ysopet (cp. → Ys); ms. de base BN fr. 316 [prob. 1333], en var. Besançon 434 [1372], Leiden Univ. VGGF 3 A [après 1332], BL Roy. 14 E.I [ca. 1500], BN fr. 50-51 [ca. 1460], BN fr. 308-311 [1455], BN fr. 312-314 [1396], BN fr. 6354-6359 [1494], Vat. Reg. lat. 538 [ca. 1455]; p. p. G. E. Snavely, "The Ysopet of Jehan de Vignay", dans → MélElliott 1,347-374.

JVignayOdoT Jean de Vignay, traduction de l'*Itinerarium* (récit de voyage semblable à celui de Marco Polo) du franciscain Odorico de Pordenone (Frioul), écrit en 1330, prose; traits norm., ca. 1333 (après 1331 et prob. av. 1334); ms. de base BN Rothschild IV.1.5 (3085) [Paris ca. 1340] (P), en var. BL Roy. 19 D.I [Paris? ca. 1335, aux traits pic.] (L); p. p. David A. Trotter, *Jean de Vignay, Les merveilles de la terre d'outremer*, Exeter (Univ.) 1990 (Textes litt. 75); [= TL JVignay Merveilles T]. Bonne éd., gloss. trop court.

JVignayOisivG Jean de Vignay, *Les oisivetez des emperieres*, trad. des *Otia imperialia* de Gervais de Tilbury, prose; traits norm., ca. 1323; ms. BN Rothschild IV.1.5 (3085) [Paris ca. 1340]; troisième partie, *De la devision des merveilles du monde*, p. p. D.-P. Gerner, dans → JAntOtiaP. (La thèse Strasbourg 1995 contient les trois parties.)

JVignayPrimW Jean de Vignay, traduction en prose d'une chronique royale latine perdue, attribuée à Primat (traducteur de → ChronSDenis), faits 1251-1286; traits norm., ca. 1335; ms. BL Roy. 19 D.I [Paris? ca. 1335, aux traits pic.] f°192-252; p. p. N. de Wailly, dans → RecHist 23 (1894) 1-106; cf. Trotter ActesMfr[9] 209-221.

JVignayVégL Jean de Vignay, trad. en prose des *Epitoma Rei Militaris* de Flavius Vegetius Renatus, compilation de la fin du 4ᵉ siècle; traits norm., ca. 1315; ms. de base Cambridge Gonville and Caius Coll. 424 (448) [1ᵉ partie (p. 1-78) pic. après 1315] (C), en var. Vat. Ross. 457 [2ᵉq. 14ᵉs.] (V), Bruxelles Bibl. roy. 11195 [mil. 14ᵉs.] (A), BL Roy. 20 B.I [2ᵉq. 14ᵉs.] (L), BN fr. 1229 [Paris? 4ᵉq. 14ᵉs.] (P), Rouen Bibl. mun. 997 (I.61) [déb. 15ᵉs.] (N) fragm., Bruxelles Bibl. roy. 11048 [2ᵉq. 15ᵉs.] (B), BL Roy. 17 E.V [Flandres après 1477] (R), Cambridge Magdalene Coll. Pepysian 1938 [2ᵉm. 14ᵉs.] (M), Cambridge Univ. Ee.II.17 [1ᵉm. 15ᵉs.] (U); p. p. L. Löfstedt, *Li livres Flave Vegece de la chose de chevalerie par Jean de Vignay*, Helsinki (Suomalaisen Tiedeakatemia) 1982 (Ann. B.214); [= TL JVignay Flave Vegece L]. Jean suit largement → JMeunVég; il a peut-être aussi connu → JPriorat.

JabergSchaukel K. Jaberg, "Zu den französischen Benennungen der Schaukel", *VRo* 8 (1945/46) 1-33; [= TL Jaberg Schaukel].

JacAmArtK Jacques d'Amiens, trad. libre de l'*Ars amatoria* d'Ovide, vers octosyll.; flandr. 2ᵉt. 13ᵉs.; ms. utilisé Dresden Oc 64 [pic.? ca. 1300], autres mss. Chambéry 27 [ce texte prob. ca. 1339], Leiden Univ. BPL 1925 (anc. Utrecht) [ce texte ca. 1300] v. 2047-fin, aussi BN fr. 12478 [1ᵉʳt. 15ᵉs.] BN fr. 25545 [ca. 1325]; p. p. G. Körting, *L'art d'amors und Li remedes d'amors von Jacques d'Amiens*, Leipzig (Vogel) 1868; [= TL Jak. d'Am. I]. Cp. → OvArt.

JacAmArtP id. ms. Chambéry 27 [ce texte prob. ca. 1339]; 1173 vers sur 2384 p. p. F. Perpéchon, *L'Art d'amours, Poème roman du XIIIᵉ siècle de Jakes d'Amiens*, Chambéry 1896 (Mém. et doc. p. p. Soc. Sav. Hist. Arch. 2,10 [35]).

JacAmRemK id., Remedes d'amours, 625 vers octosyll.; flandr. 2ᵉt. 13ᵉs.; ms. Dresden Oc 64 [pic.? ca. 1300]; p. dans → JacAmArtK p. 69-86; 92; [= TL Jak. d'Am. II]. Cp. → OvRemBi.

JacBaisT Jacques de Baisieux, poèmes en vers octosyll.; wall. ca. 1300; ms. unique Torino Bibl. naz. L.V.32 [wall. ca. 1300] perdu; p. p. P. A. Thomas, *L'œuvre de Jacques de Baisieux*, The Hague – Paris (Mouton) 1973; [= TL JBaisieux T *et* Oeuvre de JBaisieux T]. Reconstruction du texte d'après la copie BN Moreau 1727 [copie 18ᵉs. de Torino Bibl. naz. L.V.32] et d'après des éditions anciennes.

JacBruyP *La Voie de povreté et de richesse* ou *Chemin de povreté*, sorte d'imitation du Roman de la Rose, prob. par Jacques (ou Jean) Bruyant, octosyll.; prob. frc., 1342; ms. de base BN fr. 12477 [1ᵉm. 15ᵉs.], p. dans → MenagP 2,4-42; [= TL JBruyant; cp. Boss 5361; 5362].

JacCambrR Jacques de Cambrai, poèmes; traits pic. 3ᵉt. 13ᵉs.; ms. de base Bern 389 [lorr. fin 13ᵉs.] (C), en var. et complété par Oxford Bodl. Douce 308 [Metz ca. 1320] (I), BN nfr. 1677 [4ᵉq. 13ᵉs.] (j) fragm., Valenciennes 183 (175) [fragm. fin 13ᵉs.? v. R 52, 419]; p. p. J.-C. Rivière [– P.-Y. Badel], *Les poésies du trouvère Jacques de Cambrai*, Genève (Droz) 1978 (T. L. F. 257); [= TL JdeCambrai Poésies R; Boss[2] 4495]. Les pièces se retrouvent aussi dans → ChansPieusJ (7), RomPast (1), DinauxCambr (2), ChansBern389B (9).

JacCysH Jacques de Cysoing, chansons; traits pic. 3ᵉt. 13ᵉs.; p. p. E. Hoepffner, "Les Chansons de Jacques de Cysoing", *StM* n.s. 11 (1938) 69-102; [= Boss 2361].

JacLegrArchB Jacques Legrand (ca. 1365–1415), *Archilogie Sophie*, sorte d'encyclopédie moralisante, prose; frc. (Paris) ca. 1400; ms. de base du texte BN fr. 214 [déb. 15ᵉ s.] (B), du prol. BN fr. 1508 [2ᵉ q. 15ᵉ s.] (C), en var. BN fr. 143 [déb. 16ᵉ s.] (A) et BN fr. 24232 [déb. 15ᵉ s.] (D); p. p. E. Beltran, *Jacques Legrand. Archiloge Sophie. Livre de bonnes meurs*, Genève – Paris (Slatkine) 1986 (Bibl. XVᵉ s. 49). Sans glossaire. Contient aussi → JacLegrBonB (p. 285-427).

JacLegrBonB id., *Livre de bonnes meurs*, traité moral; frc. (Paris) ca. 1400; ms. utilisé BN fr. 1023 [av. 1410], autres 72 mss. v. l'éd. p. 290-295, parmi eux Berlin Staatsbibl. Hamilton 349 [Paris ca. 1415]; p. dans → JacLegrArchB p. 285-427.

JacVitryB *Historia orientalis*, compilation en prose d'une histoire de la Terre Sainte par Jacques de Vitry (lat. ca. 1221), traduction anonyme; flandr. 2ᵉ t. 13ᵉ s.; ms. unique BN fr. 17203 [art. 3ᵉ q. 13ᵉ s.] incomplet; p. p. C. Buridant [et al.], *La traduction de l'Historia orientalis de Jacques de Vitry*, Paris (Klincksieck) 1986 (Bibl. fr. et rom. B, 19); [= TL JVitry Historia Orientalis B]. Contient aussi → JacVitryTB.

JacVitryTB id., trad. anon. différente; pic. 2ᵉ m. 13ᵉ s.; ms. fragm. Troyes 1399 [ca. 1300]; p. dans → JacVitryB p. 213-216. Sans glossaire.

JacksonBret K. H. Jackson, *A historical phonology of Breton*, Dublin (Inst. for Adv. St.) 1967.

JacksonBrit K. H. Jackson, *Language and history in Early Britain. A chronological survey of the Brittonic Languages: First to twelfth century A. D.*, Edinburgh (Univ. Press) 1953. Concerne le brittonique et ses descendants, gallois (cymrique), cornique et breton.

JahrbPhil *Jahrbuch für Philologie*, München (Hueber) 1925-1927; [= FEW JahrbPhil].

JakD Jakemes, *Le Roman du châtelain de Coucy et de la Dame de Fayel*, roman courtois en vers octosyll.; hain. ca. 1300; ms. de base BN nfr. 7514 [hain. mil. 14ᵉ s.] (B), en var. BN fr. 15098 [hain. 14ᵉ s.] (A); p. p. M. Delbouille [– J. E. Matzke], *Le Roman du Castelain de Couci et de la Dame de Fayel par Jakemes*, Paris (SATF) 1936 [SATF 91]; [= TL RCcy²; FEW Jak et Coucy]. Concordance des éd. JakD et JakC ici, en appendice. Mise en prose: → ChastCoucy.

JakC id.; ms. BN fr. 15098; p. p. G. A. Crapelet, *L'histoire du châtelain de Coucy et de la Dame de Fayel*, Paris 1829; [= TL RCcy]. Concordance avec JakD v. en app.

JakG id. ms. B., qqs. var. de A; p. p. C. Gaullier-Bougassas, *Jakemés. Le Roman du châtelain de Coucy et de la dame de Fayel*, Paris (Champion) 2009 (Champ. Cl. M.Â. 26). Très peu d'émendations. Nouvelle numérotation des vers (pour un décalage de 1 par rapport à l'éd. D!). Ne remplace pas l'éd. D, v. Beretta MedRom 34,195-197.

Jal A. Jal, *Glossaire nautique*, Paris (Firmin Didot) 1848; [= FEW Jal].

Jal² *Nouveau glossaire nautique d'Augustin Jal. Révision de l'édition publiée en 1848*, Paris – La Haye (Mouton) 1970ss.; p. 383ss. (lettre D ss.) Paris (CNRS) 1983ss. À utiliser avec précaution (lire Fennis RLiR 51,606-614; 54,306-316; etc.).

JalArch A. Jal, *Archéologie navale*, 2 vol., Paris (Bertrand) 1840.

JänickeRoggen O. Jänicke, *Die Bezeichnungen des Roggens in den romanischen Sprachen unter besonderer Berücksichtigung der Galloromania*, Tübingen (Niemeyer) 1967 (ZrP-Beih. 113); [TL Jänicke Roggen = thèse Basel 1964].

JardPlaisD *Jardin de Plaisance*, collection de pièces diverses du 15ᵉ s. (Villon, → ConfTest, etc.), publiée sous ce titre à Paris, par Antoine Vérard, vers 1501; fac-similé p. p. E. Droz – A. Piaget, *Le Jardin de Plaisance et Fleur de rhétorique*, 2 vol., Paris 1910-1924 (SATF); [Boss 4560; Hol 1740; cp. FEW JardPlais: impr. Lenoir]. Imprimé très peu fidèle aux textes.

Jassemin H. Jassemin, *Le Mémorial des finances de Robert II, Duc de Bourgogne (1273-1285)*, Paris (Picard) 1933; [= FEW abourg. MF]. Doc. essentiellement bourg., 1273-1285.

Jastrow M. Jastrow, *A dictionary of the Targumim, the Talmud Babli and Yerushalmi, and the Midrashic literature*, 2 vol., London (Luzac) – New York (Putnam) 1903.

JeanroyLais A. Jeanroy – L. Brandin – P. Aubry, *Lais et descorts français du XIIIᵉ siècle*, Paris (Welter) 1901; [= TL Jeanr. Brand. Aubr.; Boss 2260].

JeanroyOrig A. Jeanroy, *Les origines de la poésie lyrique en France au moyen âge*, 2ᵉ éd., Paris 1904; [= TL Jeanroy Orig.].

JeffersonGold L. Jefferson, *Warden's accounts and court minute books of the Goldsmith's Mistery of London, 1334-1446*, Woodbridge (Boydell) 2003; [= AND Goldsmiths]. Doc. divers touchant

JeffersonGold

la corporation (*confrarie* doc. 1271, p. 132) des orfèvres de Londres, tirés de registres (premier en date: 1358), transcrits le plus souvent peu de temps après le fait (dans l'année 'fiscale'); doc. agn. 1271 (copie 1370, p. 132), 1327 (ch. royale confirmant les règlements de la corporation, p. 62-66), etc.

JefferyChans Chansons réunies en 18 collections écrites entre ca. 1512 et 1543; p. p. B. Jeffery, *Chanson verse of the early Renaissance*, 2 vol., London (Tecla Editions) 1971-1976.

JeffreyLevy D. L. Jeffrey – B. J. Levy, *The Anglo-Norman lyric. An anthology*, Toronto (Pontif. Inst. Med. St.) 1990 (St. & Texts 93); [= TL Anglo-Norman Lyric J-L; AND Lyric; Dean 133; 134; 739; etc.].

JerusT La Conqueste de Jerusalem, chanson de geste du cycle de → ChevCygne, vers alex.; flandr. fin 12^{e}s.; ms. de base BN fr. 12558 [art. mil. 13^{e}s.] (A), en var. BN fr. 786 [tourn. ca. 1285] (B), BN fr. 795 [pic. fin 13^{e}s.] (C), BN fr. 1621 [pic.-wall. mil. 13^{e}s.] (D), BN fr. 12569 [pic. 2^{e}m. 13^{e}s.] (E), Bern 320 [N.-E. 2^{e}m. 13^{e}s.] (F) lacunaire, Ars. 3139 [hain. 1268] (G), BL Roy. 15 E.VI [Rouen prob. 1444/1445] (H) fragm., BL Add. 36615 [pic. ca. 1300] (I), Oxford Bodl. Douce 381 (21956) [cette partie, f°24 et 25, pic. mil. 13^{e}s.] (N) fragm., Stafford Staffordshire Rec. Off. D.641/1/2/84 [pic. mil. 13^{e}s.] (N) fragm., Torino Bibl. naz. L.III.25 [pic. ca. 1300] (T) très endommagé; p. p. N. R. Thorp, *The Old French crusade cycle*, vol. 6, *La Chanson de Jérusalem*, Tuscaloosa – London (Univ. of Alabama Press) 1992; [= TL Chanson de Jérusalem T]; c.r. RLiR 57, 299. Version plus longue que celle de l'éd. H: v. 1050 de H= v. 1245 de T; 1626 = 1849; 2288 = 2519; 2910 = 3214; 4130 = 4480; 4445 = 4815; 5680 = 6291; 8121 = 8863.

JerusD id.; ms. de base BN fr. 12558 [art. mil. 13^{e}s.] (A); éd. partielle (v. 2743-4517) par S. Duparc-Quioc, *Le Cycle de la croisade*, Paris (Champion) 1955, 278-379. (Éd. du fragm. Oxford Bodl. Douce 381 (21956) [cette partie, f°24 et 25, pic. mil. 13^{e}s.] par id., "Les manuscrits de la Conquête de Jérusalem", R 65 (1939) 183-203, texte 195-203, = vers 7261-7602 de l'éd. H; correction dans JerusT p. 13.)

JerusH id.; ms. de base BN fr. 1621 (anc. 7628) [pic.-wall. mil. 13^{e}s.], deux lacunes (4020-4408 et 6997-7060) comblées par BN fr. 12558 (anc. Suppl. fr. 540.8) [art. mil. 13^{e}s.], autres mss. indiqués: BN fr. 786 (anc. 7190) [tourn. ca. 1285], BN fr. 795 (anc. 7192, '7193' err.) [pic. fin 13^{e}s.], BN fr. 12569 (anc. Suppl. fr. 105) [pic. 2^{e}m. 13^{e}s.] Ars. 3139 (anc. 165) [hain. 1268]; p. p. C. Hippeau, *La Conquête de Jérusalem faisant suite à la Chanson d'Antioche composée par le pèlerin Richard et renouvelée par Graindor de Douai au XIIIe siècle*, Paris (Aubry) 1868 (Coll. des Poètes fr. du M.A. 7); [= TL Jerus.].

JerusAcreG Conqueste de Jerusalem, branche II, comprenant la Prise d'Acre, la Mort Godefroi et la chanson des Rois Baudouin (v. 1-1881 = JerusAcreG, 1882-3491 = JerusMGodG, 3492-6778 = JerusBaudG); mil. 13^{e}s. (?); ms. de base BN fr. 12569 [art. ca. 1275] (E), en var. BL Add. 36615 [ca. 1300] (I; v. 1-2060 seulement); p. p. P. R. Grillo, *The Old French Crusade Cycle*, t. VII,2, Tuscaloosa (Univ. of Alab. Press) 1987; [= TL Cont. Jerus. Prise d'Acre G].

JerusBaudG → JerusAcreG.

JerusCont²G Continuation de → Jerus contenue dans les mss. I et T; fin 13^{e}s.; base des v. 1-4263, manquant dans I, T (et qqs. notices de P. Meyer et BN nfr. 23965 [18^{e}s.], v. éd. p. 23), puis I pour les v. 4264-27388 (sauf 22233-953: T), laisse finale d'après Meyer (= copie de T); p. p. P. R. Grillo, *The Old French crusade cycle*, vol. 8, *The Jérusalem continuations. The London-Turin version*, Tuscaloosa – London (Univ. of Alabama Press) 1994.

JerusCorbG *La Chrestieneté Corbaran*, continuation de → Jerus, traitant le baptême d'un héro sarrazin (1464 vers); 1^{e}m. 13^{e}s.; ms. de base I, en var. surtout E et G; p. p. P. R. Grillo, *The Old French crusade cycle*, vol. 7, t. 1, *La Chrétienté Corbaran*, University Alab. (Univ. Press) 1984, texte p. 1-39; [= TL Cont. Jerus. Corbaran G].

JerusMGodG → JerusAcreG.

JeuAmK Poème en vers oct. décrivant un jeu de société (d'aventure) intitulé (main tardive) «Le Jeu d'Amour»; ca. 1300; ms. unique Peterburg RNB Fr.Q.v.XIV.5 [traits pic. déb. 14^{e}s.]; p. p. E. von Kraemer, *Le Jeu d'Amour. Jeu d'aventure du moyen âge édité avec introduction, notes et glossaire*, Helsinki 1975 (Soc. Scientiarum Fennica, Comm. Hum. Litt. 54); [= TL Jeu d'Amour K; Boss² 5487]. Qqs. italianismes lexicaux.

JeuAventL Jeu d'aventure, en fait d'esprit, qui établit des rapports (symboliques) entre des conditions et faits humains (p. ex. l'amour) et des animaux (p. ex. le rossignol) et qui invite le lecteur à aller retrouver certains endroits dans le texte, incip. *Se de cest conte voels savoir*; pic. mil. 13^{e}s.; ms. BN fr. 1109 [pic. 1310] incomplet; p. p. A. Långfors, "Un jeu d'aventure", StN 11 (1938/39) 39-61. Version longue du 15^{e}s.: BN fr. 1660 [15^{e}s.], v. p. 57-61 (tables et extraits).

JeuPartiGrC Fragment d'un jeu-parti, partenaires: Jehan Tuin et un certain Hue; pic. prob.

2^et. 13es.; ms. Den Haag KB 131.D.1 [fin 13es.]; p. p. R. Crespo, "Un *jeu-parti* inedito", *StM* 3^a ser., 23,2 (1982) 957-969.

JeuPelV *Jeu du Pelerin*, petite pièce servant d'introduction à → AdHaleRob, vers alex.; pic. ca. 1288; ms. unique BN fr. 25566 [pic. (Arras) prob. 1295]; p. dans → AdHaleRobV 62-68.

JeuPelC id.; p. dans → AdHaleC p. 415-420; [cp. Boss 3990].

JeuPelL id.; p. dans → AdHaleRobL p. 69-75. Inutilisable.

JeuPelR id.; transcription diplomatique p. dans → AdHaleFeuillR 12-15.

JeuxPartL Collection factice de 182 jeux-partis; 13es. (pièces en partie datables); presque tous les chansonniers ont été utilisés, p. p. A. Långfors, *Recueil général des jeux-partis français*, 2 vol., Paris (Champion) 1926 (SATF); [= TL Rec. gén. Jeux-p.; FEW JeuxP]. Une concordance des n^{os} de → Raynaud, les n^{os} de l'éd. et les mss. mis à contribution se trouve p. II-IV. La réd. du DEAF utilise G. Lavis — M. Stasse, *Lexique des Jeux-Partis*, Liège (Fac. de Phil.) 1995 (basé sur JeuxPartL).

JobG L'histoire de Job, adaptation en vers octosyll. du *Compendium in Job* de Pierre de Blois (après 1173), texte qui développe les deux premiers chap. des *Moralia in Job* de Grégoire I; pic.sept. fin 13es.; ms. unique Ars. 3142 [f° 166r°b-178v°b: 14es.]; p. p. J. Gildea, *L'hystore Job*, 2 vol., Liège (Vaillant-Carmanne) — Villanova Pa. (St.Thomas) 1974-1979; [= TL Hyst. Job G; Boss 3028; $Boss^2$ 5586]. Texte lat. en face; gloss. réduit: consulter JobB.

JobB id.; p. p. R. Chapman Bates, *L'hystore Job. Adaptation en vers français du Compendium in Job de Pierre de Blois*, New Haven (Yale Univ. Press) 1937; [= TL Hyst. Job; FEW Job]. Glossaire complet de valeur.

JobGregF *Moralium in Job fragmenta* par saint Grégoire, trad. en prose; wall. fin 12es.; ms. BN fr. 24764 [Liège?. 1^{er}t. 13es.]; p. p. W. Foerster, dans → DialGregF p. 299-370; [= TL Job; WoC 32]. Gdf: 'Morales sur Job'.

JobGregL id.; p. dans → RoisL 440-518.

JocelinN 1^{er}t. 13es.; p. dans → GuiotDijonN; [= TL Jocelin; FEW Guiot].

Jóhannesson A. Jóhannesson, *Isländisches etymologisches Wörterbuch*, Bern (Francke) 1956.

JohnstonOwen R. C. Johnston – D. D. R. Owen, *Fabliaux*, Oxford (Blackwell) 1965 (Blackwells Fr. Texts; 1e éd. 1957). Contient → PreudomeJ; VilAsnierJ; EstulaJ; BrifautJ; TroisBoçusJ; BorgOrlJ; BailletJ; BrunainJ; ProvoireJ; RutebAsneJ; PovreMercJ; HonteJ; MireJ; SPierJonglJ; ChevRecAmJ.

JohnstonRog A. F. Johnston – M. Rogerson, *Records of early English drama: York*, 2 vol., Toronto (Univ. Press) 1979; [= AND Drama: York]. Doc. agn. à partir de 1386/87.

JoinvMo Jean de Joinville, Vie de saint Louis, chronique assez personnelle en prose; champ. 1309 (fin 1305-1309); ms. de base BN fr. 13568 [Nord-Est ca. 1335] (A) dit 'de Bruxelles', corrections et var. d'après impr. Paris, Cramoisy, 1617 (M), BN fr. 10148 [2^eq. 16es.] (L) dit 'de Lucques', BN nfr. 6273 [2^eq. 16es.] (B) dit 'de Reims', impr. Poitiers, A. Pierre, 1547 (P); p. p. J. Monfrin, *Joinville. Vie de saint Louis*, Paris (Garnier) 1995. Conserve le découpage du texte et du ms., mais insère heureusement les n^{os} de § de $JoinvW^1$; émendations signalées en italique. Concordances entre les éd. M/W^1, $D/W^1/W^2$ et W^1/C ici, en appendice.

JoinvC id.; p. p. N. L. Corbett, *La vie de saint Louis*, Sherbrooke Québ. (Naaman) 1977; [= TL Joinv. C; $Boss^2$ 6097].

JoinvD id.; texte basé sur A, corrigé par L, p. p. P. C. F. Daunou — J. Naudet, *Jean de Joinville, Histoire de saint Louis*, → RecHist 20 (1840) [110] 191-304.

JoinvM id.; ms. A; p. p. F. Michel, *Mémoires de Jean, Sire de Joinville, ou Histoire et chronique du très-chrétien roi Saint Louis*, 2 t. en 1 vol., Paris (Firmin Didot) [^{1}1858] ^{4}1871; [= TL Joinv.]. Contient aussi → SarrasinM, ContGuillTyrRothM, RegrSLouisM, GuillLongM.

JoinvW^1 id.; p. p. N. de Wailly, *Histoire de Saint Louis par Jean, Sire de Joinville*, Paris (Renouard) 1868 (Soc. Hist. de Fr. 144); [= TL Joinv.]. Éd. composite, en partant de A. Concordances entre les éd. M/W^1, $D/W^1/W^2$ et W^1/C ici, en appendice.

JoinvW^2 id.; éd. 'critique' à peine utilisable, 1874; [= FEW Joinv; Boss 3671].

JoinvLW id.; ms. de base A, corrigé par L et B; p. p. N. de Wailly, *Jean, sire de Joinville. Œuvres*, Paris (Le Clère) 1867.

JoinvCredoF Jean de Joinville, *Credo*, le Credo commenté et illustré, titre: *Li romans as ymages des poinz de nostre foi*, prose; prob. 1287 (et plutôt pas 1250-1251); ms. BN nfr. 4509-4510 (anc. Ashburnham) [fin 13es.]; p. p. L. J. Friedman, *Text and iconography for Joinville's Credo*, Cambridge, Mass. 1958 (Med. Acad. of Am. 68);

[= Boss² 5970]. Les miniatures se retrouvent dans les mss. BN lat. 11907 [Champ. fin 13ᵉs.] et Peterburg RNB Lat.G.v.I.78 [fin 13ᵉs.].

JonasP Fragment d'un sermon de circonstance bilingue sur Jonas, développant des citations du commentaire *in Jonam* de saint Jérôme, appelé 'Fragment de Valenciennes', prose; flandr. 2ᵉq. 10ᵉs. (prob. entre 938 et 952); ms. Valenciennes 521 (475) [2ᵉq. 10ᵉs.]; p. p. G. de Poerck, "Le sermon bilingue sur Jonas du ms. Valenciennes 521 (475)", *Romanica Gandensia* 4 (1955) 31-66; rectifications de l'auteur: RLiR 27 (1963) 9-12.

JonasA id.; p. p. D.S. Avalle, *Monumenti prefranciani. Il sermone di Valenciennes e il Sant Lethgier*, Torino (Giappichelli) s.d. [1967]; texte p. 61-66.

JonasK id.; p. dans → FoersterKoschw⁵ 51-60; [= TL Fragm. de Val.; FEW Jonas].

JonasComp P. Jonas, *Les systèmes comparatifs à deux termes en ancien français*, Bruxelles (Univ. de Bruxelles) 1971.

JonesBret M. Jones, *Recueil des actes de Jean IV, duc de Bretagne*, t. I (1-430: 1357-1382), Paris (Klincksieck) [1980], t. II (431-1196: 1383-1399), Paris [1983] (Inst. arm. de Rech. écon. et hum., Rennes). Beaucoup de doc. publiés d'après l'original. Localisations diverses!

JonesCharlBret M. Jones, *Recueil des Actes de Charles de Blois et Jeanne de Penthièvre, duc et duchesse de Bretagne (1341-1364)*, Rennes (Univ.) 1996. C.r. T. Matsumura RLiR 62,561-565. Distinguer les dates des faits hist. de celles des mss. Localisations diverses!

JonesFarb W.J. Jones, *Historisches Lexikon deutscher Farbbezeichnungen*, 5 vol., Berlin (Akad. Verl.) 2013. Compilation étendue.

JoppKorth U. Joppich-Hagemann – U. Korth, *Untersuchungen zu Wortfamilien der Romania Germanica*, Bonn (Rom. Sem.) 1973 (Romanist. Versuche und Vorarbeiten 46).

JorFl Ch. Joret, *Flore populaire de la Normandie*, Caen (Delesques) – Paris (Maisonneuve) 1887; [= FEW JorFl].

JordRufMP Jordanus Rufus, grand maréchal de Frédéric II, auteur de la *Medicina* ou *Mariscalcia equorum*, mil. 13ᵉs., traduit en prose fr. plusieurs fois (chaque ms. serait une version indépendante selon B. Prévot), titre du ms. M: *Marechaucie des chevax*; 2ᵉm. 13ᵉs.; ms. de base BN fr. 25341 [ca. 1300] (M), en var. → JordRufNP, JordRufRP et JordRufsP, peu utilisé: London Wellcome Hist. Med. Libr. 546 [Fr. mérid. mil. 14ᵉs.] (W) compilation bigarrée et de faible qualité; p. p. B. Prévot, *La science du cheval au moyen age. Le* Traité d'hippiatrie *de Jordanus Rufus*, Paris (Klincksieck) 1991. [Cp. DEAF JARDE.]

JordRufC id; version du ms. Catania Ventimigliana 42 (43) [Chypre? 14ᵉs.]; v. Brayer, dans *Mélanges d'archéologie et d'histoire* 59 (1947) 159.

JordRufNK id. (même texte de base latin que M); ms.-version Vat. Reg. lat. 1177 [mil. 14ᵉs.] (N); p. p. L. Klein, *Studien zur "medicina equorum" des Jordanus Ruffus (1250)*, thèse Hannover 1969. Thèse de médec. vétérin. peu touchée de philologie.

JordRufNP id.; var. et citations dans → JordRufMP

JordRufRP id., trad. du texte latin du ms. Vat. Reg. lat. 5331; ms.-version Reims Bibl. mun. 991 (I.686) [Avignon 1391] (R); cité dans les var. de JordRufMP.

JordRufsP id., trad. indépendante, copié avec, en regard, le texte latin; ms. BN nlat. 1553 [It. 1ᵉm. 14ᵉs.] (S) [ou Avignon (it.) ca. 1320?] incomplet; cité dans les var. de JordRufMP.

JordRufUB id., trad. indépendante, fragm.; francoit. déb. 14ᵉs. (?); ms. Udine Arch. di St. framm. 159 [It. déb. 14ᵉs.]; extraits p. p. R. Benedetti, "La Mascalcia di Giordano Ruffo di Calabria…", in R. Librandi – R. Piro, *Lo scaffale della biblioteca scientifica in volgare (secoli XIII-XVI). Atti del Convegno (Matera, 14-15 ottobre 2004)*, Firenze (Sismel) (Galluzzo) 2006, 297-308. Avec les extraits corresp. de JordRufsP.

JosephS Estoire Joseph, poème relatant la vie de Joseph, père de Jésus, essentiellement sur la base de la Bible, 810 couplets d'hexasyll. rimés; norm. 2ᵉm. 12ᵉs.; ms. de base BN fr. 24429 [déb. 14ᵉs.] (P), en var. Vat. Reg. lat. 1682 [2ᵉq. 14ᵉs.] (R) et le ms.-version BN nfr. 10036 [frc. 3ᵉt. 13ᵉs.] (A; remanieur pic.?; 2667 au lieu de 1620, v. l'éd. St); p. p. E. Saß, *L'Estoire Joseph*, Dresden – Halle (Niemeyer) 1906 (Ges. für Rom. Lit. 12); [= TL Est. Jos.; FEW Joseph]. Pour la chose cp. Frankwalt Möhren, "Jésus le forgeron", dans → MélLebsanft 451-477.

JosephSt id.; ms. P augmenté; p. p. W. Steuer, "Die altfranzösische Histoire de Joseph", *RF* 14,2 (1903) 227-410; [= TL Hist. Jos. A.]. Mauvaise édition.

JostPletR *Li livres de jostice et de plet / de jotice et de droit*, traité juridique qui essaie de concilier le droit romain (→ Digeste), le droit canon et le droit coutumier (d'Orléans), enrichi de nombre de cas; orl. ca. 1260; ms. BN fr. 2844 [orl. fin 13ᵉ s.]; essentiellement les parties qui ne traduisent pas simplement le Digeste (le gros reste étant inédit) p. p. P.-N. Rapetti, *Li livres de jostice et de plet*, Paris (Firmin Didot) 1850 (Coll. doc. inéd. hist. de France); [= TL LJost.; FEW JostPlet *et* Jost]. Cf. NM 91 (1990) 153-155. Inédit dans l'ensemble. Cp. → Digeste et EtSLouisV.

JoubertAgr A. Joubert, *La vie agricole dans le Haut-Maine, au XIVᵉ siècle, d'après le rouleau inédit de Mme D'Olivet (1335-1342)*, Mamers (Fleury – Dangin) 1886. Ouest.

JoubertMacé A. Joubert, *Étude sur les comptes de Macé Darne, maître des œuvres de Louis Iᵉʳ, duc d'Anjou et comte du Maine (1367-1376), d'après un manuscrit inédit du British Museum*, Angers (Germain et Grassin) 1890. Ouest; ms. BL Add. 21201 [anj. 1367-1376]; des extraits copiés sur l'orig. se trouvent dans le ms. Angers Bibl. mun. 1122 (921) [fin 18ᵉ s.].

JoufrF *Roman de Joufroi de Poitiers*, roman d'aventures en couplets de vers octosyll. rimés; Sud-Est mil. 13ᵉ s.; ms. unique København Kgl. Bibl. Gl. Kgl. 3555 8° [ca. 1300]; p. p. P. B. Fay – J. L. Grigsby, *Joufroi de Poitiers. Roman d'aventures du XIIIᵉ siècle*, Genève (Droz) – Paris (Minard) 1972; [= TL Joufroi²; Boss² 2463]. Attention: il faut contrôler en fin de vol., non sans peine, parmi les notes, les leçons véritables du ms.

JoufrH id.; p. p. K. Hofmann – F. Muncker, *Joufrois, altfranzösisches Rittergedicht*, Halle (Niemeyer) 1880; [= TL Joufr.; Boss 1374].

JoufrS id.; p. p. W. O. Streng-Renkonen, *Joufrois, roman français du XIIIᵉ siècle*, Turku 1930 (Ann. Univ. Aboensis B XII); [= TL Joufrois²; FEW Joufr; Boss 1375; Hol 990].

JourJugP Mystère du Jour du Jugement, en vers octosyll.; fin 14ᵉ s. (plutôt que ca. 1335?); ms. Besançon 579 [f° 1-36: fin 14ᵉ s.?]; p. p. J.-P. Perrot – J.-J. Nonot, *Le Mystère du Jour du Jugement*, s. l. [Chambéry] (Comp'Act) 2000. Avec corrections mentionnées seulement dans l'introd., p. 51s.

JourJugR id.; p. p. E. Roy, *Études sur le théâtre français du XIVᵉ siècle. Le Jour du Jugement, mystère français sur le Grand Schisme, publ. d'après le ms. 579 de la Bibl. de Besançon*, Paris (Bouillon) 1902; [= Boss 5762; Hol 2026]. L'allusion au Grand Schisme ne paraît pas assurée.

JourJugAmurC Poème sur le Jour du Jugement dernier, incip. *Amur et pour ad Deu mis*, vers octosyll.; agn. 1ᵉ m. 13ᵉ s.; ms. Cambridge St John's Coll. E.8 (111) [agn. mil. 13ᵉ s.]; p. p. H. J. Chaytor dans → DivMondePerP p. 27-33; [= TL Cambr. anglon. texts II; AND Judgement; Dean 636]. Le poème a été intégré au début de → AmDieu.

JourdBlD *Jourdain de Blaye*, chanson de geste du cycle de Charlemagne, 4245 vers décasyll., assonn. jusqu'au v. 2513, puis monorimes (sauf *-t, -s, -z*, et except.); frc. ca. 1200; ms. unique BN fr. 860 [lorr.sept. ca. 1275]; p. p. P. F. Dembowski, *Jourdain de Blaye*, Chicago (Univ. Press) 1969; [= TL t. 11 Jourd. Bl.² (!, t. 9) *et* Jourd. Bl. D; Boss² 1339].

JourdBlD² id.; p. p. P. F. Dembowski, *Jourdain de Blaye*, Paris (Champion) 1991 (CFMA 112); [= TL Jourd. Bl.² (!)].

JourdBlH id.; p. p. K. Hofmann, *Amis et Amiles und Jourdains de Blaivies*, Erlangen (Deichert) ²1882, texte p. 105-226; [= TL Jourd. Bl.].

JourdBlAlM *Jourdain de Blaye*, version en 23193 alexandrins; pic. av. 1455; ms. de base Ars. 3144 [1455] (B), Tournai 102 [1461] (C, même scribe que B; ms. perdu en 1940), Tournai [102] copie mod. [1928] v. 1-19447 et 23183-93 (T); p. p. Takeshi Matsumura, *Jourdain de Blaye en alexandrins*, 2 vol., Genève (Droz) 1999 (T.L.F. 520). Cité par Gdf comme 'Hist. de Ger. de Blaves'. Pour les proverbes voir Matsumura TraLiPhi 37 (1999) 171-215.

JourdBlAlbU id.; ms. Ars. 3144 (B), extraits (laisses 265-306) p. p. K. Unger, *Mitteilungen aus der Alexandrinerversion der Chanson von Jourdain de Blaivies*, thèse Greifswald 1912.

JourdBlAlcF id.; extrait (laisses 377-428) d'après le ms. Tournai (C), avec les var. de Ars. (B) et de la version en prose (1456) selon l'imprimé Jehan Bonfons 1520 (P), p. p. H. Funk, *Weitere Text-Mitteilungen aus der Alexandrinerversion des Jourdain de Blaivies, nebst Untersuchungen über das Verhältnis der beiden Handschriften und des Prosaromans*, thèse Greifswald 1915.

JournGoub → GoubJourn et Goub.

JournParT Journal d'un bourgeois parisien (p.-ê. le chanoine de N.D. Jean Chuffart) à perspective personnelle et locale, en prose; Paris (frc. et traits de l'Ouest) (1405-) 1449; ms. de base Vat. Reg. lat. 1923 [2ᵉ m. 15ᵉ s.] ('Rome'), en var. BN fr. 3480 [1ᵉʳ m. 17ᵉ s.] ('Paris'), autres mss.: BN Dupuy 275 [17ᵉ s.], BN fr. 10145 [fin 17ᵉ s.], Aix-en-Provence 432 (316) [16ᵉ et 17ᵉ s.], Witney Oxon W. D. Macray (?) [fin 15ᵉ s.] extraits v. Delisle BEC 53,684-685; p. p. A. Tuetey, *Journal d'un bourgeois de Paris. 1405-1449*, Paris (Champion) 1881; [= TL Journal d'un bourg. de Paris].

JournParM

JournParM id., éd. 'critique' inutilisable, p. p. A. Mary, *Journal d'un bourgeois de Paris sous Charles VI et Charles VII*, Paris (Jonquières) 1929. Également inutilisable: 'éd.' à l'orthographe modernisée par C. Beaune, Paris (Poche) 1997.

JoursPerilDedM Jours périlleux, petit texte en vers très irréguliers, qualifiant les 'jours périlleux' de l'année (*dies aegri/mali*, jours égyptiaques) titre: *Quels jurs sunt a garder de prendre potion ou segner*, incip. *Dedenz l'an sunt .iiij. jurz*; agn. mil. 13e s.; ms. Glasgow Univ. Hunter 280 (U.5.20, anc. R.6.12) [agn. mil. 13e s.]; p. dans → JoursPerilMestreM p. 51; [= Dean 430].

JoursPerilLuneM Petit texte en prose sim., incip. *Li mestre qe cest art* (et sim., ms. Arund.: *Sci cumence la lune que fet a eschivre*); agn. 13e s.; ms. BL Arundel 230 [agn., cette partie 2e m. 13e s.], etc. (v. Dean); p. dans → JoursPerilMestreM p. 50-51; [= Dean 379].

JoursPerilMestreM Jours périlleux, petit texte en prose et vers qualifiant les 'jours périlleux' de l'année, incip. ms. BN: *Les mestres .iv. ky cest art cumtrouverent*, ms. BL: *Li mestre qe cest art contreverent*; agn. déb. 13e s.; ms. BN lat. 770 [12e s., f° 1 v° agn. déb. 13e s.] (imprimé en col. a), BL Arundel 220 [agn. 1er q. 14e s.] f° 305 v° (col. b); p. p. P. Meyer, "Bribes de littérature anglo-normande", *Jahrbuch für roman. u. engl. Lit.* 7 (1866) 37-57, texte 49-50; [= Dean 378]. Cité par Gdf d'après BN lat. 770.

JubJongl A. Jubinal, *Jongleurs et trouvères, ou choix de saluts, épitres, rêveries et autres pièces légères des XIIIe et XIVe siècles*, Paris (Merklein) 1835 (réimpr. Ann Arbor, Univ. Microfilms); [= TL Jongl. et Tr.]. Contient → EvFemesJ p. 26-33, 'Resveries' 34-42 (v. BartschChrest 74), SalutEnfAJ 43-45, PrivilBret[1]J 52-62, BrancheArmJ 73-74, BlasmeAJ 79-82, BienFamesJ 83-86, CornetesJ 87-93, DanDenierAJ 94-100, MailleJ 101-106, RoseDitAussiJ 110-118, FevrDitJ 128-137, BoulangiersJ 138-142, 'De l'eschacier' 158-163 (v. éd. Ménard, Boss[2] 4907), TaboureursJ 164-169, PaixAnglJ 170-174, PaixAnglCh[1]J 175-176, etc. ÷

JubMyst A. Jubinal, *Mystères inédits du quinzième siècle*, 2 vol., Paris (Techener) 1837; [= TL Jub. Myst.]. Contient MistHag1-6J t. 1,1-303; MistFiacreJ 304-353; Nat[NS]SteGenJ 2,1-78; TroisRoisJ 2,79-138; PassEntreJ 2,139-379; SongeEnfJ 2,384-403; SynagEglJ 404-408.

JubNRec A. Jubinal, *Nouveau recueil de contes, dits, fabliaux*, 2 vol., Paris (Pannier; Challamel) 1839-1842; [= TL Jub. NRec.]. Contient → GeoffrParMaisJ 1,181-194; AubereeJ 1,199-222; GeoffrParBacJ 1,250-265; GeoffrParPatJ; JuitelAlJ 1,231-7; MonstiersJ; CoincyI11J 2,316-325; Merlin Mellot 1,128-137 v. JSQuentO 141-149; Povre Chevalier 1,138-144 v. JSQuentO 62-67; DeuxChevJ 1,145-153 v. JSQuentO 47-54; Chace 1,154-172 remplacé par ChaceT; VinIaueJ 1,293-311; Bacheler d'armes 1,327-341 v. BaudCondS 45-62; AndréCoutFrJ 2,1-17; JRenPlaitJ 2,23-27; Yver 2,40-49 v. Dean 146; Fole et Sage 2,73-82 v. StengelDigby 84-93; QueueRenJ 2,88-95; UnicorneAJ 2,113-123; Droiz au Clerc 2,132-149 v. ClercVaudR; Doctrinal 2,150-161 v. DoctSauvS; Ditté des choses v. OutHôtelBN; ContenFamesJ 2,170-177; FatrArrJ 2,208-228; HuonABCJ 2,275-290; RenclMisH ms. Θ 2,290-296; NicBozPassJ 2,309-315; GuillLongJ 2,339-353; GrantzGeanzAJ 2,354-371; etc. ÷

JudasA Vie de Judas, vers octosyll.; pic. 1309; ms. Torino Bibl. naz. L.II.14 (fr. 36; G.II.13) [pic. (Origny) 1311]; p. p. A. de' Ancona, *La Leggenda di Vergogna... e la Leggenda di Giuda...*, Bologna (Romagnoli) 1869 (Scelta di Curiosità 99), texte fr. p. 75-100; [= TL Vie Judas]. Cf. StengelTur 35 (qui transcrit la date MCCC et XI, au lieu de -IX).

JugAmD Jugement d'amour ou Florence et Blancheflor, sorte de Débat du clerc et du chevalier, vers octosyll.; traits hain., ca. 1200; ms. de base BN fr. 837 [frc. 4e q. 13e s.] (B), en var. BN fr. 19152 [frc. fin 13e s.] (A), Berlin Staatsbibl. Hamilton 257 [norm. ca. 1300] (F), Wien 2621 [2e m. 14e s.] (E), BN fr. 1593 [frc., faibles traits lorr. fin 13e s.]; p. p. M. Delbouille, *Le jugement d'amour ou Florence et Blancheflor. Première version française des Débats du clerc et du chevalier*, Gembloux (Duculot) – Paris (Droz) s.d. [1936]; [= TL Jugement d'Am.].

JugAmB id.; ms. BN fr. 19152; p. dans → Barb-Méon 4,354-365.

JugAmF id.; ms. de base Wien (E), en var. A,B,C et F; p. dans E. Faral, *Recherches sur les sources latines des contes et romans courtois du moyen âge*, Paris (Champion) 1913, p. 251-269 (App. I).

JugAmO id., incip. *De cortoisie et de barnage*, vers octosyll.; mss. utilisés: BN fr. 19152 [frc. fin 13e s.] (A), BN fr. 837 [frc. 4e q. 13e s.] (B), BN fr. 1593 [frc., faibles traits lorr. fin 13e s.] (C), Wien 2621 [2e m. 14e s.] (E); p. p. C. Oulmont, *Les débats du clerc et du chevalier dans la littérature poétique du moyen-âge*, Paris (Champion) 1911, p. 122-142; [dans TL Oulmont débats]. Contient, p. 142-156 → JugAmDD, p. 167-183 → JugAmBlO, p. 183-196 → JugAmMeliorO, p. 197-216 → DieuAmO.

JugAmS id.; ms. de base BN fr. 837 (B), A,C,E et F (Berlin Staatsbibl. Hamilton 257 [norm. ca. 1300]) en var., ms. D → JugAmDS; p. p. J. Schmidt, *Le jugement d'amours*, thèse Jena, Borna

– Leipzig (Noske) 1913; [= TL Jugem. d'Am.]. En principe bon travail, mais déparé par beaucoup de coquilles. Gloss. complet.

JugAmDD id., version du ms. BN fr. 795 [pic. fin 13ᵉs.] (D) (incip. *El mois de mai avint l'autrier*) avec qqs. corr. d'après B; p. dans → JugAmD p. 142-156. Suivi de 'De Hueline et d'Aiglantine', ms. D (?) et → Méon (!), p. 157-167.

JugAmDS id.; p. dans → JugAmS p. 31-44.

JugAmBlM Jugement d'amour ou *Geste de Blancheflour e de Florence*, espèce de 'débat du chevalier et du clerc', aux éléments encyclopédiques, incip. *L'autre hier m'en aloi jwant*, vers octosyll.; agn. 2ᵉm. 13ᵉs.; ms. Princeton NJers. Univ. Taylor Coll. Phill. 25970 (anc. Cheltenham Phillipps 25970) [agn. mil. 14ᵉs.]; p. p. P. Meyer, "Notice du ms. 25970 de la bibliothèque Phillipps", *R* 37 (1908) 209-235, spéc. 224-234; [= AND Bl et Fl; Dean 216].

JugAmBlO id.; p. dans → JugAmO p. 167-183.

JugAmFirF Version francoit. de → JugAm, incip. *De cortoissie et de barnage*; francoit. ca. 1300 (?); ms. Firenze Bibl. Med. Laurenz. Ashburnham Libri 123 (50; 55) [It.occid. fin 13ᵉs.]; f°7v° + 11-13; p. dans → JugAmF 270-303 (= App. II). Avec 'Index des formes du texte étrangères au francien'.

JugAmMeliorO *Melior et Ydoine* ou *Quel vaut mieux a amer, gentil clerc ou chivaler*, un jugement d'amour en vers octosyll.; agn. 13ᵉs.; ms. Cambridge Univ. Gg.I.1 [agn. après 1307]; p. dans → JugAmO p. 183-196; [= Dean 217].

JugAmMeliorM id.; p. p. P. Meyer, "Melior et Ydoine", *R* 37 (1908) 236-244; [= AND Melior].

JugAstrR *Les jugemens d'astrologie selon Aristote*, traité basé sur les traditions ptoléméenne et arabe, prose; norm.-pic. après 1360; ms. BN fr. 1083 [pic.-norm. déb. 15ᵉs.] (A), Grenoble 290 (cat. 814) [15ᵉs.] (B) copie de A?, Cambridge Mass. Harvard Houghton Libr. Fr 151 [15ᵉs.] f°23-53; ms. A p. p. G. Meyer Rothberg, *Les jugemens d'astrologie selon Aristote*, thèse Syracuse N. Y. 1943; [= Transmédie 1069].

JugMetzS Jugements du Maître-Échevin de Metz; lorr. (Metz) déb. 16ᵉs. [le texte donne des résumés de jugements rendus au 14ᵉs. (1289-1399), de sorte qu'il reflète partiellement la langue de l'époque du jugement (dates mises entre crochets)]; ms. Nancy Bibl. mun. 142 [1ᵉm. 16ᵉs.]; p. p. J. J. Salverda de Grave – E. M. Meijers – J. Schneider, *Le droit coutumier de la ville de Metz au moyen âge*, tome I: *Jugements du Maître-Échevin de Metz au XIVᵉ siècle*, Haarlem (Tjeenk Willink) 1951 (Institut historique de Droit de Leiden II. 11); tome II: *Aperçu systématique du droit civil de Metz d'après la jurisprudence du XIVᵉ siècle*, par E. M. Meijers, Haarlem (Tjeenk Willink) 1965; [= FEW SalvG et, erronément, Salv]. Source problématique.

JugesA Traduction fidèle du livre des Juges (Vulgate), prob. faite à Londres pour les templiers Richard de Hastings et Odo de Saint Omer, prose; traits agn. 3ᵉq. 12ᵉs.; mss. imprimés en regard: BN nfr. 1404 [Acre 1281] (N) f°64 ss., Chantilly Musée Condé 3 (724) [14ᵉs.] (C), Ars. 5211 [Acre 1250-54] (A), BN fr. 6447 [flandr. 4ᵉq. 13ᵉs.] (P), [aussi trad. occ. du texte fr.: BN fr. 2426 [fin 14ᵉs.]], non utilisé: fragm. New Brunswick, v. JugesB; p. p. A. d'Albon, *Le Livre des Juges. Les cinq textes de la version française faite au XIIᵉ siècle pour les chevaliers du Temple*, Lyon (Rey) 1913 (Soc. Bibliophiles Lyonn.); [= Dean 444.1]. Texte intégral, avec → Rois, dans → BibleAcre.

JugesB id.; fragm. New Brunswick N.J. Theolog. Sem. [Ouest ou agn. ca. 1200]; p. p. G. A. Bertin – A. Foulet, "The book of Judges in Old French prose: The Gardener A. Sage Library fragment", *R* 90 (1969) 121-131; [= Dean 444.1].

JuifChrétP *Débat du juif et du chrétien*, vers alex.; 3ᵉq. 13ᵉs.; ms. BN fr. 19152 [frc. fin 13ᵉs.] f°107v°b-110v°c; p. p. H. Pflaum, "Les poèmes de controverse religieuse au moyen âge, avec un débat inédit en vers français du treizième siècle", *Tarbiz* 2, 4 (Jerusalem 1931); [= TL Pflaum Poèmes de controv. rel.; Boss 3510]. Cp. → SynagEgl.

JuiseR *Li ver del juïse*, sermon sur le Jugement Dernier, en alexandrins assonancés; liég. 2ᵉq. 12ᵉs.; ms. de base de la partie I (v. 1-416) Oxford Bodl. Canonici Misc. 74 [wall. déb. 13ᵉs.] (A), en var. BN fr. 19525 [agn. fin 13ᵉs.] (B), Manchester Univ. John Rylands Libr. Fr. 6 [Angleterre f°1-8: agn. mil. 13ᵉs.] (R); partie II (v. 413-480) base BN, en var. Manchester; p. p. E. Rankka, *Li ver del juïse. Sermon en vers du XIIᵉ siècle*, Uppsala (Almqvist & Wiksell) 1982; [= TL Juise R; Dean 638].

JuiseF id.; ms. de base Oxford, en var. BN; p. p. H. von Feilitzen, *Li ver del Juïse, en fornfransk predikan*, Uppsala (Akad. Bogtryck.) 1883; [= TL Juise; Boss 3542; Hol 286].

Juitel *Miracle de l'enfant juif mis au four et sauvé par la Vierge*, à plusieurs versions: 1. Version dans → AdgarK n°14, fragm. p. aussi dans → JuitelAlW 78-79 et AdgarN 19-20 (n°5); 2. Version proche de la première, comprise dans → MirAgn² (conte 1); 3. Version par Gautier de Coincy, → CoincyI12; 4. Version comprise dans → Pères,

Juitel

→ Pères2W; 5. → JuitelAl; 6. → JuitelPr¹; 7. → JuitelPr²; 8. → JuitelPr³. Aussi dans → JVignayMir XXII 79 (p.ex. BN fr. 15944 [ca. 1375] f°55v°) et dans un 'Abrégé d'histoire sainte' (incip. *Chy commenche la passion Jhesu Crist*) des mss. Cambrai 256 (246) [pic. déb. 14ᵉs.], BN fr. 1546 [2ᵉm. 13ᵉs.] et Ars. 2071 [1383 n.st.], imprimé dans R 28,256-267 (prose).

JuitelAlW Juitel, version en alexandrins, titre: *Le dit du petit juitel*; 2ᵉm. 13ᵉs.; BN fr. 24432 [frc. av. 1349]; p. p. E. Wolter, *Der Judenknabe, 5 griechische, 14 lateinische und 8 französische Texte*, Halle (Niemeyer) 1879 (Bibl. norm. 2), p. 108-114 [n°23]; [= TL Judenkn.]. Contient → Adgar[N] n°5 (= K n°14) [n°20], CoincyI12W [n°21], Pères2W [n°22], MirAgn²W [n°24] et JuitelPr^(1/2/3)W [n°25-27].

JuitelAlJ id., dans → JubNRec 1, 231-237.

JuitelPr¹W id., version en prose par Jean le Conte; fin 14ᵉs.; ms. de base BN fr. 1805 [15ᵉs.], en var. BN fr. 1806 [15ᵉs.], p. dans → JuitelAlW 123.

JuitelPr²W id., version en prose comprise dans la collection 'Ung Livre des faiz et miracles de nostre dame'; 15ᵉs.; ms. BN fr. 410 [fin 15ᵉs.]; p. dans → JuitelAlW 124.

JuitelPr³W id., version en prose dans de C. Fleury, *Histoire ecclésiastique depuis l'an 483 à 590*, Paris (Mariette/Aubouyn-Clousier) 1740, 7, 432-433, réimpr. dans → JuitelAlW 125.

JumentDeableR De la jument au deable, dit traitant du sort des *prestresses* (concubines des prêtres) devenant juments chevauchées par le diable, vers octosyll.; 2ᵉm. 13ᵉs.; ms. Berlin Staatsbibl. Hamilton 257 [norm. ca. 1300]; p. dans → AvocasR p. 219-223; [= TL Tr. Dits II].

JungAllég M.-R. Jung, *Études sur le poème allégorique en France au moyen âge*, Bern (Francke) 1971 (Rom. Helv. 82); [= TL Jung Poème allégorique].

JungTroie M.-R. Jung, *La légende de Troie en France au moyen âge. Analyse des versions françaises et bibliographie raisonnée des manuscrits*, Basel – Tübingen (Francke) 1996 (Rom. Helv. 114). Etudes de la plupart des mss. de → BenTroie, de → HistAnc (avec éd. partielle: → HistAncJu), de → ChronBaud^(1/2), de → TroieJFlix [en p. 436, corr. la date 1272 en 1262], de → TroieJofr (cf. SecrSecrPr²H: mieux informé), des mises en prose de → BenTroie, etc. ['Prose 5' = → HistAnc²].

JungeGericht A. Junge, *Über Gerichtsbeamte und Gerichtsverhältnisse in der Litteratur des alten Frankreichs*, thèse Göttingen 1906.

JurésSOuenA Le livre des jurés de l'abbaye Saint Ouen; norm. 1291 etc. [f°1-12 tables et lettres datées jusqu'en 1378; f°13-206 et 246-253: 1291-1294; f°207-237: 1262 copie, 1274 copie, 1294 copie, 1324; f°238-315: 1299-1302, le tout est interpolé de mains plus tardives (f°315 r° dernières lignes: 1396), ce qui est indiqué en note]; p. p. D. Angers et al., *Un censier normand du XIIIᵉ siècle: Le livre des Jurés de l'abbaye Saint-Ouen de Rouen*, Paris (CNRS) 2001 (IRHT, Doc.62). Avec un 'glossaire' fragmentaire sans renvois (!).

JurésSOuenD id.; extraits p. dans → Delisle p. 695-721 [transcriptions parfois meilleures dans Gdf; son titre: Liv. des Jur.]. Contrôlé sur ms. ou dans l'éd. A.

KahTLev H. et R. Kahane – A. Tietze, *The Lingua Franca in the Levant. Turkish nautical terms of Italian and Greek origin*, Urbana (Univ. Press) 1958; [= FEW KahT].

KahaneByz H. et R. Kahane, "Abendland und Byzanz: Sprache", dans *Reallexikon der Byzantinistik*, éd. par P. Wirth, t. 1, col. 345-640, Amsterdam (Hakkert) 1970 - 1976.

KahaneSel H. et R. Kahane, *Graeca et romanica scripta selecta*, t. 1 *Romance and Mediterranean lexicology*, Amsterdam (Hakkert) 1979, t. 2 *Byzantium and the West Hellenistic heritage in the West. Structural and sociolinguistics, literature and theatre*, 1981, t. 3 *Humanistic linguistics. The Mediterranean lexis. Romance linguistics in review. East and West in Medieval literature. Personal memoir*, 1986. Cf. id. dans → DumbOaks 36 (1982) 127-153.

KahleSGreg F. Kahle, *Glossar zu den Handschriften der altfranzösischen Gregor-Legende mit Übersicht über ihre Sprache und ihren Wortschatz*, thèse Halle 1916; [= FEW Kahle]. Glossaire presque complet de → SGregA¹-B³.

KaiserBerg M.-T. Kaiser-Guyot, *Le berger en France aux XIVᵉ et XVᵉ siècles*, Paris (Klincksieck) 1974. Concerne en bonne partie → BonBerg.

KaiserMPol E. Kaiser, *Der Wortschatz des Marco Polo*, thèse Wien 1967. Vocabulaire de → MPolRustB présenté en ordre conceptuel d'après HW².

KalendRoyneH⁰ Le *Kalendrier la royne* (dédicacé à Jeanne de Navarre), traité d'astronomie par Guillaume de Saint-Cloud, version qu'il fonde sur une version latine (dédicacée à Marie de Brabant, ca. 1297), prose; ca. 1300; ms. Ars. 2872 [fin 14ᵉs., traits occ.]; éd. en prép. par Laura Henkelmann,

DEAF. Le sigle -H° désigne des mat. aimablement fournis avant publication. Cp. → Lunaire.

KanorM Roman de Kanor (ou Enfants de Cassidorus; → Cassid), prose, branche (5e suite) du cycle de → SSag; hain. ca. 1285 (av. 1291); ms. de base BN fr. 22548-22550 [frc., traces de pic., fin 13[e]s.] (V, 22550 f°50-163), en var. (pour les l. 1-2109 seulement; leçons rejetées de V[3] pour tout le texte) Bruxelles Bibl. roy. 9245 [pic. 1[er]m. 14[e]s.] (B), BN fr. 93 [pic. 1466] (G) et BL Harl. 4903 [Paris mil. 14[e]s.] (X[2]), autres mss. BN fr. 1446 [cette partie 1295 ou peu av.] (C) texte raccourci, Reims Musée Cadre 882 [fragm. 14[e]s.]; p. p. M. T. McMunn, *Le roman de Kanor*, 2 vol., thèse Storrs, Connecticut 1978; [= Wo 162; Wos 162; Boss[2] 2495].

KarletoR Karleto, chanson de geste racontant les enfances de Charlemagne, laisses de décasyll. rimés; francoit. 1[er]q. 14[e]s.; ms. Venezia Marc. fr. XIII (256) [francoit. 1[e]m. 14[e]s.]; p. p. J. Reinhold, "Karleto", *ZrP* 37 (1913) 27-56; 145-176; 287-312; 641-678; [= TL Karleto].

KarletoC id.; v. 1-151 et 500-2046 p. p. V. Chichmaref, "Di alcune *Enfances* dell'epopea francese. I, Il *Karleto* del codice franc. XIII della Marciana", *Sapiski Neofilologičeskowo Obschestwa* 5 (1911) 194-237 (extrait publié à Peterburg, 1910). 210 fautes selon Reinhold.

KarletoM id.; dans → GesteFrancorM.

KarletoRo id.; p. p. dans → GesteFrancorR p. 375-485 (vers numérotés 5492-9027).

KäsMineral F. Käs, *Die Mineralien in der arabischen Pharmakognosie. Eine Konkordanz zur mineralischen Materia medica der klassischen arabischen Heilmittelkunde nebst überlieferungsgeschichtlichen Studien*, 2 parties, pagin. contin., Wiesbaden (Harrassowitz) 2010. Description des sources; riches matériaux [*kuḥl*, 924, n'est pas de l'antimoine, mais de la stibine].

Katara P. Katara, *Das französische Lehngut in mittelniederdeutschen Denkmälern von 1300 bis 1600*, Helsinki (Soc. Néophil.) 1966 (Mém. Soc. Néoph. 30). Discute des emprunts au fr. et aussi au lat., it., etc.

Kaufmann W. Kaufmann, *Die galloromanischen Bezeichnungen für den Begriff 'Wald'. Wortgeschichtliche Studie auf Grund der Karten 'forêt' und 'bois' des Atlas linguistique de la France*, thèse Zürich 1913.

KaufmannPN 'Ergänzungsband' de → FörstemannPN, p. p. H. Kaufmann, München (Fink) 1968.

KellerRomv [H.] A. Keller, *Romvart. Beiträge zur Kunde mittelalterlicher Dichtung aus italiænischen Bibliotheken*, Mannheim (Bassermann) – Paris (Renouard) 1844; [= TL Romv.]. Contient nombre d'extraits recueillis lors du 'pèlerinage à Rome' de l'auteur (recommandé par son médecin), dont → AlexPar, AspremRK, AspremV4K, AspremV6K, AuberiK, ChevFustFK, GarMonglRK, HectK, AuberiK, JMeunEpithK, JMeunTestK, SMarineHK, PassAprés (p. 23-26), AlisCM (29-38), ColBout (283), DébCorpsArr (127-132), GuiNantvProl (38-41), JMeunTres (332-335), TournDamGenc (390-398), ChardryPlet (425-436), Lanc (453-512), Yvain (512-575), GuillDole (576-588), Meraugis (588-604), etc. ÷

KellerWace H.-E. Keller, *Etude descriptive sur le vocabulaire de Wace*, Berlin 1953 (Akad. der Wiss. Berlin, Veröffentl. Inst. für Rom. Spr.wiss. 7); [= FEW Wace; TL Keller Voc. Wace]. Omet certains cas difficiles (p.ex. *jemble*, graphie de JUENE, v. DEAF); son premier mot *creon* m. "monde" est un 'unique' (p. 375), et pour cause, étant une forme verbale de *creire* (c.r. Lecoy R 76,534-538).

Kemna K. Kemna, *Der Begriff* Schiff *im Französischen*, thèse Marburg 1901; [= FEW Kemna; TL Kemna Schiff].

KidmanEsp J. Kidman, *Les emprunts lexicologiques du français à l'espagnol des origines jusqu'à la fin du XVe siècle*, thèse Paris (Sorbonne) 1969.

KiegelAr Y. Kiegel-Keicher, *Iberoromanische Arabismen im Bereich Urbanismus und Wohnkultur*, Tübingen (Niemeyer) 2005. Traite de 40 étymons.

Kiesler R. Kiesler, *Kleines vergleichendes Wörterbuch der Arabismen im Iberoromanischen und Italienischen*, Tübingen (Francke) 1994. Documentation lacunaire.

King'sBenchS G. O. Sayles, *Select cases in the court of King's Bench under Edward I.*, 3 vol., London (Quaritch) 1936-1939 (Selden Soc. 55, 57, 58). Doc. (lat. et) agn. à partir de prob. 1289; [= AND King's Bench].

KitzeRoss A. Kitze, *Das Ross in den altfranzösischen Artus- und Abenteuer-Romanen*, Marburg 1888 (Ausg. und Abh. 75).

Klapp O. Klapp, *Bibliographie der französischen Literaturwissenschaft – Bibliographie d'histoire littéraire française*, 1 (1956-1958), Frankfurt (Klostermann) 1960, etc. Instrument commode et fiable, p.ex. pour retrouver les c.r. d'éditions de textes. Peut être complété pour la linguistique de la *Romanische Bibliographie* de la ZrP. Annuellement imprimé et mis en ligne (1956-1990: format PDF).

Klare   J. Klare, *Entstehung und Entwicklung der konzessiven Konjunktionen im Französischen*, Berlin (Akademie-Verlag) 1958 (Inst. für Rom. Sprachwiss. 13); [= TL Klare Konzessive Konjunktionen].

KlauenbergGetränke   O. Klauenberg, *Getränke und Trinken in altfranzösischer Zeit, nach poetischen Quellen dargestellt*, thèse Göttingen 1904; [= TL Klauenberg Getränke].

KleiberIre   G. Kleiber, *Le mot* ire *en ancien français (XIe - XIIIe siècles)*, Paris (Klincksieck) 1978 (Bibl. fr. et rom. A. 41).

KleiberPfi   W. Kleiber – M. Pfister, *Aspekte und Probleme der römisch-germanischen Kontinuität. Sprachkontinuität an Mosel, Mittel- und Oberrhein sowie im Schwarzwald*, Stuttgart (Steiner) 1992.

KleinDict   E. Klein, *A comprehensive etymological dictionary of the English language*, 2 vol., Amsterdam – London – New York (Elsevier) 1966-1967 [réimpr. en 1 vol. 1971]. Source d'erreurs.

KleinMinne   A. Klein, *Die altfranzösischen Minnefragen. Erster Teil: Ausgabe der Texte und Geschichte der Gattung*, Marburg (Ebel) 1911 (Marburger Beitr. zur rom. Phil. 1); [= TL Minnefragen]. Mss. à partir du début du 14^{e}s. Cf. → DevR.

Klingebiel   K. Klingebiel, *Noun + Verb compounding in Western Romance*, Berkeley (Univ. Cal. Press) 1989.

KlugeM[20]   F. Kluge, *Etymologisches Wörterbuch der deutschen Sprache*, 20e éd. p. p. W. Mitzka, Berlin (De Gruyter) 1967; [FEW Kluge : 8e éd. 1915; KlugeG : 11e éd. (1934) et ss.; TL Kluge Etym. Wb.: 6e éd. 1899 et 18e éd. 1960].

KlugeSe[22]   id., 22e éd. entièrement revue par E. Seebold et al., 1989. [Sigles sim., par. ex. KlugeSe[25] pour l'éd. 2011, etc.] ÷

KlugeNum   B. Kluge, *Numismatik des Mittelalters*, I. *Handbuch und Thesaurus Nummorum Medii Aevi*, Berlin – Wien (Akad.) 2007. Cp. → Schrötter.

KnopsOresme   J. P. H. Knops, *Etudes sur la traduction française de la Morale à Nicomache d'Aristote par Nicole Oresme*, thèse Groningen 1952. Concerne → OresmeEthM, 1370.

KnöselZahl   K. Knösel, *Über altfranzösische Zahlwörter*, thèse Göttingen 1883. [= TL Knösel Afz. Zahlw.].

Köbler   G. Köbler, *Wörterbuch des althochdeutschen Sprachschatzes*, Paderborn (Schöningh) 1993. Sujet à caution.

KöblerGot   G. Köbler, *Gotisches Wörterbuch*, Leiden (Brill) 1989. Contient la nomenclature de → Lehmann et nombre de mots reconstruits dont ceux établis par la philologie romane (!).

KoehlerBaumg[3]   L. Koehler – W. Baumgartner – J. J. Stamm, *Hebräisches und Aramäisches Lexikon zum Alten Testament*, 5 vol., Leiden (Brill) ^{3}1967-1995.

KoenigSen   D. Koenig, Sen/sens *et savoir et leurs synonymes dans quelques romans courtois du 12e et du début du 13e siècle*, Bern – Frankfurt (Lang) 1973 (Publ. Univ. Eur. XIII 22).

KöhlerTrob   E. Köhler, *Trobadorlyrik und höfischer Roman*, Berlin (Rütten & Loening) 1962 (Neue Beiträge zur Literaturwissenschaft 15); [= TL Köhler Trobadorlyrik].

KöhlerVisig   G. Köhler, *Wörterverzeichnis zu den Leges Visigothorum*, Gießen (Arb. Rechts- und Sprachw.) 1981. Relevé de formes des *Leges Visigothorum II*, éd. K. Zeumer, Hannover 1902 (MGH Leges) et A. d'Ors, *Estudios Visigoticos II*, Roma-Madrid 1960.

KoliasByz   T. G. Kolias, *Byzantinische Waffen*, Wien (Öst. Akad.) 1988 (Byzantina vindobonensia 17).

KollLangue   H.-G. Koll, *Die französischen Wörter* Langue *und* Langage *im Mittelalter*, Genève (Droz) – Paris (Minard) 1958; [= TL Koll Langue].

KooijmanLorr   J. Kooijman, *Trouvères lorrains*, s. l. (Seurat) 1974; [= TL Trouveres lorrains K]. Transcrit des poèmes du ms. Oxford Bodl. Douce 308 [Metz ca. 1320] (p. 16-75) et Bern 389 [lorr. fin 13^{e}s.] (84-117); le reste est une réimpression de → GautEpL.

Körting   G. Körting, *Lateinisch – romanisches Wörterbuch. Etymologisches Wörterbuch der romanischen Hauptsprachen*, 3e éd., Paderborn (Schöningh) 1907; [= TL Körting Wb.; FEW Ktg].

KoschwitzMon   E. Koschwitz, *Les plus anciens monuments de la langue française*, 6e éd., Leipzig (Reisland) 1902 (réimpr. München, Hueber, 1964); [= TL Monum. K]. Glossaire dans → AlexisSt.

KoschwitzPel E. Koschwitz, *Sechs Bearbeitungen des altfranzösischen Gedichts von Karls des Grossen Reise nach Jerusalem und Constantinopel*, Heilbronn (Henninger) 1879; [= Boss 631]. Concerne → PelCharl.

Kraemer E. von Kraemer, *Les maladies désignées par le nom d'un saint*, thèse Helsingfors 1949 (Soc. Scient. Fennicae, Comm. hum. litt. XV 2); [= FEW Kraemer; TL Kraemer Maladies].

KramerDol J. Kramer, *Etymologisches Wörterbuch des Dolomitenladinischen (EWD)*, Hamburg (Buske) 1988-1998. Reprend et élargit KramerGader.

KramerGader J. Kramer, *Etymologisches Wörterbuch des Gadertalischen*, Köln 1970-1975.

KramerLadLaut J. Kramer, *Historische Grammatik des Dolomitenladinischen. Lautlehre*, Gerbrunn bei Würzburg (Lehmann) 1977.

KrausNChamp J. Kraus, *Beiträge zur Kenntnis der Mundart der nordöstlichen Champagne im 13. und 14. Jahrhundert*, thèse Gießen 1901. Espèce de grammaire (surtout phonétique) basée sur → HérellePélicier.

Kriaras E. Kriara, *Lexiko tēs mesaiōnikēs hellēnikēs dēmōdus grammateias 1100-1669*, Thessalonikē 1968ss.

KriegColor M. L. Fessler Krieg, *Semantic fields of color words in Old French, Old English, and Middle English*, thèse Ann Arbor 1976 [Univ. Microfilms 76-19, 173]. Sans matériaux nouveaux.

KriegerMerOl K.-F. Krieger, *Ursprung und Wurzeln der Rôles d'Oléron*, Köln – Wien (Böhlau) 1970 (Quellen u. Darst. z. hans. Gesch. N. F. 15). Concerne → CoutMerOl, contient CoutMerOlLK.

KunstmannRel P. Kunstmann, *Le relatif-interrogatif en ancien français*, Genève (Droz) 1990 (Publ. rom. et fr. 191).

KurthSHub G. Kurth, *Chartes de l'abbaye de Saint-Hubert en Ardenne*, t. 1, Bruxelles 1903 (Coll. de Chron. belg. inéd.). Contient des doc. fr. (wall.) de 1238 à 1350, orig. à partir de 1244.

Kyes R. L. Kyes, *Dictionary of the Old Low and Central Franconian psalms and glosses*, Tübingen (Niemeyer) 1983. Les mots d'entête sont normalisés: il faut s'en tenir aux formes citées. Certains éléments correspondent au frq. central. Cp. → PsWachtK.

LAlbR *Liber Albus*, cartulaire du juriste John Carpenter, en bonne partie basé sur des mat. 1^{e}m. 13^{e}s.; agn. 1419; ms. London Corporation of London Records Office Cust. 12 (COL/CS/01/012) [agn. 1419]; p. p. H. T. Riley, *Munimenta Gildhallae Londoniensis*, [4 vol.], London 1859-1862 (Rolls Series); [= AND Lib Alb]. Liber Albus dans t. 1 (1859) et t. 3 (1862); t. 2 en 2 vol. (1860) = → LCustR; le t. 4 (prévu pour → LHorn) n'a jamais paru. Contient des copies de doc. anc. en fr., angl. et latin, parmi eux des extraits de → LCust (alors datables ca. 1321 et ca. 1324).

LAlkemyeH[0] *Livre de alkemye en fraunceys*, traité d'alchimie basé sur (Pseudo-)Geber (fin 8^{e}s., codifié 10^{e}s., trad. lat. 12e et 13^{e}s.); agn. ca. 1300; ms. BL Sloane 1754 [agn. 1^{er}t. 14^{e}s.] f° 152r-162r^o; extrait p. p. T. Hunt, "L'alchimie anglo-normande", → ActesAgnAIBL 25-38.

LAnnePlantC Livre d'heures d'Anne de Bretagne, enluminé de plus de 300 végétaux (et d'animaux), dont presque tous sont pourvus des noms latins (souvent incorrects) et français (corrects, mais parfois à orthographe erronée) de l'époque; tour. 1508 (date du paiement de l'artiste Jean Bourdichon); ms. BN lat. 9474 [1508] noms latins et français avec identification botanique (nomenclature moderne, lat. et fr.) p. p. J. Camus, *Les noms de plantes du livre d'heures d'Anne de Bretagne*, Paris 1894 (Extrait du *Journal de botanique*, 8e année, n°s 19-23, 1894). La publication suit l'ordre alphabétique des noms fr. anciens; les numéros des pages indiqués se réfèrent au fac-similé p. p. L. Curmer en 1859.

LBonneAvParB Livre de bonne aventure, présages et conseils disposés en fonction du zodiaque, incipit *Par le solayl devez saver*, vers octosyll.; agn. mil. 13^{e}s.; ms. BL Roy. 12 C.XII [agn. ca. 1335] f° 98v^o-105v^o; p. p. L. Brandin, "Un livre de bonne aventure anglo-français en vers", → MélJeanroy 639-655; [= AND Bonne Avent[2]].

LBonneAvPrueveB id., présages donnés en fonction de planètes et du zodiaque, au titre *Li livres de prueve*, incip. *Un livre plain de grant savoir*, en vers octosyll.; pic. [3^{e}t. 12^{e}s.]; ms. BN nfr. 10036 [frc. 3^{e}t. 13^{e}s.]; p. p. L. Brandin, "Le livre de Preuve", *R* 42 (1913) 204-254 [249-254: *Sortes* lat.]; [= TL LPrueve]. Le ms. pourrait être la copie d'un texte remanié.

LBonneAvSiB id., indications disposées sous des noms d'oiseaux, incipit *Si la grosse seit enceynte ou noun*; agn. ca. 1300; ms. BL Roy. 12 C.XII [agn. ca. 1335] f° 94v^o-98r^o; p. p. L. Brandin, "Un livre de bonne aventure anglo-français", → MélThomas 51-60; [= AND Bonne Avent[1]].

LBouill Cartulaire municipal de Bordeaux, dit *Livre des Bouillons*, contenant des doc. lat. et

LBouill

fr. (trad.?) de 1205 à 1401 (premier texte fr. 1358) et des ajouts jusqu'en 1524; ms. Bordeaux Arch. mun. AA.1 [1ᵉm. 15ᵉs., ajouts ultérieurs]; p. p. Archives municipales de Bordeaux, *Livre des Bouillons*, Bordeaux 1867; [= Stein 551].

LCucBoM *Libro della cucina*, version amplifiée de → RecCulLibM; it. 2ᵉt. 14ᵉs.; ms. Bologna Bibl. univ. 158 (cat. 242) [cette partie ca. 1400]; p. p. Frankwalt Möhren, *Il libro de la cocina. Un ricettario tra Oriente e Occidente*, Heidelberg (Heid. Univ. Publ.) 2016. (Le sigle LCucBoM⁰ concerne des mat. transmis avant publ.)

LCustR *Liber custumarum*; agn. ca. 1321, ca. 1324 et ult.; ms. London Corporation of London Records Office Cust. 6 (COL/CS/01/006) [agn. ca. 1321, ca. 1324 et ult.], se complète par Oxford Oriel Coll. 46 [agn. ca. 1324] et BL Cotton Claudius D.II [agn. ca. 1324]; p. dans → LAlbR, t. 2, vol. 1 (p. 1-432) et vol. 2 (p. 433-897); [= AND Lib Cust]. Contient des doc. divers en agn. et en latin: rec. factice, intégrant un Liber regum antiquorum / Liber legum antiquorum regum (fᵒ1-84, 86-102, 173-186 de ca. 1321). L'éd. omet les textes publiés auparavant (liste vol. 2,491-503); cf. WrightLond 13.

LEI M. Pfister et al., *Lessico etimologico italiano*, Wiesbaden (Reichert) 1979ss. ÷

LFortunaeG *Liber Fortunae*, poème moral où Fortuna tient un monologue, en vers octosyll.; 1346; ms. de base Philadelphia Univ. of Penn. Van Pelt Libr. Ms. Codex 735 (French 16) [mil. 15ᵉs.] (A), en var. BN fr. 12460 [mil. 15ᵉs.] (B), Clermont-Ferrand 356 [mil. 15ᵉs.] (C) fragm.: v. 1-1322; p. p. J. L. Grigsby, *The Middle French Liber Fortunae*, Berkeley – Los Angeles (UCP) 1967 (U. Cal. Publ. Mod. Phil. 81); [= TL Liber Fortunae G].

LHorn *Liber Horn*, manuel destiné à l'administration de la ville de London, contenant des coutumes, lois, copies de chartes, textes juridiques diverses, réunis en 1311 par Andrew Horn, juriste et administrateur; ms. London Corporation of London Records Office Cust. 2 (COL/CS/01/002) [agn. ca. 1300-1311, mains diverses]; inédit dans l'ensemble; [= Vising 343]. Contient entre autres → HosebHen (fᵒ158rᵒ-168rᵒ) et Senesch (fᵒ168rᵒ-176rᵒ) [concordance avec ces textes dans → MöhrenLand p. 41n8]; fᵒ222 = LAlbR 230; fᵒ356ss. = CoutMerOl, v. → CoutMerOlLK et -T; etc.

LITTokyo *Language, Information, Text*, Tokyo 1994– .

LLT-A *Library of Latin Texts – Series A*, banque de données embrassant peu à peu les textes latins depuis Livius Andronicus (240 av.) jusqu'au sec. concile du Vatican (1962-1965), spéc. ceux p. p. Brepols, Turnhout; en ligne.

LMarieGavreB *Livre d'heures de Marie de Gavre*, aux légendes des miniatures en fr.; hain. ca. 1285 (prob. entre 1268 et 1291); BN nfr. 16251 [hain. ca. 1285]; étude avec éd. p. p. A. Bräm, *Das Andachtsbuch der Marie de Gavre*, Wiesbaden (Reichert) 1997; textes p.192-194.

LMestL Livre des mestiers de Paris, composé de deux parties réunis par le prévôt de Paris Estienne Boileau, I, règlements des métiers et, II, tonlieu et autres redevances de Paris; frc. (Paris) ca. 1268; ms. de base BN fr. 24069 (anc. Sorbonne) [frc. (Paris) ca. 1290, ajouts jusqu'à vers 1365] ajouts sur marges et feuilles insérées, ici et là traits pic. et lorr. (Sorb./Depping: B; à analyser), qqs. var. de AN KK.1336 (anc. Châtelet) [déb. 14ᵉs.] (Chât./F), autres mss. BN fr. 11709 (anc. Lamare) [déb. 15ᵉs.] (Lam./C), AN KK.1337 [fin 13ᵉs.] (Cout./E) fragm., BN fr. 8117 [18ᵉs.] (D), AN KK.1006 (anc. M.H., S, 82?) [fin 15ᵉs.] (G) extraits; p. dans *Histoire générale de Paris, Les métiers et corporations de la ville de Paris, XIIIᵉ siècle, Le livre des métiers d'Étienne Boileau*, par R. de Lespinasse – F. Bonnardot, Paris (Impr. nat.) 1879; [= FEW LespMét, date assignée: 1258 et 1260], cf. → LespMét. Glossaire par F. Bonnardot. Concordance avec LMestD ici, en app.

LMestD id.; même ms. de base, B, peu de var.; p. p. G.-B. Depping, *Réglemens sur les arts et métiers de Paris, rédigés au XIIIᵉ siècle et connus sous le nom du Livre des métiers d'Étienne Boileau*, Paris (Crapelet) 1837; [= TL LMest. (Ord. LMest. concerne les doc. à datation diverse p. dans ce vol., dont la plupart viennent d'ajouts dans le ms. B)]. Concordance avec LMestL ici, en app. Gdf cite un *Peager qui siet a petit pont* (BN fr. 20048 [pic. 2ᵉm. 14ᵉs.]) qui se trouve dans LMestD p. 280-295 [autre ms.; Gdf fᵒ129a = p. 294].

[LNigerAdmT v. BlackBookT.]

LPrivilMerchantS Livre de privilèges accordés aux marchands d'outre-mer anglais par certaines autorités des Pays Bas, en langues fr. (doc. Anvers 1296 et Bruges 1359 vidimé en 1457), lat. et néerl., chaque doc. traduit en angl.; prob. 1484; ms. London Mercers' Hall [prob. 1484] main angl.; p. p. A. F. Sutton - L. Visser-Fuchs, *The Book of Privileges of the Merchant Adventurers of England, 1296-1483*, Oxford (OUP) 2009.

LRL *Lexikon der romanistischen Linguistik*, p. p. G. Holtus — M. Metzeltin — C. Schmitt, Tübingen (Niemeyer) 1988-2005. Auteurs multiples.

LReisEnglF Le Livere de reis de Engleterre, chronique agn. en prose allant jusqu'au concile de Lyon (1274), le ms. Cambr. rajoute une continuation très courte jusqu'en 1306, le ms. Vat. jusqu'en 1326; l'attribution à Peter of Ickham est erronée, v. éd. p. 11; incipit: *Nus devoms saver al comencement*, explic.: *conferme de la curt de Roume*; agn. fin 13ᵉs. (continuation déb. 14ᵉs.); ms. de base Vat. Barberini lat. 3528 (anc. Barb. XLIII) [agn. déb. 14ᵉs.; cont. mil. 14ᵉs.], quelques var. du ms. Cambridge Trinity Coll. R.14.7 [agn. peu après 1307) (A) f°163-196/-198; non utilisé Manchester Univ. John Rylands Libr. Fr. 64 [agn. déb. 14ᵉs.] (Dean); l'éd. contient aussi → Brutus; les mss. BL Cotton Cleopatra D.VII [agn., cette partie déb. 15ᵉs.] (S) et Oxford Bodl. Rawl. D.329 [agn. 2ᵉt. 14ᵉs.] (T) contiennent, intercalé dans la chron. *En la noble cité de grant Troye*, un extrait concernant le règne de Richard I Cœur de Lion (p. en var. p. 188-208); p. p. C. Foltys, dans → BrutusF, p. 116-219, contin. «de Norwich [ou Wroxham]» (ms. Cambr.) p. 220-225, contin. «de Sempringham» (ms. Vat.) p. 226-235; [= Dean 23; 26 (la dat. tardive des fᵒˢ196b-198a semble err., v. éd. p. 14); 27; TL Brutus].

LReisEnglG id.; ms. de base Cambridge Trinity Coll. R. 14. 7 [peu après 1307; contin. 14ᵉs.]; p. p. J. Glover, dans → BrutusG, p. 32-300, contin. p. 302-320, contin. ms. Vat. p. 322-354; [= Vising 298; 373; AND Reis Britt].

LReisScotR id., version abrégée et réduite aux faits de la couronne d'Écosse (dernier fait: 1296), prose; agn. après 1296; ms. Oxford Bodl. Rawl. D.329 [agn. 2ᵉt. 14ᵉs.]; p. dans → ChronWigmoreR p.28-36; [= Dean 28]. Peu sûr, v. H. Pagan FrSt 67 (2013) 395; J. Marvin ZrP 130 (2014) 852.

LRougeEuL Cartulaire municipal ou 'Livre rouge' d'Eu: cartulaire factice composé de textes fr. (norm.) dep. mil. 13ᵉs.; mss. des 13ᵉ-18ᵉ siècles; p. p. A. Legris, *Le Livre rouge d'Eu, 1154-1454*, Rouen – Paris (Picard) 1911; [= Stein 1280].

LSecrNatD Traduction, en partie abrégée, des Cyranides (p. dans le même vol.), incip. *Ci comence le livre des secrez de nature sus la vertu des oyseauls et des poissons, pierres et herbes et bestes*; 14ᵉs.; ms. Ars. 2872 [fin 14ᵉs., traits occ.] f°32-50; p. p. L. Delatte, *Textes latins et vieux français relatifs aux cyranides*, Liège (Fac. Lettres) – Paris (Droz) 1942, p. 293-352.

LSimplMedD *Livre des simples medecines*, collection de descriptions des simples, souvent variée (cp. → GrantHerb), essentiellement traduit du *Circa instans* ou *Liber de simplici medicina* (mil. 12ᵉs.) de Matthaeus Platearius (prol. et premiers chap. manquent: débute par *ache*); 13ᵉs.; ms. Ste-Gen. 3113 [13ᵉs.-14ᵉs.], autres mss.: BL Sloane 1977 [pic. (Origny) ca. 1300], BL Sloane 3525 [frc. déb. 14ᵉs.], illustrations seules dans ms. Berlin Staatsbibl. Hamilton 407 [III: 2ᵉq. 15ᵉs.]; p. p. P. Dorveaux, *Le livre des simples medecines, traduction française du Liber de simplici medicina dictus Circa instans de Platearius*, Paris (Soc. fr. d'hist. de la médecine) 1913 (Publ. d. l. Soc. fr. d'hist. d. l. médecine 1); [= TL LSimpl. med.; FEW LivrSimpl]. Cf. Meyer R 44,175-180; 187-190 (avec extraits de Sloane 1977 et 3525). Ne contiennent pas la même version: BN fr. 12322 [16ᵉs.], Bruxelles Bibl. roy. 1024 [2ᵉm. 15ᵉs.], Ars. 2888 [1ᵉm. 15ᵉs.], Peterburg RNB Fr.F.v.VI.1 [fin 15ᵉs.]; d'autres mss. contiennent le texte (plus ou moins variant, aussi autres traductions?, cf. → LSimplMedAloe) encadré dans d'autres traités (recherches à faire): BN fr. 623 [15ᵉs.], Lille Bibl. mun. 369 (356) [2ᵉm. 15ᵉs.], etc., v. IRHT Jonas.

LSimplMedAloe id., autre trad. couvrant toutes les simples, de *aloe* [*aloes*] à [*zuccara*], incip. *Aloe si est .c. et .s. en le secound degré*; agn. 1ᵉm. 13ᵉs.; mss. BL Sloane 209 [agn. 1ᵉm. 13ᵉs.], Oxford Bodl. Bodley 761 [agn. ca. 1365]; inédit; [= Dean 411].

LaDuCh M. S. La Du, *Chartes et documents poitevins du XIIIᵉ siècle en langue vulgaire*, 2 vol., Poitiers 1960-1964 (Arch. hist. du Poitou 57) [= TL Chartes doc. poitevin LD]. À utiliser avec précaution, v. les c.r. BEC 118 (1960) 230-236; 123 (1965) 576-577; MA 68 (1962) 446-450. V. → PonFont; ClouzotCens; la pièce n°411 a été p. p. M.-Th. Morlet, BPH 1972, 21-66. Orig. poit. à partir de 1219/1220.

LaFonsArt A. de La Fons, *Les artistes du nord de la France et du midi de la Belgique aux XIVᵉ, XVᵉ et XVIᵉ siècles*, Béthune (Savary) 1848. [Sous la désignation 'La Fons, Gloss.', Gdf cite des dépouillements ms. de La Fons, basés sur des doc. divers de la bibl. d'Amiens.]

LaGrangeTournai A. de La Grange, "Documents relatifs à quelques anciens monuments de Tournai", *Bulletins de la Société historique et littéraire de Tournai* 23 (1890) 110-239 (également p. à part à Tournai en 1890). Contient entre autres un contrat (pic.) de l'édification du portail de Saint-Quentin de 1337 (p. 168-170 [64-66]), un contrat avec un charpentier concernant une chapelle funéraire de 1344 et le compte correspondant de 1345 (p. 183-187 [79-83]), tous originaux.

LaVarCuis 1651 F. P. de La Varenne, *Le Cuisinier François*, Paris (Pierre David) 1651.

LabanS *L'histoire du roi Laban et du roi Labiel son fils*, histoire biblique apocryphe en prose relatant la crucifixion du Christ; 1ᵉm. 13ᵉs.; ms.

unique BN fr. 24430 [pic. (Tournai) ca. 1295]; p. p. J. K. Simpson, *L'histoire du roi Laban et du roi Labiel son fils. A critical edition and study*, Tallahassee 1975 (Univ. Microfilms 75-26, 816); [cf. Wo 95; Wos 95]. Contient une reproduction assez illisible du manuscrit (v. maintenant sur Gallica).

LabandeBeauvais L.-H. Labande, *Histoire de Beauvais et de ses institutions communales jusqu'au commencement du XVe siècle*, Paris 1892 (réimpr. Genève, Mégariotis, 1978).

LabordeGl L. E. S. J. de Laborde, *Glossaire français du moyen âge, à l'usage de l'archéologue et de l'amateur des arts, précédé de l'inventaire des bijoux de Louis, duc d'Anjou, dressé vers 1360*, Paris (Labitte) 1872; [= TL Laborde Gloss. frç.]. P. 1-114 = InvAnjL, av. 1368. Le *Glossaire* contient des citations afr. et mfr. tirées d'inventaires et d'autres sources litt. et non littéraires. (Ce volume est identique à L. de Laborde, *Notice des émaux, bijoux et objets divers exposés dans les galeries du Musée du Louvre*, 2e partie, *Documents et glossaire*, Paris (Vinchon) 1853; [la 1e partie, 1852, contient la description des émaux du Louvre, avec notices concernant les artistes, etc.].)

Lac J. B. de La Curne de Sainte-Palaye, *Dictionnaire historique de l'ancien langage françois ou Glossaire de la langue françoise*, 10 vol., Niort (Favre) – Paris (Champion) 1875-1882 (réimpr. Hildesheim – New York, Olms, 1972; il y a aussi des ex. Niort, Favre, s.d., mais à la mise en page identique); [= FEW Lac]. Lacurne avait édité en 1756 une brochure de 32 p. décrivant son projet d'un dictionnaire [réimpr. dans Lac 1, IV-XV]; du Dict. lui-même n'ont paru jusqu'en 1792 que les 735 premières pages du vol. 1. Le ms. fut p. p. L. Favre et M. Payot (leurs ajouts, placés entre crochets, viennent en grande partie de → DC). Cf. Möhren, "Les matériaux Lacurne", *Actas do XIX Congr. int. de Ling. e Fil. rom., Santiago de Compostela 1989*, Coruña 1992, 2,69-75. Lac est consulté régulièrement pour la réd. du DEAF, mais il n'est cité que quand il fournit des matériaux supplémentaires par rapport à Gdf, TL, Li et Hu. Bien des matériaux de DC ont été accueillis par Gdf par le biais de Lac.

Lac[0] id., seul volume publié du vivant de l'auteur, couvrant *A-asseureté*; J. B. de La Curne de Sainte-Palaye, *Glossaire de l'ancienne langue françoise, depuis son origine jusqu'au siècle de Louis XIV*, in-fol., s.l.n.d., [Paris, terminé en 1780], 1470 col.

LacMs[2] id., matériaux bruts classés par ordre des entrées prévues pour la publication, format in-folio; ms. BN Moreau 1524-1554 [18[e]s.].

LacMs[4] id., première rédaction du *Glossaire* ou *Dictionnaire* futur, in-4°; ms. BN Moreau 1588-1648 [18[e]s.].

LaetabundusG Chanson à boire, parodie du Laetabundus, incip. *Or hi parra*, tétra- et heptasyll. irréguliers; agn. 2[e]t. 13[e]s.; ms. BL Roy. 16 E.VIII [agn. fin 13[e]s.] perdu; p. avec la musique dans → GennrichCh[2] 46-48; [= Dean 147].

LaetabundusI id.; p. dans → Ilvonen 104-114 (avec leçons des éd. antérieures).

LaffitteEtoiles R. Laffitte, *Héritages arabes. Des noms arabes pour les étoiles*, Paris (Geuthner) 2001.

LaffleurLeTrép P. Laffleur de Kermaingant, *Cartulaire de l'abbaye de Saint-Michel du Tréport (ordre de Saint Benoît)*, Paris (Firmin-Didot) 1880; [= Stein 2067]. Cartulaire factice basé sur le cart. Ste-Gen. 1651 [1728] intégrant des doc. orig. fr. à traits norm. (à partir de 1277).

LagerqvistChiés H. Lagerqvist, *La préposition chiés en ancien français*, Uppsala (Acta univ. ups./ Almqvist & Wiksell) 1993.

LaieBibleC *Le laie bible*, poème moral en vers octosyll.; traits pic. et wall., 2[e]q. 14[e]s.; ms. Bruxelles Bibl. roy. 10295-304 [hain. 1428/29]; p. p. J. A. Clarke, *Le laie Bible*, New York (Columbia Univ. Press) 1923 (réimpr. New York, AMS Press, 1966); [= TL Laie Bible; Boss[2] 7782]. Cf. nécessairement Rothwell MedAev 33, 1-20.

LaloreMont C. Lalore, *Cartulaire de l'abbaye de Montiéramey*, Paris (Thorin) – Troyes (Lacroix) 1890 (Coll. des principaux cartulaires du diocèse de Troyes 7). Cartulaire factice, reproduisant originaux (essentiellement champ.mérid., à partir de 1260) et copies: cart. *A* Troyes Arch. dép. cart. H [13[e]s.] (Stein 2535) et cart. *B* BN lat. 5432 [14[e]s.] (Stein 2536; cité par DC comme 'Chartul. Arremar.').

LambFerriS Lambert Ferri, 14 chansons attribuées et participation à plusieurs jeux-partis; art. (Arras) 3[e]q. 13[e]s.; dans nombre de chansonniers (v. RaynaudSpanke[2] p. 28); ch. R.604 (chans. **N**, K,O,X en var.) et R.1110 (**N**, C,K,O en var.) p. p. M. Spaziani, "Il canonico Lambert Ferri", *Mélanges de linguistique et de littérature romanes à la mémoire d'István Frank*, Saarbrücken (Univ.) 1957, 678-684; [= Boss 7663; DLF[2] 912b].

LambertCuis C. Lambert et al., *Du manuscrit à la table. Essais sur la cuisine au moyen âge, et Répertoire des manuscrits médiévaux contenant des recettes culinaires*, Montréal (Presses univ.) – Paris (Champion-Slatkine) 1992.

Lampe G. W. H. Lampe, *A patristic Greek lexicon*, Oxford (Clarendon) 1961-68 ([8]1987).

Contient surtout des matériaux tirés de la patristique jusqu'à ca. 800, en complément à → LidScott.

LancF Chrestien de Troyes, Lancelot ou *Le chevalier de la charrete*, roman courtois, vers octosyll.; champ.mérid. ca. 1177; ms. de base assez fidèlement suivi BN fr. 12560 [champ. mil. 13ᵉ s.] (T), en var. BN fr. 794 (par Guiot; anc. Cangé 73) [champ. ca. 1235] (C), Vat. Reg. lat. 1725 [frc. fin 13ᵉ s.] (V), Chantilly Musée Condé 472 (626) [hain. 3ᵉ t. 13ᵉ s.] (A), Escorial M.III.21 [norm.-pic. 2ᵉ m. 13ᵉ s.] (E); BN fr. 1450 [pic. 2ᵉ q. 13ᵉ s.] (F), non utilisés: Princeton NJers. Univ. Garrett 125 [pic. ca. 1300] fragm., Paris Institut de France 6138 (4676) [Ouest mil. 13ᵉ s.] fragm.; p. p. W. Foerster, *Christian von Troyes*, IV, *Der Karrenritter (Lancelot) und das Wilhelmsleben (Guillaume d'Angleterre) von Christian von Troyes*, Halle (Niemeyer) 1899; [= TL RCharr.]. Cette éd. est toujours la seule qui fournit un appareil suffisant; nous la préférons si la leçon du texte de base est satisfaisante. Cette remarque vaut pour tant d'autres éd. soi-disant 'périmées'.

LancK id.; ms. de base BN fr. 794 (C), assez corrigé; p. p. W. W. Kibler, *Chrétien de Troyes. Lancelot or, The Knight of the Cart (Le Chevalier de la Charrete)*, New York – London (Garland) 1981; [= TL Ch. de la charrete K].

LancC id.; même ms. (C); éd. proche de LancR, corrections suivant une 'orientation littéraire' (p. 54); p. p. C. Croizy-Naquet, *Le Chevalier de la Charrette*, Paris (Champion) 2006 (Champ. Cl. M. Â. 18).

LancM id.; même ms. de base (C), corrigé; p. p. C. Méla, *Le Chevalier de la Charrette ou le Roman de Lancelot*, Paris (Libr. Gén. Fr.) 1992 (Poche, Lettr. Goth. 4527); [= TL Ch. de la charrete M].

LancM² id.; p. dans → ErecFr² 495-704.

LancP id.; ms. C (Guiot), peu corrigé; p. p. D. Poirion dans → ErecD p. 505-682; 1235-1299 (texte en petit au bas de page de la trad. frm.) – [À été réimprimé par M. Demaules, Paris (Gallimard) 1996 (Fol. class.).]

LancR id.; ms. BN fr. 794 (C); p. p. M. Roques, *Les Romans de Chrétien de Troyes*, III, *Le Chevalier de la Charrete*, Paris (Champion) 1958 (CFMA 86); [= TL Ch. de la charrete Ro *et* RCharr. R]. Selon Kibler, avec une centaine de fautes typogr.

LancU id.; ms. C, corrigé,; p. p. A. Foulet – K. D. Uitti, *Chrétien de Troyes. Le Chevalier de la Charrette (Lancelot)*, Paris (Garnier) 1989; [= TL Ch. de la charrete FU]. [Une version numérisée par Uitti est pleine d'erreurs.]

LancIW id.; ms. fragm. Paris Institut de France 6138 (4676) [Ouest mil. 13ᵉ s.] (I); p. p. L. D. Wolfgang, dans *Conjunctures. Medieval studies in honor of Douglas Kelly*, Amsterdam (Rodopi) 1994, 559-574. Ms. proche de C et T; contient v. 3615-54, 3735-74, 4741-4859, 4861-99.

LancDérH id., version dérimée (assez libre) de → Lanc, enrichie d'épisodes tirés de → LancPr, appelée Conte de la Charette; p.-ê. déb. 14ᵉ s.; ms. de base Ars. 3480 [Paris, traits sept., ca. 1400] (Ac) [p. 172-261], BN fr. 122 [pic. (tourn.) 1345 n.st.] (Ab) acéphale [p. 261-266], en var. BN fr. 119 [Paris ca. 1400] (Aa/[O]); p. p. D. F. Hult, "Le Conte de la Charrette", *RoPh* 57,2 (2004) 127-322.

LancDérC id.; p. p. A. Combes, *Le Conte de la Charrette dans le Lancelot en prose, une version divergente de la Vulgate*, Paris (Champion) 2009 (CFMA 158). Appelle cet état du récit 'Lancelot en prose, version γ'; §1-220: ms. Ac, §221-233: Ab. C.r. MedRom 36,433-435.

LancPrM Lancelot en prose, version α (longue, dite aussi 'de Paris') faisant partie de → SGraalIV; ca. 1220; ms. de base des t. 1-2: Cambridge Corpus Christi Coll. 45 [faibles traits pic. 2ᵉ m. 13ᵉ s.] (A), t. 4-6: Oxford Bodl. Rawl. D.899 [1ᵉʳ t. 14ᵉ s.] (Ra), t. 7-8 (début du texte!): BL Add. 10293 [pic. prob. 1316], miniature 10292 f° 45 datée 26 févr. 1317 n.st. (S, en fait version β), en var. les mss. siglés B-H, K-N, P-T, V: BN fr. 344 [Est fin 13ᵉ s.] (B, aussi β), BN fr. 339 [2ᵉ m. 13ᵉ s.] (C), BN fr. 1430 [champ. 2ᵉ q. 13ᵉ s.] (E, aussi β), BN fr. 752 [Est fin 13ᵉ s.] (F), BN fr. 1422 [pic. (Tournai) ca. 1325], BN fr. 768 [cette partie bourg. 2ᵉ q. 13ᵉ s.] (K), Venezia Marc. fr. XI (254) [14ᵉ s.], Fribourg Bibl. cant. L.310 [fin 13ᵉ s.] (= éd. S 5,86-375; éd. M t.4), Leiden Univ. BPL 2552: 23/1 [fin 13ᵉ s.] fragm., Kraków Univ. gall. fol. 189 (anc. Berlin) [wall.? 2ᵉ m. 13ᵉ s.] fragm., Berlin Staatsbibl. Hamilton 49 [Gênes ca. 1300] assez variant et par endroit raccourci, Cambridge Univ. Add. 2751(n) [13ᵉ s.] fragm., etc.; p. p A. Micha, *Lancelot*, 9 vol., Genève (Droz) 1978-1983 (T.L.F. 247; 249; 262; 278; 283; 286; 288; 307; 315); [= TL Lancelot pros. M; Boss² 4016; Wo 96; Wos 96]. Tradition ms. complexe: la plupart du grand nombre de mss. suivent tantôt la version α, tantôt β, ou suivent d'autres principes; il est impossible d'en rendre compte ici (v. Micha R 81,145-187; 84,28-60; 478-99; 85,293-318; 478-517; 86,330-359; 87,194-233; Wo 96; LancPrK 2,1-9; etc.). Le t. 3 contient → LancPrβM. Gdf cite sous le titre 'Roman d'Agrav.' la troisième partie du roman, *Agravain* (= LancPrM t. 4 ss.); Gdf cite aussi le ms. BN fr. 333 [14ᵉ s.], remanié par endroits et mutilé.
÷

LancPrBe

LancPrBe id.; chap. appelé 'Enfances Lancelot'; ms. de base BN fr. 768 f°13d-28a; p. p. H. Becker, *Lancelot del Lac*, thèse Marburg 1911; [= TL Lancelot pros. (II)].

LancPrBu id.; suite des 'Enf. Lanc.' et chap. appelé 'La doloreuse garde'; ms. de base BN fr. 768 f°32c-44b; p. p. H. Bubinger, *Lancelot del Lac*, thèse Marburg 1912; [= TL Lancelot pros. (II, III)].

LancPrH id., en principe version α ou longue, mais deux mss. assez divergeants; ms. Cambridge Corpus Christi Coll. 45 [faibles traits pic. 2^{e}m. 13^{e}s.] (A), Oxford Bodl. Rawl. Q.b.6 (27855) [ca. 1325] (K); p. p. G. Hutchings, *Le roman en prose de Lancelot du Lac*, Paris (Droz) 1938; [= FEW Charrette].

LancPrK id., version courte; ms. de base BN fr. 768 [cette partie bourg. 2^{e}q. 13^{e}s.] (Ao), complété par BN fr. 754 [Est? 2^{e}m. 13^{e}s.] (An) et BL Add. 10293 [pic. prob. 1316] (J), var. tirées de cinq douzaines de mss. dont New York Pierpont Morgan Libr. M.805-6 [pic. (Origny) déb. 14^{e}s.] (Ax), BN fr. 341 [14^{e}s.] (Ak), etc.; p. p. E. Kennedy, *Lancelot do Lac*, 2 vol., Oxford (Clarendon Press) 1980; [= TL Lancelot pros. K; Boss^2 4021; Dean 168]. Correspond à → LancPrM t. 7-8 et LancPrβM (t. 3) p. 1-70 [= éd. K p. 572-613, même ms., mais foliotation divergente: f°173c de K = f°165c de M; concordance: Lebsanft ZfSL 94,74-75, ib. 73-74 corr. aux éd. K et M]. ÷

LancPrS id., version longue, α; ms. BL Add. 10293 [pic. prob. 1316], qqs. ajouts et var. de BL Lansdowne 757 [fin 13^{e}s.?] (L), BL Roy. 19 C.XIII [fin 13^{e}s.] (R), BL Roy. 19 B.VII [Angleterre déb. 14^{e}s.] (B), BL Roy. 20 D.III [déb. 14^{e}s.] (D), BL Roy. 20 D.IV [pic. déb. 14^{e}s.] (P), BL Harl. 4419 [14^{e}s.] (H), BL Harl. 6341 [15^{e}s.] (S), BL Egerton 2515 [agn. déb. 14^{e}s.] (N), BL Roy. 20 C.VI [Angleterre ca. 1283] (C), BL Harl. 6342 [15^{e}s.] (SS); p. dans → SGraalIVS t. 3-5. App.: épisode de Bohort et al., ms. SS, partie III, t. 5,413-474 (aussi dans BN fr. 115 [15^{e}s.], BN fr. 120 [fin 14^{e}s.], BN fr. 342 [pic.sept. 1274], Ars. 3480 [Paris, traits sept., ca. 1400], Manchester Univ. John Rylands Libr. Fr. 1 [déb. 14^{e}s.]).

LancPrZ id., version α; chap. appelé 'Galehout', ms. de base BN fr. 768 [cette partie bourg. 2^{e}q. 13^{e}s.] (base aussi de l'éd. K) f°83b-90b; p. p. A. Zimmermann, *Lancelot del Lac*, thèse Marburg 1916; [= TL Lancelot pros. (IV)].

LancPrβM id.; version β (courte, appelée 'de Londres'); mil. 13^{e}s.?; ms. de base des ch. IX-XXXV: Grenoble 378 (cat. 865) [pic. fin 13^{e}s.] (G); ms. BN fr. 768 [cette partie bourg. 2^{e}q. 13^{e}s.] (K) [p. 1-70], etc.; extraits p. dans → LancPrM t. 3.

Le ms. Grenoble est cité par Gdf sous le titre de Artur.

LancPrBH id.; version β, ms. Bonn, épisode *La marche de Gaule*; ms. de base Bonn S.526 [pic. (Amiens) 1286] (B), ms. de contrôle BN fr. 110 [ca. 1295] (P), parfois L et aussi P^2; p. p. E. Hicks dans → SGraalIVW 2,3-921; 1717-1822.

LancPrBD id., épisode Galehaut; p. p. M. Demaules dans → SGraalIVW 2,923-1423; 1823-1915.

LancPrBF id., épisode La première partie de la Quête de Lancelot; ms. B, contrôlé par P, L, BN fr. 16999 [2^{e}m. 14^{e}s.] (P^3); p. p. J.-M. Fritz dans → SGraalIVW 2,1425-1715; 1915-1959.

LancPrBN id., épisode La seconde partie de la Quête de Lancelot; ms. B contrôlé par P et L; p. p. I. Freire-Nunes dans → SGraalIVW 3,3-805; 1489-1554.

LancPrDL id., version longue α, épisode de l'Enlèvement de Guenièvre; BL Roy. 20 D.IV [pic. déb. 14^{e}s.] (D); p. p. Y. G. Lepage (– M.-L. Ollier), *L'enlèvement de Guenièvre*, Lancelot du Lac V, Paris (Poche) 1999.

LancPrDL^2 id., version longue α, épisode du Val des Amants infidèles / aux faux amants; ms. de base BL Roy. 20 D.IV [pic. déb. 14^{e}s.] (D), en var. BN fr. 752 [Est fin 13^{e}s.] (F), BL Roy. 19 B.VII [Angleterre déb. 14^{e}s.] (L), BN fr. 96 [15^{e}s.] (W) rajeuni; p. p. Y. G. Lepage (– M.-L. Ollier), *Le Val des Amants infidèles*, Paris (Poche) 2002.

Lane E. W. Lane, *An Arabic-English lexicon*, t. 1 [seul paru] en 8 parties, London – Edinburgh (Williams & Norgate) 1863-1893 (et réimpr.); [= FEW Lane]. Se base sur des sources anciennes. Cf. → Wehr (ar. mod.).

LangetonB Collection de pièces concernant le procès contre Walter Langeton, évêque de Coventry et Lichfield, trésorier d'Edouard Ier, lat. et fr., certains témoignages agn. sont traduits ou résumés en latin; agn. 1307-1312; p. p. A. Beardwood, *Records of the trial of Walter Langeton*, London London (Roy. Hist. Soc.) 1969 (Camden 4th ser., 6); [= AND Langeton].

LångforsInc A. Långfors, *Les incipit des poèmes français antérieurs au XVIe siècle. Répertoire bibliographique*, Paris (Champion) s.d. [1917] (réimpr. New York, Franklin, 1970).

Langlois E. Langlois, *Table des noms propres de toute nature compris dans les chansons de geste imprimées*, Paris (Bouillon) 1904 (réimpr. New

York, Franklin, 1971); [= TL Langlois Table]. Utiliser → MoisanNoms; cp. WiacekNoms.

LangloisParl C.-V. Langlois, *Textes relatifs à l'histoire du Parlement depuis les origines jusqu'en 1314*, Paris (Picard) 1888 (Coll. Textes Et. Ens. Hist. [5]). Sources diverses et pas toujours identifiables; à comparer avec → Ord, Isamb, BoutaricFurgeot, TimbalParl, etc.

LangloisVie C.-V. Langlois, *La vie en France au moyen âge*, 4 vol., Paris 1926-1928 (réimpr. Genève, Slatkine, 1970); [= TL Langlois Vie en France[1/2/3/4]].

LangstedtBot F. L. Langstedt, *Allgemeines botanisches Repertorium*, 2 vol. [A-F, G-Z], Nürnberg (Raspe) 1801-1805. Multilingue; peut compléter → RlFl, bien que sans sources.

LapidALS Lapidaire alphabétique, en vers octosyll., prob. par Philippe de Thaon; agn. 1er t. 12e s.; ms. de base Cambridge Jesus Coll. Q.D.2 [agn. ca. 1200], en var. Cambridge Pembroke Coll. 87 [agn. fin 13e s.] f°204v°-208r° chap. 12-22 (cp. → LapidAPS; incomplet), fragments: Warminster Longleat (Somerset; Marquess of Bath) «Tract. varii Theolog. saec. XIII et XIV» [agn. 1re m. 14e s.]; p. dans → Studer p. 200-259; [= Dean 355]. La source principale des lapidaires fr. est le lapidaire de Marbode (fin 11e s.), cf. J. M. Riddle, *Marbode of Rennes' (ca. 1035 - 1123) De lapidibus*, Wiesbaden (Steiner) 1977 (Sudhoffs Archiv, Beih. 20); I. Draelants ActesGéol 91-139. Cp. → MeierGemma.

LapidALM id.; ms. Cambridge Jesus Coll. Q. D. 2 [agn. ca. 1200]; p. p. P. Meyer, *R* 38 (1909) p. 496-537; [= TL Lapid. Rom.; Boss 2887; Hol 346]. V. les corrections dans ZrP 35 (1911) 125. – Meyer imprime aux p. 538-552 une version abrégée en latin; [= Vising 66]. Cp.→ MeierGemma.

LapidAPS Lapidaire dit 'apocalyptique' en vers octosyll., prob. par Philippe de Thaon; agn. 1er t. 12e s.; ms. de base Cambridge Pembroke Coll. 87 [agn. fin 13e s.] f°204v°-208r° chap. 1-11 (cp. → LapidALS), en var. Warminster Longleat (Somerset; Marquess of Bath) «Tract. varii Theolog. saec. XIII et XIV» [agn. 1re m. 14e s.]; p. dans → Studer p. 260-276; [= Dean 356].

LapidBB Lapidaire dit 'de Modène', en vers octosyll.; 1er t. 13e s.; ms. unique Modena Bibl. Estense E.39 (α.L.9.30, XI. B. 9.) [pic. 2e m. 13e s.]; impr. diplomatique p. p. G. Bertoni, "Il lapidario francese estense", *ZrP* 32 (1908) 686-697; [= Boss 2895].

LapidBP id.; p. dans → PannierLapid p. 81-108 (version 'B'); [= TL Lapid. B].

LapidBarbeM Lapidaire en prose dont la 1re partie résume → LapidPhil, la 2e partie reproduit la fin du lapidaire dans → SidracH (p. 196-199, ch. 528-533, *sorige – turquemaf*), prob. par Jean à la Barbe (chanoine de Saint-Lambert à Liège de 1453 à 1480); mil. 15e s.; ms. unique Amiens Bibl. mun. Lescalopier 94 [Hotton 1461] f°130v°-133v°; le début et la 2e partie sont publiés dans → LapidMand[1]M p. 186-189 (notes p. 191).

LapidBerechiahZ Lapidaire alphabétique hébr. par Berechiah ben Natronai, traitant de 72 pierres, contenant 81 mots fr. dont ca. 60 noms de pierres; norm.? fin 12e s.?; ms. Oxford Bodl. Canonici Or. 70 (Neubauer 1147) [1er q. 14e s.] sur les marges (date?, les écritures paraissent contemporaines voire identiques); p. p. G. Bos – J. Zwink, *Berakhyah ben Natronai ha-Nakdan, Sefer Koʾaḥ ha-Avanim (On the virtue of the stones). Hebrew text and English translation with a lexicological analysis of the Romance terminology and source study*, Leiden – Boston (Brill) 2010 (Ét. Jud. médiév. 40); c.r. Kiwitt RLiR 77, 288-291. Cp. → BerechiahG, GlBerechiah, LapidCL.

LapidBern113P Lapidaire en prose; pic. 1re m. 13e s.; ms. Bern 113 [bourg., qqs. traits pic., fin 13e s.] f°169v°-170r°; p. dans → PannierLapid p. 79-81.

LapidCP Lapidaire dit 'de Berne', en vers (titre: *Le lapidaire d'un roi d'Arrabe*); 1er t. 13e s.; ms. unique Bern 646 [lorr. fin 14e s.] f°64b-73b; p. dans → PannierLapid p. 108-144 (version 'C'); [= TL Lapid. C]. Corrections p. p. G. Bertoni, *ZrP* 37 (1913) 95-98. Cp. → LapidPhil. À noter que Gdf n'a utilisé que les indications du catalogue de Berne établi par Hagen.

LapidCLS Lapidaire dit 'de Cambridge', en vers octosyll.; agn. 1re m. 13e s.; ms. unique Cambridge Gonville and Caius Coll. 435 [agn., p. 105-144 1re m. 13e s., 145-192 mil. 13e s.] p. 145-185; p. dans → Studer p. 154-199; [= Dean 354]. Serait une source de → LapidBerechiah, ce qui met en question les datations.

LapidCLP id.; p. dans → PannierLapid p. 145-188 (version 'D'); [= TL Lapid. D].

LapidEP Lapidaire dit 'd'origine chrétienne' (incip.: *Cil qui aimment pierres de pris*), en vers octosyll.; 2e q. 13e s.; ms. de base (pour la graphie) BN fr. 14964 [frc. 1265] (A), autres mss.: BN fr. 2008 [4e q. 15e s.] (D) f°21-53, BN fr. 24428 [champ. 4e q. 13e s.] (B), BN fr. 14970 [pic. ca. 1300] (C), Chartres 1036 (H.1.51) [15e s.] (E) f°101r°-112, détruit pendant la guerre, Aix-en-Provence 164 (402) [14e s.], Ste-Gen. 792 [f°83-89, n°26, pic. 2e m. 13e s.] v. 1-1030 (+6, v. R 23, 501), non utilisé BL Sloane 213 [agn. déb. 15e s.] (F); p. dans

LapidEP

→ PannierLapid p. 238-285 (version 'E'); [= TL Lapid. E; Dean 357]. Une concordance avec LapidSPS se trouve dans → Studer p. 115n1; cp. → LapidPhilZ.

LapidE²F id., version remaniée et augmentée; 15ᵉ s. (?); ms. BN nfr. 11678 [2ᵉ m. 15ᵉ s.]; cf. les qqs. indications et l'extrait (*saphir*) p. p. F. Fery-Hue, "Une version remaniée du *Lapidaire chrétien en vers*: Le manuscrit Paris, Bibl. nat., nouv. acq. fr. 11678", *R* 107 (1986) 92-103.

LapidFES Lapidaire traitant de pierres gravées ('first lapidary of engraved gems' > 'FE'), en prose; agn. déb. 13ᵉ s.; l'éd. se base sur les deux mss. existants Cambridge Pembroke Coll. 87 [agn. fin 13ᵉ s.] f° 194r°-197r°, et BL Add. 18210 [agn. 2ᵉ m. 13ᵉ s.]; p. dans → Studer p. 277-286; [= Dean 358]. Cp. → LapidFRS.

LapidFFS Lapidaire en vers octosyll. ('first French version'); agn. 1ᵉʳ t. 12ᵉ s.; ms. de base BN lat. 14470 [agn., scribe it., fin 12ᵉ s.], en var. BN fr. 24870 [bourg. fin 13ᵉ s.], Vat. Misc. Arm. XV t. 145 [Nord 2ᵉ m. 13ᵉ s.], Ste-Gen. 2200 [art. 1277] (D), deux mss. coïncident partiellement avec la version FF: BN fr. 14969 et Cambridge Pembroke Coll. 87, v. → LapidVAS; p. dans → Studer p. 19-69; [= Dean 348].

LapidFFB id.; ms. BN lat. 14470; p. p. J. Beckmann, *Marbodi liber lapidum seu de gemmis*, Göttingen 1799; [= TL Marb. Lap.]. Avec texte latin; très mauvaise transcription.

LapidFFF id.; ms. de base BN lat. 14470 [agn. fin 12ᵉ s.], en var. BN fr. 24870 [1277]; p. dans → FoersterKoschw 174-192. Imprime le texte latin au bas des pages.

LapidFFM id.; extraits du ms. Ste-Gen. 2200 [art. 1277]; p. dans → LapidALM p. 255-267.

LapidFFMi id.; ms. de base BN lat. 14470 [agn. fin 12ᵉ s.]; p. dans → MignePL 171, 1738-1770 [haut de page: texte latin de Marbode].

LapidFFP id.; ms. de base BN lat. 14470 [agn. fin 12ᵉ s.], en var. BN fr. 24870 [1277] et → LapidFFPrP; p. dans → PannierLapid p. 34-69 (version 'A'); [= TL Lapid. A; Boss 2886; Hol 347; FEW Lapid: concerne toute la publ.].

LapidFFPrP Mise en prose de → LapidFF; ca. 1300; ms. unique BN fr. 24429 [déb. 14ᵉ s.]; le début et la fin se trouvent dans → PannierLapid p. 26-27, et ce texte a été cité ici et là en note de → PannierLapid («ms. C»; cp. → Studer p. 94n1).

LapidFPS Lapidaire en prose ('first prose lapidary'); agn. mil. 12ᵉ s.; ms. de base BN nlat. 873 [agn. déb. 13ᵉ s.], en var. BL Roy. 12 F.XIII [agn. ca. 1200], Oxford Bodl. Digby 13 [agn. 2ᵉ m. 12ᵉ s.] f° 21 (chap. 38 seulement, traitant de la perle [= AND Perle]), Dublin Trinity Coll. D.1.25 (370) [agn. 2ᵉ m. 13ᵉ s.] fragm.; p. d'après → LapidFPM dans → Studer p. 94-111, notes 326-333; [= WoC 26; Dean 350; Vising 68]. Concordance avec → LapidFFM dans R 38,270.

LapidFPM id.; ms. BN nlat. 873 [agn. déb. 13ᵉ s.]; p. dans → LapidALM p. 271-285.

LapidFPMa id.; ms. BL Roy. 12 F.XIII [agn. déb. 13ᵉ s.]; p. p. M. F. Mann, "Eine altfranzösische Prosaversion des Lapidarius Marbod's", *RF* 2 (1886) 363-374.

LapidFRS Lapidaire fragm. en prose; agn. 2ᵉ m. 13ᵉ s.; ms. unique BL Add. 18210 [agn. 2ᵉ m. 13ᵉ s.] (le texte y est interpolé dans → LapidFES); p. dans → Studer p. 151-153; [= Dean 353].

LapidMand¹M Lapidaire en prose traitant de plus de 60 pierres, avec des commentaires de plus en plus courts, très prob. rédigé par Jean de Mandeville; 3ᵉ q. 14ᵉ s.; ms. unique Chantilly Musée Condé 699 (1414) [liég. 4ᵉ q. 14ᵉ s.] f° 102v°-108v°; p. p. L. Mourin, "Les lapidaires attribués à Jean de Mandeville et à Jean à la Barbe", *Romanica Gandensia* 4 (1955) 159-191, texte 172-186, notes 189-191; [= Boss 8006].

LapidMand² id., version développée traitant de plus de cent pierres, anon.; 15ᵉ s.; mss. BN fr. 9136 [15ᵉ s.], Bruxelles Bibl. roy. 11058 [15ᵉ s.]; inédit.

LapidMand³D id., version contenue dans l'imprimé *Le grand Lapidaire*, 67 pierres (Paris, Jean Bonfons, 1561); [1561]; p. p. I. Del Sotto, *Le lapidaire du quatorzième siècle*, Vienne (Impr. impér.) 1862 (réimpr. Genève, Slatkine, 1974); [= Hol 494]. [Un autre imprimé, de ca. 1500, ca. 30 pierres, inédit, est mentionné par Hol 492.]

LapidMand⁴ id., version abrégée de → LapidMand³; ms. unique BN fr. 4836 [déb. 17ᵉ s.]; voir → PannierLapid 198.

LapidPhilZ Lapidaire en prose, dédié au roi Philippe (III ou IV), basé surtout sur la tradition du lapidaire chrétien pour ce qui est des pierres bibliques (v. → LapidE), sur le premier lapidaire en prose (v. → LapidFP) pour les pierres non bibliques, sur des lapidaires de pierres gravées (v. → LapidFE, LapidSE) (variations considérables entre les mss. ajoutant des matériaux); av. 1293; ms. imprimé Bern 646 [lorr. fin 14ᵉ s.] f° 73v°-79v° (titre: *Autres lapidaire*), mss. non utilisés: BN fr. 12786 [frc. déb. 14ᵉ s.], BN fr. 2008 [4ᵉ q. 15ᵉ s.] f° 1-20 v. → LapidPhilB, BN fr. 2009 [2ᵉ m. 15ᵉ s.], BN lat. 11210 [fin 15ᵉs.], Ste-Gen. 2261 [ca. 1470], Ars. 2805 (anc. S. A. F. 108) [2ᵉm. 15ᵉs.] f°15-77, BL Add. 32085 [agn. 1293-1310], BN fr. 2043 [2ᵉm. 15ᵉs.], Bruxelles Bibl. roy. 11004-17 [II, f°44-95, liég. 4ᵉq. 15ᵉs.], Berlin Staatsbibl. Hamilton 391 [15ᵉs.]; p. p. W. Ziltener, "Der *Lapidaire de Philippe* in der Berner Handschrift 646", → MélLommatzsch p. 413-440; [= TL Lapid. Ph. Z; Boss² 5377]. Cité par Gdf avec les abrév. 'Autres lapidaire' et 'Lapid.', d'après le catalogue de Hagen, sans consultation du ms. Étude des mss.: Fery-Hue Script 54,1 (2000) 91-192. Traduit en lat.: ms. BL Sloane 1784 [2ᵉm. 14ᵉs.], p. p. F. Fery-Hue, dans *Traduire*, 2013, 93-129.

LapidPhilB id.; ms. imprimé BN fr. 2008 [fin 15ᵉs.] f°1-20; p. p. L. Baisier, *The Lapidaire Chrétien, its composition, its influence, its sources*, thèse Washington (The Catholic Univ. of Am.) 1936, p. 111-125 (en appendice, le livre lui-même concerne → LapidEP); [= Boss 2889; Hol 345].

LapidPhilP id.; ms. de base BN fr. 12786 [frc. ca. 1300], autres mss. utilisés: BN fr. 2008 [fin 15ᵉs.] et BN fr. 2009 [15ᵉs.]; extraits p. dans → PannierLapid p. 291-297.

LapidsES Lapidaire traitant de pierres gravées ('second lapidary of engraved gems'), en prose; agn. déb. 13ᵉs.; ms. de base des chap. 1-44: Cambridge Gonville and Caius Coll. 435 [agn., p. 105-144 1ᵉm. 13ᵉs., p. 145-192 mil. 13ᵉs.] p. 185-192, base des chap. 45-49: Ars. 3516 [art. 1267] f°215-216 (chap. 1-13 manquent); p. dans → Studer p. 286-296; [= Dean 359].

LapidsEM id.; extraits du ms. Cambridge; p. p. P. Meyer *R* 36 (1907) 539-541.

LapidsER id.; ms. Ars.; p. p. R. Reinsch, "Der französische Prosalapidarius der Arsenalhandschrift B.L.F. 283", *AnS* 68 (1882) 319-330.

LapidsPS Lapidaire en prose ('second prose lapidary'); agn. 1ᵉʳt. 13ᵉs.; ms. de base Cambridge Pembroke Coll. 87 [agn. fin 13ᵉs.] f°201r°-204v°, en var. Cambridge Pembroke Coll. 111 [agn. 2ᵉm. 13ᵉs.], BN fr. 1097 [14ᵉs.], BN fr. 2063 [pic. 1340], Firenze Bibl. naz. Conv. soppr. G.VII.612 [norm. 1ᵉm. 14ᵉs.], Ars. 3516 [art. 1267] f°213-214, Bordeaux 531 [15ᵉs.]; p. dans → Studer p. 111-136; [= Dean 351].

LapidsPJ id.; ms. de base Firenze Bibl. naz. Conv. soppr. G. VII. 612 [norm. 1ᵉm. 14ᵉs.], corr. et notes d'après les autres mss.; p. p. L. Jordan, "Ein altfranzösischer Prosalapidar", *RF* 16 (1904) 371-398; [= TL Pros. Lap.].

LapidTPS Lapidaire en prose ('third prose lapidary'); pic. (et traits agn.) 2ᵉm. 13ᵉs.; ms. unique BN fr. 25247 [pic. fin 13ᵉs.]; p. dans → Studer p. 136-151; [= Dean 352].

LapidvAS Lapidaire en vers octosyll., dont les v. 1-562 sont adaptés de → LapidFF (concordance: R 38, 55 et en marge de l'éd. S), les v. 563-691 étant formés de deux fragm. indépendants; agn. mil. 13ᵉs.; mss. BN fr. 14969 [agn. fin 13ᵉs.] (E) et Cambridge Pembroke Coll. 87 [agn. fin 13ᵉs.] f°197r°-201r° (utilisés tous deux pour le texte 'critique' de l'éd.); p. dans → Studer p. 70-93; [= Dean 349].

LapidvAM id.; ms. BN fr. 14969 [agn. fin 13ᵉs.]; p. dans → LapidALM p. 53-70.

[Lapid v. aussi → SidracLR n°1068-1091, Meier-Gemma; lapidaire moralisé dans → ProprChosSq p. 153-181.]

Lar 1960 *Grand Larousse encyclopédique*, 10 vol., Paris (Larousse) 1960-1964. Aussi 'Lar 1961/62/63/64', dépendant du volume cité.

LarAgr 1921-1922 *Larousse agricole*, p. sous la direction de E. Chancrin et de R. Dumont, 2 vol., Paris (Larousse) 1921-1922.

LarAgr 1952 *Nouveau Larousse agricole*, p. sous la direction de R. Braconnier et de J. Glandard, Paris (Larousse) 1952.

LarI *Nouveau Larousse illustré*, 7 vol., Paris (Larousse) 1897-1904, Suppl. A-Z et Compl. A-Z en 1 vol. 1906-1907; [= FEW LarI]. V. M. Höfler – W. Rettig, "Der *Nouveau Larousse illustré* als lexikographische Quelle", *ZrP* 95 (1979) 36-56. Seul le premier tirage peut être daté de la date originale; cf. la datation dans la signature des feuillets (dernière réimpression avec changements: 1927).

LarLFr *Grand Larousse de la langue française*, par L. Guilbert et al., 7 vol., Paris (Larousse) 1971-1978.

LarXX *Larousse du XXᵉ siècle en six volumes*, p. p. P. Augé, Paris (Larousse) 1928-1933. Fournit au FEW mainte dernière attestation (justifiant une datation 'depuis telle date'), bien que certains matériaux viennent de Lar 1866-1876.

LarsonTosc P. Larson, *Glossario diplomatico toscano avanti il 1200*, Firenze (Accad.) 1995 (Gramm. e less. p. dall'Accad. d. Crusca). Citations en principe d'après les originaux: bon travail.

LaschBorch A. Lasch – C. Borchling – G. Cordes – D. Möhn et al., *Mittelniederdeutsches Handwörterbuch*, Neumünster (Wachholtz) [1928] 1956- [2014: -T]. Travaux depuis 1923. ÷

Latham

Latham R. E. Latham, *Revised Medieval Latin word-list from British and Irish sources*, London (Oxford University Press) 1965 (réimpr. 1973). Réimpr. avec *Supplement* de 10 pages en 1980 (et 1983, 1989, 1994). Travaux à partir de 1920.

LathamDict *Dictionary of Medieval Latin from British sources*, Fasc. 1, A-B prepared by R. E. Latham, London (Oxf. Univ. Press) 1975, Fasc. 2, C [Latham], 1981, Fasc. 3, D-E [Latham et D. R. Howlett], 1986, Fasc. 4, F-H [Howlett], 1989, Fasc. 5, I-L [Howlett et al.], 1997, Fasc. 6, M, 2001 (débute le t. 2, v. couverture p. 4; la pagination continue avec 1669), Fasc. 7, N, 2002, Fasc. 8, O, [2003] 2004, 9-13 (P) 2005-10, 13-14 (R) 2010-2011, 14 (Reg-Sal) 2011, 15 par Howlett, R. K. Ashdowne et al. (Sal-Sol) 2012, 16 (Sol-Syr) 2013, 17 par Ashdowne et al. (Syr-Z) 2013. Travaux à partir de 1924 (projet proposé par R. J. Witwell en 1913). N'exploite pas tout le matériau utilisé pour Latham, v. 1, vi.

LatourLandryM Le livre du chevalier Geoffroy de La Tour Landry, traité d'éducation générale et morale destiné aux filles de l'auteur, prose; ms. publié BL Roy. 19 C.VII [mil. 15^{e}s.], autres mss. BN fr. 580 [15^{e}s.], BN fr. 1190 [déb. 15^{e}s.], BN fr. 1505 [15^{e}s.], BN fr. 1693 [15^{e}s.], BN fr. 9628 [15^{e}s.], BN fr. 24397 [déb. 15^{e}s.], BN fr. 24398 [15^{e}s.], Ars. 2687 [15^{e}s.], Ars. 3356 [15^{e}s.], Bruxelles Bibl. roy. 9308 [15^{e}s.], Bruxelles Bibl. roy. 9542 [15^{e}s.], Wrocław Univ. Rehdiger 1,335 (?) [3^{e}q. 15^{e}s.], BL Add. 17447 [15^{e}s.]; p. p. A. de Montaiglon, *Le livre du chevalier de La Tour Landry pour l'enseignement de ses filles*, Paris (Jannet) 1854; [= TL Latour Landry].

LatourLandryE id.; ms. BL Add. 17447 [15^{e}s.]; p. p. H. M. Eckrich, *An edition of Le Livre du Chevalier de la Tour Landry pour l'enseignement de ses filles*, thèse New York Fordham Univ. 1970. Y a-t-il une datation du ms.? Cp. BraiCordO.

LaueHeilk F. Laue, *Über Krankenbehandlung und Heilkunde in der Litteratur des alten Frankreichs*, thèse Göttingen (Arnstadt: Böttner) 1904; [= TL Laue Heilk.].

Laur 1704 E. J. de Laurière, *Glossaire du droit français, contenant l'explication des mots difficiles qui se trouvent dans les ordonnances de nos roys, dans les coustumes du royaume, dans les anciens arrests et les anciens titres*, 2 vol., Paris 1704; [= FEW Laur 1704]. Traite le voc. (ancien) des coutumes et de → Ord: datation très problématique.

LaurPremCas²G Laurent de Premierfait, *Des cas des nobles hommes et femmes*, traduction de *De casibus virorum illustrium* de Giovanni Boccaccio (1373), prose, seconde version; 1409; ms. de base BN fr. 226 [15^{e}s.] (A), en var. BN fr. 131 [15^{e}s.] (B), BN fr. 16994 [15^{e}s.] (C), BN fr. 127 [15^{e}s.] (D), BN fr. 233-234 [15^{e}s.] (E), BN fr. 227 [15^{e}s.], d'autres n'ont pas été utilisés, parmi eux Leiden Univ. VGGF 3 [mil. 15^{e}s.]; p. p. P. M. Gathercole, *Laurent de Premierfait's* Des cas des nobles hommes et femmes, Chapel Hill (N. Carol. Press) 1968 (St. Rom. Lang. & Lit. 74).

LaurPremDecD Trad. d'une trad. lt. du Decamerone de Boccaccio par Laurent de Premierfait; 1414; ms. de base Vat. Pal. lat. 1989 [av. 1418], en var. quatre mss., d'autres, dont Ars. 5070 [ca. 1435], ne sont pas mentionnés; p. p. G. Di Stefano, *Boccace, Decameron, traduction (1411-1414) de Laurent de Permierfait*, Montréal (Ceres) 1998 (1999). Introduction touffue.

LaurPremEconD Laurent de Premierfait, remaniement de → OresmeEcon mêlant texte et glose, prose; déb. 15^{e}s.; ms. Chantilly Musée Condé 278 (575) [déb. 15^{e}s.], autres mss. BN fr. 24283 [15^{e}s.], BN fr. 1020 [fin 15^{e}s.], BN fr. 1085 [15^{e}s.], Rouen Bibl. mun. 927 (I.2) [Rouen 1452-1454] (v. Menut RoPh 4, 1951, 55-62); qqs. extraits du ms. Chantilly p. p. L. Delisle, "Notes sur une ancienne traduction française des *Économiques* d'Aristote" *Mélanges Paul Fabre*, Paris (Picard) 1902, 468-477; [cp. Boss 7039: Menut].

LaurPremVieillM id., *Livre de vieillesse*, aussi *Tulle de vieillesse*, trad. de *De senectute* de Cicéron, prose; 1405; ms. de base BN lat. 7789 [1405] (P) autographe?, et ca. 26 mss. suppl.; p. p. S. Marzano, *Laurent de Premierfait. Le livre de vieillesse*, Turnhout (Brepols) [2008] 2009. Texte lat. en regard.

LaurinT *Laurin, fils de Marques*, continuation de → Marque (qui continue → SSagA), prose; 3^{e}t. 13^{e}s.; ms. de base BN fr. 22548-22550 [frc., traces de pic., fin 13^{e}s.] (V), en var. Cambridge Fitzwilliam Mus. McClean 179 [pic. fin 13^{e}s.] (F), BN fr. 17000 [Paris mil. 14^{e}s.] (X) [suite de ce ms.: BL Harl. 4903], Ars. 3355 [pic. 14^{e}s.] (Q), Bruxelles Bibl. roy. 9245 [pic. 1^{e}m. 14^{e}s.] (B), Bruxelles Bibl. roy. 9433-34 [pic. 14^{e}s.] (E), Firenze Bibl. Med. Laurenz. Ashburnham Libri 122 (49) [déb. 14^{e}s.] (Y), BN fr. 93 [pic. 1466] (G); p. p. L. Thorpe, *Le roman de Laurin, fils de Marques le Sénéchal*, Cambridge (Heffer) s.d. [1960, préface datée de 1958] (Univ. of Nottingham Res. Publ. 2); [= Boss² 2499; TL Laurin '1961'; FEW Laurin: 1er état 1950 (dont il existe un tirage de 1972)].

LausbergSpr H. Lausberg, *Romanische Sprachwissenschaft*, 3 vol., Berlin (De Gruyter) 1956-1962 (Samml. Göschen). Phonétique et morphologie romanes compactes.

LavergneBourb G. Lavergne, *Le parler bourbonnais aux XIIIe et XIVe siècles, étude philologique de textes inédits*, Paris – Moulins 1909 (réimpr. Marseille, Laffitte, 1976). Contient des doc. fr. (bourb.) orig. de 1245 à 1326; cp. les c.r. Ronjat RLR 53,204-208 et Thomas R 39,106-108.

LavisJoie G. Lavis, *L'expression de l'affectivité dans la poésie lyrique française du moyen âge (12e-13^{e}s.). Etude sémantique et stylistique du réseau lexical* joie – dolor, Paris (Belles Lettres) 1972 (Bibl. de la Fac. de Phil. et Lettres de l'Univ. de Liège CC). D'utilisation difficile.

LayAmP Plainte d'amour, appellée *lay* par l'auteur, un certain Girard, 518 vers octosyll., incip. *Qui d'amors velt le voir portrere*; mil. 13^{e}s.; ms. BN nfr. 1104 [frc. ca. 1300]; p. p. G. Paris, "Un lai d'amours", *R* 7 (1878) 407-415; [= TL Lay d'Am.; Boss 1536].

Layettes *Layettes du Trésor des chartes*, 5 t. en 6 vol.: t. I (755-1223) p. p. A. Teulet, Paris (Plon) 1863, t. II (1224-1246) id., 1866, t. III (1247-1260) p. p. J. de Laborde, 1875, t. IIIa (Tables) id., 1881, t. IV (1261-1270) p. p. E. Berger, 1902, t. V (Supplément) p. p. H.-F. Delaborde, 1909; [= FEW Layettes (cité d'après les matériaux de Barbier)]. Contient quelques doc. orig. fr. datés de 1231 à 1270; le n°2936, daté de 1241, doc. fr. le plus ancien de la chanc. roy., est publié par P. Videsott dans BEC 168,61-81; n°1547 ms. 3^{e}q. 13^{e}s. (?), M. Smith CRAI 2015,I, 50.

LeBœuffleAstres A. Le Bœuffle, *Les noms latins d'astres et de constellations*, Paris (Belles Lettres) 1977; [= FEW LeBœuffle].

LeFrancChampD Martin Le Franc, Le *champion des dames*, dans un poème allégorique de 24384 vers octosyll., se charge de la défense des femmes; norm. et frpr., 1442 (fin 1441 ou déb. 1442); ms. de base, 'originel', Bruxelles Bibl. roy. 9466 [1442] (B1), autres mss.: Bruxelles Bibl. roy. 9281 [2^{e}m. 15^{e}s.] (B2), Bruxelles Bibl. roy. IV 1127 [av. 1451] (B3), BN fr. 12476 [1451] (P1), BN fr. 841 [ca. 1470] (P2), Ars. 3121 [1481] (A), Grenoble 352 (cat. 875) [ca. 1470] (G), Vat. Pal. lat. 1968 [2^{e}m. 15^{e}s.] (V), [Paris Coll. privé (?) [ca. 1475] (Z); p. p. R. Deschaux, *Martin Le Franc, Le champion des dames*, 5 vol., Paris (Champion) 1999 (CFMA 127-131). V. RLiR 63,607-621.

LeFrancEstrifD Martin le Franc, L'estrif de Fortune et Vertu, débat allégorique en prose; norm. et frpr. 1447 (ou 1448); ms. de base Bruxelles Bibl. roy. 9573 [1448] (B), mss. 'de contrôle': Arras 748 (777) [2^{e}m. 15^{e}s.] (A) et Chantilly Musée Condé 296 (1512) [2^{e}m. 15^{e}s.] (C), autres mss. v. éd. p. xxiii-xxviii; p. p. P. F. Dembowski, *Martin le Franc, L'estrif de Fortune et Vertu*, Genève (Droz) 1999 (T. L. F. 513).

LeGoffSchmittDict J. Le Goff – J.-Cl. Schmitt et al., *Dictionnaire raisonné de l'Occident médiéval*, s.l. [Paris] (Fayard) 1999. 'Dictionnaire' composé de qqs. 80 articles considérés comme 'clés' pour un entendement du m.â. occ.: CHASSE, DIEU, FÉMININ, etc.; auteurs divers. Combien de clés faut-il?

LeGrandStat L. Le Grand, *Statuts d'hôtels-dieu et de léproseries, recueil de textes du XIIe au XIVe siècle*, Paris (Picard) 1901 (Coll. Et. Ens. Hist. 32). Source problématique, cf. DEAF I 246 INFIRME. P. 12-15: statuts de l'hôpital de saint Jean de Jérusalem, av. 1290, ms. Vat. Vatic. lat. 4852 [Acre entre 1287 et 1290] (= CartHospD 1,425-429); 53-56: statuts de l'hôtel-Dieu de s. Julien de Cambrai, ms. Cambrai Arch. mun. hosp. 329 [?] (éd. Bruyelle id.); 61-96: statuts de l'hôp. Comtesse à Lille, inspirés des règles monastiques, flandr., ms. de base Lille Bibl. mun. Godefroy 185 (Paeile 70) [flandr. fin 13^{e}s.], autre ms. Lille Bibl. mun. [?] (Le Gl. 130) [1^{e}m. 14^{e}s.]; 101-104: prol. de statuts de Troyes, ms. 14^{e}s., réimpr. de l'éd. Guignard; 128-151: statuts de Pontoise, ms. 18^{e}s.; 151-179: statuts de Vernon dérivant de ceux de Pontoise, ms. BN nfr. 4171 [fin 13^{e}s.]; 184-189: statuts de la lépros. de Meaux, prob. déb. 14^{e}s., cartul. du 14^{e}s.; 194-199: lépros. de Noyon, pic. prob. mil. 13^{e}s., ms. cartul. 14^{e}s., réimpr. de l'éd. Lefranc; 224-230: lépros. d'Amiens, pic., daté 1305, mais cartul. 15^{e}s.; 246-252: lépros. d'Andelys, mil. 15^{e}s.

LeProuxVerm F. Le Proux, "Chartes françaises du Vermandois de 1218 à 1250", *BEC* 35 (1874) 437-477; contient 41 orig. fr. (pic.) de 1218 à 1251, 9 orig. s.d. (ca. 1250) et un vidimus de Saint Louis de 1257; la plupart des doc. se trouvent aussi dans → Lemaire.

LeRoy A. H. Becker, *Loys Le Roy (Ludovicus Regius) de Coutances: un humaniste au XVIe siècle*, Paris (Lecène) 1896; [= FEW LeRoy]. Thèse sur Loys Le Roy, latiniste, helléniste et auteur (ca. 1510-1577), avec étude de la langue (sans renvois!), p. 283-313, et un gloss. avec renvois aux œuvres (datés 1551-1577).

LeTallE Vocabularium familiaris et compendiosus ex summa Januensis, vulgariter Catholicon dicta…, imprimé par Guillaume le Talleur, Rouen ca. 1490; p. p. W. Edwards – B. Merrilees, *Dictionarius familiaris et compendiosus*, Turnhout (Brepols) 2002 (Corp. Christ. 4°, 3).

LeVerM Firmin le Ver (ob. 1444), *Dictionarius*, dictionnaire latin-français développant le Catholicon de Jean Balbi de Gênes, sur la base de → Isid et d'autres dict. et grammaires, explicant les mots lat. par des gloses et déf. en lat. et en français; pic. (Abbeville) 1440; ms. BN nfr. 1120 [Abbeville 1440]; p. p. B. S. Merrilees – W. Edwards, *Firmini Verris Dictionarius. Dictionnaire latin-français de Firmin le Ver*, Brepols (Typographi Brepols Edit. Pontificii) 1994 (Corp. Christ. 4°,1).

LeachBeverley A. F. Leach, *Beverley town documents*, London (Quaritch) 1900 (Selden Soc. 14); [= AND Beverley]. Contient des doc. agn. (datés à partir du 1^{er}q. 13^{e}s.) qui se retrouvent dans → RecLondB, et de plus «Laws of the weavers and fullers» p. 134-135 (cp. WoC 49).

LebelPers P. Lebel, *Les noms de personnes en France*, 2e éd., Paris (PUF) 1949 (Que sais-je?).

LebsanftGruß F. Lebsanft, *Studien zu einer Linguistik des Grußes. Sprache und Funktion der altfranzösischen Grußformeln*, Tübingen (Niemeyer) 1988 (ZrP-Beih. 217); [= TL Lebsanft Linguistik des Grußes].

LecheorT *Le Lai du Lecheor*, 124 vers octosyll., anonyme; déb. 13^{e}s.; ms. unique BN nfr. 1104 [frc. ca. 1300]; p. dans → TobinLais p. 347-358. [Autre éd.: Boss² 2839.]

LecheorP id.; p. p. G. Paris, "Lais inédits..., IV, Le Lecheor", *R* 8 (1879) 64-66; [= TL Lais in., p. 65-66].

Lef [Jacques Lefèvre d'Étaples (ob. 1537)], *La saincte Bible en Francoys, translatee selon la pure et entiere traduction de sainct Hierome*, Anvers (Martin Lempereur) 1530, cité en fait d'après H. Kunze, *Die Bibelübersetzungen von Lefèvre d'Étaples und von P. R. Olivetan*, Leipzig (Rom. Sem.) – Paris (Droz) 1935 (Leipz. Rom. St. 11); [= FEW Lef]. Le N.T. et les Ps avaient déjà été imprimés en 1523 (Paris, Simon de Colines), l'A.T. sans Ps en 1528 (Anvers, Martin Lempereur). Traits pic.

LefrancNoyon A. Lefranc, *Histoire de la Ville de Noyon et de ses institutions jusqu'à la fin du XIIIe siècle*, Paris (Vieweg) 1887 (BEC fasc. 75, 1888). Contient des doc. orig. (à partir de 1260), des copies et des trad. fr. de doc. latins.

LégApostHR Légendier apostolique en prose réunissant des légendes de S. Jean l'Évangéliste, S. Jean Baptiste, S. Barthélemy, S. Pierre et de S. Paul (cf. Meyer HLF 33,393-395), version longue; agn. mil. 13^{e}s.; ms. de base BL Harl. 2253 [agn. ca. 1335] (H), en var. et pour combler des lacunes (imprimées en italiques) Ars. 3516 [art. 1267] (A); p. p. D. W. Russell, *Légendier apostolique anglo-normand*, Montréal (Presses de l'Univ. de Montréal) – Paris (Vrin) 1989 (Ét. médiévales); [= Dean 546]. Texte imprimé aux pages impaires. Introduction insuffisante. L'origine agn. est discutée. Version courte → LégApostP.

LégApostPR id., version courte; agn. mil. 13^{e}s.; ms. de base BN fr. 19525 [agn. fin 13^{e}s.] (P), en var. BL Egerton 2710 [agn. mil. 13^{e}s.] (E) et Manchester Univ. John Rylands Libr. Fr. 6 [Angleterre f° 1-8: agn. mil. 13^{e}s.] (Er) (fragm. appartenant au ms. BL Egerton 2710); p. dans → LégApostHR, pages paires.

LégDorAn¹ Légende dorée, trad. anonyme, dite première, de 50 vies choisies ici et là dans la *Legenda aurea* de Iacopo da Varazze (ca. 1261-1266), en prose; Gênes fin 13^{e}s.; mss. Tours 1008 [It. déb. 14^{e}s.], Modena Bibl. Estense f. str. 116 [Gênes déb. 14^{e}s.?]; inédit; analyse du ms. Tours dans BullSATF 1897, 53-69 (n°s 22-71), du ms. Modena dans BullSATF 1902, 86-95 (n°s 18-28 et 32-68); cf. P. Meyer, *R* 33 (1904) 3-4; Collet ActesRégLex 329-340.

LégDorAn²AgnèsD Trad. anonyme, dite deuxième, de la *Legenda aurea* de Iacopo da Varazze, en prose (exécutée à la demande de Béatrice de Bourgogne), légende de sainte Agnès; 4^{e}q. 13^{e}s.; ms. BN fr. 23114 [15^{e}s.]; p. dans → SAgnèsDécD p. 253-259. Légendier inédit dans l'ensemble.

LégDorAn²MargO id., légende de sainte Marguerite; ms. BN fr. 23114 [15^{e}s.]; p. dans → SMargAO 153-155.

LégDorAn³MarieEgD id., troisième traduction anonyme, vie de sainte Marie l'Egyptienne; ca. 1300; ms. unique Firenze Bibl. Med. Laurenz. Med. Palat. 141 [Arras 1399] f° 124c-125c (ce ms. contient aussi des vies plus anc. que la LégDor, v. R 33,1-49); p. dans → SMarieEgTD p. 275-279. Légendier inédit dans l'ensemble. Pour le classement du ms. Kraków Univ. gall. fol. 156 (anc. Berlin) [ca. 1440] v. StutzmannTylus 76.

[LégDorAn³ cf. → SDenisPr⁴.]

LégDorAn⁴AlexiusK id., quatrième trad. anonyme, abrégée et incomplète en prose, vie de saint Alexis (cp. → AlexisPr), version très courte (2 1/2 p. impr.), incipit *Saint Aleux fu de Romme, filz d'un proudomme qui ot nom Eufemen*; 1^{re}m. 14^{e}s. (?); ms. BN fr. 1534 [déb. 15^{e}s.]; p. p. G. C. Keidel, *An Old French prose version of La vie de St. Alexis*, Baltimore (Friedenwald Co.) 1896. Légendier inédit dans l'ensemble.

LégDorAn⁵MargO id., cinquième traduction anon., légende de sainte Marguerite; 15^{e}s.; ms. BN fr. 15475 [fin 15^{e}s.]; p. dans → SMargAO 157-160. Légendier inédit dans l'ensemble.

LégDorAn⁶MargO id., trad. anonyme (exécutée à St-Nicholas-des-Prés près Tournai), légende de sainte Marguerite faisant partie d'un légendier puisant dans la Legenda aurea, interpolé de → PurgSPatrE, etc.; 1ᵉm. 15ᵉs.; ms. BN fr. 1054 [2ᵉm. 15ᵉs.]; extraits p. dans → SMargAO 156.

LégDorBelMargO id., trad. attribuée à Jean Beleth (cp. → JBelethLégDor), légende de sainte Marguerite; ca. 1300; ms. utilisé BN fr. 20330 [déb. 14ᵉs.], autre ms. complet du légendier: Le Puy en Velay Grand Séminaire *Vie des saints* [déb. 14ᵉs.], il y a d'autres mss. contenant des sélections de lég.; p. dans → SMargAO p. 146-148. Légendier inédit dans l'ensemble.

LégDorBelMarieEgD id., légende de sainte Marie l'Égyptienne, ms. de base BN fr. 20330 [déb. 14ᵉs.] f°90d-91d, en var. Le Puy en Velay Grand Séminaire *Vie des saints* [déb. 14ᵉs.] f°87d-88c; p. dans → SMarieEgTD p. 263-267.

[**LégDorBel** certains mss. intègrent des récits divers tirés de → LégDorBel, v. p.ex. → BrendanPr².]

LégDorVignD id., trad. en prose par Jean de Vignay; ca. 1335 (après 1333); mss. v. → LégDorVignBartH; inédit dans l'ensemble. Ms. BN fr. 241 [1348] (P1) et var. tirées de Bruxelles Bibl. roy. 9226 cités par mots isolés sans renvois (!!) dans la préface et en guise de 'var.' dans → LégDorVignBatallD (procédé à proscrire). [Identification des citations de Gdf selon Ringenbach: n° de f° du ms. Maz. 1729, multiplié par 3,33, + 86 ou plus, correspond à la page de l'éd. D.]

LégDorVignBartH id., légende de saint Bartholomée; ms. de base BN fr. 241 [1348] (P¹), en var. Bruxelles Bibl. roy. 9226 [déb. 15ᵉs.] (B¹), Bruxelles Bibl. roy. 9227 [déb. 15ᵉs.] (B²), Chantilly Musée Condé 735 (1335) [mil. 14ᵉs.] (C), Cambridge Fitzwilliam Mus. McClean 124 [mil. 14ᵉs.] (F), Maz. 1729 (1333) [3ᵉt. 14ᵉs.] (M) cité par Gdf, Ars. 3705 [déb. 15ᵉs.] (N), BN fr. 244-45 [fin 15ᵉs.] (P²), BN fr. 414 [1404] (P³), BN fr. 1535 [fin 15ᵉs.] (P⁴), BN fr. 6448 [fin 15ᵉs.] (P⁵), BN fr. 17232 [2ᵉm. 15ᵉs.] (P⁶), BN fr. 23113 [ca. 1400] (P⁷), BL Add. 16907 [1375] (Q), BL Roy. 19 B.XVII [1382] (R), Rennes 266 (169) [déb. 15ᵉs.] (S), Arras 83 (630) [ca. 1400] (W), BL Loan 36 (anc. Cheltenham Phillipps 199) [mil. 15ᵉs.] (Y), BL Egerton 645 [mil. 15ᵉs.] (Z), Bruxelles Bibl. roy. 9228 [déb. 15ᵉs.] (Ab), Bruxelles Bibl. roy. 9282-85 [mil. 15ᵉs.] (Bb), BN fr. 184 [ca. 1400] (Cb), BN fr. 242 [pic. 1402] (Db), BN fr. 243 [déb. 15ᵉs.] (Eb), BN fr. 415-416 [déb. 15ᵉs.] (Fb), Genève fr. 57 [ca. 1400] (Gb), München gall. 3 [mil. 15ᵉs.] (Hb), Jena El. f. 86 [Paris ca. 1420] (Jb), New York Pierpont Morgan Libr. M.672-75 [mil. 15ᵉs.] (Mb) (partie de Mâcon Bibl. mun. 3), Mâcon Bibl. mun. 3 [mil. 15ᵉs.] (Nb) (cf. New York Pierpont Morgan Library 672-75), Cambridge Fitzwilliam Mus. 22 [ca. 1500] (Fc), BL Stowe 50-51 [fin 15ᵉs.] (Sc), Bruxelles Bibl. roy. 9549 [4ᵉq. 15ᵉs.] (Bx), et impr., non utilisés Ars. 3682-83 [2ᵉm. 15ᵉs.], Lille Bibl. mun. 795 (452; Le Gl. 197) [15ᵉs.]; p. p. R. Hamer – V. Russell, "A critical edition of four chapters from the Légende dorée", *MSt* 51 (1989) 130-204, texte p. 181-191. Contient aussi les chapitres sur saint Nicolas, saint Georges et Toussaints, v. → LégDorVignGeo, -Nic et -Tous.

LégDorVignBatallD Légende dorée, trad. de Jean de Vignay imprimée, en modifiant la langue, par Jean Batallier; Sud-Est (Lyon) 1476; impr. Lyon (Barthélemy Buyer) 1476, en var. leçons, sans localisation (!), de → LégDorVignD (= P1); p. p. B. Dunn-Lardeau, *La Légende dorée*, Paris (Champion) 1997 (T. Ren. 19). C. r. Gilles Roques RLiR 62, 565-567.

LégDorVignBathB Légende dorée, trad. par Jean de Vignay, légende de sainte Bathilde; ca. 1335; ms. de base BN fr. 242 [pic. 1402] (D), en var. BN fr. 184 [ca. 1400] (E), BN fr. 243 [déb. 15ᵉs.] (F), BN fr. 416 [déb. 15ᵉs.] (G); p. comme version IV dans → SBath¹B p. 100-102; 128.

LégDorVignDomM id., légende de saint Dominique; ms. de base BN fr. 241 [1348], autres mss. v. sub LégDorVignBartH; extraits p. p. W. F. Manning, "The Jean de Vignay version of the life of saint Dominic", *Arch. Fratrum praedicatorum* 40 (1970) 29-46, texte 37-40; [= Boss² 5769].

LégDorVignGeoH id., légende de saint Georges; p. dans → LégDorVignBartH 169-177. Suit la transcription de la légende suivant un imprimé de ca. 1472/75, 177-180.

LégDorVignMargO id., légende de sainte Marguerite; ms. de base BN fr. 241 [1348], en var. BN fr. 23113 [ca. 1400], BN fr. 184 [ca. 1400], BN fr. 414 [1404], BN fr. 244-45 [fin 15ᵉs.]; p. dans → SMargAO p. 149-152.

LégDorVignMarieEgD id., légende de sainte Marie l'Egyptienne; ms. utilisé BN fr. 241 [1348] f°96d-97d; p. dans → SMarieEgTD p. 269-274.

LégDorVignNicH id., légende de saint Nicolas; p. dans → LégDorVignBartH 159-169.

LégDorVignTousH id., légende de Toussaints; p. dans → LégDorVignBartH 191-204.

LégJMailly Légendier classé selon l'ordre de l'année liturgique, traduction (augmentée de qqs. pièces) de l'*Abbreviatio in gestis et miraculis sanctorum* (= *Summa de vitis sanctorum*) de Jean de Mailly (2ᵉq. 13ᵉs.), anon.;

LégJMailly

3^{e}q. 13^{e}s.; mss.: Epinal 76 (9; 70) [4^{e}q. 13^{e}s.], Lille Bibl. mun. 202 (451; Le Gl. 199) [2^{e}m. 14^{e}s.], BL Add. 15231 [3^{e}t. 13^{e}s.], BN fr. 988 [lorr. 1^{e}m. 14^{e}s.], BN fr. 1782 [fragm. mil. 14^{e}s.], Ars. 3706 [2^{e}m. 15^{e}s.], BN nfr. 23686 (anc. Peterburg Fr.35/F.v.I.4) [Soissons?, 3^{e}q. 13^{e}s.], Ste-Gen. 587 [ca. 1300], Ars. 3684 [15^{e}s.]; certaines légendes se retrouvent aussi dans d'autres légendiers; inédit dans l'ensemble; v. NotExtr 36[1] (1899) 1-69. Les légendes sont toujours citées par des sigles particuliers: → SDenisPr^{5}L, SGenPr^2, SMadPr^3, SMargDO, SMarieEgUD, etc.

LegendreJRen G. Legendre, *Etude descriptive du vocabulaire de Jean Renart, auteur du XIIIe siècle*, thèse Strasbourg 1973. Cf. → JRen.

Legge M. D. Legge, *Anglo-Norman literature and its background*, Oxford (Clarendon) 1963.

Lehmann W. P. Lehmann, *A Gothic etymological dictionary based on the third edition of Vergleichendes Wörterbuch der gotischen Sprache by Sigmund Feist*, Leiden (Brill) 1986. Basé sur → Feist^3.

LejeuneJRen R. Lejeune, *L'œuvre de Jean Renart*, Liège 1935. Contient → JRenPlaitL; RenPiaudL.

Lemaire E. Lemaire, *Archives anciennes de la ville de St-Quentin*, vol. I, 1076-1328, Saint-Quentin (Poette) 1888, vol. II, 1328-1400, Saint-Quentin (Soc. Acad.) 1910; [= FEW Lemaire]. Orig. fr. (pic.) à partir de 1222.

LennelCal F. Lennel, *Calais au moyen-âge, des origines au siège de 1346*, thèse Lille, Calais (Peumery) 1909. Contient des doc., orig. fr. (pic.) à partir de 1265.

LenobleChasse M. Lenoble-Pinson, *Le langage de la chasse: Gibiers et prédateurs. Étude du vocabulaire français de la chasse au XXe siècle*, Bruxelles (Facultés univ. Saint-Louis) 1977 (Publ. des Fac. univ. Saint-Louis 8).

LerouxChants A. J. V. Le Roux de Lincy, *Recueil de chants historiques français depuis le XIIe jusqu'au XVIIIe siècle*, t. 1: *Première série, XIIe, XIIIe, XIVe et XVe siècles*, Paris (Gosselin) 1841, t. 2: *Deuxième série, XVIe siècle*, 1842 (2 tomes parus seulement); [= TL Chants histor.]. Contient au t. 2, p. 86-88, une 1re chanson sur la bataille de Pavie (1525), incip. *O noble roy de France*, ms. Leiden Univ. BPL 75 [Lille? 1525 ou peu après], suivie de 4 autres ch. sur cette bataille, p. 88-95.

Leslau W. Leslau, *Comparative dictionary of Ge'ez (Classical Ethiopic). Ge'ez-English, English-Ge'ez with an index of the Semitic roots*, Wiesbaden (Harrassowitz) 1987. Utile pour ses informations hist. et comparatives.

LesortClerm A. Lesort, *Les chartes du Clermontois, conservées au Musée Condé, à Chantilly (1069 – 1352)*, Paris (Champion) 1904; [= Stein 984]. Doc. orig. fr. (lorr.sept.) à partir de 1234.

LesortLorr A. Lesort, "Chartes lorraines en langue vulgaire (1226 – 1250)", *Bulletin philologique et hist. du Comité des travaux hist.*, année 1914, Paris 1915, p. 407-426. Contient 19 orig. lorr.sept.

LespMét *Histoire générale de Paris*, [14,1-3], R. de Lespinasse, *Les métiers et corporations de la ville de Paris, XIVe – XVIIIe siècle*, 3 vol., Paris (Impr. nat.) 1886-1897 (t. 1 Ordonnances ..., t. 2 Orfèvrerie ..., t. 3 Tissus ...); [= FEW LespMét, comprend LMest]. Cp. → LMestL qui forme le vol. 'XIIIe siècle' de la série. Contient des doc. datés à partir de 1270 (cop.) respectivement de 1272 (reg.).

LettrEdwPWJ Lettres du jeune Edward, Prince of Wales, futur Edward II; agn., nov. 1304 – nov. 1305; rôle orig. contenant les copies des lettres sortantes: Kew NA E 163/5/2 (anc. London P.R.O.); p. p. H. Johnstone, *Letters of Edward Prince of Wales, 1304-1305*, London (Roxburghe Club) 1931; [= AND Lett EPW].

LettrHarlS Petite collection de lettres modèles; agn. fin 14^{e}s.; ms. BL Harl. 3988 [agn. après 1396] (L); extraits p. dans → ManLangS p. 8-10.

LettrHippoT Recueil de recettes médicales en prose, appelé Lettre d'Hippocrate à César, assez variable selon les mss.; 2^{e}q. 13^{e}s.; mss. édités: BL Harl. 2558 [agn., cette partie 1^{e}m. 14^{e}s.] (A) p. 277-330, Oxford Bodl. Digby 86 [agn. 1272-82] (a/α) p. 331-376, Vat. Reg. lat. 1211 [pic. ca. 1300] (M) p. 377-386 (suppléments), BL Sloane 1611 [f°143-147v^o: fin 13^{e}s.] (c/γ) p. 387-412, BL Harl. 978 [agn., cette partie, f°28v-34v, ca. 1245] (C) p. 413-434, BN nfr. 10034 [Nord-Est mil. 13^{e}s.] (D) p. 435-462, Cambridge Trinity Coll. O.1.20 (1044) [agn. 3^{e}q. 13^{e}s.] (E) p. 463-489, BN fr. 15210 [f°1-82 2^{e}m. 13^{e}s.] (O) f°53-58 fragm. p. 490-499, BL Sloane 3126 [14^{e}s.] (H) p. 500-540, BL Sloane 2412 [pic.-wall. mil. 14^{e}s.] (I) p. 541-590, Firenze Bibl. Med. Laurenz. Ashburnham Libri 125 (52; 57) [pic. déb. 14^{e}s.] (G) p. 591-607, autres mss. BL Sloane 3550 [agn. 1^{e}m. 14^{e}s.] (B) f°217-219, BL Add. 10289 [norm. prob. 1280] (N), Berlin Staatsbibl. Hamilton 407 [II: 1^{er}q. 15^{e}s.], Ars. 3516 [art. 1267] (J), BN fr. 2001 [ca. 1355] (K), BN lat. 14689 [ca. 1300] (L), BN lat. 3768 [fin 13^{e}s.] (F), Cambridge Trinity Coll. O.2.5 [agn. mil. 14^{e}s.] fragm., Darmstadt 2769 [wall. 15^{e}s.]

(P), Paris Institut de France 791 (in-12° 84) [ces parties 15ᵉs.] (2 copies: Q et R), Ste-Gen. 2261 [ca. 1470] (S), Ste-Gen. 3124 [15ᵉs.] (T), BN fr. 2043 [2ᵉm. 15ᵉs.] (U), BN fr. 2047 [15ᵉs.] (V), BN lat. 1426A [1ᵉm. 16ᵉs.] (W), Rennes 74 (72) [cette partie mil. 14ᵉs.] (X) présages: *Si le jour des kalendes* (id. dans Vat. Reg. lat. 1334 [déb. 15ᵉs.]), Cambridge Univ. Ff.I.33 [Bourges 1420] (Y), BL Sloane 3550 [agn. 1ᵉm. 14ᵉs.] (b/β) f°220-225, Escorial I.III.7 [norm. 1ᵉm. 14ᵉs.] (d/δ), s'ajoutent des extraits dans beaucoup de mss. (liste partielle p. 67); p. p. C. de Tovar, *La Lettre d'Hippocrate à César*, thèse Strasbourg s.d. [1970]. Cité aussi comme LettrHippoA/α/β/...T. Cp. encore → RecMédCCH.

LettrHippoCH id.; ms. BL Harl. 978 [agn., cette partie, f°1-34, ca. 1245] (C) f°27v°-34v°; p. dans → HuntMed 107-124; [cf. Dean 406].

LettrHippoMS id.; ms. Vat. Reg. lat. 1211 [pic. ca. 1300] (M); p. p. Ö. Södergård, *Une lettre d'Hippocrate d'après un manuscrit inédit*, Stockholm (Almqvist & Wiksell) 1981. Une bonne partie du texte avait été p. dans LettrHippoT p. 377-386: à contrôler dans cette édition.

LettrHippoNR id.; ms. BL Add. 10289 [norm. prob. 1280] (N) f°121b-125; p. p. R. Reinsch, 'Maître André…", AnS 34 (1880) 161-196, spéc. 170-176.

LettrOxfL Lettres et pétitions écrites en Angleterre; agn. 1390 – 1412 (dates extrêmes des lettres); ms. Oxford All Souls Coll. 182 [agn. après 1412]; p. p. M. D. Legge, *Anglo-Norman letters and petitions from All Souls MS. 182*, Oxford (Blackwell) 1941 (Anglo-Norman Texts 3; réimpr. New York – London, Johnson, 1967); [= AND Lett & Pet; Dean 324; Boss 6714]. Cp. → ChappleLond, RichardsonCist et -Dicta.

LettrTanq Lettres (164) pour la plupart adressées au roi d'Angleterre ou à son chancellier, pour la plupart originales; agn. 1265 – 1399; mss. surtout Kew (London P.R.O.); p. p. F. J. Tanquerey, *Recueil de lettres anglo-françaises (1265-1399)*, Paris (Champion) 1916; [= TL Rec. lettr. anglofr.; AND Lett AF; FEW Tanq].

LevyChron R. Levy, *Chronologie approximative de la littérature française du moyen âge*, Tübingen (Niemeyer) 1957 (ZrP-Beih. 98). Aux principes problématiques; cf. Tiemann RJb 8, 110-132.

LevyContr R. Levy, *Contribution à la lexicographie française selon d'anciens textes d'origine juive*, Syracuse (Syr. Univ. Press) 1960.

LevyFabl B. J. Levy, *Selected Fabliaux*, Hull (Univ. of Hull) 1978; [= TL Fabliaux]. Douze fabliaux p. d'après BN fr. 837 [frc. 4ᵉq. 13ᵉs.], BN fr. 19152 [frc. fin 13ᵉs.] et Berlin Staatsbibl. Hamilton 257 [norm. ca. 1300]; n° I correspond à NoomenFabl n°92, II = 71, III = 31, IV = 39, V = 19, VI = 4, VII = 21, VIII = 20, IX = 27, X = 88, XI = 85, XII = 74.

LevyHagin R. Levy, *The astrological works of Abraham ibn Ezra. A literary and linguistic study with special reference to the Old French translation of Hagin*, thèse Baltimore 1927 (The Johns Hopkins Studies in Romance Lit. and Lang. 8, Baltimore - Paris 1927). S'appuie sur → Hagin; comprend des références aux f°ˢ67-125 du ms., contenant d'autres traités que le *Commencement de sapience*, tous d'Abraham et tous traduits par Hagin; [= LevyTrés ZI].

LevyRech R. Levy, *Recherches lexicographiques sur d'anciens textes français d'origine juive*, Baltimore 1932 (Johns Hopkins Studies in Romance Literature V); [= FEW LevyRechLex; TL Levy Rech. Lex.].

LevySignal J. Levy, *Signalinstrumente in den altfranzösischen Texten*, thèse Halle (Kaemmerer) 1910; [= TL Levy Signalinstr.; FEW Levy].

LevyTal J. Levy, *Wörterbuch über die Talmudim und Midraschim*, 2ᵉ éd. par L. Goldschmidt, Berlin – Wien (Harz) 1924 (réimpr. Darmstadt, Wiss. Buchges., 1963).

LevyTrés R. Levy, *Trésor de la langue des juifs français au moyen âge*, Austin (University of Texas Press) 1964; [= TL Levy Trésor]. Les dépouillements de ses sources ne sont pas exhaustifs. Pour l'interprétation des transcriptions et la lemmatisation v. FevresKi p. 10.

Lewicka H. Lewicka, *La langue et le style du théâtre comique français des XVᵉ et XVIᵉ siècles*, 2 vol., Warszawa (PWN) – Paris (Klincksieck) 1960-1968.

LewickaBibl H. Lewicka, *Bibliographie du théâtre profane français des XVᵉ et XVIᵉ siècles*, 2ᵉ éd., Wrocław (Akad.) – Paris (CNRS) 1980. Suppl. par T. Jaroszewska 1987.

LewickaFarces H. Lewicka, *Etudes sur l'ancienne farce française*, Warszawa (PWN) – Paris (Klincksieck) 1974.

LewickaThCom H. Lewicka, *La langue et le style du théâtre comique français des XVᵉ et XVIᵉ siècles*, 2 vol., Warszawa (PWN) – Paris (Klincksieck) 1960-1968.

LexJug *Lexicon latinitatis medii aevi Jugoslaviae*, p. p. M. Kostrenčić et al., Zagreb (Acad.) 1969-1978.

LexMA

LexMA *Lexikon des Mittelalters*, München (Artemis) 1977-1998; *Registerband*, 1999. Articles variables selon l'auteur.

LexNed *Lexicon latinitatis nederlandicae medii aevi*, p. p. J. W. Fuchs – O. Weijers et al., Leiden (Brill) 1977-2005. Documentation restreinte.

LexSalE *Lex salica*, coutume des Francs Saliens, code de procédure et code pénal, peu contaminés du droit romain; lat. av. 511; mss. surtout 8ᵉ- 10ᵉs. et jusqu'au 16ᵉs.; p. p. K. A. Eckhardt, *Pactus Legis Salicae*, Hannover (Halm) 1962 (MGH Leges Nat. germ. 4,1). Avec glossaire. La date n'est valable que pour les mss. A¹-A⁴; s'y ajoutent sept autres rédactions datables jusqu'au 10ᵉs.; ajouter l'éd. id., ib., 1969 (mss. D, E, S); cp. LexMa 5,1931s. Les mss. du groupe K sont toujours peu connus. (La trad. fr. par J. Balon, *Traité de Droit Salique. Etude d'exégèse et de sociologie juridiques*, 4 vol., Namur 1965, témoigne d'une «ignorance complète de la linguistique», v. Gysseling Rbph 45, 1967, 925-929.)

LexSalG id.; p. p. H. Geffcken, *Lex Salica*, Leipzig (Veit) 1898; [= TL Lex Sal.].

Lexer M. Lexer, *Mittelhochdeutsches Handwörterbuch*, 3 vol., Leipzig (Hirzel) 1869-1878. Couvre la période mil. 11ᵉs. – 16ᵉs. Suppl. à → BenMüZa.

LexerT M. Lexer, *Mittelhochdeutsches Taschenwörterbuch*, 13ᵉ éd., Stuttgart (Hirzel) 1969.

Lhande P. Lhande, *Dictionnaire basque – français et français – basque (Dialectes Labourdin, Bas-Navarrais et Souletin)*, vol. 1 (seul paru), Basque-fr., Paris (Beauchesne) 1926 [-1938].

L'Heureux R. L'Heureux, *Vocabulaire du moulin traditionnel au Québec des origines à nos jours. Documents lexicaux et ethnographiques*, Québec (Presses de l'Univ. Laval) 1982 (Langue fr. au Québec 3,7). Étude basée sur des doc. d'archives (à partir de 1644), des enquêtes et des sources lexicographiques.

Li É. Littré, *Dictionnaire de la langue française*, 2 t. en 4 vol., Paris 1863-1872, *Supplément* 1877; [n'est pas utilisée la réimpr. malheureuse, avec supplément incorporé, en 7 vol., Paris, Gallimard - Hachette, 1962-1966]; [= FEW Li *et* Littré; LittréSuppl 1877; TL Littré; Littré Suppl.]. Datation des fascicules selon Goosse CahLex 5 (1964) 53-56: [1863: 1, I-LX; 1-1056 (*a – dénier*); 1864: 1, 1057-1536 (*dénier – étroit*); 1865: 1, 1537-1856 (*étroit – génie*); 1866: 1, 1857-2080 (*génie – hystriciens*); 1867: 2, 1-416 (*i – mandat*); 1868: 2, 417-1056 (*mandat – perdre*); 1869: 2, 1057-1536 (*perdre – redresser*); 1870: 2, 1537-1856 (*redresser – scieur*); 1872: 2, 1857-2628 (*scieur – zythogale* + additions et auteurs cités)]. Quant à sa nomenclature, Li n'est pas un dict. du 19ᵉs., mais plutôt classique; sa documentation du 16ᵉs. se complète par → Hu. L'obèle (†) précédant un mot titre signale son absence de Ac 1835 et ne veut pas dire 'vieilli'. Les citations tirées de → LacMs² sont pleines d'erreurs (Möhren dans Actas Congr. Santiago 1989, 2,73-74).

Lis Littré, Supplément 1877, v. Li.

Lis² id., Additions à Lis, p. dans Lis, impression de 1883, etc., 353-375.

LiP *Linguistique Picarde*, 1-45, Amiens 1961-2005.

LibelleDebP *Debaz d'entre les roys de France et d'Angleterre touchant les duchiés de Guyenne et de Normandie*, libelle ou pièce de propagande contre les Anglais, prose; 1418 (ou avant) [l. 1-462] et après 1419 [l. 463-643]; ms. de base BN fr. 5059 [mil. 15ᵉs.] (A), en var. BN fr. 10139 [mil. 15ᵉs.] (B), BN fr. 19561 [mil. 15ᵉs.] (C), BN nfr. 7519 [3ᵉq. 15ᵉs.] (D), Ste-Gen. 1994 [3ᵉq. 15ᵉs.] (G), BL Harl. 4473 [3ᵉq. 15ᵉs.] (H); p. p. N. Pons, *L'Honneur de la couronne de France. Quatre libelles contre les Anglais (vers 1418 – vers 1429)*, Paris (Klincksieck) 1990 (S. H. F.), texte p. 45-79. Contient aussi → LibelleConsP, un doc. fr. et des textes latins. C. r. T. Matsumura RLiR 60,300-305.

LibelleConsP Libelle contre les Anglais du temps de la guerre des Cent Ans, incip. *Considérés*, prose; 1420; ms. de base AN X.1a.8604 [15ᵉs.] (N), en var. AN P.2298 [1460], BN Moreau 802 [17ᵉs.] (M); p. dans → LibelleDebP, texte 122-133.

LicorneG *Le romans de la dame a la lycorne et du biau chevalier*, roman d'aventures en vers décasyll. et octosyll., contenant deux douzaines de pièces lyriques; pic.mérid. 1ᵉʳt. 14ᵉs.; ms. BN fr. 12562 [cette partie pic. 1ᵉm. 14ᵉs.]; p. p. F. Gennrich, *Le romans de la dame a la lycorne et du biau chevalier au lyon*, Dresden (Ges. Rom. Lit.) 1908 (Ges. Rom. Lit. 18); [= TL Dame Lycorne; FEW Lycorne; Boss 4118].

LidScott H. G. Liddell – R. Scott – H. S. Jones – R. McKenzie, *A Greek-English lexicon*, 2 vol., Oxford (Clarendon) 1925-1940; *Supplement* p. p. E. A. Barber et al., Oxford 1968. Traduit, à l'origine, Passow 1819; couvre la litt. gr. jusqu'à ca. 600, sans la patristique, mais incluant qqs. travaux philologiques byzantins. À compléter par → Lampe et Sophocles; aussi *Thes. gr. linguae*, éd. C. B. Hase et al., Paris 1831-1865; Kumanudes, Athène 1883; → DCMgr.

Liger 1703 L. Liger, *Dictionaire general des termes propres a l'agriculture. Avec leurs definitions et étymologies, pour servir d'instruction à ceux qui souhaiteront se rendre habiles en cet Art*, 1 vol. in-8°, Paris (Damien Beugnié) 1703; [= FEW DAgr 1703].

Liger 1715 L. Liger, *Dictionnaire pratique du bon menager de campagne et de ville...*, 2 vol. in-4°, Paris (Pierre Ribou) 1715.

LindemannSuff M. Lindemann, *Zum Suffixwechsel von -eresse zu -euse und -trice im Französischen*, Tübingen (Narr) 1977 (TBL 86).

LindemannWb M. Lindemann, *Die französischen Wörterbücher von den Anfängen bis 1600. Entstehung und typologische Beschreibung*, Tübingen (Niemeyer) 1994 (Lexicogr. S. Maior 54).

LindvallSemp L. Lindvall, Sempres, lues, tost, viste *et leurs synonymes, étude lexicographique d'un groupe de mots dans le français des 12ᵉ-16ᵉ siècles*, Göteborg (Almqvist & Wiksell) 1971 (Romanica Gothoburgensia XIII).

Linker R. White Linker, *A bibliography of Old French lyrics*, University (Mississ.) 1979 (Rom. Monographs 31). Complète → RaynaudSpanke. Non sans erreurs.

LionBourgAlK *Lion de Bourges*, poème épique en alexandrins; pic. mil. 14ᵉs.; ms. unique BN fr. 22555 [lorr. 15ᵉs.]; p. p. W. W. Kibler – J.-L. G. Picherit – T. S. Fenster, *Lion de Bourges*, 2 vol., Genève (Droz) 1980; [= TL LBourges Poeme épique KPF; FEW LionBourges; Boss² 6540; cp. Boss 4046ss.]. Le texte est complété de vers isolés ou de passages entiers d'après → LionBourgOct (imprimé en ital.).

LionBourgAlZ id., éd. partielle par H. Zeddies, *Weitere Studien zur Chanson de Lion de Bourges*, Teil IV, thèse Greifswald 1907 [v. 21605-23111]; d'autres éd. partielles v. éd. K p.xi.

LionBourgOctF id., remaniement en vers octosyllabiques irréguliers (en partie décasyll.); [ca. 1500]; ms. unique BN fr. 351 [pic. déb. 16ᵉs.]; vers 1-10971 p. p. T. S. Fenster, *A partial edition of the octosyllabic version of Lion de Bourges*, thèse Austin 1976 (Univ. Microfilms 76-26, 627). Fin inédite.

LisO *Li romans dou lis*, ou *Louanges de la Vierge*, poème pieux en 4206 vers décasyll., octosyll. et autres, ayant pour objet la vie de Marie et Jésus; ca. 1300; ms. unique New York Pierpont Morgan Libr. M.40 (anc. Kerr, anc. Ashburnham Barrois 170) [3ᵉq. 14ᵉs.] f°1-81; p. p. F. C. Ostrander, *Li romans dou Lis*, New York (Columbia Univ. Press) 1915 (réimpr. N.Y., AMS, 1966); [= TL Rom. dou Lis]. Pièces introduites: SinclairDev 4663, 4938 et 5304, et d'autres; v. DLF² 1320a.

LissRashbam H. Liss, *Creating fictional worlds. Peshaṭ-exegesis and narrativity in Rashbam's commentary on the Torah*, Leiden – Boston (Brill) 2011. P. 259-268: relevé de gloses afr., v. → RaschbamR.

Littmann E. Littmann, *Morgenländische Wörter im Deutschen*, 2ᵉ éd., Tübingen (Mohr) 1924; [= FEW Littmann].

LittréRob 1873 É. Littré – C. Robin, *Dictionnaire de médecine, de chirurgie, de pharmacie, de l'art vétérinaire et des sciences qui s'y rapportent*, 13ᵉ éd., Paris (Baillière) 1873; [= FEW LittréR 1873].

LloydSpringer A. L. Lloyd, O. Springer, R. Lühr et al., *Etymologisches Wörterbuch des Althochdeutschen*, Göttingen – Zürich (Vandenhoeck & Ruprecht) 1988ss.

Lobineau G. A. Lobineau, *Histoire de Bretagne, composée sur les titres et les auteurs originaux*, 2 vol., Paris 1707; [= FEW Lobineau (cité d'après → Barb)]. Cp. → MoriceBret.

LodgeThConst E. C. Lodge – G. A. Thornton, *English constitutional documents, 1307 – 1485*, Cambridge (Univ. Press) 1935; [= AND Const Docs]. Doc. agn. à partir de 1307.

LöfstedtLgb B. Löfstedt, *Studien über die Sprache der langobardischen Gesetze*, Stockholm (Almqvist & Wiksell) 1961; [= FEW Löfstedt-Lang].

LohPrH Geste des Loherains, version en prose des branches en vers → GarLorr, GerbMetz et AnsMetz; Centre-Ouest 1ᵉm. 15ᵉs.; ms. Ars. 3346 [Centre-Ouest 3ᵉq. 15ᵉs.]; p. p. J.-Ch. Herbin, *La mise en prose de la Geste des Loherains dans le manuscrit Arsenal 3346*, s. l. n. d. [Valenciennes (PUV) 1995].

LohierMalartM Lohier et Malart, chanson de geste complexe se situant entre Charlemagne et Constantinople, laisses d'alexandrins monorimes; 2ᵉq. 14ᵉs.; fragm. Wiesbaden Hess. Hauptstaatsarchiv Abt. 1105, n°40 [lorr. 1ᵉm. 15ᵉs.]; p. p. U. Mölk, "Lohier et Malart", *R* 100 (1989) 466-492. La chanson est connue par une trad. all. de 1437.

LoisGodM *Loi Godefroi (Lex Godefridi)*, loi constitutionnelle établie par Godefroid de Fontaines, évêque de Cambrai, en 1227, traduite aussitôt pour la première fois, prose; pic. (Cambrai) ca. 1230; ms. de base Cambrai 1250 (1124) [Cambrai 15ᵉs.] (A), en var. Cambrai

664 (604) [ca. 1550] (C), autre ms. Douai Le Glay [2ᵉm. 15ᵉs.] (B) perdu, autre traduction dans Douai Le Glay Liber caeruleus (anc. Livre de la Loi, où auj.?) [prob. 1280 ou peu après] (D) [copie Douai 1331, copiée, par Tailliar, mil. 19ᵉs.]; p. dans → MeijersBlécourt p. 1-17, col. de droite, texte lat. en regard.

LoisGuillL Lois dites de Guillaume le Conquérant (Wilhelmi Articuli; la 1ᵉ partie (ch. 1-32) repose sur un texte aangl. de droit germ., la 2ᵉ partie reflète le droit romain (ch. 29-38, prob. basé sur Roger Vacarius Lib. paup. ca. 1149) et donne des articles de Canute (ch. 39-52); la réd. orig. est fr., elle a été traduite en lat. ultérieurement d'après une version proche de → LoisGuillIng); agn. ca. 1150; ms. incomplet (1ᵉ partie seulement) BL Add. 49366 (anc. Holkham Hall 228) [agn. 3ᵉq. 12ᵉs.] f°141r°-144v°, non utilisé: BL Cotton Otho B.XIII [quasi brûlé], Los Angeles Univ. of Cal. Res. Libr. 170/529 [agn. ca. 1560]; version complète transmise dans des imprimés, v. → LoisGuillIngL; p. p. F. Liebermann, *Die Gesetze der Angelsachsen*, 3 vol., Halle (Niemeyer) 1903-1916 (réimpr. Aalen, Scientia, 1960), t. 1 p. 492-512 (texte); t. 3 p. 283-292; [= WoC 30; Vising 331; Dean 32; AND Leis Will prob. toujours = → LoisGuillIngL]. Des extraits ont été p. dans → BartschChrest n°12 [dont se sert le FEW, datant le texte de ca. 1090] et → HenryChrest n°189; A. J. Robertson, The laws of the kings, 1925 réimprime l'éd. Liebermann. Etude: → Wüest. – Cp. → Tripartita¹.

LoisGuillM id.; p. p. J. E. Matzke, *Lois de Guillaume le Conquérant en français et en latin*, Paris 1899 (Coll. de textes pour servir à l'ét. et à l'ens. de l'hist. 26); [= TL Ges. Wilh.]. Ch. 1-28; les ch. 29-52, soit p. 23-32 reproduisent → LoisGuillIng.

LoisGuillO id.; ms. BL p. p. Y. Otaka, "Sur la langue des *Leis Willelme*", dans → ShortAnniv 293-308; [AND² Leis Will ANTS]. Avec concordancier. Prétend corriger l'éd. L, mais est moins fiable, v. 2; 51; etc. Le concordancier renvoie à un autre état de son édition.

LoisGuillR id.; p. (avec trad. et notes) par A. J. Robertson, *The laws of the kings of England from Edmund to Henry I*, Cambridge (Univ. Press) 1925. Texte de BL p. 252-267, notes 365-369 (ch. 1-28; ch. 29-52, soit p. 268-275 et 369-372 (notes) reproduisent → LoisGuillIng).

LoisGuillS id.; p. p. R. Schmid, *Die Gesetze der Angelsachsen*, Leipzig (Brockhaus) ²1858, p. 322-340 (ch. 1-28; ch. 29-52, soit p. 340-350 reproduisent → LoisGuillIng); [= TL Ges. Wilh.²].

LoisGuillIngL id., version (complète) insérée dans la Chronique du Pseudo-Ingulphe; agn. 1ᵉm. 14ᵉs.; transmis seulement par trois imprimés du 17ᵉs.: Selden 1623, Spelman 1639, Fulman 1684; de l'éd. Spelman il existe une copie partielle dans BN fr. 4901 [17ᵉs.]; texte «reconstruit» p. parallèlement à → LoisGuillL, t. 1 p. 492-520; [= AND Leis Will].

LoisneMal A. C. H. Menche de Loisne, *La Maladrerie du Val de Montreuil. Histoire et Cartulaire*, Abbeville (Lafosse) 1903. Contient 24 doc. fr., orig. et copies, datés de 1260 à 1717 (dont 11 afr., en partie aussi dans Lhomel Cart. de Montreuil). Orig. fr. (pic.), à partir de 1270, concernant Val de Montreuil sur Mer.

Lokotsch K. Lokotsch, *Etymologisches Wörterbuch der europäischen (germanischen, romanischen und slavischen) Wörter orientalischen Ursprungs*, Heidelberg (Winter) 1927; [= FEW Lokotsch].

LommatzschBlumen E. Lommatzsch, *Blumen und Früchte im altfranzösischen Schrifttum*, Wiesbaden (Steiner) – Mainz (Akad.) 1977 (Akademie der Wissenschaften und der Literatur, Abhandlungen der geistes- und sozialwiss. Klasse, 1966, 8); [= TL Lommatzsch Blumen].

LommatzschGebärden E. Lommatzsch, *System der Gebärden, dargestellt auf Grund der mittelalterlichen Literatur Frankreichs, I* [Ruhe – Trotz], thèse Berlin 1910. Seule partie parue.

LommatzschTrauer E. Lommatzsch, "Darstellung von Trauer und Schmerz in der altfranzösischen Literatur", ZrP 43 (1923 [-1924]) 20-67; [= TL Lommatzsch Trauer].

Longnon A. Longnon, *Les noms de lieu de la France*, Paris (Champion) 1920-1929 (réimpr. 1968); [= FEW Longnon].

LongnonDoc A. Longnon, *Documents relatifs au comté de Champagne et de Brie, 1172-1361*, 3 vol., Paris (Impr. Nat.) 1901-1914 (Coll. doc. inéd. sur l'hist. de Fr.). Doc. (rôles) champ. à partir de 1274. Le t. 1 a servi à → Friemel, le t. 3 à → Bev.

LongnonFiefs A. Longnon, *Rôles des fiefs du comté de Champagne sous le règne de Thibaud le Chansonnier (1249-1252)*, Texte, Paris (Menu) 1877. Doc. lat. contenants beaucoup de noms fr.; deux pièces fr. de 1251 et de 1252 ne semblent pas être orig. (XXVI, p. 308-313; XXVIII, 315s.), une pièce fr. (AN J. 205,35) est orig., mais pas datée (XXVII, 313s.).

Löpelmann M. Löpelmann, *Etymologisches Wörterbuch der baskischen Sprache. Dialekte von*

Labourd, Nieder-Navarra und La Soule, 2 vol., Berlin (De Gruyter) 1968.

Lorenzo R. Lorenzo, *Sobre cronologia do vocabulário galego-português. Anotações ao Dicionário etimológico de José Pedro Machado*, Vigo (Galaxia) 1968.

LorenzoCr R. Lorenzo, *La traducción gallega de la Crónica General y de la Crónica de Castilla*, t. 2: *Glosario*, Orense (Inst. de Est. or.) 1977. Glossaire important.

LouisMetz D. Louis, *Recueil d'atours inédits de la ville de Metz*, Nancy – Metz (ARTEM) 1995 (Doc. d'hist. soc., Moyen âge). L'éd. publie des chartes (dits atours: chartes à contenu legislatif, dont la première date de 1214-1220, p. dans → HistMetz 3,2, Pr., 177-179, v. Drüppel 132) datées de 1288 à 1551; lorr. (Metz). V. le c. r. essentiel de Gilles Roques, RLiR 61 (1997) 294-295.

Löw I. Löw, *Die Flora der Juden*, 4 vol., Wien 1924-1934 (réimpr. Hildesheim, Olms, 1967); [4, 183-200 = LevyTrés v]. Matériaux tirés de → GlBNhébr302, Raschi, etc.

LulleBestesL Ramon Llull (Raymond Lulle), Livre des bestes, septième partie de son Livre des Merveilles, roman philosophique à épisodes en prose; 2^{e}m. 15^{e}s.; ms. unique BN fr. 189 [2^{e}m. 15^{e}s.]; p. p. A. Llinarès, *Raymond Lulle. Le livre des bêtes*, Paris (Klincksieck) 1964 (Bibl. fr. et rom. B.3); [Wo 99; Boss^2 7856].

LulleEnfL id., *Doctrine d'enfant*, sorte de vademecum d'enseignement général, centré sur la foi chrétienne, traduit du catalan, prose; fin 13^{e}s.; ms. BN fr. 22933 [fin 13^{e}s.]; p. p. A. Llinarès, *Raymond Lulle. Doctrine d'enfant*, Paris (Klincksieck) 1969 (Bibl. fr. et rom. B.7).

LulleGentL Ramon Llull (Raymond Lulle), Le livre du gentil et des trois sages, texte à l'origine cat. (ca. 1270), trad. par l'auteur?, prose; fin 13^{e}s.; ms. unique BN fr. 22933 [fin 13^{e}s.]; p. p. A. Llinarès, *Raymond Lulle. Le livre du gentil et des trois sages*, Paris (PUF) 1966; [= TL Livre Gentil L].

[Lulle v. aussi → Evast.]

LunaireAshmH Lunaire mettant les jours lunaires en rapport avec des présages, en prose, incip. *La prime lune est bone a comencer totes choses*; agn. 1^{e}m. 14^{e}s.?; ms. Oxford Bodl. Ashmole 342 [cette partie agn. 1^{e}m. 14^{e}s.] f°25v°-27v°; p. dans → HuntProgn 68-70.

LunaireCh^{1}H Lunaire ou présages et recommandations (souvent d'ordre médical) suivant le cours de la lune, *Liber sompniorum et lunarum*, incip.: *Luna prima fet fu Adam. Bon est a totes riens comencer*, texte en prose à vague ressemblance à → LunaireCh^2 et LunaireWo; agn. 1^{e}m. 13^{e}s. (?); ms. New Haven Yale Beinecke Libr. 395 (anc. Cheltenham Phillipps 4156) [agn. ca. 1275]; p. dans → HuntProgn 56-63. Cf. P. Meyer, *NotExtr* 34,1, 236-238. Suivent dans le ms. des textes du même genre: → LunaireCh^2; *Prima dies mensis. Ki le premier jor del meis en son lit chet*; *Ci comencent les esper[i]menz par tot l'an del jor de noel, d'avoir cher tens u bon. Si le jor de noel est par dimange*; texte sur les *perillos jors* de l'an; [= Dean 367 'Yale 1']. Cp. C. Weisser, *Zum mittelalterlichen Krankheitslunar*, Hannover (Wellm) 1982 (Würzb. med.-hist. Forsch. 21), avec éd. de lunaires latins et allemands. Cf. → MédLiégH. [Parfois, les lunaires sont appelés 'calendrier' par les sources secondaires. V. encore → JoursPerilLune; Kalend; ActesProph 38-42.]

LunaireCh^{2}H Lunaire en prose ressemblant vaguement à → LunaireCh^1 et LunaireWo, incipit: *Luna prima. A premere lune fu Adam formé. Cel jor est profitable en tote ren ovrer, a vendre ou achater*; même ms. que LunaireCh^1; agn. 3^{e}q. 13^{e}s. (?); ms. New Haven Yale Beinecke Libr. 395 (anc. Cheltenham Phillipps 4156) [agn. ca. 1275]; p. dans → HuntProgn 49-55. Cf. NotExtr 34,1, 237; [= Dean 367 'Yale 2'].

LunaireDigbyH Lunaire en prose, proche de la version L4 (Svenberg, *Lunaria*), incip. *Ci comence le soungnarie Daniel le prophete, si est apelé lunarie. La premere lune fu Adam crié*; agn. 3^{e}q. 13^{e}s. (?); ms. Oxford Bodl. Digby 86 [agn. 1272-82] f°41r°-46r°; p. dans → HuntProgn 36-48.

LunaireMoC Lunaire général et médical, prose, incipit: *.i. lune est profitable a toz, fors qui chiet en langor, il languist longement. Li enfes...*; fin 13^{e}s. (?); ms. Modena Bibl. Estense f. str. 32 (XII.C.7) [14^{e}s.]; p. p. J. Camus, "Notices et extraits des manuscrits français de Modène antérieurs au XVIe siècle", RLaR 35 (1891) 169-260, spéc. 207-211.

LunaireSal^{1}M *Lunaire que Salemons fist*, lunaire en vers octosyll., fictivement attribué à Salomon, contenant des présages généraux, incipit: *Salemons qui la seignorie Ot de science et de clergie*; fin 13^{e}s.; ms. de base BN fr. 2043 [2^{e}m. 15^{e}s.], autres mss.: Oxford Bodl. Rawl. F.241 (14732) [agn. déb. 14^{e}s.] prol. manque (v. R 29,77s.), BN fr. 12786 [frc. déb. 14^{e}s.], BN lat. 15219 [mil. 15^{e}s.], BN lat. 15125 [14^{e}s.] fragm., BN fr. 2039 [pic./wall. 2^{e}m. 14^{e}s.] fragm. (cf. R 56,260); p. dans → Méon 1, 364-393.

LunaireSal^{1}oH id.; ms. Oxford p. dans → HuntProgn 83-109.

LunaireSal^{2}Z Version rajeunie et raccourcie de → LunaireSal^1, incipit: *Salmon quy ot la seignorie*

LunaireSal²Z

De scienche et de clergie; pic. 15ᵉ s.; ms. Innsbruck Tiroler Landesarchiv 478 [15ᵉ s.] (film: Hill Mon. Ms. Libr. 29.076/2); inédit dans l'ensemble; début et fin p. p. W. von Zingerle, "Über eine altfranzösische Handschrift zu Innsbruck", *RF* 11 (1901) 289-309, extraits 290-291; [= Boss 2869].

LunaireSal³ Remaniement de → LunaireSal¹, incipit: *Salomon si eut ung enfant D'une femme qu'il aima tant*, titre: *La table de Salomon*; 16ᵉ s.; ms. BN fr. 24315 [16ᵉ s.]; inédit; cf. LångforsInc 361 et J. Morawski R 56 (1930) 259-260; [= Boss 2295].

LunaireSalRen Version dérimée de → LunaireSal¹, incipit: *Salmon, qui ot toute la saingnorie d'escripture et de clergie, et la hautesce et l'onor de toute science*; fin 13ᵉ s.; ms. Rennes 593 [1304 n.st.] f°167v°-170r°; inédit.

LunaireWoC Lunaire, dit 'Calendrier agn.', incip. *A prime lune fud Adam furmé*; agn. 2ᵉ t. 13ᵉ s.; ms. Worcester Cathedral 4° 61 [agn. 2ᵉ m. 13ᵉ s.]; p. p. H. J. Chaytor, "An Anglo-Norman calendar", *MLR* 2 (1906/07) 211-222; [= AND Cal; Dean 366; Vising 304; Boss 2861]. Cp. → Kalend.

LundquistMode E. R. Lundquist, *La mode et son vocabulaire. Quelques termes de la mode féminine au moyen âge suivis dans leur évolution sémantique*, thèse Göteborg (Wettergren & Kerber) 1950; [= TL Lundquist Mode].

LuqueR De Luque la maudite, dit en vers octosyll. traitant de la *Maisnie Hellequin*, par un certain Bourdet; norm. fin 13ᵉ s. (?); ms. Berlin Staatsbibl. Hamilton 257 [norm. ca. 1300] f°52a-53a; p. dans → AvocasR p. 224-226; [= TL Tr. Dits III].

LuxWb *Luxemburger Wörterbuch*, 5 vol., Luxemburg (Linden) 1950-1977.

Lv E. Levy, *Provenzalisches supplementwörterbuch. Berichtigungen und ergänzungen zu Raynouards Lexique Roman*, 8 vol. (t. 8 p. p. C. Appel); Leipzig (Reisland) 1894-1924; [= FEW Lv]. Bibliographie: → LvBibl.

LvBibl *Complément bibliographique au Provenzalisches Supplementwörterbuch de Emil Levy. Sources-Datations*, p. p. K. Baldinger, Genève (Slatkine) 1983, élaboré d'abord au sein du FEW, puis au sein du DAG, à Berlin par Judith Zeitz (1953-1960), puis à Heidelberg, mis en forme et publié par Doris Diekmann-Sammet.

LvP E. Levy, *Petit dictionnaire provençal – français*, Heidelberg (Winter) 1909 (4ᵉ réimpr. 1966, la 5ᵉ 'éd.' de 1973 est également une réimpr.); [= FEW LvP]. Contient la nomenclature de Rn et Lv, et des suppl. sans documentation. Cp. → HarrisLvP.

MÂ *Le Moyen Âge. Revue d'histoire et de philologie*, Bruxelles – Paris etc. (De Boeck) 1888-.

MED H. Kurath – S. M. Kuhn – J. Reidy – R. E. Lewis et al., *Middle English dictionary*, Ann Arbor (Univ. of Michigan Press) 1952-2001. Travaux à partir de 1925. Très bon dict. qui peut servir, pour un bon tiers de sa nomenclature, de dict. afr. complémentaire. Accessible aussi en version électronique.

MF *Le Moyen Français*, Palermo, São Paulo, Montréal, Turnhout 1977-.

MGG *Die Musik in Geschichte und Gegenwart. Allgemeine Enzyklopädie der Musik*, 17 vol., 1945-1987; → BlumeMusik.

MGG² id., 2ᵉ éd., p. p. L. Finscher et al., *Sachteil*, 9+2 vol., Kassel – Basel (Bärenreiter) 1994-2008; *Personenteil*, 17+ 1 vol., 1999-2008.

MGH *Monumenta Germaniae Historica*, München. Dep. 1826.

MLFrGr W. Meyer-Lübke, *Historische Grammatik der französischen Sprache*, 2 vol., Heidelberg (Winter) 1908-1921; [= FEW MLFrGr; TL Meyer-Lübke Fz. Gr.]. (1. Teil: *Laut- und Flexionslehre* ⁵1934.)

MLFrGr II² id., 2. Teil: *Wortbildungslehre*, réimpr. avec des ajouts (en app.) par J. M. Piel, Heidelberg 1966; [TL Meyer-Lübke Wortb. = ¹1921]. Se base largement sur → Nyrop t. III.

MLKat W. Meyer-Lübke, *Das Katalanische, seine Stellung zum Spanischen und Provenzalischen, sprachwissenschaftlich und historisch dargestellt*, Heidelberg (Winter) 1925; [= FEW MLKat].

MLR *The Modern Language Review*, Cambridge – London – New York (The Modern Humanities Research Association) 1905-.

MLRGr W. Meyer-Lübke, *Grammatik der romanischen Sprachen*, 4 vol., Leipzig (Fues) 1890-1902; [= FEW MLRGr; TL Meyer-Lübke Rom. Gr.].

MPh *Modern Philology*, Chicago (Univ. Press) 1903–.

MPolGregM Marco Polo, *Le devisement du monde* (titre du ms. A), aussi 'Livre du grant Caam', version franciséé de → MPolRust (attribuée à un certain Gregoire, dite aussi 'réd. de Thybault de Cepoy' – plutôt tradition de manuscrits francisés); ca.1305 (un ms. date le texte de 1307); ms. de base BL Roy. 19 D.I [Paris?

ca. 1335] (B1), émendations et var. tirées des différentes familles de mss., même de -Rust, en var. BN fr. 2810 [contin. av. 1413] (A2/B) [facsim. p. à Luzern 1996], BN fr. 5649 [3ᵉq. 15ᵉs.] (B4/C), Ars. 3511 [ca. 1500] (A3), BL Roy. 19 D.I [Paris? ca. 1335, aux traits pic.] (B1), Oxford Bodl. Bodley 264 [f°210ss. ca. 1400] (B2), Bern 125 [Paris déb. 15ᵉs.] (B3), Genève fr. 154 [3ᵉt. 15ᵉs.] (B5), BN nfr. 934,66-76 [fragm. mil. 14ᵉs.] (B6) impr. dans → MPolRustB p. XLVIII-LVI, BN nlat. 1529 (4°) [14ᵉs.] (B7) fragm. de deux feuilles, Stockholm Kungl. Bibl. fr. 37 (M.304) [lorr. mil. 14ᵉs.] (C1; fac-similé v. Boss 5568: Nordenskiöld), BN nfr. 1880 [ca. 1500] (C2), Ars. 5219 [déb. 16ᵉs.] (C3; prologue par Robert Frescher), Vevey 2635 [2ᵉm. 14ᵉs.] (C4) fragm. de deux feuilles (p. p. Muret R 30, 1901, 409-414), Bruxelles Bibl. roy. 9309-10 [déb. 15ᵉs.] (D); New York Pierpont Morgan Libr. M.723 [art. ca. 1400] (A4), Oxford Bodl. Bodley 761 [agn. ca. 1365] fragm., BL Cotton Otho D.V [agn. déb. 15ᵉs.] (X) fragm., (Genève suppl. 883 [19ᵉs.] est une copie de l'impr. de 1735; Vat. Ottoboni lat. 2207 [15ᵉs.] n'est pas identifié avec les grandes versions); p. p. Ph. Ménard et al., *Marco Polo, Le devisement du monde*, t. 1, Départ des voyageurs et traversée de la Perse, par M.-L. Chênerie, M. Guéret-Laferté, Ph. Ménard, Genève (Droz) 2001 (T.L.F. 533). T. 2, Traversée de l'Afganistan et entrée en Chine, par J.-M. Boivin, L. Harf-Lancner, L. Mathey-Maille, 2003 (T.L.F. 552). T. 3, L'empereur Khoubilai Khan, par J.-Cl. Faucon, D. Quéruel, M. Santucci, 2004 (T.L.F. 568). T. 4, Voyages à travers la Chine, par J. Blanchard, M. Quereuil, 2005 (T.L.F. 575). T. 5, À travers la Chine du Sud, par J.-Cl. Delclos, C. Roussel, [2006] 2007 (T. L. F. 586). T.6, *Livre d'Ynde*. Retour vers l'Occident, par D. Boutet, Th. Delcourt, D. James-Raoul, 2009 (T.L.F. 597). C.r. Möhren Francia-Recensio 2008/3, MÂ (t. 3-5); Francia-Recensio 2009/4, MÂ (t.6); T. Matsumura RLiR 71,246-251 (t.4). V. Ménard RoPh 63 (2009/2011) 87-135. Ample bibl.: Andreose Francigena 1,261-291 (manque Wehr dans R. Oniga et al., Plurilinguismo lett., 2007, 205-223).

MPolGregB id.; ms. de base BN fr. 5649 [3ᵉq. 15ᵉs.] (B4), complété vers la fin par BN fr. 5631 [2ᵉm. 14ᵉs.] (A1; impr. en italiques) et rafistolé ici et là, sans qu'on sache sur la base de quel ms., par BN fr. 2810, Bern 125, Stockholm et même par MPolRust (d'après l'éd. B ou le ms.); p. p. P.-Y. Badel, *Marco Polo. La description du monde*, Paris (Libr. gén. fr.) 1998 (Poche 4551). Sans glossaire, avec traduction trop libre. Les désignations des mss. par des lettres ne coïncident ni avec l'éd. P ni avec Benedetto (MPolRustB): usage sans respect des traditions et des besoins des chercheurs.

MPolGregP id.; ms. de base BN fr. 5631 [2ᵉm. 14ᵉs.] (A1), en var. B (A2) et C (B4); p. p. M. G. Pauthier, *Le Livre de Marco Polo*, 2 vol., Paris (Didot) 1865; [= TL Marco Polo; FEW MPol; Boss 5567; Dean 340 correspond au fragm. Bodl. 761). Datation discutée, v. MedRom 22,332-351. – Pauthier ne compte pas le Prol., de sorte que sa numérotation des chap. diffère de celle de MPolRustB de un.

MPolGregcO id.; ms. lorr. C1, mil. 14ᵉs., publié en éd. pseudo-diplom. par A. Overbeck, *Literarische Skripta in Ostfrankreich. Edition und sprachliche Analyse einer französischen Handschrift des Reiseberichts von Marco Polo (Stockholm...)*, Trier (Kliomedia) 2003 (Trier. hist. Forsch. 51). Le titre induit en erreur. C.r. F. Duval RLiR 70,274-278.

MPolPip id., traduction fr. (Flandres?) de la traduction lat. de Fra Pipino (ca. 1320) de → MPolRust (version vén.?); 2ᵉm. 15ᵉs.; mss. Stockholm Kungl. Bibl. fr. 38 (M.305) [fin 15ᵉs.], BL Egerton 2176 [fin 15ᵉs.]; inédit (cf. MPolRustB p. CXLV). La version lat. se lit dans J.V. Prášek, *Marka Pavlova z Benátek Milion*, Praze (Č. Akad.) 1902, p. 1-198 (version anc. chèque supra, lat. infra: ms. Wien 3273 [ca. 1400], P³⁰ chez Moule). V. Barbara Wehr, "Zum Reisebericht von Marco Polo in der lateinischen Fassung von Fra Pipino da Bologna", dans H. Petersmann et al., *Latin vulgaire – latin tardif, V*, Heidelberg 1999, 117-132. [La version vén., ms. Roma Bibl. Casanatense 3999 [déb. 14ᵉs.] (VA¹), se lit dans l'éd. Pelaez 1906 et dans A. Barbieri, Dal viaggio al libro, 2004, p. 93-127.]

MPolRustB Marco Polo, *Le divis[a]ment dou monde*, texte établi (sur quelle base?, la dictée est légendaire), par Rusticien de Pise; francoit. 1298; ms. BN fr. 1116 [1ᵉʳq. 14ᵉs., scribe it. centr.?] ('M'/F), fragm. s.l. [prob. It.sept. (Bol.?) 2ᵉq. 14ᵉs.] (f) proche de F; p. p. L. F. Benedetto, *Marco Polo: Il Milione*, Firenze (Olschki) 1928 (Comitato geogr. naz. it. 3); [= Boss 5571; TL MPolo Milione; Hol 2381; GRLMA 6², 3700]. À vrai dire une mauvaise édition: corrections multiples, en bonne partie tacites; on devrait citer le manuscrit seulement. Les (13) derniers chapitres (de 233), traitant des rois Tatars du Ponent, se réfèrent à un évènement de 1299; leur structure paraît modifiée (datables de 1299 ou peu après). Gossen MélLommatzsch 133-143: classement d'italianismes problématique. Trad. angl. et éd. de la trad. lat. de Toledo (ms. Z, ca. 1470): A. C. Moule – P. Pelliot, *Marco Polo, The description of the world*, 2 vol., London (Routledge) 1938. Éd. du texte toscan: R. M. Ruggieri, *Marco Polo, Il Milione*, Firenze (Olschki) 1986 et dans → MPolRustRo.

MPolRustE id.; p. p. M. Eusebi, *Il manoscritto della Biblioteque nationale de France fr. 1116*,

MPolRustE

Roma – Padova (Antenore) 2010. Transcription fidèle; omet la table f°1-3.

MPolRustR id.; p. p. J. B. G. Roux de Rochelle, *Recueil de voyages et de mémoires, publié par la Société de Géographie*, t. I, *Voyages de Marco Polo*, 1ᵉ partie [seule parue], Paris (Soc. Géogr.) 1824. Utilisé par Gdf.

MPolRustRo id.; copie de l'éd. B avec qqs. modifications en partie résultant d'une relecture du ms., p. p. G. Ronchi, *Marco Polo, Milione, Le divisament dou monde. Il Milione nelle redazioni toscana e franco-italiana*, Milano (Mondadori) 1982. Imprime en app. (p. 675-687) une liste des leçons divergentes de l'éd. B; ne signale pas 'l'eliminazione di lettere superflue', ce que fait l'éd. B dans un certain nombre de cas en 'var.'.

[**MPolRustFC** id., fragm. f, partiellement p. p. C. Concina, "Prime indagini su un nuovo frammento franco-veneto del *Milione* di Marco Polo", *R* 125 (2007) 342-369. Avec comparaison soigneuse avec le ms. F et la reprod. d'une page. Pour l'orig. tosc. des scribes de F et de f v. Andreose Francigena 1 (2015) 261-291.]

[**MPolRustFM** id., autres parties p. p. Ph. Ménard, "Deux nouveaux folios inédits d'un fragment franco-italien du *Devisement du Monde* de Marco Polo", *MedRom* 36 (2012) 241-280. Avec reprod.]

[**MPolRust** v. aussi CapussoMPol; KaiserMPol.]

[**MPolxM** id., version abrégée assez indépendante des autres mss., à l'origine fr. ou francoit. ou it. (v. l'éd.; la forme *vie*, II 64, est agn.; *frank* pour *latin*, II 28, rappelle les textes de Terre Sainte); agn. déb. 15ᵉs.; ms. BL Cotton Otho D.V [agn. déb. 15ᵉs.] (X) fragm. de trois folios; p. p. Ph. Ménard, "Marco Polo en Angleterre", *MedRom* 24 (2000) 189-208 (avec reprod.). Le ms. a été localisé par B. Wehr (Sorb. 1997).]

MR *Marche Romane*, Liège (Association des Romanistes de l'Université de Liège) 1-43 (1951–1993).

MSLP *Mémoires de la Société de Linguistique de Paris*, Paris (Franck, Vieweg, Bouillon, Champion) 1868-1935; N. S., Paris (Klincksieck), Leuven (Peeters) 1990-. [= FEW MSLP].

MSpråk *Moderna Språk*, Gävle (Riksföreningen för lärarna i moderna språk) 1907-.

[**MSt** *Mediaeval Studies* (Pontif. Inst. Toronto) 1 (1939) –.]

MWB *Mittelhochdeutsches Wörterbuch*, p. p. K. Gärtner – K. Grubmüller – K. Stackelmann, Stuttgart (Hirzel) 2006-. Couvre la période 1050–1350. Papier et CD-Rom.

MabrienV Mabrien, roman chevaleresque en prose, suite de → RenMontPr² (v. Wo 140); 1462; ms. de base BN fr. 19177 [3ᵉt. 15ᵉs.] (Lf), autre ms. München gall. 7 (cat. n°120) [1468-1470] (Am, 5ᵉ vol. de Ars. 5072-5075 [1468-1470]); p. p. P. Verelst, *Mabrien*, Genève (Droz) 1998 (Rom. Gand. 28); [= Wo 140.3]. La version remaniée des imprimés est p. p. P. Verelst, *Mabrian*, Genève (Droz) 2009-2010: impr. Paris, Jacques Nyverd, 1530.

MacaireG Chanson de Macaire ou de la Reine Sibile (Sebile), cycle de Charlemagne, décasyllabes; francoit. 1ᵉʳq. 14ᵉs.; ms. unique Venezia Marc. fr. XIII (256) [francoit. 1ᵉm. 14ᵉs.]; p. p. F. Guessard, *Macaire*, Paris (Franck) 1866; [= TL Macaire; Boss 567]. Les pages impaires contiennent une reconstruction de la plume de l'éd. qui est citée parfois - et à tort - dans la lexicographie. Concordance avec MacaireM ici, en app.

MacaireM id.; p. p. A. Mussafia, *Altfranzösische Gedichte aus venezianischen Handschriften, 2: Macaire*, Wien (Gerold) 1864; [= TL Macaire; Boss 566]. Concordance avec MacaireG ici, en appendice. [Dans le même vol., avec pagination propre: *I. Prise de Pamplune*, → PrisePampM.]

MacaireMo id.; dans → GesteFrancorM.

MacaireR id.; p. dans → GesteFrancorR p. 635-744 (v. 13501-17067); [= Boss 566].

MacaireAl¹S Macaire, version en alexandrins, fragments, 202 vers alex.; 13ᵉs.; fragm. Bruxelles Bibl. roy. II 139 [fragm. s.d.?]; p. p. A. Scheler, "Fragments uniques d'un roman du XIIIᵉ siècle sur la reine Sebile…", *Bulletin de l'Académie royale des sciences, des lettres et des beaux-arts de Belgique*, 2ᵉ sér., t. 39 (1875) 404-423; [= Boss 569]. Réimpr. dans → SebilleT p. 313-319. Cp. M. Cavagna VRo 74,99-123 (avec éd.; ms. toujours pas daté).

MacaireAl¹R id., incomplet, p. dans → MousketR 1,610-614; [= Boss 568].

MacaireAl¹G id., réimpr. du texte de MacaireAl¹R avec quelques modifications dans → MacaireG, p. 307-312.

MacaireAl²B id., autre fragment; anc. Sheffield Thomas (?) Loveday (anc. John Loveday of Caversham) [agn. 13ᵉs.]; p. p. A. T. Baker – M. Roques, "Nouveaux fragments de la chanson de la Reine Sibille", *R* 44 (1915) 1-13; [= Boss 570]; (136 vers, = vers 912-920 et 1007-1046 de MacaireG). Réimpr. dans → SebilleT p. 319-323.

MacaireAl³T id., autre fragm., 168 vers; ms. Sion Bibl. cant. [Est fin 13ᵉs.] fragm.; p. dans → SebilleT p. 323-328 sur la base d'une éd. de P. Aebischer, *ZrP* 66 (1950) 385-408, spéc. 391-395, et du manuscrit.

MacairePr id., version en prose, v. → Sebille.

MaccabES La chevalerie de Judas Maccabée, version particulière en vers octosyll., anon., son auteur ayant connu → MaccabGaut; pic. 1285; ms. unique BN fr. 15104 [fin 13^{e}s.] (E); p.p. J.R. Smeets, *La chevalerie de Judas Macabé*, thèse Groningen 1955, Assen (Van Gorcum) 1955 (Van Gorcum's Litteraire Bibliotheek 1); [= TL Chev. JMacabé; FEW ChevMac].

MaccabFragmS Fragment d'une traduction en décasyllabes des Maccabées avec une description de bataille épique; Sud-Est déb. 13^{e}s.; ms. Bern 113 [bourg., qqs. traits pic., fin 13^{e}s.] (H chez Smeets); p.p. E. Stengel, "Frammenti di una traduzione libera dei libri dei Maccabei in decasillabi antico francesi", *Rivista di filologia romanza* 2, Roma 1875, 82-90. C.r. G. Paris R 4 (1875) 498.

MaccabGautS La chevalerie de Judas Maccabée, version par Gautier de Belleperche (avec sa continuation par Pierrot du Riés, → MaccabPier); pic. (Vimeu) av. 1268; v. 1-21159; ms. de base Berlin Staatsbibl. Hamilton 363 [pic. 4^{e}q. 13^{e}s.] (B); en var. Ars. 3516 [art. 1267] (A), BN fr. 19179 [3^{e}q. 13^{e}s.] (C), BN fr. 789 [pic. 1280] (D), Carpentras 405 (L.401) [cette partie ca. 1300] (F) fragm., Princeton NJers. Univ. Garrett 125 [pic. ca. 1300] (G) fragm., Bern 113 [bourg., qqs. traits pic., fin 13^{e}s.] (H) fragm.; p.p. J.R. Smeets, *La chevalerie de Judas Macchabee de Gautier de Belleperche (et de Pieros du Riés)*, 2 vol., Assen – Maastricht (Van Gorcum) 1991. Gdf cite le ms. C.

MaccabGautD id., ms. D qui abrège phrases et épisodes et ajoute une conclusion par Pierrot, v. → MaccabES p. xiv s. et MaccabGautS 11-13.

MaccabGautGS Fragm. du ms. G de MaccabGaut et de MaccabPier; ms. ca. 1300; p.p. J.R. Smeets, *Le fragment de la chevalerie de Judas Machabee de Gautier de Belleperche*, Leiden (The Hakuchi Press) 1985; [= TL Chev. JMacabé S].

MaccabPierS id., continuation par Pierrot, vers 21160-23951; pic. 1280 (ou peu après); ms. de base B; p. dans → MaccabGautS p. 492-556. Cf. RLiR 60,335-402.

MaccabPierGS v. MaccabGautGS.

MaccabPr^{1}G Livres des Maccabées, traduction en prose; Sud-Est déb. 13^{e}s.; ms. Maz. 54 (70) [cette partie 1^{e}m. 13^{e}s.]; p.p. E. Goerlich, *Die beiden Bücher der Makkabäer*, Halle (Niemeyer) 1889; [= TL Maccab.].

MaccabPr^{2}M id., version en prose, en partie dérimée (prob. independante de Pr^1 et certainement de MaccabGaut); mil. 13^{e}s.; ms. BN fr. 6447 [flandr.

4^{e}q. 13^{e}s.]; extraits p.p. P. Meyer, "Histoire des Machabées, en français. Notice du Ms. Bibl. Nat. Fr. 6447", *NotExtr* 35, 2 (1896) 457-467; [= TL Maccab. M]. Inédit dans l'ensemble.

MacerHerbesH Traduction de grandes parties du *De viribus herbarum* attribué à Odo Magdunensis / Eudes de Meung / Macer floridus (11^{e}s., titre d'après Aemilius Macer, 1^{er}s. av. n. è.), avec des amplifications et ajouts, en vers octosyll., incip. *De plusors herbes vos diron* (prol.) et *D'erbes chaudes la premiere est*; Sud-Ouest 2^{e}m. 13^{e}s. (?); ms. Princeton NJers. Univ. Garrett 131 [Sud-Ouest 2^{e}m. 13^{e}s.]; p.p. T. Hunt, *An Old French herbal*, Turnhout (Brepols) 2008. Ajouts imprimés en ital.; autre numérotation pour le prologue. C. r. M. S. Corradini-Bozzi MedRom 34, 429-431 [autres versions: BN fr. 2032 [15^{e}s.], BN fr. 2045 [15^{e}s.], BN fr. 2047 [15^{e}s.], Ste-Gen. 2261 [ca. 1470], Ars. 2889 [15^{e}s.], Berlin Staatsbibl. Hamilton 407 [I: ca. 1400]; renvois aux versions occ. cat. esp.]; Roques RLiR 77,577-586: nombre de corrections (émendations inutiles; gloss.; etc.).

Mach^2 J.P. Machado, *Dicionário etimológico da língua portuguesa*, 3 vol., Lisboa (Confluência) ^{2}1967; utilise → Lorenzo sans l'accueillir dans sa bibl.

Mach^3 id., réimpr. de Mach^2, 5 vol., 1977.

Machabey A. Machabey, *Guillaume de Machault. La vie et l'œuvre musical*, 2 vol., Paris (Richard-Masse) 1955. Concerne → GuillMach.

MachsBern Machsor, livre liturgique hébr. aux gloses marginales fr.; 13^{e}s.; ms. Bern 409 [hébr. 13^{e}s.] [= LevyTrés b].

MachsorS Gloses fr. dans le Machsor Vitry, œuvre liturgique (Machsor), commentée par Simcha ben Samuel de Vitry le Brûlé (Marne), élève de Raschi, 1^{e}m. 12^{e}s., les gloses ont prob. été complétées au cours du 12^{e}s.; 12^{e}s.; ms. BL Add. 27200-27201 [hébr. 2^{e}q. 13^{e}s.], non utilisé Oxford Bodl. Opp. 59 (Neubauer 1100) [13^{e}s.?], Parma Pal. 2574 [12e / 13^{e}s.], New York Jewish Theol. Sem. of Am. 8092, 8334 [hébr., Est 2^{e}m. 13^{e}s., 1204?]; p.p. G. Schlessinger, *Die altfranzösischen Wörter im Machsor Vitry*, thèse Würzburg 1898 (Impr. Mainz, Wirth, 1899); [= LevyTrés V; FEW Schlessinger]. Cp. → BlondhPo.

Mackel E. Mackel, *Die germanischen Elemente in der französischen und provenzalischen Sprache*, Heilbronn (Henninger) 1887 (Franz. Studien 6,1); [= FEW Mackel; TL Mackel Germ. Elem.].

MahArE Mahieu le Vilain, *Metheores*, trad. des Météores d'Aristote (traduite du grec en 1260 par

MahArE

Guillaume de Moerbeke), prose; norm. (orient., à traits pic.), ca. 1275; ms. Bruxelles Bibl. roy. 11200 (Gheyn 2903) [prob. Paris, 3ᵉq. 14ᵉs.]; p. p. R. Edgren, *Mahieu le Vilain, Les Metheores d'Aristote*, Uppsala (Almqvist & Wiksell) 1945; [= TL Mahieu le Vilain Metheor.; FEW MahAr; Boss 2864].

Mahaut Documents divers relevés de la chancellerie de Mahaut, comtesse d'Artois et de Bourgogne, 1302-1329; pic. 1ᵉʳt. 14ᵉs.; p. p. J.-M. Richard, *Mahaut, comtesse d'Artois et de Bourgogne*, Paris (Champion) 1887; [= FEW Mahaut]. Pièces datables. Transcription peu fidèle.

MahieuW Poésies (10) attribuées à Mahieu le Juif et Mahieu de Gand (qui ne sont p.-ê. qu'un seul personnage); art. 2ᵉq. 13ᵉs.; mss. utilisés BN fr. 844 [pic. 2ᵉm. 13ᵉs.] (Pb³), BN fr. 845 [3ᵉt. 13ᵉs.] (Pb⁴), BN fr. 846 [2ᵉm. 13ᵉs.] (Pb⁵), BN fr. 1591 [mil. 14ᵉs.] (Pb⁸), BN fr. 12615 [art., 1ᵉ partie 4ᵉq. 13ᵉs.] (Pb¹¹), BN fr. 20050 [lorr. 3ᵉt. 13ᵉs.] (Pb¹²), BN nfr. 1050 [2ᵉm. 13ᵉs.] (Pb¹⁷), Ars. 5198 [déb. 14ᵉs.] (Pa), Vat. Reg. lat. 1490 [déb. 14ᵉs.] (R²), Oxford Bodl. Douce 308 [Metz ca. 1320] (O), Modena Bibl. Estense α.R.4.4 [cette partie 1254] (M), Bern 389 [lorr. fin 13ᵉs.]; édition «critique», assez inutilisable p. p. H. Wolff, *Dichtungen von Matthäus dem Juden und Matthäus von Gent*, thèse Greifswald 1914; [= TL Maihieu le Juif; Boss 2365 (et Add. Suppl.I); Hol 1554].

MahomL² Le roman de Mahomet par Alexandre du Pont, 'biographie' haineuse de Mahomet, adaptée des *Otia de Machomete* latines de Gautier de Compiègne, vers octosyll.; pic. (Laon) 1258; ms. unique BN fr. 1553 [pic. 1285 n.st.]; p. p. Y. G. Lepage, *Alexandre du Pont. Le roman de Mahomet*, Louvain – Paris (Peeters) 1996 (Ktēmata 14).

MahomL id.; p. p. Y. G. Lepage, *Le Roman de Mahomet de Alexandre du Pont*, Paris (Klincksieck) 1977; [= TL Mahom. L; Boss² 5995].

MahomR id.; p. p. J. T. Reinaud – F. Michel, *Le Roman de Mahomet... par Alexandre du Pont...*, Paris (Silvestre) 1831; [= TL Mahom.].

MahomZ id.; p. p. B. Ziołecki, *Alixandre dou Pont's Roman de Mahomet*, Oppeln (Franck) 1887 (réimpr. Genève, Slatkine, 1974); [= TL Mahom. Z].

MaillartR Jehan Maillart, Le roman du Comte d'Anjou (sur le thème des désirs incestueux du père; aux points communs avec → FauvelChaill); pic.mérid. / frc. (Paris) 1316; ms. de base BN nfr. 4531 [pic. 1316 ou peu après] (A), en var. BN fr. 765 [f°1-48 15ᵉs.] (B), qqs. passages se retrouvent dans → FauvelChaill; p. p. M. Roques, *Jehan Maillart. Le roman du comte d'Anjou*, Paris (Champion) 1931 (CFMA 67); [= TL Comte d'Anjou et Jeh. Maillart; FEW Maillart; Boss 1178]. Gdf cite ce texte aussi comme 'Alart, Comte d'Anjou'. [La soi-disant édition de F. Mora-Lebrun, s. l. (Gallimard) 1998, est une trad. [ex.: v. 2 *fable* > fiction].]

MaillartS id.; ms. de base A; p. p. B. Schumacher – E. Zubke, *La Contesse d'Anjou*, Greifswald (Bruncken) 1920 (Roman. Museum 1); [= TL Contesse d'Anjou; Boss 1177].

MailleM *Le dit de la Maille*, poème didactique en vers octosyll.; frc. (Paris) 4ᵉq. 13ᵉs.; ms. unique BN fr. 837 [frc. 4ᵉq. 13ᵉs.]; p. p. Ph. Ménard, "Le dit de la Maille", dans → MélLeGentil 541-552; [= TL Dit de la Maille M; Boss² 4905].

MailleJ id.; p. dans → JubJongl 101-106; [= Boss 2615].

MainetP Mainet ('enfances' de Charlemagne), chanson de geste du cycle de Charlemagne, laisses d'alex. rimées et assonancées, fragm.; pic. fin 12ᵉs.; ms. BN nfr. 5094 [rec. fact., cette partie 13ᵉs.]; p. p. G. Paris, "Mainet. Fragments d'une chanson de geste du XIIᵉ siècle", *R* 4 (1875) 305-337; [= TL Main.; Boss 574; Hol 600].

MainetDéc id., traitement du sujet en laisses de décasyll. assonnancés; wall.-lorr. déb. 13ᵉs. ?; fragment Luxembourg AN Inst. grand-ducal Abt. 15 Ms 63/2 [2ᵉm. 13ᵉs.]; p. p. J.-Ch. Herbin, "Fragments d'une chanson de geste perdue (Les Enfances Charlemagne?)", *R* 130 (2012) 473-492.

MalerQualis B. Maler, *Synonymes romans de l'interrogatif* qualis, Stockholm (Almqvist & Wiksell) 1949 (St. Rom. Holmiensia 2); [= TL Maler Qualis].

MalkielEss¹ Y. Malkiel, *Essays on linguistic themes*, Oxford (Blackwell) 1968.

MalkielEss² Y. Malkiel, *From particular to general linguistics. Selected essays 1965-1978*, Amsterdam (Benjamins) 1983.

MalkielEt Y. Malkiel, *Etymology*, Cambridge (Cambr. Univ. Press) 1993.

ManLangK Manières de langage, manuel d'enseignement du français destiné aux anglophones, prose; agn. 1396; ms. de base Cambridge Univ. Dd.XII.23 [agn. 1ᵉm. 15ᵉs., après 1415] (Cd), en var. Cambridge Trinity Coll. B.14.40 [agn. après 1415] (Ct), BL Add. 17716 [agn. ca. 1425] (La), BL Harl. 3988 [agn. après 1396] (L/Lh), Oxford All Souls Coll. 182 [agn. après 1412] (O/Oa), BN nfr. 699 [agn. ca. 1400] (Pn); p. p. A. M. Kristol, *Manières de langage (1396, 1399, 1415),*

London (ANTS) 1995 (ANTS 53); [= AND² Man lang ANTS]. Contient aussi → EnsEnfK et DialFr1415K; [= Dean 281; cf. Dean 135].

ManLangF id., extraits du ms. O/Oa f°314a-316a; p. p. H. Fukui, "The All Souls continuation of La Maniere de Langage", → ShortAnniv p. 149-157; [= AND² Man lang²]. Correspond dans l'éd. K aux p. 32 ss. (I); 24 ss. (II); 45 (III).

ManLangG id.; ms. de base L/Lh; p. p. J. Gessler, *La manière de langage qui enseigne à bien parler et écrire le français. Modèles de conversations, composés en Angleterre à la fin du XIVᵉ siècle*, Bruxelles (Édition Universelle) – Paris (Droz) 1934; [= TL Man. de lang. G; AND Man lang].

ManLangM id.; ms. L/Lh p. p. P. Meyer, "La manière de langage qui enseigne à parler et à écrire le français", *Revue critique d'histoire et de littérature* 5, Paris (Franck) 1870, 373-409 (1873); [= TL Man. de lang.].

ManLangS id.; corrections à l'éd. M selon le ms. L/Lh et var. du ms. O/Oa et, en entier, le chap. *Une aultre manere de language* (= éd. K chap. 21) d'après le ms. O, avec var. de L p. p. E. Stengel, "Die ältesten Anleitungsschriften zur Erlernung der altfranzösischen Sprache", *ZfSL* 1 (1879) 1-40, spéc. 1-7; [= TL Gesprächb.]. Contient aussi → LettrHarlS, EnsEnfS, OrthCoyS, DonatOxfSt.

ManVilF *Des vilains* ou *Des XXIII manieres de vilains*, écrit satirique contre les rustres paysans, prose; 2ᵉm. 13ᵉs.; ms. de base BN fr. 12581 [frc. (av.) 1284] (B) version longue, var. tirées de la version courte du ms. BN fr. 1553 [pic. 1285 n.st.] (A); p. p. E. Faral, "Des vilains ou des XXII[I] manieres de vilains", *R* 48 (1922) 243-264; [= TL Vilains].

MancarellaBibl P. G. Mancarella, *Versioni bibliche in antico francese*, Lecce (Ed. del Grifo) 1995. Contient les Apocalypses de BN fr. 1036 [fin 13ᵉs.] et Vat. Pal. lat. 1957 [N.-E. déb. 14ᵉs.] et des extraits d'autres textes bibliques. Publication peu profitable, v. Varvaro MedRom 21,151.

MancarellaIntr P. G. Mancarella, *Introduzione all'antico francese. Dal Latino volgare ai testi non letterari*, Lecce (Milella) 1979. Réimpression (non sans erreurs) de doc. tirés de → DocFrHMarneG (11 doc. 1232 - 1244), CarolusCh (8 doc. 1241 - 1250), D. J. Becquet Abb. Hénin-Liétard 1965 (4 doc. 1256 - 1285) et TerroineFossier (5 doc. 1282 - 1285).

MandachFier A. de Mandach, *Naissance et développement de la chanson de Geste en Europe*, V: *La Geste de Fierabras. Le jeu du réel et de l'invraisemblable*, Genève (Droz) 1987. C.r. ZrP 95,413-417: étude réellement invraisemblable avec qqs. extraits de sources diverses, incomplète.

Maniet A. Maniet, *L'évolution phonétique et les sons du latin ancien dans le cadre des langues indo-européennes*, Louvain – Paris (Nauwelaerts) 1975 (5ᵉ impr., reproduit la 3ᵉ éd.).

Mant P. Mantellier, *Histoire de la communauté des marchands fréquentant la rivière de Loire et fleuves descendant en icelle*, 3 vol., Orléans (Jacob) 1867-1869. Le t. 3 contient un glossaire, paginé séparément, publié aussi à part: *Glossaire des documents de l'Histoire…*, Paris (Durand – Lauriel) 1869; [= FEW Mant].

MantRigg F. A. C. Mantello – A. G. Rigg, *Medieval Latin*, Washington (Cath. Univ.) 1996.

MantelB Conte du *Cort mantel* (*Mantel mautaillé*, *Lai du Mantel*, *Conte du Mantel*), couplets octosyll.; fin 12ᵉs.; ms. de base BN nfr. 1104 [frc. ca. 1300], en var. BN fr. 353 [1ᵉm. 14ᵉs.], BN fr. 837 [frc. 4ᵉq. 13ᵉs.], BN fr. 1593 [frc., faibles traits lorr. fin 13ᵉs.], Bern 354 [bourg.sept. déb. 14ᵉs.]; p. dans → CorBe p. 3-39; [= TL Mantel B; cf. Boss² 2839: autre éd.]

MantelBu id.; même ms. de base; p. p. G. S. Burgess – L. C. Brook, *The lay of Mantel*, Cambridge (Brewer) 2013. Transcription aussi du ms. Bern en App.

MantelM id., ms. de base BN fr. 837 [4ᵉq. 13ᵉs.], var. des autres mss., sauf BN nfr. 1104; p. dans → MontRayn 3,1-29.

MantelW id.; p. p. F.-A. Wulff, "Le conte du *Mantel*, texte français des dernières années du XIIᵉ siècle, édité d'après tous les mss.", *R* 14 (1885) 343-380; [= TL Mantel; Boss 1537; 2514; Hol 2165].

MantouFlandr R. Mantou, *Actes originaux rédigés en français dans la partie flamingante du comté de Flandre (1250-1350). Etude linguistique*, Liège (Michiels) 1972 (Mém. de la Comm. roy. de Toponymie et de Dialectologie 15); [= TL Actes Flandre M]. Contient 68 documents (flandr. 1264 – 1349). Étude du vocabulaire dans → MantouVoc.

MantouHerz R. Mantou, *Herzele (1386 – 1394). Étude linguistique des plus anciens comptes domaniaux, en français*, Bruxelles (Vrije Univ.) 1981 (Centrum voor soc. struct. en ec. conj. V.U.B.; Herzele, Dossier 10). Se base sur → CptHerzM. Les contextes cités ont été collationnés sur manuscrit.

MantouLèpre R. Mantou, *La lèpre dans les Pays-Bas (XIIᵉ-XVIIIᵉ siècles)*, Bruxelles (Arch.

MantouLèpre

Gén.) 1989 (Arch. Gén. du Royaume et Arch. de l'Etat dans les Prov., Serv. éduc., Dossiers 6).

MantouVoc R. Mantou, "Le vocabulaire des actes originaux rédigés en français dans la partie flamingante du Comté de Flandre (1250 - 1350)", I: *BTDial* 50 (1976) 139-251 [Introduction, Parties I + II]; II: *BTDial* 51 (1977) 163-259 [Parties III-VII]; III: *BTDial* 52 (1978) 227-293 [Parties VIII-IX]; IV: *BTDial* 53 (1979) 91-160 [Parties X-XI]; V: *BTDial* 54 (1980) 211-261 [XI-XII]; VI: *BTDial* 55 (1981) 141-248; VII: *BTDial* 56 (1982) 133-174; VIII: *BTDial* 57 (1983) 109-161; [IX]: *BTDial* 58 (1984-85) 33-96. Se base sur → MantouFlandr, SmetKeures, etc.; contextes à vérifier.

ManuelPéchF Manuel des péchés (Guillaume de Widdinton / Waddington en est le scribe), vers octosyll.; agn. 4^{e}q. 13^{e}s.; ms. de base BL Harl. 273 [agn. 1^{e}m. 14^{e}s.] (A), v. 10332-10362 et var. selon BL Harl. 4657 [agn. 1^{er}q. 14^{e}s.] (B), autres mss. Cambridge Univ. Ee.I.20 [agn. 1^{er}q. 14^{e}s.] (I), BL Harl. 4971 [agn., cette partie fin 13^{e}s.] (C) incomplet, BL Roy. 20 B.XIV [agn. ca. 1300] (D), BL Arundel 288 [agn. 2^{e}m. 13^{e}s.] (E) incomplet, Oxford Bodl. Hatton 99 [agn. déb. 14^{e}s.] (F), Oxford Bodl. Greaves 51 (3823) [agn. ca. 1300] (G), Cambridge Univ. Mm.VI.4 [agn. 1^{e}m. 14^{e}s.] (H), Cambridge St John's Coll. F.30 (167) [agn. ca. 1300] (K), BN fr. 14959 [agn. 2^{e}m. 13^{e}s.] (L), York Chapter Libr. 16.K.7 [agn. ca. 1300] (M), San Marino Huntington Libr. HM.903 (anc. Everingham Park; Duchess of Norfolk) [agn. mil. 14^{e}s.] (N), Vat. Pal. lat. 1970 [agn. fin 13^{e}s.] (O), Leeds Univ. Ms.1 (anc. Everingham Park; Duchess of Norfolk) [agn. 1^{er}t. 14^{e}s.] (Z) incomplet, BL Harl. 337 [agn. ca.1300] (P) fragm., BL Harl. 3860 [agn. déb. 14^{e}s.] (Q) extraits, BL Arundel 372 [agn. ca. 1300] fragm., Oxford Bodl. Rawl. F.241 [agn. déb. 14^{e}s.] (R) extraits, Cambridge Univ. Gg.I.1 [agn. après 1307] (S) anoure, York Chapter Libr. 16.K.13 [agn. ca. 1300] (T) anoure, Nottingham Univ. WLC.LM.4 [agn. 2^{e}m. 13^{e}s.] (U) acéphale, Blackburn Lancs. Stonyhurst Coll. 27 (HMC 31; A.VI.22) [agn. 1^{er}q. 14^{e}s.] (V) extraits, Princeton NJers. Univ. Taylor Coll. Med. MS 1 (anc. Cheltenham Phillipps 2223) [agn. 2^{e}m. 13^{e}s.] Cambridge Pembroke Coll. 258 [agn. déb. 14^{e}s.] extraits, BL Arundel 507 [agn. mil. 14^{e}s.] fragm., Oxford Brasenose Coll. fragm. (v. Dean), Worcester Cathedral 4° 35 [agn. mil. 14^{e}s.], Cambridge Corpus Christi Coll. ex impr. SP 257 [agn. 13^{e}s.] (fragm., extr. dans N. Wilkins, Cat., 1993, 171-174), Cambridge Univ. Add. 2751(5) [14^{e}s.] fragm., Cambridge Univ. Add. 2751(6) [14^{e}s.] fragm.; p. p. F. J. Furnivall, *Robert of Brunne's* Handlyng Synne… *William of Wadington's* Manuel des Pechiez, London (Kegan Paul – Trench – Trübner) 1901 (Early English Text Society 119); [= Hol 253; AND Man pechez; Dean 635]. Éd. peu fiable. Les vers non imprimés sont à consulter dans → ManuelPéchF^1. Gdf cite le ms. I (f°7d = éd. F 1099).

ManuelPéchF^1 id.; p. p. F. J. Furnivall, *Roberd of Brunne's* Handlyng Synne … *with the French treatise on which it is founded*, Le Manuel des Pechiez *by William of Wadington*, London (Nichols) 1862 (Roxburghe Club 99). Imprime en app. les parties du texte fr. qui n'ont pas de correspondance dans le texte angl. (numérotation continue).

ManuelPéchA id.; prol., épil. et un exemple (v. 4817-5098); ms. H; p. p. E. J. Arnould, *Le Manuel des Péchés*, Paris (Droz) 1940.

MarArsAnL Le mariage des sept arts, quatrains monorimes, vers dodécasyllabes; pic. fin 13^{e}s.; ms. Reims Bibl. mun. 1275 [lorr. fin 13^{e}s.]; p. dans → MarArsTeintL p. 11-27; [= TL Mar. s. arts *et* Mar. s. arts L; FEW MarArs].

MarArsAnP id.; p. p. L. Paris, "Le mariage des sept arts et des sept vertus", *Le Cabinet historique* 13 (1867) 98-113; [= TL Mar. s. arts].

MarArsTeintL id., version par Jehan le Teinturier, octosyll.; Nord 2^{e}m. 13^{e}s.; ms. BN fr. 837 [frc. 4^{e}q. 13^{e}s.]; p. p. A. Långfors, *Le mariage des sept arts par Jehan le Teinturier d'Arras, suivi d'une version anonyme*, Paris (Champion) 1923 (CFMA 31), p. 1-10; 27-28; [= TL Mar. s. arts L; FEW JehTeint]. Contient aussi → MarArsAnL (II).

MarHenryM Poème homilétique traitant du mariage, du célibat, des vices et des vertus, etc., par un certain Henry, incip. *Mont est douz et deletable*, vers octosyll.; agn. déb. 13^{e}s.; ms. BN lat. 2769 [rec. fact., f°26r^{o}b-28r^{o}b, prob. contin., fin 13^{e}s.]; p. p. J. Monfrin, "Poème anglo-normand sur le mariage…", → MélFrappier 2,845-866; [= AND Poème; Dean 623; Boss^2 5882]. Réimpr. dans → MonfrinEt 427-449.

MarNDR Mariage Nostre Dame, pseudo-évangile, vers octosyll.; 2^{e}m. 13^{e}s. (?); ms. BN fr. 409 [fin 14^{e}s.]; extraits (début, v. 1-415, et fin, 1309-1312) p. dans → ReinschEvang p. 78-89; inédit dans l'ensemble.

MarcSalM 'Dialogue' entre Marcoul et Salomon, version de 136 tercets de cinq syll., incip. *Mortalitez et guerre Est escil de terre*; 2^{e}m. 13^{e}s.; ms. BN fr. 837 [frc. 4^{e}q. 13^{e}s.], autres mss. selon → MarcSalomK p. 76s.: BN fr. 25545 (anc. Notre-Dame 274 bis) [ca. 1325] f°1, Genève fr. 179bis [déb. 15^{e}s.], Bern [?]; p. dans → Méon 1,416-436.

MarcSaloC id., texte indépendant, titré *Proverbes de Marcoul et de Salemon*, attribué à Pierre,

Comte de Bretagne, 59 paires de couplets hexasyll., premier couplet: *Seur tote l'autre hennor Est proesce la flor, ce dit Salemons*; ca. 1220; ms. BN fr. 19152 [frc. fin 13ᵉ s.]; p. dans → ProvCrap p. 188-200. Cp. les proverbes dans → RespCurt.

MarcSalomK id., version courte (54 tercets de cinq syll.) et modifiée de → MarcSal, incip. *Salamon dit: Mortalité et guerre Sonnt exil de terre*; 1350; ms. Cambridge Trinity Coll. R.3.20 [ca. 1456]; extraits p. p. J. M. Kemble, *The Dialogue of Salomon and Saturnus*, London (Ælfric Soc.) 1848, 73-83.

MarchelloNTrist Christiane Marchello-Nizia et al., *Tristan et Yseut. Les premières versions européennes*, s. l. [Paris] (Gallimard) 1995 (Pléiade). Contient les éd. → TristThomCS, TristThomMa, FolTristBernDs, FolTristOxfD et MarieChievreD et aussi TristBérPo² (réimpr. de TristBérPo).

MargNavCorrM Correspondance entre Marguerite de Navarre et son père spirituel Guillaume Briçonnet, fervent croyant et évêque de Meaux, années 1521-1524; 1521-1524; ms. BN fr. 11495 [1524-1525]; p. p. C. Martineau – M. Veissière, *Guillaume Briçonnet, Marguerite d'Angoulême. Correspondance (1521-1524)*, 2 vol., Genève (Droz) 1975-1979; [= FEW MargNavCorr].

MargNavMirA Marguerite de Navarre, *Le miroir de l'âme pécheresse*; ca. 1530 (entre 1527 et 1531 ou encore entre 1521 et 1525); transmis par treize éditions de 1531 à 1558; édition Alençon (Simon Du Bois) 1531 (A) p. p. J. L. Allaire, *Le miroir de l'âme pécheresse*, München (Fink) 1972.

MargNavMirS id.; édition Paris (Antoine Augereau) 1533 (E) p. p. R. Salminen, *Marguerite de Navarre. Le miroir de l'âme pécheresse. Édition critique et commentaire suivis de la traduction faite par la princesse Elisabeth, future reine d'Angleterre*: The Glasse of the Synnefull Soule, Helsinki 1979 (Ann. Acad. Sc. fenn., Diss. hum. Litt. 22).

MargNavPrisG id., Les prisons, poème en vers décasyll.; ca. 1547; ms. de base BN fr. 1522 [1553] (A), en var. BN fr. 24298 [2ᵉ m. 16ᵉ s.]; p. p. S. Glasson, *Marguerite de Navarre. Les prisons*, Genève (Droz) 1978 (T.L.F. 260).

MargNavVisS id., *Dialogue en forme de vision nocturne*, pièce pieuse inspirée de la mort d'une nièce de la reine; prob. 1524; ms. unique BN fr. 2371 [16ᵉ s.], en var. un imprimé de 1533; p. p. R. Salminen, *Marguerite de Navarre. Dialogue en forme de vision nocturne*, Helsinki (Suomalainen Tiedeakatemia) 1985.

[MargNav cf. H. P. Clive, *Marguerite de Navarre. An annotated bibliography*, London (Grant & Cutler) 1983.]

MarichalMetz P. Marichal, *Cartulaire de l'évêché de Metz*, I. *Le Troisième registre des fiefs*, Paris (Klincksieck) 1903-1905 (Mettensia IV); [Stein 2435]. Cartulaire factice de l'évêché de Metz (doc. fr. [lorr.] à partir de 1243), ms. BN lat. 10021 [Metz 1461]; des doc. orig. remplacent souvent des textes du cart.

MarieBisclW² Marie de France, Lai de Bisclavret, un des douze lais 'bretons' (petits contes en principe chantés), 159 couplets octosyll.; norm. et agn. ca. 1165; mss. v. → MarieLaisW³; p. dans → MarieLaisW² 75-85; [= TL MFce Lais B].

MarieBisclK id.; p. dans → MarieLaisK 308-333.

MarieBisclW³ id.; p. dans → MarieLaisW³ 75-85.

MarieBisclRi id.; p. dans → MarieChievreRi.

MarieChaitW² id., Lai de Chaitivel; norm. et agn. ca. 1165; p. dans → MarieLaisW² 172-180; [= TL MFce Lais Cht].

MarieChievreW² id., Lai du Chievrefueil; p. dans → MarieLaisW² 181-185; [= TL MFce Lais Chv].

MarieChievreD id.; ms. H p. p. M. Demaules, dans → MarchelloNTrist 213-216; 1287-1307.

MarieChievreM id.; p. dans → MichelTrist 2,141-146.

MarieChievreP id.; ms. H p. p. J. C. Payen dans → TristBérP 299-302. La bibl. p. xxxvi nomme aussi le ms. S qui sert ici et là, v. p. 324.

MarieChievreRi id.; sorte de reproduction de l'éd. Warnke (W³) avec qqs. modifications p. p. E. von Richthofen, *Marie de France. Vier altfranzösische Lais (Chievrefeuil, Austic, Bisclavret, Guingamor)*, Tübingen (Niemeyer) 1954 (Samml. rom. Übungstexte 39); [= TL MFce Vier Lais R]. Contient aussi → MarieLaustRi, MarieBisclRi et GuingR. Peu utile.

MarieChievreRi⁴ id.; 4ᵉ éd. p. p. R. Baehr, *Vier altfranzösische Lais (Chievrefeuil, Äustic, Bisclavret, Guingamor)*, Tübingen (Niemeyer) 1981.

MarieDousAmW² id., Lai des Dous Amanz; norm. et agn. ca. 1165; p. dans → MarieLaisW² 113-122; [= TL MFce Lais DA].

MarieElidW² id., Lai d'Eliduc; norm. et agn. ca. 1165; ms. BL Harl. 978; p. dans → MarieLaisW² 186-224; [= TL MFce Lais El].

MarieElidLev

MarieElidLev id.; réimpr. du texte de Warnke avec qqs. corr. d'après Wulff, Hoepfner et Tobler; p. p. E. Levi, *Maria di Francia. Eliduc*, Firenze (Sansoni) 1924 (Bibl. Sanson. stran. 33); [= TL Eliduc].

MarieEquitW² id., Lai d'Equitan; norm. et agn. ca. 1165; p. dans → MarieLaisW² 41-53; [= TL MFce Lais Eq].

MarieEspP Marie de France, *Espurgatoire seint Patriz*, adaption du récit lt. *De Purgatorio sancti Patricii* (av. 1190), vers octosyll.; norm. et agn. ca. 1195; ms. unique BN fr. 25407 [agn. 4^{e}q. 13^{e}s.]; p. p. Y. de Pontfarcy, *L'espurgatoire seint Patriz*, Louvain – Paris (Peeters) 1995; [= Dean 547]. Avec modèle latin.

MarieEspJ¹ id.; texte assez corrigé p. p. T. Atkinson Jenkins, *L'espurgatoire Seint Patriz of Marie de France*, thèse Baltimore, Philadelphia (Ferris) 1894.

MarieEspJ² id.; p. p. T. Atkinson Jenkins, *The Espurgatoire Saint Patriz of Marie de France*, Chicago (Univ. Press) 1903; [= TL MFce Espurg.; FEW MarieEsp].

MarieEspO id.; p. dans → MarieFabO 363-432.

MarieEspW id.; p. p. K. Warnke, *Das Buch vom Espurgatoire S. Patrice der Marie de France und seine Quelle*, Halle (Niemeyer) 1938 (Bibl. Norm. 9); [= TL MFce Espurg. W]. Texte très corrigé; avec texte latin.

MarieFabW Marie de France, adaptation d'une compilation anglaise de fables d'Ésope (Thrace, vers 600 av. J.-C.), 102 poèmes en vers octosyll.; norm. et agn. ca. 1180; ms. de base d'un texte 'critique': BL Harl. 978 [agn., cette partie, f°40-67, mil. 13^{e}s.] (A), en var. BL Cotton Vespasian B.XIV [agn. fin 13^{e}s.] (B), BL Harl. 4333 [lorr. 2^{e}m. 13^{e}s.] (C), Oxford Bodl. Douce 132 [agn. mil. 13^{e}s.] (D), Cambridge Univ. Ee.VI.11 [agn. 1^{e}m. 13^{e}s.] (E), York Chapter Libr. 16.K.12 (I) [agn. 1^{e}m. 13^{e}s.] (Y), BN fr. 1446 [cette partie 1295 ou peu av.] (O), BN fr. 1593 [frc., faibles traits lorr. fin 13^{e}s.] (N), BN fr. 1822 [wall. ca. 1300] (M), BN fr. 2168 [pic. fin 13^{e}s.] (P), BN fr. 2173 [Vénétie fin 13^{e}s.] (Q), BN fr. 4939 [fin 15^{e}s.] (G), BN fr. 12603 [pic. ca. 1300] (F), BN fr. 14971 [fin 13^{e}s.] (R), BN fr. 19152 [frc. fin 13^{e}s.] (S), BN fr. 24310 [15^{e}s.] (I), BN fr. 24428 [champ. 4^{e}q. 13^{e}s.] (T), BN fr. 25405 [1e partie pic. fin 13^{e}s.] (V), BN fr. 25406 [fin 13^{e}s.] (L), BN fr. 25545 [ca. 1325] (K) [f°150r°b: 1317 n.st.], Ars. 3142 [Paris? fin 13^{e}s.] (H), Bruxelles Bibl. roy. 10295-304 [hain. 1428/29] (W), Vat. Ottoboni lat. 3064 [14^{e}s.] (Z), Cologny Bodmer 113 [15^{e}s.] (Q', copie de Q, F. Vielliard BEC 147,383-389), Chantilly Musée Condé 474 (1330) [lorr. fin 13^{e}s.] (X, F. Vielliard BEC 147,371-382; 390-396), Nottingham Univ. WLC.LM.6 [fin 13^{e}s.?] fragm. (XLIX 1-15, Script 4,102-104); p. p. K. Warnke, *Die Fabeln der Marie de France*, Halle (Niemeyer) 1898 (Bibl. Norm. 6); [= TL MFce Fa.; FEW MarieFab]. Éd. critique, à corriger à l'aide des variantes. Le ms. P élimine des éléments agn., v. Baker ActesPhilLex 27-29.

MarieFabW² id.; choix p. p. K. Warnke, *Aus dem Esope der Marie de France. Eine Auswahl von dreißig Stücken*, Tübingen (Niemeyer) ²1962 [= ¹1926] (Samml. rom. Übungstexte 9); [= TL MFce Esope W; Boss² 4770].

MarieFabB id.; même ms. de base, var. du ms. contin. N et du ms. Y; p. p. C. Brucker, *Marie de France. Les fables*, Louvain (Peeters) 1991; [= TL MFce Fa. B].

MarieFabB² id.; éd. revue, Paris-Louvain (Peeters) 1998. Toujours non satisfaisant, v. Trachsler VRo 58,268-270.

MarieFabE id., choix de 47 textes; ms. A très peu corrigé; p. p. A. Ewert – R. C. Johnston, *Marie de France. Fables*, Oxford (Blackwell) 1942.

MarieFabG id.; texte brut de → MarieFabW² réimprimé photomécaniquement (sans mention expresse) accompagné d'une trad. all., p. p. H. U. Gumbrecht, *Marie de France. Äsop*, München (Fink) 1973; [= Boss² 4771]. Peu utile.

MarieFabO id., éd. du ms. Harley; p. p. Y. Otaka, *Marie de France. Œuvres complètes*, Tokio (Kazama) 1987, Fables p. 233-359. Contient aussi → MarieLaisO et MarieEspO.

MarieFabR id., éd. de l'œuvre complète; p. p. J. B. de Roquefort, *Poésies de Marie de France*, 2 vol., Paris (Marescq) 1832. Contient aussi les lais (t. 1) et MarieEsp (t. 2).

MarieFabS id.; ms. A p. p. H. Spiegel, *Marie de France. Fables*, Toronto (Univ. of Toronto Pr.) 1990; [= TL MFce Fa. S; Dean 179]. C.r. F. Vielliard R 108,126-127.

MarieFabSh id.; quatre pièces; ms. BL Harl. 978; p. dans → ShortPearcyFabl p. 7-9.

MarieFraisneW² id., Lai del Fraisne; norm. et agn. ca. 1165; p. dans → MarieLaisW² 54-74; [= TL MFce Lais F].

MarieGuigW³ id., Lai de Guigemar; norm. et agn. ca. 1165; p. dans → MarieLaisW³ p.5-40.

MarieGuigW² id.; p. dans → MarieLaisW² 5-40; [= TL MFce Lais G].

MarieGuigB id.; ms. P p. p. F. De Bernardi, "Il lai di Gugemer di Maria di Francia", *Omaggio a Camillo Guerrieri-Crocetti*, Genova (Bozzi) 1971 (1972), 181-250; [= Boss² 2797].

MarieGuigHa id.; ms. P p. p. J. Harris, *Marie de France. The lays Gugemar, Lanval and a fragment of Yonec*, thèse Columbia Univ. New York 1930 (Publ. of the Inst. of French Studies); [= TL MFce Gugem. Lanv. H]. Contient aussi → MarieLanvHa et la fin de Yonec.

MarieLaisW³ Marie de France, lais (récits romanesques, en vers octosyll., de la matière de Bretagne, v. → MarieBiscl, MarieChait, MarieChievre, MarieDous, MarieElid, MarieEquit, MarieFraisne, MarieGuig, MarieLanv, MarieLaust, MarieMil, MarieYon); norm. et agn. ca. 1165 (certainement av. 1189); ms. de base BL Harl. 978 [agn., qqs. traits pic., f°139-181, 2ᵉm. 13ᵉs.] (H) contient les 12 lais et le prologue, en var. BL Cotton Vespasian B.XIV [agn. fin 13ᵉs.] (C) Lanval, BN fr. 2168 [pic. fin 13ᵉs.] (P) 3 lais, BN fr. 24432 [frc. av. 1349] (Q) Yonet, BN nfr. 1104 [frc. ca. 1300] (S) 9 lais; p. p. K. Warnke, *Die Lais der Marie de France*, Halle (Niemeyer) 1925; [= TL MFce Lais³]. L'éd. proprement dite est une réimpr. de W² (avec des ajouts rarissimes). Les chapitres introductoires sont amplifiés. Contient → MarieBisclW³, etc., aussi GuingK; cp. → McClelland. Texte 'critique' très régularisé. Var. assez complètes. Travail sûr, v. éd. R p. 193.

MarieLaisW² id., 2ᵉ éd., Halle 1900. Contient → MarieBisclW², etc. [1ᵉ éd. 1899.]

MarieLaisE id.; ms. H reproduit fidèlement, sans var.; p. p. A. Ewert, *Marie de France. Lais*, Oxford (Blackwell) 1947 (Blackw. Fr. Texts). [Cette éd. a été réimprimée, en incorporant qqs. corr. de Rychner, par L. A. de Cuenca, *Maria de Francia*, Madrid 1975].

MarieLaisH id.; ms. de base H, mais la graphie d'après S; p. p. E. Hoepffner, *Marie de France. Les Lais*, Strasbourg (Heitz) – New York (Stechert) 1921; [= TL MFce Lais H].

MarieLaisK id.; ms. de base H; p. p. N. Koble – M. Séguy, *Lais bretons (XIIᵉ-XIIIᵉ siècles): Marie de France et ses contemporains*, Paris (Champion) 2011 (Cl. M. Â.). Toujours assez corrigé (ex. Lanv. 119 *Ki*). Contient aussi DesiréK, GuingS, TydorelK, GraelentK et MelionK. Le nom des pièces dans le titre courant aurait été chic.

[**MarieLaisHrf** id.; p. p. L. Harf-Lancner, *Lais de Marie de France*, Paris (Libr. Gén. Fr.) 1990 (Poche, Lettr. goth.), reproduit MarieLaisW³.]

MarieLaisL id.; ms. de base H; p. p. J. Lods, *Les lais de Marie de France*, Paris (Champion) 1959 (CFMA 87); [= TL MFce Lais Lo; Boss² 2663]. Var. choisies.

MarieLaisO id.; ms. de base H; p. dans → MarieFabO 59-231.

MarieLaisR id.; ms. H, corrigé; p. p. J. Rychner, *Les lais de Marie de France*, Paris (Champion) 1973 (CFMA 93); [= TL MFce Lais R; Boss² 2663bis; Dean 176]. Texte très corrigé, v. les var. Cette éd. a servi à un index des formes établi sous la dir. de H. Naïs, Cahiers du CRAL 1ᵉsér., n°34, Nancy (Univ.) 1979: vérifier l'identité des formes. [Éd réimprimée avec une trad. it. par G. Angeli, *Maria di Francia*, Milano 1983.]

MarieLanvW² id., Lai de Lanval; norm. et agn. ca. 1165; p. dans → MarieLaisW² p. 86-112; [= TL MFce Lais L].

MarieLanvHa id.; ms. P p. dans → MarieGuigHa.

MarieLanvM id.; ms. P p. p. C. L. Mercatanti, "Il *lai* di *Lanval*", *Omaggio a Camillo Guerrieri-Crocetti*, Genova (Bozzi) 1971 (1972), 353-414; [= Boss² 2813].

MarieLanvR id.; p. dans → MarieLaisR p. 72-92.

MarieLanvR² id.; p. p. J. Rychner, *Marie de France. Le lai de Lanval*, Genève (Droz) – Paris (Minard) 1958 (T.L.F. 77); [= TL MFce Lanval]. Éd. 'critique', en fait le texte de Warnke, imprimé en haut sur chaque page, avec une transcription quasi dipl. des mss. P, H, S et C au bas des pages. Les p. 78-84 reprennent Francis, v. Rothwell NM 101,17: vocab. juridique. Les p. 87-125 reproduisent, traduisent et discutent la version norroise des Strengleikar.

MarieLaustW² id., Lai de Laustic (l'Aüstic); norm. et agn. ca. 1165; p. dans → MarieLaisW² 146-151; [= TL MFce Lais Lst].

MarieLaustRi id.; p. dans → MarieChievreRi.

MarieMilW² id., Lai de Milon (Milun); norm. et agn. ca. 1165; p. dans → MarieLaisW² 152-171; [= TL MFce Lais M].

MarieProlW² id., Prologue au lais, transmis par le seul ms. H (agn. 2ᵉm. 13ᵉs.); norm. et agn. ca. 1165; p. dans → MarieLaisW² p. 3-4; [= TL MFce Lais Prol.]. Sous 'Lautvarianten' (!) on trouve les leçons rejetées du ms. unique.

MarieYonW² id., Lai de Yonec; norm. et agn. ca. 1165; p. dans → MarieLaisW² 123-145; [= TL MFce Lais Y].

Marquant

Marquant R. Marquant, *La vie économique à Lille sous Philippe le Bon*, Paris 1940 (Bibl. de l'Ec. des H. Etudes, fasc. 277); [= FEW Marquant]. Textes pic., 15ᵉs.

MarqueA Marques li filz Chaton, suite de → SSagA, explicit: *Explicit de Marque le fil Chaton*, prose; pic. 3ᵉq. 13ᵉs.; ms. de base BN fr. 1421 [3ᵉt. 13ᵉs.] (P), en var. Arras 139 (657) [pic., cette partie 1278] (A) acéphale, BN fr. 19166 [pic. ca. 1300] (N), BN fr. 22548-22550 [frc., traces de pic., fin 13ᵉs.] (V), BN fr. 93 [pic. 1466] (G), BN fr. 1444 [pic.mérid. fin 13ᵉs.] (J), BN fr. 24431 [frc. ca. 1300] (C), Ars. 3152 [13ᵉs.] (M), Ars. 3355 [pic. 14ᵉs.] (Q), Lyon Bibl. mun. 867 (772) [pic. 2ᵉm. 13ᵉs.] (L), non utilisé Paris Institut de France 611 (in-4° 123) [15ᵉs.], fragm. Orléans Mus. hist. Desnoyers, v. Bibliographe Moderne 6, 1902, 264-265 [= BN fr. 22548 f°43v°], Bruxelles Arch. gén. Mss. div. 1411 Q [hain. fin 13ᵉs.], Bruxelles Bibl. roy. 9245 [pic. 1ᵉm. 14ᵉs.], Bruxelles Bibl. roy. 9433-34 [pic. 14ᵉs.], Cambridge Fitzwilliam Mus. McClean 179 [pic. fin 13ᵉs.], Firenze Bibl. Med. Laurenz. Ashburnham Libri 122 (49) [déb. 14ᵉs.], Mons Univ. 330/215 [lorr., cette partie 13ᵉs.], Oxford Corpus Christi Coll. 252 [déb. 14ᵉs.], BN fr. 17000 [Paris mil. 14ᵉs.], BN nfr. 12791 [14ᵉs.], Philadelphia Univ. of Penn. Van Pelt Libr. Ms. Codex 931 (French 14; anc. Cheltenham Phillipps 3679) [ca. 1350], Reims Musée des Beaux-Arts Cadre 882, III-IV [14ᵉs.] fragm., Saint-Etienne 109 [fin 15ᵉs.], Toulouse (?, absent des bibl. de Toulouse) [13ᵉs.] fragm.; p.p. J. Alton, *Le roman de Marques de Rome*, Tübingen (Litterarischer Verein Stuttgart) 1889; [= TL Marque; Wo 158; Wos 158].

MarqueP id.; même ms. de base; p. p. B. Panvini, *Marques, li senechaus de Rome*, Soveria Manelli (Rubbettino) 1993. Sans gloss.

MarscaucieChevG *Marscaucie de chevaus*, traité de médecine vétérinaire, prose; agn. 1ᵉm. 13ᵉs.; ms. Vat. Barberini lat. 12 [agn. ca. 1300] f°118r°-120v°, non utilisé: BL Add. 33996 [agn. 1ᵉm. 15ᵉs.] fragm.; p. p. R.-H. Gagnédit-Bellavance, *Quelques textes scientifiques en dialecte anglo-normand dans le codex Barberinianus latinus 12*, mém. de maîtrise dact., Québec, Université Laval, 1969. À utiliser avec prudence; contient aussi → CouleursVatG; cp. JordRufP. Le fragm. est p. p. T. Hunt, v. Dean 399.

MarshallRob L. Marshall, *A lexicographical study of Robert of Gretham's 'Miroir'*, thèse Manchester 1971 (391 p. dact.; annexe: éd. dipl. de W2, f°57r°-110v°, avec nᵒˢ de ligne, mais sans numérotation des vers). Basé sur → RobGrethEv, ms. Nottingham Univ. WLC.LM.4 [agn. 2ᵉm. 13ᵉs.] (W2), en var. Nottingham Univ. WLC.LM.3 [agn. mil. 13ᵉs.] (W1) v. 1-874 manquent: citations tirées des mss., avec nᵒˢ de vers.

MartCanL Martin da Canal, Chronique des Veniciens, chronique conduite jusqu'en 1275, quatrains d'alex.; francoit. (Venise) 1275 (1267-1275); ms. Firenze Bibl. Riccard. 1919 [It. ca. 1300]; p. p. A. Limentani, *Martin da Canal, Les estoires de Venise*, Firenze (Olschki) 1973; [= TL Martin da Canal Est. Venise L]. Français peu italianisé. Avec trad. it. en regard.

MartinRien Robert Martin, *Le mot rien et ses concurrents en français (du XIVᵉ siècle à l'époque contemporaine)*, Paris (Klincksieck) 1966 (Bibl. fr. et rom. A 12).

MartinSens Robert Martin, *Pour une logique du sens*, Paris (PUF) [¹1983] ²1992.

MartinTemps R. Martin, *Temps et aspect*, Paris (Klincksieck) 1971.

MartinWilmet Robert Martin – M. Wilmet, *Syntaxe du moyen français* (Manuel du français du moyen âge, sous la dir. d'Y. Lefèvre, 2), Bordeaux (Soc. bord. de diff. des trav. de lett. et sc. hum.) 1980.

MartinetEcon A. Martinet, *Économie des changements phonétiques. Traité de phonologie diachronique*, Berne (Francke) 1955 (Bibl. rom. 1,10).

Marzell H. Marzell, *Wörterbuch der deutschen Pflanzennamen*, Leipzig (Hirzel) 1937 – Stuttgart (Hirzel) / Wiesbaden (Steiner) 1979; [= FEW Marzell].

MatHistVoc¹ *Matériaux pour l'histoire du vocabulaire français. Datations et documents lexicographiques*, 1ᵉ série, 3 vol.: *A, B, C*, sous la dir. de B. Quemada, Paris (Belles Lettres) 1959-1965 (Annales littéraires de l'Université de Besançon); [= FEW DatLex].

MatHistVoc² *Matériaux pour l'histoire du vocabulaire français. Datations et documents lexicographiques*. Publication du Centre d'étude du français moderne et contemporain, sous la direction de B. Quemada, 2ᵉ série, Paris (Didier) 1970ss; [= FEW DatLex²]. – Les dict. historiques citent fréquemment aussi → DelbMat, DelbRec, Delboulle RHL 1, 178-185; 486-495; 2, 108-117; 256-266; 4, 127-140; 5, 287-306; 6, 285-305; 452-471; 8, 488-505; 9, 469-489; 10, 320-339; 11, 492-511; 12, 137-149; 693-713, Vaganay ZrP 28, 579-601 (16ᵉ siècle), id. RF 32, 1-184.

[MatHistVocDat → MatHistVoc.]

MatoréVocMéd G. Matoré, *Le vocabulaire et la société médiévale*, Paris (PUF) 1985. Largement impressionniste, sans attestations ou renvois.

[Matsumura → Mts.]

MaugisV *Maugis d'Aigremont*, chanson de geste du cycle de Renaut de Montauban, en laisses d'alexandrins rimés; 2e t. 13e s.; ms. de base BN fr. 766 [pic.? ca. 1300] (P), en var. Cambridge Peterhouse Coll. 2.O.5 (201) [pic. fin 13e s.] (C), Montpellier Ec. de Méd. 247 [pic. 2e m. 14e s.] (M) (présente un texte raccourci); p. p. P. Vernay, *Maugis d'Aigremont. Chanson de geste*, Berne (Francke) 1980 (Rom. Helv. 93); [= TL Maugis V; Boss[2] 6486]. Le texte critique contient des mots reconstruits, v. les var.! – Fragm. London P. R. O. / Kew NA v. R 116,415-430.

MaugisCC[1] id.; ms. Cambridge avec qqs. var. et extraits des mss. Montpellier et Paris, p. p. F. Castets, "Maugis d'Aigremont, chanson de geste", *RLaR* 36 (1892) 5-416.

MaugisCC[2] id.; p. p. F. Castets, *Maugis d'Aigremont, chanson de geste, texte publié d'après le ms. P de Peterhouse et complété à l'aide des manuscrits de Paris et de Montpellier*, Montpellier (Coulet) 1893.

MaugisMC id.; vers 1-986 p. d'après le ms. Montpellier par F. Castets, "Recherches sur les rapports des chansons de geste…", *RLaR* 29 (1886) 105-132 (texte); [= Hol 731; Boss 4059].

MaugisMC[2] id.; extrait de RLaR: F. Castets, *Recherches sur les rapports des chansons de geste et de l'épopée chevaleresque italienne, avec textes inédits empruntés au MS. H 247 de Montpellier; parties du* Renaud de Montauban, *du* Maugis d'Aigremont, *le* Vivien de Monbranc, Paris (Maisonneuve & Leclerc) 1887, 51-77; [= Hol 732].

MaupeuPèl Ph. Maupeu, *Pèlerins de vie humaine. Autobiographie et allégorie narrative, de Guillaume de Deguileville à Octovien de Saint-Gelais*, Paris (Champion) 2009. Reprend la thèse Toulouse 2005. Contient → PelVie[2]M[0].

McClelland D. McClelland, *Le vocabulaire des lais de Marie de France*, Ottawa (Éd. de l'Univ.) 1977. Basé sur l'éd. Rychner.

MedAev *Medium Ævum*, Oxford (Society for the Study of Mediæval Languages and Literature) 1932–.

MédBerne Livre de médecine, fragm.; 13e s.; ms. Bern A.95.2 [1er t. 14e s.] 38 f[os], plusieurs mains [= Gdf: ms. n°95]. Inédit.

MédLiégH Recueil de recettes médicinales (comprenant des formules d'incantation), d'explications de songes (cp. → SongeDan[6]), de *lunes* (cp. → Lunaire) et de la liste des douze vendredis de jeûne, appelé 'médicinaire liégeois'; liég. 2e m. 13e s.; ms. Darmstadt 815 [liég. 2e m. 13e s.]; p. p. J. Haust, *Médicinaire liégeois du XIIIe siècle et médicinaire namurois du XVe*, Bruxelles (Palais des Acad.) – Liège (Vaillant-Carmanne) 1941; [= TL Méd. Liég.; FEW HaustMéd (confond parfois MédLiégH et MédNamH)]. Contient aussi → MédNamH (p. 189-215). Deux glossaires distincts. Étude de MédLiégH avec qqs. recettes parallèles par G. Xhayet, *Médecine et arts divinatoires…*, Paris 2010.

MédNamH Recueil de recettes médicinales, appelé 'médicinaire namurois'; wall. (Namur) 15e s.; ms. Darmstadt 2769 [wall. 15e s.]; p. dans → MédLiégH 189-215; [= TL Méd. Namur].

MedRom *Medioevo Romanzo*, Napoli (Macchiaroli) 1974-1980, Napoli (Mulino) 1983-1994, Roma (Salerno) 1996–.

MeditationF *De le meditation*, sermon en prose sur la méditation; wall. fin 12e s.; ms. Nantes Musée Dobrée 5 [pic.-wall. ca. 1200]; p. p. E. Friesen et al., "Dele Meditation", *ZrP* 114 (1998) 606-627; [= WoC 62]. À retravailler; gloss. insuffisant.

MehlJeux J.-M. Mehl, *Les jeux au royaume de France du XIIIe au début du XVIe siècle*, s.l. [Paris] (Fayard) 1990.

MeierAnst H. Meier, *Etymologische Aufzeichnungen. Anstöße und Anstößiges*, Bonn (Rom. Sem. Univ.) 1988 (Rom. Versuche und Vorarb. 54).

MeierAufs H. Meier, *Aufsätze und Entwürfe zur romanischen Etymologie*, Heidelberg (Winter) 1984 (Heid. Akad. der Wiss., Abh., Phil.-hist. Kl., 1984, 1).

MeierCor H. Meier, *Notas críticas al DECH de Corominas/Pascual*, Santiago de Compostela 1984 (Verba, Anuario galego de filoloxia, Anexo 24). Concerne → Corom[2].

MeierDumm H. Meier, *Die Onomasiologie der Dummheit. Romanische Etymologien*, Heidelberg (Winter) 1972 (Sitzungsberichte der Heidelberger Akad. der Wiss., Phil.-hist. Kl., 1972,2).

MeierEtym H. Meier, *Lateinisch-romanische Etymologien*, Wiesbaden (Steiner) 1981 (Untersuchungen zur Sprach- und Lit.-gesch. der rom. Völker 10).

MeierGemma C. Meier, *Gemma spiritalis*, I [seul paru], München (Fink) 1977. Traite l'allégorie des pierres précieuses à l'échelle européenne. Sources mlt. D'accès difficile; sans registre. Cf. → Lapid.

MeierNBeitr H. Meier, *Neue Beiträge zur romanischen Etymologie*, Heidelberg (Winter) 1975 (Sammlung rom. Elementar- und Handbücher V,10). Contient des contributions d'auteurs divers.

MeierNEtym H. Meier, *Neue lateinisch-romanische Etymologien*, Bonn (Rom. Sem.) 1980 (Romanist. Versuche und Vorarbeiten 53).

MeierOnom H. Meier, *Primäre und sekundäre Onomatopöien und andere Untersuchungen zur romanischen Etymologie*, Heidelberg (Winter) 1975 (Samml. rom. Elem. V,9).

MeierPrinz H. Meier, *Prinzipien der etymologischen Forschung. Romanistische Einblicke*, Heidelberg (Winter) 1986.

MeierVert H. Meier, *Die Entfaltung von lateinisch vertere/versare im Romanischen*, Frankfurt (Klostermann) 1981 (Analecta Rom. 47).

MeijersBlécourt E. M. Meijers – A. S. de Blécourt, *Le droit coutumier de Cambrai*, Haarlem 1932. Contient → LoisGodM (I) et d'autres textes jurid. du 13ᵉ (II et III) au 16ᵉ s.

MélAebischer *Miscelánea Paul Aebischer*, San Cugát del Vallés (Instituto int. de cultura rom.) 1963 (Bibl. fil.-hist. 9).

MélArnRuelle *Hommages à la Wallonie. Mélanges d'histoire, de littérature et de philologie wallonnes offerts à Maurice A. Arnould et Pierre Ruelle*, Bruxelles (Université Libre) 1981.

MélBadia[2] *Estudis de lingüística i filologia oferts a Antoni M. Badia i Margarit*, 3 vol., Barcelona (Abadía de Montserrat) 1995-1996.

MélBaldinger *Festschrift Kurt Baldinger zum 60. Geburtstag, 17. November 1979*, 2 vol., Tübingen (Niemeyer) 1979.

MélBec *Mélanges de langue et de littérature occitane en hommage à P. Bec*, Poitiers (Univ.) 1991.

MélBecker *Hauptfragen der Romanistik. Festschrift für Philipp August Becker*, Heidelberg (Winter) 1922 (Samml. rom. Elem.- und Handbücher V 4); [= TL Hauptfr. Rom.; FEW FestsBecker].

MélBehrens *Behrens-Festschrift. Dietrich Behrens zum Siebzigsten Geburtstag dargebracht von Schülern und Freunden*, Jena – Leipzig (Gronau) 1929.

MélBerchem *Romania una et diversa. Philologische Studien für Theodor Berchem zum 65. Geburtstag*, 2 vol. à pagin. unique, Tübingen (Narr) 2000.

MélBezzola *Orbis mediaevalis. Mélanges de langue et de littérature médiévales offerts à Reto Raduolf Bezzola à l'occasion de son quatre-vingtième anniversaire*, Bern (Francke) 1978.

MélBianciotto *Qui tant savoit d'engin et d'art. Mélanges de philologie médiévale offerts à Gabriel Bianciotto*, Poitiers (Univ., CESCM) 2006 (Civ. Médiév. 16).

MélBoisacq *Mélanges Emile Boisacq*, in *Annuaire de l'Institut de Philologie et d'Histoire orientales et slaves* 5, Bruxelles (Éd. de l'Inst.) 1937.

MélBoutière *Mélanges de philologie romane dédiés à la mémoire de Jean Boutière*, 2 vol., Liège (Solédi) s.d. [1971]; [= TL Boutière Mélanges].

MélBraet *Contez me tout. Mélanges de langue et de littérature médiévales offerts à Herman Braet*, Louvain (Peeters) 2006.

MélBruneau *Mélanges de linguistique française offerts à M. Charles Bruneau*, Genève (Droz) 1954 (Soc. de Publ. rom. et fr., 45); [= FEW MélBruneau].

MélBrunel *Recueil de travaux offert à M. Clovis Brunel*, 2 vol., Paris (Éc. des Ch.) 1955; [= FEW RecBrunel].

MélBusby *Li premerains vers. Essays in honor of Keith Busby*, Amsterdam (Rodopi) 2011.

MélBurger *Mélanges de philologie et de littérature médiévales offerts à Michel Burger*, Genève (Droz) 1994 (Publ. rom. et fr. 208).

MélCamproux *Mélanges de Philologie romane offerts à Charles Camproux*, 2 vol., Montpellier (Centre d'Et. occ.) 1978.

MélChauveau *Dialectologie et étymologie gallo-romanes. Mélanges en l'honneur de l'émérimat de Jean-Paul Chauveau*, Strasbourg (Éd. Ling. Phil.) 2014.

MélCoelho *Miscelânea de filologia, literatura e história cultural à memória de Francisco Adolfo Coelho*, 2 vol., Lisboa (Centro Est. Fil.) 1949; [= FEW MiscCoelho].

MélDauzat *Mélanges de linguistique offerts à Albert Dauzat*, Paris (D'Artrey) s.d. [1951].

MélDelbouille *Mélanges de linguistique romane et de philologie médiévale offerts à M. Maurice Delbouille*, 2 vol., Gembloux (Duculot) 1964.

MélDelbouille[2] *Marche romane*, n° spéc., Liège 1973: *Hommage au professeur Maurice Delbouille.*

MélDemarolle *Mélanges de langue et de littérature françaises du moyen âge offerts à Pierre Demarolle*, Paris (Champion) 1998.

MélDiStefano *Pour acquerir honneur et pris. Mélanges de moyen français offerts à Giuseppe Di Stefano*, s.l. [Montréal] (Ceres) 2004.

MélDufournet *Et c'est la fin pour quoy sommes ensemble. Hommage à Jean Dufournet*, 3 vol., Paris (Champion) 1993.

MélDuraffour *Mélanges A. Duraffour. Hommage offert par ses amis et ses élèves, 4 juin 1939*, Paris (Droz) – Zürich – Leipzig (Niehans) 1939 (Rom. Helv. 14).

MélEckard *Philologia ancilla litteraturae. Mélanges de philologie et de littérature françaises du Moyen Âge offerts au Professeur Gilles Eckard*, Genève (Droz) 2013.

MélEhlert *Kunst und saelde. Festschrift für Trude Ehlert*, Würzburg (Königshausen & Neumann) 2011.

MélElliott *Studies in honor of A. Marshall Elliott*, 2 vol., Baltimore (Johns Hopkins Press) 1911.

MélElwert *Stimmen der Romania. Festschrift für W. Theodor Elwert zum 70. Geburtstag*, Wiesbaden (Heymann) 1980.

MélErnst *Roma et Romania. Festschrift für Gerhard Ernst zum 65. Geburtstag*, Tübingen (Niemeyer) 2002.

MélEwert *Studies in Medieval French presented to Alfred Ewert*, Oxford (Clarendon) 1961.

MélFaucon *Guerres, voyages et quêtes au moyen âge. Mélanges offerts à Jean-Claude Faucon*, J.-Cl. Faucon, Paris (Champion) 2000.

MélFoerster *Beiträge zur romanischen und englischen Philologie. Festgabe für Wendelin Foerster zum 26. Oktober 1901*, Halle (Niemeyer) 1902; [= TL Foerster Beitr.; FEW BeitrFoerster].

MélFouché *Mélanges de linguistique et de philologie romanes dédiés à la mémoire de Pierre Fouché (1891-1967)*, Paris (Klincksieck) 1970 (Et. ling. 11).

MélFoulon *Mélanges de langue et littérature françaises du moyen âge et de la renaissance offerts à Monsieur Charles Foulon*, t. I, Rennes (Inst. de Fr., Univ.) 1980; t. II: *Marche Romane* 30 (Liège 1980), 3-4 («Mediaevalia 80»).

MélFrappier *Mélanges de langue et de littérature du moyen âge et de la renaissance offerts à Jean Frappier*, 2 vol., Genève (Droz) 1970 (Publ. rom. et fr. 112).

MélGam[1] *Ausgewählte Aufsätze von E. Gamillscheg. Festschrift zu seinem 50. Geburtstage am 28. Oktober 1937*, Jena – Leipzig (Gronau) 1937 (ZfSL Suppl. 15); [= TL Gamillscheg Ausgew. Aufsätze].

MélGam[2] *Festgabe Ernst Gamillscheg zu seinem 65. Geburtstag*, Tübingen (Niemeyer) 1952; [= TL Gamillscheg Festgabe; FEW FestgGam].

MélGam[3] *Syntactica und Stilistica. Festschrift für Ernst Gamillscheg zum 70. Geburtstag*, Tübingen (Niemeyer) 1957.

MélGam[4] *Verba et vocabula. Ernst Gamillscheg zum 80. Geburtstag*, München (Fink) 1968; [= TL Gamillscheg Verba]. C.r. Gamillscheg ZfSL 79,60-93.

MélGascaQueirazza *Miscellanea di studi romanzi offerta a Giuliano Gasca Queirazza*, 2 vol., Alessandria (Orso) 1988.

MélGauchat *Festschrift Louis Gauchat*, Aarau (Sauerländer) 1926; [= TL Gauchat Festschrift; FEW FestsGauch].

MélGeckeler *Panorama der lexikalischen Semantik. Thematische Festschrift aus Anlaß des 60. Geburtstages von Horst Geckeler*, Tübingen (Narr) 1995.

MélGeckeler[2] *Romanistica se movet. Festgabe für Horst Geckeler zu seinem 65. Geburtstag*, Münster (Nodus) 2000.

MélGossen *Mélanges offerts à Carl Theodor Gossen*, 2 vol., Bern (Francke) – Liège (Marche Romane) 1976.

MélGrigsby *Continuations. Essays on Medieval French literature and language in honor of John L. Grigsby*, Birmingham Alab. (Summa) 1989.

MélGuiraud *Hommage à Pierre Guiraud*, Nice (Fac. des Lettres) 1985 (Annales 52; distr. Les Belles Lettres, Paris).

MélHam *Romance studies in memory of Edward Billings Ham*, Hayward Cal. (Cal. State Coll.) 1967.

MélHaust

MélHaust *Mélanges de linguistique romane offerts à M. Jean Haust*, Liège (Vaillant-Carmanne) 1939; [= TL Haust Mélanges; FEW MélHaust].

MélHeinimann S. Heinimann, *Romanische Literatur- und Fachsprachen in Mittelalter und Renaissance*, Wiesbaden (Reichert) 1987. Réimpression d'articles publiés entre 1960 et 1980, avec suppléments.

MélHenry *Mélanges de linguistique, de philologie et de littérature offerts à Monsieur Albert Henry*, Strasbourg 1970 (= TraLiLi 8[1]); [= TL Henry Mélanges].

MélHenry[2] Albert Henry, *Automne. Études de philologie, de linguistique et de stylistique*, Paris – Gembloux (Duculot) 1977.

MélHenry[3] *Hommage à Albert Henry*, p. p. A. Guyaux – M. Wilmet, Bruxelles (Acad. roy.) 2004 (Mém. de la Classe des Lettres de l'Académie royale de Belgique 33).

MélHilty *Romania ingeniosa. Mélanges offerts à Gerold Hilty à l'occasion de son 60e anniversaire*, Bern (Peter Lang) 1987.

MélHœ *Mélanges de philologie romane et de littérature médiévale offerts à E. Hœpffner*, Paris 1949 (Publ. de la Fac. des Lettres de l'Univ. de Strasbourg 113); [= FEW MélHœ; TL Hœpffner Mélanges].

MélHöfler *Mélanges de lexicographie et de linguistique françaises et romanes dédiées à la mémoire de Manfred Höfler*, Strasbourg – Nancy – [Paris] 1997 (= TraLiPhi 35-36).

MélHolden *The editor and the text. In honour of Professor Anthony J. Holden*, Edinburgh (Univ. Press) 1990. Contient → RecMédGardH, etc.

MélHorrent *Études de philologie romane et histoire littéraire offertes à Jules Horrent*, Liège (D'Heur-Cherubini) 1980.

MélHubschmid *Festschrift für Johannes Hubschmid zum 65. Geburtstag. Beiträge zur allgemeinen, indogermanischen und romanischen Sprachwissenschaft*, Bern (Francke) 1982.

MélHuguet *Mélanges de philologie et d'histoire littéraire offerts à Edmond Huguet*, Paris (André) 1940; [= TL Huguet Mélanges; FEW MélHug].

MélImbs *Mélanges de linguistique française et de philologie et littérature médiévales offerts à Monsieur Paul Imbs*, Strasbourg (Centre de Phil. et Lit. rom.) 1973 (= TraLiLi 11[1]); [= TL Imbs Mélanges].

MélJeanroy *Mélanges de linguistique et de littérature offerts à M. Alfred Jeanroy par ses élèves et ses amis*, Paris (Droz) 1928; [= FEW MélJeanr].

MélJonin *Mélanges de langue et littérature françaises du moyen-âge offerts à Pierre Jonin*, Aix (CUER MA) – Paris (Champion) 1979 (Senefiance 7).

MélJud *Sache, Ort und Wort. Jakob Jud zum 60. Geburtstag 12. Januar 1942*, Genève (Droz) – Zürich (Rentsch) 1943 (Romanica Helvetica 20); [= FEW FestsJud; TL Jud Festschrift].

MélJung *Ensi firent li ancessor. Mélanges de philologie médiévale offerts à Marc-Réné Jung*, 2 vol., Alessandria (Orso) 1996.

MélKastner *A miscellany of studies in Romance languages & literatures presented to Leon E. Kastner*, Cambridge (Heffer) 1932.

MélKeller *Studies in honor of Hans-Erich Keller. Medieval French and Occitan literature and Romance linguistics*, Kalamazoo (West. Mich. Univ.) 1993 (Mediev. Inst. Publ.).

MélKleiber *Sens et références. Sinn und Referenz. Mélanges Georges Kleiber*, Tübingen (Narr) 2005.

MélKlein *Lebendige Romania. Festschrift für H.-W. Klein*, Göppingen 1976.

MélKrahe *Sybaris. Festschrift Hans Krahe*, Wiesbaden (Harrassowitz) 1958.

MélKrüger *Homenaje a Fritz Krüger*, 2 vol., Mendoza (Univ. nac. de Cuyo) [1952] 1953-1954; [= TL Krüger Homenaje; FEW HomKrüger].

MélKuen *Studien zur romanischen Wortgeschichte. Festschrift für Heinrich Kuen zum 90. Geburtstag*, Wiesbaden (Steiner) 1989.

MélKunstmann *Por s'onor croistre. Mélanges de langue et de littérature médiévales offerts à Pierre Kunstmann*, Ottawa (David) 2008.

MélLanly *Études de langue et de littérature françaises offertes à André Lanly*, Nancy (Univ. Nancy II) s.d. [1980].

MélLeGentil *Mélanges de langue et de littérature médiévales offerts à Pierre Le Gentil*, Paris (SEDES) 1973.

MélLebsanft *Historische Sprachwissenschaft als philologische Kulturwissenschaft. Festschrift für Franz Lebsanft zum 60. Geburtstag*, Bonn (V & R) 2015.

MélLechanteur *Mélanges en hommage à Jean Lechanteur*, formé par le vol. 29-30 (2001-2002) de → DWall.

MélLecoy *Études de langue et de littérature du moyen âge offertes à Félix Lecoy*, Paris (Champion) 1973.

MélLejeune *Mélanges offerts à Rita Lejeune*, 2 vol., Gembloux (Duculot) 1969.

MélLerch *Studia romanica. Gedenkschrift für Eugen Lerch*, Stuttgart (Port) 1955; [= TL Lerch Stud. Rom.].

MélLeroy *Florilegium historiographiae linguisticae. Etudes d'historiographie de la linguistique et de grammaire comparée, à la mémoire de Maurice Leroy*, Louvain-la-Neuve (Peeters) 1994.

MélLods *Mélanges de littérature du moyen âge au XXe siècle offerts à Mademoiselle Jeanne Lods*, 2 vol., Paris 1978 (Collection de l'Ecole Normale Supérieure de Jeunes Filles 10).

MélLöfstedt *L'art de la philologie. Mélanges en l'honneur de Leena Löfstedt*, Helsinki (Soc. Phil.) 2007 (Mém. Soc. Néoph. 70).

MélLombard *Mélanges de philologie offerts à Alf Lombard*, Lund (Gleerup) 1969.

MélLommatzsch *Philologica Romanica Erhard Lommatzsch gewidmet*, München (Fink) 1975. – ZrP 67 (1951) a été dédié à Lommatzsch pour son 65e anniversaire (2 février 1951).

MélLouis *La chanson de geste et le mythe carolingien. Mélanges René Louis*, 2 vol., Saint-Père-sous-Vézelay (Mus. arch. rég.) 1982.

MélMarchelloNizia *À la quête du sens. Etudes littéraires, historiques et linguistiques en hommage à Christiane Marchello-Nizia*, Lyon (ENS) 2006.

MélMartin *Les formes du sens. Études de linguistique française, médiévale et générale offertes à Robert Martin*, Louvain la Neuve (Duculot) 1997 [1996].

MélMartin[2] *La logique du sens. Autour des propositions de Robert Martin*, Metz (Univ.) 2011 (Rech. ling. 32).

MélMatoré *Études de lexicologie, lexicographie et stylistique offertes en hommage à G. Matoré*, Paris (Sorbonne) 1987.

MélMeekings *Medieval legal records edited in memory of C. A. F. Meekings*, London (Her Maj. Station. Off.) 1978. Contient des doc. agn. tardifs (un seul de 1309: 112-113).

MélMeier[1] *Sprache und Geschichte. Festschrift für Harri Meier zum 65. Geburtstag*, München (Fink) 1971.

MélMeier[2] *Romanica europaea et americana. Festschrift für Harri Meier zum 8. Januar 1980*, Bonn (Bouvier) 1980.

MélMel *Mélanges de philologie offerts à M. Johan Melander*, Uppsala 1943; [= FEW Mél-Mel; TL Melander Mélanges]. Contient → TombChartr29W etc.

MélMéla *Ce est li fruis selonc la letre. Mélanges offerts à Charles Méla*, Paris (Champion) 2002.

MélMénard *Miscellanea Mediaevalia. Mélanges offerts à Philippe Ménard*, Paris (Champion) 1998. Contient → HonnineL; PrêtreJeanShH; MiliaireV.

MélMich *Mélanges de philologie romane offerts à M. Karl Michaëlsson*, Göteborg (Bergendahl) 1952; [= TL Michaëlsson Mélanges; FEW Mél-Mich].

MélMöhren *Ki bien voldreit raisun entendre. Mélanges en l'honneur du 70e anniversaire de Frankwalt Möhren*, Strasbourg (Éd. de Ling. et de Phil.) 2012 (Bibl. de Ling. rom. 9). C.r. Plouzeau RLaR 119,235-249; Möhren RF 127,213-226; cf. Lebsanft RF 125,218-225.

MélMölk *Literatur: Geschichte und Verstehen. Festschrift für Ulrich Mölk zum 60. Geburtstag*, Heidelberg (Winter) 1997.

MélMorgan *France and the British Isles in the Middle Ages and Renaissance. Essays... in memory of Ruth Morgan*, Woodbridge (Boydell) 1991.

MélNaïs *De la plume d'oie à l'ordinateur. Etudes de philologie et de linguistique offertes à Hélène Naïs*, Nancy (Presses univ.) s.d. [1985 ou 1986, numéro dit spécial de *Verbum*].

MélNordahl *Mélanges d'études médiévales offerts à Helge Nordahl*, Oslo (Solum) 1988.

MélNurmela *Mélanges de philologie et de linguistique offerts à Tauno Nurmela*, Turku 1967 (Turun Yliopiston julkaisuja, B, Humaniora, 103).

MélOrr *Studies in Romance philology and French literature presented to John Orr*, Manchester (Univ. Press) 1953. [Le *Mémorial John Orr* de 1967 forme la RLiR 31.]

MélPfister[1]

MélPfister[1] *LEI. Etymologie und Wortgeschichte des Italienischen. Genesi e dimensioni di un vocabolario etimologico*, Wiesbaden (Reichert) 1992.

MélPfister[2] *Italica et Romanica. Festschrift für Max Pfister zum 65. Geburtstag*, 3 vol., Tübingen (Niemeyer) 1997.

MélPfister[3] *Étymologie romane: objets, méthodes et perspectives*, Strasbourg (SLR) 2014.

MélPiel *Philologische Studien für Joseph M. Piel*, Heidelberg (Winter) 1969; [= TL Piel Studien].

MélPiel[2] *Homenagem a Joseph M. Piel por ocasião do seu 85.° aniversário*, Tübingen (Niemeyer) 1988.

MélPlanche *Mélanges de langue et de littérature médiévales offerts à Alice Planche*, 2 t. en 1 vol., Paris (Les Belles Lettres) 1984 (Ann. de la Fac. des Lettres et Sc. hum. de Nice 48).

MélPlomteux *Langue, dialecte, littérature. Etudes romanes à la mémoire de Hugo Plomteux*, Leuven (Presses Univ.) 1983.

MélPohl *Linguistique romane et linguistique française. Hommages à Jacques Pohl*, Bruxelles (Éd. Univ. Bruxelles) 1980.

MélPope *Studies in French language and Mediaeval literature presented to Professor Mildred K. Pope*, Manchester (Univ. Press) 1939.

MélPowicke *Studies in Medieval history presented to Frederick Maurice Powicke*, Oxford (Clarendon) 1969; [= AND Stud Pow].

MélRedon *Scrivere il Medioevo. Lo spazio, la santità, il cibo. Un libro dedicato ad Odile Redon*, Roma (Viella) 2001.

MélRézeau *La lexicographie différentielle du français et le Dictionnaire des régionalismes de France. Actes du Colloque en l'honneur de Pierre Rézeau*, Strasbourg (P.U.) 2005.

MélReid[1] *History and structure of French. Essays in the honour of Professor T. B. W. Reid*, Oxford (Blackwell) 1972.

MélReid[2] *Medieval French textual studies in memory of T. B. W. Reid*, London 1984 (Anglo-Norman Text Society Occ. Publ. Ser. 1).

MélRieger *Das Schöne im Wirklichen – Das Wirkliche im Schönen. Festschrift für Dietmar Rieger zum 60. Geburtstag*, Heidelberg (Winter) 2002.

MélRohlfs[1] G. Rohlfs, *An den Quellen der romanischen Sprachen. Vermischte Beiträge zur romanischen Sprachgeschichte und Volkskunde*, Halle (Niemeyer) 1952; [= TL Rohlfs Quellen].

MélRohlfs[2] *Romanica. Festschrift für Gerhard Rohlfs*, Halle (Niemeyer) 1958; [= TL Rohlfs Festschrift].

MélRohlfs[3] *Serta romanica. Festschrift für Gerhard Rohlfs zum 75. Geburtstag*, Tübingen (Niemeyer) 1968; [= TL Rohlfs Festschrift II].

MélRohlfs[4] *Romania cantat. Gerhard Rohlfs zum 85. Geburtstag gewidmet. Lieder in alten und neuen Chorsätzen mit sprachlichen, literarischen und musikwissenschaftlichen Interpretationen*, 2 vol. et un disque, Tübingen (Narr) 1980.

MélRoques[1] *Études romanes dédiées à Mario Roques par ses amis, collègues et élèves de France*, Paris (Droz) 1946.

MélRoques[2] *Mélanges de linguistique et de littérature romanes offerts à Mario Roques... par ses amis, ses collègues et ses anciens élèves de France et de l'étranger*, 4 vol., Paris (Didier) – Bade (Art et science / Kunst und Wissenschaft Boden-Baden) 1950-1953; [= FEW MélRoques].

MélRostaing *Mélanges d'histoire littéraire, de linguistique et de philologie romanes offerts à Charles Rostaing*, 2 vol., Liège (Marche Romane) 1974.

MélRothwell *De mot en mot. Aspects of medieval linguistics. Essays in honour of William Rothwell*, Cardiff (Univ. of Wales Press) 1997.

MélRychner *Mélanges d'études romanes du moyen âge et de la renaissance, offerts à Monsieur Jean Rychner*, Strasbourg (Centre de Phil. et de Litt. rom.) 1978 (= TraLiLi 16[1]).

MélSauss *Mélanges de linguistique offerts à M. Ferdinand de Saussure*, Paris (Champion) 1908 (Coll. ling. p. p. la Soc. de Ling. de Paris 2; réimpr. Genève, Slatkine, 1975); [= FEW MélSauss].

MélSchmidtWie *Sprache und Recht. Beiträge zur Kulturgeschichte des Mittelalters, Festschrift für Ruth Schmidt-Wiegand zum 60. Geburtstag*, 2 vol., Berlin – New York (De Gruyter) 1986.

MélSéguy *Hommage à Jean Séguy*, 2 vol., Toulouse 1978 (Annales... Université de Toulouse - Le Mirail, nouv. sér., t. XIV, num. spéc.).

MélSinclair *Medieval codicology, iconography, literature, and translation. Studies for Keith Val Sinclair*, Leiden-Köln (Brill) 1994.

MélSindou *Mélanges d'onomastique, linguistique et philologie offerts à Monsieur Raymond Sindou*, 2 vol., s.l. [Imprimerie Maury, Millau] 1986.

MélShimmura *Mélanges in memoriam Takeshi Shimmura offerts par ses amis, ses collègues et ses élèves*, Tokyo (distr. Libr. France Tosho) 1998.

MélSmeets *Mélanges de linguistique, de littérature et de philologie médiévales offerts à J. R. Smeets*, Leiden 1982. Contient entre autres → CerfAmB.

MélStraka *Phonétique et linguistique romanes. Mélanges offerts à M. Georges Straka*, 2 vol., Lyon – Strasbourg (Soc. de Ling. rom.) 1970.

MélSuard *Plaist vos oïr bone cançon vallant? Mélanges de langue et de littérature médiévales offerts à François Suard*, 2 vol., Lille (Éd. du Cons. sc., Lille 3) 1999.

MélThomas *Mélanges de philologie et d'histoire offerts à M. Antoine Thomas*, Paris (Champion) 1927 (réimpr. Genève, Slatkine, 1973); [= TL Mélanges AThomas].

MélThomasset *Par les mots et les textes. Mélanges de langue, de littérature et d'histoire des sciences médiévales offerts à Claude Thomasset*, Paris (PUPS) 2005.

MélTobler[1] *Abhandlungen, Herrn Prof. Dr. Adolf Tobler zur Feier seiner fünfundzwanzigjährigen Thätigkeit als ordentlicher Professor an der Universität Berlin dargebracht*, Halle (Niemeyer) 1895; [= TL Tobler Abhandl.].

MélTobler[2] *Festschrift, Adolf Tobler zum siebzigsten Geburtstage dargebracht von der Berliner Gesellschaft für das Studium der neueren Sprachen*, Braunschweig (Westermann) 1905; [= TL Tobler Festschrift].

MélTuaillon *Espaces romans. Études de dialectologie et de géolinguistique offertes à Gaston Tuaillon*, 2 vol., Grenoble (ELLUG) 1988-1989.

MélTyssens *Convergences médiévales. Mélanges offerts à Madeleine Tyssens*, Bruxelles (De Boeck & Larcier) 2001.

MélVenckeleer *Memoire en temps advenir. Hommage à Theo Venckeleer*, Leuven (Peeters) 2003 (Orbis, suppl. 22).

MélVernay *Sprachtheorie und Sprachenpraxis, Festschrift für Henri Vernay zu seinem 60. Geburtstag*, Tübingen (Narr) 1979.

MélVoretzsch *Philologische Studien aus dem romanisch-germanischen Kulturkreise, Karl Voretzsch zum 60. Geburtstage...*, Halle (Niemeyer) 1927; [= FEW StudVoretzsch].

MélWahlund *Mélanges de philologie romane dédiés à Carl Wahlund*, Macon (Protat) 1896; [= FEW MélWahlund].

MélWalberg *Mélanges de linguistique et de littérature offerts à M. Emanuel Walberg*, Paris – Uppsala (Lundequist) 1938 (= StN 11; réimpr. Genève, Slatkine, 1977); [= TL Walberg Mélanges; FEW MélWalb].

MélWandruszka *Interlinguistica. Sprachvergleich und Übersetzung. Festschrift zum 60. Geburtstag von Mario Wandruszka*, Tübingen (Niemeyer) 1971.

MélWartb[1] *Etymologica. Walther von Wartburg zum siebzigsten Geburtstag*, Tübingen (Niemeyer) 1958; [= TL v. Wartburg Etymologica].

MélWartb[2] *Festschrift Walther von Wartburg zum 80. Geburtstag*, 2 vol., Tübingen (Niemeyer) 1968; [= TL v. Wartburg Festschrift].

MélWathWill *Mélanges de philologie et de littératures romanes offerts à Jeanne Wathelet-Willem*, Liège 1978, n° spécial (28,1-2, 1-757) de *Marche romane* (Cah. de l'A. R. U. Lg.). *Marche romane* 26,2 (1976) 1-78; 26,3-4 (1976) 1-116; 27,3-4 (1977) 1-136; 31,1-2 (1981) 5-101 font partie des mélanges.

MélWhitehead *Studies in medieval literature and languages in memory of Frederick Whitehead*, Manchester (University Press) 1973.

MélWilmotte *Mélanges de philologie romane et d'histoire littéraire offerts à M. Maurice Wilmotte à l'occasion de son 25e anniversaire d'enseignement*, Paris 1910; [= FEW MélWilmotte; TL Wilmotte Mél.].

MélWoledge *Studies in Medieval French language and literature presented to Brian Woledge in honour of his 80th birthday*, Genève (Droz) 1988 [sic] (Publ. rom. et fr. 180).

MelibeeAn Melibee et Prudence, *Le livre de Albertan, dou consolement et des conseils*, version anonyme, cf. → MelibeeRen, prose; 2[e]m. 13[e]s.; BN fr. 1142 [2[e]m. 13[e]s.?] f°5r°-40v°.

MelibeeRenS *Livre de Melibee et de Prudence*, trad. du *Liber consolationis et consilii* (fable dialoguée) d'Albertano de Brescia (1246) par Renaut de Louhans; 1337 (ou 1336); ms. de base BN fr. 578 [ca. 1400] (leçons rejetées en bas de page sous le

MelibeeRenS

sigle P³), var. choisies (en fonction de la traduction de Chaucer) d'après Bruxelles Bibl. roy. 9551-52 [ca. 1450] (B), BL Roy. 19 C.VII [mil. 15ᵉs.] (L), BN fr. 1165 [15ᵉs.] (P), BN fr. 20042 [1436] (P²), BN fr. 1468 [av. 1477] (P⁴), autres mss. BN fr. 580 [15ᵉs.], BN fr. 813 [1ᵉm. 15ᵉs.], BN fr. 1090 [14ᵉs.], BN fr. 1540 [fin 14ᵉs.], BN fr. 1555 [déb. 15ᵉs.], BN fr. 1746 [15ᵉs.], BN fr. 1972 [15ᵉs.], BN fr. 2240 [15ᵉs.], BN fr. 15105 [15ᵉs.], BN fr. 17272 [15ᵉs.], BN fr. 19123 [15ᵉs.], BN fr. 25547 [15ᵉs.], BN nfr. 6639 [ca. 1480], BN nfr. 10554 [Paris? 3ᵉq. 15ᵉs.], Ars. 2691 [15ᵉs.], Ars. 3356 [15ᵉs.], Beauvais Bibl. mun. 9 (2807) [14ᵉs.], Besançon 587 [15ᵉs.], Lille Bibl. mun. 335 (392; Le Gl. 375) [15ᵉs.], Bruxelles Bibl. roy. 9235-37 [ca. 1475], Bruxelles Bibl. roy. 10394-414 [pic. 1ᵉm. 15ᵉs.], Fribourg Bibl. cant. L.161 [1448], Genève fr. 174 d [15ᵉs.], BL Roy. 19 C.XI [1ᵉʳt. 15ᵉs.], Wien 2602 [1403], Oxford Saint John's Coll. 102 [fin 14ᵉs.]; p. p. J. B. Severs, "The tale of Melibeus", dans W. F. Bryan – G. Dempster, *Sources and analogues of Chaucer's Canterbury Tales*, London (Routledge & Kegan) 1941 (réimpr. 1958), 560-614, texte 568-614; [cp. Boss 2676]. Pour une comparaison de la version originale et celle dans → Menag (et la trad. de Chaucer), v. Severs PMLA 50 (1935) 92-99. Cp. → ConsBoèceRen.

MelibeeRenMP id., texte légèrement modifié interpolé dans → MenagP (3 mss., v. ib.), p. dans → MenagP 1,186-235.

MelionT *Le Lai de Melion*, anonyme; pic. 1ᵉm. 13ᵉs.; ms. de base Ars. 3516 [art. 1267], en var. Torino Bibl. naz. L.IV.33 [pic. ca. 1400] devenu partiellement illisible par le feu, var. de sec. main; p. dans → TobinLais p. 289-318.

MelionG id.; ms. Ars.; p. dans → DesiréG p. 102-122; [= TL Melion Gr].

MelionH id.; ms. de base Ars.; p. p. W. Horák, "Lai von Melion", *ZrP* 6 (1882) 94-106; [= TL Melion]. Sert de source pour les leçons du ms. Turin.

MelionHo id.; p. p. P. Holmes, *Les lais anonymes de Graelent, Doon et Melion*, thèse Strasbourg 1952 [1953].

MelionK id.; p. p. dans → MarieLaisK 824-863.

MelionM id.; p. dans → RenBeaujIgnM p. 43-67; [= TL Melion].

MelusArrV Histoire de la Belle Melusine ou de Lusignan, roman historique et féerique, version par Jean d'Arras, prose; 1393; ms. de base Ars. 3353 [1ᵉʳq. 15ᵉs.] (Ars), autres mss. BN fr. 1482 [1ᵉʳt. 15ᵉs.] (A), BN fr. 1484 [fin 15ᵉs.] (B), BN fr. 1485 [1ᵉʳq. 15ᵉs.] (C), BN nfr. 21874 [3ᵉq. 15ᵉs.] (D), BN fr. 5410 [ca. 1470] (E), Bruxelles Bibl. roy. 10390 [pic. 3ᵉt. 15ᵉs.] (Brux), Madrid Bibl. nac. 2148 [3ᵉt. 15ᵉs.] (Madr), BL Harl. 4418 [ca. 1470] (H), Wien 2575 [mil. 15ᵉs.] (V), Vannes Arch. dép. fragm. Rosenzweig [1ᵉʳq. 15ᵉs.?] (R), v. encore Wo 84; 1ᵉʳ impr.: → MelusArrS; p. p. J.-J. Vincensini, *Jean d'Arras. Mélusine ou La noble histoire de Lusignan*, Paris (Libr. Gén.) 2003.

MelusArrS id., p. p. L. Stouff, *Mélusine. Roman du XIVᵉ siècle, par Jean d'Arras*, Dijon (Bernigaud & Privat) 1932; [= Boss 4141; Wo 84; Wos 84].

MelusArrsB id., version de l'impr. Genève (Steinschaber) 1478, autres impr. v. Wos 84; p. p. Ch. Brunet, *Melusine*, Paris (Jannet) 1854 (Bibl. elz.); [= Boss 4140].

MelusCoudrR Le roman de Melusine, par Coudrette, histoire de la famille des Lusignan, rois de Chypre, surtout vers octosyll.; ca. 1402; ms. de base Carpentras 406 (L.402 et 402bis) [déb. 15ᵉs.] (D), en var. Amiens Bibl. mun. 411 [3ᵉt. 15ᵉs.] (A), Oxford Bodl. Bodley 445 [1ᵉm. 15ᵉs.] (B), Cambridge Univ. Ll.II.5 [2ᵉm. 15ᵉs.] (C), Carpentras 407 (L.403) [mil. 15ᵉs.] (E), Baltimore Walters Art Museum W.317 [3ᵉq. 15ᵉs.] (F), Grenoble 368 (cat. 863) [3ᵉq. 15ᵉs.] (G), Ars. 3475 [ca. 1500] (H), BL Add. 6796 [3ᵉq. 15ᵉs.] (L), BN fr. 1458 [3ᵉt. 15ᵉs.] (M), BN fr. 1459 [4ᵉq. 15ᵉs.] (N), BN fr. 1483 [4ᵉq. 15ᵉs.] (O), BN fr. 1631 [1485] (P), BN fr. 12575 [1ᵉʳq. 15ᵉs.] (Q), BN fr. 18623 [3ᵉt. 15ᵉs.] (R), BN fr. 19167 [3ᵉt. 15ᵉs.] (S), BN fr. 20041 [4ᵉq. 15ᵉs.] (T), BN fr. 24383 [3ᵉq. 15ᵉs.] (U), Valenciennes 461 (425) [pic. mil. 15ᵉs.] (V), Aberystwyth Nat. Libr. 5030C [1ᵉʳt. 15ᵉs.] (W); p. p. E. Roach, *Le roman de Mélusine ou Histoire de Lusignan par Coudrette*, Paris (Klincksieck) 1982; [= TL Mélusine Coudrette R; Boss² 6662].

Mén 1650 [Gilles Ménage], *Les origines de la langue françoise*, Paris (Augustin Courbe) 1650; [= FEW Mén 1650].

Mén 1694 Gilles Ménage, *Dictionnaire étymologique ou Origines de la langue françoise*, nouv. éd., Paris (Jean Anisson) 1694; [= FEW Mén 1694].

Mén 1750 Gilles Ménage, *Dictionnaire étymologique de la langue françoise*, nouv. éd. par A. F. Jault, Paris (Briasson) 1750; [= FEW Mén 1750].

MenReimsW *Récits d'un ménestrel de Reims* (titre donné par N. de Wailly), appelés *Chronique de Rains* par P. Paris et L. Paris, et appelés *Chronique de Flandre et des croisades* par Smet, prose; prob. 1260; ms. de base BL Add. 11753 [3ᵉt. 13ᵉs.]

(A), autres mss. de la même famille: BL Harl. 3983 [f°83r°-114r° lorr. 1323] prob. proche de l'orig., BN lat. 5027 [15ᵉs.] f°76v°-80r° (abrégé de plusieurs passages), Rouen Bibl. mun. 1142 (O.53) [14ᵉs.] (B), BN fr. 10149 [16ᵉs.] (C) rajeuni, autre famille: Bruxelles Bibl. roy. 14561-64 [pic. 1ᵉm. 14ᵉs.] (D), BN fr. 24430 [pic. (Tournai) ca. 1295] (E), København Kgl. Bibl. Gl. Kgl. 487 f° (Abr. XLII) [pic. (Corbie) ca. 1300] (v. R 8, 429-433), BL Add. 7103 [pic. ca. 1300] (F), BN fr. 13566 [ca. 1863, copie de BL Add. 7103], aussi dans Bruxelles Bibl. roy. 10478-79 [15ᵉs.] (J) proche de F [v. Tappan, thèse Yale 1964], Cambridge Corpus Christi Coll. 432 [fin 13ᵉs.] (K), Vat. Reg. lat. 1964 [15ᵉs.] fragm., Torino Bibl. naz. L.IV.22 (1675) [14ᵉs.] endommagé, version abrégée dans Rouen Bibl. mun. 1146 (Y.56) [1467] f°157-178; p. p. N. de Wailly, *Récits d'un ménestrel de Reims au treizième siècle publiés pour la Société de l'histoire de France*, Paris 1876; [= TL Men. Reims; Hol 2361; Boss 3764; cp. Boss² 6197: mss., et 6169: var. du ms. Brux. 10478-79]. Wailly adapte le texte à son idée d'une scripta lorraine, sans documentation. – Une concordance des éditions W, P et S et de 5 mss. se trouve p. XL. Concordance des éd. W, S et P ici, en appendice. Éd. des § 398-424 par S. Lefèvre dans → RenHS p. 853-862; 1397-1411 (même ms. de base: A). Cp. → MenReimsSh. Remaniement abrégé: → ChronPCochon.

MenReimsW² id., § 330-fin; ms. BN fr. 24430; p. dans → RecHist 22 (1865) 301-329.

MenReimsP id.; ms. BN fr. 24430 [pic. (Tournai) ca. 1295]; p. p. L. Paris, *Chronique de Rains*, Paris (Renouard) 1837. Concordance des éd. W, S et P ici, en appendice.

MenReimsS id.; ms. Bruxelles Bibl. roy. 14561-64 [pic. 1ᵉm. 14ᵉs.] f°167r°-210r° (sic), avec corrections d'après → MenReimsP; p. p. J.-J. de Smet, dans → ChronPBasS p. 571-687. Concordance des éd. W, S et P ici, en appendice.

MenReimsSh id.; variantes de sens (par rapport à → MenReimsW) du ms. BL Harl. 3983 [f°1-81 lorr. 1323] p. p. W. P. Shepard, "A new manuscript of the *Récits d'un ménestrel de Reims*", *PMLA* 43 (1928) 895-930.

MenagB Le *Mesnagier* (= 'livre du ménage'), traité d'instruction morale et domestique, par un bourgeois (juriste) parisien anonyme, prose; ca. 1393 (prob. entre juin 1392 et sept. 1394); ms. de base BN fr. 12477 [1ᵉm. 15ᵉs.] (A), en var. BN nfr. 6739 [ca. 1475, copie de BN fr. 12477] (C), Bruxelles Bibl. roy. 10310-11 [1ᵉm. 15ᵉs.] (B) (conc. ici, en app.); p. p. G. E. Brereton – J. M. Ferrier, *Le Menagier de Paris*, Oxford (Clarendon) 1981; [= TL Ménag. BF; cf. Boss² 7608].

Cette éd. ne contient pas trois pièces que l'auteur du *Mesnagier* a repris à d'autres auteurs: → JacBruy, MelibeeRenM et PhMézGris. Les recettes cul. sont dans la tradition de → ViandVal et de → ViandTaill, mais contiennent des développements propres. C.r. RLiR 46, 218-224. Les citations vérifiées sur le ms. BN fr. 12477 sont pourvues des renvois au f° et à l'éd. (entre crochets). (Trad. fr. par Ueltschi, v. RLiR 59,328s.) En étudiant la langue, il faut tenir compte des composantes du traité. Pour le voc. v. → MenagM (ch. II ii) et H. Waiblinger, *Der Wortschatz des Ménagier de Paris in synchronischer und diachronischer Sicht*, thèse Tübingen 1990, 1081p. (classement selon HW²; incomplet: *plante*; peu travaillé: *pois percé* non traité).

MenagH id.; extraits 'œnologiques'; ms. B; p. dans → HenryŒn 1,121 (où concord. avec les éd. B et P) - 124; 2,133-137 [n°8].

MenagM id.; ms. A chap. II ii (*courtillage*) p. p. Frankwalt Möhren dans → MöhrenLand 273-344, avec étude.

MenagP id., éd. composite basée surtout sur BN fr. 12477, var. surtout du ms. Bruxelles; p. p. J. Pichon, *Le Ménagier de Paris*, 2 vol., Paris (Crapelet) 1847 [date de l'achevé d'imprimer t. 2] (réimpr. Genève, Slatkine, 1967); [= Boss 5452, cp. 7018; 7990; TL Ménag.; FEW Menagier]. Comprend → PhMézGrisP, 1, 99-124, → MelibeeRenMP, 1, 186-235, et → JacBruyP, 2, 4-42. Concordance avec le ms. BN fr. 12477 (et par là avec MenagB) ici, en app.

MenagR id., qqs. courts extraits et des mots isolés p. d'après ms. Bruxelles par F. A. F. T. de Reiffenberg, "Un traité d'économie domestique et de gastronomie", *Annuaire de la Bibliothèque royale de Belgique*, par le conservateur Baron de Reiffenberg, 4ᵉ année, Bruxelles 1843, 33-50. Citations tirées de l'introduction, du chap. concernant le jardinage et du traité culinaire. Leçons souvent erronées.

MenageDitN *Dit de menage*, poème en 82 quatrains monorimes d'alex.; ca. 1325; ms. BN fr. 24432 [frc. av. 1349]; p. dans → NyströmMén 93-106 (III).

MénardFabl Ph. Ménard, *Fabliaux français du moyen age*, t. 1 [seul paru], Genève (Droz) 1979 (T.L.F. 270); [= TL Fabliaux M; Boss² 4594]. Contient → VilAsnierMé, BorgOrlMé, EstormiMé, BoivProvAMé, PrestreAlisMé, MeunClercsMé, MireMé, TrescesMé, TroisAvMé, WatrTroisDamesMé. Concordance de Mire, Tresces et WatrTroisDames établie par E. Brunet – F. Rouy, *Index automatique du vocabulaire de trois fabliaux…*, Nice (Centre d'Et. médiév.) 1983.

MénardRire

MénardRire Ph. Ménard, *Le rire et le sourire dans le roman courtois en France au moyen âge (1150-1250)*, Genève (Droz) 1969 (Publ. rom. et fr. 105).

MénardSynt Ph. Ménard, *Syntaxe de l'ancien français*, Bordeaux (Bière) [3]1988 [[1]1973].

MénardSynt[4] id., éd. 1994, avec modifications mineures par rapport à [3]1988.

MeneghettiBret M. L. Meneghetti, *I fatti di Bretagna. Cronache genealogiche anglo-normanne dal XII al XIV secolo*, Padova (Antenore) 1979. Contient → BrutPetM, BrutThomM, MerlinProphProlM etc.

MenschingSin G. Mensching, *La sinonima delos nombres delas medeçinas griegos e latynos e arauigos*, Madrid (Arco) 1994. Alphita (cp. → GlAlph), mss. Sevilla (fin 14[e]s., ms. de base) et Madrid (15[e]s.): gloses esp.; v. c. r. Städtler RoJb 46,406-409.

Méon D. M. Méon, *Nouveau recueil de fabliaux et contes*, 2 vol., Paris (Chasseriau) 1823; [= TL Méon]. Contient → BiautésDamesM (1,407-415), MuleM (1,1-37), RicheutM (1,38-79), TournDamAnM (1,394-403), CoincyII9M (2,1-128), Pères24M (2,129-138), etc. Graphies normalisées et modernisées souvent sans appui dans les mss. Gdf cite sous 'Méon, Fabl.' aussi → BarbMéon.

MeraugisS Meraugis de Portlesguez par Raoul de Houdenc, roman arthurien en vers octosyll.; traits pic., déb. 13[e]s.; ms. de base Vat. Reg. lat. 1725 [frc. fin 13[e]s.] (V), qqs. var. de Wien 2599 [frc. ca. 1300] (W) comportant un prologue, Torino Bibl. naz. L.IV.33 [pic. ca. 1400] (T) assez illisible (mais dont il subsiste une copie dipl. faite par Friedwagner), Kraków Univ. gall. qu. 48 (anc. Berlin) [II: agn. fin 13[e]s.] fragm., BN nfr. 5386 [traits sept. et pic. fin 13[e]s.] (M) fragm. de 58 vers (p. p. P. Meyer R 19,459-462); p. p. M. Szkilnik, *Meraugis de Portlesguez*, Paris (Champion) 2004 (Champion Class. 12). À comparer avec l'éd. F. Malheureusement nouvelle numérotation des vers, légèrement plus basse. C.r. Plouzeau RLaR 112,543-588; R 130,134-201; 407-472.

MeraugisF id.; ms. de base Vat.; p. p. M. Friedwagner, *Meraugis von Portlesguez. Altfranzösischer Abenteuerroman von Raoul von Houdenc*, Halle (Niemeyer) 1897; [= TL Mer.; FEW Houdenc *et* Meraugis, date ca. 1260 et déb. 13[e]s.]. C.r. G. Paris R 27,307-318. Éd. 'critique' aux corrections pas toujours claires, mais toujours très utile pour ses var. très complètes et les leçons du ms. Torino (l'autre ms. dit 'de base'), devenu assez illisible.

[**MeraugisD** X. Dilla, *Raoul de Houdenc, Meraugis de Portlesguez*, Barcelona (PPU) 1987, réimprime l'éd. F.]

MeraugisM id.; ms. Wien, avec corrections mal documentées d'après Torino; p. p. H. Michelant, *Meraugis de Portlesguez*, Paris (Tross) 1869.

MercierF *Dit du Mercier*, octosyll.; fin 13[e]s.; ms. unique BN fr. 19152 [frc. fin 13[e]s.]; p. dans → Franklin p.753-755.

MercierC id.; p. dans → ProvCrap p.147-156; [= TL Dit du Mercier].

MercierM id.; p. p. Ph. Ménard, "Le dit du mercier", → MélFrappier 797-810; [= TL Dit du Mercier].

MercierR id.; p. p. A. C. M. Robert, "Du mercier", in: *Fabliaux inédits tirés du manuscrit de la bibliothèque du roi n° 1830 ou 1239*, Paris (Rignoux) 1834, 32 p., spéc. p. 6-11; [= TL Dit du Mercier]. Contient aussi *De deux Angloys et de l'agnel* (p. 11-14), *Du vilain asnier* (15-16) et *Les deux troveors ribauz* (p. 16-26), et un glossaire.

MercierMsF id.; reproduction photographique du ms. BN fr. 19152 [frc. fin 13[e]s.] (ce texte: f[o]42v[o]a-43r[o]b) p. p. E. Faral, *Le manuscrit 19152 du fonds français de la Bibliothèque Nationale*, Paris (Droz) 1934 (Fondation Singer – Polignac).

MerletMoutié L. Merlet – A. Moutié, *Cartulaire de l'abbaye de Notre-Dame des Vaux de Cernay, de l'ordre de Cîteaux, au diocèse de Paris, composé d'après les chartes originales conservées aux archives de Seine-et-Oise*, 2 vol., 1 atlas, Paris (Plon) 1857-1858; [= Stein 2061]. Contient des doc. fr. orig. à partir de 1271 (poit.; 1274 fr.).

MerlinM Merlin en prose, anonyme, mais volontiers attribué à Robert de Boron, faisant partie du 'Petit Saint Graal' ou → SGraalIII; Sud-Est 1[er]q. 13[e]s.; ms. de base BN fr. 747 [bourg. (Nord?) ca. 1240] (A), en var. BL Add. 32125 [agn. f[o]59-245 1[er]q. 14[e]s.] (B) f[o]206-245, Tours 951 [Terre sainte ca. 1290] (C), Cambridge Univ. Add. 7071 [agn. déb. 14[e]s., qqs. f°s 15[e]s.] (D), Vat. Reg. lat. 1517 [lorr. 1324] (G) acéphale, autres mss.: BN fr. 91 [15[e]s.] (Z), BN fr. 95 [pic. 3[e]t. 13[e]s.] (D'), BN fr. 96 [15[e]s.] (E'), BN fr. 98 [15[e]s.] (L), BN fr. 105 [Paris déb. 14[e]s.] (W), BN fr. 110 [ca. 1295] (F'), BN fr. 113 [fin 15[e]s.] (I), BN fr. 117 [fin 14[e]s.] (M'), BN fr. 332 [15[e]s.] (K'), BN fr. 337 [4[e]q. 13[e]s.], BN fr. 344 [Est fin 13[e]s.] (g), BN fr. 748 [frc. 2[e]t. 13[e]s.] (K), BN fr. 749 [fin 13[e]s.] (n), BN fr. 770 [pic. (Douai) ca. 1285] (a), BN fr. 1469 [2[e]m. 15[e]s.] (V), BN fr. 9123 [Paris déb. 14[e]s.] (Y), BN fr. 19162 [fin 13[e]s.] (C'),

BN fr. 24394 [2ᵉm. 13ᵉs.] (A'), BN nfr. 4166 [N.-E.? 1301] (S), Ars. 2996 [2ᵉm. 13ᵉs.] (P), Ars. 2997 [1301] (U), Ars. 3350 [2ᵉm. 15ᵉs.], Ars. 3479 [déb. 15ᵉs.] (N'), Ars. 3482 [mil. 14ᵉs.] (j), Chantilly Musée Condé 643 (307) [fin 14ᵉs.] (e), Chantilly Musée Condé 644 (1081) [It. déb. 14ᵉs.], Rennes 255 (148) [traits de l'Est, Paris ca. 1225] (i), Bonn S.526 [pic. (Amiens) 1286] (B'), Darmstadt 2534 [14ᵉs.] (H'), Firenze Bibl. Riccard. 2759 [francoit. 1ᵉm. 14ᵉs.] (Q), Firenze Bibl. Marucelliana B.VI.24 [14ᵉs.], Cologny Bodmer 147 (anc. Cheltenham Phillipps 1046) [4ᵉq. 13ᵉs.] (F), Newcastle 937 (anc.; anc. Cologny Bodmer, anc. Ramsen Tenschert) [déb. 15ᵉs.] (c), BL Add. 10292 [pic. prob. 1316, miniature f° 45 datée 26 févr. 1317 n.st.] (G'), BL Add. 38117 (anc. Huth) [pic. déb. 14ᵉs.] (R), BL Harl. 6340 [15ᵉs.] (L') sorte de réécriture, Amsterdam Bibl. Philos. Herm. 1 (anc. Cheltenham Phillipps 3630 / 1045/1047?) [flandr. 1ᵉʳq. 14ᵉs.] (N), Berkeley Cal. Univ. Bancroft Libr. Ms 106 (PQ 1475 G 68; anc. Cheltenham Phillipps 3643) [norm. 3ᵉt. 13ᵉs.] (m), Modena Bibl. Estense E.39 [pic. 2ᵉm. 13ᵉs.] (T), New Haven Yale Beinecke Libr. 227 (anc. Cheltenham Phillipps 1045) [1357] (p), New York Pierpont Morgan Libr. M.207-208 [mil. 15ᵉs.] (l), New York Pierpont Morgan Libr. M.38 (anc. Ashburnham 535; Kerr 8) [flandr. 1479], Oxford Bodl. Douce 178 [14ᵉs.] (d), Vat. Reg. lat. 1687 [14ᵉs.] (H) acéphale, Venezia Marc. fr. App. XXIX (272) [francoit. ca. 1355] (h), fragm.: BN fr. 423 [lyonn. déb. 14ᵉs.] (E), BN fr. 2455 [lorr. fin 13ᵉs.] (q), BN nfr. 934,28-29 [fragm. 15ᵉs.] (r), BN nfr. 2537 [13ᵉs.] (f), Amsterdam Univ. 450 (anc. I.A.24q) [14ᵉs.] (b), Hannover IV.581 [2ᵉm. 13ᵉs.] acéphale, Peterburg RNB Fr.F.p.XV.3 [15ᵉ-16ᵉs.] (Ld), anc. Cheltenham Phillipps 1047 (?, cp. supra, en 2003: près de Paris?) [15ᵉs.], etc.; p. p. A. Micha, *Robert de Boron. Merlin*, Genève (Droz) 1979 [en couv.: 1980; réimpr. avec dates rajeunies] (T. L. F. 281); [= TL Merlin M; Boss² 3989].

MerlinF id.; ms. de base BN fr. 24394 [2ᵉm. 13ᵉs.] (A'), qqs. var. de A, B', C, C', F' et P; p. p. C. Füg-Pierreville, *Le Roman de Merlin en prose*, Paris (Champion) 2014 (Ch. class. 39). L'annexe contient une éd. d'un fragm. de → SGraalIIIMerl, ms. BN fr. 20047 [pic. fin 13ᵉs.]. Gloss. 'traductologique', p. ex. *gros* adj. "enceinte" (au fém.).

MerlinN id.; ms. de base Bonn S.526 [pic. (Amiens) 1286] (B); p. p. I. Freire-Nunes dans → SGraalIVW 1,569-805; 1741-1803.

MerlinP id.; ms. de base BL Add. 38117 (anc. Huth) [pic. déb. 14ᵉs.]; p. p. G. Paris – J. Ulrich, *Merlin*, 2 vol., Paris (Firmin Didot) 1886; [= TL Merlin]. Contient aussi → MerlinsP. Le texte semble correspondre souvent à DC 'Rob. Bourronus in Merlino' ou 'in Hist. Merlini'.

MerlinS id.; ms. de base BL Add. 10292 [pic. prob. 1316]; p. p. H. O. Sommer, dans → SGraalIVS, t. 2, 1908, p. 3-88,18. Suite, → MerlinsLS.

MerlinModC v. → SGraalIIIMerlE.

MerlinsR Merlin, suite s'intégrant dans → SGraalIV ou SGraalV, selon versionnement ou classement par les chercheurs, appelée parfois 'Les premiers faiz le roi Artu', aussi 'suite Vulgate', prose; ca. 1240 (prob. entre 1235 et 1240); base des § 1-443 et var. BL Add. 38117 (anc. Huth) [pic. déb. 14ᵉs.] (A), deux lacunes, § 104-106 et 202-207, comblées à l'aide de Cambridge Univ. Add. 7071 [agn. déb. 14ᵉs., qqs. fᵒˢ 15ᵉs.] (B), base des § 444-581 BN fr. 112 [pic. 1470] (D), Siena Arch. di St. s.c. [fin 13ᵉs.] (C) fragm., Imola Bibl. comun. 135.A.A.².5. n°9 (7) [mil. 14ᵉs.] (E) fragm.; p. p. G. Roussineau, *La Suite du roman de Merlin*, 2 vol., Genève (Droz) 1996 (T. L. F. 472). C. r. RLiR 61,582. Cp. → BalainL: éd. des § 91-240, ms. A; et → MerlinsDS: éd. des § 419-581, ms. D.

MerlinsP id., ms. A p. dans → MerlinP 1, 147ss. (= → MerlinsR § 1-173) et 2, 1ss. (= § 174-443).

MerlinsBF id., ms. de Bonn; ms. de base Bonn S.526 [pic. (Amiens) 1286] (B); p. p. I. Freire-Nunes dans → SGraalIVW 1,807-1662; 1803-1912.

MerlinsCS id.; ms. Cambridge Univ. Add. 7071; p. p. P. C. Smith, *Les enchantemenz de Bretaigne. An extract from a thirteenth century prose romance, 'La suite du Merlin'*, Chapel Hill (Univ. of North Carolina Pr.) 1977 (North Carolina Studies in the Romance languages and literatures 146); [= Boss² 4137]. Correspond à → MerlinsDS p. 1-43 et à → MerlinsR § 379-473; les p. 1-51,23 correspondent à → MerlinP 2,191-254.

MerlinsDS id., suite du ms. BN fr. 112 (D) f°17b-58b; p. p. H. O. Sommer, *Die Abenteuer Gawains, Ywains und Le Morholts mit den drei Jungfrauen ... Die Fortsetzung des Huth-Merlin*, Halle (Niemeyer) 1913 (ZrP-Beih. 47); [= TL Gawain Ywain]. Correspond aux § 419-581 de → MerlinsR; les p. 1-43 correspondent à → MerlinsCS.

MerlinsLS id., suite du ms. Londres (version β de Micha, v. MerlinM p. xxv); 2ᵉq. 13ᵉs.; ms. BL Add. 10292 [pic. prob. 1316]; p. dans → MerlinS 88,19-466.

MerlinTorD id., fragm. Toronto (= MerlinM ch. 71,22-74,1); [1ᵉʳq. 13ᵉs.]; ms. Toronto Univ. Fisher Rare Book Libr. fragm. s.c. [pic. déb. 14ᵉs.] (dans la couverture de Franchi, Novella, F-11 00121); p. p. C. Denoyelle, "Un nouveau fragment inédit du *Merlin* en prose", *ZrP* 131 (2015) 3-12. L.51 *jeu* lire *jeü*.

MerlinProphProlM Prologue à une Prophétie Merlin non conservée, vers octosyll.; agn. fin 13ᵉs. (?); ms. BL Arundel 220 [agn. 1ᵉʳq. 14ᵉs.] fragm.; p. dans → MeneghettiBret 35-43; [= Dean 22]. Reprend l'éd. Koch.

MerlinProphProlK id.; p. p. J. Koch, "Anglonormannische Texte im Ms. Arundel 220", *ZrP* 54 (1934) 20-56, 'Les prophesies Merlin' 22-42; [= AND Merlin].

MerlinProphEB *Les Prophesies de Merlin*, version du ms. E présentant seul un texte achevé, prose; fin 13ᵉs. (prob. après 1288) (cf. -RP 2,348s.); ms. Cologny Bodmer 116 [pic. déb. 14ᵉs.] (E), mss. proches: H, Add, 350, T, R; p. p. A. Berthelot, *Les prophesies de Merlin*, Cologny – Genève (Bodmer) 1992; [= TL Proph. Merlin Be; Boss² 4010ss.]. C. r. essentiel Roussineau ZrP 111,288-292. Pour les mss. v. N. Koble, Les prophéties, Paris 2009, 97-103 et 527-528. Pour le fragm. Kraków Univ. gall. fol. 178 (anc. Berlin) [I: 4ᵉq. 13ᵉs.] v. StutzmannTylus 79-80.

MerlinProphRP id., version abrégée du ms. R; faibles traits francoit. 4ᵉq. 13ᵉs. [1ᵉ réd. prob. Venise ca. 1279]; ms. de base Rennes 593 [1304 n.st.] (R); p. p. L. A. Paton, *Les prophecies de Merlin*, 2 vol., New York (Heath) – London (Oxford Univ. Press) 1926-1927 (Modern Language Association of America, Monogr. 1); [= TL Proph. Merlin]. Scribe-compilateur: Robin Boutemont, v. N. Koble, Les prophéties, 106-123.

MeschLunM Jean Meschinot, Lunettes des Princes, poème allégor. moralisateur en vers octosyll.; av. 1465; ms. de base Nantes Bibl. mun. 651 [ca. 1500] (N), en var BN fr. 24314 [déb. 16ᵉs.] (P), Montpellier Ec. de Méd. 339 [16ᵉs.] (M), Tours 905 [fin 15ᵉs.] (T), BN fr. 3939 [16ᵉs.] fragm., nombre d'imprimés; p. p. C. Martineau-Genieys, *Édition des Lunettes des Princes de Jean Meschinot*, Genève (Droz) 1972.

MeschLunT id.; imprimé Nantes, Estienne Larcher 1493 (L), p. p. B. Toscani, *Jean Meschinot. Les Lunettes des Princes*, Paris (Lettr. Mod.-Minard) 1971 [version fr. de la thèse Philadelphia 1961].

MesdPerrinL Poème moralisant, incip. *Puis que blasmés sui et mesdis*, par Perrin Le Tour; pic. 13ᵉs.; ms. BN fr. 25462 [art. fin 13ᵉs.]; p. p. A. Långfors, "Du mesdisant par Perrin La Tour", *R* 40 (1911) 559-565; [= TL Mesdisant].

MesdisansB *Dis des mesdisans*, poème moralisant, sixains d'octosyll.; 2ᵉm. 13ᵉs.; ms. Bruxelles Bibl. roy. 9411-26 [pic. ca. 1300], ms. péri Torino Bibl. naz. L.V.32 [wall. ca. 1300]; p. p. J. Bastin, dans → DitNDSainteB p. 474-488; [= Boss 6603bis].

MesqTournS Poème en douzains octosyll. traitant du «plus grant mesquief c'onques y [à Tournai] avint» en l'an 1353, intégré dans → ChronP-Bas (prob. 1458); flandr., prob. 1353 ou peu après; p. dans → ChronPBasS 179-183; [= TL Mesq. Tourn.].

MessehalaEclipse *Livre Messehalla / Maschallah*, traité astrologique (ar., fin 8ᵉs.?), traduit en lat. par Jean d'Espagne (mil. 12ᵉs.), trad. fr. titrée *Le epistles Messehala de l'eclipse del soloil et de la lune es conjunctions des planetes*; ca. 1270; mss.: BN fr. 1353 [3ᵉt. 13ᵉs.], BN nfr. 18867 [1360-1364] f°83v°-88v°, Cambridge Mass. Harvard Houghton Libr. Fr 151 [1359], Grenoble 290 (cat. 814) [15ᵉs.], BN fr. 1083 [pic.-norm. déb. 15ᵉs.]; inédit; [= Transmédie 1068]. Cp. → PelerAstralL.

Messelaar P. A. Messelaar, *Le vocabulaire des idées dans le 'Trésor' de Brunet Latin*, Assen (Van Gorcum) 1963; [= TL Messelaar Brun. Lat.]. Concerne → BrunLat. C.r. Höfler ZrP 81,364-370.

MessnerBers D. Messner, *Pierre Bersuire, Übersetzer des Titus Livius. Eine Wortschatzuntersuchung zum ersten Buch der ersten Dekade*, thèse Wien 1966; [cf. Boss² 8521]. Etude lexicologique de → Bersuire I, I, avec des citations tirées de BN fr. 34 [15ᵉs.], peu fidèles.

MessnerPort D. Messner, *Dictionnaire chronologique des langues ibéroromanes, I: Dictionnaire chronologique portugais*, Heidelberg (Winter) 1976. Lire Mettmann RF 89,543-545.

Metzeltin M. Metzeltin, *Die Terminologie des Seekompasses in Italien und auf der Iberischen Halbinsel bis 1600*, thèse Basel (Apollonia) 1970.

MeunArlN Le Meunier d'Arleux / *Dou maunier de Aleus*, fabliau, par Enguerrant le Clerc d'Oisi, octosyll.; pic. 13ᵉs.; ms. unique BN fr. 1553 [pic. 1285 n.st.]; p. dans → NoomenFabl n°110, t. 9,215-236.

MeunArlM id.; p. dans → MontRayn 2,31-45; 312-314; [= TL Meun. d'Arleux].

MeunArlMich id.; p. p. F. Michel, *Roman du meunier d'Arleux... par Enguerrand d'Oisy*, Paris (Silvestre) 1833; [= TL Meun. d'Arleux]. Extrait de id., *Romans, lais, fableaux, contes...*, Paris 1833.

MeunClercsN *Du meunier et des deus clers*, fabliau, couplets d'octosyll.; frc. 13ᵉs.; mss. Bern

354 [bourg.sept. déb. 14ᵉ s.] (B) et Berlin Staatsbibl. Hamilton 257 [norm. ca. 1300] (C); mss. p. face à face et éd. crit. p. dans → NoomenFabl 7, 271-305.

MeunClercsMé id.; ms. de base B; p. dans → MénardFabl p. 73-82; 147-151.

MeunClercsR id.; ms. B et le texte évolué du ms. C (d'après l'éd. Ebeling?) p. en parallèle dans → RychnerFabl 2,152-160.

MeunierOresme F. Meunier, *Essai sur la vie et les ouvrages de Nicole Oresme*, Paris (Lahure) 1857. Donne en app., p. 161-205, une liste de qqs. 500 mots avec contextes, tirés de l'œuvre d'Oresme, sans spécification d'œuvre, de localisation ou de ms. ou d'édition. Malheureusement utilisé par Li et Gdf.

MeyerNeutr W. Meyer [-Lübke], *Die Schicksale des lateinischen Neutrums im Romanischen*, thèse Zürich, Halle (Niemeyer) 1883; [= TL Meyer Neutr.].

MeyerRec P. Meyer, *Recueil d'anciens textes bas-latins, provençaux et français*, 2 parties (I = p. 1-192, bas-lat. et prov.; i-iv, avertissem., add., corr.; II = p. 193-384, poés. fr.), Paris (Franck, puis Vieweg) 1874-1877 (réimpr. Genève 1977); [= TL Meyer Rec.]. La 1ᵉ partie a été intégrée en 1877 dans un seul vol. avec la 2ᵉ partie. La 3ᵉ partie (prose fr.) n'a pas paru. Contient en entier ou en extrait → Eulalie, SLéger, Alexis, CantQuSol, Rol, RolCa, RolL, RolP, RolC, etc.

MichRayn H. Michelant – G. Raynaud, *Itinéraires à Jérusalem et descriptions de la Terre Sainte rédigés en français aux XIᵉ, XIIᵉ & XIIIᵉ siècles*, Genève (Fick) 1882; [= TL Cit. Jer.; cf. Dean 334-337]. Pièces diverses et extraits (de) → PelCharl, GuillTyr, ContGuillTyr (p. 29-52, v. → ContGuillTyrM), ContGuillTyrSalM, ItinJérM, ItinJérPM, Mousket, MPolRust (p. 203-212), MPolGreg (p. 213-226), etc., en partie de seconde main. Cp. → PaviotProj.

MichTaillD Michault le Caron dit Taillevent, œuvres complètes, soit 14 pièces d'attribution certaine et 3 ballades d'attr. incertaine; 2ᵉq. 15ᵉs. (datations plus précises pour chaque pièce); p.p. R. Deschaux, *Un poète bourguignon du XVᵉ siècle, Michault Taillevent. Édition et Étude*, Genève (Droz) 1975 (Publ. rom. et fr. 132).

MichaëlssonPers K. Michaëlsson, *Études sur les noms de personne français d'après les rôles de taille parisiens (rôles de 1292 - 1300, 1313)*, 2 vol., Uppsala (Lundequist / Almqvist & Wiksell) 1927-1936 (Upp. Univ. Årsscr., Fil., Språkv. och. hist. Vet. 1927,4 et 1936,1). Cf. → Taille.

MichelChron F. Michel, *Chroniques anglo-normandes. Recueil d'extraits...*, 3 vol., Rouen (Frère) 1836-1840; [= TL Chron. anglon.]. Contient GuillAnglMi (3,39-172), GuillAnglAlM (3,173-211), etc.

MichelEtoffs F. Michel, *Recherches sur le commerce, la fabrication et l'usage des étoffes de soie, d'or et d'argent et autres tissus précieux en occident, principalement en France, pendant le moyen âge*, Paris (Lahure) 1852-1854; [= TL Michel Etoffes].

MichelTrist F. Michel, *Tristan. Recueil de ce qui reste des poëmes relatifs à ses aventures*, 3 vol., Londres (Pickering) 1835-1839; [= TL Trist.]. Contient → TristBérMi (1,1-212), FolTristBernMi (1, 213-241), TristThomM (2, 1-85; 3, 3-82; 83-94), FolTristOxfM (2, 89-137), MarieChievreM (2, 141-146), DonneiM (2, 149-157), TristThomM (3,3-44 ms. Sneyd¹; 45-82 Sneyd²; p. 83-86 Strasb. I; p. 87-90 Strasb. II; p. 91-94 Strasb. III).

Michelena L. Michelena, *Fonética histórica vasca*, San Sebastián (Diput. de Guipúzcoa) 1961.

Miege 1677 G. Miege, *A new dictionary French and English, with another English and French*, London (Basset) 1677; [= FEW Miege 1677].

[Mielot → HeinzMielot.]

Miethlich K. Miethlich, *Bezeichnungen von Getreide- und Heuhaufen im Galloromanischen*, thèse Zürich 1930 (Aarau, Sauerländer); [= TL Miethlich Getreidehaufen; FEW Miethl].

Miettinen E. Miettinen, *Zum mundartlichen Fortleben mhd.-mnd. Lehnwortgutes romanischer Herkunft. Eine semantische Untersuchung*, Helsinki (Acad. Sc.) 1962 [Ann. Acad. Sc. Fenn. B, 126].

MigliorDuro B. Migliorini – A. Duro, *Prontuario etimologico della lingua italiana*, Torino (Paravia) ⁵1970.

MignePL J.-P. Migne, *Patrologiae cursus completus. Series latina*, 221 vol., Paris (Migne) 1844-1864. *Supplementum* p. p. A. Hamman, 5 vol., Paris (Garnier) 1958-1974.

MildenbergerTrut J. Mildenberger, *Anton Trutmanns 'Arzneibuch'*, 5 vol., Würzburg (Königshausen & Neumann) 1997 (Würzb. med.-hist. Forsch. 56). Glossaire raisonné d'un texte mha. fin 15ᵉs. Somme pharmacologique utile pour ses riches renvois.

MiliaireV *Livre de Methode qui est apelé miliaire* (ainsi l'explicit), trad. des *Revelationes* attribuées à tort à Méthode de Patara, texte apocalyptique; fin 13ᵉs. (?); ms. Rennes 593 [1304 n.st.]; p. p. Françoise Vielliard, "Une traduction française médiévale des révélations du Pseudo-Méthode: le *Milliaire*", → MélMénard 1461-1475.

Millardet G. Millardet, *Linguistique et dialectologie romanes. Problèmes et méthodes*, Montpellier (SLR) – Paris (Champion) 1923; [= FEW Millardet].

Millet A. Millet, *Études lexicographiques sur l'ancienne langue française, à propos du Dictionnaire de M. Godefroy*, Paris (Lechevalier) 1888; [= FEW Millet; TL Millet Études].

MiquelAnim P. Miquel, *Dictionnaire symbolique des animaux. Zoologie mystique*, Paris (Le Léopard d'Or) 1991. Instrument problématique mais utile.

[**MirAgn¹** → Adgar.]

MirAgn²K 'Deuxième collection agn.' de 58 miracles de la Vierge en vers octosyll.; agn. ca. 1240; ms. BL Roy. 20 B.XIV [agn. ca. 1300]; p. p. H. Kjellman, *La deuxième collection anglonormande des miracles de la sainte Vierge et son original latin. Avec les miracles correspondants des mss. fr. 375 et 818 de la Bibliothèque Nationale*, Paris (Champion) – Uppsala (Akad. Bokhandeln) 1922; [= TL Deux. coll. anglon. Mir. SVierge; FEW Mir agn; AND Mir N-D; Boss 3139; Dean 559]. Omet des pièces qui étaient déjà publiées ailleurs.

MirAgn²N id., premier conte de la collection: légende du *petit Juitel*, p. d'après le ms. BL Roy. 20 B.XIV [agn. ca. 1300] dans → AdgarN 20-27. Non publié dans l'éd. K.

MirAgn²W id., légende du *petit Juitel*, p. dans → JuitelAlW 115-122; [= Vising 97].

MirAgn²FemK id.; p. dans → MirAgn²ThéophK 215-222; [= AND Femme enc].

MirAgn²SMarieEgB id., récit de la vie de sainte Marie l'Egyptienne; p. d'après le ms. unique par A. T. Baker, "La Vie de sainte Marie l'Egyptienne", *RLaR* 59 (1916-1917) 145-401, spéc. 380-392; [= Boss 3436; TL Vie SMarie Égypt.]. Correspond à MirAgn²K 49-60.

MirAgn²SMarieEgD id.; p. dans → SMarieEgtD p. 159-169.

MirAgn²ThéophK id., miracle de saint Théophile; p. p. H. Kjellman, "Une version anglo-normande inédite du Miracle de S. Théophile", *StMS* 5 (1914) 184-227 (texte 194-214); [= AND Théo; TL Mir. Theoph. anglon.]. Contient aussi → MirAgn²FemK.

MirBonnes Le Miroir des Bonnes Femmes, pièce didactique en prose (donnant des exemples de mauvaises et de bonnes femmes); 3ᵉt. 13ᵉs.; ms. Ars. 2156 [2ᵉq. 14ᵉs.] (A), Dijon 213 (175) [1406] (D), Philadelphia Univ. of Penn. Van Pelt Libr. Ms. Codex 659 (French 32) [ca. 1300] (P) f°64-83: fragm.; inédit; v. Grigsby R 82, 458-481; 83, 30-51; De Gendt dans MélVenckeleer 35-50.

MirJustW Andrew Horn, *Mireur a justices (Mireour des justices des droites leis de persones solom les aunciens usages d'Engleterre, Speculum iusticiariorum*), traité de droit mêlé aux dogmes chrétiens; agn. ca. 1290; ms. Cambridge Corpus Christi Coll. 258 [agn., cette partie 1ᵉʳt. 14ᵉs.]; p. p. W. J. Whittaker, *The Mirror of justices*, London (Quaritch) 1895 (Selden Soc. 1893, 7); [= AND Mir Just; Vising 394 concerne l'éd. Hoüard, *Traités sur les cout. agn.*, Rouen 1776, basée sur un impr. de 1642]. Suit en bonne partie → Bracton. L'identité de Andrew avec l'auteur de → LHorn n'est que probable. Cf. Trotter MélLöfstedt 257-270.

MirNDBNfr818M Miracles de Notre Dame, recueil du Lyonnais, vers octosyll.; lyonn. 13ᵉs.; ms. BN fr. 818 [lyonn. 2ᵉm. 13ᵉs.]; p. p. P. Meyer, "Notice sur le recueil de miracles de la vierge…", NotExtr 34² (1895) 57-88.

MirNDBNfr818K id. extraits dans → MirAgn²K p. 269-306.

MirNDChartrK Miracles de Notre-Dame de Chartres, en vers octosyll., attribués à Jean le Marchant; orl. (Chartres) 1262 (1252-1262); ms. unique Chartres 1027 (H.1.18) [Chartres 14ᵉs.] brûlé presqu'entièrement en 1944; p. d'après l'éd. D et les corr. de Dunker RF 3 (1887) 373-402 et les fragm. sauvés du ms. par P. Kunstmann, *Jean le Marchant, Miracles de Notre-Dame de Chartres*, Ottawa (Univ.) – Chartres (Soc. arch.) 1973 [1974] (Soc. arch. d'Eure et Loir 26); [= TL NDChartr. K; Boss² 5712]. Source lat. impr. au bas des pages. Les pièces XXX et XXXI correspondent à → CoincyII25 et CoincyI14.

MirNDChartrD id.; p. p. P. A. Gratet-Duplessis, *Le livre des Miracles de N. D. de Chartres, par Jehan Le Marchant*, Chartres (Garnier) 1855; [= TL NDChartr.; Boss 3140].

MirNDEver¹M Miracles Notre Dame par Everard de Gateley, Prologue, I. Mir. du moine guéri d'un cancer de la bouche par la Vierge en lui donnant le sein ('Champ fleuri'), II. Mir. d'Alphonse (Ildefonse) de Tolède, III. Clerc de Chartres, en couplets d'octosyll. rimés; agn. 2ᵉm. 13ᵉs.; ms. Oxford Bodl. Rawl.

F.241 [agn. déb. 14ᵉs.], Cambridge Univ. Ee.VI.30 [agn. 2ᵉm. 13ᵉs.] (fragm., texte I, R 15,272-273: v. 143ss.); p. p. P. Meyer, *R* 29 (1900) 27-47, Prol. 36-37, I 37-44, II 44-45 (MirNDEver²M, extraits), III 45-47 (MirNDEver³M, extraits); [= AND Mir Vge; Dean 560].

MirNDEver²M → MirNDEver¹M.

MirNDEver³M → MirNDEver¹M.

MirNDOrlM Quatre fragments de miracles de la Vierge (172 vers conservés); agn. 2ᵉm. 12ᵉs.; ms. fragmentaire (ayant fait partie d'une reliure) Orléans Bibl. mun. 1518 (1462) [agn. 2ᵉm. 12ᵉs.]; p. p. P. Meyer, "Notice sur un manuscrit d'Orléans contenant d'anciens miracles de la Vierge en vers français", *NotExtr* 34² (1893) 31-56; [= TL Mir. Vierge Orl.].

MirNDPers1-40P Collection de 40 miracles Nostre Dame, prob. joués (et écrits) successivement, chaque année un seul, à Paris, de prob. 1339 à 1382, vers octosyll.; ms. BN fr. 819 [fin 14ᵉs.] et BN fr. 820 [fin 14ᵉs.]; p. p. G. Paris – U. Robert, *Miracles de Nostre Dame par personnages*, 8 vol., Paris (Firmin Didot) 1876-1893; [= TL Mir. ND; FEW MirND (ce sigle par erreur aussi pour Coincy d'après DelbRec); Hol 2001]. Le miracle n°1, *Miracle de l'enfant donné au diable*, a été joué prob. 1339, le n°2, *Abbeesse grosse*, en 1340, n°3, *L'evesque que l'arcediacre murtrit*, prob. 1341, n°4, *Femme du roy de Portigal*, prob. 1342, n°5, *Nativité nostre seigneur J. Chr.*, prob. 1343, n°6, *Saint Jehan Crisothomes*, prob. 1344, n°7, *Nonne qui laissa son abbaie*, en 1345, n°8, *Pape qui vendi le basme*, en 1346, n°9, *Saint Guillaume du desert*, prob. 1347, n°10, *L'evesque a qui Nostre Dame s'apparut*, prob. 1348, n°11, *Marchant et larron*, prob. 1349, n°12, *Marquise de la Gaudine*, en 1350, n°13, *L'empereur Julien*, en 1351, n°14, *Prevost que Nostre Dame delivra*, en 1352, n°15, *Enfant que Nostre Dame resucita*, en 1353, n°16, *Mere du pape*, prob. 1355, n°17, *Paroissian esconmenié*, en 1356, n°18, *Theodore*, en 1357, n°19, *Chanoine qui se maria*, prob. 1361, n°20, *Saint Sevestre*, en 1362, n°21, *Barlaam et Josaphat*, prob. 1363, n°22, *Saint Panthaleon*, prob. 1364, n°23, *Amis et Amille*, prob. 1365, n°24, *Saint Ignace*, en 1366, n°25, *Saint Valentin*, prob. 1367, n°26, *Femme que Nostre Dame garda d'estre arse*, en 1368, n°27, *Empereris de Romme*, prob. 1369, n°28, *Oton roy d'Espaigne*, prob. 1370, n°29, *Fille du roy de Hongrie*, prob. 1371, n°30, *Saint Jehan le Paulu hermite*, prob. 1372, n°31, *Berthe*, prob. 1373, n°32, *Roy Thierry*, prob. 1374, n°33, *Robert le Dyable*, prob. 1375, n°34, *Sainte Bautheuch*, prob. 1376, n°35, *Marchant et juif*, prob. 1377, n°36, *Pierre le changeur*, prob. 1378, n°37, *Fille d'un roy*, prob. 1379, n°38, *Saint Lorens*, en 1380, n°39, *Clovis*, prob. 1381, n°40, *Saint Alexis*, en 1382 (GlutzMir 212-214). Ces sigles peuvent être employés sous deux formes: MirNDPers9P 33 ou MirNDPersP 9,33; on a aussi MirNDPersP IX 33. – Éd. pas toujours fiable. – Cité par Gdf: 'Mir. N. D. VII' = t. 7; son 'Mir. de S. Jean Chrys., Wahlund' correspond à MirNDPersP n°6 (éd. Wahlund, Uppsala 1875). – Glossaire → DMFMat 2 [à compléter par le gloss. de l'éd.]; bibl., collation etc.: → GlutzMir.

MirNDPers1K id., premier miracle; prob. 1339; p. p. [H.] A. [von] Keller, *Un miracle de Nostre Dame*, joint au *Verzeichnis der Doctoren 1864/65... philosophische Facultät... Tübingen*, Tübingen (Fues) 1865; [= TL Keller Mir. ND].

MirNDPers7W 1345; p. p. N. Wilkins, *Two miracles. La nonne qui laissa son abbaie. Saint Valentin*, Edinburgh (Sc. Acad. Press) 1972; [= TL Two miracles W; Boss² 8147]. Texte p. 53-104; 107-112. Contient aussi → MirNDPers25W.

MirNDPers15R id., *Miracle de l'enfant ressuscité*; 1353; p. p. G. A. Runnalls, *Le miracle de l'enfant ressuscité*, Genève (Droz) – Paris (Minard) 1972 (T.L.F. 182); [= TL Enfant ressuscité; Boss² 8146].

MirNDPers21M id., *Barlaam et Josaphat*; prob. 1363; p. dans → BalJosCamM 368-417.

MirNDPers23S id., *Amis et Amille*; prob. 1365; p. p. F. E. Schneegans, *Miracles de Nostre Dame par personnages. Miracle de Nostre Dame d'Amis et d'Amille*, Strasbourg (Heitz) – New York (Stechert) [1928] (Bibl. romanica 315/316, Bibl. fr., Strasbourg); [= TL Mir. ND Amis].

MirNDPers23M id.; p. dans → ThéâtFr 216-264.

MirNDPers24M id., *Miracle de saint Ignace*; 1366; p. dans → ThéâtFr 265-293.

MirNDPers25W id., *Miracle de saint Valentin*; prob. 1367; p. dans → MirNDPers7W p. 55-106; 112-118.

MirNDPers25M id.; p. dans → ThéâtFr 294-326.

MirNDPers26S id., *Femme que Nostre Dame garda d'estre arse*; 1368; p. p. J. L. Stopkie, *Les miracles de Nostre Dame par personnages. Edition du XXVIème miracle*, thèse Ann Arbor, Mi. 1979 [1980]; [= Boss² 8148].

MirNDPers26M id.; p. dans → ThéâtFr 327-364.

MirNDPers27M id., *Empereris de Romme*; prob. 1369; p. dans → ThéâtFr 365-416.

MirNDPers28M

MirNDPers28M id., *Othon roy d'Espaigne*; prob. 1370; p. dans → ThéâtFr 431-480.

MirNDPers29M id., *Fille du roy de Hongrie*; prob. 1371; p. dans → ThéâtFr 481-542.

MirNDPers32M id., *Roy Thierry*; prob. 1374; p. dans → ThéâtFr 551-608.

MirNDPers33S id., *Miracle de Nostre Dame de Robert le Diable*; prob. 1375; p. p. la Société des Antiquaires de Normandie (préface par E. Frère), *Miracle de Notre Dame de Robert le Diable*, Rouen 1836. Texte aux p. 1-123; 127-152 = Rob-Diable; 153ss.: v. sous → RobDiableL.

MirNDPers40M id., *Saint Alexis*; 1382; p. dans → ThéâtFr 609-668.

MirNDSardR Miracle de Notre Dame de l'image de Sardenai, prob. basé sur un récit de Thetmar (ca. 1217; traité aussi dans → CoincyII30J), en couplets d'octosyllabes; norm.(?) déb. 13^{e}s.; ms. de base Tours 927 (237) [tour. 2^{e}q. 13^{e}s.], collationné sur BL Roy. 4 C.XI [cette partie agn. déb. 13^{e}s.] et Oxford Corpus Christi Coll. 232 [agn. 2^{e}m. 13^{e}s.], autre ms. Cambridge Univ. Mm.VI.15 [agn. 2^{e}m. 13^{e}s.]; p. p. G. Raynaud, "Le miracle de Sardenai", R 11 (1882) 519-537; 14 (1885) 82-93; [= Dean 563].

MirSNicJuifJ Miracle de saint Nicolas et d'un juif; fin 15^{e}s.; imprimé Paris (Treperel-Jehannot) ca. 1520 (BN Rés. Yf 1586); p. p. O. Jodogne, *Miracle de Saint Nicolas et d'un Juif*, Genève (Droz) 1982 (T.L.F. 302). Même légende dans WaceNicR 723-806.

MireC Du vilain mire, fabliau en vers octosyll.; 3^{e}q. 13^{e}s.; ms. de base BN fr. 837 [frc. 4^{e}q. 13^{e}s.] (A), qqs. var. de Bern 354 [bourg.sept. déb. 14^{e}s.] (B), Berlin Staatsbibl. Hamilton 257 [norm. ca. 1300] (C); p. p. H. H. Christmann dans → AubereeC p. 44-57; [= TL Vilain mire Christmann; Boss^2 4742].

MireC^2 id.; p. dans → AubereeC^2; [= TL Vilain mire Christmann^2].

MireB id.; ms. A p. dans → BarbMéon 3,1-13.

MireJ id.; ms. de base Berlin, en var. BN fr. 837 et Bern; p. dans → JohnstonOwen p. 56-66.

MireM id.; ms. A p. dans → MontRayn 3,156-169.

MireMé id.; ms. B p. dans → MénardFabl 83-94. Distingue deux versions.

MireN id.; impression parallèle des trois mss. et texte critique p. dans → NoomenFabl 2,309-347.

MireZ id.; ms. de base BN fr. 837 (A); p. p. C. Zipperling, *Das altfranzösische Fablel du Vilain Mire*, thèse Marburg 1910, Halle (Niemeyer) 1912; [= TL Vilain mire; FEW Mire].

MiroirAmeMargG *Mirouer des simples ames anienties*, attribué à Marguerite Porete (hérétique mystique brûlée vive à Paris en 1310); [pic.orient. ca. 1290] état conservé frc. déb. 15^{e}s.; ms. Chantilly Musée Condé 157 (986) [3^{e}t. 15^{e}s.], Bourges Bibl. mun. 120 (109) [17^{e}s.] perdu, ms. en possession d'une 'communauté contemplative', à localisation non révélée à nous-autres d'ici-bas; p. p. R. Guarnieri, "Il movimento del libero spirito, II, Il 'Miroir des simples ames' di Margherita Porete", *Archivio italiano per la storia della pietà* 4 (1965) 501-635; [= Boss^2 7822]. Cf. StN 60,231-236: langue 'd'après 1370'; une trad. mangl. de la version Chantilly est transmise par des mss. 1^{e}m. 15^{e}s. – Texte de l'éd. G réimprimé par P. Verdeyen, *Margaretae Porete speculum simplicium animarum*, Turnhout (Brepols) 1986 (Corp. Christ. Cont. Med. 69), avec trad. lt. (déb. 14^{e}s.) en regard et qqs. citations de la version mangl. (ca. 1355, traduite du lt.) dans l'apparat. Une concordance (aussi *a tergo*), élaborée par la CETEDOC (Louvain la Neuve), a été publiée comme complément. Le texte est de nouveau réimprimé, cette fois-ci avec la trad. it. (ms. Fir., Ricc., fin 14^{e}s., traduite du lt., en appendice) et avec une trad. it. mod. en regard, dans G. Fozzer – R. Guarneri – M. Vannini, *Margherita Porete. Lo specchio delle anime semplici*, Cinisello Balsamo (San Paolo) 1994.

MiroirMondeC Miroir du monde, composition pieuse anonyme traitant des péchés, vices et vertus, complété variablement, selon les mss., de la Patenôtre, des Dix commandements etc., en prose; 3^{e}q. 13^{e}s. (?); ms. connu de l'éd.: Lausanne BCU M.3476 (anc. La Sarra) [pic. 2^{e}m. 14^{e}s.]; autres mss. (selon Brayer R 79,8): Modena Bibl. Estense α.P.9.1 [pic. fin 13^{e}s.] (M), BN fr. 17115 [ca. 1300] (G), Douai Bibl. mun. 455 [1e p. fin 13^{e}s., 2e p. 14^{e}s.] (D) [= SommeLaur?], Vat. Patetta 74 (132) [15^{e}s.?] (V), BN fr. 1109 [pic. 1310] (Q), Vat. Ottoboni lat. 2523 [ca. 1455] (O), BN fr. 1134 [15^{e}s.] (P), Bruxelles Bibl. roy. 11119 [16^{e}s.] (B), Nancy Bibl. mun. 70 (272) [14^{e}s.] (N), Ars. 2059 [pic. (Valenciennes) 1341] (A), BN fr. 461 [15^{e}s.] (H), BN fr. 24431 [frc. ca. 1300] (C) extrait, Firenze Bibl. Med. Laurenz. Ashburnham Libri 125 [pic. déb. 14^{e}s.] (F) extrait, BN fr. 944 [déb. 15^{e}s.] (J) et Soissons 222 (208) [ca. 1400] (S) ch. IV; p. p. F. Chavannes, *Le Mireour du monde*, Lausanne (Bridel) 1846 (Soc. hist. Suisse rom., Mém. et doc. 4). Deux chap. sur quatre se retrouvent abrégés dans → SommeLaur: Des sept péchés mortels, p. 23-172 (incip. *Qui ne donne que* aime, ne prent que desire; v. R 79, 26-38), et un Traité de la Vertu, p. 209-239 (incip. *On sieut dire que envis muert qui apris ne l'a*; v. R 79,7-26). [Meyer, BullSATF 18, 1892, 70-72, pense qu'une sec. version du Miroir a utilisé à son tour Somme-Laur.]

MirourEdmAW *Mirour de Seinte Eglyse*, trad. du *Speculum Ecclesie* de saint Edmund d'Abingdon (= Edmund de Pontigny; Edmund Rich), sorte de *Summa* pieuse écrite ca. 1214, sa trad. fr. existe en deux versions: A, version dite religieuse, et B, dite laïque, proses; agn. 2^eq. 13es.; ms. de base de la version A Oxford Saint John's Coll. 190 [agn. mil. 13es.] (A^1), en var. BN nfr. 11200 [contin. 3^eq. 13es.] (A^2), Oxford Bodl. Selden Supra 74 [agn., cette partie 3^eq. 13^es.] (A^3), Oxford Corpus Christi Coll. 36 [agn. fin 13es.] (A^4), Cambridge Emmanuel Coll. 106 [agn. 3^eq. 14es.] (A^5), BL Roy. 20 B.XIV [agn. ca. 1300] (A^6), BL Roy. 12 C.XII [agn. ca. 1335] (A^7), Cambridge Trinity Coll. O.1.17 [agn. 2^em. 14es.] (A^8), New Haven Yale Beinecke Libr. 492 (anc. Techener) [agn. déb. 14es.] (A^9), Oxford Bodl. Douce 210 [agn. déb. 14es.] (A^{10}), BN fr. 13342 [agn. déb. 14es.] (A^{11}); [fragm., version A ou B, dans Cambridge Fitzwilliam Mus. McClean 123 [agn. ca. 1300] (C^1), London Lambeth Palace 522 [agn. déb. 14es.] (C^2), Cambridge Univ. Add. 2751(8) [agn. fin 13es.] (C^3) fragm., Oxford Bodl. Selden Supra 23 [agn. 1^em. 14es.] (C^4), Cambridge Pembroke Coll. 258 [agn. déb. 14es.] (C^5)]; p. p. A. D. Wilshere, *Mirour de seinte eglyse*, London (ANTS) 1982 [ANT 40], pages paires; [= TL SEdm. Abingdon Mirour W; AND Mirour Egl (concerne A et B); Dean 629; Vising 156; Boss² 5887]. Version B → MirourEdmB. [Version lat. p. p. H. P. Forshaw, *Edmund of A., Spec. relig. and Spec. eccl.*, Oxford 1973 (Auct. Brit. M. Ae).]

MirourEdmBW id., version B; agn. 2^eq. 13es.; ms. de base BL Arundel 288 [agn. 2^em. 13es.] (B^1), en var. Oxford Bodl. Digby 20 [agn. 2^em. 13es.] (B^2), Oxford Bodl. Rawl. F.241 [agn. déb. 14es.] (B^3), BL Harl. 1121 [agn. déb. 14es.] (B^4), Oxford Bodl. Digby 98 [agn., cette partie déb. 15es.] (B^5), Durham Univ. Cosin V.V.15 [agn. 14es.] (B^6), Lincoln Cathedral 203 (B.5.1) [agn. 14es.] (B^7); p. dans → MirourEdmAW, pages impaires.

MirourEdmBR id.; ms. de base Oxford Bodl. Digby 20 [2^em. 13es.]; p. p. H. W. Robbins, *Le Merure de Seinte Eglise by Saint Edmund of Pontigny*, Lewisburg, Penn. 1925; [= AND Mer Egl; TL Merure Ste Eglise]. Correspond à la thèse Univ. of Minnesota 1923: *Saint Edmund's Merure de Sainte Eglise, an early example of rythmical prose*.

MisereOmme Le livre de la misere de l'omme, trad. d'un texte lat. écrit par Lotharius Signinus (= Innocent III, fin 12es.); frcomt. 13es.; ms. Ars. 5201 [bourg.sept. ou lorr. 3^et. 13es.] p. 325-370b, BN fr. 916 [1474], BN fr. 918 [15es.] copie de BN fr. 916 ?, BN fr. 22921 [14es.], BN fr. 957 [15es.], BN fr. 19271 [14es.], aussi BN fr. 461 [15es.] et BN fr. 24432 [frc. av. 1349]; inédit; v. Meyer *R* 16 (1887) 68-69; [24-72: analyse ms. Ars.]. Texte latin: MignePL 217,701-746.

MisogLangeM Petit texte misogyne compilant dictons et proverbes, en partie en forme de couplets rimés de longueur variable; agn. 14es.; ms. Vat. Reg. lat. 1659 [f°9ss.: agn. 14es.] f°98r°b; p. p. B. S. Merrilees, "'Il n'i a lange ke put parler...': Words against women", *MedAev* 40 (1971) 6-9; [= Dean 203].

MistR *Mistere du vieil testament par personnages*, collection de pièces d'auteurs divers, vers octosyll.; 1458; imprimé de base Paris (Pierre le Dru pour Jehan Petit / pour Geoffray de Marnef) [ca. 1500] (A), B et C en var. v. éd. xxj ss.; p. p. J. de Rothschild – É. Picot, *Mistere du Viel Testament*, 6 vol., Paris (SATF) 1878-91; [= FEW Mist ('1485' err.); Boss 5774]. Cf. → PassTroy.

MistConcL *Mystere de la tressainte Conception de la glorieuze Vierge Marie par parsonages*, en vers octosyll. irréguliers; traits prov. / frpr. 1481 (ou peu après et av. 1494); ms. Chantilly Musée Condé 616 (657) [entre 1481 et 1503]; éd. non publiée p. X. Leroux, *Le Mystère de la Conception*, thèse Sorbonne 2003, v. RLiR 72,371-412.

MistFiacreB *Mistere de saint Fiacre*, comprenant une farce, en vers octosyll.; fin 14es.; ms. Ste-Gen. 1131 [ca. 1440] f°55v°-69; p. p. J. F. Burks – B. M. Craig – M. E. Porter, *La vie Monseigneur Saint Fiacre*, Kansas (Univ. Press) 1960. Mauvaise édition, v. Lecoy R 83,287s. DLF² p. 1338 (1. ≡ 3.!).

MistFiacreJ id.; p. dans → JubMyst 1,304-353; 393-396.

MistFilleL *Ung Beau mistere de Nostre Dame... d'une jeune fille laquelle se voulut habandonner a peché...*, vers octosyll.; ca. 1430 (prob. entre 1413 et 1445), langue modernisée dans les imprimés; impr. de base Paris (Jehan Saint-Denis) 1524-1531, Lyon (Olivier Arnoullet) 1543; p. p. L. et M. Locey, *Le mistere d'une jeune fille laquelle se voulut habandonner a peché*, Genève (Droz) 1976 (T. L. F. 226); [= TL Mystere jeune fille peché L; Boss² 8162].

MistHag1/2/3/4R Cycle de mystères hagiographiques constitué par six mystères, soit *Le Martire Saint Estienne* (1), *La Convercion Saint Pol* (2), *La Conversion Saint Denis* (3), *Le Martire Saint Pere et Saint Pol* (4), *Le Geu Saint Denis* (5), *Les Miracles Madame Sainte Genevieve* (6)

MistHag1/2/3/4R [les pièces 5 et 6 ne sont p.-ê. pas de l'auteur de 1 - 4], vers octosyll.; 2ᵉq. 15ᵉs.; ms. unique Ste-Gen. 1131 [ca. 1440]; pièces 1 à 4 p. p. G. A. Runnalls, *Le Cycle de mystères des Premiers Martyrs du manuscrit 1131 de la Bibliothèque Sainte-Geneviève*, Genève (Droz) 1976 (T. L. F. 223); [= TL Mir. Ste-Genevieve R; Boss² 8227].

MistHag1-6J id.; p. dans → JubMyst 1, 1-303.

MistHag4AR id.; fragment de 620 vers d'une version amplifiée de la pièce 4; 2ᵉm. 15ᵉs.; ms. Anholt [fin 15ᵉs.] auj. perdu; réimprimé d'après l'éd. H. Andresen ZrP 26, 76-100 dans → MistHag1R p. 180-205.

MistHag5S id.; pièce 5 p. p. B. J. Seubert, *Le Geu saint Denis du manuscrit 1131 de la Bibliothèque Sainte-Geneviève de Paris*, Genève (Droz) 1974 (T. L. F. 204); [= TL Geu SDenis S; Boss² 8218]. Éd. pas toujours sûre. C.r. MLR 72,172; ZrP 92,438-439; Rbph 56,206.

MistHag6S id.; pièce 6 p. p. C. Sennewaldt, *Les "Miracles De Sainte Genevieve"...*, Frankfurt (Diesterweg) 1937 (Frankfurter Quellen und Forschungen 17); [= TL Mir. Ste-Genevieve; Boss 3419; Hol 2078].

MistLilleK Mystères (72) joués à l'occasion de la grande procession annuelle de Lille (13ᵉ-18ᵉs.), ayant pour sujet surtout des thèmes bibliques (1: La création d'Adam et Ève); pic. (Lille) av. 1490 (prob. à partir de ca. 1450); ms. Wolfenbüttel Herzog August Bibl. Cod. Blank. 9 [Lille ca. 1490]; p. p. A. E. Knight, *Les mystères de la procession de Lille*, 5 vol., Genève (Droz) 2001-2011 (T.L.F. 535, 554, 569, 588, 607). T. 1: pièces 1-12; t. 2: 13-28 [c.r. May Plouzeau RLaR 111,197-225]; t. 3: 29-43 [c.r. RLiR 69,589s.]; t. 4: 44-64 [c.r. RLiR 71,575-578]; t. 5: 65-72.

MistOrlH *Le mistere du siege d'Orleans*, sorte de geste de Jeanne d'Arc, 20536 vers octosyll.; ca. 1460; ms. Vat. Reg. lat. 1022 [déb. 16ᵉs.]; p. p. V. L. Hamblin, *Le Mistere du siege d'Orleans*, Genève (Droz) 2002 (T.L.F. 546). C.r. Mecking ZrP 122,320-335 (avec 14 pages d'ajouts et rectifications): gloss. misérable.

MistOrlG id.; p. p. F. Guessard – E. de Certain, *Le Mistere du siege d'Orleans*, Paris (Impr. impér.) 1862.

MistOrlGr id.; éd. partielle p. p. G. Gros, *Mystère du siège d'Orléans*, Paris (Libr. gén., Poche) 2002 (Lettr. Goth 4562). C.r. Bordier MÂ 110,383-386 (concerne aussi l'éd. H, moins sûre mais complète).

MistRésAngS Mystère de la Résurrection d'Angers, à tort attribué à Jean Michel ou à Jean du Prier, vers octosyll.; 1456; ms. de base Chantilly Musée Condé 615 (632) [2ᵉq. 15ᵉs.] (A), en var. BN fr. 972 [1491] (B), imprimé Paris, Vérard s.d. [av. 1499] (I); p. p. P. Servet, *Le mystère de la résurrection*, 2 vol., Genève (Droz) 1993 (T.L.F. 435). C.r. RLiR 58,273-275.

MistSAdrP *Mistere de saint Adrien*, en vers octosyll.; bourg.sept. ou frcomt. mil. 15ᵉs. (?); ms. Chantilly Musée Condé 620 (1603) [I: 1485]; p. p. É. Picot, *Le livre et mistere du glorieux seigneur et martir saint Adrien*, London (Roxburghe Club) 1895; [= TL Myst. SAdr.; FEW Adrien]. Le Hir, Revue du Nord 69,295-298, date la 'rédaction' de 1485: ms. ou texte? Le ms. Chantilly Musée Condé 737 (746) [2ᵉm. 15ᵉs.] contient une vie traduite du latin par Jean Mielot en 1458.

MistSBernL Mystère traitant de saint Bernard de Menthon (1008-1081) et de son passage des Alpes vers Aoste en partant de Menthon, 4340 vers octosyll.; mil. 15ᵉs.; ms. unique Menthon-Saint-Bernard Château des comtes de Menthon [mil. 15ᵉs.]; p. p. A. Lecoy de la Marche, *Le Mystère de S. Bernard de Menthon*, Paris (Didot) 1888 (SATF 27); [= FEW SBern].

MistSClemA *Mistere de saint Clement de Rome*, évangéliste des *Mediomatrices* ou Messins, par un Messin, ca. 9200 vers octosyll. rimés; lorr. (Metz) mil. 15ᵉs. / ca. 1490?; ms. Metz 968 (218) [lorr. (Metz) fin 15ᵉs.] mutilé dans la guerre, perdu depuis 1944; p. p. Ch. Abel, *Le Mystere de Sᵗ Clement*, Metz (Pallez) 1861. V. F. Tinius, *Studien über das Mystère de Saint Clement*, thèse Greifswald 1909, avec collation partielle.

MistSClemD id., essai de reconstruction sur la base de l'éd. A et de la thèse de Tinius; p. p. F. Duval, *Le Mystère de saint Clément de Metz*, Genève (Droz) 2011 (T.L.F. 608).

MistSGenisM Mystère de saint Genis, par Jean Oudin, représenté prob. à Montilz les Tours; prob. 1490; ms. BN fr. 12537 [1507]; p. p. W. Mostert – E. Stengel, *L'Ystoyre et la vie de saint Genis*, Marburg (Elwert) 1895 (Ausg. und Abh. 93); [= Hol 2082; Boss 5795bis].

MistSQuentC *Mistere de saint Quentin*, attribué à Jean Molinet, 24115 vers octosyll.; flandr. ca. 1482; ms. de base Saint-Quentin 99 (88) [fin 15ᵉs.] (A), en var. Saint-Quentin 100 (89) [déb. 16ᵉs.]; p. p. H. Chatelain, *Le mistere de saint Quentin suivi des Invencions du corps de saint Quentin par Eusebe et par Eloi*, Saint-Quentin (Impr. gén.) 1908; [= FEW MistSQ].

MistSRemiK *Mystere de saint Remi*, en 14477 vers octosyll.; déb. 16ᵉs.; ms. Ars. 3364 [déb. 16ᵉs.]; p. p. J. Koopmans, *Le mystere de saint Remi*, Genève (Droz) 1997 (T.L.F. 477).

MistSSebastM *Mistere de saint Sebastien*, en vers octosyll.; frpr. (Lyon) 3ᵉq. 15ᵉs.; ms. BN nfr. 1051 [2ᵉm. 15ᵉs.]; p. p. L. R. Mills, *Le Mystère de Saint Sébastien*, Genève (Droz) 1965 (T.L.F. 114). Cf. J.-P. Chambon MélMartin 67-77: localis.; le gloss. serait «d'une maigreur squelettique»).

MistSVenR *Mystere comment saincte Venice apporta a Vaspasien la Veronique...*, octosyll., aussi décasyll.; imprimé, Paris (prob. Jehan Saint-Denis) ca. 1525; p. p. G. A. Runnalls, *Le Mystère de sainte Venice*, Exeter (Univ.) 1980.

[Mist cp. → AdvNDMystR et Runnalls dans Mél-Holden 96-113.]

Mistral F. Mistral, *Lou Tresor dou Felibrige ou Dictionnaire provençal - français*, 2 vol., Aix-en-Provence 1878 (réimpr. Barcelona, Berenguié, 1968); [= FEW M *et* Mistral; TL Mistral Tresor]. Cf. Keller RLiR 23 (1959) 131-143; Chambon RLiR 74,199-214.

MltWb *Mittellateinisches Wörterbuch bis zum ausgehenden 13. Jahrhundert*, p. p. Bayerische Akademie der Wissenschaften, München et Deutsche / Berliner Akademie der Wissenschaften, Berlin, rédigé par O. Prinz, J. Schneider, T. Payr et al., München (Beck) 1959ss. Couvre la période du 6ᵉs. jusqu'à 1280. Travaux dep. ca. 1939.

MoamT *Moamin* et *Ghatrif*, deux traités de fauconnerie traduits ensemble en fr. par Daniel de Crémone, sur la base d'un traité latin, lui-même traduit, à la cour de Frédéric II, de l'arabe; la source arabe contenait quatre livres du traité 'Moamin' (seul le premier est conservé) et le traité 'Ghatrif' (ou Ghitrif; perdu; qqs. éléments identifiables?); Nord-Est / francoit. (Lomb.) 1272 (ou avant); ms. utilisé Venezia Marc. fr. App. XIV (279) [francoit. 2ᵉm. 14ᵉs.]; p. p. H. Tjerneld, *Moamin et Ghatrif. Traités de fauconnerie et des chiens de chasse*, Stockholm (Fritze) – Paris (Thiébaud) 1945; [= TL Moamin; FEW Moam]. Le sigle → GhatrifT concerne les p. 255-299. Cf. → GlessgenMoam p. 39. Le ms. Bruxelles Bibl. roy. IV 1208 [It. 2ᵉt. 14ᵉs.] ne contient que Moamin, livres I-IV,4; il diverge notablement.

ModusT *Les livres du roy Modus et de la royne Ratio* attribué à Henri de Ferrieres, traité de chasse (divisé en un *Livre des Deduis* et un *Songe de Pestilence*), prose et vers octosyll.; norm. 3ᵉq. 14ᵉs. (entre 1354 et 1377); ms. de base BN fr. 12399 [1379] (A), en var. BN fr. 615 [pic. 1406] (K), BN fr. 1299 [15ᵉs.] (B, premier ms. de contrôle), BN fr. 1297 [14ᵉs.] (C), BN fr. 1298 [15ᵉs.] (D), BN fr. 1300 [15ᵉs.] (E), BN fr. 1301 [15ᵉs.] (F), BN fr. 1302 [15ᵉs.] (G), BN fr. 1303 [15ᵉs.] (H), BN fr. 614 [15ᵉs.] (I), Dresden Oc 62 [15ᵉs.] (J), BN fr. 19113 [15ᵉs.] (L), Ars. 3079-3080 [15ᵉs.] (M), Ars. 5197 [15ᵉs.] (N), Lille Bibl. mun. 436 (386) [15ᵉs.] (O), Valenciennes 461 (425) [pic. mil. 15ᵉs.] (P), Bruxelles Bibl. roy. 10218-219 [mil. 15ᵉs.] (Q), Bruxelles Bibl. roy. 11062 [15ᵉs.] (R), Oxford Bodl. Rawl. C.676 [4ᵉq. 14ᵉs.] (S), New York Pierpont Morgan Libr. M.820 (anc. Cheltenham Phillipps 3641) [ca. 1465] (T), København Kgl. Bibl. Thott 415 f° [15ᵉs.] (U), Berlin Staatsbibl. KK 78 C 6 (Hamilton 447) [15ᵉs.] (V), Wien 2573 [15ᵉs.] (W), Wien 2611 [15ᵉs.] (X), Modena Bibl. Estense α.N.5.11 [fin 14ᵉs.] (Y), Torino Arch. di Stato Jb.II.18 [4ᵉq. 14ᵉs.] (Z), Chantilly Musée Condé 365 (1560) [4ᵉq. 14ᵉs.] (a), Chantilly Musée Condé 366 (1559) [15ᵉs.] (b), Epernay Gallice (anc.; anc. Issenheim; anc. Jeanson;?) [15ᵉs.] (d), Genève fr. 168 [15ᵉs.] (e), BN Moreau 1684 [18ᵉs.] (f) copie de BN fr. 1297, Nantes Musée Dobrée 22 [déb. 16ᵉs.] fragm., London Gray's Inn? (R 116,351-2), New Haven Yale Beinecke Libr. 121 (anc. Lichfield; W.Lambarde; C.Schwerdt; Goldschmidt; D.Wagstaff) [fin 15ᵉs.], New Haven Yale Center for British Art Paul Mellon Coll. SK25.F47 L58 1420 (anc. Oliver Belmont) [ca. 1420]; p. p. G. Tilander, *Les livres du roy Modus et de la royne Ratio*, 2 vol., Paris (SATF) 1932 (SATF); [= TL Modus *et* Roy Modus; FEW Modus]. Dans l'app. des var., β désigne un groupe de 14 mss., γ un groupe de 6, v. p. x. Concordance des éd. B et T ici, en appendice. Cf. → TilMsModus.

ModusB id., partie nommée *Livre des deduis*; éd. vieillie basée principalement sur BN fr. 614 [15ᵉs.]; p. p. E. Blaze, *Le Livre du Roy Modus et de la Royne Racio*, Paris (Blaze) 1839; [= Boss 5533 et Suppl. I p. 134]. Concordance des éd. B et T ici, en appendice.

ModvB² Vie de sainte Modvenne, quatrains d'octosyll. monorimes; agn. ca. 1230 (?); ms. de base Oxford Bodl. Digby 34 [agn. mil. 13ᵉs.] (O); en var. BL Add. 70513 (anc. Welbeck Abbey I.C.1) [agn. f°9-267: 4ᵉq. 13ᵉs.] (W); p. p. A. Bell, *St. Modwenna*, Oxford (Blackwell) 1947 (Anglo-Norman Texts 7); [= TL Modwenna BB; AND S Modw; Dean 580].

ModvB¹ id.; extrait p. p. A. T. Baker, *"An episode from the Anglo-French Life of St. Modwenna"*, → MélKastner p. 9-21; [= TL Modwenna B].

ModvS id.; v. 5629-5740 d'après ms. O; p. p. H. Suchier, *Ueber die Matthaeus Paris zugeschriebene Vie de seint Auban*, Halle (Lippert/Niemeyer) 1876, app. 1. Aus dem Leben der heiligen Modwenna, p. 54-58; [= TL Modwenna].

MöhrenGuai Frankwalt Möhren, "Guai victis! Le problème du *gu* initial roman", *MedRom* 24 (2000 [2001]) 5-81. Étudie les mots à v/w/gu initial (*gai, gaine, garenne, gascon, goupil, guède, gué, guerre, guêpe, gui, guichet*, etc.). Cf. R. Lepelley RLiR 65,113-143; 68,517-536; R. Trachsler MélMöhren 315-321.

MöhrenLand Frankwalt Möhren, *Wort- und sachgeschichtliche Untersuchungen an französischen landwirtschaftlichen Texten, 13. bis 18. Jahrhundert* (Seneschaucie, Menagier, Encyclopédie), Tübingen (Niemeyer) 1986 (ZrP-Beih. 197); [= FEW MöhrenLand; TL Möhren Landwirtschaftl. Texte]. Comprend une étude de la bibliographie matérielle de l'*Encyclopédie*.

MöhrenVal Frankwalt Möhren, *Le renforcement affectif de la négation par l'expression d'une valeur minimale en ancien français*, Tübingen (Niemeyer) 1980 (ZrP-Beih. 175); [= TL Möhren Renforcement affectif négation; FEW Möhren]. Pour l'emploi de désignations d'objets de grande valeur dans la même fonction v. id. dans MélBaldinger 465-472.

MoignetGramm G. Moignet, *Grammaire de l'ancien français. Morphologie – Syntaxe*, Paris (Klincksieck) ^{2}1976.

MoignetPron G. Moignet, *Le pronom personnel français*, Paris (Klincksieck) 1965 (B. Fr. Rom. A.9).

MoisanNoms A. Moisan, *Répertoire des noms propres de personnes et de lieux cités dans les chansons de geste françaises et les œuvres étrangères dérivées*, 2 t. en 5 vol., Genève (Droz) 1986 (Publ. rom. et fr. 173).

MoisyGl H. Moisy, *Glossaire comparatif anglo-normand*, Caen (Delesques) 1889. Traite de mots agn. et norm. anciens et dialectaux (à partir du 13^{e}s.).

MolandHéricault[1] L. Moland – C. d'Héricault, *Nouvelles françoises en prose du XIIIe siècle*, Paris (Jannet) 1856 (Bibl. elzévirienne); [= TL Nouv. frç. du XIIIe s.]. Contient → EmpConstPrM p. 3-32, AmAmPr^{1}M 35-82, RoiFloreMol 85-157, FillePonth^{2}M 162-228, AucM 231-309.

MolandHéricault[2] L. Moland – C. d'Héricault, *Nouvelles françoises en prose du XIVe siècle*, Paris (Jannet) 1858 (Bibl. elzévirienne); [= TL Nouv. frç. du XIVe s.; Hol 2317]. Contient le récit biblique apocryphe nommé Asseneth p. 3-12 (extrait de → JVignayMir l.2, ch.119-123, BN fr. 316 [prob. 1333] f°73r°b-75v°b, transcr. à contrôler: petites bévues ou modernisations), → FoukeM 15-114 et TroilusM 117-304.

MolinetChronD Jean Molinet, Chronique en prose; flandr. (Rouchi) 4^{e}q. 15^{e}s. (1475-1506); ms. de base Bruxelles Bibl. roy. 5438 [16^{e}s.] (C, 1e partie) et BN fr. 24035 [16^{e}s.] (C', 2e partie), en var. BN fr. 5618 [16^{e}s.] (T), 25 autres mss. v. éd. t. 3,102-123; p. p. A. Doutrepont – O. Jodogne, *Chroniques de Jean Molinet*, Bruxelles (Palais des Acad.) 1935-1937. Continue → Chastell.

MolinetChronB id.; mss. de base BN fr. 5618 [16^{e}s.] et BN fr. 24034 (anc. Sorb.) [17^{e}s.]; p. p. J. A. C. Buchon, *Collection des chroniques nationales françaises, XV^{e}s.*, 18,2-22, *Chroniques de Jean Molinet*, 5 vol., Paris (Verdière) 1827-1828; [= Boss 5245].

MolinetFaictzD Jean Molinet, Les faictz et dictz, œuvre très variée réunissant de petits genres en prose et en vers; flandr. (Rouchi) fin 15^{e}s.; ms. de base Tournai 105 [déb. 16^{e}s.] (A), confronté avec Arras 594 (692?) [ca. 1520] (B) et BN Rothschild I.01.21 (471) [1526] (C), autres mss. et éd. v. l'éd. t. 1,3-5 et N. Dupire, Étude crit., Paris 1932; p. p. N. Dupire, *Les faictz et dictz de Jean Molinet*, 3 vol., Paris (SATF) 1936-1939; [= FEW Molin 3].

MolinetSQuentC → MistSQuentC.

MölkLiterarästhetik U. Mölk, *Französische Literarästhetik des 12. und 13. Jahrhunderts*, Tübingen (Niemeyer) 1969 (Sammlung romanischer Übungstexte 54); [= TL Literarästhetik].

MölkWolf U. Mölk – F. Wolfzettel, *Répertoire métrique de la poésie lyrique française des origines à 1350*, München (Fink) 1972; Annexe: 74 fiches perforées permettant l'identification de (fragments de) chansons.

[**MolnierR** *Li molnier de Nemox*, pastiche fabriqué en 1832, cité erronément par Gdf; p. p. C. J. Richelet, *Li molnier de Nemox*, Paris 1832. V. → BarMorsR.]

MonGuill[1]**C** Le Moniage Guillaume, chanson de geste du cycle de Charlemagne et de Guillaume d'Orange, 1e réd., fragmentaire, confinée au séjour de Guillaume au monastère d'Aniane, laisses de décasyll. lasson., 934 vers; pic.mérid. 2^{e}t. 12^{e}s.; ms. de base Ars. 6562 [pic. 1^{er}q. 13^{e}s.] (A!), corrigé par Boulogne-sur-Mer 192 [art. 1295] (B), 'H' désignant l'éd. Hofmann; p. p. W. Cloetta, *Les deux rédactions en vers du Moniage Guillaume, chansons de geste*, 2 vol., Paris (Firmin Didot) 1906-1911, texte t.1, p.1-39 (les réf. du gloss. à cette version sont en ital.); [= TL Mon. Guill.; FEW MonGuill].

MonGuill[1]**H** id., 1e réd.; ms. Ars. p. p. K. Hofmann, "Über ein Fragment des Guillaume d'Orenge", *Abhandlungen der philosoph.-philologischen Classe der königlich bayerischen Akademie der Wissenschaften* 6, 3, München

(Akad.) 1852, 567-629, texte 573-606; [= TL Mon. Guill.[1]; Boss 582].

MonGuill[2]A Moniage Guillaume, chanson de geste du cycle de Charlemagne (et de Guillaume d'Orange), laisses asson. de vers décasyll., version longue et complète; pic.mérid. ca. 1180; ms. de base BN fr. 774 [frc., faibles traits du N.-E., 3^{e}q. 13^{e}s.] (A[1]), en var. Milano Bibl. Trivulziana 1025 [frc. 3^{e}t. 13^{e}s.] (A[4]), BN fr. 368 [lorr. 1^{e}m. 14^{e}s.] (A[3]), BL Roy. 20 D.XI [traits pic., prob. Paris ca. 1335] (B[1]), BN fr. 24369-24370 [prob. Paris, traits pic., ca. 1335] (B[2]); p. p. N. Andrieux-Reix, *Le Moniage Guillaume*, Paris (Champion) 2003 (CFMA 145). C.r. T. Matsumura ZrP 121,148-150.

MonGuill[2]C id.; ms. de base Boulogne-sur-Mer 192 [art. 1295] (A!) début, laisses I-XXXIV, vers 1-1879, manquent, en var. Bern 296 [pic.or. 3^{e}t. 13^{e}s.] (B), BN fr. 774 [frc., faibles traits du N.-E., 3^{e}q. 13^{e}s.] (C[1]), BN fr. 368 [lorr. 1^{e}m. 14^{e}s.] (C[2]), Milano Bibl. Trivulziana 1025 [frc. 3^{e}t. 13^{e}s.] (C[3]), BL Roy. 20 D.XI [traits pic., prob. Paris ca. 1335] (D[1]), BN fr. 24369-24370 [prob. Paris, traits pic., ca. 1335] (D[2]) v. 2328-5977 seulement; p. dans → MonGuill[1]C t.1, p.41-369.

MonGuillPrS Mise en prose de MonGuill[2]; mil. 15^{e}s. (av. 1458); éd. partielle p. p. G. Schläger, "Die altfranzösische Prosafassung des Moniage Guillaume", *AnS* 97 (1896) 101-128; 241-282; 98 (1897) 1-58; [= TL Mon. Guill. Pros.]. Pour les mss. et une éd. complète v. → GuillOrPrT.

MonRainAB Le Moniage Rainouart, chanson de geste du cycle de Guillaume d'Orange, en laisses de décasyll. monorimes; pic. fin 12^{e}s.; mss. de la famille A/AB: BN fr. 774 [frc., faibles traits du N.-E., 3^{e}q. 13^{e}s.] (A[1]) base pour les vers 1774.92 ss., BN fr. 368 [lorr. 1^{e}m. 14^{e}s.] (A[3]) base des vers 1-1774.91, Milano Bibl. Trivulziana 1025 [frc. 3^{e}t. 13^{e}s.] (A[4]), en var. aussi la famille B: BL Roy. 20 D.XI [traits pic., prob. Paris ca. 1335] (B[1]), BN fr. 24370 [prob. Paris, traits pic., ca. 1335] (B[2]), aussi BN fr. 1448 [lorr.mérid. 3^{e}q. 13^{e}s.] (D); p. dans → MonRainDB t. 2. Comprend des notes et un gloss. qui s'étendent sur toutes les versions. C.r. T. Matsumura ZrP 123,518-523.

MonRainCB id., version de la famille de mss. C; pic. fin 12^{e}s.; ms. de base Ars. 6562 [pic. 1^{er}q. 13^{e}s.] (C[1]), en var. l'autre ms. de la famille C: Boulogne-sur-Mer 192 [art. 1295] (C), et qqs. var. des mss. BN fr. 1448 [lorr.mérid. 3^{e}q. 13^{e}s.] (D) et Bern 296 [pic.or. 3^{e}t. 13^{e}s.] (E); p. p. G. A. Bertin, *Le Moniage Rainouart I*, Paris (Picard) 1973 (SATF); [= TL Moniage Rainouart I B; Boss[2] 1355]. Contient la version C et l'introduction aux versions A, C et D. Édition complexe!

MonRainDB id., 'version' du ms. D, proche de A, mais aux interpolations importantes; ms. BN fr. 1448 [lorr.mérid. 3^{e}q. 13^{e}s.]; p. p. G. A. Bertin, *Le Moniage Rainouart II et III*, 2 vol., Paris (Picard) 1988-2004 (SATF); [= TL Moniage Rainouart II et III B]. Le t. 2 porte le titre *Le Moniage Rainouart III*, il contient → MonRainAB.

MonastAllégH Petit traité moralisant en prose, prenant le monastère et sa vie comme point de départ allégorique, incip. *A chescun homme ou femme ke est en religiun, saluz*; agn. 1^{er}t. 14^{e}s. (?); ms. BL Add. 46919 [agn. ca. 1330] f°62r-65v; p. p. T. Hunt, "An allegory of the monastic life", *Neoph* 87 (2003) 3-10.

MonfrinEt J. Monfrin, *Etudes de philologie romane*, Genève (Droz) 2001. Réimpr. de travaux parus entre 1958 et 1994.

MonicatBouss J. Monicat – J. Boussard, *Recueil des actes de Philippe Auguste*, 4 vol., Paris (Impr. nat. – Klincksieck) 1916-1979 (Chartes et diplômes rel. à l'hist. de la France). Doc. latins; qqs. trad. fr. à partir du 13^{e}s.

MonierFlandr R. Monier, *Les institutions financières du Comté de Flandre du 11e siècle à 1384*, Paris (Donat – Montchrestien) 1948.

MonierWilliams M. Monier-Williams, *A Sanskrit-English dictionary. Etymologically and philologically arranged with special reference to cognate Indo-European languages*, Oxford (Clarendon) [2]1899.

MoniotArrD Moniot d'Arras (identité avec Moniot et Moniot de Paris discutée par l'éd.), chansons; 1^{er}t. 13^{e}s.; mss. principaux BN fr. 12615 [art., 1e partie 4^{e}q. 13^{e}s.] (T), Modena Bibl. Estense α.R.4.4 [f° 1-230 1254] (H), utilisés aussi: chans. C, K, Mo, U, X, Za et a; p. p. H. P. Dyggve, *Moniot d'Arras et Moniot de Paris*, Helsinki (Impr. Soc. Litt. Finn.) 1938 (Mém. de la Société néoph. 12); [= TL Moniot d'Arras; FEW MoniotA]. Texte p. 66-191, pièces I-XXXIX; p. 192-220, XL-XLVIII = MoniotParD p. 217-220 *Le dit Moniot de Fortune* (ms. BN fr. 837 [frc. 4^{e}q. 13^{e}s.]).

MoniotParD Moniot de Paris, chansons; ca. 1276; mss. Ars. 5198 [déb. 14^{e}s.] (K), BN fr. 845 [3^{e}t. 13^{e}s.] (N) et BN fr. 847 [4^{e}q. 13^{e}s.] (P), aussi chans. X, O, R, U; p. dans → MoniotArrD p. 192ss.; [= TL Moniot de Paris; FEW MoniotP].

MonjourNOst A. Monjour, *Der nordostfranzösische Dialektraum*, Frankfurt (Lang) 1989 [Bonner Rom. Arb. 32].

MonstiersP

MonstiersP *Dit des monstiers*, liste des églises de Paris, en vers octosyll., incip. *Pour ce que j'ai fet menc*ï*on*; frc. av. 1328; ms. BN fr. 12483 [mil. 14^{e}s.]; p.p. W. Pfeffer, "The *Dit des monstiers*", Spec 73 (1998) 80-114.

MonstiersJ id.; p. dans → JubNRec 2,102-112.

MonstreletD Enguerran de Monstrelet (Ponthieu / Cambrai, ob. 1453), chronique suivant la Guerre de Cent Ans, conçue comme suite de → FroissChron, couvrant les faits 1400-1444, l. I 1400-1422, l. II 1422-1444, [l. III, contin. par Mathieu de Coucy (d'Escouchy?, hain.), 1444-1467]; pic. 1400-1444 (?); ms. de base du l. I: BN fr. 2684 (anc. fr. 8347-5.5, Colbert 3186) [ca. 1480], autre mss. du l. I: BN fr. 6486 (anc. Suppl. fr. 93) [pic. 1454] et BN fr. 2681 (anc. fr. 8345) [pic. ca. 1475] I + II, base du l. II: impr. Verard s.d., corrigé 'pour le fond' par BN fr. 2682 (anc. fr. 8346) [pic. ca. 1475], mss. contenant I-III: BN fr. 2678-2679 (anc. 8299-5, -6, Colbert 19 et 20) [déb. 16^{e}s.], BN fr. 20360-20362 (anc. La Vallière 32) [1510], abrégés: BN fr. 2680 (anc. fr. 8344) [ca. 1475], BN [s.c.] [16^{e}s.], Ars. 3840 (anc. Hist. 147) [mil. 16^{e}s.] I+II, Ars. 5084 (anc. Hist. 146) [ca. 1470] I: 1400-1419, Leiden Univ. VGGF 2 [ca. 1495], [d'autres mss. cf. IRHT Jonas, incomplet], v. Wijsman, *History in transition*, [academia.edu] 2008: BN fr. 88 [ca. 1475], BN fr. 2863 [ca. 1475], BN fr. 5016 [ca. 1480], BN fr. 5035 [déb. 16^{e}s.], BL Add. 26080 [déb. 16^{e}s.], BL Roy. 20 D.VIII [déb. 16^{e}s.], Bern 37 [ca. 1480], Bruxelles Bibl. roy. II 2536 [après 1471], Bruxelles Bibl. roy. II 2566 [ca. 1470], Lille Bibl. mun. 660 (540) [ca. 1475], Gent Univ. 78 [ca. 1475], Carpentras 505 (L.495) [ca. 1485], Darmstadt 134 [ca. 1480], Manchester Univ. John Rylands Libr. Fr. 55 (R. 26216, anc. Cheltenham Phillipps 3950) [fin 15^{e}s.], München gall. 53 [1491], Chantilly Musée Condé 875 (321) [ca. 1500], Wien 2545-2546 [ca. 1495]; p.p. L. Douët-D'Arcq, *La chronique d'Enguerrand de Monstrelet en deux livres avec pièces justificatives, 1400-1444*, 6 vol., Paris (Renouard) 1857-1862 (Soc. Hist. France 91 etc.); [= Hol 2428].

MonstresH Trad. du *Liber de monstruosis hominibus orientes* extrait de *De naturis rerum* par Thomas de Cantimpré (av. 1240), en octosyllabes, titre: *Ichi endroit encomencent a savoir et a conoistre la maniere et les faitures des moustres des homes qui sont en Orient et le plus en Inde*, explic.: *Ichi finent li mostre d'Orient en Inde*; Nord ca. 1300; ms. unique BN fr. 15106 [pic. ca. 1300]; p.p. A. Hilka, *Eine altfranzösische moralisierende Bearbeitung des Liber de monstruosis hominibus orientis aus Thomas von Cantimpré, De naturis rerum*, Berlin 1933 (Abh. der Ges. der Wiss. zu Göttingen, Phil.-hist. Klasse, 3. Folge, Nr. 7; réimpr. New York, Kraus, 1972); [= TL Liber de monstr. hom.; FEW Monstr].

MontRayn A. de Montaiglon – G. Raynaud, *Recueil général et complet des fabliaux des XIIIe et XIVe siècles*, Paris (Librairie des Bibliophiles) 1872-1890; [= TL Mont. Fabl.; FEW Fabl]. Nombre de fabliaux ont des sigles particuliers: → AloulM, AubereeM, etc.: datations et localisations variables. Concordance avec l'édition BarbMéon ici, en appendice.

MontRoth A. de Montaiglon – J. de Rothschild, *Recueil de poésies françoises des XVe et XVIe siècles*, 13 vol., Paris (Jannet) 1855-1878 (Bibl. elz.); [= TL Mont. Rec.; FEW AncPoésie; Hol 394]. Gdf cite cette éd. comme 'Poésies fr. des XVe et XVIe s.'. Nombre de textes dont plusieurs ont des sigles à part: → DébVinM, SJeanBaptOct^{2}M, etc. Concordance vol. et p./dates, v. ici, en appendice.

MontaiglonMort A. de Montaiglon, *L'alphabet de la Mort de Hans Holbein*, Paris (Tross) 1856; [= TL Alphab. d. l. Mort]. Contient les mêmes textes que l'éd. Glixelli de → TroisMortsNicG: BaudCondMorts p. [40]-[48], TroisMortsNic p. [49]-[60], TroisMortsDiex p. [61]-[70], TroisMortsCon p.[71]-[78], TroisMortsSe p. [79]-[93]; titre et préf. p. [1]-[13], extraits lt. p. [14]-[37].

MorPeupleH *Moralité de pouvre peuple*, jeu allégorique religieux, octosyll. surtout; wall. 3^{e}q. 15^{e}s.; ms. Chantilly Musée Condé 620 (1603) [II: 1492]; p.p. W. Helmich, "Moralité de Pouvre Peuple", → MélLommatzsch p. 145-243; [= Boss^2 8280].

MorPhilP *Livre de philosophie et de moralité* par Alard de Cambrai, basé sur → MorPhilPr, en vers octosyll.; pic. 1^{e}m. 13^{e}s.; ms. de base BN fr. 17177 [frc. 3^{e}t. 13^{e}s.] (A), en var. BN fr. 24431 [frc. ca. 1300] (B), BN fr. 12471 [art. fin 13^{e}s.] (C), BN fr. 1444 [pic.mérid. fin 13^{e}s.] (D), Ars. 3516 [art. 1267] (F), Bern 113 [bourg., qqs. traits pic., fin 13^{e}s.] (M); Ars. 3142 [Paris? fin 13^{e}s.] (N), Arras 139 (657) [pic. 3^{e}t. 13^{e}s.] (R), Chantilly Musée Condé 474 (1330) [lorr. fin 13^{e}s.] (S); p.p. J.C. Payen, *Le Livre de philosophie et de moralité d'Alard de Cambrai*, Paris (Klincksieck) 1970 (Bibl. fr. et rom. B 9); [= TL ACambr. Philosophie P; Boss^2 4959]. C.r. Oswald R 93,412-418: transcription assez fautive (aussi 2915 *lui* l. *li*; chiffres tantôt imités tantôt transcrits: 2918/2926); meilleur ms.: M.

MorPhilPrH *Les moralités des philosophes*, trad. en prose du *Moralium dogma philosophorum* attribué à Guillaume de Conches; déb. 13^{e}s.; ms. de base BN nfr. 4509-4510 [fin 13^{e}s.], en var. BN fr. 1036 [fin 13^{e}s.], Reims Bibl. mun. 1275 [lorr. fin 13^{e}s.], Ars. 5201 [bourg.sept. ou lorr. 3^{e}t. 13^{e}s.], BN fr. 1157 [pic. fin 13^{e}s.], BN nfr. 6883 [fin 13^{e}s.], BN fr. 25247 [pic. fin

13ᵉs.], BN fr. 12581 [frc. (av.) 1284] f°376-386 cité par Gdf ('Moral.'), BN fr. 1109 [pic. 1310], BN fr. 375 [pic. 1289 n.st.], BN fr. 25407 [agn. 4ᵉq. 13ᵉs.], BN fr. 1822 [wall. ca. 1300], autres mss.: BN fr. 190 [4ᵉq. 15ᵉs.], BN fr. 572 [1402], BN fr. 834 [pic. déb. 14ᵉs.], BN fr. 940 [fin 15ᵉs.], BN fr. 944 [déb. 15ᵉs.], BN fr. 957 [15ᵉs.], BN fr. 1097 [14ᵉs.], BN fr. 1134 [15ᵉs.], BN fr. 1166 [15ᵉs.], BN fr. 4961 [14ᵉs.], BN fr. 19271 [14ᵉs.], BN fr. 19920 [Nord-Est déb. 14ᵉs.], BN fr. 22921 [14ᵉs.], BN fr. 24429 [déb. 14ᵉs.], BN nfr. 13521 (anc. La Clayette) [fin 13ᵉs.] = BN Moreau 1715-19 [copie 18ᵉs.], Ste-Gen. 792 [f°32-44, n°15, pic. 2ᵉm. 13ᵉs.], Beauvais Arch. mun. AA.2 [pic. déb. 14ᵉs.], Besançon 434 [1372], Chartres 620 (261) [fin 13ᵉs.] fragm., Bruxelles Bibl. roy. 10394-414 (2082) [pic. 1ᵉm. 15ᵉs.], Bruxelles Bibl. roy. 11220-21 (2320) [14ᵉs.], Firenze Bibl. Med. Laurenz. Plut. LXXVI.79 [Lomb. 14ᵉs.], Firenze Bibl. Med. Laurenz. Plut. XLI.42 [14ᵉs.], Torino Bibl. naz. L.III.14 (1656, fr. 49) [2ᵉm. 14ᵉs.], BL Roy. 19 C.XI [1ᵉʳt. 15ᵉs.], BL Add. 15305 [15ᵉs.], Zagreb MR 92 [It. ca. 1300]; p. p. J. Holmberg, *Das Moralium dogma philosophorum des Guillaume de Conches. Lateinisch, altfranzösisch und mittelniederfränkisch*, Uppsala (Almqvist & Wiksell) 1929 (Arbeten utgivna med understöd av Vilhelm Ekmans Universitetsfond, Uppsala, 37), pages paires 84-182; [= TL Guill. de Conches; Boss 2653]. Base de → MorPhil. La dernière partie de ce texte est une version de → FormHon (Enseignements de Seneque), elle se trouve aussi dans Ste-Gen. 2879 [15ᵉs.] et BL Roy. 20 A.XV [mil. 15ᵉs.]. Gdf emploie encore le titre 'Dis des Sages'.

MorPhilPrB id.; ms. BN fr. 22921 transcrit par R. Bargeton, *Le Livre de Philosophie et de Moralité par Alart de Cambrai*, Paris 1942, non publié, v. Positions des thèses de l'École des Chartes 1942, 9-13; [= Boss 2655]. Travail inexistant à l'Éc. des Ch.

Morais[10] A. de Morais Silva, *Grande dicionário da língua portuguesa*, 10ᵃ ed. rev. por A. Moreno et al., 12 vol., Lisboa (Confluencia) 1949-1959.

MoriceBret P.-H. Morice, *Memoires pour servir de preuves à l'histoire ecclesiastique et civile de Bretagne*, 3 vol., Paris (Osmont) 1742-1746 (réimpr. Farnborough, Gregg, 1968). Les sources, orig. et copies, souvent tardives (14ᵉs., etc.), sont indiquées. Ici et là traits hbret. Contient → GuillPenneMo, etc. Cité par Gdf comme 'Pr. [de l'hist.] de Bret.'. Cp. → Lobineau.

Morlet M.-Th. Morlet, *Le vocabulaire de la Champagne septentrionale au moyen âge. Essai d'inventaire méthodique*, Paris (Klincksieck) 1969 (Bibl. Fr. et Rom. A, XVII). Contextes et datation du voc. champ.sept. (dès 13ᵉs.) à vérifier dans les sources (→ ChRethelS; cf. p. 19). Se sert de → Runk sans le rectifier.

MorletAnthr M.-Th. Morlet, *Étude d'anthroponymie picarde. Les noms de personne en Haute Picardie aux XIIIᵉ, XIVᵉ, XVᵉ siècles*, Amiens (Musée de Pic.) 1967. Doc. pic. 13ᵉs.-15ᵉs.

MorletFam M.-Th. Morlet, *Dictionnaire étymologique des noms de famille*, Paris (Perrin) 1991. Sans aucune documentation historique.

MorletNoms M.-Th. Morlet, *Les noms de personne sur le territoire de l'ancienne Gaule du VIᵉ au XIIᵉ siècle*, I. *Les noms issus du germanique continental et les créations gallo-germaniques*, Paris (CNRS) 1968; II. *Les noms latins ou transmis par le latin*, 1972; III. *Les noms de personne contenus dans les noms de lieux*, 1985.

MortAdamP Légende d'Adam et de Seth, appelée La mort Adam ou De l'age Adam, suivie dans la plupart des mss. de la légende du Bois de la sainte Croix, dans la lignée du *Post Peccatum Adae* latin, prose; 1ᵉm. 13ᵉs.; ms. imprimé Dublin Trinity Coll. I.5.19 (951) [pic. 3ᵉt. 13ᵉs.], autres mss.: BN fr. 1546 [2ᵉm. 13ᵉs.], BN fr. 1036 [fin 13ᵉs.], BN fr. 12581 [frc. (av.) 1284], BN nfr. 10554 [Paris? 3ᵉq. 15ᵉs.] incomplet, sans s. Croix: BN nfr. 10237 (anc. Cheltenham Phillipps 856) [14ᵉs.], BN fr. 916 [1474], Lyon Bibl. mun. 1234 (1106) [15ᵉs.], Oxford Magdalen Coll. lat. 41 [déb. 15ᵉs.], BN fr. 19271 [14ᵉs.], BN fr. 22921 [14ᵉs.], fragm.: BN fr. 2464 [frc. mil. 13ᵉs.], Firenze Bibl. Riccard. 2756 [14ᵉs.]; p. dans → PrangsmaSCroix p. 27 et 308-313.

MortArtuF[1] Mort Artu, roman de la matière de Bretagne, suite de la Queste del Saint Graal (SGraalIV), prose; 1ᵉʳq. 13ᵉs.; ms. de base Ars. 3347 [frc. 2ᵉm. 13ᵉs.] (A) f°294-349, mss. de contrôle: BN fr. 342 [pic.sept. 1274] (D), BN fr. 120 [fin 14ᵉs.] (O), Ars. 3480 [Paris, traits sept., ca. 1400] (Ac), BN fr. 344 [Est fin 13ᵉs.] (R), BN nfr. 1119 [13ᵉs.] (Z), Bonn S.526 [pic. (Amiens) 1286] (B), BL Roy. 19 C.XIII [fin 13ᵉs.] (W), autres mss.: BN fr. 98 [15ᵉs.] (M), BN fr. 110 [ca. 1295] (P), BN fr. 111 [ca. 1485] (Q), BN fr. 112 [pic. 1470] (Y¹), BN fr. 116 [fin 15ᵉs.] (N), BN fr. 122 [pic. (tourn.) 1345 n.st.] (L), BN fr. 123 [agn. (Londres) ca. 1275?] (C), BN fr. 339 [2ᵉm. 13ᵉs.] (l), BN fr. 343 [It.sept. ca. 1385] mutilé, BN fr. 751 [mil. 13ᵉs.] (F), BN fr. 758 [13ᵉs.] (G), BN fr. 1424 [pic. (Tournai) ca. 1325] (Y), BN fr. 12573 [fin 13ᵉs.] (T), BN fr. 12580 [fin 13ᵉs.] (U), BN fr. 24367 [mil. 13ᵉs.] (U¹), BN nfr. 4380 [13ᵉs.] (H), Ars. 3482 [mil. 14ᵉs.] (Ad), Chantilly Musée Condé 649 (1111) [4ᵉq. 13ᵉs.] (J), Chantilly Musée Condé 476 (644) [II Graal 2ᵉm. 13ᵉs.] fragm., Lyon Bibl. mun. Palais des Arts 77 [fin 13ᵉs.] (K), Bruxelles Bibl. roy. 9627-9628 [Paris mil. 13ᵉs.] (E), Vat. Pal. lat. 1967

MortArtuF[1]

[1[e]m. 14[e]s.] (V), København Kgl. Bibl. Thott 1087 4° [Piémont 15[e]s.], BL Roy. 14 E.III [pic. déb. 14[e]s.] (S), BL Roy. 20 C.VI [Angleterre ca. 1283] (C), BL Add. 10294 [pic. prob. 1316] (S[1]), BL Add. 17443 [2[e]m. 13[e]s.] (M[1]), Oxford Bodl. Rawl. D.874 [It. fin 14[e]s.] (O[1]), Oxford Bodl. Rawl. D.899 [1[er]t. 14[e]s.] (O[2]), Oxford Bodl. Digby 223 [ca. 1295] (O[3]), Oxford Bodl. Douce 189 [It. 2[e]m. 13[e]s.] (O[4]), Oxford Bodl. Douce 215 [ca. 1300] fragm., Oxford Bodl. Rawl. Q.b.6 (27855) [ca. 1325] (O[5]), New Haven Yale Beinecke Libr. 229 (anc. Cheltenham Phillipps 130) [art. 4[e]q. 13[e]s.], Cologny Bodmer 147 (anc. Cheltenham Phillipps 1046) [4[e]q. 13[e]s.], Berkeley Cal. Univ. Bancroft Libr. Ms 73 (anc. Cheltenham Phillipps 4377) [faibles traits pic., 2[e]q. 13[e]s.], Amsterdam Bibl. Philos. Herm. 1 (anc. Cheltenham Phillipps 3630 / 1045/1047?) [flandr. 1[er]q. 14[e]s.], Manchester Univ. John Rylands Libr. Fr. 1 [déb. 14[e]s.]; p. p. J. Frappier, *La mort le roi Artu, roman du XIIIe siècle*, Paris (Droz) 1936; [= TL Mort Artu Fr; FEW MortArtu].

MortArtuF[2] id.; même ms. de base (A), peu de var.; p. p. J. Frappier, *La mort le roi Artu, roman du XIIIe siècle*, Genève (Droz) – Paris (Minard) 1954 (et réimpr.; T.L.F. 58); [= TL Mort Artu Frappier[2]; FEW MortArtu]. Éd. non définitive; corrections en grande partie tacites (cf. M. Plouzeau TraLiPhi 32,207-221, aussi L. Leonardi R 121,133-163). Concordancier de cette base incertaine p. p. P. Kunstmann – M. Dubé, Ottawa (Univ.) 1982.

MortArtuB id.; ms. de base BN fr. 342 [pic.sept. 1274] (D), peu de var. tirées surtout de BL Add. 10294 [pic. prob. 1316] (A) et de BL Roy. 19 C.XIII [fin 13[e]s.] (R); p. p. J. D. Bruce, *Mort Artu*, Halle (Niemeyer) 1910; [= TL Mort Artu].

MortArtuH id.; ms. de base Berkeley Cal. Univ. Bancroft Libr. 73 (anc. Cheltenham Phillipps 4377) [faibles traits pic., 2[e]q. 13[e]s.] (Be), en var. A, D, F, V, R, B, aussi Ac et O, parfois K; p. p. D. F. Hult, *La Mort du roi Arthur*, Paris (Libr. Gén.) 2009 (Poche, Lettres Goth.). Avec concord. avec éd. F[1]. C.r. Leonardi MedRom 34,427-429.

MortArtuBS id., version courte du ms. Bonn; ms. Bonn S.526 [pic. (Amiens) 1286] (B) contrôlé par BN fr. 110 [ca. 1295] (P) et BL Add. 10294 [pic. prob. 1316] (L), parfois L[5] et P[5]; p. p. M. B. Speer dans → SGraalIVW 3,1179-1486; 1640-1692.

MortArtuM id.; ms. de base Lyon Bibl. mun. Palais des Arts 77 [fin 13[e]s.] (K) complété par BN nfr. 1119 [13[e]s.] (Z), aussi par Oxford Bodl. Rawl. D.899 [1[er]t. 14[e]s.]; p. p. E. Baumgartner – M.-Th. de Medeiros, *La Mort du roi Arthur*, Paris (Champion) 2007 (CCMA 20). C.r. Leonardi MedRom 31,415-418.

MortArtuS id.; ms. BL Add. 10294 [pic. prob. 1316, miniature 10292 f°45 datée 26 févr. 1317 n.st.] (S[1]) f°53-96; p. dans → SGraalIVS t. 6,203-391.

MortArtuW id.; transcription diplomatique du ms. New Haven Yale Beinecke Libr. 229 (anc. Cheltenham Phillipps 130) [art. 4[e]q. 13[e]s.]; p. p. E.M. Willingham et al., *La Mort le Roi Artu (The Death of Arthur) from the Old French Lancelot of Yale 229*, Turnhout (Brepols) 2007. C.r. L. Leonardi MedRom 33 (2009) 437-440; Richard Trachsler ZrP 130,841-844.

MortAymR Mort Aymeri, chanson de geste du cycle des Narbonnais (élargissement du cycle de Guillaume d'Orange), assonancée (mss. HG aussi à rimes); s.l. (traits pic. insignifiants) 1[er]q. 13[e]s.; ms. de base BL Roy. 20 D.XI [traits pic., prob. Paris ca. 1335] (B[1]) [A] complet, mais rajeunissant et abrégeant, en var. BN fr. 24369-24370 [prob. Paris, traits pic., ca. 1335] (B[2]) [B] presque identique à B[1], BL Harl. 1321 [traits norm.or. ca. 1255] (H) [D] mal écrit, BL Roy. 20 B.XIX [traits bourg. ca. 1270] (G) [C], fragm.: BN nfr. 6298 [2[e]m. 13[e]s.] (P) v. 2215-2615, Düsseldorf Univ. K.3:F87 [déb. 14[e]s.] (K) 120 vers entre 493 et 659; p. p. P. Rinoldi, *La Mort Aymeri de Narbonne*, Milano (Unicopli) 2000 (Ist. Fil. Mod. Univ. Parma, Par. allo sp. 2). Avec de longs extraits de G et de H parmi les variantes.

MortAymC id.; ms. de base G [= C]; p. p. J. Couraye du Parc, *La mort Aymeri de Narbonne*, Paris (Firmin Didot) 1884 (SATF 19); [= TL MAym.; FEW MortAym; Boss 161]. Éd. 'critique' assez régularisée.

MortAymFragmS id.; fragment Düsseldorf p. p. E. Stengel, "Bruchstück der Chanson de la Mort Aimeri de Narbonne", ZrP 6 (1882) 397-403.

MortCharlemagneM Mort ou Testament de Charlemagne, branche du cycle de Charlemagne, resp. de la geste de Monglane, en laisses asson. de vers dodécasyll.; francoit. 1[e]m. 14[e]s.; ms. Oxford Bodl. Canonici Ital. 54 [It.sept. 1[e]m. 14[e]s.]; p. p. M. L. Meneghetti, "Ancora sulla Morte (o Testamento) di Carlo Magno", → ActesTesti 245-284.

[MortGarD → GarLorrD.]

Mortet V. Mortet, *Recueil de textes relatifs à l'histoire de l'architecture et de la condition des architectes en France au moyen âge, XIe – XIIe siècles*, Paris (Picard) 1911; [= FEW Mortet].

Mortet[2] id., *XIIe – XIIIe siècles*, p. p. V. Mortet – P. Deschamps, Paris (Picard) 1929.

Mossé F. Mossé, *Manuel de la langue gotique*, Paris [2]1956. Bibl.: F. Mossé et al. dans *MSt* 12 (1950)

237-324; suppléments: 15,169-183; 19,174-196; 29,328-343; 36 (1974) 199-214; 59 (1997) 301-356.

[MotetsBambS → StimmingMot.]

MousketR Philippe Mousket, chronique des rois de France, allant de Troie à 1243, inachevée, compilative, mais souvent très authentique à partir de Philippe Auguste, octosyll., incip. *Phelippres Mouskés s'entremet*; hain. ca. 1243; ms. unique BN fr. 4963 [pic. 2e m. 13e s.]; p. p. F. A. F. T. de Reiffenberg, *Chronique rimée de Philippe Mouskes*, Bruxelles (Hayez) 1836-1838 (Collection de chroniques belges inédites); [= TL Mousk.; FEW Mousket; Boss 3771]. Il vaut la peine de contrôler les leçons dans → MousketT (v. 14: *fu*; *onques*, v. 23a *Si que l'autre gens en empire*; etc.) et dans MousketW. Contient aussi → GormR. Cp. → Turpin[6].

MousketT id.; extraits collationnés sur le ms. p. p. A. Tobler, "Ex Philippi Mousket, Historia regum Francorum", *MGH Script* 26 (1882) 718-821. Contient les vers 1-49; 800-1177; 1196-1215; 1868-1881; 2390-2549; 3034-3039; 6548-6573; 15434-15605; 15882-15921; 16090-16101; 16902-17235; 17303-17377; 17624-17667; 17886-17991; 18174-18200; 18328-18341; 19012-19019; 19262-19333; 19366-19377; 19478-20384; 20471-20504; 20657-20714; 20763-22228; 22269-22326; 22503-22542; 22583-22592; 22741-22798; 22813-22874; 22969-23012; 23207-23370; 23457-23488; 24269-24292; 24415-24428; 24463-25350; 25453-25466; 25485-27062; 27083-27136; 27163-27180; 27489-27502; 27757-27799; 27817-27906; 27923-28116; 28151-28320; 28349-29025; 29206-29237; 29253-29333; 29392-29505; 29552-29621; 29652-30360; 30447-30524; 30547-30580; 30651-30690; 30709-30716; 30741-30746; 30761-30840; 30951-30970; 30981-31027; 31125-31146; 31157-31180; 31199-31274.

MousketW id.; extrait, v. 27137-31286, p. p. N. de Wailly – L. Delisle, dans → RecHist 22 (1865) 34-81; [= Boss 3770]. Pris du ms.; numérotation de l'éd. R conservée.

Mts Takeshi Matsumura, *Dictionnaire du français médiéval*, Paris (Les Belles Lettres) 2015. Aux principes sains. Datations et localisations par le biais de DEAFBibl (les sigles coïncident).

MuleH Conte de la *Mule sanz frain* (titre de l'explicit: *Damoisele a la mure*; le nom d'auteur *Paien de Maisieres*, donné dans le texte, est une allusion par plaisanterie à Chrétien de Troyes), en vers octosyll.; bourg. ca. 1200; ms. unique Bern 354 [bourg.sept. déb. 14e s.]; p. p. R. T. Hill, *La mule sanz frain. An Arthurian romance by Paiens de Maisieres*, thèse (Yale), Baltimore (Furst) 1911; [= TL Mule sanz frain H; Hol 1174; Boss 2109].

MuleJ id.; p. dans → ChevEspJ.

MuleM id.; p. dans → Méon 1, 1-37; [= Hol 1172].

MuleO id.; p. p. B. Orlowski, *La Damoisele a la Mule (La Mule sanz Frain). Conte en vers du cycle arthurien par Païen de Maisières*, Paris (Champion) 1911; [= TL Mule sanz frain O; Hol 1173; Boss 2108]. Mauvaise édition.

MurRosS Poème sur la construction de la muraille et notamment sur l'excavation du fossé de la ville de Ros Mhic Triuin ou New Ross en Irlande, octosyll.; agn. 1265; ms. BL Harl. 913 [agn. (Irl.) ca. 1335], en var. BL Lansdowne 418 [agn. 1608] copie de Harl.; p. p. H. Shields, "The walling of New Ross: A thirteenth century poem in French", *Long Room* (Dublin) 12-13 ([1975/76] 1976) 24-33; [= AND New Ross; Dean 58; Vising 296: facsim.]. Gdf cite ce texte comme 'Poème dans Archaeologia'.

MusMA *Guide de la Musique du Moyen Age*, dir. par F. Ferrand, s.l. [Paris] (Fayard) [1999] 2001.

MuséeArchDép *Musée des Archives Départementales. Recueil de fac-similé héliographiques de documents tirés des archives, des préfectures, mairies et hospices* (éd. G. Desjardins), Paris (Impr. Nat.) 1878. Contient des doc. orig. fr. à partir de 1204.

MussGartLeg A. Mussafia – T. Gartner, *Altfranzösische Prosalegenden aus der Hs. der Pariser Nationalbibliothek Fr. 818*, I. Teil [seul paru], Wien – Leipzig (Braumüller) 1895. La langue de certaines parties du ms. BN fr. 818 [lyonn. 2e m. 13e s.] n'est pas à considérer comme afr. L'éd. contient les légendes de 12 apôtres et les lég. de Martial, Christophe et Sébastien. Cf. → SBartM, etc.

Musset G. Musset, *Vocabulaire géographique et topographique du département de la Charente-Inférieure*, [Association française pour l'avancement des sciences, Congrès de la Rochelle 1882], Paris (Chaix) 1883; [= FEW MussetG, mais aussi Musset].

NGlMlt *Novum glossarium mediae latinitatis ab anno DCCC usque ad annum MCC*, éd. par des équipes de rédaction dirigées par F. Blatt, Y. Lefèvre, F. Dolbeau, A. Guerreau-Jalabert et al., travailleurs A.-M. Bautier, M. Duchet-Suchaux et al., Hafniae (Munksgaard) 1957 (lettre L ss.),

NGlMlt

Bruxelles (Union Ac. Int.) 2003 ss. (2011: *-plego*). Conçu pour remplacer DC.

NM *Neuphilologische Mitteilungen*, Helsinki (Neuphilologischer Verein) 1899ss. Titres parallèles: *Bulletin de la Société Néophilologique* et *Bulletin of the Modern Language Society*.

NMrust 1768 L. Liger, *La nouvelle maison rustique ou économie générale de tous les biens de campagne..., neuviéme édition... avec La vertu des simples...*, 2 vol., Paris (Nyon Père) 1768.

NQ *Notes and queries for readers and writers, collectors and librarians*, Oxford (OUP), 1 (1849/50) ss. [à l'origine paru par séries; dep. 1954: n.s. 1 = 199; an 2002: t. 247; etc.].

NRevHistDr *Nouvelle Revue historique de Droit français et étranger*, Paris 1877-1921 [titre interimaire de → RHistDr]; [= FEW NRHDr].

NabaretT *Le Lai de Nabaret*, anonyme, vers octosyll.; agn. déb. 13[e]s.; ms. unique Cologny Bodmer 82 (anc. Cheltenham Phillipps 3713) [agn. fin 13[e]s.]; p. dans → TobinLais p. 359-364. [Boss[2] 2839: autre éd.]

NabaretG id.; copie établie par F. Madden p. p. A. Geffroy dans *ArchMiss* [1[er]sér.] 4 (1856) 197-198.

NabaretM id.; p. dans F. Michel, *Charlemagne*, London 1836, p. 90-91.

NabaretS id.; p. p. P. Skårup, "Le Lai de *Nabaret*", *RevRom* 8 (1973) 262-271; [= TL Nabaret S; Boss[2] 2838]. Le texte anord. des *Strengleikar* est impr. en regard d'après l'éd. Keyser-Unger 1850. Éd. inutilisable, périmée dès sa parution, faite d'après les anciennes éd. de Michel 1836 et de Madden / Geffroy 1856, sans consultation du ms. (VielliardBodmer 107).

Naetebus G. Naetebus, *Die nicht-lyrischen Strophenformen des Altfranzösischen*, Leipzig (Hirzel) 1891.

NarbS Les Narbonnais, ou Siège de Narbonne, chanson de geste rimée formant un cycle avec → MortAym etc., élargissement du cycle de Guillaume d'Orange, en laisses de décasyll. rimés; prob. champ., déb. 13[e]s.; ms. de base BL Harl. 1321 [traits norm.or. ca. 1255] (A), en var. BN nfr. 6298 [2[e]m. 13[e]s.] (B) acéphale, BL Roy. 20 B.XIX [traits bourg. ca. 1270] (C), BL Roy. 20 D.XI [traits pic., prob. Paris ca. 1335] (D), BN fr. 24369 [prob. Paris, traits pic., ca. 1335] (E), non utilisé Chicago Univ. Libr. 708 [fin 13[e]s.] (Ch) fragm.: v. 7739ss.; p. p. H. Suchier, *Les Narbonnais*, 2 vol., Paris (Firmin Didot) 1898; [= TL Narbon.; FEW Narb; Boss 593; Hol 715]. Les mss. D et E représentent une version remaniée. Le fragm. Ch a été p. p. D. McMillan, R 67 (1942-43) 91-103. Cp. → DepartFilsAim.

NarbHF id.; fragment Genova Bibl. Berio m.r.cf.2.23 [14[e]s.], complétant heureusement le ms. B, v. 2628-2960; p. p. G. Favati, "Un ignoto frammento del poema Les Narbonnais", *Omaggio Camillo Guerrieri Crocetti*, Genova 1971, 493-509; [= TL Narbon. F; Boss[2] 1357]. Un fac-similé est dans *La Berio*, Boll. bibl. Qu. 8, 1968, 5-23, spéc. 12-13 et 18-19.

NarbAssH id., fragm. d'une version assonancée très indépendante de la version rimée (Narb), plus archaïque; ca. 1200 (?); ms. London Ph. Meadows [agn. 13[e]s.]; p. p. G. Hutchings, "Les Narbonnais", dans → MélPope p. 144a-159. Avec une reprod. Le texte conservé sur deux demi-f[os] correspond à 12 laisses de Narb, v. 4335-4375; 4412-4425; ca. 4225 (5 vers); 4430-4470; 5718-5738; 5774-5796; 5824-5840; 5976-6000; 6038-6075.

NarcisusP Le lai de Narcisus, conte repris aux Métamorphoses d'Ovide (III 339-510), vers octosyll.; traits norm. ca.1165; ms. de base BN fr. 2168 [pic. fin 13[e]s.] (C), en var. BN fr. 837 [frc. 4[e]q. 13[e]s.] (A), BN fr. 19152 [frc. fin 13[e]s.] (B), Berlin Staatsbibl. Hamilton 257 [norm. ca. 1300] (D) incomplet; p. p. M. M. Pelan – N. C. W. Spence, *Narcisus, poème du XIIe siècle*, Paris (Les Belles Lettres) 1964 (Publ. Fac. Lettr. Univ. de Strasbourg 147); [= TL Narcisus; Boss[2] 2229]. Transcriptions fidèles. Nombre de vers ont été repris dans → Claris, v. NarcisusT p. 35-36.

NarcisusB id.; éd. composite qui se sert des trois mss. de la BN; p. p. D. M. Méon dans → BarbMéon 4,143-175.

NarcisusBa id.; ms. C; p. dans → PirBa 84-153; 266-273. Corr. d'après les éd. antérieures.

NarcisusH id.; éd. très corrigée partant de BN fr. 2168; p. p. A. Hilka, "Der altfranzösische Narcisuslai, eine antikisierende Dichtung des 12. Jahrhunderts", *ZrP* 49 (1929) 633-675; [= TL Narcisuslai]. Texte normannisé par son éditeur.

NarcisusT id.; ms. de base C; M. Thiry-Stassin – M. Tyssens, *Narcisse*, Paris (Les Belles Lettres) 1976; [= TL Narcisus T-S T; Boss[2] 2230]. Édition critique très corrigée; modifications en italiques. C.r. Burgess RoPh 33,593-595, gloss. 'a little disappointing'; Roques ZrP 94,157-159, gloss. 'tout à fait excellent'. [Réimpr. dans M. Mancini, *Il Lai di Narciso*, Parma 1989.]

Nasser F. Nasser, *Emprunts lexicologiques du français à l'arabe des origines jusqu'à la fin* *du XIX^{e}s.*, thèse Paris, Beyrouth (Hayek-Kamal) 1966.

Nat<small>ND</small>BNfr818R Poème sur la Nativité Nostre Dame, incip. *A la Jhesu beneïçon*, vers octosyll.; traits lyonn., 1^{e}m. 13^{e}s.; ms. BN fr. 818 [lyonn. 2^{e}m. 13^{e}s.]; p. dans → ReinschEvang p. 21-25.

Nat<small>NS</small>SteGenW Mystère de la Nativité Nostre Seigneur, octosyll.; 2^{e}q. 14^{e}s., ms. Ste-Gen. 1131 [ca. 1440]; p. p. R. Whittredge, *La Nativité et Le geu des trois roys*, thèse Bryn Mawr PA 1944; [= Hol 2079]. Contient aussi → TroisRoisW.

Nat<small>NS</small>SteGenJ id.; p. dans → JubMyst 2,1-78.

NecrArrB Nécrologe des jongleurs d'Arras des années 1194 - 1361; ms. BN fr. 8541 [commencé ca. 1210, ensuite inscriptions orig. d'année en année] (f°3-45r°; f°45v°: 16^{e}s.; f°46-49 v. → ConfrJonglArrG); art. ca. 1210 ss.; p. p. R. Berger, *Le nécrologe de la confrérie des jongleurs et des bourgeois d'Arras (1194-1361)*, vol. 1, Arras 1963: *Texte et Tables*, vol. 2, *Introduction*, Arras 1970 (Mém. de la Comm. dép. des mon. hist. du Pas de Calais XI^2 et XIII^2); [= TL Nécrol. confrérie B; Boss^2 4516]. Contient aussi → ChandeleArrB. C.r. Lecoy R 85 (1964) 410 et R 91 (1970) 574-575.

Neoph *Neophilologus. Driemaandelijks tijdschrift voor de wetenschappelike beoefening van levende vreemde talen en van haar letterkunde*, Groningen (Tjeenk Willink, puis Wolters) 1916-.

NevAmJ Nevelon Amion, trouvère prob. d'Arras, Dit d'Amour, strophes d'Hélinant, octosyll.; art. ca. 1270; ms. BN fr. 25566 [pic. (Arras) prob. 1295] (A) et Vat. Reg. lat. 1490 [déb. 14^{e}s.] (B); p. dans → GuillAmAmJ p. 54-58; [= TL Tr. Dits d'Am. II].

NewmanNesle W. M. Newman, *Les seigneurs de Nesle en Picardie (XIIe – XIIIe siècle), leurs chartes et leur histoire*, 2 vol., Paris (Picard) 1971 (Bibl. Soc. Hist. Dr. pays flam., pic. et wall. 27). Doc. fr. (pic.) à partir de 1241; premier orig.: 1243.

Nezirović M. Nezirović, *Le vocabulaire dans deux versions du Roman de Thèbes*, Clermont-Ferrand 1980 (Fac. des Lettres et Sc. hum. de l'Univ. de Clermont-F. II). Concerne deux mss. de la version courte, C et S, de → Thebes.

Nic 1606 J. Nicot, *Thresor de la langue françoyse, tant ancienne que moderne*, Paris (Douceur) 1606; [= FEW Nic 1606; TL Nicot Thresor].

Nic 1621 J. Nicot, *Thresor de la langue françoyse, tant ancienne que moderne*, Paris (Douceur) 1621 (réimpr. Paris, Picard, 1960).

NicBozAgnèsD[1] Vie de sainte Agnès, version en vers octosyll. par Nicole Bozon (Franciscain des East Midlands, prob. Nottingham); agn. déb. 14^{e}s.; ms. unique BL Cotton Domitian A.XI (29384) [agn. 1^{e}m. 14^{e}s.]; p. p. A. J. Denomy, "An Anglo-French life of Saint Agnes", *Harvard Studies and Notes in Phil. and Lit.* 16 (1934) 51-68; [= TL SAgnes *et* SAgnes D]. Le début de cette vie a été p. dans → NicBozMorS p. XLVIII-LII.

NicBozAgnèsD[2] id.; p. dans → SAgnèsDécD p. 216-225.

NicBozAgnèsK id.; p. dans → NicBozSAgatheK p. 92-103; [= AND Boz S Agnes; Dean 582].

NicBozCharV id., Le char d'Orgueil, poème allégorique moralisateur en quatrains dodéca-syllabiques irréguliers; agn. ca. 1305; ms. de base Cambridge Univ. Gg.VI.28 [agn. ca. 1310] (C), pour les vers 1-122 BL Add. 46919 [agn. ca. 1330] (Ch), en var. Oxford Bodl. Bodley 425 [agn. mil. 14^{e}s.] (O) et BL Roy. 8 E.XVII [agn. déb. 14^{e}s.] (L); p. p. J. Vising, *Deux poèmes de Nicholas Bozon: Le char d'Orgueil, La lettre de l'empereur Orgueil*, Göteborg (Elander) 1919 (Göteborgs Högskolas Årsskrift 25,3); [= TL NBozon Char d'Orgueil; FEW BozonL; AND Boz Char; Dean 687; Vising 291]. Contient aussi → NicBozEmpV.

NicBozChristK Vie de sainte Christine par Nicole Bozon, en vers octosyll.; agn. déb. 14^{e}s.; ms. BL Cotton Domitian A.XI (29384) [agn. 1^{e}m. 14^{e}s.]; p. dans → NicBozSAgathe p. 75-83; [= AND Boz S Christ; Dean 582].

NicBozElisK Vie de sainte Elisabeth de Hongrie par Nicole Bozon, en vers octosyll.; agn. déb. 14^{e}s.; ms. de base BL Cotton Domitian A.XI (29384) [agn. 1^{e}m. 14^{e}s.], en var. BL Add. 70513 (anc. Welbeck Abbey I.C.1) [agn. f°1-8: déb. 14^{e}s.]; p. p. L. Karl, "Vie de sainte Elisabeth de Hongrie par Nicolas Bozon", *ZrP* 34 (1910) 295-314; [= TL NBozon SElis.; Boss 3414; Hol 153; Dean 582; Vising 134].

NicBozElisKl id.; ms. BL Cotton Domitian A. XI [1^{e}m. 14^{e}s.]; p. dans → NicBozSAgatheK p. 59-74; [= AND Boz S Eliz].

NicBozEmpV id., La lettre de l'empereur Orgueil, poème allégor. moralisant en vers octosyll. irréguliers; agn. déb. 14^{e}s.; ms. de base Oxford Bodl. Douce 210 [agn. déb. 14^{e}s.] (D), en var. BL Harl. 209 [agn. déb. 14^{e}s.] (H); p. dans → NicBozCharV p. 61-82; [= TL NBozon Lettre d'Orgueil; Dean 220; Vising 287].

NicBozEnsM *Enseignement* pieux attribué à Nicole Bozon, incipit *Puys ke honme deit partir*,

NicBozEnsM

vers octosyll. irrég.; agn. déb. 14ᵉs.; ms. BL Sloane 1611 [fº68vº: agn. déb. 14ᵉs.], autres mss.: London Lambeth Palace 522 [agn. déb. 14ᵉs.] v. ci-dessous, BL Add. 46919 (anc. Cheltenham Phillipps 8336) [agn. ca. 1330] fº84; p. p. P. Meyer, *R* 40 (1911) 533-534; [= Dean 592 (8)]. Cp. BullI-RHT 14, 56; LångforsInc 295.

NicBozEnsR id.; ms. London Lambeth Palace 522 [agn. déb. 14ᵉs.]; p. p. R. Reinsch, "Mittheilungen… Lambeth Palace…", *AnS* 63 (1880) 76.

NicBozJulK Vie de sainte Julienne attribuée à Nicole Bozon, en vers octosyll.; agn. déb. 14ᵉs.; ms. BL Cotton Domitian A.XI [agn. 1ᵉm. 14ᵉs.]; p. dans → NicBozSAgatheK p. 84-91; [= AND Boz S Jul; Dean 582; cp. Boss 3421].

NicBozJulL id.; p. dans → NicBozMadL p. 267-269.

NicBozLucieK Vie de sainte Lucie par Nicole Bozon, en octosyll.; agn. déb. 14ᵉs.; ms. BL Cotton Domitian A.XI [agn. 1ᵉm. 14ᵉs.]; p. dans → NicBozSAgatheK p. 49-58; [= AND Boz S Lucy; Dean 582].

NicBozMadK Vie de sainte Marie-Madeleine attribuée à Nicole Bozon, en vers octosyll.; agn. déb. 14ᵉs.; ms. BL Cotton Domitian A.XI [agn. 1ᵉm. 14ᵉs.]; p. p. M.A. Klenke, *Three Saints' Lives by Nicholas Bozon*, St. Bonaventure, N.Y., 1947 (Franciscan Inst. Publ. Hist. Ser. 1); texte p. 3-25; [= Hol 151.2; Dean 582; Vising 134; Boss 7002; AND Boz S Mad].

NicBozMadL id., impression diplomatique p. p. M. R. Learned, "Saints' lives attributed to Nicholas Bozon", *Franciscan Studies* 25 (1944) 79-88; 171-178; 267-271 (texte 82-88); [= Hol 151.1].

NicBozMargL Vie de sainte Marguerite attribuée à Nicole Bozon, en vers octosyll.; agn. déb. 14ᵉs.; ms. BL Cotton Domitian A.XI [agn. 1ᵉm. 14ᵉs.]; p. dans → NicBozMadL p. 171-174; [= Vising 121]. Cp. → SMarg10.

NicBozMargK id.; p. dans → NicBozMadK p. 29-42; [= AND Boz S Marg; Dean 582; cf. Boss 3428; Suppl. I p. 130 ad 3428].

NicBozMartheL Vie de sainte Marthe attribuée à Nicole Bozon, en vers octosyll.; agn. déb. 14ᵉs.; ms. BL Cotton Domitian A.XI [agn. 1ᵉm. 14ᵉs.]; p. dans → NicBozMadL p. 174-178.

NicBozMartheK id.; p. dans → NicBozMadK p. 45-59; [= AND Boz S Mar; Dean 582].

NicBozMorS Nicole Bozon, Contes moralisés en prose aux contenus variés: 'propriétés des choses', exemples, fables; agn. déb. 14ᵉs.; ms. de base London Gray's Inn 12 (768) [agn. mil. 14ᵉs.] (A), var. et ajouts tirés de BL Add. 46919 (anc. Cheltenham Phillipps 8336) [agn. ca. 1330] (B); p. p. L. T. Smith, *Les contes moralisés de Nicole Bozon*, Paris (Didot) 1889 (SATF); [= TL NBozon Cont. mor.; FEW BozonC; AND Boz Cont; Dean 695]. L'étude des anglicismes par Ross, NM 50 (1949) 200-220, semble être oubliée par les médio-anglicistes et les anglo-normandistes.

NicBozPanuceB Vie de saint Panuce (Paphnucius), attribuée à Nicole Bozon, en vers octosyll.; agn. déb. 14ᵉs.; ms. BL Add. 70513 (anc. Welbeck Abbey I.C.1) [agn. fº1-8: déb. 14ᵉs.]; p. p. A.T. Baker, "Vie de saint Panuce", *R* 38 (1909) 418-424; [= Vising 134; TL Vie SPanuce; Dean 538; Boss 3345; Hol 156; AND S Pan].

NicBozPassJ Nicole Bozon, *Tretys de la Passion*, incip. *Uns rois jadis estait qe avait un amye*, allégorie chevaleresque traitant de la Redemption, quatrains en alexandrins monorimes; agn. déb. 14ᵉs.; ms. transcrit BL Cotton Julius A.V [agn. 1ᵉʳq. 14ᵉs.], autre ms. BL Add. 46919 [agn. ca. 1330]; p. dans → JubNRec 2,309-315; [= Dean 688].

NicBozPaulB Vie de saint Paul l'Hermite, attribuée à Nicole Bozon, vers octosyll.; agn. ca. 1300; ms. BL Add. 70513 (anc. Welbeck Abbey I.C.1) [agn. fº1-8: déb. 14ᵉs.]; p. p. A.T. Baker, "An Anglo-French life of Saint Paul the Hermit", *MLR* 4 (1908-9) 491-504; [= Dean 539; Vising 134; Boss 3363; Hol 157; AND S Paul].

NicBozProvR/S**T** Nicole Bozon, Proverbes de bon enseignement, collection de prov. lat. commentés en fr. par quatre ou plus de vers octosyll.;, agn. fin 13ᵉs.; mss. Oxford Bodl. Selden Supra 74 [agn., cette partie déb. 14ᵉs.] (S) et BL Roy. 8 E.XVII [agn. déb. 14ᵉs.] (R) imprimés en parallèle, en var.: BL Arundel 507 [agn. mil. 14ᵉs.] (A), BL Harl. 957 [agn. déb. 14ᵉs.] (H), Oxford Bodl. Bodley 761 [agn. ca. 1365] (B), Oxford Bodl. Engl. poetry a.1 (Vernon) [agn. fin 14ᵉs.] (V), BL Add. 22283 [agn. fin 14ᵉs.] (Add.), Oxford Bodl. Rawl. F.241 [agn. déb. 14ᵉs.] (O), Oxford Bodl. Bodley 425 [agn. mil. 14ᵉs.] (B2); p. p. A.C. Thorn, *Les proverbes de bon enseignement de Nicole Bozon*, Lund (Gleerup) 1921 (Lunds Univ. Årsskrift N. F. Avd. 1, Bd. 17, Nr. 4); [= TL NBozon Prov.; FEW BozonPr; AND Boz Prov; Dean 252; Vising 265].

NicBozSAgatheB Vie de sainte Agathe attribuée à Nicole Bozon, en vers octosyll.; agn. 1ᵉm. 14ᵉs.; ms. BL Cotton Domitian A.XI [agn. 1ᵉm. 14ᵉs.]; p. p. L. Brandin, "Vie de sainte Agathe (Rédaction anglo-normande en vers)", dans *Mélanges offerts à Emile Picot*, Paris 1913, t. I, p. 91-100; [= TL Vie SAgathe; Boss 3396; Hol 151].

NicBozSAgatheK id.; p. p. M. A. Klenke, *Seven more poems by Nicholas Bozon*, St. Bonaventure, N. Y. (Franc. Inst.) – Louvain (Nauwelaerts) 1951 [Franciscan Institute Publ., Hist. Ser. 2], texte p. 104-114; [= AND Boz S Agace; Dean 582; Vising 134; Boss 7003].

NicBozSAgatheL id.; p. dans → NicBozMadL p. 269-271 (impr. diplomatique).

NicBozSerm[1-9]**L** Sermons de Nicole Bozon, en vers octosyll.; agn. déb. 14ᵉ s. (sermon 8: fin 13ᵉ s.); ms. unique des sermons 1 à 7 et 9: BL Add. 46919 [agn. ca. 1330], le sermon 8 (sur la mort) se trouve aussi dans London Lambeth Palace 522 [agn. déb. 14ᵉ s.] et BL Sloane 1611 [f°68v°: agn. déb. 14ᵉ s.]; p. p. B. J. Levy, *Nine verse sermons by Nicholas Bozon*, Oxford (Soc. for the St. of Med. Lang. and Lit.) 1981 [Med. Aev. Monogr., N. S. 11]; [= AND Boz Serm; Dean 592; Vising 177: sermon 8; cf. Boss² 5875].

[NicBoz cp. → AmDieu; PlainteAmV; 'Ave' v. Dean 822; 'Planctus' Dean 956.]

NicChesnK Nicolas de la Chesnaye (mort en 1505), *La Condamnacion des banquetz*, moralité prêchant l'ascèse; ca. 1504; impr. chez Antoine Vérard en 1508 [n.st.] (et plus souvent); p. sur la base de Vérard 1508 par J. Koopmans – P. E. R. Verhuyck, *Nicolas de la Chesnaye, La Condamnation de Banquet*, Genève (Droz) 1991 (T. L. F. 395); fac-similé dans *Moralités françaises, Réimpression fac-similé de vingt-deux pièces allégoriques imprimées aux XVᵉ et XVIᵉ siècles, avec une introduction de W. Helmich*, 3 vol., Genève (Slatkine) 1980, texte t. 2, p. 1-85. Précédé du traité de santé *La nef de santé* (sans doute du même auteur) et suivi de *Le gouvernail du corps humain* (p.-ê. du même auteur). Cp. Boss 5873; 8048; Parfondry *Marche Romane* num. spéc. 1973 (Mél. Delbouille) 251-268.

NicTroyK Nicolas de Troyes, *Le grand parangon des nouvelles nouvelles*, collection de nouvelles, en partie tirées de collections anciennes (Boccaccio, GesteRom, CentNouv, etc.), en partie créées ou transformées par l'auteur; 1536 (mai 1535 – 1ᵉʳ mars 1536 a.st.); ms. unique BN fr. 1510 [1536]; extraits p. p. K. Kasprzyk, *Le grand parangon des nouvelles nouvelles*, Paris (Didier) 1970. Seule la deuxième moitié de la collection a survécu.

NicTroyM id.; pièces propres à l'auteur p. p. E. Mabille, *Le Grand Parangon des Nouvelles nouvelles composé par Nicolas de Troyes*, Paris (Franck-Vieweg) 1869 (Bibl. elzévirienne); [= TL Nic. de Troyes Par.].

Niermeyer J. F. Niermeyer, *Mediae latinitatis lexicon minus*, Leiden (Brill) 1954-1976 [lettres V-Z et Index Fontium p. p. C. van de Kieft]. S'appuie sur DC etc. (à contrôler!) et apporte des matériaux nouveaux.

NiermeyerBu id.; 2ᵉ éd. en 2 vol., remaniée par J. W. J. Burgers, Leiden (Brill) – Darmstadt (Wiss. Buchges.) 2002. Contrôler les citations [sub JOCULARIS 'subst.', *Canto ocularis* vient de Niermeyer qui donne *Canto jocularis*, ce qui se lit dans la source *Cantator quidam iocularis*: adj.].

NissilleGramm Christel Nissille, *'Grammaire floue' et enseignement du français en Angleterre au XVᵉ siècle. Les leçons du manuscrit Oxford Magdalen 188*, Tübingen (Francke) 2014. Contient aussi → SommeLauroN. P. 275-492, Annexes joints sur CD (encore lisible en 2016): Rép. des textes et mss., concord. avec SommeLaurB, SommeLauroN. C.r. Lusignan VRo 74,322-327.

NobelAng P. Nobel, *Étude du vocabulaire des documents en français des archives angevines de Naples (Règne de Charles 1ᵉʳ)*, thèse Strasbourg 1979. Concerne → BoüardArchAng.

NoblBretZ Les noblesses et coustumes de la mer de Bretagne, appelé aussi Brefs de mer, droit de mer, de passage et d'épave sur les côtes de Bretagne, prose, impression pseudo-diplomatique des trois mss. en parallèle; 14ᵉ s.; mss.: Ars. 2570 [1437], Rennes 74 (72) [fin 15ᵉ s.], Den Haag KB 75.H.32 (O.154) [1ᵉʳ m. 16ᵉ s.]; p. p. H. L. Zeller, *Die Noblessen von Bretagne*, Berlin (Prager) 1911; [= FEW NoblBret et Zeller 7].

NoblBretP id.; textes basés sur Ars. (1) et Rennes (2, 2ᵉ partie seulement) et Den Haag (3, fin seulement), p. dans → Planiol 465-468.

Nocentini A. Nocentini con la coll. di A. Parenti, *L'etimologico. Vocabolario della lingua italiana*, Milano (Mondadori / Le Monnier) 2010.

NominaleS *Nominale sive verbale*, traité didactique pour l'apprentissage du vocabulaire fr., classé par matières, à contextes rudimentaires, rimé, avec trad. interlinéaire mangl., largement tributaire de → Bibb; agn. déb. 14ᵉ s.; ms. Cambridge Univ. Ee.IV.20 [agn. 1382 ss.]; p. p. W. N. Skeat, "Nominale sive Verbale", *Transactions of the Philological Society* 1906, 1-50; [= AND Nom; Dean 308; Vising 327].

NomparJerN Nompar II, seigneur de Caumont (Agenais) (mort en 1446), *Le voyatge d'Oultremer en Jherusalem*, récit d'un pèlerinage fait en 1418; 1418 (ou peu après); ms. BL Egerton 890 [2ᵉ q. 15ᵉ s.]; p. p. P. S. Noble, *Le Voyatge d'Oultremer en Jherusalem de Nompar, seigneur de Caumont*, Oxford (Blackwell) 1975 (Med. Aev. Monogr., n.s., 7); [= Boss² 8124].

NomparJerL

NomparJerL id.; p.p. A. É. Le Lièvre de La Grange, *Voyaige d'Oultremer en Jhérusalem par le seigneur de Caumont l'an M CCCC XVIII*, Paris (Aubry) 1858; [= Hol 504].

NoomenFabl W. Noomen – N. H. J. van den Boogaard et al., *Nouveau recueil complet des fabliaux*, 10 vol., Assen (Van Gorcum) 1983-1998; [= TL Nouv. Recueil Fabliaux NvdB; TL Buffet = n°52 (éd. A. Barth; Boss 2491); Boss^2 4591]. Nombre de fabliaux, notamment ceux réédités à plusieurs reprises ont des sigles particuliers, p. ex. le t. 1 contient → EstormiN, ConstHamelN, SPierJonglN, AubereeN. Considérer de préférence les textes pseudo-diplomatiques (les textes 'critiques' peuvent contenir des formes non documentées ou commentées, p.ex. ConstHamelN 625 *enz*). À compléter par → VitS, ConVetB, etc. Cf. A. E. Cobby, *The Old French fabliaux. An analytic bibliography*, Woodbridge 2009.

NoomenJongl W. Noomen, *Le jongleur par lui-même*, Louvain – Paris (Peeters) 2003 (Ktēmata 17). Contient 10 dits et fabliaux avec trad.: DeuxBordeors^{1}N; FevrDitN; RioteAN; DentN; HontMenN; TaboureursN; SPierJonglN^2; PutLechGN^2; RutebCharlotN^2; TroisBoçusN^2; Trois Chanoinesses de Couloigne; BoisProvAN^2; Jouglet; Vilain au Buffet; Le Foteor.

NotExtr *Notices et extraits des manuscrits de la Bibliothèque nationale et autres bibliothèques*, publiés par l'Académie des Inscriptions et Belles-Lettres (Institut national de France), Paris (Impr. Nat.) 1787– (titre variable); [= FEW NotMan].

NouveletM *Le Nouvelet*, sorte d'art d'aimer en vers, inspiré de → RoseL et proche de → GuillMach; [2^{e}m. 14^{e}s.]; ms. prob. peu fidèle Vat. Reg. lat. 1323 [Paris ca. 1476]; p. p. A. Menichetti, "Un 'Art d'amour' inedito del secolo XIV: il 'Nouvelet' ", *Testi e interpretazioni. Studi del Seminario di Filologia romanza dell'Università di Firenze*, Milano (Ricciardi) 1978, 425-471.

NovJust Novellae Constitutiones ou Authentiques, quatrième et dernière partie du Corpus iuris civilis de Justinien, collection de lois nouvelles (534-565), trad. fr. en prose; 3^{e}q. 13^{e}s.?; ms. BL Roy. 20 D.IX [2^{e}m. 13^{e}s.], BN fr. 498 [1342] f°48-170, BN fr. 22970 [Paris déb. 14^{e}s.] f°71-223, Bruxelles Bibl. roy. 10467 [ca. 1475]; inédit; [= Transmédie 57].

NovNarrS *Novae Narrationes*, collection de résumés de causes traitées dans des cours anglaises; on distingue trois types de collections, A,B et C: A date de ca. 1285-1307, B -plus complet- de fin 13^{e}s.-1307, C -encore plus complet- du déb. 14^{e}s. (les mss. «early C» donnent le texte authentique, les mss. «late C» ont été complétés plus ou moins ultérieurement); agn. ca. 1300; ms. type A: BL Add. 37657 [agn. ca. 1305], base type B: BL Lansdowne 652 [agn. 1^{er}q. 14^{e}s.], var. et complém. B: BL Add. 37658 [agn. ca. 1325], BL Harl. 408 [agn. 1^{er}t. 14^{e}s.], BL Harl. 667 [agn. 1^{er}q. 14^{e}s.], BL Harl. 673 [agn. 2^{e}t. 14^{e}s.], BL Harl. 869 [agn. 1^{er}t. 14^{e}s.], Oxford Bodl. Rawl. C.245 [agn. déb. 15^{e}s.], Oxford Bodl. Rawl. C.332 [agn. 1^{er}q. 14^{e}s.], Cambridge Univ. Mm.I.30 [agn. déb. 14^{e}s.], Cambridge Univ. Mm.V.23 [agn. 1^{er}q. 14^{e}s.], Dublin Trinity Coll. E.6.5 (642) [agn. 2^{e}t. 14^{e}s.], Dublin Trinity Coll. G.6.8 (1051) [agn. 14^{e}s.], ms. de base C (early): London Lambeth Palace 564 [agn. ca. 1310], var. et compl. C (early): BL Roy. 11 A.VIII [agn. 2^{e}t. 14^{e}s.], London Lincoln's Inn Hale 139 (XIX) [agn. 2^{e}q. 14^{e}s.], Cambridge Mass. Harvard Law School Dunn 60 [agn. ca. 1325], C (late): BL Add. 25029 [agn. 2^{e}t. 14^{e}s.], BL Add. 35095 [agn. 2^{e}t. 14^{e}s.], BL Harl. 25 [agn. 2^{e}t. 14^{e}s.], BL Harl. 577 [agn. ca. 1400], BL Harl. 947 [agn. 2^{e}t. 14^{e}s.], BL Harl. 1807 [agn. mil. 15^{e}s.], BL Harl. 5146 [agn. 1483], BL Lansdowne 475 [agn. fin 14^{e}s.], Oxford Bodl. Rawl. C.454 [agn. mil. 14^{e}s.], Oxford Bodl. Rawl. C.459 [agn. 2^{e}t. 14^{e}s.], Oxford Bodl. Rawl. D.506 [agn. 15^{e}s.], Oxford Bodl. Tanner 450 [agn. 14^{e}s.], Cambridge Univ. Dd.VI.85 [agn. après 1317], Cambridge Univ. Gg.VI.7 [agn. 3^{e}q. 14^{e}s.], Dublin Trinity Coll. E.5.11 (662) [agn. après 1413], Dublin Trinity Coll. F.6.5 (606) [agn. ca. 1400], Cambridge Pembroke Coll. 271 [agn. 14e et 15^{e}s.], Cambridge Mass. Harvard Law School Dunn 35 [agn. 2^{e}t. 14^{e}s.], Cambridge Mass. Harvard Law School Dunn 41 [agn. après 1510], Cambridge Mass. Harvard Law School Dunn 51 [agn. 3^{e}q. 14^{e}s.], Philadelphia Free Libr. Carson Coll. Group 14 No. 27 [agn. après 1415]; p. p. E. Shanks – S. F. C. Milsom, *Novae Narrationes*, London (Quaritch) 1963 (Selden Society 80); [= AND Nov Narr].

NykrogFabl P. Nykrog, *Les Fabliaux. Étude d'histoire littéraire et de stylistique médiévale*, Copenhague (Munksgaard) 1957; [= Boss 7677].

Nyrop K. Nyrop, *Grammaire historique de la langue française*, 6 vol., Copenhague (Gyldendal puis Nordisk Forl.) 1903-1930; [= FEW Nyrop; TL Nyrop Gramm. hist.].

NyströmMén U. Nyström, *Poèmes français sur les biens d'un ménage depuis* L'oustillement au villain *du XIIIe siècle jusqu'aux* Controverses de Gratien du Pont, Helsinki (Impr. de la Soc. de Litt. Finn.) 1940 (Ann. Acad. Scien. Fenn. B 46); [= TL Biens d'un ménage *et* Oustillement au vilain; FEW Nystr]. Contient → MenageDitN, OutVilN, OutVilBN, OutHôtelN, OutHôtelBN, etc.

OED J. A. H. Murray, *A new English dictionary on historical principles*, 10 vol., Oxford (Clarendon) 1888-1928, *Introduction, Supplement, and*

Bibliography, 1933; [= TL Murray Engl. Wb.; FEW NED *et* OxfDict; AND OED]. Cf. J. Schäfer, *Documentation in the O. E. D. ...*, Oxford (Clarendon) 1980. Dict. modèle; travaux à partir de 1857. – La soi-disant 2ᵉ éd. du OED, Oxford 1989 (OED²), incorpore les matériaux du Suppl. et ajoute des néologismes; la partie historique demeure inchangée. La 'New Edition', appelée aussi 'Third Edition', est en cours; des états mis à jour régulièrement en sont consultables sur le réseau (OED³; OED Online). Parution: NED t. 1, AB, 1888; 2, C, 1893; 3, DE, 1897; 4, FG, 1900; 5, HIJK, 1901; 6, LMN, 1908; 7, OP, 1909; 8, QRSe, 1914; 9¹, Si-St, 1919; 9², Su-Te, 1919; 10¹, Ti-U, 1926; 10², V-Z, 1928; OED avec Suppl., 13 vol., 1933; OED Suppl. 1, 1972; 2, 1976; 3, 1982; 4, 1986; réuni comme 2ⁿᵈ Ed., 20 vol., 1989; Add. Ser., 1-2, 1993; 3, 1997; OED, sans indication de vol.: révision en cours (un tiers de fait en 2016), accès payant par le réseau.

OED³ → OED.

OEDSh 1978 *The Shorter Oxford English Dictionary on historical principles*, prép. by W. Little, H. W. Fowler, J. Coulson, rev. and ed. by C. T. Onions, third éd. G. W. S. Friedrichsen, éd. Oxford (Clarendon) 1978 [en sont citées également d'autres éd.].

OEDSh 1993 id.; éd. remaniée profondément, en partie sur la base de l'OED² électronique et aussi de sources nouvelles; p. p. L. Brown, *The New Shorter Oxford English Dictionary on historical principles*, 2 vol., Oxford (Clarendon) 1993.

OLD *Oxford Latin Dictionary*, p. p. P.G.W. Glare et al., Oxford (OUP) 1968-1982; réimpr. 2005; 2ᵉ éd., revue sur certains points, 2012. Travaux depuis 1933. Comprend le 2ᵉ siècle. Dans la lignée Forcellini-Scheller; bonne sélection d'exemples.

ONW *Oudnederlands woordenboek*, p. p. W. J. J. Pijnenburg – T. H. Schoonheim – K. Louwen – M. A. Mijaart – A. Quak et al., Leiden [2009], travail évolutif accessible sur le site inl.nl. Sources anéerl. datées de ca. 500 à 1200.

OakBookS Coutumier de la ville de Southampton, appelé autrefois *Paxbre(a)d*, auj. *Oak Book*; les chapitres les plus importants pour l'hist. du fr. sont les ch. IV Coutumes des corporations, ms. agn. ca. 1300, t. 1, p. 22-81, ch. V Péages, ms. agn. ca. 1300, t. 2, p. 2-17, ch. IX → CoutMerOlS, ms. agn. mil. 14ᵉs., t. 2, p. 54-103; les textes sont prob. contemporains du ms., sauf dans le cas de CoutMerOl; ms. unique Southampton Audit House Oak Book [agn. ca. 1300 etc.]; p. p. P. Studer, *The Oak Book of Southampton, of c. A. D. 1300. Transcribed and edited from the unique ms. in the Audit House, with translation, introduction, notes, etc.*, 2 t. et un supplément, soit trois vol., Southampton (Cox & Sharland) 1910-1911 (Southampton Record Society 10); [= Vising 395; AND Oak Book].

OedeCourS Oede de la Couroierie (ob. 1294), cinq chansons; 3ᵉt. 13ᵉs.; mss. Ars. 5198 [déb. 14ᵉs.] (K), BN fr. 845 [3ᵉt. 13ᵉs.] (N), BN fr. 847 [4ᵉq. 13ᵉs.] (P); p. dans → JRentiS, textes 207-213; 217-218; [= TL JRenti Oede].

Oelschläger V. R. B. Oelschläger, *A Medieval Spanish word-list. A preliminary dated vocabulary of first appearances up to Berceo*, Madison (Univ. of Wisconsin Press) 1940. Datations à vérifier.

OgDanE Ogier de Danemarche, chanson de geste, 12346 vers décasyll. en laisses asson.; pic. 1ᵉʳt. 13ᵉs.; ms. de base Tours 938 [It. 1ᵉm. 14ᵉs.] (B), var. tirées de BN fr. 24403 [pic. fin 13ᵉs.] (A) incomplet, Durham Univ. Cosin V.II.17 [pic. 2ᵉm. 13ᵉs., 2 mains] (D) anoure, Montpellier Ec. de Méd. 247 [pic. 2ᵉm. 14ᵉs.] (M), non utilisé BN fr. 1583 [15ᵉs.] (P) v. → OgDanP; p. p. M. Eusebi, *La chevalerie d'Ogier de Danemarche*, Milano – Varese (Istituto Edit. Cisalpino) 1963 (Testi e doc. lett. mod. 6); [= TL Chevalerie d'Ogier *et* Og. Dan. E; Boss² 1363]. Concordance des éd. B et E ici, en appendice. Éd. non définitive. – Texte daté de 1190 et de fin 12ᵉs. par le FEW et d'autres.

OgDanB id.; ms. de base B, 'complété' par A; p. p. J. Barrois, *Raimbert de Paris, La chevalerie Ogier de Danemarche*, 2 vol., Paris (Techener) 1842 (réimpr. Genève, Slatkine, 1969 [à date err.]); [= TL Og. Dan.]. Concordance des éd. B et E ici, en appendice.

OgDanO id.; même ms. de base B, les autres en var.; t. 1, contenant la première partie appelée Enfances (3073 vers sur 12346); p. p. M. Ott, *La chevalerie Ogier. Tome I: Enfances*, Paris (Champion) 2013 (CFMA 170). Sans datation et localisation des mss. propre [B: 'IRHT pic.' err.]. Avec notes, var. de tous les mss. et gloss.

OgDanP[S] id., version du ms. P, augmentée (v. 1-12330 > 1-13856) et élargie d'une suite, v. → OgDanDelivrL; déb. 14ᵉs.; éd. du ms. BN fr. 1583 [15ᵉs.] (P) en prép. par T. K. Salberg, v. les bribes dans R 114,350-361. ÷

OgDanAlC id., version en alex.; francoit. 1ᵉʳq. 14ᵉs.; ms. Venezia Marc. fr. XIII (256) [francoit. 1ᵉm. 14ᵉs.]; p. p. C. Cremonesi, *Le Danois Ogier, Enfances – Chevalerie, Codice Marciano XIII*, Milano (Cisalpino - Goliardica) 1977; [= TL Og. Dan. C; Boss² 1371]. V. 1-1411 = EnfOgFrancoitC.

OgDanAlCe id.; 2ᵉ partie (chevalerie) p. p. B. Cerf, "The Franco-Italian *Chevalerie Ogier*", *MPh*

OgDanAlCe

8 (1910-1911) 187-216 [1-30]; 335-361 [31-57]; 511-525 [notes: 59-73]; [= TL Chev. Ogier frk.-it.; Boss 613].

OgDanAlM id.; dans → GesteFrancorM.

OgDanAlR id.; p. dans → GesteFrancorR vers 11383-13500, p. 569-634.

OgDanAlS id.; 1ᵉ partie (enfances) p. p. J. Subak, "Die franko-italienische Version der *Enfances Ogier* nach dem Codex Marcianus XIII", ZrP 33 (1909) 536-570.

OgDanAl² id., version en ca. 25000 alexandrins rimés, titre *Le livre Oger de Dannemarche* (BL) et *Le roman d'Ogier le Danoiz* (Ars.); ca. 1335; mss.: Ars. 2985 [fin 14ᵉ s.], BL Roy. 15 E.VI [Rouen prob. 1444/1445] f°86r-154v, Torino Bibl. naz. L.IV.2 [15ᵉ s.]; inédit (v. Togeby, *Ogier*, 1969, 148-155). Cité dans Gdf et → OgDanB p. lxiij-lxvij (ms. Ars.); Gdf 'Livre Oger de Dannemarche' (Bibl. Ringenbach).

OgDanDelivrL La Delivrance d'Ogier le Danois, continuation en vers décasyll. de → OgDanP; déb. 14ᵉ s.; BN fr. 1583 [15ᵉ s.] f°109ss., fragm. (200 vers) Saint-Germain-en-Laye [14ᵉ s.]; fragm. p. p. A. de Longpérier, "La délivrance d'Ogier le Danois, fragment d'une chanson de geste", *JSav* 1876, p. 219-33; [= Boss 600]. Corr. dans R 5,410-411.

OgDanPrT Ogier le Danois, version en prose; 15ᵉ s.; impr. Verard 1498; p. p. K. Togeby, *Ogier le Dannoys*, København (Munksgaard) 1967; [= TL Og. Dan.²].

ÖhmannLehnpr E. Öhmann, *Die mittelhochdeutsche Lehnprägung nach altfranzösischem Vorbild*, Helsinki 1951 (Ann. Ac. Sc. Fenn. B 68,3); [= TL Öhmann Lehnprägung].

OiselWo Lai de l'Oiselet, lai à éléments d'un fabliau, à sources multiples, vers octosyll.; 1ᵉ m. 13ᵉ s.; ms. de base d'un texte 'critique' BN nfr. 1104 [frc. ca. 1300] (B), impr. diplom. de BN fr. 837 [frc. 4ᵉ q. 13ᵉ s.] (A), BN fr. 25545 [ca. 1325] (C), BN fr. 24432 [frc. av. 1349] (D), BN fr. 1593 [frc., faibles traits lorr. fin 13ᵉ s.] (E); p. p. L. D. Wolfgang, *Le Lai de l'Oiselet*, Philadelphia (Am. Philos. Soc.) 1990 (Transactions 80.5); [= TL Oisel. W]. Le texte critique invente des formes: à contrôler dans les impr. diplomatiques fournies. C.r. FSt 46,193; RLiR 55,609-610. Texte partiellement cité dans → TroisSavoirs.

OiselP id.; édition 'critique', ou 'éclectique' (RLiR 69,522), basée surtout sur le ms. C, p. p. G. Paris, *Le lai de l'Oiselet*, Paris (Hachette) 1884 (réimpr. dans G. Paris, *Légendes du moyen âge*, Paris (Hachette) 1904, 223-291); [= TL Oisel.].

OiselW id.; ms. A p. p. R. Weeks, "Le lai de l'Oiselet", dans *Medieval studies in memory of Gertrude Schoepperle Loomis*, Paris (Champion) – New York (Columbia Univ. Press) 1927, p. 341-353.

OlMarche Olivier de la Marche (ob. 1502), Mémoires; 4ᵉ q. 15ᵉ s. (commencé ca. 1472, écrit surtout après 1477 et jusqu'av. 1502); mss.: BN fr. 2868 [fin 15ᵉ s.] (I) l.I (de 1488?) seulement, BN fr. 2869 [ca. 1500] (S) ms. de base des impr. et éditions depuis Denis Sauvage (Lyon 1561), BN fr. 23232 [17ᵉ s.] (Par), Bruxelles Bibl. roy. 10999 [16ᵉ s.] (B), Lille Bibl. mun. 794 (541) [16ᵉ s.?] (L), Antwerpen Museum Plantin-Moretus 025 (anc. 141) [16ᵉ s.] (A); [= FEW OlMarche]. Pour les mss. v. C. Emerson, Olivier, Woodbridge 2004, sans datation des mss. (16 n. 21: mss. ne contenant pas le texte).

OlMart F. Olivier-Martin, *Histoire du droit français des origines à la Révolution*, Paris (Domat Montchrestien) ²1951.

OlSerres 1603 *Le Theatre d'Agriculture et Mesnage des champs d'Olivier de Serres, Seigneur du Pradel, Seconde Edition, reveuë et augmentee par l'Auteur, ...*, Paris (Abraham Saugrain) 1603; [= FEW OldeSerres]. Olivier de Serres est originaire du Vivarais. – L'éd. 1603, plus complète que la première de 1600, contient *La cueillette de la soie* (paru auparavant à part, Paris, Mettayer, 1599) et *La seconde richesse du meurier blanc*. Cette éd. est à la base de → OlSerresN et de → Andernacht. Les éd.: Paris, ¹1600, Jamet Mettayer; Paris, ²1603; ³1605, Abraham Saugrain; Paris, ⁴1608, Jean Berjon; Genève, ⁵1611, Matthieu Berjon; Paris, ⁶1615, Abraham Saugrain; Genève, ⁷1617 [identique à la 6ᵉ, sauf la date]; ⁸1619, Pierre et Jacques Chouët; Rouen, ⁹1623, Louys du Mesnil; Rouen, ¹⁰1623, Robert Valentin; Genève, ¹¹1629, Pierre et Jaques Chouët, [réimpr. de ⁸1619]; Rouen, ¹²1635, Jean de la Mare, [réimpr. de ¹⁰1623]; Genève?, ¹³1636, [indication erronée?]; Genève, ¹⁴1639, Pierre et Jaques Chouët, [réimpr. de ¹¹1629]; Rouen, ¹⁵1646, Jean Berthelin, [réimpr. de ¹²1635]; Genève, ¹⁶1651, Samuel Chouët, [réimpr. de ¹⁴1639]; Genève, ¹⁷1661, André Chouët, [réimpr. de ¹⁶1651, ou identique?]; Rouen, ¹⁸1663 [daté par erreur D. M. C. LXIII], David Berthelin, [réimpr. de ¹⁵1646, paru aussi sous le nom de Jean Machuel]; Lyon, ¹⁹1675, Antoine Beaujollin, [prob. réimpr. de ¹⁶1651; contient de plus: *La chasse au loup* par Jean de Clarmongan (p. 879-898) et *De la composition et usage de la jauge* (p. 899-902)]; Paris, ²⁰1802, Meurant, 4 vol., [rééd. de ¹1600 avec modernisation poussée de la langue]. Concordance avec OlSerresN ici, en appendice. Li semble utiliser l'éd. 1663.

OlSerresN id.; éd. basée sur OlSerres 1603, mais contenant des modifications et ajouts tirés d'éditions ultérieures et aussi des variations graphiques; p. avec la collaboration de N. L. François de Neufchâteau, citoyen Grégoire, J. B. Huzard, etc., sous le titre de *Le Théâtre d'Agriculture et mesnage des champs d'Olivier de Serres, Seigneur du Pradel…, Nouvelle édition conforme au texte, augmentée de notes et d'un glossaire…*, 2 vol., Paris (Huzard) 1804-1805. Concordance avec OlSerres 1603 ici, en app.

OlimB Registres d'arrêts du Parlement de Paris, spéc. ceux établis par Jean de Montluçon, Nicolas de Chartres et Pierre de Bourges à partir de 1263 (arrêts 1254-1318), registres orig. (*Liber arrestorum* par Nicolas, incip. *Olim*, couvrant les années 1278-1298) et copies, en partie du 18ᵉs.; fr. à partir de 1279 (2,691); p. p. A. A. Comte Beugnot, *Les Olim ou registres des arrets rendus par la cour du Roi sous les règnes de Saint Louis, de Philippe le Bel, de Louis le Hutin et de Philippe le Long*, 3 t. en 4 vol., Paris (Impr. roy.) 1839-1848; [= FEW Olim]. L'éd. se base sur une copie du 18ᵉs. d'une collection du 14ᵉs.; qualité de chaque doc. à vérifier. Cp. → Yearb.

Olivieri D. Olivieri, *Dizionario etimologico italiano, concordato coi dialetti, le lingue straniere e la topo-onomastica*, 2ᵉ éd., Milano (Ceschina) 1961.

OllaS *Olla patella, De utensilibus domi*, vocabulaire latin rimé (ca. 600 mots, surtout subst., groupés par matières: parties du corps, ustensiles, arbres, herbes, etc.) avec des gloses fr. interlinéaires; traits du Nord, époque difficile à déterminer, il est prudent de s'en tenir à la date du ms. de base Lille Bibl. mun. 147 (388; Le Gl. 369) [1ᵉm. 15ᵉs.] fº 13-22, qqs. corrections d'après Bruxelles Bibl. roy. 9750-52 [ca. 1480]; p. p. A. Scheler, *Olla patella. Vocabulaire latin versifié avec gloses françaises*, Gand (Vanderhaeghen) 1879 (Extrait de *Revue de l'Instruction publique* 21, 1879, 17-30; 104-115; 268-277; 22, 1879, 116-126; 182-188); [= TL Olla; FEW Olla Patella]. Tradition des glossaires Aalma, etc.

Ollier M.-L. Ollier, *Lexique et concordance de Chrétien de Troyes d'après la copie Guiot, avec introduction, index et rimaire*, Montréal (Inst. Et. méd.) – Paris (Vrin) 1986. Avec microfiches. Utilise les éditions des CFMA: CligesM, ErecR, LancR, PercL et YvainR en corrigeant ici et là d'après le ms. (corr. listées). Cp. → Foerster.

OmbreB² *Lai de l'Ombre*, conte courtois par Jean Renart; pic. ca. 1221; ms. de base BN fr. 837 [frc. 4ᵉq. 13ᵉs.] (A) fidèlement suivi (45 corr. seulement), en var. BN fr. 1593 [frc., faibles traits lorr. fin 13ᵉs.] (B), BN fr. 12603 [pic. ca. 1300] (C), BN fr. 19152 [frc. fin 13ᵉs.] (D), BN nfr. 1104 [frc. ca. 1300] (E), BN fr. 14971 [fin 13ᵉs.] (F), BN fr. 1553 [pic. 1285 n.st.] (G); p. p. J. Bédier, *Le Lai de l'Ombre par Jean Renart*, Paris (Firmin Didot) 1913 (SATF); [= TL Ombre²]. Éd. 'bédiériste'; cf. → AthisH.

OmbreB¹ id.; ms. de base A, assez régularisé à l'aide des autres mss. selon la méthode de Lachmann; p. p. J. Bédier, *Le lai de l'Ombre* [extrait de: Index lectionum quae in universitate Friburgensi per menses aestivos anni MDCCCXC… habebuntur], Fribourg (Impr. et libr. de l'Œuvre de Saint-Paul) 1890; [= TL Ombre; FEW Ombre].

OmbreB³ id.; ms. E; p. p. J. Bédier, *La tradition manuscrite du Lai de l'Ombre. Réflexions sur l'art d'éditer les anciens textes*, Paris (Champion) 1929 [reproduit R 54 (1928) 161-196; 321-356, avec, comme app., l'éd. du ms. E].

OmbreH id.; ms. imprimé E, qqs. corr. d'après A; p. p. B. J. Levy – A. Hindley, *Le Lay de l'Ombre*, Hull (Univ., Department of French) 1977; [= TL JRenart Lai ombre LH; Boss² 2288].

OmbreL id. ms. de base A, 'retouché' à l'aide des autres mss., mais mal ou pas documenté (p.ex. v.152); p. p. F. Lecoy, *Jean Renart. Le Lai de l'Ombre*, Paris (Champion) 1979 (CFMA 104); [= TL JRenart Lai ombre L; Boss² 2289].

OmbreM id.; ms. A; p. p. F. Michel, *Lais inédits des XIIᵉ et XIIIᵉ siècles*, Paris (Techener) 1836, p. 41-81.

OmbreO id.; ms. de base E (corrections à 37 endroits); p. p. J. Orr, *Jehan Renart, Le lai de l'Ombre*, Edinburgh (Univ. Press) 1948 (Univ. Publ., Lang. and Lit. 1); [= TL Ombre O]. Concordancier: Stasse 1979.

OmbreW id.; p. p. M. E. Winters, *Jean Renart. Le Lai de l'Ombre*, Birmingham Alab. (Summa) 1986.

Onions C. T. Onions – G. W. S. Friedrichsen – R. W. Burchfield, *The Oxford dictionary of English etymology*, Oxford (Clarendon) 1966 (avec plusieurs réimpressions, en partie avec corrections; normalement, le sigle est suivi de la date de l'éd. utilisée, p.ex. 1979).

Ord *Ordonnances des Roys de France de la troisième race*, p. p. E. J. de Laurière et al., Paris (Impr. roy.) 1723-1849 (réimpr., N.Y., Gregg, 1967-68); [= FEW Ord]. Datation de la langue très problématique: souvent copies tardives (v. les notes 'a' auprès des titres des doc.!, lire les 'Notes' et suivre les renvois à d'autres doc.); bonnes transcriptions; doc. tirés de la Chambre des Comptes en partie contrôlables (AN), v. p. ex. → PetitMém.

OrdAdmZ

OrdAdmZ Ordonnance de Charles V adressée à son admiralité touchant la situation périlleuse du transport sur mer, datée de 1373; [1373]; impression dipl. du ms. BN nfr. 10251 [Nord-Ouest 2ᵉm. 15ᵉs.]; p. p. H. L. Zeller, *Die Ordonnance Karls V. über die Admiralität*, Berlin (Prager) 1915 (Sammlung älterer Seerechtsquellen 9); [= TL Ord. Adm.; FEW OrdAdm]. Cp. → Zeller.

OrdEdwIIOst¹T Ordonnance du roi Edward II touchant les devoirs et droits des officiers de sa cour (*ostiell*); agn. 1318; ms. de base BL Add. 32097 [agn. déb. 15ᵉs.] (A), en. var. ms. BL Cotton Tiberius E.VIII [agn., cette partie 2ᵉm. 15ᵉs.] (B); p. p. T. F. Tout, *The place of the reign of Edward II in English history*, Manchester (Univ. Press) 1914, p. 267-314; suivi de → OrdEdwIIOst²T.

OrdEdwIIOst²T Ordonnance rappellant et rajustant OrdEdwIIOst¹; agn. 1323; mêmes mss.; p. dans → OrdEdwIIOst¹T p. 314-318.

OrdLMestD 'Ordonnances sur le commerce et les métiers, rendues par les prévôts de Paris depuis 1270 jusqu'à l'an 1300', p. dans → LMestD, 347-458; [= TL Ord. LMest.]. Documents de qualité diverse.

[OrdTancr v. TancredOrd.]

OrdeneChevB L'ordene de chevalerie, poème sur les caractéristiques et qualités des chevaliers, attribué à tort à Hue de Tabarie, 502 vers octosyll.; pic. ca. 1220; ms. de base BN fr. 837 [frc. 4ᵉq. 13ᵉs.] (A), BN fr. 25462 [art. fin 13ᵉs.] (N), BN fr. 1553 [pic. 1285 n.st.] (J), Metz 855 (105) [cette partie lorr. fin 15ᵉs.] (M), BL Harl. 4333 [lorr. 2ᵉm. 13ᵉs.] (H), Cambridge Univ. Gg.VI.28 [agn. ca. 1310] (C), BL Add. 34114 [agn. ca. 1400] (S), BL Add. 46919 (anc. Cheltenham Phillipps 8336) [agn. ca. 1330] (L), Cambridge Gonville and Caius Coll. 424 (448) [2ᵉ partie agn. mil. 14ᵉs.] (G), London Soc. of Antiquaries 136 C.F. 42 [cette partie agn. 2ᵉm. 14ᵉs.] (B), [copies tardives]; p. dans → ElesB 71-146, gloss. 147-158, 'OC'. Pour les versions agn. des mss. BGL v. → OrdeneChevB/G/LB.

OrdeneChevBa id.; ms. BN fr. 25462; p. dans → BarbMéon 1,59-82; [= TL Ordene de cheval.]. Réimpr. d'une éd. de Barbazan de 1759; qqs. vers ajoutés d'après mss. A et J.

OrdeneChevH id.; ms. BN fr. 1553; p. p. R. Temple House, *L'Ordene de chevalerie*, Oklahoma (Norman) 1919 (Univ. of Oklahoma Bull. N.S. 162); [= TL Ordene de cheval. H].

OrdeneChevB/G/LB id., versions des mss. agn. BGL, assez variables et sans le prol. de 11 vers, imprimés l'un après l'autre; agn. [14ᵉs.]; p. p. K. Busby, "Three Anglo-Norman redactions of *L'Ordene de chevalerie*", *MSt* 46 (1984) 31-77; [= Dean 706]. C.r. RLiR 49,239-240.

OrdeneChevPrJ id., version en prose, interpolée dans → ContGuillTyrSal, par l'auteur de ContGuillTyrSal?, alors datable de ca. 1240?; ms. unique BN fr. 770 [pic. (Douai) ca. 1285]; p. dans → ContGuillTyrSalJ p. 109-114. Proche de ce ms.-version ('A' chez H. Kjellman, dans Studier i mod. Språkv. 7, 1920, 137-177): Ars. 5208 [ca. 1485] (F), BN fr. 12572 [flandr. av. 1468] (G), autres versions: BN fr. 781 [pic. ca. 1300] (B), BN fr. 25462 [art. fin 13ᵉs.] (C), Lyon Bibl. mun. 867 (772) [pic. 2ᵉm. 13ᵉs.] (D), BN fr. 17203 [art. 3ᵉq. 13ᵉs.] (E), Epinal 125 (45) [Île de Fr. 4ᵉq. 13ᵉs.] f°21v° (début: jusqu'à p. 111,21 de l'éd. J).

OrdoCoronCL *Ordo coronationis*, ordre concernant le couronnement d'un roi d'Angleterre, incip. *Le jour que novel roy deit estre coroné*; agn. déb. 14ᵉs.; ms. Cambridge Corpus Christi Coll. 20 [agn. ca. 1335]; p. p. J. W. Legg, *Three coronation orders*, London (Harrison) 1900 (H. Bradshaw Soc. 19); introd. p. xxxi-xxxvii, texte 39-49. L'éd. contient aussi d'autres ordres, lat. et angl., indépendants.

OrdoCoronXXBJ *Ordo coronationis* de Reims (appelé Ordo XX A, Ordo de Louis IX), traduit en fr. (Ordo XX B), prose; frc. déb. 14ᵉs.; ms. BN lat. 12814 [ca. 1338] (A), BL Cotton Tiberius B.VIII [1365] (B) Livre du couron. de Charles V, BN lat. 8886 [déb. 15ᵉs.] (C) et mss. 15ᵉ - 18ᵉs.; p. p. R. A. Jackson, *Ordines coronationis Franciae*, 2 vol., Philadelphia (Univ. of Penns. Press) 1995-2000, 2,306-340.

OrdoCoronXXIIBJ *Ordo coronationis*, dit de Louis VII ou VIII, traduit en fr., prose; ca. 1350; ms. BN fr. 994 [4ᵉq. 14ᵉs.] (A, p. 93-100 = f°46-50); p. dans → OrdoCoronXXBJ 2,419-453, col. de gauche (Gdf cite selon les fᵒˢ); col. de droite: → OrdoCoronXXIICJ.

OrdoCoronXXIICJ id., autre trad. fr., prose; prob. 1566; ms. de base BN fr. 2848 [1566] (B), autres en var. (v. p. 421); p. dans → OrdoCoronXXiiBJ col. de droite.

OrdreAmorsI L'Ordre d'Amors, petit poème courtois décrivant une règle monastique pour une sorte d'abbaye de Thélème, par Nichole qui n'est pas Nicole de Margival, 378 vers octosyll.; ca. 1300; ms. BN fr. 12786 [frc. déb. 14ᵉs.]; p. p. C. Iburg, "Über Metrum …", *RF* 31 (1912) 395-485; [= Boss 5373].

OrelliBibel M. von Orelli, *Der altfranzösische Bibelwortschatz des Neuen Testamentes im Berner Cod. 28 (13. Jh.)*, thèse Bern 1973 (impr. Zürich, Juris, 1975; chez l'auteur); [= Boss² 5568].

Concerne → BiblePar (mil. 13ᵉ s.); ms. ca. 1270. Lexique sélectif, mais un modèle quant aux citations, renvois au texte lat. et aux dict.

OresmeCielM Nicole Oresme, né au diocèse de Bayeux vers 1325, vécut essentiellement à Paris, mort en 1382, *Le livre du ciel et du monde*, traité astrologique (et -nomique) en prose traduisant et commentant Aristote, De caelo et mundo; 1377; ms. de base BN fr. 1082 [norm. fin 14ᵉ s.] (A) contenant toutes les figures, en var. cinq mss. apparentés entre eux: BN fr. 565 [traits pic. déb. 15ᵉ s.] (B), Bern 310 [pic. fin 14ᵉ s.] (C), BN fr. 1083 [pic.-norm. déb. 15ᵉ s.] (D), BN fr. 24278 [pic. 1ᵉʳ m. 15ᵉ s.] (E), Paris Sorbonne 571 [15ᵉ s.] (F); p.p. A.D. Menut – A.J. Denomy, *Nicole Oresme, Le Livre du ciel et du monde*, Madison (Univ.) 1968; [= TL NOresme Livre du ciel MD et NOresme Livre du ciel; FEW Or 1377 (cp. Oresme) concernent une première publ. de 1943, contenant un gloss. plus ample: Mediaeval Studies, Toronto, 5, 1943, 296-328; Boss² 7678].

OresmeDivC Nicole Oresme, *Livre de divinacions*, traité d'astronomie et d'astrologie, prose; ca. 1364; ms. de base BN fr. 1350 [15ᵉ s.] (A), qqs. var. de BN fr. 19951 [cette partie 15ᵉ s.] (B), non signalés BN fr. 994 [4ᵉ q. 14ᵉ s.] p. 47-65 et BN fr. 1839 [18ᵉ s.]; p.p. G.W. Coopland, *Nicole Oresme and the astrologers. A study of his* Livre de Divinacions, Liverpool (Univ. Press) 1952; [= Boss 7035]. Il en existe une trad. lat. du 15ᵉ s. (v. p. 49). Un autre texte lat., *Tractatus contra astronomos*, par Nicole lui-même, traite de la même matière (publié p. 123-141).

OresmeEconM Nicole Oresme, L'Economie d'Aristote, traité d'économie domestique pseudo-aristotélique, prose traduite du latin, glosée; 1372/1374; ms. de base Avranches 223 [norm. av. 1382] (A) contient en marge (de la main de Nicole [ob. 1382]?) les ajouts aux gloses qui justifient la désignation 'sec. rédaction'; autres mss. (1ᵉ réd.): Château du Sart, près Lille, comte de Wasiers [frc. 1373] (B), BN fr. 9106 [1398] (C), Bruxelles Bibl. roy. 11201-02 (Gheyn 2904) [Paris ca. 1376] (M), mss. 'sec. réd.': BN fr. 204 [frc. av. 1380] (Y), Chantilly Musée Condé 279 (320) [frc. ca. 1440] (X), BN fr. 125 [frc. av. 1470] (D), BN fr. 24279 [frc. déb. 15ᵉ s.] (E), BN fr. 208 [frc. déb. 15ᵉ s.] (F), Jena El. f. 91 [frc. (Paris) 2ᵉ q. 15ᵉ s.] (J), impr. Paris Vérard 1489; p.p. A.D. Menut, "Maistre Nicole Oresme: Le livre de Yconomique d'Aristote", Transactions of the American Philosophical Society, N. S., 47,5 (1957) 783-853; [= TL Oresme Livre Yconom.].

OresmeEthM id., Le livre d'Ethiques d'Aristote traduit du latin, glosé, prose; 1370; ms. de base Bruxelles Bibl. roy. 9505-06 (Gh. 2902) [Paris après 1372] (B), autres mss. Ars. 2668 [av. 1373] (X), Den Haag Museum Meermanno-Westreenianum 10.D.1 [1376] (M), BN fr. 204 [frc. av. 1380] (Y) cité par Gdf (concord. ici, en app.), Chantilly Musée Condé 277 (1327) [1397-98] (C), BN fr. 542 [déb. 15ᵉ s.] (O), Bruxelles Bibl. roy. 9089-90 [déb. 15ᵉ s.] (P), Chantilly Musée Condé 278 (575) [déb. 15ᵉ s.] (N), BN fr. 206 [déb. 15ᵉ s.] (F), BN fr. 205 [ca. 1430] (G), BN fr. 541 [1441] (K), BN fr. 24280 [1448?] (L), BN fr. 19040 [1449] (E), Valenciennes 296 (286) [pic. mil. 15ᵉ s.] (V), Rouen Bibl. mun. 927 (I.2) [Rouen 1452-1454] (R), BN fr. 16962 [après 1470] (D), BN fr. 207 [av. 1476] (H), impr. Paris Antoine Verard 1488 (I); p.p. A.D. Menut, *Maistre Nicole Oresme, Le livre de Ethiques d'Aristote*, New York (Stechert) 1940; [= TL NOresme Eth.; FEW Or 1370 *et* Oresme 1370, le plus souvent tiré de Li, aussi de Gdf]. Li cite OresmeEth d'après un imprimé de 1488 (concord. ici, en app.). Cf. KnopsOresme.

OresmeMonW id., Traité des monnaies, traduction (par Oresme?) d'une version lt. (*De origine, jure et mutationibus monetarum*, de ca. 1356), prose; ca. 1365; ms. imprimé BN fr. 23926 (anc. Notre-Dame 172) [déb. 16ᵉ s.], autres mss.: BN fr. 23927 [15ᵉ s.], BN fr. 25153 [16ᵉ s.], BN fr. 5913 [15ᵉ s.], BN fr. 11159 [18ᵉ s.], Ars. 4594 [16ᵉ s.]; p.p. L. Wolowski, *Traictié de la premiere invention des monnoies de Nicole Oresme*, Paris (Guillaumin) 1864; [= Boss 5499]. Glossaire sélectif par G. Kluge [= Boss 8001]. Texte lt. p.p. W. Burckhardt, *Nicolas ...*, Berlin 1999.

OresmePolM id., Le livre de Politiques d'Aristote, traduction glosée, prose; 1373 (entre 1372 et 1373); ms. de base Avranches 223 [norm. av. 1382] (A), en var. Bruxelles Bibl. roy. 11201-02 (Gheyn 2904) [Paris ca. 1376] (M), Lignières en Vimeu Château du comte de Waziers [1373] (B), BN fr. 9106 [1398] (C), BN fr. 204 [frc. av. 1380] (Y), Ste-Gen. 1014 [déb. 15ᵉ s.] (O), BN fr. 12233 [ca. 1405] (G), BN fr. 22499 [déb. 15ᵉ s.] (H), BN fr. 208 [frc. déb. 15ᵉ s.] (F), BN fr. 24279 [frc. déb. 15ᵉ s.] (E), Bruxelles Bibl. roy. 9089-90 [déb. 15ᵉ s.] (P), Jena El. f. 91 [frc. (Paris) 2ᵉ q. 15ᵉ s.] (J), Chantilly Musée Condé 279 (320) [frc. ca. 1440] (X), Rouen Bibl. mun. 927 (I.2) [Rouen 1452-1454] (R), Carpentras 302 (L.298) [Occ. 1440] (S), BN fr. 557 [ca. 1450] (N), BN fr. 22500 [ca. 1465] (K), BN fr. 125 [frc. av. 1470] (D), impr. Paris Antoine Verard 1489; p.p. A.D. Menut, *Maistre Nicole Oresme. Le livre de politiques d'Aristote*, Philadelphia 1970 (Transactions of the American Philosophical Society, N.S. 60); [= TL NOresme Pol. M; Boss² 7675]. Cité par Gdf selon l'impr. Paris Verard 1489 [concordance fournie par J.-L. Ringenbach, ATILF; ex.: f°1 = p. 44 de l'éd. M; f°49 = 94; 101 = 146; 169 = 210; 2ᵉ p. f°2 = 256; 25 = 280; 59 = 310; 98 = 346].

OresmeQuadrG

OresmeQuadrG [Nicole] Oresme (attribution rejetée, plutôt par Guillaume Oresme), Le livre quadriperti de Ptholomee, traduction du *Quadripartitum* (la *Tetrabiblos*) de Ptolémée; ca. 1360; ms. BN fr. 1348 [ca. 1370] cité par Gdf, BN fr. 1349 [3ᵉt. 14ᵉs.]; thèse p.p. J.W. Gossner, *Le Quadripartit Ptholomée*, Syracuse N.Y. 1951.

OresmeSphèreM id., Traité de la sphère; ca. 1368; ms. de base BN fr. 1350 [15ᵉs.] (A), en var. BN fr. 565 [traits pic. déb. 15ᵉs.] (B), BN nfr. 1052 [1485] (C) modifié, BN fr. 24278 [pic. 1ᵉm. 15ᵉs.] (D) incomplet, Bern 310 [pic. fin 14ᵉs.] (E) incomplet, BN fr. 2240 [15ᵉs.] (F) BN fr. 1083 [pic.-norm. déb. 15ᵉs.] (G) incomplet, BN nfr. 10045 [fin 14ᵉs.]; p.p. L.M. McCarthy, *Maistre Nicole Oresme. Traitié de l'espere*, thèse Toronto 1943. Avec une liste peu fiable de néologismes attribués à Nicole ('new words', p.ex. *afin que* conj.), p. 78-90.

OresmeSphèreMy id.; ms. de base BN fr. 1350 [15ᵉs.]; p.p. J.V. Myers, *Maistre Nicole Oresme. Le traité de la sphère*, mémoire Syracuse N.Y. 1940.

[Oresme cp. → MeunierOresme.]

OrguillousM *Por chatoier les orguilloz*, poème moralisant en vers octosyll., incip. *Por orguillous humilier* (LångforsInc 290); 13ᵉs.; ms. publié BL Add. 15606 [bourg. déb. 14ᵉs.], var. de BN fr. 1593 [frc., faibles traits lorr. fin 13ᵉs.] (p. dans R 14,128-129); p.p. P. Meyer, *R* 6 (1877) 35-39; 604 (titre: Enseignement moral).

OrnDamesR *Ornatus mulierum*, traité de cosmétique en couplets de 7 ou 8 syllabes; malgré la référence à Trota (= Trotula) de Salerne, texte n'en dépendant pas, ni de → LettrHippo; agn. 13ᵉs.; ms. unique Oxford Bodl. Ashmole 1470 [agn. 2ᵉm. 13ᵉs.]; p.p. P. Ruelle, *L'Ornement des dames (Ornatus mulierum)*, Bruxelles (Presses Univ.) 1968 (Trav. Fac. d. Phil. et Lettr. 36); [= TL Ornement des Dames; AND Orn dames; Dean 426; Boss² 5501]. Cp. → RecCosmCam.

OrrEssais J. Orr, *Essais d'étymologie et de philologie françaises*, Paris (Klincksieck) 1963 (Centre de Phil. rom. Fac. des Lettres de Strasbourg, A 4); [= TL Orr Essais].

OrsonM Orson de Beauvais, chanson de geste en alex., anon.; pic.mérid., état transmis ca. 1225; ms. unique BN nfr. 16600 [lorr. fin 13ᵉs.]; p.p. J.-P. Martin, *Orson de Beauvais*, Paris (Champion) 2002 (CFMA 140). Certains accents faussent le mètre. Malheureusement nouvelle numérotation des vers par rapport à l'éd. P pour un décalage de 4 vers sur 3741 vers.

OrsonP id.; p.p. G. Paris, *Orson de Beauvais*, Paris (Didot) 1899 (SATF); [= TL Orson; FEW Orson].

OrthCoyS Tractatus orthographiae gallicane par Coyfurelly, texte latin avec des mots et phrases fr. (exploite → OrthPar); agn. fin 14ᵉs.; ms. Oxford All Souls Coll. 182 [agn. après 1412]; p. dans → ManLangS p. 16-22; [= TL Gesprächb.; Dean 289].

OrthGallJ Règles d'orthographe française (continentale) rédigées à l'intention de scribes anglais, en existe une version lat. courte et une longue (à exemples fr.) et une version française (= longue, mais qqs. règles manquent); agn. 1ᵉm. 14ᵉs.; version dite française: ms. BL Harl. 4971 [agn., cette partie ca. 1377] (H), version longue: Cambridge Univ. Ee.IV.20 [agn. 1382 ss.] (C), Oxford Magdalen Coll. lat. 188 [I, agn. 2ᵉq. 14ᵉs.] (O), Dublin Trinity Coll. E.5.13 (605) [agn. 15ᵉs.] (D), Warminster Longleat 37 [agn., cette partie 15ᵉs.] (L), version courte: London Lincoln's Inn Misc. 173 [agn. 2ᵉm. 14ᵉs.] (T) 'ms. Tower', Oxford Bodl. Rawl. C.507 [agn. 14ᵉs.] (R), Cambridge Corpus Christi Coll. 335 [agn. 15ᵉs.] (E), BL Harl. 4993 [agn. 16ᵉs.] (B) fragm.; p.p. R.C. Johnston, *Orthographia Gallica*, London (Agn. Text Soc.) 1987 (ANTS, Plain Texts 5), p. 33-41; [= TL Orth. gall. J; AND Orth gall ANTS; Dean 287]. Imprime toutes les versions. À comparer avec l'éd. S. [La version courte (ms. Lincoln's Inn) se trouve aussi dans → YearbEdwIIB, Selden Soc. 27, xliv-xlvii; = AND Orth gall SS.]

OrthGallS id.; ms. dit 'du Tower', sans doute le ms. Lincoln's Inn; p.p. J.J. Stürzinger, *Orthographia Gallica*, Heilbronn (Henninger) 1884 (Afr. Bibl.; réimpr. plusieurs fois); [Vising 387; TL Orth. gall.; Boss 2977; AND Orth gall]. Ordre des règles modifié, mais les numéros suivent l'ordre du ms. et coïncident avec l'éd. J. Imprime parallèlement les mss. T, H, CO.

OrthParP Traité d'orthographie d'un étudiant agn. à Paris; agn. fin 13ᵉs.; ms. BL Add. 17716 [agn. ca. 1425] f°88-91; p.p. M.K. Pope, "The Tractatus Orthographiae of T.H., Parisii Studentis", *MLR* 5 (1910) 185-193; [= AND Tract].

OtinG Otinel, chanson de geste du cycle de Charlemagne, décasyll.; 1ᵉʳt. 13ᵉs.; ms. de base Vat. Reg. lat. 1616 [f°93-102 et 109-124: 14ᵉs.] (a), en var. Cologny Bodmer 168 (anc. Cheltenham Phillipps 8345) [agn. ca. 1300] (b), non utilisé BN nfr. 5094 [rec. fact., cette partie agn. mil. 13ᵉs.] fragm., BN fr. 5064 (anc. Mende) [13ᵉs.] (p.p. Langlois, R 12,438-446: v. 637-929); p.p. F. Guessard – H. Michelant, *Otinel*, Paris (Vieweg) 1859 (Anc. Poëtes 1); [= TL Otin.; Dean 78; Boss 618]. Éd. assez fiable.

OttCouleurs A. G. Ott, *Étude sur les couleurs en vieux français*, Paris (Bouillon) 1899; [= TL Ott Couleurs; FEW Ott]. – Cp. → RecCoulTitH.

Oud 1660 *Tesoro de las dos lenguas española y francesa de Caesar Oudin añadido... por A. Oudin*, Bruselas (Mommarte) 1660; [= FEW Oud 1660].

OudC 1640 A. Oudin, *Curiositez françoises pour supplément aux Dictionnaires*, Paris (Sommaville) 1640 (réimpr. Genève, Slatkine, 1971); [= FEW OudC 1640].

OutHôtelN Dit qui énumère l'équipement d'un manoir rural, titre: *Li fabliaus qui devise les outiex de l'ostel*, version du ms. Chantilly; 3^{e}t. 13^{e}s.; ms. Chantilly Musée Condé 475 (1578) [cette partie pic. 3^{e}t. 13^{e}s.] (A); p. dans → NyströmMén 75-83. V. aussi → OutHôtelBN.

OutHôtelR id.; ms. A avec B en var. p. p. G. Raynaud, "Le dit des outils de l'hôtel", *R* 28 (1899) 49-60; [= TL Out. de l'hôtel].

OutHôtelBN id.; version du ms. B, assez indépendante; frc. 2^{e}m. 13^{e}s.; ms. BN fr. 12483 [mil. 14^{e}s.] (B) acéphale; p. dans → OutHôtelN p. 84-90 (et en var. de la version du ms. A). L'éd. donne en marge les n^{os} des vers correspondants de A.

OutVilN *De l'oustillement au villain*, poème en vers hexasyll. qui énumère les désignations du travail et du ménage rural; 2^{e}m. 13^{e}s.; ms. de base BN fr. 837 [frc. 4^{e}q. 13^{e}s.] (A), en var. BN fr. 1593 [frc., faibles traits lorr. fin 13^{e}s.] (B); p. dans → NyströmMén 54-65 (I A). MS. B: → OutVilBN.

OutVilBN id.; ms. B p. dans → NyströmMén 65-71.

OvArtElieK Ovide, *Ars amatoria*, traduction-adaptation du premier livre et du début du deuxième par Maistre Elie, octosyll.; 1^{er}t. 13^{e}s.; ms. unique BN fr. 19152 [frc. fin 13^{e}s.] f°93-98; p. p. H. Kühne – E. Stengel, *Maître Elie's Überarbeitung der ältesten französischen Übertragung von Ovid's Ars amatoria*, Marburg (Elwert) 1886 (Ausg. und Abh. 47); [= AND Art^1; Boss 2750]. Contient aussi → CatAnS, CatElieS et CatEverS. Texte réimpr. par A. M. Finoli, *Artes Amandi*, Milano – Varese (Cisalpino) 1969, p. 3-30; [= Boss^2 4997].

OvArtPrR id., traduction assez fidèle en prose, avec commentaire, par deux auteurs anonymes, l'un traduisant les livres I et II, l'autre, plus tard, le livre III; date des livres I et II: 1^{er}t. 13^{e}s., livre III: 3^{e}t. 13^{e}s., mss. tardifs; ms. de base Modena Bibl. Estense γ.G.3.20 [2^{e}t. 15^{e}s.] (A), en var. Ars. 2741 [déb. 15^{e}s.] (B) livres I et II, BN fr. 881 [Paris ca. 1400] (C) livres I et II, Bruxelles Bibl. roy. 10988 [mil. 15^{e}s.] (D) livres I et II; p. p. B. Roy, *L'Art d'amours. Traduction et commentaire de l'«Ars amatoria» d'Ovide*, Leiden (Brill) 1974; [= Boss^2 5002; cp. Boss 7712 et Boogaard Mél. Labande 1974 p. 687-698].

OvArtPrB id., premier livre; ms. Modena Bibl. Estense γ. G. 3. 20 [2^{e}t. 15^{e}s.]; p. p. J. Bordas, *L'Art d'amour, traduction en prose de l'Art d'aimer d'Ovide*, thèse de l'École des Chartes, Paris 1954.

OvArtPrP id., éd. des deux premiers livres selon le ms. Ars. 2741 [déb. 15^{e}s.], corrigé par BN fr. 881 [fin 14^{e}s.]; p. p. G. H. Perrine, *L'Art d'amours, A fourteenth century translation from Ovid*, thèse dact. de l'Univ. d'Illinois 1935. OvArt v. aussi ArtAim; BestAm; Clef; JArkAm; JacAmArt.

OvMorB Ovide, *Métamorphoses*, traduction en vers libre et amplifiée, appelée «Ovide moralisé», en 72000 vers octosyllabiques, anonyme (l'attribution à Philippe de Vitry ou à Chrestien Legouais est improbable); Centre / bourg. ca. 1320 (prob. entre 1316 et 1328); ms. de base Rouen Bibl. mun. 1044 (O.4) [Paris ca. 1325] (A), texte 'critique' complété à l'aide des mss. Lyon Bibl. mun. 742 (648) [2^{e}q. 14^{e}s.?] (B) (vraiment le maître du Policratique ca. 1490?), BN fr. 871 [ca. 1400] (Y1), BN fr. 872 [frc. 14^{e}s.] (Y2) et Rouen Bibl. mun. 1045-46 (O.11bis) [ca. 1470] (Y4), var. de ces mss. (Y1, Y2 et Y4, 'presque identiques', apparaissent comme 'C') et de BN fr. 373 [prob. Paris ca. 1380] (G1) (les var. ne sont données, à la fin de chaque livre, que jusqu'au livre VI; l. VII v. → OvMorS), autres mss.: Bruxelles Bibl. roy. 9639 [fin 14^{e}s.] (D1), Cambrai 973 (871) [pic. 14e ou 15^{e}s.] (D2), BN fr. 24306 [14^{e}s.] (D3), New York Pierpont Morgan Libr. M.443 (anc. Fairfax Murray) [frc. ca. 1410] (D4) incomplet, BN fr. 24305 [pic. 1356] (D5), Ars. 5069 [2^{e}q. 14^{e}s.] (G2) utilisé par Gdf (scribe qui ne s'intéresse pas au contenu de son texte; concordance ici, en app.), Genève fr. 176 [ca. 1390] (E1), Vat. Reg. lat. 1480 [ca. 1390] (E2), BL Add. 10324 [frc. ca. 1400] (Y3) non utilisé, Bern 10 [15^{e}s.] (Z1), BN fr. 374 [1456] (Z2), BN fr. 870 [14^{e}s.] (Z3), BN fr. 19121 [15^{e}s.] (Z4), København Kgl. Bibl. Thott 399 f^o [ca. 1480] (G3) BL Cotton Julius F.VII [f°6-13 ca. 1400] table, Bruxelles Bibl. roy. IV 621 [feuillet isol. 14^{e}s.] table; p. p. C. de Boer et al., *Ovide Moralisé*, 5 vol., Amsterdam (Noord-Holl. Uitg.) 1915-1938 (Verh. der Koninkl. Nederl. Akad. van Wetenschappen, Afd. Letterkunde, Nieuwe Reeks, Deel 15, 21, 30, 37, 43; réimpr. Wiesbaden, Sändig, 1966); [= TL Ov. mor. *et* Ov. mor. De Boer; FEW OvideMor; Boss 5312; Hol 274]. Transcription non sans erreurs. Réimprime au t. 5 p. 387-429 → OvMorCommS;

OvMorB

contient aussi → PirBr[1] et PhilomB[0]. Concordance des éd. B et T ici, en appendice.

OvMorS id., livre VII; ms. G3 p. avec var. dans → OvMorCommS p. 78-181.

OvMorT id., extraits, ms. de base BN fr. 871 [15ᵉs.] (Y1/ 'C'); p. p. P. Tarbé, *Les œuvres de Philippe de Vitry*, Reims (Regnier) 1850, p. 1-139; [= TL Ov. Met.]. Concordance des éd. B et T ici, en appendice.

OvMorCommS Commentaire en prose servant d'introduction à → OvMor; 15ᵉs.; ms. unique København Kgl. Bibl. Thott 399 f° [ca. 1480]; p. p. J. T. M. van't Sant, *Le commentaire de Copenhague de l'Ovide moralisé, avec l'édition du septième livre*, thèse Leiden, Amsterdam (Paris) 1929, p. 19-64; [= TL Ov. mor. Comment.; Boss 5316; le texte a été réimpr. dans → OvMorB t. 5 p. 387-429]. Contient aux p. 78-181 → OvMorS.

OvMorPrB Remaniement libre en prose de → OvMor, proche du ms. Rouen (A) de ce texte; ang. (?) 1467; ms. Vat. Reg. lat. 1686 [3ᵉt. 15ᵉs.?]; p. p. C. de Boer, *Ovide moralisé en prose*, Amsterdam (North-Holland Pub. Co.) 1954 (Koninkl. Nederl. Akad. Lett. Verh. 61,2); [= TL Ovide moral. prose; Boss 7987]. L'auteur se dit originaire de Normandie, écrivant à Angers; l'analyse de la langue de l'éd. ne localise pas.

OvMorPr²E Mise en prose de → OvMor; av. 1480; ms. de base BN fr. 137 [4ᵉq. 15ᵉs.] (P), en var. BL Roy. 17 E.IV [4ᵉq. 15ᵉs.] (L), impr. Bruges, Mansion, 1484, et Paris, Verard, 1493; extrait histoire de Pyrame et Thisbé (v. → Pir), p. p. W. G. Van Emden, "L'histoire de Pyrame...", *R* 94 (1973) 29-56, texte 37-47; [= TL Ovide moral. prose E; Boss² 7534].

OvRemBiH Ovide, *Remedia amoris*, trad. en version bilingue, donnant d'abord le texte lat. de chaque distique (non exécuté après l. 441), vers octosyll.; pic. déb. 14ᵉs.; ms. BN fr. 12478 [1ᵉʳt. 15ᵉs.]; p. p. T. Hunt, *Ovide du remede d'amours*, London (MHRA) 2008. C.r. Spec 85,403-404; RLiR 75,575-577. Cp. → JacAmRemK.

PAbernLumH¹ Pierre d'Abernon (de Peckham, de Fetcham, de Vernon), *La lumiere as lais* (sorte d'encylopédie théologique, 13960 vers de 7 à 12 syll.); agn. 1268 (très prob. commencé vers Pâques 1267); ms. de base Oxford Bodl. Bodley 399 [agn. ca. 1300] (B), corr. et var. de York Chapter Libr. 16.N.3 [agn. 3ᵉt. 13ᵉs.] (Y, A), var. de BL Harl. 4390 [agn. ca. 1300] (C), BL Roy. 15 D.II [agn. déb. 14ᵉs.] (D), Cambridge Univ. Gg.I.1 [agn. après 1307] (F), autres mss.: BL Roy. 16 E.IX [agn. 4ᵉq. 13ᵉs.] (E), Cambridge St John's Coll. F.30 (167) [agn. ca. 1300] (G), Dublin Trinity Coll. B.5.1 (209) [agn. 15ᵉs.] (H), BN nfr. 10061 [agn. fin 13ᵉs.] (J), Bruxelles Bibl. roy. II 282 (99) [agn. 14ᵉs.] (M), Bruxelles Bibl. roy. 12118-19 (2288) [agn. fin 13ᵉs.] (K) incomplet, Oxford Bodl. Bodley 399 (feuille insérée) [agn. 14ᵉs.] (L') et Oxford Bodl. MS. Fr. c.4 [agn. 14ᵉs.] (L) constituent deux folios d'un seul ms., Edinburgh Univ. Laing 499 XXXV (211) [fragm. agn. 14ᵉs.] (N), New York Publ. Libr. Spencer 57 [f°102: fragm. agn. 14ᵉs.] v. 7215-7310, New Haven Yale Beinecke Libr. Marston 219 [agn. 15ᵉs.?] incomplet, New Haven Yale Beinecke Libr. 492 (anc. Bodmer, anc. Techener) [agn. déb. 14ᵉs.] fragm. New York Pierpont Morgan Libr. M.761 [agn. 4ᵉq. 13ᵉs.] (S), Canterbury Dean and Chapter Libr. Add. 128/47 [?], Oxford Bodl. Selden Supra 74 [agn.,?] table partielle, Oxford Corpus Christi Coll. 491 [?] fragm., ['O' = leçon commune de YCDF]; p. p. G. Hesketh, *La lumere as lais by Pierre d'Abernon of Fetcham*, 3 vol., London (ANTS) 1996-2000 (A.-N. Texts 54-58); [= AND² Lum Lais ANTS]. C. r. T. Matsumura ZrP 114,555-557. Qqs. parties fondées sur → Elucidaire.

PAbernLumH id.; ms. B; édition complète établie par G. Hesketh, *A critical edition of the Lumere as lais by Peter d'Abernon*, thèse Manchester 1984; [cp. AND Lum lais (B): M.A. 1981]. Sans var.

PAbernLumL id.; description et petits extraits p. p. M. D. Legge, "Pierre de Peckham and his *Lumiere as lais*", *MLR* 24 (1929) 37-47; 153-171; 46 (1951) 191-195; [cp. AND Lum lais (cite le ms. Y); Dean 630; Vising 157; Boss 3587].

PAbernLumHr id., étude et éd. du prol. et des livres I et V; ms. Y; p. p. M. Hessenauer, *La Lumière as Lais – Pierre de Peckhams Vermittlung scholastischer Theologie*, Wiesbaden (Reichert) 1989. Sans var. ni gloss.; transcription à contrôler. C.r. RLiR 59,322.

PAbernLumM¹ id.; extraits du ms. Cambridge St John's Coll. 167 (F. 30) [agn. fin 13ᵉs.] p. p. P. Meyer, *R* 8 (1879) 325-332; [= Boss 3585].

PAbernLumM² id.; extraits du ms. Cambridge Univ. Gg.I. 1 [agn. après 1307] p. p. P. Meyer, "Les manuscrits français de Cambridge", *R* 15 (1886) 287-289.

PAbernRichR Pierre d'Abernon, Vie de saint Richard, évêque de Chichester, trad. d'une vie lt., vers octosyll. très peu réguliers (6 à 14 syll.); agn. ca. 1270; ms. BL Add. 70513 (anc. Welbeck Abbey I.C.1) [agn. f°9-267: 4ᵉq. 13ᵉs.]; p. p. D.W. Russell, *Pierre d'Abernon de Fetcham, La Vie de Richard Evesque de Cycestre*, London 1995 (ANTS 51). Livre I (vie), v. 1-1697, et II (miracles), numéroté M1-M1214; [= Dean 545]. La datation ca. 1276 ne convainc pas. C. r. T. Matsumura ZrP 114,557s.

PAbernRichB id.; p. p. A. T. Baker, "Vie de saint Richard, évêque de Chichester", *RLaR* 53 (1910) 245-396; [= Vising 122; Boss 3372; Hol 144; AND S Rich *et* Mir S Rich (ms.)]. Éd. de la vie proprement dite ('livre I').

[**PBeauvBest** → BestPierre.]

PBeauvCharlW Pierre de Beauvais (le Picard), Voyages de Charlemagne en Orient (fictive) et en Espagne, traduit du *Iter Hierosolymitanum ou Relatio ou Descriptio*, prose; pic. (Beauv.) 1^{er}q. 13^{e}s.; ms. de base BN fr. 834 [pic. déb. 14^{e}s.] (P), en var. BN Moreau 1715-19 [copie d'un ms. ca. 1300, 18^{e}s.] (Cl), BN fr. 2168 [pic. fin 13^{e}s.] (W) fragm., Bruxelles Bibl. roy. 10437-40 [cette partie 15^{e}s.] (Br); p. p. R. N. Walpole, "Charlemagne's journey to the East: The French translation of the legend by Pierre of Beauvais", dans *Semitic and Oriental studies. A volume presented to William Popper*, p. p. W.J. Fischel, Berkeley – Los Angeles (Univ. Cal. Press.) 1951, 433-456.

PBeauvCorpsM Pierre de Beauvais (le Picard), La diète du corps et de l'âme, vers octosyll.; pic. (Beauv.) déb. 13^{e}s.; ms. de base BN nfr. 13521 (anc. La Clayette) [fin 13^{e}s.] (les 86 premiers vers manquent à ce ms.), en var. (et v. 1-86) BN fr. 834 [pic. déb. 14^{e}s.]; p. p. P. Meyer, *NotExtr* 33 (1890) 37-40.

PBeauvGerJ id., Vie de saint Germer, vers octosyll.; pic. (Beauv.) déb. 13^{e}s.; ms. BN nfr. 13521 (anc. La Clayette) [fin 13^{e}s.]; p. p. N.-O. Jönsson, *La vie de saint Germer et la vie de saint Josse de Pierre de Beauvais*, Lund (Univ.) 1997, texte p. 84-107. C.r. RLiR 61,584. Glossaire dangereux (p.ex. *en afflictions* "à genoux").

PBeauvJacB Pierre de Beauvais (le Picard), *Translacion mon seigneur saint Jaque*, trad. du Liber Sancti Jacobi; pic. (Beauv.) 1212; ms. de base BN nfr. 13521 [fin 13^{e}s.] (Cl) traits champ., en var. BN fr. 834 [pic. déb. 14^{e}s.] (P); p. p. M. L. Berkey, "The Liber sancti Jacobi: The French adaptation by Pierre de Beauvais", *R* 86 (1965) 77-103; [= TL PBeauvais Saint Jacques].

PBeauvJosJ id., Vie de saint Josse, vers octosyll.; pic. (Beauv.) déb. 13^{e}s.; BN nfr. 13521 (anc. La Clayette) [fin 13^{e}s.]; p. dans → PBeauvGerJ 108-129. Cp. → SJoce.

PBeauvJosH id.; transcrit d'après la copie BN Moreau 1715-19 [copie 18^{e}s.] du ms. BN fr. 13521; p. p. P. Hänseler, *La vie Saint Joce*, thèse Greifswald 1915; [= TL Vie SJoce].

PBeauvMapA id., La mappemonde, traduction de l'*Imago Mundi* de Honorius Augustodunensis en vers octosyll.; pic. déb. 13^{e}s.; ms. de base BN nfr. 13521 [fin 13^{e}s.], corr. et var. tirées de Rennes 593 (147) [1304 n.st.]; p. p. A. Angremy, "La *mappemonde* de Pierre de Beauvais", *R* 104 (1983) 316-350; 457-498; [= TL PBeauvais Mappemonde A]. Cf. DivMondePer; Boss 2866; 2868.

PBeauvOlimpB Pierre de Beauvais (le Picard), petite chronique des multiples prises de Jerusalem, de Nabuchodonosor à Saladin en 1187, en prose, incip. *Ci commence l'*Olimpiade. *Voirs est que plusors ont douté*; pic. (Beauv.) déb. 13^{e}s.; ms. de base BN nfr. 13521 (anc. La Clayette) [fin 13^{e}s.] (Cl), autres mss.: Bern 41 [pic. 2^{e}m. 13^{e}s.] (C), Bern 113 [bourg., qqs. traits pic., fin 13^{e}s.] (K), Bruxelles Bibl. roy. 10437-40 [cette partie 15^{e}s.] (Br), Firenze Bibl. Med. Laurenz. Ashburnham Libri 125 [pic. déb. 14^{e}s.] (Fl), Modena Bibl. Estense α.N.5.12 [déb. 15^{e}s.] (E), Oxford Bodl. Hatton 77 [agn. mil. 13^{e}s.] (H), Ars. 5201 [bourg.sept. ou lorr. 3^{e}t. 13^{e}s.] (A), BN fr. 2464 [frc. mil. 13^{e}s.] (D), BN fr. 25247 [pic. fin 13^{e}s.] (F), BN nfr. 10554 [Paris? 3^{e}q. 15^{e}s.] (N); p. p. M. L. Berkey, "Pierre de Beauvais' Olympiade. A mediaeval outline-history", *Spec* 41 (1966) 505-515; [= Boss² 6237].

PChastTPerD Pierre Chastellain, *Le temps perdu*, poème en vers octosyll.; 1440 (ou 1448); ms. de base BN fr. 2266 [2^{e}m. 15^{e}s.], en var. BN fr. 1624 [ca. 1500], BN fr. 24442 [déb. 16^{e}s.], BN nfr. 6217 [2^{e}m. 15^{e}s.], Ars. 3145 [pic.or. 2^{e}m. 15^{e}s.], Ars. 3521 [fin 15^{e}s.], Ars. 3523 [fin 15^{e}s.], Chantilly Musée Condé 499 (1404) [2^{e}m. 15^{e}s.], BL Harl. 4397 [pic. fin 15^{e}s.], Stockholm Kungl. Bibl. Vu 23 [ca. 1500]; p. p. R. Deschaux, *Les œuvres de Pierre Chastellain et de Vaillant, poètes du XVe siècle*, Genève (Droz) 1982 [T. L. F. 300], p. 17-41. V. aussi → Vaillant; il n'est pas entièrement exclu que les deux auteurs ne font qu'un.

PChastTRecD id., *Le temps recouvré*, vers octosyll.; 1454 (ou peu après); ms. de base BN fr. 2266 [2^{e}m. 15^{e}s.], en var. BN nfr. 6217 [2^{e}m. 15^{e}s.], Stockholm Kungl. Bibl. Vu 23 [ca. 1500]; p. dans → PChastTPerD p. 43-112.

PCrapArB v. sous PCrapCurB.

PCrapCurB Pierre Crapillet d'Annoire (mort en 1460), traduction du *Cur deus homo* d'Anselme de Canterbury; traits frcomt. ca. 1450; ms. de base Chantilly Musée Condé 129 (645) [ca. 1455], en var. Bruxelles Bibl. roy. 10500-501 [ca. 1455]; p. p. R. Bultot – G. Hasenohr, *Pierre Crapillet..., Le 'Cur Deus homo' d'Anselme de Canterbury et le 'De arrha animae' d'Hugues de Saint-Victor...*, Louvain-la-Neuve (Inst. d'Et. méd.) 1984 (Univ.

PCrapCurB

cath., Publ. de l'Inst. d'Et. médiévales 2,6). Le texte couvre les paragraphes 1 à 250 de l'éd. (p. 161-257); les paragraphes 251 à 348 («tiers livre», p. 257-291) reproduisent la traduction de *[Soliloquium] De arrha animae* d'Hugues de Saint-Victor par Pierre Crapillet, mais terminé et revu par un anonyme (= PCrapArB). V. note p. 310 pour d'autres trad. (inédites) de la *arrha* (dont celle de Pierre de Hangest, ms. Ars. 2247 [1368] f°286-312). Édition avec commentaires et glossaire; introduction touffue.

PCresc Pierre de Crescens (Pier de' Crescenzi, 1230-1321), *Ruralium commodorum libri XII*, traité d'agriculture [le l. IX copie → JordRuf latin] terminé entre 1305 et 1309, première trad. fr., appelée Rustican; frc. 1374 (1373-1374); meilleur ms. Bruxelles Bibl. roy. 10227 [pic. 2^eq. 15es.], autres: BN fr. 1316 [mil. 15es.?], BN fr. 12330 [déb. 16es.?], BN fr. 19084 [fin 15es.], Ars. 5064 [ca. 1470], Maz. 3589-3590 (1280A-B) [3^et. 15es.?], Chantilly Musée Condé 340 (603) [ca. 1455], Rouen Bibl. mun. 977 (I.1) [déb. 15es.?], Carpentras 315 (L.311) [3^et. 15es.?], Nantes Musée Dobrée 16 [15es.], BL Roy. 14 E.VI [ca. 1480], BL Add. 19720 [4^eq. 15es.?], Wien 2580 [ca. 1465?], New York Pierpont Morgan Libr. M.232 [ca. 1470]; inédit dans l'ensemble; cf. PCrescH et ActesMfr[4] 143-151. Gdf cite [avec le renvoi erroné 'Frère Nicole, Trad. des Prouffitz champ. de P. des Crescens, éd. 1516'] l'imprimé Paris (Petit et Le Noir) 1516 (qui se base sur l'incunable Paris, Bonhomme, 1486, comme le font tous les imprimés du 16es.). Gloss. lt. p. p. W. Richter, 2002.

PCrescH id., extrait du l. IV traitant de la viticulture; ms. Bruxelles Bibl. roy. 10227 [pic. 2^eq. 15es.] et impr. 1486; p. dans → HenryŒn 1,65-119; 2,56-130.

PCrescNic id., sec. trad. (libre) par Frère Nicole, incomplet: l. I-V,18; 1413; ms. unique Dijon 453 (271) [2^em. 15es. (?)]; inédit. [Gdf cite → PCresc et non pas PCrescNic, malgré son indication 'Frère Nicole'.]

PFaifeuV Charles de Bourdigné, *La légende joyeuse de Maistre Pierre Faifeu*; ang. (Angers) 1532; premier imprimé Angers [en réalité Rouen] 1532 (base de l'éd.), autre impr. Paris (Coustelier) 1723; p. p. F. Valette, *Charles de Bourdigné, La Légende joyeuse de Maistre Pierre Faifeu*, Genève (Droz) 1972 (T. L. F. 184). Deux parties du texte, *L'espistre de Maistre Pierre...* et prob. *Ballade aux Lysans*, sont dues à Jehan Daniel.

PFaifeuJ id.; p. p. D. Jouaust, préface du Bibliophile Jacob [Paul Lacroix], *La Légende de Pierre Faifeu*, Paris (Jouaust) 1880.

PFaifeuM id.; p. p. A. de Montaiglon, *La Légende joyeuse ou Faitz et Dictz joyeulx de Pierre Faifeu, escolier d'Angers, par Charles de Bourdigné, d'après l'édition de 1532*, Paris (Willem) 1883.

PFontM Pierre de Fontaines (Fontaines sur Somme), traité de jurisprudence qui combine le droit romain et coutumier (p. 4: *un escrit selonc les us et les costumes de Vermendois et d'autres corz laies*), appelé *Conseil a un ami*; pic. ca. 1255; ms. de base Troyes 1712 (anc. Pithou) [frc. 1260-80], BN fr. 13983 (anc. Suppl. fr. 406) [frc. fin 13es.] (M), ms. Vat. Reg. lat. 1451 [ce texte 3^et. 13es.], BN fr. 1279 (anc. 7450.3.3.) [déb. 14es.] (T), BN fr. 1225 (anc. 7426) [pic. fin 13es.], BN fr. 5245 (anc. 9822) [3^et. 13es.] (Roine), BN fr. 19758 (anc. S.Germ. Harlay 432) [déb. 14es.], BN fr. 20048 (anc. S.Germ. Harlay 421) [pic. 2^em. 14es.] (S), BN lat. 14689 (anc. S. Victor 845) [ca. 1300] (= App. p. 472-507, aussi dans mss. T et S), ms. anc. Amiens [pic.] base de PFontC est déclaré perdu par Marnier, ce n'est pas le ms. Paris Coll. Roch de Coligny [pic. fin 13es.?] (en vente en 2014); p. p. A. J. Marnier, *Le Conseil de Pierre de Fontaines ou traité de l'ancienne jurisprudence française*, Paris (Joubert – Durand) 1846; [= FEW PFont].

PFontC id.; ms. anc. Amiens p. dans Ch. du Fresne sieur du Cange, *Histoire de s. Louys*, Paris (Mabre-Cramoisy) 1668, pagination propre, [III] 73-160.

PParPs Pierre de Paris (de Vénétie?), trad. du Psautier, avec glose, en prose; Chypre déb. 14es.; BN fr. 1761 [déb. 14es.]; inédit; cp. BergerBible p. 346; DLF[2] 1189.

PProv[1]B *Histoire de Pierre de Provence et de la belle Maguelonne*, première réd., anon., prose; 1^em. 15es.; ms. de base BN fr. 1501 [fin 15es.], texte corr. à l'aide de BN fr. 1502 [15es.], BN fr. 19167 [3^et. 15es.], Ars. 3354 [15es.] et de l'éd. Lyon 1480 [autres éd. anc. v. Wo et Wos]; p. p. A. Biedermann, *Pierre de Provence et la belle Maguelonne*, Paris (Champion) – Halle (Niemeyer) 1913; [= Boss 4154; 6793; Wo 121; Wos 121]. Graphie modifiée sans preuves.

PProv[2]C id.; deuxième réd. 1453 (ou 1457), anon.; ms. Coburg 4 (anc. S.IV.2.) [15es.]; p. p. R. Colliot, *L'Ystoire du vaillant chevalier Pierre filz du conte de Provence et de la belle Maguelonne*, Aix-en-Provence (CUER MA) – Paris (Champion) 1977 (Senefiance 4); [= Boss[2] 6701].

PacJobM *La pacience de Job*, mystère anonyme; Sud-Ouest 2^et. 15es.; ms. unique BN fr. 1774 [1478]; p. p. A. Meiller, *La pacience de Job, mystère anonyme du XVe siècle*, Paris (Klincksieck) 1971 (Bibl. fr. et rom. B. 11); [= Boss[2] 8223].

PachnioTaille R. Pachnio, *Die Beinamen der Pariser Steuerrolle von 1292, unter Heranziehung der Steuerrolle von 1313 und zahlreicher Urkunden*, thèse Königsberg 1909. Exploite → Taille1292G et Taille1313B; avec groupement onomasiologique des surnoms; contient des erreurs de toutes sortes.

PadenPast W.D. Paden, *The Medieval pastourelle*, 2 vol., New York – London (Garland) 1987 (Garl. Libr. of Med. Lit. A 34). Anthologie de pastourelles en langues europ. et autres des débuts au 15^{e}s., avec trad. angl.; éd. des 91 past. fr. presque entièrement sur la base des mss. Concordance avec → RomPast à la p. 663.

PaixAnglF *La paix aux anglais*, poème satirique sur un traité de paix entre l'Angleterre et la France, alex.; prob. av. 23 janv. 1264; ms. BN fr. 837 [frc. 4^{e}q. 13^{e}s.]; p. dans → PrivilBret^{1}F p. 41-47; [= Boss 2606]. Semble faire allusion au traité de 1259, transmis en fr. dans le ms. Leiden Univ. VLF 77 [Norm. ca. 1300] (incip. *La pes et l'ordenance fete entre...Loys, roy de France, et Henri, roy d'Engleterre*); cf. Jostkleigrewe Zs. für histor. Forsch. 37, 2010, 1-36, spéc. 8-12.

PaixAnglJ id.; p. dans → JubJongl 170-174.

PaixAnglCh^{1}F Petite pièce satirique en prose, appelée *Charte de la paix aux anglais*; 1264; ms. BN fr. 837 [frc. 4^{e}q. 13^{e}s.]; p. dans → PrivilBret^{1}F p. 48-50; [= Boss 2608].

PaixAnglCh^{1}J id.; p. dans → JubJongl 175-176.

PaixAnglCh^{2}F Fragm. d'une pièce semblable, la *Nouvelle charte de la paix aux anglais*; 1299; ms. BN fr. 1933 [feuille de garde: ca. 1300]; p. ib. p. 51; [= Boss 2609].

PalamL Le roman de Palamedés, roman arthurien en prose, attribué à tort à Helie de Boron et aussi à Rusticien de Pise, composé principalement de deux romans réunis, Méliadus et Guiron le Courtois, aux rapports stemmatiques ultracomplexes et aux branches multiples; 2^{e}q. 13^{e}s.; ms. de base BN fr. 350 [art. et Italie, fin 13^{e}s. et déb. 14^{e}s.] (P^2/ 350), autres mss. BL Add. 12228 [Naples? mil. 14^{e}s.], BN fr. 112 [pic. 1470] (112), BN fr. 338 [ca. 1400] (338), BN fr. 340 [Paris? déb. 15^{e}s.] (340), BN fr. 355 [déb. 15^{e}s.] (355), BN fr. 356-357 [Paris mil. 15^{e}s.] (356,357,357*), BN fr. 358-363 [Flandres 4^{e}q. 15^{e}s.] (358-363), BN fr. 12599 [Toscane fin 13^{e}s.] (12599), BN nfr. 5243 [Milan 2^{e}m. 14^{e}s.] (5243), Ars. 3325 [It. sept. 3^{e}q. 13^{e}s.] (A1), Ars. 3477-3478 [Savoie? déb. 15^{e}s.] (A2 et A2*), AN AB.XIX.1733 [14^{e}s.] (An) fragm., Berlin Staatsbibl. Hamilton 581 [Flandres 3^{e}q. 15^{e}s.] (Be), Bologna Arch. St. busta 1 bis framm. fr. 11-12-13 [It. (pis.-gen.) fin 13^{e}s.] (Bo1), Bologna Arch. St. busta 1 bis (n°?) [14^{e}s.] (Bo2), Bologna Arch. Notarile 6-4-5 Teggia 1613-20 [It. sept. 14^{e}s.] (Bo3), Cologny Bodmer 96 [ca. 1420] (C), Fabriano n.B.375 [It. sept. 14^{e}s.] (Fa), Kansas City J.E. et E.J. Ferrell (Cambridge Corpus Christi Coll. Ferrell 5) [It. sept. 1^{e}m. 15^{e}s.] (Fe), Firenze Bibl. Med. Laurenz. Ashburnham Libri 123 (50; 55) [It. occid. fin 13^{e}s.] (Fi), BL Add. 23930 [It. 14^{e}s.] (L2), BL Add. 36673 [ca. 1500] (L3), BL Add. 36880 [It.? 14^{e}s.] (L4), Marseille Bibl. Mun. 1106 (3-R.396) [4^{e}q. 14^{e}s.] (Mar), Mantova Arch. St. framm. [?] (Mn), Modena Arch. St. framm. (sans cote) [It. sept. 14^{e}s.] (Mod1), Modena Bibl. Estense α.W.3.13 [déb. 15^{e}s.] (Mod2), Modena Bibl. Estense α.R.4.4 [cette partie It. sept. 2^{e}m. 13^{e}s.] (Mod3), New York Pierpont Morgan Libr. M.916 [mil. 15^{e}s.] (N), Oxford Bodl. Douce 383 [cette partie Bruges ca. 1490] (O), Parma Arch. St. framm. (cote?) [15^{e}s.] (Par), Pistoia Capit. C.57 et C.128 [Fr. sept. fin 13^{e}s.] (Pi) fragm., Privas Arch. dép. n.1 (F.7) [ca. 1300] (Pr), anc. London Quaritch (où?) fragm. (Q), Torino Bibl. naz. L.I.7-9 (R.1622) [3^{e}q. 15^{e}s.] (T), Venezia Marc. fr. IX [It.occid. fin 13^{e}s.] (V1), Venezia Marc. fr. XV [It. mil. 14^{e}s.] (V2), Vat. Reg. lat. 1501 [f°1-99: It. (pis.-gen.) fin 13^{e}s.] (Vat), anc. Alexandrine de Rothschild (où?) [Padoue? mil. 14^{e}s.] (X); extrait (§ 108-115 de l'analyse Lathuillière) p. p. A. Limentani, *Dal roman de Palamedés ai cantari di Febus-el-Forte. Testi francesi e italiani del due e trecento*, Bologna (Comm. per i testi di lingua) 1962 (Coll. op. ined. o rare 124); [= TL Palamedès; TL Palamede R concerne une pièce de théâtre it. par Gravina, Venezia 1740; Wo 110; Wos 110; Boss^2 3184]. Autres titres: Meliadus (pour le texte entier ou sa 1e partie seulement) et Guiron le Courtois (texte entier ou 2e partie). Un imprimé de ca. 1501 a été réimpr. par The Scolar Press, London, 1977 (introd. par C.E. Pickford). Une branche en a été détaché, → AventBrunL. V. Leonardi et Trachsler dans → TrotterMan 44-80.

PalamB^0 id.; éd. partielle de la version dite 'principale': BN fr. 350, par V. Bubenicek (Nancy) non publiée (extraits, trois 'lettres', p. dans MélFaucon 43-72).

PalamC id.; version attribuée à Rusticien de Pise / Rustichello da Pisa; [4^{e}q. 13^{e}s.]; ms. publié en facsim. et transcrit BN fr. 1463 [Ms. pis.-génois fin 13^{e}s.] (A), en var. BN fr. 340 [Paris? déb. 15^{e}s.] (B), Berlin Staatsbibl. Hamilton 581 [Flandres 3^{e}q. 15^{e}s.] (B1), BN fr. 355 [déb. 15^{e}s.] (C), BN fr. 99 [1463] (D), Chantilly Musée Condé 645-647 (315-317) [1480] (Ch), Cologny Bodmer 96 (anc. Cheltenham Phillipps 8344) [ca. 1420] (G), New York Pierpont Morgan Libr. M.916 [mil. 15^{e}s.] (N), BN fr. 103 [fin 15^{e}s.] (R), Torino Bibl. naz. L.I.7-9 (R.1622) [3^{e}q. 15^{e}s.] (T), Viterbo Arch. di St. cart. 13 n°131 [It. fin 13^{e}s.?] (V) fragm.; p. p.

PalamC F. Cigni, *Il romanzo arturiano di Rustichello da Pisa*, Ospedaletto (Pacini) 1994.

PalamLe id., version fragmentaire comprenant plusieurs épisodes pris surtout de la partie Guiron; ms. BN fr. 340 [Paris? déb. 15^{e}s.], mss. utilisés: BN fr. 355 [déb. 15^{e}s.], BN fr. 1463 [Ms. pis.-génois fin 13^{e}s.], Cologny Bodmer 96 (anc. Cheltenham Phillipps 8344) [ca. 1420], Berlin Staatsbibl. Hamilton 581 [Flandres 3^{e}q. 15^{e}s.], BN fr. 99 [1463], BN fr. 103 [fin 15^{e}s.], New York Pierpont Morgan Libr. M.916 [mil. 15^{e}s.]; thèse non publiée par J. Fligelman Levy, *Livre de Meliadus*, Berkeley Cal. 2000.

PalamT id.; ms. de base BN fr. 350 [pic.-wall. fin 13^{e}s.], en var....; extraits p. p. Richard Trachsler – S. Albert – M. Plaut – F. Plumet, *Guiron le Courtois. Une anthologie*, Alessandria (Orso) 2004. ÷

PalamA1/FiB id.; parties I § 1-312 et II § 1-199; mss. Ars. 3325 (A(2) [= A1]) et Firenze Bibl. Med. Laurenz. Ashburnham Libri 123 (F [= Fi]) imprimés en parallèle; p. p. V. Bubenicek, *Guiron le Courtois*, Berlin (De Gruyter) 2015 (ZrP Beih. 363). Développe une thèse Sorbonne 1985 non publiée (ms. A1).

PalamModB id., ms. Modena Arch. St. framm. (sans cote) [It. sept. 14^{e}s.] quatre fragm. d'un seul ms.; p. p. F. Bogdanow, "The fragments of part I of the *Palamède* preserved in the State Archives of Modena", *NMS* 13 (1969) 27-48; [= TL Palamede B].

PalgraveInv F. Palgrave, *The antient kalendars and inventories of the treasury of his Majesty's exchequer, together with other documents illustrating the history of that repository*, t. 3., London (Eyre & Spottiswoode) 1836. Contient plusieurs inventaires agn. du 14^{e}s.

PalgraveScot F. Palgrave, *Documents and records illustrating the history of Scotland...*, t. 1, London (Eyre-Spottiswoode) 1837; [= AND Scot Docs]. Doc. fr. (agn.) à partir de 1290/1291.

Palsgr 1530 Jehan Palsgrave (John Palsgrave, Palgrave), *Lesclarcissement de la langue francoyse*, Johan Haukyns, [London] 1530 (réimpr. Menston 1969 et Genève 1972). Grammaire fr. écrite en anglais. Une recomposition en a été p. p. F. Génin, *L'éclaircissement...*, Paris (Impr. nat.) 1852.

Pallioppi Z. et E. Pallioppi, *Dizionari dels idioms Romauntschs d'Engiadin' ota e bassa, della Val Müstair, da Bravuogn e Filisur, con particulera consideraziun del idiom d'Engiadin' ota*, Samedan (Tanner) [1893]-1895.

PamphGalM Pamphile et Galatée, poème courtois par Jehan Bras de Fer de Danmartin, 2561 vers octosyll.; déb. 14^{e}s.; ms. Bruxelles Bibl. roy. 4783 [pic. (Tournai?) ca. 1350]; p. p. J. de Morawski, *Pamphile et Galatée par Jehan Bras-de-Fer de Dammartin-en Goële*, thèse Sorbonne 1915, Paris (Champion) 1917; [= TL Pamphile; FEW PamphGal; Boss 6794].

Panck 1767 – 1774 *Le grand vocabulaire françois, par une société de gens de lettres*, 2e éd., Paris (Panckoucke), t. 1-2 1767, 3-6 1768, 7-9 1769, 10-14 1770, 15-19 1771, 20-24 1772, 25-29 1773, 30 1774. – Est en gros un extrait de → Enc.

PannierLapid L. Pannier, *Les lapidaires français du moyen âge des XIIe, XIIIe et XIVe siècles*, Paris (Vieweg) 1882 (Bibl. Éc. des Hautes Ét. 52); [TL Lapid. A = LapidFFP; TL Lapid. B = LapidBP; TL Lapid. C = LapidcP; TL Lapid. D = LapidCLP; TL Lapid. E = LapidEP].

Pans Pierre Pansier, *Histoire de la langue provençale à Avignon du XIIe au XIXe siècle*, 4 vol., Avignon (Aubanel) 1924-1927, t. 5: Supplément lexicologique, 1932; [= FEW Pans]. Réimpr. Genève, Slatkine, 1974, avec le faux prénom *Paul*.

PanthT Nicole de Margival, Dit de la Panthère, poème allégorique s'inspirant du roman de la Rose, intégrant nombre de chansons d'Adam de la Halle (→ AdHaleChans), couplets octosyll.; pic. (Soissonnais) ca. 1300; mss. peu fidèles BN fr. 24432 [frc. av. 1349] (A: base) et Peterburg RNB Fr.Q.v.XIV.3 (anc. Fr. 53) [déb. 15^{e}s.] (B); p. p. H. A. Todd, *Le dit de la Panthère d'amours par Nicole de Margival*, Paris (Firmin Didot) 1883; [= TL Panth. d'am.; FEW Panth]. Consulter les var. Étude de la langue dans → OrdreAmorsI.

PanthG id., ms. A corr. par B et éd. T (!); p. p. G. S. Giauque, *A critical edition of the Dit de la panthère d'amours*, thèse Oregon 1971; [= Boss^2 5055]. Peu fiable.

PanthR id. ms. de base BN fr. 24432; p. p. B. Ribémont, *Nicole de Margival, Le dit de la panthère*, Paris (Champion) 2000 (CFMA 136). Très mauvaise éd., v. RLiR 65,289-291.

Papahagi T. Papahagi, *Dicţionarul dialectului aromân general şi etimologic*, 2e éd., Bucureşti (Ed. Acad.) 1974.

ParDuchP Parise la duchesse, chanson de geste proche de la Geste de Nanteuil, en laisses d'alexandrins asson.; 2^{e}q. 13^{e}s.; ms. unique BN fr. 1374 [scribe A: frpr. ca. 1260]; p. p. May Plouzeau, *Parise la duchesse*, 2 vol., Aix en Provence (Publ. du CUERMA) 1986 (Senefiance 17-18); [= TL Par. Duch. P].

ParDuchG id.; p. p. F. Guessard – L. Larchey, *Parise la duchesse*, Paris (Vieweg) 1860 (sous une couverture avec → FierK); [= TL Par. Duch.].

ParGesprH Ensemble de gloses, phrases – modèles, etc. écrit sur les marges d'un ms. à glossaires et sim.; aha. (moyen frq. orient.) ca. 900; ms. Vat. Reg. lat. 566 [ca. 900] f° 50 et BN lat. 7641A [ca. 900] f° 1-3, écrit probablement par un francophone de Sens sachant l'aha.; p. p. W. Haubrichs – M. Pfister, *'In Francia fui'. Studien zu den romanisch-germanischen Interferenzen und zur Grundsprache der althochdeutschen 'Pariser (Altdeutschen) Gespräche' nebst einer Edition des Textes*, Mainz (Akad.) – Stuttgart (Steiner) 1989 (Abh. der Mainzer Akademie der Wiss. und der Lit., 1989,6).

ParabAlainH Traduction des *Parabolae* attribuées à Alain de Lille, prose; agn. 2^{e}m. 13^{e}s.; ms. London Lambeth Palace 371 [agn. fin 13^{e}s.]; p. p. T. Hunt, "Une traduction partielle des *Parabolae* d'Alain de Lille", *MA* 87 (1981) 45-56; [= AND Parab; Dean 257]. Corrections dans Hunt Forum for Mod. Lang. St. 21 (1985) 373 n.14.

ParabAlainThH id., trad. prob. par Thomas Maillet, en vers octosyll.; pic.sept. (Tournai?) fin 14^{e}s. (?); ms. BN fr. 12478 [1^{er}t. 15^{e}s.]; p. p. T. Hunt, *Thomas Maillet (?), Les proverbez d'Alain*, Paris (Champion) 2007 (CFMA 151). C.r. Roques RLiR 71,581-584; Zinelli MedRom 33,440-441.

ParabAlainVerH id., version imprimée par Antoine Verard; 1493; p. p. T. Hunt, *Les Paraboles Maistre Alain en Françoys*, London (MHRA) 2005 (Mod. Hum. Res. Ass., Crit. Texts 2). C.r. T. Matsumura ZrP 125,157-162.

PardonFoutreB *Le pardon du foutre*, monologue dramatique moral et satirique en 118 vers octosyll.; 1^{e}m. 13^{e}s.; ms. de base BN fr. 1593 [frc., faibles traits lorr. fin 13^{e}s.] (E), en var. ms. anoure (104 vers) BN fr. 837 [frc. 4^{e}q. 13^{e}s.] (A); p. dans → EscommLechB p. 81-113. Remplace des formes, parfois (23) sans preuves.

ParéRose G. Paré, *Les idées et les lettres au XIIIe siècle. Le Roman de la Rose*, Montréal (Centre de psychologie et de péd.) 1947.

ParisMél *Gaston Paris. Mélanges linguistiques*, p. p. M. Roques, Paris (Champion), fasc. I-II 1906, III 1907, IV 1909; [= FEW ParisMél]. Réimpr. de mémoires et articles.

ParisRom P. Paris, *Le Romancero françois. Histoire de quelques anciens trouvères, et choix de leurs chansons*, Paris (Techener) 1833; [= TL Rom. frç.]. Pièces à identifier à l'aide de → RaynaudSpanke^2 ou encore de Linker.

Parry T. H. Parry-Williams, *The English element in Welsh. A study of English loan-words in Welsh*, London (Soc. Cymmr.) 1923.

ParsonsCourt H. R. Parsons, *Anglo-Norman books of courtesy and nurture*, extrait de *PMLA* 44 (1929) 383-455, tiré-à-part 1929, réimpr. s.l., s.d. [1967?]; [= AND Courtoisie; Dean 231-235]. Contient 5 textes dont → UrbCort.

PartonG Partonopeus de Blois, roman à la matière de l'Île de France (BusbyCod 580), en vers octosyll., version longue du ms. B complétée par T; Sud-Ouest av. 1188 (1182-85 ou même av. 1177?); ms. de base Bern 113 [bourg., qqs. traits pic., fin 13^{e}s.] (B), en var. Ars. 2986 [pic. 2^{e}q. 13^{e}s.?] (A), Tours 939 [pic.mérid. fin 14^{e}s.] (T) même main que Tours 940, Vat. Pal. lat. 1971 [f° 1-59 norm. 2^{e}q. 13^{e}s.] (V), BN fr. 19152 [frc. fin 13^{e}s.] (G), BN fr. 368 [lorr. 1^{e}m. 14^{e}s.] (P) ms. médiocre, BN nfr. 7516 [It. fin 13^{e}s.] (L), BN fr. 792 [frc. 2^{e}m. 13^{e}s.] (F) fragm., New Haven Yale Beinecke Libr. 395 (anc. Cheltenham Phillipps 4156) [agn. ca. 1275] (C), Cambridge Corpus Christi Coll. EP-D-6 [13^{e}s.] (X) fragm., extrait dans BN nfr. 7517 [agn. mil. 13^{e}s.] (v. PartonAC p. 56 n. 3), s'ajoute une interpolation dans → Cristal; p. p. J. Gildea, *Partonopeus de Blois*, 2 t. en 3 vol., Villanova Pa. (Villanova Univ. Press) 1967-1970; [= TL Parton.^{2}; Dean 173; Boss^2 2464s.]. (Pour la date du ms. A v. t. 2,2, n. 12, aussi IRHT et HRI on-line (fin 12^{e}s.?), pour la localisation du texte v. MélSmeets 259.)

PartonC id.; ms. de base A, p. p. G. A. Crapelet – A. C. M. Robert, *Partonopeus de Blois*, Paris (Crapelet) 1834; [= TL Parton.].

PartonContG id., partie finale considérée comme continuation, v. 1-1524 en vers octosyll., 1525-3070 en alexandrins, 3071-3194 en décasyll., 3195-3937 en vers octosyll.; 13^{e}s.; ms. de base T (seul complet), en var. B, G, L et P (le ms. G finit au v. 2273, P à 2063, L avant 1044, B à 572); p. dans → PartonG t. 2^1.

PartonContC id.; ms. de base A, B et T en var.; p. dans → PartonAC.

PartonAC id., version 'courte' et 'primitive' du ms. A (v. 1-12082), complétée par des extraits de B (v. 10419-10656) et de la continuation (10657-14590) de B (et T); p. p. O. Collet – P.-M. Joris, *Le roman de Partonopeu de Blois*, Paris (Libr. Gén.) 2005 (Poche, L. goth. 4569).

PartonAG id., 1920 vers du ms. A (2^{e}q. 13^{e}s.) considérés comme interpolation (mais v. R 115, 404); p. dans → PartonG 1,433-473.

PasSaladinG Le pas Saladin (Salhadin), poème de 612 vers octosyll. qui rappelle un épisode héroïque de la troisième croisade où les chevaliers

PasSaladinG chrétiens empêchent un passage du sultan Saladin (kurde sunnite); ca. 1300; ms. unique BN fr. 24432 [frc. av. 1349]; p. p. D. Gatto-Pyko – H. F. Williams, "Le pas Saladin. Texte et glossaire", *Oelschläger Festschrift* (Estudios de Hispanófila 36), Chapel Hill N.C. 1976, 191-201; [= TL Pas Saladin G-PW; cp. TL Paris Lég. Salad.].

PassAprésBe Passion du Christ, 590 vers en laisses de décasyll. rimées, incipit: *Aprés la Passe, quand Yhesus dure paine*; francoit. 1^{e}m. 14^{e}s.; ms. Venezia Marc. fr. VI (226) [1371] (1371 est la date de l'écriture de Asprem); p. p. V. Bertolini, *La passion de Venise*, Verona (Bi & Gi) 1986. Avec reprod. du ms.

PassAprésB id.; p. p. A. Boucherie, "La Passion du Christ en dialecte franco-vénitien du 14e siècle", *RLaR* 1 (1870) 18-39 (texte 32-39); 108-117; 208-231, avec trad. frm.; [= Boss 3064]. Il en existe une impression à part, sans trad., avec n^{os} de vers (v. 1 = RLaR 1, p. 32, 100 = 38, 200 = 114, 300 = 210, 400 = 216, 500 = 224).

PassArrR Mystère de la Passion, attribué à Eustache Mercadé, 24944 vers octosyll.; art. (Arras) déb. 15^{e}s.; ms. Arras 625 (697) [3^{e}q. 15^{e}s.]; p. p. J.-M. Richard, *Le Mystère de la Passion*, Paris (Picard) 1893; [= Hol 2042; Boss 5725].

PassAugB Passion en langue romane, poésie sibylline, 6 vers, prob. afr.; 3^{e}t. 10^{e}s.; ms. Augsburg Stadtarchiv Urk. 5 (2) [ajout 3^{e}t. 10^{e}s.]; p. p. H. Berschin – W. Berschin – R. Schmidt, "Augsburger Passionslied. Ein neuer romanischer Text des X. Jahrhunderts", *Lateinische Dichtungen des X. und XI. Jahrhunderts. Festgabe für Walther Bulst zum 80. Geburtstag*, Heidelberg (Schneider) 1981, 251-279. Cp. Hilty MélBurger 231-243 (corrige le texte: occ.); Berschin ZrP 127,209-219.

PassAuvR Passion d'Auvergne, mystère de la Passion, fragment (deux sur six ou sept Journées), version indépendante des autres passions; 1477; ms. unique BN nfr. 462 [1477]; p. p. G. A. Runnalls, *La Passion d'Auvergne*, Genève (Droz) 1982 (T. L. F. 303); [= Boss^2 8195; cp. Boss 5652; 5765]. Le texte est complété d'une Journée (la première) par → PassAuvHE. Le texte est français avec quelques vers en patois auvergnat.

PassAuvHE id., fragment d'un remaniement abrégé; 3^{e}t. 15^{e}s.; ms. Cambridge Mass. Harvard Thr 262 [ca. 1500]; p. p. J. R. Elliott – G. A. Runnalls, *The baptism and temptation of Christ, the first Day of a Medieval French Passion play*, New Haven (Yale Univ. Press) 1978; [= Boss^2 8194]. Pour la date cp. DLF^2 p.1041.

PassBonnesF Passion du Christ, incipit: *Bonnes gens, plaise vous a taire*, vers octosyll.; pic. déb. 14^{e}s.; ms. de base BN fr. 1555 [déb. 15^{e}s.] (A), en var. et passages supplém. de Vat. Reg. lat. 473 [ca. 1400] (B), BN fr. 1534 [déb. 15^{e}s.] (C), BN fr. 19186 [15^{e}s.] (E); p. p. G. Frank, *Le livre de la passion*, Paris (Champion) 1930 (CFMA 64); [= TL Livre dlPassion; FEW Pass et PassPik].

PassCeliW Passion du Christ dite *Ystoire de la Passion*, couplets octosyll., incipit *Celi qe sa qe tot est nient*; francoit. 2^{e}m. 13^{e}s.; ms. BN fr. 821 [It.sept. 1^{er}t. 14^{e}s.]; p. p. E. A. Wright, *Ystoire de la Passion, B. N. MS fr. 821*, Baltimore (Johns Hopkins) – London (Milford) – Paris (Belles Lettres) 1944 (The Johns Hopkins St. in Rom. Lit. and Lang. 45); [= Boss 3067, Suppl. I p. 128; Hol 200].

[PassChristAprés → PassAprés.]

PassEntreG Mystère de la Passion, incipit *Entre nous tuit deprion*, vers octosyll.; mil. 14^{e}s.; ms. Ste-Gen. 1131 [ca. 1440]; p. p. E. J. Gallagher, *A critical edition of La Passion Nostre Seigneur from manuscript 1131 from the Bibliothèque Sainte-Geneviève, Paris*, Chapel Hill (Univ. of North Carol. Press) 1976 (Univ. of North Carol. at Chapel Hill, Dep. of Rom. Lang. 179); [= TL Passion G; Boss^2 8191]. Il faut consulter aussi l'éd. R (indépendante) et les c.r. VRo 34,332-334; ZrP 91,208-210; MLR 73, 424-425; ZrP 94,435-437.

PassEntreJ id.; p. dans → JubMyst 2,139-311.

PassEntreR id.; imprime en app. aussi le fragm. de 243 vers, ms. Troyes 2139 [15^{e}s.]; p. p. G. A. Runnalls, *Le Mystère de la Passion Nostre Seigneur du manuscrit 1131 de la Bibliothèque Sainte-Geneviève*, Genève (Droz) – Paris (Minard) 1974 (T. L. F 206); [= TL Myst. Pass. SGenevieve R; Boss^2 8190].

PassFrFlemL Passio Francorum Secundum Flemingos, texte parodique latin contenant qqs. phrases fr. avec trad. mlt.; 1302 ou peu après; ms. BL Add. 10404 [15^{e}s.]; p. p. P. Lehmann, *Die Parodie im Mittelalter*, Stuttgart ^{2}1962, 202-204.

PassHugM *Passio pueri Hugonis de Lincolnia*, légende de l'enlèvement d'un enfant, *Huchon*, par des juifs, sous forme de ballade, incip. *Ore oez un bel chançon Des jues de Nichole*, quatrains monorimes en vers octosyll.; agn. 3^{e}q. 13^{e}s. (prob. entre 1255 et 1272); ms. unique BN fr. 902 [agn., f°135-136 2^{e}m. 13^{e}s.]; p. p. F. Michel, *Hugues de Lincoln*, Paris (Silvestre) 1834; [= Dean 531]. L'éd. F. Wolf, citée par Dean, n'est qu'une réimpr. de l'éd. Michel. Cité par Gdf comme 'Hugues de Lincoln' et sim.

PassIsabD La Passion Isabeau, mystère; 1398; ms. imprimé BN fr. 966 [Ouest ca. 1440] (P^1), qqs. var. tirées de BN fr. 978 [fin 15ᵉs.] (P³), autres mss. Ars. 2038 [1466] (A¹), Ars. 2386 [15ᵉs.] (A²), Ars. 2075 [Lorr. 1486] (A³), Besançon 257 [av. 1445] (B), Chantilly Musée Condé 36 (860) [ca. 1470?] (C¹), Chantilly Musée Condé 37 (654) [15ᵉs.] (C²), Modena Bibl. Estense f. str. 12 (α.Q.7.8; XII.G.2) [15ᵉs.] (E), BL Add. 9288 [fin 15ᵉs.] (L), Maz. 949 (1313) [15ᵉs.] (M), München gall. 22 [1ᵉm. 15ᵉs.] (Mu), BN fr. 1917 [15ᵉs.] (P²), BN fr. 1918 [16ᵉs.] (P⁴), BN fr. 2454 [1454] (P⁵), BN nfr. 10059 [fin 15ᵉs.] (P⁶), BN fr. 13095 [15ᵉs.] (P⁷) incomplet, BN fr. 2273 [15ᵉs.] (P⁸), Philadelphia Univ. of Penn. Van Pelt Libr. Ms. Codex 658 (French 12) [2ᵉm. 15ᵉs.] (Ph) incomplet, Rouen Bibl. mun. 1430 (U.93) [déb. 15ᵉs.] (R), Troyes 1257 [fin 15ᵉs.] (T¹), Troyes 1311 [15ᵉs.] (T²), Aberystwyth Nat. Libr. Peniarth 482 [15ᵉs.] (W), BN lat. 14794 [4ᵉq. 15ᵉs.], Bruxelles Bibl. roy. IV 509 (anc. Cheltenham Phillipps 3657) [ca. 1480], Genève suppl. 103 [15ᵉs.], Den Haag KB 73.E.6 [15ᵉs.?], München gall. 21 [2ᵉm. 15ᵉs.], BN lat. 1173 [fin 15ᵉs.], Malibu J. Paul Getty Museum Ms. 25 (anc. Ashburnham App. 71) [4ᵉq. 15ᵉs.], Rouen Bibl. mun. Suppl. 153 [déb. 15ᵉs.], BN fr. 24438 [ca. 1500] acéphale et lacunaire, Bruxelles Bibl. roy. 9303-9304 [ca. 1460]; p. p. E. E. DuBruck, *La Passion Isabeau*, New York – Bern – Frankfurt/M. – Paris (Lang) 1990; [= TL Passion Isabeau Du B]. Mauvaise éd., v. Hasenohr RLiR 56,312-320 essentiel (texte appelé 'version victorine' prob. originelle, avec éd. d'une épître dédicatoire du BN lat. 14794, p. 314); ZrP 109,434-5; v. aussi M. B. McCann Boulton, Sacred fictions, 244 n.53; 247ss., recensions en contraste flagrant avec «pierre angulaire… pierre de touche» (p. 4 de couverture, J. D.).

PassJonglFT Passion du Christ, version en octosyllabes existant dans de nombreux mss. très divergents, appelée 'Passion des jongleurs', source des premiers Mystères de la Passion, incorporée dans → BibleSeptEtats et dans → SFanuel, incipit du prologue *Oez trestuit communement* (ou sim.), incip. du texte *Oez moi trestuit doucement* (ou sim.); datation du texte originaire prob. fin 12ᵉs., mais en attendant une étude sérieuse, il vaut mieux s'en tenir aux dates des mss., datables dep. mil. 13ᵉs.; ms. de base Cambridge Fitzwilliam Mus. 20 (anc. Hamilton 273, anc. Carpentier) [Nord-Est 1323] (F), en var. Grenoble 1137 (cat. 51) [pic. 1ᵉʳt. 14ᵉs.] (C), Stuttgart Württ. Landesbibl. Cod. Don. 170 (anc. Donaueschingen 170, L.199) [2ᵉq. 15ᵉs.] (D), BN fr. 1526 [frc. 2ᵉm. 13ᵉs.] (G, → PassJonglGP), BL Add. 15606 [bourg. déb. 14ᵉs.] (H), BN fr. 1533 [fin 13ᵉs.] (L), Wien 3430 [15ᵉs.] (N), Ars. 5201 [bourg.sept. ou lorr. 3ᵉt. 13ᵉs.] (O), Ars. 5204 [2ᵉt. 14ᵉs.?] (P), BN fr. 1822 [wall. ca. 1300] (Q), BN fr. 2815 [1ᵉm. 14ᵉs.] f°191-231 (S), Torino Bibl. naz. L.II.14 (fr. 36) [pic. (Origny) 1311] (T), BN fr. 20040 [fin 13ᵉs.] (U), BN fr. 24301 [lorr. 2ᵉm. 13ᵉs.] (V), Ars. 3516 [art. 1267] (X), Ars. 3527 [pic. déb. 14ᵉs.] (Y), non utilisés: Berkeley Cal. Univ. Bancroft Libr. Ms 106 (PQ 1475 G 68; anc. Cheltenham Phillipps 3643) [norm. 3ᵉt. 13ᵉs.], Cambridge Trinity Coll. B.14.39 (323) [agn. 1255-60], Cambridge Trinity Coll. O.2.14 (1118) [agn. mil. 13ᵉs.] (Ca), Cambridge St John's Coll. B.9 (31) [Est déb. 14ᵉs.] avec interpolations tirées de WaceConc, London Quaritch Denton MS. [agn. 3ᵉq. 13ᵉs.], Lyon Bibl. mun. 739 (645) [It. 1ᵉm. 14ᵉs.], [un ms., anc. Baron de Verna, n'a pas été retracé, cf. ElesB p. 5s.; il n'a pas été acquis par la BN], BN fr. 1768 [1ᵉm. 14ᵉs.], Arras 139 (657) [pic. 3ᵉt. 13ᵉs.], Saint-Brieuc 112 [2ᵉm. 13ᵉs.], BN nfr. 13521 (anc. La Clayette) [fin 13ᵉs.] (= copie BN Moreau 1716); v. 1-1554 (comprenant la légende de la croix et celle du forgeron) p. p. H. Theben, *Die altfranzösische Achtsilbnerredaktion der 'Passion'*, thèse Greifswald 1909; [= Boss 3065; 5708; Hol 198; Dean 960]. Des var. supplémentaires se trouvent dans → PassJonglUG p. 10-21. Cp. → SFanuel, SMarieJésus et WaceConc.

PassJonglFP id.; suite de PassJonglFT: v. 1545-3328, comprenant la légende de la descente du Christ en enfer; p. p. E. Pfuhl, *Die weitere Fassung der altfranzösischen Dichtung in achtsilbigen Reimpaaren über Christi Höllenfahrt und Auferstehung (Fortsetzung der eigentlichen Passion) nach fünf Hss. in Cambridge, Paris und Turin herausgegeben*, Greifswald 1909; [= TL Höllenf. Chr. P; Hol 198; Boss 3322; 5709]. En appendice: I. Légende de Longinus interpolée dans qqs. mss., base Ars. 3527 [pic. déb. 14ᵉs.] (correspond à → PassJonglGP 1668-1731); II. Descente en enfer d'après Geufroi, = PassJonglGP 2444-3016; III. suite du récit d'après Geufroi (ms. BN fr. 1526 f°135r°a-137v°b): = → BibleSeptEtats. PassJonglUG contient le texte parallèle (par le contenu: v. 1545-3030 environ: Thomas incrédule).

PassJonglGP id., version insérée par Geufroi de Paris prob. en 1243 dans sa *Bible des sept estatz du monde* (→ BibleSeptEtats), 3894 vers [v. 3894 = PassJonglFP 2480]; ms. BN fr. 1526 [frc. 2ᵉm. 13ᵉs.] (G) f°92r°-126r°; p. p. A. J. A. Perry, *La Passion des Jongleurs. Texte établi d'après la Bible des sept estaz du monde de Geufroi de Paris*, Paris (Beauchesne) 1981 (Textes, Doss., Doc. 4); [= TL Pass. Jongleurs P; Boss² 8173]. Cp. les appendices de → PassJonglFP.

PassJonglOM id.; ms. Ars. 5201 [bourg.sept. ou lorr. 3ᵉt. 13ᵉs.] (O), v. 1-78; 1289-1358; 1751-1776 (fin) p. p. P. Meyer, *R* 16 (1887) 47-51. Cf. Meyer, NotExtr 34¹ (1891) 163-165: 30 vers du début et de la fin du ms. Berkeley Cal. Univ. Bancroft Libr. Ms 106 (PQ 1475 G 68; anc. Cheltenham Phillipps 3643) [norm. 3ᵉt. 13ᵉs.]; Meyer, *R* 16, 226-228: 129 vers du ms. Grenoble 1137 (cat.

51) [pic. 1ᵉʳt. 14ᵉs.] (C); Meyer, *R* 16, 243-244: 50 vers du ms. BL Add. 15606 [bourg. déb. 14ᵉs.] (H); Meyer, *R* 25, 551-552: 42 vers du ms. Cambridge Fitzwilliam Mus. 20 [Nord-Est 1323].

PassJongluG id., version assez différente (et courte) du ms. BN fr. 20040 [fin 13ᵉs.] (U) avec var. (676 vers correspondent en gros aux v. 1545-3030 de → PassJonglFP); p. p. A. Graf, *Die beiden engeren Fassungen der altfranzösischen Dichtung in achtsilbigen Reimpaaren über Christi Höllenfahrt und Auferstehung*, thèse Greifswald 1910; [= TL Höllenf. Chr. G; Boss 3323]. Contient des var. supplémentaires à → PassJonglFT (p. 10-21), des var. à → SFanuel v. 2865-3667 (texte traitant de la Passion; p. 39-56, = SFanuelVarG), un développement particulier du ms. BN fr. 24301 [lorr. 2ᵉm. 13ᵉs.] (V) (p. 57-60), un dével. partic. des mss. BN fr. 2815 [1ᵉm. 14ᵉs.] (S) et Stuttgart Württ. Landesbibl. Cod. Don. 170 (anc. Donaueschingen 170, L.199) [2ᵉq. 15ᵉs.] (D) (p. 61-65) un récit de la descente du Christ en enfer particulier au ms. Ars. 5201 [bourg.sept. ou lorr. 3ᵉt. 13ᵉs.] (O) et var. (p. 66-69).

PassJonglCaF id.; ms. de base Cambridge Trinity Coll. O.2.14 (1118) [agn. mil. 13ᵉs.], en var. surtout BN fr. 20040 [fin 13ᵉs.] et aussi F, H, V et Saint-Brieuc; 1594 vers p. p. F. A. Foster, *The Northern Passion*, 2 vol., London (Kegan Paul, Trench, Trübner) 1913-1916 (EETS 145, 147), texte 2, 102-125; [= Dean 960; Boss 5710].

PassJonglProlTrB id., prologue unique; agn. 1ᵉm. 13ᵉs.; ms. Cambridge Trinity Coll. B.14.39 (323) [agn. 1255-60]; p. p. B. Burnam, "An unedited Anglo-Norman prologue to the *Passion des jongleurs* and its relation to the *Passio Christi* of Clermont-Ferrand", *MedAev* 60 (1991) 197-206; [= Dean 960].

PassMonsC Mystère de la Passion joué à Mons, fragmentaire: Prologues et *Matinee IIIᵉ*; hain. 1501; ms. Mons Univ. 1087 [hain. 1501] prol., Mons Univ. 1088 [hain. 1501] matinée; p. p. G. Cohen, *Le Mystère de la Passion joué à Mons en Juillet 1501*, Mons (Duculot/Soc. Bibliph.) 1957. Tradition de → Greban. Cf. → CohenRég: abrégés et comptes.

PassNicB Niccolò da Verona, La Passion, laisses de vers alex. monorimes; francoit. ca. 1350; ms. Venezia Marc. fr. App. XXXIX (272) [francoit. ca. 1355]; p. p. V. Bertolini, *Niccolò da Verona. La passion*, Verona (Libreria Universitaria) 1989.

PassNicD id.; p. dans → CesNicD 393-427.

PassPalC La Passion du ms. de la Palatina, en vers décasyll.; traits bourg., déb. 14ᵉs.; ms. unique Vat. Pal. lat. 1969 [1ᵉm. 14ᵉs.]; p. p. K. Christ, "Das altfranzösische Passionsspiel der Palatina", *ZrP* 40 (1920) 405-489; [= TL Pass. Pal. Chr.].

PassPalF id.; p. p. G. Frank, *La Passion du Palatinus*, Paris (Champion) 1922 (CFMA 30); [= TL Pass. Pal. Fr.; FEW PassPal].

PassSemD *Jeu de la Passion Notre Seigneur*, mystère copié à Semur (en Auxois?), vers octosyll.; bourg. 1ᵉm. 15ᵉs.; ms. unique BN fr. 904 [bourg. 1488]; texte établi par P. T. Durbin, p. p. L. Muir, *The Passion de Semur*, Leeds (Centre for Med. St., Univ.) 1981.

PassSemR id.; p. p. E. Roy, *Le Mystère de la Passion en France du XIVᵉ au XVIᵉ siècle*, Dijon – Paris 1903 (Rev. bourg. p. p. l'univ. de Dijon 13, 3-4), texte p. 125ss. (= App. 1-189); [= FEW PassSem; Boss av. 5719].

PassTroyB *Mistere de la Passion Nostre Seigneur*, joué à Troyes de 1482 à 1490 et en 1496, 1505 et 1531, basé sur → Mist et surtout sur → Greban (un quart des vers est original), vers octosyll.; 1490 (date de la réunion des textes); ms. Troyes 2282 [plusieurs mains, relié en 1490]; p. p. J.-C. Bibolet, *Le 'Mystère de la Passion' de Troyes*, 2 vol., Genève (Droz) 1987 (T. L. F. 347); [= TL Myst. Pass. Troyes B]. Cf. Roques RLiR 51,643-645.

PassionA Passion du Christ, en vers octosyll.; ca. 1000; ms. Clermont-Ferrand 240 (189) [prob. Clermont ca. 1000]; p. p. D. S. Avalle, *Cultura e lingua francese delle origini nella Passion di Clermont-Ferrand*, Milano – Napoli (Ricciardi) 1962; [= Boss² 642]. Localisation discutée: Clermont (ActesNonLitt 144) ou plus prob. fr., remanié en pays occ. (Poitou?), copié prob. à Clermont. [D. S. Avalle, *La doppia verità*, Tavarnuzze 2002, réimprime ce travail et d'autres.]

PassionK id.; p. dans → FoersterKoschw 59-78; [= TL Passion; Hol 197; cp. FEW Passion].

PastGregL/CP Traduction de la troisième partie de la *Regula pastoralis* de Grégoire le Grand, appelée *Pastoralet* et sim., *Pasturel Gregoire* dans le ms. Cotton, prose; déb. 13ᵉs.; ms. de base Lyon Bibl. mun. 868 (773) [bourg.sept.?, 2ᵉm. 13ᵉs.] (A) [L], en var. Maz. 1716 (568) [déb. 14ᵉs.] (B), Chantilly Musée Condé 734 (456) [1313 n.st.] (C), BN fr. 24864 [15ᵉs.] (D) ms. recueil, Dublin Trinity Coll. B.2.8 (173) [Angleterre fin 14ᵉs.] (E¹), Genève Com. lat. 102 (anc. Cheltenham Phillipps 3660) [2ᵉq. 14ᵉs.] (F), le ms. BL Cotton Vitellius F.VII [agn. déb. 14ᵉs.] (G¹) [C] est imprimé en regard; p. p. M. Pagan, *Grégoire le Grand. Le Pastoralet*, Paris (Champion) 2007 [CFMA 154]; [= Dean 674].

PastoraletB Le Pastoralet, sorte de chronique fictionnelle, opposant surtout Borguignons et Armagnacs et traitant la fin de la Guerre de Cent Ans, en vers octosyll.; pic. (St-Pol) ca. 1425; ms. Bruxelles Bibl. roy. 11064 [2^{e}t. 15^{e}s.]; p. p. J. Blanchard, *Le Pastoralet*, Paris (PUF) 1983; [= Boss^2 8035].

PastoraletK id.; p. p. J. M. B. C. Kervyn de Lettenhove, *Chroniques relatives à l'histoire de la Belgique sous la domination des ducs de Bourgogne*, [t. 2] *Textes français*, Bruxelles (Hayez) 1873, 573-852; [= Boss 5195]. (P. 259-572: → GesteDucsBourgK.)

PatRom Patronymica Romanica, vaste projet fondé à Trèves, nombre de publications (Tübingen, Niemeyer, puis Berlin, De Gruyter) et banques de données évolutives.

PatenUsAI La Patrenostre a l'userier, patenôtre farci et parodié, en vers octosyll., version I (ou A); pic. déb. 13^{e}s.; ms. de base BN fr. 837 [frc. 4^{e}q. 13^{e}s.] (A), en var. ms. BL Harl. 4333 [lorr. 2^{e}m. 13^{e}s.] (L), Cambridge Trinity Coll. O.2.45 [agn. 3^{e}q. 13^{e}s.] (T); éd. composite sur la base du ms. A p. dans → Ilvonen p. 59-77; [Dean 218: ms.-version T].

PatenUsBI id., version II (ou B), du ms. Berne, octosyll.; 13^{e}s.; ms. unique Bern 354 [bourg.sept. déb. 14^{e}s.] (M); p. dans → Ilvonen p. 78-82.

Pathelin Maistre Pierre Pathelin, farce en vers octosyll.; ang.; fac-similé de l'impr. Lyon, Guillaume Le Roy, ca. 1485; [= Boss 5906].

PathelinT id.; p. dans → TissierFarces t. VII; haut de page: ms. BN fr. 25467 [après 1484], bas: impr. Le Roy, corr. par l'impr. Paris, Levet, 1489.

PathelinH id.; p. p. R. T. Holbrook, *Maistre Pierre Pathelin, farce du XVe siècle*, Paris (Champion) ^{2}1937 (CFMA 35); [= Boss 5908]. Texte corrigé.

PaulyKl *Der kleine Pauly. Lexikon der Antike*, p. p. K. Ziegler et W. Sontheimer et al., 5 vol., München (Druckenmüller/Artemis) 1964-1975 (réimpr. München, DTV, 1979). Elaboré en partant de → PaulyWiss, condensé mis à jour.

PaulyN *Der neue Pauly. Enzyklopädie der Antike*, Stuttgart (Metzler) 1996-2003, suivi de suppléments. À peine comparable avec → PaulyWiss.

PaulyWiss A. Pauly, *Real-Encyclopädie der classischen Altertumswissenschaft*, nouvelle éd. p. p. G. Wissowa, W. Kroll et al., Stuttgart – München (Metzler Druckenmüller, Metzler) 1894-1978 (2000: suppléments et registres); [= FEW PaulyW].

PaumierBerlC Palma contemplationis, texte mystique allégorique dans la tradition des textes de Bonaventure, traduit: Livre du paumier, prose; pic. 4^{e}q. 13^{e}s.; ms. Berlin Staatsbibl. lat. oct. 264 [pic. fin 13^{e}s.] (B), non utilisés: BN fr. 6447 [flandr. 4^{e}q. 13^{e}s.] (P^1), BN fr. 1802 [traits pic. 14^{e}s.] (P^2), BN fr. 940 [fin 15^{e}s.] (P^3), Maz. 788 (1088) [hain. 13^{e}s.], Lyon Bibl. mun. 867 (772) [pic. 2^{e}m. 13^{e}s.] (L), Metz 535 [Metz déb. 14^{e}s.] (M) détruit par la guerre, Bruxelles Bibl. roy. 9106 [Gand 1475]; p. p. K. Christ, "Le livre du paumier", *Mittelalterliche Handschriften. Festgabe zum 60. Geburtstage von Hermann Degering*, Leipzig (Hiersemann) 1926, p. 57-81; [= TL Paumier; Hol 288]. C.r. essentiel Schulze ZfSL 51,170-172.

PaviotProj J. Paviot, *Projets de croisade (v. 1290-v. 1330)*, Paris (AIBL) 2008 (Doc. rel. hist. crois. 20). Contient plusieurs (ré-)éd. de textes lat. et fr., dont: II, *Via ad Terram Sanctam* (incip. *Por ce que le reaume de Jerusalem*), 1289-1293, ms. Oxford Bodl. Ashmole 342 [f°1-6 déb. 14^{e}s.], p. 171-181 (correspond à l'éd. Ch. Kohler, Mél. hist. Or. lat. et crois., 1906, 535-544); V, *La Devise des chemins de Babylone*, 1308 ou avant, ms. de base BN lat. 7470 [14^{e}s.], en var. Ste-Gen. 1654 [cette partie ca. 1335], Bern 280 [15^{e}s.], p. 199-220 (= MichRayn p. 237-252); VI, Foulques de Villaret et al., *Coment la Terre sainte puet estre recouvree par les Crestiens*, 1307-1308, ms. de base Ste-Gen. 1654 [14^{e}s.], en var. BN lat. 7470 [14^{e}s.], p. 221-233 (ms. BN p. p. B.Z. Kedar et S. Schein, BEC 137, 1979, 221-226); IX, → CharbocloisP, p. 293-387; Annexe I, Directives du patriarche de Jérusalem Guillaume d'Agen à Amaury de la Roche, AN J.456-36^3 [orig. 1267], incip. *La remenbrance de choses que le saige et le honorable persone frere Amaurri de la Roche*, p. 44-46. Cp. → MichRayn.

PawGiffB Recueil factice de cas traités et d'arrêts émis par les échevins de Liège (en partie fictifs), appelé *paweilhar Giffou*, portant sur des cas datés entre 1280 et 1357; liég. déb. 15^{e}s.; ms. de base Liège Arch. de l'Etat Grand-Greffe des éch. 1(A) [déb. 15^{e}s.] détruit en 1944, en var. nombre de mss. plus récents, parmi eux Kraków Univ. gall. qu. 104 (anc. Berlin) [liég. 4^{e}q. 15^{e}s.], v. l'éd.; p. p. A. Baguette, *Le paweilhar Giffou*, Liège (Commiss. commun. de l'hist. de l'anc. pays de Liège) 1946 (Doc. et mém. 1).

PayneSmith J. Payne Smith, *A compendious Syriac dictionary founded upon the* Thesaurus Syriacus *of R. Payne Smith*, Oxford (Clarendon) 1903 [réimpr. Wipf & Stock, Eugene, Or. 1999]. Dict. araméen.

Pck G. de Poerck, *La draperie médiévale en Flandre et en Artois. Technique et terminologie*, 3 vol., Brugge (De Tempel) 1951 (Univ. Gent,

Pck

Werken Fac. Letteren, 110-112); [= FEW Pck; TL Poerck Draperie]. Le relevé d'att. est assez incomplet: les doc. cités fournissent bien des matériaux supplém. et souvent antérieurs.

PéageChalonBA Péages des foires et autres redevances dus à Chalon (prob. établis fin 13^{e}s.), suivis d'une liste de fiefs reflétant la situation de 1302 ou de 1303; bourg. 1303 (ou peu avant ou peu après); mss. (montrant des variations) imprimés l'un à la suite de l'autre: Dijon Arch. dép. B.11388 [14^{e}s.] f°11-29 (B), Chalon Arch. dép. AA.1 [14^{e}s.] (C), Dijon Arch. dép. B.935 [1439/40] (D), autre ms. Dijon Arch. dép. B.11388 [14^{e}s.] f°1-6 (A); p. p. S. Andolf, *Les péages des foires de Chalon-sur-Saône*, Göteborg (Almqvist & Wiksell) 1971 (Rom. Gothob. 11). Citer les ms. C comme PéageChalonCA et le ms. D comme PéageChalonDA. P. 72-74 extrait d'un cartulaire impr. du 16^{e}s., p. 75-76 cart. impr. 1690; doc. tardifs cités en note.

PéageChalonCA v. PéageChalonBA.

PéageChalonDA v. PéageChalonBA.

PéageDijonAM Péage contenu dans un cartulaire municipal de Dijon; bourg. fin 13^{e}s.; ms. BN lat. 654 [fin 13^{e}s.] (Stein 1178); p. p. M.-Th. Morlet, "Tarifs de péage et de vente à Dijon aux XIIIe et XIVe siécles", *Actes du 112e Congr. des Soc. sav., Hist. médiévale*, Lyon 1987, 119-147.

PéageDijonBM id., cartulaire municipal de Dijon, contenant doc. divers, vidimus, péages, en partie traduit du latin; bourg. 1^{e}m. 14^{e}s.; ms. BN lat. 9873 [bourg. 1^{e}m. 14^{e}s.] (cf. Stein 1194 note); p. dans → PéageDijonAM p. 131-137.

PeanGatS² Pean Gatineau, Vie de saint Martin, vers octosyll.; tour. 1^{e}m. 13^{e}s.; ms. unique BN fr. 1043 [fin 13^{e}s.] (selon Dees, le ms. serait bourg. [v. 1-2000], poit. [2001-4091] et berr. [8001-10295]); p. p. W. Söderhjelm, *Das altfranzösische Martinsleben des Péan Gatineau aus Tours*, Helsingfors (Hagelstam) 1899; [= TL PGat. SMart.]. Transcr. fidèle, normalisations, p.ex. de la décl., documentées.

PeanGatB id.; début p. p. J.J. Bourassé, *Vie de Monseigneur saint Martin de Tours par Péan Gatineau*, Tours (Mame) 1860 (Publ. de la Soc. des Biblioph. de Touraine); [= TL Peain Gatineau SMart.]. [Concord. sommaire: p.10 = éd. S² v. 188; 20 = 414; 30 = 639; 40 = 860; 50 = 1081; 60 = 1300; 70 = 1481; 80 = 1700; 90 = 1845; 100 = 2074; 110 = 2301; 120 = 2505; 130 = 2734; 140 = 2963; 150 = 3192; 160 = 3418; 170 = 3619; 174 = 3714: fin de l'éd.]

PeanGatS¹ id.; p.p. W. Söderhjelm, *Leben und Wunderthaten des heiligen Martin. Altfranzösisches Gedicht aus dem Anfang des XIII Jahrhunderts von Péan Gatineau aus Tours*, Tübingen (Litterarischer Verein Stuttgart) 1896 (Bibl. Litt. Verein 210); [= TL SMartin S]. Transcr. fautive; remplacé par S².

PeanGatSöderh id.; étude par T. Söderhjelm, *Die Sprache in dem altfranzösischen Martinsleben des Péan Gatineau aus Tours*, Helsinki (Centraldruckerei) 1905 [1906] (= MSnH 4, 1906, 51-233); [= FEW PGat; Boss 3337].

PechiéOrguM *Dou pechié d'orgueil laissier*, récit pieux en octosyllabes; bourg. 13^{e}s.; ms. unique BL Add. 15606 [bourg. déb. 14^{e}s.]; p. p. P. Meyer, *R* 6 (1877) 29-35. Cp. pour le thème R 13 (1884) 591-595.

Pedersen H. Pedersen, *Vergleichende Grammatik der keltischen Sprachen, I, Einleitung und Lautlehre, II, Bedeutungslehre (Wortlehre)*, Göttingen (Vandenhoeck) 1909-1913; [= FEW Ped].

Peer O. Peer, *Dicziunari rumantsch, ladin – tudais-ch*, Cuoira (Lia Rumantscha) 1962.

PeinesR *Les peines de purgatorie*, compilation dévote en prose [attribution à Robert Grosseteste non probable]; agn. 2^{e}t. 13^{e}s.; ms. de base BL Arundel 288 [agn. 2^{e}m. 13^{e}s.] (A), en var. Dublin Trinity Coll. E.4.30 (495) [agn. mil. 14^{e}s.] (B), Oxford Bodl. Bodley 654 [partie agn. 2^{e}m. 13^{e}s.] (C), Oxford Bodl. Bodley 82 [agn. 1^{e}m. 14^{e}s.] (D), BL Roy. 16 E.II [agn. déb. 15^{e}s.] (E), Cambridge Trinity Coll. R.14.7 [agn. peu après 1307] (F), BN fr. 6276 [agn. ca. 1300] (G); p. p. R. J. Relihan, *A critical edition of the Anglo-Norman and Latin versions of* Les peines de Purgatorie, thèse Iowa City 1978 (Univ. Microfilms Int. 79-02935); [= Dean 645; Boss² 5890; AND Peines concerne le ms. BL Arundel 288]. Imprime parallèlement la trad. lat. de la fin du 13e siècle. Sans glossaire. Extrait du ms. Oxford Bodl. Bodley 654 dans → HuntAnec p. 7.

PeiskerAtt R.-M. Peisker, *Materialien zur Beschreibung der Sprache des frankovenezianischen Epos* La Guerra d'Attila, thèse Göttingen 1973. Basé sur → AttilaS.

PelAmeS *Pelerinage de l'Ame*, songe allégorique par Guillaume de Digulleville (Cotentin), 11000 vers en couplets rimés octosyll; norm.sept. / pic. (Sellentois?) ca. 1355 (1355-1358?); ms. de base BN fr. 12466 [déb. 15^{e}s.] (α), autre ms. Paris Institut de France 9 (in-fol. 20) [Paris ca. 1400-1420], en var. essentiellement BN fr. 1648 [15^{e}s.] (q), Ars. 3646 [norm. ca. 1380] (π), Metz 315 [lorr. fin 14^{e}s.] (M), London H.H. Gibbs (?) [?] (G), BL Add. 38120 (anc. Huth) [Paris ca. 1400] (H), Lyon Bibl. mun. 768 (686) [14^{e}s.] (L) et Cherbourg 42 [15^{e}s.] (C / C²: v. 2811ss.), autres mss.: BN fr. 376 [2ᵉ q. 15ᵉ s.] (a), BN fr. 377 [ca. 1395] (b), BN fr. 823 [Paris 1393] (c), BN fr. 824 [1444] (d), BN fr. 828 [Tournai 1414] (g), BN fr. 829 [1404] (h), BN fr. 1138 [15ᵉ s.] (i), BN fr. 1139 [15ᵉ s.] (k), BN fr. 1647 [Paris 1403] (p), BN fr. 1650 [15ᵉ s.] (s), BN fr. 9196 [Paris ca. 1390] (v), BN fr. 12463 [15ᵉ s.] (x), BN fr. 12464 [14ᵉ/15ᵉ s.] (y), BN fr. 12465 [Paris ca. 1390] (z), BN fr. 19186 [cette partie 1455] (δ), BN fr. 24302 [2ᵉ m. 14ᵉ s.] (ε), Ars. 3170 [ca. 1380?] (λ), Ars. 3331 [Paris ca. 1400] (μ), Ars. 3520 [15ᵉ s.] (ξ), Ars. 3647 [15ᵉ s.] (ϱ) Ste-Gen. 1130 [Paris ca. 1390] (φ), Arras 532 (845) [Artois ca. 1400] (A²), BL Add. 22937 [ca. 1460] (A), BL Add. 25594 [Paris ca. 1380] (A¹), Ashburnham Barrois 488 [?] (A⁴), Bruxelles Bibl. roy. 11069 [1ᵉʳ t. 15ᵉ s.] (B⁴), Peterburg RNB Fr.F.v.XIX.4 [Paris mil. 15ᵉ s.] (P), Peterburg RNB Fr.F.v.XIX.11 [15ᵉ s.?] (P¹), Bruxelles Bibl. roy. 1127-29 [3ᵉ t. 14ᵉ s.] anoure, Bruxelles Bibl. roy. II 7844 [15ᵉ s.], Genova Racc. Durazzo MS A.11-13 [Paris ca. 1390], Leiden Univ. BPL 74 [ca. 1400], Cambridge Fitzwilliam Mus. 1-3003 / 2-2005.1-29 / 3-2005.1-2 / 11-2005.1-4 [ca. 1400], Manchester Univ. John Rylands Libr. Fr. 2 [Paris ca. 1416], Oxford Bodl. Add. C.29 [ca. 1400], Philadelphia Rosenbach Museum & Libr. [1437]; p. p. J. J. Stürzinger, *Le Pelerinage de l'Ame de Guillaume de Deguileville*, London (Roxburghe Club) 1895. [Gdf cite le ms. Ars. 3331 comme 'Roman du Moine', mais le ms. n'en contient que l'explicit; ce ms. contient en fait PelAme et la fin de PelVie (1ᵉʳ f°). Cf. Matsumura ActesGuillDig 231-252.]

PelAmeD id., extrait, v. 2557-5590, relatant la Descente en Enfer; même ms. BN fr. 12466 [déb. 15ᵉ s.]; p. p. Frédéric Duval, *Descente aux enfers avec Guillaume de Digulleville*, Saint-Lô (Arch. dép.) 2006. Éd. bibliophile avec trad., commentaires et reprod. du ms.

PelAmePr → PelViePr.

PelCharlK Pèlerinage ou Voyage de Charlemagne à Jérusalem et à Constantinople, poème épique en laisses d'alexandrins assonnés, à caractère comique, visant p.-ê. Louis VII et la deuxième croisade (Henry: 'Parodie souriante'); traits agn., 2ᵉ m. 12ᵉ s.; ms. unique BL Roy. 16 E.VIII [agn. fin 13ᵉ s.] perdu depuis 1879 (toutes les éditions se basent sur l'éd. Koschwitz et sur des copies diverses); éd. diplomatique sur la base d'une copie en fac-similé établie par J. Koch (pages paires) et éd. critique p. p. E. Koschwitz, *Karls des Großen Reise nach Jerusalem und Constantinopel*, 5ᵉ éd., Leipzig (Reisland) 1907; [= TL Karls R; cp. FEW PelCharl; Dean 80; Boss 627; Hol 584]. Attention: le gloss. se réfère au texte fabriqué. Les 'var.' reproduisent des leçons des éd. antérieures.

PelCharlA id.; p. p. P. Aebischer, *Le Voyage de Charlemagne à Jérusalem et à Constantinople*, Genève (Droz) – Paris (Minard) 1965 (T. L. F. 115); [= TL Voyage Charlemagne Ae, Boss² 1381]. Éd. peu utile.

PelCharlB id.; p. p. M. Bonafin, *Il viaggio di Carlomagno in Oriente*, Parma (Pratiche) 1987. Notes utiles; traduction italienne. Réédité, Alessandria (Orso) 2007 (c.r. Palumbo MedRom 32,422-425, comprenant aussi l'éd. C. Rossi, *Il viaggio…*, Alessandria 2006)

PelCharlBu id.; p. p. G. S. Burgess, *The pilgrimage of Charlemagne*, New York (Garland) 1988 (Garland Libr. A-47), se servant également des autres éd.

PelCharlBu² id., *Le Pèlerinage de Charlemagne*, Cambridge (Brit. Rencesvals Publ.) 1998.

PelCharlD id.; p. p. V. Drašković, *Putovanje Karla velikog u Jerusalim i Carigrad*, Beograd (Naučna Knjiga) 1965; [= Boss² 1382]. Avec trad. serbo-croate.

PelCharlF id.; p. p. G. Favati, *Il 'Voyage de Charlemagne', edizione critica*, Bologna (Palmaverde) 1965 (Bibl. degli St. mediolat. e volg. 4); [= TL Voyage Charlemagne F; Boss² 1383]. Avec glossaire complet et notes copieuses. (Malheureusement, ses citations de 'K' se réfèrent à l'éd. critique (!) de PelCharlK. Non sans erreurs.) Veut rajeunir le texte d'un siècle.

PelCharlM id.; ed. princeps p. p. F. Michel, *Charlemagne*, London (Pickering) 1836. Bonne éd. avec glossaire et avec un fac-similé du début du poème (titre et l. 1-10 [avant p. 1], reproduit dans l'éd. F). La préface contient une analyse du ms. et de courts extraits de → SimPouilleC, GalienPr² etc. évoquant le voyage légendaire de Charlemagne. Cité par Gdf comme 'Charlemagne, W. Pickering'.

PelCharlP id.; p. p. J.-L. G. Picherit, *The Journey of Charlemagne to Jerusalem and Constantinople*, Birmingham, Alabama (Summa) 1984; [= TL Voyage Charlemagne P]. Avec trad. anglaise.

[PelCharl cf. HorrentPèl; KoschwitzPel; Tyssens-Voy.]

PelJChrS Guillaume de Digulleville, *Pelerinage Jesu Christ*; norm.sept. / pic. (Sellentois?) prob. 1358; ms. de base BN fr. 12466 [déb. 15ᵉ s.] (x), autres mss. Paris Institut de France 9 (in-fol. 20) [Paris ca. 1400-1420], BN fr. 14976 [15ᵉ s.] (β), BN fr. 376 [2ᵉ q. 15ᵉ s.] (a), BN fr. 377 [ca. 1395] (b), BN fr. 823 [Paris 1393] (c), BN fr. 824 [1444] (d), BN fr. 828 [Tournai 1414] (g), BN fr. 1647 [Paris 1403] (p), BN fr. 9196 [Paris ca. 1390] (v),

PelJChrS

BN fr. 12464 [14ᵉ/15ᵉ s.] (y), BN fr. 12465 [Paris ca. 1390] (z), BN fr. 24302 [2ᵉ m. 14ᵉ s.] (ε), Ars. 3169 [15ᵉ s.] (ϑ), Ars. 3646 [norm. ca. 1380] (π), Ste-Gen. 1130 [Paris ca. 1390] (φ), Arras 532 (845) [Artois ca. 1400] (A²), BL Add. 22937 [ca. 1460] (A), London H.H. Gibbs (?) [?] (G), BL Add. 38120 (anc. Huth) [Paris ca. 1400] (H), Peterburg RNB Fr.F.v.XIX.4 [Paris mil. 15ᵉ s.] (P), Peterburg RNB Fr.F.v.XIX.11 [15ᵉ s.?] (P¹), Genova Racc. Durazzo MS A.11-13 [Paris ca. 1390], Leiden Univ. BPL 74 [ca. 1400], Manchester Univ. John Rylands Libr. Fr. 2 [Paris ca. 1416], Philadelphia Rosenbach Museum & Libr. [1437]; p. p. J. J. Stürzinger, *Le pelerinage Jhesucrist de Guillaume de Deguileville*, London (Nichols & Sons) 1897.

PelJChrPr → PelViePr.

PelVieS Guillaume de Digulleville, né prob. en 1295 à Digulleville, Cotentin, moine à Chaalis, Sellentois, *Pelerinage de Vie humaine*, poème allégorique d'instruction chrétienne pour une vie culminant dans l'au-delà, inspiré de → RenclMis et d'autres sources, en couplets de vers octosyll. rimés; norm.sept./ pic. 1332 (1330-1332); ms. de base BN fr. 1818 [Paris ca. 1355] (t), mss.: Heidelberg Cod. Pal. lat. 1969 [pic. ca. 1375] (Pal) illustr. Toulouse, Leiden Univ. BPL 74 [ca. 1400], Stalden CH Günther (anc. New York Kraus 153, 40, Amsterdam Bibl. Philos. Herm. 108, Cheltenham Phillipps 3655, DC: 'Bibl. reg.') [ca. 1352], Cambrai 212 (207) [ca. 1400] (C1), Manchester Univ. John Rylands Libr. Fr. 2 (anc. Crawford 4) [Paris ca. 1416] (C³) contaminé de PelVie², Aix-en-Provence 110 (749) [Provence ca. 1390] (A³), Arras 532 (845) [Artois ca. 1400] (A²), Baltimore Walters Art Museum W.141 [flandr. ca. 1370], Berlin Staatsbibl. Hamilton 285 [3ᵉ t. 14ᵉ s.] (B), Bruxelles Bibl. roy. 10176-78 [Bruges? ca. 1400] (B²), Bruxelles Bibl. roy. 10197-98 [Paris ca. 1380] (B³), Bruxelles Bibl. roy. 1127-29 [3ᵉ t. 14ᵉ s.], Bruxelles Bibl. roy. II 7844 [15ᵉ s.], Bruxelles Bibl. roy. 11069 [1ᵉʳ t. 15ᵉ s.] (B⁴), Bruxelles Bibl. roy. 18064-69 [2ᵉ t. 15ᵉ s.] (B⁵) v. 1-8225, Bruxelles Bibl. roy. 18092-93 [15ᵉ s.] (B⁶), Carpentras 725 (L.S.6) [1407], Chartres 408 (423) [14ᵉ-15ᵉ s.] (C³), Douai Bibl. mun. 768 [ca. 1400], Genova Racc. Durazzo MS A.1 [Tournai ca. 1400] (D), Genova Racc. Durazzo MS A.11-13 [Paris ca. 1390], Peterburg RNB Fr.F.v.XIX.4 [Paris mil. 15ᵉ s.] (P), BL Harl. 4399 [ca. 1400] (H¹), BL Add. 22937 [ca. 1460] (A), BL Add. 25594 [Paris ca. 1380] (A¹), BL Add. 38120 (anc. Huth) [Paris ca. 1400] (H), Metz 315 [lorr. fin 14ᵉ s.] (M) détruit par la guerre, München gall. 30 [Paris ca. 1348] (M¹), New York Pierpont Morgan Libr. M.772 [Paris 1348], New York Pierpont Morgan Libr. M.1038 (anc. Cheltenham Phillipps 4219) [Paris ca. 1350], Oxford Bodl. MS Add. C.29 [Paris ca. 1400], Oxford Bodl. Douce 300 [ca. 1390], BN fr. 376 [2ᵉ q. 15ᵉ s.] (a), BN fr. 823 [Paris 1393] (c), BN fr. 824 [1444] (d), BN fr. 827 [15ᵉ s.] (f), BN fr. 828 [Tournai 1414] (g), BN fr. 1139 [15ᵉ s.] (k), BN fr. 1140 [15ᵉ s.] (i), BN fr. 1141 [15ᵉ s.] (m), BN fr. 1577 [Paris ca. 1350] (n), BN fr. 1645 [Paris ca. 1350] (o), BN fr. 1647 [Paris 1403] (p), BN fr. 1649 [15ᵉ s.] (r), BN fr. 1819 [14ᵉ s.] (u), BN fr. 9196 [Paris ca. 1390] (v), BN fr. 12462 [Paris ca. 1348] (w), BN fr. 12464 [14ᵉ/15ᵉ s.] (y), BN fr. 12465 [Paris ca. 1390] (z), BN fr. 19158 [1435] (γ), BN fr. 19186 [cette partie 1455] (δ), BN fr. 24302 [2ᵉ m. 14ᵉ s.] (ε), BN fr. 24303 [Paris ca. 1415] (ζ), BN fr. 24304 [15ᵉ s.] (η), Ars. 3170 [ca. 1380?] (λ), Ars. 3331 [Paris ca. 1400] fragm.: 42 v. de la fin (μ), Ars. 5071 [Pic.? ca. 1400] (σ), Ste-Gen. 1130 [Paris ca. 1390] (φ), Paris Institut de France 9 (in-fol. 20) [Paris ca. 1400-1420] (χ) 2ᵉ réd.?, Pont à Mousson 6 [14ᵉ s.] (P³), Philadelphia Rosenbach Museum & Libr. [1437], Reims Bibl. mun. 1276 (J.750) [fin 14ᵉ s.] (R¹), Vat. Reg. lat. 1668 [fin 14ᵉ s.], Tours 950 [ca. 1400] (T), Wien 2593 [14ᵉ s.], New Haven Yale Beinecke Libr. 406 (anc. Cheltenham Phillipps 6343) [N.-E.? ca. 1400], BN nfr. 10551 [2ᵉ m. 14ᵉ s.], BN nfr. 11198 [rec. de fragm., f° 44-45, 15ᵉ s.] fragm., [London Sotheby's 26 avr. 1937], [Paris L. Gougy (anc. Ashburnham Barrois 74)] (A⁷), Lyon Bibl. mun. 768 (686) [14ᵉ s.] (L), London H.H. Gibbs (?) [?] (G), Ashburnham Barrois 488 [?] (A⁴) à localiser (v. M.W. Camille, The ill. ms. of Guill. de Deg. 'Pèl.' 1330-1426, thèse Cambr. 1984; ActesGuillDig 427-436); p. p. J. J. Stürzinger, *Le pelerinage de Vie Humaine de Guillaume de Deguileville*, London (Nichols & Sons) 1893 (Roxburghe Club); [= TL Peler. V]. Seconde version par l'auteur, v. → PelVie²; Gdf cite Deguileville Trois Pelerinages aussi d'après un impr. de ca. 1500: version remaniée basée sur → PelViePr (correspond dans l'éd. S aux var. siglées par un P gothique), cf. Matsumura ActesGuillDig 231-252. DC cite ce texte comme 'Guignevil. in Peregr. hum. gen.'. [Extraits d'entre vers 1471 et 5062 de l'éd. S publiés dans G. Cohen, *Nativités et moralités liégeoises du moyen-âge*, Bruxelles (Palais des Ac.) 1953, 263-302 (col. a), cités malheureusement dans DMF. Faral HLF 39¹, 1-132, cite en principe PelVieS, mais peu fidèlement.]

PelVieD id.; ms. Heidelberg Cod. Pal. lat. 1969 [pic. ca. 1375] (Pal); p. p. les rédacteurs du DEAF Sabine Tittel, Stephen Dörr, Frankwalt Möhren, Thomas Städtler, *Guillaume de Digulleville. Le Pelerinage de Vie humaine – Die Pilgerreise ins Himmlische Jerusalem*, 2 vol., Darmstadt (Wiss. Buchges.) 2013 (avec des contrib. par W. Metzger et K. Zimmermann, éd. V. Probst). Éd. avec fac-similé, trad. all., introd. et gloss. (le glossaire, dans sa version développée, est accessible sur le site du DEAF). C. r. Robert Martin, Académie des Inscriptions et Belles-Lettres, Comptes Rendus 2013, 2013 [2014], 729-731. Le fac-similé seul a été publié avec une préface par Thomas

Städtler, *Guillaume de Digulleville. Die Pilgerreise ins Himmlische Jerusalem*, Darmstadt (Lambert Schneider) 2014.

PelVieSt id.; le ms. de base de l'éd. S, t, collationné et éd. par Béatrice Stumpf, sur le site Atilf, DMF.

PelVie²M⁰ id., version retravaillée et élargie par l'auteur; norm.sept. / pic. 1355; courts extraits tirés de BN fr. 377 [ca. 1395] p. dans → MaupeuPèl, autres mss. BN fr. 12466 [déb. 15ᵉs.], Ars. 3646 [norm. ca. 1380], BN fr. 825 [ca. 1420], BN fr. 829 [1404], BN fr. 1138 [15ᵉs.], BN fr. 1139 [15ᵉs.], Cherbourg 42 [15ᵉs.]; inédit. Pour toutes les questions des versions et des mss. et impr. cités par Gdf (souvent avec des cotes err.), v. Takeshi Matsumura, → ActesGuillDig 231-252.

PelViePr id., version en prose par l'Anonyme d'Angers; 1465 n.st.; mss. Ars. 2319 [Paris ca. 1470], BN fr. 1137 [ca. 1475], BN fr. 1646 [Paris 3ᵉt. 15ᵉs.], BN fr. 12461 [Paris ca. 1470] raccourci mais fidèle, Paris Ec. des Beaux-Arts Masson 80 [15ᵉs.], Genève fr. 181 [3ᵉt. 15ᵉs.], Genève fr. 182 [Valenciennes ca. 1500] copie un impr., Ste-Gen. 294 [ca. 1475], Soissons 208 (194) [Paris ca. 1475], London Sotheby's [ca. 1478] (où?), Ramsen, Suisse, H. Tenschert [ca. 1470] (v. A.-M. Legaré, Le Pèlerinage, 2004); inédit (dépouillé par Gdf [parfois 'Ars. 2323' par err.]). Contient aussi PelAmePr et PelJChrPr; correspond souvent à l'imprimé de ca. 1500 (Bibl. Maz.) qui suit parfois aussi une mise en prose de → PelVie (1ᵉ version).

PelerAstralL Pelerin de Prusse, *Practique de astralabe*, traité basé essentiellement sur Messehalla; 1362; ms. unique Oxford Saint John's Coll. 164 [ca. 1377] f°111-118; p. p. E. Laird – R. Fischer, *Pèlerin de Prusse on the Astrolabe*, Binghamton N.Y. (Med. & Ren. Texts 127) 1995. Contient aussi → PelerEleccL; cp. → MessehallaEclipse.

PelerEleccL id., *Livret de eleccions*, traité astrologique et astronomique; 1361; ms. Oxford Saint John's Coll. 164 [ca. 1377] f°33-110, autre ms. Vat. Reg. lat. 1337 [fin 15ᵉs.] f°45-88; extrait, f°39-40, p. dans → PelerAstralL p. 91-104.

PelerEleccB id.; extrait de la deuxième partie, sur les élections de la dixième maison, du ms. Oxf., f°102v°-104; p. p. J.-P. Boudet dans → MélThomasset [83] 98-104.

PeliarmB *Roman de Peliarmenus*, suite du cycle des → SSag (suivant dans les mss. à → Cassid; suit prob., chronologiquement parlant, à → Helcanus), prose; pic. av. 1289; ms. de base BN fr. 22548-22550 [frc., traces de pic., fin 13ᵉs.] (V) (22549 f°131v°-216v°, 22550 f°1r°-50v°), en var. Bruxelles Bibl. roy. 9245 [pic. 1ᵉm. 14ᵉs.] (B), BL Harl. 4903 [Paris mil. 14ᵉs.] (X²) (forme un ms. avec BN fr. 17000), autres mss.: BN fr. 93 [pic. 1466] (G), BN fr. 1446 [cette partie 1295 ou peu av.], Torino Bibl. naz. L.III.8 (1650) [pic. 14ᵉs.] (R) (très endommagé par le feu en 1904), fragm. Orléans Mus. hist. Desnoyers v. Bibliographe Moderne 6, 1902, 263-264 [= BN fr. 22550 f°41]; inédit dans l'ensemble; chapitres 1 à 7 (sur 48), divisés en 134 paragraphes, p. p. L. B. Brodtkorb, *Le roman de Pelyarmenus. A preliminary study and partial edition of an unpublished thirteenth century prose romance*, thèse Yale University 1965 (Univ. Microfilms 65-9661); [= Wos 161; Boss² 2504].

PellegrAr G.B. Pellegrini, *Gli arabismi nelle lingue neolatine con speciale riguardo all'Italia*, 2 vol., Brescia (Paideia) 1972.

PenitAdam¹/²Q Pénitence d'Adam (partie 'I', p. 73-85), suivi d'une légende de la Croix (partie 'II', p. 85-103; cp. → SCroix), en prose; 2ᵉm. 13ᵉs.; ms. BN fr. 95 [pic. 3ᵉt. 13ᵉs.]; p. p. E. C. Quinn, *The penitence of Adam*, University, Miss. (Romance Monographs) 1980. Éd. à utiliser avec grande précaution, v. FSt 39,62-63. Cp. → PrangsmaSCroix p. 35 (réimpr. le début de II de l'éd. Q: p. 358-359). Autre traitement du sujet dans BL Roy. 19 D.IV [2ᵉq. 14ᵉs.] f°552v°-558v° (v. E. Fournié ad → BibleGuiart).

PenitAdam²N id., légende de la croix; p. p. A. S. Napier, *History of the Holy Rood-Tree*, London (Kegan Paul et al.) 1894 (E.E.T.S., Or. 103), p. 41-63 infra. P. 63-67: même légende, extrait de → BibleEnt.

Penzig O. Penzig, *Flora popolare italiana*, 2 vol., Genova 1924; [= FEW Penzig].

PerNeslesTabJ Perrot de Nesles, table des matières avec sommaires du ms. BN fr. 375, en vers octosyll., souvent trop succincte pour être claire; pic. 1289; ms. BN fr. 375 [pic. 1289 n.st.]; p. p. L. Jordan, "Peros von Neele's gereimte Inhaltsangabe zu einem Sammelcodex", *RF* 16 (1904) 735-756; [= TL Per. Neel. Inh.]. Jordan croit que la table pourrait dater de mil. 13ᵉs.

PercB Chrestien de Troyes, Roman de Perceval ou Le conte du Graal, vers octosyll.; champ.mérid. ca. 1180; ms. de base BN fr. 12576 [pic.sept. 2ᵉm. 13ᵉs.] (T), en var. BN fr. 794 [champ. ca. 1235] (A: Guiot), Bern 354 [bourg.sept. déb. 14ᵉs.] (B), Clermont-Ferrand 248 (196ᵇ) [frc. 2ᵉm. 13ᵉs.] (C), Edinburgh Nat. Libr. Adv. 19.1.5 [champ.mérid. 1ᵉm. 13ᵉs.] (E), Firenze Bibl. Riccard. 2943 [Est mil. 13ᵉs.] (F), London Coll. of Arms Arundel XIV (150) [cette partie

PercB

agn. 1^{er}q. 14^{e}s.] (H), BL Add. 36614 (anc. Ashburnham Barrois 1) [cette partie champ.mérid. 2^{e}m. 13^{e}s.] (L), Montpellier Ec. de Méd. 249 [bourg. 2^{e}m. 13^{e}s.] (M), Mons Univ. 331/206 (4568) [tourn. 2^{e}m. 13^{e}s.] (P), BN fr. 1429 [champ.mérid. 2^{e}m. 13^{e}s.] (Q), BN fr. 1450 [pic. 2^{e}q. 13^{e}s.] (R), BN fr. 1453 [traits norm. déb. 14^{e}s.] (S), BN fr. 12577 [frc. (Paris) ca. 1330] (U), BN nfr. 6614 [pic.sept. 2^{e}m. 13^{e}s.] (V), fragm. Praha Univ. (Clementinum) 220 (I.E.35) [N.-E. ca. 1300] (p), autres v. éd. xxxv-xxxix, fragm. Annonay (en fait Serrières, Boissonnet) [champ. déb. 13^{e}s.]; p. p. K. Busby, *Chrétien de Troyes. Le Roman de Perceval ou Le Conte du Graal*, Tübingen (Niemeyer) 1993; [= TL Perc. B]. Même ms. de base que Roach (PercR) et même numérotation des vers. C.r. Döffinger AnS 231,214-217; ne remplace pas entièrement l'éd. Hilka; bien des var. ne se trouvent que dans → PercH, d'autres ne sont pas localisées avec précision (v. p. ex. *Juif*).

PercH id.; ms. de base A, les autres en var.; p. p. A. Hilka, *Der Percevalroman (Li contes del Graal) von Christian von Troyes. Unter der Benutzung des von Gottfried Baist nachgelassenen handschriftlichen Materials*, Halle (Niemeyer) 1932; [= TL Perc. H; cp. Dean 169]. Éd. très corrigée, mais corr. documentées. Cf. → Bliocadran, sorte de prologue à Perc. P. 483-614: Perceval en prose, imprimé à Paris en 1530 par Jehan Longis et Jehan Sainct Denis.

PercL id.; p. p. F. Lecoy, *Les romans de Chrétien de Troyes. Le conte du Graal (Perceval)*, 2 vol., Paris (Champion) 1973-75 (CFMA 100; 103); [= TL Perc. L; Boss^2 3730]. Même ms. de base que Hilka (ms. A: Guiot); var. tirées de l'éd. Hilka (!).

PercM id.; p. p. C. Méla, *Le conte du Graal ou Le roman de Perceval*, Paris (Libr. Gén. Fr.) 1990 (Poche, Lettr. goth.). Ms. de base Bern 354, corrigé d'après d'autres mss.; var. d'après l'éd. Hilka (!).

PercP id.; ms. Mons Univ. 331/206 (4568) [tourn. 2^{e}m. 13^{e}s.] (P); p. p. Ch. Potvin, *Chrestien de Troyes, Perceval le Gallois*, 6 vol., Mons (Dequesne-Masquillier) 1865-1871, t. 1 et t. 3,1-47; [= TL Perc.]. Contient aussi Perl^{2}P et ContPerc$^{1/2/3/4}$P.

PercPn id.; ms. de base B, 'rapproché' T (P12) et d'autres mss.; p. p. D. Poirion, dans → ErecD p. 683-911; 1299-1391; 1527-1529. C.r. Hult RoPh 49,284-299, spéc. 297-298.

PercPs id.; p. p. R. T. Pickens, *The story of the Grail (Li contes del Graal), or Perceval*, New York – London (Garland) 1990. Même ms. de base que Lecoy: ms. A (Guiot), corrigé par BLRU.

PercR id.; ms. de base BN fr. 12576 [pic.sept. 2^{e}m. 13^{e}s.] (T); p. p. W. Roach, *Chrétien de Troyes. Le Roman de Perceval ou Le Conte du Graal*, Genève (Droz) – Lille (Giard) 1956 (T.L.F. 71); [= TL Perc. R]. Très bonne éd. conservatrice; heureusement même numérotation des vers que PercH.

PercDidD/ER Perceval en prose, partie de → SGraalIII, version Perceval-Didot; déb. 13^{e}s.; ms. BN nfr. 4166 (anc. Didot) [N.-E. ? 1301] (D), Modena Bibl. Estense E.39 [pic. 2^{e}m. 13^{e}s.] (E); p. p. W. Roach, *The Didot Perceval, according to the manuscripts of Modena and Paris*, Philadelphia (University of Pennsylvania Press) 1941; [= TL Didot Perc.; FEW Perc]. Le gloss. ne concerne que le ms. E. Impression parallèle des mss. (E: haut de la page).

PercDidEC id.; ms. E p. dans → SGraalIIIJosEC p. 197-302.

PercefR *Le roman de Perceforest*, prose; hain. [version ancienne non conservée, achevée entre 1337 et 1344] remaniement prob. mil. 15^{e}s. (Roussineau); mss. version courte: ms. de base BN fr. 106-109 [3^{e}q. 15^{e}s.] (B) l. I-IV, BN fr. 345-348 [pic. av. 1475] (A) l. I-III (3 mains: 345/6, 347, 348), V, mss. version longue: Ars. 3483-3494 [1459-60] (C, par David Aubert), BL Roy. 15 E.V/19. E. II/19. E. III [2^{e}m. 15^{e}s.] (D, ms. jumeau de C) l. I, III, II, impr. Paris (Nicolas Cousteau pour Galliot du Pré) 1528 (E); éd. de la quatrième partie sur la base du ms. BN fr. 109 [3^{e}q. 15^{e}s.]; p. p. G. Roussineau, *Perceforest. Quatrième partie*, 2 vol., Paris – Genève (Droz) 1987 (T. L. F. 343); [= TL Perceforest Quatrième Partie R]. Lac cite l'éd. 1528 [II 126a = éd. R^3 § 529].

PercefR^2 id.; éd. de la troisième partie sur la base du ms. BN fr. 347 [pic. av. 1475] (A); p. p. G. Roussineau, *Perceforest. Troisième partie*, 3 vol., Paris – Genève (Droz) 1988-1993 (T.L.F. 365, 409, 434); [= TL Perceforest Troisième Partie R].

PercefR^3 id., 2e partie; ms. de base BN fr. 346 [pic. av. 1475] (A); p. p. G. Roussineau, *Perceforest. Deuxième partie*, 2 vol., Genève (Droz) 1999-2001 (T.L.F. 506, 540).

PercefR^4 id., première partie; ms. de base A; p. p. G. Roussineau, *Perceforest. Première partie*, 2 vol., Genève (Droz) 2007. Remplace PercefT.

PercefR^5 id., cinquième partie; ms. de base A, ms. C et impr. E en var.; p. p. G. Roussineau, *Perceforest. Cinquième partie*, 2 vol., Genève (Droz) 2012 (T.L.F. 615).

PercefR^6 id., sixième partie; p. p. G. Roussineau, *Perceforest. Sixième partie*, 2 vol., Genève (Droz) 2015 (T.L.F. 631). C.r. VRo 74,328-331.

PercefL[1] id.; extraits de la fin du l. III (Hist. de Troylus et de Zellandine) d'après BN fr. 347 p. p. J. Lods, *Le roman de Perceforest. Origines, composition, caractères, valeur et influence*, Genève (Droz) – Lille (Giard) 1951 (Publ. rom. et fr. 32); [= Wo 112; WoS 112; Boss 4086]. Le FEW (Percef) date les att. tirées de Gdf normalement de (ca.) 1360. Lac, Li et Gdf citent Percef d'après des imprimés de 1528 (et 1531): maintenir ces dates, à moins de retrouver la donnée dans les éd. modernes.

PercefL[2] id.; pièces lyriques, parmi elles le *Lai de la Rose* (ms. BN fr. 348), p. p. J. Lods, *Les pièces lyriques du roman de Perceforest*, Genève (Droz) – Lille (Giard) 1953 (Publ. rom. et fr. 36); [= Wo 112].

PercefP id.; éd. 'critique' du *Lai de la Rose*, tiré du l. V de Percef, basé sur BN fr. 348, p. avec notes et var. par G. Paris, "Le Lai de la Rose a la Dame leal", *R* 23 (1894) 117-140; [= Boss 4087; Hol 1304]. Paru aussi comme publ. individuelle, sans notes ni var. (texte très altéré): G. Paris, *Le Lai de la Rose a la Dame leal, imprimé pour les noces d'argent de Adolf Tobler et Ottilie Hirzel*, 24 nov. 1893 (Macon, Protat); [= TL Lai de la Rose]. Publications remplacées par PercefL[2] n°XIII, p. 69-81. Gdf cite l'imprimé Galliot du Pré de 1528.

PercefT id.; éd. d'une première tranche de la première partie sur la base de BN fr. 345-348 (A); p. p. J. H. M. Taylor, *Le roman de Perceforest, Première partie*, Genève (Droz) 1979 (T. L. F. 279); [= TL Perceforest T; Boss[2] 6585]. Remplacé par PercefR[4].

Pères *Vie des Pères*, recueil de 74 contes en vers octosyll. traitant des vies des premiers ermites et de miracles Notre Dame; un premier auteur a composé les contes 1-42, un deuxième 43-74 (n[os] d'ordre du ms. A); mil. 13[e]s.; mss.: BN fr. 1546 [2[e]m. 13[e]s.] (A) concordance f[os]/pièces v. Weber dans → Pères5W, BN fr. 1039 [pic. fin 13[e]s.] (B) conc. Weber, BN fr. 23111 [frc. fin 13[e]s.] (C) conc. Weber, description dans Pères43B 50-54, Ars. 3527 [pic. déb. 14[e]s.] (D) conc. Weber, BN fr. 1544 [fin 14[e]s.] (E) conc. Weber, BN fr. 25440 [14[e]s.] (F) identique à E, BN fr. 20040 [fin 13[e]s.] (G), BN fr. 25438 [fin 13[e]s.] (H), BN fr. 1545 [bourg. 1469] (I), BN fr. 1547 [15[e]s.] (K) conc. des f[os] dans R 13, 235, BN fr. 25439 [Est fin 13[e]s.] (L), BN fr. 24300 [2[e]m. 13[e]s.] (M), Neuchâtel Bibl. publ. A3 (4816) [ca. 1400] (N), BN fr. 12471 [art. fin 13[e]s.] (P), Ars. 3517-3518 [pic. fin 13[e]s.] (Q) f°116-203, Ars. 5216 [15[e]s.] (R), Ars. 3641 [Est 2[e]m. 13[e]s.] (S) v. concordance en appendice, Bern Coll. Steiger-Mai [1[e]m. 15[e]s.] (T), Oxford Bodl. Douce 150 [2[e]m. 13[e]s.] (U), Oxford Bodl. Douce 154 [1300] (V), BN fr. 1807 [orl. (Blois) 1[er]t. 14[e]s.] (W), BN fr. 24758 [14[e]s.] (a), BN fr. 24759 [14[e]s.] (b), BN fr. 15212 [pic. déb. 14[e]s.] (c) f°181r°-244, Ars. 5204 [2[e]t. 14[e]s.?] (d), Ste-Gen. 586 [frc.? ca. 1300] (e), BN fr. 24301 [lorr. 2[e]m. 13[e]s.] (f), [Lyon Bibl. mun. 868 (773) [bourg.sept.?, 2[e]m. 13[e]s.] (g) contient une version en prose, incomplète; cf. HLF 33, 292-314], Montpellier Ec. de Méd. 347 [14[e]s.] (h), Bruxelles Bibl. roy. 9229-30 (3354) [Nord 1[er]t. 14[e]s.] (i) v. conc. en app., Den Haag KB 71.A.24 (anc. Y.389 et 265) [prob. 1327] (k), BN nfr. 13521 (anc. La Clayette) [fin 13[e]s.] (l) v. conc. en app., Cambridge Fitzwilliam Mus. McClean 178 [15[e]s.] (m) (les pièces 39, 68, 69 n'appartiennent pas à Pères; 59 est prob. = 50, 60 prob. = 53, v. le cat. James 1912 p. 336-340), BN nfr. 6835 [1e partie déb. 15[e]s.] (n) v. conc. en app., BL Add. 32678 [fin 13[e]s.] (p), BN fr. 818 [lyonn. 2[e]m. 13[e]s.] (q), Cheltenham Phillipps 16588 (= 16549!) [fin 13[e]s.] (r) fragm., cp. R 14, 585-6, BN fr. 15110 [2[e]m. 13[e]s.] (s) v. conc. en app., Ars. 279 [2[e]m. 13[e]s.] (t) fragm., cp. R 14, 586, BN fr. 2094 [bourg.mérid. fin 13[e]s.] (u) v. conc. en app., BN fr. 375 [pic. 1289 n.st.] (v) ne contient pas Pères, malgré GrGr, AN AB.XIX.1734 [rec. fact., cette pièce fin 13[e]s.] fragm. (w), cp. R 67, 513-527, Berkeley Cal. Univ. Bancroft Libr. Ms 106 (PQ 1475 G 68; anc. Cheltenham Phillipps 3643) [norm. 3[e]t. 13[e]s.] (x), Chantilly Musée Condé 475 (1578) [cette partie 14[e]s.] (y), BN fr. 12483 [mil. 14[e]s.] (z) v. conc. en app., et cp. → Pères43B, Arras 139 (657) [pic. 3[e]t. 13[e]s.] (aa), New Haven Yale Dep. of Fr. E. B. Ham [2[e]m. 13[e]s.] (bb) fragm. (v. R 66, 93-98), Zeals House Wiltshire E. G. Troyte-Bullock [fin 13[e]s.] (cc) fragm. (v. R 56, 257-259), Paris Institut de France 2697/2 [2[e]m. 13[e]s.] (dd) fragm. (v. R 35, 32-36: 3 feuillets), Mâcon Bibl. mun. 156 [2[e]m. 13[e]s.] (ee) fragm. (v. R 35, 36-38), Cambridge Univ. Add. 4177 [3[e]q. 13[e]s.] (ff) fragm. (v. R 35, 38-46), BN lat. 10769 [1310] (gg), Bruxelles (?, v. Pères21R) (hh), BN fr. 1613 [2[e]m. 13[e]s.] (ii), Besançon 551 [fin 13[e]s.] (jj), Tours 948 [traits frpr. 1[e]m. 14[e]s.] (kk), Metz 1196 (anc. Salis 49) [déb. 14[e]s.?] fragm. du conte 5; un tableau des contes contenus dans chaque ms. (rangés dans l'ordre du ms. A et numérotés dans l'ordre dans lequel ils figurent dans chaque ms.) est donné en appendice. Cp. GRLMA V 2; TL Vie d. peres (extraits p. p. Schwan R 13,233-263); Boss 3449-3453; Hol 2273.3-4; É. Pinto-Mathieu, *La Vie des Pères*, Paris 2009. – La localisation est discutée: Sandqvist RLiR 59,628: Ouest, Roques ib., note: aussi pic./champ., Lecoy Peres1L 1,XXIII: Est (?). – Pour identifier les att. de Gdf, la rédaction se sert depuis 2002 d'une liste mise à sa disposition par T. Matsumura.

Pères1C id., conte n°1: Fornication imitée; ms. de base h; prologue p. p. F. Castets, "Le Romant de la vie des peres hermites. Un miracle de Notre Dame", *RLaR* 18 (1880) 53-75, texte 54-55.

Pères1L-Pères74L

Pères1L-Pères74L id.; ms. de base des pièces 1-28 et 30-42 ('première vie') f, base de la pièce 29 et 43-74 ('2ᵉ et 3ᵉ vie') ms. B; p. p. F. Lecoy, *La Vie des Pères*, 3 vol., Paris (Picard) 1988-1999 (SATF). Utilise les sigles établis, sauf, malheureusement, 'n' = q, 'aa' = ii, 'p' = W, 'ab' = jj (v. éd. 1,XVIII). Nombre de bévues, v. c.r. T. Matsumura LIT (Tokyo) 8 (2001) 39-48. [Les pièces 7 et 33 portent le sigle Pères7Le et Pères33Le].

Pères2W id., conte 2: Juitel; ms. de base A, var. de B, D-I, M-S, U, V; p. dans → JuitelAlW 86-107. Ne documente pas toujours les formes introduites dans le texte (p. ex. 322).

Pères3K id., conte 3: Sarrasine; ms. de base N; p. p. [H.] A. Keller, *Zwei Fabliaux aus einer Neuenburger Handschrift*, Stuttgart (Ebner & Seubert) 1840, p. 7-23. Transcription peu fiable.

Pères4L id., conte 4: Renieur; ms. de base f; p. dans → Pères1L 1,41-57, vers 1195-1708.

Pères5W id.; conte 5: Copeaux; mss. A-E, G-K, P; p. p. A. Weber, *Handschriftliche Studien auf dem Gebiete romanischer Literatur des Mittelalters*, Frauenfeld (Huber) 1876; [= TL Weber Handschr. Stud.].

Pères5H id., fragm. Metz; p. p. J.-Ch. Herbin, "Fragments inédits de la *Vie des Pères*", dans → MélThomasset 405-412.

Pères6L id., conte 6: Thaïs; ms. de base f; p. dans → Pères1L 1,72-90, vers 2161-2742.

Pères7L id., conte 7: Miserere; ms. de base A, en var. B,G,N,T; p. p. J. Le Coultre, *Contes dévots tirés de la Vie des Anciens Pères*, Neuchâtel (Attinger) 1884, p. 29-44; [= TL Cont. dev. I].

Pères8M id., conte 8: Jardinier; ms. N; p. p. G.-A. Matile, "Contes du XIIᵉ siècle, découverts à Neuchâtel", *Revue Suisse* 2 (Lausanne 1839) 246-250; 297-306.

Pères9M id., conte 9: Haleine (titre: *Dou filz au seneschal*); ms. de base C; p. dans → Méon 2,331-361; [Méon a utilisé le ms. C, en le complétant surtout à l'aide de s et de M].

Pères10C id., conte 10: Fou; ms. de base BN fr. 24301 (f), var. des autres mss. (y inclus W, l et n); p. p. J. Chaurand, *Fou. Dixième conte de la Vie des Pères, conte pieux du XIIIᵉ siècle*, Genève (Droz) 1971 (Publ. rom. et fr. 117); [= TL Fou; Boss² 5843]. De longs extraits avaient déjà été p. dans → Pères18D p. 366-374.

Pères11W id., conte 11: Impératrice; ms. A; p. dans → FemChasteW p. 151-161; [= TL Femme chaste L].

Pères12M id., conte 12: Meurtrier; (ms.?); p. dans → Méon 2,202-215.

Pères13K id., conte 13: Sacristine; ms. de base A, en var. B, q et Pères13M (non pas C, le conte manque dans ce ms.); p. p. H. Kjellman, "Le miracle de la Sacristine. Étude sur les versions métriques de l'ancien français", dans → MélMel 47-81, texte 65-71; [= Hol 317.1].

Pères13M id.; (ms.?); p. dans → Méon 2,154-172.

Pères14C id., conte 14: Ave Maria; ms. aa; p. p. Z. F. C. Caron, "Notices et extraits de livres imprimés et manuscrits de la bibliothèque de la ville d'Arras", *Mémoires de l'Académie d'Arras* 28 (1854) 225-340, texte p. 290-297.

Pères15L id., conte 15: Queue; ms. de base f; p. dans → Pères1L 1,247-256, vers 7630-7899.

Pères16L id., conte 16: Crapaud; ms. de base f; p. dans → Pères1L 1,256-267, vers 7900-8249.

Pères17C id., conte 17: Image de pierre; ms. h; p. (sans épilogue) dans → Pères1C p. 60-75.

Pères17M id., ms. de base C; p. dans → Méon 2,293-313.

Pères18D id., conte 18: Baril; ms. A; à l'exception de 5 vers p. p. A. Del Monte, "Volgarizzamento senese delle Vies des Peres", *Studi in onore di Italo Siciliano*, I, Firenze 1966 (Bibl. dell'Archivum Romanicum ser. I, vol. 86/I), p. 329-383, conte 18: p. 343-346; [= Boss² 5848].

Pères18S id.; ms. M; impr. dipl. p. dans → ChevBarAnS p. 123-132.

Pères19D id., conte 19: Abbesse grosse; 366 vers sur 528, d'après ms. A, p. dans → Pères18D p. 349-352.

Pères19M id.; (ms.?); p. dans → Méon 2,314-330.

Pères20D id., conte 20: Noël; ca. 310 vers sur ca. 380, d'après ms. A, p. dans → Pères18D p. 356-358.

Pères21D id., conte 21: Vision d'enfer; ms. A; ca. 450 vers sur ca. 520 p. dans → Pères18D p. 377-381.

Pères21R id., fragment de 95 vers; ms. hh (le ms. se trouvait à Bruxelles, mais il ne peut pas être localisé à la Bibl. roy.); p. p. F. A. F. T. de Reiffenberg, "Fragment d'un ancien fabliau", *Bulletins de l'Acad. roy. des Sc., des Lett. et des Beaux Arts de*

Belgique 13,2, n°10 (1846) p. 306-311, et aussi: "Fragment d'un ancien fabliau", *Annuaire de la Bibliothèque Royale de Belgique* 11, Bruxelles 1850, p. 31-36. Ce texte complète par endroits l'éd. D, cf. aussi éd. L.

Pères22M id., conte 22: Malaquin; ms. de base C; p. dans → Méon 2,279-292. Le premier quart du texte aussi dans → Pères18D p. 382-383 (ms. A).

Pères23L id., conte 23: Vision de diables; ms. de base f; p. dans → Pères1L 2,33-49, vers 11080-11557.

Pères24M id., conte 24: Ermite accusé; ms. de base C; p. dans → Méon 2,129-138.

Pères25K id., conte 25: Brûlure; ms. N; p. dans → Pères3K p. 24-39.

Pères26L id., conte 26: Crucifix; ms. de base f; p. dans → Pères1L 2,245-257, vers 17476-17841.

Pères27L id., conte 27: Païen; ms. de base f; p. dans → Pères1L 2,49-60, vers 11558-11883.

Pères28M id., conte 28: Goliard; ms. de base C; p. dans → Méon 2,447-458.

Pères29L id., conte 29: Gueule du Diable; ms. de base B; p. dans → Pères1L 2,299-304, vers 19040-19205.

Pères30L id., conte 30: Colombe; ms. de base f; p. dans → Pères1L 2,72-84, vers 12232-12595.

Pères31M id., conte 31: Sénéchal; ms. de base C; p. dans → Méon 2,256-278.

Pères32M id., conte 32: Prévôt d'Aquilée; ms. de base C; p. dans → Méon 2,187-201.

Pères33L id., conte 33: Saint Paulin; ms. de base A, en var. B,G,N,T; p. dans → Pères7L; [= TL Cont. dev. II].

Pères34L id., conte 34: Nièce; ms. de base f; p. dans → Pères1L 2,150-169, vers 14564-15135.

Pères35M id., conte 35: Ivresse (De l'hermite qui tua son compère / qui s'enivra); ms. de base C; p. dans → Méon 2,173-186.

Pères36L id., conte 36: Rachat; ms. de base f; p. dans → Pères1L 2,184-196, vers 15606-15956.

Pères37L id., conte 37: Usurier; ms. de base f; p. dans → Pères1L 2,197-209, vers 15992-16347.

Pères38M id., conte 38: Feuille de chou (*De la nonain qui menja la fleur du chol ou li deables s'estoit mis, si qu'ele devint hors du sens*); ms. de base d, qqs. var. tirées de A, B et S; p. p. C. Michi, "Édition du conte 38 de la Vie des Pères", *Medievales* 3 (Paris 1983) 111-135.

Pères38S id.; ms. de base A, en var. B D H I K M P Q R S a b d f; p. p. J. J. Salverda de Grave, "De la nonain qui manga la fleur du chol. *Texte critique*", Feestbundel ter Gelegenheid zijner veertigjarige Amtsbediening op den 28. November 1889 aangeboden aan Matthias de Vries, Utrecht 1889, p. 107-121. Ms. gg (f°177r°-v°), v. R 35 (1906) 46-47.

Pères39L id., conte 39: Demi-ami; ms. de base f; p. dans → Pères1L 2,216-228, vers 16558-16951.

Pères40M id., conte 40: Inceste; (ms.?); p. dans → Méon 2,394-410.

Pères41M id., conte 41: Image du diable (*D'un moine qui contrefist l'image du diable*); ms. de base C; p. dans → Méon 2,411-426.

Pères42M id., conte 42: Merlot; ms. de base C; p. dans → Méon 2,236-255.

Pères43B id., conte 43: Sel; ms. de base C, var. des autres mss.; p. p. G. Bornäs, *Trois contes français du XIIIe siècle tirés du recueil des Vies des Pères*, Lund (Gleerup) 1968 (Et. rom. de Lund 15); texte p. 88-102; [= TL Trois contes (43); Boss[2] 5842]. Cp. → Pères64B et -69B.

Pères44L id., conte 44: Enfant jureur; ms. de base B; p. dans → Pères1L 3,240-255, vers 26914-27427.

Pères45L id., conte 45: Image de Notre Dame; ms. de base B; p. dans → Pères1L 3,183-196, vers 25086-25497.

Pères46L id., conte 46: Frères; ms. de base B; p. dans → Pères1L 3,196-210, vers 25498-25935.

Pères47L id., conte 47: Crâne; ms. de base B; p. dans → Pères1L 3,210-216, vers 25936-26139.

Pères48L id., conte 48: Renieur; ms. de base B; p. dans → Pères1L 3,216-224, vers 26140-26415.

Pères49L id., conte 49: Deux morts; ms. de base B; p. dans → Pères1L 3,224-232, vers 26416-26681.

Pères50L id., conte 50: Confession; ms. de base B; p. dans → Pères1L 3,233-240, vers 26682-26913.

Pères51R[1] id., conte 51: Pied guéri; ms. de base A, en var. les autres mss. qui donnent ce conte, soit

Pères51R[1]

d, i, k, m, s; p.p. G. Royer, *Édition critique des contes 51 et 52 extraits des Vies des Pères*, mémoire de maîtrise Ottawa 1970.

Pères51R[2] id.; p.p. G. Royer, "Un miracle de la Vierge extrait des Vies des Pères", *Revue de l'Université d'Ottawa* 41 (1971) 495-507; [= TL Miracle de la Vierge R; Boss[2] 5845].

Pères52R id., conte 52: Écoliers; ms. de base A, en var. les autres mss. qui donnent ce conte, soit d, i, k, m; p. dans → Pères51R[1] 104-112.

Pères53L id., conte 53: Enfant pieux; ms. de base B; p. dans → Pères1L 3,264-270, vers 27712-27887.

Pères54L id., conte 54: Brandons; ms. de base B; p. dans → Pères1L 3,270-275, vers 27888-28057.

Pères55K id., conte 55: Prêtre pécheur; ms. A; p.p. P. Kunstmann, "La légende de saint Thomas et du prêtre qui ne connaissait qu'une messe", *R* 92 (1971) 99-117, texte 114-117; [= Boss[2] 5844].

Pères56M id., conte 56: Ame en gage; (ms.?); p. dans → Méon 2,427-442.

Pères57L id., conte 57: Ave Maria; ms. de base B; p. dans → Pères1L 3,299-304, vers 28810-28979.

Pères58L id., conte 58: Fenêtre; ms. de base B; p. dans → Pères1L 3,305-309, vers 28980-29139.

Pères59L id., conte 59: Femme aveugle (*De la fame a qui Nostre Dame rendi sa veüe*); ms. de base B; p. dans → Pères1L 3,310-317, vers 29140-29377.

Pères60L id., conte 60: Nom de Marie; ms. de base B; p. dans → Pères1L 3,317-327, vers 29378-29685.

Pères61L id., conte 61: Enfant sauvé; ms. de base B; p. dans → Pères1L 3,327-332, vers 29686-29839.

Pères62L id., conte 62: Purgatoire; ms. de base B; p. dans → Pères1L 3,332-341, vers 29840-30137.

Pères63L id., conte 63: Vilain; ms. de base B; p. dans → Pères1L 3,341-344, vers 30138-30251.

Pères64B id., conte 64: Coq; ms. de base C, var. des autres mss.; p. dans → Pères43B p. 103-144; [= TL Trois contes (64)].

Pères64M id.; ms. de base C; p. dans → Méon 2,362-393.

Pères65L id., conte 65: Mère; ms. de base B; p. dans → Pères1L 3,43-52, vers 20528-20821.

Pères66L id., conte 66: Patience; ms. de base B; p. dans → Pères1L 3,52-62, vers 20822-21141.

Pères67L id., conte 67: Infanticide; ms. de base B; p. dans → Pères1L 3,62-89, vers 21142-22025.

Pères68L id., conte 68: Piège au Diable; ms. de base B; p. dans → Pères1L 3,89-107, vers 22026-22625.

Pères69B id., conte 69: Anges; ms. de base C, var. des autres mss.; p. dans → Pères43B p. 145-165; [= TL Trois contes (69)].

Pères70L id., conte 70: Sac; ms. de base B; p. dans → Pères1L 3,122-134, vers 23088-23497.

Pères71L id., conte 71: Image du Diable; ms. de base B; p. dans → Pères1L 3,135-145, vers 23498-23853.

Pères72M id., conte 72: Ange et ermite; ms. de base C; p. dans → Méon 2,216-235.

Pères73L id., conte 73: Pain; ms. de base B; p. dans → Pères1L 3,166-172, vers 24510-24713.

Pères74L id., conte 74: Sermon; ms. de base B; p. dans → Pères1L 3,172-183, vers 24714-25085.

PèresAK Série de treize miracles de Notre-Dame constituant une interpolation à la deuxième Vie des Pères, dite interpolation A (v. Morawski R 61, 1935, 179-194; Kawaguchi MélKunstmann 169-180: pièces aux auteurs variés); fin 13[e]s.; ms. de base BN fr. 2094 [bourg.mérid. fin 13[e]s.], Carpentras 106 (L.123) [pic. fin 13[e]s.] fragments des contes A 9,10,11,12, Cambridge Fitzwilliam Mus. McClean 178 [15[e]s.] contes A 1 et 2; p.p. P. Kunstmann, *Treize miracles de Notre-Dame tirés du Ms. B.N. fr. 2094*, Ottawa (Ed. de l'Univ.) 1981; [= TL Treize miracles K].

PèresA[3]K id., conte A 3; p.p. P. Kunstmann, "La bourgeoise et le chanoine. Conte inédit, extrait de l'interpolation A de la *Vie des Pères*", *Revue de l'Université d'Ottawa* 41 (1971) 237-244; [= TL Bourgeoise et chanoine K].

PèresA[4]W id., conte A 4: version de → Fiancé-Vierge; ms. BN fr. 2094 [bourg.mérid. fin 13[e]s.]; p. dans → FiancéViergeOctW p. 35-38 (pièce II).

PèresA[9]M id., conte A 9; p. (avec les var. du fragm.) par J. Morawski, "Mélanges de littérature pieuse", *R* 61 (1935) 335-342 (app. II).

PèresDW Interpolation D dans → Pères: version de → FiancéVierge proche de → MirAgn²; 2ᵉ m. 13ᵉ s.; ms. BN fr. 15110 [2ᵉ m. 13ᵉ s.]; p. dans → FiancéViergeOctW p. 31-35 (pièce I). Cp. R 61,206-207.

[**PèresArci** → HArciPères.]

PèresPrI1/2... *Vies des sainz peres* en prose, trad. des Vitae patrum, par Wauchier de Denain, première collection: huit textes hagiographiques: saints Paul l'Hermite, Antoine, Hilarion, Malchus, Paul le Simple, Dial. s. Greg. l. I et II, Hist. monachorum, Verba seniorum; flandr. déb. 13ᵉ s. (av. 1212); ms. complet Carpentras 473 (L.465) [mil. 13ᵉ s.] (8 pièces), incomplets: Bruxelles Bibl. roy. 9225 [2ᵉ m. 14ᵉ s.] (4,5,6), Dublin Trinity Coll. B.2.8 (173) [Angleterre fin 14ᵉ s.] (n°2), BL Add. 17275 [2ᵉ t. 14ᵉ s.] (4,5,6), BN fr. 183 [prob. 1327] (4,5,6), BN fr. 185 [2ᵉ m. 14ᵉ s.] (4,5,6), BN fr. 23112 [pic. 2ᵉ m. 13ᵉ s.] (3,6), BN nfr. 10128 [2ᵉ m. 13ᵉ s.] (7), BN nfr. 23686 (anc. Peterburg Fr.35/F.v.I.4) [Soissons?, 3ᵉ q. 13ᵉ s.] (1,2); [= WoC 73 I].

PèresPrI5/7S id., pièce 5, Vie de Paul le Simple, et 7, Historia monachorum (moines d'Egypte); ms. de base Carpentras 473 (L.465) [f° 1-140: mil. 13ᵉ s.] (C), BN nfr. 10128 [2ᵉ m. 13ᵉ s.] (P) partie de 7, autres mss. de 5: Arras 851 (307) [Arras 2ᵉ m. 13ᵉ s.] (A), Bruxelles Bibl. roy. 9225 [2ᵉ m. 14ᵉ s.] (B), BL Add. 17275 [2ᵉ t. 14ᵉ s.] (L), BN fr. 183 [prob. 1327] (P'), BN fr. 185 [2ᵉ m. 14ᵉ s.] (P''); p. p. M. Szkilnik, *L'Histoire des moines d'Egypte, suivie de La Vie de Saint Paul le Simple*, Genève (Droz) 1993 (T.L.F. 427); [PèresPr72S = TL Hist. moines d'Egypte S]. C. r. J.-P. Chambon ZrP 112,157-160: gloss. à revoir.

PèresPrIIMarcelL id., deuxième recueil hagiographique en prose de Wauchier de Denain, appelé *Seint confessor*, Vie de saint Marcel de Limoges; flandr. déb. 13ᵉ s.; ms. de base BN fr. 412 [pic. 1285], corrigé par BN fr. 411 [déb. 14ᵉ s.] (P411) et BL Roy. 20 D.VI [2ᵉ m. 13ᵉ s.] (L), consulté: Genève Com. lat. 102 (anc. Cheltenham Phillipps 3660) [2ᵉ q. 14ᵉ s.] (G), autres: Arras 851 (307) [Arras 2ᵉ m. 13ᵉ s.], Bruxelles Bibl. roy. 9225 [2ᵉ m. 14ᵉ s.], Cambrai 812 (719) [prob. Cambrai 3ᵉ q. 15ᵉ s.], Chantilly Musée Condé 734 (456) [1313 n.st.], Dublin Trinity Coll. B.2.8 (173) [Angleterre fin 14ᵉ s.], Oxford Queen's Coll. 305 [Fr. 2ᵉ m. 15ᵉ s.], Maz. 1716 (568) [déb. 14ᵉ s.], BN fr. 183 [prob. 1327], BN fr. 185 [2ᵉ m. 14ᵉ s.], BN fr. 412 [pic. 1285], BN fr. 413 [ca. 1400], BN fr. 818 [lyonn. 2ᵉ m. 13ᵉ s.], BN fr. 23112 [pic. 2ᵉ m. 13ᵉ s.], BN fr. 23117 [2ᵉ partie déb. 14ᵉ s.], BN nfr. 23686 (anc. Peterburg Fr.35/F.v.I.4) [Soissons?, 3ᵉ q. 13ᵉ s.]; p. p. M. Lynde-Recchia, *Wauchier de Denain, La vie seint Marcel de Lymoges*, Genève (Droz) 2005 (T.L.F. 578). C.r. Burgio MedRom 31,418-420.

PèresPrIINicT id., Vie de saint Nicolas; ms. de base BN fr. 412 [pic. 1285] (C¹), les autres en var.; p. p. J. J. Thompson, *La vie mon Signeur Seint Nicholas le beneoit confessor*, Genève (Droz) 1999; [cp. WoC 73 II].

Perl¹N Perlesvaus ou Le haut livre du Graal, roman arthurien en prose développant le texte de Chrestien (→ Perc) et christianisant le récit à la suite de Robert de Boron (→ SGraal-II), première version; pic. déb. 13ᵉ s.; ms. de base Oxford Bodl. Hatton 82 [mil. 13ᵉ s.] (O), en var. Bruxelles Bibl. roy. 11145 [2ᵉ m. 13ᵉ s.] (Br), BN fr. 1428 [N.-E. mil. 13ᵉ s.] (P), Chantilly Musée Condé 472 (626) [hain. 3ᵉ t. 13ᵉ s.] (C) moitié du texte, Bern 113 [bourg., qqs. traits pic., fin 13ᵉ s.] (Be), [Aberystwyth Nat. Libr. Peniarth 11 [fin 14ᵉ s.] (W) trad. galloise], Ars. 5177 [2ᵉ m. 13ᵉ s.] fragm. (v. 977-1006; 1035-1063; 1179-1206; 1233-1262), début dans BN fr. 120 [fin 14ᵉ s.] et Ars. 3480 [Paris, traits sept., ca. 1400]; p. p. W. A. Nitze – T. Atkinson Jenkins, *Le Haut livre du Graal: Perlesvaus*, 2 vol., Chicago (Univ. Press) 1932-1937; [= TL Perlesvaus; FEW Perl; Dean 170]. Conc. avec Perl²P ici, en app.

Perl²P id., deuxième rédaction, assez proche de la première dans les détails; pic. ca. 1220; ms. Bruxelles Bibl. roy. 11145 [2ᵉ m. 13ᵉ s.]; p. dans → PercP t. 1 (1866). Concordance avec Perl¹N ici, en appendice. Fragm. v. Roach Spec 13 (1938) 216-220.

Perl²S id.; ms. de base BN fr. 1428 [N.-E. mil. 13ᵉ s.] (P) présentant plusieurs lacunes, surtout le début (complétées dans l'éd. par le texte de → Perl¹N l. 1-511; 3470-3532; 3774-3835; 9942-10192); p. p. A. Strubel, *Le Haut Livre du Graal (Perlesvaus)*, Paris (Libr. Gén.) 2007 (Poche, Lettr. Goth., 4573). Sans gloss.; sans reprod. d'une page du ms.; avec concord. avec l'éd. N. (près des nᵒˢ de fᵒˢ).

PérouseArchit *Inventaire général des monuments et des richesses artistiques de la France. Principes d'analyse scientifique. Architecture. Méthode et vocabulaire*, p. p. le Ministère des affaires culturelles, réalisé par J.-M. Pérouse de Montclos, 2 vol., Paris (Impr. Nat.) 1972.

PerrinS Chansons de Perrin d'Angicourt; pic. 3ᵉ q. 13ᵉ s.; mss.: BN fr. 844 [pic. 2ᵉ m. 13ᵉ s.] (M), BN fr. 845 [3ᵉ t. 13ᵉ s.] (N), BN fr. 846 [2ᵉ m. 13ᵉ s.] (O), BN fr. 847 [4ᵉ q. 13ᵉ s.] (P), BN fr. 1591 [mil. 14ᵉ s.] (R³), BN fr. 12581 [frc. (av.) 1284] (S), BN fr. 20050 [lorr. 3ᵉ t. 13ᵉ s.] (U), BN fr. 24406 [3ᵉ t. 13ᵉ s.] (V), BN nfr. 1050 [2ᵉ m. 13ᵉ s.] (X), Ars. 5198 [déb. 14ᵉ s.] (K), BL Egerton 274 [fin 13ᵉ s.] (F), Bern 389 [lorr. fin 13ᵉ s.] (C), Siena Bibl. com. H.X.36 [ca. 1300] (Z), Vat. Reg. lat. 1490

PerrinS

[déb. 14ᵉs.] (a); p. p. G. Steffens, *Die Lieder des Troveors* Perrin von Angicourt, Halle (Niemeyer) 1905 (Rom. Bibl. 18); [= FEW Perrin; Boss 2372; Hol 1557].

PeruzziZügel E. Peruzzi, "Vulgärlateinische Benennungen des Zügels", *VRo* 14 (1955) 100-108; [= TL Peruzzi Zügel].

PetPhilT *Petite Philosophie*, adaptation en vers octosyll. du 1ᵉʳ livre de l'Imago mundi, sorte d'encyclopédie (géographie, cosmographie, sciences naturelles, lapidaire, etc.) du 12ᵉs.; agn. ca. 1230; ms. de base BL Add. 45103 [agn. 4ᵉq. 13ᵉs.] (P), en var. Oxford Bodl. Rawl. F.241 (anc. D.473) [agn. déb. 14ᵉs.] (R), Cambridge St John's Coll. I.11 (219) [agn., cette partie fin 13ᵉs.] (C), Cambridge Univ. Dd.X.31 [agn. fin 13ᵉs.] (D), Vat. Reg. lat. 1659 [f°91ss.: agn. 14ᵉs.] (V), Cambridge Univ. Gg.VI.28 [agn. ca. 1310] (G), Oxford Bodl. Douce 210 [agn. déb. 14ᵉs.] (B); p. p. W. H. Trethewey, *La petite philosophie. An Anglo-Norman poem of the thirteenth century*, thèse Chicago (Univ. of Chic. Libr.) – Oxford 1939 (Anglo-Norman Text Soc. 1); [= TL Petite Philos.; FEW Philos; AND Pet Phil; Dean 325].

PetitMém J. Petit et al., *Essai de Restitution des plus anciens mémoriaux de la Chambre des Comptes de Paris*, Paris (Alcan) 1899 (Univ. de Paris, Bibl. de la Fac. des Lettres, 7); [cp. FEW BiblFacLettresPar]. Original (mém. Noster, resp. Noster¹, c'est-à-dire BN lat. 12814 [ca. 1326 et ajouts > mil. 14ᵉs.]) et copies, dont Noster² (BN fr. 2833 [15ᵉs.]), etc., contenant des copies de doc. (ordonn., instruct., rapports, mém., comptes) datés du 1ᵉʳt. 14ᵉs. [Le mém. Pater, 1ᵉʳt. 14ᵉs., cité par DC, est perdu.]

PfisterEtym M. Pfister, *Einführung in die romanische Etymologie*, Darmstadt (Wiss. Buchges.) 1980.

PfisterGir M. Pfister, *Lexikalische Untersuchungen zu Girart de Roussillon*, Tübingen (Niemeyer) 1970 (ZrP-Beih. 122). Traite → GirRossDéc.

PfisterPS M. Pfister, *Die Entwicklung der inlautenden Konsonantengruppe -ps- in den romanischen Sprachen mit besonderer Berücksichtigung des Altprovenzalischen*, Bern (Francke) 1960 (Romanica helv. 69).

PhMézEpC Philippe de Mézières, *Epistre lamentable et consolatoire*, mémoire sur la défaite de Nicopolis en 1396, prose; 1397; ms. Bruxelles Bibl. roy. 10486 [prob. Paris av. 1404]; p. p. Ph. Contamine – J. Paviot – C. Van Hoorebeek, *Philippe de Mézières. Une epistre lamentable et consolatoire*, Paris (SHF/ Erudist) 2008.

PhMézGrisG Philippe de Mézières, *Histoire de Griseldis*, traduite de la version latine de Petrarca (1374), prose; ca. 1386; ms. de base BN fr. 1175 [fin 14ᵉs., autographe?] (PN¹), corr. et var. d'après BN fr. 24398 [15ᵉs.] (PN²), BN fr. 24397 [déb. 15ᵉs.] (PN³), BN fr. 1190 [déb. 15ᵉs.] (PN⁴), Ars. 2687 [15ᵉs.] (PA¹), BL Roy. 19 C.VII [mil. 15ᵉs.] (L), BN fr. 12477 [1ᵉm. 15ᵉs.] (A) cp. → Menag, Bruxelles Bibl. roy. 10310-11 [1ᵉm. 15ᵉs.] (B) cp. Menag, BN nfr. 6739 [ca. 1475, copie de BN fr. 12477] (C) cp. Menag, BN fr. 2201 [déb. 15ᵉs.] (PN⁶), BN fr. 24868 [15ᵉs.] (PN⁵), BN fr. 1881 [3ᵉt. 15ᵉs.] (PN⁷), Ars. 4655 [mil. 15ᵉs.] (PA²), Cambrai 812 (719) [prob. Cambrai 3ᵉq. 15ᵉs.] (K), Valenciennes 417 (398) [2ᵉm. 15ᵉs.] (W), Vat. Reg. lat. 1514 [1ᵉm. 15ᵉs.] (V¹), Vat. Reg. lat. 1519 [15ᵉs.] (V), aussi Berlin Staatsbibl. Phillipps 1929 (anc. Cheltenham Phillipps 1929) [Flandres? 3ᵉq. 15ᵉs.]; p. p. E. Golenistcheff-Koutouzoff, *L'Histoire de Griseldis en France au XIVᵉ et au XVᵉ siècle*, Paris (Droz) 1933, texte p. 153-191; [= Boss 4201; Hol 2024; Wo 72]. L'éd. contient aussi la version en prose anon. du 15ᵉs. et le *Roumant du marquis de Saluce et de sa femme Griselidys*. Cp. → Griseldis. Considérer l'origine pic. (Amiénois), puis la culture orientale de l'auteur (Chypre 1347-72), puis son séjour à Paris.

PhMézGrisP id., p. dans → MenagP 1,99-124 (manque le prologue ainsi que la conclusion morale du ms. BN fr. 24397).

PhMézMarW Philippe de Mézières, Livre de la vertu du sacrement de mariage, comprenant PhMézGris, prose; pic. 1389 (1385-1389); ms. unique BN fr. 1175 [fin 14ᵉs., autographe?]; p. p. J. B. Williamson, *Philippe de Mézières. Le Livre de la vertu du sacrement de mariage*, Washington (Cath. Univ. Press) 1993. C. r. RLiR 60,298.

PhMézPelC Philippe de Mézières, *Le songe du vieil pelerin* (appel à la croisade, allégorique), prose; 1389; ms. de base BN fr. 22542 [1ᵉʳt. 15ᵉs.] (A), corrigé à l'aide de Ars. 2682-2683 [av. ca. 1400] (B) autographe? et Wien 2551 [15ᵉs.] (C), autres mss. BN fr. 9200-9201 [1465], Cleveland Publ. Libr. J. G. White Collection [15ᵉs.], Chantilly Musée Condé 292 (403) [15ᵉs.]; p. p. G. W. Coopland, *Philippe de Mézières, Chancellor of Cyprus, Le songe du vieil pelerin*, 2 vol., Cambridge (Univ. Press) 1969; [= TL Ph. Mezieres Songe C; Boss² 7491; cp. Hol 500; Boss 5624].

PhMézPelB id.; ms. de base Ars.; p. p. J. Blanchard, *Philippe de Mézières, Songe du Viel Pelerin*, Genève (Droz) 2015 (T.L.F. 633). C.r. Schertz VRo 74,319-320.

PhMézTestG Philippe de Mézières, *Testament*, prose; 1392; ms. Ars. 408 [fin 14ᵉs.], correction à l'aide de BN lat. 15077 [17ᵉs.]; p.p. A. Guillemain, "Le Testament de Philippe de Mézières (1392)", dans → MélLods 1,297-322; [= Boss² 7501].

PhNovAgesF Philippe de Novare, *Des .iiii. tenz d'aage d'ome*, traité moral, prose; Terre Sainte (Chypre) mil. 13ᵉs.; ms. de base BN fr. 12581 [frc. (av.) 1284] (A), en var. BN fr. 15210 [f° 1-82 2ᵉm. 13ᵉs. (83-109 15ᵉs.)] (B), BL Add. 28260 [bourg. 2ᵉm. 13ᵉs.] (C), BN fr. 24431 [frc. ca. 1300] (D), Metz 535 (88) [Metz déb. 14ᵉs.] (E); p.p. M. de Fréville, *Les quatre âges de l'homme, traité moral de Philippe de Navarre*, Paris (Firmin Didot) 1888 (SATF); [= TL Phil. Nov. QT; cp. FEW PhNavarre]. Pour le traitement aventureux des var. v. p. xix. Cité selon les paragraphes. Gdf cite ce texte parfois sous le nom de 'Renier'.

PhNovMémM Mémoires de Philippe de Novare, chronique de Terre Sainte des années 1218-1243, prose, avec qqs. petites pièces en vers; Terre Sainte (Chypre) ca. 1258; ms. unique, et base de l'éd.: Torino Bibl. naz. Varia 433 [Chypre 1343 a.st.], copie figurée BN nfr. 6680 [1883]; p.p. S. Melani, *Filippo da Novara. Guerra di Federico II in Oriente (1223-1242)*, Napoli (Liguori) 1994. Sans glossaire. C.r. RLiR 59,630.

PhNovMémR id.; éd. basée sur la copie p. dans → ChiproisR 27-138.

PhNovMémK id.; p.p. C. Kohler, *Philippe de Novare, Mémoires, 1218-1243*, Paris (Champion) 1913 (CFMA 10); [= TL Phil. Nov. Mém.]. Éd. basée sur la copie et sur ChiproisR, sans consultation du ms. orig., alors inaccessible.

[**PhNovPlait** v. AssJérPhB.]

PhThBestM Philippe de Thaon (près de Caen), Anglonormand, Bestiaire, traduisant le Physiologus, hexasyllabes (1-2889) et octosyllabes (-3194), couplets rimés; agn. ca. 1130 (prob. entre 1121 et 1135); ms. de base BL Cotton Nero A.V [agn. 3ᵉq. 12ᵉs.] (L), Oxford Merton Coll. 249 [agn. 1ᵉm. 13ᵉs.] (O) partie hexasyll. et 3061-3080, København Kgl. Bibl. Gl. Kgl. 3466 8° [frc. ca. 1300] (C), pour les leçons variantes il faut consulter l'éd. Wa; p.p. L. Morini, *Bestiari medievali*, Torino (Einaudi) 1996, p. 103-285. La fin aurait été reprise en 1154 (v. PhThSibS p. 26). L'éd. contient aussi → BestGervMo, p. 287-363, une réimpression de → BestAmFournS, p. 363-424, et des textes lt. et italiens.

PhThBestWa id.; ms. de base L; p.p. E. Walberg, *Le Bestiaire de Philippe de Thaün*, Lund (Möller) – Paris (Welter) 1900; [= TL Ph. Thaon Best.; FEW PhThBest; AND Best; Dean 347; Vising 65; GRLMA 4224]. Texte très corrigé, cf. les var., pourtant incomplètes.

PhThBestWr id.; ms. BL Cotton Nero A.V p. dans → PhThCompW p. 74-131; [= TL Ph. Thaon Best.¹]. Numérotation par couplets. Avec trad. angl.

PhThCompM Philippe de Thaon, *Comput*, sorte de calendrier ecclésiastique et manuel de calcul du calendrier raisonné et moralisé, en vers octosyll.; agn. 1119 (ou 1113, dépendant de l'interprétation des vers 3004 et 3010); ms. de base (mais corrigé constamment) BL Sloane 1580 [agn. déb. 13ᵉs.] (S), en var. Lincoln Cathedral 199 (C.3.3) [agn. fin 12ᵉs.] (L), BL Arundel 230 [cette partie agn. 2ᵉm. 12ᵉs.] fragm. (A), BL Cotton Nero A.V [agn. 3ᵉq. 12ᵉs.] (C), Vat. Reg. lat. 1244 [agn. 3ᵉt. 12ᵉs.] (V), non utilisé Cambridge Univ. Add. 4166(9) [déb. 13ᵉs., ou encore 12ᵉs.?] fragm. (v. 3443-3523); p.p. E. Mall, *Li cumpoz Philipe de Thaün. Der Computus des Philipp von Thaun*, Strassburg (Trübner) 1873; [= TL Ph. Thaon Comp.; AND Comput; FEW PhThComp; Dean 346; Vising 64; Hol 240; Boss 2856]. Texte 'critique' assez manipulé, à contrôler par les variantes pourtant incomplètes. Les vers 803-1090 ne se trouvent que dans le ms. de base.

PhThCompS id.; ms. BL Cotton Nero A.V p.p. I. Short, *Philippe de Thaon. Comput*, London (Anglo-Norman Text Soc.) 1984 (ANTS Plain Texts Ser. 2, non commercialisé: «available to members only»); [= TL Ph. Thaon Comp. S; AND Comput ANTS]. Avec leçons rejetées du ms. (à consulter!) et avec des variantes de PhThCompM (!); en app. les vers suppl. du ms. BL Sloane 1580, imprimés prob. d'après l'éd. M. Propose la date 1113 (p. 26).

PhThCompW id.; ms. BL Cotton Nero A.V p.p. T. Wright, *Popular treatises on science written during the Middle Ages in Anglo-Saxon, Anglo-Norman, and English*, London (Hist. Soc.) 1841 (réimpr. London, Dawsons of Pall Mall, 1965), p. 20-73. Avec trad. angl. Contient aussi → PhThBestWr et des textes anglais.

PhThSibS *Livre de Sibile*, attribué à Philippe de Thaon, vers hexasyll.; agn. prob. ca. 1141; ms. unique BN fr. 25407 [agn. 4ᵉq. 13ᵉs.]; p.p. H. Shields, *Le livre de Sibile by Philippe de Thaon*, London (Anglo-Norman Text Soc.) 1979 (Agn. Texts 37); [= TL Ph. Thaon Sibile; AND Sibile; Dean 383; Boss² 5666].

PhThSibH id.; p.p. J. Haffen, *Contribution à l'étude de la Sibylle médiévale*, Paris (Les Belles Lettres) 1984 (Ann. litt. Univ. Besançon).

PhThSibT id.; extrait, mal publié dans → TournAntT p. 106-113; [= Boss 3081].

PhVitriChapP Philippe de Vitri, *Chapel des trois fleurs de lis*, vers octosyll.; ca. 1334 (1332-1335);

mss. de base BN fr. 926 [fin 14ᵉs.], BN fr. 12787 [déb. 15ᵉs.], Bern 217 [fin 14ᵉs.], en var. BL Harl. 4878 [déb. 15ᵉs.], BL Roy. 19 C.XI [1ᵉʳt. 15ᵉs.], BN nfr. 327 [copie du 18ᵉs. de BN fr. 12787]; p. p. A. Piaget, "Le *Chapel des fleurs de lis* par Philippe de Vitri", *R* 27 (1898) 55-92; [= Boss 5345].

PhVitriGontP Philippe de Vitri, *Dit de Franc Gontier*, vers décasyll.; 2ᵉq. 14ᵉs.; ms. de base (tardif) BN Rés. Ye 169 [fin 15ᵉs.], en var. impr. BL 1073, i, 16 [1490], éd. 1591 et éd. 1758; p. p. A. Piaget dans → PhVitriChapP p. 63-64; [= Boss 5345].

PhiliponCh¹ E. Philipon, "Les parlers du Duché de Bourgogne aux XIIIᵉ et XIVᵉ siècles", *R* 39 (1910) 476-531; [=FEW abourg. 4.]. Chartes orig. bourg. 1244 – 1320, avec étude phon.

PhiliponCh² id., partie II, La Bourgogne occidentale, "Les parlers du duché de Bourgogne aux XIIIᵉ et XIVᵉ siècles", *R* 41 (1912) 541-600; [= FEW abourg. 4.]. Chartes orig. bourg. 1251 – 1345, avec étude phon. et morphologique.

PhiliponCh³ E. Philipon, "Les parler de la Comté de Bourgogne aux XIIIᵉ et XIVᵉ siècles", *R* 43 (1914) 495-559. Chartes orig. frcomt. à partir de 1227, avec étude ling. [p. 550-559: conjugaison bourg. (!)].

PhilomB Reprise de Philomena, conte d'Ovide, attribuée à Chrestien de Troyes, intégrée dans → OvMor VI 2217-3684; ca. 1170; ms. édité Rouen Bibl. mun. 1044 (O.4) [Paris ca. 1325] (fidèle), autres mss. v. éd. p. 5-25; p. p. C. de Boer, *Philomena, conte raconté d'après Ovide par Chretien de Troyes*, Paris (Geuthner) 1909; [= TL Philom.].

PhilomB⁰ id.; p. dans → OvMorB VI 2217-3684. Publié en 1920.

PhilomB² id.; réimpr. de l'éd. de Boer 1909 dans → ErecFr² 1225-1267 (!).

PhilomBa id.; même ms.; p. dans → PirBa 156-255; 273-279. Corr. d'après l'éd. B (!).

PhilomBe id.; même ms.; p. p. A. Berthelot dans → ErecD 915-952; 1391-1410. Texte ici et là corrigé d'après l'éd. B (!).

[**PhisanT** → AldMT.]

PickfordFabl B. J. Levy – C. E. Pickford, *Selected Fabliaux*, Hull (Univ. of Hull) 1978; [= Boss² 4593].

Picoche J. Picoche, *Nouveau Dictionnaire étymologique du français*, Paris (Hachette – Tchou) 1971. Suit le principe de l'etimologia remota (cp. DevotoAv, bien différent), usuel et nécessaire dans le cas des langues germ. (mais quelles strates considérer?; la consultation du FEW, est-elle vraiment superflue?). C.r. Bork RF 84,374-379.

PicocheFroiss J. Picoche, *Le vocabulaire psychologique dans les Chroniques de Froissart*, vol. 1, Paris (Klincksieck) 1976 (Bibl. fr. et rom. A 32); suite: *Le plaisir et la douleur*, Amiens (Univ. de Pic.) 1984. Lexique complété essentiellement par une saisie de → FroissChron³D par l'INaLF/Atilf, appelé *Dictionnaire*, accessible sur le site de l'Atilf, Nancy, dep. 2006, mis à profit par le DMF.

PiérardMons C. Piérard, *Les plus anciens comptes de la ville de Mons (1279-1356)*, 2 vol., Bruxelles 1971-1973. Contient des doc. orig. (hain.) de 1291 à 1344.

PignonPhon J. Pignon, *L'évolution phonétique des parlers du Poitou (Vienne et Deux-Sèvres)*, Paris (Artrey) 1960.

[**PilateR** 'Légende de Pilate', p. p. R. Reinsch, *AnS* 63 (1880) 62-64, [= Boss 3080], n'est autre chose que → EvNicAgnP v. 1-152; 288-336; 2091-2115.]

PilateKicD Légende de Pilate en prose, titre du ms.: *Si comme Pylates fu engenrés en le fille un mannier*, incip. *Kiconkes cha en arriere estoit rois, il estoit apris de set liberaus ars*; 3ᵉq. 13ᵉs.; ms. BN fr. 1553 [pic. 1285 n.st.]; p. p. É. DuMéril, "Légendes de Pilate et de Judas Ischariote", dans *Poésies populaires latines du moyen âge*, Paris (Didot, Franck) 1847, 315-368 (extraits lt. et fr. divers; ce texte, f°404 [406] s., p. 359-368; inclut une légende de Tiberius); [= TL Lég. d. Pil.].

PinkernellSee G. Pinkernell, *Altfranzösische Seemannswörter. Eine Untersuchung zur Bedeutung, Etymologie und lautlichen Entwicklung der altfranzösischen Marine-Termini germanischer Herkunft in anglo-normannischen Texten*, mémoire de licence dact., Berlin 1964.

PirBi Pirame et Thisbé, récit bref adaptant un épisode des Métamorphoses d'Ovide (IV 55-166), en vers octosyll., intégré ultérieurement à → OvMor; Ouest ca. 1160; ms. de base en principe Rouen Bibl. mun. 1044 (O.4) [Paris ca. 1325] (A¹), «restituzione della veste linguistica, si sono tenuti presenti sopratutto quattro codici» [p. 145n., en réalité une sorte de reprise de PirBr¹], outre A¹: BN fr. 837 [frc. 4ᵉq. 13ᵉs.] (A), BN fr. 19152 [frc. fin 13ᵉs.] (B), Berlin Staatsbibl. Hamilton 257 [norm. ca. 1300] (C), aussi nombre d'autres de la tradition de OvMor; p. p. F. Branciforti, *Piramus et Tisbé*, Firenze (Olschki) 1959 (Bibl. Arch. Rom. I 57); [= TL Piramus et Tisbé]. Sans gloss. Cp. → BibleMalkBo.

PirBa id.; ms. Rouen; p. p. E. Baumgartner, *Pyrame et Thisbé, Narcisse, Philomena*, s.l. (Gallimard) 2000, texte p. 22-81; 259-266. Corr. d'après les éd. antérieures. Avec trad.

PirBd id.; p. p. J. Bonnard, *Une traduction de Pyrame et Thisbé en vers français du XIIIe siècle*, Lausanne (Viret-Genton) 1892 (Recueil inaugural de l'Université de Lausanne, 211-218); [= TL Pyr. Malk.].

PirBr id.; p. p. C. de Boer, *Piramus et Tisbé*, Paris (Champion) 1921 (CFMA 26); [= TL Piram.; FEW Pir]. Sorte de condensé de son éd. de 1911 (Koninkl. Ak., Letterk., n.s. XII, 3): son texte de base est la reconstruction 'O', basée surtout sur le ms. Rouen.

PirBr[1] id.; p. dans → OvMorB l. IV v. 224/229-1149 (t. 2,18-37).

[Pir cp. → BibleMalk; OvMor; OvMorPr.]

PiramFragmE Poème fragmentaire traitant de Piramus et Thisbé, octosyll.; pic. 1[e]m. 13[e]s.; ms. BN nfr. 5094 [rec. fact., cette partie fin 13[e]s.]; p. p. W. van Emden, "A fragment of an Old French poem in octosyllables on the subject of Pyramus and Thisbe", → MélReid[2] 239-253.

Pirona G. A. Pirona – E. Carletti – G. B. Corgnali, *Il nuovo Pirona. Vocabolario friulano*, 3e éd., Udine (Bosetti) 1935 (et réimpr.). Compléments: G. Marchetti, *Aggiunte al 'Nuovo Pirona'*, [*Gemona*], Udine (Soc. fil. friul.) 1967; E. Moro – R. Appi, *Agg.*, [*Cordenons*], 1967; A. Ciceri, *Agg.*, [*Buia*], 1968; E. e R. Appi – U. Sanson, *Agg.*, [*Budoia*], 1970; R. de Agostini – L. di Gallo, *Agg.*, *Zona di Moggio Udinese*, 1972; E. e R. Appi, *Agg.*, *Valcellina*, 1973; P. Rizzolatti, *Agg.*, 1980.

Pirson J. Pirson, *La langue des inscriptions latines de la Gaule*, Bruxelles (Off. de Publ.) 1901; [= FEW Pirson].

PittauDiz M. Pittau, *Dizionario della lingua sarda fraseologico ed etimologico*, 2 vol., Sardo-It., It.-Sardo, Cagliari (Gasperini) 2000-2003.

PlacCor[1]K *Placita Corone*, traité de jurisprudence concernant spéc. les crimes (p.-ê. conçu comme complément à Ranulf de Glanville), prose, version longue; agn. 1275; ms. de base Cambridge Univ. Mm.I.27 [agn. prob. 1282] (C), en var. Oxford Christ Church 103 [agn. déb. 14[e]s.] (B) et Cambridge Univ. Dd.VII.14 [agn. ca. 1400] (A); p. p. J. M. Kaye, *Placita corone or La corone pledee devant justices*, London (Selden Soc.) 1966, p. 1-22. Ne date pas les mss. Contient aussi → PlacCor[2]K.

PlacCor[2]K id., version courte; agn. ca. 1279; ms. de base BL Harl. 667 [agn. 1[er]q. 14[e]s.] (E, unique pour p. 22-25), en var. BL Roy. 10 A.V [agn. déb. 14[e]s.] (D), BL Lansdowne 467 [agn. 1[e]m. 14[e]s.] (F), BL Harl. 6669 [agn. ca. 1300] (G) et Cambridge Univ. Hh.III.2 [16[e]s.] (Q), 13 autres mss. dépendent de G; p. dans → PlacCor[1]K p. 22-31.

PlacTimT Placides et Timeo, ou *Livre des secrets aus philosophes*, sorte d'encyclopédie en forme de dialogue, prose; frc. fin 13[e]s.; ms. de base BN fr. 1543 [pic. 1402] (B1), en var. Rennes 593 [1304 n.st.] (A1), BN fr. 19958 [1[e]m. 14[e]s.] (A2), Bruxelles Bibl. roy. 10096 [3[e]q. 14[e]s.] (A3), Bruxelles Bibl. roy. 11107 [Flandre ca. 1450] (B2; fournit dans l'éd. la graphie des corr. non documentées), Wolfenbüttel Herzog August Bibl. 1628 [fin 15[e]s.] (B3), BN fr. 212 [fin 15[e]s.] (B4) et imprimés; p. p. C. A. Thomasset, *Placides et Timéo ou Li secrés as philosophes*, Genève (Droz) 1980 (T.L.F. 289); [= TL Placides et Timéo T; Boss[2] 5391]. Les var. de B3 et B4 sont groupées p. 277-328. Cp. → ThomassetPlac.

PlacTimB4T id., interpolations du ms. B4 (fin 15[e]s.); 15[e]s.; p. comme Annexes dans → PlacTimT p. 243-276.

PlaidsMortemerG Plaids de la sergenterie de Mortemer; norm. 1320-1321; ms. Rouen Bibl. mun. 1030 (anc. Lecorbeiller, mm. 96) [copie 17[e]s. de l'orig. de 1320-1321]; p. d'après l'original (qui n'est plus à Rouen) par R. Génestal, *Plaids de la sergenterie de Mortemer, 1320-1321*, Caen (Jouan-Bigot) 1923 [1924] (Bibl. d'hist. du droit normand, 1e sér., t. V).

PlainteAmV Plainte d'Amour, allégorie où Amour dialogue avec les Maux, sorte de critique du monde, par endroit assez acerbe, attribuée à Nicole Bozon, vers octosyll.; agn. 1312; ms. de base BL Harl. 273 [agn. 1[e]m. 14[e]s.] (H), en var. Cambridge Univ. Gg.I.1 [agn. après 1307] (U), Oxford Bodl. Rawl. F.241 [agn. déb. 14[e]s.] (R), Cambridge Trinity Coll. O.1.17 [agn. 2[e]m. 14[e]s.] (T), BL Add. 46919 (anc. Cheltenham Phillipps 8336) [agn. ca. 1330] (Ph); p. p. J. Vising, *La Plainte d'amour, poème anglo-normand*, Göteborg (Zachrisson) 1905; [introd. et gloss.] ib. 1907 [extr. de *Göteborgs högskolas årsskrift* 13 (1907)], 36 pages; [= TL Plainte d'Am.; AND Plainte; Dean 690; Vising 357; Boss 3573]. Glossaire insuffisant. Éd. non définitive, cf. Möhren, Nouvelle dessaisine, CRAI 2015, II, 759-812, spéc. n.1 [certaines formes curieuses comme *liu* 24, se lisent *lin* dans le ms. (inform. aimable de G. Roques)].

PlainteLacyT Plainte (tenson) entre Henry de Lacy et Walter de Bibbesworth concernant la croisade, vers octosyll.; agn. fin 13[e]s.; ms. unique Oxford Bodl. Fairfax 24 [agn., f° 19-20: déb. 14[e]s.];

PlainteLacyT

p. p. S. Thiolier-Méjean, "Croisade et registre courtois chez les troubadours", MélHorrent 295-307, texte 305-307; [= Dean 143].

PlainteLacyW id.; dans → WrightRel 134-136; [= Vising 237].

PlainteVgeNostreT Plainte de la Vierge en prose, débutant par *Nostre Dame seynte Marie, miere Jhesu*; agn. 1^{e}m. 14^{e}s.; ms. de base BL Roy. 20 B.V [agn., cette partie 2^{e}m. 14^{e}s.], en var. BL Egerton 2781 [agn. 1^{e}m. 14^{e}s.], non utilisé Cambridge Univ. Dd.IV.35 [agn. 15e / 16^{e}s.] fragm.; p. dans → PlainteVgePurT p. 136-171; [= Dean 957].

PlainteVgeNostreM id.; ms. de base Roy., Eg. en var.; p. comme texte parallèle d'une version mangl. par C.W. Marx – J.F. Drennan, *The Middle English prose complaint of our Lady and gospel of Nicodemus*, Heidelberg (Winter) 1987 (Middle Engl. Texts 19), p. 73-136 (bas de page), comment. 137-172.

PlainteVgePurT Plainte de la Vierge basée sur le Planctus attribué à saint Bernard, en couplets de 16 syll., incip. *Pur ceus e celes ki n'entendent*; agn. ca. 1270; ms. de base (?) Cambridge Univ. Gg.I.1 [agn. après 1307] (C), lignes 1-556 aussi dans Oxford Bodl. Greaves 51 (3823) [agn. ca. 1300] (O); p. p. F.J. Tanquerey, *Plaintes de la Vierge*, Paris (Champion) 1921, p. 63-119; [= AND Plaintes Vge (concerne trois textes); Dean 954; TL Plaintes dlVierge]. Transcriptions peu fidèles. Contient aussi → PlainteVgeNostreT et PlainteVgeReineT.

PlainteVgeReineT Plainte de la Vierge, en quatrains d'alex. monorimes, incip. *Reïne corounee, flur de paraïs*; agn. déb. 14^{e}s.; ms. de base BL Roy. 8 E.XVII [agn. déb. 14^{e}s.] (R), en var. BL Cotton Julius A.V [agn. 1^{er}q. 14^{e}s.] (C); BL Add. 46919 [agn. ca. 1330] (P); p. dans → PlainteVgePurT 125-135; [= Dean 956].

[PlaitRen v. JRenPlait.]

Planiol M. Planiol, *La très ancienne Coutume de Bretagne*, Rennes (Plihon et Hervé) 1896; [= FEW Plan]. Contient → CoutBretP (p. 51-312); NoblBretP (465-468) et de doc. datés divers fr. (hbret.) à partir de 1275). Avec glossaire.

PlatPractH *Practica brevis*, traité médical de tradition galénique, aux sources multiples, prob. par Johannes Platearius (le jeune), trad. p.-ê. à l'origine continentale; agn. 2^{e}q. 13^{e}s. (rares traits pic.); ms. Cambridge Trinity Coll. O.1.20 (1044) [agn. 3^{e}q. 13^{e}s.]; p. dans → HuntAgnMed 1,149-315; [= Dean 410].

PlatinaIt → Platine.

Platine 1505 *Platine en francoys tresutile & necessaire pour le corps humain qui traicte de honneste volupté et de toutes viandes et choses que lomme menge...*, Lyon (François Fradin) 1505, traduction très augmentée par Desdier Christol, docteur à Montpellier, et d'autres, du livre de cuisine *Opusculum de obsoniis ac honesta voluptate* par Bartholommeo de' Sacchi, dit Battista Platina de Cremona (imprimé Roma ca. 1475, Venezia 1475, etc. [= Platina]), traduit lui-même en partie du *Libro de arte coquinaria* de Martino da Como (15^{e}s.). (Plusieurs impr.: Lyon 1528, 1548, 1571, Paris 1539, 1559); [= FEW DesdChrist]. Cf. Arveiller → MélSéguy (1978) 1,53-85; Hughes – Wasson *Am. Journ. of Phil.* 68,1 (1947) 415-416 n. 4; Milham *Script* 26 (1972) 127-129. Autres titres: *Livre de cuysine tres utile, Grand cuisinier de toute cuisine, Livre fort excellent de cuisine*. Rapports avec → Ald. La Platina lat. a également été traduite en it. [*Di Platina, d'la hōesta voluptate*, Venetia 1487; = PlatinaIt], en all. etc.

PleurAmeB *Le pleur de sainte âme* (ou *Roman de l'âme*), poème pieux (hist. de la Vierge) précédé de → VraiAmour, 808 vers (LångforsInc 322); frpr. (Fribourg) déb. 15^{e}s.; ms. unique Ithaca NY Cornell Univ. Misc. Bd. Ms. 127 (De Ricci B.59) [Fribourg 1426] (ms. écrit pour Petermann Cudrefin); p. p. A.S. Bates, *Le roman de vrai amour and Le pleur de sainte âme*, Ann Arbor (Univ. of Mich. Press) 1958 (Univ. of Mich. Contr. in Mod. Phil. 24); [= TL Vrai Amour; Boss 7801; cf. Boss^2 7827].

PoèmeMorB Poème didactique de morale chrétienne, composite (Job de s. Grégoire, Pères, Bible, Descentes etc., aussi une vie de sainte Thaïs, v. 425-1704, citée par Gdf d'après le ms. Oxf.), en quatrains monorimes d'alexandrins; wall. ca. 1200; ms. de base Oxford Bodl. Canonici Misc. 74 [wall. déb. 13^{e}s.] (A) et (pour les v. 2321-3796) Louvain Univ. cath. G.53 [wall. ca. 1311] (L), en var. (aucun ms. n'étant complet) BN fr. 2162 [pic. mil. 13^{e}s.] (B), BN fr. 25545 [ca. 1325] (C), BN fr. 23112 [pic. 2^{e}m. 13^{e}s.] (D), BN fr. 24429 [déb. 14^{e}s.] (E), Ars. 3516 [art. 1267] (F), Ars. 5204 [2^{e}t. 14^{e}s.?] (G), BN fr. 2039 [pic./wall. 2^{e}m. 14^{e}s.] (H), Den Haag KB 71.A.24 [prob. 1327] (J), Bruxelles Bibl. roy. 9229-30 [Nord 1^{er}t. 14^{e}s.] (K), Kraków Univ. 6232 [pic. fin 13^{e}s.] (N); p. p. A. Bayot, *Le Poème moral, traité de vie chrétienne écrit dans la région wallonne vers l'an 1200*, Bruxelles (Palais des Académies) – Liège (Vaillant-Carmanne) 1929 (Acad. Roy. de Langue et de Litt. fr. de Belg., Textes anc. 1); [= TL Poème mor. B; FEW PMor].

PoèmeMorC id.; ms. de base A, suivi très fidèlement; p. p. W. Cloetta, "Poème moral", *RF* 3 (1887) 1-268; [= TL Poème mor.]. Étude profonde des mss., du stemma et de la langue: une grammaire du wallon.

PoèmeQuatrS Poème écrit en quatrains d'alex. monorimes, développant la plainte d'une femme qui craint que son amant ne l'abandonne (incipit: *Vous me rendés or bien les grés et les merites*); frc. déb. 14ᵉs.; ms. Amsterdam Univ. 81 [(10ᵉs.), feuille de garde mil. 14ᵉs.]; p. p. J. J. Salverda de Grave, "Poème en quatrains conservé dans un manuscrit de la Bibliothèque d'Amsterdam", R 44 (1915-17) 575-585; [= TL Poème quatr.].

PoésBlosI Recueil de poésies lyriques et courtoises d'auteurs divers, dont le vicomte de Blosseville, Charles d'Orléans, etc., (réunies par Blosseville?); ca. 1455 (sans doute 1453-1456); ms. BN nfr. 15771 (anc. Cheltenham Phillipps 1290) [qqs. traits pic., 2ᵉm. 15ᵉs.], apparenté au ms. BN fr. 9223 [2ᵉm. 15ᵉs.]; publication du premier ms. par B. L. S. Inglis, *Une nouvelle collection de poésies lyriques et courtoises du XVᵉ siècle: Le manuscrit B. N. nouv. acq. fr. 15771*, Genève – Paris (Slatkine) 1985 (Bibl. du XVᵉs. 48).

PoireM *Roman de la Poire*, poème allégorique d'amour par Messire Thibaut, vers octosyll.; orl. mil. 13ᵉs.; ms. de base BN fr. 2186 [ca. 1255], en var. BN fr. 24431 [frc. ca. 1300] fragm., autre ms. d'un propriétaire anon. [14ᵉs.] fragm. (v. R 103, 1982, 362-371); p. p. Christiane Marchello-Nizia, *Le Roman de la Poire par Tibaut*, Paris (Picard) 1984 (SATF); [= TL Poire M-N; cp. Boss² 5071].

PoireS id.; p. p. F. Stehlich, *Messire Thibaut. Li Romanz de la Poire*, Halle (Niemeyer) 1881; [= TL Poire; Hol 1516; Boss 2802]. Texte uniformisé et 'rectifié'.

PoissAmS La Poissance d'Amours, traité d'amour en prose, attribué à tort à Richard de Fournival; pic. 2ᵉt. 13ᵉs.; ms. de base BN fr. 25566 [pic. (Arras) prob. 1295] (A), en var. BN fr. 12478 [1ᵉʳt. 15ᵉs.] (N), Dijon 526 (299) [pic. fin 13ᵉs.] (H); p. p. G. B. Speroni, *La Poissance d'Amours dello Pseudo-Richard de Fournival*, Firenze (La Nuova It.) 1975 (Fac. Lett. Pavia 21); [= TL Rich. de Fournival Poissance d'Amours S; Boss² 5069].

Pokorny J. Pokorny, *Indogermanisches etymologisches Wörterbuch*, 2 vol., Bern – München (Francke) 1959-1969; [= FEW Pok].

PolyptPauvY 'Polyptyque' composé de trois parties: un relevé des propriétés des Pauvres-en-Île à Liège, une liste des pensions payées, un censier; liég. (Liège) ca. 1280; ms. orig. Liège Arch. de l'Etat XI [ca. 1280; qqs. ajouts jusqu'en 1298] illisible depuis 1944; transcrit avant 1944 et p. p. M. Yans, "Édition partielle du plus ancien polyptique des Pauvres-en-Île à Liège (circa 1280)", BTDial 43 (1969) 89-164.

PolyptSalzG Polyptyque de l'abbaye de Salzinnes (moniales cisterciennes), composé de trois parties (scripta wall.): 1° baux divers datables entre 1303 et 1307, ms. Namur Arch. de l'Etat 3217 [entre 1303 et 1307] f°1-31 (publ. p. 7-46), 2° cens de Gembloux, ib. f°32-33 [mil. 14ᵉs.] (p. 47-49), 3° bail pour Ville en Hesbaye composé entre 1339 et 1343, ib. f°34-39 (fin) [mil. 14ᵉs.] (p. 49-66); p. p. L. Genicot, *Polyptyque de l'Abbaye de Salzinnes-Namur (1303-7)*, Louvain – Gent 1967 (Centre belge d'hist. rurale 7). Petit glossaire sans renvois (!).

PonFont G. Pon, *Recueil des documents de l'abbaye de Fontaine-le-Comte (XIIᵉ-XIIIᵉ siècles)*, Poitiers (Soc. des Arch. hist.) 1982 (Arch. hist. du Poitou 61). Doc. fr. (poit.) à partir de 1267 (orig.). Reprend et complète en ce qui concerne les doc. fr. de cette abbaye → LaDuCh.

PonceletLiège É. Poncelet, *Le livre des fiefs de l'église de Liège sous Adolphe de la Marck*, Bruxelles (Hayez) 1898. Contient (p. 1-411) le registre des reliefs de l'évêque de Liège Adolphe de la Marck faits de 1313 à 1343: doc. liég. à partir de 1328; ms. Liège Arch. de l'Etat reg. 39 [f°1-95 liég. 1343]. Les p. 412-479 contiennent des reliefs contenus dans des mss. du 15ᵉs., v. p. LXVIII.

PonthusC Ponthus et Sidoine ou Pontus de Galice ou Faits du roi Pontus, roman en prose développant → Horn; Ouest ca. 1400; ms. de base Gent Univ. 352 [15ᵉs.] (G), 23 mss. en var.; p. p. M.-C. de Crécy, *Le Roman de Ponthus et Sidoine*, Genève (Droz) 1997 (T. L. F. 475). C.r. Roques RLiR 61,601-605. Texte cité par Gdf (il faut diviser par 2 ses numéros de folio).

Pope M. K. Pope, *From Latin to Modern French with especial consideration of Anglo-Norman. Phonology and morphology*, Manchester (Univ. Press) 1934; 2ᵉ éd. 1952: réimpr. photostat. avec des corr. mineures, un supplément à la bibliographie [xxix-xxxi] et une page d'ajouts [xxxii]; réimpr. subséquentes sans changements. Grammaire la plus riche en faits gén., particuliers et régionaux; bon index.

PortBooksS Livres de comptes du port de Southampton; agn. avec éléments anglais, 1427-1430; ms. Southampton Audit House [orig., agn. 1427-1430]; p. p. P. Studer, *The Port Books of Southampton, or (Anglo-French) accounts of Robert Florys, water-bailiff and receiver of petty-customs, A. D. 1427 - 1430*, Southampton 1913 (South. Record Society); [= AND Port Bks]. Édition complète des parties I et II, extraits de III et IV; contient un glossaire.

PorterFatr L. C. Porter, *La fatrasie et le fatras. Essai sur la poésie irrationnelle en France au moyen âge*, Genève (Droz) – Paris (Minard) 1960, avec éd.; [trad. en it. des pièces sur la base de cette éd. p. p. D. Masso, *Fatrasies*, Parma 1993]. Contient → FatrArrP p. 109-136 ['A'], une fatrasie de Philippe de Beaumanoir p. 142-144 (= BeaumS 2,305-310), les *Fastras* de Watriquet p. 145-159 (= WatrS p. 295-309; 491-493), un fatras anon., ca. 1325?, p. 160, puis des pièces du 15ᵉ au 17ᵉ siècle.

Post R. Post, *Romanische Entlehnungen in den westmitteldeutschen Mundarten. Diatopische, diachrone und diastratische Untersuchungen zur sprachlichen Interferenz am Beispiel des landwirtschaftlichen Sachwortschatzes*, Wiesbaden (Steiner) 1982 (Mainzer Studien zur Sprach- und Volksforschung 6); c.r. Möhren ZrP 101,371-374.

PovreMercJ Du povre mercier, fabliau en vers octosyll.; 2ᵉ m. 13ᵉ s.; ms. unique BN fr. 1593 [frc., faibles traits lorr. fin 13ᵉ s.]; p. dans → Johnston-Owen p. 44-50.

PovreMercM id.; p. dans → MontRayn 2,114-122.

PovreMercN id.; p. dans → NoomenFabl 8,283-298, n°97.

PrangsmaSCroix A. M. L. Prangsma-Hajenius, *La légende du Bois de la Croix dans la littérature française médiévale*, Assen (Van Gorcum) 1995. Contient → SCroixCambr (p. 320-324), PenitAdam² (358-359), MortAdamP (308-313), etc.

PrarondPont E. Prarond, *Le cartulaire du comté de Ponthieu*, Paris (Picard) 1898 (Mém. Soc. d'Émul. d'Abbeville 2); [= Stein 3060: éd. orig. d'Abbeville (Fourdrinier) 1897, identique]. Publie le cartulaire BN lat. 10112 [fin 13ᵉ s.; 1ᵉʳ m. 14ᵉ et 15ᵉ s.] composé de fragments de 4 cart. Doc. fr. (pic.) à partir de 1238 (lettre); qqs. doc. se retrouvent dans deux des cart. contenus (p. ex. doc. fr. 1247). 1ᵉʳ cart. fin 13ᵉ s. (f°138-145; 222-225), les autres prob. 1ᵉʳ m. 14ᵉ s. (2ᵉ cart. dern. acte date 1311, 3ᵉ 1315, 4ᵉ 1317; regestes 15ᵉ s.). Lire Brunel dans Bull. hist. et phil. du Comité des trav. hist. 1912, 9-49, avec corrections importantes à l'éd. Prarond et avec des analyses. [AN J.235 n°1-9 = partie du 3ᵉ cart., n°10-23 = 2ᵉ cart.] Nombre de doc. en sont également imprimés dans → CPont.

PrécSangK Poème octosyll. sur le Précieux Sang, titre: *La cause pour quoy no* (l. *on*) *doit amer et visiter le saint lieu de Fescamp et devotement entendre l'istoire du Precieus Sanc*; norm. ca. 1320; ms. BN fr. 1555 [déb. 15ᵉ s.] f°205r°-217v°; p. p. O. Kajava, *Études sur deux poèmes français relatifs à l'abbaye de Fécamp*, thèse Helsinki 1928 (Ann. Acad. Scient. Fenn. B, 21); [= TL Precius sang; FEW PrécSang]. Texte lat. proche imprimé p. 24-35. Autre version fr. dans → HistFécL (analyse p. 37-81).

PrestreAlisMé *Prestre et Alison*, fabliau en vers octosyll. par Guillaume; 1ᵉʳ m. 13ᵉ s.; ms. unique BN fr. 19152 [frc. fin 13ᵉ s.]; p. dans → Ménard-Fabl 1,59-72.

PrestreAlisN id.; p. dans → NoomenFabl 8,183-206, n°91.

PrestreAlisB id.; p. dans → BarbMéon 4,427-441.

PrestreAlisM id.; p. dans → MontRayn 2,8-23.

PrestreCompBi Fabliau du Prestre comporté (ou Prestre qu'on porte), au sujet d'un cadavre plusieurs fois tué (voisin de → SegrMoine); pic. sept. 1ᵉʳ m. 13ᵉ s.; ms. de base BN fr. 12603 [pic. ca. 1300], en var. BN fr. 1553 [pic. 1285 n. st.]; p. p. G. Bianciotto, "Du Prestre comporté", *Memini. Travaux et documents publiés par la Société des études médiévales du Québec* 5 (Montréal 2001) 131-204.

PrestreCompB id.; ms. BN fr. 1553; p. dans → BarbMéon 4,20-56.

PrestreCompC id.; p. p. D. Choquette, dans → EstormiC.

PrestreCompM id.; p. dans → MontRayn 4,1-40.

PrestreCompN id.; impression synoptique p. dans → NoomenFabl n°102, t. 9,1-66.

PrestreCompS id.; éd. d'après BN fr. 1553 et 12603 p. p. A. Steppuhn, *Das Fabel vom Prestre comporté und seine Versionen*, thèse Königsberg 1913; [= TL Prestre comp.]. C. r. Hilka ZfSL 46 (1923) 455-457.

PrestreForceN Le prestre qui ot mere a force, fabliau en vers octosyll.; 1ᵉʳ m. 13ᵉ s.; mss. BN fr. 837 [frc. 4ᵉ q. 13ᵉ s.] (A), Berlin Staatsbibl. Hamilton 257 [norm. ca. 1300] (B) et BN fr. 19152 [frc. fin 13ᵉ s.] (C); p. dans → NoomenFabl 5,49-69 (n°41).

PrestreForceM id. (ms. A); p. dans → MontRayn 5,143-150.

PrestreForceR id.; ms. B; p. dans → RohlfsFablels p. 12-18.

PrêtreJeanH Lettre de prêtre Jean à l'empereur Manuel Comnène (lt. av. 1177; interpolations av. 1197 et 13ᵉ s.), version en vers octosyll. par Roau d'Arundel; agn. ca. 1192; ms. New Haven Yale Beinecke Libr. 395 (anc. Cheltenham Phillipps 4156) [agn. ca. 1275] (Y); p. p. A. Hilka, "Die anglonormannische Versversion des Briefes des Presbyters Johannes", *ZfSL* 43 (1915) 82-112; [= TL Prestre Johan anglon.; AND Pr Jean; Vising

70]. Transcription moins fidèle (malgré p. 99) que éd. G.

PrêtreJeanD/YG id.; ms. Dublin Christ Church Liber Niger [agn., cette partie av. 1294] (D), New Haven Yale Beinecke Libr. 395 (anc. Cheltenham Phillipps 4156) [agn. ca. 1275]; impression synoptique de D et Y p. p. M. Gosman, *La Lettre du Prêtre Jean. Les versions en ancien français et en ancien occitan*, Groningen (Bouma) 1982, p. 121-143; [= TL Lettre Prêtre Jean G; Dean 339]. À utiliser avec la précaution usuelle.

PrêtreJeanPrCM id., fragm. d'une version en prose; 3^eq. 13es.; ms. Ste-Gen. 3536,30-33 [pic.mérid. 3^eq. 13es.] début et fin du texte incomplètes; p. p. P. Meyer, "Le Salut Notre Dame. La lettre de Prêtre Jean", R 39,268-276; [p. 269-271: fragm. Salut N. D. de Gautier de Coincy]. (Correspond à l'éd. PrêtreJeanPr^{1}CG.)

PrêtreJeanPrMJ id., ms. M; 1^em. 13es.; ms. BN fr. 4963 [2^em. 13es.]; p. dans → RutebJ^1 2,454-470.

PrêtreJeanPr^{1}E/I…G id., première version en prose; 1^em. 13es.; mss., en partie impr. en parallèle: Bruxelles Bibl. roy. 9309-10 [déb. 15es.] (A), BL Cotton Cleopatra B.II [cette partie ca. 1300] (B), Ste-Gen. 3536,30-33 [pic.mérid. 3^eq. 13es.] (C), Cambridge Trinity Coll. R.3.32 (581; 612) [Ouest après 1431] (D), BN fr. 12445 [15es.] (E), Oxford Bodl. Digby 86 [agn. 1272-82] (F), Genève fr. 179bis [déb. 15es.] (G), BN fr. 1553 [pic. 1285 n.st.] (H), Ars. 5366 [1447/1448?] (I: 'ms. guide du 1er groupe'), BN fr. 24431 [frc. ca. 1300] (J), Oxford Bodl. Bodley 652 [agn. fin 13es.] (K), Bern 113 [bourg., qqs. traits pic., fin 13es.] (L, 'ms. guide du sec. groupe'), BN fr. 4963 [pic. 2^em. 13es.] (M), BN nlat. 2335 [rec. fact., cette partie ca. 1400] (N), BL Harl. 4404 [lorr. fin 15es.] (O), BL Roy. 20 A.XI [agn. 2^eq. 14es.] (P), BN fr. 834 [pic. déb. 14es.] (Q), Cambridge Fitzwilliam Mus. 20 [Nord-Est 1323] (R), BN nfr. 3537 [18es.] (S); p. dans → PrêtreJeanDG p. 144-435; [cf. Dean 338].

PrêtreJeanPr^{1}ShH id.; ms. Shrewsbury Shropshire Rec. & Res. Centre Roll 12692 [agn. fin 13es.]; p. p. T. Hunt, "Un nouveau manuscrit de la Lettre du Prêtre Jean", → MélMénard 691-702. Texte proche du ms. F; les morceaux de texte particuliers au ms. Sh sont imprimés en italiques.

PrêtreJeanPr^{2}W/X/Y/ZG id., deuxième version en prose; ca. 1300 (?); mss., imprimés en parallèle: Chantilly Musée Condé 685 (695) [fin 15es.] (W), BN fr. 5084 [ca. 1470] (X), Ars. 3476 [fin 15es.] (Y), Carpentras 472 (L.464) [3^et. 15es.] (Z); p. dans → PrêtreJeanDG p. 436-504.

PreudomeJ *D'un preudome qui rescolt son compere de noier*, fabliau en vers octosyll.; 2^em. 13es.; ms. unique BN fr. 19152 [frc. fin 13es.]; p. dans → JohnstonOwen p. 1-3.

PreudomeM id.; dans → MontRayn 1,301-303.

PreudomeN id.; p. dans → NoomenFabl 8,163-170, n°89.

PreudomeR id.; dans → ReidFabl, p. 3-4.

[Prière Le n° qui peut suivre l'indication 'Prière' se réfère aux collections → SonetIncip (1-2374), SinclairPrières (1-2373, compléments), SinclairDev (2375ss.), RézeauIncip et RézeauPrières; la source est donnée à la suite.]

PriereTheophS *Li priere Theophilus*, incip. *Mere Dieu, qui vous siert mout a bon guerredon*, 114 quatrains d'alex.; pic. fin 13es.; ms. Bruxelles Bibl. roy. 9411-26 [pic. ca. 1300], Torino Bibl. naz. L.V.32 (G.I.19) [wall. ca. 1300]; p. p. A. Scheler, "Li priere Theophilus", ZrP 1 (1877) 247-258; [= TL Priere Theoph.; v. SinclairPrières 1130]. [Le quatrain n°70 = n°III chez Långfors R 54,415-421.]

PriseCordD Prise de Cordres et de Sebile, chanson de geste du cycle de Guillaume d'Orange, proche de → GuibAndr par le contenu, en vers décasyll. et alex.; lorr.mérid. (ou Barrois?) ca. 1200; ms. unique BN fr. 1448 [lorr.mérid. 3^eq. 13es.]; p. p. O. Densusianu, *La Prise de Cordres et de Sebille*, Paris (Firmin Didot) 1896; [= TL Cordres; FEW Prise].

PriseCordV id.; p. p. M. Del Vecchio-Drion, *La prise de Cordres et de Sebille*, Paris (Champion) 2011 (CFMA 165). Gloss. à revoir (sous *home* on ne se doute pas du mot titre *hons*, déf. "vassal" insuffisante, cf. 1734 *Deus ne fist home*).

PriseDefP La Prise de Defur, branche de la geste d'Alexandre, alex.; pic. 1^em. 13es. (avant 1257); ms. de base BN fr. 24366 [pic. 2^em. 13es.] (J), en var. BN fr. 792 [frc. 2^em. 13es.] (K), BN fr. 25517 [pic. 2^em. 13es.] (G), BN fr. 786 [tourn. ca. 1285] (H), BN fr. 375 [pic. 1289 n.st.] (I), BN fr. 789 [pic. 1280] (L), BN fr. 24365 [1^em. 14^es.] (M), BN fr. 791 [fin 14^es.] (N), BN fr. 1375 [15^es.] (O), Oxford Bodl. Bodley 264 [f°1-209 pic. 1338] (P), BN fr. 790 [mil. 14^es.] (Q), BN fr. 368 [lorr. 1^em. 14^es.] (R), BN fr. 12565 [pic. 3^et. 14^es.] (W); p. p. L. P. G. Peckham – M. S. La Du, *La prise de Defur and Le voyage d'Alexandre au paradis terrestre*, Princeton (Univ. Press) 1935 (Elliott Monographs 35); [= TL Prise de Defur; FEW PriseD]. Conc. avec PriseDefM ici, en app., sous AlexParHM. Contient aussi → VoyAlexP, p. 73-90; 103-106. Glossaire commun.

PriseDefM

PriseDefM id.; ms. H p. p. H. Michelant dans → AlexParHM p. 459-505.

PriseOrABR[1] La Prise d'Orange, chanson de geste du cycle de Guillaume d'Orange, rédaction AB, décasyll.; Nord-Est fin 12e s.; ms. de base BN fr. 774 [frc., faibles traits du N.-E., 3e q. 13e s.] (A[1]), en var. BN fr. 1449 [frc. 3e q. 13e s.] (A[2]), BN fr. 368 [lorr. 1e m. 14e s.] (A[3]), Milano Bibl. Trivulziana 1025 [frc. 3e t. 13e s.] (A[4]), BL Roy. 20 D.XI [traits pic., prob. Paris ca. 1335] (B[1]), BN fr. 24369-24370 [prob. Paris, traits pic., ca. 1335] (B[2]); p. p. Claude Régnier, *Les rédactions en vers de la Prise d'Orange*, Paris (Klincksieck) 1966 [© et impression datées 1965]; [= TL Prise d'Orange R; TL Prise d'Orange: concerne le même livre, en circulation dès 1964, bien qu'avec une autre page titre; FEW date parfois 1148, suivant TLF qui suit LevyChron]. Contient aussi → PriseOrC/DR.

PriseOrABR[2] id., éd. de la seule rédaction AB; p. p. Claude Régnier, *La Prise d'Orange*, Paris (Klincksieck) 1967 (Bibl. fr. et rom., B.5); deux réimpr., [2]1969, [3]1970, aux corr. mineures, [4]1972, [5]1977, [6]1983, [7]1986 [= TL Prise d'Orange (réd. AB); Boss[2] 1422].

PriseOrAJ id.; ms. de base A[1]; p. dans → CourLouisJ p. 113-162; [= TL Orenge *et* Guil. d'Or.].

PriseOrAK id.; ms. A[1] p. p. B. Katz, *La Prise d'Orenge*, New-York (King's Crown) 1947. Pour la valeur de cette éd. v. PriseOrABR[1] p. 7 avec note.

PriseOrCR id., version remaniée et rajeunie, vers décasyll. généralement rimés; pic. 3e t. 13e s.; ms. de base Boulogne-sur-Mer 192 [art. 1295] (C), en var. Bern 296 [pic.or. 3e t. 13e s.] (E) acéphale; p. dans → PriseOrABR[1] p. 177-248. S'ajoute une interpolation du ms. E, appelée Le siège d'Orange, datable du 3e t. 13e s., publiée aux p. 249-260.

PriseOrDR id., version du ms. D, anoure, prob. transcrit par cœur, datable, en ce qui concerne les déviations du 3e q. 13e s.; lorr.mérid. 3e q. 13e s.; ms. BN fr. 1448 [lorr.mérid. 3e q. 13e s.] (D); p. dans → PriseOrABR[1] p. 261-309.

PrisePampM La Prise de Pampelune, branche de la geste de Charlemagne, sorte de continuation de → Entree, en vers alex. irréguliers; francoit. ca. 1343; ms. unique Venezia Marc. fr. V (250) [francoit. 3e t. 14e s.]; p. p. A. Mussafia, *Altfranzösische Gedichte aus venezianischen Handschriften, I, La prise de Pampelune*, Wien (Gerold) 1864; [= TL Pampel.; Boss 4074]. Concordance avec l'éd. Bekker, 1839 et 1840, ici, en appendice. [Dans le même vol., avec pagination propre: *II. Macaire*; → MacaireM.] Holtus ZrP 102,207 trouve 19 erreurs de transcr. dans les vers 1-200.

PrisePampB id.; extraits dans I. Bekker, *Die altfranzösischen Romane de St.Marcus Bibliothek*, Königliche Akademie der Wissenschaften in Berlin, Phil.-Hist. Klasse, Abhandlungen 1839, spéc. 213-251. (Paru comme extrait de 81 pages, Berlin 1840.)

PrisePampD id.; p. dans → CesNicD p. 205-389.

PrivilBret[1]F *Le privilège aux Bretons*, pièce bouffonne jouant avec la langue, en vers alex.; ca. 1240; ms. BN fr. 837 [frc. 4e q. 13e s.]; p. p. E. Faral, *Mimes français du XIIIe siècle*, Paris (Champion) 1910, p. 13-19; [cp. TL Mimes frç.; Boss 2607]. Contient aussi → PrivilBret[2]F, PaixAnglF, PaixAnglCh[1/2]F, RutebHerbF[1], HerberiePrF[1], GouteF, DeuxBordeors[1/2/3]F.

PrivilBret[1]J id.; p. dans → JubJongl 52-62.

PrivilBret[2]F Pièce similaire, en vers octosyll., prob. même auteur; ca. 1240; ms. BN fr. 837 [frc. 4e q. 13e s.]; p. ib. p. 20-28.

ProcPonceL La procession du bon abbé Ponce, chant historique, vers hexasyll.; ca. 1241; ms. BN fr. 846 [2e m. 13e s.]; p. p. A. Longnon, "La Procession du bon abbé Ponce. Chanson historique et satirique du XIIIe siècle", *R* 30 (1901) 198-212.

ProcPonceP id.; p. p. P. Paris, *HLF* 23,821-822.

ProchnoChampmol R. Prochno, *Die Kartause von Champmol. Grablege der burgundischen Herzöge*, Berlin (Akad. Verl.) 2002. P. 253-378: Preuves, bourg. 15e s.

PrognZodH Traité de prognostication selon le zodiaque proche du Liber alchandrei et du Liber Albandini, en prose, incip. *Si ascun homme saunz doute veut savoir la verité*; agn. déb. 14e s. (?); ms. Cambridge Corpus Christi Coll. 37 [agn. déb. 14e s.]; p. dans → HuntProgn 151-165; [= Dean 376].

PrognZodD id.; p. p. V. Derrien, "Prédictions zodiacales anglo-normandes", *R* 128 (2010) 170-192. Leçons à contrôler (ligne 1 *acun* l. *ascun*, l. 3 *le nombre* l. *la n.*, l. 4 *tant* l. *taunt*, etc.).

PrognZodBiblH Prognostications suivant le zodiaque dont les noms reçoivent une explication biblique, titre: *Racio nominum 12 signorum*, incip. *Signe de Aquarie*, prose; agn. 1e m. 14e s. ?; ms. Cambridge Trinity Coll. O.2.5 (1109) [agn. mil. 14e s.]; p. dans → HuntProgn 186-188.

PrognZodConstellH Prognostications suivant le zodiaque, texte appelé Constellationes probatae gallice, prose; agn. 1e m. 14e s. ?; ms. Cambridge

Trinity Coll. O.2.5 (1109) [agn. mil. 14ᵉs.]; p. dans → HuntProgn 177-186.

PrognZodLuneH Traité de prognostication expliquant les positions de la Lune par rapport au zodiac, servant à éviter les jours périlleux, en prose, incip. *Ici comence la table de la lune e de la dusse signes e de les .vii. planetis* (f°112 v°); agn. 2ᵉm. 13ᵉs. (?); ms. BL Add. 15236 [agn. (Irl.) déb. 14ᵉs.], non utilisé Canterbury Dean and Chapter Libr. Add. 18 [agn. ca. 1300]; p. dans → HuntProgn 132-149, suivi de l'abrégé du ms. BL Cotton Cleopatra B.IX [agn. fin 13ᵉs.], p. 149-151; [= Dean 362].

ProphDavF *De David li prophecie*, poème religieux en vers octosyll.; lorr. 1180; ms. BL Add. 15606 [bourg. déb. 14ᵉs.] f°6-17; p. p. G. E. Fuhrken, "*De David li prophecie*, ein altfranzösisches Gedicht aus dem XII. Jahrhundert", ZrP 19 (1895) 189-234; [= TL Proph. Dav.]. Cité par Gdf comme 'Poëme allég. Brit. Mus.'.

ProphSeb *La prophecie Sebile*, petit traité en prose sur les sibylles faisant suite à ApocPr dans deux mss.; 2ᵉt. 13ᵉs.; ms. BL Harl. 4972 [Metz ca. 1320] f°43v°-47v° et Oxford Bodl. Douce 308 [Metz ca. 1320] f°250C, BN fr. 375 [pic. 1289 n.st.]; inédit; v. → ChansOxfA p. 20; ApocPrD p. CCLXXXVI n.3.

ProprChosR Poème moralisé sur les propriétés des choses (plantaire, bestiaire, lapidaire, etc.; indépendant de Bartholomaeus Anglicus, → Corb) contenu dans le recueil appelé *Rosarius*, composé par un frère prêcheur, vers octosyll.; 2ᵉq. 14ᵉs.; ms. BN fr. 12483 [mil. 14ᵉs.]; extraits (descriptions réalistes) p. p. G. Raynaud, "Poème moralisé sur les propriétés des choses", R 14 (1885) 442-484; [= TL Propr. chos.]. [Analyse paléogr. soigneuse due à Mmes Tesnière et Gousset, BN.] Cp. → Soudiacre.

ProprChosS id.; partie concernant les plantes (descriptions réalistes et développements moralisateurs) p. p. M. A. Savoie, *A «Plantaire» in honor of the Blessed Virgin Mary taken from a French manuscript of the XIV*ᵗʰ *century*, thèse Washington (The Catholic University of America) 1933; [= TL Plantaire; Boss 2904]. À utiliser avec précaution: ponctuation déroutante.

ProprChosSq id.; p. p. S. Sandqvist, *Le bestiaire et le lapidaire du Rosarius*, Lund (Univ. Press) 1996. Contient un bestiaire (p. 7-152) et un lapidaire de quatre pierres (p. 153-181). C.r. Kunstmann ZrP 114,682-685; L. Löfstedt VRo 57,280-283.

ProprChosZ id.; descr. réalistes ('choses') p. p. A. Zetterberg – S. Sandqvist, *Les propriétés des choses selon le Rosarius*, Lund (Univ. Press) 1994. C.r. RLiR 60,288.

ProprChosMirK id.; extraits: Miracles Nostre Dame (52), p. p. P. Kunstmann, *Miracles de Notre-Dame tirés du Rosarius*, Ottawa (Presses de l'Univ.) 1991 (Publ. médiév. 17); [= TL Mir. ND Rosarius K]. C.r. RLiR 56,628. Le miracle n°24, édité antérieurement par Kjellman, est cité par le sigle → SacristineNousK.

ProstInv B. Prost, *Inventaires mobiliers et extraits des comptes des ducs de Bourgogne de la maison de Valois (1363 – 1477)*, vol. 1, fasc. 1 (1363 – 1371) n°1-1420, Paris (Leroux) 1902, fasc. 2 (1371 – 1376) n°1421-3261, 1904, vol. 2, par B. Prost et H. Prost, fasc. 1 (1378 – 1384) n°1-1076, 1908, fasc. 2 (1384 – 1387) n°1077-1787, 1909, fasc. 3 (1387 – 1389) n°1788-3138, 1910, fasc. 4 (1389 – 1390) n°3139-3802, 1913; [= FEW Prost, par erreur aussi ProustInv). À utiliser avec précaution: il s'agit d'extraits 'condensés autant que possible', à chiffres et dates transposés, souvent introduits par une tournure en frm. (le texte orig. est alors placé entre guillemets); qqs. extraits ne sont pas tirés d'inventaires ou de comptes originaux, mais de copies postérieures (ceux-ci sont accentués 'à la moderne' [p. VIII], mais des accents se trouvent aussi dans des citations orig.). Pour la plupart doc. bourg., aussi quelques-uns touchant des biens aux Flandres et en Artois (contrôler!).

ProstPropr A. Prost, *Etude sur le régime ancien de la propriété. La vesture et la prise de ban à Metz*, Paris (Larose) 1880 (tiré à part de NRevHistDr 4, 1880, 1-68 [= 5-72]; 301-376 [= 72-148]; 573-628 [= 149-204, App. avec preuves]; 701-750 [= 204-253, App.]). Doc. orig. lorr. à partir de 1225.

ProtH Hue de Rotelande, Protheselaus, roman arturien continuant → Ip, vers octosyll.; agn. et traits de l' Ouest, ca. 1185; ms. de base des vers 1-11522 BN fr. 2169 [agn. 13ᵉs.] (A), suite (11523-12740) d'après BL Egerton 2515 [agn. déb. 14ᵉs.] (B), fragm.: Oxford Bodl. Rawl. D.913 (1370) [f°90 agn. 14ᵉs.] (C); p. p. A. J. Holden, *Protheselaus by Hue de Rotelande*, 3 vol., London (ANTS) 1991-1993 (ANTS 47-49); [= Dean 163]. Nouvelle numérotation pour une différence totale d'un vers.

ProtK id., mêmes dispositions; p. p. F. Kluckow, *Hue de Rotelande, Protheselaus*, Göttingen – Halle (Niemeyer) 1924 (Ges. für roman. Lit. 45); [= TL Prothes.; AND Proth; FEW Hue; Vising 33].

ProtKH id., glossaire établi par W. Hahn, *Der Wortschatz des Dichters Hue de Rotelande*, thèse Greifswald 1910; [= FEW Hue; TL Hahn Wortschatz Hue]. Contient le gloss. complétant → IpK et une éd. avortée de Prot.

ProvCrap

ProvCrap G. A. Crapelet, *Proverbes et dictons populaires, avec les dits du Mercier et des marchands, et les Crieries de Paris, aux xiij[e] et xive siècles*, Paris (Crapelet) 1831; [= TL Prov. et Dict.]. Contient → ApostoileC (p. 1-124, le texte en écriture gothique seulement; commentaires et ajouts multiples), aussi CrieriesC; MercierC; ProvBretC; MarcSaloC; etc.

ProvL A. J. V. Le Roux de Lincy, *Le livre des proverbes français*, 2e éd., 2 vol., Paris (Delahays) 1859; [= TL Livre d. Prov.; FEW LLincy; Boss 2704]. Imprime comme app. III (2,472-484) → ProvFraunceM.

ProvM J. Morawski, *Proverbes français antérieurs au XVe siècle*, Paris (Champion) 1925 (CFMA 47); [= TL Prov. frç. M; FEW ProvFr]. La collection A renferme 416 prov. en ordre alphabét. du ms. Ste-Gen. 550 [cette partie frc. fin 13[e]s.]; B alph. avec conc. bibliques en lat., BN lat. 18184 [ca. 1300] f°143v°-155r°; Ba simil. à B, 345 prov., BN lat. 13965 [1397]; C simil. à B et Ba, 229 prov., ms. Cambrai 534 (493) [13[e]s.]; Ca est repris de → ProvFraunceM; Ch coll. alphab. avec conc. bibliques, BL Add. 46919 (anc. Cheltenham Phillipps 8336) [agn. ca. 1330]; D 62 prov., en gros en ordre alph., avec comment. allégor., BN lat. 14955 [13[e]s.]; E Maz. 1030 (1072) [13[e]s.] 74 prov. avec comment. allégor. (copie: BN fr. 24460 [17[e]s.]), F BN lat. 14799 [14[e]s.] 64 prov. avec comment. allégor.; G BN lat. 14929 [fin 13[e]s.] 170 prov. simil.; H Hereford Chapt. Libr. P.III.3 [14[e]s.] 87 prov. simil.; I → ProvSerlo; J Oxford Bodl. Rawl. A.273 [14[e]s.] 13 prov. p. aussi dans → ProvRawlc[1]S p. 2; K cf. → ProvRawlc[1]S (f°13-14); K' cf. → ProvRawlc[2]S (f°15-18); L cf. → ProvLeidZ; M BN lat. 8246 [ca. 1286] 10 prov.; N cf. → ProvArbR; P cf. → ProvRurU; Q collection de 1300 prov. et citations, appelée Bonum Spatium, 2[e]m. 14[e]s.?, ms. BN lat. 10360 [fin 15[e]s.?]; R Vat. Reg. lat. 1429 [1[e]m. 15[e]s.] collection aux commentaires juridiques, prob. écrit av. 1444; S collection de 334 prov. par Jean Mielot, pic. mil. 15[e]s., ms. BN fr. 12441 [3[e]q. 15[e]s.], cf. Ulrich ZfSL 24 (1902) 191-199; T 175 prov., ms. Tours 468 [2[e]m. 13[e]s.]; U cf. → ProvUpsIIH; U' cf. → ProvUpsIIH; X BN lat. 603 [Norm.? 15[e]s.] contenant 47 prov.; Z impr. Paris ca. 1500; v → ProvVilT; Bret. → ProvBretM; Resp → RespCurtS. Cf. Morawski R 48,481-558; SingerProv. Pour les proverbes dans JourdBlAlM voir Matsumura TraLiPhi 37 (1999) 171-215.

ProvArbR Collection de 65 proverbes contenue dans le ms. de → GlArb, avec trad. latine (plus 26 trad. lt. de prov. qui ne sont pas dans le ms.); frcomt. déb. 14[e]s.; ms. BN lat. 8653A [Arbois déb. 14[e]s.]; p. dans → GlArbR p. 38-46; [= TL Robert Sprichw.; ProvM 'N'].

ProvBretM Les dits Proverbes au conte de Bretagne, 54 strophes couées de 9 lignes, 471 l. en tout, hexasyll.; ca. 1225; ms. complet BN fr. 19152 [frc. fin 13[e]s.] f°114r°b-115v°c, extraits de ce ms. dans BN fr. 15111 [18[e]s.] (en var.!); p. p. J. Martin, "Die Proverbes au Conte de Bretaigne", *Programm der königlich bayerischen Studienanstalt zu Erlangen, 1891/92*, Erlangen 1892. À vérifier, bien que mieux que ProvBretC; [= ProvM 'Bret.'; TL Prov. Conte Bret.].

ProvBretC id.; p. dans → ProvCrap 169-185; [= TL Prov. Conte Bret.].

ProvFraunceM Recueil alphabét. de 465 proverbes, titre: *Cy comencent proverbes de Fraunce*; agn. 1[e]m. 14[e]s.; ms. Cambridge Corpus Christi Coll. 450 [agn. 1[e]m. 14[e]s.]; p. p. F. Michel dans → ProvL t. 2, p. 472-484; [= Dean 267; cf. Vising 258]. Compléments et errata p. p. Morawski dans ZrP 56 (1936) 421-422 ('II'); 434-435; 438-439; cf. Ménard dans ActesAgnAIBL 114-138.

ProvHanS Collection de 36 sentences et proverbes; 1[e]m. 13[e]s.; ms. Hannover IV.581 [2[e]m. 13[e]s.]; p. p. H. Suchier, "Altfranzösische Lebensregeln", *RoSt* 1 (1875) 373-375.

ProvLeidZ Collection de 269 prov. avec trad. lat.; pic. fin 13[e]s.; ms. Leiden Univ. VLF 31 [cette partie Flandr. fin 13[e]s.] (L) f°114-118; p. p. J. Zacher, "Altfranzösische Sprichwörter", *Zeitschrift für deutsches Alterthum* (Haupt) 11 (1859) 114-144; [= ProvM 'L'].

ProvRawlc[1/2]S Collections de 114 (1) et de 249 (2) proverbes; agn. 4[e]q. 12[e]s.; ms. Oxford Bodl. Rawl. C.641 (12487) [agn. 4[e]q. 12[e]s.] (K) f°13-14 (= 1) et 15-18 (= 2); p. p. E. Stengel, ZfSL 21 (1899) 1-21; [= AND Prov vil; Dean 261]. Cp. ProvM K et K'. Reprend nombre de prov. de → ProvVil.

ProvRurU *Proverbes ruraux et vulgaux*; 13[e]s.; BN fr. 25545 [ca. 1325]; p. p. J. Ulrich, "Die altfranzösische Sprichwörtersammlung *Proverbes ruraux et vulgaux*", *ZfSL* 24 (1902) 1-35; [= TL Prov. rur.; ProvM 'P'].

ProvSalAuR Proverbes de Salomon paraphrasés (paraphrase de Hrabanus), incipit *Au tans que Salemons fu nes*; 1[e]m. 13[e]s.; ms. de base BN fr. 1109 [pic. 1310], autres mss.: Bern 590 [fin 13[e]s.], BN fr. 24728 [Est fin 13[e]s.], Lyon Univ. 15 (43) [Est 14[e]s.], Madrid Bibl. nac. 18253 [agn. ca. 1300], Vat. Pal. lat. 1957 [N.-E. déb. 14[e]s.], BN fr. 402 [2[e]m. 15[e]s.] incomplet; p. p. A. Rietkötter [-Lallemand], *Eine altfranzösische Übertragung der Proverbia Salomonis. Edition des Ms. Bibl. Nat. fond frç. 1109*, thèse Gießen 1966; [= TL Proverbia Salomonis R; Boss[2] 5607; Dean 460: ms. Madrid]. Avec le texte biblique latin.

ProvSalParH Proverbes de Salomon, citations latines reproduites, traduites et paraphrasées en prose fr., enrichies de cit. lat. d'orig. diverse, incomplet: Prv 1,26-31,9; agn. déb. 13[e]s.; ms. BN fr. 24862 [agn. mil. 13[e]s.]; p. p. T. Hunt, *Les paroles Salomun*, Manchester (ANTS) 2012 (Agn. Texts 70).

ProvSalParB id; p. p. H. van Bömmel, *Eine altfranzösische Paraphrase der Proverbia Salomonis*, thèse Gießen 1968; [= TL Proverbia Salomonis B; Boss[2] 5606].

ProvSalSanI Proverbes de Salomon, traduction avec commentaires moralisants et allégoriques, en vers octosyll., par Sanson de Nantuil; agn. mil. 12[e]s.; ms. unique BL Harl. 4388 [cette partie agn. déb. 13[e]s.]; p. p. C. C. Isoz, *Les Proverbes de Salemon by Sanson de Nantuil*, vol. 1 et 2 (texte), London (ANTS) 1988 (Anglo-Norman Texts 44 et 45); vol. 3, *Introduction, notes and glossary*, 1994 (Agn. Texts 50); [= TL Proverbes Salemon Is; Dean 458; AND Salemon; Vising 4; Hol 193; cf. Boss 3040; Boss[2] 5605].

ProvSalSanB id.; extrait dans → BartschHorning 149-158 (= v. 4585-4970).

ProvSen Pensées tirées des écrits de Sénèque, isolées comme des aphorismes ou sentences, souvent appelées Proverbes Seneque, extraites et traduites du Speculum historale de Vincent de Beauvais; une première collection de 163 'proverbes' est intégrée dans → ChronBaud (p. dans → ProvSenAR avec une étude de la transmission manuscrite complexe); un autre état (indépendant de ChronBaud) en est → ProvSenoO (140 'prov.'); certains mss. font suivre cette première série d'une autre série de sentences (indépendante ou non), tirées également de Vincent et appelée souvent 'Enseignement Seneque' où sont intégrées parfois des sentences déjà comprises dans la 1e sér., v. → ProvSen[2]; dans qqs. mss. suit un 'Enseignement de doctor, de maistre et de philosophe' dont les sentences correspondent aux titres de paragraphes de → MorPhil (v. pour ces questions ProvSenAR, introd.); il semble possible que la première série ait été créée par l'auteur de ChronBaud pour l'intégrer dans la chronique. Cp. aussi → FormHon.

ProvSenAR *Proverbes Seneque*, intégrés dans → ChronBaud[1] (1281) composés de 163 sentences tirées de Vincent de Beauvais (ca. 1250); 3[e]q. 13[e]s., au plus tard 1281; version α[1], ms. de base Bruxelles Bibl. roy. 9003 [pic. 1[er]t. 14[e]s.] (A), en var. surtout BN nfr. 5218 [ca. 1300] (B), les autres 27 mss. se répartissent sur plusieurs groupements ou versions (v. éd. p. 54ss., et ici infra); p. p. E. Ruhe, *Les proverbes Seneke le philosophe*, München (Hueber) 1969 (Beitr. rom. Phil. MA 5); [= TL Prov. Sen.; Boss[2] 5127]. C. r. Oswald R 91,278-280.

ProvSenoO id., version du groupe de mss. β, à 140 sentences [n°140 = 135 de O]; ms. de base BN fr. 17115 [ca. 1300] (O; = 'Z'), en var. BN fr. 9558 [14e/15[e]s.] (Q; 'Y'), BN fr. 25545 [ca. 1325] (R; 'X'), Ars. 3142 [Paris? fin 13[e]s.] (S; 'W'), Ars. 5089 [1462] (J; 'V'), non utilisé Bern 365 [lorr. 1[e]m. 14[e]s.] (P; cf. R 91,107); p. p. M. Oswald, "Les Enseignement Seneque", R 90 (1969) 31-78; 202-241; 91,106-113 ('note add.': mss. Epinal 217 (59; 189) [lorr. (Metz) 1[e]m. et 3[e]q. 15[e]s.] et Berne); les sentences n°141-347 correspondent à → ProvSen[2]oO. Version courte v. ib., R 90,32; [= TL Enseignem. Seneque O; Boss[2] 5126].

ProvSen[2]oO id., deuxième sér., précédée dans le ms. édité de *Encor dez ansoignement de Seneque et dez autres maistres* (= 'Ens.' dans → ProvSenAR); 2[e]m. 13[e]s.; ms. de base ms. O ('Z'), en var. ms. Q ('Y'); p. dans → ProvSenoO n°141-347, p. 63-78.

ProvSerloF Proverbes réunis par Serlo de Wilton, collection basée sur des proverbes latins, mais écrite comme collection agn. (60 prov.) et angl. (2 prov. dans le ms. A); agn. ca. 1165; ms. de base Oxford Bodl. Digby 53 [agn. fin 12[e]s.] (A), Oxford Bodl. Digby 65 [13[e]s.] (D1) n° 83-85, Cambridge Gonville and Caius Coll. 136 [agn. fin 13[e]s.] (CA) n° 86-88, complété par des additions des mss. BL Roy. 13 A.IV [agn. déb. 14[e]s.] (R) n° 89-96, Dublin Trinity Coll. B.3.5 [14[e]s.] (PP) n°97-105, Troyes 645 [13[e]s.] (T) n° 106, Uppsala C 523 [lorr. 14[e]s.] (UP, → ProvUps) n° 107, BL Add. 46919 (anc. Cheltenham Phillipps 8336) [agn. ca. 1330] (CH) n° 108-109; p. p. A. C. Friend, "The proverbs of Serlo of Wilton", *MSt* 16 (1954) 179-218; [= AND Prov Serl; Dean 260]. Cp. son traité grammatical *Versus de differenciis* (explic. *Expliciunt proverbia Serlonis*), avec glose agn. (ms. 13[e]s.), dans → HuntTeach 1,126-135.

ProvUpsIH Proverbia upsalienses, collection de 175 proverbes; 2[e]m. 13[e]s.; ms. Uppsala C 523 [lorr. 14[e]s.] f°148v°-155r°; p. p. P. Högberg, "Zwei altfranzösische Sprichwörtersammlungen in der Universitätsbibliothek zu Uppsala", *ZfSL* 45 (1917) 464-484 (série I, p. 469-471); [= TL Högberg Sprichw.; ProvM: U].

ProvUpsIIH Seconde collection du ms. d'Upsal: 277 proverbes (comparable à → ProvL); 2[e]m. 13[e]s.; ms. Uppsala C 523 [lorr. 14[e]s.] f°163-170; p. dans → ProvUpsIH, série II, p. 472-476; [= TL Högberg Sprichw.; ProvM: U'].

ProvVilT *Li proverbe au vilain*, collection de 280 proverbes que l'éd. croit pouvoir réunir en confluant plusieurs mss., chaque prov. suit une strophe composée de six hexasyll. rimés et il est suivi à son tour de *ce dit li vilains*; ca. 1180 (collection primitive, prob. avant 1191); mss. assez divergents: Ars. 3142 [Paris? fin 13[e]s.] (A),

ProvVilT

BN fr. 837 [frc. 4ᵉ q. 13ᵉ s.] (Fγ), BN fr. 19152 [frc. fin 13ᵉ s.] (Fβ), Berlin Staatsbibl. Hamilton 257 [norm. ca. 1300] (H), Oxford Bodl. Digby 86 [agn. 1272-82] (D); p. p. A. Tobler, *Li proverbe au vilain*, Leipzig (Hirzel) 1895; [= TL Prov. vil.]. Texte très francisé et normalisé, le plus souvent tacitement, d'après les normes supposées pour ca. 1200 (v. éd. p. XXVI). Quarante prov. reprennent → ProvSerlo.

ProvVilL id.; extraits p. p. E. Lommatzsch, *Hundert altfranzösische Sprichwörter des gemeinen Mannes (Proverbes au vilain), zum 100. Geburtstag Adolf Toblers, 23. Mai 1935*, Limburg (Vereinsdruckerei) 1935; [= TL Prov. vil. Lo *et* Hundert altfranz. Sprichw.; Dean 259]. Réimpression d'extraits de Tobler, omettant les qqs. leçons variantes que Tobler donne: sans valeur.

ProvVilL² id.; p. p. E. Lommatzsch, *Hundert altfranzösische Bauernsprüche*, Tübingen (Niemeyer) 1955 (Samml. rom. Üb. 30); [= TL Prov. vil. Lo²]. Sans valeur.

ProvoireJ *Du Provoire qui menga les mores*, fabliau, vers octosyll.; 1ᵉʳ t. 13ᵉ s.; ms. BN fr. 19152 [frc. fin 13ᵉ s.]; p. dans → JohnstonOwen p. 36-38.

ProvoireM id.; dans → MontRayn 4,53-56.

ProvoireR id.; p. dans → ReidFabl 8-10.

PrunB *Dit du Prunier*, conte moral (titre établi par Du Cange: *Le Roman du Dict du Chevalier*), texte acéphale, vers octosyll.; pic. (copie hain.?) 1ᵉ m. 14ᵉ s.; ms. BN nfr. 6524 [cette partie ca. 1460]; p. p. P.-Y. Badel, *Le Dit du Prunier*, Genève (Droz) 1985 (T. L. F. 334); [= TL Dit du Prunier B]. C.r. VRo 46,354-355; RLiR 50,293-296.

PrunR id., p. postume E. Roy, *Le Dit du prunier*, Dijon (Publ. de l'Univ. de Dijon 2ᵉ fasc.) 1929; [= FEW Prun].

PsArundB Psautier d'Arundel (appelé 'Psautier de Londres' RLiR 25,325), version interlinéaire en prose, traduisant la Vulgate très littéralement (ps. 4-54); agn. mil. 12ᵉ s.; ms. BL Arundel 230 [cette partie agn. fin 12ᵉ s.]; éd. diplomatique avec texte latin p. p. A. Beyer, "Die Londoner Psalterhandschrift Arundel 230", ZrP 11 (1887) 513-534; 12 (1888) 1-56; [= AND Arun Ps; Dean 446; WoC 39; Vising 1; Boss 3046].

PsCambrM Psautier de Cambridge (de Canterbury, de Eadwine), version interlinéaire en prose, traduisant la Version iuxta hebr.; agn. 1ᵉ m. 12ᵉ s.; ms. de base Cambridge Trinity Coll. R.17.1 (987) [Canterbury av. 1160] (A), BN lat. 8846 [agn. fin 13ᵉ s.] (B, copie de A) Ps 1-97; p. p. F. Michel, *Le Livre des psaumes*, Paris (Impr. Nat.) 1876; [= TL Cambr. Ps.; FEW PsCambr; AND Camb Ps; Dean 448; Vising 2; WoC 40]. Le texte lat. de l'éd. ne suit pas le ms., mais l'éd. Migne, v. Crépin Actes-AgnAIBL 139-170.

PsCambrJ id.; impression du ms. A en fac-similé p. M. R. James, *The Canterbury Psalter*, London (Lund, Humphries & Co) 1935, v. WoC p. 94; Dean 448.

PsHex Psautier en vers hexasyll., rimé aabaab, paraphrasant verset par verset; agn. 1ᵉ m. 13ᵉ s.; ms. BL Add. 50000 (anc. Birmingham) [agn. 2ᵉ m. 13ᵉ s.] appellé Oscott Psalter, BL Arundel 230 [agn., f°6: 13ᵉ s.] prol., BL Harl. 4070 [agn. 1ᵉ m. 13ᵉ s.]; inédit; [= Dean 449].

PsLong Psautier de Longchamp, en prose bilingue, ayant appartenu aux sœurs mineures de Longchamp (Paris, couvent fondé en 1256), dérivant de → PsOxf, les pages de gauche donnent un texte lat. indépendant de la version fr. (pages de droite); déb. 14ᵉ s.?; ms. Maz. 58 (258) [Paris déb. 14ᵉ s.]; inédit; cf. BergerBible 24-25; 70-72 (extraits); 200; 208 (extrait).

PsLorrA Psautier lorrain (de Metz), aux sources diverses, prose; lorr. 1365; ms. Maz. 382 (798) [lorr. 2ᵉ m. 14ᵉ s.] (incomplet: f° avec le ps. 1 arraché); p. p. F. Apfelstedt, *Lothringischer Psalter (Bibl. Mazarine No. 798)*, Heilbronn (Henninger) 1881 (Altfranz. Bibl. 4; réimpr. Wiesbaden, Sändig, 1968); [= TL Lothr. Ps.; Boss 3041]. Éd. diplom.; bonne étude; gloss. Cf. BergerBible p. 270-280, avec extraits.

PsLorrB id.; ms. de base Maz. 382 (798) [lorr. 2ᵉ m. 14ᵉ s.], ajouts, extraits et var. d'après BL Harl. 4327 [lorr. (Metz?) 1365 ou peu après], BN fr. 9572 [2ᵉ m. 14ᵉ s.], Epinal 217 (59; 189) [lorr. (Metz) 1ᵉ m. et 3ᵉ q. 15ᵉ s.]; p. p. F. Bonnardot, *Le Psautier de Metz*, t. 1 [seul paru], Paris (Vieweg) 1884 (Bibl. fr. m.â. 3); [= FEW PsLorr; Boss 3042].

PsMétrM Psautier métrique, assez proche du latin, vers octosyll.; Est 13ᵉ s.; ms. édité BN fr. 13092 [Est 2ᵉ m. 13ᵉ s.?], autres mss. Bern 697 [pic. 13ᵉ s.] fragmentaire, Ste-Gen. 24 (anc. A.f.f°.4, pièce 4, f°34-77) [14ᵉ s.?] (incip. *Benoit soit qui n'ala mie*), Wien 2665 [ca. 1300], la fin du texte aussi dans BN fr. 896 [15ᵉ s.] et BN fr. 20090 [Paris ca. 1375]; p. dans → PsOxfM p. 263-363; [= TL Metr. Ps.]. L'éd. élimine les extraits du texte latin qui parsèment le texte fr. BonnardBible l'appelle 'Psautier du XIIIᵉ siècle' (p. 132-136)

PsOrneS 'Psautier de l'Orne', en prose, fragment (Ps 77,40-62; 87,10-88,14), interlinéaire, traduction de la version gallicane; agn. 12ᵉ s.; ms. AN AB.XIX.1734 (anc. Alençon Arch. dép. de l'Orne) [rec. fact., cette pièce agn. 12ᵉs.] fragm.; p. avec PsOxf et PsCambr en regard par Ch. Samaran, "Fragment d'une traduction en prose française du Psautier", *R* 55 (1929) 161-173; [= Dean 447].

PsOxfM Psautier en prose, dit Psautier d'Oxford (de Montebourg), aussi *Libri psalmorum*, traduit de la Vulgate (version gallicane), suivi de qqs. pièces bibliques ou liturgiques; agn. 1ᵉm. 12ᵉs.; ms. de base Oxford Bodl. Douce 320 [agn. f°37-73 mil. 12ᵉs.] (O), en var. BL Cotton Nero C.IV [agn. mil. 12ᵉs.] (Cott.), BN lat. 768 [agn. déb. 13ᵉs.] (Corb.), non utilisé: BN nlat. 1670 [agn. ca. 1200] (extraits p. p. Delisle NotExtr 34¹,259-272), København Univ. AM 618 in-4° [agn. 2ᵉm. 12ᵉs.] (illis. étant un palimpseste, v. R 98,90-94), Cambridge Clare Coll. 6 (KK.3.6) [agn. déb. 13ᵉs.], etc.; p. p. F. Michel, *Libri psalmorum versio antiqua gallica e cod. ms. in bibl. Bodleiana asservato*, Oxford (Typographeum Academicum) 1860, 1-260; [= TL Oxf. Ps.; FEW PsOxf; AND Oxf Ps¹; Gdf Lib. Psalm. [vaut aussi pour les autres textes du vol.]; Dean 445; Vising 1; WoC 42]. Contient aussi → PsMétrM p. 263-363, QuatreFilles⁶M p. 364-368 et un sermon aocc. Le ms. Corb. est connu comme Psautier de Corbie (Gdf: 'Psalt. monast. Corb.'). Le DEAF utilise la collation du ms. Oxford Bodl. Douce (O) par J. H. Meister, *Die Flexion im Oxforder Psalter*, Halle (Niemeyer) 1877, p. 118-121 (dix douzaines de corr.). Le ms. O est accentué (ici et là, aussi sur i), v. Bartsch-Chrest n°13.

PsOxfS id.; ms. O p. p. I. Short, *The Oxford Psalter (Bodleian MS Douce 320)*, Oxford (ANTS) 2015 (Agn. Texts 72). Avec gloss. complet.

[PsPPar voir PParPs.]

PsWachtK Psaumes dits de Wachtendonck (bas-rhén.mérid.) (version interlinéaire dans un texte latin [iuxta LXX]); abfrq. 10ᵉs. [certains éléments montrent les caractéristiques du frq.central / mosell.-occid. d'une version antér.]; fragments et gloses (21 psaumes et 822 mots) conservés dans des mss. de ca. 1600 et dans des imprimés de ca. 1600 et ultérieurs, tous copiés de l'original (auj. perdu); p. p. R. L. Kyes, *The Old Low Franconian psalms and glosses*, Ann Arbor (Univ. of Michigan Press) 1969. Cp. → Kyes.

PsWachtG id.; p. p. M. Gysseling, *Corpus van Middelnederlandse teksten*, 2.1 *Literaire handschriften, Fragmenten*, 's Gravenhage (Nijhoff) 1980, p. 43-111. Contient une étude et l'édition. Des index divers (alph., inverse, etc.) couvrent tous les textes abfrq. (anc. néerl.).

[Ps cp. → CommPs.]

PurgSPatrBNfr25545M Le purgatoire de saint Patrice en vers octosyll; champ. fin 13ᵉs.; ms. unique BN fr. 25545 [ca. 1325] f°97r°a-104r°b; p. p. M. Mörner, *Le purgatoire de saint Patrice du manuscrit de la Bibliothèque nationale, fonds français 25545*, Lund (Gleerup) – Leipzig (Harrassowitz) 1920 (Lunds Universitets Årsskrift N. F. Avd. 1 Bd. 16 Nr. 4); [= TL Purg. SPatr. Bibl. nat.; FEW PurgPatr].

PurgSPatrBerM *Purgatoire de saint Patrice*, trad. en vers alex. d'un texte latin (*Tractatus*) par un certain Berol; agn. 2ᵉq. 13ᵉs.; mss. Tours 948 [traits frpr. 1ᵉm. 14ᵉs.] (T), New Haven Yale Beinecke Libr. 395 (anc. Cheltenham Phillipps 4156) [agn. ca. 1275] (Ch) manquent v. 1-90; impression des deux mss. p. p. M. Mörner, *Le Purgatoire de saint Patrice par Berol*, thèse Lund (Lindstedt) 1917; [= TL Purg. SPatr. Berol; FEW PurgPatrB; AND Purg S Pat²; Dean 548; Boss 3353; Hol 139; Vising 103].

PurgSPatrCamZ id., version en vers octosyll., anon., incip. *En honurance Jhesu Crist*; agn. 1ᵉm. 13ᵉs.; ms. de base Cambridge Univ. Ee.VI.11 [agn. 1ᵉm. 13ᵉs.], en var. BL Lansdowne 383 [f°1, fragm. agn. 1ᵉm. 13ᵉs.]; p. dans C. M. van der Zanden, *Étude sur le Purgatoire de saint Patrice accompagnée du texte latin d'Utrecht et du texte anglo-normand de Cambridge*, Amsterdam (Paris) 1927, p. 89-147; [= TL Purg. SPatr. anglon.; AND Purg S Pat³; Dean 549; Vising 105; 106; Boss 3357; Hol 140; 296].

PurgSPatrCott id., version en vers octosyll., anon., incip. *Un moyne de Saltereie*; agn. 13ᵉs.; ms. unique BL Cotton Domitian A.IV [agn. fin 13ᵉs.]; inédit; extraits p. p. E. Kölbing, *Englische Studien* 1 (Heilbronn 1877) 57-121; [= Dean 551]. Une éd. par P. De Wilde, mémoire de licence, Anvers 1990, puis thèse ib. 2000, est restée inédite.

PurgSPatrHarlV id., version en vers octosyll. du ms. Harley; agn. ca. 1215; ms. de base BL Harl. 273 [agn. 1ᵉm. 14ᵉs.] (H), en var. BN fr. 2198 [Fr. 15ᵉs.] (P); p. p. J. Vising, *Le Purgatoire de saint Patrice des manuscrits harléien 273 et fonds français 2198*, Göteborg (Wettergren) 1916 (Göteborgs Högskolas Årsskrift 1915, III); [= TL Purg. SPatr. Harl.; AND Purg S Pat¹; FEW PurgPatrV; Dean 550; Vising 104; Boss 3356].

[PurgSPatrMarie v. MarieEsp; version de Geufroi dans → BibleSeptEtats.]

PurgSPatrPrAD id., version en prose basée sur le Tractatus α; déb. 13ᵉs.; ms. de base BN fr. 412 [pic. 1285] (P4), en var. BN fr. 183 [prob. 1327] (P1), BN fr. 185 [2ᵉm. 14ᵉs.] (P2), BN fr. 411 [déb. 14ᵉs.] (P3), BN fr. 413 [ca. 1400] (P5), BN fr. 423 [lyonn. déb. 14ᵉs.] (P6), BN fr. 834 [pic. déb. 14ᵉs.] (P7), BN fr. 957 [15ᵉs.] (P8), BN fr. 6447 [flandr. 4ᵉq. 13ᵉs.] (P9), BN fr. 13496

PurgSPatrPrAD

[bourg. fin 13ᵉs.] (P10), BN fr. 17229 [2ᵉm. 13ᵉs.] (P11), BN fr. 19531 [pic. 2ᵉm. 13ᵉs.] (P12), BN fr. 23117 [2ᵉ partie déb. 14ᵉs.] (P13), BN fr. 25532 [pic. 2ᵉm. 13ᵉs.] (P14), BN nfr. 10128 [2ᵉm. 13ᵉs.] (P15), BN nfr. 23686 [Soissons?, 3ᵉq. 13ᵉs.] (P16), BN fr. 1544 [fin 14ᵉs.] (P18), BN fr. 25547 [15ᵉs.] (P19), BL Roy. 20 D.VI [2ᵉm. 13ᵉs.] (L1), BL Add. 6524 [agn. 3ᵉt. 13ᵉs.] (L2), BL Add. 17275 [2ᵉt. 14ᵉs.] (L3), Arras 851 (307) [Arras 2ᵉm. 13ᵉs.] (A1), Arras 139 (657) [pic. 3ᵉt. 13ᵉs.] (A2), Ars. 3145 [pic.or. 2ᵉm. 15ᵉs.] (B), Chantilly Musée Condé 734 (456) [1313 n.st.] (C), Bruxelles Bibl. roy. 10326 [2ᵉm. 13ᵉs.] (D), Carpentras 106 (L.123) [pic. fin 13ᵉs.] (E), Genève Com. lat. 102 (anc. Cheltenham Phillipps 3660) [2ᵉq. 14ᵉs.] (F), Bern 205 [mil. 15ᵉs.] (G), Maz. 1716 (568) [déb. 14ᵉs.] (M), Oxford Queen's Coll. 305 [Fr. 2ᵉm. 15ᵉs.] (O), Reims Bibl. mun. 291 [rec. fact., cette partie, f°185-192, 14ᵉs.?] (R), Vat. Reg. lat. 1514 [1ᵉm. 15ᵉs.] (V); p. p. M. Di Febo, *Les versions en prose du Purgatoire de saint Patrice en ancien français*, Paris (Champion) 2013 (CFMA 172). C.r. Dörr RF: transcription peu fidèle et nombre de bévues (p. 48, P9: faux n°, 54, L3: sans n°, etc.). Contient aussi → PurgSPatrA¹D et PurgSPatrED. [HLF 33 (1906) 391; 403; DLF² 1208; ZrP 88, 389-402. Extraits, BN nfr. 10128 [2ᵉm. 13ᵉs.], Bruxelles Bibl roy. 10326 [2ᵉm. 13ᵉs.], mise en vers dans → BibleSeptEtatsM 310-314.]

PurgSPatrPrAT id.; ms. Reims Bibl. mun. 291; mauvaise transcription p. p. P. Tarbé, *Le Purgatoire de saint Patrice*, Reims (Soc. Bibl.) 1842.

PurgSPatrA¹D id., version appelée A1; mil. 14ᵉs; ms. BN nfr. 4464 [2ᵉm. 15ᵉs.] (P17); p. dans → PurgSPatrPrAD p. 151-193.

PurgSPatrB id., version qui suit de près le Tractatus β; 2ᵉm. 13ᵉs.; ms. Dublin Trinity Coll. I.5.19 (951) [pic. 3ᵉt. 13ᵉs.]; inédit.

PurgSPatrB¹ id., version dérivant de B; 1ᵉm. 15ᵉs.; ms. Bruxelles Bibl. roy. 9030-37 [Gand ca. 1475-1479] (B1); inédit.

PurgSPatrC id., version qui abrège la version B; 2ᵉm. 13ᵉs.; ms. BN fr. 15210 [f°1-82 2ᵉm. 13ᵉs.]; inédit.

PurgSPatrED id., version basée sur le Tractatus β; mil. 14ᵉs; ms. BN fr. 1054 [2ᵉm. 15ᵉs. (date 1450: s. Felix?)] f°32-42; p. dans → PurgSPatrPrAD p. 197-248. Mal transcrit.

PurgSPatrF id., version courte basée sur le Tractatus β; 1ᵉm. 14ᵉs.?; ms. Arras 587 (897) [pic. (Arras) 1370 n.st.]; inédit.

Puşc S. Puşcariu, *Etymologisches Wörterbuch der rumänischen Sprache*, I [seul paru], *Lateinisches Element*, Heidelberg (Winter) 1905; [= FEW Puşc]. Reste important pour le fond lt. du roum., malgré → TiktinMir.

PutLechBN Des Putains et des Lecheors, dit en couplets d'octosyll. rimés; pic. 2ᵉm. 13ᵉs.; ms. utilisé: Bern 354 [bourg.sept. déb. 14ᵉs.] (B); p. dans → NoomenFabl 6,145-153, n°64.

PutLechGS id., version du ms. Nottingham, titre *Des .iii. commandemens*; ms. Nottingham Univ. WLC.LM.6 [pic. 4ᵉq. 13ᵉs.] (G); p. p. R. E. F. Straub, "Des Putains et des Lecheors: la version oubliée du ms. G", *VRo* 52 (1993) 164-179.

PutLechGM id.; p. p. Ph. Ménard, "Une nouvelle version du dit *Des putains et des lecheors*", ZrP 113 (1997) 30-38.

PutLechGN id.; p. dans → NoomenFabl n°64 [bis]; t. 10,305-313.

PutLechGN² id.; p. dans → NoomenJongl 187-193.

QJoyesR Les quinze joies de mariage, peinture satirique du quotidien entre mari niais et femme rusée, prose; Ouest ca. 1400; ms. de base Rouen Bibl. mun. 1052 (Y. 20) [poit. 1464] (R), en var. Chantilly Musée Condé 686 (1087) [après 1452] (C), Peterburg RNB Fr.F.p.XV.4 [1485] (L), Genève Com. lat. 169 (anc. Cheltenham Phillipps 8338) [Péronne entre oct. 1468 et juin 1470] (P); p. p. J. Rychner, *Les .XV. joies de mariage*, Genève (Droz) 1963 (T.L.F. 100); [= TL Quinze Joyes R; Boss² 6741].

QJoyesC id.; ms. Genève Com. lat. 169 (anc. Cheltenham Phillipps 8338) [Péronne entre oct. 1468 et juin 1470]; p. p. J. Crow, *Les Quinze joyes de mariage*, Oxford (Blackwell) 1969; [= TL Quinze Joyes C; Boss² 6742].

QJoyesD id.; ms. C, p. p. A. Dressler, *Die Chantilly-Handschrift der Quinze joyes de mariage*, thèse Greifswald 1903.

QJoyesH id.; p. p. F. Heuckenkamp, *Les quinze joyes de mariage, texte de l'édition princeps du XVᵉ siècle*, Halle (Niemeyer) 1901; [= TL Quinze Joyes; cp. FEW QJoyes]. Version peu fidèle, v. éd. R.

QJoyesK id.; ms. L, Joies III-XV et fin, p. p. E. Krause, *Neue Beiträge zu den «XV joyes de mariage»*, thèse Greifswald 1929.

QJoyesS id.; ms. L, Prol. et Joies I-II, p. p. O. Soelter, *Beiträge zur Überlieferung der Quinze Joyes de Mariage, mit besonderer Berücksichtigung der Handschrift von St. Petersburg*, thèse Greifswald 1902.

QSignesK Les quinze signes du jugement dernier, vers octosyll.; fin 12^{e}s.; ms. de base BN fr. 2094 [bourg.mérid. fin 13^{e}s.] (E), en var. BN fr. 834 [pic. déb. 14^{e}s.] (A), BN fr. 837 [frc. 4^{e}q. 13^{e}s.] (B), BN fr. 1526 [frc. 2^{e}m. 13^{e}s.] (C) intégré dans BibleSeptEtats, BN fr. 1533 [fin 13^{e}s.] (D), BN fr. 2168 [pic. fin 13^{e}s.] (F), BN fr. 12483 [mil. 14^{e}s.] (G), BN fr. 19152 [frc. fin 13^{e}s.] (H), BN fr. 14963 [1287] raccourci (la date est à la fin de ImMonde f°45v°, autre main?), BN fr. 20040 [fin 13^{e}s.] (I), BN fr. 25545 [ca. 1325] (K), Ars. 5204 [2^{e}t. 14^{e}s.?] (L), Lyon Bibl. mun. 739 (645) [It. 1^{e}m. 14^{e}s.] (M), Tours 927 [tour. 2^{e}q. 13^{e}s.] (N), BL Add. 15606 [bourg. déb. 14^{e}s.] (O), London Lambeth Palace 522 [agn. déb. 14^{e}s.] (P), Cambridge Univ. Gg.I.1 [agn. après 1307] (Q), Cambridge Gonville and Caius Coll. 435 [agn., cette partie 1^{e}m. 13^{e}s.] (R), Cambridge St John's Coll. B.9 (31) [Est déb. 14^{e}s.] (S), Oxford Corpus Christi Coll. 36 [agn. fin 13^{e}s.] (T), Bruxelles Bibl. roy. 9229-30 [Nord 1^{er}t. 14^{e}s.] (U), Den Haag KB 71.A.24 (anc. Y.389) [prob. 1327] (V), Bern 354 [bourg.sept. déb. 14^{e}s.] (X); p. p. E. von Kraemer, *Les quinze signes du jugement dernier*, Helsinki 1966 (Comment. human. litt. Soc. Scient. Fenn. 38, 2); [= TL Quinze signes Kr]. Cf. R. Mantou, "Le thème des *Quinze signes du jugement dernier* dans la tradition française", *Rbph* 45 (1967) 827-842 (avec éd. de textes); S. Rubio Real et R. Trachsler, "Le profil du recueil…", *Babel* 16 (2007) 101-122.

QSignesG id.; p. dans → AdamG^1 53-67; 77-78 (notes de W. Foerster); [= TL Fünfz. Z.; Dean 639: mss. agn.; Heist ne contient pas d'éd.].

QSignesM id.; ms. de base BN fr. 837, les autres en var.; p. p. R. Mantou, *Les quinze signes du jugement dernier*, Mons (Losseau) 1966 (Mém. et Publ. d. l. Soc. des Sciences… du Hainaut 80,2,112-212); [= TL Quinze signes M]. C.r. de K et M: Shields FSt 22,136-137; de M: Höfler ZrP 84,510-512.

QSignesManF Poème sur les 'quinze signes' (de la venue) du jugement dernier, en alex.; agn. 13^{e}s.; ms. Manchester Univ. John Rylands Libr. Fr. 6 [Angleterre f°9-: 2^{e}m. 13^{e}s.] f°9-12; parties lisibles p. p. R. Fawtier – E. C. Fawtier-Jones, *R* 49 (1923) 340-342; [= AND Signes; cp. Dean 639]. Traitement différent du même sujet dans → QSignes.

QuatBeatT *De quatuordecim partibus beatitudinis*, chap. 5 des *Dicta Anselmi* d'Alexandre de Canterbury, version fr.; agn. 2^{e}m. 14^{e}s.; ms. Lichfield Cathedral 16 [agn. ca. 1400]; p. avec les versions latine et mangl. contenues dans le même ms. par Avril Henry – David A. Trotter, *De quatuordecim partibus beatitudinis*, Oxford (Soc. St. Med. Lang. Litt.) 1994 (Med. Aev. Monogr. N. S. 17); [= AND Lichfield; Dean 697].

QuatreFilles^{1}AL Parabole des quatre filles de Dieu, Miséricorde, Vérité, Justice et Paix (Ps 34, 11 > Midrasch > Hugues de Saint Victor/Bernard de Clairvaux), par un certain Richard, octosyll., p.-ê. influencée par une version contenue dans → GrossetChast, rédaction A, 864 vers; mil. 13^{e}s.; ms. BN fr. 378 [fin 13^{e}s.], Torino Bibl. naz. L.V.32 [wall. ca. 1300] perdu; p. p. A. Långfors, "Notice des mss. 535 de la Bibl. mun. de Metz et 10047 des nouvelles acqu. du fonds fr. de la Bibl. nat. suivie de cinq poèmes fr. sur la parabole des Quatre filles de Dieu", *NotExtr* 42 (1933) 139-288, texte 221a-248a; [= FEW QFilles (I=1, II=2, etc.); TL Långfors Not. Ms. Metz *et* Quatre Filles de Dieu; Boss 3565]. Les n^{os} de vers à utiliser pour la citation sont ceux de la version B juxtaposée.

QuatreFilles^{1}BL id., rédaction B, 872 vers; mil. 13^{e}s.; ms. de base BN fr. 12467 [Paris? fin 13^{e}s.], en var. Ars. 3142 [Paris? fin 13^{e}s.], Wien 2621 [2^{e}m. 14^{e}s.]; p. dans → QuatreFilles^{1}AL p. 221b-248b.

QuatreFilles^{2}L id., version à la rubrique 'Ci commence li estris des .iiij. vertus, Misericorde, Verité, Pais et Justice, selonc saint Bernart', octosyll., ms. lacunaire; 13^{e}s.; ms. Ars. 3460 [bourg.? fin 13^{e}s.]; p. dans → QuatreFilles^{1}AL p. 249-259.

QuatreFilles^{3}L id., autre version, incip. *Or dirai je trois vers ou quatre*, octosyll.; norm.? 1^{e}m. 13^{e}s.; ms. BN fr. 9588 [cette partie 15^{e}s.]; p. dans → QuatreFilles^{1}AL p. 261-264.

QuatreFilles^{4}L id., version en quatrains dodécasyll.; lorr. (Metz) déb. 14^{e}s.; ms. Metz 535 [Metz déb. 14^{e}s.] détruit par la guerre, Torino Bibl. naz. L.V.41 [14^{e}s.] perdu; p. dans → QuatreFilles^{1}AL p. 266-273.

QuatreFilles^{5}L id., autre version en vers octosyll., incip. *Pour chou que humains entendemens*; pic. 1^{er}t. 14^{e}s.; ms. BN nfr. 10047 [pic. ca. 1340]; p. dans → QuatreFilles^{1}AL p. 274-282.

QuatreFilles^{6}H id.; version en couplets octosyll. irréguliers, incip. *De quatre sorurs vus voil dire*; agn. déb. 13^{e}s.; ms. de base Cambridge Univ. Kk.IV.20 [cette partie agn. fin 13^{e}s.] (K), en var. BL Arundel 292 [agn. mil. 13^{e}s.] (A) presque identique a K, BL Harl. 1801 [cette partie agn. fin 13^{e}s.] (H), BL Add. 45103 [agn. 4^{e}q. 13^{e}s.] (Ad), Cambridge Corpus Christi Coll. 50 [agn. 4^{e}q. 13^{e}s.] (C); p. p. T. Hunt, "The Four Daughters of God", *Arch. d'Hist. doctr. et littér. du m.â.* 56/48/1981 (1982) 287-316; [= Dean 685]. Le même texte a été intégré dans → GuillTobR 51-338 (l'éd. Hunt donne des var. de cet état).

QuatreFilles^{6}M id.; sous le titre 'De salvatione hominis dialogus', ms. A, p. dans → PsOxfM 364-368.

QuatreFilles[7]

[QuatreFilles[7] version intégrée dans → Grosset-Chast.]

QuatrePrestresN *Les quatre prestres*, fabliau, en vers octosyll.; 1[e]m. 13[e]s.; ms. unique Berlin Staatsbibl. Hamilton 257 [norm. ca. 1300]; p. dans → NoomenFabl 8,133-140 (n°85).

QuatrePrestresM id.; p. dans → MontRayn 6,42-45.

QuatrePrestresR id.; p. dans → RohlfsFablels p. 27-29.

QuatreTempsH Traitement agn. d'un extrait de la Lettre d'Aristote à Alexandre (cf. → GautChât-AristIlC) touchant les saisons et des recommandations diététiques correspondantes, incip. *Quatre temps sunt de l'an*, début du dernier paragraphe *O, Alisandre, ceste dyete preciouse*, prose; agn. déb. 14[e]s.; ms. Oxford Bodl. Rawl. F.241 [agn. déb. 14[e]s.]; p. p. T. Hunt, "Old French translations of medical texts", *Forum for Modern Language Studies* 35 (1999) 350-357; [= Dean 420]. Imprime aussi, p. 354, un texte sur les *quatre humeurs* (*humurs*) en rapport avec les *quatre seysons de l'an*, ms. Oxford Bodl. Bodley 9 [agn. 2[e]q. 15[e]s.].

QueueRenL *Dit de la Queue de Renart*, 184 vers heptasyll.; ca. 1320; ms. BN fr. 12483 [mil. 14[e]s.]; p. p. S. Lefèvre dans → RenHS p. 905-911; 1448-1457.

QueueRenJ id.; p. dans → JubNRec 2,88-95.

R *Romania. Revue trimestrielle consacrée à l'étude des Langues et des Littératures Romanes*, Paris (Société des Amis de la Romania) 1872-.

RAC *Reallexikon für Antike und Christentum*, p. p. Th. Klauser et al., Stuttgart (Hiersemann) 1950– (2015: t.27, fasc. 213 -Phoenicia). ÷

RBeauvN Poésies de Raoul de Beauvais, parmi elles une pastourelle (I, R.613), un dialogue de femmes (II, R.368) et trois chançons (III, R.806; IV, R.1862; V, R.1943); 3[e]q. 13[e]s.; ms. de base de I, II et III: Ars. 5198 [déb. 14[e]s.] (K), de IV et V: BN fr. 847 [4[e]q. 13[e]s.] (P), BN fr. 845 [3[e]t. 13[e]s.] (N), BN fr. 1501 [fin 15[e]s.] (R) et BN fr. 12615 [art., 1e partie 4[e]q. 13[e]s.] (T); p. p. T. Newcombe, "Les poésies du trouvère Raoul de Beauvais", *R* 93 (1972) 317-336.

RCambrK Raoul de Cambrai, chanson de geste, laisses de décasyll. rimés; 1e partie (v. 1-5373), laisses rimées; Nord-Est fin 12[e]s.; ms. de base BN fr. 2493 [1e partie v. 1-6067, pic. 1[e]m. 13[e]s., 2e p., 6068-fin, pic./champ.sept. 2[e]m. 13[e]s.] (A), le ms. BN fr. 24726 [fin 16[e]s.] (B) contient qqs. citations de la partie rimée, Bruxelles Bibl. roy. IV 621 [fragm. pic. 13[e]s.] (C) (v. 1-105; 672-805; autre version de 8443-8501); p. p. S. Kay, *Raoul de Cambrai*, Oxford (Clarendon) 1992. L'éd. comprend RCambr[2]K: vers 5374 – fin.

RCambrK[2] id.; p. p. S. Kay – W. W. Kibler, *Raoul de Cambrai*, Paris (Libr. Gén.) 1996 (Lettr. goth.). Texte de nouveau collationné sur le ms. (cp. Varvaro MedRom 22,150-151). Kibler fournit l'introd., des notes et une traduction.

RCambrM id., v. 1-5555; p. p. P. Meyer – A. Longnon, *Raoul de Cambrai*, Paris (Didot) 1882 (SATF); [= TL RCambr.; FEW Raoul; Boss 651]. 2e partie → RCambr[2]M.

RCambrL id.; p. p. E. Le Glay, *Li romans de Raoul de Cambrai et de Bernier*, Paris (Techener) 1840 (Rom. des douze pairs de Fr. 7); [= TL RCambr.[1]; Boss 650].

RCambr[2]K id., 2e partie (v. 5374-8542), laisses assonancées; 1[e]m. 13[e]s.; dans → RCambrK.

RCambr[2]M id., v. 5556-8726, dans → RCambrM.

RCambr[2]L id.; dans → RCambrL.

RCritPhR *Revue critique de philologie romane*, Alessandria (Ed. dell'Orso) 1998 ss.

REW W. Meyer-Lübke, *Romanisches Etymologisches Wörterbuch*, 3e éd., Heidelberg (Winter) [1930-]1935 (Sammlung Roman. Elementar- und Handb.; réimpr. photomécaniques 1968 et 1972); [= FEW ML; TL REW[3] et Meyer-Lübke REW[3]]. [REW[1] = éd. 1911-1914 (impr. -1920); la soi-disant 4e éd. de 1968 n'est qu'une réimpression photographique de la 3e éd. de 1935.]. Indications non systématiques ou exhaustives: l'absence d'une langue ne signifie pas que le mot ne vit pas dans cette langue. Cf. → FaréREW; GDiego; A. Alsdorf-Bollée – I. Burr, *Rückläufiger Stichwortindex zum Romanischen Etymologischen Wörterbuch*, Heidelberg (Winter) 1969.

RF *Romanische Forschungen*, Erlangen (Deichert) – Frankfurt am Main (Klostermann) 1883-1944; 1947–.

RFortLaur J. Ramière de Fortanier, *Recueil de documents relatifs à l'histoire du droit municipal en France des origines à la Révolution. Chartes de franchises du Lauragais*, Paris (Sirey) 1939; [= FEW RFontLaur (sic, err.)].

RHL *Revue d'histoire littéraire de la France*, Paris (Société d'histoire littéraire de la France) 1897-1939; 1947–; [= FEW Rhlitt].

RHT *Revue d'histoire des textes*, Institut de Recherche et d'Histoire des Textes, Turnhout (Brepols) 1971–. Successeur de → BullIRHT.

RHistDr *Revue historique de droit français et étranger*, Paris 1855ss. [1877-1921: → NRevHistDr]; [= FEW RHistDr].

[RHoudenc → HoudencDit, Eles, Meraugis, SongeEnf, VengRag.]

RLaR *Revue des Langues Romanes*, Montpellier (Société pour l'étude des langues romanes, à partir de 1903: Société des Langues Romanes) 1870–.

RLefevreJasonP Raoul Lefevre, *L'histoire de Jason*, prose; pic. ca. 1460; ms. de base Ars. 5067 [av. 1467], les autres mss. n'ont été utilisés qu'occasionellement par l'éd.: BN fr. 12570 [ca. 1470], New York Pierpont Morgan Libr. M. 119 [ca. 1470], BN fr. 331 [ca. 1470], incunable BN Rés. Y². 398 [ca. 1477] et Ars. 4° BL 933 Rés.; p. p. G. Pinkernell, *Raoul Lefevre. L'histoire de Jason*, Frankfurt (Athenäum) 1971; [= Boss² 6609].

RLefevreTroyA id., Histoires de Troyes, prose; pic. ca. 1464; mss. de base Bruxelles Bibl. roy. 9261 [av. 1467] (B2) l.I, Bruxelles Bibl. roy. 9262 [av. 1467] (B3) l.II, qqs. émendations par Bruxelles Bibl. roy. 9263 [av. 1467] (B4), 22 autres mss. v. éd. p. 24-53; p. p. M. Aeschbach, *Raoul Lefèvre. Le recoeil des histoires de Troyes*, Bern (Lang) 1987. C. r. RLiR 52,556; ZrP 107,487. ÷

RLiR *Revue de Linguistique Romane*, Paris – Lyon – Strasbourg (Société de Linguistique romane) 1925–.

RLomb *Rendiconti del [Reale] Istituto Lombardo [di Scienze e Lettere]*, Milano (Acc.) 1864–; [= FEW RLomb].

RPreslesCitéB Raoul de Presles, *Cité de Dieu*, trad. commentée de *De civitate Dei* de saint Augustin; 1375 (1371-1375); mss. complets sur parchemin: ms. de base BN fr. 22912-22913 [ca. 1376], BN fr. 170-171 [ca. 1380], BN fr. 20105-20106 [ca. 1385], BN fr. 23-24 [ca. 1390], Amiens Bibl. mun. 216 [ca. 1390], Bruxelles Bibl. roy. 1153 [ca. 1390], Baltimore Walters Art Museum W.770 (anc. Cheltenham Phillipps 4417) [ca. 1410] (Ba2), New Haven Yale Beinecke Libr. 215 (anc. Cheltenham Phillipps 4359) [ca. 1415] (Y), Berlin Staatsbibl. KK 632 et 633 [Flandr.? ca. 1470] découp. barbares déb. l. IV et V, etc., 58 mss., v. HLF 40,171-173 et l'éd., p. 40-69, aj. Heidelberg Cod. Heid. NF 55 [fin 14ᵉs.] fragm. d'un folio (l. IV 7-9); p. p. O. Bertrand, M. Andronache, B. Stumpf et al., *La Cité de Dieu de saint Augustin traduite par Raoul de Presles (1371-1375)*, Livres I à III, vol. 1,1, Paris (Champion) 2013. C.r. Cavagna RLiR 79 (2015) 615-622. ÷

RS → RaynaudSpanke².

RSoissonsW Raoul de Soissons, chansons; mil. 13ᵉs.; mss. BN fr. 845 [3ᵉt. 13ᵉs.] (N), Ars. 5198 [déb. 14ᵉs.] (K), BN fr. 24406 [3ᵉt. 13ᵉs.] (V), Bern 389 [lorr. fin 13ᵉs.] (C), BN fr. 844 [pic. 2ᵉm. 13ᵉs.] (M), en var aussi chans. B,F,H,O,P,R,S,T,U,X,Z,a, et Metz 535 [Metz déb. 14ᵉs.]; p. p. E. Winkler, *Die Lieder Raouls von Soissons*, Halle (Niemeyer) 1914; [= TL RSoissons]. Ms. C a servi «unter Entfernung der lothringischen Dialekteigentümlichkeiten» (6., p. 46).

RabL François Rabelais, œuvre: *Gargantua* 1534, *Pantagruel* 1532, *Tiers Livre* 1546, *Le Quart Livre* 1552; p. p. A. Lefranc, *Œuvres de François Rabelais*, I,1, *Gargantua*, Paris (Champion) ²1913, I,2, 1913; II,1-2, *Pantagruel*, 1922, III, *Tiers Livre*, 1931, IV, *Le Quart Livre*, Genève (Droz) 1955, Considérer les leçons des imprimés données en var.! – datations reçues souvent erronées.

RabM id.; p. p. C.-J. Marty-Laveaux, *Les œuvres de maistre François Rabelais*, Paris (Lemerre) 1868-1903. Glossaire étendu.

RagemonL *Ragemon le bon*, poème en quatrains octosyll. rimés, conçu comme base d'un jeu de société où chacun tire au sort un quatrain; agn. 2ᵉq. 13ᵉs.; ms. Oxford Bodl. Digby 86 [agn. 1272-82] f°162s.; p. p. A. Långfors, *Un jeu de société du moyen âge, Ragemon le Bon, inspirateur d'un sermon en vers*, Helsinki (Suom. Tiedeak. Kust.) 1920 (Ann. Acad. Scient. Fenn. B 15,2); [= TL Jeu de soc.; Dean 222]. Texte p. 17-24. Contient aussi → GeusAvL (sa source) et SermComL (son dérivé).

RagemonW id.; p. dans → WrightAnecd p. 76-81.

RaineTest J. Raine, *Testamenta Eboracensia*, 6 vol., London (Nichols) 1836-1902 (Surtees Soc. 4, 30, 45, 53, 79, 106); [= AND Test Ebor.]. Transcriptions par L. Baker. Testaments tirés de registres conservés dans le diocèse de York; essentiellement lat., mais aussi agn.; premier doc. agn. daté de 1347 (1,41).

RamatColori A. Giacalone Ramat, *Colori germanici nel mondo romanzo*, Firenze (Olschki) 1967 (Atti e Mem. Acc. Tosc. Sc. e Lett. 'La Colombaria' 32). Pour *gris* v. MélHöfler 299-316.

RaschbamR

RaschbamR Rabbi Samuël ben Meïr (Raschbam), petit-fils de Raschi, né près de Troyes, séjours à Troyes, Loudun, Paris et Caen, commentaires bibliques (Pentateuch) glosés en fr.; 2ᵉ q. 12ᵉ s.; ms. unique (anc. Breslau Jüd-theol. Sem. 103; cat. Zuckermann 103; cat. Loewinger-Weinryb 29) [hébr. (All.?) 15ᵉ s.?, av. 1543]; subsistent les fᵒˢ 23-143; gloses fr. (toutes?) p. p. D. Rosin, "R. Samuel b. Mëir (רשבם) als Schrifterklärer", dans *Jahresbericht des jüdisch-theol. Seminars Fraenkel'scher Stiftung*, Breslau (Jungfer) 1880, 91-98; [= LevyTrés h]. [Le ms. Warszawa Żydowski Instytut Historiczny 907 (251) est autre chose.] Cp. → LissRashbam.

RaschbamJ id., gloses sur Job; p. p. S. Japhet, *Perush R. Shmu'el ben Me'ir (Rashbam) le-Sefer 'Iyov*, Jerusalem (Magnes) 2000.

RaschbamS id., gloses sur Kohelet; p. p. S. Japhet – R. B. Salters, *The commentary of R. Samuel ben Meir Rashbam on Qoheleth*, Leiden (Brill) – Jerusalem (Magnes) 1985 (le texte a paru aussi sans trad. angl.: Jer. 1985). Salters a étudié les 8 gloses afr. dans Studia Biblica 1978, Sheffield 1979, 249-252.

RaschiD¹ Gloses françaises dans les commentaires de Raschi (Rabbi Salomon ben Isaak) sur la Bible; fin 11ᵉ s.; édition basée sur 82 mss. hébr., datables des 12ᵉ au 14ᵉ siècles; p. p. A. Darmesteter, "Les gloses françaises de Raschi dans la Bible", *REJ* 53 (1907) 161-193; 54 (1907) 1-34; 205-235; 55 (1908) 72-83; 56 (1908) 70-98; [= LevyTrés KI; TL Raschi gl. fr.]. (Également p. à part: A. Darmesteter, *Les gloses fr. de Raschi dans la Bible, accompagnées de notes par L. Brandin, et préc. d'une intr. par J. Weill*, Paris, Durlacher, 1909; concordance: p. 1 = REJ 53,161; 33 = 54,1; 66 = 54,205; 97 = 55,72; 108 = 56,70; 136 = 56,98, suit une table.) Les gloses ad Esra et Néhémie, p.134-6 (96-98) sont prob. attrib. à tort. – Les transcriptions sont à réinterpréter: sans de fortes raisons contraires, le DEAF considère que les gloses auraient, écrites en caractères latins, une forme 'normale' ancien française, à moins de comporter des marques du champ. – Comme RaschiD¹ et RaschiD² n'éditent pas toutes les gloses, le DEAF en cite d'après les éd. usuelles (Bible: p.ex. M. Cohen, Ramat-Gan 1995-; anon., Wien 1859; Talmud: Wilna, Romm, 1886).

RaschiD² Gloses de Raschi concernant le Talmud; fin 11ᵉ s.; éd. basée sur 63 mss. complets et sur 26 fragm., datables du 12ᵉ au 15ᵉ s. [tel BL Or. 73 [hébr. 1190] (γ)]; p. p. A. Darmesteter – D. S. Blondheim, *Les gloses françaises dans les Commentaires talmudiques de Raschi*, vol. 1: Texte des Gloses, Paris (Champion) 1929, vol. 2: D.S. Blondheim, *Etudes lexicographiques*, Baltimore (Johns Hopkins Press) – London – Oxford – Paris (Les Belles Lettres) 1937; [= TL Gloses franç. Raschi; LevyTrés KII; FEW Rs *et* BlondhGl].

RaschiG id., gloses dans le commentaire sur les Psaumes; p. p. M. Gruber, *Rashi's commentary on Psalms*, Leiden (Brill) 2004 (Ref. Libr. Jud. 18).

RaschiL id., gloses choisies p. p. I. Löw, "Pflanzennamen bei Raschi", in: *Festschrift zum siebzigsten Geburtstage A. Berliners*, t. 3, Frankfurt 1903, 231-254; [LevyTrés KVI]. À utiliser avec précaution: certaines traductions ne semblent pas fondées.

RaschiLe id., gloses concernant le Pentateuque; p. p. R. Levy, "Les gloses françaises dans le Pentateuque de Raschi", *Essays presented to honor Alexander Herman Schutz. French and Provençal lexicography*, p. p. U. T. Holmes – K. R. Scholberg, s.l. [Columbus] (Ohio State Univ. Press) 1964, 56-80; [= Boss² 5473]. Sorte de → RaschiD¹ simplifié, sur la base de l'éd. p. p. Abraham ben Isaiah et al., *The Pentateuch and Rashi's commentary*, Brooklyn 1950. Sans indication quant aux mss. utilisés. Erreurs importantes (p.ex. Ex IX 9).

[RaschiN cité par TL comme Rashi et daté ca. 1100 par le FEW, correspond en réalité à → GlBodl1466N.]

RaschiO id., gloses au traité Berachoth (p. 11-14 de l'éd.) et à Isaie (p. 14-15); ms. ?; p. dans → FevresOe p. 9-15; [= LevyTrés CII].

RätNb *Rätisches Namenbuch*, 1, *Materialien*, R. von Planta, Paris (Droz) 1939, 2, *Etymologien*, A. Schorta, R. von Planta, K. Huber, Bern (Francke) 1964, 3,1, *Von Rufnamen abgeleitete Familiennamen*, Paris (Droz) 1986, 3,2, *Von Übernamen abgeleitete Familiennamen*, 1986, 1, 2ᵉ éd. avec un ajout, Bern 1979.

Raym 1832 F. Raymond, *Dictionnaire général de la langue française*, 2 vol., Paris (André, Crochard, Levrault) 1832; [= FEW Raym 1832].

Raym 1836 F. Raymond, *Supplément au dictionnaire de l'Académie française*, Paris (Barba) 1836; [= FEW Raym 1836].

RaynLaFabl G. Raynaud de Lage, *Choix de Fabliaux*, Paris (Champion) 1986; [= TL Fabliaux R]. Huit fabl. connus. C.r. Roques RLiR 51 (1987) 281.

RaynMotets G. Raynaud, *Recueil de motets français des XIIᵉ et XIIIᵉ siècles*, 2 vol., Paris (Vieweg) 1881-1883; [= TL Motets *et* Chans. Montp.]. Le t. 1 contient le chansonnier du ms. Montpellier

Ec. de Méd. 196 [Paris fin 13ᵉs.] (éd. diplom.: G. Jacobsthal, ZrP 3,526-556; 4,35-64; 278-317). Le t. 2 contient des extraits de → ChansOxf etc. V. T. Städtler dans *Alte und neue Philologie*, p. p. M.-D. Gleßgen et F. Lebsanft, Tübingen 1977, 189-200.

RaynRond G. Raynaud, *Rondeaux et autres poésies du XVᵉ siècle*, Paris (Didot) 1889; [= FEW Rond; Boss 4563].

Raynaud G. Raynaud, *Bibliographie des chansonniers français des XIIIᵉ et XIVᵉ siècles*, t. 1 *Description des manuscrits*, t. 2 *Table des chansons, liste des trouvères*, Paris (Vieweg) 1884. Éd. augmentée du t. 2: → RaynaudSpanke.

RaynaudChPont G. Raynaud, "Chartes françaises du Ponthieu", *BEC* 36 (1875) 193-243 [textes]; 37,5-34 [étude]; 317-357 [étude IIᵉ partie]. Premier doc. daté de 1254; il semble s'agir de tradition copiale. Publié également à part: G. Raynaud, *Études sur le dialecte picard dans le Ponthieu d'après les chartes des XIIIᵉ et XIVᵉ siècles (1254-1333)*, Paris (Vieweg) 1876: Textes p. 1-51, Étude [I] 53-82, II 83-122.

RaynaudSpanke H. Spanke, *G. Raynauds Bibliographie des altfranzösischen Liedes, neu bearbeitet und ergänzt*, 1ᵉ partie [seule parue], Leiden (Brill) 1955 (Musicologica 1). Ne contient pas les motets. Remplace → Raynaud t. 2. Cf. → Ferrari.

RaynaudSpanke² id., réimpr. avec un index de musique enregistrée sur disque et un registre alphabétique des incipit par A. Bahat, Leiden (Brill) 1980. Le ms. E ('perdu') se trouve à Leiden Univ. Ltk 577 (anc. Pseudo-van den Bergh) [déb. 14ᵉs.], v. Crespo StMed 16,1,293-324ter. Cf. → Linker.

Rbph *Revue belge de philologie et d'histoire*, Bruxelles (Société pour le Progrès des Études Philologiques et Historiques) 1922–. Titre parallèle dep. 1940: *Belgisch Tijdschrift voor Filologie en Geschiedenis*.

RecAlchSlD Recueil composite trilingue, aux écrits fr. alchimiques, au sens large (preuve de pierres précieuses, fabrication de couleurs, traitement de métaux, etc.), recettes isolées ou groupées, comprenant un traité, *Le livre de alkemye en frounceys* (f°153r-162v, n°30-61), au langage relativement homogène; agn. 1ᵉʳt. 14ᵉs. (?); ms. BL Sloane 1754 [agn. 1ᵉʳt. 14ᵉs.] majoritairement latin, aussi angl.; parties fr. p. p. V. Derrien – T. Hunt, "L'alchimie anglo-normande", *R* 127 (2009) 370-415, textes 379-396, avec gloss. et bibl.

RecCosmCamG¹ Collection de huit recettes de préparations cosmétiques; agn. ca. 1250; ms. Cambridge Trinity Coll. O.1.20 (1044) [agn. 3ᵉq. 13ᵉs.]

f°236-239 (!); extraits d'une des recettes (préparation d'un onguent pour le visage) p. p. J. R. Gilleland, "Anglo-Norman *siuet*, source of English *suet*", *ZfSL* 90 (1980) 248-250; [= AND ZFSL 90]. Cp. → OrnDames.

RecCosmCamG² id.; huit recettes p. p. J. R. Gilleland, "Eight Anglo-Norman cosmetic recipes: MS. Cambridge, Trinity College 1044", *R* 109 (1988 [1990]) 50-67; [= TL Anglo-Norman Cosmetic Recipes G; cp. AND Cosmetic Recs; Dean 425]. Reprend RecCosmCamG¹ sans y renvoyer.

RecCosmCamH id.; p. dans → HuntMed 204-207 (col. droites); 215-216; 366-367.

RecCosmCamS id.; p. p. Ö. Södergård, "Recettes pour les femmes", dans → MélNordahl 187-196. Ne connaît pas l'éd. G¹.

RecCosmCamsH id.; ms. Cambridge St John's Coll. D.4 (79) [1ᵉm. 14ᵉs.]; p. dans → HuntMed 204-207 (col. gauches); 208-215.

RecCoulTitH Petit recueil de recettes servant à la fabrication de couleurs et à la teinture; agn. fin 12ᵉs.; ms. BL Cotton Titus D.XXIV [agn. fin 12ᵉs.] f°131r°-132v°; p. p. T. Hunt, "Early Anglo-Norman receipts for colours", *Journal of the Warburg and Courtauld Institutes* 58 (1995) 203-209. – Cp. → OttCouleurs.

RecCulBlancM Recueil de recettes culinaires (première recette: *Blanc desirree*); agn. 1ᵉʳt. 14ᵉs.; ms. BL Roy. 12 C.XII [agn. ca. 1335]; p. p. P. Meyer, "Notice sur le ms. Old Roy. 12. C. XII du Musée britannique (Pièces diverses - Recettes culinaires)", *BullSATF* 19 (1893) 38-56, texte 49-56; [= Vising 384]. Le DEAF utilise un mém. de maîtrise de S. Wolf, Heidelberg, contenant une éd. et un lexique.

RecCulBlancH id.; p. dans → RecCulViaundeH p. 866-868; 871-873; trad. 877-879; [= AND Culinary Colls; Dean 398].

RecCulChiqS Livre de recettes culinaires, de menus, etc., par Chiquart (maître queux d'Amédée VIII de Savoie), incipit *Yci s'ensuit le repertoyre des choses contenues en cestui pitit compendi et livret dicté du fait de cuysine*; mfr. à traits frpr., 1420; ms. unique Sion Bibl. cant. S.103 [1420, avec qqs. ajouts postérieurs]; p. p. T. Scully, "Du fait de cuisine par Maistre Chiquart, 1420", *Vallesia* (Sion) 40 (1985) 101-231, glossaire établi par M. Casanova. De la tradition de → ViandVal, Menag, etc.

RecCulLibM Recueil de recettes culinaires mlt. (titre: *Liber de coquina*); mlt. fin 13ᵉs.; mss. v.

RecCulLibM

RecCulTr, RecCulSFlor, LCucBoM; p. dans → RecCulTrM p. 396-420.

RecCulRiomL Recueil culinaire de 48 recettes (suivi d'un chap. sur la greffe) dans la tradition culinaire de ViandVal etc., mais à la rédaction propre; traits mérid. (Auvergne) mil. 15[e]s.; ms. BN lat. 6707 [1466 ou peu après]; p. p. C. Lambert, *Le recueil de Riom et la maniere de hener soutillement, un livre de cuisine et un réceptaire sur les greffes du XVe siècle*, Montréal (Céres) s.d. [1987] (Le Moyen fr. 20). C.r. Mulon BEC 151,242-243.

RecCulSFlorW Recueil de recettes culinaires, en partie version de → RecCulLib; mlt. ca. 1400?; ms. Sankt Florian Chorherrenstift Cod. XI.100 [déb. 15[e]s.?]; p. p. M. Weiss Adamson, "Mediterranian cuisine north of the Alps: The cookbook in Sankt Florian Codex XI.100", dans → MélEhlert 239-258.

RecCulTrM Recueil de recettes culinaires mlt. (titre: *Tractatus de modo preparandi et condienti omnia cibaria*), voisin de → ViandVal (-Taill), contenant qqs mots fr.; mlt. fin 13[e]s.; ms. de base BN lat. 7131 [Naples? déb. 14[e]s.], en var. BN lat. 9328 [Naples? déb. 14[e]s.]; p. p. M. Mulon, "Deux traités inédits d'art culinaire médiéval", BPH 1968 (Paris 1971) 369-435, texte 380-395; [= Boss[2] 7737]. Contient aussi → RecCulLibM.

RecCulViaunde Recueil de recettes culinaires (titre: *Coment l'en deit fere viaunde e claree*); agn. déb. 14[e]s.; ms. BL Add. 32085 [agn. 1293-1310] f°117v°-119v°; 2 recettes sont publiées dans → RecCulBlancM p. 51n5 (f°118v° *espinee*) et p. 55n2 (f°119v° *teste de Turk*). Le DEAF utilise une transcription établie par C. J. Drüppel [Heidelberg 1979].

RecCulViaundeH id.; p. p. C. B. Hieatt – R. F. Jones, "Two Anglo-Norman culinary collections edited from British Library manuscripts Additional 32085 and Royal 12. C. xii", *Spec* 61 (1986) 859-882; [= AND Culinary Colls; Dean 398]. Contient aussi → RecCulBlancH.

[RecCul cf. → Menag; Viand; EnsViand; CarChar; LCucBoM.]

RecDiplFribourg Recueil diplomatique du canton de Fribourg, p. p. R. Werro et al., 8 vol., Fribourg (Fragnière; Pillet) 1839-1877; [= FEW RecDiplFribourg; GlSuisse RecDipl].

RecHist Recueil des Historiens des Gaules et de la France, fondé par Dom Martin Bouquet, Paris 1738-1840; nouv. éd et suite par L. Delisle et al., 24 vol., Paris (Impr. Nat.) 1855-1904.

RecLondB Recueil de pièces en latin et en fr., contenu dans le ms. Manchester Univ. John Rylands Libr. Lat. 155 [1[er]q. 13[e]s.], entièrement lt., et dans le ms. BL Add. 14252 [agn. 1[er]q. 13[e]s.], pièces agn. de dates diverses (mss. 1[er]q. 13[e]s.); extraits p. p. Mary Bateson, "A London municipal collection of the reign of John", *English Historical Review* 17 (1902) 480-511; 707-730; [= WoC 49; AND London]. Traite entre autres de → DescrEnglPr.

RecMédArdezV Recueil médical composite lat., fr., angl., première ligne transcrite, f°14r: *Ardez la sementz de lyn*; agn. 15[e]s. (?); ms. BL Sloane 962 [agn. 15[e]s.?] (S); textes agn. p. dans → RecMédCCV 76-111.

RecMédAvenceH Recueil de recettes médicales groupées dans un cahier du ms., début: *Pernez avence, bugle, pigle*; agn. 1[er]t. 14[e]s.; London Wellcome Hist. Med. Libr. 544 [agn. 1[er]t. 14[e]s.] (W) p. 254-269 (Hunt: 'French gothic hand'); p. p. T. Hunt dans → ShortAnniv 199-221.

RecMédBNlat8654bM Recueil de recettes méd. (et magiques) classées selon l'affection, incip. *Por crancre oster pernez fiel de chievre et miel*; déb. 14[e]s.; ms. BN lat. 8654B [norm. déb. 14[e]s.]; p. p. P. Meyer, "Recettes médicales en français publiées d'après le ms. B.N. lat. 8654 B", *R* 37 (1908) 358-377; [= TL Rec. Rom.].

RecMédBodlM Recettes médicales; 13[e]s.; ms. Oxford Bodl. Bodley 761 [agn. ca. 1365]; p. p. P. Meyer, "Notice du ms. Bodley 761 de la Bibliothèque Bodléienne (Oxford)", *R* 37 (1908) 509-528. L'extrait 2. (p. 517-519) se lit aussi dans → RecMédNovCirHi.

RecMédBoensH Recueil de recettes médicales en trois parties, incip.: *Ici sunt boens enseignemenz de phisique: Un philosophe enseigna a un roi que boivre*, début inspiré de la 'Lettre d'Aristote à Alexandre' du SecrSecr, avec un chap. traitant des urines, puis des recettes diverses; norm. 2[e]m. 13[e]s.; ms. BL Add. 10289 [norm. prob. 1280]; p. p. T. Hunt, "Materia medica in MS London B. L. Add. 10289", *MedRom* 13 (1988) 25-37.

RecMédBonezV Recueil composite de recettes médicales, lat. et fr., f°39-63, au début: *Issi comence bonez medicinez* [f°41r° *La charme que seint Gabriel porta du ciel*]; agn. 13e-14[e]s. (?); ms. BL Sloane 3564 [agn. ca. 1400] (T); textes agn. p. dans → RecMédCCV 67-75.

RecMédCCH Recueil de recettes médicales fr., lat. et angl., attribuées à Hippocrate (cp. → LettrHippo), Galène et Aesclepius et contenant un petit traité sur les urines 'secundum Magol'; agn.

ca. 1325; ms. Cambridge Corpus Christi Coll. 388 [agn. ca. 1325] f° 1-35; p. dans → RecMédRawlH p. 85-160; [= Dean 408]. Éd. peu fiable (n° 433 *etcorchier e pus boyler e fettez* ms. *& corchier e pus boyler & fettez*; *ydropick* ms. *ydropik*; *manger le manger* à maintenir); ne mentionne pas l'éd. V. Le même ms. contient aussi une collection de recettes mangl. (p. 161-192, avec une recette fr.: n° 184). Il y a un gloss. mangl. (incomplet) et une étude ling. des textes anglais par Benskin (date le ms. de ca. 1330).

RecMédCCV id.; parties agn. ('C') p. p. E.A. Valentine, *An edition of the Anglo-Norman content of five medical manuscripts of the fourteenth and fifteenth centuries*, thèse Exeter 1990, p.26-54; [= AND Five Med MSS]. Les erreurs de transcription ne sont pas les mêmes que celles de l'éd. H. – Contient aussi → RecMédCyrV, RecMédGarryV, RecMédBonezV, RecMédArdezV, RecMédGreceV. Éd. suivie d'un gloss. couvrant tous les textes publiés.

RecMédCambraiS Recueil de recettes méd. et magiques, précédé d'une explic. sommaire des Quatre humeurs, incip. *Constentins et maistre Galiens et Ypocras*; 2^{e}m. 13^{e}s.; ms. Cambrai 370 (351) [cette partie pic. fin 13^{e}s.]; p. p. A. Salmon, "Remèdes populaires du moyen âge", *Études romanes dédiées à Gaston Paris*, Paris (Bouillon) 1891, 253-266; [= TL Rem. pop.].

RecMédCyrV Recueil de recettes médicales en lat. et fr., recette 'W1' débutant par *Cyroine bone a checun dure apostume*; agn. 1^{er}t. 14^{e}s.; ms. London Wellcome Hist. Med. Libr. 554 [agn. 1^{er}t. 14^{e}s.] (W) p. 102-106; p. dans → RecMédCCV p. 55 (58)-61 (texte I), W1-32. P. 61 également p. p. Hunt dans ShortAnniv p. 197-198.

RecMédDresdM Recueil de textes lat. de médecine et de botanique, contenant des gloses aangl. et agn. (intégrées dans le texte ou suscrites); texte: 12^{e}s., gloses prob. en majeure partie 12^{e}s.; le ms. est divisé en trois parties: Dresden Dc 185/186/187 [12^{e}s.]; qqs. gloses p. p. M. Manitius, "Angelsächsische Glossen in Dresdener Handschriften", *Anglia* 24 (1901) 428-435.

RecMédDresdV id., suppléments (10 mots afr.) p. p. H. Varnhagen, "Über einige seltenere altfranzösische Wörter [De verbis nonnullis linguae veteris Francogallicae]", *Regiae Friderico-Alexandrinae Litterarum Univ. Prorector D. Carolus Mueller... commendat*, Erlangen (Jacob) 1903, p. 1-6; [= TL Varnhagen Afz. W.].

RecMédEpidA/BA Évaluation médicale sur l'épidémie de 1349 (la Grande Peste); 1349 (fin 1349 ou encore déb. 1350); ms. BN fr. 12323 [peu après 1349] (A), BN fr. 2001 [ca. 1355] (B); extraits p. p. Raymond Arveiller, "Textes médicaux français d'environ 1350", *R* 94 (1973) 157-177; [= TL Textes médicaux A; Boss^2 7691]. Peste v. aussi SSebastAlD.

RecMédEpidAS id.; ms. A p. p. R. Sies, *Das 'Pariser Pestgutachten' von 1348 in altfranzösischer Fassung*, Pattensen (Wellm) 1977 (Würzb. med. hist. Fg. 7); [= TL Pariser Pestgutachten S; Boss^2 7691]. N'a pas vu le travail d'Arveiller. Version lt.: cf. A. B. Schwalb, *Das Pariser Pestgutachten von 1348*, thèse Tübingen 1990.

RecMédEscW Recueil médical; norm. 1^{e}m. 14^{e}s.; ms. Escorial I.III.7 [norm. 1^{e}m. 14^{e}s.]; p. p. L. Wiese, "Recettes médicales en français", MélJeanroy p. 663-671; [= TL Rec. méd. W; AND Rec méd].

RecMédEupH Traité de médecine du type *de capite ad calcem*, nommé Euperiston, incip. *Euperiston est cest livre apelé, ceo est a dire 'bien esprové'... Premerement de dolor de la teste*, prose; agn. ca. 1300; ms. Edinburgh Nat. Libr. Adv. 18.6.9 [agn. déb. 14^{e}s.]; p. dans → HuntAgnMed 2,129-189; [= Dean 415].

RecMédEvrM Recueil médical; 13^{e}s.; ms. Evreux lat. 23 [norm. déb. 14^{e}s.]; p. p. P. Meyer – Ch. Joret, "Recettes médicales en français publiées d'après le Manuscrit 23 d'Évreux", *R* 18 (1889) 571-582; [= TL Rec. méd.].

RecMédGardH Recueil de recettes médicales s'inspirant de la Practica Brevis l. IX, ch. 3-8, explicit *Ci finist le livret ki est apelé gardein de cors en verité*, première recette: Dissenterie, lienterie, diarie; agn. 2^{e}m. 13^{e}s.; ms. Oxford Bodl. Auct. F.5.31 [agn. 2^{e}m. 13^{e}s.]; première recette p. p. T. Hunt, "An Anglo-Norman medical treatise", dans → MélHolden 145-164; [= Dean 419].

RecMédGarryV Recueil médical débutant avec une ligne acéphale: *e ne seit remué jesqes il seit garry*; agn. 1^{er}t. 14^{e}s.; ms. London Wellcome Hist. Med. Libr. 544 [agn. 1^{er}t. 14^{e}s.] (W); p. dans → RecMédCCV p. 62-66 (texte II, W33-W108).

RecMédGarryH id.; p. p. T. Hunt dans → ShortAnniv p. 221-228.

RecMédGreceV Recueil composite de recettes médicales, surtout lat. et fr., première ligne fr. citée: *Pernetz de grece de cat*; agn. 14^{e}s.-15^{e}s. (?); ms. Exeter Cathedral 3519 [agn. 15^{e}s.] (E); textes agn. p. dans → RecMédCCV 112-179.

RecMédJPitS Recueil de recettes médicales diverses, attribué à Jean Pitard (le Picard), médecin au Châtelet de Paris; frc. (Paris) déb. 14^{e}s.; ms. de

RecMédJPitS

base BN fr. 12323 [peu après 1349] (N), en var. Paris Ec. de Pharm. 1 [15^{e}s.] (Ph), mss. fragm. BN fr. 2001 [ca. 1355], BN fr. 2046 [14/15^{e}s.], Ste-Gen. 1037 [ca. 1400], aussi dans Torino Bibl. naz. L.V.17 (K.IV.37; 86) [pic. mil. 15^{e}s.?] ms. cité par Gdf sous le titre 'Livre de fisique', Berlin Staatsbibl. Hamilton 407 [I: ca. 1400]; p. p. K. Sudhoff, "Ein chirurgisches Manual des Jean Pitard, Wundarztes König Philipps des Schönen von Frankreich", *SudhoffsArch* 2 (1908) 189-278. Imprime en parall. une version lt. (que Thomas R 38,471 croit être secondaire); cf. S. Bazin-Tacchella Mél-Demarolle 53-86.

RecMédJuteH Recueil de recettes médicales, incipit *Jute a sain e a emferm, pur estre soluble*; agn. 2^{e}m. 12^{e}s.; ms. BL Roy. 12 C.XIX [agn. 2^{e}m. 12^{e}s.]; p. p. T. Hunt, "Early Anglo-Norman recipes in ms. London B.L. Royal 12 C XIX", *ZfSL* 97 (1987) 246-254; [= AND Med Pres[7]]. Qqs. points communs avec → RecMédPetB.

RecMédMontp503B Petit traité de diagnose et de traitement des malades; norm. 1^{e}m. 14^{e}s.; ms. Montpellier Ec. de Méd. 503 [14^{e}s.] f°81r^o; p. p. A. Boucherie, "Petit traité de médecine en langue vulgaire", *RLaR* 7 (1875) 62-71; [= TL Petit traité de méd.].

RecMédNovCirHi Recueil médical en vers, appelé dans le ms. Bodley 'Novele cirurgerie en franceis par rime', incipit *Pur dolur de la teste, oignement. Tut le cors est en langur, Quant le chef susprent dolur*; agn. 2^{e}t. 13^{e}s.; ms. de base Oxford Bodl. Auct. F.5.31 (3637) [agn. 2^{e}m. 13^{e}s.] (A), texte assez proche dans Cambridge Trinity Coll. O.2.5 [agn. mil. 14^{e}s.] (C), texte assez différent dans Oxford Bodl. Bodley 761 (2535) [agn. ca. 1365] (B), fragm. BL Harl. voir RecMédNovCirHH, autre fragm. (qqs. 100 lignes) Worcester Cathedral f° 157 [agn. mil. 13^{e}s.]; p. p. C. B. Hieatt – R. F. Jones, *La novele cirurgerie*, London (ANTS) 1990 (Agn. Texts 46); [= TL Novele cirurgerie HJ; Dean 414; Vising 314]. À utiliser avec précaution, v. Trotter ZrP 111,707.

RecMédNovCirHH id.; fragm. ms. BL Harl. 2558 [agn. 13e-15^{e}s., cette partie 2^{e}m. 13^{e}s.]; p. p. T. Hunt, "The 'Novele cirurgerie' in MS London, British Library Harley 2558", *ZrP* 103 (1987) 271-299; [= TL Novele cirurgerie H; AND Chir[2]; Dean 414].

RecMédPetB Recettes de médecine, de charmes, etc., lat. et fr.; agn. 2^{e}m. 13^{e}s. (?); ms. Peterborough Nat. Hist., Sc., and Archaeolog. Soc. [fragm. de 6 f^{os}, agn. 2^{e}m. 13^{e}s.?, f°6v^o 14^{e}s.]; p. p. A. Bell, "A thirteenth-century ms. fragment at Peterborough", *BullMHRA* 3,7 (1929) 132-140; [= AND Med Pres[1]]. Qqs. points communs avec → RecMédJuteH.

RecMédQuiM Recueil médical en vers octosyll., incip. *Qui cest livre vodra entendre*, texte à l'origine pic., transcrit en Angleterre; agn. ca. 1250; ms. Cambridge Trinity Coll. O.1.20 [agn. 3^{e}q. 13^{e}s.]; extrait p. p. P. Meyer, "Les manuscrits français de Cambridge", *R* 32 (1903) 75-77; [= AND Medica].

RecMédQuiH id.; p. dans → HuntMed 142-203. Recoupes avec RecMédQuiFH (p. ex. 'Qui' 399-490 = 'QuiF' 193-280).

RecMédQuiFH Texte simil. en bonne partie indépendant, incip. *Flur de furment dunc me pernez*, prose; agn. 2^{e}m. 13^{e}s.; Cambridge Trinity Coll. O.8.27 [agn. partie III 2^{e}m. 13^{e}s.], RecMédQui cité en guise de var.; p. p. T. Hunt, "Recettes médicales en vers français", *R* 106 (1985) 57-83; [= TL Recettes médicales H].

RecMédRawlH Recueil de 632 recettes médicales très diverses, pour la plupart fr.; agn. 1^{e}m. 14^{e}s. (les sources ou identités sont à considérer); ms. Oxford Bodl. Rawl. C.814 [agn. 1^{e}m. 14^{e}s.]; p. p. T. Hunt with the collab. of M. Benskin, *Three receptaria from medieval England. The language of medicine in the fourteenth century*, Oxford (Soc. Med. Lang. & Lit.) 2001 (Med. Aev. Monogr. N. S. 21), p. 1-83; [= AND[2] Receptaria]. Contient aussi → RecMédCCH, p. 85-160. Il y a un gloss. fr. (incomplet).

RecMédSauvT Réceptaire de Jean Sauvage, traduisant le Thesaurus pauperum et d'autres sources comme → LettrHippo, en vers octosyll., incip. *Orine après mengier est saine se elle est evace* (B), *Humain corps a par verité .Iiii. humors en sa qualité* (N, après les prol.); pic. mil. 14^{e}s.; mss.: Berlin Staatsbibl. Hamilton 407 [II: 1^{er}q. 15^{e}s.] (B) f°88-146 et 204-228 abrégé et fautif, BN fr. 1319 [pic. mil. 15^{e}s.] (N), Ars. 3174 [pic. mil. 15^{e}s.] (A); analyse, extraits (de N) avec des textes correspondants et description des mss. p. p. C. de Tovar, "Contamination… Le réceptaire de Jean Sauvage", *RHT* 3 (1973) 115-191; 4 (1974) 239-288. Rapports étroits avec des réceptaires dans BN fr. 12323 [peu après 1349], BN fr. 2001 [ca. 1355] et Cambridge Trinity Coll. O.1.20 (1044) [agn. 3^{e}q. 13^{e}s.]. Cf. Boss[2] 7692.

RecMédTrinH Recueil médical *de capite ad calcem* assez complet, latin et français, prose; agn. 2^{e}m. 14^{e}s.; ms. Cambridge Trinity Coll. O.5.32 [agn., partie II: 2^{e}m. 14^{e}s.]; p. dans → HuntAgnMed 2,190-275; [= Dean 407].

RecMédWarB Recettes médicales, au titre *Ensegnemens Ypocras*; wall. (avec éléments pic.) 1439 (ou peu avant); ms. Warfusée Bibl. du Comte d'Oultremont 44 [1439]; p. p. M.-G. Boutier, "Un médicinaire du XVe siècle (Warfusée)", *DWall* 12 (1984) 107-134.

[RecMéd cp. → GoldbergRecMéd; voir aussi Meyer BullSATF 32 (1906) 37-52.]

RecTreppC Recueil factice de sotties et de farces imprimées chez Jehan Trepperel à Paris, d'ou le nom de 'Recueil Trepperel'; ca. 1450 – 1550; imprimés datés de ca.1540 à ca.1550; p.p. G. Cohen, *Recueil de farces françaises inédites du XVe siècle*, Cambridge, Mass. (The Mediaeval Acad. of America) 1949. Éd. dangereuse, remplacée par → TissierFarces.

RecTreppD id., autre collection de 35 pièces; av. 1525; p.p. E. Droz, *Le Recueil Trepperel, I. Les sotties*, Paris (Droz) 1935; E. Droz – H. Lewicka, *Le Recueil Trepperel, II. Les farces*, Genève (Droz) 1961; [= FEW RecTrepp (I et II); TL Rec. Trepperel II farces DL (II)]. Fac-similé p.p. E. Droz, *Le Recueil Trepperel*, Genève (Slatkine) s.d. [1966].

RedBookH *Liber rubeus de scaccario*, registre de l'Échiquier (chambre des comptes royale de Londres) remontant en partie à ca. 1230, mais contenant des suites et ajouts (jusqu'au 17e s.); les pièces éditées, en majeure partie en lat., sont datées de 1158 à 1355, textes agn. 1266 – 1355 (tous au t. 3 de l'éd.); ms. BL Hargrave 313 [orig., agn.]; p.p. H. Hall, *The Red Book of the Exchequer*, 3 vol., London 1896 (Rolls Ser.); [= AND Red Bk].

RedBookBristolB Registre des corporations de Bristol, contenant des doc. concernant la ville, les corporations, copies de chartes et privilèges d'autres villes, doc. divers d'intérêt publique, orig.; agn., lat. et angl. 1344 – 1574; ms. Bristol Rec. Office Little Red Book [agn. 1344 etc.]; analyse et extraits p.p. F.B. Bickley, *The Little Red Book of Bristol*, 2 vol., London (Sotheran) 1900. Premier doc. fr. ca. 1350: sacrements des officiers de la ville. (Le ms. contient une copie des Cout-MerOl (f°32-34), non publiée ici.)

RegAlfPoitM Registres originaux des mandements d'Alfonse de Poitiers couvrant les années 1232 – 1270 et surtout 1267 – 1270, fr. 1267 – 1270; mss: AN JJ.XXIV C [13[e]s.], AN JJ.XXIV D [13[e]s.], BN lat. 10918 [13[e]s.] (fragm. divers) et, en app., d'autres doc.; p.p. A. Molinier, *Correspondance administrative d'Alfonse de Poitiers*, 2 vol., Paris (Impr. nat.) 1894-1900.

RegChâtD Registre des procès criminels du Châtelet de Paris, reproduisant les procédures du 6 sept. 1389 au 18 mai 1392; ms. orig. AN J.480.A (anc. Maz.) [1389-1392]; p.p. [H. Duplès-Agier], *Registre criminel du Châtelet de Paris*, 2 vol., Paris (Lahure) 1861 (Soc. des Bibl. fr.). C.r. Meyer BEC 26,380 «Son texte est bien copié, bien ponctué, bien accentué».

RegChichJ Registre établi par Henri Chichele, archévêque de Canterbury, contenant qqs. textes fr.; agn. 1414-1443; p.p. E.F. Jacob, *The register of Henry Chichele, archbishop of Canterbury, 1414-1443*, 4 vol., Oxford (Clarendon) 1943-1947; [= AND Reg Chich].

RegDijon[1]L Registre original de l'échevinage de Dijon; bourg. années 1341 et 1342; ms. Dijon Arch. mun. B.128 [1341/1342]; p.p. P. Lebel, *Extraits du registre de l'échevinage de Dijon pour l'année 1341-1342*, Dijon (Soc. Anal. burg.) 1962.

RegDijon[2] id., années 1342 et 1343; ms. Dijon Arch. mun. B.129 [1342/1343]; inédit.

RegGaunt[1]A Registre de doc. émanant de la chancellerie de Jean de Gaunt / Gland, 1er duc de Lancaster; agn. 1371-1375; ms. Kew NA Duchy of Lanc. Misc. Books 13 [orig., agn.]; p.p. S. Armitage-Smith, *John of Gaunt's register (1372-76)*, 2 vol., London 1911 (Camden Soc., 3e sér., 20-21); [= AND Gaunt[1]].

RegGaunt[2]L id., années 1379-1383; p.p. E.C. Lodge – R. Somerville, *John of Gaunt's register (1379-83)*, London 1937 (Camden Soc. 3e sér., 56-57); [= AND Gaunt[2]].

RegKellaweH Registre de l'évêché de Durham, partie établie par Richard de Kellawe; lat. et agn. 1311 – 1316; ms. Durham Chapt. Rec. Off. «Kellawe's Register» [agn. 1311-1316]; p.p. T.D. Hardy, *Registrum Palatinum Dunelmense. The register of Richard de Kellawe, lord palatine and bishop of Durham, 1311 – 1316*, 4 vol., London (Longman) 1873-1878 (Rer. Brit. M. Aev. Scr.). Registre latin avec quelques pièces agn., traduites en angl. en fin de volume.

RegPinchbeckH Registre orig. de Walter Pincebeke (de Pinchbeck, Lincolnshire), moine de Bury St. Edmunds, contenant des doc. lat. et un doc. agn. de 1321 (2,18-20) et un autre de 1327 (2,26-30); 1333 (et peu après); ms. orig. Cambridge Public Libr. Ee.3.60 [1333 et peu après]; p.p. F. Hervey, *The Pinchbeck Register relating to the Abbey of Bury St. Edmunds, etc.*, 2 vol., Oxford (OUP) 1925; [= AND Pinchbeck Bortreming concerne le f°152b du même ms. (p.p. H.M. Cam).]. T. 2,297-391: autres doc. et poèmes latins.

RégSantéLC Régime de santé, trad. d'un Regimen sanitatis salernitatum commenté (attrib. à Arnaud de Villeneuve, mort en 1311, auteur véritable p.-ê. originaire de Brabant); [15[e]s.] 1491; impr. prob. Lyon 1491; p.p. P.W. Cummins, *A critical edition of Le regime tresutile et tresproufitable pour conserver et garder la santé du corps humain*, Chapel Hill (U.N.C. Rom. Lang.) 1976 (N. Carol. St. Rom. Lang. Lit. 117); [= Boss[2] 7695]. Utilisé dans → HenryŒn [n°9].

RegTournB

RegTournB Registres de paix de la ville de Tournai, enregistrant des promesses jurées de citadins s'engageant à ne jamais soutenir des actions criminelles contre telle personne; hain. (Tournai) 1273-1280; ms. Tournai 3291B [orig.] détruit en 1940; p. p. W. Benary, "Zwei altfranz. Friedensregister der Stadt Tournai (1273-1280)", *RF* 25 (1908) 1-197; [= TL Friedensreg. Tournai *et* Friedensreg.].

RègleAugBH Règle monastique des Augustins, traduction de la *Regula tertia* (MignePL 32,1377-84), *Le Reule Seint Austin*, incip. *Devant tuttes choses, cher freres, seit Deu amé entre nus, e aprés lui nostre prosme*, prose; agn. 2^{e}m. 13^{e}s.; ms. Oxford Bodl. Bodley 57 [agn. 2^{e}m. 13^{e}s.]; p. p. T. Hunt, "An Anglo-Norman rule of St. Augustine", *Augustiniana* 45 (1995) 177-189; [= Dean 713].

RègleBéguC Règle des béguines, incip. *Ci commence la rigle des fins amans et li ordinaires de .ij. beguines*; fin 13^{e}s.; ms. Berlin Staatsbibl. lat. oct. 264 [pic. fin 13^{e}s.] semble perdu; p. p. K. Christ, "La regle des fins amans", → MélVoretzsch 173-213; [= TL Regle Fins Amans; Boss 3576].

RègleCistG Règle cistercienne ou plutôt *Livre des us* (Consuetudines cistercienses), courte histoire de l'ordre et règle complète, débutant par *Coument li mosnie de Cysteaus iscirent de Molesme*, prose; flandr. 1^{er}t. 13^{e}s.; ms. Dijon 599 (352^1) [flandr. (Flines / Orchies) 2^{e}t. 13^{e}s.]; p. p. P. Guignard, *Les monuments primitifs de la Règle cistercienne*, Dijon (Darantière) 1878; [= TL Règle cist.; cp. WoC 52]. Texte p. 407-584; contient aussi → RègleSBenMartDG (p. 584-642). Cf. RF 10,583-686 (plutôt hain.?); 827-834 (plutôt fin 12^{e}s.?).

RègleHospCamS Règle des Hospitaliers, première version fr. en vers octosyll. rimés; agn. av. 1185 (prob. entre 1181 et 1185); ms. Cambridge Corpus Christi Coll. 405 [agn. 1^{er}q. 14^{e}s.]; p. p. K. V. Sinclair, *The Hospitallers' Riwle (Miracula et Regula Hospitalis Sancti Johannis Jerosolimitani)*, London (ANTS) 1984 (ANTS 42); [= TL Hospitaller's Riwle S; AND Hosp; Dean 714]. Contient, en tête, → RègleHospMir et de courts textes pieux (v. 1-548).

[RègleHospJérM Marseille Archives B. du Rhône Rouleau (cité par Gdf); v. → RègleHospPrD.]

RègleHospMirPr^{1}C Ensemble de trois miracles bibliques, d'un court texte touchant les débuts légendaires de l'Hôpital dans l'Antiquité et d'un miracle de Girard, fondateur de l'Hôpital, textes qui précèdent souvent la Règle proprement dite, traduit du latin, version dite '2e réd.', en prose fr.; déb. 14^{e}s.; ms. BN fr. 13531 [ca. 1330], autres mss. ou versions: BN fr. 6049 [ca. 1330] f°2-4 (= -Pr^2) et f°221-225 (= -Pr^4), Vat. Vatic. lat. 3136 [Pays d'oc, cette partie ca. 1342], Montpellier Ec. de Méd. 372 [cette partie ca. 1340], BN fr. 1979 [mil. 14^{e}s.], Oxford Bodl. Add. A.30 [Rhodes mil. 14^{e}s.], Toulouse H. Malte 8 [ca. 1400], BN fr. 1080 [cette partie ca. 1420], Dijon Arch. dép. 111.H.2 [ca. 1433], BN fr. 1079 [cette partie 1433], BN fr. 17255 [cette partie 1472], version courte: Torino Bibl. naz. L.V.45 [ca. 1344], Vat. Reg. lat. 668 [ca. 1344]; p. p. A. Calvet, *Les légendes de l'Hôpital de Saint-Jean de Jérusalem*, s. l. [Paris] (PUB Sorbonne) 2000, p. 141-146.

RègleHospMirPr^{1}D id.; p. p. J. Delaville Le Roulx, *De prima origine Hospitalariorum hierosolymitanorum*, Paris (Thorin) 1885, texte p. 97-115, col. droites. Contient aussi -Pr$^{2-4}$D.

RègleHospMirPr^{2}D id., autre trad., dite 1e réd.; déb. 14^{e}s.; ms. BN fr. 6049 [ca. 1330] f°2-4; p. dans → RègleHospMirPr^{1}D p. 97-115, col. gauches.

RègleHospMirPr^{3}D id., trad. courte; déb. 14^{e}s.; ms. Torino Bibl. naz. L.V.45 [ca. 1344]; p. dans → RègleHospMirPr^{1}D p. 115-118.

RègleHospMirPr^{4}D id., version des légendes de fondation, en prose; déb. 14^{e}s. (?); ms. BN fr. 6049 [ca. 1330] f°221-225; p. dans → RègleHospMirPr^{1}D p. 119-128.

RègleHospPrD Règle de l'ordre des Hospitaliers de Saint Jean, traduction de la règle latine de Raymond du Puy (av. 1153), prose; Terre Sainte 13^{e}s.; ms. de base Vat. Vatic. lat. 4852 [Acre entre 1287 et 1290], autres mss. Dijon Arch. dép. H.111 [ca. 1433], BL Cotton Galba A.XVII [14^{e}s.], Marseille Arch. dép. H.55 [rouleau 13^{e}s.] cité par Gdf, Montpellier Ec. de Méd. 372 [cette partie ca. 1340], BN fr. 6049 [ca. 1330] f°11s., BN fr. 1978 [14^{e}s., première main déb. 14^{e}s.] cité par Gdf, BN fr. 1979 [mil. 14^{e}s.], BN fr. 13531 [ca. 1330] f°3s., BN fr. 1079 [cette partie 1433], BN fr. 1080 [cette partie ca. 1420], BN fr. 17255 [cette partie 1472], Vat. Vatic. lat. 3136 [Pays d'oc, cette partie ca. 1342], Torino Bibl. naz. L.V.45 [ca. 1344]; p. p. J. Delaville Le Roulx dans → CartHospD 1,62-68 (n°70).

RègleNDPresH Règle bénédictine adaptée au prieuré St Mary de Pré, filiale de St Albans (Hertfordshire); agn. ca. 1250; ms. BL Cotton Nero D.1 [agn. mil. 13^{e}s.] par Matthieu Paris de St. Albans (ob. 1259); p. p. T. Hunt, "Anglo-Norman Rules for the Priories of St Mary de Pré and Sopwell", dans → MélRothwell 93-104; [= AND^2 A-N Rules; Dean 712].

RègleNDSopwellH id., règle conçue pour Sopwell, filiale de St Albans; BL Cotton Claudius

E.IV [cette partie 1338?], sans les var. de BL Cotton Nero D.1 [agn. mil. 13ᵉs.]; p. en app. à → RègleNDPresH, p. 100-104.

RègleSBenCottonH Règle de saint Benoît, traduction du chap. sur le carême (49), prose; agn. 3ᵉt. 12ᵉs.; ms. BL Cotton Titus A.IV [agn., f°121-123 3ᵉt. 12ᵉs.]; p. dans → HuntTeach 1,28; [= Dean 710]. Pour d'autres trad. v. → RègleSBenDouceD p. 102-104 et ici.

RègleSBenDouceD La règle de saint Benoît, traduction en prose; norm. 2ᵉt. 13ᵉs.; ms. Oxford Bodl. Douce 320 (21894) [agn. f°1-36 2ᵉm. 13ᵉs.]; p. p. R. J. Dean – M. D. Legge, *The rule of St. Benedict. A Norman prose version*, Oxford (Blackwell) 1964 (Medium Aevum Monographs 7); [= TL SBenedict DL; WoC 51; Boss² 5900].

RègleSBenMartDL id., prob. première version en prose, adaptée pour religieuses, écrite par un certain Martin selon deux mss., trad. prob. basée sur le texte du ms. Sankt Gallen 916 [1ᵉʳt. 11ᵉs.], incip. *Escolte, fils, les comandemens del maistre* [f°192r° *Chieres sereurs*]; ca. 1180 ou plutôt déb. 13ᵉs.?; ms. de base Dijon 599 (352¹) [flandr. (Flines / Orchies) 2ᵉt. 13ᵉs.] (D), en var. BN fr. 24960 [lorr. 1ᵉʳt. 13ᵉs.] (P¹), Cambrai 825 (730) [cette partie pic. (Fesmy) 2ᵉm. 13ᵉs.] (C) anoure, BN fr. 25405 [2ᵉ partie, f°89-145, champ.sept. ca. 1300] (P²), Angers Bibl. mun. 390 (403) [déb. 14ᵉs.] (A), Reims Bibl. mun. 291 (C.178) [rec. fact., cette partie, f°171-185r°, 14ᵉs.?] (R), Chantilly Musée Condé 738 (1401) [wall. 1437] (Ch); p. p. K. Lundberg, *La Règle de saint Benoît. Édition d'une traduction en scripta picarde du XIIIᵉ siècle faite par Martin*, thèse Stockholm 1966 (dact.). Seul le ms. D conserve le texte 'au féminin', les autres l'adaptent pour moines.

RègleSBenMartDG id.; p. dans → RègleCistG p. 584-642.

RègleSBenMartDS⁰ id.; éd. en prép. par Y. Schauwecker. ÷

RègleSBenMartP²S⁰ id.; ms. P²; p. p. Yela Schauwecker, mémoire de maîtrise, Heidelberg 2000.

RègleSBenNicH La règle de saint Benoît, première version en vers, octosyll., par Nicole, incip. *Saint Beneeit ci nos estruit*; norm. déb. 13ᵉs.; ms. Rouen Bibl. mun. 536 (A.389) [déb. 13ᵉs.]; p. p. A. Héron, "La Règle de saint Benoît traduite en vers français, par Nicole", *Société de l'Histoire de Normandie, Mélanges. Documents…*, 3ᵉ sér., Rouen 1895, p. 1-186; [= TL Règle SBen.; FEW RègleBenoit; Boss 3506]. Le projet d'une rééd. annoncé par R. J. Hesbert, Abbaye de S. Wandrille, a été abandonné. La base latine de ce texte a été p. p. A. de Vogüé – J. Neufville, *La Règle de saint Benoît*, Paris (Éd. du Cerf) 1972 (Sources chrét. 181).

RègleSBenPr¹ → RègleSBenMartD.

RègleSBenPr² id., autre trad., incip. *Escoute, filz, les commandemens ton mestre*; 4ᵉq. 12ᵉs.; mss. Rouen Bibl. mun. 763 (E.81) [2ᵉq. 14ᵉs.], Rouen Bibl. mun. 1212 (U.69) [2ᵉm. 14ᵉs.?], Tours 330 [Règle en deux parties: f°67r°-75v° 4ᵉq. 12ᵉs., f°76r°-118v° 1ᵉm. 13ᵉs.]; inédit. Pour les versions diverses de la Règle v. → RègleSBenMartDS⁰.

RègleSBenPr³ id., autre trad. (ou version), à interpolation au ch. XL (< Hist. Lomb., Paul le Diacre); 1ᵉm. 13ᵉs.; mss. Dijon 636 (381) [2ᵉm. 13ᵉs.], Troyes 210 [1ᵉm. 13ᵉs.], Sens 44 [cette partie 2ᵉt. 13ᵉs.], Dijon 635 (380) [1ᵉm. 14ᵉs.], Clermont-Ferrand 154 (135, A.13) [mil. 14ᵉs.], BN fr. 17250 [ca. 1340], Maz. 1751 (1217) [f°32v°-81v° 1ᵉm. 15ᵉs.]; inédit.

RègleSBenPr⁴ id., autre trad., incip. *Ascoute, fius, les commandemens de ton maestre… amonestement de ton pie pere*; 2ᵉt. 14ᵉs.?; mss. Brugge Op. Bibl. 390 [pic. 3ᵉq. 14ᵉs.], Brugge Op. Bibl. 395 [2ᵉt. 14ᵉs.]; inédit.

RègleSBenPr⁵ id., trad. partielle: prol. et ch. IV; déb. 14ᵉs.?; mss. BN fr. 24429 [déb. 14ᵉs.], BL Egerton 745 [pic. mil. 14ᵉs.], Vat. Reg. lat. 1682 [2ᵉq. 14ᵉs.]; inédit.

RègleSBenPr⁶ id., autre trad.; 1ᵉʳt. 14ᵉs.?; ms. Angers Bibl. mun. 402 (389) [Avignon? av. 1340]; inédit.

RègleSBenPr⁷ id., autre trad., aux incip. lat. insérés, incip. *Ausculta, o fili. Ascoute, biax fix sains Benois, les commandemens de ten maistre*; pic. 14ᵉs.?; ms. Cambrai 831 (736) [pic. 14ᵉs.]; inédit.

RègleSBenPr⁸ id., autre trad., incip. *Tu, mon filz, escoute les commandemenz du maistre*; 15ᵉs.; ms. BN fr. 1786 [15ᵉs.]; inédit.

RègleSBenPr⁹ id., trad. en version pour religieuses, incip. *O, toy, fille, escoute les commandemens du maistre*; 16ᵉs.; ms. BN nfr. 6166 [16ᵉs.]; inédit.

RègleSBenPr¹⁰ id., trad. en version pour religieuses, incip. *Escoute, fille, les commandemens de ton maistre*; 14ᵉs.?; ms. Poitiers 129 (204) [ca. 1400]; inédit.

RègleSBenPr¹¹ id., trad. en version pour moines; 2ᵉq. 14ᵉs.?; ms. Rouen Bibl. mun. 1226 (U.50) [2ᵉq. 14ᵉs.?]; inédit.

RègleSBenPr[12]

RègleSBenPr[12] id., autre trad.; 15[e]s.; ms. Verdun Bibl. mun. 38/1 [Verdun 2[e]m. 15[e]s.]; inédit.

RègleSBenPr[13] id., trad. indépendante de la version 'Martin' / Pr[1], pour moines; 14[e]s.?; ms. Charleville 138 [14[e]s.]; inédit. Cp. → RègleSBenPr[14].

RègleSBenPr[14] id., version -Pr[13] adaptée pour religieuses; 14[e]s. / 3[e]q. 15[e]s. (?); ms. Reims Bibl. mun. 798 (G.590) [3[e]q. 15[e]s.?]; inédit.

RègleSBenPr[15] id., autre trad., incip. *Mon filz, escoute les commandemens de ton maistre et encline les oreilles de ton cuer*; ca. 1500?; mss. Toulouse Bibl. mun. 825 (I, 242) [ca. 1500], Maz. 1399 (1219) [entre 1515 et 1520]; inédit. Adaptation pour nonnains: -Pr[16].

RègleSBenPr[16] id., version -Pr[15] adaptée pour nonnains; 16[e]s.; ms. Maz. 1400 (1218) [16[e]s.]; inédit.

RègleSBenPr[17] id., autre version pour moines; 2[e]t. 14[e]s.?; mss. BN fr. 19867 [norm. 2[e]m. 14[e]s. / (av.) 1366?], Cambrai 836 (741) [Norm. 1476]; inédit.

[**RègleSBenPr[18]** → RègleSBenCotton.]

[**RègleSBenPr[19]** → RègleSBenDouce.]

RègleSBenPr[20] id., texte signé par un Jean Barbier; fin 15[e]s.; ms. Maz. 1751 (1217) [f°156r°-214v° fin 15[e]s.]; inédit.

RègleSBenPr[21] id., trad. sur l'ordre d'Estienne Poncher, évêque de Paris; av. ou en 1505; ms. BN fr. 19548 [Paris 1505] incomplet; inédit.

RègleSBenPr[22] id., autre trad., adaptée pour nonnains; 15[e]s.?; ms. Vat. Reg. lat. 343 [15[e]s.]; inédit.

RègleSBenPr[23] id., autre trad. faite pour les religieuses de S. Marie de Metz; 14[e]s.?; ms. München gall. 32 [14[e]s.]; inédit.

RègleSBenPr[24] id., autre trad., pour moines; 15[e]s.?; ms. Oxford Bodl. Lyell 46 [contin. mil. 15[e]s.]; inédit.

RègleSBenPr[25] id., autre trad.; 15[e]s.?; ms. BN nlat. 1899 [fin 15[e]s.]; inédit.

RègleSBenPr[26] id., trad. adaptée pour nonnains, incip. *Escoute, fille, les comandemens de ton maistre*; 13[e]s.?; ms. Metz Abbaye de Saint Sulpice et de Sainte Glossinde [lorr. (Metz?) fin 13[e]s.] perdu?; v. P. Meyer BullSATF 10 (1884) 74.

RègleSBenPr[27] id., autre trad.; 1[er]t. 15[e]s.?; ms. Tours 620 [1438] détruit en 1940; inédit.

RègleSBenVend id., version en vers octosyll., incip. *Ceulx de ceste region Qui entrent en religion*; 15[e]s.?; ms. Vendôme 151 [15[e]s.]; inédit.

RègleSEspritB Statuts de l'ordre du Saint Esprit au droit-désir (Naples 1352), trad. fr.; 1354; ms. BN fr. 4274 [Naples 1354]; p. p. A. Bräm, *Neapolitanische Bilderbibeln des Trecento. Anjou-Buchmalerei von Robert dem Weisen bis zu Johanna I.*, 2 vol. Wiesbaden (Reichert) 2007. Reprod. t. 2, n°640-656, texte 1,443-445 (à contrôler).

RègleTempleC Règle du Temple de Jérusalem, version fr. suivie d'une liste de fêtes et jeûnes et de 'retraits et etablissements' étendus; ca. 1260 (entre 1257 et 1265)?; ms. de base BN fr. 1977 [3[e]q. 13[e]s.] (P), en var. (et prob. utilisés dans le texte critique) Roma Acc. dei Lincei Corsini Cors. 17 (44 A 14) [prob. Acre av. 1291] (R), Dijon Arch. dép. 145 (H.111) [3[e]t. 13[e]s.] (D) (contient les §1-415 de l'éd.; volé, un film subsiste), non utilisé Baltimore Walters Art Museum W.132 (anc. Ashburnham Barrois 234) [4[e]q. 13[e]s.] (éd. A: B), Barcelona Arch. Cor. Arag. Reales 3344 [prob. Cat. fin 13[e]s.] (éd. A: Bc); p. p. H. de Curzon, *La Règle du Temple*, Paris 1886 (Soc. de l'Hist. de Fr.). Cp. M. Dessubré, *Bibliographie de l'ordre des Templiers (imprimés et manuscrits)*, Paris 1928 (réimpr. Nieuwkoop, B. de Graaf, 1966); suite: H. Neu, *Bibliographie des Templer-Ordens 1927 – 1965 mit Ergänzungen zur Bibl. von M. Dessubré*, Bonn (Wiss. Archiv) 1965.

RègleTempleCe id.; ms. de base Baltimore (B), var. de P et R; p. p. S. Cerrini, *Une expérience neuve au sein de la spiritualité médiévale: l'ordre du Temple. Étude et édition des règles latine et française*, 2 vol., thèse Paris-Sorbonne 1997, non imprimée. Texte fr. 1,245-313; concord. avec l'éd. C 1,148-150.

RègleTempleM id.; ms. Dijon, complété par BN; p. p. C. H. Maillard de Chambure, *Règles et statuts secrets des Templiers*, Paris (Brockhaus & Avenarius) 1840.

RègleTemplePA id.; ms. de base BN fr. 1977 [3[e]q. 13[e]s.] (P), les autres en var. ou pour les supplém. (p.ex. p. 228: ms. Bc); p. p. G. Amatuccio, *Il corpus normativo templare*, Galatina (Congedo) 2009. Malheureusement autre numérotation que l'éd. C (même ms.). Pour connaître les lieux et cotes des mss. v. p. 460 (manquent dans les descr. p. VIIIss.!); en partie sans datations.

RégnierMorvan Claude Régnier, *Les parlers du Morvan*, 3 vol., Château-Chinon (Acad. du Morvan) 1979.

RegrSLouisM *Les Regrés de la mort de s. Loys*, poème de quatrains d'alex. monorimes; 1270 ou peu après; ms. BN fr. 837 [frc. 4^{e}q. 13^{e}s.] f°340-341; p. dans → JoinvM, 4^{e}éd. 1871, 2,317-326.

RegulaGramm M. Regula, *Historische Grammatik des Französischen*, 3 vol., Heidelberg (Winter) 1955-1966; [= TL Regula Hist. frz. Grammatik].

ReiEnglF Chronique agn. très abrégée en prose, allant des cinq royaumes à 1216 (dans la plupart des mss. sont rajoutées de très courtes continuations jusqu'en 1307, Cambr. Corp. Chr. 53 jusqu'en 1399; → Brutus en forme le prol. dans plusieurs mss.), l'attribution à Peter of Ickham est erronée, v. éd. p. 11, incipit: *Jadis al tens des Engleis suleit*, explic.: *puis morust e gist a Wirecestre*; agn. 1216 (ou peu après); ms. de base BL Cotton Caligula A.IX [agn. 3^{e}q. 13^{e}s.] f°229^v-232^v, en var. tous les mss. qui contiennent aussi → BrutusF, sauf Cambridge Trinity Coll. R.14.7, de plus BL Cotton Galba E.III [agn. ca. 1274], non utilisé: Cambridge Univ. Ee.I.1 [agn. déb. 14^{e}s.] (v. → ReiEnglT) et Cologny Bodmer 67 (anc. Marske Hall D'Arcy Hutton) [agn. 2^{e}m. 13^{e}s.] (anc. D'Arcy Hutton; va jusqu'en 1216, cp. VielliardBodmer p. 31), autres mss. v. Dean; p. p. C. Foltys, dans → BrutusF, p. 57-111 (continuations p. 112-114); [= TL Brutus; Dean 13; cp. Vising 298 et WoC 22, où tout est à corriger]. Les liens avec les textes généalogiques réunis sous Dean 6 sont complexes; cf. aussi le ms. Berlin Staatsbibl. Hdschr. 343 (anc. Cheltenham Phillipps 32043 et 32105) [I: agn. 4^{e}q. 13^{e}s.].

ReiEnglB id.; ms. Kew NA E 164/24 (anc. London P.R.O.) [agn. ca. 1300] f°37-41; p. p. J. S. Brewer, dans → BrutusB, p. 51-58 (continuation p. 58-59).

ReiEnglG id.; édition mixte basée sur plusieurs mss., le texte forme la deuxième partie de ce que l'éd. appelle «Le Livere de Reis de Brittanie» (première partie: → BrutusG); p. p. J. Glover, dans → BrutusG, p. 8 l. 17 - p. 30; [= AND Reis Britt; cp. Dean 13].

ReiEnglK id.; ms. BL Cotton Caligula A. IX [2^{e}q. 13^{e}s.]; p.p. J. Koch, "Li Rei de Engleterre. Ein anglo-normannischer Geschichtsauszug", dans *Festschrift zu dem fünfzigjährigen Jubiläum des Dorotheenstädtischen Realgymnasiums zu Berlin*, Berlin 1886, 31 pages, texte p. 12-23, continuation p. 24-25; [= TL Rei de Engl.; AND Reis Engl; Vising 298].

ReiEnglT id.; ms. Cambridge Univ. Ee. I. 1 [déb. 14^{e}s.] f°9v°-12r°; p.p. D.B. Tyson, "An early French prose history of the Kings of England", *R* 96 (1975) 13-19 (l. 160-379; continuation l. 380-394; l. 1-159 = → Tripartita^{3}T); [= Dean 13; Boss^2 6184].

ReidFabl T. B. W. Reid, *Twelve fabliaux from ms. f. fr. 19152 of the Bibliothèque nationale*, Manchester (Univ. Pr.) 1958. Contient → VilAsnierR, PreudomeR, ProvoireR, TrescesRe, AubereeR, etc.

ReiffenbergMon F. A. F. T. de Reiffenberg, *Monuments pour servir à l'histoire des provinces de Namur, de Hainaut et de Luxembourg*, 8 vol., Bruxelles (Hayez) 1844-1874. T. 1 et 3 = → CartHain (t. 3 p. p. L. Devillers); t. 7 → GilChinR; t. 8 → ChronFloreffeR.

ReinschEvang R. Reinsch, *Die Pseudo-Evangelien von Jesu und Maria's Kindheit*, Halle (Niemeyer) 1879; [= TL Reinsch KE]. Contient des extraits de → HermVal ms. BN fr. 1444, → NatNDBNfr818R p. 21-25, de SGraal-IIJos (v. 27-80) p. 25-27, GuillJoies p. 28-31, CoincyNatND p. 31-37, CoincyNatJesu p. 37-40, CoincyDent p. 40-42, SFanuel p. 43-74, MarNDR p. 78-89, un texte en prose, *Les anfances Nostre Dame*, BN fr. 1553 [pic. 1285 n.st.] f°271v°-285v°, qqs. lignes citées, p. 91-92, nombre de remarques sur d'autres textes (fr., occ., it., esp., all., néerl., dan., suéd., angl.). Le Protévangile de Jacques lat., ms. Bodmer, se lit dans l'éd. E. De Strycker, Bruxelles 1961.

RemAWall L. Remacle, *Le problème de l'ancien wallon*, Liège 1948 (Bibl. Fac. de Phil. et Lettres Univ. Liège 109); [= FEW RemAW; TL Remacle Wallon].

RemBelg L. Remacle, *La différenciation dialectale en Belgique romane avant 1600*, Liège (Fac. Phil., distr. Droz, Genève) 1992.

RemDoc L. Remacle, *Documents lexicaux extraits des archives de Stoument, Rahier et Francorchamps*, Paris (Les Belles Lettres) 1972.

RemEt L. Remacle, *Etymologie et phonétique wallonnes. Questions diverses*, Liège (Fac. de Phil.; diffusion Droz, Genève) 1997.

RemMM L. Remacle, *La différenciation des géminées mm, nn en mb, nd*, Paris (Les Belles Lettres) 1984.

RemPorte L. Remacle, *Les noms du porte-seaux en Belgique romane. Le terme liégeois* hârkê, Liège (Musée wall.) 1968.

RemRoanne L. Remacle, *Documents lexicaux extraits des archives scabinales de Roanne –*

RemRoanne

La Gleize, 1492-1794, Paris (Les Belles Lettres) 1967.

RemigereauVén F. Remigereau, *Recherches sur la langue de la vénerie et l'influence de Du Fouilloux dans la littérature et la lexicographie*, Paris (Les Belles Lettres) 1963 (Publ. Fac. Lettres Strasb. 142). Concerne → DuFouillVén, mais cite aussi d'autres sources afr. (→ Chace et Twiti notamment) et mfr.

Ren *Roman de Renart*, collection d'épisodes (branches) allégoriques, centrée sur le personnage du renard (*goupil*) rusé, s'opposant de façon parodique au roman courtois, en vers octosyll.; trois familles de mss.: α, β et γ; numérotation des branches d'après RenM (α); datations: 'tronc primitif' par Pierre de Saint-Cloud (norm.): branches II + Va prob. 1186; premières contin.: XV + V + III (norm.) + IV 1186 (-1187), I prob. 1186, X ca. 1187, VI ca. 1189; réécritures et compléments: XIV prob. 1192, VIII ca. 1193, Ia ca. 1194, Ib ca. 1195, XII ca. 1196, VII (1196-) 1197, IX 1198-1200, XI ca. 1200, XVI peu après 1200, XVII ca. 1204; additions tardives: XIII, XVIII-XXVI 1^{e}m. 13^{e}s. (après 1205), XXVII francoit. fin 13^{e}s. Titres des branches selon Martin: I Le jugement, Ia Le siège de Maupertuis, Ib Renart teinturier, II Chantecler, III Les poissons, IV Le puits, V Le jambon, Va Le serment de Renart, VI Le combat judiciaire, VII La confession de Renart, VIII Renart pélerin, IX Liétart, X Renart médecin, XI Renart empereur, XII Renart et Tibert, XIII Renart le noir, XIV Primaut, XV Renart et Tibert / l'andouille, XVI Le partage du lion, XVII La mort de Renart, XVIII Le prêtre Martin, XIX La jument, XX Les béliers, XXI Patous l'ours, XXII Les semailles, XXIII Le mariage du lion, XXIV Création du loup et du renard, XXV Pinçart le héron, XXVI L'andouille jouée aux marelles, XXVII Rainardo e Lesengrino. – Mss.: BN fr. 20043 [pic.-norm. 2^{e}m. 13^{e}s.] (A), Oxford Bodl. Douce 360 (anc. La Vallière 2717) [frc. 1339] (D), Vat. Reg. lat. 1699 [3^{e}q. 14^{e}s.] (N, n), en var. BN fr. 371 (anc. Cangé 68) [Est 2^{e}m. 13^{e}s.] (B), BN fr. 1579 [bourg. ca. 1300] (C), BL Add. 15229 [frc. ca. 1400] (E), New York Pierpont Morgan Libr. M.932 (anc. Cheltenham Phillipps 3634) [ca. 1500] copie de E, BN fr. 1580 [fin 14^{e}s.] (G), Ars. 3334 [pic. fin 13^{e}s.] (H), Chantilly Musée Condé 472 (626) [hain. 3^{e}t. 13^{e}s.] (K), Ars. 3335 [mil. 14^{e}s.] (L), Torino Bibl. naz. Varia 151 [déb. 14^{e}s.] (M), BN fr. 12583 [Est déb. 14^{e}s.] (O) var. complètes dans H. Büttner Die Überlieferung 1891, BN fr. 12584 (anc. Suppl. fr. 98. 14) [N.-E. 1^{e}m. 14^{e}s.] (I) 'orthographe latinisant', mss. incomplets BN nfr. 10035 (anc. Ashburnham Barrois 242) [13^{e}s.] (a), BN fr. 837 [frc. 4^{e}q. 13^{e}s.] (b), BN fr. 25545 [ca. 1325] (c), Roma Bibl. Casanatense 1598 (B.III.18) [14^{e}s.] (d), Saint-Omer auj. non identifiable et p.-ê. inexistant [13^{e}s.] (e) Br. X 1327 ss., Bruxelles Bibl. roy. II 139/2 [13^{e}s.] (h) Br. XI 857-965, mss. partiels assez variants BN fr. 1588 [Arras ca. 1300, ajout mil. 15^{e}s.] (f) Br. XIII 1-24, Oxford Bodl. Canonici Ital. 48 [It. 2^{e}m. 14^{e}s.] (g) RenXXVIIo, Udine Bibl. Arcivesc. lat. XIII 4° [It. 2^{e}m. 14^{e}s.] (i) RenXXVIIu, autres fragments Angers Arch. dép. 3.F.6/1 [déb. 15^{e}s.] (k) fragm. de XI (partiellement impr. R 34,455-457; complet: Fukumoto, en ligne: hdl.handle.net/10911/1019), Saluzzo Arch. stor. [1^{er}t. 14^{e}s.?] (l) fragm. Br. II 416-, XV, XIV - 50ca. (impr. dans Piccolo archivio stor. dell'antico marchesato di Saluzzo 2, 1903-05, 176-195, ms. sans cote), Ste-Gen. 257 (??) [15^{e}s., garde de la fin déb. 14^{e}s.] (m) fragm. Br. II et XIX (impr. R 35,54-57), BN nfr. 5237 [rec. fact., 11-13bis: 2^{e}m. 13^{e}s.] (o) fragm. Br. I, Ia, Ib, VII (impr. R 39,36-41), Bruxelles Bibl. roy. II 6336 [fin 13^{e}s.] (p) fragm. Br. VIII, Bruxelles Bibl. roy. II 852/4 [?] (q) fragm. Br. VIII et XIII, Bruxelles Bibl. roy. II 139/9 [?] (r) fragm. Br. II 843-961 et XXI 37-160, Siena Bibl. Com. K.IV.50 [13^{e}s.] (s) fragm. II, III et IV, Hiroshima Univ. [?] (t), – mss. groupés en trois familles: α (essentiellement ADENFG), β (BKLabcdehq) et γ (CM), HIO étant composites. – Lire Zufferey RLiR 75,127-189; R 130,1-39.

RenM id., éd. basée sur des mss. de la famille α; ms. de base BN fr. 20043 [pic.-norm. 2^{e}m. 13^{e}s.] (A), pour les parties absentes de A, c'est Oxford Bodl. Douce 360 (anc. La Vallière 2717) [frc. 1339] (D), pour br. XV-XVII Vat. Reg. lat. 1699 [3^{e}q. 14^{e}s.] (N et n); p. p. E. Martin, *Le roman de Renart*, 3 vol., Strasbourg (Trübner) 1882-1887; [= TL Ren. et Ren. M; FEW Renart]. Leçons rejetées du ms. de base dans l'apparat de bas de page, à confronter avec les var. des autres mss. se trouvant au t. 3; des renvois à des groupes de mss. ne signifient pas identité des leçons individuelles; errata: 3,607-611. Les *Observations sur le Roman de Renart suivies d'une Table alphabétique des noms propres. Supplément*, 1887, 121 pages, se trouve parfois sous une seule couverture avec le t.3. Concordances avec les éd. Méon et R ici, en appendice.

RenB id., extraits; p. p. H. Breuer, *Roman de Renart (einschließlich der franko-italienischen Branche), in Auswahl*, Halle (Niemeyer) 1929 (Samml. Roman. Übungstexte 17); [= TL Renart Br].

RenChab id.; p. p. P. Chabaille, *Le roman du Renart. Supplément*, Paris (Silvestre) 1835; [= TL Ren. Suppl.]. Matériaux supplémentaires, var. et textes, à → RenMéon, en partie tirés du ms. Ars. 3335 (anc. 195 C) [mil. 14^{e}s.] et Ars. 3334 (anc. 195 B) [pic. fin 13^{e}s.]: p. 1-12, I. *Si comme Renars menja dant Pinçart le Hairon* (= Martin Br. XXV); p. 13-18 II. *De l'Andoille qui fu juye es marelles* (= Br. XXVI); p. 19-30, III. *Renars mestres de l'ostel le Roy* (= JCondS 3,2, 62-72, 441-754);

p. 31-37, IV. = RutebRenC; p. 39-54, V. = RenPiaud[L]; p. 379-389, VI. RenHermite[M]; le reste donne des var. et compléments à Ren.

RenD id.; réédition de → RenM (branches I-V, VIII, X, XV), sans considération des leçons du ms. de base notées par Martin, p. p. J. Dufournet, *Le Roman de Renard*, Paris (Garnier-Flammarion) 1970; [= TL Ren. D]. Inutilisable.

RenD² id.; branches I-X, XIV-XVI, avec traduction, p. p. J. Dufournet – A. Méline, *Le Roman de Renart*, 2 vol., Paris (Garnier-Flammarion) 1985. Aussi inutilisable.

RenMéon id., en principe famille γ, sutout ms. C, mais aussi d'autres mss.; ms. de base BN fr. 1579 [bourg. ca. 1300] (C), corr. à l'aide du ms. BN fr. 12583 [Est déb. 14ᵉs.] (O, cf. RenM 3,viii) et d'autres; p. p. D. M. Méon, *Le roman du Renart*, 4 vol., Paris (Treuttel et Würtz) 1826; [= TL Ren.]. À remplacer par RenγF etc. (Fukumoto et al.). Concordance avec l'éd. M ici, en appendice. Le t. 4 contient → CourRenM (p. 1-123) et RenNouvM (p. 125-461). Supplément: → RenChab.

RenR id., éd. basée sur des mss. de la famille β; ms. de base BN fr. 371 [Est 2ᵉm. 13ᵉs.] (B), peu de corrections d'après H, L; p. p. M. Roques, *Le Roman de Renart*, 6 vol., Paris (Champion) 1948-1960 (CFMA 78,79,81,85,88,90), complété par → RenβXXL; [= TL Ren. R]. Br. I = éd. M (famille α) I, Ia, Ib, II = IV, III = II début et XXIV, IIIa = II suite, IIIb = XV début, IV = XV suite, V = XX, VI = XXI, VII = II (844-1026), VIIa = II (1207-1390), VIIb = Va (258-1145), VIII = VI, IX = VIII (Pelerinage Renart), X = IX, XII = III (1-510), XIII = XXII (1-722), XIV = VII (1-844), XV = XVIII (1-138), XVI = XIX (1-90), XVII = V (1-246) et Va (247-255), XVIII = XVI, XIX = X, XX = XI. Errata au t. 1, v. R 70,533-536. Les registres onomasiologiques ne se recoupent pas nécessairement avec les glossaires (réduits). Concordance des éd. M et R ici, en appendice. – Concordancier des br. X et XI p. p. G. Gonfroy, Limoges (Univ., TELMOO) 1989.

RenHS id., version du ms. Ars. 3334 [pic. fin 13ᵉs.] (H), composite, bien que proche de la famille γ mais aussi de α et de β, dépendant des branches, en var. BN fr. 1579 [bourg. ca. 1300] (C, ms. de base de RenγF/F²) et BN fr. 371 [Est 2ᵉm. 13ᵉs.] (B, base de RenR), mss. de base de certaines branches: Vat. Reg. lat. 1699 [3ᵉq. 14ᵉs.] (N), Ars. 3335 [mil. 14ᵉs.] (L) et Torino Bibl. naz. Misc. 151 [déb. 14ᵉs.] (M), en var. aussi BN fr. 20043 [pic.-norm. 2ᵉm. 13ᵉs.] (A); p. p. A. Strubel et al., *Le Roman de Renart*, s. l. [Paris] (Gallimard) 1998 (Pléiade). Contient, aux p. 841-911, d'autres écrits renardiens: PhNovMémM (reprod. d'éd.!), MenReims, RutebRen,Ruteb Brichemer [p. 1420,-3: C *pou*, pas *po*, RutebF], CourRen, JCond, QueueRen.

RenoB id., version du ms. O (style Martin), mixte (se sert des trois familles isolées par les chercheurs); ms. BN fr. 12583 [Est déb. 14ᵉs.] (O), en var. apparemment A, B, C, H, parfois D et M; p. p. A. Barre, *Le roman de Renart*, Berlin (de Gruyter) 2010 (ZrP-Beih. 356). Sans reprod. d'une page du ms. Bibliographie 10.3.1 lamentable.

RenXXVIIo/uL id., branche XXVII imitant la branche I; francoit. fin 13ᵉs. (avant 1303); ms. Oxford Bodl. Canonici Ital. 48 [It. 2ᵉm. 14ᵉs.] ('O', = ms. *g* chez Martin), Udine Bibl. Arcivesc. lat. XIII 4º [It. 2ᵉm. 14ᵉs.] ('U', = ms. *i* chez Martin); p. p. A. Lomazzi, *Rainaldo e Lesengrino*, Firenze (Olschki) 1972. Textes p. 156-182, col. droites: O, col. gauches: U.

RenXXVIIo/uM id.; p. dans → RenM t. 2 p. 358-380 [col. droites: U, col. gauches: O].

RenXXVIIoT id.; ms. O p. p. E. Teza, *Rainardo e Lesengrino*, Pisa (Nistri) 1869.

RenXXVIIuP id.; ms. U p. p. R. Putelli, "Un nuovo testo veneto del Renard", *Giornale di Filologia romanza* 2 (1879) 153-173.

RenβIIF id., famille β, branche II; vers 1-29 et 552-554 et 600-2167 imprimés d'après → RenR, 2168-2296 [= α] d'après → RenM par A. M. Finoli, *Il Roman de Renart di Pierre de Saint-Cloud*, Milano (Cisalpino) 1957. Inutile.

RenβXXL id., famille β, branche XX (= α XI) suite à RenR; p. p. F. Lecoy, *Le Roman de Renart. Branche XX et dernière: Renart Empereur*, Paris (Champion) 1999 (CFMA 132).

RenγF id., famille γ qui réarrange le texte et qui introduit qqs. vers supplém. et des modifications mineures; ms. de base C, en var. M; p. p. N. Fukumoto, *Le roman de Renart, Branche I et Ia éditées d'après les manuscrits C et M*, Tokyo (France Tosho) 1974; *Branche Ib*, Univ. Soka, Tokyo, Bull. Fac. Lettres 5,1, 1975, 69-87; *Branche Ib, Notes et études*, ib. Bull. de l'Univ. 5, 1981, 71-98; *Branche XVI, Notes et études*, ib., Bull. Fac. Lettres 5,2, 1975, 21-46; *Branche XVI, Notes et études*, ib. Bull. Univ. 6, 1982, 39-55; *Branches XV2, XX, XXI, II5, XVIII, XIX, II3, V*, ib., Bull. Univ. 1, 1977,2, 175-212, *Branches IV, VII, VIII*, ib. Bull. Univ. 2, 1978, *Branches VI, XXII*, ib. Bull. Univ. 3, 1979, *Branche XI*, Bull. Univ. 4, 1980; [= TL Ren. F].

RenγF² id., famille γ, ms. de base C, en var. M; p. p. N. Fukumoto – N. Harano – S. Suzuki, *Le Roman de Renart édité d'après les manuscrits C*

RenγF²

et M, 2 vol., Tokyo (France Tosho) 1983-1985; [= TL Ren. FHS]. – Concordance des formes de mots, sans lemmatisation ou autre travail lexicologique, p. p. N. Harano et Sh. Shigemi, Hiroshima 2001, v. RLiR 65 (2001) 283.

RenγH id., branche IX; p. p. N. Harano, *Le Roman de Renart, Branche IX éditée d'après les manuscrits C et M*, Hiroshima (Bunkahyôron) 1972.

RenγL id., famille γ, ms. M, branches II et Va; ms. Torino Bibl. naz. Misc. 151 [déb. 14ᵉs.] (M), en var. ms. C et N (fam. α, en partie γ : = 'n'); p. p. R. A. Lodge – K. Varty, *The earliest Branches of the Roman de Renart*, Louvain (Peeters) 2001 (Synthema 1). C.r. T. Matsumura ZrP 119,163-166.

RenAndJ Renaud d'Andon, *Le contenz dou monde*, poème satirique en quatrains d'alex. (incomplet du début); orl. 2ᵉm. 13ᵉs.; ms. unique et incomplet BN fr. 1593 [frc., faibles traits lorr. fin 13ᵉs.]; p. p. T. Atkinson Jenkins, "Le contenz dou monde by Renaud d'Andon", → MélElliott 1, 53-79; [= TL Contenz d. m.; Boss 2749]. Cité par Gdf comme Contempts dou monde.

RenBeaujBelF Renaut de Beaujeu, *Le Bel Descouneü*, conte courtois en vers octosyll.; traits bourg. et pic. (?), ca. 1200; ms. unique Chantilly Musée Condé 472 (626) [hain. 3ᵉt. 13ᵉs.]; p. p. K. Fresco, *Renaut de Bâgé. Le bel inconnu*, New-York – London (Garland) 1992 (Garl. Libr. A 77). Avec trad. par C. P. Donagher. Sans glossaire.

RenBeaujBelW¹ id.; p. p. G. P. Williams, *Li biaus descouneüs de Renaud de Beaujeu*, thèse Paris, Oxford (Fox & Jones) 1915; [= TL Biaus Desc.].

RenBeaujBelW² id.; p. p. G. P. Williams, *Renaut de Beaujeu, Le bel inconnu*, Paris (Champion) 1929 (CFMA 38); [= TL Bel Inconnu; FEW RenBeauj]. Plus de 200 erreurs selon Corley Mél-Holden 12.

RenBeaujBelP id.; réimpression de l'éd. W² qui incorpore les errata de cette éd., p. p. M. Perret, *Renaud de Beaujeu, Le Bel Inconnu*, Paris (Champion) 2003 (CCMA 4), avec une trad. Cf. le c.r. de T. Matsumura, ZrP 121 (2005) 162-163.

RenBeaujBelH id.; p. p. C. Hippeau, *Le bel inconnu ou Giglain... par Renauld de Beaujeu*, Paris (Aubry) 1860; [= TL Bel Desc.].

RenBeaujIgnL id., Le lai d'Ignaure ou Le lai du prisonnier, conte courtois, vers octosyll.; traits bourg. et pic., ca. 1200; ms. unique BN fr. 1553 [pic. 1285 n.st.]; p. p. R. Lejeune, *Renaut [de Beaujeu], Le lai d'Ignaure ou le lai du Prisonnier*, Bruxelles (Palais des Acad.) – Liège (Vaillant-Carmanne) 1938 (Ac. roy. Textes anc. 3); [= TL Ignaur. L; FEW RenBeaujIgn].

RenBeaujIgnD id.; p. p. N. E. Dubin, *The parodic lays*, thèse Washington 1974; [= Boss² 2839].

RenBeaujIgnM id.; p. p. F. Michel – L. J. N. Monmerqué, *Lai d'Ignaurès... par Renaut, suivi des lais de Mélion et du Trot*, Paris (Silvestre) 1832, texte p. 5-30; [= TL Ignaur.]. Contient aussi → MelionM et TrotM.

RenContrR *Renart le contrefait*, œuvre moralisante qui se vêt sous forme de 'Roman de Renard' (incluant, comme branche II un récit sur Alexandre le Grand), par un clerc et apothicaire ou épicier de Troyes, seconde rédaction: 'B' qui modifie le texte ('A', → RenContr¹) constamment et qui supprime quelques parties et en ajoute (bilan: 9000 vers octosyll. de plus et des parties en prose supplémentaires); champ.mérid. ca. 1342 (1328-ca. 1342); ms. unique, 1ᵉʳ vol.: Wien 2562 [fin 15ᵉs.] (B¹), copie mod. BN fr. 369 [19ᵉs.?] (B²), 2ᵉ vol.: BN fr. 370 [fin 15ᵉs.]; p. p. G. Raynaud – H. Lemaître, *Le roman de Renart le Contrefait*, 2 vol., Paris (Champion) 1914 (réimpr. Genève, Slatkine, 1975); [= TL Ren. Contref. Rayn.; FEW Renart-Contr; Boss 5469; Hol 2233]. Le texte cite des textes tel que MorPhil, BrunLat etc. L'éd. contient aussi des extraits de → RenContr¹.

RenContrW id., premier vol.: ms. Wien; p. p. F. J. Wolf, *Le roman de Renart le Contrefait*, Wien (Gerold) 1861.

RenContr¹R id., première réd.: 'A', ca. 32000 vers octosyll.; champ.mérid. 1322 (1319-1322); ms. BN fr. 1630 [2ᵉq. 14ᵉs.] (A); inédit dans l'ensemble; extraits dans → RenContrR parmi les 'Notes et Var.' (A, cité selon t. et p.) et parmi les leçons rejetées. [f° 14 r°b = ms. B f° 13 v°ab.]

RenContr¹H id., section traitant d'Alexandre (basée sur l'Historia de Preliis, peu sur AlexPar), 6561 vers; p. p. J. Harper, *A critical edition and study of the Alexander text in the first version (Bibl. Nat. Fr. 1630) of Renart le Contrefait*, thèse Univ. of London, Birkbeck Coll., 1978; [= Klapp 18, 1980, 2204]. Vers 1 = 9291 de RenContrR; v. 6549 = 17258.

RenContr¹T id.; extraits, p. p. P. Tarbé, *Le roman du Renard contrefait par le clerc de Troyes*, Reims (Regnier) 1851 (Coll. Poètes de Champ. 13); [= TL Ren. Contref.].

RenHermiteM *La vie du saint hermite Regnart*, fable; 13ᵉs. (?); ms. unique BN fr. 2458 [14ᵉs.] f°80v°-86v°; p. p. E. Martin, "Eine Renartfabel", ZrP 6 (1882) 347-351; [= TL Fabel Ztschr.].

RenHermiteC id.; p. dans → RenChab 379-389.

RenMont *Renaut de Montauban* (ou *Quatre Fils Aymon*, titre qui dénomme aussi le cycle entier, avec → Mabrien, Maugis, VivMonbranc, etc.), chanson de geste en laisses assonancées (en partie rimées). – La version prob. originale est représentée par D (assez archaïque), P et A, ca. 1195? Les mss. présentent des différences importantes (entre 14000 et 28000 vers!, les proses encore plus volumineuses), de sorte que la date de ms. doit souvent remplacer la date supposée de rédaction (v. → RenMontArdT p. 190-192); mss. (sigles d'après Thomas qui a modifié, malheureusement et inutilement, le système de Castets et des thèses de Greifswald): Oxford Bodl. Douce 121 (21695) [2^{e}q. 13^{e}s.] (D), Cambridge Peterhouse Coll. 2.O.5 [pic. fin 13^{e}s.] (P), Oxford Bodl. Hatton 59 [1^{e}m. 13^{e}s.] (H) incomplet, Metz 192 [13^{e}s.] (Z) détruit par la guerre, Oxford Bodl. Laud Misc. 637 (1592) [1e partie 1333] (O) f°2r°-67v°, Ars. 2990 [ca. 1400] (A), Montpellier Ec. de Méd. 247 [pic. 2^{e}m. 14^{e}s.] (M), BN fr. 766 [pic.? ca. 1300] (N), BN fr. 775 [1^{e}m. 14^{e}s.] (C), BN fr. 24387 [traits pic. fin 13^{e}s.] (L), Venezia Marc. fr. XVI [It. ca. 1395] (V). – Version rimée: BN fr. 764 [ca. 1440] (R) et BL Roy. 16 G.II [ca. 1445] (B) (deux parties en vers, une en prose). Versions en prose v. → RenMontPr$^{1/2}$. – Une version différente, mais assez ancienne est donnée par Z et M (prob. abrégé de Z), 1^{e}m. 13^{e}s. (?). – Une version encore différente est dans O, 2^{e}m. 13^{e}s. (?) (qqs. points communs avec V qui est du reste à considérer comme version différente, francoit. 1^{e}m. 14^{e}s.?). – Version de 2^{e}m. 13^{e}s. (?): ms. L. Un remaniement, en partie proche de L est donné par N et C, 2^{e}m. 13^{e}s. (?). Nouvelle rédaction de 1^{e}m. 15^{e}s., rimée, dans B (2 fragm. rimés plus un morceau en prose) et R (début et fin du cycle omis). À analyser: ms. Brunswick Me. Bowdoin Coll. R463 f° (M194, anc. Livingston) [ca. 1330] fragm. – RenMontArd est un épisode du même texte. Cf. les bibl. de Verelst dans *RomGand* 18 (1981) 199-234, → RenMontRV 23-29, et *Olifant* 12,2 (1987) 125-144.

RenMontAS id.; [ca. 1195?]; ms. de base A (ca. 1400), en var. C, N, V, P, D; partie correspondante à → RenMontLC 12588-13102 (totalement différent) p. p. L. Seeger, *Der Anfang des Teiles IV der Chanson von 'Renaut de Montauban' nach den Hss. ABCVPD (entsprechend L 12588-13102 oder Michelant S. 331-344)*, thèse Greifswald 1913; [= Boss 669].

RenMontBT id., version des mss. R et B; 1^{e}m. 15^{e}s.; premier fragment du ms. B (correspondant à R, v. 1-584) p. dans → RenMontArdT pages paires 368-410 (ms. R en face).

RenMontBV id., deuxième fragment en vers du ms. B (sans correspondance dans R, sauf allusion v. 28316-23, mais correspondant à une partie de la version en prose: IV 34-43 et V 1); p. p. P. Verelst, *Renaut de Montauban. Deuxième fragment rimé du manuscrit de Londres, British Library, Royal 16 G II (B)*, Gent 1988 (Rom. Gand. 21).

RenMontCK id., version du ms. C (1^{e}m. 14^{e}s.), plus proche de l'orig. que L; 2^{e}m. 13^{e}s.?; variantes de C et N pour → RenMontLC 1-1260 données aux p. 22-39; la suite du texte de C (avec var. de N), correspondante à → RenMontLC 1261-1988 (totalement différent) est donnée aux p. 44-73; une partie du texte de N (avec var. de P et V), correspondante à → RenMontLC 4657 – après 4968 (cp. concordance approximative dans l'éd. p. 118); p. p. M. Kaprolat, *Beuves d'Aigremont nach BC und die Rennenepisode des Renaut de Montauban nach C (PV)*, thèse Greifswald 1914.

RenMontDT id., version du ms. D (2^{e}q. 13^{e}s.), proche de l'original; ca. 1195 (?); p. p. J. Thomas, *Renaut de Montauban*, Genève (Droz) 1989 (T. L. F. 371); [= TL RMont. T]. Version dérimée → RenMontPrD.

RenMontGJ id.; fragm. Toulouse (introuvable dans les bibl. publ., collect. partic.?) [pic. ca. 1300], correspondant en gros à RenMontLCM p. 165-168; p. p. A. Jeanroy, "Un manuscrit fragmentaire de Renaut de Montauban", *RLaR* 51 (1908) 241-262.

RenMontH^{2}E id.; ms. H f°11r°-52v°; p. p. W. Erdmann, *Fragment II der Oxforder Renaut-Handschrift Hatton 59. Die an den Verrat der Haimonskinder bei Valkulur sich anschliessenden Scenen*, thèse Greifswald 1913.

RenMontH^{3}M id.; ms. H f°52v°-70r°; p. p. J. C. Matthes, "Die Oxforter Renaushandschrift, Ms. Hatton. 42. Bodl. 59, und ihre Bedeutung für die Renaussage", *JREL* 15 [n. F. III] (1876) 1-32.

RenMontLC id. (texte souvent très éloigné de l'orig.); pic. 2^{e}m. 13^{e}s.?; ms. de base L (2^{e}m. 13^{e}s.); p. en entier par F. Castets, *La Chanson des Quatre Fils Aymon*, Montpellier (Coulet) 1909; [= TL Quatre Fils Aymon; Boss 668; Hol 721]. Réunit dans cette publication l'éd. publiée antérieurement dans *RLaR* 49 (1906) 97-219; 369-426; 50 (1907) 97-182; 216-221; 345-533; 51 (1908) 67-96; 143-216; 289-371; 407-447; 490-504; 52 (1909) 16-77; 130-162; 193-423. Donne en marge la concordance avec → RenMontLCM. Le DEAF utilise G. Maschinot, *Glossaire de la Chanson des Quatre fils Aymon*, Paris (Rev. Mod. des Arts et de la Vie) 1939, basé sur l'éd. Castets; [= Boss 678]. Concordance avec l'éd. T ici, en appendice.

RenMontLT id.; début p. p. P. Tarbé, *Le Roman des Quatre Fils Aymon, princes des Ardennes*,

RenMontLT

Reims (Dubois) 1861. Concordance avec l'éd. C ici, en appendice.

RenMontLCM id.; éd. basée pour la plus grande partie (p. 1-410,2) sur L (2ᵉm. 13ᵉs.), pour la fin (p. 410,3-457) sur C (1ᵉm. 14ᵉs.), p. p. H. Michelant, *Renaus de Montauban oder die Haimonskinder*, Stuttgart (Litt. Verein) 1862 (réimpr. Amsterdam, Rodopi, 1966); [= Boss 667; TL RMont.; FEW RenMont]. Texte très corrigé sans justification, préférer → RenMontLC (qui donne en marge la concordance). Concordance avec → RenMontArdLT (à préférer) ici, en appendice.

RenMontMC id.; 977 vers d'après le ms. M (f°221-225) p. p. F. Castets, "Recherches sur les rapports des chansons de geste et de l'épopée chevaleresque italienne", *RLaR* 27 [3ᵉsér., 13] (1885) 5-42, texte p. 15-42. Aussi dans l'extrait, Paris (Maisonneuve & Leclerc) 1887, 11-38.

RenMontNSi id., version du ms. N (ca. 1300), plus proche de l'orig. que L; 2ᵉm. 13ᵉs.?; partie correspondante à → RenMontLC 13101-14530 (totalement différent) publiée avec des var. des mss. V, C et D par K. Simon, *Die Chanson de Renaut de Montauban IV, 2 nach den Hss. CVBD*, thèse Greifswald 1915.

RenMontNSt id.; partie correspondante à → RenMontLC 14531-15601 (totalement différent), avec des var. des mss. V, C, et D, p. p. E. Stengel – G. Moldenhauer, "Die Chanson de Renaut de Montauban IV, 3", *ZrP* 45 (1925) 676-711; [= Boss 670]. Complément p. p. G. Moldenhauer, *ZrP* 49 (1929) 87-96.

RenMontOQ id., version assez indépendante du ms. O daté de 1333 (qqs. points communs avec ms. V); 2ᵉm. 13ᵉs. (?); début de la chanson, correspondant à → RenMontLC 1-1988 et à RenMontVT, p. p. F. Quegwer, *Der erste Teil der Chanson der IIII Fils Aymon nach der Oxforder Handschrift Laud 637*, thèse Greifswald 1914. Concordance avec RenMontVT en marge.

RenMontPT id., version des mss. D, P, A, assez proche de l'original; base ms. P (fin 13ᵉs.), en var. mss. A et D; ca. 1195 (?); partie correspondante à → RenMontLC 1018-1987 (totalement différent) et à → RenMontZG, p. p. J. Theel, *Der zweite Teil des Buef d'Aigremont (Streit zwischen Renaut und Bertolais) nach den Hss. P, A, D der Quatre Fils Aimon*, thèse Greifswald 1914.

RenMontRB id., version rimée des mss. R et B; 1ᵉm. 15ᵉs.; ms. utilisé R (ca. 1440); p. dans → FerabrasB p. I-XII; [= TL Haimonsk.]. Concordance avec → RenMontArdRT: B v. 1-322 = T v. 1-323, 323-357 = 474-536, 358-377 = 565-584, 378-390 = 1027-1039, 391-403 = 1390-1402, 404-409 = 1412-1417, 410-436 = 1446-1472, 427-449 = 1506-1518, 450-538 = 1575-1664; 539-1044 sans correspondance (ne fait plus partie de l'épisode ardennais).

RenMontRS id.; deux extraits d'après le ms. R: le premier (laisses 10-17 de cette version), p. 60-71, correspond à → RenMontArdRT 311-584 (l'éd. inclut les var. du ms. B), le deuxième (laisses 80-101), p. 71-91 (f°19c-24d; manque au ms. B) correspond à → RenMontLC 3706-3896 (totalement différent); p. p. K. Schumacher, *Die jüngere Redaktion der Chanson Renaut de Montauban nach der Pariser und Londoner Handschrift und ihr Verhältnis zur älteren Version*, thèse Greifswald 1914. Le sous-titre précise «Teil I», «Teil II» (par G. Olesch) n'a jamais paru; la thèse elle-même comporte deux parties.

RenMontRV id., version rimée des mss. R et B; ms. R p. p. P. Verelst, *Renaut de Montauban. Édition critique du ms. de Paris, B. N. fr. 764 (R)*, Gent 1988 (Rijksuniv. Werken Fac. Lett. 175); [= TL RMont. V].

RenMontVT id., version francoit. du ms. V (ca. 1395), 1ᵉm. 14ᵉs.?, en partie très différente des autres mss.; début de la chanson, correspondant à → RenMontLC 1-1988 (totalement différent = 3252 vers dans V); p. p. K. Triebel, *Der 'Bués d'Aigremont' nach der Venediger Handschrift (V)*, thèse Greifswald 1913.

RenMontZG id., version des mss. Z et M, proche de l'original; 1ᵉm. 13ᵉs.?; base ms. Z, en var. ms. M; partie correspondante à → RenMontLC 1018-1987 (totalement différent) et à → RenMontPT p. p. E. Geipel, *Der zweite Teil des Buef d'Aigremont (Streit zwischen Renaut und Bertolais) nach den Hss. Mz, M der Quatre Fils Aimon*, thèse Greifswald 1913.

RenMontZK id.; base ms. Z, en var. M, A, P, D; partie correspondante à → RenMontLC 1-1017 (totalement différent) p. p. K. Kaiser, *Der erste Teil des Buef d'Aigremont (Lohier-Episode) nach den Hss. Mz, M, A, P, D der Quatre Fils Aymon*, thèse Greifswald 1913.

RenMontArdT id., épisode ardennais, correspondant à → RenMontLC 1702-3677, publié parallèlement d'après tous les mss. (versions assonancées et rimées, sauf H qui ne contient pas le passage) par J. Thomas, *L'épisode ardennais de 'Renaut de Montauban', édition synoptique des versions rimées* [!], 3 vol., Brugge (De Tempel) 1962 (Rijksuniversiteit te Gent, Werken... Fac. van de letteren en wijsb. 129-131); [= TL RMont. Episode ardennais T; Boss² 1453]. Cité avec les sigles de ms., p. ex. RenMontArdDT. RenMontArdLT correspond à → RenMontLCM; conc. ici, en app.

RenMontPr¹ Renaut de Montauban, première version en prose; 15ᵉ s.; ms. BL Roy. 15 E.VI [Rouen prob. 1444/1445], BL Roy. 16 G.II [ca. 1445], Ars. 3151 [15ᵉ s.] (ms.-version), BN fr. 1481 [15ᵉ s.], BN fr. 19170 [15ᵉ s.], Troyes 743 [15ᵉ s.]; inédit; v. Wo 139 et Wos 139. [Éd. non publiée: J.-M. Léard, *Étude sur les versions en prose de Renaud de Montaubau et édition du ms. Ars. 3151*, thèse Paris 1974.]

RenMontPr² Renaut de Montauban, deuxième version en prose, formant un cycle avec un Maugis en prose, le → Mabrien, et une Conquête de Trébizonde; 1462; ms. Ars. 5072-5075 [1468-1470] (Am), München gall. 7 [1468-1470] (Am: 5ᵉ vol.), BN fr. 19173-19177 [3ᵉ t. 15ᵉ s.] (Lf), Pommersfelden 311-312 [ca. 1470] (Pm) incomplet; inédit; v. Wo 140; Wos 140; → RenMontRV p. 55-57; [Boss 679: facsim., version?]. Cp. → Mabrien.

RenMontPrD id., version dérimée de → RenMontD; 15ᵉ s.; ms. BL Sloane 960 [15ᵉ s.]; [éd. non publiée: M.-H. Noterdaeme, *Édition du Renaut de Montauban en prose, BM Sloane 960*, mém. de lic. Gand 1973].

RenNouvR Renart le Nouvel par Jacquemart Gielee, vers octosyll.; pic. (Lille) ca. 1290; ms. de base BN fr. 25566 [pic. (Arras) prob. 1295] (V), en var. BN fr. 372 [déb. 14ᵉ s.] (C), BN fr. 1581 [fin 13ᵉ s.] (L), BN fr. 1593 [frc., faibles traits lorr. fin 13ᵉ s.] (F); p. p. H. Roussel, *Renart le Nouvel par Jacquemart Gielee*, Paris (Picard) 1961 (SATF); [= TL Renart le Nouvel R]. Concordance avec l'éd. M ici, en appendice.

RenNouvM id.; ms. de base L; p. dans → RenMéon, t. 4, p. 125-461; [= TL Ren. Nouv.; cp. FEW RenN]. Concordance avec l'éd. R ici, en appendice.

RenNouvPrS Le *Livre de Regnart*, mise en prose de → RenNouv; Sud-Ouest ca. 1460; ms. unique Chantilly Musée Condé 473 (678) [fin 15ᵉ s.]; p. p. E. Suomela-Härmä, *Le Livre de Regnart*, Paris (Champion) 1998.

RenPiaudL Jean Renart, De Renart et de Piaudoue, 'tenson' entre un ménestrel et un clerc, en vers octosyll.; 2ᵉ q. 13ᵉ s.; ms. de base BN fr. 837 [frc. 4ᵉ q. 13ᵉ s.] (A), en var. Ars. 3114 [pic. fin 13ᵉ s.] (B); p. dans → LejeuneJRen 411-423; 426-434; [= FEW RenPiaud].

RenclCarH Renclus de Moiliens, *Roman de carité*, vers octosyll.; pic. ca. 1225; mss.: BN fr. 1763 [frc.-pic. fin 13ᵉ s.] (A), BN fr. 2199 [traits lorr. 3ᵉ q. 13ᵉ s.] (B), BN fr. 25405 [1ᵉ partie, f°1-88, pic. fin 13ᵉ s.] (Q), Berlin Staatsbibl. Hamilton 191 [Paris ca. 1300] (φ), BN fr. 20048 [pic. 2ᵉ m. 14ᵉ s.] (C), BN fr. 25462 [art. fin 13ᵉ s.] (D), BN fr. 15212 [pic. déb. 14ᵉ s.] (E), BN fr. 1109 [pic. 1310] (F), BN fr. 576 [Arras 1383 n.st.] (G), BN fr. 1658 [pic. 14ᵉ s.] (H), BN fr. 1838 [frc. déb. 14ᵉ s.] (I), BN fr. 834 [pic. déb. 14ᵉ s.] (K), BN fr. 1543 [pic. 1402] (L), BN fr. 24307 [15ᵉ s.] (M), BN fr. 1444 [pic.mérid. fin 13ᵉ s.] (O), BN fr. 25545 [ca. 1325] (P), BN fr. 23111 [frc. fin 13ᵉ s.] (Z), Ars. 3142 [Paris? fin 13ᵉ s.] (S), Ars. 3460 [bourg.? fin 13ᵉ s.] (V), Bruxelles Bibl. roy. 9411-26 [pic. ca. 1300] (W), Bruxelles Bibl. roy. 11074-78 [pic. fin 15ᵉ s.] (U), Chantilly Musée Condé 474 (1330) [lorr. fin 13ᵉ s.] (Y), Amiens Bibl. mun. 437 [pic. 2ᵉ m. 14ᵉ s.] (Σ), Dijon 525 (298) [Paris 1355-1362] (Ψ), BL Harl. 4354 [fin 13ᵉ s.] (Γ), BN nfr. 934 [fragm. 14ᵉ s.] (X), Torino Bibl. naz. L.V.54 (G.I.18) [fin 13ᵉ s.?]; p. p. A.-G. van Hamel, *Li romans de carité et miserere du Renclus de Moiliens*, Paris (Vieweg) 1885; [= TL Rencl. C; FEW Rencl (daté tantôt 1226, tantôt ca. 1226); Boss 3548]. Éd. 'critique' composite, apparemment sans ms. de base.

RenclMisH id., *Roman de miserere*, vers octosyll.; pic. ca. 1230; éd. composite, mss. v. → RenclCarH, en sus: BN fr. 12594 [f°149v°-169r° 2ᵉ m. 14ᵉ s.] (N), Ars. 3527 [pic. déb. 14ᵉ s.] (R), Ars. 3518 [pic. fin 13ᵉ s.] (T), Bruxelles Bibl. roy. 10457-62 [wall. av. 1449] (J), BN fr. 837 [frc. 4ᵉ q. 13ᵉ s.] (θ), BN fr. 12483 [mil. 14ᵉ s.] (Λ); p. dans → RenclCarH p. 131-285 ('t. 2'); [= TL Rencl. M; FEW Rencl].

RenclMisM id.; ms. Maihingen (M, = éd. H: Δ), var. de BN fr. 1763 (N = A), BN fr. 2199 (K = B), BN fr. 23111 (V = Z), BN fr. 1444 (R = O), Ars. 3460 (Q = V), Cambridge Univ. Add. 2751(10) [13ᵉ s.] fragm.; p. p. A. Mayer, *Li Miserere. Pikardisches Gedicht aus dem XII. Jahrhundert von Reclus de Mollens*, [partie scientifique du] *Programm der königlich bayerischen Studienanstalt Landshut für das Studienjahr 1881/82*, s.l. [Landshut] (Thomann) s.d. [1882].

RensonVis J. Renson, *Les dénominations du visage en français et dans les autres langues romanes*, 2 vol., Paris (Les Belles Lettres) 1962 (Fac. Phil. et Lettres, Liège, 152); [= TL Renson Visage].

RentAireB Rentier du baillage artésien d'Aire; art. 1292; ms. Lille Arch. dép. B.13602 [1292]; p. dans → RentArtB.

RentArtB Rentier des domaines de Robert II, comte d'Artois, années 1298-1299; art. 1298-1299; ms. Lille Arch. dép. B.13589 [déc. 1298-juin 1299]; p. p. R. Berger – B. Delmaire – B. Ghienne, *Le Rentier d'Artois (1298-1299) – Le Rentier d'Aire (1292)*, 2 vol., Arras 2006 (Mém. Comm. dép. Hist. Arch. Pas-de-Calais 38). Contient aussi → RentAireB.

RentAudV

RentAudV Rentier illustré de Pamele-Audenarde (Vieil Rentier d'Audenarde); flandr. (1275-) 1276 (qqs. ajouts 4ᵉq. 13ᵉs. – placés entre parenthèses dans la publ. –, qqs. vers sur les feuilles de garde de mil. 14ᵉs.); ms. orig. Bruxelles Bibl. roy. 1175 [Flandres Or. 1275-1276], une main f°16-188 (A), maistre Quentin f°3-15r°; p. p. L. Verriest, *Le polyptyque illustré dit 'Veil Rentier' de messire Jehan de Pamele-Audenarde (vers 1275)*, Bruxelles (auteur/Duculot) 1950. Mêmes scribes: → TerrEvêque.

RentSNicM Rentier de l'hôpital Saint Nicolas de Lille suivi d'un obituaire de 1325; pic. (Lille) 1325 (avec ajouts jusqu'en 1350, marqués en note); ms. (registre) BN fr. 11608 [mil. 14ᵉs. (??)]; p. p. M.-Th. Morlet, *Le Rentier de la Maison Saint Nicolas à Lille*, Amiens (C.E.Pic.Univ.) 2000.

RésSauvGenB La Resurrection nostre Seigneur Jhesu Crist, mystère en vers octosyll.; 14ᵉs.; ms. Ste-Gen. 1131 [ca. 1440] f°70v-116r; p. p. J. F. Burks, *La Resurrection nostre Seigneur Jhesu Crist*, thèse Bloomington, Ind. 1957, non publiée.

RésSauvGenJ id.; p. dans → JubMyst 2,312-379.

RésSauvcJ Jeu de la résurrection du Sauveur, version remaniée (par rapport à l'orig. représenté par P), 552 vers octosyll.; agn. mil. 13ᵉs.; ms. unique et fragmentaire BL Add. 45103 [agn. 4ᵉq. 13ᵉs.] (C, de Canterbury); p. p. T. Atkinson Jenkins et al., *La seinte resureccion from the Paris and Canterbury mss.*, Oxford (Blackwell) 1943 (ANTS 4); [= TL Seinte Resureccion anglon.; AND Resur (concerne aussi → RésSauvPJ); Dean 717; Boss 3888; Hol 1975]. Contient aussi → RésSauvPJ (haut de page).

RésSauvPJ id., version plus proche de l'original supposé, 371 vers octosyll.; agn. 1ᵉʳt. 13ᵉs.; ms. unique et fragmentaire BN fr. 902 [agn., cette partie 2ᵉm. 13ᵉs.]; p. dans → RésSauvcJ (bas de page).

RésSauvPB id.; p. p. D. Bevington, *Medieval drama*, Boston (Houghton Mifflin) 1975, 122-136. Contient aussi → AdamB. Basé sur le ms. et l'éd. J. Inutile.

RésSauvPF id.; réimpression de l'éd. p. dans → ThéâtFr, collationnée sur le ms. par A. Thomas, dans → FoersterKoschw 213-224 (sous le titre de 'Osterspiel').

RésSauvPK id.; p. p. N. J. Kiefer, *La seinte resureccion. Anglonormannisches Osterspiel aus dem Ende des XII. Jahrhunderts*, thèse Fribourg (Suisse), Strasbourg (Heitz) 1927.

RésSauvPS id.; p. p. F. E. Schneegans, *La résurrection du Sauveur*, Strasbourg (Heitz) – New York (Stechert) 1925 (Bibl. rom. 303); [= TL Résurr. Sauv. Schn].

RésSauvPW id.; p. p. J. G. Wright, *La résurrection du Sauveur*, Paris (Champion) 1931 (CFMA 69); [= TL Résurr. Sauv. Wr; FEW RésSauv].

RespCurtS *Li respit del curteis E del vilain pusneis*, poème didactique en strophes d'hexasyll. terminées chacune par un proverbe (incip. *Cil qe commence bien*); agn. 2ᵉm. 13ᵉs.; ms. Oxford Bodl. Selden Supra 74 [agn., cette partie 2ᵉq. 14ᵉs.]; p. p. E. Stengel, "Handschriftliches aus Oxford", *ZfSL* 14 (1892) 127-160, spéc. 154-158; [= AND Respit; Dean 258; Vising 47; Boss 2710; ProvM: 'Resp.']. Cp. → MarcSalo.

RestorD Restor du Paon, branche du cycle de → AlexPar, suite de → VoeuxPaon, par Jean Brisebarre dit le Court, laisses d'alex. rimés; pic. ca. 1330; ms. de base Oxford Bodl. Bodley 264 [f°1-209 pic. 1338] (P), en var. BL Add. 16888 [mil. 14ᵉs.] (N1), BN fr. 1554 [14ᵉs.] (N2), BN fr. 25521 [14ᵉs.] (N5), BN fr. 24386 [14ᵉs.] (N6), BN fr. 1375 [15ᵉs.] (O), BN fr. 20045 [pic. 14ᵉs.] (P6), New York Pierpont Morgan Libr. G.24 (anc. Meersburg v. Lassberg 198, Donaueschingen 168) [Tournai? ca. 1350] (P7), BN fr. 790 [mil. 14ᵉs.] (Q), BN fr. 2165-2166 [3ᵉt. 14ᵉs.] (Q1), Oxford Bodl. Douce 165 [Paris, traits pic. ca. 1345] (S1), Ars. 2776 [14ᵉs.] (S5), Rouen Bibl. mun. 1057 (O.8) [14ᵉs.] (S6), København Kgl. Bibl. Thott 414 f° [14ᵉs.] (S7), BN fr. 12567 [It. ca. 1340] (U), BN fr. 12565 [pic. 3ᵉt. 14ᵉs.] (W); p. p. E. Donkin, *Jean Brisebarre. Li Restor du Paon*, London (The Mod. Humanities Res. Ass.) 1980; [= TL Brisebare Paon D; Boss² 6602].

RestorC id.; ms. de base W; p. p. R. J. Carey, *Jean le Court dit Brisebarre. Le Restor du Paon*, Genève (Droz) 1966 (T.L.F. 119); [= TL Brisebare Paon C; Boss² 6601]. Cf. → JMotePaon.

RevCrit *Revue critique d'histoire et de littérature*, t. 1-9, Paris 1866-1875, t. 10 (n.s. t.1) 1876 ss.

RevRom *Revue Romane*, København (Københavns Universitet, Romansk Institut) 1966-. [Titre dep. 1994: *Revue Romane. Langue et littérature.*]

RézeauCép Pierre Rézeau, *Dictionnaire des noms de cépages de France. Histoire et étymologie*, Paris (CNRS) [1997] 1998. Les notices se complètent souvent mutuellement. Cp. Lengert VRo 58, 308-310.

RézeauIncip Pierre Rézeau, *Répertoire d'incipit des prières françaises à la fin du moyen âge. Addenda et corrigenda aux répertoires de Sonet et Sinclair. Nouveaux incipit*, Genève (Droz) 1986

(Publ. rom. et fr. 174); [= Boss² 5962]. Cp. → SinclairPrières, SinclairDev, SonetIncip et LångforsInc.

RézeauPrières Pierre Rézeau, *Les prières aux saints en français à la fin du moyen âge*, I: *Introduction; Les prières à plusieurs saints*, Genève (Droz) 1982 (Publ. rom. et fr. 163); II: *Prières à un saint particulier et aux anges*, Genève (Droz) 1983 (Publ. rom. et fr. 166); [= TL Prieres saints R]. Contient des prières tirées de mss. et d'imprimés datées 13ᵉs.-16ᵉs.

RheinfelderF H. Rheinfelder, *Altfranzösische Grammatik*, 2. Teil: *Formenlehre*, München (Hueber) 1967; [= TL Rheinfelder Formenlehre *et* Rheinfelder Afz. Gr.]. Grammaire claire de la 'norme'. Compléter par → Buridant.

RheinfelderL H. Rheinfelder, *Altfranzösische Grammatik*, 1. Teil: *Lautlehre*, 4ᵉ éd., München (Hueber) 1968; [TL Rheinfelder Afz. Gr.: 1ᵉ éd. 1937, TL Rheinfelder Afz. Gr.²: 2ᵉ éd. 1952]. Grammaire claire de la 'norme'. Compléter par → Pope.

Rich 1680 P. Richelet, *Dictionnaire françois, contenant les mots et les choses...*, Genève (Widerhold) 1680 (réimpr. Hildesheim – New York, Olms, 1973). Cf. L. Bray, *C.-P. Richelet...*, Tübingen 1986: la réimpr. 1973, comme celle de Genève, Slatkine, 1970, reproduit la deuxième éd. datée de 1680 (t. 1) et 1679 (t. 2) [*françois* etc. sur la page titre du t. 1 sans cédille aux l. 2 et 14, avec à la l. 6; un deuxième tirage de cette éd. 1680/1679 donne les trois cédilles]; la toute première éd., datée de 1680/«M. DC. LXXXIIX» (souvent interprété comme 1688) est sans doute à dater de 1680/[1679]; elle est assez fautive. Pour les éd. 1681, 1685, etc. (65 en tout, plus 22 douteuses ou inexistantes) v. Bray; [= FEW Rich 1680].

RichH *Richars li biaus*, roman courtois, par un certain Requis (mestre), en vers octosyll.; pic.orient. 3ᵉt. 13ᵉs.; ms. Torino Bibl. naz. L.I.13 (G.II.9) [hain. 2ᵉq. 14ᵉs.] aux deux tiers détruit; p. p. A. J. Holden, *Richars li biaus*, Paris (Champion) 1983 (CFMA 106). L'éd. se base sur la bonne transcription de Foerster et la collation des parties lisibles du ms.

RichF id.; p. p. W. Foerster, *Richars li biaus*, Wien (Hölder) 1874; [= TL Rich.].

RichSemJ Richard de Semilli, chansons; s.l. (frc.) ca. 1200; ms. de base des chans. 1 (RS 1583), 2 (22), 3 (1860), 4 (1820), 5 (538), 6 (527), 7 (614), 8 (1362): Ars. 5198 [déb. 14ᵉs.] (K), de 9 (533): BN fr. 847 [4ᵉq. 13ᵉs.] (P), 10 (868) est imprimé en parall. selon K et P; p. p. S. M. Johnson, *The lyrics of Richard de Semilli*, Binghamton, N.Y. (Med. & Renaiss. Texts & St. 81) 1992 (v. ib. pour d'autres éd. partielles). Avec musique et gloss.

RichSemS id.; dix chansons tirées des chansonniers K, N, V, P, X; éd. 'critique' p. p. G. Steffens, "Der kritische Text der Gedichte von Richart de Semilli", dans → MélFoerster 331-362; [= TL Rich. de Semilli]. Sans Tourn. Dam. Peu fiable, considérer les var.

RichardCh J. Richard, "Entre aveu de mainmorte et aveu de bourgeoisie. Trois textes bourguignons du XIIIᵉ siècle", *Mém. de la Soc. pour l'Hist. du Droit et des Instit. des anc. pays bourg., comtois et romands*, 30 (1970-1971) 259-265. Contient trois doc. bourg., deux datés 1264 et un 1266, tirés du cart. Dijon Arch. dép. B 10423 [1272, continuations 1284-1294] f°202, 150, 186v°-187r°.

RichardChy J. Richard, *Chypre sous les Lusignans. Documents chypriotes des Archives du Vatican (XIVᵉ et XVᵉ siècles)*, Paris (Geuthner) 1962 (Inst. fr. d'Archéol. de Beyrouth, Bibl. 73). Doc. fr. à partir de 1367-1368.

RichardThierry J.-M. Richard, "Thierry d'Hireçon, agriculteur artésien (13.. - 1328)", *BEC* 53 (1892) 383-416; 571-604. Extraits de documents art. déb. 14ᵉs. – 1328.

RichardsonCist H. G. Richardson, "Cistercian formularies", dans H. E. Salter et al., *Formularies which bear on the history of Oxford, c. 1204-1420*, t. 2, Oxford (Clarendon) 1942 [Oxf. Hist. Soc. n. s. 5], 279-327; [= AND Cist Form; Dean 320]. Contient 7 lettres agn. de ca. 1340 (n°23-29, p. 315-319), ms. composite Warminster Longleat (Somerset; Marquess of Bath) 37 [agn., cette partie 2ᵉm. 14ᵉs.].

RichardsonDicta H. G. Richardson, "Letters of the Oxford *dictatores*", dans → RichardsonCist p. 329-450. Contient nombre de lettres agn., notamment par Thomas Sampson, ca. 1355 – ca. 1415; [= AND Samps¹, cp. AND Samps²: lettres de Thomas Sampson tirées de mss. divers; Dean 317; 318; 320; 321; 323; cf. Vising 391].

RicheutV Richeut, conte assez grivois autour d'une nonne devenue fille de joie et de son fils, en strophes d'octosyllabes (1318 v.); qqs. traits de l'Ouest, 3ᵉt. 12ᵉs.; ms. unique Bern 354 [bourg.sept. déb. 14ᵉs.]; p. p. P. Vernay, *Richeut*, Bern (Francke) 1988; [= TL Richeut V].

RicheutL id.; p. p. I. C. Lecompte, "Richeut. Old French poem of the twelfth century", *RoR* 4 (1913) 261-305; [= TL Richeut L].

RicheutM id.; p. dans → Méon 1,38-79.

RichterChron

RichterChron Elise Richter, *Beiträge zur Geschichte der Romanismen*, I. *Chronologische Phonetik des Französischen bis zum Ende des 8. Jahrhunderts*, Halle (Niemeyer) 1934 (ZrP-Beih. 82); [= FEW RichterChron].

RickardChrest P. Rickard, *Chrestomathie de la langue française au XVe siècle*, Cambridge (Univ. Press) 1976.

RigomerF Les Merveilles de Rigomer, roman arthurien en vers octosyll. rimés; pic. (Tournai?) mil. 13^{e}s.; ms. Chantilly Musée Condé 472 (626) [hain. 3^{e}t. 13^{e}s.], Torino Bibl. naz. L.IV.33 (fr. 23; G.I.29) [pic. ca.1400] (B) fragm. (v. 15923-17271); p. p. W. Foerster, *Les mervelles de Rigomer von Jehan*, 2 vol., Dresden – Halle (Niemeyer) 1908-1915 (Ges. für roman. Lit. 19; 39); [= TL Rigomer; FEW Rigomer].

RigomerV id.; p. p. T. E. Vesce, *Les mervelles de Rigomer*, thèse Fordham Univ. New York 1967; [= Boss^2 4203]. Propose une datation fin 12^{e}s. (cp. sa trad. publiée chez Garland en 1988).

RigomerTP id., fragm. Torino; p. sur la base d'une copie de Stengel par E. Pessen, *Die Schlussepisode des Rigomerromanes*, thèse Heidelberg, Berlin 1907. Les corrections semblent être documentées ('B' ou sans sigle; 'A' = Chantilly).

RioteAU *Le roi d'Angleterre et le jongleur d'Ely*, dialogue passant de folie à sagesse: le juste milieu est désirable, version en vers octosyll. de → RioteB, incipit *Le jonglour ne fuit losengier*; agn. ca. 1300; ms. BL Harl. 2253 [agn. ca. 1335] (facsim. Ker 1965); p. p. J. Ulrich, "La riote du monde", *ZrP* 8 (1884) 275-279, spéc. (version I, vingt premiers vers omis); [= Dean 195].

RioteAM id.; p. dans → MontRayn 2,242-256.

RioteAMich id.; ms. ca. 1300; p. p. F. Michel dans → RioteBM p. 27-43.

RioteAN id.; p. dans → NoomenJongl 86-113.

RioteBU La Riote du Monde, version en prose fragm., incipit *Je me chevauçoie d'Amiens a Corbie*; ca. 1280 (?); ms. BN fr. 1553 [pic. 1285 n.st.]; p. dans → RioteAU 279-289 (version II, col. gauches).

RioteBM id.; p. p. F. Michel, *La Riote du Monde. Le roi d'Angleterre et le jongleur d'Ely*, Paris (Silvestre) 1834, p. 1-25. Contient aussi → RioteAMich.

RiotecU id., prose, incipit *Jeo chevalchoie l'autrer de Amiens a Corbie*; agn. 3^{e}q. 13^{e}s.; ms. Cambridge Trinity Coll. O.2.45 [agn. 3^{e}q. 13^{e}s.]; p. dans → RioteAU 279-281 (version III, col. droites); [= Dean 195.1]. Un fragment, Stratford upon Avon Gild Rec. XII 206 [1^{er}t. 14^{e}s.], est p. p. G. E. Brereton dans MedAev 4 (1935) 95-99.

RioteDU id., version en prose du ms. D; fin 13^{e}s.; ms. Bern 113 [bourg., qqs. traits pic., fin 13^{e}s.]; p. dans → RioteAU 281-289 (version IV, col. droites). Début manque.

RisopIr A. Risop, *Studien zur Geschichte der französischen Konjugation auf -ir*, Halle (Niemeyer) 1891; [= TL Risop Studien; FEW Risop].

RivièrePast J.-C. Rivière, *Pastourelles, I: Introduction à l'étude formelle des pastourelles anonymes françaises des XIIe et XIIIe siècles; Textes du Chansonnier d'Oxford*, Genève (Droz) 1974, II: *Textes des Chansonniers de Berne, de l'Arsenal, de la Bibliothèque Nationale*, 1975, III: *Textes des Chansonniers de la Bibliothèque Nationale (suite) et de la Bibliothèque vaticane, Motets anonymes des Chansonniers de Montpellier et de Bamberg, Tableaux et glossaire*, 1976; [= TL Pastourelles R; Boss^2 4412]. Édition peu sûre; v. Roques ZrP 94,414-420.

RlFl E. Rolland, *Flore populaire de la France ou histoire naturelle des plantes dans leurs rapports avec la linguistique et le folklore*, 11 vol., Paris (Rolland) 1896-1914 (réimpr. en 6 vol., Paris, Maisonneuve et Larose, 1967); [= FEW RlFl]. Ses renvois à DC se réfèrent à l'éd. Henschel de 1840-1850. Cf. → LangstedtBot.

RlFn E. Rolland, *Faune populaire de la France*, 13 vol., Paris (Libr.-Comm./Maisonneuve) 1877-1911 (réimpr. en 7 vol., Paris, Maisonneuve et Larose, 1967); [= FEW RlFn].

Rn F. Raynouard, *Lexique roman ou Dictionnaire de la langue des troubadours*, 6 vol., Paris (Silvestre) [1835]-1844; [= FEW Rn; TL Raynouard Lex. rom.]. Le vol. 1 (daté de 1838) contient des *Recherches*, une *Grammaire romane* et un *Choix des poésies originales des troubadours*. Le vol. 2 est daté de 1836, mais semble avoir paru en 1835. Réimpr. 'de l'éd. 1836-1845' (!): Heidelberg (Winter) s. d. [1928-29]: vol. 2-6.

RoJb *Romanistisches Jahrbuch*, Berlin – Hamburg – New York (de Gruyter) 1947/48–.

RoPh *Romance Philology*, Berkeley – Los Angeles (University of California Press) 1947–.

RoR *Romanic Review*, Columbia Univ., New York, dep. 1910.

RoSt *Romanische Studien*, p. p. E. Boehmer, t. 1 (Straßburg 1871) – 6 (1895); [= TL Rom. Stud.].

Rob P. Robert, *Dictionnaire alphabétique et analogique de la langue française*, 6 vol., Paris (Soc. du Nouv. Littré) 1951-1964; *Supplément* (t. 7) 1970.

Rob 1966 id., édition légèrement modifiée, Paris 1966.

Rob 1985 *Le Grand Robert de la langue française. Dictionnaire alphabétique et analogique de la langue française de Paul Robert*, par A. Rey et al., dite Deuxième édition, 9 vol., Paris (Dict. Le Robert) 1985. Notices hist. en bonne partie copiées du TLF (A-M).

Rob 1986 id., toujours «Deuxième édition», à corrections mineures innombrables, Paris 1986.

RobHist v. RobP².

RobP² *Le Petit Robert. Dictionnaire alphabétique & analogique de la langue française* par P. Robert, réd. dirigée par A. Rey et Josette Rey-Debove, Paris (Soc. du Nouv. Littré) [¹1967]; 2ᵉ éd. 1977. RobP, 1ᵉ et 2ᵉ éd., suivaient, pour la datation du vocabulaire, une politique scientifique (lire son introd. modèle en matière de sém.). Depuis les rééditions subséquentes, on y copie les dates moins contrôlées de RobHist 1992 (A. Rey et al., *Dict. hist. de la langue fr.*, Paris 1992, qui les tient, de façon non identifiable, de TLF, RobP, MatHistVoc etc.) et d'autres sources; le DEAF ne peut plus tenir compte de ces indications. Pour son vocabulaire frm., RobP est cité au besoin avec la date de publication de l'éd. ou impression.

RobBloisAmU Robert de Blois, *Chanson d'amors*, vers octosyll.; 2ᵉt. 13ᵉs.; impression synoptique de 4 mss.: BN fr. 24301 [lorr. 2ᵉm. 13ᵉs.] (B) (p. impaires supra), BL Add. 10289 [norm. prob. 1280] (p. imp. infra), BN fr. 837 [frc. 4ᵉq. 13ᵉs.] (paires infra), Ars. 5201 [bourg.sept. ou lorr. 3ᵉt. 13ᵉs.] (A) (paires supra)?, non utilisé: London Westminster Abbey CA.21 [15ᵉs.]; p. dans → RobBloisBeaudU 2,100-143.

RobBloisAmB id.; p. dans → BarbMéon 2,208-219, vers 750-1099.

RobBloisBeaudL Robert de Blois, Beaudous, roman arthurien en vers octosyll.; 2ᵉt. 13ᵉs.; ms. unique BN fr. 24301 [lorr. 2ᵉm. 13ᵉs.]; p. p. J. C. Lemaire, *Biaudouz de Robert de Blois*, Liège (Univ.) 2008. Nombre de remarques: Roques RLiR 75,258-264; Trachsler R 131,230-232.

RobBloisBeaudU id.; p. p. J. Ulrich, *Robert von Blois sämmtliche Werke*, Berlin (Mayer & Müller) 1889-1895, I, *Beaudous*; [= TL Beaud. et RBlois]. Introd. chaotiques; plein d'erreurs. Contient aussi → RobBloisFlor/Chast/DidU. T. 1 contient RobBloisBeaudU, t. 2 RobBloisFlorU, RobBloisAmU et, p. 147-150, quatre chansons, t. 3 = RobBloisDidU (sigle qui peut malheureusement servir à tout le t. 3!) contient aussi RobBloisEnsU 3-54, RobBloisChastU 55-78 et RobBloisRelU 79-129.

RobBloisChastU id., *Le chastoiement des dames*, vers octosyll.; 2ᵉt. 13ᵉs.; ms. imprimé Ars. 3516 [art. 1267], autre ms. BN fr. 837 [frc. 4ᵉq. 13ᵉs.]; p. dans → RobBloisBeaudU 3,57-129.

RobBloisChastB id.; ms. BN fr. 837 p. dans → BarbMéon 2,184-208, vers 1-749.

RobBloisChastF → RobBloisDidF 133-155.

RobBloisDidU id., œuvre didactique, comprenant → RobBloisEnsU (p. 3-54), RobBloisChastU (55-78) et RobBloisRelU (79-129); ms. Ars. 5201 [bourg.sept. ou lorr. 3ᵉt. 13ᵉs.]; p. dans → RobBloisBeaudU, t. 3, *Die didaktischen und religiösen Dichtungen Robert's von Blois*, 1895.

RobBloisDidF id., étude sommaire de l'œuvre didactique avec éd. de RobBloisEnsF (p. 93-132) et RobBloisChastF (133-155); ms. de base Ars. 5201 [bourg.sept. ou lorr. 3ᵉt. 13ᵉs.] (A), complété quant à -Ens de BN fr. 2236 [1ᵉm. 15ᵉs.] (C), quant à -Chast de BN fr. 837 [frc. 4ᵉq. 13ᵉs.] (O), en var. aussi Ars. 3516 [art. 1267] (B), BN fr. 24301 [lorr. 2ᵉm. 13ᵉs.] (N), extraits de BL Cotton Cleopatra A.VIII [garde fin 13ᵉs.], BL Add. 10289 [norm. prob. 1280] et London Westminster Abbey CA.21 [15ᵉs.]; p. p. J. H. Fox, *Robert de Blois. Son œuvre didactique et narrative*, Paris (Nizet) s.d. [dép. lég. 1950]. C.r. Lecoy R 75,405-409.

RobBloisEnsU id., pièce didactique appelée Enseignement des princes, en vers octosyll., p. dans → RobBloisDidU p. 3-54.

RobBloisEnsF → RobBloisDidF 93-132.

RobBloisFlorB id., Floris et Lyriopé; 2ᵉt. 13ᵉs.; ms. de base Ars. 5201 [bourg.sept. ou lorr. 3ᵉt. 13ᵉs.] (A), en var. BN fr. 24301 [lorr. 2ᵉm. 13ᵉs.] (N); p. p. P. Barrette, *Robert de Blois's Floris et Lyriopé*, Berkeley – Los Angeles (Univ. of Calif. Press) 1968 (Univ. of Calif. Publ. in Mod. Phil. 92); [= TL Fl. u. Lir.²].

RobBloisFlorU id., impression parallèle de deux mss.; p. dans → RobBloisBeaudU t. 2 (1891) 1-99, ms. Ars. pages paires, ms. BN impaires.

RobBloisFlorZ id.; imprime ms. BN, qqs. var. de Ars.; p. p. W. von Zingerle, *Floris et Liriope, altfranzösischer Roman des Robert de Blois*, Leipzig (Reisland) 1891; [= TL Fl. u. Lir.].

RobBloisRelU

RobBloisRelU id., poésies religieuses (à numerotation unique dans l'éd.); p. dans → RobBloisBeaudU t. 3, 79-129.

RobCibMandM *Qui manducat me*, sermon sur Io VI 58 prêché en 1446 par Robert Ciboule; 1446; ms. de base BL Add. 12215 [2^{e}m. 15^{e}s.] (A), en var. BN fr. 936 [2^{e}m. 15^{e}s.] (B), BN fr. 1029 [2^{e}m. 15^{e}s.] (C), Cambrai 171 (166) [2^{e}m. 15^{e}s.] (D), Cambrai 578 (536) [2^{e}m. 15^{e}s.] (E), Maz. 993 [ca. 1475] (F), Lyon Bibl. mun. 1243 [2^{e}m. 15^{e}s.] (G); p. p. N. Marzac, *Édition critique du sermon Qui manducat me de Robert Ciboule (1403-1458)*, Cambridge (MHRA) 1971.

RobClariL Robert de Clari (Cléry les Pernois?), récit en prose de la quatrième croisade (témoignage oculaire de ce chevalier d'un rang inférieur, faits précis relatifs aux années 1198-1205, indications supplémentaires jusqu'en 1216); pic. (Corbie?) 1216 (ou peu après); ms. unique København Kgl. Bibl. Gl. Kgl. 487 f° [pic. (Corbie) ca. 1300]; p. p. P. Lauer, *Robert de Clari. La conquête de Constantinople*, Paris (Champion) 1924 (CFMA 40); [= TL RClari L; FEW RClari; Boss 3643; Hol 2350]. Corr. R 53,392-3; R 82,134-8; cf. P. F. Dembowski, *La Chron. de R. de C., Et. de la langue et du style*, Toronto 1963, avec glossaire. Analyse de la description de Constantinople (ch. 82-92) par P. Schreiner, *Novum Millennium, Studies ... Paul Speck*, Aldershot 2001, 337-356. (Le texte publié par J. Longnon dans *Geoffroy de Villehardouin...*, Paris 1981, est rajeuni et sans valeur scientifique.) La trad. de A. Micha, Paris, Bourgois, 1991, est accompagnée d'une réimpr. de l'éd. L (p. 123-223, ignorant les listes de corr. citées supra: inutilisable).

RobClariH id.; p. p. K. [Ch.] Hopf, *Robert de Clary, La prise de Constantinople*, dans *Chroniques gréco-romanes inédites ou peu connues, publiées avec notes et tables généalogiques*, Berlin (Weidmann) 1873; [= TL RClary; Boss 3642].

RobClariD id., réimpr. de l'ed. L avec incorporation de la collation de Jeanroy (R 53,392-393) et celle de Dembowski (R 82,134-138); p. p. J. Dufournet, *La conquête de Constantinople*, Paris (Champion) 2004 (Champion Class. 14). Avec traduction. C.r. U. Mölk ZrP 124 (2008) 97-108, avec étude du ms. (la première dep. 1844 [!]; avec une reprod.).

RobDiableL Robert le Diable, roman de Robert, fils du Duc de Normandie, futur Robert Ier, voué au Diable par sa mère d'abord inféconde (1^{er}t. 11^{e}s.), en couplets d'octosyllabes; traits norm. ?, fin 12^{e}s.; ms. de base BN fr. 25516 [pic. 2^{e}m. 13^{e}s.] (A), en var. BN fr. 24405 [hain. ca. 1400] (B) qui abrège (notamment la croisade) ou allonge certains épisodes (notamment les 'enfances'), ms. tardif mais fidèle; p. p. E. Löseth, *Robert le Diable*, Paris (Firmin Didot) 1903 (SATF); [= TL Rob. l. Diable; FEW RobDiable]. [Pour les versions en prose v. le travail très riche de K. Breul, cité par Wo 146, p. 56 et 198; l'éd. de la Soc. des Antiquaires de Norm. (signée par E. Frère), Rouen 1836, contient → MirNDPers33S (1-123), RobDiable (extraits, 127-152) et un texte en prose (153ss.) précédant dans les mss. et édd. une (des?) Chron. de Normandie. V. Wo 146 et Wos 146.]

RobDiableT id.; ms. A; p. p. G. S. Trébutien, *Le roman de Robert le Diable en vers du XIIIe siècle ... d'après les manuscrits de la Bibliothèque du Roi*, Paris (Silvestre) 1837; [= TL Rob. l. Diable^1]. Copie du seul ms. A, malgré le sous-titre. (L'éd. contient qqs. passages du ms. mutilés depuis.)

RobDiableBG id., version du ms. B; p. p. E. Gaucher, *Robert le Diable*, Paris (Champion) 2006 (C.C.M.Â. 17). Avec traduction en regard.

RobDiableDitB id., traitement du sujet en forme de dit, 1016 vers alex., incipit *El non de Jesu Crist qui est nostre douz pere Veul commencier .i. dit; mais por le grant misere*; 1^{e}m. 14^{e}s.; ms. de base BN fr. 24432 [frc. av. 1349] (A); en var. BN fr. 1881 [3^{e}t. 15^{e}s.] (B) et BN fr. 12604 [15^{e}s.] (C); p. p. K. Breul, "Le dit de Robert le Diable", dans → MélTobler^1 464-509; [= TL Dit Rob. D].

RobGrethCorsS Robert de Gretham (Robert le Chapelain), *Corset* (poème sur les sacrements), octosyll., fin manque; agn. 2^{e}q. 13^{e}s.; ms. unique Oxford Bodl. Douce 210 [agn. déb. 14^{e}s.]; p. p. K. V. Sinclair, *Corset by Rober le Chapelain*, London (ANTS) 1995 (ANTS 52); [= AND Corset (cite le ms.) *et* AND^2 Corset ANTS (éd.); Dean 590].

RobGrethCorsM id.; extraits p. p. P. Meyer, *BullSATF* 1880 p. 62-68; [= Vising 249; Boss 3582].

RobGrethEv Robert de Gretham, *Les Évangiles des domnées* ou *Mirur/Miroir*, exposition des évangiles des dimanches (60) et fêtes où sont incorporés de nombreux miracles, histoires édifiantes et exempla, près de 19000 vers octosyll.; agn. 2^{e}q. 13^{e}s.; mss. Nottingham Univ. WLC.LM.4 [agn. 2^{e}m. 13^{e}s.] (W^2) f°57-171 (seul complet), Nottingham Univ. WLC.LM.3 [agn. mil. 13^{e}s.] (W^1), BL Add. 26773 [agn. mil. 13^{e}s.] (L), Cambridge Univ. Gg.I.1 [agn. après 1307] (U), Cambridge Trinity Coll. B.14.39 (323) [agn., cette partie fin 13^{e}s.] (T) exempla seulement, York Chapter Libr. 16.K.14 [agn. 2^{e}m. 13^{e}s.] (Y) fragm. des exempla, BN nfr. 11198 [f°6s., agn. ca. 1300] (F) (fragm. E. Piot), Oxford Bodl. Holkham Misc. 44 (anc. Holkham Hall 663) [agn. ca. 1400] (O) incomplet, Columbia Mo. Univ. of Missouri Ellis Libr. Fragm. Ms. 135 (anc. Cheltenham Phillipps 15758) [agn. 2^em. 13es.] (Mo) fragm., San Marino Huntington Libr. HM.903 [agn. mil. 14es.] (Hm); inédit dans l'ensemble. [AND Mirur = ms. Nottingham Univ. WLC.LM.4; Dean 589; Vising 71]. Cf. → MarshallRob (contient uns transcription imitative du ms. W² f°57-110, 8900 vers); EvDomB.

RobGrethEvA id.; extraits (tirés du prol. et de deux sermons; exempla en entier) sur la base de Nottingham Univ. WLC.LM.4 [agn. 2^em. 13es.] avec var., p. dans M.Y.H. Aitken, *Étude sur le Miroir ou Les évangiles des domnées de Robert de Gretham*, Paris (Champion) 1922; [= TL Rob. Greth.; Boss 3584; Hol 237]. Glossaire douteux. C.r. Gay PQ 4,93-94 (pas sûr non plus: *glas ≠ glos*).

RobGrethEvD id.; ms. W²; prol. et sermons 1-12, 4131 vers en tout, publiés en regard (pages paires) de l'éd. de la traduction mangl. par Th. G. Duncan – M. Connolly, *The Middle English Mirror: Sermons from Advent to Sexagesima*, Heidelberg (Winter) 2003 (M.E.T. 34).

RobGrethEvM¹ id.; extraits du ms. Cambridge Univ. Gg.I.1 [agn. après 1307], avec qqs. var., p. p. P. Meyer, *R* 15 (1886) 296-305.

RobGrethEvM² id.; extraits des mss. York Chapter Libr. 16. K. 14 [2^em. 13es.] et Cambridge Trinity Coll. B.14.39 [fin 13es.] p. p. P. Meyer, *R* 32 (1903) 29-31 [York] et 32-37 [Cambr.].

RobGrethEvP id., extraits; ms. de base Nottingham Univ. WLC.LM.3 (C), en var. Nottingham Univ. WLC.LM.4 (B), BL Add. 26773 et Cambridge Univ. Gg.I.1 (A); p. p. S. Panunzio, *Miroir ou les Évangiles des Domnées. Edizione di otto domeniche*, Bari (Adriatica) 1967; [= TL Miroir; Boss² 5614]. Mauvaise édition; citée selon les pages.

RobGrethEvP² id.; 2e éd. 1974 (Bibl. di fil. rom. 26); [= TL Rob. Greth. P]. À corrections.

RobHoY Robert de Ho, *Enseignements Trebor*, poème moralisant en vers octosyll.; prob. agn. ca. 1260; ms. de base BN fr. 25408 [agn. 1267] (P), en var. New Haven Yale Beinecke Libr. 395 (anc. Cheltenham Phillipps 4156) [agn. ca. 1275] (C), autre ms. Cambridge Emmanuel Coll. 106 [agn. 3^eq. 14es.]; p. p. M.-V. Young, *Les enseignements de Robert de Ho, dits Enseignemens Trebor*, thèse Zürich, Paris (Picard) 1901; [= TL Enseignem. Rob. de Ho; FEW RobHo; Dean 253].

RobHoES id.; ms. Cambridge Emmanuel Coll. (E) offrant des extraits dans un ordre modifié; p. p. T. F. Salminen (Mustanoja), "Newly discovered extracts of the Enseignements Trebor", *NM* 43 (1942) 49-61.

RobOmMirL Robert de l'Omme (de l'Orme), Miroir de vie et de mort, poème moral allégorique, en vers octosyll.; pic. 1266; ms. de base Ste-Gen. 2200 [art. 1277] (G), en var. BN fr. 834 [pic. déb. 14es.] (N), BN fr. 24432 [frc. av. 1349] (P), Vat. Ottoboni lat. 2523 [ca. 1455]; p. p. A. Långfors, "Le miroir de vie et de mort par Robert de l'Omme (1266)", *R* 47 (1921) 511-531; 50 (1924) 14-53; [= TL Mir. de vie et de mort]. Le ms. Chantilly Musée Condé 617 (1386) [wall. 2^em. 15es.] (C) contient une dramatisation du texte (concordance R 50,40-41) p. p. G. Cohen, *Mystères et moralités du manuscrit 617 de Chantilly*, Paris (Champion) 1920, texte 39-77 [peu sûr: c.r. essentiel Långfors R 50,43-49].

RobReimsM Robert de Reims alias La Chievre de Reins, aussi Li Chievre, chansons RS 1510 (= 1), 957 (2), 35 (3), 1852 (4), 383 (5), 1485 (6), 319 (7), 1163 (8), 1655 (9); ms. principal BN nfr. 1050 [2^em. 13es.] (X), CFHKMNOPRTU et a en var.; 1^em. 13es.; p. p. M. F. Mann, "Die Lieder des DIchters Robert de Rains genannt La Chievre", *ZrP* 23 (1899) 79-116.

RobertEcly G. Robert, "La seigneurie d'Ecly du XIIe au XVIe siècle", *Travaux de l'Académie nationale de Reims* 139 (1925) 139-225. Contient des doc. orig., fr. (champ.sept.) de 1254 à 1389.

RobertPorc G. Robert, *Documents relatifs au comté de Porcien, 1134-1464*, Monaco (Impr. de Monaco) – Paris (Picard) 1935. Orig. fr. (champ.sept.) à partir de 1254.

RobreauHonn Y. Robreau, *L'honneur et la honte. Leur expression dans les romans en prose du Lancelot-Graal (XIIe - XIIIe siècles)*, Genève (Droz) 1981. Repose sur plusieurs traditions des cycles du Graal en prose de la 1e moitié du 13e siècle.

RockelGoupil K. Rockel, *Goupil. Eine semasiologische Monographie*, thèse Breslau 1906; [= TL Rockel goupil].

RohlfsCal G. Rohlfs, *Dizionario dialettale delle Tre Calabrie*, 3 vol., Halle (Niemeyer) – Milano (Hoepli) 1932-1939. Nouv. éd.: → RohlfsNCal.

RohlfsFablels G. Rohlfs, *Sechs altfranzösische Fablels*, Halle (Niemeyer) 1925 (Sammlung rom. Übungstexte 1); [= TL Afz. Fablels et Rohlfs Fablels]. Contient → HainAnR, PrestreForceR, BorgOrlBerlR, QuatrePrestresR, VilParadisR, ChevRobeR.

RohlfsGasc

RohlfsGasc G. Rohlfs, *Le Gascon. Études de philologie pyrénéenne*, Tübingen (Niemeyer) ²1970.

RohlfsGramIt G. Rohlfs, *Historische Grammatik der italienischen Sprache und ihrer Mundarten*, 3 vol., Bern (Francke) 1949-1953.

RohlfsLehn G. Rohlfs, *Romanische Lehnübersetzungen aus germanischer Grundlage (Materia romana, spirito germanico)*, München (Bay. Ak.) 1983.

RohlfsNBeitr G. Rohlfs, *Neue Beiträge zur Kenntnis der unteritalienischen Gräzität*, München (Beck) 1962 (Bayerische Akademie der Wissenschaften).

RohlfsNCal G. Rohlfs, *Nuovo dizionario dialettale della Calabria, con repertorio italo-calabro*, Ravenna (Longo) 1977.

RohlfsSprachgeogr G. Rohlfs, *Romanische Sprachgeographie*, München (Beck) 1971.

RohrVok R. Rohr, *Das Schicksal der betonten lateinischen Vokale in der Provincia Lugdunensis Tertia, der späteren Kirchenprovinz Tours*, Berlin (Duncker & Humblot) 1963. C. r. Gossen ZrP 82, 374-391.

RohrRum R. Rohr, *Kleines rumänisches etymologisches Wörterbuch*, t. I, A-B, Frankfurt (Haag & Herchen) 1999. Le c.r. peu favorable de Popovici, ZrP 117,519-527, rappelle les travaux préparatoires de G. Reichenkron et de J. Hubschmid visant un grand dictionnaire non réalisé.

RoiFloreMol Le roi Flore et la belle Jeanne, conte d'aventure en prose; pic. mil. 13ᵉ s.; ms. BN fr. 24430 [pic. (Tournai) ca. 1295]; p. dans → MolandHéricault p. 85-157; [= Boss 1317]. Reproduction photoméc. dans F. Wolfzettel, *Französische Schicksalsnovellen*, München (Fink) 1986 (Kl. Texte MA N.F. 26), avec trad.

RoiFloreJ⁰ id.; p. p. E. Jacob, *Li contes dou roi Flore et de la bielle Jehane*, thèse Strasbourg 1971; [= Wo 148; Wos 148]. Éd. non publiée, sensiblement identique à RoiFloreMol.

RoiFloreM id.; p. p. F. Michel, *Le roman du roi Flore et la belle Jeanne*, Paris (Techener) 1838; [FEW RoiFlore (par erreur aussi Flore) = gloss. R. Levy, Phil. Quarterly 14,253-62].

RoiLarB Parabole *Du roi ki racata le laron*, poème moral allégorique, couplets d'octosyll. rimés; pic. 2ᵉm. 13ᵉs.; ms. de base BN fr. 25566 [pic. (Arras) prob. 1295] (A), en var. BN fr. 378 [fin 13ᵉs.] (B); p. p. E.G.W. Braunholtz, "*Du roi qui racata le laron*. An Old French parable on confession and penance*", → MélKastner 68-84.

RoisC Quatre livres des Rois (Sm I et II et Rg I et II), traduction de tradition anglaise, s'inspirant de la Vulgate et de l'Itala, glosée (l'éd. C place les gloses entre crochets), prose (en partie rimée); agn. 2ᵉm. 12ᵉs.; ms. de base Maz. 54 (70, anc. Cordeliers) [cette partie agn. fin 12ᵉs.] (M, contient seulement Rois), lacunes comblées à l'aide de BN fr. 6447 [flandr. 4ᵉq. 13ᵉs.] (N), autres mss. Ars. 5211 [Acre 1250-54] (A), BN nfr. 1404 [Acre 1281] (N¹), Chantilly Musée Condé 3 (724) [14ᵉs.] (C) copie de N¹; p. p. E. R. Curtius, *Li quatre livre des Reis*, Dresden – Halle (Niemeyer) 1911 (Ges. für roman. Lit. 26); [= TL LRois C; FEW QLivre; Dean 444; Vising 5; AND Liv Reis]. L'éd. retient les accents du ms.; donne heureusement la concordance avec l'éd. L dans le texte même. Le texte a été intégré, avec → Juges, dans → BibleAcre.

RoisL id.; ms. Maz. 54; p. p. A. J. V. Le Roux de Lincy, *Les quatre livres des Rois*, Paris (Impr. Royale) 1841; [= TL LRois; Vising 5]. Contient aussi → JobGregL et SBernAn¹L.

RoisFragmH id., fragment correspondant à RoisC 178,1-15; 179,23 - 80,4; agn. 1ᵉm. 13ᵉs.; ms. Gent collection G. de Poerck [agn. 1ᵉm. 13ᵉs.]; p. p. E.B. Ham, "Passages from the Anglo-Norman Book of Kings", *MLN* 52 (1937) 260-262; [= Boss 3056].

RoisinM Livre Roisin, coutumier de Lille portant le nom du clerc de la ville Jean Roisin (encore vivant en 1303/04); flandr. (Lille) 1283 (ou peu après); la copie de 1349 (ou peu après) contient le texte considéré original et qqs. paragraphes aj. fin 13ᵉ et déb. 14ᵉs. (relevés dans l'éd.), ms. de base Lille Arch. mun. 15910 (AAA, AA-209) [1349 ou peu après, continué jusqu'en 1510] (A¹), Lille Bibl. mun. 719 (213) [ca. 1375 et déb. 15ᵉs.] (B¹) copié d'un état de 1296, d'autres mss. sont des copies multiformes (p. XII-XXXV); p. p. R. Monier, *Le livre Roisin, coutumier lillois de la fin du XIIIᵉ siècle*, Paris (Domat-Montchrestien) – Lille (Raoust) 1932; [= TL Roisin²; FEW Roisin]. Ajouts de 1283 à 1349 publiés en notes. Concordance des éd. M et B ici, en appendice; concordance avec le ms. dans l'éd. p. XIV-XVII; les traits gras en marge signalent heureusement des ajouts postérieurs.

RoisinB id.; seul ms. utilisé Lille Arch. mun. 15910; p. p. E. B. J. Brun-Lavainne, *Roisin. Franchises, lois et coutumes de la ville de Lille*, Lille (Vanackere) – Paris (Colomb de Batines) 1842; [= TL Rois.]. Contient nombre de matériaux postérieurs en date et transmis par des copies tardives, de plus transcription fautive; à utiliser avec précaution; cf. → Drüppel 31-34. Concordance des éd. M et B ici, en appendice.

RolS La Chanson de Roland, première chanson de geste du cycle de Charlemagne, en laisses décasyll. assonancés; [norm. ou agn. ?] ca. 1100; ms. Oxford Bodl. Digby 23 [agn. 2ᵉq. 12ᵉs.] (O), choix de var. et citations des mss.-versions rolandiens comme constituantes de l'édition critique du ms.-version O (V4,C,V7,P,F,L,l,T,B, voir le stemma p. xiv); p. p. C. Segre, *La chanson de Roland*, Milano – Napoli (Ricciardi) 1971 (Doc. di Filologia 16); [= TL Ch. Rol. Segre; Dean 76; Boss² 1471]. Bibl. et corr. aux leçons du ms. d'Oxford: H. Ogurisu ZrP 130,23-45. Mss.: Segre-Beretta-Palumbo MedRom 32 (2008) 135-207.

RolS² id., traduction de l'éd. ¹1971 avec qqs. révisions ponctuelles de la part de l'auteur; p. p. C. Segre, *La Chanson de Roland, nouvelle édition revue, traduite de l'italien par M. Tyssens*, vol. 1 *Introduction, texte critique, variantes de O, index des noms propres*, vol. 2 *Apparat de la rédaction β et recherches sur l'archétype*, Genève (Droz) 1989 (T. L. F. 368); [= TL Ch. Rol. Segre²]. Kibler RoPh 45,540-544 informe sur les différences entre l'éd. S et S². Cf. *gieser* m. DEAF G 1655,54: mot escamoté. L'éd. 'refondue' de 2003 est en fait une réimpr. photoméc. du t. 1, avec un gloss. réduit: sans utilité.

RolB id.; p. p. J. Bédier, *La chanson de Roland*, Paris (Piazza) 1921; *La chanson de Roland (Commentaires)*, Paris (L'édition d'art, Piazza) 1927 [1937: dernière éd.]; [= TL Ch. Rol. Bédier; FEW Roland]. Le second vol. contient un glossaire ample par L. Foulet.

RolBr id.; p. p. G. J. Brault, *The Song of Roland: An analytical edition*, 2 vol., University Park – London (Pennsylvania State Univ. Pr.) 1978; [= Boss² 1473]. C.r. Duggan Spec 56,355-358: commentaires en partie douteux.

RolC id.; p. p. L. Cortes, *La Chanson de Roland*, Paris (Nizet) 1994. Peu utile, v. Segre RF 108,274s.

RolD id.; p. p. J. Dufournet, *La chanson de Roland*, Paris (Flammarion) 1993. Lire Segre RLiR 60,5-23.

RolH id.; p. p. A. Hilka, *Rolandsmaterialien. 1. Das altfranzösische Rolandslied nach der Oxforder Handschrift*, Halle (Niemeyer) 1926 (Samml. roman. Übungstexte 3/4); [= TL Ch. Rol. H].

RolH⁴ id.; p. p. A. Hilka, *Das altfranzösische Rolandslied nach der Oxforder Handschrift*, Tübingen (Niemeyer) ⁴1953 (Samml. roman. Übungstexte 3/4) [p. p. G. Rohlfs; réimpressions]; [= TL Rolandslied (4ᵉ éd.) *et* Ch. Rol. R (7ᵉ impr.)].

RolM id.; p. p. R. Mortier, *Les textes de la Chanson de Roland*, t. 1, *La version d'Oxford*, Paris (La Geste Francor) 1940 [1941]. Base du concordancier p. p. J. J. Duggan, *A concordance of the Ch. de R.*, s.l. (Ohio State UP) 1969 (sa collation du ms. [excellente démarche] fournit 11 err. de Mortier, v. Préface).

RolMichel¹ id.; p. p. F. Michel, *La Chanson de Roland ou de Roncevaux*, Paris (Didot) 1837; [= Boss 689]. Ed. princeps.

RolMichel² id.; p. p. F. Michel, *La chanson de Roland et le roman de Roncevaux*, Paris (Didot) 1869; [= TL Roncev.; Boss 689n.]. Contient aussi → RolCMichel et RolPMichel.

RolMoign id.; p. p. G. Moignet, *La Chanson de Roland*, Paris (Bordas) 1969; [= TL Ch. Rol. M; Boss² 1470].

RolSh id.; p. p. I. Short, *La chanson de Roland*, Paris (Poche) 1990 (Lettres goth. 4524); [= TL Ch. Rol. S]. Peu utile, lire C. Segre RLiR 60,5-23: un cours de l'art de l'édition.

RolSh² id.; RolSh réimprimé dans J. J. Duggan et al., *La chanson de Roland – The song of Roland. The French corpus*, 3 vol., Turnhout (Brepols) 2005, t.1, Part 1, *The Oxford version*, par I. Short. Contient aussi → RolCD, RolCaE, RolFragmE/L/MK, RolLK, RolPR, Rolv4^{1/2}C, et Rolv7D.

RolSt¹ id.; p. p. E. Stengel, *Das altfranzösische Rolandslied*, Heilbronn (Henninger) 1878.

RolSt² id.; p. p. E. Stengel, *Das altfranzösische Rolandslied*, Leipzig (Dieterich) 1900; [= Boss 697]. 'T.1', seul paru.

RolW³ id.; éd. très conservatrice du ms. Oxford, p. p. F. Whitehead, Oxford (Blackwells) 1942; 2ᵉ éd. 1946 réimpr. avec qqs. retouches mineures par T. D. Hemming, *La chanson de Roland*, Bristol (Bristol Class. Press) 1993.

RolCF id., version rimée; ca. 1200; ms. Châteauroux 1 [francoit. fin 13ᵉs.] (C); les vers 1-5883 correspondent à Rol 1-3681; p. p. W. Foerster, *Das altfranzösische Rolandslied. Text von Chateauroux und Venedig VII*, Heilbronn (Henninger) 1883. Cf. → Rolv7F.

RolCD id.; p. dans → RolSh² t.2, Part 3, *The Châteauroux – Venice 7 version*, par J. J. Duggan, App. B *Text of the Châteauroux manuscript* (III/531-807).

RolCM id.; p. dans → RolM, t. 4, *Le manuscrit de Châteauroux*, Paris (La Geste Francor) 1943.

RolCMo

RolCMo id.; p. p. M. Moffat, *The Châteauroux version of the Chanson de Roland*, Berlin (De Gruyter) 2014. Éd. émendée, amplement annotée; gloss. étendu (erreurs dans les renvois numériques).

RolCMichel id., début du texte avec, comme suite, → RolPMichel, publié sous le titre de Roman de Roncevaux dans → RolMichel² (p. 125-163, v. 1-1309); la numérotation des vers saute de 3912 à 8913; concord. avec RolCM ici, en app. [Gdf 'Roncisvals' et Li 'Ronc.' concernent l'éd. J.-L. Bourdillon de 1841: éd. du ms. C aux modifications non appuyées nombreuses: inutilisable.]

RolCaM id., version rimée modernisant un texte proche de → RolC; [1^{er}t. 15^{e}s. ?]; ms. Cambridge Trinity Coll. R.3.32 [Ouest après 1431] (T/Ca) acéphale; p. dans → RolM, t. 7, *Le texte de Cambridge*, Paris (La Geste Francor) 1943. Réimprime l'éd. Foerster en ajoutant des erreurs (v. W. van Emden dans → MélHolden 58).

RolCaE id.; p. p. W. van Emden, dans → RolSh² t.3, Part 5, *The Cambridge version*.

RolLM id., version remaniée abrégée, mettant au premier plan Roland et Ganelon, laisses de décasyll. rimés; [13^{e}s.?]; ms. Lyon Bibl. mun. 743 (649) [bourg. ca. 1300] (L); p. dans → RolM, t. 8, *Le texte de Lyon*, Paris 1944. Réimprime l'éd. Foerster en ajoutant des erreurs (v. W. van Emden dans → MélHolden 59).

RolLF id.; transcription dipl.; p. p. W. Foerster, *Chanson de Roland. Das altfranzösische Rolandslied. Text von Paris, Cambridge, Lyon und den sogenannten Lothringischen Fragmenten*, Heilbronn (Henninger) 1886 (Altfr. Bibl. 7).

RolLK id.; p. p. W. W. Kibler, dans → RolSh² t.3, Part 6, *The Lyon version*.

RolPM id., version rimée, proche de RolC, mais aux leçons et développements propres; [ca. 1200] ca. 1275; ms. fragm. BN fr. 860 [lorr.sept. ca. 1275] (P); p. dans → RolM, t. 6, *Le texte de Paris*, Paris (La Geste Francor) 1942.

RolPR id.; p. dans → RolSh² t.3, Part 4, *The Paris version*, par A. C. Rejhon.

RolPMichel id.; p. dans → RolMichel² (p. 163-359, v. 1310-13109); [= TL Roncev.; Boss 689n.]. Concordance avec RolPM ici, en app.: v. 1309-fin = RolP.

Rolv4$^{1/2}$B id., version (ou compilation) du ms. Venise IV, 1e partie, v. 1-3846, assonancée, transposition en francoit. (Treviso) des vers 1-3681 de Rol, ca. 1300, 2e partie, v. 4418-6011 appartenant à la version rimée (RolC l. 337-448) ajoutant un épisode en rapport avec le cycle des Narbonnais (v. 3847-4417), francoit. ca. 1300; ms. Venezia Marc. fr. IV (225) [francoit. 1^{e}m. 14^{e}s.] (V^4); p. p. C. Beretta, *Il testo assonanzato franco-italiano della Chanson de Roland: cod. Marciano fr. IV (= 225)*, Pavia (auteur; Univ.) 1995.

Rolv4$^{1/2}$C id.; p. p. R. F. Cook, dans → RolSh² t.1, Part 2, *The Venice 4 version* (pagin. propre).

Rolv4$^{1/2}$M id.; p. dans → RolM, t. 2, *La version de Venise IV*, Paris 1942 [1941].

Rolv4$^{1/2}$G id.; p. p. G. R. P. Gasca Queirazza, *La chanson de Roland nel testo assonanzato franco-italiano*, Torino (Rosenberg & Sellier) s.d. [1955]. N^{os} de vers supérieurs de 1 à 37 par rapport à l'éd. K.

Rolv4$^{1/2}$R id.; p. p. G. Robertson-Mellor, *The Franco-Italian Roland (V4)*, Salford (Univ. of Salford Repr.) 1980; [= TL Ch. Rol. Fr.-It. R-M]. Éd. inférieure à l'éd. G. C.r. Holden MLR 78 (1983) 914-917.

Rolv4$^{1/2}$K id.; p. p. E. Kölbing, *La chanson de Roland. Genauer Abdruck der Venetianer Handschrift IV*, Heilbronn (Henninger) 1877. Éd. dipl. assez correcte.

Rolv7F version rimée du type RolC; [ca. 1200] fin 13^{e}s.; ms. Venezia Marc. fr. VII (251) [francoit. fin 13^{e}s.] (V^7); p. dans RolCF: impression interlinéaire en petit corps.

Rolv7D id.; éd. 'critique' dangereuse qui fabrique un texte factice sur la base de RolC et Rolv7, p. p. J. J. Duggan dans → RolSh² t. 2, p. 115-530 (= III). Il faut obligatoirement considérer les 'var.', car le texte imprimé comporte des mots inventés, inexistants dans toutes les versions et même inexistants en fr. (ex.: $^{[*]}$*javelois* 5620)!

Rolv7M id.; p. dans → RolM, t. 5, *Le manuscrit de Venise VII*, Paris (La Geste Francor) 1942. Mauvaise éd.; avec reprod. du ms.; citer le ms. plutôt.

RolFragmEB id., fragment de la version rimée (v. → RolC, v. 4775ss.), avec des vers orphelins en fin de laisse; 13^{e}s.?; ms. BL Add. 41295.G (anc. Ehrman) [Ouest? fin 13^{e}s.] (l/e/B); p. p. F. Bogdanow, "Un fragment méconnu…", *R* 81 (1960) 500-520; [= TL Ch. Rol. fragm. B].

RolFragmEK id.; p. p. W. W. Kibler, dans → RolSh² t.3, Part 7, *The Fragments*, p. VII/37-42, *Text of the Bogdanow Fragment*.

RolFragmLM id.; 13^{e}s.?; ms. fragmentaire Lavergne [fin 13^{e}s.] (l); p. dans → RolM, t. 9, *Les* *fragments lorrains*, Paris (La Geste Francor) 1943, p. 1-6.

RolFragmLK id.; p. p. W. W. Kibler, dans → RolFragmEK p. VII/27-33, *Text of the Lavergne fragment*.

RolFragmMM id., fragm. de la version rimée (v. 3327-3554 du ms. d'Oxf.); 13ᵉs.?; ms. dit 'de Michelant', BN nfr. 5237 [rec. fact., 14-15: lorr. 13ᵉs.] (m/F); p. dans → RolFragmLM p. 9-23.

RolFragmMG id.; p. p. F. Génin, *La chanson de Roland, poëme de Theroulde*, Paris (Impr. nat.) 1850, 489-501; [= TL Ch. Rol. fragm. lorr.].

RolFragmMK id.; p. p. W. W. Kibler, dans → RolFragmEK p. VII/43-45, *Text of the Michelant fragment*.

[Rolandin Suite de → BertaMil.]

RôleBigotB Le rôle d'armes 'Bigot' contenant 295 blasons des participants d'une guerre entre le comte Charles d'Anjou et le comte Jean d'Avesnes (1254), sans miniatures, incip. *Vualeflans de Flakeraing*; pic. 1254; ms. BN fr. 18648 [17ᵉs.] copie d'un ms. ayant appartenu aux membres du Parlement de Rouen Bigot, perdu (fin 14ᵉs.?); p. p. G. J. Brault, *Eight thirteenth-century rolls of arms in French and Anglo-Norman blazon*, University Park PA (Pennsylvania State Univ. Press) – London 1973, p.16-30. Contient aussi → ArmGloverAB, ArmGloverBB, ArmHarlB, ArmHarlLB et var. D, RôleCamB, ArmChiffletB, ArmFalkBB, ArmNatB, SiègeCaerlB; [= AND Eight Rolls]. [Étude par B.M. Scott accessible en 2016 sur www.s-gabriel.org/heraldry/talan/bigot.]

RôleBigotA id.; p. p. P. Adam-Even, "Un armorial français du milieu du XIIIᵉ siècle. Le rôle d'armes Bigot, 1254", *Archives héraldiques suisses* 3 (1949) 15-22; 68-75; 115-121; [= Brault-Blazon BA; cf. Dean 391.1]. Éd. peu sûre.

RôleCamB Rôle d'armes général, incip. *Le Rey de Jerusalem porte le escu de argent a une croiz de or, cruselé de or* (185 blasons), Angleterre (propriétaire ca. 1605: Camden); agn. ca. 1280 (entre 1278 et 1285); ms. imprimé: BL Cotton Roll XV.8 [agn. ca. 1282] (Da) [blasons sur le rᵒ, blasonné sur le vᵒ], autres mss.: Oxford Queen's Coll. 158 [16ᵉs.] (Db) copie de Da, London Coll. of Arms Vincent 164 [16ᵉs.] (Dc), BL Harl. 6137 [16ᵉs.] (Dd), London Coll. of Arms L.14 [ca. 1605] (De), London Coll. of Arms L.14,1 [ca. 1605] (Df), Stratford upon Avon ShBTRO Archer 44 [cette partie 1601] (Dg); p. dans → Brault-Rolls 1,172-201. [Texte également dans → RôleBigotB p. 68-76.]

RôleCamG id.; même ms. de base; p. p. J. Greenstreet, "The original Camden roll of arms", *Journal of the Brit. Archaeol. Ass.* 38 (1882) 309-328; [cp. Dean 391.1].

RomAmDieuL *De l'amor que Dex a a home* / *le romans de l'amor que nostre sire ot a homme*, poème religieux en vers octosyll.; 1ᵉʳt. 13ᵉs.; ms. de base Vat. Reg. lat. 1682 [2ᵉq. 14ᵉs.] (A), en var. BN fr. 24429 [déb. 14ᵉs.] (B), BN fr. 837 [frc. 4ᵉq. 13ᵉs.] (C); p. p. F. Lecoy, "De l'amor que dex a a home", *R* 81 (1960) 199-240.

RomPast K. Bartsch, *Altfranzösische Romanzen und Pastourellen*, Leipzig (Vogel) 1870 (réimpr. sous le titre *Romances et pastourelles françaises des XIIᵉ et XIIIᵉ siècles*, Darmstadt, Wiss. Buchges., 1975); [= TL Rom. u. Past.]. Mss. de base et var.: BN fr. 20050 [lorr. 3ᵉt. 13ᵉs.] (B/Schwan: U), Vat. Reg. lat. 1725 [frc. fin 13ᵉs.] (V), BN fr. 1553 [pic. 1285 n.st.] (Uᵃ), BN fr. 1374 [ca. 1260] (Uᵇ), BN fr. 12615 [art., 1ᵉ partie 4ᵉq. 13ᵉs.] (F/T), Oxford Bodl. Douce 308 [Metz ca. 1320] (C/I), Vat. Reg. lat. 1490 [déb. 14ᵉs.] (G/a), Ars. 5198 (anc. B.L.F. 63) [déb. 14ᵉs.] (M/K), BN fr. 845 [3ᵉt. 13ᵉs.] (L/N), BN nfr. 13521 (anc. La Clayette) [fin 13ᵉs.] (R), Bern 389 [lorr. fin 13ᵉs.] (A/C), Modena Bibl. Estense α.R.4.4 [fᵒ218-230 1254] (D/H), BN fr. 24406 (anc. La Vallière 59) [3ᵉt. 13ᵉs.] (P/V), BN fr. 12581 [frc. (av.) 1284] (Q), BN fr. 844 [pic. 2ᵉm. 13ᵉs.] (E/M), BN lat. 11724 [gardes 13ᵉs.] (S) pièce I 72, BN fr. 847 [4ᵉq. 13ᵉs.] (N/P). Normalise tacitement! Cp. → RivièrePast; BodelPastB; PadenPast; cf. → WichertPast; RaynaudSpanke.

RomRomL Le Roman des romans, une critique didactique du monde en quatrains de vers décasyll.; agn. fin 12ᵉs.; ms. de base Cambridge Trinity Coll. O.2.14 (1118) [agn. mil. 13ᵉs.] (C), en var. BN fr. 25407 [agn. 4ᵉq. 13ᵉs.] (A), BN fr. 19525 [agn. fin 13ᵉs.] (B), BL Roy. 20 B.XIV [agn. ca. 1300] (M), Cambridge Clare Coll. 10 (KK.3.10) [agn. 1ᵉm. 13ᵉs.] (F), BN fr. 24429 [déb. 14ᵉs.] (C) fᵒ115vᵒ-117rᵒ fragm., Vat. Reg. lat. 1682 [2ᵉq. 14ᵉs.] fragm.: 721ss., Oxford Bodl. Douce 210 [agn. déb. 14ᵉs.] fragm., aussi New Haven Yale Beinecke Libr. 590 (anc. Pearson; Cheltenham Phillipps 2324) [agn. mil. 13ᵉs.]; p. p. I. C. Lecompte, *Le roman des romans*, New York (Princeton Univ. Press) 1923 (Elliott Monogr. Rom. Lang. and Lit. 14); [= TL Rom. des Romans L; Dean 601]. Composition continentale, mais mss. surtout insulaires.

RomRomT id.; éd. 'critique' basée sur le ms. du Trinity Coll. (C), p. p. F. J. Tanquerey, *Deux poèmes moraux anglo-français: Le roman des romans et Le sermon en vers 'Oyez, seigneurs, sermun'*, Paris (Champion) 1922; [= TL Rom. des Romans T; AND Rom rom; Vising 25]. Texte p. 43-100; p. 103-195: → SermOyezT.

Ronjat

Ronjat J. Ronjat, *Grammaire istorique des parlers provençaux modernes*, 4 vol., Montpellier (SLR) 1930-1941; [= FEW Ronjat].

RöntgenTier K.-H. Röntgen, *Untersuchungen zu frühen Lehnprägungen romanischer Tierbezeichnungen*, Bonn (Rom. Verlag) 1992. Surtout le type *tette-chèvre*, surtout mfr. et frm.

Roquefort J. B. de Roquefort, *Dictionnaire étymologique de la langue françoise*, 2 vol., Paris (Goeury) 1829.

RoquefortGl J. B. de Roquefort, *Glossaire de la langue romane*, 2 vol., Paris (Warée) 1808; *Supplément au glossaire...* [dit 't. 3'], 1 vol., Paris (Chasseriau & Hécart) 1820; [TL Roquefort Gloss. = 2 vol. de 1808; TL Roquefort Suppl. = 't. 3']. A été exploité par Gdf, v. G. Roques ActesMfr[10] 300-305; exploite DC. Présentation: Françoise Vielliard, Bull. Soc. nat. Antiquaires, 27 févr. 2013 [2015], 97-108. Avant Lac et Gdf, c'était *le* dict. de l'afr. à côté de DCCarp (v. TL 1,III).

RoquesLex M. Roques, *Recueil général des lexiques français du moyen âge (12e-14e siècles)*, I (seule partie parue): *Lexiques alphabétiques*, 2 vol., Paris (Champion) 1936-1938 (réimpr. 1969-1970); [= TL Rec. gén. Lexiques]. Contient → AalmaR, GlConchR, GlDouaiR, GlEvr^{1}R, GlParR, GlVatR, v. aussi → GlBNlat4120A.

RoquesRég Gilles Roques, *Aspects régionaux du vocabulaire de l'ancien français*, thèse Strasbourg 1980, non publiée (cf. ActesRégLex 39-41).

RoseLLangl Roman de la Rose, par Guillaume de Lorris, poésie allégorique aux aspects multiples, centrée sur l'art d'amour, restée incomplète (continuée par → RoseM), en couplets d'octosyllabes (v. 1-4058); traits orl., ca. 1230; ms. de base BN fr. 1573 [orl. ca. 1285] (Ha) deux scribes contemp., pour les 300 autres mss. v. surtout E. Langlois, Les mss. du Roman de la Rose, Lille-Paris 1910; aj. RoseLLangl t. 1,49 et RoseLLec 1,xxxvi, de plus Cologny Bodmer 79 [1308], Roma Acc. dei Lincei Corsini Cors. 1275 (55 K 4) [14^{e}s.] (Ne) cité par Gdf (f°1-144; 90a = 13302), Lausanne BCU M.454 [faibles traits lorr. 1^{e}m. 14^{e}s.] (Ls) cité par Gdf, Frankfurt Ms. lat. qu. 65 [Paris ca. 1303] v. MélBraet 685-703, Vat. Reg. lat. 1858 [prob. norm. 1371] cité dans KellerRomv, Leiden Univ. BPL 2552: 3 [2^{e}q. 15^{e}s.] fragm., Kraków Univ. gall. fol. 209 (anc. Berlin) [3^{e}q. 15^{e}s.], Kraków Univ. gall. qu. 80 (anc. Berlin) [Paris? ca. 1335], Kraków Univ. gall. fol. 178 (anc. Berlin) [II: déb. 15^{e}s.] fragm. enregistré dans StutzmannTylus 79-80, Berlin Staatsbibl. Hamilton 577 [I: lorr. 1^{er}t. 14^{e}s.], autres mss. mentionnés ici et là, en partie à l'identification difficile: BN fr. 378 [fin 13^{e}s.] (θα), BN fr. 380 [ca. 1400], BN fr. 806 (anc. Baluze 92) [1^{e}m. 15^{e}s.], BN fr. 1560 [ca. 1320] Me, BN fr. 1569 [ca. 1300] (Jo), BN fr. 1570 [déb. 15^{e}s.] écrit par Raoul Tainguy, BN fr. 1574 (anc. Baluze 80) [14^{e}s.] (Je), BN fr. 1576 [Est déb. 14^{e}s.] (Bâ), BN fr. 12587 [déb. 14^{e}s.] (λα), BN fr. 9345 [f°2-61 ca. 1300] (Fi), BN fr. 12595 [15^{e}s.], BN fr. 12786 [frc. déb. 14^{e}s.] (Da), BN fr. 19137 (anc. S. Germ. fr. 1240) [2^{e}m. 15^{e}s.], BN fr. 25523 [ca. 1330] (Za), Ars. 3338 [1^{e}m. 14^{e}s.] Kl, Paris Ass. nat. (anc. Ch. des Députés) 1230 [2^{e}t. 14^{e}s.] (Lm^2), BN Rothschild 2800 (anc. James de Rothschild 2800) [art. 1329] (γο), Chantilly Musée Condé 480 (686) [déb. 14^{e}s.] (φε), Chantilly Musée Condé 479 (911) [déb. 14^{e}s.] (φα), Chantilly Musée Condé 483 (1480) [mil. 14^{e}s.] (Jl), Amiens Bibl. mun. 437 [pic. 2^{e}m. 14^{e}s.] (Ce), Arras 532 (845) [Artois ca. 1400], Dijon 526 (299) [pic. fin 13^{e}s.] (Ca), Montpellier Ec. de Méd. 438 (anc. Bouhier) [ca. 1330] (Mon) cité par Gdf, BL Egerton 1069 [ca. 1410], Oxford Bodl. Rawl. A.446 [fin 13^{e}s.] (De) fragm., København Kgl. Bibl. Gl. Kgl. 2061 4° (Fr.LV) [pic. 2^{e}t. 14^{e}s.] (He), Frankfurt Univ. Ms. lat. qu. 65 [déb. 14^{e}s.], Firenze Bibl. Med. Laurenz. Acquisti e Doni 153 [déb. 14^{e}s.] (Jê), Firenze Bibl. Riccard. 2755 [Paris, traits pic. ca. 1300] (Ri) cité par Gdf, Torino Bibl. naz. L.III.22 (1660) [flandr. fin 13^{e}s.] (Be) endomm., Vat. Reg. lat. 1522 [déb. 14^{e}s.] (Le), Vat. Urbinati lat. 376 [fin 13^{e}s.], Peterburg RNB Fr.F.v.XIV.5 [14^{e}s.] 136 f^{os}, Peterburg Ermitage MS 5 (?, anc. Stieglitz 14045, anc. Polotzoff 2153, anc. S. Germ.?) [ca. 1490] 251 f^{os}, New Haven Yale Beinecke Libr. 33 (anc. Z111.015, Pickering, Cooke, De Ricci 33) [frc. 14^{e}s.], New Haven Yale Beinecke Libr. 418 [3^{e}q. 15^{e}s.], New Haven Yale Beinecke Libr. 592 (anc. Soubise, Pearson) [Rouen 1462], Hanover NH Dartmouth Coll. Rauner Codex 3206 [Paris 2^{e}q. 14^{e}s.], Kansas City J.E. et E.J. Ferrell (dépôt J. Paul Getty Mus. Malibu; anc. Cheltenham Phillipps 4357) [ca. 1430/ca. 1470], Stalden Günther (?, anc. Cheltenham Phillipps 4363, Kraus, Amsterdam BPH 136) [1375], Tokyo Senshu Univ. ms.2 (anc. Cheltenham Phillipps 8185) [14^{e}s.], Milano Bibl. Ambrosiana I.78 Sup. [déb. 14^{e}s.], Bruxelles Bibl. roy. 4782 [déb. 14^{e}s.] (Lj), Bruxelles Bibl. roy. 9574-75 [norm. ca. 1300], Den Haag KB 120.D.12 (AA 60, 699) [2^{e}t. 14^{e}s.] (Gû), Den Haag KB 120.D.13 (AA 61, 700) [champ.sept. ca. 1300] (Ko), Cape Town Nat. Libr. Grey 4.c.12 [1^{er}q. 14^{e}s.], BN nfr. 934,17-18 [fin 13^{e}s. et 14^{e}s.?] fragm.; p. p. E. Langlois, *Le Roman de la Rose par Guillaume de Lorris et Jean de Meun*, 5 vol., Paris (Firmin Didot) 1914-1924 (SATF); [= TL Rose L (cette abrév. concerne l'éd. comprenant les textes de Guillaume de Lorris [L] et de Jehan de Meun [M]); FEW RoseL]. Édition à normalisations (frc. et orl.) mineures, mais constantes (*an* > *en*, etc.), malheureusement souvent non documentées; bon apparat critique; éd. préférée (si la leçon du texte de base est satisfaisante, ce qui se contrôle par les ms. (accessible en ligne) ou encore par l'éd. Lecoy: même ms.). Cf. le site romandelarose.org (Johns Hopkins et BN: distinguera la dat. et la loc. des miniatures et de l'écriture et de la langue et fournira l'hist. des mss.); C. Bel et H. Braet, *De la Rose*, Louvain 2006; M. Ferretti, *Il Roman de la Rose*, thèse Bologna 2011, non publ., en ligne; H. M. Arden, *The Roman de la Rose. An annot. bibl.*, New York – London 1993; pour les éd. anc., imprimés et leur filiation v. Ph. Frieden dans *Perspectives médiévales* 34 (2012) et DEAF FLACARGNE; → Auler-Orl.

RoseLLec id.; même ms. de base Ha (= 'H'), contrôlé par Dijon 526 (299) [pic. fin 13ᵉs.] (C/Ca), BN fr. 12786 [frc. déb. 14ᵉs.] (D), BN fr. 25523 [ca. 1330] (Z), BN fr. 1559 [fin 13ᵉs.] (L); p. p. F. Lecoy, *Guillaume de Lorris et Jean de Meun, Le roman de la Rose*, 3 vol., Paris (Champion) 1965-1970 et réimpr. (CFMA 92, 95, 98); [= TL Rose Le; Boss² 5163]. Malheureusement décalage de ca. 30 (en moins) dans la numérotation des vers par rapport à l'éd. Langlois.

RoseLM id.; ms. de base BN fr. 25523 (Z), corrigé à l'aide de qqs. 50 mss.; p. p. D. M. Méon, *Le Roman de la Rose par Guillaume de Lorris et Jehan de Meung*, t. 1-3, Paris (Didot) 1813; [= TL Rose¹]. Le t. 3 contient aussi → JMeunTresM; le t. 4 (Paris 1814) contient → JMeunTestM (p. 1-116); JMeunEpithM (p. 117-121); Les *Remonstrances* ou *La complainte de Nature a l'alchymiste errant*, par Jean Perreal, ca.1516 (p. 123-168), suivi de *La response de l'alchymiste a Nature*, ca. 1516 (p.169-202); un *Testament* attrib. à Arnauld de Villeneuve (p. 203-204); *Petit traicté d'alchymie*, intitulé *Le sommaire philosophique*, de Nicolas Flamel, 15ᵉs., impr. 1561 (205-242); *Autres vers touchant le mesme art* (243-244); *La fontaine des amoureux de science*, par Jean de la Fontaine de Valenciennes, daté de 1413 au vers 1113, impr. 1618 (245-288); *Ballade du secret des philosophes* (289-290).

RoseLMich id.; p. p. F. Michel, *Le Roman de la Rose par Guillaume de Lorris et Jean de Meung*, 2 vol., Paris (Firmin Didot) 1864; [= TL Rose; Boss 2808]. Mauvaise reproduction de → RoseLM. Conc. avec RoseLLangl ici, en app.

RoseLP id.; ms. de base BN fr. 25523 [ca. 1330] (Z); p. p. D. Poirion, *Guillaume de Lorris et Jean de Meun, Le roman de la Rose*, Paris (Garnier-Flammarion) 1974 (GF T.I. 270); [= TL Rose P; Boss² 5164]. Lacunes du ms. comblées (entre crochets) à l'aide de → RoseLM, les var. de l'éd. Langlois et les leçons du ms. H. Transcription à contrôler: 3 erreurs sur 2 pages (Roques ZrP 94,171s.). Numérotation coïncide avec l'éd. Langlois: merci.

RoseLS id.; ms. BN fr. 12786 [frc. déb. 14ᵉs.] (Da/D), qqs. var. (en fin de vol.) essentiellement de BN fr. 378 [fin 13ᵉs.] (θα); p. p. A. Strubel, *Guillaume de Lorris et Jean de Meun, Le roman de la Rose*, Paris (Libr. Gén.) 1992 (L. de Poche, Lettres goth. 4533); [= TL Rose S], p. 42-267, suite: RoseMS. Numérotation des vers malheureusement quelque peu différente de celle de l'éd. Langlois. Contrôler la transcription: 18937 *grelles* l. *gresles*; 18940 *opposicions* l. *oppositions*; etc. (annonces: MedRom 17,468-469, FSt 48,189, StFr 38,305, RF 105,434-435, RLiR 56,625).

RoseL/MMart id.; reproduction de l'éd. → RoseL/MM de Méon; [= Boss 2809].

RoseMLangl Suite de → RoseL par Jehan de Meun, v. 4059-21780 *Atant fu jourz, e je m'esveille*, soit 18000 vers supplémentaires qui renferment «toutes les idées de son temps [de Jehan], toutes ses lectures et toute son érudition, sa prolixité, sa verve sarcastique, son culte de la nature, de la raison, de la science et de l'antiquité, son amour de la tolérance et de la liberté. C'est cette seconde partie surtout qui constitue une encyclopédie morale du XIIIᵉ siècle tout entier» (HenryChrest n°110, p. 212); frc. avec qqs. traits orl., ca. 1275 (prob. entre 1269 et 1275 ou très peu après); ms. de base BN fr. 1573 [orl. ca. 1285] (Ha); [= TL Rose L; FEW RoseM]. ÷

RoseMLec id.; suite de → RoseLLec. Même ms. que Langl.: Ha/H.

RoseMM id.; suite de → RoseLM.

RoseMMich id.; suite de → RoseLMich; [= TL Rose].

RoseMP id.; suite de → RoseLP.

RoseMS id.; ms. de base BN fr. 378 [fin 13ᵉs.] (θα); p. dans → RoseLS p. 268-1238 (dern. f° manque: texte omis, traduction poursuivie!).

[Rose cp. ParéRose.]

RoseDitAussiB Dit de la Rose, incip. *Aussi comme la rose nest*, en couplets octosyll.; 3ᵉt. 13ᵉs.; ms. BN fr. 837 [frc. 4ᵉq. 13ᵉs.]; p. dans → BartschHorning 603-610.

RoseDitAussiJ id.; p. dans → JubJongl 110-118.

RoseDitQuantO Dit de la Rose, dit allégorique sous forme de dévotion mariale, incip. *Quant Dieu le monde composa Adam en paradis posa*, strophes de 12 vers octosyll.; 1ᵉʳq. 14ᵉs.; ms. de base BN fr. 19138 [1ᵉm. 15ᵉs.] (C), en var. Paris Institut de France 264 (in-fol. 262) [fin 14ᵉs.] (A), BN fr. 12483 [mil. 14ᵉs.] (B) et BN fr. 24436 [cette

RoseDitQuantO

partie 1ᵉm. 15ᵉs.] (D); p. p. R. O'Gorman, "Le Dit de la Rose", *MÂ* 102 (1996) 57-71; 217-227; [cp. Boss 2805].

RoseGuiV Remaniement interpolé de RoseL/M par Gui de Mori [p.-ê. de Mory, au sud d'Arras], vers octosyll.; pic. 1290; ms. de base (seul complet) Tournai 101 [rouchi 1330] (Tou), en var. BN fr. 797 [déb. 15ᵉs.] (Mor), New York Pierpont Morgan Libr. G.32 [Tournai? ca. 1390] (Gla), København Kgl. Bibl. Gl. Kgl. 2061 4° (Fr.LV) [pic. 2ᵉt. 14ᵉs.] (He), Aberystwyth Nat. Libr. 5014D [mil. 15ᵉs.] (Abea), Aberystwyth Nat. Libr. 5012E [1ᵉm. 15ᵉs.] (Abeb), Paris Institut de France Godefroy 209 [15ᵉs.] (Inst), BN nfr. 28047 [pic. mil. 14ᵉs.] (Ter), autres mss. Chantilly Musée Condé 479 (911) [f° ajouté, déb. 14ᵉs.] (By) 26 vers de Gui, BN fr. 19157 [2ᵉq. 14ᵉs.] (Fe), BN fr. 24390 [2ᵉt. 14ᵉs.] (Ke), Chantilly Musée Condé 481 (664) [3ᵉq. 14ᵉs.] (Ni), BN fr. 12590 [15ᵉs.] (Parq), Philadelphia Museum of Art Collins 1945-65-3 [2ᵉt. 15ᵉs.] (Phi); interpolations p. p. A. Valentini, *Le remaniement du Roman de la Rose par Gui de Mori. Étude et édition des interpolations d'après le manuscrit Tournai, Bibliothèque de la Ville, 101*, Bruxelles (Acad.) 2007 (Anc. auteurs belges n.s.14). Sans datation et localisation des mss. utilisés. C.r. Ménard CCM 51,408-409 [noter que *duplation* est confirmé par la var. *dupplation*, CAIEF 59,363]; Palumbo MedRom 33,194-195.

Rosenberg S. N. Rosenberg – H. Tischler, *Chanter m'estuet. Songs of the trouvères*, London – Boston, Mass. (Faber) 1981; [= TL Trouveres R]. Édition sérieuse de 217 chansons de toute sorte. Remplace nombre d'éditions antérieures de textes particuliers.

Rosenberg² id., nouvelle éd. légèrement modifiée, traduite en fr., avec la collaboration de M.-G. Grossel, *Chansons des trouvères*, Paris (Libr. Gén. Fr./ Poche) 1995 (Lettres goth. 4545). Nᵒˢ des pièces malheureusement modifiés.

Rosenberg³ S. N. Rosenberg – M. Switten – G. Le Vot, *Songs of the troubadours and trouvères*, New York – London (Garland) 1998. Avec un CD et qqs. reproductions de mss. Reprend Rosenberg¹ ᵉᵗ ², sauf p. 230-238: deux lais arthuriens et trois motets.

RosenfeldHand H.-F. Rosenfeld, *Handschuh und Schleier: zur Geschichte eines literarischen Symbols*, Helsinki 1957 (Soc. Sc. Fenn., Comm. Human. Litt. 23,2; également København (Munksgaard) 1958); [= TL Rosenfeld Handschuh u. Schleier].

RossiStrFabl L. Rossi – R. Straub, *Fabliaux érotiques*, Paris (Libr. gén. fr.) 1992 (Poche, Lettres goth. 4532); [= TL Fabliaux érotiques RS].

Contient les fabliaux 36, 25, 26, 48, 35, 70, 98, 69, 30, 15, 34, 81, 124 (nos. de → NoomenFabl) et, de plus, *La Veuve* (= GautLeuL² 159-183).

RossignoletN *Le livre du Rossignolet*, adaptation de Philomena praevia, attribuée p.-ê. à tort à Pierre d'Ailly, poème allégorique pieux, quatrains d'alex. monorimes, incip. *Rossignol, messager d'amoureuse nouvelle*; déb. 15ᵉs.; ms. de base BL Egerton 2834 [1ᵉʳt. 15ᵉs.] (L), corrigé par Avignon 344 [15ᵉs.?] (A) et BN fr. 24863 [15ᵉs.] (P); p. p. C. Napoli, "Le Livre de Rossignolet. Une traduction médiévale de la Philomena praevia", *MF* 4, Montréal 1979, p. 7-88.

RossignoletB id.; ms. BL Egerton 2834 [1ᵉʳt. 15ᵉs.]; p. p. J. L. Baird – J. R. Kane, *Rossignol*, Kent, Ohio (Kent State Univ. Pr.) 1978. À utiliser avec précaution (c.r. Margolis Spec 56,94-96: It would have been simple enough for them, having come this far, to have performed the task thoroughly.).

RotParl¹M *Rotuli parliamentorum*, plaids devant le *parlement* sous les rois Edward d'Angleterre; documents latins, fr. contin. et agn. à partir de 1278, déposés au Public Record Office London (= Kew NA); impression partielle p. p. J. Topham, P. Morant, T. Astle et al., *Rotuli Parliamentorum*, 6 vol., London 1767-[1777] 1783 (Record Commission); [= AND Rot Parl¹]. Leçons pas toujours sûres. Une concordance des doc. et de leurs impressions se trouve dans → RotParl⁴R XXIX-XXXII.

RotParlG id.; p. p. C. Given-Wilson et al., *The Parliament Rolls of Medieval England, 1275-1504*, Leicester (SDE - Nat. Arch.) 2005 (CD-Rom). Conserve heureusement tomaison et pagination des éditions anciennes de sorte que les parties peuvent être citées dans le DEAF comme RotParl¹G, etc. Les matériaux supplém. sont cités comme → RotParl⁵G.

RotParl²C id.; supplément p. p. H. Cole, *Documents illustrative of English history in the thirteenth and fourteenth centuries, selected from the records of the Department of the Queen's remembrancer of the exchequer*, London (Eyre-Spottiswoode) 1844 (Record Commission); [= Vising 342; AND Eng Docs]. Impression diplomatique de documents déposés au Public Record Office (= Kew NA). P. 1-54 Rotulus Parliamenti 12 Edward I [1318] lat. et agn.; 68-82 Petitiones in Parliamento 18 Edward I [1290] agn.; 112-113 Hibernia: Querelae mercatorum de Luk' 18 Edward I [1290] agn.; 129-131 Placita Parliamentaria 35 Edward I [1306] agn.; 134-135 id.; les autres textes sont en latin.

RotParl³M id.; supplément p. p. F. W. Maitland, *Records of the Parliament holden at Westminster* *on the twenty-eighth day of February in the thirty-third year of the reign of King Edward the First (A. D. 1305)*, London 1893 (Rolls Series).

RotParl⁴R id.; supplément p. p. H. G. Richardson – G. O. Sayles, *Rotuli Parliamentorum Anglie hactenus inediti, MCCLXXIX - MCCCLXXIII*, London 1935 (Camden Society, 3rd Ser., vol. 51); [= AND Rot Parl²].

RotParl⁵G id.; matériaux dans → RotParlG qui n'ont pas de concordance avec les éd. antérieures.

RothenbergSuff I. Rothenberg, *De suffixarum mutatione in lingua francogallica / Die Vertauschung der Suffixe in der französischen Sprache*, thèse Göttingen, Berlolini (Haber) 1880; [= TL Rothenberg Suff.].

RouH Chronique normande, par Wace, composée de quatre parties: I, prob. début d'un premier état du texte (750 vers octosyll.), II, première partie de la chronique (4425 vers alex.), III, deuxième partie (11440 vers octosyll.), 'CA': Chronique ascendente qui semble conçue comme prologue (315 vers alex.); norm. ca. 1170 (composition commencée en 1160 [I], abandonnée et reprise [II; 'CA'?], continuation après 1170 [III], dernières retouches après 1174); ms. complet (et unique de I,II et 'CA'): BN Duchesne 79 [déb. 17ᵉs.] (D) copie fidèle, 'jusqu'aux lacunes et aux autres imperfections' [éd. H 3,24, cp. éd. A 1,4] d'un ms. prob. frc., avec qqs. traits norm., ca. 1300, ms. de base de III: BL Roy. 4 C.XI [v. 1-3607 agn., 3608ss. norm. ou agn. conservateur, déb. 13ᵉs.] (A), en var. (de III) ms. D, ms. BN fr. 375 [pic. 1289 n.st.] (B), BN nfr. 718 [fin 14ᵉs.] (C), [les mss. BN fr. 1503 [17ᵉs.], BN fr. 1504 [18ᵉs.] et Ars. 3323 [18ᵉs.] (cité par Lac) sont des copies défectueuses de D, ils sont à la base des éd. et citations antérieures à l'éd. A; DC: 'Roman de Vacces']; p. p. A. J. Holden, *Le roman de Rou de Wace*, 3 vol., Paris (Picard) 1970-1973 (SATF); [= TL Rou H; Dean 2.1; Boss² 6144]. Partie I: 2,309-331 (App.), II: 1,15-158, III: 1,161-281 et 2,7-308, CA 1,3-12.

RouA id.; mêmes mss. de base; p. p. H. Andresen, *Maistre Wace's Roman de Rou et des ducs de Normandie*, 2 vol., Heilbronn (Henninger) 1877-1879; [= TL Rou; TL Chron. asc. concerne CA]. Les 5000 premiers vers ont été normalisés à des fins didactiques; les graphies modifiées ne sont pas documentées, mais bien les corrections lexicales [TL et la lexicographie en ont tiré des att. fantômes]. Partie I: 1,11-36, II: 1,36-198, III: 2,29-482, CA: 1,207-218.

RouP id.; p. p. F. Pluquet, *Le roman de Rou et des ducs de Normandie par Robert Wace*, 2 vol., Rouen (Frère) 1827; [= TL Rou¹]. Mauvaise éd.

Rough Compilation de textes juridiques établie par Daniel Rough, greffier municipal à (New) Romney (un des Cinq Ports); contient, en latin et en agn., les usages de la ville (agn. ca. 1353; p. 1-27), une table de péages, des copies de chartes, un registre aux entrées datées 1357 – 1380, un livre de formules (entrées diverses); agn. ca. 1353 – 1380; ms. orig. Cambridge Saint Catharine's Coll. G.v.69 [agn. 2ᵉm. 14ᵉs.], les usages aussi dans Canterbury Dean and Chapter Libr. R.38 [agn. 14ᵉs.]; p. p. K. M. E. Murray, *Register of Daniel Rough, Common Clerk of Romney, 1353-1380*, Ashford 1945 (Kent Archaeological Society, Records Branch: Kent Records, vol. 16); [= AND Rough].

RuelleCh P. Ruelle, *Actes d'intérêt privé conservés aux Archives de l'Etat à Mons (1316-1433)*, Bruxelles (Palais des Académies) 1962 (Acad. Roy. de Belgique, Commission Roy. d'Histoire). Doc. hain. 1316-1433.

RuelleChir P. Ruelle, *Trente et un chirographes tournaisiens (1282-1366)*, Bruxelles (Palais des Acad.) 1962 (Acad. roy. de Belgique, Bull. de la Comm. roy. d'Hist., t. 128,1, p. 1-67), p. aussi comme tiré-à-part. Originaux hain. (Tournai, 1282 – 1366).

RuesParM *Dit des rues de Paris*, répertoire des rues de Paris situées dans l'enceinte de Philippe Auguste, mis en forme de poème décrivant une promenade, par un certain Guillot, 549 vers octosyll; fin 13ᵉs.; ms. BN fr. 24432 [frc. av. 1349] (anc. Dijon); p. p. E. Mareuse, *Le Dit des Rues de Paris (1300) par Guillot (de Paris)*, Paris (Libr. Gén.) 1875. Autre source: → Taille1292G etc.

RuesParB id.; p. dans → BarbMéon 2,237-276.

RuheCat E. Ruhe, *Untersuchungen zu den altfranzösischen Übersetzungen der Disticha Catonis*, München (Hueber) 1968 (Beitr. zur rom. Phil. des Mittelalters 2). Concerne → Cat.

Runk W. Runkewitz, *Der Wortschatz der Grafschaft Rethel in Beziehung zur modernen Mundart*, Leipzig (Noske) – Paris (Droz) 1937 (Leipziger Rom. St. 16); [= FEW Runk]. Plein d'erreurs de tout genre, à vérifier dans les sources: → ChRethelS.

RunnallsMyst G. A. Runnalls, *Les mystères français imprimés*, Paris (Champion) 1999. Avec répertoire, 1484-1630.

RutebF Rutebeuf, auteur de 55 (ou 56) pièces lyriques et politiques en vers octosyll., blâmant les trop pieux, du roi Louis XIII aux Jacobins (Dominicains) et Mendiants (Franciscains) en particulier; champ.mérid. 3ᵉq. 13ᵉs. (pièces datables

RutebF

1249-1272 et peu après); ms. de base principal BN fr. 837 [frc. 4ᵉq. 13ᵉs.] (A), ensuite BN fr. 1635 [Est fin 13ᵉs.] (C), en var. et dans qqs. cas bases: BN fr. 1593 [frc., faibles traits lorr. fin 13ᵉs.] (B) plusieurs mains, BN fr. 24432 [frc. av. 1349] (D), BN fr. 25545 [ca. 1325] (E) faibles traits pic.?, BN fr. 1553 [pic. 1285 n.st.] (F), BN fr. 12483 [mil. 14ᵉs.] (G), BN fr. 12786 [frc. déb. 14ᵉs.] (H), Chantilly Musée Condé 475 (1578) [f° 1-26 et 173-223 pic. 3ᵉt. 13ᵉs., f° 27-172 14ᵉs.] (I) partie du 13ᵉs. (ici avec traits de l'Est?), BN fr. 1634 [pic.-wall. 3ᵉq. 14ᵉs.] (P), Bruxelles Bibl. roy. 9411-26 [pic. ca. 1300] (R), Reims Bibl. mun. 1275 [lorr. fin 13ᵉs.] (S), Torino Bibl. naz. L.V.32 [wall. ca. 1300] (T); p. p. E. Faral – J. Bastin, *Œuvres complètes de Rutebeuf*, 2 vol., Paris (Picard) 1959-1960 (Fond. Singer-Polignac); [= TL Rutebeuf Faral; Boss 7669]. Concordances avec J¹ et J², et avec K, ici, en appendice.

RutebD id.; p. p. J. Dufournet, *Rutebeuf. Poèmes de l'infortune et autres poèmes*, s.l. [Paris] (Gallimard) 1986. Reproduit l'éd. Faral/Bastin.

RutebJ¹ id.; ms. principal C; p. p. A. Jubinal, *Œuvres complètes de Rutebeuf*, 2 vol., Paris (Pannier) 1839; [= TL Ruteb.]. Correspond à 'Rutebeuf' dans DCCarp. Concordance des éd. RutebJ¹, RutebJ² et RutebF ici, en appendice.

RutebJ² id.; ms. principal C; p. p. A. Jubinal, *Œuvres complètes de Rutebeuf*, 3 vol., Paris (Daffis) 1874-1875 (Bibl. elz.). Concordance avec J¹ ici, en app.

RutebK id.; ms. A, régularisé, var. de BCD; p. p. A. Kressner, *Rustebuef's Gedichte*, Wolfenbüttel (Zwissler) 1885; [= TL Ruteb. K; Boss 2392]. Concordance avec l'éd. F ici, en appendice.

RutebL id.; ms. de base A; p. p. H. Lucas, *Les poésies personnelles de Rutebeuf*, thèse Strasbourg 1938; [= TL Ruteb. Poés. pers.].

RutebZ id.; mss. de base surtout C, aussi A et B, qqs. var. ici et là de DGHIPRST; p. p. M. Zink, *Rutebeuf. Œuvres complètes*, 2 vol., Paris (Bordas) 1989-90; [= TL Rutebeuf Z]. Notes et var. cachées à la fin des volumes.

RutebAsneJ Rutebeuf, *Li testament de l'asne*; 3ᵉq. 13ᵉs.; ms. BN fr. 1635 [Est fin 13ᵉs.]; p. dans → JohnstonOwen p. 39-43.

RutebAsneM id.; dans → MontRayn 3,215-221.

RutebCharlotN Rutebeuf, *Charlot le juif qui chia en la pel dou lievre*, fabliau; champ.mérid. ca. 1265; ms. unique BN fr. 1635 [Est fin 13ᵉs.]; p. dans → NoomenFabl 9,251-261 (n° 112).

RutebCharlotN² id.; p. dans → NoomenJongl 194-205. Voilà la douzième éd. de ces 132 vers.

RutebElisZ Rutebeuf, La vie de sainte Elisabeth, fille du roi de Hongrie, épouse du landgrave de Thuringue; ca. 1264; ms. C, var. de A; p. dans → RutebZ 2,115-225.

RutebElisF id.; p. dans → RutebF 2,101-166.

RutebHerbF¹ Rutebeuf, *Dit de l'herberie*; ca. 1270; ms. de base BN fr. 1635 [Est fin 13ᵉs.] (C), en var. BN fr. 24432 [frc. av. 1349] (D); p. dans → PrivilBret¹F p. 61-68. Imité par → HerberiePr.

RutebHerbF² id.; p. dans → RutebF t. 2, p. 272-280. Partie en prose aussi dans → Henry-Chrest, n° 149.

RutebHerbZ id., même ms. de base C, en var. D; p. dans → RutebZ 2,239-251 (pages gauches); 486-488 (notes); 512-513 (var.).

RutebMarieB id., La vie de sainte Marie Egyptienne; mss. A et C; p. p. B. A. Bujila, *Rutebeuf. La vie de sainte Marie l'Egyptienne*, Ann Arbor (Univ. Mich. Press) 1949 (Univ. Mich. Contr. Mod. Phil. 12); [= TL Ruteb. Vie Ste Marie; FEW RutebMarie; Boss 3437].

RutebNeufJoiesF Neuf joies Nostre Dame, ou Dit des propriétés de Notre Dame, attribué à Rutebeuf; av. 1259; ms. de base A, C en var, non utilisé Cambridge Corpus Christi Coll. 63 [agn. fin 13ᵉs.]; p. dans → RutebF 2,247-252.

RutebNeufJoiesM id.; ms. de base BN fr. 1635 [Est fin 13ᵉs.] (C), en var. BN fr. 837 [frc. 4ᵉq. 13ᵉs.] (A), BN fr. 12467 [Paris? fin 13ᵉs.] (E), BN fr. 12483 [mil. 14ᵉs.] (F), BN fr. 12786 [frc. déb. 14ᵉs.] (G), BN lat. 16537 [ca. 1262] (H), Ars. 3142 [Paris? fin 13ᵉs.] (I), Ars. 5201 [bourg.sept. ou lorr. 3ᵉt. 13ᵉs.] (J), Ste-Gen. 1131 [ca. 1440] (K), BL Add. 16975 [ca. 1300] (L), BL Add. 44949 [agn. 2ᵉm. 14ᵉs.] (M), BL Add. 46919 (anc. Cheltenham Phillipps 8336) [agn. ca. 1330] (N), Cambridge Univ. Dd.XI.78 [av. 1259] (O) main de Matthieu Paris (MSt 49, 1987, 352-390), Cambridge Emmanuel Coll. 106 (I.4.31) [agn. 3ᵉq. 14ᵉs.] (Q), Oxford Bodl. e Musaeo d.143 [ca. 1380] (S), Berkeley Cal. Univ. Bancroft Libr. Ms 106 (PQ 1475 G 68; anc. Cheltenham Phillipps 3643) [norm. 3ᵉt. 13ᵉs.] (T), Torino Bibl. naz. L.V.32 [wall. ca. 1300] (U), Cambridge Corpus Christi Coll. 63 [agn. fin 13ᵉs.] (P); p. p. T. F. Mustanoja, *Les Neuf Joies Nostre Dame*, Helsinki 1952 (Ann. Acad. Scient. Fenn. B 73,4); [= TL Neuf Joies ND; Dean 761].

RutebNeufJoiesZ id.; même ms. de base C; p. dans → RutebZ 2,461-477, sans var.

RutebRenF id., Renart le Bestourné; 1261; ms. de base A, en var. B et C; p. dans → RutebF t. 1, p. 536-544.

RutebRenC id.; p. dans → RenChab p. 31-37.

RutebRenZ id.; ms. de base C, en var. A et B; p. dans → RutebZ 1,253-263; 487-488; 505.

[RutebSYsab v. RutebElis.]

RutebTheophFa Rutebeuf, Le miracle de Theophile, poème dialogué; champ.mérid. ca. 1261; ms. de base A, en var. C (incomplet); p. dans → RutebF 2,167-203. Cp. → Théoph.

RutebTheophF id.; p. p. G. Frank, *Rutebeuf. Le miracle de Théophile, miracle du XIIIe siècle*, Paris (Champion) 2e éd. 1949 (et réimpr.) (CFMA 49); [[1]1925 = TL Ruteb. Mir. Théoph. *et* Mir. Theoph.; FEW RutebeufThéoph].

RutebTheophZ id.; p. dans → RutebZ 2,19-67; 479-480; 505-510 (avec impr. des vers 384-539 selon C).

RychnerFabl J. Rychner, *Contribution à l'étude des fabliaux. Variantes, remaniements, dégradations*, I *Observations*; II *Textes*, Neuchâtel (Fac. des Lettres) – Genève (Droz) 1960 (Univ. de Neuchâtel, Rec. de trav. p. p. la Fac. des Lettres 28); [= Boss 7680]. Le t. II contient → GrueR, BorgOrlR, BorgOrlBerlRy, BorgOrlBernR, BoivProvAR, BoivProvPR, TrescesR, ConstHamelRy, MeunClercsR, etc. (qqs. textes sont des réimpr. d'éd. antér.).

SATF *Société des Anciens Textes Français*, Paris (éditions publiées depuis 1875); [Boss p. XXV]. Cp. → BullSATF.

[SAgatheNicBoz → NicBozSAgathe.]

SAgnèsAlD *Le martire de sainte Agnés*, version en alexandrins; Nord fin 13[e]s.; ms. unique Carpentras 106 (L.123) [pic. fin 13[e]s.]; p. dans → SAgnèsDécD p. 191-213.

SAgnèsBNfr412D Sainte Agnès, version d'une trad. assez littérale des *Gesta sanctae Agnetis*, en prose; 13[e]s.; ms. BN fr. 412 [pic. 1285], autres mss. v. éd. p. 175 n. 4; p. dans → SAgnèsDécD p. 239-252.

SAgnèsDécD Vie de sainte Agnès en vers décasyll.; pic. 2[e]t. 13[e]s.; ms. unique BN fr. 1553 [pic. 1285 n.st.]; p. p. A. J. Denomy, *The Old French lives of Saint Agnes and other vernacular versions of the middle ages*, Cambridge, Mass. (Harvard Univ. Press) 1938; [= TL Vie SAgnes; Boss 3397; Hol 106]. Texte p. 65-98. Contient aussi → SAgnèsAlD, NicBozAgnèsD, SAgnèsBNfr412D, LégDorAn[2]AgnèsD.

SAgnèsDobT Trad. des *Gesta* indépendante des autres, prose; pic.-wall. ca. 1200; ms. Nantes Musée Dobrée 5 [pic.-wall. ca. 1200]; p. p. R. Taylor, "Sermon anonyme sur sainte Agnès, texte du XIIIe s.", *TraLiLi* 7[1] (1969) 241-253; [= TL SAgnes T]. Cp. → SBernCantT (même ms.).

[SAgnèsNicBoz → NicBozAgnès.]

[SAgnès → LégDorAn[2]AgnèsD.]

SAndréB Passion de saint André, vers octosyll.; wall. fin 12[e]s.?; ms. de base Oxford Bodl. Canonici Misc. 74 [wall. déb. 13[e]s.] (O), en var. Ars. 3516 [art. 1267] (A); p. p. A. T. Baker, "The Passion of Saint Andrew", *MLR* 11 (1916) 420-449; [= TL Pass. SAndr.; Boss 3209].

SAntErmM Vie de saint Antoine ermite (ou abbé ou de Viennois), en quatrains d'alexandrins monorimes; mil. 14[e]s.; ms. BN fr. 2198 [15[e]s.]; p. p. J. Morawski, *La Légende de saint Antoine Ermite*, Poznań (Uniw.) 1939; [= TL Vie SAntoine].

SAubH Vie de saint Auban, octosyll., prob. par Matthieu Paris; agn. ca. 1235; ms. unique Dublin Trinity Coll. E.1.40 (177) [agn. ca. 1235, prob. autogr.]; p. p. A. R. Harden, *La vie de seint Auban*, Oxford (Blackwell) 1968 (Agn. Texts 19); [= TL SAub. H; AND S Aub (AND fait suivre le renvoi au rubriques, p. 52-65, d'un *r*); Dean 506; 507]. Cp. → Aub.

SAubA id.; p. p. R. Atkinson, *Vie de seint Auban. A poem in Norman-French, ascribed to Matthew Paris*, London (Murray) 1876; [= TL SAub.].

SAudreeS *La vie de seinte Audree* (Etheldreda) par une Marie, vers octosyll.; agn. 1[e]m. 13[e]s.; ms. BL Add. 70513 (anc. Welbeck Abbey I.C.1) [agn. f°100-134: 4[e]q. 13[e]s.]; p. p. Ö. Södergård, *La vie seinte Audree*, Uppsala (Lundequist) – Wiesbaden (Harrassowitz) 1955 (Uppsala Univ. Årsskr. 1955, 11); [= TL Vie Ste Audree; FEW Audree; AND S Audree; Dean 566].

SBarbeOctD Légende de sainte Barbara en vers octosyll.; hain. ca. 1300; ms. Bruxelles Bibl. roy. 10295-304 [hain. 1428/29] f°59r°-63r°; p. p. A. J. Denomy, "An Old French life of saint Barbara", *MSt* 1 (1939) 148-178; [= Hol 116; Boss 3400]. Publie en app. trois petits poèmes sur s. Barbe du 15[e]s.

SBartM Passion de Saint Bartholomé, en prose; lyonn. 13[e]s.; ms. BN fr. 818 [lyonn. 2[e]m. 13[e]s.] f°183d-187d; p. dans → MussGartLeg 95-107.

SBasD Vie de saint Basil, épisode de l'empereur Julien (il s'agit en fait d'un Miracle Notre Dame), quatrains d'alex. monorimes; 1^{e}m. 14^{e}s.; ms. Bruxelles Bibl. roy. 10295-304 [hain. 1428/29]; p. p. A. J. Denomy, "An Old French version of the Julian episode in the Life of Saint Basil", *MSt* 18 (1956) 105-124; [= Boss 7782].

SBath^{1}B Vie de sainte Bathilde, prose; 2^{e}m. 13^{e}s.; ms. de base BN fr. 23112 [pic. 2^{e}m. 13^{e}s.] (A), en var. Oxford Queen's Coll. 305 [Fr. 2^{e}m. 15^{e}s.] (O), BL Add. 41179 [2^{e}m. 15^{e}s.] (L); p. p. A. Bengtsson, *La Vie de Sainte Bathilde*, Lund (Lund Univ. Pr.) 1996 (Études romanes de Lund 54), texte 'I', p. 1-48. Contient aussi → SBath^{2}B, SBath^{3}B et 'IV' = → LégDorVign-BathB. C.r. T. Matsumura RLiR 60,612-615. Transcription pas toujours sûre. Cf. aussi le miracle de s. Bauteuch, → MirNDPers34P.

SBath^{2}B id., version révisée de I, élargie du récit de la translation de la sainte reine, prose; 15^{e}s.; ms. de base BN fr. 2453 [15^{e}s.] (B), en var. Troyes 1955 [15^{e}s.] (T), Chelles Musée 6 [ca. 1500] (C) [monastère fondé par Bathilde, 657-660, détruit], BN fr. 5717 [16e/17^{e}s.] (P); p. dans → SBath^{1}B p. 49-94.

SBath^{3}B id., courte vie indépendante, prose; 15^{e}s.; ms. Cambrai 811 (719) [prob. Cambrai 3^{e}q. 15^{e}s.]; p. dans → SBath^{1}B p. 95-99.

SBenôiteOr Manuscrit voué à la vie de sainte Benoîte et à son culte à Origny (près de Saint Quentin), contenant des légendes de miniatures, des rapports de miracles, préscriptions liturgiques etc. en latin et en fr.; pic.mérid. (1312-)1313; ms. aux miniatures Berlin Staatsbibl. KK 78 B 16 [pic. (Origny) 1313], ms. sim., sans miniatures, Saint-Quentin 86 [pic. (Origny) prob. 1316]; inédit, sauf f°529-543, sermon Arbor Bona en fr. (P. C. Boeren, *Guiard*, 1956, 310-319). V. J. Gardill, *Sancta Benedicta. Missionarin, Märtyrerin, Patronin. Der Prachtcodex aus dem Frauenkloster Sainte-Benoîte in Origny*, Petersberg (Imhof) 2005.

SBernAn^{1}F Bernard de Clairvaux, Sermones in annum, trad. en prose; lorr. fin 12^{e}s.; ms. BN fr. 24768 [lorr. (Metz) fin 12^{e}s.] contenant les sermons I-XLV; p. p. W. Foerster, "Altfranzösische Uebersetzung des XIII. Jahrhunderts der Predigten Bernhards von Clairvaux", *RF* 2 (1886) 1-210; [= TL SSBern.; FEW SSBern; WoC 64; Hol 232]. Paru aussi comme monographie (Erlangen, Deichert, 1885, même pagination pour le texte). Texte lat.: MignePL 183, 35-390[-34] (v. l'éd.).

SBernAn^{1}L id.; extraits p. dans → RoisL p. 521-573.

SBernAn^{2}S id., suite du ms. Berlin (sermons XLIII ss., numérotées I-XLIII, les trois premiers sermons correspondant aux trois derniers du ms. de la BN); ms. Berlin Staatsbibl. Phillipps 1925 (anc. Cheltenham Phillipps *567/1925) [lorr. (Metz) ca. 1200]; p. p. A. Schulze, *Predigten des h. Bernhard in altfranzösischer Übertragung aus einer Handschrift der Königlichen Bibliothek zu Berlin*, Tübingen (Literarischer Verein Stuttgart) 1894 (Bibl. d. Lit. Vereins 203); [= TL SSBern. Sch *et* Pred. H. Bernh.; FEW Bernh]. Selon l'éd., les sermons I-XXVIII et XXXIX-XLIII sont dus au même traducteur que An^1, mais les sermons XXIX-XXXVIII de An^2 seraient l'œuvre d'un second traducteur. Avec le texte latin (sauf pour n°30).

SBernAn^{2}T id., sermons n°3, 29, 30 et 31 (n^{os} de l'éd. S); p. p. A. Tobler, "Predigten des h. Bernhard in altfranzösischer Übertragung", *Berliner Akademie der Wissenschaften, Sitzungsberichte* 1889, 291-308. Transcription diplomatique.

SBernCantG Bernard de Clairvaux, Sermones in cantica, trad. en prose; wall. 4^{e}q. 12^{e}s.; ms. Nantes Musée Dobrée 5 [pic.-wall. ca. 1200]; p. p. S. Gregory, *La traduction en prose française du 12e siècle des 'Sermones in Cantica' de Saint Bernard*, Amsterdam (Rodopi) 1994. Cp. RLiR 59,314-317.

SBernCantH id., sermon n°3; p. dans → Henry-Chrest n°101 (l.8-77 de l'éd. G).

SBernCantH^2 id., sermon n°2; p. p. Albert Henry, "Traduction en oïl du deuxième sermon sur le Cantique des Cantiques", *Miscellanea codicologica F. Masai dicata*, Gand (Story-Scientia) 1979, p. 273-278.

SBernCantH^3 id., sermon n°1; p. p. Albert Henry, "Traduction en oïl du premier sermon sur le Cantique des Cantiques", → MélHorrent 175-182.

SBernCantH^4 id., sermon n°3; p. p. Albert Henry, "Traduction en oïl du troisième sermon sur le Cantique des Cantiques", → MélReid 54-64.

SBernCantH^5 id., sermon n°4; p. p. Albert Henry, "Traduction en oïl du quatrième sermon sur le Cantique des cantiques", *Cah. de l'Inst. de Ling. de Louvain* 9 (1984) [Mél. Bal] 69-80.

SBernCantH^6 id., sermon n°26; p. p. Albert Henry, dans → MélLeGentil 353-365.

SBernCantT id.; texte complet p. p. R. Taylor, *Li sermon Saint Bernart sor les Cantikes. Traduction en ancien français des Sermones super Cantica canticorum de Bernard de Clairvaux. Ed. du MS. 5 du Musée Dobrée, Nantes, avec introd., glossaire et l'original latin en bas du texte*, thèse Toronto 1965 [disparu des rayons de UofT]. Cp. → SAgnesDobT.

SCathAumN Vie de sainte Catherine d'Alexandrie, incomplet du début, par Aumeric, en vers octosyll.; Sud-Ouest ca. 1230 (langue de l'auteur prob. Aunis/Haut-Limousin); ms. unique Tours 945 [dauph. 2ᵉm. 13ᵉs.]; p. p. O. Naudeau, *La Passion de Sainte Catherine d'Alexandrie par Aumeric*, Tübingen (Niemeyer) 1982 (ZrP-Beih. 186); [= TL SCath. N; cf. Boss² 5821].

SCathAumT id.; p. p. F. Talbert, *La Passion sainte Catherine, poème du XIIIᵉ siècle, en dialecte poitevin, par Aumeric, moine du Mont-Saint-Michel*, Paris (Thorin) – Niort (Clouzot) 1885; [= TL SCath.].

SCathCarlM Vie de sainte Catherine, version du ms. Carlisle, incip. *Nous trouvoumes en nos escris*, octosyll.; pic. 1ᵉm. 13ᵉs.; ms. de base Carlisle Cathedral Lives of the Saints [cette partie pic. déb. 14ᵉs.] (C), en var. Ars. 3516 [art. 1267] (A), Berkeley Cal. Univ. Bancroft Libr. Ms 106 (anc. Cheltenham Phillipps 3643) [norm. 3ᵉt. 13ᵉs.] (B), BN fr. 1807 [orl. (Blois) 1ᵉʳt. 14ᵉs.] (D), Chantilly Musée Condé 475 (1578) [cette partie 14ᵉs.] (E), Bruxelles Bibl. roy. 10295-304 [hain. 1428/29] (F), BN nfr. 5237 [rec. fact., 7-8: lorr. fin 13ᵉs.] (G) fragm.; p. p. W. MacBain, *De Sainte Katerine. An anonymous Picard version of the life of St. Catherine of Alexandria*, Fairfax VA (George Mason Univ. Pr.) 1987; [= TL SCath. McB].

SCathCarlT id.; ms. de base Bruxelles Bibl. roy. 10295-304 [hain. 1428/29] (B), en var. Ars. (A), Carlisle (C), BN fr. 1807 (N), Berkeley Phillipps (P); p. p. M. P. Trenkle, *A critical edition of Le vie me damme sainte Kateline vierge*, thèse Tuscaloosa, University Alab. 1976 (UMI).

SCathClemM Vie de sainte Catherine par la religieuse Clemence de Barking, vers octosyll.; agn. ca. 1200; ms. de base BN nfr. 4503 [agn. ca. 1200] (A), en var. BL Add. 70513 (anc. Welbeck Abbey I.C.1) [agn. f°9-267: 4ᵉq. 13ᵉs.] (W) et BN fr. 23112 [pic. 2ᵉm. 13ᵉs.] (P); p. p. W. MacBain, *The Life of St. Catherine*, Oxford (Blackwell) 1964 (Anglo-Norman Texts 18); [= TL Vie SCath. McB; AND S Cath; Dean 567; Boss² 5819]. C.r. Diverrès MedAev 35,64-66.

SCathClemJ id.; ms. A p. p. J.U. Jarník, *Dvě verse starofrancouzské legendy o Sv. Kateřině Alexandrinské*, Praha (Nákl. Česká Akademie Císaře Františka Josefa pro Vědy, Slovesnost a umění) 1894; [= TL Clem. SCat.; Vising 11].

SCathGuiT Légende de sainte Catherine, version en vers octosyll., par un certain Gui, incip. *Pour l'amitié de Jhesu Crist*; 13ᵉs.; ms. BN nfr. 13521 (anc. La Clayette) [fin 13ᵉs.] f°93v°-108r°; p. p. H. A. Todd, "La vie de sainte Catherine d'Alexandrie, as contained in the Paris manuscript La Clayette", *PMLA* 15 (1900) 17-73; [= TL Gui SCat.; Hol 119; Boss 3403].

SCathJonglF Légende de sainte Catherine, version dite 'd'un jongleur'; poit. 13ᵉs.; ms. Tours 948 [traits frpr. 1ᵉm. 14ᵉs.]; p. p. E. C. Fawtier-Jones, "Les vies de sainte Catherine d'Alexandrie en ancien français, II: La vie du ms. 948 de Tours", *R* 58 (1932) 206-217. [DeesAtlas²: frcomt.].

SCathLondH Vie de sainte Catherine, version du ms. London; agn. ca. 1300; ms. BL Add. 40143 [agn. mil. 14ᵉs.] f°1-6; p. p. G. Hesketh, "An unpublished Anglo-Norman life of Saint Katherine of Alexandria from ms. London, BL, Add. 40143", *R* 118 (2000) 33-82; [= AND² S Kath].

SCathManF Vie de sainte Catherine en 194 vers irréguliers, explic. *E en ce altre siecle glorie e saciement*, début manque; 12ᵉs. (?); ms. unique Manchester Univ. John Rylands Libr. Fr. 6 [Angleterre f°1-8: agn. mil. 13ᵉs.] f°9-10r°a; p. p. E. C. Fawtier-Jones, "Les vies de sainte Catherine d'Alexandrie en ancien français, I [Le texte de Manchester]", *R* 56 (1930) 80-104 (texte 88-94); [= TL Vie SCath. d'Alex.; Dean 568; Hol 120; Boss 3402].

SCathPr¹K Vie de sainte Catherine, première version en prose; 13ᵉs.; ms. de base BN fr. 412 [pic. 1285], autres mss. BN fr. 183 [prob. 1327], BN fr. 185 [2ᵉm. 14ᵉs.], BN fr. 411 [déb. 14ᵉs.]; p. dans → SMarieEgxK 232-314, col. infra a.

SCathVérB Vie de sainte Catherine, version de Vérone (p.-ê. même auteur que → AntAn); traits pic. et francoit., 2ᵉq. 13ᵉs.; ms. unique Ars. 3645 [It. fin 13ᵉs.]; p. p. H. Breuer, *Eine gereimte altfranzösisch-veronesische Fassung der Legende der heiligen Katharina von Alexandrien*, Halle (Niemeyer) 1919 (ZrP-Beih. 53, p. 201-287; [= TL SCath. Veron.; Boss² 5822]. Ce vol. débute par → SJeanEvOctH.

SCathVérM id., extraits p. p. A. Mussafia, "Zur Katharinenlegende I", *Sitzungsberichte der Wiener Akad. der Wiss., phil.-hist. Klasse*, 75 (1873) 227-302, courts extraits p. 249-256; [= TL Muss. Kath. I].

[SChristine → CoincyChrist et NicBozChrist.]

SChristofleAnR *Saint Christofle*, mystère anon. en octosyllabes; prob. 2ᵉm. 14ᵉs.; conservé sous une forme rajeunie dans deux impr. du 16ᵉs.: Paris, Veuve Trepperel, ca. 1515 (entre 1512 et 1517) [BN Rés. Yf 1606 réimpr. par H. de Chateaugiron – A. F. Artaud de Montor, Paris (Didot) 1833 (= Boss 5788)] et impr. anon. [BN Rés. Yf 123, 2ᵉt. 16ᵉs. ?] basé sur le précédent; p. p. G. A. Runnalls, *Le Mystère de saint Christofle*, Exeter (Univ. Printing Unit) 1973; [= TL Myst. SChristofle R].

SChristofleQuatrK

SChristofleQuatrK Vie de saint Christofle en quatrains d'alex. monorimes; 1^em. 14es.; ms. de base BN fr. 25549 [15es.] (A), en var. Amsterdam Bibl. Philos. Herm. 58 (anc. Cheltenham Phillipps 3668) [fin 14es.] (B); p. dans → SLeuK p. 174-219.

SClairePrP Vie de sainte Claire, prose, version longue, incip. *Une mervelleuse fame fu en la cité d'Asise qui out non Clere*; frc. 3^eq. 13es. (?); ms. BN fr. 2096 [f°1-20 Paris ca. 1280] (B), AN LL.1601 [Paris ca. 1285 (?)] (A); p. p. M. Pagan, "Les légendes françaises de Claire d'Assise (XIIIe - XVIes.), I. Inventaire et classement des manuscrit", *Études franciscaines* n.s. 7 (2014) 5-35 [distinque version courte (4 mss.) et longue (8 mss. et 1 composite)]; "II. Édition du plus ancien manuscrit de la version longue (BnF fr. 2096)", ib. 221-272. ['B2' et 'A2' désignent des retouches dans les mss. L'auteure a également transcrit la version du ms. Paris Institut de France 663 [15es.] f°101-104, avec des développements particuliers]. Cette partie du ms. fr. 2096 ne contient que cette vie (que Gdf cite comme Ste Clare), la suite étant un ms. du 15es., en papier.

SClemB Vie de saint Clément de Rome, n'étant pas une vie usuelle, mais combinant les Recognitiones de Rufinus d'Aquilaeia (v. 1-13184), l'Epistula Clementis ad Iacobum (v.13185-14500) et la Passio sanctorum apostolorum Petri et Pauli du Pseudo-Marcellus (14501-14994), vers octosyll. (couplets), fin manque; agn. déb. 13es.; ms. unique Cambridge Trinity Coll. R.3.46 [agn. mil. 13es.]; p. p. D. Burrows, *La vie de seint Clement*, 3 vol., London (Agn. Text Soc.) 2007-2009 (Agn. Texts 64-67). Prob. même auteur que → SJeanAum, v. D. Burrows ZrP 129,3-23. C.r. Löfstedt ZrP 126,645-649; 128,569-574; Arens VRo 71,344-347.

SClemM id.; extraits p. p. P. Meyer, dans → SJeanAumM p. 308-339; [= TL SClem. P; Dean 517].

SClemW id.; p. p. N. K. Willson, *Critical edition of the Vie de saint Clement pape*, thèse Cambridge (Newnham Coll.) 1951; [= AND S Clem].

SCrespin[1]O Mystère de saint Crépin et saint Crépinien, à être joué en une journée, en vers octosyll., joué à Rouen; 1443; ms. Chantilly Musée Condé 619 (anc. Cigogne 1493) [15es.]; début, v. 1-1535, p. p. O. Ostrowski, *Le mystère de saint Crespin et Crespinien nach dem Manuskript No. 219* [!] *der Bibliothek in Chantilly*, thèse Greifswald 1909. [Le n° du ms. est correct dans l'intr.]

SCrespin[2]D id., version composée de quatre *Hystoires* (= journées?) dont la dernière est très proche de la version I (Chantilly), la première étant perdue (sauf fragments), jouées à Paris en 1458 (et 1459), la dernière hist. correspond à SCrespin[1] 2713-3773; 1458; ms. BN nfr. 2100 (anc. AN MM.1081, M.906) [3^eq. 15es.?]; p. p. L. Dessalles – P. Chabaille, *Mystère de saint Crespin et saint Crespinien*, Paris (Silvestre) 1836; [DLF[2] 1334].

[SCroixAndr v. PenitAdam[2].]

SCroixCambrL Légende de la Sainte Croix ou du Bois de la Croix ou de Seth (cf. → MortAdam), adaptation en vers octosyll. irréguliers d'un texte latin, incip.: *Aprés ke Adam fu getez*; agn. 1^em. 13es.; ms. Cambridge Corpus Christi Coll. 66 [agn. av. 1254]; p. p. M. Lazar, "La Légende de «l'Arbre de Paradis» ou «bois de la croix»", ZrP 76 (1960) 34-63; [= Dean 480; Hol 144.1; AND Seth = éd. Hilton 1941]. Imprime aussi le texte latin. Cf. PrangsmaSCroix p. 29 et 320-324 (réimpr. de l'éd. L).

SCroixTorG Légende de la sainte croix, en vers décasyll.; 13es.; ms. Torino Bibl. naz. L.II.14 (fr. 36) [pic. (Origny) 1311]; p. p. A. Graf, *La leggenda del Paradiso terrestre*, Torino (Loescher) 1878, p. 69-87. Réimpr. dans → PrangsmaSCroix p. 375-379.

SDenisOctB Vie de saint Denis, version en vers octosyll.; déb. 15es.; ms. BN fr. 1741 [15es.]; p. p. H. Baltzell, *The octosyllabic Vie de Saint Denis*, thèse Indiana Univ., Genève (Droz) 1953; [= TL Vie SDenis]. Annonce critique: R. Levy MLN 69,381.

SDenisPr[1]L *Vita et actus beati Dyonisii* traduits et amplifiés, en prose; av. 1250; ms. de base BN nfr. 1098 [1250] (D), en var. BN fr. 19530 [fin 13es.] (G), BN fr. 13502 [14es.] (S), BL Egerton 745 [pic. mil. 14es.] (E), BL Harl. 4409 [15es.] (H), BN fr. 696 [13es.] (F), Troyes 1955 [15es.] (T), impr. Ars. 4°H. 2563, sans la deuxième partie (éd. p. 65-95) sont: BN fr. 2464 [frc. mil. 13es.] (M), BN fr. 1040 [14es.] (B), BL Add. 15606 [bourg. déb. 14es.] (A), légendiers: Ste-Gen. 588 [Paris? ca. 1300], Chantilly Musée Condé 734 (456) [1313 n.st.], Genève Com. lat. 102 [2^eq. 14es.], BN fr. 185 [2^em. 14es.], BL Add. 17275 [2^et. 14es.], Oxford Queen's Coll. 305 [Fr. 2^em. 15es.], BN fr. 987 [15es.], Bruxelles Bibl. roy. 10295-304 [hain. 1428/29], BN fr. 13496 [bourg. fin 13es.] amplifié, vie abrégée dans d'autres légendiers v. éd. p. CXXI-CXXVII; p. p. C. J. Liebman, *Étude sur la vie en prose de saint Denis*, Geneva, N. Y. (Humphrey) 1942, p. 1-95; [= Boss 3240; Hol 162.1]. Développements particuliers de BL Egerton 745 et de BN fr. 696; p. 96-113. Extraits de Vitae lat. p. 143-225.

SDenisPr[2]L id., trad. moins fidèle et abrégée, contenue dans des légendiers; 2^et. 13es.;

ms. BN nfr. 23686 (anc. Peterburg Fr.35/F.v.I.4) [Soissons?, 3ᵉq. 13ᵉs.], en var. (p. 228-230) BN nfr. 10128 [2ᵉm. 13ᵉs.], autres mss.: Lyon Bibl. mun. 866 (770) [déb. 15ᵉs.], Tours 1008 [It. déb. 14ᵉs.], Modena Bibl. Estense f. str. 116 [Gênes déb. 14ᵉs.?], Bruxelles Bibl. roy. 10326 [2ᵉm. 13ᵉs.], BL Add. 6524 [agn. 3ᵉt. 13ᵉs.], BN fr. 17229 [2ᵉm. 13ᵉs.], BN fr. 6447 [flandr. 4ᵉq. 13ᵉs.], BN fr. 413 [ca. 1400], BN fr. 23117 [1ᵉ partie, f°1-237, fin 13ᵉs.]; p. dans → SDenisPr¹L p. 114-130.

SDenisPr³L id., traduction plus littérale; pic. 2ᵉm. 13ᵉs.; ms. BN fr. 23112 [pic. 2ᵉm. 13ᵉs.]; extrait dans → SDenisPr¹L CXIX-CXXI.

SDenisPr⁴L id., version abrégée, faisant partie de la *Legenda aurea* (cf. → LégDorAn³); ca. 1300; ms. Firenze Bibl. Med. Laurenz. Med. Palat. 141 [Arras 1399]; p. dans → SDenisPr¹L p. 131-138.

SDenisPr⁵L id., version abrégée, faisant partie de → LégJMailly; 3ᵉq. 13ᵉs.; ms. BN fr. 988 [lorr. 1ᵉm. 14ᵉs.]; p. dans → SDenisPr¹L p. 139-142.

SDenisPr⁶ Extraits de → GrChron (ChronSDenis) se rapportant à la vie de saint Denis; compilés en 1495; mss.: BN fr. 5706 [ca. 1500], BN fr. 5868 [ca. 1500], BN fr. 5869 [ca. 1500], BN fr. 5870 [ca. 1500], BN fr. 24948 [ca. 1500], Oxford Bodl. Douce 92 [ca. 1512]; inédit sous cette forme, v. dans → SDenisPr¹L p. XLII - XLIV.

SDieudD Vie de sainte Dieudonnée, quatrains d'alex. rimés; hain. 1ᵉʳq. 14ᵉs.; ms. unique Bruxelles Bibl. roy. 10295-304 [hain. 1428/29]; p. dans → SJeanBoucheD p. 119-194; [= TL Vie Ste-Dieudonnee; Boss 3310; FEW Dieud].

SDomM Vie de saint Dominique, en vers octosyll.; pic. ca. 1258 (sans doute entre 1256 et 1259); ms. de base Arras 851 (307) [Arras 2ᵉm. 13ᵉs.] (A), en var. BN fr. 19531 [pic. 2ᵉm. 13ᵉs.] (P); p. p. W. F. Manning, *The life of saint Dominic in Old French verse*, Cambridge, Mass. (Harvard Univ. Press) 1944; [= TL Vie SDominic; Boss 3242; Hol 121.1].

SDomMeyer id., courts extraits p. p. P. Meyer, *R* 17 (1888) 395-398; [= Boss 3241].

SEdmCantB Vie de saint Edmond, vers octosyll.; agn. ca. 1255; ms. BL Add. 70513 (anc. Welbeck Abbey I.C.1) [agn. f°85-100: 4ᵉq. 13ᵉs.]; p. p. A. T. Baker, "La vie de saint Edmond, archevêque de Cantorbéry", *R* 55 (1929) 332-381; [= TL Vie SEdmond Cant.; AND S Edm (Rich); Dean 521; Boss 3247].

SEdmPassG *La passiun de seint Edmund*, texte basé (comme toutes les autres versions) sur la *Passio* d'Abbon de Fleury, quatrains octosyll.; agn. déb. 13ᵉs.; ms. unique Cambridge Gonville and Caius Coll. 435 [agn., cette partie 1ᵉm. 13ᵉs.] p. 105-128; p. p. J. Grant, *La passiun de seint Edmund*, London (ANTS) 1978 (A-N Texts 36); [= TL Pass. SEdm. G; AND S Edm Pass ANTS; Dean 519; Boss² 5772].

SEdmPassN id.; p. p. A. Nabert, *La passiun de seint Edmund*, thèse Greifswald 1915; [= TL Pass. SEdm.; AND S Edm Pass; Boss 3246 Rem.].

SEdmPr id., vie en prose, incip. *Ci commence la vie .s. Aymon qui fu roi et de son martire... seint Haimon*; 2ᵉt. 13ᵉs.?; ms. BN fr. 17229 [2ᵉm. 13ᵉs.] f°222r°b-230v°a, BN fr. 23117 [1ᵉ partie fin 13ᵉs.] f°219r°-227r°, BN fr. 413 [ca. 1400] f°169v°-176r°; éd. dans une thèse inédite: L.B. Richardson, *La Vie seint Aymon*, New York Columbia Univ. 1967; cf. Porter et Baltzell RoR 45,81-88 avec transcription de la fin.

[SEdm cp. → Edm.]

SEleuthAlB Vie de saint Eleuthère (Lehire), évêque de Tournai, en vers alexandrins; hain. fin 13ᵉs.; ms. unique BN fr. 24430 [pic. (Tournai) ca. 1295]; p. p. J. Bastin, "La vie de saint Éleuthère", *RLaR* 62 (1923) 306-358; [= TL Vie SEleuthere; Boss 3252].

SElisBruxK Vie de sainte Elisabeth de Hongrie, anon., octosyll.; pic. 2ᵉm. 13ᵉs.; ms. de base Bruxelles Bibl. roy. 10295-304 [hain. 1428/29] (A), extraits dans BN fr. 19531 [pic. 2ᵉm. 13ᵉs.] (C) voir SElisRob; p. p. L. Karl, "Vie de sainte Elisabeth de Hongrie", *ZrP* 34 (1910) 708-733; [= TL Vie SElis. anon.]. Donne en app. une vie latine. SElisRob reprend 531 vers de la version de Bruxelles.

SElisRobJ Vie de sainte Elisabeth de Hongrie, en octosyll., par Robert de Camblinnuel; pic. 2ᵉm. 13ᵉs.; ms. BN fr. 19531 [pic. 2ᵉm. 13ᵉs.]; p. dans → RutebJ¹ 2,360-412. 531 vers sont repris de → SElisBrux.

SElis cp. → RutebElis et NicBozElis.

SEloiP Vie de saint Eloi (Miracles de s. Eloi) par Gerbert de Montreuil II (copiste?), vers octosyll.; pic. 2ᵉm. 13ᵉs.; ms. Oxford Bodl. Douce 94 [pic. 1294] acéphale; p. p. A. Peigné-Delacourt, *Les miracles de saint Éloi*, Paris (Aubry) – Beauvais (Pineau) – Noyon (Andrieux) s.d. [1859]; [= TL Mir. S. Eloi; Boss 3253].

SEuphrH Vie de sainte Euphrosyne, strophes monorimes de dix vers alex.; Ouest ca. 1200; ms. de base Oxford Bodl. Canonici Misc. 74 [wall.

SEuphrH

déb. 13ᵉs.], qqs. var. de Bruxelles Bibl. roy. 9229-30 [Nord 1ᵉʳt. 14ᵉs.], Den Haag KB 71.A.24 (265, Th. 389) [prob. 1327], Ars. 5204 [2ᵉt. 14ᵉs.?]; p. p. R. T. Hill, "La vie de sainte Euphrosine", *RoR* 10 (1919) 159-169; 191-232; 12 (1921) 44-49; [= TL Vie SEuphr.; Boss 3415]. Roques RLiR 46,29-33: Ouest; Zufferey RLiR 72,187n.49: norm. (à cause de *-iee* > *-ie*, mais on n'y trouve que deux cas); 'mil. 12ᵉs.' et 'contemporain à Rou I' (= 1160; à cause de *vire* < '*vīderat* plqpf.'; Hill: pf.3pl.).

SEust1M Vie de saint Eustache, version en laisses monorimes d'alex., par un certain Benoit; déb. 13ᵉs.; ms. fragm. BL Egerton 1066 [agn. ca. 1300]; p. p. P. Meyer, "Fragment d'une vie de saint Eustache en alexandrins monorimes", *R* 36 (1907) 12-28; [= TL SEust. Rom.; Dean 544; Boss 3266]. Auteur continental (p. 13).

SEust2P id., version anon. en vers octosyll.; norm. déb. 13ᵉs.; ms. de base Madrid Bibl. nac. 9446 [norm. mil. 13ᵉs.] (M), en var. Ste-Gen. 792 [f°111-124, n°29, pic. 2ᵉm. 13ᵉs.] (G); p. p. H. Petersen, *La vie de saint Eustache*, Paris (Champion) 1928 (CFMA 58); [= TL Vie SEust. Class.; Boss 3267; Hol 126].

SEust3B id., version en vers octosyll., par Pierre de Beauvais (le Picard); déb. 13ᵉs.; ms. de base BL Egerton 745 [pic. mil. 14ᵉs.] (L), en var. BN fr. 13502 [14ᵉs.] (B), BN fr. 19530 [fin 13ᵉs.] (P) et BN nfr. 13521 (anc. La Clayette) [fin 13ᵉs.] (C); p. p. P. Badas, *Pierre de Beauvais. La Vie de saint Eustache*, Bologna (Pàtron) 2009. C.r. Burgio MedRom 34,197-198.

SEust3F id.; ms. de base P, en var. B et L, C par le biais de BN Moreau 1715 [copie 18ᵉs.] (M); p. p. J. R. Fisher, "La vie de saint Eustache par Pierre de Beauvais", *RoR* 8 (1917) 1-67; [= TL Vie SEust. F; Boss 3259; Hol 126].

SEust4P id., version en vers octosyll.; agn. 2ᵉq. 13ᵉs.; ms. New Haven Yale Beinecke Libr. 395 (anc. Cheltenham Phillipps 4156) [agn. ca. 1275]; p. p. H. Petersen, "Trois versions inédites de la Vie de saint Eustache en vers français, I: Version de Cheltenham", *R* 48 (1922) 365-402; [= TL Vie SEust. P¹; FEW Eust4; AND S Eust²; Dean 541; Boss 3260; Hol 125]. Traits agn. dus au copiste?

SEust5P id., version de Guillaume de Fereres (William de Ferrers), en alexandrins; agn. 2ᵉq. 13ᵉs.; ms. York Chapter Libr. 16.K.13 [agn. ca. 1300]; p. p. H. Petersen, "Trois versions inédites de la Légende de saint Eustache en vers français, II: Version de Guillaume de Ferrières", *R* 51 (1925) 363-396; [= TL Vie SEust. Guill. F (aussi Vie SEustache... in Rom. LI...); FEW Eust5; AND S Eust¹; Dean 540; Boss 3261; Hol 125; Vising 128].

SEust6E id., version en vers 'octosyll.' irréguliers de six à dix syll.; agn. 1ᵉm. 13ᵉs.; ms. Dublin Trinity Coll. D.4.18 (432) [I: agn. mil. 13ᵉs.]; p. p. M. Esposito, "La légende de s. Eustache en vers anglo-normands", *Mélanges philologiques. Textes et études de littérature ancienne et médiévale*, fasc. 1, Florence (chez l'auteur) 1921, 29-61; [= TL Vie SEust. E; Dean 542; Vising 129; Boss 3262; Hol 126]. Corr.: NM 30 (1929) 113-118.

SEust7O id., version en quatrains de vers décasyll. (titre du ms.: *Roman de Placidas*); traits pic. 2ᵉq. 13ᵉs.; ms. BN fr. 1374 [scribe A: frpr., B: champ.mérid. ca. 1260] scribe B écrit f°66-71 (v. 145-1071); p. p. A. C. Ott, "Das altfranzösische Eustachiusleben (L'Estoire d'Eustachius) der Pariser Handschrift Nat.-Bibl. fr. 1374", *RF* 32 (1913) 481-607; [= TL Vie SEust. O; FEW Eust; Boss 3263; Hol 127].

SEust8P id., version en vers octosyll.; hain. ca. 1300; ms. Bruxelles Bibl. roy. 10295-304 [hain. 1428/29]; p. p. H. Petersen, "Trois versions inédites de la vie de saint Eustache en vers français, III: Version de Bruxelles", *R* 52 (1926) 37-74; [= TL Vie SEust. Brux.; FEW Eust6; Boss 3260; 3264; Hol 125].

SEust9S id., fragment d'une version en sixains de vers irréguliers (4 à 6 syll.); agn. 13ᵉs.; ms. Oxford Saint John's Coll. 183 [agn. 2ᵉm. 13ᵉs.]; p. dans → StengelDigby 126-127; [= Dean 543; Vising 130; Boss 3265]. Mauvaise transcription, cp. Dean.

SEust10P id., version en quatrains de vers alex. monorimes; 2ᵉm. 14ᵉs.; ms. de base BN fr. 1555 [déb. 15ᵉs.] (I), en var. un incunable de ca. 1520 (K), le ms. Ashburnham Barrois 412 [15ᵉs.] n'a pu être localisé; p. p. H. Petersen, "Deux versions de la Vie de saint Eustache en vers français du moyen âge", *Mém. Soc. néoph.* 7 (Helsingfors 1925) 51-240, spéc. 110-168; [= TL Vie SEust. P²; FEW Eust2; Boss 3268]. Contient aussi SEust11P (p. 169-226).

SEust11P id., version en strophes variées; 1ᵉm. 15ᵉs.; ms. BN fr. 24951 [16ᵉs.]; p. dans → SEust10P p. 169-226; [= FEW Eust3].

SEustPr¹M id., première version en prose, traduite du latin (imprimé en parall.); 1ᵉm. 13ᵉs.; ms. de base BN fr. 2464 [frc. mil. 13ᵉs.] (A), en var. BN fr. 183 [prob. 1327] (B), BN fr. 185 [2ᵉm. 14ᵉs.] (C), Ste-Gen. 588 [Paris? ca. 1300] (D), Arras 139 (657) [pic. 3ᵉt. 13ᵉs.] (E), Chantilly Musée Condé 734 (456) [1313 n.st.] (F), Lyon Bibl. mun. 867 (772) [pic. 2ᵉm. 13ᵉs.] (G), BL Add. 17275 [2ᵉt. 14ᵉs.] (H), Oxford Queen's Coll. 305 [Fr. 2ᵉm. 15ᵉs.] (J) abrégé, non utilisé Genève Com. lat. 102 (anc. Cheltenham Phillipps 3660) [2ᵉq. 14ᵉs.], Bruxelles Bibl. roy. 9225 [2ᵉm. 14ᵉs.],

Firenze Bibl. Med. Laurenz. Med. Palat. 141 [Arras 1399] version altérée; p. p. J. Murray, *La Vie de saint Eustache*, Paris (Champion) 1929 (CFMA 60); [= TL Vie SEust. Prose Murray; FEW EustP; Boss 3269].

SEvroulS Vie de saint Evroul basée sur la vie latine par Orderic Vital, en vers octosyll.; norm. mil. 14^{e}s.; ms. unique BN fr. 19867 [norm. 2^{e}m. 14^{e}s.]; p. p. S. Sandqvist, *La vie de saint Évroul*, Lund (Univ. Press) 1992 (Études romanes de Lund 48); [= TL Vie SEvroul S]. C.-r. ZrP 111,295-299; R 113,261-267; VRo 53,339-342; RLiR 56,630-632; MÂ 100,520-522.

SEvroulD id.; p. p. F. Danne, "Das altfranzösische Ebrulfusleben, eine Dichtung aus dem 12. Jahrhundert nach dem Manuskript 19867 der Nationalbibliothek zu Paris", RF 32 (1913) 748-893; [= TL Vie SEvroul; Boss 3270].

SFanuelC *Romanz de saint Fanuel et de sainte Anne et de Nostre Dame et de nostre segnor et de ses apostres*, compilation pieuse d'aspect assez variable dans les mss., débutant par la légende de saint Fanuel proprement dite (v. 1-850) et comprenant entre autres une Conception Notre Dame ou Histoire de Marie et de Jésus (cf. → SMarieJésus), un Evangile de l'enfance (cf. → EvEnf) et → PassJongl, appelé aussi Histoire de Jésus Christ; ca. 1200; ms. de base Montpellier Ec. de Méd. 350 [ca. 1300] (A) (v. 1-58 et 1520-1669 manquent), début d'après Bern 634 [13^{e}s.] (B), v. 1520-1669 d'après BN fr. 1533 [fin 13^{e}s.], autres mss.: Grenoble 1137 (cat. 51) [pic. 1^{er}t. 14^{e}s.] (C) (extraits p. p. P. Meyer R 16, 1887, 214-231), Stuttgart Württ. Landesbibl. Cod. Don. 170 (anc. Donaueschingen 170, L.199) [2^{e}q. 15^{e}s.] (D), Rennes 593 (147) [1304 n.st.], Cambridge Fitzwilliam Mus. 20 [Nord-Est 1323] (correspond à E et à F de l'éd.), BN nfr. 10036 (anc. Ashburnham Barrois 171) [frc. 3^{e}t. 13^{e}s.] (G), BL Add. 15606 [bourg. déb. 14^{e}s.] (H), Arras 139 (657) [pic. 3^{e}t. 13^{e}s.], Torino Bibl. naz. L.II.14 (fr. 36) [pic. (Origny) 1311], BN fr. 1526 [frc. 2^{e}m. 13^{e}s.] (= BibleSeptEtats), BN fr. 1768 [1^{e}m. 14^{e}s.], Wien 3430 [15^{e}s.], Ars. 5201 [bourg.sept. ou lorr. 3^{e}t. 13^{e}s.] (extraits R 16, 44-47; = Gdf Annunc.: Roman de l'Annunciacion ou Annonciation), BN fr. 2815 [1^{e}m. 14^{e}s.], BN nfr. 13521 (anc. La Clayette) [fin 13^{e}s.]; p. p. C. Chabaneau, "Le Romanz de saint Fanuel...", RLaR 28 (1885) 118-123; 157-258; [= TL SFanuel; Boss 3097]. Des variantes aux v. 597-982 se trouvent dans → SFanuelVarSt, aux v. 1377-2864 (texte concernant vie et conception N. D. et l'enfance du Christ) dans → SFanuelVarS et BibleSeptEtatsI, aux v. 2865-3667 (→ PassJongl) dans → SFanuelVarG.

SFanuelL id., légende de saint Fanuel proprement dite (539 vers); ms. Donaueschingen 170 [2^{e}q. 15^{e}s.] f°1-27 (une feuille du début manque, incip. *Sy me leissez a vous parler, Seigneur, ce devent escouter*); p. dans J. M. C. von Laßberg, *Ein schoen alt Lied von Grave Friz von Zolre...*, Konstanz ('Sepp') 1842, p. 65-80.

SFanuelM id.; ms. de base Cambridge Fitzwilliam Museum 20 [1323], 11 autres en var.; p. p. W. Musil, *Le roman de saint Fanuel*, thèse Chicago 1977; [= Boss^2 5674].

SFanuelR id.; extrait du ms. BL Add. 15606 [bourg. déb. 14^{e}s.] f°38-42, les 524 vers p. p. R. Reinsch en app. à → CoincyNatNDR (*AnS* 67, 1882) 234n et 263-268. La légende de saint Fanuel proprement dite est interpolée dans ce ms. dans → WaceConc.

SFanuelVarG id.; var. aux vers 2865-3667 de SFanuelC, correspondant à PassJongl, p. dans → PassJongluG p. 39-56.

SFanuelVarS id.; var. aux vers 1377-2864 de SFanuelC, p. p. H. Schneidewind, *Handschriftenverhältnis und Variantenapparat der altfranzösischen Achtsilbnerredaktion der 'Histoire de Jésu'*, thèse Greifswald 1909; [= Boss 3318: 'Schweinewind'].

SFanuelVarSt id., var. aux vers 597-982 de SFanuelC, p. p. E. Stengel, "Ein Beitrag zur Textüberlieferung des Romanz...", RF 23 (1907) [= Mél. Chabaneau] 57-72.

SFoySimB Vie de sainte Foy, en vers octosyll., par Simon de Walsingham; agn. ca. 1213 (entre ca. 1210 et 1216); ms. BL Add. 70513 (anc. Welbeck Abbey I.C.1) [agn. f°9-267: 4^{e}q. 13^{e}s.]; p. p. A. T. Baker, "Vie anglo-normande de sainte Foy par Simon de Walsingham", R 66 (1940-41) 49-84, [= TL SWalsingham Vie Ste-Foy; AND S Foy; Dean 570; Hol 129; Boss 3416; cf. Vising 138].

SFrançBP Légende de saint François d'Assise, version basée sur la Vita prima par Thomas de Celano (1228/29), version fr. 'B'; norm. ca. 1250; ms. BN fr. 2094 [bourg.mérid. fin 13^{e}s.]; p. p. J. M. Pinder, "The Life of Saint Francis of Assisi", *Archivum Franciscanum Historicum* 88 (1995) 3-160. Également publié à part: Grottaferata (Coll. S. Bonaventura) 1995. C.r. et localisation T.Matsumura MélLöfstedt 147-156.

SFrançcR Légende de saint François d'Assise en vers octosyll. irréguliers (8727 v.) basée sur la Legenda Maior de Bonaventure (saint) (1260-1263), version 'C'; agn. ca. 1275; ms. BN fr. 13505 [agn. 4^{e}q. 13^{e}s.] (formait, avec BN fr. 14959 un seul ms., anc. Saint-Evroul 115), fragm. BL Add. 43688 [agn. 2^{e}m. 13^{e}s.]; p. p. D. W. Russell, *La vye de seynt Fraunceys d'Assise*, London (ANTS) 2002

SFrançCR

(A.-N. Texts 59-60); [Dean 526: fragm.]. L'éd a pu se servir de → SFrançT.

SFrançT id.; p. p. M. Thomas, *Recherches sur les légendes françaises de saint François d'Assise. Édition de la version anglo-normande*, thèse Paris (travail non consultable; une copie illisible déposée à l'Univ. de Manchester; qqs. fiches utilisées par AND; cf. Éc. nat. des Chartes, Positions des thèses sout. pour obt. le dipl. d'archiv.-paléogr., 1942, 113-118); [= AND S Fran; Dean 525; Vising 131; Boss 3271].

SFrançPr¹ id., version dérimée d'une version en vers inconnue, elle-même basée sur la Legenda maior de Bonaventure; 14ᵉs.?; ms. BN fr. 9762 [15ᵉs.]; inédit.

SFrançPr² id., version en prose basée sur les Vitae maior et minor de Bonaventure?; pic. 3ᵉt. 13ᵉs.; ms. Maz. 1742 (1351) [pic. 3ᵉt. 13ᵉs.]; inédit. [Gdf 'Maz. 2036' err., v. Ringenbach Bibl. Gdf.]

SFranchS id., *Vie saint Franchois*, version basée sur la Vita prima par Thomas de Celano (1228/29), version fr. 'A'; pic. ca. 1245; ms. BN fr. 19531 [pic. 2ᵉm. 13ᵉs.], non utilisé: BN fr. 2093 [pic. déb. 14ᵉs.] (A1); p. p. A. Schmidt, *La vie saint Franchois nach manuscrit français 19531 der Nationalbibliothek in Paris*, thèse Münster, Leipzig (Schmidt) 1905; [= TL SFranch.].

SGenB Vie de sainte Geneviève (1ᵉ des femmes saintes des Mérovingiens, Genovefavita 'Femme sorcière'), en vers octosyll.; ca. 1200; ms. de base BN lat. 5667 [2ᵉ partie: ca. 1220] (A), en var. BN fr. 13508 [14ᵉs.] (B), Ste-Gen. 1283 [f°80-113: 1ᵉm. 14ᵉs.] (C) (texte fr. autre main que texte lat.); p. p. L. Bohm, *La Vie de sainte Geneviève de Paris, poème religieux*, Uppsala (Almqvist & Wiksell) 1955; [= TL Vie Ste Genevieve; FEW VieGen; Boss 7793]. Cp. → SGenDér; BerschinBiogr 2,8-14.

SGenDér Version dérimée de → SGen; fin 13ᵉs. (?); mss.: Maz. 1716 (568) [déb. 14ᵉs.], Chantilly Musée Condé 734 (456) [1313 n.st.], Genève Com. lat. 102 (anc. Cheltenham Phillipps 3660) [2ᵉq. 14ᵉs.], BN fr. 23117 [2ᵉ partie, f°238-482, déb. 14ᵉs.], BN fr. 413 [ca. 1400], BN fr. 185 [2ᵉm. 14ᵉs.], BL Add. 17275 [2ᵉt. 14ᵉs.]; inédit.

SGenPr¹H Vie et miracles de sainte Geneviève, rédaction en prose attribuée à Thomas Benoist (traduction de la vie latine et miracles des XIIIᵉ et XIVᵉ siècles); 1367; ms. de base BN lat. 5667 [3ᵉ partie: fin 14ᵉs.], autres mss.: BN fr. 415-416 [déb. 15ᵉs.], Ste-Gen. 1131 [ca. 1440] f°118v°-136v°, Vat. Reg. lat. 1728 [4ᵉq. 15ᵉs.] f°16r°-24r°, impr. Paris 1493 (BN Vél. 690); extraits (quatre miracles) p. p. J. Havet, *Miracles de sainte Geneviève à Paris (XIIᵉ-XIVᵉ siècle), rédaction française attribuée à Thomas Benoist*, Paris (chez l'auteur) 1889; [cp. Boss 3419].

SGenPr² Vie de sainte Geneviève, en prose, version abrégée, partie de → LégJMailly; 3ᵉq. 13ᵉs.; mss.: Epinal 76 (9; 70) [4ᵉq. 13ᵉs.], Lille Bibl. mun. 202 (451; Le Gl. 199) [2ᵉm. 14ᵉs.], BL Add. 15231 [3ᵉt. 13ᵉs.], BN fr. 988 [lorr. 1ᵉm. 14ᵉs.], Ste-Gen. 587 [ca. 1300]; inédit. Cp. → SGenB p. 28.

SGenPr³ id., autre version; 14ᵉs.; ms. Oxford Queen's Coll. 305 [Fr. 2ᵉm. 15ᵉs.]; inédit; v. R 34 (1905) 230 no 98.

SGeorgDeG Vie de saint Georges, octosyll., incip. *De par le filz Sainte Marie*; 2ᵉm. 14ᵉs.; ms. unique Amsterdam Bibl. Philos. Herm. 58 (anc. Cheltenham Phillips 3668) [fin 14ᵉs.]; p. dans → SGeorgVosG p. 95-109.

SGeorgPr¹M Vie de saint Georges en prose, incip. *Vraiment raconte la devine page que quant li saint home se penoient et esforçoient d'acroistre et d'essaucier la sainte loi*; 1ᵉm. 13ᵉs.?; ms. Ste-Gen. 588 [Paris? ca. 1300], autres mss. Bruxelles Bibl. roy. 10326 [2ᵉm. 13ᵉs.], BN nfr. 10128 [2ᵉm. 13ᵉs.], etc. (cf. Meyer HLF 33,400; 401; 410; etc.); ms. Ste-Gen. p. p. J. E. Matzke, "Contributions to the history of the legend of Saint George...", *PMLA* 17 (1902) 464-535, texte 515-525; [= TL SGeorge M].

SGeorgVosG Vie de saint Georges, octosyll., incip. *Vos qu'estes ci venuz ensemble* (attribution à Wace improbable); traits de l'Ouest et pic., 1ᵉm. 13ᵉs.; ms. unique Tours 927 [tour. 2ᵉq. 13ᵉs.]; p. p. Y. Guilcher, *Deux versions de la vie de saint Georges*, Paris (Champion) 2001. Sans datation; gloss. insuffisant. Contient aussi → SGeorgDeG.

SGeorgVosL id.; p. p. V. Luzarche, dans → WaceConcL p. 93-117; [= TL S George].

SGillesP Vie de saint Gilles par Guillaume de Berneville, octosyll.; agn. 3ᵉt. 12ᵉs.; ms. Firenze Bibl. Med. Laurenz. Conv. soppr. 99 [1ᵉ partie agn. 1ᵉm. 13ᵉs.], ms. fragm. → SGillesHarlB; p. p. G. Paris – A. Bos, *La Vie de saint Gilles par Guillaume de Berneville*, Paris (Didot) 1881 (SATF); [= TL SGile; AND S Gile; FEW SGilles et StGilles; Dean 529 [date le ms. fin 13ᵉs.]; Vising 15; Boss 3280; Hol 87]. Texte 'critique', respecter les leçons du ms. fournies; cf. les notes et Mussafia R 11,594-598.

SGillesL id.; texte un peu moins normalisé p. p. F. Laurent, *Guillaume de Berneville, La Vie de saint Gilles*, Paris (Champion) 2002 [2003] (CCMA

6). Émendations (dont bon nombre superflues) moins identifiables que dans l'éd. P, l'apparat ne se trouvant pas au bas de page: un pas en arrière (p. ex. v. 188). C.r. T. Matsumura ZrP 121,156s.; M. Plouzeau RLaR 108,539-576.

SGillesHarlB id., ms. fragm. BL Harl. 912 [déb. 14ᵉs. - fin 15ᵉs., SGilles: mil. 14ᵉs.], correspond aux v. 2975-3057 de → SGilles; p. p. L. Brandin, "Un fragment de la *Vie de saint Gilles* en vers français", R 33 (1904) 94-98; [= Dean 529; Boss 3281]. Réimprimé dans → SGillesL p. 273-276.

SGodric Vie de saint Godric ou Goderic de Finchdale (ca. 1069-1170, marchand voyageur devenu moine: récit intéressant) par Reginald de Durham (av. 1170, ob. ca. 1190), prose, aux observations morales rédigées en vers octosyll.; agn. 13ᵉs.; ms. unique Maz. 1716 (568) [déb. 14ᵉs.] ms. continental; v. HLF 33,423; [Dean 530: indiqua une éd. en prép.]. Texte lat. p. p. J. Stevenson, *Libellus de vita et miraculis S. Godrici*, London 1847; étude de l'orig. aangl. et des mss. lat.: J. Zupitza Englische Studien 11 (1888) 401-432.

[SGraalS cf. → SGraalIVS.]

SGraalIIJosO Roman de l'*Estoire dou Graal* ou *Joseph d'Arimathie* par Robert de Boron, roman en 3514 vers octosyll., en trois parties: *Joseph*, *Merlin* fragm. et [*Perceval* perdu], formant un pont entre → Perc de Chrétien de Troyes («SGraalI») et les cycles en prose → SGraalIII et SGraalIV (et → Perl), Robert introduisant l'interprétation chrétienne du Graal (Cène); frcomt. et traits frpr., ca. 1195 (prob. entre 1191 et 1201); ms. unique BN fr. 20047 [pic. fin 13ᵉs.]; p. p. R. O'Gorman, *Robert de Boron, Joseph d'Arimathie*, Toronto (Pontifical Inst. Med. St.) 1995 (St. and Texts 120); texte p. 32-336, pages paires; pages impaires: SGraalIIIJosTO.

SGraalIIJosM id.; p. p. F. Michel, *Le roman du Saint-Graal*, Bordeaux (Faye) 1841, texte p. 1-148 l. 2 (suite: SGraalIIMerlM); [= TL SGraal; Vising 36; Boss 1899; Hol 1442]. Bonne éd., mais remplacée par Nitze et O'Gorman (le DEAF utilise un ex. collationné par E. Wechssler: très peu de véritables corr., et pratiquement identique à Nitze, sauf p. ex. *feit* 611).

SGraalIIJosN id.; p. p. W. A. Nitze, *Robert de Boron, Le Roman de l'Estoire dou Graal*, Paris (Champion) 1927 (CFMA 57); [= TL Rob. de Boron Est. Gr.; FEW RobBor; Boss 1902; Hol 1443]. Pas toujours fiable. Cf. → SGraalIIMerlN.

SGraalIIMerlN Fragment de 504 vers du *Merlin*, suite de → SGraalIIJos, par Robert de Boron; frcomt. et traits frpr., ca. 1195 (prob. entre 1191 et 1201); ms. unique BN fr. 20047 [pic. fin 13ᵉs.]; p. dans → SGraalIIJosN p. 126-130. Localis.: Zufferey RLiR 70,431-469.

SGraalIIMerlM id.; p. dans → SGraalIIJosM p. 148-168 (v. 3515ss.).

SGraalIIMerlMa id.; p. dans → MerlinM p. 1-17.

SGraalIIIH Troisième cycle du saint Graal, mise en prose anonyme de → SGraalII, appelée Petit Saint Graal, aux rapports complexes avec → SGraalIV; déb. 13ᵉs.; ms. BN fr. 748 [frc. 2ᵉt. 13ᵉs.] (traits du Sud-Ouest?, RLiR 77,580 n. 1); p. p. E. Hucher, *Le Saint-Graal ou le Joseph d'Arimathie*, t. 1, Le Mans (Monnoyer) 1875; [= TL SGraal H]. Contient SGraalIIIJosH (1,209-276), SGraalIIIMerlProphH (1,277-333), PercDidDH (1,415-505).

SGraalIIIJosH id., première branche: *Histoire de Joseph d'Arimathie*; déb. 13ᵉs.; ms. BN fr. 748 [frc. 2ᵉt. 13ᵉs.]; p. dans → SGraalIIIH 1,209-276,

SGraalIIIJosW id.; éd. composite basée sur les mss. BN; p. p. G. Weidner, *Der Prosaroman von Joseph von Arimathie*, Oppeln (Franck) 1881; [= TL Jos. Arim.; Boss 1901; Wo 93].

SGraalIIIJosER id., trilogie comprenant Joseph, Merlin et Perceval, appelée Perceval-Didot, particulière aux ms. D (anc. Didot; avec une Prophétie Merlin unique) et E (Este), première branche: Joseph; [déb. 13ᵉs.]; ms. Modena Bibl. Estense E.39 [pic. 2ᵉm. 13ᵉs.] (E); p. p. W. Roach, "The Modena Text of the prose *Joseph d'Arimathie*", RoPh 9 (1955-56) 313-342; [= TL Jos. Arim. Mod.; Wos 93; Boss 7587].

SGraalIIIJosEC id.; p. p. B. Cerquiglini, *Robert de Boron. Le roman du Graal*, Paris (Union gén. d'éd.) 1981, p. 17-71; [= TL Rob. de Boron Est. Gr. C]. P. 73-195 = → [SGraalIIIMerlEC] / MerlinModC, p. 197-302 = PercDidEC.

SGraalIIIJosFO id., version du ms. très rajeuni F, du 2ᵉ groupe (version raccourcie); ms. BN fr. 1469 [2ᵉm. 15ᵉs.]; p. p. R. O'Gorman, "The Middle French redaction of Robert de Boron's *Joseph d'Arimathie*", Proc. of the American Philosoph. Soc. 122 (1978) 261-285; [= Boss² 3935].

SGraalIIIJosTO id.; ms. de base Tours 951 (anc. 873, Marmoutier 195) [Terre sainte ca. 1290] (T) f°159-172, en var. Ars. 2996 [2ᵉm. 13ᵉs.] acéphale, BN fr. 770 [pic. (Douai) ca. 1285] (B), BN fr. 748 (anc. 7170.3, Cangé 4/89) [frc. 2ᵉt. 13ᵉs.] (C), BN nfr. 4166 [N.-E.? 1301] (D), Modena Bibl. Estense E.39 (α.L.9.30) [pic. 2ᵉm. 13ᵉs.] (E), BN

SGraalIIIJosTO

fr. 1469 (anc. 7547.3) [2ᵉm. 15ᵉs.] (F) voir SGraal-IIIFO, BL Add. 38117 [pic. déb. 14ᵉs.] (H), Firenze Bibl. Riccard. 2759 [francoit. 1ᵉm. 14ᵉs.] (J), Chantilly Musée Condé 644 (1081) [It. déb. 14ᵉs.] (K), BN fr. 20039 [lorr. fin 13ᵉs.] (L) fragm. interpolé dans HermVal, Le Mans 354 [pic. (Douai) ca. 1280] (M), Peterburg RNB Fr.F.v.XV.5 [déb. 14ᵉs.] (P), extraits interpolés dans l'Estoire, BN fr. 2455 (anc. 8188.3) [lorr. fin 13ᵉs.] (Q), BN fr. 423 (anc. 7024) [lyonn. déb. 14ᵉs.] (S), aussi dans Vat. Reg. lat. 1687 [14ᵉs.] (V), New Haven Yale Beinecke Libr. 227 (anc. Cheltenham Phillipps 1045) [1357 (date du Merlin)] (Y); p. dans → SGraalIIJosOS, pages impaires 33-337.

SGraalIIIMerl → Merlin[M].

SGraalIIIMerlEC Roman de Merlin, version de la trilogie du Perceval-Didot, ms. E; déb. 13ᵉs.; ms. Modena Bibl. Estense E.39 [pic. 2ᵉm. 13ᵉs.] (E); p. dans → SGraalIIIJosEC p. 73-195.

SGraalIIIMerlProphH id., Prophétie Merlin unique du ms. Didot, traduisant et adaptant la Prophetia Merlini de Geoffroy de Monmouth; déb. 13ᵉs. (?); ms. BN nfr. 4166 (anc. Didot) [N.-E. ? 1301] (D) f°44c-52d; p. dans → SGraalIIIH 1,277-333; v. J. Abed dans → ActesProph 81-105.

SGraalIIIPerc → PercDid.

SGraalIVS Quatrième cycle du Saint Graal, appelé Lancelot-Graal ou Vulgate ou Grand Saint Graal, créé par amplification étendue de → SGraalIII; ca. 1225; ms. de base BL Add. 10292-94 [pic. prob. 1316, miniature 10292 f°45 datée 26 févr. 1317 n.st.]; p. p. H. O. Sommer, *The Vulgate Version of the Arthurian romances*, 8 vol., Washington DC (Carnegie Inst.) 1908-1916. Éd. sous bien des aspects exemplaire. Contient → ArtusS (= t. 7); LancPrS (t. 3-5); MerlinS (t. 2); MortArtuS (t. 6,203ss.); SGraalIVEstS (t. 1); SGraalIVQuesteS (t. 6,1-199). Cf. Wo 96 et Wos 96; Lancelot-Graal Project Pittsburg: une grosse de mss.

SGraalIVH id., en fait première branche, l'*Estoire* et l'épisode *Histoire de Grimaud*; ms. imprimé Le Mans 354 [pic. (Douai) ca. 1280], qqs. var. de BN fr. 2455 [lorr. fin 13ᵉs.] (F; ms. innovant [R 130,183], cité par Gdf), qqs. var. rares de BL Roy. 14 E.III [pic. déb. 14ᵉs.] (A); p. p. E. Hucher dans → SGraalIIIH 2,1-539; 3,1-21; 21-86 (haut de p.), le bas donnant la version du ms. F de l'épisode 'Ypocras'); 86-308, 1877-1878. Au t. 3, 311-738, se trouve l'épisode de 'Grimaud' publié d'après BN fr. 2455 f°163-314, aussi dans BN fr. 98 [15ᵉs.] f°57-118, qui fait défaut dans les autres mss. (p.ex. dans celui de SGraalIVEstS, voir p. 188, n. 8); voir SGraalIVEstS p. 269, n. 9.

SGraalIVW id., cycle complet, version courte, d'après le ms. Bonn; ms. de base Bonn S.526 [pic. (Amiens) 1286] (B), corr. et qqs. var. d'après BL Add. 10292-294 [pic. prob. 1316] (L), BL Roy. 14 E.III [pic. déb. 14ᵉs.] (L¹), BL Roy. 19 C.XII [1ᵉm. 14ᵉs.] (L²), BL Add. 32125 [agn. f° 59-245 1ᵉʳq. 14ᵉs.] (L³), Le Mans 354 [pic. (Douai) ca. 1280] (M), BL fr. 110 [ca. 1295] (P) acéphale, BN fr. 747 [bourg. (Nord?) ca. 1240] (P¹); éd. dite de D. Poirion p. sous la dir. de Ph. Walter, *Le livre du Graal*, 3 vol., s.l. [Paris] (Gallimard) 2001 – 2009 (Pléiade); t. 1: → SGraalIVEstG, MerlinN, MerlinSBF, t. 2: LancPrBH, LancPrBD, LancPrBF, t. 3: LancPrBN, SGraalIVQuesteBG, MortArtuBS. Sans datation ou loc. des mss.

SGraalIVEstG *Estoire du Saint Graal* ou *Joseph d'Arimathie*, branche de → SGraalIV, version courte; ca. 1225; p. p. G. Gros dans → SGraalIVW t. 1, 1-567; 1665-1741.

[SGraalIVEstH v. → SGraalIVH.]

SGraalIVEstP id., version longue; ca. 1225; mss. de base Amsterdam Bibl. Philos. Herm. 1 (anc. Cheltenham Phillipps 3630 / 1045/1047?) [flandr. 1ᵉʳq. 14ᵉs.] f°1-63d. ('A', base des § 1-444, t. 1) et Rennes 255 (148) [traits de l'Est, Paris ca. 1225] f°43f-100e ('R', § 445-906 = fin, t. 2) [l'éd. date le ms. Rennes d'avant la date du texte, v. p. xiv et lvi, de même ZrP 114,679], en var. BL Roy. 14 E.III [pic. déb. 14ᵉs.] (A¹), BN fr. 344 [Est fin 13ᵉs.] (P), BL Add. 32125 [agn. f°59-245 1ᵉʳq. 14ᵉs.] (L) f°59-205, Cambridge Univ. Add. 7071 [agn. déb. 14ᵉs., qqs. f°ˢ 15ᵉs.] (C), Le Mans 354 [pic. (Douai) ca. 1280] (M), BN fr. 770 [pic. (Douai) ca. 1285] (B), BN fr. 344 [Est fin 13ᵉs.] (P), Nottingham Univ. WLC.LM.7 [continental 2ᵉq. 13ᵉs.] (N), autres mss. Kraków Univ. gall. fol. 217 (anc. Berlin) [2ᵉq. 13ᵉs.] fragm. (v. StutzmannTylus 92-93), Chantilly Musée Condé 476 (644) [II, f°59-222 Graal, 2ᵉm. 13ᵉs.], etc.; p. p. J.-P. Ponceau, *L'estoire del Saint Graal*, Paris (Champion) 1997. C. r. RLiR 61,586; ZrP 114,678-681.

SGraalIVEstS id., version courte; ca. 1225; ms. BL Add. 10292 [pic. prob. 1316], qqs. var. de BL Roy. 19 C.XII [1ᵉm. 14ᵉs.] (A), BL Roy. 14 E.III [pic. déb. 14ᵉs.] (R), BL Add. 32125 [agn. f° 59-245 1ᵉʳq. 14ᵉs.] (B), Le Mans 354 [pic. (Douai) ca. 1280] (M); p. dans → SGraalIVS, t. 1. Impression largement imitative. Avec concordance page par page avec l'éd. Hucher.

[SGraalIVLanc voir LancPr.]

SGraalIVQuesteP *La queste del Saint Graal*, branche de → SGraalIV, version des mss. de la famille α; ca. 1225; ms. de base Lyon Bibl. mun. Palais des Arts 77 [fin 13ᵉs.] (K), comparé avec BN fr. 344 [Est fin 13ᵉs.] (R) et BN nfr. 1119 [13ᵉs.]

(Z), en var. BN fr. 751 [mil. 13ᵉs.] (V), BL Roy. 14 E.III [pic. déb. 14ᵉs.] (S), Ars. 3482 [mil. 14ᵉs.] (Ad) et les mss. de la fam. β BN fr. 339 [2ᵉm. 13ᵉs.] (A) et BN fr. 342 [pic.sept. 1274] (D), autres mss.: BN fr. 98 [15ᵉs.] (M), BN fr. 110 [ca. 1295] (P), BN fr. 111 [ca. 1485] (Q), BN fr. 112 [pic. 1470] (S), BN fr. 116 [fin 15ᵉs.] (N), BN fr. 120 [fin 14ᵉs.] (O), BN fr. 122 [pic. (tourn.) 1345 n.st.] (L), BN fr. 123 [agn. (Londres) ca. 1275?], BN fr. 343 [It.sept. ca. 1385] (B), BN fr. 751 [mil. 13ᵉs.] (V), BN fr. 768 [cette partie 14ᵉs.] (B), BN fr. 771 [mil. 13ᵉs.] (X), BN fr. 1422-1424 [pic. (Tournai) ca. 1325] (Y), BN fr. 12573 [fin 13ᵉs.] (T), BN fr. 12580 [fin 13ᵉs.] (U), BN fr. 25520 [fin 13ᵉs.] (U'), Ars. 3347 [frc. 2ᵉm. 13ᵉs.] (Aa), Ars. 3350 [2ᵉm. 15ᵉs.], Ars. 3479-80 [déb. 15ᵉs.] (Ac), Ars. 5218 [Tournai 1351] (Ab), Bordeaux Arch. dép. ? Ms 1,6 [fin 13ᵉs.] fragm., Amsterdam Bibl. Philos. Herm. 1 (anc. Cheltenham Phillipps 3630 / 1045/1047?) [flandr. 1ᵉʳq. 14ᵉs.], Bonn S.526 [pic. (Amiens) 1286] (B), Giessen Univ. 93-94 [15ᵉs.], Bruxelles Bibl. roy. 9627-9628 [Paris mil. 13ᵉs.], BL Roy. 19 C.XIII [fin 13ᵉs.], BL Roy. 20 C.VI [Angleterre ca. 1283], BL Add. 10294 [pic. prob. 1316, miniature 10292 f°45 datée 26 févr. 1317 n.st.] (S'), BL Add. 17443 [2ᵉm. 13ᵉs.], Manchester Univ. John Rylands Libr. Fr. 1 [déb. 14ᵉs.], Oxford Bodl. Rawl. D.899 [1ᵉʳt. 14ᵉs.], Oxford Bodl. Rawl. D.874 [It. fin 14ᵉs.], Oxford Bodl. Digby 223 [ca. 1295], Oxford Bodl. Add. A.268 [cette partie 14ᵉs.] fragm., Oxford Bodl. Douce 199 [ca. 1325] fragm., Oxford Bodl. Douce 379 [It. 14ᵉs.] fragm., Firenze Bibl. Med. Laurenz. Ashburnham Libri 121 (48) [1319], Ravenna Bibl. Classense 454 [It. déb. 14ᵉs.] (Ra), Udine Bibl. Arcivesc. 177 [It. fin 14ᵉs.], Cologny Bodmer 105 [3ᵉq. 15ᵉs.], Cologny Bodmer 147 (anc. Cheltenham Phillipps 1046) [4ᵉq. 13ᵉs.], Berkeley Cal. Univ. Bancroft Libr. Ms 73 (anc. Cheltenham Phillipps 4377) [faibles traits pic., 2ᵉq. 13ᵉs.] (Ba), New York Pierpont Morgan Libr. M.38 [flandr. 1479], New Haven Yale Beinecke Libr. 229 (anc. Cheltenham Phillipps 130) [art. 4ᵉq. 13ᵉs.], Chantilly Musée Condé 476 (644) [II, 2ᵉm. 13ᵉs.] f°?-215; p. p. A. Pauphilet, *La Queste del Saint Graal*, Paris (Champion) 1923 (CFMA 33); [= TL Queste SGraal; FEW QuesteGraal et QuesteGr; cf. Boss² 4049ss.]. Éd. 'critique' sans rigueur. Lire le ms. de base dans l'éd. M: SGraalIVQuesteĸM.

SGraalIVQuesteS id.; ms. de base BL Add. 10294 [pic. prob. 1316, miniature 10292 f°45 datée 26 févr. 1317 n.st.] ([S']) f°1-53, en var. surtout BN fr. 342 [pic.sept. 1274] (M) scribe fém., aussi BL Roy. 19 C.XIII [fin 13ᵉs.] (R), BL Add. 17443 [2ᵉm. 13ᵉs.] (A), BL Roy. 20 C.VI [Angleterre ca. 1283] (C), BL Roy. 14 E.III [pic. déb. 14ᵉs.] (G); p. dans → SGraalIVS 6,3-199.

SGraalIVQuesteF id.; ms. de base BL Roy. 14 E.III [pic. déb. 14ᵉs.]; p. p. F. J. Furnivall, *La Queste del Saint Graal*, London (Nichols) 1864 (Roxburghe Club).

SGraalIVQuesteBG id., version courte, ms. Bonn; ms. Bonn S.526 [pic. (Amiens) 1286] (B), contrôlé par P et BN fr. 1422-1424 [pic. (Tournai) ca. 1325] (P⁴); p. p. G. Gros dans → SGraalIVW 3,807-1177; 1554-1640.

SGraalIVQuesteBaB id., version des mss. de la famille β; [ca. 1225]; ms. de base Berkeley Cal. Univ. Bancroft Libr. Ms 73 (anc. Cheltenham Phillipps 4377) [faibles traits pic., 2ᵉq. 13ᵉs.] (Bᵃ), en var. des mss. des familles α et β; p. p. F. Bogdanow, *La Quête du Saint-Graal*, Paris (Libr. Gén.) 2006 (Poche, Lettres goth. 4571). Texte restitué: entre crochets. Sigles des mss. différents de ceux de l'éd. P. C.r. Leonardi MedRom 31,413-415.

SGraalIVQuesteĸM id.; même ms. de base que l'éd. P: Lyon Bibl. mun. Palais des Arts 77 [fin 13ᵉs.] (K), qqs. lignes suppléées par BN nfr. 1119 [13ᵉs.] (Z); p. p. Christiane Marchello-Nizia – A. Lavrentiev, *Queste del saint Graal. Édition numérique interactive*, accessible (en 2016) sur le réseau (txm.bfm-corpus.org). Démarche modèle.

SGraalIVQuesteuR id., version du ms. Udine; francoit. fin 13ᵉs.; ms. Udine Bibl. Arcivesc. 177 [It. fin 13ᵉs.]; p. p. A. Rosellini et al., *La grant Queste del Saint Graal*, Tricesimo UD (Vattori) 1990. Avec reprod. du ms.

SGraalIVQuesteYAW id., transcription diplom. du ms. New Haven Yale Beinecke Libr. 229 (anc. Cheltenham Phillipps 130) [art. 3ᵉt. 13ᵉs.] (Ya); p. p. E. Moore Willingham, *La Queste del Saint Graal (The Quest of the Holy Grail) from the Old French Lancelot of Yale 229*, Turnhout (Brepols) 2012. C.r. L. Leonardi MedRom 36,429-431; c.r. programmatique R. Trachsler StFr 58,565-567: éd. non satisfaisante.

SGraalIVRaZ id, copie francoit. du texte fr.; ms. Ravenna Bibl. Classense 454 [It. déb. 14ᵉs.] (Ra); p. p. G. Zagni, *La* Queste del Saint Graal *et l'Italia. Il manoscritto 454 della Biblioteca Classense di Ravenna*, tesi di laurea, Pisa 2010.

SGraalV Groupement de versions du cycle du Saint Graal, appelé 'Pseudo Robert de Boron' ou 'Post-Vulgate' ou 'Trilogie', en partie hypothétique; ca. 1240 et après; v. → Balain, MerlinS, SGraalPV; [cf. Wo 125].

SGraalPVB Version partielle de → SGraalV, contenant la Queste et la Mort Artu; reconstruction littéraire du texte fr. orig. supposé sur la base de sa traduction portugaise, compilant le texte à l'aide de morceaux du texte port. (ms. 'D'), de morceaux tirés du Tristan en prose fr. (ms. 'T')

SGraalPVB

et des fragments identifiés comme appartenant à la 'Post-Vulgate' (mss. 'S, S², S³, S⁴, O, B', en var. 'N' et 'N¹'); 2ᵉm. 13ᵉs.; mss. BN fr. 112 [pic. 1470] (S), Bologna Arch. St. busta 1 bis framm. fr. 1 [It. mil. 14ᵉs.] (S²), Bologna Arch. St. busta 1 bis framm. fr. 7 [It. mil. 14ᵉs.] (S³), Bologna Arch. St. busta 1 framm. fr. 7 bis (?) [It. mil. 14ᵉs.], BN fr. 772 [3ᵉt. 13ᵉs.] (T: Tristan), Cologny Bodmer 105 [3ᵉq. 15ᵉs.] (B), Oxford Bodl. Rawl. D.874 [It. fin 14ᵉs.] (O), en var. BN fr. 343 [It.sept. ca. 1385] (N), BN fr. 340 [Paris? déb. 15ᵉs.] (N¹) et nombre d'autres; p. p. F. Bogdanow, *La version Post-Vulgate de la Queste del saint Graal et de la Mort Artu, Troisième partie du Roman du Graal*, Paris (SATF - Picard) 1991-2001. Introduction (= t. 1) très touffue, en partie contradictoire. Liste des mss. utilisés pour les différents morceaux choisis: 1,526 (cp. la liste t. 4¹,10). Utile, mais très incomplet, le 'Rappel des principaux sigles' 1,556. Pour des fins linguistiques, il faut s'en tenir aux dates des mss. [Ms. N, fac-sim. partiel, éd. M.-Th. Gousset – M. Pastoureau, Paris 2002.]

SGregA¹S Vie d'un pape saint Grégoire incestueux non historique, version en octosyllabes; pic./wall. 2ᵉm. 12ᵉs. (date valable pour le fond: considérer les mss.); ms. Tours 927 [tour. 2ᵉq. 13ᵉs.] (A¹); les six mss. A¹ - B³ (A¹⁻³ représentent une version plus longue que B¹⁻³) sont imprimés sous forme synoptique et de façon quasi diplomatique (les mss. A¹ et B¹ en plus de façon critique), voir infra; p. p. H. B. Sol, *La Vie du Pape Saint Grégoire. Huit versions françaises médiévales de la légende du Bon Pécheur*, thèse Amsterdam (Rodopi) 1977; [= TL VGreg. S; Dean 514; Boss² 5781]. C.r. Chaurand CCM 24,313-314. Le gloss. se réfère à A¹ et B¹ (cp. → KahleSGreg). Contient aussi → SGregAlS et SGregPrS. [Un fragm., BL Add. 47663M [agn. fin 13ᵉs.] (b), et proche de B¹, est p. p. M. Roques, *R* 78 (1957) 100-104.].

SGregA¹L id.; ms. Tours 927 [tour. 2ᵉq. 13ᵉs.], lacunes comblées à l'aide de Ars. 3527 [pic. déb. 14ᵉs.]; p. p. V. Luzarche, *Vie du pape Grégoire le Grand*, Tours (Bouserez) 1857; [= TL Vie Greg.; Boss 3293]. Transcription peu consistante.

SGregA¹Su id.; ms. Tours, vers 2023-2302 (graphie normalisée), var. de Ars. 3516 [art. 1267]; p. p. H. Suchier dans → BartschHorning col. 83-99 (col. gauches).

SGregA²S id.; ms. Ars. 3516 [art. 1267] (A²); p. dans → SGregA¹S.

SGregA²H id.; éd. diplomatique semi-interprétative (sans ponctuation…) plus ou moins identique à l'éd. Sol; p. p. J.-M. Pastré – B. Herlem-Prey, *Hartmann von Aue, Gregorius, Traduction française. La Vie de saint Grégoire,* *édition du ms. A2*, Göppingen (Kümmerle) 1986 (Göpp. Arb. zur Germ. 331).

SGregA³S id.; ms. BN fr. 1545 [bourg. 1469] (A³); p. dans → SGregA¹S.

SGregB¹S id.; ms. BL Egerton 612 [agn. déb. 13ᵉs.] (B¹); p. dans → SGregA¹S; [Dean 514].

SGregB¹Su id.; vers 1615-1836 (graphie normalisée), var. de Ars. 3527 [pic. déb. 14ᵉs.]; p. p. H. Suchier dans → BartschHorning col. 84-100 (col. droites).

SGregB¹T id.; en var. Ars. 3527 [pic. déb. 14ᵉs.] et Cambrai 812 (719) [prob. Cambrai 3ᵉq. 15ᵉs.]; p. p. G. Telger, *Die altfranzösische Gregoriuslegende nach der Londoner Handschrift*, Münster 1933 (Arbeiten zur rom. Phil. 5); [= TL Vie SGreg. Lond. T; Boss 3294]. Éd. peu correcte.

SGregB²S id.; ms. Ars. 3527 [pic. déb. 14ᵉs.] (B²); p. dans → SGregA¹S.

SGregB²B id., éd. critique; ms. de base B², les autres en var.; p. p. E. Burgio, *La Vie de saint Grégoire*, Ca' Foscari (Cafoscarina) 1993. C.r. Roques ZrP 112,154-157.

SGregB³S id.; ms. Cambrai 812 (719) [prob. Cambrai 3ᵉq. 15ᵉs.] (B³); p. dans → SGregA¹S.

SGregAlS id., version indépendante de la version A/B, en alexandrins; rédaction du 15ᵉs. (se basant sur un orig. de déb. 13ᵉs.); ms. BN fr. 1707 [15ᵉs.]; p. dans → SGregA¹S p. 385-399.

SGregAlF id.; p. p. C. Fant, *Légende de Saint Grégoire, rédaction du XIVᵉ siècle*, Upsala (Almqvist & Wiksell) 1887; [= TL SGreg.; Hol 155].

SGregJeanS Vie de saint Grégoire (Grégoire Iᵉʳ le Grand, ob. 604), compilant la Légende dorée (ca. 1261-1266) et la Vie de Paul le Diacre (8ᵉs.) et celle de Jean le Diacre (9ᵉs.), 2378 vers octosyll.; norm. 1326; ms. Evreux fr. 8 [norm. 2ᵉq. 14ᵉs.] f°135-147, en var. BN fr. 914 [s.l. 1472] (copie du ms. Evreux?); p. p. O. Sandqvist, *La Vie saint Gregore*, Lund (Univ. Press) 1989 (Ét. rom. de Lund 43); [= TL Vie SGreg. S]. Bon travail. Autre trad. v. → AngVieGreg. Cp. → DialGregEvr.

SGregJeanM id.; prob. sans utilisation du ms. BN; p. p. A. de Montaiglon, "La Vie de Saint Grégoire le Grand", *R* 8 (1879) 509-544, texte 519ss.; [= TL VGreg. I]. (Pages 512-519 = → DialGregEvrM.)

[SGregLégAL → SGregA¹L.]

[SGregLégAS → SGregA¹Su.]

[SGregLégBS → SGregB¹Su]

[SGregLégBT → SGregB¹T.]

SGregPaintM Trad. d'un extrait de 19 lignes d'une lettre de saint Grégoire concernant les images en religion, prose, titre: *[E]ste vus le respuns saint Gregorie a Secundin le reclus cum il demandout raison des painturs*, incipit: *Altra cose est aurier la painture*; agn. 1ᵉʳq. 12ᵉs.; ms. unique Hildesheim St. Godehardi [agn. ca. 1120]; p. p. U. Mölk, "Bemerkungen zu den französischen Prosatexten im Albanipsalter", *ZfSL* 87 (1977) 289-303, spéc. 299-303 (avec texte lat. p. 297-299); [v. WoC 17 pour d'autres éd.].

SGregPaintF id.; p. dans → FoersterKoschw col. 163/164.

SGregPrS Vie du saint Grégoire non historique, version indépendante de A/B et de Al, très courte, en prose; fin 14ᵉs.; ms. Firenze Bibl. Med. Laurenz. Med. Palat. 141 [Arras 1399]; p. dans → SGregA¹S p. 400-402.

SGregPrM id.; p. p. P. Meyer, *R* 33 (1904) 42-44.

[SGregVieAlF → SGregAlF.]

[SGregVieOctM → SGregJeanM.]

[SGreg cp. AngVieGreg; DialGreg; DialGregEvr.]

SJakeM Vie de saint Jacques le Majeur, l'apôtre, légende isolée, en prose, basée sur un texte en vers octosyll. perdu, explic.: *Explicit de s. Jake*; 2ᵉt. 13ᵉs.; ms. Ars. 3516 [art. 1267]; p. p. P. Meyer, "La vie et la translation de Saint Jacques le Majeur", *R* 31 (1902) 252-272; [= TL SJake].

SJeanAumU Vie de saint Jean l'Aumônier, en couplets d'octosyll.; agn. déb. 13ᵉs.; ms. unique Cambridge Trinity Coll. R.3.46 [agn. mil. 13ᵉs.]; p. p. K. Urwin, *The life of Saint John the Almsgiver*, 2 vol., London 1980-1981 (Anglo-Norman Texts 38-39); [= TL SJean aum. U; AND S Jean ANTS; Dean 535; Boss² 5792]. Prob. même auteur que → SClem.

SJeanAumC id.; p. p. G. S. Caffrey, *The Life of St John the Almoner*, thèse Cambridge 1953; [= AND S Jean].

SJeanAumI id.; p. p. F. Ibberson, *La vie de seint Johan l'ausmonier. A critical edition*, thèse Chapel Hill, NCar. 1976 (Univ. Microfilms 77-17, 446); [= Boss² 5791]. Glossaire insuffisant.

SJeanAumM id.; extraits p. p. P. Meyer, "Notice d'un manuscrit de Trinity College (Cambridge), contenant les vies, en vers français, de saint Jean l'Aumônier et de saint Clément, pape", *NotExtr* 38 (1903) 293-339, spéc. 294-308; [= TL SJean aum.; Vising 109]. Contient aussi → SClemM (p. 308-339).

SJeanBaptAlP Légende de saint Jean-Baptiste, version fragm. en alexandrins; agn. ca. 1200; ms. Firenze Bibl. Med. Laurenz. Conv. soppr. 99 [1ᵉ partie agn. 1ᵉm. 13ᵉs.]; p. dans → SGillesP p. VI-XII; [= AND S Jean-B; Dean 531.1; Boss 3305]. Texte très corrigé – jusqu'aux contre-sens (v. 190).

SJeanBaptOct¹G id., version en couplets de vers octosyll.; Ouest 1322; ms. de base BN fr. 2182 [14ᵉs.] (P), en var. BN nfr. 7515 [14ᵉs.] (A) incomplet de 1295 vers du début et de 30 vers de la fin; p. p. R. L. Gieber, *La vie de saint Jean-Baptiste*, Tübingen (Niemeyer) 1978 (ZrP-Beih. 164); [= TL Vie SJehan-Baptiste G; Boss² 5794; cp. Boss 3306]. Mauvaise édition, v. ZrP 95,436-440. Le texte publié contient, outre les erreurs, des formes inventées: contrôler dans les leçons rejetées.

SJeanBaptOct²M id., version en quatrains de vers octosyll.; 15ᵉs.; réimpression de l'éd. Trepperel dans → MontRoth 10,295-304.

SJeanBoucheD Vie de saint Jean Bouche d'Or, vers octosyll.; pic. ca. 1200; ms. de base Arras 587 (897) [pic. (Arras) 1370 n.st.] (D), en var. Ars. 3516 [art. 1267] (A), Ars. 3517-3518 [pic. fin 13ᵉs.] (B), Carlisle Cathedral Lives of the Saints [cette partie 2ᵉm. 13ᵉs.] (C); p. p. H. Dirickx-Van der Straeten, *La Vie de saint Jehan Bouche d'Or et la Vie de sainte Dieudonnee, sa mere*, thèse Amsterdam, Liège (Vaillant-Carmanne) 1931, texte avec gloss. p. 7-117; [= TL Vie SJehan Bouche d'Or; FEW JehBouche].

SJeanBoucheW id.; ms. Ars. 3516 p. p. A. Weber, "La vie de saint Jean Bouche d'Or", *R* 6 (1877) 328-340; [= TL Joh. Bouch.].

SJeanDamK Légende de saint Jean Damascène, vers octosyll.; 1ᵉm. 13ᵉs. (traits frpr.); ms. BN fr. 818 [lyonn. 2ᵉm. 13ᵉs.]; p. p. H. Kjellman, "La légende de saint Jean Damascène. Une rédaction du XIIIᵉ siècle en vers français", *Studier i Modern Språkvetenskap* 8 (1921) 103-120; [= TL SJean Damasc.; Boss 3313].

SJeanEvW Vie de saint Jean l'Évangéliste, version en quatrains de vers alexandrins [attrib. à Thierri de Vaucoulour erronée; plutôt par Henri de Valenciennes, v. → HVal]; hain. ca. 1225; ms. de base, seul complet, Madrid Bibl. nac. 9446 [norm. mil. 13ᵉs.] (M), en var. Arras 851 (307) [Arras 2ᵉm. 13ᵉs.] (A), BN fr. 2039 [pic./wall. 2ᵉm. 14ᵉs.]

SJeanEvW

(P); p. p. E. Westberg, *La Vie de saint Jean l'Évangéliste, poème religieux du XIIIe siècle*, thèse Uppsala 1943; [= TL Vie SJean l'Évangéliste; Hol 131.1; Boss 6635; FEW SJeanEv]. Roques RLiR 50,119-128: pic.mérid.

SJeanEvOctH id., version en octosyll. par Thierri de Vaucouloir; lorr. (sept.?) 2e t. 13e s.; ms. de base Carpentras 467 (L.459) [14e s.], en var. Bern 388 [ca. 1300]; p. p. A. Huber, *Eine altfranzösische Fassung der Johanneslegende*, Halle (Niemeyer) 1919 (ZrP-Beih. 53) p. 1-199, suite: → SCathVérB; [= TL Johannesleg.; Boss 3308; 3312; 6634; 3311 concerne une thèse de F. Thormann 1892, qui ne connaît que le ms. Bern dont il imprime des extraits].

SJeanPaulusOctA Vie de saint Jean Paulus, version en vers octosyll.; pic. 1e m. 13e s.; ms. de base Ars. 3517-3518 [pic. fin 13e s.], en var. BN fr. 2162 [pic. mil. 13e s.], BN fr. 1553 [pic. 1285 n.st.]; p. p. L. Allen, "Two Old French texts of *La vie de saint Jehan Paulus*", dans C. A. Williams, *The German legends of the Hairy Anchorite*, Urbana 1935 (Illinois Studies in Language and Literature 18,1-2), p. 81-133; [= TL Vie SJehan Paulus; Boss 3317; [6636]; Hol 132]. Cp. → SJeanPaulusPrA; un miracle de ce saint se trouve dans la collection → MirNDPersP t. 5, 89-151, n° 30.

SJeanPaulusOctK id., les 608 premiers vers (résumant la Vision de saint Basile) du ms. BN fr. 2162 [pic. mil. 13e s.] avec var. p. p. L. Karl, "Notice sur la Vision de saint Basile dans la Légende de saint Jehan Paulus", RLaR 65 (1927) 304-323; [= TL Vis. SBasile; Boss 3314; Hol 133].

SJeanPaulusPrA id., mise en prose raccourcie; pic. ca. 1300 (?); ms. unique Firenze Bibl. Med. Laurenz. Med. Palat. 141 [Arras 1399]; p. dans → SJeanPaulusOctA p. 134-140; cp. R 33, 7 et 41.

SJeanPaulusQuatrK Vie de saint Jean Paulus en quatrains d'alex. monorimes; pic. 1e m. 14e s.; ms. unique Grenoble 319 (cat. 871) [15e s.]; p. dans → SLeuK p. 220-236.

SJérEp22N Epître de saint Jérôme ad Eustochium (22e épître), traduction en vers octosyllabiques; pic.mérid. (Soissonnais) 2e t. 13e s.; ms. unique BN fr. 22928 [pic.mérid. déb. 14e s.]; p. p. T. Nurmela, *Traduction en vers français du XIIIe siècle de l'épître de saint Jérôme à Eustochium*, Helsinki 1947 (Ann. Acad. Scient. Fennicae B LX,2); [= TL Épître SJérôme; FEW EpJér; Boss 6656]. Éd. du texte lat. par I. Hilberg, Wien–Leipzig 1910 (CSEL), 143-211.

SJérEp53R Epître de saint Jérôme ad Paulinum Presbyterum (le chapellain), 53e épître; agn. 14e s.; ms. BL Roy. 1 C.III [agn. 2e m. 14e s.] f° 1-5ra; inédit; [= AND S Jer]. Ed. du texte lat. p. p. F. Stummer, *Einführung in die lat. Bibel*, Paderborn 1928, 222-232. SJérEp53R forme traditionellement un prologue à la Bible, tel aussi dans ce ms. de la → BibleAgn, qui contient aussi → SJérPréf.

SJérPréf Préfaces de saint Jérôme aux divers livres de la Bible, précédant dans la → BibleAgn chaque livre (sauf Tobie); agn. 1e m. 14e s.; ms. BL Roy. 1 C.III [agn. 2e m. 14e s.] f° 5 etc.; inédit; [cp. AND S Jer]. Éd. des textes lat. p. p. F. Stummer, *Einführung in die lat. Bibel*, Paderborn 1928, 232-262. SJérEp53R est prob. de la même tradition.

SJoceJMielotH Vie de saint Joce, reprise de → PBeauvJos, spéc. pour ses miracles, par Jean Mielot, 192 vers octosyll., incip. *S'ensiewt la vie de Saint Josse Les miracles et les merites*; 2e q. 15e s.; ms. Bruxelles Bibl. roy. 10958 [Flandres 1449] quatre vers par page comme légende d'une miniature; p. dans → PBeauvJosH p. 88-94. Ms. daté dans Morrison et Kren, Flemish manuscript painting, 2006, 11.

[SJocePierreH → PBeauvJosH.]

SJoceRaisonH Vie de saint Josse développant → PBeauvJos, 3200 vers octosyll., par un moine de Saint Josse sur Mer (entre Abbeville et Calais), incip. *Raison et volonté ensamble A che m'ont mené*; pic. fin 14e s. (?); ms. BN fr. 2101 [fin 15e s.?]; début et fin p. dans → PBeauvJosH p. 58-63; 86 (bas de page).

SJulT Légende de saint Julien l'Hospitalier, en vers octosyll. (version postérieure à → SJulPr); pic. mil. 13e s.; ms. unique Ars. 3516 [art. 1267]; p. p. A. Tobler, "Zur Legende vom heiligen Julianus", *AnS* 100 (1898) 293-310 [comment. aux textes lat. et esp.]; 101 (1898) 99-110 [traitement du thème par Flaubert]; 339-364 [introd. au texte afr. en vers]; 102 (1899) 109-178 [texte et notes]; [= Boss 3327; TL StJul.]. Corrections dans → MélGascaQueirazza 1100s.

SJulcV id.; fragm. Chieri Arch. com. s. cote [fin 13e s.] s.l.; p. p. A. Vitale-Brovarone, "Un frammento della redazione francese in versi della leggenda di S. Giuliano", → MélGascaQueirazza 1097-1124.

SJulPrS id., version en prose, antérieure à → SJul; 2e q. 13e s.; ms. de base Alençon 27 [déb. 14e s.] (A), en var. BN fr. 1546 [2e m. 13e s.] (Q), BN fr. 6447 [flandr. 4e q. 13e s.] (T), BN fr. 13496 [bourg. fin 13e s.] (G), BN fr. 17229 [2e m. 13e s.] (X), BN fr. 23112 [pic. 2e m. 13e s.] (Z), Lyon Bibl. mun. 867 (772) [pic. 2e m. 13e s.] (L), Bruxelles Bibl. roy. 10326 [2e m. 13e s.] (R), mss. non utilisés: Tours 1015 [fin 14e s.] détruit, Genève Com. lat. 102 (anc. Cheltenham Phillipps 3660) [2e q. 14e s.], Arras 139 (657) [pic. 3ᵉt. 13ᵉs.], BN fr. 183 [prob. 1327], BN fr. 185 [2ᵉm. 14ᵉs.], BN fr. 413 [ca. 1400], BN fr. 987 [15ᵉs.], BN fr. 25532 [pic. 2ᵉm. 13ᵉs.], BN nfr. 10128 [2ᵉm. 13ᵉs.] (N), BN nfr. 23686 (anc. Peterburg Fr.35/F.v.I.4) [Soissons?, 3ᵉq. 13ᵉs.] (P), Chantilly Musée Condé 734 (456) [1313 n.st.] (C), Lille Bibl. mun. 190 (130) [1ᵉm. 14ᵉs.], BL Add. 6524 [agn. 3ᵉt. 13ᵉs.] (M), BL Add. 17275 [2ᵉt. 14ᵉs.], Oxford Queen's Coll. 305 [Fr. 2ᵉm. 15ᵉs.], Firenze Bibl. Med. Laurenz. Med. Palat. 141 [Arras 1399]; p. p. C. T. Swan, *The Old French prose legend of Saint Julian the Hospitaller*, Tübingen (Niemeyer) 1977 (ZrP-Beih. 160); [= TL SJulian S; Boss² 5795].

SJulPrB id.; ms. Alençon 27 [déb. 14ᵉs.]; p. dans B. F. Bart – R. F. Cook, *The legendary sources of Flaubert's Saint Julien*, Toronto (Univ. of Toronto Press) 1977, p. 105-140; [= Boss² 5796].

SJulPrT id.; ms. BN fr. 6447 [ca. 1295]; p. p. R. Tobler, "Die Prosafassung der Legende vom heiligen Julian", *AnS* 106 (1901) 294-323; 107 (1901) 79-102; [= Boss 3327].

SJulianeF Vie de sainte Juliane, vers octosyll., incip. *Or escolteiz, bon crestoien*; déb. 13ᵉs.; ms. de base Oxford Bodl. Canonici Misc. 74 [wall. déb. 13ᵉs.] (A), en var. Oxford Bodl. Douce 381 (21956) [agn., cette partie 13ᵉs.] (B); p. p. H. von Feilitzen, dans → JuiseF app.I (p. 1-24); [= TL SJul.].

[SJulianeNicBoz → NicBozJul.]

SLaurentR Vie de saint Laurent, basée sur la Passio polychronii, en octosyll.; agn. 3ᵉq. 12ᵉs.; ms. de base BN fr. 19525 [agn. fin 13ᵉs.] (A), en var. BL Egerton 2710 [agn. mil. 13ᵉs.] (B); p. p. D. W. Russell, *La Vie de saint Laurent, an Anglo-Norman poem of the twelfth century*, London 1976 (Anglo-Norman Texts 34); [= TL SLaurent R; AND S Laur ANTS; Dean 536; Boss² 5801]. Fiable, mais v. RoPh 32,489.

SLaurentS id.; ms. BN fr. 19525 [agn. fin 13ᵉs.]; p. p. W. Söderhjelm, *De saint Laurent, poème anglo-normand du XIIᵉ siècle*, Paris (Welter) 1888; [= TL SLaurent; Boss 3329; Hol 89; Vising 100]. Des var. du ms. BL Egerton 2710 [Angleterre 2ᵉm. 13ᵉs.] ont été p. p. le même dans Mém. de la Soc. Néoph. de Helsingfors 1 (1893) 21-31 [Boss 3330; Hol 90; AND S Laur]. Contient aussi → SLaurentPrS.

SLaurentPrS id., version en prose; 1ᵉm. 13ᵉs.; ms. BN fr. 818 [lyonn. 2ᵉm. 13ᵉs.]; p. dans → SLaurentS, app. II; [cp. TL SLaurent].

SLégerA Vie de saint Léger, 240 vers octosyll. assonancés; ca. 1000; ms. Clermont-Ferrand 240 (189) [prob. Clermont ca. 1000]; p. p. D. S. Avalle, "Sant Lethgier (X secolo). Nuova edizione critica con una nota introduttiva", *Studia Ghisleriana*, ser. II, vol. 3, St. lett., Pavia (Tip. del Libro) 1967, 349-362; [= TL Sant Lethgier]. Réimpr. avec trad. et ajouts par id., *La doppia verità*, Tavarnuzze-Firenze 2002, 369-439 (bibl. jusqu'à 1967). Localisation discutée: création en région limitrophe (bourb., poit.) semble être une solution facile; en tout cas fr. (pic.-wall.?), à remaniement en pays occ. (?), à graphie hésitante, archaïque (v. l'éd.; cf. De Poerck ActesNonLitt 129-162; v. les bibl.). Cp. Avalle TraLiLi 8,1 (1970) 45-50; Hilty VRo 32 (1973) 254-271.

SLégerK id.; p. p. E. Koschwitz, dans → FoersterKoschw col. 77-92; [TL Leodeg.; cp. FEW St-Léger *et* SLeger].

SLégerL id.; p. p. J. Linskill, *Saint Léger. Étude de la langue du manuscrit de Clermont-Ferrand, suivie d'une édition critique*, Paris (Droz) 1937; [= TL SLéger L].

SLégerP id.; p. p. G. Paris, "La vie de saint Léger", *R* 1 (1872) 273-317; [= TL Leodeg.].

SLeuK Vie de saint Leu, en quatrains d'alexandrins monorimes; déb. 14ᵉs.; ms. de base BN fr. 1555 [déb. 15ᵉs.] (A), en var. BN fr. 1809 [15ᵉs.] (B); p. p. W. Kleist, *Die erzählende französische Dit-Literatur in 'quatrains alexandrins monorimes'*, Hamburg (Buske) 1972 (HPS 33), texte p. 162-173; [= Boss² 5857]. Contient aussi → SChristofleQuatrK, SJeanPaulusQuatrK et des textes mfr.

SLouisNanD Vie de saint Louis par Guillaume de Nangis, prose; frc. fin 13ᵉs.; ms. de base 'Reg. 9648', prob. BN fr. 4978 (anc. 9648.3.3, Colbert) [14ᵉs.], en var. BN fr. 23277 (anc. Gaignières 282) [14ᵉs.], autre ms. BN fr. 4977 (anc. 9648.2, Baluze) [14ᵉs.]; p. dans → RecHist 20,313-465. Texte lat. en regard (312-).

SLouisNanV id.; ms. BL Roy. 16 C.VI [Paris? ca. 1340]; p. dans → GrChronV 10,2-188. GrChronV 7,33-282 reproduit la Vie comme elle est intégrée dans la Grande Chronique ms. Ste-Gen. 782; le texte diffère par endroit.

SLouisPathMirF Les miracles de saint Louis par Guillaume de Saint Pathus; 1297 (ou peu après); ms. de base BN fr. 4976 [déb. 14ᵉs.] (A) purgé des corr. des scribes A² et A³, en var. BN fr. 5722 [1ᵉm. 14ᵉs.] (B) et BN fr. 5716 [3ᵉq. 14ᵉs.] (C), Berlin Staatsbibl. Hamilton 412 [2ᵉt. 14ᵉs.] (D); p. p. P. B. Fay, *Guillaume de Saint-Pathus…, Les miracles de Saint Louis*, Paris (Champion) [1931] 1932 (CFMA 70); [= TL Guill. de Saint Pathus Mir. SLouis; FEW GSPath].

SLouisPathMirD

SLouisPathMirD id.; p. p. P. C. F. Daunou – J. Naudet, "Les miracles de Saint Louis", dans → RecHist 20, 1840, 121-190 [= TL Mir. de SLouis].

SLouisPathVieD La Vie de saint Louis par Guillaume de Saint Pathus, prose; 1297 (ou peu après); ms. de base BN fr. 4976 [déb. 14^{e}s.] (A) purgé des corr. des scribes A^2 et A^3, en var. BN fr. 5722 [1^{e}m. 14^{e}s.] (B) et BN fr. 5716 [3^{e}q. 14^{e}s.] (C), non utilisé Berlin Staatsbibl. Hamilton 412 [2^{e}t. 14^{e}s.]; p. p. H.-F. Delaborde, *Vie de saint Louis par Guillaume de Saint-Pathus*, Paris (Picard) 1899 (Coll. de Textes… Ens. et Hist.).

SLouisPathVieDau id., mss. utilisés à tort et à travers A, B et C (v. éd. D p. xxvi); p. p. P. C. F. Daunou – J. Naudet, "Vie de Saint Louis par le confesseur de la reine Marguerite", dans → RecHist 20, 1840, 58-121 [= TL Vie de SLouis].

[SLucie → NicBozLucie.]

SMadAlexK Vie de sainte Marie-Madeleine, fragment de 42 vers d'une version en alexandrins; agn. ca. 1300; ms. York Chapter Libr. 16.K.13 [agn. ca. 1300]; p. dans → NicBozMadK p. XXI-XXII; [= Dean 577; Vising 135].

SMadDéc id., version en vers décasyllabiques; 14^{e}s.; ms. Besançon 254 [mil. 15^{e}s.]; inédit. (HLF 33, 368 cite aussi un ms. Arch. Basses-Pyr. 10: indication erronée).

SMadInvocT Invocation de sainte Marie-Madeleine, rappelant des épisodes de sa vie, en huitains de vers octosyll., incip. *Il est bien temps que je m'avise*; 2^{e}t. 14^{e}s. (?); ms. New York Pierpont Morgan Libr. M.40 (anc. Kerr, anc. Ashburnham Barrois 170) [3^{e}q. 14^{e}s.]; p. p. H. A. Todd, "An unpublished fourteenth century invocation to Mary Magdalen…", MélElliott 1, 109-128.

SMadMarsTrD Miracle de sainte Marie-Madeleine en faveur du seigneur de Marseille (extrait de sa légende), fragment de Trèves en octosyllabes; agn. 2^{e}m. 13^{e}s.; ms. Trier Stadtbibl. Fragm. VIII,2 [agn. déb. 14^{e}s.] fragm.; texte corrigé (leçons du ms. indiquées) p. p. G. Doncieux, "Fragment d'un miracle de sainte Madeleine. Texte restitué", R 22 (1893) 265-270; [= Dean 578; Boss 3440]. Impression diplomatique: H. Suchier ZrP 4 (1880) 362-364. Cp. → GuillSMad.

[SMadNicBoz → NicBozMad.]

[SMadPr^1 → SermMad.]

SMadPr^2 Légende de la vie de sainte Marie-Madeleine, version en prose, incipit *Apres ce que nostre sires Jhesucriz*; 1^{e}m. 13^{e}s.; mss.: BN fr. 818 [lyonn. 2^{e}m. 13^{e}s.], BN fr. 6447 [flandr. 4^{e}q. 13^{e}s.], BN fr. 25532 [pic. 2^{e}m. 13^{e}s.], BN nfr. 10128 [2^{e}m. 13^{e}s.], BL Add. 6524 [agn. 3^{e}t. 13^{e}s.], Bruxelles Bibl. roy. 10326 [2^{e}m. 13^{e}s.], København Kgl. Bibl. Thott 217 4° [fin 14^{e}s.]; inédit; HLF 33, 404;408;443.

SMadPr^3 id., version en prose faisant partie de → LégJMailly, incipit *Sainte Marie fu apelee Magdalaine pour un castel*; 3^{e}q. 13^{e}s.; mss.: Lyon Bibl. mun. 867 (772) [pic. 2^{e}m. 13^{e}s.], BN fr. 423 [lyonn. déb. 14^{e}s.], BN fr. 988 [lorr. 1^{e}m. 14^{e}s.], Ars. 937 [2^{e}m. 13^{e}s.], Ars. 3706 [2^{e}m. 15^{e}s.], Epinal 76 (9; 70) [4^{e}q. 13^{e}s.], Lille Bibl. mun. 202 (451; Le Gl. 199) [2^{e}m. 14^{e}s.], BL Add. 15231 [3^{e}t. 13^{e}s.], BN nfr. 23686 (anc. Peterburg Fr.35/F.v.I.4) [Soissons?, 3^{e}q. 13^{e}s.]; Ste-Gen. 587 [ca. 1300] f°85v°-87r°; inédit; cp. HLF 33,441; 446; BullSATF 11 (1885) 54; NotExtr 36, 36-39.

SMadPr^4 id., version en prose, incipit *En celui tans que nostre sire Jhesucriz*; 13^{e}s.; ms. BN fr. 13496 [bourg. fin 13^{e}s.]; inédit; cp. HLF 33, 438.

SMadPr^5 id., version en prose, incipit *La benoite Magdeleine, selonc l'orgueill del siecle, si fu nee d'un lingnage molt noble*; 2^{e}m. 13^{e}s. (?); BN fr. 17229 [2^{e}m. 13^{e}s.], BN fr. 183 [prob. 1327], BN fr. 185 [2^{e}m. 14^{e}s.], BN fr. 413 [ca. 1400], BN fr. 23117 [2e partie, f°238-482, déb. 14^{e}s.], Maz. 1716 (568) [déb. 14^{e}s.], Chantilly Musée Condé 734 (456) [1313 n.st.], BL Add. 17275 [2^{e}t. 14^{e}s.], Genève Com. lat. 102 (anc. Cheltenham Phillipps 3660) [2^{e}q. 14^{e}s.], Oxford Queen's Coll. 305 [Fr. 2^{e}m. 15^{e}s.], Bruxelles Bibl. roy. 9225 [2^{e}m. 14^{e}s.]; inédit; cp. HLF 33, 418;423;425.

SMadPr^6 id., version en prose, incipit *Gentieu damoisielle deboinaire, courtoise et largue*; 14^{e}s. (?); ms. Bruxelles Bibl. roy. 10295-304 [hain. 1428/29]; inédit; cp. HLF 33, 439 et R 30, 307-308 (extraits).

SMaglGeoffrD Vie de saint Magloire par Geoffroy de Nes (de Paris), 5578 vers octosyll.; 1319; ms. Ars. 5122 (anc. 300 B.F.) [2^{e}q. 14^{e}s.?]; p. p. A. J. Denomy – J. Brückmann, "An Old French poetic version of the life and miracles of Saint Magloire", MSt 19 (1957) 251-312; 21 (1959) 53-128; [= TL SMagloire DB *et* SMagloire; Boss 7783; 7784].

SMaglGeoffrW id.; fin (5201-5578) p. p. N. de Wailly et L. Delisle dans RecHist 22,166-170.

[SMarg1 → WaceMarg.]

SMarg2S Vie de sainte Marguerite d'Antioche, version an. en laisses d'alex. monorimes, incipit *Puis ke Deus nostre sire de mort resucita*; agn. ca. 1200; ms. unique Cambridge Univ.

Ee.VI.11 [agn. 1ᵉm. 13ᵉs.]; p. p. F. Spencer, *La vie de sainte Marguerite*, thèse Leipzig 1889, texte p. 13-25; aussi dans *MLN* 4 (1889) col. 393-402 (= p. 197-201); 5 (1890) col. 141-150 (p. 71-75); (213-221 = p. 107-111; = → SMarg3S); [= TL Vie SMarg. S; AND S Marg³; Dean 571.1; Vising 18; Boss 3424]. AND vérifie sur ms., l'éd. n'étant pas satisfaisante.

SMarg3S id., version an. en strophes de six alex. monorimes, incipit *La vie d'une virge vus voil issi conter*; agn. 1ᵉm. 13ᵉs.; ms. unique York Chapter Libr. 16.K.13 [agn. ca. 1300]; p. p. F. Spencer, à la suite de → SMarg2S, dans *MLN* 5 (1890) col. 213-221 (p. 107-111); [= AND S Marg²; Dean 573; cf. Vising 118]. AND vérifie sur ms.

SMarg4R id., version anonyme en quatrains décasyllabiques, incipit *A la Deu loenge e a la sue gloire*; agn. 1ᵉm. 13ᵉs.; ms. unique BL Add. 38664 [agn. 3ᵉq. 13ᵉs.]; p. p. K. Reichl, "An Anglo-Norman legend of Saint Margaret (ms. BM. Add. 38664)", *R* 96 (1975) 53-66 (cf. les corrections par D. Clandfield ib. p. 566); [= AND S Marg¹; Dean 572; Boss² 5839; cf. Vising 117].

SMarg5T id., version par un certain Fouque, en octosyll., incipit *Apres la seinte passion Et apres la surrection*; mil. 13ᵉs.; ms. BN nfr. 13521 (anc. La Clayette) [fin 13ᵉs.] (l'éd. utilise la copie BN Moreau 1715-19 [copie 18ᵉs.]); p. p. G. Tammi, *Due versioni della leggenda di S. Margherita d'Antiochia in versi francesi del medioevo*, Piacenza (Semin. Vescov./Sc. Art. del Libro) 1958, texte p. 111-136; [= Boss 7794, cp. Boss Suppl. I p. 130 ad 3425].

SMarg6J¹ id., version an. en octosyll., incipit *Escotez, tote bone gent*; agn. mil. 13ᵉs.; ms. unique BN fr. 19525 [agn. fin 13ᵉs.]; p. dans → WaceMargMJ¹ p. 83-98; [= Dean 574; Vising 119].

SMarg6J² id.; p. dans → WaceMargMJ² p. 229-235.

SMarg6S id.; p. dans → SMarg7S p. 72-88; [= TL SMarg. II].

SMarg7J¹ id., version an. en octosyll., incipit *Apres la sainte passion Jesuchrist, a l'asencion*; mil. 13ᵉs.; ms. de base BN fr. 1555 [déb. 15ᵉs.], autres mss. BN fr. 1553 [pic. 1285 n.st.], BN fr. 1809 [cette pièce 14ᵉs.], BN fr. 2162 [pic. mil. 13ᵉs.], BN fr. 2198 [15ᵉs.], BN fr. 2466 [15ᵉs.], Berlin Staatsbibl. Phillipps 1929 (anc. Cheltenham Phillipps 1929) [Flandres? 3ᵉq. 15ᵉs.], Bruxelles Bibl. roy. IV 1005 (anc. Cheltenham Phillipps 6664) [Sud-Est? déb. 14ᵉs.], BN fr. 19526 [15ᵉs.], BN fr. 24957 [fin 15ᵉs.], New York Pierpont Morgan Libr. M.754 [Saint-Omer ca. 1325] (2ᵉ partie de ce ms.: BL Add. 36684), etc., cp. HLF 33,363; p. dans → WaceMargMJ¹ 99-118; [= Boss 3426].

SMarg7J² id.; p. dans → WaceMargMJ² p. 215-228.

SMarg7S id.; p. p. A. Scheler, *Deux rédactions diverses de la Légende de sainte Marguerite en vers français*, Anvers (Plasky) 1877, p. 14-71; [= TL SMarg. I; Boss 3425 + add. Suppl. I p. 130]. Utilise les mss. BN fr. 1555 [déb. 15ᵉs.], BN fr. 1809 [14ᵉs.], BN fr. 2162 [pic. mil. 13ᵉs.] et les éditions Coussemaker, Herkenrode et Holland pour en faire un texte 'critique' en partie aux corrections tacites. Contient aussi → SMarg6S.

SMarg7NH id.; p. d'après une copie d'un ms. de Neuchâtel non identifié par W. L. Holland, *Die Legende der Heiligen Margarete, altfranzösisch und deutsch*, Hannover (Rümpler) 1863; [= TL SMarg.].

SMarg8M id., version an. en octosyll. irréguliers, incipit *Qui ceste escrit vodra entendre*; agn. (graphie francisée, traits pic.) fin 13ᵉs.; ms. BL Sloane 1611 [contin., cette partie fin 13ᵉs.] f°147v°-152v°; p. p. P. Meyer, "Notice du ms. Sloane 1611 du Musée britannique", *R* 40 (1911) 539-558; [= Dean 575; Vising 120].

SMarg9Z id., version en couplets octosyll. rimés, fragment de 40 plus 40 vers; agn. 13ᵉs.; ms. Innsbruck Tiroler Landesmuseum Ferd. FB 1519/VIII [ca. 1300]; p. p. W. von Zingerle, "Zur Margarethen-Legende", *RF* 6 (1891) 413-416; [= Boss 3427].

[SMarg10 → NicBozMarg.]

SMarg11T id., version anonyme en couplets octosyll. rimés, incipit *Escoutez tuit par tel convent*; 14ᵉs.; ms. BN nfr. 6352 [15ᵉs.]; p. dans → SMarg5T p. 139-174 (texte 143-163).

[SMarg12-14 mfr., v. dans → SMarg5T 103-104. Indications reproduites dans → WaceMargAK p. 15s. (n°7, 12, 13).]

SMargAO Légende de sainte Marguerite en prose, version A; 4ᵉq. 13ᵉs.; ms. de base Ste-Gen. 587 [ca. 1300], complété par Maz. 1716 (568) [déb. 14ᵉs.], autres mss: Chantilly Musée Condé 734 (456) [1313 n.st.], BN fr. 23117 [2ᵉ partie, f°238-482, déb. 14ᵉs.], Genève Com. lat. 102 (anc. Cheltenham Phillipps 3660) [2ᵉq. 14ᵉs.], Bruxelles Bibl. roy. 9225 [2ᵉm. 14ᵉs.], BN fr. 183 [prob. 1327], BL Add. 17275 [2ᵉt. 14ᵉs.], BN fr. 413 [ca. 1400]; p. p. I. Orywall, *Die alt- und mittelfranzösischen Prosafassungen der Margaretenlegende*, thèse Köln 1968, texte p. 110-122; [= TL Margaretenlegende].

SMargBO

SMargBO id., version en prose B; champ. 13ᵉs.; ms. BN nfr. 4509-4510 [fin 13ᵉs.]; p. dans → SMargAO 123-134.

[SMargBNfr1555 → SMarg7.]

[SMargBNfr19525 → SMarg6.]

SMargCO id., version en prose C; 13ᵉs.; ms. de base BN fr. 412 [pic. 1285], autres mss. BN fr. 411 [déb. 14ᵉs.], BL Roy. 20 D.VI [2ᵉm. 13ᵉs.]; p. dans → SMargAO 135-139.

SMargCJ¹ id.; éd. incomplète selon BN fr. 411 [déb. 14ᵉs.] p. dans → WaceMargMJ¹ 141-144.

SMargCJ² id.; éd. identique dans → WaceMargMJ².

SMargDO id., version en prose D, partie de → LégJMailly; 3ᵉq. 13ᵉs.; ms. de base BN fr. 988 [lorr. 1ᵉm. 14ᵉs.], autres mss. v. → LégJMailly; p. dans → SMargAO 140-142. Le ms. BN fr. 15110 [2ᵉm. 13ᵉs.] contient la version D sous une forme modifiée; l'éd. en cite des var. aux p. 169-170.

[SMargE (cp. SMargAO) → JVignayMirMargO; SMargF → LégDorBelMargO; SMargG → LégDorVignMargO; SMargH → LégDorAn²MargO; SMargJ → LégDorAn⁶MargO; SMargK → LégDorAn⁵MargO.]

[SMarieEgAdgar → AdgarSMarieEg.]

[SMarieEgL¹ (Dembowski, v. → SMarieEgTD) → LégDorBelMarieEg.]

[SMarieEgL² (Dembowski) → LégDorVignMarieEg.]

[SMarieEgL³ (Dembowski) → LégDorAn³MarieEg.]

[SMarieEgMirAgn² (Dembowski) → MirAgn²SMarieEg.]

SMarieEgOD Vie de sainte Marie l'Egyptienne, version O, en prose; mil. 13ᵉs.; ms. de base BN fr. 17229 [2ᵉm. 13ᵉs.] (A) f°337a-344a, en var. Chantilly Musée Condé 734 (456) [1313 n.st.] (B) f°279a-283d, BN fr. 13496 [bourg. fin 13ᵉs.] (C) f°148a-155b, BN nfr. 13521 (anc. La Clayette) [fin 13ᵉs.] (D) f°113a-120a, Maz. 1716 (568) [déb. 14ᵉs.] (E) pièce no. 31, Oxford Queen's Coll. 305 [Fr. 2ᵉm. 15ᵉs.] (K) f°264a-270c, BL Add. 41179 [2ᵉm. 15ᵉs.] (J) f°11v°-21r°, Genève Com. lat. 102 (anc. Cheltenham Phillipps 3660) [2ᵉq. 14ᵉs.]; p. dans → SMarieEgTD p. 171-205.

SMarieEgO¹D id., version O¹, abrégée de la version O, en prose (titre: *Vie de l'Egyptienne de Bloys*); mil. 13ᵉs. (2ᵉm. 13ᵉs.?); ms. de base BN fr. 23117 [2ᵉ partie, f°238-482, déb. 14ᵉs.] (H) f°406c-410c, en var. BN fr. 413 [ca. 1400] (G) f°383c-387d; p. dans → SMarieEgTD p. 206-220.

[SMarieEgRuteb → RutebMarie.]

SMarieEgTD id., version T, en octosyllabes, anonyme; originellement agn., 4ᵉq. 12ᵉs.; ms. de base BN fr. 23112 [pic. 2ᵉm. 13ᵉs.] (A) f°334c-344a, en var. Oxford Bodl. Canonici Misc. 74 [wall. déb. 13ᵉs.] (B) f°109r°-120r°, Oxford Corpus Christi Coll. 232 [agn. 2ᵉm. 13ᵉs.] (C) f°35r°-64v°, BN fr. 19525 [agn. fin 13ᵉs.] (D) f°15b-26b, Ars. 3516 [art. 1267] (E) f°113v°-117v°, BL Add. 36614 [f°271-fin: pic. 14ᵉs.?] (L) f°271c-284c, Manchester Univ. John Rylands Libr. Fr. 6 [Angleterre f°1-8: agn. mil. 13ᵉs.] (F¹) f°8b-d fragm., Damas (Berlin) [13ᵉs.?] (F²) ms. fragm. v. → ToblerDam; p. dans P. F. Dembowski, *La Vie de sainte Marie l'Egyptienne*, versions en ancien et en moyen français, Genève (Droz) 1977 (Publ. rom. et fr. 144), p. 25-111; [= TL Vie SMarie Egypt. D; Dean 576; Boss² 5827]. Cp. RoPh 52,13-44.

SMarieEgTB id.; texte du ms. Oxford Corpus Christi Coll. 232 [déb. 14ᵉs.], nommé «version anglonormande»; p. p. A. T. Baker, "La Vie de sainte Marie l'Egyptienne", RLaR 59 (1916-1917) 145-401, spéc. 283-378 col. de gauche; ib., col. de droite, Baker publie un texte «critique», c.-à-d. composite et inutilisable, basé sur plusieurs mss. et appelé «version continentale»; [= Boss 3436; TL Vie SMarie Égypt.].

SMarieEgTC id.; ms. Oxford Corpus Christi Coll. 232 [déb. 14ᵉs.]; p. p. M. Cooke, *Robert Grossetete's Chasteau d'Amour to which are added «La Vie de sainte Marie Egyptienne» and an English version of the «Chasteau d'Amour»*, London 1852 (réimpr. New York, Franklin, 1967), p. 62-113; [= Boss 3431; TL Rob. Grosset. Mar. Eg.].

SMarieEgTS id.; ms. Oxford Bodl. Canon. Misc. 74 (B); p. p. M. Schiavone de Cruz-Sáenz, *The Life of Saint Mary of Egypt. An edition and study of the Medieval French and Spanish verse redactions*, Barcelona (Puvill) 1979; [= Boss² 5829]. Plein d'erreurs matér. (annonce Spec 56,667-668).

SMarieEgUD id., version U faisant partie de → LégJMailly, en prose; 3ᵉq. 13ᵉs.; ms. de base BN nfr. 23686 (anc. Peterburg Fr.35/F.v.I.4) [Soissons?, 3ᵉq. 13ᵉs.] (B) f°134a-135d, en var. Lyon Bibl. mun. 867 (772) [pic. 2ᵉm. 13ᵉs.] (A) f°71d-72d et 27a-30a, BN fr. 988 [lorr. 1ᵉm. 14ᵉs.] (C) f°73a-76c, Lille Bibl. mun. 202 (451; Le Gl. 199) [2ᵉm. 14ᵉs.] (D) f°86r°-90r°, Ars. 3706 [2ᵉm. 15ᵉs.] (E) f°66r°-74v°, Leipzig Univ. 1551

[14ᵉs.] (F) fragm.; p. dans → SMarieEgTD p. 239-253.

SMarieEgvD id., version V, basée sur la version X (ou T), en prose; déb. 15ᵉs.; ms. de base Cambrai 811 (719) [prob. Cambrai 3ᵉq. 15ᵉs.] f°409a-413a, en var. Cambrai 812 (719) [prob. Cambrai 3ᵉq. 15ᵉs.] f°148d-151c; p. dans → SMarieEgTD p. 141-151.

SMarieEgxD id., version X, abrégée de la version T, en prose; déb. 13ᵉs.; ms. de base BL Add. 17275 [2ᵉt. 14ᵉs.] (A) f°343b-347a, en var. Bruxelles Bibl. roy. 9225 [2ᵉm. 14ᵉs.] (B) f°67d-71c, Bruxelles Bibl. roy. 10326 [2ᵉm. 13ᵉs.] (C) f°257c-264d, BL Add. 6524 [agn. 3ᵉt. 13ᵉs.] (D) f°168d-172d, BN fr. 6447 [flandr. 4ᵉq. 13ᵉs.] (E) f°247a-250d, BN nfr. 10128 [2ᵉm. 13ᵉs.] (G) f°247a-253d, BN fr. 183 [prob. 1327] (H) f°69d-73b; p. dans → SMarieEgTD p. 113-140.

SMarieEgxB id.; ms. BL Add. 17275 [mil. 14ᵉs.] impr. au bas des pages de → SMarieEgTB 285-377; [= Boss 3436; TL Vie SMarie Égypt.]. Transcription fautive.

SMarieEgxK id.; ms. BL Add. 6524 [agn. 3ᵉt. 13ᵉs.] avec quelques leçons de BN fr. 183 [2ᵉm. 14ᵉs.]; p. p. H. Knust, *Geschichte der Legenden der h. Katharina von Alexandrien und der h. Maria Aegyptiaca nebst unedirten Texten*, Halle (Niemeyer) 1890, p. 315-346, col. a; [= Boss 3434; TL Knust Mar. Aegypt.]. Contient aussi → SCathPr¹K, 232-314.

SMarieEgyD id., version Y, en prose; mil. 15ᵉs.; ms. unique Lille Bibl. mun. 795 (452; Le Gl. 197) [15ᵉs.]; p. dans → SMarieEgTD p. 255-262.

SMarieEgzD id., version Z, apparentée à la version O, en prose; mil. 13ᵉs.; ms. de base BN fr. 412 [pic. 1285] f°221a-224d, en var. BN fr. 411 [déb. 14ᵉs.] f°280d-285c, BL Roy. 20 D.VI [2ᵉm. 13ᵉs.] f°228b-231d; p. dans → SMarieEgTD p. 221-237.

SMarieJésus 'Histoire de Marie et de Jésus', relatant en vers octosyll. la vie de Marie et celle de Jésus jusqu'à la Passion, qui montre des liens encore mal connus avec → PassJongl et SFanuel et qui a été copiée en bonne partie dans → BibleSeptEtats (cp. NotExtr 39, 272-3; 288 n.7 et 289n.; 290n.; 296ss., aussi → SMarieJésusCottM); [fin 12ᵉs.?]; mss. tardifs et peu soignés Ars. 5204 [2ᵉt. 14ᵉs.?] et BN fr. 9588 [cette partie lorr. 14ᵉs.]; inédit dans l'ensemble; extraits et var. p. dans → BibleSeptEtatsF/K/M.

SMarieJésusCottM Histoire de sainte Marie et de Jésus basée sur les apocryphes, indépendante de → SMarieJésus; agn. déb. 13ᵉs.; ms. fragm. très endommagé BL Cotton Vitellius D.III [agn. 2ᵉm. 13ᵉs.]; p. p. P. Meyer, "Fragments d'une ancienne histoire de Marie et de Jésus en laisses monorimes", *R* 16 (1887) 248-262; [= Dean 482; Vising 8].

[SMartheNicBoz → NicBozMarthe.]

SMarineF Vie de sainte Marine, en vers octosyll., incip. *Moult est folz qui son umbre chace*; ca. 1300; ms. de base Bruxelles Bibl. roy. 10295-304 [hain. 1428/29] (B), en var. Vat. Reg. lat. 1728 [4ᵉq. 15ᵉs.] (A); p. p. B. Ferrari, *Vie de Marine d'Egipte viergene*, Milano (Ed. LED) 2000.

SMarineHC id.; ms. Vat. Reg. lat. 1728 [4ᵉq. 15ᵉs.] (H); p. p. L. Clugnet, "Vie de sainte Marine, VII, H", *Revue de l'Orient chrét.* 8 (1903) 288-300.

SMarineHK id.; extraits p. dans → KellerRomv 605-615.

SMarineIC id.; ms. Bruxelles Bibl. roy. 10295-304 [hain. 1428/29] (I); p. dans → SMarineHC p. 300-311.

SMathVatE *Evangile de saint Mathieu* (26, 1-27; 55), prose; norm. ca. 1200; ms. Vat. Ottoboni lat. 1473 (anc. Reg.) [déb. 13ᵉs.] f°42d-45; p. p. M. Eusebi, "Il manoscritto ottoboniano lat. 1473 della Biblioteca vaticana", *R* 92 (1971) 380-387.

SMathelinR Vie de saint Mathelin (= Mathurin), en vers octosyll.; 3ᵉt. 13ᵉs.; ms. unique BL Add. 17275 [2ᵉt. 14ᵉs.]; p. p. M. Rösler, "Die Legende vom heiligen Mathelin", *ZrP* 39 (1919) 18-61; [= TL SMathelin]. Il existe aussi une vie de la fin du 15ᵉs., v. éd.

SMelorD Vie du saint breton Melor, vénéré dans les deux Bretagnes, poème en alexandrins; agn. 3ᵉq. 14ᵉs.; ms. Aberystwyth Nat. Libr. Bettisfield MS 19 [agn. 3ᵉq. 14ᵉs.]; p. p. A. H. Diverrès, "The life of saint Melor", → MélReid² p. 41-53; [= AND S Melor; Dean 537; cf. Boss² 5802]. Qqs. lignes du début manquent.

SOsithB Vie de sainte Osith, vers octosyll.; agn. fin 12ᵉs./13ᵉs.; ms. BL Add. 70513 (anc. Welbeck Abbey I.C.1) [agn. f° 9-267: 4ᵉq. 13ᵉs.] f° 134c-147b; p. p. A. T. Baker, "An Anglo-French life of St Osith", *MLR* 6 (1911) 476-502; 7 (1912) 74-93; 157-192; [= TL SOsith; FEW VieOsith; AND S Osith; Dean 581; Vising 137]. Corr. A. Bell, "Notes on two Anglo-Norman saint's lives", *Philological Quarterly* 35 (1956) 48-59, spéc. 48-53.

[SPanuce → NicBozPanuce.]

SPaulEnfAdK

SPaulEnfAdK *La descente de saint Paul en Enfer* (*Vision de saint Paul*) par Adam de Ross (ville d'Irlande); agn. fin 12ᵉ s.; ms. de base BL Cotton Vespasian A.VII [agn. mil. 13ᵉ s.] (L), var. de Cambridge Gonville and Caius Coll. 435 [agn., p. 105-144 1ᵉʳ m. 13ᵉ s., p. 145-192 mil. 13ᵉ s.] (C) p. 135-139, BN fr. 19525 [agn. fin 13ᵉ s.] (P), non utilisé Manchester Univ. John Rylands Libr. Fr. 6 [Angleterre f°1-8: agn. mil. 13ᵉ s.]; fragments: Cambridge Corpus Christi Coll. 405 [agn. 1ᵉʳ q. 14ᵉ s.], Oxford Bodl. Douce 381 (21956) [agn., cette partie, f°2-3, fin 12ᵉ s.]; p. p. L. E. Kastner, "The Vision of Saint-Paul by the Anglo-Norman trouvère Adam de Ross", *ZfSL* 29[1] (1906) 274-290; [= AND Vis S Paul[1]; Dean 553; Vising 17; Boss 3361; Hol 300].

SPaulEnfAdL id.; publication de la tradition ms. 'α' (BL Cotton Vespasian A.VII comme base et Oxf. Bodl. Douce 381 en var.) et 'β' (base BN fr. 19525, en var. Manch. et les mss. de Cambr.), imprimées en regard, par L. Leonardi, "La *Visio Pauli* di Adam de Ross", *Medioevo e Rinascimento* 11 (8) (1997) 25-79; [= Dean 553].

SPaulEnfAdO id.; p. d'après une copie de BN fr. 19525 par A.F. Ozanam, *Dante et la philosophie catholique au treizième siècle*, Louvain (Fonteyn) 1847, p. 351-362. Corr. dans → SPaulEnfLiB p. 46-47.

SPaulEnfAdDS id., fragm. Oxford Bodl. Douce 381 (21956) [agn., cette partie, f°2-3, fin 12ᵉ s.], p. p. I. Short, "The Bodleian fragment of the Anglo-Norman *Vision of St Paul* by Adam de Ross", → MélWoledge 175-189.

SPaulEnfArciP id., version par Henri d'Arci, 272 vers alex.; agn. mil. 13ᵉ s.; ms. BN fr. 24862 [agn. mil. 13ᵉ s.]; p. dans → AntArciP 308-321, suivi du texte lat.; [= AND Descent[2]; Dean 554; cf. Vising 114].

SPaulEnfArciK id.; p. p. L. E. Kastner, "Les versions françaises inédites de la Descente de saint Paul en Enfer", *RLaR* 48 (1905) 385-395; [= AND Vis S Paul[3]].

SPaulEnfFrM id., version fragm. de 258 (282) vers octosyll., anoure; agn. déb. 14ᵉ s. mss. Cambridge Corpus Christi Coll. 20 [agn. ca. 1335], Toulouse Bibl. mun. 815 (I, 46bis) [agn. 2ᵉ q. 14ᵉ s.]; ms. Toulouse p. p. P. Meyer, "La Descente de saint Paul en Enfer", *R* 24 (1895) 357-375, texte 365-375, avec deux clichés du ms. Toulouse richement illustré; [= AND Descente *et* Vis S Paul[2]; Dean 555; Vising 133].

[SPaulEnf voir aussi BibleSeptEtats.]

SPaulEnfLiK version anonyme, incip.: *Li autre trouveor*; mil. 13ᵉ s.; ms. BN fr. 2094 [bourg. mérid. fin 13ᵉ s.]; p. p. L. E. Kastner, [suite de → SPaulEnfArciK], *RLaR* 49 (1906) 49-62.

SPaulEnfLiB id.; éd. partielle (début et fin) p. p. H. Brandes, *Visio S. Pauli*, Halle (Niemeyer) 1885, p. 51-54.

SPaulEnfPeinesK Vision de saint Paul (énumérant les neuf manières des peines d'Enfer), version dite 'bourguignonne' du ms. BL Add., vers alex. et, v. 87-136, octosyll.; 13ᵉ s. (en principe avant BiblSeptEtats de 1243); ms. transcrit BL Add. 15606 [bourg. déb. 14ᵉ s.]; p. p. L. E. Kastner, [suite de → SPaulEnfArciK et -LiK], *RLaR* 49 (1906) 427-450 [singulière confusion: la première page de la préf. concerne → BibleSeptEtatsKa[1]]; mauv. éd. selon Meyer NotExtr 39,305n3. Cf. → BibleSeptEtatsKa[1]. Cf. Owen RoPh 12,33-55, spéc. 44; GRLMA VI,2, 4394.

SPaulEnfPeinesM id.; extraits du ms. BL, en var. les mss. au début identique BN fr. 24429 [déb. 14ᵉ s.] (extr. Meyer NotExtr 39,305-307) et BN fr. 24432 [frc. av. 1349], Vat. Reg. lat. 1682 [2ᵉ q. 14ᵉ s.] (même version?), BN fr. 9220 [art. ca. 1295] f°6v°-7r° assez variant, BN fr. 24436 [1ᵉm. 15ᵉ s.] f°67-70; éd. partielle par P. Meyer, *R* 6 (1877) 12-16.

SPaulEnfPeinessK id.; ms. San Marino Huntington Libr. EL.26.A.3 [pic., ce texte daté 1415] écrit en 1415; p. p. H.-E. Keller et W. Meiden, "Le *Roman de saint Paul*", *MÂ* 97 (1991) 189-215, texte 195-213 (+ gloss. aux renvois au FEW); cf. *R* 54,422. À utiliser avec précaution: éd. 'normalisée' [192, sans précisions]. L'éd. crit. de W. Meiden, thèse Columbus Ohio 1945, n'est pas publiée.

[SPaulHermite → NicBozPaul.]

SPauleG Vie de sainte Paule, vers octosyll.; champ.? fin 13ᵉ s.; ms. Cambridge St John's Coll. B.9 (31) [Est déb. 14ᵉ s.]; p. p. K. Grass, *La vie Sainte Paule*, Halle (Niemeyer) 1908 (Roman. Bibl. 19); [= TL Vie SPaule; FEW SPaule].

SPierJonglN *De saint Pierre et du Jongleur*, fabliau, vers octosyll.; pic. 1ᵉm. 13ᵉ s.; mss. BN fr. 837 [frc. 4ᵉ q. 13ᵉ s.] (A), BN fr. 19152 [frc. fin 13ᵉ s.] (D); p. dans → NoomenFabl t. 1, 127-159, n°3.

SPierJonglB id.; ms. BN fr. 837 [frc. 4ᵉ q. 13ᵉ s.] et BN fr. 19152 [frc. fin 13ᵉ s.] utilisés dans une édition 'critique' dans → BarbMéon 3, 282-296.

SPierJonglJ id.; ms. de base BN fr. 19152 [frc. fin 13ᵉ s.], en var. BN fr. 837 [4ᵉ q. 13ᵉ s.]; p. dans → JohnstonOwen p. 67-77.

SPierJonglM id.; ms. de base BN fr. 837 [4ᵉq. 13ᵉs.], en var. BN fr. 19152 [frc. fin 13ᵉs.]; dans → MontRayn 5, 65-79.

SPierJonglN² id.; ms. de base D; p. dans → NoomenJongl 152-185.

SPierJonglW id.; ms. de base BN fr. 837 [4ᵉq. 13ᵉs.] (A), en var. BN fr. 19152 [frc. fin 13ᵉs.] (B); p. p. M. Walters-Gehrig, dans → EstulaW, p. 1-59; [= TL Trois Fabliaux, concerne aussi → EstulaW et HaimBarW; Boss² 4702; 4738].

SQuentAlS Vie de saint Quentin, en vers alex.; pic. fin 13ᵉs.; ms. BN fr. 23117 [1ᵉ partie, f°1-237, fin 13ᵉs.]; p. p. W. Söderhjelm, "Une vie de saint Quentin en vers français du moyen âge", *Mémoires de la Société Néo-Philologique de Helsingfors* 3 (1901/1902, réimpr. 1963) 443-526; [= TL SQuent.; Boss 3331 (Saint Leu err.)]. Légende en vers octosyll. et en prose: → HuonSQuent, SQuentPr¹S.

SQuentPr¹S Légende de saint Quentin en prose; 13ᵉs.; ms. BN fr. 23686 (anc. Peterburg Fr.35/F.v.I.4) [Soissons?, 3ᵉq. 13ᵉs.]; p. dans → SQuentAlS p. 512-523. Suivent deux vies très courtes, BN fr. 988 [lorr. 1ᵉm. 14ᵉs.], ib. 523-524, et BN fr. 1534 [déb. 15ᵉs.], ib. 524-525.

SRemiB Vie de saint Remi, en 8234 vers octosyll. rimés, par un certain Richier; champ.sept. 3ᵉt. 13ᵉs.; ms de base Bruxelles Bibl. roy. 6409 (Gheyn 3349) [ca. 1350] (A), en var. Bruxelles Bibl. roy. 5365 (Gheyn 3348) [ca. 1350] (B); p. p. W. N. Bolderston, *La vie de Saint Remi, poème du XIIIᵉ siècle par Richier*, London (Frowde) – Oxford (Univ. Press) 1912; [= TL Vie SRemi].

SSagAP Roman des Sept Sages de Rome, sorte de roman à tiroirs d'origine orientale, réunissant des contes édifiants, version en prose A dont la 1ᵉ partie est identique à la version L; traits de l'Ouest 2ᵉt. 13ᵉs.; ms. transcrit BN fr. 95 [pic. 3ᵉt. 13ᵉs.] (r) (*filia* et *noverca* suivent la version L), autres mss. v. → SSagAR et → LaurinT 258-260 (répartition en discussion): BN fr. 93 [pic. 1466] (g), BN fr. 1421 [3ᵉt. 13ᵉs.] (c), BN fr. 2137 [fin 13ᵉs.] (a), BN fr. 5586 [cette pièce 15ᵉs.] (n), BN fr. 20040 [fin 13ᵉs.] (b), BN fr. 22548-22550 [frc., traces de pic., fin 13ᵉs.] (f), BN nfr. 1263 [fragm. 2-12: 13ᵉs.], BN nfr. 12791 [14ᵉs.], BN nfr. 13521 (anc. La Clayette) [fin 13ᵉs.], Bern 388 [ca. 1300], Bruxelles Bibl. roy. 9245 [pic. 1ᵉm. 14ᵉs.] (q), Bruxelles Bibl. roy. 9433 [pic. 14ᵉs.] (h), Bruxelles Bibl. roy. 10171 [1293] (i), Bruxelles Bibl. roy. 11190 [14ᵉs.] (p), Cambridge Univ. Gg.I.1 [agn. après 1307] (o), Cambridge Univ. Gg.VI.28 [agn. ca. 1310] (s), Firenze Bibl. Med. Laurenz. Ashburnham Libri 122 (49) [déb. 14ᵉs.], Fribourg Bibl. cant. L.13 [15ᵉs.], BL Harl. 3860 [agn. déb. 14ᵉs.] (k), Mons Univ. 330/215 [lorr., cette partie 13ᵉs.], Oxford Saint John's Coll. 102 [fin 14ᵉs.] (l), Saint-Etienne 109 [fin 15ᵉs.], Arras 139 (657) [pic., cette partie 1278] fragm., Cambridge Fitzwilliam Mus. McClean 179 [pic. fin 13ᵉs.], Chartres 620 (261) [fin 13ᵉs.]; p. p. H. P. B. Plomp, *De Middelnederlandsche bewerking van het gedicht van den VII Vroeden van binnen Rome*, thèse Utrecht 1899; [Wo 154]. Suites: → Marque, Laurin; autres branches du cycle: → Cassid, Dolop, Helcanus, Peliarm.

SSagAD id.; ms. BN fr. 2137 [fin 13ᵉs.] (T); p. p. O. Derniame – M. Hénin – H. Naïs, *Les Sept Sages de Rome*, Nancy (Univ., CRAL) 1981 (Trav. CRAL 2); [= TL SSag. CRAL; cf. Wos 154]; c.r. Lecoy R 103 (1982) 143s: éd. fidèle au ms., destinée à la saisie pour un concordancier [«faut-il mettre en machine le texte brut ou le texte corrigé?»]; Möhren ZrP 99 (1983) 189-191. Extrait, *Vidua*, f°32a-35c, p. dans → MélSinclair 240-247, texte 244-247.

SSagAR id.; même ms. de base; éd. par H. R. Runte, en ce moment (carnaval 2016) accessible sur son site de l'univ. Dalhousie, Halifax.

SSagAcT id.; fragm. proche de A (éd. P 3,7-4,29), mais aussi de L (éd. L 5-8); 13ᵉs. (?); ms. Canterbury Dean and Chapter Libr. Roll 70365 [feuille de garde agn. 14ᵉs.]; p. p. L. Thorpe, "Les Sept Sages de Rome: un nouveau fragment de manuscrit", → MélRostaing 1143-1147; [= TL RSSag. Th].

SSagDP id., version dérimée de SSagOct; 15ᵉs.; ms. BN fr. 5036 (anc. 9675.3) [rec. fact. f°42-72 2ᵉm. 15ᵉs.?] (D); p. p. G. Paris, *Deux rédactions du roman des Sept Sages de Rome*, Paris (Firmin Didot) 1876, texte p. 1-54; [= TL SSag. Pr.; Wo 156].

SSagHP id., version en prose H, *Ystoire des sept sages de Romme*; 2ᵉm. 15ᵉs.; imprimé Genève [Louis Garbin] 1492; p. dans → SSagDP p. 55-205; [= TL SSag. Pr.; Wo 157; Wos 157].

SSagLL id., version en prose L; Sud-Ouest ca. 1225; ms. de base BN fr. 19166 [pic. ca. 1300], en var. prob. BN fr. 2137 [fin 13ᵉs.] (version A), autres mss. Ars. 3354 [15ᵉs.] (déviant), BN fr. 1444 [pic.mérid. fin 13ᵉs.], BN fr. 22933 [fin 13ᵉs.] (déviant), BN fr. 24431 [frc. ca. 1300], Bern 354 [bourg.sept. déb. 14ᵉs.], BN fr. 25545 [ca. 1325], Bern 41 [pic. 2ᵉm. 13ᵉs.], Philadelphia Univ. of Penn. Van Pelt Libr. Ms. Codex 931 (French 14, anc. Cheltenham Phillipps 3679) [ca. 1350], BN fr. 189 [2ᵉm. 15ᵉs.]; p. p. A. J. V. Le Roux de Lincy, dans *Essai sur les fables indiennes et sur leur introduction en Europe par A. Loiseleur-Deslongchamps; suivi du roman des Sept Sages de Rome en prose*, Paris (Techener)

SSagLL

1838; [= TL Livre des SSag.; Wo 153; Wos 153]. Les p. 1-65 correspondent à → SSagAD 1-35, p. 65 dern. ligne -76 à SSagAP p. 45,33-49,28.

SSagMR id., version en prose M, titre: Li ystoire de la male marastre; pic. ca. 1300; ms. de base Firenze Bibl. Med. Laurenz. Ashburnham Libri 125 (52; 57) [pic. déb. 14^{e}s.], en var. BN fr. 573 [Paris 1^{e}m. 15^{e}s.], Ars. 2998 [15^{e}s.], Ars. 2999 [15^{e}s.]; p. p. H. R. Runte, *Li Ystoire de la male marastre. Version M of the Roman des sept sages de Rome*, Tübingen (Niemeyer)1974 (ZrP-Beih. 141); [= TL Ystoire de la male marastre; Boss^2 2474]. C.r. R. Dubuis Rbph 56,208-209 «déplorer l'extrême pauvreté du glossaire», «semblant de glossaire». Une bonne partie du texte peut être plus ancienne.

SSagOctS *Roman des Sept Sages de Rome*, version la plus ancienne en langue fr., vers octosyll.; Sud-Ouest 3e t. 12^{e}s. [le ms. représente une rédaction qui peut avoir été établie dans la 1^{e}m. 13^{e}s.; datation du vocabulaire problématique; il est peu utile d'essayer une datation intermédiaire]; ms. BN fr. 1553 [pic. 1285 n.st.] (K); p. p. M. B. Speer, *Le Roman des Sept Sages de Rome. A critical edition of the two verse redactions of a twelfth-century romance*, Lexington (French Forum) 1989 (E. C. Armstrong Monogr. Med. Lit. 4); [= TL RSSag. S]. Bonne éd.; p. 239-289: SSagOctChSp.

SSagOctK id.; p. p. H. A. Keller, *Li Romans des Sept Sages*, Tübingen (Fues) 1836; [= TL RSSag.; Boss 1396].

SSagOctM id., → SSagOctCh en var.; p. p. J. Misrahi, *Le Roman des Sept Sages*, Paris (Droz) 1933 (réimpr. Genève, Slatkine, 1975); [= TL RSSag. M; FEW SSages (2.); Boss 1398; Hol 2270]. Glossaire insignifiant.

SSagOctChSp id., même version, mais ms. à remaniement différent, incomplet; [3e t. 12^{e}s.] réd. 1^{e}m. 13^{e}s.; ms. Chartres 620 (261) [fin 13^{e}s.] (C) détruit par la guerre (cité par Gdf); p. dans → SSagOctS p. 239-289. Concordance avec le texte du ms. K p. 350-364.

SSagOctChS id.; p. p. H. A. Smith, "A verse version of the *Sept Sages de Rome*", RoR 3 (1912) 1-67; [= Boss 1397]. Numérotation peu divergente de l'éd. Speer.

SSebastAlM Vie de saint Sébastien en quatrains d'alexandrins (avec allusion à la Grande Peste, cp. RecMédEpid); 1348 (ou peu après); ms. BN fr. 1555 [déb. 15^{e}s.]; p. p. H. Micha, "Une rédaction en vers de *La vie de saint Sébastien*", R 92 (1971) 405-419; [= TL Vie SSéb. Micha; Boss^2 7752]. Ignore l'éd. Mills.

SSebastAlD id.; p. p. P. F. Dembowski, "Poème pieux sur la vie de saint Sébastien d'après le ms. Bibl. Nat. fr. 1555. Court chapitre sur la peste noire de 1348-1349", *MedRom* 9 (1984) 375-401; [= TL Vie SSéb. D; Boss^2 7753]. Ignore l'éd. Micha.

SSebastAlMi id.; p. p. L. R. Mills, "Une vie inédite de saint Sébastien", *BHumR* 28 (1966) 410-418; [= TL Vie SSéb. Mills; Boss^2 7751].

[SSebast v. aussi MistSSebast.]

SSilvCroixP Légende de saint Silvestre suivie d'une *Invention de la sainte Croix* (v. 593ss.), en vers octosyll.; ang. / tour. ca. 1200; ms. mutilé Chaudron en Mauges (Marquis de Villoutrey, S. Pierre Montlimart, dépôt Univ. cath. Angers) [déb. 13^{e}s.]; p. p. A. Planchenault, *Cartulaire du chapitre de Saint-Laud d'Angers (actes du XIe et du XIIe siècle) suivi de la vie de saint Silvestre et l'invention de la sainte croix*, Angers (Germain & Grassin) 1903 (Doc. hist. sur l'Anjou 4); [Boss 3375]. (Pour le cart. v. Stein 130.)

SSilvCroixM id.; début p. p. P. Meyer, "La vie de saint Silvestre en vers français", R 28 (1899) 280-286; [= TL Vie SSilvestre].

SThaisArciP Légende de sainte Thaïs, courtisane d'Égypte, version dédicacée à Henri d'Arci; agn. mil. 13^{e}s.; ms. de base BN fr. 24862 [agn. mil. 13^{e}s.], en var. BL Harl. 2253 [agn. ca. 1335] avec qqs. vers interpolés; p. dans → AntArciP 280-286, suivi du texte lat.; [= Dean 584].

SThaisArciM id.; p. p. P. Meyer, *NotExtr* 35^1 (1895) 147-151 [texte de BN]; 167-168 [fin de BL]; [= AND S Thaïs; Vising 112].

[SThais cp. → PoèmeMor.]

SThibAlH Vie de saint Thibaut en vers alex., attribuée à Guillaume d'Oye; bourg. fin 13^{e}s.; ms. unique BN fr. 24870 [bourg. fin 13^{e}s.]; p. p. R. T. Hill, *Two Old French poems on Saint Thibaut*, New Haven (Yale Univ. Press) – London (Milford) – Oxford (Univ. Press) 1936, texte p. 75-140; [= TL St. Thibaut; Boss 3379]. Contient aussi → SThibOctH.

SThibAlM id.; p. p. H. M. Manning, *La vie de Saint Thibaut*, New York (Publ. of the Inst. of Fr. St.) 1929; [= TL Vie SThibaut; FEW SThib; Boss 3378]. Contient aussi → SThibOctM.

SThibOctH id., version en vers octosyll., anon.; frc. fin 13^{e}s.; ms. BN fr. 24870 [bourg. fin 13^{e}s.]; p. dans → SThibAlH p. 52-74.

SThibOctM id.; p. dans → SThibAlM p. 123-134.

SThomBenS Beneit de Saint Alban, Vie de saint Thomas Becket, vers de huit et quatre syll. (irrég.); agn. ca. 1184; ms. de base BL Add. 59616 (anc. Cheltenham Phillipps 8113) [agn. 4ᵉ q. 13ᵉ s.] (T), en var. Cambridge Clare Coll. KK.3.13 [agn. 13ᵉ s.] (C) fragm., BN fr. 902 [agn., cette partie 2ᵉ m. 13ᵉ s.] (P) lacune, BL Cotton Vespasian B.XIV [agn. fin 13ᵉ s.] (B), BL Cotton Vespasian D.IV [agn. fin 13ᵉ s.] (D), BL Harl. 3775 [f° 1-26: agn. déb. 14ᵉ s.] (H) f° 1-14; p. p. B. Schlyter, *La vie de Thomas Becket par Beneit*, Lund (Gleerup) – Copenhague (Munksgaard) 1941 (Études Rom. de Lund 4); [= TL Beneit Vie de Thomas Becket; FEW BeneitTh; AND S Thom¹; Dean 509].

SThomBenM id.; ms. P p. p. F. Michel, *Vie de saint Thomas, archevêque de Canterbury*, dans → BenDucM t. 3, app. 2 (1844) 461-509; [= TL SThom. M; Vising 19]. Lacune de P comblée et var. d'après ms. H, ib. app. V, p. 615-630.

SThomBenGS id.; fragm. (v. 412-615; 1939-fin) du ms. Cambridge Gonville and Caius Coll. 123 (60) [agn. fin 12ᵉ s.]; p. p. I. Short, "The patronage of Beneit's Vie de Thomas Becket", *MedAev* 56 (1987) 239-256.

SThomFragmM Fragment d'une vie de saint Thomas Becket, attribution à Matthieu Paris discutée; agn. 2ᵉ q. 13ᵉ s.; ms. BL Loan MS 88 (Wormsley M. Getty, anc. Kortrijk Goethals-Vercruysse, J. P. Getty) [agn. 2ᵉ q. 13ᵉ s.]; p. p. P. Meyer, *Fragments d'une vie de saint Thomas de Cantorbéry*, Paris (Firmin Didot) 1885; [= TL Fragm. SThom.; FEW ThomasCant; AND S Thom²; Dean 510]. Avec reprod. du ms.

SThomFragmR id.; rééd. et discussion de l'attrib. par C. Rossi, *Matteo di Parigi, La vie de saint Thomas le Martyr*, Alessandria (Orso) 2008, avec reprod. couleur du fragment. C.r. Burgio MedRom 35,195-196.

SThomGuernW¹ Vie de saint Thomas Becket par Guernes de Pont Sainte Maxence, alexandrins; Ouest / pic. agn. ca. 1174; ms. Wolfenbüttel Herzog August Bibl. Aug. 4° 34.6 [agn. déb. 13ᵉ s.] (B) incomplet: v. 1-1080 et 1321-1440 manquent, BL Harl. 270 [agn. déb. 13ᵉ s.] (H), BN fr. 13513 [agn. 1ᵉʳ m. 13ᵉ s.] (P), BL Add. 70513 (anc. Welbeck Abbey I.C.1) [agn. f° 9-267: 4ᵉ q. 13ᵉ s.] (W), BL Add. 59616 (anc. Cheltenham Phillipps 8113) [agn. 4ᵉ q. 13ᵉ s.] (C), BL Cotton Domitian A.XI [agn. 1ᵉʳ m. 14ᵉ s.] (D), Oxford Bodl. Rawl. C.641 [agn. 4ᵉ q. 12ᵉ s.] fragm. (Const. de Clarendon, v. infra); London Soc. of Antiquaries 716 (1) [déb. 13ᵉ s.] f° 1-4 (v. 1-42; 365-406; 991-1078), London Soc. of Antiquaries 716 [agn. fin 12ᵉ s.] f° 5-6 (v. 5146-5179; 5426-5470, p. p. F. Short MedAev 46,20-34, spéc. 22-24); p. p. E. Walberg, *La vie de saint Thomas le martyr par Guernes de Pont-Sainte-Maxence*, Lund (Gleerup) – London (Milford) – Oxford (Univ. Press) – Paris (Champion) – Leipzig (Harrassowitz) 1922 (Skrifter utgivna av Kungl. Hum. Vetenskapssamfundet i Lund 5); [= TL SThom. W; FEW GuernesSThomas]. Faibles traits agn. et pic. (Guernes étant originaire de l'Île de France sept. / Sellentois; mss. agn.). Les vers 2391-2546 rendent en vers les Constitutions de Clarendon (lat. 1164) destinées à réduire le pouvoir de l'Église; le ms. Oxford contient les vers 2391-2555 [f° 10r°-12v° 12], 751-770 [f° 12v°,23-13r°] et 1401-1410 [f° 12v°,13-22]; l'éd. marque de tirets cadratins les commentaires dérogatoires de l'auteur.

SThomGuernW² id.; éd. à informations réduites p. p. E. Walberg, *Guernes de Pont-Sainte-Maxence, La vie de saint Thomas Becket*, Paris (Champion) 1936 (CFMA 77); [= TL SThom. W²; Dean 508].

SThomGuernB¹ id.; de longs extraits du ms. B (Wolfenbüttel), p. p. I. Bekker, "La vie St-Thomas le martir. Altfranzösisches Gedicht aus einer Wolfenbüttler Handschrift", *Abhandlungen der königlichen Akademie der Wissenschaften zu Berlin*, a. 1838, *Philos.-hist. Abh.*, Berlin 1840, p. 25-168; [= TL SThom. B¹]. Texte corrigé par l'éd. à ca. 200 endroits.

SThomGuernB² id., extraits du ms. H (BL Harl.) complétant le texte de l'éd. B¹; p. p. I. Bekker, "La vie St-Thomas le martir aus der Handschrift des Britischen Museums (cod. Harlej. 270)", *Abhandlungen der Königlichen Akademie der Wissenschaften zu Berlin*, Phil.-hist. Klasse, 1844; [= TL SThom. B²].

SThomGuernH id.; ms. de base BN fr. 13513 [agn. 1ᵉʳ m. 13ᵉ s.] (P); p. p. C. Hippeau, *La vie de saint Thomas le martyr... par Garnier de Pont-Sainte-Maxence*, Paris (Aubry) 1859; [= TL SThom.]. Mauvaise édition.

SThomGuernT id.; mêmes principes d'édition que l'éd. W¹, mais plus conservateurs; p. p. J. T. E. Thomas, *La Vie de saint Thomas de Canterbury*, 2 vol., Louvain – Paris (Peeters) 2002. L'introd. suit Walberg de près (jusque dans les err.), le t. 2 contient d'excellentes notes. C.r. Städtler VRo 63,329-331.

[SVal BN fr. 820, anc. 7208.4.B, Gdf → MirND-Pers25P.]

SValerM Vie de sainte Valerie, vers octosyll.; mfr./ occ. (prob. Haute-Marche) 1ᵉʳ m. 15ᵉ s.; ms. de base Ars. 5366 [1447/1448?], en var. BN fr. 12445 [15ᵉ s.]; p. p. G. Meyer, *Die altfranzösische Vita der heiligen Valeria*, Heidelberg (Winter) 1987 (Studia rom. 68).

SVouF

SVouF *Miracle du soulier du jongleur*, relié au miracle de la sainte face (*saint vou*) de Lucques, poème en vers décasyll.; hain. fin 13ᵉs.; ms. Torino Bibl. naz. L.II.14 (fr. 36) [pic. (Origny) 1311]; p. p. W. Foerster, "Le saint Vou de Luques", *RF* 23 (1907) 1-56, spéc. 29-52; [= TL SVou; Boss 3481].

SabinStreu J. Sabin, *Die Bezeichnungen der Streu im Galloromanischen*, thèse Berlin 1934; [= FEW Sabin; TL Sabin Streu].

SacristineArsG *Légende de la Sacristine* (trésorière), miracle de la Vierge, version ayant qqs. vers en commun avec → SacristineNous, par un certain Guiot, nommé dans le prologue (Guios, Wiot), vers octosyll.; 2ᵉm. 13ᵉs.; ms. Ars. 3517-3518 [pic. fin 13ᵉs.]; p. p. G. Gröber, "Ein Marienmirakel", → MélFoerster 421-442.

SacristineForceK id., version en vers octosyll., à prologue décasyll., incipit *Force d'amors a fait mon cuer ploier*; 2ᵉm. 13ᵉs.; ms. BN fr. 375 [pic. 1289 n.st.]; p. dans → SacristineNousK p. 72-76.

SacristineIntG id., version interpolée dans un ms. de → Coincy, vers octosyll., incipit *Un miracle miervelles gent*; (qqs. traits pic. et lorr.) 1ᵉm. 13ᵉs.; ms. BN fr. 2162 [pic. mil. 13ᵉs.]; p. p. R. Guiette, "D'une nonain ki issi de son abbeïe", *Romanica Gandensia* 1 (1953) 7-22 (réimpr. dans R. Guiette, *Forme et senefiance*, Genève, Droz, 1978 (Publ. rom. et fr. 148), p. 195-210); [= TL Nonain; Boss 6615; 7761].

SacristineNousK id., version issue du même modèle que → SacristineArs, intégrée dans → ProprChos (= ProprChosMirK n°24), vers octosyll., incipit *Nous trouvons es anciens peres*; titre: *De la nonnain tresoriere...*; [2ᵉm. 13ᵉs.] 2ᵉq. 14ᵉs.; ms. BN fr. 12483 [mil. 14ᵉs.], ms. 'F' = SacristineArs; p. p. H. Kjellman, "Le miracle de la Sacristine". → MélMel 47-81, texte 62-65; [= Hol 317.1; Boss 6614]. P. 65-71 = Pères13K; p. 72-76 = SacristineForceK.

[Sacristine – autres versions en vers: CoincyI43; Pères13 et dans Adgar et MirAgn²; cf. Boss 3184; Zufferey R 127,317. Versions en prose, mfr., v. → ProprChosMirK p. xvii s.]

SainéanChat L. Sainéan, *La création métaphorique en français et en roman. Images tirées du monde des animaux domestiques: Le chat, avec un appendice sur la fouine, le singe et les strigiens*, Halle (Niemeyer) 1905 (ZrP-Beih. 1); [= FEW Sainéan 1; TL Sainéan chat].

SainéanChien L. Sainéan, *La création métaphorique en français et en roman. Images tirées du monde des animaux domestiques: Le chien et le porc, avec des appendices sur le loup, le renard et les batraciens*, Halle (Niemeyer) 1907 (ZrP-Beih. 10); [= FEW Sainéan 2; TL Sainéan chien].

SainéanEt L. Sainéan, *Les sources indigènes de l'étymologie française*, 3 vol., Paris (de Boccard) 1925-1930; [= FEW SainéanEt].

SainéanSourc L. Sainéan, *Les sources de l'argot ancien*, 2 vol., Paris (Champion) 1912; [= FEW SainéanSourc; TL Sainéan Sources].

SaisnA/LB Jehan Bodel, *Chanson des Saisnes* (Saxons), chanson de geste, laisses en alex. rimés, version du ms. A, v. 1-3307: fin 12ᵉs., suite et mss.-versions: 13ᵉs.; ms. Ars. 3142 [Paris? fin 13ᵉs.] (A, à la suite proche de R), Cologny Bodmer 40 [lorr. fin 13ᵉs.] (L), BN fr. 368 [lorr. 1ᵉm. 14ᵉs.] (R), Torino Bibl. naz. L.V.44 [lorr. fin 13ᵉs.] (T); p. p. A. Brasseur, *La Chanson des Saisnes*, 2 vol., Genève (Droz) 1989; [= TL Saisnes B]. [C.r. Roques RLiR 53,584-586, spéc. 585 'impeccable': pas faux, mais SaisnLB 260 *tire ai tire* l. *tire et tire*, v. SaisnM 257 var., ms. et TL 10,323,1, usuel est *tire a tire*; etc.; 'var.' intéressantes v. DEAF G 1540,21-32.] Étude: BrasseurSaisn.

SaisnM id.; ms. de base T, les leçons 'L' viennent de l'éd. Michel; p. p. F. Menzel – E. Stengel, *Jean Bodels Saxenlied*, 2 vol., Marburg (Elwert) 1906-1909 (Ausg. u. Abh. 99 et 100); [= TL Chans. Sax. St].

SaisnMich id.; ms. de base L (Cologny Bodmer 40 [lorr. fin 13ᵉs.]), var. de A et R; p. p. F. Michel, *La chanson des Saxons par Jean Bodel*, 2 vol., Paris (Techener) 1839 (Romans des XII Pairs de Fr. 5-6; réimpr. Genève, Slatkine, 1969: éd. '1832-1848'); [= TL Ch. Sax.; FEW Saisn *et* JBodel].

SalamagneConstr A. Salamagne, *Construire au moyen âge. Les chantiers de fortification de Douai*, Paris (Septentrion) 2001. Contient un glossaire documenté et qqs. pièces justificatives prises des 'originaux' (= chartes, registres, etc.), pic. 1245 [reg. contemp.] -1457.

SalutEnfAJ *Salut d'Enfer*, vers octosyll., version du ms. A, incip. *Hahai! hahai! je sui venus*; 2ᵉm. 13ᵉs.; ms. BN fr. 837 [frc. 4ᵉq. 13ᵉs.] f°242v°; p. dans → JubJongl 43-45.

SalutEnfBF id., version du ms. B, incip. *Ahay, ha hai, je sui venus*; ms. BN fr. 12603 [pic. ca. 1300] fragm. (début); p. dans → ValetAiseF 287-288.

Salv J. J. Salverda de Grave, *De Franse woorden in het Nederlands*, 2 vol., Amsterdam (Müller) 1906-1920; [= FEW Salv (utilise erronément ce sigle aussi pour SalvG, DEAF: JugMetzS)].

SalzmanBuild L. F. Salzman, *Building in England down to 1540. A documentary history*, Oxford (Clarendon) ²1967 (réimpr. New York, Kraus, 1979); [AND Build: ¹1952]. Contient des doc. agn. déb. 14ᵉs. – 1419. L'éd. ²1967 ne diffère guère de ¹1952 (qqs. corr.; s'est ajouté App. D, p. 595-601: qqs. doc. supplém.).

SammetSuff D. Sammet [-Diekmann], *Die Substantivbildung mit Suffixen bei Chrestien de Troyes*, Tübingen (Niemeyer) 1968 (ZrP-Beih. 118). À contrôler.

SandahlSea B. Sandahl, *Middle English sea terms*, I. *The ship's hull*, Uppsala (Lundequist) 1951 (Essays and st. on Engl. lang. and lit. 7; réimpr. 1973); II. *Masts, spars, and sails*, 1958 (Essays… 20); III. *Standing and running rigging*, Uppsala (Almqvist & Wiksell) 1982 (Acta univ. ups., St. Angl. 42).

SandqvistBen S. Sandqvist, *Études syntaxiques sur la Chronique des Ducs de Normandie par Benoit*, Lund (Gleerup) 1976 (Et. rom. de Lund 26). Concerne → BenDucF.

SandqvistTrist S. Sandqvist, *Notes textuelles sur le Roman de Tristan de Béroul*, Lund (Gleerup) 1984 (Ét. rom. de Lund 39). Concerne → TristBérM⁴.

SarrasinF Jean Sarrasin, croisé, bourgeois parisien, chambellan de saint Louis, lettre à Nicolas Arrode (autre bourgeois parisien) décrivant la prise de Damiette, transmise comme interpolation dans → ContGuillTyrRoth; [Paris] 1249; ms. de base BN fr. 9083 [Île de Fr., traits pic. isolés, 2ᵉq. 14ᵉs.] (H), var. tirées de la plupart des mss. contenant → ContGuillTyrRoth; p. p. A. L. Foulet, *Lettres françaises du XIIIᵉ siècle. Jean Sarrasin, Lettre à Nicolas Arrode (1249)*, Paris (Champion) 1924 (CFMA 43); [= TL Sarrasin F; FEW Sarr; Boss 3698].

SarrasinM id.; texte 'restitué' p. p. F. Michel, dans → JoinvM (⁴1871) 2,253-260 [suite, 260-313: → ContGuillTyrRothM]; [= TL Sarrasin].

Sarton G. Sarton, *Introduction to the history of science*, 3 t. en 5 vol., Baltimore (Williams & Wilkins) 1927-1948. Traite du développement de la science dans le monde entier, du 9ᵉs. av. J.-Chr. au 14ᵉs.

SatMénR *Satyre menippee de la vertu du catholicon d'Espagne. Et de la tenue des Estatz de Paris. M.D.XCIII.*, s.l.n.d. ni éditeur, pamphlet satirique contre les États généraux de 1593 qui essayèrent d'établir une succession catholique espagnole en France, contre Henri IV, prose (et vers) fr. (et lat.), imprimé par Jamet Mettayer, ultérieurement imprimeur de roi; janv. 1594; p. p. C. Read, *La Satyre Ménippée*, Paris (Flammarion) 1892; [= FEW SatMén]. L'orig., BN Rés. 780, est consultable sur le site Gallica.

SaulcyMonn F. de Saulcy, *Recueil de documents relatifs à l'histoire des monnaies frappées par les rois de France depuis Philippe II jusqu'à François 1ᵉʳ*, 4 vol., Paris (Impr. nat.) 1879-1892 (Coll. de doc. inédits sur l'hist. de France, 3ᵉ sér., 245).

SchäferFarb B. Schäfer, *Die Semantik der Farbadjektive im Altfranzösischen*, Tübingen (Narr) 1987 (TBL 311). Peu utile. Cp. → OttCouleurs.

Schaube A. Schaube, *Handelsgeschichte der romanischen Völker des Mittelmeergebiets bis zum Ende der Kreuzzüge*, München – Berlin (Oldenbourg) 1906; [= FEW Schaube].

SchelerEt¹/²/³ A. Scheler, *Dictionnaire d'étymologie française d'après les résultats de la science moderne*, Bruxelles (Schnée) ¹1862; (Muquardt) ²1873; ³1888. La deuxième éd. a profité de la parution de Li.

SchelerGil A. Scheler, *Étude lexicologique sur les poésies de Gillon le Muisit*, Bruxelles (Hayez) 1884 (Mém. cour. et autres mém. Acad. roy. Sc. Lettr. Beaux-Arts de Belg. 8°, 37); [= FEW SchelerGillon; TL Scheler GMuis. Lex.]. Concerne → GilMuisK (corrections proposées sans consultation du ms., v. T. Matsumura DWall 29/30,87-95).

SchelerJPreis A. Scheler, *La Geste de Liége, par Jehan des Preis, dit d'Outremeuse. Glossaire philologique*, Bruxelles (Hayez) 1882. Concerne → JPreisLiègeB. [Les renvois sans chiffres romains se réfèrent en principe au livre I, les chiffres plus haut de 13381 ne pouvant se référer qu'au livre I, et les chiffres ar. suivant un chiffre rom. se référant au même livre, mais il y a nombre de bévues; le début du livre II se trouve au vol. 5 de l'édition.]

Schellenberg G. Schellenberg, *Bemerkungen zum Traité des Walter of Bibbesworth*, thèse Berlin 1933; [= TL Schellenberg Walt. Bibl.]. Concerne → Bibb.

SchibbL Gloses françaises dans le traité *Schibbolé ha-Leket* de Cedekiah (Zidkija) ben Abraham Anaw (contenant surtout des gloses it.); ca. 1230; ms. Oxford Bodl. etc., v. SteinschneiderBodl n°7449, col. 2769-2771; gloses p. d'après l'éd. S. Buber, *Sefer Schibbolê hal-Leket…*, Wilna 1886/87, par I. Loew, "Gloses romanes dans des écrits rabbiniques. I. Mots étrangers dans le *Schibbolè Hallékét*", REJ 27 (1893) 239-246 (-249); [= LevyTrés Y].

SchillerLübben K. Schiller – A. Lübben, *Mittelniederdeutsches Wörterbuch*, 6 vol., Bremen (Kühtmann) 1875-1881 (réimpr. Wiesbaden, Sändig, 1969).

Schirling V. Schirling, *Die Verteidigungswaffen im altfranzösischen Epos*, Marburg (Elwert) 1887 (Ausgaben und Abhandlungen 69); [= TL Schirling Verteidigungswaffen].

SchleyerList J. D. Schleyer, *Der Wortschatz von 'List' und 'Betrug' im Altfranzösischen und Altprovenzalischen*, thèse Bonn 1961 (Romanist. Versuche und Vorarbeiten 20); [= TL Schleyer List].

Schmeller J. A. Schmeller, *Bayerisches Wörterbuch*, 2 vol., München (Oldenbourg) ²1872-77, 3ᵉ réimpr. Aalen, Scientia, 1973.

SchmidtReiten F. Schmidt, *Das Reiten und Fahren in der altfranzösischen Literatur*, thèse Göttingen 1914; [= TL Schmidt Reiten; FEW Schmidt-Reiten].

SchmitzWortb A. & B. Schmitz, *Französische Wortbildung im 13. Jahrhundert. Untersuchung der Substantivbildung bei Rutebeuf und Adenet le Roi*, Bonn (Rom. Verl.) 1995 (Rhein. Beitr. zur lat.-rom. Wortbildungslehre, éd. H. D. Bork, 5). Se réfère à → DiekmannSuff et → SammetSuff; ignore DEAF et AND.

SchonPr P. M. Schon, *Studien zum Stil der frühen französischen Prosa: Robert de Clari, Geoffroy de Villehardouin, Henri de Valenciennes*, Frankfurt (Klostermann) 1960 (Analecta Rom. 8); [= TL Schon Studien].

[SchortaDec → DiczRGr.]

SchortaRecht A. Schorta – P. Liver, *Die Rechtsquellen des Kantons Graubünden. Die Statuten der Gerichtsgemeinden*, I: *Der Gotteshausbund*, t. IV *Indices* [Romanisches Glossar, Materienregister, Lateinisches Glossar], Aarau (Sauerländer) 1985.

SchossigWidder A. Schossig, "Die Namen des Widders, des Schafes, des Esels und der Eselin im altfranzösischen *Roman de Renard*", *RF* 71 (1959) 17-72; [= TL Schossig Namen].

SchraderReall O. Schrader, *Reallexikon der indogermanischen Altertumskunde*, 2ᵉ éd. p. p. A. Nehring, 2 vol., Berlin (De Gruyter) 1917-1929; [= FEW SchraderReall].

Schrötter F. von Schrötter et al., *Wörterbuch der Münzkunde*, Berlin – Leipzig (De Gruyter) 1930; [= FEW Schrötter]. Cp.→ KlugeNum; Belz. Toujours utile: A. Engel et R. Serrure, *Traité de numismatique du moyen âge*, Paris (Leroux) 1891-1905.

Schultz A. Schultz, *Das höfische Leben zur Zeit der Minnesinger*, 2ᵉ éd., 2 vol., Leipzig (Hirzel) 1889 (réimpr. Osnabrück, Zeller, 1965); [= TL Schultz Höf. Leb.].

Schultz-GoraSatzortsn O. Schultz-Gora, "Die französischen Satzortsnamen", *AnS* 151 (1927) 260-274; 152 (1927) 51-61; 193-206; [= TL Schultz-Gora Satzortsnamen].

SchultzZahl P. Schultz, *Über den figürlichen Gebrauch der Zahlen im altfranzösischen Rolandsliede sowie in anderen Epen*, thèse Greifswald 1906, 88 p.; [= TL Schultz Fig. Zahl].

SchulzeBusProv E. Schulze-Busacker, *Proverbes et expressions proverbiales dans la littérature narrative du moyen âge français. Recueil et analyse*, Genève – Paris (Slatkine) 1985.

SchumacherCap G. Schumacher de Peña, *Lateinisch* CAP(P)ULARE *im Romanischen*, Bonn (Roman. Sem. Univ.) 1967 (Rom. Versuche 23).

Schützeichel R. Schützeichel, *Althochdeutsches Wörterbuch*, Tübingen (Niemeyer) 1969; Schützeichel³ id., 3ᵉ éd. corr., 1981; Schützeichel⁶ id., 6ᵉ éd. corrigée et augmentée des gloses, 2006. Lire la première phrase de l'introduction, distinguant dictionnaire et liste de mots.

SchützeichelGrund R. Schützeichel, *Die Grundlagen des westlichen Mitteldeutschen. Studien zur historischen Sprachgeographie*, Tübingen (Niemeyer) 1961.

SchwId *Schweizerisches Idiotikon* [auj. *Schweizerdeutsches Wörterbuch*], Frauenfeld (Huber) 1881–; [= FEW SchwId]. Dictionnaire des patois et dictionnaire historique de l'alémanique suisse. Travaux depuis 1862. Consultable sur le réseau.

SchwanBehrens E. Schwan – D. Behrens, *Grammatik des Altfranzösischen*, I et II: 12ᵉ éd., Leipzig (Reisland) 1925, III: ⁴1931 (réimpr. en 1 vol. Darmstadt, Wissenschaftliche Buchges., 1963, et 1966, sans III); [= TL Schwan-Behrens Afz. Gr.]. Seuls les doc. pourvus d'un astérisque dans la liste p. 118s. ont été collationnés sur ms. [Première éd. en 1 vol. 1888: I phonétique et II morphologie; dep. ⁸1909: III (p. 249-341) Matériaux pour servir d'introduction à l'étude des dialectes de l'afr., par D. Behrens, en un vol. à part, depuis la trad. fr. par O. Bloch aussi en 1 vol.; l'Index der afr. Wörter, p. 342-366, est lemmatisé avec l'orthographe de la deux. moitié du 13ᵉ siècle.]

SchwarzentraubPfl C. Schwarzentraub, *Die Pflanzenwelt in den altfranzösischen Karlsepen*, I: *Die Bäume*, Marburg (Ehrhardt) 1890.

Schwentner E. Schwentner, *Die primären Interjektionen in den indogermanischen Sprachen*, Heidelberg (Winter) 1924 (Idg. Bibl. 5).

ScoonesOff S. Scoones, *Les noms de quelques officiers féodaux des origines à la fin du XIIème siècle*, Paris (Klincksieck) 1976 (Bibl. fr. et rom. A 37). Superficiel. C.r. Fourquin Rbph 58,271-272.

Script *Scriptorium. Revue internationale des études relatives aux manuscrits*, Bruxelles 1946–.

SebilleT La reine Sebille, épopée en prose du cycle de Charlemagne ayant la même source que → Macaire, version assez indépendante s'inspirant de → MacaireAl; mil. 15^{e}s. (?); ms. Ars. 3351 [3^{e}q. 15^{e}s.] f°280-379; p. p. H. Tiemann, *Der Roman von der Königin Sibille in drei Prosafassungen des 14. und 15. Jahrhunderts*, Hamburg (Hauswedell) 1977, p. 187-312 [les autres versions publiées sont all. et esp.]. Court extrait dans → MacaireAl^{2}B p.11-12; cp. MacaireG p. cxxxij; [= Wo 64 (4)].

SecSpagnaC *La seconda Spagna*, rédaction toscane de → AnsCart, assez indépendante, en prose, intégrée dans les suites des *Reali di Francia*; it. 1^{e}m. 15^{e}s.; ms. imprimé Milano Bibl. Ambrosiana C.35 Sup. [1470] f°246r°-310v°, non utilisé Firenze Bibl. naz. Magl. VI.7 [15^{e}s.]; p. p. A. Ceruti, *La Seconda Spagna e l'Acquisto di Ponente ai tempi di Carlomagno*, Bologna (Romagnoli) 1871 (Scelta di cur. 118; réimpr. Bologna, Forni, 1968). C.r. Mussafia in *Lit. Centralblatt* 1871, 758-761.

SecrSecrAbernB *Secretum secretorum*, sorte de somme du savoir (Syrie, 8^{e}s.?), attribuée à tort à Aristote, version attribuée à Roger Bacon (ca. 1260), traduite par Pierre d'Abernon (d'Abernun, Pierre de Fetcham) en vers octosyll., incip. *Primes saciez ke icest treitez*; agn. ca. 1270 (après 1267); ms. unique BN fr. 25407 [agn. 4^{e}q. 13^{e}s.]; p. p. O. A. Beckerlegge, *Le secré de secrez by Pierre d'Abernun of Fetcham*, Oxford (Blackwell) 1944 (Anglo-Norman Texts 5); [= TL Secré de Secrez; FEW Abernun; Dean 236; Vising 250; AND Secr^1]. Cf. pour les différentes versions → SecrSecrPr^{2}S p. 10-17.

SecrSecrPr^1 id., traduction fidèle abrégée, en prose, prob. continentale; fin 13^{e}s.; ms. BN fr. 571 [cette partie agn. mil. 14^{e}s.], BL Roy. 12 C.XII [agn. ca. 1335] Physionomie seulement; inédit; [= Dean 238]. Extraits p. p. Meyer R 15,188-189; Monfrin Warburg Inst. Surv. 9,79-81; ms. BN cité par Gdf.

SecrSecrPr^{2}H Traduction - adaptation du *Secretum Secretorum* (version de Philippus Tripolitanus traduite de l'ar. ca. 1243) établie en collaboration par Jofroi de Waterford (ville d'Irlande) et Servais Copale (prob. son scribe savant), texte appelé aussi *Gouvernement des rois*; traits agn. et wall. (notamment le lexique), ca. 1300; ms. BN fr. 1822 [wall. ca. 1300], London Soc. of Antiquaries 101 fly-leaf [agn. et wall. 1^{e}m. 14^{e}s.] fragm. de deux feuillets au texte très proche du ms. BN, ajoutant trois chap. (par rapport à BN f°130v°a); inédit dans l'ensemble; extrait traitant «De la nature de vin et de sa vertu», f°110bis-114, basé sur le *Secretum* et sur Isaac Judaeus, *De dietis*, p. p. Albert Henry, "Un texte œnologique de Jofroi de Waterford et Servais Copale", *R* 107 (1986) 1-37; [= TL Segré de Segrez H; Dean 239].

SecrSecrPr^{2}H^2 id.; p. dans → HenryŒn 1,45-53; 2,37-49.

SecrSecrPr^{2}S id., section touchant la santé et la diététique; ms. BN f°100v°a-132r°a, fragm. de Londres pour combler en partie une lacune: lignes 2354-2376 (= SecrSecrPr^{2}LH); p. p. Yela Schauwecker, *Die Diätetik nach dem Secretum secretorum in der Version von Jofroi de Waterford. Teiledition und lexikalische Untersuchung*, Würzburg (Königshausen & Neumann) 2007 (Würzb. med.-hist. Forsch. 92). C.r. David Trotter ZrP 127,574-576; W. Rothwell RF 122,256-265; M.-M. Huchet R 129,502-506. Les citations du gloss. ne sont pas identiques au texte imprimé (p.ex. sub *alumer*). Le sigle -S^0 concerne des matériaux fournis avant publication.

SecrSecrPr^{2}J id., extrait concernant la Physionomie dite 'd'Aristote'; p. p. L. Jordan, "Physiognomische Abhandlungen", *RF* 29 (1911) 680-720b, spéc. 690-705; [= TL Jordan Physiogn.]. Contient aussi → AldJ et une Physion. du 15^{e}s. (BN fr. 2017 [15^{e}s.]).

SecrSecrPr^{2}LH id.; fragm. de Londres (Antiqu.) p. p. T. Hunt, "A new fragment of Jofroi de Waterford's *Segré de Segrez*", *R* 118 (2000) 289-314.

SecrSecrPr^{3}H id., version assez libre et sélective; 2^{e}m. 14^{e}s.; ms. publié Berlin Staatsbibl. Hamilton 45 [Sud-Ouest ou It.? fin 14^{e}s.], autres mss.: BN fr. 1086 [fin 14^{e}s.], Cambrai 959 (857) [pic. 15^{e}s.], Cambridge Univ. Add. 4089 [15^{e}s.], Edinburgh Nat. Libr. Adv. 18.7.4. [15^{e}s.?], Oxford Saint John's Coll. 102 [fin 14^{e}s.], Ars. 2961 [mil. 15^{e}s.], BN fr. 562 [après 1451], BN fr. 10468 [mil. 15^{e}s.], BL Add. 18179 [15^{e}s.], London Wellcome Hist. Med. Libr. 67 [ca. 1425]; p. p. W. Hermenau, *Französische Bearbeitungen des Secretum Secretorum. Eine Untersuchung und vier zum ersten Male herausgegebene Texte*, I. *Das lateinische Secretum Secretorum*, II. *Die französische*

SecrSecrPr³H

SecrSecrPr³H *Versbearbeitung des Pierre d'Abernun*, III. *Die Prosaversion B*, IV. *Die Prosaversion C*, thèse Göttingen 1922 (copie dact. assez illisible), texte n° III (Prosa B) p. 99+-133+. Cp. R 15,189.

SecrSecrPr⁴B *Secretum secretorum*, trad. abrégée et christianisée; agn. 1ᵉm. 14ᵉs. (?); ms. BL Roy. 20 B.V [agn., cette partie 1ᵉm. 14ᵉs. (?)]; p. p. O. A. Beckerlegge, "An abridged Anglo-Norman version of the Secretum secretorum", *MedAev* 13 (1944) 1-17; [= AND Secr²; Dean 237; Vising 250].

SecrSecrPr⁵ id., version abrégée; fin 14ᵉs.; ms. Oxford Bodl. Rawl. C.538 [15ᵉs.]; inédit; v. R 15,191; petit extrait illustrant la différence par rapport à la version -Pr⁸ imprimé dans → SecrSecrPr²S p. 13.

SecrSecrPr⁶H id.; traduction très répandue, incip. *Dieu tout puissant, vueilles garder nostre roy et la gloire*, en prose; ca. 1400; ms. de base Berlin Staatsbibl. Hamilton 44 [Paris 4ᵉq. 15ᵉs.], en var. Berlin Staatsbibl. Hamilton 46 [Paris ca. 1400], autres mss. de cet état du texte: Baltimore Walters Art Museum W.308 [Bourges? ca. 1460], Chantilly Musée Condé 685 (695) [fin 15ᵉs.], mss. prob. d'une autre branche du stemma: Bruxelles Bibl. roy. 10367 [15ᵉs.], Cambridge Univ. Ff.I.33 [Bourges 1420], Chantilly Musée Condé 686 (1087) [après 1452], Genève fr. 179bis [déb. 15ᵉs.] Physion. seulement, BL Harl. 219 [contin. 2ᵉt. 15ᵉs.; f°147 v°-153 agn.: méd.], BL Roy. 16 F.X [mil. 15ᵉs.], Oxford Bodl. Douce 305 (21879) [cette partie fin 15ᵉs.], Ars. 3190 [4ᵉq. 15ᵉs.], Paris Bibl. hist. 527 [déb. 15ᵉs.], BN fr. 1087 [pic. 15ᵉs.], BN fr. 1166 [15ᵉs.], BN fr. 1623 [2ᵉt. 15ᵉs.?], BN fr. 1958 [15ᵉs.], BN fr. 5028 [3ᵉt. 15ᵉs.], BN nfr. 4951 [15ᵉs.], BN Rothschild IV.9.15 (2755) [15ᵉs.], Princeton NJers. Univ. Garrett 130 [ca. 1435], Tours 955 [15ᵉs.] détruit par la guerre, Torino Bibl. naz. L.V.61 (fr. 142) [15ᵉs.], Vat. Reg. lat. 1514 [1ᵉm. 15ᵉs.], BN nfr. 18145 [ca. 1490], BN nfr. 18219 [2ᵉm. 15ᵉs.]; mss. Berlin p. dans → SecrSecrPr³H, n°IV (Prosa C), p. 135+-176+. Édition énorme: D. Lorée, *Édition commentée du Secret des Secrets du Pseudo-Aristote*, thèse Rennes 2012 (mise en ligne); ne parle pas de l'éd. H; ms. de base BN fr. 1087 non daté avec précision. Lorée produit sur le site uni-rennes2 aussi une transcription du ms. Baltimore (daté du 15ᵉs. seulement).

SecrSecrPr⁷B id., version particulière contenant les enseignements moraux seulement, sans prologue; francoit. ca. 1300 (?); ms. BN fr. 821 [It.sept. 1ᵉʳt. 14ᵉs.]; p. p. A. M. Babbi, "Il testo franco-italiano degli 'Amaestramens' di Aristotele a Alessandro", *Quaderni di lingue e lett.* (Verona) 9 (1984) 201-269.

SecrSecrPr⁸ id., version mal analysée de plusieurs mss., incip. *Ou non du Peire, dou fil et dou Saint Esperit*; 1ᵉm. 14ᵉs.; Montpellier Ec. de Méd. 164 [Metz 4ᵉq. 14ᵉs.], Bern 275 [lorr. 2ᵉm. 14ᵉs.] f°57-78, Bern 365 [lorr. 1ᵉm. 14ᵉs.], Epinal 217 (59; 189) [lorr. (Metz) 1ᵉm. et 3ᵉq. 15ᵉs.]; inédit; v. Meyer R 15 (1886) 167-169; SecrSecrPr²S p. 15-16.

SecrSecrPr⁹ id., version à la traduction très fidèle et complète; 14ᵉs.; mss. Ars. 2872 [fin 14ᵉs., traits occ.], BN fr. 1088 [pic. mil. 15ᵉs.], Lyon Bibl. mun. 864 (768) [frcomt. 1450], BN fr. 1201 [Nord fin 14ᵉs.] Physionomie seulement, Stockholm Kungl. Bibl. Vu 20 (fr. 51) [Chypre, scribe cat.?, fin 14ᵉs.] (fragm. inséré dans → AlexPr); inédit; v. → SecrSecrPr²S p.16-17.

SecrSecrPr¹⁰ id., version aux chapitres isolés et au texte adapté à la doctrine chrétienne; 2ᵉq. 14ᵉs.; ms. BN fr. 24432 [frc. av. 1349]; inédit; v. → SecrSecrPr²S p.17.

SégPl J. Séguy, *Les noms populaires des plantes dans les Pyrénées centrales*, Barcelona (CSIC) 1953; [= FEW SégPl].

SegrMoine¹/²/³N Fabliau du Segretain moine ou Sacristain, vers octosyll., existant dans trois versions: I, transmis par le ms. H, II, par B,C,D,d,p, III par E; 13ᵉs.; mss. Bern 354 [bourg.sept. déb. 14ᵉs.] (B), Berlin Staatsbibl. Hamilton 257 [norm. ca. 1300] (C), BN fr. 19152 [frc. fin 13ᵉs.] (D), BN fr. 1593 [frc., faibles traits lorr. fin 13ᵉs.] (E), BN fr. 2168 [pic. fin 13ᵉs.] (H), BN fr. 14971 [fin 13ᵉs.] (d), Ars. 3527 [pic. déb. 14ᵉs.] (p); p. dans → NoomenFabl n°74, I/II/III, t.7, p. 1-189. Cp. → PrestreComp.

SegrMoine²B id.; ms. BN fr. 19152 [frc. fin 13ᵉs.]; p. dans → BarbMéon 1,242-269.

SegrMoineV id.; ms. de base Berlin Staatsbibl. Hamilton 257 [norm. ca. 1300] (H), les autres en var.: Bern (B), BN fr. 14971 (N), 19152 (P), Ars. 3527 (f); p. p. V. Väänänen, *Du Segretain moine*, Helsinki (Soum. Tiedeak.) 1949 (Ann. Acad. Scient. Fenn. B 62, 2); [= TL Segretain moine].

SemrauWürfel F. Semrau, *Würfel und Würfelspiel im alten Frankreich*, Halle (Niemeyer) 1910 (ZrP-Beih. 23); [= TL Semrau Würfel; FEW Semrau].

SenLucilE Lettres de Sénèque à Lucilius, trad. faite pour Bartolomeo Siginulfo de Naples; ca. 1309; ms. de base BN fr. 12235 [It. ca. 1309] (A), en var. BN fr. 20545 [1ᵉʳq. 14ᵉs.] (B), BL Add. 15434 [Tosc. ca. 1309] (C), Bruxelles Bibl. roy. 10546 [2ᵉq. 14ᵉs.] (D), Bruxelles Bibl. roy. 9091 [ca. 1380] (E); inédit dans l'ensemble, extraits p. p. M. Eusebi, "La più antica traduzione francese delle Lettere morali di Seneca e i suoi derivati", *R* 91 (1970) 1-47; [Boss² 8555].

SenLucilLib id., autre trad., incipit: *Liberal, nostre amy, est maintenant triste*; 15ᵉs.?; ms. incomplet BN fr. 2473 [15ᵉs.]; inédit.

SeneschO Traité d'économie rurale et domestique, appelé *Seneschaucie*, anonyme, travail d'un juriste-administrateur; agn. ca. 1270 (av. Extenta Manerii de 1276); ms. de base BL Add. 32085 [agn. 1293-1310], corrigé à l'aide de Cambridge Univ. Mm.I.27 [agn. prob. 1282]; autres mss.: BL Harl. 395 [agn. ca. 1300] extrait (chap. I), BL Harl. 1208 [agn. ca. 1300], BL Add. 5762 [agn. ca. 1300] (chap. X manque), BL Lansdowne 559 [agn. ca. 1300] (chap. X manque), London Corporation of London Records Office Cust. 2 [agn. ca. 1300-1311, mains diverses] v. → LHorn, Cambridge Univ. Dd.VII.6 [agn. ca. 1310], Cambridge Univ. Dd.IX.38 [agn. mil. 14ᵉs.], Cambridge Univ. Hh.III.11 [agn. ca. 1300] contient une copie complète et un extrait (chap. I) d'une tradition différente, Cambridge Gonville and Caius Coll. 365 (728) [feuilles de garde, agn. ca. 1300], Oxford Bodl. Hatton 28 (4066) [agn. ca. 1300] (chap. I seulement), Romsey Mottisfont Abbey Mrs. Gilbert Russell [agn. ca. 1345] (chap. I et II seulement), non utilisé Trowbridge W.R.O.1230 [agn. fin 13ᵉs.]; p. dans → HosebHenO p. 261-305; [= Dean 393]. Analyse lex. dans → MöhrenLand 25-27; 39-271; 459-501. Cp. → HosebAn, Fleta, GrossetReules. Concordance avec l'éd. L ici, en appendice.

SeneschL id.; ms. de base Cambridge Univ. Mm.I.27 [fin 13ᵉs.]; p. dans → HosebHenL p. 83-119; [= AND Senesch; Vising 330]. Concordance avec l'éd. O ici, en appendice.

SentParloirL *Livre des Sentences du parloir aux bourgeois*: registre de doc. datés de 1268 à 1292, compilé vers 1292, auquel sont rajoutés des doc. jusqu'à ca. 1323; p. p. A. J. V. Le Roux de Lincy, *Histoire de l'Hôtel de Ville de Paris suivie d'un essai sur l'ancien gouvernement municipal de cette ville*, Paris (Dumoulin) 1846, 2ᵉ partie, p. 99-176.

SeptDormPrM *Passion des Sept Dormants*, version en prose; ca. 1300; ms. de base Bruxelles Bibl. roy. 10295-304 [hain. 1428/29], en var. Lyon Bibl. mun. 866 (770) [déb. 15ᵉs.] et Tours 1008 [It. déb. 14ᵉs.]; p. p. B. S. Merrilees, "La *Passio Septem Dormientium* en français", *R* 93 (1972) 547-563; [= TL Passio septem dormientium M; Boss² 5808]. Cp. → ChardryDorm.

SeptPechHarlH *Une petite sume de les set pechez morteus*, Somme des sept péchés, poème moral, incomplet, vers octosyll.; agn. 2ᵉm. 13ᵉs.; ms. BL Harl. 4657 [agn. 1ᵉʳq. 14ᵉs.]; p. p. T. Hunt, "Une petite sume de les set pechez morteus", → Mél-Reid p. 65-98; [= AND Set Pechez; Dean 653].

SeptPechVesp Petite œuvre morale en prose, incip.: *[S]et mortell peché sunt: orguil, envie, ire, accidie, gule e lecherie*, fin: *fornicaciun, avuterie, incest, denatural [-el?] peché, e en orde manere; par suillure de sa char, par solement juer, fiance doner, par concurisuns [?], par atissement - e sole contenance [?]*; agn. 3ᵉq. 13ᵉs.; ms. BL Cotton Vespasian D.III [3ᵉq. 13ᵉs.] f°208r°a-210r°b, aussi dans Oxford Bodl. Digby 20 [agn. 2ᵉm. 13ᵉs.] f°162-, Oxford Bodl. Digby 86 [agn. 1272-82] f°1-, Oxford Bodl. Rawl. C.46 [agn. 2ᵉm. 13ᵉs.] f°300-322, Oxford Bodl. Bodley 90 [agn. ca. 1300], Edinburgh Univ. 107 (Laing 50) [agn. 2ᵉm. 13ᵉs.]; inédit; [= AND Pecchez; Dean 666].

SeptVicesB *Dit des sept vices et des sept vertus*, poème moralisant où l'Âme est assaillie dans son château par le Monde, la Chair, et leur chef, le Diable, sixains d'octosyll.; 2ᵉm. 13ᵉs.; ms. de base Bruxelles Bibl. roy. 9411-26 [pic. ca. 1300] (B), en var. BN fr. 837 [frc. 4ᵉq. 13ᵉs.] (P); p. p. J. Bastin, dans → DitNDSainteB p. 489-507.

SerapJacI Compilation médicale et pharmaceutique de Serapion junior (Ibn Sarābī, prob. 3ᵉq. 13ᵉs.; basée sur Dioscuride, Galène etc., traduite en latin par Simon de Gênes (fin 13ᵉs.): Liber Serapionis aggregatus in medicinis simplicibus), traduit en italien par Jacobus Philippus de Padua, texte appelé Serapion carrarese; ait. (Padova) fin 14ᵉs.; ms. transcrit BL Egerton 2020 [av. 1404]; p. p. G. Ineichen, *El libro agregà de Serapiom*, 2 vol., Venezia – Roma (Ist. Collabor. Cult.) 1962-1966; v. VRo 37,126. Vol. 2: Glossaires et registres étendues: ait., ar., gr., term. bot.

[Serm Les sermons inédits et cités d'après Gdf sont généralement identifiés à l'aide de la numérotation de → ZinkPréd.]

SermBNlat14925IM Sermon, incip. *David, li plus hauz de toz les prophetes, fet une mout brief preiere* (ms. *pr'ere*) *et mout bele par cestes paroles:* (Ps 12,4-5); Ouest 1ᵉm. 13ᵉs.; ms. BN lat. 14925 [II: f°57-252v° 2ᵉm. 13ᵉs.] f°120r°a-121v°b; p. p. P. Meyer, "Ancien sermon français", *BullSATF* 29 (1903) 38-60, texte 45-53; [= TL Anc. Serm. frç.]. Est suivi par une grande partie d'un sermon latin et fr., tiré du ms. BN lat. 14961 [fin 13ᵉs.] f°171-174, p. 54-60.

SermCarP Neuf sermons en prose pour les jours de Carême avant Pâques, incip. *Ilh est hui li promiers jors de la jeune Nostre Seigneur*; liég. 1ᵉʳt. 13ᵉs.; ms. Gent Univ. 2178 (Serrure 1) [Liège 13ᵉ-15ᵉs., cette partie, f°146-153, 1ᵉm. 13ᵉs.]; p. p. E. Pasquet, "Sermons de carême en dialecte wallon", *Acad. roy. de Belgique, Mém. couronnés*,

SermCarP

Coll in-8º, t. 41 (Bruxelles, Hayez, 1888), nº 8, 49 pp. Le dernier sermon est incomplet. Les sermons contiennent des citations bibliques latines traduites en fr.

SermCendresJ Sermon pour le mercredi des Cendres, incip. *Sage est qi sen escript ... Qe cendres es devez penser*, 337 vers de 7 ou 8 syll.; agn. 2ᵉm. 13ᵉs.; ms. Dublin Trinity Coll. C.4.2 (312) [agn. 2ᵉq. 14ᵉs.]; p. p. R. F. Jones, "An Anglo-Norman rhymed sermon for Ash Wednesday", *Spec* 54 (1979) 71-84; [= AND Serm⁴].

SermComL Sermo communis, sorte de jeu de société, s'inspirant de → Ragemon, quatrains d'octosyll. rimés, incip. *Ky ke faus sovent en diz*; agn. 2ᵉq. 13ᵉs.; ms. Cambridge Trinity Coll. B.14.39 (323) [agn. 1255-60] fº 73 et 82; p. p. A. Långfors, dans → RagemonL p. 25-29; [= TL Jeu de soc.; Dean 222].

SermComM id.; extraits p. p. P. Meyer, *R* 32, 37-38, et 41-42.

SermGuiG Gui d'Evreux, dominicain, *Sermones de tempore et sanctis*, lat., à mots et locutions fr.; 1293; nombre de mss., v. HLF 21, 174-180 (aussi dans Berlin Staatsbibl. theol. lat. qu. 81 [14ᵉs.]); fragments Halle H. Suchier (où auj.?) [déb. 14ᵉs.] (p.-ê. dans le legs de Suchier dans la Staatsbibl. Berlin), 1067 lignes imprimées en tout, p. p. J. Gutbier, *Bruchstück einer lateinischen, mit französischen Sätzen gemischten Predigtsammlung aus dem Ende des XIII. oder Anfang des XIV. Jahrhunderts*, thèse Halle-Wittenberg 1908. Le scribe souligne les éléments fr. en noir et rouge. C.r. sévère Meyer R 37 (1908) 628-629.

SermHalesL Sermon ou traité, prob. incomplet du début, attribué à Thomas de Hales (Hailes, près de Cheltenham, abbaye fondée en 1245/46, auteur de la 'Love Rune' mangl.?); agn. mil. 13ᵉs.; ms. Oxford Saint John's Coll. 190 [agn. mil. 13ᵉs.]; p. p. M. D. Legge, "The Anglo-Norman sermon of Thomas of Hales", *MLR* 30 (1935) 212-218; [= AND Hales; Dean 596]. Cp. ZinkPréd 79-80.

SermJos¹⁻⁵H Sermons sur le livre Josué, inspirés d'Origène; agn. 1ᵉm. 13ᵉs.; ms. de base Oxford Bodl. Douce 282 (SC 21856) [agn. mil. 13ᵉs.] (D), en var. Cambridge Trinity Coll. O.2.14 [agn. mil. 13ᵉs.] (C), BN fr. 19525 [agn. fin 13ᵉs.] (P); p. p. T. Hunt, *Sermons on Joshua*, 2 vol., London (ANTS) 1998 (ANTS Pl. T. Ser. 12-13, hors commerce); [= Dean 595]. Pour le voc. v. Städtler ZrP 117, 317-322.

SermJoy¹/²/...³¹K *Sermons joyeux*, sermons parodiques faisant partie d'un genre à la fois narratif et dramatique des 15ᵉ et 16ᵉ siècles; transmis par des mss. et des impr. servant variablement à l'éd.; p. p. J. Koopmans, *Recueil de sermons joyeux*, Genève (Droz) 1988 (T.L.F. 362). Le sigle pour les serm. 4, 13, 17 et 29 est -K². Cf. Chambon MélBurger 153-182 [SermJoy¹²K: toulousain 2ᵉq. 16ᵉs.; SermJoy¹⁵K: Haute Norm. [impr. 1612]; SermJoy¹⁷K: datation en rapport avec la syphilis, après 1494/96 [à étayer]; SermJoy²⁴K: pic. sept. 16ᵉs./fin 18ᵉs.; SermJoy²⁸K: Haute Norm.; SermJoy³⁰K: Lyonnais].

SermJoy⁴/¹³/¹⁷/²⁹K¹ id., pièces 4, 13, 17, 29 p. p. J. Koopmans, *Quatre sermons joyeux*, Genève (Droz) 1984.

SermLaudT *Li sermons sor Laudate* (psaume 150), traité allégorique et commentaire, prose; (pic.-) wall. fin 12ᵉs.; ms. de base Nantes Musée Dobrée 5 [pic.-wall. ca. 1200] (N), en var. BL Roy. 16 E.XII [frc. mil. 14ᵉs.] (L), Troyes 1384 [15ᵉs.] (T), non utilisé Chartres 1036 (H.1.51) [15ᵉs.] (C) détruit par la guerre; p. p. R. Taylor, "*Li sermons sor Laudate*, texte anonyme de la fin du XIIᵉ siècle", *TraLiLi* 20¹ (1982) 61-100; [cp. WoC 60]. Extraits aussi dans → ZinkPréd, mais déparés par beaucoup de fautes d'impression (459; 465; etc.).

SermMaccM Collection de sermons latins, parsemés de mots, de syntagmes, de proverbes et de gloses fr. (introduites par 'gallice'), parfois de façon maccaronique; 13ᵉs.; ms. BN lat. 16483 [13ᵉs.] avec ajouts marg. du 14ᵉs.; éléments fr. p. p. C. J. McDonough, "Paris, Bibliothèque nationale de France Lat. 16483... ", *MSt* 64 (2002) 131-216.

SermMadAC Sermon en prose traitant de la vie et des miracles de sainte Marie-Madeleine; fin 12ᵉs.; ms. de base Ars. 3516 [art. 1267], en var. BN fr. 422 [pic. 13ᵉs.], BN fr. 19531 [pic. 2ᵉm. 13ᵉs.] très proche du précédant, Nantes Musée Dobrée 5 [pic.-wall. ca. 1200]; p. p. C. Corcoran et al., "De la Madelaine", *ZrP* 98 (1982) 20-42.

SermMadAM id.; début du ms. Ars. p. p. P. Meyer, *HLF* 33, 390.

SermMadNP id.; ms. Nantes Musée Dobrée 5 [pic.-wall. ca. 1200]; p. p. C. Platz, "Édition d'un sermon anonyme de la Magdelaine", *BJR* 13 (1966) 14-18; 15 (1968) 16-35; [= WoC 61; Boss² 5949; 5950; cp. TL Vie Ste Madeleine]. Cp. → SMadPr.

[SermMagdP → SermMadNP.]

SermMaurR Sermons de Maurice de Sully (né à Sully s. L., près Orléans, mort en 1196), version du ms. de Sens (prob. traduite du latin, retouchée par l'auteur?); fin 12ᵉs.; ms. BN fr. 13314 [Sens, graphie aux traits pic., ca. 1230] (S) [fº 27vº-28rº par une main de l'Ouest], mots omis par S restitués entre crochets d'après BN fr. 13315-13316 [Ouest déb. 13^{e}s.] (T), autres mss. Oxford Bodl. Douce 270 [agn. 1225 ou après] (D), Chartres 333 (371) [f°73-132 fin 13^{e}s.] (I) détruit par la guerre, Poitiers 83 (187, anc. 232) [pic. 13^{e}s.] (J) extraits, Cologny Bodmer 147 [4^{e}q. 13^{e}s.], Durham Castle Doyle [agn. 2^{e}q. 14^{e}s.], BL Egerton 2710 [agn. mil. 13^{e}s.], BN fr. 6276 [agn. ca. 1300], BN fr. 25407 [agn. 4^{e}q. 13^{e}s.], Princeton NJers. Univ. Taylor Coll. Med. MS 1 [agn. 2^{e}m. 13^{e}s.], Oxford Bodl. Laud Misc. 471 [agn. ca. 1300] (A), Oxford Bodl. Hatton 67 [agn. f°47-50 ca. 1300, f°51-75 mil. 13^{e}s.] (B, Bb), Oxford Bodl. Ashmole 1280 [agn. mil. 13^{e}s.] (C), Oxford Corpus Christi Coll. 36 [agn. fin 13^{e}s.] (E), BL Add. 38651 [rec. de fragm., II contin. fin 13^{e}s.] (Ee), Cambridge Trinity Coll. O.2.29 (1133) [agn. 13^{e}s.] (F), Cambridge Peterhouse Coll. 259 [agn. déb. 13^{e}s.] (Ff), London Lambeth Palace 457 [rec. fact., II contin. ca. 1200] (G), Cambrai 256 (246) [pic. déb. 14^{e}s.] (H, éd.: 'Paris hand'), Metz 262 [rec. fact., III: 13^{e}s.?], Charleville 90 [champ.sept. fin 13^{e}s.] (Hh), Poitiers 97 (271, anc. 124, Fl. 102) [poit. mil. 13^{e}s.] (K), fragm. Jeanroy [déb. 14^{e}s.] (L), Ars. 2111 [fin 13^{e}s.] (M), Ars. 3684 [15^{e}s.] (N), Ste-Gen. 2880 [mil. 13^{e}s.] (O), BN fr. 187 [It. mil. 14^{e}s.] (P), BN fr. 1822 [wall. ca. 1300] (Q), BN fr. 6447 [flandr. 4^{e}q. 13^{e}s.] (R), BN fr. 13317 [déb. 13^{e}s.] (U), BN fr. 17065 [15^{e}s.] (V), BN fr. 24745 [bourg. 1454] (W), BN fr. 24838 [champ. ca. 1300] (X), BN fr. 24862 [agn. mil. 13^{e}s.] (Xx) BN nfr. 4085 [bourg. 1470] (Y), BN nfr. 10002 [13^{e}s.] (Yy), Pisa Cathariniana 41 [Genoa 1288] (Z), Firenze Bibl. Med. Laurenz. Conv. soppr. 99 [1e partie agn. 1^{e}m. 13^{e}s.] (Zz), 6 mss. fragm. et impr. v. éd. p. 73-74; p. p. C. A. Robson, *Maurice of Sully and the medieval vernacular homily, with the text of Maurice's French homilies from a Sens cathedral chapter MS.*, Oxford (Blackwell) 1952; [= TL MSully Homil.; FEW MaurS; WoC 63; Dean 587 (mss. agn.)]. Concordance avec l'éd. B ici, en appendice. [Gdf cite plusieurs mss. sous le titre de 'Comment. sur le nouv. test.'.]

SermMaurPB id., incomplet, ms. fortement poitevinisé; poit. (La Rochelle) [mil. 13^{e}s.]; ms. Poitiers 97 (271, anc. 124, Fl. 102) [poit. mil. 13^{e}s.] (K); p. p. A. Boucherie, *Le dialecte poitevin au XIIIe siècle*, Paris (Pedone-Lauriel) 1873; [= TL Serm. poit.]. A paru aussi dans le *Bulletin de la Société archéologique de la Charente*, 4^{e}sér., t. 8 (1871-1872), Angoulême (Goumard) 1873 (dans cette impression, la pagination est plus élevée de 26). Concordance de l'impr. Angoulême avec l'éd. R ici, en appendice.

SermMaurFragmJ id.; fragment Jeanroy (L); p. p. A. Jeanroy, "Fragments des Sermons de Maurice de Sully. Du dialogue du père et du fils et d'un traité ascétique inconnu", *RLaR* 43 (1900) 97-113, spéc. 99-104.

SermOyezT Sermon en vers pentasyll., incipit *Oyez, seignurs, sermun*, sixains coués, se plaignant du monde et de la corruption humaine, la fin promet la félicité éternelle ou les peines éternelles en enfer; agn. 2^{e}q. 13^{e}s.; ms. unique BL Roy. 20 B.XIV [agn. ca. 1300]; p. dans → RomRomT p. 103-195; [= TL Serm. en vers; AND Serm[1]; Dean 602; Vising 146; Boss 3558].

SermPuileW *Li sermons au puile* (= *peuple*?), inspiré du *Liber Scintillarum*, par un certain Berengier (cf. → AntBer), poème en alexandrins, intercalé dans → HermVal; pic. 1^{e}m. 13^{e}s.; ms. BN fr. 1444 [pic.mérid. fin 13^{e}s.]; p. p. E. Walberg, "Li sermons au puile de Berengier", *Bulletin du Dictionnaire wallon* 17 (1932) 321-333 (= Mél. Grandgagnage; réimpr. Genève, Slatkine, 1980); [= TL Serm. au puile].

SermSamG Sermon sur le samedi, jour voué à la Vierge, en vers octosyll.; 2^{e}m. 13^{e}s.; ms. BN fr. 818 [lyonn. 2^{e}m. 13^{e}s.], non utilisé BN fr. 423 [lyonn. déb. 14^{e}s.]; p. p. A. Gier, "La traduction française en vers d'un sermon latin sur le samedi, jour voué à la Vierge (ms. B.N. fr. 818)", *TraLiLi* 17^1 (1979) 101-120; [= Boss^2 5955]. Imprime aussi le texte latin.

SermSapF Sermons tirés de l'Elucidarium (→ Elucidaire), titre du ms. *Sermo de sapientia*; wall. fin 12^{e}s.; ms. BN fr. 24764 [Liège? 1^{er}t. 13^{e}s.]; p. dans → DialGregF p. 283-298; [= TL Serm. Sap.].

SermSeignP Sermon en vers octosyll. sur la Temptation et la Chute bibliques, incip. *Seignours, vous qe en Dieux creez*, appelé aussi 'Poème sur l'Antéchrist' et 'Poème sur la fin du monde'; agn. 2^{e}m. 13^{e}s. (?); ms. Oxford Bodl. Rawl. F.241 [agn. déb. 14^{e}s.]; [= AND Serm[3]; Dean 606].

SermViandesS Quatorze sermons en prose 'ad annum', anonymes, copiés par Servais Copale; 2^{e}m. 13^{e}s. (?); ms. BN fr. 1822 [wall. ca. 1300]; p. p. G. Strinna, *Viandes esperiteiles*, Roma (Bagatto) 2012. Éd. misérable (v. Baker Rbph 92, 2014, 727-732). Le sermon X se lit dans ElucidaireIIK p. 248-253.

SermentsB Serments de Strasbourg, prêtés en afr. et en aha. par Charles le Chauve et Louis le Germanique et leurs soldats pour prévenir une alliance hostile de l'un ou de l'autre avec Lothaire prétendant à la couronne impériale (état transmis dû au chroniste carolingien Nithard, mort en 845), prose; 842; ms. BN lat. 9768 [Soissons ca. 1000]; publié et commenté par S. Becker, *Untersuchungen zur Redaktion der Straßburger Eide*, Bern – Frankfurt (Lang) 1972. Avec reprod.; l. 4^{ei} lire *et*; omet malheureusement les qqs. lignes de texte latin qui encadre les serments. Datation du ms.: De Poerck VRo 15,2 (1956) 188-214; Bischoff Paläogr. ne

SermentsB

se prononce pas; loc.: plutôt Est que Poitou (Hilty VRo 69 (2010) 273-276).

SermentsD id.; p. p. F. Diez, dans → EulalieD 3-14; [= TL Eide; cp. FEW Eide].

SermentsH[1] id.; p. p. G. Holtus – K. Gärtner, "Die erste deutsch-französische 'Parallelurkunde'. Zur Überlieferung und Sprache der Straßburger Eide", *Beiträge zum Sprachkontakt und zu den Urkundensprachen zwischen Maas und Rhein*, Trier 1995 (Trierer hist. Forschungen 29), 97-127. Identique à l'éd. Steinmeyer (*Sprachdenkmäler* 1916), mais omet malheureusement les qqs. lignes de texte latin qui encadre les serments. Avec reprod. du ms.

SermentsH[2] id.; p. p. G. Holtus, dans *La transizione...*, éd. J. Herman, Tübingen (Niemeyer) 1998, 195-212.

SermentsK id.; p. dans → FoersterKoschw 45-48; voir TraLiLi 9[1],511-524.

SermentsL id.; p. p. F. Lo Monaco – C. Villa, *I giuramenti di Strasburgo*, Firenze (SISMEL – Ed. del Galuzzo) 2009. C.r. Hilty VRo 69,273-276.

SguaitamattiAr S. Sguaitamatti-Bassi, *Les emprunts directs faits par le français à l'arabe jusqu'à la fin du XIIIe siècle*, thèse Zürich 1974. Sans registre des mots traités. Sélectif.

SharpeLWr R. Sharpe, *A handlist of the Latin writers of Great Britain and Ireland before 1540*, s. l. [Turnhout] (Brepols) 1997 (Publ. JML).

ShirleyRoyLett W. Waddington Shirley, *Royal and other historical letters illustrative of the reign of Henry III*, 2 vol., London (Longmans et al.) 1862-1866 (Rolls Ser.); [= AND Roy Lett]. 1er vol. lettres lt., 2e vol. aussi qqs. lettres fr. (agn.), orig., 1249-1270.

ShohamK *Sefer ha-Shoham* par Moïse ben Isaak ha-Nessiah d'Angleterre, lexique grammatical; 2[e]m. 13[e]s.; ms. hébr.; citations dans → LevyTrés tirées de B.M. Klar, *The Sepher ha-Shoham (The onyx book) by Moses ben Isaac Hanessiah*, London (Goldston) 1947 (éd. incomplète); [LevyTrés s].

ShortAnniv *Anglo-Norman anniversary essays*, p. p. I. Short, London 1993 (ANTS Occ. Publ. 2). Contient entre autres → DescrEnglB p. 31-47; p. 197-198 voir RecMédCyrV; RecMédAvenceH 199-221; RecMédGarryH 221-228.

ShortMan I. Short, *Manual of Anglo-Norman*, London (A.-N. Text Soc. / Birkbeck Coll.) 2007 (A.-N. Text Soc., Occ. Publ. Ser. 7). Essentiellement une phonétique. C.r. L. Löfstedt ZrP 126,628-636.

ShortMan[2] id., Oxford (Agn. Text Soc.) 2013 (Agn. Text Soc. OPS 8).

ShortPearcyFabl I. Short – R. J. Pearcy, *Eighteen Anglo-Norman fabliaux*, London (Agn. Text Soc.) 2000 (ANTS Pl. T. Ser. 14); [AND[2] Fabliaux]. Contient de courtes pièces tirées de → MarieFab, ChastPereB, plus les fabl. n°113 [ms. unique], 123 [ms. unique], 15 [ms. M], 96 [ms. M], 114 [ms. unique], 30 [ms. i] (= → HeronS), 31 [ms. z] (n[os] de NoomenFabl). Textes trop corrigés.

SidracH Livre de Sidrac, œuvre didactique et encyclopédique en forme de dialogue, titre: Fontaine de toute science (sources: → ElucidaireI, ImMonde, SecrSecr, IntrAstr, SommeLaur, etc.), les 'versions' se distinguent par l'omission ou non de (groupes de) questions, version brève; (traits occ./Terre Sainte) 3[e]t. 13[e]s. (après 1268); ms. BN fr. 1160 [ca. 1300] (i), autres mss.: Cambridge Univ. Gg.I.1 [agn. après 1307] (a), Dublin Trinity Coll. B.5.1 (209) [agn. 15[e]s.] (b), Firenze Bibl. Riccard. 2758 [14[e]s.] (c), BL Egerton 751 [agn. fin 13[e]s.] (d), BL Harl. 1121 [agn. déb. 14[e]s.] (e), BL Harl. 4361 [14[e]s.] (f), London Lambeth Palace 298 [déb. 14[e]s.] (g), München gall. 25 [1457] (h), BL fr. 12444 [15[e]s.] (j), Vat. Vatic. lat. 4793 [14[e]s.] (l), Vat. Vatic. lat. 5272 [14[e]s.] (m), Wien 2590 [2[e]q. 14[e]s.] (n), Bruxelles Bibl. roy. 11110 [wall. 14[e]s.] (o), BL Harl. 4417 [agn. ca. 1400] (p), Lyon Bibl. mun. 948 (851) [14[e]s.] (q), Montpellier Ec. de Méd. 149 [fin 13[e]s.] (r), BN fr. 1159 [ca. 1300] (s), Philadelphia Univ. of Penn. Van Pelt Libr. Ms. Codex 912 (French 23) [1457] (t), Toulouse Bibl. mun. 816 (I, 210) [15[e]s.] (u), Vat. Reg. lat. 1141 [1304] (v), BL Add. 16563 [déb. 14[e]s.] (w), Montpellier Ec. de Méd. 338 [14[e]s.] (x), BN fr. 1161 [fin 13[e]s.] (y), textes raccourcis: Boston Mass. Publ. Libr. J.31.60 [Angleterre 14[e]s.] (z1), Firenze Bibl. Med. Laurenz. Ashburnham 118 [agn. 14[e]s.] (z2), København Kgl. Bibl. Ny Kgl. 2919 [Angleterre 15[e]s.] (z3), BL Harl. 4486 [agn. 14[e]s.] (z4), BN nfr. 10231 [14[e]s.] (z5), autres: New Haven Yale Beinecke Libr. Marston 260 [1[e]m. 14[e]s.], Ars. 2320 [14[e]s.], Cambrai 936 (835) [15[e]s.], Oxford Corpus Christi Coll. 293 [f°1-15: 2[e]t. 14[e]s.?], Saint-Omer 657 [15[e]s.], BL Roy. 16 F.V [15[e]s.], BN fr. 1543 [pic. 1402], lapidaire seul: Amiens Bibl. mun. Lescalopier 94 [Hotton 1461], Chantilly Musée Condé 331 (692) [15[e]s.], London Wellcome Hist. Med. Libr. 457 [14[e]s.], Oxford Bodl. Canonici Ital. 234 [1476] trad. ital. seulement?, BN fr. 2009 [2[e]m. 15[e]s.], BN fr. 12318 [15[e]s.]; éd. de la 2e moitié, f°57-112, p. p. W. M. Holler, *Le livre de Sydrac, fontaine de toutes sciences*, thèse Chapel Hill N.C. 1972. Très mauvaise éd.; transcription à réinterpréter ou à corriger (ex.: n°477. f°87r°b *naber a gris* lire *vabet, agris, vis* l. *jus* [*dou finol*]); gloss. sans renvois!. Début du texte → SidracT. Liste de 53 mss. par B. Weisel dans H. Brunner et al., *Wissensliteratur*, 1993, p. 60-63 (datations grossières d'après les cat.), comprenant la version longue L; aussi Fery-Hue, Sidrac et les pierres préc., BullIRHT 28 (1998) 93-181.

SidracS id.; éd. partielle, BN fr. 1160 f°1-15a: 1er prol., catalogue des questions, 2e prol.; p. p. S.-M. Steiner, *Le Livre de Sidrac*, Melun (Mémoires) 1994 (Mém. 2). Ne semble pas connaître les éd. antérieures; sans gloss.; avec un index des sujets traités dans les questions. Peu corrigé à l'aide d'autres mss.

SidracT id.; 1e moitié du ms. BN fr. 1160, f°1-56, p. p. S. Treanor, *Le Roman de Sydrac, fontaine de toutes sciences*, thèse Chapel Hill N.C. 1939. Fin du texte → SidracH.

SidracLR id., version longue (mss. les plus complets, L,M,N); ms. de base BL Add. 17914 [1^{er}t. 14^{e}s.] (L), en var. Marseille Bibl. mun. 733 [ca. 1300] (M) mauvaise copie, Oxford Bodl. Bodley 461 [14^{e}s.] (N), autres mss.: Stalden CH Günther (anc. Cheltenham Phillipps 8353, Kraus 165,4, Amsterdam Bibliotheca Philosophica Hermetica 116) [ca. 1360] (A), Bruxelles Bibl. roy. 11106 [ca. 1380] (B), BN fr. 24395 [ca. 1300] (C), BN fr. 1156 [15^{e}s.] (D), BN fr. 19186 [cette partie mil. 15^{e}s.] (E), Bruxelles Bibl. roy. 11113 [1^{er}q. 14^{e}s.] (G), Oxford Bodl. e Musaeo 34 [2^{e}m. 14^{e}s.] (H), BN fr. 1157 [pic. fin 13^{e}s.] (J), Rennes 593 [1304 n.st.] (K), mss. contaminés de la version courte: Den Haag KB 133.A.2 [déb. 15^{e}s.], BN fr. 762 [1340], sans l'astrol.: Vat. Reg. lat. 1255 [15^{e}s.]; p. p. E. Ruhe, *Sydrac le philosophe. Le livre de la fontaine de toutes sciences*, Wiesbaden (Reichert) 2000. Prob. même version, mais moins complète: BN nfr. 10063 [frc. fin 13^{e}s.], Ste-Gen. 2202 [4^{e}q. 13^{e}s.], Stalden CH Günther (anc. Cheltenham Phillipps 8353, Kraus 165,4, Amsterdam Bibliotheca Philosophica Hermetica 116) [ca. 1360] (A, v. supra), Lille Bibl. mun. 190 (130) [1^{e}m. 14^{e}s.], Cambridge Univ. Add. 6219(6) [14^{e}s.] fragm.

SidracLeC id.; fragm. Rennes Gwenaël Le Duc [déb. 14^{e}s.]; p. p. Ch. Connochie-Bourgne, "Un fragment inédit du Livre de Sydrac", → MélBianciotto 399-413. Le texte correspond à → SidracLR p. 46-48; 76-80; 104-108; 112-116.

SiègeBarbP Le Siège de Barbastre, chanson de geste du cycle de Guillaume d'Orange, en laisses de décasyll. monorimes; pic. 1^{er}t. 13^{e}s.; ms. de base BL Roy. 20 B.XIX [traits bourg. ca. 1270] (C), en var. BL Roy. 20 D.XI [traits pic., prob. Paris ca. 1335] (A), BN fr. 24369-24370 [prob. Paris, traits pic., ca. 1335] (B), BL Harl. 1321 [traits norm.or. ca. 1255] (D), BN nfr. 6298 [2^{e}m. 13^{e}s.] (E), BN fr. 1448 [lorr.mérid. 3^{e}q. 13^{e}s.] (P), non utilisé Chicago Univ. 708 [fin 13^{e}s.] (Ch) fragm.: v. 1-188; version du ms. C p. p. J.L. Perrier, *Le siège de Barbastre*, Paris (Champion) 1926 (CFMA 54); [= TL Siège Barb. P; FEW SgBarb].

SiègeBarbK id.; ms. transcrit BN fr. 1448 [lorr.mérid. 3^{e}q. 13^{e}s.]; p. p. V. Keller, *Le siège de Barbastre und die Bearbeitung von Adenet le Roi*, thèse Jena, Marburg (Sipmann) 1875; [= TL Siege Barb.].

SiègeBarbAM id.; ms.-version A, pic. ca. 1335, second ms. de cette 'version': B, var. tirées de tous les mss.; p. p. E. Muratori, *Le Siège de Barbastre*, Bologna (Pàtron) 1996. Émendations en partie superflues ou même nuisibles (p.ex. 1545). Éd. non définitive: transcription et interprétation du texte à revoir, v. Matsumura RLiR 64 (2000) 591-596.

SiègeBarbBG id.; ms. B, var. de A, C et D; p. p. B. Guidot, *Le Siège de Barbastre*, Paris (Champion) 2000 (CFMA 137). Modifie inutilement le système des sigles des mss.; sert sans doute à déboussoler les chercheurs. Transcription fiable; pour la ponctuation et la compréhension du texte cf. Matsumura RLiR 64 (2000) 596-597.

SiègeCaerlB Poème relatant le siège de Caerlaverock en Galloway de 1300, par un anonyme continental, avec miniatures; 1300 ou peu après; ms. de base BL Cotton Caligula A.XVIII [2e partie: agn. ca. 1310] (copie agn. imparfaite d'un orig. contin.?), mss. fac-similés d'un orig. contin. contemporain perdu: London Coll. of Arms Arundel LXII [1587], Oxford Saint John's Coll. 174 [16^{e}s.], Dublin Office of the Ulster King of Arms 123 [16^{e}s.], London Soc. of Antiquaries Hatton-Dugdale Facsimiles 664 [1639-1640]; p. dans → RôleBigotB 101-125. Reprod. d'une page du ms.: planche VII, après p. 312. Cf. BraultBlazon et Brault MélHam 5-20. Ce poème décrit le siège et 106 blasons des participants. Le vocabulaire n'en est pas strictement héraldique. Cp. Brault MélKeller 496ss. et → ArmGallowayB.

SiègeCaerlB² id.; blasons seulement p. dans → BraultRolls 432-444.

SiègeCaerlW id.; même ms. de base; p. p. T. Wright, *The roll of arms of the princes, barons and knights who attended King Edward I to the siege of Caerlaverock, in 1300*, London (Hotten) 1864; [= Dean 60; 391.1; Boss 6974; BraultBlazon K]. Éd. peu fidèle.

SilenceT¹ *Roman de Silence* par Heldris de Cornualle, roman arthurien en vers octosyll.; pic. 2^{e}m. 13^{e}s.; ms. unique Nottingham Univ. WLC.LM.6 [pic. 4^{e}q. 13^{e}s.] f°188r°-223r°; p. p. L.

SilenceT[1]

Thorpe, "Le Roman de Silence by Heldris de Cornuälle", *NMS* 5 (1961) 33-74; 6 (1962) 18-69; 7 (1963) 34-52; 8 (1964) 35-61; 10 (1966) 25-69; 11 (1967) 19-56.

SilenceT[2] id., publié sous forme de volume: L. Thorpe, *Le Roman de Silence. A thirteenth-century Arthurian verse-romance by Heldris de Cornuälle*, Cambridge (Heffer) 1972; [= TL HCornuälle Rom. de Silence T, Boss² 4207]. Pratiquement sans changements par rapport à → SilenceT[1]; avec notes, index des noms propres et petit glossaire. Cf. les corrections de Lecoy R 99 (1978) 109-125.

SilenceR id.; p. p. S. Roche-Mahdi, *Silence ... Newly edited ...*, East Lansing Mich. (Colleagues) 1992. Sorte de rééd. de l'éd. T en incorporant le c. r. Lecoy R 99,109-125, avec trad. angl.; cp. MedAev 63,146-147.

SilenceA id.; p. p. A. Airò, *Heldris di Cornovaglia, Il romanzo di Silence*, Roma (Carocci) 2005. Même procédé de publ. que SilenceR, mais moins réussi, v. Palumbo MedRom 31,422-423.

[Silon → TombChartr7.]

SimAuthieG Simon d'Authie, trouvère, chansons et jeux-parties; pic. ca. 1225; mss. v. éd.: chansonniers MTDAUCKNPXLVIE; p. p. F. Gennrich, "Simon d'Authie", *ZrP* 67 (1951) 49-104. C.r. Långfors NM 53,409-411.

SimCrespyW *Dou conte Symon*, court poème sur saint Simon de Crespy (Crépy); pic. 1ᵉm. 13ᵉs.; ms. BN nfr. 4276 [Est 2ᵉq. 14ᵉs.]; p. p. E. Walberg, *Deux anciens poèmes inédits sur saint Simon de Crépy*, Lund (Ohlsson) 1909 (Annales de l'Univ. de Lund N.S. I 6,5); [= FEW SCrépy; TL Simon de Crépy (I)]. Texte 'I'; texte 'II' → TombChartr11W (p. 63-87). C.r. Hoepffner ZrP 36,98-102.

SimFreineGeorgM Simon (Simund) de Freine, Vie de saint Georges, couplets octosyll. rimés; agn. fin 12ᵉs.; ms. unique BN fr. 902 [agn., cette partie 2ᵉm. 13ᵉs.]; p. p. J. E. Matzke, *Les œuvres de Simund de Freine*, Paris (Firmin Didot) 1909 (SATF), p. 61-117; [= TL SFreine; FEW SimFreine; AND S Geo; Dean 528; Vising 16; Boss 3273]. Texte assez corrigé (v. l'apparat).

SimFreinePhilM id., Roman de Philosophie, poème heptasyllabique s'appuyant sur Boèce; agn. fin 12ᵉs.; ms. de base Oxford Bodl. Douce 210 [agn. déb. 14ᵉs.] (O), en var. BL Add. 46919 (anc. Cheltenham Phillipps 8336) [agn. ca. 1330] (C), BL Roy. 20 B.XIV [agn. ca. 1300] (L); p. dans → SimFreineGeorgM p. 1-60; [= TL SFreine; FEW SimFreine; AND Rom Phil; Dean 243; Vising 55]. Cf. → ConsBoèce.

SimPharesB Simon de Phares, *Elucidaire traitant des astrologues depuis Adam*, prose; 1494-1498; ms. BN fr. 1357 [dicté en 1494 et autographe, 1496-98]; p. p. J.-P. Boudet, *Le Recueil des plus célèbres astrologues de Simon de Phares*, Paris (Champion) 1997-1999; [= FEW SPhares].

SimPouilleAB Simon de Pouille, chanson de geste rattachée au cycle de Charlemagne, incomplète, laisses en dodécasyll. monorimes; Sud-Est (?) 2ᵉm. 13ᵉs.; ms. BN nfr. 4780 [Sud-Est ca. 1300] (A); p. p. J. Baroin, *Simon de Pouille*, Genève (Droz) 1968 (T.L.F. 149); [= TL Simon de Pouille; Boss² 1959]. Sans correspondance avec B et C à partir de la laisse 47.

SimPouilleBB id., version des mss. B/C, différente à partir de la laisse 47, complète; ms. BN fr. 368 [lorr. 1ᵉm. 14ᵉs.] (B); p. p. J. Baroin, *Simon de Pouille*, 3 vol., thèse Paris 1974, Lille (Univ. III) – Paris (Champion) 1978, pages paires; [= TL Simon de Pouille B].

SimPouilleBC id.; p. p. D. J. Conlon, *Simon de Puille*, Frankfurt (Lang) 1987; [= TL Simon de Pouille]. Édition dangereusement mauvaise, v. p.ex. c.r. Heinemann Spec 64,401-402.

SimPouilleCB id.; ms. BL Roy. 15 E.VI [Rouen prob. 1444/1445] (C); p. dans → SimPouilleBB, pages impaires. Cité par Gdf comme 'Le lieuvre du roy Charlemaine'.

SimonisTerdre F. Simonis, *Von altfranzösisch terdre zu neufranzösisch essuyer. Zur Bezeichnungsgeschichte eines Begriffs im Galloromanischen (mit Ausblick auf die übrige Romania)*, thèse Köln 1963.

SinclairBers K. V. Sinclair, *The Melbourne Livy*, Melbourne (Univ. Press) – London (Cambridge Univ. Press) 1961; [= Boss² 8517]. Contient une étude du ms. Melbourne Nat. Gallery of Victoria Felton 3 [daté 1400] de → Bersuire, ca. 1355, avec qqs. courts extraits (dont III,8,4, *Cy parle de Battalaires*) et des notes lexicographiques.

SinclairDev K. V. Sinclair, *French devotional texts of the middle ages. A bibliographic manuscript guide*, Westport, Conn. – London (Greenwood Press) 1979; *First supplement*, ib. 1982; *Second supplement*, New York – Westport – London 1988; [= Boss² 5961]. Suite de → Sonet-Incip; cp. → SinclairPrières.

SinclairPrières K. V. Sinclair, *Prières en ancien français*, Hamden, Conn. (Archon) 1978; [= TL Prieres S; Boss² 5960]. Supplément à → SonetIncip; cf. → RézeauIncip.

SinclairPrièress id., *Supplément*, Townsville (Univ.) 1987.

SingerProv S. Singer, *Thesaurus proverbiorum medii aevi. Lexikon der Sprichwörter des romanisch-germanischen Mittelalters*, p. p. R. Liver, G. Strich-Sattler, W. Ziltener, 13 vol., Berlin – New York (De Gruyter) 1995-2002.

SingerSpr S. Singer, *Sprichwörter des Mittelalters*, 3 vol., Bern (Lang) 1944-1947; [= TL Singer Sprichw.].

SmetKeures J. de Smet, "Les keures inédites du plus ancien livre de keures d'Ypres", *BCRHist* 93 / 94 (1929 / 1930) 389-481. Complète les éd. de règlements autorisés des corporations des métiers (flandr. ca. 1300) dans → EspPirDoc et ailleurs (v. p. 392-393).

SöllWald L. Söll, *Die Bezeichnungen für den Wald in den romanischen Sprachen*, München (Hueber) 1967 (Münchener Rom. Arb. 25); [= TL Söll Wald].

SommeAcéB[1] *Somme Acé*, trad. de la *Summa Azonis* ou *Summa Codicis Iustiniani* par Azo de Bologne (prob. 1208-1210), prose; 2ᵉ t. 13ᵉ s.; mss.: Bruxelles Bibl. roy. 9251-52 [liég.? 2ᵉ m. 13ᵉ s.] l. I-V, BN fr. 22969 [3ᵉ q. 13ᵉ s.] l. I-VI abrég., Vat. Reg. lat. 1063 [Paris ou Orléans fin 13ᵉ s.] (le texte abrégé, mais complété en marge); bonne étude et extraits de Vat. p. p. Hélène Biu, "La Somme Acé. Prolégomènes à une étude de la traduction française de la «Summa Azonis» d'après le manuscrit Bibl. Vat., Reg. lat. 1063", *BEC* 167 (2009) 417-464. Cp. H. Biu dans → ActesAtFrAll 377-390.

SommeLaurB Laurent du Bois, *La somme le roi* (contenant en gros cinq chapitres: Les dix commandements de Dieu, Les douze articles de la foi, Traité des sept péchés mortels, Traité de la vertu, Traité des sept vertus), divers titres dans les mss. dont 'Somme des vices et des vertus', incip. souvent: *Li premiers commandements que Dieu commande* (analyse par P. Meyer, BullSATF 18 (1892) 68-95 sur la base du ms. Alençon); frc. 1280 (n.st.); ms. de base Maz. 870 (809) [Paris, traits du Sud-Est, 1295] (W), en var. BL Add. 54180 [Paris ca. 1295] (X), Ars. 6329 [pic. 1311] (Y), Metz 665 [lorr. ca. 1300] (Z), aussi Peterburg RNB Fr.F.v.XVII.1 [ca. 1295] illustr. paris., survit dans une centaine de mss., v. Brayer R 79,1-38; 433-470 [extraits de Maz. 870 (W)] et dans l'éd. p.483-523, mss. cités ici et là: Alençon 27 [déb. 14ᵉ s.], BN fr. 13304 [lorr. fin 13ᵉ s.] (R 23,449-455: extraits), BN fr. 1824 [lorr. ca. 1300] (M. Careri et al., Album, 2001, 186), BN fr. 22932 [1ᵉ partie ca. 1300] cité par Gdf, SteGen. 24 [fin 14ᵉ s.], Ste-Gen. 2899 [(av.) 1297], Troyes 751 [frcomt.? 15ᵉ s.], Philadelphia Univ. of Penn. Van Pelt Libr. Ms. Codex 659 (French 32) [ca. 1300] fragm. (R 82,458); Chartres 333 (371) [f⁰ 1-72 1ᵉʳ t. 14ᵉ s.] auj. fragm., Soissons 221 (207) [ca. 1400] acéphale, Soissons 222 (208) [ca. 1400], Soissons 224 (210) [pic. déb. 14ᵉ s.] anoure, Kraków Univ. gall. oct. 35 (anc. Berlin) [lorr.sept? 1289], Oxford Magdalen Coll. lat. 188 [II, Angleterre 2ᵉ q. 15ᵉ s.] (extrait, 93 fol., avec versions interlin. lat. et angl.), Ars. 2071 [1383 n.st.] f⁰61-165, Bruxelles Bibl. roy. 10320 [ca. 1395], Bruxelles Bibl. roy. 11206-207 [1390 n.st.], etc. (v. éd. p. 483-523); publié comme accomplissement de la thèse de 1940 de Brayer par É. Brayer – A.-F. Leurquin-Labie, *La Somme le Roi par Frère Laurent*, Paris (Paillart) 2008 (SATF). C.r. Roques RLiR 73,267-272; Van Uytven Rbph 86,924-926; Wilhelm AnS 249,216-219. Interférences multiples avec le *Miroir du Monde*, d'un auteur anonyme (v. Brayer R 79,464-470). Parties utilisées dans → ChastelPer; ConfPechés. ÷

SommeLaurE id.; extraits basés sur BL Cotton Cleopatra A.V [Ouest 14ᵉ s.] 195 f⁰ˢ; f⁰58v⁰-78v⁰ et 93r⁰-124r⁰ p. p. R. W. Evers, *Beiträge zur Erklärung und Textkritik von Michel's Ayenbite of Inwyt*, thèse Erlangen 1887; cf. Boss² 5896.

SommeLaurV id.; extraits du ms. BL Cotton Cleop. p. p. H. Varnhagen, comme annexes à son travail sur l'Ayenbite, dans *Englische Studien* (Kölbing) 2 (1879) 29-50 [ms. BL Cotton Cleopatra A.V, f⁰79v⁰-92v⁰]; 50-52 [f⁰70v⁰-72r⁰]; 52 [f⁰144r⁰]; 52-59 [f⁰43v⁰-49r⁰].

SommeLaurON id., transcription du ms. trilingue Oxford Magdalen Coll. lat. 188 [II, Angleterre 2ᵉ q. 15ᵉ s.] contenant une copie fr. proche du ms. Maz. 870 (et des trad. interlin. lat. et mangl.); p. dans → NissilleGramm 305-492. Sans analyse lexicale (texte joint sur CD encore lisible en 2016). L'Annexe 1 à préciser: 7.1.1.1.1.a Ms. Glasgow 'U 6.10 13ᵉ s.' = '292 (U.6.10) 2ᵉ m. 13ᵉ s.' selon Dean et 'Item 2: agn. 3ᵉ q. 13ᵉ s.' selon DEAF; etc.

Sommer F. Sommer, *Handbuch der lateinischen Laut- und Formenlehre*, Heidelberg (Winter) ³1914 et réimpr.; [= FEW Sommer].

SonderGrisch A. Sonder – M. Grisch, *Vocabulari da Surmeir. Rumantsch-tudestg, tudestgrumantsch*, Coira (Leia Rumantscha) 1970.

SoneG Sone de Nansay, roman d'aventures en vers octosyll.; wall.occid. (Nivelles?), 3ᵉ t. 13ᵉ s.; ms. Torino Bibl. naz. L.I.13 (1626) [hain. 2ᵉ q. 14ᵉ s.]; p. p. M. Goldschmidt, *Sone von Nausay*, Tübingen (Litterarischer Verein Stuttgart) 1899; [= TL Sone; FEW Sone]. Cf. C. Lachet, Sone de Nansay, 1992: étude et corrections, p. 27-42; c.r. G. Roques RLiR 57,303-307 avec corr.

SoneL id.; ms. Torino endommagé par le feu de 1904, mais les trois quarts du texte restent lisible;

SoneL

p. p. C. Lachet, *Sone de Nansay*, Paris (Champion) 2014 (CFMA 175). C. r. Roques RLiR 79,271-278.

SonetIncip J. Sonet, *Répertoire d'incipit de prières en ancien français*, Genève (Droz) 1956 (Bibl. rom. et fr. 54); [= TL Répertoire d'incipit]. Suppléments: → SinclairDev; SinclairPrières; RézeauIncip.

SongeAch[1]B Achmetis oneirocriton, trad. d'une autre tradit. lt. que → SongeAch[3], titre *Le livre des songes Daniel et les songes Macrobes* (chap. 1-66 [compte de SongeAch[3]] seulement), prose; 1[er]t. 14[e]s.; ms. BN fr. 24432 [frc. av. 1349]; inédit dans l'ensemble; p. en extraits très courts, sous forme de 'var. P' dans → SongeAch[3]B, p. 57-302.

SongeAch[2]B id., trad. d'une source proche de celle de → SongeAch[3], titre *Ci commence l'exposicioun des sounges solom ceo qe Daniel le prophete le fist*; agn. ca. 1300; ms. Berlin Staatsbibl. lat. qu. 70 (Rose 968) [Angleterre 2[e]m. 14[e]s.]; inédit dans l'ensemble; p. en extraits très courts, sous forme de 'var. B' dans → SongeAch[3]B, p. 57-302. Pour le ms. Cambridge Univ. Ee.I.1 [agn. déb. 14[e]s.] v. Dean 384.

SongeAch[3]B Achmetis oneirocriton, traité d'interprétations des songes (10[e]s.; 304 chap.), trad. lt. par Leo Tuscus (1175/76; 198 chap.), traduit, en racourcissant, en fr. (152 chap.), titre *Cy commence le livre des exposicions des songes*, incip. *De la resurrection. Celui qui par un songe a veu mors resusciter*, prose; 1396; ms. BN fr. 1317 [1396 autogr.?]; p. p. F. Berriot, *Exposicions et significacions des songes et Les songes Daniel*, Genève (Droz) 1989, texte p. 57-298. En 'var'.: ms. B [= SongeAch[2]B], P [= SongeAch[1]B], C [texte latin], D [impr. fr. de 1581], R [impr. 1603]. Introduction touffue, non exempte d'erreurs; transcription peu sûre; 'var.' tirées des autres traductions et d'imprimés. Texte lt.: F. Drexl, *Achmetis Oneirocriticon*, Leipzig 1925. Cf. Suchier ZfSL 67,129-134.

SongeAlphM/T Présages apparentés aux livres des songes, choisis en fonction d'une lettre trouvée en ouvrant au hasard un Psautier, parfois appelé *Sompnile Joseph*; 13e-14[e]s.; ms. Modena Bibl. Estense f. str. 32 (XII.C.7) [14[e]s.] (M), Torino Bibl. naz. M.IV.11 (300, C.II.6) [Namur ca. 1465] (T); v. dans → SongeDan[1]S p. 161.

SongeAlphcS id.; ms. Cambridge Corpus Christi Coll. 405 [agn. 1[er]q. 14[e]s.]; p. dans → SongeDan[1]S p. 162-163; [= Dean 385].

SongeDan[1]B Somniale Danielis, trad. lt. du Pseudo-Daniel, traité d'oniromancie, d'origine byzantine et biblique (qqs. 200 cas de songes, en résumé, traduit en fr. plusieurs fois), incip. *Des soinges et des esperimens des soinges. Songier oysiaus*; 13[e]s.; ms. BN fr. 1553 [pic. 1285 n.st.]; p. dans → SongeAch[3]B p. 303-307 (147 cas ou chap.).

SongeDan[1]S Livres des interprétations des songes se référant à Daniel, prophète de l'A.T., Dn 5,11-12, dont certains suivent un ordre grosso modo alphabétique, première collection (147 cas), titre *Des soingnes et des esperimens des soingnes*; pic.-wall. 3[e]q. 13[e]s.; ms. BN fr. 1553 [pic. 1285 n.st.] (A) = SongeDan[1]S, BN fr. 12786 [frc. déb. 14[e]s.] (B) = SongeDan[2]S, Bruxelles Bibl. roy. 10574-85 [composite, 14[e]s.] (C) = SongeDan[3]S, p. p. Ste-Gen. 2255 [fin 16[e]s.] (D) = SongeDan[4]S; p. p. W. Suchier, "Altfranzösische Traumbücher", *ZfSL* 67 (1957) 129-167; [= TL Traumbücher; AND Traumbücher]. SongeDan[3] aussi dans BN lat. 7486 [pic. 1[e]m. 14[e]s.], v. MélSmeets 65-72.

SongeDan[2]B id., 158 cas, titre *Ce sont li songes*; 2[e]m. 13[e]s.; ms. BN fr. 12786 [frc. déb. 14[e]s.]; p. dans → SongeAch[3]B p. 307-312.

SongeDan[2]S id.; p. dans → SongeDan[1]S 146-153.

SongeDan[3]S id., 43 cas; pic.-wall. ca. 1300; ms. Bruxelles Bibl. roy. 10574-85 [composite, 14[e]s.]; p. dans → SongeDan[1]S 153-156.

SongeDan[4]B id., 70 cas, titre *Des somges*; 3[e]t. 16[e]s.; ms. Ste-Gen. 2255 [fin 16[e]s. (apr. 1579)]; p. dans → SongeAch[3]B p. 312-314.

SongeDan[4]S id.; p. dans → SongeDan[1]S 157-160.

SongeDan[5]B id., 306 cas en ordre alphabétique; 17[e]s.; ms. Caen 589 (8° 102, Lav. 589) [17[e]s.]; p. dans → SongeAch[3]B p. 314-325.

SongeDan[6]H 400 songes d'après SongeDan[2] et d'autres.; ms. liég. 2[e]m. 13[e]s., dans → MédLiégH lignes 157-450.

SongeDan[7]C id., version assez indépendante; 2[e]t. 15[e]s.; ms. Torino Bibl. naz. M.IV.11 (300, C.II.6) [Namur ca. 1465]; p. p. J. Camus, *Bulletin de Folklore* 2 (1893-1895) 310-330 (cf. → SongeDan[1]S p. 135-136 et 160-161).

SongeEnfM Le Songe de l'Enfer par Raoul de Houdenc, vers octosyll.; ca. 1214; ms. de base BN fr. 837 [frc. 4[e]q. 13[e]s.] (A), en var. Bern 354 [bourg.sept. déb. 14[e]s.] (B), New Haven Yale Beinecke Libr. 703 (anc. Ashburnham Barrois 301, Le Mans Claude Vaudecrane) [frc. norm.? 1[e]m. 14[e]s.] (F), Oxford Bodl. Digby 86 [agn. 1272-82] (O),

Reims Bibl. mun. 1275 [lorr. fin 13ᵉs.] (R), BN fr. 1593 [frc., faibles traits lorr. fin 13ᵉs.] (T), BN fr. 2168 [pic. fin 13ᵉs.] (U), BN fr. 12603 [pic. ca. 1300] (V). BN fr. 25433 [Sud-Est 2ᵉm. 13ᵉs.] (W), Torino Bibl. naz. L.V.32 [wall. ca. 1300] (X); p. p. M. T. Mihm, *The* Songe d'Enfer *of Raoul de Houdenc*, Tübingen (Niemeyer) 1984 (ZrP-Beih. 190); [= TL RHoudenc Songe enfer TM; Boss² 5879]. Bonne éd.

SongeEnfS id.; ms. de base BN fr. 837 [frc. 4ᵉq. 13ᵉs.], en var. BN fr. 1593 [frc., faibles traits lorr. fin 13ᵉs.]; p. dans → TrouvBelg² 176-200; [= Boss 3513]. Erreurs de transcription surtout dans les var. (v. M. Plouzeau RLaR 93,448-464).

SongeEnfJ id.; ms. de base BN fr. 837, corr. d'après BN fr. 1593; p. dans → JubMyst 2,384-403; [= Boss 3512].

SongeEnfL id.; p. p. P. Lebesgue, *Le Songe d'Enfer, suivi de la Voie de Paradis*, Paris (Sansot) 1908; [= Boss 3514]. Éd. misérable, basée sur Jub-Myst.

SongeEnfwM id., version courte; Sud-Est 2ᵉm. 13ᵉs.; ms. BN fr. 25433 [Sud-Est 2ᵉm. 13ᵉs.] (W); p. dans → SongeEnfM p. 138-146.

SongeVergierS *Le songe du vergier*, trad. d'une compilation politique (latine, 1376), sous forme de débat entre chevalier et clerc, prose; 1378; ms de base (dit 'original') BL Roy. 19 C.IV [Paris 1378], mss. consultés BN fr. 537 [1452], Maz. 3522 [15ᵉs.], autres mss. v. éd. p. xxviii-xl, parmi eux Leiden Univ. VGGF 11 [3ᵉq. 15ᵉs.], Oxford Bodl. e Musaeo 43 [Paris ca. 1405] par un Italien, autre ms. Kraków Univ. gall. fol. 205 (anc. Berlin) [Paris ca. 1475] (v. R 105,367-9); p. p. M. Schnerb-Lièvre, *Le Songe du Vergier*, 2 vol., Paris (Éd. du CNRS) 1982; [= TL Songe Vergier Sch-L; Boss² 7631]. ÷

SongeVertC *Le songe vert*, poème allégorique traitant de la Reine d'amours et sa cour, couplets d'octosyll. rimés; pic., en ou peu après 1348; ms. BL Add. 34114 [agn. ca. 1400] (S; autre scribe que pour Thebes), Clermont-Ferrand 249 [Pays d'oc déb. 15ᵉs.] (C); p. p. L. Constans, "Le songe vert", *R* 33 (1904) 490-539; [= TL Songe vert; Dean 247.1]. Éd. 'critique' ultra-corrigée, v. les var.

Sophocles E. A. Sophocles, *Greek lexicon of the Roman and Byzantine periods (from B.C. 146 to A.D. 1100)*, 2 vol., New York (Scribner) ³1887 (réimpr. New York, Ungar, 1957; Hildesheim, Olms, 1975). Complète → LidScott et Lampe par les matériaux de certains auteurs des 9ᵉ au 11ᵉ siècles.

SortApostB *Chi commenche li orisons des sors des apostres*, trad. en quatrains d'octosyll. rimés des *Sortes apostolorum*, recueil de sentences morales; wall. (Namur) 2ᵉm. 13ᵉs.; ms. Wien 19201 (?) [wall. 2ᵉm. 13ᵉs.]; p. p. L. Brandin, "Traduction française en vers des Sortes Apostolorum", *R* 43 (1914) 481-494; [= TL Sort. Apost.; Boss 3567].

SottChansOxfL Sottes Chansons, chansons antithétiques, premier recueil du ms. Oxford; pic. 4ᵉq. 13ᵉs.; ms. unique Oxford Bodl. Douce 308 [Metz ca. 1320]; p. p. A. Långfors, *Deux recueils de sottes chansons, Bodléienne, Douce 308 et Bibliothèque nationale, Fr. 24432*, Helsinki (Suomalaisen Kirjallisuuden Seuran Kirjapainon Oy) 1945 (Ann. Acad. Scient. Fenn. B 53, 4), spéc. p. 27-92 (pièces I-XXII); [= TL Deux Rec. Sottes Chansons]. Éd. basée sur → ChansOxfS. Les chansons 1-4 ne seraient pas des Sottes Chansons (Ménard ZrP 129,199), d'autres, non publiées, sont 'sottes' (Ménard dans Carrai, Cecco, 2005, 13-30). Des pièces X-XIII ne subsistent que les incipit. Pour l'éd. L. E. Arnaud, 1944, v. R 69,430-432.

SottChansOxfD id.; pièces I-XXII (numérotées 2-23); p. p. E. Doss-Quinby – M.-G. Grossel – S. N. Rosenberg, *Sottes chansons contre Amours*, Paris (Champion) 2010. Ajoute, comme n°1, p. 120-122, la chanson R.383, *Ja mais, por tant con l'ame el cors me bate*, de Robert de Reims (= RobReimsM n°5); ms. de base BN fr. 844 [pic. 2ᵉm. 13ᵉs.] (chans. **M**, en var. **T** et **U**). Contient aussi → SottChansValD.

SottChansValL Deuxième recueil de Sottes Chansons dont certaines sont attribuées à un Jehan Baillehaut; pic. (Valenciennes) ca. 1300; ms. unique BN fr. 24432 [frc. av. 1349]; p. dans → SottChansOxfL 92-149 (pièces XXIII-XXXII); [= TL Deux Rec. Sottes Chansons]. Gdf cite l'éd. G.A.J. Hécart, Valenciennes 1827, comme 'Serventois du 13ᵉs.'.

SottChansValD id., pièces XXVII-XXXII (24-29); p. dans → SottChansOxfD 196-219.

SottiesP Pièces datées de ca.1420 à ca.1571; mss. Firenze Bibl. Med. Laurenz. Ashburnham Libri 116 (148) [15ᵉs.] pièce I, BN fr. 24341 (anc. La Vallière 61) [Norm ca. 1575] II, impr. III, etc.; p. p. É. Picot, *Recueil général des Sotties*, 3 vol., Paris (Didot) 1902-1912 (SATF); [= FEW Sotties]. [Nouv. éd. de la pièce n°X, *Sotise a huit personnaiges – Le Nouveau Monde*, attr. à Andrieu de la Vigne, prob. 1507, par O.A. Duhl, Genève 2005.]

SoudiacreL Du soudiacre, trad. du latin d'un conte pieux de Vincent de Beauvais, intégrée à la compilation appelée Rosarius (→ Propr-Chos), vers et prose; ca. 1330; ms. BN fr. 12483 [mil. 14ᵉs.]; p. p. A. Långfors, "Le sous-diacre, les deux femmes bavardes et le diable, conte pieux

SoudiacreL traduit du latin de Vincent de Beauvais par un frère prêcheur du Soissonais", *Mém. Soc. néoph. de Helsingfors* 8 (1929) 387-408; [= TL Sous-Diacre]. Avec textes lt.

SouhaitMontpB Chanson formulant des souhaits du poète, version du ms. de Montpellier suivant un poème occ. de Pistoleta (a. 1230), incip. *Et je souhaide tous tamps avril et mai*; art. 1^{e}m. 14^{e}s.?; ms. Montpellier Ec. de Méd. 236 [1^{e}m. 14^{e}s.]; p. p. A. Boucherie, "Fragment d'une anthologie picarde", *RLaR* 3 (1872) 311-336, spéc. 318-320 (réimpr. par P. Meyer R 19, 58-60).

Souter A. Souter, *A glossary of Later Latin to 600 A. D.*, Oxford (Clarendon) 1949 (réimpr. corrigée 1964); [= FEW Souter]. C.r. H. Chirat Rev. des Sc. relig. 25,315-319.

SpankeChans H. Spanke, *Eine altfranzösische Liedersammlung*, Halle (Niemeyer) 1925 (Roman. Bibliothek 22); [= TL Spanke Afz. Lieders.]. Contient 142 chansons anonymes des mss. KNPX.

SpäthArmut H. L. Späth, *Bezeichnungen für Armut und Reichtum im Französischen*, Gießen (Münchow) 1938 (Gieß. Beitr. rom. Phil. 28); [= TL Späth Armut].

Spec *Speculum. A Journal of Medieval Studies*, Cambridge, Mass. (The Medieval Academy of America) 1926–. [A paru jusqu'en 1974 sous le titre *Speculum. A Journal of Mediaeval Studies*.]

SpitzerWortb E. Gamillscheg – L. Spitzer, *Beiträge zur romanischen Wortbildungslehre*, Genève (Olschki) 1921 (Bibliotheca dell' *Archivum Romanicum* ser. II: Linguistica 2, p. 81-230; pour les p. 1-80, v. → GamWortb); [= FEW Spitzer-Wortb; TL Gamillscheg-Spitzer Beitr.].

SponsusK Le mystère de l'époux (Sponsus, Mt 25,1-13), en vers irréguliers (7, 8, 10 syll.) rimés, avec musique; fr. et occ. (prob. Sud-Ouest) av. 1100; ms. BN lat. 1139 [cette partie lim.sept. av. 1100] f°53-55; p. p. E. Koschwitz, dans → FoersterKoschw 91-98; [= TL Spons.; cp. FEW Sponsus]. Éd. diplom.

SponsusA id.; p. p. D. S. Avalle, *Sponsus*, Milano – Napoli (Ricciardi) 1965.

SponsusAs id.; p. p. L. Astey, *Sponsus*, Monterrey N.L. (Ed. Sierra Madre) 1969 (Poésia en el mundo 46, 1e impr. 1967).

SponsusC id.; p. p. W. Cloetta, "Le Mystère de l'Époux", *R* 22 (1893) 177-229; [= TL Spons.].

StFr *Studi Francesi*, Torino (Società Editrice Internazionale) 1957–.

StädtlerGram Thomas Städtler, *Zu den Anfängen der französischen Grammatiksprache. Textausgaben und Wortschatzstudien*, Tübingen (Niemeyer) 1988 (ZrP-Beih. 223). Édite → Donat (6 textes) et GramM$^{1-5}$. Études lexicol. p. 157-300. Cp. → ColomboGram.

StädtlerGdfLex Thomas Städtler, "Les mots astérisqués du *Lexique* de Godefroy", dans → ActesMfr^{10} 207-278. Indispensable pour qui veut identifier les matériaux nombreux passés de Gdf-Lex dans la lexicographie française. Cf. RLiR 68,220.

Stallaert K. Stallaert, *Glossarium van verouderde rechtstermen, kunstwoorden en andere uitdrukkingen uit vlaamsche, brabantsche en limburgsche oorkonden*, A – Poen, Leiden (Brill) 1890 [1886]-1893.

StarckWells T. Starck – J. C. Wells, *Althochdeutsches Glossenwörterbuch*, Heidelberg (Winter) 1972-1990. La collection de Starck était en prép. dep. ca. 1930.

StatRealm *The statutes of the Realm*, Record Commission, 12 vol., London 1810-1828. Chartes et documents officiels des rois d'Angleterre des 12e au 18^{e}s., t. 1 et 2: agn., à partir de 1275; [= Vising 336; AND Stats]. Des tables des mss. utilisés précèdent les différentes parties des textes édités; aussi dans Leiden Univ. VGGQ 4 [agn. 1^{er}q. 14^{e}s.] (37 statuts, la plupart fr.).

SteAgatheLurion J. de Sainte-Agathe – R. de Lurion, *Cartulaire des comtes de Bourgogne (1166 - 1321), publié d'après les originaux*, Besançon 1908. Contient 470 doc. lat. et fr. dont 298 orig.; orig. fr. à partir de [1227] (v. Drüppel 144).

StefPetr A. Stefenelli, *Die Volkssprache im Werk des Petron*, Wien (Braumüller) 1962.

StefSyn A. Stefenelli, *Der Synonymenreichtum der altfranzösischen Dichtersprache*, Wien (Böhlau) 1967.

StefWort A. Stefenelli, *Das Schicksal des lateinischen Wortschatzes in den romanischen Sprachen*, Passau (Rothe) 1992 (Passauer Schriften Spr. Lit. 6).

Steiger A. Steiger, *Contribución a la fonética hispano-árabe y de los arabismos en el iberorománico y el siciliano*, Madrid (Hernando) 1932 (RFE an. 17); [= FEW Steiger].

Stein H. Stein, *Bibliographie générale des cartulaires français ou relatifs à l'histoire de France*, Paris (Picard) 1907 (réimpr. Nendeln,

Kraus, 1967). Révision évolutive informatisée sous l'égide de l'IRHT: projet 'CartulR'.

Steingass   F. J. Steingass, *A comprehensive Persian-English dictionary including the Arabic words and phrases to be met with in Persian literature*, London (Routledge et al.) 1892.

SteinmSievers   E. E. von Steinmeyer – E. Sievers, *Die althochdeutschen Glossen*, 5 vol., Berlin (Weidmann) 1879-1922 (réimpr. Zürich, Weidmann, 1968-1969).

SteinschneiderBodl   M. Steinschneider, *Catalogus librorum Hebraeorum in Bibliotheca Bodleiana*, 2 vol., Berolini (Friedlaender) 1852-1860.

StempelSatzv   W.-D. Stempel, *Untersuchungen zur Satzverknüpfung im Altfranzösischen*, Braunschweig (Westermann) 1964 (AnS-Beih. 1). Inclut l'évolution romane.

StengelDigby   E. Stengel, *Codicem manu scriptum Digby 86 in Bibliotheca Bodleiana asservatum, descripsit, excerpsit, illustravit*, Halis [Halle] (Waisenhaus) 1871; [= TL Cod. Digby; AND Digby; v. Dean 90 etc.]. Analyse et extraits du ms. Oxford Bodl. Digby 86 [agn. 1272-82], textes en partie 'améliorés' à l'aide d'autres manuscrits.

StengelTur   E. Stengel, *Mittheilungen aus französischen Handschriften der Turiner Universitäts-Bibliothek* (Rektoratsrede 12. Okt. 1873), Marburg (Pfeil) 1873; [= TL Stengel Mitt. a. Turin].

StengelWb   E. Stengel, *Wörterbuch der ältesten französischen Sprache*, Marburg (Elwert) 1882. Fournit un glossaire à → KoschwitzMon et à → AlexisSt (qui contenait déjà un gloss. à Koschwitz-Mon); [= FEW 'afr. 3.'].

SternbergWaffen   A. Sternberg, *Die Angriffswaffen im altfranzösischen Epos*, Marburg (Elwert) 1886 [Ausgaben und Abh. 48]; [= TL Sternberg Angriffswaffen].

Stichel   K. Stichel, *Beiträge zur Lexikographie des altprovenzalischen Verbums*, thèse Marburg 1888, Marburg (Elwert) 1890; [= FEW Stichel].

StimmProsaleg   H. Stimm, *Altfrankoprovenzalische Übersetzungen hagiographischer lateinischer Texte aus der Handschrift der Pariser Nationalbibliothek fr. 818*, I. *Prosalegenden* [seul paru], Wiesbaden (Akad. Wiss. Lit.) 1955; [= FEW StimmProsaleg]. Édition des légendes en prose du ms. BN fr. 818 [lyonn. 2^{e}m. 13^{e}s.] écrites par le scribe 'Y' (f°224a-275d). Les textes écrits par le scribe 'X' (f°154a-224a) avaient été p. dans → MussGartLeg.

StimmingACI   E. Stimming, *Der Accusativus cum Infinitivo im Französischen*, Halle (Karras) 1915 (Beih. ZrP 59). Auteur mort dans la 'Grande Guerre' avant publ.; son père, le romaniste A. Stimming, termine son éloge funèbre de 25 p. en tête du vol.: ein solcher Tod ist tausend Leben wert… wie kann man schöner sterben…

StimmingMot   A. Stimming, *Die altfranzösischen Motette der Bamberger Handschrift*, Dresden 1906 (Ges. für rom. Lit. 13); [= TL Afz. Motette; FEW Motets; Boss 2263; Hol 1592]. Renferme des motets contenus dans mss. Bamberg Staatsbibl. Lit. 115 (anc. Ed.IV.6) [déb. 14^{e}s.], Wolfenbüttel Herzog August Bibl. 1206 (Helmst. 1099) [2^{e}q. 13^{e}s.] et des fragm. de München gall. 42 [13^{e}s.] (cp. → ChansMünchenD) et Darmstadt 3471 [déb. 14^{e}s.].

Stoer   Jacob Stoer, *Le Grand dictionnaire françois-latin*, Genève [1593, etc.]; [= FEW Stœr et Stoer: utilise plusieurs éd.: à spécifier].

Stone   → AND.

StöringPN   H. Störing, *Untersuchungen zu den Personennamen in der altfranzösischen Literatur*, thèse Münster 1968.

StotzBed   P. Stotz, *Handbuch zur lateinischen Sprache des Mittelalters*, t. 2: *Bedeutungswandel und Wortbildung*, München (Beck) 2000, spéc. livre V, p. 1-228 [p. 229-482 = StotzWortb]. Clef: t. 5: *Bibliographie, Quellenübersicht und Register*, 2004.

StotzForm   id., t. 4: *Formenlehre, Syntax und Stilistik*, 1998.

StotzLaut   id., t. 3: *Lautlehre*, 1996.

StotzLex   id., t. 1: *Einleitung, lexikologische Praxis, Wörter und Sachen, Lehnwortgut*, 2002.

StotzWortb   id., livre VI, *Wortbildung*, dans → StotzBed p. 229-482.

StouffArb   L. Stouff, *Les comtes de Bourgogne et leurs villes domaniales. Étude sur le régime communal, forme de l'exploitation seigneuriale, d'après le cartulaire de la ville d'Arbois… XIIIe, XIVe siècles*, Paris (Larose) 1899. Contient le cartulaire Arbois AA1 [copie 1384]: doc. datés dep. 1257, frpr. Pièces annexes: orig. fr. à partir de 1283, en partie pic.

Stowell   W. A. Stowell, *Old-French titles of respect in direct address*, Baltimore (Furst) 1908; [= FEW Stowell; TL Stowell Titles].

StrakaSons   Georges Straka, *Les sons et les mots*, Paris (Klincksieck) 1979 (Bibl. fr. et rom. A.42).

StrakaSons

Réunit des articles parus antérieurement dans des revues.

Stratmann F. H. Stratmann, *A dictionary of the Old English language compiled from writings of the XII. XIII. XIV. and XV. centuries*, 2e éd., London (Trübner) 1873.

StrengHaus W. O. Streng, *Haus und Hof im Französischen, mit besonderer Berücksichtigung der Mundarten*, Helsingfors (Finn. Lit.ges.) 1907; [= TL Streng Haus; FEW StrengHaus].

StrengWetter W. O. Streng, *Himmel und Wetter in Volksglaube und Sprache in Frankreich*, 2 vol., Helsinki 1914-1916 (Ann. Acad. Scient. Fenn. B 13,4 (1914); B 14,1 (1916)); [= FEW StrengWetter; TL Streng Wetter].

StudWat P. Studer – E. G. R. Waters, *Historical French reader. Medieval period*, Oxford (Clarendon) 1924; [= TL Studer-Waters; FEW StudW].

Studer P. Studer – J. Evans, *Anglo-Norman lapidaries*, Paris (Champion) 1924; [= FEW Studer; TL Lapid. anglon.; AND Lapid; Boss 2888; Hol 348]. Contient → LapidFFS p. 19-69, LapidVAS p. 70-93, LapidFPS p. 94-111, LapidSPS p. 111-136, LapidTPS p. 136-151, LapidFRS p. 151-153, LapidCLS p. 154-199, LapidALS p. 200-259, LapidAPS p. 260-276, LapidFES p. 277-286, LapidSES p. 286-296. Textes établis en partie sur la base d'éd. antérieures, mais avec contrôle de mss.

SturmSumpf S. Sturm, *Die Begriffe "Sumpf" und "Pfütze" im Galloromanischen*, Leipzig (Vogel) 1938 [thèse 1939]; [= TL Sturm Sumpf].

StutzmannTylus D. Stutzmann – P. Tylus, *Les manuscrits médiévaux français et occitans de la Preußische Staatsbibliothek et de la Staatsbibliothek zu Berlin Preußischer Kulturbesitz*, Wiesbaden (Harrassowitz) 2007 (Staatsbibliothek zu Berlin Preußischer Kulturbesitz, Kat., 1,5). Ce catalogue comprend aussi les mss. berlinois actuellement à Kraków. L'indication 'Berlin Staatsbibl.' employée dans la présente bibl. est une simplification impardonnable. [Le fond 'Hdschr.' désigne le lot de mss. acquis à Berlin Ouest de 1951 à 1997.]

SudaGrosD Suda, glossaire encylopédique grec (fin 10e s.), 70 articles traduits en latin par Robert Grosseteste (2^{e}q. 13e s.; cp. → Grosset), dont un a été traduit en fr., suivi des deux et demi premiers Testamenta XII Patriarchum, également traduits, incip. *Ce est la narracioun del livere ke est apelé en Ebreu suda*; agn. 3^{e}q. 13e s.; ms. BN nfr. 10176 [agn. ca. 1275]; p. p. R. J. Dean, "An Anglo-Norman version of Grosseteste: Part of his Suidas and Testamenta XII Patriarchum", *PMLA* 51 (1936) 607-620; [= TL Grosseteste anglon.; AND Suidas; Dean 479; 487].

SudhoffsArch *Archiv für Geschichte der Medizin*, p. p. K. Sudhoff et al., 1908 ss.

SumbergAnt L. A. M. Sumberg, *La Chanson d'Antioche. Étude historique et littéraire*, Paris (Picard) 1968. S'appuie sur les mss. de → Antioche.

SynagEglS *De la desputoison de la Sinagogue et de sainte Yglise*, par un certain Clopin, quatrains d'alex. monorimes; 2e m. 13e s.; ms. de base BN fr. 837 [frc. 4^{e}q. 13e s.] (P), corr. et var. Tours 948 [traits frpr. 1e m. 14e s.] (T); p. p. A. Serper, "Le débat entre Synagogue et Église au XIIIe siècle", *REJ* 123 (1964) 307-333; [= TL Desputoison Sinagogue Ste Yglise S]. Cp. → JuifChrét.

SynagEglJ id.; ms. BN; p. dans → JubMyst 2, 404-408.

SynagEglP id.; p. p. H. Pflaum, *Die religiöse Disputation in der europäischen Dichtung des Mittelalters*, Genève (Olschki) 1935.

SyraconR Chanson de geste romanesque (le héro en est prob. un certain Syracon, y est nommé aussi Floovant) dont quatre fragments (184 vers) ont été conservés; déb. 13e s.; ms. Oxford Corpus Christi Coll. 135 [rec. fact. 13e s. et 14e s., cette partie, f° 1-4, fragm Angleterre? 1^{er}q. 13e s.]; p. p. P. Rinoldi, "La Chanson de Syracon", *MedRom* 35 (2011) 406-424.

SyraconS id.; p. p. E. Stengel, "Die Chansondegeste-Handschriften der Oxforder Bibliotheken", *RoSt* 1 (1875) 380-408, spéc. 399-408; [= Boss 852].

TL A. Tobler – E. Lommatzsch, *Altfranzösisches Wörterbuch*, t. 1-10, Berlin (Weidmann) – Wiesbaden (Steiner) 1925 [1er fasc. 1915]-1976; t. 11, col. 1-768, *u-vonjement*, p. p. H. H. Christmann, Stuttgart (Steiner) 1989-1995; t. 11, col. 769-938, *vonjement-zure*, p. p. R. Baum – W. Hirdt – B. Frey, 2002; t. 12, *Gesamtliteraturverzeichnis*, p. p. R. Baum, 2008; [= FEW TL; AND T-L]. En préparation à partir de 1857. C.r. excédant l'annonce: → CohnBem; Långfors R 52,391-395; 53,398-401; 56,290-291; 57,443-444; 58,287-288; Baldinger DL 94 (1973) 29-34; Städtler VRo 49/50 (1991) 524-527; 51,284-288; 53,350-353; 56,316-318; 62,278-288. Rohlfs AnS 167,312-313 propose la réduction des matériaux de Adolf Tobler, heureusement sans que Erhard Lommatzsch l'ait écouté. Gamillscheg ZfSL 62,121-122, qqs. observations. Index inverse → Walker.

TLEl *Tobler-Lommatzsch, Altfranzösisches Wörterbuch. Elektronische Ausgabe redaktionell bearbeitet von* P. Blumenthal und A. Stein, Stuttgart

(Steiner) 2002. Disque DVD. Images. La fin de TL, t. 11,769-938 (*voracité – zure*), y est remplacée par Gdf et GdfC. V. les c.r. de T. Matsumura RLiR 67,270-272 et de T. Städtler VRo 63,336-338. Nombre des textes dont les abréviations apparaissent dans la bibl. fournie (aussi sur le réseau en accès libre, avec renvois à DEAFBibl) n'ont jamais été cités dans l'ouvrage même (surtout ceux des dernières décennnies); d'autres y sont cités par une autre abrév. v. par ex. → MarArsAnL ou VillehWh.

TLF *Trésor de la langue française. Dictionnaire de la langue du XIXe et du XXe siècle (1789-1960)*, publié sous la direction de P. Imbs et al., 16 vol., Paris (CNRS; t. 11-16 Gallimard) 1971-1994. Travaux à partir de 1961. Le DEAF cite le TLF pour documenter un mot ou un sens frm. en cas de documentation insuffisante du FEW et il cite sa partie historique dans tous les cas où le TLF excède les sources communes.

TLIO *Tesoro della lingua italiana delle origini*, dir. par Pietro G. Beltrami, puis par Lino Leonardi. Banque de données électronique évolutive accessible sur le réseau. Travaux dépuis 1995. Traite le voc. jusqu'à 1375. Ne dispense pas de consulter REW, LEI, TomBel, Battaglia, etc.

TM Takeshi Matsumura, Tokyo, communications *in litteris*, notamment attestations supplémentaires importantes, souvent attestations charnières (toujours vérifiées par la rédaction). (Les corrections multiples et augmentations matérielles ne sont pas marquées; v. les préfaces: remerciements aux relecteurs des épreuves.) Cp. → Mts.

TRE *Theologische Realenzyklopädie*, p. p. G. Krause et al., Berlin – New York (de Gruyter) 1977-2007.

TaboureursN Dit des Taboureurs, en quatrains de dodécasyll. monorimes, incip. *Merveille est de cest monde comme tornebouele*; 2e m. 13e s.; ms. BN fr. 837 [frc. 4e q. 13e s.]; p. dans → NoomenJongl 141-151.

TaboureursJ id.; p. dans → JubJongl 164-169.

Taille1292G Rôle de la taille des contribuables de Paris pour l'année 1292, classé dans l'ordre des rues; frc. 1292; ms. BN fr. 6220 [1292 ou peu après]; p. p. P. H. J. F. Géraud, *Paris sous Philippe-le-Bel, d'après des documents originaux…*, Paris (Crapelet) 1837 (réimpr. Tübingen, Niemeyer, 1991). Cp. → RuesPar; cf. → MichaëlssonPers (corrections p. 26-28); PachnioTaille; contient aussi → JGarlG. Corr. dans → MichaëlssonPers 1,26-29. Cité par Gdf sous l'abrév. 'Voc. des Mét.'.

Taille1296M id., année 1296; ms. (rôle) AN KK.283 [1296]; p. p. K. Michaëlsson, *Le livre de la taille de Paris, l'an 1296*, Göteborg (Elanders Boktryckeri), Stockholm (Almqvist & Wiksell) 1958 (Acta Univ., Årsskr. 64, Romanica gothoburgensia 7); [= TL Livre de la taille 1296].

Taille1297M id., année 1297; p. p. K. Michaëlsson, *Le livre de la taille de Paris, l'an 1297*, Göteborg 1962 (Romanica Gothoburgensia 9).

Taille1313M id., année 1313, aide particulière pour la chevalerie du futur Louis X; 1313; ms. BN fr. 6736 (anc. Suppl. 178.31) [1313]; p. p. K. Michaëlsson, *Le livre de la taille de Paris, l'an de grâce 1313*, Göteborg (Wettergren & Kerber) 1951 (Acta Univ. Gotoburgensis Årsskrift 57); [= TL Livre d. l. Taille de Paris M; FEW Taille 1313]. Cp. → PachnioTaille.

Taille1313B id.; dans → GeoffrParChronB après p. 305: pagination propre i-x, 1-200; [= TL Taille de Paris]. Éd. fautive et sans registres ou glossaire.

Taille1421/1423/1438F id., année 1421, etc.; p. p. J. Favier, *Les contribuables parisiens à la fin de la guerre de Cent Ans. Les rôles d'impôt de 1421, 1423 et 1438*, Genève (Droz) 1970.

Tailliar E. Tailliar, *Recueil d'actes des XIIe et XIIIe siècles, en langue romane wallonne du Nord de la France*, Douai (D'Aubers) 1849; [= TL Taill. Rec. d'Act. *et* Tailliar; FEW Tailliar]. 'Wallon' se réfère aux dialectes du nord, limitrophes au germanique; les textes sont donc aussi bien wall. que pic., flandr. et hain. Source dangereuse; cf. Drüppel 34-41. Essayer de remplacer cette source, p.ex. par FossierCh, FinotFl, etc.

TancredOrd Glossa ordinaria ou Ordo iudiciarius, commentant le droit canonique des trois premières Compilationes Antiquae (cp. → Gratien), par Tancredus de Bologne, ca. 1220, traduction 'écrite' par Martin de Bordon (scribe ou auteur?), explic. *Ci finist li Ordinaire maistre Tancre, chanoine de Boloigne, qui fu escriz ou mois d'aoust l'an mil .CCC. vint et neuf par Martin de Bordon*; 2e m. 13e s. (?); ms. BN fr. 25546 [1329] f°1-129r°, BN fr. 1075 [1345]; inédit. Gdf cite un ms. de Salis: Metz 1196 (anc. Salis 49) [déb. 14e s.?] (commun. Ringenbach).

TanonJust L. Tanon, *Histoire des justices des anciennes églises et communautés monastiques de Paris*, Paris (Larose & Forcel) 1883. Les pièces justificatives (p. 319-561) reproduisent: 1°, le registre criminel de Saint-Maur-des-Fossés, essentiellement lt. (p. 321-346); 2°, le reg. crim. de Sainte-Geneviève, fr. et lt., ms. Ste-Gen. 640 (anc. H.f.f°23) [déb. 14e s. avec ajouts], pièces fr. datées de [1257] à 1312, sauf une de 1421 (p. 397s., rajoutée), sans ordre chronol., à dater plutôt de déb. 14ᵉ s. (p. 347-412); 3°, le reg. crim. de Saint-Germain-des-Prés, ms. AN LL.1077 [1272 – mil. 14ᵉ s.] (f° 1-47; rédigé au fur et à mesure entre 1272 et 1386, surtout déb. 14ᵉ s. et jusqu'au mil. 14ᵉ s.; f° 49-86: comptes de la Pitancerie, 1476-1477), frc. (Paris) ca. 1272-1308, plus pièces ou mentions isolées insérées (-1400), rédigé comme une chronique (p. 413-454); 4°, le reg. crim. de Saint-Martin-des-Champs, fr., ms. AN S.1336 n°1 (Musée AE II 356) [1332-1371], années 1332-1343 (1345?, f° 1-49) écrites au jour le jour (p. 455-556; avait déjà été publiée par Tanon en 1877 sous le titre *Le registre criminel de la Justice de Saint-Martin-des-Champs au XIVᵉ s.*, dont la p. 17 correspond à 461, p. ex.), les fᵒˢ 50-64 contiennent des actes divers datés de 1368 à 1371 (Cat. du Musée, 1872, 203-4); 5°, reg. de Saint-Denis, 15ᵉ s. (?), ms. AN LL.1260 [15ᵉ s.]?? (p. 557-561).

TanquereyActes F. J. Tanquerey, "Actes privés en anglo-normand", → MélJeanroy 199-214; [= TL Tanquerey Act. anglon.; AND Actes privés]. Contient dix documents agn. de 1310-1360.

TappoletHaustier E. Tappolet, "Die Ursachen des Wortreichtums bei den Haustiernamen der französischen Schweiz", *AnS* 131 (1913) 81-124; [= TL Tappolet Haustiere].

TardifPogeM Guillaume Tardif, adaptation des Facécies de Poge (*Facetiae* ou *Liber facetiarum* de Poggio Bracciolini, av. 1459), contenant un prologue et des développements personnels; av. 1496; imprimé de base d'Olivier Arnouillet (Arsenal) s.d. [mil. 16ᵉ s.] (à identifier), corrigé sans doute souvent d'après l'impr. Jehan Trepperel veuve ca. 1520 (qui fournit le prol. et trois chap. qui manquent dans l'impr. de l'Ars. [p. XXXIX-XLIV]), v. le choix de corr. p. XLV-LII; p. p. A. de Montaiglon, *Les Facécies de Poge, Florentin*, Paris (Willem) 1878 (réimpr. Bassac, Plein Chant, 1994).

TardifPogeD id.; éd. de l'impr. Trepperel p. p. F. Duval – S. Hériché-Pradeau, *Les facecies de Poge*, Genève (Droz) 2003 (T.L.F. 555).

TerrEvêqueH *Terrier l'Évêque*, livre foncier illustré, relevés (1260 – 1276) des possessions de terres des évêques de Cambrai, terminés en 1276, contenant des ajouts datables de 1354 à 1490; pic. (1275-) 1276; ms. Lille Arch. dép. 3.G.1208 [1275-1276] scribe principal = scribe A de → RentAud, ajouts et calculs par maistre Quentin en 1276; p. p. A. Hjorth, *La partie cambrésienne du polyptyque dit «Terrier l'évêque» de Cambrai, Le manuscrit et la langue*, Stockholm (Almqvist & Wiksell) 1971 (Romanica Gothoburgensia 12); t. 2 (édition), Stockholm 1978 (Rom. Goth. 16); [= TL Terrier l'Evêque H]. Cp. Nieus JSav 2012,69-119.

TerrSVigorM Terrier du prieuré de Saint Vigor le Grand, Calvados; traits norm., 1292; ms. BN fr. 14576 [1292]; p. p. M.-Th. Morlet, "Le Terrier du prieuré de Saint-Vigor-le-Grand. Étude philologique et onomastique", *Actes du 105ᵉ Congrès int. des sociétés savantes, Caen 1980*, Paris (Bibl. nat.) 1984, 45-91; [= TL Terrier SVigor M].

TerroineFossier A. Terroine – L. Fossier – Y. de Montenon, *Chartes et documents de l'abbaye de Saint-Magloire*, t. 2 (doc. lat. et fr. 1280-1330), Paris (CNRS) 1966; t. 3 (1330-début du XVᵉ siècle), 1976. Publication de doc. relatifs à l'abbaye de Saint Magloire (Paris, rue S. Denis, détruite), tant orig. (frc. à partir de 1282) tant tirés du 'Petit Cartulaire de Saint Magloire', AN LL.39 [1294, ajouts jusqu'en 1374] (Stein 2883) que du 'Grand Cartulaire de Saint Magloire', BN lat. 5413 [1331, ajouts jusqu'en 1440] (Stein 2885). Cp. → TerroineCartGeoffr.

TerroineCartGeoffr A. Terroine – L. Fossier, *Un bourgeois parisien du XIIIᵉ siècle: Geoffroy de Saint-Laurent, 1245?-1290*, Paris (CNRS) 1992. Traite du Cartulaire de Geoffroy et en donne les regestes (en frm.). Difficile d'accès. Le cartulaire, AN LL.40 [av. 1290] (= Stein 2884: Cart. de Saint Magloire; cp. → TerroineFossier), a été écrit prob. entre 1277 et 1290; il est écrit en fr. et traduit des doc. (sans doute tous) lat., datés de 1235 à 1277.

TestFouk Testament d'un certain Sir Fouk de Penebrugg (à Tong, Shropshire), contenant sur 28 lignes une liste des biens d'un chevalier; agn. 1325; ms. BL Stowe CH 622 [agn. 1325, orig.]; découvert et transcrit par P. Rickard, cp. W. Rothwell → MélReid 168-170; [= AND Will].

ThéâtFr Recueil de théâtre (miracles, jeux et mystères), dont → RésSauvP (p. 11-20), AdHaleFeuillM (p. 55-96), JeuIPel (97-101), AdHale-Rob (102-135), RutebTheoph (136-156), Bodel-Nic (157-207), De Pierre de la Broche, incip. *Trop ai chier acheté l'avoir*, BN fr. 837 [frc. 4ᵉ q. 13ᵉ s.] f° 138-139 acéphale (208-215), MirND-Pers23-29/32/39M (216-610), etc.; p. p. F. Michel – L. J. N. Monmerqué, *Théâtre français au moyen âge*, Paris (Delloye – Didot) 1839 (6 réimpr.); [= TL Th. frç. au m. â.].

ThebesC *Roman de Thebes* (appelé aussi *Eteocle et Polinices*), roman 'antique' en vers octosyll., anon.; poit. [ca. 1160] (p.-ê. 1155 - 1160, mais v. ci-dessous); ms. de base BL Add. 34114 [agn. ca. 1400] (S), nombre de corrections (essai de reconstruction) d'après Angers Bibl. mun. 26 (22) [poit. ca. 1200] (D) fragm., BN fr. 784 [cette partie frc. avec qqs. traits pic. 2ᵉ t. 13ᵉ s.] (C), BN fr. 60 [pic. fin 14ᵉ s.] (B), BN fr. 375 [pic. 1289 n.st.] (A), Cologny Bodmer 18 (anc. Cheltenham Phillipps 8384) [hain. fin 13ᵉ s.] (P); p. p. L. Constans,

Le Roman de Thèbes, publié d'après tous les manuscrits, 2 vol., Paris (Didot) 1890 (SATF 31); [= TL Thebes; Boss 1007; Hol 852; FEW Thebes]. Éd. 'critique' téméraire ('réécrite presque entièrement' ThebessM p. 35) avec des corrections en partie sans appui dans les mss.! Le ms. de base, BL Add. 34114 (anc. Spalding), est agn. et tardif, mais très fidèle dans le fond (semble reproduire un ms. Ouest fin 12^{e}s.; on peut le lire tel quel dans → ThebessM); le ms. BN fr. 784 représente (avec Angers et BN fr. 60) une même version courte, mais rajeunit considérablement la langue. Les mss. A et P représentent une version longue, picardisante, aux modifications à la mode vers 1200 (v. Petit BienDire 21,303-315). V. → Nezirović; cp. → ConstansThebes. Concordance avec l'éd. R ici, en appendice. [Gdf cite le ms. A avec le titre 'Eteocle et Polin.'.]

ThebesR id., version dite courte; en partie à dater de 2^{e}t. 13^{e}s.; ms. de base C, à la langue rajeunie et francisée (le ms. B en est très proche); p. p. G. Raynaud de Lage, *Le Roman de Thèbes*, 2 vol., Paris (Champion) 1966-1968 (CFMA 94 et 96), et réimpr.; [= TL Thebes R; Boss^2 2131]. Cf. l'éd. du fragm. Angers, R 90 (1969) 402-409, et ThebescP. Concordance avec l'éd. C ici, en appendice.

ThebesRi id.; éd. partielle du ms. C, p. p. D. P. Ripley, *A critical edition of the Roman de Thèbes (lines 1-5394) with an introduction, notes and glossary*, thèse Chapel Hill (Univ. of North Carolina) 1960 (réimpr. Ann Arbor, University Microfilms, 1964).

ThebescP id., version courte du ms. C [2^{e}t. 13^{e}s.]; p. p. A. Petit, *Le roman de Thèbes*, Paris (Champion) 2008 (Champ. Cl. MÂ. 25). Cf. ThebesR.

ThebessM id., version dite proche de l'original: ms. agn. copiant un bon texte de l'Ouest; ms. BL Add. 34114 [agn. ca. 1400] (S); p. p. F. Mora-Lebrun, *Le Roman de Thèbes*, Paris (LGF) 1995 (Poche). V. RLiR 59,317s.; malheureusement sans concordance avec l'éd. Constans [v. 7107 = éd. C 6537; 11291 = 9501] et sans indication de la foliotation (déjà absente de l'éd. C).

ThémonAstrH Thémon Juif, traité d'astrologie; mlt. 1350; ms. de base Wien 5337 [f°179^b-184^b: 1395], en var. Erfurt Bibl. Amploniana f° 313 [14^{e}s.], Erfurt Bibl. Amploniana f° 380 [14^{e}s.]; p. p. H. Hugonnard-Roche, *L'œuvre astronomique de Thémon Juif, maître parisien du XIVe siècle*, Genève (Droz) – Paris (Minard) 1973 (Éc. prat. des Hautes Ét., Centre de Rech. d'hist. et de phil. V 16); [= TL Thémon Juif Œuvre astronomique H-R].

ThéophB Légende de Théophile, titre: *Coment la virge reconcilia Theophyle a son chier fil*, incip.: *Enceis qu'eüssent cil de Perse*, vers octosyll.; 13^{e}s.; ms. de base BN fr. 818 [lyonn. 2^{e}m. 13^{e}s.], en var. BN fr. 423 [lyonn. déb. 14^{e}s.]; p. dans → BartschHorning 461-490. Cp. → AdgarN n°17; CoincyI1; MirAgn^{2}Théoph; RutebTheoph.

ThesLL *Thesaurus Linguae Latinae*, Leipzig – Stuttgart (Teubner) 1900ss.; [= FEW ThesLL]. Travaux en cours dep. 1894. Traite le latin jusqu'à Isidore de Séville.

ThibAmPriereL Thibaut d'Amiens, *Priere*, en fait une chanson pieuse en 16 strophes de 12 vers pentasyll.; déb. 13^{e}s.; ms. de base BN fr. 12581 [frc. (av.) 1284] (S), qqs. var. tirées de Bruxelles Bibl. roy. 10392 [15^{e}s.] (B), Dijon 526 (299) [pic. fin 13^{e}s.] (Dij), Dublin Trinity Coll. D.4.18 (432) [rec. fact., I, f°1-22 agn. mil. 13^{e}s., II, f°23-58 14^{e}s.] (Dn), BL Add. 44949 [agn. 2^{e}m. 14^{e}s.] (Add), BL Add. 46919 [agn. ca. 1330], Oxford Bodl. Digby 86 [agn. 1272-82] (Dig), Oxford Bodl. Douce 252 [I: f°1-19 16^{e}s., II: déb. 15^{e}s.] (Do) f°24b ss., Ars. 570 [lorr. (Metz) 1^{er}t. 14^{e}s.] (A), Ars. 3517 [pic. fin 13^{e}s.] (G), BN fr. 12483 [mil. 14^{e}s.] (i), BN fr. 24436 [cette partie norm. 1^{e}m. 15^{e}s.] (H), BN nfr. 1050 [2^{e}m. 13^{e}s.] (X), Pavia Univ. Aldini 219 (130.E.5, 108) [déb. 14^{e}s.] (P); p. p. A. Långfors, "La prière de Thibaut d'Amiens", dans → MélOrr 134-157; [= TL Priere Tybaut d'Amiens; Dean 807: mss. agn.]. Réimprimé dans → BecLyr 80-84, n°66.

ThibBlaisN Poésies du trouvère Thibaut de Blaison (attribution parfois discutée); 1^{er}q. 13^{e}s.; ms. Arras 139 (657) [pic. 3^{e}t. 13^{e}s.], Bern 389 [lorr. fin 13^{e}s.], Modena Bibl. Estense α.R.4.4 [cette partie 1254], Ars. 5198 [déb. 14^{e}s.], BN fr. 765 [chansons: 13^{e}s.], BN fr. 844 [pic. 2^{e}m. 13^{e}s.], BN fr. 845 [3^{e}t. 13^{e}s.], BN fr. 846 [2^{e}m. 13^{e}s.], BN fr. 847 [4^{e}q. 13^{e}s.], BN fr. 12615 [art., 1e partie 4^{e}q. 13^{e}s.], BN fr. 20050 [lorr. 3^{e}t. 13^{e}s.], BN fr. 24406 [3^{e}t. 13^{e}s.], BN nfr. 1050 [2^{e}m. 13^{e}s.], Siena Bibl. com. H.X.36 [ca. 1300], Vat. Reg. lat. 1490 [déb. 14^{e}s.], BN fr. 856 [occ. 14^{e}s.], BN fr. 22543 [occ. 14^{e}s.]; 15 poèmes p. p. T. H. Newcombe, *Les poésies de Thibaut de Blaison*, Genève (Droz) 1978 (T.L.F. 253); [= TL Thib. Blaison Poésies N; Boss^2 4505]. Toutes les pièces, sauf une, occ., ont déjà été publiées plus d'une fois.

ThibChampW Thibaut de Champagne, comte de Champagne, chansons; champ. 2^{e}q. 13^{e}s.; ms. principal Ars. 5198 [déb. 14^{e}s.] (K) (fournissant 'la graphie' des textes édités, p.cx), les autres chansonniers en var.; p. p. A. Wallensköld, *Les chansons de Thibaut de Champagne*, Paris (Champion) 1925 (SATF 70); [= TL Thib. Champ. Chans.; FEW Thibaut]. Cp.→ BruslezAmis. Le DEAF utilise la concordance (liste du type KWIC) basée sur cette éd.: G. Lavis – M. Stasse, *Les chansons de Thibaut de Champagne. Concordances et index établis d'après l'édition de A. Wallensköld,*

ThibChampW

Liège (Publ. de l'Inst. de Lex. fr.) 1981; [= TL Thib. Champ. Chans. Concordances].

ThibChampT id.; p.p. P. Tarbé, *Chansons de Thibault IV, comte de Champagne et de Brie, roi de Navarre*, Reims (Regnier) 1851; [= Boss 2396]. Très mauvaise édition.

ThibMarlyS Thibaut de Marly, moine cistercien de Val Notre Dame d'Antheit, *Vers*, poème didactique moralisant, vers alexandrins rimés, en laisses; frc. (p.-ê. traits norm.), ca. 1184; ms. de base du texte critique (appelé 'restitué') BN fr. 25405 [2e partie, f°89-145, champ.sept. ca. 1300] (A), en var. BN fr. 1850 [partie fr. Est 2^{e}q. 13^{e}s.] (B), ms. London Lambeth Palace 522 [agn. déb. 14^{e}s.] (C) imprimé sur les pages de gauche; p.p. H. K. Stone, *Les vers de Thibaud de Marly*, Paris (Droz) 1932; [= TL Thib. Marly St; FEW ThMarly].

ThibMarlyM id.; dernière strophe du texte p. dans → VMortHélM p. 11-14; [TL Thib. d. Marly V. s. l. M. concerne d'abord → VMortHélM].

ThibaultSuisse A. Thibault, *Dictionnaire suisse romand. Particularités lexicales du français contemporain*, Carouge-Genève (Zoé) 1997; [= FEW DSR]. C.r. VRo 59,278-289.

ThibaultSuisse² id., nouv. éd. corr. et augm., préparée par P. Knecht, Carouge-Genève (Zoé) 2004; [= FEW DSR 2004].

ThierbFeste A. Thierbach, *Untersuchungen zur Benennung der Kirchenfeste in den romanischen Sprachen*, Berlin (Akad.) 1951; [= FEW Thierb; TL Thierbach Kirchenfeste].

ThiergenMyth J. Thiergen, *Die lautliche und begriffliche Entwickelung der antik-mythologischen Namen in der französischen Sprache*, thèse Kiel, Pulsnitz (Förster) 1907.

Thierry A. Thierry, *Recueil des monuments inédits de l'histoire du Tiers État*, 4 vol., Paris (Didot) 1850-1870; [= FEW Thierry].

ThomHélP Vie du bienheureux Thomas Hélie (Elye) de Biville, en vers octosyll.; norm. ca. 1300; ms. BN fr. 4901 [déb. 18^{e}s.] copie pas trop sûre d'un ms. ancien perdu, f°47ss. (112 lignes au f°); p.p. E. Le Chanteur de Pontaumont, *Vie du B. Thomas Hélie de Biville. A l'usage des pélerinages de la paroisse N.-D.-du-Vœu de Cherbourg*, Cherbourg (Feuardent) 1868, textes lt. et fr.: p. 146-174, éd. sur la base d'une copie de L. Delisle; [= Boss 3380]. L'attribution à Jean de Saint Martin est douteuse.

ThomKentF *Roman de toute chevalerie* (vie d'Alexandre le Grand), attribué à Thomas de Kent, laisses d'alex. rimés; agn. 4^{e}q. 12^{e}s.; ms. de base Durham Chapt. Libr. C.IV.27B [agn. 2^{e}m. 14^{e}s.] (D), en var. (et pour suppléer à qqs. lacunes) BN fr. 24364 [contin. déb. 14^{e}s.] (P) leçons souvent défectueuses, Cambridge Trinity Coll. O.9.34 (1446) [agn. mil. 13^{e}s.] (C), Oxford Bodl. Lat. misc. b.17 [agn. déb. 14^{e}s.] (O) fragment f. 140 (p. dans → AlexArsM 2, 278-280), BL Add. 46701 f°8-9 [13^{e}s.] (L) fragm.; p.p. B. Foster (with the assistance of I. Short), *The Anglo-Norman Alexander (Le roman de toute chevalerie) by Thomas of Kent*, 2 vol., London 1976-1977 (Anglo-Norman Texts 29-33); [= TL ThKent Alexander F; Boss² 2125; Dean 165; Vising 37; Boss 981ss.; AND Rom Chev *et* Rom Chev ANTS; Hol 942ss.]. Multitude d'erreurs surtout dans les variantes, v. c.r. Isoz CahCivMéd 24 (1981) 72-75. Gloss. insuffisant. L'éd. a été réimprimée, pratiquement telle quelle (!), avec une traduction, par C. Gaullier-Bougassas et al., Paris (Champion) 2003 (v. RLiR 68,282 et ZrP 121,289-290). – Le texte incorpore des extraits d'AlexPar II, Le Fuerre de Gadres, délaissés par l'éd. (!); le ms. BN, f^{os}8r°-31r°, est cité par Gdf comme «Th. de Kent».

ThomKentM id.; étude et qqs. extraits p. dans → AlexArsM 1,177-193 (rubriques du ms. Durham); 195-235 (ms. BN), 2,273-299; [= TL Alex. Gr. D].

ThomasEss A. Thomas, *Essais de philologie française*, Paris (Bouillon) 1897; [= FEW ThomasEss; TL Thomas Essais].

ThomasLille P. Thomas, *Textes historiques sur Lille et le Nord de la France*, 2 vol., Lille (Raoust) 1931-1936 (Bibl. Soc. Hist. Droit Pays Flamands 5,10); [= FEW ThomasLille].

ThomasMél¹ A. Thomas, *Mélanges d'étymologie française*, Paris (Alcan) 1902 (Univ. de Paris, Bibl. de la Fac. des Lettres, 14); [= FEW ThomasMél; TL Thomas Mél.].

ThomasMél² A. Thomas, *Mélanges d'étymologie française*, 2e éd., Paris (Champion) 1927; [= FEW ThomasMél²]. Corr. et ajouts entre crochets.

ThomasNEss A. Thomas, *Nouveaux essais de philologie française*, Paris (Bouillon) 1904; [= FEW ThomasNEss; TL Thomas Nouv. Ess.].

ThomassetPlac C. A. Thomasset, *Une vision du monde à la fin du XIIIe siècle. Commentaire du Dialogue de Placides et Timéo*, Genève (Droz) 1982 (Publ. rom. et fr. 161). Concerne → PlacTimT.

ThornCord C. Thorn, "Quelques dénominations du cordonnier en français. Étude de géographie linguistique", *AnS* 129 (1912) 81-133; [= TL Thorn cordonnier]. Existe aussi comme tiré à part sous le nom de A. C. Thorn, Braunschweig (Westermann) 1912. C.r. Wartburg ZrP 37,498-500.

ThornMéd C. Thorn, "Les désignations françaises du "médecin" et de ses concurrents aujourd'hui et autrefois", *ZfSL* 55 (1932) 129-167; 257-307; [= TL Thorn médecin].

ThornSartre A. C. Thorn, *Sartre-Tailleur*, Lund (Gleerup) – Leipzig (Harrassowitz) 1913. C.r. Jaberg AnS 132,446-449.

ThorneRead S. E. Thorne, *Readings and Moots at the Inns of Court in the fifteenth century*, t. 1 [*Readings*], London (Quaritch) 1954 (Selden Soc. 71); [= AND Readings]; t. 2, *Moots and Reader's Cases*, London (Selden Soc.) 1990 (Selden Soc. 105). Doc. agn. à partir de 1420; les citations de cas plus anciens reflètent la langue du 15ᵉ s.

ThurauRefr G. Thurau, *Der Refrain in der französischen Chanson*, Berlin (Felber) 1901; [= FEW Thurau].

ThurauSing G. Thurau, *Singen und Sagen. Ein Beitrag zur Geschichte des dichterischen Ausdrucks*, Berlin (Weidmann) 1912; [= TL Thurau Singen u. S.].

ThurotEx C. Thurot, *Extraits de divers manuscrits latins pour servir à l'histoire des doctrines grammaticales au moyen âge*, Paris 1869 (réimpr. Frankfurt, Minerva, 1964); [ce livre est identique à → NotExtr 22,2 (1868) où le titre est *Notices et extraits de divers*...; = TL Thur.]. Transcription des mss. fort correcte. (Le sigle Thurot du FEW concerne → ThurotPron, mais parfois aussi ThurotEx.)

ThurotPron C. Thurot, *De la prononciation française depuis le commencement du XVIᵉ siècle, d'après les témoignages des grammairiens*, 2 vol., Paris (Impr. nat.) 1881-1883; [= FEW Thurot].

TiefenbachAsächs H. Tiefenbach, *Altsächsisches Handwörterbuch. A concise Old Saxon dictionary*, Berlin – New York (de Gruyter) 2010. Traite l'ancien saxon (aball.) de sources datables de ca. 800 – fin 12ᵉ s.

TiktinMir H. Tiktin – P. Miron, *Rumänisch-deutsches Wörterbuch*, 2ᵉ éd., Wiesbaden (Harrassowitz) 1985-1989. Renvois bibl. lacunaires. Cf. → Puşc.

TiktinMir³ id., 3ᵉ éd. revue par P. Miron et E. Lüder, Cluj (Clusium) 2000-2005.

TilChaceOis G. Tilander, "Étude sur les traductions en vieux français du traité de fauconnerie de l'empereur Frédéric II", *ZrP* 46 (1926) 211-290; [= TL Faucon. Fréd.]. Étude et gloss. sélectif de → ChaceOisI et ChaceOisII.

TilEtym G. Tilander, *Essais d'étymologie cynégétique*, Lund (Ohlssons) 1953 (Cynegetica 1); [= TL Tilander Cynegetica I].

TilGlan G. Tilander, *Glanures lexicographiques*, Lund (Gleerup) 1932 (Skrifter utgivna av kungl. humanistiska vetenskapssamfundet i Lund, 16); [= FEW TilanderGlan *et* TilGlan; TL Tilander Glan. lex.; AND Glan lex]. Renvois souvent erronés.

TilLex G. Tilander, *Lexique du Roman de Renart*, Göteborg (Wettergren – Kerbers) – Paris (Champion) 1924; [= FEW TilanderLex *et* TilLex; TL Tilander Lex. Ren.].

TilMélEtym G. Tilander, *Mélanges d'étymologie cynégétique*, Lund (Blom) 1958 (Cynegetica 5); [= TL Tilander Cynegetica V].

TilMisc G. Tilander, *Littré et Remigereau comme lexicographes et Miscellanea cynegetica*, Karlshamn (Johansson) 1968 (Cynegetica 17); [= Boss² 5422].

TilMsModus G. Tilander, *Les manuscrits des livres du roy Modus et de la reine Ratio*, Lund (Ohlsson) 1932 (Lunds Univ. Årsskr. N. F. A. 1,28,5). Concerne → ModusT, avec extraits et reproductions.

TilNEtym G. Tilander, *Nouveaux essais d'étymologie cynégétique*, Lund (Blom) 1957 (Cynegetica 4); [= TL Tilander Cynegetica IV].

TilNMélEtym G. Tilander, *Nouveaux mélanges d'étymologie cynégétique*, Lund (Blom) 1961; [= Boss² 5421].

TilRem G. Tilander, *Remarques sur le Roman de Renart*, Göteborg (Elander) 1923; [= FEW Tilander; TL Tilander Rem.].

[TilRemRen v. TilRem.]

TimbalParl P.-C. Timbal et al., *La guerre de Cent Ans vue à travers les registres du Parlement (1337 – 1369)*, Paris (CNRS) 1961. Exploite et reproduit surtout des registres du fonds X (Parlement) des AN, lat. et fr. (à partir de 1344).

TissierFarce A. Tissier, *La farce en France de 1450 à 1550, Recueil de textes établis sur les originaux, présentés et annotés*, 2 vol., Paris (SEDES) 1976.

TissierFarces A. Tissier, *Recueil de farces (1450-1550)*, Genève (Droz) 1986-2000 (T. L. F. 336; 350; 358; 367; 374; 391; 432; 441; 456; 471; 482;

495; 526). Localisation des textes par → Greub-Rég. Cf. T. Matsumura MélDiStefano 403-407. Reprend RecTreppC et RecTreppD; fac-similé v. sub RecTreppD.

TobinLais P. M. O'Hara Tobin, *Les lais anonymes des XIIe et XIIIe siècles. Édition critique de quelques lais bretons*, Genève (Droz) 1976 (Publ. rom. et fr. 143); [= FEW LaisAnon; TL Lais anonymes T; Boss[2] 2840]. Contient → DesiréT, DoonLaiT, EspineT, GraelentT, GuingT, LecheorT, MelionT, NabaretT, TrotT, TydorelT, TyoletT.

ToblerDam A. Tobler, "Bruchstücke altfranzösischer Dichtung aus den in der Kubbet in Damaskus gefundenen Handschriften", *Sitzungsberichte der Königlich Preussischen Akademie der Wissenschaften*, Berlin, Phil.-hist. Klasse, 34 (1903), Berlin 1903, 960-976; [= TL Bruchst. Dam.; Boss 3435]. I: fragm. de → FierK (4080-4139; 4475-4529), ms. Berlin Staatsbibl. orient. ms. sim. or. 6 (repr. phot., orig. à l'èpoque à Dimashq/Damas) [13e s.], texte p. 961-964; II: fragm. de → SMarieEgT (979-1016); III: Poème sur la grossesse miraculeuse de la Vierge, incip. *Oët, seignors, trestuit, Por dé, ne vos enuit*, fragm. de 200 vers hexasyll., 12e s. ?, date du ms. ?

ToblerVerm A. Tobler, *Vermischte Beiträge zur französischen Grammatik*, vol. 1: 1e éd., Leipzig (Hirzel) 1886, 2e éd. 1902, 3e éd. 1921, vol. 2: 1e éd., 1894, 2e éd. 1906, vol. 3: 1e éd., 1899, 2e éd. 1908, vol. 4: 1908, vol. 5: 1912, [le tout réimpr. Amsterdam (Rodopi) 1971]; [= FEW ToblerVerm; TL Tobler Verm. Beitr.]. Chaque éd. contient des ajouts.

TomBel N. Tommaseo – B. Bellini, *Dizionario della lingua italiana*, 4 t. en 7 vol., Torino (Unione Tip. Ed.) 1861 [1865]-1879 (réimpr. 1924, 1929; en 20 vol.: Milano, Rizzoli, 1977); 1,1 = '1' des réimpr., 1861; 1,2 = 2,1865; 2,1 = 3,1869; 2,2 = 4,1869; 3 = 5,1872; 4,1 = 6,1872; 4,2 = 7,1879. Pour ses abréviations v. Zolli StMVolg 25 (1977) 201-241; SLeI 3 (1981) 97-166.

TombChartrS Le Tombel de Chartrose, collection de 31 contes pieux en vers octosyll.; norm. ca. 1335 (entre 1337 et 1339?); ms. de base Avranches 244 [Dol 1424 n.st.] (A), en var. BN nfr. 6835 [2e partie 1[e]m. 15[e]s.] (P); p. p. A. Sulpice, *Tombel de Chartrose*, Paris (Champion) 2014 (CFMA 173). Le titre courant aurait pu contenir les n[os] des contes. C.r. Greub RCritPhR 15,40-69.

TombChartrProl/4...W id.; prologue et contes 4, 5, 6, 8, 10, 18, 22, 23, 24; p. p. E. Walberg, *Contes pieux en vers du XIVe siècle, tirés du recueil intitulé* Le Tombel de Chartrose, Lund (Gleerup) 1946 (Skrifter Kungl. Humanistiska Vetenskapssamfundet i Lund 42); [= TL Tombel Chartr.; FEW TombChartr; Boss 4902]. Cf. → ChantRouss.

TombChartr1...K id., contes 1-3, 9, 12-17, 20, 21, 25-28, 30, 31; p. p. E. Kooiman, *18 contes français tirés du recueil intitulé Le Tombel de Chartrose*, Amsterdam (Graduate Pr.) 1975; [= TL Tombel Chartr. K].

TombChartr1/2/3S id., I: *Du duc de Sardaine*, II: *De saincte Gale qui ne se voult remarier*, III: *De saint Paulin de Nole*; p. p. S. Sandqvist, *Trois contes français du XIVe siècle tirés du recueil intitulé 'Le tombel de Chartrose'*, Stockholm (Almqvist & Wiksell) 1982; [= TL Tombel Chartr. S]. Tient compte de l'éd. K.

TombChartr6R id., conte 6: *De ceulx qui carolerent un an pour empeschier le divin service*; p. p. G. Raynaud, "Deux nouvelles rédactions françaises de la légende des Danseurs maudits", dans → MélWilmotte 2,568-580, v. Boss 4899.

TombChartr7W id., conte 7: *Histoire de maistre Silon, ou D'un estudiant qui apparut a son maistre aprés sa mort*; p. p. E. Walberg, "Histoire de maistre Silon", StN 15 (1942-44) 209-229; [= TL Maistre Silon; Boss 4900].

TombChartr11W id., conte 11: *Comme le filz du conte de Crespi delessa son heritage*; p. p. E. Walberg, dans → SimCrespyW p. 63-87; [= TL Simon de Crépy (II); FEW SCrépyH *et* WalbergSimon; Boss 4898].

TombChartr18S id., conte 18: *De saint Alexi*; ms. Avranches 244 [Dol 1424 n.st.]; p. dans → AlexisAlPS p. 85-145. Préférer l'éd. Walberg.

TombChartr19S id., conte 19: *La mort du roi Souvain* (Sweyne); ms. de base Avranches 244 [Dol 1424 n.st.] (A), en var. BN nfr. 6835 [2e partie 1[e]m. 15[e]s.] (P); p. p. S. Sandqvist, *La mort du roi Souvain*, Stockholm (Almqvist & Wiksell) 1985; [= TL Tombel Chartr. Sauvain S (!)].

TombChartr19T id.; ms. Avranches p. p. G. S. Trébutien, *La mort du roi Sweyne, en vers du XIVe siècle*, Caen (Poisson) 1846.

TombChartr26J id., conte 26: *De celli qui vesqui en la carriere*; p. p. M. Jackson, "Two chapters from the Tombel de Chartrose: *Formosus* and *De celli qui vesqui en la carriere*", R 96 (1975) 528-547, spéc. 537-547; [= TL Tombel Chartr. J; Boss[2] 7760]. Contient aussi ThombChartr27J.

TombChartr27J id., conte 27: *De la deshonnesté que l'en fist au pappe Formose*; p. dans → TombChartr26J 530-537.

TombChartr29W id., conte 29: *Vision de saint Foursi*; p. p. E. Walberg, "La vision de saint Foursi", dans → MélMel 203-221; [= TL Vision SFoursi; Boss 4901].

TournAntW *Tornoiement Antechrist*, poème allégorique traitant de l'Antéchrist, par Huon de Méry, vers octosyll.; ca. 1236; ms. de base BN fr. 1593 [frc., faibles traits lorr. fin 13ᵉs.] (A), en var. BN fr. 12469 [1ᵉm. 14ᵉs.] (B), BN fr. 24432 [frc. av. 1349] (C), BN fr. 25407 [agn. 4ᵉq. 13ᵉs.] (D), BN fr. 25566 [pic. (Arras) prob. 1295] (E), BL Harl. 4417 [agn. ca. 1400] (L), Oxford Bodl. Douce 308 [Metz ca. 1320] (O), Torino Bibl. naz. L.V.32 [wall. ca. 1300] cité de seconde main, Wien 2602 [1403] cité de sec. main, Stockholm Kungl. Bibl. Vu 22 (Stephens 53, 108) [4ᵉq. 15ᵉs.] cité de sec. main; p. p. G. Wimmer, *Li tornoiemenz Antecrit von Huon de Mery*, Marburg (Elwert) 1888 (Ausgaben und Abh. 76); [= TL Tourn. Ant.; Dean 586; Boss 3516].

TournAntW² id., réimpression de l'éd. W, incorporant les errata et 'améliorant' le texte, mais sans l'apparat critique de sorte qu'il n'y a aucune clarté quant à la composition du texte; p. p. S. Orgeur, *Huon de Mery, Le Tournoi de l'Antéchrist*, Orléans (Paradigme) 1994 (Medievalia 13). Inutile, sauf éventuellement la traduction.

TournAntB id.; ms. BN fr. 25407 [fin 13ᵉs.]; p. p. M. O. Bender, *Le torneiment Anticrist by Huon de Meri. A critical edition*, University (Mississippi) 1976 [première éd. 1971; Romance Monographs 17]; [= TL Tourn. Ant. B; Boss² 5877]. Cp. le c.r. fracassant de Roques ZrP 95,527-529, aussi Atkinson CCM 26,171-172; l'éd. W reste préférable dans l'ensemble.

TournAntT id.; ms. de base BN fr. 25407 [fin 13ᵉs.], texte modifié à l'aide du ms. BN fr. 25566 [pic. (Arras) prob. 1295]; p. p. P. Tarbé, *Le Tornoiement de l'Antécrist par Huon de Méry*, Reims (Regnier) 1851 (réimpr. Genève, Slatkine, 1977); [= TL Tourn. Ant.]. Graphie altérée librement: inutilisable. Contient aussi → PhThSibT.

TournDamAnD Tournoiement des dames, sorte d'ensemble de 'panégyriques collectifs' (DLF²) chantant les qualités de dames nobles, version anonyme, incip. *A cel tens que chevalerie*, vers octosyll.; prob. 1261; ms. unique BN fr. 837 [frc. 4ᵉq. 13ᵉs.]; p. p. H. P. Dyggve, "Les personnages du *Tournoiement aus dames*", NM 36 (1935) 145-192, texte 178-187; [= TL Tourn. aux dames D; Boss 2634].

TournDamAnM id.; p. dans → Méon 1,394-403.

TournDamGencPu Le *Tournoiement as dames de Paris* (chantant les louanges de bourgeoises de Paris) par Pierre Gencien (mort en 1292), vers octosyll.; frc. (Paris) ca. 1270; ms. Vat. Reg. lat. 1522 [déb. 14ᵉs.]; p. p. A. Pulega, *Ludi i spettacoli nel medioevo. I tornei di dame*, Milano s.d. [1970] (Catt. fil. rom. Univ.), p. 21-63; [= Boss² 4898]. Son texte de TournDamHuon (p. 3-9) est une réimpression de TournDamHuonJ, de même le texte de TournDamSem (p. 11-12) qui réimprime le texte donné dans RichSemJ, et la version anonyme (p. 13-20) qui réimprime → TournDamAnD.

TournDamGencP id.; p. p. M. Pelaez, *Le tornoiement as dames de Paris. Poemetto antico francese di Pierre Gencien*, Perugia (Unione tipogr. coop.) 1917 (Stud. rom. 14); [= TL Torn. as dames; FEW Gencien; Boss 2635].

TournDamHuonJ id., version par Huon d'Oisy; 13ᵉs.; ms. de base BN fr. 844 [pic. 2ᵉm. 13ᵉs.] (A), en var. BN fr. 12615 [art., 1ᵉ partie 4ᵉq. 13ᵉs.] (B); p. p. A. Jeanroy, "Notes sur le Tournoiement des dames", R 28 (1899) 232-244, texte 240-244.

TournDamSemJ id., version attribuée à Richard de Semilli, sixains de dodécasyll. monorimes; ca. 1200; ms. BN nfr. 1050 [2ᵉm. 13ᵉs.] acéphale; p. dans → RichSemJ 81-83, n°11. Renouvelle l'éd. Jeanroy R 28,232-237.

TournEnfL Le Tournoiement d'enfer, poème allégorique en vers octosyll.; orl. (Blésois) ca. 1240; ms. BN fr. 1807 [orl. (Blois) 1ᵉʳt. 14ᵉs.]; p. p. A. Långfors "Le tournoiement d'enfer, poème allégorique et satirique", R 44 (1915-1917) 511-558; [= TL Tourn. d'Enf.].

TrJurExceptW *Exceptiones ad cassandum brevia*, traité juridique résumant certaines procédures (complétant le *Modus componendi brevia* lt. [publié dans le même vol. p. 143-162], de 1285 ou peu après); agn. ca. 1290; ms. de base (?) BL Harl. 395 [agn. ca. 1300] (A), complété par BL Harl. 667 [agn. 1ᵉʳq. 14ᵉs.] (B) et BL Harl. 748 [agn. 1ᵉʳt. 14ᵉs.] (C), aussi dans London Lambeth Palace 788 [agn. ca. 1300]; p. dans → TrJurFetW p. 163-183.

TrJurFetW Traité juridique (texte fr., *brefs* modèles en lat.) qui essaie de faire connaître la substance de procédures complexes du droit anglais, incip. *Fet asaver* ou *Summa fet assaver*, prob. par Ralph de Hengham; agn. av. 1263; ms. de base (?) BL Egerton 656 [agn. ca. 1300] (A), complété par BL Add. 32085 [agn. 1293-1310] (B) f°63-73, BL Roy. 15 A.XXXI [agn., partie jurid. ca. 1295] f°109 (C), BL Harl. 408 [agn. 1ᵉʳt. 14ᵉs.] (D), BL Harl. 409 [agn. 3ᵉt. 13ᵉs.] (E), BL Stowe 386 [agn. déb. 14ᵉs.] (G), London Lambeth Palace 179 [agn. ca. 1300] (L), London Lambeth Palace 166 [agn. déb. 14ᵉs.] (O), London Lambeth Palace 788 [agn. ca. 1300] (R), Cambridge Univ.

TrJurFetW Ee.I.5 [agn. 14ᵉs.] (S), Cambridge Univ. Dd.VII.6 [agn. ca. 1310] (T), Cambridge Univ. Hh.III.11 [agn. ca. 1300] (V), Cambridge Univ. Ee.I.1 [agn. déb. 14ᵉs.] (X), Cambridge Univ. Ll.IV.17 [agn. 1ᵉʳt. 14ᵉs.] (Y), aussi dans Oxford Bodl. Rawl. C.331 [agn. ca. 1300] et Oxford Bodl. Rawl. C.332 [agn. 1ᵉʳq. 14ᵉs.]; p. p. G. E. Woodbine, *Four thirteenth century law tracts*, thèse Yale, New Haven (Oxf. Univ. Press) 1910, texte p. 53-115; contient aussi → TrJurExceptW et deux traités lt.; [le tout = AND Fet].

TraLiLi *Travaux de linguistique et de littérature*, Strasbourg 1963ss. Paraissait de 1988, t. 26, à 2000, t. 38, sous le titre *Travaux de linguistique et de philologie* (= TraLiPhi), sans la partie littéraire.

TraLiPhi v. TraLiLi.

TrahFranceK Livre des *Trahisons de France envers la maison de Bourgogne*, chronique de partialité bourguignonne, continuant → ChronNorm, résumant au début → GesteDucsBourgK, faits 1295-1464 (ms. Lille) ou 1466, incip. de l'éd.: *Commenchement des traysons de France dont la noble maison de Bourgongne a soustenu moult d'affaires*; hain.? 1466 ou peu après; ms. de base Den Haag KB 128.E.17 (936) [fin 15ᵉs.], non utilisés Lille Bibl. mun. 371 (538) [fin 15 ᵉs.?]; Firenze Bibl. Med. Laurenz. (?); p. dans → GesteDucsBourgK p. 1-258. Cf. Doutrepont, Litt. fr. Bourg., 439-441.

TraitéHomilK Traité d'homilétique latin, parsemé de dictons fr.; 1ᵉm. 13ᵉs.; ms. Tallinn lat. A.14a [13ᵉs.] f°1-127; extraits p. p. F. Koehler, "Ehstländische Klosterlectüre", Reval (Kluge) 1892; [= TL Ehstl. Klosterl.].

TraîtresS *D'ou viennent les traîtres et les mauvais / De quoi vienent li traitor*, dit satirique, vers octosyll.; 13ᵉs.; ms. BN fr. 19152 [frc. fin 13ᵉs.]; p. p. Georges Straka, "D'ou viennent les traîtres et les mauvais. Dit satirique du XIIIᵉ siècle", *NM* 38 (1937) 131-145; [= TL Traîtres; Boss 2614].

TraîtresSu id.; p. p. J. Subrenat, "De qoi vienent li traitor et li mauvés", *Senefiance* 1 (Aix 1976) 87-107; [= TL Traîtres S; Boss² 5112]. À contrôler sur ms. (fac-similé Faral).

Transmédie C. Galderisi – V. Agrigoroaei et al., *Translations médiévales. Cinq siècles de traductions en français au Moyen Âge (xiᵉ-xvᵉ siècles)*, 2 t. en 3 vol., Turnhout (Brepols) 2011. Excellente somme bibl.; par endroit très fautif (p. 1249s. BN nfr. 18867 l.-68; ms. à aj. au n°1068); complétude inégale des références; [le sigle est le leur]. C.r. Dörr ZrP 131,1131-7 in finis.

TraversesU *Dit des Traverses*, fatrasie (*reverie*) en 97 versets composés d'un vers de 8 et d'un de 4 syll., le premier vers (1a) rimant avec le dernier (97b); prob. 1303; ms. BN fr. 24432 [frc. av. 1349]; p. p. P. Uhl, "La réputation imméritée de la troisième *resverie* ou la tenace malchance du *Dit des Traverses* (1303)", *NM* 90 (1989) 19-33; cf. Kellermann → MélLejeune 1331-1346; Boss 7705; → FatrArr; PorterFatr.

TreaseSpicers G.E. Trease, "The spicers and apothecaries of royal household in the reigns of Henry III, Edward I and Edward II", *Nottingham Mediaeval Studies* 3 (1959) 19-52. Contient qqs. petits doc. agn. (à partir de 1301) et latins. Gloss. sans renvois!

TreatyRollsC Registres diplomatiques et autres (Chancery rolls) connus comme Treaty Rolls, conservés à London, Public Record Office [Kew, NA]; doc. lat. et agn. (ces derniers à partir de 1259); t. 1, années 1234-1325, p. p. P. Chaplais, *Treaty Rolls preserved in the Public Record Office*, London (H. M. Stat. Off.) 1955; [= AND Treaty Rolls]. Il n'y a qu'un résumé de tous les doc. déjà p. dans → Foedera.

TreatyRollsF id.; t. 2, années 1337-1339; p. p. J. Ferguson, London (HMSO) 1972; [= AND Treaty Rolls].

Trénel J. Trénel, *L'Ancien Testament et la langue française du moyen âge (VIIIᵉ-XVᵉ siècle)*, Paris (Cerf) 1904; [= FEW Trénel].

TresVenM *Tresor de venerie*, traité de chasse, par Hardouin de Fontaine-Guérin, 1948 vers octosyll.; ang. 1394; ms. BN fr. 855 [ca. 1400]; p. p. H. Michelant, *Trésor de vènerie..., par Hardouin*, Metz (Rousseau-Pallez) 1856; [= TL Tres. Ven.].

TresVenP id.; p. p. J. Pichon, *Le plaisir des champs avec la venerie, volerie et pescherie*, Paris (Franck) 1869.

TrescesN *Les tresces* (tresses), fabliau, version longue du ms. D, 434 vers octosyll.; 2ᵉt. 13ᵉs.; ms. BN fr. 19152 [frc. fin 13ᵉs.] (D); p. dans → NoomenFabl 6,207-258 (p. impaires), n°69. Les mss. Bern 354 [bourg.sept. déb. 14ᵉs.] (B) et BN fr. 12581 [frc. (av.) 1284] (X) conservent une version raccourcie à 313 resp. 267 vers; titre *La Dame qui fist son mari entendant qu'il sonjoit*; imprimés sur les pages paires.

TrescesM id.; p. dans → MénardFabl p. 95-108, n°8.

TrescesR id.; p. dans → RychnerFabl 2,136-148. Ms. D col. droites, ms. B col. gauches avec X en var..

TrescesRe id.; ms.-version D; p. dans → ReidFabl 23-33.

Tripartita[1]L *Tripartita*, traduction d'un recueil composé de trois pièces: *Willelmi articuli, Leges Eadwardi Confessoris Retractae, Genealogia Ducum Normannorum et Regum Anglorum*; la première partie donne qqs. articles inspirés de → LoisGuill, prose; agn. 1192 (1192-mars 1193); ms. unique Cambridge Univ. Ee.I.1 [agn. déb. 14[e]s.] f[o]3; 1e partie p. dans → LoisGuillL 1, p. 488-489 (texte); 3, p. 281-282; [= Dean 33; WoC 72,1; AND Art Will].

Tripartita[2]L *Tripartita*, deuxième partie, prose; agn. 1192; ms. unique Cambridge Univ. Ee.I.1 [agn. déb. 14[e]s.] f[o]3-8r[o]; p. p. F. Liebermann, "Eine Anglonormannische Uebersetzung des 12. Jahrhunderts von Articuli Willelmi, Leges Eadwardi und Genealogia Normannorum", *ZrP* 19 (1895) 77-84 [Articuli 82-83, début des Leges 84: texte traduit petit corps, texte variant recte grand corps, texte ajouté recte petit]; [= Dean 34].

Tripartita[3]T *Tripartita*, troisième partie; agn. 1192 (1192-mars 1193); ms. unique Cambridge Univ. Ee.I.1 [agn. déb. 14[e]s.] f[o]8r[o]-9v[o]; p. p. D. B. Tyson, "An Early French prose history of the kings of England", *R* 96 (1975) 10-13 (l. 1-159; l. 160-394 = → ReiEnglT); [= Dean 30; WoC 72,3].

TristBérG *Le roman de Tristan (Tristran), par un certain Béroul*, poème en couplets octosyll.; Ouest 4[e]q. 12[e]s.; ms. unique, acéphale et anoure, BN fr. 2171 [2[e]m. 13[e]s.]; p. p. S. Gregory, *The romance of Tristran by Beroul*, Amsterdam – Atlanta (Rodopi) 1992; [= TL Trist. Bér. G].

TristBérB id.; p. p. H. Braet – G. Raynaud de Lage, *Béroul. Tristan et Iseut*, 2 vol., Paris – Louvain (Peeters) 1989. Rééd. avec des modifications mineures en 1999.

TristBérE id.; p. p. A. Ewert, *The romance of Tristan*, Oxford (Blackwell) [[1]1939] 1967; [= TL Trist. Bér. E; Boss[2] 3006]. Base du travail de A. Varvaro, *Il Roman de Tristan di Béroul*, Torino 1963 [= TL Trist. Bér. V].

TristBérL id.; p. p. N. J. Lacy, *Beroul. The romance of Tristran*, New York (Garland) 1989.

TristBérL[2] id.; dans N. J. Lacy, *Early French Tristan poems*, 2 vol., Woodbridge – Cambridge (Brewer) 1998. Contient aussi FolTristBern, FolTristOxf, TristThom[G], fragm. Carlisle, MarieChievre, extr. du Donnei (453-660, 'Tristan Rossignol'), extr. de la ContPerc[4] (3309-4832, 'Tristan Menestrel').

TristBérM[1] id.; p. p. E. Muret, *Le roman de Tristan, roman du XIIe siècle par Béroul et un anonyme*, Paris (Picard) 1903 (SATF); [= TL Trist. Bér.; FEW Béroul *et* Tristan].

TristBérM[2] id.; p. p. E. Muret, *Béroul. Le roman de Tristan*, Paris (Champion) [1]1913; [2]1922 (CFMA 12); [= TL Trist. Bér.[2]].

TristBérM[4] id., éd. revue par L. M. Defourques [= L. Foulet et M. Roques., [4]1947 et réimpr.; [= TL Trist. Bér. MD, Boss 1642]. Considérer les corr. de L. Caulier, *Glossaire complet*, Liège s.d. [A servi à l'impression de TristBér dans D. Lacroix et Ph. Walter, *Tristan et Iseut*, Paris (Libr. Gén.) 1989 (Poche 4521) [= TL Tristan et Yseut LW]; les autres textes sont également basés sur des éd. antér.] Cf. → SandqvistTrist.

TristBérMi id.; dans → MichelTrist 1,1-212; [TL Trist.].

TristBérP id.; p. p. J. C. Payen, *Tristan et Yseut*, Paris (Bordas) 1989 (Classiques Garnier), p. 1-141; [= TL Tristan et Yseut P; Boss[2] 2872]. Sans glossaire. Contient aussi TristThomP, FolTristBernP 247-264, FolTristOxfP 265-297, MarieChievre 299-302.

TristBérPo id.; p. p. D. Poirion, *Tristan et Yseut, roman de Béroul*, Paris (Impr. nat.) 1989. Avec trad. et notes; sans glossaire.

TristBérR id.; p. p. T. B. W. Reid, *The Tristan of Beroul*, New York (Barnes & Noble) 1972.

TristNantS *Tristan de Nanteuil*, chanson de geste du cycle de Nanteuil, en vers alex.; hain. mil. 14[e]s.; ms. unique BN fr. 1478 [hain. ca. 1475]; p. p. K. V. Sinclair, *Tristan de Nanteuil*, Assen (Van Gorcum) 1971; [= TL Tristan de Nanteuil; Boss[2] 1962]. C.r. Lecoy R 94,281-283: corrections.

TristPr *Roman de Tristan* en prose, attributions à Luce de Gaut et à Helie de Boron sans fondement; ca. 1230; nombreux mss., v. R. L. Curtis, *Tristan Studies*, München (Fink) 1969, p. 66ss., → TristPrC t. 2, p. 12-52, Wo 170 [le ms. Cologny Bodmer, anc. Cheltenham Phillipps 8383 [13[e]s.], a été vendu à Kraus, New York], Wos 170 et Boss[2] 3131-3140, aussi → TristPrMé, et ZrP 119,167 [Vat. Barberini Lat. 3536], pour le ms. Kraków Univ. gall. fol. 188 (anc. Berlin) [pic.? 2[e]m. 13[e]s.] contenant les §§ 283a et 284 de l'analyse Löseth v. StutzmannTylus 84, pour le fragm. Nancy Arch. dép. 3E3543-44 v. De Carné et Greub R 131,179-200. Étant donné que le roman a été successivement amplifié (certains distinguent deux versions), il faut s'en tenir le plus souvent aux dates des mss. utilisés dans les éd. partielles (v. la liste d'extraits publiés dans → TristPrC t. 1, p. 34-35; cp. aussi BBSIA 30,219;293) et complètes, v. infra. Pour la segmentation du récit on se réfère à l'analyse de E. Löseth, *Le roman en prose de Tristan, le roman de Palamède et la compilation de Rusticien de Pise*, Paris (Bouillon) 1891 (résumés avec citations de mss. divers, le plus souvent non identifiés).

TristPrA

TristPrA id., fragments Toulouse; ms. Toulouse Bibl. mun.? (anc. Univ.) cote? [It.sept.? fin 13ᵉs.?] (Tse); p. d'abord par J. Anglade, "Fragments du Roman de Tristan en prose et du Roman de Marques de Rome", *StM* n.s. 3 (1930) 310-313; [= Boss 1684], puis par J. Séguy, "Fragments mutilés du *Roman de Tristan* en prose", *BBSIA* 5 (1953) 85-95; [= Boss 6313], puis par M.-L. Chênerie, BBIAS 50 (1998) 231-264 (fragm. 4 d'après Séguy).

TristPrB id.; ms. BN fr. 772 [3ᵉt. 13ᵉs.] f°1-54; partie traitant des deux captivités de Tristan (contenue dans qqs. mss.) p. p. J. Blanchard, *Le Roman de Tristan en prose: Les Deux captivités de Tristan*, Paris (Klincksieck) 1976 (Bibl. fr. et rom. 15); [= TL Tristan pr. B; Boss² 3136].

TristPrBédier id., développement particulier de la Mort Tristan et Iseut du ms. BN fr.103 [fin 15ᵉs.] p. dans → TristThomB t. 2, p. 321-347 et dans *R* 15 (1886) 496-510 (f°374ss.) [= TL Mort de Trist.], et extraits du ms. BN fr. 756-757 [It. 14ᵉs.] dans → TristThomB t. 2 p. 347-395; [= Boss 1670; Hol 1273].

TristPrBogd id., fragment de l'Angelica; ms. Roma Bibl. Angelica 2313 [14ᵉs.], en var. BN fr. 756-757 [It. 14ᵉs.]; p. p. F. Bogdanow, "Un nouveau fragment du roman de *Tristan* en prose", *R* 80 (1959) 516-522; [= Boss 7405].

TristPrC id.; ms. Carpentras 404 (L.400) [fin 13ᵉs.]; début du texte (f°1-60) p. p. R. L. Curtis, *Le Roman de Tristan en prose*, t. 1, München (Hueber) 1963; f°60c-131a: t. 2, Leiden (Brill) 1976; f°131a-203 (fin du texte dans ce ms.): t. 3, Woodbridge, Suffolk (Brewer) 1985; [= TL Tristan pr. C; Boss² 3134]. Les § 710-776 correspondent à 1-75 de l'éd. Mé; suite du récit: § 76 ss. de Mé.

TristPrCh id., suite de l'éd. Mé; ms. de base A; p. p. M.-L. Chênerie – T. Delcourt, *Le roman de Tristan en prose*, t. 2 de → TristPrMé, 1990.

TristPrE id., extraits du ms. BL Add. 23929 [fin 14ᵉs.] p. p. C. G. Estlander, "Pièces inédites du roman de Tristan, précédées de recherches sur son origine et son développement", *Acta Societatis scientiarium fennicae* 8,2, Helsinki 1867, p. 413-449; [= Boss 1669].

TristPrF id., suite de l'éd. R; ms. de base A; p. p. J.-Cl. Faucon, t. 4 de TristPrMé, 1991.

TristPrG id., suite de l'éd. Q; ms. de base A; p. p. B. Guidot – J. Subrenat, t. 8 de TristPrMé, 1995.

TristPrH id., suite de l'éd. G; ms. de base A; p. p. L. Harf-Lancner, t. 9 de TristPrMé, 1997.

TristPrHenry id.; ms. BN fr. 103 [fin 15ᵉs.]; extrait (f°56b) p. dans → HenryChrest p. 108-111.

TristPrHilka id., extrait traitant de la jeunesse de Perceval; ms. BN fr. 756-757 [It. 14ᵉs.] f°64r°-68v°; p. p. A. Hilka, "Die Jugendgeschichte Percevals im Prosa-Lancelot und im Prosa-Tristan", *ZrP* 52 (1932) 513-536; [= Boss 1688; Hol 1275].

TristPrJ id., ms.-version Edinburgh, titre: *La grant ystoire de monsignor Tristan li Bret*; ms. Edinburgh Nat. Libr. Adv. 19.1.3 [fin 13ᵉs.]; éd. partielle (f°4-33, analyse Löseth 19-63) p. p. F. C. Johnson, *La grant ystoire de monsignor Tristan 'li Bret'*, Edinburgh – London (Oliver and Boyd) 1942; [= Hol 1272; Boss 1689].

TristPrL id., suite de l'éd. F; ms. de base Wien 2542 [pic. ca. 1300] (A); p. p. D. Lalande, t. 5 de TristPrMé, 1992.

TristPrM id., fragment traitant la mort de Tristan; ms. Oxford Bodl. Douce 189 [It. 2ᵉm. 13ᵉs.] f°65r°-78; p. p. E. S. Murrell, "The Death of Tristan, from Douce MS 189", *PMLA* 43 (1928) 343-383; [= TL Tristan pr. M; Boss 1682; Hol 1274].

TristPrMa id., extrait traitant du personnage de Kahedin; ms. Wien 2542 [pic. ca. 1300] f°113r°-117r°; p. p. J. Maillard, "Folie n'est pas vasselage…", → MélLods 1,414-432. Cp. → TristPrLaisF.

TristPrMé id., suite du récit publié dans → TristPrC (les paragraphes 1-75 de l'éd. Mé se trouvent déjà dans l'éd. C, § 710-776); ms. de base Wien 2542 [pic. ca. 1300] (A) f°85v°- 122r°, autres mss. BN fr. 750 [pic. 1278] (I) miniat. Naples ou Terre s., BN fr. 335-336 [1399] (B), Wien 2537 [ca. 1410] (C), Wien 2539-2540 [1466] (D), Edinburgh Nat. Libr. Adv. 19.1.3 [fin 13ᵉs.] (E), BN fr. 334 [14ᵉs.] (F), Aberystwyth Nat. Libr. 5667 [14ᵉs.] (G), BN fr. 104 [fin 13ᵉs.] (H), Peterburg RNB Fr.F.v.XII.2 [14ᵉs.] (J), BN fr. 97 [15ᵉs.] (K), BL Roy. 20 D.II [déb. 14ᵉs.] (L), BL Add. 5474 [déb. 14ᵉs.] (M), BN fr. 756-757 [It. déb. 14ᵉs.] (N), BN fr. 772 [3ᵉt. 13ᵉs.] (O), BN fr. 349 [14ᵉs.] (P), BN fr. 94 [14ᵉs.] (Q), Vat. Reg. lat. 727 [14ᵉs.] (R), Vat. Pal. lat. 1964 [ca. 1325] (S), BN fr. 99 [1463] (T), BN fr. 100-101 [fin 14ᵉs.] (U), BN fr. 102 [15ᵉs.] (V), BN fr. 103 [fin 15ᵉs.] (W), New York Kraus (anc. Bodmer 164, Cheltenham Phillipps 8383) [13ᵉs.] (X), BN fr. 776 [13ᵉs.] (Y) Carpentras 404 (L.400) [fin 13ᵉs.] (Z), autres mss. v. TristPrC 1,13-15; 3,xxviii-xxx; p. p. Ph. Ménard, *Le Roman de Tristan en prose*, I *Des aventures de Lancelot à la fin de la 'Folie Tristan'*, Genève (Droz) 1987 (T. L. F. 353). – T. 2 v. TristPrCh, t. 3 v. -R, t. 4 v. -F, t. 5 v. -L, t. 6 v. -S, t. 7 v. -Q, t. 8 v. -G, t. 9 v. -H. Sans datation ou descr. même rudimentaire des mss.; les sigles ne coïncident pas avec TristPrC.

TristPrPel id., fragment tiré d'une reliure (Vat. Vatic. gr. 870); ms. Vat. Vatic. lat. 13501 [13ᵉs.]; l'une des deux feuilles p.p. M. Pelaez, "Un frammento del romanzo francese in prosa di Tristano", *StM* 2 (1929) 198-204; [= Boss 1683].

TristPrPeri id., fragment; ms. Jérusalem Univ. Hébr. ms. var. 117 [pic. mil. 13ᵉs.]; p. avec var. par H. Peri, "Episodes inédits du Roman de Tristan (manuscrit de Jérusalem), avec deux nouveaux 'lais de Tristan'", *Scripta Hierosolymitana*, II: Studies in Medieval and Modern Thought and Literature, ed... R. Koebner, Jerusalem (Magnes Press) 1955, p. 1-24; [= Boss 7406].

TristPrQ id., suite de l'éd. S; p. p. D. Quéruel – M. Santucci, t. 7 de TristPrMé, 1994.

TristPrR id., suite de l'éd. Ch; p. p. G. Roussineau, t. 3 de TristPrMé, 1991.

TristPrS id., suite de l'éd. L; p. p. E. Baumgartner – M. Szkilnik, t. 6 de TristPrMé, 1993.

TristPrLaisF id., parties lyriques (vers octosyll.); ms. Wien 2542 [pic. ca. 1300]; p. p. T. Fotitch – R. Steiner, *Les Lais du roman de Tristan en prose d'après le manuscrit de Vienne 2542*, München (Fink) 1974 (Münchener romanist. Arbeiten 38); [= Boss² 3135; TL Lais Tristan F *et* Tristan Lais F *et* Tristan pr. FSt]. C.r. Runte ZrP 92,439-441. Cp. → TristPrMa.

TristPrNB id., version, dite brève, du ms. N; Nord-Est 1ᵉm. 13ᵉs.; ms. BN fr. 757 [francoit. déb. 14ᵉs.] (N); p. p. J. Blanchard – M. Quereuil – N. Laborderie – T. Delcourt – J.-P. Ponceau – M. Léonard – F. Mora – C. Ferlampin-Acher, *Le roman de Tristan en prose*, Paris (Champion) 1997-2007 (CFMA 123; 133; 135; 144; 153). On cite selon t., p. et l. (de paragraphe).

TristPrND id., section 'Queste' (Löseth n°338-351); p. p. T. Delcourt, "Un fragment inédit du cycle de la *Post-Vulgate*", *R* 109 (1988 [1990]) 247-279.

TristPrNL id., extrait (Löseth n°192); p. p. L. Leonardi, "Il torneo della Roche Dure nel *Tristan* in prosa: versioni a confronto (con edizione dal ms. B.N., fr. 757)", *CN* 57 (1997) 209-251. Cp. TristPrN et TristPrRic.

TristPrRicL id., fragment de la Riccardiana, proche du ms. N; ms. Firenze Bibl. Riccard. 866 [f°69 It. 2ᵉm. 13ᵉs.]; p. p. L. Leonardi, "Un nuovo frammento del 'Roman de Tristan' in prosa", *Operosa parva per Gianni Antonini*, p. p. D. De Robertis – F. Gavazzeni, Verona (Valdonega) 1996, 9-24.

TristThomB Le roman de Tristan par Thomas, en vers octosyll., fragmentaire (3298 l. sur ca. 12500); traits agn. 4ᵉq. 12ᵉs.; mss. Cambridge Univ. Add. 2751(3) (anc. Mm.VI.4, Dd.15.12) [contin.?, fin 13ᵉs.] (C) fragm., Oxford Bodl. Douce d.6 (21983) [agn. 3ᵉq. 13ᵉs.] (D) fragm., Oxford Bodl. MS. Fr. d.16 [agn. déb. 13ᵉs.] (Sn) fragm., Torino Accad. delle Sc. MS. Mazzo 812/viii/C 1,2 [1ᵉm. 13ᵉs.] (T) fragm., Strasbourg [13ᵉs.] (Str) détruit par la guerre, Carlisle Cumbria Rec. Off. s.c. [agn. 2ᵉm. 13ᵉs.] (Car); p. p. J. Bédier, *Le roman de Tristan par Thomas*, Paris (Firmin Didot) 1902-1905; [= TL Trist. Thom.; FEW Thomas; AND Trist; Dean 158; Vising 30].

TristThomG id.; p. p. S. Gregory, *Thomas of Britain. Tristran*, New York – London (Garland) 1991; [= AND Trist]. Semble moins sûr par endroits (p.ex. v. 2-3 *seor/eor*; 48 *tendrour*).

TristThomH id.; fragm. Carlisle p. p. M. Benskin – T. Hunt – I. Short, "Un nouveau fragment du *Tristan* de Thomas", *R* 113 (1992-1995) 289-319. Le fragm. rend la célèbre rime *amer : la mer* chez Gottfried.

TristThomL id.; p. p. F. Lecoy, *Le Roman de Tristan*, Paris (Champion) 1991 [1992] (CFMA 113); [= TL Trist. Thom. L]. [Copie l'éd. B jusqu'aux omissions du gloss., v. *huan*, 679 (l. 879), 917; aj. 906]. A collationné les mss.

TristThomMa id.; p. p. Christiane Marchello-Nizia, dans → MarchelloNTrist 129-212; 1211-1287. Éd. proche de l'éd. L.

TristThomP id.; dans → TristBérP 142-244; [= Boss² 2872].

TristThomW id.; p. p. B. H. Wind, *Les fragments du Roman de Tristan... par Thomas*, Leiden (Brill) 1950; 2ᵉéd., Genève (Droz) 1960 (T.L.F. 92); [= TL Tristan fragm. *et* Trist. Thom. W; Boss² 2943].

TristThomM id.; ms. Oxford Bodl. Douce d.6 (v. 1268-3087 de l'éd. B); p. dans → MichelTrist 2,1-85 (Douce); 3,3-44 (Sneyd 1: Mariage); 45-82 (Sneyd 2: Fin); 3,83-94 (Strasbourg I: v. 1-86, p. 83-86; II: v. 1-80, p. 87-90; III v. 1-70, p. 91-94); [= TL Trist.].

TristThomCS id.; fragm. Carlisle p. p. I. Short dans → MarchelloNTrist 123-127; 1208-1211.

TroieJFlix Roman de Troie en prose, trad. fr. par Jean de Flixecourt, basée sur le texte lt. de Darès le Phrygien; pic. 1262 a.st.; ms. København Kgl. Bibl. Gl. Kgl. 487 f° [pic. (Corbie) ca. 1300]; inédit, sauf G. Hall, thèse inéd. London 1951, extraits: Françoise Vielliard MélSinclair 284-295; [Wo 174: Troie n°4]. V. → JungTroie 436-8 ['1272' err.].

TroieJofr

TroieJofr Roman de Troie en prose, version lt. de Darès le Phrygien, traduite par Jofroi de Waterford; agn. (traits wall. dus au scribe-collaborateur) fin 13ᵉ s.; ms. unique BN fr. 1822 [wall. ca. 1300] (miniatures insulaires); inédit; [= Wo 175 (Troie n°5); F. Vielliard BienDire 10,185-205; JungTroie 438-9; Dean 240].

TroiePr¹C Roman de Troie, mise en prose de → BenTroie; 2ᵉ m. 13ᵉ s.; ms. de base BN fr. 1612 [fin 13ᵉ s.], autres mss. de la version que Jung appelle 'commune': Aberystwyth Nat. Libr. 5008 [15ᵉ s.] (A), Firenze Bibl. Riccard. 2025 [It. 14ᵉ s.] (F), BL Add. 9785 [ca. 1500] (L1), London Michelmore Cat. 27 de 1938 [15ᵉ s.] (L2), Lyon Bibl. mun. 878 (782) [15ᵉ s.] (L3), Ophem Comte Hemricourt de Grunne [15ᵉ s.] (O), BN fr. 1627 [It. déb. 14ᵉ s.] (P2), BN fr. 12602 [15ᵉ s.] (P4), BN nfr. 10052 [15ᵉ s.] (P6), BN nfr. 11674 [15ᵉ s.] (P7), Tours 954 [1358] détruit, Washington Nat. Gallery of Art Rosenwald Coll. 12 [15ᵉ s.] (W) fragm.; p. p. L. Constans – E. Faral, *Le roman de Troie en prose*, t. 1 (seul paru), Paris (Champion) 1922 (CFMA 29); [= TL Troie pr.; Wo 171; Wos 171; JungTroie 440-484]. Dernière partie inédite.

TroiePr¹R id., même version mais remaniée; fin 13ᵉ s.?; ms. Berlin Staatsbibl. Hamilton 340 [Flandres? 2ᵉ m. 15ᵉ s.] (B) proche de Peterburg RNB Fr.F.v.XIV.12 [15ᵉ-16ᵉ s.] (S), Cambridge Trinity Coll. O.4.26 [déb. 15ᵉ s.] (C), BN fr. 785 [15ᵉ s.] (P), BN fr. 1631 [1485] (P3), BN fr. 24401 [15ᵉ s.] (P5), Cambridge Trinity Coll. O.4.26 (1257) [déb. 15ᵉ s.] (C), Peterburg RNB Fr.F.v.XIV.12 [15ᵉ-16ᵉ s.] (S); v. JungTroie 449-455.

TroiePr² Mise en prose de → BenTroie faite en Italie; francoit. fin 13ᵉ s.; mss. BN nfr. 9603 [Genova ca. 1300], Grenoble 263 (cat. 861) [Padova 1298], Oxford Bodl. Douce 196 [Verona 1323]; inédit; [= Wo 172; JungTroie 485-498].

TroiePr³ Autre mise en prose de → BenTroie faite en Italie; [Toscane?] fin 13ᵉ s.; mss. BL Lansdowne 229 [It. fin 13ᵉ s.] fragm., Oxford Queen's Coll. 106 [It. fin 13ᵉ s.] fragm., BN lat. 6002 [Gênes fin 13ᵉ s.] 4 fragm., Rouen Bibl. mun. 1049 (O.33) [Fr. 15ᵉ s.]; inédit; [= JungTroie 499-503].

TroiePr⁵R id., 'cinquième prose' basée sur → BenTroie; ms. de base BL Roy. 20 D.I [traits pic., aussi sept. et agn.], Napoli ca. 1335] (R), mss. de contrôle BN fr. 301 [Paris av. 1402] (Pr) copie de R, BL Stowe 54 [Paris ca. 1440] (S), Chantilly Musée Condé 727 (601) [ca. 1390] (C); publ. en prép. par A. Rochebouet.

TroiePr⁶ Trad. fr. de la mise en prose latine par Gilles de Rome / Guido delle Colonne (1287), dite version A; pic. (Beauvais) 1380; mss. Amiens Bibl. mun. 1193.3 [15ᵉ s.] fragm., Bruxelles Bibl. roy. 9240 [déb. 15ᵉ s.], BL Roy. 16 F.IX [mil. 15ᵉ s.], BN fr. 22553 [15ᵉ s.], Torino Bibl. naz. L.II.3 [2ᵉ m. 15ᵉ s.] endommagé, Torino Bibl. naz. L.II.7 [Rouen 2ᵉ m. 15ᵉ s.] endommagé; inédit; [= Wo 176; JungTroie 570-580].

TroiePr⁷ id., autre trad. basée sur Gilles, dite version B; bourg. 1453; mss. Bruxelles Bibl. roy. 9264 [1453] et Bruxelles Bibl. roy. 9570 [1459]; inédit; [= Wo 177; JungTroie 580-582].

TroiePr⁸ id., autre trad. basé sur Gilles, dite version C; bourg. ca. 1459; 27 mss.; inédit; [= Wo 178; JungTroie 582-594; Françoise Vielliard VRo 74,241-255].

TroiePr¹⁴R id., autre trad. basée sur Gilles, dite version D; ca. 1480; ms. de base Ars. 5068 [ca. 1485], en var. pour la première partie BN fr. 1414 [16ᵉ s.], BN fr. 1417 [16ᵉ s.]; première partie p. p. P. Roth, *Histoire de la première destruction de Troie*, Tübingen – Basel (Francke) 2000 (Rom. Helv. 119); [Wo 184 (n°14); JungTroie 599-600].

TroiePr¹⁵V id., version adaptée et mise en prose de → BenTroie (ms. H); champ. 4ᵉ q. 13ᵉ s.; ms. unique Cologny Bodmer 147 (anc. Cheltenham Phillipps 1046) [4ᵉ q. 13ᵉ s.]; p. p. Françoise Vielliard, *Le Roman de Troie en prose (Version du Cod. Bodmer 147)*, Cologny près Genève (Fondation Martin Bodmer) 1979 (Bibliotheca Bodmeriana, Textes IV); [= TL Troie pr. V; Wo 185 sous «textes non encore identifiés»; Wos 185; Boss² 2213]. Au bas des pages extraits de BenTroie ms. H.

[Troie cp. BenTroie; JungTroie.]

TroilusB *Roman de Troilus et Cressida* (attribution à Jean, Pierre ou Louis de Beauveau discutée, v. Wos 119), traduction du Filostrato de Boccaccio; ang. ca. 1450; ms. de base BN fr. 25527 [mil. 15ᵉ s.] (A), en var. BN fr. 1467 [4ᵉ q. 15ᵉ s.] (C), BN fr. 1472 [4ᵉ q. 15ᵉ s.] (D), BN fr. 1496 [fin 15ᵉ s.] (E), BN fr. 1501 [fin 15ᵉ s.] (F), BN fr. 25528 [1455/1456] (B), BN nfr. 10169 [3ᵉ q. 15ᵉ s.] (G), Berlin Staatsbibl. Hamilton 34 [3ᵉ q. 15ᵉ s.] (O), Oxford Bodl. Douce 331 [3ᵉ q. 15ᵉ s.] (H), Tours 956 [3ᵉ q. 15ᵉ s.] (T), Wien 3435 [4ᵉ q. 15ᵉ s.] (V), Ars. 3155 [mil. 15ᵉ s.] (X), Ars. 3326 [pic. 3ᵉ q. 15ᵉ s.] (Y), Ars. 3638 [3ᵉ q. 15ᵉ s.] (Z); p. p. G. Bianciotto, *Le Roman de Troyle*, 2 vol., Rouen (Univ.) 1994. C. r. RLiR 60,306; AnS 235 (1998) 210-214.

TroilusM id.; p. dans → MolandHéricault² p. 117-304; [= Wo 119; Wos 119; Boss 4190].

TroisAmA Parabole des Trois amis, appelée aussi 'Vers de la mort', texte attribué à Huon le Roi de

Cambrai; flandr. 2^{e}q. 13^{e}s.; ms. BN fr. 12471 [art. fin 13^{e}s.]; p. p. H. Andresen, "Eine altfranzösische Bearbeitung der Parabel von den drei Freunden", *ZrP* 22 (1898) 49-90; [= TL Drei Fr.]. Ce texte a été intégré dans → BibleSeptEtats dont le texte parallèle est imprimé dans les col. droites. Attention, le poème *Bien deüssons* (p. 64-79, col. de gauche) correspond de près à → HuonRegrL strophes 189-237.

TroisAvN Les trois aveugles de Compiègne par Cortebarbe, fabliau, vers octosyll.; pic.mérid. mil. 13^{e}s.; mss. imprimés en parallèle: BN fr. 837 [frc. 4^{e}q. 13^{e}s.] (A), BN fr. 1593 [frc., faibles traits lorr. fin 13^{e}s.] (E), BN fr. 12603 [pic. ca. 1300] (F) base d'une éd. crit., BN nfr. 934,9-14 [14^{e}s.?] (q); p. dans → NoomenFabl 2,151-184 (n°9).

TroisAvMé id.; ms. A p. dans → MénardFabl 109-118.

TroisAvM id.; ms. A p. dans → MontRayn 1,70-81.

TroisAvG id.; ms. A p. p. G. Gougenheim, *Cortebarbe. Les trois aveugles de Compiègne*, Paris (Champion) 1932 (CFMA 72); [= TL Cortebarbe; FEW TroisAv; Boss 2462].

TroisBoçusJ *Des Trois Boçus*, fabliau, vers octosyll.; 1^{e}m. 13^{e}s.; ms. BN fr. 837 [frc. 4^{e}q. 13^{e}s.]; p. dans → JohnstonOwen p. 13-20; [cp. Boss 2465-2467].

TroisBoçusM id.; p. dans → MontRayn 1,13-23.

TroisBoçusN id.; p. dans → NoomenFabl 5,191-207.

TroisBoçusN² id.; p. dans → NoomenJongl 206-227.

TroisEnM Le Roman des trois ennemis de l'homme, traité moralisant en 3328 vers octosyll. par un certain Simon (les ennemis étant le diable, la chair et le monde); 1^{er}t. 13^{e}s.; ms. Ars. 5201 [bourg.sept. ou lorr. 3^{e}t. 13^{e}s.] paginé, Orléans Bibl. mun. 932 (X) [mil. 13^{e}s.] fragm.; inédit dans l'ensemble; extraits, surtout le fragm. d'Orléans avec les vers corresp. de Ars., p. p. P. Meyer, "Le roman des trois ennemis de l'homme par Simon", *R* 16 (1887) 1-24; [= TL Tr. En.].

TroisFilsP Roman des trois fils de rois; flandr. mil. 15^{e}s.; ms. de base BN fr. 92 [flandr. 1463] (A) retouché et écrit par David Aubert, en var. BN fr. 1498 [entre 1446 et 1469] (B), BN fr. 1500 [2^{e}m. 15^{e}s.] (C), BN fr. 5602 [2^{e}m. 15^{e}s.] (D), BN fr. 5603 [2^{e}m. 15^{e}s.] (E), BN nfr. 4408 [2^{e}m. 15^{e}s.] (F), Den Haag KB 71.E.58 [2^{e}m. 15^{e}s.] (H); p. p. G. Palumbo, *Les Trois fils de rois*, Paris (Champion) 2002 (CFMA 139). C.r. T. Matsumura ZrP 119,171-173 avec complém. au gloss.

TroisMariesAnne Histoire des Trois Maries, filles d'Anne, la grandmère de Jésus, en prose, incip. *Anne e Emere furent sorurs*; agn. mil. 13^{e}s.; ms. BL Egerton 613 [f°29b agn. mil. 13^{e}s.]; inédit; [= Dean 490].

TroisMariesJean *Histoire des trois Maries*, incip. *Un ami ai droit a Paris*, poème de (dépendant du ms.) 34000 à 40000 vers fastidieux relatant les faits de Marie Mère-Dieu, de Marie Jacobée fille de Cléophas et de Marie Salomée entourés d'une longue introduction, de récits bibliques et de qqs. événements tirés des Actes des Apôtres, par Jean Fillon de Venette (nommé aussi Jean Drouin dans Gdf); 1357; mss. BN fr. 1531 [2^{e}m. 14^{e}s.], BN fr. 1532 [pic. 2^{e}m. 14^{e}s.], BN fr. 12468 [2^{e}m. 14^{e}s.], BN fr. 24311 [15^{e}s.], BN fr. 24434 [15^{e}s.], prob. aussi dans Auxerre Bibl. mun. (anc. Coll. du chantre de la cathédrale Moron, anc. S. Germ. d'Aux.) [ca. 1424]; v. BonnardBible 196-206; inédit dans l'ensemble; cf. Boss 3079; Meyer HLF 33, 367, Coville HLF 38, 355-404. Extrait de la fin, BN fr. 12468, f°213v°-232v°, p. dans un mémoire de maîtrise de M. T. Driscoll, Washington (Cath. Univ.) 1973, cp. id. dans Cah. de Joséphologie 23, 231-254 avec 137 vers traitant de Joseph; [= Boss² 7748].

TroisMortsConG Poème traitant de trois jeunes seigneurs qui se trouvent face à face avec trois cadavres en décomposition se ranimant, version au titre *C'est des trois mors et des trois vis*, incip. *Conpains, vois tu ce que je voi?*, vers octosyll.; fin 13^{e}s.; ms. de base BN fr. 378 [fin 13^{e}s.] (B), en var. BL Egerton 945 [2^{e}m. 14^{e}s.] (I), BN fr. 24432 [frc. av. 1349] (J), BN lat. 18014 [ca. 1385] (N); p. dans → TroisMortsNicG p. 83-91 (IV).

TroisMortsDiexG id., version au titre *Ch'est des trois mors et des trois vis*, incip. *Diex, pour trois peceours retraire*, vers octosyll.; fin 13^{e}s.; ms. BN fr. 25566 [pic. (Arras) prob. 1295]; p. dans → TroisMortsNicG p. 75-82 (III).

TroisMortsNicG Des trois morts et des trois vifs…, version par Nicole de Margival, vers octosyll.; pic. fin 13^{e}s.; ms. de base BN fr. 25566 [pic. (Arras) prob. 1295] (A), en var BN fr. 1109 [pic. 1310] (G); p. p. S. Glixelli, *Les cinq poèmes des Trois morts et des trois vifs*, Paris (Champion) 1914, p. 64-74 (II); [= TL Trois Morts]. Contient les 5 versions, I: BaudCondMortsG, III: TroisMortsDiexG, IV: -ConG, II: -NicG, V: -SeG et un fragm., *Ci coumence li dis des trois mortes et des trois vives*, du ms. BN fr. 24432 [frc. av. 1349] (J).

TroisMortsNicT id.; ms. A p. dans → PanthT p. xxxj-xxxix.

TroisMortsSeG

TroisMortsSeG id., version s'appelant 'dit', incip. *Euvre tes yeulx, creature chetive*, vers octosyll.; 2^{e}m. 14^{e}s.; ms. de base Arras 532 (845) [Artois ca. 1400] (K), vers 1-70 et 287-339 base BN fr. 995 [15^{e}s.] (R) en var. BN fr. 1555 (anc. 7595.2) [déb. 15^{e}s.] (L), Bruxelles Bibl. roy. 10750 [15^{e}s.] (Q), Chantilly Musée Condé 502 (1920) [15^{e}s.] (S), Lille Bibl. mun. 364 (139) [15^{e}s.] (T); p. dans → TroisMortsNicG p. 92-110 (V).

TroisMortsSeC id.; ms. L p.p. G. A. Crapelet dans → VMortHélM p. 65-71; [= TL Trois Morts et Tr. V.]

TroisRoisW Le jeu des Trois Rois, mystère en vers octosyll.; 2^{e}q. 14^{e}s.; ms. Ste-Gen. 1131 [ca. 1440]; p. dans → NatNSSteGenW p. 155-197.

TroisRoisJ id.; p. dans → JubMyst 2,79-138.

TroisSavoirsW Récit appartenant au groupe → ChastPere, Oisel, BalJos, Donnei, vers octosyll., incip. *Pieres Aumfurs en ceo liveret Un ensaumple retret e met*; agn. fin 12^{e}s.; ms. Princeton NJers. Univ. Taylor Coll. Phill. 25970 (anc. Cheltenham Phillipps 25970) [agn. mil. 14^{e}s.]; extraits p. p. L. D. Wolfgang, "The *Trois Savoirs* in Phillipps Manuscript 25970", MélGrigsby 311-322.

TroisSavoirsM id.; extraits p. p. P. Meyer dans R 37 (1908) 217-221.

TrotT *Le Lai du Trot*, anonyme, vers octosyll.; pic. 1^{e}m. 13^{e}s.; ms. unique Ars. 3516 [art. 1267]; p. dans → TobinLais p. 335-346.

TrotC id.; p. p. R. Comoth, "Le Châtiment des cruelles. Antécédents médiévaux d'une nouvelle du Décaméron", *Marche romane* 31,3-4 (1982) 73-105, texte 80-88.

TrotG id.; p. p. E. M. Grimes, "Le lay du Trot", *RoR* 26 (1935), 313-321; [= TL Trot Gr].

TrotM id.; p. dans → RenBeaujIgnM p. 71-83; [= TL Trot].

TrotterCrus David A. Trotter, *Medieval French literature and the crusades (1100-1300)*, Genève (Droz) [1987] 1988.

TrotterMan David A. Trotter et al., *Manuel de la philogie de l'édition*, Berlin (De Gruyter) 2015. Inclut l'établissement du glossaire.

TrotulaOct Fragment d'un traité basé sur la tradition de → TrotulaPr^1, en vers octosyll., incipit *Si com Aristotele nous dit*; agn. mil. 14^{e}s.; ms. Cambridge Trinity Coll. O.2.5 [agn. mil. 14^{e}s.]; extrait p. p. P. Meyer, *R* 32 (1903) 101. Cf. Green Script 51,92.

TrotulaPr^{1}M Traité gynécologique attribué traditionnellement à Trota ou Trotula de Salerno, version fr. en prose basée sur la 1e réd. du *Liber de sinthomatibus mulierum* (p. ex. Oxford Bodl. Bodley 361 [ca. 1457], impr. dans → HuntAgnMed 2,116-128); 1^{er}t. 13^{e}s.; ms. BL Sloane 3525 [frc. déb. 14^{e}s.] (S) f°246v^{o}b-253r^{o}b, London Wellcome Hist. Med. Libr. 546 [Fr. mérid. mil. 14^{e}s.] (W) f°48v^{o}b-49v^{o}b, BN nlat. 693 [13e/14^{e}s.], Torino Bibl. naz. L.IV.25 [14^{e}s.]; extraits de S p. p. P. Meyer, *R* 44 (1915-17) 207-210. Qqs. cit. dans → TrotulaTrinH. Cf. Green Script 51,90.

TrotulaPr^2 id., version abrégée; 15^{e}s. ?; ms. Kassel Landesbibl. 4° Ms. med. 1 [2^{e}q. 15^{e}s.] f°16 v°-20v^o, Lille Bibl. mun. 863 (!) [Tournai? mil. 15^{e}s.] (incip. *Chi parole des secrés as dames*); v. Green Script 51,91-92.

TrotulaPr^3 id., version du ms. Lansdowne; ca. 1500?; ms. BL Lansdowne 380 [ca. 1500]; v. Green Script 51,92.

TrotulaTrinH id., version rimée, vers décasyll. et alex. irréguliers; agn. mil. 13^{e}s.; ms. Cambridge Trinity Coll. O.1.20 [agn. 3^{e}q. 13^{e}s.] f°216r^o-235v^o; p. dans → HuntAgnMed 2,68-115. Les passages en ital. sont des créations de l'éditeur en se servant de Pr^1 (ms. S, mais pas tout s'y retrouve).

TrotulaTrinM id.; extraits p. p. P. Meyer, *R* 32 (1903) 87-90.

TrouillatBâle J. Trouillat, *Monuments de l'ancien évêché de Bale*, 5 vol., Porrentruy (Michel) 1852-67. Contient des doc. lt., all. et fr. (en partie tirés de cart.), orig. frcomt. (v. TraLiLi 4,1,203s.) à partir de 1242. L'éd. des doc. fr. du Jura d'avant 1351 est remplacée par → DocJuraS. La charte de 1244, t. 1, p. 565, est tirée d'un cart. de 1414, l'orig. en a été p. p. C. T. Gossen dans TraLiLi 4,1 (= Mél. Gardette), 1966, 197-198: bel ex. de la modification graphique et phonétique que peut subir une charte dans un cartulaire. Étude: → Hallauer. Cp. J.-C. Rebetez, dans *In dubiis libertas. Mél. R. Scheurer*, Hauterive (Attinger) 1999, 79-92.

TrouvBelg^1 A. Scheler, *Trouvères belges du XIIe au XIVe siècle*, Bruxelles (Closson) 1876; [= TL Tr. Belg.]. Contient → GilebBernS p. 52-127, JacBais (162-224), GautLeu (225-241), Le triumphe des Carmois (Le combat de saint Pol contre les C., reconstruit, 242-266), etc. Gdf 'Scheler, Trouv.' concerne TrouvBelg^1 et TrouvBelg^2, par erreur aussi → DinauxBrab.

TrouvBelg^2 A. Scheler, *Trouvères belges (Nouvelle série)*, Louvain (Lefever) 1879; [= TL Tr. Belg.]. Contient Gontier, JacCys, SongeEnf, VoieParadOrS, Eles, etc. Transcription et toilette du texte épouvantables (collationnez, pour voir, p. 123, 11-20).

TrubertN Trubert, roman picaresque ou fabliau par un certain Douin, vers octosyll.; qqs. traits pic., 1ᵉʳm. 13ᵉs.; ms. unique BN fr. 2188 [ca. 1270]; p. dans → NoomenFabl n°124, t. 10,143-262.

TrubertM id.; p. dans → Méon 1,192-285.

TrubertR id.; p. p. G. Raynaud de Lage, *Douin de Lavesne. Trubert*, Genève (Droz) 1974 (T.L.F. 210); [= TL Trubert R; Boss² 4680].

TrubertU id.; p. p. J. Ulrich, *Trubert, altfranzösischer Schelmenroman des Douin de Lavesne*, Dresden (Niemeyer) 1904 (Ges. für Rom. Lit. 4); [= TL Trubert].

TueteyFrComt A. Tuetey, *Étude sur le droit municipal au XIIIᵉ et au XIVᵉ siècle en Franche-Comté et en particulier à Montbéliard*, Montbéliard (Barbier) 1865 (Extr. Mém. Soc. d'Emul. de Montb.). Orig. frcomt. à partir de 1288; les autres doc. sujets à caution.

TueteyTest A. Tuetey, *Testaments enregistrés au Parlement de Paris sous le règne de Charles VI*, Paris (Impr. Nat.) 1880. Copies contemporaines (registres) de doc. fr. datés d'à partir de 1394.

TumbNDW *Del tumbeor nostre dame*, conte marial en couplets octosyll. rimés; pic. ca. 1200; ms. de base Ars. 3516 [art. 1267] (F), en var. Ars. 3517-3518 [pic. fin 13ᵉs.] (Ga), BN fr. 1807 [orl. (Blois) 1ᵉʳt. 14ᵉs.] (Gn), BN nfr. 4276 [Est 2ᵉq. 14ᵉs.] (P), Chantilly Musée Condé 475 (1578) [cette partie pic. 3ᵉt. 13ᵉs.] (C); p. p. H. Wächter, "Der Springer unserer lieben Frau", *RF* 11 (1901) 223-288; [= TL Tumb. ND].

TumbNDL id.; ms. F p. p. E. Lommatzsch, *Del Tumbeor Nostre Dame*, Berlin (Weidmann) 1920 (Rom. Texte 1); [= TL Tumb. ND Lo]. De larges extraits dans → HenryChrest n°88.

Turpin¹A Pseudo-Turpin, chronique traduite de l'*Historia Karoli Magni et Rotholandi* attribuée à tort à l'archevêque Turpin, version dite 'poitevine', prose; saint. 1ᵉʳt. 13ᵉs.; ms. de base BN fr. 5714 [saint. 2ᵉq. 13ᵉs.] (P), var. amples de BN fr. 124 [saint. fin 13ᵉs.] (A); non utilisé Aberystwyth Nat. Libr. 5005B (anc. Lee; Bourdillon) [poit. 2ᵉm. 13ᵉs.] (L); éd. diplom. p. p. T. Auracher, "Der sogenannte poitevinische Pseudo-Turpin", *ZrP* 1 (1877) 259-336 [également paru comme tiré à part, à pagination propre: 3-80]; [= TL Poitev. Turpin; WoC 43; Wo 126].

Turpin¹M id.; ms. Aberystwyth p. p. A. de Mandach, *Chronique dite Saintongeaise. Texte franco-occitan inédit 'Lee'*, Tübingen (Niemeyer) 1970 (ZrP-Beih. 120). Donne en marge la concord. avec l'éd. A (ZrP 1). N'édite pas → ChronTote!

Turpin²W id., version attribuée à un Jehan, prose; frc. ca. 1206; ms. de base BN fr. 2464 [frc. mil. 13ᵉs.] (P5), mss. de contrôle Ars. 5201 [bourg.sept. ou lorr. 3ᵉt. 13ᵉs.] (A1), Bruxelles Bibl. roy. 10233-36 [ca. 1425] (Br2), BL Roy. 4 C.XI [cette partie agn. déb. 13ᵉs.] (L2) BN fr. 1444 [pic.mérid. fin 13ᵉs.] (P8), Vat. Reg. lat. 936 [art. fin 13ᵉs.] (V, avec deux chap. supplém. imprimés 1,181-183), autres mss.: München gall. 52 [hain. ca. 1470] (M), BN fr. 1621 [pic.-wall. mil. 13ᵉs.] (P1), BL Harl. 273 [agn. 1ᵉm. 14ᵉs.] (L1), Dover St. Martin's Priory perdu (D), BN fr. 834 [pic. déb. 14ᵉs.] (P2), BN nfr. 13521 (anc. La Clayette) [fin 13ᵉs.] (P3), Bruxelles Bibl. roy. 10437-40 [cette partie prob. av. 1454] (Br1), BN fr. 2168 [pic. fin 13ᵉs.] (P4), Modena Bibl. Estense α.N.5.12 (Est. 29) [déb. 15ᵉs.] (Mo), BN nfr. 10554 [Paris? 3ᵉq. 15ᵉs.] (P6), BN fr. 5713 [mil. 15ᵉs.] (P7), BL Add. 40142 [agn. 2ᵉq. 13ᵉs.] (L3), Oxford Bodl. Hatton 67 [cette partie agn. 2ᵉm. 13ᵉs.] (O), Bern 115 [art. 2ᵉm. 13ᵉs.] (B1), BN fr. 906 [lorr. 1462] (P9), Bruxelles Bibl. roy. 12192-94 [3ᵉq. 15.ᵉs.] (Br3), Firenze Bibl. Med. Laurenz. Ashburnham Libri 125 (copie: BN fr. 573) [pic. déb. 14ᵉs.] (F), BN fr. 573 [Paris 1ᵉm. 15ᵉs.] (P10), BN nfr. 10232 [mil. 15ᵉs.] (P11), Ars. 3516 [art. 1267] (A2), København Kgl. Bibl. Gl. Kgl. 487 f° [pic. (Corbie) ca. 1300] (C1), Torino Bibl. naz. L.IV.33 [pic. ca. 1400] (T), Bern 41 [pic. 2ᵉm. 13ᵉs.] (B2), København Kgl. Bibl. Thott 571 f° [pic. déb. 14ᵉs.] (C2), Ars. 2995 [pic. fin 13ᵉs.] (A3), Saint-Omer 722 [pic. déb. 14ᵉs.] (S); p. p. R. N. Walpole, *The Old French Johannes translation of the Pseudo-Turpin chronicle*, Berkeley (Univ. of Calif. Pr.) 1976; [= TL Pseudoturpin W; Boss² 6209; Wo 127]. Gdf cite le ms. A1 sous l'abrév. 'Hist. Carol.'. Prob. ce texte exploité dans → GirAmCharl.

Turpin²F id.; ms. tardif München gall. 52 [hain. ca. 1470]; étude avec citations p. p. P. Fischer, *Die französische Übersetzung des Pseudo-Turpin nach dem Codex Gallicus 52 (München)*, Würzburg (Rom. Sem.) 1932 (Pseudo-Turpin Studien, hsg. v. A. Hämel, 3); [= TL Pseudoturpin F].

Turpin²S id., version-ms. du Sud-Est d'Angleterre; agn. 2ᵉm. 13ᵉs.; ms. BL Harl. 273 [agn. 1ᵉm. 14ᵉs.] f°86-102; p. p. R. Schmitt, *Der Pseudoturpin Harley 273*, thèse Würzburg 1933 (Pseudo-Turpin Studien, hsg. v. A. Hämel); [= TL Pseudoturpin Sch]. Texte, p. 11-43, et étude; source d'erreurs (c.r. ZfSL 58,255).

Turpin⁵Wa id., version en prose ('Turpin I'), appelée Estoire d'Espaigne; frc. 1ᵉʳq. 13ᵉs.; ms. de base BN fr. 1850 [partie fr. Est 2ᵉq. 13ᵉs.] (A), en var. Vat. Reg. lat. 624 [bourg. fin 13ᵉs.] (B, → TurpinVatB), Chantilly Musée Condé 869 (522) [4ᵉq. 15ᵉs.] (C), BN nfr. 6295 [ca. 1275] (D), Vat. Reg. lat. 610 [ca. 1370] (E), BN fr. 17177 [frc. 3ᵉt. 13ᵉs.] (F), BN fr. 24431 [frc. ca. 1300] (F1),

Turpin⁵Wa

Firenze Bibl. Med. Laurenz. Ashburnham 54 (126) [15ᵉs.] (G) fin manque, Cambridge Univ. Ii.VI.24 [norm. après 1256] (H); p. p. R. N. Walpole, *Le Turpin français, dit le Turpin I*, Toronto – Buffalo – London (Univ. of Toronto Press) 1985; [= TL Turpin W; Wo 130 (version 5); Wos 130; cf. Boss² 6205 n.]. Cf. → TurpinVat; HistCharlPh.

Turpin⁵W id.; ms. BN fr. 1850 p. p. F. Wulff, *La chronique dite de Turpin, deux anciens textes français*, Lund (Berling) 1881 (Lunds Univ. Arsskrift 16); [= TL Turpin; Wo 130; Wos 130; WoC 47].

Turpin⁶Wa id.; version en prose ('Turpin II') proche (à la base) de celle en vers de → Mousket; ca. 1225; ms. de base BN fr. 2137 [fin 13ᵉs.], en var. BN fr. 17203 [art. 3ᵉq. 13ᵉs.]; p. p. R. N. Walpole, *An anonymous Old French translation of the Pseudo-Turpin Chronicle*, Cambridge, Mass. 1979 (Mediaeval Academy Books 89); [= TL Pseudoturpin W²; Boss² 6208]. C.r. Horrent CCM 26,268-271.

Turpin⁶Wu id.; ms. BN fr. 2137 p. p. F. Wulff, dans → Turpin⁵W p. 43-76; [= TL Turpin; Wo 131; Wos 131].

Turpin⁷W id., version en prose dite 'bourguignonne', incip. *Aprés de ce que sainz Jasques qui premiers praacha en Galice fust raportez par la mer des Jherusalem* (précédé de prol. et table); Sud-Est fin 13ᵉs.; ms. BN fr. 25438 [fin 13ᵉs.]; p. p. R. N. Walpole, "The Burgundian translation of the Pseudo-Turpin Chronicle in Bibliothèque Nationale (French MS 25438)", RoPh 2 (1948) 177-215; 3 (1949) 83-116.; [= Wo 132].

TurpinBrianeS id., version 'IV' par Guillaume de Briane, prose; agn. ca. 1215; ms. BL Arundel 220 [agn. 1ᵉʳq. 14ᵉs.]; p. p. I. Short, *The Anglo-Norman Pseudo-Turpin chronicle of William de Briane*, Oxford (Blackwell) 1973 (ANTS 25); [= TL Turpin Chron. anglo-norm.; AND Turpin; Dean 79; Wo 129; Wos 129; Boss² 6213 n.]. V. aussi id., MedAev 38 (1969) 1-22.

TurpinBrianeM id.; p. p. A. de Mandach, *Naissance et développement de la chanson de geste en Europe II: La chronique de Turpin. Texte anglo-normand inédit de Willem de Briane (Arundel 220)*, Genève (Droz) 1963 (Publ. rom. et fr. 77); [= TL Turpin Chron. anglo-norm.].

[TurpinJVignay Version lat. faisant partie du *Speculum historiale* de Vincent de Beauvais dont la trad. fr. fait partie de → JVignayMir livre XXV, citée par ce sigle.]

TurpinVatB id., version '5', ms. Vat., intégrée dans → HistCharlPh; ca. 1230; ms. Vat. Reg. lat. 624 [bourg. fin 13ᵉs.] f°14r°-31v°; p. p. C. Buridant, *La traduction du Pseudo-Turpin du manuscrit Vatican Regina 624*, Genève (Droz) 1976 (Publ. rom. et fr. 142); [= TL Pseudoturpin B; Boss² 6204].

TwitiT Traité de vénerie de Guillaume Twiti (mort prob. 1328); agn. 1ᵉʳq. 14ᵉs.; ms. de base BL Add. 46919 [agn. ca. 1330] (A), en var. Cambridge Gonville and Caius Coll. 424 (448) [2ᵉ partie (p. 79-96) agn. mil. 14ᵉs.] (B); p. p. G. Tilander, *La Vénerie de Twiti*, Uppsala (Almqvist & Wiksell) 1956 (Cynegetica 2); [= TL Vénerie Twiti T; AND Twiti; Boss 7738; Dean 405; cf. Vising 312]. L'éd. comprend les versions mangl. et un traité mangl. qui dérive de Twiti (nouvelle éd. du Twiti mangl., *The craft of venery*: B. Danielsson, *William Twiti, The art of hunting, 1327*, Stockholm 1977, avec qqs. passages du texte agn.). Attention: Tilander fabrique un texte idéal.

TwitiS id.; ms. Cambridge ('G') avec var. de BL ('B'); p. p. D. Scott-Macnab, *The Middle English Text of* The Art of Hunting *by William Twiti... with a parallel text of the Anglo-Norman* L'Art de Venerie *by William Twiti*, Heidelberg (Winter) 2009, pages paires 2-12.

TydorelT *Le Lai de Tydorel* (ou Tidorel), anonyme, vers octosyll.; pic. fin 12ᵉs.; ms. unique BN nfr. 1104 [frc. ca. 1300]; p. dans → TobinLais p. 207-226.

TydorelK id.; p. dans → MarieLaisK 742-773.

TydorelL id.; p. p. E. Lommatzsch, dans → GuingL p. 23-36; [= TL Tydorel].

TyoletT *Le Lai de Tyolet*, anonyme, vers octosyll.; 1ᵉm. 13ᵉs.; ms. unique BN nfr. 1104 [frc. ca. 1300]; p. dans → TobinLais p. 227-253.

TyoletP id.; p. p. G. Paris, dans → DoonLaiP p. 40-50; [= TL Lais in. (p. 40-50)].

TyssensVoy M. Tyssens, *Le Voyage de Charlemagne à Jérusalem et à Constantinople*, traduction critique, Gand (Ed. Scient.) 1977 (1978). Trad. de → PelCharlK, avec notes critiques.

UerkvitzLettr W. Uerkvitz, *Tractate zur Unterweisung in der anglo-normannischen Briefschreibekunst nebst Mitteilungen aus den zugehörigen Musterbriefen*, thèse Greifswald 1898. Extraits (agn.) des mss. Cambridge Univ. Ee.IV.20 [agn. 1382 ss.] (C) dates des lettres: 1327 - 1340, BL Harl. 4971 [agn., 1ᵉ partie 3ᵉq. 14ᵉs.] (H²), BL Harl. 3988 [agn. après 1396] (H¹), Oxford All Souls Coll. 182 [agn. après 1412] (O) cf. LettrOxf, BL Add. 17716 [agn. ca. 1425]. Pour les deux premiers mss. v. Dean 317; 318, pour Harl. 3988 v.

Dean 321, pour Oxf. v. Dean 324, pour BL v. Dean 319.

UllandInstr W. Ulland, *Jouer d'un instrument und die altfranzösischen Bezeichnungen des Instrumentenspiels*, Bonn 1970 (Romanistische Versuche und Vorarbeiten 35).

UnicorneAJ *Dit de l'unicorne et du serpent*, incip. *Mout par est fols cil qui s'entent*, version du ms. BN fr. 837; hain. 2ᵉt. 13ᵉs.; ms. BN fr. 837 [frc. 4ᵉq. 13ᵉs.] (A) f°78v°-80v°, autres mss. BL Add. 15606 [bourg. déb. 14ᵉs.] (L), Montpellier → UnicorneM, Ars. 3516 [art. 1267] (H), BN fr. 1444 [pic.mérid. fin 13ᵉs.] (D), BN fr. 1553 [pic. 1285 n.st.] (E), BN fr. 2094 [bourg.mérid. fin 13ᵉs.] (I), BN fr. 19525 → UnicorneB, BN fr. 2162 → UnicorneC, BN fr. 12471 [art. fin 13ᵉs.] (F), BN nfr. 1263 [cette partie 13ᵉs.] (G), Torino Bibl. naz. L.II.14 [pic. (Origny) 1311] (T), v. LångforsInc p. 227; p. dans → JubNRec 2,113-123.

UnicorneBM id., version différente prob. par Guillaume le Clerc de Normandie, couplets rimés de vers octosyll.; norm.? 1ᵉm. 13ᵉs.; ms. BN fr. 19525 [agn. fin 13ᵉs.] (B); extraits p. dans → BesantM p. XXIX-XXXVII.

UnicorneCW id., version proche de A; mil. 13ᵉs.; ms. BN fr. 2162 [pic. mil. 13ᵉs.] (C); p. p. J. Wollenberg, *Le Dit de l'unicorne et del serpent en vieux picard (offert à F. Marggraff)*, Berlin (Calvary) – Paris (Durand) 1862 (7 p.).

UnicorneMA id., version du ms. Montpellier; Est 13ᵉs.; ms. Montpellier Ec. de Méd. 441 [bourg. 1ᵉm. 14ᵉs.] (M); p. p. S. Andolf, "Une version bourguignonne du *Dit de l'Unicorne et du Serpent*", → MélMel 82-108; [Boss 7024].

UrbCort¹S Urbain le Cortois ou Apprise de nurture, sorte d'enseignement moral, vers octosyll., premier état; agn. 2ᵉm. 13ᵉs.; ms. de base Cambridge Univ. Gg.I.1 [agn. après 1307] (C), en var. Oxford Bodl. Douce 210 [agn. déb. 14ᵉs.] (D) et Oxford Bodl. Bodley 9 [agn. 2ᵉq. 15ᵉs.] (B), autres mss. Cambridge Trinity Coll. O.1.17 [agn. 2ᵉm. 14ᵉs.], en partie Oxford Bodl. Bodley 39 [agn. 1ᵉm. 14ᵉs.]; p. p. F. Spencer, "L'Apprise de nurture", *MLN* 4 (1889) col. 101-106; [= TL Urb. cort.; Dean 231; Vising 247]; cf. ParsonsCourt.

UrbCort¹M id.; extraits du ms. Cambridge Trin. O.1.17 p. p. P. Meyer, dans R 32 (1903) 71-73.

UrbCort¹P id.; dans → ParsonsCourt 15-26; ms. de base Douce 210.

UrbCort²P id., version ultérieure; ms. de base Oxford Bodl. Bodley 425 [agn. mil. 14ᵉs.] (U),

autres mss. en partie en var.: Cambridge Emmanuel Coll. 106 [agn. 3ᵉq. 14ᵉs.], Cambridge Trinity Coll. B.14.40 [agn. après 1415] (T), en partie Oxford Bodl. Bodley 39 [agn. 1ᵉm. 14ᵉs.] (F); p. dans → ParsonsCourt 26-38.

VKRom *Volkstum und Kultur der Romanen. Sprache, Dichtung, Sitte*, Vierteljahresschrift, Hamburg (Hansischer Gildenverlag) 1928-1944; [= FEW Volkst].

VMNW *Vroegmiddelnederlands woordenboek 1200-1300*, W. J. J. Pijnenburg, K. H. van Dalen-Oskam – K. A. C. Depuydt – T. H. Schoonheim et al., Leiden (Inst. Ned.-Lex.) 2001. Exploite un corpus clos (Corpus M. Gysseling) de doc. litt. et non-litt. conservés dans des mss. du 13ᵉs. Accessible sur le site inl. nl. Plus étendu du point de vue chronologique: → VerVer.

VMortAnW *Li vers de le mort*, anon. (attr. à Robert le Clerc (d'Arras), ob. 1272/73), vers octosyll.; art. 1266 (ou début 1267); éd. composite basée sur BN fr. 375 [pic. 1289 n.st.] (A), complété par Pavia Univ. Aldini 219 (130.E.5, 108) [déb. 14ᵉs.] (P) consulté par le biais d'une copie, BN fr. 12615 [art., 1ᵉ partie 4ᵉq. 13ᵉs.] (N); p. p. C. A. Windahl, *Li vers de le mort*, Lund (Malmström) 1887; [= TL VdlMort; Boss 3540]. Texte seul réimprimé par C. Donà, *I Versi della Morte*, Parma 1988. Étude lex.: T. Matsumura MélGoosse 165-176.

VMortAnB id.; même ms. de base, P et T (appelé N) en var.; p. p. A. Brasseur – R. Berger, *Robert le Clerc d'Arras. Les vers de la Mort*, Genève (Droz) 2009 (T.L.F. 600). C.r. Beretta MedRom 34,435-437.

VMortHélW *Vers de la Mort*, poème de propagande allégorique (la mort jouant le rôle d'un seigneur féodal) contre la vie mondaine par Hélinand de Froidmont, moine cistercien, en 50 strophes dites 'd'Hélinand': douze vers octosyll. rimés aabaabbbabba; pic. (Beauvaisis) ca. 1196 (entre 1193 et 1197); mss. BN fr. 23112 [pic. 2ᵉm. 13ᵉs.] (A¹), Tours 136 [rec. fact., pièce 28, f°201, 13ᵉs.] (T¹) fragm., Bern 113 [bourg., qqs. traits pic., fin 13ᵉs.] (T²) semble complémentaire à T¹ selon l'éd. n'ayant pas vu les mss., Monte Cassino 209 [2ᵉm. 13ᵉs.?] (A²), Torino Bibl. naz. L.V.32 [wall. ca. 1300] (A³), BN fr. 12483 [mil. 14ᵉs.] (A⁴), BN fr. 19531 [pic. 2ᵉm. 13ᵉs.] (B¹), BN fr. 25408 [agn. 1267] (B²), BN fr. 1444 [pic.mérid. fin 13ᵉs.] (B³), Chantilly Musée Condé 474 (1330) [lorr. fin 13ᵉs.] (B⁴), BN fr. 1593 [frc., faibles traits lorr. fin 13ᵉs.] (C¹), Ars. 5201 [bourg.sept. ou lorr. 3ᵉt. 13ᵉs.] (C²), BN fr. 19530 [fin 13ᵉs.] (D¹), BN fr. 23111 [frc. fin 13ᵉs.] (D²), BN fr. 423 [lyonn. déb. 14ᵉs.] (D³), BN fr. 24429 [déb. 14ᵉs.] (D⁴), Vat. Reg. lat. 1682 [2ᵉq. 14ᵉs.] (D⁵), BN lat. 14958 [13ᵉs.]

VMortHélW

(D^6), Bruxelles Bibl. roy. 9411-26 [pic. ca. 1300] (E^1) 9413, BN fr. 837 [frc. 4^{e}q. 13^{e}s.] (E^2), Pavia Univ. Aldini 219 (130.E.5, 108) [déb. 14^{e}s.] (E^3), BN fr. 2199 [traits lorr. 3^{e}q. 13^{e}s.] (E^4), BN fr. 1807 [orl. (Blois) 1^{er}t. 14^{e}s.] (F^1), Madrid Bibl. nac. 9446 [norm. mil. 13^{e}s.] (F^2), ms. fragm. Heidelberg Cod. Heid. 1240 [lorr.sept. 2^{e}t. 13^{e}s.] vers 8,1-18,8 et 42,11-50,8; p. p. F. Wulff – E. Walberg, *Les vers de la mort par Hélinant*, Paris (Firmin Didot) 1905 (SATF); [= TL Helinant; FEW Hélinant *et* Helinand; cf. Dean 609]. Éd. 'critique' très travaillée, aux modifications tacites; à peine utilisable; ms. de base prob. A^1. [Réimpr. de l'éd. W par W. D. Paden dans *Allegorica* (TAMU, College Station) 3 (1978) 63-103.]

VMortHélD id.; fragm. Heidelberg p. p. Stephen Dörr – Karin Zimmermann, "Die Heidelberger Fragmente der *Vers de la Mort*", *ZfSL* 117 (2007) 113-132.

VMortHélM id.; essentiellement basé sur le ms. BN fr. 23112 et BN lat. 14958; p. p. D. M. Méon, *Vers sur la mort par Thibaud de Marly*, Paris [1823 et] (Crapelet) 1835; [= TL Thib. d. Marly V. s. l. M. (aussi Thib. de…)]. Aux p. 11-14 se trouve la fin de ThibMarly, v. → ThibMarlyM, p. 65-71 TroisMortsSeC.

VRo *Vox Romanica. Annales Helvetici explorandis linguis Romanicis destinati*, Zürich (Niehans) 1936-1939; Zürich (Rentsch) 1940-1945/46; Bern [puis Tübingen – Bâle] (Francke) 1947–.

VäänänenIntro V. Väänänen, *Introduction au latin vulgaire*, Paris (Klincksieck) [1963] 1964 (Bibl. fr. et rom. A.6).

VäänänenIntro³ id., ^{3}1981 et réimpr.

VäänänenRécr V. Väänänen, *Recherches et récréations latino-romanes*, Napoli (Bibliopolis) 1981. Articles réimpr. et études nouvelles.

VaillantD Jehan Vaillant, poèmes en octosyllabes et pièce en prose; entre 1445 et 1470; manuscrits en partie utilisés: BN fr. 1642 [ca. 1500], BN fr. 2230 [mil. 15^{e}s.], BN fr. 2264 [2^{e}m. 15^{e}s.], BN fr. 25553 [16^{e}s.], BN nfr. 6639 [ca. 1480], Ars. 3523 [fin 15^{e}s.], Valenciennes 417 (398) [2^{e}m. 15^{e}s.], Berlin Staatsbibl. Phillipps 1928 (anc. Cheltenham Phillipps 1928) [2^{e}m. 15^{e}s.], Dresden Oc 68 [16^{e}s.], Den Haag KB 71.E.49 [fin 15^{e}s.], BN fr. 2375 [16^{e}s.], BN fr. 5699 [2^{e}m. 15^{e}s.], Poitiers 215 (179) [fin 15^{e}s.], Ars. 3059 [fin 15^{e}s.], BN fr. 1719 [16^{e}s.], BN fr. 1722 [16^{e}s.], BN fr. 9223 [2^{e}m. 15^{e}s.], BN fr. 25458 [ca. 1440], BN fr. 1104 [15^{e}s., copie de BN fr. 25458], BN nfr. 15771 [qqs. traits pic., 2^{e}m. 15^{e}s.], Carpentras 375 (L.371) [15^{e}s.], Soissons 203 (189C) [16^{e}s.], Berlin Staatsbibl. KK 78 B 17 (Hamilton 674) [Paris 2^{e}m. 15^{e}s.], BL Harl. 6916 [16^{e}s.], BL Lansdowne 380 [ca. 1500], Firenze Bibl. naz. Magl. XIX.176 [16^{e}s.]; p. dans → PChastTPerD p. 113-225. Il n'est pas entièrement exclu que Jehan Vaillant et Pierre Chastellain ne soient qu'un seul personnage.

ValMaxSim/Nic Valerius Maximus, *Memorabilium factorum et dictorum libri IX*, traduit par Simon de Hesdin (livre I-VII iiii) et par Nicolas de Gonesse (l. VII v - IX), prose; dates: livre I 1375; II 1377; III-VII iiii: 1383; Nic: VII v – IX: 1400-1401; mss. BN fr. 282 [1401] (Simon et Nicolas), Jena El. f. 87 [Paris ca. 1385] (Simon), Jena El. f. 88 [Bourg.mérid. ca. 1480] (Nicolas), Leiden Univ. BPL 2552: 16/1 [2^{e}m. 15^{e}s.] fragm. ch. VI iii (Simon), etc., v. Éc. des Ch. 'elec' n°17; [= Boss 5962; Spec 45,247]. Gdf cite l'éd. 1485. ÷

ValetAiseN Du Valet qui d'aise en malaise se met (par un mariage qu'il ne peut pas financer), fabliau, vers octosyll.; pic. 3^{e}t. 13^{e}s.; ms. unique BN fr. 12603 [pic. ca. 1300]; p. dans → NoomenFabl 8,319-338 (n°100).

ValetAiseF id.; p. p. W. Foerster, "Du vallet qui d'aise a malaise se met", *JREL* 13 [N.F. 1] (1874) 281-307; [= TL Du Vallet]. Contient aussi → SalutEnfBF.

ValetAiseM id.; dans → MontRayn 2,157-70.

Valkh M. Valkhoff, *Étude sur les mots français d'origine néerlandaise*, Amersfoort (Valkhoff) 1931; [= FEW Valkh].

Vallesia *Vallesia. Revue annuelle du Valais…*, Sion 1946–.

VarinAdm P. Varin, *Archives administratives de la ville de Reims. Collection de pièces inédites pouvant servir à l'histoire des institutions dans l'intérieur de la cité*, 3 tomes en 5 vol. et Table, Paris (Crapelet) 1839-1853; [= FEW Varin (Arch. adm.)]. T. I,[1], 1839; t. I,2, 1839; t. II,1, 1843; t. II,2, 1843; t. III, 1848; la *Table générale des matières* par E. Amiel, 1853, couvre aussi VarinLég. Gdf: 'Arch. admin. de Reims'.

VarinLég P. Varin, *Archives législatives de la ville de Reims*, I, *Coutumes*, Paris (Crapelet) 1840, II 1 et 2, *Statuts*, 1844-1847, IV, 1852, *Table générale des matières*, Paris (Lahure) 1853; [= FEW Varin (Arch. législ.)]. La *Table* couvre aussi VarinAdm. Gdf: 'Arch. législ. de Reims'.

VarvaroSorn A. Varvaro, *Vocabolario etimologico siciliano*, con la collaborazione di R. Sornicola, 1, A-L, Palermo (Centro di St. fil. e ling. sic.) 1986–; *Suppl.* per la consult. del primo vol., 1986;

'Fascicolo di saggio', *rabba-ruzzulari* par R. Sornicola, Palermo (Centro St. Ling. Fil. Sic.) 1975.

Vasmer M. Vasmer, *Russisches etymologisches Wörterbuch*, 3 vol., Heidelberg (Winter) 1950-1958.

VégèceAnL Végèce (Vegetius), De re militari, trad. anon., Art de chevalerie, prose; 1380; ms. de base Bruxelles Bibl. roy. 11046 [1ᵉʳt. 15ᵉs.] (B), en var. Torino Bibl. reale Saluzzo 188 [ca. 1410] (T); p. p. L. Löfstedt et al., *Le livre de l'Art de chevalerie de Vegesce*, Helsinki (Suom. Tiedeak.) 1989 (Ann. Ac. Sc. B 236). Cp. → JMeunVég; JPriorat; JVignayVég.

VégèceAn[2] id., autre version anon., fragm. (Vegetius IV 25-41); déb. 14ᵉs. (?); ms. Udine Arch. di St. framm. 158 [déb. 14ᵉs.] (un feuillet); voir C. Scalon, *Libri scuole e cultura nel Friuli medioevale. Membra disiecta dell'Archivio di stato di Udine*, Padova (Antenore) 1987, 218.

VégèceAn[3] id., autre version anon. en prose; ca. 1280 ?; ms. Wolfenbüttel Herzog August Bibl. Cod. Blank. 111 [déb. 14ᵉs.], Peterburg RNB Fr.F.v.IX.1 [Acre ? ca. 1280 ?]; cf. C. Allmand, *De re militari*, Cambridge 2011, et Éc. des Ch. 'elec' n°17. Inédit.

VégèceRichT id., traduit en prose par un certain Richard (mastre Richard); agn. prob. (1271-) 1272 (après 1265); ms. Cambridge Fitzwilliam Mus. Marlay Add. 1 [agn. 4ᵉq. 13ᵉs.]; inédit dans l'ensemble; description avec qqs. extraits p. p. L. Thorpe, "Mastre Richard. A thirteenth-century translator of the 'De re militari' of Vegetius", *Script* 6 (1952) 39-50; 7 (1953) 120-121; [= AND Veg; AND Veg¹ correspond à une thèse malheureusement non publiée: L. K. Carley, *The Anglo-Norman Vegetius*, Nottingham 1962. Dean 389].

Venckeleer T. Venckeleer, *Rollant li proz. Contribution à l'histoire de quelques qualifications laudatives en français du moyen âge*, thèse Strasbourg 1974, Lille – Paris (Champion) 1975.

VendryesLex J. Vendryes, *Lexique étymologique de l'irlandais ancien*, Dublin (Inst. Adv. St) – Paris (CNRS) 1959 (A) [réimpr. 1981]; 1960 (M-P); continué par E. Bachellery, 1974 (R,S), E. Bachellery et P.-Y. Lambert, 1978 (T,U); [1980] 1981 (B); 1987 (C); 1996 (D).

VengAlE Le vengement Alixandre par Gui de Cambrai, sorte de continuation d'AlexPar, alex.; flandr. ca. 1190; ms. de base BN fr. 786 [tourn. ca. 1285] (H), en var. BN fr. 15094 [cette partie fin 14ᵉs.] (D), BN fr. 25517 [pic. 2ᵉm. 13ᵉs.] (G), BN fr. 375 [pic. 1289 n.st.] (I), BN fr. 24366 [pic. 2ᵉm. 13ᵉs.] (J), BN fr. 792 [frc. 2ᵉm. 13ᵉs.] (K), BN fr. 789 [pic. 1280] (L), le ms. Parma Pal. 1206 [It. 14ᵉs.] (F) fusionne cette version avec → VenjAl; p. p. B. Edwards, *Gui de Cambrai, Le vengement Alixandre*, Princeton N.J. (Univ. Press) 1928 (Elliott Monogr. 23; réimpr. Nendeln, Kraus); [= TL Gui de Cambrai Veng. Alix. *et* Veng. Alix. Gui de Cambrai; FEW VengAl].

VengRagR La vengeance Raguidel, roman arthurien par Raoul de Houdenc, vers octosyll.; qqs. traits de l'Ouest et du Nord(-Est), déb. 13ᵉs.; ms. de base Nottingham Univ. WLC.LM.6 [pic. 4ᵉq. 13ᵉs.] (M), v. 6017-6108 et var. tirés de Chantilly Musée Condé 472 (626) [hain. 3ᵉt. 13ᵉs.] (A), en var. BN nfr. 1263 [fragm. 1bis: mil. 13ᵉs.] (B) v. 3488-3637, BN fr. 2187 [f°155r°: 13ᵉs.?] (C) fragm.; p. p. G. Roussineau, *Raoul de Houdenc, La vengeance Raguidel*, Genève (Droz) 2004 (T.L.F. 561).

VengRagF id.; ms. de base A p. p. M. Friedwagner, *La Vengeance Raguidel*, Halle (Niemeyer) 1909 (Raoul von Houdenc sämtliche Werke 2); [= TL Veng. Rag.; FEW Houdenc *et* VengRag]. Reste utile pour certaines variantes.

VengRagH id.; ms. A p. p. C. Hippeau, *Raoul de Houdenc, Messire Gauvain ou La Vengeance de Raguidel*, Paris (Aubry) 1862 (Coll. des Poètes fr. du m. â. 5); [= TL Veng. Rag.¹]. Édition éclectique inutilisable. Cité par Gdf sous le titre de 'Gauvain', aussi 'Geste d'Alix.'.

VengRagP id.; ms. de base M, les autres en var.; publication électronique par May Plouzeau, sur un site de l'université d'Ottawa, en 2002.

VengRagW id.; ms. de base M; p. p. E. E. Wilson, *La Vengeance Raguidel*, thèse Chapel Hill 1966 (Univ. Microfilms 67-1068). Remplacé.

VenjAlH *La Venjance Alixandre*, sorte de suite à → Alex (Par) où un fils fabuleux venge la mort d'Alexandre, en alexandrins, par Jehan le Venelais (plutôt que 'le Nevelon'); [fin 12ᵉs.]; ms. de base BN fr. 24365 [1ᵉm. 14ᵉs.] (M), en var. BN fr. 1590 [1ᵉm. 14ᵉs.] (S), Oxford Bodl. Bodley 264 [f°1-209 pic. 1338] (P), BN fr. 790 [mil. 14ᵉs.] (Q), BL Roy. 19 D.I [Paris? ca. 1335, aux traits pic.] (X), BN fr. 791 [fin 14ᵉs.] (N), BN fr. 1375 [15ᵉs.] (O), pour le ms. Parma v. → VengAl; p. p. E. B. Ham, *Jehan le Nevelon, La Venjance Alixandre*, Princeton (Univ. Press) – Paris (PUF) 1931 (Elliott Monogr. 27); [= TL Jeh. le Nevelon Venj. Alix. *et* Venj. Alix. Jeh. le Nevelon; Boss 951; Hol 937]. Texte 'authentique' impossible à définir; datation du vocabulaire souvent d'après les mss. Mise en prose → AlexPr³. Cinq traitements du sujet ont été réunis dans E. B. Ham, *Five versions of the Venjance Alixandre*, Princeton (Univ.) – Paris (PUF) 1935 (Ell. Monogr. 34); [= TL Venj. Alix. Ham].

VenjAlS

VenjAlS id.; même ms. de base; p. p. O. Schultz-Gora, *Die Vengeance Alixandre von Jehan le Nevelon*, Berlin (Ebering) 1902; [= TL Venj. Alix. Jeh.; Boss 950; Hol 936].

VenjAlxH id.; ms. BL Roy. 19 D.I [Paris? ca. 1335, aux traits pic.] (X); p. p. E. B. Ham, *Textual criticism and Jehan le Venelais*, Ann Arbor (Univ. of Mich. Press) 1946.

VenjNSA/B…/S *Venjance nostre Seigneur* ou *Prise de Jerusalem* ou *Estoire de Vespasien* (Vaspasien), poème sur la destruction de Jérusalem par Titus, en laisses d'alexandrins essentiellement rimés, de longueur très variable (1200 à 3400 vers) selon les mss. (-versions); ca. 1200 (?); ms. BN fr. 1374 [frpr. ca. 1260] (A), BL Add. 10289 [norm. prob. 1280] (I), BN fr. 1553 [pic. 1285 n.st.] (B), BN fr. 20039 [lorr. fin 13^{e}s.] (C), BN fr. 25439 [Est fin 13^{e}s.] (D), Ars. 3516 [art. 1267] (E), Ars. 5201 [bourg.sept. ou lorr. 3^{e}t. 13^{e}s.] (F), Torino Bibl. naz. L.II.14 [pic. (Origny) 1311] (G), Torino Bibl. naz. L.IV.5 [Mons? fin 15^{e}s.] (H), BL Roy. 16 E.VIII [agn. fin 13^{e}s.] (K); extraits p. p. W. Suchier, "Ueber das altfranzösische Gedicht von der Zerstörung Jerusalems", ZrP 24 (1900) 161-198; 25,94-109; 256. Cp. la version occ., La prise de Jérusalem, RLaR 32-33.

VenjNSAG id.; ms. A, qqs. var. des autres mss.; p. p. L. A. T. Gryting, *The oldest version of the twelfth-century poem La venjance nostre Seigneur*, s.l. [Ann Arbor] (Univ. of Mich. Press) 1952 (The Univ. of Mich. Contrib. in Mod. Philology 19); [= TL Venj. NSeigneur; FEW VenjSeigneur; Boss 6597]. C.r. Woledge RoPh 8 (1954/55) 155-157.

VenjNSFB id., version du ms. F; 13^{e}s.; p. p. M. S. G. Buzzard, *Cest li romanz de la vanjance que Vaspasiens et Tytus ses fiz firent de la mort Jhesucrist*, thèse Univ. of Colorado [at Boulder] 1970 (UMI 70-23.694).

VenjNSHG id., version du ms. Torino Bibl. naz. L.IV.5 [Mons? fin 15^{e}s.]; p. p. A. Graf, *Roma nella memoria e nelle immaginazioni del medio evo*, 2 vol., Torino (Loescher) 1882-1883, 1,429-460 (Appendice C); [= TL Veng. Jes.].

VenjNSPr$^{1/2/3/4/5}$ id., versions en prose, v. A. Micha, "La légende de l'empereur malade et de la Vengeance du Sauveur dans les récits en prose française", MélLods p. 433-446.

VenjNSPr^{1}F id., version traduisant *Cura sanitatis Tiberii*, mss. famille D; 1^{er}m. 13^{e}s.; ms. de base BL Harl. 2253 [agn. ca. 1335] (D), en var. BL Egerton 2710 [agn. mil. 13^{e}s.] (D1), BN fr. 19525 [agn. fin 13^{e}s.] (D2), Aberystwyth Nat. Libr. 5028C [agn. fin 14^{e}s.] (D3), Cambridge Univ. Add. 2751(8) [fin 13^{e}s.] (D4) fragm.; p. dans → VenjNSPr^{2}F p. 52-64 ('D'); [= Dean 502].

VenjNSPr^{2}F id., version basée sur la *Cura* et élargie; 13^{e}s.; ms. de base BN fr. 23117 [1e partie fin 13^{e}s.] (C), en var. BN fr. 17229 [2^{e}m. 13^{e}s.] (C1), BN fr. 413 [ca. 1400] (C2), Oxford Queen's Coll. 305 [Fr. 2^{e}m. 15^{e}s.] (C3); p. p. A. E. Ford, *La vengeance de Nostre-Seigneur*, Toronto (Pontif. Inst. Mediaev. St.) 1993, p. 35-51 ('Family C').

VenjNSPr^{3}M id., version marquée par → SGraalIIJos; 13^{e}s.?; ms. BN fr. 187 [It. mil. 14^{e}s.] (G); p. p. A. Micha dans → MélLejeune (1969) p. 1291-1298; [= TL Venj. NSeigneur M]. Nombre de corr. à cette éd. dans les 'var.' de l'éd. F.

VenjNSPr^{3}F id.; p. dans → VenjNSPr^{2}F p. 139-149 ('G'). Note les divergences par rapport à l'éd. M.

VenjNSPr^{4}F id., version 'Saint Pierre' selon l'incip. du ms. F7: *Saint Pierre s'en vint en la cité de Romme*; 13^{e}s.; ms. de base BN nfr. 13521 [fin 13^{e}s.] (F), autres mss., en partie en var.: BN fr. 1850 [partie fr. Est 2^{e}q. 13^{e}s.] (F1), Lille Bibl. mun. 190 (130) [1^{e}m. 14^{e}s.] (F2), BN fr. 25549 [15^{e}s.] (F3), BN fr. 1555 [déb. 15^{e}s.] (F4), Bruxelles Bibl. roy. 10574-85 [composite, cette partie 3^{e}t. 14^{e}s.] (F5), Ars. 5366 [1447/1448?] (F6), BN fr. 969 [15^{e}s.] (F7), BN fr. 12445 [15^{e}s.] (F8), Bruxelles Bibl. roy. 10394-414 [pic. 1^{e}m. 15^{e}s.] (F9), Salins 12 [bourg. fr-comt. 1^{er}q. 15^{e}s.] (F10) f°203 et 207v°-217v°, BN Moreau 1718 [copie 18^{e}s.] (F11) copie de F, BN fr. 1768 [1^{e}m. 14^{e}s.] (F13), Cambrai 256 (246) [pic. déb. 14^{e}s.] (F14), Ars. 2071 [1383 n.st.] (F15), BN fr. 25533 [16^{e}s.] (F16), Oxford Bodl. Fairfax 24 [agn. f°37r° et 41r°-46r° mil. 14^{e}s.] (F17); p. dans → VenjNSPr^{2}F p. 74-138 ('F').

VenjNSPr^{5}F *La venjance Nostre-Seigneur*, version en prose basée sur → VenjNSA, dite 'Japheth'; 14^{e}s.; ms. de base Grenoble 468 (cat. 50) [14^{e}s.] (A), en var. Valenciennes 541 (495) [15^{e}s.] (A1), Bern A.260 [15^{e}s.] (A2), BN fr. 981 [15^{e}s.] (A3), Kraków Univ. gall. qu. 159 (anc. Berlin) [traits pic. 3^{e}t. 15^{e}s.]; BL Add. 32090 [1445] (A4), BN nfr. 1357 [15^{e}s.] (A5), Besançon 588 [ca. 1500] (A6), BN fr. 12481 [15^{e}s.] (A7), Bruxelles Bibl. roy. IV 509 (anc. Cheltenham Phillipps 3657) [ca. 1480] (A8), Chantilly Musée Condé 38 (898) [15^{e}s.] (A9), BN fr. 24438 [ca. 1500] (A10), BN fr. 1370 [15^{e}s.] (A11), BN fr. 979 [mil. 15^{e}s.] (A12), Lyon Bibl. mun. 864 (768) [frcomt. 1450] (A13), Salins 12 (P.11) [bourg. frcomt. 1^{er}q. 15^{e}s.] (B) f°257r°-281r°, Ars. 2114 [15^{e}s.] (B1), Lyon Bibl. mun. 1235 (1107) [15^{e}s.] (B2), BN fr. 17061 [15^{e}s.] (B3), Lyon Bibl. mun. 918 (815) [15^{e}s.] (B4), Vat. Reg. lat. 1728 [4^{e}q. 15^{e}s.] (B5), Carpentras 472

(L.464) [3ᵉt. 15ᵉs.] (B6), BN fr. 2273 [15ᵉs.] (B7); p. p. A. E. Ford, *La vengeance de Nostre-Seigneur. The Old and Middle French prose versions: The version of Japheth*, Toronto 1984 (Pontif. Inst. of Med. St. 63); [= TL Venj. NSeigneur F].

VenjNSPr⁶F id., autre version de la *Cura*; 13ᵉs.; ms. Dublin Trinity Coll. I.5.19 (951) [f°1-154 pic. 3ᵉt. 13ᵉs., 154-158 it. 1ᵉm. 14ᵉs.] (E); p. dans → VenjNSPr²F p. 65-73 ('E').

VenjNSPr⁷F id., version tirée de *Nathanis Judaei legatio*; 13ᵉs.; ms. BL Egerton 613 [f°21r°-25° agn. mil. 13ᵉs.] (I); p. dans → VenjNSPr²F p. 195-205 ('I').

VenjNSPr⁸F id., version tirée de la *Legenda Aurea*; 15ᵉs.; ms. de base BL Roy. 16 G.III [1479] (H), en var. BN fr. 181 [15ᵉs.] (H1); p. dans → VenjNSPr²F p. 150-194 ('H').

VenusF *Dit de Venus la deesse d'amor*, vers alex.; pic. 2ᵉt. 13ᵉs.; ms. Ars. 3516 [art. 1267]; p. p. W. Foerster, *De Venus la deesse d'amor*, Bonn (Cohen) 1880; [= TL Venus; Boss 2786]. Cp. → DieuAmL; VraiChimL (source de Venus); cf. R 45,205.

VerCoulK *Li ver de Couloigne*; pic. orient. ca. 1250; ms. de base BN fr. 12471 [art. fin 13ᵉs.], en var. ms. BN fr. 2162 [pic. mil. 13ᵉs.]; p. p. H. Kleineidam, *Li ver de Couloigne. Du bon ange et du mauves. Un ensaingnement*, München (Hueber) 1968 (Beiträge zur romanischen Philologie des Mittelalters 3), p. 7-65; [TL Ver de Couloigne concerne aussi → BonAngeK, EnsaingnK; = Boss² 5881].

VerHand J. Verdam, *Middelnederlandsch handwoordenboek*, 's Gravenhage (Nijhoff) [1911]. Cf. → VerWub.

VerKleij J. Verdam, *Middelnederlandsch handwoordenboek. Supplement*, p. p. J. J. van der Voort van der Kleij, Leiden – Antwerpen (Nijhoff) 1983. Suppl. à → VerWub.

VerVer E. Verwijs, J. Verdam, F. A. Stoett et al., *Middelnederlandsch woordenboek*, 9 vol., 's Gravenhage (Nijhoff) 1885-1971; suppléments; [= FEW MndlWb]. Cite comme 'mnéerl.' aussi le dict. de Kiliaan qui exploite → Est: attention. Pour le 13ᵉs. compléter par → VMNW.

VerWub J. Verdam, *Middelnederlandsch handwoordenboek. Onveranderde herdruk en van het woord* sterne *af opnieuw bewerkt door* C. H. Ebbinge Wubben, 's Gravenhage (Nijhoff) 1932 [réimpr. 1956]. Contient des matériaux datant d'avant 1550. Réimprime et révise partiellement → VerHand.

VerfLex W. Stammler – K. Langosch, *Die deutsche Literatur des Mittelalters. Verfasserlexikon*, 5 vol., Berlin (de Gruyter) 1933-1955.

VerfLex² id., 2ᵉ éd., p p. K. Ruh – B. Wachinger et al., 12 vol., Berlin (de Gruyter) 1977-2006.

VergierArbreL *Li romans du vergier et de l'arbre d'amors*, allégorie où l'amour est comparé à un arbre, en vers octosyll.; traits pic. 1ᵉm. 14ᵉs.; ms. unique BN fr. 847 [f°204-210: 1ᵉm. 14ᵉs.]; p. p. A. Långfors, "Li Romans du Vergier et de l'Arbre d'Amors", *NM* 29 (1928) 3-33; [= TL Vergier et Arbre d'Am.; Boss 2792].

VermBeitr *Romanische Etymologien*, p. p. H. Meier – W. Roth, t. 1: *Vermischte Beiträge* I, Heidelberg (Winter) 1968. [T. 2: → BorkQuatere.]

VerriestHain L. Verriest, *Corpus des records de coutumes et des lois de chefs-lieux de l'ancien comté de Hainaut*, Mons – Frameries (Union des Impr.) 1946 (Sources de l'Hist. du Droit rur.); *Introduction au corpus...*, t. 1 [seul paru], 1946 (Inst. médiév.).

VialGraal G. Vial, *Le conte du Graal. Sens et unité. La première continuation. Textes et contenu*, Genève (Droz) 1987 (Publ. rom. et fr. 178). Concerne Perc et ContPerc¹.

ViandTaillNP Viandier Taillevent, recueil de recettes culinaires, largement identique à → ViandVal, mais un peu plus développé; attribué à tort à Guillaume Tirel dit Taillevent, maître queux de Charles V; ca. 1380 (?); ms. (N) BN fr. 19791 [av. 1392]; p. p. J. Pichon – G. Vicaire, *Le Viandier de Guillaume Tirel dit Taillevent*, Paris (Techener) 1892, et *Supplément au Viandier de Taillevent*, Paris (Techener) 1892 (paginé 181-300), réimpr. photomécanique (en bouleversant l'ordre des pièces et la pagination, sans respect pour la recherche) et augm. d'une reproduction photomécanique du ms. de → ViandVal (par S. Martinet), Genève (Slatkine) 1967; [= TL Viandier Taillevent; Boss 5611; Hol 413; 414], texte N p. 3-34. Autres mss. Saint-Lô Arch. dép. [«Journal de la Recepte», 1454] (détruit par la guerre en 1944), et mss. M, V, v. ci-dessous; les éditeurs énumèrent 15 éd. de ca. 1490 (celle-ci éd. p. 143-199, anc. p. 45-101) à 1604. L'éd. imprime aux p. 203-209 (anc. 105-111) des ajouts de l'éd. Pierre Gaudoul de ca. 1520.

ViandTaillNS id.; p. dans → ViandValS, interlinéaire ('BN').

ViandTaillMP id.; ms. Maz. 3636 (1253) [av. 1451]; parties de ce ms. (M) qui manquent à N p. dans → ViandTaillNP p. 37-42.

ViandTaillMS

ViandTaillMS id.; p. dans → ViandValS, interlinéaire ('MAZ').

ViandTailloV id.; Orléans Bibl. mun. fragm. [fin 14ᵉ s.] correspondant à → ViandTaillNP p. 17-20 et 25-29; p. p. A. de Villaret, "Une épave culinaire du XIVᵉ siècle", *Rev. des questions hérald., archéol. et hist.* 2 (1899/1900) 440-450; 500-512. Le ms. semble avoir été déposé aux Arch. dép. du Loiret (Orléans), détruit en 1940, mais il n'en existe aucune trace ni avant ni après cette date (renseignement de l'archiviste).

ViandTaillv¹P id.; recueil encore plus développé, donnant un texte meilleur que N, proche de → ViandVal, contenant plus de recettes, mais en omettant aussi; ms. Vat. Reg. lat. 776 [mil. 15ᵉ s.] (V); p. dans → ViandTaillNP p. 73-110 (anc. 213-250). Cp. → ViandTaillv²P.

ViandTaillv¹S id.; p. dans → ViandValS, interlinéaire ('VAT').

ViandTaillv²P Recueil de recettes concernant des vins malades et des «entremetz de paintrerie», faisant suite au Viandier Taillevent proprement dit (ViandTaillv¹); l'attribution à Taillevent est très douteuse; ca. 1400; p. dans → ViandTaillNP p. 111-136 (anc. 251-276).

ViandTaillv²S id.; p. dans → ViandValS, interlinéaire ('VAT').

ViandTaillViv id., version modifiée dans l'ordre des recettes et du contenu, titre: *Chie commenche un vivendier*; 1ᵉ m. 15ᵉ s. (?); ms. Kassel Landesbibl. 4° Ms. med. 1 [f° 154r°-164v° pic. 2ᵉ q. 15ᵉ s.] ms. composite; non publié (il existe une éd. dact. par B. Laurioux).

ViandValS Recueil de 131 recettes culinaires, appelé *Viandier valaisan*; traits pic. (Beauvaisis?) fin 13ᵉ s.; ms. Sion Bibl. cant. S.108 [fin 13ᵉ s.]; p. p. T. Scully, *The Viandier of Taillevent. An edition of all extant manuscripts*, Ottawa (Univ. Press) 1988; [= TL Viandier Taillevent S]. Contient ViandValS, ViandTaillNS, ViandTaillMS, ViandTaillv¹S et ViandTaillv²S: impression synoptique interlinéaire. Bonne éd., rares err. (23, l.6 VAL: *etre* l. *estre*; 36,2 *blancs* l. *blans*; 70,5 *bouillir* l. *boillir* [< éd. A]). Pour des rédactions plus développées v. → ViandTaill et Menag. Une reprod. photoméc. du ms. de Sion se trouve dans la réimpr. de → ViandTaillNP p. 231-252.

ViandValA id.; p. p. P. Aebischer, "Un manuscrit valaisan du *Viandier* attribué à Taillevent", *Vallesia* 8 (1953) 73-100; [= Boss 7063]. Transcription peu fiable.

[Viand cp. → EnsViand, Menag et RecCul.]

ViardPar J. Viard, *Documents parisiens du règne de Philippe VI de Valois (1328 - 1350)*, 2 vol., Paris (Champion) 1899-1900. Doc. (à partir de 1328) concernant l'histoire de Paris, tirés de registres. Le DEAF utilise un mémoire de licence (1976) par Christoph J. Drüppel étudiant une partie du texte.

VieliDec R. Vieli – A. Decurtins, *Vocabulari romontsch sursilvan – tudestg*, Cuera (Ligia Romontscha) 1962 [réimpr. 1981]; id., *Vocabulari romontsch tudestg-sursilvan*, Cuera 1975 [réimpr. 1980].

VieliDecInv F. Lutz et al., *Rückläufiges Wörterbuch des Surselvischen. Dicziunari invers dil romontsch sursilvan*, Tübingen (Narr) 1988. Contient surtout les matériaux de → VieliDec.

VielliardBodmer *Bibliotheca Bodmeriana, Catalogues, II, Manuscrits français du moyen âge*, p. p. Françoise Vielliard, Cologny près Genève (Fondation Martin Bodmer) 1975; [= TL Manuscrits frç. moyen âge V].

ViergeBallS Trois ballades en l'honneur de la Vierge, I, *Toutes dames aient honneur et joie* (incip.), II. *Aucun dient que d'amer sont espris*, III. *Ce fu dous fais, nobles et amoureus*, vers décasyll. irrég.; pic. 1ᵉʳ t. 14ᵉ s.; ms. BN nfr. 7514 [hain. mil. 14ᵉ s.]; p. p. Jiří [Georges] Straka, "Trois ballades en l'honneur de la Vierge", *Časopis pro moderni filologii* 24 (1938) 406-421; [= Boss 4574].

ViergeGérH Chanson en l'honneur de Notre Dame, en strophes d'Hélinand, incip. *Sur tous devés iestre siervie*, explic. *Toute li fois as cretiiens*, début manque; pic. fin 13ᵉ s.; ms. Namur Arch. de l'Etat Eccl. S. Aug. Géronsart Rec.-Dép. 1354-1357 [2ᵉ m. 14ᵉ s.]; p. p. Albert Henry, *Poème du XIIIᵉ siècle en l'honneur de la Vierge*, Mons (Dequesne) 1936 (Soc. des Bibl. belges, Mons, 39); [= TL Poème Honn. SVierge; FEW Vierge; Boss 3192 avec add. au suppl. I].

ViergeHaM Prière à la Vierge, incip. *Ha! gentis mere Deu, gloriose Marie* (SonetIncip 726), quatrains d'alex.; champ. (?) 2ᵉ m. 13ᵉ s.; ms. BN fr. 24838 [champ. ca. 1300]; p. p. P. Meyer, "Prière en quatrains à la Vierge", *R* 39 (1910) 44-53; [= TL Prière à la Vierge].

ViergeLoengeA *Loenge Nostre Dame*, poème en l'honneur de la Vierge, attrib. à Robert le Clerc d'Arras, incip. *Largue en karité*, strophes de 12 vers pentasyll.; pic. av. 1271; ms. BN fr. 375 [pic. 1289 n.st.]; p. p. H. Andresen, *Ein altfranzösisches Marienlob*, Halle (Niemeyer) 1891; [= TL Marienl.].

ViergeLoengeB id.; p. p. A. Brasseur, *Robert le Clerc d'Arras. Li loenge Nostre Dame*, Genève (Droz) 2013 (T.L.F. 621). C. r. T. Matsumura RLiR 78, [577] 581-582.

ViergeMereM Chanson en l'honneur de la Vierge, incipit *Mere au Sauveor, Qui la flor Estes de tote valor*, vers à 3-7 syll.; 1ᵉʳ m. 13ᵉ s.; ms. de base BN lat. 995 [cette partie 1ᵉʳ m. 13ᵉ s.], autre ms. BN fr. 844 [pic. 2ᵉ m. 13ᵉ s.] fragm.; p. p. P. Meyer, "Chanson en l'honneur de la Vierge", *BullSATF* 10 (1884) 80-83; [= TL Marienlied Bull. S A T].

ViergeTensB Poème marial de 50 vers à ca. 12 syll. sur la vie de Jésu et le Jugement dernier, incipit *Le tens joyus est venu ke Nouel est nomé*, quatrains rimés, à refrain; agn. av. 1240 (prob. entre 1234 et 1240); ms. unique Shrewsbury School 7 [cette partie agn., peu après 1272]; p. p. K. Busby, "Un inédit anglo-normand", → MélBraet 707-712.

VietorLoh W. Vietor, *Die Handschriften der Geste des Loherains*, Halle (Niemeyer) 1876, 134 pages. Publié comme thèse, Marburg 1875, 32 p., sans l'annexe contenant des extraits (donnés d'après des transcriptions de Bonnardot, Darmesteter, P. Meyer, J. Müller, Parker, Stengel, H. Suchier, Vietor).

VilAsnierJ *Du vilain asnier*, fabliau; 13ᵉ s.; ms. unique BN fr. 19152 [frc. fin 13ᵉ s.]; p. dans → JohnstonOwen p. 4-5.

VilAsnierM id.; p. dans → MontRayn 5,40-42.

VilAsnierMé id.; p. dans → MénardFabl 1,19-20.

VilAsnierN id.; p. dans → NoomenFabl 8,207-214, n°92.

VilAsnierR id.; p. dans → ReidFabl 1-2.

VilGousteC *Vilain n'en gouste dist*, formule d'ouverture de nombre de paragraphes d'un poème moralisant, le *Roumans du vilain-n'en-gouste* en vers octosyll.; pic. 2ᵉ m. 13ᵉ s.; ms. de base BN fr. 12471 [art. fin 13ᵉ s.] (P), qqs. var. de Torino Bibl. naz. L.V.32 [wall. ca. 1300] (T); p. p. G. Caravaggi, "Vilain-n'en-gouste", *Studj Romanzi* 34 (Roma 1965) 5-121; [= Boss 2703].

VilHostelF *Du vilein qui n'ert pas de son osté sire*, fabliau, vers octosyll., incip. *D'un vilein vos dirai un conte*; 13ᵉ s.; p. p. L.-F. Flutre, *R* 62 (1936) 2-5; [= NykrogFabl 156].

VilParadisN Fabliau du *Vilain qui conquist Paradis par plait*, vers octosyll; 1ᵉʳ m. 13ᵉ s.; mss. BN fr. 837 [frc. 4ᵉ q. 13ᵉ s.] (A), Bern 354 [bourg.sept. déb. 14ᵉ s.] (B), Berlin Staatsbibl. Hamilton 257 [norm. ca. 1300] (C), BN fr. 19152 [frc. fin 13ᵉ s.] (D), Nottingham Univ. WLC.LM.6 [cette partie fin 13ᵉ s.?] (G); p. dans → NoomenFabl 5,1-28, n° 39.

VilParadisM id.; éd. 'critique' basée sur les mss. BN et Bern, p. dans → MontRayn 3,209-214; 395-402.

VilParadisR id.; ms. Berlin p. dans → RohlfsFablels 29-34.

VilVersonD Les *Vilains de Verson*, invective rimée (octosyll.) contre les censitaires de Verson, énumérant les cens, taxes et redevances auquels les tenanciers étaient sujets, attribué à un Estout de Goz mentionné dans le ms.; norm. 1247; ms. Saint-Lô Arch. dép. Censier de Verson (Reg. reddituum Mont Saint Michel) [contemp.] (copie BN nfr. 21822 [mil. 19ᵉ s.]?) détruit en 1944 par la guerre (reprod. du 1ᵉʳ fol. dans VilVersonM); p. dans → Delisle (1851) 668-673.

VilVersonL id.; p. p. A. L. Léchaudé d'Anisy dans Mém. de la soc. des antiquaires de Normandie, 2ᵉ sér. t. 2 (1841?) p. 94-107. Éd. périmée.

VilVersonM id.; reprod. du 1ᵉʳ fol. (vers 1-76) et transcription du texte complet (par F. Dubosc, archiv.) p. dans → MuséeArchDép 1,198-205, n°97. Avec une planche: n° XXXIX.

VillHonB Villard de Honnecourt, espèce de livre de l'œuvre, aux textes, dessins et légendes, certains ajouts étant de la main du «maître 2» (Mr. 2; pic.mérid. ca. 1240), d'autres de la main du «maître 3» (Mr. 3; ca. 1250), d'autres encore, peu importants, de diverses mains postérieures; pic. ca. 1235 (prob. entre 1225 et 1235); ms. BN fr. 19093 [autographe]; p. p. C.F. Barnes, *The portfolio of Villard de Honnecourt*, Farnham (Ashgate) 2009. Avec fac-similé couleur. Glossaire sans renvois (!) par S.L. Hahn. Cf. → BechmannVill.

VillHonH² id; p. en fac-similé et avec étude détaillée par H. R. Hahnloser, *Villard de Honnecourt. Kritische Gesamtausgabe des Bauhüttenbuches Ms. fr 19093 der Pariser Nationalbibliothek*, 2ᵉ éd., Graz (Akademische Druck- und Verlagsanstalt) 1972; [FEW VillHon et FEW Villard-Hon = VillHonH¹ éd. 1935; Boss² 5405].

VillHonW id.; p. p. R. Willis, *Facsimile of the sketch-book of Wilars de Honecort*, London (Parker) 1879; [= TL WHon.].

VillehF Geoffroi de Villehardouin, un des dirigeants de la 4ᵉ croisade, récit de la conquête de Constantinople (jusqu'en 1207), prose; av. 1209; ms. de base Oxford Bodl. Laud Misc. 587 [2ᵉ m. 14ᵉ s.] (O), en var. BN fr. 4972 [2ᵉ m. 14ᵉ s.] (A) proche de O (tous les deux comportent des leçons communes «dont beaucoup sont des fautes certaines», éd. p.xlv; scribe it. ?), BN fr. 2137 [fin 13ᵉ s.] (B), BN fr. 12204 [pic. ca. 1300] (C), BN fr. 12203 [pic. fin 13ᵉ s.] (D), BN fr. 24210 [pic.

VillehF

mil. 15ᵉs.] (E); p. p. E. Faral, *Villehardouin. La conquête de Constantinople*, 2 vol., Paris (Les Belles Lettres) 1961 (CHFrMA) 18-19; [= TL Villeh. F; Boss² 6048]. Avec traduction. Maintient heureusement la numérotation de Wailly. Éd. critique aux corrections pas toujours documentées (à comparer avec l'éd. Wh; p. ex. 2 *faitz* = Wh *faiz* = ms. f°1r°a *faiz*; ib. 3 lignes plus haut *et manda* l. *et i manda*, à corr. dans les 2 éd.; 80 *vinrent* = Wh *vindrent*). – Continuation: → HVal; remaniements avec continuation: BN fr. 15100 [14ᵉs.] (F), → ChronBaud¹, et Venezia Marc. fr. App. II (237) [16ᵉs.] (P). Le DEAF utilise la thèse inédite de Lionel Boisvert, *Le vocabulaire de Villehardouin. Lexique et classement onomasiologique*, Strasbourg 1974.

VillehW id.; ms. de base A, d'autres en var.; p. p. N. de Wailly, *La Conquête de Constantinople par Geoffroi de Ville-Hardouin avec la continuation de Henri de Valenciennes*, Paris (Firmin Didot) 1872; [= TL Villeh.]. P. 303 ss. (§ 501ss.) = → HValW. Avec traduction.

VillehWh id.; ms. de base O, 'moins corrigé que dans l'éd. F'; p. p. J. E. White, *La conqueste de Constantinople*, New York (Appleton) 1968; [= TL Villeh. W, jamais cité; Boss² 6049: opinion mal fondée]. Maintient la numérotation des éd. W et F. [«Ce texte n'est pas une édition critique: il n'en est guère besoin après celle de Faral. C'est une édition destinée aux étudiants qui ne devraient pas se servir de celle de Faral à cause de la traduction juxtalinéaire en français moderne [… pour ne pas inhiber] cette imagination sans laquelle on ne saurait lire des textes d'ancien français avec facilité et plaisir.», p. 22.]

VillehD id.; p. p. J. Dufournet, *Villehardouin, La conquête de Constantinople*, Paris (Garnier-Flammarion) 1969; [= TL Villeh. D; Boss² 6050]. Reproduit, sans en faire mention, l'éd. Wailly. Glossaire sans renvois, sans notes. Inutilisable.

VillonL¹ François Villon (1431–ca. 1463), ballades, poésies de circonstance; ca. 1455 – 1463; p. p. A. Longnon, *Œuvres complètes de François Villon*, Paris (Lemerre) 1892; [= TL Villon]. Plusieurs pièces sont datées.

VillonL⁴ id.; ms. de base BN fr. 20041 [4ᵉq. 15ᵉs.] (C), mais corrigé sans raison suffisante sur la base de A, F et I surtout (v. BurgerVillon); p. p. A. Longnon, *François Villon*, 4ᵉ éd. revue par L. Foulet, Paris (Champion) 1968 (CFMA).

VillonJargL id.; p. p. A. Lanly, *Ballades en jargon. François Villon*, Paris (Champion) 1971.

VillonLaisR id., *Le lais* ou *Le premier testament*, sorte de testament parodique; 1456 (daté au premier vers); p. p. J. Rychner – Albert Henry, *Le lais Villon et les poèmes variés*, 2 vol., Genève (Droz) 1977 (T. L. F. 239/240).

VillonTestR id., *Le testament* (second); 1461; J. Rychner – Albert Henry, *Le Testament Villon*, 2 vol., Genève (Droz) 1974 (T. L. F. 207/208).

[Villon cp. → BurgerVillon.]

VinIaueH *Desputaison du vin et de l'iaue*, vers octosyll.; ca. 1300; ms. BN fr. 24432 [frc. av. 1349]; p. dans → HenryŒn 1,137-152; 2,158-171 [n°12]. Cp. → DébVinM.

VinIaueJ id.; p. dans → JubNRec 1,293-311; [Boss 2637].

VincentBelg A. Vincent, *Les noms de lieux de la Belgique*, Bruxelles (Libr. gén.) 1927; [= FEW Vincent].

VincentFr A. Vincent, *Toponymie de la France*, Bruxelles (Libr. gén.) 1937; [= FEW Vinc].

VinsOuanH *Des vins d'ouan* (explicit), "des vins de l'année", par Guiot de Vaucresson (à l'ouest de Paris), dit en vers octosyll.; frc. 4ᵉq. 13ᵉs.; ms. BN fr. 837 [frc. 4ᵉq. 13ᵉs.]; p. dans → HenryŒn 1,134-137; 2,154-158 [n°11].

VinsOuanM id.; p. dans → MontRayn 2,140-144.

ViolB *Roman de Gerard de Nevers* ou *Roman de la Violette*, en vers octosyll. rimés; pic. (Pas de Calais) prob. 1228 (ou encore 1227); ms. de base BN fr. 1553 [pic. 1285 n.st.] (!) (A), BN fr. 1374 [scribe A: frpr. ca. 1260] (B), Peterburg RNB Fr.Q.v.XIV.3 (Fr.53) [déb. 15ᵉs.] (C), New York Pierpont Morgan Libr. M.36 (Ashburnham Barrois 352) [2ᵉt. 15ᵉs.] (D); p. p. D. L. Buffum, *Le roman de la Violette ou de Gerart de Nevers par Gerbert de Montreuil*, Paris (Champion) 1928 (SATF [114]); [= TL RViolette SAT; FEW Gerbert].

ViolM id.; ms. de base BN fr. 1553 (anc. 7595) [pic. 1285 n.st.], BN fr. 1374 (anc. 7498.3) [scribe A: frpr. ca. 1260]; p. p. F. Michel, *Roman de la Violette ou de Gérard de Nevers … par Gibert de Montreuil*, Paris (Silvestre) 1834; [= TL RViol.].

ViolPrM id., mise en prose; pic. 1460; ms. de base Bruxelles Bibl. roy. 9631 [pic. ca. 1460] (B), en var. BN fr. 24378 [pic. 1467 ou peu av.] (P) miniatures peu après, et imprimés; p. p. M. Marchal, *Histoire de Gérard de Nevers*, Villeneuve d'Ascq (P.U. Septentrion) 2013. C. r. Roques RLiR 78,243-258.

ViolPrL id.; p. p. L. F. H. Lowe, *Gérard de Nevers, prose version of the Roman de la Violette*,

Princeton (Elliott Monographs) 1928 (Elliott Monographs 22); [= TL GNevers RViol. Pros.; Wo 66].

ViolletArch E. E. Viollet-le-Duc, *Dictionnaire raisonné de l'architecture française du XIe au XVIe siècle*, 10 vol., Paris (Bance) 1854-1875. Bonnes explications mais sans datations ou preuves ou références: utilité très réduite.

ViolletMob E. E. Viollet-le-Duc, *Dictionnaire raisonné du mobilier français de l'époque carlovingienne à la Renaissance*, 6 vol., Paris (Morel) 1868-1875; [= FEW VMob]. T. 1 mobilier; t. 2 ustensiles, instruments de musique, chasse, jeux, etc.; t. 3-4 vêtements, bijoux, etc.; t. 5-6 armes [cf. t. 2 'joute']. Intéressant mais peu utile faute de preuves.

VisElisS Vision de s. Élisabeth de Schönau (Taunus, ob. 1164) de l'Assomption Notre Dame au bout d'une crise anorexique, adaptation agn., laisses d'octosyll. monorimes, titre: De le Assumption nostre dame ke fu revelee a une nonain; agn. 13es.; ms. Cambridge Pembroke Coll. 112 [agn. fin 13es.]; p. p. J. P. Strachey dans → DivMondePerP p. 13-26; [= TL Cambr. anglon. texts I; AND Assump; Dean 493].

VisTondAgnF La Vision de Tondale, fragment d'un récit en vers dodécasyll., reproduisant environ un tiers de la *Visio Tnugdali* dans la version du *Speculum historiale* (à l'origine par l'irlandais Marcus, Ratisbonne 1149); agn. 13es.; ms. Dublin Trinity Coll. C.4.2 (312) [agn. 2^eq. 14es.], Dublin Trinity Coll. E.4.12 (517) [agn. ca. 1400] (texte également fragmentaire?); p. p. V.-H. Friedel – K. Meyer, *La Vision de Tondale (Tnudgal). Textes français, anglo-normand et irlandais*, Paris (Champion) 1907, texte agn. p. 63-86; [= Boss 3394; Dean 557; Vising 140; AND Vis Tond]. L'éd. propose nombre de corrections aux textes. Le texte lt. se lit dans l'éd. A. Wagner, Erlangen 1882; extraits et étude, textes lt., all. et néerl.: N. F. Palmer, *Visio Tnugdali*, München 1982. Le livret de M. Lecco, *La Visione di Tungdal*, Alessandria (Orso) 1998, ne semble contenir qu'une réimpression de VisTondLF (p. 34-76) et une réimpr. de VisTondAgnF rafistolée à l'aide des var. de Friedel.

VisTondArs id., version indépendante en prose, titre *Chi s'ensieut la vision de Tondal*, incip. *L'an de grace mil cent et xlix, fu veue ceste vision en Hibernie a .ij. cités metropoles, dont l'une est appellee Aromante et l'autre Caselence*; pic. 1342 (daté à la fin: texte ou ms. ou les deux?); ms. Ars. 3622 [15es. (?)] 41 folios; inédit.

VisTondLF id., version indépendante en prose, incip. *En l'an de l'incarnation nostre signour dieu Jhesu Crist mil.c.xlix. en laquelle annee sains Malachies transsi*; fin 13es. (?); ms. BL Add. 9771 [Nord-Est 14es.] (L); p. dans → VisTondAgnF, haut des p. 3-57.

VisTondPF id., version en prose, incip. *L'an mil.c.xlix. quant Conrar estoit roys des Romains*; frcomt. 2^em. 13es. (?); ms. BN fr. 763 [Est mil. 14es.] (P) (copie de ce ms.: BN fr. 12555 [1477]); p. dans → VisTondAgnF, bas des p. 3-57.

VisTond La version intégrée dans JVignayMir, la version de David Aubert (1475) et la version d'adaptation du *Speculum* par Regnaud le Queux, *Le Baratre infernal* (1480) ont été éd. par. M. Cavagna, *La Vision de Tondale*, Paris (Champion) 2008. Version David Aubert: éd. Y. de Pontfarcy, Bern 2010 (c.r. MedRom 36,437-439).

ViscardiAntol A. Viscardi, *Antologia dei narratori francesi del medio evo*, nouv. éd. par C. Cremonesi, Milano (Cisalpino) 1960; [= TL Viscardi Antologia].

Vising J. Vising, *Anglo-Norman language & literature*, London (Oxford Univ. Press) 1923. Bibliographie de la litt. agn. supplantée par → Dean, sauf pour les textes jurid. et administratifs. Correspondances avec les sigles du DEAF ici, à la suite des notices, p.ex. supra sub VisTondAgnF.

VisiterMaladesCH Instructions pour de jeunes médecins *coment il deusent visiter li malades*, traduisant *De instructione medici* attribué à Archimatthaeus de Salerne (texte p. 39-58); agn. mil. 13es. (?); ms. Cambridge Trinity Coll. O.1.20 [agn. 3^eq. 13es.] (ms. composite d'une même époque); p. dans → HuntMed 2,17-67, texte 21-32. Remplace P. Meyer, R 32,86-87: début. Autre trad. en appendice: VisiterMaladesLH.

VisiterMaladesLH id., autre traduction; agn. 2^em. 13es. (?); ms. BL Sloane 3525 [frc. déb. 14es.]; p. à la suite de → VisiterMaladesCH p. 59-67.

VitS *Du vit et de la coille*, vers octosyll., fabliau; Ouest mil. 13es.; ms. BN fr. 837 [frc. 4^eq. 13es.]; p. p. Thomas Städtler, *"Du vit et de la coille"*, RLiR 59 (1995) 131-135.

VivMonbrancE *Vivien de Monbranc (L'amachour de Monbranc)*, chanson de geste insérée dans le cycle autour des Quatre Fils Aymon, pièce de transition entre → Maugis et RenMont; qqs. traits de l'Ouest (H.-Norm.), mil. 13es.; ms. unique Montpellier Ec. de Méd. 247 [pic. 2^em. 14es.]; p. p. W. van Emden, *Vivien de Monbranc*, Genève (Droz) 1987 (T. L. F. 344); [= TL Vivien de Monbranc v. E].

VivMonbrancC

VivMonbrancC id.; p.p. F. Castets, avec → MaugisMC[1], dans *RLaR* 30 (1886) 128-163; [= Hol 740]. Aussi dans → MaugisMC[2].

VoeuxEpW *Les Voeux de l'épervier*, attribué à Simon de Marville; lorr. (Metz) 1313 (ou peu après); ms. Metz 831 (81) [Metz ca. 1438] détruit par la guerre; p.p. G. Wolfram – F. Bonnardot, "Les Voeux de l'épervier. Kaiser Heinrichs VII. Romfahrt", *Jahrbuch der Ges. für lothr. Geschichte und Altertumskunde* 6 (1894) 177-280; [= FEW VoeuxEp; Boss 7868].

VoeuxEpW[2] id., éd. revue p. dans → DexW p. 18-58.

VoeuxHérG *Les Voeux du hairon*, courte pièce du 'cycle des vœux' (→ VoeuxPaon), vers alex.; pic. 1346 (ou peu après); ms. de base Bern 323 [pic. 2^{e}m. 14^{e}s.] (S), en app. Bruxelles Bibl. roy. 11138 [fin 14^{e}s.] (U), autres mss. Bruxelles Bibl. roy. 10433 [ca. 1445] (R), Bruxelles Bibl. roy. IV 601 (anc. Cheltenham Phillipps 2217) [fin 14^{e}s.] (X), BN fr. 9222 [3^{e}t. 14^{e}s.] (P); p.p. J. L. Grigsby – N. J. Lacy, *The Vows of the Heron*, New York – London (Garland) 1992.

VoeuxHérB id.; ms. Bern p.p. G. Bertoni, "Vœux du hairon", *ARom* 5 (1921) 426-436; [= TL Voeux du hairon; TL Voeu d. héron = éd. La Curne].

VoeuxPaonR *Les Vœux du Paon*, par Jacques de Longuyon, vers alex.; lorr. 1313; ms. de base BN fr. 12565 [pic. 3^{e}t. 14^{e}s.] (W), en var. BL Add. 16888 [mil. 14^{e}s.] (N[1]), Oxford Bodl. Bodley 264 [f°1-209 pic. 1338] (P), Oxford Bodl. Douce 308 [Metz ca. 1320] (P[1]), Oxford Bodl. Douce 165 [Paris, traits pic. ca. 1345] (S[1]), BL Harl. 3992 [14^{e}s.] (S[2]), Bruxelles Bibl. roy. 11191 [14^{e}s.] (P[2]), New York Pierpont Morgan Libr. G.24 (anc. Donaueschingen 168) [Tournai? ca. 1350] (Ms.168), Stuttgart Württ. Landesbibl. Cod. Don. 169 (anc. Donaueschingen 169, Meersburg v. Lassberg 207) [19^{e}s.] extrait du ms. New York, København Kgl. Bibl. Thott 414 f° [14^{e}s.] (?), BL Add. 16956 [déb. 19^{e}s.] copie de BN fr. 12565, New York Publ. Libr. Spencer 9 (anc. London Sabin) [Angleterre 14^{e}s.] (S[4]), Oxford Bodl. Bodley 264 [f°1-209 pic. 1338] (P), Oxford Bodl. Douce 165 [Paris, traits pic. ca. 1345] (S[1]), Ars. 2776 [14^{e}s.] (S[5]), BN fr. 368 [lorr. 1^{e}m. 14^{e}s.] (R), BN fr. 790 [mil. 14^{e}s.] (Q), BN fr. 791 [fin 14^{e}s.] (N), BN fr. 1375 [15^{e}s.] (O), BN fr. 1554 [14^{e}s.] (N[2]) cité par Gdf (titres: *Le frere de Gadifer* et *Cassamus de Lauris*; faux n° 2554; f°90v° = 5298; f°133v° = 7807), BN fr. 1590 [1^{e}m. 14^{e}s.] (S), BN fr. 2136 [champ.mérid. déb. 14^{e}s.] (S[3]), BN fr. 2165-2166 [3^{e}t. 14^{e}s.] (Q[1]), BN fr. 2167 [1344] (P[5]), BN fr. 12567 [It. ca. 1340] (U), BN fr. 14972 [14^{e}s.] (N[4]), BN fr. 20045 [pic. 14^{e}s.] (P[6]), BN fr. 24365 [1^{e}m. 14^{e}s.] (M), BN fr. 24386 [14^{e}s.] (N[6]), BN fr. 25521 [14^{e}s.] (N[5]), BN fr. 25522 [14^{e}s.] (N[3]), Vat. Vatic. lat. 3209 [f°1-147 1^{e}m. 14^{e}s.] (P[3]), Rouen Bibl. mun. 1057 (O.8) [14^{e}s.] (S[6]), BL Add. 30864 [agn. fin 14^{e}s.] (P[4]), Epinal 217 (59; 189) [lorr. (Metz) 1^{e}m. et 3^{e}q. 15^{e}s.] fragm. f°76, BL Arundel 230 [f°181v° 14^{e}s.] fragm., non utilisé: Cambridge Univ. Add. 6220(7) [14^{e}s.] fragm.; p. dans R. L. G. Ritchie, *The buik of Alexander*, t. 2-4, Edinburgh – London (Blackwood) 1921-1929 (Scottish Text Society 12, 21, 25); [= TL Voeux du paon]. Avec texte écossais en regard. Concord. numér. de mss. au t. 3,ix-xxxviii. Pour la date v. R 24,580: après mai 1312 et avant sept. 1313. Mise en prose: → AlexPr[3]. DC abrège 'Poema Alexandri pars sec.', aussi 'Roman d'Alexandre Ms. pars 2'. Gdf cite BN fr. 1554. Cf. → JMotePaon.

VogelIntens I. Vogel, *Die affektive Intensivierung der Adjektiva mit Hilfe des Vergleichs im Altfranzösischen*, Heidelberg (Winter) 1967 (Studia rom. 12).

VoieParadDieusT Voie de paradis, par un anonyme, titre *Le voie d'Infer et de Paradis*, incip. *Dieus qui les bons gouverne et garde*, 7448 vers en couplets octosyll.; ca. 1330; mss. BN fr. 1543 [pic. 1402] (A), Cambrai 176 (171) [mil. 15^{e}s.] (B), BN fr. 24313 [2^{e}m. 14^{e}s.] (C); extraits par A. Thomas, "Anonyme, auteur de la Voie d'Enfer et de Paradis", dans *HLF* 36 (1924) 86-100, extraits.

VoieParadOrS Voie ou Songe de Paradis, suite de → SongeEnf, par un imitateur de Raoul de Houdenc, incip. *Or escoutés*, vers octosyll.; déb. 13^{e}s.; ms. de base Bruxelles Bibl. roy. 9411-26 [pic. ca. 1300], qqs. var. de BN fr. 837 [frc. 4^{e}q. 13^{e}s.]; p. dans → TrouvBelg[2] 200-248.

VoieParadOrJ id.; ms. BN fr. 837 p. dans → RutebJ[1] 2,227-260.

VoieParadPrD Traité moralisant en prose, *La voie de Paradis* ou *Le chemin de Paradis*, traduit d'un texte lat., sans rapport avec les autres Voies; déb. 14^{e}s.; ms. de base BN fr. 1838 [frc. déb. 14^{e}s.] (A), var. d'abord de BN fr. 19355 [15^{e}s.] (C), puis de BN fr. 1608 [14^{e}s.] (D); p.p. F.N.M. Diekstra, *The Middle English* Weye of Paradys *and the Middle French* Voie de Paradis, *a parallel-text edition*, Leiden (Brill) 1991; cp. DLF[2] 1491, 5°.

VolucrK *Volucraire en rimes* par un certain Omont, vers octosyll.; champ. 1265; ms. BN fr. 24428 [champ. 4^{e}q. 13^{e}s.]; p.p. H. Kleineidam, "Li Volucraires", *ZrP* 86 (1970) 1-21; [= TL Volucraires K; Boss[2] 5360].

Voretzsch K. Voretzsch, *Einführung in das Studium der altfranzösischen Sprache*, 6e éd., Halle (Niemeyer) 1932 (Sammlung kurzer Lehrbücher der Rom. Spr. und Lit. 2); [= TL Voretzsch Einf.[6]].

VoretzschLeseb K. Voretzsch, *Altfranzösisches Lesebuch zur Erläuterung der altfranzösischen Literaturgeschichte*, Halle (Niemeyer) 1921 (Samml. kurzer Lehrb. 7); [= TL Voretzsch Afz. Leseb.].

VoretzschLeseb² K. Voretzsch, *Altfranzoesisches Lesebuch zur Erläuterung der altfranzösischen Literaturgeschichte*, Halle (Niemeyer) ²1932 (Samml. kurzer Lehrb. 7,2); [= TL Voretzsch Afz. Leseb.²].

VoyAlexP Le voyage d'Alexandre au paradis terrestre, appartenant au cycle d'Alexandre, récit interpolé, en laisses d'alex; 1ᵉm. 13ᵉs.; ms. de base BN fr. 792 [frc. 2ᵉm. 13ᵉs.] (K), en var. BN fr. 789 [pic. 1280] (L), BN fr. 24365 [1ᵉm. 14ᵉs.] (M), BN fr. 791 [fin 14ᵉs.] (N), BN fr. 1375 [15ᵉs.] (O), Oxford Bodl. Bodley 264 [f°1-209 pic. 1338] (P), BN fr. 790 [mil. 14ᵉs.] (Q), BN fr. 368 [lorr. 1ᵉm. 14ᵉs.] (R); p. dans → PriseDefP p. 73-90; 103-106; [= TL Voyage d'Alex.; FEW Voyage].

VoyAlexM id.; ms. BN fr. 792 (avec qqs. var.) p. p. P. Meyer, *R* 11 (1882) 228-244.

VraiAmourB *Roman de vrai amour*, poème pieux en quatrains de vers alex. (LångforsInc 319), suivi dans le ms. unique de → PleurAme; datation mil. 14ᵉs. hypothétique, récrit à Fribourg déb. 15ᵉs. avec PleurAme; p. dans → PleurAmeB 44-54; [= TL Vrai Amour].

VraiChimL *Dou vrai chiment d'amours*, dit en 315 quatrains de longueur variable de 10 à 14 syll.; pic. 2ᵉq. 13ᵉs.; ms. de base BN fr. 1553 [pic. 1285 n.st.] (N), en var. Ste-Gen. 2200 [art. 1277] (S); p. p. A. Långfors, "Dou vrai chiment d'amours. Une nouvelle source de Venus la deesse d'amor", *R* 45 (1918-19) 205-219; [= TL Vrai chim. d'am.; Hol 1518; Boss 2791]. A été utilisé par l'auteur de → Venus (concordance R 45,207). L'éd. invente des formes dans son texte 'critique' v. les var. (complètes?).

WS *Wörter und Sachen. Kulturhistorische Zeitschrift für Sprach- und Sachforschung*, par R. Merimger, W. Meyer-Lübke, R. Much, M. Murko, J. J. Mikkola, Heidelberg (Winter), 1-18, 1909-1937, n.s. 1-5 [19-23], 1938-1943/44.

WaceConcA Wace, *Conception Nostre Dame*, poème pieux en vers octosyll. composé de deux parties: v. 1-170, traitant de l'Établissement de la fête 'aux Normands' de la Conception de la Vierge à la suite d'un miracle accompli au profit de Helsin, abbé de Ramsay, ca. 1075, suivant un *miraculum* latin, et v. 171ss. contenant le récit de la naissance de la Vierge et sa vie jusqu'à la naissance de Jésus, puis l'Histoire des Trois Maries et l'Assomption; norm. 2ᵉq. 12ᵉs.; ms. de base Tours 927 [tour. 2ᵉq. 13ᵉs.] (T), en var. BL Add. 15606 [bourg. déb. 14ᵉs.] (B) [Gdf cite aussi d'autres textes de ce ms. avec l'abrév. Wace, Conception, s'inspirant sans doute de R 6,10-11; cf. R 16,232-247: interpolations tirées de SFanuel ou plutôt SMarieJésus ou encore PassJongl], Vat. Ottoboni lat. 1473 (anc. Reg.) [déb. 13ᵉs.] f°38-42c, Vat. Reg. lat. 1682 [2ᵉq. 14ᵉs.] (V), BN fr. 818 [lyonn. 2ᵉm. 13ᵉs.] fragm., BN nfr. 13521 (anc. La Clayette) [fin 13ᵉs.] en fait copie BN Moreau 1716 [18ᵉs.] (N), BN fr. 1504 [18ᵉs.] (Q) début seulement, BN fr. 24429 [déb. 14ᵉs.] (S) complet mais rajeuni, Lyon Bibl. mun. 739 (645) [It. 1ᵉm. 14ᵉs.] (L) Assomp. seulement, Carpentras 473 (L.465) [mil. 13ᵉs.] (C), BN fr. 19166 [pic. ca. 1300] (A) complet, BN fr. 1526 [frc. 2ᵉm. 13ᵉs.] (P) sans l'Établiss., BN fr. 25532 [pic. 2ᵉm. 13ᵉs.] (M) complet, BN fr. 1527 [13ᵉs.] (Z) Établiss. et début de la Conc., BN fr. 25439 [Est fin 13ᵉs.] (K) incomplet, Ars. 3516 [art. 1267] (X) vers de pass., Hist. et Assomp., Oxford Univ. Coll. 100 [agn. ca. 1300] (O) Hist. et Assomp., Cambridge St John's Coll. B.9 (31) [Est déb. 14ᵉs.] (J) fragm. de Établ. et Assomp., BN lat. 5002 [?] (W), Rennes 539 (147) [1304 n.st.] Assomp., Grenoble 1137 (cat. 51) [pic. 1ᵉʳt. 14ᵉs.] Assomp.; p. p. W. R. Ashford, *The Conception Nostre Dame of Wace*, thèse Chicago (Univ. of Ch. Libr.) 1933; [= TL Wace Conc. NDame; Dean 489]. Éd. très corrigée, sans appui dans les mss., mais en notant la leçon du ms. de base. TL enregistre malheureusement les formes modifiées: à corriger. Cp. → NatNDBNfr818R. [Noter que WorldCat a fait de Wace un Robert Wace, ce qui va envahir le monde: régression.]

WaceConcL id.; ms. Tours; p. p. V. Luzarche, *La Vie de la Vierge Marie de maitre Wace,... suivie de la Vie de saint George…*, Tours (Bouserez) 1859, texte p. 1-91; [= TL Wace Marie]. Contient aussi → SGeorgVosL (p. 93-117).

WaceConcM id.; ms. BN fr. 25532 [pic. 2ᵉm. 13ᵉs.], qqs. var. de S et Z; p. p. G. Mancel – G. S. Trébutien, *L'établissement de la fête de la Conception Notre-Dame, dite la fête aux Normands, par Wace*, Caen (Mancel) 1842.

[WaceConc mis à contribution dans → BibleSeptEtats; mise en prose: BN fr. 23117 [2ᵉ partie déb. 14ᵉs.] f°402r°b-v°b, HLF 33,425 (84).]

WaceMargK vaut pour → WaceMargA/M/TK dans les cas où un mot se trouve dans les trois manuscrits, alors à dater de ca. 1135.

WaceMargAF Wace, *Vie de sainte Marguerite*, en vers octosyll., incipit: *A l'onor Deu et a s'aïe*; [ca. 1135]; ms. A.: Ars. 3516 [art. 1267]; p. p. E. A. Francis, *Wace, La Vie de sainte Marguerite*, Paris (Champion) 1932 (CFMA 71); [= TL Wace Vie

WaceMargAF

SMarg.; FEW WaceMarg; Dean 571; Boss 3423; Hol 91]. Complète qqs. vers manquants de A par → WaceMargT (imprimé en ital.); le texte du ms. M est imprimé en regard sur les pages gauches, v. → WaceMargM; imprime aussi le texte latin (au bas des pages). Les mss. diffèrent beaucoup; la datation du texte est à mettre en œuvre avec prudence.

WaceMargAK id.; p. p. H.-E. Keller, *Wace. La Vie de sainte Marguerite*, Tübingen (Niemeyer) 1990; [= TL Wace Vie SMarg. K]. Éd. diplomatique et synoptique des trois mss., avec un essai de reconstruction du texte norm. original (ne pas citer) et un commentaire sur les enluminures du ms. T (par M. A. Stones). À utiliser avec circonspection. Glossaire complet, à déf. de qualité inégale. Ne connaît pas SMargO, SMarg4R, etc.

WaceMargMF id., ms. M (incomplet au début): Tours 927 [tour. 2^eq. 13es.]; p. dans → WaceMargAF, pages gauches, en regard texte de A, complété de T. Le ms. M maintient qqs. traits de son modèle pic. (Keller).

WaceMargMJ[1] id.; p. p. A. Joly, *La Vie de sainte Marguerite, poème inédit de Wace*, Paris (Vieweg) 1879, texte p. 65-82; [= TL Vie SMarg.]. Contient aussi → SMarg6J[1], SMarg7J[1]. [Extrait des *Mém.*, malgré la date, v. éd. J[2].]

WaceMargMJ[2] id.; p. p. A. Joly, "La Vie de sainte Marguerite, poème inédit de Wace", *Mém. de la Soc. des antiquaires de Normandie*, 3e sér., 10e vol., 30e vol. de la collection, Caen – Rouen 1880, p. 173-270, texte p. 207-214; [= Boss 3422]. Contient aussi → SMarg6J[2] et SMarg7J[2].

WaceMargMK id.; impression diplomatique et synoptique dans → WaceMargAK.

WaceMargTF id.; ms. T: Troyes 1905 [Franche-Comté 1^{er}t. 14es.]; quelques vers publiés (en caractères romains) pour suppléer aux lacunes de → WaceMargAF.

WaceMargTK id.; impression diplomatique et synoptique dans → WaceMargAK.

WaceNicR Wace, Vie de saint Nicolas, vers octosyll.; norm. ca. 1150; ms. de base BN fr. 902 [agn., cette partie 3^eq. 13es.] (B), corr. d'après les mss., en var., Oxford Bodl. Douce 270 [agn. 1225 ou après] (D), Ars. 3516 [art. 1267] (A), Oxford Bodl. Digby 86 [agn. 1272-82] (O), Cambridge Trinity Coll. B.14.39 (323) [agn. 1255-60] (C); p. p. E. Ronsjö, *La vie de saint Nicolas par Wace. Poème religieux du XIIe siècle*, Lund (Gleerup) – Copenhague (Munskgaard) 1942 (Études Rom. de Lund 5); [= TL Wace Vie SNicolas; FEW WaceNic; Dean 537.1]. Éd. aux corr. multiples, mais documentées.

WaceNicD id.; transcription du ms. Douce p. p. N. Delius, *Maistre Wace's St. Nicholas*, Bonn (König) 1850; [= TL SNic.].

[Wace cp. → Brut; Rou; KellerWace.]

Wacker Gertrud Wacker, *Über das Verhältnis von Dialekt und Schriftsprache im Altfranzösischen*, Halle (Niemeyer) 1916. Cf. la remarque de Möhren, La rég. dans le DEAF, Coll. Zürich 2015 (2016), n.7

WagnerDiz M. L. Wagner, *Dizionario etimologico sardo*, 3 vol., Heidelberg (Winter) 1960-1964 (Sammlung Rom. Elementar- und Handbücher III,6).

WaillyChJoinv N. de Wailly, "Recueil de chartes originales de Joinville, en langue vulgaire", *BEC* 28 (1867) 557-608. Contient 32 doc. lorr. orig. datés de 1239-1315. Cité par Gdf comme 'Lett. de J. de Joinv.'.

WaillyCollLorr N. de Wailly, "Notice sur les actes en langue vulgaire du XIIIe siècle contenus dans la Collection de Lorraine, à la Bibliothèque nationale", *NotExtr* 28 (1878) 1-288; documents lorr. datés de 1214-1300; en partie trad. fin 13es.; le premier orig. date de 1228.

WaldeHofm A. Walde, *Lateinisches etymologisches Wörterbuch*, 3e éd. p. p. J. B. Hofmann, 2 vol., Heidelberg (Winter) 1938 (Indogermanische Bibliothek, Zweite Reihe: Wörterbücher; réimpr. 1965); [= FEW WaldeHofm].

WaldefH Roman historique relatant les faits d'un roi anglo-saxon légendaire Waldef, octosyll.; agn. déb. 13es.; ms. unique Cologny Bodmer 168 [agn. ca. 1300]; p. p. A. J. Holden, *Le Roman de Waldef (Cod. Bodmer 168)*, Cologny près Genève (Fondation Bodmer) 1984 (Bibl. Bodm. Textes 5); [= TL Waldef H; AND Waldef BB; Dean 155; Vising 38; Boss 1418; 7320; Hol 718.1].

Walker D. C. Walker, *Dictionnaire inverse de l'ancien français*, Ottawa (Éd. de l'Univ.) 1982. Classe en ordre inverse (par graphies) mots titres et var. de TL, incluant les matières de U à Z avant leur publication.

Walther H. Walther, *Proverbia sententiaeque latinitatis medii aevi. Lateinische Sprichwörter und Sentenzen des Mittelalters*, Göttingen (Vandenhoeck & Ruprecht) 1963-1986.

WampachLux C. Wampach, *Urkunden- und Quellenbuch zur Geschichte der altluxemburgischen Territorien bis zur burgundischen Zeit*, 9 vol., Luxembourg (St. Paulus) 1935-1952; 1228-1313. (T. 1: doc. de 585-1199, t. 2: 1199-1247, t. 3: 1247-1266, t. 4: 1266-1281, t. 5: 1282-1294, t. 6: 1294-1304, t. 7: 1304-1313, [t. 8-9: Echternach]). Orig. wall. (à vérifier pour chaque doc.) à partir de 1228. Partiellement à comparer avec → HoltusLux.

WarnkGhel L. A. Warnkoenig, *Histoire de la Flandre et de ses institutions civiles et politiques jusqu'à l'année 1305*, trad… p. A. E. Gheldolf, 5 vol., Bruxelles (Hayez) 1835-1864. Contient qqs. pièces justificatives suppl. à l'éd. orig. (pourvues d'un astérisque). Doc. fr. (flandr.) orig. à partir de 1271 (t. 2 et 3).

WartburgAusgl W. von Wartburg, *Die Ausgliederung der romanischen Sprachräume*, Bern (Francke) 1950.

WartburgFragm W. von Wartburg, *La fragmentation linguistique de la Romania*, Paris (Klincksieck) 1967.

WartburgSchaf W. von Wartburg, *Zur Benennung des Schafes in den romanischen Sprachen*, Berlin (Akad.) 1918; [= TL v. Wartburg Schaf; FEW WartburgSchaf]. Thèse d'habilitation. Cp. Möhren ZrP 98,533-539.

WartburgSem W. von Wartburg, "Los nombres de los días de la semana", RFE 33 (1950) 1-14; [= TL v. Wartburg Wochentage].

WaterstonOrdre G. C. Waterston, *Une étude sémantique du mot 'ordre' et quelques mots de la même famille dans le français du moyen âge*, Genève (Droz) 1965; [= TL Waterston ordre].

WatrS Watriquet Brassenel de Couvin, 32 dits, vers octosyll.; hain. ca. 1325 (qqs. pièces datables: 1319-1329); ms. de base BN fr. 14968 [mil. 14^{e}s.] pièces 1-22, peu de var. des autres mss., bases des pièces 23-32, Ars. 3525 (anc. B.L.F. 318) [ca. 1330] (A), Bruxelles Bibl. roy. 11225-27 [ca. 1330] (B), BN fr. 2183 [mil. 14^{e}s.] (C), non utilisé BN fr. 24432 (anc. Notre Dame 198; M.21/3) [frc. av. 1349] pièces 3,4,16,19, Brunswick Me. Bowdoin Coll. R463 f° (anc. La Clayette, Livingston) [ca. 1330]; p. p. A. Scheler, *Dits de Watriquet de Couvin*, Bruxelles (Devaux) 1868; [= TL Watr.; FEW WatrCouv]. La pièce 22, Fatrasie, se lit aussi dans → PorterFatr p. 145-159.

WatrSeptVertL id., Dit des sept vertus, 150 vers octosyll.; hain. ca. 1325; ms. unique Brunswick Me. Bowdoin Coll. R463 f° (anc. La Clayette, Livingston) [ca. 1330], BN Moreau 1719 [18^{e}s.] le copie; p. p. C. H. Livingston, "Manuscrit retrouvé d'œuvres de Watriquet de Couvin", → MélDelbouille 1964, p. 439-446; [Boss^2 5150].

WatrTroisDamesH Les trois dames de Paris, par Watriquet de Couvin; 1321; ms. Ars. 3525 [ca. 1330]; p. dans → HenryŒn 1,165-169; 2,184-186 [n° 14].

WatrTroisDamesMé id.; p. dans → MénardFabl 1,119-127; 165-168.

WatrTroisDamesM id.; p. dans → MontRayn 3,145-155; 368-369.

WbMhdUrk *Wörterbuch der mittelhochdeutschen Urkundensprache*, p. p. S. Ohly – P. Schmitt, sous la dir. de B. Kirschstein – U. Schulze, Berlin (Schmidt) 1986ss. Couvre la langue de mil. 11^{e}s. – 1300.

Wehr^5 H. Wehr, *Arabisches Wörterbuch für die Schriftsprache der Gegenwart*, Wiesbaden (Harrassowitz) ^{5}1985. Concerne essentiellement l'arabe littéral moderne, comme l'indique le titre. Consulter → Lane et Blau comme dict. historiques.

WelkerMus L. Welker, *Studien zur musikalischen Aufführungspraxis in der Zeit der Renaissance, ca. 1300 bis 1600*, thèse Basel 1992. Impression partielle, à compléter par l'article *Die Musik der Renaissance*, dans Neues Handbuch der Musikwissenschaft, t. 11 (Musikalische Interpretation) p. p. H. Danuser, Laaber (Laaber) 1992, p. 139-215.

WerfTroub H. van der Werf, *The chansons of the troubadours and trouvères*, Utrecht (Oosthoek) 1972; [= TL Chansons troub. et trouv. vdW].

WestNames G. D. West, *An index of proper names in French Arthurian verse romances, 1150-1300*, Toronto (Univ. of Toronto Press) 1969 (Univ. of Toronto Rom. Ser. 15). Cf. → Langlois et MoisanNoms.

WestNamesPr G. D. West, *An index of proper names in French Arthurian prose romances*, Toronto (Univ. of Toronto Press) 1978 (Univ. of Toronto Rom. Ser. 35). Cf. → Langlois et Moisan-Noms.

WestmH Documents divers (lat. et agn.) émis durant le service de l'abbé de Westminster Walter de Wenlok, 1283-1307; p. p. B. F. Harvey, *Documents illustrating the rule of Walter de Wenlok, Abbot of Westminster, 1283 - 1307*, London (Roy. Hist. Soc.) 1965 (Camden 4th ser., vol. 2); [= AND Westm]. Arrêtés agn. (originaux) de 1285/86 à 1307 (p. 49-154); les comptes sont en latin; un petit texte non daté donne des directives d'économie domestique (ca. 1298, copie contemporaine; p. 241-248). Transcription à interpréter avec prudence (p.ex. p. 100 *purteans* l. *purceaus*).

WiacekNoms W. M. Wiacek, *Lexique des noms géographiques et ethniques dans les poésies des troubadours des XIIe et XIIIe siècles*, Paris (Nizet) 1968.

WichertPast B. Wichert, *Über Heimat und Alter der altfranzösischen anonymen Pastourellen*, thèse Königsberg 1913. Se réfère à → RomPast.

WilkinsArm N. Wilkins, *Armes, amours, dames, chevalerie. An anthology of French song from the fourteenth century*, Fulbourn, Cambridge (New Press) 1987. Réimprime des éditions antérieures avec qqs. corrections d'après les mss. Avec la musique.

WilkinsBall N. Wilkins, *One hundred ballades, rondeaux and virelais from the late Middle Ages*, Cambridge (Univ. Press) 1969; [= TL Ballades Rondeaux *et* One hundred ball. rond. vir. W]. Contient → AcartW, GuillMachBallW, JEscW, etc.; assez inutilisable: réimpressions sans indications bibl. suffisantes.

WilkinsLyr N. Wilkins, *The lyric art of medieval France*, Fulbourn, Cambridge (New Press) 1988. Étude; textes de seconde main.

WillistonOl J. H. Williston, *Le Coutumier d'Oleron et l'importance de ses témoignages linguistiques*, thèse Storrs, Univ. of Connecticut 1976 (Univ. Microfilms 76-19.006). Étude concernant → CoutOleronB.

WilmotteEt M. Wilmotte, *Études de philologie wallonne*, Paris (Droz) 1932.

WinterKleid M. Winter, *Kleidung und Putz der Frau nach den altfranzösischen Chansons de Geste*, Marburg (Elwert) 1886 (Ausg. und Abh. 45).

Wintzer N. Wintzer, *Les dénominations des vêtements en ancien français*, thèse Strasbourg 1981 (dact.).

Wo B. Woledge, *Bibliographie des romans et nouvelles en prose française antérieurs à 1500*, Genève (Droz) – Lille (Giard) 1954 (Publ. rom. et fr. 42; réimpr. 1975).

Wos id., *Supplément 1954 – 1973*, Genève (Droz) 1975 (Publ. rom. et fr. 130). Corr. et suppl. à Wo; même numérotation.

WoC B. Woledge – H. P. Clive, *Répertoire des plus anciens textes en prose française depuis 842 jusqu'aux premières années du XIIIe siècle*, Genève (Droz) 1964 (Publ. rom. et fr. 79).

WoledgeSynt B. Woledge, *La syntaxe des substantifs chez Chrétien de Troyes*, Genève (Droz) 1979.

WolfEthnica H.-J. Wolf, *Die Bildung der französischen Ethnica (Bewohnernamen)*, Genève (Droz) – Paris (Minard) 1964; [= TL Wolf Ethnica].

Woordenboek M. de Vries – L. A. Te Winkel et al., *Woordenboek der Nederlandsche Taal*, 43 vol., 's Gravenhage [-Leiden] (Nijhoff [et al.]) 1882-1998, suppl. 2001. [Les néerlandistes l'abrègent auj. WNT; FEW 'WNT' est un dict. par Van Dale, [5]1914.] Accessible sur le réseau.

Word *Word. Journal of the International Linguistic Association*, New York (International Linguistic Association) 1945–. [A paru de 1945 à 1969 sous le titre *Word. Journal of the Linguistic Circle of New York.*]

WrightAnecd T. Wright, *Anecdota literaria*, London (J. R. Smith) 1844. Contient qqs. petits textes lt., fr. et angl. du 13es. reflétant certains aspects de la société (textes cités par Gdf): *Dui povre clerc furent jadis*, Bern 354 [bourg.sept. déb. 14es.] f°164v° (15-23) = NoomenFabl n°80, Des vilains: *Or escoutez un autre conte*, Bern 354 f°57v° (53-54), Le dit du vilain despensier: *Ne sai a quoi gentis homs pense*, BN fr. 24432 [frc. av. 1349] f°281r° (54-55) = JCondS n°64, Le borjois borjon: *Por beles risés conter*, Bern 354 f°114r° (57-60), Li escomeniemenz au lecheor: *J'escommeni toz les jalous*, BN fr. 837 [frc. 4^eq. 13es.] f°194s. (60-63) = EscommLechAW, Des putains et des lecheors: *Quant Diex ot estoré le monde*, Bern 354 f°42r°s. (64-66) = PutLechBN (n°64), Ci commence des clers: *Par s[aint] Guillaume de Pontoise*, Bern 354 f°57r° (66-67), [Evesques et prevoires]: *Uns evesques jadis estoit*, Bern 354 f°88v°s. (68-73) = NoomenFabl n°68, Ragemon le bon, Oxford Bodl. Digby 86 f°162r° (76-81) = RagemonW, Chans. de Renaus de Hoilande: *Si tost c'amis entant a ben amer*, Kew NA E 163/22/1/2 (anc. London P.R.O.) [ca. 1300] (88-89) agn. ca. 1300 [= Dean 120], [Éloge des femmes]: *Oez, seignor, je n'otroi pas*, Bern 354 f°174r° (97-100) = NM 93 (1992) 221-234.

WrightLond Laura Wright, *Sources of London English. Medieval Thames vocabulary*, Oxford (Clarendon) 1996; [= AND² London English]. Contient des matériaux agn., mlt. et mangl.; mss. à partir de ca. 1270.

WrightRel T. Wright – J. O. Halliwell, *Reliquiae antiquae. Scraps from ancient manuscripts, illustrating chiefly Early English literature and the English language*, 2 vol., London (Pickering) 1841-1843. Contient 19 petites pièces en agn., dont extraits de Bibb, GlPlantHarl, PlainteLacy[W] (134-6), NicBozChar[V 257-336] (1,162-163), etc.; [= AND Rel Ant].

WrightVoc T. Wright, *A volume of vocabularies*, London (chez l'auteur) 1857 (Libr. of Nat. Antiqu. p. p. J. Mayer); [*A second volume of voc…*, 1873 fait suite, mais n'est pas un 2e vol. à proprement parler; il n'y a pas de gloss. fr.]; 2e éd. 1882-1883. Contient → AlNeckUtensW p. 96-119, JGarlW p. 120-138, GlPlantHarlW p. 139-141, BibbW p. 142-174.

Wüest J. Wüest, *Die Leis Willelme. Untersuchungen zum ältesten Gesetzbuch in französischer Sprache*, Bern (Francke) 1969 (Rom. Helv. 79); [= TL Wüest Leis Willelme; Boss² 5448]. Se base sur → LoisGuillL, sans consultation des mss.; cp. CRAI 2015, II, 773.

WunderliEschiele P. Wunderli, *Études sur le livre de l'Eschiele Mahomet*, Winterthur (Keller) 1965. Études sur → EschieleMah.

YderA *Yder*, roman arthurien, vers irréguliers de huit syll. et plus; auteur norm., scribe agn., 1[er]q. 13[e]s.; ms. Cambridge Univ. Ee.IV.26 [agn. 2[e]m. 13[e]s.] incomplet du début; p. p. A. Adams, *The romance of Yder*, Cambridge (Brewer) 1983; [= TL Yder A; Boss² 4214]. Bonne éd.; corr. du texte à contrôler dans les notes.

YderG id.; p. p. H. Gelzer, *Der altfranzösische Yderroman*, Dresden (Ges. f. rom. Lit.) 1913 (Ges. 31); [= TL Yder², *aussi* Yder; FEW Yder; Boss 2129; Hol 1225].

YderL id.; p. p. J. C. Lemaire, *Le Romanz du reis Yder*, Bruxelles (Éd. Modul. Eur.) 2010 [2011]. C.r. Gaggero MedRom 36,431-433: réserves.

YearbEdwIH *Yearbooks* contenant des causes plaidées par ou devant la couronne, série recueillie sous le règne d'Edouard Ier (1272-1307); doc. agn. à partir de 1292 (EdwI 20/21); p. p. A.J. Horwood, *Year Books of the reign of king Edward the first, years XX and XXI.*, London (Longmans, Green et al.) 1866, etc. [Rolls Series]; [= AND YBB Ed I (cité selon t. et p.)]. (DEAF cite au moins selon année du règne et page). Cp. → Olim.

YearbEdwIIM id., règne d'Edouard II (1307-1327); agn. 1307-1321; p. p. F. W. Maitland et al., *Year Books of Edward II.*, vol. 1, *1 & 2 Edward II.*, London (Quaritch) 1903 (Selden Society, The Year Books Series), etc.; [= AND YBB Ed II].

YearbEdwIIIH id., règne d'Edouard III (1327-1377); agn. 1337-1346; p. p. A.J. Horwood – L.O. Pike, *Year Books of the reign of king Edward the third*, London (Stationery Office) 1883, etc.; [= AND YBB Ed III].

YonH *Chanson de Yon* ou *La venjance Fromondin*, chanson de geste du cycle des Loherains, version courte (6672 vers) de → AnsMetz dans laquelle Anseïs porte le nom de Yon, laisses de décasyll. rimés; pic. ca. 1260; ms. unique BN fr. 1622 [lorr. 3[e]q. 13[e]s.] (M); p. p. J.-Ch. Herbin, *La Vengeance Fromondin*, Paris (Paillart) 2005 (SATF). C.r. VRo 66,314-315; RCritPhR 8,30-67. La graphie des vers 1-6289 est faiblement lorr., celle de 6290-6672 fortement (autre modèle?).

YonM id.; p. p. S. R. Mitchneck, *Yon or La venjance Fromondin, a thirteenth-century chanson de geste of the Lorraine cycle*, New York (Publ. of the Inst. of Fr. St.) 1935; [= TL Yon *et* Venj. Fromondin].

YonR id.; bonne transcription semi-diplomatique d'extraits (1068 vers en tout) p. p. A. Rudolph, *Über die Vengeance Fromondin, die allein in Hs. M¹ erhaltene Fortsetzung der Chanson de Girbert de Metz*, Marburg (Elwert) 1885 (Ausg. & Abh. 31). [Vers transcrits: 466-652, 2437-2560, 2897-99, 2903-05, 2912-15, 3081-3199, 3484-3517, 3856-3937, 4497-4601, 4682-4786, 5432-5588, 6395-6514, 6550-57, 6570-72, 6616-22, 6664-72; v. éd. H p. 43n.]

YorkMemS *York Memorandum Book*, registre de doc. très divers et aux dates diverses transcrit essentiellement au 15[e]s. mais complété (et transformé) dans la 1[e]m. 16[e]s., lat., fr. et angl.; 1375-1419 (et ajouts); ms. York City Arch. A/Y.20 [15[e]s.-1[e]m. 16[e]s.]; p. p. M. Sellers, *York memorandum book, Part I. (1376-1419)*, Durham (Andrews) etc. 1912 (Surtees Soc. 120); *Part II. (1388-1493)*, 1915 (Surtees Soc. 125). Un retour au ms. est rentable.

YsIAvB *Ysopet* (ou *Isopet* ou *Esopet*, du nom d'Ésope), traduction d'un recueil de fables ésopiennes basé sur une tradition de Phèdre appelée *Romulus* (sa version en vers est attribuée à Walter l'Anglais), c'est l'Ysopet I dit 'de Paris', qui est suivi par 18 fables d'Avien (Avianus, *Avionnet*) augmentée de la fable *De mimo nuptiali* (YsI et YsAv se suivent dans tous les mss. et y représentent une compilation de la même main); Est ca. 1345 (entre 1339 et 1348); ms. de base Bruxelles Bibl. roy. 11193 [traits bourg. 2[e]m. 14[e]s.] (B), en var. BN fr. 1594 [2[e]m. 14[e]s.] (P), BL Add. 33781 [2[e]m. 14[e]s.] (L), BN fr. 1595 [4[e]q. 14[e]s.] (a) cité par Gdf, BN fr. 19123 [15[e]s.] (b), BN fr. 24310 [15[e]s.] (c) (abc omettent certaines additions et ne contiennent pas les textes latins); p. p. J. Bastin, *Recueil général des Isopets*, 2 vol., Paris (Champion) 1929-1930 (SATF), t. 2, XXVI-XXXVIII; 199-331; fables des seuls mss.

YsIAvB

abc p. 333-348 (à distinguer); Avionnet 349-384; [= TL Rec. gén. Isopets; FEW Isopet]. Contient aussi → YsLyonB, YsIIB, YsChB, YsIIIB; t. 3: YsMachoR; t. 4: YsEudeR.

YsIAvM id.; même ms. de base B; p.p. K. McKenzie – W. A. Oldfather, *Ysopet-Avionnet. The Latin and French texts*, Urbana 1919 (University of Illinois Studies in Language and Literature 5, 4); [= TL Ys. Avion.²]. C.r. Orr MLR 18 (1923) 112-116: tantôt éd. critique, tantôt diplomatique, pas très sûre.

YsIAvR id.; ms. P; p.p. A. C. M. Robert, *Fables inédites des XIIe, XIIIe et XIVe siècles et fables de La Fontaine*, 2 vol., Paris (Cabin) 1825; [= TL I Ys. et Ys. Avion.].Sans ordre propre, les fables sont imprimées avec les textes de La Fontaine.

YsIIB Ysopet II dit 'de Paris', traduction du Novus Aesopus d'Alexandre Neckam (lui-même basé sur le *Romulus*, une collection de fables dans la tradition de Phèdre/versification lt. du Romulus); traits pic. ca. 1300; ms. de base BN fr. 15213 [2^{e}m. 14^{e}s.] (A), en var. BN fr. 24432 [frc. av. 1349] (B); p. dans → YsIAvB 1,31-111.

YsIIR id.; p. dans → YsIAvR; [= TL II Ys. et Robert Fabl. inéd.].

YsIIIB Ysopet III 'de Paris', traduction du texte de Walter l'Anglais, *Romulus*, prose; 15^{e}s.; ms. unique BN fr. 983 [15^{e}s.]; p. dans → YIAvB 2,385-420.

YsIIIBrush id.; p.p. M.P. Brush, "Ysopet III of Paris", *PMLA* 24 (1909) 494-546.

YsChB Ysopet de Chartres, traduction du texte d'Alexandre Neckam; frc.mérid. / orl. (Chartres?) fin 13^{e}s.; ms. unique Chartres 620 (261) [fin 13^{e}s.] f°136-149; p. dans → YsIAvB 1,113-181. Gdf cite ce texte comme 'Fable ms. Chartres'.

YsChG id.; p.p. anon. [P. A. Gratet-Duplessis], *Fables en vers du XIIIe siècle*, Chartres (Garnier) 1834.

YsEudeR Traduction de la collection de fables réunie par Eude de Cheriton (2^{e}q. 13^{e}s.); norm./ agn. 2^{e}m. 13^{e}s.; ms. unique Berlin Staatsbibl. Hdschr. 338 (anc. Cheltenham Phillipps 16230) [cette partie Sud-Ouest 4^{e}q. 13^{e}s.] f°9-23r°b; p.p. P. Ruelle, *Recueil général des Isopets*, t.4, *Les Fables d'Eude de Cheriton*, Paris (Picard) 1999 (SATF); [= Dean 641; Boss 3534]. Texte lt. p. XXXI-LXXIX, fr. p. 1ss. Suite de l'éd. Bastin. Pour la localisation (StutzmannTylus: norm.) v. le c.r. de T. Matsumura, RLiR 68,284-285. Il semble que le vocabulaire surtout conserve les traits agn.

YsLyonB Ysopet de Lyon, traduction du *Romulus* de Walter (tradition légèrement déviante; texte source dans le même ms.); frcomt. / frpr. 2^{e}m. 13^{e}s.; ms. unique Lyon Bibl. mun. Palais des Arts 57 [frcomt. fin 13^{e}s.] (L'); p. dans YsIAvB 2, XVI-XXV; 83-197.

YsLyonF id.; p.p. W. Foerster, *Lyoner Yzopet*, Heilbronn (Henninger) 1882 (Afr. Bibl. 5); [= TL Lyon. Ys.; FEW Ys aussi Yz].

YsMachoH Traduction de l'*Esopus* de Heinrich Steinhöwel (lat./all. 1476/77) par Julien Macho; lyonn. (frcomt.); premier imprimé (illustré) Lyon 1480, incomplet; également incomplets: impr. Lyon ca. 1482 et 1484; impr. complet: Lyon 1486 [1487 n.st.] (base de l'éd.); impr. postérieurs: Lyon ca. 1489, ca. 1498, 1499, 1502, Paris 1517, Lyon 1526, 1531, Anvers 1532, Paris ca. 1534, Lyon 1540, 1552, Orléans 1572, Rouen 1662; mss.: BN Fondation Smith-Lesouëf 68 [fin 15^{e}s.] incomplet, Jena El. f. 98 [Torgau ca. 1496] sans doute copié en extrait d'un imprimé; p.p. B. Hecker, *Julien Macho. Esope*, thèse Hamburg (Roman. Seminar) 1982 (Hamburger rom. Diss. 20). Donne en var. les leçons divergentes des éd. 1480, 1482 et 1484. Glossaire de deux pages sans gloses. Cp. ZrP 100,197.

YsMachoR id.; même impr. de base; p.p. P. Ruelle, t. 3 de → YsChB, Paris (SATF / Picard) 1982; [= Boss² 4785].

[Ys cp. JVignayMirYs.]

YsayeTrG *Ysaye le Triste*, roman en prose racontant l'histoire du fils de Tristan et Yseut; pic. fin 14^{e}s.; ms. de base Darmstadt 2524 [pic. (Douaisis) 1449] (B), en var. Erfurt Gotha A.688 [av. 1525] (A), imprimés; sorte d'éd. semi-diplom. p.p. A. Giacchetti, *Ysaÿe le Triste*, Rouen (Univ.) 1989 (Publ. de l'Univ. de Rouen 142). Annonce Hériché BEC 155 (1997) 435-436 ['éd. excellente', 'éd. de qualité']; c.r. bref Roques RLiR 54 (1990) 340-341; transcription très peu sûre (f°38v°, l.4 *adont* transcrit *adonc*, l.6 *maies* > *m'avés*, l.11 *lomosne* > *l'Osmone*, l.12 *comptes* (*s* exp.) > *comptes*, etc.): à refaire.

YvainF Chrestien de Troyes, Le roman d'Yvain ou du Chevalier au lion, roman courtois en vers octosyll.; champ.mérid. ca. 1177; ms. de base principal Vat. Reg. lat. 1725 [frc. fin 13^{e}s.] (V), complété par BN fr. 1433 [scribe pic. 1^{er}t. 14^{e}s.] (P) et BN fr. 794 [champ. ca. 1235] (H) par Guiot, en var. BN fr. 1450 [pic. 2^{e}q. 13^{e}s.] (F), BN fr. 12560 [champ. mil. 13^{e}s.] (G), BN fr. 12603 [pic. ca. 1300] (S), Chantilly Musée Condé 472 (626) [hain. 3^{e}t. 13^{e}s.] (A), Montpellier Ec. de Méd. 252 [frc. fin 13^{e}s.] (M) incomplet, non utilisé: Annonay [champ. déb. 13^{e}s.] (An) fragm.

de 300 vers v. R 75,1-21, Modena Bibl. Estense atti segr. F.6 [champ. 13ᵉs.] (Mod) fragm., Princeton NJers. Univ. Garrett 125 [pic. ca. 1300] (Pri) incomplet; p. p. W. Foerster, *Der Löwenritter (Yvain) von Christian von Troyes*, Halle (Niemeyer) 1887; [= TL Ch. lyon]. Toujours meilleur choix de variantes.

YvainH id.; ms. de base H / A (Cangé 73); p. p. W. L. Holland, *Li romans dou Chevalier au Lyon von Crestien von Troies*, Berlin (Mayer & Müller) ³1902; [= TL Ch. lyon H].

YvainHu id.; ms. de base BN fr. 1433 [scribe pic. 1ᵉʳt. 14ᵉs.] (P); p. p. D. F. Hult, *Le chevalier au lion ou le roman d'Yvain*, s.l. [Paris] (Libr. Gén. Fr.) 1994 (Poche, Lettr. goth.); [= TL Ch. lyon Hu]. [L'éd. Poche, Lettres goth. et l'éd. Poche, Class. mod., semblent identiques.]

YvainK id.; ms. Guiot (H) p. p. W. W. Kibler, *Chrétien de Troyes. The Knight with the Lion or Yvain (Le Chevalier au Lion)*, New York – London (Garland) 1985. L'App. A documente les leçons rejetées et aussi qqs. solutions ou erreurs d'autres éditeurs; l'App. B donne les var. de P et de An.

YvainM id.; éd. pseudodiplomatique du ms. Guiot (BN fr. 794 [champ. ca. 1235]) p. p. K. Meyer, *La copie de Guiot, fol. 79v-105r du manuscrit f. fr. 794 de la Bibliothèque Nationale. "li chevaliers au lyeon" de Crestien de Troyes*, Amsterdam – Atlanta (Rodopi) 1995 (Faux Titre 104). Avec reprod. réduite du ms.; transcription fidèle.

YvainR id.; ms. de base H ('A'); p. p. M. Roques, *Les romans de Chrétien de Troyes, IV Le Chevalier au Lion (Yvain)*, Paris (Champion) 1960 (CFMA 89). Concordance: P. Bonnefois – M.-L. Ollier, *Yvain ou Le Chevalier au Lion. Concordance lemmatisée*, Paris (Univ. Paris VII, Dép. Rech. ling.) 1988; [= TL Ch. lyon R; Boss² 3499].

YvainU id.; ms. H ('P') p. p. K. D. Uitti dans → ErecD p. 337-503; 1170-1234. Émende le texte de Guiot ici et là.

Zaccaria E. Zaccaria, *Raccolta di voci affatto sconosciute o mal note ai lessicografi ed ai filologi*, Marradi (Ravagli) 1919.

ZahelJugAstr Zahel Ben-Briz (9ᵉs.), traité d'astrologie, trad. lat. 12ᵉs.: *Introductorium ad astrologiam seu de judiciis seu de interrogationibus*, trad. fr.: *Livre des jugemens d'astrologie*; 1359; mss.: BN nfr. 18867 [1360-1364], BN fr. 1083 [pic.-norm. déb. 15ᵉs.], Grenoble 290 (cat. 814) [15ᵉs.], Cambridge Mass. Harvard Houghton Libr. Fr 151 [1359]; inédit; [= Transmédie 1073 ('BN nfr. 18863' err.)].

ZamboniFriul A. Zamboni, *Dizionario etimologico storico friulano*, Udine (Casamassima) 1984 ss.

Zangger K. Zangger, *Contribution à la terminologie des tissus en ancien français attestés dans des textes français, provençaux, italiens, espagnols, allemands et latins*, thèse Zürich 1945; [= TL Zangger Tissus; FEW Zangg]. Assez fautif.

Zauner A. Zauner, "Die romanischen Namen der Körperteile", *RF* 14 (1903) 339-530.

Zeller H. L. Zeller, *Sammlung älterer Seerechtsquellen*, Heft 1-13, 1906-1916 [lieux multiples, v. les notices individuelles]; [= FEW Zeller: Zeller 1 = → CoutMerOlTZ, 4ᵉq. 14ᵉs., ms. Troyes; Zeller 2 = CoutMerOlFZ, ca. 1448, ms. BN fr.; Zeller 3 = CoutMerOlRZ, fin 15ᵉs., ms. Rennes; Zeller 4 = AssJérBourgZ; Zeller 5 = CoutMerOlHZ, 1ᵉm. 16ᵉs., ms. Den Haag; Zeller 6 = CoutMerOlAZ, ms. 1437; Zeller 7 = NoblBretZ, 14ᵉs.; Zeller 8 = CoutMerOlNZ, 2ᵉm. 15ᵉs.; Zeller 9 = OrdAdmZ; Zeller 10 = *Die Rechte des Admirals von Frankreich nach der Handschrift Paris* [BN nfr. 10251 [Nord-Ouest 2ᵉm. 15ᵉs.]], Heidelberg 1914; [Zeller 11 = *Das Seerecht in dem armenischen Gerichtsbuche des Mechitar Gosch*, Heidelberg 1915]; Zeller 12 = *Das Seerecht von Oléron nach der Inkunabel Tréguier* (Paris BN Rés. F. 2187 [1485]), Heidelberg 1915; Zeller 13 = AssJérBourgVZ].

ZellerLeben P. Zeller, *Die täglichen Lebensgewohnheiten im altfranzösischen Karls-Epos*, Marburg (Elwert) 1885 (Ausg. und Abh. 42).

ZfSL *Zeitschrift für französische Sprache und Literatur*, Oppeln – Leipzig – Berlin 1879-1891; Berlin – Leipzig 1892-1943/44; Wiesbaden [puis Stuttgart] (Steiner) 1956–. [Les t. 1-11 ont paru sous le titre *Zeitschrift für neufranzösische Sprache und Literatur*.]

Ziltener W. Ziltener, *Repertorium der Gleichnisse und bildhaften Vergleiche der okzitanischen und der französischen Versliteratur des Mittelalters*, Bern (Francke) 1972-1989.

ZindelAbstraits R. Zindel, *Des abstraits en français et de leur pluralisation. Une contribution à l'étude des mécanismes de pensée*, Bern (Francke) 1958 (Rom. Helv. 64); [= TL Zindel Abstraits].

ZinkMorph G. Zink, *Morphologie du français médiéval*, Paris (PUF) 1989.

ZinkPhon G. Zink, *Phonétique historique du français*, Paris (PUF) 1986. Sans discussion d'opinions préexistantes.

ZinkPréd

ZinkPréd M. Zink, *La Prédication en langue romane avant 1300*, Paris (Champion) 1976 (Nouv. Bibl. du M. A. 4); [= Boss² 5932].

ZipfelGarten A. Zipfel, *Die Bezeichnungen des Gartens im Galloromanischen*, thèse Leipzig [1939] 1943; [= TL Zipfel Garten; FEW Zipfel].

ZrP *Zeitschrift für romanische Philologie*, Halle (Niemeyer) 1877-1944; Tübingen (Niemeyer) 1949–2009 [n°125]; Berlin (De Gruyter) 2010–.

Zupko R. E. Zupko, *French weights and measures before the Revolution*, Bloomington – London (Indiana Univ. Press) 1978. L'afr. est représenté surtout par GdfLex et DC; les datations par siècle s'appuient sur Gdf et DC; les références du type '1678 Du Cange' rappellent le mode de citation 'Harvard' du type 'Aristotle 2007': peu utile.

INDEX

Chronologie

810 GlKassF ca. 810
810 GlReichK déb. 9ᵉs.
842 SermentsB 842
900 EulalieB ca. 900
900 ParGesprH ca. 900
938 JonasP 2ᵉq. 10ᵉs.
984 PassAugB 3ᵉt. 10ᵉs.
1000 PassionA ca. 1000
1000 SLégerA ca. 1000
1075 GlBereschitwT 2ᵉm. 11ᵉs.
1084 ChansLasB 3ᵉt. 11ᵉs.
1090 AlexisRo fin 11ᵉs.
1090 GlGerschB fin 11ᵉs. (et avant)
[*1090* LoisGuillL ca. 1090]
1090 RaschiD¹ fin 11ᵉs.
1090 RaschiD² fin 11ᵉs.
1100 SponsusK av. 1100
1100 RolS ca. 1100
1110 EpreuveJudicG déb. 12ᵉs.
1113 AlexAlbZ 1ᵉʳq. 12ᵉs.
1113 BrendanW 1ᵉʳq. 12ᵉs.
1113 GlKaraE 1ᵉʳq. 12ᵉs.
1113 GlKaraEzA 1ᵉʳq. 12ᵉs.
1113 GlKaraIsF 1ᵉʳq. 12ᵉs.
1113 SGregPaintM 1ᵉʳq. 12ᵉs.
1117 LapidALS 1ᵉʳt. 12ᵉs.
1117 LapidAPS 1ᵉʳt. 12ᵉs.
1117 LapidFFS 1ᵉʳt. 12ᵉs.
1119 PhThCompM 1119
1125 CantQuSolK 1ᵉm. 12ᵉs.
1125 GormB 1ᵉm. 12ᵉs.
1125 PsCambrM 1ᵉm. 12ᵉs.
1125 PsOxfM 1ᵉm. 12ᵉs.
1130 EpSEtK ca. 1130
1130 PhThBestM ca. 1130
1135 CourEstienne 1135
1135 WaceMargAF ca. 1135
1138 GrantMalS¹ 2ᵉq. 12ᵉs.
1138 JuiseR 2ᵉq. 12ᵉs.
1138 RaschbamR 2ᵉq. 12ᵉs.
1138 WaceConcA 2ᵉq. 12ᵉs.
1139 DescrEnglB 1139
1139 GaimarB ca. 1139
1141 PhThSibS ca. 1141
1147 ChansCroisB 1147
1150 LoisGuillL ca. 1150
1150 WaceNicR ca. 1150
1150 ApolOctS mil. 12ᵉs.
1150 DébCorpsSamPV mil. 12ᵉs.
1150 GlJosBehJ mil. 12ᵉs.
1150 GlLaudS mil. 12ᵉs.
1150 GlOsbernR mil. 12ᵉs.
1150 LapidFPS mil. 12ᵉs.
1150 ProvSalSanI mil. 12ᵉs.
1150 PsArundB mil. 12ᵉs.
1150 CatElieS 2ᵉt. 12ᵉs.
1150 CharroiPo 2ᵉt. 12ᵉs.
1150 CourLouisLe 2ᵉt. 12ᵉs.
1150 MonGuill¹C 2ᵉt. 12ᵉs.
1150 GlPsRsChronP 12ᵉs.
1150 GlToursD 12ᵉs.
1150 MachsorS 12ᵉs.
1150 PsOrneS 12ᵉs.
1150 RecMédDresdM 12ᵉs.
1150 SCathManF 12ᵉs.
1150 ToblerDam 12ᵉs.
1155 BrutA 1155
1160 EneasS² ca. 1160
1160 FloreAW ca. 1160
1160 PirBi ca. 1160
1160 ThebesC ca. 1160
1163 ChronSMichelBo 3ᵉq. 12ᵉs.
1163 GirRossDécH 3ᵉq. 12ᵉs.
1163 JugesA 3ᵉq. 12ᵉs.
1163 SLaurentR 3ᵉq. 12ᵉs.
1164 CommPsIA¹G 1164 (prob. 1163-64)
1165 NarcisusP 1165
1165 MarieBisclW² ca. 1165
1165 MarieChaitW² ca. 1165
1165 MarieDousAmW² ca. 1165
1165 MarieElidW² ca. 1165
1165 MarieEquitW² ca. 1165
1165 MarieFraisneW² ca. 1165
1165 MarieGuigW³ ca. 1165
1165 MarieLaisW³ ca. 1165
1165 MarieLanvW² ca. 1165
1165 MarieLaustW² ca. 1165
1165 MarieMilW² ca. 1165
1165 MarieProlW² ca. 1165
1165 MarieYonW² ca. 1165
1165 ProvSerloF ca. 1165
1166 CommPsIA²G 1166 (prob. 1164-66)
1170 BenTroieC ca. 1170
1170 EdConfVatS ca. 1170
1170 ErecF ca. 1170
1170 HornP ca. 1170
1170 PhilomB ca. 1170
1170 RouH ca. 1170
1174 FantosmeJ 1174 (ou 1175)
1174 BenDucF ca. 1174
1174 SThomGuernW¹ ca. 1174
1175 GautArrErR ca. 1175
1175 GautArrIllC ca. 1175
1175 AdamS 2ᵉm. 12ᵉs.

Chronologie

1175	Aiol[1/2]F 2[e]m. 12[e]s.	*1190*	VengAlE ca. 1190
1175	AlexisSH 2[e]m. 12[e]s.	*1190*	AelfricFH fin 12[e]s.
1175	IsidSynE 2[e]m. 12[e]s.	*1190*	AliscW fin 12[e]s.
1175	JosephS 2[e]m. 12[e]s.	*1190*	AlNeckUtensH fin 12[e]s.
1175	MirNDOrlM 2[e]m. 12[e]s.	*1190*	AmAmOctK fin 12[e]s.
1175	PelCharlK 2[e]m. 12[e]s.	*1190*	AntiocheN fin 12[e]s.
1175	RecMédJuteH 2[e]m. 12[e]s.	*1190*	BrutCistD fin 12[e]s.
1175	RoisC 2[e]m. 12[e]s.	*1190*	CatEverS fin 12[e]s.
1175	SGregA[1]S 2[e]m. 12[e]s.	*1190*	ChevCygne fin 12[e]s.
1176	CligesG ca. 1176	*1190*	ChevCygneH fin 12[e]s.
1176	EstFougL ca. 1176	*1190*	ChevCygnePropN fin 12[e]s.
1177	ChrestienChansZ ca. 1177	*1190*	ConBethW[2] fin 12[e]s.
1177	LancF ca. 1177	*1190*	CorBe fin 12[e]s.
1177	YvainF ca. 1177	*1190*	CoucyChansL fin 12[e]s.
1180	ProphDavF 1180	*1190*	DaurelK fin 12[e]s. (?)
1180	CommPsIB ca. 1180	*1190*	DeuOmniS[1] fin 12[e]s.
1180	EructavitJ ca. 1180	*1190*	DialGregF fin 12[e]s.
1180	MarieFabW ca. 1180	*1190*	DonneiH fin 12[e]s. (?)
1180	MonGuill[2]A ca. 1180	*1190*	ElieR fin 12[e]s.
1180	PercB ca. 1180	*1190*	EnfGodM fin 12[e]s.
1180	ProvVilT ca. 1180	*1190*	EpMontDeuH fin 12[e]s.
1180	RègleSBenMartDL ca. 1180	*1190*	EspineT fin 12[e]s.
1184	SThomBenS ca. 1184	*1190*	EvFemesK fin 12[e]s.
1184	ThibMarlyS ca. 1184	*1190*	FloovA fin 12[e]s.
1184	AdgarK 3[e]t. 12[e]s.	*1190*	FolTristOxfS fin 12[e]s.
1184	AigarB 3[e]t. 12[e]s.	*1190*	GaceBruléD fin 12[e]s.
1184	AndréCoutFrH 3[e]t. 12[e]s.	*1190*	GerbMetzT fin 12[e]s.
1184	EliezEzA 3[e]t. 12[e]s.	*1190*	GlOxfH fin 12[e]s.
1184	EliezIsN 3[e]t. 12[e]s.	*1190*	GodBouillCornM fin 12[e]s.
1184	FloreBD 3[e]t. 12[e]s.	*1190*	GodBouillH fin 12[e]s.
1184	GlStowe57H 3[e]t. 12[e]s.	*1190*	GraelentT fin 12[e]s.
1184	LBonneAvPrueveB 3[e]t. 12[e]s.	*1190*	GregEzH fin 12[e]s.
1184	RègleSBenCottonH 3[e]t. 12[e]s.	*1190*	GuillAnglH fin 12[e]s.
1184	RicheutV 3[e]t. 12[e]s.	*1190*	GuischartG fin 12[e]s.
1184	SGillesP 3[e]t. 12[e]s.	*1190*	JerusT fin 12[e]s.
1184	SSagOctS 3[e]t. 12[e]s.	*1190*	JobGregF fin 12[e]s.
1185	RègleHospCamS av. 1185	*1190*	LapidBerechiahZ fin 12[e]s.
1185	AlexArsL ca. 1185	*1190*	MainetP fin 12[e]s.
1185	AlexParA ca. 1185	*1190*	MantelB fin 12[e]s.
1185	AlexParHM ca. 1185	*1190*	MeditationF fin 12[e]s.
1185	AlexVenL ca. 1185	*1190*	MonRainAB fin 12[e]s.
1185	IpH ca. 1185	*1190*	MonRainCB fin 12[e]s.
1185	ProtH ca. 1185	*1190*	PriseOrABR[1] fin 12[e]s.
1186	Ren 1186	*1190*	QSignesK fin 12[e]s.
1188	PartonG av. 1188	*1190*	RCambrK fin 12[e]s.
1188	AimonFlH 1188	*1190*	RecCoulTitH fin 12[e]s.
1188	Asprem ca. 1188	*1190*	RobDiableL fin 12[e]s.
1188	AspremLan ca. 1188	*1190*	RomRomL fin 12[e]s.
1188	AspremLM ca. 1188	*1190*	SaisnA/LB fin 12[e]s.
1188	AspremParL ca. 1188	*1190*	SAndréB fin 12[e]s.
1188	AspremPuyM ca. 1188	*1190*	SBernAn[1]F fin 12[e]s.
1188	BlondNesleL 4[e]q. 12[e]s.	*1190*	SermLaudT fin 12[e]s.
1188	EpSBernDil 4[e]q. 12[e]s.	*1190*	SermMadAC fin 12[e]s.
1188	GarLorrI 4[e]q. 12[e]s.	*1190*	SermMaurR fin 12[e]s.
1188	GuiNantM/V/FM 4[e]q. 12[e]s.	*1190*	SermSapF fin 12[e]s.
1188	GuingT 4[e]q. 12[e]s.	*1190*	SimFreineGeorgM fin 12[e]s.
1188	HermValS 4[e]q. 12[e]s.	*1190*	SimFreinePhilM fin 12[e]s.
1188	ProvRawlC[1/2]S 4[e]q. 12[e]s.	*1190*	SMarieJésus fin 12[e]s.
1188	RègleSBenPr[2] 4[e]q. 12[e]s.	*1190*	SPaulEnfAdK fin 12[e]s.
1188	SBernCantG 4[e]q. 12[e]s.	*1190*	TroisSavoirsW fin 12[e]s.
1188	SMarieEgTD 4[e]q. 12[e]s.	*1190*	TydorelT fin 12[e]s.
1188	ThomKentF 4[e]q. 12[e]s.	*1190*	VenjAlH fin 12[e]s.
1188	TristBérG 4[e]q. 12[e]s.	*1190*	BerechiahG fin 12[e]s.?
1188	TristThomB 4[e]q. 12[e]s.	*1190*	GlBerechiahW fin 12[e]s.?
1190	ChétifsM ca. 1190	*1190*	SOsithB fin 12[e]s./13[e]s.
1190	FierL ca. 1190	*1190*	PassJonglFT prob. fin 12[e]s.

Chronologie

1192	Tripartita[1]L	1192
1192	Tripartita[2]L	1192
1192	Tripartita[3]T	1192
1192	PrêtreJeanH	ca. 1192
1193	EdmRu	ca. 1193
1195	RenMont	1195
1195	BodelNicH	ca. 1195
1195	CommPsIC	ca. 1195
1195	HaimBarW	ca. 1195
1195	MarieEspP	ca. 1195
1195	RenMontDT	ca. 1195
1195	RenMontPT	ca. 1195
1195	SGraalIIJosO	ca. 1195
1195	SGraalIIMerlN	ca. 1195
1195	RenMontAS	[ca. 1195 ?]
1196	VMortHélW	ca. 1196
1198	EvratGenABo	ca. 1198
1200	ContPerc[1]A/T…R	av. 1200
1200	AlexisOctP	ca. 1200
1200	AlNeckCorrM	ca. 1200
1200	AmAmD	ca. 1200
1200	AthisH	ca. 1200
1200	AubereeN	ca. 1200
1200	AyeB	ca. 1200
1200	BatLoqArsR	ca. 1200
1200	BatLoqVulgB[2]	ca. 1200
1200	BestPierre[1]R[1]	ca. 1200
1200	BliocadranW	ca. 1200
1200	BrutMunH	ca. 1200
1200	CantLandP	ca. 1200
1200	ChAbbMarchG	ca. 1200
1200	ChevCygneNaissBeaN	ca. 1200
1200	ChevCygneNaissM	ca. 1200
1200	ChevEspA	ca. 1200
1200	ChevVivM	ca. 1200
1200	CommPsII	ca. 1200
1200	ContGuillTyrDM	ca. 1200 (?)
1200	ContPerc[2]R	ca. 1200
1200	DepartFilsAimS	ca. 1200
1200	DesiréT	ca. 1200
1200	DialAmeB	ca. 1200
1200	ElucidaireIIID	ca. 1200
1200	GuiotProvinsO	ca. 1200
1200	JourdBlD	ca. 1200
1200	JugAmD	ca. 1200
1200	MuleH	ca. 1200
1200	NarbAssH	ca. 1200
1200	PoèmeMorB	ca. 1200
1200	PriseCordD	ca. 1200
1200	RenBeaujBelF	ca. 1200
1200	RenBeaujIgnL	ca. 1200
1200	RichSemJ	ca. 1200
1200	RolCF	ca. 1200
1200	SAgnèsDobT	ca. 1200
1200	SCathClemM	ca. 1200
1200	SEuphrH	ca. 1200
1200	SFanuelC	ca. 1200
1200	SGenB	ca. 1200
1200	SJeanBaptAlP	ca. 1200
1200	SJeanBoucheD	ca. 1200
1200	SMarg2S	ca. 1200
1200	SMathVatE	ca. 1200
1200	SSilvCroixP	ca. 1200
1200	TournDamSemJ	ca. 1200
1200	TumbNDW	ca. 1200
1200	VenjNSA/B…/S	ca. 1200
1201	AssJérRoiB	ca. 1201 (entre 1197 et 1205)
1201	EscoufleS	ca. 1201
1202	BodelPastB	av. 1202
1202	BodelCongéRu	1202
1204	DocLing	1204
1204	EspDouai	1204
1204	MuséeArchDép	1204
1206	Turpin[2]W	ca. 1206
1208	HerbomezTourn	1208
1209	VillehF	av. 1209
1209	HValL	1209
1209	GuillDoleL	ca. 1209
1210	GigotDocHMarne	1210
1210	NecrArrB	ca. 1210
1210	AimeriG	déb. 13e s.
1210	AiquinJa	déb. 13e s.
1210	AlexisAloS	déb. 13e s.
1210	AmbroiseP	déb. 13e s.
1210	AmYdGA	déb. 13e s.
1210	AmYdR	déb. 13e s.
1210	AmYdvR	déb. 13e s.
1210	AndréCoutP	déb. 13e s.
1210	AspremPalM	déb. 13e s.
1210	AudefroiC	déb. 13e s.
1210	AudigierJ	déb. 13e s.
1210	BalJosChardK	déb. 13e s.
1210	BestGervMo	déb. 13e s.
1210	BibleDécB/EN	déb. 13e s.
1210	BibleGuiotO	déb. 13e s.
1210	BibleTrB	déb. 13e s.
1210	BueveAgnS	déb. 13e s.
1210	ChardryDormM	déb. 13e s.
1210	ChardryPletM	déb. 13e s.
1210	ChastPereAH	déb. 13e s.
1210	ChastPereBH	déb. 13e s.
1210	ChevBarAnS	déb. 13e s.
1210	ChevCygneFinN	déb. 13e s.
1210	ConjugFrM	déb. 13e s.
1210	CourtArrH	déb. 13e s.
1210	CredoUsI	déb. 13e s.
1210	CroisBaudriM	déb. 13e s.
1210	CroisSpaldM	déb. 13e s.
1210	DelIsrE	déb. 13e s.
1210	DoonLaiT	déb. 13e s.
1210	DoonRocheM	déb. 13e s.
1210	ElesB	déb. 13e s. (prob. av. 1214)
1210	ElucidationT	déb. 13e s.
1210	EnfGauvainM	déb. 13e s.
1210	EnfVivW	déb. 13e s.
1210	EvNicChrP	déb. 13e s.
1210	ExhortCuersT	déb. 13e s.
1210	FloreV	déb. 13e s.
1210	FolTristBernH[1]	déb. 13e s.
1210	GirVianeE	déb. 13e s.
1210	GlTrinB	déb. 13e s.
1210	GontierF	déb. 13e s.
1210	GregEzLC	déb. 13e s. (?)
1210	GuibAndrO	déb. 13e s.
1210	GuillPalMa	déb. 13e s.
1210	HaimonS	déb. 13e s.
1210	HavelocB	déb. 13e s.
1210	HerbCandS	déb. 13e s.
1210	HoudencDitL	déb. 13e s.
1210	JoursPerilMestreM	déb. 13e s.
1210	LapidFES	déb. 13e s.
1210	LapidSES	déb. 13e s.

Chronologie

1210 LecheorT   déb. 13ᵉ s.
1210 MaccabFragmS   déb. 13ᵉ s.
1210 MaccabPr¹G   déb. 13ᵉ s.
1210 MainetDéc   déb. 13ᵉ s.
1210 MarHenryM   déb. 13ᵉ s.
1210 MeraugisS   déb. 13ᵉ s.
1210 MirNDSardR   déb. 13ᵉ s.
1210 MorPhilPrH   déb. 13ᵉ s.
1210 NabaretT   déb. 13ᵉ s.
1210 NarbS   déb. 13ᵉ s.
1210 PastGregL/CP   déb. 13ᵉ s.
1210 PatenUsAI   déb. 13ᵉ s.
1210 PBeauvCorpsM   déb. 13ᵉ s.
1210 PBeauvGerJ   déb. 13ᵉ s.
1210 PBeauvJosJ   déb. 13ᵉ s.
1210 PBeauvMapA   déb. 13ᵉ s.
1210 PBeauvOlimpB   déb. 13ᵉ s.
1210 PercDidD/ER   déb. 13ᵉ s.
1210 PèresPrI1/2…   déb. 13ᵉ s.
1210 PèresPrIIMarcelL   déb. 13ᵉ s.
1210 Perl¹N   déb. 13ᵉ s.
1210 ProvSalParH   déb. 13ᵉ s.
1210 PurgSPatrPrAD   déb. 13ᵉ s.
1210 QuatreFilles⁶H   déb. 13ᵉ s.
1210 RègleSBenNicH   déb. 13ᵉ s.
1210 SClemB   déb. 13ᵉ s.
1210 SEdmPassG   déb. 13ᵉ s.
1210 SEust1M   déb. 13ᵉ s.
1210 SEust2P   déb. 13ᵉ s.
1210 SEust3B   déb. 13ᵉ s.
1210 SGraalIIIH   déb. 13ᵉ s.
1210 SGraalIIIJosER   déb. 13ᵉ s.
1210 SGraalIIIJosH   déb. 13ᵉ s.
1210 SGraalIIIMerlEC   déb. 13ᵉ s.
1210 SGraalIIIMerlProphH   déb. 13ᵉ s.
1210 SJeanAumU   déb. 13ᵉ s.
1210 SJulianeF   déb. 13ᵉ s.
1210 SMarieEgxD   déb. 13ᵉ s.
1210 SMarieJésusCottM   déb. 13ᵉ s.
1210 SyraconR   déb. 13ᵉ s.
1210 ThibAmPriereL   déb. 13ᵉ s.
1210 VengRagR   déb. 13ᵉ s.
1210 VoieParadOrS   déb. 13ᵉ s.
1210 WaldefH   déb. 13ᵉ s.
1210 BalJosPr²M   prob. déb. 13ᵉ s.
1211 BestGuillR   1211
1212 AngDialGregO²   1212
1212 PBeauvJacB   1212
1213 CalendreM   1213
1213 FetRomF¹   1213
1213 HistAnc   ca. 1213
1213 SFoySimB   ca. 1213
1213 BalJosAnS   1ᵉʳ q. 13ᵉ s.
1213 BibleMorwH   1ᵉʳ q. 13ᵉ s.
1213 ChGuillM   1ᵉʳ q. 13ᵉ s.
1213 CoutSensL   1ᵉʳ q. 13ᵉ s.
1213 ElucidaireIT   1ᵉʳ q. 13ᵉ s.
1213 FillePonth¹B¹   1ᵉʳ q. 13ᵉ s.
1213 FlorenceW   1ᵉʳ q. 13ᵉ s.
1213 FormHonI   1ᵉʳ q. 13ᵉ s.
1213 GaleranF   1ᵉʳ q. 13ᵉ s.
1213 GlBâleB   1ᵉʳ q. 13ᵉ s.
1213 GlSimsonG   1ᵉʳ q. 13ᵉ s.
1213 HervisH   1ᵉʳ q. 13ᵉ s. (prob. av. 1223)
1213 HuonQuOmbreS   1ᵉʳ q. 13ᵉ s.
1213 JBelethOff¹M⁰   1ᵉʳ q. 13ᵉ s.
1213 LeachBeverley   1ᵉʳ q. 13ᵉ s.
1213 MerlinM   1ᵉʳ q. 13ᵉ s.
1213 MortArtuF¹   1ᵉʳ q. 13ᵉ s.
1213 MortAymR   1ᵉʳ q. 13ᵉ s.
1213 PBeauvCharlW   1ᵉʳ q. 13ᵉ s.
1213 RecLondB   1ᵉʳ q. 13ᵉ s.
1213 ThibBlaisN   1ᵉʳ q. 13ᵉ s.
1213 Turpin⁵Wa   1ᵉʳ q. 13ᵉ s.
1213 YderA   1ᵉʳ q. 13ᵉ s.
1214 AngVieGregM   1214
1214 BruslezAmisR   1214
1214 HistMetz   1214
1214 FrançoisTab   1214-1220
1214 SongeEnfM   ca. 1214
1215 GrCharteH   1215
1215 BalJosCamA   ca. 1215
1215 HAndArD   ca. 1215
1215 PurgSPatrHarlV   ca. 1215
1215 TurpinBrianeS   ca. 1215
1216 DescrEnglPrL   av. 1216
1216 ReiEnglF   1216 (ou peu après)
1216 RobClariL   1216
1217 AnsMetzNG   1ᵉʳ t. 13ᵉ s.
1217 AnsMetzS¹   1ᵉʳ t. 13ᵉ s.
1217 BalJosPr¹M   1ᵉʳ t. 13ᵉ s.
1217 BlancandS   1ᵉʳ t. 13ᵉ s.
1217 BrutIntB   1ᵉʳ t. 13ᵉ s.
1217 Bueve1S   1ᵉʳ t. 13ᵉ s.
1217 Bueve2S   1ᵉʳ t. 13ᵉ s.
1217 Bueve3S   1ᵉʳ t. 13ᵉ s.
1217 CoincyDentR   1ᵉʳ t. 13ᵉ s.
1217 CoincyNatJesuR   1ᵉʳ t. 13ᵉ s.
1217 CoincyNatNDR   1ᵉʳ t. 13ᵉ s.
1217 ConseilB   1ᵉʳ t. 13ᵉ s.
1217 DistigiumCH   1ᵉʳ t. 13ᵉ s. (?)
1217 DurmG   1ᵉʳ t. 13ᵉ s.
1217 EustPeintreG   1ᵉʳ t. 13ᵉ s.
1217 FergF   1ᵉʳ t. 13ᵉ s.
1217 GautDargR   1ᵉʳ t. 13ᵉ s.
1217 GroingnetB   1ᵉʳ t. 13ᵉ s.
1217 GrossetChastM   1ᵉʳ t. 13ᵉ s.
1217 GrossetMarM   1ᵉʳ t. 13ᵉ s.
1217 GuillJoiesRi   1ᵉʳ t. 13ᵉ s.
1217 GuillSMadS   1ᵉʳ t. 13ᵉ s.
1217 GuillTobR   1ᵉʳ t. 13ᵉ s.
1217 GuillTyrB   1ᵉʳ t. 13ᵉ s.
1217 GuiWarE   1ᵉʳ t. 13ᵉ s.
1217 JocelinN   1ᵉʳ t. 13ᵉ s.
1217 LapidBB   1ᵉʳ t. 13ᵉ s.
1217 LapidCP   1ᵉʳ t. 13ᵉ s.
1217 LapidsPS   1ᵉʳ t. 13ᵉ s.
1217 MoniotArrD   1ᵉʳ t. 13ᵉ s.
1217 OgDanE   1ᵉʳ t. 13ᵉ s.
1217 OtinG   1ᵉʳ t. 13ᵉ s.
1217 OvArtElieK   1ᵉʳ t. 13ᵉ s.
1217 OvArtPrR   1ᵉʳ t. 13ᵉ s.
1217 ProvoireJ   1ᵉʳ t. 13ᵉ s.
1217 RègleCistG   1ᵉʳ t. 13ᵉ s.
1217 RésSauvPJ   1ᵉʳ t. 13ᵉ s.
1217 RomAmDieuL   1ᵉʳ t. 13ᵉ s.
1217 SermCarP   1ᵉʳ t. 13ᵉ s.
1217 SiègeBarbP   1ᵉʳ t. 13ᵉ s.
1217 TroisEnM   1ᵉʳ t. 13ᵉ s.
1217 TrotulaPr¹M   1ᵉʳ t. 13ᵉ s.
1217 Turpin¹A   1ᵉʳ t. 13ᵉ s.
1218 LeProuxVerm   1218

Chronologie

1218	ChevBarBloisB	prob. 1218
1220	BanMetzW	1220
1220	LaDuCh	1220
1220	CoincyChristC	ca. 1220
1220	ConstHamelN	ca. 1220
1220	ContPerc³R	ca. 1220
1220	LancPrM	ca. 1220
1220	MarcSaloC	ca. 1220
1220	OrdeneChevB	ca. 1220
1220	Perl²P	ca. 1220
1221	ConfrJonglArrG	1221
1221	HuonQuJérS	1221
1221	BibleBerzéL	ca. 1221
1221	HuonQuJérDécS	ca. 1221
1221	OmbreB²	ca. 1221
1222	GirySOmer	1222
1222	Lemaire	1222
1223	BethChronD	av. 1223
1223	HerbomezChâtTourn	1222/23
1223	DolopL	ca. 1223
1224	DocFlandrM	1224
1224	HAndVinC	prob. 1224
1224	CoincyI1…K	ca. 1224
1225	HerbomezSMart	1225
1225	ProstPropr	1225
1225	SGraalIVS	1225
1225	BethDucsM	ca. 1225
1225	InstJustO	ca. 1225
1225	MenageDitN	ca. 1325
1225	OrsonM	ca. 1225
1225	ProvBretM	ca. 1225
1225	RenclCarH	ca. 1225
1225	SGraalIVEstG	ca. 1225
1225	SGraalIVEstP	ca. 1225
1225	SGraalIVEstS	ca. 1225
1225	SGraalIVQuesteP	ca. 1225
1225	SimAuthieG	ca. 1225
1225	SJeanEvW	ca. 1225
1225	SSagLL	ca. 1225
1225	Turpin⁶Wa	ca. 1225
1225	AmAmPr¹M	1ᵉm. 13ᵉs.
1225	AntBerW	1ᵉm. 13ᵉs.
1225	AspremCH	1ᵉm. 13ᵉs.
1225	AucR³	1ᵉm. 13ᵉs.
1225	BibleAcreN	1ᵉm. 13ᵉs.
1225	BorgOrlJ	1ᵉm. 13ᵉs.
1225	BrutHarlB	1ᵉm. 13ᵉs.
1225	BrutLincB	1ᵉm. 13ᵉs.
1225	ChastPereBhH	1ᵉm. 13ᵉs.
1225	ChevRecAmJ	1ᵉm. 13ᵉs.
1225	ComtePoitM	1ᵉm. 13ᵉs.
1225	ConsBoèceBourgB	1ᵉm. 13ᵉs.
1225	CouleursVatG	1ᵉm. 13ᵉs.
1225	CouplMarL	1ᵉm. 13ᵉs.
1225	CuvierHP	1ᵉm. 13ᵉs.
1225	DitiétDameH	1ᵉm. 13ᵉs.
1225	DoonNantM	1ᵉm. 13ᵉs.
1225	ElucidaireGilR	1ᵉm. 13ᵉs.
1225	EnfGuillH	1ᵉm. 13ᵉs.
1225	EspervierP	1ᵉm. 13ᵉs.
1225	EstulaJ	1ᵉm. 13ᵉs.
1225	EvNicPrAF	1ᵉm. 13ᵉs.
1225	EvNicPrBF	1ᵉm. 13ᵉs.
1225	GautAupF	1ᵉm. 13ᵉs.
1225	GeusAvL	1ᵉm. 13ᵉs.
1225	GlAlphM	1ᵉm. 13ᵉs.

1225	GlBodl1466N	1ᵉm. 13ᵉs.
1225	GligloisL	1ᵉm. 13ᵉs.
1225	GlTarschCommHK	1ᵉm. 13ᵉs.
1225	GodinM	1ᵉm. 13ᵉs.
1225	GuillVinM	1ᵉm. 13ᵉs.
1225	JerusCorbG	1ᵉm. 13ᵉs.
1225	JLansonM	1ᵉm. 13ᵉs.
1225	JourJugAmurC	1ᵉm. 13ᵉs.
1225	LabanS	1ᵉm. 13ᵉs.
1225	LapidBern113P	1ᵉm. 13ᵉs.
1225	LapidCLS	1ᵉm. 13ᵉs.
1225	LSimplMedAloe	1ᵉm. 13ᵉs.
1225	LunaireCh¹H	1ᵉm. 13ᵉs. (?)
1225	MarscaucieChevG	1ᵉm. 13ᵉs.
1225	MelionT	1ᵉm. 13ᵉs.
1225	MorPhilP	1ᵉm. 13ᵉs.
1225	MortAdamP	1ᵉm. 13ᵉs.
1225	NatNDBNfr818R	1ᵉm. 13ᵉs.
1225	OiselWo	1ᵉm. 13ᵉs.
1225	PardonFoutreB	1ᵉm. 13ᵉs.
1225	PassJonglProlTrB	1ᵉm. 13ᵉs.
1225	PeanGatS²	1ᵉm. 13ᵉs.
1225	PiramFragmE	1ᵉm. 13ᵉs.
1225	PrestreAlisMé	1ᵉm. 13ᵉs.
1225	PrestreCompBi	1ᵉm. 13ᵉs.
1225	PrestreForceN	1ᵉm. 13ᵉs.
1225	PrêtreJeanPr¹E/I…G	1ᵉm. 13ᵉs.
1225	PrêtreJeanPrMJ	1ᵉm. 13ᵉs.
1225	PriseDefP	1ᵉm. 13ᵉs.
1225	ProvHanS	1ᵉm. 13ᵉs.
1225	ProvSalAuR	1ᵉm. 13ᵉs.
1225	PsHex	1ᵉm. 13ᵉs.
1225	PurgSPatrCamZ	1ᵉm. 13ᵉs.
1225	QuatreFilles³L	1ᵉm. 13ᵉs.
1225	QuatrePrestresN	1ᵉm. 13ᵉs.
1225	RCambr²K	1ᵉm. 13ᵉs.
1225	RègleSBenPr³	1ᵉm. 13ᵉs.
1225	RenMontzG	1ᵉm. 13ᵉs.
1225	RobReimsM	1ᵉm. 13ᵉs.
1225	RoisFragmH	1ᵉm. 13ᵉs.
1225	SacristineIntG	1ᵉm. 13ᵉs.
1225	SAudreeS	1ᵉm. 13ᵉs.
1225	SCathCarlM	1ᵉm. 13ᵉs.
1225	SCroixCambrL	1ᵉm. 13ᵉs.
1225	SermBNlat14925IM	1ᵉm. 13ᵉs.
1225	SermJos¹⁻⁵H	1ᵉm. 13ᵉs.
1225	SermPuileW	1ᵉm. 13ᵉs.
1225	SEust6E	1ᵉm. 13ᵉs.
1225	SEustPr¹M	1ᵉm. 13ᵉs.
1225	SGeorgPr¹M	1ᵉm. 13ᵉs.
1225	SGeorgVosG	1ᵉm. 13ᵉs.
1225	SimCrespyW	1ᵉm. 13ᵉs.
1225	SJeanDamK	1ᵉm. 13ᵉs.
1225	SJeanPaulusOctA	1ᵉm. 13ᵉs.
1225	SLaurentPrS	1ᵉm. 13ᵉs.
1225	SMadPr²	1ᵉm. 13ᵉs.
1225	SMarg3S	1ᵉm. 13ᵉs.
1225	SMarg4R	1ᵉm. 13ᵉs.
1225	SPierJonglN	1ᵉm. 13ᵉs.
1225	SSagOctChSp	1ᵉm. 13ᵉs.
1225	TraitéHomilK	1ᵉm. 13ᵉs.
1225	TristPrNB	1ᵉm. 13ᵉs.
1225	TroisBoçusJ	1ᵉm. 13ᵉs.
1225	TrotT	1ᵉm. 13ᵉs.
1225	TrubertN	1ᵉm. 13ᵉs.
1225	TyoletT	1ᵉm. 13ᵉs.

Chronologie

1225	UnicorneBM	1ᵉʳm. 13ᵉs.
1225	VenjNSPr¹F	1ᵉʳm. 13ᵉs.
1225	ViergeMereM	1ᵉʳm. 13ᵉs.
1225	VilParadisN	1ᵉʳm. 13ᵉs.
1225	VoyAlexP	1ᵉʳm. 13ᵉs.
1225	AlexisPr¹L	prob. 1ᵉʳm. 13ᵉs.
1226	DesMarezYpres	1226
1226	GuillMarM	1226
1226	LesortLorr	1226
1227	ChansArtB	av. 1227-1265
1227	BesantR	1227
1227	GauthierFrComt	1227
1227	PhiliponCh³	1227
1227	SteAgatheLurion	1227
1227	CoincyII1…K	ca. 1227
1228	WaillyCollLorr	1228
1228	WampachLux	1228
1228	ViolB	prob. 1228
1230	DocAubeC	1230
1230	ChronGuillBretB	ca. 1230
1230	ConqIrlMu	ca. 1230
1230	CoutVerdun¹M	ca. 1230
1230	GuiBourgG	ca. 1230
1230	GuillTroisMotsR	ca. 1230
1230	HistCharlPh	ca. 1230
1230	JBraineG	ca. 1230
1230	LoisGodM	ca. 1230
1230	ModvB²	ca. 1230
1230	PetPhilT	ca. 1230
1230	RenclMisH	ca. 1230
1230	RoseLLangl	ca. 1230
1230	SCathAumN	ca. 1230
1230	SchibbL	ca. 1230
1230	TristPr	ca. 1230
1230	TurpinVatB	ca. 1230
1231	CartHospD	1231
1231	Layettes	1231
1232	ArnodCh	1232
1232	DocHMarneG	1232
1232	GaydonG	ca. 1232
1233	BormansSLambLiège	1233
1233	ChWauthierB	1233
1234	CoussemakerCysoing	1234
1234	DocMMSalT	1234
1234	LesortClerm	1234
1235	DocVosL	1235
1235	HuonQuEntrR	ca. 1235
1235	SAubH	ca. 1235
1235	VillHonB	ca. 1235
1235	BeaumJBlL	prob. ca. 1235
1235	BeaumManB	prob. ca. 1235
1236	DelescluseOrval	1236
1236	TournAntW	ca. 1236
1237	CartMarquetteV	1237
1237	DocHainR	1237
1237	HérellePélicier	1237
1237	HoltusLux	1237
1237	ChronDelapréR	après 1237
1238	GoffinetOrval	1238
1238	KurthSHub	1238
1238	PrarondPont	1238
1238	FolLancB	ca. 1238
1238	AdGivenchiU	2ᵉq. 13ᵉs.
1238	AndrContrN	2ᵉq. 13ᵉs.
1238	AnsCartA	2ᵉq. 13ᵉs.
1238	ApocPrD	2ᵉq. 13ᵉs.
1238	ApocTrinO	2ᵉq. 13ᵉs.
1238	ArtusS	2ᵉq. 13ᵉs.
1238	CesTuimPrS	2ᵉq. 13ᵉs.
1238	ChevIIEspR	2ᵉq. 13ᵉs.
1238	ChirRog²H	2ᵉq. 13ᵉs.
1238	ChronToteL/PB	2ᵉq. 13ᵉs.
1238	ColMusC	2ᵉq. 13ᵉs.
1238	ContPerc⁴B	2ᵉq. 13ᵉs.
1238	ContPerc⁴TW	2ᵉq. 13ᵉs.
1238	CoutExS	2ᵉq. 13ᵉs.
1238	DieuAmL	2ᵉq. 13ᵉs.
1238	EvDomB	2ᵉq. 13ᵉs.
1238	FillePonth²B¹	2ᵉq. 13ᵉs.
1238	FournChansL	2ᵉq. 13ᵉs.
1238	FournConsS	2ᵉq. 13ᵉs.
1238	GautEpL	2ᵉq. 13ᵉs.
1238	GilChinP	2ᵉq. 13ᵉs.
1238	GilVinM	2ᵉq. 13ᵉs.
1238	GrossetConfU	2ᵉq. 13ᵉs. (?)
1238	HAndBatP	2ᵉq. 13ᵉs.
1238	HAndC	2ᵉq. 13ᵉs.
1238	JErartN	2ᵉq. 13ᵉs.
1238	JGarlPoetriaL	2ᵉq. 13ᵉs.
1238	JNeuvR	2ᵉq. 13ᵉs.
1238	JRenPlaitL	2ᵉq. 13ᵉs.
1238	LapidEP	2ᵉq. 13ᵉs.
1238	LettrHippoT	2ᵉq. 13ᵉs.
1238	MahieuW	2ᵉq. 13ᵉs.
1238	MerlinSLS	2ᵉq. 13ᵉs.
1238	MirourEdmAW	2ᵉq. 13ᵉs.
1238	MirourEdmBW	2ᵉq. 13ᵉs.
1238	PalamL	2ᵉq. 13ᵉs.
1238	ParDuchP	2ᵉq. 13ᵉs.
1238	PartonAG	2ᵉq. 13ᵉs.
1238	PlatPractH	2ᵉq. 13ᵉs.
1238	PurgSPatrBerM	2ᵉq. 13ᵉs.
1238	RagemonL	2ᵉq. 13ᵉs.
1238	RenPiaudL	2ᵉq. 13ᵉs.
1238	RobGrethCorsS	2ᵉq. 13ᵉs.
1238	RobGrethEv	2ᵉq. 13ᵉs.
1238	SCathVérB	2ᵉq. 13ᵉs.
1238	SermComL	2ᵉq. 13ᵉs.
1238	SermOyezT	2ᵉq. 13ᵉs.
1238	SEust4P	2ᵉq. 13ᵉs.
1238	SEust5P	2ᵉq. 13ᵉs.
1238	SEust7O	2ᵉq. 13ᵉs.
1238	SJulPrS	2ᵉq. 13ᵉs.
1238	SThomFragmM	2ᵉq. 13ᵉs.
1238	ThibChampW	2ᵉq. 13ᵉs.
1238	TroisAmA	2ᵉq. 13ᵉs.
1238	VraiChimL	2ᵉq. 13ᵉs.
1239	ChRethelS	1239
1239	DevillersSWaudru	1239
1239	WaillyChJoinv	1239
1240	ViergeTensB	av. 1240
1240	Ewald	1240
1240	GlBNhébr302L	1240
1240	HautcœurFlines	1240
1240	HautcœurSPierLille	1240
1240	AssJérBourgBatvB	ca. 1240
1240	BalainL	ca. 1240
1240	ChastVergiA	ca. 1240
1240	ChirRogH	ca. 1240
1240	ContGuillTyrSalJ	ca. 1240
1240	MerlinsR	ca. 1240
1240	MirAgn²K	ca. 1240

Chronologie

1240	OrdeneChevPrJ	ca. 1240
1240	PrivilBret[1]F	ca. 1240
1240	PrivilBret[2]F	ca. 1240
1240	TournEnfL	ca. 1240
1241	CartOrvalD	1241
1241	ChSPierreAireW	1241
1241	EspFam	1241
1241	NewmanNesle	1241
1241	GrossetReulesO	ca. 1241
1241	ProcPonceL	ca. 1241
1242	DenaixSBen	1242
1242	TrouillatBâle	1242
1243	HuonRegrL	av. 1243
1243	MarichalMetz	1243
1243	PassJonglGP	1243
1243	BibleSeptEtatsM	prob. 1243
1243	AssJér	ca. 1243
1243	AssJérBourgB	ca. 1243
1243	MousketR	ca. 1243
1244	DocJuraS	1244
1244	PhiliponCh[1]	1244
1245	ChCharrouxN	1245
1245	LavergneBourb	1245
1245	SalamagneConstr	1245
1245	AntAnW	ca. 1245
1245	AssJérPhB	ca. 1245
1245	EdConfCambrW	ca. 1245
1245	SFranchS	ca. 1245
1246	BoutaricFurgeot	1246
1246	ImMondeOct[1]D	1246
1246	JGarlCommH	1246
1247	Beauvillé	1247
1247	FossierCh	1247
1247	VilVersonD	1247
1247	ImMondePrP	ca. 1247
1248	CPont	1248
1248	HubertIndre	1248
1248	ImMondeOct[2]S[0]	1248
1248	ImMondeOct[3]M	ca. 1248
1249	SarrasinF	1249
1249	ShirleyRoyLett	1249
1250	DouzeVendredisLS	av. 1250
1250	SDenisPr[1]L	av. 1250
1250	BestAmFournOctL	ca. 1250
1250	BestAmFournS	ca. 1250
1250	BestAmOctT	ca. 1250
1250	CartPicquigny	ca. 1250
1250	RecCosmCamG[1]	ca. 1250
1250	RecMédQuiM	ca. 1250
1250	RègleNDPresH	ca. 1250
1250	SFrançBP	ca. 1250
1250	VerCoulK	ca. 1250
1250	AmDieuK	mil. 13[e]s.
1250	AntArciP	mil. 13[e]s.
1250	AtreW	mil. 13[e]s.
1250	BeaumS	mil. 13[e]s.
1250	BerinOctB	mil. 13[e]s.
1250	BiblePar	mil. 13[e]s.
1250	BonAngeK	mil. 13[e]s.
1250	BouchAbevR	mil. 13[e]s.
1250	CatAnH	mil. 13[e]s.
1250	ChastieMusAG	mil. 13[e]s.
1250	ChirAlbT	mil. 13[e]s.
1250	ChronRobSMarD	mil. 13[e]s.
1250	CompilDidEpH	mil. 13[e]s.
1250	CourLouisCLe	mil. 13[e]s.
1250	CourLouisDLe	mil. 13[e]s.
1250	Deschant[1]C	mil. 13[e]s.
1250	DestrRomeS	mil. 13[e]s.
1250	DialSJulB	mil. 13[e]s.
1250	DoonMayAPi[0]	mil. 13[e]s.
1250	DoonMayP	mil. 13[e]s.
1250	EchecsDeuS	mil. 13[e]s.
1250	EnsaingnK	mil. 13[e]s.
1250	GautLeuL[2]	mil. 13[e]s.
1250	GlDarmstadtK	mil. 13[e]s.
1250	GlGlasgM[1]	mil. 13[e]s.
1250	GlHarlH	mil. 13[e]s.
1250	GlIsMoïseM	mil. 13[e]s.
1250	HArciPèresO	mil. 13[e]s.
1250	HistFécL	mil. 13[e]s.
1250	HuonPalL	mil. 13[e]s.
1250	HuonR	mil. 13[e]s.
1250	JerusAcreG	mil. 13[e]s.
1250	JeuAventL	mil. 13[e]s.
1250	JoufrF	mil. 13[e]s.
1250	JoursPerilDedM	mil. 13[e]s.
1250	LapidVAS	mil. 13[e]s.
1250	LayAmP	mil. 13[e]s.
1250	LBonneAvParB	mil. 13[e]s.
1250	LégApostHR	mil. 13[e]s.
1250	LégApostPR	mil. 13[e]s.
1250	LeGrandStat	mil. 13[e]s.
1250	LRougeEuL	mil. 13[e]s.
1250	MaccabPr[2]M	mil. 13[e]s.
1250	Pères	mil. 13[e]s.
1250	PhNovAgesF	mil. 13[e]s.
1250	PoireM	mil. 13[e]s.
1250	QuatreFilles[1]AL	mil. 13[e]s.
1250	QuatreFilles[1]BL	mil. 13[e]s.
1250	RésSauvCJ	mil. 13[e]s.
1250	RigomerF	mil. 13[e]s.
1250	RoiFloreMol	mil. 13[e]s.
1250	RSoissonsW	mil. 13[e]s.
1250	SermHalesL	mil. 13[e]s.
1250	SermMaurPB	mil. 13[e]s.
1250	SJulT	mil. 13[e]s.
1250	SMarg5T	mil. 13[e]s.
1250	SMarg6J[1]	mil. 13[e]s.
1250	SMarg7J[1]	mil. 13[e]s.
1250	SMarieEgo[1]D	mil. 13[e]s. (2[e]m. 13[e]s. ?)
1250	SMarieEgoD	mil. 13[e]s.
1250	SMarieEgzD	mil. 13[e]s.
1250	SPaulEnfArciP	mil. 13[e]s.
1250	SPaulEnfLiK	mil. 13[e]s.
1250	SThaisArciP	mil. 13[e]s.
1250	TroisAvN	mil. 13[e]s.
1250	TroisMariesAnne	mil. 13[e]s.
1250	TrotulaTrinH	mil. 13[e]s.
1250	UnicorneCW	mil. 13[e]s.
1250	VisiterMaladesCH	mil. 13[e]s.
1250	VitS	mil. 13[e]s.
1250	VivMonbrancE	mil. 13[e]s.
1250	LancPrβM	mil. 13[e]s.?
1250	AloulN	2[e]t. 13[e]s. (?)
1250	AuberiB	2[e]t. 13[e]s.
1250	BalJosAnPrS	2[e]t. 13[e]s.
1250	BibleEntS	2[e]t. 13[e]s.
1250	BraiCordO	2[e]t. 13[e]s.
1250	BrifautN	2[e]t. 13[e]s.
1250	BrutusF	2[e]t. 13[e]s.
1250	CatAdSuelU	2[e]t. 13[e]s.

Chronologie

1250 CesTuimAlC   2^{e}t. 13^{e}s.
1250 ChandeleArrB   2^{e}t. 13^{e}s.
1250 ChevDameClercN   2^{e}t. 13^{e}s.
1250 ClercVaudR   2^{e}t. 13^{e}s.
1250 ColBoutD   2^{e}t. 13^{e}s.
1250 CristalB   2^{e}t. 13^{e}s.
1250 EstormiN   2^{e}t. 13^{e}s.
1250 EustMoineH   2^{e}t. 13^{e}s.
1250 FemChasteW   2^{e}t. 13^{e}s.
1250 ItinJérM   2^{e}t. 13^{e}s.
1250 ItinJérPM   2^{e}t. 13^{e}s.
1250 JacAmArtK   2^{e}t. 13^{e}s.
1250 JacAmRemK   2^{e}t. 13^{e}s.
1250 JacVitryB   2^{e}t. 13^{e}s.
1250 JGarlUnH   2^{e}t. 13^{e}s.
1250 LaetabundusG   2^{e}t. 13^{e}s.
1250 LunaireWoC   2^{e}t. 13^{e}s.
1250 MaugisV   2^{e}t. 13^{e}s.
1250 PeinesR   2^{e}t. 13^{e}s.
1250 PoissAmS   2^{e}t. 13^{e}s.
1250 ProphSeb   2^{e}t. 13^{e}s.
1250 RecMédNovCirHi   2^{e}t. 13^{e}s.
1250 RègleSBenDouceD   2^{e}t. 13^{e}s.
1250 RobBloisAmU   2^{e}t. 13^{e}s.
1250 RobBloisBeaudL   2^{e}t. 13^{e}s.
1250 RobBloisChastU   2^{e}t. 13^{e}s.
1250 RobBloisFlorB   2^{e}t. 13^{e}s.
1250 SAgnèsDécD   2^{e}t. 13^{e}s.
1250 SDenisPr^{2}L   2^{e}t. 13^{e}s.
1250 SEdmPr   2^{e}t. 13^{e}s.
1250 SJakeM   2^{e}t. 13^{e}s.
1250 SJeanEvOctH   2^{e}t. 13^{e}s.
1250 SJérEp22N   2^{e}t. 13^{e}s.
1250 SommeAcéB^1 2^{e}t. 13^{e}s.
1250 SSagAP   2^{e}t. 13^{e}s.
1250 ThebesR   2^{e}t. 13^{e}s.
1250 TrescesN   2^{e}t. 13^{e}s.
1250 UnicorneAJ   2^{e}t. 13^{e}s.
1250 VenusF   2^{e}t. 13^{e}s.
1250 JeuPartiGrC   prob. 2^{e}t. 13^{e}s.
1250 AdParvH   13^{e}s.
1250 AlexDoctDH   13^{e}s.
1250 Alexis$_M$^{1}P   13^{e}s.
1250 AmistiéDT   13^{e}s.
1250 AnelEdwC   13^{e}s.
1250 AnnoncNDPC   13^{e}s.
1250 Apol^1 13^{e}s.
1250 ApostropheCorpsB   13^{e}s.
1250 AspremBruxB   13^{e}s.
1250 AveDameL   13^{e}s.
1250 AvocasR   13^{e}s.
1250 BailletJ   13^{e}s.
1250 BalJosPr^3 13^{e}s.
1250 BatAnnezinW   13^{e}s.
1250 BatesonBor   13^{e}s.
1250 BontéFemM   13^{e}s.
1250 BrunainJ   13^{e}s.
1250 BrutDurA   13^{e}s.
1250 ChansBern389B   13^{e}s.
1250 ChansDyggve   13^{e}s.
1250 ChansMätzner   13^{e}s.
1250 ChansPieusBNfr12483J   13^{e}s.
1250 ChansPieusJ   13^{e}s.
1250 ChaplaisDipl   13^{e}s.
1250 ChevalVendiM   13^{e}s.
1250 ChirRog^{3}M   13^{e}s.

1250 CodeJust   2^{e}q. 13^{e}s.
1250 CodiFr   13^{e}s.
1250 CoilleB   13^{e}s.
1250 CompAn^{1}M   13^{e}s.
1250 CompAn^{2}M   13^{e}s.
1250 CompAn^{3}M   13^{e}s.
1250 CompAn^{4}M   13^{e}s.
1250 CompAn^{5}M   13^{e}s.
1250 ComparFaucH   13^{e}s.
1250 ConfBNfr25439M   13^{e}s.
1250 ConfrereAmL   13^{e}s.
1250 ContGuillTyrA   13^{e}s.
1250 ConVetSorizB   13^{e}s.
1250 CordouanierS   13^{e}s.
1250 CoutChartreux   13^{e}s.
1250 DanDenierAJ   13^{e}s.
1250 DehDoc   13^{e}s.
1250 Delisle   13^{e}s.
1250 DixCommNeroW   13^{e}s.
1250 DonatBS   13^{e}s.
1250 DouzeVendrediscS   13^{e}s.
1250 EchecsCottH   13^{e}s.
1250 EchecsRoyH   13^{e}s.
1250 EscommLechB   13^{e}s.
1250 EspDrap   13^{e}s.
1250 EspFin   13^{e}s.
1250 EspPirDoc   13^{e}s.
1250 EspVerlinden   13^{e}s.
1250 FerabrasB   13^{e}s.
1250 FiancéViergeOctW   13^{e}s.
1250 GageureN   13^{e}s.
1250 GlBN$_D$ 13^{e}s.
1250 GlCantM   13^{e}s.
1250 GlNY$_R$L   13^{e}s.
1250 GlNY$_S$P   13^{e}s.
1250 GlPlantHarlW   13^{e}s.
1250 GlTurin^1 13^{e}s.
1250 GratienBL   13^{e}s.
1250 GrueN   13^{e}s.
1250 HonteJ   1^{e}m. 13^{e}s.
1250 JeuxPartL   13^{e}s.
1250 JGarlG   13^{e}s.
1250 JoursPerilLuneM   13^{e}s.
1250 JugAmMeliorO   13^{e}s.
1250 LSimplMedD   13^{e}s.
1250 MacaireAl^{1}S   13^{e}s.
1250 MachsBern   13^{e}s.
1250 MédBerne   13^{e}s.
1250 MesdPerrinL   13^{e}s.
1250 MeunArlN   13^{e}s.
1250 MeunClercsN   13^{e}s.
1250 MireC   3^{e}q. 13^{e}s.
1250 MirNDBNfr818M   13^{e}s.
1250 MisereOmme   13^{e}s.
1250 MoisyGl   13^{e}s.
1250 MonicatBouss   13^{e}s.
1250 Morlet   13^{e}s.
1250 MorletAnthr   13^{e}s.
1250 OrguillousM   13^{e}s.
1250 OrnDamesR   13^{e}s.
1250 PartonContG   13^{e}s.
1250 PatenUsBI   13^{e}s.
1250 PechiéOrguM   13^{e}s.
1250 PriseOrcR   3^{e}t. 13^{e}s.
1250 ProvRurU   13^{e}s.
1250 PsMétrM   13^{e}s.

Chronologie

1250	PurgSPatrCott	13ᵉs.
1250	QSignesManF	13ᵉs.
1250	QuatreFilles²L	13ᵉs.
1250	RecMédBodlM	13ᵉs.
1250	RecMédEvrM	13ᵉs.
1250	RègleHospPrD	13ᵉs.
1250	RègleSBenPr²⁶	13ᵉs.
1250	RenHermiteM	13ᵉs.
1250	RolFragmEB	13ᵉs.
1250	RolFragmLM	13ᵉs.
1250	RolFragmMM	13ᵉs.
1250	SAgnèsBNfr412D	13ᵉs.
1250	SBartM	13ᵉs.
1250	SCathGuiT	13ᵉs.
1250	SCathJonglF	13ᵉs.
1250	SCathPr¹K	13ᵉs.
1250	SCroixTorG	13ᵉs.
1250	SegrMoine¹′²′³N	13ᵉs.
1250	SermMaccM	13ᵉs.
1250	SEust9S	13ᵉs.
1250	SGodric	13ᵉs.
1250	SMadPr⁴	13ᵉs.
1250	SMarg9Z	13ᵉs.
1250	SMargBO	13ᵉs.
1250	SMargCO	13ᵉs.
1250	SongeDan¹B	13ᵉs.
1250	SPaulEnfPeinesK	13ᵉs.
1250	SQuentPr¹S	13ᵉs.
1250	SSagAcT	13ᵉs.
1250	ThéophB	13ᵉs.
1250	TournDamHuonJ	13ᵉs.
1250	TraîtresS	13ᵉs.
1250	UnicorneMA	13ᵉs.
1250	VenjNSFB	13ᵉs.
1250	VenjNSPr²F	13ᵉs.
1250	VenjNSPr³M	13ᵉs.
1250	VenjNSPr⁴F	13ᵉs.
1250	VenjNSPr⁶F	13ᵉs.
1250	VenjNSPr⁷F	13ᵉs.
1250	VilAsnierJ	13ᵉs.
1250	VilHostelF	13ᵉs.
1250	VisElisS	13ᵉs.
1250	VisTondAgnF	13ᵉs.
1250	RolLM	13ᵉs.?
1251	ChAbbBoisP	1251
1251	PhiliponCh²	1251
1252	BourquelotProv	1252
1252	DevillersCens	1252
1252	EnanchetF	prob. 1252
1253	BraultBlazon	1253
1253	ArmGloverL	prob. 1253
1254	RaynaudChPont	1254
1254	RobertEcly	1254
1254	RobertPorc	1254
1254	RôleBigotB	1254
1254	ChampFigLettr	ca. 1254
1255	CoutantMoulin	1255
1255	HIIIBrabH	ca. 1255
1255	PFontM	ca. 1255
1255	SEdmCantB	ca. 1255
1256	CompRalfH	1256
1256	FoederaC	1256
1256	FoederaR³	1256
1256	AldL	prob. 1256
1258	MahomL²	1258
1258	PhNovMémM	ca. 1258
1258	SDomM	ca. 1258
1259	CartSelincourtB	1259
1259	FoederaR¹	1259
1259	TreatyRollsC	1259
1260	BrevPlacT	1260
1260	LaloreMont	1260
1260	LefrancNoyon	1260
1260	MenReimsW	prob. 1260
1260	AbladaneP	ca. 1260 (ou ca. 1288; après 1258)
1260	BonnardotMetz	ca. 1260
1260	CasusPlacD	ca. 1260
1260	DoctSauvS	ca. 1260
1260	JostPletR	ca. 1260
1260	RègleTempleC	ca. 1260
1260	RobHoY	ca. 1260
1260	YonH	ca. 1260
1261	CartPameleAud	1261
1261	RutebRenF	1261
1261	TournDamAnD	prob. 1261
1261	RutebTheophFa	ca. 1261
1261	ContGuillTyrRothA	après 1261
1262	DepoinHôtPont	1262
1262	MirNDChartrK	1262
1262	TroieJFlix	1262
1263	TrJurFetW	av. 1263
1263	BrouwersChNam	1263
1263	AlgorAlexH	3ᵉq. 13ᵉs.
1263	AmoursBiautéL	3ᵉq. 13ᵉs.
1263	AnticlC	3ᵉq. 13ᵉs.
1263	ArbreAmL	3ᵉq. 13ᵉs.
1263	ArrierebanAmL	3ᵉq. 13ᵉs.
1263	BartRegionsP	3ᵉq. 13ᵉs.
1263	BestPierre²B	3ᵉq. 13ᵉs. (av. 1268)
1263	BrendanPr¹W	3ᵉq. 13ᵉs.
1263	CensHôtProvinsM	3ᵉq. 13ᵉs. (1250?-1280?)
1263	ChevRobeN	3ᵉq. 13ᵉs.
1263	CompSGen	3ᵉq. 13ᵉs.
1263	CourRenF	3ᵉq. 13ᵉs.
1263	CoutAnjAB	3ᵉq. 13ᵉs.
1263	CoutAnjB	3ᵉq. 13ᵉs.
1263	CoutNormT	3ᵉq. 13ᵉs.
1263	DentN	3ᵉq. 13ᵉs.
1263	Digeste	3ᵉq. 13ᵉs.
1263	GéomSGenV	3ᵉq. 13ᵉs.
1263	GilebBernW	3ᵉq. 13ᵉs.
1263	GlBNhébr301K	3ᵉq. 13ᵉs.
1263	GlRamseyO	3ᵉq. 13ᵉs.
1263	HunbautW	3ᵉq. 13ᵉs.
1263	HuonABCL	3ᵉq. 13ᵉs.
1263	HuonAveL¹	3ᵉq. 13ᵉs.
1263	HuonDescrL	3ᵉq. 13ᵉs.
1263	HuonHonteL	3ᵉq. 13ᵉs.
1263	HuonSQuentL	3ᵉq. 13ᵉs.
1263	JPetArrZ	3ᵉq. 13ᵉs.
1263	JuifChrétP	3ᵉq. 13ᵉs.
1263	LambFerriS	3ᵉq. 13ᵉs.
1263	LégJMailly	3ᵉq. 13ᵉs.
1263	LunaireCh²H	3ᵉq. 13ᵉs.
1263	LunaireDigbyH	3ᵉq. 13ᵉs.
1263	MarqueA	3ᵉq. 13ᵉs.
1263	MiroirMondeC	3ᵉq. 13ᵉs.
1263	NovJust	3ᵉq. 13ᵉs.
1263	PassHugM	3ᵉq. 13ᵉs.
1263	PerrinS	3ᵉq. 13ᵉs.

Chronologie

1263	PilateKicD	3^{e}q. 13^{e}s.
1263	PrêtreJeanPrcM	3^{e}q. 13^{e}s.
1263	PriseOrDR	3^{e}q. 13^{e}s.
1263	ProvSenAR	3^{e}q. 13^{e}s.
1263	RBeauvN	3^{e}q. 13^{e}s.
1263	RiotecU	3^{e}q. 13^{e}s.
1263	RutebAsneJ	3^{e}q. 13^{e}s.
1263	RutebF	3^{e}q. 13^{e}s.
1263	SClairePrP	3^{e}q. 13^{e}s.
1263	SDenisPr^{5}L	3^{e}q. 13^{e}s.
1263	SeptPechVesp	3^{e}q. 13^{e}s.
1263	SGenPr^2	3^{e}q. 13^{e}s.
1263	SMadPr^3	3^{e}q. 13^{e}s.
1263	SMargDO	3^{e}q. 13^{e}s.
1263	SMarieEguD	3^{e}q. 13^{e}s.
1263	SongeDan^{1}S	3^{e}q. 13^{e}s.
1263	SudaGrosD	3^{e}q. 13^{e}s.
1264	MantouFlandr	1264
1264	PaixAnglCh^{1}F	1264
1264	PaixAnglF	1264
1264	RichardCh	1264
1264	RutebElisZ	ca. 1264
1265	Audouin	1265
1265	DesMarezDrYpres	1265
1265	LennelCal	1265
1265	LettrTanq	1265
1265	MurRosS	1265
1265	VolucrK	1265
1265	ClouzotCens	ca. 1265
1265	CrieriesF	ca. 1265
1265	RutebCharlotN	ca. 1265
1266	AssJérJIbB	av. 1266
1266	InvEudesC	1266
1266	RedBookH	1266
1266	RobOmMirL	1266
1266	VMortAnW	1266
1267	BrunLatC	1267
1267	CensHerchiesM	1267
1267	PonFont	1267
1267	RegAlfPoitM	1267
1267	ArmWijnb^{1}A	ca. 1267
1268	MaccabGautS	av. 1268
1268	PAbernLumH^1	1268
1268	LMestL	ca. 1268
1270	DocAube^{2}R	1270
1270	HoroscBaudP	1270
1270	LoisneMal	1270
1270	OrdLMestD	1270
1270	RegrSLouisM	1270
1270	ApocAgnM	ca. 1270
1270	AspremPG	ca. 1270
1270	AspremwB	ca. 1270
1270	FlorsAstrD^0	ca. 1270
1270	IntrAstrD	ca. 1270
1270	MessehalaEclipse	ca. 1270
1270	NevAmJ	ca. 1270
1270	PAbernRichR	ca. 1270
1270	PlainteVgePurT	ca. 1270
1270	RutebHerbF^1	ca. 1270
1270	SecrSecrAbernB	ca. 1270
1270	SeneschO	ca. 1270
1270	TournDamGencPu	ca. 1270
1270	WrightLond	ca. 1270
1271	ViergeLoengeA	av. 1271
1271	CoutStAmandM	1271
1271	JeffersonGold	1271
1271	MerletMoutié	1271
1271	WarnkGhel	1271
1272	BaudeFastCongéR	1272
1272	GhatrifT	1272
1272	LespMét	1272
1272	MoamT	1272
1272	VégèceRichT	1272
1272	TanonJust	ca. 1272
1273	HaginL	1273
1273	RegTournB	1273
1273	EtSLouisV	(1270-) 1273
1274	CartHain	1274
1274	ChronSDenisB	1274
1274	ConcLyonC	1274
1274	GrChronV	1274
1274	LongnonDoc	1274
1275	RutebNeufJoiesF	av. 1259
1275	AdenBuevH	1275
1275	MartCanL	1275
1275	PlacCor^{1}K	1275
1275	StatRealm	1275
1275	FraserPet	1275-1401
1275	ArmHarlLHP	ca. 1275
1275	ArmHarlLL	ca. 1275
1275	ArmHarlW	ca. 1275
1275	AssJérClefB	ca. 1275
1275	AssJérGeoffrB	ca. 1275
1275	AssJérJacIbB	ca. 1275
1275	BerteH	ca. 1275
1275	BestAmRespS	ca. 1275
1275	CassidP	ca. 1275
1275	ClarisP	ca. 1275 (après 1268)
1275	CoutWinchF	ca. 1275
1275	FaucMedD	ca. 1275
1275	FloriantC	ca. 1275
1275	GarçAvR^2	ca. 1275
1275	JHoudRossH	ca. 1275
1275	MahArE	ca. 1275
1275	RolPM	ca. 1275
1275	RoseMLangl	ca. 1275
1275	SFrançR	ca. 1275
1275	AlexPrH	2^{e}m. 13^{e}s.
1275	AlgorBodlW	2^{e}m. 13^{e}s.
1275	AmeBerlA/B/CB	2^{e}m. 13^{e}s.
1275	AmJalF	2^{e}m. 13^{e}s.
1275	AntidNicD	2^{e}m. 13^{e}s.
1275	AubS	2^{e}m. 13^{e}s.
1275	AventuresM	2^{e}m. 13^{e}s.
1275	AveRoseN	2^{e}m. 13^{e}s.
1275	BlondhPo	2^{e}m. 13^{e}s.
1275	BoivProvAMé	2^{e}m. 13^{e}s.
1275	BoivProvPN	2^{e}m. 13^{e}s.
1275	BoulangiersM	2^{e}m. 13^{e}s.
1275	BoursePleineN	2^{e}m. 13^{e}s.
1275	BrebisDérL	2^{e}m. 13^{e}s.
1275	BrendanPr^{2}W	2^{e}m. 13^{e}s.
1275	CantKiVotH	2^{e}m. 13^{e}s.
1275	CarCharL	2^{e}m. 13^{e}s.
1275	CellierValenc	2^{e}m. 13^{e}s.
1275	ChantMariageF	2^{e}m. 13^{e}s.
1275	CharroicL	2^{e}m. 13^{e}s.
1275	CharroiDLu	2^{e}m. 13^{e}s.
1275	Chirom	2^{e}m. 13^{e}s.
1275	CocagneV	2^{e}m. 13^{e}s.
1275	CointiseH	2^{e}m. 13^{e}s.
1275	CornetesP	2^{e}m. 13^{e}s.

Chronologie

1275	CourtDonneurS	2ᵉm. 13ᵉs.
1275	CourtParV	2ᵉm. 13ᵉs.
1275	DepLivresE	2ᵉm. 13ᵉs.
1275	DeuxBordeors¹F	2ᵉm. 13ᵉs.
1275	DeuxBordeors²F	2ᵉm. 13ᵉs.
1275	DeuxBordeors³F	2ᵉm. 13ᵉs.
1275	DitNDSainteB	2ᵉm. 13ᵉs.
1275	EchecsNicA	2ᵉm. 13ᵉs.
1275	EmpConstOctC	2ᵉm. 13ᵉs.
1275	EmpConstPrC	2ᵉm. 13ᵉs.
1275	EnfRenD	2ᵉm. 13ᵉs.
1275	EvEnfB	2ᵉm. 13ᵉs.
1275	EvNicAgnP	2ᵉm. 13ᵉs.
1275	FatrArrP	2ᵉm. 13ᵉs.
1275	FaucMedL	2ᵉm. 13ᵉs.
1275	FevrDitN	2ᵉm. 13ᵉs.
1275	FlamencaZ	2ᵉm. 13ᵉs.
1275	FlorOctOctV	2ᵉm. 13ᵉs.
1275	Friemel	2ᵉm. 13ᵉs.
1275	GarMonglMü/Me/S	2ᵉm. 13ᵉs.
1275	GaufrG	2ᵉm. 13ᵉs.
1275	GautChâtAristIlC	2ᵉm. 13ᵉs.
1275	GautChâtAristIpC	2ᵉm. 13ᵉs.
1275	GeomancieSignesH	2ᵉm. 13ᵉs.
1275	GirRossPrM	2ᵉm. 13ᵉs.
1275	GlHadL	2ᵉm. 13ᵉs.
1275	GrantzGeanzAB	2ᵉm. 13ᵉs.
1275	HonnineL	2ᵉm. 13ᵉs.
1275	HontMenN	2ᵉm. 13ᵉs.
1275	HouceN	2ᵉm. 13ᵉs.
1275	ItinRomeR	2ᵉm. 13ᵉs.
1275	JacVitryTB	2ᵉm. 13ᵉs.
1275	JordRufMP	2ᵉm. 13ᵉs.
1275	JugAmBlM	2ᵉm. 13ᵉs.
1275	JuitelAlW	2ᵉm. 13ᵉs.
1275	JumentDeableR	2ᵉm. 13ᵉs.
1275	LapidFRS	2ᵉm. 13ᵉs.
1275	LapidTPS	2ᵉm. 13ᵉs.
1275	MacerHerbesH	2ᵉm. 13ᵉs.
1275	ManVilF	2ᵉm. 13ᵉs.
1275	MarArsTeintL	2ᵉm. 13ᵉs.
1275	MarcSalM	2ᵉm. 13ᵉs.
1275	MarNDR	2ᵉm. 13ᵉs.
1275	MédLiégH	2ᵉm. 13ᵉs.
1275	MelibeeAn	2ᵉm. 13ᵉs.
1275	MesdisansB	2ᵉm. 13ᵉs.
1275	MirNDEver¹M	2ᵉm. 13ᵉs.
1275	OutHôtelBN	2ᵉm. 13ᵉs.
1275	OutVilN	2ᵉm. 13ᵉs.
1275	ParabAlainH	2ᵉm. 13ᵉs.
1275	PassCeliW	2ᵉm. 13ᵉs.
1275	PenitAdam¹/²Q	2ᵉm. 13ᵉs.
1275	PèresDW	2ᵉm. 13ᵉs.
1275	PovreMercJ	2ᵉm. 13ᵉs.
1275	PreudomeJ	2ᵉm. 13ᵉs.
1275	PrognZodLuneH	2ᵉm. 13ᵉs.
1275	ProvSen²OO	2ᵉm. 13ᵉs.
1275	ProvUpsIH	2ᵉm. 13ᵉs.
1275	ProvUpsIIH	2ᵉm. 13ᵉs.
1275	PurgSPatrB	2ᵉm. 13ᵉs.
1275	PurgSPatrC	2ᵉm. 13ᵉs.
1275	PutLechBN	2ᵉm. 13ᵉs.
1275	RecMédBoensH	2ᵉm. 13ᵉs.
1275	RecMédCambraiS	2ᵉm. 13ᵉs.
1275	RecMédGardH	2ᵉm. 13ᵉs.
1275	RecMédPetB	2ᵉm. 13ᵉs.
1275	RecMédQuiFH	2ᵉm. 13ᵉs.
1275	RègleAugBH	2ᵉm. 13ᵉs.
1275	RenAndJ	2ᵉm. 13ᵉs.
1275	RenMontCK	2ᵉm. 13ᵉs.
1275	RenMontLC	2ᵉm. 13ᵉs.
1275	RenMontNSi	2ᵉm. 13ᵉs.
1275	RenMontOQ	2ᵉm. 13ᵉs.
1275	RespCurtS	2ᵉm. 13ᵉs.
1275	RoiLarB	2ᵉm. 13ᵉs.
1275	SacristineArsG	2ᵉm. 13ᵉs.
1275	SacristineForceK	2ᵉm. 13ᵉs.
1275	SalutEnfAJ	2ᵉm. 13ᵉs.
1275	SBath¹B	2ᵉm. 13ᵉs.
1275	SDenisPr³L	2ᵉm. 13ᵉs.
1275	SElisBruxK	2ᵉm. 13ᵉs.
1275	SElisRobJ	2ᵉm. 13ᵉs.
1275	SEloiP	2ᵉm. 13ᵉs.
1275	SeptPechHarlH	2ᵉm. 13ᵉs.
1275	SeptVicesB	2ᵉm. 13ᵉs.
1275	SermCendresJ	2ᵉm. 13ᵉs.
1275	SermSamG	2ᵉm. 13ᵉs.
1275	SermSeignP	2ᵉm. 13ᵉs.
1275	SermViandesS	2ᵉm. 13ᵉs.
1275	SGraalPVB	2ᵉm. 13ᵉs.
1275	ShohamK	2ᵉm. 13ᵉs.
1275	SilenceT¹	2ᵉm. 13ᵉs.
1275	SimPouilleAB	2ᵉm. 13ᵉs.
1275	SMadMarsTrD	2ᵉm. 13ᵉs.
1275	SMadPr⁵	2ᵉm. 13ᵉs.
1275	SongeDan²B	2ᵉm. 13ᵉs.
1275	SongeDan⁶H	2ᵉm. 13ᵉs.
1275	SongeEnfWM	2ᵉm. 13ᵉs.
1275	SortApostB	2ᵉm. 13ᵉs.
1275	SynagEglS	2ᵉm. 13ᵉs.
1275	TaboureursN	2ᵉm. 13ᵉs.
1275	TancredOrd	2ᵉm. 13ᵉs.
1275	TroiePr¹C	2ᵉm. 13ᵉs.
1275	Turpin²S	2ᵉm. 13ᵉs.
1275	UrbCort¹S	2ᵉm. 13ᵉs.
1275	ViergeHaM	2ᵉm. 13ᵉs.
1275	VilGousteC	2ᵉm. 13ᵉs.
1275	VisiterMaladesLH	2ᵉm. 13ᵉs.
1275	VisTondPF	2ᵉm. 13ᵉs.
1275	YsEudeR	2ᵉm. 13ᵉs.
1275	YsLyonB	2ᵉm. 13ᵉs.
1276	AdHaleFeuillG	1276
1276	CptYpresD	1276
1276	EnfOgH	1276
1276	MoniotParD	ca. 1276
1276	RentAudV	(1275-) 1276
1276	TerrEvêqueH	(1275-) 1276
1277	AdHaleCongéR	1277
1277	BatesonLeicester	1277
1277	BoüardArchAng	1277
1277	LaffleurLeTrép	1277
1277	TerroineCartGeoffr	1277
1278	CartFontenayMarmS	1278
1278	HemH	1278
1278	RotParl¹M	1278
1279	GlParmePalDD	1279
1279	OlimB	1279
1279	PlacCor²K	ca. 1279
1280	InstJustRich	1280
1280	MaccabPierS	1280
1280	RioteBU	1280
1280	SommeLaurB	1280

Chronologie

1280	ClefD	prob. 1280		1285	AdHaleRobV	ca. 1285
1280	AdHaleB	ca. 1280		1285	HelcanusN	ca. 1285
1280	AdHaleChansM	ca. 1280		1285	HosebHenO	ca. 1285
1280	AdHaleLyrW	ca. 1280		1285	JPechJerL	ca. 1285
1280	AdHalePartN	ca. 1280		1285	KanorM	ca. 1285
1280	ArmWijnb²A	ca. 1280		1285	LMarieGavreB	ca. 1285
1280	BaudCondMortsG	ca. 1280		1285	CptRoyF	1285–1314
1280	BaudCondS	ca. 1280		1286	AssJérOrdB	1286
1280	CerfAmB	ca. 1280		1286	CensToulO	1286
1280	EscanT	ca. 1280		1286	DelpitDoc	1286
1280	JMeunAbH	ca. 1280		1286	EspBoinebr	1286
1280	PolyptPauvY	ca. 1280		1286	HygThomC	1286
1281	CatPr¹U	1281		1286	GlBNlat8246M	ca. 1286
1281	ChronBaud¹K	1281		1287	JoinvCredoF	1287
1282	BroussillonLaval	1282		1288	JJourH	1288
1282	JAntRectG	1282		1288	LouisMetz	1288
1282	RuelleChir	1282		1288	TueteyFrComt	1288
1282	TerroineFossier	1282		1288	JeuPelV	ca. 1288
1282	GouvRoisGauchyM	prob. 1282		1288	AnielT	4ᵉq. 13ᵉs.
1282	RôleCamB	ca. 1280		1288	AventBrunL	4ᵉq. 13ᵉs.
1283	BeaumCoutS	1283		1288	BrancheArmB	4ᵉq. 13ᵉs.
1283	RoisinM	1283		1288	ComplAmMonM	4ᵉq. 13ᵉs.
1283	StouffArb	1283		1288	EnfSolR	4ᵉq. 13ᵉs.
1284	ChronBaud²H	av. 1284		1288	FaucTretizH	4ᵉq. 13ᵉs.
1284	DancusT	av. 1284		1288	GlDouaiR	4ᵉq. 13ᵉs.
1284	FaucGuillT	av. 1284		1288	GouteF	4ᵉq. 13ᵉs.
1284	JMeunVégL	1284		1288	HainAnN	4ᵉq. 13ᵉs.
1284	AdHaleSicG¹	prob. 1284		1288	HerberiePrF¹	4ᵉq. 13ᵉs.
1284	ApostoileC	3ᵉt. 13ᵉs.		1288	LégDorAn²AgnèsD	4ᵉq. 13ᵉs.
1284	AvariceB	3ᵉt. 13ᵉs.		1288	MailleM	4ᵉq. 13ᵉs.
1284	BibleMalkS	3ᵉt. 13ᵉs.		1288	ManuelPéchF	4ᵉq. 13ᵉs.
1284	BienFamesF	3ᵉt. 13ᵉs.		1288	MerlinProphRP	4ᵉq. 13ᵉs.
1284	BlasmeAP	3ᵉt. 13ᵉs.		1288	PaumierBerlC	4ᵉq. 13ᵉs.
1284	ChastSGilS	3ᵉt. 13ᵉs.		1288	SMargAO	4ᵉq. 13ᵉs.
1284	CroisRichJ	3ᵉt. 13ᵉs.		1288	SottChansOxfL	4ᵉq. 13ᵉs.
1284	EliezOsP	3ᵉt. 12ᵉs.		1288	TroiePr¹⁵V	4ᵉq. 13ᵉs.
1284	EnsSLouisFD	3ᵉt. 13ᵉs.		1288	VinsOuanH	4ᵉq. 13ᵉs.
1284	EnsSLouisID	3ᵉt. 13ᵉs.		1289	PeliarmB	av. 1289
1284	EnsSLouisPD	3ᵉt. 13ᵉs.		1289	BrouwersCensNam	1289
1284	EschieleMahW	3ᵉt. 13ᵉs.		1289	PerNeslesTabJ	1289
1284	EsclDécB	3ᵉt. 13ᵉs.		1290	GlAruchP¹	av. 1290
1284	GuillLongH	3ᵉt. 13ᵉs.		1290	DrouartB	1290
1284	JacCambrR	3ᵉt. 13ᵉs.		1290	FletaR	1290 (ou peu après)
1284	JacCysH	3ᵉt. 13ᵉs.		1290	Ginsberg	1290
1284	JRentiS	3ᵉt. 13ᵉs.		1290	RoseGuiV	1290
1284	LaurinT	3ᵉt. 13ᵉs.		1290	PalgraveScot	1290/1291
1284	LégDorAn¹	fin 13ᵉs.		1290	BibbO	ca. 1290
1284	MirBonnes	3ᵉt. 13ᵉs.		1290	ChronTerreSainteFE	ca. 1290
1284	OedeCourS	3ᵉt. 13ᵉs.		1290	JAntOtiaP	ca. 1290
1284	OutHôtelN	3ᵉt. 13ᵉs.		1290	JPrioratR	ca. 1290
1284	RichH	3ᵉt. 13ᵉs.		1290	MirJustW	ca. 1290
1284	RoseDitAussiB	3ᵉt. 13ᵉs.		1290	RenNouvR	ca. 1290
1284	SidracH	3ᵉt. 13ᵉs.		1290	TrJurExceptW	ca. 1290
1284	SMathelinR	3ᵉt. 13ᵉs.		1290	AncrRiwleCH	fin 13ᵉs.
1284	SoneG	3ᵉt. 13ᵉs.		1290	AncrRiwleTT	fin 13ᵉs.
1284	SRemiB	3ᵉt. 13ᵉs.		1290	AnsCartBoB	fin 13ᵉs.
1284	ValetAiseN	3ᵉt. 13ᵉs.		1290	ApocGiffR	fin 13ᵉs.
1285	ChevFustSa	av. 1285		1290	ApocKerrT	fin 13ᵉs.
1285	ArmGloverAB	1258		1290	ArtAimGuiartK	fin 13ᵉs.
1285	Bev	1285		1290	AspremBB¹	fin 13ᵉs.
1285	BougWyffCal	1285		1290	AssompNDJoyeD	fin 13ᵉs.
1285	BretTournD	1285		1290	AttilaPrB	fin 13ᵉs.
1285	CleomH	1285		1290	BestAmFournPisC	fin 13ᵉs.
1285	Jassemin	1285		1290	BibbAmoursR	fin 13ᵉs.
1285	MaccabES	1285		1290	BlasmeBF	fin 13ᵉs.
1285	WestmH	1285		1290	CapMartR	fin 13ᵉs.

Chronologie

1290	CatDarmstH	fin 13ᵉs.		1290	RiotedU	fin 13ᵉs.
1290	ChaceT	fin 13ᵉs.		1290	Rolv7F	fin 13ᵉs.
1290	ChansEinsiedelnC	fin 13ᵉs.		1290	RuesParM	fin 13ᵉs.
1290	ChastParePrH	fin 13ᵉs.		1290	SAgnèsAlD	fin 13ᵉs.
1290	ChevCygnePrR	fin 13ᵉs.		1290	SecrSecrPr¹	fin 13ᵉs.
1290	ChevDieuU	fin 13ᵉs.		1290	SEleuthAlB	fin 13ᵉs.
1290	ChronRoisAnG	fin 13ᵉs.		1290	SGenDér	fin 13ᵉs.
1290	CinqVegilesL	fin 13ᵉs. (?)		1290	SGraalIVQuesteUR	fin 13ᵉs.
1290	ConsBoèceBon	fin 13ᵉs.		1290	SLouisNanD	fin 13ᵉs.
1290	ConsBoèceTroyS	fin 13ᵉs.		1290	SMarg8M	fin 13ᵉs.
1290	CourtAmS	fin 13ᵉs.		1290	SPauleG	fin 13ᵉs.
1290	CourtAmsS	fin 13ᵉs.		1290	SQuentAlS	fin 13ᵉs.
1290	CourtBarM	fin 13ᵉs.		1290	SThibAlH	fin 13ᵉs.
1290	CoutBourgM	fin 13ᵉs.		1290	SThibOctH	fin 13ᵉs.
1290	CoutEauB	fin 13ᵉs.		1290	SVouF	fin 13ᵉs.
1290	CoutMerOl	fin 13ᵉs.		1290	TroieJofr	fin 13ᵉs.
1290	CoutNormGr	fin 13ᵉs.		1290	TroiePr²	fin 13ᵉs.
1290	EchecsEngrL	fin 13ᵉs.		1290	TroiePr³	fin 13ᵉs.
1290	ElégTroyesK	fin 13ᵉs.		1290	TroisMortsConG	fin 13ᵉs.
1290	ElucidaireIIK	fin 13ᵉs.		1290	TroisMortsDiexG	fin 13ᵉs.
1290	ErecPrP	fin 13ᵉs.		1290	TroisMortsNicG	fin 13ᵉs.
1290	EvastL	fin 13ᵉs.		1290	Turpin⁷W	fin 13ᵉs.
1290	EvEnfQuatrG	fin 13ᵉs.		1290	ViandValS	fin 13ᵉs.
1290	FaucMedC	fin 13ᵉs.		1290	ViergeGérH	fin 13ᵉs.
1290	FaucMedHT	fin 13ᵉs.		1290	VisTondLF	fin 13ᵉs.
1290	FaucWinchH	fin 13ᵉs.		1290	YsChB	fin 13ᵉs.
1290	FinotFl	fin 13ᵉs.		1290	TroiePr¹R	fin 13ᵉs.?
1290	GautChâtAristIIC	fin 13ᵉs.		1291	DestrAcreD	1291
1290	GigotPér	fin 13ᵉs.		1291	JurésSOuenA	1291
1290	GlCopteA	fin 13ᵉs.		1291	PiérardMons	1291
1290	GlDouceH	fin 13ᵉs.		1292	BollandEyre	1292
1290	GlLeipzigBa	fin 13ᵉs.		1292	RentAireB	1292
1290	GlStJohnE	fin 13ᵉs.		1292	SentParloirL	1292
1290	GlSynDouceH	fin 13ᵉs.		1292	Taille1292G	1292
1290	GuillAmAmC	fin 13ᵉs.		1292	TerrSVigorM	1292
1290	GuillAnglAlB	fin 13ᵉs.		1292	YearbEdwIH	1292
1290	HeronN	fin 13ᵉs.		1292	BrittN	ca. 1292
1290	HosebAnO	fin 13ᵉs.		1293	LapidPhilZ	av. 1293
1290	JerusCont²G	fin 13ᵉs.		1293	PaviotProj	1293
1290	JEscG	fin 13ᵉs.		1293	SermGuiG	1293
1290	JobG	fin 13ᵉs.		1294	ChazelasClos	1294
1290	LReisEnglF	fin 13ᵉs.		1294	Deck	1294
1290	LulleEnfL	fin 13ᵉs.		1294	CptChâtArt	1294-1345
1290	LulleGentL	fin 13ᵉs.		1295	BibleGuiart	1295
1290	LunaireMoC	fin 13ᵉs. (?)		1295	CoutChampP	1295
1290	LunaireSal¹M	fin 13ᵉs.		1295	ImpArtB	1295-1302
1290	LunaireSalRen	fin 13ᵉs.		1295	BodelFablN	ca. 1195
1290	LuqueR	fin 13ᵉs.		1295	ChronTerreSainteAR	ca. 1295
1290	MarArsAnL	fin 13ᵉs.		1295	ChronTerreSainteBR	ca. 1295
1290	MercierF	fin 13ᵉs.		1295	JMeunTestB	ca. 1295
1290	MerlinProphEB	fin 13ᵉs.		1296	CueillAmB	av. 1296
1290	MerlinProphProlM	fin 13ᵉs.		1296	ChronSMagIW	1296
1290	MiliaireV	fin 13ᵉs.		1296	Taille1296M	1296
1290	NicBozProvR/ST	fin 13ᵉs.		1296	LReisScotR	après 1296
1290	OrthParP	fin 13ᵉs.		1297	ArmChiffletA	1297
1290	PéageDijonAM	fin 13ᵉs.		1297	BémontCh	1297
1290	PèresAK	fin 13ᵉs.		1297	CoutToulB	1297
1290	PlacTimT	fin 13ᵉs.		1297	GoughScot	1297
1290	PlainteLacyT	fin 13ᵉs.		1297	SLouisPathMirF	1297 (ou peu après)
1290	PriereTheophS	fin 13ᵉs.		1297	SLouisPathVieD	1297 (ou peu après)
1290	ProvLeidZ	fin 13ᵉs.		1297	Taille1297M	1297
1290	PurgSPatrBNfr25545M	fin 13ᵉs.		1298	ArmFalkB	1298
1290	RecCulLibM	fin 13ᵉs.		1298	ChappleLond	1298
1290	RecCulTrM	fin 13ᵉs.		1298	GarnierCh	1298
1290	RègleBéguC	fin 13ᵉs.		1298	MPolRustB	1298
1290	RenXXVIIO/UL	fin 13ᵉs.		1298	JMeunConsD	ca. 1298

Chronologie

1299 CartEngMarF 1299
1299 King'sBenchS 1289
1299 PaixAnglCh²F 1299
1299 RentArtB 1299
1300 ArmGallowayB 1300
1300 SiègeCaerlB 1300
1300 AlexisPr³ ca. 1300
1300 ArtAimAgnS ca. 1300
1300 ArtAimFaberH ca. 1300
1300 AspremRK ca. 1300
1300 AveCouplL ca. 1300
1300 BibleMacéS ca. 1300
1300 BrutNobleAM ca. 1300
1300 CantTresH ca. 1300
1300 ChansHeid¹P ca. 1300
1300 ChastWilM ca. 1300
1300 ChirPoutrS ca. 1300
1300 ChronBurchB ca. 1300
1300 CoutArtT ca. 1300
1300 DivMondePerP ca. 1300
1300 DoctPierresG ca. 1300
1300 EnsViandL ca. 1300
1300 EtSLouisAbrV ca. 1300
1300 FevresK ca. 1300
1300 GenHarlS ca. 1300
1300 GlAbsinthH ca.1300
1300 GlAcaciaH ca.1300
1300 GlGuillI ca. 1300
1300 HarpurRoucH ca. 1300
1300 HectP ca. 1300
1300 HoucePN ca. 1300
1300 JacBaisT ca. 1300
1300 JakD ca. 1300
1300 JeuAmK ca. 1300
1300 JugAmFirF ca. 1300
1300 KalendRoyneH⁰ ca. 1300
1300 LAlkemyeH⁰ ca. 1300
1300 Lapid_FF_PrP ca. 1300
1300 LBonneAvSiB ca. 1300
1300 LégDorAn³MarieEgD ca. 1300
1300 LégDorBelMargO ca. 1300
1300 LisO ca. 1300
1300 MaccabGaut_GS_ ca. 1300
1300 MonstresH ca. 1300
1300 NicBozPaulB ca. 1300
1300 NovNarrS ca. 1300
1300 OakBookS ca. 1300
1300 OrdreAmorsI ca. 1300
1300 PanthT ca. 1300
1300 PasSaladinG ca. 1300
1300 PrêtreJeanPr²_W/X/Y/ZG_ ca. 1300
1300 RecMédEupH ca. 1300
1300 Riote_A_U ca. 1300
1300 Rolv4^(1/2)B ca. 1300
1300 SBarbeOctD ca. 1300
1300 SCathLondH ca. 1300
1300 SDenisPr⁴L ca. 1300
1300 SecrSecrPr²H ca. 1300
1300 SecrSecrPr⁷B ca. 1300
1300 SeptDormPrM ca. 1300
1300 SEust8P ca. 1300
1300 SJeanPaulusPrA ca. 1300
1300 SMadAlexK ca. 1300
1300 SMarineF ca. 1300
1300 SmetKeures ca. 1300
1300 SongeAch²B ca. 1300
1300 SottChansValL ca. 1300
1300 SSagMR ca. 1300
1300 ThomHélP ca. 1300
1300 VinIaueH ca.1300
1300 WrightAnecd ca. 1300
1300 Ys_II_B ca. 1300
1300 RecMédBonezV 13ᵉ-14ᵉs.
1300 SongeAlph_M/T_ 13ᵉ-14ᵉs.
1301 TreaseSpicers 1301
1302 CptBeuvryReD 1302
1302 EspVal 1302
1302 PassFrFlemL 1302
1303 PéageChalonBA 1303
1303 TraversesU prob. 1303
1304 AHPoit 1304
1304 ArmStirlingB 1304
1304 LettrEdw_PW_J 1304
1305 ConsBoècePierreT ca. 1305
1305 GirAmCharlM ca. 1305
1305 MPolGregM ca. 1305
1305 NicBozCharV ca. 1305
1306 AssSenlis¹C 1306
1307 BrutAbrZ 1307
1307 ChronPLang_I/II_T 1307
1307 HaytonK 1307
1307 LangetonB 1307
1307 LodgeThConst 1307
1307 PolyptSalzG 1307
1307 YearbEdw_II_M 1307
1307 GGuiB ca. 1307
1308 ArmNatB² 1308
1309 BrutPetM 1309
1309 JoinvMo 1309
1309 JudasA 1309
1309 MélMeekings 1309
1309 SenLucilE ca. 1309
1310 ChaceOis_IS_M av. 1310
1310 Fauvel¹L 1310
1310 TanquereyActes 1310
1310 ChronRobViscC ca. 1310
1310 AbbDev déb. 14ᵉs.
1310 AspremVenM déb. 14ᵉs.
1310 BibleAdd déb. 14ᵉs.
1310 BontéFemBR déb. 14ᵉs.
1310 ChronArtF déb. 14ᵉs.
1310 CompSim déb. 14ᵉs.
1310 ContenFamesF déb. 14ᵉs.
1310 CoursLuneD déb. 14ᵉs.
1310 CoutDublinG déb. 14ᵉs.
1310 CptVesoul¹L déb. 14ᵉs. (1300-1306)
1310 CptVesoul²L déb. 14ᵉs. (1300-1318)
1310 DamesJehM déb. 14ᵉs.
1310 DéfAmPrS déb. 14ᵉs.
1310 DevillersBans déb. 14ᵉs.
1310 DomGipT déb. 14ᵉs.
1310 EchecsBakC déb. 14ᵉs. (?)
1310 EdConfPr¹M déb. 14ᵉs.
1310 EstampiesS déb. 14ᵉs.
1310 FoukeH déb. 14ᵉs.
1310 GlArbR déb. 14ᵉs.
1310 GlEvr¹R déb. 14ᵉs.
1310 GlEvr²C déb. 14ᵉs.
1310 GlEvr³ déb. 14ᵉs.
1310 GlParmePalES déb. 14ᵉs.
1310 GlTurin² déb. 14ᵉs.
1310 Gram_D_H déb. 14ᵉs.

Chronologie

1310	GuillSat	déb. 14ᵉs.		*1313*	KarletoR	1ᵉʳq. 14ᵉs.
1310	JBelethLégDor	déb. 14ᵉs.		*1313*	MacaireG	1ᵉʳq. 14ᵉs.
1310	JordRufUB	déb. 14ᵉs.		*1313*	OgDanAlC	1ᵉʳq. 14ᵉs.
1310	LancDérH	déb. 14ᵉs.		*1313*	RoseDitQuantO	1ᵉʳq. 14ᵉs.
1310	NicBozAgnèsD¹	déb. 14ᵉs.		*1313*	SDieudD	1ᵉʳq. 14ᵉs.
1310	NicBozChristK	déb. 14ᵉs.		*1313*	TwitiT	1ᵉʳq. 14ᵉs.
1310	NicBozElisK	déb. 14ᵉs.		*1314*	BillotVinc	1314
1310	NicBozEmpV	déb. 14ᵉs.		*1314*	Fauvel²L	1314
1310	NicBozEnsM	déb. 14ᵉs.		*1314*	HMondB	1314
1310	NicBozJulK	déb. 14ᵉs.		*1314*	CptRoyM	1314-1328
1310	NicBozLucieK	déb. 14ᵉs.		*1315*	GlGalbaF	av. 1315
1310	NicBozMadK	déb. 14ᵉs.		*1315*	GeoffrParAvisS	1315
1310	NicBozMargL	déb. 14ᵉs.		*1315*	CoutBourgMC	ca. 1315
1310	NicBozMartheL	déb. 14ᵉs.		*1315*	GeoffrParMoisM	ca. 1315
1310	NicBozMorS	déb. 14ᵉs.		*1315*	JVignayVégL	ca. 1315
1310	NicBozPanuceB	déb. 14ᵉs.		*1316*	CptFleuri¹D	1316
1310	NicBozPassJ	déb. 14ᵉs.		*1316*	DouëtArg	1316
1310	NicBozSerm¹⁻⁹L	déb. 14ᵉs.		*1316*	FauvelChaillD	1316
1310	NominaleS	déb. 14ᵉs.		*1316*	GeoffrParChronD	1316
1310	OgDanDelivrL	déb. 14ᵉs.		*1316*	GeoffrParComS	1316
1310	OgDanP[S]	déb. 14ᵉs.		*1316*	GeoffrParDespSh	1316
1310	OrdoCoronCL	déb. 14ᵉs.		*1316*	MaillartR	1316
1310	OrdoCoronXXBJ	déb. 14ᵉs.		*1316*	RuelleCh	1316-1433
1310	PamphGalM	déb. 14ᵉs.		*1316*	GeoffrParMaisJ	ca. 1316
1310	PassBonnesF	déb. 14ᵉs.		*1317*	CptFleuri²D	1317
1310	PassPalC	déb. 14ᵉs.		*1317*	CptFleuri³M	1317
1310	PlainteVgeReineT	déb. 14ᵉs.		*1317*	GeoffrParAlliésS	1317
1310	PoèmeQuatrS	déb. 14ᵉs.		*1317*	GeoffrParRoyPhS	1317
1310	PParPs	déb. 14ᵉs.		*1317*	GeoffrParSongeS	1317
1310	PrognZodH	déb. 14ᵉs.		*1317*	CartHuguesChalonP	1317-1319
1310	ProvArbR	déb. 14ᵉs.		*1317*	BaudButorT	1ᵉʳt. 14ᵉs.
1310	PsLong	déb. 14ᵉs.		*1317*	ConsBoèceLorrA	1ᵉʳt. 14ᵉs.
1310	QuatreFilles⁴L	déb. 14ᵉs.		*1317*	CoutNormAbrT	1ᵉʳt. 14ᵉs.
1310	QuatreTempsH	déb. 14ᵉs.		*1317*	JCondS	1ᵉʳt. 14ᵉs.
1310	RecCulViaunde	déb. 14ᵉs.		*1317*	JMeunEpithK	1ᵉʳt. 14ᵉs.
1310	RecMédBNlat8654bM	déb. 14ᵉs.		*1317*	JMeunTresM	1ᵉʳt. 14ᵉs.
1310	RecMédJPitS	déb. 14ᵉs.		*1317*	LicorneG	1ᵉʳt. 14ᵉs.
1310	RègleHospMirPr¹C	déb. 14ᵉs.		*1317*	Mahaut	1ᵉʳt. 14ᵉs.
1310	RègleHospMirPr²D	déb. 14ᵉs.		*1317*	MonastAllégH	1ᵉʳt. 14ᵉs.
1310	RègleHospMirPr³D	déb. 14ᵉs.		*1317*	PetitMém	1ᵉʳt. 14ᵉs.
1310	RègleHospMirPr⁴D	déb. 14ᵉs.		*1317*	QuatreFilles⁵L	1ᵉʳt. 14ᵉs.
1310	RègleSBenPr⁵	déb. 14ᵉs.		*1317*	RecAlchSlD	1ᵉʳt. 14ᵉs.
1310	RichardThierry	déb. 14ᵉs.		*1317*	RecCulBlancM	1ᵉʳt. 14ᵉs.
1310	SalzmanBuild	déb. 14ᵉs.		*1317*	RecMédCyrV	1ᵉʳt. 14ᵉs.
1310	SLeuK	déb. 14ᵉs.		*1317*	RecMédGarryV	1ᵉʳt. 14ᵉs.
1310	SPaulEnfFrM	déb. 14ᵉs.		*1317*	RègleSBenPr⁶	1ᵉʳt. 14ᵉs.
1310	VégèceAn²	déb. 14ᵉs.		*1317*	SongeAch¹B	1ᵉʳt. 14ᵉs.
1310	VoieParadPrD	déb. 14ᵉs.		*1317*	ViergeBallS	1ᵉʳt. 14ᵉs.
1311	LHorn	1311		*1318*	OrdEdwIIOst¹T	1318
1311	RegKellaweH	1311		*1319*	ConfParlL	1319
1312	PlainteAmV	1312		*1319*	SMaglGeoffrD	1319
1312	ElucidaireSecA/B/H/IR	ca. 1312		*1320*	ChronTemplTyrM	av. 1320
1313	GeoffrParBacH	1313		*1320*	CptFleuri⁴M	1320
1313	GlJehElR	1313		*1320*	GeoffrParPatJ	1320
1313	SBenoîteOr	1313		*1320*	PlaidsMortemerG	1320-1321
1313	Taille1313M	1313		*1320*	ChiproisR	ca. 1320
1313	VoeuxEpW	1313		*1320*	CiNDitB²	ca. 1320
1313	VoeuxPaonR	1313		*1320*	CompilEstC	ca. 1320 (?)
1313	BertaC	1ᵉʳq. 14ᵉs.		*1320*	CoutBretP	ca. 1320
1313	BertaMilC	1ᵉʳq. 14ᵉs.		*1320*	FauvainL	ca. 1320
1313	BueveFrancoitR	1ᵉʳq. 14ᵉs.		*1320*	OvMorB	ca. 1320
1313	DeuxChevJ	1ᵉʳq. 14ᵉs.		*1320*	PrécSangK	ca. 1320
1313	DistinctCharlH	1ᵉʳq. 14ᵉs.		*1320*	QueueRenL	ca. 1320
1313	EnfOgFrancoitR	1ᵉʳq. 14ᵉs.		*1321*	DoncasterH	1321
1313	GesteFrancorM	1ᵉʳq. 14ᵉs.		*1321*	WatrTroisDamesH	1321
1313	JSQuentO	1ᵉʳq. 14ᵉs.		*1321*	LCustR	ca. 1321

Chronologie

1322	RenContr[1]R	1322		1325	PurgSPatrF	1^{e}m. 14^{e}s. ?
1322	SJeanBaptOct[1]G	1322		1325	EructavitNM	[1^{e}m. 14^{e}s.]
1323	BordierHosp	1323		1326	CoutCaen1326S	1326
1323	ChaplaisStSardos	1323 à 1325		1326	DialGregEvrS	1326
1323	ExposYmagesC	1323		1326	SGregJeanS	1326
1323	OrdEdwIIOst[2]T	1323		1327	GeoffrParSGuillW[0]	1327
1323	JVignayOisivG	ca. 1323		1327	UerkvitzLettr	1327
1324	AdvNDM	1324		1328	MonstiersP	av. 1328
1325	GuerreMetzB	1325		1328	DelisleCpt	1328
1325	RentSNicM	1325		1328	InvClemD	1328
1325	TestFouk	1325		1328	PonceletLiège	1328
1325	ACoutPicM	ca. 1325		1328	ViardPar	1328
1325	BibleHolkP	ca. 1325		1328	ChronGuillNangisD	ca. 1328
1325	JCourtPlaitAK	ca. 1325		1328	JVignayMir	ca. 1328
1325	RecMédCCH	ca. 1325		1329	JBlasiH	1329-1337
1325	WatrS	ca. 1325		1330	ChantRoussW	1330
1325	WatrSeptVertL	ca. 1325		1330	GouvRoisGuill	1330
1325	AmAmPr[2]	1^{e}m. 14^{e}s.		1330	HistAnc[2]RB	ca. 1330
1325	AmAVousH	1^{e}m. 14^{e}s.		1330	HuonAuv	ca. 1330
1325	AnsCartM	1^{e}m. 14^{e}s.		1330	RestorD	ca. 1330
1325	Apol[3]L	1^{e}m. 14^{e}s.		1330	SoudiacreL	ca. 1330
1325	AspremChaB	1^{e}m. 14^{e}s.		1330	VoieParadDieusT	ca. 1330
1325	AspremMazM	1^{e}m. 14^{e}s.		1332	AcartH	1332
1325	AspremV6B	1^{e}m. 14^{e}s.		1332	BiautésDamesM	1332
1325	BibleAgn	1^{e}m. 14^{e}s.		1332	CharbocloisP	1332
1325	ChronWigmoreD	1^{e}m. 14^{e}s. (?)		1332	PelVieS	1332
1325	CptSMartD	1^{e}m. 14^{e}s.		1333	BrutNobleC	1333
1325	DameJouenneL	1^{e}m. 14^{e}s.		1333	BrutNobleL	1333
1325	DébCorpsArrL	1^{e}m. 14^{e}s. (?)		1333	JParoy	1333
1325	DeVinoRM	1^{e}m. 14^{e}s.		1333	RegPinchbeckH	1333
1325	EchecsBernS	1^{e}m. 14^{e}s.		1333	GrantzGeanzLB	ca. 1333
1325	EntreeT	1^{e}m. 14^{e}s.		1333	JVignayOdoT	ca. 1333
1325	EstoilleSignesH	1^{e}m. 14^{e}s.		1334	ChronTrivR	1334 ou peu après
1325	FaramonB	1^{e}m. 14^{e}s.		1334	GirRossAlH	ca. 1334
1325	GeomancieGravelH	1^{e}m. 14^{e}s.		1334	PhVitriChapP	ca. 1334
1325	GlMontpAG	1^{e}m. 14^{e}s.		1335	JoubertAgr	1335
1325	GlStrasB	1^{e}m. 14^{e}s.		1335	BrutBroth[2]C	ca. 1335
1325	GlTarschCommMK	1^{e}m. 14^{e}s. (?)		1335	LégDorVignBathB	ca. 1335
1325	GlVatR	1^{e}m. 14^{e}s.		1335	TombChartrS	ca. 1335
1325	HLaonL	1^{e}m. 14^{e}s.		1336	JVignayEnsK	av. 1336
1325	HosebCompL	1^{e}m. 14^{e}s.		1337	ConsBoèceRenA[2]	1337
1325	LégDorAn[4]AlexiusK	1^{e}m. 14^{e}s. (?)		1337	LaGrangeTournai	1337
1325	LoisGuillIngL	1^{e}m. 14^{e}s.		1337	MelibeeRenS	1337
1325	LunaireAshmH	1^{e}m. 14^{e}s.		1337	YearbEdwIIIH	1337
1325	MortCharlemagneM	1^{e}m. 14^{e}s.		1337	GuigueLyon	1336/37
1325	NicBozSAgatheB	1^{e}m. 14^{e}s.		1337	CartHain[2]D	1337-1436
1325	OrthGallJ	1^{e}m. 14^{e}s.		1338	ChaceMesdisM	1338
1325	PassAprésBe	1^{e}m. 14^{e}s.		1338	GuerreBarB	1338
1325	PéageDijonBM	1^{e}m. 14^{e}s.		1338	GuillDigLisD	1338
1325	PlainteVgeNostreT	1^{e}m. 14^{e}s.		1338	ChirAlbucE	2^{e}q. 14^{e}s.
1325	PrognZodBiblH	1^{e}m. 14^{e}s.		1338	ChirChevP	2^{e}q. 14^{e}s.
1325	PrognZodConstellH	1^{e}m. 14^{e}s.		1338	GéomTrinH	2^{e}q. 14^{e}s.
1325	ProvFrauenceM	1^{e}m. 14^{e}s.		1338	GuiNantvProlCf	2^{e}q. 14^{e}s.
1325	PrunB	1^{e}m. 14^{e}s.		1338	LaieBibleC	2^{e}q. 14^{e}s.
1325	RecMédEscW	1^{e}m. 14^{e}s.		1338	LohierMalartM	2^{e}q. 14^{e}s.
1325	RecMédMontp503B	1^{e}m. 14^{e}s.		1338	NatNSSteGenW	2^{e}q. 14^{e}s.
1325	RecMédRawlH	1^{e}m. 14^{e}s.		1338	PhVitriGontP	2^{e}q. 14^{e}s.
1325	RenMontVT	1^{e}m. 14^{e}s.		1338	ProprChosR	2^{e}q. 14^{e}s.
1325	RobDiableDitB	1^{e}m. 14^{e}s.		1338	RègleSBenPr[11]	2^{e}q. 14^{e}s.
1325	SBasD	1^{e}m. 14^{e}s.		1338	SacristineNousK	2^{e}q. 14^{e}s.
1325	SChristofleQuatrK	1^{e}m. 14^{e}s.		1338	SecrSecrPr[10]	2^{e}q. 14^{e}s.
1325	SecrSecrPr[4]B	1^{e}m. 14^{e}s.		1338	TroisRoisW	2^{e}q. 14^{e}s.
1325	SJeanPaulusQuatrK	1^{e}m. 14^{e}s.		1339	GrChronRouenH	1339 ou peu après
1325	SJérPréf	1^{e}m. 14^{e}s.		1339	JMoteRegrS	1339
1325	SouhaitMontpB	1^{e}m. 14^{e}s.		1339	MirNDPers1-40P	1339
1325	VergierArbreL	1^{e}m. 14^{e}s.		1339	MirNDPers1K	prob. 1339

Chronologie

1340	JDupinMelL	1340 (1336-1340)
1340	JMotePaonC	1340
1340	JMoteVoieP	1340
1340	BlackBookT	ca. 1340
1340	JVignayEchecsF	ca. 1340
1340	JVignayPrimW	ca. 1335
1340	RichardsonCist	ca. 1340
1341	AssSenlis²R	1341
1341	JonesCharlBret	1341
1341	RegDijon¹L	1341
1342	GuillMachBehH	av. 1342
1342	GuillMachRemW	av. 1342
1342	ChronFlandrK	1342
1342	CptTadD	1342
1342	JacBruyP	1342
1342	RegDijon²	1342
1342	VisTondArs	1342
1342	RenContrR	ca. 1342
1343	CesNicD	1343
1343	ChronLondA	1343
1343	PrisePampM	ca. 1343
1343	AiméHistNormB	après 1343 (?)
1344	TimbalParl	1344
1345	CoutOleronW	1345
1345	CoutRouenG	1345
1345	MirNDPers7W	1345
1345	YsIAvB	ca. 1345
1346	CharnyMesT	1346
1346	ChronMoréeL	1346
1346	CptRenéL	1346
1346	LFortunaeG	1346
1346	VoeuxHérG	1346
1347	EchecsFerronC	1347
1347	InvEtudL	1347
1347	InvJPreslD	1347
1347	RaineTest	1347
1348	GlBNlat4120O	1348
1348	SongeVertC	1348
1348	SSebastAlM	1348
1349	GuillMachNavH	1349
1349	RecMédEpidA/BA	1349
1350	BibleBNfr1753L	1350
1350	GilMuisK	1350
1350	MarcSalomK	1350
1350	ThémonAstrH	1350
1350	ArmGrimaldiM	ca. 1350
1350	CharnyChevK	ca. 1350 (av. 1356)
1350	ConsBoèceCompC²	ca. 1350
1350	GeomancieAS⁰	ca. 1350
1350	GlConchR	ca. 1350
1350	GlParR	ca. 1350
1350	OrdoCoronXXIIBJ	ca. 1350
1350	PassNicB	ca. 1350
1350	RedBookBristolB	ca. 1350
1350	AlexisQP	mil. 14ᵉs.
1350	AliscMH	mil. 14ᵉs.
1350	AspremFirM	mil. 14ᵉs.
1350	AssJérBourgAbrB	mil. 14ᵉs.
1350	BastC	mil. 14ᵉs.
1350	BelleHelR	mil. 14ᵉs.
1350	CharlChauveR	mil. 14ᵉs.
1350	DeVinoLM	mil. 14ᵉs.
1350	GautChâtAristIIIC	mil. 14ᵉs.
1350	HeraudieD	mil. 14ᵉs.
1350	JArkAmP	mil. 14ᵉs.
1350	LionBourgAlK	mil. 14ᵉs.
1350	MPolGregCO	mil. 14ᵉs.
1350	PassEntreG	mil. 14ᵉs.
1350	PurgSPatrA¹D	mil. 14ᵉs
1350	PurgSPatrED	mil. 14ᵉs
1350	CoutVerdun²M	mil. 14ᵉs. (après 1338)
1350	RecMédSauvT	mil. 14ᵉs.
1350	SAntErmM	mil. 14ᵉs.
1350	SEvroulS	mil. 14ᵉs.
1350	TristNantS	mil. 14ᵉs.
1350	TrotulaOct	mil. 14ᵉs.
1350	VraiAmourB	mil. 14ᵉs.
1350	BrutNobleDP	2ᵉt. 14ᵉs.
1350	ChaceOisIIT⁰	2ᵉt. 14ᵉs.
1350	GuillMachBallW	2ᵉt. 14ᵉs.
1350	GuillMachC	2ᵉt. 14ᵉs.
1350	HosebDunsterO	2ᵉt. 14ᵉs.
1350	HosebProlH	2ᵉt. 14ᵉs.
1350	RègleSBenPr¹⁷	2ᵉt. 14ᵉs.
1350	RègleSBenPr⁴	2ᵉt. 14ᵉs.
1350	SMadInvocT	2ᵉt. 14ᵉs.
1350	AnticlLudR	14ᵉs.
1350	ApocPrBT	14ᵉs.
1350	Apol²L	14ᵉs.
1350	Apol⁵Z	14ᵉs. (?)
1350	ChevPapH	14ᵉs.
1350	ChirRog⁴	14ᵉs. (?)
1350	ChirRog⁵	14ᵉs. (?)
1350	ChronBaudAbrK	14ᵉs.
1350	ConfPechésB	14ᵉs.
1350	DepoinSMartPont	14ᵉs.
1350	DialGregTrav	14ᵉs.
1350	DuboisDrap	14ᵉs.
1350	ElucidaireIVK	14ᵉs.
1350	EnfGarB	14ᵉs.
1350	EvNicPrLA	14ᵉs.
1350	FaucPetrusFrDF	14ᵉs. (?)
1350	FiancéViergeDiableW	14ᵉs. (?)
1350	GalienD	14ᵉs.
1350	GlHamb	14ᵉs.
1350	GlNYAL	14ᵉs.
1350	GlTrierH	14ᵉs.
1350	HuonCPK	14ᵉs.
1350	LSecrNatD	14ᵉs.
1350	MisogLangeM	14ᵉs.
1350	MoriceBret	14ᵉs.
1350	NoblBretZ	14ᵉs.
1350	OrdeneChevB/G/LB	14ᵉs.
1350	PalgraveInv	14ᵉs.
1350	RecMédGreceV	14ᵉs.
1350	RègleSBenPr¹⁰	14ᵉs.
1350	RègleSBenPr¹³	14ᵉs.
1350	RègleSBenPr¹⁴	14ᵉs.
1350	RègleSBenPr²³	14ᵉs.
1350	RègleSBenPr⁷	14ᵉs.
1350	RésSauvGenB	14ᵉs.
1350	SecrSecrPr⁸	14ᵉs.
1350	SecrSecrPr⁹	14ᵉs.
1350	SFrançPr¹	14ᵉs.
1350	SGenPr³	14ᵉs.
1350	SJérEp53R	14ᵉs.
1350	SMadDéc	14ᵉs.
1350	SMadPr⁶	14ᵉs.
1350	SMarg11T	14ᵉs.
1350	VenjNSPr⁵F	14ᵉs.
1351	JLongFlorD	1351
1351	JLongKhanB	1351

Chronologie

1351	JLongOdoA	1351
1351	JLongRicB	1351
1351	JLongTSteD	1351
1352	CharnyDemT	1352
1352	CptFontD	1352
1352	CptMarBlancheD	1352
1352	GlBNlat4120A	1352
1353	InvArgFontD	1353
1353	MirNDPers15R	1353
1353	MesqTournS	prob. 1353
1353	Rough	ca. 1353
1354	HLancA[1]	1354
1354	RègleSEspritB	1354
1355	PelVie[2]M[0]	1355
1355	BatAnglBB	ca. 1355
1355	ChronSOuenM	ca. 1355
1355	LégDorVignD	ca. 1335
1355	PelAmeS	ca. 1355
1355	RichardsonDicta	ca. 1355
1356	JMandAF	1356 (ou peu après)
1356	ChevCygneBruxR	ca. 1356
1356	GodBouillBruxR	ca. 1356
1357	JMandPL	1357
1357	JonesBret	1357
1357	TroisMariesJean	1357
1358	Bersuire	1358
1358	LBouill	1358
1358	PelJChrS	1358
1358	HugCapL	ca. 1358
1359	ZahelJugAstr	1359
1360	CptRoiJAnglD	1360
1360	OresmeQuadrG	ca. 1360
1360	JugAstrR	après 1360
1361	JBelV	1361
1361	PelerEleccL	1361
1361	GuillMachFontH	ca. 1361
1362	BrutThomS	1362
1362	PelerAstralL	1362
1362	FroissParD	ca. 1362
1363	ProstInv	1363
1363	FroissDitsTH/...F	1363-1393
1363	MirNDPers21M	prob. 1363
1363	AlgorCambrS	3[e]q. 14[e]s.
1363	ConsBoèceAnMeun	3[e]q. 14[e]s.
1363	LapidMand[1]M	3[e]q. 14[e]s.
1363	ModusT	3[e]q. 14[e]s.
1363	SMelorD	3[e]q. 14[e]s.
1363	AdvNDMystR	prob. 3[e]q. 14[e]s.
1364	DelisleChV	1364
1364	GuillMachVoirI	1364
1364	GuillMachDits[1-6]F	prob. 1364
1364	OresmeDivC	ca. 1364
1365	AmphYpL	1365
1365	PsLorrA	1365
1365	MirNDPers23S	prob. 1365
1365	BaudSebC	ca. 1365
1365	OresmeMonW	ca. 1365
1366	MirNDPers24M	1366
1367	RichardChy	1367
1367	SGenPr[1]H	1367
1367	MirNDPers25W	prob. 1367
1367	FroissMel[1]L	ca. 1367
1368	InvAnjL	av. 1368
1368	FroissOrlD	1368
1368	MirNDPers26S	1368
1368	OresmeSphèreM	ca. 1368
1369	AssJérJIbVatT	1369
1369	MirNDPers27M	1369
1369	AssJérPréfB	prob. 1369
1369	FroissEspF[1]	ca. 1369
1370	MirNDPers28M	1370
1370	OresmeEthM	1370
1370	AttilaS	ca. 1370
1370	BerinB	ca. 1370
1370	DialFrFlamG	ca. 1370
1370	JDaudErudH[0]	ca. 1370
1370	JFevVieilleC	ca. 1370
1370	FroissChronL	1370-ca. 1402
1371	CptRoiNavI	1371
1371	JGoulRatB	1371
1371	MirNDPers29M	1371
1371	RegGaunt[1]A	1371
1372	ChronNormM	1372
1372	Corb	1372
1372	DenFoulB[1]	1372
1372	OresmeEconM	1372
1372	GuillMachPriseP	ca. 1372
1373	FroissBuisF	1373
1373	FroissPrisF	1373 (ou 1372)
1373	OrdAdmZ	1373
1373	OresmePolM	1373 (entre 1372 et 1373)
1374	AssJérPrisM	1374
1374	JGoulSacreB	1374
1374	MirNDPers32M	1374
1374	PCresc	1374
1375	MirNDPers33S	1375
1375	RPreslesCitéB	1375
1375	ValMaxSim/Nic	1375
1375	YorkMemS	1375-1419
1375	DonatLibM	ca. 1375
1375	EchecsAmH	ca. 1375
1375	AspremV4B	2[e]m. 14[e]s.
1375	BrunMontM	2[e]m. 14[e]s.
1375	ChirBrun	2[e]m. 14[e]s.
1375	CroissantAlMS	2[e]m. 14[e]s.
1375	DialColG	2[e]m. 14[e]s.
1375	EsclAlS	2[e]m. 14[e]s.
1375	FlorOctAlL	2[e]m. 14[e]s.
1375	GeoffrParMois[2]M	2[e]m. 14[e]s.
1375	GesteMonglGirD	2[e]m. 14[e]s.
1375	GlBrux9543R	2[e]m. 14[e]s.
1375	HuonAlS	2[e]m. 14[e]s.
1375	JGoul	2[e]m. 14[e]s.
1375	NouveletM	2[e]m. 14[e]s.
1375	QuatBeatT	2[e]m. 14[e]s.
1375	RecMédTrinH	2[e]m. 14[e]s.
1375	SecrSecrPr[3]H	2[e]m. 14[e]s.
1375	SEust10P	2[e]m. 14[e]s.
1375	SGeorgDeG	2[e]m. 14[e]s.
1375	TroisMortsSeG	2[e]m. 14[e]s.
1375	AalmaR	prob. 2[e]m. 14[e]s.
1375	SChristofleAnR	prob. 2[e]m. 14[e]s.
1376	JFevRespH	1376
1376	JoubertMacé	1376
1377	CartPercyM	1377
1377	GaceBuigneB	1377
1377	HemmantSelExch	1377
1377	OresmeCielM	1377
1378	JDaudRem	1378
1378	SongeVergierS	1378
1378	JGowerMirM	ca. 1378
1379	InvMobChL	1379

Chronologie

1379	RegGaunt²L 1379		*1390*	SGregPrS fin 14ᵉs.
1380	DouëtChVI 1380		*1390*	SJoceRaisonH fin 14ᵉs.
1380	TroiePr⁶ 1380		*1390*	YsayeTrG fin 14ᵉs.
1380	VégèceAnL 1380		*1391*	FroissChronIII¹A 1391
1380	CptCharlVI1380D 1380-1381		*1392*	EudesBaingsD 1392
1380	ConsBoèceBenN ca. 1380		*1392*	PhMézTestG 1392
1380	EvrartContyAr ca. 1380		*1393*	JGowerBalY av. 1393
1380	JFevLamentH ca. 1380		*1393*	ChronValL 1393
1380	JPreisLiègeB ca. 1380		*1393*	MelusArrV 1393
1380	ViandTaillNP ca. 1380		*1393*	MenagB ca. 1393
1381	CptEcurKK34L 1381		*1394*	TresVenM 1394
1381	GrSchismeM 1381		*1394*	TueteyTest 1394
1382	ChronAnG av. 1382		*1395*	GriseldisEstC 1395
1382	MirNDPers40M 1382		*1395*	JBoutSomme 1395
1382	ChronGuesclF ca. 1382		*1395*	FroissChronAmD ca. 1395
1382	GastPhébOrT¹ ca. 1382		*1396*	ChevErrW 1396
1383	FroissMelL ca. 1383		*1396*	CoutDieppeC 1396
1384	CptClosGalB 1384		*1396*	ManLangK 1396
1384	JFevLeesceH ca. 1384		*1396*	SongeAch³B 1396
1384	CardenoisC 3ᵉt. 14ᵉs.		*1397*	JCourtecuisseD 1397
1384	ChastelPerB 3ᵉt. 14ᵉs.		*1397*	PhMézEpC 1397
1384	DeschQ 3ᵉt. 14ᵉs.		*1397*	JGowerTrY prob. 1397
1384	FroissBallB 3ᵉt. 14ᵉs.		*1398*	BonetJMeunA 1398
1384	FroissK 3ᵉt. 14ᵉs. (ca. 1361-ca. 1402)		*1398*	PassIsabD 1398
1384	FroissPoésM 3ᵉt. 14ᵉs.		*1398*	AnglureB ca. 1398
1384	GlBNhébr1243 3ᵉt. 14ᵉs.		*1399*	ChrPisEpAmF 1399
1385	CoutAnjCB 1385		*1399*	CptEcurKK35B 1399
1385	HeraudChandosT 1385		*1399*	EnsEnfK 1399
1385	GuillSAndréJehP ca. 1385		*1400*	DonatOxfS ca. 1400
1386	CptHerzM 1386-1396		*1400*	EchecsAmPrK ca. 1400
1386	PhMézGrisG ca. 1386		*1400*	ItinRomeLR ca. 1400
1387	ChronGuesclPrM 1387		*1400*	JacLegrArchB ca. 1400
1387	CptBrunD 1387		*1400*	JacLegrBonB ca. 1400
1387	JohnstonRog 1386/87		*1400*	PonthusC ca. 1400
1388	ImpHerzD ca. 1388		*1400*	QJoyesR ca. 1400
1388	GautChâtFragmL 4ᵉq. 14ᵉs.		*1400*	RecCulSFlorW ca. 1400
1389	GastPhébChasseT 1389		*1400*	SecrSecrPr⁶H ca. 1400
1389	InvRichPicT 1389		*1400*	ViandTaillv²P ca. 1400
1389	PhMézMarW 1389		*1401*	ChrPisOthP 1401
1389	PhMézPelC 1389		*1401*	CptIsBav1401D 1401
1389	RegChâtD 1389		*1402*	ChrPisCheminT 1402
1389	CentBallR ca. 1389		*1402*	ChrPisRoseF 1402
1390	GuillPenneMa av. 1390		*1402*	FroissChron³D ca. 1402
1390	CptMercersJ 1390		*1402*	MelusCoudrR ca. 1402
1390	LettrOxfL 1390		*1403*	ChrPisMutS 1403
1390	EvrartContyEchG ca. 1390		*1403*	ChrPisPastR 1403
1390	AdAiglesB fin 14ᵉs.		*1403*	FormHonCourtH 1403
1390	AmAmAlM⁰ fin 14ᵉs.		*1404*	ChrPisFaisS 1404
1390	ChronBourgValencK fin 14ᵉs.		*1404*	FroissChronIVV 1404
1390	ConsBoèceRenAbr fin 14ᵉs.		*1405*	LaurPremVieillM 1405
1390	CoutBourgGP fin 14ᵉs.		*1405*	ChrPisVertW ca. 1405
1390	FiancéViergeJConteW fin 14ᵉs.		*1406*	Handfeste 1406
1390	FierPrM fin 14ᵉs.		*1407*	AquilonW 1407
1390	GlMontpN fin 14ᵉs.		*1407*	ChrPisCitéC 1407
1390	GlPerezS fin 14ᵉs.		*1409*	BoucicL 1409
1390	HMondAbrB fin 14ᵉs.		*1409*	ChOthéeF 1409
1390	HoroleigesM fin 14ᵉs.		*1409*	CoutHectorR 1409
1390	JMontreuilO fin 14ᵉs.		*1409*	Fairon 1409
1390	JourJugP fin 14ᵉs.		*1409*	GlAngelusP 1409
1390	JPreisMyrB fin 14ᵉs.		*1409*	LaurPremCas²G 1409
1390	JuitelPr¹W fin 14ᵉs.		*1410*	BibbFR déb. 15ᵉs.
1390	LettrHarlS fin 14ᵉs.		*1410*	ChrPisR déb. 15ᵉs.
1390	MistFiacreB fin 14ᵉs.		*1410*	CiperisW déb. 15ᵉs.
1390	OrthCoyS fin 14ᵉs.		*1410*	EdConfPr² déb. 15ᵉs.
1390	ParabAlainThH fin 14ᵉs. (?)		*1410*	ElucidaireVK déb. 15ᵉs.
1390	SecrSecrPr⁵ fin 14ᵉs.		*1410*	GilChinPrL déb 15ᵉs.

Chronologie

1410 JGersonG   déb. 15ᵉs.
1410 LaurPremEconD   déb. 15ᵉs.
1410 MiroirAmeMargG   déb. 15ᵉs.
1410 MPolxM   déb. 15ᵉs.
1410 PassArrR   déb. 15ᵉs.
1410 PawGiffB   déb. 15ᵉs.
1410 PleurAmeB   déb. 15ᵉs.
1410 RossignoletN   déb. 15ᵉs.
1410 SMarieEgvD   déb. 15ᵉs.
1411 CoutAnjEB   1411
1411 GesteDucsBourgK   1411
1412 CensMontjM   1412
1413 PCrescNic   1413
1413 EnfantSageS   1ᵉʳq. 15ᵉs.
1414 LaurPremDecD   1414
1414 RegChichJ   1414-1443
1415 DialFr1415K   1415
1415 CharlD'OrlC   ca. 1415-1440
1417 RègleSBenPr²⁷   1ᵉʳt. 15ᵉs.
1417 RolCaM   [1ᵉʳt. 15ᵉs.?]
1418 ChrPisPrisK   1418
1418 DocMarcheT   1418
1418 LibelleDebP   1418
1418 NomparJerN   1418
1419 LAlbR   1419
1420 LibelleConsP   1420
1420 RecCulChiqS   1420
1420 ThorneRead   1420
1420 SottiesP   ca.1420
1421 Taille1421/1423/1438F   1421
1422 ConsBoèceAberC   1422
1424 CourcyVaillP   1424
1425 PastoraletB   ca. 1425
1425 AlgorLiègeW   1ᵉm. 15ᵉs.
1425 AmourAlianceF   1ᵉm. 15ᵉs.
1425 BlancandPrBrG   1ᵉm. 15ᵉs.
1425 DoonMayBPi⁰   1ᵉm. 15ᵉs.
1425 FlorenceQW   1ᵉm. 15ᵉs.
1425 FlorOctPr   1ᵉm. 15ᵉs.
1425 GalienPr¹K   1ᵉm. 15ᵉs.
1425 GarMonglN   1ᵉm. 15ᵉs.
1425 GlLilleS   1ᵉm. 15ᵉs.
1425 GramM¹S   1ᵉm. 15ᵉs.
1425 GramM²S   1ᵉm. 15ᵉs.
1425 GramM³S   1ᵉm. 15ᵉs.
1425 GramM⁴S   1ᵉm. 15ᵉs.
1425 GramM⁵S   1ᵉm. 15ᵉs.
1425 GuiWarPrC   1ᵉm. 15ᵉs.
1425 LégDorAn⁶MargO   1ᵉm. 15ᵉs.
1425 LohPrH   1ᵉm. 15ᵉs.
1425 PassSemD   1ᵉm. 15ᵉs.
1425 PProv¹B   1ᵉm. 15ᵉs.
1425 PurgSPatrB¹   1ᵉm. 15ᵉs.
1425 RenMontBT   1ᵉm. 15ᵉs.
1425 RenMontRB   1ᵉm. 15ᵉs.
1425 SecSpagnaC   1ᵉm. 15ᵉs.
1425 SEust11P   1ᵉm. 15ᵉs.
1425 SValerM   1ᵉm. 15ᵉs.
1425 ViandTaillViv   1ᵉm. 15ᵉs. (?)
1427 PortBooksS   1427-1430
1429 ChrPisJehK   1429
1430 ChrPCochonR   1430
1430 ChronSaintProf   1430
1430 ChronRouenR   ca. 1430
1430 MistFilleL   ca. 1430
1437 CoutMerOlAZ   1437

1438 DexW   1438
1438 GlBNlat7684M   2ᵉq. 15ᵉs.
1438 MichTaillD   2ᵉq. 15ᵉs.
1438 MistHag1/2/3/4R   2ᵉq. 15ᵉs.
1438 SJoceJMielotH   2ᵉq. 15ᵉs.
1439 RecMédWarB   1439
1440 LeVerM   1440
1440 PChastTPerD   1440
1440 AlexPr²H   ca. 1440
1441 EmPilotiD   1441
1442 LeFrancChampD   1442 (fin 1441 ou déb. 1442)
1443 SCrespin¹O   1443
1444 GouvRoisArs   1444
1444 MonstreletD   1400-1444
1444 ConfTestB   ca. 1444
1445 VaillantD   1445 et 1470
1445 CleriadusZ   ca. 1445
1446 RobCibMandM   1446
1447 GirRossWauqM   1447
1447 JStavB   1447
1447 LeFrancEstrifD   1447
1448 BeaumManWauqC   1448
1448 BelleHelPr¹C   1448
1448 CoutMerOlFZ   ca. 1448
1449 JournParT   1449
1450 TissierFarce   1450
1450 TissierFarces   1450
1450 GilTrasW   ca. 1450
1450 GrebanJ   ca. 1450
1450 PCrapCurB   ca. 1450
1450 TroilusB   ca. 1450
1450 BatLoqPrC   mil. 15ᵉs. (av. 1458)
1450 Buscalus   mil. 15ᵉs.
1450 ChronTournF   mil. 15ᵉs.
1450 ComteArtS   mil. 15ᵉs.
1450 DevR   mil. 15ᵉs.
1450 EnfVivPrW   mil. 15ᵉs.
1450 ErecPr²C   mil. 15ᵉs.
1450 GlAngers   mil. 15ᵉs.
1450 GrantHerbC   mil. 15ᵉs.
1450 GuillOrPrT   mil. 15ᵉs.
1450 HeinzMielot   mil. 15ᵉs.
1450 LapidBarbeM   mil. 15ᵉs.
1450 MistSBernL   mil. 15ᵉs.
1450 MonGuillPrS   mil. 15ᵉs.
1450 PercefR   mil. 15ᵉs.
1450 RecCulRiomL   mil. 15ᵉs.
1450 SebilleT   mil. 15ᵉs.
1450 SMarieEgyD   mil. 15ᵉs.
1450 TroisFilsP   mil. 15ᵉs.
1450 BertePrT   mil. 15ᵉs.?
1450 Apol⁴A   2ᵉt. 15ᵉs. (?)
1450 ChansBNfr12744P   2ᵉt. 15ᵉs.
1450 ChastCoucyP   2ᵉt. 15ᵉs.
1450 PacJobM   2ᵉt. 15ᵉs.
1450 SongeDan⁷C   2ᵉt. 15ᵉs.
1450 GuiChaul   2ᵉt. 15ᵉs.?
1450 AlexisHexA   15ᵉs. (?)
1450 AnsCartPr   15ᵉs.
1450 AntidNicPourD   15ᵉs.
1450 BelleHelPr²   15ᵉs.
1450 ChronFlandrDétW   15ᵉs.
1450 ChronTournCes²   15ᵉs.
1450 Dancus²T   15ᵉs.
1450 DebrieMPic   15ᵉs.

Chronologie

1450	DébVinM	15ᵉs.
1450	Deschant²C	15ᵉs.
1450	FaucGuill²T	15ᵉs.
1450	FaucPetrusFrBL	15ᵉs.
1450	FetRomL³M	15ᵉs.
1450	GalienPr²K	15ᵉs.
1450	JardPlaisD	15ᵉs.
1450	JuitelPr²W	15ᵉs.
1450	LapidE²F	15ᵉs. (?)
1450	LapidMand²	15ᵉs.
1450	LégDorAn⁵MargO	15ᵉs.
1450	LunaireSal²Z	15ᵉs.
1450	Marquant	15ᵉs.
1450	MédNamH	15ᵉs.
1450	OgDanPrT	15ᵉs.
1450	OvMorCommS	15ᵉs.
1450	PlacTimB4T	15ᵉs.
1450	ProchnoChampmol	15ᵉs.
1450	RecMédArdezV	15ᵉs.
1450	RègleSBenPr¹²	15ᵉs.
1450	RègleSBenPr²²	15ᵉs.
1450	RègleSBenPr²⁴	15ᵉs.
1450	RègleSBenPr²⁵	15ᵉs.
1450	RègleSBenPr⁸	15ᵉs.
1450	RégSantéLC	15ᵉs.
1450	RenMontPr¹	15ᵉs.
1450	RenMontPrD	15ᵉs.
1450	SBath²B	15ᵉs.
1450	SBath³B	15ᵉs.
1450	SDenisOctB	15ᵉs.
1450	SenLucilLib	15ᵉs.
1450	SGregAlS	15ᵉs.
1450	SJeanBaptOct²M	15ᵉs.
1450	SSagDP	15ᵉs.
1450	VenjNSPr⁸F	15ᵉs.
1450	YsIIIB	15ᵉs.
1451	CoutPoitF	1451
1453	PProv²C	1453
1453	TroiePr⁷	1453
1454	PChastTRecD	1454
1455	JourdBlAlM	av. 1455
1455	ChronHérBerryC	1455
1455	CligesPrC	1455
1455	JPrierM	prob. 1455
1455	ChronJBekaN	ca. 1455
1455	PoésBlosI	ca. 1455
1455	VillonL¹	ca. 1455
1456	JSaintréC	av. 1456
1456	MistRésAngS	1456
1456	VillonLaisR	1456
1458	MistR	1458
1458	SCrespin²D	1458
1458	ChronPBasS	prob. 1458
1459	TroiePr⁸	ca. 1459
1460	CentNouvS	ca. 1460
1460	MistOrlH	ca. 1460
1460	RenNouvPrS	ca. 1460
1460	RLefevreJasonP	ca. 1460
1461	VillonTestR	1461
1462	MabrienV	1462
1462	RenMontPr²	1462
1463	ChronFloreffeP	1463
1463	AbuzéD	3ᵉq. 15ᵉs.
1463	AlexPr³L	3ᵉq. 15ᵉs.
1463	ChastellK	3ᵉq. 15ᵉs.
1463	EvQuenJe	3ᵉq. 15ᵉs.
1463	GesteMonglPrK	3ᵉq. 15ᵉs.
1463	GuillAlexisP	3ᵉq. 15ᵉs.
1463	HugRipM	3ᵉq. 15ᵉs.
1463	MistSSebastM	3ᵉq. 15ᵉs.
1463	MorPeupleH	3ᵉq. 15ᵉs.
1464	GlLag1499	1464
1464	RLefevreTroyA	ca. 1464
1465	MeschLunM	av. 1465
1465	JAvesnesProprF	1465
1465	PelViePr	1465
1465	JAubrionL	1465-1501
1465	ChevDamesM	ca. 1465
1466	TrahFranceK	1466
1467	OvMorPrB	1467
1468	ChronSMichelPrL	1468
1468	ComplLiègeZ	1468
1468	JAvesnesFilleB	1468
1468	JBueilJouvL	[1461]-1468
1470	ChevCygneBerthE	ca. 1470
1473	GuillFillConsH	1473
1475	CoutGuinesE	2ᵉm. 15ᵉs.
1475	CoutMerOlNZ	2ᵉm. 15ᵉs.
1475	LulleBestesL	2ᵉm. 15ᵉs.
1475	MistHag4AR	2ᵉm. 15ᵉs.
1475	MPolPip	2ᵉm. 15ᵉs.
1475	SSagHP	2ᵉm. 15ᵉs.
1476	LégDorVignBatallD	1476
1477	ConsBoèceMansion	1477
1477	CptTrésF	1477
1477	PassAuvR	1477
1478	CommLettresB	1478
1480	OvMorPr²E	av. 1480
1480	YsMachoH	1480
1480	FloriantPrL	ca. 1480
1480	TroiePr¹⁴R	ca. 1480
1481	MistConcL	1481
1482	MistSQuentC	ca. 1482
1484	LPrivilMerchantS	1484
1484	CoquillartF	3ᵉt. 15ᵉs.
1484	PassAuvHE	3ᵉt. 15ᵉs.
1485	CarnavalBatA	av. 1485
1485	ArmArgM	ca. 1485
1485	BrézéT	ca. 1485
1488	MolinetChronD	4ᵉq. 15ᵉs.
1488	OlMarche	4ᵉq. 15ᵉs.
1490	AmantCordM	av. 1490
1490	MistLilleK	av. 1490
1490	PassTroyB	1490
1490	MistSGenisM	prob. 1490
1490	Apol⁶V	ca. 1490
1490	LeTallE	ca. 1490
1490	MistSClemA	ca. 1490
1490	CoutMerOlRZ	fin 15ᵉs.
1490	DoonMaycPi⁰	fin 15ᵉs.
1490	FaucAlbM	fin 15ᵉs.
1490	GlPoitH	fin 15ᵉs.
1490	MirSNicJuifJ	fin 15ᵉs.
1490	MolinetFaictzD	fin 15ᵉs.
1490	RègleSBenPr²⁰	fin 15ᵉs.
1493	ParabAlainVerH	1493
1494	SimPharesB	1494-1498
1495	SDenisPr⁶	1495
1495	JParisW	prob. 1495
1496	TardifPogeM	av. 1496
1496	AndrVigneSMartD	1496
1498	CommB	1489-1498

Chronologie

1498 AndrVigneNapS   ca. 1498
1500 LionBourgOctF   ca. 1500
1500 RègleSBenPr[15]   ca. 1500
1501 CohenRég   1501
1501 DestreesP   1501
1501 PassMonsC   1501
1504 NicChesnK   ca. 1504
1505 RègleSBenPr[21]   1505
1508 ElD'AmervalW   1508
1508 LAnnePlantC   1508
1510 BonBergL   déb. 16^{e}s.
1510 JugMetzS   déb. 16^{e}s.
1510 MistSRemiK   déb. 16^{e}s.
1512 JefferyChans   ca. 1512
1513 HuonPrR   1513
1513 JLemaire   1^{er}q. 16^{e}s.
1521 GesteRomB   1521
1521 MargNavCorrM   1521
1524 MargNavVisS   1524
1525 BayardChampC   1525
1525 MistSVenR   ca. 1525
1525 CoutMerOlHZ   1^{e}m. 16^{e}s.
1530 Lef   1530
1530 MargNavMirA   ca. 1530
1532 PFaifeuV   1532
1536 NicTroyK   1536
1540 CarnavalTestA   ca. 1540
1540 CohenFarces   ca. 1540
1547 MargNavPrisG   ca. 1547
1548 FennisStolo   ca. 1548
1549 GoubJournR   1549
1550 LunaireSal[3]   16^{e}s.
1550 RègleSBenPr[16]   16^{e}s.
1550 RègleSBenPr[9]   16^{e}s.
1551 LeRoy   1551
1561 DuFouillVénT   1561
1561 LapidMand[3]D   [1561]
1566 OrdoCoronXXIICJ   1566
1584 SongeDan[4]B   3^{e}t. 16^{e}s.
1594 SatMénR   1594
1603 OlSerres 1603   1603
1606 BerVerv   1606
1606 DuVair   1606
1650 SongeDan[5]B   17^{e}s.
1748 DuPineauR   1748
1750 DuPineauC   ca. 1750
1750 DuPineauV   ca. 1750

Scriptae

frc.

1125 GormB 1ᵉm. 12ᵉs.
1184 ThibMarlyS ca. 1184
1200 CommPsII ca. 1200
1200 JourdBlD ca. 1200
1200 RichSemJ ca. 1200
1206 Turpin²W ca. 1206
1210 GuibAndrO déb. 13ᵉs.
1213 FetRomF¹ 1213
1213 Turpin⁵Wa 1ᵉʳq. 13ᵉs.
1225 EspervierP 1ᵉm. 13ᵉs.
1230 DocAubeC 1230
1230 ChronGuillBretB ca. 1230
1238 HAndC 2ᵉq. 13ᵉs.
1246 BoutaricFurgeot 1246
1250 BiblePar mil. 13ᵉs.
1250 MeunClercsN 13ᵉs.
1262 DepoinHôtPont 1262
1263 Digeste 3ᵉq. 13ᵉs.
1265 CrieriesF ca. 1265
1268 LMestL ca. 1268
1270 TournDamGencPu ca. 1270
1272 TanonJust ca. 1272
1274 ChronSDenisB 1274
1274 GrChronV 1274
1275 RoseMLangl ca. 1275
1275 OutHôtelBN 2ᵉm. 13ᵉs.
1280 SommeLaurB 1280
1280 JMeunAbH ca. 1280
1282 TerroineFossier 1282
1288 VinsOuanH 4ᵉq. 13ᵉs.
1290 PlacTimT fin 13ᵉs.
1290 SLouisNanD fin 13ᵉs.
1290 SThibOctH fin 13ᵉs.
1290 YsChB fin 13ᵉs.
1292 Taille1292G 1292
1310 OrdoCoronXXBJ déb. 14ᵉs.
1310 PoèmeQuatrS déb. 14ᵉs.
1310 RecMédJPitS déb. 14ᵉs.
1316 MaillartR 1316
1327 GeoffrParSGuillW⁰ 1327
1328 MonstiersP av. 1328
1328 InvClemD 1328
1342 JacBruyP 1342
1350 DepoinSMartPont 14ᵉs.
1370 JDaudErudH⁰ ca. 1370
1374 PCresc 1374
1378 JDaudRem 1378
1400 JacLegrArchB ca. 1400
1400 JacLegrBonB ca. 1400
1410 MiroirAmeMargG déb. 15ᵉs.
1449 JournParT 1449

Terre Sainte

1225 BibleAcreN 1ᵉm. 13ᵉs.
1243 AssJér ca. 1243
1250 PhNovAgesF mil. 13ᵉs.
1250 RègleHospPrD 13ᵉs.
1258 PhNovMémM ca. 1258
1266 InvEudesC 1266
1282 JAntRectG 1282
1290 ChronTerreSainteFE ca. 1290
1295 ChronTerreSainteAR ca. 1295
1295 ChronTerreSainteBR ca. 1295
1300 GlGuillI ca. 1300
1305 ConsBoècePierreT ca. 1305
1310 GuillSat déb. 14ᵉs.
1320 ChronTemplTyrM av. 1320
1320 ChiproisR ca. 1320
1350 ConfPechésB 14ᵉs.

Nord-Est

1190 PriseOrABR¹ fin 12ᵉs.
1190 RCambrK fin 12ᵉs.
1225 TristPrNB 1ᵉm. 13ᵉs.
1250 BonAngeK mil. 13ᵉs.
1272 MoamT 1272
1350 GlTrierH 14ᵉs.
1409 GlAngelusP 1409
1425 DoonMayBPi⁰ 1ᵉm. 15ᵉs.
1463 AbuzéD 3ᵉq. 15ᵉs.

wall.

 900 EulalieB ca. 900
1164 CommPsIA¹G 1164 (prob. 1163-64)
1166 CommPsIA²G 1166 (prob. 1164-66)
1175 SGregA¹S 2ᵉm. 12ᵉs.
1188 EpSBernDil 4ᵉq. 12ᵉs.
1188 SBernCantG 4ᵉq. 12ᵉs.
1190 DialGregF fin 12ᵉs.
1190 JobGregF fin 12ᵉs.
1190 MeditationF fin 12ᵉs.
1190 SAndréB fin 12ᵉs.
1190 SermLaudT fin 12ᵉs.
1190 SermSapF fin 12ᵉs.
1195 CommPsIC ca. 1195
1200 PoèmeMorB ca. 1200
1200 SAgnèsDobT ca. 1200
1210 GregEzLC déb. 13ᵉs. (?)
1210 MainetDéc déb. 13ᵉs.
1228 WampachLux 1228

Scriptae flandr.

1233	ChWauthierB	1233
1238	KurthSHub	1238
1240	HautcœurFlines	1240
1250	CesTuimAlC	2^{e}t. 13^{e}s.
1263	BrouwersChNam	1263
1263	SongeDan^{1}S	3^{e}q. 13^{e}s.
1275	AveRoseN	2^{e}m. 13^{e}s.
1275	SortApostB	2^{e}m. 13^{e}s.
1284	SoneG	3^{e}t. 13^{e}s.
1289	BrouwersCensNam	1289
1290	CatDarmstH	fin 13^{e}s.
1300	JacBaisT	ca. 1300
1300	SecrSecrPr^{2}H	ca. 1300
1307	PolyptSalzG	1307
1313	DistinctCharlH	1^{er}q. 14^{e}s.
1338	LaieBibleC	2^{e}q. 14^{e}s.
1361	JBelV	1361
1363	ConsBoèceAnMeun	3^{e}q. 14^{e}s.
1439	RecMédWarB	1439
1450	MédNamH	15^{e}s.
1463	ChronFloreffeP	1463
1463	MorPeupleH	3^{e}q. 15^{e}s.

liég.

1138	JuiseR	2^{e}q. 12^{e}s.
1217	SermCarP	1^{er}t. 13^{e}s.
1275	MédLiégH	2^{e}m. 13^{e}s.
1275	SongeDan^{6}H	2^{e}m. 13^{e}s.
1280	PolyptPauvY	ca. 1280
1328	PonceletLiège	1328
1380	JPreisLiègeB	ca. 1380
1390	JPreisMyrB	fin 14^{e}s.
1409	Fairon	1409
1410	PawGiffB	déb. 15^{e}s.
1425	AlgorLiègeW	1^{e}m. 15^{e}s.
1447	JStavB	1447

hain.

1190	EnfGodM	fin 12^{e}s.
1190	GodBouillCornM	fin 12^{e}s.
1190	GodBouillH	fin 12^{e}s.
1200	JugAmD	ca. 1200
1208	HerbomezTourn	1208
1209	HValL	1209
1215	HAndArD	ca. 1215
1223	HerbomezChâtTourn	1222/23
1225	HerbomezSMart	1225
1225	SJeanEvW	ca. 1225
1237	CartMarquetteV	1237
1237	DocHainR	1237
1238	GilChinP	2^{e}q. 13^{e}s.
1239	DevillersSWaudru	1239
1240	HautcœurFlines	1240
1243	MousketR	ca. 1243
1250	GautLeuL^2	mil. 13^{e}s.
1250	UnicorneAJ	2^{e}t. 13^{e}s.
1252	DevillersCens	1252
1267	CensHerchiesM	1267
1273	RegTournB	1273
1274	CartHain	1274
1275	CocagneV	2^{e}m. 13^{e}s.
1280	BaudCondMortsG	ca. 1280

1280	BaudCondS	ca. 1280
1282	RuelleChir	1282
1285	LMarieGavreB	ca. 1285
1290	SEleuthAlB	fin 13^{e}s.
1290	SVouF	fin 13^{e}s.
1291	PiérardMons	1291
1300	JakD	ca. 1300
1300	SBarbeOctD	ca. 1300
1300	SEust8P	ca. 1300
1310	DevillersBans	déb. 14^{e}s.
1313	SDieuD	1^{er}q. 14^{e}s.
1316	RuelleCh	1316-1433
1317	BaudButorT	1^{er}t. 14^{e}s.
1317	JCondS	1^{er}t. 14^{e}s.
1325	WatrS	ca. 1325
1325	WatrSeptVertL	ca. 1325
1337	CartHain^{2}D	1337-1436
1340	JMotePaonC	1340
1350	GilMuisK	1350
1350	BelleHelR	mil. 14^{e}s.
1350	TristNantS	mil. 14^{e}s.
1350	DuboisDrap	14^{e}s.
1356	ChevCygneBruxR	ca. 1356
1356	GodBouillBruxR	ca. 1356
1385	HeraudChandosT	1385
1390	ChronBourgValencK	fin 14^{e}s.
1410	GilChinPrL	déb 15^{e}s.
1411	GesteDucsBourgK	1411
1444	MonstreletD	1400-1444
1448	BeaumManWauqC	1448
1450	ChronTournF	mil. 15^{e}s.
1450	PercefR	mil. 15^{e}s.
1466	TrahFranceK	1466
1501	CohenRég	1501
1501	PassMonsC	1501

Nord

1220	ConstHamelN	ca. 1220
1275	MarArsTeintL	2^{e}m. 13^{e}s.
1288	HainAnN	4^{e}q. 13^{e}s.
1290	SAgnèsAlD	fin 13^{e}s.
1300	DoctPierresG	ca. 1300
1300	MonstresH	ca. 1300

flandr.

938	JonasP	2^{e}q. 10^{e}s.
1190	ChétifsM	ca. 1190
1190	VengAlE	ca. 1190
1190	AntiocheN	fin 12^{e}s.
1190	ChevCygne	fin 12^{e}s.
1190	JerusT	fin 12^{e}s.
1204	EspDouai	1204
1210	PèresPrI1/2...	déb. 13^{e}s.
1210	PèresPrIIMarcelL	déb. 13^{e}s.
1217	AnsMetzS^1	1^{er}t. 13^{e}s.
1217	RègleCistG	1^{er}t. 13^{e}s.
1224	DocFlandrM	1224
1226	DesMarezYpres	1226
1234	CoussemakerCysoing	1234
1238	TroisAmA	2^{e}q. 13^{e}s.
1240	HautcœurFlines	1240
1241	EspFam	1241

flandr.

1250	LeGrandStat	mil. 13[e]s.
1250	JacAmArtK	2[e]t. 13[e]s.
1250	JacAmRemK	2[e]t. 13[e]s.
1250	JacVitryB	2[e]t. 13[e]s.
1250	Alexis_M_[1]P	13[e]s.
1250	BatAnnezinW	13[e]s.
1250	EspDrap	13[e]s.
1250	EspFin	13[e]s.
1250	EspPirDoc	13[e]s.
1250	EspVerlinden	13[e]s.
1255	CoutantMoulin	1255
1261	CartPameleAud	1261
1264	MantouFlandr	1264
1265	DesMarezDrYpres	1265
1271	CoutStAmandM	1271
1271	WarnkGhel	1271
1275	AdenBuevH	1275
1275	BerteH	ca. 1275
1275	CellierValenc	2[e]m. 13[e]s.
1276	CptYpresD	1276
1276	EnfOgH	1276
1276	RentAudV	(1275-) 1276
1283	RoisinM	1283
1285	CleomH	1285
1286	EspBoinebr	1286
1288	GlDouaiR	4[e]q. 13[e]s.
1290	ConsBoèceTroyS	fin 13[e]s.
1290	FinotFl	fin 13[e]s.
1297	ArmChiffletA	1297
1300	SmetKeures	ca. 1300
1302	CptBeuvryReD	1302
1302	EspVal	1302
1353	MesqTournS	prob. 1353
1370	DialFrFlamG	ca. 1370
1375	DialColG	2[e]m. 14[e]s.
1386	CptHerzM	1386-1396
1388	ImpHerzD	ca. 1388
1450	TroisFilsP	mil. 15[e]s.
1458	ChronPBasS	prob. 1458
1463	ChastellK	3[e]q. 15[e]s.
1482	MistSQuentC	ca. 1482
1488	MolinetChronD	4[e]q. 15[e]s.
1490	MolinetFaictzD	fin 15[e]s.

pic.

900	EulalieB	ca. 900
1150	MonGuill[1]C	2[e]t. 12[e]s.
1174	SThomGuernW[1]	ca. 1174
1175	GautArrErR	ca. 1175
1175	GautArrIllC	ca. 1175
1175	Aiol[1/2]F	2[e]m. 12[e]s.
1175	SGreg_A_[1]S	2[e]m. 12[e]s.
1180	MonGuill[2]A	ca. 1180
1184	LBonneAvPrueveB	3[e]t. 12[e]s.
1185	AlexArsL	ca. 1185
1188	BlondNesleL	4[e]q. 12[e]s.
1188	GarLorrI	4[e]q. 12[e]s.
1188	HermValS	4[e]q. 12[e]s.
1190	AliscW	fin 12[e]s.
1190	ElieR	fin 12[e]s.
1190	GraelentT	fin 12[e]s.
1190	GuillAnglH	fin 12[e]s.
1190	MainetP	fin 12[e]s.
1190	MonRain_A_B	fin 12[e]s.
1190	MonRain_C_B	fin 12[e]s.
1190	SermLaudT	fin 12[e]s.
1190	TydorelT	fin 12[e]s.
1195	HaimBarW	ca. 1195
1196	VMortHélW	ca. 1196
1200	ContPerc[1]A/T...R	av. 1200
1200	BatLoqArsR	ca. 1200
1200	BestPierre[1]R[1]	ca. 1200
1200	BrutMunH	ca. 1200
1200	CantLandP	ca. 1200
1200	ChAbbMarchG	ca. 1200
1200	ChevVivM	ca. 1200
1200	RenBeaujBelF	ca. 1200
1200	RenBeaujIgnL	ca. 1200
1200	SAgnèsDobT	ca. 1200
1200	SJeanBoucheD	ca. 1200
1200	Tumb_ND_W	ca. 1200
1201	EscoufleS	ca. 1201
1209	GuillDoleL	ca. 1209
1210	AudefroiC	déb. 13[e]s.
1210	AudigierJ	déb. 13[e]s.
1210	ChevBarAnS	déb. 13[e]s.
1210	DelIsrE	déb. 13[e]s.
1210	EnfGauvainM	déb. 13[e]s.
1210	GontierF	déb. 13[e]s.
1210	GuibAndrO	déb. 13[e]s.
1210	GuillPalMa	déb. 13[e]s.
1210	HerbCandS	déb. 13[e]s.
1210	MeraugisS	déb. 13[e]s.
1210	PatenUs_A_I	déb. 13[e]s.
1210	PBeauvCorpsM	déb. 13[e]s.
1210	PBeauvGerJ	déb. 13[e]s.
1210	PBeauvJosJ	déb. 13[e]s.
1210	PBeauvMapA	déb. 13[e]s.
1210	PBeauvOlimpB	déb. 13[e]s.
1210	Perl[1]N	déb. 13[e]s.
1212	PBeauvJacB	1212
1213	FlorenceW	1[er]q. 13[e]s.
1213	GaleranF	1[er]q. 13[e]s.
1213	HuonQuOmbreS	1[er]q. 13[e]s.
1213	PBeauvCharlW	1[er]q. 13[e]s.
1215	BalJosCamA	ca. 1215
1216	RobClariL	1216
1217	Bueve3S	1[er]t. 13[e]s.
1217	ConseilB	1[er]t. 13[e]s.
1217	DurmG	1[er]t. 13[e]s.
1217	FergF	1[er]t. 13[e]s.
1217	GautDargR	1[er]t. 13[e]s.
1217	GroingnetB	1[er]t. 13[e]s.
1217	OgDanE	1[er]t. 13[e]s.
1217	SiègeBarbP	1[er]t. 13[e]s.
1218	LeProuxVerm	1218
1220	CoincyChristC	ca. 1220
1220	OrdeneChevB	ca. 1220
1220	Perl[2]P	ca. 1220
1221	HuonQuJérS	1221
1221	HuonQuJérDécS	ca. 1221
1221	OmbreB[2]	ca. 1221
1222	GirySOmer	1222
1222	Lemaire	1222
1224	CoincyI1...K	ca. 1224
1225	OrsonM	ca. 1225
1225	RenclCarH	ca. 1225
1225	SimAuthieG	ca. 1225
1225	AntBerW	1[e]m. 13[e]s.
1225	AucR[3]	1[e]m. 13[e]s.

Scriptae   **pic.**

1225	ComtePoitM	1^{e}m. 13^{e}s.
1225	GautAupF	1^{e}m. 13^{e}s.
1225	GligloisL	1^{e}m. 13^{e}s.
1225	GodinM	1^{e}m. 13^{e}s.
1225	LapidBern113P	1^{e}m. 13^{e}s.
1225	MelionT	1^{e}m. 13^{e}s.
1225	MorPhilP	1^{e}m. 13^{e}s.
1225	PiramFragmE	1^{e}m. 13^{e}s.
1225	PrestreCompBi	1^{e}m. 13^{e}s.
1225	PriseDefP	1^{e}m. 13^{e}s.
1225	SacristineIntG	1^{e}m. 13^{e}s.
1225	SCathCarlM	1^{e}m. 13^{e}s.
1225	SermPuileW	1^{e}m. 13^{e}s.
1225	SGeorgVosG	1^{e}m. 13^{e}s.
1225	SimCrespyW	1^{e}m. 13^{e}s.
1225	SJeanPaulusOctA	1^{e}m. 13^{e}s.
1225	SPierJonglN	1^{e}m. 13^{e}s.
1225	TrotT	1^{e}m. 13^{e}s.
1225	TrubertN	1^{e}m. 13^{e}s.
1228	ViolB	prob. 1228
1230	LoisGodM	ca. 1230
1230	RenclMisH	ca. 1230
1232	GaydonG	ca. 1232
1235	VillHonB	ca. 1235
1238	PrarondPont	1238
1238	AnsCartA	2^{e}q. 13^{e}s.
1238	CesTuimPrS	2^{e}q. 13^{e}s.
1238	ChevIIEspR	2^{e}q. 13^{e}s.
1238	ChirRog^{2}H	2^{e}q. 13^{e}s.
1238	ContPerc^{4}B	2^{e}q. 13^{e}s.
1238	ContPerc^{4}TW	2^{e}q. 13^{e}s.
1238	EvDomB	2^{e}q. 13^{e}s.
1238	FournChansL	2^{e}q. 13^{e}s.
1238	FournConsS	2^{e}q. 13^{e}s.
1238	JErartN	2^{e}q. 13^{e}s.
1238	SCathVérB	2^{e}q. 13^{e}s.
1238	SEust7O	2^{e}q. 13^{e}s.
1238	VraiChimL	2^{e}q. 13^{e}s.
1240	Ewald	1240
1240	HautcœurFlines	1240
1240	HautcœurSPierLille	1240
1240	BalainL	ca. 1240
1240	ContGuillTyrSalJ	ca. 1240
1241	NewmanNesle	1241
1243	HuonRegrL	av. 1243
1245	SalamagneConstr	1245
1245	AntAnW	ca. 1245
1245	SFranchS	ca. 1245
1247	Beauvillé	1247
1247	FossierCh	1247
1248	CPont	1248
1250	BestAmFournS	ca. 1250
1250	CartPicquigny	ca. 1250
1250	RecMédQuiM	ca. 1250
1250	VerCoulK	ca. 1250
1250	BeaumS	mil. 13^{e}s.
1250	BouchAbevR	mil. 13^{e}s.
1250	CourLouisCLe	mil. 13^{e}s.
1250	DoonMayAPi^0	mil. 13^{e}s.
1250	DoonMayP	mil. 13^{e}s.
1250	HuonR	mil. 13^{e}s.
1250	JeuAventL	mil. 13^{e}s.
1250	LeGrandStat	mil. 13^{e}s.
1250	RigomerF	mil. 13^{e}s.
1250	RoiFloreMol	mil. 13^{e}s.
1250	SJulT	mil. 13^{e}s.
1250	TroisAvN	mil. 13^{e}s.
1250	AloulN	2^{e}t. 13^{e}s. (?)
1250	AuberiB	2^{e}t. 13^{e}s.
1250	CesTuimAlC	2^{e}t. 13^{e}s.
1250	CristalB	2^{e}t. 13^{e}s.
1250	EstormiN	2^{e}t. 13^{e}s.
1250	EustMoineH	2^{e}t. 13^{e}s.
1250	PoissAmS	2^{e}t. 13^{e}s.
1250	SAgnèsDécD	2^{e}t. 13^{e}s.
1250	SJérEp22N	2^{e}t. 13^{e}s.
1250	VenusF	2^{e}t. 13^{e}s.
1250	JeuPartiGrC	prob. 2^{e}t. 13^{e}s.
1250	AmistiéDT	13^{e}s.
1250	AnnoncNDPC	13^{e}s.
1250	AveDameL	13^{e}s.
1250	AvocasR	13^{e}s.
1250	ComparFaucH	13^{e}s.
1250	DehDoc	13^{e}s.
1250	FiancéViergeOctW	13^{e}s.
1250	MesdPerrinL	13^{e}s.
1250	MeunArlN	13^{e}s.
1250	MorletAnthr	13^{e}s.
1250	PriseOrcR	3^{e}t. 13^{e}s.
1251	ChAbbBoisP	1251
1254	RôleBigotB	1254
1255	HIIIBrabH	ca. 1255
1255	PFontM	ca. 1255
1256	AldL	prob. 1256
1258	MahomL^2	1258
1258	SDomM	ca. 1258
1259	CartSelincourtB	1259
1260	AbladaneP	ca. 1260 (ou ca. 1288; après 1258)
1260	YonH	ca. 1260
1262	TroieJFlix	1262
1263	AlgorAlexH	3^{e}q. 13^{e}s.
1263	AmoursBiautéL	3^{e}q. 13^{e}s.
1263	AnticlC	3^{e}q. 13^{e}s.
1263	ArbreAmL	3^{e}q. 13^{e}s.
1263	BestPierre^{2}B	3^{e}q. 13^{e}s. (av. 1268)
1263	BrendanPr^{1}W	3^{e}q. 13^{e}s.
1263	CompSGen	3^{e}q. 13^{e}s.
1263	CourRenF	3^{e}q. 13^{e}s.
1263	GéomSGenV	3^{e}q. 13^{e}s.
1263	GilebBernW	3^{e}q. 13^{e}s.
1263	HunbautW	3^{e}q. 13^{e}s.
1263	HuonABCL	3^{e}q. 13^{e}s.
1263	HuonAveL^1	3^{e}q. 13^{e}s.
1263	HuonDescrL	3^{e}q. 13^{e}s.
1263	HuonHonteL	3^{e}q. 13^{e}s.
1263	HuonSQuentL	3^{e}q. 13^{e}s.
1263	MarqueA	3^{e}q. 13^{e}s.
1263	PerrinS	3^{e}q. 13^{e}s.
1263	SongeDan^{1}S	3^{e}q. 13^{e}s.
1265	LennelCal	1265
1266	RobOmMirL	1266
1268	MaccabGautS	av. 1268
1270	LoisneMal	1270
1271	ViergeLoengeA	av. 1271
1272	BaudeFastCongéR	1272
1273	HaginL	1273
1275	BestAmRespS	ca. 1275
1275	CassidP	ca. 1275
1275	GarçAvR^2	ca. 1275
1275	MahArE	ca. 1275
1275	AmeBerlA/B/CB	2^{e}m. 13^{e}s.

1275	AmJalF	2ᵉm. 13ᵉs.	1290	GuillAmAmC fin 13ᵉs.
1275	AubS	2ᵉm. 13ᵉs.	1290	JobG fin 13ᵉs.
1275	AventuresM	2ᵉm. 13ᵉs.	1290	MarArsAnL fin 13ᵉs.
1275	CharroiCL	2ᵉm. 13ᵉs.	1290	PriereTheophS fin 13ᵉs.
1275	CointiseH	2ᵉm. 13ᵉs.	1290	ProvLeidZ fin 13ᵉs.
1275	CourtDonneurS	2ᵉm. 13ᵉs.	1290	SMarg8M fin 13ᵉs.
1275	EchecsNicA	2ᵉm. 13ᵉs.	1290	SQuentAlS fin 13ᵉs.
1275	EmpConstOctC	2ᵉm. 13ᵉs.	1290	TroisMortsNicG fin 13ᵉs.
1275	EmpConstPrC	2ᵉm. 13ᵉs.	1290	ViandValS fin 13ᵉs.
1275	FaucMedL	2ᵉm. 13ᵉs.	1290	ViergeGérH fin 13ᵉs.
1275	FlorOctOctV	2ᵉm. 13ᵉs.	1291	DestrAcreD 1291
1275	GarMonglMü/Me/S	2ᵉm. 13ᵉs.	1296	CueillAmB av. 1296
1275	GaufrG	2ᵉm. 13ᵉs.	1300	CantTresH ca. 1300
1275	GautChâtAristIpC	2ᵉm. 13ᵉs.	1300	ChirPoutrS ca. 1300
1275	HonnineL	2ᵉm. 13ᵉs.	1300	PanthT ca. 1300
1275	HontMenN	2ᵉm. 13ᵉs.	1300	SJeanPaulusPrA ca. 1300
1275	JacVitryTB	2ᵉm. 13ᵉs.	1300	SottChansValL ca. 1300
1275	LapidTPS	2ᵉm. 13ᵉs.	1300	SSagMR ca. 1300
1275	PutLechBN	2ᵉm. 13ᵉs.	1300	YsIIB ca. 1300
1275	RenMontLC	2ᵉm. 13ᵉs.	1305	GirAmCharlM ca. 1305
1275	RoiLarB	2ᵉm. 13ᵉs.	1309	JudasA 1309
1275	SDenisPr³L	2ᵉm. 13ᵉs.	1310	EchecsBakC déb. 14ᵉs. (?)
1275	SElisBruxK	2ᵉm. 13ᵉs.	1310	EdConfPr¹M déb. 14ᵉs.
1275	SElisRobJ	2ᵉm. 13ᵉs.	1310	PassBonnesF déb. 14ᵉs.
1275	SEloiP	2ᵉm. 13ᵉs.	1313	GeoffrParBacH 1313
1275	SilenceT¹	2ᵉm. 13ᵉs.	1313	SBenoîteOr 1313
1275	VilGousteC	2ᵉm. 13ᵉs.	1313	JSQuentO 1ᵉʳq. 14ᵉs.
1276	TerrEvêqueH	(1275-) 1276	1316	MaillartR 1316
1278	HemH	1278	1317	LicorneG 1ᵉʳt. 14ᵉs.
1280	MaccabPierS	1280	1317	Mahaut 1ᵉʳt. 14ᵉs.
1280	EscanT	ca. 1280	1317	QuatreFilles⁵L 1ᵉʳt. 14ᵉs.
1281	CatPr¹U	1281	1317	ViergeBallS 1ᵉʳt. 14ᵉs.
1281	ChronBaud¹K	1281	1320	CiNDitB² ca. 1320
1282	GouvRoisGauchyM	prob. 1282	1320	CompilEstC ca. 1320 (?)
1283	BeaumCoutS	1283	1320	FauvainL ca. 1320
1283	StouffArb	1283	1325	RentSNicM 1325
1284	DancusT	av. 1284	1325	ACoutPicM ca. 1325
1284	FaucGuillT	av. 1284	1325	JCourtPlaitAK ca. 1325
1284	EsclDécB	3ᵉt. 13ᵉs.	1325	AmAVousH 1ᵉm. 14ᵉs.
1284	JacCambrR	3ᵉt. 13ᵉs.	1325	Apol³L 1ᵉm. 14ᵉs.
1284	JacCysH	3ᵉt. 13ᵉs.	1325	CptSMartD 1ᵉm. 14ᵉs.
1284	RichH	3ᵉt. 13ᵉs.	1325	DébCorpsArrL 1ᵉm. 14ᵉs. (?)
1284	ValetAiseN	3ᵉt. 13ᵉs.	1325	PrunB 1ᵉm. 14ᵉs.
1285	ChevFustSa	av. 1285	1325	SJeanPaulusQuatrK 1ᵉm. 14ᵉs.
1285	BougWyffCal	1285	1325	VergierArbreL 1ᵉm. 14ᵉs.
1285	MaccabES	1285	1330	HistAnc²RB ca. 1330
1285	HelcanusN	ca. 1285	1330	RestorD ca. 1330
1286	HygThomC	1286	1332	AcartH 1332
1288	JJourH	1288	1332	PelVieS 1332
1288	JeuPelV	ca. 1288	1337	LaGrangeTournai 1337
1288	AnielT	4ᵉq. 13ᵉs.	1338	GuillDigLisD 1338
1288	PaumierBerlC	4ᵉq. 13ᵉs.	1338	LaieBibleC 2ᵉq. 14ᵉs.
1288	SottChansOxfL	4ᵉq. 13ᵉs.	1339	JMoteRegrS 1339
1289	PeliarmB	av. 1289	1340	JMoteVoieP 1340
1289	PerNeslesTabJ	1289	1341	AssSenlis²R 1341
1290	RoseGuiV	1290	1342	ChronFlandrK 1342
1290	RenNouvR	ca. 1290	1342	VisTondArs 1342
1290	CapMartR	fin 13ᵉs.	1346	ChronMoréeL 1346
1290	ChaceT	fin 13ᵉs.	1346	VoeuxHérG 1346
1290	ChastPerePrH	fin 13ᵉs.	1348	SongeVertC 1348
1290	ChevCygnePrR	fin 13ᵉs.	1350	BastC mil. 14ᵉs.
1290	CourtAmS	fin 13ᵉs.	1350	LionBourgAlK mil. 14ᵉs.
1290	CourtAmsS	fin 13ᵉs.	1350	ChaceOisIIT⁰ 2ᵉt. 14ᵉs.
1290	EchecsEngrL	fin 13ᵉs.	1350	AnticlLudR 14ᵉs.
1290	GautChâtAristIIC	fin 13ᵉs.	1350	ChronBaudAbrK 14ᵉs.
1290	GigotPér	fin 13ᵉs.	1350	EnfGarB 14ᵉs.

Scriptae

1350 RègleSBenPr[7]   14[e]s.
1351 JLongTSteD   1351
1355 PelVie[2]M[0]   1355
1355 PelAmeS   ca. 1355
1358 PelJChrS   1358
1358 HugCapL   ca. 1358
1363 FroissDitsTH/…F   1363-1393
1365 BaudSebC   ca. 1365
1367 FroissMel[1]L   ca. 1367
1369 FroissEspF[1]   ca. 1369
1370 JFevVieilleC   ca. 1370
1370 FroissChronL   1370-ca. 1402
1373 FroissBuisF   1373
1373 FroissPrisF   1373 (ou 1372)
1375 EchecsAmH   ca. 1375
1375 BrunMontM   2[e]m. 14[e]s.
1375 FlorOctAlL   2[e]m. 14[e]s.
1375 GesteMonglGirD   2[e]m. 14[e]s.
1375 HuonAlS   2[e]m. 14[e]s.
1376 JFevRespH   1376
1380 TroiePr[6]   1380
1380 ConsBoèceBenN   ca. 1380
1380 EvrartContyAr   ca. 1380
1380 JFevLamentH   ca. 1380
1383 FroissMelL   ca. 1383
1384 JFevLeesceH   ca. 1384
1384 FroissBallB   3[e]t. 14[e]s.
1384 FroissK   3[e]t. 14[e]s. (ca. 1361-ca. 1402)
1384 FroissPoésM   3[e]t. 14[e]s.
1388 GautChâtFragmL   4[e]q. 14[e]s.
1389 GastPhébChasseT   1389
1389 PhMézMarW   1389
1390 EvrartContyEchG   ca. 1390
1390 AmAmAlM[0]   fin 14[e]s.
1390 SJoceRaisonH   fin 14[e]s.
1390 YsayeTrG   fin 14[e]s.
1391 FroissChron[1]III A   1391
1395 FroissChronAmD   ca. 1395
1402 FroissChron[3]D   ca. 1402
1404 FroissChronIVV   1404
1409 GlAngelusP   1409
1410 MiroirAmeMargG   déb. 15[e]s.
1425 PastoraletB   ca. 1425
1425 GlLilleS   1[e]m. 15[e]s.
1440 LeVerM   1440
1444 MonstreletD   1400-1444
1450 ComteArtS   mil. 15[e]s.
1450 ErecPr[2]C   mil. 15[e]s.
1450 GuillOrPrT   mil. 15[e]s.
1450 ChastCoucyP   2[e]t. 15[e]s.
1450 ChronFlandrDétW   15[e]s.
1450 DebrieMPic   15[e]s.
1450 LunaireSal[2]Z   15[e]s.
1450 Marquant   15[e]s.
1455 JourdBlAlM   av. 1455
1455 CligesPrC   1455
1455 JPrierM   prob. 1455
1455 ChronJBekaN   ca. 1455
1460 CentNouvS   ca. 1460
1460 RLefevreJasonP   ca. 1460
1463 AlexPr[3]L   3[e]q. 15[e]s.
1463 EvQuenJe   3[e]q. 15[e]s.
1463 GesteMonglPrK   3[e]q. 15[e]s.
1464 RLefevreTroyA   ca. 1464
1490 MistLilleK   av. 1490
1490 DoonMaycPi[0]   fin 15[e]s.

1498 CommB   1489-1498
1501 DestreesP   1501
1508 ElD'AmervalW   1508
1513 JLemaire   1[er]q. 16[e]s.
1530 Lef   1530

art.

1190 ConBethW[2]   fin 12[e]s.
1195 BodelNicH   ca. 1195
1202 BodelPastB   av. 1202
1202 BodelCongéRu   1202
1210 NecrArrB   ca. 1210
1210 CourtArrH   déb. 13[e]s.
1221 ConfrJonglArrG   1221
1223 BethChronD   av. 1223
1225 BethDucsM   ca. 1225
1225 GuillVinM   1[e]m. 13[e]s.
1227 ChansArtB   av. 1227-1265
1238 AdGivenchiU   2[e]q. 13[e]s.
1238 AndrContrN   2[e]q. 13[e]s.
1238 GilVinM   2[e]q. 13[e]s.
1238 JNeuvR   2[e]q. 13[e]s.
1238 MahieuW   2[e]q. 13[e]s.
1241 ChSPierreAireW   1241
1250 ColBoutD   2[e]t. 13[e]s.
1260 DoctSauvS   ca. 1260
1263 JPetArrZ   3[e]q. 13[e]s.
1263 LambFerriS   3[e]q. 13[e]s.
1266 VMortAnW   1266
1270 NevAmJ   ca. 1270
1275 FatrArrP   2[e]m. 13[e]s.
1276 AdHaleFeuillG   1276
1277 AdHaleCongéR   1277
1280 AdHaleB   ca. 1280
1280 AdHaleChansM   ca. 1280
1280 AdHaleLyrW   ca. 1280
1280 AdHalePartN   ca. 1280
1284 AdHaleSicG[1]   prob. 1284
1284 JRentiS   3[e]t. 13[e]s.
1285 AdHaleRobV   ca. 1285
1292 RentAireB   1292
1294 CptChâtArt   1294-1345
1295 BibleGuiart   1295
1295 ImpArtB   1295-1302
1295 BodelFablN   ca. 1195
1299 RentArtB   1299
1300 CoutArtT   ca. 1300
1310 ChronArtF   déb. 14[e]s.
1310 RichardThierry   déb. 14[e]s.
1325 GlMontpAG   1[e]m. 14[e]s.
1325 SouhaitMontpB   1[e]m. 14[e]s.
1410 PassArrR   déb. 15[e]s.
1475 CoutGuinesE   2[e]m. 15[e]s.

Nord-Ouest

1125 CantQuSolK   1[e]m. 12[e]s.
1188 GuingT   4[e]q. 12[e]s.
1190 EspineT   fin 12[e]s.
1270 FlorsAstrD[0]   ca. 1270
1270 IntrAstrD   ca. 1270

norm.

norm.

1090	AlexisRo	fin 11ᵉs.
1100	RolS	ca. 1100
1110	EpreuveJudicG	déb. 12ᵉs.
1138	GrantMalS¹	2ᵉq. 12ᵉs.
1138	WaceConcA	2ᵉq. 12ᵉs.
1155	BrutA	1155
1160	EneasS²	ca. 1160
1163	ChronSMichelBo	3ᵉq. 12ᵉs.
1165	NarcisusP	1165
1165	MarieBisclW²	ca. 1165
1165	MarieChaitW²	ca. 1165
1165	MarieDousAmW²	ca. 1165
1165	MarieElidW²	ca. 1165
1165	MarieEquitW²	ca. 1165
1165	MarieFraisneW²	ca. 1165
1165	MarieGuigW³	ca. 1165
1165	MarieLaisW³	ca. 1165
1165	MarieLanvW²	ca. 1165
1165	MarieLaustW²	ca. 1165
1165	MarieMilW²	ca. 1165
1165	MarieProlW²	ca. 1165
1165	MarieYonW²	ca. 1165
1170	RouH	ca. 1170
1175	JosephS	2ᵉm. 12ᵉs.
1180	MarieFabW	ca. 1180
1184	ThibMarlyS	ca. 1184
1184	AndréCoutFrH	3ᵉt. 12ᵉs.
1185	AlexParA	ca. 1185
1186	Ren	1186 et 1ᵉm. 13ᵉs. et fin 13ᵉs.
1190	LapidBerechiahZ	fin 12ᵉs.
1190	RobDiableL	fin 12ᵉs.
1195	MarieEspP	ca. 1195
1200	SMathVatE	ca. 1200
1210	AiquinJa	déb. 13ᵉs.
1210	AmbroiseP	déb. 13ᵉs.
1210	AndréCoutP	déb. 13ᵉs.
1210	ChastPereAH	déb. 13ᵉs.
1210	MirNDSardR	déb. 13ᵉs.
1210	RègleSBenNicH	déb. 13ᵉs.
1210	SEust2P	déb. 13ᵉs.
1213	YderA	1ᵉʳq. 13ᵉs.
1217	GuillJoiesRi	1ᵉʳt. 13ᵉs.
1225	InstJustO	ca. 1225
1225	BorgOrlJ	1ᵉm. 13ᵉs.
1225	ElucidaireGilR	1ᵉm. 13ᵉs.
1225	QuatreFilles³L	1ᵉm. 13ᵉs.
1225	UnicorneBM	1ᵉm. 13ᵉs.
1227	BesantR	1227
1238	ApocPrD	2ᵉq. 13ᵉs.
1240	ChastVergiA	ca. 1240
1247	VilVersonD	1247
1250	SFrançBP	ca. 1250
1250	HistFécL	mil. 13ᵉs.
1250	LRougeEuL	mil. 13ᵉs.
1250	RègleSBenDouceD	2ᵉt. 13ᵉs.
1250	Delisle	13ᵉs.
1250	MoisyGl	13ᵉs.
1263	CoutNormT	3ᵉq. 13ᵉs.
1263	DentN	3ᵉq. 13ᵉs.
1275	MahArE	ca. 1275
1275	AntidNicD	2ᵉm. 13ᵉs.
1275	CarCharL	2ᵉm. 13ᵉs.
1275	EvEnfB	2ᵉm. 13ᵉs.
1275	RecMédBoensH	2ᵉm. 13ᵉs.
1275	YsEudeR	2ᵉm. 13ᵉs.
1277	LaffleurLeTrép	1277
1278	CartFontenayMarmS	1278
1280	InstJustRich	1280
1280	ClefD	prob. 1280
1290	CoutEauB	fin 13ᵉs.
1290	GlLeipzigBa	fin 13ᵉs.
1290	LuqueR	fin 13ᵉs.
1291	JurésSOuenA	1291
1292	TerrSVigorM	1292
1294	Deck	1294
1300	ThomHélP	ca. 1300
1310	Fauvel¹L	1310
1310	GlEvr¹R	déb. 14ᵉs.
1310	GlEvr²C	déb. 14ᵉs.
1314	Fauvel²L	1314
1314	HMondB	1314
1315	JVignayVégL	ca. 1315
1316	GeoffrParChronD	1316
1317	CoutNormAbrT	1ᵉʳt. 14ᵉs.
1320	PlaidsMortemerG	1320-1321
1320	PrécSangK	ca. 1320
1324	AdvNDM	1324
1325	RecMédEscW	1ᵉm. 14ᵉs.
1325	RecMédMontp503B	1ᵉm. 14ᵉs.
1326	CoutCaen1326S	1326
1326	DialGregEvrS	1326
1326	SGregJeanS	1326
1328	DelisleCpt	1328
1330	ChantRoussW	1330
1332	PelVieS	1332
1335	TombChartrS	ca. 1335
1338	GuillDigLisD	1338
1350	GlConchR	ca. 1350
1350	SEvroulS	mil. 14ᵉs.
1355	PelVie²M⁰	1355
1355	ChronSOuenM	ca. 1355
1355	PelAmeS	ca. 1355
1358	PelJChrS	1358
1360	JugAstrR	après 1360
1363	ModusT	3ᵉq. 14ᵉs.
1372	DenFoulB¹	1372
1377	GaceBuigneB	1377
1392	EudesBaingsD	1392
1409	CoutHectorR	1409
1430	ChronPCochonR	1430
1430	ChronRouenR	ca. 1430
1442	LeFrancChampD	1442 (fin 1441 ou déb. 1442)
1447	LeFrancEstrifD	1447
1450	BertePrT	mil. 15ᵉs.?
1549	GoubJournR	1549

agn.

[*1090*	LoisGuillL	ca. 1090]
1100	RolS	ca. 1100
1113	BrendanW	1ᵉʳq. 12ᵉs.
1113	SGregPaintM	1ᵉʳq. 12ᵉs.
1117	LapidALS	1ᵉʳt. 12ᵉs.
1117	LapidAPS	1ᵉʳt. 12ᵉs.
1117	LapidFFS	1ᵉʳt. 12ᵉs.
1119	PhThCompM	1119
1125	PsCambrM	1ᵉm. 12ᵉs.
1125	PsOxfM	1ᵉm. 12ᵉs.

Scriptae

1130	PhThBestM	ca. 1130	1190	GuischartG	fin 12ᵉs.
1135	CourEstienne	1135	1190	RecCoulTitH	fin 12ᵉs.
1139	DescrEnglB	1139	1190	RomRomL	fin 12ᵉs.
1139	GaimarB	ca. 1139	1190	SimFreineGeorgM	fin 12ᵉs.
1141	PhThSibS	ca. 1141	1190	SimFreinePhilM	fin 12ᵉs.
1147	ChansCroisB	1147	1190	SPaulEnfAdK	fin 12ᵉs.
1150	LoisGuillL	ca. 1150	1190	TroisSavoirsW	fin 12ᵉs.
1150	DébCorpsSamPV	mil. 12ᵉs.	1190	SOsithB	fin 12ᵉs./13ᵉs.
1150	GlLaudS	mil. 12ᵉs.	1192	Tripartita¹L	1192
1150	LapidFPS	mil. 12ᵉs.	1192	Tripartita²L	1192
1150	ProvSalSanI	mil. 12ᵉs.	1192	Tripartita³T	1192
1150	PsArundB	mil. 12ᵉs.	1192	PrêtreJeanH	ca. 1192
1150	CatElieS	2ᵉt. 12ᵉs.	1193	EdmRu	ca. 1193
1150	PsOrneS	12ᵉs.	1195	CommPsIC	ca. 1195
1155	BrutA	1155	1195	MarieEspP	ca. 1195
1160	FloreAW	ca. 1160	1200	AlNeckCorrM	ca. 1200
1163	JugesA	3ᵉq. 12ᵉs.	1200	ElucidaireIIID	ca. 1200
1163	SLaurentR	3ᵉq. 12ᵉs.	1200	SCathClemM	ca. 1200
1165	MarieBisclW²	ca. 1165	1200	SJeanBaptAlP	ca. 1200
1165	MarieChaitW²	ca. 1165	1200	SMarg2S	ca. 1200
1165	MarieDousAmW²	ca. 1165	1210	AmYdGA	déb. 13ᵉs.
1165	MarieElidW²	ca. 1165	1210	AmYdvR	déb. 13ᵉs.
1165	MarieEquitW²	ca. 1165	1210	AspremPalM	déb. 13ᵉs.
1165	MarieFraisneW²	ca. 1165	1210	BalJosChardK	déb. 13ᵉs.
1165	MarieGuigW³	ca. 1165	1210	BibleDécB/EN	déb. 13ᵉs.
1165	MarieLaisW³	ca. 1165	1210	BibleTrB	déb. 13ᵉs.
1165	MarieLanvW²	ca. 1165	1210	BueveAgnS	déb. 13ᵉs.
1165	MarieLaustW²	ca. 1165	1210	ChardryDormM	déb. 13ᵉs.
1165	MarieMilW²	ca. 1165	1210	ChardryPletM	déb. 13ᵉs.
1165	MarieProlW²	ca. 1165	1210	ChastPereBH	déb. 13ᵉs.
1165	MarieYonW²	ca. 1165	1210	ConjugFrM	déb. 13ᵉs.
1165	ProvSerloF	ca. 1165	1210	CroisSpaldM	déb. 13ᵉs.
1170	EdConfVatS	ca. 1170	1210	FloreV	déb. 13ᵉs.
1170	HornP	ca. 1170	1210	GlTrinB	déb. 13ᵉs.
1174	FantosmeJ	1174 (ou 1175)	1210	HavelocB	déb. 13ᵉs.
1174	SThomGuernW¹	ca. 1174	1210	JoursPerilMestreM	déb. 13ᵉs.
1175	MirNDOrlM	2ᵉm. 12ᵉs.	1210	LapidFES	déb. 13ᵉs.
1175	PelCharlK	2ᵉm. 12ᵉs.	1210	LapidsES	déb. 13ᵉs.
1175	RecMédJuteH	2ᵉm. 12ᵉs.	1210	MarHenryM	déb. 13ᵉs.
1175	RoisC	2ᵉm. 12ᵉs.	1210	NabaretT	déb. 13ᵉs.
1180	MarieFabW	ca. 1180	1210	ProvSalParH	déb. 13ᵉs.
1184	SThomBenS	ca. 1184	1210	QuatreFilles⁶H	déb. 13ᵉs.
1184	AdgarK	3ᵉt. 12ᵉs.	1210	SClemB	déb. 13ᵉs.
1184	GlStowe57H	3ᵉt. 12ᵉs.	1210	SEdmPassG	déb. 13ᵉs.
1184	RègleSBenCottonH	3ᵉt. 12ᵉs.	1210	SJeanAumU	déb. 13ᵉs.
1184	SGillesP	3ᵉt. 12ᵉs.	1210	SMarieJésusCottM	déb. 13ᵉs.
1185	RègleHospCamS	av. 1185	1210	WaldefH	déb. 13ᵉs.
1185	IpH	ca. 1185	1212	AngDialGregO²	1212
1185	ProtH	ca. 1185	1213	SFoySimB	ca. 1213
1188	AspremLan	ca. 1188	1213	ChGuillM	1ᵉʳq. 13ᵉs.
1188	AspremLM	ca. 1188	1213	LeachBeverley	1ᵉʳq. 13ᵉs.
1188	AspremParL	ca. 1188	1213	RecLondB	1ᵉʳq. 13ᵉs.
1188	AspremPuyM	ca. 1188	1213	YderA	1ᵉʳq. 13ᵉs.
1188	ProvRawlC¹ᐟ²S	4ᵉq. 12ᵉs.	1214	AngVieGregM	1214
1188	SMarieEgTD	4ᵉq. 12ᵉs.	1215	GrCharteH	1215
1188	ThomKentF	4ᵉq. 12ᵉs.	1215	PurgSPatrHarlV	ca. 1215
1188	TristThomB	4ᵉq. 12ᵉs.	1215	TurpinBrianeS	ca. 1215
1190	AelfricFH	fin 12ᵉs.	1216	DescrEnglPrL	av. 1216
1190	AmAmOctK	fin 12ᵉs.	1216	ReiEnglF	1216 (ou peu après)
1190	BrutCistD	fin 12ᵉs.	1217	BrutIntB	1ᵉʳt. 13ᵉs.
1190	CatEverS	fin 12ᵉs.	1217	GrossetChastM	1ᵉʳt. 13ᵉs.
1190	CorBe	fin 12ᵉs.	1217	GrossetMarM	1ᵉʳt. 13ᵉs.
1190	DeuOmniS¹	fin 12ᵉs.	1217	GuillTobR	1ᵉʳt. 13ᵉs.
1190	DonneiH	fin 12ᵉs. (?)	1217	GuiWarE	1ᵉʳt. 13ᵉs.
1190	FolTristOxfS	fin 12ᵉs.	1217	LapidsPS	1ᵉʳt. 13ᵉs.
1190	GlOxfH	fin 12ᵉs.	1217	RésSauvPJ	1ᵉʳt. 13ᵉs.

1225	BrutHarlB	1ᵉm. 13ᵉs.	*1250*	LégApostPR	mil. 13ᵉs.
1225	BrutLincB	1ᵉm. 13ᵉs.	*1250*	RésSauvCJ	mil. 13ᵉs.
1225	ChastPereBhH	1ᵉm. 13ᵉs.	*1250*	SermHalesL	mil. 13ᵉs.
1225	CouleursVatG	1ᵉm. 13ᵉs.	*1250*	SMarg6J¹	mil. 13ᵉs.
1225	CuvierHP	1ᵉm. 13ᵉs.	*1250*	SPaulEnfArciP	mil. 13ᵉs.
1225	DitiétDameH	1ᵉm. 13ᵉs.	*1250*	SThaisArciP	mil. 13ᵉs.
1225	JourJugAmurC	1ᵉm. 13ᵉs.	*1250*	TroisMariesAnne	mil. 13ᵉs.
1225	LapidCLS	1ᵉm. 13ᵉs.	*1250*	TrotulaTrinH	mil. 13ᵉs.
1225	LSimplMedAloe	1ᵉm. 13ᵉs.	*1250*	VisiterMaladescH	mil. 13ᵉs.
1225	LunaireCh¹H	1ᵉm. 13ᵉs. (?)	*1250*	BrutusF	2ᵉt. 13ᵉs.
1225	MarscaucieChevG	1ᵉm. 13ᵉs.	*1250*	ChevDameClercN	2ᵉt. 13ᵉs.
1225	PassJonglProlTrB	1ᵉm. 13ᵉs.	*1250*	ItinJérM	2ᵉt. 13ᵉs.
1225	PsHex	1ᵉm. 13ᵉs.	*1250*	JGarlUnH	2ᵉt. 13ᵉs.
1225	PurgSPatrCamZ	1ᵉm. 13ᵉs.	*1250*	LaetabundusG	2ᵉt. 13ᵉs.
1225	RoisFragmH	1ᵉm. 13ᵉs.	*1250*	LunaireWoC	2ᵉt. 13ᵉs.
1225	SAudreeS	1ᵉm. 13ᵉs.	*1250*	PeinesR	2ᵉt. 13ᵉs.
1225	SCroixCambrL	1ᵉm. 13ᵉs.	*1250*	RecMédNovCirHi	2ᵉt. 13ᵉs.
1225	SermJos¹⁻⁵H	1ᵉm. 13ᵉs.	*1250*	AnelEdwC	13ᵉs.
1225	SEust6E	1ᵉm. 13ᵉs.	*1250*	BatesonBor	13ᵉs.
1225	SMarg3S	1ᵉm. 13ᵉs.	*1250*	BontéFemM	13ᵉs.
1225	SMarg4R	1ᵉm. 13ᵉs.	*1250*	BrutDurA	13ᵉs.
1230	ConqIrlMu	ca. 1230	*1250*	ChaplaisDipl	13ᵉs.
1230	ModvB²	ca. 1230	*1250*	DixCommNeroW	13ᵉs.
1230	PetPhilT	ca. 1230	*1250*	EchecsCottH	13ᵉs.
1235	SAubH	ca. 1235	*1250*	EchecsRoyH	13ᵉs.
1237	ChronDelapréR	après 1237	*1250*	GageureN	13ᵉs.
1238	ApocTrinO	2ᵉq. 13ᵉs.	*1250*	GlPlantHarlW	13ᵉs.
1238	ChirRog²H	2ᵉq. 13ᵉs.	*1250*	JGarlG	13ᵉs.
1238	CoutExS	2ᵉq. 13ᵉs.	*1250*	JoursPerilLuneM	13ᵉs.
1238	GrossetConfU	2ᵉq. 13ᵉs. (?)	*1250*	JugAmMeliorO	13ᵉs.
1238	MirourEdmAW	2ᵉq. 13ᵉs.	*1250*	MoisyGl	13ᵉs.
1238	MirourEdmBW	2ᵉq. 13ᵉs.	*1250*	OrnDamesR	13ᵉs.
1238	PlatPractH	2ᵉq. 13ᵉs.	*1250*	PurgSPatrCott	13ᵉs.
1238	PurgSPatrBerM	2ᵉq. 13ᵉs.	*1250*	QSignesManF	13ᵉs.
1238	RagemonL	2ᵉq. 13ᵉs.	*1250*	SEust9S	13ᵉs.
1238	RobGrethCorsS	2ᵉq. 13ᵉs.	*1250*	SGodric	13ᵉs.
1238	RobGrethEv	2ᵉq. 13ᵉs.	*1250*	SMarg9Z	13ᵉs.
1238	SermComL	2ᵉq. 13ᵉs.	*1250*	VisElisS	13ᵉs.
1238	SermOyezT	2ᵉq. 13ᵉs.	*1250*	VisTondAgnF	13ᵉs.
1238	SEust4P	2ᵉq. 13ᵉs.	*1253*	BraultBlazon	1253
1238	SEust5P	2ᵉq. 13ᵉs.	*1253*	ArmGloverL	prob. 1253
1238	SThomFragmM	2ᵉq. 13ᵉs.	*1255*	SEdmCantB	ca. 1255
1240	ViergeTensB	av. 1240	*1256*	CompRalfH	1256
1240	ChirRogH	ca. 1240	*1256*	FoederaC	1256
1240	MirAgn²K	ca. 1240	*1256*	FoederaR³	1256
1241	GrossetReulesO	ca. 1241	*1259*	FoederaR¹	1259
1245	EdConfCambrW	ca. 1245	*1259*	TreatyRollsC	1259
1246	JGarlCommH	1246	*1260*	BrevPlacT	1260
1249	ShirleyRoyLett	1249	*1260*	CasusPlacD	ca. 1260
1250	RecCosmCamG¹	ca. 1250	*1260*	RobHoY	ca. 1260
1250	RecMédQuiM	ca. 1250	*1263*	TrJurFetW	av. 1263
1250	RègleNDPresH	ca. 1250	*1263*	BartRegionsP	3ᵉq. 13ᵉs.
1250	AmDieuK	mil. 13ᵉs.	*1263*	GlRamseyO	3ᵉq. 13ᵉs.
1250	AntArciP	mil. 13ᵉs.	*1263*	LunaireCh²H	3ᵉq. 13ᵉs.
1250	CatAnH	mil. 13ᵉs.	*1263*	LunaireDigbyH	3ᵉq. 13ᵉs.
1250	CompilDidEpH	mil. 13ᵉs.	*1263*	PassHugM	3ᵉq. 13ᵉs.
1250	DestrRomeS	mil. 13ᵉs.	*1263*	RiotecU	3ᵉq. 13ᵉs.
1250	DialSJulB	mil. 13ᵉs.	*1263*	SeptPechVesp	3ᵉq. 13ᵉs.
1250	EchecsDeuS	mil. 13ᵉs.	*1263*	SudaGrosD	3ᵉq. 13ᵉs.
1250	GlGlasgM¹	mil. 13ᵉs.	*1265*	LettrTanq	1265
1250	GlHarlH	mil. 13ᵉs.	*1265*	MurRosS	1265
1250	HArciPèresO	mil. 13ᵉs.	*1266*	RedBookH	1266
1250	JoursPerilDedM	mil. 13ᵉs.	*1268*	PAbernLumH¹	1268
1250	LapidvAS	mil. 13ᵉs.	*1270*	ApocAgnM	ca. 1270
1250	LBonneAvParB	mil. 13ᵉs.	*1270*	PAbernRichR	ca. 1270
1250	LégApostHR	mil. 13ᵉs.	*1270*	PlainteVgePurT	ca. 1270

Scriptae agn.

1270	SecrSecrAbernB	ca. 1270
1270	SeneschO	ca. 1270
1270	WrightLond	ca. 1270
1271	JeffersonGold	1271
1272	VégèceRichT	1272
1275	PlacCor^{1}K	1275
1275	StatRealm	1275
1275	FraserPet	1275-1401
1275	ArmHarlLHP	ca. 1275
1275	ArmHarlLL	ca. 1275
1275	ArmHarlW	ca. 1275
1275	CoutWinchF	ca. 1275
1275	FaucMedD	ca. 1275
1275	JHoudRossH	ca. 1275
1275	SFrançR	ca. 1275
1275	CantKiVotH	2^{e}m. 13^{e}s.
1275	Chirom	2^{e}m. 13^{e}s.
1275	EvNicAgnP	2^{e}m. 13^{e}s.
1275	GeomancieSignesH	2^{e}m. 13^{e}s.
1275	GrantzGeanzAB	2^{e}m. 13^{e}s.
1275	JugAmBlM	2^{e}m. 13^{e}s.
1275	LapidFRS	2^{e}m. 13^{e}s.
1275	LapidTPS	2^{e}m. 13^{e}s.
1275	MirNDEver^{1}M	2^{e}m. 13^{e}s.
1275	ParabAlainH	2^{e}m. 13^{e}s.
1275	PrognZodLuneH	2^{e}m. 13^{e}s.
1275	RecMédGardH	2^{e}m. 13^{e}s.
1275	RecMédPetB	2^{e}m. 13^{e}s.
1275	RecMédQuiFH	2^{e}m. 13^{e}s.
1275	RègleAugBH	2^{e}m. 13^{e}s.
1275	RespCurtS	2^{e}m. 13^{e}s.
1275	SeptPechHarlH	2^{e}m. 13^{e}s.
1275	SermCendresJ	2^{e}m. 13^{e}s.
1275	SermSeignP	2^{e}m. 13^{e}s.
1275	SMadMarsTrD	2^{e}m. 13^{e}s.
1275	Turpin^{2}S	2^{e}m. 13^{e}s.
1275	UrbCort^{1}S	2^{e}m. 13^{e}s.
1275	VisiterMaladesLH	2^{e}m. 13^{e}s.
1275	YsEudeR	2^{e}m. 13^{e}s.
1277	BatesonLeicester	1277
1278	RotParl^{1}M	1278
1279	PlacCor^{2}K	ca. 1279
1282	RôleCamB	ca. 1280
1284	CroisRichJ	3^{e}t. 13^{e}s.
1284	GuillLongH	3^{e}t. 13^{e}s.
1285	ArmGloverAB	1258
1285	WestmH	1285
1285	HosebHenO	ca. 1285
1285	JPechJerL	ca. 1285
1288	FaucTretizH	4^{e}q. 13^{e}s.
1288	ManuelPéchF	4^{e}q. 13^{e}s.
1290	PalgraveScot	1290/1291
1290	BibbO	ca. 1290
1290	MirJustW	ca. 1290
1290	TrJurExceptW	ca. 1290
1290	AncrRiwleCH	fin 13^{e}s.
1290	AncrRiwleTT	fin 13^{e}s.
1290	ApocGiffR	fin 13^{e}s.
1290	AssompNDJoyeD	fin 13^{e}s.
1290	BibbAmoursR	fin 13^{e}s.
1290	BlasmeBF	fin 13^{e}s.
1290	ChevDieuU	fin 13^{e}s.
1290	CourtBarM	fin 13^{e}s.
1290	EvEnfQuatrG	fin 13^{e}s.
1290	FaucMedC	fin 13^{e}s.
1290	FaucMedHT	fin 13^{e}s.
1290	FaucWinchH	fin 13^{e}s.
1290	GlDouceH	fin 13^{e}s.
1290	GlStJohnE	fin 13^{e}s.
1290	GlSynDouceH	fin 13^{e}s.
1290	HeronN	fin 13^{e}s.
1290	HosebAnO	fin 13^{e}s.
1290	LReisEnglF	fin 13^{e}s.
1290	MerlinProphProlM	fin 13^{e}s.
1290	NicBozProvR/ST	fin 13^{e}s.
1290	OrthParP	fin 13^{e}s.
1290	PlainteLacyT	fin 13^{e}s.
1290	SMarg8M	fin 13^{e}s.
1290	TroieJofr	fin 13^{e}s.
1292	YearbEdwIH	1292
1292	BrittN	ca. 1292
1296	LReisScotR	après 1296
1297	BémontCh	1297
1297	GoughScot	1297
1298	ArmFalkB	1298
1299	King'sBenchS	1289
1300	ArmGallowayB	1300
1300	ArtAimAgnS	ca. 1300
1300	BrutNobleAM	ca. 1300
1300	ChastWilM	ca. 1300
1300	ChronBurchB	ca. 1300
1300	DivMondePerP	ca. 1300
1300	GenHarlS	ca. 1300
1300	GlAbsinthH	ca.1300
1300	GlAcaciaH	ca. 1300
1300	GlGuillI	ca. 1300
1300	HarpurRoucH	ca. 1300
1300	HoucePN	ca. 1300
1300	LAlkemyeH^0	ca. 1300
1300	LBonneAvSiB	ca. 1300
1300	NicBozPaulB	ca. 1300
1300	NovNarrS	ca. 1300
1300	OakBookS	ca. 1300
1300	RecMédEupH	ca. 1300
1300	RioteAU	ca. 1300
1300	SCathLondH	ca. 1300
1300	SecrSecrPr^{2}H	ca. 1300
1300	SMadAlexK	ca. 1300
1300	SongeAch^{2}B	ca. 1300
1300	WrightAnecd	ca. 1300
1300	RecMédBonezV	13e-14^{e}s.
1301	TreaseSpicers	1301
1304	ArmStirlingB	1304
1304	LettrEdwPWJ	1304
1305	NicBozCharV	ca. 1305
1307	BrutAbrZ	1307
1307	ChronPLangI/IIT	1307
1307	LangetonB	1307
1307	LodgeThConst	1307
1307	YearbEdwIIM	1307
1308	ArmNatB^2	1308
1309	BrutPetM	1309
1309	MélMeekings	1309
1310	TanquereyActes	1310
1310	BibleAdd	déb. 14^{e}s.
1310	BontéFemBR	déb. 14^{e}s.
1310	CoutDublinG	déb. 14^{e}s.
1310	DéfAmPrS	déb. 14^{e}s.
1310	DomGipT	déb. 14^{e}s.
1310	FoukeH	déb. 14^{e}s.
1310	GramDH	déb. 14^{e}s.
1310	NicBozAgnèsD^1	déb. 14^{e}s.

1310 NicBozChristK   déb. 14ᵉ s.
1310 NicBozElisK   déb. 14ᵉ s.
1310 NicBozEmpV   déb. 14ᵉ s.
1310 NicBozEnsM   déb. 14ᵉ s.
1310 NicBozJulK   déb. 14ᵉ s.
1310 NicBozLucieK   déb. 14ᵉ s.
1310 NicBozMadK   déb. 14ᵉ s.
1310 NicBozMargL   déb. 14ᵉ s.
1310 NicBozMartheL   déb. 14ᵉ s.
1310 NicBozMorS   déb. 14ᵉ s.
1310 NicBozPanuceB   déb. 14ᵉ s.
1310 NicBozPassJ   déb. 14ᵉ s.
1310 NicBozSerm¹⁻⁹L   déb. 14ᵉ s.
1310 NominaleS   déb. 14ᵉ s.
1310 OrdoCoroncL   déb. 14ᵉ s.
1310 PlainteVgeReineT   déb. 14ᵉ s.
1310 PrognZodH   déb. 14ᵉ s.
1310 QuatreTempsH   déb. 14ᵉ s.
1310 RecCulViaunde   déb. 14ᵉ s.
1310 SalzmanBuild   déb. 14ᵉ s.
1310 SPaulEnfFrM   déb. 14ᵉ s.
1311 RegKellaweH   1311
1312 PlainteAmV   1312
1313 TwitiT   1ᵉʳ q. 14ᵉ s.
1315 GlGalbaF   av. 1315
1317 MonastAllégH   1ᵉʳ t. 14ᵉ s.
1317 RecAlchSlD   1ᵉʳ t. 14ᵉ s.
1317 RecCulBlancM   1ᵉʳ t. 14ᵉ s.
1317 RecMédCyrV   1ᵉʳ t. 14ᵉ s.
1317 RecMédGarryV   1ᵉʳ t. 14ᵉ s.
1318 OrdEdwIIOst¹T   1318
1321 DoncasterH   1321
1321 LCustR   ca. 1321 et ca. 1324
1323 ChaplaisStSardos   1323 à 1325
1323 OrdEdwIIOst²T   1323
1325 TestFouk   1325
1325 BibleHolkP   ca. 1325
1325 RecMédCCH   ca. 1325
1325 BibleAgn   1ᵉ m. 14ᵉ s.
1325 ChronWigmoreD   1ᵉ m. 14ᵉ s. (?)
1325 DeVinoRM   1ᵉ m. 14ᵉ s.
1325 GeomancieGravelH   1ᵉ m. 14ᵉ s.
1325 HosebCompL   1ᵉ m. 14ᵉ s.
1325 LoisGuillIngL   1ᵉ m. 14ᵉ s.
1325 LunaireAshmH   1ᵉ m. 14ᵉ s.
1325 NicBozSAgatheB   1ᵉ m. 14ᵉ s.
1325 OrthGallJ   1ᵉ m. 14ᵉ s.
1325 PlainteVgeNostreT   1ᵉ m. 14ᵉ s.
1325 PrognZodBiblH   1ᵉ m. 14ᵉ s.
1325 PrognZodConstellH   1ᵉ m. 14ᵉ s.
1325 ProvFrounceM   1ᵉ m. 14ᵉ s.
1325 RecMédRawlH   1ᵉ m. 14ᵉ s.
1325 SecrSecrPr⁴B   1ᵉ m. 14ᵉ s.
1325 SJérPréf   1ᵉ m. 14ᵉ s.
1327 UerkvitzLettr   1327
1332 CharbocloisP   1332
1333 BrutNobleC   1333
1333 BrutNobleL   1333
1333 GrantzGeanzLB   ca. 1333
1334 ChronTrivR   1334 ou peu après
1335 BrutBroth²C   ca. 1335
1337 YearbEdwIIIH   1337
1338 GéomTrinH   2ᵉ q. 14ᵉ s.
1340 BlackBookT   ca. 1340
1340 RichardsonCist   ca. 1340
1343 ChronLondA   1343

1347 RaineTest   1347
1350 ArmGrimaldiM   ca. 1350
1350 GeomancieAS⁰   ca. 1350
1350 RedBookBristolB   ca. 1350
1350 DeVinoLM   mil. 14ᵉ s.
1350 HeraudieD   mil. 14ᵉ s.
1350 TrotulaOct   mil. 14ᵉ s.
1350 BrutNobleDP   2ᵉ t. 14ᵉ s.
1350 HosebDunsterO   2ᵉ t. 14ᵉ s.
1350 HosebProlH   2ᵉ t. 14ᵉ s.
1350 ApocPrBT   14ᵉ s.
1350 MisogLangeM   14ᵉ s.
1350 OrdeneChevB/G/LB   14ᵉ s.
1350 PalgraveInv   14ᵉ s.
1350 RecMédGreceV   14ᵉ s.
1350 SJérEp53R   14ᵉ s.
1353 Rough   ca. 1353
1354 HLancA¹   1354
1355 RichardsonDicta   ca. 1355
1362 BrutThomS   1362
1363 AlgorCambrS   3ᵉ q. 14ᵉ s.
1363 SMelorD   3ᵉ q. 14ᵉ s.
1371 RegGaunt¹A   1371
1375 QuatBeatT   2ᵉ m. 14ᵉ s.
1375 RecMédTrinH   2ᵉ m. 14ᵉ s.
1377 CartPercyM   1377
1377 HemmantSelExch   1377
1378 JGowerMirM   ca. 1378
1382 ChronAnG   av. 1382
1387 JohnstonRog   1386/87
1390 CptMercersJ   1390
1390 LettrOxfL   1390
1390 LettrHarlS   fin 14ᵉ s.
1390 OrthCoyS   fin 14ᵉ s.
1393 JGowerBalY   av. 1393
1396 ManLangK   1396
1397 JGowerTrY   prob. 1397
1399 EnsEnfK   1399
1400 DonatOxfS   ca. 1400
1410 BibbFR   déb. 15ᵉ s.
1410 MPolXM   déb. 15ᵉ s.
1414 RegChichJ   1414-1443
1415 DialFr1415K   1415
1419 LAlbR   1419
1420 ThorneRead   1420
1427 PortBooksS   1427-1430
1450 RecMédArdezV   15ᵉ s.

Ouest

1160 PirBi   ca. 1160
1174 SThomGuernW¹   ca. 1174
1176 EstFougL   ca. 1176
1184 FloreBD   3ᵉ t. 12ᵉ s.
1184 RicheutV   3ᵉ t. 12ᵉ s.
1185 IpH   ca. 1185
1185 ProtH   ca. 1185
1188 TristBérG   4ᵉ q. 12ᵉ s.
1200 AthisH   ca. 1200
1200 BrutMunH   ca. 1200
1200 ChevEspA   ca. 1200
1200 SEuphrH   ca. 1200
1210 EvNicChrP   déb. 13ᵉ s.
1210 VengRagR   déb. 13ᵉ s.
1225 BibleAcreN   1ᵉ m. 13ᵉ s.

Scriptae

1225	SermBNlat14925lM	1ᵉm. 13ᵉs.	
1225	SGeorgVosG	1ᵉm. 13ᵉs.	
1226	GuillMarM	1226	
1250	AtreW	mil. 13ᵉs.	
1250	ChastieMusAG	mil. 13ᵉs.	
1250	VitS	mil. 13ᵉs.	
1250	VivMonbrancE	mil. 13ᵉs.	
1250	SSagAP	2ᵉt. 13ᵉs.	
1250	GratienBL	13ᵉs.	
1263	CoutAnjAB	3ᵉq. 13ᵉs.	
1263	CoutAnjB	3ᵉq. 13ᵉs.	
1275	DeuxBordeors¹F	2ᵉm. 13ᵉs.	
1275	DeuxBordeors²F	2ᵉm. 13ᵉs.	
1288	JJourH	1288	
1322	SJeanBaptOct¹G	1322	
1325	GlStrasB	1ᵉm. 14ᵉs.	
1328	JVignayMir	ca. 1328	
1350	Apol²L	14ᵉs.	
1350	Apol⁵Z	14ᵉs. (?)	
1400	PonthusC	ca. 1400	
1400	QJoyesR	ca. 1400	
1425	LohPrH	1ᵉm. 15ᵉs.	
1438	GlBNlat7684M	2ᵉq. 15ᵉs.	
1450	GlAngers	mil. 15ᵉs.	
1490	GlPoitH	fin 15ᵉs.	
1498	CommB	1489-1498	

hbret.

1160	FloreAW	ca. 1160
1282	BroussillonLaval	1282
1320	CoutBretP	ca. 1320
1350	MoriceBret	14ᵉs.
1355	BatAnglBB	ca. 1355

ang.

1200	SSilvCroixP	ca. 1200
1214	AngVieGregM	1214
1277	BoüardArchAng	1277
1394	TresVenM	1394
1412	CensMontjM	1412
1450	TroilusB	ca. 1450
1467	OvMorPrB	1467
1532	PFaifeuV	1532

Sud-Ouest

1100	SponsusK	av. 1100
1184	SSagOctS	3ᵉt. 12ᵉs.
1188	PartonG	av. 1188
1225	SSagLL	ca. 1225
1230	SCathAumN	ca. 1230
1275	MacerHerbesH	2ᵉm. 13ᵉs.
1288	JJourH	1288
1397	JCourtecuisseD	1397
1450	PacJobM	2ᵉt. 15ᵉs.
1460	RenNouvPrS	ca. 1460

poit.

1160	ThebesC	ca. 1160
1170	BenTroieC	ca. 1170

bourg.

1174	BenDucF	ca. 1174
1185	AlexArsL	ca. 1185
1220	LaDuCh	1220
1250	SermMaurPB	mil. 13ᵉs.
1250	SCathJonglF	13ᵉs.
1265	Audouin	1265
1265	ClouzotCens	ca. 1265
1267	PonFont	1267
1271	MerletMoutié	1271
1358	Bersuire	1358
1496	AndrVigneSMartD	1496
1498	AndrVigneNapS	ca. 1498

saint.

1217	Turpin¹A	1ᵉʳt. 13ᵉs.
1238	ChronToteL/PB	2ᵉq. 13ᵉs.
1345	CoutOleronW	1345
1345	CoutRouenG	1345

tour.

1130	EpSEtK	ca. 1130
1200	SSilvCroixP	ca. 1200
1225	PeanGatS²	1ᵉm. 13ᵉs.
1290	GlLeipzigBa	fin 13ᵉs.
1508	LAnnePlantC	1508

orl.

1213	JBelethOff¹M⁰	1ᵉʳq. 13ᵉs.
1218	ChevBarBloisB	prob. 1218
1230	RoseLLangl	ca. 1230
1240	TournEnfL	ca. 1240
1250	PoireM	mil. 13ᵉs.
1260	JostPletR	ca. 1260
1262	MirNDChartrK	1262
1275	RoseMLangl	ca. 1275
1275	RenAndJ	2ᵉm. 13ᵉs.
1290	GlLeipzigBa	fin 13ᵉs.
1290	YsChB	fin 13ᵉs.
1470	ChevCygneBerthE	ca. 1470

Centre

1248	HubertIndre	1248
1300	BibleMacéS	ca. 1300
1320	OvMorB	ca. 1320
1425	LohPrH	1ᵉm. 15ᵉs.
1438	GlBNlat7684M	2ᵉq. 15ᵉs.

bourb.

1245	ChCharrouxN	1245
1245	LavergneBourb	1245

bourg.

1200	MuleH	ca. 1200
1200	RenBeaujBelF	ca. 1200
1200	RenBeaujIgnL	ca. 1200

bourg.

1210 BestGervMo   déb. 13ᵉs.
1210 ExhortCuersT   déb. 13ᵉs.
1221 BibleBerzéL   ca. 1221
1225 ConsBoèceBourgB   1ᵉʳm. 13ᵉs.
1227 PhiliponCh³   1227
1230 DocAubeC   1230
1244 PhiliponCh¹   1244
1250 CoutChartreux   13ᵉs.
1250 PechiéOrguM   13ᵉs.
1251 PhiliponCh²   1251
1264 RichardCh   1264
1275 GirRossPrM   2ᵉm. 13ᵉs.
1285 Jassemin   1285
1290 PéageDijonAM   fin 13ᵉs.
1290 SThibAlH   fin 13ᵉs.
1303 PéageChalonBA   1303
1310 PassPalC   déb. 14ᵉs.
1320 OvMorB   ca. 1320
1325 PéageDijonBM   1ᵉʳm. 14ᵉs.
1333 JParoy   1333
1334 GirRossAlH   ca. 1334
1340 JDupinMelL   1340 (1336-1340)
1341 RegDijon¹L   1341
1346 CharnyMesT   1346
1350 CharnyChevK   ca. 1350 (av. 1356)
1352 CharnyDemT   1352
1390 CoutBourgGP   fin 14ᵉs.
1425 PassSemD   1ᵉʳm. 15ᵉs.
1453 TroiePr⁷   1453
1459 TroiePr⁸   ca. 1459
1496 AndrVigneSMartD   1496
1498 AndrVigneNapS   ca. 1498

champ.

1090 RaschiD¹   fin 11ᵉs.
1113 GlKaraE   1ᵉʳq. 12ᵉs.
1113 GlKaraEzA   1ᵉʳq. 12ᵉs.
1113 GlKaraIsF   1ᵉʳq. 12ᵉs.
1170 ErecF   ca. 1170
1176 CligesG   ca. 1176
1177 ChrestienChansZ   ca. 1177
1177 LancF   ca. 1177
1177 YvainF   ca. 1177
1180 EructavitJ   ca. 1180
1180 PercB   ca. 1180
1188 GarLorrI   4ᵉq. 12ᵉs.
1190 GaceBruléD   fin 12ᵉs.
1190 GerbMetzT   fin 12ᵉs.
1198 EvratGenABo   ca. 1198
1210 GirVianeE   déb. 13ᵉs.
1210 NarbS   déb. 13ᵉs.
1213 CalendreM   1213
1213 CoutSensL   1ᵉʳq. 13ᵉs.
1213 GlBâleB   1ᵉʳq. 13ᵉs.
1217 Bueve1S   1ᵉʳt. 13ᵉs.
1220 CoincyChristC   ca. 1220
1224 CoincyI1...K   ca. 1224
1230 DocAubeC   1230
1237 HérellePélicier   1237
1238 ThibChampW   2ᵉq. 13ᵉs.
1239 ChRethelS   1239
1250 Morlet   13ᵉs.
1250 SMargBO   13ᵉs.
1254 RobertEcly   1254

1254 RobertPorc   1254
1260 LaloreMont   1260
1261 RutebTheophFa   ca. 1261
1263 RutebF   3ᵉq. 13ᵉs.
1265 VolucrK   1265
1265 RutebCharlotN   ca. 1265
1270 DocAube²R   1270
1274 LongnonDoc   1274
1275 BoivProvAMé   2ᵉm. 13ᵉs.
1275 BoursePleineN   2ᵉm. 13ᵉs.
1275 Friemel   2ᵉm. 13ᵉs.
1275 ViergeHaM   2ᵉm. 13ᵉs.
1284 SRemiB   3ᵉt. 13ᵉs.
1285 Bev   1285
1288 TroiePr¹⁵V   4ᵉq. 13ᵉs.
1290 DrouartB   1290
1290 ElégTroyesK   fin 13ᵉs.
1290 PurgSPatrBNfr25545M   fin 13ᵉs.
1290 SPauleG   fin 13ᵉs.
1295 CoutChampP   1295
1300 FevresK   ca. 1300
1309 JoinvMo   1309
1320 CiNDitB²   ca. 1320
1322 RenContr¹R   1322
1342 RenContrR   ca. 1342
1350 GuillMachC   2ᵉt. 14ᵉs.
1384 DeschQ   3ᵉt. 14ᵉs.
1398 AnglureB   ca. 1398

Est

1210 CredoUsI   déb. 13ᵉs.
1240 GlBNhébr302L   1240
1250 BonAngeK   mil. 13ᵉs.
1250 PsMétrM   13ᵉs.
1250 UnicorneMA   13ᵉs.
1275 FloriantC   ca. 1275
1275 ChantMariageF   2ᵉm. 13ᵉs.
1290 ApocKerrT   fin 13ᵉs.
1310 ChaceOisIM   av. 1310
1345 YsIAvB   ca. 1345
1384 CardenoisC   3ᵉt. 14ᵉs.
1390 FierPrM   fin 14ᵉs.

lorr.

1175 IsidSynE   2ᵉm. 12ᵉs.
1180 ProphDavF   1180
1190 EpMontDeuH   fin 12ᵉs.
1190 GregEzH   fin 12ᵉs.
1190 SBernAn¹F   fin 12ᵉs.
1200 DepartFilsAimS   ca. 1200
1200 DialAmeB   ca. 1200
1200 PriseCordD   ca. 1200
1210 GigotDocHMarne   1210
1210 DoonRocheM   déb. 13ᵉs.
1210 HaimonS   déb. 13ᵉs.
1210 MainetDéc   déb. 13ᵉs.
1213 HervisH   1ᵉʳq. 13ᵉs. (prob. av. 1223)
1214 HistMetz   1214
1214 FrançoisTab   1214-1220
1217 AnsMetzNG   1ᵉʳt. 13ᵉs.
1220 BanMetzW   1220
1223 DolopL   ca. 1223

Scriptae   **francoit.**

1225 ProstPropr   1225
1225 SacristineIntG   1^{er}m. 13^{e}s.
1228 WaillyCollLorr   1228
1230 DocAubeC   1230
1230 CoutVerdun^{1}M   ca. 1230
1232 ArnodCh   1232
1232 DocHMarneG   1232
1234 DocMMSalT   1234
1234 LesortClerm   1234
1235 DocVosL   1235
1236 DelescluseOrval   1236
1237 HoltusLux   1237
1238 GoffinetOrval   1238
1238 ColMusC   2^{e}q. 13^{e}s.
1239 WaillyChJoinv   1239
1241 CartOrvalD   1241
1242 DenaixSBen   1242
1243 MarichalMetz   1243
1246 ImMondeOct^{1}D   1246
1248 ImMondeOct^{2}S^0 1248
1248 ImMondeOct^{3}M   ca. 1248
1250 ChirAlbT   mil. 13^{e}s.
1250 CourLouisDLe   mil. 13^{e}s.
1250 SJeanEvOctH   2^{e}t. 13^{e}s.
1260 BonnardotMetz   ca. 1260
1263 GlBNhébr301K   3^{e}q. 13^{e}s.
1263 PriseOrDR   3^{e}q. 13^{e}s.
1270 DocAube^{2}R   1270
1275 ClarisP   ca. 1275 (après 1268)
1275 CharroiDLu   2^{e}m. 13^{e}s.
1275 GautChâtAristlC   2^{e}m. 13^{e}s.
1284 BibleMalkS   3^{e}t. 13^{e}s.
1285 BretTournD   1285
1286 CensToulO   1286
1288 LouisMetz   1288
1290 Ginsberg   1290
1290 ChansEinsiedelnC   fin 13^{e}s.
1297 CoutToulB   1297
1310 EstampiesS   déb. 14^{e}s.
1310 QuatreFilles^{4}L   déb. 14^{e}s.
1313 VoeuxEpW   1313
1313 VoeuxPaonR   1313
1317 ConsBoèceLorrA   1^{er}t. 14^{e}s.
1325 GuerreMetzB   1325
1325 EchecsBernS   1^{e}m. 14^{e}s.
1338 GuerreBarB   1338
1350 CoutVerdun^{2}M   mil. 14^{e}s. (après 1338)
1350 MPolGregCO   mil. 14^{e}s.
1365 PsLorrA   1365
1438 DexW   1438
1465 JAubrionL   1465-1501
1490 MistSClemA   ca. 1490
1510 JugMetzS   déb. 16^{e}s.

Sud-Est

1188 AimonFlH   1188
1190 FloovA   fin 12^{e}s.
1210 MaccabFragmS   déb. 13^{e}s.
1210 MaccabPr^{1}G   déb. 13^{e}s.
1213 MerlinM   1^{er}q. 13^{e}s.
1240 GlBNhébr302L   1240
1250 GlDarmstadtK   mil. 13^{e}s.
1250 JoufrF   mil. 13^{e}s.
1275 SimPouilleAB   2^{e}m. 13^{e}s.

1275 SongeEnfwM   2^{e}m. 13^{e}s.
1290 Turpin^{7}W   fin 13^{e}s.
1337 ConsBoèceRenA^2 1337
1350 FaucPetrusFrDF   14^{e}s. (?)
1384 GlBNhébr1243   3^{e}t. 14^{e}s.
1476 LégDorVignBatallD   1476

frcomt.

1195 SGraalIIJosO   ca. 1195
1195 SGraalIIMerlN   ca. 1195
1227 PhiliponCh^3 1227
1235 HuonQuEntrR   ca. 1235
1244 DocJuraS   1244
1250 MisereOmme   13^{e}s.
1275 VisTondPF   2^{e}m. 13^{e}s.
1275 YsLyonB   2^{e}m. 13^{e}s.
1288 TueteyFrComt   1288
1290 JPrioratR   ca. 1290
1310 CptVesoul^{1}L   déb. 14^{e}s. (1300-1306)
1310 CptVesoul^{2}L   déb. 14^{e}s. (1300-1318)
1310 GlArbR   déb. 14^{e}s.
1310 ProvArbR   déb. 14^{e}s.
1317 CartHuguesChalonP   1317-1319
1317 ConsBoèceLorrA   1^{er}t. 14^{e}s.
1450 PCrapCurB   ca. 1450

francoit.

1186 Ren   1186 et 1^{e}m. 13^{e}s. et fin 13^{e}s.
1238 SCathVérB   2^{e}q. 13^{e}s.
1245 AntAnW   ca. 1245
1252 EnanchetF   prob. 1252
1272 GhatrifT   1272
1272 MoamT   1272
1275 MartCanL   1275
1275 PassCeliW   2^{e}m. 13^{e}s.
1290 AnsCartBoB   fin 13^{e}s.
1290 AttilaPrB   fin 13^{e}s.
1290 RenXXVIIO/UL   fin 13^{e}s.
1290 SGraalIVQuesteUR   fin 13^{e}s.
1290 TroiePr^2 fin 13^{e}s.
1298 MPolRustB   1298
1300 HectP   ca. 1300
1300 JugAmFirF   ca. 1300
1300 Rolv4$^{1/2}$B   ca. 1300
1300 SecrSecrPr^{7}B   ca. 1300
1305 ConsBoècePierreT   ca. 1305
1310 ChronRobViscC   ca. 1310
1310 AspremVenM   déb. 14^{e}s.
1310 JordRufUB   déb. 14^{e}s.
1313 BertaC   1^{er}q. 14^{e}s.
1313 BertaMilC   1^{er}q. 14^{e}s.
1313 BueveFrancoitR   1^{er}q. 14^{e}s.
1313 EnfOgFrancoitR   1^{er}q. 14^{e}s.
1313 GesteFrancorM   1^{er}q. 14^{e}s.
1313 KarletoR   1^{er}q. 14^{e}s.
1313 MacaireG   1^{er}q. 14^{e}s.
1313 OgDanAlC   1^{er}q. 14^{e}s.
1325 AnsCartM   1^{e}m. 14^{e}s.
1325 AspremChaB   1^{e}m. 14^{e}s.
1325 AspremMazM   1^{e}m. 14^{e}s.
1325 AspremV6B   1^{e}m. 14^{e}s.
1325 EntreeT   1^{e}m. 14^{e}s.

francoit.

1325 FaramonB 1ᵉm. 14ᵉs.
1325 MortCharlemagneM 1ᵉm. 14ᵉs.
1325 PassAprésBe 1ᵉm. 14ᵉs.
1325 RenMontvT 1ᵉm. 14ᵉs.
1330 HuonAuv ca. 1330
1338 GuiNantvProlCf 2ᵉq. 14ᵉs.
1343 CesNicD 1343
1343 PrisePampM ca. 1343
1343 AiméHistNormB après 1343 (?)
1350 PassNicB ca. 1350
1350 AliscMH mil. 14ᵉs.
1350 AspremFirM mil. 14ᵉs.
1370 AttilaS ca. 1370
1375 Aspremv4B 2ᵉm. 14ᵉs.
1407 AquilonW 1407

frpr.

1113 AlexAlbZ 1ᵉʳq. 12ᵉs.
1163 GirRossDécH 3ᵉq. 12ᵉs.
1188 AimonFlH 1188
1195 SGraalIIJosO ca. 1195
1195 SGraalIIMerlN ca. 1195
1225 SJeanDamK 1ᵉm. 13ᵉs.
1275 YsLyonB 2ᵉm. 13ᵉs.
1290 JPrioratR ca. 1290
1398 BonetJMeunA 1398
1410 PleurAmeB déb. 15ᵉs.
1420 RecCulChiqS 1420
1442 LeFrancChampD 1442 (fin 1441 ou déb. 1442)
1447 LeFrancEstrifD 1447
1463 MistSSebastM 3ᵉq. 15ᵉs.

lyonn.

1225 NatNDBNfr818R 1ᵉm. 13ᵉs.
1230 JBraineG ca. 1230
1250 MirNDBNfr818M 13ᵉs.
1250 SBartM 13ᵉs.
1480 YsMachoH 1480

occ.

1113 AlexAlbZ 1ᵉʳq. 12ᵉs.
1184 AigarB 3ᵉt. 12ᵉs.
1185 AlexArsL ca. 1185
1190 DaurelK fin 12ᵉs. (?)
1225 BibleAcreN 1ᵉm. 13ᵉs.
1250 FerabrasB 13ᵉs.
1275 FlamencaZ 2ᵉm. 13ᵉs.
1329 JBlasiH 1329-1337
1338 ChirAlbucE 2ᵉq. 14ᵉs.
1398 BonetJMeunA 1398
1425 SValerM 1ᵉm. 15ᵉs.

Manuscrits

Abbotsford Sir Walter Maxwell-Scott I.1.11 [1^{e}m. 15^{e}s.] → ConsBoèceRenA^2
Aberystwyth Nat. Libr. 5005B (anc. Lee; Bourdillon) [poit. 2^{e}m. 13^{e}s.] → ChronToteL/PB
Aberystwyth Nat. Libr. 5005B (anc. Lee; Bourdillon) [poit. 2^{e}m. 13^{e}s.] → Turpin^{1}A
Aberystwyth Nat. Libr. 5008 [15^{e}s.] → TroiePr^{1}C
Aberystwyth Nat. Libr. 5012E [1^{e}m. 15^{e}s.] → RoseGuiV
Aberystwyth Nat. Libr. 5014D [mil. 15^{e}s.] → RoseGuiV
Aberystwyth Nat. Libr. 5027E [14^{e}s.] → HistAnc
Aberystwyth Nat. Libr. 5028C [agn. fin 14^{e}s.] → EvNicPrAF, ImMondeOct^{1}D, VenjNSPr^{1}F
Aberystwyth Nat. Libr. 5030C [1^{er}t. 15^{e}s.] → MelusCoudrR
Aberystwyth Nat. Libr. 5031D [1447] → ConsBoèceCompC^2
Aberystwyth Nat. Libr. 5038D (anc. Cheltenham Phillipps 4405) [15^{e}s.] → ConsBoèceAberC
Aberystwyth Nat. Libr. 5039D [2^{e}m. 14^{e}s.] → ConsBoèceCompC^2
Aberystwyth Nat. Libr. 5043E [2^{e}m. 13^{e}s.] → EnfVivwD
Aberystwyth Nat. Libr. 5667 [14^{e}s.] → TristPrMé
Aberystwyth Nat. Libr. Bettisfield MS 19 [agn. 3^{e}q. 14^{e}s.] → SMelorD
Aberystwyth Nat. Libr. Peniarth 7C (ii) [3^{e}t. 13^{e}s.] fragm. → BerinOctB
Aberystwyth Nat. Libr. Peniarth 11 [fin 14^{e}s.] → Perl^{1}N
Aberystwyth Nat. Libr. Peniarth 329A [agn. mil. 14^{e}s.] → GrCharteH
Aberystwyth Nat. Libr. Peniarth 388 [agn. 4^{e}q. 14^{e}s.] → HLancA^1
Aberystwyth Nat. Libr. Peniarth 482 [15^{e}s.] → PassIsabD
Aix-en-Provence 110 (749) [Provence ca. 1390] → PelVieS
Aix-en-Provence 164 (402) [14^{e}s.] → LapidEP
Aix-en-Provence 166 (572) [2^{e}m. 14^{e}s.] → AdHaleRobV
Aix-en-Provence 428 (306) [1441] → ChronGuesclF
Aix-en-Provence 432 (316) [16e et 17^{e}s.] → JournParT
Aix-en-Provence 437 (148) [Paris? 2^{e}m. 17^{e}s.] → JMandPL
Ajaccio 81 [fin 14^{e}s.] → GaceBuigneB
Albi Rocheg. 104 [15^{e}s.] → JVignayEchecsF
Alençon 27 [déb. 14^{e}s.] → SJulPrS, SommeLaurB
Alençon 637 (anc. Sées) [norm. déb. 14^{e}s.] → AspremwB

Alençon → SommeLaurB
Alexandrine de Rothschild (où?) [Padoue? mil. 14^{e}s.] → PalamL
Amiens [18^{e}s.] → AbladaneP
Amiens [pic.] → PFontM
Amiens Arch. dép. Lucheux 171 [1267] → CensHerchiesM
Amiens Arch. mun. Reg. AA^4 [14^{e}s.] → EnsSLouisFD, EnsSLouisID
Amiens Bibl. mun. 216 [ca. 1390] → RPreslesCitéB
Amiens Bibl. mun. 398 [14^{e}s.] → BrunLatC
Amiens Bibl. mun. 411 [3^{e}t. 15^{e}s.] → ConsBoèceBenN, MelusCoudrR
Amiens Bibl. mun. 412 [pic. 2^{e}m. 14^{e}s.] → ConsBoèceLorrA, JMeunConsD
Amiens Bibl. mun. 437 [pic. 2^{e}m. 14^{e}s.] → RenclCarH, RoseLLangl
Amiens Bibl. mun. 483 [mil. 15^{e}s.] → ContGuillTyrA
Amiens Bibl. mun. 486 [pic. 1^{e}m. 15^{e}s.] → FroissChronAmD, FroissChronK
Amiens Bibl. mun. 528 [ca. 1280] → CartSelincourtB
Amiens Bibl. mun. 778 [déb. 16^{e}s.] → CartSelincourtB
Amiens Bibl. mun. 1193.3 [15^{e}s.] → TroiePr^6
Amiens Bibl. mun. Lescalopier 94 (5200) [Hotton 1461] → JMandPL
Amiens Bibl. mun. Lescalopier 94 [Hotton 1461] → JMandOgT, LapidBarbeM, SidracH
Amiens Bibl. mun. Lescalopier 95 (5201) [Flandres ca. 1460] → JMandPL
Amiens Hôpital A.5.bis [orig.] → CueillAmB
Amsterdam Bibl. Philos. Herm. 1 (anc. Cheltenham Phillipps 3630 / 1045/1047?) [flandr. 1^{er}q. 14^{e}s.] → MerlinM, MortArtuF^1, SGraalIVEstP, SGraalIVQuesteP
Amsterdam Bibl. Philos. Herm. 58 (anc. Cheltenham Phillipps 3668) [fin 14^{e}s.] → SChristofleQuatrK, SGeorgDeG
Amsterdam Bibl. Philos. Herm. 133 (anc. Bruges Maréchal) [3^{e}q. 15^{e}s.] → ConsBoèceCompC^2
Amsterdam Univ. 81 [(10^{e}s.), feuille de garde mil. 14^{e}s.] → PoèmeQuatrS
Amsterdam Univ. 446 (anc. I.A.24h) [2^{e}q. 13^{e}s.] → ErecF
Amsterdam Univ. 450 (anc. I.A.24q) [14^{e}s.] → MerlinM
AN AB.XIX.1733 [14^{e}s.] → PalamL
AN AB.XIX.1734 (anc. Alençon Arch. dép. de l'Orne) [rec. fact., cette pièce agn. 12^{e}s.] → PsOrneS

Manuscrits

AN AB.XIX.1734 [rec. fact., cette pièce fin 13ᵉ s.] → BlancandS, Pères
AN AB.XIX.1734 [rec. fact., cette pièce lorr. fin 13ᵉ s.] → HervisH
AN F.17 s.c. → AlexParA
AN J.192a n° 64 [cette partie ca. 1265] → Clouzot-Cens
AN J.235 → PrarondPont
AN J.456-36³ [orig. 1267] → PaviotProj
AN J.480.A (anc. Maz.) [1389-1392] → RegChâtD
AN J.583 n° 5 [1297, copié le jour même] → Cout-ToulB
AN J.821 n° 1 [Acre 1266] → InvEudesC
AN JJ.XXIV C [13ᵉ s.] → RegAlfPoitM
AN JJ.XXIV D [13ᵉ s.] → RegAlfPoitM
AN K.8 → CptMarBlancheD
AN K.8 f° 174-182 → InvArgFontD
AN KK.18 → CptBrunD
AN KK.34 [1381 - 1387] → CptEcurKK34L
AN KK.35 [1399 - 1413] → CptEcurKK35B
AN KK.45 → CptIsBav1401D
AN KK.50 → CptCharlVI1380D
AN KK.283 [1296] → Taille1296M
AN KK.393 [orig.] → CptChâtArt
AN KK.1006 (anc. M.H, S, 82?) [fin 15ᵉ s.] → LMestL
AN KK.1336 (anc. Châtelet) [déb. 14ᵉ s.] → LMestL
AN KK.1337 [fin 13ᵉ s.] → LMestL
AN LL.39 [1294, ajouts jusqu'en 1374] → TerroineFossier
AN LL.40 [av. 1290] → TerroineCartGeoffr
AN LL.168 [fin 13ᵉ s.] → ChronSMaglW
AN LL.1077 [1272 – mil. 14ᵉ s.] → TanonJust
AN LL.1260 [15ᵉ s.] → TanonJust
AN LL.1601 [Paris ca. 1285 (?)] → SClairePrP
AN M.74 (anc. 801) [1347] → InvEtudL
AN M.185, pièce 21 [1347] → InvJPreslD
AN M.877ᴬ [15ᵉ s.] → ConsBoèceBenN
AN M.897 [av. 1456] → AalmaR
AN P.1189/1 [13ᵉ s.] → CoutSensL
AN P.1933 [1461] → CoutCaen1326S
AN P.2298 [1460] → LibelleConsP
AN R¹.672 [pic. ca. 1250 etc.] → CartPicquigny
AN S.1336 n° 1 (Musée AE II 356) [1332-1371] → TanonJust
AN X.1a.8604 [15ᵉ s.] → LibelleConsP
AN X²ᵃ4 [prob. 1319-1350] → ConfParlL
Angers Arch. dép. 3.F.6/1 [déb. 15ᵉ s.] → Ren
Angers Bibl. mun. 26 (22) [poit. ca. 1200] → ThebesC
Angers Bibl. mun. 304 (295) [1ᵉʳ t. 13ᵉ s.] → EstFougL
Angers Bibl. mun. 390 (403) [déb. 14ᵉ s.] → RègleSBenMartDL
Angers Bibl. mun. 402 (389) [Avignon? av. 1340] → RègleSBenPr⁶
Angers Bibl. mun. 417 (404) [15ᵉ s., fragments des lettres D, E, F] → AalmaR
Angers Bibl. mun. 497-498 (481) [mil. 15ᵉ s.] → GlAngers
Angers Bibl. mun. 548 (513) [14ᵉ/15ᵉ s.] → ChastVergiA
Angers Bibl. mun. 549 (514) [Avignon 1390] → GuillPenneMa
Angers Bibl. mun. 572 (536) [prob. fin 14ᵉ s.] → AdvNDMystR
Angers Bibl. mun. 1122 (921) [fin 18ᵉ s.] → JoubertMacé
Angers Bibl. mun. 1174 (971) [15ᵉ s.] → ChronFlandrK
Anholt [fin 15ᵉ s.] → MistHag4AR
Annonay (en fait Serrières, Boissonnet) [champ. déb. 13ᵉ s.] → PercB
Annonay [champ. déb. 13ᵉ s.] → CligesG, ErecF, YvainF
Anon. Virginia USA (anc. Cheltenham Phillipps 6739) [hain. (?) ca. 1300] → BestPierre²B
Antwerpen Museum Plantin-Moretus 025 (anc. 141) [16ᵉ s.] → OlMarche
Arbois AA1 [copie 1384] → StouffArb
Arlon Arch. Saint Hubert L.12 [pic. 13ᵉ s.] → AnsMetzS¹
Arras 83 (630) [ca. 1400] → LégDorVignBartH
Arras 139 (657) [pic. 3ᵉ t. 13ᵉ s.] → AdHaleChansM, AlexisPr⁴, BestAmFournS, Chans, ChansArrJ, MorPhilP, PassJonglFT, Pères, PurgSPatrPrAD, SEustPr¹M, SFanuelC, SJulPrS, ThibBlaisN
Arras 139 (657) [pic., cette partie 1278] → MarqueA, SSagAP
Arras 182 (1060) [pic. fin 13ᵉ s.] → BrunLatC
Arras 297 (177) [fin 16ᵉ s.] → ChronJBekaN
Arras 532 (845) [Artois ca. 1400] → ConsBoèceBenN, JMeunTresM, PelAmeS, PelJChrS, PelVieS, RoseLLangl, TroisMortsSeG
Arras 574 [déb. 14ᵉ s.] → ContGuillTyrA
Arras 587 (897) [pic. (Arras) 1370 n.st.] → AcartH, BiblePar, DébCorpsArrL, GuillMachBehH, GuillMachC, PurgSPatrF, SJeanBoucheD
Arras 594 (692?) [ca. 1520] → MolinetFaictzD
Arras 596 [3ᵉ q. 15ᵉ s.] → IsidSyncH
Arras 625 (697) [3ᵉ q. 15ᵉ s.] → PassArrR
Arras 696 (704?) [pic. 1465] → AmAmAlM⁰
Arras 729 [2ᵉ m. 14ᵉ s.] → ConsBoèceRenA²
Arras 742 (766) [1472] → AlexisQP, BelleHelR
Arras 748 (777) [2ᵉ m. 15ᵉ s.] → LeFrancEstrifD
Arras 851 (307) [Arras 2ᵉ m. 13ᵉ s.] → PèresPrI5/7S, PèresPrIIMarcelL, PurgSPatrPrAD, SDomM, SJeanEvW
Arras Arch. dép. A 150⁶ [originaux, s.d.] → ImpArtB
Ars. 279 [2ᵉ m. 13ᵉ s.] → Pères
Ars. 391 [cette partie fin 13ᵉ s.] → EtSLouisV
Ars. 408 [fin 14ᵉ s.] → PhMézTestG
Ars. 570 [lorr. (Metz) 1ᵉʳ t. 14ᵉ s.] → CoincyI1…K, ThibAmPriereL
Ars. 650 [15ᵉ s.] → CoincyI1…K
Ars. 683 [15ᵉ s.] → GuillMachC
Ars. 732 [ca. 1400] → JMeunConsD
Ars. 733 [15ᵉ s.] → JMeunConsD
Ars. 737 [1ᵉ m. 15ᵉ s.] → ConsBoèceCompC²
Ars. 738 [15ᵉ s.] → JMeunConsD
Ars. 937 [2ᵉ m. 13ᵉ s.] → SMadPr³
Ars. 2001 [faibles traits pic. 15ᵉ s.] → JGoulRatB, JGoulSacreB
Ars. 2002 [14ᵉ/15ᵉ s.] → JGoulRatB, JGoulSacreB
Ars. 2038 [1466] → PassIsabD
Ars. 2059 [pic. (Valenciennes) 1341] → AldL, CiNDitB², MiroirMondeC
Ars. 2071 [1383 n.st.] → Juitel, SommeLaurB, VenjNSPr⁴F

Manuscrits

Ars. 2075 [Lorr. 1486] → PassIsabD
Ars. 2083 [lorr. (Metz?) déb. 13ᵉ s.] → HaimonS
Ars. 2111 [fin 13ᵉ s.] → SermMaurR
Ars. 2114 [15ᵉ s.] → VenjNSPr⁵F
Ars. 2115 [4ᵉ q. 15ᵉ s.] → JSQuentO
Ars. 2156 [2ᵉ q. 14ᵉ s.] → MirBonnes
Ars. 2247 [1368] → PCrapCurB
Ars. 2319 [Paris ca. 1470] → PelViePr
Ars. 2320 [14ᵉ s.] → SidracH
Ars. 2361 [2ᵉ m. 13ᵉ s.] → ImMondeOct¹D
Ars. 2386 [15ᵉ s.] → PassIsabD
Ars. 2465 (anc. Jurispr. fr. 127) [1ᵉʳ m. 14ᵉ s.] → CoutAnjB
Ars. 2465 [1ᵉʳ m. 14ᵉ s.] → EtSLouisV
Ars. 2467 [15ᵉ s.] → CoutNormGuillH
Ars. 2510 [ca. 1300] → AldL
Ars. 2511 [mérid. ou It. 14ᵉ s.] → AldL
Ars. 2512 [15ᵉ s.] → GuiChaul
Ars. 2551 [déb. 14ᵉ s.] → JMeunVégL
Ars. 2570 [1437] → CoutBretP, CoutMerOlAZ, NoblBretZ
Ars. 2668 [av. 1373] → OresmeEthM
Ars. 2669 [15ᵉ s.] → ConsBoèceCompC², JMeunConsD
Ars. 2670 [15ᵉ s.] → ConsBoèceBenN
Ars. 2671 [15ᵉ s.] → JDaudRem
Ars. 2674 [ca. 1445] → JCourtecuisseD
Ars. 2677 [frc. 14ᵉ s.] → BrunLatC
Ars. 2678 [It. 15ᵉ s.] → BrunLatC
Ars. 2679 [15ᵉ s.] → BrunLatC
Ars. 2680 [av. 1453 ?] → BrunLatC
Ars. 2682-2683 [av. ca. 1400] → PhMézPelC
Ars. 2687 [15ᵉ s.] → LatourLandryM, PhMézGrisG
Ars. 2690 (anc. 45) [ca. 1400] → GouvRoisGuill
Ars. 2691 [15ᵉ s.] → BestGuillR, MelibeeRenS
Ars. 2692 [ca. 1400] → DenFoulB¹
Ars. 2725 [15ᵉ s.] → JVignayEchecsF
Ars. 2741 [déb. 15ᵉ s.] → OvArtPrR
Ars. 2765 [18ᵉ s., copie de BN fr. 837] → EvFemesK
Ars. 2768 [18ᵉ s., copie de BN fr. 1593] → EvFemesK
Ars. 2770 [copie du 18ᵉ s. d'une partie de BN fr. 2168] → GraelentT
Ars. 2776 [14ᵉ s.] → RestorD, VoeuxPaonR
Ars. 2805 (anc. S. A. F. 108) [2ᵉ m. 15ᵉ s.] → LapidPhilZ
Ars. 2814 [14ᵉ s.] → AldL
Ars. 2860 [fin 15ᵉ s.] → JDaudRem
Ars. 2872 [fin 14ᵉ s., traits occ.] → AldL, GautChâtAristIIIC, KalendRoyneH⁰, LSecrNatD, SecrSecrPr⁹
Ars. 2888 [1ᵉʳ m. 15ᵉ s.] → LSimplMedD
Ars. 2889 [15ᵉ s.] → MacerHerbesH
Ars. 2895 [2ᵉ m. 15ᵉ s.] → AldL
Ars. 2915 [1ᵉʳ m. 15ᵉ s.] → JMeunVégL
Ars. 2916 [15ᵉ s.] → JMeunVégL
Ars. 2961 [mil. 15ᵉ s.] → SecrSecrPr³H
Ars. 2981 [fᵒ 1-90 14ᵉ s.] → BrutA
Ars. 2983 (anc. 180) [pic. 2ᵉ m. 13ᵉ s.] → GerbMetzT
Ars. 2983 [pic. 2ᵉ m. 13ᵉ s.] → GarLorrD, GarLorrI, GarLorrV
Ars. 2985 [fin 14ᵉ s.] → OgDanAl²
Ars. 2986 [pic. 2ᵉ q. 13ᵉ s.?] → PartonG
Ars. 2990 [ca. 1400] → RenMont

Ars. 2991 [fin 14ᵉ s.?] → Apol²L
Ars. 2995 [pic. fin 13ᵉ s.] → Turpin²W
Ars. 2996 [2ᵉ m. 13ᵉ s.] → MerlinM, SGraalIIIJosTO
Ars. 2997 [1301] → MerlinM
Ars. 2998 [15ᵉ s.] → SSagMR
Ars. 2999 [15ᵉ s.] → SSagMR
Ars. 3059 [fin 15ᵉ s.] → JBueilJouvL, VaillantD
Ars. 3079-3080 [15ᵉ s.] → ModusT
Ars. 3101 [18ᵉ s.] → AdHaleFeuillG
Ars. 3114 [pic. fin 13ᵉ s.] → BodelCongéRu, FatrArrP, GroingnetB, RenPiaudL
Ars. 3121 [1481] → LeFrancChampD
Ars. 3122 [ca. 1300] → DrouartB
Ars. 3123 [18ᵉ s., copie de BN fr. 25545] → EvFemesK
Ars. 3139 (anc. 165) [hain. 1268] → JerusH
Ars. 3139 [hain. 1268] → AntiocheN, ChevCygne, ChevCygneNaissBeaN, ChevCygneNaissM, EnfGodM, GodBouillCornM, GodBouillH, JerusT
Ars. 3140 [1571?] → GilChinP
Ars. 3141 [déb. 15ᵉ s.] → ChronGuesclF
Ars. 3142 [fᵒ 166rᵒb-178vᵒb: 14ᵉ s.] → JobG
Ars. 3142 [Paris? fin 13ᵉ s.] → AdenBuevH, AvariceB, AveDameL, BaudCondMortsG, BaudCondS, BerteH, BodelCongéRu, CleomH, CoincyI1…K, EnfOgH, ImMondeOct¹D, MarieFabW, MorPhilP, ProvSenoO, ProvVilT, QuatreFilles¹BL, RenclCarH, RutebNeufJoiesM, SaisnA/LB
Ars. 3143 (anc. 181) [Paris?, traits pic. 1ᵉʳ m. 14ᵉ s.] → GerbMetzT
Ars. 3143 [Paris?, traits pic. 1ᵉʳ m. 14ᵉ s.] → AnsMetzNG, AnsMetzS¹, GarLorrI, HervisH
Ars. 3144 [1455] → JourdBlAlM
Ars. 3145 [pic.or. 2ᵉ m. 15ᵉ s.] → HugCapL, JLansonM, PChastTPerD, PurgSPatrPrAD
Ars. 3151 [15ᵉ s.] → RenMontPr¹
Ars. 3152 [13ᵉ s.] → MarqueA
Ars. 3155 [mil. 15ᵉ s.] → TroilusB
Ars. 3167 [déb. 14ᵉ s.] → AbbDev, ImMondeOct¹D, ImMondeOct¹W
Ars. 3168 [1429] → ImMondeOct²S⁰
Ars. 3169 [15ᵉ s.] → PelJChrS
Ars. 3170 [ca. 1380?] → PelAmeS, PelVieS
Ars. 3174 [pic. mil. 15ᵉ s.] → RecMédSauvT
Ars. 3190 [4ᵉ q. 15ᵉ s.] → AldL, SecrSecrPr⁶H
Ars. 3219 [fin 14ᵉ s.] → JMandPL
Ars. 3252 [fin 15ᵉ s.] → GastPhébChasseT
Ars. 3254 [15ᵉ s.] → JVignayEchecsF
Ars. 3296 [18ᵉ s.] → FroissBallB, FroissS
Ars. 3303 [18ᵉ s.] → ChansArtB
Ars. 3304 [18ᵉ s.] → ChansArtB
Ars. 3305 [18ᵉ s.] → ChansArtB
Ars. 3306 [18ᵉ s.] → ChansArtB
Ars. 3312 [18ᵉ s.] → AthisH
Ars. 3322 [18ᵉ s.] → GirRossAlH
Ars. 3323 [18ᵉ s.] → RouH
Ars. 3324 [15ᵉ s.] → AnsCartPr
Ars. 3325 [It. sept. 3ᵉ q. 13ᵉ s.] → AventBrunL, PalamL
Ars. 3326 [15ᵉ s.] → HistAnc²RB
Ars. 3326 [pic. 3ᵉ q. 15ᵉ s.] → TroilusB
Ars. 3331 [Paris ca. 1400] → PelAmeS, PelVieS
Ars. 3332 [15ᵉ s.] → AdAiglesB, GaceBuigneB
Ars. 3334 [pic. fin 13ᵉ s.] → Ren, RenHS

Ars. 3335 (anc. 195 C) [mil. 14ᵉ s.] → RenChab
Ars. 3335 [mil. 14ᵉ s.] → Ren, RenHS
Ars. 3338 [1ᵉ m. 14ᵉ s.] → RoseLLangl
Ars. 3340 [1237] → BenTroieC
Ars. 3342 [1ᵉ m. 13ᵉ s.] → BenTroieC
Ars. 3343 [15ᵉ s.] → BerinB
Ars. 3344 [ca. 1300] → CesTuimPrS
Ars. 3346 [Centre-Ouest 3ᵉ q. 15ᵉ s.] → LohPrH
Ars. 3347 [frc. 2ᵉ m. 13ᵉ s.] → MortArtuF¹, SGraal-IVQuesteP
Ars. 3350 [2ᵉ m. 15ᵉ s.] → MerlinM, SGraalIV-QuesteP
Ars. 3351 [3ᵉ q. 15ᵉ s.] → GalienS, GesteMonglPrK, SebilleT
Ars. 3353 [1ᵉʳ q. 15ᵉ s.] → MelusArrV
Ars. 3354 [15ᵉ s.] → PProv¹B, SSagLL
Ars. 3355 [pic. 14ᵉ s.] → LaurinT, MarqueA
Ars. 3356 [15ᵉ s.] → ChrPisVertW, LatourLandryM, MelibeeRenS
Ars. 3364 [déb. 16ᵉ s.] → MistSRemiK
Ars. 3460 [bourg.? fin 13ᵉ s.] → QuatreFilles²L, RenclCarH
Ars. 3472 [poit. ou Sud-Est? 1ᵉ m. 13ᵉ s.] → AlexArsL
Ars. 3473 [18ᵉ s.] → CleomH
Ars. 3475 [ca. 1500] → MelusCoudrR
Ars. 3476 [fin 15ᵉ s.] → PrêtreJeanPr²W/X/Y/ZG
Ars. 3477-3478 [Savoie? déb. 15ᵉ s.] → PalamL
Ars. 3479 [déb. 15ᵉ s.] → MerlinM
Ars. 3479-80 [déb. 15ᵉ s.] → SGraalIVQuesteP
Ars. 3480 [Paris, traits sept., ca. 1400] → LancDérH, LancPrS, MortArtuF¹, Perl¹N
Ars. 3482 [mil. 14ᵉ s.] → MerlinM, MortArtuF¹, SGraalIVQuesteP
Ars. 3483-3494 [1459-60] → PercefR
Ars. 3495 [18ᵉ s.] → JPrierM
Ars. 3511 [ca. 1500] → MPolGregM
Ars. 3515 [ca. 1460] → ChronSaintProf
Ars. 3516 [art. 1267] → BestPierre²B, BibleEntS, BrendanW, ClercVaudR, CoincyI1…K, CristalB, DébCorpsSamPV, DoctSauvS, ElucidaireGilR, EructavitJ, FemChasteW, GuggenbühlArs, HAndArD, HermValS, HuonRegrL, ImMondeOct¹D, LapidsSES, LapidsPS, LégApostHR, LettrHippoT, MaccabGautS, MelionT, MorPhilP, PassJonglFT, PoèmeMorB, RobBloisChastU, RobBloisDidF, SAndréB, SCathCarlM, SermMadAC, SGregA¹Su, SGregA²S, SJakeM, SJeanBoucheD, SJulT, SMarieEgTD, TrotT, TumbNDW, Turpin²W, UnicorneAJ, VenjNSA/B…/S, VenusF, WaceConcA, WaceMargAF, WaceNicR
Ars. 3517 [pic. fin 13ᵉ s.] → ThibAmPriereL
Ars. 3517-3518 [pic. fin 13ᵉ s.] → CoincyI1…K, CoincyNatNDR, EructavitJ, Pères, SacristineArsG, SJeanBoucheD, SJeanPaulusOctA, TumbNDW
Ars. 3518 [pic. fin 13ᵉ s.] → RenclMisH
Ars. 3520 [15ᵉ s.] → PelAmeS
Ars. 3521 [fin 15ᵉ s.] → PChastTPerD
Ars. 3522 [1ᵉ m. 14ᵉ s.] → ImMondeOct²S⁰
Ars. 3523 [fin 15ᵉ s.] → ConfTestB, PChastTPerD, VaillantD
Ars. 3524 [mil. 14ᵉ s.] → BaudCondMortsG, BaudCondS, JCondJacR, JCondOisR, JCondS
Ars. 3525 (anc. B.L.F. 318) [ca. 1330] → WatrS

Ars. 3525 [ca. 1330] → WatrTroisDamesH
Ars. 3527 [pic. déb. 14ᵉ s.] → CoincyI1…K, ComtePoitM, PassJonglFP, PassJonglFT, Pères, RenclMisH, SegrMoine¹′²′³N, SGregA¹L, SGregB¹Su, SGregB²S
Ars. 3622 [15ᵉ s. (?)] → VisTondArs
Ars. 3638 [3ᵉ q. 15ᵉ s.] → TroilusB
Ars. 3641 [Est 2ᵉ m. 13ᵉ s.] → Pères
Ars. 3645 [It. fin 13ᵉ s.] → AntAnW, SCathVérB
Ars. 3646 [norm. ca. 1380] → GuillDigLisD, PelAmeS, PelJChrS, PelVie²M⁰
Ars. 3647 [15ᵉ s.] → PelAmeS
Ars. 3682-83 [2ᵉ m. 15ᵉ s.] → LégDorVignBartH
Ars. 3684 [15ᵉ s.] → LégJMailly, SermMaurR
Ars. 3685 [2ᵉ m. 15ᵉ s.] → HistAnc²RB
Ars. 3705 [déb. 15ᵉ s.] → LégDorVignBartH
Ars. 3706 [2ᵉ m. 15ᵉ s.] → LégJMailly, SMadPr³, SMarieEgUD
Ars. 3839 [15ᵉ s.] → FroissChronIVV
Ars. 3840 (anc. Hist. 147) [mil. 16ᵉ s.] → MonstreletD
Ars. 4594 [16ᵉ s.] → OresmeMonW
Ars. 4654 [15ᵉ s.] → HaytonK
Ars. 4655 [mil. 15ᵉ s.] → PhMézGrisG
Ars. 4777 [2ᵉ m. 15ᵉ s.] → ChronJBekaN
Ars. 4797 [2ᵉ m. 13ᵉ s.] → ContGuillTyrM
Ars. 4834 [18ᵉ s.] → GaceBuigneB
Ars. 5056 [Est 2ᵉ m. 13ᵉ s.] → BiblePar
Ars. 5057-5058 [Paris ca. 1405] → BibleGuiart
Ars. 5059 [Paris 1317] → BibleGuiart, BiblePar
Ars. 5062 (anc. 44 S.A.F) [ca. 1475] → GouvRoisArs
Ars. 5064 [ca. 1470] → PCresc
Ars. 5067 [av. 1467] → RLefevreJasonP
Ars. 5068 [ca. 1485] → TroiePr¹⁴R
Ars. 5069 [2ᵉ q. 14ᵉ s.] → OvMorB
Ars. 5070 [ca. 1435] → LaurPremDecD
Ars. 5071 [Pic.? ca. 1400] → PelVieS
Ars. 5072-5075 [1468-1470] → MabrienV, RenMontPr²
Ars. 5078 [ca. 1465] → ChronSaintProf
Ars. 5079 [ca. 1465] → ChronSaintProf
Ars. 5080 [après 1332] → JVignayMir
Ars. 5081 [fin 15ᵉ s.] → HistAnc
Ars. 5084 (anc. Hist. 146) [ca. 1470] → MonstreletD
Ars. 5089 [1462] → ProvSenOO
Ars. 5091 [France 2ᵉ m. 15ᵉ s.] → ApocPrArsP
Ars. 5107 [15ᵉ s.] → JVignayEchecsF
Ars. 5121 [ca. 1470] → ChastelPerB
Ars. 5122 (anc. 300 B.F.) [2ᵉ q. 14ᵉ s.?] → SMaglGeoffrD
Ars. 5177 [2ᵉ m. 13ᵉ s.] → Perl¹N
Ars. 5186 [15ᵉ s.] → FetRomF¹
Ars. 5190 [1467-1487] → FroissChronIVV
Ars. 5197 [15ᵉ s.] → ModusT
Ars. 5198 (anc. B.L.F. 63) [déb. 14ᵉ s.] → RomPast
Ars. 5198 [déb. 14ᵉ s.] → BlondNesleL, GilebBernW, JBraineG, MahieuW, MoniotParD, OedeCourS, PerrinS, RBeauvN, RichSemJ, RSoissonsW, ThibBlaisN, ThibChampW
Ars. 5201 [bourg.sept. ou lorr. 3ᵉ t. 13ᵉ s.] → CatAdSuelU, DoctSauvS, GuiotProvinsO, IsidSyncH, MisereOmme, MorPhilPrH, PassJonglFT, PassJonglOM, PassJonglUG, PBeauvOlimpB, RobBloisAmU, RobBloisDidF, RobBloisDidU,

Manuscrits

RobBloisFlorB, RutebNeufJoiesM, SFanuelC, TroisEnM, Turpin²W, VenjNSA/B…/S, VMortHélW

Ars. 5203 [3ᵉt. 14ᵉs.] → GuillMachBehH, GuillMachC, GuillMachDits¹⁻⁶F, GuillMachH, GuillMachVoirI

Ars. 5204 [2ᵉt. 14ᵉs.?] → CoincyI1…K, HuonRegrL, PassJonglFT, Pères, PoèmeMorB, QSignesK, SEuphrH, SMarieJésus

Ars. 5208 [ca. 1485] → JAvesnesFilleB, JAvesnesProprF, JAvesnesSalC, OrdeneChevPrJ

Ars. 5211 [Acre 1250-54] → BibleAcreN, JugesA, RoisC

Ars. 5212 [Paris ca. 1375] → BibleGuiart

Ars. 5214 [agn. déb. 14ᵉs.] → ApocPrD

Ars. 5216 [15ᵉs.] → Pères

Ars. 5218 [Tournai 1351] → SGraalIVQusteP

Ars. 5219 [déb. 16ᵉs.] → MPolGregM

Ars. 5220 (anc. Institut 326) [3ᵉq. 13ᵉs.] → ContGuillTyrA

Ars. 5229 [bourg. déb. 15ᵉs.] → AventBrunL

Ars. 5258 [1754] → BrunLatC

Ars. 5269 [15ᵉs.] → ChronBaudAbrK, ChronBourgValencK

Ars. 5366 [1447/1448?] → EvNicPrLA, PrêtreJeanPr¹E/I…G, SValerM, VenjNSPr⁴F

Ars. 5767 [4ᵉq. 15ᵉs.] → FormHonCourtH

Ars. 6328 [15ᵉs.] → ChronBaudAbrK

Ars. 6329 [pic. 1311] → SommeLaurB

Ars. 6562 [pic. 1ᵉʳq. 13ᵉs.] → AliscW, BatLoqArsR, MonGuill¹C, MonRaincB

Ars. 6565 [pic. fin 13ᵉs.] → GuillPalMa

Ashburnham Barrois 3 [15ᵉs.] (X¹) non localisé actuellement → FetRomF¹

Ashburnham Barrois 20 [14ᵉs.?] à localiser → CoincyI1…K

Ashburnham Barrois 66 (où auj. ?) [14ᵉs.] → ImMondePrP

Ashburnham Barrois 412 [15ᵉs.] → SEust10P

Ashburnham Barrois 488 [?] → PelAmeS, PelVieS

Atlanta Anon. (anc. London Quaritch, anc. Denton) [agn. 3ᵉq. 13ᵉs.] → BartRegionsP

Auckland N.Z. Publ. Libr. Grey MS 119 [frc. ca. 1425] → ConsBoèceCompC²

Augsburg Stadtarchiv Urk. 5 (2) [ajout 3ᵉt. 10ᵉs.] → PassAugB

Augsburg Univ. I.4.2° 1 (anc. Maihingen Oettingen-Wallerstein 730) [pic. 3ᵉt. 13ᵉs.] → ChastPereAH, DoctSauvS, HermValS

Augsburg Univ. I.4.2° 5 [15ᵉs.] → ConsBoèceBenN

Augsburg Univ. I.4.2°1 (anc. Maihingen Oettingen-Wallerstein 730) [pic. 13ᵉs.] → ChastPereAR

Auxerre Bibl. mun. (anc. Coll. du chantre de la cathédrale Moron, anc. S. Germ. d'Aux.) [ca. 1424] → TroisMariesJean

Avignon 344 [15ᵉs.?] → RossignoletN

Avranches 223 [norm. av. 1382] → OresmeEconM, OresmePolM

Avranches 244 [Dol 1424 n.st.] → ChantRoussW, TombChartr18S, TombChartr19S, TombChartrS

Aylesbury Waddesdon Manor 8 [3ᵉt. 15ᵉs.?] → ChrPisOthP

Aylsham Blickling Hall 6892 [agn. mil. 14ᵉs.] → ChronPLangI/IIT

Aylsham Blickling Hall 6931 [13ᵉs.] → HistAnc

Baltimore Walters Art Museum W.125-126 [fin 14ᵉs.] → BibleGuiart

Baltimore Walters Art Museum W.132 (anc. Ashburnham Barrois 234) [4ᵉq. 13ᵉs.] → RègleTempleC

Baltimore Walters Art Museum W.137 (anc. Ashburnham App. 154) [4ᵉq. 13ᵉs.] → ContGuillTyrA

Baltimore Walters Art Museum W.140 [après 1333, date 1351 sur grattage] → JVignayMir

Baltimore Walters Art Museum W.141 [flandr. ca. 1370] → PelVieS

Baltimore Walters Art Museum W.142 (Ricci 528; anc. Yates Thompson 43; Firmin Didot) [Paris 1ᵉʳt. 14ᵉs.] → GuillTyrP

Baltimore Walters Art Museum W.144 [Londres ca. 1320] → GouvRoisGauchyM

Baltimore Walters Art Museum W.308 [Bourges? ca. 1460] → SecrSecrPr⁶H

Baltimore Walters Art Museum W.310 [2ᵉm. 15ᵉs.] → ConsBoèceCompC²

Baltimore Walters Art Museum W.317 [3ᵉq. 15ᵉs.] → MelusCoudrR

Baltimore Walters Art Museum W.770 (anc. Cheltenham Phillipps 4417) [ca. 1410] → RPreslesCitéB

Bamberg Staatsbibl. Lit. 115 (anc. Ed.IV.6) [déb. 14ᵉs.] → StimmingMot

Bamberg Staatsbibl. Med. 8 [L.III.15] [mil. 13ᵉs.] → GlAlphM

Barcelona Arxiu dioc. Fragm. 22 [fin 13ᵉs.] → BrunLatC

Barcelona Bibl. de Cat. MS 146 (Cançoner Gil, anc. Zaragoza) [Catal. mil. 14ᵉs.] → BenTroieC

Basel A III 39 [hébr. 1ᵉʳq. 13ᵉs.] → GlBâleB

Basel F VIII 22 [ca. 1470] → EvFemesK

Basel N I 2 Nr. 83 [Angleterre fin 12ᵉs.] → BenTroieC

Beaune Arch. Hospit. 7 [1469] → GirRossWauqM

Beaune Bibl. mun. 21 (21) [mil. 15ᵉs.] → JGoulRatB

Beaune Bibl. mun. 24 (25) [terminé 1400] → CoutBourgGP

Beauvais Arch. mun. AA.2 [pic. déb. 14ᵉs.] → ClercVaudR, EtSLouisV, MorPhilPrH

Beauvais Bibl. du Trib. Arm. C.4 [15ᵉs.] → BeaumCoutS

Beauvais Bibl. mun. 9 (2807) [14ᵉs.] → MelibeeRenS

Bergamo Cassaforte 2-5 (anc. Gab. Δ, fila VIII,22) [ca. 1300] → BrunLatC

Bergues Bibl. mun. 27 (O.67) [1492] → ConsBoèceCompC²

Berkeley Cal. Univ. Bancroft Libr. Ms 72 (Ms PQ 1463 G 25, Cheltenham Phillipps 2937) [Paris ca. 1245] → GarLorrI

Berkeley Cal. Univ. Bancroft Libr. Ms 73 (anc. Cheltenham Phillipps 4377) [faibles traits pic., 2ᵉq. 13ᵉs.] → MortArtuF¹, SGraalIVQusteBaB, SGraalIVQusteP

Berkeley Cal. Univ. Bancroft Libr. Ms 106 (anc. Cheltenham Phillipps 3643) [norm. 3ᵉt. 13ᵉs.] → SCathCarlM

Manuscrits

Berkeley Cal. Univ. Bancroft Libr. Ms 106 (PQ 1475 G 68; anc. Cheltenham Phillipps 3643) [norm. 3ᵉ t. 13ᵉ s.] → ChevBarBloisB, CoincyI1...K, GehrkeScr, MerlinM, PassJonglFT, PassJongloM, Pères, RutebNeufJoiesM

Berkeley Cal. Univ. Bancroft Libr. Ms 140 (Ms PQ 1463 G 24, Cheltenham Phillipps) [2ᵉ m. 13ᵉ s.] → GarLorrI

Berkeley Cal. Univ. Bancroft Libr. Ms 148 (anc. Cheltenham Phillipps 13496) [ca. 1480] → HistAnc

Berkeley Cal. Univ. Bancroft Libr. Ms 165 [ca. 1300] fragm. → BrutA

Berkeley Cal. Univ. Bancroft Libr. Ms 173 (anc. Château de Barbentane) [f° 126-203: 15ᵉ s.] → EchecsFerronC

Berlin Johannes Wolf ('z') → ChansMünchenD

Berlin Staatsbibl. gall. oct. 28 [déb. 14ᵉ s., auj. perdu] → AmeBerlA/B/CB

Berlin Staatsbibl. gall. oct. 41 [13ᵉ s.] → FerabrasB

Berlin Staatsbibl. germ. qu. 846 [13ᵉ s.] → AthisTC

Berlin Staatsbibl. Hamilton 19 (KK 78 C 1) [ca. 1300] → AlexPrH

Berlin Staatsbibl. Hamilton 34 [3ᵉ q. 15ᵉ s.] → TroilusB

Berlin Staatsbibl. Hamilton 44 [Paris 4ᵉ q. 15ᵉ s.] → SecrSecrPr⁶H

Berlin Staatsbibl. Hamilton 45 [Sud-Ouest ou It.? fin 14ᵉ s.] → SecrSecrPr³H

Berlin Staatsbibl. Hamilton 46 [Paris ca. 1400] → SecrSecrPr⁶H

Berlin Staatsbibl. Hamilton 49 [Gênes ca. 1300] → LancPrM

Berlin Staatsbibl. Hamilton 96 [Paris? ca. 1400] → ConsBoèceCompC²

Berlin Staatsbibl. Hamilton 150 I-II [Londres? 2ᵉ q. 15ᵉ s.] → GrChronV

Berlin Staatsbibl. Hamilton 191 [Paris ca. 1300] → RenclCarH

Berlin Staatsbibl. Hamilton 192 [norm. 1403] → CoutNormT

Berlin Staatsbibl. Hamilton 193 [Île de Fr. ca. 1290] → BeaumCoutS

Berlin Staatsbibl. Hamilton 226 [f° 1-12 17ᵉ s., f° 13-341 ca. 1400] → ChronGuesclF

Berlin Staatsbibl. Hamilton 257 [norm. ca. 1300] → AubereeN, AvocasR, BorgOrlBerlR, BouchAbevR, BoursePleineN, ChastVergiA, ChevRobeN, CoilleB, GautLeuL², HaimBarW, HainAnN, HainAnR, JugAmD, JugAmS, JumentDeableR, LevyFabl, LuqueR, MeunClercsN, MireC, NarcisusP, PirBi, PrestreForceN, ProvVilT, QuatrePrestresN, SegrMoine¹/²/³N, SegrMoineV, VilParadisN

Berlin Staatsbibl. Hamilton 266 [I: flandr. 3ᵉ q. 15ᵉ s.], → FroissChronL

Berlin Staatsbibl. Hamilton 285 [3ᵉ t. 14ᵉ s.] → PelVieS

Berlin Staatsbibl. Hamilton 337 (KK 78 D 8) [1341] → HuonAuvBM

Berlin Staatsbibl. Hamilton 340 [Flandres? 2ᵉ m. 15ᵉ s.] → TroiePr¹R

Berlin Staatsbibl. Hamilton 341 [Amiens 1ᵉʳ q. 15ᵉ s.] → HistAnc

Berlin Staatsbibl. Hamilton 349 [Paris ca. 1415] → EchecsFerronC, JacLegrBonB

Berlin Staatsbibl. Hamilton 363 [pic. 4ᵉ q. 13ᵉ s.] → MaccabGautS

Berlin Staatsbibl. Hamilton 391 [15ᵉ s.] → LapidPhilZ

Berlin Staatsbibl. Hamilton 407 [I: ca. 1400] → MacerHerbesH, RecMédJPitS

Berlin Staatsbibl. Hamilton 407 [II: 1ᵉʳ q. 15ᵉ s.] → AldL, LettrHippoT, RecMédSauvT

Berlin Staatsbibl. Hamilton 407 [III: 2ᵉ q. 15ᵉ s.] → LSimplMedD

Berlin Staatsbibl. Hamilton 412 [2ᵉ t. 14ᵉ s.] → SLouisPathMirF, SLouisPathVieD

Berlin Staatsbibl. Hamilton 575 [lorr. 1ᵉ m. 14ᵉ s.] → ImMondeOct²H, ImMondeOct²S⁰

Berlin Staatsbibl. Hamilton 577 [I: lorr. 1ᵉʳ t. 14ᵉ s.] → ArtAimFaberH, ImMondeOct¹D, ImMondeOct²H, ImMondeOct²S⁰, RoseLLangl

Berlin Staatsbibl. Hamilton 581 [Flandres 3ᵉ q. 15ᵉ s.] → AventBrunL, PalamC, PalamL, PalamLe

Berlin Staatsbibl. Hamilton 672 [It.sept. 15ᵉ s.] → GouvRoisGauchyM

Berlin Staatsbibl. Hdschr. 305 (anc. Cheltenham Phillipps 833) [15ᵉ s.] → ImMondeOct¹D

Berlin Staatsbibl. Hdschr. 338 (anc. Cheltenham Phillipps 16230) [cette partie Sud-Ouest 4ᵉ q. 13ᵉ s.] f° 9-23 r°b → YsEudeR

Berlin Staatsbibl. Hdschr. 343 (anc. Cheltenham Phillipps 32043 et 32105) [I: agn. 4ᵉ q. 13ᵉ s.] → ReiEnglF

Berlin Staatsbibl. KK 78 B 16 [pic. (Origny) 1313] → SBenoîteOr

Berlin Staatsbibl. KK 78 B 17 (Hamilton 674) [Paris 2ᵉ m. 15ᵉ s.] → VaillantD

Berlin Staatsbibl. KK 78 C 6 (Hamilton 447) [15ᵉ s.] → ModusT

Berlin Staatsbibl. KK 632 et 633 [Flandr.? ca. 1470] → RPreslesCitéB

Berlin Staatsbibl. lat. fol. 56 [14ᵉ s.] → HMondLatP

Berlin Staatsbibl. lat. fol. 607 (anc. Cheltenham Phillipps 10624 et 13835) [agn. 14ᵉ s.] → AdParvH

Berlin Staatsbibl. lat. fol. 607 [agn. 14ᵉ s.] → AlNeckUtensH²

Berlin Staatsbibl. lat. oct. 264 [pic. fin 13ᵉ s.] → PaumierBerlC, RègleBéguC

Berlin Staatsbibl. lat. qu. 70 (Rose 968) [Angleterre 2ᵉ m. 14ᵉ s.] → SongeAch²B

Berlin Staatsbibl. orient. ms. sim. or. 6 (repr. phot., orig. à l'époque à Dimashq/Damas) [13ᵉ s.] → FierL

Berlin Staatsbibl. orient. ms. sim. or. 6 (repr. phot., orig. à l'époque à Dimashq/Damas) [13ᵉ s.] → ToblerDam

Berlin Staatsbibl. orient. oct. 512 (233) [prob. av. 1306, caractères hébr.] → FevresK

Berlin Staatsbibl. Phillipps 1906 (anc. Cheltenham Phillipps 1906) [Paris 1368] → BibleGuiart

Berlin Staatsbibl. Phillipps 1911 (anc. Cheltenham Phillipps 1911) [Paris 1ᵉʳ q. 14ᵉ s.] → EvastL

Berlin Staatsbibl. Phillipps 1917 (anc. Cheltenham Phillipps 1917) [Paris av. 1415] → GrChronV

Berlin Staatsbibl. Phillipps 1925 (anc. Cheltenham Phillipps *567/1925) [lorr. (Metz) ca. 1200] → SBernAn²S

Manuscrits

Berlin Staatsbibl. Phillipps 1928 (anc. Cheltenham Phillipps 1928) [2ᵉm. 15ᵉs.] → VaillantD
Berlin Staatsbibl. Phillipps 1929 (anc. Cheltenham Phillipps 1929) [Flandres? 3ᵉq. 15ᵉs.] → PhMézGrisG, SMarg7J¹
Berlin Staatsbibl. Phillipps 1930 (anc. Cheltenham Phillipps 1930) [agn. mil. 15ᵉs.] → JMandLD
Berlin Staatsbibl. Phillipps 1932 (anc. Cheltenham Phillipps 1932) [Flandres? 3ᵉq. 15ᵉs.] → ChronBaudAbrK
Berlin Staatsbibl. Rehdiger 1 (anc. Wrocław / Breslau 1,1) [1468] → FroissChronK
Berlin Staatsbibl. Rehdiger 4 (anc. Wrocław / Breslau 1,4) [1468] → FroissChronIVV
Berlin Staatsbibl. theol. lat. qu. 81 [14ᵉs.] → SermGuiG
Berlin Staatsbibliothek Preußischer Kulturbesitz → Berlin Staatsbibl.
Bern 10 [15ᵉs.] → OvMorB
Bern 25 [1ᵉm. 15ᵉs.] → ContGuillTyrA
Bern 27 [Paris 2ᵉm. 13ᵉs.] → BiblePar
Bern 28 [ca. 1270] → BiblePar
Bern 37 [ca. 1480] → MonstreletD
Bern 41 [pic. 2ᵉm. 13ᵉs.] → ContGuillTyrM, PBeauvOlimpB, SSagLL, Turpin²W
Bern 58 [contin. 1468] → JMandLD
Bern 77 [15ᵉs.] → ChronBaudAbrK
Bern 79 [lorr. (Gorze?) 2ᵉq. 13ᵉs.] incomplet → GregEzH
Bern 98 [lorr. déb. 14ᵉs.] → BrunLatC, CatPr¹U, ChronBaud¹K
Bern 101 [9ᵉ-10ᵉs.] → IsidL
Bern 112 [3ᵉq. 13ᵉs.] → ContGuillTyrA
Bern 113 [bourg., qqs. traits pic., fin 13ᵉs.] → ContGuillTyrA, ContPerc¹A/T...R, ContPerc²KR, DoctSauvS, DurmG, GarLorrI, GerbMetzT, HAndC, HuonQuJérS, LapidBern113P, MaccabFragmS, MaccabGautS, MorPhilP, PartonG, PBeauvOlimpB, Perl¹N, PrêtreJeanPr¹E/I...G, RioteDU, VMortHélW
Bern 115 [art. 2ᵉm. 13ᵉs.] → ContGuillTyrA, Turpin²W
Bern 125 [Paris déb. 15ᵉs.] → HaytonK, JLongKhanB, JLongOdoA, JLongRicB, JLongTSteD, JMandPL, MPolGregM
Bern 163 [3ᵉq. 13ᵉs.] → ContGuillTyrA
Bern 200 [1290] → GlAruchP²
Bern 205 [mil. 15ᵉs.] → ChrPisJehK, EvFemesK, PurgSPatrPrAD
Bern 214 [1ᵉm. 14ᵉs.] → BiblePar
Bern 217 [fin 14ᵉs.] → PhVitriChapP
Bern 218 [Île de Fr. (Sens?) 1371 ou peu après] → GuillMachBehH, GuillMachC, GuillMachH, GuillMachVoirI
Bern 238 [déb. 15ᵉs.] → CleomH
Bern 275 [lorr. 2ᵉm. 14ᵉs.] → EchecsBernS, SecrSecrPr⁸
Bern 280 [15ᵉs.] → PaviotProj
Bern 295 [13ᵉ/14ᵉ] → GlAlphM
Bern 296 [pic.or. 3ᵉt. 13ᵉs.] → AliscW, BatLoqVulgB², ChevVivDM, ChevVivM, MonGuill²C, MonRaincB, PriseOrcR
Bern 310 [pic. fin 14ᵉs.] → OresmeCielM, OresmeSphèreM

Bern 320 [N.-E. 2ᵉm. 13ᵉs.] → AntiocheN, ChevCygne, EnfGodM, JerusT
Bern 323 [pic. 2ᵉm. 14ᵉs.] → VoeuxHérG
Bern 340 [2ᵉm. 13ᵉs.] → ContGuillTyrM
Bern 354 [bourg.sept. déb. 14ᵉs.] → AubereeN, BorgOrlBernR, BrifautN, CatAdSuelU, ChevEspA, ChevRecAmJ, CocagneV, CoilleB, ConstHamelN, ConstHamelR, ConVetSorizB, CouplMarL, CredoUsI, DanDenierBM, DeuxBordeors¹F, DeuxBordeors¹N, EscommLechB, EstulaJ, FolTristBernH¹, GautLeuL², GrueN, HaimBarW, HuonHonteL, MantelB, MeunClercsN, MireC, MuleH, PatenUsBI, PercB, PutLechBN, QSignesK, RicheutV, SegrMoine¹/²/³N, SongeEnfM, SSagLL, TrescesN, VilParadisN, WrightAnecd
Bern 365 [lorr. 1ᵉm. 14ᵉs.] → ConsBoèceLorrA, ProvSenoO, SecrSecrPr⁸
Bern 385 [Est fin 13ᵉs.] → AldL
Bern 388 [ca. 1300] → SJeanEvOctH, SSagAP
Bern 389 [lorr. fin 13ᵉs.] → AdHaleChansM, BlondNesleL, BodelPastB, ChansBern389B, ChansWackern, GilebBernW, GuiotDijonL, GuiotProvinsO, HuonQuJérDécS, JacCambrR, KooijmanLorr, MahieuW, PerrinS, RomPast, RSoissonsW, ThibBlaisN
Bern 393 [2ᵉm. 13ᵉs.] → ImMondeOct¹D
Bern 409 [hébr. 13ᵉs.] → MachsBern
Bern 420 [déb. 15ᵉs.] → CharnyChevK, CharnyMesT
Bern 439 [Metz 2ᵉm. 13ᵉs.] → DonatBS
Bern 573 [lorr. ca. 1300] → JLansonM
Bern 590 [fin 13ᵉs.] → ChronRobSMarD, ProvSalAuR
Bern 627 [mil. 13ᵉs.] → ChevCygne, EnfGodM, GodBouillH
Bern 634 [13ᵉs.] → SFanuelC
Bern 646 [lorr. fin 14ᵉs.] → BrunLatC, LapidcP, LapidPhilZ
Bern 697 [pic. 13ᵉs.] → PsMétrM
Bern [?] → MarcSalM
Bern A.15 [15ᵉs.] → FroissChronIVV
Bern A.95.1 [2ᵉm. 14ᵉs.] → AcartH
Bern A.95.2 [1ᵉʳt. 14ᵉs.] → MédBerne
Bern A.95.10 [déb. 15ᵉs.] → ConsBoèceRenA², GuillMachC, GuillMachConfH
Bern A.260 [15ᵉs.] → VenjNSPr⁵F
Bern A.280 [cette partie 2ᵉm. 15ᵉs.] → JMeunVégL
Bern A.280 [contin. ca. 1400] → JMandLD
Bern A.607 [cette partie déb. 14ᵉs.] → JMeunVégL
Bern Burgerbibliothek → Bern
Bern Coll. Steiger-Mai [1ᵉm. 15ᵉs.] → CoincyI1...K, Pères
Besançon 254 [mil. 15ᵉs.] → SMadDéc
Besançon 257 [av. 1445] → PassIsabD
Besançon 422 [2ᵉm. 15ᵉs.] → ConsBoèceRenA²
Besançon 434 [1372] → GouvRoisGauchyM, JMeunConsD, JVignayEchecsF, JVignayMir, JVignayMirYsS, MorPhilPrH
Besançon 463 [fin 15ᵉs.] → AldL
Besançon 550 [fin 14ᵉs.] → HermValS
Besançon 551 [fin 13ᵉs.] → CoincyI1...K, Pères
Besançon 552 [2ᵉm. 13ᵉs.] → BalJosAnS
Besançon 579 [f° 1-36: fin 14ᵉs. ?] → JourJugP
Besançon 586 [bourg.mérid. 1ᵉm. 15ᵉs.] → JDupinMelL

Besançon 587 [15ᵉ s.] → MelibeeRenS
Besançon 588 [ca. 1500] → AlexisQP, EvNicPrLA, VenjNSPr⁵F
Besançon 592 [2ᵉ t. 15ᵉ s.] → ContenFamesF
Besançon 667 [prob. 1368] → JLongFlorD, JLongKhanB, JLongOdoA, JLongRicB, JLongTSteD
Besançon 836 [3ᵉ q. 15ᵉ s.] → AlexPr³L
Besançon 856 [ca. 1300] → ContGuillTyrA
Besançon 865 [ca. 1415] → FroissChronIII¹A
Besançon Arch. dép. 6 [14ᵉ s.] → BrendanPr²W
Besançon Arch. dép. B.5 [14ᵉ s.] → GerbMetzT
Besançon Arch. dép. fragm. [fin 13ᵉ s.] → BenTroieC
Besançon Coll. Chifflet 186 [17ᵉ s.] → ArmChiffletA
Béthune (M. Legrand; auj.?) → CptBeuvryReD
BL Add. 5474 [déb. 14ᵉ s.] → TristPrMé
BL Add. 5762 [agn. ca. 1300] → BrevPlacT, CasusPlacD, CourtBarM, GrossetReulesO, SeneschO
BL Add. 6159 [agn. (Canterbury) déb. 14ᵉ s.] → GlGalbaF, HosebAnO, HosebHenO
BL Add. 6524 [agn. 3ᵉ t. 13ᵉ s.] → BrendanPr²W, PurgSPatrPrAD, SDenisPr²L, SJulPrS, SMadPr², SMarieEgxD
BL Add. 6796 [3ᵉ q. 15ᵉ s.] → MelusCoudrR
BL Add. 7103 [pic. ca. 1300] → MenReimsW
BL Add. 8092 [agn. 13ᵉ s.] → AdParvH
BL Add. 8863 [ca. 1480] → AldL
BL Add. 8876 [2ᵉ m. 15ᵉ s.] → CoutBretP
BL Add. 9288 [fin 15ᵉ s.] → PassIsabD
BL Add. 9771 [Nord-Est 14ᵉ s.] → VisTondLF
BL Add. 9785 [ca. 1500] → TroiePr¹C
BL Add. 10015 [pic. ca. 1300] → ImMondeOct¹B, ImMondeOct¹D, JJourH
BL Add. 10289 [norm. prob. 1280] → AndréCoutFrH, AndréCoutP, ChastPereAaH, ChastPereAH, ChastPereAL, ChastPereAM, ChronSMichelBo, LettrHippoNR, LettrHippoT, RecMédBoensH, RobBloisAmU, RobBloisDidF, VenjNSA/B…/S
BL Add. 10292 [pic. prob. 1316, miniature f° 45 datée 26 févr. 1317 n.st.] → MerlinM
BL Add. 10292 [pic. prob. 1316] → MerlinS, MerlinSLS, SGraalIVEstS
BL Add. 10292-94 [pic. prob. 1316, miniature 10292 f° 45 datée 26 févr. 1317 n.st.] → SGraalIVS
BL Add. 10292-294 [pic. prob. 1316] → SGraalIVW
BL Add. 10293 [pic. prob. 1316] → LancPrK, LancPrM, LancPrS
BL Add. 10294 [pic. prob. 1316, miniature 10292 f° 45 datée 26 févr. 1317 n.st.] → MortArtuS, SGraalIVQuesteP, SGraalIVQuesteS
BL Add. 10294 [pic. prob. 1316] → MortArtuB, MortArtuBS, MortArtuF¹
BL Add. 10324 [frc. ca. 1400] → OvMorB
BL Add. 10341 [2ᵉ t. 15ᵉ s.] → ConsBoèceCompC²
BL Add. 10404 [15ᵉ s.] → PassFrFlemL
BL Add. 11612 [Paris ca. 1400] → Corb
BL Add. 11614 [2ᵉ m. 15ᵉ s.] → JSaintréC
BL Add. 11753 [3ᵉ t. 13ᵉ s.] → MenReimsW
BL Add. 12029 [Paris ca. 1345] → HistAnc
BL Add. 12215 [2ᵉ m. 15ᵉ s.] → RobCibMandM
BL Add. 12228 [Naples? mil. 14ᵉ s.] → PalamL

BL Add. 14100 [It. mil. 14ᵉ s.] → EneasS²
BL Add. 14252 [agn. 1ᵉʳ q. 13ᵉ s.] → DescrEnglPrL, RecLondB
BL Add. 15229 [frc. ca. 1400] → Ren
BL Add. 15231 [3ᵉ t. 13ᵉ s.] → LégJMailly, SGenPr², SMadPr³
BL Add. 15236 [agn. (Irl.) déb. 14ᵉ s.] → PrognZodLuneH
BL Add. 15236 [agn. (Irl.) f° 1-50 ca. 1300, puis déb. 14ᵉ s.] → GlAbsinthH, GlAcaciaH, HuntMed
BL Add. 15247 [Paris, main angl., 1ᵉ m. 14ᵉ s.] → BibleGuiart
BL Add. 15248 [Bruges ca. 1460] → BibleMorwH
BL Add. 15268 [Acre 4ᵉ q. 13ᵉ s. (ca. 1287?)] → HistAnc, HistAncG, HistAncV
BL Add. 15305 [15ᵉ s.] → MorPhilPrH
BL Add. 15434 [Tosc. ca. 1309] → SenLucilE
BL Add. 15550 [15ᵉ s.] → CoutBretP
BL Add. 15606 [bourg. déb. 14ᵉ s.] → BibleBerzéL, CatAdSuelU, DoctSauvS, EructavitJ, GuillAnglAlB, OrguillousM, PassJonglFT, PassJonglOM, PechiéOrguM, ProphDavF, QSignesK, SDenisPr¹L, SFanuelC, SPaulEnfPeinesK, UnicorneAJ, WaceConcA
BL Add. 15641 [15ᵉ s.] → ChrPisVertW
BL Add. 16441 [1330] → AthisH
BL Add. 16563 [déb. 14ᵉ s.] → SidracH
BL Add. 16636 [19ᵉ s.] → CoincyI1…K, GilMuisK
BL Add. 16888 [mil. 14ᵉ s.] → RestorD, VoeuxPaonR
BL Add. 16907 [1375] → LégDorVignBartH
BL Add. 16956 [déb. 19ᵉ s.] → VoeuxPaonR
BL Add. 16975 [ca. 1300] → RutebNeufJoiesM
BL Add. 17275 [2ᵉ t. 14ᵉ s.] → AlexisPr¹L, EvNicPrBF, JBelethLégDor, PèresPrI1/2…, PèresPrI5/7S, PurgSPatrPrAD, SDenisPr¹L, SEustPr¹M, SGenDér, SJulPrS, SMadPr⁵, SMargAO, SMarieEgxD, SMathelinR
BL Add. 17305 [1317-1319] → CartHuguesChalonP
BL Add. 17443 [2ᵉ m. 13ᵉ s.] → MortArtuF¹, SGraalIVQuesteP, SGraalIVQuesteS
BL Add. 17447 [15ᵉ s.] → LatourLandryE, LatourLandryM
BL Add. 17716 [agn. ca. 1425] → DialFr1415K, DonatLibM, ManLangK, OrthParP, UerkvitzLettr
BL Add. 17914 [1ᵉʳ t. 14ᵉ s.] → SidracLR
BL Add. 17971 [15ᵉ s.] → HaytonK
BL Add. 18179 [15ᵉ s.] → SecrSecrPr³H
BL Add. 18210 [agn. 2ᵉ m. 13ᵉ s.] → Chirom, GeomancieSignesH, LapidFES, LapidFRS
BL Add. 18462 [agn. 15ᵉ s.] → GrantzGeanzLB
BL Add. 18633 [agn. 1ᵉ m. 14ᵉ s.] → ApocAgnM
BL Add. 18856-18857 [Paris ca. 1415] → BibleGuiart
BL Add. 19664 [hébr., ajout Est 14ᵉ s.] → BlondhPo
BL Add. 19669 [pic. ca. 1265] → HistAnc
BL Add. 19720 [4ᵉ q. 15ᵉ s.?] → PCresc
BL Add. 19900 [2ᵉ m. 15ᵉ s.] → FormHonCourtH
BL Add. 20697 [fin 14ᵉ s.] → EchecsFerronC
BL Add. 20709 [agn. 1571] → HosebHenO
BL Add. 21201 [anj. 1367-1376] → JoubertMacé
BL Add. 21461 [15ᵉ s.] → EchecsFerronC

Manuscrits

BL Add. 21602 [15ᵉs.] → ConsBoèceCompC²
BL Add. 21971 [14ᵉs.] → CoutNormGr, CoutNormT
BL Add. 22138 [14ᵉs.] → CoutNormGr
BL Add. 22274 [Flandre ca. 1500] → GouvRoisGauchyM
BL Add. 22283 [agn. fin 14ᵉs.] → CatEverS, NicBozProvR/ST
BL Add. 22791 [19ᵉs.] → HermValS
BL Add. 22937 [ca. 1460] → PelAmeS, PelJChrS, PelVieS
BL Add. 23929 [fin 14ᵉs.] → TristPrE
BL Add. 23930 [It. 14ᵉs.] → PalamL
BL Add. 23968 [fin 14ᵉs.] → CoutBretP
BL Add. 25003 [14ᵉs.] → CoutNormGr
BL Add. 25012 [agn. 1ᵉʳt. 14ᵉs.] → DomGipT
BL Add. 25029 [agn. 2ᵉt. 14ᵉs.] → NovNarrS
BL Add. 25458 [agn. 14ᵉs.] → BrittN
BL Add. 25572 [15ᵉs.] → CoutNormGr
BL Add. 25594 [Paris ca. 1380] → PelAmeS, PelVieS
BL Add. 25884 [Paris fin 14ᵉs.] → HistAnc, HistAnc²RB
BL Add. 26080 [déb. 16ᵉs.] → MonstreletD
BL Add. 26767 [fin 14ᵉs.] → ConsBoèceBenN
BL Add. 26773 [agn. mil. 13ᵉs.] → RobGrethEv
BL Add. 26876 [1340] → ChronSMichelBo
BL Add. 27196 [hébr. (It.) 14ᵉs.] → GlGerschB
BL Add. 27200-27201 [hébr. 2ᵉq. 13ᵉs.] → MachsorS
BL Add. 27308 (anc. Tross) [pic.? déb. 14ᵉs.] → ClefD
BL Add. 27461 [2ᵉm. 15ᵉs.] → CoutBretP
BL Add. 27699 [déb. 15ᵉs.] → GastPhébChasseT, GastPhébOrT¹
BL Add. 28260 [bourg. 2ᵉm. 13ᵉs.] → BestGervMo, ElucidaireIT, PhNovAgesF
BL Add. 29796 [16ᵉs.] → ArmGloverL
BL Add. 30024 [Chypre? ca. 1300] → BrunLatC
BL Add. 30025 [Chypre? ca. 1300] → BrunLatC
BL Add. 30863 [déb. 13ᵉs.] → BenTroieC
BL Add. 30864 [agn. fin 14ᵉs.] → VoeuxPaonR
BL Add. 30985 [fin 15ᵉs.] → JFevLamentH
BL Add. 31841 [15ᵉs.] → ChrPisVertW
BL Add. 32085 [agn. 1293-1310] → GrCharteH, LapidPhilZ, RecCulViaunde, SeneschO, TrJurFetW
BL Add. 32090 [1445] → VenjNSPr⁵F
BL Add. 32097 [agn. déb. 15ᵉs.] → OrdEdwIIOst¹T
BL Add. 32125 [agn. f°1-58 4ᵉq. 13ᵉs.] → BrutA, DescrEnglB
BL Add. 32125 [agn. f°59-245 1ᵉʳq. 14ᵉs.] → MerlinM, SGraalIVEstP, SGraalIVEstS, SGraalIVW
BL Add. 32623 [déb. 15ᵉs.] → ChastelPerB, ElucidaireSecA/B/H/IR
BL Add. 32678 [fin 13ᵉs.] → Pères
BL Add. 33350 [2ᵉm. 13ᵉs.] → ImMondeOct¹D
BL Add. 33757 [contin. ca. 1400] → JMandLD
BL Add. 33781 [2ᵉm. 14ᵉs.] → YsIAvB
BL Add. 33969 [agn. ca. 1300] → GrossetReulesO
BL Add. 33996 [agn. 1ᵉm. 15ᵉs.] → MarscaucieChevG
BL Add. 34114 (anc. Spalding Ayscough Fee Hall) [agn. ca. 1400] → CroisBaudriM, CroisSpaldM

BL Add. 34114 [agn. ca. 1400] → EneasS², OrdeneChevB, SongeVertC, ThebesC, ThebessM
BL Add. 35092 (anc. Cheltenham Phillipps 1050) [agn. 3ᵉq. 14ᵉs.] → BrutNobleAM
BL Add. 35095 [agn. 2ᵉt. 14ᵉs.] → NovNarrS
BL Add. 35289 [agn. 1ᵉʳt. 13ᵉs.] (L) → AspremLM
BL Add. 36614 (anc. Ashburnham Barrois 1) [cette partie champ.mérid. 2ᵉm. 13ᵉs.] → PercB
BL Add. 36614 (anc. Ashburnham Barrois 1) [cette partie wall. 2ᵉm. 13ᵉs.] → BliocadranW
BL Add. 36614 [cette partie pic. 2ᵉm. 13ᵉs.] → ContPerc¹A/T...R, ContPerc²LC¹
BL Add. 36614 [f°271-fin: pic. 14ᵉs.?] → SMarieEgTD
BL Add. 36615 [pic. ca. 1300] → AntiocheN, ChevCygne, ChevCygneNaissBeaN, ChevCygneNaissM, ChevCygnePropN, EnfGodM, GodBouillCornM, JerusT
BL Add. 36673 [ca. 1500] → AventBrunL, PalamL
BL Add. 36684 → SMarg7J¹
BL Add. 36880 [It.? 14ᵉs.] → PalamL
BL Add. 37657 [agn. ca. 1305] → NovNarrS
BL Add. 37658 [agn. ca. 1325] → NovNarrS
BL Add. 38117 (anc. Huth) [pic. déb. 14ᵉs.] → BalainL, MerlinM, MerlinP, MerlinsR
BL Add. 38117 [pic. déb. 14ᵉs.] → SGraalIIIJosTO
BL Add. 38120 (anc. Huth) [Paris ca. 1400] → PelAmeS, PelJChrS, PelVieS
BL Add. 38651 [rec. de fragm., II contin. fin 13ᵉs.] → SermMaurR
BL Add. 38662 [agn. mil. 13ᵉs.] → GuiWarE
BL Add. 38663 [agn. mil. 13ᵉs.] → ChGuillM
BL Add. 38664 [agn. 3ᵉq. 13ᵉs.] → AdgarK, SMarg4R
BL Add. 38821 [agn. ca. 1285] → CasusPlacD, GrossetReulesO
BL Add. 40142 [agn. 2ᵉq. 13ᵉs.] → Turpin²W
BL Add. 40143 [agn. mil. 14ᵉs.] f°1-6 → SCathLondH
BL Add. 40619-20 [fin 13ᵉs.] → BiblePar
BL Add. 41179 [2ᵉm. 15ᵉs.] → SBath¹B, SMarieEgoD
BL Add. 41295.G (anc. Ehrman) [Ouest? fin 13ᵉs.] → RolFragmEB
BL Add. 41322 [déb. 14ᵉs.] → GouvRoisGauchyM
BL Add. 41751 (Yates Thompson 9) [3ᵉt. 13ᵉs.] → BiblePar
BL Add. 43688 [agn. 2ᵉm. 13ᵉs.] → SFrançcR
BL Add. 44949 [agn. 2ᵉm. 14ᵉs.] → RutebNeufJoiesM, ThibAmPriereL
BL Add. 45103 (anc. Penrose, anc. Canterbury Christ Church) [agn. 4ᵉq. 13ᵉs.] → BrutA
BL Add. 45103 [agn. 4ᵉq. 13ᵉs.] → BrutHarlB, BrutLincB, PetPhilT, QuatreFilles⁶H, RésSauvCJ
BL Add. 46410 → DoonMayDB
BL Add. 46701 f°8-9 [13ᵉs.] → ThomKentF
BL Add. 46919 (anc. Cheltenham Phillipps 8336) [agn. ca. 1330] → BibbO, FaucMedD, NicBozEnsM, NicBozMorS, OrdeneChevB, PlainteAmV, ProvM, RutebNeufJoiesM, SimFreinePhilM
BL Add. 46919 [agn. ca. 1330] → BibbAmoursR, BontéFemBR, MonastAllégH, NicBozCharV, NicBozPassJ, NicBozSerm¹⁻⁹L, PlainteVgeReineT, ThibAmPriereL, TwitiT

Manuscrits

BL Add. 47663M [agn. fin 13ᵉ s.] → SGregA¹S

BL Add. 47682 (anc. Holkham 666) [agn. ca. 1325] → BibleHolkP

BL Add. 49366 (anc. Holkham Hall 228) [agn. 3ᵉ q. 12ᵉ s.] → LoisGuillL

BL Add. 50000 (anc. Birmingham) [agn. 2ᵉ m. 13ᵉ s.] → PsHex

BL Add. 54156 [4ᵉ q. 15ᵉ s.] → ChastellLD

BL Add. 54180 [Paris ca. 1295] → SommeLaurB

BL Add. 54235 [agn. 2ᵉ q. 14ᵉ s.] → BibleAdd

BL Add. 59495 [agn. 1ᵉʳ q. 15ᵉ s.] → JGowerBalY

BL Add. 59616 (anc. Cheltenham Phillipps 8113) [agn. 4ᵉ q. 13ᵉ s.] → SThomBenS, SThomGuernW¹

BL Add. 70513 (anc. Welbeck Abbey I.C.1) [agn. fᵒ 1-8: déb. 14ᵉ s.] → NicBozElisK, NicBozPanuceB, NicBozPaulB

BL Add. 70513 (anc. Welbeck Abbey I.C.1) [agn. fᵒ 9-267: 4ᵉ q. 13ᵉ s.] → EdConfVatS, GuillSMadS, ModvB², PAbernRichR, SCathClemM, SFoySimB, SOsithB, SThomGuernW¹

BL Add. 70513 (anc. Welbeck Abbey I.C.1) [agn. fᵒ 85-100: 4ᵉ q. 13ᵉ s.] → SEdmCantB

BL Add. 70513 (anc. Welbeck Abbey I.C.1) [agn. fᵒ 100-134: 4ᵉ q. 13ᵉ s.] → SAudreeS

BL Add. 46919 (anc. Cheltenham Phillipps 8336) [agn. ca. 1330] → ProvSerloF

BL Arundel 52 [fin 13ᵉ s.] → ImMondeOct¹D

BL Arundel 56 [agn. ca. 1375] → ChronTrivR

BL Arundel 67 [15ᵉ s.] → FroissChronIII¹A²

BL Arundel 220 [agn. 1ᵉʳ q. 14ᵉ s.] → ApostoileC, BibbO, JoursPerilMestreM, MerlinProphProlM, TurpinBrianeS

BL Arundel 230 [agn., cette partie 2ᵉ m. 13ᵉ s.] → JoursPerilLuneM

BL Arundel 230 [agn., fᵒ 6: 13ᵉ s.] → PsHex

BL Arundel 230 [cette partie agn. 2ᵉ m. 12ᵉ s.] → PhThCompM

BL Arundel 230 [cette partie agn. fin 12ᵉ s.] → PsArundB

BL Arundel 230 [fᵒ 181vᵒ 14ᵉ s.] → VoeuxPaonR

BL Arundel 288 [agn. 2ᵉ m. 13ᵉ s.] → AmDieuK, DébCorpsSamBV, ManuelPéchF, MirourEdmBW, PeinesR

BL Arundel 292 [agn. mil. 13ᵉ s.] → CatEverS, DeuOmniS¹, QuatreFilles⁶H

BL Arundel 372 [agn. ca. 1300] → ManuelPéchF

BL Arundel 507 [agn. mil. 14ᵉ s.] → ManuelPéchF, NicBozProvR/ST

BL Cotton App.V [Paris ca. 1330] → BibleGuiart

BL Cotton Augustus V [ca. 1460] → ItinRomeLR

BL Cotton Caligula A.IX [agn. 3ᵉ q. 13ᵉ s.] → BalJosChardK, ChardryDormM, ChardryPletM, ReiEnglF

BL Cotton Caligula A.XVIII [2ᵉ partie: agn. ca. 1310] → SiègeCaerlB

BL Cotton Claudius D.II [agn. ca. 1324] → LCustR

BL Cotton Claudius E.IV [cette partie 1338 ?] → RègleNDSopwellH

BL Cotton Cleopatra A.V [Ouest 14ᵉ s.] → SommeLaurE

BL Cotton Cleopatra A.VI [agn. 1343 ou peu après, autographe] → ChronLondA

BL Cotton Cleopatra A.VIII [garde fin 13ᵉ s.] → RobBloisDidF

BL Cotton Cleopatra B.II [cette partie ca. 1300] → PrêtreJeanPr¹E/I...G

BL Cotton Cleopatra B.IX [agn. fin 13ᵉ s.] → EchecsCottH, PrognZodLuneH

BL Cotton Cleopatra D.VII [agn., cette partie déb. 15ᵉ s.] → LReisEnglF

BL Cotton Cleopatra D.VII [agn., partie déb. 15ᵉ s.] → BrutNobleC

BL Cotton Cleopatra D.VIII [14ᵉ s.] → GrantzGeanzLB

BL Cotton Cleopatra D.IX [agn. ca. 1335] → DoncasterH

BL Cotton Cleopatra D.IX [agn., cette partie 1333/34] → GrantzGeanzAB

BL Cotton Domitian A.IV [agn. fin 13ᵉ s.] → PurgSPatrCott

BL Cotton Domitian A.X [14ᵉ s.] → GrantzGeanzLB

BL Cotton Domitian A.XI (29384) [agn. 1ᵉ m. 14ᵉ s.] → NicBozAgnèsD¹, NicBozChristK, NicBozElisK

BL Cotton Domitian A.XI [agn. 1ᵉ m. 14ᵉ s.] → AmDieuK, EdmK, EdmRu, HermValS, NicBozJulK, NicBozLucieK, NicBozMadK, NicBozMargL, NicBozMartheL, NicBozSAgatheB, SThomGuernW¹

BL Cotton Faustina A.X [lat. agn. fin 12ᵉ s.] → AelfricFH

BL Cotton Galba A.XVII [14ᵉ s.] → RègleHospPrD

BL Cotton Galba E.III [agn. ca. 1274] → ReiEnglF

BL Cotton Galba E.IV [agn. 1ᵉʳ t. 14ᵉ s.] → GlGalbaF

BL Cotton Julius A.V [agn. 1ᵉʳ q. 14ᵉ s.] → ChronPLangI/IIT, ChronPLangW¹, ChronPLangW², GuillLongH, NicBozPassJ, PlainteVgeReineT

BL Cotton Julius A.VII [agn. déb. 13ᵉ s.] → DébCorpsSamCV

BL Cotton Julius B.VIII [déb. 14ᵉ s.] → FletaR

BL Cotton Julius F.VII [fᵒ 6-13 ca. 1400] → OvMorB

BL Cotton Nero A.III fᵒ 85vᵒ-89vᵒ (anc. 84vᵒ-88vᵒ) [agn. 1ᵉʳ t. 14ᵉ s.] → DixCommNeroW

BL Cotton Nero A.V [agn. 3ᵉ q. 12ᵉ s.] → PhThBestM, PhThCompM

BL Cotton Nero C.IV [agn. mil. 12ᵉ s.] → PsOxfM

BL Cotton Nero D.1 [agn. mil. 13ᵉ s.] → RègleNDPresH, RègleNDSopwellH

BL Cotton Nero D.IX [2ᵉ m. 15ᵉ s.] → JSaintréC

BL Cotton Nero E.III [15ᵉ s.] → ChronFlandrK

BL Cotton Otho B.XIII [quasi brûlé] → LoisGuillL

BL Cotton Otho C.XII [agn. ca. 1320] → GrossetReulesO

BL Cotton Otho D.II [frc. av. 1436] → JLongFlorD, JLongOdoA, JLongTSteD

BL Cotton Otho D.V [agn. déb. 15ᵉ s.] → CharbocloisP, HaytonK, MPolGregM, MPolXM

BL Cotton Roll XV.8 [agn. ca. 1282] → RôleCamB

BL Cotton Tiberius A.VI [agn. 1ᵉ m. 15ᵉ s.] → GrCharteH

BL Cotton Tiberius B.VIII [1365] → OrdoCoronXXBJ

BL Cotton Tiberius E.VIII [agn., cette partie 2ᵉ m. 15ᵉ s.] → OrdEdwIIOst¹T

BL Cotton Titus A.IV [agn., fᵒ 121-123 3ᵉ t. 12ᵉ s.] → RègleSBenCottonH

Manuscrits

BL Cotton Titus D.XX [cette partie agn. fin 13^{e}s.] → AlNeckUtensW, JGarlS

BL Cotton Titus D.XXIV [agn. fin 12^{e}s.] → RecCoulTitH

BL Cotton Vespasian A.VI [agn. mil. 14^{e}s.] → BibbO

BL Cotton Vespasian A.VII [agn. mil. 13^{e}s.] → BestGuillR, IpH, SPaulEnfAdK

BL Cotton Vespasian B.X (I) [agn. 2^{e}m. 13^{e}s.] → BrendanW

BL Cotton Vespasian B.XIV [agn. fin 13^{e}s.] → MarieFabW, MarieLaisW^3, SThomBenS

BL Cotton Vespasian B.XXII [déb. 15^{e}s.] → BlackBookT, CoutMerOlBT

BL Cotton Vespasian D.III [3^{e}q. 13^{e}s.] → SeptPechVesp

BL Cotton Vespasian D.IV [agn. fin 13^{e}s.] → SThomBenS

BL Cotton Vespasian E.IV [agn. fin 13^{e}s.] → ImMondeOct^{1}D

BL Cotton Vitellius A.X [cette partie agn. ca. 1300] → BrutA, ChronPLangI/IIT

BL Cotton Vitellius A.X [f°63-69: agn. 14^{e}s.] → HarpurRoucH

BL Cotton Vitellius D.III [agn. 2^{e}m. 13^{e}s.] → SMarieJésusCottM

BL Cotton Vitellius F.VII [agn. déb. 14^{e}s.] → AncrRiwleCH, PastGregL/CP

BL Egerton 274 [fin 13^{e}s.] → CoincyI1…K, GilebBernW, PerrinS

BL Egerton 612 [agn. déb. 13^{e}s.] → AdgarK, AdgarN, SGregB^{1}S

BL Egerton 613 [f°21r°-25° agn. mil. 13^{e}s.] → VenjNSPr^{7}F

BL Egerton 613 [f°29b agn. mil. 13^{e}s.] → TroisMariesAnne

BL Egerton 613 [f°31-59 agn. mil. 13^{e}s.] → BestGuillR

BL Egerton 613 [f°59-64 agn. 1^{e}m. 13^{e}s.] → DitiétDameH

BL Egerton 645 [mil. 15^{e}s.] → LégDorVignBartH

BL Egerton 656 [agn. ca. 1300] → BrevPlacT, CourtBarM, TrJurFetW

BL Egerton 745 [pic. mil. 14^{e}s.] → BalJosPr^{1}M, DoctSauvS, EdConfPr^{1}M, RègleSBenPr^5, SDenisPr^{1}L, SEust3B

BL Egerton 751 [agn. fin 13^{e}s.] → SidracH

BL Egerton 811 [fin 15^{e}s.] → GouvRoisGauchyM

BL Egerton 846B [agn. 1^{e}m. 14^{e}s.] → GrossetChastM

BL Egerton 890 [2^{e}q. 15^{e}s.] → NomparJerN

BL Egerton 912 [15^{e}s.] → FetRomF^1, HistAnc

BL Egerton 945 [2^{e}m. 14^{e}s.] → CoincyI1…K, TroisMortsConG

BL Egerton 1066 [agn. ca. 1300] → SEust1M

BL Egerton 1069 [ca. 1410] → RoseLLangl

BL Egerton 2020 [av. 1404] → SerapJacI

BL Egerton 2176 [fin 15^{e}s.] → MPolPip

BL Egerton 2515 [agn. déb. 14^{e}s.] → IpH, LancPrS, ProtH

BL Egerton 2633 [15^{e}s.] → ConsBoèceRenA^2

BL Egerton 2710 [agn. mil. 13^{e}s.] → BibleDécB/EN, EvNicPrAF, GrantMalS^1, GuischartG, HermValS, LégApostPR, SermMaurR, SLaurentR, VenjNSPr^{1}F

BL Egerton 2781 [agn. 1^{e}m. 14^{e}s.] → PlainteVgeNostreT

BL Egerton 2834 [1^{er}t. 15^{e}s.] → RossignoletN

BL Egerton 3028 [agn. mil. 14^{e}s.] → DestrRomeEgB, FierEgB

BL Egerton 3277 [agn. 3^{e}q. 14^{e}s.] → GrossetConfU

BL Egerton 3724 [agn. 2^{e}t. 14^{e}s.] → HosebDunsterO, HosebProlH

BL fr. 110 [ca. 1295] → SGraalIVW

BL fr. 12444 [15^{e}s.] → SidracH

BL Hargrave 313 [orig., agn.] → RedBookH

BL Hargrave 336 [agn. 1^{e}m. 14^{e}s.] → HosebHenO

BL Harl. 6 [ce texte déb. 13^{e}s.] → AlNeckCorrM

BL Harl. 25 [agn. 2^{e}t. 14^{e}s.] → NovNarrS

BL Harl. 114 [agn. 1^{e}m. 14^{e}s.] → ChronPLangI/IIT

BL Harl. 200 [agn. fin 14^{e}s.] → BrutNobleDP, GrantzGeanzLB

BL Harl. 202 [agn. 2^{e}m. 14^{e}s.] → ChronPLangI/IIT

BL Harl. 204 [agn. 15^{e}s.] → JMandLD

BL Harl. 209 [agn. déb. 14^{e}s.] → NicBozEmpV

BL Harl. 212 [agn. fin 14^{e}s.] → JMandLD

BL Harl. 219 [2^{e}t. 15^{e}s.] → ChrPisOthP

BL Harl. 219 [contin. 2^{e}t. 15^{e}s.; f°147 v°-153 agn.: méd.] → SecrSecrPr^{6}H

BL Harl. 222 [agn. 1280] → HermValS

BL Harl. 270 [agn. déb. 13^{e}s.] → SThomGuernW^1

BL Harl. 273 [agn. 1^{e}m. 14^{e}s.] → BestAmFournS, GrossetReulesO, ManuelPéchF, PlainteAmV, PurgSPatrHarlV, Turpin^{2}S, Turpin^{2}W

BL Harl. 324 [agn. 1^{er}t. 14^{e}s.] → BrittN

BL Harl. 334 [15^{e}s.] → ImMondeOct^{1}D

BL Harl. 337 [agn. ca.1300] → ManuelPéchF

BL Harl. 395 [agn. ca. 1300] → SeneschO, TrJurExceptW

BL Harl. 408 [agn. 1^{er}t. 14^{e}s.] → NovNarrS, TrJurFetW

BL Harl. 409 [agn. 3^{e}t. 13^{e}s.] → BrevPlacT, CourtBarM, TrJurFetW

BL Harl. 458 [agn. déb. 13^{e}s.] → CourEstienne

BL Harl. 489 [agn. 1^{er}t. 14^{e}s.] → BrittN

BL Harl. 490 [agn. fin 15^{e}s.] → BibbO

BL Harl. 493 [ces feuilles agn. fin 14^{e}s.] → HosebHenO

BL Harl. 527 [agn. mil. 13^{e}s.] → ChastPereBhH, CuvierHP, GuiBourgG, HornP

BL Harl. 529 [agn. 14^{e}s.] → BrittN

BL Harl. 548 [agn. 1^{e}m. 15^{e}s.] → GrossetReulesO

BL Harl. 577 [agn. ca. 1400] → NovNarrS

BL Harl. 616 [3^{e}t. 13^{e}s.] → BiblePar

BL Harl. 667 [agn. 1^{er}q. 14^{e}s.] → NovNarrS, PlacCor^{2}K, TrJurExceptW

BL Harl. 673 [agn. 2^{e}t. 14^{e}s.] → NovNarrS

BL Harl. 683 [agn. 13^{e}s.] → AlNeckUtensH^2

BL Harl. 740 [agn. mil. 14^{e}s.] → BibbO

BL Harl. 748 [agn. 1^{er}t. 14^{e}s.] → BrevPlacT, CasusPlacD, CourtBarM, TrJurExceptW

BL Harl. 785 [rec. d'extr. ca. 1600] → CoutNormGr

BL Harl. 869 [agn. 1^{er}t. 14^{e}s.] → BrittN, NovNarrS

BL Harl. 870 [agn. déb. 14^{e}s.] → BrittN

BL Harl. 902 [agn., cette partie 1^{e}m. 17^{e}s.] → BrutThomS

BL Harl. 902 [agn., cette partie 2^{e}m. 16^{e}s.] → BrutPetM

BL Harl. 912 [déb. 14^{e}s. - fin 15^{e}s., SGilles: mil. 14^{e}s.] → SGillesHarlB

BL Harl. 913 [agn. (Irl.) ca. 1335] → MurRosS
BL Harl. 947 [agn. 2^{e}t. 14^{e}s.] → NovNarrS
BL Harl. 957 [agn. déb. 14^{e}s.] → NicBozProvR/ST
BL Harl. 978 [agn., cette partie fin 13^{e}s.] → FaucMedHT, GlPlantHarlW
BL Harl. 978 [agn., cette partie, f°28v-34v, ca. 1245] → LettrHippoT
BL Harl. 978 [agn., cette partie, f°1-34, ca. 1245] → LettrHippoCH
BL Harl. 978 [agn., cette partie, f°40-67, mil. 13^{e}s.] → MarieFabW
BL Harl. 978 [agn., cette partie, f°103-104, 2^{e}m. 13^{e}s.] → DoctSauvS
BL Harl. 978 [agn., qqs. traits pic., f°139-181, 2^{e}m. 13^{e}s.] → MarieLaisW^3
BL Harl. 1002 [15^{e}s.] → JGarlS
BL Harl. 1005 [mil. 13^{e}s.] → GrossetReulesO
BL Harl. 1120 [agn. 1^{er}t. 14^{e}s.] → BrevPlacT
BL Harl. 1121 [agn. déb. 14^{e}s.] → GrossetChastM, MirourEdmBW, SidracH
BL Harl. 1208 [agn. ca. 1300] → CasusPlacD, HosebHenO, SeneschO
BL Harl. 1321 [traits norm.or. ca. 1255] → AimeriG, GirVianeE, GuibAndrO, MortAymR, NarbS, SiègeBarbP
BL Harl. 1605 [agn. mil. 13^{e}s.] → BrutHarlB, BrutLincB
BL Harl. 1717 [1^{er}t. 13^{e}s., traits agn.] → BenDucF
BL Harl. 1739 [agn. 15^{e}s.] → JMandLD
BL Harl. 1801 [cette partie agn. fin 13^{e}s.] → QuatreFilles^{6}H
BL Harl. 1807 [agn. mil. 15^{e}s.] → NovNarrS
BL Harl. 2188 [1442-43] → CoutNormGr
BL Harl. 2253 [agn. ca. 1335] → AspinChansPol, BienFamesF, BlasmeBF, EvNicPrAF, GageureN, HArciPèresO, HermValS, LégApostHR, RioteAU, SThaisArciP, VenjNSPr^{1}F
BL Harl. 2558 [agn. 13e-15^{e}s., cette partie 2^{e}m. 13^{e}s.] → RecMédNovCirHH
BL Harl. 2558 [agn., cette partie 1^{e}m. 14^{e}s.] → LettrHippoT
BL Harl. 2742 [agn. mil. 13^{e}s.] → GlHarlH
BL Harl. 2750 [3^{e}t. 11^{e}s.] → ChansLasB
BL Harl. 3316 [14^{e}s.] → HistAnc
BL Harl. 3644 [agn. 14^{e}s.] → BrittN
BL Harl. 3775 [agn., cette partie ca. 1300] → GuiWarE
BL Harl. 3775 [agn., cette partie mil. 14^{e}s.] → GenHarlS
BL Harl. 3775 [f°1-26: agn. déb. 14^{e}s.] → SThomBenS
BL Harl. 3860 [agn. déb. 14^{e}s.] → GrossetChastM, HosebHenO, ManuelPéchF, SSagAP
BL Harl. 3937 [agn. 3^{e}t. 14^{e}s.] → BrittN
BL Harl. 3940 [1^{er}t. 15^{e}s.] → JMandPL
BL Harl. 3983 [f°1-81 lorr. 1323] → AimonFlH, MenReimsSh, MenReimsW
BL Harl. 3988 [agn. après 1396] → LettrHarlS, ManLangK, UerkvitzLettr
BL Harl. 3992 [14^{e}s.] → VoeuxPaonR
BL Harl. 4070 [agn. 1^{e}m. 13^{e}s.] → PsHex
BL Harl. 4148 [15^{e}s.] → CoutNormGuillH
BL Harl. 4327 [lorr. (Metz?) 1365 ou peu après] → PsLorrB
BL Harl. 4329 [1460] → FormHonCourtH
BL Harl. 4330 [15^{e}s.] → ConsBoèceCompC^2

BL Harl. 4333 [lorr. 2^{e}m. 13^{e}s.] → CatAdSuelU, ChastieMusHG, ClercVaudR, CredoUsI, DoctSauvS, HAndC, HuonAveL^1, ImMondeOct^{2}S^0, ImMondeOct^{3}M, MarieFabW, OrdeneChevB, PatenUsAI
BL Harl. 4334 [lorr. 2^{e}m. 13^{e}s.] → GirRossDécH
BL Harl. 4335-39 [1476] → ConsBoèceCompC^2
BL Harl. 4354 [fin 13^{e}s.] → RenclCarH
BL Harl. 4361 [14^{e}s.] → SidracH
BL Harl. 4379-80 [ca. 1470-1472] → FroissChronIVV
BL Harl. 4381-4382 [Paris ca. 1404] → BibleGuiart
BL Harl. 4383 [agn. fin 14^{e}s.] → JMandH^{1}W, JMandLD
BL Harl. 4385 [Paris déb. 14^{e}s.] → GouvRoisGauchyM
BL Harl. 4388 [cette partie agn. 1^{e}m. 13^{e}s.] → CatElieS, GuischartG
BL Harl. 4388 [cette partie agn. 2^{e}q. 13^{e}s.] → ChastPereBH
BL Harl. 4388 [cette partie agn. déb. 13^{e}s.] → ProvSalSanI
BL Harl. 4390 [agn. ca. 1300] → PAbernLumH^1
BL Harl. 4397 [pic. fin 15^{e}s.] → GuillFillConsH, PChastTPerD
BL Harl. 4398 [15^{e}s.] → CoutBretP
BL Harl. 4399 [ca. 1400] → PelVieS
BL Harl. 4401 [2^{e}m. 13^{e}s.] → CoincyI1…K, CoincyI12W, CoincyI18/20/43U, CoincyII13N
BL Harl. 4403 [mil. 15^{e}s.] → CiNDitB^2
BL Harl. 4404 [lorr. fin 15^{e}s.] → DoonRocheM, EnfOgH, PrêtreJeanPr^{1}E/I…G
BL Harl. 4409 [15^{e}s.] → SDenisPr^{1}L
BL Harl. 4417 [agn. ca. 1400] → SidracH, TournAntW
BL Harl. 4418 [ca. 1470] → MelusArrV
BL Harl. 4419 [14^{e}s.] → LancPrS
BL Harl. 4431 [av. 1413] → ChrPisCheminT, ChrPisCitéC, ChrPisEpAmF, ChrPisOthP, ChrPisProvO, ChrPisR
BL Harl. 4473 [3^{e}q. 15^{e}s.] → LibelleDebP
BL Harl. 4477 [15^{e}s.] → CoutNormGuillH, InstJustRich
BL Harl. 4482 [ca. 1300] → BenTroieC
BL Harl. 4486 [agn. 14^{e}s.] → SidracH
BL Harl. 4487 [lorr. 1295] → AimonFlH
BL Harl. 4488 [16^{e}s.] → CoutNormT
BL Harl. 4656 [agn. 14^{e}s.] → BrittN
BL Harl. 4657 [agn. 1^{er}q. 14^{e}s.] → CatAnH, ManuelPéchF, SeptPechHarlH
BL Harl. 4733 f°128^{a-b} [agn. fin 12^{e}s.] → BrutCistD
BL Harl. 4878 [déb. 15^{e}s.] → PhVitriChapP
BL Harl. 4903 [Paris mil. 14^{e}s.] → HelcanusN, KanorM, PeliarmB
BL Harl. 4971 [agn., 1e partie 3^{e}q. 14^{e}s.] → UerkvitzLettr
BL Harl. 4971 [agn., cette partie ca. 1377] → OrthGallJ
BL Harl. 4971 [agn., cette partie fin 13^{e}s.] → ManuelPéchF
BL Harl. 4971 [agn., f°123v 2^{e}m. 13^{e}s.] → DeuOmniS^1
BL Harl. 4972 [Metz ca. 1320] → ApocPrD, ProphSeb
BL Harl. 4979 [ca. 1300] → AlexPrH

Manuscrits

BL Harl. 4993 [agn. 16ᵉs.] → OrthGallJ
BL Harl. 5134 [agn. 14ᵉs.] → BrittN
BL Harl. 5146 [agn. 1483] → NovNarrS
BL Harl. 5234 [agn. 2ᵉm. 13ᵉs.] → DébCorpsSamHV, HermValS
BL Harl. 5440 [15ᵉs.?] → JVignayEchecsF
BL Harl. 6137 [16ᵉs.] → RôleCamB
BL Harl. 6340 [15ᵉs.] → MerlinM
BL Harl. 6341 [15ᵉs.] → LancPrS
BL Harl. 6342 [15ᵉs.] → LancPrS
BL Harl. 6359 [agn. 2ᵉt. 14ᵉs.] → GrantzGeanzLB
BL Harl. 6508 [14ᵉs.] → BrutA
BL Harl. 6589 [agn., cette partie 1606] → ArmNatB², ArmNatG
BL Harl. 6589 [agn., cette partie 1607] → ArmGloverL, ArmHarlW
BL Harl. 6589 [f°9 agn. 1606] → ArmFalkB
BL Harl. 6669 [agn. ca. 1300] → PlacCor²K
BL Harl. 6916 [16ᵉs.] → VaillantD
BL Lansdowne 171 [17ᵉs.] → BlackBookT
BL Lansdowne 214 [1ᵉm. 15ᵉs.] → BonetJMeunA
BL Lansdowne 227 [18ᵉs.] → ChronPLangI/IIT
BL Lansdowne 229 [It. fin 13ᵉs.] → TroiePr³
BL Lansdowne 259/50 [14ᵉs.?] → CoutNormGr
BL Lansdowne 318 [17ᵉs.] → BlackBookT
BL Lansdowne 362 [agn. fin 13ᵉs.] → FlorenceW
BL Lansdowne 380 [ca. 1500] → GuillAlexisP, TrotulaPr³, VaillantD
BL Lansdowne 383 [f°1, fragm. agn. 1ᵉm. 13ᵉs.] → PurgSPatrCamZ
BL Lansdowne 397 [agn. mil. 14ᵉs.] → DeVinoLM
BL Lansdowne 418 [agn. 1608] → MurRosS
BL Lansdowne 467 [agn. 1ᵉm. 14ᵉs.] → CourtBarM, PlacCor²K
BL Lansdowne 475 [agn. fin 14ᵉs.] → NovNarrS
BL Lansdowne 559 [agn. ca. 1300] → BrevPlacT, SeneschO
BL Lansdowne 574 [agn. 14ᵉs.] → BrittN
BL Lansdowne 575 [agn. 1ᵉʳt. 14ᵉs.] → BrittN
BL Lansdowne 652 [agn. 1ᵉʳq. 14ᵉs.] → NovNarrS
BL Lansdowne 757 [fin 13ᵉs.?] → LancPrS
BL Lansdowne 782 [agn. ca. 1245] → AspremLan
BL Lansdowne 1176 [agn. mil. 14ᵉs.] → BrittN, HosebHenO
BL Lansdowne 1179 [ca. 1455] → JVignayMir
BL Loan 36 (anc. Cheltenham Phillipps 199) [mil. 15ᵉs.] → LégDorVignBartH
BL Loan MS 88 (Wormsley M. Getty, anc. Kortrijk Goethals-Vercruysse, J. P. Getty) [agn. 2ᵉq. 13ᵉs.] → SThomFragmM
BL Or. 73 [hébr. 1190] (γ)] → RaschiD²
BL Roy. 1 A.XX [Paris 1312] → BiblePar
BL Roy. 1 C.III [agn. 2ᵉm. 14ᵉs.] → BibleAgn, SJérEp53R, SJérPréf
BL Roy. 2 D.VIII [13ᵉs.] → AlNeckCorrM
BL Roy. 2 D.XIII [agn. déb. 14ᵉs.] → ApocAgnM
BL Roy. 4 C.XI [cette partie agn. déb. 13ᵉs.] → MirNDSardR, Turpin²W
BL Roy. 4 C.XI [v. 1-3607 agn., 3608ss. norm. ou agn. conservateur, déb. 13ᵉs.] → RouH
BL Roy. 8 E.XVII [agn. déb. 14ᵉs.] → AntArciP, DialSJulB, NicBozCharV, NicBozProvR/ST, PlainteVgeReineT
BL Roy. 8 F.IX, 3 [agn. déb. 14ᵉs.] → GuiWarE
BL Roy. 9 A.II [agn. ca. 1300] → HosebAnO
BL Roy. 10 A.V [agn. déb. 14ᵉs.] → PlacCor²K
BL Roy. 11 A.VIII [agn. 2ᵉt. 14ᵉs.] → NovNarrS
BL Roy. 12 B.III [cette partie déb. 14ᵉs.] → GlAlphM
BL Roy. 12 C.XII [agn. ca. 1335] → AmAmOctK, FoukeH, LBonneAvParB, LBonneAvSiB, MirourEdmAW, RecCulBlancM, SecrSecrPr¹
BL Roy. 12 C.XIX [agn. 2ᵉm. 12ᵉs.] → RecMédJuteH
BL Roy. 12 D.XI [agn. 1ᵉm. 14ᵉs.] → DeVinoRM
BL Roy. 12 D.XII [fin 14ᵉs.] → GlAlphM
BL Roy. 12 F.XIII [agn. ca. 1200] → LapidFPS
BL Roy. 13 A.IV [agn. déb. 14ᵉs.] → BibbO, ProvSerloF
BL Roy. 13 A.XVIII [agn., f°161ra-173rb, déb. 14ᵉs.] → EchecsRoyH
BL Roy. 13 A.XXI [cette partie agn. 13ᵉs.] → HermValS
BL Roy. 13 A.XXI [cette partie agn. déb. 14ᵉs.] → BrutA, BrutIntB, GaimarB
BL Roy. 14 D.VI [1471-1483] → FroissChronIVV
BL Roy. 14 E.I [ca. 1500] → JVignayMir, JVignayMirYsS
BL Roy. 14 E.II [ca. 1480] → CourcyVaillP
BL Roy. 14 E.III [pic. déb. 14ᵉs.] → MortArtuF¹, SGraalIVEstP, SGraalIVEstS, SGraalIVH, SGraalIVQuesteF, SGraalIVQuesteP, SGraalIVQuesteS, SGraalIVW
BL Roy. 14 E.VI [ca. 1480] → PCresc
BL Roy. 15 A.XXXI [agn., partie jurid. ca. 1295] → TrJurFetW
BL Roy. 15 D.I [Bruges 1470], BL Roy. 18 D.IX-X [Bruges 1479] → BibleGuiart
BL Roy. 15 D.II [agn. déb. 14ᵉs.] → PAbernLumH¹
BL Roy. 15 D.III [Paris ca. 1415] → BibleGuiart
BL Roy. 15 E.I. [4ᵉq. 15ᵉs.] → ContGuillTyrA
BL Roy. 15 E.V/19. E. II/19. E. III [2ᵉm. 15ᵉs.] → PercefR
BL Roy. 15 E.VI [Rouen prob. 1444/1445] → AlexPrH, AspremLM, ChevCygne, ChevCygneNaissBeaN, EnfGodM, FierL, GodBouillCornM, GouvRoisGauchyM, GuiWarPrC, JerusT, OgDanAl², RenMontPr¹, SimPouilleCB
BL Roy. 16 C.VI [Paris? ca. 1340] → SLouisNanV
BL Roy. 16 E.II [agn. déb. 15ᵉs.] → PeinesR
BL Roy. 16 E.VIII [agn. fin 13ᵉs.] → BestGuillR, ChastPereAH, LaetabundusG, PelCharlK, VenjNSA/B…/S
BL Roy. 16 E.IX [agn. 4ᵉq. 13ᵉs.] → PAbernLumH¹
BL Roy. 16 E.XII [frc. mil. 14ᵉs.] → SermLaudT
BL Roy. 16 F.III [ca. 1400] → ChronFlandrK
BL Roy. 16 F.V [15ᵉs.] → SidracH
BL Roy. 16 F.VIII [fin 15ᵉs.] → AldL
BL Roy. 16 F.IX [mil. 15ᵉs.] → TroiePr⁶
BL Roy. 16 F.X [mil. 15ᵉs.] → SecrSecrPr⁶H
BL Roy. 16 G.II [ca. 1445] → RenMont, RenMontPr¹
BL Roy. 16 G.III [1479] → VenjNSPr⁸F
BL Roy. 16 G.VI [ca. 1340] → ChronSDenisV, GrChronV
BL Roy. 16 G.VII [Paris ca. 1375] → FetRomF¹, HistAnc
BL Roy. 17 E.I [mil. 15ᵉs.] → BrunLatC
BL Roy. 17 E.IV [4ᵉq. 15ᵉs.] → OvMorPr²E
BL Roy. 17 E.V [Flandres après 1477] → JVignayVégL

Manuscrits

BL Roy. 17 E.VII [Paris 1357 n.st.] → BibleGuiart
BL Roy. 17 F.II [1479] → FetRomF[1]
BL Roy. 18 D.VIII [Paris ca. 1335] → BibleGuiart
BL Roy. 18 E.II [ca. 1480] → FroissChron_IV_V
BL Roy. 19 A.IV [1ᵉ m. 15ᵉ s.] → ConsBoèceRenA[2]
BL Roy. 19 A.VI [pic. fin 15ᵉ s.] → CatPr[1]U, GuillFillConsH
BL Roy. 19 A.VIII [2ᵉ q. 15ᵉ s.] → EchecsFerronC
BL Roy. 19 A.IX [Bruges 1464] → ImMondePrP
BL Roy. 19 B.VII [Angleterre déb. 14ᵉ s.] → LancPrD_L_[2], LancPrS
BL Roy. 19 B.X [fin 15ᵉ s.] → AldL, BrunLatC
BL Roy. 19 B.XVII [1382] → LégDorVignBartH
BL Roy. 19 C.IV [Paris 1378] → SongeVergierS
BL Roy. 19 C.V [Angleterre déb. 13ᵉ s.] → CommPs_IA_[1]G
BL Roy. 19 C.VII [mil. 15ᵉ s.] → LatourLandryM, MelibeeRenS, PhMézGrisG
BL Roy. 19 C.X [14ᵉ s.] → BrunLatC
BL Roy. 19 C.XI [1ᵉʳ t. 15ᵉ s.] → Elucidaire_IV_K, JVignayEchecsF, MelibeeRenS, MorPhilPrH, PhVitriChapP
BL Roy. 19 C.XII [1ᵉ m. 14ᵉ s.] → SGraalIVEstS, SGraalIVW
BL Roy. 19 C.XIII [fin 13ᵉ s.] → LancPrS, MortArtuB, MortArtuF[1], SGraalIVQusteP, SGraalIVQusteS
BL Roy. 19 D.I [Paris? ca. 1335, aux traits pic.] → AlexPrH, JVignayMir, JVignayOdoT, JVignayPrimV, MPolGregM, VenjAlH, VenjAlxH
BL Roy. 19 D.II [Paris av. 1356] → BibleGuiart
BL Roy. 19 D.III [frc. 1412 n.st.] → BibleGuiart, BibleGuiartT
BL Roy. 19 D.IV [2ᵉ q. 14ᵉ s.] → BibleGuiart, PenitAdam^{1/2}Q
BL Roy. 19 D.V [Paris 2ᵉ q. 14ᵉ s.] → BibleGuiart
BL Roy. 19 D.VI-VII [Paris ca. 1420] → BibleGuiart
BL Roy. 20 A.I [agn. déb. 15ᵉ s.] → JMand_L_D
BL Roy. 20 A.II [agn. ca. 1320] → ChronPLang_I/II_T, ChronPLangW[1]
BL Roy. 20 A.III [f°1-120: 1342] → ImMondeOct[2]S⁰
BL Roy. 20 A.V [fin 13ᵉ s.] → AlexPrH
BL Roy. 20 A.XI [agn. 2ᵉ q. 14ᵉ s.] → ChronPLang_I/II_T, ChronPLangW[1], ChronPLangW[2], PrêtreJeanPr[1]E/I...G
BL Roy. 20 A.XII [fin 15ᵉ s.] → FormHonCourtH
BL Roy. 20 A.XV [mil. 15ᵉ s.] → MorPhilPrH
BL Roy. 20 A.XVII [1ᵉ m. 14ᵉ s.] → BatAnnezinW
BL Roy. 20 A.XIX [1ᵉ m. 15ᵉ s.] → ConsBoèceBenN
BL Roy. 20 B.I [2ᵉ q. 14ᵉ s.] → JVignayVégL
BL Roy. 20 B.V [agn., cette partie 1ᵉ m. 14ᵉ s. (?)] → SecrSecrPr[4]B
BL Roy. 20 B.V [agn., cette partie 2ᵉ m. 14ᵉ s.] → PlainteVgeNostreT
BL Roy. 20 B.V [agn., cette partie ca. 1300] → BalJosPr[3]
BL Roy. 20 B.IX [fin 15ᵉ s.] → AldL
BL Roy. 20 B.X [agn. déb. 15ᵉ s.] → JMand_L_D
BL Roy. 20 B.XI [1ᵉ m. 14ᵉ s.] → JMeunVégL
BL Roy. 20 B.XIV [agn. ca. 1300] → AmDieuK, ExhortCuersT, GrossetChastM, ManuelPéchF, MirAgn[2]K, MirAgn[2]N, MirourEdm_A_W, RomRomL, SermOyezT, SimFreinePhilM

BL Roy. 20 B.XV [15ᵉ s.] → JMeunVégL
BL Roy. 20 B.XIX [traits bourg. ca. 1270] → AimeriG, GirVianeE, GuibAndrO, MortAymR, NarbS, SiègeBarbP
BL Roy. 20 B.XX [déb. 15ᵉ s.] → AlexPrH
BL Roy. 20 B.XXI [15ᵉ s.] → JFevLamentH
BL Roy. 20 C.I [déb. 15ᵉ s.] → FetRomF[1], FetRom_L_[3]M
BL Roy. 20 C.II [Flandres 3ᵉ q. 15ᵉ s.] → Apol[4]A, CleriadusZ
BL Roy. 20 C.VI [Angleterre ca. 1283] → BrutusF, LancPrS, MortArtuF[1], SGraalIVQusteP, SGraalIVQusteS
BL Roy. 20 D.I [traits pic., aussi sept. et agn., Napoli ca. 1335] → HistAnc[2]RB, TroiePr[5]R
BL Roy. 20 D.II [déb. 14ᵉ s.] → TristPrMé
BL Roy. 20 D.III [déb. 14ᵉ s.] → LancPrS
BL Roy. 20 D.IV [pic. déb. 14ᵉ s.] → LancPrD_L_, LancPrD_L_[2], LancPrS
BL Roy. 20 D.VI [2ᵉ m. 13ᵉ s.] → AlexisPr[1]L, PèresPrIIMarcelL, PurgSPatrPr_A_D, SMarg_C_O, SMarieEgz_D
BL Roy. 20 D.VIII [déb. 16ᵉ s.] → MonstreletD
BL Roy. 20 D.IX [2ᵉ m. 13ᵉ s.] → CodeJust, InstJustO, NovJust
BL Roy. 20 D.XI [traits pic., prob. Paris ca. 1335] → AimeriG, AliscW, BatLoqVulgB[2], CharroiPo, ChevVivM, CourLouisLe, EnfGuillH, EnfVivW, GarMonglMü/Me/S, GirVianeE, GuibAndrO, HerbCandS, MonGuill[2]A, MonGuill[2]C, MonRain_A_B, MortAymR, NarbS, PriseOr_ABR_[1], SiègeBarbP
BL Sloane 5 [cette partie agn. ca. 1340] → GlAlphM
BL Sloane 146 [agn. fin 13ᵉ s.] → HuntMed
BL Sloane 209 [agn. 1ᵉ m. 13ᵉ s.] → LSimplMedAloe
BL Sloane 213 [agn. déb. 15ᵉ s.] → Lapid_E_P
BL Sloane 284 [agn. 1ᵉ m. 15ᵉ s.] → GlAlphM
BL Sloane 513 [agn. 1ᵉʳ q. 14ᵉ s.] → BibbO
BL Sloane 521 [14ᵉ s.] → GlAlphM
BL Sloane 560 [agn. 15ᵉ s.] → JMand_L_D
BL Sloane 809 [agn. ca. 1300] → BibbO
BL Sloane 960 [15ᵉ s.] → RenMontPr_D
BL Sloane 962 [agn. 15ᵉ s.?] → RecMédArdezV
BL Sloane 1464 [agn. 15ᵉ s.] → JMand_L_D
BL Sloane 1580 [agn. déb. 13ᵉ s.] → PhThCompM
BL Sloane 1611 [contin., cette partie fin 13ᵉ s.] → SMarg8M
BL Sloane 1611 [f°143-147v°: fin 13ᵉ s.] → LettrHippoT
BL Sloane 1611 [f°68v°: agn. déb. 14ᵉ s.] → NicBozEnsM, NicBozSerm^{1-9}L
BL Sloane 1611 [f°69-142: fin 13ᵉ s.] → AldL
BL Sloane 1754 [agn. 1ᵉʳ t. 14ᵉ s.] → LAlkemyeH⁰, RecAlchSlD
BL Sloane 1784 [2ᵉ m. 14ᵉ s.] → LapidPhilZ
BL Sloane 1977 [pic. (Origny) ca. 1300] → AldL, ChirRog[3]M, LSimplMedD
BL Sloane 2401 [1492] → AldL
BL Sloane 2412 [pic.-wall. mil. 14ᵉ s.] → CompAn[4]M, LettrHippoT
BL Sloane 2430 [1ᵉ m. 14ᵉ s.] → JMeunVégL
BL Sloane 2435 [pic. (Lille?) fin 13ᵉ s.] → AldL, ImMondeOct[1]D
BL Sloane 2806 [Angl. fin 14ᵉ s.] → AldL

Manuscrits

BL Sloane 2986 [It. ca. 1300] → AldL
BL Sloane 3018 [14ᵉs.] → GlAlphM
BL Sloane 3126 [14ᵉs.] → LettrHippoT
BL Sloane 3152 [15ᵉs.] → AldL
BL Sloane 3525 [frc. déb. 14ᵉs.] → AldL, ChirRog³M, LSimplMedD, TrotulaPr¹M, VisiterMaladesLH
BL Sloane 3550 [agn. 1ᵉm. 14ᵉs.] → LettrHippoT
BL Sloane 3550 [agn. ca. 1300] → HuntMed
BL Sloane 3564 [agn. ca. 1400] → RecMédBonezV
BL Stowe 50-51 [fin 15ᵉs.] → LégDorVignBartH
BL Stowe 54 [Paris ca. 1440] → HistAnc²RB, TroiePr⁵R
BL Stowe 57 [agn. (Peterborough?) 3ᵉt. 12ᵉs. (après 1159)] → GlStowe57H
BL Stowe 386 [agn. déb. 14ᵉs.] → TrJurFetW
BL Stowe 1047 [agn. ca. 1586] → ChronPLangI/IIT
BL Stowe CH 622 [agn. 1325, orig.] → TestFouk
BL Yates Thompson 12 (anc. 42; Firmin Didot) [agn. mil. 13ᵉs.] → GuillTyrP
BL Yates Thompson 19 [13ᵉs.] → BrunLatC
BL Yates Thompson 20 [Paris 1ᵉʳq. 14ᵉs.] → BibleGuiart
BL Yates Thompson 35 [ca. 1400] → ChronGuesclF
Blackburn Lancs. Stonyhurst Coll. 27 (HMC 31; A.VI.22) [agn. 1ᵉʳq. 14ᵉs.] → ManuelPéchF
Blois Bibl. Abbé Grégoire 34 [frc. fin 13ᵉs.] → CoincyI1…K
BN [s.c.] [16ᵉs.] → MonstreletD
BN Clairambault 228 → CptFleuri²D
BN Clairambault 469 (anc. Mél. de Clair. 9) [Paris 1316] → CptFleuri¹D
BN Clairambault 471 (anc. Mél. de Clair. 11, Clerambaut 11) [1328] → InvClemD
BN Coll. de Lorr. III n°41-45 [lorr. prob. 1338] → GuerreBarB
BN Coll. de Picardie 159 [18ᵉs.] → AbladaneP
BN copte 43 [ca. 1500] → GlCopteA
BN Duchesne 79 [déb. 17ᵉs.] → RouH
BN Dupuy 275 [17ᵉs.] → JournParT
BN Dupuy 426 [déb. 17ᵉs.] → CoutChampP
BN Dupuy 652 [1648] → AssJérJIbVatT
BN Fondation Smith-Lesouëf 68 [fin 15ᵉs.] → YsMachoH
BN fr. 1 [agn. av. 1361] → BibleAgn
BN fr. 2 [Paris, main angl., 3ᵉq. 14ᵉs.] → BibleGuiart
BN fr. 3-4 [Paris ca. 1420] → BibleGuiart
BN fr. 5 [Paris ca. 1375] → BibleGuiart
BN fr. 6-7 [fin 14ᵉs.] (6 = I, Gn – Ps; 7 = II, Prv – Apc) → BiblePar
BN fr. 8 [Paris ca. 1325] → BibleGuiart
BN fr. 9-10 [Paris ca. 1315] → BibleGuiart
BN fr. 23-24 [ca. 1390] → RPreslesCitéB
BN fr. 34 [15ᵉs.] → MessnerBers
BN fr. 39-40 [15ᵉs.] → HistAnc
BN fr. 40 [15ᵉs.] → FetRomF¹
BN fr. 50-51 [ca. 1460] → JVignayMir, JVignayMirMargO, JVignayMirYsS
BN fr. 52 [ca. 1455] → JVignayMir
BN fr. 60 [pic. fin 14ᵉs.] → BenTroieC, EneasDP, EneasS², ThebesC
BN fr. 64 [15ᵉs.] → FetRomF¹, HistAnc
BN fr. 67 [2ᵉm. 13ᵉs.] → ContGuillTyrA
BN fr. 68 [ca. 1450] → ContGuillTyrA

BN fr. 88 [ca. 1475] → MonstreletD
BN fr. 91 [15ᵉs.] → MerlinM
BN fr. 92 [flandr. 1463] → TroisFilsP
BN fr. 93 [pic. 1466] → CassidP, HelcanusN, KanorM, LaurinT, MarqueA, PeliarmB, SSagAP
BN fr. 94 [14ᵉs.] → TristPrMé
BN fr. 95 [pic. 3ᵉt. 13ᵉs.] → MerlinM, PenitAdam¹/²Q, SSagAP
BN fr. 96 [15ᵉs.] → LancPrDL², MerlinM
BN fr. 97 [15ᵉs.] → TristPrMé
BN fr. 98 [15ᵉs.] → MerlinM, MortArtuF¹, SGraalIVH, SGraalIVQuesteP
BN fr. 99 [1463] → PalamC, PalamLe, TristPrMé
BN fr. 100-101 [fin 14ᵉs.] → TristPrMé
BN fr. 102 [15ᵉs.] → TristPrMé
BN fr. 103 [fin 15ᵉs.] → PalamC, PalamLe, TristPrBédier, TristPrHenry, TristPrMé
BN fr. 104 [fin 13ᵉs.] → TristPrMé
BN fr. 105 [Paris déb. 14ᵉs.] → MerlinM
BN fr. 106-109 [3ᵉq. 15ᵉs.] → PercefR
BN fr. 110 [ca. 1295] → LancPrBH, MerlinM, MortArtuBS, MortArtuF¹, SGraalIVQuesteP
BN fr. 111 [ca. 1485] → MortArtuF¹, SGraalIVQuesteP
BN fr. 112 [pic. 1470] → ErecPrP, FolLancB, MerlinsR, MortArtuF¹, PalamL, SGraalIVQuesteP, SGraalPVB
BN fr. 113 [fin 15ᵉs.] → MerlinM
BN fr. 115 [15ᵉs.] → LancPrS
BN fr. 116 [fin 15ᵉs.] → MortArtuF¹, SGraalIVQuesteP
BN fr. 117 [fin 14ᵉs.] → MerlinM
BN fr. 119 [Paris ca. 1400] → LancDérH
BN fr. 120 [fin 14ᵉs.] → LancPrS, MortArtuF¹, Perl¹N, SGraalIVQuesteP
BN fr. 122 [pic. (tourn.) 1345 n.st.] → LancDérH, MortArtuF¹, SGraalIVQuesteP
BN fr. 123 [agn. (Londres) ca. 1275?] → MortArtuF¹, SGraalIVQuesteP
BN fr. 124 [saint. fin 13ᵉs.] → Turpin¹A
BN fr. 125 [frc. av. 1470] → OresmeEconM, OresmePolM
BN fr. 127 [15ᵉs.] → LaurPremCas²G
BN fr. 131 [15ᵉs.] → LaurPremCas²G
BN fr. 137 [4ᵉq. 15ᵉs.] → OvMorPr²E
BN fr. 140 [pic. fin 15ᵉs.] → GuillFillConsH
BN fr. 141 [fin 15ᵉs.] → GuillFillConsH
BN fr. 143 [déb. 16ᵉs.] → EchecsAmPrK, EvrartContyEchG, JacLegrArchB
BN fr. 146 [Paris prob. 1318] → AdHaleCongéR, Fauvel¹L, FauvelAubry, FauvelChaillD, GeoffrParAlliésS, GeoffrParAvisS, GeoffrParChronD, GeoffrParComS, GeoffrParDespSh, GeoffrParRoyPhS, JEscG
BN fr. 152 [1347] → BibleGuiart, BiblePar
BN fr. 154 [Paris mil. 14ᵉs.] → BibleGuiart
BN fr. 155 [Paris ca. 1315] → BibleGuiart
BN fr. 156 [Paris ca. 1325] → BibleGuiart
BN fr. 157 [Paris 2ᵉq. 14ᵉs.] → BibleGuiart
BN fr. 159 [Paris av. 1402] → BibleGuiart
BN fr. 160 [déb. 14ᵉs.] → BibleGuiart, BiblePar
BN fr. 161-162 [3ᵉq. 14ᵉs.] → BibleGuiart
BN fr. 164 [Paris 4ᵉq. 14ᵉs.] → BibleGuiart
BN fr. 166 [ca. 1403/av. 27 avr. 1404] → BibleMorwH
BN fr. 167 [ca. 1350] → BibleMorwH

Manuscrits

BN fr. 168 [Bologna ca. 1380] → HistAnc
BN fr. 170 [cette partie ca. 1300] → AyeB
BN fr. 170-171 [ca. 1380] → RPreslesCitéB
BN fr. 176 [1379] → JGoulRatB, JGoulSacreB
BN fr. 181 [15ᵉs.] → VenjNSPr⁸F
BN fr. 182 [14ᵉs.] → HistAnc
BN fr. 183 [prob. 1327] → AlexisPr¹L, BrendanPr²W, EvNicPrBF, JBelethLégDor, PèresPrI1/2…, PèresPrI5/7S, PèresPrIIMarcelL, PurgSPatrPrAD, SCathPr¹K, SEustPr¹M, SJulPrS, SMadPr⁵, SMargAO, SMarieEgxD
BN fr. 184 [ca. 1400] → LégDorVignBartH, LégDorVignBathB, LégDorVignMargO
BN fr. 185 [2ᵉm. 14ᵉs.] → BrendanPr²W, EvNicPrBF, JBelethLégDor, PèresPrI1/2…, PèresPrI5/7S, PèresPrIIMarcelL, PurgSPatrPrAD, SCathPr¹K, SDenisPr¹L, SEustPr¹M, SGenDér, SJulPrS, SMadPr⁵
BN fr. 187 [It. mil. 14ᵉs.] → BalJosPr¹M, ElucidaireT, EvNicPrBF, SermMaurR, VenjNSPr³M
BN fr. 189 [2ᵉm. 15ᵉs.] → LulleBestesL, SSagLL
BN fr. 190 [4ᵉq. 15ᵉs.] → FormHonCourtH, MorPhilPrH
BN fr. 191 [pic. 15ᵉs.] → BrunLatC
BN fr. 197 [14ᵉs.] → Digeste
BN fr. 198 [15ᵉs.] → CodeJust
BN fr. 200 [13ᵉs.] → CodeJust
BN fr. 201-202 [1471] → JBoutSomme
BN fr. 204 [frc. av. 1380] → OresmeEconM, OresmeEthM, OresmePolM
BN fr. 205 [ca. 1430] → OresmeEthM
BN fr. 206 [déb. 15ᵉs.] → OresmeEthM
BN fr. 207 [av. 1476] → OresmeEthM
BN fr. 208 [frc. déb. 15ᵉs.] → OresmeEconM, OresmePolM
BN fr. 210-211 [15ᵉs.] → EvrartContyAr
BN fr. 212 [fin 15ᵉs.] → PlacTimT
BN fr. 213 (anc. 6867) [Paris 3ᵉt. 15ᵉs.] → GouvRoisGauchyM
BN fr. 214 [déb. 15ᵉs.] → JacLegrArchB
BN fr. 225 [colophon: Rouen 1503] → JDaudRem
BN fr. 226 [15ᵉs.] → LaurPremCas²G
BN fr. 227 [15ᵉs.] → LaurPremCas²G
BN fr. 233-234 [15ᵉs.] → LaurPremCas²G
BN fr. 241 [1348] → LégDorVignBartH, LégDorVignD, LégDorVignDomM, LégDorVignMargO, LégDorVignMarieEgD
BN fr. 242 [pic. 1402] → LégDorVignBartH, LégDorVignBathB
BN fr. 243 [déb. 15ᵉs.] → LégDorVignBartH, LégDorVignBathB
BN fr. 244-45 [fin 15ᵉs.] → LégDorVignBartH, LégDorVignMargO
BN fr. 246 [Paris 1364] → FetRomF¹, HistAnc, HistAncM
BN fr. 250 [Paris fin 14ᵉs.] → FetRomF¹, HistAnc
BN fr. 251 [Paris 2ᵉq. 14ᵉs.] → FetRomF¹, HistAnc
BN fr. 254 [1467] → HistAnc²RB
BN fr. 256 [déb. 15ᵉs.] → FetRomF¹, HistAnc
BN fr. 260-262 [Paris ca. 1405-08] → Bersuire
BN fr. 263 [Paris 4ᵉq. 14ᵉs.] → Bersuire
BN fr. 264-265-266 [ca.1410] → BersuireP
BN fr. 269-271 [Paris fin 14ᵉ] → Bersuire
BN fr. 281 [fin 15ᵉs.] → FetRomF¹
BN fr. 282 [1401] → ValMaxSim/Nic
BN fr. 293 [déb. 15ᵉs.] → FetRomF¹
BN fr. 294 [15ᵉs.] → FetRomF¹
BN fr. 295 [Napoli av. 1331] → FetRomF¹
BN fr. 301 [Paris av. 1402] → HistAnc²RB, TroiePr⁵R
BN fr. 308-311 [1455] → JVignayMir, JVignayMirMargO, JVignayMirYsS
BN fr. 312-314 [1396] → JVignayMir, JVignayMirMargO, JVignayMirYsS
BN fr. 315 [fin 14ᵉs.] → JVignayMir, JVignayMirMargO
BN fr. 316 [prob. 1333] → JVignayMir, JVignayMirYsS, MolandHéricault²
BN fr. 317-327 [après 1495] → JVignayMir, JVignayMirMargO
BN fr. 331 [ca. 1470] → RLefevreJasonP
BN fr. 332 [15ᵉs.] → MerlinM
BN fr. 333 [14ᵉs.] → LancPrM
BN fr. 334 [14ᵉs.] → TristPrMé
BN fr. 335-336 [1399] → TristPrMé
BN fr. 337 [4ᵉq. 13ᵉs.] → ArtusS, MerlinM
BN fr. 338 [ca. 1400] → PalamL
BN fr. 339 [2ᵉm. 13ᵉs.] → LancPrM, MortArtuF¹, SGraalIVQuesteP
BN fr. 340 [Paris? déb. 15ᵉs.] → AventBrunL, PalamC, PalamL, PalamLe, SGraalPVB
BN fr. 341 [14ᵉs.] → LancPrK
BN fr. 342 [pic.sept. 1274] → LancPrS, MortArtuB, MortArtuF¹, SGraalIVQuesteP, SGraalIVQuesteS
BN fr. 343 [It.sept. ca. 1385] → MortArtuF¹, SGraalIVQuesteP, SGraalPVB
BN fr. 344 [Est fin 13ᵉs.] → LancPrM, MerlinM, MortArtuF¹, SGraalIVEstP, SGraalIVQuesteP
BN fr. 345-348 [pic. av. 1475] → PercefR
BN fr. 346 [pic. av. 1475] → PercefR³
BN fr. 347 [pic. av. 1475] → PercefR²
BN fr. 349 [14ᵉs.] → TristPrMé
BN fr. 350 [art. et Italie, fin 13ᵉs. et déb. 14ᵉs.] → PalamL
BN fr. 351 [pic. déb. 16ᵉs.] → LionBourgOctF
BN fr. 352 [Ile de Fr. ca. 1350] → ContGuillTyrA
BN fr. 353 [1ᵉm. 14ᵉs.] → AimonFlH, MantelB
BN fr. 355 [déb. 15ᵉs.] → AventBrunL, PalamC, PalamL, PalamLe
BN fr. 356-357 [Paris mil. 15ᵉs.] → PalamL
BN fr. 358 [Flandres 4ᵉq. 15ᵉs.] → AventBrunL
BN fr. 358-363 [Flandres 4ᵉq. 15ᵉs.] → PalamL
BN fr. 363 [Flandres 4ᵉq. 15ᵉs.] → ErecPr²PC
BN fr. 368 [lorr. 1ᵉm. 14ᵉs.] → AlexParA, AliscW, AnsCartA, BatLoqVulgB², CharroiPo, ChevVivM, CourLouisLe, EnfVivW, MonGuill²A, MonGuill²C, MonRainAB, PartonG, PriseDefP, PriseOrABR¹, SaisnA/LB, SimPouilleBB, VoeuxPaonR, VoyAlexP
BN fr. 369 [19ᵉs.?] → RenContrR
BN fr. 370 [fin 15ᵉs.] → RenContrR
BN fr. 371 (anc. Cangé 68) [Est 2ᵉm. 13ᵉs.] → Ren
BN fr. 371 [Est 2ᵉm. 13ᵉs.] → RenHS, RenR
BN fr. 372 [déb. 14ᵉs.] → RenNouvR
BN fr. 373 [prob. Paris ca. 1380] → OvMorB
BN fr. 374 [1456] → OvMorB
BN fr. 375 [pic. 1289 n.st.] → AlexParA, AlexParHM, AmYdR, AthisH, BenTroieC, BlancandS, BodelCongéRu, ChastVergiA, CligesG, CoincyI1…K, ErecF, FloreAW, GautArrIllC, GuillAnglH, MorPhilPrH, Pères, PerNesles-

Manuscrits

TabJ, PriseDefP, ProphSeb, RouH, Sacristine-ForceK, ThebesC, VengAlE, ViergeLoengeA, VMortAnW

BN fr. 376 [2[e]q. 15[e]s.] → PelAmeS, PelJChrS, PelVieS

BN fr. 377 [ca. 1395] → PelAmeS, PelJChrS, PelVie[2]M[0]

BN fr. 378 [fin 13[e]s.] → BaudCondMortsG, BaudCondS, BibleBerzéL, BrebisDérL, CerfAmB, ComparFaucH, QuatreFilles[1]AL, RoiLarB, RoseLLangl, RoseLS, RoseMS, TroisMortsConG

BN fr. 380 [ca. 1400] → JMeunTresM, RoseLLangl

BN fr. 396 [2[e]m. 15[e]s.] → GuiChaul

BN fr. 398 [ca. 1300] → BiblePar

BN fr. 400 [agn. mil. 14[e]s.] → HosebCompL

BN fr. 401 [1343] → BibleMacéS

BN fr. 402 [2[e]m. 15[e]s.] → IsidSyncH, ProvSalAuR

BN fr. 403 [agn. av. 1255] → ApocPrD

BN fr. 409 [fin 14[e]s.] → EvNicPrBF, MarNDR

BN fr. 410 [fin 15[e]s.] → JuitelPr[2]W

BN fr. 411 [déb. 14[e]s.] → AlexisPr[1]L, EvNicPrBF, PèresPrIIMarcelL, PurgSPatrPrAD, SCathPr[1]K, SMargCO, SMarieEgzD

BN fr. 412 [pic. 1285] → AlexisPr[1]L, BestAmFournS, CompAn[2]M, DouzeVendredisCS, PèresPrIIMarcelL, PèresPrIINicT, PurgSPatrPrAD, SAgnèsBNfr412D, SCathPr[1]K, SMargCO, SMarieEgzD

BN fr. 413 [ca. 1400] → BalJosPr[3], BrendanPr[2]W, PèresPrIIMarcelL, PurgSPatrPrAD, SDenisPr[2]L, SEdmPr, SGenDér, SJulPrS, SMadPr[5], SMargAO, SMarieEgO[1]D, VenjNSPr[2]F

BN fr. 414 [1404] → LégDorVignBartH, LégDorVignMargO

BN fr. 415-416 [déb. 15[e]s.] → LégDorVignBartH, SGenPr[1]H

BN fr. 416 [déb. 15[e]s.] → LégDorVignBathB

BN fr. 422 [pic. 13[e]s.] → SermMadAC

BN fr. 423 (anc. 7024) [lyonn. déb. 14[e]s.] → SGraalIIIJosTO

BN fr. 423 [lyonn. déb. 14[e]s.] → BalJosAnPrS, BrendanPr[2]W, CoincyI1…K, ElucidaireIT, ExhortCuersT, MerlinM, PurgSPatrPrAD, SermSamG, SMadPr[3], ThéophB, VMortHélW

BN fr. 425 [mil. 14[e]s.] → CiNDitB[2]

BN fr. 436 [déb. 15[e]s.] → CiNDitB[2]

BN fr. 437 [1374] → JGoulRatB, JGoulRatW, JGoulSacreB

BN fr. 445 [mil. 15[e]s.] → ChastelPerB

BN fr. 451 [Est 1411] → JDupinMelL

BN fr. 452 [2[e]m. 15[e]s.] → ChrPisVertW

BN fr. 461 [15[e]s.] → MiroirMondeC, MisereOmme

BN fr. 495 [ca. 1275] → Digeste

BN fr. 496 [13[e]s.] → CodeJust

BN fr. 497 [14[e]s.] → CodeJust

BN fr. 498 [1342] → CodeJust, InstJustO, NovJust

BN fr. 537 [1452] → SongeVergierS

BN fr. 541 [1441] → OresmeEthM

BN fr. 542 [déb. 15[e]s.] → OresmeEthM

BN fr. 557 [ca. 1450] → OresmePolM

BN fr. 562 [après 1451] → SecrSecrPr[3]H

BN fr. 565 [traits pic. déb. 15[e]s.] → OresmeCielM, OresmeSphèreM

BN fr. 566 [wall. fin 13[e]s.] → BrunLatC, GouvRoisGauchyM

BN fr. 567 [Nord ca. 1290] → BrunLatC

BN fr. 568 [15[e]s.] → BrunLatC

BN fr. 569 [It. 15[e]s.] → BrunLatC

BN fr. 570 [It. centr. fin 13[e]s.] → BrunLatC

BN fr. 571 [cette partie agn. mil. 14[e]s.] → FauvainL, SecrSecrPr[1]

BN fr. 571 [cette partie pic. ca. 1326] → BrunLatC

BN fr. 572 [1402] → JVignayEchecsF, MorPhilPrH

BN fr. 573 (anc. 7069) [Paris 1[er]m. 15[e]s.] → GouvRoisGauchyM

BN fr. 573 [Paris 1[er]m. 15[e]s.] → BrunLatC, SSagMR, Turpin[2]W

BN fr. 574 [Paris ca. 1315] → ImMondePrP

BN fr. 575 [15[e]s.] → ConsBoèceCompC[2]

BN fr. 576 [Arras 1383 n.st., ce morceau daté, suite contemp.] → ConsBoèceAnMeun

BN fr. 576 [Arras 1383 n.st.] → RenclCarH

BN fr. 577 [1[er]t. 15[e]s.] → ConsBoèceBenN

BN fr. 578 [ca. 1400] → ConsBoèceRenA[2], EchecsFerronC, MelibeeRenS

BN fr. 580 [15[e]s.] → Fauvel[1]L, JVignayEchecsF, LatourLandryM, MelibeeRenS

BN fr. 581 (anc. 7074) [1[er]q. 15[e]s.] → GouvRoisGauchyM

BN fr. 581 [1[er]q. 15[e]s.] → FormHonCourtH

BN fr. 604 [mil. 15[e]s.] → ChrPisCheminT, ChrPisR

BN fr. 605 [av. 1408] → ChrPisProvO, ChrPisR

BN fr. 606 [1407-1408] → ChrPisOthP, ChrPisR

BN fr. 607 [1407/1408] → ChrPisCitéC

BN fr. 611 [15e/16[e]s.] → JArkAmP

BN fr. 613 [pic. mil. 14[e]s.] → CompilEstC, EstoilleSignesH, IntrAstrD

BN fr. 614 [15[e]s.] → ModusB, ModusT

BN fr. 615 [pic. 1406] → ModusT

BN fr. 616 [cette partie ca. 1405] → GastPhébChasseL, GastPhébChasseT, GastPhébOrM, GastPhébOrT[1]

BN fr. 616 [cette partie ca. 1500] → GaceBuigneB

BN fr. 617 [16[e]s.] → GastPhébChasseT

BN fr. 618 [15[e]s.] → GastPhébChasseT

BN fr. 619 [Avignon? ca. 1400] → GastPhébChasseT

BN fr. 620 [15[e]s.] → GastPhébChasseT

BN fr. 623 [15[e]s.] → LSimplMedD

BN fr. 630 [1445] → GuiChaul

BN fr. 677-678 [15[e]s.] → FetRomF[1], HistAnc

BN fr. 686 [Bologna ca. 1330] → FetRomF[1], HistAnc

BN fr. 687 [15[e]s.] → FetRomF[1], HistAnc

BN fr. 688 [It.mérid. mil. 14[e]s.] → AiméHistNormB, ChronRobViscC

BN fr. 696 [13[e]s.] → SDenisPr[1]L

BN fr. 707 [ca. 1470] → AlexPr[2]H

BN fr. 726 [Gênes 3[e]t. 13[e]s.] → BrunLatC, FetRomF[1]

BN fr. 747 [bourg. (Nord?) ca. 1240] → MerlinM, SGraalIVW

BN fr. 748 (anc. 7170.3, Cangé 4/89) [frc. 2[e]t. 13[e]s.] → SGraalIIIJosTO

BN fr. 748 [frc. 2[e]t. 13[e]s.] → MerlinM, SGraalIIIH, SGraalIIIJosH

BN fr. 749 [fin 13[e]s.] → MerlinM

BN fr. 750 [pic. 1278] → TristPrMé

BN fr. 751 [mil. 13[e]s.] → MortArtuF[1], SGraalIVQuesteP

BN fr. 752 [Est fin 13[e]s.] → LancPrDL[2], LancPrM

BN fr. 754 [Est? 2ᵉm. 13ᵉs.] → LancPrK
BN fr. 756-757 [It. 14ᵉs.] → TristPrBédier, TristPrBogd, TristPrHilka
BN fr. 756-757 [It. déb. 14ᵉs.] → TristPrMé
BN fr. 758 [13ᵉs.] → MortArtuF¹
BN fr. 762 [1340] → SidracLR
BN fr. 763 [Est mil. 14ᵉs.] → ApostropheCorpsB, BibleEntS, ElucidaireGilR, EvastL, VisTondPF
BN fr. 764 [ca. 1440] → RenMont
BN fr. 765 [chansons: 13ᵉs.] → ThibBlaisN
BN fr. 765 [f° 1-48 15ᵉs.] → MaillartR
BN fr. 766 [pic.? ca. 1300] → MaugisV, RenMont
BN fr. 768 [cette partie 14ᵉs.] → SGraalIVQuesteP
BN fr. 768 [cette partie bourg. 2ᵉq. 13ᵉs.] → LancPrK, LancPrM, LancPrβM, LancPrZ
BN fr. 770 [pic. (Douai) ca. 1285] → ContGuillTyrSalJ, FillePonth²B¹, MerlinM, OrdeneChevPrJ, SGraalIIIJosTO, SGraalIVEstP
BN fr. 771 [mil. 13ᵉs.] → SGraalIVQuesteP
BN fr. 772 [3ᵉt. 13ᵉs.] → SGraalPVB, TristPrB, TristPrMé
BN fr. 774 [frc., faibles traits du N.-E., 3ᵉq. 13ᵉs.] → AliscW, CharroiPo, ChevVivM, CourLouisLe, EnfGuillH, EnfVivW, HerbCandS, MonGuill²A, MonGuill²C, MonRainAB, PriseOrABR¹
BN fr. 775 [1ᵉm. 14ᵉs.] → RenMont
BN fr. 776 [13ᵉs.] → TristPrMé
BN fr. 777 [mil. 15ᵉs.] → BerinB
BN fr. 778 [1ᵉm. 14ᵉs.] → BerteH, GirAmCharlM, HerbCandS
BN fr. 779 [ca. 1275] → ContGuillTyrA
BN fr. 780 [1ᵉm. 15ᵉs.] → ChastVergiA
BN fr. 781 [pic. ca. 1300] → ChevCygne, ChevCygnePrR, ContGuillTyrA, OrdeneChevPrJ
BN fr. 782 [It. 14ᵉs.] → BenTroieC
BN fr. 783 [fin 13ᵉs.] → BenTroieC
BN fr. 784 [cette partie frc. avec qqs. traits pic. 2ᵉt. 13ᵉs.] → ThebesC
BN fr. 784 [cette partie frc. ca. 1300] → EneasS²
BN fr. 785 [15ᵉs.] → TroiePr¹R
BN fr. 786 (anc. 7190) [tourn. ca. 1285] → JerusH
BN fr. 786 [tourn. ca. 1285] → AlexParA, AlexParHM, AntiocheN, ChevCygne, ChevCygneFinN, ChevCygneNaissBeaN, EnfGodM, GodBouillCornM, GodBouillH, JerusT, PriseDefP, VengAlE
BN fr. 787 [3ᵉt. 13ᵉs.] → AlexParA
BN fr. 788 [1461] → AlexPrH
BN fr. 789 [pic. 1280] → AlexParA, AlexParHM, AlexParLF, MaccabGautS, PriseDefP, VengAlE, VoyAlexP
BN fr. 790 [mil. 14ᵉs.] → AlexParA, PriseDefP, RestorD, VenjAlH, VoeuxPaonR, VoyAlexP
BN fr. 791 [fin 14ᵉs.] → AlexParA, PriseDefP, VenjAlH, VoeuxPaonR, VoyAlexP
BN fr. 792 [frc. 2ᵉm. 13ᵉs.] → AimonFlH, AlexParA, PartonG, PriseDefP, VengAlE, VoyAlexP
BN fr. 793 [pic.-wall. 4ᵉq. 13ᵉs.] → AnsCartA, AthisH
BN fr. 794 (par Guiot; anc. Cangé 73) [champ. ca. 1235] → LancF
BN fr. 794 [champ. ca. 1235] → AthisH, BenTroieC, BrutA, BrutKP, CalendreM, CligesG, ContPerc¹A/T…R, ErecF, PercB, YvainF, YvainM
BN fr. 795 (anc. 7192, '7193' err.) [pic. fin 13ᵉs.] → JerusH
BN fr. 795 [pic. fin 13ᵉs.] → AntiocheD, AntiocheN, ChevCygne, ChevCygneNaissBeaN, ClercVaudR, EnfGodM, GodBouillCornM, GodBouillH, JerusT, JugAmDD
BN fr. 796 [av. 1477] → BatLoqPrC, EnfVivPrW, GuillOrPrT
BN fr. 797 [déb. 15ᵉs.] → RoseGuiV
BN fr. 806 (anc. Baluze 92) [1ᵉm. 15ᵉs.] → RoseLLangl
BN fr. 809 [2ᵉm. 15ᵉs.] → ConsBoèceCompC², JMeunConsD
BN fr. 810 [déb. 15ᵉs.] → BonetJMeunA
BN fr. 811 [déb. 15ᵉs.] → BonetJMeunA
BN fr. 812 [pic. déb. 15ᵉs.] → ChrPisProvO, ConsBoèceBenN, JVignayEchecsF
BN fr. 813 [1ᵉm. 15ᵉs.] → ConsBoèceBenN, MelibeeRenS
BN fr. 815 [1458] → GrebanJ
BN fr. 816 [1473 n.st.] → GrebanP
BN fr. 817 [berrich. 1465] → CoincyChristC, CoincyI1…K
BN fr. 818 [lyonn. 2ᵉm. 13ᵉs.] → CoincyI1…K, HermValS, MirNDBNfr818M, MussGartLeg, NatNDBNfr818R, Pères, PèresPrIIMarcelL, SBartM, SermSamG, SJeanDamK, SLaurentPrS, SMadPr², StimmProsaleg, ThéophB, WaceConcA
BN fr. 819 [fin 14ᵉs.] → MirNDPers1-40P
BN fr. 820 [fin 14ᵉs.] → MirNDPers1-40P
BN fr. 821 [It.sept. 1ᵉʳt. 14ᵉs.] → BenTroieC, ConsBoèceBon, HectP, HistAnc, PassCeliW, SecrSecrPr⁷B
BN fr. 822 [déb. 15ᵉs.] → ConsBoèceRenA²
BN fr. 823 [Paris 1393] → PelAmeS, PelJChrS, PelVieS
BN fr. 824 [1444] → PelAmeS, PelJChrS, PelVieS
BN fr. 825 [ca. 1420] → PelVie²M⁰
BN fr. 826 [15ᵉs.] → CentBallR
BN fr. 827 [15ᵉs.] → PelVieS
BN fr. 828 [Tournai 1414] → PelAmeS, PelJChrS, PelVieS
BN fr. 829 [1404] → PelAmeS, PelVie²M⁰
BN fr. 830 [1393] → FroissBallB, FroissBuisF, FroissDitsTH/…F, FroissEspF¹, FroissOrlD, FroissParD, FroissPoésM, FroissPrisF, FroissS
BN fr. 831 [pic. 1394] → FroissBallB, FroissBuisF, FroissDitsTH/…F, FroissEspF¹, FroissParD, FroissPoésM, FroissPrisF, FroissS
BN fr. 834 [pic. déb. 14ᵉs.] → BestPierre¹R¹, DoctSauvS, MorPhilPrH, PBeauvCharlW, PBeauvCorpsM, PBeauvJacB, PrêtreJeanPr¹E/I…G, PurgSPatrPrAD, QSignesK, RenclCarH, RobOmMirL, Turpin²W
BN fr. 835 [av. 1413] → ChrPisR
BN fr. 836 [prob. 1408] → ChrPisCheminT, ChrPisR
BN fr. 837 (anc. 7218) [frc. 4ᵉq. 13ᵉs.] → CredoUsI
BN fr. 837 [frc. 4ᵉq. 13ᵉs.] → AdHaleFeuillG, AloulN, ApostoileC, ApostropheCorpsB, ArrierebanAmL, AubereeN, AveDameL, AventuresM, BaudCondS, BibleBerzéL, BlasmeBF, BodelCongéRu, BoivProvAMé, Bor-

Manuscrits

gOrlJ, BouchAbevR, BoulangiersM, BoursePleineN, BraiCordO, BrancheArmB, BrunainJ, CarCharL, ChastSGilS, ChastVergiA, ChevBarAnS, ChevRobeN, ClercVaudR, CocagneV, CoilleB, CoincyI1…K, ConseilB, ConstHamelN, ConstHamelR, CornetesP, CourtArrH, CourtParV, CrieriesF, DanDenierAJ, DentN, DepLivresE, DeuxBordeors¹F, DeuxBordeors¹N, DeuxBordeors³F, DoctSauvS, EichmDuVal, ElesB, EnfSolR, EscommLechB, EstormiN, EstulaJ, EvFemesK, FevrDitN, GautAupF, GautLeuL², GeusAvL, GouteF, GrueN, HaimBarW, HainAnN, HAndArD, HAndBatP, HouceN, HuonABCL, HuonHonteL, HuonPalL, HuonRegrL, JRenPlaitL, JugAmD, JugAmO, LevyFabl, MailleM, MantelB, MarArsTeintL, MarcSalM, MireC, MoniotArrD, NarcisusP, OiselWo, OmbreB², OrdeneChevB, OutVilN, PaixAnglCh¹F, PaixAnglF, PardonFoutreB, PatenUsAI, PirBi, PrestreForceN, PrivilBret¹F, PrivilBret²F, ProvVilT, QSignesK, RegrSLouisM, Ren, RenclMisH, RenPiaudL, RobBloisAmU, RobBloisChastU, RobBloisDidF, RomAmDieuL, RoseDitAussiB, RutebF, RutebNeufJoiesM, SalutEnfAJ, SeptVicesB, SongeEnfM, SongeEnfS, SPierJonglB, SPierJonglN, SynagEglS, TaboureursN, ThéâtFr, TournDamAnD, TroisAvN, TroisBoçusJ, UnicorneAJ, VilParadisN, VinsOuanH, VitS, VMortHélW, VoieParadOrS, WrightAnecd

BN fr. 840 [Paris après 1406] → DeschQ
BN fr. 841 [ca. 1470] → LeFrancChampD
BN fr. 843 [15ᵉs.] → GuillMachBehH, GuillMachC, GuillMachDits¹⁻⁶F, GuillMachH
BN fr. 844 [pic. 2ᵉm. 13ᵉs.] → Audefroi C, BlondNesleL, BodelPastB, ChansRoiU, CoucyChansL, GaceBruléD, GautDargR, GilebBernW, GuillVinM, GuiotDijonL, HuonQuEntrR, HuonQuJérDécS, HuonQuOmbreS, JErartN, JNeuvR, MahieuW, PerrinS, RomPast, RSoissonsW, SottChansOxfD, ThibBlaisN, TournDamHuonJ, ViergeMereM
BN fr. 845 [3ᵉt. 13ᵉs.] → EustPeintreG, GilebBernW, MahieuW, MoniotParD, OedeCoursS, PerrinS, RBeauvN, RomPast, RSoissonsW, ThibBlaisN
BN fr. 846 [2ᵉm. 13ᵉs.] → AdHaleChansM, GilebBernW, MahieuW, PerrinS, ProcPonceL, ThibBlaisN
BN fr. 847 [4ᵉq. 13ᵉs.] → AdHaleChansM, GilebBernW, MoniotParD, OedeCoursS, PerrinS, RBeauvN, RichSemJ, RomPast, ThibBlaisN
BN fr. 847 [f°204-210: 1ᵉm. 14ᵉs.] → VergierArbreL
BN fr. 848 [ca. 1402] → ChrPisOthP
BN fr. 850 [1ᵉm. 15ᵉs.] → ChronGuesclF, DeschQ
BN fr. 852 [2ᵉm. 15ᵉs.] → GirRossWauqM
BN fr. 853 [15ᵉs.] → ChronGuesclPrM
BN fr. 855 [ca. 1400] → TresVenM
BN fr. 856 [occ. 14ᵉs.] → ThibBlaisN
BN fr. 859 [mil. 13ᵉs., amendé, en partie réécrit 1ᵉm. 14ᵉs.] → AuberiB
BN fr. 860 [lorr.sept. ca. 1275] → AmAmD, AuberiB, GaydonG, JourdBlD, RolPM
BN fr. 870 [14ᵉs.] → OvMorB

BN fr. 871 [ca. 1400] → OvMorB
BN fr. 872 [frc. 14ᵉs.] → OvMorB
BN fr. 873 [4ᵉq. 13ᵉs.] → ConfrereAmL
BN fr. 881 (anc. 7235) [Paris ca. 1400] → JFevVieilleC
BN fr. 881 [Paris ca. 1400] → GuillMachC, OvArtPrR
BN fr. 896 [15ᵉs.] → PsMétrM
BN fr. 897 [Bruges ca. 1460] → BibleMorwH
BN fr. 898 [agn. 1ᵉʳq. 14ᵉs.] → BibleDécB/EN, BibleTrB
BN fr. 899 [frc. ca. 1260] → BiblePar
BN fr. 900 [champ. déb. 13ᵉs.] → EvratGenABo
BN fr. 901 [2ᵉm. 13ᵉs.] → BiblePar
BN fr. 902 [agn., cette partie 1ᵉm. 14ᵉs.] → BestGuillC, BestGuillR
BN fr. 902 [agn., cette partie 2ᵉm. 13ᵉs.] → AmDieuK, EructavitJ, GrossetChastM, RésSauvPJ, SimFreineGeorgM, SThomBenS
BN fr. 902 [agn., cette partie 3ᵉq. 13ᵉs.] → BibleDécB/EN, WaceNicR
BN fr. 902 [agn., cette partie mil. 13ᵉs.] → BibleTrB
BN fr. 902 [agn., f°135-136 2ᵉm. 13ᵉs.] → PassHugM
BN fr. 903 [lorr. 3ᵉt. 13ᵉs.] → BenTroieC, BibleMalkS
BN fr. 904 [bourg. 1488] → PassSemD
BN fr. 906 [lorr. 1462] → Turpin²W
BN fr. 907 [15ᵉs.] → EvNicPrBF
BN fr. 908 [15ᵉs.] → EvDomB
BN fr. 914 [s.l. 1472] → DialGregEvrS, SGregJeanS
BN fr. 916 [1474] → EnsSLouisFD, EnsSLouisID, MisereOmme, MortAdamP
BN fr. 918 [15ᵉs.] copie de BN fr. 916 ? → MisereOmme
BN fr. 920 [Paris ca. 1395] → JMeunAbH
BN fr. 926 [fin 14ᵉs.] → PhVitriChapP
BN fr. 931-932 [1371] → JGoulRatB
BN fr. 936 [2ᵉm. 15ᵉs.] → RobCibMandM
BN fr. 940 [fin 15ᵉs.] → MorPhilPrH, PaumierBerlC
BN fr. 944 [déb. 15ᵉs.] → BestPierre¹R¹, ConfBNfr25439M, MiroirMondeC, MorPhilPrH
BN fr. 957 [15ᵉs.] → ApostropheCorpsB, MisereOmme, MorPhilPrH, PurgSPatrPrAD
BN fr. 963 [1ᵉm. 13ᵉs.] → CommPsII
BN fr. 964 [ca. 1417] → EdConfPr²
BN fr. 966 [Ouest ca. 1440] → PassIsabD
BN fr. 969 [15ᵉs.] → VenjNSPr⁴F
BN fr. 972 [1491] → MistRésAngS
BN fr. 978 [fin 15ᵉs.] → PassIsabD
BN fr. 979 [mil. 15ᵉs.] → ElucidaireVK, EvNicPrLA, VenjNSPr⁵F
BN fr. 981 [15ᵉs.] → VenjNSPr⁵F
BN fr. 983 [15ᵉs.] → YsIIIB
BN fr. 986 [frc. fin 13ᵉs.] → CoincyI1…K, CoincyI17R
BN fr. 987 [15ᵉs.] → SDenisPr¹L, SJulPrS
BN fr. 988 [lorr. 1ᵉm. 14ᵉs.] → BalJosPr¹M, LégJMailly, SDenisPr¹L, SGenPr², SMadPr³, SMargDO, SMarieEguD, SQuentPr¹S
BN fr. 991 [15ᵉs.] → ElucidaireIT

BN fr. 994 [4ᵉq. 14ᵉs.] → GuillMachConfH, JFev-RespH, OrdoCoronXXIIBJ, OresmeDivC
BN fr. 995 [15ᵉs.] → TroisMortsSeG
BN fr. 1002 [Nord-Est ca. 1450] → JDupinMelL
BN fr. 1009 [15ᵉs.] → ChastelPerB
BN fr. 1020 [fin 15ᵉs.] → FormHonCourtH, LaurPremEconD
BN fr. 1023 [av. 1410] → JacLegrBonB
BN fr. 1029 [2ᵉm. 15ᵉs.] → RobCibMandM
BN fr. 1033 [fin 15ᵉs.] → ChastelPerB
BN fr. 1036 [fin 13ᵉs.] → ElucidaireIL⁰, ElucidaireIT, MancarellaBibl, MorPhilPrH, MortAdamP
BN fr. 1038 [13ᵉs.] → BalJosPr¹M
BN fr. 1039 [pic. fin 13ᵉs.] → Pères
BN fr. 1040 [14ᵉs.] → SDenisPr¹L
BN fr. 1042 [2ᵉm. 15ᵉs.] → JPrierM
BN fr. 1043 [fin 13ᵉs.] → PeanGatS²
BN fr. 1054 [2ᵉm. 15ᵉs. (date 1450: s. Felix?)] → PurgSPatrED
BN fr. 1054 [2ᵉm. 15ᵉs.] → LégDorAn⁶MargO
BN fr. 1063 [2ᵉm. 13ᵉs.] → InstJustO
BN fr. 1064 [2ᵉm. 13ᵉs.] → InstJustO
BN fr. 1065 [2ᵉm. 13ᵉs.] → InstJustO
BN fr. 1069 [1304] → CodiFr
BN fr. 1070 [14ᵉs.] → CodiFr
BN fr. 1075 (anc. Baluze 463) [1345] → EtSLouisV
BN fr. 1075 [1345] → TancredOrd
BN fr. 1077 (anc. 7347.3) [17ᵉs.] → AssJérJIbVatT
BN fr. 1078 (anc. 7348.3) [1650] → AssJérJIbVatT
BN fr. 1078 [1650] → AssJérLignB
BN fr. 1079 [cette partie 1433] → RègleHospMirPr¹C, RègleHospPrD
BN fr. 1080 [cette partie ca. 1420] → RègleHospMirPr¹C, RègleHospPrD
BN fr. 1082 [norm. fin 14ᵉs.] → OresmeCielM
BN fr. 1083 [pic.-norm. déb. 15ᵉs.] → JugAstrR, MessehalaEclipse, OresmeCielM, OresmeSphèreM, ZahelJugAstr
BN fr. 1085 [15ᵉs.] → LaurPremEconD
BN fr. 1086 [fin 14ᵉs.] → SecrSecrPr³H
BN fr. 1087 [pic. 15ᵉs.] → SecrSecrPr⁶H
BN fr. 1088 [pic. mil. 15ᵉs.] → GautChâtAristIIIC, SecrSecrPr⁹
BN fr. 1090 [14ᵉs.] → MelibeeRenS
BN fr. 1091 [2ᵉm. 15ᵉs.] → ChrPisVertW, FormHonCourtH
BN fr. 1092 [15ᵉs.] → ConsBoèceCompC²
BN fr. 1093 [1459] → ConsBoèceCompC²
BN fr. 1094 [1ᵉʳt. 15ᵉs.] → ConsBoèceBenN
BN fr. 1095 [1ᵉʳq. 15ᵉs.] → ConsBoèceRenA²
BN fr. 1096 [faibles traits lorr., 1397] → ConsBoèceLorrA
BN fr. 1097 [14ᵉs.] → JMeunConsD, LapidSPS, MorPhilPrH
BN fr. 1098 [1ᵉm. 15ᵉs.] → JMeunConsD
BN fr. 1099 [15ᵉs.] → ConsBoèceCompC²
BN fr. 1100-1101 [2ᵉm. 15ᵉs.] → ConsBoèceCompC²
BN fr. 1102 [15ᵉs.] → ConsBoèceRenA²
BN fr. 1103 [15ᵉs.] → AdvNDM
BN fr. 1104 [15ᵉs., copie de BN fr. 25458] → VaillantD
BN fr. 1109 [pic. 1310] → AdHaleChansM, AldL, BrunLatC, ChevBarAnL, ChevBarAnS, GilebBernW, JeuAventL, MiroirMondeC, MorPhilPrH, ProvSalAuR, RenclCarH, TroisMortsNicG
BN fr. 1110 [pic. (Valenciennois) déb. 14ᵉs.] → BrunLatC
BN fr. 1111 [déb. 15ᵉs.] → BrunLatC
BN fr. 1112 [15ᵉs.] → BrunLatC
BN fr. 1113 [Gênes 3ᵉt. 13ᵉs.] → BrunLatC
BN fr. 1114 [It. fin 15ᵉs.] → BrunLatC
BN fr. 1116 [1ᵉʳq. 14ᵉs., scribe it. centr.?] → MPolRustB
BN fr. 1117 [3ᵉq. 15ᵉs.] → JDaudRem
BN fr. 1131 [15ᵉs.] → DeschQ
BN fr. 1134 [15ᵉs.] → MiroirMondeC, MorPhilPrH
BN fr. 1136 [14ᵉs.] → EnsSLouisPD
BN fr. 1137 [ca. 1475] → PelViePr
BN fr. 1138 [15ᵉs.] → PelAmeS, PelVie²M⁰
BN fr. 1139 [15ᵉs.] → PelAmeS, PelVie²M⁰, PelVieS
BN fr. 1140 [15ᵉs.] → GeoffrParMois²M, PelVieS
BN fr. 1141 [15ᵉs.] → PelVieS
BN fr. 1142 [2ᵉm. 13ᵉs.?] → MelibeeAn
BN fr. 1146 [15ᵉs.] → JDupinMelL
BN fr. 1149 [ca. 1400] → AnticlLudR, GuillMachBehH, JDupinMelL
BN fr. 1156 [15ᵉs.] → SidracLR
BN fr. 1157 [pic. fin 13ᵉs.] → ElucidaireIT, MorPhilPrH, SidracLR
BN fr. 1159 [ca. 1300] → SidracH
BN fr. 1160 [ca. 1300] → SidracH
BN fr. 1161 [fin 13ᵉs.] → SidracH
BN fr. 1162 [fin 14ᵉs.] → ChastelPerB
BN fr. 1164 [15ᵉs.] → JVignayEchecsF
BN fr. 1165 [15ᵉs.] → JVignayEchecsF, MelibeeRenS
BN fr. 1166 [15ᵉs.] → JVignayEchecsF, MorPhilPrH, SecrSecrPr⁶H
BN fr. 1167 [15ᵉs.] → JVignayEchecsF
BN fr. 1168 [15ᵉs.] → JVignayEchecsF
BN fr. 1169 [15ᵉs.] → JVignayEchecsF
BN fr. 1170 [15ᵉs.] → EchecsFerronC
BN fr. 1171 [15ᵉs.] → JVignayEchecsF
BN fr. 1172 [15ᵉs.] → JVignayEchecsF
BN fr. 1173 [pic. 2ᵉm. 13ᵉs.] → EchecsNicA
BN fr. 1175 [fin 14ᵉs., autographe?] → PhMézGrisG, PhMézMarW
BN fr. 1177 [ca. 1470] → ChrPisVertW
BN fr. 1180 [4ᵉq. 15ᵉs.] → ChrPisVertW
BN fr. 1188 [1403] → ChrPisCheminT
BN fr. 1190 [déb. 15ᵉs.] → LatourLandryM, PhMézGrisG
BN fr. 1201 [Nord fin 14ᵉs.] → GouvRoisGauchyM, SecrSecrPr⁹
BN fr. 1202 [Paris 15ᵉs.] → GouvRoisGauchyM
BN fr. 1203 [ca. 1400] → GouvRoisGauchyM
BN fr. 1225 (anc. 7426) [pic. fin 13ᵉs.] → PFontM
BN fr. 1229 [Paris? 4ᵉq. 14ᵉs.] → JVignayVégL
BN fr. 1230 [mil. 14ᵉs.] → JMeunVégL, JMeunVégR
BN fr. 1231 [2ᵉt. 15ᵉs.] → JMeunVégL
BN fr. 1232 [mil. 14ᵉs.] → JMeunVégL
BN fr. 1279 (anc. 7450.3.3.) [déb. 14ᵉs.] → PFontM
BN fr. 1288 [15ᵉs.] → AldL, ChirRog⁴
BN fr. 1289 [15ᵉs.] → GastPhébChasseT
BN fr. 1290 [16ᵉs.] → GastPhébChasseT
BN fr. 1291 [15ᵉs.] → GastPhébChasseT

Manuscrits

BN fr. 1292 [16ᵉs.] → GastPhébChasseT, GastPhébOrT¹
BN fr. 1293 [15ᵉs.] → GastPhébChasseT
BN fr. 1294 [15ᵉs.] → GastPhébChasseT
BN fr. 1295 [15ᵉs.] → GastPhébChasseT
BN fr. 1296 [pic. ca. 1470] → ChaceOisIIT⁰
BN fr. 1297 [14ᵉs.] → ModusT
BN fr. 1298 [15ᵉs.] → ModusT
BN fr. 1299 [15ᵉs.] → ModusT
BN fr. 1300 [15ᵉs.] → ModusT
BN fr. 1301 [15ᵉs.] → ModusT
BN fr. 1302 [15ᵉs.] → ModusT
BN fr. 1303 [15ᵉs.] → ModusT
BN fr. 1305 [15ᵉs.] → GaceBuigneB
BN fr. 1313 [Napoli ca. 1400] → EudesBaingsD
BN fr. 1316 [mil. 15ᵉs.?] → PCresc
BN fr. 1317 [1396 autogr. ?] → SongeAch³B
BN fr. 1318 [lorr. 3ᵉq. 13ᵉs.] → ChirAlbT
BN fr. 1348 [ca. 1370] → OresmeQuadrG
BN fr. 1349 [3ᵉt. 14ᵉs.] → OresmeQuadrG
BN fr. 1350 [15ᵉs.] → OresmeDivC, OresmeSphèreM, OresmeSphèreMy
BN fr. 1351 [Paris 1477] → HaginL
BN fr. 1353 [3ᵉt. 13ᵉs.] → FlorsAstrD⁰, HoroscBaudP, IntrAstrD, MessehalaEclipse
BN fr. 1357 [dicté en 1494 et autographe, 1496-98] → SimPharesB
BN fr. 1370 [15ᵉs.] → VenjNSPr⁵F
BN fr. 1373 [15ᵉs.] → AlexPrH
BN fr. 1374 (anc. 7498.3) [scribe A: frpr. ca. 1260] → ViolM
BN fr. 1374 [ca. 1260] → RomPast
BN fr. 1374 [champ. mérid. et frpr. ca. 1260] (selon l'auteure 6 mains, non local., pour d'autres 4, de deux origines: scribe A, AimonFl et Viol, frpr., le reste B, champ. mérid.) → GehrkeScr
BN fr. 1374 [frpr. ca. 1260] → VenjNSA/B.../S
BN fr. 1374 [scribe A: frpr. ca. 1260] → AimonFlH, GirVianeE, ParDuchP, ViolB
BN fr. 1374 [scribe A: frpr., B: champ.mérid. ca. 1260] → SEust7O
BN fr. 1374 [scribe B: champ.mérid. ca. 1260] → CligesG
BN fr. 1375 [15ᵉs.] → AlexParA, PriseDefP, RestorD, VenjAlH, VoeuxPaonR, VoyAlexP
BN fr. 1376 [bourg. 1ᵉm. 13ᵉs.] → AimonFlH, ErecF
BN fr. 1380 [déb. 15ᵉs.] → HaytonK, JLongFlorD, JLongKhanB, JLongOdoA, JLongRicB, JLongTSteD
BN fr. 1385 [14ᵉs.] → AlexPrH
BN fr. 1386 [Napoli déb. 14ᵉs.] → HistAnc
BN fr. 1390 [16ᵉs.] → FetRomF¹
BN fr. 1391 [fin 13ᵉs.] → FetRomF¹
BN fr. 1394 [13ᵉs.] → FetRomF¹
BN fr. 1403 [Est 2ᵉm. 15ᵉs.?] → JMandPL
BN fr. 1407 [15ᵉs.] → HistAnc
BN fr. 1414 [16ᵉs.] → TroiePr¹⁴R
BN fr. 1416 [Nord prob. 1252] → BrutA, EdConfVatS, EneasS²
BN fr. 1417 [16ᵉs.] → TroiePr¹⁴R
BN fr. 1418 [15ᵉs.] → AlexPrH
BN fr. 1419 [1447] → AlexPr²H
BN fr. 1420 [frc. (selon Van Mulken, pic. selon Fritz, orl.-SOuest selon Gregory) fin 13ᵉs.] → ErecF
BN fr. 1420 [traits du Sud-Ouest fin 13ᵉs.] → CligesG
BN fr. 1421 [3ᵉt. 13ᵉs.] → MarqueA, SSagAP
BN fr. 1422 [pic. (Tournai) ca. 1325] → LancPrM
BN fr. 1422-1424 [pic. (Tournai) ca. 1325] → SGraalIVQuesteBG, SGraalIVQuesteP
BN fr. 1424 [pic. (Tournai) ca. 1325] → MortArtuF¹
BN fr. 1428 [N.-E. mil. 13ᵉs.] → Perl¹N, Perl²S
BN fr. 1429 [champ.mérid. 2ᵉm. 13ᵉs.] → ContPerc¹A/T...R, PercB
BN fr. 1430 [champ. 2ᵉq. 13ᵉs.] → LancPrM
BN fr. 1433 [scribe pic. 1ᵉʳt. 14ᵉs.] → AtreW, YvainF, YvainHu
BN fr. 1439 [3ᵉq. 15ᵉs. (?)] → CleriadusZ
BN fr. 1440 [3ᵉq. 15ᵉs. (?)] → CleriadusZ
BN fr. 1442 [lorr. 4ᵉq. 13ᵉs.] → GarLorrD, GarLorrI, GerbMetzT
BN fr. 1443 [fin 13ᵉs.] → GarLorrD, GarLorrI, GerbMetzT
BN fr. 1444 [pic.mérid. fin 13ᵉs.] → AldL, AntBerW, BestAmFournS, BestGuillR, GautArrErR, HermValS, ImMondeOct²J, ImMondeOct²S⁰, MarqueA, MorPhilP, RenclCarH, SermPuileW, SSagLL, Turpin²W, UnicorneAJ, VMortHélW
BN fr. 1445 [mil. 15ᵉs.] → JFevRespH
BN fr. 1446 [cette partie 1ᵉʳt. 14ᵉs.] → BaudCondMortsG, BaudCondS, CerfAmB, JCondJacR, JCondOisR, JCondS
BN fr. 1446 [cette partie 1295 ou peu av.] → CourRenF, KanorM, MarieFabW, PeliarmB
BN fr. 1446 [cette partie prob. 1295] → BaudButorT
BN fr. 1447 [traits de l'Est, Paris 1ᵉm. 14ᵉs.] → BerteH, ClarisP, FloreAL, FloreAW
BN fr. 1448 [lorr.mérid. 3ᵉq. 13ᵉs.] → AimeriG, AliscW, BatLoqVulgB², CharroiPo, ChevVivDM, ChevVivM, CourLouisDLe, DepartFilsAimS, EnfGuillH, EnfVivW, GirVianeE, MonRainAB, MonRainCB, MonRainDB, PriseCordD, PriseOrDR, SiègeBarbK, SiègeBarbP
BN fr. 1449 [frc. 3ᵉq. 13ᵉs.] → AliscW, BatLoqVulgB², CharroiPo, ChevVivM, CourLouisLe, EnfGuillH, EnfVivW, PriseOrABR¹
BN fr. 1450 [pic. 2ᵉq. 13ᵉs.] → BenTroieC, BrutA, CligesG, ContPerc¹A/T...R, DolopL, EneasS², ErecF, LancF, PercB, YvainF
BN fr. 1451 [3ᵉq. 15ᵉs.] → EsclAlS, HuonAlS
BN fr. 1452 [Sud-Ouest 1ᵉm. 15ᵉs.] → FlorOctAlL
BN fr. 1453 [traits norm. déb. 14ᵉs.] → ContPerc¹A/T...R, PercB
BN fr. 1454 [15ᵉs.] → BrutA
BN fr. 1455 [déb. 14ᵉs.] → ChevFustSa
BN fr. 1456 [frc. 2ᵉq. 14ᵉs.] → CleomH
BN fr. 1457 [Paris fin 13ᵉs.] → CesTuimAlC
BN fr. 1458 [3ᵉt. 15ᵉs.] → MelusCoudrR
BN fr. 1459 [4ᵉq. 15ᵉs.] → MelusCoudrR
BN fr. 1460 [mil. 15ᵉs.] → EnfGarB, GarMonglN
BN fr. 1461 [déb. 13ᵉs.] → GarLorrD, GarLorrI, GerbMetzT
BN fr. 1463 [Ms. pis.-génois fin 13ᵉs.] → PalamC, PalamLe
BN fr. 1465 [16ᵉs.] → JParisW
BN fr. 1467 [4ᵉq. 15ᵉs.] → TroilusB

BN fr. 1468 [av. 1477] → ElucidaireSecA/B/H/IR, MelibeeRenS
BN fr. 1469 (anc. 7547.3) [2ᵉm. 15ᵉs.] → SGraalIII-JosTO
BN fr. 1469 [2ᵉm. 15ᵉs.] → MerlinM, SGraalIII-JosFO
BN fr. 1470 [2ᵉm. 15ᵉs.] → GalienPr¹K, GalienS
BN fr. 1471 [frc. ca. 1290] → EnfOgH
BN fr. 1472 [4ᵉq. 15ᵉs.] → TroilusB
BN fr. 1475 [15ᵉs.] → GaydonG
BN fr. 1476 [15ᵉs.] → GuiWarPrC
BN fr. 1478 [hain. ca. 1475] → TristNantS
BN fr. 1481 [15ᵉs.] → RenMontPr¹
BN fr. 1482 [1ᵉʳt. 15ᵉs.] → MelusArrV
BN fr. 1483 [4ᵉq. 15ᵉs.] → MelusCoudrR
BN fr. 1484 [fin 15ᵉs.] → MelusArrV
BN fr. 1485 [1ᵉʳq. 15ᵉs.] → MelusArrV
BN fr. 1489 [15ᵉs.] → BelleHelPr²
BN fr. 1491 [14ᵉs.] → AimonFlH
BN fr. 1492 [ca. 1490] → FloriantPrL
BN fr. 1493 [ca. 1480] → FloriantPrL
BN fr. 1494-1495 [3ᵉq. 15ᵉs. (?)] → CleriadusZ
BN fr. 1496 [fin 15ᵉs.] → TroilusB
BN fr. 1497 [av. 1477] → BatLoqPrC, EnfVivPrW, GuillOrPrT
BN fr. 1498 [entre 1446 et 1469] → TroisFilsP
BN fr. 1499 [2ᵉm. 15ᵉs.] → FierL
BN fr. 1500 [2ᵉm. 15ᵉs.] → TroisFilsP
BN fr. 1501 [fin 15ᵉs.] → PProv¹B, RBeauvN, TroilusB
BN fr. 1502 [15ᵉs.] → PProv¹B
BN fr. 1503 [17ᵉs.] → RouH
BN fr. 1504 [18ᵉs.] → RouH, WaceConcA
BN fr. 1505 [15ᵉs.] → LatourLandryM
BN fr. 1506 [2ᵉm. 15ᵉs.] → JSaintréC
BN fr. 1508 [2ᵉq. 15ᵉs.] → EchecsAmPrK, EvrartContyEchG, JacLegrArchB
BN fr. 1510 [1536] → NicTroyK
BN fr. 1522 [1553] → MargNavPrisG
BN fr. 1526 [frc. 2ᵉm. 13ᵉs.] → BibleSeptEtatsM, PassJonglFT, PassJonglGP, QSignesK, SFanuelC, WaceConcA
BN fr. 1527 [13ᵉs.] → WaceConcA
BN fr. 1530 [fin 13ᵉs.] → CoincyI1…K
BN fr. 1531 [2ᵉm. 14ᵉs.] → TroisMariesJean
BN fr. 1532 [pic. 2ᵉm. 14ᵉs.] → TroisMariesJean
BN fr. 1533 [fin 13ᵉs.] → CoincyI1…K, PassJonglFT, QSignesK, SFanuelC
BN fr. 1534 [déb. 15ᵉs.] → LégDorAn⁴AlexiusK, PassBonnesF, SQuentPr¹S
BN fr. 1535 [fin 15ᵉs.] → LégDorVignBartH
BN fr. 1536 [pic. fin 13ᵉs.] → CoincyI1…K, EructavitJ
BN fr. 1540 [fin 14ᵉs.] → ConsBoèceRenA², MelibeeRenS
BN fr. 1541 [15ᵉs.] → ConsBoèceCompC²
BN fr. 1542 [2ᵉq. 15ᵉs.] → ConsBoèceRenA²
BN fr. 1543 [pic. 1402] → ConsBoèceAnMeun, JFevRespH, PlacTimT, RenclCarH, SidracH, VoieParadDieusT
BN fr. 1544 [fin 14ᵉs.] → Pères, PurgSPatrPrAD
BN fr. 1545 [bourg. 1469] → Pères, SGregA³S
BN fr. 1546 [2ᵉm. 13ᵉs.] → CoincyI1…K, Juitel, MortAdamP, Pères, SJulPrS
BN fr. 1547 [15ᵉs.] → Pères

BN fr. 1548 [fin 13ᵉs.] → FahsImMondeOct¹, ImMondeOct¹D, ImMondeOct¹W, ImMondeOct²L
BN fr. 1553 (anc. 7595) [pic. 1285 n.st.] → ViolM
BN fr. 1553 [pic. 1285 n.st. (dat. de Viol, les autres 1285 ou peu av. ou après)] → AlexisM¹P
BN fr. 1553 [pic. 1285 n.st.] → AubereeN, AveDameL, BalJosCamA, BenTroieC, BrendanPr¹W, ChevBarAnS, ConstHamelN, ConstHamelR, CourtArrH, DieuAmL, EspineT, EustMoineH, EvFemesK, FergF, HuonRegrL, ImMondeOct¹D, MahomL², ManVilF, MeunArlN, OmbreB², OrdeneChevB, PilateKicD, PrestreCompBi, PrêtreJeanPr¹ᴱ/ᴵ…G, ReinschEvang, RenBeaujIgnL, RioteBU, RomPast, RutebF, SAgnèsDécD, SJeanPaulusOctA, SMarg7J¹, SongeDan¹B, SongeDan¹S, SSagOctS, UnicorneAJ, VenjNSA/B…/S, ViolB, VraiChimL
BN fr. 1554 [14ᵉs.] → RestorD, VoeuxPaonR
BN fr. 1555 (anc. 7595.2) [déb. 15ᵉs.] → TroisMortsSeG
BN fr. 1555 [déb. 15ᵉs.] → AlexisQP, BatAnglBB, ChastVergiA, MelibeeRenS, PassBonnesF, PrécSangK, SEust10P, SLeuK, SMarg7J¹, SSebastAlM, VenjNSPr⁴F
BN fr. 1559 [fin 13ᵉs.] → RoseLLec
BN fr. 1560 [ca. 1320] → RoseLLangl
BN fr. 1569 [ca. 1300] → AdHaleRobV, RoseLLangl
BN fr. 1570 [déb. 15ᵉs.] → RoseLLangl
BN fr. 1573 [orl. ca. 1285] → RoseLLangl, RoseMLangl
BN fr. 1574 (anc. Baluze 80) [14ᵉs.] → RoseLLangl
BN fr. 1576 [Est déb. 14ᵉs.] → RoseLLangl
BN fr. 1577 [Paris ca. 1350] → PelVieS
BN fr. 1579 [bourg. ca. 1300] → Ren, RenHS, RenMéon
BN fr. 1580 [fin 14ᵉs.] → Ren
BN fr. 1581 [fin 13ᵉs.] → RenNouvR
BN fr. 1582 [traits du Nord-Est 2ᵉq. 13ᵉs.] → GarLorrD, GarLorrI, GarLorrP, GerbMetzT
BN fr. 1583 [15ᵉs.] → OgDanDelivrL, OgDanP[S]
BN fr. 1584 [Paris av. 1377] → GuillMachBehH, GuillMachC, GuillMachConfH, GuillMachDits¹⁻⁶F, GuillMachFontH, GuillMachH, GuillMachNavH, GuillMachPriseP, GuillMachRemH, GuillMachVoirI
BN fr. 1585 [3ᵉt. 14ᵉs.] → GuillMachBehH, GuillMachC, GuillMachH, GuillMachPriseP
BN fr. 1586 [Paris ca. 1355] → GuillMachBehH, GuillMachC, GuillMachH, GuillMachRemW
BN fr. 1587 [4ᵉq. 14ᵉs.] → GuillMachBehH, GuillMachC, GuillMachH
BN fr. 1588 [Arras ca. 1300, ajout mil. 15ᵉs.] → Ren
BN fr. 1588 [Arras ca. 1300] → BaudCondS, BeaumManB, BeaumS, HemH
BN fr. 1589 [4ᵉq. 13ᵉs.] → ChevFustSa
BN fr. 1590 [1ᵉʳm. 14ᵉs.] → AlexParA, VenjAlH, VoeuxPaonR
BN fr. 1591 [mil. 14ᵉs.] → AdHaleChansM, GilebBernW, MahieuW, PerrinS
BN fr. 1593 [frc., faibles traits lorr. fin 13ᵉs.] → ArtAimGuiartK, AubereeN, BaudCondS, BienFamesF, BlasmeBF, BoursePleineN, Car-

Manuscrits

 CharL, ChaceT, ChastieMusBG, ChevRobeN, ClercVaudR, CocagneV, CoilleB, ConseilB, ContenFamesF, EvFemesK, GrueN, HAndArD, JugAmD, JugAmO, MantelB, MarieFabW, OiselWo, OmbreB^2, OrguillousM, OutVilN, PardonFoutreB, PovreMercJ, RenAndJ, RenNouvR, RutebF, SegrMoine$^{1/2/3}$N, SongeEnfM, SongeEnfS, TournAntW, TroisAvN, VMortHélW

BN fr. 1594 [2^{e}m. 14^{e}s.] → YsIAvB
BN fr. 1595 [4^{e}q. 14^{e}s.] → GuillMachBehH, YsIAvB
BN fr. 1598 (anc. Mazarin) [francoit. 1^{e}m. 14^{e}s.] → AspremMazM
BN fr. 1598 [francoit. 1^{e}m. 14^{e}s.] → AnsCartA
BN fr. 1602-1603 [Est 15^{e}s.] → JDupinMelL
BN fr. 1604 [ca. 1300] → JPrioratR
BN fr. 1607 [fin 13^{e}s.] → ImMondeOct^{2}S^0
BN fr. 1608 [14^{e}s.] → ImMondeOct^{1}D, VoieParadPrD
BN fr. 1609 [14^{e}s.] → ImMondeOct^{1}D
BN fr. 1610 [1264] → BenTroieC
BN fr. 1612 [fin 13^{e}s.] → TroiePr^{1}C
BN fr. 1613 [2^{e}m. 13^{e}s.] → CoincyI1…K, Pères
BN fr. 1614 [15^{e}s.] → GaceBuigneB
BN fr. 1615 [15^{e}s.] → GaceBuigneB
BN fr. 1616 [fin 14^{e}s.] → GaceBuigneB
BN fr. 1617 [15^{e}s.] → GaceBuigneB
BN fr. 1618 [15^{e}s.] → GaceBuigneB
BN fr. 1619 [15^{e}s.] → DeschQ, GaceBuigneB
BN fr. 1620 [15^{e}s.] → GaceBuigneB
BN fr. 1621 (anc. 7628) [pic.-wall. mil. 13^{e}s.] → JerusH
BN fr. 1621 [pic.-wall. mil. 13^{e}s.] → AntiocheD, AntiocheN, ChétifsH, ChevCygne, ChevCygneH, ChevCygneNaissBeaN, EnfGodM, GodBouillCornM, GodBouillH, JerusT, Turpin^{2}W
BN fr. 1622 [lorr. 3^{e}q. 13^{e}s.] → GarLorrD, GarLorrI, GerbMetzT, YonH
BN fr. 1623 [2^{e}t. 15^{e}s.?] → SecrSecrPr^{6}H
BN fr. 1624 [ca. 1500] → PChastTPerD
BN fr. 1627 [It. déb. 14^{e}s.] → TroiePr^{1}C
BN fr. 1630 [2^{e}q. 14^{e}s.] → RenContr^{1}R
BN fr. 1631 [1485] → MelusCoudrR, TroiePr^{1}R
BN fr. 1632 [14^{e}s.] → EnfOgH
BN fr. 1633 [fin 13^{e}s.] → ChevFustSa
BN fr. 1634 [pic.-wall. 3^{e}q. 14^{e}s.] → AnticlLudR, ApostropheCorpsB, BaudCondS, ClercVaudR, HLaonL, RutebF
BN fr. 1635 [Est fin 13^{e}s.] → AlexParA, RutebAsneJ, RutebCharlotN, RutebF, RutebHerbF^1, RutebNeufJoiesM
BN fr. 1637 [pic. fin 15^{e}s.] → CiperisW, DoonMaycPi^0, DoonMayP
BN fr. 1642 [ca. 1500] → GuillAlexisP, VaillantD
BN fr. 1643 [prob. 1403] → ChrPisCheminT
BN fr. 1645 [Paris ca. 1350] → PelVieS
BN fr. 1646 [Paris 3^{e}t. 15^{e}s.] → PelViePr
BN fr. 1647 [Paris 1403] → PelAmeS, PelJChrS, PelVieS
BN fr. 1648 [15^{e}s.] → PelAmeS
BN fr. 1649 [15^{e}s.] → PelVieS
BN fr. 1650 [15^{e}s.] → PelAmeS
BN fr. 1651 [15^{e}s.] → ConsBoèceRenA^2
BN fr. 1652 [ca. 1435] → ConsBoèceCompC^2
BN fr. 1657 [ca. 1500] → JFevLamentH
BN fr. 1658 [pic. 14^{e}s.] → RenclCarH
BN fr. 1659 [1441] → GuillSAndréJehP
BN fr. 1660 [15^{e}s.] → JeuAventL
BN fr. 1661 [fin 15^{e}s.] → AlexisQP
BN fr. 1669 (anc. 7553) [agn. fin 13^{e}s.] → GuiWarE
BN fr. 1669 [agn. fin 13^{e}s.] → ImMondeOct^{1}D
BN fr. 1692 [3^{e}t. 15^{e}s.] → ChevDamesM
BN fr. 1693 [15^{e}s.] → LatourLandryM
BN fr. 1707 [15^{e}s.] → SGregAlS
BN fr. 1719 [16^{e}s.] → VaillantD
BN fr. 1722 [16^{e}s.] → VaillantD
BN fr. 1728 [ca. 1375] → ConsBoèceCompC^2, GeoffrParMoisM, JVignayEchecsF
BN fr. 1729 [15^{e}s.] → JVignayEchecsF
BN fr. 1741 [15^{e}s.] → SDenisOctB
BN fr. 1746 [15^{e}s.] → MelibeeRenS
BN fr. 1747 [Velay? 1^{e}m. 14^{e}s.] → EructavitJ, EructavitNM
BN fr. 1753 [pic. (Vermandois) 1350] → BibleBNfr1753L
BN fr. 1761 [déb. 14^{e}s.] → PParPs
BN fr. 1763 [frc.-pic. fin 13^{e}s.] → RenclCarH
BN fr. 1765 [ca. 1300] → EvDomB
BN fr. 1768 [1^{e}m. 14^{e}s.] → ImMondeOct^{1}D, PassJonglFT, SFanuelC, VenjNSPr^{4}F
BN fr. 1774 [1478] → PacJobM
BN fr. 1782 [fragm. mil. 14^{e}s.] → LégJMailly
BN fr. 1786 [15^{e}s.] → RègleSBenPr^8
BN fr. 1802 [traits pic. 14^{e}s.] → CourtParV, PaumierBerlC
BN fr. 1805 [15^{e}s.] → FiancéViergeJConteW, JuitelPr^{1}W
BN fr. 1806 [15^{e}s.] → JuitelPr^{1}W
BN fr. 1807 [orl. (Blois) 1^{er}t. 14^{e}s.] → ChevBarBloisB, CoincyI1…K, ElucidaireGilR, ImMondeOct^{2}S^0, Pères, SCathCarlM, TournEnfL, TumbNDW, VMortHélW
BN fr. 1809 [15^{e}s.] → SLeuK
BN fr. 1809 [cette pièce 14^{e}s.] → SMarg7J^1
BN fr. 1818 [Paris ca. 1355] → PelVieS
BN fr. 1819 [14^{e}s.] → PelVieS
BN fr. 1822 [wall. ca. 1300] → ElucidaireIIK, HermValS, ImMondeOct^{1}D, MarieFabW, MorPhilPrH, PassJonglFT, SecrSecrPr^{2}H, SermMaurR, SermViandesS, TroieJofr
BN fr. 1824 [lorr. ca. 1300] → SommeLaurB
BN fr. 1834 [15^{e}s.] → FiancéViergeDiableW
BN fr. 1838 [frc. déb. 14^{e}s.] → RenclCarH, VoieParadPrD
BN fr. 1839 [18^{e}s.] → OresmeDivC
BN fr. 1850 [partie fr. Est 2^{e}q. 13^{e}s.] → EvNicPrAF, ThibMarlyS, Turpin^{5}Wa, VenjNSPr^{4}F
BN fr. 1873 [mil. 15^{e}s.] → ChastelPerB
BN fr. 1880 [ca. 1420] → ChastelPerB
BN fr. 1881 [3^{e}t. 15^{e}s.] → AlexisQP, ChastelPerB, PhMézGrisG, RobDiableDitB
BN fr. 1882 [15^{e}s.] → ChastelPerB
BN fr. 1917 [15^{e}s.] → PassIsabD
BN fr. 1918 [16^{e}s.] → PassIsabD
BN fr. 1928 [fin 14^{e}s.] → InstJustO
BN fr. 1933 [feuille de garde: ca. 1300] → PaixAnglCh^{2}F
BN fr. 1933 [fin 13^{e}s.] → CodiFr
BN fr. 1934 [14^{e}s.] → CodeJust
BN fr. 1938 [15^{e}s.] → CoutBretP

Manuscrits

BN fr. 1946 [fin 14ᵉs.] → ConsBoèceBenN
BN fr. 1947 [1ᵉm. 15ᵉs.] → ConsBoèceCompC²
BN fr. 1948 [15ᵉs.] → ConsBoèceCompC²
BN fr. 1949 [15ᵉs.] → ConsBoèceCompC²
BN fr. 1951 [ca. 1300] → BestAmOctT
BN fr. 1958 [15ᵉs.] → SecrSecrPr⁶H
BN fr. 1972 [15ᵉs.] → MelibeeRenS
BN fr. 1973 [15ᵉs.] → GautChâtAristIIC
BN fr. 1977 [3ᵉq. 13ᵉs.] → RègleTempleC
BN fr. 1978 [14ᵉs., première main déb. 14ᵉs.] → RègleHospPrD
BN fr. 1979 [mil. 14ᵉs.] → RègleHospMirPr¹C, RègleHospPrD
BN fr. 1984 (anc. Roy. 7910.3.3, anc. Lancelot 20) [15ᵉs.] → ChronGuesclPrM
BN fr. 1989 [ca. 1480] → AbuzéD
BN fr. 1990 [ca. 1435] → ChrPisProvO
BN fr. 2000 [15ᵉs.] → EchecsFerronC
BN fr. 2001 [ca. 1355] → AldL, ChirChevP, HaytonK, LettrHippoT, RecMédEpidA/BA, RecMédJPitS, RecMédSauvT
BN fr. 2003 [fin 15ᵉs.] → FaucAlbM
BN fr. 2004 [2ᵉm. 15ᵉs.] → AdAiglesB, FaucPetrusFrBL
BN fr. 2008 [4ᵉq. 15ᵉs.] → LapidEP, LapidPhilZ
BN fr. 2009 [2ᵉm. 15ᵉs.] → LapidPhilZ, SidracH
BN fr. 2017 [15ᵉs.] → SecrSecrPr²J
BN fr. 2021 [pic.or. 2ᵉm. 13ᵉs.] → AldL, AlgorAlexH, CompSGen, GéomSGenV, ImMondeOct¹D
BN fr. 2022 [15ᵉs.] → AldL
BN fr. 2024 [Chypre / Naples? ca. 1295] → BrunLatC
BN fr. 2025 [15ᵉs.] → BrunLatC
BN fr. 2027 [ca. 1475] → GuiChaul
BN fr. 2028 [1480] → GuiChaul
BN fr. 2029 [15ᵉs.] → ChirPoutrS
BN fr. 2030 [1314] → HMondB
BN fr. 2032 [15ᵉs.] → MacerHerbesH
BN fr. 2039 [pic./wall. 2ᵉm. 14ᵉs.] → AldL, LunaireSal¹M, PoèmeMorB, SJeanEvW
BN fr. 2043 [2ᵉm. 15ᵉs.] → JMandAF, LapidPhilZ, LettrHippoT, LunaireSal¹M
BN fr. 2045 [15ᵉs.] → MacerHerbesH
BN fr. 2046 [14/15ᵉs.] → RecMédJPitS
BN fr. 2047 [15ᵉs.] → LettrHippoT, MacerHerbesH
BN fr. 2063 [pic. 1340] → JMeunVégL, JMeunVégR, LapidSPS
BN fr. 2093 [pic. déb. 14ᵉs.] → SFranchS
BN fr. 2094 [bourg.mérid. fin 13ᵉs.] → EructavitJ, GehrkeScr, Pères, PèresAK, SFrançBP, SPaulEnfLiK, UnicorneAJ
BN fr. 2096 [f°1-20 Paris ca. 1280] → SClairePrP
BN fr. 2101 [fin 15ᵉs.?] → SJoceRaisonH
BN fr. 2103 [1327?] → GeoffrParSGuillW⁰
BN fr. 2129 [Paris? ca. 1400] → JMandPL
BN fr. 2136 [champ.mérid. déb. 14ᵉs.] → ChastVergiA, VoeuxPaonR
BN fr. 2137 [fin 13ᵉs.] → SSagAD, SSagAP, SSagLL, Turpin⁶Wa, VillehF
BN fr. 2139 [norm. 14ᵉs.] → Fauvel¹L
BN fr. 2140 [15ᵉs.] → Fauvel¹ᐟ²P, Fauvel¹L
BN fr. 2146 [15ᵉs.] → EchecsFerronC
BN fr. 2147 [15ᵉs.] → EchecsFerronC
BN fr. 2148 [fin 14ᵉs.] → JVignayEchecsF
BN fr. 2149 [15ᵉs.] → JVignayEchecsF

BN fr. 2151 [ca. 1480] → EvQuenJe
BN fr. 2154 [15ᵉs.] → ChevPapH
BN fr. 2162 [pic. mil. 13ᵉs.] → AlexisAlPS, CoincyI1…K, GehrkeScr, HermValS, PoèmeMorB, SacristineIntG, SJeanPaulusOctA, SMarg7J¹, UnicorneCW, VerCoulK
BN fr. 2163 [frc. 1266] → CoincyI1…K, CoincyI18/20/43U, CoincyI28/II12D, CoincyI36L, CoincyI42M, CoincyII11/18B
BN fr. 2165-2166 [3ᵉt. 14ᵉs.] → GuillMachC, RestorD, VoeuxPaonR
BN fr. 2166 [3ᵉt. 14ᵉs.] → GuillMachBehH, GuillMachBehW
BN fr. 2167 [1344] → VoeuxPaonR
BN fr. 2168 [pic. fin 13ᵉs.] → AtreW, AucR³, BestGuillR, BouchAbevR, CarCharL, GautLeuL², GraelentT, ImMondeOct²S⁰, MarieFabW, MarieLaisW³, NarcisusP, PBeauvCharlW, QSignesK, SegrMoine¹ᐟ²ᐟ³N, SongeEnfM, Turpin²W
BN fr. 2169 [agn. 13ᵉs.] → ProtH
BN fr. 2170 [cette partie 2ᵉm. 14ᵉs.] → BrunMontM
BN fr. 2171 [2ᵉm. 13ᵉs.] → TristBérG
BN fr. 2172 [ca. 1460] → FierPrM
BN fr. 2173 [Vénétie fin 13ᵉs.] → CoilleB, HonteJ, HonteL, ImMondeOct¹D, MarieFabW
BN fr. 2174 [ca. 1300] → ImMondeOct¹D, ImMondeOct²S⁰
BN fr. 2175 [fin 13ᵉs.] → ImMondeOct¹D
BN fr. 2176 [ca. 1300] → ImMondeOct¹D, ImMondeOct¹W
BN fr. 2177 [14ᵉs.] → ImMondeOct¹D
BN fr. 2179 [1ᵉm. 13ᵉs.?] → GarLorrD, GarLorrI, GerbMetzT
BN fr. 2180 [Quercy? mil. 13ᵉs.] → GirRossDécH
BN fr. 2181 [Ouest 2ᵉq. 13ᵉs.] → BenTroieC
BN fr. 2182 [14ᵉs.] → SJeanBaptOct¹G
BN fr. 2183 [mil. 14ᵉs.] → WatrS
BN fr. 2186 [ca. 1255] → PoireM
BN fr. 2187 [f°155r°: 13ᵉs.?] → VengRagR
BN fr. 2188 [ca. 1270] → TrubertN
BN fr. 2193 [pic. 2ᵉm. 13ᵉs.] → CoincyI1…K, CoincyII29Kr
BN fr. 2195 [1361] → Fauvel¹L
BN fr. 2197 [1ᵉm. 15ᵉs.] → AmourAllianceF
BN fr. 2198 [15ᵉs.] → SAntErmM, SMarg7J¹
BN fr. 2198 [Fr. 15ᵉs.] → PurgSPatrHarlV
BN fr. 2199 [traits lorr. 3ᵉq. 13ᵉs.] → RenclCarH, VMortHélW
BN fr. 2201 [déb. 15ᵉs.] → CentBallR, PhMézGrisG
BN fr. 2203 [pic. 1395 ou peu après] → GriseldisEstC
BN fr. 2229 [3ᵉt. 15ᵉs.] → ChevDamesM
BN fr. 2230 [mil. 15ᵉs.] → GuillMachBehH, GuillMachC, VaillantD
BN fr. 2233 [mil. 15ᵉs.] → AiquinJa
BN fr. 2236 [1ᵉm. 15ᵉs.] → ChastVergiA, RobBloisDidF
BN fr. 2240 [15ᵉs.] → MelibeeRenS, OresmeSphèreM
BN fr. 2243 [15ᵉs.] → JFevLeesceH
BN fr. 2264 [2ᵉm. 15ᵉs.] → VaillantD
BN fr. 2266 [2ᵉm. 15ᵉs.] → PChastTPerD, PChastTRecD

Manuscrits

BN fr. 2273 [15ᵉs.] → PassIsabD, VenjNSPr⁵F
BN fr. 2327 [1ᵉm. 15ᵉs.] → JFevVieilleC
BN fr. 2360 [fin 14ᵉs.] → CentBallR
BN fr. 2371 [16ᵉs.] → MargNavVisS
BN fr. 2375 [16ᵉs.] → VaillantD
BN fr. 2424 [2ᵉm. 15ᵉs.] → IsidSynCH
BN fr. 2426 [fin 14ᵉs.] → JugesA
BN fr. 2453 [15ᵉs.] → SBath²B
BN fr. 2454 [1454] → PassIsabD
BN fr. 2455 (anc. 8188.3) [lorr. fin 13ᵉs.] → SGraalIIIJosTO
BN fr. 2455 [lorr. fin 13ᵉs.] → MerlinM, SGraal-IVH
BN fr. 2458 [14ᵉs.] → ElucidaireSecA/B/H/IR, RenHermiteM
BN fr. 2464 [frc. mil. 13ᵉs.] → MortAdamP, PBeauvOlimpB, SDenisPr¹L, SEustPr¹M, Turpin²W
BN fr. 2466 [15ᵉs.] → SMarg7J¹
BN fr. 2471 [15ᵉs.] → EchecsFerronC
BN fr. 2473 [15ᵉs.] → SenLucilLib
BN fr. 2479 [2ᵉm. 13ᵉs.] → ImMondeOct¹D
BN fr. 2480 [2ᵉm. 13ᵉs.] → ImMondeOct¹D
BN fr. 2485 [14ᵉs.] → DouzeVendredisCS
BN fr. 2485 [cette partie lorr. 1ᵉm. 14ᵉs.] → CoursLuneD
BN fr. 2493 [1ᵉ partie v. 1-6067, pic. 1ᵉm. 13ᵉs., 2ᵉ p., 6068-fin, pic./champ.sept. 2ᵉm. 13ᵉs.] → RCambrK
BN fr. 2494 [pic. 1ᵉm. 13ᵉs.] → AliscW, BatLoqVulgB²
BN fr. 2495 [ca. 1300] → AspremPG, CoincyI1…K, JLansonM
BN fr. 2608 (anc. 8302) [15ᵉs.] → ChronSDenisV
BN fr. 2610 (anc. 8303.5, Colbert 79) [15ᵉs.] → GrChronV
BN fr. 2615 (anc. 8305.5.5, Colbert 350) [f° 1-280 ca. 1317, f° 281-425 fin 14ᵉs.] (la sec. partie rendant les faits 1317-1380 fin Charles V) → GrChronV
BN fr. 2615 (anc. 8305.5.5, Colbert 350) [f°1-280 ca. 1317] → ChronSDenisB
BN fr. 2615 (anc. Roy. 8305.5.5, anc. Colbert) [f°1-280 ca. 1317, f°281ss. fin 14ᵉs.] → GrChronN
BN fr. 2615 [f°281-425 fin 14ᵉs.] → ChronSDenisB
BN fr. 2627 [15ᵉs.] → GuillTyrB
BN fr. 2628 [Acre ca. 1265 et ca. 1280] → ContGuillTyrA, ContGuillTyrDM
BN fr. 2629 [ca. 1460] → ContGuillTyrA
BN fr. 2630 [ca. 1275] → GuillTyrB
BN fr. 2631 [It. ca. 1295] → ContGuillTyrA
BN fr. 2632 [1ᵉm. 13ᵉs., f°184-189 2ᵉm. 13ᵉs.] → GuillTyrB
BN fr. 2634 [Île de Fr. 1ᵉʳq. 14ᵉs.] → ContGuillTyrA
BN fr. 2646 [1470-1475] → FroissChronIVV
BN fr. 2648 [ca. 1460] → FroissChronIVV
BN fr. 2650 [déb. 15ᵉs.] → FroissChronL
BN fr. 2654 [15ᵉs.] → FroissChronIVV
BN fr. 2660 [15ᵉs.] → FroissChronL
BN fr. 2661 [av. 1476] → FroissChronIVV
BN fr. 2672-2673 [15ᵉs.] → FroissChronIVV
BN fr. 2678-2679 (anc. 8299-5, -6, Colbert 19 et 20) [déb. 16ᵉs.] → MonstreletD
BN fr. 2680 (anc. fr. 8344) [ca. 1475] → MonstreletD
BN fr. 2681 (anc. fr. 8345) [pic. ca. 1475] → MonstreletD
BN fr. 2682 (anc. fr. 8346) [pic. ca. 1475] → MonstreletD
BN fr. 2684 (anc. fr. 8347-5.5, Colbert 3186) [ca. 1480] → MonstreletD
BN fr. 2705 [fin 14ᵉs.] → InvMobChL
BN fr. 2754 [ca. 1300] → ContGuillTyrA
BN fr. 2765 [15ᵉs.] → CoutNormT
BN fr. 2799 [15ᵉs.] → ChronFlandrDétW, ChronFlandrK
BN fr. 2801 [15ᵉs.] → ChronBaud²H
BN fr. 2803 [2ᵉm. 15ᵉs.] → ChronJBekaN
BN fr. 2810 [contin. av. 1413] → HaytonK, JLongFlorB, JLongKhanB, JLongOdoA, JLongOdoC, JLongRicB, JLongTSteD, JMandLD, MPolGregM
BN fr. 2813 (anc. 8395) [Paris 1381 ou peu après] → ChronSDenisP, GrChronD
BN fr. 2813 [Paris 1381 ou peu après] → GrChronV
BN fr. 2815 [1ᵉm. 14ᵉs.] → ChronRoisAnG, PassJonglFT, PassJonglUG, SFanuelC
BN fr. 2824 [ca. 1300] → ContGuillTyrA
BN fr. 2825 [ca. 1300] → ContGuillTyrA
BN fr. 2826 [1ᵉm. 13ᵉs.] → GuillTyrB
BN fr. 2827 [ca. 1275] → ContGuillTyrA
BN fr. 2833 [15ᵉs.] → PetitMém
BN fr. 2839 [déb. 17ᵉs.] → EtSLouisV
BN fr. 2844 [orl. fin 13ᵉs.] → EtSLouisV, JostPletR
BN fr. 2848 [1566] → OrdoCoronXXIICJ
BN fr. 2860 [ca. 1455] → ChronHérBerryC
BN fr. 2862 [17ᵉs.] → ChrPisFaisS
BN fr. 2863 [ca. 1475] → MonstreletD
BN fr. 2868 [fin 15ᵉs.] → OlMarche
BN fr. 2869 [ca. 1500] → OlMarche
BN fr. 3480 [1ᵉm. 17ᵉs.] → JournParT
BN fr. 3546 [autographe 1ᵉʳq. 15ᵉs.] → JCourtecuisseD
BN fr. 3879 [déb. 16ᵉs.] → CommB
BN fr. 3887 [4ᵉq. 15ᵉs.] → FormHonCourtH
BN fr. 3939 [16ᵉs.] → MeschLunM
BN fr. 4274 [Naples 1354] → RègleSEspritB
BN fr. 4432 [1345 et après] → ElucidaireIeT
BN fr. 4516 [pic. 14ᵉs.] → BeaumCoutS
BN fr. 4836 [déb. 17ᵉs.] → LapidMand⁴
BN fr. 4901 [déb. 18ᵉs.] → ThomHélP
BN fr. 4939 [fin 15ᵉs.] → MarieFabW
BN fr. 4946 [3ᵉq. 14ᵉs.] → ChronSOuenM
BN fr. 4961 [14ᵉs.] → MorPhilPrH
BN fr. 4963 [pic. 2ᵉm. 13ᵉs.] → MousketR, PrêtreJeanPr¹E/I…G
BN fr. 4969 [ca. 1410] → FierPrM
BN fr. 4972 [2ᵉm. 14ᵉs.] → VillehF
BN fr. 4976 [déb. 14ᵉs.] → SLouisPathMirF, SLouisPathVieD
BN fr. 4977 (anc. 9648.2, Baluze) [14ᵉs.] → SLouisNanD
BN fr. 4977 [14ᵉs.] → EnsSLouisIO
BN fr. 4978 (anc. 9648.3.3, Colbert) [14ᵉs.] → SLouisNanD
BN fr. 4987 [ca. 1400] → ChronNormM
BN fr. 4988 [ca. 1300] → AnsMetzS¹, GarLorrD, GarLorrI, GerbMetzT
BN fr. 4993 [15ᵉs.] → ChronGuesclPrM
BN fr. 4994 [15ᵉs., av. 1480] → ChronGuesclPrM

Manuscrits

BN fr. 4995 [15ᵉ s.] → ChronGuesclPrM
BN fr. 5005 [15ᵉ s.] → FroissChronIV V
BN fr. 5016 [ca. 1480] → MonstreletD
BN fr. 5025 [1404 ou peu après] → ChrPisFaisS
BN fr. 5028 [3ᵉ t. 15ᵉ s.] → SecrSecrPr⁶H
BN fr. 5035 [déb. 16ᵉ s.] → MonstreletD
BN fr. 5036 (anc. 9675.3) [rec. fact. f°42-72 2ᵉm. 15ᵉs.?] → SSagDP
BN fr. 5036 [15ᵉ s.] → GuillAlexisP
BN fr. 5037 [3ᵉ q. 15ᵉ s.] → GuillSAndréJehP
BN fr. 5059 [mil. 15ᵉ s.] → LibelleDebP
BN fr. 5063 [fin 15ᵉ s.] → CommB
BN fr. 5084 [ca. 1470] → PrêtreJeanPr²W/X/Y/ZG
BN fr. 5245 (anc. 9822) [3ᵉt. 13ᵉ s.] → PFontM
BN fr. 5245 [3ᵉt. 13ᵉ s.] → CoutNormT
BN fr. 5248 [pic. 14ᵉ s.] → ACoutPicM, CoutArtT, EtSLouisV
BN fr. 5249 (anc. 9822.3.a) [14ᵉ s.] → CoutArtT
BN fr. 5256 [cette partie 15ᵉ s.] → CoutPoitF
BN fr. 5256 [f°1-6, fragm., ca. 1370] → CoutChampP
BN fr. 5256 [f°168-182: av. 1380] → CoutChampP
BN fr. 5257 [16ᵉ s.] → CoutChampP
BN fr. 5278 [frc. fin 13ᵉ s.] → EtSLouisV
BN fr. 5317 [déb. 16ᵉ s.] → CoutChampP
BN fr. 5330 (anc. 9846.4.4) [mil. 15ᵉ s.] → CoutNormGuillH
BN fr. 5330 [mil. 15ᵉ s.] → CoutMerOlFZ
BN fr. 5335 [15ᵉ s.] → CoutNormGuillH
BN fr. 5336 [15ᵉ s.] → CoutNormGr
BN fr. 5337 [14ᵉ s.] → CoutNormGr
BN fr. 5338 [1471] → CoutNormGr
BN fr. 5339 [ca. 1476] → CoutNormGr
BN fr. 5359 [av. 1388] → CoutAnjB, EtSLouisV
BN fr. 5391 [après 1434, autographe] → ChronPCochonR, ChronRouenR
BN fr. 5410 [ca. 1470] → MelusArrV
BN fr. 5547 [15ᵉ s.] → EnsSLouisFD
BN fr. 5586 [cette pièce 15ᵉ s.] → SSagAP
BN fr. 5586 [Moirans 1477] → JMandPL
BN fr. 5602 [2ᵉm. 15ᵉ s.] → TroisFilsP
BN fr. 5603 [2ᵉm. 15ᵉ s.] → TroisFilsP
BN fr. 5610 [fin 14ᵉ s.] → ChronBaudAbrK, ChronNormM
BN fr. 5611 [fin 14ᵉ s.] → ChronFlandrK
BN fr. 5613 [2ᵉm. 15ᵉ s.] → ChronJBekaN
BN fr. 5614 [fin 15ᵉ s.] → ChronBaudAbrK
BN fr. 5618 [16ᵉ s.] → MolinetChronB, MolinetChronD
BN fr. 5631 [2ᵉm. 14ᵉ s.] → MPolGregP
BN fr. 5633 [contin. 15ᵉ s.] → JMandLD
BN fr. 5634 [Paris 3ᵉt. 14ᵉ s.] → JMandPL
BN fr. 5635 [contin. 1402] → JMandLD
BN fr. 5637 [Paris 3ᵉt. 14ᵉ s.] → JMandPL
BN fr. 5649 [3ᵉ q. 15ᵉ s.] → MPolGregM
BN fr. 5698 [14ᵉ s.] → GGuiB
BN fr. 5699 [2ᵉm. 15ᵉ s.] → VaillantD
BN fr. 5706 [ca. 1500] → SDenisPr⁶
BN fr. 5707 [Paris 1363] → BibleGuiart
BN fr. 5713 [mil. 15ᵉ s.] → Turpin²W
BN fr. 5714 [saint. 2ᵉ q. 13ᵉ s.] → ChronToteL/PB, Turpin¹A
BN fr. 5716 [3ᵉq. 14ᵉ s.] → SLouisPathMirF, SLouisPathVieD
BN fr. 5717 [16ᵉ/17ᵉ s.] → SBath²B

BN fr. 5722 [1ᵉm. 14ᵉ s.] → SLouisPathMirF, SLouisPathVieD
BN fr. 5782 [2ᵉm. 15ᵉ s.] → DexW, GuerreMetzB
BN fr. 5837 [fin 15ᵉ s.] → DebHerP
BN fr. 5838 [fin 15ᵉ s.] → DebHerP
BN fr. 5839 [fin 15ᵉ s.] → DebHerP
BN fr. 5868 [ca. 1500] → SDenisPr⁶
BN fr. 5869 [ca. 1500] → EnsSLouisPD, SDenisPr⁶
BN fr. 5870 [ca. 1500] → SDenisPr⁶
BN fr. 5899 [ca. 1300] → EtSLouisV
BN fr. 5913 [15ᵉ s.] → OresmeMonW
BN fr. 5923 [fin 15ᵉ s.] → CoutPoitF
BN fr. 5958 [2ᵉm. 13ᵉ s.] → CoutNormT
BN fr. 5959 [norm. 1392, f°109-113 post.] → CoutNormAbrT, CoutNormT
BN fr. 5960 [14ᵉ s.] → CoutNormT
BN fr. 5961 [déb. 14ᵉ s.] → CoutNormT
BN fr. 5962 [15ᵉ s.] → CoutNormGuillH
BN fr. 5963 [1303] → CoutNormT
BN fr. 5964 [15ᵉ s.] → CoutNormT
BN fr. 5965 [15ᵉ s.] → CoutNormT
BN fr. 5966 [norm. ca. 1300, ce texte d'une main] → CoutEauB
BN fr. 5967 [15ᵉ s.] → CoutEauB
BN fr. 5975 [2ᵉm. 15ᵉ s.] → CoutGuinesE
BN fr. 5977 [14ᵉ s.] → EtSLouisV
BN fr. 6049 [ca. 1330] → GuillSat, RègleHospMirPr¹C, RègleHospMirPr²D, RègleHospMirPr⁴D, RègleHospPrD
BN fr. 6109 [Paris 3ᵉ t. 14ᵉ s.] → JMandPL
BN fr. 6220 [1292 ou peu après] → Taille1292G
BN fr. 6258 [1420] → BiblePar
BN fr. 6259 [Paris ca. 1400] → BibleGuiart
BN fr. 6260 [contin. ca. 1400?] → BibleAdd
BN fr. 6276 [agn. ca. 1300] → AncrRiwleTT, PeinesR, SermMaurR
BN fr. 6354-6359 [1494] → JVignayMir, JVignayMirYsS
BN fr. 6362 [ca. 1465] → ChronSaintProf
BN fr. 6447 [cette partie, f°369-375: mil. 14ᵉ s.] → ChronTerreSainteBR
BN fr. 6447 [flandr. 4ᵉ q. 13ᵉ s.] → BrendanPr²W, EvNicPrBF, HuonSQuentL, JugesA, MaccabPr²M, PaumierBerlC, PurgSPatrPrAD, RoisC, SDenisPr²L, SermMaurR, SJulPrS, SMadPr², SMarieEgXD
BN fr. 6448 [fin 15ᵉ s.] → LégDorVignBartH
BN fr. 6473 [15ᵉ s.] → FroissChronIV V
BN fr. 6475 [déb. 15ᵉ s.] → FroissChronIII¹A², FroissChronIII¹D
BN fr. 6477-6479 [15ᵉ s.], → FroissChronL
BN fr. 6486 (anc. Suppl. fr. 93) [pic. 1454] → MonstreletD
BN fr. 6736 (anc. Suppl. 178.31) [1313] → Taille1313M
BN fr. 7000 [Paris mil. 14ᵉ s.] → CassidP
BN fr. 8117 [18ᵉ s.] → LMestL
BN fr. 8357 [16ᵉ s.] → BeaumCoutS
BN fr. 8541 [commencé ca. 1210, ensuite inscriptions orig. d'année en année] → NecrArrB
BN fr. 8541 → ConfrJonglArrG
BN fr. 8739 [1412] → CensMontjM
BN fr. 9002 [2ᵉm. 15ᵉ s.] → ChronJBekaN
BN fr. 9060 [18ᵉ s.] → ContGuillTyrA
BN fr. 9061 [f°1-58 18ᵉ s.] → ContGuillTyrA
BN fr. 9061 [f°59-137 18ᵉ s.] → ContGuillTyrA

Manuscrits

BN fr. 9081 [frc. ca. 1230] → GuillTyrB
BN fr. 9082 [Rome 1295] → ContGuillTyrA
BN fr. 9083 (anc. 'Rothelin') [Île de Fr., traits pic. isolés, 2^{e}q. 14^{e}s.] → ContGuillTyrRothA
BN fr. 9083 [Île de Fr., traits pic. isolés, 2^{e}q. 14^{e}s.] → SarrasinF
BN fr. 9084 [Acre ca. 1285] → ContGuillTyrA
BN fr. 9085 [Acre ca. 1280] → ContGuillTyrA
BN fr. 9086 [Acre 3^{e}q. 13^{e}s.] → ContGuillTyrA, ContGuillTyrcG
BN fr. 9106 [1398] → OresmeEconM, OresmePolM
BN fr. 9113 [fin 15^{e}s.] → JAntOtiaP
BN fr. 9123 [Paris déb. 14^{e}s.] → MerlinM
BN fr. 9136 [15^{e}s.] → LapidMand^2
BN fr. 9142 [15^{e}s.] → BrunLatC
BN fr. 9186 [ca. 1470] → FormHonCourtH
BN fr. 9196 [Paris ca. 1390] → PelAmeS, PelJChrS, PelVieS
BN fr. 9197 [hain. 2^{e}m. 15^{e}s.] → EchecsAmPrK, EvrartContyEchG
BN fr. 9200-9201 [1465] → PhMézPelC
BN fr. 9220 [art. ca. 1295] → SPaulEnfPeinesM
BN fr. 9221 [3^{e}t. 14^{e}s.] → GuillMachBehH, GuillMachC, GuillMachH, GuillMachPriseP, GuillMachVoirI
BN fr. 9222 [3^{e}t. 14^{e}s.] → VoeuxHérG
BN fr. 9223 [2^{e}m. 15^{e}s.] → PoésBlosI, VaillantD
BN fr. 9299 [18^{e}s.] → CarnavalTestA
BN fr. 9342 [1447 ou peu après] → AlexPr^{2}H
BN fr. 9343 [mil. 15^{e}s.] → Buscalus
BN fr. 9344 [mil. 15^{e}s.] → Buscalus
BN fr. 9345 [f°2-61 ca. 1300] → RoseLLangl
BN fr. 9558 [14e/15^{e}s.] → ProvSenoO
BN fr. 9558 [f°21-86: lorr. 14^{e}s.] → DialGregTrav
BN fr. 9561 [Napoli ca. 1370] → BibleMorP^{1}A, BibleMorwH
BN fr. 9562 [agn. 2^{e}q. 14^{e}s.] → BibleAdd
BN fr. 9572 [2^{e}m. 14^{e}s.] → PsLorrB
BN fr. 9574 [agn. 4^{e}q. 13^{e}s.] → ApocPrD
BN fr. 9576 [frc. ca. 1370] → CiNDitB^2
BN fr. 9588 [cette partie 15^{e}s.] → QuatreFilles^{3}L
BN fr. 9588 [cette partie lorr. 14^{e}s.] → SMarieJésus
BN fr. 9628 [15^{e}s.] → LatourLandryM
BN fr. 9682 [champ. lorr. 2^{e}q. 14^{e}s.] → HistAnc, HistAncG, HistAncV
BN fr. 9683 [pic. 1^{e}m. 15^{e}s.] → JDaudErudH^0
BN fr. 9685 [It. ca. 1300] → HistAnc
BN fr. 9687 [agn. 15^{e}s.] → ChronTrivR
BN fr. 9762 [15^{e}s.] → SFrançPr^1
BN fr. 10132 (anc. Suppl. fr. 218) [14^{e}s.] → GrChronG
BN fr. 10135 (anc. Suppl. fr. 106) [2^{e}m. 14^{e}s.] → ChronSDenisV
BN fr. 10139 [mil. 15^{e}s.] → LibelleDebP
BN fr. 10145 [fin 17^{e}s.] → JournParT
BN fr. 10148 [2^{e}q. 16^{e}s.] → JoinvMo
BN fr. 10149 [16^{e}s.] → MenReimsW
BN fr. 10153 [prob. 1404] → ChrPisFaisS
BN fr. 10156 [déb. 16^{e}s.] → CommB
BN fr. 10174 [1491] → GuillSAndréJehP
BN fr. 10286 [15^{e}s.] → JVignayEchecsF
BN fr. 10367 (anc. Suppl. fr. 1181) [1371] → CptRoiNavI
BN fr. 10468 [mil. 15^{e}s.] → AlexPrH, ChronValL, SecrSecrPr^{3}H
BN fr. 11159 [18^{e}s.] → OresmeMonW
BN fr. 11205 (anc. Suppl. fr. 98,25) [orig.] → CptRoiJAnglD
BN fr. 11432 [déb. 15^{e}s.] → BouciсL
BN fr. 11464 [Bretagne ca. 1485] → ArmArgM
BN fr. 11495 [1524-1525] → MargNavCorrM
BN fr. 11541 [mil. 14^{e}s.] → CoutBretP
BN fr. 11608 [mil. 14^{e}s. (??)] → RentSNicM
BN fr. 11610 [pic. av. 1467] → ComteArtS
BN fr. 11652 [frc. ca. 1300] → BeaumCoutS
BN fr. 11709 (anc. Lamare) [déb. 15^{e}s.] → LMestL
BN fr. 11861 [av. 1368] → InvAnjL
BN fr. 11920 [15^{e}s.] → CoutNormT
BN fr. 12042 [2^{e}m. 15^{e}s.] → CoutPoitF
BN fr. 12154 [agn. f°1-40 (P$_1$) 1307: incomplet, f°40v^{o}ss. (P$_2$) 3^{e}q. 14^{e}s.: complet] → ChronPLangI/IIT
BN fr. 12201 [ca. 1400] → HaytonK
BN fr. 12202 [ca. 1485] → JLongFlorD, JLongKhanB, JLongOdoA, JLongRicB, JLongTSteD
BN fr. 12203 [pic. fin 13^{e}s.] → BethDucsM, ContGuillTyrSalJ, FillePonth^{2}B^1, HValL, VillehF
BN fr. 12204 [pic. ca. 1300] → HValL, VillehF
BN fr. 12206 [1789] → AssJér, AssJérBourgAbrB, AssJérClefB, AssJérGeoffrB, AssJérJacIbB, AssJérJIbB, AssJérLignB, AssJérPhB
BN fr. 12207 [fin 18^{e}s.] → AssJér, AssJérBourgB
BN fr. 12233 [ca. 1405] → OresmePolM
BN fr. 12235 [It. ca. 1309] → SenLucilE
BN fr. 12237 [1^{er}t. 15^{e}s.] → ConsBoèceBenN
BN fr. 12238 [1^{er}t. 15^{e}s.] → ConsBoèceBenN, ConsBoèceCompC^2
BN fr. 12239 [15^{e}s.] → ConsBoèceBenN
BN fr. 12240 [15^{e}s.] → ConsBoèceBenN
BN fr. 12318 [15^{e}s.] → SidracH
BN fr. 12322 [16^{e}s.] → LSimplMedD
BN fr. 12323 [peu après 1349] → AldL, ImMondeOct^{1}D, RecMédEpidA/BA, RecMédJPitS, RecMédSauvT
BN fr. 12330 [déb. 16^{e}s.?] → PCresc
BN fr. 12360 [15^{e}s.] → JMeunVégL
BN fr. 12397 [15^{e}s.] → GastPhébChasseT
BN fr. 12398 [15^{e}s.] → GastPhébChasseT
BN fr. 12399 [1379] → ModusT
BN fr. 12400 [1310] → ChaceOisıM
BN fr. 12440 [15^{e}s.] → EchecsFerronC
BN fr. 12441 [3^{e}q. 15^{e}s.] → ProvM
BN fr. 12445 [15^{e}s.] → EvNicPrLA, PrêtreJeanPr^{1}E/I…G, SValerM, VenjNSPr^{4}F
BN fr. 12456 [lorr. déb. 13^{e}s.] → EvratGenABo
BN fr. 12457 [champ. déb. 13^{e}s.] → EvratGenABo
BN fr. 12459 [15^{e}s.] → ConsBoèceBenN, ConsBoèceRenA^2
BN fr. 12460 [mil. 15^{e}s.] → Fauvel^{1}L, LFortunaeG
BN fr. 12461 [Paris ca. 1470] → PelViePr
BN fr. 12462 [Paris ca. 1348] → PelVieS
BN fr. 12463 [15^{e}s.] → PelAmeS
BN fr. 12464 [14e/15^{e}s.] → PelAmeS, PelJChrS, PelVieS
BN fr. 12465 [Paris ca. 1390] → PelAmeS, PelJChrS, PelVieS
BN fr. 12466 [déb. 15^{e}s.] → PelAmeD, PelAmeS, PelJChrS, PelVie^{2}M^0
BN fr. 12467 [Paris? fin 13^{e}s.] → AvariceB, AveDameL, BaudCondS, BerteH, CoincyI1…K,

EnfOgH, ImMondeOct¹D, QuatreFilles¹BL, RutebNeufJoiesM

BN fr. 12467 → AdenBuevH

BN fr. 12468 [2ᵉm. 14ᵉs.] → TroisMariesJean

BN fr. 12469 [1ᵉm. 14ᵉs.] → BestAmFournS, ImMondeOct¹D, TournAntW

BN fr. 12471 [art. fin 13ᵉs.] → AlexisH, ApostropheCorpsB, FormHonI, HuonABCL, HuonAveL¹, HuonQuJérS, HuonRegrL, MorPhilP, Pères, TroisAmA, UnicorneAJ, VerCoulK, VilGousteC

BN fr. 12476 [1451] → LeFrancChampD

BN fr. 12477 [1ᵉm. 15ᵉs.] → JacBruyP, MenagB, PhMézGrisG

BN fr. 12478 [1ᵉʳt. 15ᵉs.] → JacAmArtK, ParabAlainThH, PoissAmS

BN fr. 12479 [ca. 1500] → JFevLamentH

BN fr. 12480 [15ᵉs.] → JFevLamentH

BN fr. 12481 [15ᵉs.] → ImMondeOct¹D, VenjNSPr⁵F

BN fr. 12482 [15ᵉs.] → BelleHelR

BN fr. 12483 [mil. 14ᵉs.] → BailletJ, ChansPieusBNfr12483J, ChastieMuscG, CinqVegilesL, ClercVaudR, CoincyI1…K, ContenFamesF, DeuxBordeors¹N, DoctSauvS, HuonRegrL, JSQuentO, MonstiersP, OutHôtelBN, Pères, ProprChosR, QSignesK, QueueRenL, RenclMisH, RoseDitQuantO, RutebF, RutebNeufJoiesM, SacristineNousK, SoudiacreL, ThibAmPriereL, VMortHélW

BN fr. 12537 [1507] → MistSGenisM

BN fr. 12548 [pic. 2ᵉm. 13ᵉs.] → AnsCartA, Bueve2S

BN fr. 12552 [lorr. 3ᵉq. 14ᵉs.] → BastC, BaudSebC

BN fr. 12553 [15ᵉs.] → BaudSebC

BN fr. 12555 [1477] → ElucidaireGilR, EvastL, VisTondPF

BN fr. 12556 [15ᵉs.] → BrutA

BN fr. 12557 [pic.-wall. déb. 15ᵉs.] → FroissMelL

BN fr. 12558 (anc. Suppl. fr. 540.8) [art. mil. 13ᵉs.] → JerusH

BN fr. 12558 (anc. Suppl. fr. 540.8.1 [1 biffé]) [art. mil. 13ᵉs.] → AntiocheD

BN fr. 12558 [art. mil. 13ᵉs.] → AntiocheN, ChétifsM, ChevCygne, ChevCygneNaissM, ChevCygnePropN, EnfGodM, GodBouillCornM, GodBouillH, JerusD, JerusT

BN fr. 12559 [Paris ca. 1404] → ChevErrW

BN fr. 12560 [champ. mil. 13ᵉs.] → CligesG, LancF, YvainF

BN fr. 12562 [cette partie pic. 1ᵉm. 14ᵉs.] → LicorneG

BN fr. 12562 [contin. 15ᵉs.] → FloreAL, FloreAW

BN fr. 12563 [N.-E. 1463] → DoonMayBPi⁰, DoonMayP

BN fr. 12564 [pic. 1461] → FlorOctAlL

BN fr. 12565 [pic. 3ᵉt. 14ᵉs.] → AlexParA, JMotePaonC, PriseDefP, RestorD, VoeuxPaonR

BN fr. 12567 [It. ca. 1340] → AlexParA, RestorD, VoeuxPaonR

BN fr. 12568 [16ᵉs.] → GirRossWauqM

BN fr. 12569 (anc. Suppl. fr. 105) [pic. 2ᵉm. 13ᵉs.] → JerusH

BN fr. 12569 [pic. 2ᵉm. 13ᵉs.] → AntiocheN, ChevCygne, ChevCygneNaissBeaN, ChevCygnePropN, EnfGodM, GodBouillCornM, GodBouillH, JerusT

BN fr. 12570 [ca. 1470] → RLefevreJasonP

BN fr. 12572 [flandr. av. 1468] → JAvesnesFilleB, JAvesnesProprBQ, JAvesnesProprF, JAvesnesSalC, OrdeneChevPrJ

BN fr. 12573 [fin 13ᵉs.] → MortArtuF¹, SGraalIV-QuesteP

BN fr. 12575 [1ᵉʳq. 15ᵉs.] → MelusCoudrR

BN fr. 12576 [pic.sept. 2ᵉm. 13ᵉs.] → ContPerc¹A/T…R, ContPerc⁴TW, PercB, PercR

BN fr. 12577 [frc. (Paris) ca. 1330] → ContPerc¹A/T…R, PercB

BN fr. 12580 [fin 13ᵉs.] → MortArtuF¹, SGraalIV-QuesteP

BN fr. 12581 [frc. (av.) 1284] → BiblePar, BrunLatC, ChastPereAH, ChastPereBH, DancusT, ElucidaireIT, FaucGuillT, ManVilF, MorPhilPrH, MortAdamP, PerrinS, PhNovAgesF, RomPast, ThibAmPriereL, TrescesN

BN fr. 12583 [Est déb. 14ᵉs.] → Ren, RenMéon, RenoB

BN fr. 12584 (anc. Suppl. fr. 98. 14) [N.-E. 1ᵉm. 14ᵉs.] → Ren

BN fr. 12586 [2 et 3: fin 13ᵉs., 5: 2ᵉm. 14ᵉs.] → HistAnc

BN fr. 12587 [déb. 14ᵉs.] → RoseʟLangl

BN fr. 12590 [15ᵉs.] → RoseGuiV

BN fr. 12594 [f°1-177 2ᵉm. 14ᵉs., 178-197 15ᵉs.] → JMoteVoieP

BN fr. 12594 [f°149v°-169r° 2ᵉm. 14ᵉs.] → RenclMisH

BN fr. 12595 [15ᵉs.] → RoseʟLangl

BN fr. 12599 [Toscane fin 13ᵉs.] → AventBrunL, ErecPrP, FolLancB, PalamL

BN fr. 12600 [14ᵉs.] → BenTroieC

BN fr. 12602 [15ᵉs.] → TroiePr¹C

BN fr. 12603 [pic. ca. 1300] → AubereeN, BrutA, ChevIIEspR, CoilleB, EneasS², EnfOgH, FierL, GrueN, HuonHonteL, MarieFabW, OmbreB², PrestreCompBi, SalutEnfBF, SongeEnfM, TroisAvN, ValetAiseN, YvainF

BN fr. 12604 [15ᵉs.] → RobDiableDitB

BN fr. 12615 (anc. suppl. fr. 184, Noailles) [art., 1ᵉ partie 4ᵉq. 13ᵉs.] → ChansArtB

BN fr. 12615 [art., 1ᵉ partie (f°1-222) 4ᵉq. 13ᵉs.] → BodelPastB

BN fr. 12615 [art., 1ᵉ partie 4ᵉq. 13ᵉs.] → AndrContrN, ApostropheCorpsB, ConBethW², GilebBernW, GontierF, GuillVinM, HuonQuEntrR, HuonQuJérDécS, HuonQuOmbreS, JErartN, JRentiS, MahieuW, MoniotArrD, RBeauvN, RomPast, ThibBlaisN, TournDamHuonJ, VMortAnW

BN fr. 12615 [art., 2ᵉ partie 1ᵉm. 14ᵉs.] → AdHaleChansM

BN fr. 12744 [fin 15ᵉs.] → ChansBNfr12744P

BN fr. 12775 [ca. 1500] → AbuzéD

BN fr. 12779 [déb. 15ᵉs.] → ChrPisEpAmF, ChrPisR, ChrPisRoseF

BN fr. 12786 [frc. déb. 14ᵉs.] → BestAmFournS, LapidPhilZ, LunaireSal¹M, OrdreAmorsI, RoseʟLangl, RoseʟLec, RoseʟS, RutebF, RutebNeufJoiesM, SongeDan²B

BN fr. 12787 [déb. 15ᵉs.] → PhVitriChapP

BN fr. 13092 [Est 2ᵉm. 13ᵉs.?] → PsMétrM

Manuscrits

BN fr. 13095 [15ᵉs.] → PassIsabD
BN fr. 13304 [lorr. fin 13ᵉs.] → SommeLaurB
BN fr. 13314 [Sens, graphie aux traits pic., ca. 1230] → SermMaurR
BN fr. 13315-13316 [Ouest déb. 13ᵉs.] → CommPsIA¹G, SermMaurR
BN fr. 13317 [déb. 13ᵉs.] → SermMaurR
BN fr. 13342 [agn. déb. 14ᵉs.] → MirourEdmAW
BN fr. 13496 [bourg. fin 13ᵉs.] → BrendanPr²W, GirRossPrM, PurgSPatrPrAD, SDenisPr¹L, SJulPrS, SMadPr⁴, SMarieEgoD
BN fr. 13502 [14ᵉs.] → SDenisPr¹L, SEust3B
BN fr. 13505 [agn. 4ᵉq. 13ᵉs.] → SFrançCR
BN fr. 13508 [14ᵉs.] → SGenB
BN fr. 13513 [agn. 1ᵉm. 13ᵉs.] → SThomGuernH, SThomGuernW¹
BN fr. 13531 [ca. 1330] → RègleHospMirPr¹C, RègleHospPrD
BN fr. 13566 [ca. 1863, copie de BL Add. 7103] → MenReimsW
BN fr. 13568 [Nord-Est ca. 1335] → JoinvMo
BN fr. 13983 (anc. Suppl. fr. 406) [frc. fin 13ᵉs.] → PFontM
BN fr. 13985 [1ᵉm. 14ᵉs.] → EtSLouisV
BN fr. 13985 [ces feuillets fin 13ᵉs.?] → CoutAnj-AB
BN fr. 13986 [fin 13ᵉs.] → EtSLouisV
BN fr. 13987 [fin 13ᵉs.] → EtSLouisV
BN fr. 14396 [2ᵉm. 15ᵉs.] → CoutBretP
BN fr. 14397 [mil. 15ᵉs.] → CoutBretP
BN fr. 14398 [1454] → CoutBretP
BN fr. 14548 [mil. 14ᵉs.] → CoutNormGuillH
BN fr. 14576 [1292] → TerrSVigorM
BN fr. 14640 [agn. mil. 14ᵉs.] → BrutNobleAM
BN fr. 14816 [15ᵉs.] → GuiChaul
BN fr. 14822 [pic. 2ᵉm. 13ᵉs.] → AldL
BN fr. 14827 [15ᵉs.] → AntidNicPourD, ChirRog⁵
BN fr. 14830 [2ᵉm. 15ᵉs.] → JMandAF
BN fr. 14959 [agn. 2ᵉm. 13ᵉs.] → ManuelPéchF
BN fr. 14961 [Limousin? fin 13ᵉs.?] → ImMondeOct²S⁰
BN fr. 14962 [1282] → ImMondeOct¹D
BN fr. 14963 [1287] → ImMondeOct¹D, QSignesK
BN fr. 14964 [frc. 1265] → BestGuillR, ImMondeOct¹D, LapidEP
BN fr. 14965 [15ᵉs.] → ImMondeOct¹D
BN fr. 14966 [pic. ca. 1300] → CantTresH
BN fr. 14968 [mil. 14ᵉs.] → WatrS
BN fr. 14969 [agn. fin 13ᵉs.] → BestGuillR, LapidVAS
BN fr. 14970 [pic. ca. 1300] → BestGuillR, ImMondeOct¹D, LapidEP
BN fr. 14971 [fin 13ᵉs.] → MarieFabW, OmbreB², SegrMoine¹/²/³N
BN fr. 14972 [14ᵉs.] → VoeuxPaonR
BN fr. 14976 [15ᵉs.] → PelJChrS
BN fr. 14977 [déb. 16ᵉs.] → DestreesP
BN fr. 14978 [1ᵉʳq. 15ᵉs.] → GuillSAndréJehP
BN fr. 14979 [16ᵉs.] → GuillAlexisP
BN fr. 15094 [cette partie 3ᵉq. 13ᵉs.] → AlexParA
BN fr. 15094 [cette partie fin 14ᵉs.] → VengAlE
BN fr. 15095 [pic. 2ᵉm. 13ᵉs.] → AlexParA
BN fr. 15097 [2ᵉm. 15ᵉs.] → BerinB
BN fr. 15098 [hain. 14ᵉs.] → JakD
BN fr. 15100 [14ᵉs.] → HValL, VillehF

BN fr. 15101 [lorr. 13ᵉs.; 9 fᵒˢ en tête et à la fin remplacés fin (?) 14ᵉs.] → AimonFlH
BN fr. 15102 [2ᵉm. 13ᵉs.] → GaydonG
BN fr. 15103 [1417] → GirRossAlH
BN fr. 15104 [fin 13ᵉs.] → MaccabES
BN fr. 15105 [15ᵉs.] → MelibeeRenS
BN fr. 15106 [pic. ca. 1300] → MonstresH
BN fr. 15110 [2ᵉm. 13ᵉs.] → CoincyI1…K, Pères, PèresDW, SMargDO
BN fr. 15111 [18ᵉs.] → ProvBretM
BN fr. 15210 [f°1-82 2ᵉm. 13ᵉs. (83-109 15ᵉs.)] → PhNovAgesF
BN fr. 15210 [f°1-82 2ᵉm. 13ᵉs.] → LettrHippoT, PurgSPatrC
BN fr. 15212 [pic. déb. 14ᵉs.] → CoincyI1…K, Pères, RenclCarH
BN fr. 15213 [2ᵉm. 14ᵉs.] → BestAmFournS, YsIIB
BN fr. 15217 [2ᵉm. 15ᵉs.] → AlexisQP, AnglureB
BN fr. 15219 [mil. 15ᵉs.] → ChastVergiA
BN fr. 15352 [déb. 14ᵉs.] → EtSLouisV
BN fr. 15370-15371 [Franche-Comté déb. 16ᵉs.] → BibleGuiart
BN fr. 15391 [2ᵉq. 14ᵉs.] → BibleGuiart
BN fr. 15392 [Paris 2ᵉq. 14ᵉs.] → BibleGuiart
BN fr. 15393-15394 [Paris ca. 1415] → BibleGuiart
BN fr. 15395-15396 [Paris fin 14ᵉs.] → BibleGuiart
BN fr. 15455 [ca. 1435] → HistAnc²RB
BN fr. 15460 [14ᵉs.] → ChronBaud¹K
BN fr. 15475 [fin 15ᵉs.] → LégDorAn⁵MargO
BN fr. 15484-85 (anc. S. Germ. fr. 87) [15ᵉs.] → ChronSDenisV
BN fr. 15489 [15ᵉs.] → FroissChronIVV
BN fr. 16198 [17ᵉs.] → EtSLouisV
BN fr. 16962 [après 1470] → OresmeEthM
BN fr. 16993 → CorbR
BN fr. 16994 [15ᵉs.] → LaurPremCas²G
BN fr. 16997 [ca. 1515] → GuillFillConsH
BN fr. 16999 [2ᵉm. 14ᵉs.] → LancPrBF
BN fr. 17000 [Paris mil. 14ᵉs.] → HelcanusN, LaurinT, MarqueA
BN fr. 17059 [15ᵉs.] → CiNDitB²
BN fr. 17060 [15ᵉs.] → CiNDitB²
BN fr. 17061 [15ᵉs.] → VenjNSPr⁵F
BN fr. 17065 [15ᵉs.] → SermMaurR
BN fr. 17068 [15ᵉs.] → CoincyI1…K
BN fr. 17080 [fin 15ᵉs.] → ConsBoèceCompC²
BN fr. 17115 [ca. 1300] → BrunLatC, MiroirMondeC, ProvSenoO
BN fr. 17177 [frc. 3ᵉt. 13ᵉs.] → AnticlC, HistAnc, MorPhilP, Turpin⁵Wa
BN fr. 17203 [art. 3ᵉq. 13ᵉs.] → BethDucsM, JacVitryB, OrdeneChevPrJ, Turpin⁶Wa
BN fr. 17229 [2ᵉm. 13ᵉs.] → BalJosPr¹M, BrendanPr²W, ChandeleArrB, PurgSPatrPrAD, SDenisPr²L, SEdmPr, SJulPrS, SMadPr⁵, SMarieEgoD, VenjNSPr²F
BN fr. 17232 [2ᵉm. 15ᵉs.] → LégDorVignBartH
BN fr. 17250 [ca. 1340] → RègleSBenPr³
BN fr. 17255 [cette partie 1472] → RègleHospMirPr¹C, RègleHospPrD
BN fr. 17264 [fin 13ᵉ-14ᵉs.] → ChronBaud²H
BN fr. 17266 [15ᵉs.] → ChronBaudAbrK
BN fr. 17270 (anc. S. Germ. fr. 963) [2ᵉm. 14ᵉs.] → ChronSDenisV, GrChronV
BN fr. 17270 (anc. S. Germ. fr. 963, anc. Desportes) [14ᵉs.] → GrChronN

Manuscrits

BN fr. 17271 (anc. S. Germ. 965) [15ᵉs.] → GrChronV

BN fr. 17272 [15ᵉs.] → ConsBoèceCompC², MelibeeRenS

BN fr. 18096 [fin 13ᵉs.] → EtSLouisV

BN fr. 18623 [3ᵉt. 15ᵉs.] → ChronGuesclPrM, MelusCoudrR

BN fr. 18624 [15ᵉs.] → ChronGuesclPrM

BN fr. 18648 [17ᵉs.] → RôleBigotB

BN fr. 18761 [pic. 3ᵉq. 14ᵉs.] → BeaumCoutS

BN fr. 18922 (anc. S. Germ. Harl. 424) [ca. 1400] → CoutAnjCB

BN fr. 18922 [ca. 1400] → EtSLouisV

BN fr. 19024 [déb. 16ᵉs.] → GuillFillConsH

BN fr. 19025 (anc. S. Germ. 426ᴴ) [Acre ca. 1281] → AssJérJIbB

BN fr. 19026 (anc. S. Germ. fr. 430) [déb. 14ᵉs.] → AssJérJIbB

BN fr. 19026 [déb. 14ᵉs.] → AssJérBourgB, AssJérGeoffrB, AssJérJacIbB, AssJérLignB, AssJérPhB, AssJérPhE, AssJérRoiB

BN fr. 19040 [1449] → OresmeEthM

BN fr. 19045 [17ᵉs.] → GouvRoisGauchyM

BN fr. 19084 [fin 15ᵉs.] → PCresc

BN fr. 19088 [déb. 16ᵉs.] → BrunLatC

BN fr. 19089 [14ᵉs.] → BrunLatC

BN fr. 19090 [fin 14ᵉs.] → BrunLatC

BN fr. 19093 [autographe] → VillHonB

BN fr. 19104 [1ᵉʳq. 15ᵉs.] → JMeunVégL

BN fr. 19113 [15ᵉs.] → ModusT

BN fr. 19114 [2ᵉm. 15ᵉs.] → EchecsAmPrK, EvrartContyEchG

BN fr. 19115 [2ᵉm. 14ᵉs.] → EchecsFerronC

BN fr. 19121 [15ᵉs.] → OvMorB

BN fr. 19123 [15ᵉs.] → MelibeeRenS, YsɪAvB

BN fr. 19137 (anc. S. Germ. fr. 1240) [2ᵉm. 15ᵉs.] → RoseʟLangl

BN fr. 19137 [2ᵉm. 15ᵉs.] → ConsBoèceRenA², JFevRespH

BN fr. 19138 (anc. S. Germ. fr. 1650) [1ᵉm. 15ᵉs.] → JFevVieilleC

BN fr. 19138 [1ᵉm. 15ᵉs.] → RoseDitQuantO

BN fr. 19152 (anc. S. Germ. fr. 1830) [frc. fin 13ᵉs.] → AmJalF

BN fr. 19152 [frc. fin 13ᵉs.] → ApostoileC, ApostropheCorpsB, AubereeN, BlancandS, BraiCordO, CarCharL, ChastieMusAG, ChastPereBH, CoincyI1…K, ConstHamelN, ConstHamelR, CourtArrH, DeuxBordeors¹F, DeuxBordeors¹N, DeuxBordeors²F, DoctSauvS, ElesB, EstulaJ, FloreBD, GautLeuL², GrueN, HaimBarW, HAndArD, HAndBatP, HerberiePrF¹, HonteJ, JugAmD, JugAmO, JuifChrétP, LevyFabl, MarcSaloC, MarieFabW, MercierF, MercierMsF, NarcisusP, OmbreB², OvArtElieK, PartonG, PirBi, PrestreAlisMé, PrestreForceN, PreudomeJ, ProvBretM, ProvoireJ, ProvVilT, QSignesK, SegrMoine¹ᐟ²ᐟ³N, SegrMoine²B, SPierJonglB, SPierJonglN, TraîtresS, TrescesN, VilAsnierJ, VilParadisN

BN fr. 19152 → CoincyI11B

BN fr. 19157 [2ᵉq. 14ᵉs.] → RoseGuiV

BN fr. 19158 [1435] → PelVieS

BN fr. 19159 [14ᵉs.] → BenTroieC

BN fr. 19160 [lorr. 2ᵉt. 13ᵉs.] → GarLorrD, GarLorrI, GerbMetzS, GerbMetzT, HervisH

BN fr. 19161 [fin 13ᵉs.] → GarLorrD, GarLorrI, GerbMetzT

BN fr. 19162 [fin 13ᵉs.] → MerlinM

BN fr. 19164 [15ᵉs.] → ImMondeOct¹D

BN fr. 19165 [cette partie pic. 15ᵉs.] → CleomH

BN fr. 19166 [pic. ca. 1300] → CoincyI1…K, MarqueA, SSagʟL, WaceConcA

BN fr. 19167 [3ᵉt. 15ᵉs.] → BelleHelPr², MelusCoudrR, PProv¹B

BN fr. 19169 [2ᵉm. 15ᵉs.] → JSaintréC

BN fr. 19170 [15ᵉs.] → RenMontPr¹

BN fr. 19173-19177 [3ᵉt. 15ᵉs.] → RenMontPr²

BN fr. 19177 [3ᵉt. 15ᵉs.] → MabrienV

BN fr. 19179 [3ᵉq. 13ᵉs.] → MaccabGautS

BN fr. 19186 [15ᵉs.] → PassBonnesF

BN fr. 19186 [cette partie 1455] → PelAmeS, PelVieS

BN fr. 19186 [cette partie mil. 15ᵉs.] → SidracLR

BN fr. 19271 [14ᵉs.] → MisereOmme, MorPhilPrH, MortAdamP

BN fr. 19355 [15ᵉs.] → VoieParadPrD

BN fr. 19525 [agn. fin 13ᵉs.] → AlexisRo, BesantR, EvNicPrAF, GrantMalS¹, GuillJoiesRi, GuillSMadS, GuillTobR, GuillTroisMotsR, GuischartG, GuischartJ, HermValS, JuiseR, LégApostPR, RomRomL, SermJos¹⁻⁵H, SLaurentR, SMarg6J¹, SMarieEgtD, SPaulEnfAdK, UnicorneBM, VenjNSPr¹F

BN fr. 19526 [15ᵉs.] → SMarg7J¹

BN fr. 19530 [15ᵉs.] → SDenisPr¹L, SEust3B, VMortHélW

BN fr. 19531 [pic. 2ᵉm. 13ᵉs.] → PurgSPatrPrAD, SDomM, SElisBruxK, SElisRobJ, SermMadAC, SFranchS, VMortHélW

BN fr. 19548 [Paris 1505] → RègleSBenPr²¹

BN fr. 19561 [mil. 15ᵉs.] → LibelleDebP

BN fr. 19758 (anc. S.Germ. Harlay 432) [déb. 14ᵉs.] → PFontM

BN fr. 19760 [16ᵉs.] → EtSLouisAbrV

BN fr. 19791 [av. 1392] → ViandTaillNP

BN fr. 19832 [fin 15ᵉs.] → CoutChampP

BN fr. 19867 [norm. 2ᵉm. 14ᵉs. / (av.) 1366?] → RègleSBenPr¹⁷

BN fr. 19867 [norm. 2ᵉm. 14ᵉs.] → ElucidaireSecA/B/H/IR, SEvroulS

BN fr. 19920 [Nord-Est déb. 14ᵉs.] → ElucidaireIT, GouvRoisGauchyM, MorPhilPrH

BN fr. 19951 [cette partie 15ᵉs.] → OresmeDivC

BN fr. 19958 [1ᵉm. 14ᵉs.] → PlacTimT

BN fr. 19985 [15ᵉs.] → GuiChaul

BN fr. 19989 [15ᵉs.] → GuiChaul

BN fr. 19994 [1454] → GuiChaul

BN fr. 20026 [mil. 15ᵉs.] → GuillMachBehH

BN fr. 20028 [3ᵉt. 15ᵉs.] → ChevDamesM

BN fr. 20039 [lorr. fin 13ᵉs.] → ElucidaireIT, HermValS, SGraalIIIJosTO, VenjNSA/B…/S

BN fr. 20040 [fin 13ᵉs.] → ChastieMusDG, PassJonglCaF, PassJonglFT, PassJonglUG, Pères, QSignesK, SSagAP

BN fr. 20041 [4ᵉq. 15ᵉs.] → MelusCoudrR, VillonL⁴

BN fr. 20042 [1436] → Apol²L, MelibeeRenS

BN fr. 20043 [pic.-norm. 2ᵉm. 13ᵉs.] → Ren, RenHS, RenM

BN fr. 20045 [pic. 14ᵉs.] → RestorD, VoeuxPaonR

BN fr. 20046 [1338] → BestGuillR, EructavitJ

Manuscrits

BN fr. 20047 [pic. fin 13^{e}s.] → ImMondeOct^{1}D, MerlinF, SGraalIIJosO, SGraalIIMerlN
BN fr. 20048 (anc. S.Germ. Harlay 421) [pic. 2^{e}m. 14^{e}s.] → PFontM
BN fr. 20048 [pic. 2^{e}m. 14^{e}s.] → LMestD, RenclCarH
BN fr. 20050 [lorr. 3^{e}t. 13^{e}s.] → AdHaleChansM, BodelPastB, ChansSGermT, GilebBernW, GuiotProvinsO, MahieuW, PerrinS, RomPast, ThibBlaisN
BN fr. 20087-20088 [Paris ca. 1415] → BibleGuiart
BN fr. 20089 [Paris ca. 1355] → BibleGuiart
BN fr. 20090 [Paris ca. 1375] → BibleGuiart, BiblePar, PsMétrM
BN fr. 20105-20106 [ca. 1385] → RPreslesCitéB
BN fr. 20110 [fin 14^{e}s.] → CiNDitB^2
BN fr. 20118 [frc. 3^{e}q. 13^{e}s.] → Digeste
BN fr. 20119 [13^{e}s.] → CodeJust
BN fr. 20120 [Orl./Paris ca. 1245] → CodeJust
BN fr. 20121 [15^{e}s.] → CodeJust
BN fr. 20125 [pic. et Est?, Acre ca. 1287] → HistAnc, HistAncG, HistAncJ, HistAncR
BN fr. 20126 [fin 13^{e}s.] → HistAnc
BN fr. 20145 [3^{e}q. 15^{e}s.] → JMandPL
BN fr. 20312 bis [Flandres 2^{e}m. 15^{e}s.] → FetRomF^1
BN fr. 20330 [déb. 14^{e}s.] → BrendanPr^{2}W, LégDorBelMargO, LégDorBelMarieEgD
BN fr. 20350 (anc. La Vallière 33) [fin 14^{e}s.] → ChronSDenisV
BN fr. 20359 [15^{e}s.] → FroissChronIVV
BN fr. 20360-20362 (anc. La Vallière 32) [1510] → MonstreletD
BN fr. 20363 [15^{e}s.] → ChronFlandrDétW, ChronFlandrK
BN fr. 20545 [1^{er}q. 14^{e}s.] → SenLucilE
BN fr. 20683 [orig.] → CptTadD
BN fr. 20686 [f°1-7 1364] → InvAnjL
BN fr. 21010 (anc. Bouhier) [1460] → JBoutSomme
BN fr. 22495 [Paris 1337] → ContGuillTyrA, EvNicPrBF
BN fr. 22496-97 [Paris ca. 1350] → ContGuillTyrA
BN fr. 22499 [déb. 15^{e}s.] → OresmePolM
BN fr. 22500 [ca. 1465] → OresmePolM
BN fr. 22531 [ca. 1418] → Corb
BN fr. 22532 [ca. 1480] → Corb
BN fr. 22533 [15^{e}s.] → Corb
BN fr. 22534 [15^{e}s.] → Corb
BN fr. 22542 [1^{er}t. 15^{e}s.] → PhMézPelC
BN fr. 22543 [occ. 14^{e}s.] → ThibBlaisN
BN fr. 22545 [4^{e}q. 14^{e}s.] → GuillMachDits$^{1-6}$F, GuillMachPriseP, GuillMachVoirI
BN fr. 22545-22546 [4^{e}q. 14^{e}s.] → GuillMachBehH, GuillMachC, GuillMachH, GuillMachNavH
BN fr. 22546 [4^{e}q. 14^{e}s.] → GuillMachDits$^{1-6}$F
BN fr. 22548-22550 [frc., traces de pic., fin 13^{e}s.] → CassidP, HelcanusN, KanorM, LaurinT, MarqueA, PeliarmB, SSagAP
BN fr. 22553 [15^{e}s.] → TroiePr^6
BN fr. 22554 [16^{e}s.] → HistAnc^{2}RB
BN fr. 22555 [lorr. 15^{e}s.] → HuonCPK, HuonR, LionBourgAlK
BN fr. 22887 [Paris ca. 1415] → BibleGuiart
BN fr. 22892 [Paris déb. 13^{e}s.] → CommPsII
BN fr. 22912-22913 [ca. 1376] → RPreslesCitéB
BN fr. 22921 [14^{e}s.] → EnsSLouisFD, EnsSLouisID, MisereOmme, MorPhilPrH, MortAdamP
BN fr. 22928 [pic.mérid. déb. 14^{e}s.] → CoincyI1…K, CoincyNatNDR, HermValS, HuonRegrL, SJérEp22N
BN fr. 22932 [1e partie ca. 1300] → SommeLaurB
BN fr. 22932 [2e partie, f°152v°b-157r°a, fin 13^{e}s.] → ItinRomeR
BN fr. 22933 [fin 13^{e}s.] → LulleEnfL, LulleGentL, SSagLL
BN fr. 22937 [15^{e}s.] → ChrPisVertW
BN fr. 22938 [15^{e}s.] → BalJosPr^{1}M
BN fr. 22969 [3^{e}q. 13^{e}s.] → SommeAcéB^1
BN fr. 22970 [Paris déb. 14^{e}s.] → InstJustO, NovJust
BN fr. 22986 [15^{e}s.] → HistAnc
BN fr. 23082 [déb. 14^{e}s.] → FetRomF^1
BN fr. 23083 [fin 13^{e}s.] → FetRomF^1, FetRomM
BN fr. 23084 [13^{e}s.] → FetRomF^1
BN fr. 23111 [frc. fin 13^{e}s.] → CoincyI1…K, Pères, RenclCarH, VMortHélW
BN fr. 23112 [pic. 2^{e}m. 13^{e}s.] → FiancéViergeOctW, PèresPrI1/2…, PèresPrIIMarcelL, PoèmeMorB, SBath^{1}B, SCathClemM, SDenisPr^{3}L, SJulPrS, SMarieEgtD, VMortHélW
BN fr. 23113 [ca. 1400] → LégDorVignBartH, LégDorVignMargO
BN fr. 23114 [15^{e}s.] → LégDorAn^{2}AgnèsD, LégDorAn^{2}MargO
BN fr. 23117 [1e partie fin 13^{e}s.] → SEdmPr, VenjNSPr^{2}F
BN fr. 23117 [1e partie, f°1-237, fin 13^{e}s.] → BrendanPr^{2}W, EvNicPrBF, SDenisPr^{2}L, SQuentAlS
BN fr. 23117 [2e partie déb. 14^{e}s.] → PèresPrIIMarcelL, PurgSPatrPrAD, WaceConc
BN fr. 23117 [2e partie, f°238-482, déb. 14^{e}s.] → AlexisPr^{1}L, BalJosPr^3, SGenDér, SMadPr^5, SMargAO, SMarieEgo^{1}D
BN fr. 23140 (anc. N.D. 134) [2^{e}m. 14^{e}s.] → ChronSDenisV
BN fr. 23232 [17^{e}s.] → OlMarche
BN fr. 23277 (anc. Gaignières 282) [14^{e}s.] → SLouisNanD
BN fr. 23686 (anc. Peterburg Fr.35/F.v.I.4) [Soissons?, 3^{e}q. 13^{e}s.] → SQuentPr^{1}S
BN fr. 23926 (anc. Notre-Dame 172) [déb. 16^{e}s.] → OresmeMonW
BN fr. 23927 [15^{e}s.] → OresmeMonW
BN fr. 23982 [15^{e}s.] → ChronGuesclPrM
BN fr. 24034 (anc. Sorb.) [17^{e}s.] → MolinetChronB
BN fr. 24035 [16^{e}s.] → MolinetChronD
BN fr. 24040 [1333 ou après, orig. ?] → JParoy
BN fr. 24042 [pic. 15^{e}s.] → GaleranF
BN fr. 24052 [1507] → ChronTournCes^2
BN fr. 24059 [1443] → BeaumCoutS
BN fr. 24060 [1493] → BeaumCoutS
BN fr. 24069 (anc. Sorbonne) [frc. (Paris) ca. 1290, ajouts jusqu'à vers 1365] → LMestL
BN fr. 24112 [1478] → CoutNormT
BN fr. 24149 [15^{e}s.] → HistAnc
BN fr. 24208 [ca. 1275] → ContGuillTyrA

Manuscrits

BN fr. 24209 [Île de Fr. 3ᵉq. 14ᵉs.] → ContGuillTyrA, EvNicPrBF
BN fr. 24210 [pic. mil. 15ᵉs.] → ContGuillTyrSalJ, HValL, VillehF
BN fr. 24230 [4ᵉq. 15ᵉs.] → ConsBoèceRenA²
BN fr. 24231 [15ᵉs.] → ConsBoèceCompC²
BN fr. 24232 [déb. 15ᵉs.] → JacLegrArchB
BN fr. 24233 [It. fin 13ᵉs.] → GouvRoisGauchyM
BN fr. 24246 [1430 n.st.] → AmphYpL
BN fr. 24249 [2ᵉm. 15ᵉs.] → GuiChaul
BN fr. 24254 [fin 14ᵉs.] → BrunLatC
BN fr. 24271 [15ᵉs.] → GastPhébChasseT
BN fr. 24272 [15ᵉs.] → GastPhébChasseT
BN fr. 24274 [15ᵉs.] → EchecsFerronC
BN fr. 24276 [pic. f°1-66r° 1273, reste 1274] → HaginL
BN fr. 24278 [pic. 1ᵉm. 15ᵉs.] → OresmeCielM, OresmeSphèreM
BN fr. 24279 [frc. déb. 15ᵉs.] → OresmeEconM, OresmePolM
BN fr. 24280 [1448?] → OresmeEthM
BN fr. 24283 [15ᵉs.] → LaurPremEconD
BN fr. 24285 [1402] → CiNDitB²
BN fr. 24287 [av. 1380] → DenFoulB¹
BN fr. 24295 [1ᵉm. 15ᵉs.] → EchecsAmPrK, EvrartContyEchG
BN fr. 24298 [2ᵉm. 16ᵉs.] → MargNavPrisG
BN fr. 24300 [2ᵉm. 13ᵉs.] → CoincyI1…K, Pères
BN fr. 24301 [lorr. 2ᵉm. 13ᵉs.] → DolopL, PassJonglFT, PassJonglUG, Pères, RobBloisAmU, RobBloisBeaudL, RobBloisDidF, RobBloisFlorB
BN fr. 24302 [2ᵉm. 14ᵉs.] → PelAmeS, PelJChrS, PelVieS
BN fr. 24303 [Paris ca. 1415] → PelVieS
BN fr. 24304 [15ᵉs.] → PelVieS
BN fr. 24305 [pic. 1356] → OvMorB
BN fr. 24306 [14ᵉs.] → OvMorB
BN fr. 24307 [15ᵉs.] → ConsBoèceRenA², RenclCarH
BN fr. 24308 [15ᵉs.] → ConsBoèceRenA²
BN fr. 24309 [Sud-Ouest 1ᵉm. 15ᵉs.] → ConsBoèceBenN, JFevRespH
BN fr. 24310 [15ᵉs.] → MarieFabW, YsIAvB
BN fr. 24311 [15ᵉs.] → TroisMariesJean
BN fr. 24312 [ca. 1500] → JFevLamentH
BN fr. 24313 [2ᵉm. 14ᵉs.] → VoieParadDieusT
BN fr. 24314 [déb. 16ᵉs.] → MeschLunM
BN fr. 24315 [16ᵉs.] → LunaireSal³
BN fr. 24332 [1496?] → AndrVigneSMartD
BN fr. 24334 [18ᵉs.] → JPrierM
BN fr. 24341 (anc. La Vallière 61) [Norm ca. 1575] → SottiesP
BN fr. 24364 [contin. déb. 14ᵉs.] → ThomKentF
BN fr. 24365 [1ᵉm. 14ᵉs.] → AlexParA, PriseDefP, VenjAlH, VoeuxPaonR, VoyAlexP
BN fr. 24366 [pic. 2ᵉm. 13ᵉs.] → AlexParA, AlexParHM, GarçAvR², PriseDefP, VengAlE
BN fr. 24367 [mil. 13ᵉs.] → MortArtuF¹
BN fr. 24368 [1298] → AuberiB
BN fr. 24369 [prob. Paris, traits pic., ca. 1335] → CharroiPo, EnfVivW, NarbS
BN fr. 24369-24370 [prob. Paris, traits pic., ca. 1335] → AimeriG, AliscW, BatLoqVulgB², ChevVivM, CourLouisLe, EnfGuillH, EnfRenD, GuibAndrO, MonGuill²A, MonGuill²C, MortAymR, PriseOrABR¹, SiègeBarbP
BN fr. 24370 [prob. Paris, traits pic., ca. 1335] → MonRainAB
BN fr. 24371 [15ᵉs.] → BlancandPrBrG
BN fr. 24372 [déb. 15ᵉs.] → CharlChauveR
BN fr. 24374 [frc. fin 13ᵉs.] → EscanT
BN fr. 24375 [fin 15ᵉs.] → Fauvel¹L
BN fr. 24376 [14ᵉs.] → AimonFlH
BN fr. 24377 [pic. ca. 1300] → AnsMetzS¹
BN fr. 24378 [pic. 1467 ou peu av.] → ViolPrM
BN fr. 24379 [fin 15ᵉs.] → JSaintréC
BN fr. 24383 [3ᵉq. 15ᵉs.] → MelusCoudrR
BN fr. 24384 [pic. 1455-56] → FlorenceQW, FlorOctAlL
BN fr. 24386 [14ᵉs.] → RestorD, VoeuxPaonR
BN fr. 24387 [traits pic. fin 13ᵉs.] → HermValS, RenMont
BN fr. 24390 [2ᵉt. 14ᵉs.] → RoseGuiV
BN fr. 24391 [faibles traits pic., mil. 14ᵉs.] → AcartH
BN fr. 24394 [2ᵉm. 13ᵉs.] → MerlinF, MerlinM
BN fr. 24395 [ca. 1300] → SidracLR
BN fr. 24396 [fin 15ᵉs.] → HistAnc²RB
BN fr. 24397 [déb. 15ᵉs.] → LatourLandryM, PhMézGrisG
BN fr. 24398 [15ᵉs.] → LatourLandryM, PhMézGrisG
BN fr. 24401 [15ᵉs.] → TroiePr¹R
BN fr. 24402 [fin 13ᵉs.] → EvastL
BN fr. 24403 [pic. fin 13ᵉs.] → ErecF, GarMonglMü/Me/S, OgDanE
BN fr. 24404 [pic. fin 13ᵉs.] → BerteH, CleomH
BN fr. 24405 [hain. ca. 1400] → CleomH, RobDiableL
BN fr. 24406 (anc. La Vallière 59) [3ᵉt. 13ᵉs.] → RomPast
BN fr. 24406 [3ᵉt. 13ᵉs.] → AdHaleChansM, BeaumS, GilebBernW, PerrinS, RSoissonsW, ThibBlaisN
BN fr. 24406 [cette partie, f°120-fin, 14ᵉs.] → BestAmFournS
BN fr. 24428 [champ. 4ᵉq. 13ᵉs.] → BestGuillR, ImMondeOct¹D, LapidEP, MarieFabW, VolucrK
BN fr. 24429 (anc. La Vallière 2738, 41) [déb. 14ᵉs.] → BonAngeK
BN fr. 24429 [déb. 14ᵉs.] → EnsaingnK, EructavitJ, JosephS, LapidFFPrP, MorPhilPrH, PoèmeMorB, RègleSBenPr⁵, RomAmDieuL, RomRomL, SPaulEnfPeinesM, VMortHélW, WaceConcA
BN fr. 24430 [pic. (Tournai) ca. 1295] → ChronTournCes¹, CleomH, DestrAcreD, EmpConstPrC, GautArrErR, LabanS, MenReimsP, MenReimsW, RoiFloreMol, SEleuthAlB
BN fr. 24431 [frc. ca. 1300] → MarqueA, MiroirMondeC, MorPhilC, PhNovAgesF, PoireM, PrêtreJeanPr¹E/I…G, SSagLL, Turpin⁵Wa
BN fr. 24432 (anc. Notre Dame 198; M.21/3) [frc. av. 1349] → WatrS
BN fr. 24432 [frc. av. 1349] → AcartH, AveCouplL, BaudCondS, BiautésDamesM, BoivProvPN, ChaceMesdisM, ChevalVendiM, ChevalVendiR², ClercVaudR, CordouanierS, DameJouenneL, DeuxChevJ, GeoffrParBacH,

Manuscrits

GeoffrParMaisJ, GeoffrParPatJ, GuillAnglAlB, JCondS, JSQuentO, JuitelAlW, MarieLaisW³, MenageDitN, MisereOmme, OiselWo, PanthT, PasSaladinG, RobDiableDitB, RobOmMirL, RuesParM, RutebF, RutebHerbF¹, SecrSecrPr¹⁰, SongeAch¹B, SottChansValL, SPaulEnfPeinesM, TournAntW, TraversesU, TroisMortsConG, TroisMortsNicG, VinIaueH, WrightAnecd, YsIIB

BN fr. 24433 [14ᵉs.] → EvNicPrBF
BN fr. 24434 [15ᵉs.] → TroisMariesJean
BN fr. 24435 [15ᵉs.] → JVignayEchecsF
BN fr. 24436 [1ᵉm. 15ᵉs.] → SPaulEnfPeinesM
BN fr. 24436 [cette partie 1ᵉm. 15ᵉs.] → RoseDitQuantO
BN fr. 24436 [cette partie Liège 1396] → JMandOgT
BN fr. 24436 [cette partie norm. 1ᵉm. 15ᵉs.] → ThibAmPriereL
BN fr. 24436 [f°106-113 1ᵉm. 15ᵉs.] → HuonRegrL
BN fr. 24436 [f°1-63 Liège 1396; 64-114 1ᵉm. 15ᵉs., f°115-fin 15ᵉs., insertions f°70, 71, 74, 75 déb. 16ᵉs.; Coincy: f°157 15ᵉs.] → CoincyI1…K
BN fr. 24436 [f°130-154 15ᵉs.] → Fauvel¹L
BN fr. 24436 [f°154 15ᵉs.] → EvFemesK
BN fr. 24438 [ca. 1500] → PassIsabD, VenjNSPr⁵F
BN fr. 24442 [déb. 16ᵉs.] → PChastTPerD
BN fr. 24460 [17ᵉs.] → ProvM
BN fr. 24726 [fin 16ᵉs.] → CiperisW, GuiNantM/V/FM, RCambrK
BN fr. 24728 [Est fin 13ᵉs.] → BiblePar, ProvSalAuR
BN fr. 24745 [bourg. 1454] → SermMaurR
BN fr. 24748 [14ᵉs.] → CoincyI1…K
BN fr. 24758 [14ᵉs.] → Pères
BN fr. 24759 [14ᵉs.] → Pères
BN fr. 24764 [Liège? 1ᵉʳt. 13ᵉs.] → DialGregF, JobGregF, SermSapF
BN fr. 24766 [1ᵉ partie prob. 1213] → AngDialGregO²
BN fr. 24766 [2ᵉ partie prob. 1216] → AngVieGregM
BN fr. 24768 [lorr. (Metz) fin 12ᵉs.] → SBernAn¹F
BN fr. 24786 [ca. 1418, p.ê. autogr.] → ChrPisPrisK
BN fr. 24838 [champ. ca. 1300] → SermMaurR, ViergeHaM
BN fr. 24862 [agn. mil. 13ᵉs.] → AntArciP, HArciPèresO, ProvSalParH, SermMaurR, SPaulEnfArciP, SThaisArciP
BN fr. 24863 [15ᵉs.] → RossignoletN
BN fr. 24864 [15ᵉs.] → PastGregL/CP
BN fr. 24864 [f°176r°-178bisv° 1405] → ChrPisProvO
BN fr. 24868 [15ᵉs.] → PhMézGrisG
BN fr. 24870 [bourg. fin 13ᵉs.] → LapidFFS, SThibAlH, SThibOctH
BN fr. 24941 [fin 13ᵉs.] → ChronTerreSainteAR
BN fr. 24948 [ca. 1500] → SDenisPr⁶
BN fr. 24951 [16ᵉs.] → SEust11P
BN fr. 24957 [fin 15ᵉs.] → SMarg7J¹
BN fr. 24960 [lorr. 1ᵉʳt. 13ᵉs.] → RègleSBenMartDL
BN fr. 25153 [16ᵉs.] → OresmeMonW

BN fr. 25247 [pic. fin 13ᵉs.] → AldL, AldPJ, LapidTPS, MorPhilPrH, PBeauvOlimpB
BN fr. 25270 [1ᵉʳq. 15ᵉs.] → FormHonCourtH
BN fr. 25284 [contin. 2ᵉm. 15ᵉs.] → JMandLD
BN fr. 25293 [fin 15ᵉs.] → AbuzéD, ComteArtS
BN fr. 25294 [2ᵉm. 15ᵉs.] → ChrPisVertW
BN fr. 25327 [norm. fin 13ᵉs.] → AntidNicD
BN fr. 25341 [ca. 1300] → JordRufMP
BN fr. 25342 [15ᵉs.] → Dancus²T, FaucGuill²T
BN fr. 25343 [2ᵉm. 13ᵉs.] → ImMondeOct²L, ImMondeOct²S⁰, ImMondeOct³M
BN fr. 25344 [ca. 1345] → ImMondePrP
BN fr. 25379 [2ᵉm. 14ᵉs.] → JVignayEchecsF
BN fr. 25380 [3ᵉq. 14ᵉs.] → JVignayEchecsF
BN fr. 25405 [1ᵉ partie pic. fin 13ᵉs.] → MarieFabW
BN fr. 25405 [1ᵉ partie, f°1-88, pic. fin 13ᵉs.] → RenclCarH
BN fr. 25405 [2ᵉ partie, f°89-145, champ.sept. ca. 1300] → ApostropheCorpsB, BibleGuiotO, RègleSBenMartDL, ThibMarlyS
BN fr. 25406 [fin 13ᵉs.] → BestGuillR, MarieFabW
BN fr. 25407 [agn. 4ᵉq. 13ᵉs.] → CatEverS, ImMondeOct²S⁰, MarieEspP, MorPhilPrH, PhThSibS, RomRomL, SecrSecrAbernB, SermMaurR, TournAntW
BN fr. 25408 [agn. 1267] → AlexisOctP, BestGuillH, BestGuillR, CompAn¹M, DoctSauvS, RobHoY, VMortHélW
BN fr. 25416 [15ᵉs.] → ConsBoèceBenN
BN fr. 25417 [2ᵉm. 15ᵉs.] → ConsBoèceCompC²
BN fr. 25418 [Paris ca. 1400] → ConsBoèceRenAbr, JFevRespH
BN fr. 25427 [13ᵉs.] → ElucidaireGilR
BN fr. 25433 [Sud-Est 2ᵉm. 13ᵉs.] → SongeEnfM, SongeEnfwM
BN fr. 25437 [lorr. 13ᵉs.] → BibleGuiotO, GuiotProvinsO
BN fr. 25438 [fin 13ᵉs.] → AmAmPr¹M, Pères, Turpin⁷W
BN fr. 25439 [Est fin 13ᵉs.] → ConfBNfr25439M, HermValS, Pères, VenjNSA/B…/S, WaceConcA
BN fr. 25440 [14ᵉs.] → Pères
BN fr. 25447 [15ᵉs.] → CharnyMesT
BN fr. 25458 [ca. 1440] → CharlD'OrlC, VaillantD
BN fr. 25462 [art. fin 13ᵉs.] → ChevBarAnS, CoincyI1…K, DoctSauvS, EnsSLouisFD, EnsSLouisID, FillePonth¹B¹, HuonRegrL, MesdPerrinL, OrdeneChevB, OrdeneChevPrJ, RenclCarH
BN fr. 25516 [pic. 2ᵉm. 13ᵉs.] → Aiol¹/²F, Bueve1S, ElieR, RobDiableL
BN fr. 25517 [pic. 2ᵉm. 13ᵉs.] → AlexParA, PriseDefP, VengAlE
BN fr. 25518 [Est ca. 1235] → HerbCandS
BN fr. 25520 [fin 13ᵉs.] → SGraalIVQusteP
BN fr. 25521 [14ᵉs.] → RestorD, VoeuxPaonR
BN fr. 25522 [14ᵉs.] → VoeuxPaonR
BN fr. 25523 [ca. 1330] → RoseLLangl, RoseLLec, RoseLP
BN fr. 25527 [mil. 15ᵉs.] → TroilusB
BN fr. 25528 [1455/1456] → TroilusB
BN fr. 25529 [pic. 2ᵉm. 13ᵉs.] → AspremCH
BN fr. 25532 [pic. 2ᵉm. 13ᵉs.] → CoincyDentR, CoincyI1…K, CoincyI41/42R, CoincyII9Kr,

Manuscrits

CoincyII20/21H, CoincyII26V, CoincyII29Kr, CoincyNatJesuR, CoincyNatNDR, CourtParV, EructavitJ, PurgSPatrPrAD, SJulPrS, SMadPr², WaceConcA, WaceConcM
BN fr. 25533 [16ᵉs.] → VenjNSPr⁴F
BN fr. 25545 (anc. Notre-Dame 274 bis) [ca. 1325] → MarcSalM
BN fr. 25545 [ca. 1325] → BaudCondMortsG, BestAmFournOctL, CarCharL, ChastVergiA, CoilleB, EvFemesK, GroingnetB, HuonDescrL, JacAmArtK, MarieFabW, OiselWo, PoèmeMorB, ProvRurU, ProvSenoO, PurgSPatrBNfr25545M, QSignesK, Ren, RenclCarH, RutebF, SSagLL
BN fr. 25546 [1329] → TancredOrd
BN fr. 25546 [cette partie ca. 1300] → CoutChampP
BN fr. 25547 [15ᵉs.] → DoctSauvS, MelibeeRenS, PurgSPatrPrAD
BN fr. 25548 [3ᵉq. 15ᵉs.] → ElucidaireSecA/B/H/IR, FormHonCourtH
BN fr. 25549 [15ᵉs.] → SChristofleQuatrK, VenjNSPr⁴F
BN fr. 25553 [16ᵉs.] → VaillantD
BN fr. 25566 [pic. (Arras) prob. 1295] → AdHaleB, AdHaleC, AdHaleChansM, AdHaleCongéR, AdHaleFeuillG, AdHaleRobV, AdHaleSicG¹, AnielT, ApostropheCorpsB, BaudCondMortsG, BaudeFastCongéR, BestAmFournS, BodelCongéRu, BodelNicH, BrebisDérL, CerfAmB, CointiseH, ComparFaucH, CourtDonneurS, EchecsEngrL, FournConsS, HonnineL, HontMenN, JeuPelV, JPetArrZ, NevAmJ, PoissAmS, RenNouvR, RoiLarB, TournAntW, TroisMortsDiexG, TroisMortsNicG
BN hébr. 86 [hébr. 13ᵉs.] → GlBND
BN hébr. 168 [hébr. 1ᵉm. 14ᵉs.?] → GlJehElR
BN hébr. 232 [hébr. 2ᵉm. 13ᵉs.] → GlHadL
BN hébr. 302 [hébr. 1240] → GlBNhébr302L
BN hébr. 1243 [hébr. fin 14ᵉs.] → GlPerezS
BN it. 1496 [17ᵉs.] → AssJérJIbVatT
BN lat. 603 [Norm.? 15ᵉs.] → ProvM
BN lat. 654 [fin 13ᵉs.] → PéageDijonAM
BN lat. 768 [agn. déb. 13ᵉs.] → PsOxfM
BN lat. 770 [12ᵉs., f°1v° agn. déb. 13ᵉs.] → JoursPerilMestreM
BN lat. 995 [cette partie 1ᵉm. 13ᵉs.] → ViergeMereM
BN lat. 995 [cette partie 1ᵉʳt. 13ᵉs.] → JBelethOff¹M⁰
BN lat. 1139 [cette partie lim.sept. av. 1100] → SponsusK
BN lat. 1173 [fin 15ᵉs.] → PassIsabD
BN lat. 1245 [1248-1269] → EudeRigaudB
BN lat. 1426A [1ᵉm. 16ᵉs.] → LettrHippoT
BN lat. 1426B [norm. ca. 1403] → CoutNormAbrT, CoutNormT
BN lat. 2297 [1ᵉm. 12ᵉs.] → CantQuSolK
BN lat. 2403 [déb. 12ᵉs.] → EpreuveJudicG
BN lat. 2769 [rec. fact., f°26r°b-28r°b, prob. contin., fin 13ᵉs.] → MarHenryM
BN lat. 3556 [14ᵉs.] → Coincy1…K
BN lat. 3768 [fin 13ᵉs.] → LettrHippoT
BN lat. 4120 [cette partie lorr. 1348] → GlBNlat4120O

BN lat. 4120 [cette partie lorr. 1352] → GlBNlat4120A
BN lat. 4120 [cette partie norm. ca. 1400] → GuillDigLisD
BN lat. 4641B [15ᵉs.] → EnsSLouisPD, GeoffrParMoisM
BN lat. 4651 [2ᵉm. 14ᵉs.] → CoutNormGr
BN lat. 4653 [15ᵉs.] → Delisle
BN lat. 5002 [?] → WaceConcA
BN lat. 5027 [15ᵉs.] → GrChronRouenH, MenReimsW
BN lat. 5413 [1331, ajouts jusqu'en 1440] → TerroineFossier
BN lat. 5432 [14ᵉs.] → LaloreMont
BN lat. 5657 [1ᵉ partie: fin 13ᵉs., avec add.] → DepoinHôtPont
BN lat. 5667 [2ᵉ partie: ca. 1220] → SGenB
BN lat. 5667 [3ᵉ partie: fin 14ᵉs.] → SGenPr¹H
BN lat. 5696 [14ᵉs.] → ChronGuillNangisD
BN lat. 5696 [cette partie 3ᵉt. 15ᵉs., les autres 14ᵉs.] → ChronSMichelPrL
BN lat. 5925 [mil. 13ᵉs.] → ChronSDenisB
BN lat. 6002 [Gênes fin 13ᵉs.] → TroiePr³
BN lat. 6643 [1497] → ConsBoèceCompC²
BN lat. 6707 [1466 ou peu après] → RecCulRiomL
BN lat. 6763 [15ᵉs.] → ChronGuillNangisD
BN lat. 6910A [ca. 1400] → HMondLatP
BN lat. 6957 [15ᵉs.] → GlAlphM
BN lat. 6964 [1301-05] → GlAlphM
BN lat. 6988 A [14ᵉs.] → GlAlphM
BN lat. 7056 [2ᵉm. 13ᵉs.] → GlAlphM
BN lat. 7130 [15ᵉs.] → HMondLatP
BN lat. 7131 [Naples? déb. 14ᵉs.] → EnsViandL, HMondLatP, RecCulTrM
BN lat. 7139 [déb. 14ᵉs.] → HMondLatP
BN lat. 7400A [mil. 14ᵉs.] → DoctPierresG
BN lat. 7470 [14ᵉs.] → PaviotProj
BN lat. 7486 [pic. 1ᵉm. 14ᵉs.] → DouzeVendredisCS, SongeDan¹S
BN lat. 7492 [13ᵉs.] → GlOsbernR
BN lat. 7641A [ca. 900] → ParGesprH
BN lat. 7656 [ca. 1500] → GlLag1499
BN lat. 7679 [15ᵉs.] → AalmaR, JGarlG
BN lat. 7684 [2ᵉq. 15ᵉs.] → GlBNlat7684M
BN lat. 7692 [pic. mil. 14ᵉs.] → GlParR
BN lat. 7789 [1405] → LaurPremVieillM
BN lat. 8246 [ca. 1286] → GlBNlat8246M, ProvM
BN lat. 8653A [Arbois déb. 14ᵉs.] → GlArbR, ProvArbR
BN lat. 8654B [norm. déb. 14ᵉs.] → EvFemesK, JMeunConsD, RecMédBNlat8654bM
BN lat. 8846 [agn. fin 13ᵉs.] → PsCambrM
BN lat. 8886 [déb. 15ᵉs.] → OrdoCoronXXBJ
BN lat. 9328 [Naples? déb. 14ᵉs.] → RecCulTrM
BN lat. 9471 [14ᵉs.] → BibleMorwH
BN lat. 9474 [1508] → LAnnePlantC
BN lat. 9768 [Soissons ca. 1000] → SermentsB
BN lat. 9785 [écrit d'oct. 1313 à janv. 1314] → CartEngMarF
BN lat. 9873 [bourg. 1ᵉm. 14ᵉs.] → CoutDijon, PéageDijonBM
BN lat. 10021 [Metz 1461] → MarichalMetz
BN lat. 10112 [fin 13ᵉs.; 1ᵉm. 14ᵉ et 15ᵉs.] → PrarondPont
BN lat. 10286 [15ᵉs.] → JVignayEchecsF
BN lat. 10360 [fin 15ᵉs.?] → ProvM

Manuscrits

BN lat. 10483-84 [entre 1323 et 1326] → Expos-YmagesC
BN lat. 10769 [1310] → ImMondeOct²S⁰, Pères
BN lat. 10918 [13ᵉs.] (fragm. divers) → RegAlfPoitM
BN lat. 10967 [13ᵉ, 14ᵉ et 15ᵉs.] → CartMarquetteV
BN lat. 11032 [1311 et ca.] → CoutNormT
BN lat. 11210 [fin 15ᵉs.] → LapidPhilZ
BN lat. 11282 [13ᵉs.] → JGarlG
BN lat. 11724 [gardes 13ᵉs.] → RomPast
BN lat. 11867 [contin. fin 13ᵉs.] → JGarlPoetriaL
BN lat. 11907 [Champ. fin 13ᵉs.] → JoinvCredoF
BN lat. 12814 [ca. 1326 et ajouts > mil. 14ᵉs.] → PetitMém
BN lat. 12814 [ca. 1338] → EnsSLouisPD, EnsSLouisPO, OrdoCoronXXBJ
BN lat. 13002 [15ᵉs.] → HMondLatP
BN lat. 13032 [pic.sept. fin 14ᵉs.] → AalmaR
BN lat. 13778 [1ᵉ partie du ms. 14ᵉs.] → EnsSLouisFD
BN lat. 13888 [frc., f°1-68 fin 13ᵉs., f°69-74 ca. 1320] → HouthSNicMeulan
BN lat. 13965 [1397] → ProvM
BN lat. 14095 [N.-E. 2ᵉq. 14ᵉs.] → DonatGS
BN lat. 14470 [agn., scribe it., fin 12ᵉs.] → LapidFFS
BN lat. 14689 (anc. S. Victor 845) [ca. 1300] → PFontM
BN lat. 14689 [ca. 1300] → LettrHippoT
BN lat. 14737 [cette partie ca. 1400] → HaytonK
BN lat. 14741 [15ᵉs.] → Deschant²C
BN lat. 14745 (anc. Saint-Victor 716) [Angleterre 13ᵉs.] → AlexDoctDH
BN lat. 14748 [prob. 1433] → AalmaR
BN lat. 14794 [4ᵉq. 15ᵉs.] → PassIsabD
BN lat. 14799 [14ᵉs.] → ProvM
BN lat. 14929 [fin 13ᵉs.] → ProvM
BN lat. 14955 [13ᵉs.] → ProvM
BN lat. 14958 [13ᵉs.] → VMortHélW
BN lat. 14961 [fin 13ᵉs.] → SermBNlat14925IM
BN lat. 15077 [17ᵉs.] → PhMézTestG
BN lat. 15125 [14ᵉs.] → LunaireSal¹M
BN lat. 15139 (anc. S. Victor 813) [mil. 13ᵉs.] → Deschant¹C
BN lat. 15171 [cette partie agn. 13ᵉs.] → AlNeckUtensH²
BN lat. 15219 [mil. 15ᵉs.] → LunaireSal¹M
BN lat. 16193 [14ᵉs.] → HMondLatP
BN lat. 16433 [f°111v°13ᵉs.] → AthisH
BN lat. 16483 [13ᵉs.] → SermMaccM
BN lat. 16537 [ca. 1262] → RutebNeufJoiesM
BN lat. 16642 [15ᵉs.] → HMondLatP
BN lat. 17881 [ca. 1400] → AalmaR
BN lat. 18014 [ca. 1385] → TroisMortsConG
BN lat. 18184 [ca. 1300] → ProvM
BN lat. 18424 [14ᵉs.] → JMeunConsD
BN lat. 18557 [cette partie Coutances fin 13ᵉs.] → CoutNormGr
BN lat. 24281-24282 [ca. 1380] → EvrartContyAr
BN Moreau 802 [17ᵉs.] → LibelleConsP
BN Moreau 1524-1554 [18ᵉs.] → LacMs²
BN Moreau 1565 [18ᵉs.] → ContGuillTyrA
BN Moreau 1588-1648 [18ᵉs.] → LacMs⁴
BN Moreau 1684 [18ᵉs.] → ModusT
BN Moreau 1685 [18ᵉs.] → GastPhébChasseT

BN Moreau 1715 [copie 18ᵉs.] → SEust3F
BN Moreau 1715-19 [18ᵉs.] → CoincyI1…K
BN Moreau 1715-19 [copie 18ᵉs.] → GuiotProvinsO, MorPhilPrH, PBeauvJosH, SMarg5T
BN Moreau 1715-19 [copie d'un ms. ca. 1300, 18ᵉs.] → PBeauvCharlW
BN Moreau 1716 [18ᵉs.] → WaceConcA
BN Moreau 1718 [copie 18ᵉs.] → VenjNSPr⁴F
BN Moreau 1719 [18ᵉs.] → WatrSeptVertL
BN Moreau 1727 [copie 18ᵉs. de Torino Bibl. naz. L.V.32] → BodelCongéRu, ElesB, GuiotProvinsO, JacBaisT
BN néerl. 16 (anc. 7593.5, Colbert 2497) [flandr. 3ᵉt. 14ᵉs.] → DialFrFlamG
BN nfr. 327 [copie du 18ᵉs. de BN fr. 12787 → PhVitriChapP
BN nfr. 462 [1477] → PassAuvR
BN nfr. 699 [agn. ca. 1400] → ManLangK
BN nfr. 718 [fin 14ᵉs.] → RouH
BN nfr. 720 [2ᵉm. 14ᵉs.] → EchecsFerronC
BN nfr. 886 [14ᵉs.] → HaytonK
BN nfr. 934 [fragm. 14ᵉs.] → RenclCarH
BN nfr. 934,2 [fragm. 13ᵉs.?] → CharroiPo
BN nfr. 934,4-7 [fragm. déb. 14ᵉs.] → AliscW
BN nfr. 934,9-14 [14ᵉs.?] → TroisAvN
BN nfr. 934,15 [lorr. 3ᵉt. 13ᵉs.] → DolopL
BN nfr. 934,17-18 [fin 13ᵉs. et 14ᵉs.?] → RoseLLangl
BN nfr. 934,19-20 [14ᵉs.] → JMeunTestB
BN nfr. 934,28-29 [fragm. 15ᵉs.] → MerlinM
BN nfr. 934,31-32 [15ᵉs.?] → AlexisQP
BN nfr. 934,66-76 [fragm. mil. 14ᵉs.] → MPolGregM
BN nfr. 993 [déb. 15ᵉs.] → ChronGuesclF
BN nfr. 1050 (anc. Clairambault) [2ᵉm. 13ᵉs.] → ChansBNnfr1050G
BN nfr. 1050 [2ᵉm. 13ᵉs.] → GilebBernW, MahieuW, PerrinS, RobReimsM, ThibAmPriereL, ThibBlaisT, TournDamSemJ
BN nfr. 1051 [2ᵉm. 15ᵉs.] → MistSSebastM
BN nfr. 1052 [1485] → OresmeSphèreM
BN nfr. 1098 [1250] → DouzeVendredisLS, SDenisPr¹L
BN nfr. 1104 [frc. ca. 1300] → AldL, ConseilB, DesiréT, DoonLaiT, EspervierP, EspineT, GraelentT, GuingT, HAndArD, LayAmP, LecheorT, MantelB, MarieLaisW³, OiselWo, OmbreB², TydorelT, TyoletT
BN nfr. 1119 [13ᵉs.] → MortArtuF¹, MortArtuM, SGraalIVQuesteKM, SGraalIVQuesteP
BN nfr. 1120 [Abbeville 1440] → DonatP¹C, LeVerM
BN nfr. 1230 [déb. 15ᵉs.] → CoutBourgGP
BN nfr. 1255 [déb. 15ᵉs.] → HaytonK
BN nfr. 1263 [cette partie 13ᵉs.] → UnicorneAJ
BN nfr. 1263 [fragm. 1bis: mil. 13ᵉs.] → VengRagR
BN nfr. 1263 [fragm. 2-12: 13ᵉs.] → SSagAP
BN nfr. 1357 [15ᵉs.] → VenjNSPr⁵F
BN nfr. 1404 [Acre 1281] → BibleAcreN, JugesA, RoisC
BN nfr. 1415 [agn. 14ᵉs.] → BrutA
BN nfr. 1664 [déb. 15ᵉs.] → CentBallR
BN nfr. 1677 [4ᵉq. 13ᵉs.] → JacCambrR
BN nfr. 1731 [ca. 1300] → CapMartR, CourtAmS, CourtAmsS

Manuscrits

BN nfr. 1880 [ca. 1500] → MPolGregM
BN nfr. 1982 [fin 14ᵉs.] → ConsBoèceBenN
BN nfr. 2100 (anc. AN MM.1081, M.906) [3ᵉq. 15ᵉs.?] → SCrespin²D
BN nfr. 2537 [13ᵉs.] → MerlinM
BN nfr. 3537 [18ᵉs.] → ContGuillTyrA, PrêtreJeanPr¹E/I…G
BN nfr. 3576 [Paris ca. 1365] → FetRomF¹, HistAnc
BN nfr. 3650 [15ᵉs.] → FetRomF¹, HistAnc
BN nfr. 4085 [bourg. 1470] → AlexisQP, SermMaurR
BN nfr. 4165 [15ᵉs.] → BatAnglBB
BN nfr. 4166 (anc. Didot) [N.-E. ? 1301] → PercDidD/ER, SGraalIIIMerlProphH
BN nfr. 4166 [N.-E.? 1301] → MerlinM, SGraalIIIJosTO
BN nfr. 4171 [fin 13ᵉs.] → LeGrandStat
BN nfr. 4173 [15ᵉs.] → CoutBretP
BN nfr. 4174 [15ᵉs.] → CoutBretP
BN nfr. 4192 [Est ca. 1300] → FlorenceW
BN nfr. 4232 [mil. 14ᵉs.] → DaurelK
BN nfr. 4267 [agn. 1338 ou peu avant] → BrutNobleAM
BN nfr. 4276 [Est 2ᵉq. 14ᵉs.] → CoincyI1…K, SimCrespyW, TumbNDW
BN nfr. 4338 [14ᵉs.] → EnsSLouisPD
BN nfr. 4380 [13ᵉs.] → MortArtuF¹
BN nfr. 4408 [2ᵉm. 15ᵉs.] → TroisFilsP
BN nfr. 4464 [2ᵉm. 15ᵉs.] → PurgSPatrA¹D
BN nfr. 4503 (anc. Ashburnham Libri 112) [agn. ca. 1200] → AlexisRo, HermValS
BN nfr. 4503 [agn. ca. 1200] → BrendanW, SCathClemM
BN nfr. 4509-4510 (anc. Ashburnham) [fin 13ᵉs.] → JoinvCredoF
BN nfr. 4509-4510 [fin 13ᵉs.] → MorPhilPrH, SMargBO
BN nfr. 4515 [Paris 1371] → JMandPL
BN nfr. 4531 [pic. 1316 ou peu après] → ChastVergiA, ClefD, MaillartR
BN nfr. 4532 [Angleterre ca. 1300] → BueveAgnS
BN nfr. 4579 [14ᵉs.] → Fauvel¹L
BN nfr. 4690 [(av.) 1488] → DonatP²C
BN nfr. 4736 [15ᵉs.] → CharnyChevK, CharnyDemT
BN nfr. 4780 [Sud-Est ca. 1300] → SimPouilleAB
BN nfr. 4783 [15ᵉs.] → JVignayEchecsF
BN nfr. 4951 [15ᵉs.] → SecrSecrPr⁶H
BN nfr. 4961 [2ᵉm. 13ᵉs.] → ImMondeOct¹D
BN nfr. 5094 [rec. fact., ce fragm. 15ᵉs.] → ConsBoèceBenN
BN nfr. 5094 [rec. fact., cette partie 1ᵉm. 14ᵉs.] → CleomH
BN nfr. 5094 [rec. fact., cette partie 13ᵉs.] → MainetP
BN nfr. 5094 [rec. fact., cette partie agn. 13ᵉs.] → AspremParL
BN nfr. 5094 [rec. fact., cette partie agn. mil. 13ᵉs.] → OtinG
BN nfr. 5094 [rec. fact., cette partie fin 13ᵉs.] → PiramFragmE
BN nfr. 5094 [rec. fact., cette partie mil. 13ᵉs.] → BenTroieC
BN nfr. 5094 [rec. fact., cette partie pic. mil. 13ᵉs.] → CourLouisCLe

BN nfr. 5218 [ca. 1300] → ProvSenAR
BN nfr. 5237 [rec. fact., 3: 2ᵉm. 13ᵉs.] → BibleDécB/EN
BN nfr. 5237 [rec. fact., 7-8: lorr. fin 13ᵉs.] → SCathCarlM
BN nfr. 5237 [rec. fact., 11-13bis: 2ᵉm. 13ᵉs.] → Ren
BN nfr. 5237 [rec. fact., 14-15: lorr. 13ᵉs.] → RolFragmMM
BN nfr. 5243 [Milan 2ᵉm. 14ᵉs.] → PalamL
BN nfr. 5386 [traits sept. et pic. fin 13ᵉs.] → BiblePar, MeraugisS
BN nfr. 6166 [16ᵉs.] → RègleSBenPr⁹
BN nfr. 6217 [2ᵉm. 15ᵉs.] → PChastTPerD, PChastTRecD
BN nfr. 6221 [15ᵉs.] → DeschQ, GuillMachC
BN nfr. 6234 [2ᵉt. 14ᵉs.] → BerteH, GirAmCharlM
BN nfr. 6235 [15ᵉs.] → DeschQ
BN nfr. 6261 [Paris ca. 1400] → JMeunTresM
BN nfr. 6273 [2ᵉq. 16ᵉs.] → JoinvMo
BN nfr. 6295 [ca. 1275] → BethChronD, CoincyI1…K, Turpin⁵Wa
BN nfr. 6298 [2ᵉm. 13ᵉs.] → GuibAndrO, MortAymR, NarbS, SiègeBarbP
BN nfr. 6352 [15ᵉs.] → SMarg11T
BN nfr. 6366 [ca. 1333 + 10 doc. aj. 1334-1454] → ChRethelS
BN nfr. 6368 [Est 15ᵉs.] → JDupinMelL
BN nfr. 6524 [cette partie ca. 1460] → PrunB
BN nfr. 6534 [13ᵉs.] → BenTroieC
BN nfr. 6535 [15ᵉs.] → ConsBoèceCompC²
BN nfr. 6539 [1ᵉm. 14ᵉs.] → AldL, HygThomC
BN nfr. 6591 [Paris fin 14ᵉs.] → BrunLatC
BN nfr. 6614 [pic.sept. 2ᵉm. 13ᵉs.] → ContPerc¹A/T…R, ContPerc⁴TW, PercB
BN nfr. 6639 [ca. 1480] → ChastVergiS², MelibeeRenS, VaillantD
BN nfr. 6680 [1883] → PhNovMémM
BN nfr. 6706 [ca. 1500] → DexW
BN nfr. 6739 [ca. 1475, copie de BN fr. 12477] → MenagB, PhMézGrisG
BN nfr. 6774 [It. 2ᵉm. 14ᵉs.] → BenTroieC, HistAnc
BN nfr. 6835 [1ᵉ partie déb. 15ᵉs.] → Pères
BN nfr. 6835 [2ᵉ partie 1ᵉm. 15ᵉs.] → TombChartr19S, TombChartrS
BN nfr. 6861 [15ᵉs.] → JBoutSomme
BN nfr. 6883 [fin 13ᵉs.] → BiblePar, ImMondePrP, MorPhilPrH
BN nfr. 6889 [17ᵉs.] → ArmChiffletA
BN nfr. 7514 [hain. mil. 14ᵉs.] → JakD, JMoteRegrS, ViergeBallS
BN nfr. 7515 [14ᵉs.] → SJeanBaptOct¹G
BN nfr. 7516 [It. fin 13ᵉs.] → PartonG
BN nfr. 7517 [agn. mil. 13ᵉs.] → ChastPereAH, CompilDidEpH, PartonG
BN nfr. 7519 [3ᵉq. 15ᵉs.] → LibelleDebP
BN nfr. 9603 [Genova ca. 1300] → TroiePr²
BN nfr. 10002 [13ᵉs.] → SermMaurR
BN nfr. 10034 [Nord-Est mil. 13ᵉs.] → ElucidaireIT, HuonRegrL, LettrHippoT
BN nfr. 10035 (anc. Ashburnham Barrois 242) [13ᵉs.] → Ren
BN nfr. 10036 (anc. Ashburnham Barrois 171) [frc. 3ᵉt. 13ᵉs.] → HermValS, SFanuelC

Manuscrits

BN nfr. 10036 [frc. 3ᵉ t. 13ᵉ s.] → ElucidaireGilR, ImMondeOct¹D, JosephS, LBonneAvPrueveB
BN nfr. 10038 [mil. 14ᵉ s.] → CiNDitB²
BN nfr. 10039 [fin 13ᵉ s.] → AspremCH
BN nfr. 10044 [15ᵉ s.] → CoincyI1…K
BN nfr. 10045 [fin 14ᵉ s.] → OresmeSphèreM
BN nfr. 10047 [pic. ca. 1340] → AnticlLudR, JMeunTresM, QuatreFilles⁵L
BN nfr. 10050 [mil. 14ᵉ s.] → HaytonK
BN nfr. 10051 [pic. 13ᵉ s.] → GarLorrI, GerbMetzT
BN nfr. 10052 [15ᵉ s.] → TroiePr¹C
BN nfr. 10053 (anc. Ashburnham Barrois 365) [15ᵉ s.] → HistAnc
BN nfr. 10055 [15ᵉ s.] → FroissChronIVV
BN nfr. 10056 [ca. 1400] → JCourtPlaitAK
BN nfr. 10057 [2ᵉ m. 15ᵉ s.] → JSaintréC
BN nfr. 10059 [fin 15ᵉ s.] → PassIsabD
BN nfr. 10061 [agn. fin 13ᵉ s.] → PAbernLumH¹
BN nfr. 10063 [frc. fin 13ᵉ s.] → SidracLR
BN nfr. 10128 [2ᵉ m. 13ᵉ s.] → BalJosPr¹M, PèresPrI5/7S, PèresPrI1/2…, PurgSPatrPrAD, SDenisPr²L, SGeorgPr¹M, SJulPrS, SMadPr², SMarieEgXD
BN nfr. 10169 [3ᵉ q. 15ᵉ s.] → TroilusB
BN nfr. 10176 [agn. ca. 1275] → SudaGrosD
BN nfr. 10230 (anc. Cheltenham Phillipps 22403) [norm. fin 15ᵉ s.] → CoutNormAbrT, CoutNormT
BN nfr. 10231 [14ᵉ s.] → SidracH
BN nfr. 10232 [mil. 15ᵉ s.] → Turpin²W
BN nfr. 10237 (anc. Cheltenham Phillipps 856) [14ᵉ s.] → MortAdamP
BN nfr. 10251 [Nord-Ouest 2ᵉ m. 15ᵉ s.] → CoutMerOlNZ, OrdAdmZ, Zeller
BN nfr. 10261 [pic. mil. 14ᵉ s.] → BrunLatC
BN nfr. 10402 [1449] → ChronGuesclPrM
BN nfr. 10551 [2ᵉ m. 14ᵉ s.] → PelVieS
BN nfr. 10554 [Paris? 3ᵉ q. 15ᵉ s.] → MelibeeRenS, MortAdamP, PBeauvOlimpB, Turpin²W
BN nfr. 10721 [déb. 16ᵉ s.] → JVignayMir
BN nfr. 10723 [Paris 2ᵉ m. 14ᵉ s.] → JMandPL
BN nfr. 11198 [f°6s., agn. ca. 1300] → RobGrethEv
BN nfr. 11198 [f°14-15, 13ᵉ s.] → CoincyI1…K
BN nfr. 11198 [rec. de fragm., f°44-45, 15ᵉ s.] → PelVieS
BN nfr. 11200 [contin. 3ᵉ q. 13ᵉ s.] → MirourEdmAW
BN nfr. 11201 [mil. 14ᵉ s.] → CiNDitB²
BN nfr. 11273 [mil. 14ᵉ s.] → CiNDitB²
BN nfr. 11336 [15ᵉ s.] → CoutVerdun¹M, CoutVerdun²M
BN nfr. 11666 [fin 14ᵉ s.] → GaceBuigneB
BN nfr. 11673 [Bruges 1479] → FetRomF¹
BN nfr. 11674 [15ᵉ s.] → TroiePr¹C
BN nfr. 11678 [2ᵉ m. 15ᵉ s.] → LapidE²F
BN nfr. 11819 [1286 ou peu après] → CensToulO
BN nfr. 12791 [14ᵉ s.] → MarqueA, SSagAP
BN nfr. 13521 (anc. La Clayette) [fin 13ᵉ s.] → BestPierre¹R¹, ChastVergiA, CoincyI1…K, ComplAmMonM, DoctSauvS, GuiotProvinsO, MorPhilPrH, PassJonglFT, PBeauvCorpsM, PBeauvGerJ, PBeauvJosJ, PBeauvOlimpB, Pères, RomPast, SCathGuiT, SEust3B, SFanuelC, SMarg5T, SMarieEgoD, SSagAP, Turpin²W, WaceConcA

BN nfr. 13521 [fin 13ᵉ s.] → PBeauvJacB, PBeauvMapA, VenjNSPr⁴F
BN nfr. 14285 [Paris 1416] → ItinRomeLR
BN nfr. 14313 [S. Symphorien sur Coise ca. 1465] → JMandPL
BN nfr. 15771 (anc. Cheltenham Phillipps 1290) [qqs. traits pic., 2ᵉ m. 15ᵉ s.] → PoésBlosI
BN nfr. 15771 [qqs. traits pic., 2ᵉ m. 15ᵉ s.] → VaillantD
BN nfr. 15797 [fin 13ᵉ s.] → AndrContrN
BN nfr. 15939-15944 (anc. Ashburnham/Beatty/Thompson) [ca. 1375] → JVignayMir
BN nfr. 15987 (anc. Cheltenham Phillipps 2924) [av. 1418] → Bersuire
BN nfr. 16251 [hain. ca. 1285] → LMarieGavreB
BN nfr. 16600 [lorr. fin 13ᵉ s.] → OrsonM
BN nfr. 18145 [ca. 1490] → SecrSecrPr⁶H
BN nfr. 18217 [13ᵉ s.] → HerbCandS
BN nfr. 18219 [2ᵉ m. 15ᵉ s.] → SecrSecrPr⁶H
BN nfr. 18326 [p. 3-24 pic. 15ᵉ s.] → AbladaneP
BN nfr. 18863 → ZahelJugAstr
BN nfr. 18867 [1360-1364] → MessehalaEclipse, ZahelJugAstr
BN nfr. 20001 [cette partie 2ᵉ m. 14ᵉ s.] → DoctSauvS
BN nfr. 20001 [f°5r° 2ᵉ m. 14ᵉ s.] → AdvNDM
BN nfr. 20001 [fragm. 3ᵉ t. 13ᵉ s.?] → CoincyI1…K
BN nfr. 20023 [15ᵉ s.] → JBoutSomme
BN nfr. 20029 [1383] → DeschQ
BN nfr. 20234 [2ᵉ m. 15ᵉ s.] → JSaintréC
BN nfr. 20592 [15ᵉ s.] → BelleHelPr²
BN nfr. 20960 [déb. 16ᵉ s.] → CommB
BN nfr. 20961 [15ᵉ s.] → ChronGuesclPrM
BN nfr. 21012 [15ᵉ s.] → BrunLatC
BN nfr. 21069 [15ᵉ s.] → FlorOctPr
BN nfr. 21677 [4ᵉ q. 13ᵉ s.] → ChansPieusJ
BN nfr. 21874 [3ᵉ q. 15ᵉ s.] → MelusArrV
BN nfr. 22097 [f°41-107] → DuPineauR
BN nfr. 22097 [f°108-129] → DuPineauV
BN nfr. 22097 [f°129v°-149] → DuPineauC
BN nfr. 22389 [15ᵉ s.] → AquilonW
BN nfr. 23011 [ca. 1300] → CesTuimAlC, GarLorrI, GerbMetzT
BN nfr. 23086 [16ᵉ s.] → CommB
BN nfr. 23087 (anc. Lelong) [lorr. 1ᵉʳ q. 14ᵉ s.] → DoonRocheM
BN nfr. 23686 (anc. Peterburg Fr.35/F.v.I.4) [Soissons?, 3ᵉ q. 13ᵉ s.] → AlexisPr¹L, BalJosAnPrS, BrendanPr¹W, LégJMailly, PèresPrI1/2…, PèresPrIIMarcelL, SDenisPr²L, SJulPrS, SMadPr³, SMarieEgUD
BN nfr. 23686 [Soissons?, 3ᵉ q. 13ᵉ s.] → PurgSPatrPrAD
BN nfr. 23965 [18ᵉ s.] → JerusCont²G
BN nfr. 24398 [ca. 1400] → AalmaR
BN nfr. 24541 (anc. Soissons) [Paris 2ᵉ q. 14ᵉ s.] → CoincyI1…K
BN nfr. 24541 [Paris 2ᵉ q. 14ᵉ s.] → CoincyI1…P
BN nfr. 27401 [1360 ou ca.] → Bersuire
BN nfr. 28047 [pic. mil. 14ᵉ s.] → RoseGuiV
BN nfr. 28879 (anc. Cheltenham Phillipps 3640) [2ᵉ m. 15ᵉ s.] → ChastelPerB
BN nlat. 693 [13ᵉ/14ᵉ s.] → TrotulaPr¹M
BN nlat. 699 (anc. Cheltenham Phillipps 8188) [agn. après 1415] → BibbO

Manuscrits

BN nlat. 699 [agn. après 1415] → BibbF
BN nlat. 873 [agn. déb. 13ᵉs.] → LapidFPS
BN nlat. 1487 [14ᵉs.] → HMondLatP
BN nlat. 1529 (4°) [14ᵉs.] → MPolGregM
BN nlat. 1553 [It. 1ᵉm. 14ᵉs.] → JordRufsP
BN nlat. 1670 [agn. ca. 1200] → PsOxfM
BN nlat. 1899 [fin 15ᵉs.] → RègleSBenPr²⁵
BN nlat. 2335 [rec. fact., cette partie ca. 1400] → PrêtreJeanPr¹E/I…G
BN nlat. 2374 [pic. ca. 1400] → FroissMelL
BN nlat. 2381 [15ᵉs.] fragm. → ConsBoèceCompC²
BN nlat. 23011 (anc. La Trémoïlle) [15ᵉs.] → BerinB
BN Rés. Lb 15A [ca. 1500] → AndrVigneNapS
BN Rés. Ye 169 [fin 15ᵉs.] → PhVitriGontP
BN Rothschild 2800 (anc. Barrois XI et Ashburnham) [art. 1329] → ConseilB
BN Rothschild 2800 (anc. James de Rothschild 2800) [art. 1329] → RoseLLangl
BN Rothschild 2800 [art. 1329] → BestGuillR
BN Rothschild I.01.21 (471) [1526] → MolinetFaictzD
BN Rothschild II.5.40 (3021) [1490?] → CarnavalBatA
BN Rothschild IV.1.5 (3085) [Paris ca. 1340] → JVignayOdoT, JVignayOisivG
BN Rothschild IV.2.67 [15ᵉs.] → ConsBoèceCompC², ImMondeOct¹D
BN Rothschild IV.9.15 (2755) [15ᵉs.] → SecrSecrPr⁶H
BN Smith-Lesouëf 65 [2ᵉm. 14ᵉs.] → JMandPL
Bologna Arch. Notarile 6-4-5 Teggia 1613-20 [It. sept. 14ᵉs.] → PalamL
Bologna Arch. notarile [It. ca. 1300] → AnsCartBoB
Bologna Arch. St. busta 1 framm. fr. 7 bis (?) [It. mil. 14ᵉs.] → SGraalPVB
Bologna Arch. St. busta 1 bis (n°?) [14ᵉs.] → PalamL
Bologna Arch. St. busta 1 bis framm. fr. 1 [It. mil. 14ᵉs.] → SGraalPVB
Bologna Arch. St. busta 1 bis framm. fr. 7 [It. mil. 14ᵉs.] → SGraalPVB
Bologna Arch. St. busta 1 bis framm. fr. 11-12-13 [It. (pis.-gen.) fin 13ᵉs.] → AventBrunL, PalamL
Bologna Arch. St. ebr. 46-47 [hébr. fin 13ᵉs. ou 14ᵉs.] → GlBolognaB
Bologna Arch. St. framm. [14ᵉs.] → HistAnc
Bologna Arch. St. framm. [ca. 1300] → HistAnc
Bologna Arch. St. framm. [It. 14ᵉs.] → HistAnc
Bologna Bibl. univ. (Archiginnasio) B.3489 [14ᵉs.] → HuonAuvBrB
Bologna Bibl. univ. 158 (cat. 242) [cette partie ca. 1400] → LCucBoM
Bonn S.526 [pic. (Amiens) 1286] → LancPrBH, MerlinM, MerlinN, MerlinSBF, MortArtuBS, MortArtuF¹, SGraalIVQuesteBG, SGraalIVQuesteP, SGraalIVW
Bonn S.1681 [mil. 15ᵉs.] → ConsBoèceRenA²
Bordeaux 531 [15ᵉs.] → LapidSPS
Bordeaux 674 [wall. fin 13ᵉs.] → BenTroieC
Bordeaux Arch. dép. ? Ms 1,6 [fin 13ᵉs.] → SGraalIVQuesteP

Bordeaux Arch. mun. AA.1 [1ᵉm. 15ᵉs., ajouts ultérieurs] → LBouill
Boston Mass. Hist. Soc. Appleton [pic. 3ᵉq. 13ᵉs.] → HuonR
Boston Mass. Publ. Libr. 1528 [déb. 15ᵉs.] → ChrPisVertW
Boston Mass. Publ. Libr. J.31.60 [Angleterre 14ᵉs.] → SidracH
Boston Mass. Publ. Libr. q.Med.76 (De Ricci 76) [agn. 1ᵉm. 15ᵉs.] → BibleAdd
Boulogne-sur Mer 142 [Acre ca. 1285] → ContGuillTyrA
Boulogne-sur-Mer 192 [art. 1295] → AliscW, BatLoqArsR, CharroiPo, ChevVivDM, ChevVivM, CourLouisCLe, EnfGuillH, EnfVivW, HerbCandS, MonGuill¹C, MonGuill²C, MonRaincB, PriseOrcR
Bourges Bibl. mun. 120 (109) [17ᵉs.] → MiroirAmeMargG
Brentford The Duke of Northumberland Syon House D.XI [agn. ca. 1380] → CartPercyM, HosebHenO
Bristol Rec. Office Little Red Book [agn. 1344 etc.] → RedBookBristolB
Brugge Op. Bibl. 390 [pic. 3ᵉq. 14ᵉs.] → RègleSBenPr⁴
Brugge Op. Bibl. 395 [2ᵉt. 14ᵉs.] → RègleSBenPr⁴
Brugge Op. Bibl. 536 [agn. ca. 1300] → AlNeckUtensS, JGarlS
Brugge Op. Bibl. 546 [2ᵉm. 13ᵉs.] → AdParvS, JGarlCommH, JGarlPoetriaL, JGarlS
Brunswick Me. Bowdoin Coll. R463 f° (anc. La Clayette, Livingston) [ca. 1330] → WatrS, WatrSeptVertL
Brunswick Me. Bowdoin Coll. R463 f° (M194, anc. Livingston) [ca. 1330] → RenMont
Bruxelles (?, v. Pères21R) → Pères
Bruxelles → AlexParA
Bruxelles Arch. gén. Ch. des comptes 18245 [1386-1389]; 18246 [1390-1393]; 18247 [1393-1394] → CptHerzM
Bruxelles Arch. gén. Mss. div. 1411 Q [hain. fin 13ᵉs.] → AlexParBH, MarqueA
Bruxelles Bibl. roy. 1024 [2ᵉm. 15ᵉs.] → LSimplMedD
Bruxelles Bibl. roy. 1127-29 [3ᵉt. 14ᵉs.] → PelAmeS, PelVieS
Bruxelles Bibl. roy. 1153 [ca. 1390] → RPreslesCitéB
Bruxelles Bibl. roy. 1175 [Flandres Or. 1275-1276] → RentAudV
Bruxelles Bibl. roy. 3576-77 [av. 1469] → BlancandPrBrG, CiperisW
Bruxelles Bibl. roy. 4373-76 [art. fin 15ᵉs.] → EnsSLouisIO, JFevRespH
Bruxelles Bibl. roy. 4782 [déb. 14ᵉs.] → RoseLLangl
Bruxelles Bibl. roy. 4783 [pic. (Tournai?) ca. 1350] → PamphGalM
Bruxelles Bibl. roy. 5365 (Gheyn 3348) [ca. 1350] → SRemiB
Bruxelles Bibl. roy. 5438 [16ᵉs.] → MolinetChronD
Bruxelles Bibl. roy. 6409 (Gheyn 3349) [ca. 1350] → SRemiB

Manuscrits

Bruxelles Bibl. roy. 7033 [18ᵉs.] → ChronBaud-AbrK

Bruxelles Bibl. roy. 7235 [pic. ca. 1454] → ErecPr²C

Bruxelles Bibl. roy. 7383 [15ᵉs.] → ChronTournF

Bruxelles Bibl. roy. 9001-9002 [Paris ca. 1414] → BibleGuiart

Bruxelles Bibl. roy. 9003 [pic. 1ᵉʳt. 14ᵉs.] → ChronBaud¹K, ProvSenAR

Bruxelles Bibl. roy. 9004 [Paris ca. 1420] → BibleGuiart

Bruxelles Bibl. roy. 9017 [1475] → CiNDitB²

Bruxelles Bibl. roy. 9024 [Paris av. 1415] → BibleGuiart

Bruxelles Bibl. roy. 9028 [flandr. après 1473] → GuillFillConsH

Bruxelles Bibl. roy. 9030-37 [Gand ca. 1475-1479] → GrossetChastM, PurgSPatrB¹

Bruxelles Bibl. roy. 9040 [15ᵉs.] → FetRomF¹

Bruxelles Bibl. roy. 9043 [1452] → GouvRoisGauchyM

Bruxelles Bibl. roy. 9045 [ca. 1460] → ContGuillTyrA

Bruxelles Bibl. roy. 9066-68 [v. 1467] → AspremLM

Bruxelles Bibl. roy. 9084 [Centre 4ᵉq. 13ᵉs.] → GratienBL

Bruxelles Bibl. roy. 9089-90 [déb. 15ᵉs.] → OresmeEthM, OresmePolM

Bruxelles Bibl. roy. 9091 [ca. 1380] → SenLucilE

Bruxelles Bibl. roy. 9093 [ca. 1420] → CorbH

Bruxelles Bibl. roy. 9094 [ca. 1400] → CorbH

Bruxelles Bibl. roy. 9104-05 [Paris 2ᵉq. 14ᵉs.] → FetRomF¹, HistAnc

Bruxelles Bibl. roy. 9106 [Gand 1475] → PaumierBerlC

Bruxelles Bibl. roy. 9225 [2ᵉm. 14ᵉs.] → EvNicPrBF, PèresPrI1/2..., PèresPrI5/7S, PèresPrII-MarcelL, SEustPr¹M, SMadPr⁵, SMargAO, SMarieEgxD

Bruxelles Bibl. roy. 9226 [déb. 15ᵉs.] → LégDorVignBartH

Bruxelles Bibl. roy. 9227 [déb. 15ᵉs.] → LégDorVignBartH

Bruxelles Bibl. roy. 9228 [déb. 15ᵉs.] → LégDorVignBartH

Bruxelles Bibl. roy. 9229-30 (3354) [Nord 1ᵉʳt. 14ᵉs.] → Pères

Bruxelles Bibl. roy. 9229-30 [Nord 1ᵉʳt. 14ᵉs.] → CoincyI1...K, HuonRegrL, PoèmeMorB, QSignesK, SEuphrH

Bruxelles Bibl. roy. 9234 [14ᵉs.] → Digeste

Bruxelles Bibl. roy. 9235-37 [ca. 1475] → ChrPisVertW, MelibeeRenS

Bruxelles Bibl. roy. 9240 [déb. 15ᵉs.] → TroiePr⁶

Bruxelles Bibl. roy. 9245 [pic. 1ᵉm. 14ᵉs.] → CassidP, HelcanusN, KanorM, LaurinT, MarqueA, PeliarmB, SSagAP

Bruxelles Bibl. roy. 9251-52 [liég.? 2ᵉm. 13ᵉs.] → SommeAcéB¹

Bruxelles Bibl. roy. 9261 [av. 1467] → RLefevreTroyA

Bruxelles Bibl. roy. 9262 [av. 1467] → RLefevreTroyA

Bruxelles Bibl. roy. 9263 [av. 1467] → RLefevreTroyA

Bruxelles Bibl. roy. 9264 [1453] → TroiePr⁷

Bruxelles Bibl. roy. 9271 [15ᵉs.] → ChronBaud¹K

Bruxelles Bibl. roy. 9281 [2ᵉm. 15ᵉs.] → LeFrancChampD

Bruxelles Bibl. roy. 9282-85 [mil. 15ᵉs.] → LégDorVignBartH

Bruxelles Bibl. roy. 9303-9304 [ca. 1460] → PassIsabD

Bruxelles Bibl. roy. 9308 [15ᵉs.] → LatourLandryM

Bruxelles Bibl. roy. 9309-10 [déb. 15ᵉs.] → MPolGregM, PrêtreJeanPr¹E/I...G

Bruxelles Bibl. roy. 9359-60 [ca. 1465] → FormHonCourtH

Bruxelles Bibl. roy. 9391 [13ᵉs.] → DouzeVendrediscS

Bruxelles Bibl. roy. 9401 [pic. déb. 14ᵉs.] → CassidP, HelcanusN

Bruxelles Bibl. roy. 9411-26 [pic. ca. 1300] → ApostropheCorpsB, BaudCondS, BibleBerzéL, BodelCongéRu, CatAdSuelU, DébCorpsSamBV, DitNDSainteB, DoctSauvS, MesdisansB, PriereTheophS, RenclCarH, RutebF, SeptVicesB, VMortHélW, VoieParadOrS

Bruxelles Bibl. roy. 9433 [pic. 14ᵉs.] → SSagAP

Bruxelles Bibl. roy. 9433-34 [pic. 14ᵉs.] → LaurinT, MarqueA

Bruxelles Bibl. roy. 9466 [1442] → LeFrancChampD

Bruxelles Bibl. roy. 9467 [15ᵉs.] → JVignayEnsK

Bruxelles Bibl. roy. 9474 [Bruges ca. 1435] → GouvRoisGauchyM

Bruxelles Bibl. roy. 9492-93 [4ᵉq. 13ᵉs.] → ContGuillTyrA

Bruxelles Bibl. roy. 9505-06 (Gh. 2902) [Paris après 1372] → OresmeEthM

Bruxelles Bibl. roy. 9508 [1413] → ChrPisMutS

Bruxelles Bibl. roy. 9541 [Bible sec. partie Paris ca. 1365, Ios et Idc ca. 1435] → BibleGuiart

Bruxelles Bibl. roy. 9542 [15ᵉs.] → LatourLandryM

Bruxelles Bibl. roy. 9543 [ca. 1460?] → JArkAmP

Bruxelles Bibl. roy. 9545-46 [Nord-Est 15ᵉs.] → GautChâtAristIpC

Bruxelles Bibl. roy. 9547 [2ᵉm. 15ᵉs.] → JSaintréC

Bruxelles Bibl. roy. 9548 [2ᵉm. 14ᵉs.] → JArkAmP

Bruxelles Bibl. roy. 9549 [4ᵉq. 15ᵉs.] → LégDorVignBartH

Bruxelles Bibl. roy. 9551-52 [ca. 1450] → ChrPisVertW, MelibeeRenS

Bruxelles Bibl. roy. 9554 [Paris déb. 15ᵉs.] → GouvRoisGauchyM

Bruxelles Bibl. roy. 9559-64 [ca. 1440] → FormHonCourtH

Bruxelles Bibl. roy. 9570 [1459] → TroiePr⁷

Bruxelles Bibl. roy. 9571-72 [2ᵉm. 15ᵉs.] → HistAnc²RB

Bruxelles Bibl. roy. 9573 [1448] → LeFrancEstrifD

Bruxelles Bibl. roy. 9574-75 [norm. ca. 1300] → ChastVergiA, RoseLLangl

Bruxelles Bibl. roy. 9627-9628 [Paris mil. 13ᵉs.] → MortArtuF¹, SGraalIVQuesteP

Bruxelles Bibl. roy. 9629 [2ᵉm. 15ᵉs.] → GilTrasW

Bruxelles Bibl. roy. 9630 [13ᵉs.] → GarLorrD, GarLorrI, GarLorrM, GerbMetzT

Manuscrits

Bruxelles Bibl. roy. 9631 [pic. ca. 1460] → ViolPrM

Bruxelles Bibl. roy. 9633 [15⁰s.] → Apol²L

Bruxelles Bibl. roy. 9634-9635 [Paris 1355] (sec. de 2 vol. le 1ᵉʳ perdu) → BibleGuiart

Bruxelles Bibl. roy. 9639 [fin 14ᵉs.] → OvMorB

Bruxelles Bibl. roy. 9650-52 [1459-60] → HistAnc

Bruxelles Bibl. roy. 9750-52 [ca. 1480] → OllaS

Bruxelles Bibl. roy. 9822 [14ᵉ-15ᵉs.?] → ImMondePrP

Bruxelles Bibl. roy. 9967 [sept. ca. 1467] → BelleHelPr¹C

Bruxelles Bibl. roy. 10096 [3ᵉq. 14ᵉs.] → PlacTimT

Bruxelles Bibl. roy. 10168-72 [1293] → FetRomF¹

Bruxelles Bibl. roy. 10171 [1293] → SSagAP

Bruxelles Bibl. roy. 10175 [Acre 4ᵉq. 13ᵉs.] → HistAnc, HistAncG, HistAncV

Bruxelles Bibl. roy. 10176-78 [Bruges? ca. 1400] → PelVieS

Bruxelles Bibl. roy. 10180-93 [1463] → ConsBoèceCompC²

Bruxelles Bibl. roy. 10197-98 [Paris ca. 1380] → PelVieS

Bruxelles Bibl. roy. 10212 [fin 13ᵉs.] → FetRomF¹

Bruxelles Bibl. roy. 10218-219 [mil. 15ᵉs.] → ModusT

Bruxelles Bibl. roy. 10220 [ca. 1400] → ConsBoèceRenA²

Bruxelles Bibl. roy. 10221 [2ᵉq. 15ᵉs.] → ConsBoèceRenA²

Bruxelles Bibl. roy. 10222-23 [1435] → ConsBoèceCompC²

Bruxelles Bibl. roy. 10227 [pic. 2ᵉq. 15ᵉs.] → PCresc, PCrescH

Bruxelles Bibl. roy. 10228 [pic. ca. 1300] → BrunLatC

Bruxelles Bibl. roy. 10232 [15ᵉs.] → ChronFlandrK

Bruxelles Bibl. roy. 10233-36 [ca. 1425] → ChronBaudAbrK, Turpin²W

Bruxelles Bibl. roy. 10237 [pic. av. 1467] → GilChinPrL

Bruxelles Bibl. roy. 10291 [1479 a.st.] → ChronFlandrK

Bruxelles Bibl. roy. 10295-304 [hain. 1428/29] → AlexisQP, ConsBoèceRenA², LaieBibleC, MarieFabW, SBarbeOctD, SBasD, SCathCarlM, SCathCarlT, SDenisPr¹L, SDieudD, SElisBruxK, SeptDormPrM, SEust8P, SMadPr⁶, SMarineF, SMarineIC

Bruxelles Bibl. roy. 10310-11 [1ᵉm. 15ᵉs.] → MenagB, PhMézGrisG

Bruxelles Bibl. roy. 10320 [ca. 1395] → SommeLaurB

Bruxelles Bibl. roy. 10326 [2ᵉm. 13ᵉs.] → BrendanPr²W, PurgSPatrPrAD, SDenisPr²L, SGeorgPr¹M, SJulPrS, SMadPr², SMarieEgXD

Bruxelles Bibl. roy. 10367 [15ᵉs.] → SecrSecrPr⁶H

Bruxelles Bibl. roy. 10368 [Paris fin 13ᵉs.] → GouvRoisGauchyM

Bruxelles Bibl. roy. 10386 [ca. 1425] → BrunLatC

Bruxelles Bibl. roy. 10387 [1454?] → FlorOctPr

Bruxelles Bibl. roy. 10388 [15ᵉs.] → CiNDitB²

Bruxelles Bibl. roy. 10390 [pic. 3ᵉt. 15ᵉs.] → MelusArrV

Bruxelles Bibl. roy. 10391 [pic. mil. 15ᵉs.] → ChevCygneBruxR

Bruxelles Bibl. roy. 10392 [15ᵉs.] → ThibAmPriereL

Bruxelles Bibl. roy. 10393-414 [pic. 1ᵉm. 15ᵉs.] → ChronTournCes¹

Bruxelles Bibl. roy. 10394-414 (2082) [pic. 1ᵉm. 15ᵉs.] → MorPhilPrH

Bruxelles Bibl. roy. 10394-414 [pic. 1ᵉm. 15ᵉs.] → BestAmFournS, EchecsFerronC, EnsSLouisPD, JMeunConsD, MelibeeRenS, VenjNSPr⁴F

Bruxelles Bibl. roy. 10420-25 [15ᵉs.] → JMandOgT

Bruxelles Bibl. roy. 10433 [ca. 1445] → VoeuxHérG

Bruxelles Bibl. roy. 10434 [15ᵉs.] → ChronBaudAbrK

Bruxelles Bibl. roy. 10437-40 [cette partie 15ᵉs.] → PBeauvCharlW, PBeauvOlimpB

Bruxelles Bibl. roy. 10437-40 [cette partie prob. av. 1454] → Turpin²W

Bruxelles Bibl. roy. 10437-40 [cette partie sept. ca. 1385] → JMandPL

Bruxelles Bibl. roy. 10455 [liég. 1ᵉm. 15ᵉs.] (A¹) → JPreisMyrB

Bruxelles Bibl. roy. 10456 [liég. 1ᵉm. 15ᵉs.] (A³) → JPreisMyrB

Bruxelles Bibl. roy. 10457-62 [wall. av. 1449] → AlgorLiègeW, JStavB, RenclMisH

Bruxelles Bibl. roy. 10459-62 [1445] → DoctSauvS

Bruxelles Bibl. roy. 10463 [liég. 1596] (a²) → JPreisMyrB

Bruxelles Bibl. roy. 10467 [ca. 1475] → InstJustO, NovJust

Bruxelles Bibl. roy. 10468 [13ᵉs.] → BalJosCamA

Bruxelles Bibl. roy. 10474 [16ᵉs.] → ConsBoèceBenN

Bruxelles Bibl. roy. 10478-79 [15ᵉs.] → ChronBaudAbrK, MenReimsW

Bruxelles Bibl. roy. 10486 [prob. Paris av. 1404] → PhMézEpC

Bruxelles Bibl. roy. 10493-97 [15ᵉs.] → GautChâtAristIIC

Bruxelles Bibl. roy. 10500-501 [ca. 1455] → PCrapCurB

Bruxelles Bibl. roy. 10516 [fin 13ᵉs.] → BiblePar

Bruxelles Bibl. roy. 10546 [2ᵉq. 14ᵉs.] → SenLucilE

Bruxelles Bibl. roy. 10547-48 [wall. 1438] → BrunLatC

Bruxelles Bibl. roy. 10549 [15ᵉs.] → CharnyMesT

Bruxelles Bibl. roy. 10574-85 [composite, 14ᵉs.] → ApostropheCorpsB, DoctSauvS, ElucidaireIT, SongeDan³S

Bruxelles Bibl. roy. 10574-85 [composite, cette partie 3ᵉt. 14ᵉs.] → VenjNSPr⁴F

Bruxelles Bibl. roy. 10574-85 [composite, cette partie 1336] → ImMondeOct¹D

Bruxelles Bibl. roy. 10747 [cette partie s.l. fin 13ᵉs.] → CoincyI1...K

Bruxelles Bibl. roy. 10747 [f°228-240 agn. ca. 1300?] → GrossetChastM

Bruxelles Bibl. roy. 10750 [15ᵉs.] → TroisMortsSeG

Manuscrits

Bruxelles Bibl. roy. 10958 [Flandres 1449] → SJoceJMielotH
Bruxelles Bibl. roy. 10971 [1320?] → ImMondeOct¹D
Bruxelles Bibl. roy. 10973 [ca. 1450] → ChrPisVertW
Bruxelles Bibl. roy. 10974 [ca. 1460] → ChrPisVertW
Bruxelles Bibl. roy. 10982 [prob. 1403] → ChrPisCheminP
Bruxelles Bibl. roy. 10983 [prob. 1403] → ChrPisCheminT
Bruxelles Bibl. roy. 10988 [mil. 15ᵉs.] → OvArtPrR
Bruxelles Bibl. roy. 10989 [ca. 1400] → JLansonM, JPreisLiègeB
Bruxelles Bibl. roy. 10999 [16ᵉs.] → OlMarche
Bruxelles Bibl. roy. 11004-17 [II, f°44-95, liég. 4ᵉq. 15ᵉs.] → AldL, LapidPhilZ
Bruxelles Bibl. roy. 11040 [ca. 1300] → AlexPrH
Bruxelles Bibl. roy. 11042 [Paris? 2ᵉq. 14ᵉs.] → JVignayEnsK
Bruxelles Bibl. roy. 11043-44 [mil. 15ᵉs.] → ChastPerePrH
Bruxelles Bibl. roy. 11045 [fin 14ᵉs.] → EchecsFerronC
Bruxelles Bibl. roy. 11046 [1ᵉʳt. 15ᵉs.] → VégèceAnL
Bruxelles Bibl. roy. 11048 [2ᵉq. 15ᵉs.] → JVignayVégL
Bruxelles Bibl. roy. 11050 [2ᵉm. 14ᵉs.] → JVignayEchecsF
Bruxelles Bibl. roy. 11058 [15ᵉs.] → LapidMand²
Bruxelles Bibl. roy. 11062 [15ᵉs.] → ModusT
Bruxelles Bibl. roy. 11064 [2ᵉt. 15ᵉs.] → PastoraletB
Bruxelles Bibl. roy. 11069 [1ᵉʳt. 15ᵉs.] → PelAmeS, PelVieS
Bruxelles Bibl. roy. 11074-78 [pic. fin 15ᵉs.] → EchecsFerronC, RenclCarH
Bruxelles Bibl. roy. 11097 [2ᵉt. 15ᵉs.] → Apol³L
Bruxelles Bibl. roy. 11099-100 [pic.-wall. fin 13ᵉs.] → BrunLatC, GouvRoisGauchyM
Bruxelles Bibl. roy. 11106 [ca. 1380] → SidracLR
Bruxelles Bibl. roy. 11107 [Flandre ca. 1450] → PlacTimT
Bruxelles Bibl. roy. 11110 [wall. 14ᵉs.] → SidracH
Bruxelles Bibl. roy. 11113 [1ᵉʳq. 14ᵉs.] → SidracLR
Bruxelles Bibl. roy. 11119 [16ᵉs.] → MiroirMondeC
Bruxelles Bibl. roy. 11124-25 [2ᵉm. 14ᵉs.] → CharnyChevK, CharnyDemT, CharnyMesT
Bruxelles Bibl. roy. 11130-32 [fin 14ᵉs.] → AldL
Bruxelles Bibl. roy. 11136 [15ᵉs.] → JVignayEchecsF
Bruxelles Bibl. roy. 11138 [fin 14ᵉs.] → VoeuxHérG
Bruxelles Bibl. roy. 11139 [15ᵉs.] → ChronBaudAbrK
Bruxelles Bibl. roy. 11141 [Duurstede 1463] → JMandPL
Bruxelles Bibl. roy. 11142 [pic. 2ᵉq. 14ᵉs.] → ContGuillTyrM
Bruxelles Bibl. roy. 11145 [2ᵉm. 13ᵉs.] → Perl¹N, Perl²P
Bruxelles Bibl. roy. 11181 [1ᵉm. 15ᵉs.] → GirRossAlH
Bruxelles Bibl. roy. 11183 [fin 14ᵉs.] → GaceBuigneB
Bruxelles Bibl. roy. 11184 [1333?] → ImMondeOct¹D
Bruxelles Bibl. roy. 11185 [1325?] → ImMondeOct¹D
Bruxelles Bibl. roy. 11186 [1290?] → ImMondeOct¹D
Bruxelles Bibl. roy. 11190 [14ᵉs.] → SSagAP
Bruxelles Bibl. roy. 11191 [14ᵉs.] → VoeuxPaonR
Bruxelles Bibl. roy. 11192 [2ᵉt. 14ᵉs.] → Apol³L
Bruxelles Bibl. roy. 11193 [traits bourg. 2ᵉm. 14ᵉs.] → YslAvB
Bruxelles Bibl. roy. 11195 [mil. 14ᵉs.] → JVignayVégL
Bruxelles Bibl. roy. 11199 [ca. 1370] → GouvRoisGauchyM
Bruxelles Bibl. roy. 11199 [gardes: 15ᵉs.] → JMeunConsD
Bruxelles Bibl. roy. 11200 (Gheyn 2903) [prob. Paris, 3ᵉq. 14ᵉs.] → MahArE
Bruxelles Bibl. roy. 11201-02 (Gheyn 2904) [Paris ca. 1376] → OresmeEconM, OresmePolM
Bruxelles Bibl. roy. 11206-207 [1390 n.st.] → SommeLaurB
Bruxelles Bibl. roy. 11218-19 [déb. 15ᵉs.] → CentBallR
Bruxelles Bibl. roy. 11220-21 (2320) [14ᵉs.] → MorPhilPrH
Bruxelles Bibl. roy. 11225-27 [ca. 1330] → WatrS
Bruxelles Bibl. roy. 11244-51 [15ᵉs.] → ConsBoèceBenN
Bruxelles Bibl. roy. 12118-19 (2288) [agn. fin 13ᵉs.] → PAbernLumH¹
Bruxelles Bibl. roy. 12118-19 [agn. fin 13ᵉs.] → ImMondeOct¹D
Bruxelles Bibl. roy. 12192-94 [3ᵉq. 15.ᵉs.] → Turpin²W
Bruxelles Bibl. roy. 13076-77 [Tournai? ca. 1351] → GilMuisK
Bruxelles Bibl. roy. 14561-64 [pic. 1ᵉm. 14ᵉs.] → ChronArtF, MenReimsS, MenReimsW
Bruxelles Bibl. roy. 14635-37 [It. fin 13ᵉs.] → AyeB
Bruxelles Bibl. roy. 14787 [Champ.? ca. 1425] → JMandPL
Bruxelles Bibl. roy. 14910 [2ᵉm. 14ᵉs.] → ChronFlandrK
Bruxelles Bibl. roy. 15700 [2ᵉt. 14ᵉs.] → CesTuimPrS
Bruxelles Bibl. roy. 15701 [1441 ou peu après] → EmPilotiD
Bruxelles Bibl. roy. 15702 [déb. 15ᵉs.] → ChronMoréeL
Bruxelles Bibl. roy. 15843 [corr. par l'auteur: 3ᵉq. 15ᵉs.] → ChastellK
Bruxelles Bibl. roy. 16789 [18ᵉs.] → ChronBaudAbrK
Bruxelles Bibl. roy. 17290 [1423] → JPreisLiègeB
Bruxelles Bibl. roy. 17332 [18ᵉs.] → ChronTournF
Bruxelles Bibl. roy. 18064-69 [2ᵉt. 15ᵉs.] → ConsBoèceRenA², PelVieS
Bruxelles Bibl. roy. 18064-69 [dern. partie pic. 2ᵉm. 15ᵉs.] → ChronFloreffeP

Manuscrits

Bruxelles Bibl. roy. 18092-93 [15ᵉs.] → PelVieS
Bruxelles Bibl. roy. 18295 [Paris 4ᵉq. 13ᵉs.] → HistAnc
Bruxelles Bibl. roy. 19303 [1ᵉʳm. 15ᵉs.] → JPreisMyrB
Bruxelles Bibl. roy. 19304 [1ᵉʳm. 15ᵉs.] → JPreisMyrB
Bruxelles Bibl. roy. 19304bis [1ᵉʳm. 15ᵉs.] → JPreisMyrB
Bruxelles Bibl. roy. 19305 [1ᵉʳm. 15ᵉs.] → JPreisMyrB
Bruxelles Bibl. roy. 19386 [15ᵉs.] → GaceBuigneB
Bruxelles Bibl. roy. 19684 [1483] → ChronPBasS
Bruxelles Bibl. roy. 20407 [frc. fin 13ᵉs.] → CleomH
Bruxelles Bibl. roy. 20786 (6939) [15ᵉs.] → FroissChronIVV
Bruxelles Bibl. roy. 21551-69 [16ᵉs.] → AbuzéD
Bruxelles Bibl. roy. II 139 [fragm. s.d.?] → MacaireAl¹S
Bruxelles Bibl. roy. II 139/2 [13ᵉs.] → Ren
Bruxelles Bibl. roy. II 139/6 [13ᵉs.] → BenTroieC
Bruxelles Bibl. roy. II 139/9 [?] → Ren
Bruxelles Bibl. roy. II 282 (99) [agn. 14ᵉs.] → PAbernLumH¹
Bruxelles Bibl. roy. II 852/4 [?] → Ren
Bruxelles Bibl. roy. II 987 (Gheyn 91; anc. Cheltenham Phillipps 379) [Tournai ca. 1350] → BibleGuiartM⁰
Bruxelles Bibl. roy. II 987 [Tournai ca. 1350] → BibleGuiart
Bruxelles Bibl. roy. II 988 [14ᵉs.] → ChronBaud¹K
Bruxelles Bibl. roy. II 1172 (anc. Cheltenham Phillipps 10176) [pic. ca. 1475] → GuillFillConsH
Bruxelles Bibl. roy. II 2209 [ca. 1470] → FormHonCourtH
Bruxelles Bibl. roy. II 2536 (943) [après 1471] → FroissChronIVV
Bruxelles Bibl. roy. II 2536 [après 1471] → MonstreletD
Bruxelles Bibl. roy. II 2566 [ca. 1470] → MonstreletD
Bruxelles Bibl. roy. II 3029¹ [15ᵉ-16ᵉs.] → JPreisMyrB
Bruxelles Bibl. roy. II 3029² [16ᵉs.] → JPreisMyrB
Bruxelles Bibl. roy. II 3030 [fin 15ᵉs.] → JLansonM
Bruxelles Bibl. roy. II 3030 [liég.francisé fin 15ᵉs.] → JPreisMyrB
Bruxelles Bibl. roy. II 4847 [déb. 14ᵉs.] → JMeunVégL
Bruxelles Bibl. roy. II 5928 [2ᵉm. 15ᵉs.] → GirRossWauqM
Bruxelles Bibl. roy. II 6336 [fin 13ᵉs.] → Ren
Bruxelles Bibl. roy. II 6978 [1482] (B) → BestPierre²B
Bruxelles Bibl. roy. II 7444 [fin 15ᵉs.] → CleomH
Bruxelles Bibl. roy. II 7451 (anc. Cheltenham Phillipps 8075) [ca. 1325] → HerbCandS
Bruxelles Bibl. roy. II 7451 [ca. 1325] → BerteH, EnfOgH
Bruxelles Bibl. roy. II 7452 [14ᵉs.] → BerteH
Bruxelles Bibl. roy. II 7831 (anc. Colbert de Beaulieu) [fin 14ᵉs.] → CiNDitB²
Bruxelles Bibl. roy. II 7844 [15ᵉs.] → PelAmeS, PelVieS

Bruxelles Bibl. roy. IV 62 [15ᵉs.] → AspremBruxB
Bruxelles Bibl. roy. IV 119 (anc. Ashburnham 20) [ca. 1353] → GilMuisK
Bruxelles Bibl. roy. IV 319 [déb. 14ᵉs.] → ChevFustSa
Bruxelles Bibl. roy. IV 467 [1470] → FroissChronIVV
Bruxelles Bibl. roy. IV 509 (anc. Cheltenham Phillipps 3657) [ca. 1480] → PassIsabD, VenjNSPr⁵F
Bruxelles Bibl. roy. IV 555 [ca. 1500] → HistAnc²RB
Bruxelles Bibl. roy. IV 601 (anc. Cheltenham Phillipps 2217) [fin 14ᵉs.] → ChronBaudAbrK, VoeuxHérG
Bruxelles Bibl. roy. IV 621 [feuillet isol. 14ᵉs.] → OvMorB
Bruxelles Bibl. roy. IV 621 [fragm. pic. 13ᵉs.] → RCambrK
Bruxelles Bibl. roy. IV 837 [2ᵉq. 13ᵉs.] → ErecF
Bruxelles Bibl. roy. IV 852,9 (anc. Namur ch. F.52) [14ᵉs.] → FierL
Bruxelles Bibl. roy. IV 995 [déb. 15ᵉs.] → HistAnc²RB
Bruxelles Bibl. roy. IV 1005 (anc. Cheltenham Phillipps 6664) [Sud-Est? déb. 14ᵉs.] → HuonRegrL, SMarg7J¹
Bruxelles Bibl. roy. IV 1050 (anc. Cheltenham Phillipps 11592) [ca. 1490] → GastPhébChasseT
Bruxelles Bibl. roy. IV 1127 [av. 1451] → LeFrancChampD
Bruxelles Bibl. roy. IV 1208 [It. 2ᵉt. 14ᵉs.] → MoamT
Bruxelles Bibl. roy. IV 1002 [mil. 15ᵉs. (?)] → CleriadusZ
Bruxelles Bibl. roy. Portefeuille II 181 [agn. 1ᵉʳq. 13ᵉs.] → GormB
Budapest [fin 13ᵉs.] → CoincyChristC
Caen 262 (4° 79, Lav. 486) [mil. 14ᵉs.] → CiNDitB²
Caen 589 (8° 102, Lav. 589) [17ᵉs.] → SongeDan⁵B
Cambrai 87 (cat., rayon 88) [2ᵉm. 13ᵉs., av. 1297] → CoincyI1…K
Cambrai 171 (166) [2ᵉm. 15ᵉs.] → RobCibMandM
Cambrai 176 (171) [mil. 15ᵉs.] → VoieParadDieusT
Cambrai 208 (203) [pic.14ᵉ ou 15ᵉs.] → BrunLatC
Cambrai 209 (204) [1ᵉʳq. 15ᵉs.] → IsidSyncH
Cambrai 212 (207) [ca. 1400] → PelVieS
Cambrai 213 (208) [3ᵉq. 15ᵉs.] → FormHonCourtH
Cambrai 256 (246) [pic. déb. 14ᵉs.] → Juitel, SermMaurR, VenjNSPr⁴F
Cambrai 370 (351) [cette partie pic. fin 13ᵉs.] → RecMédCambraiS
Cambrai 398-400 (376) [Nord? 15ᵉs.] → BibleGuiart
Cambrai 534 (493) [13ᵉs.] → ProvM
Cambrai 578 (536) [2ᵉm. 15ᵉs.] → RobCibMandM
Cambrai 664 (604) [ca. 1550] → LoisGodM
Cambrai 811 (719) [prob. Cambrai 3ᵉq. 15ᵉs.] → SBath³B, SMarieEgvD
Cambrai 812 (719) [prob. Cambrai 3ᵉq. 15ᵉs.] → IsidSyncH, PèresPrIIMarcelL, PhMézGrisG, SGregB¹T, SGregB³S, SMarieEgvD

Manuscrits

Cambrai 825 (730) [cette partie pic. (Fesmy) 2ᵉ m. 13ᵉ s.] → RègleSBenMartDL

Cambrai 831 (736) [pic. 14ᵉ s.] → RègleSBenPr⁷

Cambrai 836 (741) [Norm. 1476] → RègleSBenPr¹⁷

Cambrai 936 (835) [15ᵉ s.] → SidracH

Cambrai 959 (857) [pic. 15ᵉ s.] → EchecsFerronC, SecrSecrPr³H

Cambrai 973 (871) [pic. 14ᵉ ou 15ᵉ s.] → OvMorB

Cambrai 1250 (1124) [Cambrai 15ᵉ s.] → LoisGodM

Cambrai Arch. mun. hosp. 329 [?] → LeGrandStat

Cambridge Clare Coll. 6 (KK.3.6) [agn. déb. 13ᵉ s.] → PsOxfM

Cambridge Clare Coll. 10 (KK.3.10) [agn. 1ᵉʳ m. 13ᵉ s.] → RomRomL

Cambridge Clare Coll. 27 [déb. 14ᵉ s.] → DoctSauvS

Cambridge Clare Coll. KK.3.13 [agn. 13ᵉ s.] → SThomBenS

Cambridge Corpus Christi Coll. 20 [agn. ca. 1335] → ApocAgnM, OrdoCoronCL, SPaulEnfFrM

Cambridge Corpus Christi Coll. 37 [agn. déb. 14ᵉ s.] → PrognZodH

Cambridge Corpus Christi Coll. 45 [faibles traits pic. 2ᵉ m. 13ᵉ s.] → LancPrH, LancPrM

Cambridge Corpus Christi Coll. 50 [agn. 4ᵉ q. 13ᵉ s.] → AmAmOctK, BrutA, ChevDameClercN, GuiWarE, QuatreFilles⁶H

Cambridge Corpus Christi Coll. 53 [agn. ca. 1310] → BrutusF

Cambridge Corpus Christi Coll. 63 [agn. fin 13ᵉ s.] → RutebNeufJoiesF, RutebNeufJoiesM

Cambridge Corpus Christi Coll. 66 [agn. av. 1254] → SCroixCambrL

Cambridge Corpus Christi Coll. 133 [agn. fin 14ᵉ s.] → AlgorCambrS, BrutThomS

Cambridge Corpus Christi Coll. 218 [agn. fin 14ᵉ s.] → HLancA¹

Cambridge Corpus Christi Coll. 258 [agn., cette partie 1ᵉʳ t. 14ᵉ s.] → MirJustW

Cambridge Corpus Christi Coll. 258 [agn., cette partie déb. 14ᵉ s.] → BrittN

Cambridge Corpus Christi Coll. 301 [agn. ca. 1300] → HosebAnO, HosebHenO

Cambridge Corpus Christi Coll. 335 [agn. 15ᵉ s.] → OrthGallJ

Cambridge Corpus Christi Coll. 388 [agn. ca. 1325] → RecMédCCH

Cambridge Corpus Christi Coll. 405 [agn. 1ᵉʳ q. 14ᵉ s.] → AmDieuK, CatElieS, DeuOmniS¹, DivMondePerP, ElucidaireGilR, RègleHospCamS, SongeAlphCS, SPaulEnfAdK

Cambridge Corpus Christi Coll. 432 [fin 13ᵉ s.] → MenReimsW

Cambridge Corpus Christi Coll. 450 [agn. 1ᵉʳ m. 14ᵉ s.] → BibbO, ProvFraunceM

Cambridge Corpus Christi Coll. 460 [15ᵉ s.] → AlNeckCorrM

Cambridge Corpus Christi Coll. 471 [agn. fin 14ᵉ s.] → JHoudRossH

Cambridge Corpus Christi Coll. EP-D-6 [13ᵉ s.] → PartonG

Cambridge Corpus Christi Coll. ex impr. E-6-14 [13ᵉ s.?] → GarLorrI, GerbMetzT

Cambridge Corpus Christi Coll. ex impr. SP 257 [agn. 13ᵉ s.] → ManuelPéchF

Cambridge Emmanuel Coll. 106 (I.4.31) [agn. 3ᵉ q. 14ᵉ s.] → DouzeVendrediscS, RutebNeufJoiesM

Cambridge Emmanuel Coll. 106 [agn. 3ᵉ q. 14ᵉ s.] → EvNicPrAF, MirourEdmAW, RobHoY, UrbCort²P

Cambridge Fitzwilliam Mus. 1-3003 / 2-2005.1-29 / 3-2005.1-2 / 11-2005.1-4 [ca. 1400] → PelAmeS

Cambridge Fitzwilliam Mus. 9 [Paris ca. 1340] → BibleGuiart

Cambridge Fitzwilliam Mus. 20 (anc. Hamilton 273) [Nord-Est 1323] → BestGuillR

Cambridge Fitzwilliam Mus. 20 (anc. Hamilton 273, anc. Carpentier) [Nord-Est 1323] → PassJonglFT

Cambridge Fitzwilliam Mus. 20 [Nord-Est 1323] → BrunLatC, ElucidaireIT, PassJonglOM, PrêtreJeanPr¹E/I…G, SFanuelC

Cambridge Fitzwilliam Mus. 22 [ca. 1500] → LégDorVignBartH

Cambridge Fitzwilliam Mus. 23 [contin. 2ᵉ m. 15ᵉ s.] → JMandLD

Cambridge Fitzwilliam Mus. 167 [3ᵉ t. 15ᵉ s.] → IsidSyncH

Cambridge Fitzwilliam Mus. 302 (anc. Cheltenham Phillipps 203) [f° 100v°: agn. fin 13ᵉ s.] → FolTristBernCD

Cambridge Fitzwilliam Mus. 302 [agn., f° 90ᵇ-99ᵃ 2ᵉ m. 13ᵉ s.] → BrutDurA, BrutDurB

Cambridge Fitzwilliam Mus. Marlay Add. 1 [agn. 4ᵉ q. 13ᵉ s.] → VégèceRichT

Cambridge Fitzwilliam Mus. McClean 123 [agn. ca. 1300] → ApocAgnM, BestGuillR, GrossetChastM, MirourEdmAW

Cambridge Fitzwilliam Mus. McClean 124 [mil. 14ᵉ s.] → LégDorVignBartH

Cambridge Fitzwilliam Mus. McClean 177 [15ᵉ s.] → JMandOgT

Cambridge Fitzwilliam Mus. McClean 178 [15ᵉ s.] → Pères, PèresAK

Cambridge Fitzwilliam Mus. McClean 179 [pic. fin 13ᵉ s.] → LaurinT, MarqueA, SSagaP

Cambridge Gonville and Caius Coll. 95 (47) [15ᵉ s.] → GlAlphM

Cambridge Gonville and Caius Coll. 123 (60) [agn. fin 12ᵉ s.] → SThomBenGS

Cambridge Gonville and Caius Coll. 136 [agn. 13ᵉ s.] → AdParvH, AlNeckUtensH², ProvSerloF

Cambridge Gonville and Caius Coll. 307 (375) [fragm. agn. 1ᵉʳ m. 14ᵉ s.] → DialSJulB

Cambridge Gonville and Caius Coll. 365 (728) [feuilles de garde, agn. ca. 1300] → HosebHenO, SeneschO

Cambridge Gonville and Caius Coll. 384 (604) [4ᵉ q. 13ᵉ s.] → ImMondeOct²S⁰

Cambridge Gonville and Caius Coll. 385 [agn. 2ᵉ m. 13ᵉ s.] → AlNeckUtensH², JGarlCommH

Cambridge Gonville and Caius Coll. 424 (448) [1ᵉ partie (p. 1-78) pic. après 1315] → JVignayVégL

Cambridge Gonville and Caius Coll. 424 (448) [2ᵉ partie (p. 79-96) agn. mil. 14ᵉ s.] → TwitiT

Manuscrits

Cambridge Gonville and Caius Coll. 424 (448) [2ᵉ partie agn. mil. 14ᵉs.] → OrdeneChevB

Cambridge Gonville and Caius Coll. 435 [agn., cette partie 1ᵉm. 13ᵉs.] → QSignesK, SEdmPassG

Cambridge Gonville and Caius Coll. 435 [agn., p. 105-144 1ᵉm. 13ᵉs., p. 145-192 mil. 13ᵉs.] → GrantMalS¹, LapidCLS, LapidSES, SPaulEnfAdK

Cambridge Jesus Coll. Q.D.2 [agn. ca. 1200] → LapidALS

Cambridge Jesus Coll. Q.G.10 [2ᵉm. 14ᵉs.] → BrutThomS

Cambridge Magdalene Coll. Pepysian 1803 [agn. mil. 14ᵉs.] → ApocAgnM

Cambridge Magdalene Coll. Pepysian 1938 (2) [2ᵉm. 14ᵉs.] → ApostropheCorpsB

Cambridge Magdalene Coll. Pepysian 1938 [2ᵉm. 14ᵉs.] → JVignayVégL

Cambridge Mass. Harvard Houghton Libr. Eng 750 (anc. Wrest Park 18) [agn. ca. 1500] → ChronTrivR

Cambridge Mass. Harvard Houghton Libr. Fr 151 [1359] → MessehalaEclipse, ZahelJugAstr

Cambridge Mass. Harvard Houghton Libr. Fr 395 (anc. Bateman, Suchier, Olschki) [flandr. déb. 14ᵉs.] → ElesB

Cambridge Mass. Harvard Houghton Libr. Fr 506 [fin 19ᵉs.] → GligloisL

Cambridge Mass. Harvard Houghton Libr. Riant 50 [Fr.mérid. 1ᵉm. 15ᵉs.] → JMandPL

Cambridge Mass. Harvard Houghton Libr. Typ 129H [1486] → ChaceOisIM

Cambridge Mass. Harvard Houghton Libr. Typ 130H [1486] → GastPhébChasseT

Cambridge Mass. Harvard Houghton Libr. Typ 555 [Paris 1373] → BibleGuiart

Cambridge Mass. Harvard Law School Dunn 24 [agn. 1ᵉʳt. 14ᵉs.] → BrevPlacT

Cambridge Mass. Harvard Law School Dunn 33 [agn. av. 1307] → BrevPlacT, CasusPlacD

Cambridge Mass. Harvard Law School Dunn 35 [agn. 2ᵉt. 14ᵉs.] → NovNarrS

Cambridge Mass. Harvard Law School Dunn 41 [agn. après 1510] → NovNarrS

Cambridge Mass. Harvard Law School Dunn 51 [agn. 3ᵉq. 14ᵉs.] → NovNarrS

Cambridge Mass. Harvard Law School Dunn 60 [agn. ca. 1325] → NovNarrS

Cambridge Mass. Harvard Law School MS 1 [agn. 1296/1297] → BrutusF

Cambridge Mass. Harvard Law School MS 91 [ca. 1300] → CoutNormGr

Cambridge Mass. Harvard Law School MS 220 [ca. 1300] → CoutNormGr

Cambridge Mass. Harvard Thr 262 [ca. 1500] → PassAuvHE

Cambridge Pembroke Coll. 46 [agn. mil. 13ᵉs.] → CatElieS, CatEverS, HermValS

Cambridge Pembroke Coll. 87 [agn. fin 13ᵉs.] → LapidALS, LapidAPS, LapidFES, LapidSPS, LapidVAS

Cambridge Pembroke Coll. 111 [agn. 2ᵉm. 13ᵉs.] → LapidSPS

Cambridge Pembroke Coll. 112 [agn. fin 13ᵉs.] → VisElisS

Cambridge Pembroke Coll. 258 [agn. déb. 14ᵉs.] → ManuelPéchF, MirourEdmAW

Cambridge Pembroke Coll. 271 [agn. 14ᵉ et 15ᵉs.] → NovNarrS

Cambridge Peterhouse Coll. 2.O.5 (201) [pic. fin 13ᵉs.] → MaugisV

Cambridge Peterhouse Coll. 2.O.5 [pic. fin 13ᵉs.] → RenMont

Cambridge Peterhouse Coll. 259 [agn. déb. 13ᵉs.] → SermMaurR

Cambridge Public Libr. Ee.3.60 [1333 et peu après] → RegPinchbeckH

Cambridge Saint Catharine's Coll. G.v.69 [agn. 2ᵉm. 14ᵉs.] → Rough

Cambridge Sidney Sussex Coll. 43 [agn. 1ᵉʳt. 14ᵉs.] → ChronPLangI/IIT

Cambridge Sidney Sussex Coll. 93 [14ᵉs.] → GuillTyrB

Cambridge St John's Coll. A.3 [hébr. 1239] → GlPsRsChronP

Cambridge St John's Coll. B.9 (31) [Est déb. 14ᵉs.] → GuillAnglH, PassJonglFT, QSignesK, SPauleG, WaceConcA

Cambridge St John's Coll. D.4 (79) [1ᵉm. 14ᵉs.] → RecCosmCamsH

Cambridge St John's Coll. E.8 (111) [agn. mil. 13ᵉs.] → AmDieuK, JourJugAmurC

Cambridge St John's Coll. F.30 (167) [agn. ca. 1300] → ManuelPéchF, PAbernLumH¹

Cambridge St John's Coll. G.5 (173) [agn., cette partie 15ᵉs.] → BontéFemM

Cambridge St John's Coll. I.11 (219) [agn., cette partie fin 13ᵉs.] → PetPhilT

Cambridge St John's Coll. N.13 (248; Roll) [agn. ca. 1300] → HosebAnO

Cambridge St John's Coll. T.8 [1379] → JGoulRatB

Cambridge Trinity Coll. B.1.45 [agn. 2ᵉm. 13ᵉs.] → ExhortationRelH

Cambridge Trinity Coll. B.14.39 (323) [agn. 1255-60] → PassJonglFT, PassJonglProlTrB, SermComL, WaceNicR

Cambridge Trinity Coll. B.14.39 (323) [agn., cette partie fin 13ᵉs.] → RobGrethEv

Cambridge Trinity Coll. B.14.40 [agn. après 1415] → BibbFR, BibbO, DialFr1415K, DonatLibM, ManLangK, UrbCort²P

Cambridge Trinity Coll. O.1.17 [agn. 2ᵉm. 14ᵉs.] → MirourEdmAW, PlainteAmV, UrbCort¹S

Cambridge Trinity Coll. O.1.20 (1044) [agn. 3ᵉq. 13ᵉs.] → LettrHippoT, PlatPractH, RecCosmCamG¹, RecMédSauvT

Cambridge Trinity Coll. O.1.20 [agn. 3ᵉq. 13ᵉs.] → AntidNicD, ChirRog²H, ChirRogH, HuntMed, RecMédQuiM, TrotulaTrinH, VisiterMaladesCH

Cambridge Trinity Coll. O.1.76 [agn. déb. 14ᵉs.] → GrCharteH

Cambridge Trinity Coll. O.2.5 (1109) [agn. mil. 14ᵉs.] → CapsulaEbH, PrognZodBiblH, PrognZodConstellH

Cambridge Trinity Coll. O.2.5 [agn. mil. 14ᵉs.] → GeomancieGravelH, LettrHippoT, RecMédNovCirHi

Manuscrits

Cambridge Trinity Coll. O.2.14 (1118) [agn. mil. 13ᵉ s.] → BestGuillR, PassJonglCaF, PassJonglFT, RomRomL

Cambridge Trinity Coll. O.2.14 [agn. mil. 13ᵉ s.] → SermJos¹⁻⁵H

Cambridge Trinity Coll. O.2.21 [agn. déb. 14ᵉ s.] → BibbO, CapsulaEbH

Cambridge Trinity Coll. O.2.29 (1133) [agn. 13ᵉ s.] → SermMaurR

Cambridge Trinity Coll. O.2.45 [agn. 3ᵉ q. 13ᵉ s.] → CredoUsI, PatenUsAI, RiotecU

Cambridge Trinity Coll. O.3.45 (1217) [agn. déb. 14ᵉ s.] → Chirom

Cambridge Trinity Coll. O.4.26 (1257) [déb. 15ᵉ s.] → HistAnc²RB, TroiePr¹R

Cambridge Trinity Coll. O.4.26 [déb. 15ᵉ s.] → TroiePr¹R

Cambridge Trinity Coll. O.4.32 [agn. 3ᵉ q. 14ᵉ s.] → ChronTrivR, CroisRichJ

Cambridge Trinity Coll. O.5.32 (1313) [agn. 2ᵉ m. 14ᵉ s.] → CapsulaEbH

Cambridge Trinity Coll. O.5.32 [agn., partie I, textes non méd., 3ᵉ q. 14ᵉ s.] → GéomTrinH

Cambridge Trinity Coll. O.5.32 [agn., partie II: 2ᵉ m. 14ᵉ s.] → RecMédTrinH

Cambridge Trinity Coll. O.7.9 (1337) [agn. mil. 13ᵉ s.] → AdParvH, AlNeckUtensH²

Cambridge Trinity Coll. O.8.27 [agn. partie III 2ᵉ m. 13ᵉ s.] → RecMédQuiFH

Cambridge Trinity Coll. O.9.26 [agn. ca. 1330] → HosebHenO

Cambridge Trinity Coll. O.9.34 (1446) [agn. mil. 13ᵉ s.] → ThomKentF

Cambridge Trinity Coll. R.3.20 [ca. 1456] → MarcSalomK

Cambridge Trinity Coll. R.3.32 (581; 612) [Ouest après 1431] → PrêtreJeanPr¹E/I...G

Cambridge Trinity Coll. R.3.32 [Ouest après 1431] → RolCaM

Cambridge Trinity Coll. R.3.46 [agn. mil. 13ᵉ s.] → SClemB, SJeanAumU

Cambridge Trinity Coll. R.3.56 (628) [agn., cette partie déb. 13ᵉ s.] → ConjugFrM, GlTrinB

Cambridge Trinity Coll. R.5.32 [agn. 1ᵉʳ q. 15ᵉ s.] → BrutNobleDP, GrantzGeanzLB

Cambridge Trinity Coll. R.7.14 [14ᵉ s.] → GrantzGeanzLB

Cambridge Trinity Coll. R.14.7 (883) [agn. peu après 1307] → ChronPLangI/IIT

Cambridge Trinity Coll. R.14.7 [agn. peu après 1307] → AncrRiwleTT, BrutusF, LReisEnglF, PeinesR

Cambridge Trinity Coll. R.16.2 (950) [agn. 2ᵉ q. 13ᵉ s.] → ApocTrinO

Cambridge Trinity Coll. R.17.1 (987) [Canterbury av. 1160] → PsCambrM

Cambridge Trinity Coll. O.2.5 [agn. mil. 14ᵉ s.] → TrotulaOct

Cambridge Trinity Hall 12 [1407 n.st.] → ChastVergiA, ConsBoèceBenN

Cambridge Univ. Add. 2682 [13ᵉ s.] → ChevCygne

Cambridge Univ. Add. 2709(1) [ca. 1300] → BenTroieC

Cambridge Univ. Add. 2751(2) [13ᵉ s.] → BenTroieC

Cambridge Univ. Add. 2751(3) (anc. Mm.VI.4, Dd.15.12) [contin.?, fin 13ᵉ s.] → TristThomB

Cambridge Univ. Add. 2751(4) [1ᵉ m. 13ᵉ s.] → AliscW

Cambridge Univ. Add. 2751(5) [14ᵉ s.] → ManuelPéchF

Cambridge Univ. Add. 2751(6) [14ᵉ s.] → ManuelPéchF

Cambridge Univ. Add. 2751(7) [2ᵉ m. 13ᵉ s.] → ChevVivM

Cambridge Univ. Add. 2751(8) [agn. fin 13ᵉ s.] → MirourEdmAW

Cambridge Univ. Add. 2751(8) [fin 13ᵉ s.] → VenjNSPr¹F

Cambridge Univ. Add. 2751(10) [13ᵉ s.] → REnclMisM

Cambridge Univ. Add. 2751(16) [agn. fin 13ᵉ s.] → GuiWarE

Cambridge Univ. Add. 2751(n) [13ᵉ s.] → LancPrM

Cambridge Univ. Add. 3022 [agn. 1ᵉʳ t. 14ᵉ s.] → BrevPlacT

Cambridge Univ. Add. 3035 [agn. 4ᵉ q. 14ᵉ s.] → JGowerMirM

Cambridge Univ. Add. 3303(5) [14ᵉ s.] → ImMondeOct²S⁰

Cambridge Univ. Add. 3392 [agn. 1ᵉ m. 14ᵉ s.] → AnelEdwC

Cambridge Univ. Add. 4089 [15ᵉ s.] → SecrSecrPr³H

Cambridge Univ. Add. 4166(9) [déb. 13ᵉ s., ou encore 12ᵉ s.?] → PhThCompM

Cambridge Univ. Add. 4177 [3ᵉ q. 13ᵉ s.] → Pères

Cambridge Univ. Add. 4407(1) [agn. fin 13ᵉ s.] → HornP

Cambridge Univ. Add. 4470 [agn. 1ᵉ m. 13ᵉ s.] → HornP

Cambridge Univ. Add. 5964(39) [13ᵉ s.] → GerbMetzT

Cambridge Univ. Add. 6000(27) [13ᵉ s.] → FetRomF¹

Cambridge Univ. Add. 6219(6) [14ᵉ s.] → SidracLR

Cambridge Univ. Add. 6220(7) [14ᵉ s.] → VoeuxPaonR

Cambridge Univ. Add. 6855 [2ᵉ m. 14ᵉ s.] → EvEnfQuatrG

Cambridge Univ. Add. 6860 [feuilles de garde, agn. ca. 1300] → HosebHenO

Cambridge Univ. Add. 7071 [agn. déb. 14ᵉ s., qqs. fᵒˢ 15ᵉ s.] → MerlinM, MerlinsR, SGraalIVEstP

Cambridge Univ. Dd.IV.35 [agn. 15ᵉ / 16ᵉ s.] → PlainteVgeNostreT

Cambridge Univ. Dd.VI.85 [agn. après 1317] → NovNarrS

Cambridge Univ. Dd.VII.6 [agn. ca. 1310] → BrittN, HosebHenO, SeneschO, TrJurFetW

Cambridge Univ. Dd.VII.14 [agn. ca. 1400] → PlacCor¹K

Cambridge Univ. Dd.VII.14 [agn., cette partie ca. 1312] → HosebHenO

Cambridge Univ. Dd.VIII.53 [hébr. 13ᵉ/14ᵉ s.] → GlBerechiahW

Cambridge Univ. Dd.IX.38 [agn. mil. 14ᵉ s.] → BrittN, HosebHenO, SeneschO

Cambridge Univ. Dd.X.31 [agn. fin 13ᵉ s.] → PetPhilT

Manuscrits

Cambridge Univ. Dd.XI.78 [av. 1259] → Ruteb-NeufJoiesM
Cambridge Univ. Dd.XII.23 [agn. 1^{e}m. 15^{e}s., après 1415] → DialFr1415K, DonatLibM, ManLangK
Cambridge Univ. Ee.I.1 [agn. déb. 14^{e}s.] → BrevPlacT, HosebHenO, ReiEnglF, SongeAch^{2}B, Tripartita^{1}L, Tripartita^{2}L, Tripartita^{3}T, TrJurFetW
Cambridge Univ. Ee.I.5 [agn. 14^{e}s.] → TrJurFetW
Cambridge Univ. Ee.I.20 [agn. 1^{er}q. 14^{e}s.] → ManuelPéchF
Cambridge Univ. Ee.II.17 [1^{e}m. 15^{e}s.] → GouvRoisGauchyM, JVignayVégL
Cambridge Univ. Ee.III.52 [peu de traits agn. 2^{e}q. 14^{e}s.] → BiblePar
Cambridge Univ. Ee.III.59 [agn. ca. 1255] → EdConfCambrW
Cambridge Univ. Ee.IV.20 [agn. 1382 ss.] → DonatLibM, HeraudieD, HosebAnO, NominaleS, OrthGallJ, UerkvitzLettr
Cambridge Univ. Ee.IV.26 [agn. 2^{e}m. 13^{e}s.] → YderA
Cambridge Univ. Ee.VI.11 [agn. 1^{e}m. 13^{e}s.] → MarieFabW, PurgSPatrCamZ, SMarg2S
Cambridge Univ. Ee.VI.30 [agn. 2^{e}m. 13^{e}s.] → MirNDEver^{1}M
Cambridge Univ. Ff.I.33 [Bourges 1420] → JVignayEchecsF, LettrHippoT, SecrSecrPr^{6}H
Cambridge Univ. Ff.II.39 [3^{e}t. 14^{e}s.] → BrittN
Cambridge Univ. Ff.VI.13 [agn. fin 13^{e}s.] → FaucMedC, FaucTretizH
Cambridge Univ. Ff.VI.17 [agn. 1^{e}m. 13^{e}s. ?] → HornP
Cambridge Univ. Gg.I.1 [agn. après 1307] → BibbO, BlasmeBF, BontéFemM, BrutAbrZ, ChronPLangI/IIT, ChronPLangW^1, CompRalfH, EvEnfQuatrG, HermValS, ImMondeOct^{1}D, JugAmMeliorO, ManuelPéchF, PAbernLumH^1, PlainteAmV, PlainteVgePurT, QSignesK, RobGrethEv, SidracH, SSagAP, UrbCort^{1}S
Cambridge Univ. Gg.I.15 [agn. 2^{e}t. 14^{e}s.] → GrantzGeanzLB
Cambridge Univ. Gg.V.12 [agn. 1^{er}t. 14^{e}s.] → BrittN
Cambridge Univ. Gg.VI.7 [agn. 3^{e}q. 14^{e}s.] → NovNarrS
Cambridge Univ. Gg.VI.28 [agn. ca. 1310] → ItinJérM, NicBozCharV, OrdeneChevB, PetPhilT, SSagAP
Cambridge Univ. Gg.VI. 42 [agn. déb. 13^{e}s.] → HuntAnec
Cambridge Univ. Gg.VI.44 [agn. 4^{e}q. 14^{e}s.] → DonatLibM
Cambridge Univ. Hh.III.2 [16^{e}s.] → PlacCor^{2}K
Cambridge Univ. Hh.III.5 [agn. déb. 14^{e}s.] → DoctSauvS
Cambridge Univ. Hh.III.11 [agn. ca. 1300] → HosebAnO, HosebHenO, SeneschO, TrJurFetW
Cambridge Univ. Hh.IV.6 [agn. 14^{e}s.] → BrittN
Cambridge Univ. Ii.V.11 [14^{e}s.] → AldL
Cambridge Univ. Ii.VI.24 [norm. après 1256] → ElucidaireGilR, Turpin^{5}Wa
Cambridge Univ. Kk.IV.20 [cette partie agn. fin 13^{e}s.] → QuatreFilles^{6}H

Cambridge Univ. Kk.V.10 [14^{e}s.] → AlNeckCorrM
Cambridge Univ. Ll.I.14 [ca. 1300] → JGarlPoetriaL
Cambridge Univ. Ll.II.5 [2^{e}m. 15^{e}s.] → MelusCoudrR
Cambridge Univ. Ll.IV.17 [agn. 1^{er}t. 14^{e}s.] → BrevPlacT, CourtBarM, TrJurFetW
Cambridge Univ. Mm.I.27 [agn. prob. 1282] → CourtBarM, PlacCor^{1}K, SeneschO
Cambridge Univ. Mm.I.30 [agn. déb. 14^{e}s.] → NovNarrS
Cambridge Univ. Mm.V.23 [agn. 1^{er}q. 14^{e}s.] → NovNarrS
Cambridge Univ. Mm.VI.4 [agn. 1^{e}m. 14^{e}s.] → ManuelPéchF
Cambridge Univ. Mm.VI.15 [agn. 2^{e}m. 13^{e}s.] → MirNDSardR
Cambridge Univ. Oo.VI.110 [fin 13^{e}s.] → JGarlUnH^2
Canterbury Dean and Chapter Libr. Add. 18 [agn. ca. 1300] → PrognZodLuneH
Canterbury Dean and Chapter Libr. Add. 128/47 [?] → PAbernLumH^1
Canterbury Dean and Chapter Libr. Add. 129/1 [agn. 2^{e}m. 14^{e}s.] → AlNeckUtensH^2
Canterbury Dean and Chapter Libr. R.38 [agn. 14^{e}s.] → Rough
Canterbury Dean and Chapter Libr. Reg. B [agn. ca. 1400] → HosebAnO
Canterbury Dean and Chapter Libr. Reg. J [agn. ca. 1300] → HosebAnO, HosebHenO
Canterbury Dean and Chapter Libr. Reg. P [agn. fin 13^{e}s.] → HosebHenO
Canterbury Dean and Chapter Libr. Roll 70365 [feuille de garde agn. 14^{e}s.] → SSagAcT
Canterbury Dean and Chapter Libr. Roll C.1293 [agn. ca. 1260] → GrossetReulesO
Cape Town Nat. Libr. Grey 4.c.12 [1^{er}q. 14^{e}s.] → RoseLLangl
Cape Town Nat. Libr. Grey 6.b.9 [Bruges ca. 1485] → GouvRoisGauchyM
Carcassonne 34 [fin 13^{e}s.] → FlamencaZ
Carlisle Cathedral fragm. → DurmG
Carlisle Cathedral Lives of the Saints [cette partie 2^{e}m. 13^{e}s.] → SJeanBoucheD
Carlisle Cathedral Lives of the Saints [cette partie fin 13^{e}s.] → AlexisM^{2}E
Carlisle Cathedral Lives of the Saints [cette partie pic. déb. 14^{e}s.] → SCathCarlM
Carlisle Cumbria Rec. Off. s.c. [agn. 2^{e}m. 13^{e}s.] → TristThomB
Carpentras 106 (L.123) [pic. fin 13^{e}s.] → CoincyChristC, CoincyI1…K, PèresAK, PurgSPatrPrAD, SAgnèsAlD
Carpentras 269 (L.270) [Chypre? ca. 1300] → BrunLatC
Carpentras 302 (L.298) [Occ. 1440] → OresmePolM
Carpentras 315 (L.311) [3^{e}t. 15^{e}s.?] → PCresc
Carpentras 332 (L.328) [ca. 1300] → JMeunVégL
Carpentras 343 (L.339) [15^{e}s.] → GastPhébChasseT
Carpentras 375 (L.371) [15^{e}s.] → VaillantD
Carpentras 390 (L.386) [15^{e}s.] → ChrPisJehK

Manuscrits

Carpentras 404 (L.400) [fin 13ᵉs.] → TristPrC, TristPrMé

Carpentras 405 (L.401) [cette partie ca. 1300] → MaccabGautS

Carpentras 405 (L.401) [cette partie champ.sept. 13ᵉs.] → Bueve3S

Carpentras 406 (L.402 et 402bis) [déb. 15ᵉs.] → JVignayEchecsF, MelusCoudrR

Carpentras 407 (L.403) [mil. 15ᵉs.] → MelusCoudrR

Carpentras 408 [3ᵉt. 15ᵉs.] → ChevDamesM

Carpentras 411 (L.407) [15ᵉs.] → ConsBoèceRenA²

Carpentras 467 (L.459) [14ᵉs.] → SJeanEvOctH

Carpentras 472 (L.464) [3ᵉt. 15ᵉs.] → PrêtreJeanPr²W/X/Y/ZG, VenjNSPr⁵F

Carpentras 473 (L.465) [f° 1-140: mil. 13ᵉs.] → PèresPrI5/7S

Carpentras 473 (L.465) [mil. 13ᵉs.] → BalJosAnS, PèresPrI1/2..., WaceConcA

Carpentras 503 (L.493) [15ᵉs.] → FroissChronIVV

Carpentras 505 (L.495) [ca. 1485] → MonstreletD

Carpentras 725 (L.S.6) [1407] → PelVieS

Carpentras 1260 (anc. Barj.) [It. ca. 1300] → HistAnc

Carpentras 1786 (P. XIX) [17ᵉs.] → AssJérJIbVatT

Carpentras 1838 (P. LXIII, II) [copie 17ᵉs. de BN fr. 18761] → BeaumCoutS

Catania Ventimigliana 42 (43) [Chypre? 14ᵉs.] → ConfPechésB, JordRufC

Chalon Arch. dép. AA.1 [14ᵉs.] → PéageChalonBA

Chalon sur Saône → Chalon

Châlons Arch. dép. 3.J.138 [lorr. 2ᵉm. 13ᵉs.] → GerbMetzCHB

Châlons Bibl. mun. 35 (37) [fragm. 1ᵉm. 13ᵉs.] → BenTroieC

Châlons Bibl. mun. 81 (90) [déb. 15ᵉs.] → JBelV

Châlons en Champagne → Châlons

Châlons sur Marne → Châlons

Chambéry 27 [ce texte prob. ca. 1339] → JacAmArtK, JacAmArtP

Chambéry 234 [non ident.] → HermValS

Chantilly Musée Condé 3 (724) [14ᵉs.] → BibleAcreN, JugesA, RoisC

Chantilly Musée Condé 4-5 (1045 et 1045bis) [ca. 1300] → BiblePar

Chantilly Musée Condé 23-24 (453 et 488) [15ᵉs.] → BibleGuiart

Chantilly Musée Condé 26-27 (1078-1079, 1188, 354) [pic.mérid. av. 1330] → CiNDitB²

Chantilly Musée Condé 36 (860) [ca. 1470?] → PassIsabD

Chantilly Musée Condé 37 (654) [15ᵉs.] → PassIsabD

Chantilly Musée Condé 38 (898) [15ᵉs.] → VenjNSPr⁵F

Chantilly Musée Condé 129 (645) [ca. 1455] → PCrapCurB

Chantilly Musée Condé 130 (526) [pic.-wall. 1481] → HugRipM

Chantilly Musée Condé 157 (986) [3ᵉt. 15ᵉs.] → MiroirAmeMargG

Chantilly Musée Condé 277 (1327) [1397-98] → OresmeEthM

Chantilly Musée Condé 278 (575) [déb. 15ᵉs.] → LaurPremEconD, OresmeEthM

Chantilly Musée Condé 279 (320) [frc. ca. 1440] → OresmeEconM, OresmePolM

Chantilly Musée Condé 282 (491) [4ᵉq. 15ᵉs.] → FormHonCourtH

Chantilly Musée Condé 283 (658) [2ᵉm. 14ᵉs.] → JMeunConsD

Chantilly Musée Condé 284 (627) [fin 14ᵉs.] → JMeunConsD

Chantilly Musée Condé 285 (663) [15ᵉs.] → ConsBoèceBenN

Chantilly Musée Condé 288 (714) [1ᵉm. 14ᵉs.] → BrunLatC

Chantilly Musée Condé 289 (689) [14ᵉs.] → BrunLatC

Chantilly Musée Condé 292 (403) [15ᵉs.] → PhMézPelC

Chantilly Musée Condé 296 (1512) [2ᵉm. 15ᵉs.] → LeFrancEstrifD

Chantilly Musée Condé 299 (918) [av. 1480] → AbuzéD

Chantilly Musée Condé 331 (692) [15ᵉs.] → SidracH

Chantilly Musée Condé 340 (603) [ca. 1455] → PCresc

Chantilly Musée Condé 344 (545) [2ᵉt. 15ᵉs.] → JMeunVégL

Chantilly Musée Condé 365 (1560) [4ᵉq. 14ᵉs.] → ModusT

Chantilly Musée Condé 366 (1559) [15ᵉs.] → ModusT

Chantilly Musée Condé 367 (480) [15ᵉs.] → GastPhébChasseT, GastPhébOrT¹

Chantilly Musée Condé 433 (590) [Acre av. 1291] → JAntRectG

Chantilly Musée Condé 470 (703) [1ᵉm. 14ᵉs.] → AspremChaB

Chantilly Musée Condé 471 (618) [15ᵉs.] → AmAmAlM⁰, AmAmcM

Chantilly Musée Condé 472 (626) [hain. 3ᵉt. 13ᵉs.] → AtreW, ErecF, FergF, HunbautW, LancF, Perl¹N, Ren, RenBeaujBelF, RigomerF, VengRagR, YvainF

Chantilly Musée Condé 473 (678) [fin 15ᵉs.] → RenNouvPrS

Chantilly Musée Condé 474 (1330) [lorr. fin 13ᵉs.] → MarieFabW, MorPhilP, RenclCarH, VMortHélW

Chantilly Musée Condé 475 (1578) [cette partie 14ᵉs.] → Pères, SCathCarlM

Chantilly Musée Condé 475 (1578) [cette partie pic. 3ᵉt. 13ᵉs.] → ChevalVendiM, ChevalVendiR¹, EvFemesK, OutHôtelN, Tumb_{ND}W

Chantilly Musée Condé 475 (1578) [f° 1-26 et 173-223 pic. 3ᵉt. 13ᵉs., f°27-172 14ᵉs.] → RutebF

Chantilly Musée Condé 475 (1578) [f° 1-26 et 173-223: pic. 3ᵉt. 13ᵉs., f°27-172 et 218-223: 14ᵉs.] → BouchAbevR

Chantilly Musée Condé 475 (1578) [pic. 3ᵉt. 13ᵉs. et 14ᵉs.] → CoincyI1...K

Chantilly Musée Condé 476 (644) [I, f°1-58, Acre 1271] → AldL, ImMondeOct¹D

Chantilly Musée Condé 476 (644) [II Graal 2ᵉm. 13ᵉs.] → MortArtuF¹

Chantilly Musée Condé 476 (644) [II, 2ᵉm. 13ᵉs.] → SGraalIVQusteP

Manuscrits

Chantilly Musée Condé 476 (644) [II, f°59-222 Graal, 2ᵉm. 13ᵉs.] → SGraalIVEstP

Chantilly Musée Condé 477 (1469) [fin 13ᵉs.] → ImMondeOct¹D

Chantilly Musée Condé 478 (1444) [fin 13ᵉs.] → ImMondeOct²S⁰

Chantilly Musée Condé 479 (911) [déb. 14ᵉs.] → RoseLLangl

Chantilly Musée Condé 479 (911) [f° ajouté, déb. 14ᵉs.] → RoseGuiV

Chantilly Musée Condé 480 (686) [déb. 14ᵉs.] → RoseLLangl

Chantilly Musée Condé 481 (664) [3ᵉq. 14ᵉs.] → RoseGuiV

Chantilly Musée Condé 483 (1480) [mil. 14ᵉs.] → RoseLLangl

Chantilly Musée Condé 485 (570) [fin 14ᵉs.] → ConsBoèceBenN, JMeunTresM

Chantilly Musée Condé 487 (757) [faibles traits Nord et Nord-Ouest 4ᵉq. 14ᵉs.] → GaceBuigneB

Chantilly Musée Condé 488 (683) [15ᵉs.] → GaceBuigneB

Chantilly Musée Condé 491 (1680) [déb. 15ᵉs.] → CentBallR

Chantilly Musée Condé 492-493 (1667-1668) [prob. 1403] → ChrPisCheminT, ChrPisOthP, ChrPisRoseF

Chantilly Musée Condé 497 (1576) [15ᵉs.] → Apol²L

Chantilly Musée Condé 499 (1404) [2ᵉm. 15ᵉs.] → PChastTPerD

Chantilly Musée Condé 502 (1920) [15ᵉs.] → TroisMortsSeG

Chantilly Musée Condé 564 (1047) [15ᵉs.] → GuillMachC, GuillMachConfH

Chantilly Musée Condé 615 (632) [2ᵉq. 15ᵉs.] → MistRésAngS

Chantilly Musée Condé 616 (657) [entre 1481 et 1503] → MistConcL

Chantilly Musée Condé 617 (1386) [wall. 2ᵉm. 15ᵉs.] → RobOmMirL

Chantilly Musée Condé 619 (anc. Cigogne 1493) [15ᵉs.] → SCrespin¹O

Chantilly Musée Condé 620 (1603) [I: 1485] → MistSAdrP

Chantilly Musée Condé 620 (1603) [II: 1492] → MorPeupleH

Chantilly Musée Condé 643 (307) [fin 14ᵉs.] → MerlinM

Chantilly Musée Condé 644 (1081) [It. déb. 14ᵉs.] → MerlinM, SGraalIIIJosTO

Chantilly Musée Condé 645-647 (315-317) [1480] → PalamC

Chantilly Musée Condé 649 (1111) [4ᵉq. 13ᵉs.] → MortArtuF¹

Chantilly Musée Condé 650 (1437) [2ᵉm. 15ᵉs. (?)] → CleriadusZ

Chantilly Musée Condé 651 (1486) [fin 15ᵉs.] → AlexPrH

Chantilly Musée Condé 652 (1082) [15ᵉs.] → FlorOctPr

Chantilly Musée Condé 654 (1572) [ca. 1470] → DevR, EvQuencJ

Chantilly Musée Condé 685 (695) [fin 15ᵉs.] → PrêtreJean²PrW/X/Y/ZG, SecrSecrPr⁶H

Chantilly Musée Condé 686 (1087) [après 1452] → QJoyesR, SecrSecrPr⁶H

Chantilly Musée Condé 699 (1414) [liég. 4ᵉq. 14ᵉs.] → JMandOgT, LapidMand¹M

Chantilly Musée Condé 722 (1196) [ca. 1460] → JVignayMir

Chantilly Musée Condé 726 (493) [Bologna? 4ᵉq. 13ᵉs.] → FetRomF¹, HistAnc

Chantilly Musée Condé 727 (601) [ca. 1390] → HistAnc²RB, TroiePr⁵R

Chantilly Musée Condé 734 (456) [1313 n.st.] → AlexisPr³, EvNicPrBF, PastGregL/CP, PèresPrIIMarcelL, PurgSPatrPrAD, SDenisPr¹L, SEustPr¹M, SGenDér, SJulPrS, SMadPr⁵, SMargAO, SMarieEgoD

Chantilly Musée Condé 735 (1335) [mil. 14ᵉs.] → LégDorVignBartH

Chantilly Musée Condé 737 (746) [2ᵉm. 15ᵉs.] → MistSAdrP

Chantilly Musée Condé 738 (1401) [wall. 1437] → RègleSBenMartDL

Chantilly Musée Condé 768 (701) [déb. 14ᵉs.] → FetRomF¹

Chantilly Musée Condé 769 (466) [15ᵉs.] → FetRomF¹

Chantilly Musée Condé 770 (1055) [Bologna? 4ᵉq. 13ᵉs.] → FetRomF¹

Chantilly Musée Condé 869 (522) [4ᵉq. 15ᵉs.] → HistCharlPh, Turpin⁵Wa

Chantilly Musée Condé 871 (1543) [2ᵉm. 13ᵉs.] → ChronRobSMarD

Chantilly Musée Condé 875 (321) [ca. 1500] → MonstreletD

Charleville 90 [champ.sept. fin 13ᵉs.] → CoincyI1…K, SermMaurR

Charleville 99 [wall.mérid. 2ᵉt. 14ᵉs.] → DistinctCharlH

Charleville 100 [lorr. déb. 14ᵉs.] → HuonDescrL

Charleville 138 [14ᵉs.] → RègleSBenPr¹³

Charleville 271 [déb. 14ᵉs.] → CoincyI1…K

Chartres 333 (371) [f°1-72 1ᵉʳt. 14ᵉs.] → SommeLaurB

Chartres 333 (371) [f°73-132 fin 13ᵉs.] → SermMaurR

Chartres 408 (423) [14ᵉ-15ᵉs.] → PelVieS

Chartres 419 (411) [2ᵉm. 14ᵉs.] → EchecsFerronC

Chartres 419 (cat. de 1840: 411) [2ᵉm. 14ᵉs.] → Apol²L

Chartres 620 (261) [fin 13ᵉs.] → AubereeN, ClercVaudR, CoincyI1…K, MorPhilPrH, SSagAP, SSagOctChSp, YsChB

Chartres 1027 (H.1.18) [Chartres 14ᵉs.] → MirNDChartrK

Chartres 1036 (H.1.51) [15ᵉs.] → LapidEP, SermLaudT

Chartres 1595 [19ᵉs.] → CoincyI1…K

Château du Sart, près Lille, comte de Wasiers [frc. 1373] → OresmeEconM

Châteaulin Y. Raison du Cleuziou (?) [2ᵉm. 15ᵉs.] → CoutBretP

Châteauroux 1 [francoit. fin 13ᵉs.] → RolCF

Châteauroux 17 [18ᵉs.] → CoincyI1…K

Châtillon (Aosta) Arch. des comtes de Challant [2ᵉm. 14ᵉs.] → EntreeT

Chatsworth House Derbyshire [1464] → GilTrasW

Manuscrits

Chaudron en Mauges (Marquis de Villoutrey, S. Pierre Montlimart, dépôt Univ. cath. Angers) [déb. 13ᵉs.] → SSilvCroixP
Chelles Musée 6 [ca. 1500] → SBath²B
Cheltenham Phillipps → GarLorrI
Cheltenham Phillipps *567/1925 → SBernAn²S
Cheltenham Phillipps 130 → MortArtuF¹
Cheltenham Phillipps 199 → LégDorVignBartH
Cheltenham Phillipps 203 → FolTristBernCD
Cheltenham Phillipps 379 → BibleGuiartM⁰
Cheltenham Phillipps 810 [ca. 1400] → EtSLouisV
Cheltenham Phillipps 811 [fin 13ᵉs.] → EtSLouisV
Cheltenham Phillipps 833 → ImMondeOct¹D
Cheltenham Phillipps 856 → MortAdamP
Cheltenham Phillipps 1045 → MerlinM
Cheltenham Phillipps 1046 → MerlinM
Cheltenham Phillipps 1047 → MerlinM
Cheltenham Phillipps 1050 → BrutNobleAM
Cheltenham Phillipps 1290 → PoésBlosI
Cheltenham Phillipps 1906 → BibleGuiart
Cheltenham Phillipps 1911 → EvastL
Cheltenham Phillipps 1917 → GrChronV
Cheltenham Phillipps 1928 → VaillantD
Cheltenham Phillipps 1929 → PhMézGrisG
Cheltenham Phillipps 1930 → JMandLD
Cheltenham Phillipps 1932 → ChronBaudAbrK
Cheltenham Phillipps 2217 → ChronBaudAbrK
Cheltenham Phillipps 2223 → GrossetChastM
Cheltenham Phillipps 2324 → RomRomL
Cheltenham Phillipps 2924 → Bersuire
Cheltenham Phillipps 2937 → GarLorrI
Cheltenham Phillipps 3629 → CleomH
Cheltenham Phillipps 3630 / 1045/1047? → MerlinM
Cheltenham Phillipps 3634 → Ren
Cheltenham Phillipps 3640 → ChastelPerB
Cheltenham Phillipps 3641 → ModusT
Cheltenham Phillipps 3643 → ChevBarBloisB
Cheltenham Phillipps 3655 → ImMondeOct²S⁰
Cheltenham Phillipps 3656 → AcartH
Cheltenham Phillipps 3657 → PassIsabD
Cheltenham Phillipps 3660 → AlexisPr¹L
Cheltenham Phillipps 3668 → SChristofleQuatrK
Cheltenham Phillipps 3679 → MarqueA
Cheltenham Phillipps 3713 → DesiréT
Cheltenham Phillipps 3950 → MonstreletD
Cheltenham Phillipps 4156 → BestGuillR
Cheltenham Phillipps 4219 → PelVieS
Cheltenham Phillipps 4320 [14ᵉs.] → CoutEauB
Cheltenham Phillipps 4357 → RoseLLangl
Cheltenham Phillipps 4359 → RPreslesCitéB
Cheltenham Phillipps 4363, Kraus, Amsterdam BPH 136 → RoseLLangl
Cheltenham Phillipps 4377 → MortArtuF¹
Cheltenham Phillipps 4405 → ConsBoèceAberC
Cheltenham Phillipps 4417 → RPreslesCitéB
Cheltenham Phillipps 6343 → PelVieS
Cheltenham Phillipps 6661 → AlexParA
Cheltenham Phillipps 6664 → HuonRegrL
Cheltenham Phillipps 6739 → BestPierre²B
Cheltenham Phillipps 6740; Marquis de Vogüé; H. P. Kraus → GuillMachBehH
Cheltenham Phillipps 8075 → HerbCandS
Cheltenham Phillipps 8113 → SThomBenS
Cheltenham Phillipps 8185 → RoseLLangl
Cheltenham Phillipps 8188 → BibbO

Cheltenham Phillipps 8194 → ChronGuesclF
Cheltenham Phillipps 8336 → BibbO
Cheltenham Phillipps 8338 → QJoyesR
Cheltenham Phillipps 8344 → PalamC
Cheltenham Phillipps 8345 → GuiWarE
Cheltenham Phillipps 8353, Kraus 165,4, Amsterdam Bibliotheca Philosophica Hermetica 116 → SidracLR
Cheltenham Phillipps 8383 → TristPrMé
Cheltenham Phillipps 8383 [13ᵉs.] → TristPr
Cheltenham Phillipps 8384 → BenTroieC
Cheltenham Phillipps 10176 → GuillFillConsH
Cheltenham Phillipps 10298 → GastPhébChasseT
Cheltenham Phillipps 10624 et 13835 → AdParvH
Cheltenham Phillipps 11592 → GastPhébChasseT
Cheltenham Phillipps 13443/13446 → DialFr1415K
Cheltenham Phillipps 13496 → HistAnc
Cheltenham Phillipps 15758 → RobGrethEv
Cheltenham Phillipps 16230 → YsEudeR
Cheltenham Phillipps 16378 → HermValS
Cheltenham Phillipps 16588 (= 16549!) [fin 13ᵉs.] → Pères
Cheltenham Phillipps 21859 (où?) [15ᵉs.] → CoutBretP
Cheltenham Phillipps 22403 → CoutNormT
Cheltenham Phillipps 25074 → AliscW
Cheltenham Phillipps 25155 → GuillMarM
Cheltenham Phillipps 25970 → ChronPLangI/IIT
Cheltenham Phillipps 26092 → GalienD
Cheltenham Phillipps 26119 → AspremLM
Cheltenham Phillipps 32043 et 32105 → ReiEnglF
Cheltenham Phillipps [cf. CRAI 30, 1886, 365], où? → ImMondeOct¹D
Cherbourg 42 [15ᵉs.] → PelAmeS, PelVie²M⁰
Chicago Univ. 224 (CS.439.fM.82.W.6) [agn. fin 14ᵉs.] → ChronWigmoreD
Chicago Univ. 392 [2ᵉm. 14ᵉs.] → EchecsFerronC
Chicago Univ. 533 [ca. 1310] → GouvRoisGauchyM
Chicago Univ. 535 [agn. 13ᵉs.] → HermValS
Chicago Univ. 708 [fin 13ᵉs.] → SiègeBarbP
Chieri Arch. com. [2ᵉm. 13ᵉs. ?] → BrunLatC
Chieri Arch. com. Art. 144, n. 29,33,52,55 [mil. 13ᵉs.] → AthisH
Chieri Arch. com. s. cote [fin 13ᵉs.] → SJulcV
Cividale del Friuli Mus. (anc. Arch. com.) Busta 24 [1ᵉm. 14ᵉs.] → BalJosAnS
Clermont-Ferrand 154 (135, A.13) [mil. 14ᵉs.] → RègleSBenPr³
Clermont-Ferrand 240 (189) [prob. Clermont ca. 1000] → PassionA, SLégerA
Clermont-Ferrand 248 (196ᵇ) [frc. 2ᵉm. 13ᵉs.] → PercB
Clermont-Ferrand 249 [Pays d'oc déb. 15ᵉs.] → DeschQ, EvFemesK, GuillMachC, SongeVertC
Clermont-Ferrand 356 [mil. 15ᵉs.] → LFortunaeG
Clermont-Ferrand Arch. dép. 2 (F2) [cette partie agn. fin 13ᵉs.] → CouplMarL, HeronN
Clermont-Ferrand Arch. dép. 2 (F2) [pièce 1: 13ᵉs.] → AspremPuyM
Cleveland Publ. Libr. 789.0921M C8D [ca. 1480] → JVignayEchecsF
Cleveland Publ. Libr. J. G. White Collection [15ᵉs.] → PhMézPelC
Coburg 4 (anc. S.IV.2.) [15ᵉs.] → PProv²C

Manuscrits

Cologny Bodmer 1 (anc. Cheltenham Phillipps 3629) [traits pic. fin 13ᵉ s.] → CleomH
Cologny Bodmer 4 [fin 13ᵉ s.] → BiblePar
Cologny Bodmer 11 (anc. Cheltenham Phillipps 26119) [agn. 2ᵉt. 13ᵉ s.] → AspremLM
Cologny Bodmer 17 [fin 12ᵉ s.] → BrendanW
Cologny Bodmer 18 (anc. Cheltenham Phillipps 8384) [hain. fin 13ᵉ s.] → BenTroieC, ThebesC
Cologny Bodmer 40 [lorr. fin 13ᵉ s.] → SaisnA/LB, SaisnMich
Cologny Bodmer 67 (anc. Marske Hall D'Arcy Hutton) [agn. 2ᵉm. 13ᵉ s.] → BrutA, BrutDurA, FlorenceW, GuiWarE, ReiEnglF
Cologny Bodmer 67 (anc. Marske Hall D'Arcy Hutton) [fragm. agn. f°49ᶜ-52ᵃ 2ᵉm. 13ᵉ s.] → BrutDurB
Cologny Bodmer 71 [15ᵉ s.] → Fauvel¹L
Cologny Bodmer 79 [1308] → RoseLLangl
Cologny Bodmer 82 (anc. Cheltenham Phillipps 3713) [agn. fin 13ᵉ s.] → DesiréT, DonneiH, ElesB, HavelocB, NabaretT
Cologny Bodmer 93 [fin 14ᵉ s.] → EchecsFerronC
Cologny Bodmer 95 [ca. 1300] → CesTuimAlC
Cologny Bodmer 96 (anc. Cheltenham Phillipps 8344) [ca. 1420] → PalamC, PalamLe
Cologny Bodmer 96 [ca. 1420] → AventBrunL, PalamL
Cologny Bodmer 105 [3ᵉq. 15ᵉ s.] → SGraalIVQusteP, SGraalPVB
Cologny Bodmer 113 [15ᵉ s.] → HonteJ, MarieFabW
Cologny Bodmer 116 [pic. déb. 14ᵉ s.] → MerlinProphEB
Cologny Bodmer 147 (anc. Cheltenham Phillipps 1046) [4ᵉq. 13ᵉ s.] → MerlinM, MortArtuF¹, SGraalIVQusteP, TroiePr¹⁵V
Cologny Bodmer 147 [4ᵉq. 13ᵉ s.] → BiblePar, SermMaurR
Cologny Bodmer 160 (anc. Ashburnham App. 168) [1469] → HistAnc
Cologny Bodmer 168 (anc. Cheltenham Phillipps 8345) [agn. ca. 1300] → GuiWarE, OtinG
Cologny Bodmer 168 [agn. ca. 1300] → WaldefH
Columbia Mo. Univ. of Missouri Ellis Libr. Fragm. Ms. 135 (anc. Cheltenham Phillipps 15758) [agn. 2ᵉm. 13ᵉ s.] → RobGrethEv
Conches 1 [1388] → GlConchR
Covington Virginia H. A. Walton (De Ricci suppl. Census A 2200) [frc. ca. 1325] → ChastVergiA
Darmstadt 134 [ca. 1480] → MonstreletD
Darmstadt 714 (D 30) [2ᵉt. 15ᵉ s.] → ConsBoèceCompC²
Darmstadt 815 [liég. 2ᵉm. 13ᵉ s.] → MédLiégH
Darmstadt 2524 [pic. (Douaisis) 1449] → YsayeTrG
Darmstadt 2534 [14ᵉ s.] → MerlinM
Darmstadt 2640 [cette partie fin 13ᵉ s.] → CatDarmstH
Darmstadt 2663 [14ᵉ s.] → ElucidaireIT
Darmstadt 2769 [wall. 15ᵉ s.] → LettrHippoT, MédNamH
Darmstadt 3133 [lorr. ca. 1300] → HervisH
Darmstadt 3471 [déb. 14ᵉ s.] → StimmingMot
Darmstadt Hessische Universitäts- und Landesbibliothek → Darmstadt

Darmstadt Or.56 [hébr. mil. 13ᵉ s.] → GlDarmstadtK
Den Haag KB 71.A.23 [Paris ca. 1340] → BibleGuiart
Den Haag KB 71.A.24 (265, Th. 389) [prob. 1327] → SEuphrH
Den Haag KB 71.A.24 (anc. Y.389 et 265) [prob. 1327] → Pères
Den Haag KB 71.A.24 (anc. Y.389) [prob. 1327] → CoincyI1…K, HuonRegrL, QSignesK
Den Haag KB 71.A.24 [prob. 1327] → PoèmeMorB
Den Haag KB 71.E.49 [fin 15ᵉ s.] → VaillantD
Den Haag KB 71.E.58 [2ᵉm. 15ᵉ s.] → TroisFilsP
Den Haag KB 71.G.73 [18ᵉ s.] → CentBallR
Den Haag KB 71.G.74 (anc. T. 323) [1794, copie d'un ms. du 15ᵉ s.] → CharnyMesT
Den Haag KB 72.A.24 [1455] → JVignayMir
Den Haag KB 73.E.6 [15ᵉ s.?] → PassIsabD
Den Haag KB 73.J.22 [déb. 14ᵉ s.] → JMeunVégL
Den Haag KB 73.J.53 [13ᵉ s.] → BrutA
Den Haag KB 75.H.32 (O.154) [1ᵉm. 16ᵉ s.] → CoutMerOlHZ, NoblBretZ
Den Haag KB 76.E.7 [Bruges ca. 1460] → BibleMorwH
Den Haag KB 76.F.5 (69) [ce texte fin 13ᵉ s.] → HuonQuJérS
Den Haag KB 76.G.17 [13ᵉ s.] → AveRoseN
Den Haag KB 78.D.41 [fin 15ᵉ s.] → JGoulRatB
Den Haag KB 78.D.43 [ca. 1375] → BibleGuiart
Den Haag KB 78.D.47 [pic. (Saint Omer?) ca. 1265] → HistAnc
Den Haag KB 78.E.37 (anc. 703) [15ᵉ s.] → BrézéT
Den Haag KB 120.D.12 (AA 60, 699) [2ᵉt. 14ᵉ s.] → RoseLLangl
Den Haag KB 120.D.13 (AA 61, 700) [champ.sept. ca. 1300] → RoseLLangl
Den Haag KB 128.C.1, 1-3 [ca. 1480] → JVignayMir
Den Haag KB 128.E.17 (936) [fin 15ᵉ s.] → ChronBaudAbrK, TrahFranceK
Den Haag KB 129.A.15 [15ᵉ s.] → EvrartContyEchG
Den Haag KB 131.C.26 [2ᵉq. 15ᵉ s.] → ChrPisVertW
Den Haag KB 131.D.1 [fin 13ᵉ s.] → BenTroieC, BenTroieGC, JeuPartiGrC
Den Haag KB 133.A.2 [déb. 15ᵉ s.] → ElucidaireSecA/B/H/IR, SidracLR
Den Haag Koninklijk Nederlandsch Genootschap voor Geslacht- en Wapenkunde s. c. [cette partie ca. 1267] → ArmWijnb¹A
Den Haag Koninklijk Nederlandsch Genootschap voor Geslacht- en Wapenkunde s. c. [cette partie ca. 1280] → ArmWijnb²A
Den Haag Museum Meermanno-Westreenianum 10.B.23 [Paris ca. 1371] → BibleGuiart
Den Haag Museum Meermanno-Westreenianum 10.D.1 [1376] → OresmeEthM
Den Haag Museum Meermanno-Westreenianum 10.F.10 [fin 14ᵉ s.] → ChastelPerB
Den Haag Rijksarch. [pic. 13ᵉ s. ?] → AthisH
Deschamps de Pas [fin 14ᵉ s.] → AlexParA
Digne Bibl. dép. F.I. [1ᵉm. 15ᵉ s.] → FaucPetrusFrDF
Dijon 213 (175) [1406] → MirBonnes

Manuscrits

Dijon 268 (205) [fin 14ᵉs.] → EchecsFerronC
Dijon 293 (216) [déb. 15ᵉs.] → CoutBourgGP
Dijon 390 (265 A/1) [1ᵉm. 15ᵉs.] → GuiChaul
Dijon 453 (271) [2ᵉm. 15ᵉs. (?)] → PCrescNic
Dijon 525 (298) [Paris 1355-1362] → AdvNDM, CatAdSuelU, ConsBoèceCompC², ContenFamesF, EchecsFerronC, EvFemesK, Fauvel¹L, JMeunConsD, JMeunEpithK, RenclCarH
Dijon 526 (299) [pic. fin 13ᵉs.] → AmistiéDT, BestAmFournS, PoissAmS, RoseLLangl, RoseLLec, ThibAmPriereL
Dijon 528 (300¹) [lorr.mérid. fin 13ᵉs.] → GarLorrI, GerbMetzT
Dijon 549 (313) [Dijon? mil. 15ᵉs.?] → JMandPL
Dijon 562 (323) [Acre 4ᵉq. 13ᵉs. (1286?)] → HistAnc, HistAncG, HistAncV
Dijon 599 (352¹) [flandr. (Flines / Orchies) 2ᵉt. 13ᵉs.] → RègleCistG, RègleSBenMartDL
Dijon 618 (366) [bourg. 13ᵉs.] → CoutChartreux
Dijon 635 (380) [1ᵉm. 14ᵉs.] → RègleSBenPr³
Dijon 636 (381) [2ᵉm. 13ᵉs.] → RègleSBenPr³
Dijon Arch. dép. 42 (B.10410) [hébr. déb. 14ᵉs.] → CptVesoul²L
Dijon Arch. dép. 43 (B.10411) [hébr. déb. 14ᵉs.] → CptVesoul¹L
Dijon Arch. dép. 111.H.2 [ca. 1433] → RègleHospMirPr¹C
Dijon Arch. dép. 145 (H.111) [3ᵉt. 13ᵉs.] → RègleTempleC
Dijon Arch. dép. B 10423 [1272, continuations 1284-1294] → RichardCh
Dijon Arch. dép. B.935 [1439/40] → PéageChalonBA
Dijon Arch. dép. B.11388 [14ᵉs.] → PéageChalonBA
Dijon Arch. dép. H.111 [ca. 1433] → RègleHospPrD
Dijon Arch. mun. B.128 [1341/1342] → RegDijon¹L
Dijon Arch. mun. B.129 [1342/1343] → RegDijon²
Dole 157 [Paris fin 13ᵉs.] → GouvRoisGauchyM
Douai Arch. mun. CC. 156 [fin 13ᵉs.] → FinotFl
Douai Bibl. mun. 62 (82; 109) [4ᵉq. 13ᵉs.] → GlDouaiR
Douai Bibl. mun. 455 [1ᵉ p. fin 13ᵉs., 2ᵉ p. 14ᵉs.] → MiroirMondeC
Douai Bibl. mun. 765 [cette partie ca. 1400] → JMeunConsD
Douai Bibl. mun. 766 [15ᵉs.] → ConsBoèceBenN
Douai Bibl. mun. 768 [ca. 1400] → PelVieS
Douai Bibl. mun. 840 [feuillets de garde: ca. 1200] → ChAbbMarchG
Douai Le Glay [2ᵉm. 15ᵉs.] → LoisGodM
Douai Le Glay Liber caeruleus (anc. Livre de la Loi, où auj.?) [prob. 1280 ou peu après] → LoisGodM
Dover St. Martin's Priory perdu → Turpin²W
Dresden Dc 185/186/187 [12ᵉs.] → RecMédDresdM
Dresden Oc 55 [15ᵉs.] → ChrPisVertW
Dresden Oc 57 [1ᵉm. 14ᵉs.] → JMeunVégL
Dresden Oc 59 [15ᵉs.] détruit → JVignayEchecsF
Dresden Oc 61 [déb. 15ᵉs.] → GastPhébChasseT, JVignayEchecsF
Dresden Oc 62 [15ᵉs.] → ModusT

Dresden Oc 64 [pic.? ca. 1300] → JacAmArtK, JacAmRemK
Dresden Oc 66 [bourg. déb. 15ᵉs.] → EchecsAmH
Dresden Oc 68 [16ᵉs.] → VaillantD
Dresden Oc 79 [4ᵉq. 15ᵉs.] → FormHonCourtH
Dresden Oc 81 [1485-8] → AspremLM
Dublin Christ Church Liber Niger [agn., cette partie av. 1294] → PrêtreJeanD/YG
Dublin Christ Church Liber Niger [agn., cette partie ca. 1300] → ChronPLangI/IIT
Dublin Munic. Corp. Chain Book [f°6-26: agn. déb. 14ᵉs.] → CoutDublinG
Dublin Office of the Ulster King of Arms 123 [16ᵉs.] → SiègeCaerlB
Dublin Trinity Coll. 11325 [2ᵉq. 13ᵉs.] → AmbroiseP
Dublin Trinity Coll. B.2.8 (173) [Angleterre fin 14ᵉs.] → AlexisPr³, PastGregL/CP, PèresPrI1/2…, PèresPrIIMarcelL
Dublin Trinity Coll. B.3.5 [14ᵉs.] → ProvSerloF
Dublin Trinity Coll. B.5.1 (209) [agn. 15ᵉs.] → PAbernLumH¹
Dublin Trinity Coll. B.5.1 (209) [agn. 15ᵉs.] → SidracH
Dublin Trinity Coll. C.2.5 (256) [13ᵉs.] → AlNeckCorrM
Dublin Trinity Coll. C.4.2 (312) [agn. 2ᵉq. 14ᵉs.] → SermCendresJ, VisTondAgnF
Dublin Trinity Coll. C.5.8 (347) [cette partie agn. déb. 14ᵉs.] → AspinChansPol
Dublin Trinity Coll. D.1.25 (370) [agn. 2ᵉm. 13ᵉs.] → LapidFPS
Dublin Trinity Coll. D.1.29 (374) [agn. 2ᵉm. 13ᵉs.] → ExhortCuersT, HermValS
Dublin Trinity Coll. D.3.34 [14ᵉ / 15ᵉs.] → CoutNormT
Dublin Trinity Coll. D.4.9 (270) [agn. déb. 14ᵉs.] → AdParvH, AlNeckUtensH²
Dublin Trinity Coll. D.4.9 (270) [cette partie agn. déb. 14ᵉs.] → GramDH
Dublin Trinity Coll. D.4.13 (253) [agn. 14ᵉs.] → HermValS
Dublin Trinity Coll. D.4.18 (432) [I: agn. mil. 13ᵉs.] → AmDieuK
Dublin Trinity Coll. D.4.18 (432) [I: agn. mil. 13ᵉs.] → SEust6E
Dublin Trinity Coll. D.4.18 (432) [rec. fact., I, f°1-22 agn. mil. 13ᵉs., II, f°23-58 14ᵉs.] → ThibAmPriereL
Dublin Trinity Coll. D.4.27 (441) [agn. 3ᵉt. 14ᵉs.] → Chirom
Dublin Trinity Coll. E.1.17 (479) [2ᵉq. 16ᵉs.] → ArmHarlLL
Dublin Trinity Coll. E.1.39 (523) [agn. mil. 14ᵉs.] → IpH
Dublin Trinity Coll. E.1.40 (177) [agn. ca. 1235, prob. autogr.] → SAubH
Dublin Trinity Coll. E.2.33 (500) [agn. 2ᵉm. 14ᵉs.] → GrantzGeanzLB
Dublin Trinity Coll. E.4.12 (517) [agn. ca. 1400] → VisTondAgnF
Dublin Trinity Coll. E.4.30 (495) [agn. mil. 14ᵉs.] → PeinesR
Dublin Trinity Coll. E.5.11 (662) [agn. après 1413] → NovNarrS

Manuscrits

Dublin Trinity Coll. E.5.13 (605) [agn. 15ᵉs.] → OrthGallJ
Dublin Trinity Coll. E.6.5 (642) [agn. 2ᵉt. 14ᵉs.] → NovNarrS
Dublin Trinity Coll. F.6.5 (606) [agn. ca. 1400] → NovNarrS
Dublin Trinity Coll. G.6.8 (1051) [agn. 14ᵉs.] → NovNarrS
Dublin Trinity Coll. I.5.19 (951) [f°1-154 pic. 3ᵉt. 13ᵉs., 154-158 it. 1ᵉm. 14ᵉs.] → VenjNSPr⁶F
Dublin Trinity Coll. I.5.19 (951) [f°1-154 pic. 3ᵉt. 13ᵉs.] → EvNicPrAF
Dublin Trinity Coll. I.5.19 (951) [pic. 3ᵉt. 13ᵉs.] → MortAdamP, PurgSPatrB
Dülmen Westf. Herzöge von Croy [1458] → GilTrasW
Dunkerque 76 [14ᵉs.] → BrunLatC
Durham Castle Doyle [agn. 2ᵉq. 14ᵉs.] → SermMaurR
Durham Chapt. Libr. A.II.11-13 [agn. ca. 1200 (A. II. 11+12) et 1ᵉʳq. 13ᵉs. (A. II. 13 f°1-98) et mil. 13ᵉs. (A. II. 13 f°99-276)] → CommPsIA¹G
Durham Chapt. Libr. B.III.3 [agn. ca. 1400] → JMandLD
Durham Chapt. Libr. C.IV.26 [fin 13ᵉs.] → JGarlUnH²
Durham Chapt. Libr. C.IV.27 [agn. déb. 13ᵉs.] → BrutA, BrutDurA, BrutDurB, DescrEnglB, FantosmeJ, GaimarB
Durham Chapt. Libr. C.IV.27B [agn. 2ᵉm. 14ᵉs.] → ThomKentF
Durham Chapt. Rec. Off. «Kellawe's Register» [agn. 1311-1316] → RegKellaweH
Durham Univ. Cosin V.I.9 [Angleterre ca. 1400] → GouvRoisGauchyM
Durham Univ. Cosin V.I.10 [agn. ca. 1425] → JMandLD
Durham Univ. Cosin V.II.17 [pic. 2ᵉm. 13ᵉs., 2 mains] → AnsCartA, OgDanE
Durham Univ. Cosin V.V.15 [agn. 14ᵉs.] → MirourEdmBW
Düsseldorf Univ. K.3:F87 [déb. 14ᵉs.] → MortAymR
Edinburgh Nat. Libr. Adv. 18.4.13 [agn. 1ᵉm. 13ᵉs.] → AlNeckUtensH²
Edinburgh Nat. Libr. Adv. 18.6.9 [agn. déb. 14ᵉs.] → RecMédEupH
Edinburgh Nat. Libr. Adv. 18.7.4. [15ᵉs. ?] → SecrSecrPr³H
Edinburgh Nat. Libr. Adv. 19.1.3 [fin 13ᵉs.] → TristPrJ, TristPrMé
Edinburgh Nat. Libr. Adv. 19.1.5 [champ.mérid. 1ᵉm. 13ᵉs.] → ContPerc¹A/T…R, PercB
Edinburgh Univ. 107 (Laing 50) [agn. 2ᵉm. 13ᵉs.] → SeptPechVesp
Edinburgh Univ. Laing 499 XXXV (211) [fragm. agn. 14ᵉs.] → PAbernLumH¹
Edinburgh Univ. Laing fragm. [traits occid.? 4ᵉq. 14ᵉs.] → ChronGuillBretB
Edinburgh Univ. MS 19 [1314] → BibleGuiart
Einsiedeln 364 (385) XIV p. 83-92 [fin 13ᵉs.] → ChansEinsiedelnC
Epernay Gallice (anc.; anc. Issenheim; anc. Jeanson; ?) [15ᵉs.] → ModusT

Epinal 76 (9; 70) [4ᵉq. 13ᵉs.] → LégJMailly, SGenPr², SMadPr³
Epinal 125 (45) [Île de Fr. 4ᵉq. 13ᵉs.] → ContGuillTyrA, OrdeneChevPrJ
Epinal 209 (58) [2ᵉ partie lorr. fin 12ᵉs.] → IsidSynE
Epinal 209 (58; 181) [lorr. ca. 1200] → DialAmeB
Epinal 217 (59) [lorr. (Metz) 1ᵉm. et 3ᵉq. 15ᵉs.] → DoctSauvS, DouzeVendrediscS
Epinal 217 (59; 189) [lorr. (Metz) 1ᵉm. et 3ᵉq. 15ᵉs.] → AnglureB, EvFemesK, Fauvel¹L, GautChâtAristIlC, ProvSenoO, PsLorrB, SecrSecrPr⁸, VoeuxPaonR
Epinal 224 (cat. 94) [16ᵉs.] → AalmaR
Erevan Matenadaran Machtots 1898 [armén. ca. 1305?] → AssJérLignN
Erfurt Bibl. Amploniana 4° 63 [fragm. 13ᵉs.] → AspremErfS
Erfurt Bibl. Amploniana 4° 197 [14ᵉs.] → HMondLatP
Erfurt Bibl. Amploniana 8° 32 [agn. 2ᵉm. 12ᵉs.] → ChansCroisB
Erfurt Bibl. Amploniana f° 313 [14ᵉs.] → ThémonAstrH
Erfurt Bibl. Amploniana f° 380 [14ᵉs.] → ThémonAstrH
Erfurt Gotha A.688 [av. 1525] → YsayeTrG
Escorial Estante T. U. O. Pluteo II² 20 [2ᵉm. 15ᵉs.] → ChronJBekaN
Escorial García L.II.3 [It. (Pise?), pic. et traits tosc. 3ᵉt. 13ᵉs.] → BrunLatC
Escorial García L.II.3 [pic. et it. 3ᵉt. 13ᵉs.] → BrunLatB
Escorial I.III.7 [norm. 1ᵉm. 14ᵉs.] → LettrHippoT, RecMédEscW
Escorial M.III.21 [norm.-pic. 2ᵉm. 13ᵉs.] → FierL, LancF
Eugene OR Univ. Spec. Coll. CB.B.54 (anc. Cheltenham Phillipps 26092) [fin 15ᵉs.] → GalienD, GesteMonglGirD
Evora Bibl. publ. CXXIV/1-1 [15ᵉs.] → BiblePar
Evreux fr. 8 [norm. 2ᵉq. 14ᵉs.] → AdvNDM, DialGregEvrS, SGregJeanS
Evreux lat. 23 [norm. déb. 14ᵉs.] → GlEvr¹R, GlEvr²C, GlEvr³, JGarlG, JGarlS, RecMédEvrM
Evreux lat. 72 [13ᵉs.] → AlNeckCorrM
Exeter Cathedral 3500 [fin 11ᵉs.] → DomesdayBkF
Exeter Cathedral 3517 [1431] → AalmaR
Exeter Cathedral 3519 [agn. 15ᵉs.] → RecMédGreceV
Exeter City Rec. Misc. Roll 2 [agn. 2ᵉq. 13ᵉs. → CoutExS
Fabriano n.B.375 [It. sept. 14ᵉs.] → PalamL
Firenze Bibl. Marucelliana B.VI.24 [14ᵉs.] → MerlinM
Firenze Bibl. Med. Laurenz. Acquisti e Doni 153 [déb. 14ᵉs.] → RoseLLangl
Firenze Bibl. Med. Laurenz. Ashburnham 54 (126) [15ᵉs.] → Turpin⁵Wa
Firenze Bibl. Med. Laurenz. Ashburnham 118 [agn. 14ᵉs.] → SidracH
Firenze Bibl. Med. Laurenz. Ashburnham 119 (51) [15ᵉs.] → JFevLamentH
Firenze Bibl. Med. Laurenz. Ashburnham Libri 44 (117; 49) [déb. 15ᵉs.] → ClefD

Manuscrits

Firenze Bibl. Med. Laurenz. Ashburnham Libri 53 [2ᵉm. 13ᵉs.] → CoincyI1…K

Firenze Bibl. Med. Laurenz. Ashburnham Libri 114 [déb. 14ᵉs.] → ImMondeOct¹C⁰, ImMondeOct¹D

Firenze Bibl. Med. Laurenz. Ashburnham Libri 116 (148) [15ᵉs.] → SottiesP

Firenze Bibl. Med. Laurenz. Ashburnham Libri 121 (48) [1319] → SGraalIVQuesteP

Firenze Bibl. Med. Laurenz. Ashburnham Libri 122 (49) [déb. 14ᵉs.] → LaurinT, MarqueA, SSagAP

Firenze Bibl. Med. Laurenz. Ashburnham Libri 123 (50; 55) [It. occid. fin 13ᵉs.] → PalamL

Firenze Bibl. Med. Laurenz. Ashburnham Libri 123 (50; 55) [It.occid. fin 13ᵉs.] → Apol¹, BestAmFournS, JugAmFirF

Firenze Bibl. Med. Laurenz. Ashburnham Libri 123 [It. occid. fin 13ᵉs.] → AventBrunL

Firenze Bibl. Med. Laurenz. Ashburnham Libri 125 (52; 57) [pic. déb. 14ᵉs.] → BrunLatC, LettrHippoT, SSagMR

Firenze Bibl. Med. Laurenz. Ashburnham Libri 125 (copie: BN fr. 573) [pic. déb. 14ᵉs.] → Turpin²W

Firenze Bibl. Med. Laurenz. Ashburnham Libri 125 [pic. déb. 14ᵉs.] → GouvRoisGauchyM, MiroirMondeC, PBeauvOlimpB

Firenze Bibl. Med. Laurenz. Ashburnham Libri 1076 (1006) [14ᵉs.] → AldL

Firenze Bibl. Med. Laurenz. Conv. soppr. 99 [1ᵉ partie agn. 1ᵉm. 13ᵉs.] → SermMaurR, SGillesP, SJeanBaptAlP

Firenze Bibl. Med. Laurenz. Conv. soppr. 99 [cette partie agn. 1ᵉm. 13ᵉs.] → EvNicChrP

Firenze Bibl. Med. Laurenz. Conv. soppr. 99 [cette partie pic. 13ᵉs.] → ElucidaireGilR

Firenze Bibl. Med. Laurenz. Edili 187 [fº 1-28 [2ᵉm. 13ᵉs.] → AldL

Firenze Bibl. Med. Laurenz. Med. Palat. 102 [2ᵉm. 15ᵉs.] → JSaintréC

Firenze Bibl. Med. Laurenz. Med. Palat. 141 [Arras 1399] → LégDorAn³MarieEgD, SDenisPr⁴L, SEustPr¹M, SGregPrS, SJeanPaulusPrA, SJulPrS

Firenze Bibl. Med. Laurenz. Plut. XLI.42 [14ᵉs.] → MorPhilPrH

Firenze Bibl. Med. Laurenz. Plut. XLI.44 [lorr. ca. 1200] → EneasS²

Firenze Bibl. Med. Laurenz. Plut. XLII.41 [It. 1310] → BlasmeBF

Firenze Bibl. Med. Laurenz. Plut. LXI.10 [Acre ca. 1290] → ChronTerreSainteFE, ContGuillTyrA, ContGuillTyrDM

Firenze Bibl. Med. Laurenz. Plut. LXIV.35 [France 9ᵉs., fº115s. dom. frpr. 1ᵉʳq. 12ᵉs.] → AlexAlbZ

Firenze Bibl. Med. Laurenz. Plut. LXXVI.79 [Lomb. 14ᵉs.] → BestAmFournS, MorPhilPrH

Firenze Bibl. Med. Laurenz. Red. 88 (186) [14ᵉs.] → AldMT

Firenze Bibl. Med. Laurenz. → TrahFranceK

Firenze Bibl. naz. Conv. soppr. G.VII.612 [norm. 1ᵉm. 14ᵉs.] → ImMondeOct¹D, LapidsPS

Firenze Bibl. naz. Fondo naz. II.IV.588 [2ᵉt. 13ᵉs.] → GuiNantFMo, GuiNantM/V/FM

Firenze Bibl. naz. Magl. IV.63 [1ᵉʳt. 14ᵉs.] → BestAmFournPisC

Firenze Bibl. naz. Magl. VI.7 [15ᵉs.] → SecSpagnaC

Firenze Bibl. naz. Magl. VII.932 [ca. 1420; fragm. mil. 14ᵉs.] → AspremFirM

Firenze Bibl. naz. Magl. XIX.176 [16ᵉs.] → VaillantD

Firenze Bibl. Riccard. 866 [fº69 It. 2ᵉm. 13ᵉs.] → TristPrRicL

Firenze Bibl. Riccard. 1919 [It. ca. 1300] → MartCanL

Firenze Bibl. Riccard. 2025 [It. 14ᵉs.] → TroiePr¹C

Firenze Bibl. Riccard. 2433 [It. 1344] → BenTroieC, HectP

Firenze Bibl. Riccard. 2755 [Paris, traits pic. ca. 1300] → RoseLLangl

Firenze Bibl. Riccard. 2756 [14ᵉs.] → ElucidaireIT, MortAdamP

Firenze Bibl. Riccard. 2757 [déb. 14ᵉs.] → ChevFustSa

Firenze Bibl. Riccard. 2758 [14ᵉs.] → SidracH

Firenze Bibl. Riccard. 2759 [francoit. 1ᵉm. 14ᵉs.] → MerlinM, SGraalIIIJosTO

Firenze Bibl. Riccard. 2943 [Est mil. 13ᵉs.] → PercB

Firenze Bibl. Riccard. 3982 [14ᵉs.] → HistAnc

Firenze Institut Français [pic. ca. 1220] → AthisH

fragm. Mone → GarLorrD

Frankfurt Univ. Ms. lat. qu. 65 [déb. 14ᵉs.] → RoseLLangl

Freiburg im Breisgau Univ. 507 (anc. Tennenbach) [lorr. 14ᵉs.] → FloovA

Freiburg im Breisgau Univ. 979 [pic. fin 13ᵉs.] → BestPierre²B

Fribourg Bibl. cant. L.7 [15ᵉs.] → ConsBoèceRenA²

Fribourg Bibl. cant. L.13 [15ᵉs.] → SSagAP

Fribourg Bibl. cant. L.161 [1448] → ConsBoèceRenA², MelibeeRenS

Fribourg Bibl. cant. L.310 [fin 13ᵉs.] → LancPrM

Fribourg Bibl. cant. L.1199 (anc. Cheltenham Phillipps 3656) [mil. 14ᵉs.] → AcartH

Fribourg Comtes Diesbach (ou?) [14ᵉs.] → ImMondeOct¹D

Gdańsk 2425 [13ᵉs.] → ApolOctS

Genève Arch. de l'Etat Hist. 24 [3ᵉt. 15ᵉs.] → ComplLiègeZ

Genève Bibliothèque de Genève, anc. Bibliothèque publique et universitaire → Genève

Genève Com. lat. 102 (anc. Cheltenham Phillipps 3660) [2ᵉq. 14ᵉs.] → AlexisPr¹L, PastGregL/CP, PèresPrIIMarcelL, PurgSPatrPrAD, SEustPr¹M, SGenDér, SJulPrS, SMadPr⁵, SMargAO, SMarieEgoD

Genève Com. lat. 102 [2ᵉq. 14ᵉs.] → BrendanPr²W, SDenisPr¹L

Genève Com. lat. 169 (anc. Cheltenham Phillipps 8338) [Péronne entre oct. 1468 et juin 1470] → QJoyesC, QJoyesR

Genève Com. lat. 179 [frc. fin 13ᵉs.] → BestAmFournS, BrunLatC

Genève Com. lat. 183 (anc. Cheltenham Phillipps 16378) [agn. 4ᵉq. 12ᵉs.] → HermValS

Genève fr. 1 [ce texte 1ᵉm. 15ᵉs.] → BibleGuiart

Genève fr. 2 [Paris ca. 1335] → BibleGuiart

Genève fr. 3 [Genève ou Fr. Comté 1474] → BibleGuiart

Manuscrits

Genève fr. 57 [ca. 1400] → LégDorVignBartH
Genève fr. 72 [Paris ca. 1400?] → HistAnc
Genève fr. 79 (Petau 29) [ca. 1475] → FormHon-CourtH
Genève fr. 80 (233) [fin 15ᵉs.] → FetRomF¹
Genève fr. 81 [francoit. mil. 14ᵉs.] → CesNicD
Genève fr. 85 [flandr. 3ᵉq. 15ᵉs.] → ContGuillTyrA
Genève fr. 154 [3ᵉt. 15ᵉs.] → MPolGregM
Genève fr. 160 [mil. 15ᵉs.] → BrunLatC
Genève fr. 168 [15ᵉs.] → ModusT
Genève fr. 169 [15ᵉs.] → GastPhébChasseT
Genève fr. 170 [Flandres 2ᵉm. 15ᵉs.] → ChaceOisl²H
Genève fr. 174 d [15ᵉs.] → MelibeeRenS
Genève fr. 176 [ca. 1390] → OvMorB
Genève fr. 178 [Paris 1353] → JMeunTestB
Genève fr. 179bis [déb. 15ᵉs.] → ChastVergiA, ConsBoèceRenA², GeoffrParMoisM, Marc-SalM, PrêtreJeanPr¹E/I...G, SecrSecrPr⁶H
Genève fr. 181 [3ᵉt. 15ᵉs.] → PelViePr
Genève fr. 182 [Valenciennes ca. 1500] → PelViePr
Genève fr. 251 [1471] → ConsBoèceRenA²
Genève suppl. 103 [15ᵉs.] → PassIsabD
Genève suppl. 104 [cette partie fin 15ᵉs.] → ConsBoèceRenA²
Genève suppl. 883 [19ᵉs.] → MPolGregM
Genova Bibl. Berio m.r.cf.2.23 [14ᵉs.] → NarbHF
Genova Racc. Durazzo MS A.1 [Tournai ca. 1400] → PelVieS
Genova Racc. Durazzo MS A.11-13 [Paris ca. 1390] → PelAmeS, PelJChrS, PelVieS
Gent collection G. de Poerck [agn. 1ᵉm. 13ᵉs.] → RoisFragmH
Gent Univ. 78 [ca. 1475] → MonstreletD
Gent Univ. 79 (273) [déb. 15ᵉs.] → JBoutSomme
Gent Univ. 170 [pic. 4ᵉq. 15ᵉs.] → GuillFillConsH
Gent Univ. 352 [15ᵉs.] → PonthusC
Gent Univ. 1597 [Sud-Est/frpr./francoit. 1ᵉʳq. 14ᵉs.] → AigarB
Gent Univ. 2178 (Serrure 1) [Liège 13ᵉ-15ᵉs. → SermCarP
Gerlache [déb. 16ᵉs.] → JPreisLiègeB
Gerlache → JLansonM
Giessen Univ. 93-94 [15ᵉs.] → SGraalIVQuesteP
Glasgow Univ. Gen. 1227 [fin 15ᵉs.] → ConsBoèceCompC²
Glasgow Univ. Hunter 57 (T.2.17) [agn. ca. 1400] → JGowerTrY
Glasgow Univ. Hunter 63 (T.3.1) [15ᵉs.] → InstJustO
Glasgow Univ. Hunter 252 (U.4.20) [pic. ca. 1485] → CentNouvS
Glasgow Univ. Hunter 280 (U.5.20, anc. R.6.12) [agn. mil. 13ᵉs.] → JoursPerilDedM
Glasgow Univ. Hunter 292 (U.6.10, anc. R.7.14) [Item 2: agn. 3ᵉq. 13ᵉs.] → GlGlasgM¹
Glasgow Univ. Hunter 385 (Q.1.30) [15ᵉs.] → GastPhébChasseT
Glasgow Univ. Hunter 439 [déb. 15ᵉs.] → ConsBoèceRenA²
Glasgow Univ. Hunter 466 [agn. 2ᵉm. 13ᵉs.] → BueveAgnS
Glasgow Univ. Hunter 467 (V.6.17) [agn. 1ᵉm. 14ᵉs.] → CompRalfH
Göttingen (Schaaffs) [2ᵉm. 13ᵉs.] → HerbCandS

Göttingen Univ. Phil. 184, IV [agn. déb. 13ᵉs.] → AmYdGA, AmYdR
Gray HSaône [13ᵉs.] → HermValS
Grenoble 263 (cat. 861) [Padova 1298] → TroiePr²
Grenoble 284 (cat. 860) [2ᵉm. 15ᵉs.] → HistAnc²RB
Grenoble 290 (cat. 814) [15ᵉs.] → JugAstrR, MessehalaEclipse, ZahelJugAstr
Grenoble 319 (cat. 871) [15ᵉs.] → JSQuentO, SJeanPaulusQuatrK
Grenoble 319 (cat. 871) [cette partie ca. 1435] → ChrPisProvO
Grenoble 352 (cat. 875) [ca. 1470] → LeFrancChampD
Grenoble 368 (cat. 863) [3ᵉq. 15ᵉs.] → MelusCoudrR
Grenoble 378 (cat. 865) [pic. fin 13ᵉs.] → LancPrβM
Grenoble 468 (cat. 50) [14ᵉs.] → EvNicPrLA, VenjNSPr⁵F
Grenoble 519 (cat. 867) [ca. 1372] → JVignayEchecsF
Grenoble 857 (cat. 962) [15ᵉs.] → JMandOgT
Grenoble 1137 (cat. 51) [pic. 1ᵉʳt. 14ᵉs.] → EvEnfB, PassJonglFT, PassJonglOM, SFanuelC, WaceConcA
Grenoble U.909 Rés. [16ᵉs.] → ChrPisJehK
Hagion Oros (Athos) Monê Ibêrôn 463 (Lambros 4583) [grec 2ᵉm. 11ᵉs., marge fr. prob. 1ᵉʳt. 13ᵉs., après 1204] → BalJosPr²M
Halle H. Suchier (où auj.?) [déb. 14ᵉs.?] → ImMondePrP
Halle H. Suchier (où auj.?) [déb. 14ᵉs.] → SermGuiG
Hamburg Kunsthalle Fr. 1 [Paris ca. 1375] → BibleGuiart
Hamburg Staats- und Universitätsbibl. hebr. 182b (126) [hébr. 14ᵉs.] → GlHamb
Hamburg Stadtbibl. Gall. 1 [2ᵉm. 15ᵉs.] → ChastVergiA
Hamburg Stadtbibl. Hebr. 48 (32) [hébr. 1ᵉm. 13ᵉs.] → GlTarschCommHK
Hamburg Stadtbibl. Phil. 296 [agn. 14ᵉs.] → GrossetConfU
Hannover IV.578 [agn., cette partie déb. 14ᵉs.] → FierL
Hannover IV.578 [agn., cette partie fin 13ᵉs.] → DestrRomeS
Hannover IV.581 [2ᵉm. 13ᵉs.] → MerlinM, ProvHanS
Hannover XXVII.1584 [1ᵉm. 15ᵉs.] → FroissChronIVV
Hanover NH Dartmouth Coll. Rauner Codex 3206 [Paris 2ᵉq. 14ᵉs.] → RoseLLangl
Heidelberg Cod. Heid. 1240 [lorr.sept. 2ᵉt. 13ᵉs.] → VMortHélW
Heidelberg Cod. Heid. NF 55 [fin 14ᵉs.] → RPreslesCitéB
Heidelberg Cod. Orient. 490 [hébr. 14ᵉs.] → ChansHeid¹P
Heidelberg Cod. Pal. germ. 354 [cette partie ca. 1450] → JMeunTresM
Heidelberg Cod. Pal. lat. 1969 [pic. ca. 1375] → PelVieD, PelVieS
Hereford Chapt. Libr. O.III.15 [agn. fin 12ᵉs.] → CommPsIA¹G

Manuscrits

Hereford Chapt. Libr. P.III.3 [14ᵉs.] → ProvM
Hildesheim St. Godehardi [agn. ca. 1120] → AlexisRo, SGregPaintM
Hiroshima Univ. [?] → Ren
Imola Bibl. comun. 135.A.A.².5. n°9 (7) [mil. 14ᵉs.] → MerlinsR
Innsbruck Tiroler Landesarchiv 478 [15ᵉs.] → LunaireSal²Z
Innsbruck Tiroler Landesmuseum Ferd. FB 1519/VIII [ca. 1300] → SMarg9Z
Ithaca NY Cornell Univ. Misc. Bd. Ms. 127 (De Ricci B.59) [Fribourg 1426] → PleurAmeB
Jeanroy [déb. 14ᵉs.] → SermMaurR
Jena El. f. 80 [Paris ca. 1400] → Corb
Jena El. f. 81 [Paris ca. 1400] → EvrartContyEchG
Jena El. f. 85 [Gand 1476] → ConsBoèceCompC²
Jena El. f. 86 [Paris ca. 1420] → LégDorVignBartH
Jena El. f. 87 [Paris ca. 1385] → ValMaxSim/Nic
Jena El. f. 88 [Bourg.mérid. ca. 1480] → ValMaxSim/Nic
Jena El. f. 90 [Paris ca. 1400] → BrunLatC
Jena El. f. 91 [frc. (Paris) 2ᵉq. 15ᵉs.] → OresmeEconM, OresmePolM
Jena El. f. 92 f°94 [2ᵉm. 15ᵉs.] → GilTrasW
Jena El. f. 95-96 [hain. (Mons) ca. 1465] → BibleGuiart
Jena El. f. 98 [Torgau ca. 1496] → YsMachoH
Jena Thüringer Universitäts- und Landesbibliothek Ms. → Jena
Jérusalem Univ. Hébr. ms. var. 117 [pic. mil. 13ᵉs.] → TristPrPeri
Kansas City J. E. et E. J. Ferrell (Cambridge Corpus Christi Coll. Ferrell 1, anc. Marquis de Vogüé) [4ᵉq. 14ᵉs.] → GuillMachC
Kansas City J. E. et E. J. Ferrell (Cambridge Corpus Christi Coll. Ferrell 1, anc. New York Wildenstein Collection; Cheltenham Phillipps 6740; Marquis de Vogüé; H. P. Kraus) [4ᵉq. 14ᵉs.] → GuillMachBehH
Kansas City J.E. et E.J. Ferrell (dépôt J. Paul Getty Mus. Malibu; anc. Cheltenham Phillipps 4357) [ca. 1430/ca. 1470] → RoseLLangl
Kansas City J.E. et E.J. Ferrell (Cambridge Corpus Christi Coll. Ferrell 5) [It. sept. 1ᵉm. 15ᵉs.] → PalamL
Karlsruhe Landesbibl. 345 (anc. Durlach 38) [agn. 2ᵉm. 14ᵉs.] → AmAmOctK
Karlsruhe Landesbibl. 391 [14ᵉs.] → BrunLatC
Karlsruhe Landesbibl. Aug. perg. CCXLVIII [1ᵉm. 10ᵉs.] → GlReichK
Karlsruhe Landesbibl. Cod. Rastatt 124 [18ᵉs.] → GastPhébChasseT
Kassel Landesbibl. (Murhardsche Bibl.) 4° Ms. theol. 24 [ca. 810] → GlKassF
Kassel Landesbibl. 4° Ms. med. 1 [2ᵉq. 15ᵉs.] → AldL, TrotulaPr²
Kassel Landesbibl. 4° Ms. med. 1 [f°154r°-164v° pic. 2ᵉq. 15ᵉs.] → ViandTaillViv
Kassel Landesbibl. 4° Ms. med. 17 [14ᵉs.] → GlAlphM
Kassel Landesbibl. 4° Ms. philos. 1 [15ᵉs.] → ConsBoèceCompC²
Kew NA Duchy of Lanc. Misc. Books 13 [orig., agn.] → RegGaunt¹A
Kew NA E 31/1 [fin 11ᵉs.] → DomesdayBkF
Kew NA E 31/2 [fin 11ᵉs.] → DomesdayBkF

Kew NA E 101/107/22 et E 101/107/25 (anc. London P.R.O.) [4ᵉq. 14ᵉs.] → GautChâtFragmL
Kew NA E 163/5/2 (anc. London P.R.O.) → LettrEdwPWJ
Kew NA E 163/22/1/2 (anc. London P.R.O.) [ca. 1300] → WrightAnecd
Kew NA E 164/1 (anc. London P.R.O.) [agn. fin 13ᵉs. → DescrEnglB
Kew NA E 164/24 (anc. London P.R.O.) [agn. ca. 1300] → BrutusF, ReiEnglB
Kew NA HCA.12 (anc. London PRO) [ca. 1425] → CoutMerOlBT
Köln Stadtarchiv W* 121 [ca. 1420] → DialColG
København Kgl. Bibl. Gl. Kgl. 487 f° (Abr. XLII) [pic. (Corbie) ca. 1300] → MenReimsW
København Kgl. Bibl. Gl. Kgl. 487 f° [pic. (Corbie) ca. 1300] → ChastPerePrH, RobClariL, TroieJFlix, Turpin²W
København Kgl. Bibl. Gl. Kgl. 2061 4° (Fr.LV) [pic. 2ᵉt. 14ᵉs.] → RoseGuiV, RoseLLangl
København Kgl. Bibl. Gl. Kgl. 2061 4° [pic. 2ᵉt. 14ᵉs.] → AmAVousH, EmpConstOctC, JCourtPlaitAK
København Kgl. Bibl. Gl. Kgl. 3466 8° [frc. ca. 1300] → PhThBestM
København Kgl. Bibl. Gl. Kgl. 3555 8° [ca. 1300] → JoufrF
København Kgl. Bibl. Ny Kgl. 2919 [Angleterre 15ᵉs.] → SidracH
København Kgl. Bibl. Thott 6 f° [ca. 1375] → BibleGuiart
København Kgl. Bibl. Thott 7 f° [fin 13ᵉs.] → BiblePar
København Kgl. Bibl. Thott 89 4° [agn. 1ᵉm. 14ᵉs.] → ApocAgnM
København Kgl. Bibl. Thott 217 4° [fin 14ᵉs.] → SMadPr²
København Kgl. Bibl. Thott 399 f° [ca. 1480] → OvMorB, OvMorCommS
København Kgl. Bibl. Thott 413 f° [mil. 15ᵉs.] → Buscalus
København Kgl. Bibl. Thott 414 f° [14ᵉs.] → RestorD, VoeuxPaonR
København Kgl. Bibl. Thott 415 f° [15ᵉs.] → ModusT
København Kgl. Bibl. Thott 416 f° [16ᵉs.] → ChevCygneBerthE
København Kgl. Bibl. Thott 429 f° [fin 14ᵉs.] → JVignayMir
København Kgl. Bibl. Thott 431 f° [Paris ca. 1345] → FetRomF¹, HistAnc
København Kgl. Bibl. Thott 463 f° [pic. ca. 1476] → GuillFillConsH
København Kgl. Bibl. Thott 464 f° [pic. 4ᵉq. 15ᵉs.] → GuillFillConsH
København Kgl. Bibl. Thott 571 f° [pic. déb. 14ᵉs.] → Turpin²W
København Kgl. Bibl. Thott 1087 4° [Piémont 15ᵉs.] → MortArtuF¹
København Kgl. Bibl. Thott 1090 4° [cette partie 1468] → EvrartContyEchG
København Univ. AM 618 in-4° [agn. 2ᵉm. 12ᵉs.] → PsOxfM
Kraków Univ. 6232 [pic. fin 13ᵉs.] → PoèmeMorB
Kraków Univ. gall. fol. 128 (anc. Berlin) [Île de Fr.? ca. 1400] → JDupinMelL

Manuscrits

Kraków Univ. gall. fol. 130 (anc. Berlin) [3ᵉ t. 15ᵉ s.] → BertePrT
Kraków Univ. gall. fol. 133 (anc. Berlin) [mil. 15ᵉ s.] → ChrPisCheminT
Kraków Univ. gall. fol. 156 (anc. Berlin) [ca. 1440] → LégDorAn³MarieEgD
Kraków Univ. gall. fol. 176 (anc. Berlin) [wall. ou lorr. sept. fin 13ᵉ s.] → FerabrasB
Kraków Univ. gall. fol. 178 (anc. Berlin) [I: 4ᵉ q. 13ᵉ s.] → MerlinProphEB
Kraków Univ. gall. fol. 178 (anc. Berlin) [II: déb. 15ᵉ s.] → RoseLLangl
Kraków Univ. gall. fol. 182 (anc. Berlin) [lorr. 3ᵉ q. 14ᵉ s.] → BrunLatC
Kraków Univ. gall. fol. 188 (anc. Berlin gall. fol. 188) [prob. s.l. 13ᵉ s.] → FolLancB
Kraków Univ. gall. fol. 188 (anc. Berlin) [pic.? 2ᵉ m. 13ᵉ s.] → TristPr
Kraków Univ. gall. fol. 189 (anc. Berlin) [wall.? 2ᵉ m. 13ᵉ s.] → LancPrM
Kraków Univ. gall. fol. 205 (anc. Berlin) [Paris ca. 1475] → SongeVergierS
Kraków Univ. gall. fol. 209 (anc. Berlin) [3ᵉ q. 15ᵉ s.] → RoseLLangl
Kraków Univ. gall. fol. 216 (anc. Berlin) [3ᵉ q. 15ᵉ s.]: → ChronBaud²H
Kraków Univ. gall. fol. 217 (anc. Berlin) [2ᵉ q. 13ᵉ s.] → SGraalIVEstP
Kraków Univ. gall. oct. 35 (anc. Berlin) [lorr.sept? 1289] → SommeLaurB
Kraków Univ. gall. qu. 48 (anc. Berlin) [I: Besançon? fin 13ᵉ s.?] → AuberiB
Kraków Univ. gall. qu. 48 (anc. Berlin) [II: agn. fin 13ᵉ s.] → ElesB, MeraugisS
Kraków Univ. gall. qu. 48 (anc. Berlin) [III: Est fin 13ᵉ s.] (B) → AspremBB¹
Kraków Univ. gall. qu. 80 (anc. Berlin) [Paris? ca. 1335] → RoseLLangl
Kraków Univ. gall. qu. 104 (anc. Berlin) [liég. 4ᵉ q. 15ᵉ s.] → PawGiffB
Kraków Univ. gall. qu. 142 (anc. Berlin gall. qu. 142, anc. 8° 34) [frc. fin 13ᵉ s.] → CleomH
Kraków Univ. gall. qu. 154 (anc. Berlin) [I: pic. 2ᵉ q. 15ᵉ s.] → AnticlLudR
Kraków Univ. gall. qu. 154 (anc. Berlin) [II: 3ᵉ t. 15ᵉ s.] → FormHonCourtH
Kraków Univ. gall. qu. 159 (anc. Berlin) [traits pic. 3ᵉ q. 15ᵉ s.] → EvNicPrLA
Kraków Univ. gall. qu. 159 (anc. Berlin) [traits pic. 3ᵉ t. 15ᵉ s.] → VenjNSPr⁵F
Kynžvart 11 [pic.-wall. 3ᵉ q. 15ᵉ s.] → HugRipM
Laigle [13ᵉ s.] → ErecF
Laon Bibl. mun. 224 (anc. 455) [wall. déb. 13ᵉ s.] → GregEzLC
Lausanne BCU M.454 [faibles traits lorr. 1ᵉ m. 14ᵉ s.] → RoseLLangl
Lausanne BCU M.3476 (anc. La Sarra) [pic. 2ᵉ m. 14ᵉ s.] → MiroirMondeC
Lausanne BCU U.985 [av. 1462] → BibleGuiart
Lausanne BCU U.986 [av. 1462] → BibleGuiart
Le Mans 14 [1ᵉ m. 15ᵉ s.] → ChronGuesclF
Le Mans 79 [15ᵉ s.] → AdAiglesB
Le Mans 103 [fin 14ᵉ s.] → AlexPrH
Le Mans 173 [traits wall. 2ᵉ m. 13ᵉ s.] → CantLandP, DelIsrE, EructavitJ

Le Mans 354 [pic. (Douai) ca. 1280] → SGraalIII-JosTO, SGraalIVEstP, SGraalIVEstS, SGraalIVH, SGraalIVW
Le Puy en Velay Grand Séminaire *Vie des saints* [déb. 14ᵉ s.] → BrendanPr²W, LégDorBelMargO, LégDorBelMarieEgD
Leeds Univ. Brotherton ms. 29 (Ripley Castle Yorkshire Sir Ingilby, Bart.) [plusieurs mains agn. mil. 14ᵉ s.-ca. 1400] → ChronAnG
Leeds Univ. Brotherton ms. 29 [agn. mil. 14ᵉ s. – ca. 1400, cette partie mil. 14ᵉ s.] → BrutBroth²C
Leeds Univ. Ms.1 (anc. Everingham Park; Duchess of Norfolk) [agn. 1ᵉʳ t. 14ᵉ s.] → ManuelPéchF
Leiden Bibl. Thysiana 2236 [cette partie flandr. 1540] → CoutStAmandM
Leiden Univ. BPL 57 (anc. Morsius) [mil. 15ᵉ s.] → ChronBaudAbrK
Leiden Univ. BPL 74 [ca. 1400] → PelAmeS, PelJChrS, PelVieS
Leiden Univ. BPL 75 [Lille? 1525 ou peu après] → LerouxChants
Leiden Univ. BPL 191 [wall. ca. 1375] → JGarlG
Leiden Univ. BPL 1925 (anc. Utrecht) [ce texte ca. 1300] → JacAmArtK
Leiden Univ. BPL 2514 A:27 [ca. 1300] fragm. → GouvRoisGauchyM
Leiden Univ. BPL 2552: 3 [2ᵉ q. 15ᵉ s.] → RoseLLangl
Leiden Univ. BPL 2552: 16/1 [2ᵉ m. 15ᵉ s.] → ValMaxSim/Nic
Leiden Univ. BPL 2552: 23/1 [fin 13ᵉ s.] → LancPrM
Leiden Univ. BPL 2785 bis [13ᵉ s.] → BlondNesleC
Leiden Univ. BPL 2833 [13ᵉ s.] (v. 10638-10803 / éd. V 11278-11441) → GarLorrI
Leiden Univ. BPL 3201 [2ᵉ m. 13ᵉ s.] → InstJustO
Leiden Univ. Ltk 575 [f°4-35: 1ᵉ m. 15ᵉ s.] → ConsBoèceBenN, ConsBoèceRenA², Fauvel¹L
Leiden Univ. Ltk 576 [déb. 14ᵉ s.] (IIIᵉ livre seulement) → GirAmCharlM
Leiden Univ. Ltk 577 (anc. Pseudo-van den Bergh) [déb. 14ᵉ s.] → Chans, RaynaudSpanke²
Leiden Univ. Meijers 1 [Bret. 1480] → CoutBretP
Leiden Univ. Meijers 3 [mil. 13ᵉ s.] → InstJustO
Leiden Univ. Or. 4718 (SCA1) [hébr. 13ᵉ s.] → GlPsRsChronP
Leiden Univ. VGGF 2 [ca. 1495] → MonstreletD
Leiden Univ. VGGF 3 [mil. 15ᵉ s.] → LaurPremCas²G
Leiden Univ. VGGF 3 A [après 1332] → JVignayMir, JVignayMirYsS
Leiden Univ. VGGF 6 [agn. fin 14ᵉ s.] → ChronTrivR
Leiden Univ. VGGF 11 [3ᵉ q. 15ᵉ s.] → SongeVergierS
Leiden Univ. VGGQ 4 [agn. 1ᵉʳ q. 14ᵉ s.] → StatRealm
Leiden Univ. VLF 31 [cette partie Flandr. fin 13ᵉ s.] → ProvLeidZ
Leiden Univ. VLF 75 [agn. déb. 15ᵉ s.] → JMandLD
Leiden Univ. VLF 77 [Norm. ca. 1300] → PaixAnglF
Leiden Univ. VLQ 93^II [Nord fin 13ᵉ s.] → AldL
Leipzig Univ. (Stadtbibl.) Rep. II fol. 108 [1455] → CligesPrC

Manuscrits

Leipzig Univ. 873 [f°210v°1ᵉʳt. 13ᵉs.] → Bruslez-AmisR

Leipzig Univ. 1551 [14ᵉs.] → SMarieEgUD

Leipzig Univ. Hänel 3478 [2ᵉt. 14ᵉs.] → AldL

Leipzig Univ. Vollers 1099 (anc. 102) [Angleterre hébr. fin 13ᵉs.] → GlLeipzigBa

Les Nouettes Orne comte de Ségur [ca. 1300] → EtSLouisV

Les Nouettes Orne comte de Ségur [fin 13ᵉs.] → EtSLouisV

Lichfield Cathedral 16 [agn. ca. 1400] → QuatBeatT

Liège Arch. de l'Etat → EnfOgH

Liège Arch. de l'Etat Grand-Greffe des éch. 1(A) [déb. 15ᵉs.] → PawGiffB

Liège Arch. de l'Etat reg. 39 [f°1-95 liég. 1343] → PonceletLiège

Liège Arch. de l'Etat XI [ca. 1280; qqs. ajouts jusqu'en 1298] → PolyptPauvY

Lignières en Vimeu Château du comte de Waziers [1373] → OresmePolM

Lille Arch. dép. 3.G.1208 [1275-1276] → TerrEvêqueH

Lille Arch. dép. B.1570 [Flandres Or. prob. 1261] → CartPameleAud

Lille Arch. dép. B.1582-1587 [13ᵉ-14ᵉs.] → CartHain

Lille Arch. dép. B.1586 [ca. 1300] → DevillersCens

Lille Arch. dép. B.13589 [déc. 1298-juin 1299] → RentArtB

Lille Arch. dép. B.13602 [1292] → RentAireB

Lille Arch. mun. 15910 (AAA, AA-209) [1349 ou peu après, continué jusqu'en 1510] → RoisinM

Lille Barrois (anc. Dijon inv. de 1476, 908/1704) → HistAnc

Lille Bibl. mun. 95 (537; Le Gl. 229) [15ᵉs.] → ChronFlandrK

Lille Bibl. mun. 147 (388; Le Gl. 369) [1ᵉm. 15ᵉs.] → OllaS

Lille Bibl. mun. 147 (cat. CCFr/Rig. 388; Le Gl. 369) [1ᵉm. 15ᵉs.] → AalmaR

Lille Bibl. mun. 190 (130) [1ᵉm. 14ᵉs.] → SidracLR, SJulPrS, VenjNSPr⁴F

Lille Bibl. mun. 190 (130; Le Gl. 11) [1ᵉm. 14ᵉs.] → AmAmPr², CoincyI1…K, ElucidaireIT, HermValS

Lille Bibl. mun. 202 (451; Le Gl. 199) [2ᵉm. 14ᵉs.] → LégJMailly, SGenPr², SMadPr³, SMarieEgUD

Lille Bibl. mun. 335 (392; Le Gl. 375) [15ᵉs.] → MelibeeRenS

Lille Bibl. mun. 364 (139) [15ᵉs.] → TroisMortsSeG

Lille Bibl. mun. 369 (356) [2ᵉm. 15ᵉs.] → LSimplMedD

Lille Bibl. mun. 371 (538) [fin 15 ᵉs.?] → TrahFranceK

Lille Bibl. mun. 371 (538; Le Gl. 207) [fin 15ᵉs.?] → ChronBaudAbrK

Lille Bibl. mun. 388 (Le Gl. 369; 147) [1ᵉm. 15ᵉs.] → AalmaLS, JGarlS

Lille Bibl. mun. 388 (Le Gl. 369; 147; anc. E. 36) [1ᵉm. 15ᵉs.] → GlLilleS

Lille Bibl. mun. 436 (386) [15ᵉs.] → ModusT

Lille Bibl. mun. 605 (488; Le Gl. 302) [ca. 1475] → ArmChiffletA

Lille Bibl. mun. 635 (316) [Nord-Est 15ᵉs.] → GautChâtAristIpC

Lille Bibl. mun. 660 (540) [ca. 1475] → MonstreletD

Lille Bibl. mun. 719 (213) [ca. 1375 et déb. 15ᵉs.] → RoisinM

Lille Bibl. mun. 794 (541) [16ᵉs.?] → OlMarche

Lille Bibl. mun. 795 (452; Le Gl. 197) [15ᵉs.] → LégDorVignBartH, SMarieEgyD

Lille Bibl. mun. 863 (!) [Tournai? mil. 15ᵉs.] → TrotulaPr²

Lille Bibl. mun. [?] (Le Gl. 130) [1ᵉm. 14ᵉs.] → LeGrandStat

Lille Bibl. mun. Godefroy 50 (134) [pic. av. 1467] → ChastCoucyP, GilChinPrL

Lille Bibl. mun. Godefroy 55 (121) [1472] → JMandPL

Lille Bibl. mun. Godefroy 57 (152) [ca. 1450] → ChrPisVertW, FormHonCourtH

Lille Bibl. mun. Godefroy 64 (151) [fin 13ᵉs.] → GarLorrI, GerbMetzT

Lille Bibl. mun. Godefroy 185 (Paeile 70) [flandr. fin 13ᵉs.] → LeGrandStat

Lille Univ. 204 (1180) [fin 14ᵉs.] → AldL

Lincoln Cathedral 104 (A.4.12) [agn. fin 13ᵉs.] → BrutA, BrutLincB, DescrEnglB, FantosmeJ, GaimarB

Lincoln Cathedral 104 [agn. fin 13ᵉs.] → BrutHarlB

Lincoln Cathedral 132 (C.5.8) [agn. ca. 1300] → AdParvH, AlNeckUtensH²

Lincoln Cathedral 199 (C.3.3) [agn. fin 12ᵉs.] → PhThCompM

Lincoln Cathedral 203 (B.5.1) [agn. 14ᵉs.] → MirourEdmBW

Lincoln Lincolnshire Arch. Off. Louth Grammar School E.8 [agn. fin 13ᵉs.] → BibleDécB/EN

Lisboa Bibl. da Ajuda 52.XIII [14ᵉs.] → AldL

Lisboa Bibl. nac. Il. 132 [3ᵉq. 13ᵉs.] → HistAnc

Lisboa Fund. Gulbenkian LA 136 [15ᵉs.] → ConsBoèceCompC²

Livingston [prob. contin. mil. 14ᵉs.] → IpH

London A.R. Wagner (anc. Wrest Park, Beds 16, f°5) [agn. ca. 1585] → ArmFalkB

London A. R. Wagner (anc. Wrest Park, Beds 16) [1586] → ArmHarlLL

London British Library → BL

London British Museum → BL

London Coll. of Arms 2.G.3 [1586] → ArmGloverL

London Coll. of Arms 13084,3 (anc. Wagner, anc. Phillipps) [agn. 1603] → ArmFalkB

London Coll. of Arms 13084,7 (anc. Wagner, anc. Phillipps) [agn. 1597] → ArmFalkB, ArmNatB²

London Coll. of Arms Arundel XIV (150) [cette partie agn. 1ᵉʳq. 14ᵉs.] → PercB

London Coll. of Arms Arundel XIV [agn. 1ᵉʳq. 14ᵉs.] → ChronPLangI/IIT, HavelocB

London Coll. of Arms Arundel XIV [cette partie agn. 1ᵉʳq. 14ᵉs.] → BrutA, GaimarB, HosebHenO

London Coll. of Arms Arundel XIV [rec. fact., cette partie agn. 2ᵉq. 14ᵉs.] → ArtAimAgnS

Manuscrits

London Coll. of Arms Arundel XXVII (154) [agn. ca. 1300] → GuiWarE
London Coll. of Arms Arundel XXXI [agn. 2ᵉm. 14ᵉs.] → GrantzGeanzLB
London Coll. of Arms Arundel LXI [agn. 2ᵉm. 14ᵉs.] → ChronPLangI/IIT
London Coll. of Arms Arundel LXII [1587] → SiègeCaerlB
London Coll. of Arms L.14 (Misc. cur.) [1586] → ArmGloverL
London Coll. of Arms L.14 [ca. 1605] → RôleCamB
London Coll. of Arms L.14,1 [ca. 1605] → RôleCamB
London Coll. of Arms M.14 bis [agn. 1ᵉʳt. 16ᵉs.] → ArmGallowayB, ArmStirlingB
London Coll. of Arms Roll 12/45A [agn. fin 13ᵉs., av. 1307] → BrutA
London Coll. of Arms Roll 20/26 [agn. 1ᵉm. 14ᵉs.] → EchecsCottH
London Coll. of Arms Vincent 164 [16ᵉs.] → RôleCamB
London Corporation of London Records Office Cust. 2 (COL/CS/01/002) [agn. ca. 1300-1311, mains diverses] → LHorn
London Corporation of London Records Office Cust. 2 [agn. ca. 1300-1311, mains diverses] → HosebHenO, SeneschO
London Corporation of London Records Office Cust. 6 (COL/CS/01/006) [agn. ca. 1321, ca. 1324 et ult.] → LCustR
London Corporation of London Records Office Cust. 12 (COL/CS/01/012) [agn. 1419] → LAlbR
London Gray's Inn? (R 116,351-2) → ModusT
London Gray's Inn 12 (768) [agn. mil. 14ᵉs.] → NicBozMorS
London H.H. Gibbs (?) [?] → PelAmeS, PelJChrS, PelVieS
London Inner Temple Div. 819,1,511-19 [agn. 2ᵉt. 14ᵉs.] → GrantzGeanzLB
London Lambeth Palace 166 [agn. déb. 14ᵉs.] → TrJurFetW
London Lambeth Palace 179 [agn. ca. 1300] → BrevPlacT, TrJurFetW
London Lambeth Palace 266 [déb. 14ᵉs.] → GouvRoisGauchyM
London Lambeth Palace 298 [déb. 14ᵉs.] → SidracH
London Lambeth Palace 371 [agn. fin 13ᵉs.] → CatEverS, ParabAlainH
London Lambeth Palace 403 [agn. ca. 1300] → BrittN
London Lambeth Palace 431 [f°210v°-238v° agn. déb. 13ᵉs.] → ElucidaireIIID
London Lambeth Palace 457 [rec. fact., II contin. ca. 1200] → SermMaurR
London Lambeth Palace 504 [agn. 2ᵉm. 14ᵉs.] → GrantzGeanzLB
London Lambeth Palace 522 [agn. déb. 14ᵉs.] → EvNicAgnP, GrossetChastM, MirourEdmAW, NicBozEnsM, NicBozSerm¹⁻⁹L, QSignesK, ThibMarlyS
London Lambeth Palace 564 [agn. ca. 1310] → NovNarrS
London Lambeth Palace 596 [agn., cette partie fin 13ᵉs.] → ConqIrlMu
London Lambeth Palace 788 [agn. ca. 1300] → TrJurExceptW, TrJurFetW
London Lambeth Palace 1237,1 & 2 [agn. 2ᵉm. 13ᵉs.] → BueveAgnS
London Lincoln's Inn (anc. Heywood) [agn. 1ᵉʳt. 14ᵉs.] → BrittN
London Lincoln's Inn 45 [agn. 1ᵉʳt. 14ᵉs.] → BrevPlacT
London Lincoln's Inn 46 [17ᵉs.] → BlackBookT
London Lincoln's Inn Hale 139 (XIX) [agn. 2ᵉq. 14ᵉs.] → NovNarrS
London Lincoln's Inn Hale 140 [agn. 1ᵉʳt. 14ᵉs.] → BrevPlacT
London Lincoln's Inn Misc. 173 [agn. 2ᵉm. 14ᵉs.] → OrthGallJ
London Mercers' Hall [prob. 1484] → LPrivilMerchantS
London Michelmore Cat. 27 de 1938 [15ᵉs.] → TroiePr¹C
London Ph. Meadows [agn. 13ᵉs.] → NarbAssH
London P.R.O. → Kew NA
London Quaritch (où?) → PalamL
London Quaritch Denton MS. [agn. 3ᵉq. 13ᵉs.] → PassJonglFT
London Sion Coll. Arc. L.40.2/L.14 [agn. 2ᵉm. 13ᵉs.] → CatEverS
London Soc. of Antiquaries 101 fly-leaf [agn. et wall. 1ᵉm. 14ᵉs.] → SecrSecrPr²H
London Soc. of Antiquaries 136 C.F. 42 [cette partie agn. 2ᵉm. 14ᵉs.] → OrdeneChevB
London Soc. of Antiquaries 664 roll 8 [1ᵉʳt. 17ᵉs.] → ArmGloverL
London Soc. of Antiquaries 664,1 [agn. ca. 1640] → ArmFalkB, ArmNatB²
London Soc. of Antiquaries 716 [agn. fin 12ᵉs.] → SThomGuernW¹
London Soc. of Antiquaries 716 (1) [déb. 13ᵉs.] → SThomGuernW¹
London Soc. of Antiquaries Hatton-Dugdale Facsimiles 664 [1639-1640] → SiègeCaerlB
London Sotheby's 26 avr. 1937 → PelVieS
London Sotheby's [ca. 1478] → PelViePr
London Sotheby's Nov. 1985 n°107 [Centre ca. 1470] → HistAnc
London Thomas Woodcock (anc. Wagner, anc. Wrest Park, Beds 16) [agn. ca. 1585] → ArmFalkB, ArmGloverL
London Thomas Woodcock (anc. Wrest Park, Beds 16) [agn. ca. 1585] → ArmNatB²
London Univ. 1 [agn. fin 14ᵉs.] → HeraudChandosT
London Univ. 574 [agn. 1ᵉʳq. 13ᵉs.] → BrutA
London Wallace Collection Illuminated Manuscript Cuttings M 320 et M 321 [2ᵉm. 15ᵉs.] fragm. → ConsBoèceCompC²
London Wellcome Hist. Med. Libr. 31 [1390] → AldL
London Wellcome Hist. Med. Libr. 32 (anc. Ashburnham Barrois 265) [14ᵉs.] → AldL
London Wellcome Hist. Med. Libr. 67 [ca. 1425] → SecrSecrPr³H
London Wellcome Hist. Med. Libr. 457 [14ᵉs.] → SidracH

Manuscrits

London Wellcome Hist. Med. Libr. 544 [agn. 1^{er}t. 14^{e}s.] → RecMédAvenceH, RecMédGarryV
London Wellcome Hist. Med. Libr. 546 [Fr. mérid. mil. 14^{e}s.] → AldL, JordRufMP, TrotulaPr^{1}M
London Wellcome Hist. Med. Libr. 554 [agn. 1^{er}t. 14^{e}s.] → RecMédCyrV
London Wellcome Hist. Med. Libr. 801A (anc. Bury St Edmunds Abbey) [agn. mil. 13^{e}s.] → AlNeckUtensH^2
London Westminster Abbey 21 [15^{e}s.] → BlasmeBF, GeoffrParMoisM
London Westminster Abbey CA.21 [15^{e}s.] → RobBloisAmU, RobBloisDidF
London Westminster Abbey Munim. Box 4, C.522 [1^{er}q. 13^{e}s.] → BrutA
London Whitehall [18^{e}s.] → BlackBookT
London Yates Thompson 87 (où?) [ca. 1480] → ConsBoèceCompC^2
Los Angeles Univ. of Cal. Res. Libr. 170/529 [agn. ca. 1560] → LoisGuillL
Louvain Univ. cath. G.53 [wall. ca. 1311] → PoèmeMorB
Louvain Univ. cath. G.54 [16^{e}s.] → JParisW
Louvain Univ. cath. G.171 [2^{e}m. 13^{e}s.] → FierL
Louvain Univ. cath. Théol. fonds Malines Grand Séminaire 32 [mil. 15^{e}s.] → BestPierre^{1}R^1
Lugo → AlexParA
Lunel 8 [fin 14^{e}s.] → JVignayEchecsF
Luxembourg AN Inst. grand-ducal Abt. 15 Ms 63/2 [2^{e}m. 13^{e}s.] → MainetDéc
Lyon Acad. des Sc. 28 [fin 15^{e}s.] → DoctSauvS
Lyon Arch. mun. AA1 → GuigueLyon
Lyon Arch. mun. AA2 → GuigueLyon
Lyon Bibl. mun. 739 (645) [It. 1^{e}m. 14^{e}s.] → PassJonglFT, QSignesK, WaceConcA
Lyon Bibl. mun. 739 (645; ['584' err.]) [It. 1^{e}m. 14^{e}s.] → CoincyI1…K
Lyon Bibl. mun. 742 (648) [2^{e}q. 14^{e}s.?] → OvMorB
Lyon Bibl. mun. 743 (649) [bourg. ca. 1300] → RolLM
Lyon Bibl. mun. 744 (651) [1470 n.st.] → ChevCygneBruxR
Lyon Bibl. mun. 765 (682) [ca. 1400] → GaceBuigneB, GastPhébChasseT
Lyon Bibl. mun. 768 (686) [14^{e}s.] → PelAmeS, PelVieS
Lyon Bibl. mun. 781 (697) [It. ca. 1300] → BrunLatC
Lyon Bibl. mun. 828 (732) [Acre ca. 1280] → ContGuillTyrA, ContGuillTyrDM
Lyon Bibl. mun. 864 (768) [frcomt. 1450] → GautChâtAristIIIC, SecrSecrPr^9, VenjNSPr^{5}F
Lyon Bibl. mun. 866 (770) [déb. 15^{e}s.] → SDenisPr^{2}L, SeptDormPrM
Lyon Bibl. mun. 867 (772) [pic. 2^{e}m. 13^{e}s.] → BalJosAnPrS, EvNicPrBF, FaucMedL, MarqueA, OrdeneChevPrJ, PaumierBerlC, SEustPr^{1}M, SJulPrS, SMadPr^3, SMarieEguD
Lyon Bibl. mun. 868 (773) [bourg.sept.?, 2^{e}m. 13^{e}s.] → PastGregL/CP, Pères
Lyon Bibl. mun. 878 (782) [15^{e}s.] → TroiePr^{1}C
Lyon Bibl. mun. 879 (785) [ca. 1498] → ChronTournCes^2
Lyon Bibl. mun. 899 (795) [15^{e}s.] → ChronFlandrK
Lyon Bibl. mun. 918 (815) [15^{e}s.] → VenjNSPr^{5}F
Lyon Bibl. mun. 948 (851) [14^{e}s.] → BrunLatC, SidracH
Lyon Bibl. mun. 976 (907) [pic. 14^{e}s.] → AldLF
Lyon Bibl. mun. 976 (cat.; 'autre cote' 907) [pic. 14^{e}s.] → AldL
Lyon Bibl. mun. 1234 (1106) [15^{e}s.] → MortAdamP
Lyon Bibl. mun. 1235 (1107) [15^{e}s.] → VenjNSPr^{5}F
Lyon Bibl. mun. 1243 [2^{e}m. 15^{e}s.] → RobCibMandM
Lyon Bibl. mun. Palais des Arts 28 [contin. 15^{e}s.] → JMandLD
Lyon Bibl. mun. Palais des Arts 29 [ca. 1300] → ContGuillTyrA
Lyon Bibl. mun. Palais des Arts 57 [frcomt. fin 13^{e}s.] → YsLyonB
Lyon Bibl. mun. Palais des Arts 59 [fin 13^{e}s.] → AnsCartA
Lyon Bibl. mun. Palais des Arts 77 [fin 13^{e}s.] → MortArtuF^1, MortArtuM, SGraalIVQuesteKM, SGraalIVQusteP
Lyon Bibl. mun. Palais des Arts 78 (anc. 650) [ca. 1300?] → BestGuillR, ImMondeOct^{1}D
Lyon Bibl. mun. 767 (685) [15^{e}s.] → BelleHelR
Lyon Univ. 15 (43) [Est 14^{e}s.] → ProvSalAuR
Maastricht Rijksarch. Hs. 167 III,6 [2^{e}m. 13^{e}s.] → HerbCandS
Mâcon Arch. dép. H. 362 [14^{e}s.] → FetRomF^1, HistAnc
Mâcon Bibl. mun. 3 [mil. 15^{e}s.] → LégDorVignBartH
Mâcon Bibl. mun. 5 [pic. fin 15^{e}s.] → GuillFillConsH
Mâcon Bibl. mun. 95 [15^{e}s.] → ConsBoèceRenA^2
Mâcon Bibl. mun. 156 [2^{e}m. 13^{e}s.] → Pères
Madrid Bibl. nac. 2148 [3^{e}t. 15^{e}s.] → MelusArrV
Madrid Bibl. nac. 2452 [14^{e}s.] → HaytonK
Madrid Bibl. nac. 9270 [2^{e}m. 14^{e}s.] → CharnyDemT, CharnyMesT
Madrid Bibl. nac. 9446 (anc. Ee.150; F.149 err.) [norm. mil. 13^{e}s.] → HistFécL
Madrid Bibl. nac. 9446 [norm. mil. 13^{e}s.] → EructavitJ, SEust2P, SJeanEvW, VMortHélW
Madrid Bibl. nac. 9602 [fin 14^{e}s.] → JMandOgT
Madrid Bibl. nac. 10264 [traits pic. bourg. cat., ca. 1400] → CardenoisC
Madrid Bibl. nac. 10272 (Os. 157) [fin 14^{e}s.] → ImMondeOct^{2}S^0
Madrid Bibl. nac. 18253 [agn. ca. 1300] → AssompNDJoyeD, JPechJerL, ProvSalAuR
Madrid Bibl. nac. Res/31 [déb. 14^{e}s.] → GouvRoisGauchyM
Madrid Bibl. nac. Vitr. 23-13 [14^{e}s.] → JMeunConsD
Madrid Real Biblioteca del Monasterio de San Lorenzo de El Escorial (RBM) → Escorial
Maihingen I.4. fol. 2 (732) [pic. 14^{e}s.] → ApostropheCorpsB
Malibu J. Paul Getty Mus. Ms. 27 (anc. Peterburg RNB Fr.F.v.X.1) [Avignon? ca. 1400] → GastPhébChasseT

Manuscrits

Malibu J. Paul Getty Museum 83 MP. 146 Ludwig XIII. 3 [Paris fin 14ᵉs.] → HistAnc
Malibu J. Paul Getty Museum Ludwig XIII.5, 1-2 [2ᵉm. 15ᵉs.] → JVignayMir
Malibu J. Paul Getty Museum Ms. 1 [Paris ca. 1370] → BibleGuiart
Malibu J. Paul Getty Museum Ms. 25 (anc. Ashburnham App. 71) [4ᵉq. 15ᵉs.] → PassIsabD
Malibu J. Paul Getty Museum Ms. 27 (anc. Bruxelles Tulkens?) [ca. 1435] → GastPhébChasseT
Malmesbury Parish Church ms. 2 (i) [agn. ca. 1400] → BibleDécB/EN
Manchester Univ. John Rylands Libr. Fr. 1 [déb. 14ᵉs.] → LancPrS, MortArtuF[1], SGraalIVQuesteP
Manchester Univ. John Rylands Libr. Fr. 2 (anc. Crawford 4) [Paris ca. 1416] → PelVieS
Manchester Univ. John Rylands Libr. Fr. 2 [Paris ca. 1416] → PelAmeS, PelJChrS
Manchester Univ. John Rylands Libr. Fr. 6 [Angleterre f°1-8: agn. mil. 13ᵉs.] → JuiseR, LégApostPR, SCathManF, SMarieEgTD, SPaulEnfAdK
Manchester Univ. John Rylands Libr. Fr. 6 [Angleterre f°9-: 2ᵉm. 13ᵉs.] → AlexisRo, AntArciP, QSignesManF
Manchester Univ. John Rylands Libr. Fr. 55 (R. 26216, anc. Cheltenham Phillipps 3950) [fin 15ᵉs.] → MonstreletD
Manchester Univ. John Rylands Libr. Fr. 64 [agn. déb. 14ᵉs.] → LReisEnglF
Manchester Univ. John Rylands Libr. Fr. 66 [déb. 14ᵉs.] → AmistiéDT
Manchester Univ. John Rylands Libr. Fr. 87 [fin 14ᵉs. et mil. 15ᵉs.] → IsidSynCH
Manchester Univ. John Rylands Libr. Fr. 88 → ArmGrimaldiM
Manchester Univ. John Rylands Libr. Fr. 142 [agn. déb. 14ᵉs.] → EdmRu
Manchester Univ. John Rylands Libr. Lat. 155 [1ᵉʳq. 13ᵉs.] → RecLondB
Mantova Arch. St. framm. [?] → PalamL
Marseille Arch. dép. H.55 [rouleau 13ᵉs.] → RègleHospPrD
Marseille Archives B. du Rhône Rouleau → RègleHospJérM
Marseille Bibl. mun. 733 [ca. 1300] → SidracLR
Marseille Bibl. Mun. 1106 (3-R.396) [4ᵉq. 14ᵉs.] → PalamL
Maz. 35 (684) [2ᵉm. 13ᵉs.] → BiblePar
Maz. 54 (70) [cette partie 1ᵉm. 13ᵉs.] → MaccabPr[1]G
Maz. 54 (70, anc. Cordeliers) [cette partie agn. fin 12ᵉs.] → RoisC
Maz. 58 (258) [Paris déb. 14ᵉs.] → PsLong
Maz. 311 (40) [Paris 2ᵉq. 14ᵉs.] → BibleGuiart
Maz. 312 (532) [1340] → BibleGuiart
Maz. 313 (534) [Est ca. 1420] → BibleGuiart
Maz. 338 (244) [fin 15ᵉs.] → JGoulRatB, JGoulSacreB
Maz. 382 (798) [lorr. 2ᵉm. 14ᵉs.] → PsLorrA, PsLorrB
Maz. 788 (1088) [hain. 13ᵉs.] → PaumierBerlC
Maz. 870 (809) [Paris, traits du Sud-Est, 1295] → SommeLaurB

Maz. 946 (903) [ca. 1400] → ChastelPerB
Maz. 949 (1313) [15ᵉs.] → PassIsabD
Maz. 993 [ca. 1475] → RobCibMandM
Maz. 1030 (1072) [13ᵉs.] → ProvM
Maz. 1399 (1219) [entre 1515 et 1520] → RègleSBenPr[15]
Maz. 1400 (1218) [16ᵉs.] → RègleSBenPr[16]
Maz. 1554 (557) [fin 15ᵉs.] → JVignayMir
Maz. 1716 (568) [déb. 14ᵉs.] → AlexisPr[3], BalJosPr[1]M, BrendanPr[2]W, PastGregL/CP, PèresPrIIMarcelL, PurgSPatrPrAD, SGenDér, SGodric, SMadPr[5], SMargAO, SMarieEgOD
Maz. 1729 (1333) [3ᵉt. 14ᵉs.] → LégDorVignBartH
Maz. 1742 (1351) [pic. 3ᵉt. 13ᵉs.] → SFrançPr[2]
Maz. 1751 (1217) [f°32v°-81v° 1ᵉm. 15ᵉs.] → RègleSBenPr[3]
Maz. 1751 (1217) [f°156r°-214v° fin 15ᵉs.] → RègleSBenPr[20]
Maz. 2036 → SFrançPr[2]
Maz. 3522 [15ᵉs.] → SongeVergierS
Maz. 3589-3590 (1280A-B) [3ᵉt. 15ᵉs.?] → PCresc
Maz. 3636 (1253) [av. 1451] → CompAn[5]M, ViandTailIMP
Maz. 3717 (514) [15ᵉs.] → GastPhébChasseT
Maz. 3794 (578) [ca. 1325] → Donat[M1]S, Donat[M2]S
Maz. 3861 (1251) [déb. 15ᵉs.] → ConsBoèceCompC[2]
Maz. 3870 [14ᵉs.] → ImMondeOct[1]D
Maz. 3871 (1260) [It. fin 14ᵉs.] → BrunLatC
Melbourne Nat. Gallery of Victoria Felton 3 [daté 1400] → SinclairBers
Menthon-Saint-Bernard Château des comtes de Menthon [mil. 15ᵉs.] → MistSBernL
Metz (non localisé!) [lorr. 13ᵉs.] → FierL
Metz 192 [13ᵉs.] → RenMont
Metz 262 [rec. fact., III: 13ᵉs.?] → SermMaurR
Metz 315 [lorr. fin 14ᵉs.] → PelAmeS, PelVieS
Metz 419 (?) [15ᵉs.] → DoctSauvS
Metz 510 [Paris 15ᵉs.] → AalmaR
Metz 534 [15ᵉs.] → ChastelPerB
Metz 535 (88) [Metz déb. 14ᵉs.] → PhNovAgesF
Metz 535 [Metz déb. 14ᵉs.] → HIIIBrabH, PaumierBerlC, QuatreFilles[4]L, RSoissonsW
Metz 640 [2ᵉm. 15ᵉs.] → Gramm[1]S
Metz 643 [partie concernée mil. 15ᵉs.] → Gramm[4]S
Metz 647 [partie concernée 1ᵉm. 15ᵉs.] → Gramm[5]S
Metz 665 [lorr. ca. 1300] → SommeLaurB
Metz 831 (81) [Metz ca. 1438] → DexW, GuerreMetzB, VoeuxEpW
Metz 832 (82) [1770] → DexW, GuerreMetzB
Metz 855 (105) [cette partie lorr. fin 15ᵉs.] → CatPr[1]U, DoctSauvS, OrdeneChevV
Metz 968 (218) [lorr. (Metz) fin 15ᵉs.] → MistSClemA
Metz 1182 [15ᵉs.] → AalmaR
Metz 1196 (anc. Salis 49) [déb. 14ᵉs.?] → Pères, TancredOrd
Metz 1228 (anc. Marquis de Salis 78) [15ᵉs.] → ChirAlbT, ChirBrun
Metz 1238 (anc. Marquis de Salis 88) [fin 13ᵉs.] → GrossetChastM
Metz Abbaye de Saint Sulpice et de Sainte Glossinde [lorr. (Metz?) fin 13ᵉs.] → RègleSBenPr[26]

Manuscrits

Metz Arch. mun. cote? (anc. Salis, BEC 75,349, 139) [lorr. 3ᵉt. 13ᵉs.] → DolopL

Michelstadt ex impr. C.294 [1ᵉm. 15ᵉs.] → CroissantAlMS

Milano Bibl. Ambrosiana C.35 Sup. [1470] → SecSpagnaC

Milano Bibl. Ambrosiana D.55 Sup. [agn. déb. 13ᵉs.] → BenTroieC, BenTroieMR

Milano Bibl. Ambrosiana I.78 [norm. 14ᵉs.] → BestAmFournS

Milano Bibl. Ambrosiana I.78 Sup. [déb. 14ᵉs.] → RoseLLangl

Milano Bibl. Ambrosiana L.99 Sup [8ᵉs.] → IsidL

Milano Bibl. Ambrosiana S.79 Sup. [15ᵉs.?] → BrunLatC

Milano Bibl. Braidense AC.X.10 [It. 14ᵉs.] → BestAmFournS

Milano Bibl. Trivulziana 816 [Lomb. 1396] → JMandPL

Milano Bibl. Trivulziana 1025 [frc. 3ᵉt. 13ᵉs.] → AliscW, BatLoqVulgB², CharroiPo, ChevVivM, CourLouisLe, EnfGuillH, EnfVivW, MonGuill²A, MonGuill²C, MonRainAB, PriseOrABR¹

Modena Arch. St. framm. (sans cote) [It. sept. 14ᵉs.] → PalamL, PalamModB

Modena Arch. St. framm. b.11. fasc. n. 2. [It. 2ᵉm. 14ᵉs.] → Bueve3S

Modena Bibl. Estense atti segr. F.6 [champ.13ᵉs.] → YvainF

Modena Bibl. Estense E.1 (α.Q.5.12) [It. 2ᵉm. 14ᵉs.] → ConsBoèceCompC²

Modena Bibl. Estense E.5 [pic. 1ᵉm. 14ᵉs.] → GautChâtAristIpC

Modena Bibl. Estense E.32 (α.Q.8.3) [14ᵉs.] → ImMondeOct¹D

Modena Bibl. Estense E.39 (α.L.9.30) [pic. 2ᵉm. 13ᵉs.] → SGraalIIIJosTO

Modena Bibl. Estense E.39 (α.L.9.30, XI. B. 9.) [pic. 2ᵉm. 13ᵉs.] → LapidBB

Modena Bibl. Estense E.39 [pic. 2ᵉm. 13ᵉs.] → MerlinM, PercDidD/ER, SGraalIIIJosER, SGraalIIIMerlEC

Modena Bibl. Estense f. lat. 568 (anc. IV.D.5) [15ᵉs.] → GuillMachC

Modena Bibl. Estense f. str. 12 (α.Q.7.8; XII.G.2) [15ᵉs.] → PassIsabD

Modena Bibl. Estense f. str. 32 (XII.C.7) [14ᵉs.] → LunaireMoC, SongeAlphM/T

Modena Bibl. Estense f. str. 116 [Gênes déb. 14ᵉs.?] → LégDorAn¹, SDenisPr²L

Modena Bibl. Estense α.M.5.9 (anc. XII.K.16; 28) [ca. 1470] → GrantHerbC

Modena Bibl. Estense α.N.5.7 (fr. 33) [Lomb. 1388] → JMandPL

Modena Bibl. Estense α.N.5.11 [fin 14ᵉs.] → ModusT

Modena Bibl. Estense α.N.5.12 (Est. 29) [déb. 15ᵉs.] → Turpin²W

Modena Bibl. Estense α.N.5.12 [déb. 15ᵉs.] → PBeauvOlimpB

Modena Bibl. Estense α.N.8.7. [1404 ou peu après] → ChrPisFaisS

Modena Bibl. Estense α.P.4.17 (43) [15ᵉs.] → GouvRoisGauchyM

Modena Bibl. Estense α.P.9.1 [pic. fin 13ᵉs.] → BrunLatC, MiroirMondeC

Modena Bibl. Estense α.R.4.4 [1ᵉ partie (D) fᵒ1-230 1254, fᵒ211-212 fin 14ᵉs., fᵒ231 blanc, fᵒ232-260 2ᵉq. 14ᵉs., 2ᵉ partie (d) copie du 16ᵉs. de BN fr. 12473] → ChansModenaB

Modena Bibl. Estense α.R.4.4 [cette partie 1254] → MahieuW, ThibBlaisN

Modena Bibl. Estense α.R.4.4 [cette partie It. sept. 2ᵉm. 13ᵉs.] → PalamL

Modena Bibl. Estense α.R.4.4 [fᵒ 1-230 1254] → MoniotArrD

Modena Bibl. Estense α.R.4.4 [fᵒ211-212: fin 14ᵉs.] → FaramonB

Modena Bibl. Estense α.R.4.4 [fᵒ218-230 1254] → RomPast

Modena Bibl. Estense α.W.3.13 [déb. 15ᵉs.] → PalamL

Modena Bibl. Estense α.W.8.16-17 [ca. 1370] → AttilaS

Modena Bibl. Estense γ.G.3.14 (Campori 25) [15ᵉs.] → ConsBoèceCompC²

Modena Bibl. Estense γ.G.3.20 [2ᵉt. 15ᵉs.] → OvArtPrR

Monaco Arch. du Palais Matignon [norm. 2ᵉq. 14ᵉs.] → CartFontenayMarmS

Mons [Arch. Etat] Arch. mun. 1243 [déb. 14ᵉs.] → DevillersBans

Mons Arch. mun. [pic. fin 13ᵉs.] → ErecF

Mons Univ. 103/123 [15ᵉs.] → GouvRoisGauchyM

Mons Univ. 226/124 [16ᵉs.] → HistAnc

Mons Univ. 330/215 [lorr., cette partie 13ᵉs.] → MarqueA, SSagaP

Mons Univ. 330/215 [lorr., cette partie déb. 14ᵉs.] → BretTournD

Mons Univ. 331/206 (4568) [tourn. 2ᵉm. 13ᵉs.] → BliocadranW, ContPerc¹A/T...R, ElucidationT, PercB, PercP

Mons Univ. 642 [15ᵉs.] → FroissChronIVV

Mons Univ. 642. R3/A [fin 13ᵉs.] fragm. → BerinOctB

Mons Univ. 1087 [hain. 1501] → PassMonsC

Mons Univ. 1088 [hain. 1501] → PassMonsC

Mons Univ. cote? [pic. 14ᵉs.] → JMeunTestMJ

Mons Univ. cote? [wall. 14ᵉs.] → FierL

Monte Cassino 209 [2ᵉm. 13ᵉs.?] → VMortHélW

Monte Cassino 329Q [pic. ca. 1300] → BalJosAnS, BalJosCamA

Montpellier Bibliothèque universitaire de Médecine → Montpellier Ec. de Méd.

Montpellier Ec. de Méd. 43 [lorr. 1ᵉm. 14ᵉs.] → ConsBoèceLorrA

Montpellier Ec. de Méd. 47 [13ᵉs.] → Digeste

Montpellier Ec. de Méd. 49 [Paris ca. 1315] → BibleGuiart

Montpellier Ec. de Méd. 95 [2ᵉq. 14ᵉs.] → ChirAlbucE

Montpellier Ec. de Méd. 110 [fin 14ᵉs., qqs. traits pic.] → GlMontpN

Montpellier Ec. de Méd. 149 [fin 13ᵉs.] → SidracH

Montpellier Ec. de Méd. 164 [Metz 4ᵉq. 14ᵉs.] → GautChâtAristIlC, SecrSecrPr⁸

Montpellier Ec. de Méd. 184 [2ᵉt. 15ᵉs.] → GuiChaul

Montpellier Ec. de Méd. 196 [Paris fin 13ᵉs.] → RaynMotets

Montpellier Ec. de Méd. 236 [1^{e}m. 14^{e}s.] → AdHaleChansM, GlMontpAG, SouhaitMontpB

Montpellier Ec. de Méd. 243 [13^{e}s.] → GarLorrI, GerbMetzT

Montpellier Ec. de Méd. 244 [fin 15^{e}s.] → GirRossAlH

Montpellier Ec. de Méd. 247 [pic. 2^{e}m. 14^{e}s.] → DoonMayAPi⁰, DoonMayP, GaufrG, GuiNantM/V/FM, GuiNantMMey, MaugisV, OgDanE, RenMont, VivMonbrancE

Montpellier Ec. de Méd. 249 [bourg. 2^{e}m. 13^{e}s.] → ContPerc¹A/T…R, PercB

Montpellier Ec. de Méd. 250 [déb. 15^{e}s.] → ChronGuesclF

Montpellier Ec. de Méd. 251 [2^{e}m. 13^{e}s.] → BenTroieC, BrutA, EneasS²

Montpellier Ec. de Méd. 252 [frc. fin 13^{e}s.] → AimonFlH, YvainF

Montpellier Ec. de Méd. 254 [ca. 1400] → JFevLamentH

Montpellier Ec. de Méd. 279 [déb. 14^{e}s.] → EchecsBakC

Montpellier Ec. de Méd. 316 [3^{e}q. 13^{e}s.] → InstJustO

Montpellier Ec. de Méd. 338 [14^{e}s.] → SidracH

Montpellier Ec. de Méd. 339 [16^{e}s.] → MeschLunM

Montpellier Ec. de Méd. 346 [ca. 1400] → GaceBuigneB

Montpellier Ec. de Méd. 347 [14^{e}s.] → Pères

Montpellier Ec. de Méd. 348 [13^{e}s.] → ImMondeOct¹D

Montpellier Ec. de Méd. 349 [mil. 14^{e}s.] → GirRossAlH

Montpellier Ec. de Méd. 350 [ca. 1300] → SFanuelC

Montpellier Ec. de Méd. 368 [15^{e}s.] → ConsBoèceCompC², JMeunConsD

Montpellier Ec. de Méd. 372 [cette partie ca. 1340] → RègleHospMirPr¹C, RègleHospPrD

Montpellier Ec. de Méd. 373 [1296] → InstJustO

Montpellier Ec. de Méd. 386 [prob. entre 1315 et 1334] → CoutBourgMC

Montpellier Ec. de Méd. 395 [1273] → EtSLouisV

Montpellier Ec. de Méd. 436 [lorr. 3^{e}q. 13^{e}s.] → DolopL

Montpellier Ec. de Méd. 437 [1340 a.st.] → BestPierre²B, BibleEntS, ImMondeOct¹D

Montpellier Ec. de Méd. 438 (anc. Bouhier) [ca. 1330] → RoseLLangl

Montpellier Ec. de Méd. 441 [bourg. 1^{e}m. 14^{e}s.] → FloovA, UnicorneMA

Montpellier Ec. de Méd. 459 (= Bibl. Univ. H.459) [15^{e}s.] → AdAiglesB

Montpellier Ec. de Méd. 503 [14^{e}s.] → RecMédMontp503B

Montréal Univ. McGill 145 [1^{er}q. 13^{e}s.] → ChevCygneNaissBeaFragmH

Mont-Saint-Aignan (anc. Rouen) Arch. dép. G.851 [1396] → CoutDieppeC

Mont-Saint-Aignan Arch. dép. F.126 [1398 - ca. 1409] → CoutHectorR

Monza Bibl. cap. b-21/137 (CXCV) [It. 2^{e}q. 14^{e}s.] → AimonFlH, BrunLatC

Mulhouse H. Longuet → CourLouisCLe

München gall. 1-2 [Paris ca. 1375] → BibleGuiart

München gall. 3 [mil. 15^{e}s.] → LégDorVignBartH

München gall. 7 (cat. n°120) [1468-1470] → MabrienV

München gall. 7 [1468-1470] → RenMontPr²

München gall. 21 [2^{e}m. 15^{e}s.] → PassIsabD

München gall. 22 [1^{e}m. 15^{e}s.] → PassIsabD

München gall. 25 [1457] → SidracH

München gall. 26 [15^{e}s.] → JVignayEchecsF

München gall. 27 [15^{e}s.] → JVignayEchecsF

München gall. 29 (cat. n°7) [agn. ca. 1200-déb. 13^{e}s.] → BrutMunH

München gall. 30 [Paris ca. 1348] → PelVieS

München gall. 31 [15^{e}s.] → ConsBoèceRenA²

München gall. 32 [14^{e}s.] → RègleSBenPr²³

München gall. 42 (anc. Mus. Ms. 4775) [13^{e}s.] → ChansMünchenD

München gall. 42 [13^{e}s.] → StimmingMot

München gall. 43 [ca. 1300] → EtSLouisV

München gall. 51 [prob. Chypre fin 14^{e}s.] → AssJérBourgB, AssJérBourgBatvB, AssJérOrdB, AssJérRoiB

München gall. 52 [hain. ca. 1470] → ChronBaud²H, Turpin²F, Turpin²W

München gall. 53 [1491] → MonstreletD

München gall. 60 [pic. ca. 1400] → AldL

München gall. 61 [pic. 1^{er}q. 15^{e}s.] → IsidSynCH

München gall. 654 [18^{e}s.] → AbladaneP

München gall. 771 [déb. 17^{e}s., copie d'un ms. de 1458-60] → AssJérBourgBatvB, AssJérClefB, AssJérGeoffrB, AssJérJIbB, AssJérLignB, AssJérPhB, AssJérPrisM, AssJérRoiB

München gall. 914 [prob. Cambrai ca. 1305] → IsidSynCH

München hebr. 42 [hébr. 16^{e}s.] → BerechiahG

München hebr. 52 [1549] → GlJosBehJ

München hebr. 211 [hébr. 14^{e}s.] → GlTarschCommMK

München hebr. 216 [hébr. (It.) mil. 13^{e}s.] → GlGerschB

München hebr. 390 (anc. Regensburg Praedicantenkloster) [hébr. 14^{e}s.] → GlAruchP¹

München lat. 615 [cette partie 14^{e}s.] → GlAlphM

München lat. 6911 [ca. 1300] → JGarlPoetriaL

München Rosenthal R. 82-83 [Paris fin 14^{e}s.] → HistAnc

Münster Univ. [déb. 14^{e}s.] → BenTroieC

Münster Westf. Landesmus. [Paris 2^{e}q. 14^{e}s.] → HistAnc

Nagoya Furukawa Mus. of Art s.c. [Paris ca. 1410] → BibleGuiart

Namur (Bormans) [13^{e}s.] → HerbCandS

Namur Arch. de l'Etat 3217 [entre 1303 et 1307] → PolyptSalzG

Namur Arch. de l'Etat [1^{e}m. 13^{e}s.] → BenTroieC

Namur Arch. de l'Etat Eccl. S. Aug. Géronsart Rec.-Dép. 1354-1357 [2^{e}m. 14^{e}s.] → ViergeGérH

Nancy Arch. dép. 1F342 [pic. 3^{e}q. 13^{e}s.] → ContPerc¹A/T…R

Nancy Arch. dép. 3E3543-44 → TristPr

Nancy Bibl. mun. 70 (272) [14^{e}s.] → MiroirMondeC

Nancy Bibl. mun. 142 [1^{e}m. 16^{e}s.] → JugMetzS

Nancy Univ. 10 [fragment de cinq feuillets du déb. du 13^{e}s. → GirRossDécH

Nantes Bibl. mun. 92 [mil. 15^{e}s.] → CoutBretP

Manuscrits

Nantes Bibl. mun. 651 [ca. 1500] → MeschLunM
Nantes Bibl. mun. 6882 [fin 13ᵉs.] → EtSLouisV
Nantes Musée Dobrée 5 [pic.-wall. ca. 1200] → EpSBernDil, MeditationF, SAgnèsDobT, SBernCantG, SermLaudT, SermMadAC, SermMadNP
Nantes Musée Dobrée 16 [15ᵉs.] → PCresc
Nantes Musée Dobrée 22 [déb. 16ᵉs.] → GastPhébChasseT, ModusT
Nantes Musée Dobrée Dobrée 18 [déb. 16ᵉs.] → CommB
Napoli Bibl naz. I.G.17 [14ᵉs.] → BrunLatC
Napoli Bibl. naz. lat. 1 (anc. Wien 17) [Bobbio 7ᵉ/8ᵉs.] → AppProbiA
Napoli Bibl. naz. XIII.C.38 [Est 1ᵉm. 13ᵉs.] → BenTroieC
Neuchâtel Bibl. publ. A3 (4816) [ca. 1400] → ChansWackern, CoincyI1…K, Pères
Neuchâtel → SMarg7NH
Neustadt an der Aisch fragm. [fin 13ᵉs.] → FetRomF¹
Nevers Arch. dép. [2ᵉm. 13ᵉs.] → BenTroieC
Nevers Arch. dép. cote? [frcomt. fin 13ᵉs.] → GarMonglAP
New Brunswick N.J. Theolog. Sem. [Ouest ou agn. ca. 1200] → JugesB
New Haven Yale Beinecke Libr. 33 (anc. Z111.015, Pickering, Cooke, De Ricci 33) [frc. 14ᵉs.] → RoseLLangl
New Haven Yale Beinecke Libr. 38 [ca. 1400] → ConsBoèceRenA²
New Haven Yale Beinecke Libr. 121 (anc. Lichfield; W.Lambarde; C.Schwerdt; Goldsmith; D.Wagstaff) [fin 15ᵉs.] → ModusT
New Haven Yale Beinecke Libr. 129 [Tournai ca. 1470] → BibleGuiart
New Haven Yale Beinecke Libr. 215 (anc. Cheltenham Phillipps 4359) [ca. 1415] → RPreslesCitéB
New Haven Yale Beinecke Libr. 227 (anc. Cheltenham Phillipps 1045) [1357 (date du Merlin)] → SGraalIIIJosTO
New Haven Yale Beinecke Libr. 227 (anc. Cheltenham Phillipps 1045) [1357] → MerlinM
New Haven Yale Beinecke Libr. 229 (anc. Cheltenham Phillipps 130) [art. 3ᵉt. 13ᵉs.] → SGraalIVQuesteYAW
New Haven Yale Beinecke Libr. 229 (anc. Cheltenham Phillipps 130) [art. 4ᵉq. 13ᵉs.] → MortArtuF¹, MortArtuW, SGraalIVQusteP
New Haven Yale Beinecke Libr. 395 (anc. Cheltenham Phillipps 4156) [agn. ca. 1275] → BestGuillR, BibleDécB/EN, BrutA, ChastPereBH, HermValS, LunaireCh¹H, LunaireCh²H, PartonG, PrêtreJeanD/YG, PrêtreJeanH, PurgSPatrBerM, RobHoY, SEust4P
New Haven Yale Beinecke Libr. 406 (anc. Cheltenham Phillipps 6343) [N.-E.? ca. 1400] → PelVieS
New Haven Yale Beinecke Libr. 418 [3ᵉq. 15ᵉs.] → RoseLLangl
New Haven Yale Beinecke Libr. 427 [ca. 1460] → ChrPisVertW
New Haven Yale Beinecke Libr. 492 (anc. Bodmer, anc. Techener) [agn. déb. 14ᵉs.] → PAbernLumH¹
New Haven Yale Beinecke Libr. 492 (anc. Techener) [agn. déb. 14ᵉs.] → MirourEdmAW
New Haven Yale Beinecke Libr. 492 [déb. 14ᵉs.] → AmDieuK
New Haven Yale Beinecke Libr. 590 (anc. Pearson; Cheltenham Phillipps 2324) [agn. mil. 13ᵉs.] → RomRomL
New Haven Yale Beinecke Libr. 591 (anc. Cholmondeley) [agn. déb. 14ᵉs.] → GuiWarE
New Haven Yale Beinecke Libr. 592 (anc. Soubise, Pearson) [Rouen 1462] → RoseLLangl
New Haven Yale Beinecke Libr. 703 (anc. Ashburnham Barrois 301, Le Mans Claude Vaudecrane) [frc. norm.? 1ᵉm. 14ᵉs.] → JMeunTestB, SongeEnfM
New Haven Yale Beinecke Libr. Marston 219 [agn. 15ᵉs.?] incomplet → PAbernLumH¹
New Haven Yale Beinecke Libr. Marston 260 [1ᵉm. 14ᵉs.] → SidracH
New Haven Yale Center for British Art Paul Mellon Coll. SK25.F47 L58 1420 (anc. Oliver Belmont) [ca. 1420] → ModusT
New Haven Yale Dep. of Fr. E. B. Ham [2ᵉm. 13ᵉs.] → Pères
New York (anc. Kraus, Cheltenham Phillipps [cf. CRAI 30, 1886, 365], où?) [15ᵉs.] → ImMondeOct¹D
New York (anc. Kraus Science-Manuscripts 1980, n°6) [1295?] → ImMondeOct¹D
New York Columbia Univ. Butler Libr. Plimpton 280 [ca. 1300] → BrunLatC
New York Columbia Univ. Butler Libr. Plimpton 281 [ca. 1400] → BrunLatC
New York Columbia Univ. Butler Libr. Plimpton 282 [15ᵉs.] → JVignayEchecsF
New York Jewish Theol. Sem. of Am. 0075 [14ᵉs.?] → GlNYAL
New York Jewish Theol. Sem. of Am. 8092 [hébr., Est 2ᵉm. 13ᵉs.] → BlondhPo, ChantMariageF
New York Jewish Theol. Sem. of Am. 8092, 8334 [hébr., Est 2ᵉm. 13ᵉs., 1204?] → MachsorS
New York Jewish Theol. Sem. of Am. [hébr. 13ᵉs.] → GlNYRL, GlNYsP
New York Jewish Theol. Sem. of Am. Lutzki 777 [1268] → GlKaraIsF
New York Jewish Theol. Sem. of Am. Lutzki 778 [cette partie Est 2ᵉm. 12ᵉs.] → GlKaraIsF
New York Kraus (anc. Bodmer 164, Cheltenham Phillipps 8383) [13ᵉs.] → TristPrMé
New York Kraus [15ᵉs.] → GastPhébChasseT
New York Paul Radin fragm. [ca. 1300] → FetRomF¹
New York Pierpont Morgan Libr. G.23 [pic. 1474] → HistAnc
New York Pierpont Morgan Libr. G.24 (anc. Donaueschingen 168) [Tournai? ca. 1350] → VoeuxPaonR
New York Pierpont Morgan Libr. G.24 (anc. Meersburg v. Lassberg 198, Donaueschingen 168) [Tournai? ca. 1350] → RestorD
New York Pierpont Morgan Libr. G.32 [Tournai? ca. 1390] → RoseGuiV
New York Pierpont Morgan Libr. M.36 (Ashburnham Barrois 352) [2ᵉt. 15ᵉs.] → ViolB

New York Pierpont Morgan Libr. M.38 (anc. Ashburnham 535; Kerr 8) [flandr. 1479] → MerlinM

New York Pierpont Morgan Libr. M.38 [flandr. 1479] → SGraalIVQuesteP

New York Pierpont Morgan Libr. M.40 (anc. Kerr, anc. Ashburnham Barrois 170) [3^{e}q. 14^{e}s.] → ApocKerrT, LisO, SMadInvocT

New York Pierpont Morgan Libr. M.119 [ca. 1470] → RLefevreJasonP

New York Pierpont Morgan Libr. M.122 (anc. 213; Kerr) [pic. 1^{er}q. 14^{e}s.] → GouvRoisGauchyM

New York Pierpont Morgan Libr. M.165 (108) [ca. 1450] → AldL

New York Pierpont Morgan Libr. M.207-208 [mil. 15^{e}s.] → MerlinM

New York Pierpont Morgan Libr. M.212-213 (anc. Ashburnham Barrois 31) [ca. 1460] → FetRomF[1], HistAnc

New York Pierpont Morgan Libr. M.222 [Centre ca. 1465] → ConsBoèceCompC[2]

New York Pierpont Morgan Libr. M.232 [ca. 1470] → PCresc

New York Pierpont Morgan Libr. M.322-323 [Nord ca. 1335] → BibleGuiart

New York Pierpont Morgan Libr. M.332 [1^{e}m. 15^{e}s.] → JMeunConsD

New York Pierpont Morgan Libr. M.337 [déb. 13^{e}s.] → CommPsII

New York Pierpont Morgan Libr. M.338 [hain. ca. 1200] → CommPsIA[1]G

New York Pierpont Morgan Libr. M.344 [1477] → ChevDamesF, ChevDamesM

New York Pierpont Morgan Libr. M.394 [Paris ca. 1415] → BibleGuiart

New York Pierpont Morgan Libr. M.396 [ca. 1430] → ConsBoèceCompC[2], GuillMachConfH, GuillMachFontH, GuillMachVoirI

New York Pierpont Morgan Libr. M.443 (anc. Fairfax Murray) [frc. ca. 1410] → OvMorB

New York Pierpont Morgan Libr. M.459 [It.sept. ca. 1300] → AldL, BestAmFournS

New York Pierpont Morgan Libr. M.494 [Paris 3^{e}t. 13^{e}s.] → BiblePar

New York Pierpont Morgan Libr. M.516 [Paris ca. 1400] → HistAnc

New York Pierpont Morgan Libr. M.526 [fin 14^{e}s.] → HermValS

New York Pierpont Morgan Libr. M.672-75 [mil. 15^{e}s.] → LégDorVignBartH

New York Pierpont Morgan Libr. M.723 [art. ca. 1400] → HaytonK, MPolGregM

New York Pierpont Morgan Libr. M.754 [Saint-Omer ca. 1325] → SMarg7J[1]

New York Pierpont Morgan Libr. M.761 [agn. 4^{e}q. 13^{e}s.] → AmDieuK, PAbernLumH[1]

New York Pierpont Morgan Libr. M.772 [Paris 1348] → PelVieS

New York Pierpont Morgan Libr. M.805-6 [pic. (Origny) déb. 14^{e}s.] → LancPrK

New York Pierpont Morgan Libr. M.814 [pic. 1^{er}q. 14^{e}s.] → BrunLatC

New York Pierpont Morgan Libr. M.820 (anc. Cheltenham Phillipps 3641) [ca. 1465] → ModusT

New York Pierpont Morgan Libr. M.888 (anc. Cheltenham Phillipps 25155) [agn. 2^{e}q. 13^{e}s.] → GuillMarM

New York Pierpont Morgan Libr. M.916 [mil. 15^{e}s.] → AventBrunL, PalamC, PalamL, PalamLe

New York Pierpont Morgan Libr. M.930 [agn. prob. 1327] → ChronPLangI/IIT

New York Pierpont Morgan Libr. M.932 (anc. Cheltenham Phillipps 3634) [ca. 1500] → Ren

New York Pierpont Morgan Libr. M.957 [agn. ca. 1375] → JMandLD

New York Pierpont Morgan Libr. M.1038 (anc. Cheltenham Phillipps 4219) [Paris ca. 1350] → PelVieS

New York Pierpont Morgan Libr. M.1044 (anc. C. S. Peck, anc. Cheltenham Phillipps 10298) [ca. 1407] → GastPhébChasseT, GastPhébOrT[1]

New York Publ. Libr. Spencer 4 [Gn-Iob Paris ca. 1330, puis 1465-1480] → BibleGuiart

New York Publ. Libr. Spencer 9 (anc. London Sabin) [Angleterre 14^{e}s.] → VoeuxPaonR

New York Publ. Libr. Spencer 17 [2^{e}t. 15^{e}s.] → ConsBoèceCompC[2]

New York Publ. Libr. Spencer 41 [ca. 1462] → ChronSaintProf

New York Publ. Libr. Spencer 57 [f°102: fragm. agn. 14^{e}s.] v. 7215-7310 → PAbernLumH[1]

New York Public Libr. MA 62 (De Ricci 1324) [déb. 15^{e}s.] → HaytonK

New York Public Libr. MA 122 [frc. fin 13^{e}s.] → FloriantC

New York Wildenstein Collection [fin 14^{e}s.] → GuillMachPriseP

Newcastle 937 (anc.; anc. Cologny Bodmer, anc. Ramsen Tenschert) [déb. 15^{e}s.] → MerlinM

Niort Bibl. mun. 18 [2^{e}m. 15^{e}s.] → CoutPoitF

Niort Bibl. mun. 70 [14^{e}s.] → AldL

Notre-Dame Ind. Univ. 51 (anc. Cheltenham Phillipps 8194) [1464] → ChronGuesclF

Nottingham Univ. Oakham Bx 1756 S 4 [agn. 3^{e}t. 13^{e}s.] → GuiWarE

Nottingham Univ. WLC.LM.3 [agn. mil. 13^{e}s.] → MarshallRob, RobGrethEv

Nottingham Univ. WLC.LM.4 [agn. 2^{e}m. 13^{e}s.] → ManuelPéchF, MarshallRob, RobGrethEv, RobGrethEvA

Nottingham Univ. WLC.LM.6 (anc. Wollaton Hall) [pic. 4^{e}q. 13^{e}s.] → HoudencDitL

Nottingham Univ. WLC.LM.6 (anc. Wollaton Hall, Lord Middleton) [laisse 1-177, scribe pic.or., suite scribe pic.occid., 4^{e}q. 13^{e}s.] → AspremWB

Nottingham Univ. WLC.LM.6 [cette partie fin 13^{e}s.?] → VilParadisN

Nottingham Univ. WLC.LM.6 [fin 13^{e}s.?] → MarieFabW

Nottingham Univ. WLC.LM.6 [pic. 4^{e}q. 13^{e}s.] → BenTroieC

Nottingham Univ. WLC.LM.6 [pic. 4^{e}q. 13^{e}s.] → GautArrIllC

Nottingham Univ. WLC.LM.6 [pic. 4^{e}q. 13^{e}s.] → PutLechGS, SilenceT[1], VengRagR

Nottingham Univ. WLC.LM.6 [pic., f°336-345 (et f^{o}a-f): 4^{e}q. 13^{e}s.] → GautLeuL[2]

Manuscrits

Nottingham Univ. WLC.LM.7 [continental 2ᵉq. 13ᵉs.] → SGraalIVEstP

Novara Capit. N.44 [Sud-Est fin 13ᵉs.] → GautChâtC

Ophem Comte Hemricourt de Grunne [15ᵉs.] → TroiePr¹C

Orléans Bibl. mun. 393 (337) [pic. 4ᵉq. 13ᵉs.] → InstJustO

Orléans Bibl. mun. 401 (343) [17ᵉs.] → BeaumCoutS

Orléans Bibl. mun. 415 (356) [15ᵉs.] → ConsBoèceCompC²

Orléans Bibl. mun. 416 (357) [déb. 15ᵉs.] → ConsBoèceBenN

Orléans Bibl. mun. 445 (374bis) [13ᵉs.] → HermValS

Orléans Bibl. mun. 465 (380) [Est fin 14ᵉs.] → JDupinMelL

Orléans Bibl. mun. 466 (381) [15ᵉs.] → FlorOctPr

Orléans Bibl. mun. 932 (X) [mil. 13ᵉs.] → TroisEnM

Orléans Bibl. mun. 1518 (1462) [agn. 2ᵉm. 12ᵉs.] → MirNDOrlM

Orléans Bibl. mun. fragm. [fin 14ᵉs.] → ViandTailloV

Orléans Mus. hist. Desnoyers → MarqueA, PeliarmB

Osaka Univ. 1 [mil. 15ᵉs.] → HistAnc²RB

Oslo/London Schøyen Collection MS 27 (anc. Beatty, Hearst) [Paris ca. 1375] → FetRomF¹, HistAnc

Oudenaarde Sint-Walburgakerk 3 [pic. fin 13ᵉs.] → ConstHamelFragmJ, ConstHamelN

Oxford All Souls Coll. 10 [Angl. fin 15ᵉs.] → BiblePar

Oxford All Souls Coll. 39 [agn. 1ᵉʳt. 14ᵉs.] → ChronPLangI/IIT

Oxford All Souls Coll. 182 [agn. après 1412] → BibbO, DonatOxfS, EnsEnfK, LettrOxfL, ManLangK, OrthCoyS, UerkvitzLettr

Oxford Balliol Coll. 350 [agn. 3ᵉt. 14ᵉs.] → BrittN

Oxford Bodl. Add. A.30 [Rhodes mil. 14ᵉs.] → RègleHospMirPr¹C

Oxford Bodl. Add. A.268 [cette partie 14ᵉs.] → SGraalIVQuesteP

Oxford Bodl. Add. C.29 [ca. 1400] → PelAmeS

Oxford Bodl. Add. C.280 [agn. 1ᵉm. 15ᵉs.] → JMandLD

Oxford Bodl. Arch. Selden B.27 [agn. ca. 1435] → BlackBookT, CoutMerOlBT

Oxford Bodl. Arch. Selden B.35 [agn. ca. 1400] → GlAlphM

Oxford Bodl. Ashmole 342 [cette partie agn. 1ᵉm. 14ᵉs.] → LunaireAshmH

Oxford Bodl. Ashmole 342 [f°1-6 déb. 14ᵉs.] → PaviotProj

Oxford Bodl. Ashmole 398 [agn. ca. 1400] → GeomancieAS⁰

Oxford Bodl. Ashmole 753 [agn. ca. 1285] → ApocAgnM

Oxford Bodl. Ashmole 1280 [agn. mil. 13ᵉs.] → SermMaurR

Oxford Bodl. Ashmole 1470 [agn. 2ᵉm. 13ᵉs.] → GlAlphG, GlAlphM, OrnDamesR

Oxford Bodl. Ashmole 1471 [agn. 14ᵉs.] → CapsulaEbH

Oxford Bodl. Ashmole 1509 [agn. 13ᵉs.] → BrunLatC

Oxford Bodl. Ashmole 1524 (8232) [agn. ca. 1300] → HosebAnO, HosebHenO

Oxford Bodl. Ashmole 1804 [agn. 1ᵉm. 15ᵉs.] → JMandLD

Oxford Bodl. Auct. D.4.14 [agn. 1ᵉʳt. 14ᵉs.] → ApocAgnM

Oxford Bodl. Auct. F.5.23 [agn. fin 13ᵉs.] → AlNeckCorrM

Oxford Bodl. Auct. F.5.31 (3637) [agn. 2ᵉm. 13ᵉs.] → RecMédNovCirHi

Oxford Bodl. Auct. F.5.31 [agn. 2ᵉm. 13ᵉs.] → RecMédGardH

Oxford Bodl. Bodley 9 [agn. 2ᵉq. 15ᵉs.] → QuatreTempsH, UrbCort¹S

Oxford Bodl. Bodley 39 (1892) [agn. 1ᵉm. 14ᵉs.] → BibbO

Oxford Bodl. Bodley 39 [agn. 1ᵉm. 14ᵉs.] → UrbCort¹S, UrbCort²P

Oxford Bodl. Bodley 57 [agn. 2ᵉm. 13ᵉs.] → RègleAugBH

Oxford Bodl. Bodley 82 [agn. 1ᵉm. 14ᵉs.] → ChastWilM, PeinesR

Oxford Bodl. Bodley 90 [agn. ca. 1300] → AncrRiwleTT, SeptPechVesp

Oxford Bodl. Bodley 179 [15ᵉs.] → AldL

Oxford Bodl. Bodley 264 [f°1-209 pic. 1338] → AlexParA, 11, PriseDefP, RestorD, VenjAlH, VoeuxPaonR, VoyAlexP

Oxford Bodl. Bodley 264 [f°210ss. ca. 1400] → MPolGregM

Oxford Bodl. Bodley 361 [ca. 1457] → TrotulaPr¹M

Oxford Bodl. Bodley 399 (feuille insérée) [agn. 14ᵉs.] → PAbernLumH¹

Oxford Bodl. Bodley 399 [agn. ca. 1300] → CompRalfH

Oxford Bodl. Bodley 399 [agn. ca. 1300] → GrossetChastM, PAbernLumH¹

Oxford Bodl. Bodley 425 [agn. mil. 14ᵉs.] → NicBozCharV, NicBozProvR/ST, UrbCort²P

Oxford Bodl. Bodley 445 (anc. F. 3. 19.) [1ᵉm. 15ᵉs.] → ChastVergiA

Oxford Bodl. Bodley 445 [1ᵉm. 15ᵉs.] → MelusCoudrR

Oxford Bodl. Bodley 461 [14ᵉs.] → SidracLR

Oxford Bodl. Bodley 462 [déb. 14ᵉs.] → CoutMerOlBT

Oxford Bodl. Bodley 550 [mil. 13ᵉs.] → AlNeckCorrM

Oxford Bodl. Bodley 562 [agn. 14ᵉs.] → BrittN

Oxford Bodl. Bodley 652 [agn. fin 13ᵉs.] → ElucidaireIT, GrossetChastM, PrêtreJeanPr¹E/I…G

Oxford Bodl. Bodley 654 [partie agn. 2ᵉm. 13ᵉs.] → PeinesR

Oxford Bodl. Bodley 730 [ces parties agn. déb. 13ᵉs.] → GlBodl730H

Oxford Bodl. Bodley 760 [fin 13ᵉs.] → AlNeckCorrM

Oxford Bodl. Bodley 761 (2535) [agn. ca. 1365] → RecMédNovCirHi

Oxford Bodl. Bodley 761 [agn. ca. 1365] → GlAlphM, JVignayMir, LSimplMedAloe, MPolGregM, NicBozProvR/ST, RecMédBodlM

Manuscrits

Oxford Bodl. Bodley 841 [agn. ca. 1430] → JMandLD

Oxford Bodl. Bodley 912 [agn. déb. 14^{e}s.] → BestGuillR

Oxford Bodl. Bodley 960 [Paris? ca. 1400] → BibleGuiart

Oxford Bodl. Bodley 971 [Paris? 4^{e}q. 14^{e}s.] acéphale → BibleGuiart

Oxford Bodl. Bodley Or. 135 (cat. Neubauer 1466.4) [hébr. 1^{em}. 13^{e}s.] → GlBodl1466N

Oxford Bodl. Broxb. 34.5(1) (anc. Ehrman) [fin 13^{e}s.] → AimeriG

Oxford Bodl. Canonici Ital. 48 [It. 2^{em}. 14^{e}s.] → Ren, RenXXVIIO/UL

Oxford Bodl. Canonici Ital. 54 [It.sept. 1^{em}. 14^{e}s.] → MortCharlemagneM

Oxford Bodl. Canonici Ital. 234 [1476] → SidracH

Oxford Bodl. Canonici Misc. 63 [1^{em}. 13^{e}s.] → GirRossDéchH

Oxford Bodl. Canonici Misc. 74 [wall. déb. 13^{e}s.] → AlexisAloS, AlexisAlpH, JuiseR, PoèmeMorB, SAndréB, SEuphrH, SJulianeF, SMarieEgTD

Oxford Bodl. Canonici Misc. 278 [15^{e}s.] → CatAdSuelU

Oxford Bodl. Canonici Misc. 450 [It. 14^{e}s.] → HectP

Oxford Bodl. Canonici Misc. 450 [Verona 1384] → FetRomF[1]

Oxford Bodl. Canonici Or. 70 (Neubauer 1147) [1^{er}q. 14^{e}s.] → LapidBerechiahZ

Oxford Bodl. Digby 13 [agn. 2^{em}. 12^{e}s.] → LapidFPS

Oxford Bodl. Digby 20 [agn. 2^{em}. 13^{e}s.] → MirourEdmBW, SeptPechVesp

Oxford Bodl. Digby 23 [agn. 2^{e}q. 12^{e}s.] → RolS

Oxford Bodl. Digby 34 [agn. mil. 13^{e}s.] → GrantMalS[1], ModvB[2]

Oxford Bodl. Digby 37 [agn. 1^{em}. 13^{e}s.] → AlNeckUtensH

Oxford Bodl. Digby 53 [agn. fin 12^{e}s.] → ProvSerloF

Oxford Bodl. Digby 65 [13^{e}s.] → ProvSerloF

Oxford Bodl. Digby 69 [agn. ca. 1300] → GlAlphM, HuntMed

Oxford Bodl. Digby 86 [agn. 1272-82] → BlasmeBF, ChastieMusOG, ChastPereBH, CorBe, DoctSauvS, FaucMedD, GrossetChastM, GuischartG, HermValS, HuonQuJérS, LettrHippoT, LunaireDigbyH, PrêtreJeanPr[1] E/I...G, ProvVilT, RagemonL, SeptPechVesp, SongeEnfM, StengelDigby, ThibAmPriereL, WaceNicR

Oxford Bodl. Digby 98 [agn., cette partie déb. 15^{e}s.] → MirourEdmBW

Oxford Bodl. Digby 104 [agn. mil. 14^{e}s.] → GeomancieGravelH

Oxford Bodl. Digby 172 [cette partie agn. ca. 1200] → GlOxfH

Oxford Bodl. Digby 223 [ca. 1295] → MortArtuF[1], SGraalIVQusteP

Oxford Bodl. Douce 88 (21662) [agn. 13^{e}s. et 14^{e}s.] → GlDouceH, GlSynDouceH

Oxford Bodl. Douce 92 [ca. 1512] → SDenisPr[6]

Oxford Bodl. Douce 94 [pic. 1294] → SEloiP

Oxford Bodl. Douce 98 (21672) [agn. ca. 1300] → GrossetReulesO, HosebHenO

Oxford Bodl. Douce 98 [agn. ca. 1300] → BrittN

Oxford Bodl. Douce 99 [après 1414] → ElucidaireIT, ElucidaireIVK

Oxford Bodl. Douce 111 [15^{e}s.] → ChevRobeN

Oxford Bodl. Douce 115 [agn., cette partie ca. 1320] → BrutusF

Oxford Bodl. Douce 119 [agn. 1^{er}q. 15^{e}s.] → ChronTrivR

Oxford Bodl. Douce 120 [agn. mil. 14^{e}s.] → BrutNobleAM, ChronPLangI/IIT

Oxford Bodl. Douce 121 (21695) [2^{e}q. 13^{e}s.] → RenMont

Oxford Bodl. Douce 128 [agn. ca. 1400] → BrutNobleDP, GrantzGeanzLB

Oxford Bodl. Douce 132 (21706) [agn. mil. 13^{e}s.] → GrossetChastM

Oxford Bodl. Douce 132 [agn. mil. 13^{e}s.] → BestGuillR, HornP, MarieFabW

Oxford Bodl. Douce 137 [agn. 3^{e}t. 13^{e}s.] → BrevPlacT

Oxford Bodl. Douce 149 [déb. 14^{e}s.] → JMeunVégL

Oxford Bodl. Douce 150 [2^{em}. 13^{e}s.] → Pères

Oxford Bodl. Douce 154 [1300] → Pères

Oxford Bodl. Douce 165 [Paris, traits pic. ca. 1345] → JMotePaonC, RestorD, VoeuxPaonR

Oxford Bodl. Douce 178 [14^{e}s.] → MerlinM

Oxford Bodl. Douce 189 [It. 2^{em}. 13^{e}s.] → MortArtuF[1], TristPrM

Oxford Bodl. Douce 196 [Verona 1323] → TroiePr[2]

Oxford Bodl. Douce 199 [ca. 1325] → SGraalIVQusteP

Oxford Bodl. Douce 210 [agn. déb. 14^{e}s.] → ChevDieuU, MirourEdmAW, NicBozEmpV, PetPhilT, RobGrethCorsS, RomRomL, SimFreinePhilM, UrbCort[1]S

Oxford Bodl. Douce 211 [Paris 1^{er}q. 14^{e}s.] → BibleGuiartT

Oxford Bodl. Douce 211-212 [Paris 1^{er}q. 14^{e}s.] → BibleGuiart

Oxford Bodl. Douce 215 [ca. 1300] → MortArtuF[1]

Oxford Bodl. Douce 227 [saint. 1345] → CoutOleronW, CoutRouenG

Oxford Bodl. Douce 252 [I: f°1-19 16^{e}s., II: déb. 15^{e}s.] → ThibAmPriereL

Oxford Bodl. Douce 270 [agn. 1225 ou après] → ElucidaireIT, SermMaurR, WaceNicR

Oxford Bodl. Douce 282 (SC 21856) [agn. mil. 13^{e}s.] → SermJos[1-5]H

Oxford Bodl. Douce 298 [fin 14^{e}s.] → ConsBoèceBenN

Oxford Bodl. Douce 300 [ca. 1390] → PelVieS

Oxford Bodl. Douce 305 (21879) [cette partie fin 15^{e}s.] → SecrSecrPr[6]H

Oxford Bodl. Douce 308 [Metz ca. 1320] → AdHaleChansM, BestAmFournS, BretTournD, ChansOxfA, EstampiesS, GilebBernW, JacCambrR, KooijmanLorr, MahieuW, ProphSeb, RomPast, SottChansOxfL, TournAntW, VoeuxPaonR

Oxford Bodl. Douce 319 [Bologna ou Chypre? déb. 14^{e}s.] → BrunLatC

Oxford Bodl. Douce 320 (21894) [agn. f°1-36 2^{em}. 13^{e}s.] → RègleSBenDouceD

Manuscrits

Oxford Bodl. Douce 320 [agn. f°37-73 mil. 12ᵉs.] → PsOxfM

Oxford Bodl. Douce 331 [3ᵉq. 15ᵉs.] → TroilusB

Oxford Bodl. Douce 352 [15ᵉs.] → ConsBoèceCompC²

Oxford Bodl. Douce 353 [ca. 1470] → HistAnc²RB

Oxford Bodl. Douce 360 (anc. La Vallière 2717) [frc. 1339] → Ren, RenM

Oxford Bodl. Douce 365 (21940) [1476 n.st.] → FormHonCourtH, IsidSynCH

Oxford Bodl. Douce 379 [It. 14ᵉs.] → SGraalIV-QuesteP

Oxford Bodl. Douce 381 (21956) [agn., cette partie 13ᵉs.] → SJulianeF

Oxford Bodl. Douce 381 (21956) [agn., cette partie, f°2-3, fin 12ᵉs.] → SPaulEnfAdDS, SPaulEnfAdK

Oxford Bodl. Douce 381 (21956) [cette partie 15ᵉs.] → BelleHelR

Oxford Bodl. Douce 381 (21956) [cette partie, f°24 et 25, pic. mil. 13ᵉs.] → JerusD, JerusT

Oxford Bodl. Douce 383 [cette partie Bruges ca. 1490] → AventBrunL, ErecPr²PC, PalamL

Oxford Bodl. Douce d.6 (21983) [agn. 3ᵉq. 13ᵉs.] → TristThomB

Oxford Bodl. Douce d.6 [agn. 3ᵉt. 13ᵉs.] → FolTristOxfS

Oxford Bodl. Dugdale 18 [agn. 1662] → ChronDelapréR

Oxford Bodl. e Musaeo 34 [2ᵉm. 14ᵉs.] → SidracLR

Oxford Bodl. e Musaeo 43 [Paris ca. 1405] → SongeVergierS

Oxford Bodl. e Musaeo 62 [agn. 2ᵉm. 13ᵉs.] → HermValS

Oxford Bodl. e Musaeo d.143 [ca. 1380] → RutebNeufJoiesM

Oxford Bodl. Engl. misc. C.291 [15ᵉs.] → CatEverS

Oxford Bodl. Engl. poetry a.1 (Vernon) [agn. fin 14ᵉs.] → CatEverS, NicBozProvR/ST

Oxford Bodl. Fairfax 10 (3890) [agn. mil. 14ᵉs.] → ChronTrivR

Oxford Bodl. Fairfax 10 [agn. mil. 14ᵉs.] → CroisRichJ

Oxford Bodl. Fairfax 24 (3904) [agn., feuille de garde, ca. 1300] → GrossetReulesO

Oxford Bodl. Fairfax 24 [agn. f°37r° et 41r°-46r° mil. 14ᵉs.] → VenjNSPr⁴F

Oxford Bodl. Fairfax 24 [agn., cette partie 1305/1306] → ChronPLangI/IIT

Oxford Bodl. Fairfax 24 [agn., f°15-18, déb. 14ᵉs.] → GrossetMarM

Oxford Bodl. Fairfax 24 [agn., f°19-20: déb. 14ᵉs.] → PlainteLacyT

Oxford Bodl. Greaves 51 (3823) [agn. ca. 1300] → ManuelPéchF, PlainteVgePurT

Oxford Bodl. Hatton 28 (4066) [agn. ca. 1300] → SeneschO

Oxford Bodl. Hatton 44 [fin 13ᵉs.] → AlNeckCorrM

Oxford Bodl. Hatton 59 [1ᵉm. 13ᵉs.] → RenMont

Oxford Bodl. Hatton 67 [agn. f°47-50 ca. 1300, f°51-75 mil. 13ᵉs.] → SermMaurR

Oxford Bodl. Hatton 67 [cette partie 2ᵉm. 13ᵉs.] → BrutDurB

Oxford Bodl. Hatton 67 [cette partie 14ᵉs.] → AlexParA

Oxford Bodl. Hatton 67 [cette partie agn. 2ᵉm. 13ᵉs.] → BrutDurA, Turpin²W

Oxford Bodl. Hatton 77 [agn. mil. 13ᵉs.] → ChevCygne, CroisBaudriM, PBeauvOlimpB

Oxford Bodl. Hatton 77 annexe [contin. mil. 13ᵉs.] → CroisBaudriM

Oxford Bodl. Hatton 82 [mil. 13ᵉs.] → Perl¹N

Oxford Bodl. Hatton 99 [agn. déb. 14ᵉs.] → GrossetChastM, ManuelPéchF

Oxford Bodl. Hatton 100 (4046) [agn. fin 13ᵉs., scribe extravagant] → FlorOctOctV

Oxford Bodl. Holkham Misc. 44 (anc. Holkham Hall 663) [agn. ca. 1400] → RobGrethEv

Oxford Bodl. Huntington 200 (Neubauer 416) [hébr.or. 1279] → GlGerschB

Oxford Bodl. James 19 (3856) [agn. 1620-38] → ChronTrivR

Oxford Bodl. Lat. misc. b.17 [agn. déb. 14ᵉs.] → ThomKentF

Oxford Bodl. Lat. misc. d.66 [Allemagne ca. 1400] → JGarlPoetriaL

Oxford Bodl. Lat. misc. e.93 (anc. Cheltenham Phillipps 13443/13446) [agn. mil. 15ᵉs.] → DialFr1415K

Oxford Bodl. Laud Misc. 91 [Angleterre ca. 1170] → CommPsIA¹G

Oxford Bodl. Laud Misc. 112 [13ᵉs.] → AlNeckCorrM

Oxford Bodl. Laud Misc. 471 [agn. ca. 1300] → GrossetChastM, SermMaurR

Oxford Bodl. Laud Misc. 497 [agn., f°300r°-303v° déb. 13ᵉs.] → AlNeckUtensH

Oxford Bodl. Laud Misc. 537 [agn. 1ᵉʳt. 14ᵉs.] → EschieleMahW

Oxford Bodl. Laud Misc. 567 [agn. mil. 12ᵉs.] → GlLaudS

Oxford Bodl. Laud Misc. 570 [prob. 1450] → ChrPisOthP

Oxford Bodl. Laud Misc. 587 [2ᵉm. 14ᵉs.] → VillehF

Oxford Bodl. Laud Misc. 637 (1592) [1ᵉ partie 1333] → RenMont

Oxford Bodl. Laud Misc. 637 [2ᵉ partie agn. 1ᵉm. 15ᵉs.] → ChronPLangI/IIT

Oxford Bodl. Lyell 17 (anc. Wrest Park 33; London Quaritch) [agn. 2ᵉt. 14ᵉs.] → GrantzGeanzLB

Oxford Bodl. Lyell 46 [contin. mil. 15ᵉs.] → RègleSBenPr²⁴

Oxford Bodl. MS Add. C.29 [Paris ca. 1400] → PelVieS

Oxford Bodl. MS. Fr. c.4 [agn. 14ᵉs.] → PAbernLumH¹

Oxford Bodl. MS. Fr. d.5 [mil. 15ᵉs.] → ChrPisVertW

Oxford Bodl. MS. Fr. d.16 [agn. déb. 13ᵉs.] → TristThomB

Oxford Bodl. MS. Fr. e.22 [agn. 2ᵉm. 14ᵉs.] → ApocGiffR

Oxford Bodl. MS. Fr. e.32 (anc. Cheltenham Phillipps 25074) [N.-E. ca. 1200] → AliscW, ChevVivM

Oxford Bodl. MS. Fr. f.1 [ca. 1300] → AveDameL, ChevBarAnS, CoincyI1…K

Manuscrits

Oxford Bodl. Opp. 34 (Neubauer 186) [hébr. déb. 13ᵉs.] → GlPsRsChronP

Oxford Bodl. Opp. 59 (Neubauer 1100) [13ᵉs.?] → MachsorS

Oxford Bodl. Opp. 181 [15ᵉs.] → BerechiahG

Oxford Bodl. Opp. 625 [hébr. fin 13ᵉs.] → EliezEzA, EliezIsN, EliezOsP, GlCantM

Oxford Bodl. Opp. Add. fol. 3 [hébr. séf. déb. 16ᵉs.] → GlBereschitwT

Oxford Bodl. Or. 604 (Neubauer 270) [hébr. 2ᵉm. 13ᵉs.] → GlHadL

Oxford Bodl. Or. Michael 569* [14ᵉs.] → CligesG

Oxford Bodl. Rawl. A.273 [14ᵉs.] → ProvM

Oxford Bodl. Rawl. A.446 [fin 13ᵉs.] → RoseL-LangI

Oxford Bodl. Rawl. B.178 [agn. mil. 14ᵉs.] → ChronTrivR

Oxford Bodl. Rawl. B.333 [agn. ca. 1300] → ChronBurchB

Oxford Bodl. Rawl. B.356 [14ᵉs.] → CoutMerOlBT

Oxford Bodl. Rawl. B.471 [agn. 1577] → HosebHenO

Oxford Bodl. Rawl. C.46 [agn. 2ᵉm. 13ᵉs.] → SeptPechVesp

Oxford Bodl. Rawl. C.67 [13ᵉs.] → AlNeckCorrM

Oxford Bodl. Rawl. C.245 [agn. déb. 15ᵉs.] → NovNarrS

Oxford Bodl. Rawl. C.331 [agn. ca. 1300] → BrevPlacT, TrJurFetW

Oxford Bodl. Rawl. C.332 [agn. 1ᵉʳq. 14ᵉs.] → NovNarrS, TrJurFetW

Oxford Bodl. Rawl. C.447 [Paris ca. 1365] → Bersuire

Oxford Bodl. Rawl. C.454 [agn. mil. 14ᵉs.] → NovNarrS

Oxford Bodl. Rawl. C.459 [agn. 2ᵉt. 14ᵉs.] → NovNarrS

Oxford Bodl. Rawl. C.496 [contin.? 1ᵉʳt. 13ᵉs.] → DistigiumCH, JGarlRCH

Oxford Bodl. Rawl. C.504 [agn. 13ᵉs.] → GrossetMarM

Oxford Bodl. Rawl. C.507 [agn. 14ᵉs.] → OrthGallJ

Oxford Bodl. Rawl. C.538 [15ᵉs.] → SecrSecrPr⁵

Oxford Bodl. Rawl. C.641 (12487) [agn. 4ᵉq. 12ᵉs.] → ProvRawlC¹ᐟ²S

Oxford Bodl. Rawl. C.641 [agn. 4ᵉq. 12ᵉs.] → SThomGuernW¹

Oxford Bodl. Rawl. C.676 [4ᵉq. 14ᵉs.] → ModusT

Oxford Bodl. Rawl. C.814 [agn. 1ᵉm. 14ᵉs.] → RecMédRawlH

Oxford Bodl. Rawl. C.898 [agn. 14ᵉs.] → BrittN

Oxford Bodl. Rawl. D.329 [agn. 2ᵉt. 14ᵉs.] → GrantzGeanzLB, LReisEnglF

Oxford Bodl. Rawl. D.506 [agn. 15ᵉs.] → NovNarrS

Oxford Bodl. Rawl. D.659 [pic. ca. 1351] → CiNDitB²

Oxford Bodl. Rawl. D.874 [It. fin 14ᵉs.] → MortArtuF¹, SGraalIVQuesteP, SGraalPVB

Oxford Bodl. Rawl. D.899 [1ᵉʳt. 14ᵉs.] → LancPrM, MortArtuF¹, MortArtuM, SGraalIVQuesteP

Oxford Bodl. Rawl. D.913 (1370) [f°83-84 agn. ca. 1200] → BrutA

Oxford Bodl. Rawl. D.913 (1370) [f°86-89 agn. ca. 1300] → GuiWarE

Oxford Bodl. Rawl. D.913 (1370) [f°90 agn. 14ᵉs.] → ProtH

Oxford Bodl. Rawl. D.913 (1370) [f°92 pic. fin 14ᵉs.] → BrutA

Oxford Bodl. Rawl. D.913 (1370) [f°103-105 fragm. 14ᵉs.] → AlexPrH

Oxford Bodl. Rawl. D.913 [f°85 agn. déb. 13ᵉs.] → BrendanW

Oxford Bodl. Rawl. D.913 [f°101 agn. déb. 14ᵉs.] → BrittN

Oxford Bodl. Rawl. D.913 [fragm. n°91 agn. 14ᵉs.] → IpH

Oxford Bodl. Rawl. F.150 [13ᵉs.] → GarLorrI, GerbMetzT

Oxford Bodl. Rawl. F.161 [15ᵉs.] → ConsBoèceBenN

Oxford Bodl. Rawl. F.234 [agn., cette partie fin 13ᵉs.] → CantKiVotH

Oxford Bodl. Rawl. F.234 [agn., f°1a-9b 3ᵉq. 13ᵉs.] → GuillTobR

Oxford Bodl. Rawl. F.234 [f°10-56c agn. fin 13ᵉs.] → BalJosPr¹M

Oxford Bodl. Rawl. F.241 (14732) [agn. déb. 14ᵉs.] → AmDieuK, LunaireSal¹M

Oxford Bodl. Rawl. F.241 (anc. D.473) [agn. déb. 14ᵉs.] → PetPhilT

Oxford Bodl. Rawl. F.241 [agn. déb. 14ᵉs.] → DialSJulB, GrossetMarM, ManuelPéchF, MirNDEver¹M, MirourEdmBW, NicBozProvR/ST, PlainteAmV, QuatreTempsH, SermSeignP

Oxford Bodl. Rawl. G.41 [interpol. 15ᵉs.] → JMeunConsD

Oxford Bodl. Rawl. G.96 [agn. 13ᵉs.] → AlNeckUtensH, JGarlUnH

Oxford Bodl. Rawl. G.99 [agn. 1ᵉm. 13ᵉs.] → AdParvH, AlNeckUtensH, JGarlRGH

Oxford Bodl. Rawl. Misc. = D

Oxford Bodl. Rawl. Poetry = F

Oxford Bodl. Rawl. Q.b.6 (27855) [ca. 1325] → LancPrH, MortArtuF¹

Oxford Bodl. Selden Supra 23 [agn. 1ᵉm. 14ᵉs.] → MirourEdmAW

Oxford Bodl. Selden Supra 26 (3414) [partie concernée ca. 1300] f°13-16 → AlgorBodlW

Oxford Bodl. Selden Supra 38 (3426) [agn. ca. 1325] → EvEnfQuatrG

Oxford Bodl. Selden Supra 69 (3457) [f°I-XIV 15ᵉs. (table), f°1-310 Chypre déb. 14ᵉs. (texte), f°311-313 16ᵉs. (chap. suppléés)] → AssJérJIbB

Oxford Bodl. Selden Supra 70 [14ᵉs.] → CoutNormT

Oxford Bodl. Selden Supra 74 (3462) [agn., cette partie déb. 14ᵉs.] → HosebHenO

Oxford Bodl. Selden Supra 74 [agn., ?] → PAbernLumH¹

Oxford Bodl. Selden Supra 74 [agn., cette partie 1ᵉm. 14ᵉs.] → BibbO

Oxford Bodl. Selden Supra 74 [agn., cette partie 2ᵉq. 14ᵉs.] → RespCurtS

Oxford Bodl. Selden Supra 74 [agn., cette partie 3ᵉq. 13ᵉs.] → MirourEdmAW

Manuscrits

Oxford Bodl. Selden Supra 74 [agn., cette partie 14ᵉs.] → ImMondeOct¹D
Oxford Bodl. Selden Supra 74 [agn., cette partie déb. 14ᵉs.] → BrutusF, NicBozProvR/ST
Oxford Bodl. Tanner 195 [agn. déb. 14ᵉs.] → BrutusF
Oxford Bodl. Tanner 450 [agn. 14ᵉs.] → NovNarrS
Oxford Bodl. Top. Gen. c.1 (3117) [agn. 2ᵉq. 16ᵉs.] → ArmHarlLL
Oxford Bodl. Wood empt.8 [agn. 2ᵉq. 14ᵉs.] → BrutNobleAM
Oxford Bodleian Library → Oxford Bodl.
Oxford Brasenose Coll. D.56 [agn. 13ᵉs.] → CroisBaudriM
Oxford Brasenose Coll. fragm. (v. Dean) → ManuelPéchF
Oxford Christ Church 103 [agn. déb. 14ᵉs.] → PlacCor¹K
Oxford Christ Church 178 [ca. 1300] → BiblePar
Oxford Christ Church fragm. [agn. 1ᵉʳm. 14ᵉs.] → BibbO
Oxford Corpus Christi Coll. 36 [agn. fin 13ᵉs.] → BibleDécB/EN, MirourEdmAW, QSignesK, SermMaurR
Oxford Corpus Christi Coll. 62 [fin 13ᵉs.] → GraecEH
Oxford Corpus Christi Coll. 78 [agn. 2ᵉm. 14ᵉs.] → BrutNobleC
Oxford Corpus Christi Coll. 121 [fin 13ᵉs.] → AlexDoctDH, GraecDH, JGarlUnH
Oxford Corpus Christi Coll. 135 [rec. fact. 13ᵉs. et 14ᵉs., cette partie, f°1-4, fragm Angleterre? 1ᵉʳq. 13ᵉs.] → SyraconR
Oxford Corpus Christi Coll. 232 [agn. 2ᵉm. 13ᵉs.] → GrossetChastM, MirNDSardR, SMarieEgTD
Oxford Corpus Christi Coll. 252 [déb. 14ᵉs.] → MarqueA
Oxford Corpus Christi Coll. 293 [f°1-15: 2ᵉt. 14ᵉs.?] → SidracH
Oxford Corpus Christi Coll. 293B [agn., cette partie mil. 13ᵉs.] → EchecsDeuS
Oxford Corpus Christi Coll. 385-386 [Tours ca. 1510] (3ᵉ vol. perdu) → BibleGuiart
Oxford Corpus Christi Coll. 491 [?] → PAbernLumH¹
Oxford Jesus Coll. 29/2 [agn. 3ᵉq. 13ᵉs., après 1256] → BalJosChardK, ChardryDormM, ChardryPletM, DoctSauvS, GuillTobR
Oxford Magdalen Coll. lat. 41 [déb. 15ᵉs.] → MortAdamP
Oxford Magdalen Coll. lat. 45 [agn. mil. 14ᵉs.] → ChronTrivR
Oxford Magdalen Coll. lat. 188 [I, agn. 2ᵉq. 14ᵉs.] → OrthGallJ
Oxford Magdalen Coll. lat. 188 [II, Angleterre 2ᵉq. 15ᵉs.] → SommeLaurB, SommeLaurON
Oxford Merton Coll. 249 [agn. 1ᵉʳm. 13ᵉs.] → CommPsIA¹G, PhThBestM
Oxford Merton Coll. 254 [14ᵉs.] → AlNeckCorrM
Oxford Merton Coll. 1258 (321, K. 1. 8., Q. 2. 16) [agn. déb. 14ᵉs.] → BrittN
Oxford Merton Coll. 1258 [agn. déb. 14ᵉs.] → HosebAnO, HosebHenO
Oxford New Coll. 168 [14ᵉs.] → GlAlphM
Oxford Oriel Coll. 46 [agn. ca. 1324] → LCustR
Oxford Queen's Coll. 106 [It. fin 13ᵉs.] → TroiePr³

Oxford Queen's Coll. 158 [16ᵉs.] → RôleCamB
Oxford Queen's Coll. 305 [Fr. 2ᵉm. 15ᵉs.] → AlexisPr¹L, EvNicPrAF, PèresPrIIMarcelL, PurgSPatrPrAD, SBath¹B, SDenisPr¹L, SEustPr¹M, SGenPr³, SJulPrS, SMadPr⁵, SMarieEgoD, VenjNSPr²F
Oxford Saint John's Coll. 102 [fin 14ᵉs.] → MelibeeRenS, SecrSecrPr³H, SSagAP
Oxford Saint John's Coll. 164 [ca. 1377] → PelerAstralL, PelerElecсL
Oxford Saint John's Coll. 174 [16ᵉs.] → SiègeCaerlB
Oxford Saint John's Coll. 176 [agn. 3ᵉt. 13ᵉs.] → BrevPlacT
Oxford Saint John's Coll. 178 [agn. 1ᵉʳm. 13ᵉs.] → AlNeckCorrM, AlNeckUtensH, CatElieS
Oxford Saint John's Coll. 178 [f°414v°-415v°: agn. 1ᵉʳm. 14ᵉs.] → GlStJohnE
Oxford Saint John's Coll. 183 [agn. 2ᵉm. 13ᵉs.] → SEust9S
Oxford Saint John's Coll. 190 [agn. mil. 13ᵉs.] → MirourEdmAW, SermHalesL
Oxford Univ. Coll. 100 [agn. ca. 1300] → WaceConcA
Oxford Worcester Coll. 1 [agn. ca. 1397] → HeraudChandosT
Padova Seminario 32 [déb. 15ᵉs.] → HuonAuvPC
Palmerston North Univ. Libr. 1 [1ᵉʳm. 15ᵉs.] → ConsBoèceCompC²
Paris (Pierre le Dru pour Jehan Petit / pour Geoffray de Marnef) [ca. 1500] → MistR
Paris AN → AN
Paris Arch. La Trémoïlle [2ᵉm. 13ᵉs.] → CoincyI1…K
Paris Archives nationales → AN
Paris Ass. nat. (anc. Ch. des Députés) 1230 [2ᵉt. 14ᵉs.] → RoseLLangl
Paris Ass. nat. 3 (Ch. Députés 3) [Paris ca. 1400] → BibleGuiart
Paris Ass. Nat. 1263 [16ᵉs.] → HistAnc
Paris Bibl. hist. 527 [déb. 15ᵉs.] → SecrSecrPr⁶H
Paris Bibliothèque de l'Arsenal → Ars.
Paris Bibliothèque Mazarine → Maz.
Paris Bibliothèque nationale de France → BN
Paris Bibliothèque nationale nouvelles acquisitions françaises → BN nfr.
Paris Bibliothèque nationale nouvelles acquisitions latines → BN nlat.
Paris Bibliothèque Sainte-Geneviève → Ste-Gen.
Paris BNF → BN
Paris Coll. Jeanson (?) [1ᵉʳm. 16ᵉs.] → GastPhébChasseT
Paris Coll. Jeanson (?) [15ᵉs.] → GastPhébChasseT
Paris Coll. Jeanson (?, Cat. de la coll. Marcel Jeanson: Stockholm Kungl. Bibl. Tilander Fr. 113a-115a) [15ᵉs.] → GastPhébChasseT
Paris Coll. Jeanson 117 (?) [Bret. ? 15ᵉs.] → BrunLatC
Paris Coll. P. de l'Isle du Dreneuc [2ᵉm. 13ᵉs.] → ContGuillTyrA
Paris Coll. privé (?) [ca. 1475] → LeFrancChampD
Paris Coll. Roch de Coligny [pic. fin 13ᵉs.?] → PFontM
Paris Cour de Cassation 3.h.139 [ca. 1445] → CoutAnjEB

Manuscrits

Paris Didot (puis Louvain Univ. cath. G.170) [2ᵉ t. 13ᵉ s. ?] → BueveAgnS
Paris Ec. de Pharm. 1 [15ᵉ s.] → RecMédJPitS
Paris Ec. des Beaux-Arts Masson 80 [15ᵉ s.] → PelViePr
Paris Institut de France 9 (in-fol. 20) [Paris ca. 1400-1420] → PelAmeS, PelJChrS, PelVieS
Paris Institut de France 264 (in-fol. 262) [fin 14ᵉ s.] → ConsBoèceBenN, RoseDitQuantO
Paris Institut de France 323 (anc. Commune 338, in-fol. 338) [Namur 1445] → GesteDucsBourgK
Paris Institut de France 611 (in-4° 123) [15ᵉ s.] → MarqueA
Paris Institut de France 636 (in-4° 157) [15ᵉ s.] → CleomH
Paris Institut de France 791 (in-12° 84) [ces parties 15ᵉ s.] → LettrHippoT
Paris Institut de France 2697/2 [2ᵉ m. 13ᵉ s.] → Pères
Paris Institut de France 6138 (4676) [Ouest mil. 13ᵉ s.] → LancF, LancIW
Paris Institut de France 6138 (4676) [Ouest mil. 13ᵉ s.] → CligesG
Paris Institut de France Godefroy 209 [15ᵉ s.] → RoseGuiV
Paris L. Gougy (anc. Ashburnham Barrois 74) → PelVieS
Paris Ministère des Aff. Etr. Mém. 230bis [3ᵉ q. 13ᵉ s.] → ContGuillTyrA
Paris Musée du Louvre [Tours ca. 1470] → FetRomF¹, HistAnc
Paris Musée Marmottan Wildenstein [ca. 1485] → HistAnc
Paris ou Amsterdam? [16ᵉ s.?] → CoutBretP
Paris Petit Palais Coll. Dutuit 217 [1ᵉʳ q. 16ᵉ s.] → GastPhébChasseT
Paris Petit Palais Coll. Dutuit 456 [pic. ca.1458] → AlexPr²H
Paris Sénat 8966 [15ᵉ s.] → CoutBretP
Paris Sorbonne 571 [15ᵉ s.] → OresmeCielM
Parma Arch. St. framm. (cote?) [15ᵉ s.] → PalamL
Parma Pal. 1206 [It. 14ᵉ s.] → AlexParA, VengAlE
Parma Pal. 2244 [hébr. (It.) 1321] → GlGerschB
Parma Pal. 2574 [12ᵉ / 13ᵉ s.] → MachsorS
Parma Pal. 2780 [hébr. déb. 14ᵉ s.] → GlParmePalES
Pau Château (anc. Jeanson) [fin 15ᵉ s.] → GaceBuigneB
Pau Château 6529 (anc. Paris Coll. Jeanson 461) [2ᵉ m. 15ᵉ s.] → GastPhébChasseT
Pavia Univ. Aldini 219 (130.E.5) [déb. 14ᵉ s.] → AnnoncNDPC, ApostropheCorpsB, BouchAbevR, BoursePleineN, ChastPereAH, ChevRobeN, CoincyI1…K, CourtArrH, DamesJehM
Pavia Univ. Aldini 219 (130.E.5, 108) [déb. 14ᵉ s.] → ThibAmPriereL, VMortAnW, VMortHélW
Peterborough Nat. Hist., Sc., and Archaeolog. Soc. [fragm. de 6 fᵒˢ, agn. 2ᵉ m. 13ᵉ s. ?, fᵒ 6vᵒ 14ᵉ s.] → RecMédPetB
Peterburg Ermitage (Fr. 1) [Paris ca. 1355] → BibleGuiart
Peterburg Ermitage MS 5 (?, anc. Stieglitz 14045, anc. Polotzoff 2153, anc. S. Germ.?) [ca. 1490] → RoseLLangl

Peterburg Ermitage Stieglitz 14035 [15ᵉ s.] → ConsBoèceCompC²
Peterburg RAN (Acad. des Sc.) Q.244 [mil. 15ᵉ s.] → ConsBoèceCompC²
Peterburg RNB Fr.F.p.XV.3 [15ᵉ-16ᵉ s.] → MerlinM
Peterburg RNB Fr.F.p.XV.4 [1485] → QJoyesR
Peterburg RNB Fr.F.v.III.1 [mil. 15ᵉ s.] → FormHonCourtH
Peterburg RNB Fr.F.v.III.4 (anc. Phil. F.v.4) [déb. 14ᵉ s.] → BrunLatC
Peterburg RNB Fr.F.v.IV.5. [Acre ca. 1280] → ContGuillTyrA
Peterburg RNB Fr.F.v.VI.1 [fin 15ᵉ s.] → LSimplMedD
Peterburg RNB Fr.F.v.IX.1 [Acre ? ca. 1280 ?] → VégèceAn³
Peterburg RNB Fr.F.v.X.1 [Avignon? ca. 1400] → GastPhébOrT¹
Peterburg RNB Fr.F.v.XII.2 [14ᵉ s.] → TristPrMé
Peterburg RNB Fr.F.v.XIV.3 [It. ca. 1340] → BenTroieC
Peterburg RNB Fr.F.v.XIV.5 [14ᵉ s.] → RoseLLangl
Peterburg RNB Fr.F.v.XIV.6 [1ᵉ m. 15ᵉ s.] → BenTroieC
Peterburg RNB Fr.F.v.XIV.9 (Poés. F.v.9) [frc. déb. 14ᵉ s.] → CoincyI1…K
Peterburg RNB Fr.F.v.XIV.9 [frc. déb. 14ᵉ s.] → CoincyDentR, CoincyII10N, CoincyII22/23/24/25Li, CoincyNatNDR
Peterburg RNB Fr.F.v.XIV.12 [15ᵉ-16ᵉ s.] → TroiePr¹R
Peterburg RNB Fr.F.v.XV.5 [déb. 14ᵉ s.] → SGraalIIIJosTO
Peterburg RNB Fr.F.v.XVII.1 [ca. 1295] → SommeLaurB
Peterburg RNB Fr.F.v.XIX.4 [Paris mil. 15ᵉ s.] → PelAmeS, PelJChrS, PelVieS
Peterburg RNB Fr.F.v.XIX.11 [15ᵉ s.?] → PelAmeS, PelJChrS
Peterburg RNB Fr.Q. ? (anc. S. Germ. 2341) (5.2.101?) [ca. 1440] → Fauvel¹L
Peterburg RNB Fr.Q.v.XIV.3 (Fr. 53) [déb. 15ᵉ s.] → PanthT, ViolB
Peterburg RNB Fr.Q.v.XIV.4 [1ᵉ m. 15ᵉ s.] → AthisH
Peterburg RNB Fr.Q.v.XIV.5 [traits pic. déb. 14ᵉ s.] → JeuAmK
Peterburg RNB Fr.Q.v.XIV.6 [1ᵉ m. 13ᵉ s.] → AliscW
Peterburg RNB hist. 6.D [fin 13ᵉ s.] → FetRomF¹
Peterburg RNB Lat.G.v.I.78 [fin 13ᵉ s.] → JoinvCredoF
Philadelphia Free Libr. Carson Coll. Group 14 No. 27 [agn. après 1415] → NovNarrS
Philadelphia Free Libr. Widener Collect. 2 [2ᵉ m. 15ᵉ s.] → BiblePar
Philadelphia Museum of Art Collins 1945-65-3 [2ᵉ t. 15ᵉ s.] → RoseGuiV
Philadelphia Rosenbach Museum & Libr. [1437] → PelAmeS, PelJChrS, PelVieS
Philadelphia Univ. of Penn. Van Pelt Libr. Ms. Codex 658 (French 12) [2ᵉ m. 15ᵉ s.] → PassIsabD

Manuscrits

Philadelphia Univ. of Penn. Van Pelt Libr. Ms. Codex 659 (French 32) [ca. 1300] → MirBonnes, SommeLaurB

Philadelphia Univ. of Penn. Van Pelt Libr. Ms. Codex 660 (French 10) [ca. 1455] → ChastelPerB

Philadelphia Univ. of Penn. Van Pelt Libr. Ms. Codex 662 (French 41) [2^{e}m. 15^{e}s.] → EvEnfB

Philadelphia Univ. of Penn. Van Pelt Libr. Ms. Codex 735 (French 16) [mil. 15^{e}s.] → LFortunaeG

Philadelphia Univ. of Penn. Van Pelt Libr. Ms. Codex 862 (French 22) [ca. 1300] → BlancandS

Philadelphia Univ. of Penn. Van Pelt Libr. Ms. Codex 912 (French 23) [1457] → SidracH

Philadelphia Univ. of Penn. Van Pelt Libr. Ms. Codex 931 (French 14, anc. Cheltenham Phillipps 3679) [ca. 1350] → SSagLL

Philadelphia Univ. of Penn. Van Pelt Libr. Ms. Codex 931 (French 14; anc. Cheltenham Phillipps 3679) [ca. 1350] → MarqueA

Pisa Cathariniana 41 [Genoa 1288] → SermMaurR

Pistoia Capit. C.57 et C.128 [Fr. sept. fin 13^{e}s.] → PalamL

Poitiers? [mil. 13^{e}s.] → InstJustO

Poitiers 83 (187) [pic. 13^{e}s.] → BalJosPr^{1}M

Poitiers 83 (187, anc. 232) [pic. 13^{e}s.] → SermMaurR

Poitiers 94 (320) [fin 15^{e}s.] → GlPoitH

Poitiers 97 (271, anc. 124, Fl. 102) [poit. mil. 13^{e}s.] → SermMaurPB, SermMaurR

Poitiers 129 (204) [ca. 1400] → RègleSBenPr^{10}

Poitiers 185 (325) [1440-44?] → GuiChaul

Poitiers 215 (179) [fin 15^{e}s.] → VaillantD

Poitiers 369 (198) [2^{e}m. 15^{e}s.] → CoutPoitF

Pommersfelden 295 [pic. ca. 1265] → HistAnc

Pommersfelden 311-312 [ca. 1470] → RenMontPr^2

Pont à Mousson 6 [14^{e}s.] → PelVieS

Porto Bibl. mun. 619 (99) [15^{e}s.] → AnticlC, ImMondeOct^{1}D

Praha Univ. (Clementinum) 220 (I.E.35) [N.-E. ca. 1300] → PercB

Princeton NJers. Univ. Garrett 125 [pic. ca. 1300] → GarMonglGH, LancF, MaccabGautS, YvainF

Princeton NJers. Univ. Garrett 128 [Paris? 2^{e}q. 14^{e}s.] → FetRomF^1, HistAnc

Princeton NJers. Univ. Garrett 130 [ca. 1435] → SecrSecrPr^{6}H

Princeton NJers. Univ. Garrett 131 [Sud-Ouest 2^{e}m. 13^{e}s.] → MacerHerbesH

Princeton NJers. Univ. MS 3217.117.1300q [14^{e}s.] → AlexParA

Princeton NJers. Univ. Taylor Coll. Med. MS 1 (anc. Cheltenham Phillipps 2223) [agn. 2^{e}m. 13^{e}s.] → ManuelPéchH

Princeton NJers. Univ. Taylor Coll. Med. MS 1 [agn. 2^{e}m. 13^{e}s.] → SermMaurR

Princeton NJers. Univ. Taylor Coll. Phill. 25970 (anc. Cheltenham Phillipps 25970) [agn. mil. 14^{e}s.] → ChronPLangI/IIT, DoctSauvS, HoucePN, JugAmBlM, TroisSavoirsW

Princeton NJers. Univ. Taylor Med. MS 1 (anc. Cheltenham Phillipps 2223) [agn. 2^{e}m. 13^{e}s.] → GrossetChastM

Princeton NJers. MS Grenville Kane 49 (anc. Rosny, Ashburnham) [2^{e}m. 13^{e}s.] → InstJustO

Privas Arch. dép. n.1 (F.7) [ca. 1300] → PalamL

Provins 29 (91) [1315 ou peu après] → CoutChampP

Provins 268 (76) [3^{e}q. 13^{e}s.] → CensHôtProvinsM

Ramsen, Suisse, H. Tenschert [ca. 1470] → PelViePr

Ramsen, Suisse, H. Tenschert [Paris 3^{e}q. 13^{e}s.] → BestAmFournS

Ravenna Bibl. Classense 454 [It. déb. 14^{e}s.] → SGraalIVQuesteP, SGraalIVRaZ

Reggio Emilia Bibl. mun. Vari E.181 [14^{e}s.] → EntreeT

Reims [pas dans la Bibl. mun.] [1389] → InvRichPicT

Reims Bibl. mun. 60 (A.28) [Paris ca. 1400] → BibleGuiart

Reims Bibl. mun. 265 (C. 206) [f°α fin 13^{e}s.] → AldL

Reims Bibl. mun. 291 (C.178) [rec. fact., cette partie, f°171-185r°, 14^{e}s.?] → RègleSBenMartDL

Reims Bibl. mun. 291 [rec. fact., cette partie, f°185-192, 14^{e}s.?] → PurgSPatrPrAD

Reims Bibl. mun. 614 (F.435) [Reims 1403] → CiNDitB^2

Reims Bibl. mun. 798 (G.590) [3^{e}q. 15^{e}s.?] → RègleSBenPr^{14}

Reims Bibl. mun. 879 (I.668bis) [15^{e}s.] → ConsBoèceCompC^2

Reims Bibl. mun. 991 (I.686) [Avignon 1391] → JordRufRP

Reims Bibl. mun. 993 [fin 14^{e}s.] → Corb, CorbH

Reims Bibl. mun. 1007 (I.679) [ca. 1400] → BretTournD

Reims Bibl. mun. 1275 (J.743) [lorr. fin 13^{e}s.] → AnnoncNDPC

Reims Bibl. mun. 1275 [lorr. fin 13^{e}s.] → MarArsAnL, MorPhilPrH, RutebF, SongeEnfM

Reims Bibl. mun. 1276 (J.750) [fin 14^{e}s.] → PelVieS

Reims Musée des Beaux-Arts Cadre 882, III-IV [14^{e}s.] → MarqueA

Rennes 71 [2^{e}q. 14^{e}s.] → CoutBretP

Rennes 72 (70) [mil. 14^{e}s.] → CoutBretP

Rennes 73 (71) [2^{e}m. 15^{e}s.] → CoutBretP

Rennes 74 (72) [cette partie mil. 14^{e}s.] → LettrHippoT

Rennes 74 (72) [fin 15^{e}s.] → CoutBretP, CoutMerOlRZ, NoblBretZ

Rennes 153 (116) [Flandre 15^{e}s.] → GouvRoisGauchyM

Rennes 243 [pic. mil. 14^{e}s.] → ChastVergiA

Rennes 255 (148) [traits de l'Est, Paris ca. 1225] → MerlinM, SGraalIVEstP

Rennes 266 (169) [déb. 15^{e}s.] → LégDorVignBartH

Rennes 539 (147) [1304 n.st.] → WaceConcA

Rennes 593 (147) [1304 n.st.] → BiblePar, CoincyI1…K, CoincyI10M, PBeauvMapA, SFanuelC

Rennes 593 [1304 n.st.] → BrunLatC, DoctSauvS, ElucidaireIT, HuonRegrL, ImMondeOct^{2}S^0, JMeunConsD, LunaireSalRen, MerlinProphRP, MiliaireV, PlacTimT, SidracLR

Rennes 599 [mil. 15^{e}s.] → CoutBretP

Rennes Bibl. dép. 3 F 2 [fin 14^{e}s.] → CptClosGalB

Rennes Gwenaël Le Duc [déb. 14^{e}s.] → SidracLeC

Ripley Castle, Yorksh. [agn. fin 14ᵉ s.] → Grantz-GeanzLB
Ripon Cathedral XVIII.F.33 [agn. ca. 1300] → GuiWarE
Roanne 64 [15ᵉ s.] → ConsBoèceCompC²
Roma Acc. dei Lincei Corsini Cors. 17 (44 A 14) [prob. Acre av. 1291] → RègleTempleC
Roma Acc. dei Lincei Corsini Cors. 1275 (55 K 4) [14ᵉ s.] → RoseLLangl
Roma Bibl. Angelica 1506 (V.3.13) [mil. 13ᵉ s.] → GlAlphM
Roma Bibl. Angelica 2313 [14ᵉ s.] → TristPrBogd
Roma Bibl. Angelica Or.1 [hébr. 12ᵉ/13ᵉ s.] → GlGerschB
Roma Bibl. Casanatense 233 (A. I. 8) [15ᵉ s.] → HistAnc
Roma Bibl. Casanatense 1598 (B.III.18) [14ᵉ s.] → JCondS, Ren
Roma Bibl. Casanatense 2052 [2ᵉ partie champ.sept. 2ᵉ m. 13ᵉ s.] → JGarlCommH
Roma Bibl. Casanatense 3999 [déb. 14ᵉ s.] → MPolPip
Roma Biblioteca Vaticana → Vat.
Romsey Mottisfont Abbey Mrs. Gilbert Russell [agn. ca. 1345] → HosebHenO, SeneschO
Rothamsted (Hertfordshire) Experimental Station [agn. déb. 14ᵉ s.] → HosebHenO
Rouen Arch. dép. → Mont-Saint-Aignan
Rouen Bibl. mun. 185 (A.211) [3ᵉ t. 13ᵉ s.] → BiblePar
Rouen Bibl. mun. 536 (A.389) [déb. 13ᵉ s.] → RègleSBenNicH
Rouen Bibl. mun. 671 (A.454) [13ᵉ et 14ᵉ s.] → BienFamesF, BlasmeBF, CompAn³M
Rouen Bibl. mun. 671 (A.454) [ca. 1300] → DouzeVendredisCS
Rouen Bibl. mun. 763 (E.81) [2ᵉ q. 14ᵉ s.] → RègleSBenPr²
Rouen Bibl. mun. 895 (Y.194; anc. Y.59) [1484 ou après] → CoutEauB
Rouen Bibl. mun. 896 (Y.112; anc. Y.59*; Houel) [Rouen 1523] → CoutEauB
Rouen Bibl. mun. 927 (I.2) [Rouen 1452-1454] → LaurPremEconD, OresmeEthM, OresmePolM
Rouen Bibl. mun. 941 (I.25) [15ᵉ s.] → JVignay-EchecsF
Rouen Bibl. mun. 942 (I.48) [1396] → JVignay-EchecsF
Rouen Bibl. mun. 951 (O.23) [Ouest av. 1459] → BrunLatC
Rouen Bibl. mun. 977 (I.1) [déb. 15ᵉ s.?] → PCresc
Rouen Bibl. mun. 997 (I.61) [déb. 15ᵉ s.] → JVignayVégL
Rouen Bibl. mun. 1030 (anc. Lecorbeiller, mm. 96) [copie 17ᵉ s. de l'orig. de 1320-1321] → PlaidsMortemerG
Rouen Bibl. mun. 1044 (O.4) [Paris ca. 1325] → OvMorB, PhilomB, PirBi
Rouen Bibl. mun. 1045-46 (O.11bis) [ca. 1470] → OvMorB
Rouen Bibl. mun. 1049 (O.33) [Fr. 15ᵉ s.] → TroiePr³
Rouen Bibl. mun. 1050 (U.12) [pic. (Vermandois) fin 13ᵉ s.] → CesTuimAlC
Rouen Bibl. mun. 1052 (Y. 20) [poit. 1464] → QJoyesR

Rouen Bibl. mun. 1057 (O.8) [14ᵉ s.] → RestorD, VoeuxPaonR
Rouen Bibl. mun. 1142 (O.53) [14ᵉ s.] → BerteH, MenReimsW
Rouen Bibl. mun. 1146 (Y.56) [1467] → GrChronRouenH, MenReimsW
Rouen Bibl. mun. 1148-50 (U.16) [15ᵉ s.] → FroissChronIVV
Rouen Bibl. mun. 1212 (U.69) [2ᵉ m. 14ᵉ s.?] → RègleSBenPr²
Rouen Bibl. mun. 1226 (U.50) [2ᵉ q. 14ᵉ s.?] → RègleSBenPr¹¹
Rouen Bibl. mun. 1232 (Y.200) [agn. av. 1226] → GrCharteH
Rouen Bibl. mun. 1423 (O.35) [agn. 1ᵉʳ m. 14ᵉ s.] → ChastPereBH
Rouen Bibl. mun. 1430 (U.93) [déb. 15ᵉ s.] → PassIsabD
Rouen Bibl. mun. 3045 (Leber 817) [lorr. 3ᵉ q. 15ᵉ s.] → ConsBoèceCompB, ConsBoèceCompC²
Rouen Bibl. mun. 3066 (1483) [15ᵉ s.] → EchecsFerronC
Rouen Bibl. mun. 3398-3413 (5870) [17ᵉ s.] → CptFleuri⁴M
Rouen Bibl. mun. 3418 (5874) [17ᵉ s.] → CptFleuri³M
Rouen Bibl. mun. Suppl. 153 [déb. 15ᵉ s.] → PassIsabD
's Gravenhage → Den Haag
Saint Andrews Univ. MS PQ 1463.G78 [13ᵉ s.] → GirVianeE
Saint-Brieuc 11 [fin 15ᵉ s.] → CoutBretP
Saint-Brieuc 12 [ca. 1500] → CoutBretP
Saint-Brieuc 112 [2ᵉ m. 13ᵉ s.] → ImMondeOct¹D, PassJonglFT
Saint-Etienne 109 [fin 15ᵉ s.] → MarqueA, SSagAP
Saint-Germain-en-Laye [14ᵉ s.] → OgDanDelivrL
Saint-Lô [2ᵉ m. 13ᵉ s.] → AlexParA
Saint-Lô Arch. dép. [«Journal de la Recepte», 1454] → ViandTaillNP
Saint-Omer 68 [art. 14ᵉ s.] → BiblePar, BrunLatC
Saint-Omer 68 [cette partie art. fin 14ᵉ s.] → HAndArD
Saint-Omer 68 [cette partie pic. mil. 14ᵉ s.] → IsidSyncH
Saint-Omer 127 [1474] → ChrPisVertW
Saint-Omer 439 [ca. 1300] → InstJustO
Saint-Omer 644 [15ᵉ s.] → AalmaR
Saint-Omer 657 [15ᵉ s.] → SidracH
Saint-Omer 661 [15ᵉ s.] → JMeunConsD
Saint-Omer 722 [pic. déb. 14ᵉ s.] → CesTuimPrS, ContGuillTyrA, Turpin²W
Saint-Omer auj. non identifiable et p.-ê. inexistant [13ᵉ s.] → Ren
Saint-Petersburg → Peterburg
Saint-Quentin 86 [pic. (Origny) prob. 1316] → IsidSyncH, SBenoîteOr
Saint-Quentin 99 (88) [fin 15ᵉ s.] → MistSQuentC
Saint-Quentin 100 (89) [déb. 16ᵉ s.] → MistSQuentC
Saint-Quentin 109 [pic. 2ᵉ m. 15ᵉ s.] → BrunLatC
Saint-Quentin 111 [14ᵉ s.] → DoctSauvS
Salins 12 (P.11) [bourg. frcomt. 1ᵉʳ q. 15ᵉ s.] → DouzeVendredisCS, ElucidaireSecA/B/H/IR, EnfantSageS, VenjNSPr⁵F

Manuscrits

Salins 12 [bourg. frcomt. 1^{er}q. 15^{e}s.] → IsidSynCH, VenjNSPr^{4}F
Salins 44 (P.37) [Est 1^{er}t. 15^{e}s., av. 1436] → AalmaR, Aalmas, DonatsS
Salis → TancredOrd
Saluzzo Arch. stor. [1^{er}t. 14^{e}s.?] → Ren
San Marino Huntington Libr. EL.26.A.3 [1410] → ImMondeOct^{2}S^0, JMeunTestP, JVignay-EchecsF
San Marino Huntington Libr. EL.1121 [agn. mil. 15^{e}s.] → EchecsCottH
San Marino Huntington Libr. HM.903 (anc. Everingham Park; Duchess of Norfolk) [agn. mil. 14^{e}s.] → ManuelPéchF
San Marino Huntington Libr. HM.903 [agn. mil. 14^{e}s.] → RobGrethEv
Sankt Florian Chorherrenstift Cod. XI.100 [déb. 15^{e}s.?] → RecCulSFlorW
Senlis Arch. dép. Annexe (Soc. d'Hist. et d'Arch., anc. Com. arch.) MP. 9 [1340-1341] → AssSenlis^{2}R
Senlis Arch. mun. II [1306] → AssSenlis^{1}C
Sens 44 [cette partie 2^{e}t. 13^{e}s.] → RègleSBenPr^3
Sevilla Bibl. Colombina 5.1.6 [14^{e}s.] → BrunLatC
Sevilla Bibl. Colombina 5.6.31 [ca. 1300] → GlAlphM
Sheffield Thomas (?) Loveday (anc. John Loveday of Caversham) [agn. 13^{e}s.] → MacaireAl^{2}B
Shrewsbury School 7 [cette partie agn., peu après 1272] → ViergeTensB
Shrewsbury Shropshire Rec. & Res. Centre Roll 12692 [agn. fin 13^{e}s.] → PrêtreJeanPr^{1}ShH
Siena Arch. di St. s.c. [fin 13^{e}s.] → MerlinsR
Siena Bibl. com. H.X.36 [ca. 1300] → ChansSienaS, GuillVinM, PerrinS, ThibBlaisN
Siena Bibl. Com. K.IV.50 [13^{e}s.] → Ren
Sion Bibl. cant. [Est fin 13^{e}s.] → MacaireAl^{3}T
Sion Bibl. cant. S.99 [Martigny? ca. 1470] → JMandPL
Sion Bibl. cant. S.103 [1420, avec qqs. ajouts postérieurs] → RecCulChiqS
Sion Bibl. cant. S.108 [fin 13^{e}s.] → ViandValS
Soissons 203 (189C) [16^{e}s.] → VaillantD
Soissons 208 (194) [Paris ca. 1475] → PelViePr
Soissons 210-212 (198) [ca. 1380] → BibleGuiart
Soissons 221 (207) [ca. 1400] → SommeLaurB
Soissons 222 (208) [ca. 1400] → MiroirMondeC, SommeLaurB
Soissons 224 (210) [pic. déb. 14^{e}s.] → SommeLaurB
Southampton Audit House [orig., agn. 1427-1430] → PortBooksS
Southampton Audit House Oak Book [agn. ca. 1300 etc.] → OakBookS
Stafford Staffordshire Rec. Off. D.641/1/2/84 [pic. mil. 13^{e}s.] → JerusT
Stalden CH Günther (anc. Cheltenham Phillipps 8353, Kraus 165,4, Amsterdam Bibliotheca Philosophica Hermetica 116) [ca. 1360] → SidracLR
Stalden CH Günther (anc. New York Kraus 153, 40, Amsterdam Bibl. Philos. Herm. 108, Cheltenham Phillipps 3655, DC: 'Bibl. reg.') [ca. 1352] → ImMondeOct^{2}S^0, PelVieS
Stalden Günther (?, anc. Cheltenham Phillipps 4363, Kraus, Amsterdam BPH 136) [1375] → RoseLLangl
Ste-Gen. 20-21 [Paris 1320-1337] → BibleGuiart
Ste-Gen. 22 [Paris ca. 1325] → BibleGuiart
Ste-Gen. 24 (anc. A.f.f°.4, pièce 4, f°34-77) [14^{e}s.?] → PsMétrM
Ste-Gen. 257 (??) [15^{e}s., garde de la fin déb. 14^{e}s.] → Ren
Ste-Gen. 294 [ca. 1475] → PelViePr
Ste-Gen. 550 [cette partie frc. fin 13^{e}s.] → ProvM
Ste-Gen. 586 [frc.? ca. 1300] → CoincyI1…K, Pères
Ste-Gen. 587 [ca. 1300] → EvNicPrBF, ImMondePrP, LégJMailly, SGenPr^2, SMadPr^3, SMargAO
Ste-Gen. 588 [Paris? ca. 1300] → SDenisPr^{1}L, SEustPr^{1}M, SGeorgPr^{1}M
Ste-Gen. 640 (anc. H.f.f°23) [déb. 14^{e}s. avec ajouts] → TanonJust
Ste-Gen. 672 [15^{e}s.] → FetRomF^1
Ste-Gen. 777 [Paris ca. 1370] → Bersuire
Ste-Gen. 778 [fin 17^{e}s.] → AssJérJIbVatT
Ste-Gen. 782 [1274 ou peu après] → ChronSDenisB, ChronSDenisGenM, ChronSDenisV, GrChronV
Ste-Gen. 792 [f°32-44, n°15, pic. 2^{e}m. 13^{e}s.] → MorPhilPrH
Ste-Gen. 792 [f°83-89, n°26, pic. 2^{e}m. 13^{e}s.] → LapidEP
Ste-Gen. 792 [f°96-110, n°28, pic. 2^{e}m. 13^{e}s.] → EructavitJ
Ste-Gen. 792 [f°111-124, n°29, pic. 2^{e}m. 13^{e}s.] → SEust2P
Ste-Gen. 792 [rec. fact. f°2v°-4r°, n°3, prob. peu après 1381, copiste italien?] → GrSchismeM
Ste-Gen. 814 [ca. 1435] → ChronGuesclPrM
Ste-Gen. 1014 [déb. 15^{e}s.] → OresmePolM
Ste-Gen. 1015 (anc. R.f.f°.2) [Rouen? ca. 1435] → GouvRoisGauchyM
Ste-Gen. 1036 (anc. T. f.f°.4) [15^{e}s.: 1456?] → GuiChaul
Ste-Gen. 1037 [ca. 1400] → RecMédJPitS
Ste-Gen. 1130 [Paris ca. 1390] → PelAmeS, PelJChrS, PelVieS
Ste-Gen. 1131 [ca. 1440] → MistFiacreB, MistHag1/2/3/4R, NatNSSteGenW, PassEntreG, RésSauvGenB, RutebNeufJoiesM, SGenPr^{1}H, TroisRoisW
Ste-Gen. 1132 [1^{er}q. 15^{e}s.] → ConsBoèceBenN
Ste-Gen. 1144 [fin 15^{e}s.] → DenFoulB^1
Ste-Gen. 1210 [rec. fact., f°70-73, 2^{e}q. 13^{e}s.] → AlNeckUtensH^2
Ste-Gen. 1211 [ca. 1300] → AlNeckCorrM
Ste-Gen. 1269 [13^{e}s.] → ErecF
Ste-Gen. 1273 [fin 13^{e}s.] → EnsSLouisFD
Ste-Gen. 1283 [f°80-113: 1^{e}m. 14^{e}s.] → SGenB
Ste-Gen. 1465 [ca. 1400] → CiNDitB^2
Ste-Gen. 1651 [1728] → LaffleurLeTrép
Ste-Gen. 1654 [cette partie ca. 1335] → PaviotProj
Ste-Gen. 1743 (anc. F. f. 4°.2) [fin 13^{e}s.] → CoutNormT
Ste-Gen. 1743 [fin 13^{e}s.] → CoutNormGr
Ste-Gen. 1994 [3^{e}q. 15^{e}s.] → LibelleDebP
Ste-Gen. 2001 [déb. 16^{e}s.] → JAubrionL
Ste-Gen. 2200 [art. 1277] → AlgorAlexH, AmoursBiautéL, ArbreAmL, BestAmFournS, CompS-

Gen, GéomSGenV, ImMondeOct¹D, LapidFFS, RobOmMirL, VraiChimL
Ste-Gen. 2202 [4ᵉq. 13ᵉs.] → SidracLR
Ste-Gen. 2203 [15ᵉs.] → BrunLatC
Ste-Gen. 2255 [fin 16ᵉs. (apr. 1579)] → SongeDan⁴B
Ste-Gen. 2261 [ca. 1470] → LapidPhilZ, LettrHippoT, MacerHerbesH
Ste-Gen. 2309 [15ᵉs.] → GastPhébChasseT
Ste-Gen. 2447 [agn. 14ᵉs.] → BrutA
Ste-Gen. 2879 [15ᵉs.] → ChrPisProvO, MorPhilPrH
Ste-Gen. 2880 [mil. 13ᵉs.] → SermMaurR
Ste-Gen. 2899 [(av.) 1297] → JPechJerL, SommeLaurB
Ste-Gen. 2998 (anc. F. f. 8°.2) [15ᵉs.] → CoutEauB
Ste-Gen. 3113 [13ᵉs.-14ᵉs.] → LSimplMedD
Ste-Gen. 3124 [15ᵉs.] → LettrHippoT
Ste-Gen. 3536,21 [frc. mil. 13ᵉs.] → EnfGauvainM
Ste-Gen. 3536,30-33 [pic.mérid. 3ᵉq. 13ᵉs.] → PrêtreJeanPr¹E/I…G, PrêtreJeanPrcM
Stockholm Kungl. Bibl. (Stephens 29) [déb. 16ᵉs.] → CoutChampP
Stockholm Kungl. Bibl. B.699 (Stephens 25?) [pic. 3ᵉt. 13ᵉs.] → EtSLouisV
Stockholm Kungl. Bibl. D.1311a (III) [agn. ca. 1400] → ChronTrivR
Stockholm Kungl. Bibl. fr. 45 (Stephens 25) [ca. 1275] → ImMondeOct¹L
Stockholm Kungl. Bibl. fr. 37 (M.304) [lorr. mil. 14ᵉs.] → MPolGregM
Stockholm Kungl. Bibl. fr. 38 (M.305) [fin 15ᵉs.] → MPolPip
Stockholm Kungl. Bibl. N.78 [15ᵉs.] → GlMontpN
Stockholm Kungl. Bibl. Tilander Fr. 6 (anc. Karlshamn) [ca. 1500] → BrézéT
Stockholm Kungl. Bibl. Vu 14 [It. 1ᵉm. 13ᵉs.] → HerbCandS
Stockholm Kungl. Bibl. Vu 15 [2ᵉm. 13ᵉs.] → ImMondeOct¹D
Stockholm Kungl. Bibl. Vu 16 (46) [bourg.sept. 1299] → AthisH
Stockholm Kungl. Bibl. Vu 18 (fr. 48) [15ᵉs.] → EchecsFerronC
Stockholm Kungl. Bibl. Vu 20 (fr. 51) [Chypre, scribe cat.?, fin 14ᵉs.] → AlexPrH, SecrSecrPr⁹
Stockholm Kungl. Bibl. Vu 22 (fr. 53) [4ᵉq. 15ᵉs.] → GuillMachC
Stockholm Kungl. Bibl. Vu 22 (Stephens 53, 108) [4ᵉq. 15ᵉs.] → TournAntW
Stockholm Kungl. Bibl. Vu 22 [4ᵉq. 15ᵉs.] → GuillMachBehH
Stockholm Kungl. Bibl. Vu 23 [ca. 1500] → PChastTPerD, PChastTRecD
St-Omer Arch. AB XVIII.16 [fin 13ᵉs. et ajouts] → GirySOmer
Stonyhurst Coll. 24 (HMC 27) [agn. ca. 1360] → HLancA¹
Strasbourg 508 [14ᵉs.] → ConsBoèceLorrA
Strasbourg [13ᵉs.] → TristThomB
Strasbourg E. Schneegans → DouzeVendredisCS
Strasbourg Univ. 349 [Est 14ᵉs.] → FierL
Strasbourg Univ. 350 [13ᵉs.] → BenTroieC
Strasbourg Univ. 519 [pic. 1ᵉm. 15ᵉs.] → BrunLatC
Strasbourg Univ. 3950 (hébr. 24) [1ᵉm. 14ᵉs.] → GlStrasB
Strasbourg Univ. anc. L.822 [14ᵉs.] → InstJustO
Strasbourg Univ. C.iv.10 (perdu) → BiblePar
Stratford upon Avon Gild Rec. XII 206 [1ᵉʳt. 14ᵉs.] → RiotecU
Stratford upon Avon ShBTRO Archer 44 [agn., cette partie 1606] → ArmFalkB
Stratford upon Avon ShBTRO Archer 44 [agn., cette partie après 1606] → ArmNatB²
Stratford upon Avon ShBTRO Archer 44 [cette partie 1601] → RôleCamB
Stuttgart Württ. Landesbibl. Cod. bibl. 2° 6 [ca. 1365] → BibleGuiart, BiblePar
Stuttgart Württ. Landesbibl. Cod. Don. 169 (anc. Donaueschingen 169, Meersburg v. Lassberg 207) [19ᵉs.] → VoeuxPaonR
Stuttgart Württ. Landesbibl. Cod. Don. 170 (anc. Donaueschingen 170, L.199) [2ᵉq. 15ᵉs.] → PassJonglFT, PassJonglUG, SFanuelC
Stuttgart Württ. Landesbibl. Cod. Poet. et Phil. 4⁰ 16 [ca. 1300] → ImMondeOct²S⁰
Stuttgart Württ. Landesbibl. HB XI 34a [fin 15ᵉs.] → ChaceOisI²H, GastPhébChasseT
Sydney Univ. Libr. Nicholson 7 [15ᵉs.] → ConsBoèceCompC²
Tallinn lat. A.14a [13ᵉs.] → TraitéHomilK
Taunton S. R. O. DO/AH [agn. mil. 14ᵉs.?] → HosebHenO
Th. de Castelnau (copie de Vat. Reg. lat. 920) [17ᵉs.] → ChrPisFaisS
Tokyo Keio Univ. Rare Books Libr. 170X.9.11 [Angleterre 2ᵉm. 13ᵉs.] → AmbroiseP
Tokyo Senshu Univ. ms.2 (anc. Cheltenham Phillipps 8185) [14ᵉs.] → RoseLLangl
Toledo Catedr. sans cote (Biblia de San Luis) [ca. 1230] → BibleMorwH
Torino Accad. delle Sc. MS. Mazzo 812/viii/C 1,2 [1ᵉm. 13ᵉs.] → TristThomB
Torino Arch. di Stato Ja.VII.31 [17ᵉs.] → BrézéT
Torino Arch. di Stato Ja.VIII.6 [15ᵉs.] → GastPhébChasseT
Torino Arch. di Stato Jb.II.18 [4ᵉq. 14ᵉs.] → ModusT
Torino Arch. di Stato Mus. stor. 9 'L'art de Chev. de Flave Vegece' [15ᵉs.] → JMeunVégL
Torino Bibl. naz. (perdu?) Pasini gall. (= fr.) 140 (T⁴) fragm. → BrunLatC
Torino Bibl. naz. A.IV.13 [hébr. déb. 14ᵉs.] → GlTurin²
Torino Bibl. naz. A.IV.35 [hébr. 13ᵉs.] → GlTurin¹
Torino Bibl. naz. D.V.29 (anc. D.III.21) [agn. fin 13ᵉs.] → AlNeckCorrM
Torino Bibl. naz. D.V.29 [agn. fin 13ᵉs.] → CatElieS
Torino Bibl. naz. K.VI.13 [15ᵉs.] → FlorOctPr
Torino Bibl. naz. L.I.1 [Gand ca. 1475] → BibleGuiart
Torino Bibl. naz. L.I.5 [15ᵉs.] → ContGuillTyrA
Torino Bibl. naz. L.I.7-9 (R.1622) [3ᵉq. 15ᵉs.] → AventBrunL, PalamC, PalamL
Torino Bibl. naz. L.I.12 [Amiens? ca. 1440] → BibleGuiart
Torino Bibl. naz. L.I.13 (1626) [hain. 2ᵉq. 14ᵉs.] → CligesG, JCondS, SoneG
Torino Bibl. naz. L.I.13 (G.II.9) [hain. 2ᵉq. 14ᵉs.] → RichH

Manuscrits

Torino Bibl. naz. L.I.13 [hain. 2[e]q. 14[e]s.] → Gaut-ArrErR
Torino Bibl. naz. L.II.2 (1628) [2[e]m. 15[e]s.] → CleriadusZ
Torino Bibl. naz. L.II.3 [2[e]m. 15[e]s.] → TroiePr[6]
Torino Bibl. naz. L.II.7 [Rouen 2[e]m. 15[e]s.] → TroiePr[6]
Torino Bibl. naz. L.II.11 (1636) [15[e]s.] → BalJosPr[1]M
Torino Bibl. naz. L.II.14 (1639) [pic. (Origny) 1311] → HouceTM
Torino Bibl. naz. L.II.14 (fr. 36) [pic. (Origny) 1311] → Bueve3S, HermValS, PassJonglFT, SCroixTorG, SFanuelC, SVouF
Torino Bibl. naz. L.II.14 (fr. 36; G.II.13) [pic. (Origny) 1311] → EsclDécB, GodinM, HuonR, JudasA
Torino Bibl. naz. L.II.14 [pic. (Origny) 1311] → AubS, GarLorrI, GerbMetzT, HervisH, UnicorneAJ, VenjNSA/B.../S
Torino Bibl. naz. L.II.15 (1640) [mil. 15[e]s.] → Buscalus
Torino Bibl. naz. L.II.16 [It. 14[e]s.] → AimonFlH
Torino Bibl. naz. L.II.17 [Île de Fr. 1[er]q. 14[e]s.] → ContGuillTyrA
Torino Bibl. naz. L.II.18 (1643) [Chypre? ca. 1300] → BrunLatC
Torino Bibl. naz. L.III.6 (1648) [15[e]s.?] → JVignayEchecsF
Torino Bibl. naz. L.III.8 (1650) [pic. 14[e]s.] → CassidP, HelcanusN, PeliarmB
Torino Bibl. naz. L.III.10 (fr. 116) [Lille 1467/68] → GouvRoisGauchyM
Torino Bibl. naz. L.III.13 (1655) [14[e]s.] → BrunLatC
Torino Bibl. naz. L.III.14 (1656, fr. 49) [2[e]m. 14[e]s.] → EchecsFerronC, MorPhilPrH
Torino Bibl. naz. L.III.22 (1660) [flandr. fin 13[e]s.] → RoseLLangl
Torino Bibl. naz. L.III.22 [flandr. fin 13[e]s.] → BestAmFournS
Torino Bibl. naz. L.III.25 (G.II.16) [pic. ca. 1300] → ChevCygne
Torino Bibl. naz. L.III.25 [pic. ca. 1300] → AntiocheN, ChevCygneNaissBeaN, ChevCygnePropN, EnfGodM, GodBouillCornM, JerusT
Torino Bibl. naz. L.IV.2 [15[e]s.] → OgDanAl[2]
Torino Bibl. naz. L.IV.5 (G.I.2) [Mons? fin 15[e]s.] → BeaumManWauqC
Torino Bibl. naz. L.IV.5 [Mons? fin 15[e]s.] → ImMondeOct[1]D, VenjNSA/B.../S, VenjNSHG
Torino Bibl. naz. L.IV.9 [15[e]s.] → ConsBoèceCompC[2]
Torino Bibl. naz. L.IV.17 (fr. 78) [pic. mil. 15[e]s.] → HMondAbrB
Torino Bibl. naz. L.IV.17 [pic. mil. 15[e]s.] → HMondAbrC
Torino Bibl. naz. L.IV.22 (1675) [14[e]s.] → MenReimsW
Torino Bibl. naz. L.IV.25 [14[e]s.] → TrotulaPr[1]M
Torino Bibl. naz. L.IV.30 [It. 1[e]m. 14[e]s.] → HaytonK
Torino Bibl. naz. L.IV.33 (fr. 23) [pic. ca. 1400] → ClercVaudR
Torino Bibl. naz. L.IV.33 (fr. 23; G.I.29) [pic. ca. 1400] → RigomerF
Torino Bibl. naz. L.IV.33 [pic. ca. 1400] → GligloisL, MelionT, MeraugisS, Turpin[2]W
Torino Bibl. naz. L.V.6 [ca. 1415] → ChevErrW
Torino Bibl. naz. L.V.8 [15[e]s.] → HaytonK
Torino Bibl. naz. L.V.10 (1682) [4[e]q. 14[e]s.] → JVignayEchecsF
Torino Bibl. naz. L.V.17 (K.IV.37; 86) [pic. mil. 15[e]s.?] → RecMédJPitS
Torino Bibl. naz. L.V.31 [15[e]s.] → AbuzéD
Torino Bibl. naz. L.V.32 (G.I.19) [wall. ca. 1300] → ElesB, PriereTheophS
Torino Bibl. naz. L.V.32 [wall. ca. 1300] → ApostropheCorpsB, BaudCondS, BibleBerzéL, BodelCongéRu, DébCorpsSamBV, GautLeuL[2], GuiotProvinsO, HuonRegrL, JacBaisT, MesdisansB, QuatreFilles[1]AL, RutebF, RutebNeufJoiesM, SongeEnfM, TournAntW, VilGousteC, VMortHélW
Torino Bibl. naz. L.V.41 [14[e]s.] → QuatreFilles[4]L
Torino Bibl. naz. L.V.44 [lorr. fin 13[e]s.] → BlancandS, SaisnA/LB
Torino Bibl. naz. L.V.45 [ca. 1344] → RègleHospMirPr[1]C, RègleHospMirPr[3]D, RègleHospPrD
Torino Bibl. naz. L.V.54 (G.I.18) [fin 13[e]s.?] → RenclCarH
Torino Bibl. naz. L.V.61 (fr. 142) [15[e]s.] → SecrSecrPr[6]H
Torino Bibl. naz. Misc. 151 [déb. 14[e]s.] → RenHS, RenγL
Torino Bibl. naz. M.IV.11 (300, C.II.6) [Namur ca. 1465] → AldL, SongeAlphM/T, SongeDan[7]C
Torino Bibl. naz. N.III.19 [1441] → HuonAuvTG
Torino Bibl. naz. Varia 151 [déb. 14[e]s.] → Ren
Torino Bibl. naz. Varia 200 [Paris fin 14[e]s.] → BibleGuiart
Torino Bibl. naz. Varia 433 [Chypre 1343 a.st.] → ChiproisR, ChronTemplTyrM, PhNovMémM
Torino Bibl. reale Saluzzo 188 [ca. 1410] → VégèceAnL
Torino Duco di Genova [15[e]s.] → DeschQ
Toronto Univ. Fisher Rare Book Libr. fragm. s.c. [pic. déb. 14[e]s.] → MerlinTorD
Toulouse (introuvable dans les bibl. publ., collect. partic.?) [pic. ca. 1300] → RenMontGJ
Toulouse Arch. comm. II 154 [fin 15[e]s.] → CoutPoitF
Toulouse Bibl. mun.? (anc. Univ.) cote? [It.sept.? fin 13[e]s.?] → TristPrA
Toulouse Bibl. mun. 510 (I, 199) [mil. 15[e]s.] → ChronNormM
Toulouse Bibl. mun. 815 (I, 46bis) [agn. 2[e]q. 14[e]s.] → ApocAgnM, SPaulEnfFrM
Toulouse Bibl. mun. 816 (I, 210) [15[e]s.] → SidracH
Toulouse Bibl. mun. 817 (II, 61) [1467] → ConsBoèceBenN, ConsBoèceRenA[2]
Toulouse Bibl. mun. 822 (C, 16) [ca. 1400] → ConsBoèceBenN, DeschQ
Toulouse Bibl. mun. 825 (I, 242) [ca. 1500] → RègleSBenPr[15]
Toulouse Bibl. mun. 831 (II, 69) [déb. 16[e]s.] → GeoffrParMoisM
Toulouse H. Malte 8 [ca. 1400] → RègleHospMirPr[1]C

Tournai 101 [rouchi 1330] (Tou) → RoseGuiV
Tournai 102 [1461] → JourdBlAlM
Tournai 105 [déb. 16ᵉs.] → MolinetFaictzD
Tournai 129 [15ᵉs.] → AlexisHexA
Tournai 195 [2ᵉm. 15ᵉs.] → Buscalus
Tournai 3291B [orig.] → RegTournB
Tournai B.C.T. B 18 [déb. 15ᵉs.] → Bersuire
Tournai s. cote [15ᵉs., détruit] → ChronBaud¹K
Tours 136 [rec. fact., pièce 28, f°201, 13ᵉs.] → VMortHélW
Tours 330 [Règle en deux parties: f°67r°-75v° 4ᵉq. 12ᵉs., f°76r°-118v° 1ᵉm. 13ᵉs.] → RègleSBenPr²
Tours 468 [2ᵉm. 13ᵉs.] → ProvM
Tours 620 [1438] → RègleSBenPr²⁷
Tours 674 [ca. 1450] → CoutAnjEB
Tours 789 [norm. / ang.? 12ᵉs.] → GlToursD
Tours 841 [15ᵉs.] → GastPhébChasseT
Tours 842 [15ᵉs.] → GaceBuigneB
Tours 897 [ca. 1400] → JFevLamentH
Tours 903 [poit. fin 12ᵉs.] → BenDucF
Tours 904 [15ᵉs.] → CharnyChevK, CharnyMesT
Tours 905 [fin 15ᵉs.] → MeschLunM
Tours 906 [déb. 14ᵉs.] détruit → BibleMacéS
Tours 927 (237) [tour. 2ᵉq. 13ᵉs.] → MirNDSardR
Tours 927 [tour. 2ᵉq. 13ᵉs.] → AdamS, QSignesK, SGeorgVosG, SGregA¹S, WaceConcA, WaceMargMF
Tours 928 [19ᵉs.] → AndrVigneSMartD
Tours 936 [pic. mil. 13ᵉs.] → HuonR
Tours 937 [13ᵉs.] → GuiBourgG
Tours 938 [It. 1ᵉm. 14ᵉs.] → OgDanE
Tours 939 [pic.mérid. fin 14ᵉs.] → PartonG
Tours 940 [pic.mérid. fin 14ᵉs.] → AthisH
Tours 941 [13ᵉs.] → AimonFlH
Tours 942 [ang. déb. 13ᵉs.] → CligesG
Tours 945 [dauph. 2ᵉm. 13ᵉs.] → SCathAumN
Tours 946 [2ᵉm. 13ᵉs.] → ImMondeOct¹D
Tours 947 [Paris 2ᵉm. 14ᵉs.] → AdvNDM, Fauvel¹L, ImMondeOct²S⁰, JMandPL
Tours 948 [traits frpr. 1ᵉm. 14ᵉs.] → CoincyI1…K, Pères, PurgSPatrBerM, SCathJonglF, SynagEglS
Tours 949 [traits lorr. av. 1319] → BalJosAnS
Tours 950 [ca. 1400] → PelVieS
Tours 951 (anc. 873, Marmoutier 195) [Terre sainte ca. 1290] → SGraalIIIJosTO
Tours 951 [Terre sainte ca. 1290] → MerlinM
Tours 952 [3ᵉt. 15ᵉs.] → CleriadusZ
Tours 953 [It. ca. 1300] → HistAnc
Tours 954 [1358] → AlexPrH, TroiePr¹C
Tours 955 [15ᵉs.] → SecrSecrPr⁶H
Tours 956 [3ᵉq. 15ᵉs.] → TroilusB
Tours 974 [15ᵉs.] → HistAnc
Tours 1008 [It. déb. 14ᵉs.] → LégDorAn¹, SDenisPr²L, SeptDormPrM
Tours 1015 [fin 14ᵉs.] → SJulPrS
Tours 1468 [fin 15ᵉs.] → HaytonK
Tours 1850 [15ᵉs.] → HistAnc²RB
Tours Arch. dép. 2.I.2 [après 1332] → JVignayMir
Tours Petit Séminaire (Missel sans cote) [tour., f°208v° prob. Avon-les-Roches ca. 1130] → EpSEtK
Trier Stadtbibl. 1125 (2059) [14ᵉs.] → GlTrierH
Trier Stadtbibl. Fragm. VIII,2 [agn. déb. 14ᵉs.] → SMadMarsTrD

Trier Stadtbibl. Fragm. VIII,3 [Est déb. 14ᵉs.] → GarMonglTS
Trier Stadtbibl. Fragm. VIII,5 [agn. fin 13ᵉs.] → BibleTrB
Trowbridge W. R. O. 1230 [agn. fin 13ᵉs.] → HosebHenO
Troyes 24 [18ᵉs.] → AssJérJIbVatT
Troyes 59 [Paris ca. 1330] → BibleGuiart
Troyes 210 [1ᵉm. 13ᵉs.] → RègleSBenPr³
Troyes 615 [cette partie 14ᵉs.] → BeaumCoutS
Troyes 645 [13ᵉs.] → ProvSerloF
Troyes 742 [18ᵉs.] → GirRossAlH
Troyes 743 [15ᵉs.] → RenMontPr¹
Troyes 751 [frcomt.? 15ᵉs.] → SommeLaurB
Troyes 898 [cette partie Île de Fr. ca. 1320] → ConsBoèceTroyS, GouvRoisGauchyM
Troyes 1048 [13ᵉs.] → AlNeckCorrM
Troyes 1257 [fin 15ᵉs.] → PassIsabD
Troyes 1311 [15ᵉs.] → PassIsabD
Troyes 1384 [15ᵉs.] → SermLaudT
Troyes 1396 [cette partie 4ᵉq. 14ᵉs.] → CoutMerOlTZ
Troyes 1399 [ca. 1300] → JacVitryTB
Troyes 1459 [15ᵉs.] → AalmaR
Troyes 1496 [1472] → JVignayEchecsF
Troyes 1511 [garde déb. 14ᵉs.] → GroingnetB
Troyes 1709 [1281] → EtSLouisV
Troyes 1712 (anc. Pithou) [frc. 1260-80] → PFontM
Troyes 1877 [15ᵉs.] → ChastelPerB
Troyes 1905 [Franche-Comté 1ᵉʳt. 14ᵉs.] → CoincyI1…K, WaceMargTF
Troyes 1955 [15ᵉs.] → SBath²B, SDenisPr¹L
Troyes 2138 [4ᵉq. 14ᵉs.] → JVignayEchecsF
Troyes 2139 [15ᵉs.] → PassEntreR
Troyes 2282 [plusieurs mains, relié en 1490] → PassTroyB
Troyes Arch. dép. cart. H [13ᵉs.] → LaloreMont
Tübingen (fragm.) → BenTroieC
Udine Arch. di St. framm. 158 [déb. 14ᵉs.] → VégèceAn²
Udine Arch. di St. framm. 159 [It. déb. 14ᵉs.] → JordRufUB
Udine Arch. di St. Ms 150 [14ᵉs.] → BrunLatC
Udine Bibl. Arcivesc. 177 [It. fin 13ᵉs.] → SGraalIVQusteP, SGraalIVQusteUR
Udine Bibl. Arcivesc. lat. XIII 4° [It. 2ᵉm. 14ᵉs.] → Ren, RenXXVIIO/UL
Uppsala C 523 [lorr. 14ᵉs.] → ProvSerloF, ProvUpsIH, ProvUpsIIH
Uppsala C 804 [1478] → HMondAbrB
Utrecht Catharijneconvent BMH h fragm. 36 [14ᵉs. ?] → BlancandS
Utrecht Univ. 1396 [2ᵉm. 15ᵉs.] → ChronJBekaN
Valenciennes 150 (143) [prob. Saint-Amand ca. 900] → EulalieB
Valenciennes 183 (175) [fragm. fin 13ᵉs.? v. R 52, 419] → JacCambrR
Valenciennes 259 (249) [1626] → CellierValenc
Valenciennes 296 (286) [pic. mil. 15ᵉs.] → OresmeEthM
Valenciennes 329 (cat., cote 318) [15ᵉs.] → AldL
Valenciennes 417 (398) [2ᵉm. 15ᵉs.] → ChastVergiA, PhMézGrisG, VaillantD
Valenciennes 461 (425) [pic. mil. 15ᵉs.] → MelusCoudrR, ModusT

Manuscrits

Valenciennes 521 (475) [2ᵉq. 10ᵉs.] → JonasP
Valenciennes 541 (495) [15ᵉs.] → VenjNSPr⁵F
Valenciennes 680-683 (536) [rec. fact. 14ᵉs. etc.] → CellierValenc
Valenciennes 753 (565) [15ᵉs.] → CoutStAmandM
Valenciennes 929 (680) [18ᵉs.] → CoutStAmandM
Vannes Arch. dép. fragm. Rosenzweig [1ᵉʳq. 15ᵉs.?] → MelusArrV
Vat. Barberini lat. 12 [agn. ca. 1300] → CouleursVatG, MarscaucieChevG
Vat. Barberini lat. 613 [Ferrara ca. 1434] → BibleGuiart
Vat. Barberini lat. 3528 (anc. Barb. XLIII) [agn. déb. 14ᵉs.; cont. mil. 14ᵉs.] → LReisEnglF
Vat. Misc. Arm. XV t. 145 [Nord 2ᵉm. 13ᵉs.] → LapidFFS
Vat. Ottoboni lat. 1155 [pic. déb. 14ᵉs.] → BeaumCoutS
Vat. Ottoboni lat. 1473 (anc. Reg.) [déb. 13ᵉs.] → SMathVatE, WaceConcA
Vat. Ottoboni lat. 1869 [agn. 3ᵉq. 13ᵉs.] → BrutA
Vat. Ottoboni lat. 2207 [15ᵉs.] → MPolGregM
Vat. Ottoboni lat. 2523 [ca. 1455] → DouzeVendrediscS, ImMondeOct²S⁰, MiroirMondeC, RobOmMirL
Vat. Ottoboni lat. 2962 [ca. 1400] → CoutAnjEB
Vat. Ottoboni lat. 3026 [fin 13ᵉs.] → EtSLouisV
Vat. Ottoboni lat. 3064 [14ᵉs.] → MarieFabW
Vat. Pal. lat. 1179 [2ᵉm. 14ᵉs.] → EnsViandL
Vat. Pal. lat. 1260 [2ᵉm. 14ᵉs.] → GlAlphM
Vat. Pal. lat. 1957 [N.-E. déb. 14ᵉs.] → MancarellaBibl, ProvSalAuR
Vat. Pal. lat. 1959 [1ᵉm. 15ᵉs.] → CoincyI1…K
Vat. Pal. lat. 1963 [Terre Sainte 3ᵉq. 13ᵉs.] → GuillTyrB
Vat. Pal. lat. 1964 [ca. 1325] → TristPrMé
Vat. Pal. lat. 1965 [15ᵉs.] → EchecsFerronC
Vat. Pal. lat. 1967 [1ᵉm. 14ᵉs.] → AldL, MortArtuF¹
Vat. Pal. lat. 1968 [2ᵉm. 15ᵉs.] → LeFrancChampD
Vat. Pal. lat. 1969 [frc. déb. 14ᵉs.] → CoincyI1…K
Vat. Pal. lat. 1970 [agn. fin 13ᵉs.] → ManuelPéchF
Vat. Pal. lat. 1971 [f°1-59 norm. 2ᵉq. 13ᵉs.] → PartonG
Vat. Pal. lat. 1971 [f°61-68 agn. déb. 13ᵉs.] → AmYdR, AmYdvR
Vat. Pal. lat. 1971 [f°69-84 norm.? mil. 13ᵉs.] → BrutA
Vat. Pal. lat. 1971 [f°85-90 agn. déb. 13ᵉs.] → FloreaL, FloreAW, FloreV
Vat. Pal. lat. 1971 [f°91-98 pic.? déb. 13ᵉs.] → AspremPalM
Vat. Pal. lat. 1972 [Sud-Est mil. 14ᵉs.] → HerbCandS
Vat. Pal. lat. 1989 [av. 1418] → LaurPremDecD
Vat. Patetta 74 (132) [15ᵉs.?] → MiroirMondeC
Vat. Reg. lat. 1334 [déb. 15ᵉs.] → LettrHippoT
Vat. Reg. lat. 25 [ca. 1410] → BibleMorwH
Vat. Reg. lat. 26 [ca. 1300] → BiblePar
Vat. Reg. lat. 343 [15ᵉs.] → RègleSBenPr²²
Vat. Reg. lat. 367 [14ᵉs.] → DébCorpsArrL, JMeunTestK
Vat. Reg. lat. 473 [ca. 1400] → PassBonnesF
Vat. Reg. lat. 489 [agn. 2ᵉm. 13ᵉs.] → EdConfVatS
Vat. Reg. lat. 524 [ca. 1300] → HistCharlPh
Vat. Reg. lat. 538 [ca. 1455] → JVignayMir, JVignayMirYsS
Vat. Reg. lat. 566 [ca. 900] → ParGesprH
Vat. Reg. lat. 606 [2ᵉm. 14ᵉs.] → HaytonK
Vat. Reg. lat. 608 [ca. 1300] → EtSLouisV
Vat. Reg. lat. 610 [ca. 1370] → Turpin⁵Wa
Vat. Reg. lat. 624 [bourg. fin 13ᵉs.] → HistCharlPh, Turpin⁵Wa, TurpinVatB
Vat. Reg. lat. 660 [Est fin 13ᵉs.] → BalJosPr¹M
Vat. Reg. lat. 668 [ca. 1344] → RègleHospMirPr¹C
Vat. Reg. lat. 724 [15ᵉs.] → FetRomF¹
Vat. Reg. lat. 727 [14ᵉs.] → TristPrMé
Vat. Reg. lat. 737 [Île de Fr. 1ᵉʳq. 14ᵉs.] → ContGuillTyrA
Vat. Reg. lat. 750 [Paris 2ᵉm. 14ᵉs.] → JMandPL
Vat. Reg. lat. 773 [3ᵉt. 13ᵉs.] → EtSLouisV
Vat. Reg. lat. 776 [mil. 15ᵉs.] → ViandTaillv¹P
Vat. Reg. lat. 779 [17ᵉs.] → EtSLouisAbrV
Vat. Reg. lat. 780 [14ᵉs.] → EtSLouisV
Vat. Reg. lat. 824 [ca. 1300] → CesTuimPrS
Vat. Reg. lat. 837 [Fr.mérid. 3ᵉq. 15ᵉs.?] → JMandPL
Vat. Reg. lat. 869 [ca. 1405] → FroissChron³D
Vat. Reg. lat. 893 [bourg. fin 13ᵉs.] → FetRomF¹
Vat. Reg. lat. 896 [2ᵉm. 15ᵉs.] → JSaintréC, JSaintréM
Vat. Reg. lat. 917 [15ᵉs.] → FetRomF¹
Vat. Reg. lat. 920 [1404 ou peu après] → ChrPisFaisS
Vat. Reg. lat. 936 [art. fin 13ᵉs.] → Turpin²W
Vat. Reg. lat. 1022 [déb. 16ᵉs.] → MistOrlH
Vat. Reg. lat. 1055 [pic. 1301] → BeaumCoutS
Vat. Reg. lat. 1063 [Paris ou Orléans fin 13ᵉs.] → SommeAcéB¹
Vat. Reg. lat. 1141 [1304] → SidracH
Vat. Reg. lat. 1177 [mil. 14ᵉs.] → JordRufNK
Vat. Reg. lat. 1211 [pic. ca. 1300] → ChirPoutrS, LettrHippoMS, LettrHippoT
Vat. Reg. lat. 1244 [agn. 3ᵉt. 12ᵉs.] → PhThCompM
Vat. Reg. lat. 1255 [15ᵉs.] → SidracLR
Vat. Reg. lat. 1256 [15ᵉs.] → AldL
Vat. Reg. lat. 1320 [pic. 1ᵉm. 14ᵉs.] → BrunLatC
Vat. Reg. lat. 1323 [Paris ca. 1476] → BestPierre²B, ChastieMusvG, EchecsFerronC, GastPhébChasseT, NouveletM
Vat. Reg. lat. 1326 [fin 15ᵉs.] → GastPhébChasseT
Vat. Reg. lat. 1331 [15ᵉs.] → GastPhébChasseT
Vat. Reg. lat. 1334 [déb. 15ᵉs.] → AldL
Vat. Reg. lat. 1337 [fin 15ᵉs.] → PelerEleccL
Vat. Reg. lat. 1360 [lorr. déb. 14ᵉs.] (R) → AspremRK
Vat. Reg. lat. 1362 [3ᵉt. 15ᵉs.] → ChevDamesM
Vat. Reg. lat. 1363 [ca. 1500] → ConfTestB
Vat. Reg. lat. 1364 [2ᵉm. 13ᵉs.] → AlexParA
Vat. Reg. lat. 1392 [13ᵉs.] → GlOsbernR
Vat. Reg. lat. 1429 [1ᵉm. 15ᵉs.] → ProvM
Vat. Reg. lat. 1441 [lorr.mérid. 2ᵉm. 13ᵉs.] → AuberiB
Vat. Reg. lat. 1451 [ce texte 3ᵉt. 13ᵉs.] → PFontM
Vat. Reg. lat. 1451 [extraits sur marges 14ᵉs.] → AldL
Vat. Reg. lat. 1480 [ca. 1390] → OvMorB
Vat. Reg. lat. 1490 [déb. 14ᵉs.] → AdHaleChansM, AdHaleFeuillG, ChansDyggve, ColBoutD, FournChansL, GilebBernW, GuillAmAmC,

MahieuW, NevAmJ, PerrinS, RomPast, Thib-BlaisN
Vat. Reg. lat. 1492 [15ᵉ s.] → ConsBoèceCompC², JMeunEpithK, JMeunTestK, JMeunTresM
Vat. Reg. lat. 1501 [f° 1-99: It. (pis.-gen.) fin 13ᵉ s.] → AventBrunL, PalamL
Vat. Reg. lat. 1505 [It. (Napoli?) 3ᵉ t. 13ᵉ s., v. 2205ss. 1ᵉʳ m. 14ᵉ s.] → BenTroieC
Vat. Reg. lat. 1508 [15ᵉ s.] → ConsBoèceCompC²
Vat. Reg. lat. 1514 [1ᵉʳ m. 15ᵉ s.] → BrunLatC, ElucidaireSecA/B/H/I R, FormHonCourtH, JVignayMir, PhMézGrisG, PurgSPatrPrAD, SecrSecrPr⁶H
Vat. Reg. lat. 1517 [lorr. 1324] → GarMonglMü/Me/S, GarMonglRK, MerlinM
Vat. Reg. lat. 1518 [fin 15ᵉ s.] → ConsBoèceRenA²
Vat. Reg. lat. 1519 [15ᵉ s.] → JFevLeesceH, PhMézGrisG
Vat. Reg. lat. 1522 [déb. 14ᵉ s.] → GilebBernW, RoseLLangl, TournDamGencPu
Vat. Reg. lat. 1590 [13ᵉ s.] → GlOsbernR
Vat. Reg. lat. 1616 [1317] → FierL
Vat. Reg. lat. 1616 [f° 93-102 et 109-124: 14ᵉ s.] → OtinG
Vat. Reg. lat. 1628 [déb. 14ᵉ s.] → JMeunVégL
Vat. Reg. lat. 1632 [champ. 1ᵉʳ q. 14ᵉ s.] → Bueve2S
Vat. Reg. lat. 1659 [f° 1-90: agn. fin 13ᵉ s.] → AmbroiseP
Vat. Reg. lat. 1659 [f° 91ss.: agn. 14ᵉ s.] → ChardryPletM, MisogLangeM, PetPhilT
Vat. Reg. lat. 1668 [fin 14ᵉ s.] → PelVieS
Vat. Reg. lat. 1678 [15ᵉ s.] → JVignayEchecsF
Vat. Reg. lat. 1682 [2ᵉ q. 14ᵉ s., prob. 1329 ou peu après] → EructavitJ
Vat. Reg. lat. 1682 [2ᵉ q. 14ᵉ s.] → BestGuillR, BonAngeK, EnsaingnK, JosephS, RègleSBenPr⁵, RomAmDieuL, RomRomL, SPaulEnfPeinesM, VMortHélW, WaceConcA
Vat. Reg. lat. 1683 [1ᵉʳ m. 15ᵉ s.] → BonetJMeunA
Vat. Reg. lat. 1684 [13ᵉ s.] → AthisH
Vat. Reg. lat. 1686 [3ᵉ t. 15ᵉ s.?] → OvMorPrB
Vat. Reg. lat. 1687 [14ᵉ s.] → MerlinM, SGraalIII-JosTO
Vat. Reg. lat. 1689 [fin 14ᵉ s.] → ConsBoèceBenN
Vat. Reg. lat. 1699 [3ᵉ q. 14ᵉ s.] → Ren, RenHS, RenM
Vat. Reg. lat. 1720 [2ᵉ m. 15ᵉ s.] → ConfTestB
Vat. Reg. lat. 1725 [frc. fin 13ᵉ s.] → GuillDoleL, LancF, MeraugisS, RomPast, YvainF
Vat. Reg. lat. 1728 [4ᵉ q. 15ᵉ s.] → BalJosPr¹M, ConfTestB, EvNicPrLA, SGenPr¹H, SMarineF, SMarineHC, VenjNSPr⁵F
Vat. Reg. lat. 1858 [prob. norm. 1371] → RoseLLangl
Vat. Reg. lat. 1923 [2ᵉ m. 15ᵉ s.] → JournParT
Vat. Reg. lat. 1927 [4ᵉ q. 13ᵉ s.] → EtSLouisV, InstJustO
Vat. Reg. lat. 1964 [15ᵉ s.] → MenReimsW
Vat. Ross. 457 [2ᵉ q. 14ᵉ s.] → GouvRoisGauchyM, JVignayVégL
Vat. Urbinati lat. 375 [13ᵉ s.] → AnsMetzS¹
Vat. Urbinati lat. 376 [fin 13ᵉ s.] → RoseLLangl
Vat. Urbinati lat. 381 [1ᵉʳ m. 15ᵉ s.] → AquilonW
Vat. Vatic. ebr. 164 [hébr. (It.) 14ᵉ s.] → GlGerschB
Vat. Vatic. ebr. 322 [hébr., cette partie ca. 1300] → ElégTroyesK

Vat. Vatic. gr. 870 → TristPrPel
Vat. Vatic. lat. 1479 [2ᵉ q. 14ᵉ s.] → DonatvC
Vat. Vatic. lat. 2002 [ca. 1200] → GuillTyrLatH
Vat. Vatic. lat. 3127 [cette partie fin 14ᵉ s. (?)] → HoroleigesM
Vat. Vatic. lat. 3136 [Pays d'oc, cette partie ca. 1342] → ItinJérPM, RègleHospMirPr¹C, RègleHospPrD
Vat. Vatic. lat. 3203 [pic. 14ᵉ s.] → BrunLatC
Vat. Vatic. lat. 3209 [f° 1-147 1ᵉʳ m. 14ᵉ s.] → VoeuxPaonR
Vat. Vatic. lat. 4788 [Chypre 1309] → ConsBoècePierreT
Vat. Vatic. lat. 4789 [Chypre 1369 ou peu après] → AssJérJIbVatT, AssJérLignB, AssJérOrdB, AssJérPréfB
Vat. Vatic. lat. 4792 [1ᵉʳ m. 14ᵉ s.] → FetRomF¹
Vat. Vatic. lat. 4793 [14ᵉ s.] → SidracH
Vat. Vatic. lat. 4795 [déb. 14ᵉ s.] → GouvRoisGauchyM
Vat. Vatic. lat. 4852 [Acre entre 1287 et 1290] → LeGrandStat, RègleHospPrD
Vat. Vatic. lat. 5272 [14ᵉ s.] → SidracH
Vat. Vatic. lat. 5334 [wall. /frpr. fin 12ᵉ s.] → AlexisRo
Vat. Vatic. lat. 5895 [It. ca. 1300] → HistAnc
Vat. Vatic. lat. 5908 (Barb. 3572) [copie fragm. de Vat. lat. 3203, 17ᵉ s.] → BrunLatC
Vat. Vatic. lat. 7806A [Venise ca. 1570?] → AssJérLignN
Vat. Vatic. lat. 13501 [13ᵉ s.] → TristPrPel
Vat. Vatic. lat. 14740 [It. 14ᵉ s.] → HectP
Vaticano → Vat.
Venezia Marc. fr. App. II (237) [16ᵉ s.] → VillehF
Venezia Marc. fr. App. VI [1436] → AssJér, AssJérBourgB, AssJérBourgVZ
Venezia Marc. fr. App. X [déb. 14ᵉ s.] → AldL, AldMT
Venezia Marc. fr. App. XIV (279) [francoit. 2ᵉ m. 14ᵉ s.] → MoamT
Venezia Marc. fr. App. XLV (10494) [1414] → JDupinMelL
Venezia Marc. fr. App. XX (265) [2ᵉ partie prob. Chypre 1346 ou peu après] → AssJérBourgAbrB, AssJérBourgBatvB, AssJérClefB, AssJérGeoffrB, AssJérJacIbB, AssJérPhB, AssJérPhE
Venezia Marc. fr. App. XX (265) [Acre ca. 1285 (f° 1-174) et prob. Chypre 1346 ou peu après] → AssJér, AssJérLignB
Venezia Marc. fr. App. XXIII (267) [fin 14ᵉ s.] → EchecsAmH
Venezia Marc. fr. App. XXIX (272) [francoit. ca. 1355] → MerlinM
Venezia Marc. fr. App. XXXIX (272) [francoit. ca. 1355] → PassNicB
Venezia Marc. fr. II [Mantova ca. 1390] → DouzeVendredisCS, HistAnc
Venezia Marc. fr. III [14ᵉ s.] → FetRomF¹
Venezia Marc. fr. IV (225) [francoit. 1ᵉʳ m. 14ᵉ s.] → AspremV4B, Rolv4¹ᐟ²B
Venezia Marc. fr. V (250) [francoit. 3ᵉ t. 14ᵉ s.] → PrisePampM
Venezia Marc. fr. VI (226) [1371] → AspremV6B, PassAprésBe

Manuscrits

Venezia Marc. fr. VI (226) [cette partie: fragm. après 1371?] → AspremV6aM
Venezia Marc. fr. VII (251) [francoit. fin 13°s.] → RolV7F
Venezia Marc. fr. VIII (252) [mil. 14°s.] → AliscMH
Venezia Marc. fr. IX [It.occid. fin 13°s.] → PalamL
Venezia Marc. fr. X [francoit. mil. 14°s.] → GuiNantM/V/FM, GuiNantVProlCf
Venezia Marc. fr. XI (254) [14°s.] → LancPrM
Venezia Marc. fr. XIII (256) [francoit. 1°m. 14°s.] → BertaC, BertaMilC, BueveFrancoitR, EnfOgFrancoitR, GesteFrancorM, KarletoR, MacaireG, OgDanAlC
Venezia Marc. fr. XIV [pic. 13°s.] → Bueve3S
Venezia Marc. fr. XV [It. mil. 14°s.] → PalamL
Venezia Marc. fr. XVI [It. ca. 1395] → RenMont
Venezia Marc. fr. XVII [It. fin 13°s.] → BenTroieC
Venezia Marc. fr. XVIII (231) [It. 2°m. 14°s.] → BenTroieC, HectP
Venezia Marc. fr. XVIII [It. 2°m. 14°s.] → HectB, HectK
Venezia Marc. fr. XIX [francoit. mil. 14°s.] → HerbCandS
Venezia Marc. fr. XX [2°m. 14°s.] → HerbCandS
Venezia Marc. fr. XXI (257) [francoit. 2°q. 14°s.] → EntreeT
Venezia Marc. fr. XXII (258) [It. 14°s.] → AimonFlH
Venezia Marc. lat. VII, 1 (2612) [2°m. 14°s.] → GlGuillI
Venezia Marc. lat. X, 96 (3530) [f°19-44: 14°s.] → AttilaPrB
Venezia Marc. lat. X, 200 [15°s.; fragm. (feuilles de garde): déb. 14°s.] → AspremVenM
Venezia Marc. lat. XI, 129 [It. fin 13°s.] → AyeB
Venezia Mus. Civ. 665 [francoit. déb. 14°s.] → AlexVenL
Verdun Bibl. mun. 28 [fin 13°s.] → ImMondeOct¹D
Verdun Bibl. mun. 38/1 [Verdun 2°m. 15°s.] → RègleSBenPr¹²
Verdun Bibl. mun. 72 [Verdun ca. 1200] → EpMontDeuH
Verona Bibl. capit. D. VIII [prob. Venise déb. 14°s.] → BrunLatC
Vesoul 91 [ca. 1475] → IsidSyncH
Vesoul s.c.? [2°m. 13°s.] → GirVianeE
Vevey 2635 [2°m. 14°s.] → MPolGregM
Victoria State Libr. *091. G79 [f°31-109 agn. 1ᵉʳt. 14°s.] → BrittN
Viterbo Arch. di St. cart. 13 n°131 [It. fin 13°s.?] → PalamC
Vitré Ille et Vilaine A. de la Borderie (?) [ca. 1460] → CoutBretP
Vuillafans (Franche Comté) [mil. 13°s.] → AyeB
Waleffe Potesta [16°s.] → JPreisMyrB
Warfusée Bibl. du Comte d'Oultremont 44 (= 116?) [1439] → JLansonM, JPreisLiègeB
Warfusée Bibl. du Comte d'Oultremont 44 [1439] → RecMédWarB
Warminster Longleat (Somerset; Marquess of Bath) 37 [agn., cette partie 2°m. 14°s.] → RichardsonCist
Warminster Longleat (Somerset; Marquess of Bath) «Tract. varii Theolog. saec. XIII et XIV» [agn. 1°m. 14°s.] → DéfAmPrS, LapidALS, LapidAPS
Warminster Longleat 21 [agn. (prob. Ramsey) 3°q. 13°s.] → GlRamseyO
Warminster Longleat 37 [agn., cette partie 15°s.] → OrthGallJ
Warszawa Żydowski Instytut Historiczny 907 → RaschbamR
Washington Army Med. Libr. → GuiChaul
Washington Nat. Gallery of Art Rosenwald Coll. 12 [15°s.] → TroiePr¹C
Wien (Höfflinger; où auj.?, pas dans la Nationalbibliothek) [pic. fin 15°s.] → ArmChiffletA
Wien 2466 [14°s.] → HMondLatP
Wien 2537 [ca. 1410] → TristPrMé
Wien 2539-2540 [1466] → TristPrMé
Wien 2542 [pic. ca. 1300] → TristPrL, TristPrLaisF, TristPrMa, TristPrMé
Wien 2545-2546 [ca. 1495] → MonstreletD
Wien 2549 [2°m. 15°s.] → GirRossWauqM
Wien 2550 [pic. après 1473] → FormHonCourtH, GuillFillConsH
Wien 2551 [15°s.] → PhMézPelC
Wien 2554 [Paris ca. 1225] → BibleMorwH
Wien 2559 [Paris 3°q. 15°s.] → JDaudRem
Wien 2562 [fin 15°s.] → RenContrR
Wien 2571 [14°s.] → BenTroieC
Wien 2573 [15°s.] → ModusT
Wien 2575 [mil. 15°s.] → MelusArrV
Wien 2576 [traits fr.sept., It. mil. 14°s.] → HistAnc, HistAncG, HistAncV
Wien 2580 [ca. 1465?] → PCresc
Wien 2585 [It. 1287] → EnanchetF
Wien 2590 [2°q. 14°s.] → SidracH
Wien 2593 [14°s.] → PelVieS
Wien 2595 [2°m. 15°s.] → ConsBoèceCompC²
Wien 2598 [Nord-Est prob. 1409 ou 1410] → GlAngelusP
Wien 2599 [frc. ca. 1300] → MeraugisS
Wien 2602 [1403] → MelibeeRenS, TournAntW
Wien 2603 [15°s.] → BrutA
Wien 2604 [ca. 1460] → ChrPisVertW
Wien 2609 [pic. 2°q. 14°s.] → BestAmFournS
Wien 2611 [15°s.] → ModusT
Wien 2620 [15°s.] → HaytonK
Wien 2621 [2°m. 14°s.] → BaudCondS, JugAmD, JugAmO, QuatreFilles¹BL
Wien 2623 [14°s.] → HaytonK
Wien 2640 [fin 15°s.] → FormHonCourtH
Wien 2642 [bourg. 1°m. 13°s.] → ConsBoèceBourgB
Wien 2653 [15°s.] → ConsBoèceCompC²
Wien 2665 [ca. 1300] → PsMétrM
Wien 3121 [15°s.] → JGarlPoetriaL
Wien 3273 [ca. 1400] → MPolPip
Wien 3378 [3°t. 15°s.] → JAubrionL
Wien 3391 [ca. 1520] → AbuzéD, FormHonCourtH
Wien 3427 [2°m. 15°s.] → CleriadusZ
Wien 3428 [1459] → Apol⁵Z
Wien 3429 [champ.sept. 2°m. 15°s.] → Bueve2S
Wien 3430 [15°s.] → EructavitJ, ImMondeOct²S⁰, PassJonglFT, SFanuelC
Wien 3435 [4°q. 15°s.] → TroilusB
Wien 3436 [1482] → BerinB
Wien 3438 [ca. 1455] → BlancandPrBrG

Wien 5337 [f° 179^b-184^b : 1395] → ThémonAstrH
Wien 19201 (?) [wall. 2e m. 13e s.] → SortApostB
Wien Archiv des Ordens vom Goldenen Vlies 2 [pic.-wall. av. 1477] → GuillFillConsH
Wien Österreichische Nationalbibliothek (ÖNB) → Wien
Wiesbaden Hess. Hauptstaatsarchiv Abt. 1105, n° 40 [lorr. 1e m. 15e s.] → LohierMalartM
Winchester Coll. 26 [agn. ca. 1295] → Fauc-WinchH
Winchester Coll. 1004 [agn. ca. 1275 ou après] → CoutWinchF
Witney Oxon W. D. Macray (?) [fin 15e s.] → JournParT
Wolfenbüttel Herzog August Bibl. 87.4 [agn. ca. 1300] → GuiWarE
Wolfenbüttel Herzog August Bibl. 287 (Helmst. 254) [2e q. 9e s.] → CapitVillisB
Wolfenbüttel Herzog August Bibl. 1206 (Helmst. 1099) [2e q. 13e s.] → ChansWolfD, Stimming-Mot
Wolfenbüttel Herzog August Bibl. 1628 [fin 15e s.] → PlacTimT
Wolfenbüttel Herzog August Bibl. Aug. 4° 34.6 [agn. déb. 13e s.] → SThomGuernW[1]
Wolfenbüttel Herzog August Bibl. Cod. Blank. 9 [Lille ca. 1490] → MistLilleK
Wolfenbüttel Herzog August Bibl. Cod. Blank. 111 [déb. 14e s.] → VégèceAn[3]
Wolfenbüttel Herzog August Bibl. Guelf. 9.9. Aug. 4° [15e s.] → JVignayEchecsF
Wolfenbüttel Herzog August Bibl. Guelf. 76.15-18 Aug. 2° [15e s.] → BibleGuiart
Wolfenbüttel Herzog August Bibl. Guelf. 81.29 [15e s.] → HistAnc²RB
Wolfenbüttel Herzog August Bibl. Guelf. 8417 Aug. 2° [3e t. 15e s.] → DevR
Worcester Cathedral 4° 35 [agn. mil. 14e s.] → ManuelPéchF
Worcester Cathedral 4° 50 [agn. mil. 13e s.] → AdParvH, AlNeckUtensH²
Worcester Cathedral 4° 61 [agn. 2e m. 13e s.] → LunaireWoC
Worcester Cathedral f° 157 [agn. mil. 13e s.] → RecMédNovCirHi
Wrocław Univ. Rehdiger 1,335 (?) [3e q. 15e s.] → LatourLandryM
York Chapter Libr. 16.D.14 [1e m. 15e s.] → ConsBoèceBenN
York Chapter Libr. 16.I.7 [agn. fin 13e s.] → GuiWarE
York Chapter Libr. 16.K.7 [agn. ca. 1300] → GrossetChastM, ManuelPéchF
York Chapter Libr. 16.K.12 (I) [agn. 1e m. 13e s.] → BrendanW, MarieFabW
York Chapter Libr. 16.K.13 [agn. ca. 1300] → ManuelPéchF, SEust5P, SMadAlexK, SMarg3S
York Chapter Libr. 16.K.14 [agn. 2e m. 13e s.] → RobGrethEv
York Chapter Libr. 16.N.3 [agn. 3e t. 13e s.] → CatEverS, PAbernLumH[1]
York City Arch. A/Y.20 [15e s.-1e m. 16e s.] → YorkMemS
Zadar Katedrala [2e q. 13e s.] → BrutA

Zagreb MR 92 [It. ca. 1300] → AldL, AttilaPrB, ChansZagrebR, ConcLyonC, EnanchetF, MorPhilPrH
Zeals House Wiltshire E. G. Troyte-Bullock [fin 13e s.] → Pères

Noms d'auteurs

Abraham ibn Ezra → HaginL
Adam de Balsham, dit Parvipontanus → AdParvH
Adam de Givenchi → AdGivenchiU
Adam de la Bassée → AnticlLudR
Adam de le Hale → AdHaleChansM, AdHaleCongéR, AdHaleFeuillG, AdHaleLyrW, AdHalePartN, AdHaleRobV, AdHaleSicG[1]
Adam de le Hale dit le Bossu ou d'Arras → AdHaleB
Adam de Perseigne → EructavitJ
Adam de Ross → SPaulEnfAdK
Adam de Suel → CatAdSuelU
Adam des Aigles → AdAiglesB
Adam du Petit Pont → AdParvH
Adémar de Chabannes → ChronToteL/PB
Adenet le Roi → AdenBuevH, BerteH, CleomH, EnfOgH
Adgar → AdgarK
Adolphe de la Marck → PonceletLiège
Aelfric → AelfricFH
Aemilius Macer → MacerHerbesH
Aimé → AiméHistNormB
Aimon de Varennes → AimonFlH
Alain de Lille → AnticlC, ParabAlainH
Alard de Cambrai → MorPhilP
Alart → MaillartR
Alberic / Auberi de Besançon → AlexAlbZ
Albertano de Brescia → MelibeeRenS
Albucasis → ChirAlbT
Aldebrandin de Sienne → AldL
Alexandre de Canterbury → QuatBeatT
Alexandre de Paris → AlexParA
Alexandre de Villedieu → AlexDoctDH, AlgorAlexH
Alexandre du Pont → MahomL[2]
Alexandre Neckam → AlNeckCorrM, AlNeckUtensH, YsIIB
Alfonse de Poitiers → RegAlfPoitM
Amato di Montecassino → AiméHistNormB
Ambroise → AmbroiseP
André de Coutances → AndréCoutFrH, AndréCoutP
Andreas Capellanus → DrouartB, EnanchetF
Andrew Horn → LHorn, MirJustW
Andrieu Contredit → AndrContrN
Andrieu de la Vigne → AndrVigneNapS, AndrVigneSMartD
Angier → AngDialGregO[2], AngVieGregM
Anonyme de Béthune → BethChronD
Anonyme d'Angers → PelViePr
Anselme de Canterbury → PCrapCurB
Antoine de la Sale → JSaintréC
Argies → GautDargR

Aristote → MahArE, OresmeCielM, OresmeEconM, SecrSecrAbernB
Arnaud de Villeneuve → RégSantéLC
Arnauld de Villeneuve → RoseLM
Arnoul Greban → GrebanJ
Asselin du Pont → GuerreMetzB
Audefroi le Bastard → AudefroiC
Augustin → RPreslesCitéB
Aumeric → SCathAumN
Avianus → YsIAvB
Avien → YsIAvB
Avionnet → YsIAvB
Azo de Bologne → BractonW, SommeAcéB[1]
Bartholomaeus Anglicus → BartRegionsP, Corb
Battista Platina de Cremona → Platine 1505
Baude Fastoul → BaudeFastCongéR
Baudouin Butor → BaudButorT
Baudouin de Condé → BaudCondS
Baudouin d'Avesnes → ChronBaud[1]K
Baudri de Bourgueil → CroisBaudriM
Beaujeu → GuischartG
Benedeit → BrendanW
Beneit de Saint Alban → SThomBenS
Benoit de Sainte Maure → BenDucF, BenTroieC
Benoit → SEust1M
Berechiah ben Natronai → BerechiahG, LapidBerechiahZ
Berechiah → GlBerechiahW
Berengier → AntBerW, SermPuileW
Bernard de Clairvaux → CantLandP, EpMontDeuH, EpSBernDil, SBernAn[1]F, SBernCantG
Bernard de Corbie → GuillTyrB
Bernard le Trésorier → GuillTyrB
Bernard → PlainteVgePurT
Beroalde de Verville, F. → BerVerv
Berol → PurgSPatrBerM
Béroul → TristBérG
Berthault de Villebresme → ChevCygneBerthE
Bertrand de Bar (sur Aube) → AimeriG, GirVianeE
Blondel de Nesle → BlondNesleL, BlondNesleLexM
Boccaccio → CentNouvS, LaurPremDecD, TroilusB
Boèce → JMeunConsD, SimFreinePhilM
Bonaventure (saint) → SFrançCR
Bourdet → LuqueR
Bratton/Bracton → BrittN
Brisebarre → JCourtPlaitAK
Britton → BrittN
Brouard, François → BerVerv
Brun de Longborg → ChirBrun
Brunetto Latini → BrunLatC

Noms d'auteurs

Calendre → CalendreM
Cedekiah (Zidkija) ben Abraham Anaw → SchibbL
Chaillou de Pestain → FauvelChaillD
Chardri → BalJosChardK, ChardryDormM, ChardryPletM
Charles de Bourdigné → PFaifeuV
Charles de Rochefort → AbuzéD
Charles de Saint Gelais → GouvRoisGauchyM
Charles d'Orléans → CharlD'OrlC, PoésBlosI
Chastelain de Coucy → CoucyChansL
Chiquart → RecCulChiqS
Chrestien de Troyes → ChrestienChansZ, CligesG, ErecF, GuillAnglH, LancF, PercB, PhilomB, YvainF
Chrestien → EvNicChrP
Chrestien Legouais → OvMorB
Christine de Pisan → BoucicL, ChrPisR
Cicéron → JAntRectG, LaurPremVieillM
Cleirac, Estienne → Cleirac 1671
Claude de Seyssel → FormHonCourtH
Clemence de Barking → SCathClemM
Clerc de Vaudoy → ClercVaudR
Clopin → SynagEglS
Colard Mansion → ConsBoèceMansion
Colart le Bouteiller → ColBoutD
Colin Muset → ColMusC
Conon de Béthune → ConBethW[2]
Cortebarbe → ChevRobeN, TroisAvN
Coyfurelly → EnsEnfK, OrthCoyS
Crestiien → GuillAnglH
Cristïen → EvNicChrP
Cuvelier → ChronGuesclF
Daniel de Crémone → MoamT
Daniel Rough → Rough
Darès le Phrygien → TroieJFlix
Daude de Pradas → FaucMedDH
David Aubert → TroisFilsP, VisTond
Denis Foulechat → DenFoulB[1]
Denis Piramus → EdmRu
Desdier Christol → Platine 1505
Destrees → DestreesP
dominicain de Cysoing → AnticlLudR
Donatus → DonatBS
Douin → TrubertN
Drouart la Vache → DrouartB
d'Escouchy → MonstreletD
Eberhardus Bethuniensis → GraecDH
écolier d'Arbois → GlArbR
Edmund de Pontigny → MirourEdmAW
Edmund d'Abingdon → MirourEdmAW
Edmund Rich → MirourEdmAW
Edouart Tadelin de Luques → CptTadD
Edward → LettrEdwPWJ
Egidius Colonna → GouvRoisGauchyM
Elie de Winchester → CatElieS
Éliézer de Beaugency → EliezEzA, EliezIsN
Ellebaut → AnticlC
Eloi d'Amerval → ElD'AmervalW
Emmanuel Piloti → EmPilotiD
Enanchet → EnanchetF
Engreban d'Arras → EchecsEngrL
Enguerran de Marigny → CartEngMarF
Enguerran de Monstrelet → MonstreletD
Enguerrant le Clerc d'Oisi → MeunArlN
Ésope → MarieFabW, YsIAvB
Estienne Boileau → LMestL

Estienne de la Fontaine → CptFontD, CptMarBlancheD
Estout de Goz → VilVersonD
Etienne de Fougères → EstFougL
Etienne de Villeneuve → GuigueLyon
Eude de Cheriton → YsEudeR
Eude Rigaud → EudeRigaudB
Eudes de Meung → MacerHerbesH
Eudes Richart de Normandie → EudesBaingsD
Eustache Deschamps → DeschQ
Eustache d'Amiens → BouchAbevR
Eustache le Peintre → EustPeintreG
Eustache Mercadé → PassArrR
Everard de Gateley → MirNDEver[1]M
Evrard de Béthune → GraecDH
Evrart de Conty → EvrartContyAr, EvrartContyEchG
Evrat → EvratGenABo
Faber → ArtAimFaberH
Firmin le Ver → LeVerM
Folque → HerbCandS
Foulques de Villaret → PaviotProj
Fouque → SMarg5T
Franchières → DuFouillVénT
Freron → EchecsFerronC
Frugardi → ChirRogH
Gace Brulé (Burelé) → GaceBruléD
Gace Brulé → BruslezAmisR
Gace de la Buigne → GaceBuigneB
Garbin de la Cruse (Louis) → Apol[6]V
Gaston Febus → GastPhébChasseT
Gaston Phébus → GastPhébOrT[1]
Gautier de Belleperche → MaccabGautS
Gautier de Châtillon → GautChâtC, GautChâtFragmL
Gautier de Coincy → CoincyChristC, CoincyDentR, CoincyI1...K, CoincyNatJesuR, CoincyNatNDR
Gautier de Dargies → GautDargR
Gautier de Soignies → GontierF
Gautier de Tournay → GilChinP
Gautier d'Arras → GautArrErR, GautArrIllC
Gautier d'Aupais → GautAupF
Gautier d'Epinal → GautEpL
Gautier le Leu → GautLeuL[2]
Geber → LAlkemyeH[0]
Geoffroi (Geffrei) Gaimar → GaimarB
Geoffroi de Fleuri → CptFleuri[1]D
Geoffroi de Paris → GeoffrParAlliésS
Geoffroi de Villehardouin → VillehF
Geoffroi des Nes → GeoffrParAlliésS
Geoffroy de Charny → CharnyChevK, CharnyDemT, CharnyMesT
Geoffroy de Monmouth → BrutA
Geoffroy de Nes (de Paris) → SMaglGeoffrD
Geoffroy de Paris → GeoffrParAlliésS, GeoffrParBacH, GeoffrParChronD, GeoffrParMaisJ
Geoffroy d'Auxerre → CantLandP
Geoffroy le Tort → AssJérGeoffrB
Georges Chastellain → ChastellK
Gérard de Crémone → ChirAlbT
Gerbert (de Montreuil ?) → GroingnetB
Gerbert de Montreuil II → SEloiP
Gerschom de Metz → GlGerschB
Gervais de Tilbury → JAntOtiaP, JVignayOisivG
Gervais du Bus → Fauvel[1]L

Noms d'auteurs

Gervaise (de Fontenay) → BestGervMo
Geufroi de Paris → BibleSeptEtatsM, PassJonglGP
Geufroi → PassJonglFP
Gieffroy des Nés → GeoffrParSGuillW[0]
Gilebert de Berneville → GilebBernW
Gillebert de Cambres → ElucidaireGilR
Gilles de Rome → GouvRoisGauchyM, TroiePr[6]
Gilles Deschamps → GouvRoisGauchyM
Gilles le Bouvier → ChronHérBerryC
Gilles le Vinier → GilVinM
Gilles li Muisis → GilMuisK
Gilles Picot, sire de Gouberville → GoubJournR
Giovanni Boccaccio → LaurPremCas[2]G
Girard d'Amiens → ChevFustSa, EscanT, GirAmCharlM
Girard → LayAmP
Gontier → GontierF
Gossouin de Metz → ImMondeOct[1]D
Gouberville → GoubJournR
Gratianus (Gratien) → GratienBL
Grégoire → DialGregF
Gregoire → MPolGregM
Guernes de Pont Sainte Maxence → SThomGuernW[1]
Gui de Cambrai → BalJosCamA, VengAlE
Gui de Chauliac → GuiChaul
Gui de Mori → RoseGuiV
Gui de Ponceaux → CoucyChansL
Gui d'Evreux → SermGuiG
Gui → SCathGuiT
Guiart → ArtAimGuiartK
Guiart des Moulins → BibleGuiart
Guido delle Colonne → TroiePr[6]
Guillaume (Edgar Willame) → AdgarK
Guillaume Alexis → GuillAlexisP
Guillaume Briçonnet → MargNavCorrM
Guillaume Brito → GlMontpAG
Guillaume Briton → GlDouaiR
Guillaume Chapu → CoutNormGuillH
Guillaume Coquillart → CoquillartF
Guillaume de Berneville → SGillesP
Guillaume de Boldensele → JLongTSteD
Guillaume de Briane → TurpinBrianeS
Guillaume de Conches → ConsBoèceAberC, MorPhilPrH
Guillaume de Digulleville → PelAmeS, PelJChrS, PelVieS
Guillaume de Fereres → SEust5P
Guillaume de Jumiège → BethDucsM
Guillaume de la Penne (Perene) → GuillPenneMa
Guillaume de la Vilenueve → CrieriesF
Guillaume de Lorris → RoseLLangl
Guillaume de Machaut → GuillMachBehH, GuillMachC, GuillMachDits[1-6]F
Guillaume de Moerbeke → GeomancieAS[0]
Guillaume de Nangis → ChronGuillNangisD, SLouisNanD
Guillaume de Palerne → GuillPalM
Guillaume de Saint André → GuillSAndréJehP
Guillaume de Saint Etienne → GuillSat
Guillaume de Saint Pair → ChronSMichelBo
Guillaume de Saint Pathus → SLouisPathMirF, SLouisPathVieD
Guillaume de Saint-Cloud → KalendRoyneH[0]
Guillaume de Saint-Thierry → EpMontDeuH
Guillaume de Tyr → GuillTyrLatH

Guillaume de Widdinton / Waddington → ManuelPéchF
Guillaume du Vair → DuVair
Guillaume Durand → JGoul
Guillaume d'Agen → PaviotProj
Guillaume d'Amiens le Paigneur → GuillAmAmC
Guillaume d'Oye → SThibAlH
Guillaume Fillastre → GuillFillConsH
Guillaume → GouvRoisGuill
Guillaume Guiart → GGuiB
Guillaume → HonteJ
Guillaume le Breton → ChronGuillBretB
Guillaume le Clerc (de Normandie) → BestGuillR
Guillaume le Clerc de Normandie → BesantR, GuillJoiesRi, GuillSMadS, GuillTobR, GuillTroisMotsR, UnicorneBM
Guillaume le Clerc → FergF
Guillaume le Talleur → LeTallE
Guillaume le Vinier → GuillVinM
Guillaume Oresme → OresmeQuadrG
Guillaume → PrestreAlisMé
Guillaume Tardif → TardifPogeM
Guillaume Tieullier → CoutDieppeC
Guillaume Tirel → ViandTaillNP
Guillaume Tringant → JBueilJouvL
Guillaume Twiti → TwitiT
Guillot → RuesParM
Guiot → BrutKP
Guiot de Dijon → GuiotDijonL
Guiot de Provins → BibleGuiotO, GuiotProvinsO
Guiot de Vaucresson → VinsOuanH
Guiot → DÉCT, ErecF, SacristineArsG
Guischart de Beaulieu → GuischartG
Guy de Chauliac → AckersGui
Hagin le Juif → HaginL
Haimon de Halberstadt → HaimonS
Hardouin → TresVenM
Harent d'Antioche → JAntRectG
Hayton/Hethoum de Gorighos → HaytonK
Hector de Chartres → CoutHectorR
Heinrich Steinhöwel → YsMachoH
Heldris de Cornualle → SilenceT[1]
Helie de Boron → PalamL, TristPr
Hélinand de Froidmont → VMortHélW
Henri Bate → HaginL
Henri Chichele → RegChichJ
Henri de Bracton (Bratton) → BractonW
Henri de Ferrieres → ModusT
Henri de Gauchi → GouvRoisGauchyM
Henri de Granchi → GouvRoisArs
Henri de Lancastre → HLancA[1]
Henri de Laon → HLaonL
Henri de Mondeville → HMondB
Henri de Valenciennes → HAndArD, HValL, SJeanEvW
Henri du Trevou → JVignayEchecsF
Henri d'Andeli → HAndC
Henri d'Arci → AntArciP, HArciPèresO, SPaulEnfArciP, SThaisArciP
Henri → HAndArD
Henri III, duc de Brabant → HIIIBrabH
Henry de Huntingdon → DescrEnglB
Henry de Lacy → PlainteLacyT
Henry → MarHenryM
Heraud Chandos → HeraudChandosT
Héraut Berry → ChronHérBerryC

Noms d'auteurs

Herbert le Duc de Dammartin → HerbCandS
Herman de Laon → AdgarK
Herman de Valenciennes → HermValS
Honoré Bonet (alias Bonnet, Bouvet, Bovet) → BonetJMeunA
Honoré d'Autun → ElucidaireGilR
Honorius Augustodunensis → ImMondeOct[1]D
Hrabanus → ProvSalAuR
Hue Archevesque → DentN
Hue de Rotelande → IpH, ProtH
Hue de Saint Quentin → HuonQuEntrR
Hue de Tabarie → OrdeneChevB
Hue → JeuPartiGrC
Hugo Albus (ou Candidus) → ChronBurchB
Hugues de Berzé → BibleBerzéL
Hugues de Saint-Victor → PCrapCurB
Hugues Ripelin → HugRipM
Huon de Méry → TournAntW
Huon de Saint Quentin → HuonQuJérS
Huon d'Oisy → TournDamHuonJ
Huon le Roi de Cambrai → HuonABCL, HuonAveL[1], HuonDescrL, HuonHonteL, HuonRegrL, HuonSQuentL, TroisAmA
Huon le Roi → HuonPalL
Huon Piaucele → EstormiN, HainAnN
Iacopo da Varazze → LégDorAn[1]
Isaac ben Moïse → GlIsMoïseM
Isaac Judaeus → SecrSecrPr[2]H
Isaak ben Juda de Mayence → GlGerschB
Isidore de Séville → IsidL, IsidSynE
Isidore → DialAmeB
Jacob fils de Juda de Lotre → ElégTroyesK
Jacobus Philippus de Padua → SerapJacI
Jacopo da Cessolo → EchecsBernS, EchecsFerronC, JVignayEchecsF
Jacot de Forest → CesTuimAlC
Jacquemart Gielee → RenNouvR
Jacques (ou Jean) Bruyant → JacBruyP
Jacques Bretel → BretTournD
Jacques de Baisieux → JacBaisT
Jacques de Brézé → BrézéT
Jacques de Cambrai → JacCambrR
Jacques de Cysoing → JacCysH
Jacques de Longuyon → VoeuxPaonR
Jacques de Vitry → JacVitryB
Jacques du Fouilloux → DuFouillVénT
Jacques d'Amiens → JacAmArtK
Jacques d'Esch → DexW
Jacques d'Ibelin → AssJérJacIbB
Jacques Lefèvre d'Étaples → Lef
Jacques Legrand → JacLegrArchB
Jaique Dex → DexW
Jakemes → JakD
Jean à la Barbe → LapidBarbeM
Jean Aubrion → JAubrionL
Jean Balbi de Gênes → AalmaR, GlLag1499
Jean Barbier → RègleSBenPr[20]
Jean Batallier → LégDorVignBatallD
Jean Beleth → JBelethLégDor, JBelethOff[1]M[0], LégDorBelMargO
Jean Bodel → BodelFablN
Jean Boinebroke → EspBoinebr
Jean Boutillier → JBoutSomme
Jean Brisebarre → RestorD
Jean Chapuis → JMeunTresM
Jean Chuffart → JournParT

Jean Corbechon (ou Corbichon) → Corb
Jean Courtecuisse → FormHonCourtH, JCourtecuisseD
Jean Daudin → JDaudErudH[0], JDaudRem
Jean de Beka → ChronJBekaN
Jean de Blois ou de la Chapelle → ChevBarBloisB
Jean de Boves → BrunainJ
Jean de Braine → JBraineG
Jean de Brienne → JBraineG
Jean de Bueil → JBueilJouvL
Jean de Condé → JCondS
Jean de Courcy → CourcyVaillP
Jean de Flixecourt → TroieJFlix
Jean de Garlande → DistigiumCH, JGarlG, JGarlUnH
Jean de Houdene → JHoudRossH
Jean de Joinville → JoinvCredoF, JoinvMo
Jean de Journi → JJournH
Jean de la Fontaine → RoseLM
Jean de la Mote → JMotePaonC
Jean de Mailly → LégJMailly
Jean de Mandeville → JMandAF, LapidMand[1]M
Jean de Meun dit Clopinel → JMeunAbH
Jean de Meun → JMeunConsD, JMeunEpithK, JMeunTresM, JMeunVégL
Jean de Montluçon → OlimB
Jean de Montreuil → JMontreuilO
Jean de Neuville → JNeuvR
Jean de Paris → JParisW
Jean de Paroy → JParoy
Jean de Pecham → JPechJerL
Jean de Renti → JRentiS
Jean de Saint Martin → ThomHélP
Jean de Saint Quentin → JSQuentO
Jean de Saint Victor → GrChronG
Jean de Salisbury → DenFoulB[1]
Jean de Stavelot → AlgorLiègeW, JPreisMyrB, JPreisMyrG, JStavB
Jean de Tuim → CesTuimAlC, CesTuimPrS
Jean de Vignay → JVignayEchecsF, JVignayEnsK, JVignayMir, JVignayOdoT, JVignayOisivG, JVignayPrimW, JVignayVégL, LégDorVignBatallD, LégDorVignD
Jean Drouin → TroisMariesJean
Jean du Prier → MistRésAngS
Jean Dupin → JDupinMelL
Jean Durpains → EvFemesK
Jean d'Antioche → JAntOtiaP, JAntRectG
Jean d'Arkel → JArkAmP
Jean d'Arras → MelusArrV
Jean d'Espagne → MessehalaEclipse
Jean d'Ibelin → AssJérJIbB
Jean d'Outremeuse dit des Preis → JPreisLiègeB, JPreisMyrB
Jean Erart → JErartN
Jean Ferron → EchecsFerronC
Jean Fillon de Venette → TroisMariesJean
Jean Froissart → FroissBallB, FroissBuisF, FroissChron[3]D, FroissChronIII[1]A, FroissChronL, FroissDitsTH/…F, FroissEspF[1], FroissK, FroissPoésM, FroissPrisF
Jean Gerson → JGersonG
Jean Goulein → JGoul, JGoulSacreB
Jean le Bel → JBelV
Jean le Conte → FiancéViergeJConteW, JuitelPr[1]W

Noms d'auteurs

Jean le Court → JCourtPlaitAK
Jean le Diacre → SGregJeanS
Jean le Fevre → JFevLamentH
Jean le Long d'Ypres → JLongFlorD
Jean le Long → JLongOdoA
Jean le Marchant → MirNDChartrK
Jean le Seneschal → CentBallR
Jean Lemaire de Belges → JLemaire
Jean Meschinot → MeschLunM
Jean Michel → MistRésAngS
Jean Mielot → HeinzMielot, MistSAdrP, ProvM, SJoceJMielotH
Jean Molinet → DupireMol, MistSQuentC, MolinetChronD, MolinetFaictzD
Jean Oudin → MistSGenisM
Jean Perreal → RoseLM
Jean Petit d'Arras → JPetArrZ
Jean Pitard (le Picard) → RecMédJPitS
Jean Priorat → JPrioratR
Jean Renart → EscoufleS, GaleranF, GuillDoleL, JRenPlaitL, OmbreB[2], RenPiaudL
Jean Roisin → RoisinM
Jean Sarrasin → SarrasinF
Jean Sauvage → RecMédSauvT
Jean Trousseau → FormHonCourtH
Jean Wauquelin → AlexPr[2]H, BeaumManWauqC, BelleHelPr[1]C, GirRossWauqM, GouvRoisGauchyM
Jean, Pierre ou Louis de Beauveau → TroilusB
Jehan Acart de Hesdin → AcartH
Jehan Baillehaut → SottChansValL
Jehan Bodel → BodelCongéRu, BodelNicH, BodelPastB, HaimBarW, SaisnA/LB
Jehan Climence → CptRoiNavI
Jehan Daniel → PFaifeuV
Jehan de Brie → BonBergL
Jehan de Meun → RoseMLangl
Jehan de Prouvile → ChirPoutrS
Jehan de Thys → ConsBoèceAnMeun
Jehan du Prier dit le Prieur → JPrierM
Jehan d'Abundance → CarnavalTestA
Jehan Lagadeuc → GlLag1499
Jehan le Bel → JArkAmP
Jehan le Teinturier → MarArsTeintL
Jehan le Venelais → VenjAlH
Jehan Maillart → MaillartR
Jehan Malkaraume → BibleMalkS
Jehan Palsgrave → Palsgr 1530
Jehan Tuin → JeuPartiGrC
Jehan → Turpin[2]W
Jehan Vaillant → VaillantD
Jehan Wauquelin → BelleHelPr[1]C
Jehannot de l'Escurel → JEscG
Jofroi de Waterford → SecrSecrPr[2]H, TroieJofr
Johan Blasi → JBlasiH
Johannes Platearius → PlatPractH
John Carpenter → LAlbR
John Gower → JGowerBalY
John Palsgrave → Palsgr 1530
Jordan Fantosme → FantosmeJ
Jordanus Rufus → JordRufMP
Joseph Behor-Schor → GlJosBehJ
Joseph ben Isaac d'Orléans → GlJosBehJ
Joseph ben Siméon Kara → GlKaraE, GlKaraEzA
Joubert, Laurent → GuiChaulJ
Julien Macho → YsMachoH

La Chievre de Reins → RobReimsM
Lambert Ferri → LambFerriS
Lambert le Tort → AlexArsL
Landri de Waben → CantLandP
Laurent de Premierfait → BersuireP, FormHonCourtH, LaurPremCas[2]G, LaurPremDecD, LaurPremEconD
Laurent du Bois → SommeLaurB
le Court → RestorD
Leo Tuscus → SongeAch[3]B
Léopold d'Autriche → CompilEstC
Li Chievre → RobReimsM
Lotharius Signinus → MisereOmme
Louis Garbin → Garb 1487
Loys Le Roy → LeRoy
Lucain → FetRomF[1]
Luce de Gaut → TristPr
Macé de la Charité → BibleMacéS
Macer floridus → MacerHerbesH
Magol → RecMédCCH
Mahaut → Mahaut
Mahieu de Gand → MahieuW
Mahieu le Juif → MahieuW
Mahieu le Vilain → MahArE
Maistre Elie → OvArtElieK
Manessier → ContPerc[3]R
Marco Polo → MPolGregM, MPolRustB
Marguerite de Navarre → MargNavCorrM, MargNavMirA
Marguerite Porete → MiroirAmeMargG
Marie de France → MarieBisclW[2], MarieEspP, MarieFabW
Marie → SAudreeS
Martial d'Auvergne → AmantCordM
Martin da Canal → MartCanL
Martin de Bordon → TancredOrd
Martin de Braga → FormHonI
Martin de Saint Gille → AmphYpL
Martin Le Franc → LeFrancChampD
Martin le Franc → LeFrancEstrifD
Martin → RègleSBenMartDL
Matheolus de Bologne → JFevLamentH
Mathieu de Coucy → MonstreletD
Mathieu le Poirier → CapMartR, CourtAmS
Matthaeus Platearius → GrantHerbC, LSimplMedD
Matthew Checker → FletaR
Matthieu Paris → EdConfCambrW, RègleNDPresH, RutebNeufJoiesM, SAubH, SThomFragmM
Maurice de Sully → SermMaurR
Messehalla → MessehalaEclipse, PelerAstralL
Messire Thibaut → PoireM
Méthode de Patara → MiliaireV
Michault le Caron dit Taillevent → MichTaillD
Moïse Ibn Ezra → GlBodl1466N
Moniot de Paris → MoniotParD
Moniot d'Arras → MoniotArrD
Nathan ben Yehiel de Rome → GlAruchP[1]
Neele → BlondNesleL
Nevelon Amion → NevAmJ
Nevelon → VenjAlH
Niccolò da Casola → AttilaS
Niccolò da Verona → CesNicD, PassNicB
Nichole → OrdreAmorsI
Nicholes de S. Nicholai → EchecsNicA

Noms d'auteurs

Nicolas de Chartres → OlimB
Nicolas de Gonesse → ValMaxSim/Nic
Nicolas de Gorran → GehrkeScr
Nicolas de la Chesnaye → NicChesnK
Nicolas de Tournai → GehrkeScr
Nicolas de Troyes → NicTroyK
Nicolas de Vérone → CesNicD
Nicolas Faucon → HaytonK
Nicolas Flamel → RoseLM
Nicolas Trivet → ChronTrivR
Nicole Bozon → AmDieuK, BontéFemBR, NicBozAgnèsD[1], NicBozChristK, NicBozElisK, NicBozEnsM, NicBozJulK, NicBozLucieK, NicBozMadK, NicBozMargL, NicBozMartheL, NicBozPanuceB, NicBozPassJ, NicBozPaulB, NicBozSAgatheB, NicBozSerm[1-9]L, PlainteAmV
Nicole de Margival → PanthT, TroisMortsNicG
Nicole de Villiers → CoutVerdun[1]M
Nicole Oresme → OresmeCielM, OresmeDivC, OresmeQuadrG
Nicole → PCrescNic, RègleSBenNicH
Nompar II, seigneur de Caumont → NomparJerN
Odo Magdunensis → MacerHerbesH
Odorico de Pordenone → JLongOdoA, JVignayOdoT
Oede de la Couroierie → OedeCourS
Ogier d'Anglure → AnglureB
Olivier de la Marche → OlMarche
Olivier de Serres → Andernacht, OlSerres 1603
Omont → VolucrK
Osbern de Gloucester → GlOsbernR
Ovide → ClefD, EchecsAmH, JacAmArtK, OvArtElieK, OvRemBiH
Paien de Maisieres → MuleH
Palgrave → Palsgr 1530
Papias → GlEvr[1]R
Paul le Diacre → SGregJeanS
Pean Gatineau → PeanGatS[2]
Pelerin de Prusse → PelerAstralL
Perez Trévôt → GlPerezS
Perot de Garbelei → DivMondePerP
Perrin d'Angicourt → PerrinS
Perrin Le Tour → MesdPerrinL
Perrot de Nesles → PerNeslesTabJ
Peter of Ickham → LReisEnglF, ReiEnglF
Petermann Cudrefin → PleurAmeB
Petrarca → JDaudRem, PhMézGrisG
Petrus Comestor → EnanchetF
Phèdre → YsIAvB, YsIIB
Philippe de Commynes → CommB, CommLettresB
Philippe de Mézières → PhMézEpC, PhMézGrisG, PhMézPelC, PhMézTestG
Philippe de Novare → AssJérPhB, PhNovAgesF, PhNovMémM
Philippe de Remy → BeaumJBlL
Philippe de Remy, sire de Beaumanoir (le fils) → BeaumCoutS
Philippe de Remy, sire de Beaumanoir → BeaumS
Philippe de Thaon → DébCorpsSamPV, DivMondePerP, LapidALS, LapidAPS, PhThBestM, PhThCompM, PhThSibS
Philippe de Vitri → PhVitriChapP, PhVitriGontP
Philippe de Vitry → OvMorB
Philippe Mousket → MousketR

Philippus Tripolitanus → SecrSecrPr[2]H
Phoebus → GastPhébChasseT
Pier de' Crescenzi → PCresc
Pierre Aubrion → JAubrionL
Pierre Bersuire → Bersuire
Pierre Chastellain → PChastTPerD, VaillantD
Pierre Cochon → ChronPCochonR, ChronRouenR
Pierre Crapillet d'Annoire → PCrapCurB
Pierre de Beauvais (le Picard) → BestPierre[1]R[1], PBeauvCharlW, PBeauvCorpsM, PBeauvJacB, PBeauvOlimpB, SEust3B
Pierre de Blois → AmistiéDT
Pierre de Bourges → OlimB
Pierre de Crescens → PCresc
Pierre de Fetcham → SecrSecrAbernB
Pierre de Fontaines → PFontM
Pierre de Hangest → PCrapCurB
Pierre de Hauteville → ConfTestB
Pierre de Langtoft → ChronPLangI/IIT, GuillLongB
Pierre de Paris → ConsBoècePierreT
Pierre de Saint-Cloud → AlexParA, Ren
Pierre d'Abernon (de Peckham, de Fetcham, de Vernon) → PAbernLumH[1]
Pierre d'Abernon → PAbernRichR, SecrSecrAbernB
Pierre d'Ailly → RossignoletN
Pierre Garcie → Cleirac 1671
Pierre Gencien → TournDamGencPu
Pierre Jamec → DébVinM
Pierre, Comte de Bretagne → MarcSaloC
Pierrot du Riés → MaccabGautS
Pipino → MPolPip
Poge → TardifPogeM
Poggio Bracciolini → TardifPogeM
Poutrel → ChirPoutrS
Primat → ChronSDenisB, JVignayPrimW
Ptolémée → OresmeQuadrG
Quentin → CartPameleAud, CartPicquigny, RentAudV, TerrEvêqueH
Rabbi Salomon ben Isaak → RaschiD[1]
Rabbi Samuël ben Meïr → RaschbamR
Rabelais, François → RabL
Raffaele da Verona → AquilonW
Raimon Vidal → ChaceMesdisM
Ralf de Linham → CompRalfH
Ralph de Hengham → TrJurFetW
Ramon Llull → EvastL, LulleBestesL, LulleGentL
Raoul de Beauvais → RBeauvN
Raoul de Houdenc → ElesB, HoudencDitL, MeraugisS, SongeEnfM, VengRagR, VoieParadOrS
Raoul de Presles → RPreslesCitéB
Raoul de Soissons → RSoissonsW
Raoul le Petit → FauvainL
Raoul Lefevre → RLefevreJasonP
Raoul Tainguy → RoseLLangl
Raschba → GlSimsonG
Raschbam → RaschbamR
Raschi → GlPsRsChronP, RaschiD[1]
Rauf de Bo(h)un → BrutPetM
Raymond Lulle → LulleBestesL, LulleGentL
Reginald → SGodric
Regnaud le Queux → VisTond
religieuse de Barking → EdConfVatS
religieux bénédictins → HistMetz
Renart de Magny → CoucyChansL

Noms d'auteurs

Renaud d'Andon → RenAndJ
Renaus de Hoilande → WrightAnecd
Renaut de Beaujeu → RenBeaujBelF
Renaut de Louhans → ConsBoèceRenA[2], Melibee-RenS
Renclus de Moiliens → RenclCarH
Renier de Saint-Trond → ConsBoèceMansion
Renier → PhNovAgesF
Requis (mestre) → RichH
Richard (mastre Richard) → VégèceRichT
Richard → BalJosChardK, ChardryDormM
Richard de Fournival → AbladaneP, AmistiéDT, BestAmFournOctL, BestAmFournS, FournConsS, PoissAmS
Richard de Kellawe → RegKellaweH
Richard de Semilli → RichSemJ, TournDamSemJ
Richard d'Annebaut → InstJustRich
Richard → QuatreFilles[1]AL
Richier → SRemiB
Ricold / Riccordo de Monte Croce → JLongRicB
Rios → GlIsMoïseM
Roau d'Arundel → PrêtreJeanH
Robert Biket → CorBe
Robert → ChastelPerB
Robert Ciboule → RobCibMandM
Robert de Blois → RobBloisAmU, RobBloisBeaudL
Robert de Boron → MerlinM, SGraalIIJosO, SGraalIIMerlN
Robert de Camblinnuel → SElisRobJ
Robert de Clari (Cléry les Pernois?) → RobClariL
Robert de Gretham → RobGrethCorsS, RobGrethEv
Robert de Ho → RobHoY
Robert de l'Omme (de l'Orme) → RobOmMirL
Robert de Reims → RobReimsM, SottChansOxfD
Robert Grosseteste → GrossetChastM, GrossetConfU, GrossetMarM, GrossetReulesO, PeinesR, SudaGrosD
Robert le Chapelain → RobGrethCorsS
Robert le Clerc (d'Arras) → VMortAnW
Robert le Clerc d'Arras → ViergeLoengeA
Robin Boutemont → MerlinProphRP
Robin de la Valee → GuerreMetzB
Roger Bacon → SecrSecrAbernB
Roger de Lisieux → ContPerc[1]A/T...R
Roger de Salerne → ChirRogH
Roger de Stanegrave → CharbocloisP
Roger Vacarius → LoisGuillL
Rogier de Baron → ChirRog[5]
Rustichello da Pisa → PalamC
Rusticien de Pise → AventBrunL, MPolRustB, PalamC, PalamL
Rutebeuf → RutebAsneJ, RutebF, RutebHerbF[1]
Sanson de Nantuil → ProvSalSanI
Sarrasin → HemH
Séneque → ProvSen
Serapion junior → SerapJacI
Serlo de Wilton → ProvSerloF
Servais Copale → SecrSecrPr[2]H
Sidoine Apollinaire → GlOxfH
Simcha ben Samuel de Vitry → MachsorS
Simon (Simund) de Freine → SimFreineGeorgM
Simon de Compiègne → CompSim
Simon de Hesdin → ValMaxSim/Nic
Simon de Marville → VoeuxEpW

Simon de Phares → SimPharesB
Simon de Walsingham → SFoySimB
Simon d'Authie → SimAuthieG
Simon Januensis → GlAlphM
Simon → TroisEnM
Simson ben Abraham de Sens → GlSimsonG
Symphorien Champier → BayardChampC
Taillevent → ViandTaillNP
Tancredus de Bologne → TancredOrd
Thémon Juif → ThémonAstrH
Théodore Paléologue → JVignayEnsK
Thibaut de Blaison → ThibBlaisN
Thibaut de Champagne → ThibChampW
Thibaut de Marly → ThibMarlyS
Thibaut d'Amiens → ThibAmPriereL
Thibaut IV de Champagne → BruslezAmisR
Thierri de Vaucoulour → SJeanEvOctH, SJeanEvW
Thomas Benoist → SGenPr[1]H
Thomas de Cantimpré → MonstresH
Thomas de Celano → SFrançBP
Thomas de Hales → SermHalesL
Thomas de Kent → ThomKentF
Thomas Gray de Heton → BrutThomS
Thomas → HornP
Thomas III de Saluces (Saluzzo) → ChevErrW
Thomas le Bourguignon → HygThomC
Thomas Maillet → ParabAlainThH
Thomas Sampson → RichardsonDicta
Thomas → TristThomB
Thybault de Cepoy → MPolGregM
Tite-Live → Bersuire
Tristans → ChansWackern
Trota → OrnDamesR, TrotulaPr[1]M
Trotula de Salerno → TrotulaPr[1]M
Trotula → OrnDamesR
Turpin → Turpin[1]A
Valerius Maximus → ValMaxSim/Nic
Végèce → JMeunVégL, VégèceAnL
Vegetius → VégèceAnL
vicomte de Blosseville → PoésBlosI
Villard de Honnecourt → VillHonB
Villon, François → VillonL[1]
Vincent de Beauvais → JDaudErudH[0], JVignayMir, SoudiacreL
Vivien de Nogent → ClefD
Wace → BrutA, RouH, WaceConcA
Wahlund → MirNDPers1-40P
Walter de Bibbesworth → BibbO, PlainteLacyT
Walter de Henley → HosebHenO
Walter de Wenlok → WestmH
Walter l'Anglais → YsIAvB
Walter Pincebeke → RegPinchbeckH
Watriquet Brassenel de Couvin → WatrS
Wauchier de Denain → ContPerc[2]R, HistAnc, PèresPrI1/2..., PèresPrIIMarcelL
Willam → ChastWilM
Willame Giffard → ApocGiffR
Willame → GlGuillI
William de Ferrers → SEust5P
William de Kingsmill → DialFr1415K
Zahel Ben-Briz → ZahelJugAstr

Noms d'éditeurs et de chercheurs

Abeele, B. van den → AbeeleFauc, AbeeleFaucMA
Abel, Ch. → MistSClemA
Abert, H. → EchecsAmA
Académie des Inscriptions et Belles-Lettres, → HaytonK
Ackers, G. → AckersGui
Adam-Even, P. → ArmChiffletA, ArmWijnb[1]A, RôleBigotA
Adams, A. → YderA
Adams, J. N. → AdamsSocial
Adler, C. → JE
Aebischer, P. → AdamA, ChevFustFA, PelCharlA, ViandValA
Aeschbach, M. → RLefevreTroyA
Agard, F. B. → AlexParA
Agostini, R. de → Pirona
Agrigoroaei, V. → Apol[4]A, Transmédie
Aguiló i Fuster, M. → Aguiló
Ailes, M. → AmbroiseA
Ainsworth, P. F. → ActesBooks1400, FroissChronIII[1]A, FroissChronIII[1]A[2]
Airò, A. → SilenceA
Aitken, M.Y.H. → RobGrethEvA
Akehurst, F.R.P. → AdvNDD
Akehurst, F. R. P. → EtSLouisV
Albert, S. → PalamT
Albon, A. d' → JùgesA
Alcover, M. → AlcM
Alembert, J. le Rond d' → Enc
Alessio, G. → AlessioLex, BattAl
Alibert, L. → Alibert
Allaire, J. L. → MargNavMirA
Allen, L. → SJeanPaulusOctA
Alonso, M. → AlonsoEnc, AlonsoMed
Alsdorf-Bollée, A. → REW
Alton, J. → AnsCartA, ClarisA, MarqueA
Amatuccio, G. → RègleTemplePA
Amiel, E. → VarinAdm
Ancona, A. de' → JudasA
Andernacht, K. → Andernacht
Andolf, S. → FloovA, PéageChalonBA, UnicorneMA
André, J. → AndréAlim, AndréBot, AndréOis, AndréPlantes, AndréRed
Andreose, A. → JLongOdoA
Andresen, H. → AmYdGA, BibleMorP[1]A, BibleSeptEtatsA, EchecsNicA, MistHag4AR, RouA, TroisAmA, ViergeLoengeA
Andrieu, G. → GuillDoleL
Andrieux, N. → AndrBaumVerbe
Andrieux-Reix, N. → MonGuill[2]A
Andronache, M. → RPreslesCitéB
Angeli, G. → MarieLaisR

Angers, D. → JurésSOuenA
Anglade, J. → TristPrA
Angremy, A. → PBeauvMapA
Aperti, S. → AppProbiA
Apfelstedt, F. → PsLorrA
Appel, C. → Appel, AppelChrest, BalJosCamA, Lv
Appi, R. → Pirona
Arden, H. M. → RoseLLangl
Armitage-Smith, S. → RegGaunt[1]A
Armstrong, E. C. → AlexParA, BalJosAnA, ChevEspA
Arnaldi, F. → Arnaldi
Arnaud, L. E. → SottChansOxfL
Arnod, M. → ArnodCh
Arnold, I. [D. O.] → BonetJMeunA, BrutA
Arnold, I. D. O. → BrutKP
Arnould, E. J. → HLancA[1], HLancA[2], ManuelPéchA
Aron, A. → GlLeipzigA
Arrathoon, L. A. → ChastVergiA
Artaud de Montor, A. F. → SChristofleAnR
Arveiller, Raymond → ArveillerOr, ArveillerVoy, RecMédEpidA/BA
Ashdowne, R. K. → LathamDict
Ashford, W. R. → WaceConcA
Aslanov, C. → GlCopteA, GlKaraEzA
Asín Palacios, M. → AsínBot
Aspin, I. S. T. → AspinChansPol
Aspland, C. W. → Aspland
Astey, L. → SponsusAs
Astle, T. → RotParl[1]M
Atchison, M. → ChansOxfA
Atherton, B. M. → ConsBoèceRenA[2]
Atkinson, J. K. → ConsBoèce, ConsBoèceAnMeun, ConsBoèceBourgB[2], ConsBoèceLorrA
Atkinson, R. → SAubA
Aubailly, J.-C. → CarnavalBatA
Aubrey, E. → ChansOxfBalD
Aubry, P. → AubryMot, FauvelAubry, JeanroyLais
Audouin, E. → Audouin
Augustin, F. → HAndVinBA
Auler, F. M. → AulerOrl
Aungier, G. J. → ChronLondA
Auracher, T. → BrendanA, Turpin[1]A
Auweele, D. van den → JAntRectD
Avalle, D. S. → PassionA, SLégerA, SponsusA
Babbi, A. M. → ChastCoucyB, ConsBoèce, ConsBoèceBourgB[2], SecrSecrPr[7]B
Bach, W. → BachWaffen
Bachellery, E. → VendryesLex
Bächtold-Stäubli, H. → BächtoldSt
Backer, L. de → JLongOdoB
Badas, P. → SEust3B

Noms d'éditeurs et de chercheurs

Badel, P.-Y. → AdHaleB, JacCambrR, MPolGregB, PrunB
Badia i Margarit, Antoni M. → MélBadia[2]
Baebler, J. J. → DonatBB
Baehr, R. → MarieChievreRi[4]
Bagola, H. → BagolaBer
Baguette, A. → PawGiffB
Bahat, A. → RaynaudSpanke[2]
Baildon, W. P. → CourtBarM
Baird, J. L. → RossignoletB
Baisier, L. → LapidPhilB
Baist, G. → ChGuillB[1/2]
Baker, A. T. → MacaireAl[2]B, MirAgn[2]SMarieEgB, ModvB[1], NicBozPanuceB, NicBozPaulB, PAbernRichB, SAndréB, SEdmCantB, SFoySimB, SMarieEgTB, SOsithB
Baker, C. → BestPierre[2]B
Baker, J. H. → Baker
Baker, L. → RaineTest
Bakos, F. → BakosPolitesse
Baldinger, K. → Bald, BaldEt, BaldFasz, DAG, DAO, DEAF, LvBibl
Baldwin, S. → BrunLatB
Balon, J. → BalonDroit, LexSalE
Baltzell, H. → SDenisOctB
Bambeck, M. → BambeckBoden, BambeckLex, BambeckWortst
Bangert, F. → BangertTiere
Banitt, M. → GlBâleB, GlLeipzigBa, GlStrasB
Barbarino, J. L. → BarbarinoBV
Barbazan, E. → BarbMéon, ChastPereBB[1], ChronSMaglB
Barber, E. A. → LidScott
Barber, M. → AmbroiseA
Barbier, P. → Barb, BarbierProc
Barbieri, A. → MPolPip
Barbieri, L. → HistAnc[2]RB
Bargeton, R. → MorPhilPrB
Barillari, S.M. → AdamBa
Barnes, C.F. → VillHonB
Barnes, E. B. → GalienD, GesteMonglGirD
Barnett, F.J. → AppProbiP
Barnett, M. J. → BatLoqVulgB[1], BatLoqVulgB[2]
Baroin, J. → SimPouilleAB, SimPouilleBB
Barre, A. → RenoB
Barrette, P. → BrunLatB, RobBloisFlorB
Barrois, J. → ComteArtB, OgDanB
Barstow, A. M. → BarstowHerald
Bart, B. F. → SJulPrB
Barth, A. → ConseilB, NoomenFabl
Bartholomaeis, V. de → AiméHistNormB, AnsCartBoB, HuonAuvBrB
Bartoli, A. → HectB
Bartsch, K. → BartschChrest, BartschHorning, RomPast
Bartzsch, W. → Bartzsch
Bassols de Climent, M. → Bassols
Bastin, J. → DitNDSainteB, MesdisansB, RutebF, SEleuthAlB, SeptVicesB, YsIAvB
Bates, A. S. → PleurAmeB
Bateson, F. H. → FloovB
Bateson, Mary → BatesonBor, BatesonLeicester, RecLondB
Battaglia, S. → Battaglia
Battisti, C. → BattAl
Baudler, A. → GuiotProvinsW

Baudouin, R. S. → FroissBallB
Bauer, A. → DiezGl
Bauer, K. → BauerGebäck
Baum, R. → TL
Baumgartner, E. → AndrBaumVerbe, BaumgFerr, BaumgMén, BenTroieMB, BrutB, FolTristBernL, MortArtuM, PirBa, TristPrS
Baumgartner, W. → KoehlerBaumg[3]
Bautier, A.-M. → NGlMlt
Bayot, A. → AspremBruxB, GormB, PoèmeMorB
Beale, J. H. → BealeLaw
Beardwood, A. → LangetonB
Beaufrère, H. → BeaufrèreChasse
Beaune, C. → JournParM
Beaurain, G. → CartSelincourtB
Beaurepaire, C. de → CoutEauB
Beauroy, J. → HosebProlB
Beautemps-Beaupré, C.-J. → BeautBeaup
Beauvillé, V. de → Beauvillé
Bec, P. → BecLyr, MélBec
Bechmann, E. → AmeBerlA/B/CB
Bechmann, R. → BechmannVill
Bechtoldt, H. → BechtoldtVerst
Becker, A. → EnfGuillB
Becker, A. H. → LeRoy
Becker, H. → LancPrBe
Becker, Ph.-A. → FantosmeB
Becker, S. → SermentsB
Beckerlegge, O. A. → SecrSecrAbernB, SecrSecrPr[4]B
Beckmann, J. → LapidFFB
Bédier, J. → BédierCrois, ColMusB[1], ColMusB[2], ColMusB[3], ContPerc[4]B, FolTristBernB, FolTristOxfB, OmbreB[1], OmbreB[2], OmbreB[3], RolB, TristThomB
Beggiato, F. → JMeunAbB
Behnke, D. → BehnkeFurTrév
Behrens, D. → BehrensBeitr, BehrensMet, SchwanBehrens
Bekker, I. → AspremBB[1], AspremBB[2], AspremV6B, ErecB, FerabrasB, FloreAB, PrisePampB, SThomGuernB[1], SThomGuernB[2]
Bel, C. → RoseLLangl
Bell, A. → BrutIntB, ChronBurchB, DescrEnglB, GaimarB, HavelocB, ModvB[2], RecMédPetB
Bell, D. M. → BellIdéal
Belletti, G. C. → BellettiFabl, CoilleB
Bellini, B. → TomBel
Beltrami, Pietro G. → BrunLatS, TLIO
Beltran, E. → JacLegrArchB
Belz, G. → Belz
Bémont, C. → BémontCh, CoutOleronB
Benary, W. → AuberiB, RegTournB
Bendena, M. → CesTuimAlB
Bender, K.-H. → BenderKönig
Bender, M. O. → TournAntB
Bendinelli Predelli, M. → HerberiePrB
Benecke, G. F. → BenMüZa
Benedetti, R. → JordRufuB
Benedetto, L. F. → MPolRustB
Bengtsson, A. → SBath[1]B
Bennett, Ph. E. → CorBe, CourLouisLe
Benskin, M. → RecMédRawlH
Bentley, S. → GuillLongB
Beretta, C. → Rolv4[1/2]B
Berger, E. → Layettes

Noms d'éditeurs et de chercheurs

Berger, H. → Berger
Berger, R. → AdHaleChansB, ChansArtB, EulalieB, NecrArrB, RentArtB, VMortAnB
Berger, S. → BergerBible
Berkey, M. L. → PBeauvJacB, PBeauvOlimpB
Berlin, A. → BibleJSt
Bernard, J. → BernardNav
Bernardi, R. → HandwbRät
Bernheimer, C. → GlBolognaB
Berriot, F. → SongeAch³B
Berschin, H. → PassAugB
Berschin, W. → BerschinBiogr, BerschinGrLt, PassAugB
Berthelot, A. → ChrestienChansB, GuillAnglB, MerlinProphEB, PhilomBe
Bertin, G. A. → JugesB, MonRaincB, MonRainDB
Bertoldi, V. → BertoldiColchic
Bertolini, V. → AttilaPrB, PassAprésBe, PassNicB
Bertoni, G. → ChansModenaB, FaramonB, GregEzH, LapidBB, VoeuxHérB
Bertrand, O. → ActesLexSc, RPreslesCitéB
Bertrand, R. → CommC, HuonAlB
Besson, G. → EschieleMahC
Bétemps, I. → ConsBoèceCompB
Beugnot, A. A. → AssJérJIbB, BeaumCoutB, GuillTyrB
Bevans, C. A. → Bev
Bevington, D. → RésSauvPB
Beyer, A. → PsArundB
Beyer, J. → BeyerSchwank
Bezold, C. → Gundel
Bezzola, R. R. → Bezzola
Bianciotto, G. → PrestreCompBi, TroilusB
Bibolet, J.-C. → PassTroyB
Bichon, J. → BichonAni
Bickley, F. B. → RedBookBristolB
Bidler, R. M. → BidlerErot, ConfTestB
Biedermann, A. → PProv¹B
Bierbach, M. → Bierbach
Bigalke, R. → BigalkeArbeit
Billaud, C. → CptEcurKK35B
Billot, C. → BillotVinc
Billotte, D. → BillotteJMeun
Billy, P.-H. → BillyALG, BillyThes
Binz, G. → EvFemesB
Birrell, R. G. → ChronSMichelB
Bischoff, B. → BischoffAnec
Bisinger, O. → EnfGarBi
Biu, Hélène → SommeAcéB¹
Black, N. B. → AtreB
Blacker, J. → BrutDurB
Blaise, A. → Blaise, BlaiseLit, BlaiseMAge
Blakey, B. → BrutHarlB
Blanchard, J. → CommB, CommB², CommLettresB, MPolGregM, PastoraletB, PhMézPelB, TristPrB, TristPrNB
Blangez, G. → BlangezProv, CiNDitB²
Blank, A. → BlankBed
Blatt, F. → NGlMlt
Blau, J. → Blau
Blaze, E. → ModusB
Blécourt, A. S. de → MeijersBlécourt
Bled, O. → HaigneréSBertin
Bliggenstorfer, S. → DeschQ
Bloch, M. → JGoulSacreB
Bloch, O. → BW¹, SchwanBehrens

Blomqvist, Å. → AdAiglesB, GaceBuigneB
Blondheim, D. S. → Blondh, BlondhPo, RaschiD²
Blum, C. → GdfEl
Blume, F. → BlumeMusik
Blumenthal, P. → BlumenthalLab, TLEl
Bo, L.-L. de → BoWestvl¹
Boca, J. → Boca
Boca, L. N. → BaudSebB
Bock, M. → BockVergleiche
Bödeker, F. H. → AlexisB
Bodmer, A. → BodmerSpinnen
Boehmer, E. → GlBodl1466N, GlLeipzigB, RoSt
Boer, C. de → OvMorB, OvMorPrB, PhilomB, PirBr
Boeren, P. C. → SBenoîteOr
Boers, W. → EvratGenABo
Bogdanow, F. → AimeriD, FolLancB, PalamModB, RolFragmEB, SGraalIVQuesteBaB, SGraalPVB, TristPrBogd
Boggs, R. S. → Boggs
Bohm, L. → SGenB
Boisvert, Lionel → BoisvertVilleh, VillehF
Bolderston, W. N. → SRemiB
Boll, F. → Gundel
Bolland, W. C. → BollandEyre
Bolton-Hall, M. → ConsBoèceBourgB
Boman, E. → CoincyII1/18B
Bömmel, H. van → ProvSalParB
Bonafin, M. → PelCharlB
Boni, M. → AspremChaB
Bonjour, A. → DialSJulB
Bonnard, J. → BibleMalkBo, BonnardBible, GdfC, GdfLex, PirBd
Bonnardot, F. → AnglureB, BibleTrB, BonnardotMetz, DialAmeB, GerbMetzCHB, GuerreBarB, LMestL, PsLorrB, VoeuxEpW
Bonnefois, P. → YvainR
Bönnen, G. → CoutToulB
Bonnin, Th. → EudeRigaudB
Boogaard, N. H. J. van den → Boogaard, NoomenFabl
Borchling, C. → LaschBorch
Bordas, J. → OvArtPrB
Bordier, H. → BordierHosp
Borel, P. → Bor 1655
Borg, H. → AthisB
Borg, S. J. → AyeB
Borghi Cedrini, L. → BrancheArmB
Borgnet, A. → ChevCygneBruxR, GodBouillBruxR, JPreisMyrB, JStavB
Bork, H. D. → BorkKomp, BorkQuatere
Borland, C. R. → ChronGuillBretB
Bormann, E. → BormannJagd
Bormans, S. → BormansSLambLiège, DoonMayFragmB, JPreisMyrB
Bornäs, G. → Pères43B
Bos, A. → Bos, EvNicAgnP, HMondAbrB, HMondB, SGillesP
Bos, G. → LapidBerechiahZ
Bossebœuf, L. A. → EpSEtK
Bossuat, R. → BerinB, Boss, DLF, DrouartB, EvDomB
Bosworth, J. → BosTol
Boüard, A. de → BoüardArchAng
Boucherie, A. → GaleranB, PassAprésB, RecMédMontp503B, SermMaurPB, SouhaitMontpB

Noms d'éditeurs et de chercheurs

Boudet, J.-P. → PelerEleccB, SimPharesB
Boudon, G. → CueillAmB
Bougard, P. → BougWyffCal, ImpArtB
Bougenot, S. → CartHuguesChalonP
Bougy, C. → ChronSMichelBo
Boulengier-Sedyn, R. → BoulSed
Boulton, M.B.M. → Dean, EvEnfQuatrB
Bouquet, Dom Martin → RecHist
Bouquet, M. → ChronSDenisB
Bourassé, J. J. → PeanGatB
Bourciez, E. et J. → BourciezPhon
Bourdillon, F. W. → ChronToteL/PB
Bourdillon, J.-L. → RolcMichel
Bourdot de Richebourg, C. A. → CoutGén
Bourquelot, F. → BourquelotChamp, Bourquelot-Prov
Boussard, J. → MonicatBouss
Boutaric, E. → BoutaricFurgeot
Bouteiller, E. de → GuerreMetzB
Boutemy, A. → GlTrinB
Boutier, M.-G. → RecMédWarB
Braconnier, R. → LarAgr 1952
Braet, H. → RoseLLangl, TristBérB
Bragantini-Maillard, N. → FroissMelB, JVignay-Mir
Brakelmann, J. → BrakelmannCh[1], BrakelmannCh[2], ChansBern389B
Bräm, A. → LMarieGavreB, RègleSEspritB
Branciforti, F. → PirBi
Brandes, H. → SPaulEnfLiB
Brandin, L. → AspremWB, DestrRomeEgB, FierEgB, FoukeB, GlBNhébr302L, GlGerschB, JeanroyLais, LBonneAvParB, LBonneAvPrueveB, LBonneAvSiB, NicBozSAgatheB, SGillesHarlB, SortApostB
Brasseur, A. → BodelPastB, BrasseurSaisn, EulalieB, SaisnA/LB, ViergeLoengeB, VMortAnB
Brault, G. J. → BraultBlazon, RolBr, RôleBigotB
Braune, W. → BrauneGot
Braunholtz, E.G.W. → RoiLarB
Bray, L. → Rich 1680
Brayer, É. → ConfPechésB, SommeLaurB
Bréard, C. → CptClosGalB
Brede, R. → HornB
Brereton, G. E. → GrantzGeanzAB, MenagB, RiotecU
Brett, K. → AvariceB
Brettler, M. Z. → BibleJSt
Breuer, G. → GlDouceB
Breuer, H. → AdamG[3], CristalB, Foerster, HunbautB, RenB, SCathVérB
Breul, K. → RobDiableDitB, RobDiableL
Brewer, J. S. → BrutusB, ReiEnglB
Brewka, B.A. → EsclDécB
Breymann, H. → JJourB
Brieger, P. H. → ApocTrinB
Briéle, L. → BordierHosp
Brisson, M. → ChastelPerB
Brodtkorb, L. B. → PeliarmB
Bronckart, M → Bronckart
Brook, L. C. → MantelBu
Brosman, P. W. → BrosmanRh
Brossard-Dandré, M. → EschieleMahC
Brossmer, A. → AigarB
Brouette, E. → ChWauthierB
Broussillon, B. de → BroussillonLaval

Brouwers, D. → BrouwersCensNam, BrouwersChNam
Brown, E. G. → GuiBourgB
Brown, J. D. → EnfGarB
Brown, L. → OEDSh 1993
Bruce, J. D. → MortArtuB
Brüch, J. → Brüch
Brucker, C. → BruckerSage, BruckerSage[2], DenFoulB[1], DenFoulB[2], DenFoulB[3], DenFoulB[4], JGoulRatB, MarieFabB
Brücker, F. → Brücker
Brückmann, J. → SMaglGeoffrD
Bruckner, W. → BrucknerLangob
Brühl, C. → CapitVillisB
Brüll, H. → Brüll
Brun, L. → JVignayMir
Bruneau, C. → BrunEt
Brunel, C. → CPont, FillePonth[1]B[1], FillePonth[1]B[2], JAvesnesFilleB
Brunet, Ch. → DolopB, MelusArrsB
Brunet, E. → MénardFabl
Brunet, J.-C. → BrunetMan
Brunet, P.-G. → GesteRomB
Brun-Lavainne, E. B. J. → RoisinB
Brush, H. R. → BatAnglBB
Brush, M.P. → YsIIIBrush
Bryan, W. F. → MelibeeRenS
Bubenicek, V. → PalamA1/FiB, PalamB[0]
Buber, S. → SchibbL
Bubinger, H. → LancPrBu
Büchi, Eva → BüchiFEW
Buchi, Éva → FEW
Buchon, J. A. C. → BoucicB, ChronMoréeB, FroissChronB, GeoffrParChronB, GGuiB, MolinetChronB
Buck, C. Darling → Buck
Budahn, C. → BudahnJohannisbeere
Buffum, D. L. → AlexParA, GroingnetB, ViolB
Bujila, B. A. → RutebMarieB
Bull, M. → BullHaustiere
Bultot, R. → PCrapCurB
Buntinx, J. → EspVerlinden
Burchfield, R. W. → Onions
Burckhardt, P. → DAG
Burdy, Ph. → BurdyAISON
Burger, A. → BurgerVillon
Burgers, J. W. J. → NiermeyerBu
Burgess, G. S. → Burgess, MantelBu, PelCharlBu
Burgio, E. → SGregB[2]B
Burguy, G. F. → BurguyGr
Buridant, C. → ActesMfr[9], Buridant, JacVitryB, TurpinVatB
Burkowitz, H. → HermValB
Burks, J. F. → MistFiacreB, RésSauvGenB
Burnam, B. → PassJonglProlTrB
Burnell, N. H. → BurnellRen
Burr, I. → REW
Burrows, D. → ConVetSorizB, EscommLechB, SClemB
Bursch, H. → Bursch
Busby, K. → BusbyCod, DoonMayDB, ElesB, FolLancB, OrdeneChevB/G/LB, PercB, ViergeTensB
Buschmann, S. → Buschmann
Büttner, H. → Ren
Buzzard, M. S. G. → VenjNSFB

Noms d'éditeurs et de chercheurs

Buzzetti Gallarati, S. → GuillAnglAlB, JMeun-TestB
Cabeen, D. C. → Hol
Caffrey, G. S. → SJeanAumC
Cahier, C. → BestPierre²C
Cahner, M. → CoromCat
Callahan, C. → ColMusC
Callu-Turiaf, F. → GuiNantvProlCf
Calmette, J. → CommC
Calvet, A. → RègleHospMirPr¹C
Cam, H. M. → RegPinchbeckH
Cameron, A. → DOE
Campbell, A. → BosTolAdd
Camus, G. → GrantHerbC
Camus, J. → HMondAbrC, LAnnePlantC, Lunaire-MoC, SongeDan⁷C
Cantera, F. → HaginL
Capusso, M. G. → CapussoMPol
Caravaggi, B. B. → AnnoncNDPC
Caravaggi, G. → VilGousteC
Carey, J. → FoederaC
Carey, R. J. → JMotePaonC, RestorC
Carletti, E. → Pirona
Carley, L. K. → VégèceRichT
Carmody, F. J. → BrunLatC, CompilEstC
Carolus-Barré, L. → AssSenlis¹C, CarolusCh, ConcLyonC
Caron, Z. F. C. → Pères14C
Carpentier, P. → DCCarp
Carstensen, R. → Carstensen
Casares, J. → CasaresL, DiccHist
Castedello, W. → BatLoqPrC
Castellani, M.-M. → Athis™TC, BeaumManC
Castets, F. → EchecsBakC, MaugisCC¹, MaugisCC², MaugisMC, MaugisMC², Pères1C, RenMontLC, RenMontMC, VivMonbrancC
Caulier, L. → TristBérM⁴
Cauneau, J.-M. → GuillSAndréJehP
Cavagna, M. → JVignayMir, VisTond
Cavaliere, A. → GuiNantvProlC
Cayrou, G. → Cayrou
Cejador y Frauca, J. → Cejador
Celier, L. → ChronHérBerryC
Cella, R. → CellaGall
Cellier, L. → CellierValenc
Centili, S. → ImMondeOct²C⁰
Centili, Sara → ImMondeOct²S⁰
Cerf, B. → OgDanAlCe
Cerquiglini, B. → SGraalIIIJosEC
Cerquiglini-Toulet, J. → GuillMachFontC
Cerrini, S. → RègleTempleCe
Certain, E. de → MistOrlG
Ceruti, A. → SecSpagnaC
Cesare, R. de → GautChâtAristIlC, GautChâtC
Chabaille, P. → BrunLatChab, GaufrG, RenChab, SCrespin²D
Chabaneau, C. → GirRossDécH, SFanuelC
Chadmand, L. → ChadmandMode
Chailley, J. → CoincyI3Ch
Chalon, R. → GilChinPrC
Chamard, H. → AdamC
Chambon, Jean-Pierre → ActesGéol, ChambonAuv, ChambonVar¹, ChambonVar², ChambonVar³, FEW
Champeaux, E. → CoutBourgMC

Champion, P. → CentNouvC, CharlD'OrlC, JSaintréC
Champollion-Figeac, J. J. → AiméHistNormC, ChampFigLettr, ChampFigRoy
Chancrin, E. → LarAgr 1921-1922
Chantraine, P. → Chantraine
Chaplais, P. → ChaplaisDipl, ChaplaisPRO, ChaplaisStSardos, TreatyRollsC
Chapman Bates, R. → ChevBarBloisB, JobB
Chapple, G. F. → ChappleLond
Charrier, B. → CerfAmC, ComparFaucC, ElD'AmervalD
Charrière, E. → ChronGuesclC, GuillSAndréJehC
Chassant, A. → AdvNDC, ChassantPal
Chassant, L.-A. → GlEvr¹C
Chateaugiron, H. de → SChristofleAnR
Chatelain, H. → MistSQuentC
Chatton, R. → ChattonSprechen
Chaurand, J. → GregEzLC, Pères10C
Chauveau, Jean-Paul → ChauveauGallo, DuPineauC, DuPineauR, FEW, MélChauveau
Chauveau, J.-P. → FEW
Chavannes, F. → MiroirMondeC
Chavy, P. → ChavyTrad
Chaytor, H. J. → AnelEdwC, DivMondePerP, JourJugAmurC, LunaireWoC
Chazaud, M.-A. → InvEudesC
Chazelas, A. → ChazelasClos
Chênerie, M.-L. → GligloisC, TristPrA, TristPrCh
Chenevière, A. → BonPériers
Chénon, E. → Chénon
Chéruel, P. A. → ChéruelDict, ChéruelRouen
Chiamenti, M. → ColMusC
Chichmaref, V. → GuillMachC, KarletoC
Childs, W. R. → BrutBroth²C
Choquette, D. → EstormiC, PrestreCompC
Christ, K. → PassPalC, PaumierBerlC, Règle-BéguC
Christmann, H. H. → AubereeC, MireC, TL
Ciceri, A. → Pirona
Cigni, F. → PalamC
Cioranescu, A. → Cioranescu
Clarke, J. A. → FoederaC, LaieBibleC
Cleasby, R. → CleasbyVig²
Clive, H. P. → MargNav, WoC
Cloetta, W. → MonGuill¹C, PoèmeMorC, SponsusC
Cloran, T. → AngDialGregC
Clouzot, H. → ClouzotCens
Clugnet, L. → SMarineHC
Cobby, A. E. → AucS¹⁰
Cocco, M. → CardenoisC
Cocheris, H. → JFevVieilleC
Cockshaw, P. → ExposYmagesC
Cohen, C. B. → GesteMonglGirD
Cohen, G. → CohenFarces, CohenRég, PassMonsC, PelVieS, RecTreppC, RobOmMirL
Cohn, G. → CohnBem, CohnSuff
Cole, H. → RotParl²C
Collet, A. → EchecsFerronC, EchecsFerronC², HygThomC
Collet, O. → CesTuimAlC, CligesC, CoincyChristC, ColletCoincy, PartonAC
Colliot, R. → ColliotBerte, PProv²C
Collomp, D. → CharlChauveC⁰
Colom Mateu, M. → Colom

Noms d'éditeurs et de chercheurs

Colombat, B. → DonatOxfC
Colombo Timelli, M. → BeaumManWauqC, CligesPrC, ColomboGram, ErecPr²C
Colussi, G. → Colussi
Combes, A. → FloriantC, LancDérC
Combettes, B. → ActesMfr⁸
Comoth, R. → TrotC
Comte Beugnot, A. A. → OlimB
Concina, C. → MPolRustFC
Conert, H.J. → Hegi²
Conlon, D. J. → AudigierC, ConqIrlC, EustMoineC, GuiWarPrC, SimPouilleBC
Connochie-Bourgne, Ch. → ActesMarins, ImMondeOct¹C⁰, SidracLeC
Connolly, M. → RobGrethEvD
Constans, L. → BenTroieC, ConstansChrest³, ConstansThebes, EvFemesC¹, EvFemesC², SongeVertC, ThebesC, TroiePr¹C
Contamine, Ph. → PhMézEpC
Contini, G. → ChansEinsiedelnC, ContiniDue
Cook, R. F. → BastC, Rolv4^{1/2}C, SJulPrB
Cooke, M. → GrossetChastC, SMarieEgTC
Coopland, G. W. → OresmeDivC, PhMézPelC
Coppinger, E. → CoutDieppeC
Coq, D. → DocAubeC
Corbellari, A. → HAndC
Corbett, N. L. → JoinvC
Corcoran, C. → SermMadAC
Cordes, G. → LaschBorch
Cordier, H. → JLongOdoC
Corgnali, G. B. → Pirona
Corley, C. F. V. → CorleyCont¹
Corneille, T. → Corn 1694
Corominas, J. → Corom, Corom², CoromB²
Coromines, J. → CoromCat
Corriente, F. → CorrienteAnd, CorrienteAr, CorrienteLoan
Cortelazzo, M. → CortelazzoInfl, CortZol, CortZol²
Cortelazzo, M.A. → CortZol²
Cortes, L. → RolC
Cotgrave, R. → Cotgr 1611
Coudert, J. → CoudertMos
Coulson, J. → OEDSh 1978
Couraye du Parc, J. → MortAymC
Courteault, H. → ChronHérBerryC
Coussemaker, E. de → AdHaleC, Deschant¹C, Deschant²C
Coussemaker, I. de → CoussemakerCysoing
Coutant, Y. → CoutantMoulin
Coveney, J. → EmpConstOctC
Cowper, F. A. G. → GautArrIllC
Craig, B. M. → GriseldisEstC, MistFiacreB
Crandell Amos, A. → DOE
Crapelet, G. A. → BatAnglBC, JakC, PartonC, ProvCrap, TroisMortsSeC
Crécy, M.-C. de → BelleHelPr¹C, PonthusC
Creighton, A. J. → AnticlC
Cremonesi, C. → BertaC, BertaMilC, EnfRenC, OgDanAlC, ViscardiAntol
Crépin, A. → ActesAgnAIBL
Crescini, V. → HuonAuvPC
Crespo, R. → BenTroieGC, BestAmFournPisC, BlondNesleC, GuillAmAmC, JeuPartiGrC
Cressot, M. → CressotQJoyes
Crist, L. S. → BaudSebC, JAvesnesSalC

Croenen, G. → ActesBooks1400
Croizy-Naquet, C. → AmbroiseC, LancC
Crombach, M. → DEM
Cronenberg, A. → CronenbergSchlehdorn
Cropp, G. M. → ConsBoèceAberC, ConsBoèceCompC, ConsBoèceCompC²
Crosland, J. → GuibAndrC
Crouzet, D. → BayardChampC
Crow, J. → QJoyesC
Cuenca, L. A. de → MarieLaisE
Cullmann, A. → AudefroiC
Cummins, P. W. → RégSantéLC
Curnow, M. C. → ChrPisCitéC
Curtis, R. L. → TristPr, TristPrC
Curtius, E. R. → RoisC
Curzon, H. de → RègleTempleC
da Cunha, A. G. → Cunha
Daelemans, F. → CptHerzM
Dahnk, E. → FauvelChaillD
Daire, L. F. → Daire
Damian-Grint, P. → BrutCistD
Danne, F. → SEvroulD
Danon, S. → GaceBruléR
Darmesteter, A. → DarmesteterRel, DG, ElégTroyesD¹
Darmesteter, A. → RaschiD¹
Darmesteter, A. → RaschiD²
Daunou, P. C. F. → ChronGuillNangisD
Daunou, P. C. F. → JoinvD
Daunou, P. C. F. → SLouisPathMirD, SLouisPathVieDau
Dauzat, A. → DauzatNoms, DauzatRostaing, DDM
Davis, J.M. → AdvNDD
De Bernardi, F. → MarieGuigB
De Grieck, P.-J. → ChronTournCes²
De Robertis, D. → TristPrRicL
De Smet, J. J. → GilMuisK
De Strycker, E. → ReinschEvang
Dean, R. J. → Dean, FolTristBernCD, GuillTobR, HeraudieD, RègleSBenDouceD, SudaGrosD
Debower, L. L. → ChrPisVertW
Debrie, R. → DebrieMPic
Debroucker, M. → AssompNDJoyeD
Deck, S. → Deck
Decurtins, A. → DiczRGr, HandwbRät, VieliDec
Dedeck-Héry, V. L. → AlexisD, JMeunConsD
Dees, A. → ActesMfr⁴, DeesAtlas, DeesAtlas²
Defourques, L. M. → TristBérM⁴
Dehaisnes, C. C. A. → DehDoc
Del Monte, A. → Pères18D
Del Sotto, I. → LapidMand³D
Del Vecchio-Drion, M. → PriseCordV
Delaborde, H.-F. → EnsSLouisFD, Layettes, SLouisPathVieD
Delachenal, R. → GrChronD
Delamarre, X. → Delamarre
Delarc, O. → AiméHistNormD
Delatte, L. → LSecrNatD
Delaville Le Roulx, J. → CartHospD, RègleHospMirPr¹D, RègleHospPrD
Delbouille, M. → BretTournD, HAndArD, JakD, JugAmD
Delboulle, A. → DelbMat, DelbObsc, DelbRec
Delclos, J.-Cl. → ChastellLD, MPolGregM
Delcorno, G. → EudesBaingsD
Delcourt, T. → TristPrCh, TristPrNB, TristPrND

Noms d'éditeurs et de chercheurs

Delescluse, A. → CartOrvalD, DelescluseOrval
Delisle, L. → ApocPrD, BethChronD, ChronFlandrDétW, ChronRobSMarD, ChronSMaglW, Delisle, DelisleCartNorm, DelisleChV, DelisleCpt, DelisleRev, GeoffrParChronW, GGuiW, GlToursD, JAntRectD, LaurPremEconD, MousketW, SMaglGeoffrW
Delius, N. → WaceNicD
Delmaire, B. → RentArtB
Delmotte, H. → BretTournDelm
Delort, R. → DelortFourr
Delp, W. E. → GuillPalM
Delpit, J. → DelpitDoc
Deluz, C. → JLongTSteD, JMandLD
Demaison, L. → AimeriD
Demarolles, P. → JGoulRatB
Demaules, M. → FolTristBernDs, FolTristOxfD, LancPrBD, MarieChievreD
Dembowski, P. F. → AmAmD, ErecD, FroissParD, JourdBlD, JourdBlD², LeFrancEstrifD, RobClariL, SMarieEgtD, SSebastAlD
Dempster, G. → MelibeeRenS
Denaix, J. → DenaixSBen
Denomy, A. J. → NicBozAgnèsD[1], OresmeCielM, SAgnèsDécD, SBarbeOctD, SBasD, SMaglGeoffrD
Denoyelle, C. → MerlinTorD
Densusianu, O. → PriseCordD
Depoin, J. → DepoinHôtPont, DepoinSMartPont
Depping, G.-B. → LMestD
Déprez, E. → JBelV
Depuydt, K. A. C. → VMNW
Derniame, O. → SSagAD
Derrer, F. → CodiFr
Derrien, V. → PrognZodD, RecAlchSlD
Des Marez, G. → CptYpresD, DesMarezDrYpres, DesMarezYpres
Deschamps, P. → Mortet[2]
Deschaux, R. → ElD'AmervalD, LeFrancChampD, MichTaillD, PChastTPerD
Desonay, F. → JSaintréC
Dessalles, L. → SCrespin²D
Dessubré, M. → RègleTempleC
Deutschkorn, M. → CharlChauveR
Deutschmann, O. → DeutschmannAdv, DeutschmannMengen
Devic, L. M. → Devic
Devillers, L. → CartHain²D, DevillersBans, DevillersCens, DevillersSWaudru, ReiffenbergMon
Devoto, G. → DevotoAv, DevotoSt
Di Febo, M. → PurgSPatrPrAD
Di Ninni, F. → CesNicD
Di Stefano, G. → DiStefLoc, JCourtecuisseD, LaurPremDecD
Dick, F. → Dick
Dickinson, J. C. → ChronWigmoreD
Diderot, D. → Enc
Diefenbach, L. → DiefenbachGl, DiefenbachNGl
Diekamp, C. → DiekampSyn
Diekmann, E. → DiekmannSuff
Diekmann-Sammet, Doris → LvBibl
Diekstra, F.N.M. → VoieParadPrD
Dievoet, G. van → JAntRectD
Diez, F. → Diez, DiezGl, DiezGramm, EulalieD, SermentsD
Dilla, X. → MeraugisD

Diller, G. T. → FroissChron³D, FroissChronAmD
Dinaux, A. → DinauxArt, DinauxBrab, DinauxCambr, DinauxFlandr
Dion, R. → DionVigne
diPaolo Healey, A. → DOE
Dirickx-Van der Straeten, H. → SJeanBoucheD
Dittmer, L. → ChansMünchenD, ChansWolfD
Diverrès, A. H. → FroissChronIII¹D, GeoffrParChronD, SMelorD
Doehaerd, R. → ImpHerzD
Döffinger-Lange, E. → DöffingerGauv
Dolbeau, F. → NGlMlt
Donà, C. → VMortAnW
Doncieux, G. → SMadMarsTrD
Donkin, E. → RestorD
Dopp, P.-H. → EmPilotiD
Dörper, S. → JLongFlorD
Dörr, Stephen → CoursLuneD, DEAF, FlorsAstrD⁰, IntrAstrD, PelVieD, VMortHélD
Dorveaux, P. → AntidNicD, LSimplMedD
Doss-Quinby, E. → ChansOxfBalD, SottChansOxfD
Dottin, G. → DottinGaul
Douët-d'Arcq, L. C. → DouëtArg, DouëtChVI, DouëtHotel, DouëtNArg, EnsViandD, InvJPreslD
Dougherty, D. M. → GalienD, GesteMonglGirD
Doursther, H. → Doursther
Douteil, H. → JBelethOff¹M⁰
Doutrepont, A. → ClefD, MolinetChronD
Dozy, R. → Dozy, DozySuppl
Dědeček, V. L. → DědečekCesTuim
Dramard, E. → CptBeuvryReD
Drašković, V. → PelCharlD
Dreesbach, E. → Dreesbach
Drennan, J. F. → PlainteVgeNostreM
Dressler, A. → QJoyesD
Drevin, H. → Drevin
Dreyling, G. → Dreyling
Driscoll, M. T. → TroisMariesJean
Droz, E. → JardPlaisD, RecTreppD
Drüppel, Christoph J. → Drüppel
Du Pineau, G.-J. → DuPineauC
Du Puys, J. → Dup 1573
Dubin, N. E. → RenBeaujIgnD
Dubois, C. → BlondNesleLexM
Dubois, J. → DDM, DuboisLagane
Dubois, M. → DuboisDrap
Dubois-Stasse, M. → Femme
Dubosc, F. → VilVersonM
DuBruck, E. E. → PassIsabD
Dubuc, B. D. → CourcyVaillD
Dubuis, R. → AbuzéD
Duché-Gavet, V. → FroissChronIII¹H
Duchet-Suchaux, M. → NGlMlt
Ducos, J. → ActesAtFrAll, ActesGéol, CompilEstC, DucosMétéo
Ducourtieux, J. → DocDoubsD
Ducrot-Granderye, A. P. → CoincyI28/II12D
Dufournet, J. → AdHaleFeuillD, AdHaleRobD, AucD, CourtArrD, GaleranD, GarçAvR², GdfEl, RenD, RenD², RobClariD, RolD, RutebD, VillehD
Duggan, J. J. → RolSh²
Duggan, J. J. → EnfVivwD, RolCD, Rolv7D
Duhl, O.A. → SottiesP

Noms d'éditeurs et de chercheurs

Dulaurier, É. → HaytonK
Dulong, M. → ApocTrinB
DuMéril, É. → FloreAD, GarLorrD, ImMondeOct[1]D, PilateKicD
Dumont, R. → LarAgr 1921-1922
Duncan, Th. G. → RobGrethEvD
Dunham, W. H. → CasusPlacD
Dunn, G. → ChGuillD
Dunn-Lardeau, B. → LégDorVignBatallD
Duparc-Quioc, S. → AntiocheD, JerusD
Dupin, A. → DupinLaboulaye
Dupire, N. → DupireAss, DupireMol, Molinet-FaictzD
Duplat, A. → AndrVigneSMartD
Duplès-Agier, H. → RegChâtD
Duplessy, J. → JLansonD
Dupont-Ferrier, G. → DupontFerrier
Duraffour, A. → Duraff, DuraffGloss
Durand, U. → GuillPenneMa
Durbin, P. T. → PassSemD
Duro, A. → MigliorDuro
Durville, G. → CommC
Dusevel, H. → AbladaneAD
Dutli, R. → FatrArrP
Duval, Frédéric → ActesMfr[10], ActesPhil, Duval-Rome, GuillDigLisD, MistSClemD, PelAmeD, TardifPogeD
DuVal, J. → EichmDuVal
Düwell, H. → ElucidaireIIID
D'Haenens, A. → CptSMartD
d'Ors, A. → KöhlerVisig
Dwyer, M. R. A. → DwyerCons
Dyggve, H. P. → GaceBruléD, MoniotArrD, TournDamAnD
Ebbinghaus, E. A. → BrauneGot
Ebeling, G. → AubereeE
Eckard, Gilles → MélEckard
Eckert, G. → EckertTyp
Eckhardt, K. A. → LexSalE
Eckrich, H. M. → LatourLandryE
Edbury, P. W. → AssJérJIbE, AssJérPhE, ChronTerreSainteFE
Edgren, R. → MahArE
Edwards, B. → AlexParA, VengAlE
Edwards, W. → LeVerM
Efassi, J. → IsidSynE
Ehlert, Trude → MélEhlert
Eichenhofer, W. → Eichenhofer, HandwbRät
Eichmann, R. → EichmDuVal
Eickhoff, W. → DelIsrE
Einbinder, S. → ElégTroyesE
Einstein, B. → GlKaraE
Elliott, A. G. → AlexisE
Elliott, J. R. → PassAuvHE
Ellis, R. → ActesMedTransl[Iss.], GlOxfG
Elsheikh, M. S. → ChirAlbucE
Emden, W. van → AdamE, GirVianeE, PiramFragmE, VivMonbrancE
Emplaincourt, E. A. → ChevCygneBertheE
Enckell, P. → EnckRézOnom
Engel, A. → Schrötter
Engelmann, W. → Dozy
Engels, J. → DepLivresE
Enlart, C. → Enlart
Erdmann, W. → RenMontH[2]E
Erickson, C. T. → CorE

Erler, M. C. → ChrPisEpAmF
Ernout, A. → EM[4]
Ernst, G. → ErnstPlut
Escallier, E.-A. → GlDouaiE[1], GlDouaiE[2]
Esnault, G. → Esnault
Espe, H. → Espe
Espinas, G. → CoutGuinesE, EspArt, EspBoinebr, EspDouai, EspDrap, EspFam, EspFin, EspPirDoc, EspVal, EspVerlinden
Esposito, M. → SEust6E
Estienne, C. → EstL 1564
Estienne, R. → Est 1538, Est 1539, Est 1549, Est 1552
Estlander, C. G. → TristPrE
Eusebi, M. → AlexisE, ChastieMusAE, JSaintréE, MPolRustE, OgDanE, SenLucilE, SMathVatE
Evans, D. → AND
Evans, J. → EvansJewels, Studer
Evers, R. W. → SommeLaurE
Ewald, K. → Ewald
Ewert, A. → GlGlasgE, GlStJohnE, GuiWarE, MarieFabE, MarieLaisE, TristBérE
Fabra, P. → Aguiló
Fagniez, G. → Fagniez, FagniezEt
Fahlin, C. → BenDucF, Fahlin
Fahs, N. C. → FahsImMondeOct[1]
Faider, Ch. → CoutHain
Fairon, É. → ChOthéeF, Fairon
Falk, H. S. → FalkTorp, FalkTorpNorw
Fant, C. → ImMondeOct[1]D, SGregAlF
Faral, E. → AmJalF, CourtArrF, GautAupF, JugAmF, ManVilF, MercierMsF, PrivilBret[1]F, RutebF, TroiePr[1]C, VillehF
Faré, P. A. → FaréREW
Fasseur, V. → FlamencaZ
Fath, F. von → CoucyChansF
Faucon, J.-Cl. → AmourAlianceF, ChronGuesclF, MélFaucon, MPolGregM, TristPrF
Faure, J.-G. → AldLF
Favati, G. → NarbHF, PelCharlF
Favier, J. → CartEngMarF, Taille1421/1423/1438F
Favre, C. → JBueilJouvL
Favre, L. → DC, Lac
Fawtier, R. → AlexisP[2]F, AntArciF, CptRoyF, CptTrésF, QSignesManF
Fawtier-Jones, E. C. → AlexisP[2]F, AntArciF, QSignesManF, SCathJonglF, SCathManF
Fay, P. B. → JoufrF, SLouisPathMirF
Fazio, F. → FaucPetrusFrDF
Feilitzen, H. von → EnfVivW, JuiseF, SJulianeF
Feist, S. → Feist[3]
Feller, J. → Feller
Fennis, J. → FennisGal, FennisStolo
Fenster, T. S. → ChrPisEpAmF, LionBourgAlK, LionBourgOctF
Ferguson, J. → TreatyRollsF
Ferlampin-Acher, C. → AlexPrR[1]O, GuillAnglFe, TristPrNB
Ferrand, F. → BaumgFerr, MusMA
Ferrari, A. → Ferrari
Ferrari, B. → SMarineF
Ferretti, M. → RoseLLangl
Ferrier, J. M. → MenagB
Fery-Hue, F. → JMandAF, LapidE[2]F, LapidPhilZ
Fick, August → FalkTorp
Fiebig, W. → EnanchetF

Noms d'éditeurs et de chercheurs

Fields, R. J. → ChevDamesF
Fiero, G. K. → ContenFamesF
Fietz-Beck, Martina → DEAF
Figge, U. L. → FiggeSon
Filhol, R. → CoutPoitF
Finoli, A. M. → AmistiéDT, ArtAimAgnS, ArtAimGuiartK, ClefD, DrouartB, JAvesnesProprF, OvArtElieK, RenβIIF
Finot, J. → FinotFl
Finscher, L. → MGG[2]
Fischel, W. J. → PBeauvCharlW
Fischer, P. → Turpin[2]F
Fischer, R. → PelerAstralL
Fisher, J. R. → SEust3F
Fisher, N. H. → CordouanierS
Flagge, L. → Flagge
Flam, C. → Flam
Fleischer, M. → BibleSeptEtatsF
Fleury, C. → JuitelPr[3]W
Flutre, L.-F. → AbladaneF, BaudButorF, BodelFablLexF, FetRomF[1], FetRomF[2], Flutre, FlutreMPic
Foerster, W. → Aiol[1/2]F, ChevIIEspF, CligesF, CligesF[5], DialGregF, ElieF, ErecF, EustMoineF, Foerster, FoersterKoschw[7], GautArrIllF, GirRossDécoF, GlKassF
Foerster, W. → GuillAnglF[1]
Foerster, W. → GuillAnglF[2], JobGregF
Foerster, W. → LancF
Foerster, W. → RichF
Foerster, W. → RigomerF
Foerster, W. → RolcF
Foerster, W. → RolLF
Foerster, W. → SBernAn[1]F, SVouF, ValetAiseF
Foerster, W. → VenusF
Foerster, W. → YsLyonF, YvainF
Follmann, M. F. → Follmann
Foltys, C. → BrutusF, LReisEnglF, ReiEnglF
Forcellini, E. → Forcellini
Ford, A. E. → EvNicPrAF, EvNicPrBF, VenjNSPr[2]F, VenjNSPr[5]F
Formisano, L. → DestrRomeF[1], DestrRomeF[2], GontierF
Forshaw, H. P. → MirourEdmAW
Förstemann, E. W. → FörstemannON
Förster, M. → GlGalbaF
Fossier, L. → DocAubeC, DocFlandrM, DocHainR, DocHMarneG, DocVosL, TerroineCartGeoffr, TerroineFossier
Fossier, R. → FossierCh
Foster, B. → ThomKentF
Foster, F. A. → PassJonglCaF
Fotitch, T. → TristPrLaisF
Fouché, P. → FouchéPhon, FouchéVerbe
Foucher, V. A. → AssJérBourgF
Foulet, A. → AlexParA, CourRenF, JugesB, LancU
Foulet, A. L. → SarrasinF
Foulet, L. → ContPerc[1]A/T...R, FouletRen, FouletSynt, GaleranF, RolB, TristBérM[4]
Fournier, E. → FournierThAv
Fournier, P. → FournierPlant
Fourrier, A. → FroissBuisF, FroissDitsTH/...F, FroissEspF[1], FroissPrisF
Fowler, H. W. → OEDSh 1978
Fox, J. H. → RobBloisDidF

Frahm, W. → FrahmMeer
Francis, E. A. → WaceMargAF
Franck, J. → Franck
François, J. → FrançoisTab, HistMetz
Frank, B. → FrankHart
Frank, F. → BonPériers
Frank, G. → PassBonnesF, PassPalF, RutebTheophF
Franklin, A. → CrieriesF, Franklin
Frappier, J. → MortArtuF[1], MortArtuF[2]
Fraser, C. M. → FraserPet
Freeman, M. J. → CoquillartF
Freire-Nunes, I. → LancPrBN, MerlinN, MerlinSBF
Frère, E. → MirNDPers33S, RobDiableL
Fresco, K. → GilebBernF, RenBeaujBelF
Frescoln, W. → FergF
Fresne, Seigneur du Cange, Charles du → DC, DCMgr
Fréville, E. de → FrévilleMar
Fréville, M. de → PhNovAgesF
Frey, B. → TL
Fridner, E. → ApocPrD
Friedel, V.-H. → VisTondAgnF
Friedman, L. J. → JoinvCredoF
Friedrichsen, G. W. S. → OEDSh 1978, Onions
Friedwagner, M. → MeraugisF, VengRagF
Friemel, A. → Friemel
Friend, A. C. → ProvSerloF
Friesen, E. → MeditationF
Frings, Th. → AhdWb
Frisk, H. → Frisk
Fritz, J.-M. → ErecFr, ErecFr[2], FritzFou, LancPrBF
Fritzner, J. → Fritzner
Fuchs, J. W. → LexNed
Fudeman, K. A. → ChantMariageF, ElégTroyesF, FudemanVern, GlKaraIsF
Füg-Pierreville, C. → MerlinF
Fuhrken, G. E. → ProphDavF
Fukui, H. → AlexPrR[1]O, AmAmOctF, ApocPrO, ApocTrinO, BibbF, ManLangF
Fukumoto, N. → RenγF, RenγF[2]
Fuller, C. S. → JVignayEchecsF
Funck-Brentano, F. → ChronArtF
Funk, H. → JourdBlAlcF
Furetière, A. → Fur 1690
Furgeot, H. → BoutaricFurgeot
Furley, J. S. → CoutWinchF
Furnivall, F. J. → ManuelPéchF, ManuelPéchF[1], SGraalIVQuesteF
Gabel de Aguirre, J. → CroisBaudriG
Gabrielson, A. → GuischartG
Gade, H. → GadeHandw
Gaffiot, F. → Gaffiot[2]
Gagné-dit-Bellavance, R.-H. → MarscaucieChevG
Gagnon, G. → Höfler
Galbraith, V. H. → BrutNobleC, ChronAnG
Galderisi, C. → ActesTradvMF, CharlD'OrlLexG, Transmédie
Gallagher, E. J. → PassEntreG
Gallé, H. → AimeriG
Gallo, L. di → Pirona
Gambini, M. L. → EustPeintreG
Gamillscheg, E. → Gam[1], GamBed, GamGerm[1], GamGerm[2], GamSpitzKlette, GamSynt, GamWortb, SpitzerWortb
García de Diego, Carmen → GDiegoDicc[2]

Noms d'éditeurs et de chercheurs

García de Diego, V. → GDiego, GDiegoDicc
García González, A. → GlAlphG
Gardette, P. → DuraffGloss
Gardill, V. J. → SBenoîteOr
Garnier, J. → GarnierCh
Garrett, R. M. → GlStowe57H
Gärtner, K. → ActesÜber, Find, MWB, SermentsH[1]
Gartner, T. → Gartner, GartnerGred, GartnerHandb, MussGartLeg
Gasca Queirazza, G. R. P. → Rolv4[1/2]G
Gast, E. → EvEnfG
Gathercole, P. M. → LaurPremCas[2]G
Gatto-Pyko, D. → PasSaladinG
Gaucher, E. → RobDiableBG
Gaullier-Bougassas, C. → HistAncG, JakG, ThomKentF
Gaullieur, E. → GaullieurPint
Gauthier, J. → GauthierFrComt
Gautier, L. → AspremPG
Gavazzeni, F. → TristPrRicL
Gay, V. → Gay
Gebhardt, K. → GebhardtOkz
Geffcken, H. → LexSalG
Geffroy, A. → NabaretG
Gégou, F. → AdHaleSicG[1]
Gehrke, P. → GehrkeScr
Geipel, E. → RenMontzG
Gelzer, H. → YderG
Gemmingen-Obstfelder, B. von → GemmArb
Genaust, H. → GenaustBot
Gendron, J.-D. → DEAF
Génestal, R. → PlaidsMortemerG
Genicot, L. → PolyptSalzG
Génin, F. → Palsgr 1530, RolFragmMG
Gennrich, F. → ChansBNnfr1050G, GennrichCh[1], GennrichCh[2], GennrichChans[2], GennrichRond, JEscG, LicorneG, SimAuthieG
George, K. E. M. → GeorgeTiss
Georges, K. E. → Georges
Géraud, P. H. J. F. → JGarlG, Taille1292G
Gerner, D. → BibleAdd
Gerner, D.-P. → JVignayOisivG
Gerner, Hiltrud → ActesLexSc, FlorsAstrD[0]
Gersbach, M. → EpreuveJudicG
Gerster, W. → GersterGasthaus
Geschiere, L. → Gesch
Gesenius, W. → Gesenius
Gessler, J. → DialFrFlamG, ManLangG
Gheldolf, A. E. → CoutFland, WarnkGhel
Ghienne, B. → RentArtB
Giacalone Ramat, A. → RamatColori
Giacchetti, A. → YsayeTrG
Giannini, G. → BrunLatC, ItinJérPM
Giauque, G. S. → PanthG
Gieber, R. L. → SJeanBaptOct[1]G
Gier, A. → SermSamG
Gigot, J.-G. → DocHMarneG, GigotDocHMarne, GigotPér
Gilbert, J. T. → CoutDublinG
Gildea, J. → DurmG, JobG, PartonG
Gildea, M. → GildeaRel
Gilleland, J. R. → RecCosmCamG[1], RecCosmCamG[2]
Gilliéron, J. → GilliéronCollis, GilliéronFaillite
Ginsberg, F. → Ginsberg

Giraud, C. → CoutBourgGDG, GiraudDr
Giry, A. → CoutRouenG, GirySOmer
Given-Wilson, C. → RotParlG
Glandard, J. → LarAgr 1952
Glaser, K. → GlaserMass
Glasson, S. → MargNavPrisG
Gleßgen, M.-D. → ActesAlteNeuePhil, DAG
Glessgen, M.-D. → ActesRégLex, DocLing, GlessgenMoam
Glixelli, S. → TroisMortsNicG
Glorieux, P. → JGersonG
Glover, J. → BrutusG, LReisEnglG, ReiEnglG
Glutz, R. → GlutzMir
Gnarra, I. → BeaumManG
Goddard, E. R. → Goddard
Godding, P. → JAntRectD
Godefroy, F. → Gdf, GdfLex
Goebl, H. → GoeblNorm
Goerlich, E. → GoerlichBurg, GoerlichNW, GoerlichSW, MaccabPr[1]G
Goetz, G. → CGlL
Goffinet, H. → GoffinetOrval
Goldberg, A. → GoldbergRecMéd
Golde, M. → GoldeDimin
Goldschmidt, L. → LevyTal
Goldschmidt, M. → SoneG
Golenistcheff-Koutouzoff, E. → PhMézGrisG
Gollancz, H. → BerechiahG
Goltz, D. → GoltzAntid, GoltzMin
Gonfroy, G. → AmAmD
Gonon, M. → DuraffGloss, GononQuot, GononTest
Goosse, A. → JPreisMyrG
Gorog, R. de → Gorog, GorogGdfLex, GorogInv
Gosman, M. → PrêtreJeanD/YG
Gossen, C. T. → FEW, GossenGramm, GossenPGramm, GossenPik, GossenScripta, TrouillatBâle
Gossner, J. W. → OresmeQuadrG
Goudeau, É. → GilMuisG[0]
Gougenheim, G. → TroisAvG
Gough, H. → GoughScot
Graesse, J. G. Th. → Graesse
Graf, A. → AubG, HuonAuvTG, PassJongluG, SCroixTorG, VenjNSHG
Graff, E. G. → Graff
Grandclaude, M. → GrandclaudeAss
Grandgagnage, C. → Grandgagnage
Grandmaison, C. → HuonG
Grant, J. → SEdmPassG
Grass, K. → AdamG[1], AdamG[2], SPauleG
Grassin, G. → DoctPierresG
Gratet-Duplessis, P. A. → MirNDChartrD, YsChG
Greco, R. A. → BlancandPrBrG
Green, H. J. → AnsMetzNG
Greenstreet, J. → ArmFalkBG, ArmNatG
Greenstreet, J. → RôleCamG
Grégoire, citoyen → OlSerresN
Gregory, S. → AND, AND[2], CligesG, CommPsIA[1/2]G[2], CommPsIA[1]G, SBernCantG, TristBérG, TristThomG
Greilsammer, M. → AssJérRoiG
Greive, A. → GreiveH
Greub, Y. → FEW, GreubRég
Greve, K. H. → GreveSattel
Gribaudo, G. → GribaudoSeglie

Noms d'éditeurs et de chercheurs

Griera, A. → GrieraGr, GrieraTres
Grigsby, J. L. → JoufrF, LFortunaeG, VoeuxHérG
Grillo, P. R. → JerusAcreG, JerusCont²G, JerusCorbG
Grimaud, J. → ChirAlbucG
Grimes, E. M. → DesiréG, TrotG
Grimm, J. et W. → Grimm
Grimm, J. → GrimmRecht
Grimm, R. → EvratGenA/B/CG
Grisay, A. → Femme
Grisch, M. → DiczRGr, SonderGrisch
Gröber, G. → DestrRomeG, GlOxfG, GrGr, SacristineArsG
Gröhler, H. → Gröhler
Grondeux, A. → GlMontpAG
Große, R. → AhdWb
Groote, E. von → DialColGr
Gros, G. → AdvNDD, MistOrlGr, SGraalIVEstG, SGraalIVQuesteBG
Gross, C. → GrossGild
Gross, H. → GlSimsonG
Grosse, R. → GrosseChrestien
Grossel, M.-G. → Rosenberg², SottChansOxfD
Gruber, M. → RaschiG
Grubmüller, K. → MWB
Gryting, L. A. T. → VenjNSAG
Grzega, J. → GrzegaCis
Gschwind, U. → FlamencaG
Gsell, O. → AdHaleFeuillG
Guadagnini, E. → JAntRectG
Guarnieri, R. → MiroirAmeMargG
Guéret-Laferté, M. → AiméHistNormG
Guérin, P. → AHPoit
Guerreau, A. → JBraineG
Guerreau-Jalabert, A. → NGlMlt
Guesnon, A. → ChandeleArrG, ConfrJonglArrG
Guessard, F. → AliscG, AspremPG, AyeG, FloovG, GaufrG, GaydonG, GuiBourgG, HuonG, MacaireG, MistOrlG, OtinG, ParDuchG
Guggenbühl, C. → GuggenbühlArs
Guichard, J. M. → JSaintréG
Guichard, P. → CorbR
Guichard-Tesson, F. → EvrartContyEchG
Güida, E.-M. → DEM
Guidot, B. → ElieG, SiègeBarbBG, TristPrG
Guiette, R. → SacristineIntG
Guignard, P. → RègleCistG
Guigniaut, J. D. → ChronBaud¹G, ChronRoisAnG
Guigue, M.-C. → GuigueLyon
Guilbert, L. → LarLFr
Guilcher, Y. → SGeorgVosG
Guillemain, A. → PhMézTestG
Guinet, L. → Guinet
Guiraud, P. → GuiraudErot, GuiraudObsc
Guizot, F. → ContGuillTyrCG
Gullberg, G. → EspineG
Gulsoy, J. → CoromCat
Gumbrecht, H. U. → MarieFabG
Gundel, W. → Gundel
Gunnarskog, S. → ChastieMusAG
Gutbier, J. → SermGuiG
Guy, H. → ChansArtJ
Guyonvarc'h, C.-J. → GlLag1499
Gysin, H.P. → GysinMusik

Gysseling, M. → GysselingDocAnc, GysselingTop, ImpArtB, PsWachtG, VMNW
Haas, J. → HaasSynt
Haase, C. → AspremCH
Hackett, W. M. → GirRossDécH, HackettGir
Haeringen, C. B. van → FranckSuppl
Haffen, J. → PhThSibH
Hafner, H. → Hafner
Hahn, S.L. → VillHonB
Hahn, W. → IpKH, ProtKH
Hahnloser, H. R. → VillHonH²
Haigneré, D. → HaignéréSBertin
Hakamies, R. → CoincyII20/21H, HakamiesDimin
Hall, G. → TroieJFlix
Hall, H. → RedBookH
Hallauer, J. → Hallauer
Hallig, R. → HW
Halliwell, J. O. → WrightRel
Ham, E. B. → GirRossAlH, RoisFragmH, VenjAlH, VenjAlxH
Hamblin, V. L. → MistOrlH
Hamel, A.-G. van → JFevLamentH, RenclCarH
Hamer, R. → LégDorVignBartH
Hamm, Frédérique → JDaudErudH⁰
Hamman, A. → MignePL
Hammar, E. Thorné → Hammar
Hanquet, K. → DelescluseOrval
Hänseler, P. → PBeauvJosH
Hanser, M. → CourtArrH
Harano, N. → ActesHiroshimaVoc, RenγF², RenγH
Harden, A. R. → AdamSt, SAubH
Hardy, I. → ChansZagrebH
Hardy, T. D. → GaimarH, RegKellaweH
Harf-Lancner, L. → AlexParA, CligesH, MarieLaisHrf, TristPrH
Harm, V. → Grimm²
Harper, J. → RenContr¹H
Harris, J. → MarieGuigHa
Harris, M. R. → HarrisLvP
Hartmann, J. → FrankHart
Hartmann, K. → HartmannZG
Hartnacke, W. → AliscW
Hartoy, M. d' → GilebBernH
Hartwig, D. → Hartw
Harvey, B. F. → WestmH
Harvey, R. E. → HosebProlH
Hase, C. B. → LidScott
Haselbach, H. → FormHonCourtH
Hasenohr, G. → ChevCygneNaissBeaFragmH, DistinctCharlH, DLF², GlPoitH, IsidSynCH, PCrapCurB
Hasenohr-Esnos, G. → JFevRespH
Haskins, G. L. → DoncasterH
Hassall, W. O. → BibleHolkP
Hassell, J. Woodrow → Hassell
Hasselrot, B. → HasselrotDim
Hasselt, A. van → CleomHas
Hathaway, E. J. → FoukeH
Hatzfeld, A. → DG
Haubrichs, W. → ParGesprH
Hauck, D. → JBlasiH
Hauck, K. → FrühMASt
Hauprich, W. → HauprichChrist
Hauréau, B. → HauréauNot
Haussherr, R. → BibleMorwH

Noms d'éditeurs et de chercheurs

Haust, J. → HaustGl, MédLiégH
Hautcœur, E. → HautcœurFlines, HautcœurSPier-Lille
Havard, H. → Hav
Havet, J. → SGenPr^{1}H
Häyrynen, H. → GuillFillConsH
Hebeisen, W. → Hebeisen
Hécart, G.A.J. → SottChansValL
Hecker, B. → YsMachoH
Hegi, G. → Hegi
Heidel, H. → HeidelFinanz
Heilemann, K. → Chastell
Heiligbrodt, R. → GormH
Heim, W.-D. → HeimEthn
Heinermann, H. → AlexissH
Heinimann, S. → DonatM^{1}H, HeinimannAbstraktum, MélHeinimann
Heinz, A. → HeinzMielot
Heinz, Michaela → ActesMetalex^3
Heller, J. → ChronBaud^{2}H
Hellot, A. → GrChronRouenH
Hellquist, G. E. → Hellquist
Helm, K. → BrauneGot
Helmich, W. → MorPeupleH
Hemmant, M. → HemmantSelExch
Hemming, T. D. → AlexisAH, RolW^3
Hemon, R. → Hemon
Henderson, J. F. A. → EvratGenAH
Hendrickson, W. L. → GarMonglGH
Hendrup, S. → AmAVousH
Hénin, M. → SSagAD
Henkelmann, Laura → KalendRoyneH^0
Henry, A. → HemH, HIIIBrabH
Henry, Albert → AdenBuevH, BerteH^2, BodelNicH, BodelNicH^4, CleomH, CointiseH, EnfOgH, GlTrinB, HAndVinBH, HenryChrest, HenryEtLex, HenryMet, MélHenry^2, SBernCantH^2, SBernCantH^3, SBernCantH^4, SBernCantH^5, SBernCantH^6, SecrSecrPr^{2}H, ViergeGérH, VillonLaisR, VillonTestR
Henry, C. → AlgorAlexH, GéomSGenH
Henry, P. → EnfGuillH
Henry, V. → HenryBret
Henschel, B. → DAG, DAO
Henschel, G. A. L. → DCCarp
Hensel, W. → HenselVögel
Herbert, J. A. → AdgarH, AncrRiwleCH
Herbillon, J. → HerbillonHesb
Herbin, J.-Ch. → ChevVivM, DolopL, HervisH, LohPrH, MainetDéc, Pères5H, YonH
Herbomez, A. d' → HerbomezChâtTourn, HerbomezSMart, HerbomezTourn
Hérelle, G. → HérellePélicier
Héricault, C. d' → CoquillartH, MolandHéricault^1, MolandHéricault^2
Hériché, S. → AlexPr^{2}H
Hériché-Pradeau, S. → TardifPogeD
Herlem-Prey, B. → SGregA^{2}H
Herman, J. → SermentsH^2
Hermenau, W. → SecrSecrPr^{3}H
Héron, A. → HAndH, RègleSBenNicH
Hervey, F. → RegPinchbeckH
Herz, J. → AlexisAlpH
Herzog, E. → BibleMacéH
Hesketh, G. → JHoudRossH, JJourH, PAbernLumH, PAbernLumH^1, SCathLondH

Hess, P. → CesTuimAlH
Hessenauer, M. → PAbernLumHr
Heuckenkamp, F. → ChevPapH, QJoyesH
Heur, J.-M. d' → CourtAmH
Heyd, W. → HeydLev
Heyse, P. → EneasH
Heyworth, G. → EchecsAmH
Hicks, E. → ChrPisVertW, JMeunAbH, LancPrBH
Hieatt, C. B. → RecCulViaundeH, RecMédNovCirHi
Hilder, G. → HilderMeun
Hilka, A. → AimonFlH, AlexPrH, ArtAimFaberH, AthisH, ChastPereAH, CompilDidEpH, FierW, ImMondeOct^{2}H, MonstresH, NarcisusH, PercH, PrêtreJeanH, RolH, RolH^4, TristPrHilka
Hill, R. T. → MuleH, SEuphrH, SThibAlH
Hindley, A. → OmbreH
Hingst, H. → EnfGuillHi
Hinker, D. → HinkerArchit
Hippeau, C. → AmYdH, BestAmFournH, BestGuillH, ChevCygneH, GodBouillH, JerusH, RenBeaujBelH, SThomGuernH, VengRagH
Hirdt, W. → TL
Hjorth, A. → TerrEvêqueH
Hoecke, W. van → JAntRectD
Hoepffner, E. → AcartH, FolTristBernH^1, FolTristBernH^2, FolTristOxfH, GuillMachH, JacCysH, MarieLaisH
Hoffmann von Fallersleben, A. H. → DialColGr, EulalieHo
Höfler, Manfred → Höfler, HöflerCul, HöflerTuch, MélHöfler
Hofmann, J. B. → HofmannUm, WaldeHofm
Hofmann, K. → AlexisH, AmAmH, BrutMunH, ChansBern389H, ChansMünchenD, GirRossDécpH, GlParH, GregEzH, JoufrH, JourdBlH, MonGuill^{1}H
Högberg, P. → ProvUpsIH
Höhlbaum, K. → HansUrk
Hohnerlein-Buchinger, T. → HohnerleinViti
Holbrook, R. T. → PathelinH
Holbrooke, F. → FoederaC
Holden, A. J. → AndréCoutFrH, EustMoineH, GuillAnglH, GuillMarH, IpH, ProtH, RichH, RouH, WaldefH
Holder, A. → Holder
Holland, W. L. → SMarg7NH, YvainH
Holler, W. M. → SidracH
Holloway, J. B. → BrunLatC
Hollyman, K.-J. → Holly
Holmberg, J. → MorPhilPrH
Holmér, G. → ChaceOisl^{2}H, ComparFaucH, GlTrierH
Holmes, G. → FoederaR^3
Holmes, P. → DoonLaiH
Holmes, U. T. → BerteHol, Hol
Holt, J. C. → GrCharteH
Holthausen, F. → HolthausenAengl, HolthausenAfries, HolthausenAnor, HolthausenAsächs, HolthausenGot
Holtus, G. → AliscMH, HoltusEntree, HoltusLux, LRL, SermentsH^1
Honemann, V. → EpMontDeuH
Hontabat, F. → FroissChronIII^{1}H
Hoops, J. → HoopsReal
Hope, G. → GesteRomH

Noms d'éditeurs et de chercheurs

Hope, T. E. → HopeLex
Hopf, K. [Ch.] → RobClariH
Hoppe, H. A. → HoppeDrog[8]
Horning, A. → BartschHorning
Horák, W. → MelionH
Horrall, S. M. → BibleEntH
Horrent, J. → HorrentPèl
Hörsch-Winkler, N. → DAG, DAO
Horwood, A.J. → YearbEdwIH, YearbEdwIIIH
Houaiss, A. → Houaiss
Houard, D. → BrittH
Hoüard, D. → CoutNormGuillH
Hoüard, M. → FletaH
Houth, E. → HouthSNicMeulan
Houtsma, M. T. → EI
Hoven, R. → Hoven
Howlett, D. R. → LathamDict
Howlett, R. → FantosmeH
Huber, A. → SJeanEvOctH
Huber, K. → RätNb
Hubert, E. → HubertIndre
Hübner, W. → EstoilleSignesH
Hubrecht, G. → BeaumCoutS
Hubschmid, J. → HubschmAlp, Hubschm-Asko, HubschmPraerom, HubschmPyr, HubschmThes, RohrRum
Hucher, E. → SGraalIIIH, SGraalIVH
Huet, G. → DoonRocheM, GaceBruléH, GautDargH
Hugonnard-Roche, H. → ThémonAstrH
Huguet, E. → Hu
Hulsius, L. → Huls 1614
Hult, D. F. → LancDérH, MortArtuH, YvainHu
Humpers, A. → JLemaire
Humphries, W. J. → Corb
Hunt, T. → AlNeckUtensH, CantKiVotH, CantTresH, CapsulaEbH, CatAnH, CatDarmstH, ChirRogH, ChronBurchoH, CompRalfH, DitiétDameH, EchecsCottH, ExhortationRelH, FaucTretizH, GéomTrinH, GlAbsinthH, GlBodl730H, GlDouceH, GlHarlH, GlOxfH, GuillLongH, HuntAgnMed, HuntAnec, HuntMed, HuntPl, HuntProgn, HuntTeach, JGarlRCH, JGarlUnH, LAlkemyeH[0], MacerHerbesH, MonastAllégH, ParabAlainH, ParabAlainVerH, PrêtreJeanPr[1]ShH, ProvSalParH, QuatreFilles[6]H, QuatreTempsH, RecAlchSlD, RecCoulTitH, RecMédAvenceH, RecMédBoensH, RecMédGardH, RecMédJuteH, RecMédNovCirHH, RecMédQuiFH, RecMédRawlH, RègleAugBH, RègleNDPresH, SecrSecrPr[2]LH, SeptPechHarlH, SermJos[1-5]H
Hurtrel, G. → ElD'AmervalH
Hutchings, G. → LancPrH, NarbAssH
Huygens, R. B. C. → GuillTyrLatH
Huzard, J. B. → OlSerresN
Hyatte, R. → EvrartContyEchH
Ibberson, F. → SJeanAumI
Iburg, C. → OrdreAmorsI
Iker-Gittleman, A. → GarLorrI
Iliescu, M. → IliescuSlusanski
Ilvonen, E. → Ilvonen
Imbs, P. → GuillMachVoirI, TLF
Ineichen, G. → GlGuillI, SerapJacI
Ingham, R. → ActesAgnContexts
Inglis, B. L. S. → PoésBlosI

Intemann, F. → BibleSeptEtatsI
Irmer, E. → FormHonI
Isambert, F. A. → Isamb
Iseley, N. V. → ChGuillI
Isoz, C. C. → ProvSalSanI
Issa, M. → GuillTyrB
Ivey, R. T. → ChevIIEspI
Ivy, R. H. → ContPerc[1]A/T...R
Izarn, E. → CptRoiNavI
Jaberg, K. → JabergSchaukel
Jackson, K. H. → JacksonBret, JacksonBrit
Jackson, M. → TombChartr26J
Jackson, R. A. → JGoulSacreJ, OrdoCoronXXBJ
Jacob, E. → RoiFloreJ[0]
Jacob, E. F. → RegChichJ
Jacobsthal, G. → RaynMotets
Jacquart, D. → DMFMat
Jacques, F. → AiquinJa
Jal, A. → Jal, JalArch
James, M. R. → ApocTrinJ, PsCambrJ
Jänicke, O. → FEW, JänickeRoggen
Jannet, P. → EvQuenJ
Janssens, C. L. → BrunMontJ
Japhet, S. → RaschbamJ, RaschbamS
Jarník, J.U. → SCathClemJ
Järnström, E. → ChansPieusJ
Jaroszewska, T. → LewickaBibl
Jassemin, H. → Jassemin
Jastrow, M. → Jastrow
Jauss, H. R. → GRLMA
Jeanroy, A. → BeaumJ, BodelNicJ, ChansArrJ, ChansArtJ, ChansPieusBNfr12483J, ChansSatBachJ, ConBethJ, GuillAmAmJ, JeanroyLais, JeanroyOrig, RenMontGJ, SermMaurFragmJ, TournDamHuonJ
Jeay, M. → EvQuenJe
Jefferson, L. → CptMercersJ, GautChâtFragmL, JeffersonGold
Jeffery, B. → JefferyChans
Jeffrey, D. L. → JeffreyLevy
Jellinek, A. → GlJosBehJ
Jenkins, T. Atkinson → EructavitJ, MarieEspJ[1], MarieEspJ[2], Perl[1]N, RenAndJ, RésSauvCJ
Jéquier, L. → ArmWijnb[1]A
Jeran, V. → EnfGarJ
Jodogne, O. → AudigierJ, ConstHamelFragmJ, EvFemesJ, GrebanJ, JMeunTestMJ, MirSNicJuifJ, MolinetChronD
Johnson, F. C. → TristPrJ
Johnson, S. M. → RichSemJ
Johnston, A. F. → JohnstonRog
Johnston, R. C. → ChevEspJ, CroisRichJ, FantosmeJ, JohnstonOwen, MarieFabE, OrthGallJ
Johnstone, H. → LettrEdwPWJ
Jóhannesson, A. → Jóhannesson
Joly, A. → BenTroieJ, WaceMargMJ[1], WaceMargMJ[2]
Jonas, P. → CoincyII30/31J, JonasComp
Jonckbloet, W. J. A. → AliscJ, CharroiJ, ChevEspJonck, ChevVivJ, CourLouisJ
Jones, H. S. → LidScott
Jones, M. → JonesBret, JonesCharlBret
Jones, R. F. → RecCulViaundeH, RecMédNovCirHi, SermCendresJ
Jones, W. J. → JonesFarb
Jönsson, N.-O. → PBeauvGerJ

Noms d'éditeurs et de chercheurs

Joppich-Hagemann, U. → JoppKorth
Jordan, L. → LapidsPJ, PerNeslesTabJ, SecrSecrPr²J
Joret, Ch. → JorFl, RecMédEvrM
Joris, P.-M. → PartonAC
Joslin, M. Coker → HistAncJ
Jouaust, D. → PFaifeuJ
Joubert, A. → JoubertAgr, JoubertMacé
Joüon des Longrais, M. F. → AiquinJ
Jourdan, A. J. L. → Isamb
Jubb, M. A. → ContGuillTyrSalJ
Jubinal, A. → BrendanPr¹J, DieuAmJ, GrantMalJ, GuischartJ, JubJongl, JubMyst, JubNRec, RutebJ¹, RutebJ²
Jullien de Pommerol, M.-H. → ChronHérBerryC
Juneau, M. → DictQué⁰
Jung, Marc-Réné → MélJung
Jung, M.-R. → JungAllég, JungTroie
Junge, A. → JungeGericht
Kahane, H. et R. → KahaneByz, KahaneSel, KahTLev
Kahle, F. → KahleSGreg
Kahn, Z. → BibleRab
Kaiser, E. → KaiserMPol
Kaiser, K. → RenMontzK
Kaiser-Guyot, M.-T. → KaiserBerg
Kajava, O. → PrécSangK
Kaltenbach, N. L. → GalienPr¹K
Kane, J. R. → RossignoletB
Kaprolat, M. → RenMontcK
Kara-Gasterstädt, E. → AhdWb
Karl, L. → ArtAimGuiartK, NicBozElisK, SElisBruxK, SJeanPaulusOctK
Karpinski, L. C. → AlgorCambrS
Karsch, B. → GaydonK
Kasprzyk, K. → NicTroyK
Kasten, L. → Boggs
Kastner, L. E. → AntArciK, BibleSeptEtatsKa¹, BibleSeptEtatsKa², SPaulEnfAdK, SPaulEnfArciK, SPaulEnfLiK, SPaulEnfPeinesK
Katara, P. → Katara
Katz, B. → PriseOrAK
Katzenellenbogen, L. → FevresK
Kaufmann, H. → FörstemannON, KaufmannPN
Kaufmann, W. → Kaufmann
Kausler, E. H. → AssJérBourgM/VK
Kawaguchi, Y. → DocAubeC
Kay, S. → RCambrK, RCambrK²
Kaye, J. M. → PlacCor¹K
Kedar, B. Z. → PaviotProj
Kedar, Z. → ChronTerreSainteFE
Keidel, G. C. → EvFemesK, LégDorAn⁴AlexiusK
Keil, G. → GuiChaulJL
Keller, [H. A. [von]] → MirNDPers1K, Pères3K
Keller, A. → KellerRomv
Keller, C. → DEM
Keller, H. A. → SSagOctK
Keller, H.-E. → BrutA, GalienPr¹K, GesteMonglPrK, KellerWace, SPaulEnfPeinessK, WaceMargAK
Keller, V. → SiègeBarbK
Kemble, J. M. → MarcSalomK
Kemna, K. → Kemna
Keniston, H. → Boggs
Kennedy, A. J. → ChrPisJehK, ChrPisPrisK
Kennedy, E. → FolTristBernCD, LancPrK

Kervyn de Lettenhove, J. M. B. C. → ChastellK, ChronBourgValencK, ChronFlandrK, FroissChronK¹, FroissK, GesteDucsBourgK, GilMuisK, PastoraletK
Kibler, W. W. → GuillMachBehW, HuonCPK, LancK, LionBourgAlK, RCambrK², RolFragmEK, RolFragmLK, RolFragmMK, RolLK, YvainK
Kidman, J. → KidmanEsp
Kiefer, N. J. → RésSauvPK
Kiegel-Keicher, Y. → KiegelAr
Kiesler, R. → Kiesler
Kimmel, A. S. → DaurelK
King, A. → JHoudRossH
Kirschstein, B. → WbMhdUrk
Kitze, A. → KitzeRoss
Kiwitt, Marc → ElégTroyesK, FevresKi, GlBNhébr301K, GlDarmstadtK
Kjær, J. → JCourtPlaitAK
Kjellman, H. → EdmK, MirAgn²K, MirAgn²-ThéophK, OrdeneChevPrJ, Pères13K, SacristineNousK, SJeanDamK
Klapp, O. → Klapp
Klar, B. M. → ShohamK
Klare, J. → Klare
Klauenberg, O. → KlauenbergGetränke
Klauser, Th. → RAC
Kleiber, G. → KleiberIre
Kleiber, Georges → MélKleiber
Kleiber, W. → KleiberPfi
Klein, A. → KleinMinne
Klein, E. → KleinDict
Klein, H.-W. → GlReichK
Klein, L. → JordRufNK
Kleineidam, H. → BonAngeK, EnsaingnK, VerCoulK, VolucrK
Kleinhans, M. → ElucidaireIIK
Kleist, W. → SLeuK
Klenke, M. A. → NicBozMadK, NicBozSAgatheK
Kliewer, H.-J. → EchecsFerronC
Klingebiel, K. → Klingebiel
Kluckow, F. → ProtK
Kluge, B. → KlugeNum
Kluge, F. → KlugeM²⁰
Kluge, G. → OresmeMonW
Knecht, P. → ActesÉcriture, ThibaultSuisse²
Knight, A. E. → MistLilleK
Knops, J. P. H. → KnopsOresme
Knösel, K. → KnöselZahl
Knowles, C. → JVignayEnsK
Knudson, Ch. A. → JSaintréM
Knust, H. → SMarieEgxK
Koble, N. → MarieLaisK, MerlinProphEB
Köbler, G. → Köbler, KöblerGot
Koch, J. → ApostoileC, BalJosChardK, MerlinProphProlK, PelCharlK, ReiEnglK
Koehler, F. → TraitéHomilK
Koehler, L. → KoehlerBaumg³
Koenig, D. → KoenigSen
Koenig, V. F. → Coincyl1...K, ComtePoitK
Koenigsberger, B. → GlGerschK
Kohler, C. → HaytonK, PhNovMémK
Köhler, E. → GRLMA, KöhlerTrob
Köhler, G. → KöhlerVisig
Kölbing, E. → AmAmOctK, IpK, PurgSPatrCott, Rolv4^{1/2}K

Noms d'éditeurs et de chercheurs

Kolias, T. G. → KoliasByz
Koll, H.-G. → KollLangue
Kooijman, J. → KooijmanLorr
Kooiman, E. → TombChartr1…K
Koopmans, J. → MistSRemiK, NicChesnK, SermJoy[1/2/…31]K, SermJoy[4/13/17/29]K[1]
Kopf, L. → GlTarschCommHK
Korth, U. → JoppKorth
Körting, G. → EchecsAmK, JacAmArtK, Körting
Koschwitz, E. → CantQuSolK, EpSEtK, FoersterKoschw[7], IpK, KoschwitzMon, KoschwitzPel, PelCharlK, SLégerK, SponsusK
Kostrenčić, M. → LexJug
Krabben, H.-C.-M. van der → BibleMacéK
Kraemer, E. von → CoincyI18/19/20/37/38/39/40/43Kr, CoincyII9Kr, CoincyII29Kr, JeuAmK, Kraemer, QSignesK
Kraft, C. → EchecsAmKr
Kramer, J. → KramerDol, KramerGader, KramerLadLaut
Krappe, E. → BibleSeptEtatsK
Kraus, C. → DOM
Kraus, J. → KrausNChamp
Krause, E. → QJoyesK
Krause, G. → TRE
Kremer, J. → EstFougK
Kremers, E. → HermValK
Kressner, A. → AimeriK, RutebK
Kriara, E. → Kriaras
Krieg, M. L. Fessler → KriegColor
Krieger, K.-F. → KriegerMerOl
Kristol, A. M. → DialFr1415K, ManLangK
Krœber, A. → FierK
Kroll, W. → PaulyWiss
Krüger, F. → FloreAK
Kuhn, S. M. → MED
Kühne, H. → OvArtElieK
Künßberg, E. Frh. von → DtRechtswb
Kunstmann, P. → AdgarK, DMFMat, Kunstmann-Rel, MirNDChartrK, Pères55K, PèresA[3]K, PèresAK, ProprChosMirK
Kunze, H. → Lef
Kurath, H. → MED
Kurth, G. → KurthSHub
Kusel, P. → GuingK
Kyes, R. L. → Kyes, PsWachtK
La Curne de Sainte-Palaye, J. B. de → Lac, Lac[0]
La Du, M. S. → AlexArsL, LaDuCh, PriseDefP
La Fons, A. de → LaFonsArt
La Grange, A. de → LaGrangeTournai
La Grange, A. É. de → HugCapL
La Grange, A. É. Le Lièvre de → NomparJerL
La Thaumassière, G. T. de → AssJérJIbVatT
La Varenne, F. P. de → LaVarCuis 1651
Labande, E.-R. → BaudSebB
Labande, L.-H. → ChRethelS, LabandeBeauvais
Labarte, J. → InvMobChL
Labhardt, A. → GlReichK
Laborde, J. de → Layettes
Laborde, L. E. S. J. de → LabordeGl
Laborderie, N. → FlorOctAlL, HugCapLb, TristPrNB
Labouderie, J. → ChastPereAL
Laboulaye, E. → DupinLaboulaye
Lacaille, H. → ChRethelS
Lachet, C. → SoneL

Lacour, L. → HosebCompL
Lacroix, D. → TristBérM[4]
Lacroix, P. → BonBergL
Lacy, N. J. → TristBérL, TristBérL[2], VoeuxHérG
Lafeuille, G. → AmphYpL, AmphYpL[2]
Laffitte, R. → LaffitteEtoiles
Laffleur de Kermaingant, P. → LaffleurLeTrép
Lafont, R. → AlexAlbL, ChirAlbucG
Lagane, R. → DuboisLagane
Lagerqvist, H. → LagerqvistChiés
Lagomarsini, C. → AventBrunL, DescrEnglPrL
Laird, E. → PelerAstralL
Lalande, D. → BoucicL, TristPrL
Lalore, C. → LaloreMont
Lambert, C. → LambertCuis, RecCulRiomL
Lambert, M. → GlBNhébr302L
Lambert, P.-Y. → VendryesLex
Lamond, E. → HosebHenL
Lampe, G. W. H. → Lampe
Landouzy, L. → AldL
Lane, E. W. → Lane
Lange-Kowal, E.-E. → CharroiDL
Langenbacher-Liebgott, J. → DEM
Långfors, A. → AmoursBiautéL, ArrierebanAmL, ArtAimGuiartL, AveDameL, BestAmFournOctL, ChansPieusJ, ChansSatBachJ, CinqVegilesL, CoincyI1…L, ConfrereAmL, CouplMarL, DameJouenneL, FauvainL, Fauvel[1]L, GeusAvL, HistFécL, HLaonL, HonteL, HuonABCL, HuonAveL[1], HuonPalL, HuonRegrL, HuonSQuentL, JeuAventL, JeuxPartL, LångforsInc, MarArsTeintL, MesdPerrinL, QuatreFilles[1]AL, RagemonL, RobOmMirL, SermComL, SottChansOxfL, SoudiacreL, ThibAmPriereL, TournEnfL, VergierArbreL, VraiChimL
Langlois, C.-V. → LangloisParl, LangloisVie
Langlois, E. → AdHaleFeuillL, AdHaleRobL, AspremParL, CourLouisL[1], Langlois, RoseLLangl
Langlois, M. → ConfParlL
Langosch, K. → VerfLex
Langstedt, F. L. → LangstedtBot
Lanher, J. → DocVosL
Lanhers, Y. → ConfParlL
Lanly, A. → VillonJargL
Lannutti, M. S. → GuiotDijonL
Larchey, L. → JAubrionL, ParDuchG
Larson, P. → LarsonTosc
Lasch, A. → LaschBorch
Latham, R. E. → Latham, LathamDict
Latour, H. → GuiBourgG
Lattermann, A. → DEM
Laue, F. → LaueHeilk
Lauer, P. → RobClariL
Laurent, F. → SGillesL
Laurent, J.-P. → BoutaricFurgeot
Laurière, E. J. de → Laur 1704, Ord
Lausberg, H. → LausbergSpr
Lavallée, J. → GastPhébChasseL
Lavergne, G. → LavergneBourb
Lavigne, Cl.-H. → InstJustRich
Lavis, B. → Femme
Lavis, G. → BlondNesleLexM, JeuxPartL, LavisJoie, ThibChampW
Lavrentiev, A. → SGraalIVQuesteKM
Lawler, T. → JGarlPoetriaL

Noms d'éditeurs et de chercheurs

Lazar, M. → SCroixCambrL
Lazzerini, L. → AudigierL
Le Bœuffle, A. → LeBœuffleAstres
Le Chanteur de Pontaumont, E. → ThomHélP
Le Coultre, J. → Pères7L
Le Glay, E. → RCambrL
Le Goff, J. → LeGoffSchmittDict
Le Grand, L. → LeGrandStat
Le Nan, F. → ContPerc[4]TL
Le Person, M. → FierL
Le Proux, F. → LeProuxVerm
Le Rouillé, Guillaume → CoutNormGr
Le Roux de Lincy, A. J. V. → BrutL, CatEverL, LerouxChants, ProvL, RoisL, SentParloirL, SSagLL
Le Vot, G. → Rosenberg[3]
Leach, A. F. → LeachBeverley
Léard, J.-M. → RenMontPr[1]
Learned, M. R. → NicBozMadL
Lebel, P. → LebelPers, RegDijon[1]L
Lebesgue, P. → SongeEnfL
Lebsanft, F. → ActesAlteNeuePhil, LebsanftGruß
Lebsanft, Franz → MélLebsanft
Lecco, M. → EustMoineL, VisTondAgnF
Lecestre, L. → JBueilJouvL
Léchaudé d'Anisy, A. L. → VilVersonL
Leclanche, J.-L. → DolopL, FloreAL, FloreAL[2]
Leclant, J. → ActesAgnAIBL
Leclercq, M.N.J. → CoutBelg
Lecompte, I. C. → DieuAmL, RicheutL, RomRomL
Lecoy de la Marche, A. → CoutSensL, CptRenéL, InvEtudL, MistSBernL
Lecoy, F. → BibleBerzéL, ChevBarAnL, EchecsEngrL, FolTristBernL, FolTristOxfL, GuillDoleL, OmbreL, PercL, Pères1L-Pères74L, RenβXXL, RomAmDieuL, RoseLLec, TristThomL
Lécuyer, S. → BeaumJBlL
Ledieu, A. → Daire
Ledos, G. → InvAnjL
Lee, Ch. → AubereeL, DaurelL
Leech-Wilkinson, D. → GuillMachVoirL
Lefèvre, S. → MenReimsW, QueueRenL
Lefèvre, Y. → ActesMlt, ElucidaireIL[0], GautArrIllLe, NGlMlt
Lefranc, A. → LefrancNoyon, RabL
Legendre, G. → LegendreJRen
Legg, J. W. → OrdoCoroncL
Legge, M. D. → BalainL, ChronPLangI/IIT, JPechJerL, Legge, LettrOxfL, PAbernLumL, RègleSBenDouceD, SermHalesL
Legris, A. → LRougeEuL
Lehmann, P. → PassFrFlemL
Lehmann, W. P. → Lehmann
Lehr, E. → Handfeste
Lejeune, R. → GuillDoleLej, LejeuneJRen, RenBeaujIgnL
Lemaire, E. → Lemaire
Lemaire, J. C. → GligloisLe, RobBloisBeaudL, YderL
Lemaître, H. → RenContrR
Lennel, F. → LennelCal
Lenoble-Pinson, M. → LenobleChasse
Léonard, M. → BrebisDérL, HonnineL, TristPrNB

Leonardi, L. → SPaulEnfAdL, TristPrNL, TristPrRicL
Leonardi, Lino → TLIO
Lepage, Y. G. → BlondNesleL, CourLouisLe, FournChansL, LancPrDL, LancPrDL[2], MahomL, MahomL[2]
Leproux, G.-M. → CptEcurKK34L
Lerchner, G. → AhdWb
Lerond, A. → CoucyChansL
Leroux, P. J. → DCom 1752
Leroux, X. → MistConcL
Leslau, W. → Leslau
Lesort, A. → LesortClerm, LesortLorr
Lespinasse, R. de → LespMét, LMestL
Letts, D. → JMandPL
Leurquin-Labie, A.-F. → SommeLaurB
Levi, E. → MarieElidLev
Lévi, I. → GlHadL, GlNYRL
Levy, B. J. → JeffreyLevy, LevyFabl, NicBozSerm[1-9]L, OmbreH, PickfordFabl
Levy, C. M. L. → FloriantPrL
Levy, E. → Lv, LvP
Levy, J. → LevySignal, LevyTal
Levy, J. Fligelman → PalamLe
Levy, R. → CourLouisL[2], FetRomLev, GlNYAL, GlSimsonL, HaginL, LevyChron, LevyContr, LevyHagin, LevyRech, LevyTrés, RaschiLe, RoiFloreM
Lewicka, H. → Lewicka, LewickaBibl, LewickaFarces, LewickaThCom, RecTreppD
Lewis, B. → EI[2]
Lewis, C. B. → Apol[2]L
Lewis, R. E. → MED
Lexer, M. → Lexer, LexerT
Lhande, P. → Lhande
Liborio, M. → DébCorpsArrL
Liddell, H. G. → LidScott
Lidforss, E. → ImMondeOct[1]L
Liebault, J. → EstL 1564
Liebermann, F. → LoisGuillL, Tripartita[2]L
Liebman, C. J. → SDenisPr[1]L
Liétard-Rouzé, A.-M. → GilChinPrL
Liger, L. → Liger 1703, Liger 1715, NMrust 1768
Limentani, A. → MartCanL, PalamL
Lindelöf, U. → GautEpL
Lindemann, M. → LindemannSuff, LindemannWb
Lindgren, L. → CoincyII22/23/24/25Li, JDupinMelL
Lindvall, L. → LindvallSemp
Link, T. → AbladaneL
Linker, R. White → Linker
Linow, W. → DébCorpsSamPV
Linskill, J. → SLégerL
Liscinsky, R. N. → AlexPr[3]L
Liss, H. → LissRashbam
Little, W. → OEDSh 1978
Littmann, E. → Littmann
Littré, É. → Li, LittréRob 1873
Liver, P. → SchortaRecht
Livingston, C. H. → GautLeuL[1]
Livingston, C. H. → GautLeuL[2], GligloisL, HoudencDitL, WatrSeptVertL
Llinarès, A. → EvastL, LulleBestesL, LulleEnfL, LulleGentL
Lloyd, A. L. → LloydSpringer
Lo Monaco, F. → SermentsL

Noms d'éditeurs et de chercheurs

Lobineau, G. A. → Lobineau
Locey, L. et M. → MistFilleL
Lodge, E. C. → HeraudChandosP, LodgeThConst, RegGaunt[2]L
Lodge, R. A. → EstFougL, Renγ L
Lods, J. → MarieLaisL, PercefL[1], PercefL[2]
Loeb, I. → CptVesoul[1]L
Loew, I. → SchibbL
Löfstedt, B. → LöfstedtLgb
Löfstedt, L. → GratienBL, JMeunVégL, JVignay-VégL, VégèceAnL
Loh, H. → BibleBNfr1753L
Lomazzi, A. → RenXXVIIo/UL
Lommatzsch, E. → GuingL, LommatzschBlumen, LommatzschGebärden, LommatzschTrauer, ProvVilL, TL, TumbNDL, TydorelL
London, H. S. → ArmGloverL
Longnon, A. → AnglureB, FroissMel[1]L, Froiss-MelL, Longnon, LongnonDoc, LongnonFiefs, ProcPonceL, RCambrM, VillonL[1], VillonL[4]
Longnon, J. → ChronMoréeL, HValL, RobClariL
Longpérier, A. de → OgDanDelivrL
Looze, L. de → FroissPrisL
Löpelmann, M. → Löpelmann
Lops, R. L. H. → BibleMacéL
Lorée, D. → SecrSecrPr[6]H
Lorenz, E. → ChastVergiS[2]
Lorenzo, R. → Lorenzo, LorenzoCr
Löseth, E. → GautArrErL, GautArrIllL, RobDiableL, TristPr
Louis, D. → LouisMetz
Louwen, K. → ONW
Löw, I. → Löw, RaschiL
Lowden, J. → BibleMorwH
Lowe, L. F. H. → AlexParA, ViolPrL
Lozinski, G. → CarCharL, CoincyI36L
Luard, H. R. → EdConfCambrL
Lübben, A. → SchillerLübben
Lucas, H. → RutebL
Luce, S. → ChronSMichelPrL, ChronValL, Froiss-ChronL, GaydonG
Lüder, E. → TiktinMir[3]
Ludovisi, I. → HuonAuvPL
Lühr, R. → LloydSpringer
Lundberg, K. → RègleSBenMartDL
Lundquist, E. R. → LundquistMode
Luongo, S. → CharroicL
Lupis, A. → FaucPetrusFrBL
Lurion, R. de → SteAgatheLurion
Lutsch, E. → AlexisPr[1]L
Luttrell, C. → CligesG
Lutz, F. → VieliDecInv
Luzarche, V. → AdamL, SGeorgVosL, SGregA[1]L, WaceConcL
L'Heureux, R. → L'Heureux
Lynde-Recchia, M. → HistAncL, PèresPrIIMarcelL
Mabille, E. → NicTroyM
Mabillon, J. → ActaSS
Macaulay, G. C. → JGowerMirM
MacBain, W. → SCathCarlM, SCathClemM
Machabey, A. → Machabey
Mackel, E. → Mackel
Macrì, G. → CourtArrM
Madaune, l'Abbé de → GastPhébOrM
Madden, F. → NabaretG

Mahn, C. A. F. → GirRossDécM, GirRossDécoM, GirRossDécpH
Maillard de Chambure, C. H. → RègleTempleM
Maillard, F. → CptRoyF, CptRoyM
Maillard, J. → TristPrMa
Maillet, D. → CoincyI10M
Maissen, A. → DiczRGr
Maitland, F. W. → CourtBarM, RotParl[3]M, YearbEdwIIM
Majorano, M. → ElesM
Malapert, L. → DuraffGloss
Maler, B. → MalerQualis
Malkiel, Y. → MalkielEss[1], MalkielEss[2], Malkiel-Et
Mall, E. → PhThCompM
Malmberg, B. → ComtePoitM
Mancarella, P. G. → MancarellaBibl, MancarellaIntr
Mancel, G. → WaceConcM
Mancini, M. → NarcisusT
Mandach, A. de → AspremLM, AspremV6aM, MandachFier, Turpin[1]M, TurpinBrianeM
Manetti, R. → FlamencaMa
Maniet, A. → Maniet
Manitius, M. → RecMédDresdM
Mann, M. F. → LapidFPMa, RobReimsM
Manning, A. → ArmArgM
Manning, H. M. → SThibAlM
Manning, W. F. → LégDorVignDomM, SDomM
Mantellier, P. → Mant
Mantello, F. A. C. → MantRigg
Mantou, R. → CensHerchiesM, DocFlandrM, MantouFlandr, MantouHerz, MantouLèpre, MantouVoc, QSignesM
Marchal, M. → ViolPrM
Marchand, M.-L. → CoutBourgGP
Marchello-Nizia, Christiane → MarchelloNTrist, PoireM, SGraalIVQuesteKM, TristThomMa
Marchetti, G. → Pirona
Mareuse, E. → RuesParM
Marichal, P. → MarichalMetz
Marinoni, M. C. → FierPrM
Markon, J. → GlIsMoïseM
Marnier, A. J. → ACoutPicM, CoutBourgM, CoutNormM, PFontM
Marquant, R. → Marquant
Marshall, F. W. → BlondNesleLexM
Marshall, J. H. → AdHaleChansM
Marshall, L. → MarshallRob
Martène, E. → GuillPenneMa
Martin, A. → BestPierre[2]C
Martin, C. T. → GaimarH
Martin, E. → BesantM, ElucidaireSecA/B/H/IR, FergM, HermValMa, RenHermiteM, RenM
Martin, J. → ProvBretM
Martin, J.-L. → DictNatComm
Martin, J.-P. → BueveAgnM, ChevVivM, OrsonM
Martin, M. T. → CartPercyM
Martin, R. → ActesAgnAIBL[4], MartinTemps
Martin, Robert → DMF, DMF[0], MartinRien, MartinSens, MartinWilmet, MélMartin[2]
Martin-Dairvault, H. M. R. → DancusM
Martineau, C. → MargNavCorrM
Martineau-Genieys, C. → MeschLunM
Martinet, A. → MartinetEcon
Marty-Laveaux, C.-J. → RabM

Noms d'éditeurs et de chercheurs

Marvin, J. → BrutNobleAM
Marx, C. W. → PlainteVgeNostreM
Mary, A. → JournParM
Marzac, N. → RobCibMandM
Marzano, S. → LaurPremVieillM
Marzell, H. → Marzell
Marzys, Z. → ActesÉcriture, DocJuraS
Mas Latrie, L. de → AssJérPrisM, ChiproisM, ContGuillTyrM, GuillMachPriseM
Maschinot, G. → RenMontLC
Maspero, G. → GlCopteM
Massmann, H. F. → Graff
Mathews, H. J. → GlCantM
Matile, G.-A. → Pères8M
Matoré, G. → MatoréVocMéd
Matsumura, Takeshi → AmAmAlM[0], AmAmCM, EnfRenC, FlorOctAlL, JBelethOff[1]M[0], Jourd-BlAlM, Mts, PelVie[2]M[0], TM
Matthes, J. C. → RenMontH[3]M
Matthieu, E. → DevillersSWaudru
Matzke, J. E. → JakD, LoisGuillM, SGeorgPr[1]M, SimFreineGeorgM
Mätzner, E. → ChansMätzner
Maugérard, J. B. → HistMetz
Maupeu, Ph. → MaupeuPèl
Mayer, A. → RenclMisM
Mayer, G. → AdHaleLexM
Mazzoni Peruzzi, S. → JCondM
McCann Boulton, M. B. → EvEnfB, EvEnfB[2]
McCarthy, L.M. → OresmeSphèreM
McClelland, D. → McClelland
McCormack, J. R. → GuiNantM/V/FM
McCormick, T. J. → FetRomL[3]M
McDonough, C. J. → SermMaccM
McGregor, R. R. → FroissPoésM
McKenzie, K. → YsIAvM
McKenzie, R. → LidScott
McMillan, D. → CharroiM, ChevVivM, ChGuillM
McMunn, M. T. → KanorM
Medeiros, M.-Th. de → MortArtuM
Mehl, J.-M. → MehlJeux
Meiden, W. → SPaulEnfPeinessK
Meier, C. → MeierGemma
Meier, H. → MeierAnst, MeierAufs, MeierCor, MeierDumm, MeierEtym, MeierNBeitr, Meier-NEtym, MeierOnom, MeierPrinz, MeierVert, VermBeitr
Meijers, E. M. → CoutStAmandM, CoutVerdun[1]M, JugMetzS, MeijersBlécourt
Meiller, A. → JPrierM, PacJobM
Meillet, A. → EM[4]
Meister, J. H. → PsOxfM
Méla, C. → CligesC, LancM, PercM
Melander, J. → GuibAndrM
Melani, S. → PhNovMémM
Meliga, W. → EructavitNM
Méline, A. → RenD[2]
Mello Franco, F. M. de → Houaiss
Mellows, W. T. → ChronBurchB
Ménage, Gilles → Mén 1650, Mén 1694, Mén 1750
Ménard, Ph. → AventuresM, BaumgMén, BoulangiersM, GuillVinM, JLongOdoA, MailleM, MénardFabl, MénardRire, MercierM, MPolGregM, MPolRustFM, MPolxM, PutLechGM, TristPrMé

Menche de Loisne, A. C. H. → LoisneMal
Meneghetti, M. L. → MeneghettiBret, MortCharlemagneM
Menichetti, A. → NouveletM
Menn, H. → GarMonglMü/Me/S
Mensching, G. → MenschingSin
Menut, A.D. → OresmeCielM
Menut, A. D. → OresmeEconM, OresmeEthM, OresmePolM
Menzel, F. → SaisnM
Méon, D. M. → BarbMéon, Méon, RenMéon, RoseLM, VMortHélM
Mercatanti, C. L. → MarieLanvM
Mercier, A. → ChaceMesdisM
Meregazzi, L. A. → HuonAuvBM
Merlet, L. → MerletMoutié
Merlier, V. → GuillAnglM
Mermier, G. R. → BestPierre[1]M, BestPierre[1]M[2]
Merrilees, B. S. → BrendanS, ChardryDormM, ChardryPletM, DonatLibM, DonatvC, GlAngers, GlBNlat7684M, JGowerTrY, LeVerM, MisogLangeM, SeptDormPrM
Messelaar, P. A. → Messelaar
Messner, D. → MessnerBers, MessnerPort
Metcke, A. → GilVinM
Metman, J. → CoutBourgGP
Métraux, D. → GirAmCharlM
Mettlich, J. → EchecsAmM[1], EchecsAmPrM
Metzeltin, M. → LRL, Metzeltin
Metzger, W. → PelVieD
Meunier, F. → GodinM, MeunierOresme
Meyer [-Lübke], W. → AnsCartM, AspremCM, MeyerNeutr
Meyer, G. → SValerM
Meyer, H. → Corb
Meyer, K. → VisTondAgnF, YvainM
Meyer, P. → AlexArsM, AlNeckCorrM, AmDieuM, AngDialGregM, AngVieGregM, AntArciM, ApocAgnM, ApocPrD, AspremPuyM, AyeG, BalJosCamM, BalJosPr[2]M, BenTroieC, BestGervM, BibleSeptEtatsM, BontéFemM, BrunMontM, ChansSGermM, ChastieMusHM, ChastWilM, ChevalVendiM, ChevDameClercM, ChirRog[2]M, ChirRog[3]M, ChirRogM, CompAn[1]M, CompAn[4]M, CompRalfM[1], CompRalfM[2], ConfBNfr25439M, ConjugFrM, CouplMarM, CroisBaudriM, CroisBaudriM[2], DaurelM, DebHerP, DeVinoLM, DialFr1415M, DoonNantM, DoonRocheM, EdConfPr[1]M, EnfGauvainM, EscoufleM, EvFemesM, FetRomM, FlamencaM, GarçAvM, GenHarlM, GirRossDécNM, GirRossPrM, GlBNlat8246M, GlGlasgM[1], GlGlasgM[2], GlHarlM, GrossetMarM, GrSchismeM, GuillMarM, GuiNantMMey, HeronM, HistAncM, HygThomM, ImMondeOct[3]M, JoursPerilMestreM, JugAmBlM, JugAmMeliorM, LapidALM, LapidSEM, LégDorAn[1], LunaireCh[1]H, MaccabPr[2]M, ManLangM, MeyerRec, MirNDBNfr818M, MirNDEver[1]M, MirNDOrlM, NicBozEnsM, OrguillousM, PAbernLumM[1], PAbernLumM[2], PassJonglOM, PBeauvCorpsM, PechiéOrguM, PrêtreJeanPrcM, RCambrM, RecCulBlancM, RecMédBNlat8654bM, RecMédBodlM, RecMédEvrM, RecMédQuiM, RègleSBenPr[26], RobGrethCorsM,

Noms d'éditeurs et de chercheurs

RobGrethEvM[1], RobGrethEvM[2], SClemM, SDomMeyer, SermBNlat14925IM, SermComM, SermMadAM, SEust1M, SFanuelC, SGregPrM, SJakeM, SJeanAumM, SMarg8M, SMarieJésusCottM, SPaulEnfFrM, SPaulEnfPeinesM, SSilvCroixM, SThaisArciM, SThomFragmM, TroisEnM, TroisSavoirsM, TrotulaOct, TrotulaPr[1]M, TrotulaTrinM, UrbCort[1]M, ViergeHaM, ViergeMereM, VisiterMaladesCH, VoyAlexM

Meyer-Lübke, W. → MLFrGr, MLKat, MLRGr, REW

Meyhuys, V. → CptHerzM

Micha, A. → CligesM, GuillPalMa, LancPrM, MerlinM, RobClariL, VenjNSPr[1/2/3/4/5], VenjNSPr[3]M

Micha, H. → SSebastAlM

Michaëlsson, K. → MichaëlssonPers, Taille1296M, Taille1297M, Taille1313M

Michel, B. → BibleGuiartM[0]

Michel, C. → ChambonVar[1]

Michel, F. → AdHaleFeuillM, BenDucM, BethDucsM, BrendanM, ChronGuesclPrM, ChronSMichelM, ChronSOuenM, ComtePoitMich, ConqIrlM, ConseilM, CoucyChansM, DesiréM, EustMoineM, FantosmeM, FergMich, FloriantM, GageureMich, GautAupM, GirRossDécLM, HavelocM, HemM, HornM, JoinvM, MahomR, MeunArlMich, MichelChron, MichelEtoffes, MichelTrist, NabaretM, OmbreM, PassHugM, PelCharlM, ProvFraunceM, PsCambrM, PsOxfM, RenBeaujIgnM, RioteAMich, RioteBM, RoiFloreM, RolMichel[1], RolMichel[2], RoseLMich, SaisnMich, SarrasinM, SGraalIIJosM, SThomBenM, ThéâtFr, ViolM

Michelant, H. → AlexParHM, BlancandM, DialFrFlamM, EscanM, EscoufleM, FloovG, GuiBourgG, GuillPalM, MeraugisM, MichRayn, OtinG, PriseDefM, RenMontLCM, TresVenM

Michelena, L. → Michelena

Michi, C. → Pères38M

Michler, C. → HugRipM, HugRipM[2]

Mickel, E. J. → ChevCygneNaissM, EnfGodM

Miege, G. → Miege 1677

Miethlich, K. → Miethlich

Miettinen, E. → Miettinen

Migliorini, B. → MigliorDuro

Mignard, T. J. A. P. → GirRossAlM

Migne, J.-P. → DictOrf, MignePL

Mihm, M. T. → SongeEnfM

Mijaart, M. A. → ONW

Mildenberger, J. → MildenbergerTrut

Millard, G. → CalendreM

Millardet, G. → Millardet

Millet, A. → Millet

Mills, L. R. → BalJosPr[1]M, MistSSebastM, SSebastAlMi

Milsom, S. F. C. → NovNarrS

Minervini, L. → ChaceOisIM, ChronTemplTyrM

Miquel, P. → MiquelAnim

Miquet, J. → ChevDamesM, FierPrMi

Miron, P. → TiktinMir

Mirot, A. → FroissChronL

Mirot, L. → FroissChronL

Misrahi, J. → JSaintréM, SSagOctM

Mistral, F. → Mistral

Mitchell, R. W. → ArmGrimaldiM

Mitchneck, S. R. → YonM

Mitterand, H. → DDM

Mitzka, W. → KlugeM[20]

Moffat, M. → RolCMo

Möhn, D. → LaschBorch

Möhren, Frankwalt → DEAF, DEAFBibl, JosephS, LCucBoM, MenagM, MöhrenGuai, MöhrenLand, MöhrenVal, PelVieD

Moignet, G. → MoignetGramm, MoignetPron, RolMoign

Moisan, A. → MoisanNoms

Moisy, H. → MoisyGl

Mok, Q. I. M. → GramM[5]M

Moldenhauer, G. → RenMontNSt

Moldenhauer, O. → HermValMo

Molenaer, S. P. → GouvRoisGauchyM

Molinier, A. → ChronNormM, RegAlfPoitM

Molinier, E. → ChronNormM

Mölk, U. → AlexisRo, LohierMalartM, MölkLiterarästhetik, MölkWolf, RobClariD, SGregPaintM

Moll, E. → AlcM

Molle, J. V. → DanDenierAM

Mone, F. J. → GarLorrM

Monfrin, J. → AspremFirM, AspremPalM, AspremVenM, Boss[2], ComplAmMonM, DocAubeC, DocFlandrM, DocHainR, DocHMarneG, DocVosL, EustMoineH, GlBNlat7684M, GuiNantFMo, JoinvMo, MarHenryM, MonfrinEt

Monicat, J. → MonicatBouss

Monier, R. → MonierFlandr, RoisinM

Monier-Williams, M. → MonierWilliams

Monjour, A. → MonjourNOst

Monmerqué, L. J. N. → AdHaleFeuillMo, RenBeaujIgnM, ThéâtFr

Monsonégo, S. → ActesMfr[8]

Montaiglon, A. de → AdvNDM, AliscG, AmantCordM, AncThéât, BaudCondMortsS

Montaiglon, A. de → DolopB

Montaiglon, A. de → JEscM, LatourLandryM, MontaiglonMort, MontRayn, MontRoth, PFaifeuM, SGregJeanM, TardifPogeM

Montenon, Y. de → TerroineFossier

Montgomery, E. D. → ChastPereAM

Montille, L. de → GirRossWauqM

Montoliu, M. de → Aguiló

Moore Willingham, E. → SGraalIVQuesteYAW

Moorman, R. J. G. → GuillPalMo

Mora, F. → TristPrNB

Morais Silva, A. de → Morais[10]

Mora-Lebrun, F. → ThebessM

Morales-Hidalgo, I. A. → ChevCygneBruxM

Morant, P. → RotParl[1]M

Morawski, J. de → PamphGalM

Morawski, J. → FiancéViergeOctW, GeoffrParMoisM, PèresA[9]M, ProvM, SAntErmM

Moreno, A. → Morais[10]

Morf, H. → FolTristBernM

Morgan, M. R. → ContGuillTyrDM

Morice, P.-H. → MoriceBret

Morini, L. → PhThBestM

Noms d'éditeurs et de chercheurs

Morlet, M.-Th. → CensHôtProvinsM, CensMontjM, CensToulM, Morlet, MorletAnthr, MorletFam, MorletNoms, PéageDijonAM, RentSNicM, TerrSVigorM
Mörner, M. → PurgSPatrBerM, PurgSPatrBNfr25545M
Moro, E. → Pirona
Morpurgo, E. → HoroleigesM
Mortet, V. → AlgorAlexM, GéomSGenH, Mortet, Mortet[2]
Mortier, R. → ChronSDenisGenM, RolM
Mossé, F. → Mossé
Mostert, W. → MistSGenisM
Mourin, L. → LapidMand[1]M
Moutié, A. → MerletMoutié
Mowat, J. L. G. → GlAlphM
Mühlethaler, J.-C. → CharlD'OrlM
Muir, L. → PassSemD
Mullally, E. → ConqIrlMu
Müller, B. → DEM
Müller, M. → GarMonglMü/Me/S
Müller, W. → BenMüZa
Müller-Rohlfsen, I. → AmphYpL
Mulon, M. → CensHôtProvinsM, RecCulTrM
Muncker, F. → JoufrH
Muñoz Sendino, J. → EschieleMahM
Muratori, E. → SiègeBarbAM
Muret, E. → TristBérM[1], TristBérM[2]
Murjanoff, M. → AliscW
Murray, J. → GrossetChastM, SEustPr[1]M
Murray, J. A. H. → OED
Murray, K. M. E. → Rough
Murrell, E. S. → TristPrM
Musil, W. → SFanuelM
Mussafia, A. → BaustMuss, BertaM, BertaMilM, DamesJehM, MacaireM, MussGartLeg, PrisePampM, SCathVérM
Musset, G. → Musset
Mustanoja, T. F. → RutebNeufJoiesM
Myers, G. M. → ChétifsM, ChevCygneNaissM
Myers, J. V. → JLansonM, OresmeSphèreMy
Nabert, A. → SEdmPassN
Naetebus, G. → Naetebus
Naïs, H. → Hu, MarieLaisR, SSagAD
Napier, A. S. → PenitAdam[2]N
Napoli, C. → RossignoletN
Nardin, P. → BodelFablLexN, BodelFablN
Nasser, F. → Nasser
Naudeau, O. → SCathAumN
Naudet, J. → ChronGuillNangisD, JoinvD, SLouisPathMirD, SLouisPathVieDau
Nehring, A. → SchraderReall
Nelson, D. H. → AdHaleChansN, AndrContrN
Nelson, J. A. → AntiocheN, ChevCygneNaissM, ChevCygnePropN
Nerlich, M. → ChCharrouxN
Neu, H. → RègleTempleC
Neubauer, A. → GlBodl1466N, GlJehElR
Neufchâteau, N. L. François de → OlSerresN
Neuhaus, C. → AdgarDN, AdgarN
Neujean, J. G. → AveRoseN
Newcombe, T. → JErartN, RBeauvN
Newcombe, T. H. → ThibBlaisN
Newman, W. M. → NewmanNesle
Nezirović, M. → Nezirović
Nicaise, E. → GuiChaulN

Nichols, F. M. → BrittN
Nicod, L. → AdHalePartN
Nicot, J. → Nic 1606, Nic 1621
Niedzielski, H. → HelcanusN
Nielen, M.-A. → AssJérLignN
Niermeyer, J. F. → Niermeyer
Nissen, E. → GuiotDijonN
Nissille, Christel → NissilleGramm
Nitze, W. A. → Perl[1]N, SGraalIIJosN
Nobel, P. → ActesVarLing, BibleAcreN, BibleDécB/EN, GlMontpN, NobelAng
Noble, P. S. → NomparJerN
Nocentini, A. → Nocentini
Noest, M. M. → ConsBoèceBenN
Nonot, J.-J. → JourJugP
Noomen, W. → AdamN, ChronJBekaN, ComplLiègeZ, NoomenFabl, NoomenJongl
Normand, J. → Aiol[1/2]N
Noterdaeme, M.-H. → RenMontPrD
Nurmela, T. → CoincyII10N, SJérEp22N
Nutt, J. W. → EliezIsN
Nykrog, P. → NykrogFabl
Nyrop, K. → Nyrop
Nyström, U. → NyströmMén
O'Callaghan, T. → JGowerTrY
O'Connell, D. → EnsSLouisIO, EnsSLouisPO
O'Connor, B. A. → HArciPèresO
O'Gorman, R. → BraiCordO, RoseDitQuantO, SGraalIIJosFO, SGraalIIJosO
O'Sullivan, D. E. → EchecsAmH
Odenkirchen, C. J. → AdamO, AlexisO
Oelschläger, V. R. B. → Oelschläger
Oesterreicher, J. → FevresOe
Ogurisu, H. → RolS
Ohly, S. → WbMhdUrk
Öhmann, E. → ÖhmannLehnpr
Oldfather, W. A. → YsIAvM
Olivier, Ph. → DAOA
Olivieri, D. → Olivieri
Olivier-Martin, F. → InstJustO, OlMart
Olland, H. → CensToulO
Ollier, M.-L. → LancPrDL, LancPrDL[2], Ollier, YvainR
Olsen, B. M. → JSQuentO
Olszowy-Schlanger, J. → GlRamseyO
Onions, C. T. → OEDSh 1978, Onions
Orelli, M. von → OrelliBibel
Orengo, R. → AngDialGregO, AngDialGregO[2]
Orgeur, S. → TournAntW[2]
Orlowski, B. → MuleO
Ornato, E. → JMontreuilO
Orpen, G. H. → ConqIrlO
Orr, J. → BouchAbevO, GuiotProvinsO, OmbreO, OrrEssais
Orywall, I. → SMargAO
Oschinsky, D. → HosebHenO
Ostrander, F. C. → LisO
Ostrowski, O. → SCrespin[1]O
Oswald, M. → ContPerc[4]TO, ProvSenoO
Otaka, Y. → AlexPrR[1]O, ApocPrO, ApocTrinO, GrCharteO, LoisGuillO, MarieFabO
Ott, A. C. → CoincyChristO, ElD'AmervalO, SEust7O
Ott, A. G. → OttCouleurs
Ott, M. → GuibAndrO, OgDanO
Oudin, A. → Oud 1660, OudC 1640

Noms d'éditeurs et de chercheurs

Oulmont, C. → JugAmO
Overbeck, A. → HoltusLux, MPolGregCO
Owen, A. → BibbO
Owen, D. D. R. → ChevEspJ, JohnstonOwen
Ozanam, A. F. → SPaulEnfAdO
Pachnio, R. → PachnioTaille
Paden, W. D. → PadenPast, VMortHélW
Paetow, L. J. → HAndBatP
Pagan, H. → BrutNobleDP
Pagan, M. → PastGregL/CP, SClairePrP
Pagano, V. → BlasmeAP, CornetesP
Pagel, J. L. → HMondLatP
Palermo, J. → CassidP, HectP
Palgrave, F. → PalgraveInv, PalgraveScot
Pallioppi, Z. et E. → Pallioppi
Palmer, R. B. → GuillMachBehP, GuillMachConfP, GuillMachPriseP, GuillMachVoirL
Palumbo, G. → AbladaneP, TroisFilsP
Pamfilova, X. → GarMonglAP
Pannier, L. → AlexisP, DebHerP, PannierLapid
Pansier, Pierre → Pans
Panunzio, S. → RobGrethEvP
Panvini, B. → MarqueP
Papahagi, T. → Papahagi
Paquette, J.-M. → EnfGarP
Paravicini Bagliani, A. → ActesParfums
Paré, G. → ParéRose
Parenti, A. → Nocentini
Paris, G. → AlexisM[2]P, AlexisOctP, AlexisP, AmbroiseP, CantQuSolP, ChansBNfr12744P, ChiproisM, DonneiP, DoonLaiP, EpSEtP, EspervierP, EvNicAgnP, GrebanP, LayAmP, LecheorP, MainetP, MerlinP, MirNDPers1-40P, OiselP, OrsonP, PercefP, SGillesP, SLégerP, SSagDP, TyoletP
Paris, L. → MarArsAnP, MenReimsP
Paris, P. → AntiocheP, BerteP, ChronSDenisP, GarLorrP, GuillMachVoirP, GuillTyrP, HValW, ParisRom, ProcPonceP
Parry-Williams, T. H. → Parry
Parsons, H. R. → ParsonsCourt
Parussa, G. → ChrPisOthP
Paschold, C. E. → AmphYpP
Pascual, J. A. → Corom[2]
Pasquet, E. → SermCarP
Passalacqua, M. → AppProbiA
Pastré, J.-M. → SGregA[2]H
Paton, L. A. → MerlinProphRP
Pauly, A. → PaulyWiss
Pauphilet, A. → CourtArrF, SGraalIVQuesteP
Pausch, O. → GlAngelusP
Pauthier, M. G. → MPolGregP
Paviot, J. → PaviotProj, PhMézEpC
Payen, J. C. → ConcLyonC, MarieChievreP, MorPhilP, TristBérP
Payne Smith, J. → PayneSmith
Payot, M. → Lac
Payr, T. → MltWb
Pearcy, R. J. → CuvierHP, ShortPearcyFabl
Peckham, L. P. G. → PriseDefP
Pedersen, H. → Pedersen
Peer, O. → Peer
Péguillet, M.-P. → GlMontpP
Peigné-Delacourt, A. → SEloiP
Peisker, R.-M. → PeiskerAtt
Pelaez, M. → TournDamGencP, TristPrPel

Pelan, M. M. → BrutKP, FloreAP, FloreBP, NarcisusP
Pélicier, P. → HérellePélicier
Pellegrini, G. B. → PellegrAr
Penkower, J. S. → GlPsRsChronP
Pensa Michelini Tocci, A. → ChastieMusVP
Penzig, O. → Penzig
Pépin, R. → AldL
Peri, H. → TristPrPeri
Perles, J. → GlAruchP[1], GlAruchP[2]
Perman, R. C. D. → AntArciP
Pérouse de Montclos, J.-M. → PérouseArchit
Perpéchon, F. → JacAmArtP
Perret, M. → RenBeaujBelP
Perret, N.-L. → GouvRoisGauchyM
Perrier, J. L. → CharroiP, EnfGuillP, SiègeBarbP
Perrine, G. H. → OvArtPrP
Perrot, J.-P. → JourJugP
Perry, A. J. A. → PassJonglGP
Perugi, M. → AlexisPe
Peruzzi, E. → PeruzziZügel
Pessen, E. → RigomerTP
Peter, R. → DOM
Peters, H. → ChronFloreffeP
Petersen Dyggve, H. → ChansDyggve
Petersen, H. → DestreesP, SEust2P, SEust4P, SEust5P, SEust8P, SEust10P
Petit, A. → ChastCoucyP, EneasDP, ThebesCP
Petit, J. → JArkAmP, PetitMém
Petitjean, M. → CoutBourgGP
Pety, M. A. → JMoteVoieP
Peÿ, A. → DoonMayP, Fauvel[1/2]P
Peyseré, E. → FroissChronIII[1]H
Pfeffer, W. → BienFamesF, BlasmeBF, ContenFamesF, MonstiersP
Pfister, M. → GirRossDécNP, KleiberPfi, LEI, ParGesprH, PfisterEtym, PfisterGir, PfisterPS
Pflaum, H. → ChansHeid[1]P, JuifChrétP, SynagEglP
Pfuhl, E. → PassJonglFP
Philipon, E. → PhiliponCh[1], PhiliponCh[3]
Philippe, D. → GuillSAndréJehP
Piaget, A. → CharnyMesP, CourcyVaillP, GuillAlexisP, GuillDigLisP, JardPlaisD, PhVitriChapP, PhVitriGontP
Pichard, L. → DLF
Picherit, J.-L. G. → LionBourgAlK, PelCharlP
Pichon, J. → ChronFlandrK, MenagP, TresVenP, ViandTaillNP
Pichot, M. E. → ApocPrArsP
Pickens, R. T. → PercPs
Pickering, F. P. → BibleHolkP
Pickering, W. → PelCharlM
Pickford, C. E. → AmistiéRP, CantLandP, ErecPrP, PalamL, PickfordFabl
Picoche, J. → Picoche, PicocheFroiss
Picot, É. → GuillAlexisP, MistR, MistSAdrP, SottiesP
Piel, J. M. → MLFrGr II[2]
Piérard, C. → PiérardMons
Pierreville, C. → ClarisP
Piffard, G. → JMeunTestP
Pignatelli, C. → ActesTradvMF, JAntOtiaP
Pignon, J. → PignonPhon
Pijnenburg, W. J. J. → ONW, VMNW
Pike, L. O. → YearbEdwIIIH

Noms d'éditeurs et de chercheurs

Pinder, J. M. → SFrançBP
Pinkernell, G. → PinkernellSee, RLefevreJasonP
Pinvidic, M.-J. → DoonMayAPi⁰
Piolle, J. → GuillDoleL
Pipon, B. → ChAbbBoisP
Pirenne, H. → EspPirDoc
Pirona, G. A. → Pirona
Pirson, J. → Pirson
Pittau, M. → PittauDiz
Pitts, B. A. → ApocAgnP, BartRegionsP
Pitzer, P. M. → DEM
Place, E. B. → GilChinP
Planchenault, A. → SSilvCroixP
Planiol, M. → Planiol
Planta, R. von → RätNb
Platz, C. → SermMadNP
Plaut, M. → PalamT
Plechl, H. → Graesse
Plomp, H. P. B. → SSagAP
Plouzeau, May → GuillDoleL, MistLilleK, ParDuchP, VengRagP
Plumet, F. → PalamT
Pluquet, F. → RouP
Poerck, G. de → BibleParP, CharroiPo, JonasP, Pck
Poirier, C. → DHFQ, DictQué⁰
Poirion, D. → CharlD'OrlLexP, LancP, PercPn, RoseLP, TristBérPo
Pokorny, J. → Pokorny
Polain, M. L. → JBelP
Pon, G. → PonFont
Ponceau, J.-P. → SGraalIVEstP, TristPrNB
Poncelet, É. → BormansSLambLiège, Poncelet-Liège
Ponchard-Hyatte, M. → EvrartContyEchH
Pons, N. → LibelleDebP
Pontfarcy, Y. de → MarieEspP, VisTond
Pope, M. K. → AngDialGregP, AngVieGregP, HeraudChandosP, HornP, OrthParP, Pope
Popelar, I. → DAG, DAO
Poppe, E. → Goub
Poquet, A. E. → CoincyI1...P
Porges, N. → GlNYsP
Portejoie, P. → CoutChampP
Porter, L. C. → PorterFatr
Porter, M. E. → MistFiacreB
Post, R. → Post
Potvin, Ch. → ContPerc¹P, PercP
Poulle, E. → HoroleigesZ
Powell, J. G. F. → AppProbiP
Poznański, S. → EliezEzP, EliezOsP
Prangsma-Hajenius, A. M. L. → BibleMacéP, PrangsmaSCroix
Prarond, E. → PrarondPont
Préaud, M. → HoroscBaudP
Prévot, B. → ChirChevP, JordRufMP
Priebsch, J. → GlDouceP
Prinet, M. → ArmChiffletP, ArmHarlLHP
Prinz, O. → MltWb
Prior, O. H. → DivMondePerP, ImMondePrP
Probst, V. → PelVieD
Prochno, R. → ProchnoChampmol
Prášek, J. V. → MPolPip
Prost, A. → ProstPropr
Prost, B. → CartHuguesChalonP, ProstInv
Prost, H. → ProstInv

Psaki, R. → GuillDoleP
Pukatzki, G. C. → ChevCygneBruxP
Pulega, A. → TournDamGencPu
Pult, C. → DiczRGr
Pușcariu, S. → Pușc
Püschel, R. → ChrPisCheminP
Putanec, V. → AttilaPrB, ConcLyonP
Putelli, R. → RenXXVIIuP
Quak, A. → ONW
Quegwer, F. → RenMontoQ
Quemada, B. → MatHistVoc¹, MatHistVoc²
Quereuil, M. → BibleParQ, CommB, TristPrNB
Quéruel, D. → JAvesnesProprBQ, MPolGregM, TristPrQ
Queux de Saint-Hilaire, P. A. de → DeschQ
Quinn, E. C. → PenitAdam¹ᐟ²Q
Raby, M. J. → HuonPrR
Rachetta, M. T. → HermValS
Radouant, R. → DuVair
Raelet, R. → JMandOgT
Raine, J. → RaineTest
Rajna, P. → AlexisvR
Räkel, H.-H. S. → HuonQuEntrR
Rambeau, A. → AdHaleFeuillR
Ramière de Fortanier, J. → RFortLaur
Rankka, E. → CoincyI41/42R, JuiseR
Rapetti, P.-N. → JostPletR
Rasch, P. → AliscW
Rastatter, P. H. → AnticlLudR
Ratcliff, N. E. → BibleAgnR
Raugei, A. M. → GautDargR
Raupach, M. → GlReichK
Ravenel, F. L. → EdmR
Raymond, F. → Raym 1832, Raym 1836
Raynaud de Lage, G. → DLF, EvDomB, GautArrErR, RaynLaFabl, ThebesR, TristBérB, TrubertR
Raynaud, G. → AdvNDM, Aiol¹ᐟ²N, AvocasR, BodelCongéR, CapMartR, CentBallR, ChansSGermM, ChastVergiR¹, ChastVergiR⁴, ChevalVendiR¹, ChevalVendiR², ChiproisR, DeschQ, ElieR, FroissChronL, GrebanP, MichRayn, MirNDSardR, MontRayn, OutHôtelR, ProprChosR, Raynaud, RaynaudChPont, RaynMotets, RaynRond, RenContrR, TombChartr6R
Raynouard, F. → Rn
Read, C. → SatMénR
Rebuffi, C. → BestPierre¹R¹
Redlich, P. → ChronSMichelR
Redon, Odile → MélRedon
Reenen, P. van → DocAube²R
Régnier, Claude → AliscRé, AliscRé², PriseOrABR¹, PriseOrABR², RégnierMorvan
Regula, M. → RegulaGramm
Reichenberger, K. → BenTroieMR
Reichenkron, G. → RohrRum
Reichl, K. → SMarg4R
Reid, T. B. W. → AND, ReidFabl, TristBérR
Reidy, J. → MED
Reiffenberg, F. A. F. T. de → ChevCygneBruxR, GilChinR, GlBrux9543R, MenagR, MousketR, Pères21R, ReiffenbergMon
Reinaud, J. T. → MahomR
Reinhard, J. R. → AmYdR
Reinhold, J. → BueveFrancoitR, KarletoR

Noms d'éditeurs et de chercheurs

Reinsch, R. → BestGuillR, CoincyNatNDR, Guill-JoiesR, GuillSMadR, GuillTobR, GuillTroisMotsR, LapidsER, LettrHippoNR, NicBozEnsR, PilateR, ReinschEvang, SFanuelR
Rejhon, A. C. → RolPR
Relihan, R. J. → PeinesR
Remacle, L. → RemAWall, RemBelg, RemDoc, RemEt, RemMM, RemPorte, RemRoanne
Remigereau, F. → RemigereauVén
Renan, E. → ElégTroyesD[1], GlJehElR
Renier, A. → HuonAuvTR
Renson, J. → RensonVis
Renzi, S. de → GlAlphR
Rey, A. → Rob 1985, RobP[2]
Rey-Debove, Josette → Höfler, RobP[2]
Rézeau, Pierre → ChambonVar[1], ChambonVar[2], DRF, DuPineauR, EnckRézOnom, HöflerCul, MélRézeau, RézeauCép, RézeauIncip, Rézeau-Prières
Rheinfelder, H. → RheinfelderF, RheinfelderL
Rhys, O. → ApocGiffR
Ribard, J. → JCondOisR
Ribémont, B. → ChirChevP, CorbR, PanthR
Richard, J. → RichardCh, RichardChy
Richard, J.-M. → Mahaut, PassArrR, Richard-Thierry
Richardson, H. B. → Boggs
Richardson, H. G. → FletaR, RichardsonCist, RichardsonDicta, RotParl[4]R
Richardson, L.B. → SEdmPr
Richardson, L. M. → FevresR
Richelet, C. J. → BarMorsR, CantLandR, MolnierR
Richelet, P. → Rich 1680
Richter, Elise → RichterChron
Richter, M. → JNeuvR
Richthofen, E. von → MarieChievreRi
Rickard, P. → TestFouk
Ricketts, P. T. → ChronWigmoreD, ChronWigmoreR
Rietkötter [-Lallemand], A. → ProvSalAuR
Rigg, A. G. → MantRigg
Riley, H. T. → LAlbR
Ringenbach, J.-L. → Gdf
Rings, W. → GregEzR[0]
Rinoldi, P. → MortAymR, SyraconR
Ripley, D. P. → ThebesRi
Risop, A. → AimonFlH, RisopIr
Rist, P. → GuillJoiesRi
Ritchie, R. L. G. → ChronGuillBretB, VoeuxPaonR
Rivière, J.-C. → JacCambrR, RivièrePast
Rivoire, A. → EchecsAmR
Rizzolatti, P. → Pirona
Roach, E. → BruslezAmisR, MelusCoudrR
Roach, W. → ContPerc[1]A/T...R, ContPerc[2]R, ContPerc[3]R, PercDidD/ER, PercR, SGraalIII-JosER
Robbins, H. W. → MirourEdmBR
Robert, A. C. M. → MercierR, PartonC, YsIAvR
Robert, G. → RobertEcly, RobertPorc
Robert, P. → Rob, RobP[2]
Robert, U. → GlArbR, JMeunVégR, JPrioratR, MirNDPers1-40P
Roberts, J.B. → ChevCygnePrR
Robertson, A. J. → LoisGuillL, LoisGuillR
Robertson, D. → FolTristBernCD
Robertson-Mellor, G. → Rolv4[1/2]R

Robillard de Beaurepaire, C. de → ChronPCochonR
Robillard de Beaurepaire, E. de → GoubJournR
Robin, C. → LittréRob 1873
Robreau, Y. → RobreauHonn
Robson, C. A. → SermMaurR
Robustelli Della Cuna, F. → GlOsbernR
Rochat, A. → ContPerc[2]KR
Roche, C. de → ChrPisJehR
Rochebouet, A. → HistAncR, TroiePr[5]R
Rochedieu, C. A. → GeoffrParAlliésS
Roche-Mahdi, S. → SilenceR
Rockel, K. → RockelGoupil
Rockwell, P. V. → ChevIIEspR
Roepke, F. → AspremRR
Roesle, M. → ChastPereAR
Rogerson, M. → JohnstonRog
Röhl, S. → JMandPL
Rohlfs, G. → AlexisRo, MélRohlfs[1], RohlfsCal, RohlfsFablels, RohlfsGasc, RohlfsGramIt, RohlfsLehn, RohlfsNBeitr, RohlfsNCal, Rohlfs-Sprachgeogr, RolH[4]
Rohr, R. → RohrRum, RohrVok
Röhricht, R. → ChronTerreSainteAR
Rolin, G. → AliscR
Rolland, E. → RlFl, RlFn
Ronchi, G. → MPolRustRo
Ronjat, J. → Ronjat
Ronsjö, E. → WaceNicR
Röntgen, K.-H. → RöntgenTier
Rony, J. → AdHaleFeuillL
Roquefort, J. B. de → MarieFabR, Roquefort, RoquefortGl
Roquelet, A. → CoutHectorR
Roques, Gilles → RoquesRég
Roques, M. → AucR[3], ChansZagrebR, ErecR, GarçAvR[2], GriseldisEstR, LancR, MacaireAl[2]B, MaillartR, ParisMél, RenR, RoquesLex, SGregA[1]S, TristBérM[4], YvainR
Rosellini, A. → GesteFrancorR, SGraalIVQuesteUR
Rosenberg, S. N. → ChansOxfBalD, ColMusC, FauvelChansR, GaceBruléR, Rosenberg, Rosenberg[3], SottChansOxfD
Rosenfeld, H.-F. → RosenfeldHand
Rosin, D. → RaschbamR
Rösler, M. → AlexisR[1], SMathelinR
Ross, D. J. A. → ChirRogR, ItinRomeR
Rossi, C. → PelCharlB, SThomFragmR
Rossi, L. → RossiStrFabl
Rostaing, C. → ConstHamelR, DauzatRostaing
Roth, C. → EJ
Roth, P. → TroiePr[14]R
Roth, W. → VermBeitr
Rothberg, G. Meyer → JugAstrR
Rothenberg, I. → RothenbergSuff
Rothschild, J. de → MistR, MontRoth
Rothwell, William → AND, AND[2], BibbFR, BibbR
Rothwell, William → BibbR[2]
Rouquier, M. → EnfVivR
Roussel, C. → BelleHelR, MPolGregM
Roussel, H. → RenNouvR
Roussineau, G. → MerlinsR, PercefR, PercefR[2], PercefR[3], PercefR[4], PercefR[5], PercefR[6], TristPrR, VengRagR

Noms d'éditeurs et de chercheurs

Roux de Rochelle, J. B. G. → MPolRustR
Rouy, F. → MénardFabl
Roy, B. → DevR, EvrartContyEchG, OvArtPrR
Roy, E. → JourJugR, PassSemR, PrunR
Roy, M. → ChrPisR
Royer, Ch. → BerVerv
Royer, G. → Pères51R[1], Pères51R[2]
Rozière, E. de → AssSenlis[2]R
Rubke, O. → CharlChauveR
Ruby, C. → AthisH
Rudder, O. de → CoincyI17R, EnfSolR
Rudolph, A. → YonR
Ruelle, P. → BesantR, BodelCongéRu, ClercVaudR, DocHainR, HuonR, OrnDamesR, RuelleCh, RuelleChir, YsEudeR, YsMachoR
Ruh, K. → VerfLex[2]
Ruhe, D. → ElucidaireSecA/B/H/IR
Ruhe, E. → ChronBaud[1]SenR, ElucidaireGilR, ProvSenAR, RuheCat, SidracLR
Runeberg, J. → BatLoqArsR
Runkewitz, W. → Runk
Runnalls, G. A. → AdvNDMystR, MirNDPers15R, MistHag1/2/3/4R, MistSVenR, PassAuvHE, PassAuvR, PassEntreR, RunnallsMyst, SChristofleAnR
Runte, H. R. → SSagAR, SSagMR
Russell, D. W. → EdmRu, LégApostHR, PAbernRichR, SFrançCR, SLaurentR
Russell, V. → LégDorVignBartH
Rutherford, A. → ChronTrivR
Rutledge, T. J. S. → BalJosChardR
Rychner, J. → BouchAbevR, EchecsBernS, MarieLaisR, MarieLanvR[2], QJoyesR, RychnerFabl, VillonLaisR, VillonTestR
Rymer, T. → FoederaR[1], FoederaR[3]
Sabin, J. → SabinStreu
Sagher, E. de → CptYpresD
Saige, G. → CartFontenayMarmS, ChRethelS
Sainéan, L. → SainéanChat, SainéanChien, SainéanEt, SainéanSourc
Sainte-Agathe, J. de → SteAgatheLurion
Sakari, A. → DoctSauvS
Salamagne, A. → SalamagneConstr
Salberg, T. K. → OgDanP[S]
Salles Villar, M. de → Houaiss
Salminen (Mustanoja), T. F. → RobHoES
Salminen, R. → MargNavMirS, MargNavVisS
Salmon, A. → BeaumCoutS, GdfLex, RecMédCambraiS
Salmon, Amédée → GdfC
Salter, H. E. → RichardsonCist
Salters, R. B. → RaschbamS
Saluz, U. → HandwbRät
Salvat, M. → CorbS
Salverda de Grave, J. J. → CoutStAmandM, CoutVerdun[1]M, EneasS[1], EneasS[2], JugMetzS, Pères38S, PoèmeQuatrS, Salv
Saly, A. → ChevFustSa
Salzman, L. F. → SalzmanBuild
Samaran, Ch. → PsOrneS
Sammet [-Diekmann], D. → SammetSuff
Samyn, J. → BoWestvl[2]
Sandahl, B. → SandahlSea
Sanderson, R. → FoederaR[3]
Sandqvist, O. → AdvNDM, SGregJeanS

Sandqvist, S. → BenDucF, DialGregEvrS, ProprChosSq, ProprChosZ, SandqvistBen, SandqvistTrist, SEvroulS, TombChartr1/2/3S, TombChartr19S
Sanson, U. → Pirona
Sansone, G. E. → CharroiS
Sant, J. T. M. van't → OvMorCommS
Santucci, M. → MPolGregM, TristPrQ
Saß, E. → JosephS
Sargent-Baur, B. N. → AucR[3], BeaumManB
Sarton, G. → Sarton
Saulcy, F. de → SaulcyMonn
Sauvage, R. F. N. → CoutCaen1326S
Savoie, M. A. → ProprChosS
Saye, H. → FevresS, GoldbergRecMéd
Sayles, G. O. → FletaR, King'sBenchS, RotParl[4]R
Schäfer, B. → SchäferFarb
Schäfer, H. → EsclAlS, HuonAlS
Schaube, A. → Schaube
Schauwecker, Yela → RègleSBenMartP[2]S[0], SecrSecrPr[2]S
Scheffler, S. → HoroscBaudS
Schein, S. → PaviotProj
Scheler, A. → AalmaLS, AdenBuevS, AdParvS, AigarS, AlNeckUtensS, BastS, BaudCondS, BerteS, EleeS[1], EleeS[2], EnfOgS, FroissK, FroissS, GlLilleS, GormS, JGarlS, JMoteRegrS, MacaireAl[1]S, OllaS, PriereTheophS, SchelerEt[1/2/3], SchelerGil, SchelerJPreis, SMarg7S, TrouvBelg[1], TrouvBelg[2], WatrS
Scheler, → DinauxBrab
Schellenberg, G. → Schellenberg
Scheurer, R. → DocJuraS
Schiavone de Cruz-Sáenz, M. → SMarieEgTS
Schiller, K. → SchillerLübben
Schirling, V. → Schirling
Schirmer, F. J. → AtreS
Schläger, G. → MonGuillPrS
Schlessinger, G. → MachsorS
Schleyer, J. D. → SchleyerList
Schlyter, B. → SThomBenS
Schmeller, J. A. → Schmeller
Schmid, R. → LoisGuillS
Schmidt, A. → GuillSMadS, SFranchS
Schmidt, F. → SchmidtReiten
Schmidt, F. W. V. → ChastPereBS
Schmidt, J. → JugAmS
Schmidt, R. → PassAugB
Schmitt, C. → LRL
Schmitt, J.-Cl. → LeGoffSchmittDict
Schmitt, P. → Grimm[2], WbMhdUrk
Schmitt, R. → Turpin[2]S
Schmitt, Theresa → GeomancieAS[0]
Schmitz, A. & B. → SchmitzWortb
Schneegans, F. E. → MirNDPers23S, RésSauvPS
Schneider, E. → ChambonVar[2]
Schneider, J. → JugMetzS, MltWb
Schneidewind, H. → SFanuelVarS
Schnerb-Lièvre, M. → SongeVergierS
Schon, P. M. → SchonPr
Schoolmeesters, E. → BormansSLambLiège
Schoonheim, T. H. → ONW, VMNW
Schopp, J. W. → CoutExS
Schorta, A. → DiczRGr, RätNb, SchortaRecht
Schossig, A. → SchossigWidder
Schrader, O. → SchraderReall

Noms d'éditeurs et de chercheurs

Schröder, R. → DtRechtswb
Schroeder, K.-H. → AdHaleFeuillS
Schroth, R. → ConsBoèceTroyS
Schrötter, F. von → Schrötter
Schüle, E. → DocJuraS
Schultz, A. → Schultz
Schultz, E. → JMeunAbH
Schultz, P. → SchultzZahl
Schultz-Gora, O. → ChastSGilS, HerbCandS, Schultz-GoraSatzortsn, VenjAlS
Schulze, A. → ApolOctS, SBernAn²S
Schulze, U. → WbMhdUrk
Schulze-Busacker, E. → SchulzeBusProv
Schumacher de Peña, G. → SchumacherCap
Schumacher, B. → MaillartS
Schumacher, K. → RenMontRS
Schuppe, E. → GarMonglMü/Me/S
Schutz, A. H. → CordouanierS
Schutz, R. A. → ChansBern389S
Schützeichel, R. → Schützeichel, Schützeichel-Grund
Schwab, M. → GlPerezS
Schwan, E. → Chans, SchwanBehrens
Schwarzentraub, C. → SchwarzentraubPfl
Schweigel, M. → EsclDécS
Schwentner, E. → Schwentner
Schweppe, K. → GirRossDécoS
Scoones, S. → ScoonesOff
Scott, R. → LidScott
Scott-Macnab, D. → TwitiS
Scully, T. → CourtAmS, RecCulChiqS, ViandValS
Seebold, E. → ChWdW8, KlugeSe²²
Seeger, L. → RenMontAS
Seglie, P. et S. → GribaudoSeglie
Segre, C. → BestAmFournS, RolS, RolS², RolSh
Séguy, J. → SégPl, TristPrA
Séguy, M. → MarieLaisK
Seidl, C. → FEW
Seigneuret, J.-Ch. → ComteArtS
Sellers, M. → YorkMemS
Semrau, F. → SemrauWürfel
Sennewaldt, C. → MistHag6S
Serper, A. → HuonQuJérS, SynagEglS
Serrure, R. → Schrötter
Servet, P. → MistRésAngS
Servois, G. → FierK
Servois, G. M. J. → GuillDoleS
Settegast, F. → CalendreS, CesTuimAlS, CesTuimPrS
Seubert, B. J. → MistHag5S
Severs, J. B. → MelibeeRenS
Sguaitamatti-Bassi, S. → SguaitamattiAr
Shabafrouz, T. → DAG, DAO
Shanks, E. → NovNarrS
Sharpe, R. → SharpeLWr
Shaw, J. → DuFouillVénW
Shepard, W. P. → GeoffrParDespSh, MenReimsSh
Shields, H. → AspinChansPol, MurRosS, PhThSibS
Shirley, W. Waddington → ShirleyRoyLett
Short, F. → SThomGuernW¹
Short, I. → BrendanS, BrutB, FolTristBernL, FolTristOxfS, GaimarS, PhThCompS, PsOxfS, RolSh, RolSh², ShortAnniv, ShortMan, ShortPearcyFabl, SPaulEnfAdDS, SThomBenGS, ThomKentF, TristThomCS, TurpinBrianeS

Sieper, E. → EchecsAmK
Sies, R. → RecMédEpidAS
Sievers, E. → SteinmSievers
Simon, K. → RenMontNSi
Simonis, F. → SimonisTerdre
Simpson, J. K. → LabanS
Sinclair, Keith Val → MélSinclair
Sinclair, K. V. → HuonBS, RègleHospCamS, RobGrethCorsS, SinclairBers, SinclairDev, SinclairPrières, TristNantS
Singer, I. → JE
Singer, S. → SingerProv, SingerSpr
Sinner, J. R. → EchecsBernS
Sishin, H. J. → GlParmePalES
Šišmarev, V. → GuillMachC
Sitarz-Fitzpatrick, B. → DonatLibM
Skeat, W. N. → NominaleS
Skårup, P. → NabaretS
Skolnik, F. → EJ²
Slerca, A. → AndrVigneNapS
Sletsjöe, L. → AdamS
Slusanski, D. → IliescuSlusanski
Small, G. → Buscalus, ChronTournCes¹
Smeets, J. R. → BibleMacéS, BibleMacéS², BibleMacéS³, BibleMalkS, MaccabES, MaccabGautGS, MaccabGautS
Smet, J. de → SmetKeures
Smet, J.-J. de → ChronPBasS, MenReimsS
Smirke, E. → CoutWinchS
Smith, H. A. → SSagOctChS
Smith, L. T. → NicBozMorS
Smith, P. C. → MerlinSCS
Snavely, G. E. → JVignayMirYsS
Sneddon, C. R. → BibleParS
Sneyders de Vogel, K. → FetRomF¹
Södergård, Ö. → ArtAimAgnS, BenDucF, ChevBarAnoS, ChirPoutrS, CompRalfS, ConjugFrS, EchecsDeuS, EdConfVatS, LettrHippoMS, RecCosmCamS, SAudreeS
Söderhjelm, T. → PeanGatSöderh
Söderhjelm, W. → ChastPereAH, CourtDonneurS, HuonSQuentL, PeanGatS¹, PeanGatS², SLaurentS, SQuentAlS
Soelter, O. → QJoyesS
Sol, H. B. → SGregA¹S
Solente, S. → ChrPisFaisS, ChrPisMutS
Söll, L. → SöllWald
Somerville, R. → RegGaunt²L
Sommer, F. → Sommer
Sommer, H. O. → ArtusS, MerlinS, MerlinSDS, SGraalIVS
Sonder, A. → SonderGrisch
Sonet, J. → BalJosAnS, SonetIncip
Sontheimer, W. → PaulyKl
Sophocles, E. A. → Sophocles
Sornicola, R. → VarvaroSorn
Souter, A. → Souter
Spanke, H. → RaynaudSpanke, SpankeChans
Spanke, J. → JRentiS
Sparke, J. → ChronBurchB
Späth, H. L. → SpäthArmut
Spaziani, M. → ChansSienaS
Specht, R. → AspremV6aS
Speer, H. → DtRechtswb
Speer, M. B. → MortArtuBS, SSagOctS
Speich, J. H. → DestrRomeS

Noms d'éditeurs et de chercheurs

Spence, N. C. W. → NarcisusP
Spencer, F. → SMarg2S, SMarg3S, UrbCort[1]S
Speroni, G. B. → FournConsS, PoissAmS
Spiegel, H. → MarieFabS
Spiele, I. → HermValS
Spitzer, L. → GamSpitzKlette, GamWortb, SpitzerWortb
Springer, O. → LloydSpringer
Squillacioti, P. → BrunLatS
Stackelmann, K. → MWB
Städtler, Thomas → CroissantAlMS, CroissantAlMS[2], DEAF, ImMondeOct[2]S[0], PelVieD, StädtlerGdfLex, StädtlerGram, VitS
Stallaert, K. → Stallaert
Stamm, J. J. → KoehlerBaumg[3]
Stammler, W. → VerfLex
Staniforth, P. → AND
Starck, T. → StarckWells
Stasse, M. → JeuxPartL, ThibChampW
Staubach, C. N. → AlgorCambrS
Stebbins, C. E. → AlexisAloS, AlexisAlpS
Stefenelli, A. → StefPetr, StefSyn, StefWort
Steffens, G. → ChansOxfS, ChansSienaSt, PerrinS, RichSemS
Stehlich, F. → PoireS
Steiger, A. → Steiger
Stein, A. → TLEl
Stein, H. → Stein
Steiner, R. → TristPrLaisF
Steiner, S.-M. → SidracS
Steingass, F. J. → Steingass
Steinmeyer, E. E. von → SteinmSievers
Steinschneider, M. → SteinschneiderBodl
Stempel, W.-D. → DOM, StempelSatzv
Stendardo, G. → AttilaS
Stengel, E. → AlexisSt, AnsMetzS[1], AnsMetzS[2], BibleSeptEtatsS, ChastieMusoG, ChevFustFS, DurmS, GalienS, GerbMetzS, HervisS, HornB, HuonAuvBS[1], HuonAuvBS[2], HuonAuvBS[3], HuonAuvBS[4], HuonAuvBS[5], HuonAuvBS[6], HuonAuvBS[7], HuonQuJérSt, MaccabFragmS, ManLangS, MistSGenisM, MortAymFragmS, OvArtElieK, ProvRawlC[1/2]S, RenMontNSt, RespCurtS, RolSt[1], RolSt[2], SaisnM, SFanuelVarSt, StengelDigby, StengelTur, StengelWb, SyraconS
Steppuhn, A. → PrestreCompS
Sternberg, A. → SternbergWaffen
Steuer, W. → JosephSt
Stevenson, J. → BrutThomS, SGodric
Stichel, K. → Stichel
Stimm, H. → DOM, StimmProsaleg
Stimming, A. → Bueve1S, Bueve2S, Bueve3S, BueveAgnS, StimmingMot
Stimming, E. → StimmingACI
Stoer, Jacob → Stoer
Stoett, F. A. → VerVer
Stone, H. K. → ThibMarlyS
Stone, L. W. → AND
Stopkie, J. L. → MirNDPers26S
Storchenegger, K. → HaimonS
Storer, W. H. → GeoffrParAlliésS
Storey, C. → AlexisS[1], AlexisS[2]
Störing, H. → StöringPN
Stotz, P. → StotzBed
Stouff, L. → MelusArrS, StouffArb

Stowell, W. A. → Stowell
Strachey, J. P. → DivMondePerP, VisElisS
Stracke, J. R. → GlLaudS
Straka, Georges → ActesNonLitt, DEAF, StrakaSons, TraîtresS
Straka, Jiří [Georges] → ViergeBallS
Strate, C. A. → HermValSt
Stratmann, F. H. → Stratmann
Straub, R. → RossiStrFabl
Straub, R. E. F. → PutLechGS
Streng, W. O. → StrengHaus, StrengWetter
Streng-Renkonen, W. O. → EstampiesS, JoufrS
Strinna, G. → SermViandesS
Strubel, A. → Perl[2]S, RenHS, RoseLS
Studer, P. → AdamSt, DéfAmPrS, OakBookS, PortBooksS, Studer, StudWat
Stuip, R. E. V. → ChastVergiS, ChastVergiS[2]
Stumpf, B. → ActesLexSc, RPreslesCitéB
Stumpf, Béatrice → PelVieSt
Sturm, S. → SturmSumpf
Stürzinger, J. J. → GirRossDécLS, OrthGallS, PelAmeS, PelJChrS, PelVieS
Stutzmann, D. → StutzmannTylus
Suard, F. → AspremCS, ChastCoucyP, ChevVivM, ChGuillSd
Subak, J. → EnfOgFrancoitS, OgDanAlS
Subrenat, J. → AliscRé[2], AubS, GaydonS, TraîtresSu, TristPrG
Suchier, H. → AucS[10], BeaumS, BrendanSu, ChGuillS, DeuOmniS[1], ElesoS, GrantMalS[1], ModvS, NarbS, ProvHansS, SGregA[1]Su, SGregB[1]Su, SMadMarsTrD
Suchier, W. → AucS[10], DeuOmniS[2], DouzeVendrediscS, EnfantSageS, GrantMalS[2], SongeDan[1]S, VenjNSA/B.../S
Sudhoff, K. → RecMédJPitS
Sulpice, A. → TombChartrS
Sumberg, L. A. M. → SumbergAnt
Suomela-Härmä, E. → RenNouvPrS
Suttina, L. → BalJosAncS
Sutton, A. F. → LPrivilMerchantS
Suzuki, S. → Renγ F[2]
Swan, C. T. → SJulPrS
Sweetser, F. P. → BlancandS, CentNouvS, EscoufleS
Switten, M. → Rosenberg[3]
Szirmai, J. C. → BibleEntS, GenHarlS
Szkilnik, M. → MeraugisS, PèresPrI5/7S, TristPrS
Szogs, S. → AspremErfS
Tabouillot, N. → FrançoisTab, HistMetz
Taguchi, M. → BibleGuiartT
Tailliar, E. → Tailliar
Talbert, F. → EstFougT, SCathAumT
Tammi, G. → SMarg5T
Tanon, L. → TanonJust
Tanquerey, F. J. → ExhortCuersT, LettrTanq, PlainteVgePurT, RomRomT, TanquereyActes
Tappolet, E. → TappoletHaustier
Tarbé, P. → AuberiTarbé, ElesT, EpSEtT, GirVianeT, GuillMachT, HerbCandT, InvRichPicT, OvMorT, PurgSPatrPrAT, RenContr[1]T, RenMontLT, ThibChampT, TournAntT
Tardif, A. → CoutArtT
Tardif, E.-J. → CoutNormT
Tarnowski, A. → ChrPisCheminT
Tausend, M. → DOM

Noms d'éditeurs et de chercheurs

Taylor, J. → BrutBroth²C
Taylor, J. H. M. → PercefT
Taylor, M. A. → CharnyMesT
Taylor, P. → GerbMetzT
Taylor, R. → SAgnèsDobT, SBernCantT, SermLaudT
Taylor, S. M. → JCourtPlaitAT
Te Winkel, L. A. → Woordenboek
Telger, G. → SGregB¹T
Temple House, R. → OrdeneChevH
Terracher, A.-L. → ChevVivT
Terroine, A. → TerroineCartGeoffr, TerroineFossier
Tesnière, M.-H. → BersuireOT, BersuireP
Teulet, A. → Layettes
Texier, l'abbé → DictOrf
Teza, E. → AldMT, RenXXVIIoT
Theben, H. → PassJonglFT
Theel, J. → RenMontPT
Theodor, J. → GlBereschitWT
Thibault, A. → ThibaultSuisse
Thiébaux, M. → CerfAmT
Thierbach, A. → ThierbFeste
Thiergen, J. → ThiergenMyth
Thierry, A. → Thierry
Thiolier, J. C. → ChronPLangI/IIT
Thiolier-Méjean, S. → PlainteLacyT
Thiry-Stassin, M. → NarcisusT
Thomas, A. → ConsBoècePierreT, DG, DocMarcheT, EntreeT, RésSauvPF, ThomasEss, ThomasMél¹, ThomasMél², ThomasNEss, VoieParadDieusT
Thomas, J. → AmistiéDT, RenMontArdT, RenMontDT
Thomas, J. T. E. → SThomGuernT
Thomas, M. → SFrançCT
Thomas, P. → ThomasLille
Thomas, P. A. → JacBaisT
Thomas, R. J. → GPCymr
Thomas, T.H.E. → EstFougTh
Thomasset, C. A. → DMFMat, PlacTimT, ThomassetPlac
Thomasset, Claude → ActesGéol, MélThomasset
Thompson, A. Wilder → ElucidationT
Thompson, J. J. → PèresPrIINicT
Thordstein, A. → BestAmOctT
Thorn, A. C. → NicBozProvR/ST, ThornCord, ThornSartre
Thorn, C. → ThornCord, ThornMéd
Thorne, S. E. → BractonW, ThorneRead
Thornton, G. A. → LodgeThConst
Thorp, N. R. → JerusT
Thorpe, L. → BaudButorT, LaurinT, SilenceT¹, SilenceT², SSagAcT, VégèceRichT
Thurau, G. → ThurauRefr, ThurauSing
Thurot, C. → ThurotEx, ThurotPron
Tiefenbach, H. → TiefenbachAsächs
Tiemann, H. → SebilleT
Tietze, A. → KahTLev
Tiktin, H. → TiktinMir
Tilander, G. → BrézéT, ChaceT, DancusLatT, DancusT, DuFouillVénT, FaucMedHT, GastPhébChasseT, GastPhébOrT¹, GastPhébOrT², ModusT, TilChaceOis, TilEtym, TilGlan, TilLex, TilMélEtym, TilMisc, TilMsModus, TilNEtym, TilNMélEtym, TilRem, TwitiT

Timbal, P.-C. → TimbalParl
Tinius, F. → MistSClemA
Tischler, H. → FauvelChansR, Rosenberg
Tissier, A. → TissierFarce, TissierFarces
Tittel, Sabine → DEAF, GuiChaulMT, PelVieD
Tjerneld, H. → MoamT
Tobin, P. M. O'Hara → TobinLais
Tobler, A. → AnielT, AuberiT, HuonAuvBT, JCondT, MousketT, ProvVilT, SBernAn²T, SJulT, TL, ToblerDam, ToblerVerm
Tobler, Adolf → TL
Tobler, R. → SJulPrT
Todd, H. A. → ApocKerrT, ChevCygneNaissT, PanthT, SCathGuiT, SMadInvocT
Togeby, K. → OgDanPrT
Tollenaere, F. de → DeVriesTol¹³
Toller, T. N. → BosTol, BosTolSuppl
Tommaseo, N. → TomBel
Topham, J. → RotParl¹M
Torp, A. → FalkTorp, FalkTorpNorw
Torri, P. → BrunLatS
Toscani, B. → MeschLunT
Toulan, Magali → ChaceOisIIT⁰
Tout, T. F. → OrdEdwIIOst¹T
Tovar, C. de → LettrHippoT, RecMédSauvT
Trachsler, Richard → ActesProph, BouchAbevR, EscanT, FloriantC, PalamT
Treanor, S. → SidracT
Trease, G.E. → TreaseSpicers
Trébutien, G. S. → RobDiableT, TombChartr19T, WaceConcM
Trénel, J. → Trénel
Trenkle, M. P. → SCathCarlT
Trethewey, W. H. → AncrRiwleTT, PetPhilT
Tricotel, E. → JFevLamentH
Triebel, K. → RenMontvT
Trombetti Budriesi, A. L. → ChaceOisIM
Tross, E. → ClefT
Trost, J. → EustMoineF
Trotter, David A. → ActesMulti, ActesRégLex, AND, AND², ApocPrBT, ChirAlbT, DocMMSalT, JVignayOdoT, QuatBeatT, TrotterCrus, TrotterMan
Trouillat, J. → TrouillatBâle
Tucoo-Chala, P. → GastPhébOrT²
Tuetey, A. → JournParT, TueteyFrComt, TueteyTest
Türk, M. → ElucidaireIT
Turner, G. J. → BrevPlacT
Twiss, T. → BlackBookT
Tylus, P. → BertePrT, StutzmannTylus
Tyson, D. B. → BrutPetT, HeraudChandosT, ReiEnglT, Tripartita³T
Tyssens, M. → AiquinJa, ChansSGermT, Ferrari, GuillOrPrT, JMandOgT, NarcisusT, TyssensVoy
Uerkvitz, W. → UerkvitzLettr
Uhl, P. → TraversesU
Uitti, K. D. → LancU, YvainU
Ulland, W. → UllandInstr
Ulrich, J. → CatAdSuelU, CatPr¹U, Coincy18/20/43U, MerlinP, ProvRurU, RioteAU, RobBloisBeaudU, TrubertU
Ulrix, E. → AdGivenchiU, ChansRoiU, GuillVinU
Unger, C. → Grimm²
Unger, K. → JourdBlAlBU

Noms d'éditeurs et de chercheurs

Urtel, H. → GrossetConfU
Urwin, K. → ChevDieuU, SJeanAumU
Väänänen, V. → CocagneV, CoincyII26V, Segr-MoineV, VäänänenIntro, VäänänenRécr
Valentine, E. A. → RecMédCCV
Valentini, A. → RoseGuiV
Valette, F. → PFaifeuV
Valkhoff, M. → Valkh
Vallerie, J. E. → GarLorrV
van Dalen-Oskam, K. H. → VMNW
Van den Abeele, B. → ActesParfums, ActesRen[15], BestPierre[2]B
Van den Boogaard, N. → CerfAmB
van Deyck, R. → CharroiPo
van Emden, W. → RolCaE
Van Emden, W. G. → OvMorPr[2]E
Van Hoecke, W. → AlexParBH
Van Hoorebeek, C. → PhMézEpC
Vanhaeck, M. → CartMarquetteV
Varin, P. → VarinAdm, VarinLég
Varnhagen, H. → DébCorpsSamPV, RecMéd-DresdV, SommeLaurV
Varty, K. → AdHaleRobV, ChrPisJehK, RenγL
Varvaro, A. → FroissChronIII[1]A, TristBérE, VarvaroSorn
Vasmer, M. → Vasmer
Vatteroni, S. → BrunLatS
Vedrenne-Fajolles, I. → CapsulaEbH
Veissière, M. → MargNavCorrM
Venckeleer, T. → Venckeleer
Vendryes, J. → VendryesLex
Verdam, J. → VerHand, VerKleij, VerVer, VerWub
Verelst, P. → MabrienV, RenMontBV, RenMontRV
Verhuyck, P. E. R. → BibleMacéV, NicChesnK
Verlinden, C. → EspVerlinden
Vernay, P. → MaugisV, RicheutV
Vernet, A. → GroingnetTV
Verriest, L. → RentAudV, VerriestHain
Verwijs, E. → VerVer
Vesce, T. E. → RigomerV
Vial, G. → VialGraal
Viard, J. → ChronSDenisV, GrChronV, JBelV, ViardPar
Vicaire, G. → ViandTaillNP
Victor, S. K. → GéomSGenV
Vieli, R. → VieliDec
Vielliard, Françoise → BenTroieMB, Boss[2], BrunLatC, GlAngers, MiliaireV, TroieJFlix, TroiePr[8], TroiePr[15]V, VielliardBodmer
Vietor, W. → VietorLoh
Vigfusson, G. → CleasbyVig[2]
Vilamo-Pentti, E. → CoincyI11V, CourtParV
Villa, C. → SermentsL
Villaret, A. de → ViandTailloV
Vincensini, J.-J. → Apol[6]V, MelusArrV
Vincent, A. → VincentBelg, VincentFr
Vine Durling, N. → DestrAcreD
Viollet, P. → EtSLouisV
Viollet-le-Duc, E. E. → ViolletArch, ViolletMob
Viollet-le-Duc, E. L. N. → AncThéât
Viscardi, A. → ViscardiAntol
Vising, J. → NicBozCharV, PlainteAmV, PurgSPatrHarlV, Vising
Visser - van Terwisga, M. de → HistAncV

Visser-Fuchs, L. → LPrivilMerchantS
Vitale-Brovarone, A. → SJulCV
Vogel, I. → VogelIntens
Vögeli, M. → HandwbRät
Völker, H. → HoltusLux
Vollmöller, K. → BrutMunH, FlorOctOctV
Voort van der Kleij, J. J. van der → VerKleij
Voretzsch, K. → Voretzsch, VoretzschLeseb, VoretzschLeseb[2]
Vries, J. de → DeVriesAnord[2], DeVriesNéerl, DeVriesTol[13]
Vries, M. de → Woordenboek
Vurpas, A.-M. → DuPineauV
Wachinger, B. → VerfLex[2]
Wächter, H. → TumbNDW
Wacker, Gertrud → Wacker
Wackernagel, W. → ChansWackern
Wagner, A. → ArmGloverL
Wagner, M. L. → WagnerDiz
Wahle, H. → CesNicW
Wahlund, C. → BrendanPr[1]W, EnfVivW
Waiblinger, H. → MenagB
Wailly, N. de → ChronBaud[1]G, ChronFlandrDétW, ChronRoisAnG, ChronSMaglW, ChSPierreAireW, GeoffrParChronW, GGuiW, HValW, JoinvLW, JoinvW[1], JVignayPrimW, MenReimsW, MousketW, SMaglGeoffrW, VillehW, WaillyChJoinv, WaillyCollLorr
Waitz, H. → GilebBernW
Walberg, E. → AntAnW, ChantRoussW, PhThBestWa, SermPuileW, SimCrespyW, SThomGuernW[1], SThomGuernW[2], TombChartr7W, TombChartr11W, TombChartr29W, TombChartrProl/4...W, VMortHélW
Walde, A. → WaldeHofm
Walford, W. S. → ArmHarlW
Walker, D. C. → Walker
Wallensköld, A. → ConBethW[1], ConBethW[2], FemChasteW, FlorenceW, GautEpL, ThibChampW
Walpole, R. N. → Turpin[2]W, Turpin[5]Wa, Turpin[6]Wa, Turpin[7]W
Walter, Ph. → CligesW, SGraalIVW, TristBérM[4]
Walters-Gehrig, M. → EstulaW, HaimBarW, SPierJonglW
Walther, H. → Walther
Wampach, C. → WampachLux
Ward, C. F. → ElD'AmervalW
Ward, H. L. D. → BatAnnezinW
Ward, M. J. → ChevErrW, ImMondeOct[1]W
Warne, F. → BodelNicW
Warner, G. F. → JMandH[1]W
Warnke, K. → MarieEspW, MarieFabW, MarieFabW[2], MarieLaisW[3]
Warnkoenig, L. A. → WarnkGhel
Wartburg, W. von → BW[1], FEW, HW, WartburgAusgl, WartburgFragm, WartburgSchaf, WartburgSem
Waters, E. G. R. → AlgorBodlW, AlgorLiègeW, BrendanW, StudWat
Waterston, G. C. → WaterstonOrdre
Wathelet-Willem, J. → ChGuillW
Weber, A. → AthisW, Pères5W, SJeanBoucheW
Weber, R. → Bible
Weeks, R. → OiselW
Wehr, Barbara → MPolPip

Noms d'éditeurs et de chercheurs

Wehr, H. → Wehr[5]
Weidner, G. → SGraalIIIJosW
Weijers, O. → LexNed
Weill-Bréchot, I. → AuberiW[0]
Weingartner, R. → GraelentW
Weiss Adamson, M. → RecCulSFlorW
Weisser, C. → LunaireCh[1]H
Welker, L. → WelkerMus
Wellesz, J. → GlIsMoïseW
Wells, J. C. → StarckWells
Werf, H. van der → AdHaleChansN, AndrContrN, WerfTroub
Werro, R. → RecDiplFribourg
Wesselofsky, A. → EmpConstOctW
West, G. D. → WestNames, WestNamesPr
Westberg, E. → SJeanEvW
White, J. E. → VillehWh
Whitehead, F. → ChastVergiW[2], RolW[3]
Whittaker, W. J. → MirJustW
Whittredge, R. → Nat[NS]SteGenW
Wiacek, W. M. → WiacekNoms
Wichert, B. → WichertPast
Wichmann, K. → BanMetzW
Wickersheimer, E. → JParisW
Wienbeck, E. → AliscW
Wiese, L. → BartschChrest, BlondNesleW, DialGregF, RecMédEscW
Wijk, N. van → Franck
Wilhelm, R. → DixCommNeroW
Wilkins, N. → AcartW, AdHaleLyrW, GuillMachBallW, JEscW, ManuelPéchF, MirNDPers7W, WilkinsArm, WilkinsBall, WilkinsLyr
Willard, C. C. → ChrPisVertW
Willems [-Delbouille , M.] → GeoffrParSGuillW[0]
Willems, J. F. → EulalieHo
Williams, C. A. → SJeanPaulusOctA
Williams, G. P. → RenBeaujBelW[1], RenBeaujBelW[2]
Williams, H. F. → FloriantW, PasSaladinG
Williams, M. → ContPerc[4]TW
Williamson, J. B. → PhMézMarW
Williman, J. P. → JGoulRatW
Willingham, E. M. → MortArtuW
Willis, R. → VillHonW
Williston, J. H. → CoutOleronW, WillistonOl
Willson, N. K. → SClemW
Wilmet, M. → ActesSémMfr, MartinWilmet
Wilmotte, M. → GuillAnglW, WilmotteEt
Wilshere, A. D. → MirourEdm[A]W
Wilson, E. E. → VengRagW
Wimmer, G. → TournAntW
Wimsatt, J. I. → GuillMachBehW
Wind, B. H. → TristThomW
Windahl, C. A. → VMortAnW
Windfuhr, W. → GlSimsonW
Winkler, E. → RSoissonsW
Winter, M. → WinterKleid
Winters, M. E. → HunbautW, OmbreW
Wintzer, N. → Wintzer
Wirtz, I. → FierW
Wirtz, W. → Flore[A]W
Wissler, G. → ChrPisJehR
Wissowa, G. → PaulyWiss
Witwell, R. J. → LathamDict
Wogan-Browne, Y. → ActesLangCult

Woledge, B. → AtreW, BrancheArmW, Wo, WoC, WoledgeSynt
Wolf, F. J. → RenContrW
Wolf, H.-J. → WolfEthnica
Wolf, S. → RecCulBlancM
Wolfart, J. F. → GuiotProvinsW
Wolff, H. → MahieuW
Wolff, O. L. B. → GilTrasW
Wolfgang, L. D. → BliocadranW, LancIW, OiselWo, TroisSavoirsW
Wolfram, G. → DexW, VoeuxEpW
Wolfzettel, F. → MölkWolf
Wollenberg, J. → Unicorne[C]W
Wolowski, L. → OresmeMonW
Wolter, E. → JuitelAlW
Woodbine, G. E. → BractonW, TrJurFetW
Woods, W. S. → CiperisW
Wooldridge, R. → DuFouillVénW
Wright, E. A. → PassCeliW
Wright, J. G. → RésSauv[P]W
Wright, Laura → WrightLond
Wright, T. → ChronPLangW[1], ChronPLangW[2], GaimarW, PhThCompW, SiègeCaerlW, WrightAnecd, WrightRel, WrightVoc
Wright, W. A. → BibbFW, GlBerechiahW, GlLeipzigW
Wubben, C. H. Ebbinge → VerWub
Wüest, J. → Wüest
Wulff, F. → Turpin[5]W, Turpin[6]Wu, VMortHélW
Wulff, F.-A. → CorW, MantelW
Wunderli, P. → ActesMfr[3], AquilonW, EschieleMahW, WunderliEschiele
Wyffels, C. → BougWyffCal
Wyrembek, A. → FiancéViergeOctW
Xhayet, G. → MédLiégH
Yans, M. → PolyptPauvY
Yeager, R. → JGowerBalY
Yeandle, F. G. → GirVianeY
Young, M.-V. → RobHoY
Young Wallace, K. → EdConfCambrW
Zaccaria, E. → Zaccaria
Zacher, J. → ProvLeidZ
Zagni, G. → SGraalIVRaZ
Zai, M.-C. → ChrestienChansZ
Zamboni, A. → ZamboniFriul
Zanden, C. M. van der → PurgSPatrCamZ
Zangger, K. → Zangger
Zarker Morgan, L. → GesteFrancorM
Zarncke, F. → BenMüZa
Zauner, A. → Zauner
Zeddies, H. → LionBourgAlZ
Zeitz, Judith → LvBibl
Zeller, H. L. → AssJérBourgMZ, AssJérBourgvZ, CoutMerOl[A]Z, CoutMerOl[F]Z, CoutMerOl[H]Z, CoutMerOl[N]Z, CoutMerOl[R]Z, CoutMerOl[T]Z, NoblBretZ, OrdAdmZ, Zeller
Zeller, P. → ZellerLeben
Zenker, R. → EspineZ
Zetterberg, A. → ProprChosZ
Zettl, E. → BrutAbrZ
Zeumer, K. → KöhlerVisig
Ziegler, K. → PaulyKl
Ziltener, W. → LapidPhilZ, Ziltener
Zimmermann, A. → LancPrZ
Zimmermann, K. → PelVieD
Zimmermann, Karin → VMortHélD

Noms d'éditeurs et de chercheurs

Zimmermann, R. → JPetArrZ
Zindel, R. → ZindelAbstraits
Zinelli, F. → BoüardArchAng
Zingerle, W. von → LunaireSal²Z, RobBloisFlorZ, SMarg9Z
Zink, G. → CleriadusZ, ZinkMorph, ZinkPhon
Zink, M. → ActesAgnAIBL⁴, Apol⁵Z, CourtAmH, DLF², RutebZ, ZinkPréd
Ziołecki, B. → MahomZ
Zipfel, A. → ZipfelGarten
Zipperling, C. → MireZ
Zolli, P. → CortZol
Zorn, H. → EnfVivZ
Zotenberg, H. → BalJosCamM
Zubke, E. → MaillartS
Zufferey, F. → AlexAlbZ, FlamencaZ
Zumthor, P. → ComplLiègeZ, HoroleigesZ
Zupko, R. E. → Zupko
Zwaenepoel, R. → CharroiPo
Zwink, J. → LapidBerechiahZ
inédit → AlexisPr³, AmAmPr², AmDieuK, Amph-YpL, AnsCartPr, Apol¹, AspremLan, AspremMazM, AuberiB, BalJosPr³, BelleHelPr², Bersuire, BersuireP, BibleAgn, BiblePar, BibleSeptEtatsM, BrutNobleC, BrutNobleL, ChevErrW, ChirRog³M, ChirRog⁴, ChirRog⁵, ChronBaud¹K, ChronRoisAnG, ChronSaint-Prof, CommPsIB, CommPsIC, CommPsII, CompSGen, ConsBoèceBon, ConsBoècePierreT, ConsBoèceRenAbr, Corb, CoutChartreux, CoutNormGr, CptChâtArt, CroisBaudriM, CroisSpaldM, DialGregTrav, Digeste, DistinctCharlH, EchecsAmPrK, EchecsBakC, EchecsBernS, EchecsNicA, EdConfPr¹M, EdConfPr², EpSBernDil, EvNicPrLA, FaucMedL, GlEvr³, GuiChaul, GuillSat, HistAnc²RB, HistCharlPh, InstJustRich, JBelethLégDor, JostPletR, JParoy, JVignayMir, LapidMand², LégDorAn¹, LégDorAn²AgnèsD, LégDorAn⁴AlexiusK, LégDorAn⁵MargO, LégDorBelMargO, LégDorVignD, LégJMailly, LHorn, LionBourgOctF, LunaireSal²Z, LunaireSal³, LunaireSalRen, MaccabPr²M, MarNDR, MédBerne, MirBonnes, MisereOmme, MPolPip, OgDanAl², PCrapCurB, PCresc, PeliarmB, PParPs, ProphSeb, PsHex, PsLong, PurgSPatrCott, RegDijon², RenContr¹R, RenMontPr¹, RenMontPr², RobGrethEv, SDenisPr⁶, SecrSecrPr¹, SecrSecrPr²H, SecrSecrPr⁵, SecrSecrPr⁸, SecrSecrPr⁹, SecrSecrPr¹⁰, SenLucilE, SenLucilLib, SeptPechVesp, Serm, SFrançPr¹, SGenDér, SGenPr², SGenPr³, SJérEp53R, SJérPréf, SMadDéc, SMadPr², SMadPr³, SMadPr⁴, SMadPr⁵, SMadPr⁶, SMarieJésus, SongeAch¹B, TancredOrd, TroieJofr, TroiePr¹C, TroiePr², TroiePr³, TroiePr⁶, TroiePr⁷, TroiePr⁸, TroisEnM, TroisMariesAnne, TroisMariesJean, VégèceRichT, VisTondArs

Concordances bibliographiques

TL

Abbé Poutrel S → ChirPoutrS
Abladane F → AbladaneF
Abraham Ibn Ezra Beg. Wisd. → HaginL
ACambr. Philosophie P → MorPhilP
Actes Flandre M → MantouFlandr
Actes Péronne G → GigotPér
Ad. d. l. Halle → AdHaleC
Ad. de Givenchi → AdGivenchiU
Adam → AdamG^2
Adam des Aigles → AdAiglesB
Adam H → AdamSt
Adam N → AdamN
Adam Parvip. Jahrb. → AdParvS
Adam S → AdamS
Adam St. → AdamSt
Adam^3 → AdamG^3
Adgar → AdgarN
Adgar Gracial K → AdgarK
Adgar Rom. → AdgarH
AdlHalle → AdHaleChansM
AdlHalle Jeu de la Feuillée D → AdHaleFeuillD
AdlHalle Jeu de la Feuillée L → AdHaleFeuillL
AdlHalle Jeu de la Feuillée R → AdHaleFeuillL
AdlHalle Laubenspiel → AdHaleFeuillS
AdlHalle Lyric Works W → AdHaleLyrW
AdlHalle «Jeu de la Feuillée» → AdHaleFeuillG
AdlHalle Partures → AdHalePartN
Afz. Bibl. Stoffe → BibleMorP^{1}A
Afz. Fablels → RohlfsFablels
Afz. Motette → StimmingMot
Agolant → AspremBB^1
Aigar → AigarB, AigarS
Aiol → Aiol$^{1/2}$F
Aiol SAT → Aiol$^{1/2}$N
Aiquin J → AiquinJa
Al. Neckam Jahrb. → AlNeckUtensS
Al. Neckam Not. → AlNeckCorrM
Alex. → AlexisP
Alex. Ded. → AlexisD
Alex. fragm. → AlexAlbM
Alex. Gr. B → AlexArsM
Alex. Gr. BB → AlexVenM
Alex. Gr. C → AlexParLM
Alex. Gr. D → ThomKentM
Alex. H → AlexisAlpH
Alex. Hei → AlexisSH
Alex. M → AlexisM^{1}P
Alex. O → AlexisO
Alex. Oxf. Ste → AlexisAloS
Alex. Pr. → AlexisPr^{1}L
Alex. Q → AlexisQP

Alex. R → AlexisRo
Alex. Rösler → AlexisR^1
Alex. S → AlexisP, AlexissP
Alex. Ste → AlexisAlpS
Alex. Sto → AlexisS^2
Alexandre de Paris → AlexParA
Alexius → AlexisH
Algorism^1 → AlgorBodlW
Algorism^2 → AlgorLiègeW
Alisc. → AliscG
Alisc. R → AliscRé
Alixandre Pr. → AlexPrH
Alphab. d. l. Mort → MontaiglonMort
Altfranz. Lieder G → GennrichCh^1
Altfranz. Lieder G II → GennrichCh^2
Altrom. Gloss. → DiezGl
Altrom. Sprachd. → EulalieD
Am. u. Am. → AmAmH
Am. u. Am. fragm. M → AmAmCM
Am. u. Am.^{2} → AmAmD
Amad. → AmYdH
Amad. Bruchst. → AmYdGA
Amad. R → AmYdR
Ambr. Guerre s. → AmbroiseP
An. et Rat. → DialAmeB
Anc. Chans. I → BrakelmannCh^1
Anc. Chans. II → BrakelmannCh^2
Anc. Serm. frç. → SermBNlat14925iM
Anc. Th. frç. → AncThéât
Anciennes Chartes → CarolusCh
Anglon. Kompil. → CompilDidEpH
Anglonorm. Apocalypse → ApocGiffR
Anglonorm. Polit. songs → AspinChansPol
Anglo-Norman Cosmetic Recipes G → RecCosmCamG^2
Anglo-Norman Lyric J-L → JeffreyLevy
Ansëis → AnsCartA
Ansëis Ztschr. → AnsCartM
Antéchrist → AntAnW, AntBerW
Anticlaudien → AnticlC
Apoc. anglo-norm. OF → ApocTrinO
Apoc. → ApocPrD
Apoc. OF → ApocPrO
Apparic. JMeun → BonetJMeunA
Appel Chrest. → AppelChrest
Appolonius → Apol^{2}L, Apol^{3}L
Aristotelis Praecepta Volgar. → GautChâtAristIlC
Art d'aimer anglon. → ArtAimAgnS
Art d'aimer → ArtAimAgnS
Artes amandi F → ArtAimGuiartK
Arthur. rom. → ArtusS
Asprem. → AspremBB^2

Concordances bibliographiques

Asprem. Rom. → AspremPuyM
Aspremont → AspremWB
Aspremont M → AspremLM
Assis. Jerus. → AssJérBourgMZ
Assises de Jérus. → AssJér, AssJérJIbB
Athis → AthisW
Athis H → AthisH
Atre per. → AtreS
Atre per.² → AtreW
Aub. → AubG
Auberee → AubereeE
Auberee Christmann → AubereeC
Auberee Christmann² → AubereeC²
Auberi → AuberiTarbé
Auberon S → AubS
Aubri → AuberiBek
Auc. D → AucD
Auc. R → AucR³
Auc.¹⁰ → AucS¹⁰
Audefroi → AudefroiC
Audigier → AudigierB
Audigier J → AudigierJ
Audigier L → AudigierL
Ave coupl. L → AveCouplL
Aye → AyeG
Aye² → AyeB
Aym. Narb. → AimeriD
Aym. Narb. nouv. fragm. B → AimeriD
B. du Guescl. → ChronGuesclC
Bach Angriffswaffen → BachWaffen
Bakos Form. polit. → BakosPolitesse
Ballades Rondeaux → WilkinsBall
Bambeck Boden → BambeckBoden
Bambeck Wortstudien → BambeckWortst
Bangert Tiere → BangertTiere
Barb. u. M. → BarbMéon
Barl. u. Jos. → BalJosCamA
Barl. u. Jos. M → BalJosPr¹M
Barril → ChevBarBloisB
Bartsch Chrest.¹² → BartschChrest
Bartsch Langue et litt. → BartschHorning
Bast. → BastS
Bast. de Bouillon → BastC
Bat. Caresme Charn. → CarCharL
Bat. d. Trente → BatAnglBB
Bat. d'Alesch. → AliscJ
Bat. Loquifer B → BatLoqVulgB²
Bat. Loquifer → BatLoqArsR
Bat. s. arts → HAndBatP
Bauer Gebäckbez. → BauerGebäck
BBerger → BonBergL
BButor Four Rough Drafts T → BaudButorT
BButor Rom. de Pandragus F → BaudButorF
BComm. → AdenBuevS
BComm.² → AdenBuevH
BCond. → BaudCondS
Beaud. → RobBloisBeaudU
Beaum. → BeaumS
Beauman. → BeaumCoutS
Beauman.¹ → BeaumCoutB
Bechtoldt Sinnbez. Verst. → BechtoldtVerst
Behrens Beitr. → BehrensBeitr
Behrens Metath. → BehrensMet
Bel Desc. → RenBeaujBelH
Bel Inconnu → RenBeaujBelW²
Bell Idéal éthique → BellIdéal

Belz Münz. → Belz
Bender König u. Vasall → BenderKönig
Benedeit SBrendan → BrendanW
Benedeit SBrendan SM → BrendanS
Beneit Vie de Thomas Becket → SThomBenS
Berger Lehnwörter → Berger
Bérinus → BerinB
Bern. LHs. → ChansBern389B
Berta e Mil. → BertaMilM
Berta e Mil. C → BertaMilC
Berte → BerteS
Berte C → BertaC
Berte H → BerteH²
Berte¹ → BerteP
Berte² → BerteHol
Berte³ → BerteH
Bertoldi Un ribelle → BertoldiColchic
Besant → BesantM
Besant R → BesantR
Best. Beauvais M → BestPierre¹M
Best. d'am. en vers → BestAmFournOctL
Best. d'Amours RFornival → BestAmFournS
Best. Gerv. → BestGervM
Best. Guill. → BestGuillR
Bestiaire d'Amour rimé → BestAmOctT
Beyer Schwank → BeyerSchwank
BGuescl. → ChronGuesclC
BGuescl. F → ChronGuesclF
BHant. festl. I → Bueve1S
BHant. festl. II → Bueve2S
BHant. festl. III → Bueve3S
BHaumt. → BueveAgnS
Biaus Desc. → RenBeaujBelW¹
Bibelübers. Rom. → BibleTrB
Bible anonyme S → BibleEntS
Bible Guiot → BibleGuiotW
Bible moralisée H → BibleMorwH
Bible S. de Berzé → BibleBerzéL
Bible XIIIᵉ siècle Q → BibleParQ
Biens d'un ménage → NyströmMén
Blancandin → BlancandM
Blancandin² → BlancandS
Bliocadran W → BliocadranW
Bloch-Wartburg Dict. étym. → BW¹
Bloch-Wartburg Dict. étym.² → BW²
Blondel → BlondNesleW
Blondheim Parlers judéo-romans → Blondh
Bock Vergleiche¹ → BockVergleiche
Bock Vergleiche² → BockVergleiche
Bodmer Spinnen → BodmerSpinnen
Boethius Sch → ConsBoèceTroyS
Boeve → BueveAgnS
Bork quatere → BorkQuatere
Bourgeoise et chanoine K → PèresA³K
Boutière Mélanges → MélBoutière
Bovo d'Ant. → BueveFrancoitR
Braies cordelier O'G → BraiCordO
Brand. Seef. → BrendanSu
Brandaine → BrendanPr¹J
Brandan Ars. → BrendanA
Brendan → BrendanPr¹W
Breuer Chrest. Wb.² → Foerster
Brisebare Paon C → RestorC
Brisebare Paon D → RestorD
Britton → BrittN
Brüch Vulglat. → Brüch

Bruchst. Dam. → ToblerDam
Brücker Blasinstrumente → Brücker
Brüll Untergeg. Worte → Brüll
Brun de la Mont. → BrunMontM
Brun. Lat. → BrunLatChab
Brun. Lat. Carm. → BrunLatC
Brut Arn. → BrutA
Brut B → BrutIntB
Brut → BrutL
Brut Partie Arthur. → BrutKP
Brutus → BrutusF, LReisEnglF, ReiEnglF
BSeb. → BaudSebB
Budahn Johannisbeere → BudahnJohannisbeere
Buffet → NoomenFabl
Bull. Du Cange → BullDC
Bull Haustiere → BullHaustiere
Bull. SAT → BullSATF
Calendre → CalendreS
Cambr. anglon. texts I → VisElisS
Cambr. anglon. texts II → JourJugAmurC
Cambr. anglon. texts III → DivMondePerP
Cambr. Ps. → PsCambrM
Cantilenae → ChansBNnfr1050G
Cap. Mart. → CapMartR
Carstensen Rom. Interj. → Carstensen
Cassidorus → CassidP
Cast. Ccy → CoucyChansF, CoucyChansM
Cat. Ever. → CatEverL
Catholicon → AalmaLS
Censier Herchies M → CensHerchiesM
Censier Hotel-Dieu MM → CensHôtProvinsM
Cent Nouv. Nouv. S → CentNouvS
Ch. barisel L → ChevBarAnL
Ch. cygne and Fin d'Elias N → ChevCygnePropN
Ch. cygne → ChevCygneH
Ch. cygne E → ChevCygneBerthE
Ch. cygne R → ChevCygneBruxR, GodBouill-BruxR
Ch. de la charrete FU → LancU
Ch. de la charrete K → LancK
Ch. de la charrete M → LancM
Ch. de la charrete Ro → LancR
Ch. II esp. → ChevIIEspF
Ch. lyon H → YvainH
Ch. lyon Hu → YvainHu
Ch. lyon R → YvainR
Ch. lyon → YvainF
Ch. pap. → ChevPapH
Ch. Rol. Bédier → RolB
Ch. Rol. fragm. B → RolFragmEB
Ch. Rol. fragm. lorr. → RolFragmMG
Ch. Rol. Fr.-It. R-M → Rolv4[1/2]R
Ch. Rol. H → RolH
Ch. Rol. M → RolMoign
Ch. Rol. R → RolH[4]
Ch. Rol. S → RolSh
Ch. Rol. Segre → RolS
Ch. Rol. Segre[2] → RolS[2]
Ch. Sax. → SaisnMich
Chace as mesdis. → ChaceMesdisM
Chace dou cerf → ChaceT
Chace dou cerf T → ChaceT
Chadmand Mode → ChadmandMode
Chanç. Guillelme → ChGuillS
Chançun de Willame Iseley-Piffard → ChGuillI
Chans. crois. → BédierCrois

Chans. de Conon de Béth. → ConBethW[1]
Chans. du XVe s. → ChansBNfr12744P
Chans. d'Ant. → AntiocheP
Chans. d'Ant. D-Q → AntiocheD
Chans. d'Asprem. → AspremWB
Chans. franç. D → ChansDyggve
Chans. Godin → GodinM
Chans. Montp. → RaynMotets
Chans. sat. et bach. → ChansSatBachJ
Chans. Sax. St → SaisnM
Chanson de Guillaume → ChGuillM
Chanson de Guillaume S → ChGuillSd
Chanson de Guillaume W-W → ChGuillW
Chanson de Jérusalem T → JerusT
Chansons courtoises Z → ChrestienChansZ
Chansons et dits artésiens B → ChansArtB
Chansons et dits artésiens → ChansArtJ
Chansons pieuses → ChansPieusBNfr12483J
Chansons troub. et trouv. vdW → WerfTroub
Chant Rouss. → ChantRoussW
Chants histor. → LerouxChants
Chardry Jos. → BalJosChardK
Chardry Petit Plet M → ChardryPletM
Chardry P.P. → ChardryPletK
Chardry S.D. → ChardryDormK
Chardry Set Dormanz M → ChardryDormM
Charny → CharnyMesP
Charoi de Nîmes[2] → CharroiPo
Charoi de Nîmes[3] → CharroiM
Charroi de Nîmes[2] → CharroiPo
Charroi de Nîmes[3] → CharroiM
Charroi Nimes L → CharroiDL
Charroi Nimes Lu → CharroiCL
Charroi Nimes P → CharroiP
Chartes Aube C → DocAubeC
Chartes doc. poitevins LD → LaDuCh
Chartes doc. Vincennes B → BillotVinc
Chartes Flandre M → DocFlandrM
Chartes Hainaut R → DocHainR
Chartes Haute-Marne G → DocHMarneG
Chartes Vosges L → DocVosL
Chast. → ChastPereAL
Chast. de Vergi A → ChastVergiA
Chast. de Vergi → ChastVergiS
Chast. de Vergi S → ChastVergiS[2]
Chast. d'Am. RGrosseteste → GrossetChastM
Chast. HS → ChastPereAH, ChastPereBH, ChastPerePrH
Chast. Vergi → ChastVergiR[4]
Chastelain de Couci Chansons → CoucyChansL
Chastoiem. Maih. → ChastPereAR
Chastoiement[2] → ChastPereAM
Chatton Sprechen → ChattonSprechen
Chétifs M → ChétifsM
Chev. Cygne → ChevCygneBruxP
Chev. d. fust Ae → ChevFustFA
Chev. d. fust → ChevFustFS
Chev. JMacabé → MaccabES
Chev. JMacabé S → ChevFustSa, MaccabGautGS
Chev. Ogier frk.-it. → OgDanAlCe
Chev. Viv.[1] → ChevVivT
Chev. Viv.[2] → ChevVivT
Chevalerie d'Ogier → OgDanE
Chr. Ben. → BenDucM
Chr. Ben. Fahlin → BenDucF
Chr. Ben. Fahlin III → BenDucF

Concordances bibliographiques

Chr. Flor. P → ChronFloreffeP
Christ. Pis. → ChrPisR
Christ. Pis. Ditié de Jehanne d'Arc KV → ChrPisJehK
Christ. Pis. Epistre prison W → ChrPisPrisK
Christ. Pis. Livre Trois Vertus W → ChrPisVertW
Christ. Pis. Mut. Fort. → ChrPisMutS
Chron. anglon. → MichelChron
Chron. asc. → RouA
Chron. norm. → ChronNormM
Chron. SDenis B → ChronSDenisB
Chron. SDenis → ChronSDenisP
Ci nous dit B → CiNDitB^2
Cit. Jer. → MichRayn
Claris → ClarisA
Clef d'Am. → ClefD
Clem. SCat. → SCathClemJ
Cleom. → CleomHas
Cleom. H → CleomH
Clig. → CligesF
Clig. M → CligesM
Clig. Prosa → CligesPrF
Cod. Digby → StengelDigby
Cohn Bem. → CohnBem
Cohn Suffixw. → CohnSuff
Col. Mus. class. → ColMusB^2
Col. Mus. → ColMusB^1
Compl. Jerus. → HuonQuJérSt
Comput Bull. SAT → CompAn^{1}M, CompAn^{2}M, CompAn^{3}M
Comte d'Anjou → MaillartR
Comte d'Artois^2 → ComteArtS
Con. Béth. class. → ConBethW^2
Con. de Béth. Rom → ConBethJ
Confrere d'am. → ConfrereAmL
Congés JBodel → BodelCongéR
Congés R → BodelCongéRu
Conq. of Irel. → ConqIrlM
Conseil B → ConseilB
Conseil → ConseilM
Consolatio Philosophiae C → ConsBoèceCompC
Const. du Hamel → ConstHamelR
Cont. dev. I → Pères7L
Cont. dev. II → Pères33L
Cont. Guil. de Tyr M → ContGuillTyrDM
Cont. Jerus. Corbaran G → JerusCorbG
Cont. Jerus. Prise d'Acre G → JerusAcreG
Cont. Perc. R → ContPerc^{1}A/T...R
Cont. Perc. R III 2 → ContPerc^{1}A/T...R
Cont. Perc. R IV → ContPerc^{2}R
Conte dou Barril → ChevBarBloisB
Contenz d. m. → RenAndJ
Contesse d'Anjou → MaillartS
Cor B → CorBe
Cor → CorW
Cor E → CorE
Cor. Lo. → CourLouisL^1
Cor. Lo.^{1} → CourLouisJ
Cordres → PriseCordD
Cortebarbe → TroisAvG
Coupl. Mariage → CouplMarL
Cour. Louis → CourLouisL^2
Cour. Louis L → CourLouisLe
Cour. Ren. → CourRenM
Cour. Ren. F → CourRenF
Court. Donn. → CourtDonneurS

Court. d'Arras → CourtArrF
Court. d'Arras M → CourtArrM
Court Par. → CourtParV
Cout. Bourg. → CoutBourgM
Cout. gén. → CoutGén
Cov. Viv. → ChevVivJ
CPoit. → ComtePoitMich
CPoit. K → ComtePoitK
CPoit. M → ComtePoitM
Cristal → CristalB
Crois. Cont. → CroisSpaldM
Crois. → CroisBaudriM
Cronenberg Schlehdorn → CronenbergSchlehdorn
Cte d'Artois → ComteArtB
Dame Jouenne → DameJouenneL
Dame Lycorne → LicorneG
Dancus → DancusT
Daurel et Beton → DaurelM
De Arte venandi Emp. Fréd. → ChaceOisl^{2}H
Débat des Hérauts → DebHerP
Décret de Gratien L → GratienBL
Délivrance → DelIsrE
Denis Piram. → EdmR
Denis Piramus Kj → EdmK
Desiré → DesiréM
Desiré Gr → DesiréG
Desputoison Sinagogue Ste Yglise S → SynagEglS
Destr. Rome → DestrRomeG
Destr. Rome F → DestrRomeF^2
Destr. Rome S → DestrRomeS
Deutschmann Adverb → DeutschmannAdv
Deutschmann Mengen → DeutschmannMengen
Deux. coll. anglon. Mir. SVierge → MirAgn^{2}K
Deux Rec. Sottes Chansons → SottChansOxfL, SottChansValL
Devic Suppl. → Devic
Dial. fr. fl. → DialFrFlamM
Dial. Gr. → DialGregF
Dial. Greg. O → AngDialGregO
Dial. Greg. S → DialGregEvrS
Dial. SJul. → DialSJulB
Dick Saiteninstrumente → Dick
Dict. gén. → DG
Didot Perc. → PercDidD/ER
Dieu d'Am. → DieuAmL
Diez Gr. → DiezGramm
Diez Wb. → Diez
Dion Vigne → DionVigne
Dis cerf amoreus T → CerfAmT
Discipl. cleric. → ChastPereBS
Dit brebis dérobée L → BrebisDérL
Dit Concile Lyon C-BP → ConcLyonC
Dit d. Guill. G → GuillAnglAlB
Dit d. Guill. → GuillAnglAlM
Dit de la Maille M → MailleM
Dit des Cornetes P → CornetesP
Dit des Dames → DamesJehM
Dit du cordouanier → CordouanierS
Dit du Faucon H → ComparFaucC
Dit du Mercier → MercierC, MercierM, MercierR
Dit du Prunier B → PrunB
Dit d'am. H → AmAVousH
Dit d'aventures M → AventuresM
Dit RHosdaing → HoudencDitL
Dit Rob. D → RobDiableDitB
Dits de l'âme → AmeBerlA/B/CB

Dits du Clerc → ClercVaudR
Dolop. → DolopB
Donat Ars minor H → DonatM¹H
Doon d. l. Roche → DoonRocheM
Doon → DoonMayP
Doon N → DoonNantM
Drei Fr. → TroisAmA
Drevin Fz. Sprachelem. → Drevin
Drouart la Vache Livre d'Am. → DrouartB
Du Vallet → ValetAiseF
Ducrot-Granderye GCoins. → CoincyI28/II12D
Durm. → DurmS
Durm.² → DurmG
D'Am. et de Jal. → AmJalF
Ed. l. Conf. → EdConfCambrL
Ed. l. Conf. W → EdConfCambrW
EDesch. → DeschQ
Ed'Amiens Bouchier d'Abevile R → BouchAbevR
Ehstl. Klosterl. → TraitéHomilK
Eide → SermentsD
Eles B → ElesB
Eles → ElesS²
Eles M → ElesM
Eles¹ → ElesS¹
Eliduc → MarieElidLev
Elie → ElieF
Elucidaire D → ElucidaireIIID
Elucidation → ElucidationT
Emp. Coust. → EmpConstOctW
Empereors de Rome Cal. → CalendreM
Empereur Constant Cov. → EmpConstOctC, EmpConstPrC
En. → EneasS¹
En.² → EneasS²
En.³ → EneasS²
Enf. Gauvain → EnfGauvainM
Enf. Guill. H → EnfGuillH
Enf. Guill. P → EnfGuillP
Enf. Jesu Crist B → EvEnfQuatrB
Enf. Og. → EnfOgS
Enf. Og. frk.-it. → EnfOgFrancoitS
Enf. Og.² → EnfOgH
Enf. Renier → EnfRenC
Enf. Viv. → EnfVivW
Enf. Viv. Fragm. D → EnfVivwD
Enf. Viv. Z → EnfVivZ
Enfances Garin → EnfGarB
Enfant ressuscité → MirNDPers15R
Enfant sage → DouzeVendredisCS, EnfantSageS
Enseignem. Rob. de Ho → RobHoY
Enseignem. Seneque O → ProvSenOO
Enseignem. SLouis O'C → EnsSLouisPO
Entree d'Esp. → EntreeT
Epistle SBernart H → EpMontDeuH
Épître SJérôme → SJérEp22N
Eracl. → GautArrErL
Eracl. R → GautArrErR
Erart Poésies → JErartN
Erec → ErecF
Erec F → ErecFr
Erec P → ErecPrP
Erec R → ErecR
Ernoul M → ContGuillTyrDM
Eructavit → EructavitJ
Escan. → EscanM
Eschiele Mahom. W → EschieleMahW

Esclarm. → EsclDécS
Escoufle → EscoufleM
Escoufle S → EscoufleS
Espe Interj. → Espe
Espervier → EspervierP
Est. Jos. → JosephS
Establ. SLouis → EtSLouisV
Estampies → EstampiesS
Eulalia → EulalieD
Eust. Moine C → EustMoineC
Eust. Moine → EustMoineF
Ev. a. f. → EvFemesK
Év. d. Domées → EvDomB
Ev. Nicod. → AndréCoutP, EvNicAgnP
Ev. Nicod. F → EvNicPraF
Evangile enf. B → EvEnfB²
Evans Mag. Jewels → EvansJewels
Ewald Kanzleisprache → Ewald
Exempla altfz. Lyrik → GennrichChans²
Fabel Ztschr. → RenHermiteM
Fabl. in Rom. → HeronM
Fabl. Rom. → HeronM
Fabliaux érotiques RS → RossiStrFabl
Fabliaux → LevyFabl
Fabliaux M → MénardFabl
Fabliaux R → RaynLaFabl
Faits des Romains → FetRomM
Fantosme Chron. → FantosmeJ
Fantosme → FantosmeM
Faucon. Fréd. → TilChaceOis
Fauvel → Fauvel¹/²P
Fauvel L → Fauvel¹L, Fauvel²L, FauvelChaillL
FCand. → HerbCandT
FCand. Sch.-G. → HerbCandS
Femina → BibbFW
Femme chaste I → FemChasteW
Femme chaste L → Pères11W
Ferabr. → FerabrasB
Ferg. F → FergF
Ferg. → FergM
Fet d. Rom. → FetRomF¹
Fieber → FevresK
Fier. → FierK
Fier. M → FierPrMi
Fille CPontieu Class. → FillePonth¹B²
Fille CPontieu → FillePonth¹B¹, JAvesnesFilleB
FJacques Aiquin T → AiquinJa
Fl. u. Bl. D → FloreAD, FloreBD
Fl. u. Bl. → FloreAB
Fl. u. Bl. L → FloreAL
Fl. u. Bl. P → FloreAP
Fl. u. Bl. P² → FloreBP
Fl. u. Bl. W → FloreAW
Fl. u. Lir. → RobBloisFlorZ
Fl. u. Lir.² → RobBloisFlorB
Flamenca → FlamencaM
Floovant A → FloovA
Floovant B → FloovB
Floovant → FloovG
Flor. de Rome → FlorenceW
Flor. et Flor. → FloriantM, FloriantW
Flor. et Flor. L → FloriantPrL
Florent et Octavien L → FlorOctAlL
Florimont → AimonFlH
Flutre Noms propres → Flutre
Foerster Beitr. → MélFoerster

Concordances bibliographiques　　　　　　　　　　　　　　　　　　　　　　　　　　　　　　　　　　　　　　　TL

Foerster Chrest. Wb. → Foerster
Foerster Koschw.⁷ → FoersterKoschw⁷
Foerster-Breuer Chrest. Wb.² → Foerster
Fol. Trist. B → FolTristBernB
Fol. Trist. B² → FolTristBernH¹
Fol. Trist. Fragm. DK → FolTristBernCD
Fol. Trist. Oxf. → FolTristOxfB
Folie Lancelot → FolLancB
Form. HV → FormHonI
Form. HV JCourtecuisse H → FormHonCourtH
Fou → Pères10C
Fouilloux → DuFouillVénT
Fouke Fitz Warin → FoukeB
Fouke Fitz Warin HRRW → FoukeH
Fragm. de Val. → JonasK
Fragm. Fauconnerie → FaucMedHT
Fragm. gloss. lat.–anc. frç. H → GlTrierH
Fragm. SThom. → SThomFragmM
Frahm Meer → FrahmMeer
Friedensreg. → RegTournB
Friedensreg. Tournai → RegTournB
Froiss. Chr. → FroissChronL
Froiss. Chr. L → FroissK
Froiss. P → FroissS
Froissart Ball. Rond. B → FroissBallB
Froissart Chron. I → FroissChron³D
Froissart Chron. I Ms. Amiens → FroissChronAmD
Froissart Dits et Débats F → FroissDitsTH/…F
Froissart Espin. amour. → FroissEspF¹
Froissart Jonece F → FroissBuisF
Froissart Lyric Poems McG → FroissPoésM
Froissart Paradis orloge D → FroissParD
Froissart Prison amour. F → FroissPrisF
Fünfz. Z. → QSignesG
Gace Brulé D → GaceBruléD
Gace Brulé → GaceBruléH
Gace Brulé Lyrics Melodies RD → GaceBruléR
Gace de la Buigne → GaceBuigneB
Gade Handw. → GadeHandw
Gaimar Estoire → GaimarB
Gaimar → GaimarW
Gaimar Haveloc → HavelocB
Gaimar² → GaimarH
Galeran F → GaleranF
Galerent → GaleranB
GAlexis → GuillAlexisP
Galïen DB → GalienD
Galïen → GalienS
Gam. → Gam¹
Gam.² → Gam²
Gamillscheg Ausgew. Aufsätze → MélGam¹
Gamillscheg Bedeutungsl. → GamBed
Gamillscheg Festgabe → MélGam²
Gamillscheg → Gam¹
Gamillscheg Hist. fz. Syntax → GamSynt
Gamillscheg Rom. Germ. → GamGerm¹
Gamillscheg Verba → MélGam⁴
Gamillscheg-Spitzer Beitr. → GamWortb, SpitzerWortb
Gamillscheg-Spitzer Klette → GamSpitzKlette
Gar. Loh. → GarLorrP
Gar. Loh. V → GarLorrV
Garc. et Av. → GarçAvM
Garçon et av. → GarçAvR²
Gauchat Festschrift → MélGauchat

Gaufr. → GaufrG
Gaut. Chât. Gl. → GautChâtC
Gaut. de Dargies → GautDargH
Gaut. de Dargies R → GautDargR
Gaut. d'Aupais → GautAupF
Gaut. d'Épin. → GautEpL
Gautier Le Leu → GautLeuL¹, GautLeuL²
Gautier Le Leu² → GautLeuL²
Gawain Ywain → MerlinSDS
Gay Gloss. → Gay
Gayd. → GaydonG
GCoins. Chansons → CoincyI3Ch
GCoins. Chast. as non. → CoincyII10N
GCoins. Christ. → CoincyChristO
GCoins. → CoincyI1…P
GCoins. Deux miracles → CoincyII11/18B
GCoins. Deux miracles H → CoincyII20/21H
GCoins. Deux miracles R → CoincyI41/42R
GCoins. Du Clerc → CoincyII29Kr
GCoins. Ducrot-Grand. → CoincyI28/II12D
GCoins. D'un Moine → CoincyII30/31J
GCoins. Enpereris → CoincyII9Kr
GCoins. Fame de Laon → CoincyII26V
GCoins. Huit miracles → CoincyI18/19/20/37/38/39/40/43Kr
GCoins. Mir. extr. Erm. → CoincyI1…L
GCoins. Mir. Lindgren → CoincyII22/23/24/25Li
GCoins. Mir. NDame K → CoincyI1…K
GCoins. SBon → CoincyI36L
GCoins. Ste Leocade → CoincyI11V
GCoins. Ztschr. → CoincyI18/20/43U
GCoins. Ztschr. VI (I/II/III) → CoincyI18/20/43U
GDole → GuillDoleS
GDole L → GuillDoleL
GDole² → GuillDoleLej
Gd'Aupais → GautAupM
Gedicht über d. Heiraten → CouplMarM
Geffroi Hist. Poems → GeoffrParAlliésS, GeoffrParAvisS, GeoffrParComS, GeoffrParDespS, GeoffrParRoyPhS, GeoffrParSongeS
Geffroy Chron. métr. → GeoffrParChronD
Gerb. de Mez → GerbMetzT
Gerb. Montr. Cont. Perc. → ContPerc⁴TW
Gerster Gasthaus → GersterGasthaus
Ges. Wilh. → LoisGuillM
Ges. Wilh.² → LoisGuillS
Gesprächb. → EnsEnfS, ManLangS, OrthCoyS
Geste de Liége → JPreisLiègeB
Geste de Monglane Fragment H → GarMonglGH
Geste de Monglane I/II/III → GesteMonglGirD
Geste des ducs de Bourg. → GesteDucsBourgK
Geu SDenis S → MistHag5S
GGui. → GGuiB
Ghatrif → GhatrifT
Gilion de Tras. → GilTrasW
Gill. de Chin → GilChinR
Gilleb. de Bernev. F → GilebBernF
Gilleb. de Bernev. → GilebBernW
Gilleb. de Bernev. H → GilebBernH
Gir. Ross. → GirRossAlM
Gir. Ross. Hackett → GirRossDécH
Gir. Ross. Ham → GirRossAlH
Gl. 9543 → GlBrux9543R
Gl. Glasg. → GlGlasgM²
Gl. Glasg. Jahrb. → GlGlasgM¹
Gl. Harl. → GlHarlM

TL   Concordances bibliographiques

Gl. Lille → GlLilleS
Gl. Tours → GlToursD
Glaser Maß. Gew. → GlaserMass
Gliglois → GligloisL
Gloses franç. Raschi → RaschiD[2]
Gloss. 7692 → GlParH
Gloss. arabo-francese J → GlGuillI
Gloss. Carp. → DCCarp
Gloss. de Bâle B → GlBâleB
Glossaire lat. - anc. français → GlTrierH
GMetz → ImMondeOct[3]M
GMonm. → BrutMunH
GMuis. → GilMuisK
God. Bouill. → GodBouillH
God. Bouill. R → GodBouillBruxR
God. Par. → GeoffrParChronB
Godefroy → Gdf
Golde Dimin. → GoldeDimin
Gorm. B → GormB
Gorm. → GormH
Gorm.[1] → GormR
Gorm.[2] → GormS
Gossen Gramm. Pic. → GossenPGramm
Gossen Skriptastudien → GossenScripta
Gouv. Rois → GouvRoisGauchyM
GProvins → GuiotProvinsO
Gr. Schisme → GrSchismeM
Graelent → GraelentG
Graelent Guingamor W → GraelentW
Grantz Geanz → GrantzGeanzAB
Greg. Ez. Ch → GregEzLC
Greg. Ez. → GregEzH
Gröhler Ortsnamen → Gröhler
Groingnet → GroingnetB
GRoss. → GirRossDécPH
GRoss. Oxf. → GirRossDécOF
Grosseteste anglon. → SudaGrosD
Guerre Metz B → GuerreMetzB
Gui de Bourg. → GuiBourgG
Gui de Cambrai Veng. Alix. → VengAlE
Gui de Nanteuil → GuiNantM/V/FM
Gui de Warewic C → GuiWarPrC
Gui de Warewic → GuiWarE
Gui Nant. → GuiNantMMey
Gui Nant. N → GuiNantM/V/FM
Gui Nant.[2] → GuiNantM/V/FM
Gui SCat. → SCathGuiT
Guiart Art d'Am. → ArtAimGuiartK
Guib. d'Andr. C → GuibAndrC
Guib. d'Andr. M → GuibAndrM
Guil. Brit. → GlDouaiE[1]
Guil. d'A. → GuillAnglF[1]
Guil. d'A. H → GuillAnglH
Guil. d'A.[2] → GuillAnglF[2]
Guil. d'Or. → AliscJ, CharroiJ, ChevVivJ, CourLouisJ, PriseOrAJ
Guil. JND → GuillJoiesR
Guil. Mar. → GuillMarM
Guil. Pal. → GuillPalM
Guil. Pal. M → GuillPalMa
Guil. TM → GuillTroisMotsR
Guill. Bret. trad. → ChronGuillBretB
Guill. de Conches → MorPhilPrH
Guill. de Saint Pathus Mir. SLouis → SLouisPathMirF
Guill. d'Angl. W → GuillAnglW

Guillaume le Vinier → GuillVinM
Guingamor → GuingL
Guiot de Dijon → GuiotDijonN
Guiot L → GuiotProvinsW
Guischart serm. → GuischartG
Guy de Warwick → GuiWarPrC
GViane → GirVianeB
GViane T → GirVianeT
GVienne v. E → GirVianeE
GVienne Y → GirVianeY
GVinier → GuillVinU
Gysin Voc. Mus. → GysinMusik
Hahn Wortschatz Hue → ProtKH
Haimo v. Halberstadt Homélies → HaimonS
Haimo v. Halberstadt Homilien → HaimonS
Haimonsk. → RenMontRB
Hakamies Diminutif → HakamiesDimin
HAndeli Bat. → HAndBatP
HAndeli → HAndH
HAndeli Lai d'Aristote → HAndArD
Hardi cheval → ChevalVendiR[2]
Hardi cheval M → ChevalVendiM
Harl. Gl. → GlPlantHarlW
Harl. Gloss. → GlPlantHarlW
Hartwig Plastik → Hartw
Hauprich Christentum → HauprichChrist
Hauptfr. Rom. → MélBecker
Hauréau Not. et Extr. → HauréauNot
Haust Mélanges → MélHaust
Haveloc B → HavelocB
Havelok → HavelocM
HBord. → HuonG
HCap. → HugCapL
HCornuälle Rom. de Silence T → SilenceT[2]
Hebeisen Geschirr → Hebeisen
Hector et Hercule → HectP
Heidel Terminol. → HeidelFinanz
Heinimann Abstraktum → HeinimannAbstraktum
Helcanus → HelcanusN
Helinant → VMortHélW
Henri Lyr. → HIIIBrabH
Henry Chrest. → HenryChrest
Henry Mélanges → MélHenry
Hensel Vögel → HenselVögel
Héraut Chandos Prince Noir T → HeraudChandosT
Hérauts → HLaonL
Heresie Fauvel → FauvelChaillD
Hervis de Mes H → HervisH
Hervis → HervisS
Hist. Abb. Fécamp → HistFécL
Hist. Anc. Test. → BibleBNfr1753L
Hist. Fauvain → FauvainL
Hist. Jos. A. → JosephSt
Hist. moines d'Egypte S → PèresPrI5/7S
HLied → CantQuSolK
HLied P → CantLandP
HMondev. Chir. → HMondB
Hœpffner Mélanges → MélHœ
Höfler Tuch u. Stoff → HöflerTuch
Högberg Sprichw. → ProvUpsIH, ProvUpsIIH
Holkham Bible P → BibleHolkP
Höllenf. Chr. G → PassJonglUG
Höllenf. Chr. P → PassJonglFP
Hollyman Vocab. féodal → Holly
Horn → HornM
Horn[2] → HornP

Concordances bibliographiques

Hospitaller's Riwle S → RègleHospCamS
Huguet Dict. (XVI^{e}s.) → Hu
Huguet Mélanges → MélHuguet
Hunbaut → HunbautB
Hunbaut W → HunbautW
Hundert altfranz. Sprichw. → ProvVilL
Huon de Bordeaux R → HuonR
Huon de Bordeaux S → HuonBS
Huon de SQuent. S → HuonQuJérS
Huon le Roi ABC → HuonABCL
Huon le Roi Ave → HuonAveL^2
Huon le Roi Descr. des Releg. → HuonDescrL
Huon le Roi La descrissions des relegions → HuonDescrL
HVal. → HValW
HValenciennes Rom. Dieu S → HermValS
Hyst. Job G → JobG
Hyst. Job → JobB
I Ys. → YsIAvR
Ignaur. L → RenBeaujIgnL
Ignaur. → RenBeaujIgnM
II Ys. → YsIIR
Ille → GautArrIllF
Ille L → GautArrIllL
Ille Le → GautArrIllLe
Ille^2 → GautArrIllC
Image d. m. → ImMondePrP
Image du monde H → ImMondeOct^{2}H
Imbs Mélanges → MélImbs
Impot royal Artois BG → ImpArtB
Instr. SLouis O'C → EnsSLouisIO
Ipom. H → IpH
Ipom. → IpK
Jaberg Schaukel → JabergSchaukel
Jak. d'Am. I → JacAmArtK
Jak. d'Am. II → JacAmRemK
Jänicke Roggen → JänickeRoggen
Järnström Rec. chans. → ChansPieusJ
JBaisieux T → JacBaisT
JBruyant → JacBruyP
JCond. → JCondS
JCondé Messe → JCondJacR, JCondOisR
JdeCambrai Poésies R → JacCambrR
Jean de Braine G → JBraineG
Jean de Courcy → CourcyVaillP
Jean d'Outremeuse Myreur → JPreisMyrG
Jean le Bel Chronique → JBelV
Jeanr. Brand. Aubr. → JeanroyLais
Jeanroy Orig. → JeanroyOrig
Jeh. et Bl. → BeaumJBlS
Jeh. et Bl. L → BeaumJBlL
Jeh. le Nevelon Venj. Alix. → VenjAlH
Jeh. Maillart → MaillartR
Jeh. Petit → JPetArrZ
Jehan Bodel Fabliaux → BodelFablN
Jehan Bodel Jeu SNic. H → BodelNicH
Jehan Bodel Jeu SNic. H^2 → BodelNicH^4
Jehan de Lanson → JLansonM
Jehan de le Mote → JMoteRegrS
Jehan de Saintré → JSaintréG
Jehan dlMote Parfait du paon C → JMotePaonC
Jehan dlMote Voie d'Enfer → JMoteVoieP
Jehannot de L'Escurel → JEscG
Jerus. → JerusH
Jeu de soc. → GeusAvL, RagemonL, SermComL
Jeu d'Amour K → JeuAmK

Jeu SNic. J → BodelNicJ
JGerson Oeuvre française G → JGersonG
JJour. → JJourB
JMalk. Bible S → BibleMalkS
JMalk. Sam. → BibleMalkBu
JMeung Abaelart et Heloys B → JMeunAbB
JMeung Abregemenz Vegesce Establissement chev. L → JMeunVégL
JMeung Test. B-G → JMeunTestB
JMeung Test. → JMeunTestM
JMeung Tres. → JMeunTresM
JMeung Vegece → JMeunVégR
JMontreuil Opera GOO → JMontreuilO
Job → JobGregF
Jocelin → JocelinN
Joh. Bouch. → SJeanBoucheW
Joh. de Garl. Dict. → JGarlS
Johannesleg. → SJeanEvOctH
Joinv. C → JoinvC
Joinv. → JoinvM, JoinvW^1
Jongl. et Tr. → JubJongl
Jongleur → DepLivresE
Jordan Physiogn. → SecrSecrPr^{2}J
Jos. Arim. Mod. → SGraalIIIJosER
Jos. Arim. → SGraalIIIJosW
Joufr. → JoufrH
Joufroi^2 → JoufrF
Joufrois^2 → JoufrS
Jourd. Bl. D → JourdBlD
Jourd. Bl. → JourdBlH
Jourd. Bl.^{2} → JourdBlD, JourdBlD^2
Journal d'un bourg. de Paris → JournParT
JPriorat → JPrioratR
JRenart Lai ombre L → OmbreL
JRenart Lai ombre LH → OmbreH
JRenti → JRentiS
JRenti Oede → OedeCourS
JTuim → CesTuimPrS
Ju Ad. → AdHaleFeuillR
Ju Ad. L → AdHaleFeuillL
Jub. Myst. → JubMyst
Jub. NRec. → JubNRec
Jud Festschrift → MélJud
Judenkn. → JuitelAlW
Jugem. d'Am. → JugAmS
Jugement d'Am. → JugAmD
Juise → JuiseF
Juise R → JuiseR
Jung Poème allégorique → JungAllég
JVignay Flave Vegece L → JVignayVégL
JVignay Merveilles T → JVignayOdoT
JVitry Historia Orientalis B → JacVitryB
Karleto → KarletoR
Karls R → PelCharlK
Kaufmannsbuch Blasi → JBlasiH
Keller Mir. ND → MirNDPers1K
Keller Voc. Wace → KellerWace
Kemna Schiff → Kemna
Klare Konzessive Konjunktionen → Klare
Klauenberg Getränke → KlauenbergGetränke
Kluge Etym. Wb. → KlugeM^{20}
Knösel Afz. Zahlw. → KnöselZahl
Knust Mar. Aegypt. → SMarieEgxK
Köhler Trobadorlyrik → KöhlerTrob
Koll Langue → KollLangue
Körting Wb. → Körting

Kraemer Maladies → Kraemer
Krüger Homenaje → MélKrüger
Laborde Gloss. frç. → LabordeGl
Lai de la Rose → PercefP
Lai dou Chievref → BartschChrest, ChansWackern
Lai du Cor E → CorE
Laie Bible → LaieBibleC
Lais anonymes T → TobinLais
Lais in. → DoonLaiP, LecheorP, TyoletP
Lais Tristan F → TristPrLaisF
Lament SMontfort S → AspinChansPol
Lancelot pros. K → LancPrK
Lancelot pros. → LancPrBe, LancPrBu, LancPrZ
Lancelot pros. M → LancPrM
Langlois Table → Langlois
Langlois Vie en France[1/2/3/4] → LangloisVie
Lapid. A → LapidFFP, PannierLapid
Lapid. anglon. → Studer
Lapid. B → LapidBP, PannierLapid
Lapid. C → LapidCP, PannierLapid
Lapid. D → LapidCLP, PannierLapid
Lapid. E → LapidEP, PannierLapid
Lapid. Ph. Z → LapidPhilZ
Lapid. Rom. → LapidALM
Latour Landry → LatourLandryM
Laue Heilk. → LaueHeilk
Laurin → LaurinT
Lay d'Am. → LayAmP
LBourges Poeme épique KPF → LionBourgAlK
Lebsanft Linguistik des Grußes → LebsanftGruß
Lefèvre Lament. → JFevLamentH
Lefèvre Lament. t. 2 → JFevLeesceH
Lefevre Respit H-E → JFevRespH
Lég. d. Pil. → PilateKicD
Lég. Fiancé dlVierge → FiancéViergeOctW
Leg. Gir. Rouss. → GirRossPrM
Leodeg. → SLégerK, SLégerP
Lerch Stud. Rom. → MélLerch
Lettre Prêtre Jean G → PrêtreJeanD/YG
Levy Rech. Lex. → LevyRech
Levy Signalinstr. → LevySignal
Levy Trésor → LevyTrés
Lex Sal. → LexSalG
Liber de monstr. hom. → MonstresH
Liber Fortunae G → LFortunaeG
Literarästhetik → MölkLiterarästhetik
Littré → Li
Littré Suppl. → Li
Livre d. l. Taille de Paris M → Taille1313M
Livre d. Prov. → ProvL
Livre de la taille 1296 → Taille1296M
Livre des SSag. → SSagLL
Livre dlPassion → PassBonnesF
Livre du bon Jehan → GuillSAndréJehC
Livre d'Enanchet → EnanchetF
Livre Gentil L → LulleGentL
LJost. → JostPletR
LMan. → EstFougT
LMan. L → EstFougL
LMest. → LMestD
LMestiers de Bruges → DialFrFlamG
Långfors Not. Ms. Metz → QuatreFilles[1]AL
Lommatzsch Blumen → LommatzschBlumen
Lommatzsch Trauer → LommatzschTrauer
Lothr. Ps. → PsLorrA
LPrueve → LBonneAvPrueveB

LRois C → RoisC
LRois → RoisL
LSimpl. med. → LSimplMedD
Lundquist Mode → LundquistMode
Lyon. Ys. → YsLyonF
Macaire → MacaireG, MacaireM
Maccab. M → MaccabPr[2]M
Maccab. → MaccabPr[1]G
Macé → BibleMacéH
Macé de la Charité Bible → BibleMacéK, Bible-
　　MacéP, BibleMacéS, BibleMacéV
Machaut Confort d'ami P → GuillMachConfP
Machaut Jugem. Roy de Behaingne P → Guill-
　　MachBehP
Machaut Jugem. Roy de Behaingne WK → Guill-
　　MachBehW
Machaut Oeuvres H → GuillMachH
Machaut Voir Dit → GuillMachVoirP
Mackel Germ. Elem. → Mackel
Mahieu le Vilain Metheor. → MahArE
Mahn Gedichte → GirRossDécoM
Mahn Werke (t. 1) → GirRossDécPH
Mahom. L → MahomL
Mahom. → MahomR
Mahom. Z → MahomZ
Maihieu le Juif → MahieuW
Main. → MainetP
Maistre Silon → TombChartr7W
Male Honte → HonteL
Maler Qualis → MalerQualis
Man. de lang. G → ManLangG
Man. de lang. → ManLangM
Manek. → BeaumManS
Mantel B → MantelB
Mantel → MantelW
Manuscrits frç. moyen âge V → VielliardBodmer
Mar. s. arts L → MarArsAnL, MarArsTeintL
Mar. s. arts → MarArsAnL, MarArsAnP
Marb. Lap. → LapidFFB
Marco Polo → MPolGregP
Margaretenlegende → SMargAO
Marienl. → ViergeLoengeA
Marienlied Bull. S A T → ViergeMereM
Marque → MarqueA
Martin da Canal Est. Venise L → MartCanL
Mätzner Afz. L → ChansMätzner
Maugis V → MaugisV
Mayer Lex. AdlHalle → AdHaleLexM
MAym. → MortAymC
Méd. Liég. → MédLiégH
Méd. Namur → MédNamH
Mélancolies Jean Dupin L → JDupinMelL
Melander Mélanges → MélMel
Mélanges AThomas → MélThomas
Meliador → FroissMelL
Melion Gr → MelionG
Melion → MelionH, MelionM
Mélusine Coudrette R → MelusCoudrR
Men. Reims → MenReimsW
Ménag. BF → MenagB
Ménag. → MenagP
Méon → Méon
Mer. → MeraugisF
Merlin M → MerlinM
Merlin → MerlinP
Merure Ste Eglise → MirourEdmBR

Concordances bibliographiques

Mesdisant → MesdPerrinL
Mesq. Tourn. → MesqTournS
Messelaar Brun. Lat. → Messelaar
Metr. Ps. → PsMétrM
Meun. d'Arleux → MeunArlM, MeunArlMich
Meyer Neutr. → MeyerNeutr
Meyer Rec. → MeyerRec
Meyer-Lübke Fz. Gr. → MLFrGr
Meyer-Lübke REW[3] → REW
Meyer-Lübke Rom. Gr. → MLRGr
Meyer-Lübke Wortb. → MLFrGr II[2]
MFce Esope W → MarieFabW[2]
MFce Espurg. → MarieEspJ[2]
MFce Espurg. W → MarieEspW
MFce Fa. B → MarieFabB
MFce Fa. → MarieFabW
MFce Fa. S → MarieFabS
MFce Gugem. Lanv. H → MarieGuigHa
MFce Lais B → MarieBisclW[2]
MFce Lais Cht → MarieChaitW[2]
MFce Lais Chv → MarieChievreW[2]
MFce Lais DA → MarieDousAmW[2]
MFce Lais El → MarieElidW[2]
MFce Lais Eq → MarieEquitW[2]
MFce Lais F → MarieFraisneW[2]
MFce Lais G → MarieGuigW[2]
MFce Lais H → MarieLaisH
MFce Lais L → MarieLanvW[2]
MFce Lais Lo → MarieLaisL
MFce Lais Lst → MarieLaustW[2]
MFce Lais M → MarieMilW[2]
MFce Lais Prol. → MarieProlW[2]
MFce Lais R → MarieLaisR
MFce Lais Y → MarieYonW[2]
MFce Lais[3] → MarieLaisW[3]
MFce Lanval → MarieLanvR[2]
MFce Vier Lais R → MarieChievreRi
MGar. → GarLorrD
Michaëlsson Mélanges → MélMich
Michel Etoffes → MichelEtoffes
Miethlich Getreidehaufen → Miethlich
Millet Études → Millet
Mimes frç. → PrivilBret[1]F
Minnefragen → KleinMinne
Mir. de SLouis → SLouisPathMirD
Mir. de vie et de mort → RobOmMirL
Mir. ND Amis → MirNDPers23S
Mir. ND → MirNDPers1-40P
Mir. ND Rosarius K → ProprChosMirK
Mir. S. Eloi → SEloiP
Mir. Ste-Genevieve → MistHag6S
Mir. Ste-Genevieve R → MistHag1/2/3/4R
Mir. Theoph. anglon. → MirAgn[2]ThéophK
Mir. Theoph. → RutebTheophF
Mir. Vierge Orl. → MirNDOrlM
Miracle de la Vierge R → Pères51R[2]
Miroir → RobGrethEvP
Mistral Tresor → Mistral
Mitt. → AuberiT
Moamin → MoamT
Modus → ModusT
Modwenna B → ModvB[1]
Modwenna BB → ModvB[2]
Modwenna → ModvS
Möhren Landwirtschaftl. Texte → MöhrenLand

Möhren Renforcement affectif négation → MöhrenVal
Mon. Guill. → MonGuill[1]C
Mon. Guill. Pros. → MonGuillPrS
Mon. Guill.[1] → MonGuill[1]H
Mondev. Chirurgie → HMondB
Moniage Rainouart I B → MonRaincB
Moniage Rainouart II et III B → MonRainDB
Moniot de Paris → MoniotParD
Moniot d'Arras → MoniotArrD
Mont. Fabl. → MontRayn
Mont. Rec. → MontRoth
Monum. K → KoschwitzMon
Mort Artu Fr → MortArtuF[1]
Mort Artu Frappier[2] → MortArtuF[2]
Mort Artu → MortArtuB
Mort de Trist. → TristPrBédier
Motets → RaynMotets
Mousk. → MousketR
MPolo Milione → MPolRustB
MSMich. → ChronSMichelM
MSully Homil. → SermMaurR
Mule sanz frain H → MuleH
Mule sanz frain JO → ChevEspJ
Mule sanz frain O → MuleO
Murray Engl. Wb. → OED
Muss. Kath. I → SCathVérM
Mussafia Bausteine → BaustMuss
Myst. Pass. Greb. → GrebanP
Myst. Pass. Greb. J → GrebanJ
Myst. Pass. SGenevieve R → PassEntreR
Myst. Pass. Troyes B → PassTroyB
Myst. SAdr. → MistSAdrP
Myst. SChristofle R → SChristofleAnR
Mystère d'Adam → AdamA
Mystere jeune fille peché L → MistFilleL
Nabaret S → NabaretS
Naiss. Ch. cygne → ChevCygneNaissT
Naiss. Ch. cygne MN → ChevCygneNaissM
Narbon. F → NarbHF
Narbon. → NarbS
Narcisus → NarcisusP
Narcisus T-S T → NarcisusT
Narcisuslai → NarcisusH
Nat. Jesu → CoincyNatJesuR
Nat. ND → CoincyNatNDR
NBozon Char d'Orgueil → NicBozCharV
NBozon Cont. mor. → NicBozMorS
NBozon Lettre d'Orgueil → NicBozEmpV
NBozon Prov. → NicBozProvR/ST
NBozon SElis → NicBozElisK
NDChartr. K → MirNDChartrK
NDChartr. → MirNDChartrD
Nécrol. confrérie B → NecrArrB
Neuf Joies ND → RutebNeufJoiesM
Nic. de Troyes Par. → NicTroyM
Nicot Thresor → Nic 1606
Nîmes carriaggio → CharroiS
Nonain → SacristineIntG
NOresme Eth. → OresmeEthM
NOresme Livre du ciel MD → OresmeCielM
NOresme Livre du ciel → OresmeCielM
NOresme Pol. M → OresmePolM
Nouv. frç. du XIIIe s. → MolandHéricault[1]
Nouv. frç. du XIVe s. → MolandHéricault[2]
Nouv. Recueil Fabliaux NvdB → NoomenFabl

Novele cirurgerie H → RecMédNovCirHH
Novele cirurgerie HJ → RecMédNovCirHi
Nymes → CharroiJ
Nyrop Gramm. hist. → Nyrop
Octavian → FlorOctOctV
Oeuvre de JBaisieux T → JacBaisT
Oeuvre oratoire JCourtecuisse S → JCourtecuisseD
Og. Dan. C → OgDanAlC
Og. Dan. E → OgDanE
Og. Dan. → OgDanB
Og. Dan.² → OgDanPrT
Öhmann Lehnprägung → ÖhmannLehnpr
Oisel. → OiselP
Oisel. W → OiselWo
Olla → OllaS
Ombre O → OmbreO
Ombre → OmbreB¹
Ombre² → OmbreB²
One hundred ball. rond. vir. W → WilkinsBall
Ord. Adm. → OrdAdmZ
Ord. LMest. → LMestD, OrdLMestD
Ordene de cheval. B → ElesB
Ordene de cheval. H → OrdeneChevH
Ordene de cheval. → OrdeneChevBa
Orenge → PriseOrAJ
Oresme Livre Yconom. → OresmeEconM
Ornement des Dames → OrnDamesR
Orr Essais → OrrEssais
Orson → OrsonP
Orth. gall. J → OrthGallJ
Orth. gall. → OrthGallS
Otin. → OtinG
Ott Couleurs → OttCouleurs
Oulmont débats → JugAmO
Oustillement au vilain → NyströmMén
Out. de l'hôtel → OutHôtelR
Ov. Met. → OvMorT
Ov. mor. Comment. → OvMorCommS
Ov. mor. De Boer → OvMorB
Ov. mor. → OvMorB
Ovide moral. prose E → OvMorPr²E
Ovide moral. prose → OvMorPrB
Oxf. Gl. → GlOxfG
Oxf. LHs. → ChansOxfS
Oxf. Ps. → PsOxfM
Palamede B → PalamModB
Palamede R → PalamL
Palamedès → PalamL
Pampel. → PrisePampM
Pamphile → PamphGalM
Panth. d'am. → PanthT
Par. Duch. P → ParDuchP
Par. Duch. → ParDuchG
Par. Gloss. 8246 → GlBNlat8246M
Paris Lég. Salad. → PasSaladinG
Pariser Pestgutachten S → RecMédEpidAS
Parodies → Ilvonen
Parton. → PartonC
Parton.² → PartonG
Pas Saladin G-PW → PasSaladinG
Pass. Jongleurs P → PassJonglGP
Pass. Pal. Chr. → PassPalC
Pass. Pal. Fr. → PassPalF
Pass. SAndr. → SAndréB
Pass. SEdm. G → SEdmPassG
Pass. SEdm. → SEdmPassN

Passio septem dormientium M → SeptDormPrM
Passion G → PassEntreG
Passion Isabeau Du B → PassIsabD
Passion → PassionK
Pastourelles R → RivièrePast
Paumier → PaumierBerlC
PBeauvais Mappemonde A → PBeauvMapA
PBeauvais Saint Jacques → PBeauvJacB
Peain Gatineau SMart. → PeanGatB
Peler. V → PelVieS
Per. Neel. Inh. → PerNeslesTabJ
Perc. B → PercB
Perc. H → PercH
Perc. L → PercL
Perc. → PercP
Perc. R → PercR
Perceforest Quatrième Partie R → PercefR
Perceforest T → PercefT
Perceforest Troisième Partie R → PercefR²
Perlesvaus → Perl¹N
Peruzzi Zügel → PeruzziZügel
Petit traité de méd. → RecMédMontp503B
Petite Philos. → PetPhilT
Pflaum Poèmes de controv. rel. → JuifChrétP
PGat. SMart. → PeanGatS²
Ph. Mezieres Songe C → PhMézPelC
Ph. Thaon Best. → PhThBestWa
Ph. Thaon Best.¹ → PhThBestWr
Ph. Thaon Comp. → PhThCompM
Ph. Thaon Comp. S → PhThCompS
Ph. Thaon Sibile → PhThSibS
Phébus → GastPhébChasseT
Phébus Oraisons T → GastPhébOrT¹
Phébus Oraisons T T-Ch → GastPhébOrT²
Phil. Nov. Mém. → PhNovMémK
Phil. Nov. QT → PhNovAgesF
Philom. → PhilomB
Phisan. → AldMT
Piel Studien → MélPiel
Piram. → PirBr
Piramus et Tisbé → PirBi
Placides et Timéo T → PlacTimT
Plainte d'Am. → PlainteAmV
Plaintes dlVierge → PlainteVgePurT
Plais de l'Evesque K → JCourtPlaitAK
Plantaire → ProprChosS
Poème Honn. SVierge → ViergeGérH
Poème mor. B → PoèmeMorB
Poème mor. → PoèmeMorC
Poème quatr. → PoèmeQuatrS
Poemes amour BF → BaumgFerr
Poemes jud.-frç. → BlondhPo
Poerck Draperie → Pck
Poire M-N → PoireM
Poire → PoireS
Poitev. Turpin → Turpin¹A
Policratique B → DenFoulB¹
Popular Medicine H → HuntMed
Practical Geometry V → GéomSGenV
Precieus sang → PrécSangK
Pred. H. Bernh. → SBernAn²S
Prestre comp. → PrestreCompS
Prestre Johan anglon. → PrêtreJeanH
Prière à la Vierge → ViergeHaM
Priere Theoph. → PriereTheophS
Priere Tybaut d'Amiens → ThibAmPriereL

Concordances bibliographiques

Prieres S → SinclairPrières
Prieres saints R → RézeauPrières
Prise am. → AcartH
Prise de Defur → PriseDefP
Prise d'Orange (réd. AB) → PriseOrABR^2
Prise d'Orange → PriseOrABR^1
Prise d'Orange R → PriseOrABR^1
Proph. Dav. → ProphDavF
Proph. Merlin Be → MerlinProphEB
Proph. Merlin → MerlinProphRP
Propr. chos. → ProprChosR
Pros. Lap. → LapidSPJ
Prothes. → ProtK
Prov. Conte Bret. → ProvBretC, ProvBretM
Prov. et Dict. → ProvCrap
Prov. frç. M → ProvM
Prov. rur. → ProvRurU
Prov. Sen. → ProvSenAR
Prov. vil. Lo → ProvVilL
Prov. vil. Lo^2 → ProvVilL^2
Prov. vil. → ProvVilT
Proverbes Salemon Is → ProvSalSanI
Proverbia Salomonis B → ProvSalParB
Proverbia Salomonis R → ProvSalAuR
Psautier Comment. Laurette d'Alsace → CommPsIA$^{1/2}$G^2
Pseudoturpin B → TurpinVatB
Pseudoturpin F → Turpin^{2}F
Pseudoturpin Sch → Turpin^{2}S
Pseudoturpin W → Turpin^{2}W
Pseudoturpin W^2 → Turpin^{6}Wa
Purg. SPatr. anglon. → PurgSPatrCamZ
Purg. SPatr. Berol → PurgSPatrBerM
Purg. SPatr. Bibl. nat. → PurgSPatrBNfr25545M
Purg. SPatr. Harl. → PurgSPatrHarlV
Pyr. Malk. → BibleMalkBo, PirBd
Quatre Filles de Dieu → QuatreFilles^{1}AL
Quatre Fils Aymon → RenMontLC
Queste SGraal → SGraalIVQuesteP
Quinze Joyes C → QJoyesC
Quinze Joyes → QJoyesH
Quinze Joyes R → QJoyesR
Quinze signes Kr → QSignesK
Quinze signes M → QSignesM
RAlix. → AlexParHM
Raschi gl. fr. → RaschiD^1
Rashi → GlBodl1466N, RaschiN
Raynouard Lex. rom. → Rn
RBlois → RobBloisBeaudU
RCambr. → RCambrM
RCambr.^{1} → RCambrL
RCcy → JakC
RCcy^2 → JakD
RCharr. → LancF
RCharr. R → LancR
RClari L → RobClariL
RClary → RobClariH
Reali → BueveFrancoitR
Rec. chans. pieus. II → ChansPieusJ
Rec. gén. Isopets → YsIAvB
Rec. gén. Jeux-p. → JeuxPartL
Rec. gén. Lexiques → RoquesLex
Rec. lettr. anglofr. → LettrTanq
Rec. méd. → RecMédEvrM
Rec. méd. W → RecMédEscW
Rec. Rom. → RecMédBNlat8654bM

Rec. Trepperel II farces DL → RecTreppD
Recettes médicales H → RecMédQuiFH
Rég. du Corps → AldL
Règle cist. → RègleCistG
Regle Fins Amans → RègleBéguC
Règle SBen. → RègleSBenNicH
Regr. ND → HuonRegrL
Regula Hist. frz. Grammatik → RegulaGramm
Rei de Engl. → ReiEnglK
Reich. Gloss. → GlReichD
Reimpr. (I) → GrantMalS^1
Reimpr.^{2} (I) → GrantMalS^2
Reimpr.^{2} (II) → DeuOmniS^2
Reinsch KE → ReinschEvang
Rem. Am. → EchecsAmK
Rem. pop. → RecMédCambraiS
Remacle Wallon → RemAWall
Ren. Contref. Rayn. → RenContrR
Ren. Contref. → RenContr^{1}T
Ren. D → RenD
Ren. F → RenγF
Ren. FHS → RenγF^2
Ren. M → RenM
Ren. Nouv. → RenNouvM
Ren. R → RenR
Ren. → RenM, RenMéon
Ren. Suppl. → RenChab
Renart Br → RenB
Renart le Nouvel R → RenNouvR
Rencl. C → RenclCarH
Rencl. M → RenclMisH
Renson Visage → RensonVis
Répertoire d'incipit → SonetIncip
Résurr. Sauv. Schn → RésSauvPS
Résurr. Sauv. Wr → RésSauvPW
REW^3 → REW
RHam → HemM
Rheinfelder Afz. Gr. → RheinfelderF, RheinfelderL
Rheinfelder Afz. Gr.^{2} → RheinfelderL
Rheinfelder Formenlehre → RheinfelderF
RHem H → HemH
RHoudenc Songe enfer TM → SongeEnfM
Rich. de Fournival Consaus d'Amours S → FournConsS
Rich. de Fournival Oeuvre lyrique L → FournChansL
Rich. de Fournival Poissance d'Amours S → PoissAmS
Rich. de Semilli → RichSemS
Rich. → RichF
Richard I → CroisRichJ
Richeut L → RicheutL
Richeut V → RicheutV
Rigomer → RigomerF
Risop Studien → RisopIr
RLenham Art de Kalender S → CompRalfS
RLenham Kalender H → CompRalfH
RMont. Episode ardennais T → RenMontArdT
RMont. → RenMontLCM
RMont. T → RenMontDT
RMont. V → RenMontRV
Rob. de Boron Est. Gr. C → SGraalIIIJosEC
Rob. de Boron Est. Gr. → SGraalIIIJosN
Rob. et Mar. L → AdHaleRobL
Rob. et Mar. V → AdHaleRobV
Rob. Greth. P → RobGrethEvP^2

Rob. Greth. → RobGrethEvA
Rob. Grosset. Mar. Eg. → SMarieEgTC
Rob. l. Diable → RobDiableL
Rob. l. Diable¹ → RobDiableT
Rob. u. Mar. → AdHaleRobR
Robert Chastel perilleux B → ChastelPerB
Robert Fabl. inéd. → Ys_III_R
Robert Sprichw. → ProvArbR
Rockel goupil → RockelGoupil
Rohlfs Fablels → RohlfsFablels
Rohlfs Festschrift II → MélRohlfs³
Rohlfs Festschrift → MélRohlfs²
Rohlfs Quellen → MélRohlfs¹
Roi Cambr. Ave → HuonAveL¹
Rois. → RoisinB
Roisin² → RoisinM
Rolandslied → RolH⁴
Rom. de Cardenois C → CardenoisC
Rom. des Franceis H → AndréCoutFrH
Rom. des Romans L → RomRomL
Rom. des Romans T → RomRomT
Rom. dou Lis → LisO
Rom. d'Alex. I → AlexArsL, AlexVenL
Rom. d'Alex. II → AlexParA
Rom. d'Alex. P v. H → AlexParBH
Rom. fläm. Gespr. → DialColGr
Rom. frç. → ParisRom
Rom. Jules César C → CesTuimAlC
Rom. Stud. → RoSt
Rom. u. Past. → RomPast
Romv. → KellerRomv
Roncev. → RolMichel², RolPMichel
Rond. Vir. → GennrichRond
Rondeaux et refrains → Boogaard
Roquefort Gloss. → RoquefortGl
Roquefort Suppl. → RoquefortGl
Rose L → Rose_L_Langl, Rose_M_Langl
Rose Le → Rose_L_Lec
Rose P → Rose_L_P
Rose → Rose_L_Mich, Rose_M_Mich
Rose S → Rose_L_S
Rose¹ → Rose_L_M
Rosenfeld Handschuh u. Schleier → Rosenfeld-Hand
Rothenberg Suff. → RothenbergSuff
Rou H → RouH
Rou → RouA
Rou¹ → RouP
Roy Modus → ModusT
RSoissons → RSoissonsW
RSSag. M → SSagOctM
RSSag. S → SSagOctS
RSSag. → SSagOctK
RSSag. Th → SSag_Ac_T
Ruteb. K → RutebK
Ruteb. Mir. Théoph. → RutebTheophF
Ruteb. Poés. pers. → RutebL
Ruteb. → RutebJ¹
Ruteb. Vie Ste Marie → RutebMarieB
Rutebeuf Faral → RutebF
Rutebeuf Z → RutebZ
RViol. → ViolM
RViolette SAT → ViolB
S. d'Angl. → AnglureB
S George → SGeorgVosL
Sabin Streu → SabinStreu

SAgnes D → NicBozAgnèsD¹
SAgnes → NicBozAgnèsD¹
SAgnes T → SAgnèsDobT
Sainéan chat → SainéanChat
Sainéan chien → SainéanChien
Sainéan Sources → SainéanSourc
Saisnes B → Saisn_A/L_B
Saladin → JAvesnesSalC
SAlex. Ded. → AlexisD
SAlex. R → AlexisOctP
SAlex. Rajna → AlexisvR
SAlex. Rösler → AlexisR¹
Sam. B → DébCorpsSam_B_V
Sam. C → DébCorpsSam_C_V
Sam. H → DébCorpsSam_H_V
Sam. P → DébCorpsSam_P_V
Sankt Alexius → AlexisRo
Sant Lethgier → SLégerA
Sarrasin F → SarrasinF
Sarrasin → SarrasinM
SAub. H → SAubH
SAub. → SAubA
SBenedict DL → RègleSBenDouceD
SBrand. → BrendanM
SCath. McB → SCathCarlM
SCath. N → SCathAumN
SCath. → SCathAumT
SCath. Veron. → SCathVérB
Schachspiel → EchecsNicA
Scheler GMuis. Lex. → SchelerGil
Schellenberg Walt. Bibl. → Schellenberg
Schirling Verteidigungswaffen → Schirling
Schleyer List → SchleyerList
Schmidt Reiten → SchmidtReiten
Schon Studien → SchonPr
Schossig Namen → SchossigWidder
Schultz Fig. Zahl → SchultzZahl
Schultz Höf. Leb. → Schultz
Schultz-G. Zwei afz. Dicht. → ChastSGilS
Schultz-G. Zwei afz. Dicht.⁴ → ChastSGilS⁴
Schultz-Gora Satzortsnamen → Schultz-GoraSatzortsn
Schwan-Behrens Afz. Gr. → SchwanBehrens
SClem. P → SClemM
Secré de Secrez → SecrSecrAbernB
SEdm. Abingdon Mirour W → MirourEdm_A_W
Seerecht Oléron → CoutMerOl_A_Z
Segré de Segrez H → SecrSecrPr²H
Segretain moine → SegrMoineV
Seinte Resureccion anglon. → RésSauv_C_J
Semrau Würfel → SemrauWürfel
Sept ars d'am. → ArtAimFaberH
Serm. au puile → SermPuileW
Serm. en vers → SermOyezT
Serm. poit. → SermMaurPB
Serm. Sap. → SermSapF
SEust. Rom. → SEust1M
SFanuel → SFanuelC
SFranch. → SFranchS
SFreine → SimFreineGeorgM, SimFreinePhilM
SGeorge M → SGeorgPr¹M
SGile → SGillesP
SGraal H → SGraalIIIH
SGraal → SGraalIIJosM
SGreg. → SGregAlF
Shepard Débat inédit → GeoffrParDespSh

Concordances bibliographiques TL

Siège Barb. P → SiègeBarbP
Siege Barb. → SiègeBarbK
Simon de Crépy (I) → SimCrespyW
Simon de Crépy (II) → TombChartr11W
Simon de Pouille B → SimPouilleBB
Simon de Pouille → SimPouilleAB, SimPouilleBC
Singer Sprichw. → SingerSpr
Sirventes sur le concile de Lyon → ConcLyonP
SJake → SJakeM
SJean aum. → SJeanAumM
SJean aum. U → SJeanAumU
SJean Damasc. → SJeanDamK
SJul. → SJulianeF
SJulian S → SJulPrS
SLaurent R → SLaurentR
SLaurent → SLaurentPrS, SLaurentS
SLéger L → SLégerL
SMagd. → GuillSMadS
SMagloire (1) → ChronSMaglB
SMagloire DB → SMaglGeoffrD
SMagloire → SMaglGeoffrD
SMarg. I → SMarg7S
SMarg. II → SMarg6S
SMarg. → SMarg7NH
SMartin S → PeanGatS[1]
SMathelin → SMathelinR
SNic. → WaceNicD
Söll Wald → SöllWald
Sone → SoneG
Songe Vergier Sch-L → SongeVergierS
Songe vert → SongeVertC
Sort. Apost. → SortApostB
SOsith → SOsithB
Sous-Diacre → SoudiacreL
Spanke Afz. Lieders. → SpankeChans
Späth Armut → SpäthArmut
Spons. → SponsusC, SponsusK
SQuent. Dits quatrains MO → JSQuentO
SQuent. → SQuentAlS
SQuent.[2] → HuonSQuentL
SSag. CRAL → SSagAD
SSag. Pr. → SSagDP, SSagHP
SSBern. → SBernAn[1]F
SSBern. Sch → SBernAn[2]S
St. Thibaut → SThibAlH
Stengel Mitt. a. Turin → StengelTur
Steph. → EpSEtK, EpSEtP
Sternberg Angriffswaffen → SternbergWaffen
SThom. B[1] → SThomGuernB[1]
SThom. B[2] → SThomGuernB[2]
SThom. M → SThomBenM
SThom. → SThomGuernH
SThom. W → SThomGuernW[1]
SThom. W[2] → SThomGuernW[2]
StJul. → SJulT
Stowell Titles → Stowell
Streng Haus → StrengHaus
Streng Wetter → StrengWetter
Studer-Waters → StudWat
Sturm Sumpf → SturmSumpf
SVou → SVouF
SWalsingham Vie Ste-Foy → SFoySimB
Taill. Rec. d'Act. → Tailliar
Taille de Paris → Taille1313B
Tailliar → Tailliar
Tanquerey Act. anglon. → TanquereyActes

Tappolet Haustiere → TappoletHaustier
Terrier l'Evêque H → TerrEvêqueH
Terrier SVigor M → TerrSVigorM
Textes médicaux A → RecMédEpidA/BA
Th. frç. au m. â. → ThéâtFr
Thebes R → ThebesR
Thebes → ThebesC
Thebes[1] → ConstansThebes
Thémon Juif Œuvre astronomique H-R → ThémonAstrH
Thib. Blaison Poésies N → ThibBlaisN
Thib. Champ. Chans. Concordances → ThibChampW
Thib. Champ. Chans. → ThibChampW
Thib. d. Marly V. s. l. M. → ThibMarlyM, VMortHélM
Thib. Marly St → ThibMarlyS
Thierbach Kirchenfeste → ThierbFeste
ThKent Alexander F → ThomKentF
Thomas Essais → ThomasEss
Thomas Mél. → ThomasMél[1]
Thomas Nouv. Ess. → ThomasNEss
Thorn cordonnier → ThornCord
Thorn médecin → ThornMéd
Thur. → ThurotEx
Thurau Singen u. S. → ThurauSing
Tilander Cynegetica I → TilEtym
Tilander Cynegetica IV → TilNEtym
Tilander Cynegetica V → TilMélEtym
Tilander Cynegetica VI → BrézéT
Tilander Glan. lex. → TilGlan
Tilander Lex. Ren. → TilLex
Tilander Rem. → TilRem
Tob. → GuillTobR
Tobler Abhandl. → MélTobler[1]
Tobler Festschrift → MélTobler[2]
Tobler Verm. Beitr. → ToblerVerm
Tombel Chartr. J → TombChartr26J
Tombel Chartr. K → TombChartr1…K
Tombel Chartr. S → TombChartr1/2/3S
Tombel Chartr. Sauvain S → TombChartr19S
Tombel Chartr. → TombChartrProl/4…W
Torn. as dames → TournDamGencP
Tourn. Ant. B → TournAntB
Tourn. Ant. → TournAntT, TournAntW
Tourn. aux dames D → TournDamAnD
Tourn. Chauv. → BretTournDelm
Tourn. Chauv. Delb. → BretTournD
Tourn. d'Enf. → TournEnfL
Tr. Belg. → TrouvBelg[1], TrouvBelg[2]
Tr. Dits d'Am. I → GuillAmAmJ
Tr. Dits d'Am. II → NevAmJ
Tr. Dits d'Am. III → GuillAmAmJ
Tr. Dits I → AvocasR
Tr. Dits II → JumentDeableR
Tr. Dits III → LuqueR
Tr. En. → TroisEnM
Traicté horol. → HoroleigesM
Traités sur l'Amour → AmoursBiautéL
Traîtres S → TraîtresSu
Traîtres → TraîtresS
Traumbücher → SongeDan[1]S
Treize miracles K → PèresAK
Tres. Ven. → TresVenM
Trist. Bér. E → TristBérE
Trist. Bér. G → TristBérG

Trist. Bér. MD → TristBérM⁴
Trist. Bér. → TristBérM¹
Trist. Bér. V → TristBérE
Trist. Bér.² → TristBérM²
Trist. Men. → ContPerc⁴B
Trist. → MichelTrist
Trist. Thom. L → TristThomL
Trist. Thom. → TristThomB
Trist. Thom. W → TristThomW
Trist. → TristBérMi, TristThomM
Tristan de Nanteuil → TristNantS
Tristan et Yseut LW → TristBérM⁴
Tristan et Yseut P → TristBérP
Tristan fragm. → TristThomW
Tristan Lais F → TristPrLaisF
Tristan pr. B → TristPrB
Tristan pr. C → TristPrC
Tristan pr. FSt → TristPrLaisF
Tristan pr. M → TristPrM
Troie → BenTroieC
Troie pr. → TroiePr¹C
Troie pr. V → TroiePr¹⁵V
Troie R → BenTroieMR
Troie Rom. → BenTroieC
Trois contes (43) → Pères43B
Trois contes (64) → Pères64B
Trois contes (69) → Pères69B
Trois Fabliaux → EstulaW, HaimBarW, SPierJonglW
Trois Morts et Tr. V. → TroisMortsSeC
Trois Morts → TroisMortsNicG
Trot Gr → TrotG
Trot → TrotM
Trouveres lorrains K → KooijmanLorr
Trouveres R → Rosenberg
Trubert R → TrubertR
Trubert → TrubertU
Tumb. ND Lo → TumbNDL
Tumb. ND → TumbNDW
Turpin Chron. anglo-norm. → TurpinBrianeM, TurpinBrianeS
Turpin → Turpin⁵W, Turpin⁶Wu
Turpin W → Turpin⁵Wa
Two miracles W → MirNDPers7W
Tydorel → TydorelL
Ulrix Chans. inéd. → ChansRoiU
Urb. cort. → UrbCort¹S
v. Wartburg Etymologica → MélWartb¹
v. Wartburg Festschrift → MélWartb²
v. Wartburg Schaf → WartburgSchaf
v. Wartburg Wochentage → WartburgSem
Vair Palefroi → HuonPalL
Varnhagen Afz. W. → RecMédDresdV
VdlMort → VMortAnW
Vénerie Twiti T → TwitiT
Veng. Alix. Gui de Cambrai → VengAlE
Veng. Jes. → VenjNSHG
Veng. Rag. → VengRagF
Veng. Rag.¹ → VengRagH
Venj. Alix. Ham → VenjAlH
Venj. Alix. Jeh. le Nevelon → VenjAlH
Venj. Alix. Jeh. → VenjAlS
Venj. Fromondin → YonM
Venj. NSeigneur F → VenjNSPr⁵F
Venj. NSeigneur M → VenjNSPr³M
Venj. NSeigneur → VenjNSAG

Venus → VenusF
Ver de Couloigne → BonAngeK, EnsaingnK, VerCoulK
Vergier et Arbre d'Am. → VergierArbreL
Versif. Apoc. → ApocKerrT
VGreg. A → AngVieGregM
VGreg. I → SGregJeanM
VGreg. S → SGregA¹S
Viandier Taillevent S → ViandValS
Viandier Taillevent → ViandTaillNP
Vie d. peres → Pères
Vie de SLouis → SLouisPathVieDau
Vie Ed. Conf. → EdConfVatS
Vie Greg. → SGregA¹L
Vie Judas → JudasA
Vie SAgathe → NicBozSAgatheB
Vie SAgnes → SAgnèsDécD
Vie SAntoine → SAntErmM
Vie SCath. d'Alex. → SCathManF
Vie SCath. McB → SCathClemM
Vie SDenis → SDenisOctB
Vie SDominic → SDomM
Vie SEdmond Cant. → SEdmCantB
Vie SEdmund → EdmR
Vie SEdmund Kj → EdmK
Vie SEleuthere → SEleuthAlB
Vie SElis. anon. → SElisBruxK
Vie SEuphr. → SEuphrH
Vie SEust. Brux. → SEust8P
Vie SEust. Class. → SEust2P
Vie SEust. E → SEust6E
Vie SEust. F → SEust3F
Vie SEust. Guill. F → SEust5P
Vie SEust. O → SEust7O
Vie SEust. P¹ → SEust4P
Vie SEust. P² → SEust10P
Vie SEust. Prose Murray → SEustPr¹M
Vie SEvroul S → SEvroulS
Vie SEvroul → SEvroulD
Vie SGreg. Lond. T → SGregB¹T
Vie SGreg. S → SGregJeanS
Vie SJean l'Évangéliste → SJeanEvW
Vie SJehan Bouche d'Or → SJeanBoucheD
Vie SJehan Paulus → SJeanPaulusOctA
Vie SJehan-Baptiste G → SJeanBaptOct¹G
Vie SJoce → PBeauvJosH
Vie SMarg. S → SMarg2S
Vie SMarg. → WaceMargMJ¹
Vie SMarie Egypt. D → SMarieEgTD
Vie SMarie Égypt. → MirAgn²SMarieEgB, SMarieEgTB, SMarieEgXB
Vie SPanuce → NicBozPanuceB
Vie SPaule → SPauleG
Vie SRemi → SRemiB
Vie SSéb. D → SSebastAlD
Vie SSéb. Micha → SSebastAlM
Vie SSéb. Mills → SSebastAlMi
Vie SSilvestre → SSilvCroixM
Vie Ste Audree → SAudreeS
Vie Ste Genevieve → SGenB
Vie Ste Madeleine → SermMadNP
Vie Ste-Dieudonnee → SDieudD
Vie SThibaut → SThibAlM
Vieille → JFevVieilleC
Vilain mire Christmann → MireC
Vilain mire Christmann² → MireC²

Concordances bibliographiques

Vilain mire → MireZ
Vilains → ManVilF
Villeh. D → VillehD
Villeh. F → VillehF
Villeh. → VillehW
Villeh. W → VillehWh
Villon → VillonL[1]
Vis. SBasile → SJeanPaulusOctK
Viscardi Antologia → ViscardiAntol
Visio Philiberti L → DébCorpsArrL
Vision SFoursi → TombChartr29W
Vivien de Monbranc v. E → VivMonbrancE
Voc. Arbois → GlArbR
Voc. duac. → GlDouaiE[1]
Voc. Evr. → GlEvr[1]C
Voeu d. héron → VoeuxHérB
Voeux du hairon → VoeuxHérB
Voeux du paon → VoeuxPaonR
Volucraires K → VolucrK
Voretzsch Afz. Leseb. → VoretzschLeseb
Voretzsch Afz. Leseb.[2] → VoretzschLeseb[2]
Voretzsch Einf.[6] → Voretzsch
Voyage Charlemagne Ae → PelCharlA
Voyage Charlemagne F → PelCharlF
Voyage Charlemagne P → PelCharlP
Voyage d'Alex. → VoyAlexP
Vr. An. → AnielT
Vrai Amour → PleurAmeB, VraiAmourB
Vrai chim. d'am. → VraiChimL
Wace Conc. NDame → WaceConcA
Wace Marie → WaceConcL
Wace Vie SMarg. K → WaceMargAK
Wace Vie SMarg. → WaceMargAF
Wace Vie SNicolas → WaceNicR
Wackern. Afz. L → ChansWackern
Walberg Mélanges → MélWalberg
Waldef H → WaldefH
Walt. Bibl. → BibbW
Walt. Bibl. R → BibbR
Walt. Bibl.[2] → BibbO
Waterston ordre → WaterstonOrdre
Watr. → WatrS
Weber Handschr. Stud. → Pères5W
WHon. → VillHonW
Willame → ChGuillD
Wilmotte Mél. → MélWilmotte
Wolf Ethnica → WolfEthnica
Wüest Leis Willelme → Wüest
Yder A → YderA
Yder → YderG
Yder[2] → YderG
Yon → YonM
Ys. Avion. → YsIAvR
Ys. Avion.[2] → YsIAvM
Ystoire de la male marastre → SSagMR
Zangger Tissus → Zangger
Zindel Abstraits → ZindelAbstraits
Zipfel Garten → ZipfelGarten

AND

Actes → BibleAgnR
Actes privés → TanquereyActes
Adam → AdamSt
Adgar[1] → AdgarN
Adgar[2] → AdgarH
Algorism → AlgorCambrS
Alph → GlAlphM
Am Dieu → AmDieuM
Amadas → AmYdR, AmYdvR
Amis → AmAmOctK
Amis ANTS → AmAmOctF
A-N Med → HuntAgnMed
A-N Rules → RègleNDPresH
Ancren[1] → AncrRiwlecH
Ancren[2] → AncrRiwleTT
Anecdota → HuntAnec
Anon Chr → ChronAnG
Antecrist → AntArciK
Antecrist[2] → AntArciP
Apoc → ApocGiffR
Art Will → Tripartita[1]L
Art[1] → OvArtElieK
Art[2] → ArtAimAgnS
Arun Ps → PsArundB
Assump → VisElisS
Best → PhThBestWa
Beverley → LeachBeverley
Bibb ANTS → BibbR
Bibb → BibbO
Bible[1] → BibleHolkP
Bible[2] → BibleAgn
Bl et Fl → JugAmBlM
Blk Bk → BlackBookT
Boeve → BueveAgnS
Bonne Avent[1] → LBonneAvSiB
Bonne Avent[2] → LBonneAvParB
Bonté → BontéFemM
Bor Cust → BatesonBor
Bortreming → RegPinchbeckH
Bot Gloss → GlAbsinthH, GlAcaciaH
Boz Char → NicBozCharV
Boz Cont → NicBozMorS
Boz Prov → NicBozProvR/ST
Boz S Agace → NicBozSAgatheK
Boz S Agnes → NicBozAgnèsK
Boz S Christ → NicBozChristK
Boz S Eliz → NicBozElisKl
Boz S Jul → NicBozJulK
Boz S Lucy → NicBozLucieK
Boz S Mad → NicBozMadK
Boz S Mar → NicBozMartheK
Boz S Marg → NicBozMargK
Boz Serm → NicBozSerm[1-9]L
Brev Plac → BrevPlacT
Britt → BrittN
Brut → BrutNobleC
Brut[2] → BrutDurA
Brut[3] → BrutIntB
Build → SalzmanBuild
Burch → ChronBurchB
Burch[2] → ChronBurchOH
Cal → LunaireWoC
Camb Ps → PsCambrM
Casus Plac → CasusPlacD
Cato ANTS → CatAnH
Cato[1] → CatElieS
Cato[2] → CatEverS
Ch Guill → ChGuillM
Chast → GrossetChastM
Chev Dé → ChevDieuU

Chir → ChirRogR
Chir² → RecMédNovCirHH
Chirom → Chirom
Cist Form → RichardsonCist
Comm → DixCommNeroW
Comput ANTS → PhThCompS
Comput → PhThCompM
Confess → GrossetConfU
Const Docs → LodgeThConst
Cor → CorE
Corr Lond → ChappleLond
Corset ANTS → RobGrethCorsS
Corset → RobGrethCorsS
Cosmetic Recs → RecCosmCamG²
Court Bar → CourtBarM
Courtoisie → ParsonsCourt
Croisade → CroisBaudriM
Cron Lond → ChronLondA
Culinary Colls → RecCulBlancH, RecCul-ViaundeH
Custumal → CoutExS
Dermot → ConqIrlO
Descent² → SPaulEnfArciP
Descente → SPaulEnfFrM
Desiré → DesiréG, DesiréM
Dest Rome → DestrRomeF²
Dial Greg → AngDialGregO
Dial Jul → DialSJulB
Dictionarius → JGarlG
Digby → StengelDigby
Div Mun → DivMondePerP
Dom Gip → DomGipT
Doncaster → DoncasterH
Donn Am → DonneiP
Drama: York → JohnstonRog
Edw Ring → AnelEdwC
Eight Rolls → RôleBigotB
Eluc → ElucidaireIIID
Enfances → EvEnfQuatrB
Eng Docs → RotParl²C
Eschez A → EchecsRoyH
Eschez ANTS → EchecsCottH
Eschez B → EchecsCottH
Eschez → EchecsDeuS
Evang¹ → AmDieuK
Evang² → EvNicAgnP
Exchequer Chamber → HemmantSelExch
Fabliaux → ShortPearcyFabl
Fant → FantosmeH
Fant OUP → FantosmeJ
Fem → BibbFW
Femme enc → MirAgn²FemK
Fet → TrJurFetW
Five Med MSS → RecMédCCV
Foedera → FoederaC
Fol Trist → FolTristOxfB
Fouke ANTS → FoukeH
Fouke → FoukeB
Gaimar → GaimarB
Gaunt¹ → RegGaunt¹A
Gaunt² → RegGaunt²L
Gdf → Gdf
Geanz¹ → GrantzGeanzAB
Genèse → GenHarlS
Gild Merch → GrossGild
Glan lex → TilGlan

Gloss Bod 730 → GlBodl730H
Gloss Douce → GlDouceB
Gloss Douce MAE → GlDouceH
Gloss Garland → JGarlUnH
Gloss Glas (1) → GlGlasgM¹
Gloss Glas (2) → GlGlasgM²
Gloss Glas (3) → GlGlasgE
Gloss Nequam → AlNeckUtensH
Gloss Sidon → GlOxfH
Goldsmiths → JeffersonGold
Gram → GramDH
Grimaldi → ArmGrimaldiM
Gui War → GuiWarE
Guisch → GuischartG
Hales → SermHalesL
Henley → HosebHenL
Henley² → HosebHenO
Her → HeraudieD
Horn → HornP
Hosebond → HosebAnL
Hosp → RègleHospCamS
Ipom BFR → IpH
Ipom → IpK
Irish Docs → CoutDublinG
Jerarchie → JPechJerL
Jos → BalJosChardK
Judgement → JourJugAmurC
King's Bench → King'sBenchS
Langeton → LangetonB
Langt → ChronPLangW²
Langt² → ChronPLangI/IIT
Langtoft → ChronPLangI/IIT
Lapid → Studer
Leis Will ANTS → LoisGuillO
Leis Will → LoisGuillIngL, LoisGuillL
Lett & Pet → LettrOxfL
Lett AF → LettrTanq
Lett EPW → LettrEdwPWJ
Lib Alb → LAlbR
Lib Cust → LCustR
Lichfield → QuatBeatT
Liv Reis → RoisC
London English → WrightLond
London → RecLondB
Longespee → GuillLongH
Lum lais (B) → PAbernLumH
Lum Lais ANTS → PAbernLumH¹
Lum lais → PAbernLumL
Lyric → JeffreyLevy
Magna Carta → GrCharteH
Man lang ANTS → ManLangK
Man lang → ManLangF, ManLangG
Man pechez → ManuelPéchF
Mar → GrossetMarM
Med Pres¹ → RecMédPetB
Med Pres⁶ → HuntAgnMed
Med Pres⁷ → RecMédJuteH
Medica → RecMédQuiM
Melior → JugAmMeliorM
Mer Egl → MirourEdmBR
Merlin → MerlinProphProlK
Mir Just → MirJustW
Mir N-D → MirAgn²K
Mir S Rich (ms.) → PAbernRichB
Mir Vge → MirNDEver¹M
Mirour Egl → MirourEdmAW

Concordances bibliographiques

Mirur → RobGrethEv
New Ross → MurRosS
Nom → NominaleS
Northumb → FraserPet
Nov Narr → NovNarrS
Oak Book → OakBookS
OED → OED
Orn dames → OrnDamesR
Orth gall ANTS → OrthGallJ
Orth gall → OrthGallS
Orth gall SS → OrthGallJ
Oxf Ps[1] → PsOxfM
Parab → ParabAlainH
Pecchez → SeptPechVesp
Peines → PeinesR
Percy Ch → CartPercyM
Perle → LapidFPS
Pet Phil → PetPhilT
Pet Plet ANTS → ChardryPletM
Pet Plet → ChardryPletK
Pinchbeck → RegPinchbeckH
Plainte → PlainteAmV
Plaintes Vge → PlainteVgePurT
Poème → MarHenryM
Pol Songs → AspinChansPol
Pop Med → HuntMed
Port Bks → PortBooksS
Pr Jean → PrêtreJeanH
Proth → ProtK
Prov Serl → ProvSerloF
Prov vil → ProvRawlc[1/2]S
Purg S Pat[1] → PurgSPatrHarlV
Purg S Pat[2] → PurgSPatrBerM
Purg S Pat[3] → PurgSPatrCamZ
Rauf ANTS → CompRalfH
Rauf → CompRalfM[2]
Readings → ThorneRead
Rec méd → RecMédEscW
Receptaria → RecMédRawlH
Red Bk → RedBookH
Reg Chich → RegChichJ
Reg Fees → HosebDunsterO
Reimpredigten → DeuOmniS[2], GrantMalS[2]
Reis Britt → BrutusG, LReisEnglG, ReiEnglG
Reis Engl → ReiEnglK
Rel Ant → WrightRel
Religious Life → ExhortationRelH
Respit → RespCurtS
Resur → RésSauvCJ
Reules → GrossetReulesL
Rich I → CroisRichJ
Rom 1 → ChevDameClercM
Rom 24 → GlBNlat8246M
Rom 32 → ChirRogM
Rom Chev ANTS → ThomKentF
Rom Chev → ThomKentF
Rom Phil → SimFreinePhilM
Rom rom → RomRomT
Rom. Wil. → ChastWilM
Ross ANTS → JHoudRossH
Rot Parl[1] → RotParl[1]M
Rot Parl[2] → RotParl[4]R
Rough → Rough
Roy Lett → ShirleyRoyLett
S Aub → SAubH
S Audree → SAudreeS

S Brend → BrendanW
S Brend MUP → BrendanS
S Cath → SCathClemM
S Clem → SClemW
S Edm (R) → EdmK
S Edm (Rich) → SEdmCantB
S Edm → EdmK
S Edm Pass ANTS → SEdmPassG
S Edm Pass → SEdmPassN
S Edw[1] → EdConfVatS
S Edw[2] ANTS → EdConfCambrW
S Edw[2] → EdConfCambrL
S Eust[1] → SEust5P
S Eust[2] → SEust4P
S Foy → SFoySimB
S Fran → SFrançT
S Geo → SimFreineGeorgM
S Gile → SGillesP
S Greg → AngVieGregM
S Jean ANTS → SJeanAumU
S Jean → SJeanAumC
S Jean-B → SJeanBaptAlP
S Jer → SJérEp53R, SJérPréf
S Kath → SCathLondH
S Laur ANTS → SLaurentR
S Laur → SLaurentS
S Marg[1] → SMarg4R
S Marg[2] → SMarg3S
S Marg[3] → SMarg2S
S Melor → SMelorD
S Modw → ModvB[2]
S Osith → SOsithB
S Pan → NicBozPanuceB
S Paul → NicBozPaulB
S Rich → PAbernRichB
S Thaïs → SThaisArciM
S Thom[1] → SThomBenS
S Thom[2] → SThomFragmM
Salemon → ProvSalSanI
Samps[1] → RichardsonDicta
Samps[2] → RichardsonDicta
Scot Docs → PalgraveScot
Secr[1] → SecrSecrAbernB
Secr[2] → SecrSecrPr[4]B
Sel Bills Eyre → BollandEyre
Senesch → SeneschL
Serm[1] → SermOyezT
Serm[3] → SermSeignP
Serm[4] → SermCendresJ
Set Dorm ANTS → ChardryDormM
Set Dorm → ChardryDormK
Set Pechez → SeptPechHarlH
Seth → SCroixCambrL
Sibile → PhThSibS
Signes → QSignesManF
St Sard → ChaplaisStSardos
Stats → StatRealm
Stud Pow → MélPowicke
Suidas → SudaGrosD
Sz Med → HLancA[1]
Test Ebor. → RaineTest
Théo → MirAgn[2]ThéophK
T-L → TL
TLL → HuntTeach
Tract → OrthParP
Traumbücher → SongeDan[1]S

AND

Treaty Rolls → TreatyRollsC, TreatyRollsF
Trist → TristThomB, TristThomG
Triv → ChronTrivR
Turpin → TurpinBrianeS
Twiti → TwitiT
Veg → VégèceRichT
Veg[1] → VégèceRichT
Vis S Paul[1] → SPaulEnfAdK
Vis S Paul[2] → SPaulEnfFrM
Vis S Paul[3] → SPaulEnfArciK
Vis Tond → VisTondAgnF
Vitas → HArciPèresO
Waldef BB → WaldefH
Westm → WestmH
Wigmore → ChronWigmoreD
Will → TestFouk
Winchester → CoutWinchS
Winchester[2] → CoutWinchF
YBB Ed I → YearbEdwIH
YBB Ed II → YearbEdwIIM
YBB Ed III → YearbEdwIIIH
ZFSL 90 → RecCosmCamG[1]

FEW

Aalma → AalmaR
Abergl → BächtoldSt
Abernun → SecrSecrAbernB
Ac 1694 → Ac 1694
Acart → AcartH
AdamFeuillée → AdHaleFeuillL
AdamJ → AdamG[3]
AdamPart → AdHalePartN
AdamRobin → AdHaleRobL
AdenBuev → AdenBuevH
AdenetEnfOg → EnfOgH
AdHale → AdHaleLexM
Adrien → MistSAdrP
AHPoit → AHPoit
AimonFl → AimonFlH
Aiol → Aiol$^{1/2}$N
Aiquin → AiquinJ
AlAlb → AlexAlbF
ALatMA → BullDC
AlcM → AlcM
Alcover → AlcM
AldS → AldL
AlexA → AlexArsL
AlexV → AlexVenL
AlgF → AlgorLiègeW
AlgT → AlgorBodlW
Alisc → AliscG
Alix → AlexParHM
ALMA → BullDC
Alphita → GlAlphM
AmantCord → AmantCordM
Ambroise → AmbroiseP
AmphYp → AmphYpL
AmYd → AmYdR
AncPoésie → MontRoth
AncThéât → AncThéât
AndAr → HAndArD
Andernacht → Andernacht
AndréCout → AndréCoutP
AndresenBibl → BibleMorP[1]A

Angier → AngDialGregP
Anglure → AnglureB
Anseïs → AnsMetzS[1]
AnseïsC → AnsCartA
AnseïsM → AnsMetzNG
AntA → AntAnW
AntB → AntBerW
AntidNic → AntidNicD
Apoc → ApocPrD
Apoll → Apol[2]L, Apol[3]L
Appel → Appel
AppelChr → AppelChrest
Arch → AnS
ArchHistPoitou → AHPoit
ARom → ARom
Artus → ArtusS
AsínBot → AsínBot
Aspremont → AspremWB
AssJer → AssJér
AssJerusalem → AssJérBourgMZ
Atre → AtreW
Auberée → AubereeE
Aud → AudefroiC, Audouin
Audouin (apoit.) → Audouin
Audree → SAudreeS
Aymeri → AimeriD
Ba → Bartzsch
Bakos → BakosPolitesse
Bald → Bald
BalJos → BalJosCamA
BambBod → BambeckBoden
Barb → Barb
BarbierProc → BarbierProc
Bartsch → BartschChrest
Bartzsch → Bartzsch
BattAl → BattAl
BaudCondé → BaudCondS
BaudSeb → BaudSebB
Bauer → BauerGebäck
BaustMuss → BaustMuss
BBerzé → BibleBerzéL
Beaum → BeaumS
BeaumCout → BeaumCoutS
Bedel → BodelFablLexN
Behrens → BehrensBeitr
BehrensMet → BehrensMet
BeitrFoerster → MélFoerster
Belz → Belz
BeneitTh → SThomBenS
BenSMaure → BenTroieC
BenSMaureH → BenDucM
BenSMH → BenDucM
BenSMh → BenDucM
BergArt → ChansArtB
Berger → Berger
BergerArt → ChansArtB
BergerBible → BergerBible
Bérin → BerinB
Bernh → SBernAn[2]S
Béroul → TristBérM[1]
Berte → BerteHol, BerteS
Bertoldi → BertoldiColchic
BestAm → BestAmOctT
BestG → BestGuillR
BestP → BestPierre[2]C
Bev → Bev

Concordances bibliographiques FEW

Bezzola → Bezzola
Bibb → BibbO
BibleGuiot → GuiotProvinsW
BiblFacLettresPar → PetitMém
BlochW → BW[1]
Blondh → Blondh
BlondhGl → RaschiD[2]
BlWb → BW[2]
BlWbg → BW[3]
BlWtbg → BW[4]
BlWtbrg → BW[5]
Boca → Boca
BodelNic → BodelNicJ
Bodm → BodmerSpinnen
Boeve → BueveAgnS
Bonet → BonetJMeunA
Bor 1655 → Bor 1655
BozonC → NicBozMorS
BozonL → NicBozCharV
BozonPr → NicBozProvR/ST
BPériers → BonPériers
Bréard → CptClosGalB
Brendan → BrendanW
BretTourn → BretTournDelm
Brüch → Brüch
Brücker → Brücker
Brüll → Brüll
BrunEt → BrunEt
BrunLat → BrunLatChab
BrunM → BrunMontM
BrunMont → BrunMontM
BueilJouv → JBueilJouvL
Bueve 1 → Bueve1S
Bueve 2 → Bueve2S
Bueve 3 → Bueve3S
BullSocNiv → BullSocNiv
CarChar → CarCharL
CartHain → CartHain
CathLille → AalmaLS
Cayrou → Cayrou
CentBall → CentBallR
CentNouv → CentNouvC
CGlL → CGlL
Ch d'Orléans → CharlD'OrlC
ChansAnt → AntiocheP
ChansSat → ChansSatBachJ
ChantRouss → ChantRoussW
Charrette → LancPrH
Charroi → CharroiP
Chastell → Chastell
Chénon → Chénon
ChevMac → MaccabES
ChGuill (1) → ChGuillS
ChGuill (2) → ChGuillM
ChronSMichel → ChronSMichelR
ChrPis → ChrPisR
Ciperis → CiperisW
Clef → ClefD
CohenRég → CohenRég
CohF → CohenFarces
Cohn → CohnSuff
CoinciMoine → CoincyII30/31J
Const → ConstansChrest[3]
ContPerc → ContPerc[1]A/T...R
Corb → Corb
Corn 1694 → Corn 1694

Corom → Corom
Cotgr 1611 → Cotgr 1611
Coucy → JakD
CourLouis (1) → CourLouisL[1]
CourRen → CourRenF
Courtois → CourtArrF
CourtPar → CourtParV
CoutBelg → CoutBelg
CoutGén → CoutGén
CPont → CPont
Cristal → CristalB
CtePoit → ComtePoitM
DAG → DAG
DAgr 1703 → Liger 1703
Dargies → GautDargH
DatLex → MatHistVoc[1]
DatLex[2] → MatHistVoc[2]
Db → DelbRec
DC → DC
DCom 1752 → DCom 1752
DeBo → BoWestvl[2]
Deck → Deck
DelbMat → DelbMat
Delisle → Delisle
Desch → DeschQ
DesdChrist → Platine 1505
Desiré → DesiréG
Destrees → DestreesP
Devic → Devic
Devoto → DevotoSt
Dex → DexW
DG → DG
DialBelg → DialBelg
DiccAguiló → Aguiló
Dick → Dick
Dicz → DiczRGr
Dief → DiefenbachGl
Dieud → SDieudD
Diez → Diez
Disc → ChastPerePrH
Doon → DoonRocheM
DoonM → DoonMayP
DottinGaul → DottinGaul
Douët → DouëtChVI
DouetArgent → DouëtNArg
Dozy → Dozy
Drevin → Drevin
Dreyling → Dreyling
Drouart → DrouartB
DSR 2004 → ThibaultSuisse[2]
DSR → ThibaultSuisse
DtRWb → DtRechtswb
DuFouill → DuFouillVénT
Dup 1573 → Dup 1573
DuPineauC → DuPineauC
DuPineauR → DuPineauR
DuPineauV → DuPineauV
DupireAss → DupireAss
DupireOr → DupireAss
Duraff → Duraff
DuVair → DuVair
Ebeling → AubereeE
EdConf → EdConfVatS
Edm → EdmK
EI → EI
Eide → SermentsD

Eld'Amerval → ElD'AmervalO
Elie → ElieR
Elleb → AnticlC
EmpConst → EmpConstOctC, EmpConstPrC
Enc → Enc
Eneas → EneasS[1]
EnfGuill → EnfGuillH
EnfOgier → EnfOgS
Entree → EntreeT
EpJér → SJérEp22N
Escoufle → EscoufleM
Esnault → Esnault
Esp → EspDrap
EspArtois → EspArt
EspDouai → EspDouai
Espe → Espe
EspinVal → EspVal
Est 1538 → Est 1538
Est 1539 → Est 1539
Est 1549 → Est 1549
Est 1552 → Est 1552
EstFoug → EstFougK
EstFr → EstampiesS
EstL 1564 → EstL 1564
Eulalie → EulalieD
Eust → SEust7O
Eust2 → SEust10P
Eust3 → SEust11P
Eust4 → SEust4P
Eust5 → SEust5P
Eust6 → SEust8P
EustDesch → DeschQ
EustP → SEustPr[1]M
EvDom → EvDomB
EvNic → AndréCoutP
EvQuen → EvQuenJ
Ezra → HaginL
Fabl → MontRayn
Fagniez → Fagniez
Fahlin → Fahlin
Falk-Torp → FalkTorp
Falk-TorpNorw → FalkTorpNorw
Fantosme → FantosmeM
Fauvain → FauvainL
Fauvel → Fauvel[1]L, Fauvel[2]L, FauvelChaillD
Feist → Feist[3]
Feller → Feller
Fergus → FergM
FestgGam → MélGam[2]
FestsBecker → MélBecker
FestsGauch → MélGauchat
FestsJud → MélJud
FetR → FetRomF[1]
FillePonth → FillePonth[1]B[1], JAvesnesFilleB
Flagge → Flagge
Flamenca → FlamencaM
Floov (2) → FloovB
Floov → FloovA
Flor → FloriantW
Flore → FloreAW, RoiFloreM
Florence → FlorenceW
Foerster → Foerster
FolTristan 1180 → FolTristOxfB
FolTristan 1205 → FolTristBernB
Forcellini → Forcellini
Förstemann → FörstemannON

FouchéVerbe → FouchéVerbe
Fouke → FoukeB
Foulet → FouletSynt
Fourn → BestAmFournOctL
Franck → Franck
Franklin → Franklin
Friemel → Friemel
Frisch 1771 → Frisch 1746
Froiss → FroissChronL
Froissart → FroissChronL
FroissartMél → FroissMelL
Fur 1690 → Fur 1690
Gace → GaceBruléH
GaceB → GaceBuigneB
Gaimar → GaimarH
Galeran → GaleranF
Gam → Gam[1]
GamGerm → GamGerm[1]
Gamillscheg-SpKlette → GamSpitzKlette
GamillschegWortb → GamWortb
GarçAv → GarçAvR[2]
Garin → GarMonglMü/Me/S
Gartner → Gartner
GartnerHandb → GartnerHandb
GastPhéb → GastPhébChasseL
GautChât → GautChâtC
GautEp → GautEpL
GautEracle → GautArrErL
GautierAu → GautAupF
Gay → Gay
GCoincyChrist → CoincyChristO
GCoincyClerc → CoincyII29Kr
GCoincyEnp → CoincyII9Kr
GCoincyM → CoincyI1...L
Gdf → Gdf
GdfLex → GdfLex
Gdg → Grandgagnage
GDiego → GDiego
GDiegoDicc → GDiegoDicc
Geffr → GeoffrParChronD
Gencien → TournDamGencP
Georges → Georges
Gerbert → ViolB
GerbM → GerbMetzT
Gesch → Gesch
Gggg → Grandgagnage
GGuiart → GGuiB
GilliéronCinq → GilliéronCollis
GilliéronFaillite → GilliéronFaillite
Ginsberg → Ginsberg
GirRossb → GirRossAlM, GirRossDécH
GirRouss → GirRossDécH
GlC → GlConchR
GlDouai → GlDouaiR
GLeu → GautLeuL[2]
GlEvr → GlEvr[1]R
GlPar → GlParR
GlPar7684 → GlBNlat7684M
GlVat → GlVatR
GononLangVulg → GononTest
Gormont → GormB
GossenGram → GossenPGramm
Goub → Goub
Gr → GrGr
Graelent → GraelentG
Greban → GrebanP

Concordances bibliographiques

Greve → GreveSattel
Griera → GrieraGr
Grimm → Grimm
GrimmRecht → GrimmRecht
Gröhler → Gröhler
GSPath → SLouisPathMirF
GuernesSThomas → SThomGuernW[1]
Guibert → GuibAndrM
GuillAlexis → GuillAlexisP
GuillDole → GuillDoleS
GuillMach → GuillMachC, GuillMachH
GuillMar → GuillMarM
GuillPalerne → GuillPalM
Guiot → GuiotDijonN, GuiotProvinsW, JocelinN
GuiWar → GuiWarE
GuyChaulJ → GuiChaulN
Hafner → Hafner
Hakamies → HakamiesDimin
Hallauer → Hallauer
Hammar → Hammar
HarrisLvPInv → HarrisLvP
Hartmann → HartmannZG
HartmannPal → HartmannZG
Hartw → Hartw
HaustChOthee → HaustChOthée
HaustGl → HaustGl
HaustMéd → MédLiégH
HaustRég → HaustRég
HaustRég2 → HaustRég
Hav → Hav
Haynin → Bronckart
He → HenryChrest
Hebeisen → Hebeisen
Hegi → Hegi
HeidelFin → HeidelFinanz
Helinand → VMortHélW
Hélinant → VMortHélW
Hem → HemH
Henry → HenryBret
HerbF → HerbCandS
HistFéc → HistFécL
HMond → HMondB
Hofmann → HofmannUm
Holder → Holder
Holly → Holly
HomKrüger → MélKrüger
HoopsReal → HoopsReal
Horn (1) → HornM
Horn (2) → HornP
Houdenc → MeraugisF, VengRagF
Hu → Hu
Hubschm → HubschmPraerom
HubschmAlp → HubschmAlp
HubschmPyr → HubschmPyr
Hue → IpKH, ProtK, ProtKH
Huls 1614 → Huls 1614
Hunbaut → HunbautB
Huon → HuonG
HuonABC → HuonABCL
HuonAve → HuonAveL[1]
HuonPalefroi → HuonPalL
HuonRegr → HuonRegrL
HuonSQuentin → HuonSQuentL
IbnEzra → HaginL
Ilvonen → Ilvonen
ImMonde → ImMondePrP

Ind 1564 → Ind 1564
InvCh → InvMobChL
Isamb → Isamb
Isopet → YsIAvB
JahrbPhil → JahrbPhil
Jak → JakD
Jal → Jal
JardPlais → JardPlaisD
JAvesnes → JAvesnesFilleB
JBodel → BodelNicJ, SaisnMich
Jd'OutreMyr → JPreisMyrB
Jean → CentBallR
JehanBodel → BodelNicJ
JehBouche → SJeanBoucheD
JehTeint → MarArsTeintL
JeuxP → JeuxPartL
JLansonM → JLansonM
JLemaire → JLemaire
Job → JobB
Joinv → JoinvW[2]
Jonas → JonasK
JorFl → JorFl
Joseph → JosephS
Jost → JostPletR
JostPlet → JostPletR
Joufr → JoufrS
JParis → JParisW
JPriorat → JPrioratR
JStav → JStavB
Kahle → KahleSGreg
KahT → KahTLev
Kemna → Kemna
Kluge → KlugeM[20]
KlugeG → KlugeM[20]
Kraemer → Kraemer
Ktg → Körting
Lac → Lac
LaisAnon → TobinLais
Lane → Lane
Lapid → LapidFFP
LarI → LarI
Laur 1704 → Laur 1704
Laurin → LaurinT
Layettes → Layettes
LeBœuffle → LeBœuffleAstres
Lef → Lef
Lemaire → Lemaire
LeRoy → LeRoy
LespMét → LespMét, LMestL
Levy → LevySignal
LevyRechLex → LevyRech
LexAa → AalmaR
Li → Li
LionBourges → LionBourgAlK
Littmann → Littmann
Littré → Li
LittréR 1873 → LittréRob 1873
LittréSuppl 1877 → Li
LivrSimpl → LSimplMedD
LLincy → ProvL
Lobineau → Lobineau
LöfstedtLang → LöfstedtLgb
LohHist → BibleBNfr1753L
Lokotsch → Lokotsch
Longnon → Longnon
Lv → Lv

FEW　　　　　　　　　　　　　　　　　　　　　　　　　　**Concordances bibliographiques**

LvP → LvP
Lycorne → LicorneG
M → Mistral
Mackel → Mackel
MahAr → MahArE
Mahaut → Mahaut
Maillart → MaillartR
Mant → Mant
MarArs → MarArsAnL
MargNavCorr → MargNavCorrM
MarieEsp → MarieEspJ[2]
MarieFab → MarieFabW
Marquant → Marquant
Marzell → Marzell
MaurS → SermMaurR
MeillErn → EM[4]
MélBruneau → MélBruneau
MélHaust → MélHaust
MélHœ → MélHœ
MélHug → MélHuguet
MélJeanr → MélJeanroy
MélMel → MélMel
MélMich → MélMich
MélRoques → MélRoques[2]
MélSauss → MélSauss
MélVarFr → ChambonVar[1]
MélWahlund → MélWahlund
MélWalb → MélWalberg
MélWilmotte → MélWilmotte
Mén 1650 → Mén 1650
Mén 1694 → Mén 1694
Mén 1750 → Mén 1750
Menagier → MenagP
Meraugis → MeraugisF
Meun → JMeunVégR
Miege 1677 → Miege 1677
Miethl → Miethlich
Millardet → Millardet
Millet → Millet
Mir agn → MirAgn[2]K
Mire → MireZ
MirND → MirNDPers1-40P
MiscCoelho → MélCoelho
Mist → MistR
Mistral → Mistral
MistSQ → MistSQuentC
ML → REW
MLFrGr → MLFrGr
MLKat → MLKat
MLRGr → MLRGr
MndlWb → VerVer
Moam → MoamT
Modus → ModusT
Möhren → MöhrenVal
MöhrenLand → MöhrenLand
Molin 3 → MolinetFaictzD
MonGuill → MonGuill[1]C
MoniotA → MoniotArrD
MoniotP → MoniotParD
Monstr → MonstresH
MortArtu → MortArtuF[1], MortArtuF[2]
MortAym → MortAymC
Mortet → Mortet
Motets → StimmingMot
Mousket → MousketR
MPol → MPolGregP

Mrust 1564 → EstL 1564
MSLP → MSLP
Muset → ColMusB[3]
MussetG → Musset
NaissChevCygne → ChevCygneNaissT
Narb → NarbS
NED → OED
Nic 1606 → Nic 1606
NoblBret → NoblBretZ
NotMan → NotExtr
NRHDr → NRevHistDr
Nyrop → Nyrop
Nystr → NyströmMén
OldeSerres → OlSerres 1603
Olim → OlimB
Olla Patella → OllaS
OlMarche → OlMarche
Ombre → OmbreB[1]
Or 1370 → OresmeEthM
Or 1377 → OresmeCielM
Ord → Ord
OrdAdm → OrdAdmZ
Oresme 1370 → OresmeEthM
Oresme → OresmeCielM
Orson → OrsonP
Ott → OttCouleurs
Oud 1660 → Oud 1660
OudC 1640 → OudC 1640
OvideMor → OvMorB
OxfDict → OED
PamphGal → PamphGalM
Panth → PanthT
Pap → ChevPapH
ParisMél → ParisMél
Pass → PassBonnesF
Passion → PassionK
PassPal → PassPalF
PassPik → PassBonnesF
PassSem → PassSemR
PaulyW → PaulyWiss
Pck → Pck
Ped → Pedersen
PelCharl → PelCharlK
Penzig → Penzig
Perc → PercDidD/ER
Percef → PercefL[1]
Perl → Perl[1]N
Perrin → PerrinS
PFont → PFontM
PGat → PeanGatSöderh
Philos → PetPhilT
PhNavarre → PhNovAgesF
PhThBest → PhThBestWa
PhThComp → PhThCompM
Pir → PirBr
Pirson → Pirson
PlaitRen → JRenPlaitL
Plan → Planiol
PMor → PoèmeMorB
Pok → Pokorny
PrécSang → PrécSangK
Prise → PriseCordD
PriseD → PriseDefP
Prost → ProstInv
ProustInv → ProstInv
ProvFr → ProvM

Concordances bibliographiques   FEW

Prun → PrunR
PsCambr → PsCambrM
PsLorr → PsLorrB
PsOxf → PsOxfM
Pușc → Pușc
PurgPatr → PurgSPatrBNfr25545M
PurgPatrB → PurgSPatrBerM
PurgPatrV → PurgSPatrHarlV
QFilles → QuatreFilles[1]AL
QJoyes → CressotQJoyes, QJoyesH
QLivre → RoisC
QuesteGr → SGraalIVQuesteP
QuesteGraal → SGraalIVQuesteP
Raoul → RCambrM
Rathb → Goddard
Raym 1832 → Raym 1832
Raym 1836 → Raym 1836
RClari → RobClariL
RecBrunel → MélBrunel
RecDiplFribourg → RecDiplFribourg
RecTrepp → RecTreppD
RègleBenoit → RègleSBenNicH
RemAW → RemAWall
Renart → RenM
RenartContr → RenContrR
RenBeauj → RenBeaujBelW[2]
RenBeaujIgn → RenBeaujIgnL
Rencl → RenclCarH, RenclMisH
RenMont → RenMontLCM
RenN → RenNouvM
RenPiaud → RenPiaudL
RésSauv → RésSauvPW
RFontLaur → RFortLaur
RHistDr → RHistDr
Rhlitt → RHL
Rich 1680 → Rich 1680
RichterChron → RichterChron
Rigomer → RigomerF
Risop → RisopIr
RlFl → RlFl
RlFn → RlFn
RLomb → RLomb
Rn → Rn
RobBor → SGraalIIJosN
RobDiable → RobDiableL
RobHo → RobHoY
RoiFlore → RoiFloreM
Roisin → RoisinM
Roland → RolB
Rond → RaynRond
Ronjat → Ronjat
RoseL → RoseLLangl
RoseM → RoseMLangl
Rs → RaschiD[2]
Runk → Runk
RutebeufThéoph → RutebTheophF
RutebMarie → RutebMarieB
Sabin → SabinStreu
Sainéan 1 → SainéanChat
Sainéan 2 → SainéanChien
SainéanEt → SainéanEt
SainéanSourc → SainéanSourc
Saintré → JSaintréC
Saisn → SaisnMich
Salv → JugMetzS, Salv
SalvG → JugMetzS

Sarr → SarrasinF
SatMén → SatMénR
SBern → MistSBernL
Schaube → Schaube
SchelerGillon → SchelerGil
Schlessinger → MachsorS
SchmidtReiten → SchmidtReiten
SchraderReall → SchraderReall
Schrötter → Schrötter
SchwId → SchwId
SCrépy → SimCrespyW
SCrépyH → TombChartr11W
SégPl → SégPl
Semrau → SemrauWürfel
SgBarb → SiègeBarbP
SGilles → SGillesP
SimFreine → SimFreineGeorgM, SimFreinePhilM
SJeanEv → SJeanEvW
SJulD → DialSJulB
SLeger → SLégerK
SLeoc → CoincyI11V
Sommer → Sommer
Sone → SoneG
Sotties → SottiesP
Souter → Souter
SPaule → SPauleG
SPhares → SimPharesB
SpitzerWortb → SpitzerWortb
Sponsus → SponsusK
SSages → SSagOctM
SSBern → SBernAn[1]F
StAmand → CoutStAmandM
St-Amand → CoutStAmandM
Steiger → Steiger
StGilles → SGillesP
SThib → SThibAlM
Stichel → Stichel
StimmProsaleg → StimmProsaleg
St-Léger → SLégerK
Stoer → Stoer
Stœr → Stoer
Stowell → Stowell
StrengHaus → StrengHaus
StrengWetter → StrengWetter
Studer → Studer
StudVoretzsch → MélVoretzsch
StudW → StudWat
TACNorm → CoutNormT
Taille 1313 → Taille1313M
Tailliar → Tailliar
Tanq → LettrTanq
TardifCoutArt → CoutArtT
Thebes → ThebesC
ThesGl → CGlL
ThesLL → ThesLL
ThGloss → CGlL
Thibaut → ThibChampW
Thierb → ThierbFeste
Thierry → Thierry
ThMarly → ThibMarlyS
Thomas → TristThomB
ThomasCant → SThomFragmM
ThomasEss → ThomasEss
ThomasLille → ThomasLille
ThomasMél → ThomasMél[1]
ThomasMél[2] → ThomasMél[2]

FEW

ThomasNEss → ThomasNEss
Thurau → ThurauRefr
Thurot → ThurotEx, ThurotPron
Tilander → TilRem
TilanderGlan → TilGlan
TilanderLex → TilLex
TilGlan → TilGlan
TilLex → TilLex
TL → TL
ToblerAniel → AnielT
ToblerVerm → ToblerVerm
TombChartr → TombChartrProl/4...W
Trénel → Trénel
Tristan → TristBérM[1]
TroisAv → TroisAvG
Valkh → Valkh
Varin → VarinAdm, VarinLég
VengAl → VengAlE
VengRag → VengRagF
VenjSeigneur → VenjNSAG
VieGen → SGenB
VieOsith → SOsithB
Vierge → ViergeGérH
Vign → JVignayMir
VillardHon → VillHonH[2]
VillHon → VillHonH[2]
Vinc → VincentFr
Vincent → VincentBelg
VMob → ViolletMob
VoeuxEp → VoeuxEpW
Volkst → VKRom
Voyage → VoyAlexP
Wace → KellerWace
WaceMarg → WaceMargAF
WaceNic → WaceNicR
WalbergSimon → TombChartr11W
WaldeHofm → WaldeHofm
WartburgSchaf → WartburgSchaf
Warw → GuiWarE
WatrCouv → WatrS
WGask → DAG
Yder → YderG
Ys → YsLyonF
Yz → YsLyonF
Zangg → Zangger
Zeller 2 → CoutMerOlFZ
Zeller 3 → CoutMerOlRZ
Zeller 5 → CoutMerOlHZ
Zeller 6 → CoutMerOlAZ
Zeller 7 → NoblBretZ
Zeller 8 → CoutMerOlNZ
Zeller → Zeller
Zipfel → ZipfelGarten

Boss

7 → DiezGl
39 → AlexisP
41 → AlexisD
43 → AlexisS[1]
44 → AlexisR[1]
65 → AlexisPr[1]L
109 → GildeaRel
147 → AyeG
154 → AimeriD

Concordances bibliographiques

161 → MortAymC
163 → Aiol[1/2]F
164 → Aiol[1/2]N
167 → AliscG
168 → AliscR
169 → AliscW
179 → AmAmH
180 → AmAmOctK
194 → AnsCartA
195 → AnsCartM
211 → AnsMetzNG
221 → Asprem V6B
222 → AspremBB[2]
223 → AspremRK, AspremV4K
224 → AspremPG
225 → AspremWB
241 → AuberiTarbé
242 → AuberiB
243 → AuberiT
254 → BerteS
255 → BerteHol
264 → BertaM
269 → AdenBuevS
270 → BueveAgnS
271 → Bueve1S
272 → Bueve2S
289 → BueveFrancoitR
297 → CourLouisL[1]
298 → CourLouisL[2]
321 → DoonMayP
325 → ElieR
326 → ElieF
329 → EnfGuillB
330 → EnfGuillHi
331 → EnfGuillP
332 → EnfGuillH
361 → FloovG
362 → FloovB
362bis → FloovA
382 → GaydonK
384 → GalienS
398 → EnfGarJ
406 → GirRossDécLS, GirRossDécOF, GirRossDécPH
407 → GirRossDécLM
408 → GirRossDécPH
413 → GirRossDécoS
425 → GirRossAlM
426 → GirRossAlH
428 → GirRossWauqM
429 → GirRossWauqM
433 → GirVianeT
443 → GerbMetzS
475 → GuiBourgG
480 → GuiNantMMey
513 → HervisS
525 → HuonAuvTG
525n. → HuonAuvBT, HuonAuvPC
526 → HuonAuvTR
527 → HuonAuvBS[1]
527n. → HuonAuvBS[2]
528 → HuonAuvBS[6]
529n. → HuonAuvBrB
532 → HuonG
556 → JLansonM
566 → MacaireM, MacaireR

Concordances bibliographiques

567 → MacaireG
568 → MacaireAl^{1}R
569 → MacaireAl^{1}S
570 → MacaireAl^{2}B
574 → MainetP
582 → MonGuill^{1}H
592 → BatLoqArsR
593 → NarbS
600 → OgDanDelivrL
612 → EnfOgFrancoitS
613 → OgDanAlCe
618 → OtinG
627 → PelCharlK
631 → KoschwitzPel
650 → RCambrL
651 → RCambrM
667 → RenMontLCM
668 → RenMontLC
669 → RenMontAS
670 → RenMontNSt
678 → RenMontLC
689 → RolMichel^1
689n. → RolMichel^2, RolPMichel
697 → RolSt^2
707 → ChronSDenisGenM
852 → SyraconS
891 → ChevCygneH, GodBouillH
892 → ChevCygneNaissT, EnfGodM
894 → EnfGodM
903 → EnfGodM
906 → ChevCygneBruxR, GodBouillBruxR
940 → AlexAlbA
950 → VenjAlS
951 → VenjAlH
954 → AlexArsM
981ss. → ThomKentF
992 → AlexPrH
1007 → ThebesC
1008 → ConstansThebes
1040 → BenTroieC
1088 → CesTuimPrS
1090 → CesTuimAlS
1091 → CesTuimAlC
1092 → CesTuimAlC
1092bis → DědečekCesTuim
1099 → AimonFlH
1105 → AthisH
1106 → AthisB, AthisW
1115 → GautArrIllL
1116 → GautArrIllF
1177 → MaillartS
1178 → MaillartR
1189 → AubereeE
1220 → BeaumS
1231 → AbladaneL
1232 → AmYdH
1233 → AmYdGA
1234 → AmYdR
1241 → ApolOctS
1242 → Apol^{2}L
1251 → AucS^{10}
1252 → AucR^3
1284 → BlancandM
1288 → BrunMontM
1289 → BarbMéon
1291 → ChastVergiR^4

1310 → FillePonth^{1}B^1, JAvesnesFilleB
1311 → FillePonth^{1}B^2
1317 → RoiFloreMol
1368 → GuillPalM
1371 → GuillPalM
1374 → JoufrH
1375 → JoufrS
1396 → SSagOctK
1397 → SSagOctChS
1398 → SSagOctM
1418 → WaldefH
1419 → EustMoineM
1420 → EustMoineF
1536 → LayAmP
1537 → MantelW
1538 → CorW
1642 → TristBérM^4
1669 → TristPrE
1670 → TristPrBédier
1682 → TristPrM
1683 → TristPrPel
1684 → TristPrA
1688 → TristPrHilka
1689 → TristPrJ
1736 → GuillAnglF^1
1737 → GuillAnglF^2
1738 → GuillAnglW
1849 → ContPerc^{1}P
1850 → ElucidationT
1851 → ContPerc^{1}A/T…R
1852 → ContPerc^{4}TW
1853 → ContPerc^{2}KR
1899 → SGraalIIIJosM
1901 → SGraalIIIJosW
1902 → SGraalIIIJosN
2029 → AtreS
2030 → AtreW
2036 → AubG
2047 → ChevEspA
2051 → EnfGauvainM
2056 → FergMich
2057 → FergM
2065 → GligloisL
2082 → HunbautB
2099 → ChevIIEspF
2108 → MuleO
2109 → MuleH
2129 → YderG
2141 → BartschHorning
2171 → BrakelmannCh^1
2172 → ChansBern389B
2175 → BrakelmannCh^1
2176 → BrakelmannCh^2
2177 → ChansSGermM
2179 → ChansOxfS
2185 → ChansModenaB
2190 → ChansArrJ
2230 → BédierCrois
2260 → JeanroyLais
2263 → StimmingMot
2295 → LunaireSal^3
2317 → AdHaleChansB
2319 → AdHalePartN
2344 → GroingnetB
2345 → GilebBernW
2347 → GilVinM

Boss   **Concordances bibliographiques**

2361 → JacCysH
2364 → JRentiS
2365 (et Add. Suppl.I) → MahieuW
2372 → PerrinS
2392 → RutebK
2396 → ThibChampT
2401 → ChansArtJ
2412 → BodelCongéR
2462 → TroisAvG
2465-2467 → TroisBoçusJ
2468 → BouchAbevR
2483 → HuonHonteL
2487 → AubereeE
2491 → NoomenFabl
2492 → ChastPereBB[1]
2493 → ChastPereAH
2495 → ChevDameClercM
2505 → DeuxBordeors[1]F
2514 → MantelW
2525 → BoursePleineM
2531 → BailletM
2605 → ChastieMusAJ[1], ChastieMusHM
2606 → PaixAnglF
2607 → PrivilBret[1]F
2608 → PaixAnglCh[1]F
2609 → PaixAnglCh[2]F
2614 → TraîtresS
2615 → MailleJ
2622 → DeVinoLM
2623 → BretTournDelm
2627 → BretTournD
2634 → TournDamAnD
2635 → TournDamGencP
2637 → VinIaueJ
2640 → CarCharL
2644 → HAndBatP
2646 → CatElieS, CatEverS
2651 → FormHonI
2653 → MorPhilPrH
2655 → MorPhilPrB
2676 → MelibeeRenS
2703 → VilGousteC
2704 → ProvL
2710 → RespCurtS
2727 → EstFougT
2728 → EstFougK
2735 → BibleBerzéL
2741 → BibleGuiotB
2742 → GuiotProvinsW
2743 → GuiotProvinsO
2749 → RenAndJ
2750 → OvArtElieK
2753 → ClefD
2754 → ArtAimGuiartK
2765 → DrouartB
2767 → EnanchetF
2781 → AmJalF
2783 → ConfrereAmL
2785 → DieuAmJ, DieuAmL
2786 → VenusF
2787 → DéfAmPrS
2788 → DéfAmPrS
2791 → VraiChimL
2792 → VergierArbreL
2802 → CourtAmS, PoireS
2803 → BaudCondS

2808 → RoseLMich
2809 → RoseL/MMart
2852 → AlgorAlexM
2854 → AlgorBodlW
2855 → AlgorLiègeW
2856 → PhThCompM
2859 → CompAn[4]M
2861 → LunaireWoC
2863 → GeoffrParMoisM
2864 → MahArE
2866 → PBeauvMapA
2867 → DivMondePerP
2868 → PBeauvMapA
2869 → LunaireSal[2]Z
2877 → BestGervM
2886 → LapidFFP
2887 → LapidALM
2888 → Studer
2889 → LapidPhilB
2895 → LapidBB
2904 → ProprChosS
2907 → ImMondeOct[3]M
2946 → HosebCompL
2947 → HosebHenL
2949 → DancusM
2960 → BeaumCoutS
2960bis → InstJustO
2961 → CoutNormGuillH, CoutNormT
2970 → AssJér
2977 → OrthGallS
2978 → HuonABCL
2979 → BibbFW
2982 → EchecsBakC, EchecsEngrL
2986 → AldL
2990 → AntidNicD
3005 → JAntRectD
3008 → BergerBible
3009 → BonnardBible
3023 → BibleSeptEtatsM
3024 → BibleSeptEtatsI
3025 → CantLandR, CantQuSolP
3028 → JobG
3040 → ProvSalSanI
3041 → PsLorrA
3042 → PsLorrB
3046 → PsArundB
3056 → RoisFragmH
3064 → PassAprèsB
3065 → PassJonglFT
3067 → PassCeliW
3069 → EvEnfG
3072 → ApocKerrT
3074 → ApocTrinJ
3076bis → ApocGiffR
3079 → TroisMariesJean
3080 → PilateR
3081 → PhThSibT
3097 → SFanuelC
3098 → GuillJoiesRi
3117 → HuonAveL[1]
3134 → AdgarN
3137 → AdgarDN
3138 → AdgarH
3139 → MirAgn[2]K
3140 → MirNDChartrD
3178 → CoincyNatNDR

Concordances bibliographiques

3184 → Sacristine
3186 → FiancéViergeOctW
3192 → ViergeGérH
3209 → SAndréB
3211 → BibleSeptEtatsKa²
3212 → AntAnW
3216 → BalJosCamM
3217 → BalJosChardK
3219 → BalJosCamA
3220 → BalJosAnA
3221 → BalJosAncS
3224 → BalJosPr²M
3226 → BrendanW
3231 → BrendanW
3233 → BrendanSu
3235 → BrendanPr¹W
3240 → SDenisPr¹L
3241 → SDomMeyer
3242 → SDomM
3246 → SEdmPassN
3247 → SEdmCantB
3248 → EdConfCambrL
3250 → AnelEdwC
3252 → SEleuthAlB
3253 → SEloiP
3259 → SEust3F
3260 → SEust4P, SEust8P
3261 → SEust5P
3262 → SEust6E
3263 → SEust7O
3264 → SEust8P
3265 → SEust9S
3266 → SEust1M
3267 → SEust2P
3268 → SEust10P
3269 → SEustPr¹M
3270 → SEvroulD
3271 → SFrançcT
3273 → SimFreineGeorgM
3280 → SGillesP
3281 → SGillesHarlB
3285 → DialGregF
3287 → AngVieGregM
3288 → AngDialGregC
3289 → AngDialGregP
3293 → SGregA¹L
3294 → SGregB¹T
3300 → GuillAnglAlM
3305 → SJeanBaptAlP
3306 → SJeanBaptOct¹G
3308 → SJeanEvOctH
3310 → SDieudD
3311 → SJeanEvOctH
3312 → SJeanEvOctH
3313 → SJeanDamK
3314 → SJeanPaulusOctK
3317 → SJeanPaulusOctA
3318 → SFanuelVarS
3319 → BibleSeptEtatsK
3320 → BibleSeptEtatsF
3321 → BibleSeptEtatsS
3322 → PassJonglFP
3323 → PassJonglUG
3327 → SJulPrT, SJulT
3329 → SLaurentS
3330 → SLaurentS
3331 → SQuentAlS
3337 → PeanGatSöderh
3345 → NicBozPanuceB
3353 → PurgSPatrBerM
3356 → PurgSPatrHarlV
3357 → PurgSPatrCamZ
3361 → BibleSeptEtatsKa¹, SPaulEnfAdK
3363 → NicBozPaulB
3372 → PAbernRichB
3375 → SSilvCroixP
3378 → SThibAlM
3379 → SThibAlH
3380 → ThomHélP
3394 → VisTondAgnF
3396 → NicBozSAgatheB
3397 → SAgnèsDécD
3400 → SBarbeOctD
3402 → SCathManF
3403 → SCathGuiT
3414 → NicBozElisK
3415 → SEuphrH
3416 → SFoySimB
3419 → MistHag6S, SGenPr¹H
3421 → NicBozJulK
3422 → WaceMargMJ²
3423 → WaceMargAF
3424 → SMarg2S
3425 → SMarg7S
3426 → SMarg7J¹
3427 → SMarg9Z
3428 → NicBozMargK
3431 → SMarieEgTC
3434 → SMarieEgXK
3435 → ToblerDam
3436 → MirAgn²SMarieEgB, SMarieEgTB, SMarieEgXB
3437 → RutebMarieB
3439 → GuillSMadR, GuillSMadS
3440 → SMadMarsTrD
3449-3453 → Pères
3454 → HArciPèresO
3458 → BesantM
3469 → AnielT
3479 → GrossetMarM
3481 → SVouF
3496 → AnticlC
3498 → AnticlLudR
3502 → AnticlLudR
3506 → RègleSBenNicH
3510 → JuifChrétP
3512 → SongeEnfJ
3513 → SongeEnfS
3514 → SongeEnfL
3516 → TournAntW
3527 → GregEzH
3534 → YsEudeR
3540 → VMortAnW
3542 → JuiseF
3548 → RenclCarH
3558 → SermOyezT
3565 → QuatreFilles¹AL
3567 → SortApostB
3573 → PlainteAmV
3576 → RègleBéguC
3582 → RobGrethCorsM
3584 → RobGrethEvA

Boss   **Concordances bibliographiques**

3585 → PAbernLumM[1]
3587 → PAbernLumL
3608 → GilChinP
3609 → AmbroiseP
3613 → GuillTyrP
3642 → RobClariH
3643 → RobClariL
3655 → HValL
3658 → ChronMoréeB, ChronMoréeL
3671 → JoinvW[2]
3688-3697 → EnsSLouis
3692 → EnsSLouisFD
3696 → EnsSLouisFD
3698 → SarrasinF
3708 → BrutL
3709 → BrutA
3737 → BenDucM
3741 → ChronSMichelR
3745 → FantosmeM
3746 → FantosmeH
3747 → ConqIrlO
3759 → BethChronD
3762 → ChronBaud²H, ChronBaudAbrK
3764 → MenReimsW
3770 → MousketW
3771 → MousketR
3795 → CalendreS
3814 → FetRomF[1]
3888 → RésSauvCJ
3893 → AdamL
3895 → AdamG[1]
3896 → AdamSt
3897 → AdamC
3912 → BodelNicJ
3953bis → AdHaleLexM
3954 → AdHaleFeuillMo
3955 → AdHaleFeuillM
3958 → AdHaleC
3959 → AdHaleFeuillR
3961 → AdHaleFeuillL
3975 → AdHaleRobR
3978 → AdHaleRobL
3990 → JeuPelC
4016 → BaudSebB
4026 → BastS
4030-32 → CharlChauveR
4033 → CiperisW
4046ss. → LionBourgAlK
4059 → MaugisMC
4074 → PrisePampM
4086 → PercefL[1]
4087 → PercefP
4094 → ChevPapH
4098bis → AttilaS
4100 → BerinB
4118 → LicorneG
4132 → HectB
4140 → MelusArrsB
4141 → MelusArrS
4153 → CesNicW
4154 → PProv[1]B
4190 → TroilusM
4201 → PhMézGrisG
4351 → GuillMachT
4353 → GuillMachH
4354 → GuillMachC

4357 → GuillMachVoirP
4375 → AcartH
4444 → ChrPisFaisS
4552 → JEscM
4560 → JardPlaisD
4563 → RaynRond
4574 → ViergeBallS
4578 → ChansBNfr12744P
4777 → CoquillartH
4893 → JCourtPlaitAK
4895 → ChevDieuU
4898 → TombChartr11W
4899 → TombChartr6R
4900 → TombChartr7W
4901 → TombChartr29W
4902 → TombChartrProl/4…W
4903 → ChantRoussW
4908 → GuillDigLisP
4932 → ElD'AmervalO
4934 → ElD'AmervalW
4983 → HLancA[1]
5033 → ChronPLangW[2]
5038 → ChronFlandrK
5039 → GuerreMetzB
5043 → ChronNormM
5045 → JPreisMyrB
5055 → PanthG
5059 → JBelV
5105 → ChronSMichelPrL
5111 → HLaonL
5112 → BatAnglBC
5113 → BatAnglBB
5117 → ChronGuesclC
5120 → GuillPenneMa
5167 → BoucicB
5195 → PastoraletK
5202 → JStavB
5227 → GilChinPrC
5245 → MolinetChronB
5304 → FormHonCourtH
5312 → OvMorB
5316 → OvMorCommS
5345 → PhVitriChapP, PhVitriGontP
5356 → BonetJMeunA
5361 → JacBruyP
5362 → JacBruyP
5363-5 → ChevErrW
5373 → OrdreAmorsI
5374 → EchecsAmK
5378 → EchecsAmM[1]
5379 → EchecsAmA
5452 → MenagP
5458 → FauvelAubry
5469 → RenContrR
5480 → CordouanierS
5499 → OresmeMonW
5525 → BonBergL
5533 → ModusB
5558 → HaytonK
5567 → MPolGregP
5571 → MPolRustB
5582 → AnglureB
5606 → ProvSalParB
5610 → EnsViandD
5611 → ViandTaillNP
5624 → PhMézPelC

Concordances bibliographiques

5633 → GrantHerbC
5652 → PassAuvR
5682 → AncThéât
5708 → PassJonglFT
5709 → PassJonglFP
5710 → PassJonglCaF
5719 → PassSemR
5725 → PassArrR
5762 → JourJugR
5765 → PassAuvR
5774 → MistR
5788 → SChristofleAnR
5795bis → MistSGenisM
5873 → NicChesnK
5906 → Pathelin
5908 → PathelinH
5958 → JDaudRem
5962 → ValMaxSim/Nic
6024 → AlexisS[1]
6025 → AlexisRo
6067 → AdenBuevH
6313 → TristPrA
6415 → BalainL
6498 → BouchAbevO
6523 → EvFemesK
6560 → AlgorCambrS
6562 → ArrierebanAmL
6565 → FahsImMondeOct[1]
6575 → BeaumCoutS
6576 → AssJér, AssJérBourgMZ
6578 → AlNeckCorrM, GlToursD
6597 → VenjNSAG
6603bis → DitNDSainteB, MesdisansB
6614 → SacristineNousK
6615 → SacristineIntG
6634 → SJeanEvOctH
6635 → SJeanEvW
6636 → SJeanPaulusOctA
6639 → DialSJulB
6656 → SJérEp22N
6701 → AiméHistNormB
6704 → BenDucF
6705 → ChronSMichelM
6714 → LettrOxfL
6715 → AspinChansPol
6734 → AdamL
6766-68 → CharlChauveR
6774 → EnfGarBi
6793 → PProv[1]B
6794 → PamphGalM
6930 → ChevDieuU
6954 → ChronPLangW[2]
6974 → SiègeCaerlW
7002 → NicBozMadK
7003 → NicBozSAgatheK
7004 → AmDieuK
7007 → EchecsAmK
7018 → MenagP
7024 → UnicorneMA
7035 → OresmeDivC
7039 → LaurPremEconD
7063 → ViandValA
7118 → AlexisRo
7155 → AspremVenM
7166 → GuiNantvProlC
7196 → EnfRenC

7298 → GautArrIllC
7308 → AucR[3]
7320 → WaldefH
7405 → TristPrBogd
7406 → TristPrPeri
7587 → SGraalIIIJosER
7663 → LambFerriS
7669 → RutebF
7677 → NykrogFabl
7680 → RychnerFabl
7705 → TraversesU
7706 → EvFemesJ
7712 → OvArtPrR
7715 → ArtAimAgnS
7717 → AmistiéDT
7738 → TwitiT
7761 → SacristineIntG
7782 → SBasD
7783 → SMaglGeoffrD
7784 → SMaglGeoffrD
7793 → SGenB
7794 → SMarg5T
7801 → PleurAmeB
7832 → CalendreM
7846 → AdamL
7868 → VoeuxEpW
7984 → ChronJBekaN
7987 → OvMorPrB
7990 → MenagP
8001 → OresmeMonW
8006 → LapidMand[1]M
8010 → BrézéT
8011 → HoroleigesM
8012 → HoroleigesZ
8030 → GlutzMir
8048 → NicChesnK
av. 2880 → BestPierre[2]C

Boss[2]

1ss. → GRLMA
642 → PassionA
650 → AlexisRo
651 → AlexisS[2]
654 → AlexisO
688 → AlexisAloS
689 → AlexisAlpS
991 → AyeB
993 → GuiNantvProlCf
1014 → AmAmD
1035 → AiquinJa
1037 → AspremLM
1061 → AuberiB
1063 → BatLoqVulgB[2]
1070 → BerteH
1075 → BertaC
1077 → BertaMilC
1082 → CharroiPo
1083 → CharroiM
1105 → CourLouisLe
1134 → EnfRenC
1138 → FlorOctOctV
1146 → GalienD
1192 → GirVianeE
1204 → GesteMonglGirD

Boss²   **Concordances bibliographiques**

1222+1223 → GuiBourgB
1225 → GuiNantM/V/FM
1272 → ChGuillI
1273 → ChGuillW
1307 → HornP
1316 → HuonR
1331 → AubS
1333+1334 → EsclAlS
1339 → JourdBlD
1355 → MonRaincB
1357 → NarbHF
1363 → OgDanE
1371 → OgDanAlC
1381 → PelCharlA
1382 → PelCharlD
1383 → PelCharlF
1422 → PriseOrABR²
1453 → RenMontArdT
1470 → RolMoign
1471 → RolS
1473 → RolBr
1959 → SimPouilleAB
1962 → TristNantS
1977] → ChétifsM
1983 → AntiocheD
2003 → ChevCygnePrR
2117 → AlexArsL
2125 → ThomKentF
2131 → ThebesR
2190 → BenTroieMR
2213 → TroiePr¹⁵V
2229 → NarcisusP
2230 → NarcisusT
2234 → CesTuimAlB
2235 → CleomH
2255 → AthisH
2257 → GautArrErR
2270 → ChevFustFA
2275 → IpH
2288 → OmbreH
2289 → OmbreL
2300 → GuillDoleL
2342 → AbladaneF
2348 → AucD
2401 → BlancandS
2403 → BrunMontJ
2405 → ChastVergiS
2432 → FloreAL
2453 → FloriantPrL
2458 → GuillPalMo
2463 → JoufrF
2464s. → PartonG
2474 → SSagMR
2486 → CassidP
2493 → HelcanusN
2495 → KanorM
2499 → LaurinT
2504 → PeliarmB
2507 → EustMoineC
2663 → MarieLaisL
2663bis → MarieLaisR
2797 → MarieGuigB
2813 → MarieLanvM
2837 → CorE
2838 → NabaretS

2839 → CorBe, LecheorT, MantelB, NabaretT, RenBeaujIgnD
2840 → TobinLais
2841 → CorBe
2872 → TristBérP, TristThomP
2943 → TristThomW
3006 → TristBérE
3108 → FolTristBernCD
3131-3140 → TristPr
3134 → TristPrC
3135 → TristPrLaisF
3136 → TristPrB
3184 → PalamL
3337 → GuillAnglM
3499 → YvainR
3730 → PercL
3864 → BliocadranW
3866 → ContPerc²R
3867 → ContPerc⁴TO
3935 → SGraalIIIJosFO
3989 → MerlinM
4010 → MerlinProphEB
4016 → LancPrM
4021 → LancPrK
4049ss. → SGraalIVQuesteP
4136 → FolLancB
4137 → MerlinScS
4163 → ChevEspJ
4167 → DurmG
4170 → FergF
4191 → HunbautW
4201 → ChevIIEspI
4203 → RigomerV
4207 → SilenceT²
4214 → YderA
4386 → BruslezAmisR
4412 → RivièrePast
4442 → AdHaleLyrW
4443 → AdHaleChansM
4453 → BlondNesleLexM
4454 → BlondNesleC
4457 → CoucyChansL
4483 → GautDargR
4484 → GilebBernH
4487 → GuillVinM
4495 → JacCambrR
4498 → JErartN
4505 → ThibBlaisN
4516 → NecrArrB
4519 → ChansArtB
4529 → BodelCongéRu
4584 → ClercVaudR
4591 → NoomenFabl
4593 → PickfordFabl
4594 → MénardFabl
4680 → TrubertR
4686 → BouchAbevR
4701 → BodelFablN
4702 → SPierJonglW
4708 → JCondBraiO
4710 → AubereeC
4722 → ConstHamelFragmJ
4726 → EstulaW
4738 → SPierJonglW
4742 → MireC
4759 → HAndArD

Concordances bibliographiques

4770 → MarieFabW²	5543 → HermValS
4771 → MarieFabG	5548 → BibleMalkS
4785 → YsMachoR	5554 → BibleMacéK
4893 → AndréCoutFrH	5555 → BibleMacéS
4896 → DanDenierAM	5556 → BibleMacéP
4898 → TournDamGencPu	5557 → BibleMacéV
4902 → DepLivresE	5558 → BibleMacéL
4904 → AventuresM	5559 → BibleMacéS²
4905 → MailleM	5560 → BibleMacéS³
4906 → BrancheArmW	5563 → BibleParP
4907 → JubJongl	5568 → OrelliBibel
4909 → AudigierJ	5570 → BibleParS
4958 → CatDarmstH	5572 → BibleHolkP
4959 → MorPhilP	5575 → BibleMorwH
4977 → ConsBoèceCompC	5580 → EvratGenA/B/CG
4993 → JMeunAbB	5582 → DelIsrE
4997 → OvArtElieK	5586 → JobG
5002 → OvArtPrR	5598 → CommPsIA¹G
5053 → CourtAmS	5605 → ProvSalSanI
5069 → PoissAmS	5607 → ProvSalAuR
5071 → PoireM	5611 → CantLandP
5073 → DonneiP	5614 → RobGrethEvP
5087 → EstFougL	5625 → ApocTrinO
5108 → ChastieMusvP	5629 → EvNicPrAF
5109 → ChastPereAM	5636 → EvEnfB
5112 → TraîtresSu	5666 → PhThSibS
5126 → ProvSenoO	5674 → SFanuelM
5127 → ProvSenAR	5712 → MirNDChartrK
5135 → ElesB	5734 → AntArciP
5143 → JCondOisR	5751 → BalJosChardR
5150 → WatrSeptVertL	5752 → BalJosPr¹M
5163 → RoseLLec	5756 → BrendanS
5164 → RoseLP	5769 → LégDorVignDomM
5335 → GéomSGenV	5772 → SEdmPassG
5336 → CompRalfH	5775 → EdConfCambrW
5357 → BestPierre¹M	5781 → SGregA¹S
5360 → VolucrK	5789 → AngDialGregO
5377 → LapidPhilZ	5791 → SJeanAumI
5391 → PlacTimT	5792 → SJeanAumU
5405 → VillHonH²	5794 → SJeanBaptOct¹G
5409 → JMeunVégL	5795 → SJulPrS
5421 → TilNMélEtym	5796 → SJulPrB
5422 → TilMisc	5801 → SLaurentR
5423 → ChaceOisI²H	5802 → SMelorD
5424 → ChaceT	5808 → SeptDormPrM
5427 → DancusT	5810 → ChardryDormM
5435 → BeaumCoutS	5819 → SCathClemM
5441 → CoutChampP	5821 → SCathAumN
5442 → CoutDieppeC	5822 → SCathVérB
5443 → CoutPoitF	5827 → SMarieEgTD
5444 → CoutPoitF	5829 → SMarieEgTS
5448 → Wüest	5839 → SMarg4R
5450 → GrCharteH	5842 → Pères43B
5451 → CoutOleronB	5843 → Pères10C
5452 → HosebHenO	5844 → Pères55K
5462 → DonatM¹H	5845 → Pères51R²
5464 → GramM⁵M	5848 → Pères18D
5472 → GlBâleB	5853 → BesantR
5473 → RaschiLe	5857 → SLeuK
5477 → GlGlasgE	5875 → NicBozSerm¹⁻⁹L
5479 → GlDouceH	5876 → ChardryPletM
5483 → JGarlRCH	5877 → TournAntB
5485 → GlGuillI	5879 → SongeEnfM
5487 → JeuAmK	5881 → VerCoulK
5501 → OrnDamesR	5883 → EpMontDeuH
5503 → ChirPoutrS	5887 → MirourEdmAW

Boss[2]

5888 → ElucidaireIIID
5890 → PeinesR
5896 → SommeLaurE
5900 → RègleSBenDouceD
5901 → AncrRiwleTT
5932 → ZinkPréd
5949 → SermMadNP
5950 → SermMadNP
5955 → SermSamG
5960 → SinclairPrières
5961 → SinclairDev
5962 → RézeauIncip
5970 → JoinvCredoF
5993 → EschieleMahW
5995 → MahomL
6029 → ContGuillTyrDM
6034 → AssJérLignB
6035 → AssJérLignB
6036 → CroisRichJ
6048 → VillehF
6049 → VillehWh
6050 → VillehD
6097 → JoinvC
6108 → EnsSLouisPO
6109 → EnsSLouisIO
6121 → BrutA
6144 → RouH
6159 → BrutHarlB
6163 → BrutIntB
6169 → MenReimsW
6170s. → BenDucF
6178 → FantosmeJ
6184 → ReiEnglT
6185 → ChronLondA
6186 → ChronWigmoreD
6190 → AspinChansPol
6197 → MenReimsW
6204 → TurpinVatB
6205 → Turpin[5]Wa
6208 → Turpin[6]Wa
6209 → Turpin[2]W
6213 → TurpinBrianeS
6218 → ConcLyonP
6219 → ConcLyonC
6237 → PBeauvOlimpB
6286 → AdamA
6287 → AdamS
6288 → AdamN
6289 → AdamO
6330 → BodelNicH
6331 → BodelNicH[3]
6332 → BodelNicH[4]
6381 → CourtArrM
6388 → AdHaleFeuillG
6389 → AdHaleFeuillD
6421 → AdHaleRobV
6477 → FierPrM
6486 → MaugisV
6496 → EntreeT
6511 → HoltusEntree
6519 → AttilaPrB
6520 → AttilaPrB
6522 → GesteFrancorR
6525 → ChevCygneBruxP
6526 → ChevCygneBruxM
6533 → BastC

Concordances bibliographiques

6534 → JAvesnesSalC
6540 → LionBourgAlK
6585 → PercefT
6596 → AlexPr[3]L
6601 → RestorC
6602 → RestorD
6604 → JMotePaonC
6609 → RLefevreJasonP
6616 → FoukeH
6620 → GuiWarPrC
6622 → AquilonW
6632 → HectP
6643 → ComteArtS
6644 → JAvesnesProprF
6651 → CardenoisC
6662 → MelusCoudrR
6701 → PProv[2]C
6741 → QJoyesR
6742 → QJoyesC
6902 → FroissEspF[1]
6903 → FroissPrisF
6904 → FroissBuisF
6905 → FroissDitsTH/...F
6907 → FroissBallB
7460 → ChrPisVertW
7491 → PhMézPelC
7501 → PhMézTestG
7534 → OvMorPr[2]E
7571 → CerfAmT
7573 → EchecsAmKr
7591 → JFevRespH
7597 → FormHonCourtH
7599 → JDupinMelL
7608 → MenagB
7613 → EvQuenJe
7624 → HeraudieD
7628 → JCourtPlaitAK
7631 → SongeVergierS
7654 → Corb
7675 → OresmePolM
7678 → OresmeCielM
7691 → RecMédEpidA/BA, RecMédEpidAS
7692 → RecMédSauvT
7694 → AmphYpL[2]
7695 → RégSantéLC
7714 → GastPhébChasseT
7715 → GastPhébChasseT
7721 → GastPhébOrT[2]
7722 → GastPhébOrT[1]
7737 → RecCulTrM
7748 → TroisMariesJean
7751 → SSebastAlMi
7752 → SSebastAlM
7753 → SSebastAlD
7755 → CiNDitB[2]
7760 → TombChartr26J
7763 → GuillAnglAlB
7764 → AnticlLudR
7782 → LaieBibleC
7809 → ChastelPerB
7822 → MiroirAmeMargG
7827 → PleurAmeB
7834 → JCourtecuisseD
7856 → LulleBestesL
7870 → JGersonG
7925 → ChronGuesclF

Concordances bibliographiques

7928 → FroissChron³D
8035 → PastoraletB
8124 → NomparJerN
8146 → MirNDPers15R
8147 → MirNDPers7W
8148 → MirNDPers26S
8162 → MistFilleL
8173 → PassJonglGP
8178 → GrebanJ
8190 → PassEntreR
8191 → PassEntreG
8194 → PassAuvHE
8195 → PassAuvR
8218 → MistHag5S
8223 → PacJobM
8225 → AndrVigneSMartD
8227 → MistHag1/2/3/4R
8244 → CarnavalBatA
8280 → MorPeupleH
8483 → JMontreuilO
8517 → SinclairBers
8521 → MessnerBers
8526 → DenFoulB[1]
8527 → DenFoulB[1]
8555 → SenLucilE
8594 → HeinzMielot

Hol

74 → AlexisD
77 → AlexisP
78 → AlexisR[1]
79 → AlexisS[1]
81 → BrendanW
87 → SGillesP
89 → SLaurentS
90 → SLaurentS
91 → WaceMargAF
106 → SAgnèsDécD
113 → AntArciK, BibleSeptEtatsKa[2]
115 → AntAnW
116 → SBarbeOctD
117 → BalJosCamA
118 → BalJosAnA
119 → SCathGuiT
120 → SCathManF
121.1 → SDomM
125 → SEust4P, SEust5P, SEust8P
126 → SEust2P, SEust3F, SEust6E
127 → SEust7O
129 → SFoySimB
131.1 → SJeanEvW
132 → SJeanPaulusOctA
133 → SJeanPaulusOctK
139 → PurgSPatrBerM
140 → PurgSPatrCamZ
144 → PAbernRichB
144.1 → SCroixCambrL
151 → NicBozSAgatheB
151.1 → NicBozMadL
151.2 → NicBozMadK
153 → NicBozElisK
155 → SGregAlF
156 → NicBozPanuceB
157 → NicBozPaulB

162 → BrendanPr[1]W
162.1 → SDenisPr[1]L
193 → ProvSalSanI
196 → BibleSeptEtatsF
197 → PassionK
198 → PassJonglFP, PassJonglFT
200 → PassCeliW
202 → ApocKerrT
203.1 → ApocGiffR
204 → ApocTrinJ
208 → EvEnfG
213 → GuillJoiesRi
230 → GrossetConfU
232 → SBernAn[1]F
237 → RobGrethEvA
240 → PhThCompM
248 → HuonAveL[1]
253 → ManuelPéchF
261 → BibleBerzéL
263.1 → HLancA[2]
266 → GrossetMarM
274 → OvMorB
284.2 → DialSJulB
286 → JuiseF
288 → PaumierBerlC
296 → PurgSPatrCamZ
300 → SPaulEnfAdK
303.1 → EschieleMahW
303.2 → EschieleMahW
304 → AdgarN
317 → FiancéViergeOctW
317.1 → Pères13K, SacristineNousK
318 → HArciPèresO
345 → LapidPhilB
346 → LapidALM
347 → LapidFFP
348 → Studer
349 → AntidNicD
351 → AldL
366 → BestGervM
373 → DancusM
381 → DivMondePerP
394 → MontRoth
407 → BonBergL
413 → ViandTaillNP
414 → ViandTaillNP
449 → BibbW
474 → DébVinM
483 → CharnyChevK
484 → CharnyMesP
492 → LapidMand³D
494 → LapidMand³D
500 → PhMézPelC
504 → NomparJerL
553.1 → ChronSDenisGenM
584 → PelCharlK
600 → MainetP
635 → AliscW
644 → GirRossDécPH
645 → GirRossDécLM
646 → GirRossDécOF
647 → GirRossDécLS
672 → BertaM
673 → BerteHol
676 → AdenBuevS
680 → AnsCartA

Hol

681	→ BatLoqArsR	1198	→ HunbautB
685	→ BatLoqPrC	1225	→ YderG
686	→ AimeriD	1272	→ TristPrJ
690	→ DoonMayP	1273	→ TristPrBédier
700	→ GalienS	1274	→ TristPrM
715	→ NarbS	1275	→ TristPrHilka
718.1	→ WaldefH	1294	→ ChevPapH
721	→ RenMontLC	1304	→ PercefP
725	→ GirRossAlH	1401	→ ElucidationT
726	→ HectB	1442	→ SGraalIIJosM
728.1	→ BaudSebB	1443	→ SGraalIIJosN
731	→ MaugisMC	1446.1	→ BalainL
732	→ MaugisMC^2	1491	→ DieuAmL
740	→ VivMonbrancC	1512	→ EchecsAmK
740.1	→ CiperisW	1513	→ DieuAmL
743	→ GerbMetzS	1516	→ PoireS
777	→ ChevCygneH, GodBouillH	1518	→ VraiChimL
779	→ ChevCygneBruxR, GodBouillBruxR	1542	→ GilebBernW
801	→ AmAmH	1546	→ GuiotProvinsO
805	→ AmAmOctK	1554	→ MahieuW
824	→ AyeG	1557	→ PerrinS
830	→ GuiNantMMey	1571	→ ChansBern389H
845	→ Aiol$^{1/2}$N	1592	→ StimmingMot
846	→ Aiol$^{1/2}$F	1740	→ JardPlaisD
852	→ ThebesC	1804/5	→ AndrVigneSMartD
853	→ ConstansThebes	1961	→ AdamSt
867	→ BenTroieC	1975	→ RésSauvCJ
883	→ GautArrIllL	1984	→ BodelNicJ
884	→ GautArrIllF	2001	→ MirNDPers1-40P
889	→ GuillPalM	2012	→ AdHaleFeuillL
895	→ AimonFlH	2016	→ AdHaleRobL
897	→ AthisH	2024	→ PhMézGrisG
914	→ AlexArsM	2026	→ JourJugR
918	→ AlexAlbF	2042	→ PassArrR
936	→ VenjAlS	2078	→ MistHag6S
937	→ VenjAlH	2079	→ NatNSSteGenW
942ss.	→ ThomKentF	2082	→ MistSGenisM
973	→ BeaumS	2127	→ AucR^3
980	→ AmYdR	2128	→ AucS^{10}
983	→ ChastVergiR^4	2165	→ MantelW
983.1	→ ChastVergiW^2	2181.1	→ AubereeE
984	→ BlancandM	2186.6	→ BouchAbevO
990	→ JoufrS	2187	→ BailletM
992	→ EustMoineF	2199	→ BouchAbevR
993	→ BerinB	2233	→ RenContrR
994	→ FillePonth^{1}B^1, JAvesnesFilleB	2270	→ SSagOctM
1019	→ CorW	2273.3-4	→ Pères
1067	→ BrutMunH	2317	→ MolandHéricault^2
1070	→ BrutL	2334	→ FantosmeM
1072	→ BrutA	2335	→ ChronSMichelR
1125	→ GuillAnglF^1	2338	→ AmbroiseP
1126	→ GuillAnglF^2	2347	→ HValW
1127	→ GuillAnglW	2347.1	→ HValL
1139.3	→ DrouartB	2350	→ RobClariL
1145	→ AtreW	2361	→ MenReimsW
1157	→ BrunMontM	2374	→ GGuiW
1161	→ ChevEspM	2381	→ MPolRustB
1162	→ ChevEspJonck	2393	→ JBelV
1163	→ ChevEspA	2417	→ BoucicB
1165	→ ChevIIEspF	2428	→ MonstreletD
1172	→ MuleM		
1173	→ MuleO		
1174	→ MuleH	**Wo**	
1184	→ FergMich		
1185	→ FergM	1	→ AbladaneL
1193	→ GligloisL	4	→ AlexPrH

Concordances bibliographiques

6 → AlexPr²H
7 → AlexPr³L
10 → AmAmPr¹M
18 → AttilaPrB
23 → BerinB
25 → BlancandPrBrG
27 → EvastL
35 → ChastVergiS²
36 → ChevCygnePrNaissT
40 → ChevPapH
41 → CiperisW
45 → EmpConstPrM
52 → FierPrM
54 → FillePonth¹B¹, FillePonth²M
55 → JAvesnesFilleB
56 → FlorOctPr
63 → GalienS
64 (4) → SebilleT
67 → GilChinPrC
68 → GilTrasW
69 → GirRossPrM
70 → GirRossWauqM
71 → GirRossWauqM
72 → PhMézGrisG
76 → GuillOrPrT
78 → HistAnc²RB
84 → MelusArrS
88 → JPreisMyrB
93 → SGraalIIIJosW
95 → LabanS
96 → LancPrM, SGraalIVS
110 → PalamL
112 → PercefL¹, PercefL²
119 → TroilusM
121 → PProv¹B
125 → BalainL, SGraalV
126 → Turpin¹A
127 → Turpin²W
129 → TurpinBrianeS
130 → Turpin⁵W, Turpin⁵Wa
131 → Turpin⁶Wu
132 → Turpin⁷W
135 → AquilonW
139 → RenMontPr¹
140 → RenMontPr²
140.3 → MabrienV
148 → RoiFloreJ⁰
153 → SSagLL
154 → SSagAP
156 → SSagDP
157 → SSagHP
158 → MarqueA
160 → CassidP
161 → HelcanusN
162 → KanorM
170 → TristPr
171 → TroiePr¹C
172 → TroiePr²
173 → HistAncJu
174 → TroieJFlix
175 → TroieJofr
176 → TroiePr⁶
177 → TroiePr⁷
178 → TroiePr⁸
184 → TroiePr¹⁴R
185 → TroiePr¹⁵V

Wo 28 → ChronTournCes¹
Wo 29 → Buscalus

Wos

1 → AbladaneL
4 → AlexPrH
10 → AmAmPr¹M
17 A → Apol¹
17 B → Apol²L
17 C → Apol³L
17 D → Apol⁴A
17 E → Apol⁵Z
17 F → Apol⁶V
18 → AttilaPrB
23 → BerinB
25 → BlancandPrBrG
27 → EvastL
40 → ChevPapH
41 → CiperisW
45 → EmpConstPrM
52 → FierPrMi
54 → FillePonth¹B¹
56 → FlorOctPr
63 → GalienS
67 → GilChinPrC
70 → GirRossWauqM
71 → GirRossWauqM
75 → GuiWarPrC
78 → HistAnc²RB
84 → MelusArrS, MelusArrSB
85 → JAvesnesSalC
88 → JPreisMyrG
93 → SGraalIIIJosER
95 → LabanS
96 → LancPrM, SGraalIVS
110 → PalamL
112 → PercefL¹
119 → TroilusM
121 → PProv¹B
129 → TurpinBrianeS
130 → Turpin⁵W, Turpin⁵Wa
131 → Turpin⁶Wu
139 → RenMontPr¹
140 → RenMontPr²
148 → RoiFloreJ⁰
153 → SSagLL
154 → SSagAD
157 → SSagHP
158 → MarqueA
160 → CassidP
161 → HelcanusN, PeliarmB
162 → KanorM
170 → TristPr
171 → TroiePr¹C
185 → TroiePr¹⁵V
Wos 28 → ChronTournCes¹

WoC

1 → BalJosPr¹M
2 → BalJosPr²M
5 → EpreuveJudicG
10 → GuillTyrB, GuillTyrP

WoC

10,B,7 → ContGuillTyrM
14 → CommPsIA[1]G
15 → CommPsII
16 → CoutSensL
17 → SGregPaintM
19 → DialGregF
20 → EpSBernDil
21 → GysselingDocAnc
22 → ReiEnglF
26 → LapidFPS
27 → BibleMorP[1]A, BibleMorwH
30 → LoisGuillL
32 → JobGregF
35 → BestPierre[2]C
37 → AlexisRo
39 → PsArundB
40 → PsCambrM
42 → PsOxfM
43 → Turpin[1]A
47 → Turpin[5]W
49 → LeachBeverley, RecLondB
50 → ConfrJonglArrG
51 → RègleSBenDouceD
52 → RègleCistG
60 → SermLaudT
61 → SermMadNP
62 → MeditationF
63 → SermMaurR
64 → SBernAn[1]F
68 → GregEzH
72,1 → Tripartita[1]L
72,3 → Tripartita[3]T
73 I → PèresPrI1/2…
73 II → PèresPrIINicT
p. 94 → PsCambrJ
Wo 99 → LulleBestesL

Dean

1 → GaimarB
2 → BrutA
2.1 → RouH
2.2 → BenDucF
3 → BrutIntB
4 → DescrEnglB
5 → DescrEnglPrL
6 → ReiEnglF
13 → BrutusF, ReiEnglF, ReiEnglG, ReiEnglT
15 → BrutHarlB
16 → BrutA
17 → BrutCistD
19 → BrutDurA
20 → BrutLincB
21 → BrutDurA
22 → MerlinProphProlM
23 → LReisEnglF
26 → LReisEnglF
27 → LReisEnglF
28 → LReisScotR
30 → Tripartita[3]T
32 → LoisGuillL
33 → Tripartita[1]L
34 → Tripartita[2]L
35 → GrCharteH
36 → BrutNobleC

37 → GrantzGeanzAB, GrantzGeanzLB
43 → BrutAbrZ
45 → BrutNobleDP
46 → BrutBroth[2]C, BrutNobleL, BrutThomS
47 → ChronAnG
52 → BrutPetM
54 → ConqIrlO
55 → FantosmeJ
56 → CroisRichJ
56.1 → AmbroiseP
57 → GuillMarM
58 → MurRosS
60 → SiègeCaerlW
62 → ChronDelapréR
63 → ChronBurchB
64 → ChronWigmoreD
66 → ChronPLangI/IIT
67 → ChronPLangI/IIT
68 → ChronPLangI/IIT
69 → GuillLongB
70 → ChronTrivR
71 → ChronLondA
72 → HeraudChandosT
74 → BrutThomS
76 → RolS
77 → Asprem
78 → OtinG
79 → TurpinBrianeS
80 → PelCharlK
81 → GormB
82 → ChGuillM
82.1 → DestrRomeEgB, DestrRomeF[2]
82.2 → FierEgB, FierW
83-85 → AspinChansPol
84 → AspinChansPol
87 → AspinChansPol
90 → StengelDigby
90-93 → AspinChansPol
94 → ChronPLangI/IIT
95 → AspinChansPol
96 → AspinChansPol
100 → AspinChansPol
101 → AspinChansPol
103 → AspinChansPol
104 → AspinChansPol
120 → WrightAnecd
124 → AspinChansPol
133 → JeffreyLevy
134 → JeffreyLevy
135 → ManLangK
143 → PlainteLacyT
146 → JubNRec
147 → LaetabundusG
151 → HornP
152 → HavelocB
153 → BueveAgnS
154 → GuiWarE
155 → WaldefH
156 → FoukeH
157 → AmAmOctK
158 → TristThomB
159 → FolTristOxfB
160 → FolTristBernCD
161 → AmYdR, AmYdvR
162 → IpH
163 → ProtH

Concordances bibliographiques

164 → FloreV	294 → ConjugFrM, GlTrinB
165 → ThomKentF	301 → AlNeckUtensH
167 → FergF	305 → GlDouceH[2]
168 → LancPrK	306 → GlGlasgH
169 → PercH	308 → NominaleS
170 → Perl[1]N	311 → GlAlphM
173 → PartonG	317 → RichardsonDicta
174 → FlorOctOctV	317; 318 → UerkvitzLettr
176 → MarieLaisR	318 → RichardsonDicta
177 → CorBe	319 → UerkvitzLettr
178 → DesiréT	320 → RichardsonCist, RichardsonDicta
179 → MarieFabS	321 → RichardsonDicta, UerkvitzLettr
180 → DonneiP	323 → RichardsonDicta
182 → HoucePN	324 → LettrOxfL, UerkvitzLettr
184 → CuvierHP	325 → PetPhilT
187 → GageureN	326 → ImMondeOct[1]D
189 → ChevDameClercN	328 → GéomTrinH
191 → HeronN	329 → AlgorCambrS
195 → RioteaU	330 → DivMondePerP
195.1 → RiotecU	333 → BartRegionsP
198 → BontéFemM	334-337 → MichRayn
202 → BlasmeBF	335 → ItinJérM
203 → MisogLangeM	338 → PrêtreJeanPr[1]E/I...G
210 → DeVinoLM	339 → PrêtreJeanD/YG
216 → JugAmBlM	340 → MPolGregP
217 → JugAmMeliorO	341 → JMandH[1]W
218 → PatenUsAI	342 → CompRalfH
219 → CredoUsI	346 → PhThCompM
220 → NicBozEmpV	347 → PhThBestWa
220.1 → AndréCoutFrH	348 → LapidFFS
221 → EchecsCottH	349 → LapidVAS
222 → RagemonL, SermComL	350 → LapidFPS
231 → UrbCort[1]S	351 → LapidSPS
231-235 → ParsonsCourt	352 → LapidTPS
236 → SecrSecrAbernB	353 → LapidFRS
237 → SecrSecrPr[4]B	354 → LapidCLS
238 → SecrSecrPr[1]	355 → LapidALS
239 → SecrSecrPr[2]H	356 → LapidAPS
240 → TroieJofr	357 → LapidEP
243 → SimFreinePhilM	358 → LapidFES
244 → DoctSauvS	359 → LapidSES
245 → ArtAimAgnS	362 → PrognZodLuneH
247.1 → SongeVertC	366 → LunaireWoC
252 → NicBozProvR/ST	367 → LunaireCh[1]H, LunaireCh[2]H
253 → RobHoY	378 → JoursPerilMestreM
254 → CatElieS	379 → JoursPerilLuneM
255 → CatEverS	380 → Chirom
256 → CatAnH	382 → GeomancieGravelH, GeomancieSignesH
257 → ParabAlainH	383 → PhThSibS
258 → RespCurtS	384 → SongeAch[2]B
259 → ProvVilL	385 → SongeAlphcS
260 → ProvSerloF	387 → CouleursVatG
261 → ProvRawlc[1/2]S	389 → VégèceRichT
263 → ChastPereBH, ChastPereBhH	390 → HeraudieD
264 → CompilDidEpH	391.1 → ArmGrimaldiM, RôleBigotA, RôleCamG, SiègeCaerlW
265 → ChardryPletM	392 → GrossetReulesO
267 → ProvFraunceM	393 → SeneschO
273 → ApostoileC	394 → HosebHenO
278 → AspinChansPol	395 → HosebAnO
281 → DialFr1415K, ManLangK	396 → HosebProlH
285 → BibbO	398 → RecCulBlancH, RecCulViaundeH
286 → BibbFW	399 → MarscaucieChevG
287 → OrthGallJ	400,1. et 2. → FaucMedC
289 → OrthCoyS	401 → FaucMedD
290 → DonatOxfS	402 → FaucMedHT
291 → DonatLibM	

405 → TwitiT
406 → LettrHippocH
407 → RecMédTrinH
408 → RecMédCCH
410 → PlatPractH
411 → LSimplMedAloe
413 (1) → ChirRog^{2}M
413 (2) → ChirRogH
414 → RecMédNovCirHH, RecMédNovCirHi
415 → RecMédEupH
419 → RecMédGardH
420 → QuatreTempsH
425 → RecCosmCamG^2
426 → OrnDamesR
430 → JoursPerilDedM
442 → GenHarlS
444 → RoisC
444.1 → JugesA, JugesB
445 → PsOxfM
446 → PsArundB
447 → PsOrneS
448 → PsCambrJ, PsCambrM
449 → PsHex
452 → CommPsIA^{1}G
458 → ProvSalSanI
460 → ProvSalAuR
461 → CantKiVotH
462 → BibleDécB/EN, BibleTrB
468 → GuillTobR
469 → BibleAgn, BibleAgnR
470 → BibleAdd
472 → BibleHolkP
473 → ApocTrinO
475 → ApocPrD
477 → ApocGiffR
478 → ApocAgnM
479 → SudaGrosD
480 → SCroixCambrL
482 → SMarieJésusCottM
485 → HermValS
487 → SudaGrosD
489 → WaceConcA
490 → TroisMariesAnne
493 → VisElisS
494 → AssompNDJoyeD
495 → EvEnfQuatrB
497 → EvNicPrAF
500 → EvNicChrP
501 → EvNicAgnP
502 → VenjNSPr^{1}F
504 → BrendanW
505 → AlexisP
506 → SAubH
507 → SAubH
508 → SThomGuernW^2
509 → SThomBenS
510 → SThomFragmM
512 → AngDialGregO
513 → AngVieGregM
514 → SGregA^{1}S, SGregB^{1}S
517 → SClemM
519 → SEdmPassG
520 → EdmK
521 → SEdmCantB
522 → EdConfCambrW
523 → EdConfPr^{1}M, EdConfVatS

524 → AnelEdwC
525 → SFrançCT
526 → SFrançCR
528 → SimFreineGeorgM
529 → SGillesHarlB, SGillesP
530 → SGodric
531 → PassHugM
531.1 → SJeanBaptAlP
532 → BalJosChardK
533 → BalJosPr^{1}M, BalJosPr^3
534 → ChardryDormM
535 → SJeanAumU
536 → SLaurentR
537 → SMelorD
537.1 → WaceNicR
538 → NicBozPanuceB
539 → NicBozPaulB
540 → SEust5P
541 → SEust4P
542 → SEust6E
543 → SEust9S
544 → SEust1M
545 → PAbernRichR
546 → LégApostHR
547 → MarieEspP
548 → PurgSPatrBerM
549 → PurgSPatrCamZ
550 → PurgSPatrHarlV
551 → PurgSPatrCott
553 → SPaulEnfAdK, SPaulEnfAdL
554 → SPaulEnfArciP
555 → SPaulEnfFrM
557 → VisTondAgnF
558 → AdgarN
559 → MirAgn^{2}K
560 → MirNDEver^{1}M
563 → MirNDSardR
566 → SAudreeS
567 → SCathClemM
568 → SCathManF
570 → SFoySimB
571 → WaceMargAF
571.1 → SMarg2S
572 → SMarg4R
573 → SMarg3S
574 → SMarg6J^1
575 → SMarg8M
576 → SMarieEgTD
577 → SMadAlexK
578 → SMadMarsTrD
579 → GuillSMadR
580 → ModvB^2
581 → SOsithB
582 → NicBozAgnèsK, NicBozChristK, NicBozElisK, NicBozJulK, NicBozLucieK, NicBozMadK, NicBozMargK, NicBozMartheK, NicBozSAgatheK
583 → HArciPèresO
584 → SThaisArciP
585 → AntArciP
586 → TournAntW
587 → SermMaurR
589 → RobGrethEv
590 → RobGrethCorsS
592 (8) → NicBozEnsM
592 → NicBozSerm$^{1-9}$L

Concordances bibliographiques

595 → SermJos[1-5]H
596 → SermHalesL
597 → GuischartG
598 → GrantMalS[2]
599 → DeuOmniS[2]
601 → RomRomL
602 → SermOyezT
606 → SermSeignP
607 → ExhortationRelH
609 → VMortHélW
618 → ExhortCuersT
622 → GrossetChastM
623 → MarHenryM
626 → JHoudRossH
628 → DialSJulB
629 → MirourEdmAW
630 → PAbernLumL
631 → JPechJerL
635 → ManuelPéchF
636 → AmDieuK, JourJugAmurC
638 → JuiseR
639 → QSignesG, QSignesManF
641 → YsEudeR
643 → AncrRiwleCH
644 → AncrRiwleTT
645 → PeinesR
653 → SeptPechHarlH
660 → GrossetConfU
666 → SeptPechVesp
674 → PastGregL/CP
684 → ChevDieuU
685 → QuatreFilles[6]H
686 → GrossetMarM
687 → NicBozCharV
688 → NicBozPassJ
690 → PlainteAmV
692 → DébCorpsSamCV, DébCorpsSamHV
694 → ChastWilM
695 → NicBozMorS
696 → HLancA[1]
697 → QuatBeatT
699 → DouzeVendrediscS
701 → EchecsDeuS
702 → BestGuillR
703 → BesantR
704 → GuillJoiesRi
705 → EructavitJ
706 → OrdeneChevB/G/LB
707 → JGowerMirM
708 → JGowerMirM
709 → JGowerMirM
710 → RègleSBenCottonH
712 → RègleNDPresH
713 → RègleAugBH
714 → RègleHospCamS
716 → AdamG[1], AdamS
717 → RésSauvCJ
739 → JeffreyLevy
761 → RutebNeufJoiesM
807 → ThibAmPriereL
822 → NicBoz
954 → PlainteVgePurT
956 → NicBoz, PlainteVgeReineT
957 → PlainteVgeNostreT
960 → PassJonglCaF, PassJonglFT, PassJongl-ProlTrB

Vising

1 → PsArundB, PsOxfM
2 → PsCambrM
4 → ProvSalSanI
5 → RoisC, RoisL
7 → CommPsIA[1]G
8 → SMarieJésusCottM
10 → BrendanSu
11 → SCathClemJ
13 → AdgarH, AdgarN
14 → EdmR
15 → SGillesP
16 → SimFreineGeorgM
17 → SPaulEnfAdK
18 → SMarg2S
19 → SThomBenM
20 → BalJosChardK
21 → ChardryDormK
22 → GuischartG
25 → RomRomT
27 → AdamSt
29 → AmYdGA
30 → TristThomB
31 → HornM
32 → IpK
33 → ProtK
34 → FolTristOxfB
35 → AmAmOctK
36 → SGraalIIJosM
37 → ThomKentF
38 → WaldefH
40 → CorW
41 → DesiréM
44 → CatElieS
45 → CatEverS
47 → RespCurtS
53 → DonneiP
54 → ChastPereBH, CompilDidEpH
55 → SimFreinePhilM
56 → ChardryPletK
61 → BrutMunH
62 → FantosmeH
64 → PhThCompM
65 → PhThBestWa
66 → LapidALM
68 → AlNeckUtensS, LapidFPS
70 → PrêtreJeanH
71 → RobGrethEv
76 → ApocTrinJ
77 → ApocGiffR
78 → ApocAgnM
79 → EvNicAgnP
80 → EvEnfQuatrG
97 → AdgarN, MirAgn[2]W
100 → SLaurentS
103 → PurgSPatrBerM
104 → PurgSPatrHarlV
105 → PurgSPatrCamZ
106 → PurgSPatrCamZ
108 → AngDialGregC, AngVieGregM
109 → SJeanAumM
111 → HArciPèresO
112 → SThaisArciM
113 → AntArciK
114 → SPaulEnfArciP

Vising

117 → SMarg4R
118 → SMarg3S
119 → SMarg6J[1]
120 → SMarg8M
121 → NicBozMargL
122 → PAbernRichB
125 → EdConfCambrL
126 → EdConfVatS
127 → EdConfVatS
128 → SEust5P
129 → SEust6E
130 → SEust9S
131 → SFrançCT
133 → SPaulEnfFrM
134 → NicBozElisK, NicBozMadK, NicBozPanuceB, NicBozPaulB, NicBozSAgatheK
135 → SMadAlexK
137 → SOsithB
138 → SFoySimB
140 → VisTondAgnF
146 → SermOyezT
154 → AmDieuK
155 → DialSJulB
156 → MirourEdmAW
157 → PAbernLumL
169 → GrossetConfU
174 → AncrRiwleTT
177 → NicBozSerm[1-9]L
210 → ExhortCuersT
213 → BueveAgnS
220 → ChevDameClercM
237 → PlainteLacyW
247 → UrbCort[1]S
249 → RobGrethCorsM
250 → SecrSecrAbernB, SecrSecrPr[4]B
253 → ChevDieuU
258 → ProvFraunceM
265 → NicBozProvR/ST
278 → BontéFemM
287 → NicBozEmpV
290 → GrossetMarM
291 → NicBozCharV
292 → ConqIrlO
293 → CroisRichJ
296 → MurRosS
298 → BrutusF, LReisEnglG, ReiEnglF, ReiEnglK
303 → CompRalfM[1]
304 → LunaireWoC
312 → TwitiT
314 → RecMédNovCirHi
315 → ChirRog[2]M
322 → GlOxfG
323 → GlGlasgM[1], GlGlasgM[2]
325 → GlPlantHarlW
326 → GlDouceP
327 → NominaleS
328 → GrossetReulesL
329 → HosebCompL, HosebHenL
330 → SeneschL
331 → LoisGuillL
333 → BrittN
335 → FoederaR[1]
336 → StatRealm
342 → RotParl[2]C
343 → LHorn
347 → BlackBookT

Concordances bibliographiques

351 → CourtBarM
352 → BibleAgn
357 → PlainteAmV
373 → LReisEnglG
375 → BrutPetM
377 → ChronPLangW[2]
379 → ChronTrivR
380 → ChronLondA
382 → BrutThomS
384 → RecCulBlancM
385 → DeVinoLM
386 → BibbO
387 → OrthGallS
388 → ConjugFrM
391 → RichardsonDicta
393 → ChronPLangW[2]
394 → MirJustW
395 → OakBookS
400 → DonatOxfSt, EnsEnfS
401 → BibbFW

Stein

130 → SSilvCroixP
551 → LBouill
826 → CartHuguesChalonP
984 → LesortClerm
1115 → CoussemakerCysoing
1178 → PéageDijonAM
1194 → CoutDijon
1194 note → PéageDijonBM
1280 → Deck, LRougeEuL
1359 → HautcœurFlines
1388 → CartFontenayMarmS
1650 → CartHain, DevillersCens
1661 → CartHain[2]D
1925 → BroussillonLaval
2061 → MerletMoutié
2067 → LaffleurLeTrép
2093 → HubertIndre
2112 → BormansSLambLiège
2165 → HautcœurSPierLille
2279 → GuigueLyon
2360 → CartMarquetteV
2435 → MarichalMetz
2440 et 2442 → FrançoisTab
2443 → HouthSNicMeulan
2535 → LaloreMont
2536 → LaloreMont
2883 → TerroineFossier
2884 → TerroineCartGeoffr
2885 → TerroineFossier
3060 → PrarondPont
3072 → DepoinHôtPont
3111 → BourquelotProv
3292 → CoutStAmandM
3905 → HerbomezSMart
4128 → BroussillonLaval
Stein 266 → CartPameleAud

LevyTrés

A → GlBNhébr302L
a → GlNYAL

Concordances bibliographiques

B → GlBNhébr301K
b → MachsBern
C → GlBâleB
c → GlHamb
CII → RaschiO
d → GlBN_D
DI → GlParmePalDD
e → GlKaraE
E → GlParmePalES
f → GlBerechiahW
F → GlLeipzigBa
FI → GlLeipzigA
FII → GlLeipzigB
G → GlBNhébr1243
g → GlCantM
H → GlBodl1466N
h → RaschbamR
i → GlJosBehJ
I → GlTurin^1
J → GlTurin^2
jI → GlSimsonG
jII → GlSimsonW
jIII → GlSimsonL
k → GlHadL
KI → RaschiD^1
KII → RaschiD^2
KVI → RaschiL
Levy Trés FIII → GlLeipzigW
LI → FevresS
LII → FevresOe
lII → GlIsMoïseM
LIII → FevresK
lIII → GlIsMoïseW
M → GlBolognaB
O → Blondh
p → CptVesoul^{1}L, CptVesoul^{2}L
PI → GlGerschB
PII → GlGerschK
q → GlTarschCommHK, GlTarschCommMK
QI → GlAruchP^1
QII → GlAruchP^2
R → GlNY_RL
r → GlPerezS
S → GlNY_SP
s → ShohamK
u → ChansHeid^{1}P
U → ElégTroyesD^1, GlJehElR
v → Löw
V → MachsorS
W → BlondhPo
w → GlBereschitwT
X → EliezEzP, EliezIsN, EliezOsP
Y → SchibbL
z → GlStrasB
ZI → LevyHagin
ZII → HaginL

Textes en prose

Cette liste est à compléter par la plupart des sigles débutant par Cout, Cpt, RecCul et similaires.

AbladaneP	BalJosPr¹M	CapsulaEbH
AbuzéD	BalainL	CardenoisC
AdAiglesB	BatLoqPrC	CassidP
AiméHistNormB	BaudButorT	CatDarmstH
AldL	BeaumManWauqC	CatPr¹U
AlexPrH	BelleHelPr¹C	CentNouvS
AlexPrʀ¹O	BelleHelPr²	CesTuimPrS
AlexPr²H	BenTroie	ChandeleArrB
AlexPr³L	BerVerv	ChansHeid¹P
AlexisF	BergerBible	CharbocloisP
AlexisPr¹L	BerinB	CharnyChevK
AlgorAlexH	BersuireoT	CharnyDemT
AmAmPr¹M	BertePrT	ChastCoucyB
AmAmPr²	BestAmFournS	ChastPerePrH
AmistiéDT	BestAmRespS	ChastelPerB
AmoursBiautéL	BestPierre¹R¹	ChastellK
AmphYpL	BethChronD	ChevCygneBerthE
AncrRiwlecH	BethDucsM	ChevCygnePrR
AncrRiwleTT	BibleAdd	ChevErrW
AndrVigneNapS	BibleAgn	ChevPapH
AnglureB	BibleGuiart	ChiproisR
AnsCartPr	BibleHolkP	ChirAlbT
AntidNicD	BibleMorwH	ChirBrun
ApocAgnM	BlancandPrBrG	ChirChevP
ApocPrD	BonBergL	ChirPoutrS
ApocTrinO	BoucicL	ChirRogH
Apol¹	BrendanPr¹W	ChirRog⁵
Apol²L	BrendanPr²W	Chirom
Apol³L	BrittN	ChrPisFaisS
Apol⁴A	BrunLatC	ChrPisOthP
Apol⁵Z	BrutAbrZ	ChronAnG
Apol⁶V	BrutBroth²C	ChronArtF
AquilonW	BrutNobleAM	ChronBaud¹K
ArtusS	BrutNoblec	ChronDelapréR
AssJér	BrutNobleDP	ChronFlandrK
AssompNDJoyeD	BrutNobleL	ChronFloreffeP
AttilaPrB	BrutPetM	ChronGuesclPrM
AucR³	BrutThomS	ChronGuillNangisD
AventBrunL	BrutusF	ChronHérBerryC
BalJosAnPrS	Buscalus	ChronJBekaN

1*

Textes en prose

ChronLondA	DrouartB	GeomancieGravelH
ChronMoréeL	DuFouillVénT	GeomancieSignesH
ChronNormM	EchecsAmPrK	GesteMonglPrK
ChronPCochonR	EchecsBakC	GilChinPrL
ChronRobSMarD	EchecsBernS	GilTrasW
ChronRobViscC	EchecsCottH	GirRossPrM
ChronRoisAnG	EchecsFerronC	GirRossWauqM
ChronSDenisB	EchecsNicA	GouvRoisArs
ChronSMichelPrL	EdConfPr[1]M	GouvRoisGauchyM
ChronSOuenM	EdConfPr[2]	GratienBL
ChronSaintProf	ElucidaireIIK	GrossetConfU
ChronTemplTyrM	ElucidaireIIID	GrossetReulesO
ChronToteL/PB	ElucidaireIVK	GuiChaul
ChronTournF	ElucidaireVK	GuiWarPrC
ChronTournCes[1]	ElucidationT	GuillFillConsH
ChronTournCes[2]	EmpConstPrC	GuillOrPrT
ChronTrivR	EnanchetF	GuillTyrB
ChronValL	EnfVivPrW	HLancA[1]
ChronWigmoreD	EpMontDeuH	HMondB
CiNDitB[2]	EpreuveJudicF	HValL
CiperisW	ErecPrP	HaytonK
CleriadusZ	ErecPr[2]C	HelcanusN
CligesPrC	EvDomB	HerberiePrF[1]
CodeJust	EvNicPrAF	HistAnc
CommB[2]	EvNicPrBF	HistCharlPh
CommPsIA[1]G	EvNicPrLA	HoroleigesM
CompSGen	EvrartContyAr	HuonPrR
CompilEstC	EvrartContyEchG	ImMondePrP
ComteArtS	ExhortationRelH	InstJustO
ConfPechésB	ExposYmagesC	IntrAstrD
ConsBoèceAberC	FaramonB	ItinJérM
ConsBoèceBon	FaucMedC	JAntOtiaP
ConsBoèceBourgB	FaucTretizH	JAntRectG
ConsBoèceCompC[2]	FetRomF[1]	JAubrionL
ConsBoèceLorrA	FiancéViergeDiableW	JAvesnesFilleB
ConsBoèceMansion	FiancéViergeJConteW	JBoutSomme
ConsBoècePierreT	FierPrM	JDaudErudH[0]
ConsBoèceTroyS	FillePonth[1]B[1]	JDaudRem
ContGuillTyrA	FlorOctPr	JGoulRatB
CoutBretP	FloriantPrL	JLongFlorD
CoutSensL	FolLancB	JMeunConsD
CoutVerdun[2]M	FormHonCourtH	JMeunVégL
CroisRichJ	FoukeH	JParisW
DeVinoLM	FournConsS	JPetArrZ
DebHerP	FroissChronL	JPreisMyrB
DéfAmPrS	GalienPr[1]K	JSaintréC
DescrEnglPrL	GalienPr[2]K	JVignayEchecsF
DevR	GastPhébChasseT	JVignayEnsK
DialAmeB	GautChâtFragmL	JVignayMir
DialGregF	GeoffrParSGuillW[0]	JVignayOdoT
DialGregTrav	GéomSGenV	JVignayOisivG
Digeste	GéomTrinH	JVignayPrimW
DixCommNeroW	GeomancieAS[0]	JVignayVégL
		JacLegrArchB
		JacVitryB

2*

Textes en prose

JobGregF
JoinvMo
JonasP
JordRufMP
JournParT
JoursPerilLuneM
JoursPerilMestreM
JugAstrR
JugesA
JuitelPr^{1}W
JuitelPr^{2}W
JuitelPr^{3}W
KalendRoyneH^0
KanorM
LReisScotR
LabanS
LancDérH
LancPrM
LapidBarbeM
LapidBern113P
LapidFES
LapidFFPrP
LapidFPS
LapidFRS
LapidMand^{1}M
LapidPhilZ
LapidsES
LapidsPS
LapidTPS
LatourLandryM
LaurPremCas^{2}G
LaurPremEconD
LaurPremVieillM
LaurinT
LeFrancEstrifD
LégApostHR
LégDorAn^1
LégDorAn^{2}AgnèsD
LégDorAn^{4}AlexiusK
LégDorVignD
LettrHippoT
LibelleDebP
LibelleConsP
LohPrH
LoisGodM
LulleBestesL
LulleEnfL
LulleGentL
LunaireAshmH
LunaireCh^{1}H
LunaireCh^{2}H
LunaireDigbyH
LunaireMoC

MabrienV
MacairePr
MaccabPr^{1}G
MaccabPr^{2}M
MahArE
ManLangK
ManVilF
MarqueA
MarscaucieChevG
MeditationF
MelibeeAn
MelusArrV
MenReimsW^2
MenagB
MerlinM
MerlinF
MerlinsR
MerlinProphEB
MirBonnes
MiroirMondeC
MirourEdmAW
ModusT
MolandHéricault^1
MolandHéricault^2
MolinetChronD
MolinetFaictzD
MonGuillPrS
MonastAllégH
MorPhilPrH
MortAdamP
MortArtuF^1
NicBozMorS
NoblBretZ
NovJust
NovNarrS
OgDanPrT
OrdeneChevPrJ
OrdoCoronXXBJ
OrdoCoronXXIIBJ
OrdoCoronXXIICJ
OresmeCielM
OresmeEconM
OresmePolM
OvArtPrR
OvMorCommS
OvMorPrB
OvMorPr^{2}E
PBeauvCharlW
PBeauvOlimpB
PParPs
PProv^{1}B
PaixAnglCh^{1}F
PalamL

ParabAlainH
PastGregL/CP
PaumierBerlC
PeinesR
PelViePr
PeliarmB
PenitAdam$^{1/2}$Q
PercDidD/ER
PercefR
PèresPrI1/2…
PèresPrIIMarcelL
Perl^{1}N
PhMézEpC
PhMézGrisG
PhMézMarW
PhMézPelC
PhMézTestG
PhNovAgesF
PhNovMémM
PilateKicD
PlacCor^{1}K
PlacTimT
PlainteVgeNostreT
PoissAmS
PonthusC
PrêtreJeanPrCM
PrêtreJeanPr^{1}E/I…G
PrêtreJeanPr^{2}W/X/Y/ZG
PrognZodH
PrognZodBiblH
PrognZodConstellH
PrognZodLuneH
ProphSeb
ProvSalParH
PsArundB
PsCambrM
PsLong
PsLorrA
PsOrneS
PsOxfM
PurgSPatrPrAD
QJoyesR
QuatreTempsH
RLefevreJasonP
RLefevreTroyA
RecMédEupH
RecMédQuiFH
RecMédTrinH
RègleAugBH
RègleCistG
RègleHospMirPr^{1}D
RègleHospPrD
RègleSBenCottonH
RègleSBenDouceD
RègleSBenMartDL

3*

Textes en prose

ReiEnglF	SJakeM	SongeAch³B
ReinschEvang	SJeanPaulusPrA	SongeVergierS
RenContrR	SJulPrS	SoudiacreL
RenMont	SLaurentPrS	StimmProsaleg
RenMontPr¹	SLouisNanD	Tripartita¹L
RenMontPr²	SLouisPathVieD	Tripartita²L
RenMontPrD	SMadPr²	Tripartita³T
RenNouvPrS	SMadPr³	TristPr
RioteBU	SMadPr⁴	TroieJFlix
RioteCU	SMadPr⁵	TroieJofr
RioteDU	SMadPr⁶	TroiePr¹C
RobClariL	SMargAO	TroiePr²
RoiFloreMol	SMargBO	TroiePr³
RoisC	SMargCO	TroiePr⁵R
RutebHerbF²	SMargDO	TroiePr⁶
SAgnèsBNfr412D	SMarieEgoD	TroiePr⁷
SAgnèsDobT	SMarieEgo¹D	TroiePr⁸
SBartM	SMarieEgUD	TroiePr¹⁴R
SBath¹B	SMarieEgvD	TroiePr¹⁵V
SBath²B	SMarieEgXD	TroisMariesAnne
SBath³B	SMarieEgYD	TrotulaPr¹M
SBernAn¹F	SMarieEgzD	Turpin¹A
SBernCantG	SMathVatE	Turpin²W
SCathPr¹K	SQuentPr¹S	Turpin⁵Wa
SClairePrP	SSagAP	Turpin⁶Wa
SDenisPr¹L	SSagHP	Turpin⁷W
SDenisPr²L	SSagLL	TurpinBrianeS
SDenisPr³L	SSagMR	VaillantD
SDenisPr⁴L	SatMénR	ValMaxSim/Nic
SDenisPr⁵L	SebilleT	VégèceAnL
SDenisPr⁶	SecSpagnaC	VégèceAn²
SEdmPr	SecrSecrPr¹	VégèceAn³
SEustPr¹M	SeptDormPrM	VégèceRichT
SFrançPr²	SeptPechVesp	VenjNSPr¹/²/³/⁴/⁵
SGenPr¹H	SermCarP	VillehF
SGenPr²	SermLaudT	ViolPrM
SGeorgPr¹M	SermMadAC	VisTondArs
SGodric	SermViandesS	VisTondLF
SGraalIIJosO	SermentsB	VisTondPF
SGraalIIIH	SimPharesB	VoieParadPrD
SGraalPVB	SommeAcéB¹	WaceConc
SGregPaintM	SongeAch¹B	YsIIIB
SGregPrS	SongeAch²B	YsayeTrG

Concordances
entre édition et édition et entre édition et manuscrit

Concordances

AlexParHM page, ligne	AlexParA branche, laisse	page, ligne	branche, laisse	page, ligne	branche, vers
1–26,20	I 1–43	175,12–179,24	β 89–β 90	286,34	III 1263
26,21–26,30	I 44	180,1–182,5	manque	287	III 1266
26,31–27,14	I 45	182,6–184,29	II 60–62	288,3	III 1291
27,15–28,20	I 46–47	184,30–187,33	manque	289	III 1318
28,21–28,36	I 48	187,34–191,24	II 63–67	290	III 1356
29,1–29,24	I 49	191,25–196,7	β 99–β 105	291	III 1359
29,25–92,14	I 50–157	196,8–196,22	β 106	292,7	III 1379
	(branche II: β se	196,23–198,35	β 107–β 110	293	III 1407
	réfère au texte	198,36–215,5	β 111–β 132	294	III 1449
	publié avant les	215,6–222,10	II 80–92	295	III 1486
	variantes, au t. V)	223,11–224,5	II 95–96	296	III 1524
93,1–105,11	II 1–18	224,6–225,3	II 93–94	297	III 1562
105,12–105,25	II 21	225,4–249,23	II 97–149	298	III 1599
105,26–106,30	II 20			299	III 1637
107,31–109,9	II 19	page, ligne	branche, vers	300	III 1676
109,10–112,12	II 22–27	249,24	III 1	301	III 1711
113,16–115,4	II 29–30	250	III 14	302	III 1749
115,5–115,15	II 28	251	III 51	303	III 1789
115,16–117,22	II 32–33	252	III 85	304	III 1828
117,23–119,15	β 48	253	III 120	305	III 1866
118,16–119,9	II 34	254	III 157	306	III 1903
119,10–120,21	II 37–38	255	III 192	307	III 1940
120,22–121,12	β 32	256	III 229	308	III 1980
121,13–121,29	II 31	257	III 265	309	III 2018
121,30–124,16	β 33–β 35	258	III 301	310	III 2072
124,17–129,2	II 40–45	259	III 337	311	III 2108
129,3–130,25	β 61–β 62	260	III 375	312	III 2145
130,26–131,15	II 46	261	III 411	313	III 2183
131,16–136,30	β 36–β 40	262	III 434	314	III 2222
136,31–140,8	II 52–55	263	III 458	315	III 2267
140,9–141,12	β 47	264	III 492	316	III 2310
141,13–146,8	β 64–β 67	265	III 529	317	III 2350
146,9–147,5	II 35–36	266	III 563	318	III 2387
148,1–149,30	II 39	267	III 599	319	III 2428
149,31–154,35	II 47–51	268	III 637	320	III 2471
154,36–160,5	79–81	269	III 673	321	III 2511
160,6–160,21	manque	270	III 714	322	III 2554
160,22–161,12	58.1	271	III 750	323	III 2595
161,12–162,36	manque	272	III 793	324	III 2635
162.37–163,8	II 68	273	III 828	325	III 2675
163,9–164,10	78	274	III 877	325,2	III 2684
164,11–165,15	II 69–70	275	III 915	326	III 2721
165,16–166,18	II 73–74	276	III 954	327	III 2748
166,19–167,20	β 77	277	III 995	328	III 2824
167,21–167,35	II 71	278	III 1032	329	III 2862
167,36–168,38	β 83	279	III 1059	330	III 2898
169,1–170,15	II 72	280	III 1091	331	III 2933
169,1–170,15	β 84	281	III 1123	332	III 2958
170,16–171,4	β 85	282	III 1151	333	III 2994
171,5–171,22	II 76	283	III 1184	334	III 3031
171,23–173,22	II 57	284	III 1219	335	III 3071
173,23–175,11	II 58–59	285,5	III 1250	336	III 3108

Concordances éditions / manuscrits

page, ligne	branche, vers	page, ligne	branche, vers	page, ligne	vers
337	III 3146	405	III 5694	470	427
338	III 3183	406	III 5735	471	466
339	III 3221	407	III 5774	472	503
340	III 3256	408	III 5811	473	542
341	III 3299	409	III 5849	474	586
342	III 3340	410	III 5887	475	627
343	III 3384	411	III 5927	476	670
344	III 3422	412	III 5962	477	713
345	III 3460	413	III 5999	478	751
346	III 3502	414	III 6037	479	793
347	III 3538	415	III 6079	480	836
348	III 3574	416	III 6114	481	901
349	III 3611	417	III 6155	482	937
350	III 3649	418	III 6195	483	975
351	III 3702	419	III 6223	484	988
352	III 3741	420	III 6248	485	1012
353,8	III 3774	421	III 6287	486	1052
354	III 3797	422	III 6324	487	1089
355	III 3813	423	III 6369	488	1126
356	III 3840	424	III 6406	489	1165
357	III 3883	425	III 6445	490	1204
358	III 3922	426	III 6483	491	1246
359	III 3963	427	III 6519	492	1287
360	III 4002	428	III 6554	493	1334
361	III 4027	429	III 6590	494	1385
362	III 4053	430,2	III 6626	495	1421
363	III 4092	431	III 6666	496	1459
364	III 4131	432	III 6706	497	1501
365	III 4168	433	III 6743	498	1544
366	III 4208	434	III 6751	499	1587
367	III 4249	435	III 6780	500	1631
368	III 4290	436	III 6819		
369	III 4332	437	III 6856	**AlexParHM**	**AlexParA**
370	III 4370	438	III 6891	page, ligne	branche, vers
371	III 4410	439,2	III 6932	500,24	III 7712
372	III 4449	440	III 6967	501,9	III 7727
373	III 4489	441	III 7002	502,16	III 7733
374	III 4525	442	III 7039	503	III 7766
375	III 4561	443	III 7075	504,12	III 7809
376	III 4598	444	III 7107	505	III 7832
377	III 4637	445	III 7145		
378	III 4678	446	III 7185	page, ligne	branche, laisse
379	III 4716	447	III 7228		(le point dans
380	III 4755	448	III 7264		un numéro in-
381	III 4792	449	III 7303		dique qu'il s'agit
382	III 4824	450	III 7344		de laisses addi-
383	III 4857	451	III 7385		tionelles publiées
384	III 4896	452	III 7423		dans le volume
385	III 4935	453	III 7461		VII, juste avant
386	III 4974	454	III 7497		les var.)
387,2	III 5013	455	III 7578	506,1–508,2	IV 1–5
388	III 5036	456	III 7622	508,3–509,25	IV 8–10
389	III 5060	457	III 7663	509,26–510,4	IV 14
390	III 5101	458	III 7704	510,5–512,3	IV 11–13
391	III 5147			512,4–514,22	IV 16–21
392	III 5197	**PriseDefM**	**PriseDefP**	514,23–516,31	IV 23–26
393	III 5238	page, ligne	vers	516,32–517,10	IV 26.1
394	III 5275	459	1	517,11–518,13	IV 27–29
395	III 5314	460	26	518,14–519,9	IV 36–37
396	III 5354	461	66	519,10–522,31	IV 39–48
397	III 5393	462	106	522,32–523,19	IV 49.1
398	III 5431	463	143	523,20–524,2	IV 49
399	III 5468	464	183	524,3–524,30	IV 31–32
400	III 5505	465	225	524,31–529,22	IV 51–52
401	III 5544	466	262	529,23–531,17	IV 35
402	III 5581	467	306	531,18–532,20	IV 38
403	III 5617	468	344	532,21–536,19	IV 53–56
404	III 5655	469	388	536,20–538,11	IV 50

Concordances éditions / manuscrits

page, ligne	branche, laisse	page, ligne	branche, laisse	page, ligne	branche, laisse
538,12–539,15	IV 57	541,13–542,16	IV 58.5	544,23–550,16	IV 61–74
539,16–540,14	IV 58	542,17–544,7	IV 59–60		
540,15–541,12	IV 58.6	544,8–544,22	IV 60.1		

AliscJ	**AliscW**				
vers	vers	vers	vers	vers	vers
1	1	2520	2268	5400	5132
60	51	2580	2329	5460	5190
120	110	2640	2389	5520	5250
180	170	2700	2451	5580	5308
240	233	2759	2511	5640	5368
300	295	2820	2571	5700	5424
360	353	2880	2632	5760	5481
420	412	2940	2693	5820	5540
480	455	3000	2755	5880	5602
540	506	3060	2814	5940	5663
600	566	3120	2873	6000	5723a
660	622	3180	2933	6060	5784
720	678	3240	2999	6120	5841
780	724	3300	3062	6180	5906
840	783	3360	3120	6240	5971
900	839	3420	3181	6300	p. 345;10
960	897	3480	3238	6360	p. 349;63
1020	957	3540	3297	6420	p. 353;155
1080	1016	3600	3358	6480	p. 358;32
1140	1036a	3662	3418	6540	6833
1200	1076	3720	3477	6600	6894
1260	1128	3780	3535	6660	6963
1320	p. 76;7	3840	3595	6720	7021
1350	p. 77;37	3900	3656	6780	7084
1380	1193	3960	3717	6840	7149
1440	1251	4020	3777	6900	7208
1470	1273a	4080	3838	6960	7273
1500	1299	4140	3898	7020	7332
1560	1350	4200	3957	7080	7392
1590	1372 var.	4260	4016	7140	7461
1620	1399	4320	4076	7200	7524
1680	1455	4380	4136	7260	7579
1740	1512	4440	4194	7320	7636
1800	1564	4500	4257	7380	7691a
1860	1617	4560	4315	7440	7746
1920	1679	4620	4375	7500	p. 493;2
1980	1738	4680	4429	7561	p. 499;59
2040	1797	4740	4486	7620	7955
2100	1857	4800	4544	7680	8020
2160	1917	4860	4603	7740	8082
2220	1974	4920	4663	7800	8145
2280	2031	4980	4721	7860	8207
2340	2090	5040	4781	7919	8266
2400	2149	5100	4840	7980	8348
2460	2209	5160	4900	8040	8407

AncThéât

tome	pag.	1ᵉ édit.		tome	pag.	1ᵉ édit.	
I	1–10	1547		III	5–126	ca. 1550	
	11–194	ca. 1550			127–170	1543	
	193–211	1548			171–186	1548	
	212–401	ca. 1550			187–299	ca. 1500	
II	5–139	ca. 1550			300–324	1545	
	140–157	1548			325–424	ca. 1550	
	158–302	ca. 1550			425–478	1544	
	303–325	1548		IV	5–142	représ. 1552	
	326–387	ca. 1550			143–221	représ. 1558	
	388–405	1542			223–333	représ. 1560	
	406–447	ca. 1550			335–438	posth. 1577	compos. post. à 1562

Concordances éditions / manuscrits

tome	pag.	1e édit.		tome	pag.	1e édit.	
V	1–393	1579		VIII	5–225	1608	
VI	5–185	1579			227–296	1612	
	187–486	1611	compos. ant. à 1580?		207–392	1634	
VII	5–105	1611	compos. ant. à 1580?		393–495	1637	
	117–231	posth. 1584	aut. ob. en 1581, âgé de 28 ans	IX	5–98	1633	compos. 1616
	233–333	1584			99–229	1640	
	335–462	1594			231–304	1629	
	463–491	1597?			305–426	1633	

AncThéât

tome	pag.	auteur		l. de naissance
I–III		?		
IV	5–221	Etienne Jodelle	(1532–1573)	Paris
	223–333	Jacques Grevin	(1540–1570)	Clermont en Beauvaisis
	335–438	Remy Belleau	(1528–1577)	Nogent-le-Rotrou
V–VI	5–105	Pierre de Larivey	(ob. ca. 1612)	Troyes/Champ.
VII	107–231	Odet de Tournebu	(1553–1581)	
	233–333	François d'Amboise	(1550–1620)	Paris
	335–462	Jean Godard	(1564 – apr. 1628)	Paris
	463–491	M. de Papillon, Cap. Lasphrise	(1555 – ca. 1660)	Lasphr./Amboise
VIII	5–225	Jean de Schelandre	(ca. 1585 – 1635)	près de Verdun
	227–296	Pierre Troterel, sieur d'Aves		près de Falaise/Normandie
	297–392	Le Sieur Veronneau		Blois
	393–495	I.C. Discret (pseud.?)		
IX	5–98	Adrien de Montluc	(1568–1646)	
	99–229	Timothée de Chillac? ou Beys?		
	231–304	Le Sieur du Pechier, pseud.?		
		ou de Barry, gentilhomme		Auvergne
		ou René Bary, avocat		Paris
	305–426	Le Sieur Gougenot		Dijon
	427–503	Le Sieur Deroziers Beaulieu (pseud.?)		

AuberiTarbé		AuberiK		AuberiTarbé		AuberiB	
page	vers	page	vers	page	vers	page	vers
13	11	203	9	58	2	390	2
14	1–17	204	3–29	59	1	391	38
14	18	212	6	60	4–12	392	81–89
15	1	212	18	61	3	394	132
16	1	213	22	62	1	394	149
17	1	214	29	63	1–29	395	190
18	1	215	31			à 396	209
19	1	216	31	80	12	399	956
20	1	220	32	81	1	400	990
21	3	222	5	81	8	400	997
22	1	222	33	82	1	401	1031
23	1	224	6	82	29	401	1057
24	1	225	13	83	1	401	1067
				84	1	402	1111
AuberiTarbé		**AuberiT**		85	3	404	1159
page	vers	page	vers	98	10	404	1756
25	1	137	3	99	1	405	1795
26	1	138	2	110	1	647	7405
27	1–11	139	6–17	111	1	647	7427
44	5	159	22	111	29	648	7463
45	1–8	160	23–31	112	1	648	7470
45	19	161	1	113	1	649	7502
46	1	161	16	113	4	649	7509
47	1–21	162	22	113	25	650	7540
		à 163	9	113	29	651	7595
49	22	163	10	114	1	651	7602
50	1–12	163	24	115	1	652	7640
		à 164	6	116	1	653	7690

Concordances éditions / manuscrits

page	vers	page	vers	page	vers	page	vers
117	1	654	7725	122	1	659	7926
118	1	655	7759	123	1	660	7970
119	1	656	7792	124	1	661	7999
120	1	657	7841				
121	1	658	7883				

AuberiB, AuberiK, AuberiT ne se recoupent pas.

BarbMéon	**MontRayn**				
tome, page	tome, page	tome, page	tome, page	tome, page	tome, page
III 245–254	I 13–23	III 35–37	III 46–48	I (N.R.) 307–309	IV 147–149
I 164–208	I 24–69	III 439–440	III 49–50	I (N.R.) 124–126	IV 150–153
III 398–408	I 70–81	III 437–438	III 51–53	I (N.R.) 289–292	IV 154–157
IV 472–485	I 82–96	III 471–478	III 68–75	I (N.R.) 310–317	IV 158–165
III 380–393	I 97–111	III 446–451	III 76–80	III 296–326	IV 166–198
III 186–190	I 112–116	III 458–462	III 81–85	IV 197–204	IV 199–207
III 161–168	I 117–125	III 38–53	III 88–102	IV 271–276	IV 208–211
III 91–96	I 126–131	III 67–69	III 103–105	III 357–369	V 52–64
III 25–28	I 132–134	I (N.R.) 80–90	III 106–117	III 282–296	V 65–79
III 369–379	I 135–146	III 462–466	III 118–122	II 442–444	V 80–82
I 159–164	I 147–152	I (N.R.) 91–103	III 123–136	III 204–209	V 95–100
III 197–204	I 153–161	III 1–13	III 156–169	IV 187–193	V 101–108
III 215–220	I 162–167	I (N.R.) 338–342	III 170–174	III 466–471	V 109–114
III 220–229	I 168–177	III 148–153	III 186–191	I (N.R.) 343–352	V 132–142
III 229–238	I 178–187	III 30–35	III 192–198	III 190–196	V 143–150
III 181–186	I 188–193	III 264–272	III 199–208	IV 250–255	V 151–156
III 14–17	I 194–197	IV 114–119	III 209–214	I (N.R.) 183–184	V 157–159
IV 452–472	I 198–219	III 70–75	III 215–221	I (N.R.) 113–123	V 160–170
IV 255–265	I 220–230	III 87–91	III 222–226	III 153–160	V 171–178
IV 265–271	I 231–237	IV 1–19	III 227–246	I (N.R.) 170–173	V 179–183
III 238–244	I 238–244	I 100–105	III 247–251	I (N.R.) 293–300	V 184–191
III 254–263	I 245–254	III 76–86	III 263–274	I (N.R.) 104–112	V 192–200
III 326–357	I 255–288	III 169–180	III 275–287	IV 386–392	V 201–207
III 451–454	I 289–293	IV 20–56	IV 1–40	III 455–457	V 208–210
I 87–90	I 294–300	III 210–215	IV 41–46	I 91–95	V 211–214
III 61–67	I 301–303	I (N.R.) 165–169	IV 47–52	I 242–269	V 215–242
II 204–216	I 304–317	I 95–99	IV 53–56	III 96–114	V 243–262
IV 276–285	I 318–325	IV 287–295	IV 57–66	III 409–436	VI 68–69
IV 427–441	II 8–23	IV 393–406	IV 67–81	III 440–444	VI 90–94
IV 407–427	II 92–113	I (N.R.) 343–352	Seconde version	IV 365–386	VI 95–116
III 17–25	II 114–122	III 393–397	IV 87–92	I (N.R.) 318–337	VI 117–137
IV 181–187	II 235–241	IV 233–250	IV 93–111	I (N.R.) 174–182	VI 138–146
III 272–282	II 35–45	I (N.R.) 286–288	IV 144–146		

BibbW	**BibbO**				
page	vers	page	vers	page	vers
143	1	154	315	165	759
144	21	155	353	166	787
145	45	156	389	167	825
146	71	157	429	168	851
147	101	158	470	169	913
148	125	159	513	170	939
149	150	160	549	171	997
150	191	161	593	172	1025
151	221	162	639	173	1063
152	247	163	674	174	1110
153	291	164	709		

BibbFW	**BibbO**				
page, ligne	vers	page, ligne	vers	page, ligne	vers
1,1	215; 147–9	10,5	289	18,1	97
2,1	219	11,9	5	19,1	107
3,3	233	12,1	13	20,1	115
5,3	239	13,1	25	21,2	121
6,4	243	14,4	37	22,2	137
7,1	254	15,1	48	23,6	149
8,5	271	16,1	64	24,2	165
9,1	281	17,1	80	25,3	193

Concordances éditions / manuscrits

page, ligne	vers	page, ligne	vers	page, ligne	vers
26,3	205	46,3	573	65,5	861
27,1	310	47,3	595	66,1	871
28,2	325	48,4	616	67,1	883
29,2	337	49,3	628	68,1	899
30,6	347	50,2	639	69,1	911
31,2	361	50,6	653	70,1	927
32,1	383	51,2	641	71,2	941
33,1	399	52,2	669	72,2	951
34,2	411	53,2	685	73,2	965
35,2	421	54,2	697	74,2	977
36,2	435	55,3	713	75,2	989
37,2	450	56,3	737	76,2	1027
38,1	467	57,11	741	77,2	1041
39,1	479	58,3	751	78,3	1053
40,1	489	59,3	763	79,11	1071
41,1	503	60,3	775	80,3	1089
42,2	515	61,3	787	81,5	1099
43,2	527	62,4	799	82,1	1111
44,2	543	63,1	810	83,1	1117
45,2	559	64,1	839	83,13–103	manque (v. p. 11)

BonBerg impr. Vostre	BonBergL				
page	p. et quart de p.	page	p. et quart de p.	page	p. et quart de p.
1	3B	36	50A	71	96D
2	3B	37	51B	72	99A
3	5C	38	52C	73	100A
4	6C	39	54A	74	102C
5	9C	40	56A	75	103C
6	10D	41	57C	76	104D
7	13D	42	59A	77	105D
8	15A	43	60A	78	106B
9	16A	44	61A	79	108C
10	17B	45	62A	80	109D
11	18C	46	64C	81	112B
12	19C	47	65C	82	144D
13	20D	48	66C	83	117C
14	22A	49	69A	84	119B
15	23B	50	70B	85	121A
16	24C	51	71B	86	122D
17	25D	52	72B	87	125C
18	26D	53	73C	88	128A
19	28A	54	74C	89	132B
20	29A	55	75C	90	135B
21	31C	56	76D	91	138B
22	32D	57	78A	92	140B
23	33D	58	79A	93	142B
24	34D	59	80A	94	144A
25	36A	60	82C	95	146B
26	37A	61	83D	96	149A
27	38D	62	85D	97	150D
28	39D	63	87A	98	152B
29	41A	64	88A	99	153C
30	42A	65	89B	100	155B
31	43C	66	90B	101	159A
32	44D	67	91C	102	159D
33	45D	68	93B	103	160 B
34	47A	69	94C		
35	48A	70	95C		

BrunLatChab			BrunLatC								
livre	chap.	page	livre	chap.	page	livre	chap.	page	livre	chap.	page
I	1	1	I	1	17	II	16	273	II	17	186
I	100	103	I	99	82	II	28	297	II	30	200
I	163	213	I	161	147	II	29	299	II	32	202
I	194	248	I	191	167	II	45	332	II	49	223
II	1	255	II	1	175	II	54	349	II	60	234

Concordances éditions / manuscrits

livre	chap.	page	livre	chap.	page	livre	chap.	page	livre	chap.	page
II	57	366	II	68	245	II	110	463	II	130	311
II	61	371	II	73	249	III[1]	1	467	III[1]	1	317
II	65	381	II	78	256	III[1]	35	517	III[1]	39	352
II	73	400	II	88	269	III[1]	43	524	III[1]	47	356
II	78	409	II	94	275	III[1]	44	527	III[1]	50	359
II	81	420	II	98	283	III[1]	66	574	III[1]	72	390
II	95	438	II	113	294	III[2]	1	575	III[2]	73	391
II	107	461	II	126	310						

Gautier de Coincy, Miracles – Livre premier (Poquet)	**Coincy...P** col.	**Coincy...K** pièce
Ci aprez commence le Prologue des Miracles de Nostre Dame en la première partie		
Prologue	3–10	I 1
Chansons pieuses	11–14	I 2
	13–14	I 3
	15–16	I 4
	15–18	I 5
	19–20	I 6
	19–22	I 7
	21–24	I 8
	23–26	I 9
Ici commencent les Miracles de Nostre Dame – Premièrement de Théophile	29–74	I 10
De Saint Hyldefonse, Archevêque de Tholete	75–106	I 11
Miracle de Sainte Leochade Comment Sainte Leochade fu trouvée	107–130	I 44
Complaintes – Comment le corps de Sainte Leochade fu parduz	129–132	I 45
Comment le corps de Sainte Leochade fu retrouvez	133–136	I 46
Comment Sainte Leochade, par sa prière, defendi tout le païs de la foudre	135–138	I 47
Les miracles de Notre Dame de Soissons		
Prologue	145–154	II 22
De l'enfant qui fut ravi en avision		
Du bouvier puni et gari	153–162	II 23
De la fame qui recouvra son nez qu'elle avoit perdu	161–178	II 24
Comment Nostre Dame guari celui qui avoit le pié perdu	177–190	II 25
Les Miracles de Notre Dame de Laon		
Les Miracles de la fierte de Loon et du cierge qui y aluma	209–212 (v. 1–54)	II 14
Des marcheans qui donnerent l'offrende Nostre Dame et puis li retolirent	211–216 (v. 55–216)	II 15
De la laine aus marcheans qui fu arse		(encore II 15)
Comment la fiertre fu boutée hors de l'église	215–224 (v. 217–498)	II 16
Comment le dragon arst l'église et toute la vile	223–232	II 17
De une fame de Loon qui fu délivrée du feu par le miracle Nostre Dame	237–256	II 26
De la pucèle d'Arras à qui Nostre Dame s'aparut	261–274	II 27
Le miracle comment Nostre Dame fut ferue d'un quarrel au génoil	275–280	I 34
Du filz au juif qui à Borges fu délivré du brasier par le miracle Nostre Dame	283–286	I 12
De Girart qui s'ocist par decevement au déable com il aloit à Saint Jacques	291–296	I 25

Concordances éditions / manuscrits

	col.	pièce
Du clerc de Chartres en qui bouche v roses furent trouvées quant il deffouy du fossé	297–300	I 15
De Saint Bon qui fu évèque de Clermont	303–310	I 36
Du cyerge qui descendi sus la vièle au vieleeur devant l'ymage Nostre Dame	315–322	II 21
Du prestre que Nostre Dame deffendi de l'injure que son évesque li vouloit faire porce que il ne savoit chanter que une messe de Nostre Dame	323–326	I 14
Du moine que Nostre Dame deffendi du déable qui le vouloit tuer en guise de lion	327–332	I 16
Du sacrestain que Nostre Dame visita	333–340	I 31
Comment Nostre Dame guari un clerc de son let qui trop griément estoit malade	341–346	I 17
Du moine que Nostre Dame gueri de son let	347–354	I 40
Du clerc qui mist l'anel ou doi Nostre Dame	355–360	I 21
Des cinc roses qui furent trouvées en la bouche au moine après sa mort	359–362	I 23
Du clerc à qui on trouva une rose en la bouche	363–370	I 39

Gautier de Coincy, Miracles – Livre second (Poquet)	**Coincy...P** col.	**Coincy...K** pièce
Prologue	375–384	II 1
Chansons pieuses	385–386	II 2
	385–388	II 4
	387–390	II 6
	389–392	II 5
	391–393	II 7
	393–395	II 8
Le miracle de Saint Basile	399–416	II 11
Comment Nostre Dame deffendi la cité de Constentinnoble	417–422	II 12
Comment Saint Jéroime raconte de l'ymage Nostre Dame que le Juif jeta en la chambre coie	423–426	I 13
Le miracle du riche homme et la povre viellette	429–442	I 19
De l'enfant que le Déables vouloit enporter	443–454	I 22
D'un moine resuscité de l'une et l'autre mort par la déserte Nostre Dame	455–460	I 24
Du moine que Nostre Dame resuscita qui estoit péris par son péchié	461–474	I 42
De la nonnain que Nostre Dame delivra de grant blasme et de grant poine	475–480	I 26
De la nonnain à cui Nostre Dame abreja son Ave Maria	481–488	I 29
Du moine qui onques ne fist as heures de Nostre Dame, et pour ce il fut sauf	489–492	I 27
Du chevalier à cui la volenté fu contée pour fait après sa mort	493–500	I 28
Du larron que Nostre Dame soustint par III jours as fourches pendant et le délivra de mort	501–504	I 30
Le miracle du Sarrazin qui aoura l'ymage Nostre Dame	505–512	I 32
Des deux fames qui s'entrehaoient que Nostre Dame racorda	511–516	I 33
D'un abbé et ses compaignons et autres genz que Nostre Dame secourut en la mer	517–522	I 35
Du riche homme à cui le Déable servi por VII anz por lui décevoir	523–532	I 38
D'un chevalier à cui Nostre Dame s'aparut quant il oroit	533–542	I 41
Du Juif qui prist en gage l'ymage Nostre Dame	543–556	II 18

Concordances éditions / manuscrits

	col.	pièce
De l'enfant que Nostre Dame résuscita qui chantoit les répons, Gaude, Maria	557–572	II 13
Du miracle de l'escommenié qui ne poroit trouver qui l'asousist	575–592	I 37
Des deux frères qui furent à Romme	593–604	II 19
Comment un hons noié en la mer fu délivré par l'ayde Nostre Dame	605–616	II 28
Du vilain qui à grant poine savoit la moitié de son Ave Maria	617–628	II 20
Du clerc qui fame espousa et puis la lessa	631–648	II 29
Le miracle Nostre Dame de Sardenay	649–668	II 30
	668–672	II 31
Le miracle Nostre Dame de Sardenay	671–680	II 32
Ici fenissent les miracles Nostre Dame du second livre		
Epilogue	681–686	II 33
Ci fenit le second livre des Miracles Nostre Dame et commance de la doutance de la mort et de la brièveté de la vie	687–706	
De la chastée aux nonnains	707–734	II 10
Les salus Nostre Dame	737–753	II 35
Ci commence le prologue des salus Nostre Dame	737	II 35
Ci commence li salu Nostre Dame	738-753	II 35
Chant de l'Ave	753–755	II 36
Sequence	756 latin–758	
Prières	757–761	II 37
Les cinc joies de Nostre Dame	761–763	II 39
	763	II 40

FergMich FergM

page	page	vers	page	page	vers	page	page	vers
1	1	1	61	46	23	121	91	12
3	2	15	63	48	9	123	92	29
5	3	34	65	49	32	125	94	11
7	5	16	67	51	14	127	95	22
9	6	35	69	52	33	129	97	2
11	8	17	71	54	15	131	98	21
13	9	36	73	55	28	133	100	1
15	11	18	75	57	10	135	101	8
17	12	37	77	58	29	137	102	25
19	14	19	79	60	9	139	104	7
21	16	2	81	61	26	141	105	26
23	17	21	83	63	8	143	106	37
25	19	5	85	64	27	145	108	21
27	20	22	87	66	11	147	110	3
29	22	2	89	67	32	149	111	18
31	23	19	91	69	14	151	112	29
33	25	3	93	70	33	153	114	13
35	26	22	95	72	19	155	115	26
37	28	6	97	73	36	157	117	4
39	29	25	99	75	18	159	118	13
41	31	7	101	76	37	161	119	28
43	32	25	103	78	19	163	121	14
45	34	7	105	80	1	165	123	2
47	35	28	107	81	22	167	124	21
49	37	14	109	82	37	169	126	3
51	38	33	111	84	13	171	127	20
53	40	15	113	85	30	173	128	25
55	41	34	115	87	8	175	129	34
57	43	16	117	88	var.	177	130	37
59	44	35	119	89	30	178,7	131	18

Concordances éditions / manuscrits

page	page	vers	page	page	vers	page	page	vers
179,6	131	33	211	150	18	243	169	33
181	133	6	213	151	17	245	171	13
183	134	19	215	152	34	247	172	28
185	135	26	216	153	16 var.	249,5	174	6
187	136	15	217	153	var.	251	175	13
189	137	11	218	153	var.	253	176	27
191	138	22	219,3	154	2	255	178	5
192,4	139	10	221	155	19	257	179	18
193	139	31 var.	223	156	32	259	180	25
195	140	35	225	158	14	261	181	30
197	142	10	227	159	29	262	182	10 var.
199	143	11	228,5	160	16	263	182	33
201	144	12	229	161	3 var.	265	184	1
202	144	var.	231	162	12	266	184	17 var.
203	145	3	233	163	27	267	185	2
205	146	20	235	165	1	269	186	12
206,3	147	7	237	165	35	271	187	36
207	147	31	239	167	9	273	189	24
209	149	5	241	168	18			

FloreAW	FloreAD				
vers	vers	vers	vers	vers	vers
1	1	1160	948	2330	2073
35	35	1205	993	2375	2117
80	77	1250	1036	2420	2162
125	123	1295	1081	2465	2209
170	168	1340	1122	2510	2254
215	209	1385	1167	2555	2299
260	254	1430	1212	2600	2344
305	299	1475	1259	2645	2385
350	344	1520	1304	2690	2224
395	385	1565	1349	2735	2467
440	430	1610	1394	2780	2512
485	471	1655	1439	2825	2557
530	516	1700	1484	2870	2588
575	561	1745	1529	2915	2631
620	608	1790	1574	2960	2672
665	651	1835	1619	3005	2713
710	706	1880	1664	3047	2755
755	749	1919	*207	3095	2799
793	*1	1925	*213	3143	2841
800	*8	1943	1697	3185	2873
845	*53	1970	1712	3211	*231
890	*98	2015	1754	3230	*250
935	*142	2060	1803	3235	2899
980	*188	2105	1845	3275	2917
999	787	2150	1892	3321	2953
1025	813	2195	1937		
1070	857	2241	1987	* = Appendice FloreAD,
1115	905	2285	2027	p. 229 et suiv.

GGuiB t.2	GGuiW				
1er vers de chaque page impaire	vers	1er vers	vers	1er vers	vers
		457	9423	1029	9995
		509	9475	1081	10047
1	8965	561	9527	1133	10099
41	9006	613	9579	1185	10151
93	9058	665	9631	1222	10203
145	9110	717	9683	1279	10255
197	9162	769	9735	1331	10307
249	9214	821	9787	1383	10359
301	9267	873	9839	1435	10411
353	9319	925	9891	1487	10463
405	9371	977	9943	1539	10515

Concordances éditions / manuscrits

1er vers	vers	1er vers	vers	1er vers	vers
1591	10567	5075	14063	8585	17566
1643	10619	5127	14115	8637	17618
1695	10671	5179	14167	8689	17670
1747	10723	5241	14220	8741	17722
1799	10775	5293	14272	8793	17774
1851	10827	5345	14324	8845	17826
1903	10879	5397	14377	8897	17878
1955	10931	5449	14429	8949	17930
2007	10983	5501	14481	9001	17982
2059	11035	5553	14533	9053	18034
2111	11087	5605	14585	9105	18086
2163	11139	5657	14637	9157	18138
2215	11191	5709	14689	9209	18190
2267	11243	5761	14741	9261	18242
2319	11295	5813	14793	9313	18294
2371	11347	5865	14845	9365	18346
2423	11399	5917	14897	9417	18398
2475	11452	5969	14949	9469	18450
2527	11504	6021	15001	9521	18502
2579	11556	6073	15053	9573	18554
2632	11610	6125	15105	9625	18606
2683	11663	6177	15157	9677	18658
2735	11715	6229	15209	9729	18710
2787	11767	6281	15261	9781	18762
2839	11819	6333	15313	9833	18814
2891	11871	6387	15367	9885	18866
2943	11923	6441	15421	9937	18918
2995	11975	6495	15475	9989	18970
3047	12027	6549	15529	10041	19022
3199	12079	6603	15583	10093	19073
3151	12131	6655	15637	10145	19127
3203	12183	6697	15689	10197	19179
3255	12235	6749	15741	10249	19231
3307	12287	6801	15793	10301	19283
3359	12339	6853	15845	10354	19336
3411	12391	6905	15897	10406	19388
3464	12444	6957	15949	10458	19440
3515	12497	7009	16001	10510	19492
3567	12549	7061	16053	10588	19570
3619	12601	7126	16106	10640	19622
3671	12653	7178	16158	10692	19674
3723	12707	7230	16210	10744	19726
3775	12759	7282	16262	10796	19778
3827	12811	7334	16314	10848	19830
3879	12863	7388	16368	10900	19882
3931	12915	7440	16420	10952	19934
3983	12967	7492	16472	11004	19986
4035	13019	7544	16524	11057	20039
4087	13073	7596	16576	11109	20091
4139	13125	7648	16628	11161	20143
4191	13178	7700	16681	11213	20195
4243	13229	7752	16733	11265	20247
4295	13281	7804	16785	11317	20299
4347	13333	7856	16837	11369	20351
4399	13385	7908	16889	11421	20403
4451	13437	7960	16941	11473	20456
4503	13489	8012	16993	11526	20508
4555	13541	8064	17045	11577	20560
4607	13593	8116	17097	11629	20612
4659	13646	8168	17149	11681	20664
4712	13699	8221	17202	11733	20716
4763	13751	8273	17254	11785	20768
4815	13803	8325	17306	11837	20820
4867	13855	8377	17358	11889	20872
4919	13907	8429	17410	11941	20924
4971	13959	8481	17462	11993	20976
5033	14011	8533	17514	12045	21028

Concordances éditions / manuscrits

1er vers	vers	1er vers	vers	1er vers	vers
12097	21080	12253	21236	12408	21311
12149	21132	12304	21287	12460	21443
12201	21184	12356	21339	12512	21495

GarLorrP	**GarLorrV**				
chanson, laisse	laisse	chanson, laisse	laisse	chanson, laisse	laisse
I,1	1	33	38	30	77–78
2	2	34	39–40	31	79
3	3–4	35	41	32	80
4	5	II,1	42	33	81
5	6	2	43	–	82
6	7	3	44	34	83
7	8	4	45	35	84–89
8	9	5	46–47	36	90
9	10	6	48	37	91
10	11	7–8	49	38	92
11	12	9	51	39	93
12	13–14	10	52	40	94
13	15	11	53	41	95
14	16	12	54–55	42	96–98
15	17	13	56	III,1	99
16	18	14	57	2	100
17	19–20	15	58	3	101
18	21	16	59	4	102
19	22	17	60	5	103
20	23	18	61	6	104
21	24	19	62	7	105
22	25–27	20	63–67	8	106
23	28	21	68	–	107
24	29	22	69	9	108
25	30	23	70	10	109–110
26	31	24	71	11	111, v. 11120
27–28	32	25	72	–	112–117, v. 11352
29	34	26	73	12	117, v. 11353
30	35	27	74	–	118
31	36	28	75	12	119
32	37	29	76		

GarLorrD	**GarLorrV**				
page	vers	page	vers	page	vers
1	11677	82	13468	124	14404
3	11719	83	13483	138	14721
8	11838	87	13581	171	15450
25	12211	100	13874	180	15662
43	12633	114	14164	184	15744
76	13328	117	14258	222	16617

GirRossDéclM	**GirRossDécH**				
page	vers	page	vers	page	vers
287	2937	304	3505	321	4102
288	2973	305	3542	322	4138
289	3006	306	3575	323	4170
290	3039	307	3606	324	4205
291	3072	308	3638	325	4238
292	3106	309	3673	326	4270
293	3138	310	3710	327	4308
294	3172	311	3745	328	4351
295	3205	312	3778	329	4383
296	3239	313	3813	330	4418
297	3272	314	3842	331	4452
298	3306	315	3877	331,2	4517
299	3343	316	3930	332	4547
300	3375	317	3970	333	4581
301	3407	318	4004	334	4618
302	3440	319	4036	335	4649
303	3474	320	4070	336	4680

Concordances éditions / manuscrits

page	vers	page	vers	page	vers
337	4713	357	7529	377	8244
338	4746	358	7561	378	8285
339	4781	359	7594	379	8318
340	4814	360	7627	380	8348
341	4848	361	7662	381	8372
342	4880	362	7695	382	8405
342,18	5141	363	7728–7740 et 7802	383	8438
343	5154			384	8470
344	5187	364	7819	385	8502
345	5222	365	7852	386	8533
346	5255	366	7885	387	8566
347	5290	367	7917	388	8601
348	5323	368	7950	389	8635
349	5356	369	7984	390	8668
350	5390	370	8014	391	8702
351	5422	371	8047	392	8735
352	5456	372	8082	393	8768
353	5489	373	8114	394	8799
354	5521	374	8146	395	8830
355	5552–5580	375	8179	396 (fin)	8866
356	7496	376	8213		

GuiChaulN page et quart de page (ABCD)	**GuiChaul** ms. Montp., 1^e l. de chaque page	page et quart de page (ABCD)	ms. Montp., 1^e l. de chaque page	page et quart de page (ABCD)	ms. Montp., 1^e l. de chaque page
3A	1r^o	52C	27r^o	100B	48r^o
3C	1v^o	53C	27v^o	101A	48v^o
5B	2r^o	54C	28r^o	102A	49r^o
7C	2v^o	55C	28v^o	103A	49v^o
9A	3r^o	56C	29r^o	104A	50r^o
9C	3v^o	57C	29v^o	105A	50v^o
11C	4r^o	58C	30r^o	106B	51r^o
12B	4v^o	59B	30v^o	107B	51v^o
13b	5r^o	60B	31r^o	108B	52r^o
13c	5v^o	61B	31v^o	109B	52v^o
15A	6r^o	62A	32r^o	111A	53r^o
16A	6v^o	63A	32v^o	112A	53v^o
17A	7r^o	64B	33r^o	113B	54r^o
18A	8v^o	65B	33v^o	114B	54v^o
20B	8v^{o}b	66B	34r^o	115C	55r^o
23C	9r^o	67B	34v^o	116C	55v^o
–	9v^o–14r^o	68A	35r^o	117C	56r^o
24B	14v^o	69C	35v^o	118D	56v^o
25C	15r^o	70B	36r^o	119C	57r^o
29B	15v^o	71B	36v^o	120D	57v^o
30B	16r^o	75A	37r^o	121D	58r^o
31B	16v^o	75C	37v^o	122C	58v^o
32C	17r^o	76C	38r^o	124B	59r^o
33C	17v^o	77B	38v^o	125C	59v^o
34C	18r^o	79A	39r^o	126C	60r^o
35B	18v^o	80B	39v^o	127C	60v^o
36B	19r^o	81B	40r^o	128C	61r^o
37B	19v^o	83A	40v^o	129D	61v^o
38B	20r^o	83D	41r^o	130C	62r^o
39C	20v^o	85B	41v^o	131C	62v^o
40C	21r^o	86A	42r^o	132C	63r^o
41B	21v^o	86D	42v^o	133B	63v^o
42C	22r^o	87D	43r^o	134B	64r^o
43B	22v^o	88D	43v^o	135C	64v^o
44C	23r^o	89C	44r^o	136B	65r^o
45C	23v^o	93A	44v^o	137B	65v^o
46B	24r^o	94A	45r^o	138B	66r^o
47B	24v^o	95B	45v^o	140B	66v^o
48C	25r^o	96B	46r^o	141A	67r^o
49B	25v^o	97B	46v^o	142A	67v^o
50C	26r^o	98C	47r^o	143A	68r^o
51B	26v^o	99B	47v^o	144A	68v^o

Concordances éditions / manuscrits

page et quart de page (ABCD)	ms. Montp., 1ᵉ l. de chaque page	page et quart de page (ABCD)	ms. Montp., 1ᵉ l. de chaque page	page et quart de page (ABCD)	ms. Montp., 1ᵉ l. de chaque page
145B	69r°	221C	100v°	288B	134r°
146B	69v°	222B	101r°	289B	134v°
147C	70r°	223B	101v°	290C	135r°
149A	70v°	224B	102r°	293B	135r°
150B	71r°	225C	102v°	294B	135v°
151A	71v°	226B	103r°	295C	136r°
151D	72r°	227B	103v°	296C	136v°
152D	72v°	228B	104r°	297D	137r°
154A	73r°	228D	104v°	299A	137v°
155B	73v°	230A	105r°	300B	138r°
156B	74r°	230D	105v°	301A	138v°
157B	74v°	231C	106r°	302A	139r°
158C	75r°	232C	106v°	302D	139v°
160A	75v°	233B	107r°	303C	140r°
160D	76r°	234B	107v°	304C	140v°
162A	76v°	235A	108r°	305D	141r°
163A	77r°	236A	108v°	307A	141v°
164B	77v°	237A	109r°	308B	142r°
165B	78r°	237D	109v°	309B	142v°
166B	78v°	239A	110r°	310B	143r°
170A	79r°	240A	110v°	311B	143v°
171B	79v°	241B	111r°	312b	144r°
172B	80r°	242B	111v°	313B	144v°
173C	80v°	243B	112r°	314B	145r°
174B	80bis r°	244B	112v°	315B	145v°
175B	80bis v°	245A	113r°	316A	146r°
176B	81r°	246A	113v°	317B	146v°
178B	81v°	247B	114r°	318B	147r°
179B	82r°	248B	114v°	319B	147v°
180B	82v°	249B	115r°	320C	148r°
181B	82bis r°	250B	115v°	321C	148v°
182B	82bis v°	251B	116r°	322B	149r°
183A	83r°	252B	116v°	323B	149v°
184C	83v°	253B	117r°	324C	150r°
185C	84r°	254B	117v°	325C	150v°
186C	84v°	255A	118r°	326C	151r°
187C	85r°	256A	118v°	328A	151v°
188D	85v°	256D	119r°	329B	152r°
189D	86r°	257D	119v°	330B	152v°
191A	86v°	258D	120r°	331A	153r°
192A	87r°	259C	120v°	332C	153v°
195A	87v°	260C	121r°	333B	154r°
196B	88r°	261B	121v°	334B	154v°
198A	88v°	262B	122r°	336A	155r°
199A	89r°	263B	122v°	337C	155v°
200A	89v°	264B	123r°	338C	156r°
201B	90r°	265B	123v°	339D	156v°
202B	90v°	266B	124r°	341A	157r°
203B	91r°	267C	124v°	341D	157v°
204B	91v°	268B	125r°	343A	158r°
205A	92r°	271A	125v°	344A	158v°
206B	92v°	272A	126r°	345B	159r°
207B	93r°	273A	126v°	346B	159v°
208C	93v°	273D	127r°	347C	160r°
209b	94r°	274D	127v°	348C	160v°
210B	94v°	275C	128r°	349C	161r°
211B	95r°	276C	128v°	350D	161v°
212C	95v°	277C	129r°	351	—
213C	96r°	278B	129v°	352	—
214C	96v°	279B	130r°	353D	162r°
215B	97r°	280B	130v°	354D	162v°
216B	97v°	281D	131r°	356A	163r°
217A	98r°	282C	131v°	357A	163v°
217D	98v°	284B	132r°	358C	164r°
218D	99r°	285A	132v°	360B	164v°
219C	99v°	286A	133r°	361B	165r°
220C	100r°	287A	133v°	362C	165v°

Concordances éditions / manuscrits

page et quart de page (ABCD)	ms. Montp., 1ᵉ l. de chaque page	page et quart de page (ABCD)	ms. Montp., 1ᵉ l. de chaque page	page et quart de page (ABCD)	ms. Montp., 1ᵉ l. de chaque page
363D	166r°	441D	196v°	523C	230r°
365B	166v°	443C	197r°	524B	230v°
366B	167r°	444D	197v°	526C	231v°
367C	167v°	446C	198r°	527C	232r°
368C	168r°	448A	198v°	529B	232v°
369D	168v°	449B	199r°	530B	233r°
371B	169r°	450C	199v°	531B	233v°
372B	169v°	452A	200r°	532C	234r°
373C	170r°	453B	200v°	534A	234v°
374C	170v°	454C	201r°	535A	235r°
375C	171r°	455C	201v°	536B	235v°
376C	171v°	456D	202r°	537C	236r°
378A	172r°	458A	202v°	538C	236v°
379B	172v°	459A	203r°	539C	237r°
380B	173r°	460B	203v°	540C	237v°
381B	173v°	461B	204r°	541D	238r°
382	–	462C	204v°	543B	238v°
383	–	463D	205r°	544C	239r°
384	–	465A	205v°	545D	239v°
385	–	466B	206r°	546D	240r°
386	–	467C	206v°	547D	240v°
387A	74r°	469A	207r°	549A	241r°
387D	174v°	470A	207v°	550B	241v°
388D	175r°	471B	208r°	551D	242r°
389D	175v°	472C	208v°	553	–
391A	176r°	473C	209r°	554	–
392B	176v°	475A	209v°	555A	242v°
393B	177r°	476A	210r°	555C	243r°
394B	177v°	477A	210v°	556C	243v°
395C	178r°	478B	211r°	558A	244r°
396C	178v°	479B	211v°	559B	244v°
397D	179r°	480B	212r°	562D	245r°
399A	179v°	481C	212v°	564A	245v°
400A	180r°	483A	213r°	565B	246r°
401B	180v°	484B	213v°	568A	246v°
402B	181r°	485A	214r°	569B	247r°
403C	181v°	486A	214v°	570D	247v°
405A	182r°	487A	215r°	572B	248r°
405D	182v°	488B	215v°	573D	248v°
406D	183r°	489A	216r°	575B	249r°
408A	183v°	490B	216v°	576C	249v°
409B	184r°	491B	217r°	578A	250r°
410D	184v°	493A	217v°	579B	250v°
411D	185r°	494B	218r°	580D	251r°
412D	185v°	495B	218v°	582B	251v°
414B	186r°	496C	219r°	583C	252r°
415A	186v°	497D	219v°	585B	252v°
416B	187r°	499A	220r°	586C	253r°
417B	187v°	500B	220v°	588A	253v°
418B	188r°	501D	221r°	589B	254r°
419B	188v°	503A	221v°	591B	254v°
420C	189r°	504B	222r°	592C	255r°
421C	189v°	505B	222v°	594A	255v°
423A	190r°	506C	223r°	595B	256r°
424B	190v°	507D	223v°	596B	256v°
425B	191r°	509A	224r°	–	miniature avec texte
427A	191v°	510A	224v°		
428B	192r°	511B	225r°	597B	257r°
429C	192v°	512B	225v°	598B	257v°
430D	193r°	513C	226r°	599D	258r°
432C	193v°	514D	226v°	601A	258v°
434A	194r°	515D	227r°	602B	259r°
435B	194v°	517A	227v°	603B	259v°
436C	195r°	518B	228r°	604C	260r°
437D	195v°	519C	228v°	605C	260v°
440B	196r°	521B	229r°	607B	261r°
441D	196v°	522C	229v°	608C	261v°

21*

Concordances éditions / manuscrits

page et quart de page (ABCD)	ms. Montp., 1ᵉ l. de chaque page	page et quart de page (ABCD)	ms. Montp., 1ᵉ l. de chaque page	page et quart de page (ABCD)	ms. Montp., 1ᵉ l. de chaque page
610B	262rº	623B	266vº	636C	271rº
611C	262vº	624C	267rº	638A	271vº
613A	263rº	626B	267vº	640A	
614C	263vº	628A	268rº	texte dans l'ordre des désignation fr. des drogues	texte dans l'ordre des désignations lat. des drogues
615C	264rº	629C	268vº		
617A	264vº	631B	269rº		
618B	265rº	632B	269vº	659B	276vº
620A	265vº	633D	270rº	660B	fin du ms.
621C	266rº	635B	270vº	661–668	

GuischartJ	GuischartG				
page	vers	page	vers	page	vers
9	1	17	220	25	454
10	20	18	250	26	483
11	47	19	279	27	512
12	76	20	308	28	542
13	104	21	337	29	570
14	134	22	367	30	599
15	162	23	397	31	628
16	192	24	425	32	658

HerbCandT	HerbCandS				
page	laisse (vers)	page	laisse (vers)	page	laisse (vers)
3	1 + (1–10) + 19 (406)	34	–185 (3586)	60	423 (7646)–425 (7672)
4	19–20 (424)	35	–186 (3609)	61	–426 (7681)
5	21 (444)–22 (470)	36	–188 (3654)	62	427 (7699)–429 (7728–7731) + 517 (9296)
6	–23 (490)	37	–189 (3690)		
7	–25 (531)	38	–190 (3713)		
8	–26 (549–553) + 30 (634)	39	–191 (3737)	63	–519 (9332)
		40	–192 (3749)	64	–520 (9349)
9	–31 (659)	41	207 (4039)–208 (4061)	65	–521 (9367)
10	–32 (676)				
11	33 (700)–34 (720)	42	–209 (4079)	66	–521 (–9400) + 524 (9443)–525 (9455)
2ᵉ chanson		43	210 (4097)–211 (4115–4126)		
12	34 + 60 (1202)			67	525 (–9473) + 548 (9905)
13	–62 (1244)	44	217 (4226)–218 (4245)		
14	–64 (1270)			5ᵉ chanson	
15	–65 (1282–1298) + 66 (1308)	45	–220 (4280)		(2ᵉ tome) de HerbCandS
		46	–221 (4307)		
		47	–222 (4337)	68	–549 (9929)
16–17	66 (–1332) + 3 laisses: t. l, p. 462–463 + 67 (1333)	48	223 (4348)–224 (4365)	69	–551 (9959)
				70	552 (9975)–553 (9993)
		49	–226 (4401)		
		50	–228 (4429)	71	–555 (10026)
18	–68 (1358)	51	–228 (4447) + 236 (4564)	72	–557 (10067)
19	–70 (1400)			73–77	fin de 557 (–10088) + 5 laisses: t. 2, p. 287–290 + 550 (10089) + 559 (10103)
20	–71 (1422)	52	–236 + 367 (6762)		
21	–72 (1443–1447) + 73 (1461–1464) + 78 (1556)	4ᵉ chanson			
		53	–370 (6791–6794) + 384 (à partir de 7030)		
				78	–561 (10138)
22	78	54	–386 (7060)	79	–562 (10162)
23	–80 (1610)	55	386 (–7069 + 7076–7081) + 387 (7082)	80	–563 (10182)
24	–82 (1635)			81	–565 (10214)
25	–84 (1669)			82	–567 (10244)
26	–86 (1703)	56	–390 (7126–7127 + 7141–7144) + 391 (7145–7149) + 392 (7161)	83	568 (10255)–569 (10272)
27	–88 (1724)				
28	89–91 (1765)			84	569
29	92 (1774–1775) + 178 (3410)			85	–571 (10338)
		57	–394 (7192–7195) + 418 (à partir de 7574) + 419 (7583)	86	–572 (10361)
30	–180 (3453)			87	–573 (10384)
31	–181 (3479)			88	–574 (10414)
32	182 (3499)–183 (3528)	58	–420 (7596)	89	–576 (10441)
		59	–422 (7636)	90	–578 (10471)
33	–184 (3557)				

Concordances éditions / manuscrits

page	laisse (vers)	page	laisse (vers)	page	laisse (vers)
91	−580 (10505–10508) + 581 (10526)	112	−p. 343 (1768)	142	p. 401/402 (−3770)
92	−582 (10546)	113	−p. 344 (1804)	143	p. 402/403 (−3796)
93	−582 (10560) + 585 (10602)–586 (10620)	114	−p. 345 (1841)	144	−p. 404 (3816)
94	−587 (10643)	115	−p. 346	145	−p. 404 (−3846) + p. 414 (4200)
95	−589 (10690)	116	−p. 347 (1901)	146	p. 415 (−4207 + 4214ss.)
96	−590 (10707)	117	−p. 348	147	p. 416
97–99	590 (10720–10722 + 10724–10728) + en note 4 laisses du ms. P³ : t. 2, p. 319–321 + suite de P³ qui correspond à t. 2, p. 329–330, v. 1303	118	−p. 348 (1965)–p. 349	148	p. 417
		119	−p. 349 (1992)	149	p. 418
		120	t. 2, p. 350 (2019)	150	laisse 690 (12473), p. 124
		121	−p. 351 (2053)	6ᵉ chanson	
		122	−p. 352 (2094)		
		123	−p. 353 (2120)	151	−691 + 694 (à partir de 12576)
		124	−p. 354 (2145)		
		125	−p. 355 (2181)	152	−695 (12611)
100	ib., −1331	126	−p. 356 (2218)	153	695
101	−p. 331 (dernier vers: 1375)	127	−p. 357 (2240)	154	695 (−12652) + 769 (14543) + 770 (14558)
102	−p. 331 (dernier vers de la laisse 1394) + p. 333 (1451)	128	−p. 357/358 (2273)		
		129	−p. 359 (2321)		
		130	−p. 360 (2340)	155	−771 (14587)
103	−p. 334 (1487)	131	−p. 361 (2382)	156	−772 (14609)
104	p. 335 (1505)	132	−p. 361/362 (2403)	157	−773 (14640)
105	−p. 336 (jusqu'à 1532) + p. 336 (à partir de 1547)	133	p. 362/363 (−2446)	158	−775 (14680)
		134	−p. 363 (2460)	159	−776 (14703)
		135	−p. 364/365 (−2509)	160	−778 (14745)
106	−p. 337 (−1597)	136	−p. 365 (2530)	161	−780 (14776)
107	−p. 338 (1619)	137	−p. 366 (2546)	162	−781 (14804)
108	−p. 339 (1649)	138	p. 367 (2571)	163	−785 (14844)
109	−p. 340	139	−p. 368 (2634)	164	−787 (14867)
110	−p. 341 (1711)	140	p. 369 (−2651) + p. 400 (3688)	165–166	−789 (−14916)
111	−p. 342 (1739)	141	t. 2, p. 400/401 (−3737)		

JakD vers	**JakC** pages paires	vers	pages paires	vers	pages paires
26	2	1828	62	3640	122
87	4	1887	64	3701	124
148	6	1946	66	3760	126
209	8	2007	68	3821	128
270	10	2068	70	3881	130
328	12	2129	72	3942	132
186	14	2188	74	4004	134
445	16	2244	76	4063	136
504	18	2306	78	4125	138
566	20	2366	80	4185	140
627	22	2427	82	4247	142
685	24	2488	84	4308	144
747	26	2552	86	4367	146
808	28	2611	88	4427	148
864	30	2671	90	4488	150
924	32	2732	92	4548	152
985	34	2793	94	4607	154
1049	36	2854	96	4669	156
1108	38	2911	98	4730	158
1162	40	2972	100	4791	160
1224	42	3033	102	4852	162
1285	44	3094	104	4913	164
1345	46	3155	106	4973	166
1404	48	3215	108	5033	168
1463	50	3276	110	5093	170
1523	52	3338	112	5153	172
1584	54	3395	114	5216	174
1646	56	3456	116	5275	176
1707	58	3518	118	5337	178
1768	60	3578	120	5398	180

Concordances éditions / manuscrits

vers	pages paires	vers	pages paires	vers	pages paires
5460	182	6369	212	7347	244
5522	184	6430	214	7402	246
5584	186	6491	216	7465	248
5645	188	6552	218	7527	250
5704	190	6613	220	7631	252
5766	192	6674	222	7691	254
5827	194	6735	224	7752	256
5889	196	6797	226	7814	258
5950	198	6859	228	7875	260
6003	200	6920	230	7935	262
6065	202	6980	232	7997	264
6127	204	7103	236	8061	266
6189	206	7163	238	8123	268
6247	208	7225	240	8184	270
6308	210	7286	242	8244	272

JoinvM	JoinvW[1]				
page	page	page	page	page	page
1	2A	49	102F	97	210D
2	4B	50	104D	98	212F
3	6C	51	106D	99	216A
4	8D	52	108E	100	218B
5	10E	53	110B	101	220B
6	12G	54	112C	102	222C
7	16B	55	114D	103	224E
8	18A	56	116D	104	226D
9	20A	57	118C	105	228C
10	22A	58	120D	106	230E
11	24A	59	122E	107	232F
12	26C	60	126A	108	236A
13	28D	61	126F	109	238A
14	30E	62	128G	110	240A
15	32F	63	130G	111	242C
16	36A	64	134B	112	244D
17	38A	65	136A	113	246E
18	40A	66	138C	114	248E
19	40F	67	140D	115	250F
20	42F	68	142F	116	254A
21	44F	69	144G	117	256B
22	46F	70	148A	118	258C
23	48D	71	150C	119	260C
24	50D	72	152D	120	262D
25	52B	73	154E	121	264E
26	54C	74	156F	122	266F
27	56C	75	160A	123	270A
28	58D	76	162B	124	272A
29	60E	77	164C	125	274D
30	62G	78	166D	126	276E
31	64E	79	168D	127	278F
32	66D	80	170D	128	280G
33	68F	81	172F	129	284B
34	72B	82	176A	130	286B
35	74B	83	178B	132	290B
36	76C	84	180C	133	292C
37	76F	85	182E	134	294E
38	80A	86	184F	135	296E
39	82C	87	186F	136	298G
40	84A	88	188G	137	302A
41	86B	89	192A	138	304B
42	88D	90	194B	139	306B
43	90A	91	196D	140	308D
44	92B	92	198F	141	310E
45	94B	93	200F	142	312D
46	96C	94	204A	143	314E
47	98D	95	206A	144	316D
48	100D	96	208C	145	318C

Concordances éditions / manuscrits

page	page	page	page	page	page
146	320C	180	386C	214	454E
147	322E	181	388B	215	456E
148	324E	182	390B	216	458B
149	326F	183	390E	217	460B
150	328F	184	392F	218	462B
151	330C	185	394F	219	464A
152	330F	186	396F	220	466A
153	334A	187	398E	221	468A
154	336A	188	400D	222	468D
155	338D	189	402D	223	470B
156	340B	190	404D	224	472A
157	342B	191	406E	225	472D
158	344C	192	408E	226	472H
159	346D	193	410F	227	474F
160	348D	194	414A	228	476E
161	350D	195	416A	229	476G
162	354A	196	418A	230	478B
163	354E	197	420B	231	480C
164	354F	198	422C	232	482B
165	356E	199	424E	233	482F
166	358D	200	426E	234	484E
167	360E	201	428F	235	486F
168	362F	202	430F	236	488F
169	364F	203	432F	237	490F
170	366E	204	434F	238	492F
171	368E	205	436F	239	494F
172	370E	206	438F	240	496D
173	372D	207	440F	241	498B
174	374D	208	442F	242	500B
175	376D	209	444F	243	502A
176	378D	210	446E	244	502G
177	380D	211	448E	245	506A
178	382D	212	450D		
179	384C	213	452D		

JoinvD	**JoinvW¹**	**JoinvW²**						
page	page	paragraphe	page	page	paragraphe	page	page	paragraphe
191A	1A	1	204D	32D	88	219A	64A	182
191C	2D	4	205B	33G	92	219D	66F	187
192A	3G	6	205D	35B	95	220A	66D	188
192C	4B	11	206A	36F	97	220D	68B	192
192E	5B	15	206D	37D	102	221A	69E	194
193A	6F	17	207A	38F	104	221D	70B	198
193D	7B	22	207C	39G	106	222A	71E	200
194A	8F	24	208A	39D	108	222E	73E	207
194C	9E	26	208D	41E	112	223A	74D	209
194E	10E	29	209A	41G	113	223D	75B	214
195A	10B	31	209E	44D	122	224A	76D	216
195C	12C	35	210B	45C	125	224C	77C	218
196A	13C	37	210E	46F	130	225A	78C	220
196C	13B	39	211A	47C	132	225C	79F	224
197A	15E	43	211C	48F	137	226A	80B	226
197E	17D	48	212B	49D	139	226D	81A	231
198B	18C	50	212D	51F	144	227A	82B	232
198D	20G	54	213B	52E	146	227E	84B	237
199A	20C	55	213D	53D	148	228A	85A	239
199C	21D	59	214C	54F	152	228C	86B	242
200A	22C	61	214D	55E	154	229A	87C	245
200D	24G	66	215B	56C	158	229D	88D	249
201A	25E	68	215E	57F	163	230A	89G	250
201D	26G	72	216A	58D	165	230D	91G	256
202B	27D	74	216C	59D	168	231B	91C	257
202C	27B	76	217B	60B	170	231E	93B	263
203B	28B	79	217D	61E	174	232A	94D	264
203D	30C	82	218B	62C	176	232D	95A	269
204B	31C	85	218D	63D	180	233A	96E	271

Concordances éditions / manuscrits

page	page	paragraphe	page	page	paragraphe	page	page	paragraphe
233C	97G	275	258B	158E	444	281E	217F	609
234A	98F	277	258E	160C	449	282B	218C	611
234D	100D	282	259B	160A	451	282E	220C	617
235A	101C	285	259E	162E	455	283A	221E	618
235D	102E	289	260A	162G	456	283E	223F	624
236A	103B	291	260D	164F	462	284A	223D	626
236E	105B	297	261B	165D	464	284E	226F	632
237A	106E	298	261E	167B	469	285B	226C	633
237D	108E	305	262B	168G	471	285E	228A	638
238A	108C	308	262D	169C	475	286A	229F	640
239A	109A	310	263A	170F	476	286D	231E	645
239E	111D	315	263D	171C	481	287A	232C	647
240B	112C	318	264A	172F	483	287D	233F	652
240D	113E	322	264D	174D	488	288A	234E	655
241A	114F	325	265A	175C	490	288D	236C	659
241D	116E	332	265D	176A	495	289B	237B	661
242B	117B	334	266B	177F	497	289D	238D	665
242E	119G	339	266D	179C	501	290A	239C	667
243A	119C	340	267B	180B	504	290D	242D	672
244A	121B	344	267E	182A	509	291A	242F	673
244C	123C	348	268A	182E	511	291D	243F	676
245A	123E	349	268E	184D	516	292A	244E	678
245C	125C	353	269A	185A	518	292D	246C	683
246A	125D	354	269E	187B	525	293B	247E	687
246E	127F	362	270B	188B	528	293E	249B	692
247A	128B	362	270D	189C	531	294B	249E	693
247E	130A	368	271A	190F	533	294D	250F	698
248A	130C	369	271E	192F	539	295A	251B	701
248D	132A	374	272A	193B	540	295D	253D	708
249B	133F	377	272E	195C	546	296A	253A	711
249E	135E	382	273B	196D	548	296E	255B	716
250A	136C	383	273D	197C	551	297A	255F	718
250E	138D	389	274B	198E	555	297C	256C	720
251A	138E	390	274E	200A	559	298A	257F	722
251E	141F	397	275B	201E	561	298E	259F	727
252B	141E	399	275E	203E	567	299B	260F	730
252E	143B	404	276B	203B	569	299E	261B	734
253A	144E	405	276E	205B	574	300A	262E	736
253D	145B	410	277A	205C	575	300D	263C	743
254A	146G	412	277D	208C	581	301A	264F	746
254E	149C	419	278A	208E	582	301D	265F	754
255B	150C	422	278D	210C	586	302A	266A	755
255E	152A	428	279A	210A	588	303B	267F	758
256A	152D	429	279D	212F	593	303D	268B	762
256D	154C	435	280B	214A	597	304B	269B	766
257B	155B	438	280E	215B	601	304D	270A	768
257E	157E	442	281A	215E	602			

JoinvW[1]	JoinvC						
page	dans paragraphe	page	dans paragraphe	page	dans paragraphe
1	1	35	94	69	194
3	6	37	100	71	199
5	13	39	105	73	205
7	20	41	111	75	211
9	25	43	117	77	217
11	31	45	124	79	233
13	37	47	130	81	228
15	41	49	137	83	234
17	46	51	143	85	238
19	51	53	147	87	243
21	57	55	154	89	249
23	62	57	160	91	255
25	67	59	167	93	260
27	73	61	172	95	266
29	80	63	177	97	272
31	84	65	183	99	278
33	89	67	189	101	283

Concordances éditions / manuscrits

page	dans paragraphe	page	dans paragraphe	page	dans paragraphe
103	289	159	446	215	600
105	295	161	451	217	605
107	302	163	456	219	612
109	308	165	462	221	618
111	314	167	468	223	623
113	320	169	473	225	628
115	325	171	479	227	633
117	332	173	485	229	638
119	337	175	490	231	644
121	342	177	495	233	650
123	347	179	500	235	655
125	352	181	506	237	660
127	358	183	511	239	666
129	364	185	516	241	669
131	370	187	522	243	673
133	375	189	528	245	679
135	381	191	534	247	685
137	386	193	539	249	691
139	391	195	544	251	698
141	396	197	549	253	707
143	401	199	555	257	715
145	407	201	560	259	726
147	413	203	567	261	732
149	418	205	572	263	739
151	424	207	578	265	749
153	430	209	583	267	758
155	436	211	588	269	764
157	441	213	594	270 (fin)	769

LMestD	LMestL				
page	page	page	page	page	page
1	1	71	60	139	114
3	2	73	62	141	115
5	3	75	63	143	116
7	5	77	65	145	117
9	6	79	66	147	119
11	9	81	68	149	120
13	11	83	70	151	122
15	13	85	71	153	124
17	14	87	73	154	125
19	16	89	74		texte plus dévell.
21	18	91	76	155	127
23	20	93	77	157	128
25	22	95	79	159	130
27	24	97	81	161	131
29	25	99	82	163	133
31	27	101	84	165	135
33	28	103	85	167	136
35	30	105	87	169	138
37	31	107	88	171	139
39	33	109	89	173	141
41	35	111	91		texte plus dévell.
43	37	113	92	175	145
45	38	115	93	177	146
47	40	117	95	179	148
49	41	119	96	181	149
51	43	121	97	183	151
53	45	123	99	185	152
55	47	125	100	187	153
57	48	127	102	189	154
59	50	129	104	191	156
61	51		texte plus dévell.		texte plus dévell.
63	53	131	107	193	158
65	55	133	109	195	159
67	57	135	110	197	161
69	58	137	112	199	162

Concordances éditions / manuscrits

page	page	page	page	page	page
201	164	255	206	308	251
203	165	257	208	297	253
205	166		texte plus dévell.	299	254
207	168	258	210	310	256
209	169	260	211	312	258
211	170	262	213	314	259
213	172	264	215	316	261
215	173	266	216	318	263
217	175	268	218	320	265
219	176	270	219	322	267
221	178	272	220	329	268
223	180	274	222	331	269
225	181	276	226	333	271
227	183	278	228	335	272
229	184	280	230	338	273
231	185	282	232	340	275
233	187	284	234	335	276
235	189	286	235	337	277
237	190	288	237	343	278
239	192	290	239	345	280
241	194	292	240	325	282
243	196	294	242	327	283
245	197	300	243	329	285
247	198	303	245	Les numéros de chapitre coïncident.	
249	200	305	247		
251	203	295	248		
253	204	306	250		

Loherains
Source: F. Bonnardot, R 3,260s.

Ms.	Folios	Édition	Ms.	Folios	Édition
Ars. 2983 (180)	f°1–159b	GarLorrI	BN fr. 2179	f°1–73a	GarLorrI
	f°159b–261d	GerbMetzT		f°73a–122d	GerbMetzT
Ars. 3143 (181)	f°1–44a	HervisH	BN fr. 4988	f°1–94c	GarLorrI
	f°44b–97f	GarLorrI		f°94c–163d	GerbMetzT
	f°97f–139d	GerbMetzT		f°164a–291d	AnsMetzS[1]
	f°139d–188a	AnsMetzS[1]	BN fr. 19160	f°1–89	HervisH
BN fr. 1442	f°1–147d	GarLorrI		f°89–235d	GarLorrI
	f°147d–261d	GerbMetzT		f°235d–349b	GerbMetzT
BN fr. 1443	f°1–111b	GarLorrI	BN fr. 19161	f°1–142	GarLorrI
	f°111b (pour les 3 premiers vers)–191d	GerbMetzT	BN fr. 24377 Châlons Arch. dép. 3.J.138	f°1–174c fragm. (cp. R3.83)	AnsMetzS[1] GerbMetzCHB
BN fr. 1461	f°1–112	GarLorrI	Dijon 528 (300)	f°13–76a	GarLorrI
	f°117–229	GerbMetzT		f°76b–126	GerbMetzT
BN fr. 1582	f°1–116a	GarLorrI	Montpellier Ec. de Méd. 243	f°1–146	GarLorrI
	f°116a–179a	GerbMetzT		f°147a–259b	GerbMetzT
BN fr. 1622	f°1–147d	GarLorrI			
	f°147d–259b	GerbMetzT			
	f°259b–315b	YonH			

MacaireG page	MacaireM vers	page	vers	page	vers
2	(1)	46	477	94	1059
4	–	50	527	98	1109
6	1	54	577	102	1158
10	42	58	623	106	1207
14	90	62	677	110	1256
18	140	66	727	114	1304
22	186	70	773	118	1353
26	234	74	822	122	1396
30	284	78	872	126	1450
34	334	82	922	130	1499
38	384	86	968	134	1548
42	431	90	1014	138	1597

Concordances éditions / manuscrits

page	vers	page	vers	page	vers
142	1639	198	2286	254	2966
146	1682	202	2335	258	3015
150	1731	206	2381	262	3061
154	1780	210	2430	266	3110
158	1829	214	2473	270	3154
162	1873	218	2518	274	3208
166	1922	222	2567	278	3257
170	1971	226	2619	282	3306
174	2020	230	2663	286	3350
178	2066	234	2716	290	3399
182	2112	238	2765	294	3443
186	2156	242	2814	298	3486
190	2199	246	2868	302	3534
194	2244	250	2917		

MenReimsW	MenReimsS	MenReimsP	MenReimsW	MenReimsS	MenReimsP
paragr.	page et quart de page		paragr.	page et quart de page	
1	575D	1D	97	601B	63B
3	576A	2C	99	601D	64A
5	576C	3C	101	602A	64D
7	577B	5B	103	602C	65D
9	577D	6B	105	603B	66D
11	578B	7A	107	603D	67C
13	578D	8C	109	604C	68C
15	579B	10A	111	604D	69C
17	579C	12A	113	605B	70A
19	580A	13B	115	605D	70D
21	580C	14C	117	606B	72C
23	581B	15D	119	607A	74C
25	581C	16A	121	607D	75B
27	582A	17A	123	608C	76B
29	582C	18C	125	609B	77A
31	583A	19C	127	609D	78A
33	583D	22A	129	610B	79A
35	584B	22D	131	610D	79C
37	584D	23D	133	611B	80C
39	585B	24C	135	612A	83C
41	585D	25C	137	612C	84B
43	586B	26B	139	612D	85A
45	586D	28B	141	613C	86A
47	587B	30C	143	614B	88A
49	588A	32C	145	614C	88C
51	588D	33D	147	614D	89B
53	589A	36C	149	615C	89D
55	589D	37D	151	616A	90C
57	590C	40A	153	616D	92A
59	591A	42A	155	617B	93A
61	591C	43C	157	617D	94A
63	592B	44D	159	618B	94D
65	592D	45D	161	618D	95C
67	593C	47B	163	619B	96B
69	594A	48B	165	619D	96D
71	594D	49B	167	620B	97C
73	595A	50A	169	620C	98B
75	595C	50D	171	621B	100A
77	596B	53A	173	621D	101B
79	596D	54B	175	622B	101D
81	597B	55A	177	622C	102C
83	597C	55D	179	623C	103D
85	598A	56C	181	623D	104B
87	598C	58A	183	624A	105A
89	599A	59A	185	624C	–
91	599C	59D	187	625A	–
93	600A	60B	189	625D	–
95	600C	62A	191	626C	–

Concordances éditions / manuscrits

paragr.	page et quart de page		paragr.	page et quart de page	
193	626D	–	329	660C	173B
195	627B	–	331	660D	175C
197	628A	106D	333	661C	176C
199	628D	107C	335	661D	177D
201	629A	108A	337	662C	179B
203	629C	108D	339	663A	182A
205	630A	109C	341	66DB	183A
207	630C	110C	343	663D	184B
209	631A	111B	345	664A	185B
211	631C	112B	347	664C	187A
213	632B	113C	349	665A	188C
215	633A	114D	351	665C	189C
217	633C	115C	353	665D	190A
219	634A	117A	355	666C	191A
221	634C	118A	357	667B	191D
223	634D	119A	359	667D	192C
225	635B	119D	361	668B	193A
227	635D	120D	363	668C	193D
229	636B	121D	365	669A	194B
231	637A	123D	367	–	196A
233	637C	124D	369	–	198A
235	638B	125D	371	–	198C
237	638D	126CD	373	–	200A
239	639B	127BC	375	–	200C
241	639D	128B	377	–	201B
243	640B	128D	379	–	202B
245	640D	130D	381	–	204B
247	641B	131B	383	–	205A
249	641D	132CD	385	–	205D
251	642B	133C	387	–	207A
253	642C	134B	389	–	207D
255	643A	135B	391	–	209A
257	643B	136A	393	–	209CD
259	643D	138C	395	–	210B
261	644C	138C	397	–	210D
263	645A	139C	399	670B	213B
265	645C	140AB	401	670C	213C
267	646A	141A	403	671B	214C
269	646D	142D	405	–	–
271	647B	143B	407	–	–
273	647C	144A	409	–	–
275	647D	144D	411	–	–
277	648B	145D	413	–	–
279	649A	146C	415	–	–
281	649B	147BC	417	–	–
283	649D	148AB	419	–	–
285	650B	149B	420	671C	214D
287	650D	150D	421	671D	215AB
289	651B	153A	423	672A	215D
291	651C	153D	425	672C	216D
293	652A	154C	427	673A	217BC
195	652C	155B	429	673C	219A
297	652D	156A	431	674B	220D
299	653C	157A	433	674D	221C
301	653D	157D	435	675C	223A
303	654C	159A	437	676A	224A
305	654D	160A	439	676C	224D
307	655C	161D	441	677A	225D
309	656B	163D	443	677C	226D
311	656D	165A	445	678A	227C
313	657A	166A	447	678D	228D
315	657C	168B	449	679B	229CD
317	658A	169B	451	679D	230B
319	658B	169D	453	680B	231A
321	658D	170C	455	680D	231D
323	659A	171B	457	681B	233D
325	659C	171D	459	681D	234C
327	660A	172CD	461	682B	236A

Concordances éditions / manuscrits

paragr.	page et quart de page		paragr.	page et quart de page	
463	682D	236CD	473	685B	241A
465	683B	237D	475	685D	242B
467	683D	238D	477	686A	243B
469	684B	239C	479	686C	244C
471	684D	240C			

Menag ms. Brux. MenagB

f°	page, ligne	f°	page, ligne	f°	page, ligne
1	1,1	61	99,4	143	186,1
2	2,36	62	100,36	144	188,7
3	4,3	63	102,28	145	190,6
4	7,22	64	104,15	146	192,6
5	9,2	65	106,1	147	194,4
6	12,14	66	108,4	148	195,32
7	14,16	67	109,31	149	197,21
8	16,15	68–86	manque,	150	199,19
9	18,9		cp. MenagP	151	201,16
10	20,8		(p. 186–240)	152	203,12
11	22,4	87	112,2	153	205,1
12	24,2	88	114,21	154	207,12
13	25,34	89	116,23	155	209,7
14	27,33	90–107	manque, cp.	156	211,6
15	29,31		MenagP t. II	157	213,7
16	31,3		(p. 4–42)	158	215,1
17	33,29	108	117,28	159	216,31
18	35,3	109	119,28	160	218,26
19	37,31	110	121,31	161	220,2
20	39,27	111	123,29	162	222,12
21	41,25	112	125,27	163	224,12
22	43,22	113	127,3	164	226,13
23	45,22	114	129,24	165	228,14
25	50,13	115	131,2	166	230,2
26	52,14	116	133,19	167	232,15
27	54,12	117	135,19	168	234,15
28	56,15	118	137,2	169	236,12
29	58,25	119	139,15	170	228,11
30	60,19	120	141,1	171	240,9
31	62,13	121	143,16	172	242,6
32	64,8	122	145,18	173	244,4
33	66,7	123	147,1	174	245,33
34	68,8	124	149,7	175	247,24
35	70,13	125	151,7	176	249,19
36–45	manque,	126	153,6	177	251,15
	cp. MenagP	127	155,2	178	253,1
	(p. 99–168)	128	156,33	179	255,3
46	72,11	129	158,29	180	256,33
47	73,29	130	160,27	181	258,23
48	75,2	131	162,21	182	260,17
49	77,14	132	164,16	183	262,12
50	79,1	133	166,11	184	264,1
51	80,36	134	168,19	185	266,4
52	82,28	135	151,17	186	268,3
53	84,17	136	172,22	187	270,9
54	86,13	137	174,22	188	272,4
55	87,35	138	176,2	189	274,2
56	89,32	139	178,22	190	276,2
57	91,23	140	180,15	191	277,33
58	93,16	141	182,7	192	279,36
60	96,35	142	184,8	193	282,5

Concordances éditions / manuscrits

MenagP	BN fr. 12477 (en même temps concordance avec MenagB qui indique les f[os] de ce ms.)				
tome, page, quartier de la page	f[o]	tome, page, quartier de la page	f[o]	tome, page, quartier de la page	f[o]
1,1C	1	192D	56	85B	127
4D	2	196C	57	89B	126
7A	3	200D	58	93C	128
11D	4	204C	59	97B	129
15B	5	208B	60	101B	130
19A	6	212B	61	107A	131
22B	7	215D	62	112A	132
25C	8	219B	63	119A	133
28D	9	222D	64	125A	134
32A	10	225D	65	129A	135
35A	11	229C	66	134C	136
38B	12	233A	67	137C	137
41C	13	236D	68	141A	138
44C	14	2,1D	69	145B	139
48A	15	4C	70	149A	140
51C	16	6B	71	153A	141
54C	17	7B	72	156C	142
57C	18	8C	73	160A	143
60C	19	9C	74	163C	144
63B	20	9C	75	167A	145
66D	21	10D	76	170C	146
70B	22	12C	77	174B	147
74B	23	13C	78	177D	148
77C	24	14C	79	181A	149
80D	25	15D	80	184B	150
83D	26	16A	81	188C	151
87B	27	17B	82	191C	152
90D	28	18C	83	195A	153
96B	29	19C	84	198C	154
99D	30	20C	85	202C	155
103B	31	21D	86	206C	156
106C	32	23A	87	210A	157
109D	33	24A	88	213C	158
112D	34	25B	89	217C	159
116A	35	26C	90	221A	160
119C	36	27C	91	224C	161
122D	37	28C	92	227D	162
126A	38	29C	93	231A	163
128D	39	30D	94	234B	164
132A	40	31D	95	237C	165
138A	41	32B	96	241A	166
142A	42	33C	97	244C	167
145A	43	34C	98	247C	168
150A	44	35C	99	251C	169
155A	45	36C	100	257B	170
158B	46	37D	101	261C	171
162A	47	39C	102	265B	172
165C	48	40C	103	268D	173
168B	49	41C	104	279D	115
171D	50	42C	105	283A	116
175D	51	43A	106	286D	117
179B	52	46C	107	291B	118
182C	53	50C	108	295C	119
185C	54	54C	109	299D	120
189B	55	58C	110	303A	121
		63B	111	306C	122
		67C	112	311D	123
		71C	113	316B	125
		75C	114	319A	126
		79A	115	322C	124
		80A	124v		

Concordances éditions / manuscrits

ModusB	ModusT				
page	ch. et l.	page	ch. et l.	page	ch. et l.
1r°–	1.01	v°–	45.19	68r°–	80.36
v°–	1.11	35r°–	46.03	v°–	80.81
2r°–	1.44	v°–	46.20	69r°–	81.03
v°–	1.74	36r°–	47.11	v°–	81.21
3r°–	1104	v°–	48.23	70r°–	82.02
v°–	1135	37r°–	48.61	v°–	83.02
4r°–	2.03	v°–	49.03	71r°–	83.19
v°–	2.27	38r°–	50.03	v°–	83.54
5r°–	3.00	v°–	50.20	72r°–	84.12
v°–	3.17	39r°–	51.03	v°–	84.47
6r°–	3.51	v°–	51.20	73r°–	85.38
v°–	4.00	40r°–	51.57	v°–	86.07
7r°–	4.34	v°–	52.30	74r°–	86.43
v°–	5.01	41r°–	52.68	v°–	86.79
8r°–	5.34	v°–	53.10	75r°–	87.16
v°–	6.14	42r°–	53.47	v°–	88.27
9r°–	7.11	v°–	53.83	76r°–	89.03
v°–	9.09	43r°–	53120	v°–	89.20
10r°–	10.09	v°–	54.03	77r°–	90.20
v°–	12.12	44r°–	54.35	v°–	90.58
11r°–	14.02	v°–	56.03	78r°–	90.95
v°–	14.37	45r°–	58.03	v°–	91.31
12r°–	14.72	v°–	58.25	79r°–	92.03
v°–	15.10	46r°–	60.26	v°–	92.20
13r°–	15.46	v°–	60.63	80r°–	92.57
v°–	16.06	47r°–	60100	v°–	92.95
14r°–	17.06	v°–	60135	81r°–	92133
v°–	18.24	48r°–	60172	v°–	92165
15r°–	19.13	v°–	60209	82r°–	93.03
v°–	20.18	49r°–	61.03	v°–	93.19
16r°–	20.57	v°–	61.18	83r°–	93.55
v°–	21.08	50r°–	61.53	v°–	93.95
17r°–	21.45	v°–	61.89	84r°–	94.08
v°–	22.14	51r°–	63.03	v°–	94.44
18r°–	22.55	v°–	63.37	85r°–	94.80
v°–	22110	52r°–	63.76	v°–	94120
19r°–	23.17	v°–	64.03	86r°–	94156
v°–	24.09	53r°–	64.11	v°–	95.03
20r°–	26.03	v°–	64.48	87r°–	95,20
v°–	26.35	54r°–	66.15	v°–	95.57
21r°–	27.03	v°–	66.51	88r°–	96.19
v°–	27.19	55r°–	66.88	v°–	96.57
22r°–	28.03	v°–	67.03	89r°–	97.15
v°–	28.23	56r°–	67.51	v°–	97.58
23r°–	28.72	v°–	68.20	90r°–	97.94
v°–	28110	57r°–	67.36	v°–	97129
24r°–	29.08	v°–	68.15	91r°–	98.26
v°–	30.12	58r°–	69.57	v°–	99.03
25r°–	31.18	v°–	70.19	92r°–	100.03
v°–	31.61	59r°–	70.56	v°–	101.02
26r°–	32.09	v°–	71.02	93r°–	103.06
v°–	33.02	60r°–	71.18	v°–	106.06
27r°–	33.20	v°–	72.07	94r°–	109.03
v°–	34.03	61r°–	73.02	v°–	111.10
28r°–	34.34	v°–	73.16	95r°–	113.02
v°–	35.24	62r°–	74.06	v°–	114.06
29r°–	36.02	v°–	74.56	96r°–	114.42
v°–	36.18	63r°–	74.67	v°–	114.79
30r°–	37.03	v°–	74105	97r°–	114115
v°–	37.19	64r°–	75.15	v°–	115.03
31r°–	38.03	v°–	76.04	98r°–	115.37
v°–	39.11	65r°–	76.43	v°–	115.73
32r°–	40.10	v°–	76.79	99r°–	115109
v°–	41.08	66r°–	77.08	v°–	115147
33r°–	43.08	v°–	78.09	100r°–	116.03
v°–	44.08	67r°–	79.06	v°–	116.19
34r°–	45.03	v°–	80.03	101r°–	116.54

Concordances éditions / manuscrits

page	ch. et l.	page	ch. et l.	page	ch. et l.
v°–	116.90	v°–	118709	127r°–	125.68
102r°–	117.08	115r°–	118741	v°–	125102
v°–	117.48	v°–	118773	128r°–	126.12
103r°–	117.88	116r°–	118791	v°–	126.46
v°–	118.17	v°–	118819	129r°–	126.82
104r°	118.49	117r°–	118850	v°–	127.13
v°–	118.80	v°–	118879	130r°–	128.03
105r°–	118112	–	118.886–118.1011	v°–	128.17
v°–	118145	118r°–	118.35	131r°–	129.24
106r°–	118179	v°–	119.11	v°–	130.02
v°–	118211	119r°–	119.53	132r°–	131.01
107r°–	118243	v°–	120.02	v°–	131.36
v°–	118275	120r°–	120.34	133r°–	132.08
108r°–	118308	v°–	120.73	v°–	132.46
v°–	118336	121r°–	120108	134r°–	133.03
109r°–	118368	v°–	120144	v°–	134.15
v°–	118399	122r°–	122.05	135r°	134.53
110r°–	118427	v°–	123.03	v°–	135.17
v°–	118459	123r°–	123.18	136r°–	135.58
111ro–	118491	v°–	124.03	v°–	136.25
v°–	118523	124r°–	124.33	137r°–	137.03
112r°–	118555	v°–	124.71	v°–	137.20
v°–	118587	125r°–	124110	138r°–	138.03
113r°–	118619	v°		v°–	138.18
v°–	118646	126r°–	125.03	139r°–	138.62
114r°–	118678	v°–	125.33	v°–	139.21

MontRoth
Anciennes Poésies Françaises

tome	pag.	composition	1ᵉ éd. connue	aut. v. infra	impr. v. infra
I	1–16	–	–	1	
	17–32	–	1546		
	33–41	–	f. XVᵉs.		
	43–54	–	ant. à 1578		
	55–67	post. à 1509	–		
	73–108	–	f. XVIᵉs.	2	
	109–115	1529	–	3	
	116–138	post. à 1519	–		1+
	139–146	ca. 1525	–		
	147–153	–	–		2+
	154–161	–	1540		
	162–175	–	–		
	176–185	post. à 1534	–		
	186–193	–	–		1+
	194–203	ca. 1546	–		
	204–217	–	–		
	218–228	–	m. XVᵉs.		
	229–234	1543	–		
	235–264	–	–		
	265–274	–	1576/78		
	275–292	1537	–		
	293–303	–	1563		
	304–315	1513/14?	–		
II	5–17	ca. 1480	–		
	18–24	–	ant. à 1504		
	25–34	1537	–		
	35–41	–	–		
	42–76	–	1529	4	
	77–86	1498/1515	–		
	87–98	1541	–		
	99–111	–	ca. 1530		
	112–117	–	–		
	118–122	ant. à 1500?	–		
	123–149	–	–		3+
	150–161	–	ant. à 1552		
	162–168	1544	–		

Concordances éditions / manuscrits

tome	pag.	composition	1ᵉ éd. connue	aut. v. infra	impr. v. infra
	169–186	–	1574	5	
	187–203	–	–		
	204–209	1./2 XVᵉs.	–		1+
	210–222	1515/1547	–		
	223–230	–	–		
	230–237	–	–		4+
	238–244	–	–		1+
	245–252	–	–		5+
	253–269	1513/1515	–	6	
	270–283	–	–		6+
	284–295	1541	–		
	296–316	–	1589		
	317–332	–	–		
III	5–10	–	–		
	11–25	–	–		4+
	26–71	1512	–	7?	
	72–76	–	–		7+
	77–83	1488	–		
	84–96	–	–		
	97–117	–	1572	8	
	118–154	–	–		
	155–161	–	–		1+
	162–203	–	–	9	
	204–231	–	–		
	232–246	f. XVᵉs.	–		
	247–260	1513	–	10	
	261–267	–	–		
	268–289	–	–		8+
	290–334	1570	–		
IV	5–17	–	–		9+
	18–23	–	–		
	24–30	–	1574	11	
	31–35	–	–		10+
	36–46	3./3 XVᵉs.	(1561)		
	47–70	–	1543		
	71–76	–	–	4	
	77–86	–	1533	9	
	87–93	–	–		
	94–102	post. à 1533	–	12	
	103–121	–	(1530)	13	
	122–132	–	–		11+
	133–150	ca. 1500	1615		
	151–179	–	1493	14	
	180–192	1515	–		
	193–205	–	–		
	206–210	–	ca. XVIᵉs.		
	211–213	1557	–		
	214–283	–	(1539)		
	284–295	ca. 1560?	–	15	12+
	296–303	–	1558	16	
	304–325	–	1558	17	
	326–332	1461/83?	–	17	
V	5–33	–	–		
	34–48	–	1568		
	49–59	–	1586		
	60–84	–	–		
	85–93	–	1530		
	94–105	–	ré. 1588		
	106–119	–	ré. 1597		
	120–126	post. à 1508	–		
	127–136	–	–		
	137–154	ca. 1536	–		
	155–161	–	–		
	162–203	–	1539 (perdue)	18	
	204–223	–	–		
	224–233	–	1537	19	
	234–241	–	1537		

35*

Concordances éditions / manuscrits

tome	pag.	composition	1ᵉ éd. connue	aut. v. infra	impr. v. infra
	242–257	1556	–		4+
	258–304	1446/1486	–		
	305–318	ca. 1502	–		
	319–323	–	–		
VI	5–46	1480?	ca. 1530		
	47–89	1589/90	1590		
	90–96	1513	–		
	102–119	1488	–		
	120–170	–	1508		
	171–178	1557	1557		
	179–189	1556	1556		
	190–208	–	–		
	209–217	1543	–		
	218–222	1589	1589		
	223–285	1539	1539		
	286–291	1527/28	–		
	292–342	–	1575		
VII	5–17	–	1533		
	18–23	–	–		
	24–45	–	1562	20	
	46–50	–	1561		
	51–65	–	1563		
	66–69	ant. à 1545	(1545)		
	70–74	–	(1533)		
	75–90	ant. à 1575	–		
	91–119	–	–		13+
	120–123	–	1532		
	124–139	–	1567	21	
	140–147	–	1562		
	148–152	1502	–	22	
	153–197	–	1553		
	198–203	–	1543		
	204–210	–	–	23	14+
	211–224	–	–		1+
	225–286	–	1489	24	
	287–301	–	–		
	302–329	post. à 1498	–	25	13+
VIII	5–15	1501?	–		
	16–21	1525	–		
	22–28	–	1562		
	29–48	–	–		1+
	49–73	–	1546	3	
	74–90	1494	–		
	91–104	ca. 1470/90	–		
	105–138	–	1575		
	139–163	–	1597		
	164–169	ca. 1598	–		
	170–175	(mss. XVᵉs.)	–		
	176–240	1532	–		
	241–257	f. XVᵉ / XVIᵉs.	–		
	258–269	–	1578		7+
	270–281	–	1562		
	282–298	–	–	26	
	290–309	1./2 XVIᵉs.	–	27	
	310–321	post. à 1521	–		
	322–328	ant. à 1531	–		
	329–336	ca. 1488	–		
	337–346	–	–	28	
	347–349	ca. 1500	–		
IX	1–58	–	1581		
	59–82	–	–		
	83–91	1527	–		
	92–147	1538/80	–		
	148–163	XVᵉs.	–		
	164–182	–	1589		
	184–190	1536/37	–		
	191–196	ant. à 1522	–		
	197–205	ant. à 1514	–		

36*

Concordances éditions / manuscrits

tome	pag.	composition	1ᵉ éd. connue	aut. v. infra	impr. v. infra
	206–215	post. à 1522	–		
	216–237	ant. à 1451	–	29	
	238–253	–	1589		
	254–275	1587/88	1587/88		
	276–280	1545	–		
	281–293	ant. au m. XVᵉs.	–		
	294–308	1522	–		
	309–320	(1543)??	–		
	321–336	f. XVᵉ / XVIᵉs.	–		
	337–354	–	1500		
	355–359	1572	1573	30	
X	3–17	–	ca. 1530		
	18–40	–	1545		
	41–53	XIVᵉs.	(mss.: XVᵉs.)		
	54–60	1./2 XVIᵉs.	–		
	61–70	XVᵉs.	ca. 1520		
	75–95	–	ca. 1525?		
	96–109	1559	–	31	
	110–127	–	ca. 1530?		
	128–146	–	1573?		
	147–158	–	ca. 1530?		
	159–169	1526	–		
	170–192	1509/10	–	18	
	198	ca. m. XIVᵉs.	–	32	
	199–201	1461	–	33	
	202–203	ca. 1411	–	34	
	206–224	XVᵉs.	ca. 1525		
	225–268	ant. à 1514	ca. 1520	35?	
	269–275	–	ca. 1525		
	276–294	1575	1575		
	295–304	XVᵉs.	(ré. 1505)		
	305–350	157–27	1527/28		
	351–363	–	ca. 1500		
	369–376	ca. 1525	ca. 1525		
	377–386	post. à 1514	ca. 1525		
XI	1–33	1489	ca. 1490		
	34–54	post. 1519	ca. 1530		
	55–70	1546	(ré. ca. 1600)		
	71–86	1556	ca. 1556		
	87–100	1530	–	36	
	101–146	ca. 1520	ca. 1525		
	149–159	1569	1569		
	160–168	1577	1577		
	169–175	1594	1594		
	176–206	–	ca. 1530		
	207–216	–	ca. 1525		
	217–226	–	ca.1530		
	227–276	1530	–	37	
	284–292	1537	ca. 1537		
	293–312	ca. 1530	ca. 1530		
	329–342	–	ca. 1530	28	
	343–396	1461	ca. 1500	norm.	
	397–408	1589	1589		
XII	1–36	1485/91	ca. 1500	38	
	37–52	1508	(1508)	38	
	53–104	1505/12	ca. 1510	39	
	105–127	1514	1514	40	
	128–143	1524			
	144–167	ca. 1525	(ca. 1545)		
	168–192	ca. 1527	ca. 1527	41	
	193–237	1523	–		
	238–251	1523	ca. 1523	35	
	252–259	ca. 1523	ca. 1530		
	260–306	f. XVᵉs.	ca. 1500		
	307–326	–	ca. 1480		
	327–338	1520/25	–	4	
	339–346	peu ant. à 1530	ca. 1530	4	

37*

Concordances éditions / manuscrits

tome	pag.	composition	1ᵉ éd. connue	aut. v. infra	impr. v. infra
	347–398	1489	(ré. ca. 1525)	42	
	399–414	post. à 1530	ca. 1590		
XIII	1–11	1509/14	ca. 1510		
	12–17	1514/15	ca. 1514		
	18–44	1523/24	1554		
	45–52	1490/1520	ca. 1545		
	53–67	1554/55	ca. 1555		
	98–121	–	ca. 1525	4	
	122–127	–	ca. 1530	4	
	128–135	ca. 1530	(ca. 1660)		
	136–153	–	ca. 1525		
	154–169	f. XVᵉs.	ca. 1510		
	170–185	1537	1537		
	186–192	f. XVᵉs.	ca. 1510		
	193–218	–	1491		
	219–224	–	ca. 1500		
	225–229	f. XIVᵉ / XVᵉs.	ca. 1500		
	230–239	1521	1521		
	240–280	–	ca. 1510		
	281–288	f. XVᵉ / XVIᵉs.	(ca. 1600)		
	289–299, 183	1522	–		
	299, 1–304	1461/83	–		
	308–327	–	1562	20	
	328–344	1562/63	1563		
	345–361	–	1562		
	362–382	1563	1563		
	383–413	1501	1501	40	
	414–425	ca. 1537	–	43	

Liste des imprimeurs

	nom	date
1+	Pierre Mareschal	
	Barnabe Chaussard	
2+	Richard Aubert, Rouen	
3+	Jehan Burges, Rouen	
4+	Guillaume Nyverd, Paris	
5+	Pierres Prevost, Lyon	
6+	Alain Lotrian	
7+	Benoist Rigaud, Lyon	
8+	Jehan Lambany, Lyon	
9+	Jean Treperel, Paris	1491–1500
10+	Gaspard Philippe, Paris	1499–1516
11+	Grand Jean Pichier, Lyon	
12+	Barbe Regnault	
13+	Jehan Saint Denys, Paris	1510–1530
14+	Nicolas Buffet	

Liste des auteurs

	nom	date	lieu de naissance
1	frère Guillaume Alexis		
2	Christoph de Bordeaux	XVIᵉs.	Paris
3	Gilles Corrozet	1510–1568	Paris
4	Jacques d'Adonville		
5	Claude Mermet	1550 – p. 1610	St-Rambert (Bugey)
6	Maistre I.D.		
7	Jehan Bouchet	1476–1555	Poitiers
8	Antoine du Verdier		
9	Jehan d'Ivry	ca. 1472 – 1539	(Beauvoisis)
10	Pierre Vachot		
11	M. Artus Désiré	ca. 1500 – ca. 1579	(Normandie)
12	frère Jehan Gacy		
13	Pierre Jamec		
14	Henri Baude	1430 – ca. 1495	Moulins
15	M.G. De M.		
16	J. de Amèlin		
17	Antoine Fauquel		

Concordances éditions / manuscrits

	nom	date	lieu de naissance
18	Bertrand Desmarins de Masan		
19	Bonavent. Despériers	f. XV^{e}s. – 1544	Arnay-le-Duc
20	E.P.C.		
21	Ubert Phil. de Villiers		
22	frère Olivier Maillard	XV^{e}s. – 1502	(Bretagne)
23	Jehan Molinet	XV^{e}s. – 1507	(Boulonais)
24	Robert Gaguin	ca. 1425 – 1502	Calone-sur-la-lys
25	Claude Plotin		
26	Pierre Gringoire	ca. 1480 – p. 1544	(Lorraine)
27	Alphonce de Beser		
28	Jehan d'Abundance	ob. 1340/50	
29	Blosseville		
30	F.M.D.M.L.C.D.E.B.		
31	Joachim du Bellay	1522–1560	Liré (Anjou)
32	Philippe de Vitry	mil. XIV^{e}s.	(évêque de Meaux)
33	François Villon	1431 – ca. 1489	Paris
34	Pierre d'Ailly	1350–1420	Compiègne
35	Jehan Marot	ca. 1450 – 1526	Mathieu près de Caen
36	Nicaise Ladam	XV^{e}s. – p. 1545	Béthune
37	Jean Serre		
38	Maximien		
39	Pierre de la Vacherie		
40	André de la Vigne	ca. 1475 – 1527	La Rochelle
41	Maistre Albert Songecreux		
42	Jean le Bestre		
42	Jehan Chaperon		

OgDanB	OgDanE				
vers	vers	vers	vers	vers	vers
1	1	3476	3469	7805	7761
19	20	3480	3473	7815	7767
705	705	3496	3489	8114	8065
752	764	3521	3513	8299	8249
776	788	3648	3642	8372	8319
1089	1100	3770	3763	8408	8354
1115	1126	3785	3788	8731	8663
1137	1148	3820	3813	8736	8667
1384	1394	3845	3836	8790	8720
1405	1415	3869	3859	9190	9119
1430	1440	3942	3931	9229	9132
2400	2409	4020	4008	9298	9200
2426	2435	4071	4057	9373	9274
2451	2460	4095	4081	9379	9297
2477	2486	4119	4105	9422	9322
2503	2512	4124	4106	9446	9345
2535	2533	4712	4692	9471	9369
2552	2560	4732	4711	9496	9391
2578	2586	4884	4862	9521	9415
2603	2611	4931	4908	9545	9435
2629	2637	5080	5056	9547	9436
2654	2662	5155	5129	9596	9469
2679	2687	5231	5204	9616	9491
2704	2712	5406	5380	9635	9500
2728	2731	5434	5407	9641	9509
3101	3103	5932	5903	9649	9515
3118	3115	6058	6028	9673	9516
3245	3241	6084	6053	9680	9520
3271	3266	6110	6080	9704	9543
3296	3291	6162	6130	9710	9550
3326	3321	6734	6699	9764	9843
3346	3340	6759	6725	9843	9578
3372	3366	6946	6911	9847	9579
3398	3392	7126	7090	9868	9599
3424	3418	7204	7167	9891	9621
3450	3443	7281	7240	9912	9640
3450	3443	7465	7422	9935	9653

Concordances éditions / manuscrits

vers	vers	vers	vers	vers	vers
9957	9671	10478	10106	11013	10477
10005	9709	10579	10206	11030	10492
10007	9710	10598	10216	11055	10495
10027	9729	10600	10217	11145	10515
10039	9740	10603	10219	11177	10541
10062	9752	10639	10222	11194	10551
10099	9788	10650	10229	11220	10572
10121	9811	10665	10243	11231	10584
10123	9813	10684	10257	11250	10595
10143	9831	10702	10274	11274	10616
10199	9891	10726	10280	11293	10633
10220	9902	10748	10298	11316	10648
10242	9920	10764	10313	11337	10660
10284	9958	10781	10327	11359	10668
10293	9962	10814	10359	11381	10681
10305	9968	10836	10377	12159	11456
10322	9983	10858	10393	12178	11474
10349	10003	10875	10404	12181	11476
10365	10016	10899	10424	12201	11493
10386	10035	10916	10439	12216	11507
10407	10055	10950	10445	12233	11522
10421	10068	10980	10452	12278	11566
10441	10087	10993	10458		

OlSerresN				OlSerres 1603					
vol.	lieu	chap.	p.	p.	vol.	lieu	chap.	p.	p.
1	1	1	3	3	1	4	8	525	253
1	1	2	6	5	1	4	9	533	261
1	1	3	10	9	1	4	10	542	269
1	1	4	14	13	1	4	11	552	278
1	1	5	16	15	1	4	12	554	280
1	1	6	23	22	1	4	13	558	283
1	1	7	40	39	1	4	14	569	294
1	1	8	49	47	1	4	15	573	298
notes 1er lieu: 59–92					1	4	16	580	305
1	2	1	95	59	notes 4e lieu: 583–666				
1	2	2	110	73	2	5	1	3	311
1	2	3	125	88	2	5	2	6	313
1	2	4	130	92	2	5	3	21	327
1	2	5	151	112	2	5	4	24	331
1	2	6	154	115	2	5	5	29	336
1	2	7	161	121	2	5	6	33	339
notes 2e lieu: 167–204					2	5	7	37	343
1	3	1	207	129	2	5	8	37	343
1	3	2	211	132	2	4	9	59	364
1	3	3	217	138	2	5	10	61	366
1	3	4	222	143	2	5	11	62	367
1	3	5	255	174	2	5	12	74	378
1	3	6	262	180	2	5	13	75	379
1	3	7	268	186	2	5	14	84	388
1	3	8	272	190	2	5	15	107	410
1	3	9	280	197	2	5	16	147	448
1	3	10	284	201	notes 5e lieu: 152–214				
1	3	11	292	208	2	6	1	217	455
1	3	12	296	212	2	6	2	221	458
1	3	13	301	217	2	6	3	222	460
1	3	14	303	219	2	6	4	225	463
1	3	15	305	221	2	6	5	230	467
notes 3e lieu: 314–498					2	6	6	233	470
1	4	1	501	231	2	6	7	238	474
1	4	2	504	233	2	6	8	248	484
1	4	3	505	235	2	6	9	253	489
1	4	4	514	243	2	6	10	266	501
1	4	5	518	247	2	6	11	281	515
1	4	6	520	248	2	6	12	286	520
1	4	7	522	250	2	6	13	294	528

Concordances éditions / manuscrits

vol.	lieu	chap.	p.	p.	vol.	lieu	chap.	p.	p.
2	6	14	302	548	2	7	3	533	688
2	6	15	306	555	2	7	4	549	702
2	6	16	327	575	2	7	5	550	704
2	6	17	329	577	2	7	6	557	710
2	6	18	334	581	2	7	7	558	711
2	6	19	339	586	2	7	8	566	718
2	6	20	347	593	2	7	9	568	720
2	6	21	353	599	2	7	10	573	725
2	6	22	355	601	2	7	11	577	729
2	6	23	363	608	2	7	12	579	579
2	6	24	368	368	notes 7e lieu: 587–600				
2	6	25	371	616	2	8	1	603	741
2	6	26	372	617	2	8	2	627	764
2	6	27	412	654	2	8	3	659	794
2	6	28	421	662	2	8	4	667	802
2	6	29	423	665	2	8	5	675	810
2	6	30	433	674	2	8	6	752	884
notes 6e lieu: 439–524					2	8	7	766	897
2	7	av.propos	527	681	2	8	conclusion	771	902
2	7	1	528	683	notes 8e lieu: 778–844				
2	7	2	531	685					

OvMor Ars. 5069	**OvMorB**							
f° et col.	livre	vers	f° et col.	livre	vers	f° et col.	livre	vers
1a	I	1971	20d		2949	41a		536
1d		2104	21a		3074	41d		683
2a		2236	21d		3205	42a		814
2d		2390	22a		3481	42d		923
3a		2523	22d		3611	43a		1058
3d		2647	23a		3757	43d		1173
4a		2762	23d		3887	44a		1301
4d		2892	24a		4017	44d		1425
5a		3044	24d		4147	45a		1556
5d		3194	25a		4297	45d		1706
6a		3344	25d		4449	46a		1856
6d		3474	26a		4579	46d		1984
7a		3603	26d		4729	47a		2112
7d		3712	27a		4879	47d		2244
8a		3842	27d		5009	48a		2390
8d		3994	28a	III	1	48d		2523
9a		4123	28d		135	49a		2673
9d		4253	29a		273	49d		2804
9e	II	1	29d		397	50a		2932
10a		84	30a		547	50d		3078
10d		214	30d		699	51a		3207
11a		363	31a		811	51d		3336
11d		513	31c		885	52a		3485
12a		624	31d		935	52d		3617
12d		776	32a		1065	53a		3748
13a		914	32d		1195	53d		3898
13d		1044	33a		1321	54a		4027
14a		1194	33d		1451	54d		4158
14d		1324	34a		1580	55a		4308
15a		1448	34d		1730	55d		4457
15d		1584	35a		1860	56a		4602
16a		1731	35d		1990	56d		4750
16c		1831	36a		2140	57a		4865
16d		1881	36d		2271	57d		4987
17a		2013	37a		2421	58a		5116
17d		2126	37d		2551	58d		5205
18a		2261	38a		2688	59a		5592
18d		2394	39a	IV	29	59d		5714
19a		2528	39d		162	60a		5842
19d		2657	40a		291	60d		5965
20a		2789	40d		414	61a		6329

Concordances éditions / manuscrits

f° et col.	livre	vers	f° et col.	livre	vers	f° et col.	livre	vers
61d		6477	95d		712	129d		2653
62a		6606	96a		848	130a		(2709)
62d		6724	96d		998	130b		2757
63a		6836	97a		1153	130d		2838
63d		6962	97d		1280	131a		2988
64a		7110	98a		1409	131d		3119
64d	V	16	98d		1559	132a		3269
65a		149	99a		1691	132d	X	1
65d		278	99d		1841	133a		110
66a		406	100a		1976	133d		247
66d		556	100d		2105	134a		395
67a		679	101a		2231	134d		545
67d		811	101d		2362	134f		1325
68a		960	102a		2493	(135a)		1375
68d		1090	102d		2643	135b		1424
69a		1241	103a		2793	135d		1524
69d		1391	103d		2943	136a		1673
70a		1771	104a		3093	136d		1806
70d		1920	104d		3218	137a		1956
71a		2069	105a		3348	137d		2091
71d		2219	105d		3500	138a		2222
72a		2351	106a		3650	138d		2355
72d		2501	106b	VIII	2	139a		2485
73a		2648	106d		97	139d		2616
73d		2768	107a		238	140a		2770
74a		2916	107d		353	140d		2903
74d		3064	108a		503	141a		3052
75a		3211	108d		639	141d		3202
75d		3358	109a		769	142a		3352
75a		3476	109d		897	142d		3482
76d		3598	110a		1024	143a		3604
77a		3936	110d		1161	143d		3710
77c	VI	29	111a		1311	144a		3859
77d		78	111d		1439	144d		3988
78a		183	112a		2087	145a		4134
78d		292	112d		2218	145b	XI	25
79a		1224	113a		2349	145d		125
79d		1321	113d		2461	146a		255
80a		683	114a		2608	146d		382
80d		827	114d		2737	147a		511
81a		971	115a		2868	147d		651
81d		1098	115d		3002	148a		771
83a		1480	116a		3154	148d		918
83d		1611	116d		3306	149a		1046
84b		1787	117a		3439	149d		1163
84d		1887	117d		3597	150a		1296
85a		2017	118a		4056	150d		1434
85d		2149	118d		4174	151a		1566
86a		2281	120a		4324	151d		1715
86d		2386	120b	IX	29	152a		1867
87a		2535	120d		131	152d		2017
87d		2643	121a		281	153a		2174
88a		2789	121d		412	153d		2305
88d		2935	122a		563	154a		2421
89a		3063	122d		714	154d		2551
89d		3189	123a		866	155a		2676
90a		3319	123d		1014	155d		2798
90d		3451	124a		1164	156a		2933
91a		3582	124d		1314	156d		3044
91d		3689	125a		1445	157a		3194
92a		3838	125d		1577	157d		3344
92d		3966	126a		1728	158a		3475
92f	VII	1	126d		1861	158d		3601
93a		33	127a		1997	159a		3749
93d		162	127d		2125	159d		3836
94a		293	128a		2262	160a		3962
94d		443	128d		2373	160d		4112
95a		577	129a		2522	161a		4233

Concordances éditions / manuscrits

Tableau synoptique des contes contenus dans les mss. de → Pères, contes 1-42[1]

		Fornication imitée	Juitel	Sarrazine	Renieur[1]	Copeaux	Thaïs	Miserere	Jardinier	Haleine	Fou	Impératrice
BN fr. 1546	A	1	2	3	4	5	6	7	8	9	10	11
BN fr. 1039	B	1	2	3	4	5	6	7	8	9	10	11
BN fr. 23111	C	1	-	6	7	8	9	10	30	31	32	-
Ars. 3527	D	1	2	3	4	5	6	7	8	9	24	29
BN fr. 1544	E	1	2	8	9	10	12	14	4	-	-	20
BN fr. 25440	F	1	2	8	9	10	12	14	4	-	-	20
BN fr. 20040	G	1	2	3	4	5	6	7	8	9	10	11
BN fr. 25438	H	1	2	3	4	5	6	7	8	9	10	11
BN fr. 1545	I	1	2	3	4	5	6	7	8	9	10	11
BN fr. 1547	K	1	2	3	4	5	6	7	8	9	10	11
BN fr. 25439	L	1	-	-	-	-	-	-	-	-	-	-
BN fr. 24300	M	1	11	12	13	14	15	16	32	33	34	28
Neuchâtel A3 (4816)	N	1	2	3	4	5	7	8	9	10	11	12
BN fr. 12471	P	1	12	13	14	15	16	17	32	33	34	24
Ars. 3517-18	Q	1	2	3	4	5	6	7	8	9	12	-
Ars. 5216	R	1	28	12	13	19	20	21	29	30	31	42
Ars. 3641	S	1	13	14	15	16	17	18	32	33	34	25
Bern Coll. Steiger-Mai	T	4	-	22	-	13	14	15	-	42	43	53
Oxf. Bodl. Douce 150	U	1	2	3	-	4	5	6	7	8	9	10
Oxf. Bodl. Douce 154	V	1	4	14	15	16	18	17	58	39	40	23
BN fr. 1807	W	-	-	-	-	-	-	-	-	-	1	-
BN fr. 24758	a	1	2	15	16	17	18	19	4	28	30	24
BN fr. 24759	b	1	2	3	4	5	6	9	7	10	11	12
BN fr. 15212	c	-	-	-	-	-	-	-	-	-	-	2
Ars. 5204	d	1	-	2	3	4	-	5/28	6/29	7	20	22
Ste-Gen. 586	e	1	2	3	4	5	6	7	8	9	10	11
BN fr. 24301	f	1	2	3	4	5	6	7	8	9	10	12
Lyon 868	g	[contient une version en prose, incomplète]									
Montpellier Ec. de Méd. 347	h	1	3	17	18	19	21	22	5	-	-	-
Brux. Bibl. roy. 9229-30	i	1	-	2	3	4	-	5/29	6/30	7	21	23
Den Haag KB 71.A.24	k	1	-	2	3	4	-	5	6	7	21	23
BN nfr. 13521	l	1	2	3	4	5	6	7	8	9	10	11
Cambr. Fitzw. McClean 178	m	1	2	5	4	3	6	7	-	8	9	10
BN nfr. 6835	n	1	23	37	38	14	39	15	24	25	35	34
BL Add. 32678	p	-	-	6	7	27	28	29	9	10	11	14
BN fr. 818	q	-	-	-	1	-	-	-	-	-	-	8
Chelt. Phill. 16588	r	-	-	-	-	-	-	-	-	-	-	-
BN fr. 15110	s	1	12	13	44	14	15	16	27	28	-	-
Ars. 279	t	-	-	-	-	-	-	-	-	-	-	-
BN fr. 2094	u	-	-	-	-	-	-	-	-	-	-	-
BN fr. 375	v	[ne contient pas Pères, malgré GrGr]									
AN AB.XIX.1734	w	-	-	-	-	-	-	-	-	-	1	2
Berkeley anc. Chelt. 3643	x	1	12	13	14	15	16	17	32	33	34	24
Chantilly Musée Condé 475	y	1	8	9	10	11	34	35	12	36	37	-
BN fr. 12483	z	-	-	-	5	4	6	9	2	-	-	-
Arras 139 (657)	aa	-	-	-	-	-	-	-	-	-	-	-
New Haven Yale E. B. Ham	bb	-	-	-	-	-	-	-	-	2	-	-
Zeals House	cc	1	-	2	-	-	-	-	-	-	-	-
Paris Inst. de France	dd	-	-	-	-	1	-	-	-	-	-	-
Mâcon 156	ee	-	-	-	-	-	-	-	-	-	-	1
Cambr. Univ. Add. 4177	ff	-	-	-	-	-	-	-	-	-	-	-
BN lat. 10769	gg	-	-	-	-	-	-	-	-	-	-	-
Bruxelles (?)	hh	-	-	-	-	-	-	-	-	-	-	-
	A	1	2	3	4	5	6	7	8	9	10	11

---

[1] Le tableau reproduit et complète ceux donnés par Wolter, Peres2W p. 13, et par Schwan, R 13, 241. Les contes 1 à 74 se suivent dans cet ordre dans le ms. A seulement. Le ms. B montre le même ordre de 1 à 23, mais le conte 24 y est à la 28e position. Etc. – Les chiffres en italiques indiquent des fragments.

45*

Concordances éditions / manuscrits

	Meurtier	Sacristine	Ave Maria	Queue	Crapaud	Image de pierre	Baril	Abesse grosse	Noël	Vision d'enfer	Malaquin	Vision de diables	Ermite accusé	Brûlure	Crucifix	Païen
A	12	13	14	15	16	17	18	19	20	21	22	23	24	25	26	27
B	12	13	14	15	16	17	18	19	20	21	22	23	28	29	42	24
C	-	-	-	26	28	29	33	-	12	49	13	34	2	3	27	35
D	30	31	25	10	22	23	26	27	32	33	28	35	40	41	11	36
E	21	-	-	13	-	18	*	23	6	22	24	25	3	5	11	26
F	12	13	14	15	16	17	18	19	20	21	22	23	28	29	38	24
G	21	-	-	13	-	18	(35)	23	6	22	24	25	3	5	11	26
H	12	13	14	15	16	17	18	19	20	21	22	23	28	29	39	24
I	12	13	14	15	16	17	18	19	20	21	22	23	28	29	39	24
K	12	13	14	15	16	17	18	19	20	21	22	23	28	29	41	24
L	-	-	-	-	-	-	8	-	-	-	-	-	2	3	-	-
M	23	24	25	26	30	31	35	36	19	22	37	38	2	3	27	39
N	13	14	15	16	17	18	19	20	21	22	23	-	28	29	39	24
P	25	26	27	28	30	31	35	36	20	23	37	38	2	3	29	39
Q	19	20	-	10	-	-	13	-	21	33	26	-	15	16	11	22
R	18	41	40	16	14	17	32	33	24	27	34	35	2	3	15	36
S	26	27	28	29	30	31	35	36	21	24	37	38	2	3	5	39
T	28	38	19	41	17	54	35	39	-	27	29	46	5	6	-	44
U	-	11	12	13	14	15	16	17	18	19	20	21	26	27	-	22
V	24	25	26	27	28	19	29	30	21	31	32	33	2	3	41	34
W	-	-	-	-	-	-	-	-	-	-	-	-	-	-	-	-
a	25	26	27	-	39	40	29	32	6	31	33	34	3	5	-	35
b	13	8	14	15	16	17	18	19	20	21	22	23	28	29	39	24
c	-	-	-	-	-	-	-	-	-	-	5	-	-	-	-	-
d	23	24	25	8	18	19	av. 21	21	26	30	27	31	32	33	9	34
e	12	-	-	13	14	-	15	-	16	17	18	19	24	25	35	20
f	13	14	15	16	17	18	19	20	21	22	23	24	11	29	39	25
g																
h	-	-	-	7	-	26	10	-	8	-	-	-	4	6	20	-
i	24	25	26	8	19	20	31	22	27	32	28	33	34	35	9	36
k	24	25	26	8	19	20	29	22	27	30	28	31	32	33	9	34
l	12	13	40	14	15	16	17	18	19	20	21	22	29	35	38	23
m	11	12	13	14	15	16	17	18	19	20	21	22	27	28	38	23
n	13	33	32	18	10	12	26	27	19	22	28	-	2	3	11	29
p	15	16	17	18	20	8	12	13	32	35	21	22	-	-	19	23
q	-	3	5	-	-	7	-	4	-	-	-	-	-	-	2	-
r	-	-	-	-	-	-	-	-	-	-	-	-	-	-	-	-
s	22	43	42	23	25	26	29	-	19	21	30	31	2	3	24	32
t	-	-	-	-	-	-	-	-	-	-	-	-	-	-	-	-
u	-	-	-	-	-	-	-	-	-	-	-	-	-	-	-	-
v																
w	-	-	-	-	-	-	-	-	-	-	-	-	-	-	-	-
x	22	26	27	28	30	31	35	36	20	23	37	38	2	3	29	39
y	38	39	41	42	40	-	13	14	15	16	17	18	2	3	28	19
z	-	-	-	-	-	-	-	-	-	-	-	-	-	-	-	-
aa	-	-	1	-	-	-	-	-	-	-	-	-	-	-	-	-
bb	1	-	-	-	-	-	-	-	-	-	-	-	-	-	-	-
cc	-	-	-	-	-	-	-	-	-	-	-	-	-	-	-	-
dd	-	-	-	-	2	3	-	-	-	-	-	-	-	-	-	-
ee	-	2	-	-	-	-	-	-	-	-	-	-	-	-	-	-
ff	-	-	-	-	-	-	-	-	-	-	-	-	-	-	-	-
gg	-	-	-	-	-	-	-	-	-	-	1	-	-	-	-	-
hh	-	-	-	-	-	-	-	-	-	-	-	-	-	-	-	-
A	12	13	14	15	16	17	18	19	20	21	22	23	24	25	26	27

Concordances éditions / manuscrits

	Goliard	Gueule du diable	Colombe	Sénéchal	Prévôt d'Aqilée	S. Paulin	Nièce	Ivresse	Rachat	Usurier	Feuille de chou	Demi-ami	Inceste	Image du diable[1]	Merlot
A	28	29	30	31	32	33	34	35	36	37	38	39	40	41	42
B	25	41	26	27	30	31	32	33	34	35	36	37	78	39	40
C	14	11	36	15	16	4	5	22	21	17	-	18	-	20	19
D	37	-	38	39	12	13	14	15	16	17	18	19	20	21	34
E	27	16	28	29	7	-	-	33	-	-	-	15	17	-	19
F	27	16	28	29	7	-	-	33	-	-	-	15	17	-	19
G	25	-	26	27	30	31	32	33	34	35	36	37	-	39	40
H	25	-	26	27	30	31	32	33	34	35	36	37	38	40	41
I	25	-	26	27	30	31	32	33	34	35	36	37	38	40	41
K	25	39	26	27	30	31	32	33	34	35	36	37	38	40	42
L	-	-	-	-	4	5	6	7	-	-	-	-	-	-	-
M	40	18	41	42	-	4	5	6	7	8	9	17	20	10	21
N	25	-	26	27	30	31	32	33	34	35	36	37	38	40	-
P	40	19	41	-	4	5	6	7	8	9	10	18	21	11	22
Q	17	-	27	14	28	29	32	-	30	31	23	24	-	18	25
R	37	23	38	39	4	5	6	8	7	10	9	22	25	11	26
S	40	20	42	41	4	6	7	8	9	10	11	19	22	12	23
T	30	40	45	47	17	25	8	9	-	10	11	16	-	12	26
U	23	-	24	25	28	29	30	31	32	33	-	-	-	34	35
V	35	-	36	37	5	7	8	10	11	12	13	6	9	20	22
W	-	-	-	-	-	-	-	-	-	-	-	-	-	-	-
a	36	21	37	38	7	8	9	10	11	12	13	20	22	14	23
b	25	-	26	27	30	31	32	33	34	35	36	37	38	41	40
c	-	-	-	3	-	-	-	-	-	-	-	-	-	-	-
d	35	36	37	38	10	11	12	13	14	15	39	16	40	17	41
e	21	-	22	23	26	27	28	29	30	31	32	33	34	36	37
f	26	-	27	28	30	31	32	33	34	35	36	37	38	40	41
g															
h	-	24	-	-	9	11	12	14	13	16	15	23	25	2	27
i	37	38	39	40	10	11	12	13	14	15	16/41	17	42	18	43
k	35	36	37	38	10	11	12	13	14	15	16	17	39	18	40
l	24	-	25	26	27	28	-	30	37	36	33	32	31	39	34
m	24	-	25	26	29	30	31	32	33	34	35	36	37	-	40
n	30	17	-	31	4	-	36	6	5	8	7	16	20	9	21
p	24	31	25	26	-	-	1	2	3	4	-	30	33	5	34
q	-	-	-	-	-	-	-	-	-	-	-	-	6	-	-
r	-	-	-	-	-	-	-	1	2	-	-	-	-	-	-
s	33	18	34	35	4	5	6	7	8	9	10	17	-	11	20
t	-	-	-	1	-	-	-	-	-	-	-	-	-	-	-
u	-	-	-	-	-	-	-	-	-	-	-	-	-	-	-
v															
w	-	-	-	-	-	-	-	-	-	-	-	-	-	-	-
x	40	19	41	42	4	5	6	7	8	9	10	18	21	11	25
y	20	-	21	22	4	5	6	7	23	24	25	26	27	29	-
z	-	8	-	-	-	-	-	-	-	-	-	-	-	-	10
aa	-	-	-	-	-	-	-	-	-	-	-	-	-	-	-
bb	-	-	-	-	-	-	-	-	-	-	-	-	-	-	-
cc	-	-	-	-	-	-	-	-	-	-	-	-	-	-	-
dd	-	-	-	-	-	-	-	-	-	-	-	-	-	-	-
ee	-	-	-	-	-	-	-	-	-	-	-	-	-	-	-
ff	-	-	-	-	-	-	-	-	-	-	-	-	1	-	-
gg	-	-	-	-	-	-	-	-	-	-	1	-	-	-	-
hh	-	-	-	-	-	-	-	-	-	-	-	-	-	-	-
A	28	29	30	31	32	33	34	35	36	37	38	39	40	41	42

Concordances éditions / manuscrits

	Sel	Enfant jureur	Image N.D.	Frères	Crâne	Renieur[2]	Deux morts	Confession	Pied guéri	Ecoliers	Enfant pieux	Brandons	Prêtre pêcheur	Ame en gage	Ave Maria[2]	Fenêtre
A	43	44	45	46	47	48	49	50	51	52	53	54	55	56	57	58
B	43	-	55	56	57	58	59	60	-	-	-	-	-	-	-	-
C	37	38	53	44	45	46	47	48	-	-	-	-	-	-	-	-
S	43	44	55	56	-	-	-	-	-	-	-	-	-	-	-	-
T	31	-	-	-	50	-	51	55	-	-	-	-	-	-	-	-
c	-	-	-	-	-	-	-	-	-	-	-	-	-	-	-	-
d	42	-	43	44	45	46	-	47	48	49	50	51	52	53	54	55
i	44	45	46	47	48	49	50	51	52	53	54	55	56	57	58	59
k	41	42	43	44	45	46	47	48	49	50	51	52	53	54	55	56
m	41	42	54	55	56	57	58	59	70	71	60	61	62	63	64	65
s	36	-	-	-	-	55	-	56	45	-	46	-	-	47	48	49
u	1	2	14	15	16	17	18	19	-	-	20	21	22	23	24	25
x	43	44	55	56	57	58	59	60	-	-	-	-	-	-	-	-
y	33	-	-	-	-	-	-	-	-	-	-	-	-	-	-	-
z	11	-	-	-	-	-	-	-	-	-	-	-	-	-	-	-
A	43	44	45	46	47	48	49	50	51	52	53	54	55	56	57	58

	Femme aveugle	Nom de Marie	Enfant sauvé	Purgatoire	Vilain	Coq	Mère	Patience	Infanticide	Piège au diable	Anges	Sac	Image du diable[2]	Ange et ermite	Pain	Sermon
A	59	60	61	62	63	64	65	66	67	68	69	70	71	72	73	74
B	-	-	-	-	-	44	45	46	47	48	49	50	51	52	53	54
C	-	-	-	-	-	39	-	40	50	-	51	52	-	41	42	43
S	-	-	-	-	-	45	46	47	48	49	50	51	52	53	54	-
T	-	-	-	-	-	32	-	33	-	36	24	37	-	48	-	49
c	-	-	-	-	-	1	-	-	-	-	4	-	-	6	-	-
d	56	57	67	68	60	61	62	63	64	65	66	58	-	59	74	75
i	60	61	62	63	64	65	66	67	68	69	70	71	72	73	74	75
k	57	58	59	60	61	62	63	64	65	66	67	68	69	70	71	72
m	66	67	-	-	-	43	44	45	46	47	48	49	50	51	52	53
s	50	51	-	-	-	37	-	38	52	39	53	40	54	-	57	41
u	26	27	28	-	-	3	4	5	6	7	8	9	10	11	12	13
x	-	-	-	-	-	45	46	47	48	49	50	-	51	52	53	54
y	-	-	-	-	-	-	30	-	-	-	31	-	-	32	-	-
z	-	-	-	-	-	3	7	-	1	-	-	-	-	-	-	-
A	59	60	61	62	63	64	65	66	67	68	69	70	71	72	73	74

Pères
ms. A ms. I

conte	conte	f°	conte	conte	f°	conte	conte	f°
-	Prol.	76r°	39	17	99v°–101r°	8	30	130v°–131v°
1	1	76r°–77r°	41	18	101r°–102r°	18	31	131v°–133r°
3	2	77r°–79r°	16	19	102v°–104r°	21	32	133r°–134r°
4	3	79r°–80v°	17	20	104r°–106r°	23	33	134v°–136v°
5	4	81r°–82v°	10	21	106r°–109v°	24	34	136v°–137v°
7	5	82v°–83v°	19	22	109v°–111v°	25	35	137v°–139r°
8	6	83v°–84v°	11	23	111v°–114r°	27	36	139r°–140v°
9	7	84v°–87v°	12	24	114r°–115v°	28	37	140v°–142r°
15	8	87v°–88v°	13	25	115v°–117v°	29	38	142r°–142v°
26	9	88v°–90r°	14	26	117v°–118v°	30	39	142v°–144r°
32	10	90r°–91v°	20	27	118v°–119v°	31	40	144r°–146v°
33	11	91v°–93r°			119v°–127v°	38	41	146v°–147r°, = f° 99
34	12	93r°–95r°			Interpolation B (cf.	40	42	147r°–149r°
35	13	95r°–96r°			Morawski R 41, 1935,	42	43	149r°–151r°
36	14	96r°–97v°			194–205, 10 contes).	43	44	151r°–152r°
37	15	97v°–99r°	22	28	127v°–129r°	44	45	152r°–153v°
38	16	99r°–99v°	7	29	129v°–130v°	45	46	153v°–155r°

Concordances éditions / manuscrits

conte	conte	f°	conte	conte	f°	conte	conte	f°
46	47	155r°–156v°	56	57	164r°–166r°	66	67	176v°–177v°
47	48	156v°–157v°	57	58	166r°–166v°	67	68	177v°–179v°
48	49	157v°–158v°	58	59	166v°–167v°	68	69	179v°–181v°
49	50	158v°–158v°	59	60	167r°–168r°	68	70	181v°–183r°
50	51	159v°–160v°	60	61	168r°–169v°	70	71	183r°–184v°
51	52	160v°–161r°	61	62	169v°–170r°	71	72	184v°–185v°
52	53	161r°–161v°	62	63	170r°–171r°	72	73	185v°–188r°
53	54	161v°–162v°	63	64	171v°–172r°	73	74	188r°–188v°
54	55	162v°–163r°	64	65	172r°–175r°	74	75	188v°–189r°
55	56	163r°–164r°	65	66	175r°–176r°			

Pères ms. A / **ms. l**

conte	conte	f°	page	conte	conte	f°	page
-	-	121r°	(p.241)	22	21	191r°–194r°	(381–387)
1	1	121r°–123v°	(241–246)	23	22	194r°–197v°	(387–394)
2	2	123v°–126r°	(246–251)	27	23	197v°–198v°	(394–396)
3	3	126r°–129v°	(251–258)	28	24	199r°–201r°	(397–401)
4	4	129v°–133r°	(258–265)	30	25	201r°–203v°	(401–106)
5	5	133r°–136r°	(265–272)	31	26	204r°–208v°	(407–416)
6	6	136r°–140v°	(272–280)	32	27	209r°–212r°	(417–121)
7	7	140v°–143r°	(280–285)	33	28	212r°–214v°	(421–426)
8	8	143r°–144v°	(285–288)	24	29	214v°–217r°	(426–431)
9	9	144v°–151v°	(288–302)	35	30	217r°–219v°	(431–136)
10	10	151v°–159r°	(302–317)	40	31	220r°–223v°	(437–434bis)
11	11	159r°–164v°	(317–328)	39	32	223v°–226v°	(434bis–440bis)
12	12	164v°–167v°	(328–334)	38	33	226v°–227v°	(440bis–442)
13	13	167v°–171r°	(333–341)	42	34	227v°–231v°	(442–450)
15	14	171v°–173r°	(342–345)	25	35	231v°–235r°	(450–457)
16	15	173r°–175v°	(345–350)	37	36	235r°–237r°	(457–462)
17	16	175v°–179v°	(350–358)	36	37	237r°–240v°	(462–469)
18	17	180r°–181r°	(359–361)	26	38	240v°–242v°	(469–472)
19	18	181r°–184v°	(361–368)	41	39	242v°–245v°	(472–478)
20	19	184v°–187r°	(368–373)	14	40	246r°–247v°	(479–483)
21	20	187r°–191r°	(373–381)				

Pères ms. A / **ms. n**

conte	conte	f°	conte	conte	f°	conte	conte	f°
-	Table	-	12	13	28r° a	19	27	61r° a
-	prol.	1r° a	5	14	30r° b	22	28	64r° a
1	1	1r° b	7	15	33r° a	27	29	66v° a
24	2	3r° a	39	16	35r° a	28	30	68r° a
25	3	4v° b	29	17	37r° b	31	31	70r° b
32	4	7r° b	15	18	38r° b	14	32	74r° b
36	5	9v° b	20	19	39v° b	13	33	75r° b,
35	6	12r° b	40	20	41v° b			Prologue manque
38	7	14v° b	42	21	44v° b	11	34	78r° b
37	8	15v° b	21	22	48r° a	10	35	82r° b
41	9	18r° a	2	23	50v° a	34	36	88v° a
16	10	20v° b	8	24	52v° a	3	37	91v° a
26	11	22v° a	9	25	53v° b	4	38	94r° b
17	12	24r° b	18	26	59r° b	6	39	97r° a–99r° a

Pères ms. A / **ms. s**

conte	conte	f°	conte	conte	f°	conte	conte	f°
-	Prol.	f° 1r° a	34	6	6r° c	2	12	13v° b
1	1	1r° b	35	7	8r° a	3	13	14v° c
24	2	2r° a	36	8	9r° c	5	14	16r° c
25	3	2r° c	37	9	10v° a	6	15	17v° b
32	4	4r° b	38	10	11v° b	7	16	19r° c
33	5	5r° c	41	11	12r° b	39	17	20r° c

Concordances éditions / manuscrits

conte	conte	f°	conte	conte	f°	conte	conte	f°
29	18	21v° b	27	32	40r° b	53	46	147v° c
20	19	22r° b	28	33	41r° b	56	47	148v° a
42	20	23r° c	30	34	42r° b	57	48	150r° b
21	21	25r° b	31	35	43r° c	58	49	150v° b
12	22	26v° b	43	36	45v° b	59	50	151r° b fragm.
15	23	28r° a	64	37	46v° b	60	51	151r° b
26	24	28v° b	66	38	50r° a	67	52	152r° b
16	25	29v° a	68	39	50v° c	69	53	153v° b
17	26	30v° a	70	40	52v° b	71	54	155r° b
8	27	32v° b	74	41	53v° c	48	55	156r° a
9	28	33v° a	14	42	143r° a	50	56	156v° c
18	29	36r° c	13	43	144v° b	73	57	157v° b
22	30	37v° a	4	44	145r° b			
23	31	38v° b	51	45	147v° a			

Pères ms. A / ms. S

conte	conte	f°	conte	conte	f°	conte	conte	f°
1	1	1r° a–3r° b	20	21	52r° b–59v° b	31	41	114v° b–119r° b
24	2	3r° b–5r° b	40	22	59v° b–57r° a	30	42	119v° a–123v° b
25	3	5r° b–7v° b	42	23	57r° a–60v° b	43	43	123v° a–125v° a
32	4	8r° a–10v° b	21	24	60v° b–64r° a	44	44	125v° a–128v° b
26	5	10v° b–12v° b	11	25	64r° a–69r° a	64	45	128v° b–135v° a
33	6	12v° b–15r° a	12	26	69r° a–71v° b	65	46	135v° a–137v° a
34	7	15r° a–18v° a	13	27	71v° b–75r° b	66	47	137v° a–139v° a
35	8	18v° a–21r° a	14	28	75r° b–76v° b	67	48	139v° a–145r° b
36	9	21r° a–23v° b	15	29	76v° b–78v° a			(sans initiale)
37	10	23v° b–26r° b	16	30	78v° a–80v° a	68	49	145r° b–149r° b
38	11	26r° b–27v° a	17	31	80v° a–84v° b	69	50	149r° b–152r° b
41	12	27v° a–30v° a	8	32	84v° b–86r° b	70	51	152r° b–155r° b
2	13	30v° a–32v° b	9	33	86r° b–92v° a	71	52	155r° b–157r° b
3	14	32v° b–35v° b	10	34	92v° b–99r° a	72	53	157r° b–161v° a
4	15	35v° b–39r° b	18	35	99r° a–101r° b			(sans initiale)
5	16	39r° b–42r° a	19	36	101r° b–104v° b	73	54	161v° a–165v° a
6	17	42r° a–46r° a	22	37	104v° b–107v° a	45	55	165v° a–168r° b
7	18	46r° a–48r° b	23	38	107v° a–110v° a	46	56	168r° b–169r° b
39	19	48r° b–51r° a	27	39	110v° a–112v° a			
29	20	51r° a–52r° b	28	40	112v° a–114v° b			

Pères ms. A / ms. u

conte	conte	f°	conte	conte	f°	conte	conte	f°
43	1	51r° a–53v° a	72	11	95r° b–101v° b	54	21	129v° a–131v° a
44	2	53v° a–57v° b	73	12	101v° b–104r° b	55	22	131v° a–134r° a
64	3	57v° b–68r° a	74	13	104r° b–108r° b	56	23	134r° a–139r° b
65	4	68r° a–71r° b	45	14	108r° b–112v° b	57	24	139r° b–140v° a
66	5	71r° a–74r° b	46	15	112v° a–117r° b	58	25	140v° b–142v° b
67	6	74r° b–76v° b	47	16	117r° a–119r° b	59	26	142v° b–145r° a
68	7	76v° b–82v° b	48	17	119r° b–122r° a	60	27	145r° a–148v° b
69	8	82v° b–87v° a	49	18	122r° b–125v° a	61	28	148v° b–150v° b
70	9	87v° a–91v° b	50	19	125r° a–127r° b			
71	10	91v° b–95r° b	53	20	127r° b–129v° b			

Pères ms. A / ms. z

conte	conte	f°	conte	conte	f°
67	1	36r° b – 39v° a	65	7	87v° b – 89v° a fragm.
8	2	74–75 fragm.			(déb. manque)
64	3	76r° fragm. (fin)	29	8	89v° a – 90r° b
5	4	81r° b – 83v° b	7	9	94r° a – 95r° b
4 rubrique	5	83v° b; déb.: 84v° b + 79 + 80 fragm.	42	10	198r° a – 200v° b
66	6	86 fragm. (fin)	43	11	258v° a – 259v° b + 266r° a–b

Concordances éditions / manuscrits

Perl²P	Perl¹N				
(= 1ᵉ partie de l'éd. PercP) ca. 1220	agn. déb. 13ᵉ s.	page	ligne	page	ligne
page (première ligne de la page)	ligne	114	3195	232	6657
		116	3257	234	6713
		118	3320	236	6757
1	1	120	3385	238	6813
2	10	122	3438	240	6936
4	65	124	3502	242	6992
6	114	126	3562	244	7048
8	168	128	3624	246	7105
10	218	130	3688	248	7164
12	267	132	3748	250	7217
14	316	134	3810	252	7281
16	368	136	3873	254	7337
18	421	138	3632	256	7393
20	473	140	3995	258	7457
22	526	142	4054	260	7516
24	572	144	4121	262	7578
26	623	146	4181	264	7638
28	674	148	4240	266	7698
30	728	150	4301	268	7755
34	834	152	4362	270	7803
36	885	154	4424	272	7860
38	935	156	4492	274	7923
40	987	158	4546	276	7982
42	1041	160	4608	278	8044
44	1100	162	4670	280	8105
46	1158	164	4728	282	8160
48	1214	166	4792	284	8220
50	1269	168	4856	286	8278
52	1328	170	4920	288	8334
54	1391	172	4985	290	8395
56	1452	174	5052	292	8456
58	1518	176	5116	294	8219
60	1577	178	5179	296	8579
62	1638	180	5248	298	8641
64	1693	182	5314	300	8688
66	1749	184	5380	302	8740
68	1812	186	5441	304	8801
70	1872	188	5489	306	8863
72	1923	190	5551	308	8927
74	1985	192	5615	310	8988
76	2047	194	5676	312	9053
78	2106	196	5738	314	9115
80	2167	198	5792	316	9178
82	2230	200	5857	318	9238
84	2290	202	5920	320	9297
86	2354	204	5970	322	9363
88	2418	206	6015	324	9428
90	2477	208	6070	326	9487
92	2544	210	6116	328	9544
94	2607	212	6154	330	9606
96	2664	214	6187	332	9670
98	2718	216	6232	334	9733
100	2773	218	6272	336	9798
102	2835	220	6312	338	9860
104	2899	222	6355	340	9924
106	2951	224	6408	342	9987
108	3015	226	6470	344	10050
110	3071	228	6531	346	10114
112	3132	230	6592	348	10182

PrisePampB	PrisePampM				
page	vers	page	vers	page	vers
213	1	217	123	221	263
214	18	218	158	222	298
215	53	219	193	223	334–364
216	88	220	228	223	441–143

51*

Concordances éditions / manuscrits

page	vers	page	vers	page	vers
223	465	233	1940	242	3768
224	467–469	234	1975–1984	243	3803
224	1637	234	2969	244	838–3865
225	1660	235	2993	244	5873
226	1695	236	3027–3028	245	5879
227	1730	236	3561	246	5914
228	1765	237	3593	247	5949
229	1800	238	3628	248	5984
230	1835	239	3663	249	6019
231	1870	240	3698	250	6054
232	1905	241	3733	251	6089

RenM		**RenR**					
branche	vers	branche	vers	branche	vers	branche	vers
I	1–1620	I	1–1678	XI	1–3402	manque	
Ia	1621–2204	I	1679–2260	XII	1–1486	XI	11473–12932
Ib	2205–3210	I	2261–3256	XIII	1–2366	manque	
II	1–18	III	3733–3750	XIV	1–1088	manque	
II	23–842	IIIa	4065–4796	XV	1–522	IIIb	4797–5296
II	843–1390	VII–VIIa	5551–6066	XVI	1–1506	XVIII	15469–16980
III	1–510	XII	12933–13444	XVII		manque	
IV	1–478	II	3257–3732	XVIII	1–138	XV	14843–14980
V	1–246	XVII	15071–15448	XIX	1–90	XVI	14981–15070
Va	247–255	XVII	15449–15457	XX	1–94	V	5297–5390
Va	258–1143	VIIb	6070–6955	XXI	1–160	VI	5391–5550
Va	1144–1272	manque		XXII	1–722	XIII	13445–14166
VI	1–1534	VIII	7279–8790	XXIII		manque	
VII	1–844	XIV	14167–14842	XXIV	1–314	III	3751–4064
VIII	1–468	IX	8791–9252	XXV		manque	
IX	1–2212	X	9253–11472	XXVI		manque	
X	1–1704	XIX	16981–18874	XXVII		manque	

RenMéon	**RenM**		
vers	branche – vers – tome et p.	vers	branche – vers – tome et p.
1–22	II 1–22–1,91	9445–9568	Va 1149–1272–1,192–196
23–336	XXIV 1–314–2,336–344	9569–9648	aucune concordance
337–716	II 1025–1394–1,119–130	9649–12984	I 1–Ib 3212–1,1–90
717–748	V 257–288–1,167–168	12,987–13464	VIII 1–468–1,265–278
749–1264	III 1–510–1,131–145	13465–13489	VI 1–19–1,197
1267–2100	II 23–840–1,91–114	13491–13546	aucune concordance
2103–2660	XV 1–522–2,140–154	13547–14008	VI 21–410–1,197–208
2661–4850	XIV 1–1088–2,109–139	14009–14106	aucune concordance
4851–6360	XVI 1–1506–2,155–196	14107–15296	VI 411–1542–1,208–240
6361–6454	XX 1–94–2,251–253	15,295–15,308	aucune concordance
6455–7026	IV 1–478–1,146–159	15309–17384	IX 1–1938–1,279–333
7027–7186	XXI 1–160–2,254–258	17385–17590	aucune concordance
7187–7380	II 843–1024–1,114–119	17591–17870	IX 1941–2212–1,333–341
7383–7610	XVIII 1– XIX 90–2,243–250	17871–19768	X 1–1704–1,342–389
7611–7737	Roques branche 17,63–66 15071–15194	19769–20490	XXII 1–722–2,259–279
7737–8210	V 17–246–1,160–167	20491–21976	XII 1–1486–2,1–42
8211–8220	Roques branche –17,73–74 15458–15466	21977–24344	XIII 1–2366–2,43–108
8221–8248	aucune concordance	24345–27782	XI 1–3402–1,390–484
8249–9128	Va 291–1146–1,168–192	27783–28664	VII 1–844–1,241–264
9129–9436	Roques branche 7b,44–53,6959–7264	28665–30362	XVII 1–1688–2,197–242
9437–9444	aucune concordance		

RenMontLT	**RenMontLC**				
page	vers	page	vers	page	vers
3	1	8,25	196	15	406
4	25	9	203	16	439
5	58	10	230	17	471
6	93	11	270	18	513
7	126	12	304	19	541
8	162	13	339	20	572
8,24	186	14	372	21	605

Concordances éditions / manuscrits

page	vers	page	vers	page	vers
22	638	60	1887	98	3080
23	672	61	1921	99	3112
24	705	62	1949	100	3144
25	740	63	1983	101	3174
26	772	64	2012	102	3201
27	807	65	2040	103	3233
28	838	66	2071	104	3259
29	869	67	2103	105	3290
30	905	68	2134	106	3323
31	939	69	2166	107	3353
32	973	70	2198	108	3387
33	1007	71	2226	109	3418
34	1039	72	2258	110	3442
35	1072	73	2289	111	3479
36	1105	74	2323	112	3510
37	1137	75	2346	113	3540
38	1171	76	2392	114	3573
39	1205	77	2422	115	3604
40	1239	78	2452	116	3635
41	1273	79	2481	117	3661
42	1308	80	2513	118	3690
43	1341	81	2541	119	3717
44	1375	82	2574	120	3747
45	1407	83	2607	121	3779
46	1438	84	2641	122	3811
47	1470	85	2672	123	3845
48	1483	86	2706	124	3877
49	1536	87	2738	125	3908
50	1566	88	2766	126	3941
51	1598	89	2802	127	3970
52	1632	90	2832	128	4003
53	1664	91	2867	129	4030
54	1697	92	2898	130	4063
55	1740	93	2927	131	4096
56	1764	94	2952	132	4131
57	1794	95	2982	133	4161
58	1823	96	3014	134	4191
59	1867	97	3048		

RenMont_LCM	RenMontArd_LT				
page, vers	vers	page, vers	vers	page, vers	vers
45,38	1	63	651	81	1350
46,1	2	64	689	82	1388
47	40	65	728	83	1427
48	78	66	767	84	1465
49	116	67	807	85	1503
50	154	68	849	86	1543
51	192	69	887	87	1581
52	230	70	925	88	1619
53	268	71	963	89	1657
54	306	72	1001	90	1696
55	344	73	1039	91	1734
56	382	74	1077	92	1773
57	420	75	1119	93	1811
58	458	76	1157	94	1851
59	496	77	1195	95	1889
60	534	78	1236	96	1928
61	573	79	1274	97	1966
62	613	80	1312	97,3	1995

RenNouvM	RenNouvR				
vers	vers	vers	vers	vers	vers
1	1	806	796	1287	1261
36	36	811	799	1298	1268
39	37	1154	1138	1482	1450
711	703	1205	1189	1503	1471

Concordances éditions / manuscrits

vers	vers	vers	vers	vers	vers
2183	2149	5421	5365	7005	6893
2216	2184	5460	5398	7029	6915
2337	2301	5541	5477	7429	7313
2597	2558	6329	6257	7589	7331
2631	2591	6343	6267	7811	7549
2833	2791	6353	6271	7887	7623
3557	3513	6371	6279	7897	7631
3625	3579	6650	6556	7914	7646
3649	3603	6665	6569	7939	7667
3743	3695	6880	6785	7977	7703
4513	4459	6891	6795	7985	7709
4570	4516	6974	6865	7991	7713
4583	4529	6980	6870	8015	7735
4955	4903	6997	6888	8042 (fin)	7762
4995	4941	7001	6891		7862 (fin)

RoisinB

page	chap.
1	I–II
2	III
3	III–V
4	V–VII,I
5	I–II
6	III–V
7	V–VIII
8	IX–XII
9	XII–XV
10	XV–XVIII
11	I–II
12	II–V
13	V–IX
14	IX,I
15	I–III
16	IV
17	I–III
18	III–IV
18–19	V
19	I–II
20	II–VI
21	VI–VIII
22	I–III
23	III–VI
24	VI–VIII
25	IX–XIII
26	XIII–XV,I
27	I–IV
28	IV,I–III
manque	
29	III–VI
30	VI–X,I
30–31	I–IV
31	I
32	II–V
33	VI–X
34	XI,I–II,I
35–37	II,I–IV
37	IV,I–II
38	II–V,I
39	I–III
40	IV–V
40	VI
41	VII–X
41–42	entre X et I
42	I
43	II–V
44	V–VIII
45	IX–X,I

RoisinM

page	chap.
1–2	1–2
2–3	2
4–5	2
5–6	2–3
6–8	3
8–9	3
9	3
9–11	3–5
11–12	5
12–14	5–8
14–15	9–10
15–16	10–13
16–17	13–14
17–18	14–15
18–19	15–17
19–20	18
20–21	19–21
21–22	21–22
manque	
23	23–24
23–24	24–26
24–26	26–28
26	29
26–28	29–30
28–29	30–32
29	33–35
29–30	35–37
30–31	37–38
31–32	38–40
31–32	39
32–33	40–41
33–34	41–43
manque	
34	44
34–35	44
35	44
35–36	46–47
manque	
37–38	48
38–39	48–49
39	49–50
40	51–52
manque	
40–41	53
manque	
41	54
41–42	54–55
42–43	55–56
43–44	57–59

page	chap.	page	chap.
46	I–III	44–45	59–60
47	IV–VII	45–46	61–62
48	VII–XX	46	63
49	XI–XIV	46–47	63–65
50	XV–XVII	47–48	65
51	entre XVII et I	manque	
52	entre XVII et I	manque	
53	(1)	manque	
54	(1)	manque	
55	(1)	manque	
55	III	49	66
56	III–V,I–II	49–50	66–68
57	II–V	50–51	68–69
58	V–VIII	51–52	69–71
59	VIII,I	52	72–73
60	I–II	52–53	73
61	II–III	54	74
62	III–IV	54–55	75
63	IV–V	55–56	76
64	V–VII	56–57	77–79
65	VII–IX	57–58	79–80
66	IX–XI	58–59	81–83
67	XI–XIII	59–60	83–84
68	XIII–XIV	60–61	85–86
69	XV–XVII	61–62	87–89
70	XVII,I–II	62–63	89–91
71	II–IV	63–65	91–92
72	IV,I–III,I	65	92–94
73	I–VII	66	94
74	VIII,I–III	66–67	94–95
75	IV–VI	67	95
76	VI–VIII,I	67–68	95–97
77	II	manque	
78	I,I	69–70	99
79	I,I–II	70–71	100–101
80	II–IV,I	71–72	101–103
81	I–V	72–73	104–105
82	V–VII	73–74	105–108
83	VII–XI	74–75	108–110
84	XI–XII,I–II	75–76	111–113
85	II–VI	76	113–115
86	VI–IX	76–77	116–118
87	IX–X	77–78	119–120
88	X–XI	78–79	120–121
89	I–II	80	122
90	III–IV	80–81	123
91	I–II	81–82	124
92	III	82	124
92	(1)	82	manque

54*

Concordances éditions / manuscrits

page	chap.	page	chap.	page	chap.	page	chap.
93	entre (1) et II	82–83	125	129	VII	manque	
94	II–IV,I	83–84	125–127	130	VIII–X	116–17	181–183
95	I–III	84–85	127	131	XI–XII	118	184–185
96	III	85	128	132	XII–XIV	118–19	185–186
97	II–IV	85–86	128–129	133	XIV–XVI	119–20	187
98	V–VIII	86–87	129	134	XVI–XVIII	120	188–189
99	VIII–IX	87–88	130–131	135	XVIII–XIX	121–22	190–191
100	X–XIII	88–89	132–134	136	XIX–XXI	122–23	191–193
101	XIV,I	89–90	135–136	137	XXI–XXII	123	193
102	I–II	90–91	136	137–40	XXII–XXIX	manque	
103	II–IV	91–92	137–138	141	XXIX	123–24	194
104	IV–VI	92–93	138–139	142	I–II	124–25	195
105	VI–VII	93–94	140–141	143	II–III	125–26	195–196
106	I–III	94–95	142–143	144	IV	126–27	197
107	III–V	95–96	143–144	145	I–II	127–28	198
108	V,I–III	96–97	145–146	146	II–V	128–29	199–200
109	III	manque		147	VI,I–II	129–30	201–202
manque		97	147	148	II–VI	130	202
109	IV	97	148	149	VII	130–31	203–204
110	(1),I	97–98	148–150	149	nouv. serment	manque	
111	I–II	98–99	150	150	VII	131–32	204–205
112	III–IV	99–100	150	151	(1)	132	206
manque		100	151	152	(1)	132	206
113	IV	101–2	152–153	153	(1)	132	206
114	I–III	102	154–155	154	(1)	132–33	206–207
115	IV–VI	103	156	154	-	manque	
116	VI–VII	103–4	157–158	155	II–IV	133	207
117	VII–VIII	104–6	158–160	156	IV–VI	133–35	207–208
118	VIII–IX	106–7	160–161	157	VI–VII	135	208
119	X–XIII	107–8	161–163	157	VIII	manque	
120	XIII–XVI	108–9	164–166	158	I–III	135–35	209
121	XVII–XIX	109–10	166–167	159	III–V	136–37	209–210
122	XXI–XXII	110	168–169	160	VI–VIII	137	210
123	XXII–I	110–11	169–171	161	-	137–38	211
124	II–V	111–12	171–172	162	I–II	138–39	212–213
125	VI–VII,I–II	112–13	172–175	163	II,-	139	213
126	II.I–II	113	175–176	163–164		manque	
127	II–IV	113–14	176–178	164		140	214
128	IV–VI	114–15	178–179	166–470		manque	
129	VI–VIII	116	180–181	manque		141–51	215

RolcMichel   **RolcM**

page	laisse	vers	laisse	vers	page	laisse	vers	laisse	vers
125	I	1	1	1	143	XXXVII	631	39	643
125	II	14	2	14	149	L	850	52	865
126	III	34	3	34	150	LI	870	54	895
139	XXXI	501	31 et 32	502	160	LXXIV	1222	78	1254
141	XXXII	543	33	544	161	LXXV	1233	80	1272
143	XXXVI	618	37	619	162	LXXX	1309	85	1351

RolpMichel   **RolpM**

page	laisse	vers	laisse	vers	page	laisse	vers	laisse	vers
163	LXXXI	1310	1	1		XCV	1597	15	288
	LXXXII	1317	2	8	172	XCVI	1617	16	308
164	LXXXIII	1346	3	37		XCVII	1632	17	323
165	LXXXIV	1377	4	68	173	XCVIII	1656	18	347
	LXXXV	1399	5	90		XCIX	1672	19	363
166	LXXXVI	1411	6	102	174	C	1690	20	381
167	LXXXVII	1437	7	128		CI	1703	21	396
	LXXXVIII	1449	8	140	175	CII	1726	22	418
	LXXXIX	1467	9	158		CIII	1740	23	432
168	XC	1496	10	187	176	CIV	1759	24	451
169	XCI	1510	11	201		CV	1773	25	465
	XCII	1536	12	227	177	CVI	1791	26	483
170	XCIII	1559	13	250		CVII	1810	27	502
171	XCIV	1583	14	274		CVIII	1820	28	512

Concordances éditions / manuscrits

page	laisse	vers	laisse	vers	page	laisse	vers	laisse	vers
178	CIX	1843	29	535	213	CLXXVII	3047	97	1745
179	CX	1859	30	551		CLXXVIII	3068	98	1766
	CXI	1874	31	566	214	CLXXIX	3079	99	1777
180	CXII	1898	32	590		CLXXX	3095	100	1793
	CXIII	1918	33	610	215	CLXXXI	3120	101	1818
181	CXIV	1940	34	632		CLXXXII	3136	102	1834
	CXV	1955	35	647	216	CLXXXIII	3170	103	1868
182	CXVI	1967	36	659	217	CLXXXIV	3185	104	1883
	CXVII	1980	37	672	218	CLXXXV	3240	105	1938
	CXVIII	1993	38	685	219	CLXXXVI	3252	106	1950
183	CXIX	2000	39	692		CLXXXVII	3287	107	1985
	CXX	2011	40	703	220	CLXXXVIII	3301	108	1999
	CXXI	2026	41	718		CLXXXIX	3323	109	2021
184	CXXII	2036	42	728	221	CXC	3335	110	2033
	CXXIII	2049	43	741		CXCI	3354	111	2052
185	CXXIV	2066	44	758	222	CXCII	3375	112	2073
	CXXV	2090	45	782		CXCIII	3390	113	2088
186	CXXVI	2118	46	810	223	CXCIV	3400	114	2098
	CXXVII	2130	47	822	224	CXCV	3445	115	2143
187	CXXVIII	2141	48	833	225	CXCVI	3465	116	2163
	CXXIX	2155	49	847		CXCVII	3479	117	2177
188	CXXX	2175	50	867	226	CXCVIII	3502	118	2200
189	CXXXII	2234	51	926		CXCIX	3525	119	2223
190	CXXXII	2245	52	937	227	CC	3557	120	2255
	CXXXIII	2259	53	951	228	CCI	3576	121	2274
191	CXXXIV	2278	54	970		CCII	3597	122	2295
	CXXXV	2294	55	986	229	CCIII	3619	123	2317
192	CXXXVI	2326	56	1018	230	CCIV	3648	124	2347
	CXXXVII	2335	57	1027		CCV	3661	125	2360
193	CXXXVIII	2349	58	1041		CCVI	3671	126	2370
194	CXXXIX	2385	59	1077	231	CCVII	3686	127	2385
	CXL	2416	60	1108		CCVIII	3705	128	2404
195	CXLI	2436	61	1128	232	CCIX	3727	129	2426
	CXLII	2452	62	1144	233	CCX	3760	130	2459
196	CXLIII	2475	63	1167		CCXI	3774	131	2473
197	CXLIV	2493	64	1185	234	CCXII	3791	132	2490
197	CXLVI	2520	65	1212		CCXIII	3813	133	2512
198	CXLVI	2541	66	1233	235	CCXIV	3822	134	2521
199	CXLVII	2572	67	1264		CCXV	3832	135	2531
	CXLVIII	2590	68	1282		CCXVI	3845	136	2544
200	CXLIX	2621	69	1313	236	CCXVII	3856	137	2555
	CL	2636	70	1328		CCXVIII	3869	138	2568
201	CLI	2648	71	1342	237	CXIX	3882	139	2581
	CLII	2661	72	1355		CCXX	3894	140	2593
202	CLIII	2681	73	1375		CCXXI	3910	141	2609
	CLIV	2689	74	1383	238	CCXXII	8930	142	2630
203	CLV	2702	75	1398	239	CCXXIII	8956	143	2656
	CLVI	2710	76	1406		CCXXIV	8974	144	2674
	CLVII	2721	77	1417	240	CCXXV	8985	145	2685
	CLVIII	2730	78	1426		CCXXVI	8994	146	2694
204	CLIX	2744	79	1440		CCXXVII	9015	147	2715
	CLX	2754	80	1450	241	CCXXVIII	9045	148	2744
205	CLXI	2772	81	1469	242	CCXXIX	928	149	2778
	CLXII	2779	82	1476	244	CCXXX	9137	150	2838
206	CLXIII	2800	83	1498		CCXXXI	9162	151	2863
	CLXIV	2824	84	1522	245	CCXXXII	9177	152	2879
207	CLXV	2842	85	1540		CCXXXIII	9188	153	2890
	CLXVI	2863	86	1561	246	CCXXXIV	9209	154	2912
208	CLXVII	2883	87	1580		CCXXXV	9225	155	2928
	CLXVIII	2894	88	1592	247	CCXXXVI	9264	156	2967
209	CLXIX	2926	89	1625	248	CCXXXVII	9284	157	2987
210	CLXX	2944	90	1642		CCXXXVIII	9305	158	3008
	CLXXI	2957	91	1655	249	CCXXXIX	9312	159	3016
	CLXXII	2968	92	1666		CCXL	9323	160	3027
211	CLXXIII	2983	93	1681		CCXLI	9328	161	3032
	CLXXIV	3001	94	1699	250	CCXLII	9343	162	3047
212	CLXXV	3010	95	1708		CCXLIII	9356	163	3060
	CLXXVI	3020	96	1718		CCXLIV	9364	164	3068

Concordances éditions / manuscrits

page	laisse	vers	laisse	vers	page	laisse	vers	laisse	vers
251	CCXLV	9391	165	3095		CCCXIII	10520	233	4239
	CCXLVI	9397	166	3101	285	CCCXIV	10531	234	4250
252	CCXLVII	9418	167	3122		CCCXV	10535	235	4254
253	CCXLVIII	9439	168	3143		CCCXVI	10558	236	4277
	CCXLIX	9447	169	3151	286	CCCXVII	10666	237	4285
	CCL	9465	170	3169		CCCXVIII	10578	238	4297
254	CCLI	9477	171	3181		CCCXIX	10589	239	4308
255	CCLII	9509	172	3313	287	CCCXX	10601	240	4320
256	CCLIII	9528	173	3232		CCCXXI	10618	241	4337
256	CCLIV	9545	174	3249		CCCXXII	10623	242	4342
	CCLV	9562	175	3266	288	CCCXXIII	10629	243	4348
	CCLVI	9571	176	3275		CCCXXIV	10638	244	4357
257	CCLVII	9591	177	3295		CCCXXV	10649	245	4368
	CCLVIII	9603	178	3307	289	CCCXXVI	10656	246	4375
258	CCLIX	9611	179	3315		CCCXXVII	10668	247	4387
258	CCLX	9617	180	3321		CCCXXVIII	10678	248	4397
	CCLXI	9629	181	3333	290	CCCXXIX	10693	249	4412
	CCLXII	9634	182	3338		CCXXX	10701	250	4420
259	CCLXIII	9640	183	3344	291	CCCXXXI	10741	251	4460
	CCLXIV	9649	184	3353	294	CCCXXXII	10839	252	4560
	CCLXV	9664	185	3368		CCCXXXIII	10871	253	4592
260	CCLXVI	9683	186	3387	295	CCCXXXIV	10898	254	4619
261	CCLXVII	9707	187	3411	296	CCCXXXV	10936	255	4657
	CCLXVIII	9714	188	3418	297	CCCXXXVI	10956	256	4677
	CCLXIX	9724	189	3428	298	CCCXXXVII	10987	257	4708
262	CCLXX	9736	190	3440		CCCXXXVIII	11006	258	4727
	CCLXXI	9751	191	3455	299	CCCXXIX	1122	259	4741
	CCLXXII	9767	192	3471	300	CCCXL	11071	260	4790
263	CCLXXIII	9780	193	3484		CCCXLI	11085	261	4804
	CCLXXIV	9801	194	3505	301	CCCXLII	11096	262	4815
264	CCLXXV	9818	195	3522		CCCXLIII	11107	263	4826
	CCLXXVI	9835	196	3539	302	CCCXLIV	11132	264	4851
265	CCLXXVII	9853	197	3565		CCCXLV	11141	265	4860
266	CCLXXVIII	9891	198	3604	303	CCCXLVI	11181	266	4900
267	CCLXXIX	9917	199	3630	304	CCCXLVII	11201	267	4920
	CCLXXX	9939	200	3652	305	CCCXLVIII	11243	268	4962
268	CCLXXXI	9955	201	3668		CCCXLIX	11255	269	4974
	CCLXXXII	9968	202	3681	306	CCCL	11270	270	4989
269	CCLXXXIII	9989	203	3702		CCCLI	11288	271	5007
	CCLXXXIV	10000	204	3713	307	CCCLII	11310	272	5029
270	CCLXXXV	10021	205	3734		CCCLIII	11320	273	5039
	CCLXXXVI	10038	206	3752	308	CCCLIV	11344	274	5063
271	CCLXXXVII	10050	207	3764	309	CCCLV	11373	275	5092
	CCLXXXVIII	10064	208	3778	310	CCCLVI	11421	276	5140
	CCLXXXIX	10078	209	3792		CCCLVII	11434	277	5153
272	CCXC	10093	210	3807	311	CCCLVIII	11463	278	5182
	CCXCI	10107	211	3821	312	CCCLIX	11481	279	5200
273	CCXCII	10132	212	3846		CCCLX	11510	280	5229
274	CCXCIII	10163	213	3877	313	CCCLXI	11538	281	5257
	CCXCIV	10183	214	3897	314	CCCLXII	11561	282	5280
275	CCXCV	10196	215	3910		CCCLXIII	11574	283	5293
	CCXCVI	10213	216	3927	315	CCCLXIV	11587	284	5306
276	CCXCVII	10233	217	3947		CCCLXV	11601	285	5320
	CCXCVIII	10254	218	3968		CCCLXVI	11615	286	5334
277	CCXCIX	10281	219	3995	316	CCCLXVII	11633	287	5352
278	CCC	10319	220	4033		CCCLXVIII	11645	288	5364
279	CCCI	10330	221	4044	317	CCCLXIX	11661	289	5380
	CCCII	10354	222	4068		CCCLXX	11680	290	5399
280	CCCIII	10370	223	4084	318	CCCLXXI	11690	291	5409
	CCCIV	10386	224	4100		CCCLXXII	11705	292	5424
281	CCCV	10403	225	4117	319	CCCLXXIII	11721	293	5440
	CCCVI	10419	226	4133	320	CCCLXXIV	11775	294	5494
282	CCCVII	10430	227	4144	321	CCCLXXV	11818	295	5537
	CCCVIII	10442	228	4156	323	CCCLXXVI	11872	296	5591
	CCCIX	10450	229	4164		CCCLXXVII	11887	297	5606
283	CCCX	10472	230	4191	324	CCCLXXVIII	11914	298	5633
	CCCXI	10496	231	4215	324	CCCLXXIX	11934	299	5653
284	CCXII	10509	232	4228	325	CCCLXXX	11947	300	5666

57*

Concordances éditions / manuscrits

page	laisse	vers	laisse	vers	page	laisse	vers	laisse	vers
326	CCCLXXXI	11976	301	5695	344	CCCCXVIII	12589	338	6310
	CCCLXXXII	11994	302	5713	344	CCCCXIX	12609	339	6330
327	CCCLXXXIII	12013	303	5732		CCCCXX	12619	340	6340
	CCCLXXXIV	12027	304	5746	345	CCCCXXI	12625	341	6346
328	CCCLXXXV	12048	305	5767	346	CCCCXXII	12656	342	6377
	CCCLXXXVI	12064	306	5783		CCCCXXIII	12673	343	6394
329	CCCLXXXVII	12090	307	5809	347	CCCCXXIV	12706	344	6427
	CCCLXXXVIII	12103	308	5822	348	CCCCXXV	12728	345	6449
330	CCCXXXIX	12116	309	5835		CCCCXXVI	12746	346	6467
	CCCXC	12130	310	5849		CCCCXXVII	12758	347	6479
	CCCXCI	12144	311	5863	349	CCCCXXVIII	12771	348	6492
331	CCCXCII	12165	312	5884		CCCCXXIX	12778	349	6499
	CCCXCIII	12179	313	5898		CCCCXXX	12792	350	6513
332	CCCXCIV	12192	314	5911	350	CCCCXXXI	12811	351	6532
333	CCCXCV	12249	315	5968	351	CCCCXXXII	12834	352	6555
334	CCCXCVI	12283	316	6002		CCCCXXXIII	12849	353	6570
335	CCCXCVII	12306	317	6025		CCCCXXXIV	12860	354	6581
	CCCXCVIII	12317	318	6036	352	CCCCXXXV	12882	355	6603
336	CCCXCIX	12334	319	6053		CCCCXXXVI	12895	356	6616
337	CCCC	12371	320	6090	353	CCCCXXXVII	12904	357	6625
	CCCCI	12385	321	6104		CCCCXXXVIII	12919	358	6640
338	CCCCII	12397	322	6116	354	CCCCXXXIX	12931	359	6652
	CCCCIII	12405	323	6124		CCCCXL	12943	360	6664
	CCCCIV	12416	324	6135		CCCCXLI	12952	361	6673
339	CCCCV	12426	325	6145	355	CCCXLII	12960	362	6681
	CCCCVI	12435	326	6154		CCCCXLIII	12967	363	6688
	CCCCVII	12444	327	6163		CCCCXLIV	12979	364	6700
	CCCCVIII	12452	328	6171		CCCCXLV	12988	365	6709
340	CCCCIX	12468	329	6187	356	CCCCXLVI	12998	366	6719
	CCCCX	12482	330	6202		CCCCXLVII	13009	367	6730
341	CCCCXI	12505	331	6224		CCCCXLVIII	13016	368	6737
	CCCCXII	12515	332	6234	357	CCCCXLIX	13031	369	6752
342	CCCCXIII	12532	333	6251		CCCCL	13039	370	6760
	CCCCXIV	12544	334	6263		CCCCLI	13049	371	6770
	CCCCXV	12550	335	6269	358	CCCCLII	13073	372	6794
343	CCCCXVI	12570	336	6289	359	CCCCLIII	13102	373	6823
	CCCCXVII	12580	337	6301			13109	(fin)	6830

RoseL/MMich	RoseL/MLangl				
vers	vers	vers	vers	vers	vers
9	9	8322	7571	14355	13414
393	393	8339	8058	14617	13675
424	422	8900	8150	14727	13780
654	650	9023	8272	14960	14015
1001	997	9276	8527	15020	14077
1090	1084	9531	8780	15459	14513
1803	1791	9880	9132	15554	14608
2289	2280	10217	9465	15924	14986
2730	2718	10473	9626	16497	15561
3295	3283	10730	9984	16827	15891
4127	3518	11024	10274	19371	18437
4357	3748	11300	10535	19658	18726
4680	4072	11710	10944	19844	18912
4873	4257	11993	11222	20614	19682
5148	4427	11994–12143	–	21743	20810
5379	4658	12144	11223	21744–21795	–
5777	5056	12317	11394	21796	20811
6079	5358	12452	11527	21851	20862
6207	5479	12511	11573	22099	21105
6348	5513	12665	11726	22289	21291
6528	5792	12784	11846	22485	21476
6852	6116	12945	12008	22741	21702
7241	6505	13126	12188	22742–22778	–
7613	6878	13281	12342	22779	21733
7833	7088	13664	12723	22791	21746
8011	7259	14090	13149		

Concordances éditions / manuscrits

RutebK page	RutebF t., page	page	t., page	page	t., page
1	I 547	60	I 231	120	II 256
4	I 552	62	I 334	123	II 293
9	I 566	63	I 269	127	II 214
10	I 521	67	I 537	144	I 341
13	I 526	71	I 250	164	I 306
15	I 570	74	I 413	169	I 288
17	I 575	78	I 243	176	I 561
19	I 444	81	I 258	178	I 279
23	I 424	86	I 455	181	I 395
27	I 497	90	I 481	187	I 383
35	I 470	93	I 488	190	I 377
41	I 463	96	I 514	193	II 236
45	I 437	98	I 580	196	II 240
47	I 432	98	I 531	200	II 245
48	I 238	99	II 261	201	II 247
50	I 374	102	II 283	206	II 179
51	I 323	109	II 299	223	II 20
56	I 330	113	II 306	251	II 101
58	I 314	115	II 272		

RutebJ[1] t., page	RutebJ[2] t., page	RutebF t., page	t., page	t., page	t., page	t., page	t., page	t., page
I,1	I,1	I,569	143	168	435	250	51	II,266
5	5	545	148	174	431	260	63	281
13	13	552	151	178	238	273	78	298
21	22	565	155	183	371	280	86	305
24	26	521	158	187	318	285	93	I,559
30	32	526	175	208	313	289	98	II,256
35	37	573	170	202	330	295	105	292
40	44	479	180	214	229	302	113	204
48	55	486	186	221	334	II,1	142	240
55	65	451	188	224	267	7	149	245
64	75	411	196	233	532	9	152	247
71	84	242	203	243	249	19	164	236
78	93	256	208	II,1	579	24	169	I,336
87	103	510	211	6	531	56	204	299
91	107	440	212	8	II,260	66	217	286
100	117	419	218	15	I,382	79	231	II,167
110	129	492	226	24	377	106	263	9
124	146	469	232	30	399	151	310	101
136	161	461	245	45	277			

SeneschL page	SeneschO chapitre	page	chapitre	page	chapitre
84	1–7	96	30–35	108	72–76
86	7–13	98	35–40	110	53–54+50–52
88	13–17	100	40–44	112	52+55–58
90	17–22	102	45–49	114	58–63
92	22–26	104	49+77–81	116	63–68
94	26–30	106	81–83+70–72	118	68–69

SermMaurPB page	SermMaurR page	chap.	vers	page	page	chap.	vers	page	page	chap.	vers
27	79	I	1	37	84	III	24	47	171	48	29
28	79	I	11	38	84	III	35	48	172	49	1
29	79	I	35	39	84	III	53	49	172	49	23
30	80	I	55	40	85	III	74	50	173	49	45
31	80	I	80	41	85	III	96	51	173	49	67
32	81	I	109	42	86	III	116	52	174	50	6
33	82	I	132	43	86	III	139	53	176	53	1
34	82	II	1	44	170	47	8	54	176	53	13
35	83	II	21	45	170	47	31	55	177	53	35
36	83	III	5	46	171	48	8	56	87	52	13

Concordances éditions / manuscrits

page	page	chap.	vers	page	page	chap.	vers	page	page	chap.	vers
57	87	1	5	117	124	18	34	166	156	37	9
58	87	1	27	118	125	18	60	167	156	37	32
59	88	2	5	119	127	18	88	168	157	37	55
60	88	2	20	120	129	19	5	169	157	38	12
61	89	2	39	121	130	19	32	170	158	38	34
62	89	2	50	122	131	20	4	171	158	38	59
63	89	2	76	123	132	20	30	172	159	39	1
64	90	3	21	124	132	20	52	173	160	39	24
65	91	3	45	125	133	21	19	174	160	40	14
66	91	4	14	126	manque			175	161	40	41
67	92	5	4	127	133	22	1	176	161	41	1
68	92	6	1	128	133	22	3	177	162	41	25
69	93	6	24	129	134	22	36	178	163	42	21
70	94	6	50	130	135	23	1	179	163	42	47
71	94	6	74	131	135	23	25	180	164	42	71
72	177	54	11	132	136	24	1	181	164	43	1
73	178	54	37	133	137	24	24	182	165	43	24
74	178	54	61	134	137	24	50	183	166	44	12
75	95	7	3	135	138	24	76	184	166	44	37
76	95	7	23	136	138	25	14	185	167	44	59
77	96	7	46	137	139	25	38	186	167	45	4
78	96	8	1	138	140	25	64	187	168	45	30
79	97	8	22	139	140	26	8	188	168	45	53
80	97	8	56	140	141	26	41	189	169	46	19
81	98	9	16	141	142	27	1	190	169	46	44
82	98	9	37	142	142	27	25	191	175	51	16
83	99	9	61	143	143	27	50	192–219	manque		
84	100	10	1	144	143	27	76	220	179	55	1
85	100	10	26	145	144	28	17	221	179	55	15
86	101	10	52	146	144	28	43	222	180	55	39
87	101	11	14	147	147	28	67	223	180	56	5
88	102	11	39	148	146	29	21	224	181	56	33
89	103	12	17	149	146	29	43	224 (bas de page) – 228	manque		
90	103	12	47	150	147	30	1	228	182	57	1
91	104	12	69	151	147	30	25	229	182	57	18
92	104	13	22	152	148	30	50	230	183	58	3
93	110	14	89	153	148	31	19	231	183	58	26
94	111	14	115	154	149	31	43	232	184	59	13
95	112	14	142	155	150	32	9	233	185	59	35
96–108	manque			156	150	32	34	234	185	59	65
108	113	15	1	157	151	33	11	235	191	63	13
109	113	15	11	158	151	33	34	236	191	63	22
110	115	15	34	159	152	34	19	237	191	63	44
111	116	15	59	160	152	34	43	238	192	63	74
112	117	16	19	161	153	35	14	239	188	62	24
113	118	16	46	162	154	35	39	240	193	64	32
114	120	17	3	163	154	35	61	241	194	64	57
115	121	17	30	164	155	36	1	242–243	manque		
116	123	18	11	165	155	36	23				

ThebesR	ThebesC				
vers	vers	vers	vers	vers	vers
5	5	1063	1075	2019	1989
88	92	1141	1155	2081	2051
208	170	1222	1202	2147	2121
281	243	1253	1239	2210	2168
376	334	1331	1311	2274	2250
440	396	1387	1367	2339	2313
504	468	1433	1413	2385	2451
568	534	1500	1482	2443	2499
640	610	1565	1547	2504	2560
700	672	1629	1609	2563	2621
764	740	1697	1663	2587–2847	manque
832	808	1760	1726	2848	2648
896	880	1835	1803	2881–2944	manque
960	944	1891	1865	2945	2681
1003	1016	1957	1929	2985	2721

60∗

Concordances éditions / manuscrits

vers	vers	vers	vers	vers	vers
3048	2782	5690	5664	7997	8425
3114	2850	manque	5665–5716	8063	8497
3146	2890	5691	5717	8129	8565
3217	2963	5734	5762	8190	8630
3274	3022	manque	5763–5990	8255	8697
3339	3087	5735	5991	8318	8773
3405	3153	5748	6004	8378	8844
3471	3221	manque	6005–6052	8443	8911
3563	3313	5749	6053	8509	8986
3629	3383	5805	6111	8574	9048
3693	3447	5869	6175	8594	9068
3756	3508	5934	6238	manque	9067–9098
3821	3571	6000	6303	8595	9099
3884	3638	6064	6372	8606	9112
3946	3700	6130	6438	8640	9150
4011	3761	6198	6508	manque	9151–9164
4075	3831	6218	6528	8641	9165
4139	3897	6284	6596	8671	9195
4204	3966	6348	6666	8736	9268
4267	4029	6412	6732	8802	9338
4331	4095	6478	6800	8837	9407
4396	4164	6544	6868	8868	9457
4460	4228	6608	6938	8876	9466
4523	4295	6673	7005	8877–9632	manque
4586	4362	6738	7078	9633	9467
4649	4425	6802	7142	9679	9523
4712	4488	6866	7210	9745	9597
4775	4549	6929	7273	9774	9626
4803–4816	manque	6993	7337	9817	9663
4817	4579	7059	7409	9847	9715
4871	4635	7124	7474	9871	9739
4935	4699	7188	7538	9930	9804
5000	4762	7254	7606	9946	9814
5064	4826	7319	7673	9948–10188	manque
5128	4894	7383	7741	10189	9819
5192	4958	7447	7807	10237	9857
5256	5024	7512	7870	10269	9893
5322	5090	7577	7933	10297	9935
5393	5167	7641	7995	10354	9992
5451	5225	7696	8058	10407	10039
5515	5291	7706	8102	10436	10070
5579	5391	7772	8174	10452	10104
5640	5466	7837	8245	10487	10147
manque	5467–5114	7870	8280	10542	10214
5641	5615	7933	8358		